沈阳铁路局志

（1996－2015）

沈阳铁路局志编纂委员会编

辽宁大学出版社

图书在版编目（CIP）数据

沈阳铁路局志：1996—2015 / 沈阳铁路局志编纂委员会编. — 沈阳：辽宁大学出版社, 2018.2
ISBN 978-7-5610-8995-8

Ⅰ. ①沈… Ⅱ. ①沈… Ⅲ. ①铁路局—概况—沈阳—1996—2015 Ⅳ. ①F532.6

中国版本图书馆CIP数据核字(2017)第324744号

沈阳铁路局志（1996－2015）
SHENYANG TIELUJU ZHI（1996－2015）

出 版 者：辽宁大学出版社有限责任公司
（地址：沈阳市皇姑区崇山中路 66 号　　邮政编码：110036）
印 刷 者：辽宁北方彩色期刊印务有限公司
发 行 者：辽宁大学出版社有限责任公司
幅面尺寸：205mm×285mm
印　　张：66.25
字　　数：1818 千字
出版时间：2018 年 2 月第 1 版
印刷时间：2018 年 4 月第 1 次印刷
见习编辑：张益侨
责任编辑：于盈盈
封面设计：张成义
责任校对：齐　悦

书　　号：ISBN 978-7-5610-8995-8
定　　价：550.00 元

联系电话：024-86864613
邮购热线：024-86830665
网　　址：http://press.lnu.edu.cn
电子邮件：lnupress@vip.163.com

《沈阳铁路局志（1996—2015）》
编审人员名单

局志编纂委员会

主 任 委 员：张海涛　汤晓光

副主任委员：张树奎　顾　锐　王　凡　王　迁　徐化龙

孙春友　刘　勇　赵文国　付国利　骆武伟

洪海波

委　　　员：局机关各部、处、室、所负责人

主　　　审：张树奎

副 主 审：童迎新

终审组成员：赵　锟　黄金世　崔成武　崔连凯　潘　辉　李学军　田　军

特 约 审 稿：张　维

主　　　编：李志恒

副 主 编：陈义军　郝中华　张耀锟（执行）

编委会办公室

主　　　任：安志坚

副 主 任：童迎新　陈义军　郝中华

成　　　员：李英奇　李　航　杨　波

各篇总纂人员

陈福瑞 （第一篇路网建设）

李学军 （第二篇运输装备）

吴若冰 （第三篇运输经营、第二篇第六章房产、第七章土地林业）

那晓勇 （第四篇经营管理）

赵志平 （第五篇多元经济）

郝中华 （第六篇社会化事业）

范　波 （第七篇铁路局党组织）

杨天祥 （第八篇群团组织、第九篇人武政法）

李　航 （第十篇人物、附录）

李英奇 （大事记、附录）

编　　务：杨　波

彩图摄影：除署名外，均由周冲摄制、翻拍

彩图编辑：李　航　　**图示制作**：刘晓勇　　**统编定稿**：张耀锟

各单位主要参编人员：

赵　俊	臧真涛	李晓东	李　佼	吴若冰	李学军	杨　光
付希卓	景奉铁	陈克颖	孙长鸣	邰玉军	于海波	张德柱
李海霞	于长亮	周作宝	张毓龙	赵继东	辛一丹	刘　宁
杜　钰	赵秀娜	赵　阳	毛雪柏	何宇波	王晓亮	郑文新
高鹏燕	裴哲亚	孙　成	韩晓燕	赵　强	王志夫	赵志平
王旭光	王　瑞	代　鹏	梁洪书	曾繁威	刘玉金	王玥瑄
任　勇	范　波	姜东蛟	孙守礼	王　洋	曹青竹	于永刚
孟祥君	崔冬冬	朱轶博	张　丽	姜文平	王　震	潘晓蕃
夏群英	管仲国	盛喜国	魏孝忠	菲仪方	杜博雅	李成森
马学谦	苏晓梅	邱　琳	吴一凡			

（各基层单位撰稿人员随文标注）

——/ 谨 / 以 / 此 / 书 /——

献给沈阳铁路局建局七十周年

(1948—2018)

秦沈铁路客运专线是国家"九五"计划重点项目，西起秦皇岛站，东至沈阳北站，全长404.64公里，总投资157亿元。该线1999年8月6日开工建设，2002年6月全线铺通。设计时速200公里，预留提高到每小时250公里条件。上图为秦沈客专上行驶的动车组 　　　　　　　　　　　　　　　　　　　　　　　　　　　　　　(宣传部　供稿)

2010年6月重新改造扩建的秦沈客专葫芦岛北站 (锦州车务段提供)

2012年10月改造扩建后的秦沈客专锦州南站

2008年5月，沈山线电气化改造开通。　　　　　　　　　　　　（宣传部　供稿）

2001年8月18日，哈尔滨至大连电气化铁路沈阳北至哈尔滨段开通　（姜守凯　摄）

哈尔滨至大连客运专线是中国北部严寒地区建设的设计标准最高的高速铁路。速度目标值为开通速度200公里/小时，主要基础设施350公里/小时。线路全长923公里，沈阳铁路局管内营业里程824公里。2007年开工建设，2012年12月竣工运营。图为哈大客专辽南沿海段行驶的动车组列车　　　　　　　　　　　　　　　　（刘慎库　摄）

2008年10月，建设中的哈大客运专线（邹毅　摄）

2012年建成并投入使用的哈大客专大连北站（张宝洪　摄）

2012年建成并投入使用的哈大客专长春西站

2015年7月，北京至沈阳客运专线在建设中

长春—吉林城际铁路于2011年建成通车，为东北地区第一条城际铁路。线路全长111公里，达到最高速度250公里/小时运行条件。图为长吉城际铁路上开行的动车组列车

　　盘锦—营口铁路客运专线西起盘锦北站，至沈大高速线下夹河线路所和海城西站，正线全长89.3公里。速度目标值350公里/小时；2009年5月31日全线正式开工；2012年10月28日开始铺轨，2013年1月31日全线铺通。图为铺轨施工 （赵熙春 摄）

2015年建成并投入使用的沈阳南站 （张宝洪 摄）

　　沈阳—丹东铁路客运专线正线全长205.7公里。2010年5月1日全线正式开工，2014年7月24日全线开始铺轨，2015年1月7日全线铺通。图为2015年9月1日动车组列车在线路上正式运行

2013年11月，东北东部铁路建成通车。对巩固国防、促进少数民族地区的经济繁荣和社会稳定，对发展长白山区及东北亚经济起到推动作用

丹东—大连快速铁路全长290.1公里。前阳至庄河段2009年11月开工；登沙河至庄河、大连枢纽段均于2013年4月开工。2015年12月17日，丹大快速铁路全线正式运营

吉林—珲春客运专线全长361公里。2010年8月16日开工建设。2015年9月20日正式开通运营

　　2010年4月1日，沈阳北站站房改造工程开工，2010年9月30日，完成北站房及5～8站台高架及新建雨棚工程，2011年6月30日，完成全部高架及雨棚改造工程；2011年12月30日正式开通运营。图为沈阳北站现代化高架候车室　（王正富　摄）

图为改造前的沈阳北站候车室

改造前的沈阳站站台风雨棚

　　吉林站站房2010年1月开工，2011年1月开通运营。图为新吉林站

2012年8月建成的沈阳站西站房

2000—2006年，在保持原建筑风貌基础上，对沈阳站主楼（第三候车室）、近郊及软席候车室（原二候）、售票处及综合办公室（原四候）内部进行大规模改造，新建高架候车厅9375平方米。高架候车厅跨5个站台，内设4个候车室，并增设电动滚梯。图为沈阳站无柱风雨棚

改造扩建后的沈阳站宽敞的现代化候车大厅

　　长双烟铁路为国铁2级铁路，起点为长春枢纽龙泉北站，终点为沈吉线烟筒山站，新建铁路长度93.85公里。图为2008年建设中的长双烟铁路

2007年，京哈线沈阳至兰棱间扩能改造工程5.30施工会战　　　　（吴光智 摄）

　　2003年，为解决危及安全生产的设备隐患问题，将京哈、沈大线87处平交道口全部纳入"平改立"改造

沈阳铁路局1996—2015年基建、更改投资计划完成情况图示

基本建设投资 ■ 更新改造投资（单位：亿元）

沈阳铁路局1996—2015年设备大修投资完成情况图示

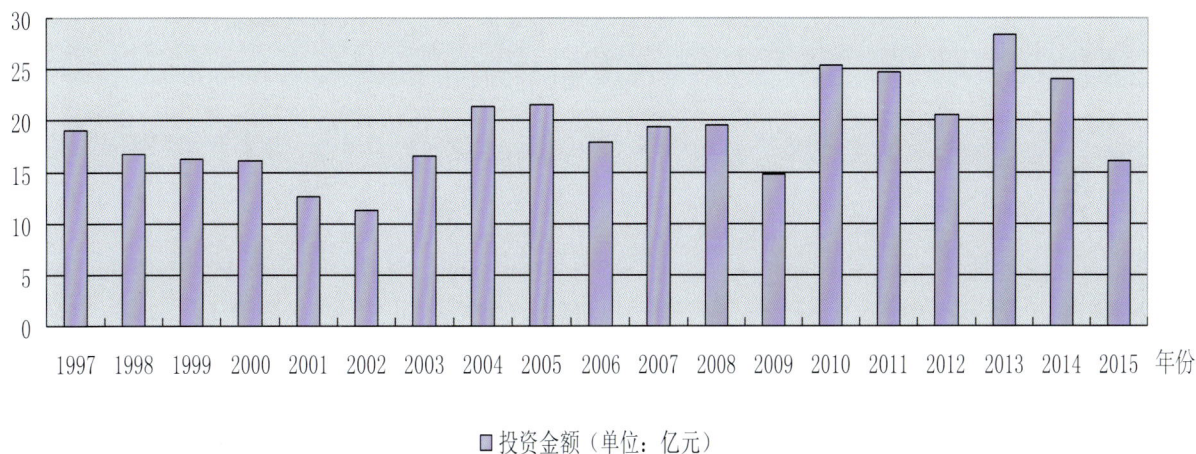

投资金额（单位：亿元）

沈阳铁路局1996—2015年营业里程、线路延展长度增长情况图示

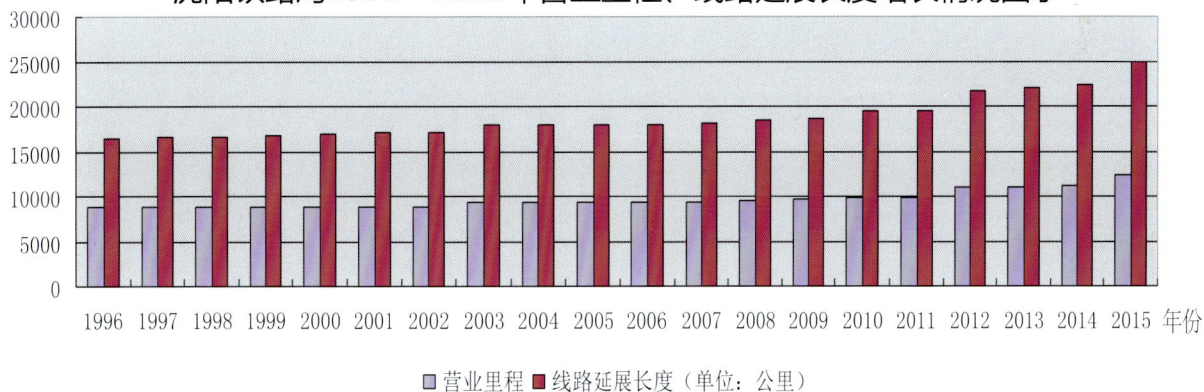

营业里程 ■ 线路延展长度（单位：公里）

*此表中 2008 年以后为国铁与合资铁路合计数

沈阳铁路局1996—2015年蒸汽、内燃、电力机车配属量消长对比图示

■ 蒸汽 ■ 内燃 □ 电力 ■ 机车总数（单位：台）

2007年，全局行车调度指挥全部采用TDCS和CTC指挥系统，显著提高了运输组织效率。图为全局的运输指挥中心——沈阳铁路局现代化的调度大厅

2016年建成的沈阳铁路局数据中心（含应急指挥中心） （宣传部 供稿）

2015年建成的沈阳铁路局应急指挥中心

2014年沈阳铁路局推进货运组织改革，开行东北货运快车，抢占零散"白货"市场，全力打通服务货主"最后一公里"（营销处 供稿）

通辽北内陆港整列货车正在进行装运
(宣传部 供稿)

大连金桥物流基地装车场景
(宣传部 供稿)

2010年6月，通霍线先后开行5千吨、1万吨、2万吨重载组合列车，对缓解铁路瓶颈制约发挥了重要作用

沈阳西工业走廊铁路沙岭综合物流园区　（宣传部　供稿)

2015年8月28日中欧班列开通　　（宣传部　供稿)

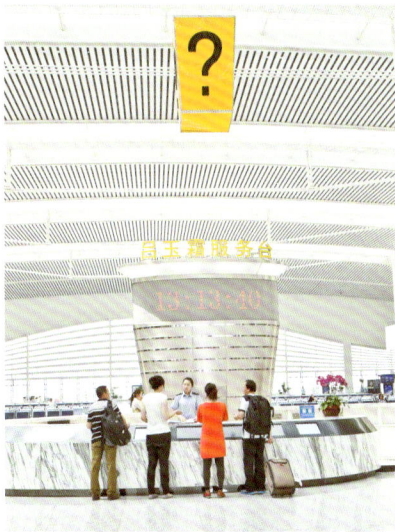

大连站旅客候车室里的"吕玉霜服务台"是被全国妇联命名的"全国巾帼文明岗"。图为服务台的客运员为旅客热心服务 （宣传部 供稿）

2011年沈阳客运段在服务旅客创先争优活动中，以服务旅客为标尺，不断提升服务质量，图为该段D14次乘务组人员正在向旅客做问卷调查 （宣传部 供稿）

2008年春运，由于暴风雪的袭击，数万旅客被困广州站。按照上级部署，沈阳铁路公安局500名公安干警奔赴广州，在车站广场维护秩序 （宣传部 供稿）

2000年后，全局各车站陆续开展互联网和自动售票机售票，图为沈阳北站售票厅

沈阳铁路局2007—2015年动车组配属增长情况图示

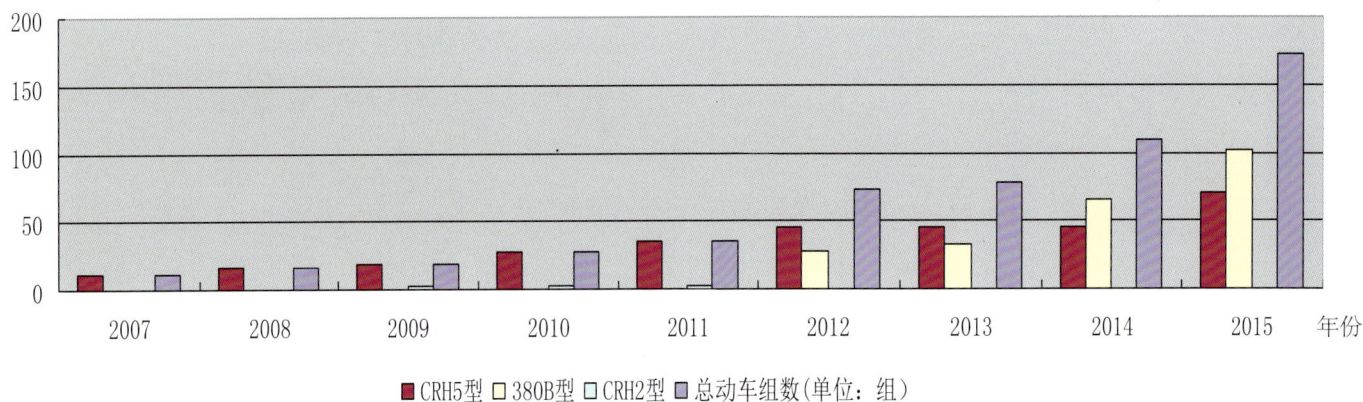

CRH5型 ■ 380B型 □ CRH2型 ■ 总动车组数(单位：组)

沈阳铁路局1996—2015年开行列车对数、直通列车、管内列车变化图示

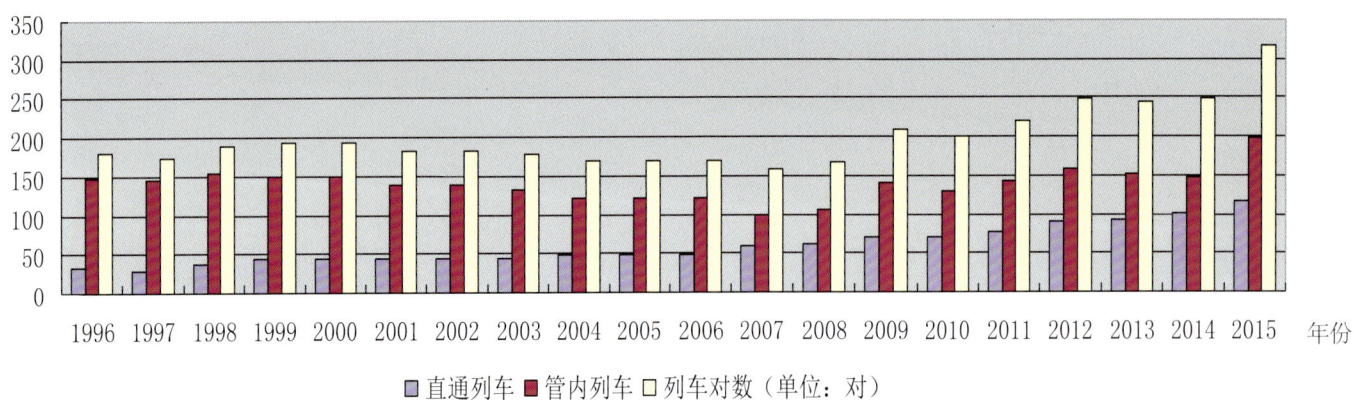

■ 直通列车 ■ 管内列车 □ 列车对数（单位：对）

沈阳铁路局1996年—2015年货运量完成情况图示

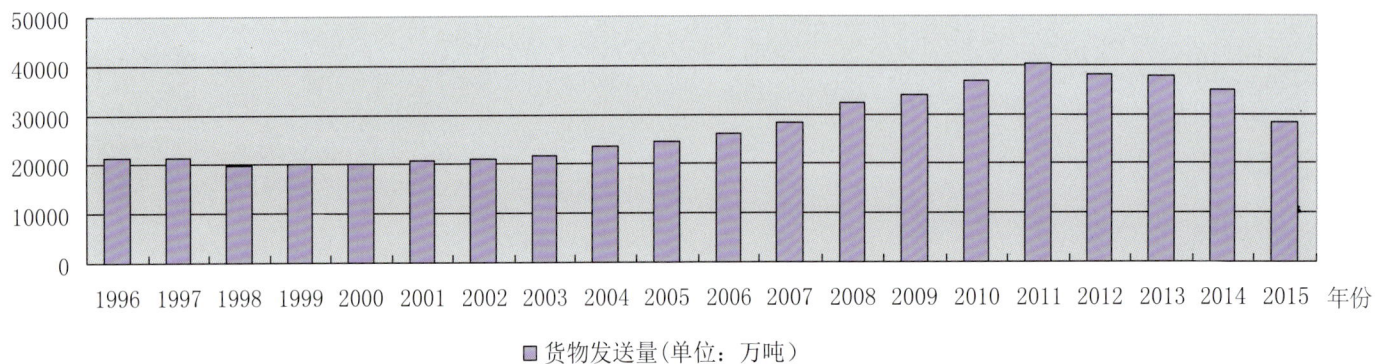

■ 货物发送量(单位：万吨)

沈阳铁路局1996年—2015年客运量完成情况图示

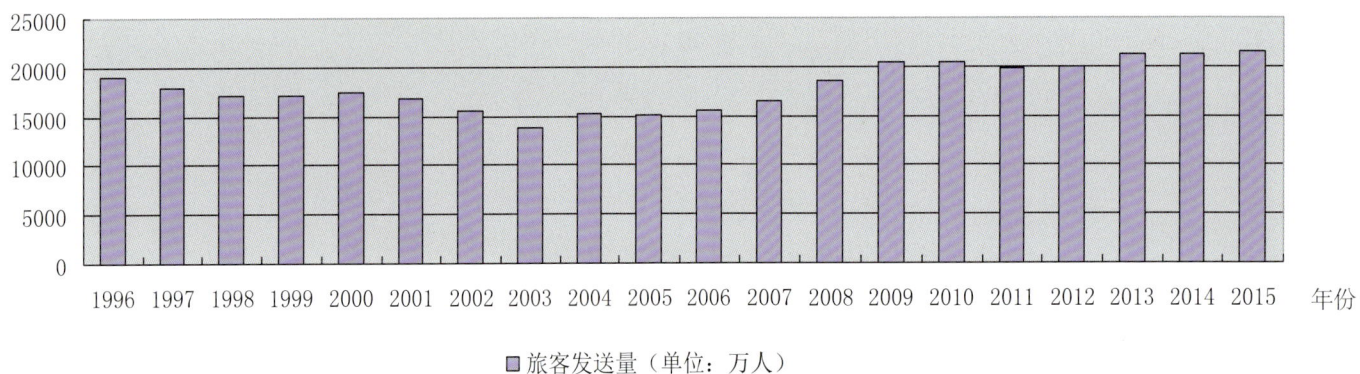

■ 旅客发送量（单位：万人）

2002年2月28日，通化机务段建设型8108号蒸汽机车下线，结束了全局牵引动力的蒸汽时代（单印田 供稿）

2013年通辽机务段珠斯花整备车间组织力量对机车走行部等关键部位进行检查，确保西部铁路机车运行安全（王正富 摄）

2009年9月30日，苏家屯机务段机车中修基地建成投入使用 （宣传部 供稿）

2010年，全局加强动车组运用管理工作，在入冬前对动车组进行10项内容的防寒整备，提高动车组应对低温能力，使得动车组故障得到了有效遏制　（宣传部　供稿）

2007年，苏家屯车辆检修基地新引进悬挂积式转向架检修流水线，是目前全路规模最大、工艺水平最先进的货车检修基地（吴关智　摄）

沈阳铁路局车辆系统通过6个多月的生产实践，在全路率先通过RIRS质量管理体系认证，实现CRH5型车自主检修试修，并提前开启CRH380BG型动车组的合作检修，实现了沈阳动车基地可以同时进行两种车型合作检修的目标。图为2015年9月23日，沈阳动车段三级修作业现场　（张玉石　摄）

2015年，沈阳工务机械段对大郑线进行线路清筛作业　　（张春怀　摄)

2013年7月20日，沈丹线水害期间，丹东工务段干部职工对严重倾斜的龙泉河桥墩进行扶正和加固（王正富　摄）

2013年7月21日，首列货车平稳通过修复后的龙泉河桥（王正富　摄）

2011年10月19日，锦州供电段供电车间职工对锦州站场供电设备进行综合整治

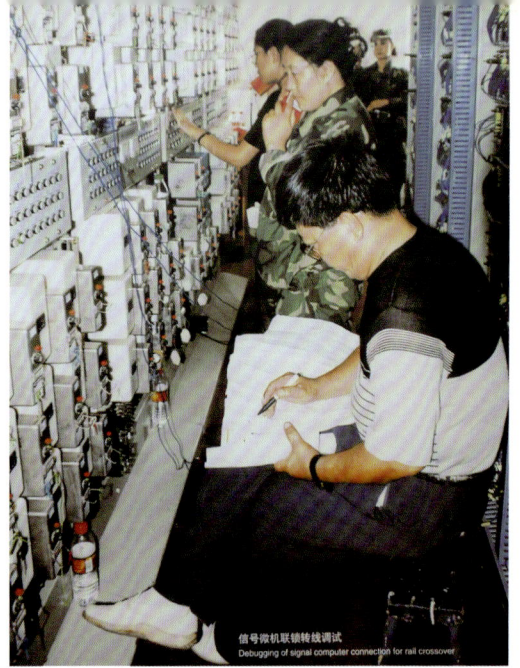

哈大电气化改造—信号微机联锁转线调试

2007年3月3日至5日，沈局管内遭遇了百年一遇的特大暴风雪。全局干部职工经过4个昼夜的连续奋战，以最快速度恢复了正常运输秩序。图为电务系统职工在清除信号及道岔中的积雪　（吴光智　摄）

2012年12月13日，大连电务段集中骨干力量对转辙机箱盒进行密封整治，防止转辙机接点上霜　（王丽　摄）

2003年，第六届中国国际现代化铁路装备展览会上，沈阳铁路局用57个项目、92幅照片从提速、信息、安全等方面重点展示了秦沈客运专线、哈大电气化改造等先进技术装备和科研开发成果 （陈志学 摄）

沈阳工务器材厂研制的YCD-4型液压道岔捣固机获第十三届全国发明展览会金奖，第93届巴黎发明博览会金奖，被列为2003年国家重点新产品计划项目 （常昆 摄）

红外线轴温探测中心

2013年9月，全局党的群众路线教育实践活动动员大会在沈阳召开 (宣传部 供稿)

2014年10月19日，全路安全文化建设现场会暨"安全风险管理大家谈"活动动员会在沈阳召开（王正富 摄）

2014年局反腐倡廉教育基地在阜新建成，占地面积33500平方米。基地建成后充分发挥党员干部廉政警示教育，案件查办展示和纪检监察干部业务培训等功能，为党风廉政建设工作提供有力保障（王正富 摄）

2014年，"人民的好车站"命名50周年现场会在新民站举行，图为车站工作人员向与会人员讲述新民站发展史（高锦旭 摄）

2010年8月13日，路局、局党委召开全局"金秋助学"启动仪式电视电话会议，会上宣读沈阳地区受助困难职工子女名单（呼兴宝 摄）

2005年5月，局团委在全局各基层团组织中开展了"青工岗位全员大练兵"活动，发挥青年在安全生产中生力军和突击队作用。图为沈局选手在参加全国青年岗位技能大赛（吴光智 摄）

1998年8月，局机关向灾区捐献物资。图为装车时的情景 （姜守凯 摄）

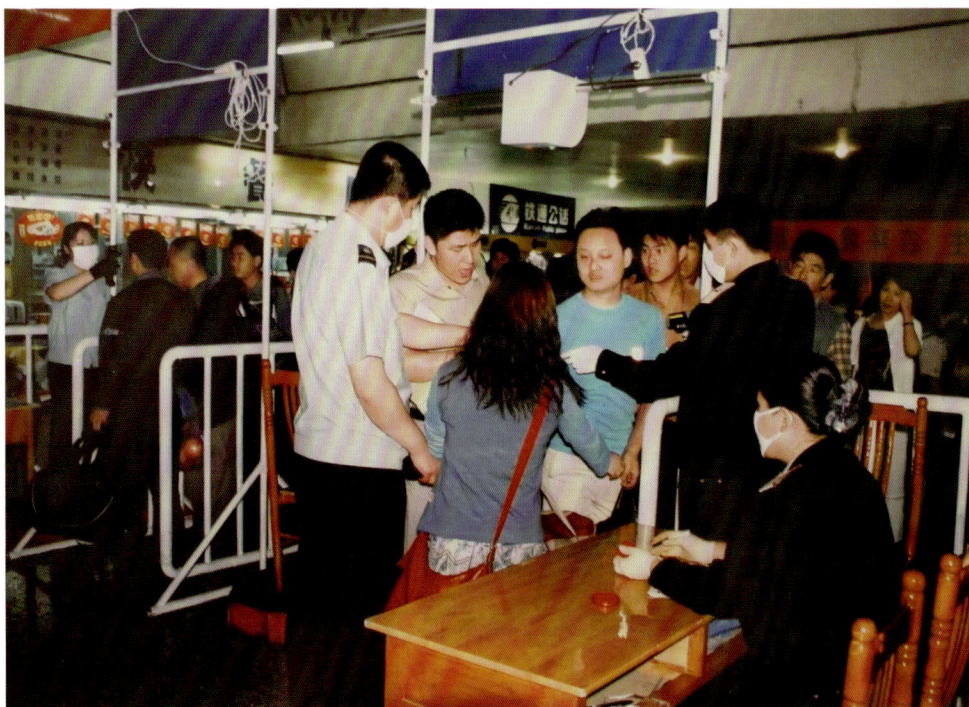

2003年"非典"期间，沈局共培训职工35万人，累计发放各类宣传单102万份，使用体温计7.6万支，直接投入资金2482万元。实现了职工家属零感染的目标。图为在非典期间车站客运工作人员为每一名进站上车旅客量体温 （姜守凯 摄）

2008年5月12日，四川地震发生后，从5月13日起，沈阳铁路局共开出救灾专列225列，共装运救灾物资3926车，其中：运送过渡安置活动板房866车，11123件。图为金州站装运活动板房 （金州站 供稿）

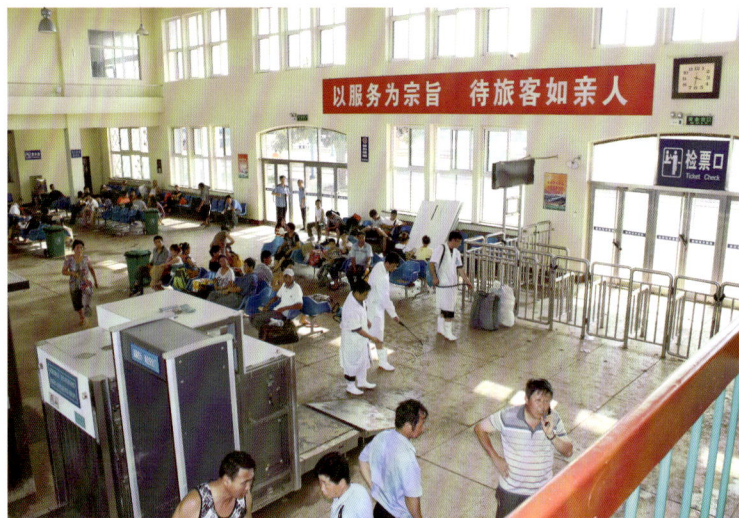

2012年8月6日，沈阳疾控所水害期间深入盖州车站对候车室进行消毒 （王嘉子 摄）

2009年至2012年，全局保障性住房实现累计进户49000户，基本解决了职工住房难题。图为2012年沈铁和谐家园夜景　（张春怀　摄）

2013年沈阳林业总场加大绿化抚育养护工作力度，高质量完成全年造林绿化任务　（贾民　摄）

截至2015年，全局共建成"三园"（小菜园、小果园、小花园）6157个、"五小"（小食堂、小浴池、小宿舍、小活动室、小学习室）23859个。图为通辽工务段通辽西职工建设小菜园　（局工会　供稿）

2011年除夕之夜，山海关第一行车公寓为待乘的机务乘务员、列车员安排丰盛的年夜饭，并在餐厅接通临时电话，方便他们与家人互致问候　（高锦旭　摄）

沈阳铁路陈列馆2010年正式开馆。陈列馆分为装备陈列展、史料图片展、运输能力展、安全教育展。陈列了不同时期机车、车辆、工务、电务设备。其中，陈列蒸汽机20台、内燃机车11台、内燃动车2台、电力机车3台、共计36台。陈列馆以700余块展板、850多张照片、80多个展柜以及实物、场景复原、影视等形式，详实展示了沈阳铁路不同历史时期的发展过程。具有成果展示、典型弘扬、集中教育、素质培训和主题活动五大功能

大安北蒸汽机车陈列馆2011年4月正式动工兴建，占地面积约2.1万平方米。原沈阳、吉林、锦州、齐齐哈尔4个铁路局、24个机务段的蒸汽机车86台入馆陈列。其中，前进型机车42台、建设型机车37台、上游型机车7台。基地还存放各型内燃、电力机车381台。其中：长备机车94台，报废机车287台

　　苏家屯站站史馆建成于2014年，馆内面积360.5平方米，由沙盘区和站史区两部分组成，共设立站区全貌沙盘一座，图片展板188张、注释板105块，以及6台展柜和79件实物展品。站史馆是职工了解现场、熟悉设备的培训基地，更是帮助职工生发爱站情怀、传承光荣传统，提升正能量，聚力促发展的站史文化教育基地

　　2010年10月，沈铁图书馆依原貌重建，建筑面积5200平方米，包括主楼、藏书楼和车向忱故居。设借阅处、电子阅览室、特藏室、珍藏室、接待室、报告厅、多功能厅等。馆藏图书14万册

　　2012年8月，路局档案馆改建工程竣工并通过验收。新档案馆建筑面积5333平方米，共设置专门档案房18个，并配备检索接待室、信息录入室、整理室、阅卷室、档案业务培训室、档案陈列室、微机室。集中存放档案445592卷、213710件，资料11127册　　（李航 摄）

沈阳铁路局1996—2015年运输收入完成情况图示

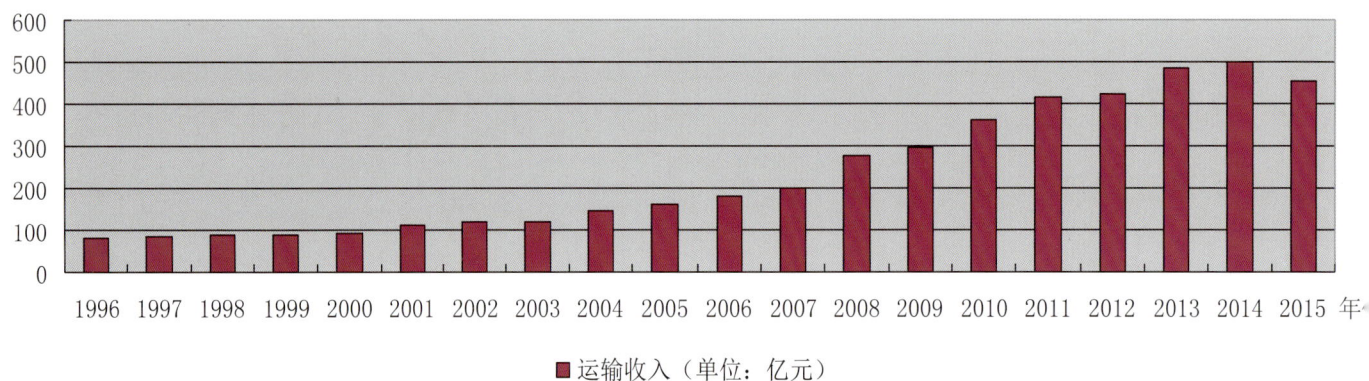

■ 运输收入（单位：亿元）

沈阳铁路局1996—2015年多元经营营业收入情况图示

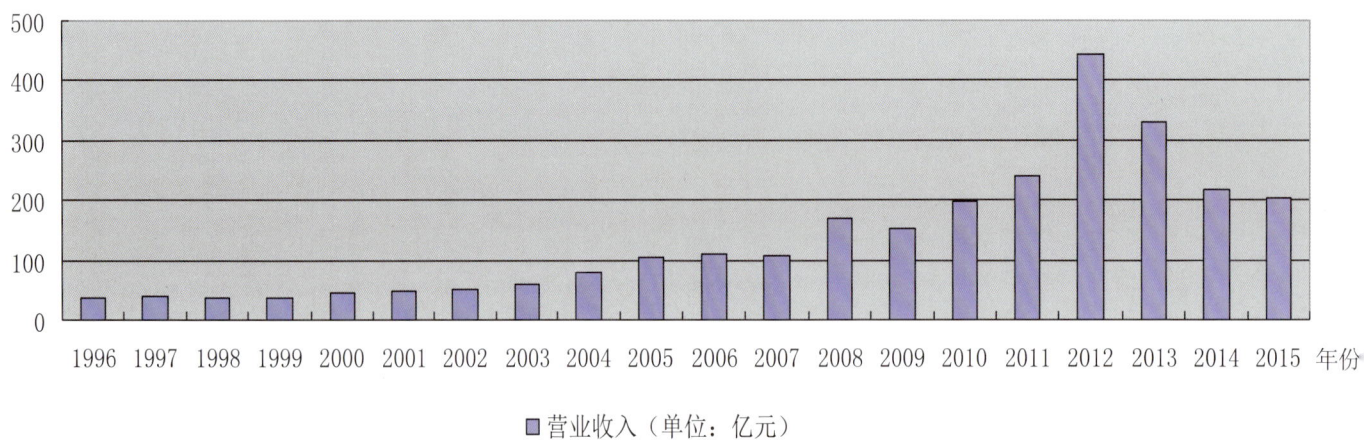

■ 营业收入（单位：亿元）

沈阳铁路局1996—2015年职工平均工资增长情况图示

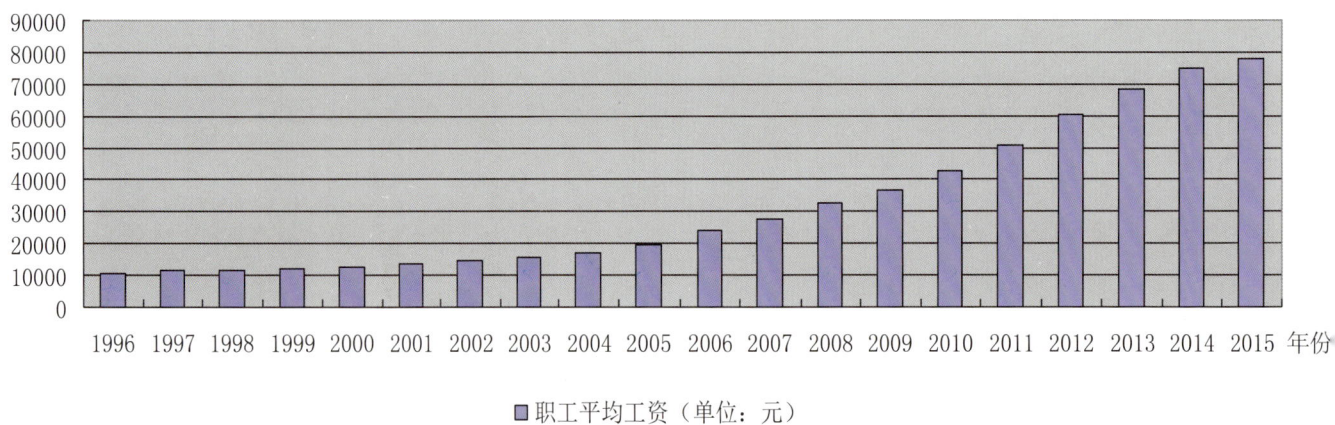

■ 职工平均工资（单位：元）

目　录

序

  由沈阳铁路局、局党委主持,局机关各部门、各直附属单位全程参与,局办公室、档案史志室具体组织,经过200余名参编者近两年的共同努力,《沈阳铁路局志(1996—2015)》终于编撰完成,即将付梓成书。这是沈阳铁路局第二部局志,突出反映了全局干部职工在中国铁路总公司(原铁道部)和路局、局党委的坚强领导下,经过20年的改革探索与艰辛努力,逐步向大型现代化铁路运输企业发展的曲折过程。回眸过去,昭示未来,这部志书必将成为资政存史的宝贵资源和对职工进行局史局情教育的适用教材。

  这20年,是沈阳铁路局路网规模和质量显著提升的时期。1996年前,尽管沈阳铁路局路网密度与运营规模高于其他铁路局,但基础设施与技术装备相对落后,牵引动力仍然是蒸汽机车和内燃机车,运能和运量矛盾突出,难以满足地方经济社会发展和人民群众出行的需要。2000年以后,随着全国铁路建设大规模展开,迅速改变了铁路建设“东北无战事”的局面。1996—2015年,在建设系统广大干部职工的共同努力下,全局铁路建设取得了丰硕成果。相继建成长吉城际铁路、哈大客专、沈丹客专等6条高速铁路,完成哈大、沈山等干线铁路电气化改造。2015年全局营业里程(含合资铁路)较1995年增长39.7%,线路延展长度增长50.9%。2015年年底,全局路网密度达到214.9公里/万平方公里,远超全路平均水平。

  这20年,是沈阳铁路局客货运输工作取得重大成效、运输服务实现重大进步的时期。客运方面,全局客车旅行速度越来越高,最高旅行速度从120公里/小时提高到300公里/小时。客运基础设施不断完善,旅客出行体验大幅提升,全局客运吸引力显著增强。增开了到三亚、拉萨、昆明、乌鲁木齐等地的旅客列车,形成了直达除港、澳、台外的全国31个省市区省会或首府的列车布局,全局旅客列车开行结构越来越合理,人民群众出行越来越便捷。2015年全局旅客周转量较1995年增长109.2%。货运方面,始终坚持以服务社会发展为己任,以市场需求为导向,不断完善货运基础设施,加强货运组织管理,转变营销方式,大力发展现代物流,在快运、集装箱、多式联运等重要领域取得了长足发展。2015年,总公司在沈阳召开铁路现代物流建设现场会,充分肯定了沈阳铁路局的货运工作。2015年全局货物发送量较1995年增长34.2%,货物周转量增长9%,日均装车量增长28%。沈阳铁路局客货运输效益越来越高,2015年全局运输收入较1995年增长3.4倍。

  这20年,是沈阳铁路局经营效益、经营质量和经营实力迅速提升的时期。1996—

2015年，尽管全局经历了生产力布局调整，职工人数减少了38.2%，但经营工作持续保持高速发展势头。以实施口岸战略打东部、港口战略打中部、资源战略打西部"三大经营战略"为重要支撑，坚持兴办实体、发展实业、壮大实力、赢得实惠的方针，集中资源优势、市场优势和竞争优势，结合区域经济特点，深入开发具有比较优势的经营项目和服务产品，形成了以物流、房地产开发、工程建设、餐饮酒店等实体经济为支柱的产业格局，全局经营创效能力越来越强。不断强化企业经营质量，提升经营管理内涵，始终坚持以财务指导运输生产，加强成本和资金管理，大力节支降耗，在努力确保盈亏平衡的基础上，保证了生产必要投入。

这20年，是全局党建工作和职工队伍建设取得丰硕成果的时期。我们经受住了党的群众路线教育实践活动、"三严三实"专题教育，特别是中央专项巡视的党性洗礼和政治检验，全局党员干部的政治定力、政治意识、政治规矩普遍增强。深入推进党风廉政建设，从严贯彻中央八项规定，认真落实"两个责任"和"一岗双责"，始终保持纪律审查的高压态势，营造了不敢腐、不能腐、不想腐的浓厚氛围。针对形势任务，深入开展创先争优、精神文明创建等一系列教育活动，党员队伍的思想素质越来越高。大力建设企业文化教育基地，弘扬企业优良传统，树立各系统各行业先进集体与先进典型，塑造了新时期铁路员工甘于奉献的模范形象，为全局运输经营和建设发展提供了强劲的发展动力。坚持以人为本、职工至上，职工生活待遇和职场作业条件越来越好，2015年全局在岗职工平均工资较1995年增长7.8倍，职工的归属感和获得感越来越强。

这20年，在铁道部和总公司党组的正确领导下，在全局党政工团各级组织和全体干部职工、公安干警及驻局军代处官兵的团结奋战下，在离退休老领导、老同志和广大职工家属的鼎力支持下，沈阳铁路局实现了跨越式发展，已由20世纪90年代前的技术装备陈旧落后、运能与运量矛盾突出、经营管理粗放、效率效益提高受限，发展成为基础装备先进、运输安全稳定、内部管理精细、综合效益可观和生产力有效释放的现代化交通运输企业。作为大型国有企业，沈阳铁路局为振兴东北老工业基地、拉动地方经济社会发展、服务人民群众做出了应有的贡献。

编纂志书，就是要全面、准确、翔实地记述这一重要阶段的建设发展历程，展现发展成果，进而增强企业的凝聚力、向心力，以及由企业文化内涵所体现的软实力，并以史为鉴，不断总结历史经验，使我们能够站在历史的新起点，持续深化改革、奋力创新，向着沈阳局改革发展的更高目标阔步前行。在此，我谨代表沈阳铁路局、局党委，向参加编修局志的全体同志，向给予热心指导的总公司档案史志中心领导表示衷心感谢！

凡　例

一、《沈阳铁路局志（1996—2015）》，以中国共产党第十八次全国代表大会及三中、四中、五中、六中全会精神为指导，运用辩证唯物主义与历史唯物主义的立场、观点、方法，全面系统、客观准确地记述沈阳铁路局20年来在铁路建设、运输经营、改革管理等各方面的实际情况与发展变化。

二、《沈阳铁路局志（1996—2015）》是衔接《沈阳铁路局志》（1891—1995）的续编。由于记述内容的时限范围内全局各项事业发展变化较大，在侧重主要事项的同时，1996—2015年期间的各项工作在各篇中尽量全面地予以记述。同时，本着详近略远的原则，2016年发生的重要事项补记于《大事记》及相关篇章之中。

三、《沈阳铁路局志（1996—2015）》记事空间，以此期间全局管界范围为限，并随新建铁路延展、管界调整、经济吸引区的拓展而变化。入志的全部内容以沈阳铁路局作为整体进行记述，2005年以前铁路分局情况及基层单位情况从简。

四、《沈阳铁路局志（1996—2015）》采用述、记、志、传、图、表、录七种体裁，以志为主。《概述》《大事记》置于各篇章之前；反映全局铁路建设、运输经营、装备更新、改革发展与各项事业变化的彩色图片附于全书之首，其他有存史价值的部分图片随文插入相关章节之中。表格序号由3位阿拉伯数字组成，第一位表示所在篇，第二位表示所在章，第三位表示所在章的表格序位。附录排在最后，刊载全局2015年各基层单位简况与全局车站名录。

五、全书按照志书横排竖写的体例，各篇、章、节、目按事物性质分类，兼顾各部门业务分工。记事内容大部分在目下以时为序进行记述，少数事项在节下直接竖写，也有个别事项划分到子目、子子目。

六、全志使用第三人称。人名，直书其名，必要时冠以职务。单位，第一次出现用全称，多次出现用简称，如"沈阳铁路局"对外、对上级用全称；对内如对分局、站段时称"路局""铁路局"。

七、全书各篇章资料主要源于各处部室、各单位提供的初稿。各主要数据依据局计统处编写的《统计资料》，各部门稿件提供的数据如与《统计资料》不一致时，以《统计资料》为准。

概　　述

沈阳铁路局是中国铁路总公司（铁道部）下属铁路运输企业。全局管辖的线路地处中国东北铁路网的中南部，全局铁路跨及辽宁、吉林省的全部，内蒙古自治区东南部，黑龙江省南部，河北省东北部的部分地区。经济吸引区内有近30个地级市、盟、自治州，200余个县级行政单位，总人口达8000余万人。辽宁、吉林两省是基础雄厚的老工业基地和商品粮种植区，内蒙古东部地区煤炭资源丰富。沈阳铁路局承担着为地区经济、社会发展服务的重要职责。

沈阳铁路局在20年的发展中，既遇到诸多困难，也面临难得的机遇。1996年，沈阳铁路局铁路营业里程8811公里，线路总延长16457.5公里，职工总数38.1万人。路网规模虽然居全国铁路之首，但多年投入不足，基础设施落后，新线开通不多，运输能力紧张，制约了客货运量增长。职工人数多，劳动生产率较低，企业办社会包袱沉重。为了扭转被动局面，沈阳铁路局在铁路总公司（铁道部）的领导下，从多方面积极不懈努力，特别是抓住全国大规模铁路建设的历史机遇，不失时机地加快企业发展，扩充路网规模，提升技术装备水平，深化体制改革和机制创新，取得了历史性成效。20年间，沈阳铁路局基本建设投资累计达3447.5亿元，其中前10年334.83亿元，后10年3112.63亿元。到2015年年末，全局营业里程比1996年增长46.3%，线路延展长度比1996年增长57%，不仅路网规模依然在全路领先，而且开启了"高铁时代"，高速铁路里程也处于全国领先行列。技术装备水平有了质的提升，结束了蒸汽机车牵引的百年历史，实现了内燃化、电气化和大马力机车牵引；信息技术与现代化通信装备得到了广泛运用，铁路安全控制与运输经营进入了科学有效的管理状态。通过优化劳动组织和移交企业办社会职能，全局职工人数2015年比1996年减少了38.2%，大幅提高了劳动生产率。面对地区经济波动、运输行业竞争激烈、铁路货源短缺的严峻形势，沈阳铁路局不断深化经营体制改革，撤销了铁路分局管理层次，实行了铁路局直接管理站段新体制；实施多元经营发展战略，兴办实体、实业，增强企业整体实力；推行售票组织改革，更加方便旅客出行需求；不断深化货运组织改革，实现由传统运输企业向现代物流企业转型发展。全局铁路建设与运输经营的发展成果，有力推动了企业的现代化进程，也为繁荣地区经济做出重要贡献。

一

1996年至2000年"九五"期间，沈阳铁路局发展面临严峻挑战。随着社会运输市场竞争日趋激烈，铁路运输能力紧张和有效货源不足的压力并存，使铁路运量连续几年在同比持平的水平上徘徊波动，有的年份甚至出现下降。面对严峻的挑战和困难，沈阳铁路局积极采取应对措施，开展全员营销，努力挖掘货源，同时加大更新改造力度，开展提速扩能，挖掘内部潜力，提高运输效率，全力增运增收，在市场竞争中谋生存、求发展。

1996年，通过广泛开展营销活动，采取增运节支措施，全局货物发送量完成2.1亿吨，完成计划的101.6%，比1995年增运134万吨，控制住下滑的趋势；旅客发送量完成1.9亿人，完成计划的98.1%；换算周转量完成2041.3亿吨公里，完成计划的101.1%；运输收入完成76.94亿元，完成计划的103.9%。积极发展多种经营，全年实现销售收入34.8亿元，创综合效益12.2亿元。

1997年，沈阳铁路局以实施大面积列车提速和施行新运行图为契机，推出一批夕发朝至和快速"精品"列车，延长旅客列车运距，在旅客发送量减少10.3%的情况下，增收2.66亿元。货物发送量完成年度计划的102.7%，比1996年增运150万吨；换算周转量完成2129亿吨公里，比1996年增加88亿吨公里。全年机车、客车更新步伐加快。其中：蒸汽机车减少191台，内燃机车增加175台；客车配属质量也有较大提高，卧铺车配属辆数增加6.7%，空调车配属辆数增加32.4%，而且配备了140公里/小时25K型空调客车。多种经营完成销售收入38亿元，创综合效益13.1亿元。

1998年，沈阳铁路局遭受百年不遇的特大洪灾，从5月1日持续到9月末，历经151天，发生水害813处，累计中断行车3907小时，造成客车停运593列、货车2188列，直接经济损失5.7亿元。全局干部职工艰苦奋战，及时抢修复旧，保证了断道不翻车、确保受灾职工群众安全转移，完成抗洪部队与救灾物资的紧急运输。全年铁路运输受地区经济持续低效运转与水害的严重影响，客货运量下降明显，旅客运输比1997年下降4.8%，货物发送量下降8.3%，换算周转量下降11%，运输收入下降3.1%。为了积极应对运输经营的困难局面，路局采取以收定支、控制成本的硬性措施，兑现铁道部下达的盈亏目标。

1999年，铁道部开始在全国各铁路局实行资产经营责任制，铁路经营管理方式实行改革。铁路资产经营责任制，是铁道部作为国有资产出资人代表，对铁路局实施的以明确企业法人财产权为基础，以落实国有资产保值增值责任为核心，以提高国有资产经营效益为目的的经营责任制度。为全面落实资产经营责任制，沈阳铁路局按照铁道部的统一要求，从确立路局的市场主体地位出发，明确路局、分局、站段的市场定位，界定相互权责关系。建立资产经营责任制和安全生产经营责任制相结合的"双责"考核保证体系，层层传递资产经营的动力和压力，调动各个层次的积极性。深化"三项制度"改革，推行以聘任制为基本方式的干部管理新体制；在劳动用工上，初步形成科学定岗、竞争上岗、合理下岗、培训提高的良性循环；全面实行工效挂钩的分配原则。路局出台了货运营销"四个分配办法"，

发挥分配的杠杆作用，构建以客货营销为龙头的运输生产经营新格局。全年客货运量有所增长，货物发送量、旅客发送量、换算周转量与运输收入分别增长1.4%、0.6%、5.5%、3.1%。在铁路建设方面，秦沈客运专线工程正式开工，这是全路第一条铁路客运专线。

2000年，沈阳铁路局进一步落实资产经营责任制，确立以经济效益为中心的管理意识，强化盈亏管理。落实铁道部党组的决定，完成白城、图们分局分别并入长春、吉林分局的重组工作，并根据优化运输组织的需要，对通辽、长春、沈阳三个分局管界做了适当调整；对分局的经营考核进一步完善，强化资产经营和企业管理质量。深化支线改革，因线制宜，实行有别于干线的管理方式，促进支线减亏；全面实行物资限价、采购招标，节支增长165%。各条干线经过调图与提速，全局旅客列车旅行速度平均提高8.2公里/小时。其中，大连至上海特快列车旅行速度达到94公里/小时，进入全国铁路最快列车行列。自筹资金购置新型客车202辆，提升设备质量。加强运输组织，在运输"黄金时段"加开临时旅客列车，加挂客车车辆，开行旅游专列，合计创收4050万元。全局微机售票站由1996年的4个扩展到68个，联网售票站25个，微机售票窗口470个，全年日均微机售票30万张。全年运用运价下浮政策吸引货源，增运620吨货物。客货运量与1999年相比，均有增长。全年实现盈亏目标。

二

2001年至2005年"十五"期间，沈阳铁路局发展出现新的转机，随着铁路建设力度逐年加大，全面实施了哈大电气化改造工程，结束了东北铁路网无电气化铁路的历史；扩大了内燃机车牵引比重，结束了"蒸汽时代"的历史；开通运营了秦沈客运专线，提高了铁路运输能力。5年间，全局货物发送量、换算周转量、运输收入分别比"九五"期间增长8.8%、13.9%、52.9%；由于地区客流增长缓慢，运输同行业竞争激烈，整个"十五"期间旅客发送量比"九五"期间下降13.6%。强化客运营销，提质增效，成为铁路运输经营的重要攻坚方向。

2001年，路局把客运扭亏列为"一号工

程"，遵循"跨局争客流、管内调结构"原则，全年停运扭亏无望客车9对，车体套用5对，延长、缩短或变更区段13对，增加站停列车14对34个车站，使跨局直通客流比2000年提高1.8%，全局客运营业比由年初的0.88提高到0.93，换算减亏1.9亿元。货运重点抓"五定"班列、集装箱班列、空敞大列、大宗货物直达列车开行，有效吸引货源，日均装车比2000年增加209车，增长2.1%。2001年8月18日，哈大电气化铁路沈阳北至哈尔滨段开通，提高了运输能力。运输牵引动力装备的更新换代也发生了质的变化，内燃机车配属比例由1996年的51.4%上升到2001年的85.1%。同年，全局配属104台直流电力机车，标志着沈阳铁路局牵引动力进入电气化时代。

2002年2月28日，沈局最后一台建设型8201号蒸汽机车在通化机务段下线，结束了蒸汽机车在沈阳铁路局百年运用的历史。全年配属内燃机车1545台；电力机车配属162台，且呈逐年增多的发展态势。

2003年，"非典型肺炎"流行对铁路旅客运输带来严重冲击，全局运输欠账最高时达到6.4亿元。路局不失时机地采取"以货补客"和"客货双赢"营销策略，密切与地方联系，实行双向承诺运输，加强与重点厂矿企业协作，开行稳定的循环车组，有效吸引货源。在运输组织方面，从狠抓卸车入手，以卸保排促装，缓解空车不足矛盾，为营销提供运力保证；在客运营销方面，"非典"过后，及时恢复列车编组，适应旅客运量增长的需求；抓住"春运""暑运""十一"黄金周时机，努力实现客运补欠增收。在全年客运量减少的情况下，实现货物发送量运比2002年增运535万吨，增加2.5%；换算周转量完成2192亿吨公里，比2002年增加74亿吨公里；运输收入完成119.8亿元，比2002年增加2.05亿元，实现了"以货补客"总量增长的目标。继续加大改革力度，实施运输生产力布局调整，撤并中间站129个，减少运输站段67个。完成部分学校、医院、幼儿园向地方政府的移交，占全局医疗、教育专业单位总数的31.8%。为确保运输经营稳定发展，路局狠抓运输安全。认真落实铁道部关于强化安全基础建设的要求，把安全管理定位在"问题管理"上，关口前移，抓小防大；把安全

管理重点对象定位在干部上。在强化施工安全方面，建立次日施工之前的例会制度，实施干线施工现场由路局、分局干部"双卡控"，列车放行前施工单位与运输部门"双确认"，并将所有施工全部纳入"天窗"，做到线路施工不行车，行车不施工；把出现车辆溜逸事故作为分局、站段干部考核的失格条件，加大防溜逸措施落实情况的考核写实，扭转溜逸事故多的被动局面；对京哈、沈大干线平交道口纳入改造计划；加大对安全设备的投入，建成拉滨、长白等5条干线红外线轴温探测联网并投入使用；完成局交接口红外线联网的交接站探测站工程和秦沈客运专线红外线探测站加密建点工程。在路风建设方面，出台《路风问题责任者处罚规定》等4项制度，并组织大范围、多形式、高频次暗访，对查处的重点问题进行通报，相关责任者受到处理，使客运秩序和路风建设取得明显成效。进一步加快扩能工程，年内，完成京哈线19段曲线与4座老龄病害桥梁的改造，在哈大线更换401公里Ⅲ型轨枕，沟海线电气化改造工程全面开工；坚持挖潜扩能，延长11个区段的客运机车交路和16个区段的货运机车交路。提升运输牵引能力与运输技术装备水平，电力机车达到机车总配属的13%，比2001年配属数量增长1倍；全路SS9型电力机车首台中修在苏家屯机务段完成，标志东北机车检修基地落成并成功投入使用；分层次对旅客列车软硬件进行提档升级，在推进10趟"精品旅客列车"动态达标的基础上，又选择7趟直通标杆车和7趟短慢标杆车，通过品牌效应与提升设备质量，推动全局列车旅行服务水平与客运营销的竞争力。10月12日，中国铁路第一条客运专线——秦沈客运专线正式投入运营，实现部分客车分流，缓解了华北和东北运能紧张的状况。

2004年，按照铁道部统一部署，继续进行社会职能属地移交工作，中小学、医院、幼儿园、职业学校，在册职工全部完成移交工作。铁路建设与运输设备改造取得进展，全年确定的沟海线电气化改造、烟大轮渡配套、沈阳站无柱雨棚等重点工程完成投资13亿元；加快线路基础设备改造，完成钢轨更换630公里、单根抽换Ⅲ型轨枕454公里；完成80个剩余车站非电气集中改造，结束沈阳铁路局线路闭塞存在非电气集中的历

史。全局运输主要指标与2003年相比，货物发送量增长9.4%、旅客发送量增长9.9%、换算周转量增长15.4%，出现较大幅度增长的局面。

2005年，铁道部党组做出管理体制改革的重大决策，沈阳铁路局撤销7个铁路分局，实行铁路局直接管理站段。重新确定路局机关、各办事处和运输站段的机构编制，初步理顺了管理关系。撤并了40个运输站段，使全局运输站段减至103个。充分发挥新体制优势挖潜提效，强化调度指挥，整合调度台，试行分线管理；实施大客户战略，加强"点到点"直达运输组织，搞活了管内运输。除旅客发送量比2004年有所下降之外，其他主要指标均有所增长。安全形势在经历挫折后趋于平稳，"7·31"旅客列车重大事故发生后，路局认真吸取教训，迅速制定确保运输安全的措施，大力整改安全思想、基础管理和干部作风问题，制定了《安全生产责任制实施办法》，从严落实领导负责、逐级负责、专业负责、岗位负责和区域负责，强化安全管理和现场控制，使安全形势趋于稳定。在经营管理上，以全面预算管理指导运输生产，全年完成运输收入161.1万元，比2004年增长10.4%。多种经营收入完成104亿元，首次突破百亿元。

三

2006年至2010年"十一五"期间，沈阳铁路局发展步伐加快。随着全国大规模建设的展开，沈阳铁路局基本建设投资在这5年间完成1338亿元，比前5年"十五"期间增加了13.9倍。建设新线784公里，增建二线1004公里，电气化改造616公里。到2010年年底，全局营业里程、复线率和电化率比"十五"期末增长8.5、7.9和4.9个百分点。整个"十一五"期间，全局货物发送量、旅客发送量、换算周转量分别比"十五"期间增长40.9%、19%和32.5%。运输收入比"十五"期间增长67.25%；非运输企业收入增长1.1倍；5年间，全局职工人数逐年减少，到2010年年末达到279801人，比2005年年末减少28595人；按运输收入计算的劳动生产率增长了126.7%。5年间，全局新建职工住房53089户；2010年全局职工年平均工资比2005年增加21858元，增长了一倍多，年均递增15.8%。企业

发展成果惠及广大职工，营造了团结稳定、奋发向上的内部和谐环境。

2006年，沈阳铁路局为落实"十一五"规划，制定了三年滚动发展规划，并全面付诸实施。路局在直管站段的新形势下，继续推进改革，优化生产资源配置，加大生产力布局调整力度。全局运输站段减少34%；非运输站段和其他单位减少45.8%；撤销综合车间，整合生产车间，车间数量减少35.4%。机车运用实现"车循环、人继乘"，客、货机车交路较整合前分别延长1倍和0.5倍；机车日产量、日车公里和货物列车平均牵引总重分别提高9.5%、5.5%和4.2%；机车车辆检修向专业化、规模化和集中修方向迈进，分机型建立机车中修基地，重点扩充苏家屯机务段电力机车检修能力；保证了检修能力稳中有升。劳动组织进一步优化，机务系统普遍实行了轮乘制和单司机、双班单司机执乘；车辆系统试行了检修基地两班制作业；客运系统实行"一包二"乘务制度改革。在提高运能上实行内涵挖潜、提吨重载。通霍线低成本扩能改造取得显著成效，成功开行了上行万吨重载与下行百辆空敞列车，全年完成运量2498万吨，同比增长34.3%，并具备了年运量3700万吨的能力。按照"干线拉通、干支匹配、枢纽畅通"的目标，全面实施提吨重载，提高了45个区段的货物列车牵引定数，基本形成了支线4000吨、一般干线5000吨、主要干线6000吨的牵引定数新格局；并在京哈、大郑线开行了万吨重载列车，实行了客车化管理。直通客车同比增长8.6%；旅客平均行程达到322公里，人均收入率达到34.1元，同比分别提高7%和5.5%。同时，路局强化安全基础建设，促进安全生产责任制的逐级落实。全年完成平交改立交66处，安设报警装置540处、电动拉门542处，对有客车通过的道口实行定时看护，全局道口交通肇事同比下降41.4%；加大整治力度，使设备故障呈现逐步压缩势头，下半年设备故障率较上半年压缩了37.5%；围绕安全生产强化培训工作，以建立一体化考核机制为牵动，促进职工队伍素质的提高。共举办全局性培训班573期，培训职工4.8万人次，完成行车岗位持证上岗培训考核14.2万人。全年运输主要指标超额完成计划，旅客发送量扭转了2000年以来持

续下滑的局面，完成年度计划的102.2%；货物发送量比年度计划多发送2.9万吨；换算周转量比2005年增加72.9亿吨公里，完成年度计划的101.1%。运输收入完成182.7亿元，较年度计划超收6.2亿元，按可比口径比2005年增加14.2亿元。在铁道部下达的23项运输考核指标中，有14项创沈阳铁路局历史最好水平。完成铁道部下达的盈亏目标。多种经营收入完成109亿元，比2005年增长4.7%。

2007年，在年初遭受特大暴风雪侵袭、经受全面提速考验的情况下，沈阳铁路局继续坚持内涵挖潜，提高运输效率和效益。在京哈、沈大、通霍、大郑线开行1万吨、2万吨重载组合列车与200辆、300辆空敞大列；继续对通霍线进行扩能建设，再次延长5个中间站到发线有效长，新建煤炭装载基地，通霍线单线铁路具备年运量5000万吨的能力，为初始设计能力的8倍。加快货物集中装车点建设与货运站整合，整列装车、整列直达，推进货物运输规模化；优化企业专用铁道运输组织；实现鞍钢、锦州港直进直出运输，一次作业时间压缩3.7和1.2小时；优化客车结构，开行6对和谐号动车组列车，大幅度缩短了沈阳、长春至北京的运行时间；增开大连至满洲里、沈阳至绥芬河、赤峰至北京北等直通旅客列车，挖掘了区域客流潜力。全年旅客发送量、货物发送量、换算周转量、运输收入分别比2006年增长5.6%、9.1%、9.1%、10.3%。在新旧运行图、列车提速过渡期间，实行"班子成员趟趟添乘、领导小组早晚交班、路局站段集中对话"，确保调图提速顺利实施。全局时速250公里提速线路延展里程一次达到733.6公里。为确保提速安全稳定，狠抓现场作业控制、提高领导抓安全的力度，同时开展安全大检查、大整治，对1322台机车信号进行主体化改造，将全局所有隧道的枕木更换为混凝土枕，集中解决一批安全突出隐患和问题。强化运营预算的硬约束力，实行"季分析、月结算"确保成本不超、工资可控。全年营业收入比2006年增长11.2%，运输盈亏完成铁道部考核指标。同时，实行多种经营与站段脱钩的重组整合，形成新的经营格局，多经法人企业由原来的579个减少到180个，减幅68.9%。重组整合后，多经企业经营绩效明显提高。在全局运输效益增长的同时，保持了职工收入水平的适度提高。深入落实"三不让"（不让一名职工家庭生活在贫困线以下，不让一名职工看不起病，不让一名职工子女上不起学）承诺，形成"覆盖广泛、运作规范、救助及时、保障有力"的工作机制，全年筹集专项资金1.35亿元，累计助困47615人次、助医6714人次、助学5335人次，沈阳铁路局被全国铁路总工会命名为"全路工会落实'三不让'承诺先进集体"。到2007年年末，全局三年发展规划的主要运输指标，用两年时间已经实现。

2008年，沈阳铁路局在加快发展进程中遭遇前所未有的困难，面临的挑战异常严峻。为保持持续发展势头，在各项指标连续调增、自然灾害影响、金融危机冲击的情况下，对通霍、锦承、叶赤、长图线进行短期改造，实现西部"资源战略"、中部"港口战略"、东部"口岸战略"，取得货运增量3065.4万吨；根据货源结构和区域特点，统筹规划布局和新建47个货物集中装车点，其货装量达到全局货运总量的46%，一次装载时间同比压缩5.8小时。增加开行2~4单元组合列车、直达列车，直达装车比重占总量的55%，大客户占总量的34.3%。增开沈阳北—长春、沈阳北—哈尔滨、沈阳北—济南的动车组列车，优化客车结构；调整客运能力，增开临客、加挂扩编载客车辆，挖掘客流潜力，实现增运1136.5万人，增收2.9亿元；大力实施票额共用、席位复用，累计售出共用、复用车票1348万张，实现客票收入5.8亿元。在挖掘货源、增运增收的同时，全面落实国家和铁道部保证重点物资运输的要求，对抗震救灾物资、粮食、电煤等重点物资实行优先审批、加强运力，全年完成煤炭1.3亿吨、粮食2896.8万吨、钢铁3337.6万吨、石油1795万吨；四川汶川"5·12"地震发生后，沈阳铁路局为支援灾区，从5月13日起，共开出救灾专列227列，共装运救灾物资3926车，其中：运送过渡安置活动板房866车，11123件。同时，组建赴地震灾区转运伤员列车，历时16天，跨越10个省和直辖市，走行197个多小时，行程14005公里，安全运送震区伤员两列次，共611人，为抗震救灾做出贡献。在困难多、负担重的情况下，全年主要指标依然实现较大增幅，旅客发送量、货物发送量、换算周转量、运输收入同比分别增长12.6%、14.6%、8.6%、14.4%。其中，货物发送量首次突破3亿吨，完成3.23亿吨，结束了自1985年以来一直在2亿吨水平上徘徊的局面。加快路网建设进度，17个大中型项目完成投资262.6亿元。全年完成基本建设、更新改造投资分别比2007年增长295%、57.6%。在兑现全年运输经营目标、抓好安全、建设的同时，按照"市场做大、机构做精、实力做强"的原则深度整合多经企业，形成"7（直属公司）+15（专业公司）"的多元经营格局。多经营业收入全年完成143.9亿元，同比增长32.5%。

2009年，面对年初金融危机扩散蔓延、运输任务欠账越滚越大、安全形势出现滑坡的不利局面，强化营销攻关，争揽公路货源，拓展市场份额，日均争取公路货源1048车，增运960万吨；实施"入关装远、管内装长"战略，每吨收入率提高2.99元/吨。为了寻求货物运输新的经济增长点，沈阳铁路局从长远发展和开发资源战略的高度，决定对路局管辖的西部的内蒙东部地区进行开发。该地区煤炭储量达240亿吨，其中属于经济吸引区的锡林郭勒盟煤炭储量达130亿吨，开采外运量巨大，是东北地区重要的能源保障。由于事关全局发展，局领导高度重视，由局多种经营部门投资，所属建设部门建设施工，仅用100天建成霍林河—扎哈淖尔—伊图塔33.5公里、珠斯花—贺斯格乌拉65.7公里的两条多经自建铁路，打通蒙东煤炭运输通道，使沈阳铁路局铁路营业网延伸到了内蒙东部的煤炭腹地。同时，继续对通霍线进行扩能改造和列车开行方案调整，使通霍线全年运量达到6233万吨。两条多经铁路建成，对沈阳铁路局占领了新的运输市场，实现主业增量、多经增收，运量提升，经营发展具有重要作用。同时，加强干线货运通道两翼地区支线扩能改造，建成4条干支联络线，打通了大郑衔接通霍的运煤大通道、沈吉与梅集钢铁运输通道、魏塔线与叶赤线的大双线通路、沟海线连接沈山线的煤炭运输空重循环通路。加大运输新产品组织力度，在通霍线开行多单元重载组合列车4422列，同比增加1063列；在锦承等4条干线开行三机或双机牵引重载列车6921列，同比增加3167列；100个货物集中装车点累计发运货物11869万吨，同比增加1975万吨；优化客车结构，增开沈阳北—太原、沈阳北—上海2对动车组列车，大连—北京、延吉—青岛、乌兰浩特—天津3对直通客车，增加旅客发送量140万人。调整客运能力，在高峰时段套用车体开行临客78对，对重点方向扩编加挂17590辆次，共增运600多万人。在完成全年主要运输指标的基础上，主要运输指标比2008年有较大增长。其中，旅客发送量比2008年增长10.1%；货物发送量比2008年增加4.7万吨；运输收入完成295.5亿元，比2008年增收19.46亿元，增长7.1%。多种经营完成营业收入163亿元。全年新增铁路建设项目46个，强力推进哈大客运专线等33个大中型在建工程，完成投资433.4亿元。全面整合运输装备检修资源，将机车中修、客车段修集中到苏家屯、沈阳，形成中修电力机车250台、内燃机车500台、客车段修能力达到1800辆的能力；将11个电务检修基地整合为5个，实现了标准化、专业化检修。充分发挥党政工团各级组织作用，深入开展"创岗建区""安全屏障""安康杯"劳动竞赛、青年学技练功等活动，激发职工全身心投入安全运输生产之中。对全局疗养资源和体育文化设施进行整合修缮，完善为职工服务功能。加大经济适用房建设开发力度，开工建设11119户，当年进户5632户。

2010年夏季，辽宁、吉林大部分地区普降大雨。沈阳铁路局管内先后遭受6次强降雨袭击，发生水害543处，中断正线累计1731小时，灾情极为严重。其中，沈吉线口前车站被洪水淹没，多名旅客与职工被围困在车站内。12月，内蒙古东部地区连续出现11次降雪、降温天气，通霍、霍白、珠珠线发生雪害75起。面对严重自然灾害，路局和局党委带领全局干部职工积极应对，努力抗击洪水与暴风雪灾害，迅速恢复运输生产。同时，在运输经营上坚持内涵挖潜、实施"三大战略"，充分释放通霍线双线改造和西部铁路开通后的能力，通霍线全年完成货物发送量8635万吨；依托辽宁沿海港口优势，全力推进"港前建港""港中建港"和"内陆建港"，实施"中部港口战略"，最大限度吸引港口货源，全年港口货物发送量4430万吨，较港口战略实施前增长35.2%；继续发挥货物集中装车点的规模优势，其货物发送量占全局货物发送量的39%。全局日均装车、卸车比2009年分别增长9.0%、7.9%；货物发送量同比增长8.7%；旅客运输注重增加效能和提高服务质量，在旅客发送量增长0.3%的情况下，客运收入比2009年多完成94126万元，增幅为11.2%；货物吨均收入率和旅客人均收入率分别增长14.4%和11.1%，全年运输收入同比增长21.8%；运输效能与经营质量得到明显提升。围绕加强安全管理、强化设备质量、提高人员素质，推进"三项工程"建设，促进了安全基础建设的深化发展。围绕打造区域主要城市间1~4小时经济圈，加快客运网建设，沈丹、丹大、吉珲客运专线相继开工建设，哈大、盘营客运专线进展顺利，长吉城际铁路竣工通车。建成长兴岛疏港铁路一期工程，完成了通霍双线、通辽枢纽、大郑线大虎山至新立屯增建二线扩能改造。新开工建设站舍29处，面积37万平方米，总投资达到93亿元。年内新建或改造的7个车站投入运营，在建的大连北、长春西、吉林和沈阳北、沈阳、长春站改造进展顺利，车站的规模得到有效拓展、服务环境更加舒适、旅客乘降更为安全便捷，服务设施的现代化水平得到较大提升。严格成本控制，开展节约动力、节省劳力、节支费用攻关，实现节支94486万元。规范辅业（多种经营）经营行为，促进辅业加快发展，将两条西部铁路继续向前延伸，分别修至白音华和珠恩嘎达布其南，当年运输煤炭3910万吨；投资新建了13个煤炭抑尘站、6个货物集中装车点、8个物流基地，组建了大连长兴岛、盘锦两家物流公司和局餐饮公司。全年辅业营业收入完成190亿元。深入实施"安心、安定、安民"工程，新建和改扩建小食堂、小浴池、小宿舍、小活动室6918个，组织31273名职工进行了健康休养、128699名职工进行了健康体检，并形成每年一次的制度；加快保障性住房建设，年内建设职工保障性住房18370户。打造沈阳铁路陈列馆的特色品牌，创建沈局特色企业文化。积极支持和扶持集体企业，实现了集体职工当年退休补齐全部养老保险，保证集体职工享受正常退休待遇。认真落实党风廉政建设责任制，加强重点领域源头治理，严查违纪违法案件，为全局加快发展提供纪律保证。坚持收入分配向基层、向生产一线、向低收入职工倾斜的原则，努力缩小最低工资收入与平均收入水平的差距。

四

2011年至2015年"十二五"期间，沈阳铁路局建设成果凸显，推动了运输效率与质量的提升。全局完成铁路基本建设投资1791.7亿元，较"十一五"期间增长38.4%；开通运营哈大、盘营、沈丹、长珲、丹大5条高速铁路1880公里，新建普速铁路813公里，既有线改造875公里。到"十二五"末，全局营业里程达到12893.7公里，较"十一五"末增长25%；复线率、电化率分别提高10.1%和11.5%。随着路网规模的扩大和路网质量的提高，运输生产力得到充分释放，为解决铁路运输瓶颈制约提供了保障。沈阳铁路局认真落实中国铁路总公司的部署，不失时机地进行了货运组织改革，确立以货主用户为中心的理念，对社会实行敞开受理、随到随运，推动全局从传统运输企业向现代物流企业转型发展。"十二五"期间，全局货物发送量、旅客发送量、运输收入分别比"十一五"期间增长14%、14.3%、63.6%。

2011年，根据铁道部要求，全局以转变发展方式为主线，实施多元化经营，延伸服务链条，找准"转机制、闯市场"的突破口，努力提高人民群众对铁路的满意度。以安全正点、尊客爱货、优质服务为目标，深入开展了"人民铁路为人民，创先争优助您行"主题实践活动。实施了动车组列车实名制售票，开展了电话订票和互联网购票业务，方便了旅客购票，提高了人民群众对铁路工作的满意度。全年货物发送量同比增长9.5%，首次突破4亿吨；旅客发送量同比减少3.8%，但直通旅客发送量同比增长9.5%、人均收入率同比增加8.99元。运输收入完成415亿元、同比多完成55亿元；非运输企业收入完成240亿元、同比多完成41.5亿元。全年基建大中型项目共完成投资计划287.99亿元。有序推进了哈大客专三大枢纽、吉图珲客专、丹大快速铁路等重点工程建设。建立了职工收入稳步增长机制，全年在岗职工平均工资达到52635元，同比增加9108元，增幅20.9%。建成了沈阳地区经济适用住房，梅河口司机楼、通辽河畔花园、锦州文政北里和新制北里等保障性住房，实施了沈阳南二期、大安北站区、铁岭站区综合整治和棚户区改造。2012年，落实铁道部党组提出的"多元化经营、一体化管理、全口径核算"的要求，坚持运输业与非运输业高度融合，充分发挥整体资源优势。主动抢占市场，全力弥补运输欠账，最大限度地消除宏观经济下行带来的影响。拓展非运输企业既有项目创效空间，扩大贸易类项目经营规模，推进新项目建设，经营效益实现大幅增长。在客运服务方面，坚持以人民满意为根本宗旨，以保证基本服务、满足需求服务、展示特色服务、创建品牌服务为目标，不断深化"服务旅客创先争优"活动。打造"十大精品列车"，新增客票代售点，实施车站自助购票，增加12306服务功能。按照铁道部统一部署，启动货运组织改革，实行"网上受理、全程服务、自愿选择、公开透明"的货物运输办理方式，日均网上受理占全局总请车的93.5%以上。新建100个货运代办点，开行快运货物列车，整合货运服务窗口，打造沈阳东物流基地样板，提升货运服务质量。在经营形势极其严峻的情况下，全年货物发送量完成38142万吨，旅客发送量完成19913万人。运输收入完成421.2亿元，同比增加6亿元；非运输企业营业收入完成449.5亿元，同比增加208.4亿元，综合贡献完成48亿元，综合效益完成73亿元，多元化经营取得明显成果。落实"十二五"职工生活规划，加强保障性住房建设与棚户区改造，年内竣工19700户，职工居住条件得到较大改善。在岗职工平均工资达到62108元，同比增幅18%。改造"四线百站"生产生活设施，新建和大修12个行车公寓，整修99处文化宫、俱乐部和离退休活动室，职场、生活条件得到明显改善。□

2013年3月14日，《国务院关于组建中国铁路总公司有关问题的批复》（国函〔2013〕47号）印发，铁道部撤销，中国铁路总公司成立，全国铁路改革进入新阶段。沈阳铁路局在中国铁路总公司党组的领导下，坚持以市场为导向，强力推进货运组织改革。按照前店、后厂分开设置思路，组建12个货运中心；实施"稳大宗，争白货，抢回流，拓新增"的营销战略，打造以集装箱班列、沈哈集货拼装快运班列和哈大高铁快运

为代表的货运新品牌，有效提升了市场竞争力。货运组织改革实施后，前店、后厂配合顺畅，大宗货源稳中有升，白货装车大幅增长，接取送达业务普遍开展，铁路货运服务直接延伸到客户，转变传统铁路货物运输方式，改革取得明显效果。客运方面，借助哈大、盘营客专优势和津秦客专开通有利契机，不断优化高铁运行图，加快既有线车体换型，进一步提升服务档次和经营质量。2013年，全局货物发送量完成3.8亿吨，旅客发送量完成2.1亿人；运输收入完成485.9亿元，同比增长15.3%。按照中国铁路总公司加快实施"十二五"铁路规划的要求，加强施工组织，强化质量控制，足额完成年度投资计划。高质量开通盘营客专，高新双线改造、沈阳站改造等5个项目按期竣工开通。全局基建大中型项目完成投资363.9亿元，同比增长20.1%。全面规范经营秩序，加强经营质量考核。强化预算管理，实施"日分析、周算账、月调整、季结算"。严格成本控制，狠抓支出大项和非生产性支出。建立物资采购"三级管理、两级采购、一个平台"新模式，全年节约采购成本2.35亿元。认真落实中央"八项规定"和总公司党组18条要求，制定28条具体措施，并严格执行。局领导班子和各级领导干部带头深入调查研究，减会议、压文电，严格规范公务接待、公务用车和办公用房的管理。以领导干部、中层干部和关键岗位人员为重点，扎实做好廉洁自律突出问题自查自纠工作。认真查摆解决"四风"方面问题，干部作风明显转变，在全局营造了风清气正的良好环境。深入推进落实"十二五"职工生活规划，切实解决生产一线职工的实际困难。加快推进大连北等保障性住房项目，全年保障性住房进户12293户。支出专项资金1.37亿元，帮扶救助职工8.4万人次。有序组织16.6万名职工进行健康休养和体检。加大对集体企业帮扶力度。规范工资分配秩序，坚持收入向运输生产一线岗位倾斜。

2014年，以开行东北货运快车为牵动，持续深化运输组织改革。面对大宗货源整体下滑，货运营销异常艰难的不利形势，及时与100家重点企业签订运量互保协议，稳定既有大宗货源。大力拓展零散白货新增货源，畅通受理渠道，对108类零散白货按实重计费，实行"一口价"运

输，实现增量367万吨。打造"中欧班列""鲜活货运快车""东北货运快车"三大品牌。全局全员搞营销，不断优化东北货运快车开行方案，实现收入13906万元。增开长春至乌鲁木齐、沈阳北至武汉等5对普速列车和高速动车组，列车开行结构得到进一步优化。更换绿皮车33组461辆，12306客服中心人工座席由50个扩充至154个，客运服务水平不断提高。运输收入完成499.6亿元，同比增长2.8%。以效率和效益为核心，实施盈亏总包干办法，充分调动了基层单位增收节支的积极性。压缩机车运用，全年节约机车用油1.6万吨、1.1亿元。大力压缩货车周转时间，节省货车使用费2.3亿元。实行物资公开招标采购，全年节支3.9亿元。房产系统供暖用煤同比节约8.5万吨、5245万元。全局运输总支出较预算下降5.3亿元。继续推进"西部战略"，将西部铁路延伸至珠恩嘎达布其口岸，新建扎鲁特工业园区康乃尔专用线，西部铁路总长达到了612公里。大力实施"港口战略"，盘锦港、绥中港物流基地顺利开通。进一步优化非运输企业内部结构，企业法人数量减少到100家。强化安全管理与安全控制，加快木枕道岔退役和分路不良整治，加大高铁和客车人防、技防、物防投入，彻底消除影响行车安全的设备隐患。全局消灭了责任一般B类及以上行车事故，是近10年来安全形势最稳定的一年。紧紧抓住国家加快铁路建设和投融资体制改革机遇期，认真落实总公司加快铁路建设部署，完成了全年铁路建设任务。年内，通霍电气化改造等13个项目开工建设，松陶铁路等4个项目开通运营，全局完成基建投资398.7亿元，同比增长9.6%。以实施"十二五"职工生活规划为统领，进一步营造和谐向上的企业文化氛围。改造长图、魏塔、溪辽线及沈阳枢纽81个站区，实现"一站一景"。实施"工务建家"，对全局504个工务工区职场环境进行改造。加大站段生产生活设施建设，建成职工活动中心259个。全年完成职工健康体检16.8万人，组织职工健康休养2.3万人，保障性住房实现进户10050户。

2015年，全局经受住了区域经济增长放缓、铁路货运量持续下滑的严峻挑战，进一步深化货运组织改革。4月18日至19日，中国铁路总公司在沈阳召开铁路现代物流建设现场会，沈阳铁路局在会上作了发言。铁路总公司党组书记、总经理盛光祖在会上强调，全路要进一步解放思想，坚定信心，认真学习借鉴沈阳局经验，完善工作思路，采取有力措施，加快推动铁路向现代物流企业转型发展，创新铁路发展方式和经营模式。为认真贯彻落实全路现代物流建设现场会精神，加强物流基础设施建设，路局确定100个物流基地建设总体格局，并于年内率先建成30个。开行"点到点"东北货运快车，大幅压缩运到时限。组织开展货源大调查，用好价格政策，加大营销力度，努力拓展新增货源，全年货改新增收入57.1亿元。旅客运输抓住沈丹、吉珲、丹大铁路开通运营契机，优化列车开行结构，新开行丹东至北京南、珲春至北京、大连至包头等76对动车组和7对普速列车。在保证旅客安全、方便、温馨出行的同时，实现了客运收入同比增长13.6%。以节支创效为重点，向精细管理要效益，提高企业经营质量。采取封存机车、核减调小机车、内改电牵引等措施，大力压缩机车运用，全年节约机车用油10.6万吨，节支5.2亿元。立足自主创新，推进修程修制改革，全年完成和谐机车4、5级修210台，节支3.2亿元。坚持物资公开招标采购，全年节支5.1亿元。当年，全局节支完成15.8亿元。理顺非运输企业管理关系，实施路局直接管理。加快资产经营开发，进口机车配件代理等87个项目稳步推进实施，全年创效3.2亿元。全年完成基建投资397亿元。高质量编制"十三五"规划，加大项目前期推进力度。采取超常规措施，加快工程建设进度，沈丹客专、吉珲铁路、丹大快速铁路、沈阳南新客站等9个项目高标准开通运营。全局新开通线路里程1043公里，其中客专856公里，开通项目数量和里程是历史上最多的一年。认真落实中央专项巡视整改要求，坚持推进整改工作。严肃对待中央专项巡视反馈问题和自查问题，认真制定整改方案，按照规定的路线图、时间表，通过开展领导干部分层专题培训和巡视整改专项检查，切实增强领导干部带头落实巡视整改的思想自觉和行动自觉，保证38项制度建设和69项整改要求全部落实到位。深入落实党风廉政建设责任制，持续治理纠正违反中央八项规定的问题，对业务招待、公务用车、差旅费管理、规范办公室使用面积等开展对标检查，始终保持纪律审查的高压态势。从严整治"小金库"问题，狠刹大操大办婚丧喜庆事宜等不正之风，努力营造不敢腐、不能腐、不想腐的浓厚氛围。通过开展"三严三实"专题教育和落实巡视整改，全局党员干部经历了一次深刻的党性洗礼和政治检验，思想境界进一步提升，工作作风明显转变，有力推动了各项工作开展。在全局一线班组实施环境、文化、学习、制度、组织"五个建家"工程，同步推进实施"三园""五小"建设，共建成"五小"23850处，"三园"6157个、占地4461亩，职工生产生活条件进一步改善。投入资金1830万元，对全局9个体育场馆进行整修，职工文体活动设施进一步完善。对全局1248户特重困职工实施收入救助、住房救助、大病医疗救助、自主创业救助、子女就业救助"五项救助"措施。解决集体职工"两险"问题取得实质性进展，全年集体职工共缓缴"两险"费用5.8亿元。注重示范引领，评选以K388次列车长王玉梅为代表的"感动沈局十大道德模范"等先进人物典型，弘扬了正能量。全年组织职工健康体检18.7万人、健康休养3.1万人。在全局38个行车公寓实施了乘务员免费就餐。稳步提高职工收入，全局在岗职工平均工资达到79508元。企业发展成果惠及全局职工。

五

20年来，沈阳铁路局、铁路局党委在中国铁路总公司（铁道部）的领导下，带领全局干部职工克服重重困难、锐意改革攻坚，加快发展步伐，取得明显效果。

加快铁路基本建设，路网规模不断扩大。20年间，全局基建投资累计达到3447.5亿元（含秦沈部投资158.7992亿元）。其中，"九五"期间比"八五"期间增加633.2%（6.3倍），"十五"期间比"九五"期间下降2.8%，"十一五"期间比"十五"期间增加710.7%（7.1倍），"十二五"期间比"十一五"期间增加32.6%。到2015年，全局先后建成并投入运营的新线4107公里，其中客运专线高速铁路2266公里。全局营业里程达到12893.7公里，比1996年增加4082.8公里，增长46.3%；全局线路延展里程

25602.2公里，比1996年增加9144.7公里，增长55.6%；全局营业里程占全路的10.2%，线路延展里程占全路的13.3%；在建新线590公里。不仅扩充了路网规模，而且提高了线路等级，已投入运营的客专高铁占全路的11.4%。既有线改造也不断加大力度。全局国铁营业线路复线率达到45.2%，比1996年提高19.5%；电气化线路从无到有，电化率达到31.8%；自动闭塞里程5372.9公里，占总营业里程的41.7%，比1997年增加2.97倍；在加快新线建设和既有线改造的同时，高标准建设长春西、大连北、沈阳南等新客运站，改造扩建吉林、长春、沈阳北、沈阳和大连等既有客运站。新建和改造的车站旅客候车容量充裕、大型电子屏幕引导、方便的网络售票，高站台与全覆盖雨棚，乘降设施安全便捷，满足旅客对铁路运输质量不断增长的需求。2016年，通霍、通大、通四线三线电气化改造等11个基建项目按期建成运营。辽阳、和龙等15个综合维修基地工程项目竣工投产，全局完成基建投资416亿元。

科技引领成效明显，装备技术水平不断提升。1995年，在全局机车配属总台数中，蒸汽机车占51.5%，内燃机车占48.5%，从1996年起，蒸汽机车逐年减少，内燃机车逐年增加，2001年开始配属电力机车，2002年2月底，沈阳铁路局最后一台蒸汽机车下线，结束了蒸汽机车在沈阳铁路的百年运用历史。其后，不断更新内燃与电力机车的车型，增强机车牵引能力与运用效率，到2015年，在运量不断增长、机车运用里程不断增加的情况下，机车配属总量反而比1995年减少7%，不仅节约了能源消耗，而且对自然环境保护做出了贡献。随着牵引动力的不断增强，列车车辆装备也迅速得到提升，特别是高速铁路建设步伐加快，动车组逐年增加，旅客列车整体质量提升更为明显。1996—2015年，包括老旧绿皮车在内的非空调车配属从3466辆逐步减少到876辆，减少了74.7%；各型空调客车增加了3500余辆，共配属4354辆，占总配属辆数的83.3%。2015年全局配属国铁客车较1995年增加了967辆，增长22.7%。经过多次更新换型，安全、舒适、整洁、清新的客车内部环境，增强了铁路在运输同行业的竞争能力。20年间，全局通信信号

设备的更新换代更为迅速，加之信息技术的广泛应用，非集中联锁控制的车站，全部改为电气集中控制；电气集中联锁更新改造为计算机联锁386个站场，在干线车站大量采用计算机联锁设备取代电气集中控制，并且在沈山线等6条线路实现了调度集中控制。区间半自动闭塞更新改造为自动闭塞3306公里，同时对老旧区间自动闭塞设备进行了更新换代。2003年10月至2015年末，沈阳—丹东、长春—珲春城际、京哈线秦沈段和丹东—大连高速铁路采用了CTCS-2级列车运行控制系统，哈尔滨—大连、盘锦—营口客专采用了CTCS-3级列车运行控制系统。全局实现了通信光缆的全覆盖；建成满足铁路信息化发展需要的通信数据网；实现局管内所有客专、高铁线路，局管内动车所的GSM-R网络覆盖；完成了沈阳铁路局管内调度通信系统数字化改造；机车无线通信设备更新为机车综合无线通信设备（CIR）；车载控制全部改造为LKJ2000型列车监控装置，通用式机车信号全部改造为主体化机车信号，为铁路运输安全高速提供了现代化装备条件。2016年，推进"大数据沈局"建设，搭建安全问题管理平台和督办平台，实施光纤到班组和数据通信网与办公网的两网融合，全局信息化管理水平显著提升。

坚持企业改革的市场导向，以满足人民群众对运输的需求为目标，努力做好各个时期铁路安全运输服务工作。在运输能力紧张时，全力保证关系国计民生的重点物资运输和大宗货物运输；在高铁陆续开通后，充分释放其提高客货运输能力的双重效应，全面提升服务质量；在市场需求发生变化时，又不失时机地进行了货运组织改革，为社会物流做出贡献，更好地发挥铁路运输服务国民经济和社会发展的重要作用。20年间，全局货物发送量从1996年的2.1亿吨，到2006年实现2.6亿吨，2008年达到3.2亿吨，2011年突破4亿吨。此后，随着社会经济结构的调整，大宗物资货源明显减少，铁路运量总体出现下降，但高附加值的"白货"大幅增加，接取送达两端服务明显提高，还建设一批"无轨车站"，打通了客户之间"最后一公里"障碍，铁路更加方便用户，也更加适应市场。到2016年，继续大力完善物流基础设施，建成沙岭、沈东、大成等39个物

流基地，物流服务链条进一步延伸。加大营销攻关力度，为客户量身定做物流方案，物流总包项目完成229个，实现收入108.2亿元。全局运输收入完成457.3亿元，同比多完成4.7亿元，增幅1%。在路局机关和工务、电务、机务、车辆、供电、运输系统等93个运输站段及4个运输辅助单位统一规划建设管控中心，搭建起路局、站段、现场三级视频监控体系。破解高铁冬季冻胀和风雪两大难题，在哈大高铁顺利实施冬夏一张运行图，实现安全平稳。全局高铁、客车无事故，是历史上发生性质严重事故最少的一年。到年底，全局实现安全生产1135天。

经营管理不断强化，经营质量得到提高。建立以财务管理为核心的经营管理机制，坚持全面预算管理，实行以收定支，收支联控，严格成本管理，确保完成盈亏目标。优化生产力布局，合理设置站段，从源头上减少管理成本，提高管理效率和经营效益。通过减员提效，全局职工人数从1995年年末的381011人，减少到2015年年末的235505人，减幅近38.2%；按同口径计算的劳动生产率从21150元/人（75.1万吨公里/人）提高到214195元/人（140.7万吨公里/人）。落实"多元化经营，一体化管理、全口径核算"的要求，以"开发实业、兴办实体、增强实力、增加实惠"为目标，大力发展多种经营。全局非运输企业由原来单一经营项目逐步发展成为物流服务、工业制造、酒店、旅游、广告传媒、房地产开发、工程施工和监理等多个行业，并实现集团化管理，规模化经营、专业化发展的经营格局。非运输企业的经营收入从1996年的372194万元增长到2015年的2028060万元，增长了4.45倍；利润从1996年的16180万元增长到2015年的86620万元，增长了4.35倍。

坚持以人为本、职工至上，切实增强职工的归属感和获得感。1996—2008年间全局累计建设住宅114771户、8479870平方米，2009年以后，建设职工保障性住房82051户，建设经济适用住房21357户；在锦州、阜新、通化等地区实施棚户区改造22649户，有效地解决职工住房问题。在岗职工年平均工资从1996年的10442元提高到2015年的79508元，增长了661.4%。到2016年，全年在岗职工平均工资达到84158元，同比增长

5.8%。路局对疗养院、文化宫和体育馆和离退休活动室进行了全面整修，更好地发挥这些设施为职工服务的功能，从2010年起，每年组织3万多名职工进行健康修养，受到职工广泛欢迎。对乘务员公寓进行了全面修缮和改造，加强管理，改善服务；对较大站区进行综合整治，改善了职工的生产作业条件。

党的建设和思想政治工作不断加强。局党委、路局认真贯彻落实中国铁路总公司（铁道部）党组和辽宁省委在各个时期的部署，组织党员干部开展政治理论学习，提高各级干部的政治素质与实践能力；在"创先争优""精神文明创建""党的群众路线教育""三严三实""两学一做"等教育活动中，教育党员发挥先锋模范作用；开展风险防控和源头治理等党风廉政教育，增强干部反腐蚀能力。深化厂务公开，健全职工代表大会制度，加强企业民主管理。注重企业文化建设，弘扬企业精神，凝聚干部职工合力。全局涌现出一批全国优秀党员和英模人物。

20多年来，经过不断努力，沈阳铁路局已经由20世纪90年代初期的技术装备比较陈旧落后、运能与运量矛盾较为突出的传统运输企业，向基础设施完善、运输装备先进、运输能力充足的现代物流企业转型发展。在路局、局党委的带领下，汇聚全局23万干部职工的强大力量，继往开来，迎难而上，奋力创新，向着沈阳局改革发展的更高目标前行，为地区国民经济社会发展与老工业基地振兴，为国家的繁荣富强与中华民族复兴做出更大贡献。

沈阳铁路局办公楼建于1935—1938年，到1945年8月为"满铁"奉天铁道总局的办公楼；其后，国民党东北"剿匪"总司令部与中国长春铁路管理局在沈阳的指挥机构同在此楼办公。1948年11月2日，沈阳解放，11月5日此楼为"沈阳特别市军事管制委员会"和"沈阳特别市卫戍司令部"，11月25日成立沈阳铁路军事管理局，此楼仍为"军、铁"共用；1963年，沈阳军区机关全部从这座大楼迁出，铁道部驻东北铁路交通运输指挥部及路局机关全部搬进这座大楼。随着全国铁路改革的不断深化，2017年11月19日，沈阳铁路局改称"中国铁路沈阳局集团有限公司"。（刘慎库 摄）

大事记

1996年

1月14日至15日，局七届一次职工代表大会在沈阳召开。局长王振秋向大会作了题为《深化改革，强化管理，奋发进取，务本求实，靠实行"两个转变"，推动全局各项工作实现新突破》的行政工作报告；局党委书记马增清作了题为《充分发动和依靠群众，实干拼搏，夺取"九五"首战胜利》的讲话。大会还完成了其他议程。

1月15日，局党委五届四次全委（扩大）会议在沈阳召开。局党委委员、局纪委委员，各分局、大连公司党政工负责人，各直属单位的党委书记，各部属厂（处）党委书记，局机关各处、部、室、委、办的负责人出席会议。与会同志听取了局工会主席焦俊峰传达全路领导干部会议精神，审议并通过了局党委书记马增清代表局党委常委会所作的题为《抓住新机遇，展现新作为，为加快全局改革与发展提供思想组织保证》的工作报告。会议还宣布了《关于兑现1995年安全、路风责任状的通知》《1995年安全、路风包保责任状说明》及《1996年住宅建设包保责任状说明》，公布了全部实现责任目标的处罚办法。局长王振秋、局党委书记马增清与10个分局（公司）和局机关有关部门负责人签订了1996年安全、路风包保责任状以及1996年住宅建设包保责任状。

1月31日至2月1日，在辽宁的全国人大代表、全国政协委员应邀来到路局视察，了解沈局安全、运输生产、安全标准线建设、铁路职工形象设计活动和路风建设等方面的情况，理解铁路的困难，支持沈局的改革、建设和发展。人大代表和政协委员们先后视察了局机关、沈阳北站、本溪车务一段的火连寨站和陈相屯站，并与部分局领导班子成员以及工会、团委、机关有关处室负责人召开了座谈会。他们对铁路在十分艰难的条件下进行改革，并取得成果予以肯定，对铁路各项工作遇到前所未有的困难表示理解。

3月4日18时，全局实现连续无行车重大、大事故300天。铁道部于3月5日发来贺电，对路局通报表彰，授予"安全正点、当好先行"锦旗一面，发给奖金229万元，以资鼓励。辽宁省人民政府、吉林省人民政府也于5日分别发来贺信和贺电。

3月12日10时，沈阳站货运中心正式成立并挂牌营业。这是铁道部做出货场实行内部企业化经营管理68个试点单位第一个正式挂牌营业的货场。该中心是将沈阳站原货运车间和货运服务分公司、装卸分公司、汽车队合并为一体，按照"精干高效、一职多能、小管理、大经营"的效能原则构建的。

3月20日至21日，路局召开全局反腐倡廉工作会议。会议传达了中纪委六次全会、全路反腐倡廉工作会议和辽宁省纪委二次全委会精神，交流了经验，回顾了1995年全局反腐败斗争和党风廉政建设情况，部署了1996年全局反腐倡廉工作。局领导班子成员和各分局（公司）的党委书记、纪委书记、监察分处长、局机关各部、处、室、各直属单位的负责同志参加会议。局党委书记马增清、局长王振秋在会上分别讲话。

4月2日至5日，以贯彻全路领导干部会议精神，总结"八五"铁路运输工作，确定"九五"铁路运输目标，布置1996年运输任务，推进铁路运输改革为主要任务的全路运输工作会议在大连召开。部长韩杼滨、副部长国林出席会议并讲话。会议还利用一整天的时间交流和观摩大连东站货场改革的经验和成果。

4月6日至7日，铁道部部长韩杼滨在路局局长王振秋、局党委书记马增清等陪同下，对丹东分局建线工作进行了视察。视察过程中，韩部长对建设安全标准线和客车"上载体"工作十分重视，并作出了重要指示。

4月30日，具有设计规格合理、携带方便、便于识别、防伪性能强的新型软纸客票在沈阳北站开始由计算机联网发售。

5月9日18时，全局实现连续无行车责任重大、大事故一周年。5月10日，铁道部作出决定，通报表彰，并授予安全生产奖杯，发给奖金152.7万元，以资鼓励。辽宁省人民政府、吉林省人民政府也于10日分别发来贺信和贺电。

6月12日18时，全局实现连续400天无行车责任重大、大事故。6月13日，铁道部作出决定，通报表彰，并授予"安全正点、当好先行"锦旗一面，以资鼓励。辽宁省人民政府、吉林省人民政府也于13日分别发来贺信和贺电。

6月27日，路局党委、路局在沈阳召开纪念中国共产党成立75周年暨"双十标杆（兵）"表彰座谈会。会议宣布了《路局党委、路局关于表彰"好班子标杆"和"优秀领导干部"的决定》，命名山海关机务段等10个领导班子为"好班子"标杆，命名通辽电务段总工程师张建东等10名同志为"优秀领导干部"标兵。

至8月24日，全局实现旅客列车无火灾事故11周年。

9月20日18时，全局实现连续500天无行车责任重大、大事故。9月20日，铁道部作出决定，

通报表彰，并授予"安全正点、当好先行"锦旗一面，发给奖金229万元，以资鼓励。辽宁省人民政府、吉林省人民政府也于20日分别发来贺信和贺电。

10月8日，全路首列快速直达旅客列车，大连—北京的82/83、81/84次（"金州王牌号"）于20时44分由大连站正式开行。这趟列车共编组12辆，为全列双层豪华空调列车。全程共运行1132公里，运行时间为11小时58分，最高时速达140公里/小时，比以往特快列车运行时间缩短4小时45分。

11月15日15时，山海关客站新电气集中开通后，历时3年、投资2.7亿元的国家"八五"重点建设工程的绥中电厂专用线引入山海关站等配合工程完工。该工程起自大秦线柳村站经山海关到万家屯站同绥中电厂专用线接轨，总长46.728公里。

12月29日18时，全局实现连续600天无行车责任重大、大事故。12月30日，铁道部作出决定，通报表彰，并授予"安全正点、当好先行"锦旗一面，发给奖金228.6万元。辽宁省人民政府、吉林省人民政府也分别于29日和30日发来贺信和贺电。

1997年

1月11日至12日，局七届二次职工代表大会在沈阳召开。局长王振秋作了题为《加速转变，攻占市场，开拓经营，推动全局各项工作再上新台阶》的行政工作报告；局党委书记马增清作了题为《振奋精神，艰苦奋斗，为夺取全局改革和运输生产经营的新胜利实干拼搏》的讲话。大会还完成了其他议程。

1月13日，局党委五届六次全委会议暨全局领导干部会议在沈阳召开。局党委书记马增清代表局党委常委会作了题为《把握大局，围绕中心，发挥优势，用强有力的政治工作推动全局深化改革和生产经营取得新进展》的工作报告；局

长王振秋作了题为《深刻认识"真困难"，凝聚力量"真行动"，外抢市场、内抓管理，切实推进两个根本性转变》的讲话；局党委副书记孙祥林就加强路风建设工作在会上讲话。

4月1日，全路开始提速并实施新图。按照新图，沈阳局共开行174对旅客列车：其中，增加开行沈阳北—广州184/3次，鞍山—北京550/549次；延长开行长春—西安128/7次；开行4对快速列车（大连—北京K83/4次、长春—北京K59/60次、大连—沈阳北K231/2次、沈阳—大连K233/4次）、6.5对直通和2对管内夕发朝至的优质列车。

4月1日21时10分，由锦州分局组织开行的开往广州局棠溪站的8116次"五定"（定点、定线、定车次、定时间、定运价）货物列车从锦州站始发。这是列车提速、实行新运行图之后，路局开行的第一趟"五定"货物班列。

至4月8日18时，全局实现连续700天无行车责任重大、大事故。4月9日，铁道部作出决定，通报表彰，并授予"安全正点、当好先行"锦旗一面，发给奖金230万元。辽宁省人民政府、吉林省人民政府分别于9日和8日发出贺信和贺电。

4月18日，局党委五届七次全委（扩大）会议在沈阳召开。会议推选出9名路局出席辽宁省党代表会议代表。

4月28日，沈阳铁路内陆港正式开通，同时开行内陆港至大连港首列"五定"国际集装箱班列。沈阳陆路口岸设在沈阳东站，是沈阳铁路局第一个内陆港。经沈阳铁路枢纽与大连、营口海港口岸相通，与满洲里、绥芬河、二连、丹东边境口岸相衔接。

至7月17日18时，全局实现连续800天无行车责任重大、大事故。7月17日，铁道部作出决定，通报表彰，并授予"安全正点、当好先行"锦旗一面，以资鼓励。辽宁省人民政府、吉林省人民政府于17日分别发出贺电。

至7月24日，省、部、局先进典型锦州站甲班二调实现安全调车1万天，创下全路38个较大编组站简易驼峰调车安全最高记录。

7月25日至27日，全国铁路经营管理工作会议在沈阳召开。大会的主题是，总结交流全路学邯钢的做法和经验，推动全路深入开展转机制，抓管理，增效益活动，确保1997年经营目标的完成。铁道部部长韩杼滨、副部长孙永福分别讲话。部党组书记、副部长傅志寰出席会议。会议期间，局长王振秋以《外抢市场，内抓管理，推动企业渡难关、求发展》为题，介绍了经验。大连公司介绍了抓机遇，转机建制，强化管理，大力推进集约经营的经验。

7月28日至29日，为贯彻《中共中央国务院关于卫生改革与发展的决定》和全国卫生工作会议精神，推进铁路卫生事业的改革与发展，全路卫生工作会议在沈阳召开。会议由全国铁路总工会主席陈效达主持，铁道部部长韩杼滨对会议作出指示；铁道部党组书记、副部长傅志寰在会上讲话。

7月28日至8月2日，铁道部召开全路企业经营管理工作大连现场会。会上，铁道部决定10个分局（总公司）为"学大连，转机制，上管理"试点企业，路局管内吉林分局成为部试点单位。副部长孙永福到会讲话。

9月1日，白城分局新建的松原西站开通运营。

从10月29日零时起，吉林分局在全路率先实施了以分局为统筹单位的职工医疗保险制度。这一改革标志着多年来铁路内部实行的劳保医疗制度的结束，以企业医疗统筹和个人账户相结合的医疗保险模式的诞生。

10月30日，局工会第六次代表大会在沈阳召开。这次大会全面总结1989年局工会第五次代表大会以来的工作，提出今后5年工作的奋斗目标和任务，选举产生局工会第六届委员会和经费审查委员会。

1998年

1月8日，路局党委召开五届八次全委（扩大）会议，研究部署1998年全局重点政治工作。局党委书记马增清作政治工作报告。

1月8日至9日，局七届三次职工代表大会在沈阳召开。局长王振秋作了题为《调整结构，减员增效，奋力扭亏，面向市场，不断推进全局的改革与发展》的行政工作报告；局党委书记马增清作了题为《发挥主力军作用，肩负起历史使命，为实现全局改革和生产经营的新突破再立新功》的讲话。大会还完成了其他议程。

1月10日至11日，全局领导干部会议在沈阳召开。各分局（公司）的分局长（总经理）、党委书记、工会主席、总经济师，局有关直属单位、局机关各部处室的负责同志参加。局长王振秋作了题为《加快剥离，盘活存量，市场经营，为落实全局职代会提出的各项任务而努力工作》的报告，党委书记马增清作了题为《抓住机遇，解放思想，振奋精神，努力开创全局改革与发展的新局面》的讲话。

4月9日，铁道部党组决定，任命张伟为沈阳铁路局局长、党委副书记、常委、委员，免去王振秋沈阳铁路局局长、党委副书记、常委职务。

5月11日9时30分，铁路第一支A股——大连"铁龙股份"正式在上海证券交易所挂牌交易，这也是上海证券交易所开市以来第400家上市公司。

至9月28日18时，全局最后一条水毁线路通霍线全线通车，路局历时100多天的抗洪抢险工作结束。1998年的暴雨，先后造成管内京通、沈山、长大、锦承、沈丹、溪田、长图、沈吉、平齐、通让、长白、通霍、白阿等20多条干支线中断行车或限速运行。线桥、通信、信号设备及生产房屋、职工住宅严重受损。全局经济损失总计约达5.8亿元，直接经济损失近4.4亿元。

12月1日，小东站实现安全生产五十周年，位居全路中间站排头。

1999年

1月1日18时，经铁道部批准，丹东分局撤销，并入沈阳分局。丹东地区设办事处，负责向地方政府请示汇报工作，协调厂（矿）企业关系，路内地区性协作和安全生产，完成沈阳分局交办的工作。

1月9日至10日，沈阳铁路局七届四次职工代表大会在沈阳召开。局长张伟作了题为《深化改革，强化管理，务实重效，全面推进生产经营向资产经营的重大转变》的行政工作报告；局党委书记马增清作了题为《发动和依靠职工群众，奋力实现全面经营目标，为夺取全局改革与发展的新胜利建功立业》的讲话。大会还完成了其他议程。

1月10日至11日，沈阳铁路局党委五届九次全委会议暨全局领导干部会议在沈阳召开。局党委书记马增清代表局党委常委会作了题为《发挥优势，促进改革，维护稳定，为实现全局资产经营目标提供强有力的政治保证》的政治工作报告。局长张伟作了题为《认清形势，转变作风，推进落实，全面完成全局职代会提出的各项工作任务》的讲话。

1月28日，沈阳铁路通信信息有限公司成立，这是全路首家由路局组建的通信信息有限公司。公司由沈阳铁路局、沈阳铁路局东方大厦、沈阳铁路局沈通实业发展总公司和沈阳沈铁电信新技术开发公司共同出资组建，由局电务处通信管理人员、局通信中心及沈阳通信段组成，为独立核算、自主经营、自负盈亏的独立法人。沈阳铁路局作为控股方，对公司的国有资产实施监督管理。

2月7日至10日，铁道部部长傅志寰到沈阳铁路局调研，检查资产经营责任制落实情况和春运工作。傅志寰部长对沈阳局1999年的工作提出了减亏和稳定两个重点要求。

3月24日，铁道部党组决定调整沈阳铁路局党委主要领导，任命宋大悦为沈阳铁路局党委书记、常委；任命马增清为沈阳铁路局调研员，免去党委书记、常委职务。

4月2日，在辽宁省政府召开的全省行风评议总结表彰大会上，沈阳铁路局被命名为"1998年行风建设先进单位"。

4月26日，路局党委、路局召开"讲学习、讲政治、讲正气"教育动员大会。会议的主要任务是，贯彻落实全路"三讲"教育工作会议精神，对路局领导班子和局机关各处级领导干部的"三讲"教育进行动员，同时对全局站段以上领导班子和领导干部的"三讲"教育提出要求。局党委常委宋大悦、张伟、孙祥林、张海舟、张久达、陈智英、焦俊峰及局领导班子其他成员出席会议。铁道部"三讲"教育领导小组驻沈哈两局巡视组组长出席会议并讲话。

7月23日，路局党委召开电话会议，贯彻落实中共中央关于抓紧处理和解决"法轮功"问题的重大决策和中央关于共产党员不准修炼"法轮大法"的通知精神，部署在全局党员中开展马克思主义唯物论和无神论的集中学习教育活动。

7月30日，路局领导班子和局机关处级领导干部"三讲"教育总结大会在沈铁文化宫中心会场举行。铁道部"三讲"教育巡视组领导、局领导班子成员、在沈的局党委委员、局纪委委员、沈阳分局和沈阳地区局直属单位领导班子成员、局机关及局公检法机关副科级以上干部在中心会场参加会议。各分局、直属单位及各地区、各基层单位有关人员及路局原局职离退休老领导分别在分会场收听会议。会议由局长张伟主持。局党委书记宋大悦在会上作总结。部"三讲"教育巡视组组长黄柏年在会上作了重要讲话。

8月9日，哈大电气化改造工程长春北编组站建成开通。长春北编组站是哈大电气化改造工程重要组成部分，是长春枢纽的主要编组站。工程于1994年9月开工，于1999年7月完成各项施工任务。长春北编组站投产使用后，原在长春站作业的货车移至长春北站，有效地缓解了长春站的运输压力，扩大了长春枢纽运输能力。

8月18日，中国第一条铁路客运专线——秦沈专线正式开工兴建。

至8月24日，全局实现旅客列车无火灾事故14周年。

8月27日，路局召开了沈阳铁路局机关机构改革大会，局长张伟、局党委书记宋大悦作了讲话。这次局机关行政机构改革，撤销局运输、客运、货运处，分别成立车务处、营销处及调度指挥中心；体改法规处改称政策法规处；撤销生活卫生处，新设卫生处。局机关党群机构改革后，由12个部门减少到7个。

10月18日，沈阳铁路局房地产市场开业。该市场将面向铁路职工，承办铁路住房交易、使用权有偿转让、住房价格评估、住房互换、更名、调配、房改售房及政策咨询、中介、信息服务等项目业务。

12月23日至24日，中国共产党沈阳铁路局第六次党员代表大会在沈阳召开。大会审议通过了局党委书记宋大悦代表中共沈阳铁路局第五届委员会向大会作的题为《发挥政治核心作用，凝聚攻坚整体合力，为实现沈阳局新世纪改革和发展的目标而奋斗》的工作报告和局纪委书记陈智英代表上届局纪委作的题为《围绕中心服务大局，全面履行纪检监察职能，为全局改革、发展和稳定创造良好的政治环境》的工作报告；选举产生了中国共产党沈阳铁路局第六届委员会和中国共产党沈阳铁路局纪律检查委员会。

12月24日，中共沈阳铁路局第六届委员会第一次全体会议在沈阳召开。会议选举出了宋大悦、张伟、张海舟、康维韬、张久达、陈智英、焦俊峰、杜洪才、刘汉涛等9名局党委常委，并选举宋大悦为局党委书记，张伟、张海舟、康维韬为副书记。会议还通过了中共沈阳铁路局纪律检查委员会第一次全体会议选举出的局纪律检查委员会书记、副书记。

12月26日，锦州站新站舍交付使用。新站舍由锦州市政府和路局共同投资兴建的集候车、餐饮、娱乐、商场、办公为一体的综合性站舍，总建筑面积13342平方米，全长114米，分地上、地下两部分。

12月28日，沈阳铁路建设集团成立。该集团由原沈阳铁路工程总公司，与沈阳铁路局所属的以及辽宁省内有关的施工、设计、监理等企业联合组建而成的。集团下设13个分公司、7个子公司。

2000年

1月11日至12日，沈阳铁路局七届五次职工代表大会在沈阳召开。局长张伟作了题为《面向市场，转机建制，苦练内功，推动全局资产经营和各项工作再上新台阶》的行政工作报告；局党委书记宋大悦作了题为《恪尽主人翁责任，发挥主力军作用，为开创沈阳局改革和发展的新局面再立新功》的讲话。大会还完成了其他议程。

1月12日，局党委六届二次全委（扩大）会议暨全局领导干部会议在沈阳召开。局党委书记宋大悦代表局党委常委会向大会作了题为《围绕资产经营，发挥政治优势，夺取全局改革和发展的新胜利》的政治工作报告。

至2月14日18时，全局实现安全生产900天。

3月29日，路局党委召开全局运输生产主要站段"三讲"教育电话会议，结合传达贯彻全路第二次"三讲"教育工作会议精神，对全局运输生产主要站段"三讲"教育以及全局"三讲"教育"回头看"工作进行部署。会议由局党委副书

记康维韬主持，局党委书记、局"三讲"教育领导小组组长宋大悦在会上讲话。

至5月24日18时，全局实现无责任行车重大、大事故1000天。5月25日，铁道部作出决定，通报表彰，并授予安全生产奖杯，发给奖金208万元，以资鼓励。辽宁省人民政府、吉林省人民政府也于25日分别发来贺信和贺电。

至8月24日18时，全局连续15年实现旅客列车无火灾事故，居全路之首。

至9月1日18时，全局实现无责任行车重大、大事故1100天。

11月21日至22日，全局政治工作会议在沈阳召开，总结"九五"政治工作经验，构建"十五"政治工作格局。局党委书记宋大悦作了题为《贯彻"三个代表"重要思想，肩负新的历史责任，为实现我局"十五"改革和发展战略目标，提供强有力的政治保证》的报告；局长张伟作了题为《发挥政治优势，扩大经营成果，夺取全局改革与发展的新胜利》的讲话。

12月5日18时，根据铁道部决定，白城分局、图们分局撤销，分别并入长春分局和吉林分局。

至12月10日18时，全局实现无责任行车重大、大事故1200天。

12月18日，共青团沈阳铁路局第八次代表大会在沈阳召开。局团委书记万兆军代表共青团沈阳铁路局第七届委员会作了《贯彻"三个代表"思想，发挥团组织优势，在沈局新世纪改革与发展的实践中建功育人》的工作报告。会议选举产生了共青团沈阳铁路局第八届委员会；审议通过了共青团沈阳铁路局第七届委员会的工作报告。

2001年

1月4日至5日，局八届一次职工代表大会在

沈阳召开。局长张伟作了题为《深化改革，强化管理，升级创新，在实施新一轮资产经营责任制中再上新台阶，再创新业绩》的行政工作报告。党委书记宋大悦发表了题为《万众一心，群策群力，奋力夺取新世纪开年全局改革和发展的新胜利》的讲话。大会还完成了其他议程。

1月6日，局党委六届四次全委会暨全局领导干部会议在沈阳召开。党委书记宋大悦作了题为《抓落实，促深化，上水平，用强有力的政治工作确保新世纪开年全局改革和发展取得新突破》的报告。局长作总结讲话。

至3月20日18时，全局实现无责任行车特别重大、重大事故1300天。

6月15日，局党委六届五次全委会在沈阳召开。会议讨论确定了出席中共辽宁省第九次代表大会候选人预备人选，通过了局党员代表大会日程。

7月19日，中国共产党沈阳铁路局党员代表大会在沈阳召开。会议选举产生路局24名出席中共辽宁省第九次代表大会代表。

8月15日，历时两年的沈阳北站扩建工程竣工。沈阳北站扩建工程主要由增建五、六站台及风雨棚、旅客及行包地道出口、三处高架通道组成。

8月18日，哈大电气化铁路沈阳北至哈尔滨段正式开通。

8月24日，全局实现旅客列车无火灾事故16周年。

8月28日18时，全局实现安全生产4周年。

10月16日，路局党委、路局召开全局基层党组织"三个代表"重要思想学习教育动员电话会议，贯彻全路基层党组织"三个代表"重要思想学习教育工作会议精神，对全局基层党组织开展

学习教育活动进行部属。电话会议由局党委常委、局纪委书记陈智英主持，局党委书记宋大悦在会上作动员讲话。

10月18日至20日，铁道部部长傅志寰、副部长蔡庆华一行，在局长张伟、局党委书记宋大悦的陪同下，检查了路局的工作，视察了秦沈客运专线。

10月21日9时27分，长春至广州的T122/1次列车正式开行。结束了吉林省没有进穗列车的历史。

11月30日，哈大电气化铁路全线开通。哈大铁路电气化改造工程于1994年正式动工；1999年5月全线开始牵引工程施工。哈大电气化铁路，是中国第一条系统引进德国牵引供电先进技术和设备的电气化铁路。哈大线共设17座牵引变电所、2800线路公里接触网，四个远动控制调度中心。客车时速为每小时140公里至160公里，货车时速为每小时120公里。

2002年

1月14日，全局实现无责任行车特别重大、重大事故1600天。

1月14日至15日，局八届二次职工代表大会在沈阳召开。局长张伟作了题为《实践"三个代表"，坚持升级创新，为完成2001年资产经营目标而奋斗》的行政工作报告；局党委书记宋大悦发表了题为《发扬实干拼搏、开拓创新的精神，为实现今年全局改革和发展目标而戮力攻坚》的讲话。大会还完成了其他议程。

1月16日，局党委六届六次全委会暨领导干部会议在沈阳召开。局党委书记宋大悦作了题为《与时俱进，求实重效，为实现今年全局改革和资产经营目标提供强有力的政治保证》的政治工作报告。

2月28日18时，最后一台运用蒸汽机车建设

型8201号在通化机务段下线，至此全局蒸汽机车全部停止使用，不再担当牵引任务。蒸汽机车退役，标志着沈阳铁路局的牵引动力进入"内、电"时代。

4月10日，局党委召开六届七次全委会议，推举出席中共辽宁省党代会代表。

至4月24日18时，全局实现无责任行车特别重大、大事故1700天。

5月17日，铁道部部长傅志寰到大连金窑公司、大连车辆段、大连北车辆段和大连机务段，并添乘L653次（大连—长春）旅客列车，就开展安全生产大检查活动情况进行调研检查。

8月7日，铁道部部长傅志寰、副部长蔡庆华一行视察秦沈客运专线动车段修建进展情况。

8月30日，沈阳铁路局客运公司正式成立。其后，至9月26日，完成组建7个客运分公司。

11月27日，局党委召开六届九次全委会，会议通过《局党委关于认真学习贯彻党的十六大精神的通知》，动员全局干部职工深入学习十六大精神。局党委书记宋大悦讲话，局长张伟主持会议。

2003年

1月7日至8日，局八届三次职工代表大会在沈阳召开。局长张伟代表路局向大会作了题为《开拓创新，知难而进，在全面建设小康社会的进程中为加快沈局的发展而奋斗》的行政工作报告；党委书记宋大悦作了题为《深入学习贯彻党的十六大精神，开创全局改革发展稳定的新局面》的讲话。大会还完成了其他议程。

1月9日，局党委六届十次全委会暨全局工作会议在沈阳召开。局党委书记宋大悦代表全委会作了题为《以党的十六大精神为指导，全面落实"三基"工作思路，为全局改革和资产经营提供

强有力政治保证》的政治工作报告。

2月17日，铁道部部长傅志寰、副部长蔡庆华到沈阳检查秦沈客运专线试运营准备工作。

4月18日，路局、局党委召开电视电话会议，对路局防治非典型肺炎工作作出进一步部属。局党委书记宋大悦到会并讲话。各分局（公司）、局客运公司、局直属各单位、各疾病控制中心及管内主要医院的负责同志收看收听了电视电话会议。

5月15日，局调度指挥中心大厅正式启用，标志着路局沿用50多年的传统调度指挥方式宣告结束。新的调度大厅装备了DMIS系统和TMIS系统，以往靠手工操作的列车监督、运行图记录、车流经路、18点报告、分界站车流交接逐步由电子计算机取代。

5月22日，铁道部党决定：任命王占柱为沈阳铁路局局长、党委副书记、常委、委员；免去张伟沈阳铁路局局长、党委副书记、常委、委员职务，由铁道部另行分配工作；任命康维韬为沈阳铁路局党委书记；宋大悦任沈阳铁路局调研员，免去其沈阳铁路局党委书记、常委职务。

7月30，沈阳铁路局决定，撤销车务处、营销处，成立运输处、货运处。

8月1日，新建的大连站高架候车室和北站房正式投入使用。大连站改扩建工程是哈大电气化改造工程的一项单位工程，由铁道部、大连市和路局三方共同投资1.4亿元。改扩建后的大连站总面积达到2.4万平方米，旅客候车面积增加了4倍。

8月28日，全局中小学、医疗单位属地化管理工作会议在沈阳召开。全局教育卫生系统实施属地化管理工作全面展开。

9月20日，全局完成了69个运输站段的生产力布局调整任务，实现平稳过渡。

9月28日，路局开行沈阳北至成都的A184/3次旅客列车。该列车开行伊始为隔日开行，10月8日后为每日开行。

10月10日，中国第一条铁路客运专线——秦沈客运专线转线封锁，10月12日正式分流运营。原经由路局管内沈山干线运营的13对旅客快车分流到秦沈客运专线。

10月23日18时，铁道部决定，调整沈哈两局的分界站，将哈大干线陶兰区段吉林境内由哈局管辖的五棵树、刘家店、闵家屯、榆树55公里和陶榆线上陶赖昭、团山、扶余、邱家、双龙泉、蔡家沟40.3公里共计95.3公里的铁路营业线划归沈阳铁路局的长春分局，分界站设在哈尔滨局的兰棱。

11月16日，通辽分局管内辖区铁路教育、医疗机构移交地方政府管理签约仪式在通辽举行。全局进行主辅分离，实施教育、医疗机构完成属地化移交的第一家正式签约。通辽市辖区内共有1家铁路医院、4所铁路小学、4所铁路幼儿园、1所铁路中学和分局教育管理中心的普教部分共1019名在编人员和247名离退休人员划归地方政府管理。

11月21日，全路首台韶山9型电力机车中修在苏家屯机务段竣工并交车，东北电力机车检修基地成功启用。

12月17日至18日，中国共产党沈阳铁路局第七次党员代表大会召开。大会审议通过了局党委书记康维韬所作的局党委工作报告和局纪委书记张恩礼所作的局纪委工作报告。选举产生中共沈阳铁路局第七届委员会和中共沈阳铁路局纪律检查委员会。

12月18日，中共沈阳铁路局第七届委员会第一次全体会议在沈阳举行。会议选举产生了中共沈阳铁路局第七届委员会常委和书记、副书记，常委会由王占柱、李铁城、邱发义、张恩礼、张福海、康维韬、焦俊峰等7人组成，康维韬为书记，王占柱、邱发义为副书记。会议还通过了中国共产党沈阳铁路局纪律检查委员会选举结果。

2004年

1月6日至7日，局九届一次职工代表大会在沈阳召开。局长王占柱作了题为《把握机遇，奋发进取，在推进我局跨越式发展中展现新作为》的行政工作报告；局党委书记康维韬代表局党委作了题为《坚定信心，凝聚力量，为开创我局跨越式发展的新局面而奋斗》的讲话。大会还完成了其他议程。

2月18日，中铁集装箱运输有限责任公司沈阳分公司在全路14个分公司中第一个正式注册挂牌。

4月18日零时起，全路实施第五次提速调图，按照新的列车运行图，沈阳铁路局共开行旅客列车167.5对，新开3对跨局直通车，提高列车等级2对，延长的有8对，改变经由的有14对。

5月11日，铁道部党组决定：任命康维韬为沈阳铁路局局长、党委副书记，免去其沈阳铁路局党委书记职务；免去王占柱沈阳铁路局局长、党委副书记、常委、委员职务，由铁道部另行安排工作；局党委副书记邱发义负责主持党委日常工作。

6月25日，铁道部党组决定：任命邱发义为沈阳铁路局党委书记。

6月30日，长春站站舍改造工程和长春站北站房正式开通交付使用。

8月30日，路局党委、路局在沈阳召开全局人才工作会议。会议总结交流了全局人才工作经验，就如何实施人才强局战略，加快人才队伍建设，作出全面部署。局党委书记邱发义、局长康维韬出席会议并讲话。

11月8日，山海关新站舍投入运营。2003年

5月8日路局决定把山海关站建成"精品站",路局与锦州分局、秦皇岛市、山海关区共同投资2.7亿元对山海关站进行改造。

12月18日,路局开行沈阳北至深圳的T188/5次旅客列车。这是东北首列到达华南口岸的列车,列车单程运行3151公里,运行49小时25分。

2005年

1月10日,全局保持共产党员先进性教育活动动员大会在沈阳召开。会议对全局保持共产党员先进性教育活动进行全面部署,动员全局各级党组织和广大共产党员提高认识,统一思想,确保先进性教育活动高起点开局、高标准运作、高质量推进。

1月18日至19日,局九届二次职工代表大会在沈阳召开。局长康维韬作了题为《求真务实,开拓进取,努力实现全局改革发展的新跨越》的行政工作报告;局党委书记邱发义发表了题为《抓住机遇,奋力攻坚,夺取全局跨越式发展的新胜利》的讲话。大会还完成了其他议程。

1月19日下午至20日,全局工作会议暨局党委七届四次全委(扩大)会议在沈阳召开。局党委书记邱发义作政治工作报告;局长康维韬就经营工作在会上讲话;局党委副书记、纪委书记张恩礼作党风廉政建设工作报告。

3月18日18时,全国铁路实行铁路局直接管理站段体制,撤销所有铁路分局。沈阳铁路局同时组建沈阳铁路局长春、沈阳、大连、锦州、通辽、吉林、通化铁路办事处。

3月24日11时46分,路局直管站段调度系统切换一次成功。这次切换工作从8时58分开始,仅用时2小时48分。

6月8日,路局对全局运输生产力布局进行调整,全局站段由143个减至103个,调整幅度达28%。

6月24日,路局党委召开全局第一批先进性教育活动总结暨"创先争优"表彰电视电话会议,对全局第一批先进性教育活动进行总结,对第二批先进性教育活动准备工作进行部署,并对35个党委、200个党支部、519名党员、100名党务工作者进行了表彰。

7月31日19时25分,在长大线新城子至新台子站间发生K127次旅客列车与货物列车追尾责任重大事故,造成旅客和职工死亡6人。

8月2日,铁道部党组决定,任命刘树蓂为沈阳铁路局局长、党委委员、常委、副书记;免去康维韬的沈阳铁路局局长、党委副书记、常委、委员职务。任命瞿建明为沈阳铁路局党委委员、常委、书记,免去其沈阳铁路局长春办事处主任、党工委书记职务;免去邱发义的沈阳铁路局党委书记、常委、委员职务。

9月8日,沈阳铁路局第一条合资铁路长春至双阳至烟筒山铁路全面开工。

10月26日,中央精神文明建设指导委员会在北京召开全国精神文明建设工作表彰大会。大连站被授予"全国文明单位"荣誉称号,跻身首批全国文明单位行列。

10月31日,路局党委、路局召开电视电话会议,对全局第二批保持共产党员先进性教育活动进行总结,对全局选树的105名优秀共产党员标兵(群英谱)进行命名表彰。

2006年

1月12日至13日,局十届一次职工代表大会在沈阳召开。局长刘树蓂作了题为《同心同德,开拓进取,为实现全局"十一五"良好开局而努力奋斗》的行政工作报告;局党委书记瞿建明作了题为《团结奋斗,群策群力,努力开创沈局发展振兴的新局面》的讲话。大会还完成了其他议程。

1月13日至14日，全局工作会议在沈阳召开。局党委书记瞿建明作了题为《站在铁路跨越式发展新起点上，为全局深入推进改革发展提供有力政治保证》的政治工作报告，局党委副书记、纪委书记张恩礼作党风廉政建设工作报告，局长刘树熒在会上讲话。

2月15日，铁道部党组决定：任命王占柱为沈阳铁路局局长、党委委员、常委、副书记；免去刘树熒沈阳铁路局局长、党委副书记、常委、委员职务，由铁道部另行安排工作。

3月22日，路局党委发出通知，要求在全局各级组织中大力开展以"八荣八耻"为内容的社会主义荣辱观教育。

5月30日，历时一年半的沈哈线第六次大面积提速改造工程全线完成。

6月30日，长春至西安的K128/7次旅客列车延长至兰州，东北到陇西有了直通车。

7月1日，路局开行沈阳北至福州的L32/1次旅客列车，该车是东北首趟入闽列车。

7月26日，中国共产党沈阳铁路局党员代表大会在沈阳召开。会议的主要议题是选举产生出席中共辽宁省第十次代表大会代表。

2007年

1月18日，经过两个多月的施工改造，大连站新的售票大厅投入使用。新的售票大厅建在大连站西侧面积达1200平方米，可同时容纳1500人购票，共设21个售票窗口，客流高峰时可增至48个售票窗口。

1月20日至21日，局十届二次职工代表大会在沈阳召开。局长王占柱作了题为《开拓创新，加快发展，为全面建设和谐沈局而努力奋斗》的行政工作报告；局党委书记瞿建明作了题为《乘势而上，真抓实干，为建设和谐沈局而努力奋斗》的讲话。大会还完成了其他议程。

1月21日至22日，全局工作会议在沈阳召开。局长王占柱、局党委书记瞿建明分别讲话；局党委副书记、纪委书记张恩礼作党风廉政建设工作讲话。王占柱、瞿建明代表路局、局党委与68个运输站段和9个房产生活段的党政正职签订2007年生产经营业绩责任书。

3月3日至5日，辽宁省、吉林省和内蒙古自治区各地普降大到暴雪，局管内除平齐、通让北部和白阿线以外，各条干支线全部遭受暴风雪袭击，京哈（秦沈）、沈山、锦承、沈吉、京通、沈大、大郑干线部分区段积雪达2米左右，锦州、沈阳、大连枢纽积雪最深达1米以上。暴雪持续30余小时，经由路局和管内始发、终到的旅客列车出现大面积晚点，45列旅客列车迂回运行。局管内枢纽地区和沿途停车站大量旅客临时滞留，大量晚点列车临时滞留途中。3日，路局下达10018号局长命令，对除雪组织、启动应急预案等提出明确要求。从4日9时起，沈大、沈山、京哈（沈阳至兰棱间）、沈阳枢纽，均以疏通客车为主，全局上下动用一切可以动用的力量，清除道岔和线路上的积雪，全力组织旅客运输。最大限度减少列车积压，确保进关客车、直通客车畅通，确保旅客列车安全运行和行车设备运行良好。

4月18日，全路实施第六次调整运行图。新运行图沈阳铁路局共铺画客货列车运行线2592条，开行旅客列车143对，其中直通客车58.5对，管内客车84.5对。与旧图相比，直通客车增加9对，管内客车减少7.5对，总对数增加2.5对。提速首日，管内始发开行的动车组列车共3列，分别于长春和沈阳北站始发，终到北京站。

5月13日，吉林省人民政府和铁道部在吉林市九站举行了长春至吉林城际铁路暨吉林站改建及相关工程建设奠基仪式。

8月23日，铁道部和辽宁省、吉林省、黑龙江省在长春市联合举行哈尔滨至大连铁路客运专线开工动员大会，铁道部领导参加大会并宣布哈大铁路客运专线开工建设。

8月23日至24日，全国铁路工会深入落实"三不让"承诺工作会议在沈阳召开。

10月27日，路局党委、路局召开全局电话会议，传达贯彻党的十七大精神，对全局学习宣传贯彻党的十七大精神作出部署。

11月20日，历时80余天的通霍线线路设备集中整治及扩能改造会战完成施工任务。

2008年

1月3日8时，在沈阳北站一站台，两列并接的动车组列车连在一起重联开行，使沈阳北开往北京的D4次列车车厢由8节变成了16节，载客人数增加了一倍。

1月17日至18日，局十届三次职工代表大会在沈阳召开。局长王占柱作了题为《振奋精神，迎难而上，坚决实现全局第二个三年发展规划的良好开局》的行政工作报告；局党委书记瞿建明作了题为《确保全局又好又快发展，努力开创共建共享和谐沈局新局面》的讲话。大会还完成了其他议程。

1月18日，全局工作会议在沈阳召开。局长王占柱作经营工作报告；局党委书记瞿建明作政治工作报告；局党委副书记、纪委书记张恩礼作党风廉政建设工作报告。王占柱、瞿建明分别代表路局、局党委与68个运输站段和9个房产生活段的站段长、党委书记签订了2008年经营业绩责任书。

2月29日，全局实施岗位管理工作会议在沈阳召开。会议的主要任务是落实部党组的要求，对全局实施全解重聘、岗位管理工作进行安排部署，总结试点单位经验，动员有关部门和站段，提高认识、高标准、高质量推进岗位管理工作的

实施。

4月23日至24日，铁道部领导与吉林省省长韩长赋到吉林省双辽市等地，现场调研粮食购销企业需求，征求对铁路运输的意见和建议，为企业解决运输难题。在充分调研的基础上，部领导决定，深入挖掘潜力，采取超常措施，集中运力资源，决战60天，为东北地区集中抢运1000万吨粮食，最大限度地解决东北粮食外运难问题。

4月30日18时，沈山电气化铁路正式开通使用，沈山铁路电气化改造工程全面完成。沈山线电气化工程于2004年12月30日正式开工。工程主要包括山海关枢纽(沈山引入改造部分)、山海关至沈阳及沈阳枢纽(沈山引入改造部分)的电气化工程及既有线改造工程，正线双线长度423.415公里，接触网总计1543条公里。沈阳至山海关间新建牵引变电所9座，新建(改建)生产房屋总建筑面积52386平方米。

5月13日10时39分，沈阳驻军某部官兵及铁路职工捐助的两车146件药品随87612次列车从大成站发出运往汶川。这是汶川地震后沈阳铁路局运出的首批救灾物资。

5月20日，沈阳铁路局首列赴四川地震灾区转运伤病人员的LK388次列车在沈阳北站始发，担当这次值乘任务的是沈阳客运段、沈阳车辆段和沈阳乘警支队乘务人员。

至5月22日，全局有115707名党员、12310名入党积极分子主动为汶川地震灾区捐款。捐款总额已达491.5万元。

5月22日，局党委下发《关于党员自愿交纳"特殊党费"支援抗震救灾的通知》。截至5月26日，共有4290名党员交纳"特殊党费"514180元。

截至6月3日18时，全局抗震救灾物资装运1102车，共77列。路局采取提前配送空车等货和"五优先"运输组织方法，确保救灾物资运输快

速便捷。

7月12日，吉林省政府、路局在长（春）双（阳）烟（筒山）铁路的双阳站举行了长双烟铁路竣工通车典礼。长双烟铁路是铁道部和吉林省人民政府共同出资建设的东北第一条合资铁路。正线全长93.851公里。

8月15日10时，大连沈铁港口物流有限公司在大连成立。这既是沈阳铁路局积极参与辽宁省"五点一线"规划实施、主动服务支持区域经济发展的一项重要举措，也是沈阳铁路局物流产业发展一个新的开端。

9月28日，沈阳市政府和铁路局举行沈西工业走廊铁路工程全线开工典礼仪式。沈西工业走廊铁路为国家项目，线路总长51.53公里，工程总投资16.3亿元，由沈阳市政府和铁道部共同出资，由沈阳市政府和沈阳铁路局合作建设。

10月13日，路局党委、路局在局机关会议室召开全局深入学习实践科学发展观活动动员大会，对全局开展深入学习实践科学发展观活动进行动员部署，启动了全局第一批学习实践活动。局长王占柱主持会议，局党委书记瞿建明作动员讲话。铁道部学习实践活动指导检查组组长、中国铁路建设投资公司党委书记吴利民代表铁道部学习实践活动指导检查组讲话。

10月25日，路局党委、路局召开全局电话会议，铁道部党组决定，任命吴利民为沈阳铁路局党委委员、常委、书记；免去瞿建明沈阳铁路局党委书记、常委、委员职务，由铁道部另行安排工作。

12月20日9时，东北东部铁路通道白河至和龙段通车典礼在和龙站举行，正式开通运营。

12月21日，沈局新增开沈阳北至济南、沈阳北至哈尔滨、沈阳北至长春3对省会城际动车。

12月，沈阳铁路局第一条500米长钢轨焊接生产线在沈阳工务机械段沈阳南焊轨基地建成投产，标志着沈阳铁路局已初步具备为铁路客运专线基建用轨以及大修用轨提供长钢轨的能力，对确保东北路网建设项目工期将发挥重要作用。

2009年

1月9日，局十届四次职工代表大会在沈阳召开。局长王占柱作了题为《振奋精神，迎难而上，坚决实现全局第二个三年发展规划的良好开局》的行政工作报告；局党委书记吴利民作了题为《坚定信心，抓住机遇，迎难而上，努力实现全局第二个三年发展规划良好开局》的讲话。大会还完成了其他议程。

1月17日，路局和丹东市政府共同筹资3.7亿元兴建的丹东站新站舍正式投入使用。

3月16日，按照部党组的部署要求，局党委、路局召开全局第二批深入学习实践科学发展观活动动员大会，认真贯彻全路第一批学习实践活动总结暨第二批学习实践活动动员电视电话会议精神，动员部署全局开展第二批深入学习实践科学发展观活动。

4月1日，沈阳北至太原开行D194次朝发夕归动车组列车正点开出，旅行时间由22小时压缩到8小时。

4月30日，沈阳北至上海D198／5次朝发夕至的动车组列车自沈阳北站正点开出，旅行时间由28小时压缩到14小时。是继4月1日实施新图，沈阳北开行的太原动车组列车之后，增开的第二对动车组列车。

7月1日，金州站站舍改造工程竣工，正式交付使用。金州站站舍改造工程总建筑面积13480平方米。为主体两层、局部四层欧式风格建筑，2008年6月15日开工。

7月8日19时26分，大连至北京Z81／82次直达旅客列车从大连站正式开行。

7月30日，沈抚城际铁路通车仪式在抚顺北站站前广场举行。

7月31日，通辽内陆港正式建成并投入使用。通辽内陆港占地面积20万平方米，总投资7000万元，建有5000平方米的联检大楼和两条1100米直进直出装车线。内陆港于2009年4月30日开工，7月30日正式竣工。它的建成为内蒙古自治区打开了一条入海通道，是蒙东地区连接营口港的桥梁纽带。

11月2日，铁道部党组决定，任命武汛为沈阳铁路局党委委员、常委、书记；免去吴利民的沈阳铁路局党委书记、常委、委员职务，由铁道部另行安排工作。

11月23日至24日，全国铁路运输安全工作会议在沈阳召开。沈阳、武汉、北京、郑州、上海铁路局在会上作了经验介绍。与会代表添乘观摩了京哈线京秦段、秦沈段提速线路设备质量和安全管理情况，现场观摩了沈阳车辆段、苏家屯车辆段、苏家屯机务段和沈阳工务机械段机辆整合与焊轨基地情况。

2010年

1月14日，局十届五次职工代表大会在沈阳召开。局长王占柱作了题为《抓住机遇，奋力拼搏，在推进铁路现代化建设进程中夺取全局加快发展的新胜利》的行政工作报告；局党委书记武汛作了题为《弘扬主人翁精神，发挥主力军作用，在全局加快发展新征程中建功立业》的讲话。大会还完成了其他议程。

1月15日，全局工作会议在沈阳召开。局长王占柱、局党委书记武汛分别作了讲话，总结部署全年工作，并与基层单位签订2010年经营业绩责任书。局党委副书记、纪委书记张恩礼总结部署党风廉政建设工作。

2月12日，路局、局党委召开大力推进自控型班组建设暨路局机关包保100个班组动员电话会议，深入贯彻落实部党组推进"三项工程"建设的重要决策，动员全局干部职工进一步认清形势，统一思想，明确任务，采取切实有效的措施，大力推进自控型班组建设，确保"三项工程"建设在攻坚之年取得突破性成果。

2月26日15时，路局、局党委召开全局实施"十百千万"人才队伍建设工程动员电视电话会议，局党委书记武汛主持会议，并宣读局党委、路局联合下发的《关于印发〈沈阳铁路局2010—2012年职工队伍素质建设实施方案〉的通知》。

3月17日上午，沈阳至丹东客运专线、丹东至大连铁路，新建沈阳南站和大连北站，沈阳站和沈阳北站改造建设动员大会在沈阳举行。沈阳至丹东客运专线全长207公里，设计时速250公里。丹东至大连铁路位于辽东半岛、黄海之滨，衔接大连、丹东两个主要城市，是东北东部铁路通道的重要组成部分，线路全长295.9公里，设计时速200公里。建设沈阳南站和新大连北站，对沈阳站和沈阳北站全面改造，将使沈阳、大连的铁路枢纽功能和布局更加优化。

3月20日，新组建的沈阳通信段正式成立。这个段是按照铁道部和路局关于机构重组的统一部署，由原沈阳、长春、锦州、通辽、吉林、局直属等6个通信段合并组建的，成为全路职工人数最多、通信线路最长、通信覆盖面最广、资产总量最大的通信段。

3月26日8时16分，沈阳铁路局互联网网站（http://www.sytlj.com/）正式开通。局长王占柱启动网站开通按键并讲话。局党委副书记吴立君主持开通仪式，局党委副书记、纪委书记张恩礼，局工会主席张国敏出席仪式并致贺。

4月15日下午，正在辽宁考察工作的中共中央政治局常委、国务院副总理李克强，专程前往大成站，实地察看支援青海玉树灾区抗震救灾物资组织和抢运工作。

5月11日8时30分，全局"千名后备干部培养工程"——路局与培训院校签订协议仪式在沈阳举行。局长王占柱代表路局、局党委分别与吉林大学、北京交通大学、石家庄铁道大学、东北财经大学、兰州交通大学、大连交通大学、中国铁道科学研究院7所院校领导签署了千名后备干部脱产培训协议。局党委书记武汛主持签订协议仪式并致辞；局工会主席张国敏、局总工程师付国成出席仪式；吉林大学等7所院校领导出席仪式；路局相关部门负责人及"千名后备干部培养工程"各班委会(党支部)成员参加了仪式。10时30分，路局、局党委在沈铁文化宫隆重召开全局"千名后备干部培养工程"动员大会。局长王占柱在讲话中阐述了启动实施"千名后备干部培养工程"的重要意义，动员千名后备干部进一步统一思想，提高认识，以良好的精神状态和饱满的学习热情，全身心投入到学习培训中。局党委书记武汛主持大会并讲话。

10月18日，历时5个月施工建设、11个月试运行的沈阳铁路陈列馆正式开馆。

10月30日，吉林至珲春铁路客运专线建设动员大会在延吉市朝阳川镇举行。吉林至珲春铁路客运专线西起吉林市，东至延边朝鲜族自治州珲春市，途经吉林市、蛟河市、敦化市、安图县、延吉市、图们市、珲春市7个县市区，全线设9个车站。新建正线359公里，桥隧比66%，设计时速250公里。

11月1日，沈阳西部工业走廊铁路实现全线通车。沈西工业走廊铁路干线工程由沈阳市政府和沈阳铁路局合作建设。

11月29日，经过施工人员一年的艰苦奋战，全长402公里的通霍复线改造工程全部竣工，顺利实现全线贯通。

12月28日，经过建设者3年零130天紧张施工，哈大客运专线全线轨道铺通，以线下工程和铺轨为主的站前工程全部结束，哈大客运专线建设工程进入收尾阶段。

2011年

1月10日，局十一届一次职工代表大会在沈阳召开。局长王占柱作了题为《立足新起点，实现新突破，坚决实现全局第三个三年发展规划的良好开局》的行政工作报告；局党委书记武汛作了题为《坚定信心，乘势而上，确保全局第三个三年发展规划实现良好开局》的讲话。参加大会的职工代表共312名。

1月10日，全局工作会议在沈阳召开。局长王占柱、局党委书记武汛分别作了讲话，并与基层单位签订2011年经营业绩责任书。局党委副书记、纪委书记张恩礼总结部署党风廉政建设工作。

1月11日6时50分，长春至吉林城际铁路正式投入运营。长吉城际铁路开通运行最高时速250公里/小时，长春与吉林两地间用时35分钟。

1月18日，局客户服务中心正式开通，通过95105688电话语音查询、人工在线服务、12306网站等平台，为旅客提供信息查询、咨询投诉、求助解困等方便快捷的服务。

2月13日，路局、局党委在先后召开了党政联席会议和党政联席扩大会议的基础上，连夜召开全局电视电话会议，传达中央对铁道部主要领导进行调整的决定，学习传达张德江副总理重要讲话精神，贯彻落实铁道部党组书记盛光祖在2月12日全路电视电话会议上的讲话精神。局长王占柱、局党委书记武汛全面安排部署全局安全大检查活动，并提出明确要求。

4月14日，沈阳区域军事运输管理委员会在沈阳成立。驻局军代处第一政委、局党委书记武汛出席成立大会并讲话。驻局军代处主任王玉、政委张永前出席会议，驻沈阳地区部队代表、沈阳区域军事运输管理委员会19个成员单位的站段党政正职及局机关相关人员参加了会议。

6月1日起，动车组列车实行购票实名制。

7月1日，全国铁路实施新的列车运行图。此次调图后，沈阳铁路局增开管内动车组4.5对，提高等级列车4对，调整运行区段列车4.5对，改变经由列车34列。同时，此次调图还对行包专列和货物列车进行了调整。

7月25日，中国共产党沈阳铁路局代表大会在沈阳召开。大会选举产生了路局出席中共辽宁省第十一次代表大会代表，局党委书记武汛等22人当选。

8月8日，由沈阳铁路局非运输企业投资兴建的具有五星级标准的宾馆——东北大厦正式开业。

10月17日，局干部培训中心成立。局干部培训中心与局党校属同一机构、合署办公，承担全局行政管理干部、技术业务干部和政工干部培训任务。

12月19日，铁道部党组决定，免去武汛沈阳铁路局党委书记职务。

12月27日，局十一届二次职代表大会在沈阳召开。局长王占柱作了题为《迎接挑战，争创一流，全力推进沈阳局科学发展再上新台阶》的行政工作报告，局党委常委、工会主席（主持局党委工作）张国敏作了讲话。大会还完成了其他议程。

12月28日至29日，全局工作会议在沈阳召开。局长王占柱传达贯彻全路工作会议精神，对2012年工作作出全面部署；局党委常委、工会主席张国敏（主持局党委工作）作政治工作报告；局党委副书记、纪委书记顾锐作党风廉政建设工作报告。全局各单位党政正职、纪委书记、工会主席、总会计师，局机关有关部门负责人共700余人参加了会议。

12月30日，铁道部党组决定，任命张国敏为沈阳铁路局党委书记。

2012年

1月10日15时，路局党委、路局召开全局深入开展"话成果、议形势、明任务、知责任"形势任务大宣讲活动培训会。局党委书记张国敏作动员讲话，并对参加大宣讲活动的局机关部门负责人、基层单位领导班子成员和部分宣讲骨干进行集中培训，标志着以"机关宣讲到基层、站段宣讲到一线"为载体的全局形势任务大宣讲活动正式启动。局党委副书记、纪委书记顾锐主持培训会。

1月31日，全局非运输企业工作会议在沈阳召开。会议深入贯彻落实全路多元经营工作会议和路局"三会"精神，总结2011年全局非运输企业工作，分析存在的问题和当前面临的形势，部署2012年全局非运输企业重点工作任务。局长王占柱、局党委书记张国敏出席会议并讲话，并与35家非运输企业签订2012年经营业绩责任书。

2月10日18时，路局、局党委在沈阳召开全局实施安全风险管理动员大会。会议的主要任务是，深入贯彻全路工作会议精神，认真落实盛光祖部长关于实施安全风险管理的部署要求，动员部署全局干部职工强化安全风险意识，加强安全风险控制，提升安全风险应急处置能力，全面实施管理岗位风险管理责任制手册和作业岗位安全风险卡管理，确保全局安全持续稳定。局机关各有关部门负责人，各运输站段站段长、安全副职、安全科科长、主要行车岗位车间主任、部分工班长和职工代表共700余人参加会议。

2月25日18时07分，路局新建的沈阳铁路枢纽东北环线田东线、虎辉联络线正式开通使用，全局新建沈阳铁路枢纽东北环线全部开通运营。

4月18日，路局、局党委召开全局"十二五"职工生产生活配套设施改造动员电视电话会议，对全局"十二五"职工生产生活配套设施改造任务进行全面部署，动员全局各级组织和干部职工统一思想，坚定信心，以职工满意为基准，以群众认可为目标，高标准、高质量完成职工生产生活配套设施改造任务。局党委书记张国敏作动员讲话，副局长张海涛部署任务，局党委副书记张树奎主持会议。

5月21日至22日，铁道部沈阳多元化经营工作会议召开。会议总结了2011年以来全路多元化经营工作的成绩，交流学习了沈阳铁路局经验，对深入推进全路多元化经营工作作出部署。铁道部党组书记、部长盛光祖在讲话中要求全路深入贯彻胡锦涛总书记考察铁路时所作的重要指示，认真落实部党组关于实施多元化经营的战略部署，解放思想，开拓创新，推动多元化经营向一体化、网络化、规范化、高度融合的方向发展，全面提升铁路发展质量和效益，更好地服务经济社会发展和人民群众。会议期间，与会人员现场观摩了沈阳铁路局通辽北内陆港、沈西工业走廊专用铁路和物流基地、沈阳双瑞餐饮基地，并听取了沈阳铁路局推进多元化经营工作的6个系列经验介绍。

5月23日，铁道部党组书记、部长盛光祖参加沈阳铁路局领导班子民主生活会，并作出指示。铁道部副部长彭开宙、胡亚东、王志国分别到沈阳地区部分基层单位检查指导工作。

5月29日，全国在建高铁护路联防工作座谈会在大连召开。会议围绕强化全国在建高铁护路联防工作主题交流经验，部署任务。来自全国16个在建高铁区域的省、直辖市、自治区护路办的负责同志参加了会议。会议期间，与会人员赴大连、丹东、沈阳等铁路沿线进行参观考察。

6月20日，吉林省境内铁路法院、检察院移交签字仪式在长春举行，吉林省境内铁路法院、检察院正式纳入到国家司法管理体系。

6月21日，辽宁省境内铁路法院、检察院移交签字仪式在沈阳举行，沈阳铁路运输中级法院、检察分院，以及所属的辽宁省境内铁路运输法院和铁路运输检察院正式移交，实施属地管理。6月28日，通辽铁路法院、检察院移交签字仪式在通辽举行。沈阳铁路局管内铁路运输两级

法院、检察院全部移交，纳入国家司法管理体系，实行属地管理。

7月15日时，沈阳北站新建北出口站房启用。

7月30日零时，沈阳站新建成的西站房和高架候车室启用。

8月3日至5日，受强台风影响，局管内遭受强降雨袭击，发生近百处水害，部分区段水漫钢轨、路基坍塌、桥涵跨塌、泥石掩埋线路，电务、供电设备严重受损。山海关站、盖州站洪水最深处近2米，部分站台被洪水淹没。全局200多趟列车晚点、停运，数万名旅客滞留。沈大、沈山、沈丹三条主要干线相继中断行车。全局干部职工全力抢修水毁线路设备，争分夺秒进行站内排水泄洪，安抚被困和滞留旅客。经过30个小时连续奋战，8月5日12时，沈山、沈大、沈丹三条干线全线恢复通车。

8月22日18时，经过34个月的施工，辽阳站普速场改造与新站房工程全面竣工。

9月17日至18日，全路编组站工作现场会在沈阳召开。会上，沈阳铁路局介绍了苏家屯站区深度融合、共建共管，用站区一体运输模式最大限度释放运输潜能的做法。

9月26日11时，东北东部铁路通道新建通化至灌水段开通仪式在灌水站举行。通化至灌水铁路全长179.7公里，工程总投资51.61亿元，起点接轨于凤上线灌水站，终点接轨于梅集线通化站，衔接了沈丹线、凤上线、梅集线、鸭大线和浑白线5条既有铁路，是东北东部铁路通道的重要组成部分，为铁道部和辽宁、吉林两省合作建设的铁路重点工程。新建铁路设计时速为120公里。其中，辽宁省境内新建铁路正线121.8公里，吉林省境内新建铁路正线57.9公里，建有通化县、桓仁、灌水等10个车站。

10月15日，路局档案史志室，历时一个半月

的时间顺利完成了档案史料搬迁工作，实现了集中管理。这次搬迁共完成原沈阳、锦州、吉林铁路局，原沈阳（含丹东）、长春（含白城）、大连、锦州、通辽、吉林（含图们）、通化铁路分局各门类档案及资料403508卷、资料11091册、照片12623张、实物783件、底图等141761本、册。

12月1日，哈尔滨至大连高速铁路正式开通运营，铁道部副部长卢春房、陆东福分别到沈阳站和长春站参加开通仪式。局长王占柱、局党委书记张国敏、副局长王凡分别在沈阳、长春、大连举行的开通运营仪式上介绍哈大高铁相关情况。哈大高铁贯东北三省，全长904公里，共设23个站。建成通车后，将大大缩短东北地区主要城市间的运行时间，增进东北与关内中心城市的联系，从根本上缓解既有哈大铁路运输能力紧张问题，对促进东北地区经济社会发展，推动东北老工业基地振兴具有十分重要的意义。

2013年

1月4日，全局第一期"学习贯彻党的十八大精神，提升领导科学发展能力"领导干部培训班在局党校开班。局党委书记张国敏作动员讲话，局长王占柱主持开班仪式。此次培训班将分两期对局领导班子成员、局机关部门负责人和基层单位党政正职共380余名领导干部进行培训。

1月5日17时53分，沈阳铁路局开行沈阳北至太原的Z194次夕发朝至旅客列车。

1月20日，局十一届三次职工代表大会在沈阳召开。局长王占柱在会上作了题为《依靠职工群众，凝聚发展合力，在推进平安和谐幸福沈局建设中再立新功》的行政工作报告，局党委书记张国敏讲话。大会还完成了其他议程。

1月21日，路局、局党委召开全局工作会议。局长王占柱总结2012年全局各项工作，部署2013年重点工作任务；局党委书记张国敏对全局政治工作进行总结部署；局党委副书记、纪委书记顾锐对全局党风廉政建设工作进行总结部署。

4月21日零时起，哈大高铁实行首个夏季运行图。夏季新图运行后，动车组列车最高运行时速300公里。全线共安排开行动车组列车78对，其中"G"字头动车组列车65对，"D"字头动车组列车13对，哈尔滨至大连最短运行时间从冬季的5小时18分压缩至3小时30分；沈阳至大连最短运行时间从2小时11分压缩至1小时30分。

6月8日，路局成立营销处，并成立12个货运中心以适应货运组织改革需要。

9月9日，路局党委、路局在沈阳召开全局党的群众路线教育实践活动动员大会，全面贯彻落实党中央和总公司党组的决策部署，对全局深入开展党的群众路线教育实践活动作出安排，动员两级领导班子、领导人员、局机关干部和全局党员统一思想、提高认识、明确任务，紧密围绕为民务实清廉这一主要内容，牢牢把握"照镜子、正衣冠、洗洗澡、治治病"总要求，认真扎实地开展党的群众路线教育实践活动。总公司督导组，局领导班子成员，局机关正科职以上干部，各单位党政正职，路局省级以上党代表、人大代表、政协委员近800人在主会场参加会议；局机关全体党员干部，各基层单位科室中层以上党员干部在分会场参加会议。

9月12日6时48分，盘锦至营口高速铁路正式开通运营。线路营业里程90公里，时速350公里，初期运营时速300公里。于2009年5月31日开工建设，2013年3月29日完成全线铺轨，并相继进行了静态验收、联调联试和运行试验等工作。

11月25日，长春站南站房正式开通启用，实现车站南北全面贯通，长春站南、北站房同时具备购票、进站、乘车、出站等功能。南站房的开通使用，标志着历时5年的长春站站舍改造工程圆满结束。

12月28日，路局实施新列车运行图。此次调图，全局新增G字头直通动车组列车19对，首次开行沈阳北至上海虹桥、长春至青岛北、大连北至上海虹桥等多趟高铁列车，对区域经济社会发展产生积极影响。

2014年

1月13日，路局"感动沈局十大道德模范"评选结果揭晓，沈阳车辆段蒋明轶、大连站刘晓云、沈阳车务段崔振亮、锦州机务段刘杰、锦州货运中心李伟、通化公安处季长山、鞍山车务段马晓峰、长春车辆段刘政权、沈阳车务段吕景海、吉林机务段杜勇胜妻子李亚杰等10名同志荣获"感动沈局十大道德模范"，西部铁路建设者、养护者、经营者集体荣获"感动沈局道德模范"特别奖。

1月13日至14日，局十一届四次职工代表大会在沈阳召开。参加大会的正式代表共有328名。局长王占柱在会上作了题为《以全面深入推进"七个年"工作为统领，高质量实施第四个三年发展规划，合力谱写沈局发展新篇章》的行政工作报告，局党委书记张国敏讲话。大会还完成其他议程。

1月15日，路局、局党委以电视电话会议形式召开全局工作会议，认真贯彻落实全路工作会议精神，总结部署全局安全经营工作、政治工作和党风廉政建设工作。局长王占柱讲话，局党委书记张国敏总结部署全局政治工作，局党委副书记、纪委书记顾锐总结部署全局党风廉政建设工作，局党委副书记张树奎主持会议。

2月27日，路局党委、路局召开全局党的群众路线教育实践活动第一批总结暨第二批部署会议，学习贯彻总公司党组"2.12"电视电话会议精神，总结全局第一批教育实践活动情况，对第二批教育实践活动作出部署。总公司第二批教育实践活动第四组巡回督导组成员参加会议。路局领导班子成员，局机关各部门负责人，各单位党政正职，以及路局辽宁省第十一次党代会代表在主会场参加会议；局督导组全体成员，局机关全体党员干部，各基层单位科室中层以上党员干部在分会场参加会议。

3月20日，长吉城际铁路九台南站正式开通运营。九台南站日办理10趟动车组列车客运业务，其中大连、沈阳北、哈尔滨方向各两趟，长春方向4趟。

4月21日零时起，哈大、盘营高铁2014年夏季列车运行图及管内调整图正式实施。此次调图，"G"字头动车组列车最高运行时速达到300公里，"D"字头动车组列车最高运行时速达到250公里。哈大、盘营高铁夏季运行图共安排开行动车组列车90对。其中，提高列车等级9.5对，调整运行区段9对，新增旅客列车4对。

6月30日，8时16分，沈阳铁路局"铁路职工网上家园"上线试运行，共设置4个版块20个栏目，是沈阳铁路局第一个可供职工交流互动、学习知识、参与活动、表达诉求的互联网平台。

7月1日，路局实施新图，新开行T302/3次长春至乌鲁木齐和G1272/3次沈阳北至武汉两对列车，将大连至汉口的K369/8/9次列车延长至广州，沈阳北至包头的K1520/17次列车延长至银川。

7月12日，珠斯花至珠恩嘎达布其铁路全线贯通运营，沈阳铁路局西部两条铁路全部建成。珠珠铁路分三段建设和开通运营，历时5年时间。第一段从珠斯花到贺斯格乌拉，于2009年5月开工，8月29日开通运营；第二段从贺斯格乌拉到珠恩嘎达布其南，于2010年5月开工，11月8日开通运营；第三段从珠恩嘎达布其南至珠恩嘎达布其，是全线的口岸段铁路，于2014年3月1日开工，7月12日开通运营。另一条西部铁路霍白线（霍林河至白音华），分三段建设和开通运营：第一段从霍林河至扎哈淖尔，于2004年开工，2006年8月15日开通运营；第二段从扎哈淖尔至伊图塔，于2009年3月开工，6月28日开通运营；第三段从伊图塔至白音华，于2010年3月开工，7月30日开通运营。两条西部铁路共计612公里设有14个车站和11个大型物流基地。

7月19日，在盘锦港站接轨的盘锦港前物流基地全面竣工并投入运营，这是路局第一个建在港中的物流基地。盘锦港前物流基地于2013年11月开始筹建，2014年3月15日开工建设，6月30日全面竣工，整个建设历时106天。建成后的盘锦港前物流基地距离盘锦港码头2公里，占地面积100万平方米。该基地具备整车、集装箱货物铁路到发，散堆装、成包袋件、集装箱货物装卸，货物仓储、堆存、保管，场内至码头货物搬运、短倒等综合性、多用途功能，一次堆存量达100万吨以上。

8月7日6时50分，路局首趟大连至哈尔滨X951/2次"便民货运快车"从大连站始发；10时30分，首趟大连至哈尔滨X981/2次"鲜活货运快车"从南关岭站始发。从沿海城市大连，首次1天开出两列具有特色的货运快车。沈阳铁路局进一步深化货运组织改革，积极开发快运新产品，为东北地区散货运输搭建起绿色物流大通道。

10月24日，路局党委、路局召开全局党的群众路线教育实践活动总结电视电话会，学习贯彻中央以及总公司党的群众路线教育实践活动总结大会精神，总结全局党的群众路线教育实践活动，对拓展教育实践活动成果，加强作风建设，落实中央和总公司党组从严治党要求等方面进行部署。局党委书记、教育实践活动领导小组组长张国敏讲话，总公司第四巡回督导组成员出席会议。局领导班子成员、局机关各部门负责同志在主会场参加会议；局督导组成员在就近督导单位参加会议；各基层单位领导班子成员、科室负责同志和车间党支部书记在本单位收听收看会议。

11月11日，吉林站候车室内"城市候机楼"正式启用，长吉城际铁路吉林站、龙嘉站与龙嘉国际机场的空铁联运实现全程零距离服务对接。在吉林站，乘坐飞机的旅客到"城市候机楼"即可办理登机手续、咨询航班信息、购买机票、办理航空保险。龙嘉站在出站口设置航空旅客临时服务区，用电瓶车免费摆渡在"城市候机楼"办理登机手续的旅客，经地下通廊到龙嘉机场。

12月24日，路局正式开行长春至南宁的K2388/7次直通快速旅客列车。

2015年

1月31日至2月1日，局十一届五次职工代表大会在沈阳召开。局长王占柱作了题为《深化企业改革，推进依法治企，为建设和谐幸福沈局努力奋斗》的行政工作报告，局党委书记张国敏讲话。大会还完成了其他议程。

2月2日，路局、局党委以电视电话会议形式召开全局工作会议。局长王占柱在会上讲话，局党委书记张国敏总结部署全局政治工作，局党委副书记、纪委书记顾锐总结部署全局党风廉政建设工作。局党委副书记张树奎主持会议。

4月18日8时58分，沈阳动车段动车组三级修基地举行落成仪式，东北地区首个动车组三级修基地正式投入运用，路局动车组自主检修能力达到全路先进水平。

4月18日至19日上午，中国铁路总公司在沈阳召开铁路现代物流建设现场会。铁路总公司党组书记、总经理盛光祖到会。沈阳铁路局汇报了深化货运组织改革、加快向现代物流转型发展的经验做法。全体参会人员先后到苏家屯零散白货中心站、孤家子白货作业站、沈阳东站综合物流基地进行现场观摩。盛光祖在会上讲话，充分肯定了沈阳铁路局的做法，要求全路认真学习借鉴，并对加快推动铁路向现代物流企业转型发展，提出了明确要求，作出了全面部署。

5月22日，路局党委、路局召开全局"三严三实"专题教育动员部署电视电话会议，学习贯彻中央及总公司党组部署安排，对全局的专题教育作出全面部署，动员各级党员领导干部以思想政治建设和作风建设的新成效，推动全局各项工作再上新台阶，为深入推进全局改革发展提供坚强有力的保证。局党委书记张国敏讲授专题党课，并就开展专题教育提出明确要求。总公司第二专项检查组组长赵奇克、副组长巩联军出席会议。在沈阳的局领导班子成员、局机关副处职以上领导干部在主会场参加会议，各基层单位领导班子成员在本单位收听收看。

8月31日，路局、局党委以电视电话会议形式召开全局资产经营开发动员大会，认真贯彻落实总公司资产经营开发工作会议精神，全面部署全局资产经营开发工作。局长王占柱出席作动员讲话，局党委书记张国敏出席会议并讲话，局党委副书记张树奎主持会议。局领导班子成员，局机关各部门负责人和非运输企业直属、专业集团党政正职在主会场参加会议，各基层单位领导班子成员，各建设指挥部和非运输企业领导班子成员及其子（分）公司的中层干部在本单位收听收看。

9月1日8时，沈阳至丹东高铁正式开通运营。沈丹高铁全长208公里，全线设沈阳南、本溪新城、本溪、南芬北、通远堡西、凤城东、五龙背东、丹东8个站。沈丹高铁于2010年4月正式开工建设，2015年1月20日钢轨铺通，2015年6月2日开始联调联试。沈丹高铁最高运营时速250公里，沈阳至丹东最短运行时间由原来的3小时34分缩短至1小时11分，丹东至北京的最短运行时间由14小时缩短至6小时15分。

9月1日，沈阳南站正式开通运营。车站行车设备采用先进的调度集中系统车务终端子系统（CTC系统）和动车段集中控制系统（CCS系统），集站场显示和列车进路自动触发完成于一体，实现了设备保安全的目标。车站设有12座站台、26条线路，候车大厅面积3.1万平方米，车站最高聚集人数可达1万人。

9月20日，吉图珲高铁正式开通运营。吉图珲高铁西起吉林市，向东经蛟河市、延边朝鲜族自治州的敦化、安图、龙井、延吉、图们等县市，终到珲春市，全长360公里。其中，115座桥梁累计91公里，占线路总长的25%。全线设吉林、蛟河西、威虎岭北、敦化、大石头南、安图西、延吉西、图们北、珲春9个车站。吉图珲高铁于2011年开工建设，2015年6月开始联调联

试，8月开始全线试运行。开通初期，安排开行动车组列车21.5对，设计运行时速为250公里，初期运营时速200公里。长春至延吉最短运行时间由原来的7小时28分，缩短至2小时05分；延吉至北京最短运行时间由原来的23小时12分，缩短至9小时01分；延吉至大连最短运行时间由原来的18小时01分，缩短至6小时07分。

10月10日10时，经过近一年多改造建设，升级后的沈阳北站北广场正式启用。自此，从沈阳北站北子站房出行的旅客，不仅能够选择出租车、公交车等多种"零换乘"方式进出站，还能就近取票购票，方便快捷。

11月19日，路局党委、路局召开第二届"感动沈局十大道德模范"命名表彰暨事迹报告会。主会场设在沈铁文化宫，分会场设在各单位电话会议室。局长王占柱宣读命名表彰决定，局党委书记张国敏讲话，并共同为十大道德模范颁发奖杯、荣誉证书。局党委副书记张树奎主持会议。局领导班子成员、局机关部门各级干部、沈阳地区各单位干部职工代表，以及中央驻辽宁各新闻媒体、辽沈地区主要新闻媒体记者在主会场参加会议。各单位领导班子成员、先进典型和干部职工代表，在本单位电话会议室收听收看。

12月4日，张国敏退休，不再担任沈阳铁路局党委书记。

12月17日，丹东至大连快速铁路正式开通运营。运营初期，每天开行动车组列车12对，按城际列车开行，全程最短运行时间为1小时45分。丹大快速铁路是规划建设的东北东部铁路通道的重要组成部分，位于辽东半岛、黄海之滨，西起大连市甘井子区，沿海岸线一路向北延伸，止于边境城市丹东。全线建设里程290.7公里，共设19个车站，其中办理客运业务的车站15个，分别是大连北、金州、广宁寺、登沙河、杏树屯、皮口、城子坦、花园口、庄河北、青堆、大孤山、北井子、东港北、丹东西、丹东站。丹大快速铁路是一条以客运为主，兼顾货运的大能力快速铁路通道。2010年6月正式开工建设，2015年8月开

始分段联调联试，11月全线试运行。

2016年

1月20日，中共沈阳铁路局七届委员会第十五次全体（扩大）会议在局机关会议室召开。会议学习贯彻总公司工作会议精神，讨论通过《沈阳铁路局党委工作报告》等3个报告，以及局十二届一次职代会议程安排。局党委委员出席会议。局领导班子其他成员、局纪委委员、局机关有关部门负责人列席会议。1月20日至21日，局十二届一次职工的代表大会在沈阳召开。会议总结回顾2015年和"十二五"全局各项工作，深刻分析新一年面临的形势与挑战，全面部署2016年重点工作，简要介绍"十三五"规划目标，动员全局干部职工为完成2016年各项任务目标而努力奋斗。局长王占柱作了题为《抢抓机遇，迎难而上，坚决实现"十三五"规划良好开局》的行政工作报告，来自全局各条战线的309名正式职工代表参加会议。22日，召开全局军事运输会议。

3月25日9时38分，路局首次开行通辽至圣彼得堡的79007次货运班列。列车运行全程9000公里，运输期限15天以内，到达圣彼得堡的运输时间较海运节省近30天。

3月30日，沈阳工业开发区铁路沙岭综合物流基地正式投入运营。

4月20日，局党委召开两级党委中心组联组学习电视电话会议，邀请中国延安干部学院党建研究教授肖纯柏，围绕深入解读学习党章作专题讲座。局党委副书记张树奎主持会议，局领导班子成员、局机关各部门及直附属单位副处职以上领导干部在局机关六楼会议室参加会议，局机关其他党员干部在各自办公室接线收听。各基层单位领导班子成员、科室中层干部在本单位收听收看。

5月15日零时起，路局对管内旅客列车运行图进行全面调整和优化，这是路局近10年来规模最大的一次运行图调整。全局新增开直通旅客列车5对、管内旅客列车6对，变更列车运行区段10对，开行旅客列车总数达到418.5对。

5月15日17时05分，全局首趟长春至三亚的Z384/5次旅客列车从长春站始发。全程走行4625公里，用时52小时20分。该趟列车的开行，将进一步强化海南岛与广州、天津、沈阳、长春等城市的直接对接及沿途市镇的相互联系，让吉林、辽宁两省旅客进出海南岛的行程更加便利快捷。

5月23日，沈阳铁路局召开通辽至京沈客专新民北站铁路开工动员会议，路局主要领导对工期节点、安全质量、施工组织、廉政建设作出全面部署。该工程项目位于内蒙古通辽市与辽宁省西部地区，线路自京沈客专新民北站引出，经彰武、甘旗卡引入通辽站，线路全长196.934公里，其中辽宁境内104.488公里，内蒙境内92.446公里。全线设新民北、彰武、甘旗卡、通辽4座车站，预留章古台、木里图2座车站，设姚家窝堡、田家窝堡2座线路所，其中新民北站为该线与京沈客专接轨站，其它各站均与大郑线铁路的既有车站共站，工程总投资171亿元，工程2016年6月5日正式开工建设，计划2017年10月具备联调联试条件，2018年与京沈客专辽宁段同步开通。

6月28日，沈阳铁路局和辽宁省旅游局联合举办"中国铁路旅游·乐游辽宁"主题推介，以"乐游辽宁，不虚此行"为主线，积极推进旅游战略合作和联合开发，联手打造旅游主题产品，营造入辽旅游的浓厚氛围，年内计划从全国各地开行入辽旅游专列110列以上。辽宁省副省长邴志刚，中国铁路总公司党组成员、副总经理李文新出席并讲话。

7月1日，路局党委、路局在沈阳召开全局庆祝中国共产党成立95周年暨创先争优表彰、"两学一做"党员集中轮训和"共产党员号"创建启动大会，庆祝中国共产党成立95周年，总结表彰一年来全局党内涌现出的先进典型，全面启动全局"两学一做"学习教育党员集中轮训和"共产党员号"创建工作，动员各级党组织和全体党员继承和发扬党的优良传统，巩固和扩大创先争优成果，在推进全局创新发展中再立新功。局领导班子成员出席大会。局机关各部门负责人，受到表彰的2016年度先进集体和优秀个人代表，各基层单位领导班子成员、科室负责人、部分车间负责人、受表彰的同志和部分休班党员在本单位收听收看。

8月30日，张海涛任局党委常委、党委书记。主持局党委、行政全面工作。

至8月31日，历时62天的暑运结束。暑运期间，全局共开行临客31对2568列次，先后增加使用动车30组车体，安排53对动车重联4314列次；全局共发送旅客4745万人，较进度计划多发送612万人；完成客运收入441946万元，较进度计划多完成86208万元；为完成全年运输经营目标奠定基础。

9月28日，沈阳铁路局在大连火车头体育场召开全局第十九届运动会。局领导班子成员、机关各部门负责人、各单位党政工团领导，运动员、裁判员、工作人员等近5000人参加，有79个单位方队组成入场式。经过预赛，有487名运动员进入运动会决赛。决赛有拔河、迎风起航、时代列车、陆地闯关大众体育项目；男女100米、400米、4×100米接力、女子1500米、男子3000米径赛的预决赛。赛后，局领导班子成员为运动会获奖集体个人颁奖。这次运动会充分展现了全局体育工作取得的成就，展现了全局企业文化建设的丰硕成果，展现了广大干部职工的精神面貌。

11月16日，中国共产党沈阳铁路局代表大会在沈阳召开。大会选举产生了22名出席中共辽宁省第十二次代表大会代表。

11月9日，汤晓光任局党委常委、局党委书记；张海涛任局长。

11月24日，路局党委召开两级党委中心组"两学一做"学习教育第四专题研讨交流电视电话会，组织两级领导班子成员围绕"学习先进典型，增强先锋意识，自觉争做合格党员"开展研讨交流。局党委书记汤晓光主持会议并讲话，局长张海涛出席会议。局领导班子成员、局机关各部门负责人在局机关二楼会议室参加会议；各基层单位领导班子成员、科室中层干部和党支部书记代表在本单位接线收听。

12月9日11时，路局新建调度楼正式启用。新建调度楼从2015年6月开始施工建设，占地面积27000余平方米，共有115个调度台。

12月20日，国家民委下发通知，白城车务段乌兰浩特站被命名为"全国民族团结进步创建活动示范单位"。

第一篇 路网建设

为加快东北铁路运输通道能力建设，缓解社会对铁路运输需求日益增长矛盾，以适应国民经济持续稳定发展需要，从1996年起，沈阳铁路局建设力度不断加大。进入"十一五"计划后，根据中国铁路总公司（铁道部）《中长期铁路网规划》《铁路"十一五"规划》，沈阳铁路局开始实施以"加快新线建设、完善路网结构；改造既有线路、提高运输能力；配套完善运输枢纽、协调点线能力及分系统建设"为主要目标的大规模铁路建设。20年来，中国铁路总公司（铁道部）、铁路局累计投入基本建设资金3447.5亿元，更新改造资金408.5亿元，建设资金总额达3856亿元。在建成秦沈客运专线后，又相继建成哈大、长吉城际、盘营、沈丹、丹大、吉图珲等6条客运专线，建成铁路客运专线及快速铁路2282公里。同步新建长春西、沈阳南、大连北3大铁路客运站。北京—沈阳间铁路客运专线亦开工建设。开工新建普速铁路22条，新建普速铁路规模1900公里。建成普速铁路20条、1718公里。

同时，加速实施既有线电气化、增二线等扩能提速改造；改造铁路枢纽和路网编组站，提高铁路枢纽和路网编组站能力；改善铁路客运设施，先后改造长春、沈阳北、沈阳、大连等大型客站，全面提升客运服务质量；改造通信信号设施，先后改造沈大、沈山、沟海、平齐等13条线路自动闭塞设备。京哈线沈阳以北及沈大、沈山、沈吉、沈丹、高新、新义、锦承线全部建成干线通信光缆。

2015年，全局管内铁路线路共85条。其中，国铁管理64条，控股公司管理15条，非控股公司管理6条；线路总营业长度12893.7公里，比1996年增长46.3%。其中，国铁9658.1公里、控股公司2652.6公里、非控股公司583公里；双线及以上线路营业里程5827公里，占总营业里程45.2%，比1996年增长2.57倍；电气化铁路4102.7公里，占总营业里程31.8%；自动闭塞里程5372.9公里，占总营业里程41.7%，比1996年增长3.26倍；全年发送旅客21554万人，比1996年增长12.8%，居全国铁路各局第四位；发送货物28453万吨，比1996年增长33.4%，居全国铁路各局第二位。

第一章 高铁建设

2002年12月31日，中国铁路第一条快速客运专线——秦沈客运专线建成并开通运营。秦沈客运专线一次开通速度达200公里/小时以上并留有提速条件；单线、双线整体箱形梁预制；大吨位运梁车运输和重型架桥机架设施工；一次铺设跨区间无缝线路；路基工后沉降、施工工艺、桥梁结构等均为中国铁路建设第一次采用的先进技术。列车最小追踪间隔采用5分钟及反方向追踪运行亦为国内首例。秦沈客运专线的建成，标志着中国铁路客运专线建设开始起步并取得成功。

2003—2015年，根据铁道部《中长期铁路网规划》，加快客运专线建设规划研究和编制。期间，规划建设客运专线和快速铁路2700公里并加速规划实施。相继建成长春—吉林城际铁路，哈尔滨—大连、盘锦—营口、沈阳—丹东、吉林—珲春铁路客运专线和丹东—大连快速铁路，建成客运专线（含丹大快速）1888公里，客运专线投入运营里程达2282公里。北京—沈阳铁路客运专线工程、秦沈客运专线能力加强工程正在建设中。客运专线设计、施工技术不断创新并居于领先地位。已建成并投入运营的京哈、沈大、盘营、沈丹、长珲客运专线及丹大快速铁路运行速度均稳定在200~350公里/小时，且冬夏运行速度一致，客运专线线路运行速度趋于平稳并稳中有升。

"十三五"计划期间，规划目标以省会城市沈阳、长春为中心，建成以哈大、京沈高铁为骨干，以长珲城际、沈丹客专、通辽和赤峰至京沈客专连接线及盘营、盘朝客专为两翼，辅以白阿、长白、四松（江河）等既有线提速扩能改造，建成快速客运网络。

第一节　秦皇岛至沈阳客运专线

秦沈铁路客运专线西起秦皇岛，终至沈阳市，为中国自行设计修建的第一条双线电气化客运专线，是东北地区旅客列车进出关一条快捷通道。线路全长394公里。

一、项目论证

秦沈客运专线建成前，沈山线为进出关最重要铁路通道，承担东北进出关货运量80%、客运量90%以上。进入"八五"计划以后，沈山线客货运量快速增长，能力利用率处于饱和状态。1996年，山海关—锦州间上、下行货流密度分别达到6050万吨/年、4399万吨/年，客车41.5对/日，能力利用率高达98.3%。由于沈山线线路能力限制，严重影响进出关客货运量增长，成为制约东北地区国民经济发展"瓶颈"。为分流沈山线客运量，释放沈山线货运能力，保证进出关客货运输大动脉畅通，急需新建客运专线，从根本上改变东北进出关客货运输紧张状况。

新建秦沈客运专线，近期利用京秦快速线路，进一步缩短京、秦、沈间旅行时间，形成北京—沈阳间快速客运通道。远期可以沟通京沪铁路和哈大线的联系，构成中国东部地区快速客运网。该项目一度成为国家有关部门和经济技术专家十分关注和研究论证的课题，进行多次多方案比选论证。设计方案经历三次较大变更，第一次由客货混运新建单线演变为160公里/小时客运专线；第二次变更为200公里/小时客运专线；第三次最终确定双线、电气化，设计速度200公里/小时，预留250公里/小时条件。

二、前期工作

1986年，铁道部组织秦皇岛—沈阳铁路扩大输送能力可行性研究招标，铁道部第三勘察设计院（以下简称铁三院）中标。1987年，铁三院编制完成《秦皇岛—沈阳铁路扩大输送能力可行性研究报告》，铁道部组织完成可行性研究报告（以下简称《可研报告》）审查。1993年，根据变化方案，铁三院重新编制《秦皇岛—沈阳进出关客货运大通道可行性研究报告》。1994年9月，铁三院又相继完成《补充方案报告》《两端延伸规划报告》。同年7月、10月，铁道部计划司两次组织研讨并进行现场调研查勘。

1995年6月，设计方案调整，铁三院重新编制完成《秦皇岛—沈阳客运专线预可行性研究报告》。同月，铁道部以铁计函〔1995〕339号文向国家计委提报《新建秦沈铁路〈客运专线〉项目建议书》。9月，中国国际工程咨询公司受国家计委委托，对项目建议书进行评估，并以咨询〔1995〕411号文将《关于新建秦沈铁路〈客运专线〉项目建议书的评估报告》上报国家计委。1999年2月，国家发展计划委员会以计基础〔1999〕156号文印发经国务院批准的《新建秦沈铁路〈客运专线〉项目建议书》。1998年6月，根据最终设计方案，铁三院完成《秦皇岛—沈阳客运专线可行性研究报告》。同年8月，铁道部对可研报告组织审查。同年10月，铁道部以铁计函〔1998〕296号文向国家计委提报《秦沈客运专线可行性研究报告》。1999年4月，国家发展计划委员会以计基础〔1999〕399号文印发经国务院批准的《国家计委关于审批新建秦沈铁路〈客运专线〉可行性研究报告》。

1998年6月，铁三院完成《秦皇岛—沈阳客运专线初步设计》，同年10月完成初步设计补充资料，铁道部于10月份完成初步设计审查鉴定。同年11月，铁三院完成初步设计鉴后修改设计，并于12月份完成技术设计。1999年2月，铁道部完成技术设计站前工程审查，同年8月完成技术设计站后工程审查。期间，铁道部向国家计委呈报《秦沈客运专线开工报告》，国家发展计划委员会以计投资〔1999〕1015号文批准秦沈客运专线工程开工建设。

主要技术标准 线路类别客运专线；正线数目双线；行车速度160公里/小时以上；线路最大坡度12.0‰；最小曲线半径一般条件3500米、困难条件3000米；牵引种类电力；机车类型SS8、SS9及200公里/小时以上电力动车组；牵引定数860吨；到发线有效长650米；自动闭塞。

设计运量 设计年度近期2005年、远期2010年。近期考虑大秦线一亿吨配套工程建成并运营、烟大轮渡建成并运营、哈大电气化改造完成、京哈高速铁路部分地段建成并投入运营；远期考虑京沪高速铁路全线建成投入运行，并与秦沈客运专线形成路网。设计进出关铁路客运量近期3871万人次/年、远期4514万人次/年。山海关口出关客流量预计近期1680万人次/年、远期1940万人次/年。

客车开行方案 秦沈客运专线以运行直通旅客列车为主，速度等级不宜过多；既有沈山线运行全部货物列车，同时考虑地方客流旅行需要，开行部分旅客列车。最高时速200公里/小时，再结合秦沈线与相邻既有线的衔接，考虑160公里/小时、140公里/小时、120公里/小时与之匹配。建设初期将有部分动车组投入使用，可满足200公里/小时列车运行需要；SS8、SS9型机车和提速客车车辆能适应160公里/小时需要；考虑衔接干线长途列车提速发展和既有较为新型客车车辆充分利用，应存在140公里/小时列车运行可能。列车最小追踪间隔时间采用5分钟。本线设置V型天窗，预留开设垂直天窗条件，同时为保证大型维修机械作业效率，天窗采用240分钟。

三、建设进度与主要工程量

（一）建设进度

国家批准秦沈客运专线工程总工期4年，目标力争3年半完成。1999年8月，铁道部工程管理中心作为建设单位组建秦沈客运专线建设总指挥部。该指挥部作为铁道部工程管理中心派出机构，代表建设单位履行建设管理职责。铁道部工程管理中心分四期进行施工招标，全线划分A、B、C、D四个招标单元、42个标段进行招标。中铁一局有限公司等21个单位中标，参加42个标段的施工。监理划分16个监理标段，通过招投标，评选10家监理单位在该线成立16个监理站。

1999年8月16日，大凌河大桥开工，标志着全线工程正式开工。2000年，全线投入建设施工人员达4万多名，线下主体工程已经成型，完成正线铺轨22公里。2001年，2046榀箱梁预制全部完成，线下路基主体、桥涵下部及附属工程全部完成，站后工程全面启动。2002年6月16日，全线铺通。12月18日，该线最后一项CTC系统完成调试工作，四电系统联调工作全面完成。12月19—21日，铁道部秦沈客运专线初验委员会对全线进行检查验收并通过初验。12月31日18时，秦沈客运专线交付沈阳、北京铁路局试运行，比计划工期提前8个月建成通车。

2003年8月15日，秦沈客运专线全线正式开通，同年10月12日零时顺利实现客车分流，由沈阳、北京铁路局开始临营。

（二）主要工程量

秦沈客运专线新建绥中北、葫芦岛北、锦州南、盘锦北、台安、辽中6站，车站等级均为三等站；预留前卫北、兴城西、高桥北、凌海南、高升北、杨士岗6站。

新建线路394.0公里；正线铺设60公斤/米钢轨817.2公里，均为跨区间无缝线路；站线铺轨43.4公里；全线动用路基土石方5013万立方米。新建桥梁219座/60102延长米。其中，特大桥29座/41970延长米；大桥49座/9337延长米；中桥123座/8350延长米；小桥18座/445延长米；涵洞34192横延米。新建自动闭塞404.6正线公里；铺设通信光缆915.5公里；6502电气集中4站；计算机联锁31站。

新建牵引变电所7个，电力贯通线929.7公里；接触网404.7正线公里，接触网导线1050条公里；新建电调中心和行车指挥中心各1处。新建各种生产办公房屋159615平方米；在秦山地区改建山海关站、龙家营站及相关线路，并新建秦龙下行和龙山上、下行线路所；在沈阳枢纽改建大成、皇姑屯、沈阳北站及相关线路，并新建皇姑屯动车整备基地。

四、工程投资

铁道部铁鉴〔2003〕433号文批复，秦沈客运专线总概算1587992万元（不含机辆购置费37000万元）。其中，静态投资1461101万元，建设期贷款利息121891万元，铺底流动资金5000万元。建设资金款源为国家开发银行贷款700000万元，专项建设资金815888万元，外资72104万元。1999—2003年，秦沈客运专线累计完成投资1589198万元。其中，国家基本建设投资1587992万元，地方投资1206万元。扣除地方投资后平均造价3936万元/公里。

五、运营后改造

（一）站舍及其他设施改造

2002—2003年，投资1513万元新建秦沈客运专线调度指挥中心。2003—2005年，投资1262万元对秦沈客运专线红外线设施进行加密，增设红外线处所8处，红外线设备47套；投资640万元对全线电务设备进行全面整治。2009—2011年，投资3851万元完成葫芦岛北站舍改造；投资43440万元完成秦皇岛—沈阳段列控系统改造；投资1879万元完成台安、辽中、绥中北站高站台改造。2010—2012年，投资1925万元完成锦州南等5个车站客服系统改造。2010—2014年，投资23550万元完成全线牵引供电系统改造。

2011—2015年，投资13360万元完成锦州南站舍及室外配套改造。锦州南站改造后站房外墙为干挂石材；站房内旅客功能场所采用高档装修，花岗岩地面，玻化瓷砖墙面并吊顶。2012—2015年，投资13761万元用于东戴河开站和改造。其中，用于开站投资6935万元，新建站房3879平方米。用于改造投资6826万元，将该站沈阳侧咽喉区向外方移设布置在12‰坡段上，6号道岔避开变坡点竖曲线；按照450米×6米×1.25米规模改造基本站台和侧式站台；增设6米宽旅客天桥等。

（二）防灾安全监控补强工程

2014年10月，秦沈客运专线防灾安全监控补强工程开工。2014—2015年，累计完成投资87748万元。新设自然灾害及异物侵限监测系统，对风速、雪深、地震及上跨铁路道路桥梁的异物侵限进行监测；改造既有雨量监测设备；敷设监测及控制电缆。

除台安—辽中、葫芦岛北—锦州南两段外，其余区段将既有50平方毫米自闭线改造为95平方毫米后作为贯通线使用，既有贯通线作为自闭线使用。对因防灾监控系统引起的牵引供电控制系统配套进行联动改造。

传输系统采用MSTP系统，按骨干（中继）传输层、接入层两层网设置；数据网核心节点、汇聚节点利用哈大客专设置在沈阳的既有设备；在山海关新设汇聚层节点，沿线车站设置接入路由器；全线新设GSM-R移动通信系统，在沈阳新设基站控制器；全线新设1条48芯光缆。

（三）能力加强工程

2014年，铁路局以沈铁计〔2014〕295号文上报秦沈客运专线能力加强工程可研报告。2015年，铁路局以沈铁概算〔2015〕62号文上报秦沈客运专线能力加强工程初步设计预审查意见。同年6月4日，铁路总公司以铁总计统函〔2015〕580号文批复该工程可研报告。7月2日，铁路总公司以铁总鉴函〔2015〕695号文批复该工程初步设计。

主要技术标准　线路类别客运专线；正线数目双线；限制坡度12.0‰；最小曲线半径一般地段3500米、困难地段3000米；牵引种类电力；机车类型SS9、动车组；牵引质量935吨；到发线有效长650米；自动闭塞。

设计运量　设计年度初期2020年、近期2025年、远期2035年。初期最大区段客流密度3360万人/年、客车112对/日；近期客流密度2940万人/年、客车98对/日；远期客流密度4200万人/年、客车140对/日。

车站分布　原设计预留的前卫北、兴城西、高桥北、凌海南、高升北、杨士岗6站全部开放；兴城西、凌海南2站办理客运业务，满足地方旅客运输需求；其他车站按越行站设计，满足旅客列车待避越行作业需要。

概算总额及完成投资　该工程初步设计概算总额139100万元，其中静态投资134100万元，建设期贷款利息5000万元。工程计划总投资139100万元。2015年12月开工，当年完成投资11000万元。

六、运能运量

2015年，秦沈客运专线为双线；电气化；运营里程385公里；最小曲线半径399米；限制坡度上行11.2‰、下行8.0‰；到发线有效长650米；线路运行速度200公里/小时；自动闭塞，动车组追踪间隔5分钟，其他旅客列车追踪间隔6分钟。

客车分流　秦沈客运专线运营初期，从沈山线分流客车13对/日。2004年4月18日调图后，分流客车增至18对/日，后调增至21对/日，并增加行包专列1对/日。2015年，秦沈客运专线山海关—沈阳北间图定开行客车上行90列/日、下行89列/日，分别比2005年增长3.29倍和3.24倍。

旅客发送量　自2003年10月6日锦州南站售出第一张客票起，到年末，区间中间站仅发送旅客1.6万人。2004年，全线各中间站陆续开办客运业务，全年发送旅客增至10.8万人。2005年发送旅客增至14.5万人。其中，绥中北0.1万人、葫芦岛北1.1万人、锦州南7.6万人、盘锦北2.1万人、台安2.9万人、辽中0.8万人。2015年，秦沈客运专线设车站7个。其中，锦州南为二等站；绥中北、葫芦岛北、盘锦北为三等站；台安、辽中、东戴河为四等站。全线（不含山海关、沈阳、沈阳北站）发送旅客510.7万人，为2005年的35.2倍。其中，东戴河3.3万人、绥中北52.9万人、葫芦岛北153.2万人、锦州南215.7万人、盘锦北45.7万人、台安22.5万人、辽中17.4万人。

客流密度　2003年，由于分流客车较少，且运营时间不足两个月，山海关—皇姑屯间，客流密度上行仅97.8万人/年，下行180.2万人/年。2006年，上行客流密度920万人/年，比2003年增长8.4倍；下行客流密度732万人/年，比2003年增长3.1倍。2015年，上行客流密度达3640万人/年，比2006年增长2.96倍；下行客流密度达3487万人/年，比2006年增长3.76倍。

第二节　哈尔滨至大连客运专线

哈大客运专线北起哈尔滨市，南抵大连市，是中国北部严寒地区设计建设标准最高的一条高速铁路。线路全长923公里，其中黑龙江省境内84公里，吉林省境内285公里，辽宁省境内554公里。沈阳铁路局管内营业里程824公里。

一、项目论证

既有哈大线纵贯东北三省，是京哈通道重要组成部分和进出关交通命脉。该线承担沈阳铁路局41%、36%的客、货周转量，繁忙区段开行客车55对/日，重车方向货流密度8643万吨/年，能力利用率已达104.9%。哈大客运专线建设，可以有效释放既有哈大铁路货运能力，大大缓解既有哈大铁路运输能力紧张问题，最大限度满足沿线关系国计民生的钢铁、煤炭、石油、粮食等大宗重点物资运输需求，对于推动区域内城市化、工业化发展具有重要意义。

新建哈大客运专线北端与滨洲、滨绥、哈佳等线相连；中部经长吉城际与吉图珲相接，并与普速线长图、长白衔接；在沈阳枢纽内与秦沈客运专线及既有沈山、沈丹、沈吉3大主要干线衔接；南端与规划拟建的丹大快速铁路及新建的烟大铁路轮渡相通。哈大客运专线建成后，形成东北地区新的铁路网主骨架，不仅可以缩短东北地区主要城市之间的旅行时间，而且还可增进东北主要城市与北京、上海、天津等中心城市的联系，在东北地区铁路网乃至全国铁路网中占有重要地位。

二、前期工作

2004年9月16日，铁道部与辽宁、吉林、黑龙江省签订《关于合作建设哈大铁路客运专线的协议》。同年9月，铁道部组织哈大客运专线方案竞选。2005年1月完成方案竞选。同年3月，铁三院完成预可行性研究。3月28—30日，铁道部与黑龙江、辽宁、吉林省在沈阳共同组织召开预可行性研究审查会。同年5月，铁三院和铁一院对哈大客运专线各自承担的任务范围进行初测，并于同年8月完成初测。8月28—31日，中咨公司在大连召开项目建议书评估会。2005年9月，铁三院和铁一院完成可研报告送审稿。同年10月，铁道部工程设计鉴定中心对可研报告送审稿进行审查。根据审查意见初稿，铁三院和铁一院对方案进行补充初测，并于同年11月完成审查后修改文件。12月23日，国家发改委以发改交运〔2005〕2736号文批复项目建议书。

2006年2月，铁三院和铁一院开始对全线进行定测。同年7月13日，铁道部以铁计函〔2006〕540号文下达可研审查意见。2007年4月26日，国家发改委批复可研报告。6月25日，铁道部以铁鉴函〔2007〕649号文批复初步设计。

2009年11月，根据铁道部鉴定中心要求及沈阳铁路局对沈阳枢纽工程有关新的要求和沈阳枢纽设计方案优化情况，设计院对沈阳铁路局代建的哈大客专沈阳枢纽工程开展修改初步设计工作，并于同年12月完成哈大客专沈阳枢纽工程修改初步设计。

2010年1月，铁道部工程设计鉴定中心对哈大客专沈阳枢纽工程修改初步设计进行审查。同年5月，铁道部工程设计鉴定中心以铁鉴函〔2010〕609号文批复哈大客运专线沈阳枢纽修改后的初步设计。

设计运量　设计年度近期2020年、远期2030年。哈尔滨—沈阳段，设计预计近期客运量3712万人/年、开行客车120对/日；远期客运量5063万人/年、开行客车165对/日。沈阳—大连段，设计预计近期客运量2451万人/年、开行客车90对/日；远期客运量3468万人/年、开行客车123对/日。

客车开行方案　哈大客运专线全部开行动车组，采用高速车与高、中速跨线列车共线运行的运输组织模式。既有哈大线承担全部货物列车和通道内保留少量普速列车。

车站设置　全线共设车站24个（含既有），包括：哈尔滨（既有）、哈尔滨西、双城北、扶余北、德惠西、长春（既有）、长春西、公主岭南、四平东、昌图西、开原西、铁岭西、沈阳北（既有）、沈阳（既有）、辽阳（既有）、鞍山西、海城西、营口东、盖州西、鲅鱼圈（既有）、瓦房店西、普湾、大连北、大连站（既有）。

主要技术标准　铁路等级客运专线；正线数目双线；速度目标值为开通速度200公里/小时，主要基础设施350公里/小时；最小曲线半径7000米；最大坡度一般地段20‰、困难地段25‰；正线线间距5.0米；牵引种类电力；列车

类型动车组；到发线有效长650米；列车运行控制方式自动控制；行车指挥方式为综合调度。

三、建设进度与主要工程量

2007年8月23日，哈大客运专线批准开工建设，同年10月正式开工。2012年12月1日竣工并投入运营。新建客运专线（沈阳铁路局管内，不含枢纽、客站）正线Ⅰ、Ⅱ线各880.2公里；站线铺轨133.0公里；接触网挂网2610.3条公里；新建中桥以上桥梁162座/678872折合米，占线路总长72.8%。其中，哈大客专普兰店海湾特大桥全长4.96公里，是全线唯一跨海特大桥；新建隧道8座/9934延长米，其中九里庄隧道全长4340米，为全线最长隧道；动用土石方4916万立方米；征地39126亩，合2608.4公顷；新建房屋123702平方米；完成拆迁183万立方米。

四、工程投资

哈大客专初步设计概算总额（沈阳铁路局管内，含长春、沈阳枢纽和长春西、大连北站投资）980.39亿元，其中静态投资824.3亿元，建设期贷款利息56亿元，铺底流动资金1.09亿元，动车组购置费99亿元。沈阳—哈尔滨段（铁一院设计范围）456.10亿元，其中静态投资426.72亿元，建设期贷款利息28.8亿元，铺底流动资金0.58亿元。沈阳—大连段（铁三院设计范围）524.29亿元，其中静态投资397.58亿元，建设期贷款利息27.2亿元，铺底流动资金0.51亿元，动车组购置费99亿元。

哈大客专清理概算总额10629807万元。其中，本线9923077万元；长春枢纽58103万元；长春西站107384万元；沈阳枢纽379009万元；大连北站162234万元。

2007—2015年，累计完成投资10600106万元。其中，路内投资9316083万元，路外投资1284023万元。在累计完成投资中，本线9898070万元；长春枢纽58103万元；长春西站107384万元；沈阳枢纽379009万元；大连北站157540万元。

五、运能运量

京哈高速线沈哈段　2012年12月1日，哈大高速线投入运营，沈哈段开行动车50对/日。2013年，京哈高速线沈哈段（不含沈阳、沈阳北

站）全年发送旅客392.8万人。其中，铁岭西38.6万人、开原西21.5万人、昌图西31.8万人、四平东85.2万人、公主岭南21.4万人、长春西154.9万人、德惠西23.5万人、扶余北16.0万人。

客流密度：沈阳北—四平东间上行666.0万人/年、下行670.6万人/年；四平东—长春西间上行633.2万人/年、下行632.1万人/年；长春西—崔家营子间上行362.5万人/年、下行351.5万人/年；崔家营子—扶余北间上行361.1万人/年、下行371.0万人/年。

2015年，京哈高速铁路沈阳北—扶余北间营业里程440.9公里。线路总延展长度950.2公里，均归合资公司管理。全段为双线；电气化；自动闭塞，300公里/小时动车组追踪间隔3分钟，250公里/小时及以下动车组追踪间隔5分钟；线路最小曲线半径沈阳北—长春西间1000米，长春西—扶余北间6995米；限制坡度沈阳北—长春西间上、下行均为21.5‰，长春西—扶余北间上行21.5‰、下行21.6‰；到发线有效长650米；线路运行速度350公里/小时；图定客车沈阳北—长春西间上行74列/日、下行73列/日，长春西—扶余北间49对/日。

沈哈段设车站8个，其中铁岭西、四平东、长春西为二等站；开原西、昌图西、公主岭南、德惠西、扶余北为三等站；六王屯、崔家营子、杨家粉坊为线路所。区段（不含沈阳、沈阳北站）发送旅客622.3万人，比2013年增长58.4%。其中，铁岭西77.0万人、开原西42.9万人、昌图西47.5万人、四平东146.3万人、公主岭南32.9万人、长春西221.7万人、德惠西28.4万人、扶余北25.7万人。

客流密度：沈阳北—四平东间上行1742.7万人/年、下行1767.7万人/年；四平东—长春西间上行1657.6万人/年、下行1671.3万人/年；长春西—崔家营子间上行961.6万人/年、下行999.0万人/年；崔家营子—扶余北间上行994.2万人/年、下行1048.0万人/年。扶余北分界口年接入旅客563.8万人，其中通过旅客166万人，输入旅客397.8万人；全年交出旅客567.4万人，其中通过旅客165.6万人，输出旅客401.8万人。

沈大高速线 2012年12月1日，哈大客运专线沈大段开行动车59对/日。2013年，沈大高速线（不含沈阳站）发送旅客713.4万人。其中，鞍山西117.9万人、海城西33.0万人、营口东105.3万人、盖州西24.2万人、鲅鱼圈81.6万人、瓦房店西22.1万人、普湾9.8万人、大连北319.5万人。客流密度：沈阳北—沈阳间上行365.2万人/年、下行442.9万人/年；沈阳—海城西间上行495.8万人/年、下行552.2万人/年；海城西—瓦房店西间上行435.2万人/年、下行478.5万人/年；瓦房店西—大连北间上行405.1万人/年、下行447.9万人/年。

2015年，沈大高速铁路营业里程383.0公里。线路总延展长度824.3公里，其中正线延展长度749.2公里。国铁管理线路延展长度0.7公里，均为正线，其余均归合资公司管理。全线为双线；电气化；自动闭塞，300公里/小时动车组追踪间隔3分钟，250公里/小时及以下动车组追踪间隔5分钟；到发线有效长650米；线路运行速度350公里/小时；最小曲线半径600米；限制坡度上、下行均为25.0‰；图定客车上行59列/日、下行56列/日。

线内设车站9个，其中沈阳南为一等站；鞍山西、营口东、鲅鱼圈、瓦房店西、大连北为二等站；海城西、盖州西、普湾为三等站；下夹河为线路所。全年发送旅客1058.5万人，比2013年增长48.4%。其中，沈阳南14.5万人、鞍山西170.2万人、海城西57.7万人、营口东150.2万人、盖州西35.5万人、鲅鱼圈119.2万人、瓦房店西31.8万人、普湾14.6万人、大连北464.8万人。

客流密度：沈阳北—沈阳间上行1170.4万人/年、下行1143.2万人/年；沈阳—海城西间上行1391.8万人/年、下行1368.4万人/年；海城西—瓦房店西间上行1219.6万人/年、下行1229.0万人/年；瓦房店西—大连北间上行1135.1万人/年、下行1172.7万人/年。

第三节 长春至吉林城际铁路

长春—吉林城际铁路为东北地区第一条城际铁路。线路全长111公里。

一、项目论证

长春—吉林城际铁路是铁道部与吉林省签订

协议中确定的建设项目。该项目建设，不仅拉近吉林省内长春、吉林两大城市时间距离，还将同哈大客运专线、哈尔滨—齐齐哈尔城际铁路、吉林—图们—珲春客运专线一起把东北地区主要大中城市连接起来，在东北地区主要城市间形成快速铁路客运网。

二、前期工作

中国铁路建设投资公司于2006年启动该项目方案竞选工作，最终确定由铁三院和中铁工程设计咨询集团有限公司进行设计，铁三院为总体设计单位。2006年，铁三院和中铁咨询分别于5—8月对长吉城际铁路各自承担任务范围进行初测，并于10月共同完成可研报告送审稿。10月23—26日，铁道部工程设计鉴定中心在长春组织召开长吉城际铁路可研报告评审会，形成"长春至吉林城际铁路可研审查意见草稿"。同年12月，铁道部、吉林省人民政府以铁计函〔2006〕1062号文批复项目建议书。2007年，铁路局以沈铁计发〔2007〕57号文上报《关于报送新建长春至吉林城际铁路可行性研究报告的请示》。同年，铁道部对该项目可研报告进行审查，以铁计函〔2007〕837号文印发可研报告审查意见。同年5月10日，铁道部、吉林省人民政府以铁计函〔2007〕448号文批复可研报告。

工程投资估算总额705000万元，其中静态投资584000万元，建设期贷款利息30000万元，铺底流动资金1000万元，动车组购置费90000万元。项目资本金352500万元，铁道部出资179775万元，占51%，使用铁路建设专项资金；吉林省出资172725万元，占49%，由吉林省自筹；其余352500万元使用中国农业银行贷款。

该项目由沈阳铁路局和吉林省交通投资开发公司共同组建长吉城际铁路有限责任公司，负责项目建设管理和资产经营。设计单位为铁三院、中铁咨询设计集团，施工、监理单位招标确定。

2007年1月开始进行初步设计，同年3月完成初步设计。3月12—13日，铁道部工程设计鉴定中心在北京对该项目初步设计进行审查。同年，沈阳铁路局、吉林省交通投资开发公司以沈铁计函〔2007〕197号文联合报送新建长春至吉林城际铁路初步设计初审意见及铁三院、中铁设计咨询集团编制的初步设计文件。同年10月25日，铁道部、吉林省人民政府以铁鉴函〔2007〕1118号文批复初步设计。2009年，铁道部工程设计鉴定中心《关于长吉城际站前工程标准变更的回复》(鉴线〔2009〕168号)文同意按速度目标值250公里/小时标准进行相关变更设计工作。同年9月，铁道部以铁鉴函〔2009〕660号文印发《关于新建长春至吉林城际铁路站后工程修改初步设计的批复》。

2010年4月，铁道部以铁鉴函〔2010〕387号文批复新建长春至吉林城际铁路双吉（新吉林）站站房补充初步设计。

审查范围　长春站（不含）—新吉林站（含），正线全长约96.3公里。

设计年度及运量　近期2020年最大区段客流密度1680万人/年、开行客车78对/日；远期2030年最大区段客流密度2120万人/年、开行客车98对/日。

运输组织　采用该线城际列车与接运哈大客运专线列车共线运行的运输组织模式，列车采用相同运行速度。将部分原沈吉线和吉舒、拉滨线的快速旅客列车调至哈大客专、长吉城际上运行；将现状部分在长图线长春—吉林段上运行的快速旅客列车调至长吉城际线上运行，进行部分起讫点的优化。

车站分布　全线新设空港（预留）、龙嘉机场、西营城子（预留）、新桦皮厂（预留）、新吉林5个车站；列车追踪间隔按3分钟设计；该线不新设调度台，行车调度台与哈大客运专线调度台统筹考虑设置。

主要技术标准　铁路等级客运专线；正线数目双线；限制坡度12‰，局部困难地段不大于20‰；最小曲线半径5500米，枢纽范围可适当降低；最小线间距4.6米；牵引种类电力；机车类型动车组；到发线有效长650米、部分450米；列车运行方式自动控制；行车指挥方式综合调度集中。

三、建设进度与主要工程量

该项目建设实行项目法人制。2006年12月，由铁道部和吉林省人民政府共同出资组建的长吉城际铁路有限责任公司作为项目法人，承担长吉城际铁路建设和经营管理。长吉城际铁路全线分

2个监理标段，经公开招标，沈阳铁路局建设监理公司、北京现代通信信号工程咨询公司中标。施工分4个标段，经铁道部公开招标，Ⅰ标段中建八局中标；Ⅱ标段中铁十九局中标；四电集成标段中铁建电化局中标；双吉站房中铁建工中标。2008年4月1日，项目正式开工。

线路及轨道 该线上跨长双烟铁路；正线采用一次铺设跨区间无缝线路，钢轨采用60公斤/米无螺栓孔新轨；区间正线按1667根/公里标准铺设Ⅲ型混凝土枕，配套采用弹条Ⅱ型扣件；正线有砟轨道地段道床采用Ⅰ级碎石道砟；全线采用全封闭、全立交。2008年4月10日，路基工程陆续开始施工。2009年12月7日，路基主体工程全部完成。铺设路基104处，累计60.5公里，占正线全长62.8%。共动用土石方1301万立方米。2010年5月8日，自吉林铺轨基地开始向长春方向铺设长轨，同年10月18日完成长轨铺设。正线Ⅰ、Ⅱ线各铺轨96.3公里；站线铺轨5.1公里；铺设道岔29组；共铺道砟51.4万立方米。2010年7月12日，无砟轨道开始施工，同年10月20日全部完成。

桥梁 该线特大、大桥包括跨长吉公路、鳌龙河、头台子、加工河、李家屯、盘道岭、饮马河、五一水库、长春永宁、单家油坊、迎风水库、黑牛圈特大桥和石头沟门水库东干渠大桥等。2008年10月1日，在双吉梁场开始预制第一孔T梁。同年11月11日，在昌邑梁场开始预制第一孔箱梁。2009年6月1日，箱梁开始架设。同年6月11日，第一孔现浇箱梁开始施工，8月15日开始预架设T梁。2010年8月15日，现浇梁全部完成。同年9月27日，预制箱、T梁架设全部完成。共架设桥梁73座，总长30.2公里，占正线全长31.4%。其中特大桥15座，总长26.9公里；大桥9座，总长2.54公里；中桥13座/704延长米；小桥36座/605延长米；涵洞123座/2932延长米。

隧道 2008年7月29日，龙嘉机场等重点隧道开始进洞施工。2009年8月26日，隧道全部贯通，9月20日全部竣工。新建隧道6座，总长5.5公里，占正线全长5.7%。

四电系统集成 该线通信系统新设SDH-2.5G传输网、铁路数字专用通信、GSM-R移动通信、会议电视系统，沿铁路两侧电缆槽道各敷设1条20芯光缆；全线列控系统采用CTCS-2；电气化采用带回流线直接供电方式；新建10kV综合负荷电力贯通线和一级负荷电力贯通线各1条，采用全电缆方式。2009年11月1日，通信、信号、电力、变电专业同时开工。四电房屋于2010年5月4日开工，同年9月30日竣工。2010年10月24日，信号专业完成室内外信号系统联调试验；电力专业全段贯通线送电完毕；变电专业向接触网送电。同年10月25日，完成通信配套系统调试。

车站 全线新建龙嘉、九台南、双吉3个中间站，预留空港新城、新桦皮厂2个中间站。龙嘉站站房总建筑面积13500平方米，设到发线4条（含正线），到发线有效长450米；设230米×7米×1.25米侧式站台2座，站台雨棚与站台等长。双吉站站房综合楼总建筑面积2500平方米，设到发线4条（不含正线），到发线有效长650米；设450米×9米×1.25米双侧式站台2座，站台雨棚与站台等长；设10米宽旅客地道1座；九台南站设到发线4条（含正线），设230米×9米×1.25米侧式站台，设8米宽旅客地道1座。各站均设自动售检票、旅客服务系统，旅客服务系统包括旅服系统集成平台、导向揭示、广播、视频监控、时钟、行包安全检查等系统。

验收 2010年8—11月，按照铁道部《铁路客运专线竣工验收暂行办法》（铁建设〔2007〕183号）和《客运专线铁路工程静态验收指导意见》（铁建设〔2009〕183号）文规定，沈阳铁路局和长吉公司组织完成静、动态验收工作，分别编制各专业静、动态验收报告。11月25日—12月4日，铁道部专家组分别完成工务、电务、系统集成专业静态验收报告评审，认为工程总体质量合格，具备进行联调联试条件。12月23日，铁道部质量安全监督总站沈阳监督站报送长吉城际铁路《质量安全监督报告》，认为工程质量符合有关质量标准要求，具备初验条件。12月25日，铁道部专家组完成工务、电务、系统集成专业动态验收报告评审，认为全线能够满足动车组250公里/小时及以下速度正常运行要求，同意通过动态验收。12月26日，铁道部组织对长吉城际铁路进行初步验收。长吉城际铁路达到最高速度250公里/小时运行条件，初验委员会同意通过初步验收。2011年1月11日，长吉城际铁路开通运行。

四、工程投资

2007年10月25日，铁鉴函〔2007〕1118号文批复该项目初步设计概算总额693346万元，其中静态投资572190万元，建设期贷款利息30000万元，机车车辆购置费90000万元，铺底流动资金1156万元。2009年9月，铁鉴函〔2009〕660号文关于站后修改初步设计批复增加概算155万元。2010年4月，铁鉴函〔2010〕387号文批复本工程修改初步设计概算减少1434万元。同年6月，铁道部以铁鉴函〔2010〕668号文批复龙嘉机场站修改初步设计增加概算5522万元。同年6月30日，铁道部《关于新建长春至吉林城际铁路工程西营城子站提前开站变更设计的批复》（铁鉴函〔2010〕878号），变更设计增加概算11814万元。该工程累计批复概算709403万元。

该工程计划总投资681125万元（不含吉林站改建及相关工程）。2007—2012年，累计完成投资681125万元。其中，路内投资635625万元，路外投资45500万元。

五、运能运量

2011年，长吉城际铁路营业里程111.0公里。线路总延展长度239.5公里，其中正线延展长度225.0公里。全年发送旅客48.3万人，均为龙嘉站发送；完成旅客周转量9.66亿人公里；旅客平均行程104公里。2014年，长吉城际铁路全年发送旅客110.2万人，其中九台南站11.4万人，龙嘉站98.8万人；完成旅客周转量13.43亿人公里；旅客平均行程100公里；长春—吉林（城际）区段客流密度上行602.7万人/年、下行607.6万人/年，均为直通客流。

2015年，长吉城际铁路运营里程112.4公里；全线为双线；电气化；最小曲线半径550米；限制坡度上、下行均为19.5‰；到发线有效长450米；线路运行速度250公里/小时；自动闭塞，动车组（含高速动车组）列车追踪间隔5分钟；图定开行客车上行47列/日、下行48列/日。

全线设龙嘉、九台南、双吉3个车站，其中龙嘉为三等站，九台南、双吉为四等站。2015年发送旅客139.6万人，比2011年增长1.89倍。其中

龙嘉站发送120.7万人，九台南站发送18.9万人；长春—吉林（城际）间客流密度上行1127.4万人/年，下行1111.1万人/年，均为直通客流。

第四节 盘锦至营口铁路客运专线

盘锦—营口铁路客运专线西起盘锦北站，至沈大高速线下夹河线路所和海城西站，正线全长89.3公里。

一、项目论证

盘营客运专线建设，可以连接既有秦沈线及在建哈大客运专线，形成关内直通辽南地区快速客运通道，使大连—北京运行时分由10多小时缩减为约4小时。同时，盘营客运专线建设，可以释放既有沟海线货运能力，疏通关内、东北西部与辽南地区的货运通道，大大缩短货物运输距离，提高辽南地区货物运输组织的灵活性，对实施辽宁沿海经济带发展规划中的"五点"发展战略和促进地方经济的发展将起到十分重要作用。

二、前期工作

2008年10月10日，铁道部与辽宁省签订的《关于加快推进辽宁铁路建设的会议纪要》中提出，"双方同意加快推进盘锦至营口客运专线联络线项目前期工作，争取2009年开工。铁道部组织建设，辽宁省依法负责征地拆迁并承担费用，征地拆迁补偿费依照国家有关规定并经双方认可后作为辽宁省资本金入股。"

2008年10月13日，铁路局向铁道部上报《关于申报盘锦至营口（海城）哈大客运专线与京哈线联络线工程项目建议书的请示》（沈铁计发〔2008〕231号）。同年11月底，铁三院完成该项目预可行性研究。根据盘营客运专线功能定位，研究沿既有线方案、盘锦南方案及局部沿既有线方案。由于沿既有线新建双线能够充分利用既有城市配套设施，投资省，效益好，对辽河油田和城市规划影响小，推荐沿既有线新建客运专线方案。12月16日，铁道部在北京组织召开新建盘营铁路客运专线工程预可研审查会。12月27日，铁道部、辽宁省人民政府以铁计函〔2008〕1701号文批复项目建议书。

2009年2月6—8日，铁道部工程设计鉴定中

心组织现场踏勘，召开盘营客运专线现场专题调研会，辽宁省发改委、国土厅、交通厅、环保局、省电力公司以及锦州、盘锦、鞍山市政府，设计单位、沈阳铁路局和京沈客专（辽宁）公司筹备组负责人和专家参加会议。会议明确线位和站位方案，要求沿线各市出具政府文件明确线位和站位书面意见，避免由于方案变化影响可研和初步设计审批。

2009年2月25日，该线一次完成初测和定测。同年3月6日开展初步设计，3月底完成全部初步设计。4月15日，铁路局以沈铁计发〔2009〕169号文报送新建盘锦至营口铁路客运专线工程可研报告。4月10日，铁路局以沈铁计函〔2009〕141号文报送盘锦至营口铁路客运专线工程初步设计文件及预审意见。4月中旬，铁道部组织召开可研、初步设计审查会。5月3日，铁道部、辽宁省人民政府以铁计函〔2009〕563号文批复可研报告。5月4日，铁道部以铁鉴函〔2009〕583号文批复初步设计。

工程范围　线路西起京哈线盘锦北站，东至哈大客专下夹河线路所，正线长89.3公里；该线至哈大客专海城西站的中海联络线8.9公里、至京沈客专的京沈联络线先期预留工程0.4公里。全线改建盘锦北、盘锦2个车站，新建赵荒地、中小2个线路所。

主要技术标准　铁路等级客运专线；正线数目双线；速度目标值350公里/小时；最小曲线半径一般地段7000米、困难地段5500米；正线线间距5.0米；线路最大坡度一般地段20‰、困难地段25‰；到发线有效长650米；牵引种类电力；机车类型动车组；列车运行方式自动控制；行车指挥方式综合调度集中。

客车开行对数　设计年度近期2020年、远期2030年。盘锦北—盘锦间近期开行58对/日、远期开行80对/日；盘锦—下夹河间近期开行60对/日、远期开行83对/日；盘锦—海城西间近期开行18对/日、远期开行27对/日。

客车开行方案　该线运行通道内全部开行动车组列车，采用不同速度等级客车共线运行的运输组织模式；既有沟海线运行全部货物列车和机车牵引型旅客列车。

三、建设进度与主要工程量

2008年12月24日，组建北京—沈阳客运专线（辽宁）有限责任公司作为建设单位，负责北京—沈阳（辽宁段）、盘锦—营口、沈阳—丹东客运专线建设。公司下设盘营指挥部负责盘营客专现场建设管理。盘营客专站前工程划分2个标段进行招标，中铁九局、中铁十九局中标；四电集成划分1个标段，中铁建电气化局中标；监理划分2个标段，沈阳铁路建设监理公司、天津新亚太工程建设监理公司中标。

2009年5月31日，盘锦特大桥开工，标志着全线正式开工，投入建设施工人员达1万余人。2011年10月31日，完成路基本体及桥梁下部施工；2012年6月7日完成全线架梁；2012年10月31日，完成无砟轨道板铺设；2012年10月28日开始铺轨，2013年1月31日全线铺通。

2013年6—8月完成静、动态验收。同年8月7日，工务、电务、供电、信息、客服、房建、环水保、防灾专业专家组对静、动态验收报告进行评审，工程符合设计规范和验收标准，工程质量合格，满足技术规范要求，具备初步验收条件。8月16日，铁路总公司通过《初步验收报告》。2013年9月12日开通初期运营，实际建设工期51个月。

盘营客专新建客运专线89.3公里；完成正线Ⅰ线铺轨98.8公里、Ⅱ线铺轨96.9公里，正线铺设60公斤/米钢轨195.7公里，均为跨区间无缝线路；完成站线铺轨18.1公里；动用路基土石方261.6万立方米；正线新建桥梁14座/77553延长米。其中，特大桥8座/77319延长米，大桥1座/112延长米，中桥1座/80延长米，小桥4座/42延长米；涵洞637横延米；铺设通信光缆285公里；信号联络设备3套；自动闭塞195正线公里；电力贯通线670公里，牵引变电所2个；接触网89.3正线公里，接触网导线254.9条公里；各种生产办公房屋15660平方米。

四、工程投资

铁道部铁鉴函〔2009〕583号文批复，盘营客运专线初步设计总概算115.28亿元，其中静态投资109.92亿元，建设期贷款利息5.24亿元，铺底流动资金0.12亿元。盘营客运专线计划总投资

1152767万元。2009—2014年，累计完成投资1190670万元，其中路内投资1098141万元，路外投资92529万元。平均造价13315万元/公里。

五、运能运量

2013年，盘营客专开通运营后，开行动车组15对/日。2015年，盘营客专营业里程90.2公里。线路总延展长度185.4公里，其中正线延展长度178.0公里。国铁管理营业长度1.0公里，延展长度2.1公里，均为正线，其余均归合资公司管理。全线为双线；电气化；自动闭塞，300公里/小时动车组追踪间隔3分钟，250公里/小时及以下动车组追踪间隔5分钟；到发线有效长650米；最小曲线半径1200米；线路运行速度350公里/小时；限制坡度上、下行均为20.0‰；图定客车17对/日。线内设赵荒地、中小2个线路所。该线均为直通客流，区段客流密度分别为：盘锦北—中小间上行486.6万人/年、下行452.9万人/年；中小—下夹河站间上行357.7万人/年、下行333.8万人/年；中小—海城西间上行137.4万人/年、下行125.5万人/年；下夹河—营口东间上行262.1万人/年、下行134.6万人/年。

第五节　沈阳至丹东铁路客运专线

沈阳—丹东铁路客运专线起自沈阳南站，终至丹东站，正线全长205.7公里。

一、项目论证

既有沈丹线是辽东地区客货运输主要通道和中朝国际联运要道，同时也是丹东港主要后方通路。东北东部铁路通道建成后，既有沈丹线还将成为东北东部铁路通道重要组成部分。随着辽宁沿海经济带"五点一线"战略启动，加速了丹东大东港、丹东产业园区开发建设及与朝鲜边境贸易发展，加之本溪、北台两大钢厂产量大幅增加，沈阳、本溪工业经济带发展及延伸，以及沿线丰富旅游资源深入开发，既有沈丹线通道能力已不能满足经济和社会发展需要。建设沈丹客运专线不但缓解既有线能力紧张状况，同时对促进快速国际客运通道的形成具有重要意义。

沈丹客专建成后连通哈大客运专线，并经沈阳枢纽衔接秦沈客运专线、辽中南城镇群城际铁路网，将大大缩短本溪、丹东与沈阳及辽宁省周边地市、北京等全国各地的时间距离，使沈阳—本溪半小时经济圈、沈阳—丹东1小时通达成为现实。同时，沈丹客专建设既是提升通道运输能力，保障中朝铁路口岸后方通路畅达，满足港口发展，适应客流增长的需要，也是构建完善区域客运网络主干道、支持辽宁沿海经济带国家战略实施的重要举措，对于助推辽宁中部城市群和辽宁沿海经济带发育、完善，加速沿线城市化进程具有重要意义。

二、前期工作

2008年10月10日，铁道部与辽宁省签订《关于加快推进辽宁铁路建设的会议纪要》中提出："双方同意将沈阳至丹东客运专线纳入中长期铁路网规划调整方案，共同推进前期工作，争取2009年开工建设。部、省共同筹集建设资金，铁道部组织建设，辽宁省依法负责征地拆迁工作。"同年11月，铁三院完成《新建沈阳至丹东铁路客运专线预可行性研究（方案竞选）》。

2009年1月10日，铁道部发展计划司组织沈阳—丹东现场踏勘，11日在沈阳召开沈丹客专预可研审查会。同年1月23日，铁道部、辽宁省人民政府联合向国家发改委报送项目建议书。6月16—18日，国家发展改革委组织立项咨询，由华协咨询公司对该项目预可研报告进行评审。8月21日，国家发展改革委以发改基础〔2009〕2174号文批复项目建议书。2009年4月10日，铁三院编制完成可研报告。4月16—17日，铁道部组织现场踏勘。4月28—30日，铁道部在北京组织召开可研审查会。9月9日，铁道部、辽宁省人民政府联合向国家发展改革委上报《关于报送新建沈阳至丹东铁路客运专线可行性研究报告的函》（铁计函〔2009〕1267号）。11月8—10日，华协公司在北京召开可研评估会。12月31日，国家发展改革委以发改基础〔2009〕3005号文批复可研报告。2009年10月19—21日，铁道部完成初步设计审查。2010年2月20日，铁道部、辽宁省人民政府以铁鉴函〔2010〕167号文批复初步设计。

工程范围　沈丹客专起自沈阳南站南端，经本溪站至丹东站。正线全长205.7公里。全线新建中间站5座，即本溪新城、南芬北、通远堡西、凤城东、五龙背东；新建沙河堡线路所；改建本溪枢纽及丹东站。

主要技术标准 铁路等级客运专线；正线数目双线；速度目标值250公里/小时；最小曲线半径5500米，引入枢纽（地区）根据需要合理选定；限制坡度20‰，局部不大于25‰；牵引种类电力；到发线有效长650米；列车运行控制方式自动控制；行车指挥方式综合调度集中。

设计运量及客车开行对数 设计年度近期2020年、远期2030年。沈阳—本溪间，近期客流密度1677万人/年，开行城际列车58对/日、跨线列车24对/日、既有线旅客列车3对/日，合计85对/日；远期客流密度2134万人/年、开行动车104对/日。

本溪—南芬间近期客流密度1348万人/年，开行城际列车36对/日、跨线列车24对/日、既有线旅客列车3对/日，合计63对/日；远期客流密度1781万人/年、开行动车77对/日。南芬—凤凰城间，近期客流密度1361万人/年，开行城际列车36对/日、跨线列车24对/日、既有线旅客列车2对/日，合计62对/日；远期客流密度1793万人/年、开行动车77对/日。凤凰城—丹东间，近期客流密度1263万人/年，开行城际列车36对/日、跨线列车24对/日、既有线旅客列车7对/日；远期客流密度1635万人/年、开行动车77对/日。

客车开行方案 沈丹客运专线全部开行动车组，以承担沿线中短途城际客运为主，兼顾部分中长途客运；沈丹既有线承担全部货物列车和通道内保留少量普速列车。

三、建设进度与主要工程量

建设进度 京沈客专（辽宁）有限责任公司作为建设单位，负责沈丹客运专线建设。公司下设沈丹客专指挥部负责沈丹客专现场建设管理；本溪枢纽及丹东站工程由本溪枢纽指挥部代建。

沈丹客专站前工程划分4个标段，中交一公局、中铁建大桥局、中铁九局、中建股份公司4个单位中标；站房工程划分2个标段，中铁九局、中铁航空港2个单位中标；四电集成1个标段，中铁建电气化局中标；客服划分1个标段，通号通信信息集团有限公司中标；监理划分4个标段，北京中铁诚业工程建设监理有限公司、铁科院（北京）工程咨询有限公司、甘肃铁一院工

程监理有限公司、沈阳铁路建设监理有限公司4个单位负责全线监理工作。

2010年5月1日，跨沈本大道2#特大桥开工，标志全线正式开工，投入建设施工人员达1.4万多人。2013年7月20日，路基本体及桥梁下部施工全部完成。2014年6月30日，完成全线架梁；同年11月20日，无砟轨道板铺设全部完成。2014年7月24日，全线开始铺轨，2015年1月7日全线铺通。6月，"和谐号"综合检测动车组开始在沈丹客专进行线路检测和提速实验。7月完成联调联试，7月31日开始试运行。

2015年6—8月，完成静、动态验收工作。8月17日，工务、电务、供电、信息、客服、房建、环水保、防灾专业专家组对静、动态验收报告进行评审，工程符合设计规范和验收标准，工程质量合格，满足技术规范要求，具备初步验收条件。8月26日，铁路总公司通过《初步验收报告》。同年9月1日，沈丹客专正式开通运营。实际建设工期64个月。

主要工程量 （不含本溪、沈阳枢纽代建部分）完成正线Ⅰ线铺轨205.6公里、Ⅱ线铺轨212.4公里；正线均铺设60公斤/米钢轨和跨区间无缝线路；站线铺轨102.6公里；铺道岔77组；动用路基土石方1262万立方米。新建电力贯通线1428公里；牵引变电所5个；接触网挂网501.5条公里；铺设通信光缆1314公里；信号联络设备8套；自动闭塞205.7正线公里。新建房屋27400平方米，其中新建车站5座共15475平方米；独立四电用房112座共10279平方米；新建雨棚82736平方米；拆迁21万立方米；征地4200亩，合280公顷。

全线新建桥梁92座/76153延长米，占正线全长37.0%。其中，特大桥38座/64754延长米、大桥37座/10444延长米、中桥17座/955延长米。新建重点桥梁中，跨沈丹铁路特大桥全长5972米，共200个墩台、186孔简支箱梁；跨沈本大道1号特大桥是全线最大跨度连续梁施工，全长2889米，共有84个墩台、80孔简支箱梁；太子河特大桥，一桥跨越铁路、公路、河流，全长1346米，共有38个墩台、31孔简支箱梁；南芬北站特大桥，为全线结构最复杂桥梁，全长725米，共有22个墩台、17孔双线简支箱梁、28孔单线简支箱

梁，道岔区为双线变四线道岔连续梁。全线新建隧道59座，均为单洞双线隧道，总延长90212延长米，占正线全长43.9%。其中，南芬隧道全长7309米，为最长隧道；新建涵洞637横延米。

四、工程投资

沈丹客专初步设计批复总概算246.3亿元（含辽宁省承担的征地拆迁补偿费用10.3亿元），其中静态投资213.35亿元，建设期贷款利息12.7亿元，铺底流动资金0.25亿元，动车组购置费20亿元。沈丹客专计划总投资1984117万元（不含本溪枢纽、沈阳枢纽代建部分）。2009—2015年，累计完成投资1730000万元。其中，路内投资1657400万元，路外投资72600万元。

五、运能运量

2015年9月1日，沈丹客专正式开通运营，列车区间追踪间隔5分钟。开行动车43对/日，其中该线（丹东至沈阳北间运行）开行D字头动车组32对/日，跨线G字头动车组10对/日、D字头动车组1对/日；其中直通5对/日（含京、哈局各1对），管内38对/日。

全线营业里程208.8公里，线路总延展长度486.8公里，其中正线延展长度418.2公里。线内设车站5个（不含沈阳南、本溪、丹东），凤城东为二等站，本溪新城、南芬北、通远堡西、五龙背东为三等站；沙河堡为线路所。2015年（后4个月），沈丹客专发送旅客691041人。其中，本溪新城46616人、南芬北67124人、通远堡西155301人、凤城东397812人、五龙背东24188人。沈阳南—本溪间客流密度上行37.8万人/年、下行39.5万人/年；本溪—丹东间客流密度上行24.8万人/年、下行25.6万人/年。

第六节 丹东至大连快速铁路

丹东—大连快速铁路自丹东站引出，经前阳、庄河至大连北站，全长290.1公里。

一、项目论证

丹东、大连是辽宁省两大沿海城市。建设丹东—大连快速铁路，连接两大城市，对于进一步贯彻落实国家振兴东北老工业基地，发展辽宁沿海经济带，完善辽中南城镇群快速铁路网，满足沿海港口及沿线工业园区运输需求，促进区域经济又好又快发展十分必要。同时，建设丹东—大连快速铁路也是完善区域铁路网，促进铁路点线能力协调发展需要。丹大快速铁路是以客运为主、兼顾货运的快速铁路干线。通过衔接沈丹客专和哈大高铁，形成辽中南部铁路网"大三角"主骨架。丹大快速铁路建成后，将填补丹东与大连间铁路网空白，对促进港口经济和海铁联运快速发展，推动辽宁沿海经济带建设，服务东北经济发展都将发挥积极作用。同时，大连、丹东两市间交通运输效率和服务水平也将得到进一步提升。

二、前期工作

（一）前阳—庄河段

2009年，铁道部、辽宁省人民政府向国家发展改革委上报《关于报送调整前阳至庄河铁路建设方案的函》（铁计函〔2009〕955号）。同年，铁路局报送《关于上报东北东部铁路通道前阳至庄河段修改初步设计预审查意见的函》(沈铁计函〔2009〕574号）及铁三院编制的修改初步设计文件。2010年3月10日，国家发展改革委办公厅以发改办基础〔2010〕518号文批复调整前阳至庄河铁路工程建设内容。3月24日，铁道部发展计划司以计长函〔2010〕55号文转发国家发展改革委办公厅关于调整前阳至庄河铁路工程建设内容的批复。

前阳—庄河段工程建设内容调整后，项目总投资估算140.1亿元，其中工程投资132.7亿元，动车组购置费7.4亿元。该段工程由铁道部和辽宁省共同合资建设，项目资本金70.05亿元，占总投资50%。项目资本金中，中央预算内投资2亿元，其余68.05亿元，铁道部出资47.64亿元，占70%，使用铁路建设基金；辽宁省出资20.41亿元，占30%，负责征地拆迁工作及费用，由省自筹解决。资本金以外资金利用国内银行贷款解决。除作上述调整外，该项目其余各项仍按国家发展改革委发改交运〔2008〕2233号文批准内容执行。2010年5月30日，铁道部、辽宁省人民政府以铁鉴函〔2010〕651号文批复前阳至庄河段工程调整建设方案后初步设计。

（二）庄河—登沙河段

2010年，铁路局报送《关于上报东北东部铁路通道登沙河至庄河段可行性研究报告的请示》（沈铁计发〔2010〕165号）。同年10月19日，铁道部、辽宁省人民政府以铁计函〔2010〕1343号文批复登沙河至庄河段工程可研报告。

该段工程投资估算总额63.48亿元。其中静态投资60.25亿元，建设期贷款利息3.13亿元，铺底流动资金0.1亿元。工程由铁道部和辽宁省合资建设，资本金按总投资50%考虑，铁道部、辽宁省各出资70%、30%。辽宁省负责征地拆迁工作及费用，征拆费用按规定程序经双方认可后计入地方股份。铁道部出资使用铁路建设专项资金，辽宁省出资由省自筹。资本金以外资金由合资铁路公司利用中国银行、中国建设银行、浦东发展银行贷款解决。出资双方按照《公司法》组建规范合资铁路公司，负责项目建设和资产经营管理。2010年，铁路局报送《关于上报东北东部铁路通道登沙河至庄河段新建铁路工程初步设计预审意见的函》（沈铁计函〔2010〕395号）。同年12月24日，铁道部、辽宁省人民政府以铁鉴函〔2010〕1781号文批复登沙河至庄河段工程初步设计。

（三）大连枢纽

2010年，铁路局报送《关于上报大连铁路枢纽改造工程可行性研究报告的请示》(沈铁计发〔2010〕166号）。同年10月19日，铁道部、辽宁省人民政府以铁计函〔2010〕1367号文批复大连枢纽改造工程可研报告。

该段新建线路自新大连北站引出，经既有金州站向东，在规划保税区设站后至登沙河站，正线全长约47公里。投资估算总额67.46亿元，其中静态投资64.08亿元，建设期贷款利息3.32亿元，铺底流动资金约0.06亿元。工程由铁道部和辽宁省合资建设，资本金按总投资50%考虑，铁道部、辽宁省各出资70%、30%。辽宁省负责征地拆迁工作及费用，征拆费用按规定程序经双方认可后计入地方股份。铁道部出资使用铁路建设专项资金，辽宁省出资由省自筹。资本金以外资金由合资铁路公司利用中国银行、中国建设银行、浦东发展银行贷款解决。出资双方按照《公司法》组建规范合资铁路公司，负责项目建设和资产经营管理。

2010年，铁路局先后报送《关于上报东北东部铁路通道大连铁路枢纽改造工程初步设计预审意见的函》（沈铁计函〔2010〕394号）、《关于报送大连铁路枢纽改造工程广宁寺综合物流中心初步设计预审意见的函》（沈铁计函〔2010〕606号）及铁三院编制的初步设计文件。同年12月23日，铁道部、辽宁省人民政府以铁鉴函〔2010〕1780号文批复大连枢纽改造工程初步设计。

（四）全线初设批复整合

建设总规模 丹大快速铁路初步设计正线总长290.2公里。其中：前阳—庄河段158.0公里，含金山湾—同兴联络线12.9公里、金山湾—丹东联络线及丹（东）大（东港）线改造、岫庄下行疏解线等相关工程。登沙河—庄河西（不含）段正线长85.2公里，含登沙河、城子坦、城庄铁路专用线及联络线改建工程。大连枢纽新大连北站（不含）—登沙河站（不含）正线长47.0公里，包括闫家楼—金州东门货车联络线、广宁寺—二十里台货车联络线（上、下行）、广宁寺综合物流中心等相关工程。

经济运量 设计年度近期2020年、远期2030年。前阳—庄河段，近期货流密度610万吨/年、开行客车40对/日；远期货流密度800万吨/年、开行客车63对/日。庄河—登沙河段，近期客流密度715万人/年、开行客车45对/日，货流密度上行536万吨/年、下行490万吨/年；远期客流密度1107万人/年、开行客车70对/日，货流密度上行717万吨/年、下行619万吨/年。登沙河—新大连北段，近期客流密度715万人/年、开行客车45对/日，货流密度上行685万吨/年、下行1355万吨/年；远期客流密度1107万人/年、开行客车70对/日，货流密度上行904万吨/年、下行1625万吨/年。

车站设置 全线设丹东、同兴、安民、前阳、东港西、北井子、大孤山、青堆、兰店、庄河北、庄河西、花园口、城子坦、皮口、杏树屯、登沙河、广宁寺、金州（客场）、新大连北（不含）共19个车站。

功能定位和通过能力 以客运为主、兼顾货运。自动闭塞信号机布点按旅客列车追踪间隔满足4分钟、货物列车追踪间隔满足5分钟设计。

运输组织　广宁寺到达的大宗煤炭等运量由装车站组织直达列车，卸后空车原列返回，特货小汽车由广宁寺组织小汽车班列运输。编组计划为金州与丹东地区前阳（新）站互编区段、摘挂列车。城子坦南—城子坦联络线暂按调车考虑，结合城庄铁路运营方式另行调整。

主要技术标准　铁路等级国铁I级；正线数目双线；最小曲线半径区间一般地段3500米，困难地段2800米，引入大连枢纽地段600米；限制坡度6‰；牵引种类电力；机车类型动车组、SS9、HXD系列；到发线有效长850米、部分车站1050米；自动闭塞；大连枢纽内相关线路及疏解线、联络线采用相匹配的线路主要技术标准。

三、建设进度和工程量

前阳—庄河段于2009年11月开工；登沙河—庄河、大连枢纽段均于2013年4月开工。2015年11月9日，全线开始按图试运行。同年12月17日，丹大快速铁路全线正式运营。

线路　新建正线采用全立交；钢轨采用60公斤/米重型轨，铺设跨区间无缝轨道；采用Ⅲ型钢筋混凝土轨枕，配套采用弹条Ⅱ型轨枕扣件；采用一级碎石道砟。全线完成正线Ⅰ线铺轨287.5公里；Ⅱ线铺轨282.6公里；站线铺轨129.7公里。全线动用土石方4860万立方米；征地22774亩，合1518公顷；拆迁42万平方米。

东港北—庄河西段为路基施工难度最大区段。该段多为滨海冲积平原，大部分地段分布软土，软土路基段长20.6公里，占新建正线全长7.2%。在软土路基段施工中采用水泥砂浆桩、水泥搅拌桩、CFG桩、钢筋混凝土管桩等多种加固方法。同时，在施工中还设置沉降观测点224个，保证软土地段路基能够满足客、货列车通行条件。

桥隧　设计活载为中—活载、洪水频率1/100。全线重点桥梁19座，包括庄河、英那河、大洋河、五道沟、潘家坝跨丹大高速公路、前阳跨201国道、大沙河、清水河、花园口1号路、高阳河、董家沟、阿尔滨登沙河、后盐立交、旗杆河、柳家河、马家屯、跨哈大铁路、跨沈大高速公路特大桥和G201国道中桥等。重点隧道包括二十里堡、陈家店、广宁寺隧道。

全线新建桥梁132724延长米/154座，占新建正线全长46.2%。其中特大桥121000延长米/57座，大桥9813延长米/33座，中桥1442延长米/30座，小桥465延长米/34座；新建隧道17776延长米/13座，占新建正线全长6.2%。其中最长隧道为二十里堡隧道，全长7645米。桥隧总长150500延长米，占新建正线全长52.3%。

大洋河特大桥为最具环保意义桥梁。该线从丹东站驶出73公里就是著名鸭绿江口滨海湿地国家级自然保护区。为最大限度避免对保护区自然生态环境破坏，在此段新建大洋河特大桥。该桥设计采用85孔跨度32米混凝土简支梁桥式，以桥梁和路基形式穿越保护区最外围实验区。桥梁施工过程中采用钢板围堰，禁止在保护区内设置取弃土场、施工场地。与此同时，桥梁施工过程中还特意避开3月20日至6月底候鸟迁徙期及鸟类繁殖期，并采取设置禁鸣标志、焊接长钢轨降噪和减振、穿越湿地路段两侧设置声屏障并加装鸟类防撞设施等多种方式，最大程度保护自然环境和减少对鸟类生存影响。

车站　全线新建同兴、丹东西、新前阳、东港西、北井子、大孤山、青堆、兰店、庄河北、庄河西、花园口、新广宁寺共12个车站，新建房屋88545平方米。广宁寺、花园口、庄河西、大孤山、前阳站新设货运管理信息系统。广宁寺、登沙河、皮口、城子坦、花园口、庄河北、青堆、大孤山、北井子、东港西、安民等客运站新设人工售票和自动检票系统、旅客服务信息系统。

四电　电力系统新建前阳、大孤山、庄河北、登沙河、城子坦5座配电所，设置牵引供电远动系统。电气化采用带回流线直接供电方式，新建东港西、大孤山、兰店、杏树屯、花园口5座牵引变电所；金州、广宁寺开闭所；新大连、DK53+600、皮口分区所；全线接触网挂网857.9条公里。通信系统新设同步数字体系传输、IP数据网、铁路数字专用通信、铁路专用数字移动通信、会议电视、应急通信、综合视频监控、电话交换、电源及环境监控等系统；全线沿铁路两侧各敷设1条24芯通信光缆。信号系统在全线正线设置调度集中控制系统（CTC），车站设置分散自率调度集中分机；正线（含同金联络线）采用四显示制式自动闭塞，自动闭塞设备采用ZPW-2000（含UM）系列无绝缘移频轨道电路，正向按追踪运行，反向按自动站间闭塞运行。

防灾监控系统　全线设风速风向监测点12处、雪深监测点3处、雨量监测点9处；设置地震监测系统和公路跨铁路立交桥异物侵限监控系统。

四、工程投资

该工程初步设计总概算2625300万元。其中静态投资2445264万元，建设期贷款利息102973万元，机车车辆购置费73600万元，铺底流动资金3463万元。前阳—庄河段初步设计总概算1377400万元，其中静态投资1243900万元，建设期贷款利息58000万元，机车车辆购置费73600万元，铺底流动资金1900万元。登沙河—庄河段初步设计总概算611000万元，其中静态投资588300万元（含征地拆迁费用55405万元），建设期贷款利息21700万元，铺底流动资金1000万元。大连枢纽段初步设计总概算636900万元，其中静态投资613064万元，建设期贷款利息23273万元，铺底流动资金563万元。

丹东—大连快速铁路计划总投资2625285万元，2008—2015年，累计完成投资2438786万元。其中路内投资2188766万元，路外投资250020万元。前阳—庄河段计划总投资1377399万元。2008—2015年，累计投资1286786万元，其中路内投资1131986万元，路外投资154800万元。登沙河—庄河段计划总投资610986万元，2010—2015年，累计投资571000万元，其中路内投资515780万元，路外投资55220万元。大连枢纽段计划总投资636900万元。2010—2015年，累计投资581000万元，其中路内投资541000万元，路外投资40000万元。

五、运能运量

2015年，丹大线营业里程293公里，线路总延展长度716.9公里，其中正线延展长度589.4公里。线内设车站16个。其中，前阳南为二等站；同兴、丹东西、东港北、北井子、大孤山、青堆、兰店、庄河北、庄河西、花园口、城子坦、皮口、杏树屯、登沙河、广宁寺15个站为三等站；闫家楼为线路所。全线货运机型为HXD、HXN、ND5，牵引质量分别为5000吨、3500吨、2500吨。同兴—庄河西间，图定动车18对/日；庄河西—大连北间，图定动车19对/日。金山湾—前阳南间，图定货车15对/日；其他区段图定货车1对/日。

丹大线（后1个月，不含丹东站）发送货物3618吨，到达货物17666吨，均为登沙河站发到；完成货物周转量66万吨公里。全线发送旅客48320人，其中，丹东西341人、东港北8171人、北井子448人、大孤山3172人、青堆1899人、庄河北23621人、花园口2497人、城子坦1649人、皮口1584人、杏树屯2134人、登沙河2536人、广宁寺268人；完成旅客周转量2361万人公里。

第七节 吉林至珲春铁路

吉林—珲春客运专线西起吉林市，东至珲春市，正线全长361公里。吉图珲客专正式运营后，不仅结束珲春不通铁路旅客列车历史，还开辟了通往海参崴的最快通道。

一、项目论证

既有长图线吉林—图们段全长403公里，始建于1910—1933年间，线路标准低。2008年，长图线江密峰—蛟河段上行货流密度达到695万吨/年；限制区间平行运行图能力39.8对/日；图定行车量上行24列/日、下行27列/日，能力趋向饱和。图们—珲春地方铁路，线路等级国铁Ⅲ级、单线；限制坡度9‰；最小曲线半径300米；内燃牵引，牵引质量1800~2400吨；到发线有效长550米；半自动闭塞；线路允许速度70公里/小时。既有线标准低，且能力趋向饱和，新建铁路势在必行。

作为以长吉图为开发开放先导区的主要铁路通道，吉图珲客专将成为带动图们江区域合作开发的"新引擎"，对促进吉林省融入"一带一路"战略，拉动地方经济社会发展，特别是对增进少数民族地区经贸、旅游、文化等交流具有积极的推动作用。同时，吉图珲客专途经松花湖、红叶谷、镜泊湖、长白山，"一眼望三国"的防川等多处风景区，将成为"东北最美高铁"，并将为开发沿线及出境旅游资源提供快速、舒适、便捷的运送条件。同时，吉图珲客专建设，将与长吉城际铁路、京哈客专、盘营客专、沈丹客专和丹大快速铁路等共同构成东北地区铁路快速网；与长吉城际—长白—白阿铁路沟通，成为构建中、俄、朝、韩和蒙古国间国际大通道重要组成部分。

吉图珲间新建铁路模式主要研究200公里/小时客货共线和250公里/小时客运专线方案。以预测运量为依据，长图线客运量增长迅速，货运量将长期维持单线水平，且煤炭、木材等大宗货物对旅行速度要求不高；新建客运专线并对既有单线进行局部扩能可适应本通道运量特征，满足未来客货运输需要；新建客运专线实现客货分线运输，可极大改善通道客运服务质量。

二、前期工作

2008年11月，铁道部组织吉林—图们客运专线勘察设计招标，中铁工程设计咨询集团有限公司中标。同年12月，中铁咨询完成吉林至图们客运专线预可行性研究。

2009年3月，铁道部与吉林省对预可行性研究进行审查，审查后明确项目设计终点延伸至珲春。7月，完成可行性研究。8月，国家发展改革委委托中国国际工程咨询公司开展项目建议书评估工作。10月，铁道部对可行性研究进行审查。同年，铁道部、吉林省人民政府以铁计函〔2009〕954号文联合上报新建吉林至珲春铁路项目建议书。2010年7月26日，国家发展改革委以发改基础〔2010〕1626号文批复项目建议书。2010年，铁道部、吉林省人民政府以铁计函〔2010〕974号文联合上报吉林至珲春铁路可研报告。8月，国家发展改革委委托中国国际工程咨询公司开展可研报告评估工作。10月，国家发展改革委以发改基础〔2010〕2526号文批复可研报告。

2010年，铁路局以沈铁计函〔2010〕579号文向铁道部上报新建吉林至珲春铁路工程初步设计预审查意见。同年11月15日，铁道部、吉林省人民政府以铁鉴函〔2010〕1519号文批复新建吉林至珲春铁路初步设计。

审查范围　新建吉林站(不含)DK0+380—珲春站DK361+320铁路，新建正线长度360.547公里，含吉林、敦化、图们地区配套工程；吉林枢纽西环线另行批复。

经济运量　设计年度近期2020年、远期2030年。近期最大区段客流密度1620万人/年、开行旅客列车70对/日；远期最大区段客流密度2215万人/年、开行旅客列车95对/日。

运输组织　该线将建成250公里/小时客运专线，吉林至珲春仅开动车组，不开行货物列车和机车牵引客车；既有长图线以货为主，保留少量普速客车。为满足长吉城际和哈大客专跨线客流需求，避免换乘对旅客出行带来不便和引起客流损失，充分利用该线通道资源，提高该线经济效益，该线在开行吉林—延吉、珲春间旅客列车基础上，考虑兼容长吉城际跨线列车和哈大客专跨线列车。

车站分布　全线设吉林（不含）、蛟河西、威虎岭北、敦化、大石头南、安图西、延吉西、图们北及珲春共9个车站。新设站均为客运中间站，延吉西和珲春站考虑客运始发条件。

通过能力　全线列车最小追踪间隔按3分钟设置。

主要技术标准　线路等级客运专线；正线数目双线；速度目标值250公里/小时；最小曲线半径一般地段4000米、困难地段3500米；最大坡度20‰，其中图们北—珲春13‰；牵引种类电力；到发线有效长650米；列车运行控制方式自动控制；调度指挥方式综合调度集中。

2010年12月，完成项目站前部分施工图设计。2011年1月，铁道部以工管施审〔2011〕4号文批复站前施工图审核报告。

三、建设进度和工程量

吉图珲客专于2010年8月16日正式开工建设。2015年6月26日，吉图珲客专开始联调联试，同年9月20日正式开通运营。全线动用土石方3440万立方米；征地29418亩，合1961公顷；拆迁50.6万立方米。

线路　全线采用有砟轨道结构，铺设跨区间无缝线路；钢轨采用100米定尺长60公斤/米无螺栓孔新轨；铺设ⅢC型混凝土轨枕，1667根/公里；铺设特级道砟；完成正线Ⅰ、Ⅱ线铺轨各359.2公里；完成站线铺轨43.4公里，为设计总量82.5%。

桥隧 全线新建桥梁141座/96939延长米，占线路全长27.0%。其中特大桥6座，包括第二松花江、天太、平安堡、牡丹江、密江、安图特大桥。新建隧道79座/156782延长米，占线路全长43.6%。隧道长度超过5000米共有6座，其中拉法山隧道全长10028米，穿越整个老爷岭，使吉林—蛟河间距离由长图线97公里缩短至66公里；西金坡隧道全长6984米；后安山隧道全长6551米；石门隧道全长6263米；小盘岭Ⅰ隧道全长6287米；上东京隧道全长5327米。全线正线桥隧总长253.7公里，占正线长度70.6%。

车站 全线新建车站8个，包括蛟河西、威虎岭北、敦化（改移）、大石头南、安图西、延吉西、图们北、珲春。除珲春站外，其他中间站正线均不靠站台，皆为2台夹4线布局。蛟河西、安图西、珲春站新设客服系统集成管理平台、综合显示、客运广播、视频监控、时钟系统和安检设施；延吉西、敦化、图们北站在新设上述6大客服系统外增设信息查询系统；威虎岭北、大石头南新设客服集成管理平台、综合显示、客运广播系统和安检设施。全线房屋面积完成43513平方米，为设计总量27.9%。

四电 通信系统新设传输、电话交换、数据网、专用通信、无线通信、会议电视、应急通信、综合视频监控等系统；信号采用第二级列车控制系统（CTCS—2），正向按追踪运行，反向按自动站间闭塞行车；电气化和电力系统新建高家洼子、蛟河西、威虎岭北、大桥乡、安图西、延吉西、石头河7座AT牵引变电所；新建吉林、大伙棚沟、富家屯、高松树、哈尔巴岭、金佛寺、碧水、珲春8座AT分区所；在各供电臂中部设置AT所15座；新建牵引供电设施综合远动（SCADA）系统；新建蛟河西、威虎岭北、敦化、安图西、延吉西、图们北、珲春10千伏配电所；接触网挂网完成938.9条公里，为设计总量97.4%。

四、工程投资

铁鉴函〔2010〕1519号文批复该工程初步设计总概算按377.07亿元控制。其中，静态投资353.04亿元，建设期贷款利息10.8亿元，机车车辆购置费12.8亿元，铺底流动资金0.43亿元。

2012年，根据铁鉴函〔2012〕1448号文批复，该项目总概算调整为365.74亿元，调整后概算较原批复概算减少11.33亿元，调减概算均为静态投资，其他概算额度不变。2011—2015年，累计完成投资342.2亿元。其中，路内投资287.9亿元，路外投资54.3亿元。

五、运能运量

2015年9月20日，吉图珲高铁正式开通运营。运营初期开行动车组21.5对/日，其中：延吉西（珲春）—长春城际客车14对/日；延吉西—珲春1.5对/日；延吉西—哈尔滨西1对/日；延吉西—丹东1对/日，全程运行5小时32分钟；珲春—北京1对/日，全程运行9小时43分钟；珲春—齐齐哈尔1对/日；珲春—大连（大连北）2对/日，全程运行6小时41分钟；长春—珲春全程运行约2.5小时；珲春—沈阳全程运行4小时06分钟。

长珲城际铁路吉图珲段设车站7个。其中，延吉西、图们北、珲春为二等站；蛟河西、威虎岭北、大石头南、安图西为三等站。2015年（后3个月），吉图珲段发送旅客1497763人。其中，蛟河西251135人、安图西 111858人、延吉西788438人、图们北61499人、珲春284833人。

附：在建高速铁路

北京至沈阳铁路客运专线

北京—沈阳铁路客运专线起自北京郊区星火站，终至沈阳。全线纵贯北京、河北、辽宁三省（直辖市）及承德、朝阳、阜新、沈阳市，全长707公里，为京哈高速铁路重要组成部分。

一、项目论证

北京—沈阳铁路客运专线作为中国"四纵四横"客运专线网重要组成部分，原在承德市提出建设京承快速铁路、辽宁省提出建设沈朝客运线设计基础上，将线路延伸连通承德市与辽宁朝阳、阜新，向东北连接沈阳、长春、哈尔滨。

京沈客专沿线在历史上大部分属于热河省，地貌多为山地和丘陵。1956年，原属热河省的三个市和各旗县被分别归属河北省、内蒙古自治区和辽宁省。50多年来，由于沿线各市在各个省区内所处地理位置偏远，地理环境复杂，且工程技术落后，交通建设十分滞后。大部分是建国前兴建的单线铁路，早已不能满足现代物流运输发展需要。该线建设对提高沿线地区区位重要性，振兴沿线地区乃至东北经济发展具有重要作用。

京沈客专将与投入运营的京哈高速铁路构成沈阳及东北地区进出关第二条快速、便捷铁路通道，该线建成后将大大缓解入出关客流通道的运输能力紧张状况。同时，京沈客专建设也是把阜新、朝阳、承德等城市从经济发展二线纳入一线的客观需要，是国家实施扩大内需战略的重要内容。

二、前期工作

2009年1月12—14日，铁道部组织自沈阳至北京全线现场踏勘，14日在京召开京沈客专预可研审查会。4月7日，铁道部、北京市、河北省、辽宁省联合向国家发展改革委上报《关于报送新建北京至沈阳铁路客运专线项目建议书的函》（铁计函〔2009〕392号）。4月21日，铁道部与辽宁省签订《关于加快推进辽宁铁路建设的会议纪要》中提出，"北京到沈阳客运专线按照最先进的技术标准进行设计，双方同意线路在辽宁省境内采用经朝阳、阜新至沈阳的建设方案，并同步建设朝阳至盘营客专联接线。双方共同加快推进勘察设计、环境影响评价和用地预审等前期工作，在国家批准立项后立即报送可研报告，并争取7月份获得批复，8月底开工建设。"5月25—27日，国家发展改革委组织立项咨询评估，并于10月21日例会通过。10月30日，国家发展改革委以发改基础〔2009〕2766号文批复项目建议书。

2010年4月8日，铁道部、北京市、河北省、辽宁省联合上报《关于报送新建北京至沈阳铁路客运专线可行性研究报告的函》（铁计函〔2010〕426号）。6月29日—7月2日，中咨公司受国家发展改革委委托组织完成可研报告评估，并于8月底将评估报告报送国家发展改革委。同年，按照铁道部铁计〔2010〕1号文件计划安排，铁三院于2010年3月完成初步设计文件编制，同年4月完成初步设计审查。

2011年2月中旬，水土保持评估报告上报国家水利部。3月10日，国土资源部批复京沈客专建设用地预审。同年3月，完成节能评估报告书初稿，铁道部组织初审后上报国家发展改革委。期间，北京、河北段规划选址意见书已完成，辽宁省、沈阳市已同意铁道部关于沈阳枢纽联络线的调整方案。河北、辽宁段环境影响评价已完成。

2012年4月1日，北京市规划委给京沈公司复函，同意动车所选址变更至铁科院环线内方案，并同意据此复函开展环评报告编制工作。6月12日，经辽宁省与铁道部沟通，铁道部同意北京市环评方案，并同意开展公参工作。7月13日，铁道部组织召开关于京沈客专建设方案研究会议。根据铁道部要求，铁三院于9月完成补充可研报告送审稿。客车西南环及京哈直通线按照规划预留建设条件，不纳入该工程实施，沈阳市则要求同步建设京哈直通线。期间，京沈客专引入北京铁路枢纽方案经反复研究和调整，最终确定自星火站引出。在补充可研基础上，铁三院重新编制可研报告上报铁道部，辽宁段方案无变化。12月26日，水利部批复水保评估报告。期间，铁道部已完成节能评估报告审查，待环评稳定后上报国家发改委。辽宁段社会稳定风险分析报告上报辽宁省发改委。

2013年1月30日，辽宁省发改委组织召开京沈客专辽宁段社会稳定风险评估协调会。3月10日，国土资源部批复用地预审有效期二年已过期，委托北京舜土公司开展延期工作。6月23—24日，铁路总公司在北京召开新建北京—沈阳客运专线调整可行性研究报告评审会。10月，铁路总公司、北京市、河北省、辽宁省联合上报《关于报送新建北京至沈阳铁路客运专线调整可行性研究报告的函》。12月24日，国家发展改革委以发改基础〔2013〕2612号文批复可研报告。2014年1月8日，铁路总公司以铁总办函〔2013〕26号文批复北京至沈阳铁路客运专线控制工程先期开工段的初步设计。4月29日，铁路总公司印发《中国铁路总公司 河北省人民政府 辽宁省人民政府关于新建北京至沈阳铁路客运专线河北辽宁段站前工程初步设计的批复》（铁总办函〔2014〕477号）。

主要技术标准　铁路等级客运专线；正线数

目双线；设计速度目标值350公里／小时；最小曲线半径7000米；正线线间距5米；线路最大坡度20‰、困难地段不大于30‰；到发线有效长650米；牵引种类电力；机车类型动车组；列车运行方式自动控制；行车指挥方式综合调度集中。

车站分布 京沈客专沈阳铁路局管内（辽宁段）新建中间站10个，包括牛河梁、喀左、奈林皋、朝阳北、北票东、乌兰木图、阜新北、黑山北、新民北、古城子。其中朝阳北、阜新北站为二等站，其他8站均为三等站。

设计运量 设计年度近期2025年、远期2035年。近期最大区段客流密度2915万人/年、客车110对/日；远期最大区段客流密度3848万人/年、客车148对/日。

客车开行方案 采用旅客列车和跨线旅客列车共线运行的列车开行方案，全部运行动车组列车。

工期 国家批准京沈客运专线工程总工期为5年，计划49个月内具备开通条件。

三、建设进度及主要工程量

2009年8月，京沈铁路客运专线辽宁有限责任公司作为建设单位，组建朝阳、阜新指挥部负责京沈客专辽宁段现场建设管理。京沈客专辽宁段站前工程划分13个标段，中铁三、四、五、九、十二、十六、十七、十九、二十二局与中铁建大桥局、中铁大桥局、中水四局、中国路桥集团有限公司13个单位中标；监理划分7个标段，评选6家监理单位在该线成立7个监理站。

2014年3月5日，随着三棱山隧道破土动工，京沈客运专线正式开工。同年7月1日，全线施工全面展开，投入施工人员达2万余名。8月2日灌注第一根桥梁钻孔桩；9月10日预制首孔箱梁；11月6日架设首孔箱梁。2014年底，路基土石方及桥梁下部完成过半。

2015年，路基土石方完成3374万立方米，为设计总量94.9%，辽宁段路基工程接近收尾，正线铺轨开始施工；站线铺轨完成7.8公里，为设计总量14.6%；设计桥梁218600延长米/138座，完成158318延长米，为设计总量72.4%。桥梁下部全部完成，箱梁预制完成66%，箱梁架设完成53%；设计隧道75110延长米/38座，完成42855延长米，为设计总量57.1%；设计征地20622亩（1375公顷），完成19387亩（1292公顷），为设计总量94.0%；设计拆迁71.9万立方米，完成65万立方米，为设计总量90.4%。

2016年5月，箱梁预制完成84%；箱梁架设完成74%；隧道完成82%。8月12日，全长760米跨长春—深圳高速公路特大桥顺利合拢。

四、工程投资

北京—沈阳铁路客运专线辽宁段初步设计概算519.99亿元（含铁总办函〔2014〕26号文批复的7.80亿元），其中静态投资457.5亿元、建设期贷款利息38.0亿元、动车组购置费24.0亿元、铺底流动资金0.49亿元。京沈客运专线（沈阳铁路局管内）计划总投资430.08亿元。2014—2015年，累计完成投资202.666亿元。

第二章 其他新线建设

进入"十五"计划后，随着东北老工业基地振兴和国家对铁路建设投资的加大，"东北铁路建设无战事"状况已经改变。沈阳铁路局在铁路中长期路网建设规划指导下，按照铁道部（中国铁路总公司）与各省（区）签订的铁路建设协议，以构筑区域铁路通道、改造既有铁路、点线能力配套、畅通疏港铁路、完善路网结构为目标，储备路网建设项目40余个，并逐年加快建设进度。20年间，在建设客运专线、城际铁路、快速铁路的同时，在完善路网建设中相继开工建设普速铁路22条，新建普速铁路规模1900公里。其中，长双烟、双白、三火、白和、通灌、和坪、宇松、边海、岫庄、松团、甘库、金渤、长旅、陶舒（原陶榆）、辽开（原开丰）、瓦长（原田五）、田东、绥前、霍白、珠珠等共计20条新线已建成投入运用，共建成普速铁路1718公里。

白和、通灌铁路建成，东北东部铁路通道全部开通；开丰线扩建后，打通既有开丰线与四梅线，同时也为四梅线联通京哈线增加一条便捷通道；陶榆线扩建后，打通既有陶榆线与拉滨、吉舒线，同时也为拉滨、吉舒两线联通京哈线增加一条通道；瓦长线扩建后，不仅为长兴岛港提供疏港铁路，而且整合、盘活、完善既有田五、白老线。田师府—桓仁、火石岗—渤海新建铁路正在建设中。长春—西巴彦花、松江河—漫江铁路完成前期工作。

"十三五"计划期间，规划建成阿尔山经诺门罕—新巴尔虎左旗（五一煤矿）—阿日哈沙特铁路、乌兰浩特—音德尔—乌江地方铁路；新建松江河—漫江—长白县铁路、阿尔山—蒙古国乔巴山铁路(国内段)、沈阳—法库—康平—金宝屯铁路、叶柏寿—绥中石河口港铁路、阿尔山—霍林河—白音华铁路、赤峰—锡林浩特铁路。规划新建线路规模1876公里。沈阳铁路局在铁路中长期路网建设规划指导下，按照铁道部与各省（自治区）签订的铁路建设协议，继续推进区域铁路建设。

第一节　长双烟铁路

一、项目论证

长双烟铁路自长春枢纽龙泉北站引出，向东南经长春市二道区、双阳区后，连接双阳水泥厂专用线至沈吉线烟筒山站，新建线路全长93.8公里。长春市双阳地区地理位置优越，资源丰富，货物运量较大，但既有交通运输条件不完善，制约本地经济发展，急需建设铁路，改善运输条件。长双烟铁路建设可以满足该地区资源优势向经济优势转化的迫切需要，是满足该地区运量发展的最佳运输途径。长双烟铁路建设，有利于增加地方财政收入，有利于创造新的劳动就业机会，必将给地方经济发展注入新的生机和活力，对促进吉林省经济增长，加快长春大都市建设具

有重要意义。该项目建设又开辟一条进出长白山旅游区通道，对带动吉林全省国民经济新发展有着积极作用。同时，还可使京哈、沈吉铁路间又增加一条联络通道，既缩短有关货流运输距离，又使东北铁路网进一步完善，对提高铁路网机动灵活性亦具有积极作用。

二、前期工作

2004年1月6日，完成长双烟新建铁路预可行性研究，1月下旬完成预可研文件评审。1月29日，铁道部、吉林省人民政府以铁计函〔2004〕44号文将《新建长双烟铁路项目建议书》报送国家发展和改革委员会。3月5日，完成该项目可行性研究报告。4月1日，铁道部工程设计鉴定中心对可研报告进行评审，铁道部发展计划司以计长函〔2004〕170号文印发《关于长双烟铁路新建工程可行性研究的审查意见》。

2004年6月12日，北京华协交通咨询公司对可研报告修改版进行专家评估，并印发《关于长春—双阳—烟筒山铁路新建工程可行性研究报告的评估报告》（华咨估字〔2004〕170号）。8月31日，国家发改委以发改交运〔2004〕1850号文批复可研报告。

2004年8月，沈阳铁路局勘测设计院（吉林院）完成初步设计文件，铁路局初审后以沈铁地铁函〔2004〕459号文上报初步设计初审意见。11月24日，铁道部工程设计鉴定中心对初步设计文件进行评审。2005年，铁道部、吉林省人民政府以铁鉴函〔2005〕10号文批复长双烟铁路初步设计。同年3月，设计院完成施工图设计文件。

工程范围　长春枢纽龙泉北（含）—沈吉线烟筒山站（含）。新建铁路建筑长度93.85公里，其中正线91.9公里，五家子—水泥厂连接线1.96公里。桥梁设计洪水频率1/100，涵洞设计洪水频率1/50。

设计年度及运量　初期2010年最大区段货流密度500万吨/年；近期2015年最大区段货流密度700万吨/年、客车2对/日；远期2025年最大区段货流密度840万吨/年、客车4对/日。设计通过能力近、远期均为40对/日；设计输送能力近期710万吨/年、远期870万吨/年。

主要技术标准　线路等级国铁Ⅱ级；正线数目单线；限制坡度12.0‰；最小曲线半径一般地

段1200米、困难地段800米；牵引种类内燃、预留电化条件；牵引质量1950吨；到发线有效长550米、预留850米条件；半自动闭塞。

投资估算及资金来源　工程投资总额7.5亿元，全部为静态投资。该项目由铁道部、吉林省合资建设，按照现代企业制度要求，组建长双烟铁路有限责任公司。吉林省负责征地、拆迁及有关线下工程投资，由吉林省交通厅安排专项资金2.7亿元；长春市财政安排0.7亿元，并在建筑材料、地方税费、外部电源等方面给予优惠；铁道部出资3.6亿元，在铁路建设基金中安排；沈阳铁路局利用铁路设备、器材作价出资约0.5亿元。

三、工程投资、建设进度与工程量

长双烟铁路于2005年9月正式开工建设，计划总投资7.5亿元。2007年7月竣工通车，累计投资71883万元（不含铁路局利用铁路设备作价出资的5000万元）。

该工程新建线路全长93.8公里，其中新建正线91.858公里，新建连接线1.9公里；站线铺轨6.5公里；改建既有车站龙泉北站，新建泉眼、奢岭、双阳、山河镇、五家子5个车站；动用路基土石方942万立方米，其中路基填方486万立方米，路基挖方456万立方米；新建桥梁42座/2500米，其中特大桥1座/602米，大桥3座/583米，中桥18座/1024米，小桥20座/291米；新建涵洞262座/4681米；新建房屋6566平方米；铁路用地5389亩，合359.3公顷。

四、运能运量

2011年，长双烟铁路（龙烟线）发送货物271332吨，到达货物84736吨。其中双阳站发送货物43365吨、到达货物39281吨；山河站发送货物1513吨；五家子站发送货物226454吨、到达货物45455吨；全线完成货物运输量35.6万吨；货物周转量29765千吨公里；货物平均运程84公里；日均装车11.5车、卸车3.6车。未办理客运业务。

2012年，长双烟铁路由DF4内燃机车牵引，牵引质量上、下行均为1950吨。

2015年，长双烟铁路营业里程92.1公里。线路总延展长度106.1公里，其中正线延展长度91.8公里。国铁管理营业里程0.3公里，延展长度0.1公里，其余均归合资公司管理。全线为单线；到发线有效长550米；半自动闭塞；限制坡度上、下行均为12.0‰，线路运行速度60公里/小时；DF4、和谐两种内燃机车牵引，牵引质量上行3000吨、下行1950吨；图定开行货车2对/日，未开行客车。线路等级国铁Ⅱ级。

全线设泉眼、奢岭、双阳、山河、五家子5个车站，均为四等站。2015年发送货物94.3万吨，到达货物21.8万吨。其中双阳站发送货物2960吨、到达货物58122吨；五家子站发送货物940343吨、到达货物160124吨。全线完成货物运输量116.2万吨；货物周转量104.7百万吨公里；货物平均运程90公里；日均装车40车、卸车12车；龙泉北—双阳间货物列车平均牵引总重上行2691吨、下行1241吨；双阳—五家子间货物列车平均牵引总重上行2696吨、下行1171吨。

第二节　白和线

一、项目论证

白和线南起浑白线白河站，北至和龙线和龙站，全长103.391公里。白和线南接既有浑白线，北接既有和龙线。该项目建设将贯通吉林省东部地区铁路，不仅完善东北东部铁路网，增强吉林省东北部和东南部地区区域交流能力，改善东北东部南北客货交流现状，增强本地区与外界联系与交往，还可发展和繁荣少数民族地区经济，进一步提高区域经济效益。长白山旅游资源丰富，该项目建设又开辟一条进出长白山旅游区通道，不仅为吉林省进一步开发长白山旅游资源创造条件，而且将对带动吉林全省国民经济新发展有着积极作用。同时，白和线地理位置邻近边境，该项目建设对于加强和巩固中国东北边境国防建设具有重要政治意义和战略意义。

二、前期工作

2004年8月，完成新建白河—和龙段铁路可研报告。9月，铁道部对白河—和龙段新建铁路可研报告进行初审。2005年4月，国家发改委完成白河—和龙段新建铁路可研报告初审，8月2日以发改交运〔2005〕1445号文批复可研报告。该工程投资估算总额18.2亿元。资金来源为铁路建设基金5.6亿元，中国工商银行贷款10.4亿元，吉林省、州财政承担征地拆迁费用2.2亿元。该项目由铁道部、吉林省合作建设，铁道部负责建设和运营管理，并承担工程费用；吉林省政府负责征地、拆迁工作并承担征地、拆迁全部费用。2005年7月20日，设计院完成初步设计。8月3日，铁道部对初步设计进行审查。8月15日，完成初步设计鉴后修改。10月25日，铁道部以铁鉴函〔2005〕782号文批复初步设计。

设计年度与运量　上行最大区段货流密度近期2015年529万吨/年、远期2025年1055万吨/年；近期区段最大客流密度50万人/年，开行旅客列车4对/日，远期区段最大客流密度80万人/年，开行旅客列车6对/日；设计近、远期通过能力均为34对/日；输送能力近期700万吨/年、远期1200万吨/年。

车流组织　对牡丹江以远发往通钢的大宗煤炭车流、和龙站发往通钢的铁矿粉尽量组织装车地始发、技术直达列车送达，其余零星车流在图们与通化间组织开行区段及小运转列车运输。

车站分布　近期设白河、水田、松江镇、东升、荒沟西、荒沟、枕头峰、青山里、十里坪、松下坪及和龙11个车站，其中白河、和龙为既有接轨中间站。松江镇、枕头峰为办理客货运业务中间站，其他站按会让站设置。预留松岭设站条件。

主要技术标准　线路等级国铁Ⅱ级；正线数目单线；限制坡度14.5‰；最小曲线半径一般地段1200米、困难地段800米；牵引种类内燃、预留电化条件；机车类型DF4；到发线有效长650米、预留880米条件；牵引质量近期1500吨、远期3000吨；半自动闭塞。

三、建设进度与工程量

2006年4月，白和线正式开工建设，2008年12月竣工通车。

线路　全线采用次重型轨道标准，预留重型轨道标准条件。正线采用60公斤/米再用轨，隧道内铺设同类型新轨。新建线路全长106.2公里；线路铺轨135.1公里，其中正线铺轨103.7公里，站线铺轨31.4公里。动用路基土石方1028万立方米，其中路基填方584万立方米，路基挖方444万立方米。

桥隧　设计洪水频率执行"TB10002.1—2005"新颁标准。全线重点桥梁包括海兰江1号、四道白河特大桥和301水库、红旗河大桥等。全线新建桥梁12075米/36座，其中特大桥7079米/8座、大桥4698米/15座、中桥181米/3座、小桥117米/10座；立交桥9767米/23座；新建涵洞6137米/185座；新建隧道18465米/7座；桥隧总长30540米，桥隧比28.76%。

站场　改造既有白河、和龙2个车站。其中，白河站设到发线6条（含正线）；牵出线1条；尽头式待机线1条；货物线1条，预留1条；设250×22.5×1.1米货物站台1座；货物仓库1座；设400×6×0.5米基本站台1座，400×8.5×0.5米中间站台1座，旅客地道1座，增设与站台等长雨棚。和龙站设到发线6条；牵出线1条，有效长300米；设散堆货场，设货物线1条；设400×6×0.5米基本站台1座，400×8.5×0.5米中间站台1座，设与站台等长风雨棚和跨线设备；设运输管理信息系统。

新建松江镇、枕头峰2个中间站，荒沟西、十里坪2个会让站。其中，松江镇站设到发线3条（含正线），预留1条；设牵出线1条，有效长200米；设200×5×0.5米基本站台1座；设货物线1条，有效长200米。枕头峰站设到发线3条（含正线），预留1条；设200×5×0.5米基本站台1座；设货物线1条。荒沟西、十里坪站设到发线3条（含正线）。新建房屋17000平方米。建设期间，依据有关部门意见缓上水田、东升、荒沟、青山里、松下坪站。全线铁路用地7065亩，合471公顷。

四、工程投资

白和线初设批复概算总额166623万元。其中，静态投资160000万元，动态投资6623万元。2005—2008年，该项目累计完成投资217623万元。

五、运能运量

2009年，白和线发送旅客36715人；发送货物39176吨；到达货物14001吨。2012年，白和线货运机型为DF8B、DF4。DF8B机车牵引质量上、下行均为1600吨，DF4机车牵引质量上、下行均为1500吨。

2015年，白和线营业里程103.4公里。线路总延展长度120.0公里，正线延展长度103.4公里，归国铁管理。全线为单线；半自动闭塞；到发线有效长400米；限制坡度上、下行均为14.5‰；线路运行速度120公里/小时；和谐、DF4机车牵引，牵引质量上行2000吨、下行1500吨；图定客车3对/日、货车4对/日。线路等级国铁Ⅱ级。

线内设松江镇、荒沟西、枕头峰、十里坪4个车站，均为四等站。全线发送旅客23575人，其中松江镇发送16621人、荒沟西发送1808人、枕头峰发送4808人、十里坪发送338人；发送货物50653吨，到达货物22050吨，均为松江镇站发到。

白河—和龙间，客流密度上行31.1万人/年、下行31.0万人/年；货流密度上行2.9万吨/年、下行0.1万吨/年；货运列车平均牵引总重上行1499吨、下行793吨。

第三节 和坪线

一、项目论证

和坪线自白和铁路和龙站南端引出，向南经泉水、龙潭、林泉洞越岭后，经锹田坪、吉地村至南坪镇站，正线全长42.507公里。新建和坪铁路对于中朝双边经贸合作与发展、振兴东北经济、加速沿线资源开发，确保该地区企业发展具有积极推动作用。同时，该项目地处边疆和少数民族地区，建设该项目对维护和促进边疆稳定发展，加强民族团结和巩固国防也具有重要意义。

二、前期工作

2004年11月，吉林省发展改革委提出开展和龙—德化铁路建设项目设计工作。2005年1月，完成该项目预可行性研究。2006年2月，结合白河—和龙段新建铁路初步设计和通化—灌水段新建铁路可研等文件内容，完成该项目预可行性研究文件修改。2008年6月，结合区域内与本线相关的铁路项目研究，重新开展并完成新建和龙—南坪镇铁路预可行性研究（以下简称《预可研》）送审稿。6月30日，铁道部对该项目预可

研进行评审。7月15日，完成预可研鉴后补充材料并上报铁道部。8月21日，铁道部、吉林省人民政府以铁计函〔2008〕949号文批复该项目建议书。9月25日，完成可研报告（初稿），铁路局以沈铁计发〔2008〕251号文上报可研报告。

2009年1月12—13日，铁道部工程设计鉴定中心对可研报告进行评审，同时下达可研评审意见（初稿）。1月23日，完成可研鉴后修改。3月14日，铁道部、吉林省人民政府以铁计函〔2009〕296号文批复可研报告。

该项目投资预估算总额12.6亿元，其中静态投资12.28亿元，建设期贷款利息0.3亿元，铺底流动资金0.02亿元。项目资本金6.3亿元，其中铁道部出资51.0%，使用铁路建设专项资金；吉林省出资49.0%，由省自筹。其余6.3亿元资金使用中国工商银行贷款；双方共同组建规范合资铁路公司，负责该铁路建设和经营管理。2009年4月，完成该项目初步设计文件编制。铁路局以沈铁计函〔2009〕175号文报送新建和龙—南坪镇铁路初步设计预审意见，同时报送吉林中铁设计咨询公司编制的初步设计文件。同年5月22日，铁道部工程鉴定中心对初步设计文件进行审查，于7月13日以铁鉴函〔2009〕879号文批复初步设计。

设计年度与运量 设计近期2020年、远期2030年。该线主要承担中国南坪口岸与朝鲜进出口货物运量，进口主要为铁矿粉，出口主要为水泥、农副产品、粮食、成品油、汽车零部件、机械、采矿设备、日常生活用品等其他货物。上行区段货流密度近期530万吨/年、远期750万吨/年；设计近、远期通过能力均为18.7对/日；近期输送能力580万吨/年、远期输送能力1160万吨/年。

运输组织 该线主要为南坪镇站发往通化、吉林、明城等钢厂矿石运输，由南坪镇站组织到达各钢厂直达列车，卸后空车原列返回。发往东通化车站的始发直达列车，近期牵引质量1500吨、远期双机牵引质量3000吨；发往吉林、明城钢厂的始发直达列车，近期单机牵引1500吨，在朝阳川站变轴为2100吨运达卸车地，远期双机牵引3000吨。

车站分布 全线设和龙（接轨站）、仙景

台、南坪镇共3个车站，其中和龙、南坪镇为办理客货运业务中间站，仙景台按会让站设置。

主要技术标准　线路等级国铁Ⅱ级；正线数目单线；最小曲线半径600米；限制坡度上行14.5‰、下行18.0‰；牵引种类内燃、预留电化条件；机车类型DF4D；牵引质量1500吨；到发线有效长650米、预留880米条件；半自动闭塞。

三、建设进度与工程量

和坪线于2009年9月正式开工建设，2012年12月18日竣工开通。

线桥　全线采用中型轨道标准，铺设50公斤/米钢轨，新Ⅱ型钢筋混凝土轨枕。新建线路全长44.1公里；线路铺轨46.2公里，其中正线铺轨38.4公里，站线铺轨7.8公里。新建桥梁3674米/19座，其中特大桥572米/1座、大桥2647米/12座、中桥445米/5座、小桥10米/1座；新建涵洞2044米/84座；新建隧道14894米/8座。桥隧总长18568米，桥隧比42.1%。动用土石方412.4万立方米。

站场　改建和龙接轨站，新建南坪镇中间站、仙景台会让站。其中，和龙站设到发线7条（含正线2条），设贯通式货物线1条；仙景台站设到发线2条（含正线1条）；南坪镇站设到发线5条，其中3条兼办货物装车线。新建房屋5315平方米。

全线铁路用地2235亩，合149公顷。

四、工程投资

和坪线初设批复总概算119671万元。其中，静态投资116421万元，建设期贷款利息3000万元，铺底流动资金250万元。2009—2013年，累计完成投资125675万元。其中，路内投资94805万元，路外投资30870万元。

五、运能运量

2015年，和坪线设仙景台、南坪镇2个车站，均为四等站；另设富兴、和南村2个线路所。全线营业里程41.0公里，线路总延展长度48.0公里，其中正线延展长度42.5公里。国铁管理营业长度0.8公里，延展长度1.6公里，其余均归合资公司管理。（该线竣工后尚未投入运营）

第四节　通灌线

一、项目论证

通化—灌水铁路自既有梅集线通化站引出，至灌水站与既有凤上线接轨，正线全长180.17公里，为东北东部铁路通道重要组成部分。

通灌铁路建设，使吉林省东部与辽宁省东部衔接增加一条铁路通道，并将使东北东部铁路大通道全线贯通，对构建东北东部地区出海通道和拓展区域内港口群腹地范围、优化港口群分工、发展少数民族地区经济、加强民族团结和国防建设、盘活既有铁路资产、提高铁路竞争能力十分有益。同时，通化、丹东地区旅游资源丰富，建设通灌铁路为开发沿线旅游资源亦创造更加便捷交通条件。

二、前期工作

2005年5月，完成该项目预可行性研究报告。6月12日，铁道部印发《关于东北东部铁路通道通化至灌水段预可行性研究的审查意见》（铁计函〔2005〕970号）。8月28日，铁道部发展计划司对预可行性研究报告进行评审。9月22日，完成预可行性研究修改补充材料并上报铁道部。12月26日，完成项目可研报告（送审稿）。

2006年5月10日，铁道部鉴定中心对可研报告进行审查。同年6月完成可研修改补充材料并上报铁道部。同年10月，铁道部以铁计函〔2006〕833号文《关于报送东北东部铁路通道新建通化至灌水段工程可行性研究报告的函》上报国家发展和改革委员会。11月完成项目初步设计，铁路局以沈铁计函〔2006〕470号文报送初步设计预审查意见。11月27日，铁道部鉴定中心对初步设计进行审查。12月，国家发展改革委对可行性研究报告进行审查。2008年8月22日，国家发展改革委以发改交运〔2008〕2236号文批复可研报告。

工程投资估算总额45亿元，由铁道部与辽宁、吉林省合作建设。其中，铁道部安排铁路建设基金13.7亿元；辽宁、吉林省分别负责各自境内段征地拆迁并由省财力承担相关费用2.89亿元、2.91亿元；利用中国银行贷款25.5亿元。

2008年10月，完成初步设计修改补充材料。同年12月，铁道部以铁鉴函〔2008〕1407号文批复初步设计。

工程范围 通化站—灌水站，含通化地区相关工程，正线长179.54公里。

设计年度与运量 近期2020年，区段客流密度144万人/年、开行旅客列车6对/日，远期2030年，区段客流密度216万人/年、开行旅客列车9对/日；上行区段货流密度近期950万吨/年、远期1300万吨/年；设计通过能力近期32对/日、远期34对/日；输送能力近期1050万吨/年、远期2190万吨/年。

车站分布 全线设桃园、通化（既有）、官道、通化县、都岭、大泉源、于家堡、古城子、双岭、桓龙湖、五女山、望天洞、大雅河、花博山、泉山、八河川、天桥沟、双山子、灌水（既有）共19个车站。先期开放通化（既有）、通化县、大泉源、古城子、桓龙湖、五女山、大雅河、雅河、天桥沟、灌水（既有）共11个车站。通化地区新建桃园技术作业站，负责通化地区车流技术作业及本线列车编组作业。

主要技术标准 铁路等级国铁I级；正线数目单线；最小曲线半径一般地段1200米、困难地段800米；限制坡度10‰；牵引种类内燃、预留电化条件；机车类型DF4系列；牵引质量2400吨；到发线有效长650米、预留880米条件；半自动闭塞。

三、建设进度与工程量

2009年5月1日，通灌线正式开工建设，2012年10月竣工通车。

线桥隧 全线铺设60公斤/米钢轨、无缝线路；采用Ⅲ型轨枕，按1667根/公里标准铺设；道床采用碎石道砟。新建线路全长179.5公里；新线铺轨总计199.4公里，其中正线铺轨179.5公里、站线铺轨19.9公里。动用路基土石方2483万立方米，其中路基填方1405万立方米、路基挖方1078万立方米。

全线重点桥梁有牛毛生河1号、牛毛沟、富尔江、小荒沟、寺院、大雅河2号、大雅河3号、头道河子、北古河、六河、哈达河、喇蛄河特大桥和浑江、暧河大桥等。新建桥梁32529米/84座。其中，特大桥22071米/23座、大桥9244米/32座、中桥975米/14座、小桥239米/15座；框构桥3095米/13座；新建涵洞8723米/247座；新建公路桥6188米/11座；新建隧道54251米/33座，其中弯弯川隧道最长，为7060米。新建桥隧总长86780米，桥隧比48.3%。

站场 改建通化、灌水两个接轨站；新建桃园区段站，雅河、大雅河、五女山、古城子、大泉源、通化县6个中间站，桓龙湖、天桥沟2个会让站。预留双山子、八河川、花博山、望天洞、双岭、于家堡、都岭、官道8个会让站。

通化站简单引入，咽喉局部改动。灌水站设到发线5条（含正线），预留2条；设牵出线1条；新建200米×6米×0.5米旅客基本站台1座；设货物线1条，98米×22.5米货物站台1座。五女山站设到发线4条（含正线1条）；牵出线1条；500米×9米×1.25米旅客基本站台和500米×10.5米×1.25米中间站台各1座，站台设等长风雨棚，设8米宽旅客地道1座；货场设货物线1条，98米×22.5米货物站台1座；预留专用线接轨条件。通化县站设到发线3条（含正线1条）；300米×9米×0.5米旅客基本站台1座。泉山、大雅河、古城子、大泉源站各设到发线3条（含正线1条）；200米×6米×0.5米旅客基本站台1座。桓龙湖、天桥沟会让站各设到发线2条（含正线1条）。桃园技术作业站为一级二场站型，规划到发线10条、调车线16条，先期设到发线6条（含正线1条）、调车线8条、牵出线2条。

站房 五女山、通化县站房1500平方米，其他办理客运车站均设置100平方米旅客简易候车室。全线新建房屋16992平方米。五女山站设置货物运输管理系统、客运广播及引导显示系统；通化县站新设客运广播及引导显示系统；其他办理客运业务车站均设置客票发售及预订系统终端。

通信 全线新设SDH 622Mb/s骨干及本地中继传输网；新设SDH 622Mb/s接入网；桃园站新设SDH 622Mb/s传输及接入设备；新设传输和接入网网管设备；沿线新设自动电话通过接入网接入通化、丹东既有程控交换机；各站新设铁路数字专用通信分系统；各站新设450MHz列车无线调度通信车站设备；新设应急通信系统现场设备一套；通化—灌水间沿新建铁路敷设一条20芯单模直埋光缆和一条7×4×0.9低频对称电缆。

信号 通化—灌水间各站设列车调度指挥系统（TDCS），接入沈阳铁路局调度所TDCS总机系统。全线各站间采用64D型半自动闭塞，与相邻线路维持既有闭塞制式不变。

电力 通化—灌水间新建1条10千伏电力贯通线；改建通化10千伏配电所；新建大泉湾、桓仁、八河川、灌水10千伏配电所；通化配电所新建1路电源。

全线铁路用地11183亩，合745.6公顷。

四、工程投资

通灌线初步设计总概算51.6918亿元（含征地拆迁费用5.8亿元），其中静态投资50.5482亿元，建设期贷款利息1亿元，铺底流动资金0.1436亿元。2008—2013年，累计完成投资56.3986亿元。其中路内投资53.4986亿元，路外投资2.9亿元。

五、运能运量

2013年，通灌线发送旅客1994人；发送货物17205吨；到达货物1758吨。其中五女山站发送旅客1994人，发送货物15884吨，到达货物1196吨。2014年，全线发送旅客34585人；发送货物71235吨；到达货物12745吨。通化—灌水间客流密度上行6.6万人/年、下行6.9万人/年。其中五女山站发送旅客21331人，发送货物71235吨，到达货物11695吨。

2015年，通灌线营业里程179.5公里。线路总延展长度201.0公里。其中，正线延展长度180.7公里，均归国铁管理。全线为单线；半自动闭塞；到发线有效长700米；上、下行限制坡度均为10.0‰；线路运行速度120公里/小时；和谐、DF4机车牵引，牵引质量上行3000吨、下行2000吨；图定开行客车1对/日、货车3对/日。线路等级国铁I级。全线设车站8个，其中三等站2个，四等站6个。全线发送旅客43772人；发送货物79686吨；到达货物9589吨。通化—灌水间客流密度上行7.0万人/年、下行7.5万人/年；通化—古城子间货流密度上行369万吨/年、下行181万吨/年，古城子—灌水间货流密度上行363万吨/年、下行180万吨/年。

2015年通灌线站别客货发到量表

表1-2-1

站名	车站等级	省市县属	货运量（吨）		旅客发送量（千人）
			发送量	到达量	
通化县	3	吉林通化	—	—	4258
大泉源	4	吉林通化	—	—	—
古城子	4	辽宁桓仁	—	—	6005
桓龙湖	4	辽宁桓仁	—	—	879
五女山	3	辽宁桓仁	79686	9589	23272
大雅河	4	辽宁桓仁	—	—	2474
泉山	4	辽宁桓仁	—	—	4462
天桥沟	4	辽宁宽甸	—	—	2422

第五节 甘库线

一、项目论证

甘旗卡—库伦铁路地处科尔沁左翼后旗和库伦旗地区，库伦旗矿产资源有27种，主要有铁、铜、铅、锌、石灰石、硅石等。其中，石灰石储量超过2亿吨，品位高达55%；硅石储量达175万吨。已投产的东蒙水泥有限公司，年产量为263万吨。其他矿业、木业等年运输量也在100万吨左右，全旗货物运输量约在800万吨/年。进入21世纪，库伦旗不断加大招商引资力度，随着东蒙水泥三期、电缆铜材二期、碳酸钙等项目的实施，货运量还将大幅增加，需要开辟新的运输通道。库伦旗（镇）还建有300多年历史古寺庙群，是国家级文物保护单位，经过投资开发，蒙古族安代文化已被列入国家非物质文化遗产名录。科左后旗大青沟是国家AAA级自然保护区，是天然植物园和旅游、避暑、休闲、度假胜地，每年接待游客在100万人以上，交通不便同样制约着该地区旅游事业发展。该线建设不仅结束库伦旗没有铁路的历史，而且可使库伦、科左后两旗地区客货运输更加灵活通畅，有利于该地区经济建设和旅游事业发展，对于振兴两旗乃至通辽市经济都将起到重要作用。同时，沿线地处内蒙少数民族地区，该线建设对改善沿线居民出行、提高沿线少数民族生活水平将起到积极作用。

二、前期工作

2004年9月，锦州铁道勘察设计院对新建甘旗卡—库伦地方铁路进行预可行性研究，12月底完成预可行性研究。2008年4月10日，库伦旗人民政府致电锦州院，继续对新建甘旗卡—库伦地方铁路工程进行可行性研究。锦州院在2004年预可行性研究基础上，对甘旗卡—库伦新建地方铁路工程预可行性研究进行深化修改，5月19日完成。

2008年5月20—22日，铁路局与库伦旗发改委共同组织审查预可研设计文件及图纸。8月1日，铁路局就线路接轨等问题以沈铁计函〔2008〕319号文复函通辽市人民政府，同意甘旗卡—库伦新建地方铁路在大郑线甘旗卡站接轨并承担该线新增运量的铁路运输任务。9月3日，库伦旗人民政府发委托函提出新的线路走向。锦州院再次进行现场踏勘，9月13日完成预可研补充文件。12月1—25日，锦州院完成现场初测，于2009年1月14日完成可行性研究。1月17日，铁路局与库伦旗发改委在沈阳共同组织审查可研设计文件及图纸。4月14日，在该项目预可行性研究拟上报铁道部审批前，铁路局及通辽市、库伦旗、科左后旗政府再次共同到现场踏勘，提出新的线路走向与新的库伦站址，锦州院于4月19日完成拟上报的预可研文件。4月28日，铁路局以沈铁计发〔2009〕125号文再次向铁道部报送库伦—甘旗卡铁路新建工程项目建议书。根据铁道部、铁路局预可研审查意见，锦州院对该项目预可研进行修改补充，于5月3日完成。5月26日，铁道部以铁计函〔2009〕694号文批复项目建议书。7月24日，铁路局以沈铁计发〔2009〕229号文向铁道部报送项目可研报告。9月15日，铁道部以铁计函〔2009〕1269号文批复可研报告。

2009年3月26日，锦州院完成初步设计。5月21日，铁路局以沈铁计函〔2009〕214号文向铁道部报送初步设计文件及预审意见。9月26—28日，铁道部工程鉴定中心对初步设计进行鉴定审查，形成甘旗卡—库伦新建铁路工程初步设计审查意见（草稿）。根据鉴定审查意见，锦州院于11月5日完成初步设计鉴后修改。11月24日，铁道部以铁鉴函〔2009〕1583号文批复初步设计。12月4日，铁路局向铁道部工程设计鉴定中心报送《关于报送新建铁路甘旗卡至库伦工程初步设计概算核备的函》。

建设规模 全长57.543公里；立交疏解线全长3.699公里。

设计运量 设计2020年区间最大货流密度上行395万吨/年、下行205万吨/年，客车1对/日；2030年区间最大货流密度上行493万吨/年、下行220万吨/年，客车1对/日。

车站分布 全线设4个车站、1个线路所，接轨站为既有大郑线甘旗卡站。新设大青沟、三家子、库伦车站，均为中间站。立交疏解与贯通线相接处设哈拉阿吉线路所。

运输组织 设计年度甘库线采用客、货共线的运输组织模式。该线为尽头式铁路支线，没有通过车流，全部为地方车流，库伦旗—甘旗卡（上行）为重车方向。主要发货车站为三家子和库伦旗站，大宗车流考虑由始发地组织直达列车，其余零星车流由小运转和摘挂列车挂运。空车流调整按出入平衡原则考虑。

主要技术标准 铁路等级国铁Ⅱ级；正线数目单线；限制坡度6‰；最小曲线半径一般地段1200米、困难地段800米，甘旗卡站疏解线采用合理曲线半径；牵引种类内燃、预留电化条件；机车类型DF系列；牵引质量5000吨；到发线有效长1050米；半自动闭塞。

三、建设进度

2009年12月开工。2010年完成路基、桥梁施工并开始铺轨，电力、通信工程完成大部。2011年完成铺轨、电力、通信等工程。2012年1月15日正式开通运营。

新建正线Ⅰ线59.7公里；站线铺轨9.7公里；新建桥梁12座/1019米，其中特大桥1座/931米，小桥11座/88米；电力线路131公里；通信干缆164.7公里；动用土石方763万立方米。

四、工程投资

根据铁鉴函〔2009〕1583号文批复，甘库线初步设计概算总额8.2513亿元，其中静态投资8.0477亿元，建设期贷款利息1763万元，铺底流动资金273万元。2009—2012年，甘库线累计完成投资8.1779亿元。其中，路内投资6.5879亿元，路外投资1.59亿元。2012年，另投资447万元完成大青沟站广场改造。

五、运能运量

2012年，甘库线发送旅客73083人；完成旅客周转量7523千人公里；旅客平均行程55公里；发送货物4959吨；到达货物27747吨；货物运输量3.3万吨；货物周转量184.2万吨公里；货物平均运程56公里；日均装、卸车均为2车。大青沟站发送旅客3323人；三家子站发送货物1698吨；库伦站发送旅客69760人、发送货物3261吨、到达货物27747吨。

2015年，甘库线营业里程57.4公里。线路总延展长度70.9公里，其中正线延展长度63.0公里。国铁管理营业里程4.5公里，线路总延展长度9.6公里，其中正线延展长度9.5公里，其余归合资公司管理。线路等级国铁Ⅱ级。

全线为单线；半自动闭塞；线路运行速度80公里/小时；最小曲线半径600米；到发线有效长1050米；限制坡度上、下行均为6.0‰；机车类型HXN、DF4，HXN机车牵引质量上、下行均为5000吨，DF4机车牵引质量上、下行均为3100吨；图定客车2对/日、货车1对/日。

全线设大青沟、三家子、库伦3个车站，均为四等站。全年发送旅客176648人，旅客周转量1978万人公里，旅客平均行程56公里；发送货物112034吨，到达货物28913吨，货物运输量14.1万吨，货物周转量648.8万吨公里，货物平均运程46公里；日均装车4车，日均卸车1车。大青沟站发送旅客6519人；三家子站发送旅客420人、发送货物111305吨、到达货物17374吨；库伦站发送旅客169709人、发送货物729吨、到达货物11539吨。

第六节　松团线

一、项目论证

松团线自长白线松原站引出，至京哈线团山（半步道）站，松原—团山铁路沿线石油资源丰富，是吉林省粮食生产基地，该线的建设可以充分满足该区域粮食等大宗货物运输需求。铁路建成后，与长白、陶舒线相接并共同构成横贯吉林省北部一条大通道，可进一步完善吉林省北部路网布局，增强路网运输组织机动性和灵活性，对拉动吉林省北部地区经济发展、支持东北老工业基地振兴具有积极作用。

二、前期工作

2009年，完成可行性研究，铁路局以沈铁计发〔2009〕244号文向铁道部呈报新建松原—陶赖昭铁路可研报告。2010年4月3日，铁道部、吉林省人民政府以铁计函〔2010〕404号文批复可研报告。

工程投资估算总额27.5亿元，其中，静态投资26.7亿元，建设期贷款利息0.7亿元，铺底流动资金0.1亿元。该项目由铁道部和吉林省合资建设，组建规范合资铁路公司，负责项目建设和经营管理。项目资本金占总投资50%，吉林省承担项目资本金10%，并负责征地拆迁工作及费用，征地拆迁费用经双方认可后另计入地方股份，其余资本金由铁道部负责筹集。铁道部出资部分使用铁路建设专项资金，吉林省出资部分由省自筹。资本金以外的资金利用中国农业银行贷款。

2010年，完成项目初步设计，铁路局以沈铁计函〔2010〕152号文向铁道部呈报初步设计预审查意见及铁五院编制的初步设计文件和补充材料。同年6月18日，铁道部、吉林省人民政府以铁鉴函〔2010〕620号文批复初步设计。

工程范围　龙家—鲜丰松陶正线长93.203公里；引入松原地区正线长9.444公里；另新建团山上、下行疏解线分别长5.444公里、8.018公里；陶赖昭联络线长约7.133公里及陶赖昭、松原地区等相关工程。

经济运量　最大区段货流密度近期2020年上行1870万吨/年、下行744万吨/年，远期2030年上行2045万吨/年、下行1222万吨/年；近期旅客列车4对/日、远期旅客列车6对/日。

车站分布　全线设团山、陶赖昭、扶余西、韩家、北井、弓棚子、双合、大头井子、三井子、万宝、平川、松原北、鲜丰、松原共14个车站。初期开放团山、陶赖昭、龙家、弓棚子、三井子、松原北、松原7个车站。

主要技术标准　铁路等级国铁I级；正线数目单线；最小曲线半径区间一般地段2000米、困难地段1600米；限制坡度6.0‰；牵引种类内燃、预留电化条件；机车类型DF4系列；牵引质量5000吨；到发线有效长1050米；半自动闭塞。

三、建设进度和工程量

松团线于2010年8月开工建设，2014年12月竣工并通过初步验收。

线路 全线正线区间均铺设无缝轨道，铺设60公斤/米钢轨；铺设Ⅲ型钢筋混凝土轨枕（1667根/公里），配套采用弹条Ⅱ型轨枕扣件；铺设I级碎石道砟。新建线路全长118.0公里，其中松原—团山正线107.9公里、团山—扶余西疏解线3.7公里、陶赖昭—扶余西联络线6.4公里；正线铺轨121.4公里；站线铺轨16.5公里；铺设道岔58组；铺砟41.5万立方米。

桥梁 全线重点桥梁包括第二松花江、跨哈大高速公路、跨京哈铁路、跨302国道、跨长白铁路、陶赖昭联络线跨哈大高速公路特大桥等。新建桥梁11593延长米/22座，占线路全长9.8%。其中特大桥11289米/8座、中桥189米/3座、小桥115米/11座；框构桥1865顶面平方米/14座；涵洞3840横延米/185座。

站房 全线新建扶余西、弓棚子、三井子、松原北4个车站；改建陶赖昭、团山、松原3个车站；新建房屋14850平方米。弓棚子站新设货运管理信息系统；陶赖昭站新建站房，新设客运广播、引导显示、售票发售及预订系统；松原北、三井子、弓棚子站新设客运广播、引导显示、客票发售及预订系统。

三电及其它 全线新设SDH 622Mb/s接入网，沿线车站和区间信息点新设SDH 622Mb/s传输设备，新设电话交换、铁路专用通信，新设24芯单模光缆一条；松原—陶赖昭间各站采用自动站间闭塞，区间检查采用计轴设备；全线新建一条10千伏电力贯通线，新建三井子配电所，新建电力远动系统；全线共动用土石方997.6万立方米；铁路征地6800亩，合453.3公顷；拆迁4.0万立方米。

四、工程投资

该线总概算26.8755亿元，其中静态投资26.0870亿元，建设期贷款利息0.7亿元，铺底流动资金885万元。2010—2015年，累计完成投资33.8457亿元。其中，路内投资27.3509亿元，路外投资6.4948亿元。

五、运能运量

根据《中国铁路总公司关于松团线等线开办旅客运输初期运营有关事项的通知》（铁总运电〔2014〕215号），国铁控股合资铁路松团线已具备开办客运营业条件，自2014年12月10日起开办旅客运输初期运营。

2015年，松团线营业里程110.2公里。线路总延展长度129.2公里，其中正线延展长度116.3公里。国铁管理营业里程1.2公里，线路总延展长度3.9公里，均为正线，其余归合资公司管理。全线为单线；半自动闭塞；线路运行速度140公里/小时；到发线有效长1050米；限制坡度上、下行均为6.0‰；机车类型HXN、DF4，HXN机车牵引质量上、下行均为5500吨，DF4机车牵引质量上、下行均为3500吨；图定客车1对/日、货车2对/日。铁路等级国铁I级。

全线设扶余西、弓棚子、三井子、松原北4个车站，均为四等站。2015年，全线发送旅客5237人，完成旅客周转量2781万人公里，旅客平均行程108公里；到达货物2772吨。其中，弓棚子发送旅客1713人，到达货物2772吨；三井子发送旅客2606人，松原北发送旅客918人。

第七节 边海铁路

一、项目论证

边海线起自营口线老边站，终至边海站，沿海产业基地利用闲置土地来开发建设以先进装备制造、高新技术、精细化工等产业为主导的大型临港产业集聚区和滨海科技文化新城。该项目建设将进一步带动沿海产业基地组团发展，促进企业向二期、三期产业园发展，从而加快沿海产业基地三个团组建设步伐，近而满足拓展城市发展空间、提升城市功能和发展品位的需求，对促进企业成长，促进沿海产业基地发展和壮大乃至辽宁省"五点一线"沿海经济带发展都具有重要意义。该线向北与营口线相连直通营口老港和大石桥，远景向南延伸到鲅鱼圈港，可直接形成海铁港陆运输通道。该项目建设对盘活既有铁路资产，提高铁路整体运营效益，改善营口地区铁路布局具有重要意义。

二、前期工作

2006年5月17日，铁路局组织召开营口开发区新建铁路专用线预可研审查会。6月2日，铁路局计划统计处印发《关于对辽宁营口沿海产业物流基地铁路专用线工程预可行性研究的审查意见》（计前〔2006〕55号）。11月2日，铁路局在营口组织召开营口沿海地方铁路可研审查会。11月21日，铁路局就营口沿海地方铁路建设有关问题以沈铁计函〔2006〕460号文复函营口市人民政府，同意将营口滨海铁路专用线命名为营口沿海地方铁路，原则同意该铁路在国铁营口线老边站接轨。2009年1月20日，铁路局组织召开营口产业基地铁路预可研审查会。2月20日，召开该项目补充方案可研审查会。2月24日，铁路局以沈铁计发〔2009〕64号文向铁道部报送营口沿海产业基地铁路新建工程项目建议书。4月7日，铁道部发展计划司组织召开营口产业基地新建铁路预可研审查会。5月31日，铁道部以铁计函〔2009〕702号文批复项目建议书。2009年5月，沈阳设计院完成项目可研报告。6月13日，铁道部工程设计鉴定中心主持召开可研报告审查会。7月3日，铁路局以沈铁计函〔2009〕210号文向铁道部报送可研报告。9月21日，铁道部、辽宁省人民政府以铁计函〔2009〕1289号文批复可研报告。

2009年3月20日，沈阳设计院完成初步设计。5月21日，铁路局以沈铁计函〔2009〕215号文向铁道部工程设计鉴定中心报送新建营口沿海产业基地铁路工程初步设计文件及预审意见。11月25日，铁道部、辽宁省人民政府以铁鉴函〔2009〕1582号文批复初步设计。2011年10月9日，铁道部下发《关于开工建设辽宁营口沿海产业基地铁路工程的批复》（铁计函〔2011〕584号）。

设计运量 设计年度近期2020年、远期2030年。沿海产业基地公路网较为发达，内有滨海大道贯穿南北，东侧与庄林公路(305国道)相邻，南部为沈大高速公路路口，北部与老城区道路网连成一体。设计年度暂不考虑铁路客运业务。区段最大货流密度（老边—坨台间，产业园区为上行）近期上行755万吨/年、下行450万吨

/年，远期上行1775万吨/年、下行885万吨/年。

车站分布 边海铁路新建工程近期线路长度24.45公里，设老边（既有）、坨台、咸水河、滨海（边海）4个车站。远期线路规划延伸至张屯站，并增设西海、张屯站。

运输组织 对大宗品类煤炭、矿粉组织装车地始发直达列车，其余零散车流近期由大石桥站组织的区段小运转列车挂运。远期受大石桥站到发、解编能力限制，该线零散车流随老边站组织的区段小运转列车挂运。到达零星车流随老边与苏家屯或老边与金州站互编的区段列车到达老边站，在老边站改编集结后，再随区段小运转列车挂运；该线出发零星车流随区段小运转列车到达老边站，在老边站改编集结，随老边与苏家屯或老边与金州站互编的区段列车发往路网。

主要技术标准 铁路等级国铁Ⅱ级；正线数目单线；限制坡度4‰；牵引种类内燃、预留电化；机车类型DF4，牵引质量5000吨，机车交路为肩回式；到发线有效长1050米；最小曲线半径一般地段800米、困难地段600米；半自动闭塞；跨越该线建筑限界执行电力牵引区段标准，桥下净高不小于6.55米。

三、工程进度和工程量

边海线2009年12月开工，2011年3月竣工。新建正线Ⅰ线24.7公里；站线铺轨16公里；铺设道岔24组；铺碴11.4万立方米；动用土石方209万立方米；新建坨台、咸水河、边海（滨海）3个车站；新建桥梁1139延长米/8座，其中大桥952米/4座、中桥187米/4座；公路上跨桥2座；通信线路80.7公里；电力设备67.55条公里；房屋2923平方米。

四、工程投资

边海线初设批复总概算7.0079亿元，其中静态投资6.8895亿元，建设期贷款利息1037万元，铺底流动资金147万元。2009—2010年累计完成投资7.0079亿元。

五、运能运量

2014年，边海线货物到达量177.5万吨。2015年，边海线营业里程23.8公里。线路总延展长度37.2公里，其中正线延展长度25.0公里。国铁管理线路延展长度1.7公里，均为正线，其余

均归合资公司管理。铁路等级国铁Ⅱ级。线内设咸水河、坨台、滨海3个车站，咸水河为三等站，坨台、滨海为四等站。全线到达货物180.6万吨。

第八节 三火线

一、项目论证

三台子—火石岗新建铁路自沈山线三台站东端引出，向南跨304国道、秦沈客运专线、京沈高速公路后，沿京沈高速公路南侧向西经沙岭至火石岗，全长39.207公里。

沈阳市区内大中型工业企业多以搬迁至沈阳西部工业走廊，在沈阳西部工业走廊形成新的工业产业园区。园区内企业多为大型、重型企业，原材料、产品的运输主要依靠铁路。为满足沈阳西部工业走廊各企业对铁路运输的需求，支持东北老工业基地振兴，新建沈阳西部工业走廊三台子—火石岗铁路非常必要。

二、前期工作

2006年7月21日，铁路局向铁道部上报《关于申请开展沈阳西部工业走廊铁路建设项目前期工作函》（沈铁计函〔2006〕270号）。2007年1月19日，铁道部以铁计函〔2007〕67号文批复项目建议书。10月26日，铁路局以沈铁计发〔2007〕221号文向铁道部上报可研报告。2008年3月12日，铁道部以铁计函〔2008〕254号文批复可研报告。4月6日，铁道部以铁鉴函〔2008〕338号文批复初步设计。

三火线主要技术标准为国铁Ⅱ级；正线数目单线；线路最大坡度4‰；最小曲线半径一般地段800米、困难地段600米；牵引种类内燃、预留电化条件；机车类型DF4；牵引质量近期4000吨、远期5000吨；到发线有效长1050米；半自动闭塞。

三、建设进度和工程量

按铁道部铁建设函〔2008〕406号《关于新建沈阳西部工业走廊铁路工程施工、监理招标计划的批复》，该工程于2008年5月26日在铁道交易中心进行施工、监理招标，经评标并报铁道部

批准，施工单位为中铁九局集团有限公司与中铁电气化局集团第一工程有限公司联合体；监理单位为沈阳铁路建设监理有限公司。

2008年7月30日，三火线开工，2009年9月30日完成初步验收并于当日18:00时开通，由沈阳铁路局开始运营。

三火线工程由沈山线三台子站引出，经沙岭至火石岗，新建正线37.7公里；同时建设马三家—西大林联络线3.2公里；沈山上行线改建7.8公里；改建既有车站2个，新建沙岭中间站、西大林线路所，预留岔路口站；全线为单线半自动闭塞。

全线新建桥梁43座/8267米。其中，特大桥2座/7446米，中桥11座/541米，框构小桥30座/280米；新建涵洞89座；路基土石方451.4万立方米，其中填方446.7万立方米，挖方4.6万立方米。

沙岭站新设计算机联锁、西大林新设6502电气集中联锁设备各一套；各站新设TDCS车站设备；新设车号识别、行车安全监控系统各2处；新设沙岭站接引电源供电及设备各一处；改建沈山线接触网7公里；新建内燃机车折返整备设施一处；新设列检班组一处；新建房屋1924平方米。

四、工程投资

三火线初设批复概算总额8.382亿元。该项目工程投资由铁道部承担，使用铁路建设专项资金和银行贷款；沈阳市负责依法征地拆迁并承担费用。2008—2009年，该工程累计完成投资8.0959亿元。

五、电气化改造

在新建火石岗—渤海铁路工程中，三台子—火石岗间（含马三家联络线）既有铁路40.9公里同步进行电化改造。该线电化改造于2013年3月20日开工，累计完成投资8668万元。

六、运能运量

2011年，沙岭站发送货物945628吨；到达货物1686852吨。2012年，三火线货运机型为DF8B、DF4。DF8B机车牵引质量上、下行均为5000吨；DF4机车牵引质量上、下行均为4500吨。2014年，沙岭站发送货物128.5万吨；到达货物385万吨。

2015年，三火线营业里程38.6公里。线路总

延展长度45.3公里，其中正线延展长度39.2公里，均由国铁管理。全线为单线；半自动闭塞；线路运行速度60公里/小时；最小曲线半径500米；到发线有效长1050米；限制坡度上、下行均为4.0‰；机车类型HXN、ND5、DF4；HXN机车牵引质量上、下行均为6000吨；ND5机车牵引质量上、下行均为5000吨；DF4机车牵引质量上、下行均为4500吨；图定货车上行6列/日、下行7列/日。

三火线内设沙岭站，为三等站。沙岭站发送货物71.1万吨；到达货物436.3万吨；三台—沙岭间货流密度上行71.1万吨/年、下行436.3万吨/年。

第九节　金渤线

一、项目论证

金渤线起自沟海线渤海站，终到渤海湾的金帛湾，新建线路全长52公里。沿海产业基地是辽宁省环渤海经济圈实施的"五点一线"重要组成部分，是沿海对外开放格局的重要支点，也是连接沈阳、大连两个中心城市的节点，对于推进沈阳中部城市群开发、开放，对于辽宁老工业基地全面振兴具有促进作用。该项目是沿海产业基地重要交通基础设施建设，将保障沿海产业基地大型企业有效运输和良性运转，对于促进企业成长，促进沿海产业基地发展，拓展盘锦市城市发展空间，提升盘锦市城市功能和发展品位乃至促进辽宁省"五点一线"沿海经济带发展都具有重要意义。

二、前期工作

2009年2月20日，铁路局向铁道部上报《关于申报盘锦港疏港铁路新建工程项目建议书的请示》（沈铁计发〔2009〕61号）。5月22日，铁道部、辽宁省人民政府以铁计函〔2009〕703号文批复该项目建议书。7月10日，铁路局向铁道部上报《关于报送新建盘锦港疏港铁路工程可行性研究报告的请示》（沈铁计发〔2009〕219号）。9月17日，铁道部、辽宁省人民政府以铁计函〔2009〕1288号文批复该项目可研报告。

工程投资估算总额20.87亿元，其中静态投资20.24亿元，建设期贷款利息0.59亿元，铺底流动资金0.04亿元。项目资本金按总投资50%考虑，由沈阳铁路局、盘锦建设投资有限责任公司、盘锦港建设有限公司按照45%、35%、20%比例出资，沈阳铁路局出资使用铁路建设专项资金，其他出资方出资自筹解决。各出资方共同组建规范合资铁路公司，负责该铁路建设和经营管理。其余资金使用中国农业银行贷款。

2009年9月8日，铁路局向铁道部上报《关于报送盘锦港疏港铁路工程初步设计文件及预审意见的函》（沈铁计函〔2009〕393号）。11月23日，铁道部、辽宁省人民政府以铁鉴函〔2009〕1581号文批复初步设计。

工程范围　新建盘锦港疏港铁路渤海站（含）—金帛湾站（含），正线长约48.3公里；新建沟海铁路与沈山铁路上行联络线，线路全长约1.6公里。

车站分布　全线设渤海、小胡、大洼、田庄台、金帛湾共5个车站。其中渤海为接轨站；大洼为中间站；金帛湾为港前站；小胡、田庄台为预留会让站。

主要技术标准　铁路等级国铁Ⅰ级；正线数目单线、预留双线条件；最大坡度6‰；最小曲线半径一般地段1200米、困难地段800米；牵引种类电力；牵引质量5000吨；到发线有效长1050米；半自动闭塞。

三、建设进度和工程量

2009年12月开工，2012年竣工。新建正线铺轨53.0公里；站线铺轨21.9公里；铺砟22.1万立方米；铺单开道岔84组；动用土石方421万立方米；水泥搅拌桩623万米；CFG桩7.2万米；塑料排水板26万米；路基附属圬工20.77万立方米；全线新建桥梁76座/15067米，其中特大桥5座/11069米，大桥8座/2208米，中桥22座/1373米，小桥41座/417米；框架桥涵81座/8209顶平米；盖板及圆涵33座/1120横延米；通信光缆63.9公里；通信电缆59.4公里；架空线路51.2公里；电缆线路72.9公里；接触网92.2条公里；牵引变电所1处；新建房屋9015平方米。

四、工程投资

金渤线概算总额20.0043亿元，其中静态投资19.3864亿元，建设期贷款利息5793万元，铺底流动资金386万元。2009—2012年，金渤线累计完成投资20.198亿元。其中，路内投资14.4188亿元，路外投资5.7792亿元。

五、运能运量

2015年，金渤线营业里程48.4公里。线路总延展长度68.2公里，其中正线延展长度50.0公里。国铁管理营业里程1.8公里，线路总延展长度2.3公里，均为正线。其余归合资公司管理。线内设大洼、金帛湾、盘锦港3个车站，金帛湾、盘锦港为三等站，大洼为四等站。

第十节 陶舒线（陶榆线）

一、线路扩建

既有陶榆线自京哈线陶赖昭站起至榆树站为终点，原属哈尔滨铁路局管辖，2003年划归沈阳铁路局。2009年，榆树—舒兰段新建铁路建成通车，既有陶榆线改称陶舒线。

（一）项目论证

榆树县是吉林省产粮大县，多年来，由于运力不足，导致各类农产品不能及时运出，极大影响农民收益和生产积极性。扩建陶榆铁路不仅是落实振兴东北老工业基地需要，同时也是适应经济结构调整，满足粮食长距离运输，保证粮食生产安全，支援农业生产，提高农民生活水平及建设新农村需要。同时，该项目建设理顺了运输经路，可使路网格局更趋合理。

（二）前期工作

2004年1月20日，完成新建榆树—舒兰铁路预可行性研究。2006年3月16日，铁道部发展计划司会同吉林省发改委在长春组织召开该项目预可行性研究审查会，以铁计函〔2006〕534号文批复项目建议书。9月30日完成可研报告。10月26日，铁道部鉴定中心对可研文件进行评审。

2007年4月9日，吉林省人民政府、铁道部以吉政函〔2007〕43号文批复可研报告。5月8日，完成初步设计文件并上报铁道部。7月24—25日，铁道部工程设计鉴定中心对初步设计文件进行审查，下发《新建榆树至舒兰铁路工程初步设计审查意见（初稿）》。8月，完成初步设计文件修改并以沈铁计函〔2007〕262号文上报铁道部。10月18日，吉林省人民政府、铁道部以吉政函〔2007〕126号文批复初步设计。

工程范围 榆树站（含）—舒兰站（含），新建线路全长约61.9公里；既有五棵树站改造。

设计运量与能力 设计近期2015年开行客车3对/日，区段货流密度上行420万吨/年、下行124万吨/年；远期2025年开行客车4对/日，区段货流密度上行470万吨/年、下行140万吨/年。榆树—舒兰段设计通过能力为26对/日，其中客车近期开行3对/日、远期开行4对/日；设计输送能力近期900万吨/年、远期850万吨/年。

车流组织 吉林枢纽棋盘站与榆树、五棵树间的大宗运量组织直达列车；舒兰与榆树、五棵树间组织小运转列车。

车站分布 新建段设新立镇、谢家镇2个车站。

主要技术标准 线路等级国铁Ⅱ级；正线数目单线；限制坡度6‰；最小曲线半径一般地段1200米、困难地段800米；牵引种类内燃、预留电化条件；机车类型DF4；到发线有效长650米、预留850米条件；牵引质量2200吨；半自动闭塞。

（三）工程建设及工程量

2008年1月，完成施工图设计。4月，正式开工建设，2009年12月竣工通车。

该工程新建线路全长60.4公里；正线铺轨62.7公里，站线铺轨12.9公里。动用土石方598.2万立方米，其中路基填方377.8万立方米，路基挖方220.4万立方米。

新建新立镇、谢家镇2个中间站，两站各设到发线3条（含正线1条）；设300米旅客基本站台1座；预留货场。改建榆树、五棵树、舒兰站。榆树站设到发线5条（含正线1条），取消牵出线；木材专用线按原规模还建，其余专用线顺接；设350×8×0.5米旅客基本站台1座，350×8.5×0.3米旅客基本站台1座，2台夹3线布置。五棵树站设到发线3条（含正线），有效长延长至650米；货物线按尽头式布置。

新建特大桥1座/602延长米，大桥1座/436延长米；新建中桥16座，其中简支梁桥969米/13座，框构桥1326米/3座；新建小桥46座，其中简支梁桥355米/12座，框构桥3608米/34座；涵洞3514米/130座；公路桥9232米/14座；公路涵91米/4座。桥梁总长2.791公里，桥隧比4.63%；新建房屋2896平方米；铁路用地226.3公顷。

（四）工程投资

榆树—舒兰铁路概算投资总额7.6亿元，其中静态投资7.4633亿元，建设期贷款利息1000万元，铺底流动资金367万元。铁道部承担线上工程投资1.8685亿元，占24.6%；吉林省承担线下工程投资5.7315亿元，占75.4%。2007—2009年，该工程累计完成投资8.1368亿元。

二、线路设施、设备改造

2013年，投资1453万元完成榆树站货场改造。在榆树站既有货物线5道、6道间新建贯通式货物线1条，有效长450米；在新建货物线和原6道货物线间新建集装箱装卸场1座，硬化面10860平方米，设40英尺集装箱箱位56个；既有老货场院内仓库、货物站台、围墙及货运办公楼拆除，在货场内新建一栋500平方米货运综合楼；对原行车公寓楼进行整修。

三、运能运量

2012年，陶舒线货运机型为DF4。陶赖昭—榆树段牵引质量上行1700吨、下行750吨；榆树—舒兰段牵引质量上、下行均为2500吨。2015年，陶舒线营业里程116.9公里。线路总延展长度133.3公里，其中正线延展长度115.5公里；线路等级国铁Ⅱ级。

全线为单线，半自动闭塞；线路运行速度100公里/小时；最小曲线半径290米；到发线有效长650米；限制坡度上行14.1‰、下行18.9‰；货运机型HXN、DF4；HXN机车牵引质量上行3500吨、下行2000吨；DF4机车牵引质量上行1700吨、下行1200吨；图定客车2对/日、货车4对/日。

陶舒线设车站5个，其中三等站1个，四等站4个。全线发送货物64.6万吨；到达货物96.9万吨；发送旅客89.2万人。陶赖昭—榆树间客流密度上行106.9万人/年、下行106.4万人/年，榆树—舒兰间客流密度上行20.7万人/年、下行19.6万人/年；陶赖昭—榆树间列车平均牵引总重

2015年陶舒线站别客货发到量表

表1-2-2

站　名	车站等级	省市县属	货运量（吨）		旅客发送量（千人）
			发送量	到达量	
五棵树	4	吉林榆树	364.5	536.3	106.6
刘家店	4	吉林榆树	20.8	0.7	66.9
榆树	3	吉林榆树	260.5	431.5	640.7
新立镇	4	吉林榆树	—	—	44.6
谢家镇	4	吉林榆树	—	—	33.4

上行1141吨、下行1315吨。

第十一节　辽开线（开丰线）

既有开丰线自京哈线开原站起，经西丰到达终点安民屯站。2010年，安民—辽源段建成开通，线路改称辽开线。1996年，开丰线营业里程81.9公里。线路总延展长度92.0公里，其中正线延展长度81.6公里；正线铺设50公斤/米钢轨74.9公里，木枕线路最大坡度12.8‰；最小曲线半径200米；列车运行速度40公里/小时；桥梁67座/2099延长米；闭塞方式分别为半自动闭塞8.5公里、电话联络法73.6公里。开丰线（不含开原站）全年发送货物59.7万吨；到达货物10.5万吨。未办理客运。开原—西丰间货流密度上行39.2万吨/年、下行8.9万吨/年；开原—安民屯间列车平均牵引总重上行813吨、下行492吨。

一、线路扩建

（一）项目论证

开丰线沿线盛产粮食，辽源矿产资源丰富。该线扩能改造不仅可以完善东北铁路网，盘活既有铁路资产，促进铁路自身发展，同时还将成为地区经济发展重要基础设施，对振兴东北老工业基地，拉动辽源市、西丰县地方经济，发展商品粮基地至关重要。

（二）前期工作

2004年11月，完成辽源—西丰段新建铁路预可行性研究。2005年1月8日，吉林省工程咨询中心召开评审会，对辽源—西丰新建铁路预可行性研究报告进行评审。9月下旬，完成可研文件。11月9日，中国地方铁路协会组织专家组，对可

研报告进行评审。12月完成可研文件修改稿。2006年12月，按国铁Ⅱ级铁路重新编制可研报告。12月21日，铁道部工程设计鉴定中心对可研报告进行评审。12月完成可研补充材料并上报铁道部。2007年5月，铁道部下发《关于新建辽源至西丰铁路可行性研究的审查意见》。7月，完成项目初步设计（送审稿）。8月，铁路局对初步设计（送审稿）进行初审。8月29日，铁道部工程设计鉴定中心对《新建辽源至西丰铁路新建工程初步设计（送审稿）》进行审查。9月完成初步设计文件修改并以沈铁计函〔2007〕309号文上报铁道部。10月9日，铁道部以铁鉴函〔2007〕1065号文批复初步设计。

工程范围　辽源—西丰，线路全长32.96公里。含开丰铁路车站改造等工程。

设计运量及能力　近期2018年、远期2028年客流密度分别为65万人/年、81万人/年，开行客车分别为2对/日、3对/日；近、远期上行区段货流最大密度550万吨/年、700万吨/年。近、远期货车通过能力均为28.5对/日，输送能力近期1100万吨/年、远期1000万吨/年。

车流组织　该线以地方车流为主，对于电厂及水泥厂到发的运量可组织循环直达列车。沿线零星车流由辽源站与开原站间组织摘挂列车。

车站分布　全线新设安民、安恕2个车站。

主要技术标准　线路等级国铁Ⅱ级；正线数目单线；限制坡度10‰；最小曲线半径一般地段800米、困难地段600米；牵引种类内燃、预留电化条件；机车类型DF4系列；到发线有效长650米、预留850米条件；牵引质量2500吨；半自动闭塞。

（三）工程建设进度与工程量

2008年1月，完成施工图设计，4月开工建设，2009年12月竣工。2010年4月6日，经铁道部批准正式开通运营。

新建线路全长32.8公里，其中正线铺轨33.8公里，站线铺轨5.2公里。共动用路基土石方366万立方米，其中路基填方211万立方米，路基挖方155万立方米。新建特大桥2座/1119延长米，大中桥11座/1848延长米；新建涵洞116座/2097延长米；新建隧道1座/710延长米。桥隧总长3726延长米，桥隧比11.4%。

既有线改造接轨站西丰站和中间站安民站，新建安恕站。各站到发线有效长（含正线）均为650米。西丰站办理客运作业，设300米长基本站台，1000平方米站房；其他不办理客运作业的车站设50米长基本站台；安恕站设到发线3条（含正线），预留货场及牵出线；安民站设到发线3条（含正线），预留货场；威远堡站南端咽喉不动、向北端延长；松树村站北端咽喉不动、向南端延长，增设安全线1条；郜家店站南端咽喉不动、向北端延长；辽源站简单接入，既有车站规模维持不变。

全线新建房屋3296平方米；铁路征地1979.7亩，合132公顷。

（四）工程投资

辽源—西丰铁路初设批复概算总额5.1038亿元，其中静态投资4.8758亿元，建设期贷款利息2082万元，铺底流动资金198万元。其中，吉林省负责境内段征地拆迁并承担相关费用4900万元；辽宁省西丰县负责境内段征地拆迁并承担相关费用2100万元；其余工程建设费用由铁道部承担。

2007—2009年，该工程累计完成投资5.6161亿元。

二、设备、设施改造

2004—2005年，投资302万元完成开丰线新建红外线二代机探测站工程。2015年，在第二批平交道口改造中，开原—松树村段计划总投资4511万元，完成1386万元；松树村—甘沟子段计划总投资3462万元，完成899万元；甘沟子—西丰段计划总投资5169万元，完成1230万元；用于辽开线西丰—安民段和凤上、溪田线平交道口改造计划总投资3090万元，本年完成1822万元。投资58万元用于西丰站货运吊车改造。

三、运能运量

2005年，开丰线采用DF5内燃机车牵引，牵引质量上行2400吨、下行1200吨。最大牵引定数上行2600吨、下行1400吨。线路等级国铁Ⅲ级。2010年，全线发送货物11705吨；到达货物34459吨；未开行客车。2012年，辽开线货运机型为HXN3、DF4。HXN3机车牵引质量上行5000吨、下行4000吨；DF4机车牵引质量上行

2500吨、下行2000吨。2015年，辽开线营业里程114.6公里。线路总延展长度126.2公里，其中正线延展长度112.6公里。线路等级国铁Ⅱ级。全线为单线；半自动闭塞；运行速度60公里/小时；最小曲线半径250米；到发线有效长650米；限制坡度上行9.1‰、下行11.0‰；货运机型HXN、DF4，HXN机车牵引质量上行5000吨、下行4000吨，DF4机车牵引质量上行2500吨、下行2000吨；图定客车1对/日、货车2对/日。

辽开线设车站4个，其中西丰为三等站；松树村、安民为四等站；安恕为五等站。全线发送货物5628吨、到达货物28092吨、发送旅客219863人，均为西丰站运量。

开原—西丰间客流密度上行48.1万人/年、下行48.3万人/年；西丰—辽源间客流密度上行13.0万人/年、下行14.8万人/年。

第十二节 瓦长线（田五线）

既有田五线自沈大线田家站接轨，经白水井、复州湾到达五岛。瓦房店—五岛—长兴岛铁路改建后，线名改称瓦长线。1996年，既有田五线营业里程58.7公里。线路总延展长度68.8公里，其中正线延展长度57.8公里；正线铺设50公斤/米钢轨43.7公里，50公斤/米以下钢轨14.1公里；线路最大坡度23.6‰；最小曲线半径278米；列车运行速度60~70公里/小时；半自动闭塞；线路等级国铁Ⅲ级。全线（不含田家）发送货物141.4万吨；到达货物60.6万吨；发送旅客1.3万人。瓦房店—五岛间货流密度上行114.7万吨/年、下行41.4万吨/年；列车平均牵引总重上行385吨、下行664吨。

一、线路改扩建

（一）项目论证

为支持东北老工业基地振兴和大连东北亚国际航运中心建设，促进长兴岛港开发、临港基地建设和区域经济又好又快发展，新建改建五岛—长兴岛、瓦房店—五岛段铁路十分必要。同时，该项目建设还可直接盘活既有田五、白老两条支线，进而扩大瓦房店地区铁路覆盖范围，提高铁路自身运输效益和运输组织灵活性。

（二）前期工作

2008年，铁路局先后上报《关于报送大连长兴岛铁路工程瓦房店至五岛段可行性研究报告的请示》（沈铁计发〔2008〕266号）、《关于申报大连长兴岛铁路工程五岛至长兴岛段可行性研究报告的请示》（沈铁计发〔2008〕302号）。2009年5月14日，铁道部以铁计函〔2009〕635号文批复五岛—长兴岛段工程可研报告。2010年6月14日，铁道部以铁计函〔2010〕725号文批复瓦房店—五岛段工程可研报告。

瓦长线工程估算总投资20.5亿元，不含征地拆迁费用。其中，铁道部出资16.4亿元，占总投资80%；大连市人民政府出资4.1亿元（不含征地拆迁费用），占总投资20%。其中：五岛—长兴岛段工程估算总投资8.1亿元，不含征地拆迁费用。其中铁道部出资6.48亿元，由铁路建设专项资金和铁路企业自有资金安排；大连市人民政府出资1.62亿元（不含征地拆迁费用），由大连市自筹。瓦房店—五岛段工程估算总投资12.4亿元，不含征地拆迁费用。其中铁道部出资9.92亿元，由铁路建设专项资金安排；大连市人民政府出资2.48亿元（不含征地拆迁费用），由大连市自筹。

2009年，铁路局先后上报《关于报送新建大连长兴岛铁路工程初步设计预审意见的函》《关于报送大连长兴岛铁路工程瓦房店至五岛段初步设计预审意见的函》及沈阳铁道勘察设计院编制的初步设计文件。5月31日，铁道部以铁鉴函〔2009〕721号文批复新建铁路五岛站—长兴岛港站初步设计。2010年6月23日，铁道部以铁鉴函〔2010〕755号文批复瓦房店—五岛段改建铁路初步设计。

工程范围 五岛—长兴岛段自既有田五线五岛站—长兴岛港站（含），新建线路全长25.03公里。瓦房店—五岛段自沈大线瓦房店站—既有田五线五岛站，正线全长54.65公里；新建瓦房店—董屯间疏解线10.29公里；新建磊山—田家联络线1.98公里。

经济运量 设计区段最大货流密度近期2015年上行2370万吨/年、下行2100万吨/年；远期2025年上行4120万吨/年、下行3500万吨/年。近期考虑单线能力限制因素，客车对数暂按5对

/日设计，远期视客运量增长情况适时增加。

车站分布 设瓦房店（既有）、董屯、白水井、郭家、复州湾、五岛、长兴岛、长兴岛港8个车站和磊山线路所。

运输组织 该线到发车流主要是与沈阳方向的交流，原则上组织到达卸车站和沈阳南站（苏家屯）的直达列车；沿线中间站少量到发零星车流组织摘挂、小运转列车；该线与大连方向少量交流在接轨站甩下，随既有沈大线摘挂列车挂运。

主要技术标准 铁路等级国铁I级；正线数目单线、预留双线条件；限制坡度6‰；最小曲线半径一般地段1200米、困难地段800米；牵引种类电力；牵引质量5000吨；到发线有效长1050米；半自动闭塞；建筑限界满足开行双层集装箱列车要求。

（三）建设进度和工程量

五岛—长兴岛段于2009年8月开工，工程分3次阶段性开通。2010年11月30日，既有五岛站经联络线、牵出线至新建正线58公里200米及58公里200米~78公里200米新建正线临时开通使用；2011年5月4日，新建正线53公里~58公里200米段开通；2015年12月，电气化开通。

瓦房店—五岛段于2010年9月开工，工程分5次阶段性开通。2013年11月15日，田五线0公里~16公里、34公里300米~53公里段开通；12月25日，瓦长线0公里~7公里900米段开通使用；2014年5月28日，16公里~34公里转线开通；9月23日，下行疏解线、复州湾站站线开通；12月15日进行初步验收（不含牵引供电专业）。2015年2月10日，验收并开通复州湾站货1道、货2道、盐场专用线，全线开通使用；12月23日，牵引供电工程验收并投入使用。

线路 新建及改建正线均铺设60公斤／米新轨；区间铺设无缝线路；轨枕为Ⅲ型混凝土轨枕、1667根/公里，配套采用弹条Ⅱ型扣件；站线均铺再用轨。完成正线Ⅰ线铺轨91.9公里；站线铺轨40.5公里；铺岔108组；动用土石方888万立方米。其中，区间路基土石方462万立方米、站场426万立方米；路基附属圬工23.5万立方米。

桥隧（涵） 全线重点桥梁有瓦五段上、下行疏解特大桥（分别跨越沈大线、拉山河、盖亮公路）；葫芦山湾特大桥（全桥按一次双线施工建设）。五岛—长兴岛段设计桥涵活载为中—活载，设计采用洪水频率1/100。全线新建桥梁44座/7469延长米，其中特大桥4座/3959延长米；大桥12座/2458延长米；中桥13座/816延长米；小桥17座/236延长米；涵洞163座/4076横延米；公路上跨立交桥3座。新建磊子山隧道，全长1255米，可满足双层集装箱运输条件。

站场 全线各站均按横列式布置，到发线有效长均为1050米，按双进路设计，预留增建第二线条件。各中间站新建300×8×1.25米基本站台；会让站设50米×40米站坪。瓦房店（接轨站）采用外包沈大双线引入，车站规模维持既有。董屯站设到发线3条（含正线1条）；设安全线。郭家站设到发线2条（含正线1条），在长兴岛端增设1条安全线。白水井站设到发线4条（含正线1条）；拆除既有中间站台。复州湾站设到发线6条（含正线1条），预留调车线6条；该站两端各设1条机待线；新建车站综合楼；设贯通式散堆装货物线、尽头式货物线各1条；设牵出线1条，有效长550米。长兴岛港站采用一级二场站型；设到发线7条（含正线1条），牵出线1条；预留到发线2条、调车线6条；设内燃、电力机待线各1条；货场暂设贯通式货物线1条，350×22.5米货物站台1座，预留发展条件。长兴岛站设到发线5条（含正线1条）；设500×9×1.25米旅客基本站台和500×10.5×1.25米中间站台各1座；设8米宽旅客地道1座，站台设风雨棚；预留专用线接轨条件。五岛站设到发线3条（含正线1条），既有车站货场与该站相连，预留发展条件。

复州湾、长兴岛港站设置货物运输及现车管理系统设施；白水井站新设货物运输管理系统设施；复州湾、白水井站新设旅客广播、引导显示及客票发售及预订系统终端并新设办公自动化系统终端；长兴岛站新设旅客广播、客票发售和预订系统终端以及旅客携带品及行包安全检查设施。全线新建生产房屋27396平方米。

四电 新设同步数字体系（SDH）622Mb/s接入网系统。复州湾、董屯、白水井、郭家、五岛、长兴岛、长兴岛港等站新设（SDH）622Mb/s接入网单元；瓦房店通信站新设

（SDH）622Mb/s接入网光线终端设备（OLT）；白水井、五岛牵引变电所新设（SDH）622Mb/s接入设备；为货运管理信息、红外监测、车号自动识别、电力远动、计算机售票及预订等系统提供传输通道；瓦房店通信站新设传输及接入网网管设备。新设自动电话通过接入网接入瓦房店既有程控交换机。复州湾、五岛、长兴岛、长兴岛港等站新设数字调度通信车站分系统，接入调度所既有数字调度通信主系统。新设450兆赫兹（MHz）列车无线调度通信系统。五岛站—瓦房店通信站间沿铁路敷设20芯单模光缆和7×4低频对称电缆各一条。新设光缆（纤）监测系统；五岛站—长兴岛间沿铁路敷设12芯单模光缆和7×4低频对称电缆各1条。全线完成通信线路189.6公里。

全线各站列车运行调度指挥系统新设TDCS分机设备；区间采用64D型继电半自动闭塞；董屯—复州湾区间采用自动站间闭塞，区间占用检查采用计轴设备；站内电码化正线采用叠加预发码，到发线采用叠加发码；完成联锁道岔48组。全线新建1条10千伏电力贯通线，电力线路258.5条公里；新建复洲湾10千伏配电所；新建长兴岛20/10千伏变、配电所；改造利用既有瓦房店10千伏配电所；设电力远动系统。牵引供电系统采用带回流线直接供电方式；新建白水井、五岛牵引变电所，新建牵引变电所采用两路220千伏电源供电，采用微机保护和综合自动化系统，预留值守条件；设牵引供电远动系统；全线接触网挂网205.9公里。

全线新设防护网106.2公里；征地4639亩，合309.3公顷；拆迁1.5万立方米。

（四）工程投资

瓦长线初步设计总概算合计196627万元。其中，五岛—长兴岛段80834万元（不含地方政府征地拆迁费用），其中静态投资80634万元，铺底流动资金200万元；瓦房店—五岛段115793万元（不含地方政府征地拆迁费用），其中静态投资115356万元，铺底流动资金437万元。2009—2015年，瓦长线累计完成投资213649万元。其中，五岛—长兴岛段2009—2013年累计完成投资80165万元；瓦房店—五岛段2010—2015年累计完成投资133484万元。

二、其他改造

长兴岛港区铁路及物流中心工程计划总投资10.7亿元。2015年11月开工，当年完成投资6.7亿元，其中路内投资5.92亿元，路外投资7800万元。设计站线铺轨13.0公里、路基土石方375万立方米、桥梁1702延长米/3座、隧道3569延长米/1座、接触网挂网2.0条公里、新建房屋4190平方米全部完成。

2014—2015年，投资149万元在白水井、复州湾站新建汽车衡；投资707万元完成长兴岛站客运设施改造。

三、运能运量

2005年，既有田五线货物列车采用ND5机车牵引，田家—五岛间牵引质量上行1900吨、下行1600吨；平行运行图通过能力27.2对/日，图定货车7对/日；输送能力上行909万吨/年、下行754万吨/年。

2015年，瓦长线营业里程79.2公里。线路总延展长度137.9公里，其中正线延展长度92.1公里，正线中一线79.2公里，二线12.9公里。全线为电气化；半自动闭塞；线路运行速度80公里/小时；最小曲线半径600米；到发线有效长1050米；限制坡度上行7.1‰、下行8.3‰；机车类型HXN、ND5；HXN机车牵引质量上、下行均为5000吨；ND5机车牵引质量上行4500吨、下行3500吨；图定货车7对/日，未开行客车。铁路等级国铁I级。线内设车站7个，其中复州湾为三等站，董屯、白水井、炮台（郭家）、五岛、长兴岛、长兴岛港为四等站。全线发送货物141.7万吨，其中复州湾发送货物140.3万吨、白水井发送货物1.4万吨；到达货物117.4万吨，其中复州湾到达货物112.0万吨、白水井到达货物5.4万吨。

第十三节　宇松线

一、项目论证

宇松线自宇辉铁路靖宇站引出，至浑白线松江河站，新建线路74.207公里。靖宇—松江河铁路沿线水资源丰富，本项目建设对开发沿线水资源，发展区域经济，进一步沟通区域城市间经济联系，开展地区间经济协作，满足地方经济发展十分必要。同时，长白山旅游资源丰富，该项目建设可以为开发长白山旅游资源提供运力支撑，进一步满足吉林省旅游业发展需要。此外，该项目建设对东北东部地区铁路交通网络结构亦是积极的补充和完善。

二、前期工作

2006年2月，完成预可行性研究。6月29—30日，铁道部发展计划司会同吉林省发改委组织有关单位、专家召开预可研审查会。7月下旬完成预可研鉴后修改文件。2007年7月10日，完成可研设计，铁路局以沈铁计函〔2008〕87号文报送靖宇—松江河铁路新建工程可行性研究报告。10月13—15日，铁道部工程设计鉴定中心对可研报告进行评审，下发《新建靖宇至松江河铁路可研评审意见（初稿）》。12月完成可研鉴后修改。2008年8月30日，铁道部、吉林省人民政府以铁计函〔2008〕993号文批复可研报告。

工程估算投资总额22.47亿元，其中静态投资21.56亿元，建设期贷款利息0.87亿元，铺底流动资金0.04亿元。项目资本金11.24亿元，其中铁道部承担工程费用9.57亿元，使用铁路建设专项资金；吉林省负责征地拆迁费用约1.67亿元，由地方筹资解决；其余11.23亿元使用国家开发银行贷款。项目建成后由沈阳铁路局运营管理。2008年12月，完成项目初步设计，铁路局以沈铁计函〔2008〕509号文《关于上报新建铁路靖宇至松江河线初步设计文件及预审意见的函》报送铁道部。年底，铁道部对初步设计文件进行审查。2009年1月，完成初步设计鉴后修改。同年6月19日，铁道部以铁鉴函〔2009〕802号文批复初步设计。

工程范围　宇辉铁路靖宇站（含）—浑白铁路松江河站（含），新建线路74.1公里；既有靖宇、松江河站配套改建；新设三道湖、抚松两个中间站。

经济运量和能力　设计近期2020年最大区段货流密度555万吨/年、客车5对/日；远期2030年最大区段货流密度800万吨/年、客车8对/日；设计通过能力近期24.5对/日、远期27.5对/日；设计输送能力近期590万吨/年、远期840万吨/年。

车站分布　近期设靖宇、三道湖、抚松、松江河4个车站。其中靖宇、松江河为既有接轨中间站，三道湖、抚松站为办理客货运业务中间站。预留花园口、三道庙岭2个会让站，运营期视运量增长情况适时增开。

主要技术标准　铁路等级国铁Ⅱ级；正线数目单线；限制坡度上行14.5‰、下行18‰；最小曲线半径一般地段1200米、困难地段800米；牵引种类内燃、预留电化条件；牵引质量1300吨、双机2500吨；到发线有效长650米、预留880米条件；半自动闭塞。

三、建设进度与工程量

宇松线于2009年11月正式开工建设，2015年12月竣工开通。

线路　全线正线铺设100米定尺50公斤／米无螺栓孔新轨，无缝线路；铺设新Ⅱ型混凝土枕（1760根/公里），配套采用弹条Ⅱ型扣件；道床为一级碎石道砟。新建线路全长73.4公里；线路铺轨92.8公里，其中正线Ⅰ线铺轨75.8公里，站线铺轨17.0公里；动用路基土石方775万立方米。

桥隧　桥梁设计活载为中一活载；洪水频率1/100。新建特大、大桥有青龙河、白江河1号、正身河、双河、头道松花江（1、2、3号）特大桥和花园口3号大桥等。新建重点隧道有花园口一号、下山头、腰甸、珠宝二号隧道等。全线新建桥梁10142米/35座，其中特大桥5469米/7座、大桥4160米/17座、中桥472米/7座、小桥41米/4座；新建隧道31687米/16座。桥隧总长41829米，桥隧比57.0%。新建涵洞2792米/92座。

站场　新建三道湖、抚松2个中间站。三道湖站设到发线3条(含正线)；设300×6×0.5米旅客基本站台1座；站房综合楼建筑面积1000平方米；新设计算机客票发售及预订、客运广播、旅客携带品及行包安全检查等功能。抚松站设到发线4条(含正线)；设500×8×1.25米旅客基本站台1座，预留中间站台，站台设等长风雨棚；货场设贯通货物线1条，有效长650米，设300×22.5米货物站台1座；设牵出线1条，有效长300米；货物仓库1座；新建站房综合楼2000平方米；新设计算机客票发售及预订、客运广播、旅客携带品及行包安全检查等功能。改建既有靖宇、松江河2个中间站。靖宇站到发线有效长延长至650米；设500×8×1.25米旅客基本站台和500×9×1.25米中间站台各1座；设8米宽旅客地道1座，站台设等长风雨棚；新建站房综合楼2000平方米；新设计算机客票发售及预订、客运广播、旅客携带品及行包安全检查等功能。松江河站增设到发线3条，共8条，既有到发线有效长延长至650米；设350米牵出线1条；设500×12×1.25米旅客基本站台和500×10.5×1.25米中间站台各1座，设8米宽旅客地道1座，站台设等长风雨棚；货场按原规模还建，预留发展条件；调整站坪坡度；新建站房综合楼(含所有站区并入房屋)4000平方米；新设计算机客票发售及预订、客运广播、旅客引导显示、列车到发通告、视频监控、时钟及旅客携带品及行包安全检查等功能。公安派出所、车站监控室设视频监控终端。预留花园口、三道庙岭2个会让站。全线共新建房屋16105平方米。

三电 新设SDH622Mb/s传输系统，既有泉阳通信站及靖宇站新设SDH622Mb/s终端设备(TM)，抚松站新设SDH622Mb/sADM设备；新设SDH622Mb/s接入网系统，既有泉阳通信站新设终端设备(OLT)，松江河、三道湖、抚松、靖宇站新设接入单元(ONU)；松江河、三道湖、抚松、靖宇站新设数字调度通信分系统；新设450兆列车无线调度通信系统设备；既有泉阳通信站至靖宇站敷设1条16芯单模光缆；松江河站至靖宇站沿铁路敷设1条7×4×0.9低频对称电缆。区间采用64D型继电半自动闭塞，闭塞信息采用光传输方式。电码化采用半自动闭塞区段车站电码化系统，其中正线采用叠加预发码，到发线采用叠加发码。靖宇—三道庙岭新建1条10千伏电力贯通线。新建靖宇、抚松10千伏配电所，新建10千伏贯通线在三道庙岭站通过远动常开隔离开关与既有浑白线10千伏贯通线相连；新建电力远动系统。全线铁路用地3828亩，合255.2公顷；拆迁2.6万平方米。

四、工程投资

宇松线设计总概算23.1102亿元，其中静态投资22.4034亿元，建设期贷款利息6625万元，铺底流动资金443万元。2008—2015年，累计完成投资22.5094亿元。其中，路内投资20.0799亿元，路外投资2.4295亿元。

五、运能运量

2015年，宇松线营业里程74.2公里。线路总延展长度80.3公里，其中正线延展长度74.2公里，归国铁管理。铁路等级国铁Ⅱ级。设车站2个，抚松为三等站，三道湖为四等站。全线发送旅客129人，其中抚松发送122人、三道湖发送7人。

第十四节 双白线

双白线自长双烟铁路双阳站引出，经伊通县城至四梅线白泉站，全长98.087公里。2015年，双白线营业里程97.4公里。线路总延展长度107.2公里，其中正线延展长度98.1公里。国铁管理营业里程1.4公里，线路总延展长度1.4公里，均为正线，其余归合资公司管理。铁路等级国铁Ⅱ级。线内设车站2个，伊通为三等站，建安为四等站。

一、项目论证

该地区交通结构不完善，客货交流不便，制约地方经济发展。该线建设对拉动沿线地区内需、促进地方经济发展将发挥不可替代作用。同时，该线建设可完善吉林省中南部铁路网，不仅扩大既有铁路运输能力，增强铁路运输组织灵活性和机动性，还可提升长春中心城市辐射作用，对拉动区域经济乃至吉林省经济发展都将发挥重要作用。

二、前期工作

2009年9月10日，完成该项目预可行性研究（送审稿）。12月8日，铁道部发展计划司组织有关专家对预可行性研究文件进行审查。12月17日，完成预可行性研究鉴修文件上报铁道部。2010年2月20日，铁道部发展计划司、吉林省发改委以铁计函〔2010〕172号文批复项目建议书。4月20日，完成可行性研究文件（送审稿），铁路局以沈铁计发〔2010〕174号文上报可研报告。5月22日，铁道部工程鉴定中心对可研报告进行评审，下发审查意见（初稿）。6

月，完成可研鉴修文件并报送铁道部。10月17日，铁道部、吉林省人民政府以铁计函〔2010〕1362号文批复辽源—长春铁路可研报告。

工程项目由铁道部、吉林省合资建设。项目资本金按总投资50%，吉林省承担项目资本金10%，并负责征地拆迁工作及费用，征地拆迁费用经双方认可后另计入地方股份，资金由省自筹；其余资本金由铁道部负责筹集，使用铁路建设专项资金；资本金以外资金利用国家开发银行、中国农业银行贷款。

2010年9月25日，吉林铁道勘察设计院编制完成该项目初步设计文件（送审稿），铁路局以沈铁计函〔2010〕605号文报送辽源—长春铁路工程初步设计预审意见。11月1日，铁道部工程设计鉴定中心对该工程初步设计（送审稿）进行评审，下发初步设计审查意见（初稿）。11月，完成初步设计鉴后修改稿报送铁道部。12月31日，铁道部、吉林省人民政府以铁鉴函〔2010〕1896号文批复初步设计。

工程范围　长双烟铁路双阳站—四梅铁路白泉站，新建线路长度97公里，含长春枢纽相关工程。配套建设长双烟铁路—长春枢纽龙泉站联络线1.66公里。

经济运量　辽源—伊通间区段货流密度，近期2020年上行175万吨/年、下行287万吨/年；远期2030年上行340万吨/年、下行460万吨/年。伊通—双阳间区段货流密度，近期上行165万吨/年、下行377万吨/年；远期上行310万吨/年、下行570万吨/年。

设计能力　设计旅客列车对数近期3对/日、远期5对/日；设计通过能力近期18对/日、远期28对/日；设计输送能力近期650万吨/年、远期985万吨/年。

车站分布　该线共设6个车站。近期设双阳、伊通、建安及白泉4个车站，双阳和白泉分别为既有接轨站，伊通、建安为办理客、货运业务中间站。预留伊丹、足民2个会让站，视运量增长需要适时增开。

主要技术标准　铁路等级国铁Ⅱ级；正线数目单线；限制坡度12‰；最小曲线半径一般地段1200米、困难地段800米；牵引种类内燃、预留电化条件；机车类型DF系列；牵引质量2500吨；到发线有效长850米；自动站间闭塞。

三、建设进度与工程量

双白线于2014年3月开工建设，2015年12月竣工开通。

全线完成线路铺轨119.1公里，其中正线Ⅰ线铺轨98.6公里，站线铺轨20.5公里；动用路基土石方1258万立方米。新建桥梁54座/18356米，其中特大桥12座/11257米，特大桥中单线桥10座/10501米、双线桥1座/547米、三线桥1座/209米；大桥19座/5886米；中桥11座/1041米，其中双线中桥1座/54米；小桥12座/172米。新建隧道3座/1553米，桥隧总长19909米，桥隧比20.2%。完成盖板涵160座/3562米、框架涵56座/1025米、圆涵5座/232米；公路桥27座/15164平方米、公路涵1座/18米；新建伊通、建安2个中间站，改建双阳、白泉2个中间站，新建房屋11304平方米；铁路用地6696亩，合446.4公顷；拆迁4.8万立方米。

四、工程投资

双白线设计总概算26.59亿元（含地方政府征地拆迁费用3.822亿元）。其中，静态投资25.8亿元、建设期贷款利息0.73亿元、铺底流动资金0.06亿元。2013—2015年，双白线累计完成投资24亿元。其中，路内投资23.155亿元，路外投资0.845亿元。

第十五节　田东线

一、项目论证

田东线起自于虎线田义屯站，止于沈吉线东陵站，亦称沈阳枢纽东北环线。该线建设分两期实施，一期工程建设虎石台—东陵站环线、环线—田义屯站联络线；二期工程为田义屯—东陵站间增建第二线并同步进行电化改造。线路全长7.417公里。

沈阳枢纽东北环线横贯沈阳农业高新技术开发区，该线建设不仅对促进沈阳地方经济社会发展，支持东北老工业基地振兴战略实施具有重要作用，同时也是推进沈阳枢纽"内客外货"格局、扩大枢纽运输能力、减少市区噪声污染、改善人居环境的重要举措。

二、一期工程

（一）前期工作

2005年，沈阳铁道勘测设计院编制完成沈阳枢纽东北环线一期工程可研报告，铁路局以沈铁计函〔2005〕395号文向铁道部报送该工程可研报告。2006年3月21日，铁道部以铁计函〔2006〕212号文批复可研报告。项目投资估算7.1亿元，其中沈阳市出资2.73亿元（含征地拆迁费用1.53亿元），其余4.37亿元利用国内银行贷款。项目建成后，资产无偿交由沈阳铁路局管理。2006年，铁路局以沈铁计函〔2006〕171号文上报新建沈阳枢纽东北环线工程初步设计预审查意见。6月20日，铁道部以铁鉴函〔2006〕479号文批复工程初步设计。

工程范围　田义屯站(含)—东陵站长15.1公里；虎石台—辉山联络线长5.95公里。

经济运量　设计近期2017年地方货运量1090万吨/年，其中到达924万吨/年、发送166万吨/年；通过运量上行1224万吨/年、下行737万吨/年。远期2027年地方货运量1636万吨/年，其中到达1368万吨/年、发送268万吨/年；通过运量上行1460万吨/年、下行850万吨/年。辉山—东陵间货流密度近期上行1350万吨/年、下行1208万吨/年；远期上行2048万吨/年、下行3870万吨/年。

建筑限界　东北环线及相关联络线按满足开行双层集装箱列车运输要求考虑。虎石台—文官屯等枢纽范围客车径路按不通行双层集装箱列车设计。

运输组织　新设田义屯、辉山站。该线主要承担沈吉线与沈阳枢纽以远的货物交流，煤炭、矿石、粮食等大宗运量组织装车地始发直达列车；其余车流由沈阳西与梅河口间互编区段、摘挂列车；辉山站到发零星车流由沈阳西站组织小运转列车。

主要技术标准　铁路等级国铁I级；辉山—东陵间线下双线，近期单线铺轨，其他地段预留双线条件；限制坡度6‰；最小曲线半径一般地段800米、困难地段600米；牵引种类内燃、预留电化条件；到发线有效长1050米；半自动闭塞。

（二）建设进度和工程量

一期工程于2006年7月正式开工，2012年1月全部完工。

线路　虎石台—辉山段采用上跨长大线；田义屯—辉山段联络线采用上跨于虎线；沈阳东站自旧站沿既有线增建第二线；新建及改建线路铺设60公斤/米旧轨、新II型枕、碎石道碴。全段完成线路铺轨22.8公里，动用路基土石方144万立方米。

桥涵　该段线路下穿102国道、沈哈高速公路、跨203国道、穿越沈抚高速公路，新建朱尔屯特大桥。新建桥梁14座/378延长米；涵洞41座/355延长米；隧道1座/165延长米。

站场　虎石台站对沈阳端咽喉作简单改建；新建田义屯站，车站设到发线3条（含正线），预留转弯桥端到发线延长条件及东北环线双线条件；辉山站设到发线4条（含正线），田义屯方向与东陵方向贯通，预留旧站端农业高新区专用线引入条件及车站发展条件；新建东陵站房综合楼742平方米，东陵站设红外线轴温探测站，新增2台探测设备，探测设备在车站两端布置；沈阳东站增设1套车号地面识别设备（AEI），车号信息纳入既有ATIS系统；世博园站新设旅客广播和客票发售及预订系统；改造田义屯站既有行车室325平方米。全线新建生产办公房屋1292平方米。

三电　新设SDH 155Mb/s传输和接入网；东陵、辉山站新设SDH 155Mb/s传输设备；田义屯、虎石台既有SDH 155Mb/s传输设备增加接口板后继续使用；辉山、田义屯站新设接入单元，新设数字专用通信分系统，站间闭塞、站间行车及站场通信纳入数字专用通信系统组网，新设450MHz车站电台；东陵—虎石台、辉山—田义屯间新设12芯单模充油直埋光缆和4×4×0.9低频对称直埋电缆各一条；东陵站新设通信机械室至既有通信机械室间新设12芯单模充油直埋光缆和14×4×0.9低频对称直埋电缆各一条。

田义屯、虎石台既有列车调度指挥系统（TDCS）利旧改造，东陵、辉山新建列车调度指挥系统（TDCS）分机。田义屯、辉山站新建计算机联锁设备，站内采用97型25Hz相敏轨道电路，正线接发车进路电码化方式采用叠加预发码，侧线股道采用叠加发码方式，发码设备与自动闭塞设备一致。虎石台—东陵间新建电力线路9公里。

（三）工程投资

东北环线一期工程总概算7.0924亿元，其中静态投资6.8914亿元，建设期贷款利息2010万元。沈阳市出资部分按铁道部铁计函〔2006〕212号文执行。2006—2009年，一期工程累计完成投资8.3885亿元。

三、二期工程

（一）前期工作

2010年，沈阳铁路局勘测设计院编制完成沈阳枢纽东北环线二期工程可研报告，铁路局以沈铁计发〔2010〕277号文报送铁道部。2012年4月24日，铁道部以铁计函〔2012〕544号文批复沈阳枢纽东北环线增建第二线工程可研报告。该项目投资估算10.58亿元，其中静态投资10.35亿元，建设期贷款利息0.23亿元。项目资本金为总投资25%，使用铁路建设专项资金；辽宁省负责依法征地拆迁并承担费用；其余资金使用国内银行贷款。项目建成后交由沈阳铁路局运营管理。

2010年，沈阳铁路局勘测设计院编制完成沈阳枢纽东北环线二期工程可研报告，铁路局以沈铁计发〔2010〕277号文报送铁道部。2012年4月24日，铁道部以铁计函〔2012〕544号文批复沈阳枢纽东北环线增建第二线工程可研报告。该项目投资估算10.58亿元，其中静态投资10.35亿元，建设期贷款利息0.23亿元。项目资本金为总投资25%，使用铁路建设专项资金；辽宁省负责依法征地拆迁并承担费用；其余资金使用国内银行贷款。项目建成后交由沈阳铁路局运营管理。

2012年，铁路局以沈铁计发〔2012〕310号文报送沈阳枢纽东北环线增建第二线工程初步设计。10月23日，铁道部以铁鉴函〔2012〕1380号文批复该工程初步设计。

工程范围　沈阳枢纽东北环线田义屯站—东陵站增建第二线，长16.128公里；东北环线—沈阳站方向联络线长约1.54公里。

经济运量　根据沈阳枢纽布局，东北环线仅开行货物列车。田义屯—东陵间货流密度近期2020年上行3050万吨/年、下行2550万吨/年；远期2030年上行3920万吨/年、下行3050万吨/年。

运输组织　工程设计范围内车站均为既有。

增建二线后主要功能是承担沈吉线货物运输任务和沈阳东站集装箱及行包货物运输任务；承担部分直通货流运输。

通过能力　东北环线增建二线后，按四显示自动闭塞设计，货物列车区间最小追踪间隔6分钟。

（二）建设进度和工程量

2013年4月，沈阳枢纽东北环线二期工程开工。2015年12月，正线开通投入使用。

线路　正线铺设60公斤/米钢轨，新Ⅲ型轨枕及Ⅲ型桥枕，无缝线路；一级碎石道碴道床；全线立交。正线Ⅱ线设计铺轨18.9公里全部完成；站线铺轨完成7.0公里，为设计总量93.3%；路基土石方完成90万立方米，为设计总量73.8%。

桥涵　设计活载为中—活载；洪水频率1/100。重点桥梁有跨沈吉线大桥。桥梁已完成769延长米，为设计总量62.5%。

站场　田义屯站增设到发线1条，共计到发线5条；沈阳东站到发线第4、5道有效长延长至1050米，两端牵出线延长；东陵站规模不变，吉林端咽喉按Ⅳ道有效长满足1050米改建。新建生产办公房屋完成2886平方米，为设计总量76.5%。

四电　新建东陵牵引变电所并新设155Mb/s接入设备。新设CTC分机；全线为四显示自动闭塞，正方向按四显示追踪运行，反方向按自动站间闭塞行车；辉山—虎石台间为单线自动站间闭塞；自动闭塞设备采用ZPW—2000系列无绝缘轨道电路。新建东陵10千伏变配电所，新设电力远动系统。电气化接触网挂网设计202.3条公里全部完成。

全线征地完成232亩，为设计总量50.4%；拆迁完成2000立方米，为设计总量33.3%。

（三）工程投资

东北环线二期工程总概算10.2674亿元（含沈阳市征地拆迁投资1.1327亿元），其中静态投资10.0374亿元，建设期贷款利息2300万元。工程计划总投资10.2674亿元。2013—2015年，累计完成投资7.5亿元。其中，路内投资6.4亿元，路外投资1.1亿元。

四、运能运量

2015年，田东线营业里程16.5公里。线路总延展长度47.2公里，正线延展长度35.7公里。全线为双线；电气化；自动闭塞；到发线有效长1050米；线路最小曲线半径600米；线路允许速度80公里/小时；限制坡度上行6.2‰、下行6.0‰；货运机型HXN、DF4，牵引质量上行均为5000吨、下行均为3000吨；图定货车上行14列/日、下行12列/日。铁路等级国铁I级。

田东线内设辉山站，为三等站。2015年，辉山站发送货物22477吨，到达货物304687吨。田义屯—东陵间货流密度上行306.8万吨/年、下行495.5万吨/年。

第十六节　岫庄线

一、项目论证

岫庄线自地方铁路海岫线岫岩站引出，接入丹大铁路兰店站，线路全长69.5公里。

岫庄线北端与海岫线相连，该线建设不仅为辽宁东部广大地区与辽宁全省沟通开辟新的通道，还通过沈大、沟海线共同沟通东北出关通道津秦沈铁路，为辽东半岛又开辟一条合理便捷的进出关运输通道；向南与东北东部铁路通道丹大快速铁路相接，形成沈大线与东北东部铁路通道的联络线，并成为庄河港最便捷的运输通道。岫庄线的建设，对完善东北铁路网，特别是加强和加密辽东半岛铁路网，拉动大连、丹东、鞍山市联动发展，巩固海防、边防具有重要作用。

其次，庄河电厂一期发电机组为2×60×104kw，远期扩容至4×100×104kw，用煤及原材料运量将达到460万吨/年。该线近、远期设计运量（下行）分别为712万吨/年、940万吨/年，可以充分满足庄河电厂运输需求。

二、前期工作

2005年8月，中铁工程设计咨询集团有限公司完成岫岩—庄河线预可行性研究报告送审稿。11月9日，铁道部发展计划司在北京组织预可研审查。2006年1月，中铁咨询完成初测工作。3月，完成可研文件编制。4月28日，铁路局在沈阳召开新建岫岩—庄河铁路可研报告预审查会议。4月30日，铁路局以沈铁计函〔2006〕170号文向铁道部工程设计鉴定中心报送岫岩—庄河铁路可研预审查意见。5月12—16日，铁道部工程设计鉴定中心对可研(送审稿)进行审查。5月27日—6月28日，中铁咨询根据审查意见开展定测，并进一步优化方案。12月31日，铁路局以沈铁计函〔2006〕523号文向铁道部报送岫岩—庄河新建铁路可研报告。

2006年8月，中铁咨询完成初步设计。9月5—7日，铁道部工程设计鉴定中心对初步设计进行审查。9月底，中铁咨询完成初步设计修改说明及修正概算。2007年1月16—26日，中铁咨询根据初步设计审查意见开展补充定测工作。5月10日，铁路局以沈铁计发〔2007〕116号文再次报送岫岩—庄河新建铁路可研报告。6月4日，铁道部以铁计函〔2007〕556号文批复可研报告。7月，中铁咨询完成初步设计修改说明及修正概算（第二版）。8月23日，铁道部以铁鉴函〔2007〕893号文批复初步设计。10月完成站前专业施工图（送审稿），12月铁路局概预算审查所在沈阳组织完成站前施工图审查。2008年2月，中铁咨询完成站前施工图审查修改。

设计运量　设计近期2020年区段最大货流密度上行132万吨/年、下行712万吨/年，客车2对/日；远期2030年区段最大货流密度上行243万吨/年、下行940万吨/年，客车3对/日。

车站分布　全线设岫岩、前营、蜜蜂岭、新甸、冰峪、仙人洞、兰店7个车站，先期开放岫岩、新甸、仙人洞、兰店4个车站。

运输组织　庄河电厂到达煤炭组织始发直达列车，卸后空车原列返回；庄河港到发运量由港口组织直达列车；该线接运沈大线车流在海城站增减轴作业；海城与庄河西互开区段、摘挂列车；庄河西与庄河港、庄河间开行小运转列车。

主要技术标准　线路等级国铁Ⅱ级，线下工程为Ⅰ级；正线数目单线；限制坡度6‰；牵引种类内燃、预留电化条件；牵引质量3000吨；到发线有效长650米、预留850米条件；最小曲线半径一般地段1200米、困难地段800米；继电半自动闭塞。

三、建设进度和工程量

2008年5月18日，岫庄线开工建设。2011年7月29日竣工。全线铺轨77.7公里，其中正线铺轨69.0公里，站线铺轨8.7公里；新铺道岔27组；新建新甸、仙人洞2个中间站，按铁道部批复岫岩站缓建；新建特大桥2座/2167延长米、大桥13座/2891延长米、中桥24座/1543延长米、小桥7座/230延长米、公路桥7座；框架涵洞133座/2816横延米；隧道7座/6988延长米；铺道床20.8万立方米；动用路基土石方762万立方米；加固及防护圬工20.75万立方米；新建生产房屋1955平方米。

四、工程投资

根据铁鉴函〔2007〕893号文批复，岫庄线总概算8.4986亿元（不含征地拆迁费用），其中静态投资8.0969亿元，建设期贷款利息3600万元，铺底流动资金417万元。2007—2010年，岫庄线累计完成投资8.7355亿元。2015年，岫庄线设2个车站，仙人洞为三等站，新甸为四等站；线路等级国铁Ⅱ级；尚未运营。

第十七节　长旅线

一、项目论证与前期工作

长旅线起自旅顺线长岭子站，终到新建旅顺西站，全长20.134公里，为烟大轮渡工程组成部分。东北地区与山东半岛的货物交流，多以铁路运输为主。该项目建设可大大缩短货物交流距离，对拉动东北和山东经济具有重要作用。烟台—大连轮渡工程自1993年开展前期工作以来，大连侧港址先后提出大窑湾、和尚岛、羊头洼三个选址方案。经铁道部、交通部、山东省、辽宁省以及大连市、烟台市等各方努力和多方案比选论证，1998年8月选定大连市旅顺口区羊头洼港为烟大轮渡大连侧轮渡港。2003年12月19日，铁道部、山东省、辽宁省联合印发《关于烟大铁路轮渡工程初步设计的批复》。大连端设羊头洼轮渡站；长岭子—羊头洼间预留土城子会让站；新建轮渡港口铁路引线纳入烟大铁路轮渡有限责任公司管理。主要技术标准为国铁Ⅱ级；单线；限制坡度6‰；最小曲线半径800米；牵引种类内燃、预留电化条件；机车类型DF系列；牵引质量4000吨；到发线有效长850米；继电半自动闭塞。

二、工程建设与投资

2003年11月，烟台—大连轮渡工程开工，初期计划总投资2.0702亿元。当年，基本建设投资5000万元用于站场和区间工程。2004年，基本建设投资1亿元。该工程总投资调增至2.16亿元，2004年累计完成投资1.5亿元，完成征地拆迁，线下工程开始施工。2005年，基本建设投资4000万元续建烟大轮渡工程。2006年12月，烟大轮渡工程竣工，累计完成投资2.5815亿元。该工程新建旅顺西站；新建长岭子—旅顺西间线路；完成正线铺轨20.0公里，站线铺轨10.0公里；新建桥梁6座/780米；动用土石方151万立方米；线路允许速度70公里/小时。

三、运能运量

2015年，长旅线为单线；半自动闭塞；到发线有效长800米；线路运行速度80公里/小时；限制坡度上行8.8‰、下行9.7‰；货运机型ND5，长岭子口牵引质量上、下行均为4000吨；图定货车4对/日。长岭子分界口日均接入重车98车，接入空车2车；日均交出重车68车；全年接入货物187.9万吨，其中通过货物73.9万吨，输入货物114万吨；全年交出货物137.2万吨，其中通过货物36.9万吨，输出货物100.3万吨。

第十八节　前绥线

一、项目论证

绥中港疏港铁路自沈山线前卫站—绥中港，为蒙东地区煤炭下水外运通道组成部分，正线全长10.938公里。

绥中港区是葫芦岛港重点开发港区，是蒙东地区煤炭外运装船港址之一。临港规划绥中、石河东两个工业区，港区及工业区内无铁路，无法开展铁水联运。为做好铁水联运"最后一公里"衔接，为港区提供现代物流基础条件，新建绥中港疏港铁路是必要的。同时，建设疏港铁路及港前车站，将铁路延伸至码头，也有利于铁路自身增加大宗货物运输量和运输效益，并且还可缓解港区土地紧张状况。

二、前期工作

2015年，铁路局以沈铁计函〔2015〕229号文上报《关于报送绥中港疏港铁路新建工程可行性研究的函》。同年7月，铁路总公司以铁总计统函〔2015〕719号文批复绥中港疏港铁路新建工程可研报告。

工程范围 绥中港站、绥中港疏港铁路及相关工程。

经济运量 预测运量近期2025年1200万吨/年、远期2035年2000万吨/年。

主要技术标准 国铁Ⅲ级；单线、预留双线条件；最小曲线半径500米；限制坡度6‰；电力牵引；牵引质量5000吨；到发线有效长1050米；半自动闭塞。

投资估算与资金筹措 工程投资估算总额6.3亿元。其中，静态投资6.2亿元，建设期贷款利息0.1亿元。根据《沈阳铁路局 绥中县人民政府合作协议》精神，征地拆迁工作和费用全部由绥中县人民政府承担，暂列3.2亿元（静态）；其余3.1亿元由铁路承担。铁路承担的投资使用铁路总公司专项资金0.9亿元，其余使用银行贷款。沈阳铁路局为该工程建设、验收、运营管理责任单位。

三、工程投资及建设进度

绥中港疏港铁路（前绥线）计划总投资6.3亿元。2015年10月开工，当年完成投资5.8亿元。其中，路内投资2.6亿元，路外征地拆迁补偿费投资3.2亿元。

绥中港疏港铁路正线自沈山线前卫站西端南侧咽喉区简单引出，并行既有沈山线左侧约2.5公里后，线路折向南方，预留规划长城大街、渤海大街立交条件后设绥中港站，线路前行3公里引入绥中港港区码头。绥中港站设到发线3条（含正线）；车站对面横列式布置货场一座，成件包装作业区设尽头式装卸线1条，有效长550米，设550×25.5×0.95米货物站台1座；煤炭作业区设贯通式货物线，按1重1空1走行形式布置，有效长满足1050米；新建仓库4300平方米。全线完成正线铺轨13.9公里，为设计总量

93.3%；完成路基土石方27.1万立方米，为设计总量77.4%；新征用地3600亩，合240公顷。2015年，前绥线设绥中港站，为三等站。

第十九节 霍白、珠珠铁路

霍白铁路在原霍林河—扎哈淖尔铁路基础上，向西乌珠穆沁旗白音华方向延伸，两次延长修建后终至沙尔塔拉。珠珠（嘎）铁路自既有通霍线珠斯花站向东乌珠穆沁旗方向延伸，终至珠恩嘎达布其，距中蒙边界60公里。两线处于沈阳铁路局经济吸引区西部，俗称西部铁路。霍白线全长112.725公里，珠珠线355.587公里。

一、建设目的

蒙东是国家13大煤炭基地中新兴基地，煤炭资源丰富，探明总储量达909.6亿吨，其中处于沈阳铁路局经济吸引区的锡林郭勒盟煤炭储量达130亿吨。煤质大部分为中灰、低硫、低磷褐煤，是优质动力煤和化工用煤，开采前景广阔。预测近、远期运量将达到5000万吨/年、7000万吨/年。但先期形成的蒙东煤炭外运通道仅有赤大白铁路，巴新铁路尚在建设中，两条通道能力无法满足蒙东煤炭大量外运需求。为支持蒙东区域经济发展，新建霍白、珠珠（嘎）铁路，将沈阳铁路局铁路运输线延伸至内蒙东部煤炭腹地，并与既有通霍线相通，可为蒙东煤炭外运开辟另一大通道。

新建霍白、珠珠（嘎）铁路对满足未来辽宁对蒙东煤炭需求，特别是适应东北老工业基地振兴战略实施具有重要意义。东北三省是传统能源基地，但部分区域已出现煤炭资源枯竭，资源开采有限，能源短缺日益加剧。根据研究分析，近、远期东北最主要缺煤省份——辽宁省煤炭缺口将达到1.2、1.5亿吨。毗邻的蒙东作为最具有直接辐射作用的战略资源接续基地和主力供应区，将在老工业基地产业升级过程中显示出独特的战略地位和发挥重要作用，而霍白、珠珠（嘎）铁路建设将在两者之间的衔接上发挥不可替代的作用。新建霍白、珠珠（嘎）铁路亦为铁路局开辟新的经济增长点。霍白、珠珠（嘎）铁路途经霍林河、扎哈淖尔、宝日胡硕、白音华、贺斯格乌

拉、乌拉盖河、鲁辛、道特诺尔、高力罕、宝力格、乌尼特、额吉淖尔12个煤矿区，拟建扎哈淖尔、伊图塔、沙尔塔拉、贺斯格乌拉、乌尼特、额吉淖尔6条铁路环线装车基地和全路最大的沙尔塔拉货场，合计输送能力达1亿吨/年。霍白、珠珠（嘎）铁路建设将为沈阳铁路局开辟新的更大的货运市场，并成为铁路局新的更大的经济增长点。

二、工程建设

铁路局本着将霍白、珠珠（嘎）铁路建成"惠民、生态、和谐之路"的原则，自2008年9月份起，分两期两线并进，于2010年分别建成霍白线扎哈淖尔—伊图塔、伊图塔—沙尔塔拉（白音华）和珠嘎线珠斯花—贺斯格乌拉、贺斯格乌拉—嘎达布其南—锡东矿—乌尼特矿4段铁路。

霍白、珠珠（嘎）铁路建设集中铁路局自有多经财力，由通辽铁盛集团控股成立的扎鲁特旗铁进运输有限公司、西乌珠穆沁旗霍白运输有限公司、乌拉盖铁骑运输有限公司、东乌珠穆沁旗蒙霍运输有限公司分别作为4段铁路建设经营主体，在自然环境恶劣条件下，仅用两年时间建成，建设速度之快创沈阳铁路局铁路建设史上之最。

（一）霍白铁路

霍白铁路经霍林河、扎哈淖尔、宝日胡硕、白音华4大煤矿区，线路全长150.2公里。先期建成霍扎段，2008—2010年建成扎伊、伊沙（白）段，累计投资13.7亿元。同步建成扎哈淖尔、伊图塔、沙尔塔拉3条铁路环线装车基地和全路最大的沙尔塔拉货场。同期，按照"装备水平、管理标准、职场环境"一流标准要求，在伊图塔装车环线站同步建设自动化、机械化装车区和职工生活区，建成煤炭自动快速装车系统。为实现铁路经营多渠道发展，在煤炭运输通道上修建霍林河、沙尔塔拉煤炭抑尘站，既有效保护草原环境，又可增加营业收入。同时，为使职工安心扎根霍白铁路，铁路局在乌拉盖建成职工生活基地。

霍扎段 2004年7月18日，通辽铁路分局经营开发总公司与内蒙古霍林河露天煤业股份有限公司共同出资成立扎鲁特旗通霍铁路运输有限公司并开发建设霍扎铁路。双方注册资金3000万元，沈阳铁路局非运输企业通辽铁盛商贸（集团）有限公司投资1650万元，占55%股份；内蒙古霍林河露天煤业股份有限公司投资1350万元，占45%股份。霍扎铁路在霍林河站内接轨，向西延伸至霍林河煤田扎哈淖尔煤矿，全长18公里，设计输送能力1000万吨/年。2006年8月15日建成投入运营，隶属于扎鲁特旗通霍铁路运输有限公司管理。吸引区内有扎哈淖尔煤矿，在扎哈淖尔建有物流基地。

为实现霍白线运能与运力匹配，2008—2013年，铁路局对扎哈淖尔站场进行改造和扩建。到发线由原3条增加到6条，有效长延长近一倍。2013年，霍扎段完成增二线。经过改扩建，霍扎段完全满足运量增长需要。物流基地经营范围扩至煤炭运输、发送综合服务、仓储保管、铁路货运延伸服务等业务。

霍扎段铁路等级工业企业Ⅰ级，国铁Ⅱ级；复线；线路最小曲线半径一般地段1200米、困难地段800米；限制坡度上行4‰、下行9‰；内燃牵引；牵引质量分别为5000吨、1万吨、2万吨；半自动闭塞。

扎伊段 霍白铁路扎伊段自扎哈淖尔至伊图塔，隶属于沈阳铁路局控股的扎鲁特旗铁进运输有限公司管理。该公司2008年8月成立，注册资金3.2亿元，其中沈阳铁路局所属非运输企业通辽铁盛商贸（集团）有限公司投资1.92亿元，占公司60%股份；扎鲁特旗扎哈淖尔煤业有限公司投资6400万元，占公司20%股份；西乌珠穆沁旗意隆煤业有限公司投资6400万元，占公司20%股份。该段铁路于2008年9月开工建设，2009年6月28日开通运营，投资34118万元。全段长20.8公里，设计输送能力2000万吨/年。

扎伊铁路吸引区内有意隆、宝日2大矿区，在伊图塔建有物流基地，线路长3500米。物流基地经营范围包括煤炭运输、发送综合服务、仓储保管、铁路货运延伸服务等业务。扎伊铁路等级为工业企业Ⅰ级，国铁Ⅱ级，单线，预留复线条件；线路最小曲线半径一般地段1200米、困难地段800米；限制坡度上行4‰、下行9‰；内燃牵引；牵引质量分别为5000吨、1万吨、2万吨；半自动闭塞。

伊白段 霍白铁路伊白段自伊图塔至白音华（沙尔塔拉），隶属于沈阳铁路局控股的西乌珠穆沁旗霍白铁路运输有限公司管理。公司注册资金2.4亿元，其中铁路局所属非运输企业通辽铁盛商贸（集团）有限公司投资1.248亿元，占公司52%股份；铁路局所属非运输企业沈阳铁道煤炭集团有限公司投资5760万元，占公司24%股份；阜新矿业（集团）有限责任公司投资5760万元，占公司24%股份。

伊白段铁路于2010年3月15日开工建设，2010年7月30日开通运营。线路全长82.82公里，投资10.2429亿元。铁路等级为工业企业Ⅰ级，国铁Ⅱ级；单线，预留复线条件；线路最小曲线半径一般地段1200米、困难地段800米；限制坡度上行4‰、下行9‰；内燃牵引；牵引质量分别为5000吨、1万吨、2万吨；半自动闭塞；设计输送能力2000万吨/年。

伊白铁路吸引区内有白音华一号矿（平煤集团）；白音华二、三号矿（霍煤集团）；白音华四号矿（阜煤集团）。该段铁路在沙尔塔拉建有物流基地，建有全路最大货场，线路长3950米。在白音华东建有物流基地，隶属沈阳铁道煤炭公司，经营范围包括煤炭运输、发送综合服务、仓储保管、铁路货运延伸服务等，白音华一号矿（平煤集团）煤炭运输在此装车。

2015年，霍白全线营业里程128.8公里。线路总延展长度192.2公里，其中正线延展长度146.5公里。正线中一线129.6公里，二线16.9公里。全线为单线（部分双线）；半自动闭塞；线路最小曲线半径800米；限制坡度上行6.0‰、下行12.0‰；线路运行速度80公里/小时；到发线有效长1050米；货运机型为HXN、DF4，HXN机车牵引质量上行10000吨、下行2600吨，DF4机车牵引质量上行5000吨、下行1600吨；图定货车17对/日。铁路等级国铁Ⅱ级。

全年发送货物3968万吨，到达货物12.8万吨。其中，五栋房发送105.2万吨、到达11.9万吨；扎哈淖尔发送1442万吨、到达600吨；伊图塔发送265.9万吨、到达1800吨；沙尔塔拉发送2155万吨、到达6000吨。

霍林河—扎哈淖尔间列车平均牵引总重上行9233吨、下行2507吨；扎哈淖尔—伊图塔间列车平均牵引总重上行9665吨、下行2553吨；伊图塔—沙尔塔拉间列车平均牵引总重上行9841吨、

下行2599吨。

（二）珠珠铁路

珠珠（嘎）铁路隶属于东乌珠穆沁旗蒙霍铁路运输有限公司管理。该公司2010年4月12日成立，为铁路局控股合资铁路公司。公司注册资金12.4333亿元，其中铁路局所属非运输企业通辽铁盛商贸（集团）有限公司出资10.472亿元，占84.2%股份；内蒙古锡林河煤化工有限责任公司出资1.9613亿元，占15.8%股份。

珠珠（嘎）铁路分两段建设。2009年完成珠斯花—贺斯格乌拉段建设；2010年完成贺斯格乌拉—嘎达布其南—锡东矿—乌尼特矿段建设。2010年8月30日全线建成通车，线路全长381.9公里，投资42.7亿元。珠珠（嘎）铁路沿途经贺斯格乌拉、乌拉盖河、鲁辛、道特诺尔、高力罕、宝力格、乌尼特、海神8大矿区，同步建成贺斯格乌拉、乌尼特、额吉淖尔3条直进直出铁路环线装车基地。同期，按照"装备水平、管理标准、职场环境"一流标准要求，在贺斯格乌拉装车环线站同步建设自动化、机械化装车区和职工生活区，建成煤炭自动快速装车系统。为实现铁路经营多渠道发展，在煤炭运输通道宝力格站新建煤炭抑尘站，既有效保护草原环境，又可增加营业收入。同时，为使职工安心扎根珠珠铁路工作，在东乌旗、白音华两地建有职工生活基地。珠珠（嘎）铁路等级为工业企业Ⅰ级、国铁Ⅱ级；单线，预留复线条件；线路最小曲线半径一般地段1200米、困难地段800米；限制坡度上行4‰、下行9‰；牵引种类内燃；牵引质量分别为5000吨、1万吨、2万吨；半自动闭塞；输送能力5000万吨/年以上。

2015年，珠珠线（珠斯花—珠恩嘎达布其）营业里程351.8公里；线路总延展长度420.0公里，其中正线延展长度352.5公里。乌尼特线营业里程28.2公里；线路总延展长度40.2公里，其中正线延展长度34.3公里。额吉淖尔线营业里程67.0公里；线路总延展长度79.5公里，其中正线延展长度73.6公里。珠珠（珠斯花—珠恩嘎达布其）全线为单线；半自动闭塞；线路最小曲线半径800米；限制坡度上行6.0‰、下行10.0‰；线路运行速度80公里/小时；到发线有效长1050米；货运机型为HXN、DF4，HXN机车牵引质量

上行10000吨、下行2600吨，DF4机车牵引质量上行5000吨、下行1600吨；图定货车12对/日。铁路等级国铁Ⅱ级。

全年发送货物513.5万吨，到达货物1.3万吨。其中，赛罕花到达1800吨；贺斯格乌拉发送505万吨、到达6156吨；哈尼乎热到达2140吨；乌珠穆沁发送8.5万吨、到达2880吨。

珠斯花—贺斯格乌拉间列车平均牵引总重上行9538吨、下行2506吨；贺斯格乌拉—哈尼乎热间列车平均牵引总重上行6617吨、下行1751吨；哈尼乎热—乌珠穆沁间列车平均牵引总重上行6618吨、下行1751吨。

三、运营效益

霍白、珠珠（嘎）铁路处高寒地带，自然条件极其恶劣。两线开通运营后，经历风雪、严寒、酷暑、大汛考验，铁路运输畅通无阻，运营成效明显。

2006—2015年霍白、珠珠（嘎）线运量、收入统计表

表1-2-3

年度	运量（万吨）			运输收入（万元）		
	霍白线	珠珠线	合计	霍白线	珠珠线	合计
2006	149.0	—	149.0	1189.4	—	1189.4
2007	477.5	—	477.5	3810.8	—	3810.8
2008	865.2	—	865.2	6891.2	—	6891.2
2009	1521.1	235.9	1757.0	12129.3	6937.1	19066.4
2010	3241.0	1759.1	5000.1	32901.5	56421.3	89322.8
2011	8481.3	2125.5	10606.8	104430.7	73549.4	177980.1
2012	9115.1	1687.2	10802.3	111100.9	50764.8	161865.7
2013	10081.1	1529.8	11610.9	108326.5	30866.6	139193.1
2014	9831.9	1275.1	11107.0	97520.3	21455.7	118976.0
2015	3968.0	513.5	4481.5	—	—	—

注：2006—2008年，霍白线运量和收入为霍扎段数字。

第二十节 新建联络线

一、盘五联络线

2002年9月16日，铁道部《关于秦沈客运专线秦沈沟海联络线引入盘锦北站Ⅰ类变更设计的批复》（铁鉴函〔2002〕357号）批复同意秦沈沟海联络线在秦沈线盘锦北站及沟海线五七站接轨。盘锦北站与沟海线五七站间按三显示自动闭塞方式设计，其列控模式转换控制按秦沈线列控模式切换方式设计。该次Ⅰ类变更设计概算总额1407万元。根据铁办函〔2002〕268号文精神，秦沈沟海联络线按秦沈线Ⅰ类变更设计处理。待沟海线电化改造实施后，本次变更设计概算由秦沈线划入沟海电气化工程。

2002年10月14日，铁道部发展计划司《关于沟海铁路电气化改造工程可行性研究的审查意见》（计长函〔2002〕203号）批复，在沟海线电化改造中，同步建设秦沈沟海联络线。主要技术标准为线路等级国铁Ⅰ级；单线；限制坡度4‰；最小曲线半径一般地段1600米、困难地段1200米，个别保留1000米；牵引种类电力；机车类型客机SS9、货机SS4；牵引质量5000吨；到发线有效长1050米；半自动闭塞。

沟海铁路电气化改造工程于2003年9月开工建设，2005年12月竣工投产。新建秦沈客运专线与沟海线（盘锦北—五七）间联络线同步建设，联络线长5.0公里，投资4140万元。2015年，盘五联络线营业里程5.0公里，全线为单线，线路总延展长度3.5公里，均为正线。

二、马林联络线

该线自沈山线马三家站—三火线西大林线路所，2009年与三火线同步建成。2015年，马林联络线总延展长度3.4公里，正线延展长度3.3公里，特别用途线0.1公里。

三、沈山沟海联络线

沈山—沟海线间联络线从既有沈山上行线176公里15米处引出，并行沈山上行线，引入沟海线1公里630米处，线路全长1.6公里。2009年开工建设，2010年建成，工期5个月，铁路局更新改造投资4000万元。铁路等级国铁二级。该联络线开通后，沈山上行到沟海线车流可不经由沟帮子站而直接进入沟海线。

2015年，沈山沟海联络线总延展长度1.649公里，均为正线。

四、锦承叶赤联络线

锦承（红石）、叶赤（石脑）间联络线，曲

线半径180米，线路长度0.545公里，铁路等级为国铁Ⅱ级。该工程2008年开工建设，12月底竣工，总投资1100万元。

2015年，锦承叶赤联络线总延展长度0.7公里，其中正线延展长度0.5公里，岔线0.1公里，特别用途线0.1公里。

五、宝长联络线

宝长联络线自沈吉线宝山站—梅集线长胜站（张家线路所），线路从柳河桥通化侧梅集线4公里400米处引出，左转新建柳河特大桥跨越柳河和202国道，之后接入沈吉线215公里795米，联络线全长3.74公里，铁路等级为国铁Ⅱ级。该联络线于2009年5月开工建设，2012年竣工，累计投资6916万元。2015年，宝长联络线线路总延展长度4.8公里，正线延展长度4.7公里，特别用途线0.1公里。

六、虎辉联络线

虎辉联络线自虎石台站—辉山站，为沈阳枢纽东北环线的一部分，2011年建成。2015年，虎辉联络线总延展里程8.1公里，其中正线延展里程8.05公里，站线0.09公里。

七、龙山联络线

龙山联络线自龙家营站—山海关站，2011年建成。2015年，龙山联络线营业里程2.3公里，为双线。线路总延展长度3.495公里。其中，一线2.034公里，二线1.461公里。

八、沈皇客专联络线

沈皇客专联络线为沈阳站—皇姑屯站客运专线联络线，是哈大客运专线引入沈阳站的配套工程。2007年6月25日，铁道部《关于新建铁路哈尔滨至大连客运专线初步设计的批复》（铁鉴函〔2007〕649号）批复，沈阳站至皇姑屯客专联络线（双线），客运专线沿哈大既有线引入沈阳站和沈阳北站，设皇姑屯至沈阳站的秦沈客运专线联络线，沈山线单线引入沈阳北站，沈皇联络线不外包动车组运用所。该联络线2012年开工，2013年竣工。线路标准为双线、电气化。2015年，沈皇客专联络线营业里程3.1公里，线路总延展里程8.8公里，正线延展里程8.3公里，其中一线4.6公里，二线3.7公里。站线0.3公里，特别

用途线0.25公里。国铁管理部分营业里程0.6公里，线路总延展里程3.5公里，正线延展里程3.0公里，其中一线2.6公里，二线0.4公里，站线0.3公里，特别用途线0.25公里。其余归合资公司管理。

九、陶赖昭联络线

陶赖昭联络线自陶赖昭站—扶余西，单线，2014年与松团线同步建成。根据《中国铁路总公司关于松团线等线开办旅客运输初期运营有关事项的通知》（铁总运电〔2014〕215号），国铁控股合资铁路松团线、陶赖昭联络线已具备开办客运营业条件，自2014年12月10日起开办旅客运输初期运营。陶赖昭联络线运营里程8公里。2015年，陶赖昭联络线营业里程9.2公里，线路总延展长度9.1公里，均为正线。其中，合资公司管理营业里程8.1公里，线路总延展里程7.7公里，均为正线；国铁管理营业里程1.1公里，线路总延展里程1.4公里，均为正线。

十、哈长联络线

哈长联络线为京哈高速铁路—长春站间的联络线，与哈大高铁同步建设。2015年，哈长联络线线路总延展里程7.2公里，均为正线。其中，一线6.3公里，二线0.9公里。均归合资公司管理。

十一、长西联络线

长西联络线为京哈高速铁路长春西站—长春站间的联络线，与哈大高铁同步建设。2015年，长西联络线营业里程12.0公里；线路总延展长度19.9公里，其中正线延展长度19.7公里，正线中一线18.5公里，二线1.2公里；特别用途线0.2公里。均归合资公司管理。

十二、同金联络线

同金联络线自丹大快速铁路同兴站—既有沈丹线金山湾站，2015年12月18日转线开通。2015年，同金联络线营业里程11.1公里。线路总延展里程29.5公里，其中正线延展长度25.231公里，正线中一线12.705公里，二线12.526公里。均归合资公司管理。

十三、闫金联络线

闫金联络线自丹大快速铁路闫家楼线路所—金州站，与丹大快速铁路大连枢纽段改造同步建设。2015年，闫金联络线营业里程5.7公里。线路总延展长度13.7公里，其中正线延展长度11.020公里，正线中一线5.526公里，二线5.494公里；站线2.0公里；岔线0.4公里；特别用途线0.3公里。其中，国铁管理营业里程5.7公里，总延展长度13.2公里。其中正线延展长度10.6公里，正线中一线5.3公里，二线5.3公里；站线2.0公里；岔线0.4公里；特别用途线0.2公里。合资公司管理总延展长度0.5公里，其中正线延展长度0.4公里，一线0.2公里，二线0.2公里；特别用途线0.1公里。

十四、前阳联络线

前阳联络线自前阳站—前阳南站，为丹大与丹前线间的联络线，与丹大快速铁路前庄段同步建设。2015年，前阳联络线总延展长度2.0公里，其中正线延展长度1.8公里，特别用途线0.2公里，均归合资公司管理。

十五、和坪联络线

和坪联络线自和坪铁路和南村线路所—白和线富兴线路所，与和坪铁路同步建设。2015年，和坪联络线营业里程3.0公里。线路总延展长度3.6公里，其中正线延展长度3.1公里，特别用途线0.5公里，均归合资公司管理。

十六、董田联络线

董田联络线自瓦长铁路董屯线路所—既有沈大线田家站，2014年在瓦长线改造时建成。2015年，董田联络线营业里程5.8公里。线路总延展长度2.4公里，其中正线延展长度2.2公里，特别用途线0.2公里，均归国铁管理。

十七、中海联络线

中海联络线自盘营客专中小线路所—沈大客专海城西站，与盘营客运专线同步建设。2015年，中海联络线营业里程9.5公里。线路总延展长度18.0公里，均为正线。归合资公司管理。

十八、龙泉联络线

龙泉联络线自长双烟铁路—龙泉站，是长春—辽源铁路（双白线）新建工程中的配套工程，2014年建成。长双烟铁路为货运铁路，新建长春—辽源铁路为客货运铁路。为便于长春—辽源铁路客车直接进入长春站，设计在龙泉站外龙烟线上修建龙泉联络线引入龙泉站，以保证新建长春—辽源铁路客车可直接引入长春站。新建龙泉联络线从龙泉站图们方向右侧引出(新5道图们侧道岔岔心为起点，起点里程为0公里，右拐上跨洋浦大街、下穿吉长城际铁路，用18号道岔与龙烟铁路相接，接轨点1公里+579.45米（相当于龙烟铁路1公里906米），全长1.579公里。由于该联络线位于市区，受洋浦大街和长吉城际等诸多因素的控制，联络线设2个曲线，曲线半径分别为450米、650米，线路纵断面最大设计坡度为16‰。龙泉站及新建龙泉联络线投资1.1319亿元。2015年，龙泉联络线总延展里程2.5公里，均为正线。归国铁管理。

十九、通辽北西联络线

通辽北西联络线自通辽北西线路所—通辽西站，2009年建成。2015年，通辽北西联络线总延展长度8.5公里；正线延展长度8.4公里，其中一线3.3公里，二线5.1公里；特别用途线0.1公里。

二十、通辽北南联络线

通辽北南联络线自通辽北站—通辽南站上、下行联络线，2010年建成。2015年，通辽北南联络线营业里程11.1公里，线路总延展长度24.1公里，均为正线。其中，一线14.4公里，二线9.6公里。

二十一、宝珠联络线

宝珠联络线自通霍线宝日呼吉尔线路所—珠珠线珠斯花Ⅱ场，2010年建成。2015年，宝珠联络线总延展长度4.7公里；正线延展长度4.6公里，其中一线2.5公里，二线2.1公里；特别用途线0.1公里。归国铁管理。

二十二、城际联络线

城际联络线自长春站108号岔—10号岔，2010年建成。2015年，城际联络线线路总延展长度0.6公里，均为正线。

二十三、前阳南进、出港线

2015年，前阳南进港线延展长度2.0公里，均为正线；前阳南出港线延展长度4.5公里，其中，正线延展长度4.2公里，站线0.16公里，特别用途线0.15公里。前阳南进、出港线均归合资公司管理。

二十四、沈丹疏解线

沈丹疏解线起讫沈丹线0公里~9公里033米。2015年，沈丹疏解线延展长度9.0公里，均为正线。归合资公司管理。

二十五、通辽南环2线

通辽南环2线自通辽南站—通辽北场。2015年，通辽南环2线延展长度4.3公里，其中正线延展长度4.1公里，特别用途线0.1公里。

第二十一节 2015年在建新线

一、田桓线

田师府—桓仁铁路自溪田线引出，经铁刹山、碱厂、大阳、马鹿泡、八里甸子，接入在建通灌线花博山站，线路全长74公里。

（一）项目论证

田师府—桓仁铁路与在建东北东部铁路通道衔接，该线建设不仅可以补充完善辽宁东部铁路网，而且成为东北东部铁路与本溪、沈阳枢纽联通的便捷通道，对增强区域路网运输组织机动性和灵活性将发挥重要作用。同时，对开发沿线旅游资源，促进地方经济发展亦具有重要意义。

（二）前期工作

2009年4月21日，铁道部与辽宁省签订田师府—桓仁铁路建设协议，该项目由铁道部负责组织建设并筹措工程费用，辽宁省负责依法征地拆迁工作。11月，沈阳铁道勘察设计院开展该项目前期工作，并于12月完成预可行性研究。12月8日，铁道部发展计划司组织完成预可研审查。2010年1月19日，铁道部、辽宁省人民政府以铁计函〔2010〕61号文批复该项目建议书。3月，沈阳铁道勘察设计院完成可研报告。4月14—16日，铁道部鉴定中心组织可研审查。11月19日，铁道部、辽宁省人民政府以铁计函〔2010〕1532号文批复可研报告。同年10月10日，沈阳铁道勘察设计院完成初步设计文件。11月3日，铁道部组织初步设计审查。2012年12月2日，铁道部以铁鉴函〔2012〕1616号批复初步设计。

工程范围 线路全长74公里；配套建设铁刹山站—既有田师府站联络线4.0公里。

车站分布 全线新设铁刹山、碱厂、大阳、八里甸子、花博山共5座车站，预留马鹿泡会让站。

主要技术标准 铁路等级国铁Ⅱ级；正线数目单线；设计最高行车速度120公里/小时；限制坡度12‰；最小曲线半径一般地段1200米、困难地段800米；牵引质量近期2000吨、远期4000吨；牵引种类内燃、预留电化条件；到发线有效长880米；半自动闭塞。

（三）建设进度及主要工程量

田师府—桓仁铁路于2013年7月开工。设计桥梁14385延长米/25座，完成4290延长米，为设计总量29.8%；设计隧道27802延长米/15座，完成8068延长米，为设计总量29.0%；土石方完成126万立方米，为设计总量31.2%；征地1912亩，为设计总量70.9%；拆迁完成1.8万立方米，为设计总量58.1%。

（四）工程投资

田师府—桓仁铁路计划总投资28.1152亿元。2013~2015年，累计完成投资12.1亿元，为计划总投资43.0%。其中路内投资11.1亿元，路外投资1亿元。

二、火石岗至渤海铁路

火石岗—渤海铁路北起沈阳西部工业走廊张士开发区火石岗，向南经辽中、台安、盘山县，最终抵达沟海线渤海站，全长108公里。

（一）项目论证

火石岗—渤海铁路将三火铁路与金渤铁路联通，不仅为沈阳西部工业走廊打开一条进出海通道，同时也成为盘锦港一条重要疏港通道，对促进辽宁省实施环渤海经济圈"五点一线"发展战略具有重要意义。

（二）前期工作

2009年6月，沈阳铁道勘察设计院完成预可行性研究。8月26—27日，铁道部发展计划司组织预可研审查。11月完成可研报告。2010年3月12日，铁道部与辽宁省签订火石岗—渤海铁路建设协议。该项目铁道部负责组织建设并筹措工程费用，辽宁省负责依法征地拆迁工作。4月9日，铁道部、辽宁省人民政府以铁计函〔2010〕

434号文批复该项目建议书。2010年4月11—13日，铁道部鉴定中心组织可研审查。9月26日，铁道部、辽宁省人民政府以铁计函〔2010〕1247号文批复可研报告。6月，完成火石岗—渤海铁路初步设计。8月21—22日，铁道部组织初步设计审查。12月10日，铁道部以铁鉴函〔2010〕1638号文批复初步设计。

工程范围 线路全长108公里；同步实施三台—火石岗铁路及马三家联络线约38公里现状电化。

车站分布 全线近期开设火石岗、近海、台安南、盘山、渤海5个车站，其中新建站3个，既有站改建2个。

主要技术标准 铁路等级国铁Ⅱ级；正线数目单线；限制坡度6‰；最小曲线半径一般地段1200米、困难地段800米；牵引种类电力；机车类型SS4；牵引质量5000吨；到发线有效长1050米；半自动闭塞；建筑限界满足开行双层集装箱列车条件。

（三）建设进度及主要工程量

火石岗—渤海铁路于2012年11月开工。正线铺轨完成40.9公里，为设计总量38.2%；站线铺轨完成9.3公里，为设计总量32.3%；路基土石方完成682.1万立方米，为设计总量50.0%；新建桥梁完成12424延长米，为设计总量52.1%；接触网挂网完成119条公里，为设计总量55.4%；征地完成4280亩，为设计总量60.5%；新建房屋完成4974平方米，为设计总量31.9%；拆迁完成3.0万立方米，为设计总量9.8%。

（四）工程投资

火石岗—渤海铁路计划总投资35.1701亿元。2010—2015年，累计完成投资24.4亿元，为计划总投资69.4%。其中，路内投资19.9亿元，路外投资4.5亿元。

附：2015年完成前期工作尚未建设的新线

长春—西巴彦花铁路

一、项目论证

长春—西巴彦花铁路自长白线开安站至通霍线西巴彦花站，跨吉林省、内蒙古自治区，线路全长393.4公里。新建长春—西巴彦花铁路，对促进吉林、内蒙两省区域经济、社会发展具有重要拉动作用。同时，该线的建设可完善铁路网布局，进一步增强蒙东地区铁路煤炭运输通道能力，为蒙东煤炭资源开发提供运力保障。

二、前期工作

2012年，吉林省、内蒙古自治区发展改革委联合向国家发展改革委上报《关于申请核准长春至长岭至乌斯台（西巴彦花）铁路项目的请示》（吉发改铁道联〔2012〕1320号）。

2014年6月6日，国家发展改革委依据国土资源部《关于新建铁路长春（开安）至西巴彦花线建设项目建设用地预审意见的复函》（国土资预审字〔2014〕32号）、环境保护部《关于新建铁路长春（开安）至西巴彦花线环境影响报告书的批复》（环审〔2013〕314号）、内蒙古自治区住房和城乡建设厅《建设项目选址意见书》（选字第〔150000201400008〕号）、吉林省住房和城乡建设厅《建设项目选址意见书》（吉规选字第〔2013〕049号）、国家发展改革委办公厅《关于长春（开安）至西巴彦花线项目节能评估报告的审查意见》（发改办环资〔2014〕154号）、铁道部《关于同意调整长春至太平川至乌斯台铁路项目合资模式的复函》（铁计函〔2012〕879号）、吉林省发展改革委《关于呈报新建铁路长春（开安）至西巴彦花线（吉林省段）社会稳定风险评估意见的请示》（吉发改铁道〔2014〕245号）、内蒙古自治区发展改革委《关于报送长春（开安）至西巴彦花铁路项目内蒙古段社会稳定风险评估结论的报告》（内发改铁路字〔2014〕578号）相关文件，印发《国家发展改革委关于新建长春至西巴彦花铁路项目核准的批复》（发改基础〔2014〕1246号），原则同意项目建设方案。项目法人为吉林长达铁路有限公司。

功能定位 该项目是以煤炭运输为主的资源开发性铁路，是客货兼顾的区域性铁路。

建设规模 项目自开安站引出，经长岭、通榆、突泉县和科尔沁右翼中旗至通霍线西巴彦花站，新建正线全长391公里。

主要技术标准 国铁Ⅰ级；单线、预留双线条件；电力牵引；牵引质量5000吨、预留10000吨；到发线有效长1700米。

投资估算、资金筹措与建设工期　该工程估算总额164.67亿元，其中，工程投资160亿元，机车车辆购置费4.67亿元。本项目资本金占项目总投资30%，吉林市百强实业集团有限公司、吉林省交通投资集团与中国铁路总公司作为项目股东分别按60%、30%、10%的比例出资，通过自筹解决；其余资金使用国家开发银行贷款。

其他事项　核准文件有效期2年，自批复之日起计算。在核准文件有效期内未开工建设项目的，应在核准文件有效期届满30日内向国家发展改革委申请延期。项目在核准文件有效期内未开工建设也未申请延期的，或虽申请延期但未获批的，核准文件自动失效。

2014年8月18日，吉林长达铁路有限公司根据铁道部工程设计鉴定中心《关于新建长春（开安）至西巴彦花铁路初步设计评审意见》（鉴综函〔2014〕233号），经请示吉林省发改委同意，印发《关于新建长春（开安）至西巴彦花铁路初步设计的批准意见》（吉长达字〔2014〕第33号）。

设计范围　长春（开安）至西巴彦花铁路，自长白线开安站（含）至通霍线西巴彦花站（含），正线全长393.41公里。

经济运量　近期2025年区段货流密度2015万吨/年、客车2对/日；远期2035年区段货流密度3010万吨/年、客车4对/日。

车站分布　近期设开安、丁家屯、太平山、庆福公屯、长岭、乌兰敖都、大布苏、鸿兴东、黑水、呼和车力、太本、突泉、毛杜营子、西巴彦花14个站（所）。其中，开安、西巴彦花为接轨站；长岭、鸿兴东、黑水、突泉为办理客货运

作业中间站；太平山、大布苏、乌兰敖都为办理客运中间站；丁家屯为万吨列车分解组合车站；毛杜营子为线路所；其余均为会让站。

运输组织　大宗煤炭车流组织装车地至长春北及其以远的始发直达列车，空车原列返回装车地；万吨重、空车在丁家屯站分解组合；沿线地方车流较大的组织区段列车运输；其余零散车流组织小运转或摘挂列车挂运；调度指挥归沈阳铁路局调度所统一指挥。

主要技术标准　国铁Ⅰ级；单线、预留双线；设计行车速度120公里/小时，平面预留160公里/小时条件；最小曲线半径一般地段2000米、困难地段1600米；限制坡度6‰、重车方向4‰；电力牵引；牵引质量5000吨、1万吨；到发线有效长1700米；自动站间闭塞。

线路　正线及相关疏解线采用重型轨道标准；铺设无缝线路；一级碎石道床。

三、工程概算

长春—西巴彦花铁路工程总概算144.2亿元，其中静态投资127.82亿元、建设期贷款利息11.8亿元、机车车辆购置费4.67亿元、铺底流动资金0.33亿元。

附：2015年在建联络线

大安北联络线　在长白线改造中，曹家窝堡为新建越行站，大安北联络线引入该站。

致富联络线　在长白线改造中，白城站平齐线北端设致富线路所后，新建联络线引入白城站白阿及长白车场，向南下穿长白双线后接入穆家店站。

铁刹山—田师府站联络线　在田桓线建设中，新建铁刹山站—既有田师府站联络线4.0公里。

第三章 既有线改造

"九五"计划期初，沈阳铁路局管内既有铁路干支线共56条，既有联络线38条。营业里程8810.9公里。为加快东北铁路运输通道能力建设，从1996年起，铁道部、铁路局逐年加大投入，20年来，共投入更新改造资金408.5亿元对既有铁路线路及其设施、设备进行有计划改造。2002年，哈尔滨—大连铁路电气化改造完成，结束东北无电气化铁路历史。2004—2006年，铁路局对既有哈大、沈山线完成提速安全标准线建设。2007—2015年，相继完成沈山、沟海等7条线路电气化改造，完成电气化改造里程1750公里，占既有线总营业里程19.9%。通霍、平齐等11条线路亦开始实施电气化改造，既有线在建电气化铁路规模3074公里，占既有线总营业里程34.9%。20年来，先后完成平齐、通霍等7条既有线增二线改造，既有线双线及以上线路达3502.1公里，占既有线总营业里程39.7%，比1996年增加1870.9公里，增长114.6%。

改善既有客运设施，在新建沈阳南、大连北、长春西等大型客站基础上，对既有长春、四平、吉林、沈阳、沈阳北、大连等近60个三等以上车站的客运站舍、旅客服务设施进行大规模改造和扩建，大幅提升客运输送能力、乘车环境与服务水平。从2003年11月开始，沈阳铁路局告别臂板电锁器联锁。2004年后，对既有沈山线、京哈线开原—兰棱间自动闭塞线路进行升级改造、对沟海等11条线路全部或部分区段实施自动闭塞改造，既有线自动闭塞里程2987.5公里，占既有线总营业里程33.9%。其中新增自动闭塞里程1724.9公里，比1996年增长136.6%。20年来，京哈线沈阳以北及沈大、沈山三大主要干线列车追踪间隔时间实现10分钟改8分钟、8分钟改7分钟两次飞跃。2015年，自动闭塞线路列车追踪间隔时间缩短至货物列车7分钟、旅客列车6分钟、动车组5分钟。京哈线沈阳以北以及沈大、沈山、沈吉等8条线路全部建成干线通信光缆。到2015年，既有线运行速度达120公里/小时及以上线路3432.1公里，占既有线总营业里程39.0%。其中，运行速度120~160公里/小时区段2592.3公里，占既有线总营业里程29.4%；运行速度160~200公里/小时区段839.8公里，占既有线总营业里程9.5%。既有京哈、沈大、沈山、沟海、高新、沈丹、平齐、通让线运行速度均达120公里/小时及以上。

第一节　哈尔滨至大连铁路电气化改造

哈尔滨—大连电气化铁路是东北第一条电气化铁路。改造工程始于1994年，2001年11月30日全线电化开通。

一、项目论证

随着东北地区经济发展，长大线日趋紧张的运输能力，制约着辽宁乃至东北经济发展，急需实施改造。1993年4月，铁道部领导及有关部门负责人与专家，对哈大线技术改造方案进行全线调研论证，形成《关于哈大线技术改造调查报告》。1996年5月，铁道部计划司会同铁道部有关司局及相关部门和沈阳、哈尔滨铁路局共12个单位的负责人和专家，对哈大线电气化扩能技术改造项目再次进行论证。与会负责人和专家认为电气化改造方案是综合效益最好、适应期最长方案；哈大电气化改造要与提速相结合，从1997年起加大投资力度。

二、前期工作

1990年，铁道部向国家计委上报《关于审批哈尔滨至大连铁路电气化改造项目建议书的请示》。12月31日，国家计委批复哈大电化改造项目建议书。1991年4月19日，铁道部《关于哈尔滨至大连铁路电气化设计任务书》上报国家计委。1992年8月8日，国家计委印发《关于哈尔滨至大连铁路电气化可行性研究报告的批复》。8月16—23日，铁道部建设司到哈大线进行现场调研。24—29日召开哈大线电气化改造工程初步设计审查鉴定会，国家计委、辽宁、吉林、黑龙江三省及东北电管局、国家审计署东北办事处负责人参加鉴定会。会议形成初步设计审查意见。1993年7月13—16日，铁道部建设司召开哈大电气化改造工程补充初步设计鉴定会。8月16—22日，铁道部建设司主持召开哈大电气化改造工程初步设计鉴定会。10月18日，铁道部以铁建函〔1993〕540号文批复工程初步设计。1994年7月4日，中德两国政府总理签署《谅解备忘录》，决定由德国政府提供3.6亿马克贷款，用于哈大电气化改造工程引进德方牵引供电技术设备与管理。1995年2月14日，国家审计署对哈大电气化改造工程进行开工前审计。1997年7月24—28日，哈大电气化改造工程技术设计审查会召开，国家计委、铁道部有关司局及沈阳、哈尔滨铁路局负责人与会。

哈大电化改造工程主要技术标准为国铁Ⅰ级干线；正线数目双线；近期旅客列车运行速度140公里/小时，设计最高速度160公里/小时；远期运行速度200公里/小时；上、下行货物列车牵引质量均为5000吨；设计输送能力7500万吨/年；闭塞方式采用WG-21A、18信息两种自动闭塞类型。

三、工程建设进度

1993年10月，沈阳铁路局组建哈大铁路电气化改造工程指挥部。1993—1995年，征地拆迁全部完成，其中征地2051亩；路基桥涵全面开工；大石桥—大连间干线通信电缆工程及中间站股道延长和三电配合工程开工；分水、他山、葫芦峪、南台、立山、张台子、十里河7个中间站技术改造工程先后完成施工转线并交付使用。长春枢纽长春北编组站改造，沈阳枢纽苏家屯编组站下行系统改造及揽军屯、林盛堡、浑河、转弯桥站改造以及沈阳北供电段工程、沈阳空调检修基地、浑河五线桥新建工程，大连枢纽金州编组站Ⅲ场、金窑线引入金州编组站等工程相继开始施工。

1996年，金州站编组场Ⅱ场、Ⅴ场及上、下行外环线建成。同年12月13日，金州编组站上行

出发场（Ⅱ场）开通使用。金窑支线引入金州编组站。1997年6月18日、7月21日，平顶堡水害地段线路改造工程分别完成下、上行线转线施工。10月28日，大连—大石桥间通信光缆工程开通，是沈阳铁路局管内第一条光缆通信工程。同年，完成灯塔、新城子、得胜台、中固、开原、满井、毛家店7个中间站及大连—大石桥、大石桥—林盛堡、虎石台—大屯间中间站股道延长工程。1998年，沈阳枢纽苏家屯编组站下行系统改造中的土石方、铺轨、桥涵等工程基本完工，三电配套工程同步交付使用，揽军屯、林盛堡、浑河、转弯桥、虎石台站改造及浑河五线特大桥完工；同年5月7日，金州编组站货场开通运营。

1999年，沈阳枢纽沈阳北供电段工程、沈阳空调检修基地完工；大连枢纽金州编组站工程进行二次扩大征地拆迁，路基轨道、桥涵、三电、生产房屋、空调检修基地及二十里台站改造开始实施；沈阳—陶赖昭间干线通信光缆工程完成。同年12月5日，接触网第一锚段施工在海城正式开工，哈大电化改造工程进入第二阶段。2000年3月5日，哈大电化工程接触网挂网全面展开。6月20日，哈大电化改造重点工程之一金州编组站通过铁路局验收；大连—大石桥、大石桥—林盛堡、虎石台—大屯间股道延长及通号、电力、电气化续建施工；小半径曲线改造、平交道口改立交及万家岭—许家屯间软化坡度开始施工；全线18信息自动闭塞改造开始实施。

2001年，完成大连—大石桥、大石桥—林盛堡、虎石台—大屯间股道延长和大连—大石桥、大石桥—林盛堡、林盛堡—四平间自动闭塞改造；通号、电力、电气化施工和接触网挂网全部完成；小半径曲线改造、平交道口改立交、软化坡度等配套改造工程亦全部完成。同年7月13日，铁路局正式批复《沈阳南—哈尔滨段电气化开通的总体方案》。8月9日，铁岭—哈尔滨段冷滑试验一次成功。8月18日，沈阳北—哈尔滨间电气化改造工程开通。9月21—22日，沈阳铁路局在沈阳北—哈尔滨间进行提速试验。下行全程运行5小时30分，上行全程运行5小时10分，比当时特快列车运行时间压缩40分钟。9月26日，沈阳北—哈尔滨段正式移交铁路运营部门接管。11月15日，大连站完成临时过渡挂网。11月19

日，沈阳北—大连间进行运行速度100公里/小时动态检测试验。11月22日，沈阳南（苏家屯）—大连间接触网送电。11月28日，沈阳北—大连间进行通车试验。11月30日，全线开通庆典在沈阳举行。

四、工程投资和主要工程量

哈大电化改造工程（沈阳铁路局管内）累计完成投资1127671万元。其中，1994—1997年，更新改造投资33000万元；1996—1999年，基本建设投资610000万元；2000—2002年，基本建设投资517671万元。其中，用于全线区间改造累计投资695495万元；长春枢纽累计投资128385万元；沈阳枢纽累计投资136823万元；大连枢纽累计投资166968万元（含大连站舍投资6000万元）。

第一阶段技改工程主要包括：大连、沈阳、长春三大铁路枢纽改造；中间站通信、信号、电力设施改造；全线自动闭塞改造；改造小半径曲线91处、更换提速道岔523组、平交道口改立交311处；管内58个中间站到发线延长至1050米；软化线路坡度8处；改造老龄桥17座；整治水害路基2处；改造机务段5处，新建折返段、运用段4处；空调车检修基地3处；完成光缆敷设852公里；电气集中设备改造完成146个站场。

第二阶段电化改造工程主要包括：新建牵引变电所17座；挂网2800条公里；新建电力调度中心、供电维修管理中心4个和17个接触网工区；全线建立完整的远动控制系统；牵引动力采用国产SS4、SS9型电力机车。哈大电化工程系统引进德方牵引供电设备、技术、管理模式和维修模式；全线17座牵引变电所采用220KV高压单相主变压器供电，最大容量63MVA，采用德国RE200C标准；接触网采用直供加回流线供电方式。

2004年8月18日，铁道部发出《关于印发六大干线提速安全标准线建设工程改造任务、更改和大修计划安排的通知》。按照铁道部提速安全标准线建设总体部署，既有哈大线又进行大规模提速安全标准线建设并于2005年全部达到规定标准。

五、运能运量

通过能力 2005年，大连—长春北间，平行运行图能力最大区段为虎石台—四平间。列车追

2005年哈大线各区段客货流密度表

表1-3-1

客流密度（万人/年）			货流密度（万吨/年）		
区段别	上行	下行	区段别	上行	下行
大　连—金　州	910	851	沙河口—周水子	1441	168
金　州—瓦房店	899	858	周水子—南关岭	2043	447
瓦房店—大石桥	876	864	南关岭—金　州	2861	731
大石桥—沈阳南	993	1228	金　州—田　家	4937	1618
沈阳南—沈　阳	1460	1703	田　家—瓦房店	5088	1674
沈　阳—沈阳北	2554	2602	瓦房店—沙　岗	5210	1671
沈阳北—开　原	2010	2030	沙　岗—大石桥	6776	2507
开　原—四　平	1828	1845	大石桥—唐王山	7169	2739
四　平—长　春	1653	1681	唐王山—辽　阳	7787	2815
长　春—陶赖昭	1219	1218	辽　阳—沈阳南	8527	2379
			沈阳南—浑　河	10957	3881
			浑　河—沈　阳	10244	3105
			沈　阳—沈阳北	2916	1048
			沈阳北—铁　岭	9130	2064
			铁　岭—开　原	8218	2118
			开　原—四　平	8375	1929
			四　平—长　春	7087	1996
			长　春—陶赖昭	5895	981

踪间隔7分钟，平行运行图通过能力193对/日，图定客车55对/日、货车70对/日。其他区段列车追踪间隔均为8分钟，平行运行图通过能力均为169对/日。周水子—南关岭间，图定客车31对/日、货车35对/日。

输送能力 2005年，各区段货运机车牵引质量分别为：大连北—金州间上行3100吨、下行3000吨；金州—沈阳南间上、下行均为5000吨；虎石台—长春北间上行5800吨、下行5500吨。同年5月18日，哈尔滨南—沈阳枢纽间5500吨重载货物列车全线贯通。货运输送能力最大区段为虎石台—沈阳南（原苏家屯）间，上行16898万吨/年、下行10984万吨/年；输送能力最小区段为金州—南关岭间，上行5917万吨/年、下行2945万吨/年。

第二节 京哈线

秦沈客运专线开通后，北京经由秦沈客专—沈阳—哈尔滨线路统称京哈线，本节按现行称谓

仅记述沈阳—兰棱（陶赖昭）间1996—2015年电化以外其他改造。

1996年，沈阳—陶赖昭间营业里程426公里，全部为双线；正线均铺设60公斤/米钢轨；自动闭塞；线路等级国铁Ⅰ级。全年发送货物（含沈阳、长春站）1039.4万吨；到达货物2604.8万吨；发送旅客4721.7万人。沈阳、哈尔滨铁路局分界站为陶赖昭站。陶赖昭分界口日均接入重车2093车、接入空车13车；日均交出重车590车、交出空车1613车。全年接入货物4540万吨，其中通过货物1247万吨，输入货物3293万吨；全年交出货物1023万吨，其中通过货物475万吨，输出货物547万吨；全年接入旅客709万人，其中通过旅客258万人，输入旅客442万人；全年交出旅客729万人，其中通过旅客263万人，输出旅客467万人。

一、提速改造

（一）小半径曲线改造

2003—2005年，投资2748万元完成沈阳—铁岭间429公里处曲线改造。2004—2006年，累计投资111900万元完成昌图—泉头间曲线改造，其中铁道部投资29829万元，铁路局配合投资82071万元。昌图—泉头间全长14.4公里，小半径曲线集中，曲线延长合计7.6公里，占52.8%。这些限速点已成为制约全线提速"瓶颈"。该段改造主要技术标准为提速目标值160公里/小时，线路最小曲线半径一般地段1600米、困难条件下1400米。改造方案为京哈正线从昌图站引出后远离满井站，向泉头站方向进行大改线，通过一组半径为1400米和1500米反向曲线与既有线在543公里100米处相接，线路缩短1.97公里。在543公里850米处新建泉头站，对原泉头站小半径曲线进行改线，改线终点为547公里150米，共改线12.8公里。取消满井站，对昌图站进行改造，取消昌图站两侧小半径曲线。

2004年10月开工，2006年5月全部竣工。该工程征地197亩；新铺正线9.5公里；动用土石方25.7万立方米。区间建成投产后，线路缩短1.97公里，旅客列车运行速度提至160公里/小时，旅客列车走行时分缩短4分钟。期间，在沈阳以北提速工程中还同步改造其他10处19条限速

曲线，沈阳—陶赖昭间列车运行时间压缩10分钟。

（二）平交道口及老龄桥改造

1998年，投资2388万元，在既有长大线完成28处平交道口改造。2000—2001年，完成既有长大线沈阳以北段5处老龄桥改造。2002—2004年，投资33460万元用于平交道口改造。其中，铁道部投资7714万元，铁路局投资25746万元，在既有长大线完成平交道口改立交88处。同期，投资813万元完成既有长大线517公里老龄桥改建。2005年，完成既有长大线589公里处平交道口改造，京哈线沈阳以北段既有平交道口全部消灭。2011—2013年，配合吉林省交通厅在京哈线902公里838米十家堡处新建立交桥一座，累计投资1766万元。2014—2015年，在第一批96处平交道口改造中，投资1606万元完成1010公里861米~1012公里631米处立交桥积水整治。

（三）沿线栅栏封闭

1998—1999年，投资3238万元用于提速区段沿线封闭。2004—2005年，投资2536万元用于沈阳—兰棱间提速区段沿线封闭，2005年底沿线封闭全部完成。

（四）自动闭塞改造

2004—2005年，开原—兰棱间ZPW-2000系列自动闭塞改造全部完成。累计投资19103万元，建成四显示自动闭塞367公里。2007年，京哈线沈阳—兰棱间线路运行速度允许值均在160~200公里/小时范围。

二、线路设施、设备改造

客运设施　2000年，投资1409万元完成金沟子、马仲河、满井、泉头、毛家店、双庙子、开原、虎石台、新台子、文官屯、乱石山、得胜台、中固13个中间站站容站貌改造。2001年，全国铁路实施客票发售和预订系统工程（PMIS），京哈、沈大线所有旅客快车停车站全部实现微机联网售票。投资215万元新建铁岭站站台雨棚4200平方米。2011年，用于铁岭站客运设施改造投资3499万元。2003年投资300万元新建昌图站站舍，2005年投资300万元完成昌图站站台雨棚及旅客地道改造。2004—2005年，投资3631万元用于四平站舍及客运设施改造。其中投资2829万元新建四平站舍，新建候车室5个，使用面积

2965平方米；投资802万元完成雨棚及一站台改造。2014年，投资205万元完成四平站客服系统改造；投资506万元完成德惠站改造。

货运设施　1998—1999年，投资417万元在四平加冰所新建东北铁路网上第一座机械化制冰设施。1999年，投资1127万元在虎石台等站更换提速道岔28组；2010年，为满足开行万吨列车需要，投资2551万元改造公主岭站场。2011年，用于铁岭站西货场改造投资1934万元，改造面积4448平方米；2013年，投资1000万元完成德惠、扶余站货场改造。2012—2015年，投资8767万元用于公主岭站货运设施改造。其中，2012年投资3266万元新建公主岭综合物流基地；2012—2013年，投资2278万元新建公主岭站集装箱场；2014—2015年，投资3223万元完成公主岭站货场改造。2015年，投资1892万元完成范家屯站货运快运基地建设和吊车改造，其中铁路总公司补助投资1050万元。

信息化建设　2001—2002年，投资3537万元完成京哈、沈大线铁路运输管理信息系统（TMIS）、调度指挥系统（DMIS）、车辆管理信息系统（CMIS）"三合一"整合工程。2002—2005年，投资5253万元完成京哈、沈大线DMIS工程建设。

其他　1996年，投资281万元用于京哈线沈阳以北正线股道电码化建设，沈阳以北正线股道电码化全部补齐。1997年，投资2562万元完成沈阳以北无线列调400兆改造及无线列调场强盲区改造。2000年，投资759万元在京哈线各站增设电气集中微机检测设备。2010—2011年，用于四平站集中联锁改造信号工程累计投资4560万元；用于四平站集中联锁改造信号工程其他配套投资1289万元。2013—2014年，投资3242万元用于京哈、沈山、沈大、沟海线开行货运列车安装和使用列尾装置。2014—2015年，铁路总公司投资2149万元、铁路局配合投资121万元完成开原站到发线和电气化挂网。

三、运能运量

2015年，沈阳—兰棱段营业里程472.1公里。线路等级国铁Ⅰ级；自动闭塞；动车组（含高速动车组）追踪间隔5分钟，其他客车追踪间隔6分钟，货物列车追踪间隔7分钟；限制坡度上行7.0‰，下行8.1‰；到发线有效长1050米；线路允许速度160公里/小时。沈阳北—长春间，最小曲线半径460米；货运机型HXD3B、DF4，牵引质量分别为6000吨/5500吨、3550吨/2900吨。长春—兰棱（含兰棱口）间，最小曲线半径601米；货运机型HXD3B、DF4，牵引质量分别为5800吨/5500吨、3550吨/2900吨。沈阳北—四平间，图定客车72对/日；行包班列上行8列/日、下行9列/日；货车上行58列/日、下行57列/日。四平—长春间，图定客车66对/日；行包班列上行5列/日、下行7列/日；货车上行56列/日、下行54列/日。长春—兰棱间（含兰棱口），图定客车50对/日（兰棱口48对/日）；行包班列上行4列/日、下行6列/日；货车上行43列/日、下行41列/日。

沈阳北—兰棱段设车站38个，其中长春为特等站；沈阳北、四平、长春北为一等站；二等站5个；三等站8个；四等站21个。沈阳北—兰棱段（不含沈阳）发送货物538.9万吨；到达货物2090.8万吨；发送旅客5953.5万人。

货流密度：沈阳北—铁岭站间上行4434.6万吨/年、下行2117万吨/年；铁岭—开原间上行3663.4万吨/年、下行1722.1万吨/年；开原—四平间上行4021.9万吨/年、下行1631万吨/年；四平—长春间上行2642.5万吨/年、下行2732.1万吨/年；长春—长春北间上行2299.5万吨/年、下行1177.8万吨/年；长春北—陶赖昭间上行2658.7万吨/年、下行946.2万吨/年；陶赖昭—兰棱间上行2625.1万吨/年、下行854.1万吨/年。

客流密度：沈阳—沈阳北站间上行2454.2万人/年、下行2437.3万人/年；沈阳北—开原间上行3936.5万人/年、下行4068.1万人/年；开原—四平间上行3599.9万人/年、下行3713.5万人/年；四平—长春间上行3437.6万人/年、下行3492.3万人/年；长春—陶赖昭间上行2636.1万人/年、下行2713.1万人/年；陶赖昭—兰棱间上行2403.5万人/年、下行2455.4万人/年。列车平均牵引总重：虎石台—开原间上行4656吨、下行3336吨；开原—四平间上行4776吨、下行3111吨；四平—长春北间上行4013吨、下行3983吨；长春北—陶赖昭间上行2731吨、下行2582吨；陶赖昭—兰棱间上行1786吨、下行1981吨。

2015年京哈线沈阳—兰棱间站别客货运量一览表

表1-3-2

站名	车站等级	省市县属	货运量（吨）		旅客发送量（千人）
			发送量	到达量	
沈阳北	1	辽宁沈阳	—	—	20716
文官屯	3	辽宁沈阳	151	334	—
虎石台	3	辽宁沈阳	19	526	—
新城子	4	辽宁沈阳	62	87	1
新台子	3	辽宁铁岭	1519	1251	—
乱石山	4	辽宁铁岭	17	337	—
得胜台	4	辽宁铁岭	—	—	—
铁岭	2	辽宁铁岭	502	3450	2175
平顶堡	4	辽宁铁岭	—	9	—
中固	4	辽宁开原	—	203	—
开原	2	辽宁开原	335	4644	1449
马仲河	4	辽宁昌图	2	59	—
昌图	2	辽宁昌图	188	190	1182
双庙子	4	辽宁昌图	—	11	—
毛家店	4	辽宁昌图	—	2	—
四平	1	吉林四平	419	1417	3663
十家堡	4	吉林梨树	172	474	—
郭家店	4	吉林梨树	5	211	58
蔡家	4	吉林梨树	—	—	—
大榆树	4	吉林公主岭	1	3	—
公主岭	2	吉林公主岭	589	965	1566
陶家屯	4	吉林公主岭	151	8	90
范家屯	3	吉林公主岭	55	572	241
大屯	3	吉林长春	3	2201	23
长春南	2	吉林长春	452	1580	172
长春	特	吉林长春			25578
长春北	1	吉林长春	252	1155	—
一间堡	4	吉林长春	—	—	13
米沙子	4	吉林德惠	11	105	43
沃皮	4	吉林德惠	22	1	26
布海	4	吉林德惠	8	5	28
德惠	3	吉林德惠	151	384	1394
达家沟	4	吉林德惠	—	—	52
姚家	4	吉林德惠	49	125	55
陶赖昭	4	吉林扶余	45	8	57
团山	4	吉林扶余	—	—	—
扶余	3	吉林扶余	208	386	937
蔡家沟	4	吉林扶余	1	206	17

注：陶赖昭、团山、扶余、邱家、双龙泉、蔡家沟6站
原为哈尔滨铁路局管辖，2003年划归沈阳铁路局。

兰棱分界口日均接入重车1208车、接入空车115车；日均交出重车552车、交出空车766车；全年接入货物2616.7万吨，其中通过货物322.2万吨，输入货物2294.5万吨，全年交出货物822.8万吨，其中通过货物324.2万吨，输出货物498.6万吨；全年接入旅客1417.9万人，其中通过旅客743.8万人，输入旅客674.1万人；全年交出旅客1389.1万人，其中通过旅客719.5万人，输出旅客669.6万人。

第三节 沈大线

沈大线原为长大线沈阳—大连段。2004年铁道部调整线路经由及名称，原长大线沈阳—大连段改称沈大线。1996年，沈大线营业里程399公里。双线；正线均铺设60公斤/米钢轨；无缝线路；自动闭塞；线路等级国铁Ⅰ级。全线（不含沈阳站）发送货物2158.4万吨；到达货物4749.2万吨；发送旅客3036.6万人。沈阳—鞍山间客流密度上行922万人/年、下行1016万人/年；鞍山—大连间客流密度上行570万人/年、下行589万人/年。货流密度分别为：沈阳—苏家屯间上行7214万吨/年、下行3562万吨/年；苏家屯—灵山间上行5703万吨/年、下行2414万吨/年；灵山—大石桥间上行4493万吨/年、下行2394万吨/年；大石桥—瓦房店间上行3505万吨/年、下行1749万吨/年；瓦房店—金州间上行3147万吨/年、下行1518万吨/年。列车平均牵引总重分别为：苏家屯—大石桥间上行3271吨、下行2197吨；大石桥—瓦房店间上行2999吨、下行2073吨；瓦房店—南关岭间上行2826吨、下行2049吨。

一、线路、站场改造

（一）提速改造

1997年，投资383万元完成341公里463米处和瓦房店立交桥改造。1997—1998年，沈大间实施第二、三次提速，提速目标值180公里/小时。1999年，投资2100万元用于沈阳—大连间提速区段沿线封闭，封闭线路146公里；投资1927万元用于126公里、175公里老龄桥改造和363公里254米处十里河上行桥改造。2000—2001年，投

资12594万元，完成沈大线10处老龄桥改造。同期，投资738万元完成135公里、233公里、292公里3处曲线改造；投资114万元完成熊岳城—芦屯间提速区段线路封闭。2002年，投资6753万元完成45处平交道口改立交。2003年，投资31695万元用于沈大线小半径曲线改造、平交道口改立交和沿线封闭。其中，铁道部投资7714万元，铁路局投资13511万元，共计投资21225万元改造平交道口27处；投资10000万元完成沈大线83处小半径曲线改造；投资470万元全部补齐沈大线沿线封闭。2004年，投资2477万元完成小半径曲线改造8处；投资5483万元完成平交道口改立交16处。2005年，投资3572万元完成20处小半径曲线改造；投资1856万元完成63公里~65公里曲线改造。2015年，沈大线运行速度允许值均在120公里/小时以上。其中120~160公里/小时线路305.2公里，占全线营业里程76.5%，比2000年增加154.2公里，增长102.1%；160~200公里/小时线路94公里，占营业里程23.5%。

（二）线路、站场其他改造

辽阳站场　1995—1997年，配合辽化热电厂专用线建设，投资5532万元完成辽阳站上行场改造。在哈大客运专线建设中，辽阳站再次进行改造。该站客场按客专、普速车场不等高设置；客专车场设正线2条，到发线4条，岛式站台2座；还建既有下行货运车场，设到发线3条，调车线6条；站房面积规模4000平方米；高速和普速车场合建信号楼；普速车场采用安全冗余结构计算机联锁设备，客专和普速车场按独立联锁设置。改造工程与哈大客运专线工程同步完成。

灵山编组站　1998—1999年，为适应鞍钢扩能改造需求，基本建设小型项目投资4560万元完成该站驼峰改造。2004—2005年，为满足SS4电力机车自动过分相需求，投资2278万元对该站驼峰再次进行改造。2010—2012年，投资4630万元完成灵山编组站联锁设备和调度集中改造。其中，集中联锁设备改造投资1789万元；调度集中改造投资2841万元。

大石桥站场　2001年，投资349万元用于大石桥站上行场开通改造，包括安装减速顶、TMIS系统、货票传递、商检、列检、供热、脱轨器、列车电控试风装置等。2007—2008年，投资2153万元用于大石桥站提速改造。包括站内下行正线在南咽喉与既有3道换边后与上行线并行；南、北咽喉相应改造；正线道岔更换提速道岔；拆除既有J7、J8、J9及相关线路；信号设备按计算机联锁电气集中改造等。2014—2015年，投资331万元用于大石桥站到发线电气化挂网。

二、线路设施、设备改造

大石桥站舍　1997年，投资300万元完成站舍扩建工程；2004年，投资1585万元（另地方政府投资392万元）新建站舍2968平方米；2005年，投资500万元对二、三站台及雨棚进行改造。

熊岳城站舍　2002年，投资280万元（另地方政府投资80万元）新建站舍；2005年，投资494万元对二站台及地道实施改造。

鞍山站舍　2014—2015年，投资2066万元进行改造。包括利用既有框架结构，向站台方向扩建一层候车室，建筑面积2353平方米；接建候车室及既有候车室装修；完善旅客引导及监控系统，新设广播系统；基本站台改造为1.25米高站台。

中间站靓化　2001—2002年，投资1367万元完成沙河口、周水子、南关岭、二十里台、三十里堡、石河、普兰店、田家、瓦房店、灵山、首山、立山、辽阳、张台子、灯塔、林盛堡、十里河、浑河18个站站容站貌改造。

其他站舍完善　2000年，投资66万元用于瓦房店站一站台雨棚改造；2005年，新建盖州站雨棚投资236万元。

货运设施　1996年，扩建大石桥站货运营业室投资200万元，扩建营业室1800平方米；1997年，货运保价投资490万元用于货运设施改造。其中，鞍山站货运室改造3000平方米投资250万元；海城站货运室改造1000平方米投资100万元；辽阳站货运室改造1000平方米投资80万元；盖县站货运室改造600平方米投资60万元。1997—1998年，投资500万元新建鞍山站集装箱货场；1999年，用于灵山站货运营业室改造投资118万元，改造营业室1500平方米；2000年，投资118万元完成鞍山站货场仓库改造。2014—2015年，铁路总公司补助投资4392万元用于大石桥站货场改造；投资1653万元完成旧堡站货场改造。同期，投资828万元用于南台等22站开行便民列车货运基础设施改造；投资248万元完成芦家屯、许家屯站货运设施改造；投资823万元完成鞍山货运中心正面吊等装卸设备购置；投资102万元用于辽阳、旧堡站货运吊车改造；投资745万元完成灵山站货检安全监控与管理系统建设。

信息化建设　2001—2002年，投资3537万元完成沈大、京哈线沈阳以北铁路运输管理信息系统（TMIS）、调度指挥系统（DMIS）、车辆管理信息系统（CMIS）"三合一"工程。2002—2005年，投资5253万元完成沈大、京哈线沈阳以北DMIS工程建设。

立交桥及其他设施　1998年，投资1122万元完成沈阳—大连间无线列调400兆改造。2000年，投资759万元在各站增设电气集中微机检测设备。2002年，投资1603万元完成175公里680米处下行桥电网排迁工程。2003年，投资216万元新建簸箕寨立交桥。2011—2013年，投资3352万元完成189公里403米处驼台堡大桥改造。2012—2013年，投资110万元完成268公里819米处海城市南一环立交桥建设；投资250万元完成317公里944米处立交桥积水整治。2013—2014年，投资3242万元用于沈大、京哈、沈山、沟海线开行的货运列车安装和使用列尾装置。同期，投资1000万元配合大石桥市人民政府完成237公里264米处新建立交桥。2014—2015年，投资2505万元完成128公里545米处桥梁浅基病害整治；投资266万元用于海城站到发线电气化挂网；投资4655万元用于313公里392米、宝东线6公里209米等8处平交道口改立交。

三、运能运量

2015年，沈大线营业里程399.2公里。线路总延展长度1768.2公里，其中正线延展长度805.5公里。在正线延展长度中，一线398.5公里，二线398.6公里，三线8.3公里；线路等级国铁Ⅰ级。全线电气化；自动闭塞，旅客列车追踪间隔7分钟，货物列车追踪间隔8分钟，其中辽阳—首山间货物列车追踪间隔7分钟；线路运行速度160公里/小时；到发线有效长1050米。

沈阳—大石桥站间，限制坡度上行9.4‰、下行11.6‰；最小曲线半径297米；货运机型为HXD3B、ND5、DF4；HXD3B机车牵引质量均

2015年沈大线站别客货运量一览表

表1-3-3

站名	车站等级	省市县属	货运量（吨）		旅客发送量（千人）
			发送量	到达量	
沈　阳	特	辽宁沈阳	—	—	21826
浑　河	3	辽宁沈阳	—	—	—
苏家屯	特	辽宁沈阳	464.0	2442	849
林盛堡	3	辽宁沈阳	641.0	685	1
灯　塔	3	辽宁灯塔	1037.0	365	180
张台子	2	辽宁灯塔	4124.0	2557	3
辽　阳	2	辽宁辽阳	69.0	428	3327
首　山	4	辽宁辽阳	0.3	514	—
灵　山	2	辽宁鞍山	8799.0	24574	9
鞍　山	2	辽宁鞍山	61.0	13	3354
旧　堡	3	辽宁鞍山	101.0	845	—
汤岗子	4	辽宁鞍山	55.0	762	—
南　台	4	辽宁海城	28.0	8	—
海　城	2	辽宁海城	162.0	505	1607
海岫地铁	—	辽宁海城	20.0	—	—
唐王山	4	辽宁海城	75.0	146	—
葫芦峪	4	辽宁海城	—	—	—
他　山	4	辽宁海城	—	—	—
分　水	4	辽宁大石桥	3.0	39	—
大石桥	2	辽宁大石桥	427.0	657	1277
盖　州	3	辽宁盖州	35.0	77	381
沙　岗	4	辽宁盖州	—	—	—
芦家屯	4	辽宁盖州	60.0	183	—
熊岳城	2	辽宁盖州	1.0	2	1331
九　寨	4	辽宁盖州	—	—	—
许家屯	4	辽宁瓦房店	62.0	49	29
万家岭	4	辽宁瓦房店	1.0	1	—
松　树	4	辽宁瓦房店	—	—	38
得利寺	4	辽宁瓦房店	—	—	—
王　家	4	辽宁瓦房店	15.0	65	—
瓦房店	2	辽宁瓦房店	292.0	547	1990
田　家	4	辽宁普兰店	—	21	—
普兰店	2	辽宁普兰店	259.0	509	1190
石　河	4	辽宁大连	1.0	7	—
三十里堡	4	辽宁大连	259.0	407	5
二十里台	4	辽宁大连	—	—	—
金　州	1	辽宁大连	580.0	8897	1337
南关岭	3	辽宁大连	73.0	184	4
周水子	3	辽宁大连	18.0	415	155
沙河口	3	辽宁大连	2.0	1427	—
大　连	1	辽宁大连	—	—	10068

为6000吨； ND5机车牵引质量均为4500吨；DF4机车牵引质量均为4200吨；图定客车35对/日；图定货车上行77列/日、下行74列/日。大石桥—大连间，限制坡度上行6.1‰、下行5.9‰；最小曲线半径370米；货运机型为HXD3B、ND5；HXD3B机车牵引质量均为5500吨；ND5机车牵引质量上行3100吨、下行3000吨；图定客车30对/日、货车72对/日。

客流密度：沈阳—苏家屯站间上行1916.1万人/年、下行1774.3万人/年；苏家屯—大石桥间上行1762.2万人/年、下行1650.0万人/年；大石桥—瓦房店间上行1359.9万人/年、下行1181.4万人/年；瓦房店—金州间上行1374.9万人/年、下行1144.1万人/年；金州—大连间上行1506.6万人/年、下行1300.9万人/年。

货流密度：沈阳—苏家屯站间上行6572.5万吨/年、下行2213.9万吨/年；苏家屯—辽阳间上行5549.7万吨/年、下行2553.4万吨/年；辽阳—唐王山间上行5717.6万吨/年、下行3339.7万吨/年；唐王山—大石桥间上行5322.3万吨/年、下行3429.2万吨/年；大石桥—沙岗站间上行4717.7万吨/年、下行3445.1万吨/年；沙岗—瓦房店间上行2820.8万吨/年、下行1925.6万吨/年；瓦房店—田家间上行2775.5万吨/年、下行1911.3万吨/年；田家—金州间上行2697.4万吨/年、下行1834.9万吨/年；金州—南关岭间上行792.1万吨/年、下行574.3万吨/年；南关岭—周水子间上行775.2万吨/年、下行489.0万吨/年。

列车平均牵引总重：苏家屯—大石桥间上行4388吨、下行3239吨；大石桥—瓦房店间4041吨、下行3241吨；瓦房店—金州间上行3785吨、下行3125吨。

沈大线设车站40个。其中，沈阳、苏家屯为特等站；金州、大连为一等站；二等站9个；三等站8个；四等站19个。全线发送货物1772.4万吨；到达货物4733.1万吨；发送旅客4896万人。

第四节 沈山线

沈山线西起山海关站，东至沈阳站，为沟通关内外重要铁路通道。1996年，沈山线营业里程441.8公里。线路总延展长度1702.3公里，其中正线延展长度902公里；无缝线路755.2公里；线路最大坡度上行12.0‰、下行8.9‰；最小曲线半径上行350米、下行800米；列车运行速度120公里/小时；自动闭塞439.5公里，半自动闭塞23.0公里；线路等级国铁Ⅰ级。沈山线（不含沈阳站，含皇姑屯、大成、丁香）全年发送货物1053.9万吨；到达货物1706.1万吨；发送旅客1407.6万人。平均客流密度上行1277万人/年、下行1239万人/年。其中，沈阳—锦州间上行1257万人/年、下行1212万人/年；锦州—山海关间上行1302万人/年、下行1275万人/年。全线平均货流密度上行5528万吨/年、下行4097万吨/年。其中，锦州—锦西间上行货流密度最大，为6000万吨/年；沈阳—高台山间下行货流密度最大，为4795万吨/年。马三家—大虎山间平均牵引总重上行3774吨、下行3233吨；大虎山—锦州间平均牵引总重上行3692吨、下行3036吨；锦州—山海关间平均牵引总重上行3659吨、下行3001吨。

山海关分界口日均接入重车2304车、接入空车553车；日均交出重车3051车、交出空车36车。全年接入货物4277万吨，其中通过货物583万吨，输入货物3694万吨；全年交出货物5880万吨，其中通过货物1964万吨，输出货物3916万吨。全年接入旅客1199万人，其中通过旅客332万人，输入旅客867万人；全年交出旅客1248万人，其中通过旅客351万人，输出旅客897万人。

一、线路、站场改造

（一）站场改造

锦州站场 1996年，为实现重载和缓解进出关运输能力紧张状况，铁道部决定对沈山线继续进行技术改造。鉴于锦州站到发、编解能力不足，急需先行修建锦州上行直通场。铁路局先后以沈铁计函〔1996〕162、235号文上报铁道部，拟在锦州东侧百股站站址新建锦州上行直通场，取消百股站，行车指挥归锦州站。建设规模为新建到发线5条，有效长满足1050米；直通场至既有上行场增设联络线1条；直通场至机务段新设机车出入库线各1条。同年，铁道部计划司以计营〔1996〕148号文正式批复，投资规模控制在

4990万元。11月正式开工，1997年12月全部竣工，累计完成投资5390万元。上行直通场交付使用后，锦州站上行到发、编解能力不足状况得到有效缓解。2012—2013年，投资759万元完成上行直通场电化改造。2014—2015年，投资620万元完成锦州站驼峰尾部道岔集中改造。

沟帮子、大虎山、葫芦岛站场 1997年6月，沟帮子、大虎山两站站场改造同时开工。其中，沟帮子站站场改造投资2224万元，当年12月全部竣工；大虎山站站场改造1998年9月竣工投产，累计投资3390万元；1999—2000年，投资808万元完成葫芦岛站（原锦西站）增设简易驼峰工程。

锦县站 2000—2001年，配合锦县大凌河特大双线桥改建工程，累计投资3038万元完成锦县站场改造整治工程。锦县站场改造后，站内股道均延长至1050米，同步解决该站站坪坡度大、站外曲线半径小、站内道口等问题。设计时速由100公里/小时提至120公里/小时，消除了沈阳—锦州间提速区段限速点，不仅有效缓解沈山线运能紧张矛盾，亦为后期沈山线电化改造和沈山全线提速创造条件。

中间站股道延长 1997—1998年，为扩大路网综合能力，实现关内外统一开行牵引定数5000吨重载列车需要，投资11023万元完成前卫、沙后所、东辛庄、韩家沟、塔山、女儿河、八家、励家、柳河沟、兴隆店、新民11站股道延长至1050米工程。2003年，投资200万元完成兴城站到发线延长至1050米改造，沈山全线中间站股道延长工程全部完成。

（二）提速改造

1997—1998年，投资2424万元用于沈山线提速区段沿线封闭，封闭提速区段线路293.2公里，全线提速区段沿线封闭全部完成。1997—2000年，投资12407万元完成平交道口改造83处。2002—2004年，按照"先干线后支线，先繁忙有人看守后无人看守，先危险后一般，先易后难以及地方政府积极配合优先"原则加大道口平改立进程，累计投资14766万元完成89处平交道口改造。2004年，投资714万元完成325公里170米上下行桥、411公里949米上行桥、139公里845米上行桥改建。2005年，配合电化改造铁路局投资6000万元用于沈山线小半径曲线改造。同

年，沈阳—山海关间运行速度值均达120~160公里/小时，达到铁道部关于干线提速安全标准线建设标准。

（三）电气化改造

2004年，为适应京山、沈山线货运量迅猛增长需求，天津—沈阳段电气化改造工程开始实施。沈阳铁路局管内电气化改造范围为京山线局界至山海关、沈山全线。同年12月正式开工，2007年12月全部竣工，累计完成投资300015万元。该工程动用土石方360万立方米；改造大中桥28座/3620延长米；改造涵洞21座/102延长米；架设电力线路401公里；铺轨42.4公里；接触网挂网1141条公里；新建房屋43813平方米。2008年5月，沈山线电化开通运营。货运SS4型电力机车牵引，牵引质量上行6000吨、下行5500吨。

二、线路设施、设备改造

（一）客运

山海关站 2002年，在品牌客运站建设中，山海关站舍仿照"天下第一关"城楼模式设计并进行改造。同年10月开工，2004年11月正式落成，累计投资2411万元。新建站舍高24米，总建筑面积4400平方米；新建普通、软席、贵宾3个候车室，其中普通候车室1215平方米，可容1200人同时候车；设站台4座、客车到发线7条，站台均设有雨棚；新建旅客地道南北贯通；新建钟楼1230平方米，与老钟楼遥相呼应，新设电子巨钟；新设和完善视频监控、电子引导显示、广播、自动检票等客服系统；站舍南侧新建文化墙1165米；基本站台东西两侧新建4米高仿真长城墙600米。2010—2015年，投资2792万元用于山海关站客运设施改造和完善。其中，高站台改造投资1854万元；完善客服系统投资379万元；行包通道改造投资400万元；视频监控及广播系统完善投资159万元。

锦州站 1999—2005年，累计投资3586万元用于客运设施改造。其中，1999年用于站舍三期改造工程投资1262万元，用于二、三站台改造投资126万元。三期改造主要是拆除老站舍，新建二层综合大厅，集候车、餐饮、娱乐、商场、办公及人防为一体，改建面积13441平方米。同年12月26日，三期改造工程全部竣工并交付使用。三期改造完成后，与1984年建成的一期工程候车

室和1989年建成的二期工程售票处、行包房组成设备先进的现代化站舍，站舍最高聚集人数提升至4300人。2000年，投资154万元完成一站台改造；2004年，投资400万元完成第二候车室改造；2005年，投资1644万元完成雨棚改造和旅客引导系统更新。2011—2013年，投资645万元完成客运引导系统改造；投资2588万元完成一、二站台等改造，一站台向东延长80米，改造后长490米，高1.25米；二站台向西延长28.9米，改造后长550米，高1.25米。2014—2015年，投资3091万元用于客运设施改造；投资211万元完成视频监控及部分广播系统。

葫芦岛站 1996年，投资80万元新建一、二站台雨棚。2001年，投资192万元完成站容站貌改造；2005年，投资1261万元完成站台硬面和雨棚改造。2014—2015年，投资9146万元对站舍再次进行改造。改造后的站房，新设旅客扶梯两部；增设车站广播、监控、显示、静态标志等旅客服务设施；新建跨线天桥；改造相应线路，将一、二站台移设并改建为高站台；货运搬迁至马仗房站，马仗房站增加1条货物线，有效长400米。2015年，投资224万元完成行包快运站台改造。

大虎山站 1996年，投资150万元用于行包房换建，新建行包房1364平方米；1999年，投资174万元完成站容站貌改造。2011—2014年，投资3292万元完成站舍改造。新建候车室2个，使用面积1006平方米；改建客运站台3座。

沟帮子站 2000—2001年，投资493万元完成站舍改造；2005年，投资656万元完成雨棚改造。

绥中站 2000—2001年，投资620万元完成站舍改造；投资192万元完成站容站貌改造；2004年，投资274万元完成旅客地道改造。

凌海站 2009年，投资2501万元新建站舍；2010—2011年，投资367万元完成基本站台延长改造。

新民站 2002年，新民站舍改造投资440万元，其中铁路局投资300万元，地方政府投资140万元。新建站舍2127平方米，候车室面积540平方米，欧式建筑风格。

其他客运改造 1997年，投资300万元完成兴城站舍改造；2000年，投资426万元完成马三家、大甸、白庙子、望海、沙后所、高岭、荒地、前所、前卫9个站站容站貌改造；2001年，PMIS系统工程开通，沈山线所有旅客快车停车站实现联网售票。

（二）其他设施、设备改造

通信信号 1996年，投资1982万元用于锦州通信枢纽建设并于当年建成。1997—2000年，投资7360万元完成沈阳—山海关间干线通信光缆改造工程；投资569万元在沈山线增设自动闭塞维护中心及检测设备；投资550万元增设自动闭塞遥控遥测装置45台。2005年，对沈山线46个站TDCS车站双机双采集、双值班员终端和2M通道进行改造，并对34个站1691组道岔表示缺口加装微机监测。2010年，投资4044万元完成沈山线调度集中改造；2012年，投资2935万元完成山海关站集中联锁改造。2013—2014年，投资68900万元完成沈山线自动闭塞改造。改造后全线为四显示自动闭塞，正向追踪运行按6分钟布点，反向行车按自动站间闭塞运行；自动闭塞设备采用ZPW-2000型无绝缘移频轨道电路，设置贯通地线；发送器每站按上下行N+1备用，接收器双套热备；配置ZPW-2000系列子系统监测设备；采用四线制预叠加电码化，正线接、发车进路采用预叠加电码化电路，侧线股道采用占用叠加电码化电路，电码化发送设备采用ZPW-2000型电码化发送器。

货运 1997年，投资118万元用于锦西（现葫芦岛）站货场改造，完成货场硬面8176平方米，货运营业室改造400平方米；2000年，投资60万元用于葫芦岛站增设货车装载状态监控系统；2002年，投资382万元改造锦州站货场。2014年，投资11000万元完成锦州物流基地建设，新建货物线4条，其中，货1道直线段长度520米，货2道有效长665米，设货物站台1座，站台上设粮食、化工、化肥仓库，仓库面积4814平方米；货3道有效长590米，新设25米跨36吨龙门吊1座，走行轨长345米，走行轨下设集装箱、木材、钢材货区；货4道有效长614米，为卸煤线路。物流基地另设走行线1条、调车线2条、牵出线1条。2014—2015年，投资833万元用于新民站货运设施改造。其中，货场改造投资580万元，货运吊车改造投资253万元。同期，投资965万元用于绥中、红旗等24站开行便民列车货运基础设施改造；投资338万元完成锦州货运中心正面吊等装卸设备购置。

机务　2010—2011年，投资816万元用于锦州机务段山海关机务整备车间改造。

2014—2015年，投资57517万元用于锦州机务段等机务整备设施改造，其中用于锦州（含苏家屯）机务段改造投资39453万元。在锦州机务段内新建3线机车整备棚1580平方米；增设机车车号识别、轮对动态检测、走行部动态监视、受电弓动态检测、整备作业综合管理、股道管理自动化、大功率机车车载数据专家处理系统和自动过分相检测装置、列车直供电试验设备、制动机机能试验设备、便携式检测设备等。用于锦州机务段山海关（客、货）整备场改造投资9897万元。在山海关（客）整备场增设机车车号识别、整备作业综合管理、股道管理自动化系统等；在山海关（货）整备场新建4线机车整备棚1400平方米，增设机车车号识别、轮对动态检测、走行部动态监视、受电弓动态检测、整备作业综合管理、股道管理自动化系统和自动过分相检测装置、列车直供电试验设备、便携式检测设备等。2015年，投资9191万元用于锦州机务段机车加装改造等。

车辆　1999年，投资619万元完成锦州东车辆段站修所改造；2000—2001年，投资371万元用于锦州客货车辆段改造。其中，客车车辆段改造199万元，货车车辆段改造172万元；2012年，投资140万元完成锦州车辆段变电所改造。2012—2014年，投资4391万元完成锦州客车整备所洗衣厂改造，按日洗涤能力10吨恢复洗衣厂；新增洗衣设备；利旧原污水处理设施，更新污水处理设备；利用既有客车洗刷库厂房，改造安装客车洗刷设备，洗刷库牵出线按19辆编组长度改建；利用既有库房改造为客车检修临修库，库内新设客车检修地沟73米，并配套部分客车检修作业平台、电动架车机等客车检修和试验检测等设施设备。期间，另投资101万元完成锦州客车整备所集便吸污设备及化粪池改造。2014—2015年，投资4950万元完成锦州客车整备所改造。新建3条检修地沟1310米、整备库面积97970平方米、消防泵房100平方米；新设车顶作业平台

482米；地面硬化4300平方米；增设地面电源、箱式变电站、加油车、空压机等设施设备。2015年，投资3505万元用于锦州货车段检修能力加强。

行车安全　1997—1998年，投资1004万元用于沈山线红外线二代机设备更新及探测网能力加强。2000—2001年，投资1380万元完成沈山线46个站增设保障行车安全微机监控设施改造。2013—2014年，投资3242万元完成沈山线与京哈、沈大、沟海线开行的货运列车安装和使用列尾装置；同期，投资703万元完成山海关站上行场峰尾自动停车设备改造。

桥梁　1999—2000年，投资1411万元完成沈山线一、二兴城河桥改建；投资569万元完成412公里801米处老君河桥改建。2005年，投资199万元完成113公里、123公里两处立交桥设施整治。2007年，投资3347万元完成绕阳河大桥改造。2012年8月4日，因强降雨沈山线上行411公里935米处凉水河大桥桥台基础冲空后倾斜并产生裂纹。2013年11月，凉水河大桥改造开工，新建干家河中桥、凉水河大桥，孔径分别为2~20米、15~20米，2014年6月竣工，投资4670万元。2012—2013年，投资1484万元完成273公里555米处立交桥改造；投资347万元完成167公里914米、353公里973米处积水整治。2014—2015年，投资5055万元完成8处桥梁浅基病害整治。

其他项目　2005年，投资298万元在新民、锦州、葫芦岛、兴城4站新建电力远动设施。2009年，在新建三台—火石岗铁路中，沈山线三台—马三家间上行线改建7公里。2010—2011年，投资1053万元完成山海关大机检修基地改造。2012年，投资231万元完成396公里242米处人行通道改造；投资173万元完成锦州供电段接触网工区改造。2013—2014年，投资699万元完成山海关站区综合整治客车停留线新建工程。2014—2015年，投资725万元新建锦州工务段轨道车库；投资1031万元用于锦州电务段车载设备一般加装改造。

三、运能运量

2015年，沈山线营业里程438.3公里。线路总延展长度1603.7公里，其中正线延展长度867.5公里，正线中一线430.9公里，二线436.7公

2015年沈山线站别客货运量一览表

表1-3-4

站名	车站等级	省市县属	货运量（吨）		旅客发送量（千人）	备注
			发送量	到达量		
揽军屯	4	辽宁沈阳	—	—	—	
于洪	3	辽宁沈阳	54.00	324	—	
皇姑屯	3	辽宁沈阳	—	—	—	
大成	2	辽宁沈阳	41.00	2143	9	
沈阳西	特	辽宁沈阳	0.03	28	6	
兰家屯	乘	辽宁沈阳	—	—	1	
马三家	4	辽宁沈阳	—	—	82	
三台	4	辽宁沈阳	—	—	—	
兴隆店	4	辽宁新民	—	704	12	
高台山	4	辽宁新民	—	—	—	
新民	3	辽宁新民	40.00	277	360	
大红旗	4	辽宁新民	—	—	13	
绕阳河	4	辽宁黑山	—	—	34	
唐家	4	辽宁黑山	—	—	27	（励家）
大虎山	2	辽宁黑山	4.00	94	939	
高山子	4	辽宁北镇	168.00	260	35	
青堆子	4	辽宁北镇	—	44	—	
沟帮子	2	辽宁北镇	241.00	240	841	
羊圈子	乘	辽宁凌海	—	—	6	
石山	4	辽宁凌海	—	—	—	
红旗	4	辽宁凌海	6.00	129	—	
凌海	3	辽宁凌海	3.00	42	154	原名锦县
双羊店	4	辽宁凌海	1.00	—	—	
锦州	1	辽宁锦州	1614.00	1142	4338	
桃园	4	辽宁锦州	0.20	11	5	
女儿河	4	辽宁锦州	—	—	2	
锦州港	—	辽宁凌海	26.00	233	—	
高桥镇	2	辽宁葫芦岛	3041.00	13139	7	
塔山	4	辽宁葫芦岛	—	—	—	
葫芦岛	2	辽宁葫芦岛	1942.00	990	1624	原名锦西
兴城	3	辽宁兴城	144.00	189	944	
大甸	4	辽宁兴城	—	—	—	
沙后所	4	辽宁兴城	—	—	—	
东辛庄	4	辽宁兴城	—	—	26	
绥中	3	辽宁绥中	164.00	103	949	
前卫	4	辽宁绥中	—	—	—	
高岭	4	辽宁绥中	—	—	—	
万家屯	3	辽宁绥中	—	3668	—	
山海关	特	河北秦皇岛	370.00	451	1785	

里；电气化；自动闭塞，旅客列车追踪间隔6分钟，货物列车追踪间隔7分钟；限制坡度上行

7.8‰、下行7.1‰；到发线有效长1050米；最小曲线半径沈阳西—锦州间360米，锦州—山海关间601米；线路运行速度沈阳西—锦州站间160公里/小时，锦州—山海关间140公里/小时；线路等级国铁Ⅰ级。全线货运机型HXD3B、HXN、DF4。HXD3B机车牵引质量均为12000吨，山海关分界口上、下行均为6000吨；HXN型机车的牵引质量均为6000吨；DF4机车牵引质量均为4500吨。全线图定班列（行包）上行7列/日、下行9列/日，山海关分界口同；图定客车沈阳西—锦州间上行43列/日、下行44列/日，锦州—山海关间上行44列/日、下行45列/日，其中山海关分界口上行41列/日、下行42列/日；图定货车沈阳西—锦州间上行86列/日、下行79列/日，锦州—山海关间上行79列/日、下行72列/日，山海关分界口上行57列/日、下行55列/日。沈山线设车站36个。其中，沈阳西、山海关为特等站；锦州为一等站；二等站5个；三等站7个；四等站21个。另乘降所2个。全线（含大成、山海关站）发送货物785.8万吨；到达货物2421.1万吨；发送旅客1220.1万人。

客流密度：沈阳—马三家站间上行1723.6万人/年、下行1781.0万人/年；马三家—大虎山间上行1854.1万人/年、下行1841.4万人/年；大虎山—锦州间上行2255.9万人/年、下行2234.9万人/年；锦州—山海关间上行2237.6万人/年、下行2236.5万人/年。

货流密度：沈阳西—马三家间上行2059.3万吨/年、下行4924.6万吨/年；马三家—高台山间上行1954.4万吨/年、下行5135.8万吨/年；高台山—大虎山间上行1381.3万吨/年、下行2054.1万吨/年；大虎山—沟帮子间上行2365.4万吨/年、下行2514.8万吨/年；沟帮子—锦州间上行2129.7万吨/年、下行2581.1万吨/年；锦州—女儿河站间上行3624.5万吨/年、下行2607.6万吨/年；女儿河—塔山间上行3205.4万吨/年、下行2628.5万吨/年；塔山—葫芦岛间上行2351.2万吨/年、下行2625.4万吨/年；葫芦岛—万家屯间上行2132.6万吨/年、下行2600.7万吨/年；万家屯—山海关间上行2128.2万吨/年、下行2960.6万吨/年。

马三家—大虎山间平均牵引总重上行3341

吨、下行4370吨；大虎山—锦州间平均牵引总重上行4354吨、下行3525吨；锦州—山海关间平均牵引总重上行3420吨、下行3919吨。

山海关分界口日均接入重车1459车、接入空车433车；日均交出重车1133车、交出空车747车；全年接入货物2970万吨，其中通过货物449万吨，输入货物2521万吨；全年交出货物2127万吨，其中通过货物575万吨，输出货物1552万吨。全年接入旅客3547万人，其中通过旅客954万人，输入旅客2593万人；全年交出旅客3617万人，其中通过旅客986万人，输出旅客2631万人。

附：沈山B线

沈山B线自秦皇岛引出，经山海关、万家屯站至绥中热电厂，是秦皇岛—绥中热电厂铁路专用线。该线跨北京、沈阳铁路局，在建设期间曾称为秦（皇岛）—沟（帮子）线，2003年改称沈山B线。线路等级国铁Ⅰ级。

1993年9月，秦沟线工程开工。1996年12月竣工交付使用，累计投资25545万元。该工程完成主要实物量为主线正线铺轨10.8公里，其它Ⅰ线铺轨3.3公里，站线铺轨13.7公里；动用路基土石方41万立方米；新建桥梁8座/1248折合米；新建房屋12451平方米。秦沟线开通后，山海关—万家屯间新增输送能力476万吨/年。秦皇岛到绥中热电厂煤炭列车，经秦沟线输送。2005年，沈山B线营业里程11.0公里，均为双线。线路总延展长度16.8公里，其中正线延展长度16.8公里；正线铺设60公斤/米钢轨15.4公里，50公斤/米钢轨1.4公里；无缝线路7.9公里；桥梁8座/476延长米。其中钢梁桥2座，圬工桥6座。按等级分大桥1座，中桥7座；最小曲线半径340米；线路允许速度70公里/小时；自动闭塞；图定货车2对/日。山海关—万家屯间货流密度上行1.4万吨、下行151.4万吨（不含到万家屯以远货流）。2007年，在沈山线电化改造中，沈山B线同步电化改造。2015年，沈山B线万家屯—山海关间营业里程11.0公里，均为双线。线路总延展长度16.9公里，均为正线。其中，一线11.1公里，二线5.7公里。

第五节 通霍线

通霍线自通辽站起至霍林河站，均在内蒙古自治区境内，为霍林河煤炭外运重要通道。1996年，通霍线营业里程411.6公里。线路总延展长度582.5公里，其中正线延展长度419.9公里。通辽—布敦化段正线213.5公里铺设43公斤/米钢轨，布敦化—云端段正线206.4公里铺设50公斤/米钢轨。全线（不含通辽站）发送货物688.4万吨；到达货物445.8万吨；发送旅客77.4万人。通辽—霍林河间，客流密度上行16.9万人/年、下行17.4万人/年；货流密度上行616.8万吨/年、下行25万吨/年。通辽—白音胡硕间列车平均牵引总重上行2986吨、下行1031吨；白音胡硕—霍林河间列车平均牵引总重上行3103吨、下行891吨。

一、增建第二线

（一）前期工作

2009年，铁路局分别以沈铁计发〔2009〕194、195、196、197号文报送通霍线增建二线工程通辽北—毛告吐、毛告吐—白音胡硕、白音胡硕—西哲里木、西哲里木—霍林河段可研报告。8月22日，铁道部同日以铁计函〔2009〕1161、1162、1163、1164号文批复通霍线增建二线工程可研报告。工程投资估算总额47.3亿元。其中，静态投资45.7亿元，建设期贷款利息1.6亿元。工程总投资35%使用铁路建设专项资金，其余65%使用国家开发银行、中国建设银行贷款。2009年，铁路局分别以沈铁计函〔2009〕306、307、308、309号文报送通霍线通辽北—毛告吐、毛告吐—白音胡硕、白音胡硕—西哲里木、西哲里木—霍林河段扩能改造工程初步设计预审意见。同年8月28日，铁道部同日以铁鉴函〔2009〕1186、1187、1188、1189号文批复通霍线扩能改造工程初步设计。

工程范围　通辽北站（不含）—霍林河站。

设计年度　近期2020年、远期2030年。

区段货流密度　通辽北—毛告吐间，近期上行5158万吨/年，其中煤4720万吨/年；远期上行5851万吨/年，其中煤5253万吨/年。毛告吐—白音胡硕间，近期上行5425万吨/年，其中煤

5035万吨/年；远期上行6463万吨/年，其中煤5913万吨/年。白音胡硕—西哲里木间，近期上行5660万吨/年，其中煤5290万吨/年；远期上行6940万吨/年，其中煤6420万吨/年。西哲里木—珠斯花间，近期上行7300万吨/年，其中煤6930万吨/年，下行330万吨/年；远期上行9000万吨/年，其中煤8480万吨/年，下行455万吨/年。珠斯花—霍林河站间，近期上行5180万吨/年，其中煤5030万吨/年，下行280万吨/年；远期上行5920万吨/年，其中煤5700万吨/年，下行395万吨/年。

旅客列车对数　通辽北—西哲里木段，近期开行5对/日，远期开行6对/日；西哲里木—霍林河段，近期开行9对/日，远期开行13对/日。

车站分布　全线设昆都庙、双泡子、舍伯吐、毛告吐、扎鲁特、布敦化、白音胡硕、乌兰中站（杜尔基）、吐列毛杜、西哲里木、哈日努拉、珠斯花、霍林郭勒、霍林河14个车站。

通过能力　全线按自动追踪组织行车，货物列车最小追踪间隔6分钟。

主要技术标准　铁路等级国铁I级；正线数目双线；最小曲线半径区间一般地段800米、困难地段600米；限制坡度上行4.0‰、下行6.0‰；到发线有效长1050米、部分预留接发万吨列车条件；牵引种类内燃、预留电化条件；牵引质量5000吨；自动闭塞。

（二）工程进度和实物量

通霍线增二线工程于2009年10月开工，2012年竣工。

线路　全线道口均改为立交；正线铺设60公斤/米钢轨，均为无缝轨道；铺设Ⅲ型钢筋混凝土轨枕；碎石道砟道床。增建二线全长407.2公里；完成正线Ⅱ线铺轨434.2公里；站线铺轨72.3公里；动用土石方1506.2万立方米。

桥涵　设计活载为中—活载；设计洪水频率为"1998"型。霍林河1号大桥采用20×16米预应力混凝土简支梁；霍林河2号大桥采用13×16米预应力混凝土简支梁；珠霍下行线跨通霍线特大桥采用32米梁跨；东哲里木大桥采用11×12米预应力混凝土简支梁；到老杜河大桥采用5×20米预应力混凝土简支梁；白音胡硕滞洪区大桥采用11×10米钢筋混凝土简支梁。

站场　昆都庙（不办理客运）、舍伯吐、毛告吐（越行站，到发线延长至满足接发万吨列车条件）、布敦化、杜尔基（越行站，到发线延长至满足接发万吨列车条件）、吐列毛杜、西哲里木、霍林郭勒（只办理客运）8个站各设到发线4条（均含正线）。霍林郭勒站新建站房3500平方米，新设引导显示系统；扎鲁特站设到发线5条，新建站房2500平方米，新设客运广播、引导显示及旅客行包安全检查设施；哈日努拉、珠斯花站各设到发线6条；白音胡硕站设到发线7条（均含正线），新建站房4000平方米，新设客运广播、引导显示及旅客行包安全检查设施；双泡子站设到发线10条（含正线），其中上、下行各一条到发线满足万吨列车接发条件；霍林河站设到发线10条（含正线），有效长满足万吨列车接发条件。双泡子、霍林河站均不办理客运。

信号　地面信号设备采用ZPW—2000系列无绝缘轨道电路构成的四显示自动闭塞，正向按追踪间隔、反方向按自动站间闭塞行车。

电力　新建毛告吐、新乌兰中10千伏配电所；新建10千伏电力贯通线1条；新建电力远动系统。

全线征地3710亩，合247.3公顷。

（三）工程投资

通霍线增二线工程初步设计概算449281万元，其中静态投资433281万元，建设期贷款利息16000万元。2009—2012年，累计完成投资446557万元。其中，通辽北—毛告吐段投资91986万元；毛告吐—白音胡硕段投资86187万元；白音胡硕—西哲里木段投资120911万元；西哲里木—霍林河段投资147473万元。

二、电气化改造

（一）前期工作

2013年，铁路局以沈铁计〔2013〕111号文向铁路总公司呈报《关于报送通辽至霍林河铁路电气化改造工程可行性研究报告的请示》。同年11月13日，铁路总公司以铁总计统函〔2013〕958号文批复可研报告。工程投资估算总额28.1亿元，其中静态投资27.3亿元，建设期贷款利息0.8亿元。项目资本金按工程总投资50%安排，使用铁路自有资金。资本金以外利用国家开发银行贷款。同年，铁路局上报《关于报送通辽至霍林河铁路电气化改造工程初步设计的请示》及铁三院编制的初步设计文件。2014年1月29日，铁路总公司以铁总办函〔2014〕136号文批复初步设计。

工程范围　通辽北（不含）—霍林河段，全长401.2公里（含通辽北、通辽西等整列装车的铁路产权专用线）及前方集运线路；通辽枢纽内通辽、通辽北、通辽南、通辽西、通辽东站及相关联络线现状电化；通辽站客场到发线延长至650米。

全线新设同步数字系列(SDH)2.5Gb/s（1+1）传输系统，主要站点新设(SDH)2.5Gb/s（1+1）节点传输设备；新设SDH622Mb/s接入网系统，全线各车站及区间GSM—R无线基站新设SDH622Mb/s传输接入设备；新设GSM—R移动通信系统；通辽—霍林河新设32芯长途通信光缆1条。

电气化采用带回流线、加强线的直接供电方式；新建通辽西、双泡子、珠日和牧场、扎鲁特、新艾里、乌斯台、西哲里木、哈日努拉、霍林河牵引变电所；新建通辽、通辽南、珠斯花开闭所；新建牵引供电设施纳入牵引供电远动系统集中监控；新建通辽供电段电力控制中心设备。

设计年度　近期2020年、远期2030年。

到发运量　沿线地方到发运量近期8239万吨/年，其中到达2458万吨/年，发送5781万吨/年；远期10569万吨/年，其中到达3419万吨/年，发送7150万吨/年。

通过运量　近期上行8062万吨/年、下行165万吨/年；远期上行10003万吨/年、下行269万吨/年。

客流密度及旅客列车对数　通辽—哈日努拉段，近期客流密度30万人/年，开行客车2对/日；远期客流密度40万人/年，开行客车2对/日。

哈日努拉—霍林河段，近期客流密度113万人/年，开行客车6对/日；远期客流密度176万人/年，开行客车9对/日。

运输组织　本线上行为重车方向，主要是霍林河矿区煤炭发往通辽、双辽、长山屯等电厂及发往大虎山、沈阳、四平方向。由煤炭装车站组织直达列车，根据煤炭去向及煤炭到站接卸条件组织5000吨、10000吨列车，卸后空车原列返回。

主要技术标准　铁路等级国铁I级；正线数目双线；设计行车速度目标值120公里/小时；最小曲线半径、限制坡度维持既有；牵引种类电力；机车类型HXD系列；到发线有效长1050米、部分1700米；自动闭塞。

（二）工程进度及工程量

2014年8月，通霍线电化改造工程开工。2015年，站线铺轨累计完成22.0公里，为设计总量96.5%；路基土石方完成80万立方米，为设计总量98.5%；设计接触网挂网1410.3条公里全部完成；征地完成217亩，为设计总量32.5%；新建房屋完成36442平方米，为设计总量62.3%。

（三）工程投资

通霍线电化改造工程初步设计概算295999万元（含贺斯格乌拉站改造投资），其中静态投资287999万元，建设期贷款利息8000万元。2014—2015年，累计完成投资172483万元，为计划总投资58.3%。

2015年通霍线站别客货运量一览表

表1-3-5

站名	车站等级	省市县属	货运量（吨）		旅客发送量（千人）
			发送量	到达量	
通辽北	2	内蒙通辽	2328	1896	—
北西	线	内蒙通辽	—	—	—
昆都庙	4	内蒙通辽	—	333	2
双泡子	2	内蒙通辽	113	6059	1
舍伯吐	4	科左中旗	26	9	43
毛告吐	5	科左中旗	—	—	2
扎鲁特	3	扎鲁特旗	323	196	94
布敦化	4	科右中旗	—	—	1
白音胡硕	2	科右中旗	162	1273	300
杜尔基	4	科右中旗	—	—	—
吐列毛杜	4	科右中旗	—	—	63
西哲里木	4	科右中旗	—	—	90
哈日努拉	4	科右中旗	—	—	43
云端	4	霍林郭勒市	—	—	—
宝日呼吉尔	线	霍林郭勒市	—	—	—
珠斯花	2	霍林郭勒市	5142	76	21
霍林郭勒	3	霍林郭勒市	—	—	352
霍林河	2	霍林郭勒市	22778	2733	—

三、运能运量

2015年，通霍线营业里程416.6公里。线路总延展长度991.1公里，其中正线延展长度819.7公里，正线中一线415.3公里，二线404.4公里。全线为双线；自动闭塞，客、货列车追踪间隔均为8分钟，其中万吨及百辆空敞大列追踪间隔10分钟；线路运行速度90公里/小时；限制坡度上行4.0‰、下行6.0‰；最小曲线半径515米；到发线有效长1050米、部分1700米；机车类型HXN、DF4；HXN机车牵引质量上行10000吨、下行5000吨；DF4机车牵引质量上行5000吨、下行3000吨；图定客车2对/日、货车60对/日。线路等级国铁I级。通辽—霍林河间客流密度上行76.5万人/年、下行77.4万人/年；通辽北—霍林河间货流密度上行7177.7万吨/年、下行303.7万吨/年，列车平均牵引总重上行9580吨、下行2718吨。通霍线设车站16个，另线路所2个。全线发送货物3087万吨；到达货物1257万吨；发送旅客101.1万人。

第六节　平齐线

平齐线起自四平站，终至齐齐哈尔站，其中四平—街基段为沈阳铁路局管辖。该线为东北西部地区南北走向第二条干线。1996年，平齐线沈阳铁路局管辖营业里程453.3公里。线路总延展长度712.8公里，其中正线延展长度459.4公里；半自动闭塞；线路等级国铁II级。平齐线（不含四平站，含郑家屯、太平川、白城站）全年发送货物325.5万吨；到达货物420.6万吨；发送旅客632.3万人。四平—白城站间客流密度上行149万人/年、下行154万人/年；白城—泰来间客流密度上行158万人/年、下行163万人/年。四平—郑家屯间，货流密度上行1107万吨/年、下行949万吨/年；列车平均牵引总重上行3063吨、下行2223吨。郑家屯—太平川间，货流密度上行836万吨/年、下行654万吨/年；列车平均牵引总重上行2950吨、下行2130吨。太平川—白城间，货流密度上行1686万吨/年、下行905万吨/年；列车平均牵引总重上行3147吨、下行2475吨。白城—泰来间，货流密度上行1621万吨/年、下行

766万吨/年；列车平均牵引总重上行3230吨、下行2412吨。泰来分界口日均接入重车791车、接入空车10车；日均交出重车430车、交出空车223车；全年接入货物1608万吨，其中通过货物1052万吨，输入货物556万吨；全年交出货物758万吨，其中通过货物478万吨，输出货物280万吨；全年接入旅客150万人，其中通过旅客40万人，输入旅客110万人；全年交出旅客156万人，其中通过旅客41万人，输出旅客114万人。

一、增建第二线改造

四平—郑家屯段　1999—2001年，投资32652万元完成四平—郑家屯段增二线扩能改造。其中，铁道部投资19325万元，铁路局配合投资13327万元。该段扩能改造分为条子河—泉沟—平安堡、平安堡—八面城、八面城—曲家店、曲家店—傅家屯、三江口—金宝屯、金宝屯—郑家屯6个区段及东西辽河大桥改造。完成正线铺轨87.8公里，均为无缝线路；站线铺轨23.6公里；动用土石方243.2万立方米；新建桥梁10座/1418折合米；撤销中间站2个。上行通过能力由原来43.5列/日提高到51.9列/日，提高19.3%；下行通过能力由原来43.5列/日提高到58.7列/日，提高34.9%。货物列车上行旅行时间由原190分钟压缩到120分钟；下行旅行时间由原150分钟压缩到103分钟。改造工程首次创造开通后72小时行车速度便达到80公里/小时新纪录。

郑家屯—太平川段　2008—2010年，满汉营—太平川段增二线与通让线敖力布告—太平川段增二线同步实施，投资8127万元。2010—2014年，投资53353万元完成茂林—满汉营段增二线工程，增建二线45.5公里。2010—2015年，投资127387万元完成郑家屯—茂林段57.5公里增二线改造。

太平川—白城段　1998年，投资3100万元在边昭—佟家店间增建第二线，同步改造边昭、佟家店站，到发线有效长延长至850米。1999年，完成佟家店—开通、开通—胡家店、胡家店—洮南段增建第二线工程。2000年，投资9432万元用于洮南—穆家店、穆家店—白城间增二线工程。洮南—穆家店、穆家店—白城段增二线后，区段

通过能力由45对/日提高到60对/日，近期输送能力提高到2676万吨/年；旅客列车最高运行速度可达140公里/小时。同时，该段实施增二线改造后，为白城—四平段实行长交路创造条件。2003—2004年，完成太平川—边昭间增建第二线工程。

白城—街基段　2005—2007年，铁道部、铁路局共同投资32971万元用于白城—街基段增二线改造。其中，白城—英华段2005年12月开工，2006年10月竣工，累计投资5968万元；英华—街基段2007年5月开工，同年11月竣工，累计投资27003万元，其中铁道部投资15817万元，铁路局配合投资11186万元。2007年，平齐线双线及以上线路长度453.3公里，全线双线贯通。线路运行速度允许值均在120~160公里/小时范围。

二、电气化改造

（一）前期工作

2014年3月，铁三院完成四平—齐齐哈尔铁路郑家屯—榆树屯段电气化改造工程预可研报告。6月，铁路总公司组织平齐线电化改造工程预可研审查。哈尔滨铁路局向铁路总公司报送《关于呈报四平至齐齐哈尔铁路泰来至榆树屯段电气化改造工程项目建议书的请示》、沈阳铁路局向铁路总公司报送《关于上报改建铁路平齐线郑家屯至街基段电气化改造工程项目建议书的请示》。10月21日，铁路总公司以铁总计统函〔2014〕1482号文批复平齐线郑家屯至榆树屯站电气化改造工程项目建议书。

工程范围及投资估算　该项目全长455公里，沈阳铁路局管内约351公里，实施电气化改造，并结合电气化改造实施平交道口改立交、路基病害整治、防护栅栏等工程。沈阳铁路局管内开通、黑水、洮南3个站到发线延长至1050米。总投资预估算总额45亿元，其中静态投资41.6亿元，建设期贷款利息3.4亿元。

经济运量　设计年度初期2025年、近期2030年、远期2040年。齐齐哈尔（三间房）—白城间，货流密度初期上行3308万吨/年、下行1244万吨/年，近期上行4221万吨/年、下行1530万吨/年，远期上行5792万吨/年、下行1936万吨/年；客流密度初期658万人/年、客车21对/日，近期726万人/年、客车22对/日，远期792万人/年、客车24对/日。白城—太平川间，货流密度初期上行3861万吨/年、下行2035万吨/年，近期上行4789万吨/年、下行2369万吨/年，远期上行6506万吨/年、下行2960万吨/年；客流密度初期693万人/年、客车21对/日，近期759万人/年、客车23对/日，远期891万人/年、客车27对/日。太平川-郑家屯间，货流密度初期上行2006万吨/年、下行766万吨/年，近期上行2621万吨/年、下行911万吨/年，远期上行3647万吨/年、下行1104万吨/年；客流密度初期264万人/年、客车8对/日，近期277万人/年、客车8对/日，远期297万人/年、客车9对/日。

运输组织　郑家屯—泰来间共设郑家屯、卧虎屯、茂林、保康、太平川、边昭、开通、鸿兴、黑水、洮南、穆家店、白城、镇赉、坦途、街基15个车站，车站性质维持既有不变；电化改造按货物列车最小行车间隔6分钟进行信号机设置。

主要技术标准　铁路等级国铁Ⅰ级；正线数目双线；改建线路正线铺设60公斤/米钢轨、无缝线路、有砟轨道；桥涵设计活载中—活载，设计洪水频率1/100；设计行车速度120公里/小时；最小曲线半径维持既有（800米）；限制坡度维持既有（6‰）；牵引种类电力；机车类型HXD系列；牵引质量5000吨；到发线有效长1050米；自动闭塞。

（二）建设进度及工程量

四平—郑家屯段全长90公里纳入通辽东—四平段一并实施现状电化改造，于2014年8月开工。金宝屯、三江口、曲家店、八面城、泉沟5个车站规模维持既有不变，车站到发线均延长至1050米；同步实施平改立工程；新建八面城牵引变电所，四平—郑家屯间新建电力贯通线1条并纳入电力远动系统。该段站线铺轨完成8.4公里，为设计总量60.0%；设计路基土石方200万立方米全部完成；接触网挂网完成80条公里，为设计总量26.7%。郑家屯—街基段电化改造于2015年12月开工。

（三）工程投资

四平—郑家屯段计划总投资103201万元，2014—2015年累计完成投资84324万元。郑家屯—街基段沈阳铁路局管内总概算292086万元，其中静态投资277986万元，建设期贷款利息14100万元。2015年完成投资6000万元。四平—街基段电化改造工程计划总投资395287万元。2014—2015年累计完成投资90324万元，为计划总投资22.9%。

三、线路设备、设施改造

通信信号 1998年，投资518万元完成白城通信枢纽改造；2004年，投资830万元对四平—郑家屯间半自动闭塞进行改造。2007年，投资1875万元完成四平—郑家屯间自动闭塞改造，建成自动闭塞92.1公里。2010—2013年，投资23377万元完成平齐线221公里区间自动闭塞改造。新建四显示自动闭塞设备采用ZPW—2000系列无绝缘轨道电路，双线双方向运行，反方向按自动站间闭塞行车。其中，四平—曲家店、金宝屯—郑家屯、太平川—开通、鸿兴—黑水、洮南—白城段信号改造分别投资3871万元、3076万元、4399万元、3385万元、3705万元；四平—郑家屯、太平川—白城段电力改造分别投资945万元、1329万元；全线通信系统改造投资2667万元。

线路 2004年，为满足平齐线货物列车牵引定数4500吨贯通需要，投资2416万元完成平安堡—八面城间（18公里700米—22公里740米）、三江口—付家屯间（51公里700米—56公里700米）两处落坡改造。2014年，在长白线增二线改造中，穆家店站结合白城至平齐线（致富）联络线引入，新增到发线2条。

道口及线路封闭 2004年，投资930万元完成四平—郑家屯段17公里548米、19公里447米、21公里892米、22公里667米、39公里244米、41公里003米、51公里808米、55公里700米、66公里459米共9处平交道口改造。2010—2012年，投资9768万元完成四平—郑家屯、太平川—白城、白城—街基间线路封闭。2012—2014年，投资441万元完成16公里570米、38公里116米、50公里765米3处人行通道改造。2012—2015年，投资16738万元用于平齐线14公里509米、15公里987米、59公里280米、227公里449米、229公里235米、233公里873米、238公里015米、240公里669米、253公里882米、352公里252米、417公里147米、350公里714米（白城市金辉街）、389公里297米等15处道口改造。

其他 2000—2001年，投资143万元完成八面城站货场改造；投资200万元完成四平—郑家屯间红外线联网。2013年，投资1827万元完成沈阳工务机械段洮南基地改扩建；投资760万元完成白城站系统集成平台、客服导向揭示、客运广播、监控、到发通告、查询和时钟等客服系统改造。2014—2015年，投资5630万元用于平齐线货运设施设备改造。其中，镇赉站货场和货运吊车改造投资989万元；洮南站货场和货运吊车改造投资2308万元；郑家屯站货运吊车改造和轨道衡新建投资370万元；白城等11站开行便民列车货运基础设施改造投资565万元；白城货运中心正面吊等装卸设备购置投资624万元；白城站新建超偏载检测装置投资225万元；白城、洮南站轨道衡新建投资101万元；白城站货检安全监控与管理系统建设投资448万元。2015年，投资383万元用于白城站客服系统改造；投资362万元用于白城机务段机车一般加装改造；在机务整备设施改造中，白城机务段检修车间增设不落轮镟床1台。

四、运能运量

2015年，四平—街基间营业里程453.3公里。线路总延展长度1090.4公里，其中正线延展长度903.4公里。正线中一线450.6公里，二线452.8公里。全线为双线；自动闭塞，客、货列车追踪间隔均为7分钟；限制坡度上行5.0‰，下行7.8‰；到发线有效长四平—太平川间1050米，太平川—泰来间850米；线路运行速度120公里/小时。线路等级国铁I级。全线货运机型HXN、DF4。四平—郑家屯间牵引质量分别为10000吨/6000吨、5000吨/4200吨，图定旅客列车10对/日，行包班列上行4列/日、下行2列/日，货车上行37列/日、下行26列/日；郑家屯—白城间牵引质量分别为8500吨/6000吨、5000吨/4200吨；白城—泰来间牵引质量分别为5000吨、5000吨/4200吨。郑家屯—太平川间图定客车7对/日，行包班列上行4列/日、下行2列/日，货车上行14列/日、下行13列/日；太平川—白城间图定客车10对/日，行包班列上行4列/日、下行5列/日，货车上行28列/日、下行24列/日；白城—泰来间图定客车10对/日，行包班列上行

4列/日、下行5列/日，货车上行26列/日、下行25列/日。

平齐线设车站19个，其中二等站3个，三等站4个，四等站12个。全线发送货物328.0万吨；到达货物697.8万吨；发送旅客483.4万人。四平—郑家屯间，客流密度上行520.1万人/年、下行571.4万人/年；货流密度上行3902万吨/年、下行482万吨/年；列车平均牵引总重上行6280吨、下行2186吨。郑家屯—太平川间，客流密度上行306.4万人/年、下行346.6万人/年；货流密度上行774万吨/年、下行340万吨/年；列车平均牵引总重上行3902吨、下行2102吨。太平川—白城间，客流密度上行554.2万人/年、下行617.4万人/年；货流密度上行1400万吨/年、下行1048万吨/年；列车平均牵引总重上行3616吨、下行3059吨。白城—泰来间，客流密度上行365.2万人/年、下行402.7万人/年；货流密度上行1453万吨/年、下行666万吨/年；列车平均牵引总重上行4023吨、下行2601吨。

2015年平齐线站别客货运量一览表

表1-3-6

站名	车站等级	省市县属	货运量（吨）		旅客发送量（千人）
			发送量	到达量	
泉 沟	4	辽宁昌图	1	178	2
八面城	4	辽宁昌图	12	19	193
曲家店	4	辽宁昌图	2	2	19
三江口	4	辽宁昌图	6	69	84
金宝屯	4	科左中旗	945	127	144
郑家屯	2	吉林双辽	79	505	545
三场屯	4	吉林双辽	201	99	2
卧虎屯	4	吉林双辽	53	10	—
茂 林	4	吉林双辽	59	12	25
保 康	3	科左中旗	22	22	160
太平川	2	吉林长岭	245	403	239
开 通	3	吉林通榆	76	79	359
黑 水	4	吉林洮南	236	110	58
洮 南	3	吉林洮南	303	405	319
穆家店	4	吉林洮南	—	2387	—
白 城	2	吉林白城	770	2243	2451
镇 赉	3	吉林镇赉	127	238	235
坦 途	4	吉林镇赉	121	40	—
街 基	4	黑龙江泰来	22	29	—

泰来分界口日均接入重车672车、接入空车45车；日均交出重车389车、交出空车231车；全年接入货物1440.1万吨，其中通过货物608.5万吨，输入货物831.6万吨；全年交出货物654.3万吨，其中通过货物385.7万吨，输出货物268.6万吨。全年接入旅客232.7万人，其中通过旅客70.2万人，输入旅客162.5万人；全年交出旅客228万人，其中通过旅客72.2万人，输出旅客155.8万人。

第七节　通让线

通让线起自通辽站，终至让湖路站。其中通辽—太阳升段为沈阳铁路局管辖。1996年，通让线沈阳铁路局管内营业里程335.2公里。线路总延展长度459.6公里，其中，正线延展长度343.4公里；正线铺设50公斤/米钢轨342.3公里；桥梁24座/3007延长米，桥梁跨度最长64.0米，桥墩最高28.0米。线路等级国铁Ⅱ级。通让线（不含通辽、太平川、大安北）全年发送货物99.4万吨，到达货物104.8万吨，发送旅客149.8万人。通辽—太阳升间客流密度上行116.3万人/年、下行100.9万人/年。通辽—太平川间，货流密度上行1849万吨/年、下行950万吨/年；列车平均牵引总重上行3230吨、下行2450吨。太平川—大安北间，货流密度上行951万吨/年、下行623万吨/年；列车平均牵引总重上行3056吨、下行2204吨。大安北—太阳升站间，货流密度上行1083万吨/年、下行365万吨/年；列车平均牵引总重上行3102吨、下行1693吨。太阳升分界口日均接入重车654车、接入空车12车；日均交出重车185车、交出空车331车；全年接入货物1078万吨，其中通过货物472万吨，输入货物606万吨；全年交出货物337万吨，其中通过货物196万吨，输出货物141万吨；全年接入旅客93.8万人，其中通过旅客56.4万人，输入旅客37.5万人；全年交出旅客80万人，其中通过旅客39.6万人，输出旅客40.5万人。

一、增二线改造

2008—2010年，投资17166万元完成敖力布告—太平川—满汉营段增二线工程，其中敖力布告—太平川间97公里700米—119公里200米20.6公里为通让线；投资9448万元完成通辽东—敖力布告间87公里增建第二线工程。

二、电气化改造

（一）前期工作

2012年11月，铁三院结合辽西路网规划方案研究，就通让线电化改造等分别征求沈阳、哈尔滨铁路局意见。2014年3月，铁三院完成通辽—让湖路铁路电气化改造工程预可研报告。6月，铁路总公司完成预可研审查。7月，哈尔滨铁路局提报《关于呈报通辽至让湖路铁路立志至让湖路西段扩能改造工程项目建议书的请示》、沈阳铁路局提报《关于上报改建铁路通让线通辽至太阳升段电气化改造工程项目建议书的请示》并同时报送铁三院预可研补充材料。11月，铁路总公司以铁总计统函〔2014〕1613号文批复项目建议书。项目投资预估算总额46.1亿元，其中静态投资44亿元，建设期贷款利息2.1亿元。

2015年1月，哈尔滨铁路局以哈铁计〔2015〕57号文报送立志—大庆西段电气化改造工程可研报告；沈阳铁路局以沈铁计〔2015〕30号文上报通辽—太阳升段电气化改造工程可研报告。9月，铁路总公司以铁总计统函〔2015〕1048号文批复通辽—让湖路铁路电气化改造工程可研报告。4月，根据可研评审报告，铁三院完成初步设计。4月20—21日，铁路总公司工程设计鉴定中心对初步设计进行审查。5月，根据初步设计审查意见初稿。沈阳铁路局以沈铁概算〔2015〕156号文上报通辽至让湖路铁路（沈阳铁路局管内）电气化改造工程初步设计预审意见；10月16日，铁路总公司以铁总鉴函〔2015〕1142号文批复工程初步设计。

工程范围 该项目全长411公里，沈阳铁路局管内约325公里，实施电气化改造；结合电气化改造实施平交道口改立交、路基病害整治、防护栅栏等工程。沈阳铁路局管内长青等站到发线延长至1050米。

经济运量 设计年度初期2025年、近期2030年、远期2040年。通辽—太平川间，货流密度初期上行3134万吨/年、下行1894万吨/年，近期上行3949万吨/年、下行2360万吨/年，远期上行5281万吨/年、下行3084万吨/年；客流密度初期464万人/年、客车19对/日，近期525万人/年、客车21对/日，远期679万人/年、客车28对/日。太平川—大安北站间，货流密度初期上行1230万吨/年、下行622万吨/年，近期1425万吨/年、下行787万吨/年，远期上行2160万吨/年、下行1049万吨/年；客流密度初期191万人/年、客车8对/日，近期202万人/年、客车8对/日，远期253万人/年、客车10对/日。大安北—太阳升间，货流密度初期上行1640万吨/年、下行673万吨/年，近期上行1765万吨/年、下行862万吨/年，远期上行2342万吨/年、下行1118万吨/年；客流密度初期177万人/年、客车7对/日，近期171万人/年、客车7对/日，远期225万人/年、客车9对/日。

运输组织 车站分布、性质、行政和调度区划分维持现状。

主要技术标准 铁路等级国铁Ⅰ级；正线数目通辽—太平川段双线、太平川—太阳升段单线；设计行车速度维持既有；最小曲线半径维持既有（600米）；限制坡度维持既有（6‰）；牵引种类电力；机车类型HXD系列；牵引质量5000吨；到发线有效长1050米；通辽—太平川段自动闭塞、太平川—太阳升段半自动闭塞。

桥涵 桥、涵设计活载为中—活载；新建桥、涵设计洪水频率1/100。

站场 长青、庆丰、巨宝、工农湖、官字井、乾安、海坨子、建设、大安北、他石海、新肇、劳动屯、太阳升站到发线延长至1050米；大安北站增加驼峰调速设备及尾部停车器，邻靠正线站台调整为不靠正线；对客运量较大的乾安站2个站台、大安北站2个站台、太阳升站改为高站台。沈阳铁路局管内新建房屋按31250平方米控制。

通信 新设SDH622Mb/s接入网。通辽—太阳升段沿线无线基站等区间信息点设置SDH622Mb/s传输、接入设备；新设铁路专用、GSM-R移动、应急通信系统。

电气化 采用带回流线直供电方式；新建西辽河、宝龙山、巨宝、乾安4座牵引变电所。新建电力远动系统。

（二）工程投资

通辽东—太阳升段初步设计总概算277936万元，其中静态投资265936万元，建设期贷款利息12000万元。计划总投资277936万元，2015年完成投资3000万元。

三、线路设施、设备改造

2000年，完成269公里623米处平交道口改造。2011年，投资2020万元用于新肇站改造。其中，新建站舍投资1500万元；新建高站台、雨棚投资520万元。2012—2013年，投资2709万元完成4处平交道口改造。其中，配合地方政府完成61公里468米、63公里996米2处投资1450万元；0公里293米处投资1049万元；273公里041米处投资210万元。2014—2015年，投资372万元用于宝龙山等7站开行便民列车货运基础设施改造；投资104万元在新肇站新建轨道衡1台。

四、运能运量

2015年，通让线沈阳铁路局管内营业里程335.0公里。线路总延展长度602.9公里，其中正线延展长度465.0公里，正线中一线334.5公里，二线130.1公里。通辽—长青段为双线，其余为单线。线路等级国铁I级。全线限制坡度上行4.0‰、下行4.6‰；线路运行速度120公里/小时；货运机型HXN、DF4，牵引质量分别为8500吨/6000吨、5000吨/4200吨。通辽—太平川段为自动闭塞，客、货列车追踪间隔均为7分钟；到发线有效长1050米；图定客车12对/日，行包班列2对/日，货车上行26列/日，下行25列/日。太平川—太阳升段为半自动闭塞；到发线有效长850米；图定客车3~5对/日，行包班列上行2列/日，货车上行14列/日，下行16列/日。

通让线设车站15个，其中二、三等站各1个；四等站7个；五等站6个。全线（不含通辽、太平川、大安北）发送货物56.2万吨；到达货物38.3万吨；发送旅客48.6万人。通辽（东）—太平川间，客流密度上行408.6万人/年、下行419.2万人/年；货流密度上行1204万吨/年、下行1164万吨/年；列车平均牵引总重上行3068吨、下行3654吨。太平川—大安北间，客流密度上行125.3万人/年、下行107万人/年；货流密度上行550万吨/年、下行396万吨/年；列车平均牵引总重上行3461吨、下行2920吨。大安北—太阳升间，客流密度上行233.9万人/年、下行222.7万人/年；货流密度上行735万吨/年、下行256万吨/年；列车平均牵引总重上行4131吨、下行2229吨。太阳升分界口日均接入重车382车、接入空车32车；日均交出重车138车、交出空车240车；全年接入货物724万吨，其中通过货物228万吨，输入货物496万吨；全年交出货物251万吨，其中通过货物96万吨，输出货物155万吨；全年接入旅客135.4万人，其中通过旅客42.6万人，输入旅客92.8万人；全年交出旅客126.4万人，其中通过旅客31.9万人，输出旅客94.5万人。

2015年通让线站别客货运量一览表

表1-3-7

站名	车站等级	省市县属	货运量（吨）		旅客发送量（千人）
			发送量	到达量	
高林屯	4	内蒙通辽	—	—	4
宝龙山	4	内蒙科左中旗	47	17	115
敖力布告	4	内蒙科左中旗	—	—	28
长青	5	吉林长岭	—	—	—
庆丰	4	吉林长岭	—	—	5
巨宝	5	吉林通榆	—	—	1
工农湖	4	吉林乾安	33	2	8
官字井	5	吉林乾安	—	—	1
乾安	3	吉林乾安	46	61	48
海坨子	4	吉林大安	—	—	18
建设	5	黑龙江肇源	—	—	2
他石海	5	黑龙江肇源	—	—	—
新肇	2	黑龙江肇源	293	138	218
劳动屯	5	黑龙江大庆	—	—	1
太阳升	4	黑龙江大庆	144	164	39

第八节　京通线

京通线从京包铁路昌平站起，至大郑铁路通辽站止，全长804.8公里，为东北西部通往关内外重要通道。河洛营—通辽段为沈阳铁路局管辖。1996年，京通线沈阳铁路局管内营业里程559.8公里。线路总延展长度759.5公里，其中正线延展长度566.5公里；正线铺设60公斤钢轨/米334.8公里，50公斤/米钢轨229.6公里；无缝线路

302.8公里；桥梁241座/19724延长米。隆化—赤峰段为国铁Ⅱ级，赤峰—通辽段为国铁Ⅲ级。京通线（不含通辽站）全年发送货物254.2万吨；到达货物195.2万吨；发送旅客219.5万人。隆化—赤峰间，客流密度上行72.4万人/年、下行70.0万人/年；货流密度上行1277万吨/年、下行1151万吨/年；列车平均牵引总重上行3033吨、下行2964吨。赤峰—通辽间，客流密度上行65.2万人/年、下行54.7万人/年；货流密度上行1258万吨/年、下行1216万吨/年；列车平均牵引总重上行2953吨、下行2997。隆化分界口日均接入重车594车、接入空车35车；日均交出重车658车、交出空车6车；全年接入货物1151万吨，其中通过货物531万吨，输入货物620万吨；全年交出货物1311万吨，其中通过货物717万吨，输出货物593万吨。全年接入旅客74.4万人，其中通过旅客10.9万人，输入旅客63.6万人；全年交出旅客79.3万人，其中通过旅客12.8万人，输出旅客66.5万人。

一、电气化改造

（一）前期工作

2010年，京通线近、远期分别有342万吨、502万吨运量需相邻既有线分流。根据运量预测，沈山线承担货运量远期达到1.3亿吨/年、客车10对/日，能力已趋于紧张，分流至沈山线将导致该线运输能力更为紧张；高新—新义—锦承—京承入关通道由于锦承、京承线均为单线，货物输送能力600万吨/年、客车5~6对/日，无力承担京通线分流运输任务。因此，京通线实施电化扩能改造，不仅可提高该线运输服务质量和能力，对缓解东北到关内运输紧张状况，满足内蒙古东、西地区间客货运需求将发挥重要作用。同年4月，中铁电气化勘测设计研究院有限公司（以下简称中铁电气化设计院）参加京通铁路勘察设计竞标，并于5月9日完成投标文件编制工作。11月上旬完成预可研报告。2012年3月，铁道部发展计划司组织召开京通铁路扩能建设方案研讨会，对京通铁路扩能方案进行多方位全面研讨。9月，按照现状及近、远期预测运量对预可研文件进行补充完善。2014年，铁路局分别报送《关于上报改建铁路京通线朝阳地至隆化段电气化改造工程项目建议书的请示》《关于上报改建

铁路京通线通辽至五十家子段电气化改造工程项目建议书的请示》。2015年4月1日，铁路总公司同日以铁总计统函〔2015〕305、306号文批复昌平—朝阳地、朝阳地—通辽段电气化改造工程项目建议书。投资预估算总额63.6亿元，其中昌平—朝阳地段27.7亿元，朝阳地—通辽段35.9亿元。

2015年，铁路局报送《关于上报京通铁路朝阳地至通辽段电气化改造工程初步设计预审查意见的请示》及铁六院编制的初步设计文件。10月30日，铁路总公司以铁总鉴函〔2015〕1216号文批复朝阳地至通辽段电气化改造工程初步设计。

工程范围 昌平—朝阳地段全长358.2公里，沈阳铁路局管内约112公里；朝阳地—通辽段全长446.6公里。沈阳铁路局管内约558.6公里进行现状电气化改造；结合电气化改造实施平交道口改立交、部分路基病害整治、防护栅栏等工程；西六方至通辽西段增建第二线17.2公里并同步电化。

经济运量 设计年度初期2025年、近期2030年、远期2040年。朝阳地—赤峰间，货流密度初期上行2100万吨/年、下行1372万吨/年，近期上行2160万吨/年、下行1321万吨/年，远期上行2280万吨/年、下行1624万吨/年；客流密度初、近期均为110万人/年、客车4对/日，远期100万人/年、客车4对/日。赤峰—通辽间，货流密度初期上行1680万吨/年、下行1290万吨/年，近期上行1780万吨/年、下行1340万吨/年，远期上行1900万吨/年、下行1590万吨/年；客流密度初期130万人/年、旅客列车6对/日，近期180万人/年、客车7对/日，远期210万人/年、客车8对/日。

主要技术标准 铁路等级国铁I级；正线数目单线；设计行车速度维持既有；最小曲线半径维持既有500米；限制坡度维持既有6.0‰；牵引种类电力；机车类型HXD系列；牵引质量4000吨；到发线有效长850米。

桥涵 新建桥涵设计活载为中—活载；设计洪水频率1/100。

站场 位于正线及接发旅客列车进路上的9号道岔均改为12号道岔。羊场、东来站的基本站台改为高站台；奈曼站基本站台按550×8×

2015年京通线站别客货运量一览表

表1-3-8

站　名	车站等级	省市县属	货运量（吨）		旅客发送量（千人）
			发送量	到达量	
河洛营	5	河北隆化	—	—	0.2
汤头沟	4	河北隆化	—	—	1.0
沙坨子	4	河北隆化	—	—	1.0
张三营	4	河北隆化	—	—	7.0
东大坝	4	河北隆化	—	—	3.0
庙　宫	4	河北隆化	—	—	2.0
四合永	3	河北围场	470	146	184.0
腰　栈	4	河北围场	29	5	4.0
广德号	4	河北围场	—	—	6.0
银　镇	4	河北围场	—	—	2.0
纪家沟	4	河北围场	—	—	20.0
黄家店	4	河北围场	—	—	5.0
朝阳地	4	河北围场	18	13	21.0
五十家子	4	内蒙古赤峰	—	—	4.0
杨家营	4	内蒙古赤峰	—	—	7.0
老　府	4	内蒙古赤峰	—	—	11.0
中台子	4	内蒙古赤峰	—	—	7.0
牛家营子	4	内蒙古赤峰	—	—	8.0
四分地	4	内蒙古赤峰	—	—	6.0
红花沟	4	内蒙古赤峰	—	—	8.0
三把火	4	内蒙古赤峰	—	—	1.0
曹家营子	4	内蒙古赤峰	—	—	0.3
北台子	5	内蒙古赤峰	—	—	1.0
赤峰西	3	内蒙古赤峰	6887	51	30.0
赤　峰	2	内蒙古赤峰	1710	3155	2528.0
赤峰东	4	内蒙古赤峰	—	—	—
东南营子	4	内蒙古赤峰	—	—	—
水　地	4	内蒙古赤峰	—	—	1.0
安庆沟	4	内蒙古赤峰	229	1	2.0
三湾子	4	内蒙古赤峰	—	—	4.0
小河沿	4	内蒙古敖汉	—	—	9.0
四道湾	4	内蒙古敖汉	15	29	37.0
莲花山	4	内蒙古敖汉	—	—	5.0
风水沟	乘	内蒙古敖汉	—	—	12.0
孤山子	4	内蒙古敖汉	—	—	6.0
羊　场	4	内蒙古敖汉	49	26	66.0
敖　汉	4	内蒙古敖汉	—	—	6.0
三义井	4	内蒙古敖汉	—	—	10.0
新窝铺	4	内蒙古奈曼	—	—	20.0
四　合	5	内蒙古奈曼	—	—	3.0
舍力虎	4	内蒙古奈曼	—	—	2.0
奈　曼	3	内蒙古奈曼	150	143	387.0
嘎什吐	5	内蒙古奈曼	—	—	—
昂　乃	4	内蒙古奈曼	—	—	—
白音他拉	4	内蒙古奈曼	—	—	6.0
黄花筒	4	内蒙古奈曼	—	—	4.0
八仙筒	4	内蒙古奈曼	180	28	84.0
敖　来	5	内蒙古奈曼	—	—	4.0
东明村	4	内蒙古奈曼	48	7	31.0
嘎什甸子	4	内蒙古奈曼	—	—	16.0
治　安	4	内蒙古奈曼	62	6	35.0
东　来	2	内蒙古开鲁	343	5	41.0
瓦　房	5	内蒙古开鲁	—	—	4.0
太平庄	4	内蒙古通辽	—	—	6.0
余粮堡	4	内蒙古通辽	9	12	17.0
西六方	4	内蒙古通辽	—	—	4.0

1.25米改建，中间站台按550×10.5×1.25米改建。赤峰站运转场通辽端京通下行正线与上行正线并行贯通，驼峰增加调速设备和尾部停车器。通辽西站增建京通上行疏解单线，同时修建大郑下行疏解单线。新建房屋总建筑面积按34960平方米控制。

四电　通信系统新设区间SDH622Mb/s接入网，各区间无线基站等区间信息点设置SDH622Mb/s传输接入系统设备；新设铁路专用、GSM-R移动、应急通信系统。信号改按自动站间闭塞设计。电气化采用带回流线直供电方式；新建四分地、三湾子、孤山子、新窝铺、昂乃、东明村、太平庄7座牵引变电所。全线设置电力远动系统。

（二）工程投资

工程初步设计总概算377800万元（含地方分摊立交工程投资4300万元），其中静态投资354000万元，建设期贷款利息23800万元。工程计划总投资377800万元，2015年完成投资3000万元。

二、线路设施、设备改造

2004—2005年，投资2174万元完成288公里—289公里段路基改桥工程。2007年，投资6703万元完成赤峰站舍改造。新建候车室3个，使用面积4933平方米；行包房使用面积300平方米；站台2座，均设有雨棚。2012—2013年，投资1480万元用于赤峰站客运设施、客服系统改造。投资1728万元完成802公里838米处平交道口改立交。2012—2015年，投资6057万元完成赤峰客车技术整备所5096平方米改造；投资1417万元完成通辽机务段赤峰车间待乘室改造，改造待乘室2340平方米。2014—2015年，投资770万元完成赤峰站客服系统改造；投资232万元新建赤峰红山物流园龙门吊走行轨；投资189万元在四合永站新建轨道衡；投资183万元在赤峰西站新建轨道衡。

三、运能运量

2015年，京通线沈阳铁路局管内营业里程560.2公里。线路总延展长度795.4公里，其中正线延展长度574.3公里，正线中一线560.2公里，二线14.1公里；半自动闭塞；最小曲线半径

500米；到发线有效长850米、部分1050米；线路等级国铁I级。隆化—赤峰间，限制坡度上行6.0‰、下行12.0‰；线路运行速度95公里/小时；HXN机车牵引质量上行4000吨、下行3500吨。DF4机车牵引质量上、下行均为3500吨；图定客车8对/日、货车19对/日。赤峰—通辽间，限制坡度上行4.9‰、下行4.0‰；线路运行速度120公里/小时；HXN机车牵引质量上行8500吨、下行10000吨；DF4机车牵引质量上、下行均为5000吨；图定客车7对/日、货车17对/日。

京通线设车站55个，其中二等站2个；三等站3个；四等站44个；五等站6个；另乘降所1个。全线发送货物1019.7万吨；到达货物362.6万吨；发送旅客368.7万人。隆化—赤峰间，客流密度上行350.8万人/年、下行378.4万人/年；货流密度上行861.6万吨/年、下行789.1万吨/年；列车平均牵引总重上行3701吨、下行3625吨。赤峰东—通辽(西)间，客流密度上行266.1万人/年、下行266.2万人/年；货流密度：上行700.9万吨/年、下行472.1万吨/年；列车平均牵引总重上行2731吨、下行5577吨。隆化分界口日均接入重车345车、接入空车87车；日均交出重车396车、交出空车3车；全年接入货物778.2万吨，其中通过货物156.6万吨，输入货物621.6万吨；全年交出货物894.8万吨，其中通过货物419.2万吨，输出货物475.7万吨；全年接入旅客219.1万人，其中通过旅客16.3万人，输入旅客202.8万人；全年交出旅客226.7万人，其中通过旅客19.1万人，输出旅客207.6万人。

第九节 大郑线

大郑线自沈山线大虎山站起，至平齐线郑家屯站止，是连通辽宁、内蒙、吉林三省（区）重要铁路通道。1996年，营业里程368.9公里。线路总延展长度572.9公里，其中正线延展长度370.7公里；正线铺设60公斤/米钢轨0.4公里，铺设50公斤/米钢轨367.7公里；无缝线路196.1公里；线路等级国铁II级。全线（不含大虎山、郑家屯站，含通辽、通辽西、通辽东站）发送货物453.9万吨；到达货物686万吨；发送旅客476.8万人。全线平均客流密度上行117.1万人/年、下行110.5万人/年。货流密度：大虎山—新立屯间上行1212万吨/年、下行401万吨/年；新立屯—通辽间上行1510万吨/年、下行700万吨/年；通辽—郑家屯间上行495万吨/年、下行652万吨/年。大虎山—通辽间列车平均牵引总重上行3061吨、下行2009吨；通辽—郑家屯间列车平均牵引总重上行2090吨、下行3073吨。

一、增建第二线改造

2001—2003年，投资15349万元完成泡子—五峰、冯家—章古台、章古台—阿尔乡3个区间增二线改造。其中铁道部投资14607万元，铁路局配合投资742万元，共增建二线41.2公里。3个区间增二线后，关闭清泉站，通过能力：上行由33.7列/日提到71列/日；下行通过能力由33.7列/日提到58.6列/日。改造开通速度创造80公里/小时纪录，改造后旅客列车站内通过速度达120公里/小时，区间运行速度达140公里/小时。2006—2007年，投资15427万元完成阿尔乡—甘旗卡、巴胡塔—衙门营段增二线改造。其中铁道部投资11914万元，铁路局配合投资3513万元。2007—2010年，投资46237万元完成甘旗卡—通辽西段增建第二线，增建二线70.3公里。2009—2012年，投资101491万元完成大虎山—新立屯段增建第二线，增建二线71公里。2010—2015年，投资5671万元完成新立屯—泡子、五峰—冯家段增建第二线。大郑线大虎山—通辽西间241.4公里增二线全部完成。通辽东—郑家屯间99.2公里增二线在大郑线电化改造中同步实施并完成。

二、电气化改造

（一）前期工作

2013年，铁路局分别报送《关于报送通辽至四平铁路电气化改造工程可行性研究报告的请示》《关于报送通辽至大虎山铁路电气化改造工程可行性研究报告的请示》。11月13日，铁路总公司同日以铁总计统函〔2013〕956、957号文批复通辽—四平、通辽—大虎山铁路电气化改造工程可研报告。大虎山—通辽西段估算总投资17亿元，其中静态投资16.5亿元，建设期贷款利息0.5亿元。通辽东—四平段估算总投资31.9亿元，其中静态投资30.8亿元，建设期贷款利息1.1亿元。

2013年，铁路局分别报送《关于报送通辽至大虎山铁路电气化改造工程初步设计的请示》《关于报送通辽至四平铁路电气化改造工程初步设计的请示》及铁三院编制的初步设计文件。2014年1月26日，铁路总公司同日以铁总办函〔2014〕107、108号文批复通辽—大虎山、通辽—四平铁路电气化改造工程初步设计。

工程范围 大虎山—通辽西（不含）段现状电化，线路长度245.457公里；新北联络线5.325公里同步电化。通辽东（不含）—郑家屯站（含），线路长度99.23公里，增建第二线及电化改造。

货运量 大虎山—通辽段，沿线地方到发运量近期2020年703万吨/年，到达431万吨/年，发送272万吨/年；远期2030年到发运量1242万吨/年，其中到达786万吨/年，发送456万吨/年。通过运量近期上行10050万吨/年、下行735万吨/年；远期上行11758万吨/年、下行800万吨/年。通辽—四平段，沿线地方到发运量近期1906万吨/年，其中到达1226万吨/年，发送680万吨/年；远期到发运量2386万吨/年，其中到达1577万吨/年，发送809万吨/年。通过运量近期上行3380万吨/年、下行866万吨/年；远期上行4052万吨/年、下行1294万吨/年。

区段货流密度 大虎山—新立屯间近期上行3843万吨/年、下行918万吨/年；远期上行4493万吨/年、下行996万吨/年。新立屯—通辽间近期上行10444万吨/年、下行1614万吨/年；远期上行12445万吨/年、下行1917万吨/年。通辽东—郑家屯间近期上行4102万吨/年、下行916万吨/年；远期上行5015万吨/年、下行1354万吨/年。

区段客流密度及客车对数 大虎山—通辽间近期客流密度101万人/年、开行客车5对/日；远期客流密度115万人/年、开行客车5对/日。通辽东—郑家屯间近期客流密度168万人/年、开行客车8对/日；远期客流密度210万人/年、开行客车10对/日。

运输组织 封闭乌斯土、大窑2个车站，其他车站维持既有。本线上行方向为重车方向，大宗煤炭车流由装车站组织直达列车，列车牵引质量5000吨、10000吨。发往锦州方向10000吨列车在大虎山站分解组合；发往沈阳方向10000吨列车在幺荒站分解组合；通辽东—郑家屯间10000吨列车在白市站分解组合。

主要技术标准 铁路等级国铁I级；正线数目双线；设计行车速度120公里/小时；最小曲线半径大虎山—通辽间维持既有，通辽—四平间一般地段1200米、困难地段800米；限制坡度大虎山—通辽间维持既有，通辽—四平间6.0‰；牵引种类电力；机车类型HXD系列；到发线有效长1050米、部分1700米；自动闭塞。

线路 新建正线采用全立交设计；增建第二线及重车线铺设60公斤/米钢轨、无缝线路；铺设Ⅲ型钢筋混凝土轨枕，双层碎石道床。

桥涵 设计活载中—活载；设计洪水频率1/100。东清河大桥采用双绕新建5~32米预应力混凝土简支梁；西辽河大桥采用单绕对孔23~20米混凝土简支梁。

站场 通辽—大虎山段，除幺荒站在轻车方向增设满足万吨列车接发到发线2条外，其余车站维持既有规模及布置，现状电化。通辽—郑家屯段，白市站增设2条1700米到发线；五道木站设到发线4条（含正线），有效长1700米，不办理客运；大林站设到发线5条，新建站房2000平方米，新设计算机客票发售及预订系统以及客运广播、引导显示等系统；钱家店、门达、欧里站各设到发线4条（均含正线），欧里站新建站房600平方米，钱家店站新设货运管理信息系统设施。

四电 通信系统新设同步数字系列(SDH)2.5Gb/s传输系统，甘旗卡、新立屯、彰武、大虎山站新设(SDH)2.5Gb/s节点传输设备；新设SDH622Mb/s接入系统，各站及区间GSM—R无线基站新设SDH622Mb/s传输接入设备；新设GSM—R移动通信系统；新设32芯单模通信光缆1条。幺荒、五道木、大林、门达、白市站新建调度集中（CTC）车站分机，其他站既有列车调度指挥设备利旧改造。电气化采用带回流线、加强线直供电方式；新建北甘旗、新兴隆、新立屯、塘坊、钱家店、门达、双辽牵引变电所和白市开闭所；新建牵引供电设施纳入牵引供电远动系统集中监控。通辽东—郑家屯间新建电力贯通线1条并纳入电力远动系统。

（二）建设进度及工程量

2014年8月，大郑线电化改造工程正式开工。2015年，通辽东—郑家屯间99.2公里增二线全部完成。大虎山—郑家屯间，设计站线铺轨29公里全部完成；路基土石方完成201万立方米，为设计总量91.0%；桥梁完成5009延长米，为设计总量95.9%；接触网挂网完成1282条公里，为设计总量118.8%；房屋完成32398平方米，为设计总量83.7%；征地完成1200亩，为设计总量60.5%。

（三）工程投资

大虎山—四平段初步设计总概算486935万元，其中静态投资470935万元，建设期贷款利息16000万元。其中，大虎山—通辽段初步设计总概算168329万元，其中静态投资163329万元，建设期贷款利息5000万元；通辽—四平段初步设计总概算318606万元，其中静态投资307606万元，建设期贷款利息11000万元。

大郑线电化改造工程（不含四平—郑家屯段）计划总投资383734万元。2014—2015年累计完成投资278505万元，为计划总投资72.6%。其中，大虎山—通辽段计划总投资168329万元，累计完成投资115138万元，为计划总投资68.4%。通辽—郑家屯段计划总投资215405万元，累计完成投资163367万元，为计划总投资75.8%。

三、线路设施、设备改造

2000年，投资341万元完成彰武水源能力加强；2000—2001年，投资175万元完成黑山站舍改造。2004—2005年，投资279万元完成大郑线红外线加密工程；投资98万元完成新立屯信号楼新建；货运保价投资337万元完成彰武站货场改造。2009—2011年，投资3958万元新建彰武站舍；投资1682万元完成彰武站高站台和跨线设施改造。2012—2013年，投资1070万元完成大郑线调度集中改造；投资4393万元完成5处平交道口改立交。2015年，投资88万元用于大郑线67公里487米等7处立交桥积水整治；投资140万元用于彰武站货运吊车改造；投资117万元完成新泉—么荒间线路封闭。同年，新立屯—通辽西段10千伏电力贯通线工程开工，计划总投资3482万元，当年完成投资1082万元。

四、运能运量

2003年，大虎山—通辽间货物列车牵引质量

2015年大郑线站别客货运量一览表
表1-3-9

站 名	车站等级	省市县属	货运量（吨）		旅客发送量（千人）
			发送量	到达量	
黑 山	3	辽宁黑山	12	37.0	—
八道壕	4	辽宁黑山	18	38.0	—
芳山镇	4	辽宁黑山	—	—	—
新立屯	2	辽宁黑山	13	7.0	206
么 荒	5	辽宁阜新	—	—	—
十家子	乘	辽宁阜新	—	—	13
泡 子	4	辽宁阜新	—	—	29
彰 武	3	辽宁彰武	9	636.0	268
章古台	4	辽宁彰武	7	1.0	8
阿尔乡	4	辽宁彰武	15	0.4	—
甘旗卡	3	内蒙科左后旗	165	233.0	463
衙门营	4	内蒙科左后旗	67	117.0	—
木里图	3	内蒙古通辽	227	2269.0	6
通辽西	4	内蒙古通辽	15	185.0	—
通 辽	1	内蒙古通辽	189	3310.0	4097
通辽东	4	内蒙古通辽	—	—	—
五道木	4	内蒙古通辽	—	37.0	—
钱家店	4	内蒙古通辽	—	—	1
乌斯土	4	内蒙古通辽	—	—	0.4
大 林	4	内蒙古通辽	115	28.0	47
大 罕	4	内蒙科左中旗	—	—	7
门 达	4	内蒙科左中旗	10	17.0	9
欧 里	4	内蒙科左中旗	—	—	4
白 市	3	吉林双辽	72	2592.0	—

上行由3550吨提到4000吨，下行由2200吨提到2400吨。2005年，大郑线采用DF4内燃机车牵引，大虎山—彰武间牵引质量上行提至4200吨、下行提至3100吨。

2015年，大郑线营业里程368.7公里。线路总延展长度957.8公里，其中正线延展长度738.4公里。全线为双线；自动闭塞，客、货列车追踪间隔均为7分钟；线路允许速度：120公里/小时；线路等级国铁I级。大虎山—通辽东间，限制坡度上行4.5‰、下行10.7‰；到发线有效长1050米；最小曲线半径400米；HXN机车牵引质量上行10000吨、下行5000吨，DF4机车牵引质量上行5000吨、下行3100吨；大虎山—新立屯间，图定客车4对/日，图定货车上行39列/日、下行41列/日；新立屯—通辽东间，图定客车13对/日，

图定货车上行68列/日、下行69列/日。通辽东—郑家屯间，限制坡度上行4.8‰、下行6.7‰；到发线有效长850米；最小曲线半径500米；HXN机车牵引质量上行10000吨、下行6000吨，DF4机车牵引质量上行5000吨、下行4200吨；图定客车3对/日，图定货车上行16列/日、下行24列/日。大郑线设车站23个。其中一、二等站各1个；三等站5个；四等站15个；五等站1个；另乘降所1个。全线发送货物93.2万吨；到达货物950.7万吨；发送旅客515.8万人。大虎山—通辽间客流密度上行413.8万人/年、下行419.2万人/年；通辽—郑家屯间（注：郑家屯方向改为上行）客流密度上行151.7万人/年、下行157.2万人/年。大虎山—新立屯间货流密度上行1057万吨/年、下行511.4万吨/年；新立屯—通辽西间货流密度上行3823万吨/年、下行787.3万吨/年；通辽东—郑家屯间货流密度上行3311万吨/年、下行129万吨/年。大虎山—通辽间列车平均牵引总重上行6818吨、下行2863吨；通辽—郑家屯间列车平均牵引总重上行8043吨、下行2290吨。

第十节 沈吉线

沈吉线南起沈阳，北达吉林市，是东北地区东部一条重要南北铁路干线，也是辽宁、吉林两省铁路运输主要通道之一。1996年，沈吉线营业里程441公里。线路总延展长度782.9公里，其中正线延展长度453.0公里；正线铺设60公斤/米钢轨125.0公里、50公斤/米钢轨328.0公里；无缝线路161.2公里；线路等级国铁Ⅱ级。全线（含梅河口站，不含吉林站）发送货物1062.6万吨；到达货物1294.5万吨；发送旅客745.7万人。沈阳北—梅河口间客流密度上行286.1万人/年、下行239.1万人/年；梅河口—吉林间客流密度上行175.3万人/年、下行134.3万人/年。区段货流密度：沈阳北—抚顺城间上行1136万吨/年、下行648万吨/年；抚顺城—清原间上行959万吨/年、下行449万吨/年；清原—梅河口站间上行895万吨/年、下行415万吨/年；梅河口—烟筒山间上行389万吨/年、下行362万吨/年；烟筒山—吉林间上行293万吨/年、下行486万吨/年。列车平均牵

引总重：沈阳东—大官屯间上行2255吨、下行1474吨；大官屯—清原间上行2187吨、下行1259吨；清原—梅河口间上行2168吨、下行1234吨；梅河口—靠山屯间上行1851吨、下行1664吨；靠山屯—吉林间上行1468吨、下行1866吨。

一、线路、站场改造

（一）增建第二线及电化改造

2005—2006年，为适应沈阳世博园运输需求，投资17000万元（含地方政府投资）完成沈阳东—旧站间线路应急改造。2006—2008年，在沈阳枢纽东北环线一期工程中，沈阳东（含）—旧站(含)间增建第二线17.9公里；新设植物园乘降所；东陵站规模不变，吉林端咽喉按Ⅳ道有效长度满足1050米改建。该段改造主要技术标准为国铁I级；双线；限制坡度维持既有（上行7.2‰、下行9.7‰）；最小曲线半径一般地段1600米、困难地段1200米；牵引种类内燃、预留电化条件；到发线有效长850米；半自动闭塞。

2008—2009年，在苏抚线改造中，沈吉线旧站（含）—前27公里。该段改造主要技术标准为国铁I级；线路双线；旅客列车设计行车速度120公里/小时；线路最小曲线半径区间一般地段1200米、困难地段800米（将军堡—抚顺城段维持既有小半径曲线）；限制坡度6.0‰；牵引种类内燃；到发线有效长维持既有（部分1050米）；半自动闭塞。

2009—2014年，累计投资78292万元完成石家—烟筒山段扩能改造，增建第二线56公里，该段车站到发线有效长均延长至850米。改造后铁路等级国铁I级。

2013—2015年，在沈阳枢纽东北环线二期建设工程中，设计预测沈阳北—抚顺北间近期（2020年）货运密度上行2750万吨/年、下行1650万吨/年，客流密度506万人/年；远期（2030年）货运密度上行3410万吨/年、下行1940万吨/年，客流密度560万人/年，需同步进行改造。同步改造内容包括沈阳北—抚顺北站（原抚顺城）既有线同步实施电化改造，线路全长44.031公里，既有线原标准不变；同步完成沈阳北—沈阳东段5处平交道口改立交；沈阳北—抚顺北间敷设24芯单模光缆一条。2013年4月开

工，2015年8月25日竣工。

（二）线路、站场其他改造

1995—1996年，投资1273万元完成永宁、双河镇、靠山屯3站股道延长工程。其中，永宁站投资522万元；双河镇站投资357万元；靠山屯站投资394万元。2000年，铁道部投资1466万元，铁路局配合投资200万元完成梅河口站驼峰自动化改造。驼峰改造后，编解能力由3335辆提高到4054辆。2002年，投资544万元将清原站站内原扣环式正线改为直股贯通式。改造后清原站站内旅客列车过岔速度由原35~45公里/小时提至120公里/小时。

二、线路设备、设施改造

机辆 2010—2011年，投资11495万元用于东陵客车停留基地建设。其中，新建客车停留线投资4290万元；增设站台雨棚投资2570万元；新建客车停留基地整备公寓投资4635万元。2014—2015年，在机务整备设施改造中，梅河口机务段新建3线机车整备库800平方米；增设机车车号识别、轮对动态检测、走行部动态监视、整备作业综合管理、股道管理自动化、大功率机车车载数据专家处理系统和便携式检测设备等；新铺线路3.0公里，新铺道岔23组，土石方1.2万立方米；检修车间增设不落轮镟床1台。2015年，投资1414万元用于梅河口机务段机车加装改造。其中，一般加装改造投资726万元；高价互换配件投资688万元。

客货运 2005年，投资104万元完成滴台、章党、南杂木、南口前、斗虎屯5站客运设施改造；2007年，投资648万元用于清原站舍改造。2014—2015年，投资2658万元用于货运设施改造。其中，朝阳镇站货场改造投资761万元；前甸、苍石等45站开行便民列车货运基础设施改造投资1614万元；清原站轨道衡新建投资103万元；梅河口站货运吊车改造投资119万元；口前站货运吊车改造投资61万元。

其他 1996年，投资364万元在沈吉线增设红外线二代机联网设施134公里；2001年，投资109万元在沈吉线增设19处电力故障自动分断系统；2003年，投资147万元完成10公里104米处平交道口改造；2005年，投资940万元完成沈吉线DMIS系统建设；2011年，投资357万元在梅河口编组站安装减速顶可控停车器；2012年，投资644万元完成4处平交道口改造。2013年，投资200万元扩建烟筒山行车公寓，扩建面积509平方米；同年，用于通化工务段梅河口地区车库新建投资127万元。2014年，投资127万元新建157公里407米处排水涵。2014—2015年，投资1182万元用于415公里116米处桥梁浅基病害整治。

三、运能运量

2015年，沈吉线营业里程440.2公里。线路总延展长度871.9公里，其中正线延展长度552.7公里，正线中一线440.7公里，二线112.0公里；到发线有效长550米、部分850米；线路运行速度120公里/小时；线路等级分别为国家I、II级线路。沈阳北—抚顺北间为双线；电气化；自动闭塞，客、货列车追踪间隔均为7分钟；限制坡度上行11.2‰、下行10.8‰；最小曲线半径396米；图定客车上行8列/日、下行7列/日，图定货车上行12列/日、下行11列/日。抚顺北—梅河口间为单线；半自动闭塞；限制坡度上行7.5‰、下行11.0‰；线路最小曲线半径355米；图定客车11对/日、货车16对/日、行包班列1对/日。梅河口—吉林间为单、双线；半自动闭塞；限制坡度上行10.5‰、下行9.9‰；线路最小曲线半径396米；图定客车6对/日、货车16对/日、行包班列1对/日。

沈吉线设车站43个。其中，二等站5个，三等站11个，四等站26个，五等站1个，设线路所1个。全线发送货物811.8万吨，到达货物1512.8万吨，发送旅客398.2万人。客流密度：沈阳—清原间上行460.9万人/年、下行476.4万人/年；清原—梅河口间上行383.9万人/年、下行389.6万人/年；梅河口—靠山屯间上行217.7万人/年、下行213.8万人/年；靠山屯—吉林间上行197.3万人/年、下行183.5万人/年。

货流密度：沈阳北—抚顺北站间上行454.3万吨/年、下行633万吨/年；抚顺北—清原间上行776.9万吨/年、下行852.1万吨/年；清原—梅河口间上行765.7万吨/年、下行821.6万吨/年；梅河口—莲河间上行887.8万吨/年、下行889.2万吨/年；莲河—团林间上行820.4万吨/年、下行871.8万吨/年；团林—靠山屯间上行745.7万吨/年、下行841.8万吨/年；靠山屯—烟筒山间

2015年沈吉线站别客货运量一览表

表1-3-10

站　名	车站等级	省市县属	货运量（吨）		旅客发送量（千人）
			发送量	到达量	
沈阳东	2	辽宁沈阳	895	4003	2
东　陵	3	辽宁沈阳	—	566	—
旧　站	4	辽宁沈阳	—	23	—
滴　台	4	辽宁抚顺	14	5	—
抚顺北	2	辽宁抚顺	40	1877	1540
前　甸	3	辽宁抚顺	949	24	—
章　党	3	辽宁抚顺	76	2385	22
石门岭	4	辽宁抚顺	—	—	—
营　盘	4	辽宁抚顺	37	21	—
铁背山	4	辽宁抚顺	—	—	—
南杂木	4	辽宁新宾	11	62	91
苍　石	4	辽宁清原	157	9	23
南口前	4	辽宁清原	4	1	21
北三家	4	辽宁清原	—	—	—
斗虎屯	4	辽宁清原	—	—	—
清　原	3	辽宁清原	98	200	370
长山堡	4	辽宁清原	—	—	—
英额门	4	辽宁清原	—	—	—
兴隆河	5	辽宁清原	—	—	—
草　市	3	辽宁清原	130	233	22
龙　山	4	吉林梅河	—	—	—
山城镇	4	吉林梅河	8	42	81
黑山头	3	吉林梅河	893	1	—
宝　山	4	吉林梅河	—	—	—
梅河口	2	吉林梅河	351	1296	961
海　龙	4	吉林梅河	209	39	5
朝阳镇	3	吉林梅河	323	403	342
团　林	4	吉林梅河	—	—	—
石　家	3	吉林磐石	608	500	—
磐　石	3	吉林磐石	123	90	294
永　宁	4	吉林磐石	3	8	—
明　城	3	吉林磐石	1800	1885	72
烟筒山	2	吉林磐石	1031	496	74
大梨树	4	吉林磐石	—	3	—
取柴河	4	吉林磐石	—	—	—
双河镇	4	吉林永吉	10	3	19
长　岗	4	吉林永吉	—	—	—
大黑山	4	吉林永吉	—	—	—
西　阳	4	吉林永吉	—	—	—
口　前	3	吉林永吉	1	27	45
马相屯	4	吉林市	—	—	—
吉林西	2	吉林市	348	927	—
北　山	4	吉林市	—	—	—
西　山	线	吉林市	—	—	—

上行759.1万吨/年、下行864.8万吨/年；烟筒山—吉林间上行805.5万吨/年、下行950.7万吨/年。列车平均牵引总重：沈阳北—清原间上行2500吨、下行2655吨；清原—梅河口间上行2558吨、下行2876吨；梅河口—团林间上行2398吨、下行2901吨；团林—吉林间上行2752吨、下行3016吨。

第十一节　沈丹线

沈丹线自沈大线苏家屯站起，终至中国边境城市丹东，是中朝铁路运输重要通道。1996年，沈丹线营业里程255公里。线路总延展长度691.6公里，其中正线延展长度419.6公里；正线铺设60公斤/米钢轨121.3公里、50公斤/米钢轨298.3公里。线路等级国铁Ⅱ级。全线（含威宁、新岭）发送货物1478.5万吨；到达货物1756.4万吨；发送旅客2227.2万人。苏家屯—本溪间客流密度上行356万人/年、下行321万人/年；本溪—丹东间客流密度上行257万人/年、下行238万人/年。苏家屯—本溪间，货流密度上行794万吨/年、下行1401万吨/年；列车平均牵引总重上行1731吨、下行2242吨。本溪—凤凰城间，货流密度上行330万吨/年、下行639万吨/年；列车平均牵引总重上行1193吨、下行1849吨。凤凰城—丹东间，货流密度上行59万吨/年、下行527万吨/年；列车平均牵引总重上行686吨、下行1860吨。丹东为中国与朝鲜两国口岸站，日均接入重车5车、空车16车；日均交出重车22车、空车1车。

一、线路、站场改造

1999年，投资1039万元对沈丹线63公里线路所进行改造，增建二线1.7公里。63公里线路所改造后，苏家屯—南芬段双线全部贯通。2000—2001年，投资3575万元完成20公里处和草河口、南芬站提速改造；完成36公里、39公里处曲线改造和沈阳—本溪间曲线改造简单拨移。2002—2003年，投资15305万元完成沈阳—本溪间4处小半径曲线改造。其中，17公里~20公里处投资3333万元；23公里~28公里处投资4286万元；41公里~45公里处投资3409万元；46公里~51公里处投资4277万元。4处小半径曲线改造后，沈阳—本溪间旅客列车运行速度提至

140公里/小时，快速旅客列车上行运行时分由71分钟压缩到47分钟，下行运行时分由67分钟压缩到46分钟。2013年，投资350万元完成石桥子站场改造；投资231万元完成下马塘站改造。

二、线路设施、设备改造

通信信号 1993—1996年，投资8278万元完成沈阳—丹东间干线通信电缆改造，铺设通信电缆277公里。2004—2007年，投资4635万元对沈阳—本溪间半自动闭塞进行改造，建成自动闭塞66.3公里。2012年，投资269万元完成沈丹线通信传输系统改造。2014—2015年，投资2814万元完成沈丹连环接入层传输网及接入层改造；投资1365万元完成沈丹连环汇聚层传输网改造。

客货运 1997年，用于南芬站货运营业室扩建投资60万元，扩建营业室600平方米；2000年，投资40万元完成寒岭站货运营业室改造。2001—2005年，投资1070万元用于凤凰城站客运设施改造。其中，投资100万元完成凤凰城站靓化改造；投资420万元新建凤凰城站舍，新建站舍874平方米，行包房157平方米；投资550万元完成凤凰城站站台及雨棚改造。2014—2015年，在南芬站改造中，拆除既有南芬站候车室、派出所房屋，原位新建站舍，建筑面积2732平方米；新建旅客出站口一处；预留高站台改造条件；电力增设400kva箱变一座，累计投资2615万元。同期，投资2832万元用于沈丹线开行便民列车货运基础设施改造。其中，陈相屯等8站改造投资223万元；桥头等8站改造投资302万元；吴家屯等9站基本站台高站台改造投资2307万元，其中，吴家屯站165万元、姚千户站228万元、石桥子站265万元、金坑站142万元、南芬站431万元、连山关站201万元、通远堡站367万元、凤凰城站326万元、汤山城站182万元。2015年，投资460万元用于客货运设施改造。其中，火连寨站货运吊车改造投资146万元；凤凰城站货运吊车改造投资74万元；通远堡、刘家河站轨道衡新建投资94万元；凤凰城站售票大厅、行李房和货运站台改造投资146万元。

供电 2000年，投资94万元在凤凰城—本溪间增设电力故障自动分断系统；投资54万元在陈相屯、石桥子、本溪配电所增设无线通信抢修设备。2001年，投资154万元在沈阳—本溪间增设电力故障自动分断系统27套；2003年，投资253万元完成苏家屯—本溪间供电系统改造。

道口、桥梁及线路封闭 1999—2001年，投资926万元完成15公里866米处等共11处平交道口改造。2001—2003年，投资983万元用于桥梁改造。其中，铁道部投资498万元完成20公里处老龄桥改造；铁路局投资485万元完成139公里257米处桥梁改建。2004—2005年，为满足160公里/小时提速目标需要，投资2630万元用于沈丹线沿线封闭和平改立工程。其中，沈阳—本溪间提速区段沿线封闭投资1547万元，封闭线路70公里；投资966万元完成14处平交道口改造；投资117万元完成7处立交桥整治。2012—2013年，投资1329万元完成4处平交道口改造。2014—2015年，投资6767万元完成5处桥梁浅基病害整治。其中，155公里979米处投资1787万元、163公里662米处投资1825万元、191公里160米处投资1620万元、218公里906米处投资1437万元、226公里273米处投资98万元。2015年，投资133万元完成220公里966米等2处道口拆除。

其他设施 2005年，用于沈丹线36个站DMIS系统建设投资800万元；2011年，投资141万元用于桥头（含宽甸）站军用设施改造。2012—2013年，用于沈丹线吴家屯、金坑、凤凰城等27个站生产生活设施完善投资1410万元；投资314万元新建凤凰城机务待乘点，新建待乘点714平方米。

三、运能运量

2015年，沈丹线营业里程251.0公里。线路总延展长度650.4公里，其中正线延展长度419.4公里，正线中一线250.4公里，二线169.1公里。线路等级国铁Ⅱ级。沈阳—本溪间双线；最小曲线半径400米；自动闭塞，客、货列车追踪间隔均为8分钟；到发线有效长850米；限制坡度上行14.0‰、下行13.0‰；线路列车运行速度120公里/小时；HXN机车牵引质量上、下行均为5200吨，ND5机车牵引质量上行3700吨、下行3500吨，DF4机车牵引质量上、下行均为3200吨；图定客车17对/日、货车30对/日。本溪—南芬间双线；最小曲线半径390米；半自动闭塞；到发线有效长550米；限制坡度上行13.0‰、下行13.4‰；线路运行速度85公里/小时；图定

2015年沈丹线站别客货运量一览表

表1-3-11

站　名	车站等级	省市县属	货运量（吨）		旅客发送量（千人）
			发送量	到达量	
吴　家　屯	4	辽宁沈阳	49	269	10
陈　相　屯	4	辽宁沈阳	44	116	17
姚千户屯	4	辽宁沈阳	1	0.1	31
歪　头　山	2	辽宁本溪	2616	65	124
石　桥　子	3	辽宁本溪	4	162	161
威　　　宁	4	辽宁本溪	—	—	—
火　连　寨	4	辽宁本溪	215	87	—
本　溪　湖	3	辽宁本溪	1583	333	—
本　　　溪	2	辽宁本溪	7602	20700	6548
福　　　金	4	辽宁本溪	—	—	—
桥　　　头	4	辽宁本溪	4	19	57
桥　　　北	乘	辽宁本溪	—	—	45
金　　　坑	4	辽宁本溪	47	3	28
南　　　芬	2	辽宁本溪	3989	175	520
下　马　塘	4	辽宁本溪	39	95	17
连　山　关	4	辽宁本溪	—	—	40
祁　家　堡	4	辽宁本溪	107	20	28
草　河　口	4	辽宁本溪	12	61	126
通　远　堡	4	辽宁凤城	71	485	246
林　家　台	4	辽宁凤城	—	—	1
刘　家　河	4	辽宁凤城	334	4	33
长　　　虹	4	辽宁凤城	—	—	4
中　　　兴	4	辽宁凤城	—	—	1
秋　木　庄	乘	辽宁凤城	—	—	5
鸡　冠　山	4	辽宁凤城	59	3	17
凤　凰　城	2	辽宁凤城	20	364	864
一　面　山	4	辽宁凤城	—	—	9
汤　山　城	4	辽宁凤城	—	—	11
五　龙　背	4	辽宁丹东	—	—	99
金　山　湾	3	辽宁丹东	—	1375	—
蛤　蟆　塘	4	辽宁丹东	13	228	2
沙　河　镇	4	辽宁丹东	—	274	—
丹　　　东	1	辽宁丹东	9471	5437	2756
丹东交接站	—	辽宁丹东	90	147	58

客车16对/日、货车19对/日。南芬—丹东间单线；半自动闭塞；到发线有效长550米；限制坡度上行13.0‰、下行13.4‰；线路运行速度120公里/小时；图定客车13对/日、货车15对/日。本溪—丹东间牵引质量贯通，HXN机车牵引质量上行2600吨、下行2500吨；ND5机车牵引质量上行1800吨、下行1700吨；DF4机车牵引质量上行1500吨、下行1400吨。

沈丹线设车站31个。其中，丹东为一等站，二等站4个，三等站3个，四等站23个，另乘降所2个。全线（含威宁）发送货物2637万吨，到达货物3042万吨，发送旅客1186万人。苏家屯—本溪间，客流密度上行595.1万人/年、下行587.2万人/年；货流密度上行380.7万吨/年、下行1618.9万吨/年；列车平均牵引总重上行2445吨、下行4442吨。本溪—凤凰城间，客流密度上行359.8万人/年、下行354.1万人/年；货流密度上行711.4万吨/年、下行635.2万吨/年；列车平均牵引总重上行2388吨、下行2205吨。凤凰城—丹东间，客流密度上行260.9万人/年、下行247.8万人/年；货流密度上行934.5万吨/年、下行690.7万吨/年；列车平均牵引总重上行2648吨、下行2225吨。丹东口岸站接、交货车均为1.4列/日。

第十二节　长图线

长图线起自长春，终至中朝边境图们，是吉林省东部铁路主通道，也是中朝联运重要通道。1996年，长图线营业里程530.7公里。线路总延展长度919.2公里，其中正线延展长度533.2公里；正线铺设50公斤/米钢轨532.4公里、无缝线路225.9公里；线路等级国铁Ⅱ级。全线（不含长春站，含吉林、图们站）发送货物943.3万吨；到达货物1625.4万吨；发送旅客1497.9万人。长春—吉林间客流密度上行214万人/年、下行230万人/年；吉林—图们间客流密度上行157万人/年、下行150万人/年。长春—吉林间，货流密度上行1148万吨/年、下行609万吨/年；列车平均牵引总重上行2304吨、下行1782吨。吉林—蛟河间，货流密度上行521万吨/年、下行214万吨/年；列车平均牵引总重上行1843吨、下行1155吨。蛟河—敦化间，货流密度上行428万吨/年、下行220万吨/年；列车平均牵引总重上行1756吨、下行1213吨。敦化—图们间，货流密度上行148万吨/年、下行356万吨/年；列车平均牵引总重上行1622吨、下行1094吨。图们口岸站日均接入重车3车、接入空车10车；日均交出重车15车。

一、线路、站场改造

1997年，投资3900万元对图们站场进行改造。增加到发线3条；调整9条调车线线间距并延长有效长；移设1、2道到发线；增设第二旅客站台；同步改造调车场头、尾部电气集中和调速设备。1998年，投资9500万元在桦皮厂—孤店子、卡伦—龙家堡区间增建第二线；将龙家堡站上行4道到发线、孤店子站上行到发线延长至850米。同年，为配合图们—珲春—长岭子过境铁路建设，投资4877万元对图们站场再次进行改造。2000年，投资21956万元对长春—吉林段实施增二线改造。其中，九台—营城间4943万元、营城—土们岭间4702万元、龙家堡—饮马河间3690万元、饮马河—九台间3627万元、龙泉东线路所—兴隆山间1207万元、兴隆山—卡伦间3787万元。长春—吉林段增建二线后，其通过能力由51.4对/日提高到75.7对/日，客车运行时分由101分钟压缩到85分钟。

二、线路设施、设备改造

客货运　1999年，投资1570万元对敦化站站舍进行改造，将原1500平方米站舍扩建为5100平方米，对雨棚、天桥等相关客运设施同步进行改造。2003—2004年对延吉站舍再次进行改扩建。2010年，投资1868万元改造图们站客运设施。将一站台改为1.25米高站台，抬高相应出入口处；基本站台改为宽17米、长550米；新建基本站台雨棚长550米、宽15米；雨棚预留Ⅰ、Ⅱ道接触网增设条件；结合站区整治，完善场区围墙建设；雨棚设照明及旅客引导显示设备。2011—2013年，投资9282万元用于延吉站改造。其中，投资4017万元用于延吉站货场改造；投资1779万元用于延吉站客运设施改造；投资3486万元用于延吉站综合楼改建。2014—2015年，投资1349万元用于九台站开行便民列车货运基础设施改造和货场龙门吊走行轨新建；投资1023万元完成延吉货运中心正面吊等装卸设备购置；投资806万元用于蛟河站货场、货运吊车改造；投资675万元用于安图站货场、吊车改造。

道口　2012—2014年，投资1928万元完成7处平交道口改造；投资3039万元配合地方政府完成10处简易平交道口改造。2015年，投资273万元完成12公里890米等3处立交桥积水整治。在第二批200处平交道口改造中，用于江北—蛟河段（含吉舒线东富至舒兰段）道口平交改立交计划总投资1849万元，完成投资894万元；用于蛟河—敦化段道口平交改立交计划总投资4282万元，完成投资375万元；用于敦化—哈尔巴岭段道口平交改立交计划总投资1257万元，完成投资430万元。

其他　1998—1999年，投资2032万元完成长春—吉林间通信光缆工程。2012—2014年，投资1312万元对图们客车整备所进行改造。其中，客车整备所改造投资1000万元；用于客车检修测试设备购置312万元。2013年，投资1200万元完成图们、延吉站区综合整治。2013—2014年，投资1623万元完成吉林机务段图们运用车间改造；投资493万元完成图们工务段轨道车库新建工程，新建车库965平方米。2014—2015年，投资595万元新建延吉站综合工区2032平方米；投资1189万元完成423公里241米、428公里715米、429公里348米3处桥梁浅基病害整治；投资6942万元用于全线职工生产生活设施改造。

三、运能运量

2015年，长图线营业里程538.7公里。线路总延展长度967.9公里，其中正线延展长度653.4公里，正线中一线521.5公里，二线119.0公里，三线6.6公里，四线6.2公里。线路等级国铁Ⅱ级。长春北—吉林间单、双线；半自动闭塞；限制坡度上行10.0‰、下行10.8‰；到发线有效长750米；线路最小曲线半径300米；运行速度120公里/小时；图定客车9对/日、货车13对/日、行包班列上行2列/日、下行1列/日。棋盘—图们间单线；半自动闭塞；到发线有效长550米；线路最小曲线半径297米；限制坡度上行17.0‰、下行15.2‰；运行速度90公里/小时；图定客车16对/日、货车19对/日、行包班列1对/日。全线货运机型为HXN、DF4；HXN机车牵引质量上、下行均为4000吨；DF4机车牵引质量上、下行均为2600吨。

长图线设车站49个。其中，二等站8个、三等站6个、四等站34个、五等站1个，另乘降所1个。全线（不含长春）发送货物1059万吨，到达货物1949万吨，发送旅客1455万人。客流密度：长春—兴隆山间上行463.8万人/年、下

2015年长图线站别客货运量一览表

表1-3-12

站 名	车站等级	省市县属	货运量（吨）发送量	货运量（吨）到达量	旅客发送量（千人）
长 春 东	2	吉林长春	678.0	4562	—
龙 泉	4	吉林长春	0.3	—	—
龙 泉 北	5	吉林长春	—	—	—
兴 隆 山	4	吉林长春	166.0	1261	—
卡 伦	4	吉林九台	—	3	7
龙 家 堡	4	吉林九台	908.0	407	—
九 台	3	吉林九台	123.0	34	1079
营 城	3	吉林九台	134.0	2336	3
土 们 岭	4	吉林九台	—	—	29
左 家	乘	吉林九台	—	—	33
桦 皮 厂	4	吉林永吉	9.0	2	4
孤 店 子	4	吉林市	41.0	94	—
新 九 站	2	吉林市	699.0	1852	—
九 站	4	吉林市	286.0	63	—
哈 达 弯	2	吉林市	133.0	3695	—
吉 林	2	吉林市	—	—	9060
龙 潭 山	2	吉林市	3439.0	2978	—
江 北	4	吉林市	—	—	—
江 密 峰	4	吉林永吉	—	—	4
天 岗	4	吉林蛟河	—	2	59
六 道 河	4	吉林蛟河	—	—	15
老 爷 岭	4	吉林蛟河	—	—	11
小 姑 家	4	吉林蛟河	—	—	8
拉 法	4	吉林蛟河	—	—	—
蛟 河	3	吉林蛟河	85.0	172	593
苇 塘	4	吉林蛟河	—	—	—
白 石 山	4	吉林蛟河	6.0	10	59
二 道 河	4	吉林蛟河	—	0.1	—
黄 松 甸	4	吉林蛟河	—	—	31
威 虎 岭	4	吉林敦化	—	—	—
黄 泥 河	4	吉林敦化	—	11	74
秋 梨 沟	4	吉林敦化	—	—	—
太 平 岭	4	吉林敦化	13.0	35	—
敦 化	2	吉林敦化	0.4	17	1077
大 桥	3	吉林敦化	187.0	363	—
大 石 头	4	吉林敦化	2.0	12	95
哈 尔 巴 岭	4	吉林敦化	—	—	4
南 沟	4	吉林安图	—	—	—
亮 兵 台	4	吉林安图	—	—	—
安 图	3	吉林安图	93.0	16	270
茶 条 沟	4	吉林安图	—	—	3
榆 树 川	4	吉林安图	—	—	4
葆 园	4	吉林龙井	7.0	2	—
铜 佛 寺	4	吉林龙井	—	—	—
朝 阳 川	3	吉林龙井	10.0	45	19
延 吉	2	吉林延吉	59.0	269	1458
溪 洞	4	吉林延吉	2.0	800	—
磨 盘 山	4	吉林龙井	—	—	—
苇 子 沟	4	吉林龙井	—	—	170
曲 水	—	吉林图们	—	69	—
图 们	2	吉林图们	864.0	159	552
图们交接站		吉林图们	7.0	54	—
图们地方铁路			2641.0	—	—

行427.8万人/年；兴隆山—吉林间上行398.1万人/年、下行376.5万人/年；吉林—蛟河间上行377.8万人/年、下行363.2万人/年；蛟河—敦化间上行345.2万人/年、下行331.4万人/年；敦化—朝阳川间上行288.6万人/年、下行273.0万人/年；朝阳川—图们间上行146.7万人/年、下行129.0万人/年。

货流密度：长春—兴隆站间上行338.7万吨/年、下行618.7万吨/年；兴隆山—吉林间上行406.6万吨/年、下行711.5万吨/年；吉林—龙潭山间上行178.2万吨/年、下行399.5万吨/年；龙潭山—江北间上行6.7万吨/年、下行164万吨/年；江北—小姑家间上行504.1万吨/年、下行136.8万吨/年；小姑家—拉法间上行501.7万吨/年、下行136.6万吨/年；拉法—蛟河间上行523.6万吨/年、下行166.0万吨/年；蛟河—敦化间上行519.5万吨/年、下行152.4万吨/年；敦化—朝阳川间上行509.1万吨/年、下行124.2万吨/年；朝阳川—曲水间上行379.9万吨/年、下行92.0万吨/年；曲水—图们间上行440.0万吨/年、下行112.3万吨/年；

列车平均牵引总重：长春—兴隆山间上行2991吨、下行3892吨；兴隆山—吉林间上行3272吨、下行3581吨；吉林—蛟河间上行2468吨、下行1424吨；蛟河—敦化间上行2430吨、下行1369吨；敦化—朝阳川间上行2433吨、下行1261吨；朝阳川—图们间上行2227吨、下行1091吨。

第十三节　梅集线

梅集线起自沈吉线梅河口站，终至中朝边境集安站，是中朝联运通道之一。1996年，梅集线营业里程251.5公里。线路总延展长度367.9公里，其中正线延展长度250.6公里；正线铺设50公斤/米钢轨156.7公里，其余为50公斤/米以下钢轨；线路等级国铁Ⅱ级。全线（不含梅河口站）发送货物463.0万吨；到达货物575.6万吨；发送旅客481.5万人。梅河口—集安间客流密度上行99.7万人/年，下行89.2万人/年。梅河口—通化间货流密度上行919万吨/年、下行407万吨/年；列车平均牵引总重上行2128吨、下行1295吨。通化—集安间，货流密度上行171万吨/年、下行

61万吨/年；列车平均牵引总重上行1294吨、下行719吨。集安口岸站日均接入重车2车、空车1车；日均交出重车1车。

一、线路设施、设备改造

2009年，投资332万元完成集安站客运设施改造。基本站台按原面积2798平方米改造为1.25米高站台，改造站前广场面积9166平方米。2012年，投资261万元完成48公里752米、49公里435米2处平交道口改造。2012—2014年，投资4775万元用于长春车辆段通化客车整备所改造。其中，投资3163万元新建客车整备所房屋788平方米；投资1612万元用于通化客车整备所综合改造。2014—2015年，投资491万元用于通化等12站开行便民列车货运基础设施改造；投资649万元完成通化货运中心正面吊等装卸设备购置。2015年，在第一批96处平交道口改造中，投资3877万元完成梅集线160公里821米、团杉线2公里343米等20处平交道口改立交；投资600万元完成162公里336米、224公里736米2处桥梁浅基病害整治；投资151万元新建柳河站货场龙门吊走行轨；投资252万元用于通化站货运吊车改造。

二、运能运量

2015年，梅集线营业里程251.4公里，总延展长度360.6公里。其中正线延展长度250.6公里。全线为单线，半自动闭塞，线路等级国铁Ⅱ级。梅河口—通化间，到发线有效长750米；最小曲线半径294米；线路运行速度90公里/小时；限制坡度上行14.2‰、下行22.0‰；HXN机车牵引质量上行4200吨、下行2000吨，DF4机车牵引质量上行2300吨、下行1150吨；图定客车9对/日，图定货车上行15列/日、下行16列/日，图定行包班列1对/日。通化—集安间，到发线有效长350米；最小曲线半径292米；线路运行速度80公里/小时，限制坡度上行25.7‰、下行21.1‰；HXN机车牵引质量上行1000吨、下行1200吨，DF4机车牵引质量上行750吨、下行950吨；图定客车1对/日、货车3对/日。梅集线设车站18个，其中二、三等站各2个，四等站14个，另线路（乘降）所4个。发送货物360.9万吨，到达货物805.5万吨，发送旅客179.5万人。

梅河口—通化客流密度上行223.7万人/年，

下行220万人/年；货流密度上行283.4万吨/年、下行633.2万吨/年；列车平均牵引总重上行2629吨、下行3201吨。通化—鸭园间，客流密度上行64.8万人/年，下行74万人/年；货流密度上行246.2万吨/年、下行500.6万吨/年；列车平均牵引总重上行2083吨、下行2723吨。鸭园—集安间，客流密度上行11.7万人/年，下行12.8万人/年；货流密度上行2.1万吨/年、下行12.4万吨/年；列车平均牵引总重上行387吨、下行1159吨。集安口岸站日均接、交货车均为0.6列。

2015年梅集线站别客货运量一览表

表1-3-13

站名	车站等级	省市县属	货运量（吨）发送量	货运量（吨）到达量	旅客发送量（千人）
张家	线	吉林梅河	—	—	—
谢家	4	吉林梅河	—	—	—
柳河	3	吉林柳河	20	44.0	212
郑家堡	4	吉林柳河	—	—	—
驼腰岭	4	吉林柳河	103	37.0	10
五道沟	4	吉林柳河			12
三源浦	4	吉林柳河			69
通沟	4	吉林柳河			12
干沟	4	吉林通化		5.0	5
二密河	4	吉林通化	80	39.0	6
通化	2	吉林通化	28	300.0	1251
东通化	2	吉林通化	3296	7461.0	51
水洞	4	吉林通化	26	—	12
鸭园	4	吉林通化	—	—	18
铁厂	4	吉林通化	0.1	12.0	19
果松	4	吉林通化	9	7.0	18
石湖	乘	吉林通化			17
老岭	乘	吉林通化			5
黄柏	4	吉林集安		4.0	3
西阳岔	乘	吉林集安			2
阳岔	4	吉林集安		0.2	4
集安	3	吉林集安	34	130.0	69
集安交接站	—	吉林集安	12	15.0	0.2

第十四节　锦承线

锦承线起自锦州站，经平泉至承德市，为东北通往关内第二条铁路通道。1996年，锦承线沈阳铁路局管内营业里程335.5公里，锦州—薛家间6.8公里为双线。管内线路总延展长度506.2公里。其中，正线延展长度346.0公里，正线均铺设50公斤/米钢轨，无缝线路204.3公里，桥梁251座/9298延长米，隧道6座/1187延长米。线路等级国铁Ⅱ级。全线发送货物241.9万吨。到达货物685.4万吨，发送旅客337.1万人。锦州—义县间客流密度上行86.9万人/年、下行87.2万人/年；义县—平泉间客流密度上行98.3万人/年、下行106.6万人/年。锦州—义县间货流密度上行445.4万吨/年、下行350.5万吨/年；义县—叶柏寿间货流密度上行619.6万吨/年、下行276.7万吨/年；叶柏寿—平泉间货流密度上行47.3万吨/年、下行91.3万吨/年。列车平均牵引总重：锦州—义县间上行2243吨、下行1718吨；义县—金岭寺间上行2052吨、下行1430吨；金岭寺—叶柏寿间上行1181吨、下行1136吨；叶柏寿—平泉间上行536吨、下行850吨。平泉分界口日均接入重车12车、空车6车；日均交出重车29车、空车2车。全年接入货物26万吨，其中通过货物2.1万吨，输入货物23.9万吨；全年交出货物53.5万吨，其中通过货物5.5万吨，输出货物48.1万吨；全年接入旅客42.2万人，其中通过旅客0.5万人，输入旅客41.7万人；全年交出旅客46.5万人，其中通过旅客0.2万人，输出旅客46.3万人。

一、增二线及电化改造

（一）前期工作

锦承线与新义线共同构成沈阳枢纽后方通道，具有进出关辅助通道功能。且南端与东直通线相连，并经东直通线引入锦州港，形成锦州港重要下水辅助通道，对锦州港亿吨大港建设具有积极推动作用。该线锦州—叶柏寿段增建二线和电气化改造工程分三段实施，即薛家—义县（含）、义县（不含）—朝阳（含）、朝阳（不含）—叶柏寿段。其中薛家—义县段列入高台山—阜新—锦州铁路扩能改造工程中实施。

薛家—义县段　2009年9月，锦州铁道勘察设计院完成该段预可行性研究。2010年2月完成可行性研究。2月20日，铁路局向铁道部报送《关于申报义县（不含）至薛家（含）铁路扩能改造工程项目建议书的请示》。3月14—17日，铁道部工程设计鉴定中心对该项目进行现场踏勘和可研审查。3月17日，铁道部、辽宁省人民政府以铁计函〔2010〕316号文批复高台山—阜新—锦州铁路义县—锦州段扩能改造工程项目建议书。4月，锦州院完成可研鉴后修改文件。2010年7月完成初步设计。10月4—6日，铁道部工程设计鉴定中心对初步设计进行审查。2012年9月，锦州院完成调整可行性研究。2013年10月14日，铁路局向铁道部报送《关于报送锦承线锦州站（含）至义县站（不含）铁路扩能改造工程可行性研究报告的请示》。2014年3月19日，铁路总公司、辽宁省人民政府以铁总计统函〔2014〕350号文批复高台山—阜新—锦州铁路薛家—义县段扩能改造工程可研报告。2013年10月，锦州院完成薛家—义县段初步设计文件。同年11月25日，铁路局向铁道部报送《关于报送高台山至阜新至锦州铁路（义县—锦州段）扩能改造工程初步设计及预审意见的请示》。2014年1月，铁道部工程设计鉴定中心对初步设计进行审查。4月，锦州院完成初步设计鉴修文件。5月30日，铁路总公司以铁总办函〔2014〕664号文批复薛家—义县段扩能改造工程初步设计。

义县—朝阳—叶柏寿段　2014年，铁路局分别报送《关于报送锦承线义县（不含）至朝阳段扩能改造工程可行性研究报告的请示》《关于报送朝阳（不含）至叶柏寿（含）段铁路扩能改造工程可行性研究报告的请示》。5月13日，铁路总公司、辽宁省人民政府同日以铁总计统函〔2014〕1335、1336号文批复义县—朝阳、朝阳—叶柏寿段扩能改造工程可研报告。义县—叶柏寿段估算总投资72.9亿元，其中静态投资68.5亿元，建设期贷款利息4.4亿元。该段资本金按总投资35%安排，铁路总公司负责工程建设；辽宁省负责征地拆迁工作并承担相关费用，以及北票支线水库淹没段线路改移投资0.6亿元。资本金以外资金利用国内银行贷款。2014年，铁路局分别报送《关于上报改建铁路锦承线义县至朝阳段扩能改造工程初步设计的请示》《关于上报改建铁路锦承线朝阳至叶柏寿段扩能改造工程初步设计的请示》。10月14日，铁路总公司同日以铁总办函〔2014〕1438、1439号文批复义县—朝阳、朝阳—叶柏寿段扩能改造工程初步设计。

经济运量　设计近期2025年、远期2035年。区段货流密度分别为：锦州—义县间近期上行

5100万吨/年、下行1100万吨/年；远期上行7650万吨/年、下行1350万吨/年。建议远景输送能力按1亿吨/年规划。义县—北票南间近期上行3132万吨/年、下行1979万吨/年；远期上行3518万吨/年、下行2412万吨/年。北票南—朝阳间近期上行2978万吨/年、下行2570万吨/年；远期上行3342万吨/年、下行3004万吨/年。朝阳—朝阳南间近期上行3238万吨/年、下行2526万吨/年；远期上行3877万吨/年、下行2948万吨/年。朝阳南—叶柏寿间近期上行3209万吨/年、下行2190万吨/年；远期上行3695万吨/年、下行2404万吨/年。

客运量 锦州—义县间，近、远期旅客列车开行对数分别为8对/日、12对/日，建议远景按开行客车20对/日规划。义县—叶柏寿间，近、远期区段客流密度分别为194万人/年、221万人/年，旅客列车开行对数分别为7对/日、8对/日。

车站分布及运输组织 增建二线后薛家—叶柏寿间设薛家、八角台、七里河、义县、义县西、上园、北票南（线路所）、北票西（线路所）、能家、金沟、朝阳、朝阳南、大营子、大平房、公营子、小平房、叶柏寿共17个车站（含线路所）。封闭泥河子、李家沟、周家屯、南岭、北票南、东大道、波罗赤7个车站；列车最小追踪间隔客车5分钟、货车6分钟。该线以大宗煤炭运量为主，主要为巴新、通霍线发往辽西电厂、锦州地区、锦州港煤炭运输服务。

主要技术标准 薛家—叶柏寿间铁路等级国铁I级；正线数目双线；设计行车速度新建地段120公里/小时，利用既有线地段维持既有；最小曲线半径既有改建地段一般800米、困难地段500米。增建第二线地段一般1200米、困难地段800米；限制坡度6.0‰；牵引种类电力；机车类型HXD系列；牵引质量5000吨；到发线有效长1050米；自动闭塞。

线路 锦州—义县段由于既有义县站改造，采用双线绕行1.5公里通过；沿既有线右侧增二线38.2公里。义县—朝阳段全长约82.2公里，其中，新建双线约28.5公里；单线约27.8公里；沿既有线增建二线约25.7公里。朝阳—叶柏寿段全长约80.7公里。其中，新建双线约59.4公里，单线约4.0公里，沿既有线增建二线约17.3公里。增

建二线、双线绕行地段正线轨道采用60公斤/米重型新轨（U75V钢），一次铺设跨区间或区间无缝线路；正线轨枕采用Ⅲ型有挡肩混凝土轨枕、1667根/公里，弹条Ⅱ型扣件；正线道床采用双层碎石道床；既有道口实施立交改造并对线路实施封闭。

桥涵 设计活载为中—活载，设计洪水频率1/100。义县—叶柏寿段既有线改造及增建二线后线路全长162.1公里，桥梁全长14.7公里，桥梁比9.09%。其中，双线特大桥4座/5871双延米，单线特大桥2座/2659单延米，双线大桥13座/3979双延米，双线中桥11座/943延长米，单线中桥19座/1284延长米，刚构中桥4座，框构中桥10座，框构小桥26座，重点桥梁包括大凌河1、2、3号特大桥和柳河、牤牛河特大桥等。涵洞256座。

隧道 新建隧道9座。其中新建单线隧道1座，单延长3840米；新建双线隧道8座，双延长合计12574米；既有单线隧道扩建利用1座，单延长1187米；最长隧道为畸架山隧道，全长4210米；最短隧道为新富隆山隧道，全长340米。

站场 新建及改建车站到发线均延长至1050米。上园站为曲线站，曲线半径1000米；设到发线（包括正线）4条；设300×6.0×0.3米基本站台1座；站房移位新建。能家站候车室利旧，其他站房在线路左侧新建；设4条到发线(含正线2条)。金沟站将车站站中心向朝阳方向平移0.419公里，正线下移10米；车站设到发线4条(含正线2条)；设牵出线1条，有效长350米，车站货场移至朝阳南站集中办理。朝阳站将既有到发线向义县方向延长至1050米；站房同侧货场搬迁至朝阳南站；站场设7条到发线(含正线2条)。其中6条有效长为1050米系列，1条到发线有效长655米；5条调车线，有效长280~532米；1条牵出线，有效长550米。朝阳南站整合朝阳、金沟站货场后，车站设到发线6条(含正线2条)，预留到发兼调车线3条，有效长1050米；既有牵出线改建后为510米，新建牵出线有效长550米。大营子站到发线向朝阳端延长，设到发线4条(含正线2条)。大平房站移位新建，设到发线4条(包括正线)；设300×8.0×0.3米基本站台1座。公营子站设到发线5条(含正线2条)；新建300×8.0×1.25米

基本站台1座、300×10.5×1.25米中间站台1座。小平房站移位新建。车站设到发线5条(含正线2条);新建70×6.0×0.3米基本站台1座。叶柏寿区段站结合叶赤线引入、凌源—叶柏寿段改建,按2台夹4线布置。站内各股道向义县方向延长至1050米;设8条到发线(含2条正线);6条调车线;基本站台延长至500米,中间站台由低站台改为高站台扩大至500×10.97×1.25米并加设雨棚;新建宽8米旅客地道1处。

信息设备 上园站新建客票发售及预订、综合显示、客运广播、视频监控、时钟等旅客服务信息系统。能家站新建客票发售及预订、综合显示、客运广播、视频监控、时钟等旅客服务信息系统;新设货运管理信息系统。金沟、大营子站新设货运管理信息系统。朝阳南站新设货场视频监控系统。公营子站新建客票发售及预订、综合显示、客运广播、视频监控、时钟等旅客服务信息系统;新设货运管理信息、货场视频监控系统。小平房站新设货运管理信息、货场视频监控系统。大平房站新建客票发售及预订、综合显示、客运广播、视频监控、时钟等旅客服务信息系统。朝阳、叶柏寿站新设综合显示、客运广播、视频监控、时钟等旅客服务信息系统;新设货场视频监控系统。

四电 锦州—义县—叶柏寿间新设同步数字体系(SDH)10Gb/s传输系统和车站SDH2.5Gb/s接入网系统;新设区间SDH622Mb/s接入网,沿线各区间无线基站等区间信息点设置SDH622Mb/s传输接入设备,接入车站SDH2.5Gb/s接入网系统;新设铁路专用通信、GSM—R移动通信、应急通信系统;新设48芯通信光缆1条,并新设光缆监测系统。双线区段按四显示自动闭塞设计,正方向按四显示追踪运行,反方向按自动站间闭塞运行;区间轨道电路采用ZPW—2000系列设备。电气化采用带回流线直供电方式;新建能家、朝阳南、大平房、叶柏寿牵引变电所;新建牵引供电设施纳入牵引供电远动系统集中监控。新建骆驼营、大平房、叶柏寿配电所;新建10千伏电力贯通线1条;新建电力远动系统。

(二)建设进度及工程量

薛家—义县段 2014年9月,薛家—义县段开工。区间正线铺轨完成39公里,为设计总量

71.6%;站线铺轨完成7.22公里,为设计总量82.6%;铺岔完成35组,为设计总量79.5%;完成路基土石方103.9万立方米,为设计总量88.4%;设计双线梁式大桥2座/296米全部完成;中桥完成10座/706米,为设计总量68.7%;设计框架式桥2座/2175顶平米全部完成;框构小桥完成11座/1112顶平米,为设计总量85.1%;设计涵洞8座完成3座;公路桥完成2530顶平米,为设计总量29.4%。2016年双线自动闭塞建成通车。

义县—朝阳段 站前施工YC-Ⅰ标段为中铁七局集团有限公司、YC-Ⅱ标段为中铁上海工程局集团有限公司;监理标段为中铁诚业监理有限责任公司中标。2014年12月开工。新建中桥开工3座,完成钻孔桩及承台施工;涵洞接长6座全部完成;立交桥改造开工6座,主体完成1座;隧道开工1座,掘进长度305米。

朝阳—叶柏寿段 站前施工CY-Ⅰ标段为中铁十九局集团有限公司、CY-Ⅱ标段为中铁九局集团有限公司;监理标段为北京铁城建设监理有限责任公司中标。2014年12月开工。框构中桥开工1座,完成防护桩及工作坑施工;立交桥改造开工1座并完成主体。

(三)工程投资

薛家—叶柏寿段初步设计总概算797212万元。其中薛家—义县段95212万元;义县—朝阳段321000万元;朝阳—叶柏寿段381000万元。薛家—叶柏寿段计划总投资796182万元。其中薛家—义县段95212万元;义县—朝阳段319970万元;朝阳—叶柏寿段381000万元。2014—2015年,薛家—叶柏寿段完成投资71309万元,为计划总投资9.0%。其中,薛家—义县段完成投资49309万元;义县—朝阳段完成投资11000万元;朝阳—叶柏寿段完成投资11000万元。

二、线路设备、设施改造

通信信号 1993—1996年,投资18769万元完成沈阳—平泉间(含锦承全线)通信电缆工程。1998年,投资240万元在锦承线完成2个中间站电气集中改造。2001—2002年,投资887万元完成锦承全线增设无线列调设施改造。2003年11月,水泉站64D臂板电锁器联锁改为6502型小站电气集中联锁。

供电 1995—1997年,投资145万元完成义

县、八角台配电所改造和上齐台—八角台间电力贯通线改造。2000年，投资1509万元在锦承线新建电力贯通线136公里；投资86万元为叶柏寿、义县、八角台3个配电所增设无线通信抢修设备。2000—2001年，投资358万元新建凌源配电所。

货运 1997—1998年，投资120万元用于凌源东站货运设施改造，新建货物雨棚1300平方米，改造货运室600平方米。2005年，投资363万元完成叶柏寿站货场仓库危房改造。2015年，共计投资523万元用于货运设施设备改造。其中，朝阳站货运吊车改造投资74万元；凌源站货运吊车改造投资363万元、新建轨道衡投资86万元。

客运 2001—2005年，朝阳站新建站舍及站台、地道、雨棚改造累计投资1348万元。其中，2001年投资176万元对朝阳站地道及站台雨棚进行改造；2004年，铁路局投资510万元（另地方政府投资200万元）新建朝阳站舍；2005年投资662万元对朝阳站地道、雨棚和站台进行接长改造。同年，投资290万元完成公营子站舍改造；2007年，投资1196万元完成叶柏寿站舍改建；2009年，投资3909万元新建凌源站舍。2014—2015年，投资257万元完成朝阳站舍新设空调设备；投资197万元用于凌源站舍改造。

道口 2001年，投资123万元完成叶柏寿站西221公里755米处平交道口改造。2005年，投资1400万元完成137公里处朝阳市珠江路立交桥改造；投资600万元完成130公里处朝阳市二其营子立交桥改造。2012—2014年，投资2416万元完成6处平交道口改立交。2015年，投资1078万元用于261公里624米、289公里664米2处平交道口改立交；在第二批200处平交道口改造中，计划总投资4376万元用于凌源—魏杖子段、魏塔线平交道口改立交，完成投资3500万元。

其他 1999年，投资853万元完成叶柏寿机务段内燃整备和增设机车语言录音及监测转录设备。2001年，投资1124万元完成锦承线增设红外线联网设施改造。2002年，投资446万元将上齐台站内扣环式正线改为直股贯通式。改造后Ⅱ道直股贯通，站型亦改为标准站型，旅客列车站内过岔速度由45公里/小时提高到120公里/小时。2004—2005年，投资366万元完成锦承线红外线加密工程；投资520万元完成锦承线29个站

DMIS系统建设。

三、运能运量

2005年，锦承线货物列车采用DF4机车牵引，牵引质量上行最高2900吨，最低1100吨；下行最高2200吨，最低1100吨。

2015年，锦承线沈阳铁路局管内营业长度335.5公里。线路总延展长度496.3公里，其中正线延展长度344.4公里，正线中一线335.2公里，二线9.2公里。线路等级国铁Ⅱ级。全线（不含锦州—薛家间）为单线；半自动闭塞；最小曲线

2015年锦承线站别客货运量一览表

表1-3-14

站 名	车站等级	省市县属	货运量（吨）		旅客发送量（千人）
			发送量	到达量	
薛 家	4	辽宁锦州	9	—	
八角台	4	辽宁凌海	—	1917.0	4
七里河	4	辽宁义县	—	—	1
泥河子	4	辽宁义县	—	—	
义 县	3	辽宁义县	16	24.0	338
李家沟	4	辽宁义县	—	—	
周家屯	4	辽宁义县	—	—	5
上 园	4	辽宁北票	—	—	17
南 岭	4	辽宁北票	—	—	
北票南	4	辽宁北票	—	—	212
能 家	4	辽宁北票	—	—	6
金 沟	4	辽宁朝阳	—	316.0	—
朝 阳	2	辽宁朝阳	270	88.0	749
朝阳南	3	辽宁朝阳	1412	2603.0	
大营子	4	辽宁朝阳	—	0.1	
大平房	4	辽宁朝阳	2	4.0	23
东大道	4	辽宁朝阳	3	3.0	
波罗赤	4	辽宁朝阳	—	—	
公营子	4	辽宁喀左	8	68.0	208
小平房	4	辽宁建平	3	3.0	
叶柏寿	2	辽宁建平	295	73.0	486
红 石	4	辽宁建平	—	40.0	
河汤沟	4	辽宁凌源	—	—	
凌源东	2	辽宁凌源	2418	4876.0	13
凌 源	3	辽宁凌源	246	883.0	485
水 泉	4	辽宁凌源	—	—	3
三十家	4	辽宁凌源	—	—	43
魏杖子	4	辽宁凌源	—	—	2
杨树岭	4	河北平泉	97	0.4	7

半径锦州300米，魏杖子—平泉间351米；限制坡度锦州—义县间上行11.7‰、下行8.8‰，义县—叶柏寿间上行16.4‰、下行16.6‰，叶柏寿—平泉间上行19.5‰、下行22.0‰；到发线有效长锦州—义县间650米，其余均为500米；货运机型HXN、DF4，锦州—义县间，HXN机车牵引质量上、下行均为5000吨，DF4机车牵引质量上行1800吨、下行2200吨；图定客车5对/日，货车上行21列/日、下行17列/日。义县—叶柏寿间，HXN机车牵引质量上、下行均为2800吨，DF4机车牵引质量上、下行均为1600吨；图定客车9对/日，货车上行19列/日、下行23列/日。叶柏寿—平泉间（含平泉口），HXN机车牵引质量上、下行均为1800吨，DF4机车牵引质量上、下行均为1100吨；叶柏寿—魏杖子间图定客车6对/日（平泉口3对/日），货车上行22列/日、下行17列/日（平泉口7对/日）。

锦承线设车站29个。其中，二、三等站各3个，四等站23个。全线发送货物477.9万吨，到达货物1090万吨，发送旅客260.1万人。锦州—义县间客流密度上行181.7万人/年、下行197.6万人/年；义县—叶柏寿间客流密度上行262.5万人/年、下行308.9万人/年；叶柏寿—平泉间客流密度上行89.6万人/年、下行94.5万人/年。货流密度：锦州—义县间上行1860.7万吨/年、下行267万吨/年；义县—北票南间上行1978.5万吨/年、下行470.2万吨/年；北票南—朝阳间上行1975.4万吨/年、下行476.5万吨/年；朝阳—叶柏寿间上行1895.7万吨/年、下行281.6万吨/年；叶柏寿—魏杖子间上行309.3万吨/年、下行218.5万吨/年；魏杖子—平泉间上行60.3万吨/年、下行54.2万吨/年。列车平均牵引总重：锦州—义县间上行3520吨、下行3420吨；义县—叶柏寿间上行2801吨、下行2861吨；叶柏寿—平泉间上行1207吨、下行2030吨。平泉分界口日均接入重车7车、空车26车；日均交出重车24车。全年接入货物55.5万吨，其中通过货物3.3万吨，输入货物52.2万吨；全年交出货物54.1万吨，均为输出货物。全年接入旅客46.8万人，均为输入旅客；全年交出旅客50.5万人，均为输出旅客。

第十五节　叶赤线

叶赤线南起锦承线叶柏寿站，北至京通线赤峰站，为锦承、京通两条干线之间重要联络通道。1996年，叶赤线营业里程138.5公里。线路总延展长度174.4公里。其中正线延展长度137.3公里，正线均铺设50.0公斤/米钢轨，铺设无缝线路100.8公里。线路等级国铁Ⅱ级。全线（不含叶柏寿、赤峰）发送货物685.5万吨，到达货物137.5万吨，发送旅客106.2万人。叶柏寿—赤峰间，货流密度上行346.6万吨/年、下行105.1万吨/年；客流密度上行56.5万人/年、下行58.4万人/年；列车平均牵引总重上行1374吨、下行809吨。

一、线路、站场改造

（一）前期工作

2009年4月，中铁工程设计咨询集团有限公司进行赤峰—叶柏寿—绥中煤运通道预可行性研究。12月，完成预可研报告。2010年1月25—28日，铁道部发展计划司会同运输局、经规院等专家在沈阳召开预可研审查会。2月10日，铁路局上报叶赤线增二线预可研报告。2010年4月，锡林郭勒盟委托中铁咨询开展新建锡林郭勒—赤峰铁路前期研究工作。8月，内蒙古集通（集团）铁路有限公司委托中铁咨询进行新建铁路锡林浩特—赤峰预可研报告的编制。10月，按铁道部要求完成锡林浩特—赤峰—绥中港铁路通道预可研报告。10月12日，铁道部发展计划司组织运输局、经济规划院、鉴定中心、沈阳铁路局、呼和浩特铁路局、集通铁路有限公司、辽宁省发改委、内蒙古自治区发改委及沿线盟、市县负责人与专家对《新建锡林浩特至绥中港铁路通道预可行性研究报告》进行审查。2013年6月21日，沈阳铁路局完成《改建铁路叶柏寿至赤峰铁路扩能改造工程可行性研究报告》预审查，叶赤线定位为锡绥煤运通道组成部分，主要技术标准为双线、电气化、国铁Ⅰ级铁路；牵引质量5000吨，到发线有效长1050米。7月16—19日，铁路总公司计划统计部组织运输局、鉴定中心、沈阳铁路局及地方政府等相关部门对叶柏寿—赤峰铁路扩能改造工程可研进行审查。

2014年5月19日，铁路总公司计划统计部召开叶赤、锦承线铁路通道扩能改造方案论证会，重点分析单线、双线扩能方案的经济效益比选。7月11—12日，铁路总公司工程设计鉴定中心组织召开修改可行性研究评审会，初步确定叶赤线主要技术标准为单线、电气化、Ⅲ级铁路；牵引质量3000吨、部分5000吨；到发线有效长550米、部分1080米。8月20日，铁路局以沈铁计〔2014〕244号文上报叶赤线扩能改造工程初步设计预审意见。8月21—23日，铁路总公司工程设计鉴定中心完成初步设计审查。确定叶赤线主要技术标准为单线、电气化铁路；牵引质量5000吨；到发线有效长1050米、部分1080米。10月13日，铁路总公司计划统计部召开叶赤线扩能方案研讨会，对主要技术标准和改建方案进行讨论，同时对老龄桥、病害桥、隧道改建、路基病害、平改立等工程投资进行梳理。

2015年4月17日，铁路总公司计划统计部确定叶赤线主要技术标准为单线、电气化铁路；牵引质量3000吨、5000吨；到发线有效长550米、部分1080米。5月15日，铁路总公司鉴定中心对叶赤线扩能改造工程初步设计鉴修进行审查。6月10日，设计单位上报可研补充材料，补充研究全部车站到发线有效长延长至880米和1080米两个方案。9月23日，铁路总公司以铁总计统函〔2015〕1047号文批复叶赤线扩能改造工程可研报告。同年，铁路总公司正式批复叶赤线扩能改造工程初步设计。叶赤线扩能改造最终确定标准为单线；线路等级为改建段Ⅰ级，非改建段维持既有；电力牵引；部分车站到发线有效长1080米；半自动闭塞。

（二）工程投资与设计工程量

叶赤线电化改造计划总投资246100万元。2015年完成投资4839万元，均为路内投资。叶赤线改造设计正线Ⅰ线铺轨26.6公里，站线铺轨21.3公里，路基土石方274.4万立方米，桥梁2912延长米/28座，隧道1215延长米/1座，接触网挂网245.8公里，新建房屋22974平方米，征地2122亩，拆迁83754平方米。

二、线路设施、设备改造

2001—2004年，投资1124万元完成叶赤等线增设红外线联网设施改造；投资887万元完成叶赤等线增设无线列调设施改造；投资235万元完成红外线探测点加密建设。2005年，投资298万元完成全线11个站DMIS系统建设。2012年，投资1495万元完成26公里517米、29公里565米、71公里413米、108公里501米、117公里945米、127公里439米6处平交道口改造。

三、运能运量

2005年，货物列车采用DF4内燃机车，牵引质量上行1500吨、下行1100吨。

2015年，叶赤线营业里程138.5公里，线路总延展长度177.9公里。其中，正线延展长度137.3公里，线路等级国铁Ⅱ级，全线为单线；半自动闭塞；最小曲线半径300米；限制坡度上、下行均为20.7‰；线路运行速度105公里/小时；到发线有效长450米；货运机型HXN、DF4，HXN机车牵引质量上行2500吨、下行1500吨，DF4机车牵引质量上行1500吨、下行1100吨；图定客车5对/日、货车18对/日。叶赤线设车站11个。其中元宝山为二等站，三等站2个，四等站8个，另乘降所1个。全线（不含叶柏寿、赤峰）发送货物1027.8万吨，到达货物29.2万吨，发送旅客102.8万人。叶柏寿—赤峰间客流密度上行132.2万人/年、下行141.7万人/年；货流密度上行1467.7万吨/年、下行237.9万吨/年；列车平均牵引总重上行2614吨、下行1314吨。

2015年叶赤线站别客货运量一览表

表1-3-15

站 名	车站等级	省市县属	货运量（吨）		旅客发送量（千人）
			发送量	到达量	
石 脑	4	辽宁建平	1317	—	1
沙 海	4	辽宁建平	193	—	23
南 洼	乘	辽宁建平	—	—	4
天 义	3	内蒙宁城	2416	150.0	507
二 龙	4	内蒙宁城	—	—	20
汐 子	4	内蒙宁城	—	4.0	52
乃 林	4	喀喇沁旗	—	3.0	47
平庄南	3	喀喇沁旗	2705	1.0	8
平 庄	4	喀喇沁旗	52	7.0	303
热 水	4	内蒙赤峰	—	0.1	16
元宝山	2	内蒙赤峰	3526	22.0	36
马 林	4	内蒙赤峰	70	104.0	12

第十六节 沟海线

沟海线西起沈山线沟帮子站，东与沈大线唐王山、葫芦峪站接轨，是沟通秦沈、沈山、沈大三大干线联络通道。1996年，沟海线为单线，营业里程101.7公里。线路总延展长度156.7公里。其中，正线延展长度99.9公里，正线均铺设50中型钢轨；无缝线路84.7公里，线路等级国铁Ⅱ级。全年发送货物289.9万吨，到达货物265.1万吨；发送旅客124.3万人。全线货流密度上行140.2万吨/年、下行146.5万吨/年，客流密度上行170.9万人/年、下行200.3万人/年；列车平均牵引总重上行2234吨、下行1741吨。

一、线路、站场改造

沟海线线路质量和运输能力与其相接的沈大、沈山线极不均衡，其线路运行速度则更不匹配。沈大、沈山线旅客列车最高运行速度已达160公里/小时，而沟海线旅客列车平均速度仅为89公里/小时。如不进行提速改造，沟海线将成为一条制约相邻两大干线运能发挥的瓶颈。2001年6月11日，铁路局向铁道部呈报沟海线提速改造报告。2002年10月14日，铁道部发展计划司以计长函〔2002〕203号文印发《关于沟海铁路电气化改造工程可行性研究的审查意见》。

工程范围 沟帮子站—沈大线唐王山站，线路全长102.5公里；秦沈客运专线盘锦北站—沟海线五七站，长4.5公里；沟海线西柳站—沈大线葫芦峪站，线路长7.4公里。

主要技术标准 线路等级国铁Ⅰ级；单线；限制坡度4‰；最小曲线半径一般地段1600米、困难地段1200米，个别保留1000米；牵引种类电力；客运机车为SS9型，货运机车为SS4型；牵引质量5000吨；到发线有效长1050米；半自动闭塞。

工程投资与建设 2003年9月18日，沟海线电化改造工程正式开工。2005年7月开始供电，8月全线电气化开通，12月全部竣工，累计投资103382万元。沟海线建成单线电气化铁路101.7公里；平交道口改立交57处；新建三岔河、绕阳河特大桥；改建桥梁9座/3304米；改建五七、友谊、盘锦、渤海、新立、新开、拉拉屯、牛庄、西柳、唐王山、葫芦峪共11个站站

场，完成站线铺轨23.4公里；完成10处区间小半径曲线改造；新建秦沈客运专线与沟海线（盘锦北—五七）间联络线5.0公里；西柳站—沈大线葫芦峪站联络线7.4公里同步电化；共动用土石方162万立方米。

二、线路设备、设施改造

1997—1999年，投资118万元用于盘锦站货场硬面改造，完成货场硬面7980平方米；投资1000万元完成双台子河立交桥改造；期间，沟海线与沈大线同步实施并完成无线列调400兆改造。2001年，投资396万元用于沟海线道口改造。其中，投资300万元完成5处平交道口改立交；投资96万元用于12处道口设备加强。2003年5月16日，沟海线全线完成自动闭塞改造。2012—2014年，投资2032万元完成沟海线31公里959米（高家）平交道口改造；投资4993万元完成盘锦滨海大道公铁立交桥改造。期间，沟海线与京哈、沈山、沈大线开行的货运列车同步完成列尾装置更新。2015年，投资367万元用于盘锦站货运设施设备改造。

三、运能运量

2015年，沟海线营业里程101.7公里。线路总延展长度159.9公里。其中，正线延展长度99.9公里。

线路等级国铁Ⅰ级。全线为单线；自动闭塞；电气化；最小曲线半径599米；限制坡度上行6.1‰、下行5.9‰；线路运行速度140公里/小时；到发线有效长1050米；货运机型HXD3B、

2015年沟海线站别客货运量一览表

表1-3-16

站名	车站等级	省市县属	货运量（吨）		旅客发送量（千人）
			发送量	到达量	
五七	4	辽宁北镇	—	—	—
友谊	3	辽宁盘山	623	390	—
盘锦	2	辽宁盘锦	1408	1807	1734
渤海	2	辽宁盘锦	2370	6021	
新开	4	辽宁大洼	2	14	4
拉拉屯	4	辽宁盘山	975	168	
牛庄	4	辽宁海城	—	155	2
西柳	4	辽宁海城	5	99	203

DN5、DF4；HXD3B机车牵引质量上、下行均为10000吨；ND5机车牵引质量上、下行均为4500吨；DF4机车牵引质量上、下行均为4200吨；图定客车13对/日、货车19对/日。沟海线设车站8个。其中，二等站2个，三等站1个，四等站5个。全线发送货物538.2万吨；到达货物865.5万吨；发送旅客194.3万人。全线客流密度上行680.9万人/年、下行596.4万人/年；货流密度上行269.3万吨/年、下行351.9万吨/年；平均牵引总重上行2374吨、下行4279吨。

第十七节 高新线

高新线自沈山线高台山站起，至大郑线新立屯站止，既是沈山、大郑两大干线之间的一条联络通道，又是阜新矿区煤炭东运的重要运输线。1996年，高新线营业里程60.5公里。线路总延展长度73.0公里。其中正线延展长度59.0公里，正线均铺设50.0公斤/米钢轨，桥梁14座/1300延长米，线路最大坡度9.9‰，最小曲线半径570米，半自动闭塞，列车运行速度100公里/小时，线路等级国铁Ⅱ级。高新线（不含高台山、新立屯）发送货物6.15万吨，到达货物3.9万吨，发送旅客13.3万人。高台山—义县间客流密度上行164.3万人/年、下行160.8万人/年；高台山—新立屯间货流密度上行398.8万吨/年、下行1399.7万吨/年；马三家—阜新间列车平均牵引总重上行1927吨、下行3342吨。

一、增二线及电化改造

（一）前期工作

高新线与新义线、锦承线义县—叶柏寿段共同构成沈阳枢纽后方通道。通道能力的形成，不仅为辽宁全省东西铁路通道形成打下基础，对促进辽西地区乃至拉动辽宁全省经济整体发展，保证辽宁省各市间及东北区域的货物交流，对中心城市沈阳经济地位的提升具有重要意义。同时，高新线是巴新线后方通路，该线实施扩能改造，可以适应蒙东煤炭外运快速增长需求，对振兴东北老工业基地亦具有重要意义。

2009年4月至9月，锦州铁道勘察设计院完成预可行性研究。11月19日，铁路局向铁道部报送

《关于申报高新线高台山（含）至新义线新邱（不含）铁路扩能改造工程项目建议书的请示》。2010年2月，锦州院完成可行性研究设计。2月20日，铁路局再次向铁道部报送《关于申报高台山（含）至新邱（不含）铁路扩能改造工程项目建议书的请示》《关于申报高新线高台山（含）至新义线新邱（不含）铁路扩能改造工程可行性研究报告的请示》。3月14—17日，铁道部工程设计鉴定中心对该项目进行现场踏勘和可研审查。3月17日，铁道部、辽宁省人民政府以铁计函〔2010〕318号文批复高台山—新邱段扩能改造工程项目建议书。12月14日，铁道部、辽宁省人民政府以铁计函〔2010〕1671号文批复高台山—新邱段扩能改造工程可研报告。2010年7月，锦州院完成初步设计。7月28日，铁路局概预算审查所组织召开初步设计预审查会议。同日，铁路局向铁道部报送《关于申报高台山至阜新至锦州铁路（高台山—新邱段）扩能改造工程初步设计文件及预审意见的函》。10月4—6日，铁道部工程设计鉴定中心对该项目初步设计进行审查。11月，锦州院完成初步设计鉴后修改。12月20日，铁道部以铁鉴函〔2010〕1949号文批复高台山—新邱段扩能改造工程初步设计。2011年3月18日，铁路局向铁道部报送《关于报送高台山至阜新至锦州铁路高台山至新邱段扩能改造工程初步设计概算核备的函》。2012年5月10日，铁道部工程管理中心印发《关于高台山至阜新至锦州铁路高台山至新邱段扩能改造站前工程施工图审核报告审查意见的函》。2012年9月，锦州院完成调整可行性研究。12月29日，铁路局向铁道部报送《关于报送高台山至阜新至锦州铁路高台山至新邱段扩能改造工程调整可行性研究报告的请示》。2013年1月16—17日，铁路总公司工程设计鉴定中心对该项目调整可行性研究进行审查。3月，锦州院根据调整可研审查意见完成可研补充文件。2014年3月19日，铁路总公司、辽宁省人民政府以铁总计统函〔2014〕348号文批复高台山—新邱段扩能改造工程调整可研报告。2014年1月，铁路总公司工程设计鉴定中心对该项目调整初步设计进行审查。5月30日，铁路总公司以铁总办函〔2014〕662号文批复高台山—新邱段扩能改造工程调整初步设计。

货流密度及客车对数　货流密度近期2020年上、下行分别为1400万吨/年、4000万吨/年；远期2030年上、下行分别为1600万吨/年、4600万吨/年；近、远期开行旅客列车分别为8对/日、10对/日。

通过能力　该线采用HXD3型机车，牵引质量5000吨，双线自动闭塞，列车最小追踪间隔7分钟。近期设计通过能力192对/日、需要通过能力110.4对/日；远期设计通过能力192对/日、需要通过能力127.1对/日。

车站分布　增建第二线后封闭罗家、小梁山2个车站。全线设高台山、姚堡、小东、新泉、新立屯5个车站。

运输组织　该线以大宗煤炭运量为主，主要是巴新、通霍线发往辽西电厂、锦州地区、锦州港及沈阳地区的煤炭；阜新地区发往沈阳、锦州地区的煤炭，由装车站组织直达列车，卸后空车原列返回。

主要技术标准　铁路等级国铁I级，正线数目双线，限制坡度6‰，牵引种类电化，机车类型HXD，牵引质量5000吨，到发线有效长1050米，最小曲线半径一般地段1200米、困难地段800米，自动闭塞。

（二）建设进度和工程量

2013年4月，高台山—新邱段扩能改造开工。同年11月，高台山—新泉段双线自动闭塞改造建成并通车。2015年，高台山—新邱段大临工程除剩余1条运梁便线外全部完成；区间正线I线铺轨完成34.0公里，为设计总量55.5%。II线铺轨完成80.0公里，为设计总量85.9%。高新线正线铺轨全部完成；站线铺轨完成8.0公里，为设计总量85.1%；铺道岔完成68组，为设计总量93.2%。特大桥完成5座/8220米，为设计总量58.4%；大桥完成5座/1083米，为设计总量57.5%；中桥完成6座/323米，为设计总量85.3%；小桥1座/25米已经完成；框构桥完成29座/5849顶平米，为设计总量93.2%；涵洞完成57座，为设计总量95.0%，剩余3座；设计公路桥16座，高新线7公里612米处上跨桥已建成通车，其他公路桥完成主桥9座。

通信、信号及电力工程除新义线和新立屯高新、大郑疏解线相应工程量外全部完成，补充初步设计增加电气化部分高新线接触网支柱组立完成；全段路基土石方完成819.8万立方米，为设计总量99.5%；房建工程8942平方米全部完成；征地完成1891亩，为设计总量42.3%；拆迁完成2000平方米，为设计总量7.1%。

（三）工程投资

高台山—新邱段初步设计概算总额259341万元。其中静态投资249141万元、建设期贷款利息10200万元。2011—2015年累计完成投资208845万元，为计划总投资72.8%。其中，完成路内投资198845万元，路外投资10000万元。

二、线路设施、设备改造

1993—1996年，在沈阳—平泉间通信电缆改造中，高新全线60.5公里同步实施改造。2001—2002年，投资2011万元完成高新等线增设红外线联网和无线列调设施改造；投资144万元增设电力故障分断系统。2005年，投资136万元对高新线5个站实施DMIS系统建设。

三、运能运量

2003年，沈阳西—新邱间货物列车牵引质量上行由1900吨提到2000吨，下行由3700吨提到4000吨。2005年，高新线货物列车采用DF4型内燃机车牵引，高台山—新立屯间牵引质量上行3100吨、下行4200吨。2015年，高新线营业里程54.9公里。线路总延展长度111.6公里。其中正线延展长度103.7公里，正线中一线55.2公里，二线48.5公里。线路等级国铁I级。全线为双线；自动闭塞，客、货列车追踪间隔均为7分钟；最小曲线半径571米；限制坡度上行12.8‰、下行8.8‰；线路运行速度120公里/小时；到发线有效长1050米；机车类型HXN，牵引质量上行5000吨，下行10000吨；图定客车12对/日，图定货车上行44列/日、下行33列/日。

高新线设姚堡、小东、新泉3个车站，均为四等站。全线发送旅客5.3万人，均为小东站发送。全线货流密度上行531.2万吨/年、下行3181.2万吨/年；客流密度上行552.8万人/年、下行588万人/年；列车平均牵引总重上行2756吨、下行6609吨。

第十八节 新义线

新义线自大郑线新立屯站起，终至锦承线义县站。1996年，新义线营业里程131.6公里。线路总延展长度278.7公里。其中，正线延展长度172.9公里；正线铺设50公斤/米钢轨132.5公里，50公斤/米以下钢轨40.4公里；线路最小曲线半径上行360米、下行390米；最大限制坡度上行13.0‰、下行15.2‰；半自动闭塞；线路等级国铁Ⅱ级。新义线（不含新立屯、义县站）全年发送货物985.8万吨；到达货物145.7万吨；发送旅客213.9万人。高台山—义县间客流密度上行164.3万人/年、下行160.8万人/年；新立屯—义县间货流密度上行267万吨/年、下行790.4万吨/年；马三家—阜新间列车平均牵引总重上行1927吨、下行3342吨；阜新—义县间列车平均牵引总重上行1620吨、下行1834吨。

一、增二线及电化改造

（一）前期工作

新义线与高新线、锦承线义县—叶柏寿段共同构成沈阳枢纽后方通道，具有进出关辅助通道功能。巴新线在新义线新邱站接轨，该线作为巴新线后方通道，实施扩能改造后可适应蒙东煤炭外运快速增长需求，对促进东北老工业基地振兴具有重要意义。

2009年9月，锦州院完成预可行性研究。11月20日，铁路局向铁道部报送《关于申报新义线新邱（含）至义县（含）铁路扩能改造工程项目建议书的请示》。2010年3月17日，铁道部、辽宁省人民政府以铁计函〔2010〕317号文批复新邱—义县段扩能改造工程项目建议书。2010年3月3日，铁路局以沈铁计发〔2010〕62号文报送新邱（含）至义县（含）铁路扩能改造工程可研报告。7月，锦州院完成初步设计。2012年10月14日，铁路局向铁道部报送《关于报送新义线新邱（含）至义县（含）铁路扩能改造工程可行性研究报告的请示》。2013年1月16—17日，铁道部工程设计鉴定中心对该项目调整可研进行审查。2014年3月19日，铁路总公司、辽宁省人民政府以铁总计统函〔2014〕349号文批复新邱—义县段扩能改造工程调整可研报告。2013年10

月，锦州院完成调整初步设计。11月25日，铁路局向铁路总公司报送《关于报送高台山至阜新至锦州铁路新邱—义县段扩能改造工程初步设计及预审意见的请示》。2014年1月，铁路总公司工程设计鉴定中心对项目调整初步设计进行审查。5月30日，铁路总公司以铁总办函〔2014〕663号文批复新邱—义县段扩能改造工程初步设计。

工程范围 新建双线自高新线引入新立屯疏解线后废弃既有新立屯—新邱段线路。自新邱站引出，沿既有线左侧增加二线，在东阜新站（封闭）换边到右侧，于104公里950米开始并行既有线。沿既有线右侧增建二线至九道岭站（封闭），跨庙沟河，下穿锦阜高速、204省道，跨大凌河后引入该线终点义县站。

设计运量 设计近期2020年、远期2030年。新邱—义县段最大区段货流密度上行近、远期分别为4000万吨/年、6000万吨/年；下行近、远期分别为2000万吨/年、2100万吨/年。开行旅客列车近、远期分别为8对/日、10对/日。

通过能力 该线采用HXD3型机车，牵引质量5000吨，双线自动闭塞，最小追踪间隔7分钟。新立屯—新邱间，近期需要通过能力64.5对/日、远期需要通过能力75对/日；新邱—义县间，近期需要通过能力100对/日、远期需要通过能力130对/日。新立屯—义县间，设计近、远期通过能力均为192对/日。

车站分布 增建二线后封闭大巴、沙拉、东阜新、九道岭4个车站；全线设新立屯、新邱、阿金、阜新、清河门北、李金、义县7个车站；保留既有单线设东梁、伊吗图、艾友营、清河门、雹神5个车站。

运输组织 该线以大宗煤炭运量为主，主要是巴新、通霍线发往辽西电厂、锦州地区、锦州港及沈阳地区煤炭；阜新地区发往沈阳、锦州地区的煤炭，由装车站组织直达列车，卸后空车原列返回。

主要技术标准 铁路等级国铁Ⅰ级；正线数目双线；线路最小曲线半径一般地段1200米、困难地段800米；限制坡度6.0‰；牵引种类电化；机车类型HXD；牵引质量5000吨；到发线有效长1050米；自动闭塞。

（二）工程建设及工程量

2013年9月18日，铁路局印发《关于开工建设高台山至阜新至锦州铁路高台山至新邱段控制工期的绕阳河特大桥等2处单体工程的批复》。

2014年9月30日，施工单位完成施工前准备。同年10月，新邱—义县段开工，三电迁改和部分不受征地影响的单位工程开始施工。

2015年主要进行路基、路基附属、桥梁、涵洞、轨道施工。区间正线铺轨完成2.5公里，为设计总量1.3%；站线铺轨完成1.3公里，为设计总量2.7%；完成路基土石方81万立方米，为设计总量6.1%；特大桥完成467米，为设计总量21.0%；大桥完成259.4米，为设计总量8.6%；中桥完成35米，为设计总量9%；框构桥完成531.5顶平米，为设计总量2.9%；涵洞完成12座，为设计总量9.5%；地方电力线迁改完成61处，为设计总量33.3%；移动电信基站迁改设计2处，完成1处；地方通信线迁改完成502公里，为设计总量65.7%；路内通信光电缆完成72公里，为设计总量58.9%；路内信号电缆完成9公里，为设计总量27.5%。

（三）工程投资

新邱—义县段扩能改造工程初步设计概算总额396663万元。其中静态投资379663万元，建设期贷款利息17000万元。2014—2015年，累计完成投资35013万元，为计划总投资8.8%。

二、线路设施、设备改造

通信　1993—1996年，在沈阳—平泉间通信电缆改造工程中，新义全线132.4公里同步实施改造。

客货运　2002—2004年，投资150万元对阿金站货场进行改造；投资247万元新建阜新站旅客通行地道。2005年，投资1854万元用于新义线客货运设施建设。其中，新建阜新站站舍1200万元（另阜新市政府投资600万元），新建站舍5984平方米；用于阿金站站舍改造383万元（含阜新蒙古族自治县投资100万元）；用于阿金站货场改造投资271万元。2014—2015年，投资306万元在阜新站舍新设空调设备；投资1986万元完成阜新货运中心新建和正面吊等装卸设备购置。

机辆供电　1996—1997年，投资272万元完成阜新、义县配电所改造。1998—1999年，投资993万元完成阜新机务段内燃整备和机车安装语音记录装置。2003—2004年，投资774万元完成阜新站修线改造。

其他　1999年，投资1124万元在新义等线增设红外线联网设施。2004—2005年，投资366万元完成红外线加密工程；投资352万元完成13个站DMIS系统建设；投资102万元完成48公里处阿金道口改造。2012年，投资275万元完成阜新—东梁间线路封闭。

三、运能运量

2005年，新义线货物列车采用DF4型内燃机车牵引，牵引质量阜新—新立屯间上行2000吨、下行4000吨；阜新—义县间上行2600吨、下行1500吨。2012年，新义线货运机型为HXN3。阜新—义县间上、下行牵引质量均为5000吨；阜新—新立屯间上、下行牵引质量均为4000吨。

2015年，新义线营业里程132.8公里。线路总延展长度260.4公里，其中正线延展长度174.7公里。既有双线43.1公里，其余为单线；半自动闭塞；线路运行速度100公里/小时；到发线有效长650米；货运机型HXN；线路等级国铁Ⅱ级。新立屯—阜新间，线路最小曲线半径360米；限制坡度上行15.2‰、下行8.8‰；牵引质量上行4000吨、下行5000吨；图定客车7对/日，图定货车上行15列/日、下行14列/日。阜新—义

2015年新义线站别客货运量一览表

表1-3-17

站　名	车站等级	省市县属	货运量（吨）		旅客发送量（千人）
			发送量	到达量	
大　巴	4	辽宁阜新	—	—	23
新　邱	3	辽宁阜新	448	555	81
阿　金	3	辽宁阜新	118	56	78
东阜新	4	辽宁阜新	114	1168	—
阜　新	2	辽宁阜新	4317	1205	1358
东　梁	4	辽宁阜新	—	—	—
伊吗图	4	辽宁阜新	—	—	—
艾友营	3	辽宁阜新	1199	1023	—
清河门	3	辽宁阜新	1218	9	139
雹　神	4	辽宁义县	—	—	—
李　金	4	辽宁义县	189	—	—
九道岭	4	辽宁义县	195	479	—

县站间，线路最小曲线半径398米；限制坡度上行8.5‰、下行12.6‰；牵引质量上、下行均为5000吨；图定客车8对/日，图定货车上行18列/日、下行17列/日。新义线设车站12个。其中阜新为二等站；三等站4个；四等站7个。全线（不含新立屯、义县）发送货物779.8万吨；到达货物449.6万吨；发送旅客168万人。新立屯—阜新间货流密度上行520.1万吨/年、下行752.2万吨/年；阜新—义县间货流密度：上行444.6万吨/年、下行385.7万吨/年；新立屯—义县间，列车平均牵引总重上行3733吨、下行3005吨；客流密度上行333.3万人/年、下行293.1万人/年。

第十九节 苏抚线

苏抚线自沈大线苏家屯站接轨，终至抚顺站，为抚顺煤田主要运输通道。1996年，苏抚线营业里程54.4公里，其中复线46.7公里。线路总延展长度171.1公里，其中正线延展长度100.9公里；正线铺设60.0公斤/米钢轨53.7公里，50.0公斤/米钢轨47.2公里；无缝线路94.0公里；线路最大坡度上行9.2‰、下行8.0‰；最小曲线半径上行399米、下行800米；列车运行速度上行70公里/小时、下行80公里/小时，榆树台—大官屯间，上、下行运行速度均为100公里/小时；线路等级国铁I级。苏抚线（不含苏家屯）发送货物868.3万吨；到达货物385.2万吨；发送旅客149.3万人。浑河—抚顺城间货流密度上行659.4万吨/年、下行500.3万吨/年；苏家屯—大官屯间列车平均牵引总重上行2584吨、下行1701吨。

一、城际轨道交通改造

（一）前期工作

2008年，为适应辽宁中部城市群经济圈发展战略，实现沈阳、抚顺间同城化效应，促进地区经济社会协调发展，铁路局向铁道部呈报《关于报送沈阳至抚顺城轨道交通工程可行性研究报告的请示》。11月5日，铁道部、辽宁省人民政府以铁计函〔2008〕1285号文批复沈阳—抚顺开行城际列车工程可研报告。项目投资估算总额18.55亿元（不含征地拆迁、管线等迁改及平改立地方负责投资的费用，以及动车组购置费），使用铁路建设专项资金。辽宁省负责征地拆迁、管线等迁改工作及费用，并承担平交道口改立交工程投资。同年，铁路局以沈铁计〔2008〕385号文报送沈阳—抚顺开行城际列车工程初步设计初审意见及沈阳中铁交通设计咨询有限公司编制的初步设计文件。11月22日，铁道部以铁鉴函〔2008〕1333号文批复初步设计。

工程范围 利用苏抚、沈大等既有铁路开行沈阳—抚顺间城市轨道交通列车。包括苏家屯—抚顺间电化改造；抚抚联络线抚顺—抚顺城间增建第二线及电化改造；浑榆联络线扩能及电化改造；沈吉线旧站—前甸间增建第二线及相关配套工程。

客运量 高峰小时最大区段客流密度近期2020年4500人/小时、远期2030年9360人/小时；客车对数近期56对/日、远期75对/日。

运输组织及车站分布 本线开行沈阳—抚顺间直达列车及停站列车；全线设沈阳（既有）、榆树台（既有）、会展中心、孤家子（既有）、文溯街、祝科街、民家、深井子（既有）、小瓦、李石寨、田屯、瓢儿屯（既有）、海城街、大官屯（既有）、抚顺（既有）、新城、抚顺城（既有）17个车站；自动闭塞信号机布点按满足货物列车追踪间隔6分钟、城际列车追踪间隔5分钟设计。

主要技术标准 苏家屯—抚顺及抚抚、浑榆联络线铁路等级国铁I级；正线数目双线；旅客列车设计行车速度120公里/小时；最小曲线半径一般地段1200米、困难地段800米（沈阳至榆树台、瓢儿屯至抚顺城维持既有小半径曲线）；限制坡度6.0‰；牵引种类电力；机车类型动车组；到发线有效长维持既有（1050米、750米）；自动闭塞。

（二）工程进度和实物量

苏抚、浑榆线改造工程于2008年11月1日开工。2009年6月30日，工程竣工并进行开通试运营，7月30日正式投入运营。

线路、桥涵及站场 新建正线实施全立交、全封闭；正线轨道铺设60公斤/米钢轨、Ⅲ型钢筋混凝土轨枕（1667根/公里）；一次铺设无缝轨道；一级碎石道砟。新建浑河—榆树台下行联络线4公里；大官屯—抚顺城间增建第二线6.4公里；沈吉线旧站—前甸间增建第二线27公里；新建、改建桥涵20座。其中，新建双线特大桥1座/1756延长米。完成路基土石方88.9万立方米；铺设道岔64组；铺砟14.1万立方米。新建房屋22012平方米。其中抚顺城站新建站房10000平方米、抚顺站1700平方米、其他新开中间站均为300平方米。全线旅客站台均为1.25米高站台；所有车站采用既有票制，新设客票发售和预订系统并设置综合显示、客运广播、视频监视、时钟系统；抚顺城站新设行包管理信息系统。

四电　沈阳—抚顺城间新设SDH622Mb/s接入网，沿线车站设SDH622Mb/s接入网设备；苏家屯—抚顺城敷设一条20芯单模直埋光缆，敷设长途干线光缆75.1公里、电缆6.5公里；敷设信号电缆1022公里；完成各站计算机联锁改造；浑河经榆树台至抚顺城间新建四显示制式自动闭塞，正向按追踪运行，反方向按自动站间闭塞行车。完成苏家屯—抚顺城间54公里电化改造；电化系统采用带回流直供电方式；新建深井子牵引变电所，新建浑河、抚顺城分区所；牵引变电所引入2路独立220千伏电源，装设2台单相牵引变压器；牵引变电所装设功率因数补偿装置；新建牵引供电设施纳入铁路局既有远动系统。新建抚顺城配电所；抚顺—浑河间新设电力贯通线1条，完成电力高压架空线20条公里、高压架空电缆130条公里；新建电力远动系统。

（三）工程投资

苏抚线城际列车工程初步设计总概算171472万元，全部为静态投资（含抚顺市承担抚顺城站房工程投资2500万元）。2008—2009年，累计完成投资171575万元。

二、线路设施、设备改造

1997年，投资200万元完成大官屯站货运室改造，改造营业室1800平方米。2004年，投资175万元完成14公里454米处平交道口改立交；投资91万元完成红外线二代机建设。2005年，投资163万元完成全线6个站DMIS系统建设。2012年，投资549万元完成调度集中改造。2014—2015年，投资400万元完成大官屯站（含开原站）到发线电气化挂网；投资551万元用于孤家子站开行便民列车货运基础设施改造；投资210万元用于下行2公里141米处平交道口改立交。

三、运能运量

2005年，苏抚线货运机型为DF4，苏家屯—大官屯间牵引质量上行3500吨、下行2500吨。2015年，苏抚线营业里程58.8公里。线路总延展长度167.6公里。其中，正线延展长度113.5公里，正线中一线58.9公里，二线54.6公里。线路等级国铁I级。全线为双线；电气化；自动闭塞，动车组（含高速动车组）追踪间隔5分钟、其他旅客列车追踪间隔6分钟、货物列车追踪间隔7分钟；线路运行速度120公里/小时；最小曲线半径300米；到发线有效长1050米；限制坡度上、下行均为8.6‰；货运机型HXD3B、HXN、DF4；HXD3B机车牵引质量上行5500吨、下行5800吨；HXN机车牵引质量上、下行均为5000吨；DF4机车牵引质量上行3500吨、下行2500吨；图定客车上行13列/日、下行14列/日；图定货车上行27列/日、下行26列/日。

苏抚线设车站5个。其中，大官屯为二等站；瓢儿屯为三等站；四等站3个。全线（不含苏家屯）发送货物668万吨；到达货物609.7万吨；发送旅客12.5万人。沈阳—抚顺北间客流密度上行131.2万人/年、下行78.3万人/年；苏家屯—抚顺北间货流密度上行810.1万吨/年、下行816.2万吨/年，列车平均牵引总重上行2732吨、下行3454吨。

2015年苏抚线站别客货运量一览表

表1-3-18

站　名	车站等级	省市县属	货运量（吨）		旅客发送量（千人）
			发送量	到达量	
榆树台	4	辽宁沈阳	1.0	649	0.3
孤家子	4	辽宁沈阳	6.0	253	—
深井子	4	辽宁沈阳	0.3	16	8.0
李石寨	—	辽宁抚顺	—	—	21.0
瓢儿屯	3	辽宁抚顺	1086.0	3698	20.0
大官屯	2	辽宁抚顺	5586.0	1481	33.0
抚　顺	—	辽宁抚顺	—	—	42.0

第二十节 长白线

长白线起自长春市区小南站（长春北），终点白城站，为京哈、通让、平齐三大干线重要联络通道。1996年，长白线营业里程330.5公里，线路总延展长度411.8公里。其中，正线延展长度329.5公里；正线铺设60公斤/米钢轨18.0公里，50公斤/米钢轨172.1公里，50公斤/米以下钢轨139.4公里；线路最小曲线半径上行360米、下行390米；最大限制坡度上行13.0‰、下行15.2‰；桥梁24座/1578延长米；涵渠203座；线路允许速度90公里/小时；长春—大安北段为国铁Ⅲ级，大安北—白城段为国铁Ⅱ级。全线发送货物442.4万吨；到达货物686.5万吨；发送旅客409.6万人。长春—白城站间客流密度上行91.2万人/年、下行90.9万人/年。长春—松原间货流密度上行302.9万吨/年、下行93.1万吨/年；松原—大安北间货流密度上行529.2万吨/年、下行178.1万吨/年；大安北—白城间货流密度上行114.5万吨/年、下行42.5万吨/年。长春—松原间列车平均牵引总重上行2295吨、下行1224吨；松原—白城间列车平均牵引总重上行2501吨、下行1469吨。

一、增二线和电化改造

（一）前期工作

2014年，铁路总公司、吉林省人民政府向国家发展改革委报送《关于报送长春至白城铁路扩能改造工程可行性研究报告函》。9月24日，国家发展改革委以发改基础〔2014〕2223号文批复长春—白城铁路扩能改造工程可研报告。项目估算总投资196.4亿元。其中，工程投资190.2亿元，机车车辆购置费6.2亿元。项目资本金占总投资50%，计98.2亿元。其中，吉林省出资9.8亿元，并负责征地拆迁工作及费用；其余资本金由铁路总公司使用铁路建设基金等资金；资本金以外资金利用国内银行贷款解决。

2014年，铁路局报送《关于报送改建长春至白城铁路扩能改造工程初步设计及预审查意见的请示》及铁三院编制的初步设计文件。同年10月25日，铁路总公司、吉林省人民政府以铁总办函〔2014〕1534号文批复初步设计。

工程范围 长春北站—白城站，线路长327.8公里。含长春枢纽、白城地区相关工程。

经济运量 长春—松原间货流密度近期2025年上行1082万吨/年、下行616万吨/年，远期2035年上行1564万吨/年、下行694万吨/年；客流密度近期510万人/年、客车20对/日，远期720万人/年、客车30对/日。松原—大安间货流密度近期上行2519万吨/年、下行651万吨/年，远期上行3298万吨/年、下行823万吨/年；客流密度近期460万人/年、客车17对/日，远期620万人/年、客车24对/日。大安—白城间货流密度近期上行2397万吨/年、下行351万吨/年，远期上行3145万吨/年、下行456万吨/年；客流密度近期370万人/年、客车14对/日，远期510万人/年、客车21对/日。

车站分布 全线设长春北、小城子、小合隆、开安、华家、农安、哈拉海、王府、七家子、松原、松西、查干湖、长山屯、大安、曹家窝堡、两家、安广、舍力、到保、白城共20个车站。封闭柴岗（中央粮库专用线引入农安站）、通途2个车站。

通过能力 客货列车追踪间隔分别满足5分钟、6分钟。

主要技术标准 铁路等级国铁Ⅰ级；正线数目双线；设计行车速度160公里/小时；最小曲线半径区间一般地段2000米、困难地段1600米；限制坡度6‰；牵引种类电力；机车类型HXD系列；牵引质量5000吨；到发线有效长1050米；自动闭塞。

站场 引入长春枢纽采用小城子设站方案；增二线引入长春北站上行场；既有长白线为下行线，接入下行场；分别对长春北站上、下行车场通行旅客列车进路的12号渡线改为18号渡线；小合隆站调整正线引入车站位置，该站设到发线8条（含正线2条），预留长春端客货分线条件及增设到发线条件。在白城地区，白阿及长白线按线别引入白城站；白城站平齐线北端设致富线路所后，新建联络线引入白阿及长白车场，向南下穿长白双线后接入穆家店站；白城站设到发线20条（含正线5条），设基本站台1座，中间站台3座。开安、华家、农安、哈拉海、王府、七家子、松原、松西、长山屯、大安、两家、安广、舍力、到保站进行相应改造。新建曹家窝堡、查干湖站。曹家窝堡为新建越行站，设到发线4条（含正线2条），大安北联络线引入该站。查干湖站站位选址距查干湖10公里处前郭县长山镇境内，设到发线4条（含正线2条）；设基本站台和中间站台各1座；设货运管理信息、客票发售和预订、综合显示、客运广播、视频监视、时钟系统和安全检查设施。农安、大安、松原站新建站房规模均为3000平方米，其他站新建站房规模均为1500平方米。

四电　新设同步数字体系（SDH）10Gb/s传输系统；新设数字调度通信系统和GSM—R数字移动通信系统；新设应急通信系统；沿新建铁路新设48芯光缆1条。长春—白城间新建四显示自动闭塞，双线双方向运行，反方向按自动站间闭塞行车，自动闭塞设备采用ZPW—2000系列无绝缘轨道电路。电气化采用带回流直供电方式；新建小合隆、农安、王府、松西、大安、舍力、白城牵引变电所，纳入牵引供电远动系统集中监控。全线新设电力贯通线1条。

（二）建设进度

2015年4月，长白线扩能工程开工。新建正线采用全立交设计；正线轨道采用60公斤/米钢轨；铺设跨区间无缝轨道；采用Ⅲ型钢筋混凝土轨枕（1667根/公里），配套采用弹条Ⅱ型轨枕扣件；碎石道砟道床。设计正线Ⅱ线铺轨326.8公里，本年全面施工；路基土石方完成909万立方米，为设计总量32.8%。桥涵设计活载为中—活载，设计洪水频率1/100。全线设计桥梁13919延长米/31座，重点桥梁包括右线跨京哈、新凯河、王府、大安北跨珲乌高速公路特大桥。桥梁完成5624延长米，为设计总量40.4%；征地完成108亩，为设计总量0.4%；设计拆迁47.0万平方米，完成1.0万平方米。

（三）工程投资

长白线扩能工程初步设计总概算1907960万元，其中静态投资1743960万元，建设期贷款利息102000万元，机车车辆购置费62000万元。工程计划总投资1845960万元，2014—2015年累计完成投资303000万元，其中路内投资248000万元，路外投资55000万元。

二、线路设施、设备改造

1996年，华家—长春间新建电力贯通线30.2公里。1999—2000年，在314公里125米处新建框构桥1座；完成172公里928米处平交道口改造。2011年，投资1168万元用于大安北站区综合整治，整治面积2548平方米；2013年，投资178万元新建长春工务段王府工区，新建工区488平方米。2014—2015年，投资6706万元完成松原站舍改造。本次改造拆除既有松原车站，新建站房及水暖电通等配套工程。新建站房9500平方米；水接引地方水源；铁路自身供暖；排水接入市政排水系统；电力供应与地方分开。投资714万元用于大安站货场和吊车改造；投资402万元用于小合隆等9站开行便民列车货运基础设施改造；投资9399万元完成松原西物流基地设备购置；投资114万元用于大安北站超偏载检测装置和轨道衡新建。

三、运能运量

2012年，长白线货运机型为HXN3、DF4。HXN3机车牵引质量全线上、下行均为5000吨；DF4机车牵引质量长春—大安北间上、下行均为

2015年长白线站别客货运量一览表

表1-3-19

站 名	车站等级	省市县属	货运量（吨）发送量	到达量	旅客发送量（千人）
小合隆	3	吉林长春	4	3940	—
开 安	4	吉林农安	34	222	0.1
华 家	4	吉林农安	30	169	—
农 安	3	吉林农安	239	759	317.0
柴 岗	4	吉林农安	58	—	1.0
哈拉海	4	吉林农安	20	8	5.0
王 府	4	吉林松原	39	6	16.0
七家子	4	吉林松原	26	240	—
松 原	2	吉林松原	465	584	1873.0
松 西	4	吉林松原	324	928	—
通 途	4	吉林松原	—	55	—
长山屯	3	吉林松原	64	2269	100.0
大 安	3	吉林大安	71	274	—
大安北	2	吉林大安	9	113	624.0
两 家	4	吉林大安	5	162	26.0
安 广	4	吉林大安	55	22	144.0
到 保	4	吉林镇赉	—	—	54.0

2100吨，大安北—白城间上、下行均为3550吨。

2015年，长白线营业里程333.8公里，线路总延展长度430.5公里。其中，正线延展长度331.3公里。全线为单线；半自动闭塞；线路运行速度110公里/小时；货运机型HXN、DF4；长春北—大安北段线路等级国铁Ⅲ级、大安北—白城段线路等级国铁Ⅱ级。长春北—大安北间，到发线有效长700米，线路最小曲线半径400米；限制坡度上行10.7‰、下行11.0‰；HXN机车牵引质量上、下行均为4000吨，DF4机车牵引质量上、下行均为2100吨。长春北—松原间图定客车9对/日、货车7对/日；松原—大安北间图定客车8对/日、货车13对/日。大安北—白城间，到发线有效长550米；线路最小曲线半径350米；限制坡度上行10.0‰、下行7.1‰；HXN机车牵引质量上、下行均为5000吨，DF4机车牵引质量上、下行均为3550吨；图定客车6对/日、货车2对/日。

长白线设车站17个。其中，二等站2个，三等站4个，四等站11个。全线发送货物144.4万吨，到达货物975.2万吨，发送旅客315.9万人。长春—大安北间客流密度上行503.4万人/年、下行534.5万人/年；大安北—白城间客流密度上行256.3万人/年、下行253.4万人/年。长春—小合隆间货流密度上行54.3万吨/年、下行378.7万吨/年；小合隆—大安北间货流密度上行105.5万吨/年、下行89.2万吨/年；大安北—白城间货流密度上行60.6万吨/年、下行72万吨/年。长春—大安北间列车平均牵引总重上行2557吨、下行2227吨；大安北—白城间列车平均牵引总重上行2152吨、下行2957吨。

第二十一节 白阿线

白阿线起自平齐线白城站，向北经乌兰浩特，终至阿尔山站。1996年，白阿线营业里程356.0公里，线路总延展长度410.8公里。其中，正线延展长度354.7公里；正线铺设50公斤/米钢轨35.1公里，50公斤/米以下钢轨319.6公里；线路最小曲线半径270米；最大坡度21.5‰；线路允许速度60~80公里/小时；到发线有效长550米；桥梁63座/3547延长米；涵渠262座/4847延长米；隧道1座/3218.5米；半自动闭塞；线路等级国铁Ⅲ级。全线（不含白城）发送货物254万吨；到达货物159.2万吨；发送旅客145.3万人。白城—阿尔山（伊尔炝）间客流密度上行17.0万人/年、下行16.9万人/年；货流密度上行78.3万吨/年、下行39.8万吨/年；列车平均牵引总重上行1275吨、下行877吨。

一、忙罕屯—乌兰浩特段增二线

（一）前期工作

2008年12月3日，铁道部以铁鉴函〔2008〕1406号文批复新建锡林浩特—乌兰浩特铁路初步设计。在锡乌铁路建设中，哈日努拉—白阿线忙罕屯段营业里程145.4公里为内蒙古锡乌铁路有限责任公司新建铁路，2015年9月20日委托沈阳铁路局代管。本段新建线路中，沈阳铁路局管理的正线延展长度4.9公里。既有白阿线忙罕屯—乌兰浩特段同步增建第二线，正线长60.54公里。

运输组织 锡乌线以煤炭运输为主，由装车站组织始发直达列车，卸后空车原列返回；乌兰浩特北站仅担当本站到发运量作业；本线沿线车站到发零星车流由锡林浩特与白城站组织摘挂列车。

主要技术标准 国铁Ⅰ级；双线；限制坡度6‰；牵引种类内燃、预留电化条件；牵引质量5000吨；到发线有效长1050米；自动站间闭塞。

（二）工程进度和实物量

忙罕屯—乌兰浩特段增二线工程2009年4月开工，2013年12月竣工。

线路及桥梁 忙罕屯—乌兰浩特段增建二线中，既有曲线半径R≥600米地段充分利用；下坡方向坡度≤12‰地段予以利用；采用重型轨道结构，有砟轨道，铺设区间无缝线路；全立交、全封闭。工程完成正线Ⅱ线铺轨62.9公里；站线铺轨22.4公里；新建桥梁1513延长米/11座；动用路基土石方445.3万立方米。

站场 新设忙罕屯站，为锡乌线接轨站。设到发线4条，预留锡乌线与白阿线疏解条件。哈拉黑站按预留考虑，站坪预留电厂专用线接轨条件。归流河站设到发线4条（含正线）；设500×6×0.5米基本站台1座；新设客运广播、客票发售与预订系统设备。乌兰浩特北站按中间站设计，近期设到发线5条（含正线），预留到发线7条和电厂专用线接轨条件；设货物线3条，其中贯通式1条、尽头式2条；设550米牵出线1条；机待线1条；在白城端设机务整备点，设机车出入线1条；新设货运管理信息系统。乌兰浩特站设到发线8条（含正线）；500×8×1.25米基本站台1座，500×11.5×1.25米中间站台1座；阿尔山端设牵出线1条，有效长250米；封闭电厂、粮库专用线，货场迁至乌兰浩特北站；上、下行各有1条到发线有效长满足1050米；设8米宽旅客天桥和地道各1座。

机务及其它　新建乌兰浩特北机务整备所，新建1条走行线、2条（预留1条）内燃机车整备待班线、1条卸油线；设运转整备候班综合楼、3×700立方米柴油库、油泵间等设施设备；乌兰浩特站设部分机车乘务员公寓。信号系统新设忙罕屯、归流河、乌兰浩特北3站TDCS分机设备。新建房屋15028平方米；征地3014亩，合200.9公顷；拆迁3.6万平方米。

（三）工程投资

忙罕屯—乌兰浩特段增二线工程初步设计总概算129918万元，其中静态投资121470万元，建设期贷款利息8448万元。清理概算总额149911万元。2008—2015年累计完成投资137800万元。

二、白城—乌兰浩特段增二线及电化改造

（一）前期工作

2010年，铁路局以沈铁计发〔2010〕266号文报送白城—镇西段扩能改造工程可研报告。2012年，铁路局以沈铁计发〔2012〕258号文报送白城—镇西段扩能改造工程修改可研报告。2013年，铁路局以沈铁计〔2013〕226号文报送葛根庙—乌兰浩特段扩能改造工程修改可研报告。11月13日，铁路总公司、内蒙古自治区人民政府以铁总计统函〔2013〕984号文批复葛根庙—乌兰浩特段扩能改造工程可研报告。11月25日，铁路总公司、吉林省人民政府以铁总计统函〔2013〕1030号文批复白城—镇西段扩能改造工程可研报告。

白城—乌兰浩特段估算总投资41.1亿元。其中，静态投资39.8亿元，建设期贷款利息1.3亿元；项目资本金占总投资50%。白城—镇西段项目总投资22.5亿元。其中，静态投资21.8亿元，建设期贷款利息0.7亿元。项目资本金占总投资50%。其中，铁路总公司承担90%，吉林省承担10%并负责征地拆迁工作及费用。铁路总公司出资部分使用铁路自有资金，吉林省出资自筹。资本金以外资金利用中国工商银行、中国农业银行贷款解决。葛根庙—乌兰浩特段项目总投资18.6亿元。其中静态投资18亿元，建设期贷款利息0.6亿元。项目资本金占总投资50%。其中，铁路总公司承担70%，内蒙古自治区承担30%并负责征地拆迁工作。铁路总公司出资部分使用铁路自有资金，自治区出资部分自筹。资本金以外资金利用中国工商银行、中国农业银行贷款解决。

2013年，铁路局分别报送《关于报送白阿铁路白城至镇西段扩能改造工程初步设计的请示》《关于报送白阿铁路葛根庙至乌兰浩特段扩能改造工程初步设计的请示》及铁三院编制的初步设计文件。2014年4月1日，铁路总公司、吉林省人民政府以铁总办函〔2014〕440号文批复白城—镇西段扩能改造工程初步设计。4月24日，铁路总公司、内蒙古自治区人民政府以铁总办函〔2014〕441号文批复葛根庙—乌兰浩特段扩能改造工程初步设计。

工程范围　白城—乌兰浩特段正线合计长约84.2公里。其中，增建第二线47.5公里，新建双线36.7公里；另改建既有线6.1公里；乌兰浩特站以北段同步现状电化。白城—镇西段线路长约50.5公里。其中，新建双线17.4公里，既有线增建第二线33.1公里，改建既有线约3.5公里，正线桥梁比6.6%。葛根庙—乌兰浩特段线路长约33.7公里。其中，新建双线19.3公里，既有线增建第二线14.4公里，改建既有线2.6公里，正线桥隧比10.1%。

通过运量　白城—乌兰浩特段通过运量近期2025年上行2670万吨/年、下行305万吨/年；远期2035年上行3663万吨/年、下行395万吨/年。白城—镇西间货流密度近期上行3270万吨/年、下行619万吨/年，远期上行4857万吨/年、下行913万吨/年。葛根庙—乌兰浩特间货流密度近期上行3760万吨/年、下行614万吨/年，远期上行

5534万吨/年、下行916万吨/年。

客运量 白城—乌兰浩特间，客流密度近期460万人/年，开行旅客列车19对/日；远期630万人/年，开行旅客列车27对/日。

车站分布 白城—乌兰浩特间，新设白城北站；封闭五家户、平安镇、卫东3个车站，五家户站既有专用线接入白城北站。

通过能力 全线自动闭塞，旅客列车追踪间隔5分钟，货物列车追踪间隔6分钟。

主要技术标准 白城—乌兰浩特段铁路等级国铁I级；正线数目双线；设计行车速度160公里/小时；最小曲线半径区间一般地段2000米、困难地段1600米；限制坡度6‰；牵引种类电力；机车类型HX、HXD系列，牵引质量5000吨；到发线有效长1050米；自动闭塞。

（二）建设进度和工程量

白城—镇西段2014年7月开工；葛根庙—乌兰浩特段同年10月开工。

线路 新建正线采用全立交；正线轨道采用60公斤/米钢轨；铺设跨区间无缝轨道；采用ⅢA型钢筋混凝土轨枕（1667根/公里），配套采用弹条Ⅱ型轨枕扣件；碎石道砟道床。白城—乌兰浩特段，完成正线Ⅱ线铺轨67.4公里，为设计总量78.9%；站线铺轨4.0公里，为设计总量13.2%；路基土石方完居387.8万立方米，为设计总量82.0%。

桥涵 设计活载为中—活载；设计洪水频率1/100。重点桥梁包括跨平齐线、洮儿河、归流河特大桥，宁家河大桥和王永山河中桥。设计桥梁4069延米/5座，完成2586延米，为设计总量63.6%；设计隧道2130延米/1座，完成1650延米。

站场 白城北站设到发线7条（含正线2条）；白城站同侧货场按原规模迁建于白城北站；新设货运管理信息系统；五家户站2条专用线接入白城北站乌兰浩特端。平台、葛根庙站设到发线7条（含正线2条）；镇西、宁家站设到发线4条（含正线2条）。平台、镇西、葛根庙站新设客票发售和预订系统并设置综合显示、客运广播、视频监视、时钟系统和安全检查设施。新建房屋完成12881平方米，为设计总量54.8%。

四电 新设（SDH）622Mb/s多业务接入网系统；沿线新增自动电话通过接入网接入白城既有程控交换机；新设铁路数字调度通信系统；新设GSM—R移动通信系统；全线沿新建铁路正线敷设1条32芯单模直埋光缆。增二线区段按电气化标准新建四显示自动闭塞，双线双方向运行，反方向按自动站间闭塞行车。电气化采用带回流直供电方式；新建乌兰浩特牵引变电所，采用微机保护和综合自动化系统，满足无人值守条件；设置牵引供电远动系统。新建镇西配电所，配电所采用综合自动化系统；新设10千伏电力综合负荷贯通线1条；设电力远动系统。

征地完成2629亩，合175.3公顷，为设计总量64.5%；拆迁完成1.6万平方米，为设计总量43.2%。

（三）工程投资

白城—乌兰浩特段初步设计总概算400174万元。其中，静态投资387174万元，建设期贷款利息13000万元。其中：白城—镇西段初步设计总概算221469万元（含吉林省承担的征地拆迁费37363万元），其中静态投资214469万元，建设期贷款利息7000万元。葛根庙—乌兰浩特段初步设计总概算178705万元，其中静态投资172705万元，建设期贷款利息6000万元。白城—乌兰浩特段计划总投资400174万元，2014—2015年累计完成投资204000万元，为计划总投资51.0%。其中：白城—镇西段计划总投资221469万元，2014—2015年累计完成投资104000万元，为计划总投资47.0%。葛根庙—乌兰浩特段计划总投资178705万元。2014—2015年累计完成投资100000万元，为计划总投资56.0%。

三、线路设施、设备改造

1999年，在白阿线91公里113米、123公里15米处新建铁路桥2座。2007年，投资3551万元用于乌兰浩特站舍改造。新建候车室使用面积2318平方米；新建行包房使用面积300平方米；站台2座。2014—2015年，投资1227万元用于乌兰浩特北货场建设；2015年，计划投资4222万元用于索伦—伊尔炮段平交道口改造，完成投资1078万元；计划投资2786万元用于忙罕屯—索伦段平交道口改造，完成投资1570万元。

四、运能运量

2012年，白阿线货运机型为DF4。白城—乌

2015年白阿线站别客货运量一览表

表1-3-20

站　名	车站等级	省市县属	货运量（吨）		旅客发送量（千人）
			发送量	到达量	
白城北	3	吉林白城	397	93.0	—
五家户	4	吉林白城	—	—	—
平　台	4	吉林白城	34	43.0	19.0
平安镇	4	吉林白城	—	—	—
镇　西	4	吉林洮南	—	—	—
葛根庙	4	乌兰浩特	—	36.0	23.0
卫　东	4	乌兰浩特	—	—	4.0
宁　家	4	乌兰浩特	165	1.0	3.0
乌兰浩特	2	乌兰浩特	48	1928.0	1349.0
乌兰浩特北	3	乌兰浩特	268	801.0	—
归流河	4	科右前旗	—	—	21.0
忙罕屯	5	科右前旗	—	—	—
大石寨	4	科右前旗	47	17.0	36.0
猛鹫山	乘	科右前旗	—	—	0.5
德伯斯	4	科右前旗	—	—	15.0
索　伦	4	科右前旗	—	0.4	49.0
明水河	4	科右前旗	—	—	20.0
五叉沟	4	科右前旗	13	50.0	33.0
牛汾台	乘	科右前旗	—	—	1.0
白　狼	4	科右前旗	—	—	12.0
南兴安	乘	科右前旗	—	—	—
北兴安	乘	科右前旗	—	—	0.3
阿尔山	4	科右前旗	—	—	133.0
伊尔炮	4	科右前旗	23	50.0	—
伊尔炮南	线	科右前旗	—	—	—

兰浩特段牵引质量上行3300吨、下行2500吨；乌兰浩特—阿尔山段牵引质量上、下行均为1300吨；阿尔山—伊尔炮段牵引质量上、下行均为1100吨。

2015年，白阿线营业里程356.0公里。线路总延展长度492.3公里，其中正线延展长度418.3公里，正线中一线356.3公里，二线62.0公里。乌兰浩特—忙罕屯段双线、半自动闭塞，其他段均为单线、半自动闭塞；全线货运机型均为DF4。白城—忙罕屯段线路等级国铁Ⅰ级。白城—乌兰浩特段，线路最小曲线半径298米；线路运行速度85公里/小时；到发线有效长550米；

限制坡度上行17.8‰、下行16.7‰；牵引质量上行3300吨、下行2500吨；图定客车9对/日、货车8对/日。乌兰浩特—忙罕屯段，线路最小曲线半径795米；线路运行速度100公里/小时；到发线有效长1050米；限制坡度上行17.5‰、下行17.8‰；牵引质量上、下行均为1100吨；图定客车2对/日、货车4对/日。忙罕屯—伊尔炮段，线路最小曲线半径270米；线路运行速度60公里/小时；到发线有效长500米；限制坡度上行21.3‰、下行21.5‰；牵引质量上、下行均为1100吨；图定客车2对/日、货车4对/日。阿尔山北口牵引质量上、下行均为1100吨，图定货车2对/日。

白阿线设车站20个。其中，乌兰浩特为二等站，三等站2个，四等站16个，五等站1个，另线路所1个、乘降所4个。全线发送货物99.5万吨，到达货物301.8万吨，发送旅客172万人。白城—乌兰浩特间，客流密度上行198.7万人/年、下行211.1万人/年；货流密度上行64.3万吨/年、下行171.5万吨/年；列车平均牵引总重上行1444吨、下行2050吨。乌兰浩特—阿尔山（伊尔炮）间，客流密度上行30.8万人/年、下行28.3万人/年；货流密度上行102万吨/年、下行8.6万吨/年；列车平均牵引总重上行1911吨、下行697吨。伊阿铁路（沈阳铁路局管内线路长度仅185米）建成后，白阿线沈阳、哈尔滨铁路局分界站为阿尔山北，2015年未有接交运量。

第二十二节　金窑线

金窑线自沈大线金州编组站起，经金马、金桥，终到金港站。1993—1996年，累计投资33941万元建成金窑线并引入金州站。1997—2001年，金窑线货物运输均在金州站办理，金窑线取送车暂按专用线办理。2002年5月22日，铁道部运输局印发《关于公布金窑线并开办货物直通运输的通知》。自2002年6月1日起，金窑线正式纳入国铁运营线路，与全国铁路开办货物直通运输。2002年，金窑线营业里程17.0公里。线路总延展长度32.4公里，其中正线延展长度17.8公里，均铺设50公斤/米钢轨；最小曲线半径250米；限制坡度上行4.8‰、下行6.0‰，限制区间为金马—

金桥间；全线半自动闭塞；车站设置2个（不含金州站），金桥为一等站，金马为四等站。线路等级国铁Ⅲ级。全线发送货物73万吨，均为金桥站发送；到达货物207.8万吨，其中金桥站到达货物163.8万吨，金马站到达货物44万吨。金州—金桥站间货流密度上行73.0万吨/年、下行189.7万吨/年；列车平均牵引总重上行1321吨、下行3125吨。

一、线路、站场改造

（一）前期工作

大窑湾港区快速发展，吞吐量迅猛增长。既有金窑线为单线，线路通过能力37.9对/日，货车通过对数25对/日，通过能力和输送能力远不适应港区快速发展需求，急需扩能改造。该线扩能改造不仅是完善大窑湾港区运输体系重要举措，对大连市做为东北地区重要经济中心城市和水陆交通枢纽，成为东北亚航运中心亦具有重要作用。

2004年5月22—24日，铁道部工程设计鉴定中心在大连召开评审会，对铁三院编制的《大连港大窑湾港区铁路规划方案研究》《大连港大窑湾港区三期码头铁路配套工程方案研究》进行评审。同年9月，经过反复协商，沈阳铁路局与大连市人民政府、大连港集团有限公司、大连北良有限公司签订《关于金窑铁路复线电化项目合作建设协议书》。同年12月9日，铁道部以铁计函〔2004〕758号文批复金窑线扩能改造工程项目建议书。2005年5月7日，铁道部以铁计函〔2005〕309号文批复金窑线扩能改造工程可研报告。

改造规模 主要工程内容为金州站至大窑湾港内一分区车场22.6公里线路增建第二线并进行电气化改造；沿线车站到发线有效长延长至1050米；扩建金州编组站。

投资估算及资金筹措 工程投资估算总额8.77亿元。按照沈阳铁路局与大连市人民政府、大连港集团有限公司、大连北良有限公司《关于金窑铁路复线电化项目合作建设协议书》，资金筹措方案为大连市人民政府依法负责全部工程的征地（含永久征地和临时征地）拆迁工作，并承担征地、拆迁全部费用，估算1.7亿元；大连港集团有限公司负责金港站改扩建工程60%费用、金港站至一分区车场工程费用、金州站增加股道工程费用及同期建设的与大连湾港铁路相关的铁路工程费用，估算1.62亿元；大连北良有限公司负责金桥站至金港站铁路建设工程费用，估算0.65亿元；铁道部承担金州—金桥站增建二线工程费用、金桥站改扩建工程费用及金港站改扩建工程40%费用，估算4.8亿元。铁道部承担的投资中35%（1.68亿元）由铁道部自有资金安排，65%（3.12亿元）使用招商银行贷款。

2005年5月9日，铁道部、辽宁省人民政府签署《关于加快辽宁铁路建设的协议》。8月22日，沈阳铁路局与大连市人民政府、大连港集团有限公司签署《关于金州站南端疏解工程下行直通线项目与金窑铁路复线电化项目同期实施建设协议书》。同时，沈阳铁路局与大连保税区管理委员会签署《关于北良铁路专用线落坡改建引入金港站南端咽喉项目与金窑铁路复线电化项目同期实施建设协议书》。9月16日，辽宁省环保局以辽环函〔2005〕241号文批复该项目"环境影响报告书"。12月2日，铁道部以铁鉴函〔2005〕903号文批复金窑线扩能改造工程初步设计。

运量预测 金窑线最大区段货流密度近期2015年上行3660万吨/年、下行3249万吨/年；远期2025年上行4715万吨/年、下行3893万吨/年。

通过能力 金州编组站至大窑湾港铁路一分区车场双线按8分钟追踪间隔，扣除维修天窗180分钟，线路区间通过能力为157.5对/日，货车通过对数达到99对/日。

主要技术标准 铁路等级国铁Ⅰ级；正线数目双线；限制坡度6‰，金港至一分区车场4‰；最小曲线半径一般地段500米、特别困难地段350米；牵引种类电力、部分内燃；机车类型为电力SS4、内燃DF10D；牵引质量5000吨、部分4000吨；到发线有效长1050米；自动闭塞；建筑限界满足双层集装箱运输条件。

（二）建设进度和工程量

2005年10月9日，大连市政府成立金窑复线铁路工程领导小组。10月11日，由沈阳铁路局、大连市港口与口岸局、投资企业大连港集团和大连北良有限公司人员组成的金窑复线铁路工程建设指挥部成立，大连市政府专门成立金窑工程动迁办公室。12月27日，在铁道部工程交易中心通过公开招标确定工程监理单位和施工单位。金窑复线铁路工程建设单位为沈阳铁路局。施工分两个标段，A标段为中铁二十三局集团（责任主体单位）、中铁十九局集团第四工程有限公司、中铁建电气化局有限公司、中铁二十三局集团电务工程有限公司联合体，负责一分区车场至金桥站（不含）及北良专用线引入金港站工程。B标段为中铁十局集团（责任主体单位）、中铁电气化局集团第三工程有限公司联合体，负责金桥至金州站、金窑下行直通线及沈大下行线改移工程。监理单位为沈阳铁路建设监理有限公司（施工阶段监理）。2006年1月26日，铁道部根据沈阳铁路局《关于申请改建铁路大连枢纽金窑线扩能改造工程开工建设的函》，以铁计函〔2006〕64号文下发《关于开工建设大连枢纽金窑线扩能改造工程的通知》。2月25日，金窑线扩能改造工程正式开工；2007年3月16日，金州站至大窑湾港一分区车场增建二线建成通车，北良铁路专用线落坡改建及引入金港站工程同时完成通车；5月22日，电气化接触网送电热滑验收；9月3日，金窑线电气化开通运营。2008年1月29日完成初步验收。

金窑线增建二线起点大窑湾港铁路一分区车场，在既有丛家屯线路所处新设金港站，经金桥、金马站至金州编组站，线路全长22.35公里；金州站南端疏解包括新建金窑下行直通线、改建沈大下行线工程；既有金窑线改建5.55公里，北良专用线落坡引入金港站，改建长度2.77公里。工程共完成正线铺轨34.1公里，站线铺轨26.1公里；铺岔103组；新建特大、大、中、小桥21座，计1989延长米；涵洞30座/712米；新建隧道1座/1388米；动用土石方409万立方米；电力线路31.4公里；接触网挂网147条公里；通信线路31.4公里；生产办公房屋7300平方米；站场运营设备5站。

（三）工程投资

金窑线增建二线概算总额93213万元。其中静态投资91513万元，建设期贷款利息1700万元。大连市承担全部工程征地拆迁工程费用，按可研批复1700万元列入概算；大连港集团有限公司承担金港站改扩建工程60%费用、金港站至一分区车场工程费用、金州站改造工程费用，金州疏解线工程50%费用，合计24360万元；大连北良有限公司承担金桥站至金港站铁路建设工程费用4703万元（不含北良专用线改建工程）；铁道部承担金州—金桥站工程费用、金港站改扩建工程40%费用、金州疏解线工程50%费用，合计47150万元（含建设期贷款利息1700万元）。2005—2007年，工程累计完成投资93165万元。

二、大连集装箱中心站工程

大连港国际集装箱码头主要在大窑湾港区，2003年完成集装箱吞吐量达167万TEU。根据大连港总体布局规划，在大窑湾建设南岸、北岸和湾底三大功能区，其中南、北岸功能区以国际集装箱为主。大窑湾一期工程建成5个集装箱专用码头，二期在建6个大型集装箱泊位，三期工程继续向西岸建设6个大型集装箱泊位。预测2010、2015和2020年大窑湾港区吞吐量达到7900、11900、15900万吨。其中，集装箱吞吐量分别为770、1220、1660万TEU。新建大连集装箱中心站，将满足大连铁路枢纽近、远期集装箱运输需求。

2003年，铁三院开展前期工作并于同年12月完成预可行性研究。2006年5月17日，铁路局与大连市人民政府签订《关于大连集装箱中心站项目合作建设意向协议书》。6月19日，铁路局向铁道部发展计划司上报《关于报送大连铁路枢纽集装箱中心站新建工程的函》。11月24日，铁道部以铁计函〔2006〕915号文批复可研报告；2007年9月29日，铁道部以铁鉴函〔2007〕1043号文批复初步设计。

运量预测　集装箱运量近期2015年为1750万吨（157万TEU）、远期2025年2850万吨（261万TEU）；滚装汽车近期39万辆，其中发送11万辆、到达28万辆；远期59万辆，其中发送14万辆、到达45万辆。

主要技术标准　线路等级国铁Ⅰ级；正线数目双线；限制坡度6.0‰；牵引种类电力；机车类型SS4；牵引质量5000吨；到发线有效长1050米；最小曲线半径一般地段600米、困难地段350米；自动闭塞。

主要工程　金港站与疏港2号路之间设4束装卸线，每线束设装卸线2条，横列贯通式布置；

初期建设北侧2个线束，采用无悬臂轨道式龙门吊；疏港2号路与三期集装箱码头堆场间设2束装卸线，每线束设装卸线2条，采用横列尽头式布置方案，装卸机械采用正面吊；金港站增加到发线7条（兼调车、存车线），设牵出线1条；项目占地1910亩，合127.3公顷。

工程建设与投资 大连集装箱中心站工程概算总额71200万元，其中沈阳铁路局代建51037万元。2008年4月开工，2009年12月全部竣工，2010年7月10日完成初步验收。累计投资53725万元。

三、运能运量

2005年，金窑线货物列车采用ND5型内燃机车牵引，上、下行牵引质量均为5000吨；平行运行图通过能力46.5对/日，图定货车20对/日。金州—金桥间输送能力3934万吨/年；金桥—金州间输送能力3196万吨/年。车站设置2个（不含金州站），金桥为一等站，金马为四等站。金桥站发送货物820.1万吨，比2002年增长了10.2倍；到达货物952.8万吨，比2002年增长了4.8倍。金马站发送货物2.4万吨，到达货物53.9万吨。金州—金桥间，货流密度上行821万吨/年、下行984万吨/年；货运列车平均牵引总重上行2923吨、下行2461吨。2012年，金窑线货运机型为ND5、SS4，牵引质量上、下行均为5000吨。

2015年，金窑线营业里程21.0公里，线路总延展长度93.8公里。其中，正线延展长度37.7公里。在正线延展长度中，一线19.0公里，二线18.7公里；线路等级国铁Ⅰ级。全线自动闭塞，列车追踪间隔8分钟；电气化铁路；线路运行速度60公里/小时；最小曲线半径350米；到发线有效长1050米；限制坡度上行4.8‰、下行6.0‰；机车类型为HXD3B、ND5，牵引质量均为5000吨；图定货车24对/日。

金窑线设车站3个。其中，金港为二等站，金桥为三等站，金马为四等站，均隶属金州站管理。全线发送货物1258.3万吨，比2002年增长16.2倍；到达货物961.5万吨，比2002年增长3.6倍。其中，金桥站发送货物60.6万吨，到达货物274万吨；金马站到达货物107.1万吨；金港本站发送货物1062万吨，到达货物421.5万吨；金港发送货物41.1万吨，到达货物112.7万吨；大窑湾港发送货物94.8万吨，到达货物46.2万吨。金州—金港间，货流密度上行1219.9万吨/年、下行826.3万吨/年；货运列车平均牵引总重上行2180吨、下行3053吨。

第二十三节 旅顺线

旅顺线自沈大线周水子站起，至渤海湾北部旅顺口港止。1996年，旅顺线营业里程51.0公里。线路总延展长度89.7公里，其中正线延展长度50.8公里；正线铺设50公斤/米钢轨50.7公里；桥梁56座/838米；线路最大坡度9.6‰；最小曲线半径300米；列车运行速度70公里/小时；半自动闭塞；线路等级国铁Ⅲ级。全线（不含周水子）发送货物320.5万吨，到达货物403.5万吨；发送旅客167.6万人。旅顺—周水子间，货流密度上行1167.7万吨/年、下行155.2万吨/年；列车平均牵引总重上行1068吨、下行856吨。

一、线路站场、设施改造

1997年，投资86万元完成旅顺站货运室改造，改造货运室900平方米。2003年12月19日，铁道部、山东省、辽宁省以铁鉴函〔2003〕443号文批复烟大铁路轮渡工程初步设计。在烟大铁路轮渡工程中，既有旅顺支线革镇堡—长岭子间23.8公里按6‰软化坡度；南关岭站在预留位置增设到发线1条；革镇堡站采用向金州方向延长方案，保证3条到发线（含正线）延长至850米；营城子站3道改为到发线并延长至850米，还建货物线1条，原规模还建货物站台1座，军专线增设安全线1条；长岭子站按既有站维持现状，新建正线及到发线各1条、有效长850米。

该工程2003年11月开工建设，2006年12月竣工投产，累计投资1.08亿元。

二、运能运量

2005年，旅顺线货物列车采用ND5内燃机车牵引，旅顺—革镇堡间货物列车牵引质量上、下行均为3200吨；旅顺—周水子间货流密度上行151万吨/年、下行132万吨/年；客流密度上行16.4万人/年、下行18.5万人/年。2012年，旅顺线货运机型为ND5型机车，牵引质量上、下行均为3000吨。

2015年，旅顺线营业里程51.0公里，线路总延展长度92.2公里。其中正线延展长度50.3公里。全线为单线，半自动闭塞，线路运行速度80公里/小时，限制坡度上行8.8‰、下行9.7‰；最小曲线半径周水子—长岭子间360米，长岭子—旅顺间303米；到发线有效长周水子—长岭子间850米，长岭子—旅顺间450米，长岭子口800米；货运机型ND5，周水子——旅顺间牵引质量上、下行均为3000吨，长岭子口上、下行均为4000吨；图定货车周水子—长岭子间7对/日、长岭子—旅顺间2对/日、长岭子口4对/日。旅顺线设车站4个。其中，革镇堡为二等站，长岭子为三等站，旅顺、营城子为四等站。全线（不含周水子）发送旅客1.6万人；发送货物300.4万吨；到达货物298万吨。其中，旅顺站发送货物1.7万吨，到达货物9.7万吨；长岭子站发送货物292.6万吨，到达货物1.4万吨；营城子站发送货物3万吨，到达货物3.8万吨，发送旅客1.6万人；革镇堡站发送货物3.1万吨，到达货物283万吨。旅顺—周水子间，货流密度上行289.9万吨/年、下行137.6万吨/年；列车平均牵引总重上行3066吨、下行1874吨。长岭子分界口接入重车98车/日，接入空车2车/日；交出重车68车/日；全年接入货物187.9万吨，其中通过货物73.9万吨，输入货物114万吨；全年交出货物137.2万吨，其中通过货物36.9万吨，输出货物100.3万吨。

第二十四节　浑白线

浑白线起自浑江（现白山市），终到白河站，为通往长白山主要铁路通道。1996年，浑白线营业里程217.7公里。线路总延展长度270.2公里。其中，正线延展长度217.7公里；正线铺设50公斤/米钢轨119.8公里，50公斤/米以下钢轨97.9公里；桥梁84座/4768延长米；隧道5座/3753延长米；涵渠341座/5873延长米；线路最小曲线半径250米；到发线有效长380米，湾沟—松树镇间450米；线路允许速度60~70公里/小时；机车类型除长白山旅游号采用DF4内燃机车牵引外，其他列车仍使用建设型蒸汽机车牵引；半自动闭塞；线路等级国铁Ⅱ级。浑白线（不含浑江站）全年发送货物524.8万吨；到达货物72.6万吨；发送旅客168.1万人。浑江—白河间，客流密度上行36.6万人/年、下行42.4万人/年；货流密度上行177.1万吨/年、下行37.4万吨/年；货物列车平均牵引总重上行905吨、下行421吨。

一、线路设施、设备改造

2005—2008年，在白和铁路建设中，白河站站场、货场及客运设施进行相应改造。2009~2015年，在宇松铁路建设中，松江河站站房、站场、货场及客运设施均进行相应改造。2012~2015年，投资272万元完成浑白线215公里395米处平交道口改立交。

二、运能运量

2012年，浑白线货运机型为DF4，白山市—白河间牵引质量上行1300吨、下行700吨。

2015年浑白线站别客货运量一览表

表1-3-21

站　名	车站等级	省市县属	货运量（吨）		旅客发送量（千人）
			发送量	到达量	
柳毛沟	乘	吉林白山	—	—	—
清沟子	乘	吉林白山	—	—	2
温　泉	乘	吉林白山	—	—	71
黄泥崴子	乘	吉林白山	—	—	3
咋　子	4	吉林白山	—	170	1
八　宝	4	吉林白山	288	470	—
江　源	4	吉林白山	11	5	76
大　东	4	吉林白山	—	—	1
湾　沟	4	吉林白山	—	1	29
松树镇	4	吉林白山	211	14	64
永　红	4	吉林白山	—	42	—
仙人桥	4	吉林抚松	—	81	31
小　山	乘	吉林抚松	—	—	1
松江河	3	吉林抚松	3	25	298
板石河	乘	吉林抚松	—	—	—
泉　阳	4	吉林抚松	4	5	77
北　岗	乘	吉林抚松	—	—	—
影壁山	乘	吉林抚松	—	—	—
砬子河	4	吉林抚松	—	—	4
露水河	4	吉林抚松	1	7	82
二　岔	乘	吉林抚松	—	—	—
火炬沟	乘	吉林抚松	—	—	3
白　河	3	吉林安图	291	45	359

2015年，浑白线营业里程217.5公里，线路总延展长度268.5公里。其中，正线延展长度216.8公里。线路等级国铁Ⅱ级。全线为单线；半自动闭塞；线路运行速度80公里/小时；最小曲线半径250米；到发线有效长400米；限制坡度上行19.6‰、下行30.0‰；货运机型HXN、DF4，HXN机车牵引质量上行1800吨、下行950吨，DF4机车牵引质量上行1300吨、下行700吨；图定客车6对/日、货车11对/日。浑白线设车站13个。其中，三等站2个，四等站11个，另乘降所10个。全线发送货物81万吨；到达货物86.6万吨；发送旅客110.3万人。白山市—白河站间，客流密度上行82.8万人/年、下行79.4万人/年；货流密度上行43.8万吨/年、下行16.4万吨/年；货物列车平均牵引总重上行1736吨、下行781吨。

第二十五节 拉滨线

拉滨线北起滨江站，经五常终至长图线拉法站。沈阳、哈尔滨铁路局在五常—杜家间120公里955米处分界。1996年，拉滨线沈阳铁路局管辖营业里程144.5公里，线路总延展长度188.1公里。其中，正线延展长度144公里；正线均铺设50公斤/米钢轨。线路等级国铁Ⅲ级。拉滨线（不含拉法）全年发送货物320.5万吨；到达货物36.5万吨；发送旅客132.5万人。拉法—五常间客流密度上行29.8万人/年、下行32.1万人/年。拉法—舒兰间货流密度上行38.9万吨/年、下行48.4万吨/年；舒兰—五常间货流密度上行670.2万吨/年、下行258.5万吨/年。蛟河—五常间列车平均牵引总重上行808吨、下行885吨。五常分界口日均接入重车286车、交出重车157车、交出空车50车；全年接入货物647.3万吨。其中，通过货物9.7万吨，输入货物637.6万吨。全年交出货物324.2万吨。其中通过货4.2万吨，输出货物320万吨。全年接入旅客48.6万人，均为输入旅客；全年交出旅客56.1万人，均为输出旅客。

一、站场及设施、设备改造

2008年，在陶舒线建设中，舒兰站在哈尔滨端沿既有线左侧引入陶舒线；增加到发线2条，

共7条到发线（含正线3条）；设300米长货物牵出线1条；旅客基本站台按350米×8米×0.5米改造；货物线8道两端贯通，具备整列接发功能。2014—2015年，投资2024万元完成拉滨线157公里122米处桥梁浅基病害整治；投资3780万元用于拉滨线线路封闭；投资743万元完成拉滨线区间道岔纳入联锁改造。

2015年，在第二批200处平交道口改造中，计划总投资16825万元用于拉滨线平交道口改立交，本年完成11144万元。其中，五常—舒兰段计划总投资4846万元，本年完成2926万元；舒兰—上营段计划总投资6573万元，本年完成投资4688万元；上营—拉法段计划总投资5406万元，本年完成投资3530万元。

二、运能运量

2012年，拉滨线货运机型DF5，蛟河—五常间牵引质量上行1600吨、下行1100吨。

2015年，拉滨线沈阳铁路局管辖营业里程144.5公里，线路总延展长度165.7公里。其中正线延展长度140.4公里；全线为单线；半自动闭塞；线路运行速度110公里/小时；线路等级国铁Ⅲ级。拉法—舒兰间，线路最小曲线半径390米；限制坡度上行11.3‰、下行16.5‰；到发线有效长500米；货运机型DF5，牵引质量上行1600吨、下行1100吨；图定客、货车各1对/日。舒兰—五常间，线路最小曲线半径400米；限制坡度上行12.2‰、下行13.4‰；到发线有效长550米；货运机型DF4，牵引质量上行3000吨、下行2600吨；图定客车2对/日、货车18对/日。拉滨线设车站7个，其中舒兰为三等站；四等站6个。

2015年拉滨线站别客货运量一览表

表1-3-22

站名	车站等级	省市县属	货运量（吨）		旅客发送量（千人）
			发送量	到达量	
新站	4	吉林蛟河	0.2	2	—
上营	4	吉林舒兰	91.0	1	—
舒兰	3	吉林舒兰	63.0	82	496
水曲柳	4	吉林舒兰	24.0	1	—
平安	4	吉林舒兰	36.0	4	43
山河屯	4	黑龙江五常	229.0	24	103
杜家	4	黑龙江五常	120.0	11	12

全线（不含拉法）发送货物56.3万吨；到达货物12.3万吨；发送旅客65.4万人。拉法—五常间客流密度上行67.5万人/年、下行63.7万人/年。拉法—新站间货流密度上行21.9万吨/年、下行29.6万吨/年；新站—舒兰间货流密度上行22.2万吨/年、下行27.4万吨/年；舒兰—五常间货流密度上行343.9万吨/年、下行734.9万吨/年。蛟河—舒兰间列车平均牵引总重上行1383吨、下行662吨；舒兰—五常间列车平均牵引总重上行1888吨、下行907吨。五常分界口接入重车296车/日、接入空车4车/日；交出重车126车/日、交出空车248车/日；全年接入货物715.7万吨，其中通过货物4.2万吨，输入货物711.5万吨；全年交出货物347.4万吨，其中通过货物5.5万吨，输出货物341.9万吨；全年接入旅客49.5万人，其中通过旅客3.5万人，输入旅客46万人；全年交出旅客52.1万人，其中通过旅客0.3万人，输出旅客51.8万人。

第二十六节　图佳线

图佳(原牡图)线自图们站起，终至牡丹江站。沈阳、哈尔滨铁路局在鹿道至斗沟子间146公里224米处分界。1996年，图佳线沈阳铁路局管内营业里程147.1公里。线路总延展长度180.3公里，其中正线延展长度146.3公里；正线铺设50公斤/米钢轨57.9公里，50公斤/米以下钢轨88.4公里；线路最大坡道22.6‰；最小曲线半径300米；桥梁55座/2876延长米；隧道7座/5243延长米；涵渠184座/3429延长米；半自动闭塞；线路等级国铁Ⅱ级。图佳线（不含图们、曲水）全年发送货物272.9万吨；到达货物111.6万吨；发送旅客112.2万人。图们—鹿道间，客流密度上行37.5万人/年、下行36.7万人/年；货流密度上行291.4万吨/年、下行87.2万吨/年；货物列车平均牵引总重上行1319吨、下行673吨。鹿道分界口日均接入重车108车、交出重车66车、交出空车15车；全年接入货物233.3万吨，均为输入货物；全年交出货物144.4万吨，其中通过货物1.2万吨，输出货物143.2万吨；全年接入旅客23.5万人，均为输入旅客；全年交出旅客

22.1万人，均为输出旅客。

一、线路设施、设备改造

2003年，铁道部投资500万元，铁路局配合投资350万元，共计投资850万元完成鹿道站落坡工程。2007年，完成67公里827米处平交道口改立交。2012—2013年，投资640万元完成庙岭站改造，新建房屋185平方米。2014—2015年，投资1980万元完成28公里921米处桥梁浅基病害整治；补助投资300万元用于7公里上跨立交桥新建。2015年，在第二批200处平交道口改造中，用于图们—大兴沟段及和龙线平交道口改造计划总投资4789万元，本年完成投资3000万元；大兴沟—鹿道段计划总投资4565万元，本年完成投资3000万元。

二、运能运量

2015年，图佳线沈阳铁路局管内营业里程147.1公里，线路总延展长度174.4公里。其中正线延展长度146.5公里。线路等级国铁Ⅱ级。全线为单线；半自动闭塞；最小曲线半径300米；限制坡度上行22.6‰、下行23.8‰；线路运行速度75公里/小时；到发线有效长550米；货运机型HXN、DF4；HXN机车牵引质量上、下行均为1700吨（鹿道分界口3000吨）；DF4机车牵引质量上行1200吨、下行1100吨；图定客车1对/日、货车10对/日。鹿道分界口图定客车2对/日、货车8对/日。

图佳线设车站8个。其中，三等站2个；四等站6个。全线（不含图们）发送货物165.7万吨；到

2015年图佳线站别客货运量一览表

表1-3-23

站　名	车站等级	省市县属	货运量（吨）		旅客发送量（千人）
			发送量	到达量	
石　岘	4	吉林图们	99	96	—
汪　清	3	吉林汪清	56	20	74
大兴沟	4	吉林汪清	70	14	15
庙　岭	3	吉林汪清	1422	153	8
天桥岭	4	吉林汪清	2	2	31
春　阳	4	吉林汪清	—	—	18
老松岭	4	黑龙江宁安	—	—	—
鹿　道	4	黑龙江宁安	6	7	16

达货物29.3万吨；发送旅客16.2万人。图们—鹿道间客流密度上行32.9万人/年、下行30.5万人/年；曲水—鹿道间货流密度上行49.2万吨/年、下行101.6万吨/年；货物列车平均牵引总重上行1416吨、下行1692吨。鹿道分界口接入重车19车/日，交出重车68车/日，交出空车1/日；全年接入货物46.2万吨，均为输入货物；全年交出货物168.8万吨，均为输出货物；全年接入旅客18.9万人，其中通过旅客0.3万人，输入旅客18.6万人；全年交出旅客16.8万人，均为输出旅客。

第二十七节 四梅线

四梅线自京哈线四平站起，经辽源至沈吉线梅河口站，为京哈、沈吉两大干线重要联络通道。1996年，四梅线营业里程157.5公里。线路总延展长度201.2公里，其中正线延展长度153.8公里；正线铺设50公斤/米钢轨149.3公里，其余为50公斤/米以下钢轨。线路等级国铁Ⅱ级。全线（不含四平、梅河口站）发送货物223.9万吨；到达货物102.2万吨；发送旅客127.2万人。全线客流密度上行107.5万人/年、下行94.2万人/年；货流密度上行470.2万吨/年、下行100.8万吨/年；货运列车平均牵引总重上行1985吨、下行950吨。

一、设施、设备改造

2006年，完成5公里483米公铁立交桥改造。2012—2013年投资2075万元，用于完善四梅线生产生活设施。2015年，用于货运吊车改造投资435.4万元。其中，东丰站投资378.7万元；辽源站投资56.7万元。

二、运能运量

2015年，四梅线营业里程160.8公里，线路总延展长度205.0公里。其中正线延展长度156.1公里，正线中一线149.3公里，二线6.8公里。线路等级国铁Ⅱ级。全线为单线；半自动闭塞；线路运行速度100公里/小时；限制坡度上行13.3‰、下行21.0‰；最小曲线半径301米；到发线有效长550米；货运机型HXN、DF4；HXN机车牵引质量上行3800吨、下行2000吨，DF4机车牵引质量上行2000吨、下行1150吨；图定客车

2015年四梅线站别客货运量一览表

表1-3-24

站名	车站等级	省市县属	货运量（吨）		旅客发送量（千人）
			发送量	到达量	
平东	3	吉林四平	322	2622	—
哈福	4	吉林梨树	—	—	—
石岭	4	吉林梨树	31	7	28
平岗	4	吉林东辽	—	4	—
白泉	3	吉林东辽	53	57	19
辽源	2	吉林辽源	658	217	438
辽源东	3	吉林辽源	82	1973	—
渭津	3	吉林东辽	582	218	9
大兴镇	4	吉林东丰	—	—	—
东丰	3	吉林东丰	48	204	72

5对/日、货车13对/日。四梅线设车站10个。其中辽源为二等站；三等站5个；四等站4个。全线发送货物177.6万吨；到达货物530.2万吨；发送旅客56.6万人。平东—梅河口间客流密度上行165.9万人/年、下行167.9万人/年；四平—平东间货流密度上行201.3万吨/年、下行916.6万吨/年；平东—莲河间货流密度上行126.3万吨/年、下行560.5万吨/年；莲河—梅河口间货流密度上行48.9万吨/年、下行369.9万吨/年；四平—梅河口间货运列车平均牵引总重3304吨，梅河口—四平间货运列车平均牵引总重1800吨。

第二十八节 鸭大线

鸭大线起自梅集线鸭园站，终至鸭绿江畔大栗子站。1996年，鸭大线营业里程112公里。线路总延展长度186.7公里，其中正线延展长度112.6公里；正线铺设50公斤/米钢轨99.5公里，50公斤/米以下钢轨13.1公里；桥梁38座/2109延长米；隧道22座/8211延长米；涵渠247座/4192延长米；半自动闭塞；线路等级国铁Ⅱ级。全线（不含鸭园）发送货物432.3万吨；到达货物236.2万吨；发送旅客374.7万人。鸭园—大栗子间客流密度上行70.9万人/年、下行66.1万人/年；鸭园—浑江间货流密度上行723.4万吨/年、下行147万吨/年；浑江—大栗子间货流密度上行99.8万吨/年、下行23.4万吨/年。全线列车平均牵

引总重上行1284吨、下行653吨。

一、设施、设备改造

2013—2015年，投资1601万元完成吉林车辆段浑江站修所改造。2014—2015年，投资1589万元完成41公里278米、42公里975米2处桥梁浅基病害整治。

二、运能运量

2012年，鸭大线货运机型为DF4。鸭园—白山市间牵引质量上行3500吨、下行2100吨；白山市—大栗子间牵引质量上行650吨、下行750吨。

2015年，鸭大线营业里程112公里。线路总延展长度169.8公里，其中正线延展长度112.6公里。全线为单线；半自动闭塞；货运机型为HXN、DF4；线路等级国铁Ⅱ级。鸭园—白山市间，线路运行速度80公里/小时；最小曲线半径300米；到发线有效长550米；限制坡度上行15.5‰、下行19.4‰；HXN机车牵引质量上行4500吨、下行3000吨；DF4机车牵引质量上行3500吨、下行2100吨；图定客车9对/日、货车20对/日。白山市—大栗子间，线路运行速度70公里/小时；最小曲线半径297米；到发线有效长350米；限制坡度上行25.5‰、下行24.4‰；HXN机车牵引质量上行900吨、下行1000吨；DF4机车牵引质量上行650吨、下行

2015年鸭大线站别客货运量一览表

表1-3-25

站名	车站等级	省市县属	货运量（吨）		旅客发送量（千人）	备注
			发送量	到达量		
松岭	乘	吉林通化	—	—	10	
菇园	4	吉林通化	287	106.0	10	
道清	4	吉林白山	198		18	
老营	4	吉林白山	17	79.0	4	
白山市	2	吉林白山	18	1192.0	572	原名浑江
石人	4	吉林白山	—	—	6	
林子头	乘	吉林白山			8	
遥林	4	吉林白山	—			
珍珠们	乘	吉林白山			3	
临江	3	吉林临江	32	52.0	78	
大栗子	—	吉林临江	31	0.2		

750吨；图定客车1对/日、货车6对/日。鸭大线设车站7个，其中白山市为二等站；临江为三等站；四等站5个；另乘降所3个。全线发送货物58.3万吨；到达货物144万吨；发送旅客70.9万人。鸭园—白山市间货流密度上行106.2万吨/年、下行215.2万吨/年；列车平均牵引总重上行1830吨、下行2067吨。白山市—大栗子间货流密度上行5.8万吨/年、下行4.6万吨/年；列车平均牵引总重上行482吨、下行787吨。通化—大栗子间客流密度上行61.7万人/年、下行54.7万人/年。

第二十九节 凤上线

凤上线起自沈丹线凤凰城站，经宽甸到达鸭绿江边上河口站。1996年，凤上线营业里程156.2公里。线路总延展长度182.0公里。其中正线延展长度155.3公里；正线铺设50公斤/米钢轨140.5公里，50公斤/米以下钢轨14.8公里；线路最大坡度22.3‰；最小曲线半径287米；桥梁91座/4917延长米；隧道16座/6979延长米，其中千米以上隧道1座；列车运行速度60~70公里/小时；半自动闭塞；线路等级国铁Ⅲ级。全线（不含凤凰城站）发送货物128.8万吨；到达货物30.9万吨；发送旅客105.5万人。凤凰城—长甸间货流密度上行83.0万吨/年、下行23.3万吨/年；列车平均牵引总重上行636吨、下行336吨。

一、站场、设备设施改造

2002年，投资56万元在凤上线各站增设轨道电码化设备。2004—2005年，投资302万元在凤上线新建红外线二代机探测站。2011年，投资141万元完成宽甸（含桥头）站军用设施改造。

2012年，在新建通灌铁路工程中，灌水站进行改造。该站设到发线5条（含正线），预留2条；设牵出线1条，有效长250米；新建200×6×0.5米旅客基本站台1座，中间站台预留；在站房右侧还建货场，设货物线1条，有效长200米；设98×22.5米货物站台1座，货场预留发展条件。2013年，投资110万元用于长甸工区新建，新建工区300平方米。2015年，在第一批96处平交道口改造中，投资1194万元完成凤上线80公里976米等10处平交道口改立交。在第二批平交道

口改造中，计划投资2500万元用于凤上、溪田、辽开线平交道口改造，其中含凤上线129公里686米、138公里702米2处，完成投资1822万元。同年，投资97万元用于宽甸站轨道衡新建；投资77万元完成129公里145米、131公里973米2处桥梁浅基病害整治。

二、运能运量

2005年，凤上线货物列车采用DF4机型，凤凰城—长甸间牵引质量上行1200吨、下行1000吨。

2015年凤上线站别客货运量一览表

表1-3-26

站 名	车站等级	省市县属	货运量（吨）		旅客发送量（千人）
			发送量	到达量	
大 堡	4	辽宁凤城	—	—	10
石 城	4	辽宁凤城		1	20
铁佛寺	乘	辽宁凤城	—	—	42
边 沟	乘	辽宁凤城	—	—	14
佟 家	乘	辽宁凤城	—	—	10
庙 阳	乘	辽宁凤城	—	—	14
天 桥	乘	辽宁凤城	—	—	1
灌 水	4	辽宁宽甸	14	7	65
龙爪沟	4	辽宁宽甸	—	—	2
宽 甸	3	辽宁宽甸	137	96	53
永 甸	乘	辽宁宽甸	—	—	13
长 甸	4	辽宁宽甸		2	6

2015年，凤上线营业里程151.5公里，线路总延展长度170.6公里。其中正线延展长度155.2公里。线路等级国铁Ⅲ级。全线为单线；半自动闭塞；线路运行速度70公里/小时；最小曲线半径287米；到发线有效长350米；限制坡度上行20.7‰、下行20.5‰；货运机型为HXN、ND5、DF4；HXN机车牵引质量上行1800吨、下行1500吨；ND5机车牵引质量上行1300吨、下行1100吨；DF4机车牵引质量上行1200吨、下行1000吨；图定客车2对/日、货车4对/日。凤上线设车站6个。其中宽甸为三等站，四等站5个，另乘降所6个。全线（不含凤凰城）发送货物15.0万吨；到达货物10.6万吨；发送旅客25.2万人。凤凰城—长甸间，客流密度上行22.3万人/年、下行

19.1万人/年；货流密度上行106.4万吨/年、下行206.9万吨/年；列车平均牵引总重上行1643吨、下行2025吨。

第三十节 吉舒线

吉舒线南起江北站，向东北部延伸至舒兰站。1996年，吉舒线营业里程86.5公里。线路总延展长度168.6公里，其中正线延展长度84.9公里；正线铺设50公斤/米钢轨84.5公里；线路等级国铁Ⅱ级。全线（不含吉林、舒兰站）发送货物578万吨；到达货物728万吨；发送旅客52.4万人。吉林—舒兰间，客流密度上行55.2万人/年、下行54万人/年；货流密度上行954.7万吨/年、下行167.7万吨/年；列车平均牵引总重上行1932吨、下行981吨。

一、线路、站场及道口改造

1998年，投资6456万元扩建棋盘编组站和改建吉舒线。2015年，在第一批96处平交道口改造中，投资1472万元完成吉舒线41公里285米等15处道口拆除。在第二批200处平交道口改造中，计划总投资11657万元用于吉舒线平交道口改造，本年完成投资4721万元。其中，江北—前窑段计划总投资5084万元，本年完成投资1479万元；前窑—东富段计划总投资4724万元，本年完成投资2348万元；东富—舒兰段（含江北至蛟河段）计划总投资1849万元，本年完成894万元。

2015年吉舒线站别客货运量一览表

表1-3-27

站 名	车站等级	省市县属	货运量（吨）		旅客发送量（千人）
			发送量	到达量	
吉林北	2	吉林市	875.0	4172	—
棋 盘	2	吉林市	0.4	36	0.4
金 珠	3	吉林市	1455.0	6470	—
亚 复	4	吉林永吉	66.0	20	1.0
大口钦	4	吉林永吉	51.0	24	13.0
前 窑	4	吉林永吉	—	—	5.0
丰 广	4	吉林永吉	211.0	25	15.0
吉 舒	4	吉林舒兰	16.0	14	176.0
东 富	4	吉林舒兰	1031.0	1	1.0

二、运能运量

2015年，吉舒线营业里程83.9公里。线路总延展长度197.2公里，其中正线延展长度83.5公里。线路等级国铁Ⅱ级。

全线为单线；半自动闭塞；线路最小曲线半径350米；限制坡度上行12.2‰、下行13.4‰；线路运行速度90公里/小时；到发线有效长550米；货运机型DF4，牵引质量上行3000吨、下行2600吨；图定客车4对/日、货车23对/日。吉舒线设车站9个，其中二等站2个；三等站1个；四等站6个。全线（不含吉林、舒兰站）发送货物370.5万吨；到达货物1076.2万吨；发送旅客21.2万人。吉林（江北）—舒兰间客流密度上行91.4万人/年、下行95万人/年；货流密度上行892.7万吨/年、下行520.8万吨/年；列车平均牵引总重上行2425吨、下行1333吨。

第三十一节 烟白线

烟白线起自沈吉线烟筒山站，终点白山镇。1996年，烟白线营业里程151公里。线路总延展长度186.9公里，其中正线延展长度150.8公里；正线铺设均为50公斤/米以下钢轨；线路最大坡度17.2‰；最小曲线半径300米；半自动闭塞；线路等级国铁Ⅲ级。全线（不含烟筒山站）发送货物95.2万吨；到达货物45.7万吨；发送旅客15.6万人。烟筒山—白山镇间，货流密度上行56.9万吨/年、下行19.1万吨/年；列车平均牵引总重上行1135吨、下行698吨。

一、设备、设施改造

2013—2014年，投资616万元完成苇沙河（白山镇）物流基地建设。2015年，投资262万元用于桦甸站货运吊车改造；在第一批96处平交道口改造中，投资8672万元完成烟白线0公里945米等18处平交道口改立交。

二、运能运量

2012年，烟白线货运机型DF4，烟筒山—白山镇间机车牵引质量上、下行均为2000吨。2015年，烟白线营业里程115.2公里，线路总延展长度172.6公里。其中正线延展长度150.9公

里；全线为单线；半自动闭塞；线路最小曲线半径400米；限制坡度上、下行均为10.0‰；线路运行速度60公里/小时；到发线有效长550米；货运机型DF4，牵引质量上、下行均为2000吨；图定货车6对/日，未开行客车。线路等级国铁Ⅲ级。烟白线设车站6个，其中桦甸为三等站；前程、驿马、新兰镇、万里河、红石砬子为四等站。

全线发送货物52.1万吨；到达货物55.8万吨。其中，前程发送货物8.8万吨、到达货物22.9万吨；新兰镇发送货物8.1万吨、到达货物15.9万吨；桦甸发送货物2.9万吨、到达货物14.7万吨；万里河发送货物0.2万吨、到达货物1.5万吨；红石砬子发送货物32.1万吨、到达货物0.8万吨。烟筒山—白山镇间货流密度上行28.9万吨/年、下行14.9万吨/年；货物列车平均牵引总重上行2094吨、下行1176吨。

第三十二节　辽溪线

辽溪线自沈大线辽阳站起，经安平至沈丹线本溪站，为沈大、沈丹两大干线重要联络通道。1996年，辽溪线营业里程69.3公里，其中复线37.8公里；线路总延展长度166.5公里，其中正线延展长度110.4公里；正线均铺设50公斤/米钢轨；无缝线路58.4公里；桥梁47座/1871延长米；隧道6座/5332延长米，其中千米以上隧道2座；线路最大坡度16.0‰、最小曲线半径227米；列车运行速度85公里/小时；半自动闭塞；线路等级国铁Ⅱ级。辽溪线（不含辽阳、本溪站）发送货物702万吨；到达货物830.2万吨；发送旅客275.4万人。辽阳—本溪间货流密度上行629.3万吨/年、下行235万吨/年；列车平均牵引总重上行1755吨、下行1419吨。

一、线路、站场改造

2009年12月，辽阳—安平段改线工程开工，2012年10月竣工。该段改线工程累计投资159156万元，其中，路内投资55596万元，路外投资103560万元；完成正线改线67.8公里，其中Ⅰ线改线33.2公里，Ⅱ线改线34.6公里；完成站线铺轨6.8公里；新建桥梁9389折合米；动用土

石方457.7万立方米；征地2048亩，合136.5公顷。

二、线路设施、设备改造

1997年，投资20万元完成北台站货运室改造；2000年投资40万元完成寒岭站货运营业室改造。2004—2005年，投资91万元完成辽溪线红外线二代机建设；投资244万元完成辽溪线8个站DMIS系统建设。2012年，投资800万元完成35公里423米、甲线43公里477米2处平交道口改造。2015年，在第一批96处平交道口改造中，投资3297万元完成宝东线6公里209米、沈大线313公里392米等8处平交道口改立交。同年，投资131万元用于小屯、新寒岭站轨道衡新建。

三、运能运量

2003年8月25日，经由辽溪线运行的北台—鲅鱼圈间"五定班列"开始开行，固定编组30辆，隔日始发。2005年，辽溪线货物列车采用DF4机车牵引，辽阳—安平间牵引质量上行4000吨、下行3500吨；安平—本溪间牵引质量上行2200吨、下行1400吨。2015年，辽溪线营业里程74.8公里，其中复线70.8公里。线路总延展长度190.7公里，其中正线延展长度143.6公里，正线中一线73.3公里，二线70.3公里。线路为国铁Ⅱ级。全线为单、双线；半自动闭塞；线路运行速度85公里/小时；最小曲线半径285米；到发线有效长550米；限制坡度上行10.2‰、下行15.2‰；货运机型为HXN、ND5、DF4；

HXN机车牵引质量上行3000吨、下行2800吨；ND5机车牵引质量上行2000吨、下行1700吨；DF4机车牵引质量上行1550吨、下行1450吨；图定客车1对/日、货车16对/日。辽溪线设车站（含宝东线东辽阳、小屯，不含辽阳、本溪站）8个，其中二等站3个；四等站5个；另乘降所1个。全线发送货物1368.6万吨；到达货物1301.8万吨；发送旅客334万人。辽阳—本溪间，客流密度上行151.5万人/年、下行152.1万人/年；货流密度上行1359.7万吨/年、下行959.1万吨/年；列车平均牵引总重上行3326吨、下行2381吨。

第三十三节 溪田线

溪田线自沈丹线本溪站起，经小市等站至田师府站。1996年，溪田线营业里程75.1公里。线路总延展长度107.4公里，其中正线延展长度75.5公里；正线铺设50公斤/米钢轨75.4公里，50公斤/米以下钢轨0.1公里；桥梁39座/2900延长米；隧道12座/2563延长米，千米以上隧道1座；线路最大坡度21.0‰；最小曲线半径300米；列车运行速度70公里/小时；半自动闭塞；线路等级国铁Ⅲ级。溪田线（不含本溪站）全年发送货物254.5万吨；到达货物71.5万吨；发送旅客85.3万人。本溪—田师府间，货流密度上行178.1万吨/年、下行37.9万吨/年；货物列车平均牵引总重上行1483吨、下行656吨。

一、线路、设施设备改造

1996年，观音阁水库扩容，田师府至北甸站线路被淹，北甸站关闭。新建田师府至南甸铁路（称田南线）6.7公里，新建桥梁3座/120延长米。

2004年，投资91万元完成溪田线红外线二代机建设。2010年，在本溪枢纽改造中，溪田线改线后经沈丹客专太子河特大桥下方通过，在区间与既有沈丹下行线相连接进入本溪站。溪田线改线部分为区间正线。2014—2015年，铁路总公司补助投资478万元用于小市站货场改造；投资91万元用于小市站货运吊车改造。2015年，在第二批200处平交道口改造中，计划投资2500万元用于溪田、辽开、凤上线平交道口改造。其中包

2015年辽溪线站别客货运量一览表

表1-3-28

站名	车站等级	省市县属	货运量（吨）		旅客发送量（千人）
			发送量	到达量	
东辽阳	2	辽宁辽阳	3300	1547	—
宝镜	4	辽宁辽阳	—	—	—
小屯	4	辽宁辽阳	222	275	—
安平	2	辽宁辽阳	4458	232	8
新寒岭	4	辽宁辽阳	2	—	—
五一公里	乘	辽宁辽阳	—	—	3315
寒岭	4	辽宁辽阳	214	1	17
金家堡	4	辽宁辽阳	1069	162	—
北台	2	辽宁本溪	4422	10802	—

括溪田线28公里016米处，完成投资1822万元；投资918万元完成28公里876米、48公里250米2处桥梁浅基病害整治；投资79万元完成牛心台站轨道衡新建。

二、运能运量

2005年，溪田线货物列车采用 Df4机车牵引，牵引质量上行2200吨、下行950吨。

2015年溪田线站别客货运量一览表

表1-3-29

站　名	车站等级	省市县属	货运量（吨）		旅客发送量（千人）
			发送量	到达量	
小　堡	4	辽宁本溪	—	459	—
松树台	乘	辽宁本溪	—	—	0.2
牛心台	4	辽宁本溪	53	300	36.0
偏　岭	4	辽宁本溪	198	51	12.0
温泉寺	乘	辽宁本溪	—	—	1.0
小　市	3	辽宁本溪	17	255	116.0
泉　水	乘	辽宁本溪	—	—	0.5
田师府	3	辽宁本溪	963	109	34.0

2015年，溪田线营业里程75.2公里，线路总延展长度103.4公里。其中正线延展长度73.1公里。线路等级国铁Ⅲ级。全线为单线；半自动闭塞；线路运行速度70公里/小时；最小曲线半径290米；到发线有效长450米；限制坡度上行11.3‰、下行20.0‰；货运机型为HXN、ND5、DF4；HXN机车牵引质量上行3500吨、下行1800吨；ND5机车牵引质量上行2500吨、下行1000吨；DF4机车牵引质量上行2300吨、下行950吨；图定客车2对/日、货车5对/日。溪田线设车站5个。其中三等站2个，四等站3个，另乘降所3个；全线（不含本溪站）发送货物123.1万吨；到达货物117.3万吨；发送旅客19.9万人；本溪—田师府间，客流密度上行18.7万人/年、下行21.3万人/年；货流密度上行96.9万吨/年、下行37.3万吨/年；列车平均牵引总重上行2439吨、下行1349吨。

第三十四节　魏塔线

魏塔线自锦承线魏杖子站起，经金杖子、建昌到沈山线塔山站止，是辽西地区第二条铁路通道。1996年，魏塔线营业里程247.7公里，线路总延展长度315.9公里。其中正线延展长度246.9公里；正线均铺设43中型钢轨；线路等级国铁Ⅲ级。全年发送货物（不含魏杖子、塔山）120.8万吨，到达货物43.4万吨；发送旅客40.5万人。全线客流密度上行10.2万人/年、下行17.0万人/年；货流密度上行19.0万吨/年、下行48.6万吨/年；列车平均牵引总重上行621吨、下行897吨。

一、站场、设施设备改造

2005年，投资49万元对魏塔线电务设备和道口设施进行改造。236公里617米处增设电动道口拉门4万元；111公里590米、213公里638米、227公里642米、236公里617公里4处道口房翻建共24万元。2009年，投资3483万元完成建昌站舍改造，拆除既有二站台，取消临靠基本站台腰岔；在不减少装卸货位的同时将货5道改为尽端式货物线；改造基本站台为300×8×1.25米高站台，设站台外侧立柱的单侧悬挑钢结构雨棚。新建平式站房（含电务、电力、警务等）3000平方米，行车室规模满足魏塔增二线及二河口码头新建等工程引起的站场增线条件；旅客功能场所采用钢筋混凝土框架结构，主体一层，办公区二层，结构安全及抗震等级满足预留信号楼及站房要求；给排水、洗浴、采暖等设施进行相应改造；新设客运广播、旅客引导显示及时钟系统，预留电视监控系统条件。2015年，在第一批96处平交道口改造中，投资1559万元完成49公里053米等15处平交道口改立交。在第二批200处平交道口改造中，投资3500万元用于魏塔线、锦承线凌源—魏杖子段平交道口改立交。同年，投资490万元完成建昌站综合工区新建及站房二层改造机务保休点工程；投资16万元用于215公里155米处桥梁浅基病害整治。

二、运能运量

2005年，魏塔线货物列车采用DF4机车牵引，牵引质量上、下行均为1550吨。货流密度上行19.3万吨/年、下行23.6万吨/年；客流密度上行9.2万人/年、下行9.1万人/年。

2015年，魏塔线营业里程247.8公里，线路

2015年魏塔线站别客货运量一览表

表1-3-30

站 名	车站等级	省市县属	货运量（吨）		旅客发送量（千人）
			发送量	到达量	
营 北	乘	辽宁葫芦岛	—	—	7
柳树屯	4	辽宁葫芦岛	377	249.0	21
孔家沟	乘	辽宁葫芦岛	—	—	6
郭家屯	4	辽宁兴城		0.3	2
串子沟	4	辽宁兴城		0.5	2
大徐屯	乘	辽宁兴城	—	—	4
鸽子洞	乘	辽宁建昌	—	—	8
四家子	乘	辽宁建昌	—	—	4
杨树湾	4	辽宁建昌	—	—	4
杨家店	乘	辽宁建昌	—	—	2
南 桥	4	辽宁建昌	—	—	8
建 昌	3	辽宁建昌	12	175.0	39
南 汤	乘	辽宁喀左	—	—	4
宣家沟	乘	辽宁喀左	—	—	2
金杖子	4	辽宁喀左	3	16.0	5
田家沟	乘	辽宁凌源	—	—	5
任家店	乘	辽宁凌源	—	—	5
北 灯	乘	辽宁凌源	—	—	8
杨杖子	4	辽宁凌源		34.0	6
刀尔登	4	辽宁凌源	8		7
东营子	乘	辽宁凌源	—	—	9
东沟门	4	辽宁凌源	—	2.0	14

总延展长度287.7公里。其中正线延展长度246.8公里。线路等级国铁Ⅲ级。全线为单线；半自动闭塞；限制坡度上行12.5‰、下行13.5‰；最小曲线半径350米；到发线有效长550米；货运机型为HXN、DF4；HXN机车牵引质量上、下行均为2500吨；DF4机车牵引质量上、下行均为1800吨；图定客车1对/日，图定货车上行11列/日、下行2列/日。线内设车站10个。其中，建昌为三等站，四等站9个，乘降所12个。全线（不含魏杖子、塔山）发送货物40.0万吨；到达货物47.7万吨；发送旅客17.6万人；客流密度上行7.1万人/年、下行7.8万人/年；货流密度上行210万吨/年、下行7.7万吨/年；列车平均牵引总重上行1282吨、下行1276吨。

第三十五节 于虎线

于虎线自沈山线于洪站至京哈线虎石台站，是沈阳枢纽内联络沈大、沈山、京哈三大铁路干线的重要货运通道。1996年，于虎线营业里程22.8公里。线路总延展长度48.0公里，其中正线延展长度45.9公里；全线为双线；正线铺设60公斤／米钢轨44.4公里，50公斤／米钢轨1.5公里；无缝线路44.4公里。线路等级国铁Ⅰ级。

一、线路、设施设备改造

1999年，在沈阳枢纽电化改造中，于虎线同步完成电化改造。2003—2004年，投资899万元改造于虎线7公里219米、12公里696米、18公里319米3处平交道口；投资27万元增设红外线探测点1处。2006年，在沈阳枢纽东北环线（田东线）建设中，田义屯站增设到发线1条，到发线共计5条。2015年，在第一批96处平交道口改造中，于虎线2公里189米处平交道口改为立交。

二、运能运量

2005年，于洪—虎石台间平行运行图通过能力169对/日；货物列车采用SS4电力机车牵引，上、下行牵引质量均为5000吨；于洪—转弯桥间，图定货车上行39列/日、下行34列/日，货物输送能力上行16898万吨/年、下行9282万吨/年；转弯桥—虎石台间，图定货车上行70列/日、下行67列/日，货物输送能力上行16674万吨/年、下行9159万吨/年。

2015年，于虎线营业里程22.8公里，线路总延展长度52.4公里。其中正线延展长度46.3公里，正线中一线22.8公里，二线23.5公里。线内设转弯桥、田义屯两个车站，均为四等站，仅办理行车业务。线路等级国铁Ⅰ级。于虎全线为双线；电气化；自动闭塞，货物列车追踪间隔于洪—转弯桥间8分钟，转弯桥—虎石台间7分钟；线路最小曲线半径399米；运行速度80公里/小时；到发线有效长1050米；限制坡度上行7.0‰、下行8.1‰；机车类型为HXD3B、DF4；HXD3B机车牵引质量上行5800吨、下行5500吨；DF4机车牵引质量上行3550吨、下行2900吨；图定行包班列上行2列/日、下行4列/日；图定货车上行76列/日、下行72列/日。

第三十六节 其他支线

一、金城线

金城线西起沈大线金州站，终至城子坦站并与城庄地方铁路相接。1996年，金城线营业里程102.1公里。线路总延展长度120.9公里，其中正线延展长度101.8公里；正线均铺设50公斤/米钢轨；桥梁81座/2321延长米；线路最大坡度22.0‰；最小曲线半径350米；列车运行速度60公里/小时；半自动闭塞；线路等级国铁Ⅲ级；全线（不含金州站）全年发送货物59.2万吨；到达货物101.2万吨；发送旅客88.5万人。金州—城子坦间，货流密度上行51.8万吨/年、下行82.9万吨/年；货物列车平均牵引总重上行587吨、下行683吨。

（一）设备、设施改造

2000年，投资146万元在金城线JSDK+184处新建涵洞1座。2003年，投资48万元完成站内股道电码化改造。2004—2005年，投资518万元在金城等线同步完成红外线二代机探测站新建。

（二）运能运量

2015年，金城线营业里程17.7公里，线路总延展长度112.2公里。其中正线延展长度101.7公里。线路等级国铁Ⅲ级。全线为单线；半自动闭塞；线路运行速度80公里/小时；最小曲线半径250米；到发线有效长350米；限制坡度上行15.2‰、下行22.0‰；货运机型ND5，牵引质量上行1700吨、下行1400吨；图定货车8对/日。金城线设金州东门、广宁寺南、亮甲店、皮口南、夹心子、城子坦东6个车站，均为四等站。2015年发送货物18.1万吨；到达货物105.6万吨；发送旅客17.4万人。

二、营口线

营口线起自沈大线大石桥站，终至营口站。1996年，营口线营业里程23.5公里，线路总延展长度55.0公里。其中正线延展长度22.0公里；最小曲线半径400米；列车运行速度90公里/小时；

半自动闭塞；线路等级国铁Ⅲ级。全线发送货物133.6万吨；到达货物317.9万吨；发送旅客40.8万人。其中，营口站发送货物98.4万吨、到达货物202万吨、发送旅客35.7万人；营口码头到达货物30.9万吨；老边站发送货物35.2万吨、到达货物85万吨、发送旅客5.1万人。

（一）站场及设备设施改造

1997年，投资492万元改建营口站舍。2003年，投资25万元补齐老边、营口站站内股道电码化。2004—2005年，投资518万元完成营口等线红外线二代机探测站新建。2015年，投资220万元用于营口站货运吊车改造。

（二）运能运量

2005年，营口线货物列车采用ND5机车牵引，营口—大石桥间货物列车牵引质量上、下行均为4000吨。2012年，营口线货运机型为ND5、DF4，牵引质量上、下行均为5000吨。2015年，营口线营业里程23.5公里，线路总延展长度58.3公里。其中正线延展长度22.0公里。线路等级国铁Ⅲ级。全线为单线；半自动闭塞；线路运行速度100公里/小时；最小曲线半径400米；到发线有效长1050米；限制坡度上行4.8‰、下行4.2‰；货运机型为ND5、DF4，牵引质量均为5000吨；图定客车2对/日、货车4对/日。线内设车站2个。其中营口为二等站，老边为三等站。全线发送货物32.9万吨；到达货物626.7万吨；发送旅客31.4万人。其中，营口站发送货物15.4万吨，到达货物61.2万吨，发送旅客27.3万人；老边站发送货物17.5万吨，到达货物565.5万吨，发送旅客4.1万人。

三、铁法线

铁法线自京哈线铁岭站起至大青站止，是铁法矿务局煤炭运输主要通道。1996年，铁法线营业里程22.7公里，线路总延展长度46公里。其中正线延展长度22.6公里；线路最大坡度8.0‰；最小曲线半径600米；列车运行速度45~60公里/小时；半自动闭塞。线路等级国铁Ⅱ级。铁法线（不含铁岭）发送货物963.9万吨；到达货物36.8万吨；发送旅客5.2万人。其中，镇西堡站发送货物2.9万吨，到达货物0.2万吨，发送旅客1.3万人；大青站发送货物961万吨，到达货物36.6万吨，发送旅客3.9万人。

（一）设备、设施改造

2003年，投资14万元补齐铁岭西、大青站站内股道电码化。2015年，投资2451万元完成大青站货运快运基地建设，投资634万元完成大青站货场改造。同年，在第一批96处平交道口改造中，投资1695万元用于铁法线2公里993米、高孙联络线0公里265米等8处平交道口改立交；投资1145万元完成铁法线17公里219米等19处道口拆除。

（二）运能运量

2005年，铁法线货物列车采用DF4机车牵引，牵引质量上、下行均为4000吨。2012年，铁法线货运机型DF4，牵引质量上行4200吨、下行3550吨。2015年，铁法线营业里程22.7公里，线路总延展长度43.4公里。其中正线延展长度22.7公里。线路等级国铁Ⅱ级。线内设车站2个，大青为二等站，镇西堡为三等站。全线（不含铁岭）发送货物998.9万吨；到达货物214.1万吨。其中，镇西堡站发送货物0.2万吨，到达货物190.2万吨；大青站发送货物998.7万吨，到达货物23.9万吨。

四、南甘线

南甘线自南关岭站至甘井子站，也称甘井子线，为重要输港铁路。1996年，南甘线营业里程11.8公里，线路总延展长度61.0公里。其中正线延展长度22.0公里。正线延展长度中，一线11.4公里，二线10.6公里；线路最大坡度上行8.7‰、下行10.0‰；最小曲线半径上行400米、下行300米；列车运行速度80公里/小时；半自动闭塞；线路等级国铁Ⅲ级。线内设甘井子站。甘井子站发送货物489.4万吨，到达货物641.8万吨；甘井子港到达货物0.1万吨。

（一）线路站场等改造

1998年，在大连枢纽电气化改造中，南甘线同步实施电气化改造。2000—2001年，投资398万元完成甘井子站货场和货物仓库改造。2002—2003年，更新改造投资406万元，大修投资257万元，共计投资663万元完成甘井子站电气集中改造，改造道岔56组。该站大站电气集中改造后，大连枢纽内消灭了非电气集中联锁设备。2004年，投资210万元完成甘井子站货场改造，改造面积38000平方米。

（二）运能运量

2005年，南甘线货物列车采用ND5机车牵引，牵引质量上行3300吨、下行2700吨；平行运行图通过能力65.5对/日；图定货车8对/日；输送能力上行4199万吨/年、下行2539万吨/年。

2015年，南甘线营业里程11.8公里，线路总延展长度53.4公里。其中正线延展长度22.0公里，正线中一线10.6公里，二线11.4公里。线路等级国铁Ⅲ级。南甘线为双线；半自动闭塞；线路运行速度60公里/小时；最小曲线半径300米；到发线有效长750米；限制坡度上行6.0‰、下行10.2‰；货运机型ND5，牵引质量上行3300吨、下行2700吨；图定货车6对/日。线内设甘井子站，为二等站。甘井子站发送货物101.2万吨，到达货物21.5万吨。

五、白老线

白老线，自田五线白水井站接轨，经马圈子乘降所，抵达终点站老虎屯站。1996年，白老线营业里程12.1公里。线路总延展长度14.0公里，其中正线延展长度12.4公里；线路最大坡度20.0‰；最小曲线半径268米；列车运行速度50公里/小时；半自动闭塞；线路等级国铁Ⅲ级。该线（不含白水井）仅老虎屯站到达货物1.9万吨，未办理客运业务。2005年，白老线共发送货物0.5万吨，到达货物24.1万吨。2015年，投资800万元用于白老线3公里886米等6处平交道口改造。

2015年，白老线营业里程12.1公里；单线；总延展长度14.0公里，其中正线延展长度12.4公里；线路等级国铁Ⅲ级。线内设老虎屯站，未定等级，本年未发送货物。

六、南票线

南票线起自沈山线女儿河站，终至南票站，与煤矿专用铁道相接。1996年，南票线营业里程30.2公里，线路总延展长度51.5公里。其中正线延展长度30.2公里；限制坡度上行4.0‰、下行12.0‰；最小曲线半径400米；半自动闭塞；列车运行速度60~70公里/小时；线路等级国铁Ⅲ级。全线（不含女儿河站）共发送货物235.7万吨；到达货物66.2万吨；发送旅客41万人。

（一）设备、设施改造

2003年，投资25万元完成何三家、邰集屯、南票3个站站内股道电码化改造。2005年，投资18万元对南票线电务工区进行改造。其中，南票电务工区改造9.5万元；邰集屯电务工区改造8.5万元。2015年，在第一批96处平交道口改造中，投资381万元用于22公里988米处平交道口改立交。

（二）运能运量

2015年，南票线营业里程30.2公里，线路总延展长度48.0公里。其中正线延展长度30.2公里；单线；半自动闭塞；线路运行速度60公里/小时；最小曲线半径400米；到发线有效长750米；限制坡度上行12.5‰、下行3.0‰；机车类型DF4；牵引质量上行1400吨、下行4000吨；图定客车2对/日，图定货车上行4列/日、下行3列/日。线路等级国铁Ⅲ级。全线设车站2个，南票为三等站，何三家为四等站。全线（不含女儿河）共发送货物6.0万吨；到达货物67.9万吨；发送旅客15.9万人。其中，南票站发送货物0.6万吨，到达货物41.3万吨，发送旅客1.2万人；何三家站发送货物5.4万吨，到达货物26.5万吨，发送旅客1.3万人；黄甲屯发送旅客13.2万人、金场堡发送旅客0.1万人。

七、北票线

北票线自锦承线金岭寺（现为北票南）站起，经骆驼营至北票站。1996年，北票线营业里程17.9公里，线路总延展长度38.5公里。其中正线延展长度17.0公里；线路最大坡度14.4‰；最小曲线半径200米；列车运行速度80公里/小时；半自动闭塞；线路等级为国铁Ⅲ级。全线（不含金岭寺）共发送货物134.8万吨；到达货物23.7万吨；发送旅客1.6万人。其中，骆驼营站发送货物82.8万吨，到达货物13.2万吨；北票站发送货物52万吨，到达货物10.5万吨，发送旅客1.6万人。

（一）线路站场等改造

1999年，投资190万元完成北票站大站电气集中改造，改造道岔17组。2003年，投资7.1万元完成骆驼营站站内股道电码化改造。2015年，投资102万元完成骆驼营站轨道衡新建。

在锦承线扩能改造中，北票线同步进行相应改造，主要改造内容包括：新建北票支线疏解线约14.5公里；北票支线白石水库淹没范围铁路同步改移；线内新设大老虎沟线路所；北票南线路所—骆驼营站电化改造，线路长度约16.64公里。

骆驼营站到发线向北票南端延长至1050米，该站站房同侧2号线改建为旅客列车到发线，设300×6×1.25米基本站台1座；新建站房1000平方米，并新设货运管理信息系统、货场视频监控系统、客票发售及预订系统及综合显示、客运广播、视频监控、时钟等旅客服务信息系统。

北票支线分两个方向分别中穿锦承线，锦州方向设北票南线路所，设1条1050米到发线；大凌河3号特大桥采用32×32米预应力钢筋混凝土简支梁；全新设GSM—R移动通信系统；大老虎沟线路所—骆驼营单线采用半自动闭塞；新建北票开闭所和骆驼营配电所。

（二）运能运量

2005年，北票线牵引质量上行1400吨、下行1100吨；北票南—骆驼营间图定货车上行10列/日、下行8列/日，骆驼营—北票间图定货车6对/日。2015年，北票线营业里程17.9公里。线路总延展长度36.9公里，其中正线延展长度17.0公里；线路等级为国铁Ⅲ级。全线为单线；半自动闭塞；线路运行速度60公里/小时；最小曲线半径200米；到发线有效长550米；限制坡度上行11.7‰、下行8.8‰；机车类型HXN、DF4；HXN机车牵引质量上、下行均为5000吨；DF4机车牵引质量上行1800吨、下行2200吨；图定货车上行10列/日、下行9列/日。北票线设车站2个，骆驼营为三等站，北票为四等站。全线共发送货物27.7万吨；到达货物9.1万吨。其中，骆驼营站发送货物26.8万吨，到达货物4.5万吨；北票站发送货物0.9万吨，到达货物4.6万吨。

八、葫支线

葫芦岛线自沈山线葫芦岛（原锦西）站为起点，向东行经马仗房到渤海湾龙港站（原称葫芦岛站）止。1996年，葫芦岛线营业里程13.4公里，线路总延展长度24.2公里。其中正线延展长度13.7公里；线路最大坡度6.8‰；最小曲线半径300米；列车运行速度70公里/小时；半自动闭塞；线路等级为国铁Ⅲ级。全线（不含锦西站）设车站2个，均为四等站。全线发送货物91.2万吨，到达货物223.4万吨，未办理客运业务。其中，马仗房站发送货物90.8万吨，到达货物205.2万吨；葫芦岛站发送货物0.4万吨，到达货物18.2万吨。

（一）设备、设施改造

2014—2015年，在葫芦岛站改造中，葫芦岛货运搬迁至马仗房站，马仗房站增加1条军专线兼货物线，有效长400米。2015年，投资149万元用于5公里766米桥梁浅基病害整治；投资297万元用于马仗房站货运吊车改造。

（二）运能运量

2005年，葫芦岛线货物列车采用DF5机车牵引，上、下行牵引质量均为2000吨；图定货车4对/日。2015年，葫芦岛线营业里程13.4公里，线路总延展长度27.4公里。其中正线延展长度13.6公里。全线为单线；半自动闭塞；线路运行速度60公里/小时；最小曲线半径250米；到发线有效长550米；限制坡度上行6.8‰、下行6.0‰；机车类型DF4，牵引质量上、下行均为4500吨；图定货车9对/日，未开行客车；线路等级国铁Ⅲ级。全线设车站2个，马仗房为二等站，龙港为四等站。全线发送货物54.5万吨，均为马仗房站发送；到达货物342.6万吨。其中，马仗房站到达货物328.8万吨，龙港站到达货物13.8万吨。

九、丹前线

丹前线（原名丹大线）自沈丹线丹东站起，沿鸭绿江右岸，经锦江、丹东南直抵下游大东港。1996年，丹大线营业里程26.0公里，线路总延展长度48.3公里。其中正线延展长度30.4公里；线路最大坡度9.5‰；最小曲线半径200米；列车运行速度20~60公里/小时；路牌闭塞。2015年，丹大快速铁路开通后本线更名为丹前线，全线营业里程26.0公里，线路总延展长度50.1公里。其中正线延展长度30.4公里。丹前线设东港、南丹东、三道沟、金板村、前阳5个车站，东港为三等站，其余均为四等站。本线一直未开办直通运输，线内货运业务均在丹东站办理，到达大东港作业车则按专用线取送车办理。

十、朝马线

朝马线自锦承线朝阳站接轨，经朝阳西至马山站。1996年，朝阳—马山站间营业里程18.4公里。线路总延展长度29.4公里。其中正线延展长

度18.8公里；线路最大坡度17.3‰；最小曲线半径300米；列车运行速度60公里/小时；半自动闭塞；线路等级国铁Ⅲ级。线内设车站2个。其中马山为三等站，朝阳西为四等站。全线发送货物15万吨，到达货物164.4万吨；未办理客运。其中，马山站发送货物4.3万吨，到达货物159.8万吨；朝阳西站发送货物10.7万吨，到达货物4.6万吨。2001年，实施支线改革，将朝阳西—马山间8.6公里改为朝阳电厂专用线，取消马山营业站。到达朝阳电厂货物在朝阳西—马山间按专用线取送车办理。

2003年，投资13.9万元完成朝阳西、马山站站内股道电码化改造。

2015年，朝马线营业里程10.2公里，线路总延展长度27.3公里。其中正线延展长度18.8公里；单线；半自动闭塞；线路等级为国铁Ⅲ级；线内设朝阳西站，为四等站。

十一、龙丰线

龙丰线自龙潭山站起，终至大丰满站。1996年，龙丰线营业里程23.1公里，线路总延展长度34.3公里。其中正线延展长度22.8公里；线路允许速度60公里/小时；牵引定数上、下行均为650吨。线内设大长屯、阿什、大丰满3个站，均为四等站。全线发送货物39.1万吨，到达64.1万吨。其中，大长屯站发送货物8.3万吨，到达货物8.9万吨；阿什站发送货物30.9万吨，到达货物52.9万吨；大丰满站到达货物2.3万吨。

2001年，在实施支线改革中龙丰线关闭。

2006年，投资476万元在龙潭山站既有17道与站修1道间新设4条调车线。2015年，龙丰线营业里程23.1公里，线路总延展长度33.1公里。其中正线延展长度22.8公里。线内设大长屯、阿什、大丰满3个车站，未定等级。

十二、团杉线

团杉线自沈吉线团林站起，终点杉松岗站。1996年，团杉线营业里程42.2公里。线路总延展度49.1公里。其中正线延展长度41.7公里；线路允许速度60公里/小时；牵引质量上行1500吨、下行1200吨；线路等级为国铁Ⅲ级。线内设车站4个，辉南为三等站，其余为四等站。全年发送货物85.3万吨；到达货物19.4万吨；发送旅客

14.5万人。其中，辉南站发送货物17.4万吨，到达货物12.6万吨，发送旅客5.3万人；长山村站发送货物11.1万吨，到达货物2.0万吨，发送旅客1.0万人；杉树岗站发送货物56.8万吨，到达货物4.7万吨，发送旅客3.2万人；光辉站到达货物0.1万吨，发送旅客4.4万人；板杖子站发送旅客0.6万人。

（一）设备、设施改造

2012—2013年，投资303万元完成辉南站军运设施改造。2015年，在第一批96处平交道口改造中，投资3877万元用于团杉2公里343米、梅集线160公里821米等20处平交道口改立交。

（二）运能运量

2015年，团杉线营业里程42.2公里。线路总延展长度49.2公里。其中正线延展长度42.5公里。全线为单线；半自动闭塞；到发线有效长400米；线路最小曲线半径290米；线路运行速度60公里/小时；限制坡度上行17.5‰、下行28.0‰；货运机型DF4，牵引质量上行2500吨、下行1200吨；图定货车5对/日，未开行客车；线路等级为国铁Ⅲ级。线内设辉南、杉树岗2个车站，均为四等站。全线发送货物62万吨，到达货物16.3万吨，均为辉南站发到。

十三、朝开线

朝开线自长图线朝阳川站起，经龙井、东盛涌、八道河、怀庆街至终点开山屯站。1996年，朝开线营业里程58.2公里。线路总延展长度73.4公里。其中正线延展长度58.4公里；线路最大坡度24‰；最小曲线半径250米；半自动闭塞；线路允许速度70公里/小时；线路等级为国铁Ⅲ级。全线设车站4个（不含朝阳川），其中龙井为三等站，四等站3个。全线发送货物20.1万吨；到达货物116.3万吨；发送旅客21.4万人。其中，三峰洞站到达货物0.3万吨，发送旅客1.0万人；龙井站发送货物8.5万吨，到达货物25.4万吨，发送旅客20.4万人；八道河站发送旅客0.1万人；开山屯站发送货物11.5万吨，到达货物90.5万吨。

（一）设备、设施改造

2013—2014年，投资2192万元用于龙井站改造。其中，投资1841万元完成站舍改造，新建站舍3009平方米；投资351万元新建龙井站高站

台。2015年，投资79万元完成龙井站资源整合。

（二）运能运量

2015年，朝开线营业里程58.2公里。线路总延展长度67.2公里。其中正线延展长度58.4公里；单线；半自动闭塞；到发线有效长400米；最小曲线半径248米；线路运行速度60公里/小时；限制坡度上行24.3‰、下行21.1‰；货运机型HXN、DF4，HXN机车牵引质量上、下行均为1600吨；DF4机车牵引质量上、下行均为1000吨；图定客车1对/日、货车11对/日；线路等级为国铁Ⅲ级。全线设车站2个，龙井为三等站，开山屯为四等站。全线（不含朝阳川）发送货物6.9万吨、到达货物0.9万吨、发送旅客13.7万人，均为龙井站运量。

十四、和龙线

和龙线起自朝开线龙井站，途经东城、龙水坪、八家子、官地至和龙站。白和铁路建成后，和龙线成为通往长白山天池又一铁路通道，并成为东北东部铁路通道组成部分。1996年，和龙线营业里程51.1公里。线路总延展长度61.3公里，其中正线延展长度51.4公里；线路最大坡度14.4‰、最小曲线半径300米；64D型继电半自动闭塞；牵引质量上行1500吨、下行900吨；线路允许速度60公里/小时；线路等级国铁Ⅲ级。全线（不含龙井）全年发送货物110.1万吨；到达货物14.7万吨；发送旅客56.1万人。其中，和龙站发送货物71.7万吨，到达货物6.1万吨，发送旅客21.4万人；官地站发送货物2.0万吨，到达货物0.4万吨，发送旅客2.8万人；海兰河发送旅客3.2万人；八家子站发送货物33.2万吨，到达货物5.2万吨，发送旅客9.2万人；红旗发送旅客1.8万人；龙水坪站发送货物3.1万吨，到达货物3.0万吨，发送旅客10.7万人；东城发送旅客5.3万人；明新发送旅客1.7万人。

（一）站场及设备设施改造

2005—2008年，在白和铁路建设中，和龙站站场、客货运设施等进行相应改造。2009—2012年，在和坪铁路建设中，和龙站到发线增设1条；设贯通式货物线1条。2014—2015年，投资834万元完成和龙线13公里773米处桥梁浅基病害整治。2015年，在第二批200处平交道口改造中，和龙线、图佳线图们—大兴沟段平交道口改造计划总

投资4789万元，本年完成投资3000万元。

（二）运能运量

2015年，和龙线营业里程50.5公里。线路总延展长度52.0公里。其中正线延展长度49.7公里。单线；半自动闭塞；到发线有效长650米；最小曲线半径296米；线路运行速度60公里/小时；限制坡度上行14.5‰、下行23.0‰；货运机型HXN、DF4，HXN机车牵引质量上行3000吨、下行2500吨；DF4机车牵引质量上行2500吨、下行1500吨；图定客车3对/日、货车8对/日；线路等级为国铁Ⅲ级。全线设车站2个。其中和龙为三等站，八家子为四等站。全线（不含龙井）发送货物199万吨；到达货物32.6万吨；发送旅客5.4万人。其中，和龙站发送货物64.8万吨，到达货物1.0万吨，发送旅客5.3万人；八家子站发送货物134.1万吨，到达货物31.5万吨，发送旅客0.2万人。

十五、新通化线

新通化线起自梅集线通化站，终至新通化站，是通化钢铁厂铁路运输通道。1996年，新通化线营业里程3.8公里。线路总延展长度9.3公里。其中正线4.1公里。线内设新通化站，本年发送货物31.3万吨，到达货物29.2万吨。2015年，新通化线营业长度未变。新通化站（未定等级）本年未发送货物，到达货物4.4万吨。

十六、码头线

码头线自沈大线沙河口站站外5公里处起，经大连北站至大连海港路港交接点。1996年，码头线营业里程6.0公里。线路总延长66.5公里，其中正线延展长度10.7公里，复线；线路最大坡度上行9.5‰、下行8.7‰；最小曲线半径上行250米、下行200米；线路允许速度50公里/小时；自动闭塞。全线发送货物658.4万吨，到达货物1057万吨。其中，大连东站发送货物23.5万吨，到达货物19.9万吨；大连港到达货物4.6万吨；大连北站发送货物634.9万吨，到达货物1032.5万吨。2002年，在大连枢纽电化改造中，码头线同步完成电化改造。

2005年，大连港发送货物154.3万吨，到达货物14.9万吨。大连港码头停止办理铁路货运业务。2015年，码头线（大连东线）营业里程6.0公里。线路总延展长度32.7公里。其中正线延展长度10.7公里。在正线延展长度中，一线5.4公里，二线5.3公里。线内设大连东站，为二等站，全年发送货物229吨，到达货物157.4万吨。

十七、芳八线

芳八线自大郑线芳山镇站—八道壕站，八道壕为尽头站。2015年，芳八线营业里程5.1公里。线路总延展长度12.3公里。其中，正线延展长度7.8公里，站线4.5公里。（运量列在大郑线中）

十八、宝东线

宝东线自辽溪线宝镜站—东辽阳站。2015年，宝东线营业里程18.7公里。线路总延展长度42.1公里。其中，正线延展长度20.1公里，站线12.7公里，岔线9.0公里，特别用途线0.3公里。（小屯、东辽阳运量及道口改造均列在辽溪线中）

十九、双山线

双山线自双辽—山场屯站。2015年，双山线营业里程5.7公里。线路总延展长度11.5公里。其中，正线延展长度5.7公里，站线3.3公里，岔线2.5公里。（山场屯运量列在平齐线中）

二十、金沙线

金沙线自金山湾—沙河镇站。2015年，金沙线营业里程9.0公里。线路总延展长度20.6公里。其中，正线延展长度10.5公里，站线9.4公里，岔线0.5公里，特别用途线0.2公里。（金山湾、沙河镇站运量列在沈丹线中）

二十一、浪石线

浪石线又名浪头支线，起自丹大线三道沟站，终点至浪头。该线开通后，只按专用线办理运输，未办理正式客货运输业务。1996年，浪石线为非营业线。营业里程、总延展长度、正线延展长度均为5.5公里；全线铺设50公斤/米钢轨；木枕；碎石道床；线路最大坡度12.0‰；最小曲线半径280米；列车运行速度45公里/小时。2015年，浪石线列为丹前线三道沟站站管线。

第三十七节 联络线

一、龙北联络线

龙北联络线位于长春北站—龙泉站间，起于龙泉站6号岔首0公里000米—上台子线路所龙2#岔尖7公里379米处，1993年建成。1996年，联络线全长7.4公里；铺设50公斤/米钢轨；钢筋混凝土轨枕；碎石道床；最小曲线半径400米；最大坡度12.5‰；线路允许速度60公里/小时。2015年，龙北联络线总延展长度10.8公里。其中，正线延展长度8.9公里，站线1.5公里，特别用途线0.4公里。

二、九江联络线

九江联络线起自长图线111公里600米处新九站，向东伸展与龙舒线棋盘站相交后至长图线与吉蛟段江密峰站接轨，1970年建成。1996年，全线营业里程26.8公里，线路总延展长度25.7公里。其中正线延展长度25.7公里；铺设50公斤/米钢轨23.1公里，50公斤/米以下钢轨2.6公里；线路最小曲线半径400米；最大坡度9.3‰；线路允许速度85公里/小时；桥梁9座/806延长米；涵渠86座/1202延长米。该线是长图线吉长、吉蛟段不经由吉林站运行的捷径路线。2015年，九江联络线营业里程26.4公里。线路总延展长度25.8公里。其中，正线延展长度25.6公里，特别用途线0.1公里。

三、小新联络线

小新联络线是拉滨线南端从新站分叉，一端与拉滨线新站连接，另一端与长图线小姑家车站接轨的联络线，1933年建成。1996年，小新联络线营业里程8.9公里；正线延展长度7.8公里；铺设钢轨均为50公斤/米轨。吉林—五常间，经小新线运行旅客列车1对/日、货物列车3对/日；前进型机车牵引时，牵引定数上行1800吨、下行1100吨；线路允许速度80公里/小时。2015年，小新联络线营业里程8.9公里，线路总延展长度3.6公里，均为正线。

四、九棋联络线

九棋联络线起于长图线九站车站9号道岔岔前，相对长图线122公里900米处，向东越过双吉公路和农研灌渠，横跨松花江与九江线1公里175米处相接，1979年建成。九棋联络线是长图线上吉长、吉蛟段捷径路线。1996年，九棋联络线营业里程1.6公里，正线延展长度1.1公里；铺设钢轨均为50公斤/米轨；桥梁1座/17延长米；涵渠2座/46.2延长米；钢筋混凝土轨枕；碎石道床；最大坡度2.7‰；最小曲线半径300米；线路允许速度55公里/小时。2015年，九棋联络线维持既有状况不变。

五、棋盘联络线

棋盘联络线起自九江线6公里375米处，终点相对于吉舒线10公里581米处，原称新北联络线，1973年建成。1996年，棋盘联络线营业里程0.9公里，线路延展长度0.9公里；铺设50公斤/米钢轨；木枕；碎石道床；线路最大坡度3.2‰；最小曲线半径430米；线路允许速度85公里/小时。2013年，新北联络线改称棋盘联络线。2015年，棋盘联络线营业里程、延展长度维持既有。

六、西哈联络线

西哈联络线自沈吉线西山线路所—哈达湾站。1995年，铁道部投资4950万元建成。新建联络线3.65公里；线路标准为Ⅱ级线路；限制坡度10.0‰；铺设50公斤/米钢轨；单线半自动闭塞。2015年，西哈联络线总延展长度6.0公里，均为正线。

七、北皇联络线

北皇联络线由老沈阳北站到皇姑屯站，原称北皇一联络线。1990年，沈阳北新客站建成后，既有北皇联络线在三洞桥南侧改线与既有沈东联络线衔接并改称北皇一联络线。1996年，北皇一联络线营业里程3.6公里，线路总延展长度3.9公里，均为正线；铺设60公斤/米钢轨2.0公里，50公斤/米钢轨1.9公里。2015年，北皇联络线为电气化铁路。线路总延展长度4.6公里。其中正线延展长度3.6公里，站线0.9公里，特别用途线0.1公里。

八、大于联络线

大于联络线由沈山北线大成站至沈山南线于洪站，为沈山南北两线之间联络线。1996年，大于联络线营业里程4.6公里，线路总延展长度2.5公里，均为正线；铺设50公斤/米钢轨；钢筋混凝土轨枕；碎石道床；最大坡度1.4‰；最小曲线半径400米；列车运行速度60公里/小时。2015年，大于联络线为电气化铁路。线路营业里程、延展长度维持既有。

九、浑揽联络线

浑揽联络线为沈大线浑河站—沈山线揽军屯站联络线。该联络线是沈大线与沈山线在沈阳站南端联络线，经由该联络线可使辽南进出关货车车流不再经沈阳站折角。1996年，浑揽联络线营业里程4.9公里，线路总延展长度8.7公里，均为正线。在沈阳枢纽电化改造中，浑揽联络线同步实施电气化改造。2005年，浑揽联络线营业里程4.9公里，正线总延展长度12.4公里；双线；电气化；正线均铺设60公斤/米钢轨；钢筋混凝土轨枕；碎石道床；桥梁2座/1025延长米，其中特大桥、大桥各1座；限制坡度上行8.7‰、下行10.5‰；最小曲线半径上行397米、下行300米；线路允许速度80公里/小时；自动闭塞；货物列车采用SS4型电力机车牵引，上、下行牵引定数均为5000吨；平行运行图通过能力169对；图定货车上行82列/日、下行88列/日；输送能力上行16842万吨/年、下行9251万吨/年。2015年，浑揽联络线为电气化铁路。线路营业里程7.6公里，总延展长度12.6公里。其中，一线长度6.7公里，二线长度5.9公里。

十、沈皇联络线

沈皇联络线为沈阳站—皇姑屯站联络线。"九五"期间，在沈阳枢纽电化改造中同步进行电化改造。2015年，沈皇联络线为电气化铁路。营业里程3.5公里，线路总延展长度2.5公里。其中，正线延展长度2.4公里，特别用途线0.1公里。

十一、于马三联络线

该线自沈山线于洪—马三家站。"九五"期间，在沈阳枢纽电化改造中同步进行电化改造。2015年，于马三联络线总延展里程11.3公里，均为正线；电气化铁路。

十二、于揽三联络线

于揽三联络线自沈山线揽军屯—于洪站。1994—1997年，在沈阳枢纽电气化改造中，投资3422万元新建于洪—揽军屯间三线，并同步改造揽军屯站场。2015年，于揽三联络线总延展长度8.5公里，均为正线；电气化铁路。

十三、西马联络线

西马联络线为沈阳西—马三家站间联络线。"九五"期间，在沈阳枢纽电化改造中同步进行电化改造。2015年，西马联络线总延展长度1.0公里，均为正线；电气化铁路。

十四、浑榆联络线

浑榆联络线由沈大线浑河站—苏抚线榆树台站，为沈大线与苏抚线间联络线。1996年，浑榆联络线营业里程5.1公里，线路总延展长度6.5公里，均为正线；铺设60公斤/米钢轨，木枕，碎石道床，最大坡度10.7‰，线路允许速度70公里/小时。2008年，在苏抚线城际轨道交通工程改造中，该线同步实施扩能及电气化改造；新建浑榆下行联络线5.1公里。2015年，浑榆联络线为电气化铁路。营业里程5.0公里，线路总延展长度11.5公里。其中一线延展长度5.1公里，二线延展长度6.4公里。

十五、抚将联络线

抚将联络线自苏抚线高尔山线路所（原抚顺站）—沈吉线将军堡站。1996年，抚将联络线营业里程4.0公里，线路总延展长度2.7公里，均为正线；铺设50公斤/米钢轨；木枕；碎石道床；线路最大坡度9.3‰；最小曲线半径400米；线路允许速度70公里/小时。2015年，抚将联络线为电气化铁路。线路营业里程1.7公里，总延展长度1.46公里。其中正线延展长度1.22公里，特别用途线0.24公里。

十六、葫西联络线

葫西联络线（原名葫盖联络线）由沈大线葫芦峪站—沟海线西柳站。1994年，盖家站改为西柳站。1996年，葫盖联络线营业里程7.7公里，线路总延展长度5.9公里，均为正线；线路铺设50公斤/米钢轨；木枕；碎石道床；线路最大坡度3.9‰；最小曲线半径780米；线路允许速度70公里/小时。2004年，该联络线改称葫西联络线。2005年，葫西联络线在沟海铁路电气化改造时一并改造为电气化铁路。线路铺设60公斤/米钢轨1.6公里，50公斤/米钢轨5.8公里；无缝线路5.5公里；桥梁2座/12延长米，为圬工桥；线路允许速度100公里/小时；限制坡度4‰；牵引种类电力；机车类型为客机SS9，货机SS4；牵引质量5000吨；自动闭塞。线路等级国铁Ⅰ级。2015年，葫西联络线为电气化铁路。营业里程7.7公里，线路总延展长度7.4公里，均为正线。

十七、平西联络线

平西联络线由京哈线平顶堡站至铁法线铁岭西站，与铁法线铁法大桥同时改建。1996年，平西联络线营业里程12.7公里，线路总延展长度0.9公里，铺设50公斤／米钢轨；木枕；碎石道床；线路最大坡度2.3‰；最小曲线半径780米。2015年，平西联络线营业里程12.7公里。线路总延展长度1.0公里。其中正线延展长度0.9公里，特别用途线0.1公里。

十八、二广联络线

二广联络线由沈大线二十里台到金城线广宁寺站。1996年，二广联络线营业里程6.7公里，线路总延展长度1.5公里，均为正线；铺设50公斤／米钢轨；木枕；碎石道床；线路最大坡度10.6‰；最小曲线半径530米；线路允许速度25公里／小时。2005年，二广联络线线路允许速度提升至45公里／小时。2007年，二广联络线改称二十广联络线。2015年，二十广联络线营业里程、线路总延展长度维持既有。

十九、南革联络线

南革联络线（原称南堡）由沈大线南关岭站至旅顺线革镇堡站。1996年，南革联络线营业里程4.4公里，线路总延展长度2.8公里，均为正线；铺设50公斤／米钢轨；线路最大坡度6.0‰；最小曲线半径400米；允许速度50公里／小时。2005年，南革联络线线路允许速度提升至75公里／小时。2015年，南革联络线营业里程4.4公里。线路总延展长度3.1公里。其中正线延展长度2.6公里，岔线0.5公里，特别用途线0.1公里。

二十、周甘联络线

周甘联络线由沈大线周水子站—甘井子站。1996年，周甘联络线营业里程6.0公里，线路总延展长度1.7公里，均为正线；铺设50公斤／米钢轨；木枕；碎石道床；桥梁2座/38延长米，其中钢梁桥、圬工桥各1座；线路最大坡度9.8‰；最小曲线半径250米；允许速度50公里／小时。2015年，周甘联络线营业里程、线路总延展长度维持既有。

二十一、土城石矿联络线

土城石矿联络线自旅顺线长岭子站—土城子站，线路总延展长度10.9公里。其中正线延展长度2.2公里。1976年建成。2015年，土城石矿联络线总延展长度10.9公里，其中正线延展长度3.4公里；站线6.3公里；段管线1.0公里；岔线0.1公里；特别用途线0.1公里。

二十二、新立屯联络线

新立屯联络线（原称新么联络线）由新泉站至么荒站间联络线。1991年，新么联络线改建，线路由大郑线新立屯北至高新线新泉线路所，是大郑线和高新线间联络线，线名改称新立屯联络线。1996年，新立屯联络线营业里程0.2公里，线路总延展长度1.8公里，均为正线；铺设50公斤／米钢轨。2015年，新立屯联络线营业里程7.5公里，线路总延展长度19.8公里，均为正线。电气化改造尚在实施。

二十三、金桥联络线

金桥联络线自辽溪线金家堡站—沈丹线桥头站，线路总延展长度4.0公里，均为正线。2015年，金桥联络线总延展长度4.1公里。其中正线延展长度4.0公里，特别用途线0.1公里。

二十四、高孙联络线

高孙联络线为辽宁清河电厂高台子—大孙台间联络线。1996年，线路总延展长度11.5公里，其中正线延展长度7.2公里。2015年，在第一批96处平交道口改造中，投资2225万元用于高孙联络线0公里265米、铁法线2公里993米等8处平交道口改立交。联络线总延展长度11.5公里。其中正线延展长度7.2公里，正线中一线3.8公里，二线3.4公里；站线4.3公里。

二十五、开孙联络线

开孙联络线为辽宁清河电厂开原站—大孙台间联络线。2015年，开孙联络线总延展长度3.55公里。其中正线延展长度2.715公里，站线0.835公里。

二十六、义县回转联络线

义县回转联络线是锦承线与新义线之间在义县站间的回转联络线。2015年，义县回转联络线总延展长度2.4公里，均为正线。

二十七、锦承北票联络线

锦承北票联络线自北票南—骆驼营站，原称金北联络线。2015年，锦承北票联络线总延展长度0.7公里，均为正线，电化改造尚在实施。

二十八、Ⅲ场联络线

Ⅲ场联络线为梅集线—梅河口编组站Ⅲ场间的联络线。2015年，Ⅲ场联络线总延展长度3.9公里，均为正线。

二十九、苏北联二线

苏北联二线自沈大线浑河站—苏家屯站下行编组场，是苏家屯编组场新建工程的组成部分。1996年，苏北联二线营业里程2.8公里，线路总延展长度3.2公里，均为正线；铺设50公斤/米钢轨。在沈阳枢纽电化改造中，苏北联二线同步完成电化改造。2015年，苏北联二线为电气化铁路。营业里程2.8公里，总延展长度2.0公里，均为正线。

三十、苏北联三线

该线自苏家屯—浑河站间的联络线。2015年，该线总延展长度1.0公里，均为正线。

三十一、灵山走行线

灵山走行线，是由灵山编组场到达场通向首山站、大乐屯、小乐屯线路所的3条走行线。1996年，灵山走行线营业里程8.2公里，线路总延展长度6.0公里，均为正线；铺设50公斤/米钢轨；钢筋混凝土轨枕；碎石道床；线路最大坡度8.5‰；最小曲线半径400米；线路允许速度70公里/小时。哈大电化改造时一并改造为电气化铁路。2007年，灵山走行线一分为三。小乐屯—灵山段称为灵山下行到达线；灵山—首山段称为灵山上行到达线；灵山—小乐屯段称为灵山上行出发线。2015年，灵山走行线均为电气化铁路。其中，灵山下行到达线营业里程2.5公里，线路总延展长度1.5公里，均为正线；灵山上行到达线营业里程4.1公里，线路总延展长度2.5公里，均为正线；灵山上行出发线，线路总延展长度5.3公里，均为正线。

三十二、沈大上行进场线

沈大进场线从浑河站—苏家屯编组站上行到达场。1996年，沈大上行进场线营业里程2.4公里，线路总延展长度1.8公里，均为正线。在沈阳枢纽电化改造中一并实施电气化改造。2015年，沈大上行进场线为电气化铁路。营业里程2.4公里，线路总延展长度1.7公里，均为正线。

三十三、马西直通线

马西直通线自马三家—沈阳西站。2015年，马西直通线总延展长度4.8公里，均为正线；电气化铁路。

三十四、大西进场线

该线自大成—沈阳西站。2015年，线路总延展长度2.0公里，电气化铁路。

三十五、于西进场线

于西进场线自于洪—沈阳西站。2015年，在第一批96处平交道口改造中，投资1996万元完成于西进场线0公里506米、于虎线2公里189米等6处平交道口改立交。2015年，于西进场线总延展长度2.5公里，均为正线；电气化铁路。

三十六、转西进场线

转西进场线自转弯桥—沈阳西站。2015年，转西进场线总延展长度1.6公里，均为正线；电气化铁路。

三十七、马西进场线

马西进场线自马三家—沈阳西站。2015年，马西进场线总延展长度0.4公里，均为正线；电气化铁路。

三十八、西马出发线

西马出发线自沈阳西站—马三家站。2015年，西马出发线总延展长度2.1公里，均为正线；电气化铁路。

三十九、西永出发线

西永出发线自沈阳西站—永安桥线路所。2015年，西永出发线总延展长度3.1公里，均为正线；电气化铁路。

四十、西马出发二线

西马出发二线为沈阳西—马三家间发车线。2015年，西马出发二线总延展长度1.3公里，均为正线；电气化铁路。

四十一、西转出发线

西转出发线（也称转西出发线）由沈阳西编组站下行编发场至于虎线转弯桥站联络线，是沈山、京哈货运通道重要联络线。1996年，西转出发线营业里程7.0公里，正线延展长度7.6公里，均铺设50公斤／米钢轨。在沈阳枢纽电化改造中同步改造为电气化铁路。2014—2015年，投资196万元完成西转出发线4公里124米处下穿框构桥改造。2015年，西转出发线为电气化铁路。营业里程7.0公里，线路总延展长度7.7公里，均为正线。

四十二、转西直通线

该线自转弯桥—沈阳西站。2015年，该线总延展长度6.0公里，电气化铁路。

四十三、蛟河进场线

该线为长图线进入棋盘站的进场线。2015年，总延展长度2.9公里，均为正线。

四十四、长春进场线

该线起止地点均在棋盘站。2015年，长春进场线总延展长度2.9公里，均为正线。

四十五、金棋线

金棋线自吉舒线金珠站至棋盘站。2015年，金棋线总延展长度5.9公里，均为正线。

第三十八节　拆除、改建、移交线

一、拆除线路

（一）田南线　1996年，观音阁水库扩容，田师府至北甸站线路被淹，北甸站关闭。新建田师府至南甸铁路6.7公里；新建桥梁3座/120延长米。该段线路建成后一直未办理客、货运业务。2015年拆除。

（二）团场联络线　联络线位于长春北至团山堡间0公里至3公里018米处。营业里程3.8公里，线路总延展长度3.0公里。其中正线延展长度3.0公里。1998年，在长春枢纽改造中拆除。

（三）伊场联络线　联络线位于长春北站—伊通河线路所间，起于长春北8号道岔岔首0公里000米—1公里418米处。营业里程2.2公里，线路总延展长度1.4公里。其中正线延展长度1.4公里。1987年建成。1998年，在长春枢纽改造中拆除。

（四）北皇二联络线　由老沈阳北站到皇姑屯站，营业里程3.7公里，线路总延展长度3.0公里，均为正线。2003年拆除。

（五）大连北联络线　联络线从大连站至大连北站，是大连站与大连北站之间联络线，营业里程1.7公里，正线延展长度1.5公里。2003年拆除。

（六）大港联络线　联络线从大连东站至路港交接点。营业里程1.3公里，线路总延展长度0.3公里。2007年，大港联络线曾改称大连连港线。2010年拆除。

（七）大东联络线　联络线从大连站到大连东站，1908年建成。1927年7月，联络线命名为吾妻线。1946年初，改称大连东联络线。营业里程1.7公里，线路总延展长度4.1公里。其中正线延展长度1.3公里。2010年拆除。

（八）柳锦联络线　联络线由魏塔线柳树屯站至沈山线葫芦岛（原锦西）站。联络线营业里程2.0公里，线路总延展长度1.3公里。2012年拆除。

（九）魏塔联络线　是锦承、魏塔线之间的联络线，位于魏杖子站。联络线总延展长度2.1公里。其中，正线延展长度1.9公里。2015年拆除。

二、改建联络线

（一）沈北一、二联络线

沈北一、二联络线是皇姑屯—沈阳北间联络线，营业里程分别为4.6公里、4.8公里。在沈阳枢纽电气化改造中，沈北一、二联络线同步改造为电气化铁路。2007年，沈北一、二联络线改称沈北联络一线、沈北联络二线。2008年，沈北二联络线改建为皇姑屯—沈阳北间区间正线。2010年，沈北一联络线亦改建为皇姑屯—沈阳北间区间正线。

（二）抚抚联络线

抚抚联络线从苏抚线终点站抚顺至沈吉线抚顺城（现称抚顺北），是苏抚线与沈吉线的联络线。该线营业里程4.0公里，线路总延展长度3.3公里，均为正线；铺设50公斤/米钢轨；木枕；碎石道床；线路最大坡度8.7‰；最小曲线半径400米；列车运行速度70公里/小时。2009年，在苏抚线改造中，抚抚联络线增建第二线后成为苏抚正线。

三、移交线路

（一）沙鲅线

沙鲅线自沈大线沙岗站起，至鲅鱼圈站止，为鲅鱼圈港区外铁路支线。1996年，沙鲅线营业里程17.2公里。线路总延展长度34.1公里。其中正线延展长度16.2公里；正线铺设50公斤/米钢轨4.0公里，50公斤/米以下钢轨12.2公里；线路最小曲线半径250米；最大坡度7.8‰；允许速度60公里/小时；线路等级国铁Ⅱ级。全年发送货物299.8万吨；到达货物545.7万吨。鲅鱼圈港—沙岗间货流密度上行286.1万吨/年、下行532万吨/年。2005年，沙鲅线移交铁龙物流公司管理。

1. 线路、站场及设施改造

1998年，投资400万元在鲅鱼圈港前站增设股道3条。2004—2005年，投资518万元在沙鲅线与田五、营口、金城线同步新建红外线二代机探测站。2005—2008年，沙鲅支线实施扩能改造。

前期工作 2005年，鲅鱼圈港完成吞吐量6707万吨，其中铁路运量2352万吨。沙鲅支线作为鲅鱼圈港区集疏运铁路通道，承担港区约45%的运量。随着东北地区经济发展、产业结构调整和进一步扩大对外开放，港口吞吐量持续增长，对铁路集疏运输能力需求增大。但既有沙鲅支线为单线铁路，通过能力仅为28对/日，远不能满足港区运量增长需要，迫切需要改造沙鲅支线。2005年3月，铁龙公司委托沈阳铁道勘察设计院开展沙鲅支线扩能改造方案研究，5月完成预可研报告。2006年11月，预可研报告经再次修改后上报铁道部发展计划司。12月，铁道部发展计划司在北京组织召开预可研审查会并形成预审意见。2007年1月，铁道部发展计划司会同运输局、鉴定中心和铁龙公司，对沙鲅线改造方案做了进一步研究。2月1日，铁道部以铁计函〔2007〕116号文批复沙鲅支线扩能改造工程项目建议书。3月15日，铁道部工程设计鉴定中心对沈阳中铁铁道勘察设计院编制的沙鲅支线扩能改造工程可研报告进行评审。6月1日，铁道部以铁计函〔2007〕555号文批复沙鲅支线扩能改造工程可研报告。

设计年度近期2018年、远期2028年；预测区段货流密度近期4500万吨/年、远期5600万吨/年；结合港区和鞍钢新厂发展规划在范屯站预留港湾站建设条件并做好规划控制。工程投资估算总额2.74亿元。其中征地拆迁费用0.14亿元由营口市承担，其余2.6亿元投资由中铁铁龙集装箱物流股份有限公司自筹。中铁铁龙集装箱物流股份有限公司为项目业主，负责项目建设及资产经营管理。2007年7月13日，铁道部以铁鉴函〔2007〕741号文批复初步设计。

工程范围与主要技术标准 沙岗—鲅鱼圈站线路全长14公里增二线并电化改造；新建范屯中间站；沙岗站配套改建。线路等级国铁Ⅰ级；正线数目双线；最小曲线半径600米；最大坡度6‰；牵引种类电力；到发线有效长1050米；牵引质量5000吨；自动闭塞；建筑限界满足双层集装箱运输条件。

工程投资 该工程概算总额25888万元（含营口市负责征地拆迁投资1825万元、哈大客运专线工程承担投资167万元）。该工程实际完成投资27002万元。

工程建设进度和实物量 该工程于2007年11月8日开工建设，2008年10月8日竣工，2009年11月27日正式验收。新建沙鲅支线二线自沈大线沙岗站经由新建范屯站至鲅鱼圈站，增建二线14.2公里；沈大线结合本次扩能改造对沈大上行线部分线路及沙岗站南咽喉区进行改造，满足沈大线提速要求；沙岗站客场取消，拆除货场既有9道；沙鲅线在DK3+400—DK4+400处受哈大客专影响，对既有沙鲅线进行改移。新建范屯站，设正线、到发线各2条，站场线路与既有线交叉，预留鞍钢交接场及仙人岛接轨条件；拆除鲅鱼圈站东牵出线，新建二线，于增建二线右侧还建牵出线，有效长1050米。鲅鱼圈站到发线有效长均延长至1050米，改造沙岗侧咽喉区。

工程完成正线铺轨19.9公里；站线铺轨11.7公里；铺设道岔58组；铺碴8.93万立方米；新建大桥162.5延长米/1座、中桥132延长米/2座、刚架桥147顶面平方米/4座；涵洞141横延米/11

座；动用路基土石方77万立方米；路基附属圬工8.8万立方米；新建通信光缆13.8公里，通信电缆24.1公里；联锁道岔111组；电力架空线路11公里，电力电缆27公里，接触网导线63.9条公里；生产房屋3131平方米。

2. 运能运量

2003年，沙岗—鲅鱼圈间货物列车牵引定数由3200吨提到4000吨。同年8月25日，辽溪线北台站（北台钢厂）—鲅鱼圈站（鲅鱼圈港）间开行"五定班列"货物列车，列车固定编组30辆，隔日始发。2005年，沙鲅线货物列车采用ND5内燃机车牵引，牵引质量上行4200吨、下行4100吨；平行运行图通过能力28.2对/日；图定货车18对/日；输送能力上行2065万吨/年、下行2109万吨/年。同年，鲅鱼圈站升为一等站。2012年，沙鲅线货运机型为HXD3，牵引质量上、下行均为6500吨。2015年，沙鲅线国铁管理正线延展长度1.3公里，其余均归铁龙公司管理。线路等级国铁I级。全线为双线；自动闭塞，客、货列车追踪间隔均为8分钟；电气化铁路；线路运行速度70公里/小时；最小曲线半径350米；到发线有效长1050米；限制坡度上行6.7‰、下行6.4‰；货运机型为HXD3B、HXN、ND5、DF4；HXD3B机车牵引质量上、下行均为10000吨；HXN机车牵引质量上行5500吨、下行5000吨；ND5机车牵引质量上、下行均为4500吨；DF4机车牵引质量上、下行均为4200吨；图定货车26对/日。

2015年，沙鲅线共计发送货物1659万吨；到达货物2022.5万吨。其中鲅鱼圈北站（二等站）发送货物1593.8万吨、到达货物1703.5万吨；范屯站（未定等级）发送货物26.3万吨、到达货物237万吨；鲅鱼圈港发送货物38.9万吨、到达货物81.9万吨。鲅鱼圈北—沙岗间货流密度上行1647.7万吨/年、下行1921万吨/年。

（二）高天铁路

高天铁路自沈山线高桥镇站—锦州港铁路天桥站，为锦州港疏港铁路。1992年7月开通运营，营业里程12.1公里。2012年3月7日，高天铁路公司重组，高天铁路划归"国铁"。2015年，高天线营业里程7.2公里。线路总延展里程20.3公里。其中正线延展里程7.2公里，站线13.2公里。全线为货运线，不办理客运。发送货物375万吨，到达货物1422.5万吨，均为天桥站发到。

第四章 大型客运车站建设

随着国民经济发展和人民生活水平提高，旅客对出行要求发生重大变化，快速、安全、舒适、便捷已成为多数旅客出行首选因素。在收入增长、居民消费结构升级、城市化进程三重因素推动下，铁路旅客运输以社会需求为依据，将不同类别客户、不同档次客运产品进行拆分组合，以满足旅客各自多元性、差异性需求，把铁路客运服务质量、运送能力提到一个全新水平。结合铁路客运专线建设和既有线改造，铁路总公司（铁道部）、沈阳铁路局加大投资力度，按照"功能性、系统性、先进性、文化性、经济性"建设理念，先后新建长春西、沈阳南、大连北三大客运站；新建、改建、扩建市（县、旗）所在地三等以上车站客运站舍60余个；对既有长春、沈阳北、沈阳、大连、吉林等大型客运站舍、客运服务设施重点进行大规模改造和扩建。新建和改造铁路大型客运站，全面采用高新技术，增强铁路客运站服务功能，形成以铁路客运站为依托，汇集铁路、地铁、城市公共交通、社会交通等多种交通方式，实现多种交通方式有机衔接，极大地提升了铁路大型客运站在旅客运输方面集、疏、运的综合能力，最大限度地满足了人们在经济活动和出行中对铁路快捷、大密度、高舒适度、安全、优质、高效的运输需求。

第一节 新建大型客运车站

一、长春西站

长春西站位于京哈高速线1001公里164米

处，坐落于长春市绿园区境内，站区南北宽320米，东西长3100米。距市中心11公里，距长春站13.1公里，距龙嘉机场42.5公里。

（一）项目论证

地处东北中部的长春市为吉林省省会，是东北地区最大的铁路、公路、航空枢纽和客流集散地之一。新建的哈尔滨—大连铁路客运专线引入长春枢纽后，枢纽铁路客运量将日益增大。长春、长春西两大主要客运站通过枢纽联络线衔接，可以大幅提高枢纽客运列车通过能力，并增强枢纽客运列车运输的灵活性。同时，通过枢纽两大主要客运站的衔接使京哈高铁与长吉城际、吉图珲客运专线沟通，不仅形成东北中部快速铁路客运网，也使长春枢纽客运系统布局趋于完善。结合长春市城市总体规划，新建的长春西站对进一步提升长春市在交通运输网中的重要地位，拉动长春西部地区城市发展，振兴东北老工业基地具有重要作用。

（二）前期工作

2007年6月25日，铁道部在铁鉴函〔2007〕649号文关于哈大客运专线初步设计批复中同意新建长春西站。2009年3月，完成站房实施方案设计。6月，完成站房初步设计补充资料。铁路局以沈铁计函〔2009〕190号文上报长春西站客运设施新建工程初步设计文件及预审意见。同月，铁道部对补充初步设计组织审查鉴定，6月29日以铁鉴函〔2009〕855号文批复长春西站站房补充设计。

设计运量及客车开行对数　近期2020年客运量1743万人次/年，日均48000人；高峰小时聚集人数4775人；客车114对/日。远期2030年客运量2557万人次/年，日均70000人；高峰小时聚集人数7020人；客车178对/日；设计车站最高聚集人数7000人。

结构及主要技术标准　站房类别为特大型旅客客运站；站房结构型式为型钢混凝土框架结构，屋盖采用钢网架结构体系；站台雨棚采用钢柱、钢桁架体系；工程等级、结构安全等级、耐火等级均为一级；主体结构设计使用年限50年；耐久性设计满足100年；抗震设防烈度7度，设计地震基本加速度0.1g。

（三）建设进度与主要工程量

沈阳铁路局作为建设单位组建长春工程建设指挥部。该指挥部作为铁道部工程管理中心派出机构，代表建设单位履行建设管理职责。

站房　长春西站房设在线路南侧，2009年9月开工。2011年3月，站房及雨棚主体结构完成，2012年9月28日全部竣工。总建筑面积11.2万平方米，其中新建站房6.15万平方米（包括高架候车室、基本站台候车室、站台层贵宾候车室、站台下层出站厅、配套管理及设备等用房）。建筑层数为地下1层，地上2层（含3个办公夹层及广场层夹层）；主屋面最高点标高42.9米；高架站房东西向面宽108米，进深125米。设旅客地道2处，旅客流线采用"上进下出"。高架候车室预留6700平方米餐饮、商业客服夹层；预留北出口条件。

站房站台层、候车层、夹层楼面采用现浇钢筋混凝土双向有粘结预应力框架结构；大跨度次梁也为有粘结预应力梁，框架柱采用钢骨混凝土柱；屋盖采用大跨度钢结构网架体系，屋盖沿平行于股道方向为三跨结构，跨度为18+72+18米，采用正放四角锥网架。

站台无柱雨棚位于主站房两侧，左、右两侧平面尺寸均为162×125米；站台雨棚与站房之间设防震缝分开；站台雨棚两个方向均为钢桁架结构，沿纵向（垂直于股道方向）设置主桁架，沿横向（平行于股道方向）设置次桁架，横向跨距为18米，纵向跨距为48.2+33.2+43.2米；雨棚结构下弦标高10.8米，结构上弦最高点为14.8米；新建雨棚面积4.28万平方米。

车场　新建车场规模5台11线（含2条正线）；设450×12×1.25米岛式站台4座，450×20×1.25米基本站台1座；西端北侧设动车组存车场。

客服系统　新建车站级票务系统，车站客票票制采用磁记录纸制客票；新设综合显示、广播、时钟、查询、求助、站台票发售、行包寄存子系统和行包安全检查、入侵报警功能。

城市交通设施配置　配套建设常规公交车站场面积26400平方米；出租车站场面积23000平方米；社会车站场面积39300平方米；长途客车站场面积52000平方米。

（四）工程投资

根据铁道部铁鉴函〔2009〕855号补充设计批复。长春西站站房、雨棚及配套工程补充初设概算108268万元，全部为静态投资。其中，站房工程91600万元，雨棚等站区工程16668万元。按《长春市人民政府关于长春西站建设相关情况的意见》，长春市政府承担增加面积投资45800万元。2009—2013年，累计完成投资107384万元。其中路内投资61584万元，路外投资45800万元。

（五）运能运量

2012年12月1日，随着哈大客运专线开通运营，长春西站正式启用，当年发送旅客87215人。2013年，长春西站发送旅客154.9万人，日均发送旅客4243人。2015年，长春西站为二等站，隶属长春站管理。全年发送旅客221.7万人，日均发送旅客6074人，比2013年增长43.2%。

二、沈阳南站

沈阳南站位于沈丹客专1公里131米，浑南新城西南，衔接京哈、沈大、沈丹、京沈4条铁路客运专线。2012年12月正式开工，2015年9月投入运营。

（一）项目论证

根据沈阳市城市总体规划，城市空间结构为"一主、四副、一区、两组团"。其中，沈阳南站所处浑南新区是1991年国务院首批批准的国家高新技术产业开发区，是科技部重点支持开发区之一。新区主体部分为东起沈抚高速公路东陵大桥、西至沈大线浑河与南三环之间区域，东西长21公里，南北宽3～5公里，规划面积90平方公里，常住人口20余万人。与大浑南相邻的南部副城，是沈大、沈丹城市发展带上重要节点，在空间上整合苏家屯城区、国家级航高基地，使之成为有机整体，依托桃仙机场等重大基础设施优势，重点发展航空制造业、临空产业、会展业、高科技研发产业、先进制造业。沈阳南站建设为这一地区建设发展提供交通条件，对拉动城市发展发挥重要作用。

随着哈大客专开工建设以及京沈客专和沈丹客专设计推进，预测远期沈阳枢纽内共承担各方向始发、终到及通过的高速列车496对，到发线核定规模需33条；承担各方向始发、终到及通过的普速、城际列车134对，到发线核定规模需21条，需要总规模为54条客车到发线。哈大客专建设中，沈阳、沈阳北站配套改造规模为高速车场到发线19条，普速车场到发线16条。客专到发线将缺口14条，普速及城际列车到发线将缺口5条，合计缺口19条到发线。沈阳南站位于浑南三环高速南侧、沈营街西侧。东侧与沈阳桃仙机场相邻，距三环高速公路3.5公里，规划有4号、8号、10号等三条城市轨道交通经过，并衔接哈大、沈丹、京沈、秦沈客运专线及沈大、沈抚城际铁路。该站建成后将成为包括铁路、公路、城市轨道交通、航空等多种交通方式相衔接的现代化综合客运交通枢纽，不仅可以补充沈阳枢纽内铁路客运能力缺口，完善枢纽铁路客运布局，还可大幅提高铁路客运竞争力。

（二）前期工作

2009年6月，铁三院完成预可行性研究。10月20日，铁道部批复沈阳南站新建工程项目建议书。11月，铁三院开展初测，12月完成可行性研究。期间，受沈阳铁路局委托，铁三院开始进行沈阳南动车所增加三级修设施补充可研，2010年7月完成补充可研工作。9月7日，铁道部工程设计鉴定中心对沈阳南动车段工程可研报告进行审查，根据审查意见铁三院于9月10日完成可研鉴后修改。

2010年，铁路局以沈铁计发〔2010〕12号文报送沈阳南站新建工程可研报告。1月16—18日，铁道部工程设计鉴定中心对沈阳南站工程可研报告进行审查。11月14日，铁道部、辽宁省人民政府以铁计函〔2010〕1516号文批复可研报告。工程静态投资估算总额84.5亿元，由铁道部、辽宁省共同筹集建设资金。沈阳市出资15亿元，其余工程投资由铁道部负责筹集，使用铁路专项资金。沈阳市负责提供1500亩（合100公顷）建设用地，铁道部负责组织工程建设。沈阳铁路局为建设单位，部、省各自出资作为投入沈丹客运专线股份。

同年6月，铁三院完成沈阳南站工程初步设计。7月，铁道部工程设计鉴定中心对初步设计进行审查。10月完成项目补定测工作。10月31日，铁三院完成动车段初步设计。11月9日，铁道部鉴定中心对动车段初步设计进行审查，12月完成初步设计鉴后修改。同年，铁路局向铁道部分别报送《关于报送沈阳南站站房工程初步设计文件及预审意见的函》《关于报送新建沈阳南站站场工程初步设计及预审意见的函》《关于报送沈阳南站动车组三级检修基地工程初步设计及预审意见的函》以及铁三院编制的初步设计文件。12月31日，铁道部以铁鉴函〔2010〕1901号文批复初步设计。

2011年4月，站房、站区工程施工图基本完成并提交审查，动车段施工图设计完成50%。4月17日，铁道部通知暂停沈阳南站工程设计工作。工程需根据枢纽内规划线路引入情况，研究客站分工、客专及城际引入枢纽方案；核算沈阳、沈阳北站能力适应情况；分析建设必要性、建设时机。根据铁道部要求，铁三院对项目方案、规模及建设时机等进行梳理，分别完成《沈阳南站工程必要性及建设时机研究》《沈阳南站工程车站建设方案梳理材料》《沈阳南站工程建设方案研究》《沈阳南站工程建设方案研究补充材料》《沈阳南站工程方案调整说明》等文件和汇报材料上报铁道部，并对沈阳南站建设方案的建设规模、建设时机、工程投资等主要内容进行深入研究论证。

同年9月28日、10月15日、10月24日，铁道部先后组织召开关于新建沈阳南站建设规模调整会议。根据会议精神，确定沈阳南站建设方案采用取消城际车场、建设规模进一步核定、修改可研和初步设计文件。按此要求，铁三院开展沈阳南站工程修改初步设计工作，12月下旬完成修改初步设计。12月29—31日，铁道部鉴定中心对沈阳南站工程修改初步设计进行审查。2012年2月，铁三院完成修改初步设计鉴后修改工作。

2012年7月6日，铁道部通知，沈阳南站按恢复原初步设计规模进行方案研究工作。7月14日，铁道部发展计划司、鉴定中心对沈阳南站进行现场调研。根据铁道部要求铁三院即刻开展方案研究和方案稳定工作。8月中旬完成补充修改初步设计，8月底铁道部鉴定中心对补充修改初步设计进行审查。9月，铁三院编制完成补充修改初步设计文件，铁路局以沈铁计发〔2012〕381号文《关于报送沈阳南站工程补充修改初步设计的请示》报送铁道部。9月19日，铁道部、辽宁省人民政府以铁鉴函〔2012〕1205号文重新

批复沈阳南站工程初步设计，铁鉴函〔2010〕1901号批复同时废止。

工程范围　沈阳南站高速车场、城际车场及配套工程，哈大客运专线里程369公里400米~373公里300米，含沈丹客专上行疏解线；沈阳南站站房及配套工程；沈阳南动车段。

经济运量　设计年度近期2020年、远期2030年。根据沈阳枢纽客站设计分工，沈阳南站主要办理沈大、沈丹客运专线，苏抚城际铁路以及部分京沈客运专线旅客列车始发、终到和跨线作业。根据枢纽客运量预测及客站分工原则等综合分析，沈阳南站近期发送旅客3200万人/年、远期发送旅客4700万人/年。

站场、站房、雨棚规模　车场设置采用自东至西高速车场、城际车场横列布置；沈丹客运专线引入高速车场东侧，并设上行疏解线；车场到发线有效长650米，按双进路设计；旅客站台长度采用450米，岛式中间站台宽度采用12米，东侧基本站台宽度20米，西侧基本站台宽度15米；站台高度1.25米。

站房建筑面积控制在10.0万平方米内；车场下部中央城市通廊及两侧出租车道3.2万平方米；高架层旅客服务夹层面积2.92万平方米。

设与站台等长雨棚。雨棚采用单站台跨越无站台柱雨棚方案，雨棚股道上空露空范围2台夹2线按不大于2米、2台夹4线按不大于12米控制。

结构及主要技术标准　站房结构按耐久性使用年限100年、结构安全等级一级、重点抗震设防类、地基基础设计为甲级设计；雨棚结构按设计使用年限50年、100年一遇基本风雪压、结构安全等级一级、标准抗震设防类、地基基础设计等级乙级进行设计。

列车运行控制　列车运行控制系统采用与哈大客运专线一致设备。本站衔接的沈丹客运专线上行疏解线、动车组走行线均按列车运行控制系统第二级（CTCS-2）设计；在沈阳南站、动车段分别新设列控中心（TCC）、应答器及其编码单元（(LEU）等设备。

（三）建设进度和工程量

2009年5月31日，铁路局组建沈阳南站工程建设指挥部。2012年12月，沈阳南站新建工程正式开工。2015年8月30日，随着沈阳—丹东铁路

客运专线开通运营，沈阳南站东站房投入运用，同年9月全部投入使用。共动用土石方515.7万立方米。

新建站场总规模12站台、22台（面）、26条到发线，其中客专车场15台（面）、17条到发线，城际车场7台（面）、9条到发线；完成正线Ⅰ、Ⅱ线铺轨各6.0公里；完成站线铺轨53.2公里；新建沈丹上行疏解线6.2公里；新建桥梁10座/8264延长米。

新建房屋41.2万平方米，其中站区建筑面积25.67万平方米。新建站房9.99万平方米，候车大厅可同时容纳12000人候车；新建雨棚及配套8.81万平方米；市政设施3.2万平方米；商业夹层2.9万平方米；其他房屋0.77万平方米。

新建动车段检修房屋13.25万平方米；建成动车组三级修检修库线3条、静调线2条、试验线1条；修车库及边跨、静调库、转向架检修间各1座；建成动车组检查库线4条、存车线15条；建成动车组外皮洗刷线、临修及不落轮镟库线、融冰除雪库线、牵出线各1条。

新设综合显示、广播、视频监控、时钟、信息查询、求助子系统和旅客携带物品安全检查设施；新设办公、公安管理信息系统及临时身份证制证设备；设置办公、旅客服务等管理信息系统共享网络设备；设置综合布线系统，支持语音、数据及包含有线电视在内的多媒体传输；设置火灾自动报警系统。

新建4座10/0.4千伏变电所；新建东辅楼地下一层南、北侧变电所各1座，分别设置2×2500千伏安及4×1600千伏安变压器；新建西辅楼地下一层南、北侧变电所各1座，分别设置2×2000千伏安及2×2000+2×1250+2×200千伏安变压器。在站房东、西辅楼负荷中心分别新建1座柴油发电所，给消防、通信等重要负荷提供备用电源；设置电力远动系统和机电设备监控系统，对主要供电、用电设备进行集中监控。

站房内设置SDH 2.5Gb/s传输系统及SDH 622Mb/s接入网设备；站房通信机房至动车段信号楼通信机房新设2条24芯光缆；新设GSM-R数字移动通信系统，通信机房设视频接入节点设备，通信、信号、信息机房和配电所、开闭所新设视频采集设备。在车站、动车段设信号集中监测分机设备，为系统维护提供必要监测、报警和维修提示等信息。

车站、动车段检查库、检修库各设真空卸污设备和污水处理设施；车站设置客车上水、卸污集中控制与调度中心室，将客车上水、卸污控制系统及设备监控集中设置，同时将列车到达信息引入控制室，实现对客车上水、卸污实施监控和统一调度。

（四）工程投资

根据铁鉴函〔2012〕1205号批复，沈阳南站工程初步设计概算总额78.19亿元，全部为静态投资，不含沈阳市无偿提供的1500亩建设用地费用。工程计划总投资781928万元。2010—2015年，累计完成投资695900万元，为计划总投资89.0%。其中路内投资645000万元，路外投资50000万元。

（五）运能运量

2015年，沈阳南站为一等站，直属铁路局管理，下辖沙河堡线路所。东站房开通初期，仅沈丹线就开行客车43对。后4个月发送旅客145370人，日均发送旅客1192人。

三、 大连北站

大连北站为哈大客专新建客运站，沿用既有大连北站站名。位于沈大高速铁路18公里46米处，2010年开工建设，2012年12月投入运营。

（一）项目论证

随着大连城市建设、经济持续发展，铁路旅客运输需求十分旺盛。加之人们时间价值观念不断增强，在保障安全、舒适、优质服务基础上，对快捷出行需求越来越突出，并成为各种运输方式参与市场竞争重要因素。修建新大连北站，提高大连枢纽铁路客运集、疏、运综合能力，为最终提高铁路车站能力、解决城市旅客快捷出行问题开辟新的途径。同时，修建新大连北站也是缓解大连枢纽内客运车站能力紧张需要。既有大连站近、远期发送旅客2164万人/年，其中既有线客流385万人，客运专线客流1778万人。哈大客运专线相当一部分始发终到旅客列车由大连站担当。新建大连北站分流既有大连站一部分客流，可缓解大连站客运压力，保证大连枢纽内客运站均衡运输。

（二）前期工作

2009年，铁路局以沈铁计函〔2009〕346号文上报哈大客运专线新大连站站房工程初步设计及预审意见，同时报送同济大学建筑设计院和铁三院编制的初步设计文件。2010年1月29日，铁道部、辽宁省人民政府以铁鉴函〔2010〕105号文批复新大连站站房工程初步设计。

工程范围 新大连站站房、站台、无站台柱雨棚及相关配套工程。

设计运量 经客流预测，大连枢纽2020年旅客发送总量4479万人/年，枢纽始发车179对/日；2030年旅客发送总量为6524万人/年，枢纽始发车286对/日。由于哈大客专、丹大铁路、鞍大城际等新线引入大连，对大连枢纽各客运站分工将有所调整。根据大连枢纽内各站分工所引起的旅客发送量变化，对铁路产生的客流进行分方式疏解。其中：大连北站2020年发送旅客2315万人，2030年发送旅客4360万人；客运专线客流最高聚集人数4000人。

客车开行方案 大连枢纽旅客列车采取两线分工原则。新建哈大客运专线以高速铁路旅客列车为主，速度按350公里/小时设计；既有沈大线运行客货列车，最高速度160公里/小时。

站房规模及主要技术标准 站房按旅客高峰小时发送量7500人规模进行建设；站房建筑面积6.85万平方米；无站台柱雨棚覆盖1~10站台，面积7.37万平方米，雨棚长度均按450米设计；南、北基本站台宽度按15米设计。站房安全等级一级；重点抗震设防类；抗震设防烈度7度；荷载基准期50年；耐久性使用年限满足100年。

旅客流线 按"上进下出、平进下出"相结合的进出站流线模式设计。

（三）建设进度与工程投资

大连北站2010年开工，2012年10月开通，12月投入运营。概算范围包括站房、无站台柱雨棚、站台铺面、落客平台等工程。新建房屋合计149935平方米。站房建筑形式经多轮次优化，体量方正，体现大连海洋文化、海水雕凿巨石建筑创意。

大连北站新设票务系统、综合显示、客运广播、视频监视、时钟、信息查询、求助、站台票发售、小件寄存、入侵报警、火灾自动报警系统和旅客携带物品安全检查设施。

根据铁鉴函〔2010〕105号批复，大连北站初步设计概算总额154292万元，全部为静态投资。其中站房工程122555万元，落客平台、雨棚及站台铺面等配套工程31737万元。根据铁路局与大连市人民政府签订的投资协议，大连市承担新大连站站房规模扩大30000平方米的投资53664万元。

2013年，依据铁路总公司铁总办函〔2013〕1191号关于清理总概算的批复，大连北站总概算为162212万元。其中，大连市政府投资53664万元。2010—2013年，累计完成投资157540万元。其中，路内投资105966万元，路外投资51574万元。

（四）运能运量

2014年，大连北站发送旅客409.3万人，日均发送旅客11214人。

2015年，大连北站为二等站，隶属大连站管理。全年发送旅客464.8万人，日均发送旅客12734人，比2014年增长13.6%。

第二节 大型客运车站改造

一、长春站

1996年，既有长春站总面积4.2万平方米，车场规模4台9线，车站等级为特等站。全年发送旅客876.6万人，日均发送旅客23951人。日均发送旅客水平在沈局特、一等站中居第二位。发送货物105.5万吨，到达货物418.3万吨。

（一）哈大客专配套改造

哈大客运专线在长春枢纽内引入既有长春站。根据哈大客运专线建设方案，结合枢纽内客车开行、车站作业分工方案，长春站既有设施不能适应哈大客运专线开通后的需求，需配套进行改扩建。

2009年7月，铁道部工程设计鉴定中心对中铁第一勘察设计院上报的长春站改造初步设计文件进行审查。审查中就总体规划、各层功能布局和规模、结构体系、立面造型、内装修、相关设备专业等方面提出很多具体意见并形成审查意见初稿。

2010年，铁路局以沈铁计函〔2010〕360号文报送长春枢纽配套改造工程长春站客运设施初步设计预审意见及铁一院编制的初步设计文件。同年1月，铁道部以铁鉴函〔2010〕22号文批复长春站改造工程初步设计。11月，铁道部工程设计鉴定中心依据《关于哈尔滨至大连铁路客运专线初步设计的批复》《关于长春枢纽长春站改造工程初步设计的批复》《关于发布〈铁路信号服务设计参考示意图〉的通知》《关于印发〈铁路旅客车站设计施工细节处理〉的通知》《关于印发〈铁路旅客车站细部设计〉的通知》组织建设、运营管理、设计单位对长春站站房、雨棚、地道装修进行审查。铁道部工程设计鉴定中心印发《关于〈新建哈尔滨至大连铁路客运专线长春站站房装修方案审查意见书〉的通知》，对长春站站房、雨棚、地道装修做出批复，并要求设计单位完善批复意见。

建设进度与主要工程量 2010年3月开展施工图设计，年底完成全部图纸及图纸审查工作并报送业主。2010年6月15日开工，2012年8月25日竣工。改建后车场规模为9台16线，其中高速车场内设站台5座，到发线9条；普速车场内设站台4座，到发线7条。车场规模比1996年增加5台、7条到发线。改建后车站总建筑面积62342平方米，比1996年总建筑面积增加20342平方米。其中，新建高架候车厅结构形式为大跨度钢结桁架，屋面为钢结构网架，建筑面积25611平方米（不含商业夹层），旅客最高聚集人数12000人，比1996年容纳能力提高33.3%；南北站房改造建筑面积15642平方米；进出站地道建筑面积9903平方米；无站台柱雨棚采用钢桁架拱加斜拉索结构，建筑面积8629平方米；新建南北通廊面积2557平方米。

工程投资 铁道部铁鉴函〔2010〕22号文批复长春站改造工程概算总额147874万元。其中静态投资142385万元，建设期贷款利息5490万元。在批复概算中，车场、过渡工程概算23747万元（含静态投资22867万元、建设期贷款利息880万元）；站房、雨棚及相关工程概算124128万元（含静态投资119518万元、建设期贷款利息4610万元）。2010—2013年，长春站改造累计完成投资155885万元，均为路内投资。

（二）其他改造

2012—2013年，投资1613万元完成长春站外立面改造；投资721万元完成长春站综合公寓新建工程。2013—2014年，投资2600万元完成长春站南站房北立面改造；投资1759万元新建长春站行车指挥中心，建房1642平方米。2014—2015年，投资747万元新建长春站综合管理信息平台系统；投资235万元完成长春站垃圾处理站改造；投资182万元完成长春站视频监控及部分广播系统完善；投资825万元完成长春站站区综合整治。

（三）运能运量

2015年，长春站为特等站，直属铁路局管理。管辖长春西（二等站）、龙嘉（三等站）、崔家营子和杨家粉坊线路所。全年发送旅客（不含下辖站）2557.8万人，为1996年2.92倍。日均发送70077.3人，日均发送水平在沈局特、一等站排行榜中居第一位。

二、沈阳北站

1996年，既有沈阳北站设站台4座，站台长均为550米，全部风雨棚遮盖；高架候车室6个，每个可容纳旅客1800人；旅客最高聚集人数10000人；到发线11条，可办理客车始发、终到70对/日；车站等级为一等。年发送旅客790.5万人，日均发送旅客21598人，日均发送旅客水平在全局特、一等站中居第三位。当年，投资1400万元完成空调车检修基地和双层客车整备线建设。2000年，投资525万元增设旅客引导揭示系统。2004—2005年，投资15473万元完成无站台柱雨棚工程；投资4253万元完成高站台工程；投资1741万元完成品牌客运站美化靓化建设。

（一）哈大客专配套改造

2010—2013年，根据哈大客运专线建设方案，结合沈阳枢纽客车开行、车站作业分工研究，沈阳北站既有设施不适应哈大客运专线引入需要，再次进行配套改造。

前期工作 2006年6月，铁三院和铁一院完成哈大客运专线初步设计。6月27日至7月1日，铁道部工程设计鉴定中心组织完成初步设计审查，以铁鉴函〔2007〕649号文批复哈大客运专线初步设计。客运专线引入沈阳北站按8台14线规模扩建，但批复没有包括沈阳北站站房及配套的站台、无柱雨棚、天桥、地道等工程。2009年1月，根据沈阳铁路局委托，铁三院完成沈阳北站配套工程可行性研究。2月19日，铁道部工程设计鉴定中心在沈阳召开沈阳北站配套工程可研审查会议。会后铁三院立即组织有关专业对站房配套工程可研进行修改和完善，3月完成可研修改文件。铁路局上报《关于报送哈大客专沈阳枢纽沈阳北站配套工程初步设计预审查意见的函》。2010年1月29日，铁道部以铁建函〔2010〕109号文批复沈阳北站改造工程初步设计。

工程范围　新建沈阳北站北站房、高架候车室、雨棚及既有站房、雨棚、地道、站台改造、过渡等相关工程。

设计运量　近期2020年始发、终到旅客列车80对/日，其中跨线高速列车48对/日，既有线普速列车32对/日；通过列车95对/日，其中跨线高速列车87对/日，既有线普速列车8对/日。远期2030年始发、终到旅客列车100对/日，其中跨线高速列车61对/日，既有线普速列车39对/日；通过列车124对/日，其中跨线高速列车117对/日，既有线普速列车7对/日。

哈大客运专线引入沈阳北站，沈阳北站远期旅客发送量将达4510万人/年。其中，既有线客流725万人/年，客运专线客流3785万人/年。客运专线客流最高聚集人数5133人，按5000人设计。既有线客流最高聚集人数3277人，按3500人设计，最高聚集人数合计8500人。旅客流线采用"上进下出"和"下进下出"相结合方式。南二出站厅预留地下出站至地铁站远期改造条件。

主要技术标准　安全等级为一级；重点抗震设防类；抗震设防烈度7度；荷载基准期50年；耐久性使用年限满足100年。

建设进度　2010年4月1日，站房工程开工建设；2010年9月30日，完成北站房及5~8站台高架及新建雨棚工程；2011年6月30日，完成全部高架及雨棚改造工程；2011年12月30日，完成综合联调联试并正式开通运营。

主要工程量　沈阳北站配套改造主要内容包括拆除既有北站房；在昆山东路与既有客运车场间增建2台3线；拆除既有高架候车室，在1~8站台新建高架候车厅；北站房设在昆山东路西侧，采用高架通廊与新建高架候车厅联通；旅客出站

地道延长至8站台，并在8站台横向连通后设地下通道与北站房出站厅连接；在6~8站台新建无站台柱雨棚；机务段及客车技术作业站均维持既有不动，其他股道均拆除重建；原南进站大厅、站房综合楼、售票、出站厅、1~6站台出站地道、1~5站台无站台柱雨棚、既有贵宾室维持既有。改造后车场为高速车场8台9线，普速车场6台7线，总规模14台16线。新建北站房13607平方米、高架候车厅23463平方米、高架通廊1190平方米、雨棚31545平方米。高架候车室东西两侧预留商业设施面积6100平方米。新设旅客服务信息系统，既有相关子系统接入集成平台，完成综合显示、客运广播、信息查询、视频监视、求助设施、入侵报警、旅客携带物品安全检查、时钟等功能。

新建北广场占地面积2.51万平方米。在广场北端设公交停泊车港湾站，可容纳7~8条公交车线路。北广场地下建筑面积3.28万平方米，其中地下一层建筑面积1.68万平方米，一层中央为集散大厅，由地下出站乘客可直接进入到能容纳60辆出租车蛇形环状停泊场地。北广场地下二层建筑面积1.6万平方米，为社会车辆停靠场地，可容纳290辆小型车辆。

工程投资　铁建函〔2010〕109号文批复沈阳北站工程初步设计概算总额122598万元，其中静态投资117998万元，建设期贷款利息4600万元。2010—2013年，累计完成投资121430万元，均为路内投资。

（二）其他改造

2011—2012年，投资1998万元完成贵宾室接建工程；投资1056万元完成综合楼新建工程，新建房屋2175平方米。2012—2014年，投资1754万元完成行车指挥中心新建工程；投资737万元在行车指挥中心增设LED显示屏及配套设施；投资157万元增设监控录像设备；投资1906万元完成运转车间及站列检车间新建工程，新建房屋3518平方米；投资5336万元完成售票处、行包房接建工程，新建房屋10471平方米。2013—2014年，投资1612万元完成车间综合楼新建工程，新建房屋1500平方米；投资659万元完成智能化车站改造。2014—2015年，投资1350万元完成旅客列车固定卸污扩建工程。

（三）运能运量

2015年，沈阳北站为一等站，直属铁路局管理。全年发送旅客2071.6万人，日均发送56756人，为1996年的2.63倍，日均发送水平在特、一等站排行榜中居第三位。

三、沈阳站

沈阳站衔接京哈、沈山、沈大、沈吉、沈丹五大干线，为沈阳铁路枢纽核心。1996年，沈阳站为特等站，全年发送旅客1294万人，日均发送旅客35355人，日均发送旅客水平在特、一等站中居第一位。发送货物152.7万吨，到达货物445.6万吨。

1992—1996年，投资1804万元完成沈阳站集装箱货场扩建工程。扩建后成为当时中国铁路最大集装箱货场。2000—2006年，在保持原建筑风貌基础上，投资16370万元对沈阳站主楼（第三候车室）、近郊及软席候车室（原二候）、售票处及综合办公室（原四候）内部进行大规模改造并新建多功能高架候车厅，同时对通勤地道及站台、雨棚进行相应改造。其中，投资6591万元新建高架候车厅9375平方米。高架候车厅跨5个站台，内设4个候车室，并增设电动滚梯；近郊及软席候车室改造投资2177万元；售票处及综合办公室改造投资1599万元；雨棚、站台改造投资2220万元；通勤地道、地下出站通道改造投资3783万元。

（一）哈大客专配套改造

前期工作　2007年，铁道部以铁鉴函〔2007〕649号文对哈大客运专线初步设计进行批复，但批复中尚未包括沈阳站站房及配套的站台（站台墙、站台面等）、雨棚、地道等工程。

2008年8月，铁道部工程设计鉴定中心组织沈阳站站房设计方案征集工作。铁一院、中南建筑设计院联合体设计方案通过多次修改，于2009年3月确定为沈阳站房实施方案。受沈阳铁路局委托，铁三院作为沈阳站站房配套工程总体设计单位，于2009年4月完成可研报告。2010年，铁道部以铁计函〔2010〕47号文批复可研报告；以铁鉴函〔2010〕144号文批复初步设计；以铁计函〔2010〕1192号文批复开工建设沈阳站既有铁路用地界内改造工程。

设计运量　沈阳站近期2020年始发、终到旅客列车81对/日，其中跨线高速列车48对/日，既有线普速列车33对/日。通过列车85对/日，其中跨线高速列车54对/日，既有线普速列车31对/日。远期2030年始发、终到旅客列车105对/日。其中跨线高速列车67对/日，既有线普速列车38对/日。通过列车109对/日，其中跨线高速列车81对/日，既有线普速列车28对/日。哈大客运专线引入沈阳站，沈阳站远期发送旅客将达5660万人/年。其中，既有线客流1000万人/年，客运专线客流4660万人/年。客运专线、既有线客流最高聚集人数合计11170人。

设计概况　本次改造按无货方案改建。站场东侧为既有沈阳站，既有站房保留并成为新站舍东站房；站区道路规划在充分尊重现状基础上，仅对站区内部道路进行优化调整。外部交通依然以中华路作为纵向景观及交通主轴，胜利大街为横向交通轴线，形成"一纵一横"主路网格局；西侧为新建站房及西广场，在广场前新建一条规划道路，联系建设路和北二路；站房及广场作为整个站区核心，控制和统领整个站区规划，所有交通换乘设施均尽量靠近站房布置，缩短旅客换乘距离。

建筑创意　高架候车厅采用大跨度结构体系和精致构造来塑造建筑空间和细部，用钢、玻璃和外挂陶土板等材料作为外立面主要元素。建筑形态及比例与老站房相呼应，一方面保留材质、色彩风格，使新站建筑仍然可以传达强烈历史痕迹与浑厚文化底蕴，同时又摒弃了过于复杂机理和装饰，简化线条，建筑立面细部运用现代材质，呈现出古典而简约的新风貌。建筑形态将历史沉淀与现代建筑需求相结合，兼容庄重典雅与时尚现代，反映出现代化工业城市美学观念和文化品位。立面采用传统建筑构图比例，檐口细部力求突出建筑工业设计韵味。立面效果继承历史文化建筑——老沈阳站造型特点，用简洁现代半圆拱形体量与东站房相结合，仿佛似一轮红日冉冉升起。

建设进度和工程量　2010年4月开工。2011年4月，普速场转线顺利完成；同年9月，普速场12~19道开通；2012年7月，普速场及对应站房工程全部竣工并投入使用；8月，西站房主体结构完成；2013年8月，高速场、对应站房工程及既有站房改造竣工并开通使用；12月，沈阳站配套改造工程全部竣工。改造后车场共11台19线，其中高速车场在既有站房侧，设6台10线；在高速客运车场西侧设普速车场5台9线；第六站台为高、普速共用。

新建高架候车室30187平方米；新建西侧子站房21390平方米；新建雨棚88617平方米。站房建筑为高架候车与线下出站布局方式，旅客流线"上进下出"。车站分为高架候车层、高架商业夹层、站台层、出站层四个层面，为解决站场两侧市民通行及与地铁实现零换乘，在两出站地道中间设31米宽市政通道一条。

工程投资　工程概算总额181400万元。2010—2013年，沈阳站房配套改造累计完成投资180250万元。其中，路内投资155654万元，路外投资24596万元。

（二）货场搬迁工程

根据沈阳枢纽"内客外货"总体规划，在哈大客专配套改造沈阳站中同步实施沈阳站货场搬迁工程。2009年，铁路局以沈铁计函〔2009〕525号上报《关于报送哈大客运专线配套沈阳枢纽货场搬迁初步设计预审查意见的函》。2010年7月11日，铁道部以铁鉴函〔2010〕908号文批复沈阳站货场搬迁工程初步设计。既有沈阳站货场搬迁；沈阳东站货场扩建；新建辉山站货场及相关工程。沈阳站货场搬迁工程初步设计概算33620万元，清理概算31827万元。2013年9月开工，2015年12月竣工，累计完成投资29898万元。货场搬迁后，不仅标志着沈阳站业务性质从客、货混合站变为客运站，同时也标志着沈阳枢纽"内客外货"总体改造规划全面完成。

（三）其他改造

2013—2014年，投资3194万元完成沈阳站综合服务楼还建工程。2014—2015年，投资906万元用于沈阳站客运设施设备改造。其中，车站视频监控及部分广播系统完善投资386万元；增设全功能自动售票机投资193万元；增设银行卡支付功能自动售票机投资107万元；增设自动取票机投资135万元；其他客运设施改造投资85万元。

（四）运能运量

2015年，沈阳站为特等站，直属铁路局管理。全年发送旅客2182.6万人，日均发送59798人，比1996年增长69.1%，日均发送水平在沈局特、一等站中居第二位。

四、大连站

1996年，大连站为一等站，是大连枢纽主要客运站。全年发送旅客604.2万人，日均发送16508人，日均发送旅客水平在沈局特、一等站中居第四位。

（一）哈大电化配套改造

2001年，大连站作为哈大电化改造重点项目纳入大连枢纽电化改造中。6月15日开工，2003年8月1日完工，投资14000万元。其中，哈大电化投资6000万元；铁路局配合投资1000万元；大连市政府投资7000万元。改建后的大连站舍，站房总建筑面积24000平方米。其中，主站房（既有站房）9000平方米；新建高架候车室8500平方米；新建北站房6500平方米；旅客最高聚集人数6000人。新建高架候车室和北站房均为桩基础二层框架结构，局部设有夹层和地下室，其中高架候车室采用27米跨网架结构轻钢彩板屋面。整个工程全部采用集中空调系统；照明系统采用绿色节能照明设计；北站房地下室设有中水处理系统，处理能力75吨/日；自动化系统包括列车到发通告、客运广播、旅客引导、火灾自动报警、消防联控、电视监控、时钟设施7大系统。旅客流线"上进下出"。旅客进站从南北站房进入高架候车室进站上车；旅客出站则分别由南北两个出站厅出站。

（二）哈大客专配套改造

哈大客运专线引入既有大连站，大部分始发、终到旅客列车由大连站担当。但既有大连站雨棚、特别是站台等相关客运设施不能满足高速动车组停站作业需要，需实施相关完善配套改造。

2009年，铁路局委托铁三院编制完成哈大客运专线大连站客运设施改造工程可研报告。2010年，铁路局以沈铁计发〔2010〕36号文向铁道部报送大连站客运设施改造工程可研报告。4月，铁道部发展计划司组织审查可研报告，并以铁计函〔2010〕431号文批复可研报告。6月，铁三院完成大连站客运设施改造工程初步设计，铁路局以沈铁计函〔2010〕146号文上报大连站客运设施改造工程初步设计预审意见。7月，铁道部工程设计鉴定中心组织初步设计审查鉴定，以铁鉴函〔2010〕833号文批复初步设计。

主要技术标准　结构设计使用年限50年；基本风压750Pa，为50年一遇；地面粗糙度类别C类；基本雪压450 Pa，为50年一遇；极端最高气温35.3℃、最低气温-21.1℃；建筑抗震设防类别丙类，抗震设防烈度7度，基本地震加速度0.1g，设计地震分组为第一组；标准冻结深度0.93米；建筑结构安全等级二级；地基基础设计等级乙级；建筑耐火等级二级。

设计运量　大连站2020年、2030发送旅客2164万人/年，其中既有线客流385万人/年，客运专线客流1778万人/年。客运专线客流最高聚集人数4000人，既有线客流最高聚集人数2000人，本次设计最高聚集人数合计6000人。

客车开行方案　大连枢纽旅客列车采取两线分工原则，新建哈大客运专线以高速铁路旅客列车为主，速度按350公里/小时设计；既有沈大线运行客、货列车，最高速度160公里/小时。

建设进度　2010年3月，沈阳铁路局委托大连工程建设指挥部承担该项目建设管理工作。工程施工、监理各划分一个标段，8月30日完成开标、评标工作。中铁四局集团有限公司与浙江省一建建设集团有限公司联合体为施工标段中标单位；沈阳铁路建设监理有限公司为监理标段中标单位。2010年9月14日，沈阳铁路局批准本工程开工。2011年1月，雨棚、站台主体工程竣工。2011年2月，贵宾室装修开工，同年10月竣工。

主要工程量　大连站改造包括无站台柱雨棚、高站台、第一大连河中桥、南站房贵宾候车区、下站自动扶梯和出站地道改造及结合本次土建改造工程的旅客自动化服务系统、站场给排水设施、电力系统、接触网改造与过渡工程等内容。完成建筑面积79139平方米，其中，无站台柱雨棚36326平方米、基本站台小雨棚2188平方米、站台28985平方米、贵宾候车区620平方米、旅客出站地道2200平方米、变电所370平方米；站台采用花岗岩铺面，旅客、行包地道出入口相应改建；新增自动扶梯14台，其中高架下站台新增9台，既有北出站口新增自动扶梯1台，出站口新增自动扶梯4台。基本站台出站口小雨棚处新设贵宾进站无障碍观光电梯1台。

工程投资　工程总概算29126万元。2010—2011年累计完成投资29126万元。

（三）其他改造

2014—2015年，投资2729万元完成大连（含大连北）站旅客列车固定卸污新建工程；投资251万元完成视频监控及部分广播系统完善和增设扶梯复制制动器设备。

（四）运能运量

2015年，大连站为一等站，直属铁路局管理，辖大连北站。全年发送旅客（不含下辖站）1006.8万人，比1996年增长66.6%。日均发送27583人，日均发送水平在沈局特、一等站中居第四位。

五、吉林站

1996年，既有吉林站站舍总建筑面积1.7万平方米，设有5个候车室，面积9273平方米，可同时容纳4500名旅客候车。车站等级一等，全年发送旅客375.2万人，日均发送旅客10251人，日均发送旅客水平在沈局特、一等站中居第六位；发送货物27万吨；到达货物77.7万吨。2006—2011年，在长吉城际铁路建设中，吉林站同步进行较大规模改造。

（一）前期工作

2006年10月，设计院完成长吉城际铁路可研报告（送审稿）。10月23—26日，铁道部工程设计鉴定中心在长春组织召开长吉城际铁路可研评审会，形成《长春至吉林城际铁路可研审查意见（草稿）》。根据审查意见，长吉城际铁路项目分为"长吉城际铁路""吉林站改建及相关工程"两个项目。11月，铁三院开始进行定测工作，12月完成定测。同月，吉林省人民政府、铁道部以吉政函〔2006〕170号文批复吉林站改建及相关工程可研报告。2007年2月，铁三院完成初步设计。3月12—13日，铁道部工程设计鉴定中心在北京对初步设计文件进行审查。4月，吉林省人民政府、铁道部以吉政函〔2007〕42号文批复吉林站改建及相关工程初步设计。2009年5月，吉林省人民政府、铁道部以吉政函〔2009〕81号文批复吉林站改建及相关工程站后修改初步设计。

2010年，铁路局呈报《关于报送吉林站改建及相关工程修改可行性研究报告的请示》。3月10日，吉林省人民政府、铁道部以吉政函〔2010〕28号文批复吉林站改建及相关工程调整可行性研究报告，对吉政函〔2006〕170号批复进行调整。调整的主要内容包括：站场按8台14线规模建设，其中城际车场5台9线，普速车场3台5线；新建东、西站房及高架候车室，站房综合楼总建筑面积按50000平方米控制；结合站场及站房改造，相应调整相关线路及旅客服务设施；该次调整较可研报告批复增加投资11亿元。调整后项目投资估算总额26.5亿元。其中静态投资25.5亿元，建设期贷款利息1亿元。项目资本金占总投资50%，由铁道部、吉林省按照51:49比例承担。铁道部出资使用铁路专项资金，吉林省出资由吉林省交通投资开发公司自筹，其余资金使用中国农业银行贷款。除上述调整外，其余仍按吉政函〔2006〕170号文执行。

同年，长吉城际公司上报《关于报送吉林站改建工程修改初步设计的函》及铁三院编制的设计文件。4月2日，吉林省人民政府、铁道部以吉政函〔2010〕29号文批复吉林站改建及相关工程修改后的初步设计。

设计运量 吉林站发送旅客近期2020年1400万人/年、远期2030年2200万人/年；车站最高聚集人数4000人，其中长吉城际1500人；吉林枢纽近期开行客车132对/日、始发终到88对/日、通过44对/日；远期枢纽开行客车173对/日，其中始发终到116对/日、通过57对/日；列车最小追踪间隔时间采用3分钟；维修作业利用夜间进行，采用垂直天窗。

主要技术标准 线路等级为I级；双线；限制坡度12‰、局部困难地段不大于20‰；最小曲线半径一般地段2800米、困难地段适当降低；电力牵引；机型为动车组；到发线有效长650米；自动闭塞；速度目标值200公里/小时；站房安全等级一级；重点抗震设防类；抗震设防烈度7度；荷载基准期50年；耐久性使用年限满足100年。

（二）建设进度

2006年12月，铁道部、吉林省人民政府共同组建长吉城际有限责任公司，承担本项目建设和经营管理。长吉城际铁路建设实行项目法人制，

长吉城际铁路有限责任公司作为项目法人负责全线建设管理工作。工程施工分3个标段，经铁道部公开招标，吉林站改造及相关工程标由中铁九局中标；四电集成标由中铁建电化局中标；吉林站站房标由中铁建工集团中标。工程监理分2个标段，经过公开招标，中标单位是沈阳铁路局建设监理公司、北京现代通信信号工程咨询公司。

2007年5月13日，长吉城际铁路开工动员大会在吉林召开。7月，吉林站改造及相关工程正式开工建设。2008年10月1日，在双吉梁场开始预制第一孔T梁；2009年8月15日开始预架设T梁；2010年9月27日完成全部T梁架设。

2010年1月19日，吉林站站房开工建设。8—11月，沈阳铁路局和长吉公司组织完成静、动态验收，分别编制各专业静、动态验收报告。12月25日，专家组分别完成工务、电务、系统集成专业静、动态验收报告评审工作，工程总体质量合格，同意通过静、动态验收，具备初步验收条件。同年12月26日，沈阳铁路局验收委员会组织对吉林站改建及相关工程进行初步验收。工程达到最高速度200公里/小时运行条件，同意通过初步验收。2011年1月11日，吉林站改建及相关工程开通运行。

（三）工程量

线桥改造 按照吉林站调整后车场布置对长吉城际正线东移，改线2.18公里；对既有长图线进行改移，改建线路2.27公里；西哈联络线沿既有长图线西侧并肩增建第二线2公里完成线下工程，线上工程预留；按照普速车场改建要求对既有沈吉线进行改建，改建线路长0.35公里。共完成路基9.0公里；正线铺轨24.2公里，铺碴8.9万立方米；站线铺轨16公里，新铺道岔29组，铺碴6.1万立方米；新建正线桥梁11座/4115米，其中特大桥2座、大桥1座、刚构连续梁中桥1座、框构中桥6座、小桥1座；涵洞23座。共动用土石方158.3万立方米。

站场 改造后车场规模共8台14线，采用普速与城际分场设置。其中城际车场5台9线，设450×15×1.25米基本站台1座；450×12×1.25米中间站台4座；预留吉图城际引入。普速车场3台5线，设500×13×1.25米基本站台1座；500×12×1.25米中间站台2座；设12米宽、161米长旅

客出站地道1座；单独设置5.2米宽行包地道1座；预留长图线增建第二线条件。

站房及雨棚　新建东、西站房及高架候车室，新建站房47810平方米。其中，高架候车室17120平方米、东站房15382平方米、西站房15308平方米；预留商业面积5881平方米。旅客流线"上进下出"，出站地道预留地下出站条件。新建无站台柱雨棚为钢结构，覆盖面积57720平方米；新建站台墙6558米。

客服系统　新建客运信息、票务、旅客服务信息系统。客运信息系统包括自动售检票、客运服务信息综合显示、客运广播、视频监视、自助查询、求助、寄存、站台票发售、旅客携带物品安全检查及时钟等功能；新设火灾自动报警系统。

（四）工程投资

2007年，吉政函〔2007〕42号文批复初步设计概算总额155726万元，其中静态投资145726万元，建设期贷款利息10000万元。2009年，吉政函〔2009〕81号文关于站后修改初步设计批复较原初步设计批复概算增加637万元。2010年，吉政函〔2010〕29号文修改初步设计批复概算总额263519万元。其中静态投资253519万元，建设期贷款利息10000万元。吉林站改建及相关工程累计完成投资264130万元。其中路内投资66180万元，路外投资197950万元。

（五）运能运量

2015年，吉林站为二等站，隶属吉林车务段。全年发送旅客906万人，为1996年的2.41倍。

第五章　铁路枢纽改造

1996年之前，沈阳铁路局管内有长春、吉林、沈阳、大连、锦州、本溪铁路枢纽。"九五"计划以来，铁路总公司（铁道部）、铁路局加大铁路建设资金投入，在建设新线、改造既有线基础上，配套完善各个铁路枢纽。

在长春枢纽改造中，结合哈大电化改造枢纽范围全面实施电化改造，同步改造长春北站；配合哈大客专新建长春西站、长春铁路综合货场，改造长春站；在既有线改造中又相继改造长春北站。在吉林枢纽改造中，配合长吉城际、吉图珲铁路建设改造吉林站及其相关工程；新建双吉站；改造棋盘编组站；完成吉林机务段拆迁重建工程。在沈阳枢纽改造中，结合哈大电化改造枢纽范围全面实施电化改造；苏家屯、沈阳西编组站再次进行大规模综合自动化改造；配合哈大客专配套改造沈阳、沈阳北站；搬迁沈阳站既有货场；新建沈阳铁路综合货场；配合沈丹客专新建沈阳南站；新建东北环线。沈阳枢纽"内客外货"运输规划格局全部形成。在大连枢纽改造中，配合哈大电化、哈大客专新建大连北站；新建和完善金州编组站；两次改造大连站。在本溪枢纽改造中，配合沈丹客专建设对本溪站场及枢纽其他设施同步进行改造。

"十五"计划后，伴随铁路建设快速发展，通辽、丹东两大铁路地区逐步成为新兴铁路枢纽。2015年，沈阳铁路局管内较大枢纽包括长春、吉林、沈阳、大连、本溪、丹东、通辽七大枢纽。各枢纽通过大规模改造，点、线能力更加协调，客、货运输效率大幅提升，有效缓解铁路运能与运量矛盾，对振兴东北老工业基地，促进国民经济和社会发展将发挥重要保障作用。

第一节 长春铁路枢纽

长春枢纽位于既有京哈、长白、长图3条铁路交汇处。1996年以前，枢纽范围内设车站10个，其中长春为特等站；长春北、长春东、长春南（原孟家屯）为二等站；小南为三等站；一间堡、小合隆、龙泉、兴隆山为四等站；团山堡、伊通河为五等站；长春（长春北）为编组站。枢纽内设有机务、工务、电务、车辆、列车、水电、房建、生活、线路大修段等主要铁路基层单位；设有团场、伊场、龙北3条联络线。枢纽以长春站为中心，连通东、南、西、北4个方向，是通往黑龙江、辽宁、内蒙古3省（区）重要交通中枢。

一、长春北站改造

1996—1999年，在哈大电化改造中长春北编组场同步实施电化改造。2014—2015年，投资6887万元完成站场排水等综合改造；投资1847万元完成开行便民列车货运基础设施改造；投资913万元用于货运快运基地建设；投资477万元用于信息系统升级改造。在长白线改造中，长白线增二线引入长春北站上行场，既有长白线为下行线，接入下行场。对长春北站上、下行车场通行旅客列车进路的12号渡线改为18号渡线。

2015年，长春北编组站为一等站，直属铁路局管理。该站咽喉道岔通过能力936列/日，实际日均接发车245列，能力利用率26.2%；到发线通过能力280列/日，实际日均接发车171列，能力利用率61.1%；驼峰解体能力93列/日、3515辆/日，实际日均解体38列、2022辆，能力利用率分别为40.9%、57.5%；牵出线编组能力44列/日、2046辆/日，实际日均编组22列、975辆，能力利用率分别为50.0%、47.7%。

二、长春铁路综合货场工程

2010年9月，铁三院完成长春集装箱办理站规划研究。2012年4月13日，铁道部发展计划司对规划研究报告进行审查。2013年11月29日，铁路局以计前〔2013〕268号文委托铁三院开展长春集装箱办理站工程前期工作。

2014年1月10日，铁三院完成预可研报告。2月，由于功能及工程内容变化，铁路总公司计统部安排铁三院在长春集装箱办理站预可研基础上进行补充研究，并将建设名称改为"长春铁路综合货场"。3月31日，铁三院完成铁路综合货场工程预可研报告。

同年4月8日，长春铁路综合货场项目建议书上报铁路总公司。6月18日，铁路总公司计划统计部组织运输局、鉴定中心、沈阳铁路局对长春铁路综合货场项目运量、平面布局等方案进行研讨并提出相关要求。7月18日，铁路总公司、吉

林省人民政府以铁总计统函〔2014〕936号文批复项目建议书。7月29日，铁三院完成可研报告。8月11—12日，铁路总公司组织可研审查。11月19日，铁路总公司、吉林省人民政府以铁总计统函〔2014〕1654号文批复可研报告。长春铁路综合货场位于长春高新技术产业开发区北区内，在哈大铁路东侧、102国道西侧，自京哈线一间堡站接轨。主要工程内容包括新建走行线及疏解线至综合货场。综合货场由到发场、集装箱作业区、长大笨重作业区、成件包装作业区和特货作业区（预留）组成。项目占地3000亩（合200公顷），长春市负责征地拆迁及费用，土地划拨沈阳铁路局。

同年10月28日，铁三院完成初步设计，12月17—19日，铁路总公司组织初步设计审查。2015年3月31日，铁路总公司以铁总办函〔2015〕274号文批复初步设计。长春铁路综合货场线路等级为国铁Ⅱ级；双线；限制坡度6‰；最小曲线半径一般地段800米、困难地段600米；电力牵引；机型HXD；牵引质量5000吨；到发线有效长1050米；半自动闭塞。长春铁路综合货场计划总投资149138万元。2015年4月正式开工，完成投资10000万元。

三、长春枢纽其他改造

机辆 1995—1998年，投资1110万元完成长春车辆段客车车辆修理设施改造；投资440万元用于长春机、客车工装设备改造。2010—2012年，投资1008万元完成吉林机务段长春整备车间检修库新建；投资654万元新建苏家屯机务段长春北机车转盘工程。2014—2015年，长春车辆段客车段修及整备设施改造完成投资43547万元，为计划总投资80.6%。设计站线铺轨8.1公里、新建房屋113404平方米全部完成。2015年，投资13883万元用于长春车辆段客车加装改造。其中，重大加装改造投资6155万元；一般加装改造投资2719万元；高价互换配件投资5009万元。

货运 1998年，吉林省人民政府以吉政函〔1998〕2号文批复同意在长春东站建立以办理国际集装箱业务为主的二级内陆港。据此批复，累计投资4988万元在长春东站新建综合楼一座4940平方米；新建保税仓库一座3196平方米；新建和改建装卸线3条；硬化地面和道路52547平方

米；增建装卸设备等配套设施。2015年，投资2163万元用于长春89号线货运快运基地建设；投资2325万元用于长春东货运快运基地建设；投资490万元（长春市拆迁补偿资金）用于长春东站生产办公房屋还建工程。

2008—2013年，在哈大客专建设中，投资58103万元用于长春枢纽建设。其中路内投资49414万元，路外投资8689万元。完成正线Ⅰ、Ⅱ线铺轨各1.5公里；站线铺轨18.3公里；桥梁146延长米；动用土石方118.4万立方米；新建房屋3022平方米；征地295亩；拆迁3.1万立方米。期间的2010—2012年，投资3032万元完成长春公寓新建工程；长春枢纽内封闭投资901万元。2015年，投资103万元完成长春工务段一间堡养路工区改造；投资814万元用于长春电务段车载设备一般加装改造。

长春枢纽衔接既有京哈、长白、长图及新建京哈高速、长珲城际、长双烟、双白7条铁路。枢纽内设车站（含线路所）12个，其中长春为特等站；长春北为一等站；长春西、长春东、长春南为二等站；小合隆为三等站；一间堡、兴隆山、龙泉为四等站；龙泉北为五等站；崔家营子、杨家粉坊为线路所。枢纽内设有车务、货运中心、工务、电务、车辆、供电、客运、房产建筑段等主要基层单位；设有龙北、龙泉站、哈长（上、下行）、长西（上、下行）6条联络线；既有团场、伊场联络线拆除。长春枢纽以长春站为中心，辐射东、南、西、北、西北、东南6个方向，不仅是吉林省重要对外发展窗口，也是吉林省通往黑龙江、辽宁、内蒙古3省（区）重要交通枢纽，在东北铁路网中的重要作用日渐凸显。

第二节 吉林铁路枢纽

吉林枢纽以吉林站为中心，连通长春、蛟河、梅河口、五常、大丰满5个方向。1996年以前，枢纽内设车站17个，其中吉林为一等站；棋盘、吉林北、吉林西（原黄旗屯）、哈达湾、龙潭山为二等站；江北、江密峰、金珠、北山、九站、新九站、化工厂、大长屯、阿什、大丰满为四等站；唐房为五等站。设有车务（龙潭山）、

机务（吉林、新站）、工务、电务、通信、车辆（吉林、龙潭山）、水电、列车、房产、生活、桥隧大修段等主要基层单位；设有九江、九棋、西哈、小新、金棋、新北联络线和长春、蛟河进场线。

一、棋盘站改造

1998—1999年，投资7356万元完成棋盘编组站调整扩建、老场改造和吉舒线改建。2000—2001年，投资1620万元完成棋盘编组站驼峰自动化改造。驼峰调速系统实现自动控制后，车站编解能力由4000/日辆提高到4680辆/日。2007年，投资900万元完成棋盘编组站编发线延长。2010—2013年，投资3995万元完成棋盘编组站调度集中系统改造；投资1136万元完成棋盘站区新建道路和围墙工程。

2015年，棋盘编组站咽喉道岔通过能力323列/日，实际日均接发车140列，能力利用率43.3%；到发线通过能力227列/日，实际日均接发车154列，能力利用率67.8%；驼峰解体能力76列/日、2572辆/日，实际日均解体39列、1899辆，能力利用率分别为51.3%、73.8%；牵出线编组能力59列/日、2104辆/日，实际日均编组38列、1952辆，能力利用率分别为64.4%、92.8%。

二、新建双吉站

2007年10月25日，铁道部、吉林省人民政府以铁鉴函〔2007〕1118号文批复新建长春至吉林城际铁路初步设计，吉林枢纽内增设新吉林站（双吉站）。新吉林站设到发线4条（不含正线），有效长650米；站内正线间距4.6米；车站接发旅客列车进路上道岔均采用18号；设450×9×1.25米双侧式旅客站台2座，站台雨棚与站台等长；设10米宽旅客地道1座；两端正线间各设渡线1组。新吉林站房综合楼面积2500平方米；站内设自动售检票系统、旅客服务系统；自动售检票系统设置自动和人工售票终端及自动进出站检票闸机；票制采用纸质磁介质票；旅客服务系统包括旅服系统集成平台、导向揭示、广播、视频监控、时钟、行包安全检查等系统。新吉林站工程为长吉城际铁路工程的组成部分，2007年开工，2012年全部竣工。

三、吉林机务段拆迁还建工程

吉林机务段拆迁还建工程计划总投资30000万元，2009年全部完成。还建工程按功能划分为4大区域，即整备区、检修区、办公区、生活区。

整备区 既有整备线及整备场地利旧，利用既有整备线新建三线内燃机车整备棚，在整备场东侧既有折返段办公楼南侧新建运转楼、整备楼、蓄电池间。

检修区 新建1座小辅修库，由4线辅修库、4线小修库、车轮厂、变电室、检修辅助间及检修综合楼组成，车库平行于整备场布置；组合库外新设8条27米长检查坑；改建既有南端出入段线，出岔引入检修库；咽喉处反向引出2条水阻试验线，远离办公生活区；小辅修库东侧、北侧新建锅炉房、材料楼、危险品库及材料棚。

办公区 位置设进段大门南侧，新建段办公楼、教育楼、汽车库。

生活服务区 新建职工食堂、浴池、宿舍及乘务员候班楼。

四、吉林枢纽其他改造

2014—2015年，吉林北站货场改造投资777万元；九台等13站开行便民列车货运基础设施改造投资552万元；吉林货运中心正面吊等装卸设备购置投资491万元、龙门吊购置投资324万元。2015年，投资9633万元完成吉林车辆段段修能力加强；用于吉林机务段机车一般加装改造投资2289万元，高价互换配件投资344万元；吉林西站货运快运基地建设投资1716万元；吉林电务段车载设备一般加装改造投资1222万元。

吉林枢纽以吉林站为中心，衔接既有长图、沈吉、拉滨、龙舒、龙丰线和新建长珲城际铁路。内设车站（线路所）14个，其中，吉林、棋盘、吉林西、吉林北、哈达湾、龙潭山、新九站为二等站；金珠为三等站；九站、江北、江密峰、北山、双吉为四等站；另设西山线路所。枢纽内设有车务、货运中心、机务、供电、工务、车辆、电务、客运、房产段等主要基层单位；设有九江、九棋、西哈、小新、金棋、棋盘（原新北）联络线和长春、蛟河进场线。

第三节 沈阳铁路枢纽

沈阳枢纽以沈阳站为中心，衔接京沈、沈哈、沈大、沈吉、沈丹、沈抚6个方向，是沟通东北与关内的主要交通中枢。1996年以前，枢纽内设车站20个，线路所（乘降所）6个。其中，沈阳、沈阳西、苏家屯站为特等站；沈阳西、苏家屯站为路网编组站；沈阳北、沈阳东、大成、皇姑屯站为一等站；浑河、文官屯、虎石台站为三等站；于洪、揽军屯、转弯桥、田义屯、马三家、三台、东陵、旧站、榆树台、吴家屯站为四等站；浑北、永安、丁香为线路所；大房身、苏北、东山咀子为乘降所。枢纽内设有车务、机务（沈阳、苏家屯、沈阳西）、车辆（沈阳、苏家屯、皇姑屯）、工务（沈阳、苏家屯工务段，大型养路机械、桥隧大修段）、电务（沈阳、苏家屯、沈阳西）、房产（沈阳一、二段，苏家屯）、通信、列车、客运、水电、生活段等主要基层单位。枢纽内还设有大于、浑揽、浑榆、北皇一、北皇二联络线和苏北联二、长大上行进场、西转出发线等。

一、苏家屯编组站改造

苏家屯站（1998年12月1日更名为沈阳南站，2010年1月28日恢复为苏家屯站）编组站为路网性编组站，车站等级为特等站。主要担当京哈、沈大、沈丹、苏抚、沈山5条干线上下行直达、直通、区段、摘挂列车及沈阳枢纽小运转列车编组、解体任务，设计日均办理货车能力25859辆，是全国铁路6大编组站之一。同时，苏家屯编组站还是全国铁路较大零担货物中转站，承担东北及关内零担货物中转作业。站场分为南北两部分，设7个车场。南场为客场；北部为三级六场；驼峰4座，其中自动化驼峰2座，简易驼峰2座。

1996—2001年，在哈大电化工程中投资120483万元用于苏家屯编组站改造。其中，投资56050万元完成下行系统改造；投资64433万元完成外包正线及上行系统改造。2001—2005年，投资115万元用于编组站信号防雷设施改造和安装电视监控装置，安装摄像头25个，增设主控、分控室各1处；投资375万元更新缓行器10台。期间，铁路局对该站改编能力进行查定，日均办理货车能力28982辆，比2000年增加3123辆，能力提升12.1%。2010年，投资6273万元用于苏家屯编组站设施设备改造。其中，上行系统及客场集中联锁改造投资2202万元；下行系统集中联锁改造投资2214万元；车站TMIS2.0建设投资628万元；新建车站调度大屏幕投资726万元；车站视频监控系统改造投资503万元。2012—2014年，投资4968万元完成苏家屯编组站综合自动化改造。2014—2015年，投资581万元用于到发线和列车径路电气化挂网；投资2655万元用于开行便民列车货运基础设施改造。

2015年，苏家屯编组站为路网性编组站，车站等级特等站，直属铁路局管理。该站咽喉道岔通过能力1570列/日，实际日均接发车504.7列，能力利用率为32.1%；到发线通过能力554列/日，实际日均接发车357.3列，能力利用率为64.5%。下行驼峰改编能力91列/日、4241辆/日，实际日均改编40列、1872辆，能力利用率分别为44.0%、44.1%；下行峰尾改编能力89列/日、4450辆/日，实际日均改编38列、1924辆，能力利用率分别为42.7%、43.2%。上行驼峰改编能力94列/日、4390辆/日，实际日均改编41列、1908辆，能力利用率分别为43.6%、43.5%；上行峰尾改编能力94列/日、4521辆/日，实际日均改编36列、1749辆，能力利用率分别为38.3%和38.7%。上、下行驼峰改编能力合计185列/日、8631辆/日，实际日均改编81列、3780辆，能力利用率分别为43.8%、43.8%；上、下行峰尾改编能力合计183列/日、8971辆/日，实际日均改编74列、3673辆，能力利用率分别为40.4%、40.9%。

二、沈阳西编组站改造

1996年，沈阳西编组站为路网编组站，车站等级特等站。1995—1997年，投资7242万元完成沈阳西编组站综合自动化改造。改造后，上、下行驼峰溜放进路、溜放速度及车站全部信息管理统一由微机控制；上、下行主驼峰采用减速器+减速顶点连式调速系统；上、下行子场采用全减速顶方案；实现推峰机车遥控、列车运行状态调度监督；安装平面调车灯显系统。改编能力从既有8270辆/日提高到9200辆/日。1996—2001年，在哈大电化改造中，沈阳西编组站同步完成

电化改造。2001—2003年，投资1287万元完成沈阳西66千伏变电所改造；投资581万元完成编组场调车线延长；投资788万元在上、下行编组场驼峰尾部增设停车器；投资100万元完成上行到达场——于洪站反向进路自动闭塞改造和信号防雷设施改造。2003年，铁路局对该站改编能力进行查定，日均办理货车能力18602辆，比2000年增加1430辆。2004—2005年，投资186万元在沈阳西编组站上行到达场增设货车运行状态地面安全监控装置系统（TPDS）；投资452万元配合沈山线电化改造对该站上行驼峰自动化设备进行改造。2013—2015年，投资125万元完成上行编发场Ⅰ道改造；投资59万元用于行车指挥中心改造。

2015年，沈阳西编组站为路网性编组站，车站等级特等站。管辖马三家（四等站），西大林、永安线路所。该站上行咽喉道岔接发车能力492列/日，实际日均接发车71.8列，能力利用率14.6%；上行到发线接发车能力188.8列/日，实际日均接发车73.8列，能力利用率39.1%；上行驼峰改编能力79.1列/日、3884辆/日，实际日均改编33列、1501辆，能力利用率分别为41.7%、38.6%；上行牵出线改编能力98.5列/日、4934辆/日，实际日均改编22列、1772辆，能力利用率分别为22.3%、35.9%。下行咽喉道岔接发车能力253.3列/日，实际日均接发车50.4列，能力利用率19.9%；下行到发线接发车能力193.5列/日，实际日均接发车74.8列，能力利用率38.7%；下行驼峰改编能力86.8列/日、4001辆/日，实际日均改编24列、1293辆，能力利用率分别为27.6%、32.3%；下行牵出线改编能力107列/日、4408辆/日，实际日均改编27列、1317辆，能力利用率分别为25.2%、29.9%。

三、沈阳东站改造

1997年，投资257万元完成大站电气集中改造；2002年，投资405万元完成货场改造。2006年，在沈阳枢纽东北环线建设中，该站第4、5道到发线有效长延长至1050米；两端牵出线延长；新设8芯单模光缆一条。2013—2015年，投资1547万元完成货运生产、货运服务信息化系统建设；投资2118万元用于货运快运基地建设；投资447万元用于货运吊车改造。同期，在实施

沈阳站货场搬迁工程中，按铁道部铁鉴函〔2010〕908号文批复，扩建沈阳东站货场。

经济运量　沈阳站货场搬迁后，预测沈阳东站货场到、发运量555万吨/年，其中发送245万吨/年、到达310万吨/年。

改造内容　在沈阳东站还建集装箱和整车货场；该站东货场既有集装箱场向东延伸扩建，货物装卸线有效长延长至850米以上，两侧相应新建装卸场地；东货场西侧新建整车货场。设有效长590米尽端式货物线2条，320×30×1.1米货物站台2座。沈阳东站货场扩建于2013年9月开工，2015年12月竣工。完成站线铺轨4.9公里；动用路基土石方209万立方米；新建生产房屋9000平方米。

四、沈阳铁路综合货场建设

沈阳铁路综合货场位于三火线预留的岔路口站址，是包含集装箱、特货、快运等功能为一体的综合性场站，项目占地3000亩，合200公顷。2001年，铁三院开展沈阳集装箱结点站预可研工作，9月30日完成。2002年10月23—24日，铁道部发展计划司及有关专家对沈阳集装箱结点站站址方案进行现场调研。2003年1月，铁三院根据调研精神完成修改稿。3月14日，国家发展计划委员会以计基础〔2003〕403号文批复铁路集装箱结点站总体规划方案。2005年5月9日，铁道部与辽宁省签订协议，铁路负责组织该项目建设并筹措工程费用，辽宁省负责依法征地拆迁工作。2009年1月，铁三院完成预可研报告（送审稿）。2010年11月15日、12月1日，铁道部发展计划司对预可研报告及补充材料进行审查，同意选址沈阳市于洪区。2011年1月28日，铁三院完成可研报告。同年9月20—21日，铁道部组织可研审查。2013年3月，铁道部工程设计鉴定中心要求进一步优化方案。同年7月，沈阳市提出集装箱中心站选址调整。同年10月，铁三院完成修改可研报告。10月15日，铁路总公司召开修改可研审查会。2014年9月15日，铁路总公司、辽宁省人民政府以铁总计统函〔2014〕1331号文批复可研报告，并将建设名称改为"沈阳铁路综合货场"。2014年5月，铁三院完成初步设计。6月13—14日，铁路总公司组织初步设计审查。10月14日，铁路总公司以铁总办函〔2014〕1432号文批复初步设计。该项目主要技术标准为国铁Ⅰ级；单线；限制坡度4‰；电化；机型SS4；牵引质量5000吨；到发线有效长1050米；最小曲线半径一般地段800米、困难地段600米；半自动闭塞。计划总投资211867万元，2015年累计完成投资14000万元。征地完成1000亩，为设计总量33.5%。设计站线铺轨28公里、路基土石方371万立方米、新建房屋82599平方米。

五、沈阳枢纽其他改造

线路站场　1994—1997年，在沈阳枢纽电化改造中，投资3422万元新建于洪—揽军屯间三线，同步改造揽军屯站场。1997—1998年，投资1900万元新建浑河五线桥。在沈阳枢纽电化改造中，沈浑五线同步实施电化改造；投资2790万元完成永安—丁香间增建二线改造，该段增建二线后为双线自动闭塞，取消丁香线路所。2005—2006年，为适应世博园运输需求，投资17000万元用于沈阳东—旧站间应急改造。2007—2013年，在哈大客专建设中，投资379009万元用于沈阳枢纽改造。其中，路内投资295208万元，路外投资86501万元。新建客专正线全长13.3公里；完成站线铺轨157.5公里；新建特大桥、中桥各2座，框构桥13座；新建沈阳站、沈阳北站普速车场；完成皇姑屯站微机联锁改造；新建沈北动车运用所；动用土石方420万立方米；新建房屋63780平方米；接触网挂网107条公里；征地1302亩，合86.8公顷；拆迁26.9万立方米。

机务　2003年，投资4910万元完成秦沈客运专线配套工程——皇姑屯动车整备基地工程。2004年，配合沈山线电化改造，投资4068万元改造沈阳、苏家屯机务段。同年，用于沈阳品牌机务段建设投资362万元。2010—2012年，用于苏家屯机务段中修车间还建工程投资1159万元；用于苏家屯机务段机车检修工艺完善投资979万元；用于沈阳动车所增配在线移动式轮辋轮辐探伤设备投资2049万元；用于沈阳动车所轮对动态检测系统改造投资827万元；用于沈阳动车段皇姑屯动车整备库内边跨接层投资377万元；沈阳西机务资源整合投资912万元；苏家屯机务段ND5型机车购安节油器投资170万元。

2012—2014年，投资1392万元完成沈阳机务段沈阳北车间待乘室改造；投资2524万元完成沈阳机务段沈阳北动车车间综合楼改造，新建综合楼4569平方米。

2014—2015年，计划总投资59375万元用于各机务段整备设施改造。其中，投资39453万元用于苏家屯（含锦州）机务段。在苏家屯机务段内，新设尽头式电力机车待班线6条；新建电力机车整备库800平方米、内燃机车整备库600平方米；增设机车车号识别、轮对动态检测、走行部动态监视、受电弓动态检测、股道管理自动化、整备作业综合管理、大功率机车车载数据专家处理系统及自动过分相检测装置、便携式检测设备等；还建整备调度综合楼2500平方米；新铺线路3.2公里，新铺道岔19组，动用土石方2.3万立方米。在沈阳北整备场，新建电力机车整备库2200平方米、内燃机车整备库1500平方米；增设机车车号识别、轮对动态检测、走行部动态监视、受电弓动态检测、股道管理自动化、整备作业综合管理系统及自动过分相检测装置、列车直供电试验设备、便携式检测设备等。在沈阳西整备场，新建内燃机车整备棚950平方米；增设机车车号识别、轮对动态检测、走行部动态监视、受电弓动态检测、股道管理自动化、整备作业综合管理系统及自动过分相检测装置、便携式检测设备等；还建整备综合楼1600平方米。2015年，投资76065万元用于机车加装改造等。其中，沈阳机务段机车重大加装改造投资1775万元、一般加装改造投资6282万元、高价互换配件投资1498万元；苏家屯机务段机车重大加装改造投资3207万元、一般加装改造投资1757万元、高价互换配件投资36793万元；沈阳动车段重大加装改造投资2965万元、一般加装改造投资1000万元、高价互换配件投资20599万元；沈阳动车运用所增设周界报警和视频检测装置投资189万元。

车辆 2004年，投资1192万元完成沈阳车辆段检修基地建设。2010年，投资1215万元完成沈阳车辆段锅炉房改造。2012—2013年，配合铁道部"5T"二期工程建设投资7372万元；苏家屯车辆段"5T"运用车间综合楼新建工程投资1360万元。2014—2015年，苏家屯车辆段车轮车间改造完成投资7411万元，为总投资16721万元的

44.3%；投资671万元完成沈阳车辆段沈阳客车整备所地面等设施改造。

2015年，投资18572万元用于沈阳车辆段客车加装改造等。其中，重大加装改造投资5171万元；一般加装改造投资3981万元；高价互换配件投资9421万元。同年，投资709万元完成苏家屯车辆段站修所棚改库工程；沈阳客车厂改造完成投资22175万元；沈阳客车厂集装箱项目完成投资2765万元，为计划总投资7765万元的35.6%。

工电 2006—2007年，投资591万元用于沈阳枢纽自动闭塞改造；2013年，投资250万元用于沈阳通信段更新半自动闭塞区段电缆。2010—2014年，投资8398万元用于工务设施设备改造。其中，2010年投资5056万元完成苏家屯焊轨基地建设；2012年投资223万元完成苏家屯焊轨基地2#线焊机控制系统升级改造；2013年，用于沈阳工务机械段调度指挥中心改造投资119万元；2014年投资3000万元完成沈阳工务机械化段宿营车改造。2014—2015年，铁路局通信基础网设施改造完成投资59639万元，为计划总投资47.0%。2015年，投资3560万元用于沈阳电务段车载设备重大、一般加装改造；投资3200万元用于沈阳工务机械段高价互换配件。

其他改造 2010年，投资530万元完成沈北304配电所改造；2011年投资1609万元完成沈阳站东货场货运楼改造。2013年，投资9154万元用于铁路局调度指挥系统和客货运营销系统设备设施完善。其中，铁路局运输调度系统4.0改造投资2922万元；互联网售票服务器及设备购安投资3629万元；电话订票系统投资1072万元；货运电子商务系统投资682万元；铁路局汇聚点车站客票系统改造投资463万元；客运营销决策系统投资386万元。投资770万元完成沈阳客运段公寓改造。2015年5月1日，由铁三院设计的沈丹客运专线沈阳铁路局调度所改扩建工程开工建设，总建筑面积27113平方米，计划总投资59163万元。2015年完成投资20000万元，完成房屋面积10612平方米。2015年12月，文官屯铁路物流基地开工建设，计划总投资40931万元，当年完成投资15000万元。投资2643万元完成旅客服务中心改造；投资2693万元完成沈阳洗衣厂完善改造；投资1295万元用于沈阳枢纽生产生活设施改

造；投资639万元完成铁路局应急指挥中心工程建设；投资155万元在沈阳供电段新设接触网安全巡检装置。

2015年，沈阳枢纽连接京哈、沈大、沈丹3条客运专线和京哈、沈大、沈山、沈吉、沈丹、苏抚6条既有铁路干线，通往山海关、大连、长春、吉林、丹东、抚顺6个方向。沈阳枢纽不仅是9条铁路干线经济吸引区客流和货流集散中心，而且还是客流和物流大量产生和吸收的重要地区，是东北地区最大铁路枢纽，也是东北铁路干线连通关内外咽喉。枢纽内以沈阳站为中心，由沈阳北、沈阳西、沈阳南、苏家屯、沈阳东、大成、皇姑屯站等共25个车站（线路所）构成。沈阳、沈阳西、苏家屯站为特等站，其中沈阳西、苏家屯站为路网性编组站；沈阳南、沈阳北站为一等站；沈阳东、大成站为二等站；皇姑屯、于洪、浑河、文官屯、虎石台、辉山6站为三等站；中间站（含线路所）12个，包括榆树台、吴家屯、揽军屯、转弯桥站、永安、田义屯、东陵、旧站、马三家、三台、沙岭、西大林（线路所）。枢纽内设有车务段、货运中心；沈阳、苏家屯机务段；沈阳、苏家屯车辆段；沈阳动车、工务机械段；沈阳高铁、普速工务段；沈阳客运、通信、电务、供电、房产、物资供应段等主要基层单位。枢纽内联络线等包括沈皇、北皇、大于、浑揽、浑榆、苏北联二、苏北联三、虎辉、沈皇客专、马林、于马三、于揽三、西马联络线以及转西直通、马西直通、长大上行进场、西转出发、大西进场、于西进场、转西进场、马西进场、西马出发、西永出发、西马出发二线等。既有北皇二联络线拆除。沈阳站货场搬迁后，沈阳枢纽"内客外货"规划格局全部形成。

第四节　大连铁路枢纽

大连枢纽为尽头式枢纽，沈大、旅顺、金城、南甘、码头、金窑线汇合于此，并与大连、大窑湾港相连结，是陆海联运型铁路枢纽。1996年以前，枢纽内设车站19个、乘降所5个。其中，大连、大连北、甘井子、南关岭站为一等站；金州、大连东、大连西、周水子、旅顺站为二等站；沙河口、革镇堡、长岭子站为三等站；

盐岛、大房身、二十里台、广宁寺、金州东门、夏家河、龙头站为四等站；牧城子、营城子、双台沟、刘家村、水师营为乘降所；南关岭、金州站为枢纽编组站。枢纽内设有车务（周水子）、机务、工务、电务、车辆（大连、大连北）、水电、列车、房产、生活段等主要基层单位；设有周甘、南革、二广、大连北、大港、大东、土城石矿7条联络线。

一、金州编组站改造

1993—2001年，在哈大电化改造中，累计投资108672万元完成金州编组站改造。改造后站场由客场和运转场两部分组成，客场分上、下行客车场；运转场总体布置为二级五场，上行系统车场分别为Ⅱ场、Ⅳ场；下行系统车场分别为Ⅰ场、Ⅲ场和Ⅴ场。2002年，投资450万元对货场雨棚进行改造；2004年利用台山电厂补偿投资对站场能力及安全设施予以完善，包括增加到发线、编发线和机务折返段电气集中改造等。2005—2006年，在金窑线扩能改造工程中，新建金州编组站南端疏解线和下行直通线，改建站内沈大下行线；在烟大轮渡工程中，金州编组站下行直通场按预留位置增设到发线1条并挂网；2010年，投资484万元对金州站舍进行完善。2010—2012年，投资6446万元完成金州编组站集中联锁和调度集中改造。2013—2015年，在丹大快速铁路建设中，金州站（客场）利用既有下行客场改造，设到发线6条（含正线3条）；沈大下行线改移；设450×8×1.25米基本站台1座，450×9×1.25米中间站台1座；站台设风雨棚；既有旅客地道改造；人工售票窗口增设磁票售票设备。

2014—2015年，投资13000万元用于金州站货场改造；投资1375万元用于金州站开行货运列车安装和使用列尾装置；投资205万元用于金州站货运吊车改造；金州等9站开行便民列车货运基础设施改造投资446万元。2015年，金州编组站为一等站，直属铁路局管理。下辖二等站金港、三等站金桥、四等站金马和金州东门、闫家楼线路所。金州编组站咽喉通过能力302列/日，实际日均接发车76列，利用率25.2%；到发（编发）线接发车能力245列/日，实际日均接发车121列，利用率49.4%；上行驼峰改编能力45列/日、2388辆/日，实际日均改编21列、583辆，利用率分别为46.7%、24.4%；上行牵出线改编能力84列/日、3273辆/日，实际日均改编34列、1251辆，利用率分别为40.5%、38.2%；下行驼峰改编能力54列/日、2392辆/日，实际日均改编30列、889辆，利用率分别为55.6%、37.2%；下行牵出线改编能力53列/日、2861辆/日，实际日均改编24列、1125辆，利用率分别为45.3%和39.3%。

二、丹大快速铁路配套改造

2010年10月19日，铁道部、辽宁省人民政府以铁计函〔2010〕1367号文批复大连铁路枢纽改造工程可研报告，同意在丹大快速铁路建设中同步实施大连枢纽改造。

工程范围　改造工程范围为新大连站—登沙河站及相关工程。新建线路自新大连站引出，经既有沈大铁路金州站向东，在规划保税区设站后至登沙河站，正线全长约46.95公里。同步建设广宁寺综合物流中心工程。全线新设广宁寺站并改建金州（客场）、金州东门站。

设计运量　设计年度近期2020年、远期2030年。近期客流密度715万人/年、旅客列车45对/日；远期客流密度1107万人/年、旅客列车70对/日。近期货流密度上行685万吨/年、下行1355万吨/年；远期货流密度上行904万吨/年、下行1625万吨/年。

主要技术标准　铁路等级I级；双线；最小曲线半径区间一般地段3500米、困难地段2800米，引入大连枢纽地段600米；限制坡度6.0‰；电力牵引；到发线有效长850米、部分1050米；自动闭塞；枢纽内相关线路及疏解线、联络线采用相匹配线路主要技术标准；桥涵设计采用洪水频率1/100。

主要工程　大连枢纽改造于2013年4月开工，2015年12月竣工。主要工程包括既有金州东门段平交道口改设立交；新建后盐立交特大桥、跨沈大高速公路特大桥、跨G201国道中桥、跨沈大铁路特大桥；新建二十里堡、陈家店、广宁寺隧道。

广宁寺站设到发线9条（含正线2条），到发线有效长1050米；设550米牵出线1条；设450×9×1.25米旅客基本站台和450×10.5×1.25米中间站台各1座；站台设风雨棚并设8米宽旅客地道1座。该站货场按散粗杂笨重货区装卸线3束6条、汽车及零配件特货物流货区装卸线3条、煤炭物流货区卸车线2条总体规划。近期散粗杂笨重货区设贯通装卸线3条、980×32米货物站台2座；汽车及零配件特货物流货区设尽头式装卸线2条、装卸线设端式站台、设450×15米侧货物站台1座；煤炭物流卸车线2条、机车走行线1条；货场散粗杂笨重货区新增50吨、36吨门吊各1台，跨度35米；新增汽车衡和轨道衡各1台；新建广宁寺物流中心10千伏配电所，在物流中心负荷集中处设箱式变电站给相关负荷供电；广宁寺—二十里台联络线利用既有线改造，上行联络线按双方向行车设计，预留与哈大铁路疏解条件；金州东门站设到发线3条（含正线2条）；油专线顺接。新设货运管理信息、人工售票和自动检票系统；新设旅客服务信息系统包括集成管理平台、综合显示、客运广播系统和安全检查设施。新建广宁寺站房综合楼（含通信、信号、信息、公安、间休等房屋）1800平方米；新建广宁寺综合物流中心9000平方米。

三、大连枢纽其他改造

货运　1993—1996年，投资1373万元新建大连西集装箱货场。1996—1999年，投资215万元完成大连西站货运营业室改造，改造货运营业室3000平方米；投资206万元用于南关岭站货运营业室改造，改造货运营业室3200平方米；投资90万元用于周水子站货场改造，完成货场硬面6000平方米。2014—2015年，投资1576万元用于开行便民列车货运基础设施改造。其中，周水子站改造投资852万元；南关岭站改造投资724万元。2015年12月，南关岭铁路物流基地开工建设，计划总投资30958万元，当年完成投资25000万元。设计新建房屋136283平方米，尚在施工中。同年，铁路局自筹资金10000万元（大连疏港路土地补偿款）用于南关岭货运仓库综合楼新建工程；同年，投资1250万元为大连货运中心购置小型集装箱。

机辆　1996—1999年，投资118万元新建大连双层客车整备线；投资5100万元在周水子新建空调客车检修基地。2001年，大连客车段改造投资419万元；大连北货车段改造投资147万元。2010—2011年，投资645万元完成大连客车洗刷库改造；投资4665万元完成大连机辆资源整合。2012—2014年，投资2887万元完成大连机务段机车检修库新建工程，新建检修库3003平方米。2014—2015年，投资4950万元完成大连客车整备所改造；投资877万元用于大连机务段机车重大、一般加装改造；投资101万元用于大连客车整备所集便吸污设备改造。

安全及其他 1996年，投资1653万元新建大连66千伏变电所。2011—2012年，为满足大连北站动车组列车下线到大连站，确保动车组列控模式一致性，消除级间转换，提高列车运行可靠性，投资5838万元完成大连—大连北间列控系统改造。大连、沙河口、周水子站改造为CTCS-2级列控系统车站；枢纽内动车组经过的3个车站调度指挥系统改造为CTC系统。2012—2013年，大连—大连北间线路封闭投资488万元、围墙封闭投资266万元；投资930万元新建大连工务段金州工区1826平方米；投资338万元新建大连供电段电力调度中心。2015年，投资555万元用于大连电务段车载设备一般加装改造；投资500万元用于大连铁路公寓扩建。

2015年，大连枢纽衔接沈大高速、丹大快速铁路并与烟大轮渡（长旅线）相通，既有线包括旅顺、金窑、南甘、码头线；设车站（含线路所）22个，其中大连、金州为一等站，金州站为枢纽内唯一编组站；大连北（新客站）、大连东、甘井子、革镇堡、金港为二等站；沙河口、周水子、南关岭、长岭子、广宁寺、金桥为三等站；二十里台、金州东门、广宁寺南、金马、营城子、旅顺为四等站；十三公里、王家桥、闫家楼为线路所，既有大连西、大连北站撤销。枢纽内设有车务、机务、工务、电务、供电、客运、房产段和货运中心等主要基层单位；枢纽联络线包括土城石矿、周甘、南革、二广、闫金联络线，既有大连北、大港、大东联络线拆除。

第五节 本溪铁路枢纽

本溪枢纽北通沈阳，南达丹东，东连溪田线，西与辽溪线相通，主要为本溪地区钢铁等工业生产服务。在路网上担负着本溪、丹东两市以及沈丹沿线物资交流运输任务，是辽宁省东南部路网中客货运输中心。1996年，本溪枢纽包括本溪、金家堡、专组车场、福金、桥头、明山、小堡、威宁8个车站，其中本溪为一等站，为枢纽唯一编组站，其余均为四等站；枢纽内设有车务（一、二）、机务、车辆、工务、电务、水电、列车、房产段等主要基层单位；设金桥联络线1条。

一、沈丹客专配套改造

2010年5月1日，配合沈丹客专建设，本溪枢纽改造工程开工建设。2015年9月1日，本溪枢纽改造全部竣工。改造重点是本溪、金家堡站和本溪机务段。

（一）本溪站改造

根据本溪站作业量和车站衔接线路，结合车站地形及气象条件等情况，改建本溪站按二级四场形式布置。编组场内驼峰朝南；驼峰北侧设置峰前到达场；与到达场纵列布置调车场；与调车场横列布置上、下行直通兼出发场；既有沈丹上、下行线沈阳侧分别与Ⅰ场峰前到达场1、2道相连接；福金侧与Ⅱ场下行出发场1、2道相连接；沈丹客专在本站通行的上、下行正线均为区间正线。沈丹甲线沈阳侧改线后与Ⅰ场峰前到达场10道相连接并经过Ⅳ场上行出发场6道与福金侧新建辽溪甲货线相连接，形成新的辽溪甲线，辽溪甲线为正线。既有溪田线改线后经沈丹客专太子河特大桥下方通过，在区间与沈丹下行线相连接并进入本溪站，溪田线改线部分为区间正线。

本溪站场改造后，峰前到达场（Ⅰ场）共有线路12条。其中，1、2、10道为正线；3、4、5、6、7、8、9道为到发线；11道为机待线；12道为安全线。8、9道有效长为1050米，其余股道有效长均大于850米。下行出发场（Ⅱ场）共计8条线路。其中，1、2道为正线；3道为到发线；4、7道为机待线；5道为辽溪甲客线；6、8道为安全线。编发场及调车场（Ⅲ场）采用自动化驼峰，共有股道22条。其中，1~8道为调车线兼编发线；9~16道为调车线，股道有效长均为850米；17道为迂回线；18、19道为禁溜线；20、21道为牵出线；22道为安全线。峰下设置6号对称道岔。上行出发场（Ⅳ场）共有股道11条。其中，1~5道为到发线；6道为正线，其他用途线5条。改造中，新本钢北口车场共设线路9

条。其中，BG1道为牵出线；BG3/BG5道为转场线；BG2道为机待线；BG5、BG6、BG7道为捆绑线；BG4、BG9道为安全线。股道有效长最大300米，最小45米。本钢南口车场共设线路13条。既有N1、N2、N21道拆除，新设N1~N4道4条交接线，有效长分别为960米、1011米、1024米、1022米，同时将既有N3~N11道重新依次编号，改造后形成4条交接线的大列直进交接车场。交接场外设牵出线一条（N15道），有效长400米。南口车场北咽喉重新布置后，车场线路有效长分别为：N5、N6道400米；N7、N8道371米；N9道393米；N10道436米；N11道369米；N12道340米；N13道378米。南口车场北咽喉与国铁本溪站接轨处新设牵出线一条（N14道），有效长435米。

本溪站改造完成主要工程量包括60公里800米至68公里556.85米段路基工程，完成路基土石方582.2万立方米；正线铺轨19.5公里、站线铺轨89.0公里；铺设道岔148组；新建桥梁5625延长米/12座、涵洞19座；新建隧道8396延长米/9座，其中本溪隧道穿越本溪市南中低山区，全长6717米，洞身最大埋深220米，最小埋深28米，隧道设置两座斜井共645米，为沈丹客专全线施工难度最大隧道；新建站台2座、天桥1座、雨棚2座、行包及旅客地道各1座；通信工程2处；信号工程8处；新建配电所1座、变电所1座、箱式变电站7座、灯塔灯桥灯柱共计80座、配电柜12个、避雷网29处；铺设电缆共计68公里；完成房建工程55处共43800平方米；征地1056亩，合70.4公顷；拆迁41万立方米。本溪站改造后，咽喉通过能力476列/日，实际日均接发车129列，利用率27.1%；到发（编发）线接发车能力236列/日，实际日均接发车131列，利用率55.5%；改编能力5709辆/日，实际日均改编1676辆，利用率29.4%。

（二）金家堡站改造

金家堡站改造工程由沈丹客专本溪枢纽工程建设指挥部代建。2010年5月1日，随着本溪枢纽改造开工建设，金家堡站同步开工。金家堡站改造主要工程内容为既有1~4道咽喉区向两侧延长；4道外侧增加4条线路，其中5、6道为到发线，7、8道为货物线；在上行端4道接长为牵出线；6~7道

间为散装货场；7~8道间为集装箱及长大笨重货场，设龙门吊3台跨度30米；1道内侧设基本站台一座；8道外侧设货物站台1座；新建公铁上跨桥1座。金家堡站完成路基填方7.69万立方米，挖方6.85万立方米；铺轨5.4公里；铺设道岔17组；新设车挡4座；新建轨道衡1台；完成龙门吊走形轨基础5.75公里，安装龙门吊3台；新建站台10279平方米；货场用6个，围墙2275米；完成站场道路50560平方米、桥涵4座；完成通信工程、信息工程、信号工程各1处；铺设各种电缆共计21.3公里；建成10千伏箱式变电站5座、灯塔6座、配电箱4个、照明箱4个及龙门吊滑触线570米/四相；完成房建工程16处共6325平方米。

（三）本溪机务整备设施改造

新建本溪机务整备车间线路12条。其中，机1、2道为出入段线；机3、8道为机车走行线；机4、5、6、7道为机车整备线；机9道为转车盘线；机10道为机车出入段线；既有2条加油线保留；机3、4道有效长180米；机5、6道有效长188米；机7、8道有效长149米；新建室外检查坑6座、油库3座。

（四）工程投资

本溪枢纽改造计划总投资478834万元。2010—2015年累计完成投资445000万元，其中路内投资382000万元，路外投资63000万元。

二、本溪枢纽其他改造

1997—2001年，投资100万元完成本溪站广播系统设备更新；投资118万元完成本溪站货场仓库改造；投资1103万元完成本溪变电所改造；投资20万元为本溪机务段50台机车安装机车语言录音及监测转录设备。2014—2015年，投资457万元完成本溪货运中心正面吊等装卸设备购置；投资71万元用于本溪湖站一站台改造。

2015年，本溪枢纽衔接沈丹客专、既有沈丹线，东连溪田线，西接辽溪线，为四个方向汇合点。枢纽内设车站8个，本溪、北台为二等站，本溪湖为三等站，金家堡、福金、桥头、小堡、威宁为四等站；枢纽内主要运输单位有车务段、货运中心、机务整备车间等；金家堡—桥头间设联络线一条。本溪枢纽主要承担本溪地区钢铁等工业企业运输任务，在路网上担负着中朝联运和

本溪、丹东两市以及沈丹沿线客货交流运输任务，是辽宁省东南部铁路客货运输中枢。

第六节 丹东铁路枢纽

1996年，丹东铁路地区以丹东站为中心，北经沈丹线与本溪、沈阳相通；南与朝鲜口岸新义州相连；西接既有丹大线。地区内包括丹东、沙河镇、哈蟆塘、老古沟、南丹东、锦江、三道沟、浪头、金板、前阳、东沟（东港）等13个车站。其中丹东为一等站，沙河镇、金山湾、五龙背为三等站。地区内设有机务、工务、电务、车辆、列车、房建、生活段等主要基层单位。丹东地区铁路不仅是中朝联运重要通道，也是大东港重要疏港通道。

一、丹东站改造

1997年，投资270万元用于丹东站揭示引导系统改造和集装箱货场扩建。2008—2012年，投资37629万元用于丹东站改造。其中铁道部投资19900万元，铁路局配合投资17729万元。新建站舍14400平方米、雨棚32300平方米、12米宽旅客进出站地道各1座；站场内设20米宽基本站台1座，10.5米宽中间站台2座，预留1座。2010—2015年，在沈丹客专建设中，投资51191万元对丹东站站房、客服系统、客场股道、站台及四电集成等进行配套改造。新建房屋22860平方米；新增站台2座，均设无柱雨棚；新增客车到发线4条；新建桥梁4座/259横延米；正线铺轨0.94公里；站线铺轨10.2公里；铺设道岔40组；动用路基土石方49.5万立方米。丹东站改建后，客场规模由既有3台5线增至5台9线，为高、普速共用的普速C2区段。运行方向为丹大快速、丹前、沈丹客专、沈丹、朝鲜新义州方向，新增沈丹客专、丹大快速2个方向。旅客列车接发能力由原来14对/日增至60对/日，增长3.3倍；货运能力维持既有。

2015年，投资153万元用于丹东站站调系统改造、轨道衡新建、视频监控及广播系统完善、货车列尾装置更新等。

二、枢纽其他改造

1994—1996年，投资1742万元完成丹东车辆段改造；投资955万元完成丹东通信枢纽改造。

1997—1999年，投资300万元用于锦江站改造；投资110万元用于丹东客车洗刷所改造；投资506万元在丹东机务段增设内燃整备设施。2003—2005年，投资500万元完成丹东车辆段冰保库附属车间改造；投资1247万元在丹东新建66千伏配电所一座。2013年，投资1476万元用于大连电务段丹东检修基地建设。其中，新建检修基地投资1075万元；基地设备购置401万元。2010—2015年，配合沈丹客专建设，丹东枢纽内完成丹东站站前工程；沈丹客专引入丹东站工程；同金联络线、丹大线引入工程；机务整备工程；新建丹东客车整备所20737平方米、存车线6条。2015年，投资2099万元完成南丹东站货场改造。沈丹客专、丹大快速铁路建成开通后，丹东铁路枢纽框架基本形成。该枢纽以丹东站为中心，北与沈丹客专和既有沈丹线相通；南与朝鲜口岸新义州相连；西接既有丹前线和新建丹大快速铁路。枢纽内设车站12个。其中，丹东为一等站；金山湾、丹东西、五龙背东、同兴为三等站；五龙背、哈蟆塘、沙河镇、南丹东、锦江、三道沟、金板村为四等站。枢纽内设有工务、房产生活段和机辆系统主要车间；设有同金—金山湾间上、下行联络线。丹东枢纽衔接沈丹客专、丹大快速、丹前、沈丹、新义州5个方向，不仅是通往朝鲜重要口岸，同时也成为辽宁东部沿海经济带、东北东部以及沈阳及其以远客货流重要集散地。

第七节 通辽铁路枢纽

通辽枢纽以通辽站为中心，东连通让线；西接京通线；北连通霍与集通线；大郑线则从南到东贯通枢纽。1996年，枢纽内设通辽、通辽东、通辽西、通辽北、木里图、五道木、昆都庙、双泡子8个车站，其中通辽为一等站，双泡子为三等站。设有车务、机务、工务、电务、车辆、水电、列车、房产、生活段等主要基层单位。通辽枢纽衔接东、南、西、北、东北5个方向，是内蒙古自治区东部沟通辽宁、吉林、黑龙江、河北4省和北京市的重要铁路通道。

一、通辽站改造

2004年4月，通辽站舍新建工程开工，2005年竣工交付使用，累计投资3754万元。新建候车室4个，使用面积4895平方米；客运站台3座，均设有雨棚。2012—2014年，投资477万元完成通辽站货检安全集中监控系统建设；投资891万元用于通辽站客服系统和综合管理信息平台系统改造。2014—2015年，在通霍线电化改造中，通辽站北场客场、货运车场到发线，通辽站南场到达场、直通场及出发场同步电化改造；通辽站客场到发线延长至650米。2015年，投资676万元用于通辽站货车列尾装置更新。

二、通辽枢纽其他改造

配合通霍线改造 2008—2010年，结合通霍线增二线改造，投资128180万元对通辽枢纽同步进行改扩建。2014—2015年，在通霍线电化改造中，通辽北、通辽西、通辽东站到发线同步电化改造。

机辆 2012—2013年，投资424万元用于通辽机务段"和谐"型机车检修工装设备更新；投资578万元用于通辽机务段机车检修设施完善；投资499万元完成通辽机务段燃油设施冬季"低烧"改造。2013—2015年，投资7819万元用于通辽客车整备所建设。接建车辆临修库892平方米，并配属不落轮镟设备，相应改造库前线路；新建洗衣厂4352平方米，设计能力13.5吨/天；新建污水处理厂；新建场区综合食堂浴池1713平方米；拆除既有车辆段车间房屋1200平方米，新建车辆段及餐饮基地综合楼4075平方米，预留接建中央厨房面积1700平方米条件；新建车辆段通辽南到达运用车间999平方米。2015年，投资7130万元用于通辽机务段机车加装改造等。其中，重大加装改造投资5808万元；一般加装改造投资1294万元；高价互换配件投资28万元。

其他改造 2012年，投资247万元用于通辽供电段电力调度中心新建工程。2014年，投资12600万元完成通辽物流中心改造。新增50吨龙门吊1座，移设通辽站货场龙门吊1座，新建走行轨400米；将集3道曲线段取直，使直线段达到1059米；在通辽北站既有13道插入道岔，新建集4道；集3道与集4道间新建硬化面货区，上部建设852米长、53.5米宽跨线雨棚；新建5道，有效长287米，设L型站台；新建18000平方米仓储库；新设轨道衡、汽车衡及车号识别系统。2014—2015年，投资2188万元完成通辽西大修基地改扩建工程；投资414万元完成通辽工务段通辽西线路车间新建工程；投资384万元完成通霍线货车轮对动态检测系统（TWDS）建设；投资722万元完成通辽货运中心正面吊等装卸设备购置；投资1198万元用于通辽电务段车载设备一般加装改造；投资179万元完成通辽站调度车间改造。

2015年，通辽枢纽以通辽站为中心，东连通让线；西接京通线；北连通霍与集通线；大郑线贯通枢纽。枢纽内设车站8个。其中，通辽为一等站；通辽北、双泡子为二等站；木里图为三等站；通辽东、通辽西、五道木、昆都庙为四等站；另设北西线路所。通辽站为枢纽内唯一编组站，其南场咽喉通过能力885.1列/日，北场咽喉通过能力164.9列/日，咽喉通过能力合计1050列/日；南场到发线通过能力523.3列/日，北场到发线通过能力161列/日，到发线通过能力合计684.3列/日；南场驼峰改编能力81.6列/日、4183辆/日；南场牵出线改编能力86.1列/日、4434辆/日。枢纽内设有车务、机务、工务、供电、车辆、电务、房产生活段和货运中心等主要基层单位；设有北西线路所—通辽西站、通辽北站—通辽南场联络线和通辽南—通辽北场南环2线。通辽枢纽衔接东、南、西、北、东北5个方向，不仅是内蒙古东部通往辽宁、吉林、黑龙江、河北4省和北京的重要铁路通道，同时也是蒙东煤炭外运的主通道。

第六章 建设管理

"九五"计划以来,按照国家、铁路总公司(铁道部)加强铁路建设行业管理有关规定,铁路局建设行业管理部门不断深化改革,在建设工程项目管理、勘测设计、工程施工、工程监理、概预算审查、投资运用等方面加大行业管理力度,推进铁路建设有序、快速发展,确保铁路建设工程进度和质量,适应铁路运营和建设发展需求。铁路建设项目管理、勘测设计、工程施工队伍和装备能力不断发展。设计、施工企业的管理体制在改革中逐步深化完善,市场竞争能力持续增强;概预算审查管理机制不断完善和规范;铁路工程监理从小到大,监理业务范围不断拓展。

"十一五"后,铁路建设进入高潮。在有史以来大规模铁路建设中,铁路建设管理部门不断强化行业管理职能,严格履行铁路建设程序,严格规范铁路建设市场,确保铁路建设健康有序推进。

第一节 建设系统概况

一、建设处

1996年,建设处定员27人,下设技术管理、概预算定额管理、工程质量(对外称工程质量监督站)、财务、建设管理5个科。主要职能归口管理铁路局建设、设计、施工、监理单位建筑行业业务、建筑市场和项目建设实施阶段建设管理。同年,铁路局成立招投标管理办公室,办公室设在建设处技术管理科。

2000年,铁路局统一财务管理,建设处财务管理统一划归财务处。建设处下设工程建设办公室、建设管理科(对外称招投标管理办公室)、工程质量监察科,定员18人。同年12月28日,铁路局工程交易中心(铁道部沈阳工程交易中心)正式成立。

2005年,铁路局印发《关于发布建设项目管理程序、职责分工及相关规定的通知》。基本建设处主要职责负责招标计划审批、上报;工程招投标组织、工程承发包、合同管理;工程项目(基建大中型项目除外)开工报告审批;工程质量、安全、工期、资金的监督、管理;负责建设单位考核;负责施工技术和定额管理;承担考核不合格的建设单位所应承担的重点工程建设任务;承建铁路局直属、附属单位建安工程项目。

2006年3月,工程质量监督站从建设处划出,成立铁道部工程质量安全监督站沈阳监督站,为铁路局附属机构,隶属建设处管理。主要负责沈阳铁路局管内建设项目工程质量监督。2008年10月,铁路局成立站舍管理办公室,定编5人。主要职能负责铁路局站舍建设管理工作,为铁路局附属机构,隶属建设处管理。2012年,增设工程调度室,定编4人;增设项目管理科,定编4人;增设招标监督科,定编3人。2014年11月,站舍管理办公室撤销。

2015年,建设处定员29人,下设工程管理、项目管理、建设管理、招标监督、工程安全质量监察科、工程调度室。主要职责归口管理铁路局工程项目建设程序、安全质量、施工组织、验收

2003年铁路建设单位资质等级一览表

表1-6-1

建设单位名称	资质等级	资质证书编号
沈阳铁路局工程建设指挥部	一级一等	TLJS-1-012-99
沈阳铁路局工程建设管理办公室	二级一等	TLJS-2-080-02
沈阳铁路局机关直属住宅建设办公室	三级一等	TLJS-3-012-99
大连铁道有限责任公司住宅建设办公室	三级一等	TLJS-3-013-99
沈阳铁路分局住宅建设危房改造办公室	三级一等	TLJS-3-014-99
大连铁道有限公司建设部	三级一等	TLJS-3-079-02
沈阳铁路分局建设分处	三级一等	TLJS-3-080-02
锦州铁路分局建设分处	三级一等	TLJS-3-081-02
长春铁路分局建设分处	三级一等	TLJS-3-005-99
吉林铁路分局建设分处	三级二等	TLJS-3-006-99
通化铁路分局建设分处	三级二等	TLJS-3-007-99
通辽铁路分局建设分处	三级二等	TLJS-3-010-99
长春铁路分局住宅建设办公室	四级一等	TLJS-4-002-99

移交等管理工作；负责管理各项目管理机构和沈阳工程质量监督站工作。

二、项目管理机构

1996年，长春、沈阳、大连、丹东、锦州、白城、通辽、吉林、通化、图们铁路分局设置建设分处，负责各铁路分局管内铁路工程项目建设管理工作。在锦州、吉林分别设工程项目管理办事处。

1998年4月3日，铁路局以沈铁劳函〔1998〕98号文决定撤销锦州、吉林工程项目管理办事处，工程项目管理业务由铁路局工程项目管理处统一管理。同时决定将吉林省铁道建设公司划归铁路局工程项目管理处。同年，铁路局重新核定工程项目管理处（工程管理所）机构编制，定编101人，下设综合、计划财务、物资供应、施工技术、工程监理、项目管理部。

1999年1月1日，丹东铁路分局并入沈阳铁路分局，建设分处随之并入。同年，成立铁路局工程建设办公室，主要职责履行铁路局管理工程项目建设单位职能，并具体管理部分建设项目。撤销铁路局工程项目管理处；撤销大连、长春枢纽工程指挥部；哈大电化工程统由铁路局哈大电化指挥部集中管理。同年8月，铁道部下发《关于调整全路工程质量监督站的通知》，撤销铁道部沈阳铁路局工程质量监督站及9个铁路分局工程质量监督站，成立铁道部下设的9个工程质量监督分站，分别负责9个铁路分局管内工程质量监督工作。

2000年，图们、白城铁路分局分别并入吉林、长春铁路分局，建设分处管理职能同时划归对应机构。2002年10月28日，哈大电气化指挥部更名为沈阳铁路局工程建设指挥部，资质不变。2003年，沈阳铁路局经铁道部批准的铁路建设单位共13个，其中一级一等资质1个，可承担各种类型、规模建设项目管理；二级一等资质1个，可承担建设规模10亿元以下建设项目管理；三级一等资质7个，可承担建设规模5000万元以下建设项目管理；三级二等资质3个，可承担建设规模3000万元以下建设项目管理；四级一等资质1个，可承担建设规模1000万元以下工业民用建筑项目建设管理。

2005年3月18日，各铁路分局建设分处撤销后，成立沈阳、长春、锦州工程项目管理办公室，负责重新划定区域内的铁路建设项目管理。2006年，撤消沈阳、锦州工程项目管理办公室，划归铁路局工程管理中心管理。同年10月，成立沈阳、吉林、通辽、大连、辽西工程建设指挥部，负责辖区内铁路工程项目管理。2007—2010年，铁路局下设工程建设指挥部16个、合资公司8个、筹备组15个，人员共计762人。2011年，撤销指挥部7个、合资公司3个、筹备组8个。2012年后，按照铁路总公司建立区域性、专业化指挥部要求，随着项目竣工铁路局又先后撤消部分项目管理机构。2015年，下设筹备组（合资公司）7个，包括哈大铁路客运专线有限责任公司、长吉城际铁路有限责任公司（吉林工程建设指挥部）、丹大快速铁路有限公司、通辽赤峰凌源快速铁路公司筹备组（西部铁路电气化工程建设指挥部）。

三、勘测设计院（所）

1996年，沈阳铁路局下设沈阳、锦州、吉林勘测设计院和大修设计所。沈阳、锦州、吉林勘测设计院为甲级设计单位。1997年，铁路局内具有资质注册认证勘测设计单位20家，其中铁道部管发证甲、乙级设计单位4家、674人；地方发证丙、丁级设计单位16家、230人。1998—1999年，具有资质注册认证勘测设计单位17家，其中甲、乙级设计单位4家，地方发证丙级设计单位13家。2000年，调整勘测设计院隶属关系，将沈阳、锦州、吉林勘测设计院列为铁路局直属单位。

2001年3月2日，将沈阳、锦州、吉林勘测设计院及大修设计所的锦州、吉林设计室合并组建沈阳铁路局勘测设计总院，下设锦州、吉林勘测设计院。同年，勘测设计总院获得6项国家甲级资质、6项乙级资质。

2002年，勘测设计总院现有人员531人，其中高级工程师125人，工程师226人；一级注册建筑师6人，二级注册建筑师20人；一级注册结构师11人；二级注册结构师15人；注册监理工程师38人。专业设有铁路线路、路基、站场、桥梁、隧道、轨道交通、经济调查与行车组织、建筑、结构、给排水、电力、暖通、电气化、信号、通信、机务、车辆、工程地质、水文地质、工程测量、工程经济、电子计算机等。按照

GB/T19001—ISO9001标准，建立质量管理体系并通过认证。同年，在设计资质大审中，沈阳勘测设计总院获得主行业铁道、跨行业建筑、市政（桥隧）、工程勘察（岩土工程、工程测量）5项甲级资质；跨行业公路、市政（给、排水）、电子通信等6项乙级资质。

2003年8月，大修设计所划归勘测设计总院管理，成为勘测设计总院大修分院，届时勘测设计总院在册职工总数为570余人。10月30日，根据国资委89号、铁政法97号文件，沈阳铁路局正式与中国铁路工程总公司签订设计企业移交协议书，将沈阳铁路局所属勘测设计总院整建制划归中国铁路工程总公司。

四、概预算审查中心（所）

1996年，根据沈铁劳函〔1996〕222号文成立铁路局概预算审查中心，定员11人。主要职责负责铁道部、铁路局管理大修项目预算审查；铁路局管更新改造一阶段设计项目预算、两阶段设计项目扩初设计概算审查；铁路局管基本建设小型项目一阶段设计项目预算、两阶段设计项目概算审查；铁路局专项资金安排建设项目概预算审查；参与相关项目变更设计及审批预算调整工作。

1999年，概预算审查中心定员16人，内设技术、综合两个科。实际人员9人，其中高级职称6人，中级职称3人。主要职责调整为负责铁道部、铁路局投资大修和更新改造工程项目概预算审查；基本建设小型项目概预算审查；参与铁道部、铁路局基本建设、更新改造、大修工程项目设计文件审查、验收及后评估工作；参与变更设计及预算调整工作。2002—2004年，概预算审查中心定员13人，实际11人，其中高级职称8人，中级职称2人。注册造价工程师6人，二级注册建筑师3人。内设技术、综合科。审查范围扩展到铁道部、铁路局较大项目前期工作审查鉴定；铁道部、铁路局基本建设、大修、更新改造工程项目设计文件审查和验收后评估；变更设计及预算调整审查。期间，沈阳、锦州铁路分局相继组建概预算审查机构，负责本铁路分局更新改造、设备大修和自筹资金项目概预算审查。

2005年，根据沈铁劳发〔2005〕80号文，概预算审查中心更名为概预算审查所，定员21人，实际12人。下设线桥、房建、综合设备、预算审

查科。职责范围包括铁道部管基本建设、更新改造大中型项目初步设计预审；铁路局管基本建设、更新改造项目初步设计审批；施工图设计审批；地方铁路、合资铁路、专用线、跨越铁路立交桥及各种管线项目初步设计审批；铁道部管项目I类变更初步设计预审；铁路局管项目I类变更初步设计、施工图设计审批；大修项目施工图预算审查。2012—2015年，定员24人，下设线站、桥隧、建筑、四电、工程经济、大修科。审查范围增加铁道部投资基本建设、更新改造建设项目施工图使用功能审查；多种经营投资建设项目初步设计、施工图及预算审查；组织施工图审核单位考核；铁路总公司管基本建设、更新改造项目II类变更设计技术方案及预算审查。

五、建筑施工企业

1996年，铁路局共有施工企业13家，从业人员25626人。其中，沈阳、吉林工程总公司，锦州工程处为国有一级企业，从业人数18710人。各铁路分局施工企业10家，分别为长春铁道建筑工程总公司、沈阳铁道建筑工程公司、大连铁路工程公司、丹东铁道建筑工程公司、锦州辽西铁道工程有限责任公司、通辽恒铁铁道建设有限责任公司、白城铁道建设工程公司、吉林铁道建设有限公司、通化铁道建设总公司、图们分局铁道工程总公司。

沈阳工程总公司　1996年，沈阳工程总公司为沈阳铁路局所属独立核算、自主经营、自负盈亏并具有铁路综合、电务、公路一级以及工民建、市政二级资质大型建筑企业。下属17个基层单位。公司共有职工3397人，其中各类专业技术人员1028人。拥有各种设备1140台，固定资产原值6065万元，固定资产净值4149万元。1997年，沈阳工程总公司获得ISO-9002质量体系认证，这是全国铁路运营铁路局所属工程系统中第一家获得该质量体系认证。

1999年，经铁路局、沈阳市经济体制改革委员会批准，国家财政部资产评估确认，沈阳市工商管理局注册登记，沈阳工程总公司整体规范改制为国有控股二元出资的沈阳铁路工程建设集团有限公司。同年12月28日，沈阳铁路工程建设集团有限公司改制挂牌运作。在保持既有资质基础上增加构件一级、装饰二级资质。下属13个分公

司、7个子公司，办有多元经济及所属经营实体10余家。公司共有员工7524人，各类专业技术人员1085人，其中高、中级技术职称278人，获国家项目经理资格62人。拥有各种设备1497台；固定资产原值10903万元；固定资产净值7530万元。

2000—2001年，沈阳铁路工程建设集团有限公司逐步建立规范母子公司，制定并完善公司董事会、监事会和经理层各项管理制度，并改制为职工持股多元出资公司。在保持既有资质基础上发展为具有境外承包工程及劳务合作进出口企业资格的大型建筑业企业。下属11个分公司、10个子公司，员工增至万余人，各类专业技术人员1320人。其中高、中级技术人员500人；获国家项目经理资格132人，其中一级项目经理资格60人；获国际项目经理（IPMP）资格19人。公司拥有各类机械设备2015台，资产总值94920万元，设备新度系数0.75；全员技术装备率26000元/人；动力装备率13KW/人；年施工能力10亿元以上。

2002年5月1日，按照铁路局《关于大连铁道有限责任公司工程处等单位划归沈阳铁路建设集团的通知》，将大连工程处和长春、通化工程段划归沈阳铁路工程建设集团有限公司领导。3个基层施工单位划归后，沈阳铁路工程建设集团有限公司同时调整内设机构和下设分公司（子公司）。公司内设办公室、劳动人事、计划财务、工程项目管理、安全质量监察、经营开发、科学技术管理、设备管理、物资管理、审计监察部和多元经济管理中心11个部门。下设第一、二、三工程分公司，电务、桥隧、机械、建筑、路桥、构件、铺架工程分公司，大连分公司；设长春、通化、混凝土、环保安装、装饰、爆破工程有限公司，监理、咨询设计、沈阳铁建实业有限公司，沈阳铁路局工程质量监督站沈阳监测中心共10个子公司。

同年，沈阳铁路工程建设集团有限公司以集团有限公司为母公司，以铁路局所属及辽宁省内有关施工、设计、监理等企业为成员单位，组建沈阳铁路建设集团。集团公司拥有员工8806人，各类科技人员1132人，其中高、中级技术职称人员444人。获得国家施工企业项目经理资格132人，其中一级项目经理资格43人，获得国际项目

经理（IPMP）资格9人。具有中国认证人员国家注册委员会（CRBA）批准的CRBA/IATCA国家注册高级审核员2人，注册实习审核员9人，注册造价工程师5人。同年，沈阳铁路建设集团成立国际事业部，负责对国外工程承包、劳务输出和招商引资工作。

同年，沈阳铁路建设集团公司具有甲级资质工程检测试验机构及计算机信息处理、办公自动化系统和网络中心，并具有一级资质许可生产铁路32米T型梁的桥梁及构件、商品混凝土和安装大型散装锅炉、暖通与制冷及压力容器等专业公司。集团公司主项资质等级为铁路工程施工总承包一级；增项资质等级为房屋建筑工程施工总承包二级；公路、市政公用工程施工总承包一级；钢结构、铁路铺轨架梁工程专业承包二级；铁路电务工程专业承包一级；铁路电气化工程专业承包三级。同年11月28日，沈阳铁路建设集团通过ISO9001-2000质量、ISO14001-1996环境、职业安全健康管理体系三体系整合认证，并被沈阳市、辽宁省评为企业信用等级AAA级单位和重合同守信用单位。12月10日，沈阳铁路建设集团公司与上海铁路分局、上海润马建设工程有限公司投资组建上海铁路工程有限责任公司。

2003年，根据国资委89号、铁道部铁政法97号文件，沈阳铁路局正式与中国铁路工程总公司签订施工企业移交协议书。同年10月30日将沈阳铁路工程建设（集团）有限责任公司划归中国铁路工程总公司。

锦州工程总公司　1996年3月，锦州工程处更名为锦州铁路分局锦州工程总公司。员工总数4465人；固定资产原值3957万元。下设锦州线桥、第二线桥、电务、建筑、第二建筑工程段和工程机械、构件预制、建筑材料制造厂8个单位。

1998年5月31日，公司更名为沈阳铁路局锦州工程（集团）有限责任公司，是全国铁路运营铁路局所属工程处首家改制企业。公司下设第一线桥、第二线桥、电务、直属建筑和公铁工程5个分公司；下设建筑工程、第二建筑工程、机电设备制造、混凝土制品、经济发展5个有限子公司。员工总数4900人；固定资产原值6092万元。公司具有铁路综合工程施工一级资质。

1999—2003年，锦州工程集团公司逐步建立

规范母子公司，制定完善公司董事会、监事会和经理层各项管理制度，并改制为职工持股二元出资公司。在保持铁路综合工程施工一级资质基础上，公司通过ISO9001质量管理、ISO14001环境管理、ISO18001职业健康安全管理三大体系认证。

2003年8月8日，公司第二线桥工程分公司接收被撤销的锦州桥隧大修段。公司员工总数增至6323人，固定资产原值增至12468万元。同年12月30日划归中国铁路工程总公司。

吉林工程总公司 1996年，吉林工程总公司具有铁路综合一级企业，铁路电务二级，工民建、公路、古建二级资质。下设工程一、二、四、六段，机械化段、电务工程段、预制件厂7个基层单位，职工总数4015人。

1999年6月29日，公司改制为沈阳铁路局吉林建设工程集团有限公司。公司具有房建二级，铁路电务、铺架二级，混凝土预制构件三级专业承包资质。下设工程一、二、四、六段，机械化、电务工程段，预制件厂、经济发展总公司8个基层单位，职工总数3996人。2000年，公司下设工程一、二公司，线桥、电务工程公司，经济发展总公司5个分公司，职工总数4107人。2002年，公司在原有资质基础上增加建筑智能三级专业承包资质。2003年12月23日划归中国铁路工程总公司。

沈阳铁道工程建设集团有限公司 1998—2000年，丹东铁道建筑工程公司并入沈阳铁路分局；白城铁道建设工程公司并入长春铁路分局；图们铁路分局铁道工程总公司并入吉林铁路分局。2006年6月，按沈铁劳卫发〔2006〕138号通知，重组铁路分局工程施工企业。组建长春、沈阳、锦州三个铁道建设工程有限责任公司，为铁路局投资管理中心直属公司。撤销长春消防装饰工程公司、吉林铁道建设有限公司、通化铁道建设总公司，并入长春铁道建设工程有限责任公司，设立长春、白城、吉林、通化工程施工处。撤销锦州铁兴房产建筑工程有限责任公司，并入锦州铁道建设工程有限责任公司，设立锦州工程施工处。将通辽恒铁铁道建设有限责任公司划归锦州铁道建设工程有限责任公司，通辽恒铁铁道建设有限责任公司为子公司。撤销大连铁路工程公司、丹东房产建筑工程段、丹东铁道建筑工程

公司、本溪房产建筑工程段，并入沈阳铁道建设工程有限责任公司，设立大连、丹东、本溪工程施工处。沈阳铁路分局建筑工程总公司更名为沈阳铁道建筑工程公司，为沈阳铁道建设工程有限责任公司子公司。

2007年12月，按沈铁劳卫发〔2007〕242号关于进一步调整整合铁路局施工企业的通知，撤销长春、沈阳、锦州三个铁道建设工程有限责任公司等施工企业，并入所在地房产生活段。保留沈阳铁道建设工程有限责任公司及其下属的沈阳铁路建筑工程总公司、沈阳铁路线桥技术开发中心、辽阳工务段工程公司、沈阳亿方铁路实业公司、沈阳铁路工务段工程公司、沈阳恒业达铁路物资工贸中心、沈阳铁路金山实业公司。

2011年9月，组建沈阳铁道工程建设集团公司。将原各房产生活段的各铁道建设工程公司资产、业务、人员划入新组建的沈阳铁道工程建设集团公司。沈阳铁道工程建设集团公司列非运输企业，由铁路局投资管理中心管理，为独立法人企业。2012年8月，沈阳通达铁路设计公司从沈阳铁道工程建设集团公司划出，组建沈阳铁路设计所，保留沈阳铁道工程建设集团公司通达设计公司资质；设通辽通铁时代勘察设计咨询公司。

2014年5月，沈阳铁道工程建设集团公司以锦州铁道建设工程有限责任公司铁路工程施工总承包二级资质为基础，晋升铁路工程施工总承包一级资质，获得住建部评审批准。该企业是沈阳铁路局所属施工企业第一个、全路局属施工企业第二个获得该等级资质的。同年9月，锦州铁道建设工程有限责任公司更名为辽宁铁工建设有限公司。

沈阳铁道建设工程有限公司 1997年10月15日，沈阳铁路分局建筑工程总公司经东北质量体系审核中心专家审核通过ISO—9002质量体系认证。

1997—2006年，沈阳铁路分局建筑工程总公司下设建筑、道桥、装饰、安装、路政等7个分公司，主要承建沈阳铁路分局管内建设项目施工任务。职工总数576人，其中全民职工125名，集体职工451名。公司资质为铁路、建筑二级总承包；市政三级总承包；装饰二级专业承包；机电设备安装三级专业承包。

2007年，依铁路局《关于公布全局多元经营重组整合企业名单的通知》（沈铁多经发〔2007〕206号），沈阳铁路线桥技术开发中心、沈阳通达设计所、大连铁路工程公司大连分公司、丹东铁公经济发展有限公司、辽阳工务段工程公司、沈阳亿方铁路实业公司、大连铁路工程公司瓦房店通信信号工程分公司、沈阳铁路工务段工程公司、沈阳恒业达铁路物资工贸中心、沈阳铁路金山实业公司、丹东铁路工务配件总厂、大连铁道有限公司线桥设计所、沈阳泰丰铁路通信信号工程队、大连铁路工程公司大连水电工程分公司等14个站段多经企业并入沈阳铁道建设工程有限公司。职工总数2183人，其中全民职工1773人，集体职工410人。2015年，公司下设沈阳铁道桥隧建筑工程有限公司和7个分公司，主要承建沈阳铁路局管内建设项目施工任务。

六、工程监理公司

1992年11月，成立沈阳铁路局建设监理公司，为国家建设部核定的甲级工程监理单位。主营业务铁路、市政公用（含地铁轻轨）、房屋建筑工程监理（含设备监理）和工程试验、咨询服务。下设吉林沈铁工程检测有限公司，可承担水质、岩土、水泥、混凝土构件化验和检测。1998年4月3日，铁路局以沈铁劳函〔1998〕98号文决定撤销锦州工程项目管理办事处，保留其下属的工程监理公司。铁路局工程项目管理处（原工程监理处）内部机构设综合、计划财务、物资供应、施工技术、工程监理、项目管理部。定编101人，现员62人，其中高级职称10人，中级职称32人，初级职称9人。同年，铁路局建设监理公司（工程项目管理处）被国家建设部核定批准为正式甲级监理单位，为一个机构两块牌子。

1999年1月，撤销工程项目管理处，保留建设监理公司。2000年，按照铁道部关于"一个局级主管部门范围内只设立一个监理公司"的原则，以铁路局建设监理公司及沈阳勘测设计院的辽宁铁道建设监理公司为基础，整顿并重组监理队伍。建设监理公司开始实行公司制改革，自收自支，独立核算，自负盈亏。2001年10月31日，铁路局建设监理公司通过ISO—9000系列质量体系认证；2002年9月，通过东北认证公司质量、环境、职业健康安全管理体系认证。2003年，铁路局建设监理公司为独立核算、自主经营、自负盈亏法人单位，注册资金100万元。定员编制50人，现员38人，其中沈阳地区25人，锦州地区13人。内设工程咨询、监理、技术、财务部和综合办公室5个部（室）。在甲级监理单位基础上，同时具备一二三等铁路建筑、一般工业与民用建筑安装和市政建筑工程建设监理资格，兼营工程建设评估、咨询及服务业务。同年，通过东北认证有限公司ISO—9000质量管理体系年审，评定为质量管理体系认证合格单位。

2004年6月，依沈铁劳函〔2004〕305号文件，将吉林铁路工程建设监理公司划归铁路局建设监理公司，同时成立吉林、锦州建设监理分公司。铁路局建设监理公司定员62人，现员53人。内设经营计划、工程监理、工程技术、财务部和综合办公室5个部（室）。铁路局建设监理公司具有铁路、房屋建筑、市政公用工程（含地铁、轻轨）监理甲级资质，继续兼营工程建设评估、咨询及服务业务。公司注册资金增至500万元。同年8月26日，监理公司通过东北认证有限公司ISO-9000质量管理评审组外审。考核评价7个项目，其中良好2个，合格5个，确定公司保持有效认证。

2005年12月，依沈铁劳发〔2005〕242号文件，将铁路局建设监理公司更名为沈阳铁路建设监理公司，划归铁路局投资（集团）管理中心。成立长春、丹东、通辽、通化4个监理分公司，隶属沈阳铁路建设监理公司领导。原沈阳铁路局建设监理公司吉林、锦州分公司更名为沈阳铁路建设监理公司吉林、锦州分公司。各分公司独立核算，自负盈亏，各项费用由工程监理费列支。沈阳铁路建设监理公司总定员123人，下设6个分公司。其中沈阳铁路建设监理公司定员31人，吉林分公司定员17人，其他分公司定员15人。监理公司内设经营计划、工程监理、工程技术、财务部和综合办公室5个部（室）。分公司设财务、市场开发、工程监理部。同年，沈阳铁路建设监理公司完成《质量手册》《程序文件》修版印刷工作。10月份通过东北认证有限公司ISO-9000质量管理评审组外审组三年一次复评审核。评审组对大连轻轨监理站、烟大轮渡工程监理站进行现场实地考核，对沈阳铁路建设监理公司质量管理体系给予充分肯定。考核评价7个项目，其中2项良好，5项合格，确定公司质量管理体系运行持续有效。同年，沈阳铁路建设监理公司对155人次进行岗位培训和专业再教育。其中，136人参加并通过铁道部组织的监理工程师和监理员岗位资格学习和培训；有17人参加全国设备监理工程师培训考试，15人取得全国设备监理工程师证书。

2006年12月，整合沈阳铁路建设监理公司所属子公司。保留丹东铁路勘察设计事务所、沈阳铁路局吉林桩基检测中心。撤销长春铁路工程监理站、丹东监理站、丹东铁联建设监理有限责任公司、通辽通铁建设工程监理有限公司法人资格，变为分公司，将其资产、业务、人员整合到沈阳铁路建设监理公司，同时将沈阳铁路建设监理公司更名为沈阳铁道建设监理有限责任公司。2007年9月，沈阳铁道建设监理有限责任公司更名为沈阳铁路建设监理有限公司。12月，沈阳铁路建设监理有限公司业务管理关系由铁路局投资管理中心管理变更为铁路局直接管理。2008年6月，撤销沈阳铁路建设监理有限公司所属锦州、吉林、长春、通辽、通化、丹东6个分公司及丹东铁路勘察设计事务所，保留吉林桩基检测中心。10月，沈阳铁路局吉林桩基检测中心更名为吉林沈铁建设工程检测有限公司。

2010年5月，沈阳铁路建设监理有限公司变更为铁路局投资管理中心管理的多经企业。11月，重新调整沈阳铁路建设监理有限公司机构编制，内设综合办公室，计划财务、市场开发、技术部和监理一、二、三、四、五、六、七、八部。下设吉林沈铁建设工程检测有限公司。2011—2015年，监理公司内部增设人力资源部；撤销市场开发部，成立经营管理部；撤销监理六、七、八部；新增测绘资质。拥有员工194人，从业人员620人，注册资金678万元，资产总额6000万元。

第二节 行业管理

一、建设项目管理

1996年，铁路局制定工程项目管理暂行规定，以沈铁建函〔1996〕80号文印发，同时印发《铁路建设项目管理使用手册》。同年，为使建设行业管理规章制度配套完善，铁路局出台《关于加强部局管理工程项目竣工验收交接工作的通知》。

2001—2002年，按照国务院、铁道部整顿经济秩序、规范建筑市场要求，铁路局制定工程招标管理、合同管理及施工许可证管理办法；制定《沈阳铁路局2002年整顿和规范建设市场秩序及建设工程项目执法监察工作实施方案》（沈铁建函〔2002〕160号）。期间，铁路局建设处与沈铁检察院共同在铁路局建设系统开展预防职务犯罪活动，受到最高人民检察院通报表扬。2004年，《国务院关于投资体制改革的决定》（国发〔2004〕20号）文规定，对于政府投资项目，除特殊情况外，国家不再审批开工报告。为规范基本建设大中型项目开工报告制度，保证铁路建设项目顺利进行，铁道部于同年7月10日下发《关于发布铁道部基本建设大中型项目开工条件和办理程序的通知》，规定铁路建设项目开工应同时具备9项条件。贯彻落实铁道部关于基本建设大中型项目开工条件和办理程序的通知及铁计函〔2004〕393号文件，进一步整顿建设秩序，加强基本建设程序管理，杜绝边勘察、边设计、边施工"三边"工程，铁路局编制基本建设小型项目建设流程图，对项目建设进入开工报告阶段规定严格程序。对不具备招标条件的项目严格禁止招标，对不具备开工条件、未经过施工图审查的项目严禁审批开工报告。

2005年，为规范铁路建设工程项目管理行为，提高铁路建设工程项目管理水平，制定沈阳铁路局建设工程管理若干规定，以沈铁建发〔2005〕126号文印发。同年，根据铁道部关于开展"质量管理达标、工程分包专项治理和打击内业资料弄虚作假"三项治理活动要求，铁路局对沈阳、长春、锦州工程项目管理办公室及工程管理所4个建设项目执行机构和铁路局建设监理公司下发通知，对在铁路局建设系统内开展"三项治理活动"做出部署。12月2—3日，铁道部专项检查组详细检查沈阳铁路局开展"三项治理活动"情况并给予充分肯定。

2006年，贯彻铁道部《关于加强铁路局建设管理工作的若干意见》，铁路局成立建设管理领导小组，全面负责铁路局工程建设领导工作，确保铁路工程建设有序、优质、安全、可控。同年，制定《沈阳铁路局零小工程项目建设管理办法》。为进一步加强建筑市场管理，规范工程项目管理，在建筑市场实行"不良记录"管理规定，在安全、质量、管理和廉政建设上造成一定后果的不良行为被记录档案。

2007—2008年，制定《沈阳铁路局建设工程开工报告审批办法》；根据《关于推进建设单位标准化管理工作的指导意见》，细化制订《沈阳铁路局铁路建设标准化管理》，对铁路建设各个阶段的标准化管理进行系统规范。

2009年，根据铁道部《铁路工程建设领域突出问题专项治理工作实施方案》，制定《沈阳铁路局铁路工程建设领域突出问题专项治理工作实施方案》，进一步规范铁路建设市场秩序，维护公平竞争，从源头上防治腐败，确保沈阳铁路局工程建设高效、安全、廉洁运行。按照"高标准、讲科学、不懈怠"精神，全面落实"六位一体"要求，制定《沈阳铁路局建设标准化管理实施方案》，采取以点带面方式，确定长吉城际公司、通灌工程建设指挥部为试点单位，总结经验，全面推广标准化管理。2010年，按照铁道部相关规定，成立旅客车站建设领导小组并制定《沈阳铁路局旅客车站建设管理暂行办法》。2011年，制定《沈阳铁路局铁路建设项目信息公开管理实施细则（暂行）》进一步规范铁路建设市场主体行为，加强铁路建设市场监管力度，切实做好铁路建设项目信息公开管理工作。制订《工程建设项目规范管理指导性文本》，对工程项目立项审批等各环节进行规范。2012年，为实现工程质量、安全、工期、投资效益、环境和稳定"六位一体"，又快又好推进铁路工程建设，制定《沈阳铁路局基本建设项目管理办法（试行）》。

2015年，制定《沈阳铁路局工程建设专家库管理办法》，建立和完善铁路局工程建设管理中专家研讨、评审、论证、评估机制。

二、招投标管理

1996年，铁路局制定《铁路工程建设施工招投标管理办法》。1998年，铁路局承建的哈大电化改造工程牵引供电施工及施工监理，首次在全

路实行公开招标。招标中聘请铁路局、铁路分局有关处、室和建设单位有经验的专业技术人员计58人组成招投标评标专家库，参与工程项目评标工作。全年，新建工程项目236件，组织公开招标112件、邀请招标116项。1999年，具备招标条件工程项目203项，全部组织招（议）标。其中，邀请招标项目106件。

2001年，按照国务院、铁道部整顿经济秩序、规范建筑市场要求，铁路局出台工程招投标管理、合同管理办法。规定投资额500万元以上工程项目必须进入工程交易中心进行交易。4月10日，在公开、公平、公正原则下，对锦县站1050改造工程首次进行招标。6月17日，白城车辆段大库工程，第一次由铁路分局作建设单位进行招标。本年度铁路局工程交易中心共为平齐、吉长复线改造等10项工程公开招标提供交易场所，交易总额达5.48亿元。

2002年8月24日，铁道部公布《铁路建设工程招标投标实施办法》。对铁路建设工程招标投标的适用范围、招标项目的规模和标准、招投标应遵循的原则、铁路建设工程招投标管理部门职责、招标项目应具备条件、招标人责任与权利、投标人应具备条件、投标人权利与义务、投标文件编制要求、评标组织和评标办法、开标程序、评标标准和中标条件及罚则都做了明确规定。同年，铁路局共进行招标99项，标的额8.33亿元。其中，投资额在500万元以上重点项目11项，标的额5.7亿元，均在铁路局有形市场交易，应进入铁路局有形市场交易率达100.0%。

2003年6月12日，国家发改委、建设部、铁道部、交通部、信息产业部、水利部、民航总局、广电总局联合发布《工程建设项目勘察设计招标投标办法》。对勘察设计招标、投标、开标、评标和中标、罚则等作了明确规定。同年，沟海线电气化改造工程施工、监理招标于7月15—19日在铁道部工程交易中心完成；烟大轮渡大连端配套工程招标于12月6—8日在铁道部工程交易中心完成。2004年，沈阳交易中心共进行招标77项，标的额4.2亿元。沟海线电气化改造工程中的牵引供电工程施工总承包及监理招标于2月4—5日在北京完成；沈阳北站无站台柱雨棚工程4月24日完成招标。同年12月底，沈山线电气化

改造工程招标工作在铁道部工程交易中心完成。

2005年,各铁路分局撤销,原由铁路分局组织招标的工程项目全部进入铁路局工程交易中心进行招标。当年在一级市场组织公开招标3次,标的额33.8亿元。在二级市场组织招标61项,标的额17.13亿元。2007年,铁路局重点对建设工程招标管理进行规范。严格控制无批准概算招标,提高公开招标比例,并组织相关技术管理人员编制工程招标相关程序样本,有效规范招标管理程序。2010年,铁路局继续以严格程序、规范行为、控制工程造价为重点,严把招标计划审批关。坚持投资不落实不招标、设计文件不审批不招标,避免敞口招标,提高公开招标比例。在沈阳铁路局二级交易市场完成各类招标157项,其中,施工34项,标的额203974万元;监理24项,标的额2135万元;物资采购92项,标的额657278万元;施工图审核4项,标的额2631万元;检测服务类3项,标的额640万元。招标项目全部为公开招标。2011年,制订《工程建设项目规范管理指导性文本》,对工程项目招投标等各环节进行规范。加强二级市场建设和监管,规范交易行为。完善交易环境和相关硬件设施、相关管理办法等规章制度及二级市场信息平台,开发完成交易证刷卡系统,初步实现办公自动化。强化过程监督,从招标公告、招标文件、招标过程等交易环节进行控制,杜绝违规问题发生,最大限度减少人为干扰,实现招投标工作公平、公正、公开。

2012年6月,按照中治办和铁道部联合下发的《关于铁路工程项目进入地方公共资源交易市场招投标工作的指导意见》(中治工办发〔2012〕3号),铁路局于6月27日、6月29日分别与北京市建设工程发包、承包交易中心和沈阳市公共资源交易中心签订服务协议书。自2012年7月1日起,铁道工程沈阳交易中心停止一切招标活动,所有基本建设工程项目全部进入北京市建设工程发包、承包交易中心招投标;所有铁路局更新改造工程项目全部进入沈阳市公共资源交易中心招投标。7月4日、5日,沈阳铁路局更新改造、基本建设大中型项目正式进入沈阳市公共资源交易中心、北京市建设工程发包承包交易中心招投标。2013—2015年,铁路局大中型基本建设项目施工、施工监理招标投标活动均在北京市建设工程承包发包交易中心进行,其他项目招标投标活动均在沈阳公共资源交易中心进行。沈阳铁路局建设工程招标投标管理办公室从标前、标中、标后三个阶段实施监管。

三、资质管理

1996年,根据建设部公布的《建筑业企业资质管理规定》《建筑业企业资质等级标准》,铁路局制定《沈阳铁路局建设单位资质管理暂行办法》《沈阳铁路局建筑市场资质认证管理暂行办法》,这是全国铁路首家对铁路建设单位实施资质管理。同年,按照辽宁省、铁道部实施施工企业资质就位工作要求,铁路局组织施工企业项目经理培训,并分口组织国有、集体、多经施工企业资审工作。贯彻资质标准,明确资质申报要求,配合铁道部组织对一、二级施工企业经营情况考核。当年,施工企业资质就位的国有施工企业计28家,其中一级企业3家、二级企业12家、三级企业13家。根据铁道部、辽宁省建设厅关于建筑施工企业项目经理、资质管理实施细则和认证工作的要求,首批由铁路局组织初审并申报审查的施工企业项目经理共266人。其中,国有施工企业项目经理207人通过铁道部审查发证;集体、多经施工企业项目经理59人,批准发证2人。

1997年,为加强对建筑行业及建筑市场实施"归口""规范"管理力度,铁路局依据建设单位资质管理暂行办法审查公布管内24家铁路建设单位资质等级,并在铁路局首次实行按建设单位资质等级承担工程项目建设管理。同年,按照《沈阳铁路局建设从业单位资质认证注册名录》规定,铁路局内24家建设、20家设计、153家施工、4家监理单位和7家混凝土构件厂共208家单位通过沈阳铁路局资质认证注册,并核定各单位资质等级及营业范围。严格企业资质审查,2家丙、丁级设计单位被吊销资质。2000年,铁路局对管内15个建设单位、3个监理单位、51家施工企业的资质进行年检。经辽宁省建设厅批准,对长期管理不善的丹东铁路工务段灌水线桥工程队评为年检不合格单位;对长期经营不善、亏损的锦州铁路分局义县线桥工程段给予注销施工企业资质处理。对461名项目经理进行资质复查,新认证项目经理135名，培训项目经理178名。

2002年，按照铁道部要求，铁路局全面开展设计、施工、监理及建设单位资质大审工作。经铁道部审查批准，沈阳铁路局具备相应资质建设单位13家，其中一、二级资质建设单位各1家，三级资质建设单位10家，四级资质建设单位1家；具备总承包铁路工程二级以上资质施工企业10家，其中一级3家、二级7家；甲级资质设计单位1家；甲、乙级资质监理单位各2家。

四、勘测设计管理

1998—1999年，铁道部制定《铁路基本建设工程设计概算编制办法》，并以铁建管〔1998〕115号文公布实施。依据铁道部《铁路基本建设工程设计概算编制办法》，铁路局制定《沈阳铁路局铁路基本建设工程施工组织设计与设计概算文件编制细则》（沈铁建函〔1999〕210号），对工程造价进行动态管理并调整部分站后专业综合运杂费指标。

2003年7月31日，铁道部第11号部令公布《铁路建设管理办法》，规定设计单位应根据批准的可行性研究报告，在定测基础上开展初步设计。初步设计经审查批准后，开展施工图设计。工程简易的建设项目，可根据批准的可行性研究报告，直接进行施工图设计。同年，根据铁道部《铁路基本建设工程设计概算编制办法》《关于对铁路工程定额和费用进行调整的通知》，铁路局修订《沈阳铁路局铁路更新改造工程设计概算编制暂行办法》，于2003年9月4日印发执行。修订后的办法对设计概算中直接工程费、间接费、计划利润、设备及工器具购置费、其他费的取费标准均作调整。

2005年，铁道部对《铁路基本建设变更设计管理办法》进行修订，并更名为《铁路建设项目变更设计管理办法》，8月22日以铁建发〔2005〕146号文发布。9月12日，铁路局以沈铁建发〔2005〕140号文向铁路局工程管理所，沈阳、锦州工程项目管理办公室转发并部署贯彻执行。2009年，根据铁道部《铁路建设项目变更设计管理办法》，铁路局制定《沈阳铁路局基本建设项目变更设计实施办法》。

2013年，依据《铁路建设项目变更设计管理办法》及有关规定，制定《沈阳铁路局建设项目变更设计管理办法》，沈铁建发〔2009〕331号文同时废止。2015年，重新制定《沈阳铁路局建设项目变更设计管理办法》（沈铁建设〔2015〕71号），沈铁建设〔2013〕198号文同时废止。

五、概预算审查管理

1996年11月27日，概预算审查中心发布《关于加强局建设项目概预算审查工作的通知》，自1996年12月1日起，启用"沈阳铁路局概预算审查中心概预算审批专用章"。

2000—2004年，逐步建立概预算审查审批制度。建立概预算文件审查批准书制度，概预算文件批准前，须由工程项目总体填写概预算文件审查批准书，由参审人员、主管科长、主任签字，否则，不得批准概预算文件；建立审查项目总体负责制，审查项目无论大小均设工程预算审查总体，由总体组织参审人员明确计划部门下达的审查意见、规模、标准，督促、监督概预算文件审查情况、审查进度，组织现场调研及召开审查会议等；强化深入现场调研制度，凡属重点工程和投资规模较大工程，审查人员必须深入现场，调查工程现状及施工组织情况，认真核实和计算工程数量，审查前做到心中有数。

2005年3月9日，铁路局印发《关于发布建设项目管理程序、职责分工及相关规定的通知》。规定概预算审查中心组织的铁道部管理的基本建设、更新改造大中型项目初步设计预审意见，经相关业务处室、计划统计处会签后转计划统计处；概预算审查中心组织的铁路局管理项目初步设计审查意见，经相关业务处室、计划统计处会签后下发；概预算审查中心组织的施工图设计审查意见，经计划统计处及相关处会签后下发；铁路局管理项目Ⅰ类变更设计审查由概预算审查中心组织，审查意见经计划统计处及相关处会签后下发；铁道部管理项目Ⅰ类变更设计预审由概预算审查中心组织，审查意见会签后转计划统计处。规定概预算审批时限，概预算审查中心在接到完整的符合可研批复意见的初步设计文件后，投资额5000万元以上的项目15个工作日内完成预审、审查，5000万元以下的项目10个工作日内完成预审、审查，与有关处会签后下发审查意见；接到完整的符合初步设计审查（或可研批复）意见的施工图设计文件后，投资5000万元以上项目15个工作日内完成审查，5000万元以下项目10个工作日内完成审查（项目集中到达时个别项目可向后推迟5个工作日），与有关处会签后下发审查意见。贯彻落实沈铁办发〔2005〕35号）文件，概预算审查中心完善《项目负责人总体负责制制度》；建立《设计和概预算审查内部审核制度》《工程设计审查会签制度》《工程设计文件审查时效性制度》。

2005年5月10日，铁道部下发《关于铁路重点旅客车站施工图文件审核的通知》，决定将直辖市、省会、首府和副省级及重点城市新建、改建旅客车站施工图文件审核改由铁道部工程设计鉴定中心组织实施，其他工程的施工图审核仍按《铁路建设项目施工图审核暂行办法》执行。

2014年，为提高铁路工程造价管理人员业务素质，于6月17—19日、24—26日在沈阳职工培训基地举办两期造价管理知识培训班。培训内容包括铁路工程造价基本理论、工程计价依据、预算定额使用、工程造价构成、工程设计概预算编制、工程清单报价编制、工程造价计价电算化等内容。培训由铁路总公司铁路工程定额所组织授课，参加培训人员有铁路局建设、计统、财务、运输、客运、货运、工务、电务、供电、机务、车辆、房产土地、信息、多元经营处专业管理人员；沈阳、辽西、大连、长春、吉林工程建设指挥部，沈阳铁路建设监理公司，沈阳铁道工程建设集团公司，沈阳铁道建设工程有限公司，沈阳铁路设计所，沈阳、锦州、吉林铁道勘查设计院有限公司，中铁九局设计院，中国华西工程设计建设有限公司沈阳分公司概预算工程造价管理专职人员，各电务、工务、供电、房产段，沈阳通信段，多经处各直属公司概预算工程造价管理专职人员。

六、施工管理

1997年，铁路局制定《沈阳铁路局安全标准工地建设检查验收标准》。7月6日在锦州召开安全标准工地现场会，10月份对安全标准工地建设组织检查验收，对被评为优良工地的锦州工程处施工的锦州上行直通场等16个工地、沈阳工程总公司等5个先进单位给予一次性奖励。同年，为规范基建工程技术管理文件编制工作，制定下发

《沈阳铁路局基建工程施工技术管理文件资料编制办法》。1998年，深入开展安全标准工地建设活动，铁路局组织检查729个工地，其中合格工地702个，不合格工地27个，优良工地439个。

2001年，为严格建设程序，完善有形建设市场，铁路局出台施工许可证管理办法。

2003年，为进一步加强对铁路施工企业行业管理，铁道部于7月31日以第11号部令公布《铁路建设管理办法》，对铁路建设项目工程施工管理提出8条规定。同年，铁路局下发《关于进一步整顿和规范全局建设市场的通知》。2008年，为规范和强化建设系统营业线施工计划管理，确保施工安全有序，优化利用施工"天窗"，顺利完成施工任务，建设处制定《建设工程营业线施工计划管理办法》。

2014年，根据铁道部《关于铁路建设项目施工及监理考核的指导意见》，建设处细化制定《沈阳铁路局建设项目施工单位激励约束考核实施细则》。为全面落实铁路建设工程标准化管理工作，规范铁路建设项目施工用工行为，加强对施工现场管控能力，实现"管理有效，监控有力，运作高效"目标，按照铁路建设项目推进架子队管理模式有关指导意见，制定《沈阳铁路局建设项目架子队管理办法》。

七、安全质量管理

1996年，为贯彻国务院办公厅转发建设部等部门《关于开展建设工程项目执法监察意见的通知》，铁路局下发《关于在全局开展工程项目执法监察检查的通知》。列入执法监察检查项目共计556项，铁路局重点抽查85项。全年组织3次较大规模工程质量大检查，凡是劣质工程一律曝光；不合格工程一律扒掉重建；质量低下工程一律处以经济罚款，严重给予警告或停产整顿。当年，对劣质工程建设单位和施工单位在《沈阳铁道报》上给予两次公开曝光；对1家铁路内部施工单位给予停产整顿处罚；对4家铁路外部施工单位予以清出铁路建筑市场。同年，铁路局和各铁路分局两级建设主管部门组织竣工交验项目共计328项，一次验交全部合格，其中优良工程147项。铁路局建设系统共发生施工人身伤亡事故15件，其中死亡4人、重伤6人、轻伤9人。

1997年，共查处违章建设工程3项；因工程

项目管理混乱、施工设计单位无证、越级超范围承包工程、非法转包、质量低劣等原因受通报处罚的建设、设计、施工单位15家，收缴违纪建设资金219.1万元，并在《沈阳铁道报》上给予公开曝光；对利用工程承发包接受贿赂、徇私舞弊、侵吞国家财务捞取个人好处的10名违法违纪人员分别由铁路局、铁路分局纪检监察部门给予党纪政纪和法律处分。全年竣工交验项目共418项，其中优良工程199项。建设系统共发生一般行车事故3件，轻伤11件，消灭了重伤及死亡事故。1998年年初，铁路局制定质量通病专项治理目标和措施，特别是对线路路基填筑质量加大检查力度。铁路局工程质量监督站全年组织质量安全检查37次，检查单位工程348项，发现严重质量问题27项，下发质量通知单13份。全年竣工交验项目共计320项，其中优良工程167项。建设系统共发生一般行车事故14件，职工轻伤5件，重伤1件，消灭责任人身死亡和重大质量及设备事故。

1999年，为贯彻国务院《关于加强基础设施工程质量管理的通知》、铁道部《铁路工程质量监督管理办法》，铁路局制定加强工程质量管理若干规定，提出查处豆腐渣工程、劣质工程6项措施。安全标准工地建设合格率达到97%，优良率达70%；单位工程一次验交合格率100%。2000年，铁路局制定工程质量监督站工作制度等规范性文件，提出质量安全具体目标和7项具体措施。先后3次召开安全质量现场会，对哈大电气化改造工程进行4次专项检查。在建设工程项目执法监察活动中，共调查摸底和自查193个工程项目，查摆出69个（项）问题，制定整改措施43条（项）。整个建设工程项目执法监察活动受到铁道部的通报表扬。在对哈大电气化改造工程的专项检查中，检查了站场改造、牵引变电所、电气化挂网、立交桥改造等62个单位工程，共发现问题42个，下发通知单7份。针对质量安全问题，工程质量监督站对12项质量较差工程在《沈阳铁道报》上进行公开曝光。同年7月，按照国家、铁道部的统一部署，铁路局还深入开展工程施工安全生产大检查活动。整个大检查活动以哈大电气化改造、平齐线能力加强两大项目为重点，共检查42个单位工程，查出问题32件，问题

责任单位按要求均限期进行整改。对大连工程段、沈阳工程集团公司一公司、西安工程总公司、电气化工程局三处等发生责任行车一般事故的施工单位给予黄牌警告。为推动工程质量再上新台阶，10月28—29日在山海关召开工程质量现场会，会上传达铁道部工程质量现场会精神，参观了秦沈客运专线4个样板工程。

2001年，集中精力狠抓路基工程质量。设计、施工、监理单位加强路基填料标准、压实度、路桥过渡段等薄弱环节的控制。施工单位普遍采用四区段、八流程施工工艺，使用K30检测仪器加强对路基质量的检测。在填料土质的使用上严格把关，不达标土质坚决弃用，使路基质量发生根本性变化。全年共检查167个工程项目、180个工地，查出问题38个，建设系统消灭行车险性以上事故和职工责任死亡事故，一般责任行车事故控制在责任状范围。2002年，在工程质量监管上严格作业标准，立足消灭影响结构安全和使用功能的质量通病。重点抓路基填筑、混凝土、站场附属工程、房屋渗漏、下沉开裂五大类质量问题，在克服质量通病和习惯性违章方面取得成效。同年8月16日，铁路局在沈阳铁路工程建设集团有限公司召开工程质量现场会，参观了该集团公司承建的路基专业施工质量好的大郑线扩能改造工程和桥涵专业施工质量好的秦沈客运专线大成特大桥工程。对大安北机务段油罐漏油、梅河口机务段检修库吊车轨道破损等质量事故进行严肃查处。同时，继续开展工程项目执法监察，全年共检查6个铁路分局97个建设项目，发现和解决各类问题39个。在检查中重点对执行建设程序、资金管理、招投标及合同签订、工程监理、转包和违法分包工程以及执行工程强制性标准、工程质量等方面进行剖析，确保工程质量监督工作有序进行。全年铁路局工程质量监督站共监督工程项目81件，对工程质量稳步提高起到重要作用。全年建设系统消灭责任行车险性以上事故和质量责任事故，一般责任行车事故发生1件。

2003年，为严肃查处铁路工程建设中的违规违纪行为，铁路局基本建设处会同监察处对秦沈客运专线动车组整备基地工程和铁路局工程建设指挥部、7个铁路分局进行执法监察。重点监察

项目包括沟海线先期开工的3座大桥、大郑线、平齐线、沈丹线、沈阳站、秦沈客运专线动车组整备基地、大连站等。监察的环节主要放在桥梁基础、路基工程、旅客地道、房屋防水等方面。同时，针对沈丹线41公里820米处框构扎头问题，在铁路局管内通报该项目设计、施工单位在质量管理上的不当行为，加大施工安全检查，检查工地87处，发现各类问题155个。狠抓既有线施工安全，突出抓好施工方案审查关、施工例会关、封锁转线关、转线开通关。对发生行车事故的施工单位给予通报、挂黄牌等处罚，中国铁路第四工程局电务工程段、锦州电务工程段、长春工程段分别被挂黄牌。2004年，对平齐线四平—郑家屯间落坡、沟海线电气化改造、沈阳北站无站台柱雨棚改造等重点项目的施工、监理单位现场管理机构质量安全保障能力进行检查评估。对人员配备不足、保障能力差的单位采取措施，保证项目建设有序进行。开展工程质量回访，对交付运营满一年不足二年的工程项目实施质量回访，全年回访项目34件，使用单位满意18件，满意率52.9%。回访出质量问题63条，并逐条进行落实。开展"质量月"活动，对35个单位工程进行专项检查，查出问题55件，均及时进行整改。开展施工安全专项整治活动，年内先后开展施工作业防护、机动车使用、路料清理3次专项检查。本年中，建设系统克服封锁转线施工频次多且比较集中的困难，在320次封锁转线施工中未发生行车事故，消灭客车险情、险性及以上行车事故。

2005年，各铁路分局撤销后，为保证工程建设质量平稳过渡，铁路局基本建设处组织检查组对各个施工现场的施工、监理单位质量保证体系建立和运作情况、质量行为情况、实体质量水平进行检查。对重点项目施工处所共检查221次，查出问题300余件。能当即整改的立即整改，当即不能整改的下达限期整改通知书，对限期整改项目实行跟踪复查，有效保证工程质量平稳过渡。在工程安全管理上，基本建设处与沈阳、长春、锦州工程项目管理办公室及工程管理所建立信息报告制度，坚持每天进行报告，重要信息随时报告。同时，基本建设处还与工务、电务、运输、机务、计统处、概预算审查所、安全监察室

建立信息沟通制度，使工程建设与运营部门之间的配合更加密切，确保运营线上施工安全。2006年，为加强施工安全管理，基本建设处在丹东对施工项目经理、安全负责人、技术负责人、安全员、防护员就施工安全进行培训；实行联合安全包保，在沈哈提速改造工程中，基本建设处牵头，由工务、电务、机务、运输、安全监察室、办事处及相关站段参加的现场包保组进行安全包保和转线前验收。2007—2010年，针对建设任务重、建设项目覆盖范围广、线长点多、建设项目形式多样、安全隐患错综复杂，长大隧道、高架桥、站舍、营业线施工安全压力大，施工对运输干扰大等问题，建设系统扎实开展安全隐患排查治理、安全大反思大检查、安全生产百日督查、施工安全专项整治等活动，重点排查整治隧道、高架桥和营业线施工的惯性安全隐患；强化营业线施工管理；制订施工组织管理、计划方案管理、开通条件确认等方面安全管理措施，减少施工对运输干扰，确保既有线施工安全；建设工程安全工作实现行车安全、施工安全有序可控。

2011年，编制《质量安全大检查指导手册》，明确营业线施工、季节性施工、高桥隧道施工、暑期施工人身安全等7个方面105个检查项点；修订《施工现场安全卡控指导意见》，对路基、轨道、桥梁、隧道、四电、房建工程中35个重点工序提出控制要求；制订《工程建设项目规范管理指导性文本》，对工程项目施工过程的质量安全控制、竣工验收等各环节进行规范；编辑《建设系统安全文件汇编》，收录现行施工安全管理文件和规章83份，使参建单位有章可循。开展培训工作，全年组织各类培训班46期，培训人员5244人次。同年，先后开展"铁路建设安全年、质量安全大检查、质量安全专项整治、建设项目大清理、站舍施工安全专项检查、消防安全专项检查、高铁质量回访、高铁隧道衬砌检查、原材料检查"等活动，共组织检查1355组、5056人次，检查32个项目、3412个工点，发现问题2472件。特别是"7·23"甬温线特别重大铁路交通事故发生后，铁路局先后成立57个包保组、3078人次，深入施工现场检查41个项目、12905个工点，发现问题2062件。

2012年，建立风险管理卡册制度，做到每名

作业人员明确岗位风险点和控制措施；实行开工前风险研判，制定防范措施，有效降低风险等级。开展质量安全大检查，共检查23个项目2100个工点，发现问题3319件，发出监督通知书176份，下发监督处罚单31份。建设系统全年共发生安全生产一般事故2起，一般C类事故1起，一般D类事故2起，险情5起；未发生质量事故。2013年，在安全质量管理工作中抓监理作用发挥。通过对11个项目管理机构、17个在建工程项目、11家监理企业共21个监理站检查验收，分别对上海天佑工程咨询有限公司、中咨工程建设监理公司、黑龙江中铁建设监理有限公司采取记录不良行为、清除监理工程师等方式，使监理各项工作质量明显提升。抓架子队管理、质量回访和路基、隧道专项整治，规范作业队伍、现场作业标准。2014年，抓既有线施工，严格执行铁路局长"十条命令"，落实"双报告、双签认、三方控"制度；抓隧道施工，严格执行《隧道施工安全九条规定》，严禁步距超标；抓现场检查，发现问题1600余项，下发质量安全问题通知书100余份，问题通报14份；创新管理手段，对7家施工企业、5家监理企业总经理下发《施工安全质量检查通知书》，在施工、监理企业内部引起很大反响。

2015年，加快建设管理信息化建设和投入。在建设管理过程、现场作业人员、施工关键工序等方面实现实时监控，进一步提高标准化管理水平。落实试验室、拌合站信息化管理，严格控制现场数据真实准确，从源头上保证施工质量；实行隧道围岩监控量测信息化管理，规范施工、监理单位作业行为，保障隧道施工安全；实行架子队及监理人员信息化管理，把住人员进场关，做到管到现场、管到作业人员；实行建设项目全过程档案信息化管理，做到资源共享，数据透明，确保铁路建设依法合规。全年，建设系统实现质量安全无事故。

第三节　工程业务项目

一、勘测设计
（一）主要勘测设计项目

1996—2000年，完成的主要勘测设计项目包括：锦州站上行直通场新建；丹东锦江站改造；大虎山、沟帮子、高桥镇站场扩建；锦州站舍三期、锦西（现葫芦岛）站旅客站房（主楼部分）改造；铁路局科研设计基地新建；盘锦站货场搬迁；沈阳过境绕城公路后丁香大桥新建；吉林铁安里七～九条住宅改造、铺设60公斤/米钢轨及无缝线路大修；哈大电气化改造工程四平编组站电气集中；吉发赛力事达玉米工业有限公司铁路专用线新建；吉林省靖宇县地方铁路新建、龙泉—长春北联络线伊通河特大桥等工程。

2001—2003年，完成的主要勘测设计项目包括：哈大线老龄桥改造；沈吉线前甸、章党站站场扩建；丹东车辆段冰保库段修扩能改造；葫芦岛、兴城、绥中、新立屯、叶柏寿、瓦房店站舍新建；绥中、新立屯、大虎山站旅客天桥新建；普兰店站舍改建；沈哈高速公路平顶堡立交桥；长大线铺设60公斤/米钢轨及无缝线路大修；沈阳铁路实验中学综合实验楼；沈山线下行132—232公里更换混凝土枕及铺设区间无缝线路；沈阳市大二环快速道路工程大成桥主桥；吉林国际大酒店工程等。

（二）创优设计项目

1996年，锦州勘测设计院设计的沈铁中心医院新建工程获铁道部1991—1995年度优质工程二等奖。在铁路局年度优秀工程勘测设计评选中，沈阳勘测设计院设计的沈阳火车头体育学校、锦州勘测设计院设计的锦西站站房（主楼部分）改造工程获铁路局优秀工程勘测设计一等奖；沈阳勘测设计院设计的铁路局科研设计基地、锦州勘测设计院设计的盘锦站货场搬迁和锦州客车技术整备所二期扩建、吉林设计院设计的吉林铁安里七～九条住宅改造工程获铁路局优秀工程勘测设计二等奖。

1997年，锦州勘测设计院设计的锦州加冰所改建工程获铁道部优秀工程设计三等奖。在铁路局组织的评审中，沈阳勘测设计院设计的沈阳过境绕城公路后丁香大桥、铺设60公斤/米钢轨及无缝线路大修工程获铁路局优秀工程勘察设计一等奖。

1998—2002年，沈阳设计院设计的沈阳二环快速道路大成桥主桥工程获辽宁省勘察设计项目二等奖；瓦房店五一路立交桥新建工程获辽宁省优质工程二等奖；吉林设计院设计的哈大电气化改造工程四平编组站电气集中、吉发赛力事达玉米工业有限公司铁路专用线、龙泉—长春北联络线伊通河特大桥工程获吉林省优秀设计二等奖；靖宇县地方铁路新建工程预可行性研究报告获吉林省优秀咨询二等奖；铁路概预算软件获吉林省优秀软件设计二等奖。

在铁路局组织的评审中，沈阳勘测设计总院设计的沈哈高速公路平顶堡立交桥、长大线铺设60公斤/米钢轨及无缝线路大修；锦州勘测设计院设计的锦州站上行直通场、吉林设计院设计的吉林国际大酒店工程获铁路局优秀工程勘察设计一等奖；沈阳勘测设计总院设计的沈阳铁路实验中学综合实验楼、锦州勘测设计院设计的沈山线下行132~232公里更换混凝土枕及铺设区间无缝线路、吉林设计院设计的七家子锅炉房工程获铁路局优秀工程勘察设计二等奖；沈阳勘测设计总院设计的沈阳市大二环快速道路工程大成桥主桥被评为铁路局级优秀设计工程。

二、概预算审批业务

1996—1998年，基本建设、更新改造项目概预算、施工图设计审查由基本建设处负责。1999年，概预算审查中心共审查工程844项，报审预算总额232415万元，审查批准预算额195698万元，核减预算额36717万元。基本建设处组织审查施工图设计文件10项，核减预算额300万元。2000—2002年，概预算审查中心共审查工程1605项、11327本预算，报审预算总额456625万元，审查批准预算额371266万元，核减预算额85359万元。审查投资额超1000万元较大项目有平齐线能力加强和铺设无缝线路、沈山线大凌河桥改建、锦县站改造、瓦房店五一路立交桥新建；长大线122、126、506、555公里4座桥梁改建；沈大线更换提速道岔、灵山站修所扩能改造、铁背山采石场新建、PMIS六期、沈阳站第三候车室大修、秦沈客运专线调度指挥中心新建工程等。

2003—2004年，概预算审查中心共审查工程1154项，报审预算总额542066万元，审查批准预算额446790万元，核减预算额95276万元。审查

主要工程项目包括长大线更换Ⅲ型轨枕、拆除中间站工程；沈阳站第二、三、四候车室和旅客出站及通勤地道工程；沈大线57公里、沈阳以北429公里和648公里—654公里曲线改造；长春站及地区大修工程；沈阳北、通辽、山海关站舍改造；京哈线提速安全标准线建设工程等。

2005—2008年，概预算审查所主持并参与工程设计审查会议1211次，形成工程设计审查意见678个。较大审查项目包括抽换Ⅲ型轨枕大修、铺设60公斤/米钢轨跨区间无缝线路、沈阳北站无站台柱雨棚、开原—兰棱间自动闭塞改造、锦州站客运设施改造、四平站舍改建、沈阳—本溪间自动闭塞改造、拉滨线12座桥梁大修、金窑线扩能改造、沈山线电化改造、沈阳枢纽东北环线、白河—和龙段新建铁路；平齐线白城—街基段、大郑线阿尔乡—甘旗卡和巴胡塔—衙门营段增建第二线工程；沈阳车辆段602客车整备库新建、苏家屯车辆段段修基地改造、苏家屯机务段电力机车小辅修库设施扩建、皇姑电动车运用所改建、四平—八面城段自动闭塞改造、棋盘编组站改造工程；赤峰、乌兰浩特、叶柏寿站房改扩建、沈阳东站战略装车点；珠斯花—贺斯格乌拉、沈阳西部工业走廊铁路新建工程；沈阳南站焊轨基地改造；长春、吉林市内陆港工程等。

2009—2015年，概预算审查所主持工程设计

1996—2015年概预算审批（审查）一览表

表1-6-2

| 年份 | 概预算审批（万元） | | | | 施工图设计审查（项） | | | | |
	上报额度	批准额度	核减金额	专用线	地方铁路	跨铁路立交桥	各种管线	设计变更	其他
1996-2006	641069	527067	114002	8	2	20	8	7	12
2007	285165	225382	59783	6	1	2	2	2	6
2008	316720	252938	63782	13	2	1	20	9	21
2009	49213	40276	8937	19	—	4	5	4	37
2010	651628	534668	116960	11	—	20	20	5	7
2011	425591	339655	85936	10	—	10	8	2	23
2012	301096	243808	57288	4	—	8	7	10	40
2013	426258	316037	110221	4	1	1	18	18	53
2014	604146	445749	158397	1	1	2	11	55	14
2015	668225	614529	53696	3	—	47	86	116	33
合计	4369111	3540108	829003	79	8	97	185	225	246

审查1690项（次），审批预算5843项，形成工程设计审查意见1452个（含施工图和Ⅰ、Ⅱ类变更设计审查）。较大审查项目包括新建铁路前阳—庄河段、庄河—登沙河段、吉林—珲春铁路与吉林枢纽相关工程、火石岗—渤海、松原—陶赖昭、田师府—桓仁、辽源—长春、松江河—漫江；锡乌新建铁路忙罕屯—乌兰浩特段改扩建、义县—叶柏寿段改造、高台山—阜新—锦州铁路扩能改造、叶赤线扩能改造、大虎山—新立屯段增二线大虎山站工程；白阿线白城—镇西、葛根庙—乌兰浩特段扩能改造、秦沈客运专线能力加强、东北环线增建二线工程、通霍线、通辽—大虎山、通辽—四平段电气化改造工程；沈阳南站区综合整治、沈阳南焊轨基地二期改造、苏家屯机务段内燃机车检修基地、吉林机务段搬迁、长春南站多功能货场新建工程；大连枢纽改造；平齐线自动闭塞改造一期电力、通信、信号工程；四平站集中联锁改造；扎哈淖尔股道延长和加油点新建；长春站高架候车室商业开发；通辽市红光大街公铁立交桥改建；沈阳南站站场、站房、动车段修改初步设计；哈大客专沈阳北动车所增加临修设施及配套工程；吉林枢纽西环线及相关工程等。

三、工程施工

（一）主要施工项目

沈阳、锦州、吉林工程处（工程总公司）承建主要施工项目　1996—2003年，承建秦沈客运专线及皇姑屯动车段、秦沈调度中心、秦沈沟海联络线大桥、沈阳和山海关两端枢纽改造；金窑支线、宇辉铁路新建工程；哈大电化改造中站场、股道延长、老龄桥、小半径曲线改造；锦州、山海关、大虎山、沟帮子、高桥镇、葫芦岛、辽阳、东通化、锦县、前甸、章党、图们站和吉长线9个站站场改扩建工程；沈山线股道延长、平交道口改造及六股河、大凌河、辽河特大桥新建改建工程；山海关西石河大桥、哈大双台河大桥、长大线269公里下行桥新建改建工程；平齐线能力加强、永红至边昭、鸿兴至黑水增二线；大郑线技术改造；烟大轮渡大连端改造；沈丹线提速；沈吉线永宁、双河镇、靠山屯站股道延长；吉长复线改造；通辽北至建国路联络线、鹿道落坡工程；长春枢纽电化、通辽枢纽改造；

沈阳西编组站综合自动化、苏家屯下行编组场、长春北编组场改造；金州编组站电化、梅河口驼峰自动化改造；沈阳、大连、锦州、通化站舍改扩建、山海关站风雨棚改造；长春、大连、通辽、吉林七家子、图们客技站改造；沈阳、大连西集装箱货场改造；白城、通化机务段内燃改造；大石桥—大连通信光缆；丹东车辆段冰冻库段修改造；长春空调车检修基地；蛟河进场线工程；铁路局南袖接楼、通辽游泳馆新建工程等。

乌干达明渠排水、桑蓝铁路、兰新线宝天段改造工程；襄渝、新月线通信工程及西合线电力工程；辽宁省高检、锦州税务局建筑；山东日照污水处理后续管廊工程；沈大、沈阳绕城高速公路及沈哈、沈山、沈抚、沈丹、盘海、锦朝、锦阜高速公路；沈阳市公和铁路斜拉桥（原老道口桥）主体、太原街高层住宅工程等。

沈阳铁道工程建设集团有限公司承建主要工程项目　1996—2000年，锦州站上行直通场、霍林河站改造工程；沈山线励家、前卫、塔山站1050股道延长工程；长春站集装箱货场扩建，长春市柳影路12号、14号、16号、18号铁路住宅楼，北安路Ⅱ区18号铁路住宅小区；锦铁松坡园29号住宅楼、锦州西劳保4号楼工程、兴城站区集中供热、凌源站前1号住宅楼、凌铁花园住宅区、珲春站食堂和浴池等工程；吉发赛力事达玉米工业有限公司、柴岗国家粮食储备库、山海关中粮储备库、葫芦岛石油五厂、吉林省金发粮库、胡家粮库、艾友营站铁路专用线新建工程；长春至白城一级公路、刘家店至北四家子段新庙公铁立交桥工程。

2001—2005年，沈山正线叠加预发码改造、上齐台正线贯通、沈阳东至旧站应急复线工程；农安县粮食中转库、白城平台国家储备粮库、农安县华家粮库、吉林省国家储备粮库、秦皇岛金海食品、赤峰夕子粮食储备库、白山嘉懋实业有限公司、山海关万基钢管公司、中油保变压器厂、祝耀集团双辽有限公司、梨树县天龙酿酒厂、辽源市金钢水泥厂、锦州石油六厂锦州二热电、天成玉米开发有限公司、白山热电有限责任公司、杨家村等新建改建铁路专用线工程；金宝屯煤矿铁路专用线矿区站场、金宝屯站改造及交接场工程；长春市东排洪沟穿越铁路防护涵、四平66千伏变电所新建、锦州世英桥改造、天成玉米开发有限公司综合楼新建、长春热电二厂二期工程厂外铁路改扩建工程；哈长线48公里440米处立交桥改建及四梅线99公里031米、100公里138米立交桥改造工程。

2006—2010年，平齐线白城—英华段增建二线（李家店–镇南段）；大郑线增建二线一、二期和五峰至冯家间增建二线（土建）工程；沈吉线石家至烟筒山段扩能改造、通霍线扩能应急改造；棋盘站到达场及解体能力加强；大连站站台延长、金州站候车室及叶柏寿、朝阳南、盘锦北、集安、龙潭山、东陵、小合隆站改造等工程；哈达山水利枢纽铁路、霍白珠珠等西部铁路新建工程；吉林江南热电有限公司铁路运煤车站建设工程；辽源东站、梨树县十家堡中孚粮油食品有限公司、中粮生化能源（公主岭）有限公司黄龙工业园厂区、吉林省通化国家粮食储备库、登沙河大连特钢基地、吉林康乃尔化学工业有限公司、长春玉米工业园区、华能长春热电厂、绥中发电厂、北大荒物流股份有限公司、四平热电厂二期、大连革镇堡热电厂、吉林建龙钢铁有限责任公司、吉林松花江热电厂、赤峰铜厂、鞍钢新轧铁路专用线新建改建工程；吉林省龙家堡煤矿铁路专用线交接场；长春市一匡街公铁立交桥新建、国道304线穿越通霍铁路413公里553米框构地道桥、长春玉米工业园区甲一路下穿铁路桥、华能九电电厂一期新建框架涵、长春市四环路道路桥梁排水互通及下穿小南站框构桥；四梅线5公里483米、阜新高德、图佳线67公里827米处平改立工程；辽源经济开发区供热管道穿越、集安站换装场地改造、通化铁路天桥小区改造；扎哈淖尔至伊图塔地方铁路新建工程一标段、吉林机务段通化整备车间油库改扩建补充；锦州铁北集中供热等。

2011—2015年，盘锦港、绥中港、乌兰图嘎至巴彦都日格、大连西中岛铁路新建工程；丹东港大东港区铁路扩建、霍林河至扎哈淖尔增建二线、扎哈淖尔股道延长、沈阳工务机械段四平基地改造；国电龙华长春热电厂、彰武柴田物流有限公司、神州源源煤炭销售有限公司、长春玉米工业园区（大成区标段）、查干陶勒盖至霍林河、内蒙古铁物能源有限公司霍林河集运站、吉

林晨鸣纸业有限责任公司、长春兴隆综合保税区、嘎达布其物流园区、长兴岛恒力石化有限公司、长春兴隆综合保税区、内蒙古康乃尔化学工业有限公司、盘锦北方沥青燃料有限公司、内蒙古国电兴安热电厂等新建改建铁路专用线工程；锦州、赤峰、通辽、通化客整所改造；沈阳洗衣厂完善；大连客车整备所卸污工程；沈阳站货场搬迁；德惠、扶余、榆树、大青、乌兰浩特北、镇赉、大安和洮南站货场改造；南关岭货运仓库新建；棋盘、梅河口站货检安全监控与管理系统新建工程；沈阳西机务整合、梅河口机务段整备能力加强、铁路局通信基础网设施改造、苏家屯机务段整备能力加强、长春车辆段客车段修及整备设施改造、吉林车辆段段修能力加强、赤峰站客运设施改造、沈阳老北站综合整治、丹东站资源整合及站区改造、葫芦岛站改造工程；阜新亿达、赤峰市友谊大街、沟海线31公里959米处（高家）、白城市金辉、辽阳灯塔市兆麟西路、鞍山市鞍南大道公铁立交桥新建扩建；平齐线352公里151米框构桥、长春市经济开发区甲一路公铁立交桥及引道工程（框构桥顶进）、梅集线160公里821米处及团杉线2公里343米等19处道口平改立、九台市中央大街穿越长吉城际铁路41公里616米处立交桥；拉滨线157公里122米、和龙线13公里773米、沈吉线415公里116米、图佳线28公里921米处桥梁浅基病害整治工程；本溪集中供热新建、大石桥市铁西地道桥、珠珠线护坡、珠斯花铲车库新建、吉林市热力有限责任公司供热管线穿越沈吉线432公里495米处防护涵工程；沈大线、沈阳枢纽、长图线生产生活设施改造；姚家物流基地新建、长春职工培训基地建设；华能电厂供热供气穿越金窑线防护涵、盘锦华润电厂改造、赤峰国际港工程、哈大铁路客运专线高速铁路桥下防护栅栏、维修通道工程；锦州物流基地、德惠站综合车间工区改造工程；京哈高速铁路及长西联络线桥墩防护、大连市疏港路扩宽改造、赤峰工务大修基地还建工程等。

沈阳铁道建设工程有限公司承建主要工程项目　1997—2005年，承建东方大厦、铁路局行车调度指挥中心。2010—2015年，承建伊图塔—白音华煤炭战略装车点合资铁路；丹东站舍改建；东北大厦；嘎达布其物流园区铁路专用线新建；

沈阳客车厂改建等。

（二）施工创优工程

1996—2003年，沈阳铁路工程建设集团有限公司、锦州工程（集团）有限责任公司共同施工的哈大电化改造中金州编组站改造工程获2001年度中国建筑工程鲁班奖，创国家优质工程，实现沈阳铁路局15年来创国家级优质工程重大突破。沈阳工程总公司施工的营口市互通式立交桥获交通部公路工程优质工程奖；抚顺石油一厂高架桥、沈阳过境绕城高速公路苏北和后丁香特大桥工程获辽宁省优质工程；沈阳北新客站、长春新客站工程分别评为辽宁省十大优秀建筑"吉林省二十项优秀建筑"称号；锦州工程处施工的锦铁中心医院新建工程，获铁道部1991—1995年度优质工程二等奖；沈阳铁路工程建设集团施工的鞍山五一路立交桥工程荣获"辽宁省优质主体结构工程"称号；平齐线条子河—郑家屯段增建二线工程获得铁道部"火车头优质工程二等奖"。

在沈阳铁路局优质工程评选中，大连港大窑湾港区铁路工程韩家屯特大桥获甲级优质工程；大连港大窑湾港区铁路路基工程、沈铁公安局科技综合楼、千山疗养院、沈吉线柳条湖特大桥、沈铁客车厂木工车间、吉林机务段架修库、铁路局总医院门诊楼、大连金窑铁路工程公园大桥、瓦房店花园街安居小区、沈阳大二环快速干道大成桥、山海关西石河铁路桥、锦州机务段生产办公综合楼、沈阳铁路实验中学综合实验楼工程分别获铁路局乙级优质工程。期间的1999—2000年，铁路局还评出长大线506公里大清河特大桥等24件精品工程，通辽枢纽通辽南站台等13件局级优质工程。

2006—2013年，铁路局行车调度指挥中心综合楼、沟海线双台河大桥、沈哈提速改造工程拉林河特大桥、苏家屯机务段小辅修库改扩建、沈阳北站无站台柱雨篷、金窑线扩能改造工程韩家屯特大桥、开原至兰棱段自动闭塞改造；白河至和龙铁路海兰江1号、南道村、四道白河特大桥；通辽东至敖力布告增二线、大连铁路集装箱中心站、长吉城际铁路加工河特大桥、沙鲅支线扩能改造接触网；盘锦港疏港铁路工程5公里927米跨盘营客专、40公里125米跨盘营公路和五岛至长兴岛港站铁路工程65公里491米葫芦山

湾特大桥；哈大客运专线长春西站站房及站台雨棚工程获铁路局优质工程奖。

沈山线饶阳河特大桥改造、苏家屯车辆段段修库改扩建、苏家屯机务段小辅修库扩建、金窑复线大窑湾大桥、金窑复线韩家屯特大桥、赤峰站新建；白河至和龙铁路荒沟隧道和南道村、四道白河特大桥；长吉城际37公里560米饮马河特大桥、跨长吉公路72公里288米特大桥、苏家屯机务段内燃机车检修车间、通辽枢纽扩能改造工程疏解线特大桥、哈大客专长春站改造工程亚泰大街立交桥、通灌铁路牛毛生3号特大桥和喇咕河特大桥获铁路局主体结构优质工程奖。

沈哈提速改造工程543公里015米、544公里254米大桥；金窑复线4公里600米盖板涵、大连铁路集装箱中心站工程4公里603米盖板涵、榆树至舒兰铁路工程榆树公路二号框构桥、辽源至西丰铁路工程18公里635米肋板涵、哈大客专长春站改造XK0+127箱形桥、通灌铁路111公里625米肋板涵；前阳至庄河段20公里361米框构涵、86公里700米盖板涵、102公里099米南山头框构中桥、110公里582米长家岭特大桥、1公里258米钢筋混凝土框架箱涵；盘锦港疏港铁路工程33公里311米、34公里527米框构涵工程获铁路局样板工程奖。

四、工程监理

（一）工程监理业务

沈阳铁路建设监理有限公司先后承担500多项铁路（含高速铁路、客运专线）、公路、市政、房屋建筑工程监理业务，工程总造价710多亿元。1997—2011年，沈阳铁路建设监理有限公司先后承担200多项工程监理业务，监理项目覆盖黑龙江、吉林、辽宁、山东、江西、陕西、四川、河南、河北、重庆、内蒙古自治区11个省（直辖市、自治区）和哈尔滨、沈阳、郑州、成都、南昌、济南6个铁路局。承担较大监理项目包括秦沈客运专线；渝怀、胶新、承德市张双、宇辉、白和、长双烟、赤大白新建铁路；宝成线（阳平关—上西坝段）增建二线及电化改造；哈大电化改造中牵引供电、土建工程；胶济、沟海、沈山线电化改造；新建铁路西安—合肥段四电；滨州、滨北铁路路基改桥；满洲里口岸站铁路扩能改造；赣龙铁路江西段房建、给排水工

程；成都北编组站站前、站后和四电工程；宝鸡铁路枢纽；西延铁路钟家村—延安北段扩能改造电力工程；达成铁路扩能改造。

秦沈客运专线动车组整备库；沈大、京哈通道沈哈段提速改造；沈丹线41公里~51公里小半径曲线改造；平齐线能力加强、4500吨贯通落坡；烟大轮渡大连端改造；四平编组站上行驼峰自动化改造；灵山站扩能改造；沈阳、首山、大石桥、锦州、朝阳、阿金、阜新、通辽站站舍改造；锦县大凌河桥大修、浑南新区孤家子道口铁路立交桥、铁路局管内32处平交道口改立交工程。

重庆轻轨较新线二期工程；大连市快速轨道交通3号线延伸线桥梁、铺轨、接触网工程；盘锦双台子河桥、沈阳市浑河截流暗渠穿越铁路、葫芦岛市污水处理有限公司排污管路穿越铁路防护、阜新市城市供水管网改造供水管线穿越新义线铁路防护、长春市兴顺路框构桥；沈阳市胜利南大街延长线苏抚铁路地道桥、三洞桥排水涵顶进、于洪立交桥、卫工铁路地道桥；长春市中环路公铁立交桥、大连市3桥改造、大石桥南轩桥修复；朝阳市珠江路、竹林路公铁立交桥改造；鞍山市东山、深营路隧道新建和玉佛山隧道北洞改扩建工程。黄陵二号煤矿、昆明二电厂、瓦房店热电厂、锦州港二港池煤3煤4、通霍铁路运输有限公司、锦州港集装箱泊位、赤峰热电厂四期供热新建扩建铁路专用线工程。援埃塞俄比亚住房新增B型工程；辽宁省公务员住宅小区、沈阳南八马路住宅、苏家屯客车厂住宅；沈阳鹏源大都会；沈铁职工活动中心等工程。

2012—2015年，签约监理合同374项，合同签约额33412万元。监理的重点工程有武广、哈大、盘海营客运专线和秦沈客运专线改造工程；渝怀、西安至南京、宝成二线、太中银、成都至达州、东北东部通道新建铁路工程；沈阳北、大连站改造工程；新建沈阳南站一、三标段；沈阳枢纽东北环线增建第二线、沈阳站货场搬迁、沈山自动闭塞改造、张家口至呼和浩特铁路工程ZHJL-3标段、通霍线电化改造、通辽至四平电化改造；京沈客运专线辽宁段站前工程JSLNJL-7标段、沈阳枢纽站前工程标段；白阿线白城至镇西段扩能改造、长白线扩能改造CBJL-3标

段、大连市疏港路拓宽改造工程。

市政重点工程有重庆、大连、长春市快速轻轨工程，鞍山五佛山隧道工程、沈阳站集中供热改造，沈阳至丹东高速公路等。

承担房屋建筑重点工程有东北大厦、沈阳市铁西区北三路铁路住宅、苏家屯雪松路住宅；期间还承担埃塞俄比亚、安提瓜和巴布达等国外援建项目工程监理。

期间的2013—2014年，监理公司与中铁第五勘察设计院联合开展施工图审核业务。主要业务内容包括长春空港新城中央大街穿跨长吉城际铁路公铁立交桥、凌源至绥中高速公路建昌至兴城支线工程丁家岭公铁分离式立交桥、通辽铁南地区集中供热等工程。监理公司独立完成哈大高铁20公里计4个循环的沉降变形观测和40公里测量控制网复测及桥梁沉降观测；完成吉图珲客专50公里控制网新设工作。

（二）监理创优工程

在近20年工程监理中，沈阳铁路建设监理有限公司所承担的监理项目多次获得荣誉奖。其中，荣获国家建筑工程鲁班奖的监理项目包括哈大电化改造、胶州至新沂铁路、渝怀铁路金洞隧道和成都北编组站工程；获得省、部级优质工程奖的监理项目包括秦沈客运专线、西合线、重庆轻轨、长大线铁路地道桥拓宽、通辽铁路中学教学楼、滨州二线改造、沈山电化改造、通辽枢纽和四平立交桥工程。

五岛至长兴岛港站工程65公里491米葫芦山湾特大桥、大连站客运设施改造、前阳至庄河段石头河特大桥被评为铁路局优质工程；前阳至庄河段102公里099米南山头框构中桥、110公里582米长家岭特大桥、1公里258米钢筋混凝土框架箱涵被评为铁路局样板工程。

在盘锦双台子河桥工程监理中，本项目被评为"盘锦市放心工程"，铁路局建设监理公司被称为"信得过监理单位"；在胶济线监理中，胶济监理站被评为甲级监理站；在胶新线监理中，胶新监理站在工程竣工评比中被授予优秀监理单位。2014年，沈阳铁路建设监理有限公司在中国铁路总公司建设管理部第二次铁路建设工程监理信用评价结果中被评为第一名。

第二篇　运输装备

铁路机车、车辆、线路、信号、通信、供电、安全检测、监控等设备，站场、公用建筑等基础设施，以及科学研究、信息技术等方面既决定运输生产力水平，也是铁路运输安全效率的基本保障，同时也是铁路现代化的发展标志。20年来，沈阳铁路局各系统运输装备的技术含量发生了质的变化，带动运输生产安全、效率、质量、效益不断攀升。先进的技术、装备在各系统得到普遍的应用,固定设备、移动设备的技术含量均达到了世界领先水平。

1996年，全局线路运行最高允许速度为120公里/小时，车站大部分为非集中联锁控制，移动设备的配置还保有一千多台蒸汽机车，占机车配属总量的51.2%；车辆以绿皮车为主，仅配属了少量的空调车辆，旅客出行条件较为落后。运输效率低、安全性差。2001年8月，哈大电气化铁路沈阳北—哈尔滨段开通，不仅使机车牵引能力得到明显的提升，也填补了沈阳铁路局在牵引供电等固定设备方面的空白。2002年，铁路局所有蒸汽机车退役，铁路局牵引动力全部实现内燃化和电气化；同年，国产动车组中华之星在秦沈客运专线试运行。2004年，局管辖区段允许速度140公里/小时以上线路的延展长度占铁路局线路总延展长度的11.3%，电气集中联锁改造为计算机联锁的站场达到386个，占铁路局站场总数的46.5%。

2008年，沈阳铁路局达到允许速度250公里/小时的线路延展长度占全路的72%，长大线自动闭塞设备全部进行了无绝缘自动闭塞更新改造；同期，沈山、沟海、金窑、苏抚线电气化铁路开通，新增接触网设备2169条公里，牵引变电所12座。2012年，28组CRH380型动车组在哈大高铁投入运用，350公里/小时的运行速度使沿线的哈尔滨、长春、沈阳、大连等城市实现了"同城化"。到2015年，沈阳铁路局管内长吉、哈大、盘营、沈丹、吉图珲、丹大等客运专线、高速铁路陆续建成并投入运营，使沈阳铁路局允许速度200~350公里/小时的正线延展长度达到3723.6公里；客专及高速铁路均采用了CTCS（列车运行控制系统）控车模式；通信光缆全覆盖，同步建成了满足铁路信息化发展需要的通信数据网，实现了铁路局管内所有客专、高铁线路、动车所的GSM-R网络覆盖；客专、高速铁路接触网设备增加到4533.9条公里。到2015年底，全局配属的动车组达到172组，解决春运期间一票难求的局面；和谐型机车占机车配属总数的52.3%，各项运输指标不断创造历史。

第一章　机　务

沈阳铁路局机务系统是铁路局运输组织机构中的重要组成部分，承担着货物、旅客运输的动力保障任务，机务系统的技术业务主管部门为铁路局机务处。2005年3月18日之前，各铁路分局下设机务分处协助机务处进行日常技术管理工作;在此之后,随着铁路分局的撤销,机务处开始直接管理各机务段的技术业务工作,主要包括机务段设置、资源的调配、生产任务、运输生产主要技术指标的分配、督导机务段落实安全生产各项规章、制度等。1996—2015年,铁路局机务处内设机构也在进行着不断的调整,处内科室设置从10个减少到5个。

机务段是机务系统承担完成具体生产任务的基层单位,设置基层单位的数量依据配备的动力装置的最低保障距离。1996年,全局所属机务段有27个,按运营线路里程平均距离为350公里;2015年为8个,运营线路里程平均距离达到1200公里;机务段人员数量从1996年的57607人减少到2015年的30162人。

机务系统配置的动力装备科技不断进步,1996—2000年,配属的机车主为蒸汽机车和内燃机车;2001年,哈尔滨至大连铁路电气化改造完成后,沈阳铁路局开始配属直流电力机车,标志着牵引动力进入电气化时代。2009年国产大功率交流传动和谐型机车的配属,使沈阳铁路局牵引动力开始向现代化牵引装备过渡。到2015年末,全局配属的和谐型机车占机车总台数的53.2%。

动力装备科技水平的提升,带动机务运输主要指标不断提高。机务系统三项指标2015年与1996年相比,运用机车日产量提高到原来的2.27倍;运用机车日车公里提高到原来的1.43倍;平均牵引总重提高到原来的1.55倍。

机车运用方式也在持续进行改进。1996—1998年,沈阳铁路局货运机车交路共计132个,平均距离179公里;客运交路71个,平均牵引距离196公里。2003—2015年,按照"长交路、车循环、轮乘制"的机车运用原则,机务系统实施了大规模的机车交路和乘务制度改革。在货运机车交路上与济南局在沈阳西至济南西间实施了SS4型电力机车跨局轮乘长交路,交路长达1147公里;客运机车交路方面,沈阳铁路局进入山海关的客运机车交路达到38对,最长交路为哈尔滨至上海,长度达到了2560公里。

牵引动力设备的能力不断得到释放。2004年,在对部分区段的机车牵引定数进行提吨牵引试验的基础上,全面实施货车提吨、重载工程,

长大、平齐、通让、京通、长图、沈丹等线路的44个区段进行了大幅度提高牵引定数。货运机车牵引定数平均提高370吨,最多提高了1050吨。2010年,新型大功率和谐机车在机车配属中已达到12%,成为通霍、大郑等煤运通道和京哈、沈大等主要干线重载牵引的主力机型。其中,HXN3型机车担当通霍、大郑线万吨组合列车,锦承、叶赤线双机牵引、梅通、四梅线三机牵引5000吨重载列车,日均减少使用DF4型机车44台,减少使用乘务员264人。HXD3B型机车将京哈、沈大线牵引定数由5000吨提高到7000吨以上,比SS4型机车牵引提高了1.4倍。2014年,继续优化机车交路,HXN型机车担当平齐线白城—双辽、双辽—四平间上行货物列车牵引定数10000吨,普超至10400吨。从11月份开始,长春北站—沈阳西(苏家屯)间日均开行2列万吨列车,进一步提高通霍、大郑、高新、珠珠、霍白等线万吨及百辆的比重。2015年末,万吨、百辆开行列数比重达到93%。

第一节 机务系统概况

一、机务处

沈阳铁路局机务处是机务系统业务主管部门。1996年,机务处下设10个科室:机车运用科、蒸汽机车科、内燃机车科、技术设备科、水电科、燃料热力科、安全救援科、调度科、部驻局验收室、电气化科,定员57人;1个附属部门:机务试验中心,定员40人。2000年,根据沈铁劳发〔2000〕20号文件,沈阳铁路局重新调整机构编制,将机务处调度科划归调度指挥中心,生活卫生处的公寓管理职能划归机务处;调整后机务处科室编制,下设9个科,即:机车运用科、机车检修科、技术设备科、水电科、燃料热力科、安全救援科、部驻局验收室、电气化科、公寓管理科,定员37人;1个附属机构:机务试验中心,定员45人。

2005年,为适应铁路局直管站段体制改革的需要,根据沈阳铁路局下发《关于公布沈阳铁路局机关行政限额内机构定员的通知》和《关于公布运营管理费列支附属单位机构定员的通知》,

机务处下设：运用科、安全科、检修科、设备科、能源技术科、供电科、水电科、部驻局验收室，定员39人；附属机构为机务检测所，定员42人。2006年，根据铁道部《关于进一步规范铁路局机构编制管理的意见》，机务处编制进行部分调整：减副处长定员1人，运用科增加主任干事定员1人（负责行车公寓管理），安全科增加高级工程师定员1人。撤销水电科机构定员，将牵引供电科更名为供电科，设定员6人。

2011年8月9日，根据铁道部《关于设立铁路局供电处的通知》，机务处供电科从机务处分离，成立沈阳铁路局供电处，供电管理职能全部剥离交供电处。9月6日，调整机务检测所编制并成立沈阳铁路局供电检测所。调整后，机务检测所不再承担相关供电检测业务，定员变为9人。12月27日，公寓管理所业务主管部门由铁路局机务处主管调整为土地房产管理处主管，并核减机务处运用科定员1人。

2015年12月31日，机务处处内机构设置为5个科室、一个附属机构，即运用、安全、检修、设备、能源技术科以及附属的机务检测所。机务处定员30人，机务检测所定员10人。

二、机务分处

1996年，沈阳铁路局共有10个铁路分局（公司），9个铁路分局下设机务分处，机务分处的定员为8~14人；大连铁道有限责任公司下设机辆分公司，机辆分公司定员16人。1999年1月1日撤销丹东分局，丹东铁路分局机务分处并入沈阳铁路分局机务分处；2000年12月，白城铁路分局撤销，白城铁路分局机务分处并入长春铁路分局机务分处；图们铁路分局撤销，机务分处并入吉林铁路分局机务分处。2005年3月18日，根据铁道部《关于改革沈阳铁路局体制的决定》，撤销沈阳、长春、锦州、吉林、通辽、通化铁路分局和大连铁道有限责任公司，实行铁路局直管站段的体制，各铁路分局机务分处全部撤销。

三、机务段

1996年，沈阳铁路局共有27个机务段，分别是：长春、沈阳、沈西、苏家屯、灵山、大石桥、瓦房店、大连、本溪、丹东、大虎山、锦州、山海关、阜新、叶柏寿、赤峰、彰武、通

辽、郑家屯、白城、大安北、吉林、新站、梅河口、通化、泉阳、图们机务段。机务系统共有机车司机8243人、副司机8684人、司炉3578人、学员42人。1998年7月，瓦房店机务段撤销划归大连机务段；大虎山机务段撤销，划归锦州机务段。1999年3月，泉阳机务段撤销划归通化机务段。

2003年，机务段进行了较大的调整，24个机务段撤并了8个，撤销了16个机务折返段，将4个机务折返段调整为整备点。调整后，设16个机务段，即长大线4个机务段（长春、沈阳、苏家屯、大连），沈山线3个机务段（锦州、山海关、沈阳西），东部线4个机务段（吉林、图们、梅河口、本溪），西部线5个机务段（赤峰、通辽、白城、大安北、阜新）。机务系统设置机务折返段23个、整备点5个。

2005年6月8日，根据沈阳铁路局《关于实施沈阳铁路局运输生产力布局调整的决定》，机务段布局调整为：将长春机务段整建制划归苏家屯机务段，将大安北机务段整建制划归白城机务段，将本溪机务段整建制划归沈阳西机务段，将阜新机务段整建制划归锦州机务段，将赤峰机务段整建制划归通辽机务段，将图们机务段整建制划归吉林机务段。调整后，机务系统（不含水电）共设置10个机务段，即白城、沈阳、苏家屯、沈阳西、大连、锦州、山海关、通辽、吉林、梅河口；机务系统共设置综合车间11个，折返段18个，整备点5个。

2006年3月18日，根据沈阳铁路局《关于实施运输生产力布局调整的决定》，机务段布局调整为：撤销大连机务段，并入苏家屯机务段；撤销沈阳西机务段（除丹东运用、检修、设备、燃料车间）并入苏家屯机务段；撤销山海关机务段，将山海关机务段（除山海关折返段外）、沈阳西机务段丹东运用、检修、设备、燃料车间划归沈阳机务段；撤销白城机务段，并入通辽机务段；撤销梅河口机务段，并入吉林机务段。调整后，机务系统共设置机务段5个，即沈阳、苏家屯、锦州、通辽、吉林。

2009年，机务系统将机车中修全部集中到苏家屯机务段，机车小修全部集中到机务段所在地。结合长吉城际铁路建设，吉林机务段整体搬

第一章　机务　　　　　　　　　　　　　221

迁至棋盘。

2011年按照铁道部《关于沈阳铁路局运输站段布局调整的批复》，决定自12月1日起，对沈阳铁路局机务系统运输生产力布局进行调整，组建大连、白城、梅河口机务段。到2015年末，沈阳铁路局共设置8个机务段、生产车间82个，即沈阳机务段设置生产车间8个（沈阳运用、整备、检修、设备、救援车间，沈阳北动车、整备车间，山海关运用车间），苏家屯机务段设置生产车间13个（苏家屯运用、整备、中修、小辅修、配件及自备车修理、设备、救援车间，丹东运用车间、本溪运用、整备车间，长春北运用、整备车间，沈阳西运用车间），锦州机务段设置生产车间13个〔锦州运用一车间、锦州运用二车间、整备、检修、设备、救援车间，沈阳西整备车间，山海关（客）整备、检修车间、山海关（货）整备，阜新运用车间、叶柏寿运用、整备车间〕，通辽机务段设置生产车间12个（通辽运用、整备、检修、设备、救援车间，通辽南整备车间，赤峰运用、整备、检修车间，四平整备车间，珠斯花运用整备、整备车间），吉林机务段设置生产车间11个（吉林客车运用、货车运用、动车、整备、检修、设备、救援车间，图们运用、整备车间，长春运用、整备车间），白城机务段设置生产车间9个（白城运用、整备、检修、设备、救援车间，大安北运用、整备车间，封存车基地，四平运用车间），梅河口机务段设置生产车间8个（梅河口运用、整备、检修、设备、救援车间，通化运用、整备、轨道车检修车间），大连机务段设置生产车间8个（大连动车、整备、检修、设备、救援车间，金州运用、整备车间，大石桥运用车间）。

第二节 机车设备

1996—2000年，沈阳铁路局配属的机车由蒸汽机车和内燃机车组成，其中内燃机车承担了90%的客运和50%以上的货运任务。2001年，沈阳铁路局配属了109台直流电力机车。2002年2月28日，通化机务段建设型8201号蒸汽机车退出现役，沈阳铁路局牵引动力全部实现内燃化和电气化。2009年，国产大功率交流传动和谐型机车配

属到通辽机务段，沈阳铁路局的牵引动力开始向现代化牵引装备过渡。到2015年12月31日，铁路局共配属机车1952台，其中：内燃机车1268台，电力机车684台。

一、蒸汽机车

1996年初，沈阳铁路局共配属2172台机车，其中蒸汽机车1118台，运用蒸汽机车791台，机型为前进型和建设型；在27个机务段中，蒸汽机车段有13个，分别是白城、大安北、沈阳西、灵山、大石桥、瓦房店、大虎山、阜新、叶柏寿、彰武、郑家屯、新站、泉阳机务段。到1996年年底，配属蒸汽机车减少到1040台，蒸汽机务段变为8个，即沈阳西、灵山、大石桥、阜新、彰武、大安北、新站、泉阳机务段，全年蒸汽机车走行6435.2万公里。1997年年末，铁路局配属机车2078台，其中蒸汽机车849台，蒸汽机务段仍为8个，全年蒸汽机车走行5124.1万公里。1998年，沈阳铁路局配属机车2071台，其中蒸汽机车728台，蒸汽机务段减少到7个，阜新机务段由蒸汽段变为蒸汽、内燃混合段。铁路局全年蒸汽机车走行3520.4万公里。1999年，沈阳铁路局配属机车1710台，其中蒸汽机车331台，蒸汽机务段4个，分别是：灵山、大石桥、彰武、新站机务段，全年蒸汽机车走行2189.1万公里。2000年，沈阳铁路局配属机车1693台，其中蒸汽机车243台，蒸汽机务段仍为灵山、大石桥、彰武、新站机务段，全年蒸汽机车走行1643.9万公里。2001年，沈阳铁路局配属机车1811台，其中蒸汽机车182台，铁路局24个机务段中，已无单一蒸汽机务段，全年蒸汽机车走行1419.6万公里。2002年2月28日，沈阳铁路局最后一台蒸汽机车建设型8201号在通化机务段下线，结束了蒸汽机车在沈阳铁路的百年运用历史。按照铁道部的要求，蒸汽机车退役后，沈阳铁路局储备100台蒸汽机车。

二、液力传动及直流电传动内燃机车

1996年，沈阳铁路局配属1054台内燃机车，占运用机车的57.1%。铁路局有内燃段6个，分别是沈阳、苏家屯、大连、本溪、山海关、赤峰机务段；蒸汽、内燃混合段8个，分别是长春、丹东、锦州、通辽、吉林、图们、梅河口、通化机

1995—2002年沈阳铁路局蒸汽机车、内燃机车配属对比图

图2-1-1

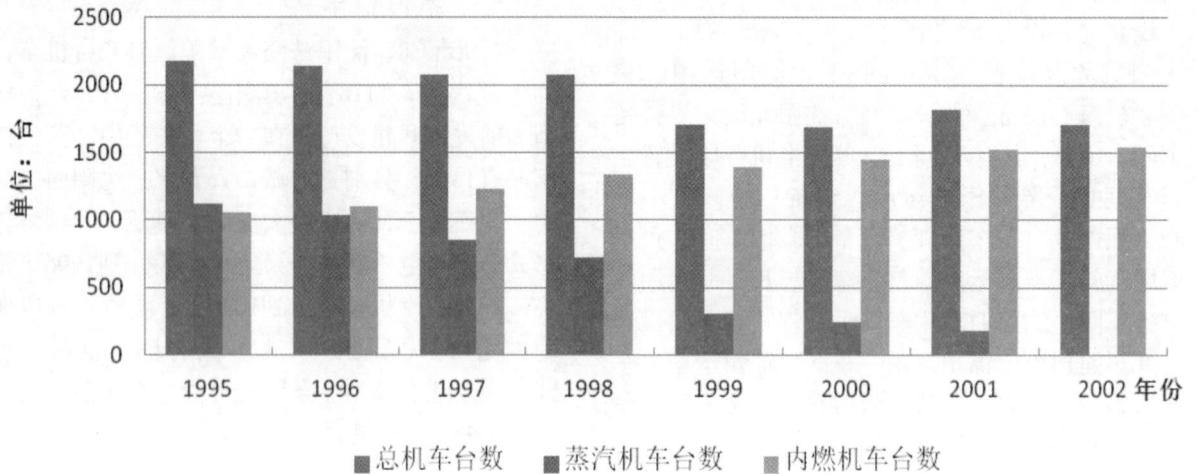

■总机车台数　　■蒸汽机车台数　　■内燃机车台数

务段；配属的内燃机车型号有：东方红1、东方红3、东方红5、东风4、东风5、东风6、ND5（ND代表进口内燃电传动机车）型机车，其中东方红3型机车130台（东方红系列机车为液力传动），东风4型（东风系列机车为直流电传动）机车673台，分别是客、货运输的主力车型。

1997年，铁道部新增配内燃机车147台，其中东风4B型10台、东风4C型70台、东风4D型23台、东风11型14台、东风5型15台、ND5型15台。调给哈尔滨铁路局东风4型3台，调给济南、上海铁路局东风11型机车4台。全年重点将白城—三间房、白城—太平川间部分货运蒸汽机车牵引改为内燃机车牵引；四平—郑家屯—太平川间客、货蒸汽机车牵引改为内燃机车牵引；大郑线、通霍线、通辽—太平川—大安北间客运机车全部改为东方红3型内燃机车牵引；锦州—叶柏寿—赤峰间部分蒸汽货运机车、全部客运机车，叶柏寿—金杖子间货车改为内燃机车牵引；凤凰城—长甸间部分货运机车改为东方红3型内燃机车牵引；图们—鹿道间部分货运机车改为内燃机车牵引；大连—瓦房店—大石桥、沙岗—鲅鱼圈间小运转改为内燃机车牵引。年末，沈阳铁路局配属内燃机车1229台。

1998年，新增配内燃机车126台。其中东风11型机车23台，东风4D型机车37台，东风4C型机车40台，东风7型机车17台，东风5型机车9台。根据运输需要，京哈线快速、特快客车实现了东风11型、东风4D型提速机车牵引；山海关—沈阳西、沈阳西—四平直通货车全部、京通线直通货车的大部的牵引机型都更换为东风4C型机车。赤峰、丹东、本溪、吉林、长春机务段增配内燃机车后，满足了沈长、沈丹、沈吉、京通等线客车提速、扩大编组的需要；白城、郑家屯、阜新机务段增配内燃机车后，打通了平齐线，实现了货车内燃化；沈阳—阜新间货车实现了牵引内燃化；彰武机务段增配内燃机车后，实现了彰武—沈西间货车牵引内燃化；魏塔线客、货车、沈阳枢纽小运转机车实现了牵引内燃化。铁路局内燃机车牵引比重，客车已达96%，货车达到76%，调小机车达到66.5%。随着国产第三代内燃机车东风4D、东风11型的配属运用，东方红系列内燃机车逐步从干线铁路退出，主要承担铁路局管内铁路支线的客货运输及调车、小运转列车的牵引任务，东风系列内燃机车已成为沈阳铁局客货运输的主力车型。

2000年，沈阳铁路局配属内燃机车1450台，其中：东方红系列机车211台，东风系列机车

1125台，ND5型机车71台。2001年开始内燃机车换型，逐步将东方红系列液力传动内燃机车换型为东风系列电传动内燃机车；年内报废内燃机车12台，其中：东方红3型11台，东方红5型1台。2002年报废内燃机车42台，其中东方红3型机车30台，东方红5型12台。2003年，铁路局加快了内燃机车换型速度，全年报废机车83台，其中东方红3型49台，东方红5型33台，东风4A型1台。到2003年年末，液力传动的东方红型系列机车换型工作完成，配属的1581台机车中，电力机车225台，内燃机车1356台，均为直流电传动机车。2008年，铁路局配属内燃机车1282台，其中东风系列机车1208台，ND5型74台。2009—2015年，沈阳铁路局加快了老旧型直流电传动内燃机车报废的速度。到2015年年末，机务系统配属内燃机车1272台，其中DF系列及ND5型机车计804台，占所有内燃机车的63.2%。

三、和谐内型机车

HXN3（和谐内3）型机车是2009年国内外同类产品中技术最先进、功率最大、交流传动、节能环保型交流内燃机车，具有三机重联功能。机车功率4400千瓦，最高时速为120公里，是中国铁路装备现代化的标志性机车，是引进、消化、吸收、再创新的丰硕成果。2009年6月3日，通辽机务段在机车整备场举行了HXN3型内燃机车投入运用首发式。6月28日，HXN3型内燃机车牵引万吨煤炭专列，在通（辽）霍（林河）线成功完成试运行。同年，为充分发挥HXN3型机车大功率的优势，将通霍、大郑、京通、叶赤、平齐等线路牵引定数提高到5000~10000吨。到2009年年底，沈阳铁路局已配属HXN3型机车57台，全部在通辽机务段运用。2011年，铁路局配属HXN3型内燃机车201台，HXN5型机车80台。2014年，铁路局配属HXN3型机车270台、HXN5型机车170台（其中双司机室机车50台）。2015年12月31日，铁路局配属的内燃机车中，和谐型内燃机车468台，占配属内燃机车的36.8%。

四、直流传动电力机车

2001年8月18日，哈大电气化铁路沈阳北—哈尔滨间开通，结束了东北铁路网无电气化的历史。到2001年年末，沈阳铁路局配属电力机车104台，其中：韶山4型87台，韶山9型17台，均为直流传动电力机车。随着电气化牵引区段的不断增加，配属的直流传动电力机车也逐年增加，到2008年年末，铁路局配属电力机车278台，其中：韶山3型1台，韶山4型166台，韶山9型111台。随着HXD（和谐电）型机车的配属，沈阳铁路局对配属的老型电力机车逐步进行淘汰。2015年12月31日，沈阳铁路局共配属电力机车693台，其中直流传动电力机车116台。

五、交流传动和谐型电力机车

HXD3（和谐电3）型机车全长20.846米，设计速度为每小时120公里，采用交流传动技术，粘着系数高，牵引力大，功率达到7200千瓦。具有技术领先、可靠性高、检修容易、维护成本

2009—2015年沈阳铁路局直流传动内燃机车与和谐型内燃机车配属对比图

图2-1-2

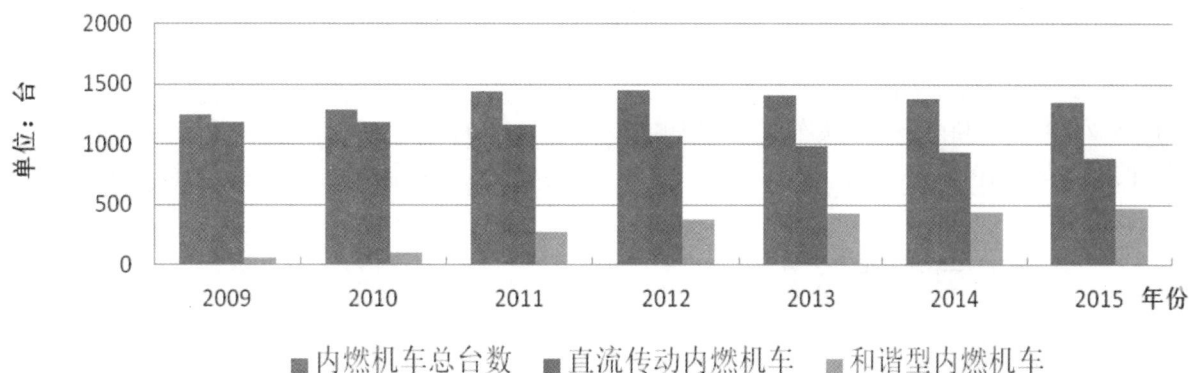

内燃机车总台数　直流传动内燃机车　和谐型内燃机车

2009—2015年沈阳铁路局直流传动内燃机车与和谐型内燃机车配属对比图

图2-1-3

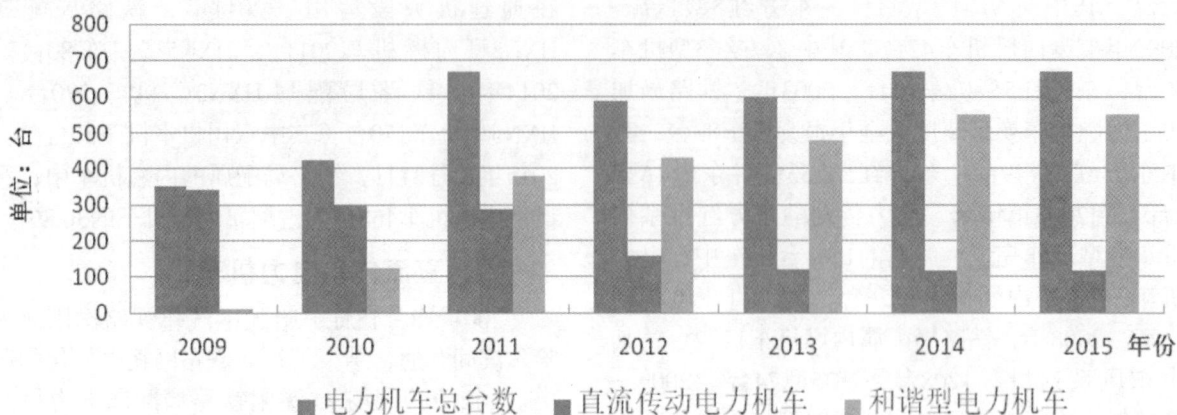

■电力机车总台数　■直流传动电力机车　■和谐型电力机车

低、节能环保等特点。2009年11月6日，HXD3型电力机车牵引的K7360次列车从沈阳北站发往大连，这是HXD3型电力机车首次在沈阳铁路局管内担当旅客列车牵引任务。由此，沈阳铁路局的电力机车也进入现代化牵引装备时代。2009年年底，铁路局配属HXD3型电力机车10台。2010年新增配HXD3B（和谐电3B）型机车92台，HXD3C型机车22台，电化区段的客运交路全部实现和谐型机车牵引，京哈、沈大、沈山、沟海等电化区段的货运实现了和谐型电力机车牵引。2011年，HXD3B型增配到310台、HXD3C型增配到60台，和谐型电力机车占配属电力机车的比例达到57%，沈阳铁路局配属电力机车的4个机务段（沈阳、苏家屯、大连、锦州）中，除锦州机务段外均配属了和谐型电力机车。2012年，韶山4型电力机车已全部由和谐型电力机车代替，和谐型电力机车配属达到431台，其中：HXD3型10台、HXD3B型351台，HXD3C型70台，铁路局配属电力机车的4个机务段全部配属了和谐型电力机车。2013年，新配属HXD3D（和谐电3D）型机车6台，同时增配了HXD3C型机车40台。到2015年12月31日，和谐型电力机车已占配属电力机车的83.3%。

第三节　机车运用

一、机车运用方式

1996年，沈阳铁路局机务系统将苏家屯机务段机车在四平机务段整备折返的方式，改变为在车站整备折返。大连公司采取停开或减开摘挂列车和增加区域小运转列车的方法，节省机车11台。自实施机车有偿占用和交路调整后，计划运用调小机车290台，实际使用256.7台，日均节省33.3台。

1997年4月1日，全路实施新图以后，沈阳铁路局对14个区段的客货机车交路和折返方式进行了改革，沈阳—哈尔滨间的直通车有4对实现了长春站直通。通辽机务段担当的通辽—太平川间客车交路延长到大安北。锦州机务段担当的锦州—盘锦的货车交路延长到灵山。通辽—太平川的货运机车，由现行的太平川折返段入库整备改为站内立折。沈阳—叶柏寿的223/224、222/221次改由沈阳、叶柏寿两段对包担当，阜新站直通。长春机务段担当的长春—大安北的Y259/260、647/648次两对客车交路延长到白城。调整锦州—通辽间629/630、大虎山—郑家屯883/884两对管内客车的运行时刻，实现了大虎山—通辽间2对客车由蒸汽机车改为内燃机车牵引。通过调整，将使用1台内燃、8台蒸汽机车担当的大郑线、通让线6对客车交路变成仅用通辽段3台内燃、郑家屯段3台蒸汽机车担当，节省机车3台。

1998年，沈阳铁路局机车交路共计132个，平均距离179公里。客运交路71个，平均牵引距离196公里。其中，内燃机车牵引交路45个，平均牵引距离228公里，最长的山海关—大连间是608公里；蒸汽机车交路26个，平均牵引距离为140公里，货运交路61个，平均牵引距离160公里。其中，内燃机车牵引交路32个，平均牵引距离173公里，最长的大连—苏家屯间为379公里；蒸汽机车牵引交路29个，平均牵引距离为146公里。各牵引区段中，担当牵引客运列车342对，担当牵引货运列车1287对。1998年5月，沈阳—哈尔滨间直通客车由4对增加到10对，沈阳机务段担当8对，长春机务段担当2对。8月31日起，锦州机务段担当的沈山线机车交路由双肩回式改为半循环方式，开始了沈山线机车交路的改革。1999年，机车交路采用机车半循环运用方式，锦州—阜新—通辽间加开2对客车后，将阜新机务段担当的阜新—沈阳北、锦州间的另2对客车一起混套，采用阜新站上行入库，下行直通的半循环机车运用方式，仅使用内燃机车3台，节省机车2台，并实现了阜新—锦州间客车牵引内燃化。10月10日进行了第二次列车运行图微调，将沈阳—哈尔滨间开行的K235/6行包列车单独使用2台机车套用，由长春机务段担当，并将该段担当的长春—哈尔滨间12对客车由哈尔滨东折返，改为哈尔滨折返，共使用14台内燃机车，节省1台。

2000年，调整了郑家屯机务段担当的郑家屯—太平川、通辽、四平间的货运机车交路，由三向单肩回改为双向半循环，每天节省机车3台。在保证沈哈间13对客车实行内燃机车长交路的基础上，山海关—大连间经沟海线的3对客车也实行了长交路，每天节省机车1.5台。沈阳机务段担当的沈阳—哈尔滨间的客车机车交路由三棵树机务段入库折返，改为在哈尔滨机务段入库折返，减少了哈尔滨到三棵树间的单机走行对数。随着全局内燃机车的比重加大和机车交路的调整，年内撤销了7个机车上煤点和2个清灰、上水点。

2001年，韶山4改型电力机车投入运用后，开原—沈阳南间3对摘挂列车由沈阳西机务段内燃机车担当(原为苏家屯机务段担当)。沈阳南—大石桥间3对摘挂列车由灵山机务段内燃机车担当(原为苏家屯机务段担当)。大官屯、南甸间小运转由沈阳西机务段内燃机车担当(原为苏家屯机务段担当)。

2002年，沈阳—哈尔滨间全部、沈阳—大连间3对旅客列车改由沈阳机务段韶山9型电力机车牵引。沈阳南—长春北间15对货物列车的交路分别在6月和9月实行机车长交路，由苏家屯和长春机务段对包。10月，沈阳南—金州间11对货物列车实行长交路，由苏家屯机务段与大连机务段瓦房店运用段对包。

2003年，沈阳铁路局按照"长交路、车循

1996—2015年沈阳铁路局机车日车公里变化对比图

图2-1-4

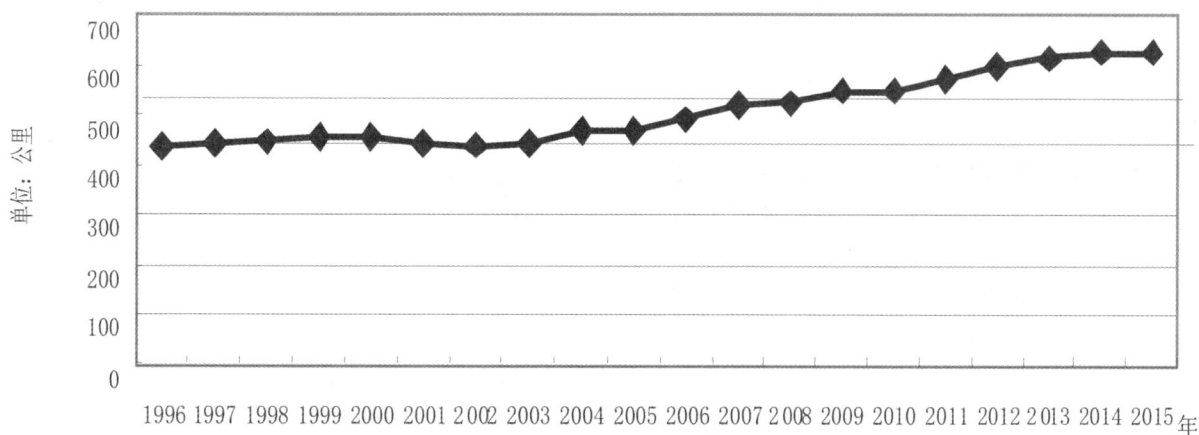

环、轮乘制"的机车运用发展方向，实施了大规模的机车运用方式调整、机车交路和乘务制度改革。客运机车交路以做强做大沈阳机务段为目标，经过四个阶段的调整，至2007年1月，累计调整34个客运机车交路，基本完成客运机车交路的重新布局，吉林、通辽、苏家屯、锦州机务段客车牵引任务弱化，沈阳、沈阳北、长春、吉林等主要客运机车换挂站的机车交路基本拉通，减少了机车换挂次数，提高了运用效率，实现了以沈阳为中心向四周幅射的客运机车交路新格局。货运机车交路打破传统机车运用方式，按照"长交路、车循环、轮乘制"，实行以苏家屯、锦州、通辽、吉林为支点的区域循环，形成"四个区域，循环运用"的新格局。机车运用打破固定交路模式，在区域内不受方向限制，集中统一指挥，机车交路按车流拉通，实现点到点运输，在整备距离内减少中间换挂次数，机车运用更加灵活、效率更高。

2008年，以沈山电化为契机，沈阳铁路局机车交路向关内进一步延伸。在客运交路方面，1051/2、1521/2、1489/90、T244/3次4对交路延长到天津；T225/6、K39/40次2对交路延长到北京；京哈线北京至哈尔滨间K27/8、X105/6、T17/8、Z15/6、T47/8、T157/8次6对客车由沈阳铁路局担当，山海关至上海间K189/90、K517/8、K57/8次3对客车由沈阳铁路局担当，新增沈阳北至济南D164/3次1对。在货运交路方面，与北京铁路局在沈阳西至丰台西（南仓）间实施了SS1型电力机车跨局轮乘长交路；与济南铁路局在沈阳西至济南西间实施了SS4型电力机车跨局轮乘长交路，交路长达1147公里。2009年，客运交路又新增5对机车交路延长到北京、1对延长到青岛、2对延长到徐州、4对延长到济南，沈阳铁路局入关客运机车交路达到38对，最长交路哈尔滨—上海，交路长度达到了2560公里。2010年，继续推进入关机车交路拉通，山海关口跨局长交路达到42对。2011年延长了9对跨局客运机车交路，新接北京局山海关—天津间27对客运乘务交路。2012年，将南昌铁路局2对跨局长交路在阜阳断开、哈尔滨—北京间T17/8、T47/8次交路交哈尔滨铁路局担当、天津—山海关间13对客车交北京铁路局担当，对沈

阳铁路局管内通辽—阜新间货运乘务交路在彰武站断开。2013年，在沈大线瓦房店、长图线敦化、沈吉线烟筒山（清原）、大郑线彰武、梅集线白山市等交路开口控制劳动时间；在通霍线通辽—霍林河、长图线棋盘—长春北、沙鲅线苏家屯—鲅鱼圈北、沈山线山海关—锦州—沈阳西、京哈线苏家屯（沈阳西）—四平—长春北，以及四梅、叶赤、平齐、通让等线双班改单班乘务交路控制劳动时间。2014年，将客车135班双班单司机值乘区段改成单班单司机值乘。

2015年9月30日，沈阳铁路局担当旅客列车235对，客运交路平均1259公里，内燃机车最长交路为沈阳—齐齐哈尔（837公里K549/50次），电力机车最长交路2670公里（哈尔滨—上海间T73/4次）。货运机车日均运用1063台，货运机车交路平均316公里，最长交路为金州—哈尔滨间925公里。

二、机车牵引能力

1996年，沈阳铁路局调整部分区段的牵引定数。其中，将四梅线梅河口—辽源间定数由2300/1500提至2700/2000、辽源—四平站间由1500/800提至1800/950；盘锦线锦州—盘锦站间由3500/3500提至4000/4000。1997年，沈阳铁路局在16个客车区段对114对重点客车共压缩运行时分1941分，技术速度提高3.8公里；在10个货车区段对194对重点货车共压缩运行时分1144分，技术速度提高1.2公里；提高了5个区段的机车牵引定数。1998年10月1日，根据铁道部的统一部署，正式实行了调整后的新列车运行图。沈阳铁路局各区段的客车普遍提速，山海关—哈尔滨间的上、下行快速列车压缩47分；快速列车在车站的换挂时间由12分压缩到8分；机车乘务员在车站的换班时间由10分压缩到6分。技术速度提高0.6公里。提高了通辽—郑家屯，白城—太平川、三间房，沈阳西—梅河口下行货车的牵引定数，分别提高了200~300吨。

1999年，沈阳铁路局对各区段货物列车进行牵引试验，提高列车牵引定数。沈丹线苏家屯—本溪间进行了货物列车牵引试验，使该段货物列车的牵引定数上行提高300吨（由2500吨提到2800吨），下行提高50吨（由2800吨提到2850吨）。在京通线对内燃机车进行了长大下坡道实行电阻

制动试验，赤峰机务段东风4型内燃机车牵引货物列车3300吨，于纪家沟—赤峰间6‰下坡道实施电阻制动调速，使机车运用安全系数得到提高，又做到了调速准确。

2000年上半年，为确保新图的顺利实施，先后在高新、长白、沈吉等7条干线进行了9次客、货列车的牵引试验，通过试验铁路局压缩客车运行时间578分，技术速度提高1.2公里/小时；沈阳西—四平间下行等10个区段货物列车牵引定数分别提高200—300吨。实施新图后，铁路局旅客列车旅行、技术速度分别平均提高8.2公里/小时和3.5公里/小时。

2001年，先后在沈山、哈大、高新、通霍等五条干支线进行了5次客、货列车的牵引试验，通过试验铁路局压缩客车运行时间141分，技术速度提高0.3公里/小时；13个区段货物列车牵引定数分别提高200—300吨。实施新图后，铁路局旅客列车旅行速度提高0.2公里/小时。5月7日18时起，沈山线正式开行重载列车，每天开行6对。

2002年，长大线韶山4型货运电力机车投入使用后，5月11开始，沈阳南(西)—长春北间上下行货运电力机车牵引吨数由3650/2900吨，提高到5000/4800吨；沈阳南—大石桥间上下行货运电力机车牵引定数由4000/4000吨，提高到5000/5000吨；沈阳南—金州、大连北间上下行直通货运电力机车牵引定数由3100/3000吨，提高到4800/4800吨。8月，浑白线松树镇—白河间牵引定数由850/400吨，提高到1300/650吨；梅集线通化—集安间由400/650吨，提高到650/900吨；鸭大线临江—浑江间由450/450吨，提高到650/650吨；平齐线四平—白城—三间房间下行由2900吨，提高到3500吨；通霍、大郑线霍林河—白市间上行由3550吨提高到4000吨；长白线大安北—长春间由1800/1800吨，提高到2200/2100吨；新义线锦州—阜新间由1500/2000吨，提高到1700/2200吨；沈山线东风8B机车的投入运用，保证了5000吨货物列车的牵引动力。

2003年，沈阳铁路局在布局调整过程中，先后3次开展了货物列车的提吨增效。先是实现所有交路牵引定数普超80吨，之后，又先后两次对17个区段进行了牵引试验，在已有牵引吨数基础上，对试验区段的牵引定数进行了调整。

2004年，全面实施货车提吨、重载工程。对长大、平齐、通让、京通、长图、沈丹等24条线路的44个区段大幅度提高了牵引定数。铁路局货运机车牵引定数平均提高370吨，最多提高了1050吨。还在哈大、通霍线开行重载5000吨列车和100辆空敞大列。在平齐和通让线提速试验取得成功经验的基础上，又进行了全线提速试验，将18条线路、28个区段的客运列车区间运行时分，上行压缩899分，下行压缩908分；技术速度上行提高4.5公里/小时，下行提高4.7公里/小时；将28条线路、43个区段货运列车区间运行时分，上行压缩602分，下行压缩709分；技术速度上行提高2.3公里/小时，下行提高2.7公里/小时。

2005年，继续深化牵引定数改革。相继开行了长春北—沈阳南（西）上行5500吨，哈尔滨—沈阳西（南）上行、沈阳西—山海关上下行5500吨，沈阳南—灵山上下行5500吨重载列车。通过开行重载列车，有效缓解了长大、沈山干线运输能力紧张问题。长大、沈山线开行5500吨重载列车后，平均每天开行27.5列，机车日产量提高0.74万吨公里，日均节省运行线2.75条、机车3.9台。

2006年，积极实施"拉通干线、干支匹配、畅通枢纽"的提吨重载战略，先后组织进行了59次货车牵引试验，提高了45个区段的货车牵引吨数，基本形成支线4000吨，一般干线5000吨，主要干线6000吨的新格局，使京哈、沈大、沈山、通霍、平齐、通让、京通、大郑、沈吉等干线区段全面拉通，重车方向牵引吨数达到5000~6000吨，打破了因各区段牵引吨数不一致造成的车流和机车交路阻断，为车流拉通、交路拉通创造了前提。在运输能力紧张的京哈、通霍、大郑线成功开行万吨重载列车和百辆空敞列车。

2007—2008年，以保分界口、保干线、保编组站、保重点运输为龙头，在主要干线、运煤通道、战略装车点优先配置主型机车，全局基本形成了支线4000吨、一般干线5000吨、主要干线6000吨的干线拉通、干支匹配的格局。在此基础上，针对管内"京哈通道能力紧张、西部区域增量受限"的矛盾，采取双机、三机牵引和组合的方式，在京哈、大郑、平齐、通霍线开行万吨至两万吨重载列车和2~5单元组合列车，解决运能与运量之间的矛盾。

2009年，按照"机车集中配置、干线统一机型、循环跨线使用、人员跨段继乘"的运用理念，将沈山线33台DF8B机车调配到梅通、沈吉、长图等困难区段运用，提高区段牵引定数500吨；沈山直通货物列车全部由SS4电力机车担当，牵引定数由5000吨提高到7000吨；将辽南35台ND5型机车调整到沈丹、溪辽线，提高区段牵引定数300~400吨；充分发挥HXN3型机车大功率优势，将通霍、大郑、京通、叶赤、平齐等线定数提高到5000~10000吨。

2010年，沈阳铁路局新型大功率和谐机车在机车配属中已达到12%，成为通霍、大郑等煤运通道和京哈、沈大等主要干线重载牵引的主力机型。和谐型大功率机车的大面积使用，推动牵引定数水平显著提高，主要干线牵引定数平均提高300吨。其中，HXN3型机车担当通霍、大郑线万吨组合列车，锦承、叶赤线双机牵引、梅通、四梅线三机牵引5000吨重载列车，日均减少使用DF4型机车44台，减少使用乘务员264人。HXD3B型机车将京哈、沈大线牵引定数由5000吨提高到7000吨以上，比SS4型机车牵引提高了1.4倍。2011年，调整以内换电客运机车交路14对，将沈山、京哈线行包列车4对调整由HXD3B电力机车担当，将沈阳枢纽、山海关小运转5台内燃机车调整由电力机车担当；调整和谐型货运机车交路，将HXN5机车运用区域扩大到长图、梅通、沈吉、梅集线，对HXN3型机车运用区域进行优化，实现了霍林河—大虎山—四平间交路贯通。2012年开始，实行了机车区域循环控制。按照机车运用模式，东部以HXN5、DF4C型机车运用为主，西部以HXN3、DF4C型机车运用为主，中部以HXD、SS4型机车运用为主的原则，实行四小区域循环运用。4个区域分别为吉林、梅河口区域，通辽、白城、锦阜区域，丹大区域（沈丹、溪辽、大连枢纽），电化区域（沈山、沈大、京哈、沟海线）。2013年，牡图线增加春阳—老松岭补机，牵引定数由1100吨提高至3000吨；长白线调整HXN5型机车担当牵引定数提高至5000吨；京通线由DF4C型机车调整由HXN3机车担当，牵引定数由1750吨提高至3500吨。

2014年，继续优化机车交路，在沈阳西—新邱间上行东风4型机车牵引定数2000吨、沈阳西去通辽方向DF4型牵引定数3100吨的前提下，沈阳西—新立屯间上行东风4型机车普超至4200吨、新立屯—新邱间上行DF4型机车普超至2400吨；将沈大线大连东—大石桥间下行货物列车牵引定数5000吨普超至6000吨；梅河口—通化间下行货物列车牵引定数2000吨，其中梅河口—柳河间普超至5200吨，柳河—驼腰岭间普超2500吨，驼腰岭—三源普间普超至5200吨。

1996—2015年沈阳铁路局货物列车平均牵引总重对比图

图2-1-5

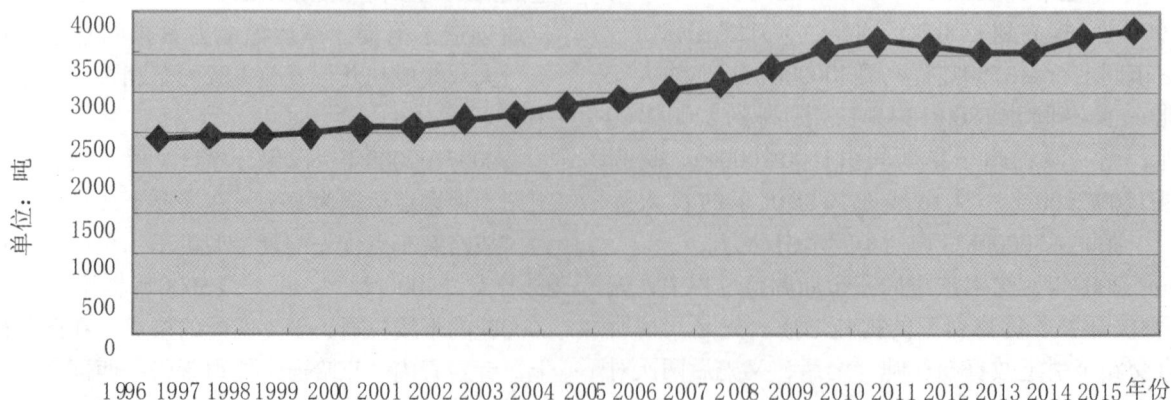

HXN型机车单机牵引尾部加挂HXN型机车担当补机时，牵引定数4000吨，在天气晴好时普超至5200吨；HXN型机车担当平齐线白城—双辽、双辽—四平间上行货物列车牵引定数10000吨，普超至10400吨。沈四间平齐通让线上行车流在四平补轴，同时，自2月21日起苏家屯—鲅鱼圈北站间查定8条运行线开行7000吨列车。2015年，机务系统继续优化操纵增吨数，在通霍、大郑等8条线持续开行百辆、万吨列车，减少了机车使用。其中：通霍线通辽—霍林河间1～12月份共计开行百辆、万吨列车18310列，占总开行列数93.8%，同比提高2%；京通线通辽—赤峰间1~12月份共计开行万吨列车1630列，占总开行列数54.8%。

三、机车乘务制度

1996—2000年，沈阳铁路局机车交路区段共224个，平均距离190公里。客运机车交路90个，平均距离219公里，最长交路608公里。货运机车交路134个，平均距离160公里，最长交路420公里。除沈哈、沈大间客车交路采用长包短轮制和沈阳—叶柏寿间客运交路采用对包制外，全部实行包乘制。

2001年，机车交路区段共101个，平均距离199公里。客运机车交路63个，平均距离222公里，最长交路606公里。货运机车交路38个，平均距离158公里，最长交路379公里。除沈阳—叶柏寿间客运交路采用对包制外，其它全部实行包乘制。2003年4月，沈阳铁路局逐步探索从包乘制向轮乘制过渡的办法，先后出台、试行了多种乘务方式。4月14日，沈阳至吉林间客车由吉林、梅河口两段对包；7月4日，沈阳—哈尔滨间特快列车双司机乘务，直快列车3人乘务；9月1日棋盘—长春北间货车交路长春北站改立折；9月20日，沈阳北—大连间特快列车实行单司机乘务方式；11月15日通辽—山海关间货车由通辽、锦州对包；11月6日，本溪—大连客车在大连站立折；11月15日，长大线新图，长交路货车改3人乘务；11月30日，让湖路经大安北、四平—通辽间货车包轮结合；11月30日，三间房经白城、四平—通辽间货车包轮结合；长大线电力机车（货运）11月15日全部实行了轮乘制，共

71对，其中沈南—大连36对，沈南—长春北35对。

2004年，围绕"提速、重载、长交路"，路局对乘务制度也进行了相应的改革：打破了传统的单一包乘制，电力机车全部轮乘制，内燃机车包轮结合制和跨局长交路轮乘制。沈阳南—哈尔滨南间成功实行了货运电力机车跨局轮乘长交路；在沈大间3对特快客车单司机值乘的基础上，继续对Z61/2、T59/60、T271/2次3对客车实行了单司机值乘，扩大了单司机值乘范围；对长大线全部货运电力机车实行了双班单司机值乘。在机务段成立了保洁中心、地检中心和地勤、行修、保养3个组，把机车库内走行、机车检查修理和机车清扫保养等3项由乘务员自己负担的工作，全部由保洁、地检中心，地勤、行修、保养3个组人员按专业化分工担当起来。乘务员出勤后上机车就可以出库，入库后立即可以下车退勤。出勤时间由1.5小时压缩到0.5小时，退勤时间由1小时压缩到0.5小时。

2005年，对沈阳机务段担当的沈阳—哈尔滨间上、下行5对客车、10台机车实行双班单司机值乘；对白城机务段跨区段运用的机车乘务员实行包线轮乘制；对沈山线货运机车乘务员实行轮乘制，劳动效率明显提高。2007年，除调车机、部分摘挂和小运转列车的机车外，普遍实行轮乘制。部分客运电力机车、全部货运电力机车、长交路内燃机车实行单司机和双班单司机值乘，有力促进和保证了客、货机车交路改革的顺利实施，使"长交路、车循环、轮乘制"得到有效落实。2008年3月，按照单班8小时双班15小时原则，铁路局管内已有140对客车实行单班单司机值乘。为进一步挖潜提效，深化机车乘务制度改革，自2010年8月25日18时起，在通辽机务段担当的大郑线通辽—大虎山、通辽—四平间直通货物列车及珠斯花站周边装车点试行单班单司机值乘。2011年，铁路局大力实施了客货运单班单司机乘务制度改革，制定下发了《单班单司机值乘有关规定》，确保了单班单司机乘务的实施。2012年，针对几年单司机值乘运用暴露出的问题及存在的安全隐患，根据铁道部指示，沈阳铁路局对客运单班单司机逐步恢复为标准班值乘。到2012年末，梅河口、锦州、苏家屯、大连机务段

1996—2015年沈阳铁路局货运机车日产量比较图

图2-1-6

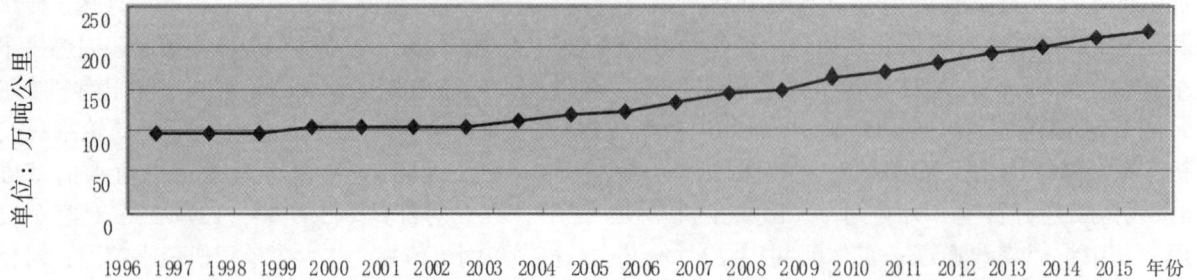

客运单班单司机恢复标准班已全部完成，共恢复标准班155对。

第四节　机车检修

沈阳铁路局机车检修历经了从分散到集中的一个过程。2003年之前，铁路局所有机务段均设有一个比较完备的能承担各自检修任务的检修车间，各机务段均能对配属机车进行日常的维护，定期进行定（洗）修；架修，厂修则按规定，由具备相应资质的机务段或机车厂完成。随着牵引动力的不断更新，以及相应的生产布局调整，到2015年年底，沈阳铁路局机务系统已形成以苏家屯机务段中修车间负责全局内燃、电力机车的中修以上修程的检修，沈阳、苏家屯、锦州、通辽、赤峰、吉林、白城、梅河口、大连、通化检修车间承担全局内燃、电力机车的小、辅修的检修格局。

一、检修修程和周期

1996年，沈阳铁路局牵引动力已逐步从蒸汽机车向内燃机车过渡，蒸汽机车检修周期按铁道部1980年公布的《蒸汽机车段修规程》执行。蒸汽机车修程分为厂修、架修和洗修三级修，其中架修和洗修为段修修程；东方红系列内燃机车按铁道部1982年公布的《东方红1、东方红2、东方红3、东方红5内燃机车段修规程》执行，修程分为大修、架修、定修三级，其中架修和定修为段修修程；东风系列内燃机车按铁道部1994年公布的《关于发布东风4C等五种型号内燃机车段修规程的通知》执行，修程分为大修、中修、小修、辅修四

级，其中中修、小修、辅修为段修修程。ND5型内燃机车按铁道部1990公布的《ND5型内燃机车段修规程》执行，修程分为简易大修（8~12年）、4年修、2年修、半年修、季修、月修。

1999年，铁道部制定了统一规范的《内燃、电力机车段修管理规程》，明确内燃、电力机车分为大修、中修、小修、辅修四级，其中中修、小修、辅修为段修修程。内燃机车，客、货运本务机车各级修程的规定为：大修70~90万公里，中修23~30万公里，小修4~6万公里，辅修不少于2万公里；补机和小运转机车各级修程的规定为：大修8~10年，中修2.5~3年，小修4~6个月，辅修不少于2个月。电力机车客、货运本务机车各级修程的规定为：大修160~200万公里，中修40~50万公里，小修8~10万公里，辅修1~3万公里。补机和小运转机车各级修程的规定为：大修不少于15年，中修不少于3年，小修不少于6个月，辅修不少于1个月。沈阳铁路局结合机车检修工作的实际，重新编制了《东风4A、B型机车中修工艺》《东风4C型机车中修工艺》《东风5型机车中修工艺》，重新修定了《东风4A、B型机车中修范围》《东风4C型机车中修范围》《东风5型机车中修范围》等。

2004年，在山海关机务段东风4D和东风11型内燃机车试行"一中一大"修制改革，即两次大修间减少一次中修。2005年1至10月份，共完成"一中一大"检修任务11台。2006年，DF11、DF4D型内燃机车继续实施"一中一大"试点改革，延长中修公里15万，全年完成18台；SS9型电力机车由"三中一大"改为"一中一轻一中一重"，延长中修公里10万，大修公里40万；同时

内燃、电力机车小辅修周期全部按上限控制，SS4G机车实施"修检分离"改革，对小辅修机车实行专检、专修、专验。

2012年，沈阳铁路局根据机车检修工作实际、牵引动力发展现状和生产力布局调整后的新情况，对《内燃、电力机车段修管理规程》《内燃、电力机车检修工作要求及检查办法》进一步具体落实、细化和补充，下发《沈阳铁路局机车段修管理细则（试行）》。

2014年，中国铁路总公司下发了《关于印发机车段修管理规则的通知》，对各型机车的检修周期做了调整。交—直流传动(简称交直传动)和液力传动机车修程分为大修(轻大修)、中修、小修、辅修，其中中修、小修、辅修为段修修程。交—直—交流传动(简称交流传动)机车修程分为6年检、2年检、年检、半年检、季检、月检。

6年检、2年检实施路网性集中检修，年检、半年检、季检、月检修程由机务段承担。二年检、年检、半年检、季检、月检按段修修程统计；大修（轻大修）的修程为：机车全面检查修理，恢复机车的基本性能，可同时进行机车或主要部件的技术提升；中修修程为：机车主要部件检查修理，恢复其可靠使用的质量状态；小修修程为：机车关键部件和易损易耗零部件检查维修和保养，有针对性地恢复机车运行可靠性；辅修修程为：机车例行检查和保养，做故障诊断，按状态修理；6年检修程为：机车全部分解检修，进行全面性能参数测试，恢复基本性能，可同时进行机车或主要部件的技术提升；2年检修程为：机车主要部件性能参数测试、检查修理，恢复机车可靠质量状态；一年检、半年检修程为：机车关键部件重点检查维修，有针对性地恢复机车运行

交—直流传动和液力传动机车检修周期一览表

表2-1-7

| 修程 | 检修周期 | | | | | | |
| | 电力机车 | | | 内燃机车 | | | |
	韶山7C、韶山7D、韶山7E、韶山8、韶山9型机车	其他客、货运本务机车	补机和小运转机车	东风11G型机车	东风11型、东风4D（客）型机车	其他客、货运本务机车	补机和小运转机车
大修	200~240万公里	160~200万公里	12~16年	160~180万公里	160~180万公里	70~90万公里	7~9年
轻大修	100~120万公里			80~90万公里	70~90万公里		
中修	50~60万公里	40~50万公里	3~4年	40~45万公里	23~30万公里	23~30万公里	2.5~3年
小修	10~12万公里	8~12万公里	6~9个月	6~9万公里	5~8万公里	4~6万公里	4~6个月
辅修	3~4万公里	2.5~4万公里	2~3个月	3~4.5万公里	2.5~4万公里	2~3万公里	2~3个月

交流传动机车检修周期一览表

表2-1-8

| 修程 | 检修周期 | | | |
| | 电力机车 | | 内燃机车 | |
	客、货运本务机车	补机和小运转机车	客、货运本务机车	补机和小运转机车
6年检	140~180万公里或6~9年	6~9年	120~150万公里或6~9年	6~年
2年检	44~60万公里或2~3年	2~3年	40~50万公里或2~3年	2~3年
年检	23~30万公里或1年	1年	20~25万公里或1年	1年
半年检	12~15万公里或6个月	6个月	10~13万公里或6个月	6个月
季检	6~8万公里或3个月	3个月	5~7万公里或3个月	3个月
月检	2~4万公里或1个月	1~2个月	2~3万公里或1个月	1~2个月

和谐型交流传动机车检修周期一览表

表2-1-9

修程	检修周期	
	电力机车	内燃机车
C6	200×（1±10%）万公里，不超过12年	180×（1±10%）万公里，不超过10年
C5	100×（1±10%）万公里，不超过6年	90×（1±10%）万公里，不超过5年
C4	50×（1±10%）万公里，不超过3年	45×（1±10%）万公里，不超过3年
C3	25×（1±10%）万公里，不超过1年	23×（1±10%）万公里，不超过1年
C2	13×（1±10%）万公里，不超过6个月	12×（1±10%）万公里，不超过6个月
C1	7×（1±10%）万公里，不超过3个月	6×（1±10%）万公里，不超过3个月

可靠性；季检、月检修程为：机车例行检查和保养，利用机车自检系统进行故障诊断，按状态修理。沈阳铁路局严格按铁路总公司关于机车段修的规定执行。2015年，中国铁路总公司下发了《关于公布和谐型交流传动机车修程修制改革方案的通知》，对交流传动和谐型机车的检修修程进行了改革。和谐型交流传动机车在修程上设置C1、C2、C3、C4、C5、C6修6个等级，其中C1~C4修为段级修程，C5、C6修为高等级修程。C6修修程为：机车全面分解检修，全面性能参数测试，恢复基本性能，可同时进行机车或主要部件的技术提升。C5修修程为：机车主要部件分解检修，性能参数测试，恢复机车可靠质量状态。C4修修程为：机车主要部件检查，性能参数测试，修复不良状态部件，恢复机车可靠质量状态。C3、C2修修程为：机车关键部件重点检查维修，有针对性地恢复机车运行可靠性。C1修修程为：机车例行检查和保养，利用机车自检系统进行故障诊断，按状态修理（注：C1~C6修，读作1级修~6级修，其中"C"是取英文单词"Class"首个字母，含义为"等级"，"C"也是取"中国"和"中国铁路总公司"的英文"CHINA"和"CR"首个字母，代表C1~C6修修程设置是中国铁路自主知识产权）。沈阳铁路局严格按铁路总公司的规定执行。

二、蒸汽机车的洗修和架修

1996年，沈阳铁路局共设有蒸汽机车架修台位11个，其中长春1个、瓦房店1个、丹东1个、锦州1个、大虎山1个、阜新2个、白城2个、图们1个、通化1个；洗修台位45个，其中长春2个、白城5个、大安北4个、大石桥2个、沈西3个、瓦房店1个、丹东1个、大虎山2个、阜新3个、叶柏寿3个、彰武3个、郑家屯3个、新站4个、通化3个、梅河口2个、泉阳1个、图们3个；全年架修机车570台，洗修机车8338台。随着蒸汽机车向内燃机车过渡，蒸汽机车的检修能力也相应的发生变化。1997年，沈阳铁路局蒸汽机车架修台位减少到10个，洗修台位减少到35个，全年架修机车499台，洗修机车6520台。1998年，蒸汽机车架修台位7个，洗修台位26个，全年架修机车351台，洗修机车4447台。1999年，蒸汽机车架修台位4个，洗修台位20个，全年架修机车229台，洗修机车2800台。2000年，蒸汽机车架修台位3个，洗修台位15个，全年架修机车161台，洗修机车2232台。2001年，蒸汽机车架修台位3个，洗修台位13个，全年架修机车111台，洗修机车1553台。2002年，随着蒸汽机车退出现役，沈阳铁路局也结束了蒸汽机车洗修和架修的历史。

三、内燃、电力机车检修

（一）检修布局调整

1996年，全局有6个内燃段，8个蒸汽、内燃混合段，共有内燃机车中修19个台位，分别设在9个机务段：锦州2个、山海关3个、大连2个、赤峰2个、吉林2个、梅河口2个、长春1个、本溪1个、沈阳2个、苏家屯2个；小辅修40个台位，其中：沈阳5个、苏家屯4个、本溪3个、长春4个、吉林3个、大连4个、锦州5个、山海关4个、赤峰3个、通辽2个、梅河口2个、图们1个。同年，铁路局开始对蒸汽机务段进行内燃化改造，年内重点对白城和图们机务段进行了内燃化改造，使白城机务段形成5台位小辅修能力并预留东风4型内燃机车架修条件，图们3台位内燃机车小辅修能力。1997—1999年，陆续对通化、叶柏寿、泉阳、大安北机务段进行内燃化改造，对沈阳、苏家屯段进行电气化改造。2000年，机务系统有内燃机车中修台位17个，其中：锦州2个、山海关3个、大连2个、赤峰2个、吉林2个、梅河口2个、长春1个、本溪1个、沈阳2个；电力机车中修台位2个设置在苏家屯；内燃机车小修70个台位，分别设在沈阳2个、沈阳西3个、苏家屯1个、本溪3个、丹东2个、长春4个、白城4个、大安北2个、吉林5个、图们3个、大连4个、大石桥2个、锦州5个、山海关4个、叶柏寿2个、阜新2个、赤峰4个、通辽5个、梅河口4个、通化3个、灵山2个、郑家屯1个、新站2个、彰武1个；电力机车小辅修10个台位，分别设在沈阳4个、苏家屯6个。2001—2005年，结合机务系统布局调整，撤销了5个内燃中修台位，保留了锦州、山海关、赤峰、吉林、梅河口、大连、白城7个机务段12个内燃机车中修台位和苏家屯机务段2个电力机车中修台位，并在沈山、沟海线电气化改造过程中，集中资金扩充了苏家屯机务段电力机车中修能力，使其达到4个电力机车中修台位的能力；撤销了6个机务段的10个内燃机车小辅修台位，即大石桥、灵山、郑家屯、丹东、彰武、新站，保留了58个内燃机车小辅修台位；电力机车增加3个小辅修台位，达到了13个小辅修台位，即：沈阳5个、苏家屯6个、大连2个。2006年进一步对机务生产资源进行整合，到2006年12月，机务系统机车中修台位15个，其中内燃11个（沈阳4个、苏家屯1个、锦州2个、吉林4个）、电力4个（苏家屯）；机车小辅修台位60个，其中内燃49个（沈阳4、苏家屯14、锦州7、通辽14、吉林10），电力11个（沈阳5、苏家屯6）。2009年，和谐型机车开始在沈阳铁路局配属运用，检修布局随之进行了相应的调整。到2010年底，机务系统有中修台位14个，其中内燃10个、电力4个，全部集中在苏家屯中修基地；小辅修台位设有内燃34个（沈阳6个、苏家屯6个、锦州6个、通辽5个、吉林11个）、电力13个（苏家屯11个、锦州2个）。2011年，沈阳铁路局新组建了大连、白城、梅河口机务段，机务段数量达到了8个。到2011年年底，铁路局有机车

中修台位14个（内燃10个、电力4个），均在苏家屯；小辅修台位70个，其中内燃台位55个（沈阳6个、苏家屯6个、锦州8个、通辽9个、吉林11个、白城6个、梅河口7个、大连2个）、电力台位15个（沈阳5个、苏家屯10个）。到2015年12月，沈阳铁路局拥有机车中修台位16个，其中内燃8个、电力8个，全部集中在苏家屯机务段；小辅修台位81个，其中内燃台位63个（沈阳4个、苏家屯7个、锦州7个、通辽13个、吉林16个、白城6个、梅河口5个、大连5个）、电力台位18个（沈阳5个、苏家屯11个、锦州2个）。

（二）专业化集中修和配件互换修

1996年，全局所有具备内燃机车检修能力的各段都已实行专业化集中修，机务段检修车间根据机车的不同部位成立相应的柴油机、电机、电器、辅助、走行、制动、蓄电池、仪表等专业化班组，专业化班组内部再根据所负责的机车部位进行进一步细化分工。检修机车时，按段修规程，各专业班组按各自负责的部位的检修范围和工艺要求进行相应的检修工作，以确保分工明确，保证修车质量。机车配件，同车型、同型号配件满足相关工艺要求，基本都可互换，如：牵引电机、增压器、轮对以及油泵、水泵、仪表等均已实现同型号互换的检修模式。1999年，路局为强化中小修机车质量，重新核定、调配了各段的配件定量，并重新界定了铁路局、铁路分局所管配件范围。坚持实行了配件入中心库管理制度，保证了良好配件保有量达到50%以上。2000年，路局在内燃机车检修领域引入竞争机制，建立了机车小辅修、中修、大修3个检修市场。推广锦州和本溪机务段优化组合、竞争上岗，按劳取酬的经验，将机车小辅修推向市场，吉林、长春、白城、丹东、通辽、赤峰等机务段的机车小辅修亦实行了竞争机制；机车中修也实行了招、投标，建立了机车中修市场；在赤峰、吉林两个机务段取得大修资格之后，铁路局共有5个机务段具备了大修资格。3个市场的建立，不仅形成了竞争机制，而且大大降低了机车检修成本。同年，对机车修制改革，突破传统的机车检修模式，对增压器、牵引电机实行了集中修理。2000年1月1日，集中修正式启动，到年末共修理增压器938台，修理牵引电机2621台。实施专业

化集中修以后，机车每走行10万公里，出现机破0.11件，机破率同比减少38.9%，首次达到了铁道部规定的可控状态标准。2001年，铁路局在东风4A、B、C及东风5型机车增压器及牵引电机专业化集中修取得成果的基础上，又将东风4D、东风11及东风7型机车的增压器、牵引电机纳入到集中修范围，并在此基础上，利用机车大修时机，对牵引齿轮箱、牵引齿轮箱螺栓、散热单节、中冷器等机车关键部件进行了集中改造。2003年，苏家屯机务段电力机车中修能力形成，9月22日为沈阳机务段SS9型0006号电力机车进行中修，也是全路第一台SS9型电力机车中修。该机车于11月21日交验，标志着苏家屯机务段做为电力机车检修基地已初具规模。

2004年1月1日，对东风4A、B、C，东风5、东风4D、东风11、东风D、东风7型内燃机车中修实行招标制，大部件集中修。在长春机务段试行扩大部件集中修范围，将内燃机车齿轮箱、空气压缩机、辅助发电机、联合调节器等主要部件纳入集中修范畴。到2007年，全局的大部件集中修格局基本形成，其中牵引电机承修的单位有吉林配件厂、薛家配件厂、锦州机务段电机大修厂、通辽机务段赤峰电机大修厂；增压器承修的单位有锦州增压器大修厂、本溪增压器大修厂、吉林增压器大修厂、赤峰增压器大修厂、山海关增压器大修厂；起动电机承修的单位有锦州机务段电机大修厂、通辽机务段赤峰电机大修厂；空气压缩机承修的单位有吉林机务段通化空压机厂、苏家屯机务段丹东空压机厂、长春车间空压机厂；齿轮箱承修的单位有锦州机务段叶柏寿齿轮箱厂、吉林机务段通化齿轮箱厂。

2009年，全局机车中修和电力机车小辅修集中到苏家屯机务段，把内燃机车小辅修集中到本段所在地。同时，机车中修实行拆解、组装分区作业，检修配件分类管理，作业过程微机监控，生产组织统一指挥，对机车配件实施台份化一比一精确配送，专人把关，配送到工位，确保部件配送零误差，以配件备品进度决定机车上台时间，用流程保进度，以进度保任务，中修库停控制在7天之内；利用涡流探伤机和磁粉探伤机实施双机双控双把关，确保裂纹部件一件不放过；对机体、曲轴、轮对等158种关键部件，按照部

件年限、质量状态以及精度标准实施三级管理，一级配件用在客车和重载货车上，二级配件用在普通货车上，三级配件用在调车上，配件等级与运用等级相匹配，既控制了成本，又保证了质量。2010年，继续强化机车检修的集中管理体制，检修向本段高度集中，机车中修集中在苏家屯机务段，其它4个机务段机车小辅修集中本段，大部件、走行制动等关键部件实行集中修和专人修；机车小辅修集中到本段检修车间后，实行管理和技术人员集中，强化工艺范围执行的卡控监督和技术指导。通过资源整合，将机车段修平均停时由21小时压缩到16小时。2014年10月，在苏家屯机务段开始对和谐型机车进行两年检试点。2015年，为打破外商在技术上的封锁，苏家屯机务段开始了全面的和谐型机车C4、C5级的自主修，并于当年完成C4级修162台，C5级修43台。

（三）新材料、新工艺、新技术应用和改造

1997年，沈阳铁路局机务系统共采用新技术新工艺34项，其中：东风4B型机车的增压器改造共完成246台，减少了机车途中故障；推广使用蓄电池添加剂，完成404台，延长了蓄电池的使用寿命；对东风5型进行了加装双风泵改造，全年共完成了12台；提速区段的机车全面采用了磨耗型踏面，解决了提速后机车轮箍踏面垂直磨耗加重的问题。1998年，机务处化验所、赤峰机务段与北方交通大学机械工程系联合开发的《铁谱技术在东风4型机车柴油机上的应用研究》课题获铁路局科技进步二等奖；由山海关机务段开发研制的《FDJ-65A型双机组自动恒流放电机》获铁路局科学技术进步四等奖。2001年，针对赤峰机务段机车运用条件恶劣的情况，对增压器进行了双油路和牵引电机软联线改造；电机主要部件进行了浸漆处理，使中修质量得到提高。2002年，积极采用涨管式中冷器、减震式冷却单节、新型钢顶铁裙活塞、防缓螺栓、风源净化装置、整体轮等新技术、新材料、新工艺，不断提高机车大修质量。

2004年，在继续完成涨管式中冷器、新型齿轮箱、沙尔特宝国产化电器等技术改造项目的基础上，增加3项改造：即增压器大修时换310系列增压器，柴油机换G型连杆，柴油机油水管路改

造（波纹管软连接）。针对电力机车暴露出的冬季质量问题进行了6项改造，即：SS9型电力机车真空断路器、SS9、SS4型电力机车受电弓支持瓷瓶、SS9型电力机车加装自动过分相装置、电力机车各支持瓷瓶母线加护套、SS4型电力机车改造真空断路器和加装自动断主断等项目；对电力机车日常惯性设计质量问题进行了6项技术改造，主要有：加装高压隔离开关、SS4型加装甩单节装置、SS9型283AK（劈相机启动继电器）加双套备份、主继路器风管路加装调压阀、SS9机车劈相机加装启动接触器214KM、SS9G机车三、四通风机自动开关加装双备份等。

2006年，铁路局机务处研发的"电力机车登顶整备作业安全监控系统"项目，得到了铁道部科技司认可，并立项做为铁道部科技研发项目。2007年，"四回程汽水混合柴油加热器"通过铁路局科技成果鉴定，并在5个机务段、15个车间得到了推广；将铁路局内的老型微机励磁系统ZY3000、ZY3000-1升级为ZY3000-2微机励磁系统；对308台干线客运机车加装了机车走行部车载检测装置；14台SS9型电力机车加装了600伏直供电装置。2009年，对沈阳段所有DF11型内燃机车增压器进行了ZN310A4—1型改造；对通辽、锦州段的DF4C型机车进行空气滤清器改造；为降低重载后的电机故障率，对30台内燃机车主发滑环和牵引电机刷握进行了改造；为确保SS9客运机车的灵活使用，对4台SS9型电力机车加装了600伏列车供电装置。2013年，针对HXD3B型机车变压器内部气体超标的隐患，对242台机车变压器全部进行了更换；针对HXD3C型机车变压器出线端子放电故障，采用密封胶皮条对连接处部进行了堵缝的措施；针对HXD3C型机车车顶风管放电故障，改造了70台机车；针对HXN5型机车坡停惯性问题，通过对机车软件进行升级得到了有效解决。2014年，将HXN5型机车主机油泵出油管卡子改为球形橡胶软连接，解决了该部位裂损问题；将HXN3型机车副发电机滑环加装双碳刷，解决了副发电机滑环烧损问题；将和谐型电力机车的机车轴箱弹簧结构改造，制作碾边式弹簧，解决了裂损问题。

第五节　机车整备

一、整备管理及能力建设

1996年，沈阳铁路局运用的机车为蒸汽和内燃机车。共设有机车整备处所66处。机车整备作业的上煤、上油、上水、上药、上砂、清灰、转向、清扫等工作基本实现机械化、自动化。共设有蒸汽机车整备台位85个，内燃机车整备台位64个，储油能力38120立方米。蒸汽机车上煤、水人员2531人、内燃机车上油人员821人、机车整备人员2599人。随着沈阳铁路局蒸汽机车逐步淘汰，主型机车过渡到内燃、电力机车，铁路局的机车整备布局也相应改变。到2004年，机务生产力布局调整后，全局设有机务段16个，折返段23个，整备点5个。共设有电力机车整备台位40个，内燃机车整备台位118个，储油能力55980立方米。内燃机车上油人员1381人、机车整备人员2312人.

2004年，铁路局对机车整备人员的工作职能进行了优化、整合，包括机车燃料、油脂、机砂、冷却水等的补给，并增加机车检查、保养、保洁等方面的新内容，使整备车间形成地检、保养、整备、保洁四大职能于一体的"大整备"生产格局；实行"整乘分离"，明确整备车间是机车保障的责任主体，对服务保障赋予新的要求，打破局与局、段与段间的界限，对所有入库运用机车实行全方位整备。到2007年，机车整备工作逐步强化了"地检、保养、整备、保洁"四大职能，基本形成全局整备"一台车"（机车不分配属，在每个整备车间都可按统一标准进行整备）的格局。到2007年末，铁路局共设有机车整备处所43处，有内燃机车上油人员1142人、机车整备人员4396人。2008年，为适应运用资源优化整合的新变化，深入推进大整备格局建设，先后撤销了8个小整备点，打通了运用节点；新设3处上油点，延长了机车整备距离；建立了机车整备信息网络，推行电子合格证管理，实现整备成本按台清算，推动大整备格局建设。到2008年末，铁路局共设有机车整备处所39处，共有电力机车整备待班台位60个，内燃机车整备待班台位103个，储油能力60480立方米，内燃机车上油人员1543人、机车整备人员6931人。

2009年，由于运量需求增长，机车交路大范围调整，为延长内燃机车担当的交路，新增加了扎哈淖尔、600万环线、399装车环线3个上油点；完成了沈阳北、沈阳西、叶柏寿、通化精品整备车间建设；撤销了8个日均上油2~5吨的机车折返所。2010年，以机车整备管理信息系统为基础，逐渐完善整备信息网络建设，实行质量信息共享和成本统一核算，真正实现全局一台车的大整备理念，重点做强沈阳北、大连、苏家屯、沈阳西、赤峰、通辽南、白城、长春、吉林、通化等十大整备车间，在人员、设备和能力建设上重点投入，实现修检并重和全天候、全机型整备；提升整备科技含量，将沈阳北、通辽南、棋盘建成了高科技样板整备车间，取得成功后向其它整备车间推广；适应通霍、大郑等区段机车运用新变化，以及机车站折、直通增加、入库次数减少的机车运用现状，延长一次整备保障距离，尤其对跨局机车一次整备必须保障一个往返，并将整备保障从库内延伸到站内，确保长交路及长时间不入库机车的动态质量。2010—2012年，重点规范机车整备的管理制度，先后下发了《机车整备成绩考核管理办法》《沈阳铁路局整备作业管理办法》等管理办法，进一步健全了机车整备管理制度。

2013年，按照铁路总公司《关于印发加强机车整备能力建设的指导意见的通知》要求，沈阳局重点完成沈阳北、沈阳、山海关(客)、山海关(货)、长春、长春北、梅河口、赤峰、大连、金州、通辽、通辽南、吉林、锦州、白城、大安北、苏家屯、通化、沈阳西、图们等20个标准化示范整备场建设；并根据机务整备现场实际要求，对沈阳、沈北、大连、金州、山海关、锦州、苏家屯、沈阳西、长春北等电力机车整备场进行无网化改造工程；对既有的山海关(客)、梅河口、锦州、赤峰、叶柏寿、图们、通化等七处整备场的手搬道岔全部改造为电务制式的微机联锁。2014年，铁路局机务处组织对《整备管理细则》进行了全面修订，取消了与生产实际不符的部分，增加了针对新机型、新管理模式的内容，确保了细则能够长期指导现场生产；对整备标准化作业指导书重新进行了完善，先后制订了电力机车牵车机及登顶作业指导书、轮对防弛缓装置

作业指导书；改造了HXN3型机车复轨器存放位置，统一了机砂标准，改造了DF型机车齿轮箱加油孔盖，增设了油库电子巡检系统等；对机车关键部件实施《机车关键部件整备合格证》制度，强化关键部件检查质量；全面实施录像手电检查制度，实现"台台录像、台台转储、台台分析"，有效规范了现场作业。

2015年末，沈阳铁路局共有机车整备处所34处，分别为沈阳、沈阳北、苏家屯、长春北、沈阳西、本溪、丹东、锦州、山海关（客）、山海关（货）、沈阳西整备、阜新、叶柏寿、大虎山、通辽、通辽南、赤峰、珠斯花、四平、扎哈淖尔、600万加油点、399加油点、双泡子加油点、580加油点、吉林、长春、图们、白城、大安北、梅河口、通化、大连、大石桥、金州。共设有电力机车整备待班台位47个，内燃机车整备待班台位82个，储油能力62640立方米，机车整备人员6089人。

二、机车燃料管理

1996年，沈阳铁路局在山海关、锦州、沈阳、苏家屯、大连等机务段安装使用了微机上油计量系统，有效地防止了跑、冒、滴、漏。并重新换算、分劈了单耗指标，将单耗指标纳入各机务段月度社会主义劳动竞赛和冬运"五保一过硬"立功竞赛中。1999年12月30日，铁道部下发了《铁路机车燃料管理办法》，规范了机车燃料验收、储存、计量发放、安全保卫等管理工作。2000年机煤和机油单耗指标实现了财务与技术标统一，铁路局重点落实《铁路机车燃料管理办法》，规范燃料日常管理，加强对微机上油系统的管理，开展了燃料清查，严格执行燃油质量检验和索赔制度。同时，为防止燃油丢失，在沈阳、锦州、通辽铁路分局的845台内燃机车上，加装了燃油箱锁式防盗装置。

1999年8月，铁路局开始在赤峰、白城机务段试点"低烧一号"工程（冬季使用的燃油标号比过去使用的低一个标号）；12月开始在沈阳、锦州铁路分局的部分机务段使用了燃油降凝剂，使机车燃油使用降低了一个标号，节约了燃油支出。2000年，在本溪、梅河口、吉林、图们、阜新、通辽、锦州等7个机务段实施"低烧一号"工程。2001年开始全面推行"低烧一号"工程，

1996—2015年内燃机车燃油单耗完成情况图

图2-1-10

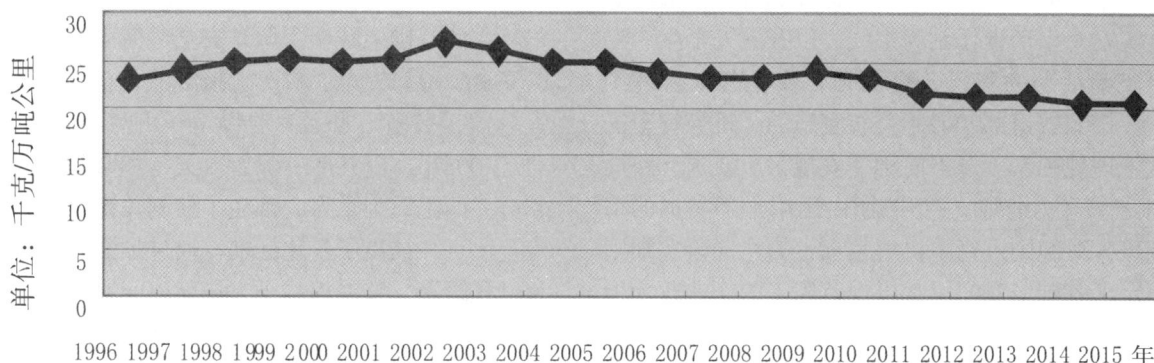

第六节 机务安全管理

一、安全基础管理

同年2月份，在白城机务段进行了燃油添加剂试验，8月份又在山海关机务段进行了燃油添加剂试验，在本溪机务段进行了降凝剂试验工作。

2002年，铁路局强化了燃料管理，实现整备职场管理规范达标，作业地沟卫生整洁文明达标，燃油收支平衡管理达标，做到整备职场地面无杂物、无油垢、无积水；作业地沟干净卫生，环境整洁优美；燃油账、物相符，收支平衡。2002年年末，微机上油装置投入使用的有长春、沈阳、苏家屯、大连、锦州、山海关、通辽、梅河口、图门、白城、本溪、沈西、阜新、叶柏寿、吉林、丹东、赤峰机务段及山海关折返段。2003—2006年，铁路局重点抓燃油"低烧一号"工程，为完成铁路局节支工作作出了贡献。

2007—2008年，铁路局开始大力推广"低烧二号"技术，在内燃机车进行技术改造的基础上，对上油点、油库进行全面加温改造，增加燃油预热器，增大冬季上油点取暖锅炉容量，加装油库循环加热设备，确保上油点燃油储油库冬季油温不低于10度，并实现储油罐内热油可反冲油罐车功能，实现冬季到达的零号燃油不仅能卸下，而且能卸净的目标。2009年，在配属沈阳、通辽机务段的253台内燃机车上安装燃油节油器。2012年，开始在铁路局所有内燃机车安装燃油节油器，电力机车加装智能电表。2012年10月，完成了珠斯花地区各上油点加热设备改造工作，实现沈阳铁路局冬季机车全部使用零号燃油目标。

1996年，沈阳铁路局以消灭行车作业事故为主攻方向，突出重点抓"五防"、抓围歼旅客列车事故、抓行车季节事故预防，发挥各级主要行车干部职能作用，坚持做到对列车冒号、列车追尾、侵入正线调车冲突等安全关键危险源不间断地组织攻关，使安全生产有了长足发展。到1996年末，铁路局实现了连续无行车重大、大事故2184天和十万公里事故率0.01件的好成绩，两项成绩均列全路机务部门第一位。1997年，机务系统按照铁道部机务局和铁路局的总体工作部署，同步开展四个攻坚战，即开展深化建线攻坚战，突出"达标、加星、提高"，努力稳住现实安全；开展质量攻坚战，重点攻客车责任机故和机车线上打横；开展提效攻坚战，努力完成效率效益指标，降低煤油单耗；开展强化管理攻坚战，推广四新技术，加强精细管理，全面加强管理基础，努力保安全、上质量、提效率、增效益。

1998年，坚持落实"规范管理、强基达标"的工作要求，以确保旅客列车安全为重点，全面推行安全生产逐级负责制，促进安全基础管理工作的加强，起到了保证安全的作用。全年消灭了旅客列车事故和险性以上事故，实现了安全年，创造了机务系统安全历史上的最好水平。2000年，各铁路分局、机务段根据铁路局重新下发的安全生产责任制考核办法，突出部门特点，制定了细化措施和推进计划，重新规范了各级干部管理工作和岗位职责标准，安全基础管理工作实现了有章可循，有规可依。2001—2002年，继续以落实安全生产责任制为主线，以开展安全生产专项整治活动为契机，全面强化安全基础管理工作。按照铁道部2002年公布实施的《机务行车安全管理规则》（以下简称《安规》）要求，路局制定了落实细则，召开3期由运用干部参加的培训班，对细则进行了讲解培训，为全局落实细则奠定了基础。2003年，以规范职工的作业行为为突破口，狠抓标准化作业的落实。对现行所有文件、规定、办法、规程等进行了清理，并以文件形式下发到了各铁路分局；清理出有效规章文件382件，废止规章文件733件；制定并下发《机务系统安全信息管理细则》《行车揭示管理办法》《机务系统行车规章制度管理考核办法》等规章、文件。2004年，针对"八个长效机制、四十一个办法"中与机务系统有关的各项管理办法，下发了指导意见和具体考核标准，形成了自上而下的安全责任体系，并将安全管理长效机制融入到《机务行车安全管理细则》中去，逐条、逐项制定细化措施，特别是通过对各铁路分局落实《细则》的平推检查，使各铁路分局安全基础管理上了一个新的台阶，实现纵向管理精细、横向协调高效的管理氛围。在铁道部"9·15"机务运用安全平推检查中，沈阳铁路局在全路15个铁路局28个受检单位名列铁路局、段的第4位。

2005年，机务系统重点强化规章制度全面清理工作，重点解决铁路局直管站段体制改革和运输生产力布局调整后规章制度出现的"不统一、不规范、不健全"的问题；确立了机务系统"学规章、讲标准、抓三基、促发展"的工作理念。为强化铁路局直管和各段自管能力，特别是针对"7.31"旅客列车重大事故暴露出的管理问题，机务处利用2个月的时间，从岗位职责、工作标准、职工培训、机车和设备质量、行车险性事故卡控、非正常情况下行车等方面出台了33个专业管理制度和办法，并利用1个月的时间组织人员深入基层，对各段的落实情况进行跟踪检查和面对面指导。2006年，机务系统进一步整合生产资源，机务段成立了运用科，运用车间撤销了机车

队，车间直接管理指导组，使机车运用管理主体更加突出，管理能力进一步加强。2007年，在完成生产力布局调整的消化整合后，突出抓落实乘务员待乘保休的十条禁令，围歼关闭折角塞门开车。在此基础上开展了调车安全、劳动安全、施工安全、道口安全、机车、接触网、自轮运转设备、监控装置、防溜、防火等10项专项整治活动。2008年，以开展"瞭望攻关"和整治机车乘务员"两纪"为重点，确立了控制关键，明确了检查项点，提出了量化标准，通过加强现场监控和过程跟踪，整治消号了大量隐患问题；制定了单班单司机值乘办法，修订完善了运行揭示管理办法、组合重载列车运行安全保障办法等，提升了规章的管理使用水平。2009年，结合新《安规》实施，组织22名经验丰富的基层运用干部，利用两个多月时间，对26项安全管理制度逐项研究，落实项点、责任部门、检查标准、量化要求以及考核标准，使管理者既能从制度落实检查干部工作质量，又能从岗位职责追踪制度落实结果。组织各运用车间对所担当的交路，逐区段、逐线路制作一次乘务作业标准的模拟开车图板，从出勤到退勤进行全过程逐班培训、逐人过关。

2010年，对照《安规》，从施工管理、指导司机管理、运行揭示及IC卡管理等10方面，逐项对5个机务段安全基础管理进行了平推检查和指导，进一步厚实了安全基础。为确保汛期行车安全，将Ⅰ级防洪地点25处、Ⅱ级防洪地点407处，合计432处纳入LKJ基础数据。列车接近Ⅰ级防洪地点时进行联控，实现人、机双重控制，提高安全系数。2011年，坚持不间断开展安全关键隐患卡控整治。明确防溜逸、防冒进、防超速等11条共计208项安全关键隐患检查项点，突出客车安全，反思梳理20个典型客车事故隐患，制定了61项防控措施，组织干部对所有客车交路实施全过程添乘监控，安排指导司机、安全干部分项点进行专项卡控。针对制定的非正常行车46个怎么办和监控装置24个非控项点细化控制办法，组成机务处和机务段两级检查组，每月轮流进行专项检查，形成了系统上下互动式卡控安全关键的长效机制。以"高铁机务运用安全36条"为准则，对规贯标，查遗补漏，健全动车组司机作业指导书，完善机务应急处置预案，形成了较为完

善的高铁管理规章体系。成立专项检查组对5个机务段、11个异地车间的安全基础管理进行多次平推检查，并加大机务督导员的检查频次和覆盖面，促进了《安规》得到深入落实。在铁道部《安规》年度检查评比中取得82分，是全路唯一超过80分的铁路局。重新修订完善了《指导司机管理办法》，将指导司机的考核指标原则控制在6到8个，进一步规范指导司机工作标准。按照《关于进一步加强机务运用管理工作的指导意见》，恢复运用车队。

2012年，机务系统结合自身特点，将安全风险点统一梳理为防冒号、冲突、脱线、溜逸、放飏、火灾、人身等七防风险控制措施的落实上，通过完善风险卡册、实施风险动态研判、强化风险过程控制、强化应急处置等四个环节的制度办法，建立了适合机务系统实际的安全风险管理机制；规范了运用车间派班室管理，恢复了退勤检索分析单的打印，完善了指导司机管理办法，修订并下发了《机车乘务员一次乘务作业标准》；并以整治干部作风、现场作业、班组管理为主线，进一步夯实安全基础管理。2013年，机务系统以落实"七防"风险控制措施为主线，突出动车、客车安全，确保列车安全，严控调车安全。不断完善动车管理，制定了客专机务安全管理办法，对列控开车模式、弓网故障、车辆故障、恶劣天气行车办法等关键内容和非正常行车做出明确规定。2014年，铁路局强化机务系统安全意识，全系统坚决落实"以稳为先、以停为主、以慢为根"的要求，大力度开展事故案例教育，使干部职工转变安全观念，真正做到敢于停车、果断停车，对确保运输生产安全起到了举足轻重的作用。坚持以《技规》《操规》《行规》《站（段）细》为基础，彻底清理"土规章""土规定"，规范机车运用管理。同时，对新高速《技规》《行规》"故障手册"开展全员性培训，为确保新规章落到实处，同步修订了《动车组司机一次乘务作业标准》《客运专线机务行车安全管理办法》《机务规程问答》等基础规章标准。

二、新装备、新科技运用

1996年12月，铁路局27个机务段的运用安全微机管理系统全部投入使用并陆续在内燃机车上安装列车运行监控装置（简称LKJ）。1997年，沈阳铁路局列车运行监控装置安装使用已达到全部覆盖，运用分析工作，特别是软件开发工作有了规范、发展和创新，监控装置检修测试形成了较高能力，监控装置的基地建设形成规模，基础规章制度及标准管理已形成系统。年末，铁路局1024台客、货内燃机车全部安装了LKJ-93型列车运行监控装置。1998年，对沈山、长大线使用的96台DF4D、DF11型列车监控装置安装了常用制动功能。1999年铁路局除调车机车外的所有干线机车均安装了LKJ-93监控装置，并在沈阳、山海关的所有客运机车上开通了常用制动功能；完善提高列车安全监控记录装置使用管理水平，研制开发《机车运用和安全综合管理信息系统》，提高了监控装置检索、分析质量，充分发挥了监控装置安保作用。2004年末，所有客运机车和货运电力机车全部安装了LKJ2000型监控装置，大容量IC卡、待乘室微机叫班管理系统已经全部开通使用，16个机务段基本实现信息网络化管理，对机车信号掉码或乱码问题已经同电务部门联网，实现了双向分析制度，彻底解决了机车信号乱码、不上码、上码晚等影响安全的隐患问题。2005年开始，逐步在机车上加装语音录音装置、常用制动装置、客运机车走行部检测及调度查询系统、电力机车自动过分相装置；机务段安装基站设备、AEI设备、调度查询终端、客运机车走行部检测专家分析系统等装备。2008年，根据铁道部文件要求，机务系统的监控装置全部划归电务系统管理。

2011年，铁路局启用了动车组司机操控信息分析系统（EOAS），升级运安软件控制系统，对乘务员作业前精神状态、非正常行车办法掌握、揭示写卡等多项硬性要求的出勤"八卡控"实现自动控制；全面推行监控记录文件集中分析，先后三次升级完善微机自动检索分析系统功能，拓展了现场作业卡控渠道，使乘务员一次作业标准处于受控状态，促进了机务安全管理人机联控格局的有效形成。2013年，铁路局购置CRH-380B型动车组全仿真驾驶培训系统并投入使用，对提高动车司机的技术水平和应变能力起到了很好的作用。2014年，在大连北、沈北、长春西动车所对43架关键调号装设了动车组蓝灯防护系统，通过互联网网络平台，实现实时、远程控制。为解决雾霾天气车顶放电问题，对596台机车进行了防雾闪改造；为确保列车安全监控，对机车加装了6A视频系统；并将机车监控装置、轴温报警、语音文件、列尾文件、6A系统、EOAS等机车保安设备进行整合，组建了安全装备分析室，最大限度的发挥了机控保安全的作用。2015年，完成了和谐机车6A、专调机车防盹睡装置安装工作，所有机班配备录音笔，升级EOAS语音和视频记录功能。

三、安全达标活动

1996年，沈阳铁路局下发了建设安全标准段达标推进计划，提出了创建安全标准段的基本思路、阶段目标、工作要求和达标期限，选树山海关、锦州、大连、大安北机务段为"创建"典型段。机务处3次组织对沈山、长大、沈吉线进行建设安全标准线平推检查。到年末，机务系统全年消灭了旅客列车作业事故，有15个机务段达到了部级安全标准段，实现安全正点100趟及以上的机车乘务员达到9817人，占总数51%。同年，铁路局机务系统举办了第一届机车乘务员、电焊工、探伤工等主要行车工种的技术表演赛。1997年，开展深化建线攻坚战，突出"达标、加星、提高"，努力稳住现实安全；到8月27日，机务系统安全生产实现了2423天，创造了历史最高纪录。12月16日，在沈阳召开了机务系统"百安赛"工作会议。会议上有沈阳铁路分局等12个先进单位和优秀组织者个人，交流了各自开展活动的经验做法和成果；公布了《机车百趟安全正点竞赛实施细则》，表彰了12个先进单位，191名优秀组织者个人。年末，铁路局参赛人数为18953人，其中实现安全正点500趟及以上的有2023人。

1998年，机务系统继续深化创建安全标准（示范）段活动，大力强化安全基础建设。2月28日铁路局工会、机务处联合在大连机务段召开全局首创安全正点1000趟表彰大会，为首创1000趟的大连机务段机车司机王永昌同志颁发了金牌和奖品。到12月31日，大安北、丹东、本溪机务段被铁道部授予安全标准（示范）机务段称号；沈阳、苏家屯、沈阳西、大石桥、阜新、叶柏寿、赤峰、彰武、通辽、郑家屯、新站、通化、泉阳、梅河口、图们机务段获得三星级安全

标准机务段称号；灵山、白城机务段获得二星级安全标准机务段称号。机车乘务员实现安全正点500趟及以上的有3772人。1999年，创建安全标准段活动取得新进展，铁路局有山海关、大连、大安北、吉林、本溪、丹东机务段保持了部级示范段称号；山海关、大安北、大连机务段晋升为五星级安全标准机务段；沈阳、沈阳西、苏家屯、本溪、丹东、大石桥、锦州、叶柏寿、通辽、郑家屯、赤峰、吉林、新站、通化、梅河口、图们机务段晋升为四星级安全标准机务段；灵山、白城机务段晋升为三星级安全标准机务段；长春机务段被命名为安全标准机务段。强化对百安赛活动的组织和领导，加强日常考核工作，保证奖励兑现，使机车乘务员的参赛热情更加高涨，百安赛活动得到了健康的发展。到12月31日，实现安全正点500趟及以上的有5820人。到2000年末，参赛人数共计17043人，其中：司机7714人，副司机7928人，司炉1401人。实现安全正点500趟的有3401人；实现安全正点1000趟的有245人。

2001年，山海关、锦州、大连、吉林、大安北、本溪、丹东、新站机务段实现部级安全标准示范段。山海关、大连、大安北机务段为部级六星级安全标准段；沈阳、苏家屯、沈阳西、大石桥、丹东、本溪、叶柏寿、赤峰、郑家屯、新站、通化、通辽、吉林、梅河口、图们机务段为五星级安全标准段；灵山、白城机务段为四星级安全标准段，锦州机务段为三星级安全标准段；长春机务段为二星级安全标准段。截至2001年末，参赛人数达17015人，其中司机7896人，副司机8047人，司炉1072人。实现安全正点500趟的有4100人，实现安全正点1000趟的有461人。2002年末，铁路局参加"百安赛"有16003人，其中司机7904人，副司机7931人，司炉186人。获得500趟成绩的有：司机2582人次，副司机2046人次，司炉121人次；实现安全正点1000趟的有：司机473人次，副司机160人次。2005年末，铁路局参赛人数达到13302人，其中司机7345人，学习司机5957。实现500趟的有5825人，其中司机3369人，学习司机2456人；实现安全正点1000趟的有1426人，其中司机852人，学习司机574人。

2006年，举办了机车乘务员技术大赛，开展了以整体提升机车乘务员技术业务水平为目标的"精心操纵"百日活动。2007年，机务系统在苏家屯机务段举办了沈阳铁路局第十二届机务系统职业技能团体对抗赛，有5个机务段、4个供电段和秦沈维管段的245名选手参加了比赛。2008年，开展了安全大反思、大检查活动，共查摆、反思、整治各类问题13084件；坚持开展了全员大演练、大比武活动和平稳操纵比赛、机车检查技术竞赛等活动。

2009年，集中开展"蒙调号"（用遮挡物将调车信号蒙挡）活动，有效地增强乘务员了望信号的自觉性。2010年，重点整治LKJ不监控、误控、漏控、错控等问题，连续3个月开展了"三核对"（出勤时，交付揭示与公布揭示核对、IC卡数据在模拟设备上核对、上车载入LKJ后的IC卡数据与交付揭示核对）活动，共跟踪处理拉滨线平安站机车挤坏道岔、9.16通辽西客车误通等典型问题116件；开展了人身安全、乘务员两纪、防止折角塞门关闭等专项整治活动，消除隐患问题。2013年，机务系统开展了"学操规、练硬功、大比武"活动，通过选树机务系统百名状元团队的示范带头作用，全员参与、以练促训、以赛促学，提高了培训质量，提升了职工队伍整体素质。2014年，铁路系统开展了安全文化建设活动，沈阳铁路局机务系统以沈阳机务段为试点建设了实作培训基地、基本规章室、安全装备室、故障处理室等，分别利用实景沙盘、监控模拟机、机车真实部件以及多媒体教学等多种手段，重点强化乘务员基本规章、基本标准、基本能力；收集了100个典型事故案例，分类汇总形成小册子，发至每名乘务员，采取宣讲、自学相结合的方式进行教育，推进标准值乘。

四、救援列车

1996年，沈阳铁路局配置救援列车28列，分布在长春、沈阳、白城、锦州、吉林、凤凰城、通辽、图们、瓦房店、叶柏寿、通化、赤峰、山海关、大虎山、阜新、白音胡硕、郑家屯、四平、大安北、德惠、开原、梅河口、泉阳、大连、大石桥、蛟河、太平川、陶赖昭。2000年，铁路局下发了《沈阳铁路局铁路行车事故救援工作细则》，28列救援列车全部进行了客车化改

造，新增配2台160吨伸缩臂吊车，对7列救援列车购置了新型吊索具，提高了事故救援的能力。

2003年12月31日，根据铁道部提出的"救援列车布局调整初步方案"，结合沈阳铁路局发展整体规划，对28列救援列车的布局进行了调整。调整后，救援列车的救援半径达到了200公里，撤销了德惠、开原、大连、大石桥、大虎山、蛟河、梅河口、泉阳、白音胡硕、阜新、大安北、郑家屯、太平川等13列救援列车的设置；保留陶赖昭、长春、四平、沈阳、瓦房店、山海关、锦州、吉林、通化、图们、凤凰城、通辽、赤峰、叶柏寿、白城等15列救援列车。

2008年，为加强铁路救援列车管理工作，铁道部下发《铁路救援列车管理办法》，进一步明确救援列车的设置、职责、设施设备、运用维修、技术培训及技术竞赛等的管理要求。2008—2010年，重点建设了沈阳救援基地，结合哈大客运专线还建工程，在沈阳站南四条半线建设沈阳救援基地，配备进口160吨救援吊车1台，国产160吨救援吊车2台，具备同时对两个事故地点展开救援的能力。为提高通霍线煤运通道救援保证能力，经铁道部批准，2010年9月30日，将陶赖昭救援列车整建制移设至珠斯花并投入使用。2011—2013年，根据救援需要对铁路管内15个救援列车配备液压起复设备、复轨器和CRH2、CRH3型动车组、和谐电3B、和谐电3C型机车专用吊索具，提高了快速救援能力。

2013年6月17日，路局成立救援中心，为局附属机构，主管处为机务处，定员88人；主要负责铁路局列车事故救援、组织指挥各机务段救援列车参与救援，对救援列车人员进行业务培训、指导及演练等。同时，为沈阳、吉林、大连救援列车配备了CRH380G型动车组救援复轨器，提高了高铁应急救援能力。2015年，局救援中心并入局机车车辆租赁中心，实行一个机构两块牌子。截至2015年9月，铁路局共设沈阳、凤凰城、长春、金州、锦州、叶柏寿、山海关、通辽、赤峰、四平、珠斯花、白城、吉林、图们、通化15列救援列车，配备救援起重机28台，其中160吨伸缩臂吊机13台、160吨固定臂吊机5台、100吨固定臂吊机9台、160吨进口伸缩臂吊机1台，机构人员457人。

五、内燃机车冷却水应用

1996年，由铁科院牵头试验，制定了铁道部标准TB/T1750-1996《铁路内燃机车用冷却液》，正式推出机车冷却液3号防腐阻垢配方，并规定了内燃机车冷却液的技术条件、配制冷却液的用水指标、机车冷却液添加剂的防腐阻垢性能测定方法等。标准中规定制备机车冷却液的用水标准，为此，沈阳铁路局各机务段均配备了制水设备。1998年，逐步将各机务段的制水装置更换为利用超滤反渗透进行制水。2006年，铁科院重新修订、下发了《内燃机车用冷却液》（TB/T1750-2006），机车冷却液的用水指标及机车冷却液技术条件中个别指标有局部调整，该标准的应用车型主要为东风系列内燃机车。

2009年，沈阳铁路局配属和谐型内燃机车，由于铁道部没有推出相应的和谐型内燃机车冷却液的制备和检测标准，各机务段在制备和谐型内燃机车冷却液之初主要是依据机车生产厂家的要求进行配制，其中在制水环节基本与东风型内燃机车冷却液制备模式相同，机车冷却液添加剂的选择由机车生产厂家决定，执行的标准依据同样来自厂家。2013年，沈阳铁路局实行物资采购招标制度后，供应东风型及和谐型机车冷却液添加剂由中标厂家提供。

第七节 机务设备

一、基础设施改造

1996年，随着内燃机车配属的增加，路局开始对白城、图们、长春、通辽、梅河口、通化、锦州机务段进行内燃化改造。长春机务段新建内燃架修库，通辽机务段新建了检修综合楼、电机机床间、机车负载试验间，锦州机务段新建了生产办公综合楼、综合检修车间、教育室、监控装置维修管理中心。白城、图们、通化、梅河口内燃改造工程相继开工，改造工程至1998年投入使用，共新建内燃检修及配套厂房11018.15平方米。

1997—2000年间，为配合哈大电气化改造工程，重点对沈阳、苏家屯、大连、长春机务段的基础设施进行完善。新建了金州、大石桥运用段，苏家屯、沈阳机务段新建了架修库、小辅修库、喷漆库、配件楼、运用综合楼、整备地勤楼；新建了长春北折返段。2001—2003年，继续深化安全标准段建设，新建、改扩建生产厂房11642平方米，并完成铁路局所属机务段生产厂房汽暖改水暖改造。

2003年，沈阳铁路局制定了机务精品段"段区分布特色化、管理信息化、安全可控化、装备现代化、检修工艺流程化、整备职场有序化，段区园林化"的标准。2004年对沈阳、苏家屯、山海关、大安北4个机务段按精品段标准进行建设。沈阳机务段拆除了既有老旧、蒸汽机车时代的建筑11栋、16804平方米，新建建筑6栋、7874平方米；苏家屯机务段拆除了既有老旧、蒸汽机车时代的建筑21栋、24820平方米，新建建筑13栋、30441.2平方米；山海关机务段拆除既有老旧、蒸汽机车时代的建筑15栋、15006.67平方米，新建建筑5栋、8614平方米；大安北机务段新建项目1项、998平方米。2005年，结合铁道部补助项目，机务系统完成了长春北机务折返段干砂、照明设施改造，新建了通辽机务段地检保洁综合楼、吉林机务段检修及整备设施完善等二十项投资改造项目；苏家屯机务段配合沈山电气化改造，新建中修库及边跨、电机、存轮及材料库、地检保洁综合楼、空压机房、蓄电池间、喷漆库接长以及苏北地区变电所改建等工程，到2005年年底，机务系统检修厂房面积为131356平方米。

2006—2008年，结合机务系统布局调整，对调整合并以后的机务段及所属车间进行资源整合，封存2.3万平方米的供暖面积，拆除房屋15处，转变房屋使用权26处。2009年，沈阳机务段配合哈大客运专线建设，入库线、救援列车、油库、运用楼、内燃库、整备场拆除并还建投入了使用；苏家屯机务段内燃机车中修基地开工建设并于9月30日投入使用；吉林机务段配合长吉客运专线建设，整体搬迁到棋盘，新建小辅修库、运用综合楼、整备综合楼及配套设施；结合通辽枢纽改造工程，完善了通辽机务段的基础设施。2011年，通辽、通辽南和谐内3型机车检修能力加强改造；机务段开始"四位一体"（机车乘务员待乘、用餐、洗浴、出退勤功能集中一处）工程建设。2012年，新建沈阳机务段沈北动车车间、沈北综合楼，赤峰、图们精品车间，山海关检修能力加强等项目，到2013年，这些项目陆续投入运用。

2014年3月，根据铁路总公司《中国铁路总公司关于加快推进2014—2015年运输急需配套项目建设的有关通知》以及《关于推进2014—2015年运输急需配套有关机车整备、检修设施设备项目建设安排的通知》，将沈阳铁路局7个整备场〔沈阳北、苏家屯、沈阳西、锦州、山海关（客）、山海关（货）、梅河口〕标准化建设纳入运输急需配套工程中。7个整备场土建项目于9月相继开工。2015年，标准化整备场建成并投入使用的有锦州机务段沈阳西整备场、山海关（客）整备场、苏家屯机务段整备场、梅河口机务段整备场。

二、检修设备

1996年，沈阳铁路局配置机械动力设备4049台，其中机务专用工装942台。随着蒸汽机车报废和内燃、电力机车检修能力的形成，机械设备中，机械加工设备数量逐渐减少，机务专用设备大量增加。2000年，新购置轮箍探伤仪、车轮探伤机等一批新型工装设备，提高了机车检修水平。2001年，铁路局重点对赤峰、梅河口机务段进行设备更新改造，完成了锦州机务段500吨压力机，苏家屯、梅河口段C70数控车床，本溪机务段160吨救援起重机中修工装设备、机车电阻制动试验台等设备购置计划。2005年，沈阳、山海关机务段及长春综合车间配备机车轮对动态检测装置，金州折返段扩能改造，大连机务段电力机车检测设备新购。2005年，铁路局为苏家屯中修基地建设，新购置了119台工装设备；到2005年8月，机务系统共配备各种设备（含仪器、仪表、工具）6369台（套），其中立式车床25台，普通车床144台，机务专用工装1948台。

2006年，结合机务布局调整和固资清查工作，机务系统加快老旧设备的报废和整合，对蒸汽、东方红型机车专用的371台（套）设备进行了集中报废，封存设备59台；整合后，机务系统配置设备4623台（套）。2007年，为保障铁路第六次大提速机车轮对质量，铁道部为沈阳铁路局配备了3台机车轮对动态检测装置。2010年，按

照铁道部指导意见，机务系统各段先后成立了设备科，发挥了职能科室在日产管理当中的作用，完善了机务能力、设备、信息化、标准化、科技、环保、节能、全面质量管理等各项工作，规范了机务段综合技术管理工作。

2011年，沈阳铁路局配备机械动力设备3330台。2012年，铁路局为通辽机务段购置16台（套）工装设备，使其初步具备了和谐内3型机车检修能力。2013年，铁路局为吉林机务段购置了工艺装备12台（套），使吉林机务段具备了和谐内5型机车的检修能力。2014年，总公司为苏家屯和谐机车两年检，购置了工装、工具共49种、96台（套）；分别为苏家屯、锦州、吉林机务段检修车间购置了3台不落轮旋床，提高了和谐型机车轮对镟修能力。2015年，为配合和谐型机车自主修工作的开展，铁路局为苏家屯机务段配套了和谐型机车C4、C5级修工艺装备共222种、365台套，并对中修车间工艺流程重新进行了调整，新建了和谐型机车轮驱检修流水线。2015年年末，铁路局机务系统共配置机械动力设备3728台（套）。

三、整备设备

1996年，沈局铁路局蒸汽机车整备的清灰、上水、上煤、补砂等设备均已实现机械化；内燃机车的上油装备从机械化上油过渡到微机上油系统。2004年，机务整备的工作内容发生了较大变化，机车库内走行、机车检查修理和机车清扫保养由乘务员承担的工作，改由整备车间完成；并随着"全局一台车"整备理念的提出，机务整备的工作环境和工装设备发生了较大变化。

2004年，所有机务段整备均装备了走行部检测设备；2005年，梅河口、吉林、本溪、通辽机务段整备车间新配置了微波干砂装置，沈阳北整备车间装备了电力机车受电弓检测装置。2006年，在金州、苏家屯、长春北电力机车整备场新建电力机车登顶安全监控装置；2008年，沈山电化开通后，又在沈阳西、锦州等电力机车整备场配置了电力机车登顶整备安全监控装置，将机务人员登顶整备作业的安全控制由人控变为机控，既提高了电力机车整备质量，又保证了人身安全。2009年，完成了沈阳西、沈阳北、叶柏寿、通化精品整备车间的建设；珠斯花整备车间结合

站场改造，进行了"四位一体"建设。2010年，大连整备场改造，购置和谐机车机油、变压器油化验设备。2011年，通化、本溪"四位一体"建成，通霍线双泡子、扎哈淖尔加油点进行改造。2012年，对沈阳机务段电力机车整备场进行无网化改造，长春北整备车间新建转车盘。2013年，机务电力机车整备场继续进行无网化改造，改造沈阳（2条客线）、沈北（4条客线）、大连（2条客线）共8条客线；金州（3条货线）、山海关（3条货线）、锦州（2条货线）、苏家屯（4条货线）、沈阳西（3条货线）、长春北（3条货线）共18条电力机车整备线。2014年，中国铁路总公司投资，对沈阳铁路局7个整备场〔沈阳北、苏家屯、锦州、沈阳西、梅河口、山海关（客）、山海关（货）〕进行标准化改造。改造后，标准化整备场均配备了机车轮对在线故障检测系统、走行部动态监视系统、受电弓动态检测系统等现代化设备，实现了机车库内整备工作的信息化、自动化、可视化。

第二章　供　电

沈阳铁路局供电系统是保证铁路运输生产秩序正常运转的重要单位，承担着铁路局生产、生活用电的保障工作。随着沈阳铁路局运输装备的发展，供电系统的重点工作也在不断发生着变化。1996年，铁路局供电专业的职能管理部门为机务处内设的水电科，负责铁路局管内电力供应与给水工作；8月1日，根据哈尔滨—大连（简称哈大线）电气化改造工程建设需要，机务处内新成立电气化科，编制3人，主要职责为参与铁路局管内有关电气化工程方案研究和设计文件审查等工作。哈大线是沈阳铁路局管内第一条电气化铁路，全线945公里(沈阳铁路局管内821公里、哈尔滨铁路局管内124公里)，牵引供电工程全线设计挂网3262公里，新建牵引变电所17座(沈阳铁路局管内2845公里、变电所14座；哈尔滨铁路局管内417公里、变电所3座)；供电（供水）系统基层站段共有12个，分别为长春、白城、沈阳、大连、本溪、锦州、阜新、通辽、赤峰、吉林、梅河口、图们水电段。

1999年5月12日，铁道部与德国Adtranz/Siemens联合体正式签定哈大线电气化铁路建设合同。12月6日～20日，在海城至南台间进行了两个锚段的试挂，标志着沈阳铁路局第一条电气化铁路建设工作全面展开。2000年，沈阳铁路局管内挂网1849公里，占全线的65%，牵引变电所、远动设备全面安装；供电（供水）系统基层站段共有12个，分别为长春、沈阳、本溪、大连、白城、通辽、吉林、梅河口、通化、赤峰、锦州水电段。

2001年8月18日，哈大线电气化铁路沈阳—哈尔滨间开始试运行，沈阳北—大连间在11月28日开始试运行。为保证哈大电化铁路的顺利开通，4月23日，沈阳铁路局下发了《关于成立牵引供电维修管理机构的通知》，铁路局新设长春、沈阳、大连3个供电维修管理中心，牵引供电系统定员为690人。牵引供电系统实行铁路局、铁路分局、供电维修管理中心三级管理，供电调度分别设置在铁路局、铁路分局调度指挥中心和供电维修管理中心。先后下发了《接触网维修管理办法》《牵引变电所维修管理办法》《牵引变电所安全工作暂行办法》《接触网事故抢修暂行规定》《牵引供电调度管理办法(暂行)》《哈大线接触网停送电作业程序暂行规定》，同时制定了《接触网事故抢修预案(暂行)》《牵引变电所故障抢修预案(暂行)》《远动系统故障抢修预案(暂行)》等制度和办法，为沈阳铁路局第一条电气化铁路牵引供电系统的正常运行奠定了基础。2002年，机务处水电科负责技术指导的基层单位有长春、沈阳、本溪、大连、白城、通辽、吉林、图们、梅河口、通化、赤峰、锦州

12个水电段；电气化科负责技术指导的基层单位有长春、沈阳、大连供电维修管理中心。2005年，生产力布局调整，水电部门共设置基层单位7个，分别为长春、沈阳、大连、锦州、通辽、吉林、梅河口水电段；3个牵引供电维修管理中心整合为沈阳供电段。

2006年，沈阳铁路局生产力布局再次进行深度整合，机务处内设的水电科、电气化科整合为牵引供电科；将水电、供电段整合为沈阳、长春、吉林、锦州4个供电段以及1个委托维修单位（秦沈维管段）。水电段管辖的电力部分由整合后的供电段管理；将水电段管辖的给水部分划归所在地房建段管理。整合后，供电部门职工总数7163人，接触网设备总量为6179条公里，变电设备合计33座，自轮运转设备59台，电力变配电所164座，电力线路17370公里。

2011年，根据铁道部《关于设立铁路局供电处的通知》要求，经铁路局党政联席会议研究决定，2011年8月10日，机务处供电科从机务处分离，成立沈阳铁路局供电处。

第一节　供电系统概况

一、供电处

2011年8月10日，供电处成立，内设安全设备科、接触网科、牵引供电科、电力科4个专业管理科室，全处定编17人，其中处长1人，副处长2人，科长4人，副科长2人，一般干部8人；供电处下设1个附属机构——供电检测所，供电检测所下设办公室、接触网检测室、电力试验室，定员22人。

2012年4月28日，根据铁路局《关于调整局机关高铁设备技术管理机构编制的通知》，供电处增设了高铁技术管理科，定员3人。2014年12月，供电检测所新设数据分析室，负责铁路局管内接触网设备运行质量的检测检查及分析，定员8人。2015年，供电检测所进行精简，撤消了供电检测所办公室，将供电检测所电力试验室整建制划归沈阳供电段管理，新成立综合测试室。调整后供电检测所定员15人，设有综合测试室、接触网检测室、数据分析室。

二、供电段

2011年10月，供电系统按供电设备管辖区域划分为4个供电段，1个维管段，分别为：长春供电段、沈阳供电段、锦州供电段、吉林供电段，秦沈维管段。吉林、长春、沈阳、锦州供电段相继组建成立高铁技术科和高铁供电车间，实现了高铁供电设备专业化管理，为哈大客专联调联试及运营接管提供了可靠保障。12月1日，为做好西部铁路电化改造工作，沈阳铁路局新成立了通辽供电段，接管了长春、锦州供电段管内的高新、大郑、京通、通霍等8条线路2084.49营业公里的电力设备。供电系统共有5个供电段，88个车间，职工7317人，其中干部915人，工人6402人。

2013年2月3日，根据中国铁路总公司《关于同意沈阳铁路局设立大连供电段的批复》（铁劳卫函〔2012〕1849号），沈阳铁路局成立了大连供电段。大连供电段人员总数751人，管辖范围为沈阳供电段管辖的沈大高速线0~238公里、沈大线0~240公里、营大线、沙鲅线、田五线、白老线、金城线、金窑线、旅顺线供电设备，管辖接触网1691.565条公里，牵引变电所9座，开闭所3座，分区所4座，AT所8座；电力线路15358换算公里，电力变配电所25座，车间变电所53座，电力箱式变电站238座。2014年3月，沈阳铁路局终止了与中铁电气化局秦沈维管段签订的京哈线秦沈段牵引供电设备维管合同，秦沈线牵引供电设备维修维护工作由沈阳供电段、锦州供电段接管。

2015年末，沈阳铁路局供电系统按供电设备管辖区域下设长春、沈阳、锦州、吉林、通辽、大连6个供电段，干部职工7872人。供电处根据国家、铁路总公司有关法律法规，组织制定供电系统规章制度、实施细则、管理办法、作业标准、工艺流程等，并组织贯彻落实；定期对供电系统各单位安全生产管理情况实施监督、检查、指导和评比，对安全质量进行分析考核；定期组织供电能力查定，提报供电设备、自轮运转设备大修、更新改造建议计划，下达供电设备维修、试验计划及主要生产指标，督促检查计划落实和完成质量情况等。

第二节　设备管理

一、牵引供电设备

2001年8月18日，东北第一条电气化铁路哈大线沈阳北至哈尔滨段正式开通，11月30日沈阳北至大连段开通，哈大电气化铁路全线开通运营。局管内营业里程839.76公里，接触网设备3178.936条公里，建有牵引变电所16座，开闭所5座，分区所1座。

2003年10月12日，国内第一条客运专线秦沈客运专线正式开通，开通后由中铁电气化局集团公司运营维管公司秦沈维管段负责维护管理，是国内第一条维管的电气化铁路。局管内共计营业里程387.393公里，接触网设备932.272条公里，建有牵引座变电所7座，分区所7座。

2006年7月15日，沟海线电气化铁路开通，新增接触网设备174.003条公里，牵引变电所2座。2007年8月31日，金窑线电气化铁路开通，新增接触网设备81.06条公里，开闭所2座。2008年4月30日，沈山线电气化改造工程开通，新增接触网设备1870.413条公里，牵引变电所9座，分区所9座，开闭所3座。2009年8月27日，苏抚线电气化改造工程开通，新增电气化铁路运营里程43.526公里，接触网设备240条公里，牵引变电所1座，分区所2座。

2011年1月11日，长吉城际铁路工程开通，全线112.514公里，新增接触网设备299.306条公里，新建牵引变电所2座，分区所2座，AT所3座。

2012年12月1日，哈大客运专线正式开通，铁路局管内新增电气化运营里程849.397公里，接触网2485.744条公里，新建牵引变电所18座，分区所17座，AT所27座，开闭所4座。

2013年9月12日，盘营客运专线正式开通，新增电气化运营里程99.15公里，接触网设备265.53条公里，牵引变电所2座，分区所2座，AT所1座，开闭所2座。

2014年3月31日，按照路局部署调整，终止了与中铁电化局秦沈维管段的秦沈客运专线牵引供电设备的维管合同，分别由锦州供电段接管319公里13米~576公里牵引供电设备维护管理，

由沈阳供电段接管576~690公里128米牵引供电设备运营维护工作。12月31日，沈阳铁路局电气化铁路运营里程3150.274公里，其中高铁运营里程1061.061公里；接触网设备10366.5条公里，其中高铁接触网3050.58条公里；牵引变电所56座，AT所34座，分区所39座，开闭所14座，RTU箱259个，接触网作业车106台。

2015年9月1日，沈丹客运专线正式开通，新增电气化铁路运营里程205.7公里，接触网580.56条公里，牵引变电所5座，分区所5座，AT所8座，开闭所1座。9月20日，吉图珲客运专线正式开通，新增电气化铁路运营里程358.859公里，接触网956.69条公里，牵引变电所7座，分区所8座，AT所15座，开闭所1座。12月17日，丹大快速铁路正式开通，新增电气化铁路运营里程290.572公里，接触网846.026条公里，牵引变电所5座，分区所7座，开闭所3座。

二、电力供电设备

2006年3月18日，沈阳铁路局水电段、供电段整合为沈阳、长春、吉林、锦州4个供电段，将原水电段管辖的电力专业设备及人员划归整合后的供电段管理。将原水电段管辖的给水部分划归房产段管理。至此，各供电段负责局管内牵引供电和电力供电两大专业设备的运营维护工作。

2011年1月11日，长吉城际铁路建设施工正式开通，新增架空电线路37.4公里，电力电缆663.8公里，电力变配电所10座，厢式变电站37座，变压器90台，配电装置602面。2012年12月1日，哈大客专正式开通，新增架空电线路72公里，电力电缆7670公里，电力变配电所82座，厢式变电站588座，变压器1154台，配电装置7523面。2013年9月12日，盘营客专正式开通，新增架空电线路34.4公里，电力电缆751.26公里，电力变配电所6座，厢式变电站53座，变压器86台，配电装置533面。

2014年12月31日，沈阳铁路局电力线路36257.1公里，架空线路15349.15公里，电力电缆20159.95公里。其中高铁电力线路9256.5公里，架空线路143.755公里，电缆线路10861.61公里。管内共有变电所23座，10kv配电所203座，10/0.4变电所839座；厢式变电站1854座，变压器10934台，照明灯塔桥3134座，灯柱12196根，配

电装置29367面。其中,高铁变电所4座,10kv配电所203座,10/0.4变电所66座,厢式变电站686座,变压器1344台。

2015年9月1日,沈丹客运专线正式开通,新增电力线路1668公里,其中架空线45公里,电缆线路1623公里,新建20/10kv变配电所1座,10kv配电所4座,改造66/10kv变配电所2座,区间箱变102座。9月20日,吉图珲客运专线正式开通,新增电力线路2487.9公里,新建10kv配电所7座,改建10kv配电所1座,新建10/0.4kv电力远动变电所8座,新建10/0.4kv综合工区变电所3座,改建10/0.4kv电力远动变电所1座,新建箱式变电站188座。12月17日,丹大快速铁路正式开通,新增电力线路876.01公里,其中架空线路349.02公里,电缆线路526.99公里;新建10kv配电所7座,改建10kv配电所1座,新建10/0.4kv信号变电所16座,新建10/0.4kv站房变电所16座,新建箱式变电站123座。

三、自轮运转设备

2001年8月,沈阳局开始进行电气化铁路供电设备的检修维护工作。为提高接触网设备维修质量和效率,铁路局陆续为沈阳、长春、大连供电维修管理中心配属接触网作业车。共计配属接触网作业车19台,其中接触网检修作业车14台,轨道吊车3台,接触网放线车2台。其中,配属长春供电维修管理中心5台,沈阳供电中心6台,大连供电维修管理中心8台。2003年,中国首条客运专线秦沈客运专线建成通车,配属锦州供电段接触网作业车11台,其中接触网检修作业车8台、轨道平车3台。2004年,供电系统接触网作业车总计39台。其中,接触网检修作业车33台,轨道吊车4台。2007年,供电系统接触网作业车总计41台。其中,接触网检修作业车34台,接触网放线车3台,轨道吊车4台。

2008年,沈山线电气化开通,运营初期接触网缺陷检查巡线、搜集设备状态数据等任务较多,锦州供电段配属接触网作业车12台。至此,沈阳铁路局供电系统有接触网作业车总计57台。其中,接触网检修作业车48台,接触网放线车4台,轨道吊车5台。

2011年,随着长吉城际、哈大高铁、盘营客专等新线建设和既有线电化改造施工,为建立高

质量、高效率、快速反应的维修体系,成立供电处安全设备科,负责管理全系统的接触网作业车辆设备,总计64台。其中,接触网检修作业车55台,接触网放线车4台,轨道吊车5台。

2012年,哈大高铁开通,路局为哈大高铁沿线的长春、沈阳、大连供电段配备了高速接触网作业车,供电系统接触网作业车累计已达75台。2013年,供电系统接触网作业车总计96台。2014年,供电系统接触网作业车总计103台。2015年,沈阳铁路局相继开通了沈丹客专、吉珲客专和丹大快速铁路。设计先进、功能全面、速度更快的接触网多功能作业车开始在全路应用。供电系统接触网作业车累计达到168台。其中,BR711C型接触网多功能作业车2台,接触网检修作业车137台,接触网放线车5台,轨道吊车8台,Nx70型接触网专用平车16台。

第三节 设备维修

一、安全检测

2001年8月18日,哈大电气化铁路开通运营后,应对哈大电气化铁路检修维护工作需求,全局配属弓网检测车(1C)1台,作为接触网设备运行质量检测检查的重要手段。2013年,路局投资对局供电检测所弓网检测车(1C)进行了大修改造,检测车的检测功能得到全面提升。充分发挥接触网安全巡检装置(2C)功效,全年检测接触网191085公里(高速165976公里,普速25109公里),检查发现问题3028件,均进行了及时处理。积极协调哈大客专公司购置接触悬挂检测装置(4C)。

2014年,供电管理部门继续提升供电安全检测能力及手段,优化设备巡检作业组织。按照"关键点全覆盖、重点设备全天候、结合部全受控"的理念,努力形成"精准检测、动态克缺"能力,为供电设备精检精修、安全运行保驾护航。强化检测监测管理,形成较为完备的设备检测监测机制;进一步完善路局、供电段"两级"检测监测管理架构,在供电处筹建了数据分析室,供电段设立2C分析室或2C分析工区,初步搭建了组织健全、流程顺畅、逐级负责的检测监

测格局。为长春、沈阳、大连供电段各配备1套2C检测装置；在沈阳供电段调试安装了接触悬挂检测装置（4C），对接触悬挂检测进行了有益探索。为沈阳、锦州供电段配备了绝缘在线监测装置（6C），安装在马仲河、高桥镇等5处重污区段，对绝缘子绝缘状态进行实时监控。发挥检测监测效力，全年接触网1C动态检测车上线检测4次，检测接触网正线13718条公里，发现接触压力、拉出值、一跨内接触线高差等各类设备缺陷3822件；2C接触网安全巡检装置上线检测412次，检测接触网正线82794公里，发现设备松、脱、卡、磨、断、裂、锈等各类问题1719件。按照"深度分析、现场复测、限期整改、全面克缺"的程序，各段对检测出的问题进行了及时处理。

2015年，供电处扎实做好供电设备安全检测工作，着重发挥好1C、2C装置检测接触网设备功能，完善供电处数据分析室职能，积极组织各段2C分析室、2C分析工区全面开展接触网设备的数据采集及分析工作，通过对缺陷点的不同检测数据进行分析，组织人员现场复测确认，提出整改建议和意见，提升了接触网设备隐患的发现及整改效率。截至11月，中国铁路总公司综合检测车（1C）对沈阳铁路局管内高铁线路接触网动态检测累计完成86次，共计37022公里，发现超限数据145处；普速线路接触网动态检测累计完成24次，共计18230公里，发现超限数据646处。铁路局接触网综合检测车（1C）对管内正线接触网进行了检测，共计9790公里，发现接触网设备动态缺陷1048处。各段累计使用2C装置对接触网正线检测666次、共计169265公里，其中：高铁线路检测532次、共计132328公里，普速线路检测134次、36937公里，发现缺陷问题1662处，共计处理缺陷1501处，整改率为90.31%。

二、设备检修整治

2011年，供电处组织各供电段大力实施集中修作业组织模式，各段集中人员、工装器具等优势，采取申请大天窗、多上人的措施，对接触网设备进行全面检查检修，全年完成集中修天窗411个。2012年，接触网专业共计完成天窗8833次，其中接触网施工天窗1047次，接触网维修天窗2633次，接触网临时天窗122次，配合施工天窗5031次，完成全面修3103.9公里，兑现率95.9%。牵引变电远动专业全年完成检修牵引变电远动设备5053个，兑现率60%。重点完成了金州上网点02开关，二十里台B05、03、04开关，铁岭F01、F02开关，新城子B05，中固03、04开关，9处控制电缆更换和长春北牵引变电所电缆沟改造工作，对京哈线秦沈段山海关、绥中北、葫芦岛北、锦州南、盘锦北、台安、杨士岗7座牵引变电所、皇姑屯开闭所的交直流屏进行了升级改造，组织沈阳、长春供电段对老哈大线牵引变电所高压间隔负荷开关进行全面检查，同时对操作次数接近或大于3000次的负荷开关的辅助触头进行更换，正线更换16个。电力专业完成外线检修作业3190个，变配电所检修作业275个。接触网作业车总计出车5897次，总走行141158公里。

2013年，沈阳铁路供电系统完成接触网作业天窗总计10069个。其中：施工天窗1023个，维修天窗3314个，临时天窗351个，配合天窗5381个。全年完成接触网施工改造16项，其中既有线挂网施工5项；站场接触网改造施工9项；沈阳南站改造、沈大高速线转便线等重点接触网改造施工2项。完成普速接触网全面修3056.099条公里；重点修检修普速线岔2847个，隔离开关581台，非压接式线夹40471个；高铁检调分段绝缘器474台，隔离开关1742台，线岔551处。充分利用施工黄金季节组织接触网集中修，共计检修接触网设备1111条公里，其中京哈线646条公里、沈山线465条公里。牵引变电远动专业完成牵引变电远动设备检修3456.51换算公里，兑现率58.08%，其中普速段完成1580.52换算公里，兑现率61.5%；高速段完成1875.99换算公里，兑现率55.47%。试验牵引变电远动设备1498.05换算公里，兑现率60.01%，其中普速段933.99换算公里，兑现率70.48%，高速段564.06换算公里，兑现率48.16%。组织长春、沈阳、大连供电段对扶余变电所上网点、新台子站、新城子站、大石桥变电所上网点，共21.4条公里电缆进行大修改造，对16台负荷隔离开关进行大修更换。重点补强了绥中北、葫芦岛北变电所的接地、防雷设施。

2014年，本着"因地制宜、因时而动、因事而异"的原则，认真建立"九防"（防风、防洪、防雷、防污闪、防冰、防锈蚀、防异物、防倒树、防鸟害）体系，采取坚决果断措施，全面防控外部侵害。全年接触网专业共完成接触网停电天窗8099个，其中高铁1771个，普速6328个。高铁接触网停电天窗中接触网检修天窗841个，临时缺陷处理天窗272个，配合停电天窗658个。普速接触网检修天窗2025个，临时缺陷处理天窗119个，配合停电天窗4184个。变电远动专业完成牵引变电远动设备检修2645.932换算公里，兑现率52.29%，其中普速完成977.2换算公里，兑现率62.67%；高速完成1487.57换算公里，兑现率45.06%。组织开展哈大客专所亭过冬防寒工作，采取房屋大门悬挂门帘、电缆夹层通风口封堵、高压室空调安装等手段，保证GIS柜设备稳定运行。安排计划对高铁变电所亭的所内开关进行切换试验、同时对10kV转换27.5kv所用电进行切换试验，并对二次设备端子进行了整体紧固，检查了所内27.5kv电缆运行状态。组织长春、沈阳、吉林、大连、锦州供电段对哈大高铁、盘营客专、长吉城际3条高铁线路的859台接触网隔离开关进行春秋两季检调工作。电力专业完成高铁电力停电天窗467个，其中维修天窗286个，临时天窗30个，配合天窗151个。

三、设备专项整治

2012年，供电处系统开展隔离开关、绝缘子更换、防雷补强、箱变改造、更换绝缘线、鸟害攻关等专项整治工作。检调接触网隔离开关1260台，更换接触网隔离开关17台，检调电力远动开关58台。对电力箱变进行改造，新设箱式变电站6座，变台改造成箱变16处。更换绝缘线以及新架设绝缘线总计1008条公里；实施鸟害攻关，共安装风车式驱鸟器1253个，超声波驱鸟器376个，涂抹驱鸟剂90处。

2013年，供电处系统对苏家屯66kV变电所等13座电力变配电所进行设备大修改造；在熊岳城、昌图、公主岭等9座牵引变电所供电线上加装避雷线53267米；电力架空裸线更换绝缘线911.8公里。

2014年，供电系统集中力量更换金窑线金港站软横跨81组，整治昌图—毛家店间冻害地段倾斜支柱82根，更换接触线2.32条公里，承力索

2.65条公里。检调高、普速接触网隔离开关1412台，线岔2287处，检调分段绝缘器79台，清扫绝缘子111470支。对高铁变电所亭内所有开关及所用电进行切换试验，对二次设备端子进行全面紧固，更换了老化的控制电缆保护器、SCI短路告警保护器、远动通道保护器。检查调试管内3985台电力远动高压开关，7026台低压开关，对75座电力变配电所进行了保护试验。

四、抢险救灾

2013年8月16日，沈阳铁路局管内发生了百年一遇的特大洪灾，沈丹、沈吉线设备冲毁严重，多处桥梁路基坍塌，电力电杆冲倒折断，全线大面积停电。面对洪灾，供电处组织沈阳、吉林、长春、锦州供电段，以沈阳供电段为骨干力量，经过十昼夜的连续奋战，战胜了特大洪灾，确保全线快速恢复供电。

第四节　安全管理

一、安全重点工作

2011年，为深刻吸取"7.23"甬温线特别重大交通事故教训，供电处及各供电段包保检查组下现场、上线路、进车间、到班组，采取明查、抽查、夜查等方式全覆盖安全检查，共发现各类安全隐患问题3850件。同年，供电系统迎接了国务院高铁安全大检查组的检查迎检及配合工作，认真接受专家"会诊"。吉林、长春、锦州供电段和秦沈维管段作为受检单位，接受了国务院检查组的检查。

2012年1月6日，召开沈阳铁路局供电系统工作会议，以"全力打造安全、优质、高效的供电网"为目标，全面开展"安全风险管理"工作，制定《风险控制表》和《作业流程图》。消灭了人身感电事故、接触网作业车事故、供电自身原因造成的作业事故。

2013年1月26日，在沈阳供电段召开了供电系统年度工作会议，确定了"五消灭、两减少、一实现"的全年工作目标。年末实现了消灭了职工人身感电死亡事故；各类事故故障220件，牵引变电远动设备故障较2012年减少3件，同比压缩38%；电力设备故障较2012年减少19件，同比

压缩27%。

2014年，供电系统重点抓好安全风险管理、专业品质管理、供电设备质量、高铁运行安全、严控经营结果、快速提升干部职工队伍素质、加强党风廉政建设和思想政治工作七个方面工作。供电系统以"安全管理规范化、现场作业标准化、检查整治常态化"为抓手，深入推进安全管理"三化"建设工作。制定了98个管理岗位安全职责，明确了安全关键环节控制和处置流程、标准、量化检查项点、检查频次；制定了33个行车工种生产岗位职责，细化了处、段、科室、车间、工区职能；对84项交叉结合部工作进行了界定，制定了重点工作办理流程。制定下发了《供电系统各级干部安全履职考核指导意见》，编制了干部《安全管理手册》和《班组长管理手册》，制定了《供电系统干部职工"红线"管理规定》《供电施工作业"11严禁"》等卡控卡死制度，从源头阻断关键和要命风险。

2015年1月11日至12日，全路供电系统2015年工作会议在沈阳铁路局召开，来自总公司领导和全路18个铁路局的主管副局长、供电处长、工程局、设计院等与会代表在沈阳供电段苏家屯牵引供电车间观看沈局供电系统"三化"建设基础资料和职工技术创新成果，在沈阳供电段沈阳客专供电车间现场观摩了可视化施工例会、断线抢修演练，材料管理及检修管理系统的应用。

二、安全生产标准化建设

2012年，供电处制定并下发了《供电系统标准化评定实施办法》及《供电系统主要工种作业程序及标准》两个标准化文件，按照"全路争一流，全局站排头"这一工作要求，在吉林供电段西营城子牵引变电所、长吉牵引变电所，沈阳供电段丹东66kV变电所，召开了标准化变电所现场会。结合供电工作实际，先后制定并实施了5项"全路争一流"方案，6项"全局站排头"方案和12项"系统立标杆"方案。

2013年，供电处制定并下发了标准化供电处、供电段、车间班组、变电所亭、接触网和电力设备的创建标准和方案。集中力量制作了接触网、牵引变电远动、电力、接触网作业车4大专

业21类215项作业流程及标准作业指导书。先后在锦州供电段技术科、朝阳电力车间，长春供电段大修车间、沈阳供电段沈阳66kv变电所召开了标准化建设现场会，制作完成了各级干部的"日、周、月"图示化工作流程。

2013年10月，长春供电段通过总公司运输局供电部"安全生产标准化供电段"检查验收，获评为全路供电系统"安全生产标准化供电段"。2014年，供电处大力提升系统标准化建设工作规模，以"安全管理规范化、现场作业标准化、检查整治常态化"为抓手，深入推进安全管理"三化"建设，先后在沈阳供电段苏家屯牵引供电车间、长春供电段白城电力车间、吉林供电段磐石电力工区、通辽供电段大修车间、锦州供电段盘锦高铁车间、大连供电段营口东客专供电车间召开了供电系统"三化"建设现场展示及交流会。10月，沈阳、吉林供电段分别以969分、962分的检查评定成绩，以全路供电系统第一名、第四名的优秀名次通过总公司运输局供电部检查、评定，获评为全路供电系统"安全生产标准化供电段"。

2015年，供电处持续推进标准化建设工作，全系统以"标准化安全科、标准化技术科、标准化所亭、标准化电力设备、标准化接触网设备"建设工作为引领，全面做好标准化项目建设工作，组织各段主管领导及相关工作人员召开了沈阳供电段标准化安全科、长春供电段标准化技术科、吉林供电段延吉西标准化牵引变电所、锦州供电段葫芦岛标准化配电所、吉林供电段长珲客专安图西至延吉西区间标准化接触网设备现场展示及交流会。10月，在总公司运输局供电部"全路供电系统安全生产标准化供电段"检查组的检查及评定工作中，锦州、大连、通辽供电段分别以954分、949分、927分的优异成绩通过总公司供电部安全生产标准化供电段评定，获得全路供电系统"安全生产标准化供电段"称号。至此，沈阳铁路局6个供电段全部通过总公司供电部"安全标准化供电段"考核评定。

三、信息化建设

2012年12月，按照铁道部《铁路供电管理信息系统专项规划》《哈大客运专线铁路供电信息系统建设方案》要求，沈阳铁路局制定了《沈阳

铁路局供电管理信息系统建设方案》，全面推进铁路供电现代化建设。

2013年3月，完成沈阳铁路局供电系统信息化建设工作的整体架构设计，同步完成基础数据管理、人员管理、门户网站、公文流转、邮件管理等五个子系统的开发设计，并在沈阳供电段、大连供电段开始使用。9月—12月，在沈阳、大连、长春、吉林、锦州、通辽六段同时部署上线试用与使用，沈阳局供电信息系统的架构、组织结构、接触网专业基础部分全部完成。

2013年12月—2015年6月，供电处组织沈阳供电段，根据段内实际情况，规划完成了规章制度管理、安全问题库管理、低值易耗品管理、财务预算管理、物料审批管理、门户网站、人员考核、客专工程问题库、外侵问题库等子系统的设计和运行。

四、整章建制

2011年，路局供电系统制定下发了《沈阳铁路局供电系统接触网作业车管理办法》《沈阳铁路局接触网作业车安全管理细则》2个铁路局文件以及《供电系统安全评估办法》《供电质量管理检查办法》《供电人身安全卡控措施》《供电系统标准化评定实施办法》《供电系统主要工种作业程序及标准》《沈阳铁路局牵引变电远动设备运行管理办法》《电力设备检修及巡视检查管理规则》《电力设备运行管理办法》《电力设备故障抢修管理规则》《有效降低供电损失率指导意见和具体措施》等10个专业管理文件。

2012年，铁路局供电系统先后制定并下发了《沈阳铁路局高速铁路接触网运行检修管理办法（试行）》《沈阳铁路局高速铁路牵引变电远动设备运行检修办法（试行）》《沈阳铁路局高速铁路接触网作业车运用管理办法（试行）》等15项高铁设备运行、检修办法、文件；《沈阳铁路局供电系统恶劣天气应急预案》《关于冰雪天气高速铁路接触网覆冰应急处理的补充规定》等抢修处置预案7项。

2013年，针对设备、现场和检修模式变化，重新制定下发专业规章37项。针对哈大高铁开通运营，制定高铁设备检测管理办法4项，设备安装检修标准3项，故障抢修管理办法2项。针对安全风险管理需要，制定安全管理规章13项，编制

了《沈阳铁路局供电文件汇编》。成立供电系统技术规章管理小组，负责对供电专业技术规章、管理文件的日常管理工作，建立供电专业规章、文件受控目录，全年清理与供电有关规章201项。2014年，全局供电系统结合供电规章三年建设规划，按照供电运营管理"五大体系"框架，编制了9个主要行车岗位《基本规章制度摘编手册》。

2015年，供电处深化供电专业规章制度建设，结合《技规》《安规》《操规》等规章中的相关内容，围绕"检修维护、检测监测、供电防灾、应急抢修、安全控制"等五大体系建设，对7个技术规章文件进行了修改和重新发布，对供电系统以电报形式下发的规章进行清理，对12个文件按照技术规章格式重新发布，完善了《高速铁路接触网运行检修管理办法》《高铁接触网设备故障抢修预案》等规章制度。

第五节　专业培训与技术竞赛

2011年，供电处组织全系统以"安全管理方法培训、专业技术业务培训、安全隐患和难点问题专题培训和忠诚履职培训"为主要内容的"四类培训"活动，重点做好客专介入人员培训工作。针对高铁H型钢柱、AT供电方式等新技术、新特点，采取早动手，有计划、有重点、全方位、多渠道地展开人员培训。先后利用各类资源和平台，举办了16期培训班，将理论培训后的学员派到武广和郑西客专进行了实作培训。在沈阳机械学校举办了第一期哈大客专理论和实作培训班。聘请哈大客专相关单位专家进行理论和现场授课，对各段高铁技术管理和检修人员进行了系统培训。9月27日—28日，在长春供电段举办"沈阳铁路局第十五届职业技能竞赛暨供电系统第六届技术比赛"，长春供电段荣获团体第1名。

2012年10月31日—11月1日，在锦州供电段举办"全局供电系统第十六届职业技能竞赛"，长春供电段毕洪亮等5人荣获"技术状元"称号。

2013年，供电系统职工技术培训工作从丰富职工培训教材入手，先后编制了《接触网工实作培训手册》等实际实用的"口袋书"及《供电过冬防寒培训教材》等书目；打造长北和沈西两个

培训基地，修建主要工种实作培训演练场，组织543名新职人员进行实作演练。9月28日—29日，"全局第十七届职业技能竞赛供电系统决赛"分别在主赛场沈阳供电段、分赛场长春供电段举行，共有148名选手参加了比赛，沈阳供电段获得团体第1名。

2014年，供电系统精心打造职工实作培训基地，紧贴实作实训需要，大力强化硬件建设，开发了《电气化铁路接触网3D培训系统》软件，利用动漫三维演示技术，全过程展示检修要领，使职工快速掌握接触网关键部件检修技术；全面开展职工实作等级评定，本着"敞开报名，随时评定，过关加奖"的原则，由各段纪委、职教、技术部门组成联合评定组，对职工实作能力进行考核评定。9月，"全局第十八届职业技能竞赛供电系统决赛"在吉林、沈阳、大连三个赛区进行，来自供电系统6个供电段的152名选手分7个工种展开角逐，吉林供电段荣获团体总分第1名。同年，沈阳铁路局供电系统在全国、全路职业技能竞赛中取得丰硕成果。在铁路总公司举办的铁路供电系统职业技能竞赛上，沈阳供电段商

磷磷夺得供电轨道车司机项目第4名的优秀成绩，获得"全路技术能手、全路青年岗位能手"称号，火车头奖章；吉林供电段伏忠全获得电力线路工项目第3名的优秀成绩，荣获"全路技术能手"称号，火车头奖章。同年10月，在人力资源社会保障部和中国铁路总公司举办的2014年中国技能大赛暨第四届全国铁道行业职业技能大赛上，沈阳铁路局荣获接触网工项目团体第二名的优秀成绩，大连供电段贾振华、大连供电段宋士玉分别荣获第二名、第七名的优秀成绩。

2015年，供电处继续推动研发教学软件，对接触网专业49个实作等级项目、电力专业42个实作等级项目的可视化课件要做到全覆盖，在总公司供电部的要求和指导下，制作和完善了接触网、牵引变电远动、电力、接触网作业车的图示化作业流程。联合铁路局科研所制作了3G接触网培训课件，拓展升级教学软件，变抽象为形象，使隐蔽和关键设备构造一目了然，进一步提高职工的学习兴趣和学习效果。7月—9月，在长春、锦州分别举办了供电系统3个工种的技能竞赛。

第三章　车　辆

车辆系统是铁路运输装备的重要组成部分，承担着旅客、货物运输的装载保障任务。1996年，铁路局配属的旅客列车以运行速度120公里/小时的绿皮车和少量空调车为主，开行交路仅局限在东北地区和北京等少数城市。2015年，铁路局配属的旅客列车以140公里/小时、160公里/小时的新型快速空调客车为主，空调客车配备比例由1996年的17.6%，提升至2015年的83.3%。旅客列车开行交路涵盖广州、福建、南宁、乌鲁木齐、成都等全国主要城市。2002年沈阳铁路局在秦沈客专开行全路首列试验动车组"中华之星"号，2007年开行沈阳至北京、哈尔滨动车组列车；2011年至2015年，沈阳铁路局陆续开通长吉、哈大、盘营、沈丹、吉图珲、丹大等客运专线、高速铁路，动车组的运行速度由200公里/小时提升至300公里/小时；动车

组配属数量由2007年的11组，提高至2015年的172组；配属动车组的构造速度由200公里/小时提升至380公里/小时；动车组的开行交路覆盖上海、武汉、宁波、郑州、青岛等城市。

1996年，沈阳铁路局管内运用的货车以构造速度80公里/小时为主的60吨级货车，2015年管内运用的货车车辆构造速度全部提升为120公里/小时，载重达到70吨级、80吨级。伴随着车辆不断更新，沈阳铁路局车辆检修设备、设施也在不断发展，安全防范设施更加完善。1996年，沈阳铁路局无检修空调客车的专用设备、场地。2000年，沈阳铁路局逐步完善新型客车检修、整备工装设备、检修场地设施，建成一批空调检修基地，配备DC600V直供电、列车防滑器、烟火报警装置、接地装置等检查、检修和试验设备设施，具备完善的空调客车高级修和运用整备能

力。2002年沈阳铁路局启动动车运用所建设工作，2006年完成第一个动车运用所——皇姑屯动车运用所的建设工作，2015年，沈阳铁路局完成沈阳南动车组三级修检修基地，沈阳南动车运用所、丹东、延吉西两个动车组存车场的建设工作。加上先期投入运用的大连、沈阳、沈阳北、长春动车运用所，形成遍布全局的动车组运用检修格局。

沈阳铁路局车辆安全监测设备1996年从车辆轴温智能探测系统(以下简称THDS)设备开始，先后增加货车故障轨边图像检测系统（以下简称TFDS）、车辆运行品质轨边动态监测系统（以下简称TPDS）等设备，2005年为确保第六次大提速的顺利进行，陆续增加了车辆滚动轴承轨边声学诊断系统（以下简称TADS）、铁路客车故障轨旁图像检测系统（以下简称TVDS）设备，2013年，结合哈大客专建设，增设动车组运行故障图像检测系统（以下简称TEDS），至2015年全局形成了涵盖动、客、货车的安全监测设备网络。

第一节 车辆系统概况

一、车辆处

沈阳铁路局车辆处是依据铁路总公司和铁路局制定的方针政策，努力为铁路运输提供充足的良好动、客、货车车辆的职能处室。1996年，车辆处下设7个科室，1个附属部门。7个科室：客车科、货车运用科、货车检修科、调度科、财务科、技术设备科、部驻局车辆验收室，定员31人。1个附属部门：红外线检修试验所，定员31名。1999年，沈阳铁路局调整机构编制，将车辆处调度科划归局调度指挥中心，货车检修科、货车运用科合并为货车科。2002年8月，沈阳铁路局客运公司成立，车辆处客车科划归客运公司。2003年，根据沈铁劳电〔2003〕66号电报，将车辆调度科、秦沈红外线调度由局调度指挥中心划归车辆处管理，成立车辆调度室；根据沈铁劳电〔2003〕529号电报，车辆处恢复客车科，定员3人。

2005年，沈阳铁路局调整机构编制，将车辆

处调度室划归局调度指挥中心，货车科撤销，成立货车检修科、货车运用科。随着车辆成本管理模式的变化，财务科撤销，成立成本管理科。根据2003年路局《关于公布运营管理费列支附属单位机构定员的通知》，2005年12月25日，沈阳铁路局红外线检修试验所更名为沈阳铁路局车辆检测所。2008年，根据开行动车组需求，车辆处成立动车科，科室增加到7个。2011年1月，铁道部驻沈阳铁路局机车车辆验收室变更为由铁道部委托铁路局安全监督管理办公室管理的职能部门，承担机车车辆维修验收工作。车辆处撤销了部驻局车辆验收室编制，下设6个科室,1个附属部门。2012年车辆处撤销成本管理科，成立综合科。2014年车辆处撤销货车检修科、货车运用科，成立货车科、安全科。

2015年，车辆处下设6个科室，1个附属部门，即客车科、动车科、货车科、安全科、综合科、设备科和附属部门车辆检测所，车辆处定员27人，车辆检测所定员20名。

二、分局车辆分处

1996年，沈阳铁路局各分局（公司）下设有9个车辆分处、1个机辆分公司。车辆分处的定员为8~12人，大连铁道有限责任公司的机辆分公司定员18人。1999年1月，撤销丹东分局，丹东分局车辆分处并入沈阳分局车辆分处。2000年12月，撤销白城、图们铁路分局，2个分局的车辆分处分别并入长春、吉林分局车辆分处。2005年3月18日根据铁道部《关于改革沈阳铁路局体制的决定》，沈阳铁路局撤销沈阳、长春、锦州、吉林、通辽、通化铁路分局和大连铁道有限责任公司，实行铁路局直管站段的体制，至此铁路分局车辆分处随着铁路分局撤销全部撤销。

三、车辆系统生产力布局调整

1996年，沈阳铁路局车辆系统共有25个车辆段，2个车轮厂，1个客车厂，即大连、大连北、锦州、锦州东、沈阳、吉林、龙潭山、长春、通化、本溪、丹东、阜新、梅河口、四平、白城、通辽、赤峰、苏家屯、皇姑屯、灵山、大官屯、叶柏寿、图们、大石桥、山海关车辆段，苏家屯、吉林车轮厂，沈阳客车厂。车辆系统共有全民职工31465人。客车厂修台位58个，段修台位

40个、货车段修台位181个，客车整备所17处，客车列检所11个，货车站修所29个，货车站修台位489个，货车主要列检所26个，区段列检所29个，一般列检所13个，自动检修所6个，轴温检查站6个。

1997年，撤销梅河口客列检所、通辽上行列检所（主要）、凤凰城、朝阳川、影壁峰3个客车维修点，开通了通辽南货列检。1999年，撤销吉林、吉林西客整所，成立七家子客整所；2000年成立彰武列检（主要），白市列检（区段）。

2002年8月，沈阳铁路局成立客运公司，下设7个客运分公司，车辆处客车科整建制划归客运公司，大连、锦州、沈阳、吉林车辆段整建制划入客运分公司，长春、通化、本溪、丹东、阜新、山海关、梅河口、白城、通辽、赤峰车辆段客车部分划入客运分公司。长春、通化货车部分成立分段，分别隶属四平、梅河口车辆段管理。2003年9月，客运公司撤销，大连、锦州、沈阳、吉林车辆段划归车辆处管理，恢复长春车辆段。通化车辆段客车部分归梅河口车辆段，本溪、丹东客车部分归沈阳车辆段，阜新、山海关客车部分撤销，赤峰客车部分归通辽车辆段。

2003年，撤销了图们、大石桥、赤峰、叶柏寿、皇姑屯、锦州、通化车辆段并成立（运用）分段，分别隶属于龙潭山、大连北、通辽、阜新、苏家屯、锦州东、梅河口车辆段管理，车辆部门由25个车辆段，调整为18个车辆段。撤销了长春、吉林、大石桥3个主要列检所、18个区段列检所、4个站修所、5个轴温检查站、3个制动检修所、5个客整所。撤销了通化客车段修检修车间。

2005年，四平车辆段划归长春车辆段，大官屯、本溪、灵山、丹东车辆段和苏家屯车轮厂划归苏家屯车辆段；阜新、山海关车辆段划归锦州东车辆段，更名为锦州车辆段；吉林车辆段、吉林车轮厂划归龙潭山车辆段，更名为吉林车辆段。沈阳铁路局共有10个车辆段，1个客车厂：沈阳、大连2个客车车辆段；长春、白城、梅河口3个客货混和段；大连北、苏家屯、锦州、吉林、通辽5个货车车辆段；沈阳客车厂。秦沈客运专线的动车检修运营所划归沈阳车辆段管理。

2006年3月18日，大连车辆段划归沈阳车辆段，大连北车辆段划归苏家屯车辆段；白城车辆段划归通辽车辆段，客车部分划归长春车辆段；四平车辆段、梅河口车辆段划归吉林车辆段。铁路局共设置6个车辆段：沈阳、长春2个客车车辆段；苏家屯、锦州、吉林、通辽4个货车车辆段。撤销锦州、吉林客车段修检修车间，保留大连、沈阳、长春3个客车检修车间，客车段修台位由45个减少到39个；撤销皇姑屯、四平、丹东、山海关4个货车检修车间，保留苏家屯、大官屯、大连北、灵山、本溪、锦州东、阜新、通辽、白城、龙潭山、梅河口11个货车检修车间。撤销锦州、图门客车整备所。

2007年，撤销大官屯、本溪、灵山、阜新4个检修车间，保留苏家屯、大连北、锦州东、通辽、白城、龙潭山、梅河口7个货车检修车间。撤消大官屯、珠斯花主要列检所，集安、泉阳2个区段列检作业场；将大安北、赤峰、锦州西、锦州东4个区段列检作业场变更为主要列检作业场。成立赤峰、白城客车运用车间，开通大窑湾列检。

2008年，撤销梅河口、白城货车检修车间，车辆系统共设有5个货车段修检修车间。撤销长春车辆段吉林（七家子）客整所、大石桥站修所、大连客车段修检修车间；长春客车段修车间不再进行客车段修检修作业，铁路局仅保留沈阳1个客车段修检修车间。成立本溪、大官屯、鲅鱼圈运用车间，浑江列检由梅河口运用车间划出，成立浑江运用车间。

2009年，撤消大连北货车段修检修车间。车辆系统共设有苏家屯、锦州、吉林、通辽4个货车段修检修车间。撤销通化、赤峰客整所、本溪货列检、大连北列检、大连北站修所。沈阳车辆段沈阳客整所开通使用。2010年，撤销本溪站修所。

2011年11月30日，沈阳动车段成立，沈阳车辆段管理的沈阳动车运用所及在建的沈阳北、长春西、大连动车运用所划归沈阳动车段管理。按照《关于优化调整车辆系统车间布局的通知》，长春运用车间拆分，组建长春乘务车间、长春修制车间。成立通化、图们、赤峰客车运用车间。2012年6月20日，恢复沈阳车辆段锦州客车运用车间，苏家屯机车车辆配件厂整建制移交苏家屯车辆段。沈阳北、长春、大连动车运用所分别于同年5月10日、6月4日、7月17日正式开通运营。

2013年，苏家屯车辆段沈西运用车间分解为沈西上、下行两个运用车间，苏家屯运用车间分解为苏家屯上、下行两个运用车间，苏家屯检修车间分解为修制车间、修车车间，将配件厂车间轨距尺部分、高压罐车间样板厂部分分离成立铁路专用量具车间。长春车辆段通辽客车运用车间（含客列检）整建制划归沈阳车辆段管理。沈阳车辆段检修车间拆分为沈阳修车车间和修制车间；将沈阳客列检从沈阳运用车间划出，成立沈阳客列检车间；将沈阳北客列检从沈阳北运用车间划出，成立沈阳北客列检车间。吉林车辆段棋盘运用车间分为棋盘到达运用车间和棋盘综合运用车间。2014年，长春车辆段成立长春客列检车间；东通化由浑江运用车间划出，成立东通化运用车间；9月28日，沈阳动车段沈阳南动车组三级修基地正式挂牌。

2015年4月18日，沈阳南动车组三级修基地投产，长春车辆段开工建设20台位客车段修检修车间。新建丹东客整所，延吉西、丹东动车组存车场投入使用。恢复本溪站修所。到年末，共有七段一厂：沈阳、长春客车车辆段；沈阳动车段；苏家屯、锦州、吉林、通辽货车车辆段；沈阳客车厂。铁路局下设动车组三级修检修基地1个（沈阳南动车组三级修基地），动车运用所5个（大连、沈阳、沈阳北、沈阳南、长春），客车厂修处所1处，客车厂修台位122个；客车段修检修车间2个（沈阳、长春），段修台位50个；客车整备所11个（大连、沈阳、沈阳北、锦州、赤峰、通辽、丹东、长春、通化、图们、白城）；客列检6个（沈阳、沈阳北、长春、山海关、通辽、丹东）；货车段修检修车间4个（苏家屯、锦州、吉林、通辽），货车段修台位87个；特级货车列检作业场6个（沈阳西上、下行，苏家屯上、下行，通辽南上、下行），一级货车列检作业场14个（灵山，鲅鱼圈，金州上、下行，大窑湾，本钢北场，丹东，高天，山海关东、西，棋盘到达、棋盘综合，图们、浑江），二级货车列检作业场9个（长春北，四平上行，金州东、西，叶柏寿，白城，大安北，赤峰，梅

河口）；货车站修所16个（苏家屯、沈阳西、金州、灵山、丹东、本溪、四平、锦州、山海关、通辽、赤峰、白城、棋盘、图们、梅河口、浑江），站修台位226个。

第二节　动车组

沈阳铁路局是全路最早开行动车组的铁路局之一。2002年，全路第一条客运专线——秦沈客运专线开通，第一组国产动车组中华之星投入试运行，标志着中国铁路动车组时代的开端。2007年，第六次提速开行了北京、哈尔滨等交路动车组，实现了京沈两地当日往返的目标，改变了铁路客运运输的模式，具有划时代的意义。2011年，长吉城际开通运营，11月30日成立沈阳动车段；2012年12月1日，哈大客专正式开通运营，沈阳北、长春、大连动车运用所相继投入运用；2015年，沈阳南动车组三级修基地试生产，沈丹、吉图珲、丹大客专陆续开通。沈阳铁路局动车组运行规模的迅速发展，极大地方便了旅客的出行，缓解了铁路"一票难求"的局面，彻底改变了人们的出行方式。

一、动车组配属

2002年，沈阳铁路局开始配属动车组。第一组动车组为中华之星，在秦沈客专调试、运行。2007年，全路第六次提速开始陆续配备各型动车组，先后配备了长白山号动车组、CRH5A型、CRH2型、CRH3型动车组。沈阳铁路局高铁、客专相继开通运行，根据不同的运行速度需求，动车组车型、车种不断变化。先期配属动车组的运行时速为250公里/小时，主要适应秦沈客运专线、长吉城际铁路等设计运行速度为250公里/小时的区段。2011年，CRH2型非高寒动车组调配给上海铁路局。2012年，哈大客专开通后，配属了时速380公里/小时的CRH3型高寒动车组。至此，沈阳铁路局配属的动车组统型为CRH5、CRH3型动车组，其中：CRH5动车组主要在长吉、吉图珲、沈丹、丹大等设计时速200公里/小时的区段运行，CRH3型动车组主要在哈大高铁、进京、进关方向区段运行。

2015年，沈阳动车段配属动车组172组，其

2007—2015年沈阳铁路局动车组配属比较表

图2-3-1

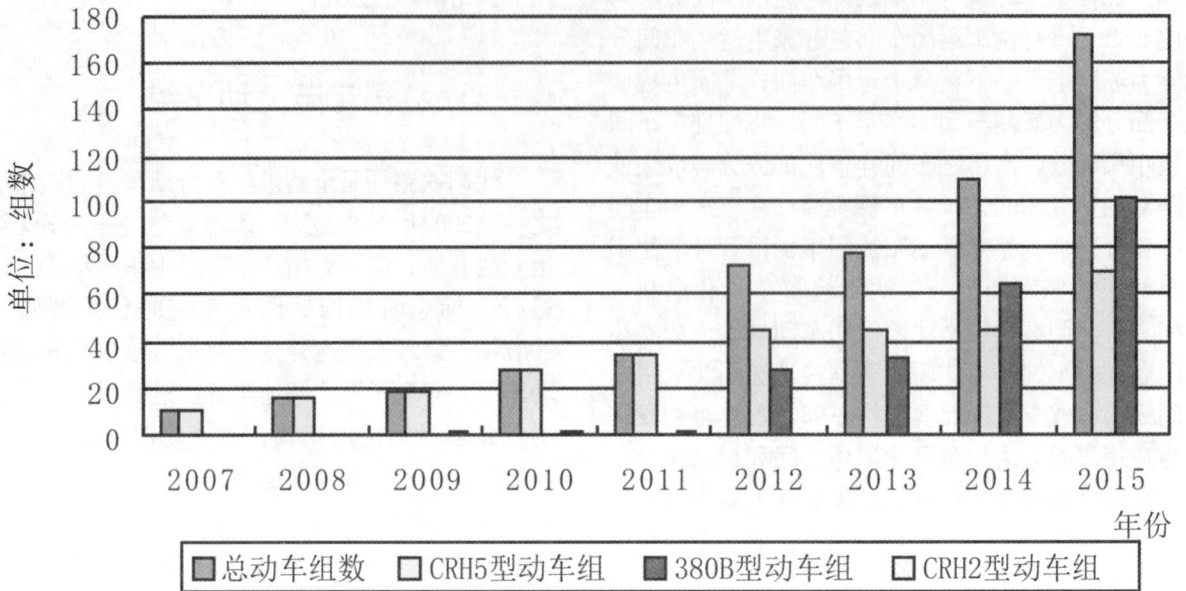

2015年沈阳铁路局动车运用所动车组配属比较表

图2-3-2

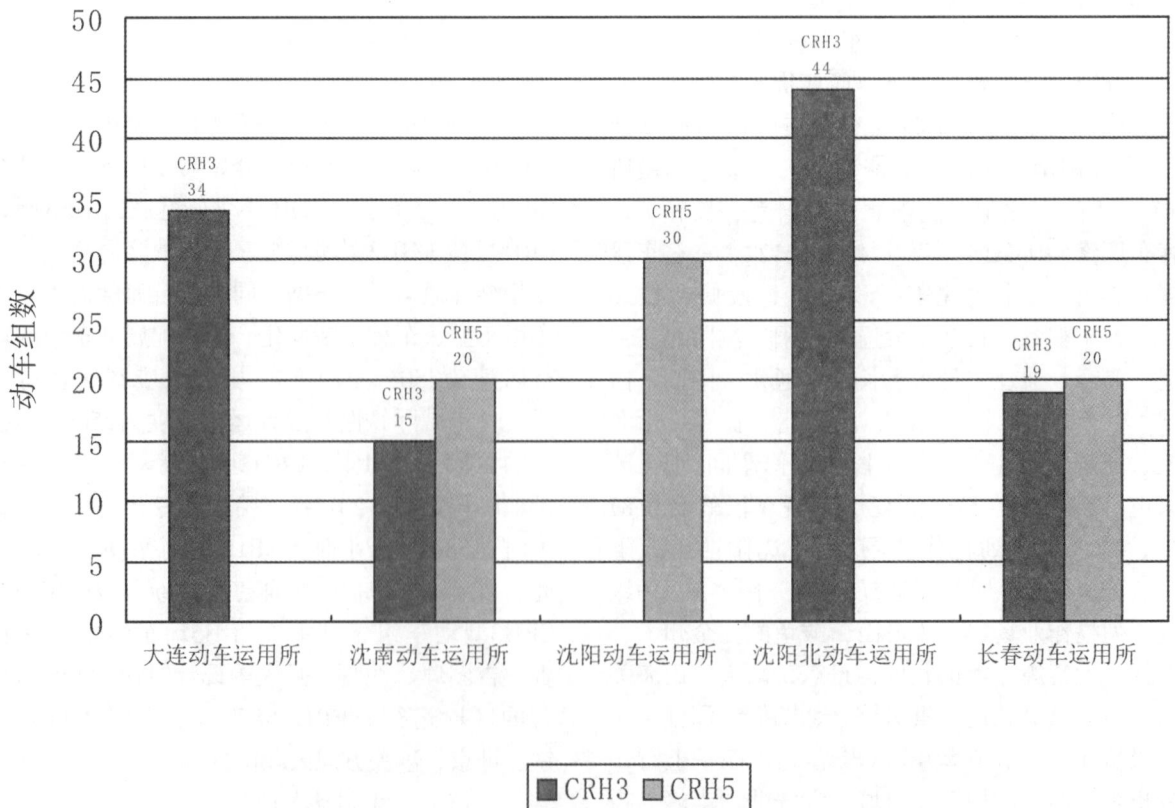

中CRH5A型动车组48组，CRH5G型动车组22组，CRH380B型动车组8组，CRH380BG型动车组94组。大连动车运用所：配属CRH3型动车组24组。其中：556座24组，主要承担哈大、盘营、津秦等设计时速350公里的高铁交路。沈阳南动车运用所：配属CRH5型动车组20组、CRH3型动车组15组。其中：CRH5型车586座10组，613座5组，570座5组，CRH3型动车组556座15组，主要承担沈丹、丹大等设计时速200公里的客专交路，以及部分哈大、北京方向设计时速350公里的高铁交路。沈阳动车运用所：配属CRH5型动车组30组，其中：621座13组，586座15组，570座2组，主要承担沈丹、吉图珲、北京方向设计时速200公里的客专交路。沈阳北动车运用所：配属CRH3型动车组44组。其中：551座15组，566座29组，主要承担哈大、盘营、津秦等设计时速350公里的高铁交路。长春动车运用所：配属CRH5型动车组20组、CRH3型动车组19组。其中：CRH5型车613座17组，622座3组；CRH3型动车组551座18组、556座1组，主要承担长吉、吉图珲等设计时速200公里的客专交路，以及部分哈大、北京方向设计时速350公里的高铁交路。

二、动车组运用

（一）动车组图定开行情况

2002年，沈阳铁路局开始在秦沈客专试运行动车组。2005年，动车组在沈阳至山海关站正式运营。2007年4月18日，开通沈阳至北京、长春动车组列车。

2007年，动车组图定开行沈阳至北京、哈尔滨、大连、长春、天津动车组列车；2008年，增加开行沈阳至吉林、石家庄、太原动车组列车。2012年，哈大高铁开通，沈阳北、长春、大连动车运用所投入运用，沈丹、吉图珲、丹大客专开通，沈阳南动车运用所投入运用，以上动车所投入使用后，从根本上解决了动车组检修需求，相继开通了郑州、武汉、宁波、上海虹桥、青岛北等长大交路，以及珲春、延吉西、丹东、抚顺、盘锦、德惠西、齐齐哈尔南等交路，实现了多方向、大纵深、全覆盖的动车组开行格局。

2015年，沈阳铁路局配属动车组172组，图定运用124组，实际运用149组，其中CRH5型动车组配属70组，图定运用56组，实际运用61组；CRH3型动车组配属102组，图定运用68组，实际运用88组。具体开行交路情况为：大连动车运用所配属的CRH3型动车组开行14个交路，开行方

沈阳铁路局动车组开行主要城市数目比较表

图2-3-3

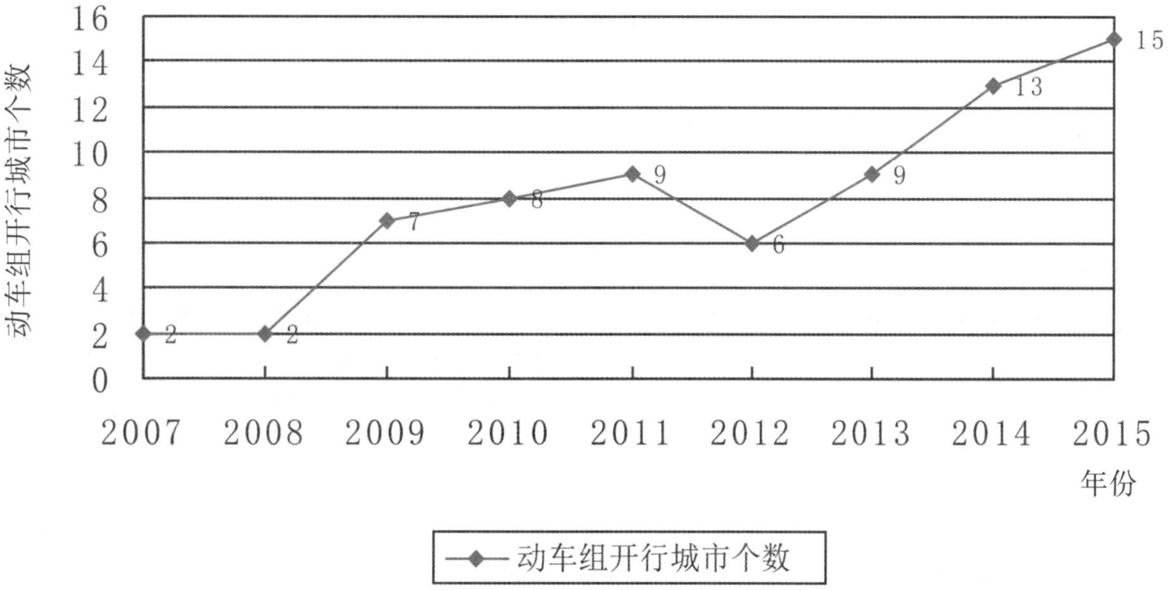

动车组开行城市个数

年份	个数
2007	2
2008	2
2009	7
2010	8
2011	9
2012	6
2013	9
2014	13
2015	15

动车组开行城市个数

向主要有上海虹桥、哈尔滨西、吉林、长春、德惠西、珲春、盘锦、山海关等方向，图定运用16组，实际运用20组；沈阳动车运用所配属的CRH5型动车组开行17个交路，开行方向主要有哈尔滨西、北京、长春、大连、抚顺北、延吉西、丹东、齐齐哈尔南等方向，图定运用23组，实际运用25组；沈阳南动车运用所配属的CRH3型动车组开行6个交路，开行方向主要有北京南、上海虹桥、武汉、丹东，图定运用9组，实际运用11组；配属的CRH5型动车组开行11个交路，开行方向主要有北京、吉林、丹东、大连、本溪等方向，图定运用15组，实际运用17组；沈阳北动车运用所配属的CRH3型动车组开行22个交路，开行方向主要有上海虹桥、哈尔滨西、宁波、北京南、石家庄、郑州东、青岛北、武汉、吉林、珲春、盘锦、大连、延吉西等方向，图定运用29组，实际运用37组；长春动车运用所配属的CRH3型动车组开行13个交路，开行方向主要有上海虹桥、哈尔滨西、北京南、吉林、大连、丹东等方向，图定运用14组，实际运用20组。配属的CRH5型动车组开行14个交路，开行方向主要有北京、吉林、丹东、大连、哈尔滨西、珲春、延吉西等方向，图定运用18组，实际运用19组。

（二）动车组一、二级修

动车组一级修　2006年，沈阳动车运用所承担铁路局动车组的一级修检修任务，配备4线检查库。2009年，扩建2线库后，日检修能力增加50%。2012年，随着哈大客专开通，大连、沈阳北和长春动车运用所开通，新增检查库线12条；2015年，沈阳南动车所开通，新增4线检查库，缓解了动车组的整备能力。2015年，全年共完成动车组一级修26664组。

动车组二级修　动车组二级修作业实行计划修，按照动车组运行公里，编制月、周、日计划。CRH5型动车组二级修维修卡片预防性共有283项，其中C类16项、B类90项、A类177项，更正性共有628项；CRH380B型动车组二级修维修卡片预防性共有250项，其中C类12项、B类78项、A类160项，更正性共有58项。2015年，全年共完成动车组二级修4963组。

（三）随车机械师

2007年，沈阳铁路局开始配备随车机械师，随车机械师主要负责监控动车组运行及设备状况，发现故障及时报警，并按规定程序处置，做好记录，随车机械师的配备标准为每8辆编组动车组配备1名随车机械师。2014年，为进一步优化乘务出退乘管理，出台了动车组乘务出退乘管理办法。2015年，沈阳铁路局随车机械师共309人，担当动车组交路50个，累计总走行179431公里，平均走行3588.6公里，最长走行6068公里。除上海、宁波、武汉、青岛北采取包乘制外，其余交路采用轮乘制。

（四）动车组运用安全

2005年8月1日起，"中华之星"动车组在秦沈线沈阳北至山海关间正式试运营。为确保顺利开行，在试运行期间实行日跟踪汇报制度，由沈阳动车所对每日的故障及时进行统计、分析、上报车辆处，汇总后形成周报，上报铁道部有关部门。"中华之星"动车组自开行以来，共发现各类故障924件，大多数故障都进行了及时处理，确保了"中华之星"动车组试运营期间运行安全。

2012年，为确保哈大高铁开通，全面销号影响动车所开通使用的284个关键问题，对新建"三所"258项设备、776项工具进行定人、定责、定置包保。并提前做好各动车所配属车型和组数的预测。在联调联试和试运行工作中，沈阳动车段添乘干部和机械师从一级修到随车值乘，从出库到入库，全过程、全方位介入，销号动车组故障问题465件。在哈大高铁安全预评估工作中，路局、段先后组织对新建"三所"进行五次平推检查，对检查发现的594件问题逐项销号整改。运营以后，动车组开行秩序平稳，生产组织、过程控制、基础管理、应急处置逐步走向正轨；沈阳铁路局率先在全路组建了动车组数据分析室、动车组行车应急指挥中心，确定CRH5动车组8项、CRH380B动车组7项必停项点。通过数据下载分析，对动车组进行全面"体检"，指导动车所对故障及时处置和早期预警，实现安全关口前移。2013年，为确保哈大客专夏季图运营速度达到300km/h万无一失，车辆处组织长客股份、沈阳动车段对CRH380B、CRH5A型动车组应急故障处理手册进行了全面的修订和完善，并编制了动车组应急故障处理手册编制查询软件，实现出现故障后应急指挥人员能够快速查询应急处理办法。

三、动车组检修

2009年，沈阳铁路局首批动车组高级修入厂检修。2013年，启动沈阳动车检修基地投产筹备工作，通过中国铁路总公司的立项审批，沈阳南动车三级修检修基地成为全路七大动车组高级修基地之一。2014年，沈阳动车段成立了沈阳动车检修基地检修车间和转向架车间，从生产模式、机构设置、编制测算、人员培训、物料储备、委外修方案等10个方面开展工作，组织编制了《三级修基地投产准备工作推进计划》、工艺文件、作业指导书等文件，共编写设备技术规格书62项，完成设备招标采购5批次、172项；组织修改完善工艺文件152项；完成设备基础施工15项，提出变更建议37项，确保了动车组三级修基地建设满足生产需求。为做好检修基地试生产工作，尽快取得动车组三级修维修资质，车辆部门采取培养技术人才、打造高级修技术团队等措施，在沈阳动车段内选拔了调试、电气、机械、制动、转向架、轮轴、探伤、设备等8个方面的专业人才形成检修状元，解决了技术力量储备不足的瓶颈；组建段级技术研发中心，按系统划分为5个攻关组，攻破了油压减振器、空气压缩机等16种核心部件的检修难题。

2015年4月18日，沈阳动车段检修基地试生产，全年共完成30组动车组高级修，其中6组三级修在沈阳动车段修竣，实现了沈阳铁路局动车组高级修零的突破。三级修成本由1300万元降到800万元，节约成本500万元，单组降幅40%，实现了铁路局下达的节支目标。

四、动车组基地建设及设备

（一）沈阳动车检修基地

2013年3月，沈阳动车段检修基地开工建设，2014年9月28日，沈阳动车段检修基地正式挂牌，2015年4月18日试生产。新建沈阳动车段三级检修基地位于沈阳市南部，哈大高铁西侧，沈大线东侧，沈丹线北侧，距新建的沈阳南站西南侧4公里，占地面积913.5亩，建筑面积14万平方米，工程总投资26亿元，共配备设备535项。

三级修部分共投资15.5亿元，其中设备投资8亿元。检修基地三级检修能力为每年90组，单组检修时间35天；动车组三级检修库、静调库采用同线两列位双向均可进出动车组的设计方案，使两列位动车组进出库互不影响，提高了列位利用率。静调库可承担一、二级检修作业，提高整备能力，实现三级修与运用所的能力互补。2015年，启动既有三级修基地增设动车组四、五级修检修能力建设前期工作。

（二）沈阳动车运用所

2002年，沈阳铁路局开始启动动车组检修设备设施工作，在皇姑屯车辆段段址处开工建设。建设方案和标准参照国外动车组运用检修设备设施并结合中国铁路实际情况，逐步形成中国动车组运用所的建设标准和规范。新建的沈阳动车运用所占地面积近11万平方米，设有6线检查库及边跨、1线临修库、踏面诊断棚、洗刷库、7条存车线。设备设施配置有不落轮镟车床、转向架更换设备、空心轴探伤机、踏面诊断等动车组检修专用设备。2010年之后，铁路局又陆续增设了轨边动车运行检测系统、动车作业评价系统和在线式轮对轮辋探伤机。日均完成8.5组一级修检修任务。

（三）大连动车运用所

大连动车运用所为哈大客专配套工程，于2012年7月15日开通运营，占地21万平方米，建筑面积30558平方米，设有4线检查库、2线临修库、踏面诊断棚、外皮洗刷库和存车线20条。设备设施配置有不落轮镟车床、转向架更换设备、空心轴探伤机、踏面诊断、动车作业评价系统和在线式轮对轮辋探伤机等动车组检修专用设备，日均完成21组一级修检修任务。

（四）沈阳北动车运用所

沈阳北动车运用所为哈大客专配套工程，2012年5月10日开通运营，占地33.57万平方米，建筑面积28694平方米，设有2线检查库及边跨、2线融冰除雪库、踏面诊断棚1座、外皮洗刷库1座、存车线20条。设备设施配置有不落轮镟车床、转向架更换设备、空心轴探伤机、踏面诊断、动车作业评价系统和在线式轮对轮辋探伤机等动车组检修专用设备，日均完成11.5组一级修检修任务。

沈阳铁路局动车组检修设施能力比较表

图2-3-4

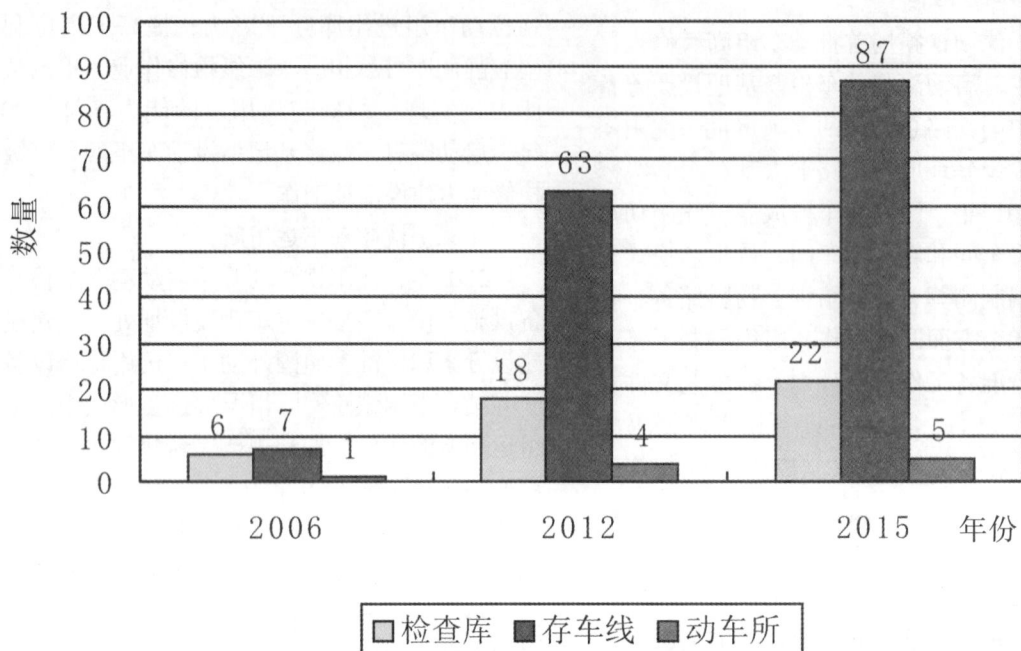

（五）长春动车运用所

长春动车运用所为哈大客专配套工程，于2012年6月10日开通运营，占地21.76万平方米，建筑面积32480平方米，设有2线检查库及边跨、2线融冰除雪库、2线临修库、踏面诊断棚、外皮洗刷库、存车线16条。管辖延吉存车库，设有2条库内存车线，4条库外存车线。设备设施配置有不落轮镟车床、转向架更换设备、空心轴探伤机、踏面诊断、动车作业评价系统和在线式轮对轮辋探伤机等动车组检修专用设备，日均完成19.5组一级修检修任务。

（六）沈阳南动车运用所

沈阳南动车运用所为沈丹客专配套工程，2015年9月1日开通运营，占地60.9万平方米，设有4线检查库及边跨、1线融冰除雪库及边跨、2线临修库、踏面诊断棚、外皮洗刷库、存车线15条。管辖丹东存车库，设有3条库内存车线。设备设施配置有不落轮镟车床、转向架更换设备、空心轴探伤机、踏面诊断、动车作业评价系统和在线式轮对轮辋探伤机等动车组检修专用设备，日均完15.5组一级修检修任务。

（七）动车组检修设备

2002年，沈阳铁路局作为全路动车组运用维修基地建设试点局，启动了皇姑屯(沈阳)动车运用所的建设工作。铁路局成立了由主管局长任组长的建设班子，参考国外动车组运用维修模式和设施，结合中国动车组运用检修的实际情况和需求，通过逐步的摸索和完善，按照引进和研发并重的原则，形成中国动车运用所的初期建设规范和标准。2006年11月22日，引进不落轮镟床、动车车轮踏面故障诊断等设备，保证了动车组的检修质量。2011年，与国内厂家合作，研发了作业安全监控评价管理系统，保证了检查库内动车组检修作业人员和设备的安全。2015年，中国铁路总公司下发了《中国铁路总公司关于明确动车组运用检修设施及设备配备标准的通知》，明确了中国动车组运用所必配的22项主要设备，包括电动双梁桥式起重机、转向架更换设备、轨道桥、空压机及后处理设备、真空卸污设备、轮对踏面诊断装置、动车组外皮清洗设备、受电弓动态检测设备、作业平台、不落轮镟修设备、立体库、移动接触网、LX便携式轮辋探伤仪、移动卸污车、公铁两用车、在线轮辐轮辋探伤设备、洗车设备牵引装置、安全监控系统、地面电源、空心轴探伤试件、空心轴探伤仪、信息系统等设备。后续建设的沈阳北、大连、长春、沈阳南等四所均配备上述22项关键设备。到年末，沈阳动车段共有动车组双列位整备线23条，最多停放动车组46组；动车组存车线76条，能停放动车组152组；临修线9条,洗刷线5条,三级修检修线3条,静调线2条,试验线1条。沈阳动车段保有设备948台，其中金属切削类设备29台，动力设备54台，电气设备112台，起重运输设备383台，试验设备122台，其他设备248台，固定资产总值1763960.49万元。

第三节　客车车辆

沈阳铁路局的客车车辆始终以适应旅客运输发展需求为根本，不断提高车辆运行速度、旅客乘坐舒适性、安全性。从22型绿皮普通客车，发展到25型空调车、时速160公里的快速车；开行列车种类不断增加，"辽东半岛号"直达列车、"朝发夕至"列车、Z字头直达列车、全列卧铺列车、旅游列车等，方便了人民群众的出行，满足了不同层次旅客需求，取得了良好的经济效益和社会效益。

一、客车配属

1996年，沈阳铁路局配属的主要客车车型为22型绿皮车和部分120公里/小时25G型空调车。1997年，开始陆续配备了140公里/小时25K型空调客车、160公里/小时DC600V的25T型空调客车。2015年，铁路局配属国铁客车5230辆，较1995年增加了967辆，增长22.7%。其中：22型非空调客车362辆、25B型非空调客车488辆、25型空调客车4380辆。主要配属沈阳、长春车辆段，其中：沈阳车辆段3091辆、长春车辆段2139辆。

（一）配属客车情况

22型及22B型非空调客车配属　随着人们出行标准提高，非空调客车已不能满足旅客需求。2000年非空调客车停止新造，部分22型客车结合厂修进行翻新改造提升档次。1996年，铁路局配

属3466辆；2015年，减少到867辆。

25型空调客车配属　1996—2015年，各型空调客车保有量迅速增长，2015年年底，配属数量达到4354辆。空调客车的服务功能与速度等级均得到提升，共有25G、25K、25T三种车型，运行速度分别120公里/小时、140公里/小时、160公里/小时。空调客车有AC380V和DC600V两种供电制式。AC380V供电制式客车由列车编组中的发电车提供电源，DC600V供电制式客车由机车提供电源。随着电气化铁路增长及节能环保标准提高，DC600V供电制式客车逐渐成为主流，全局在电气化区段运行的旅客列车已全部换型为DC600V供电制式客车。2015年年末，AC380V供电25G型空调客车1737辆、DC600V供电25G型空调客车1428辆、25G双层空调客车70辆、25K型空调客车395辆、25K型双层空调客车24辆、25G型发电车129辆、25K型发电车30辆、DC600V供电25T型空调客车422辆、AC380V供电25T型空调客车37辆、BSP型空调客车41辆、19T型客车7辆、19K型客车5辆。

（二）路用客车

国铁路用车　2000年，国铁路用车进行升级，转向架均装用了提速客车转向架，运行速度每小时140公里以上。2014年，针对东北货运快车开行需要，利用23型餐车改造生活车17辆。2015年，结合客车A5修，利用25T型软卧车为沈阳科研所改造了1辆隧道检测车。同年，浦镇车辆厂新造1辆25T型工务检测车配属沈阳局工务检测所使用管理。2015年年末，全局国铁路用客车共55辆。

局管路用车　2013年，由沈阳客车厂、长春和沈阳车辆段利用22B型客车为沈阳工务机械段改造了210辆工程车，主要有宿营车、工具车、综合车、办公车、沐浴车。同年，淘汰更新救援客车18辆，2015年淘汰更新救援客车12辆；2014年，202型等旧型转向架路用客车全部报废淘汰。

（三）代管及自备客车情况

2015年年末，沈阳铁路局代管客车只有邮政车，共26辆。长春邮政中心管理局所属的邮政车由长春车辆段代管，沈阳邮政中心管理局所属的邮政车由沈阳车辆段代管。沈阳铁路局管辖范围

1996—2015年沈阳铁路局非空调车、空调车配属比较表

图2-3-5

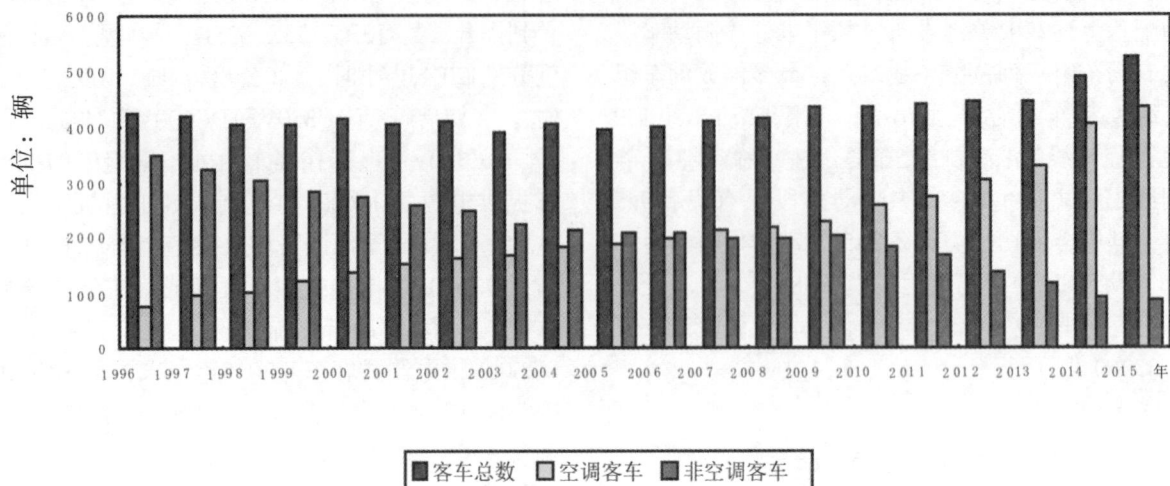

单位：辆

■ 客车总数　□ 空调客车　■ 非空调客车

内，路外企业自备客车共64辆。其中：中国人民解放军96122部队32辆、长春轨道客车股份有限公司24辆、大连机车车辆有限公司8辆。

二、客车运用

（一）客车运用方式

1996年10月8日，沈阳铁路局开行了第一列、东北首列大连至北京81/82次双层快速列车，单程运行1138公里，用时11小时58分，比原运行时间缩短4小时42分，速度提高28.2%。1997年4月1日，开行长春至西安127/128特快列车，东北又增加一条通往西北的运输通道。长春至北京的59/60次列车，被铁道部定为全路首次开行的16列夕发朝至的快速列车之一，车体采用25K型客车。2000年，增加大连—上海T132/131次3组快速列车。2001年10月21日，增开了长春至广州东T123/124次特快列车，吉林至北京K271/272次、大连至北京2529/2530次改为特快，长春至北京的K59/60次提为T59/60次全列卧铺车。2004年4月18日，第五次提速，开行了沈阳铁路局第一列长春至北京Z62/61次"Z"字头直达特快列车。2012年，开行了长春至昆明K2288/2287次列车。2013年，开行了长春至重庆K1574次、长春至广州T386/385次列车。2013年,沈阳铁路局配属担当的旅客列车已开往全路18个铁路局。2014年，开行长春至乌鲁木齐的T302/303

次、沈阳北至西宁K1520/1519次、长春至南宁K2388/2384次列车。2015年，长春至厦门Z102/101次、图们至北京K1024/1023次、大连至包头K56/55次、沈阳至临汾K962/961次、沈阳北至西安K2048/2047次调整由沈阳铁路局配属担当。

（二）客车运用整备

1996年，沈阳铁路局17个客整所，11个客列检负责全局配属客车及外局停留客车的运用整备工作。随着车种、车型不断变化，客车运行交路不断调整，沈阳铁路局对管内的客车运用整备布局进行调整。陆续整合、撤并一批客整所、客列检，成立五位一体的客车运用车间。到2015年，客车整备所由17个，整合为10个；客列检数量由11个减少到6个。

2013年，长春车辆段长春库列检、沈阳车辆段沈阳北库列检被评为总公司级标准化库列检。2014年，沈阳车辆段山海关客列检、长春车辆段白城库列检、长春乘务分别被评为总公司级标准化客列检、库列检、乘务。2015年，长春车辆段长春客列检、通化库列检、沈阳车辆段沈阳库列检、沈阳北客列检、锦州乘务分别被评为总公司级标准客列检、库列检、乘务。到年末，车辆系统被总公司评为标准化库列检的有5个、标准化客列检3个、标准化车辆乘务组2个，标准化覆盖率达40%。

2014年，借鉴动车运用所一体化管理经验，结合运用客车维修生产实际，在沈阳客整所实施了以车辆段为主体，车站、车辆、客运、旅服等8个单位参加的库内联合作业一体化管理试点，制定下发了《沈阳铁路局客整所一体化作业管理及考核办法（试行）》，明确了客整所内作业的各单位职责，建立了日生产协调会制度、值班室一班作业流程等7项制度，在总结试点经验的基础上逐步推广到沈阳北、大连、图们3个客整所。2015年10月，在通辽客整所召开了全路客整所辆客一体化管理现场会，运输、客运、车辆部门分别向全路介绍了客整所一体化管理的做法和经验。2015年11月，铁路局召开客整所一体化管理推进会，锦州、白城、通辽、赤峰客整所完成了一体化建设。

（三）客车乘务制度

1996—2006年，车辆段设有专门的乘务车间负责车辆乘务员管理，2006年3月车辆段实施整合后，将库列检、客列检、乘务合并为运用车间；车辆包乘组执行双人作业，车辆乘务员按检车、车电分工作业，空调列车开行初期还配备了空调乘务员，负责车内空调设备的使用和管理；配备了4名发电车乘务员，负责发电车柴油发电机及控制系统的使用、监控。2000年，随着空调列车技术的逐渐成熟，空调乘务员被取消，检车、车电乘务员逐步合一实施检、电不分作业。2003年，发电车乘务员由双人作业减为单人作业。2008年，铁路局管内旅客列车取消了运转车长。2012年，列车单程运行8小时及以下时，实行单班单人值乘；单程运行8小时以上时，实行双班单人值乘。为适应客车车型、供电制式的增加变化，保证车辆乘务员技术素质适应值乘车型，车辆乘务员按值乘车型实行资质管理，车辆段每年按值乘资质组织进行培训和持证上岗考试。值乘资质分为六类：A类为非空调列车、B类为120km/h发电车供电列车、C类为140km/h发电车供电列车、D类为120km/h机车供电列车、E类为160km/h机车供电、F类发电车。2013年，将车辆段所在地的乘务管理从运用车间中分离，成立了沈阳、长春乘务车间，其他异地运用车间仍由运用车间统一管理。

2014年跨局旅客列车取消了运转车长，同时部分列车实行单班单司机，车辆乘务员增加了核对列车尾部风压、组织制动机试验、摘挂机车、乘降所发车等行车作业。

（四）客车运用安全

1996年，沈阳铁路局配属的集中供电空调客车采暖系统仍为燃煤锅炉采暖。2000年，电采暖逐步取代了燃煤锅炉采暖。25K型客车转向架装用了209HS、CW-1、CW-2、SW-160型等提速转向架，提高了运行速度。外风挡改为折棚风挡，部分车侧门装用了塞拉门，装用了电子防滑器、电茶炉等电气设备；25T型客车机车供电方式有DC600V和AC380V两种，同时增加车下逆变电源装置，将DC600V转换为AC380V，转向架为CW-200K型，风挡为折棚风挡，车钩为密接式车钩，厕所装用真空保持式集便装置，餐车为电气化厨房，车上装用了行车安全检测系统、火灾报警器、电子防滑器等安全监控设备。2001年，电气化线路开通后，DC600V供电25G型客车得到了快速发展，该型车装用了逆变电源装置，将DC600V转换成AC380V供空调、电茶炉用电和电采暖。2012年，对681辆客车加装了客列尾装置，2013年在铁路局管内各次旅客列车试用。2014年10月15日，跨局旅客列车客列尾正式使用。2013年，各客整所正式启用了全局联网的客车轴温分析及车辆乘务员巡检系统，实现了轴温和巡检数据全局联网查询、统计、分析，提高了客车热轴防范能力，增强了车辆乘务员途中作业的控制能力。发电车乘务员作业使用摄像手电对重点部位定时摄录，终到后对摄录数据查询分析，实现了发电车乘务员途中巡检作业可控和故障的可追溯，提升了发电车的安全防范能力。2014年，铁路局完成3664辆客车电子标签加装及客车基本信息的录入工作，为客车车号识别系统的使用做好了准备，为TPDS、TADS、TVDS系统全面监控客车创造了条件；制定下发《沈阳铁路局TPDS监控客车管理办法（试行）》，长春、沈阳车辆段在段调度科设人员用货车TPDS系统对本属旅客列车轮对动态质量进行监控。

到2015年年底，图定运用293组4198辆（含货运快车），其中：25T型列车24组437辆、25K型列车24组393辆、DC600V供电25G型列车75组1290辆、AC380V供电25G型115组1711辆、非空调列车55组367辆。

三、客车检修

（一）客车检修修程和周期

1997年，客车按时间周期进行定期检修，分厂修、段修、辅修。其中，厂修周期22型6年、22B型7.5年，段修周期1.5年，辅修周期6个月。25K型提速客车投入使用后，建立并实施了快速列车（标记速度140公里/小时及以上的客车，包括25K、25Z、25C、19K、25T、19T型客车）按走行公里检修的体制，分A1、A2、A3、A4级修：A1修周期，20±2万公里或距上次A1级以上修程1年；A2修周期，40±10万公里或距上次A2级以上修程2年；A3修周期，80±10万公里或距上次A2级修程2年；A4修周期，运行240±40万公里或距A4级修程10年。1998年8月，首次对25K型双层客车施行A2修。1999年，首次对25K型客车施行A2、A3修，对25K型双层客车施行A3修。同年年末，依据铁道部《关于快速车检修的暂行规定》及工厂说明书，下发了《快速车A2级修程的暂行规定》《快速车A3级修程的暂行规定》《盘形制动装置检修办法》等五个试行检修办法。2004年1月1日，标记速度不超过120公里/小时的非提速客车定期检修由按时间周期检修调整为以走行公里为主、时间周期为辅的计划预防修。厂修周期：240±60万公里或距新造厂修10年（22型8年），段修周期：60±20万公里或距段修修程2.5年（22型2年），辅修周期：20±2万公里或距上次修程8个月。2005年沈阳、长春车辆段首次对25T型客车施行A2修，当年共完成99辆。2014年9月，按照总公司客车修程修制改革试点安排，选定25T、25K、25G型客车共24辆分别在不同的运行交路进行了试点，为总公司科学合理地推进客车修程修制改革积累了经验，提供了数据支撑。2015年7月1日，客车正式实施修程修制改革，统一了各型客车检修周期。客车定期检修修程分为辅（A1）修、段（A2、A3）修、厂（A4、A5）修。A1修周期：运行30±3万公里或距上次A1修以上修1年。A2修周期：60±6万公里或距上次A2修以上修程2年。A3修周期：120±12万km或距上次A2修2年。A4修周期：240±24万公里或距新造、A5级修8年。A5修周期：480±24万公里或距上次

A4修8年。客车电气装置检修修程按使用时间分为E1、E2、E3、E4、E5级修程。E1修周期：对应客车运用维修的专项检修。E2修周期：2.5年并结合客车A2或A3修实施。E3修周期：2.5年并结合客车A2或A3修实施。E4修周期：8年并结合客车A4或A5修实施。E5修周期：8年并结合客车A4或A5修实施。

（二）客车检修布局

1996年，沈阳铁路局管内设有15个车辆段、1个客车厂负责客车检修运用任务，下设客车整备所17处，客车列检所11个。根据客车修程修制改革和全局生产力布局调整的需求，1997年，开始对铁路局管内的客车检修布局进行调整，为强化集中检修能力，实现客车检修专业化管理，撤销客货混和车辆段的客车段修车间。2006年，铁路局消灭了客货混和段。随着新型空调客车、快速客车投入运用，逐渐到达段修检修周期，铁路局集中加强了大连、沈阳和长春客车检修车间的投入和改造，使之具备新型客车的段修检修能力。2015年，全局设有沈阳、长春2个客车段修检修车间，段修台位50个，年客车段修能力达到2500辆，具备新型25T、DC600V直供电等客车段修检修能力。铁路局为提高沈阳客车厂的客车厂修能力和检修质量，对沈阳客车厂进行扩能改造，增加客车厂修车种、车型，在满足沈阳铁路局客车厂修需求的基础上，在全路客车厂修市场上争取更大的份额。

（三）客车修制改革

2001年，沈阳铁路局推行了客车检修体制的改革，结合由定期修向状态修过渡、向"异地检测、集中检修、扩大换件修"过渡的原则，结合八条线的深化建设，开展了新一轮的改造。空调实现了集中修，制动、轴承检修进行了集中修试点。客车段修由定位修、分散修转变为状态修、换件修、集中修，并在沈阳车辆段进行了试点，取得了一定进展。客车A级修方面，沈阳车辆段对25K型快速客车A级修程中的209HS型转向架和25G型客车的209T(P)型转向架基本上实行了换件修。重新调整了"八线六间"工艺布局，增设了基础制动、空气弹簧、单元制动缸、油压减振器、钩缓装置等5个专业化作业区，提高了集中修能力。同时缩短了修车时间，A2修由7天压缩

至5天，A3修由9天压缩至7天，段修由7天压缩至6天。

同年5月，车辆系统在锦州召开"交钥匙工程"现场会，在铁路局段修中开展"交钥匙工程"活动，并取得了较好效果。长春、沈阳、通化车辆段实现了整体一次交验，六个检修段都有专人对修竣的段修车实行保洁。沈阳客车厂实行了"交钥匙工程"，在保证基础质量的前提下，工厂对竣工的厂修客车，按运用要求进行整备，全面静态试验及保洁清理。2001年11月，沈阳客车厂在全路厂修会议上提供的样板车质量得到铁道部装备部领导的肯定。

2003年10月，结合厂修对22型客车进行了翻新改造，实现了以22型客车替代25型普通客车的目标，既提高了列车档次，又充分利用了22型客车资源；结合厂修对24型软卧（软座）车进行加装改造，将轴驱式发电机组和分体式空调改为柴油发电机组和单元式空调机组，提高了24型客车的编组适应性和车辆档次，充分利用了车辆资源，防止24型客车的闲置。

四、客车检修设备及基地建设

2000年，大连车辆段新建周水子15台位客车段修检修车间投产，增设了空调中修库、油漆库、移车台等设施，满足了新型空调客车的段修检修需求。2001年，长春车辆段客车段修车间改造完成，具备空调车检修能力。2002年，通化、锦州客车段修检修车间扩能改造陆续完成。2003年，沈阳车辆段客车段修车间扩建的3线15台位段修车间投产，具备新型空调车的段修检修能力。

2001年，结合大面积的段修台位、能力改造，对部分段修工艺检修线进行了改造、完善。先后完成沈阳段5条、大连段4条、锦州段1条、吉林段1条、通化段1条，合计12条工艺线的改造工作。检修流水线的改造，从基础上确保了修车质量的提高，尤其是车辆定检质量的提高，减少了运用维修的工作量。

2008年10月1日，沈阳客车检修基地扩能改造工程设备全部到位调试完毕，全路第一个30台位客车检修基地建成。沈阳客车检修基地包括"修车库、转向架检修库、轮轴间、西侧三层辅助检修间、油漆喷烤漆室及油漆作业区、配件加

修库、客车停留线"七大部分，整个检修库建筑面积3.5万平方米，设有30个检修台位、9个油漆台位的修车库，库内设有6条检修线，库外设有5条停留线。客车修时由原来的16天缩短到8天，台位占用时间由8天缩短到4天。2015年，铁路总公司投资恢复长春车辆段客车段修车间，新建20台位客车段修检修车间，2015年12月31日，完成了库房、线路土建施工，开始进行设备安装调试工作。

第四节　货车车辆

1996年，沈阳铁路局管内运用的货车大部分为60吨级货车，采用的是转8A型、转8型等三大件式旧型转向架。1998—2002年，全路引进消化了美国铁路货车交叉支撑转向架先进技术，研制开发了具有世界先进水平、时速120公里/小时的转K2型转向架。2005年，齐齐哈尔车辆装备公司成功研制了C70型通用敞车，在中国率先实现了铁路货车载重由60吨级向70吨级、时速70~80公里/小时向120公里/小时的第三次大的升级换代。

一、货车运用

（一）货车运用布局

1996年，沈阳铁路局货车运用布局主要由货车主要列检所、区段列检所、一般列检所、自动检修所和轴温检查站组成。车辆系统设置货车主要列检所26个，区段列检所29个，一般列检所13个，自动检修所6个，轴温检查站6个。列检的作业方式为人工检查的方式，负责检查、发现和处理列车故障，扣修临修车和定检到期车、过期车。2004年，TFDS设备安装投入运用后，列检的作业方式有所转变，逐渐由人工检查向机器检查转变。到期车、过期车的扣修由人工到列车队检查扣修，转变为通过网络扣车，极大地减轻列检职工的劳动强度，提高列检的作业质量。

2010—2015年，按照"强化两端、优化中间、把住干线入口关"原则，对列检作业方式进行调整，2015年，车辆系统列检作业场共29个（特级6个、一级14个、二级9个）、技术交接作业场13个、装卸检修作业场24个。通过发挥TFDS设备作用，保证了《运规》中"列车运行

1996—2015年沈阳铁路局货列检数量比较表

图2-3-6

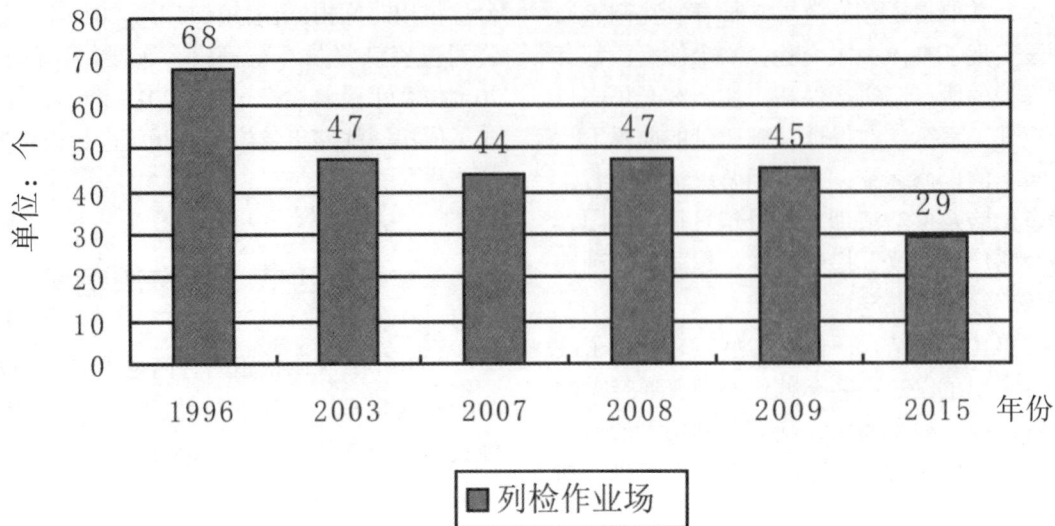

500km左右都有人工或5T机检作业"的要求。

（二）货车运用作业

列检作业方式　1996年，沈阳铁路局管内列检作业方式为室外人工分组检查作业。2004TFDS设备投入运用，逐步改变了列检传统的作业方式。2009年，沈阳铁路局列检作业方式进行调整，山海关、四平列检实现"人机分工"，室内检车员负责对到达列车、无调中转列车实行机检作业，室外检车员只负责检查确认及处理5T预报的车辆故障和对始发、有调中转列车进行人工检查作业。2011年，45套TFDS设备投入运用，赤峰、长春北列检最后一批实行"机检"作业，取消室外人工技术检查作业，铁路局36个列检作业场中长春北、锦州东、白城、梅河口等8个列检作业场实行了"机检"；沈阳西、苏家屯、通辽南、山海关等8个到达列检作业场实行了"人机分工"，列检作业方式更加合理，作业效率得到了进一步提高。2013年，为强化车轮故障的检查，陆续恢复了叶柏寿、白城、梅河口列检作业场的到达、有调中转列车的室外人工技术检查作业，实行"人机分工"作业；同时对其他机检列检作业场室外5T故障确认处理进行强化，室外人员要对车轮踏面检查，车轮轮缘垂直磨耗、内侧缺损不超限，圆周磨耗不超限，轮缘

厚度、轮辋厚度必须符合规定。

站修所作业方式　1996年，沈阳铁路局设有货车站修所29个，货车站修台位489个，主要从事货车辅修、轴检、临修以及事故车的处理等工作。站修所的布局设置，随着列检布局的调整，不断变化。2000年，随着滑动轴承全部淘汰，站修所不再进行轴检作业；随着老旧车型的逐步淘汰，新型货车不断应用，站修所的货车辅修任务逐年下滑。2002年，按照《关于货车站修实行三个转变的意见》要求，加快站修作业内容、作业方式、作业手段的转变，强化了换件修、状态换件修、现车状态修规定的执行，在锦州东站修所试行了站修配件全部由段修供应，在灵山站修所试行了站修部分配件由段修供应的试点工作。2003年，在个别站修所试行试点的基础上，车辆系统在站修建立3个中心，即"调度指挥中心、质量检验中心、材料配送中心"，站修所分解下来的配件一律送段内检修，3个中心充分发挥职能作用，有效地提高了辅修车检修质量。

2015年，铁路局设有货车站修所16个，货车站修台位226个，货车辅修从1996年的67543辆下降到2015年的10辆。

（三）货车运用安全

1997年，沈阳铁路局货车运用工作在铁道部

1996—2015年沈阳铁路局货车辅修数量比较表

图2-3-7

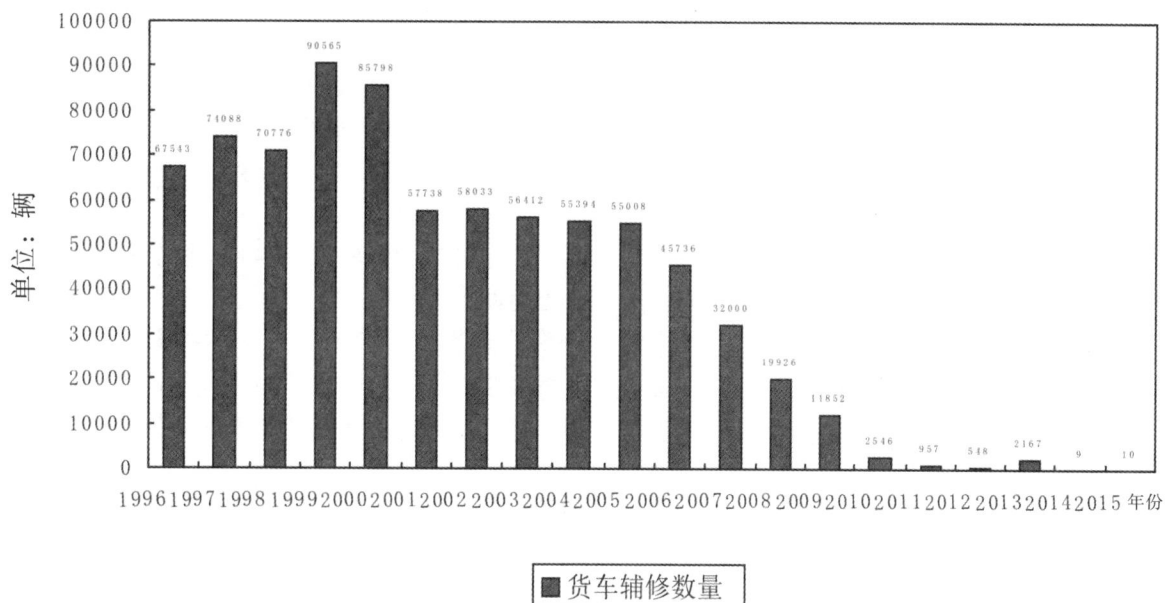

货车辅修数量

《防燃防切等安全措施》第九十七条的基础上，重点抓货车防燃切、防脱落、防大部件裂折的"三防"工作。通过加大红外线设备的检查维修、管理工作的力度，设备装备水平达到历史最好水平。同时，在车辆系统推广锦州东车辆段列检所检查滚动轴承故障的"听、看、摸、捻、转、诊、鉴"七字检查法，有效地防止了干线切轴事故的发生。2000年，针对货车临修率偏高的问题，车辆系统召开货车检修工作研讨会，对临修率进行认真分析，并对排在系统后三位的车辆段，进行了通报批评，提出限期整改要求。通过对临修故障进行认真分析，找出了原因，并组织对轴承、侧架、制动梁及钩尾框检修等几个重点部位进行攻关，对薄弱段进行重点帮助指导，收到了一定成效。全局综合临修率与1999年度相比，由全路排名后一、二名，进入了前四名。

2001年，货车运用工作坚持了"规范管理、强基达标"的方针，以开展列检标准化活动为主线，以万安赛为载体，在列检职工中树立了"无功就是过"的观念，建立了以鼓励发现典型故障为主要内容的激励机制，规范了管理。2002年，结合防切轴、防脱落、防折断、防分离、防脱线等"五防"工作的落实情况，重点对防分离这一

薄弱环节开展了攻关活动，将车钩检修质量作为日常检查重点，对抽查鉴定中发现的问题及时进行通报。车辆处组织对货车段修所用的车钩检测样板进行了规范统一，并组织人员审定了32种站修专用的车钩检查样板、量具，限期要求配齐。通过采取一系列措施，货车"五防"工作取得了明显成效，全年未发生任何"五防"方面责任问题。2003年，货车工作针对防切轴、防脱落、防折断、防分离、防脱线、防溜逸、防制动故障"七防"进行了全面分析，车辆处先后组织开展了防止冷切轴、防止车辆溜逸等一系列的攻关活动，组织审定并配齐了32种站修专用的车钩检查样板、量具。在防止车钩分离攻关活动中，为进一步提高车钩检修质量，各段都加强了车钩配件的检修质量，并严格按检修工艺标准的上限执行，尤其是加强了车钩上锁销杆的检修质量，对于不能恢复原形的车钩上锁销杆必须更换为新品，解决了车钩在运用过程中由于磨耗造成防跳间隙超限的问题，从而使车钩配件的检修质量得到明显提高。

2007年，车辆系统开展了整治"三车"（整治关门车、车轮擦伤车、车体破损车）专项活动。2010年，车辆处制定了《关于实施运用货车

"三车"整治考核办法》，进一步明确了月度任务指标及奖罚标准，每月对"三车"整治完成情况及兑现奖罚结果以电报形式进行公布。2011年，全年共奖励11.2万元，考核12.7万元，充分调动了各单位处理"三车"的积极性。关门车比例由年初的3.35%下降到年末的0.41%。2015年，共整治"三车"246403辆，整治效果显著。

二、货车检修

（一）货车修程和修制

1996年，沈阳铁路局管内运用的货车车型主要为50吨、60吨车，车型结构老旧，制动、车钩、转向架等部件性能指标差。货车的修程设有厂修、段修、辅修、轴检。厂修周期为5年，段修周期为1年，辅修周期为半年，装有滑动轴承的车辆每3个月进行1次轴检。

2000年，铁道部陆续推出C64、P64等装有120型制动阀、ST新型缓冲器、槽钢型制动梁等新型配件的车型，该车型的厂修周期延长至6年，段修周期延长至1.5年。为了统一定检周期，铁道部要求各铁路局段结合段修，将既有车型GK、103阀，换装为120型制动阀；将弓形杆制动梁更换为槽钢制动梁；将三型橡胶缓冲器更换为ST型缓冲器等一系列改造。同时报废C50、P13、G18、C62等老旧车型，将60吨敞、棚车厂修周期调整到6年，段修周期调整到1.5年，罐车、平车等维持原有的检修周期，滑动轴承车辆改造完成后，取消轴检修程；锥形折角塞门改造完成后，主要车型取消辅修修程。P65、70吨车由于采取了新材料、新工艺，厂修周期为8年，段修周期为2年。

2005年，为实现货车运行时速达到120公里/小时的目标，铁道部确定对既有的车辆进行提速改造，原有的转8A型转向架更换转K2型转向架。车辆处组织各货车车辆段，完成K2提速转向架改造项目工装设备的配置、招标、购置、安装、调试、运用等工作，共配置了58台工装设备，总投资为1244.7万元。全年共改造了3640辆，完成了当年的提速改造任务。到2010年末，车辆系统共改造17511辆，超额完成了铁道部下达的改造任务。

（二）货车检修布局

货车段修车间　1996年，沈阳铁路局共有19个段修车间，段修台位181个。2003—2009年，经过四轮货车段修检修资源布局调整，车辆系统保留了苏家屯、锦州、吉林和通辽4个检修车间，货车段修台位87个。各货车段修检修车间从工艺布局、工装设备、人员素质、生产组织，都适应铁路货车段修检修规模化、集约化、现代化的需求和发展趋势。台位利用率最高达到3.3辆/各台，处于全路领先水平。其中苏家屯货车段修检修基地，在全路第一个实现连续日检修货车段修100辆的目标。

车轮厂　1996年，沈阳铁路局设有吉林、苏家屯两个车轮厂，负责为全局客、货车段修提供轮对检修业务。2005年，车辆系统资源整合时，吉林车轮厂并入吉林车辆段，苏家屯车轮厂并入苏家屯车辆段。具体的轮对供应范围是：苏家屯车轮车间负责沈阳、长春、苏家屯、锦州车辆段的轮对需求；吉林车轮车间负责供应吉林、通辽车辆段的轮对需求。2011、2014年，铁路局分别对吉林、苏家屯车轮厂进行改造。改造后的车轮厂新增设了轮对检修流水线、数控、微控设备，检修数据实现自动传输，改变了以往轮对加修、压装、检测等工序地摊式作业、手工式检测的落后模式，提高了轮对加修质量，日压装轮对由60条提高至140条。

特种车检修基地　1996年，沈阳铁路局设有丹东车辆段冰保车检修基地、苏家屯长大车检修基地和锦州东车辆段毒品车检修基地。丹东车辆段冰保车检修基地具备年检修冰保车厂修80辆，段修650辆的能力。2003年，停止冰保车厂修检修。2005年丹东车辆段并入苏家屯车辆段，撤销冰保车检修基地；苏家屯长大车检修基地是全路四个长大车检修基地之一，年检修能力为100辆。2006年，苏家屯段修基地扩建时，为适应新型长大货车的检修需求，新增设了移动式大部件探伤机、70吨轮对检修设备等关键工装，满足长大车的检修需求。锦州东毒品车检修基地是全路唯一具备毒品车厂、段修能力的检修基地。2005年，检修基地并入锦州车辆段，具备年检修毒品车厂修500辆，段修1200辆的能力。毒品车厂修份额占全路100%，段修份额占全路60%。

（三）货车检修体制改革

2000年，沈阳铁路局在货车定检任务分配中引入竞争机制。把全年段修、辅修任务分为上半年、下半年两次分配，改变了以往一次分配到位的做法。通过引入竞争机制，各单位对全年定检任务的增减非常重视，积极主动地自筹资金上工装设备，千方百计进行工艺布局调整改造，加强管理，提高检修质量，有力地推动了货车检修工作向现代化管理迈进的步伐。

2003年，通过贯彻"以质量保安全、以配件保整车"的基本方针，进一步深化修制改革工作，强制换件修工作得到了全面的落实，有效地提高了货车检修质量。按照"异地检测、集中加修、扩大换件修"的要求，在货车段修对38种配件实行异地检测，对24种配件实行集中修，对45种配件实行换件修的基础上，进一步严格深化换件修工作，提高了除轮对、轴承、摇枕、侧架配件以外的所有配件必须异地分解检查的能力，检修的配件实行"当天现车分解的配件不装用在当天的检修车上"措施。解决了配件因检修时间紧张造成的检修质量不高的问题，从而进一步提高了配件的检修质量。

（四）货车检修安全

2010年，车辆系统开展了"百辆货车段修质量鉴定""百辆罐车段修质量抽查""百条轮对探伤质量抽查"等质量专项检查，坚持季度段修质量鉴定制度，确保了货车段修质量稳定可控。

2012年，为深刻吸取西安厂"1.4"脱轨事故教训，车辆处组织制定了轮对、轴承组装卡死措施，开展了轮对组装专项检查，对组装作业、过程控制、标识管理等方面存在的26件问题进行了整改；进一步完善质量控制手段，按照《沈阳铁路局铁路车辆质量检查员聘用管理办法》，在货车检修中开展了质量检查员的全解重聘工作，将技术业务精、工作责任心强、敢于负责的183名职工选拔到质检队伍，由车辆处颁发上岗证。通过加强控制管理，质检员的综合素质和货车检修质量明显提高。

2013年，车辆处结合新《厂规》《段规》的落实，重新下发了《货车段修工艺》和《货车入段厂修工艺》，组织各货车车辆段，对160个岗位作业指导书进行了修订。2014年，车辆系统以通辽车辆段为样板，以"一岗一事一标准"为原则，编制模板，全面修订和完善了2431份货车检修岗位作业指导书，实现了"两化""四明确"，即：流程化、图示化；明确工序衔接、定置管理、作业要点与必备用品。

2015年，车辆处组织制定了《货车段修外制动检修规范管理要求》，提高了外制动检修质量；根据《中国铁路总公司运输局关于印发<铁路货车检修质量检查管理办法>的通知》，重新修订了《沈阳铁路局铁路货车检修质量检查管理办法》，为更好地指导、落实货车检修质量检查管理工作提供了依据。

三、货车设备及基地建设

（一）货车段修检修车间建设

1996年，沈阳铁路局设有19个货车段修检修车间，货车段修台位181个，负责铁路局保有货车定检到期、过期车的检修。1999—2001年，对皇姑屯、大连北、锦州东、山海关、苏家屯、龙潭山等货车检修车间进行了改造，更新、配备了货车检修关键工装设备，提升了检修能力和检修质量。2003年，铁路局实施了货车段修能力建设改造，对山海关、龙潭山、白城、苏家屯、丹东、梅河口、四平、大官屯段及阜新段叶柏寿分段站修的工艺布局调整改造。在检修工艺布局的调整中，按照配件检测、加修中心远离转向架检修主线、配件储存发放中心靠近转向架检修主线的原则，在检修工艺布局上保证了换件修工作的实施。

2007年3月18日，经过两年多的建设，苏家屯车辆段建成投产了全路第一个拥有30个台位的货车检修基地，检修基地实行三班倒班作业，实现了每日检修100辆段修车的目标。

2015年，铁路局投资对吉林车辆段段修车间进行扩建，段修台位由14台位扩建到24台位。既有的三线检修库向南延长56米，向北延长18米，新建后主库轴线尺寸为24米×230米，每线8个台位，合计24个台位。新建房屋建筑面积30256㎡。段修库主库内根据检修需要适当新设工装设备，新设转向架、制动梁、制动阀、轮轴等检修设备。同年，沈阳铁路局对锦州车辆段段修检修车间进行扩能改造，既有检修库主库西扩42米，库宽33米，扩建检修库建筑面积1495平方米，增加了8个段修台位。

（二）货车检修运用工装设备

1996年，全局车辆系统推进车辆检修设备机

1996—2015年沈阳铁路局车辆检修数量统计表

表2-3-8　　　　　　　　　　　　　　　　　　　　　　　　　　　　　　　　单位：辆

年度	货车					客车			动车组		
	入段厂修	K2改造	段修	辅修	临修	厂修	段修	辅修	一级修	二级修	三级修
1996	–	–	52309	67543	35548	369	1513	5668	–	–	–
1997	–	–	52261	74008	28036	402	1713	5802	–	–	–
1998	–	–	52285	70776	31972	400	1613	5735	–	–	–
1999	–	–	51002	90565	55076	395	1887	5948	–	–	–
2000	–	–	51007	85798	57976	384	1883	6047	–	–	–
2001	–	–	51772	57738	61722	373	1721	6240	–	–	–
2002	–	–	51516	58033	68258	425	1830	6178	–	–	–
2003	–	–	49200	56412	87527	368	1775	5423	–	–	–
2004	–	–	49212	55394	88628	473	1812	5800	–	–	–
2005	1543	3640	48282	55008	120143	422	1871	5003	–	–	–
2006	842	3916	46901	45736	86555	510	1831	4428	–	–	–
2007	1038	6000	37741	32000	63218	526	1843	3704	–	–	–
2008	376	2481	34776	19926	79183	508	1729	3507	–	–	–
2009	1398	712	41243	11852	70051	418	1641	5930	–	–	–
2010	1798	762	43104	2546	72403	561	1500	5021	–	–	–
2011	2220	–	42002	957	65327	548	1802	5553	6811	410	–
2012	2423	–	42800	548	49423	634	1879	6714	10170	1115	–
2013	1856	42017	220	2167	57045	592	2185	6445	15281	2461	–
2014	1778	–	37411	9	58782	507	1900	6463	17388	2967	–
2015	1317	–	33606	10	67725	–	2177	6789	26664	4963	5

械化建设，陆续开始进行车钩检修流水线、制动梁检修流水线等工装设备改造。1999年，结合"安全示范线创建"活动，车辆系统加快了山海关车辆段轴承检修线、制动梁检修线，锦州东车辆段构架检修线，大连北车辆段轮对检修线、转向架组装线，通辽车辆段车钩、缓冲器与钩尾框检修线，皇姑屯车辆段三通阀检修线等八条示范线建设，同年在大连北车辆段召开了系统推广现场会。2002年，为实现检测手段仪器化，检修手段机械化，信息处理网络化的目标，车辆系统围绕货车八条检修线的建设，重点加大了轴承检测、枕簧分检、单车试验、轴端螺栓紧固等自动化设备的配备力度，全局成立多个车辆专用设备研发中心，为山海关、锦州东、龙潭山、大连北、梅河口、大官屯等6个车辆段配备了沈阳铁路局自主研发的轴承检测摄像、轴承自动存储等设备。枕簧自动检测设备、微控单车试验器的配备率达到了100%。

2003年，各车辆段先后配备了轮对尺寸自动检测、轴承配件微控检测等设备。主要列检所配备平轮、电脱、电控试风等列检作业监控设备的工作开始启动。在铁道部列入招标考核的10种工装设备中，微控试验设备（701、705、120试验台、单车试验器）、摇枕侧架翻转机、3000型探伤机、轴承压桩机、制动梁端轴焊接专用卡具、钩缓（车钩、钩舌钩腔内部配件、钩尾框）抛丸除锈机、微控车轮车床等7种设备已100%配备。2004年，集中配置、完善山海关、苏家屯、灵山、沈西、四平、长北、棋盘、图们、大连北等主要列检所的电控试风装置并投入使用，实现了微控化试风。2005年，配合既有货车提速改造需求，车辆系统组织各段专用设备研发部门，研发了车体翻转机、上旁承定位平台等K2提速转向架改造项目必备工装设备并配备给8个承担K2提速转向架改造项目的车辆段，保证了路局提速改造任务的按期完成。2007年，按照车辆部门检修资源整合需求，为解决苏家屯检修基地日产百辆的需求，相继配备了悬挂式转向架检修环线、电动架车机等设备，解决了既有货车不同型号转向架检修兼容问题。2015年，锦州、吉林车辆段在段修扩能改造工程中，配备了悬挂式转向架检修环线和电动、风动架车机等关键工装设备。车辆系统4个货车段修检修车间的主要检修工装设备均实现了微机化、自动化、机械化，实现了"以工装保工艺、以工艺保质量、以质量保安全"的目标。

第五节　综合管理

一、车辆调度

（一）车辆安全监控设备调度管理

1996年，车辆调度的红外线轴温探测预报的职能设在各铁路分局"车辆运行安全监测中心"，铁路局级车辆运行安全监控中心无专职人员，不负责红外线轴温探测的监控预报。2005年，铁路分局撤销后，除保留隶属车辆处管理的秦沈红外线监控中心外，从7个铁路分局的红外线监测中心借用37人到路局"车辆运行安全监控中心"，负责红外线轴温探测预报工作。2005年5月20日，随着行车调度台实施重新整合，将秦沈红外线"监控中心"与"车辆运行安全监控中心"共计9个红外线值班调度台整合为3个，人员由37人减为13人。2005年，沈阳铁路局取消了14个管内分界口，3月24日实现车辆调度集中统一指挥，经初期过渡、优化整合、磨合密贴三个阶段，车辆调度指挥实现了基础强化、管理细化、组织优化目标，为打造大运输的格局提供了坚强保障。

2015年，监控中心配备"5T"监控主机20套，分别为红外线轴温探测系统（THDS）主机13套、货车滚动轴承早期故障轨边声学诊断系统（TADS）监控主机1套、货车地面运行状态安全监测系统（TPDS）监控主机1套、货车运行故障动态图像检测系统（TFDS）监控主机1套、货车超偏载安全监控系统（HYJK）监控主机1套、轮对尺寸动态检测技术（TWDS）监控主机1套、铁道部红外线全路联网主机1套、车号自动识别系统（AEI）服务器1套。

（二）货车技术信息管理

2001年，车辆调度开展了铁路货车技术管理信息系统的试点开发工作，提出铁路货车技术管理信息系统总体方案，上报铁道部运输局，并落实有关铁路货车技术管理信息系统的工作。2002年，车辆调度按照铁道部的统一部署，组织各铁路分局报告室完成了十八点应用系统的更换工作，并在铁路局值班科长和各铁路分局报告室安装了车号识别系统终端和查询软件，使各铁路分局能够实时查询各分界口列车交接情况，加强了现车管理。2007年，完成了HMIS运用子系统的开发、安装、调试直至正式使用；完成了调度分系统、车号查询分系统等的升级工作；完成段级出口转发程序、局级出口转发程序的升级工作；解决铁路局HMIS系统服务器因病毒等原因引起的问题，确保HMIS系统数据汇总、上报的及时、准确。2011年5月1日，《铁路货车报废信息管理软件》投入使用，改变过去手工盲目办理的方式，实现先行网上审批，并且有据可查，有效规避风险，使报废车管理规范化。

（三）应急调度管理

2011年1月，为规范车辆调度管理，提高应急指挥能力，调度应急指挥通讯系统投入使用。车辆调度从整章建制入手，建立健全车辆调度各项基础规章制度，组织制定了《车辆调度岗位责任制度》《车辆调度交接班制度》等十项管理制度，完善了调度指挥规章体系。从提高人员素质，加强人员管理入手，加强动车调度管理，强化高铁安全保障。组织动车调度员参加长春、沈阳北、大连动车运用所安全评估，深入动车运用所现场，全面掌握各动车运用所人员、设备、线路、生产组织等综合情况，为科学指挥奠定了基础。在哈大高铁开始试运行后，实行双岗，保证了动车组运行故障的有效处置。

（四）网络扣车管理

2007年，为有效提高全局检修车扣修的统一协调指挥，沈阳铁路局组织开发研制"铁路局运用货车管理系统"，实施了网络扣车。通过实施网络扣车，既确保了苏家屯检修车间等检修基地的车源问题，又确保了车辆使用效率的最大优化。2008年12月31日18时，《铁路货车检修网络扣车管理信息系统》正式使用，实现了全路厂、段修到期和过期货车的实时位置追踪与预警，铁路局、车辆段、车间、列检作业场根据管内厂、段修到期和过期车辆的分布和运行轨迹等信息实施网络扣车，货车检修车实行"一车一令"，规范了检修车的扣修管理。2011年，为实现收支平衡，针对沈阳铁路局货车保有量情况，结合通霍运输及沈阳铁路局管内循环车流分布特点，对既有循环车组的选编组成模式进行调整，每月苏家屯车辆段集中选编20组循环车组，铁路局统一集中管理，既减少了分散扣车对运输的影响，又提高了检修车组的使用效率，每月可保证1000多辆的稳定车源，使沈阳铁路局的货车段修在年初招标数39229辆的基础上，多完成2773辆，确保了工资增长目标的实现。

二、车辆成本

1996年，沈阳铁路局车辆成本管理由车辆处财务科负责，主要职责是按照铁道部车辆局的有关要求，负责货车车辆段的货车全成本管理工作并向铁道部车辆局提报货车修理决算。具体负责与铁道部清算的资金往来及下拨车辆段工作，财务科是基本记账单位。2005年，由于职能的转变，车辆处财务科更名为货车成本管理科，由原来的货车全成本管理的决算单位转为向负责车辆局提报管理报表。货车车辆段的货车决算也相应发生变化，即向局财务处提供决算报表，同时向车辆处提报货车修理决算及企业自备车决算报表，车辆处成本科负责向铁道部清算货车修理清算收入，并分劈按预算清算的通过修费用，配合财务处管理货车成本工作。2012年，车辆处货车成本管理科更名为综合科。负责向总公司运输局车辆部清算货车修理收入，向总公司提报货车修理决算报表及自备车决算报表；配合财务处下达动、客、货车建议预算，参与车辆购置、检修、改造和高价互换配件等项目的计划建议和相关费用计划建议。客车车辆、动车组成本部分职能由局财务处承担。

第六节　安全信息化管理

1996年，沈阳铁路局从THDS设备开始，先后增加TFDS、TPDS等设备。2005年，为确保第六次大提速的顺利进行，铁道部首次提出了建设提速安全标准线"地对车"安全监控体系（即"5T"系统）的概念和要求，陆续增加了TADS、TVDS设备，2013年结合哈大客专建设，增设TEDS设备。到2015年，全局THDS设备786台，覆盖52条线路，线路里程9695.943公里；TPDS设备12台，TADS设备5台，TFDS设备50台，TEDS设备13台，TVDS设备1台，HYJK设备17台（设备隶属相关车站管理）。

一、车辆安全监控系统

THDS　1996年,结合铁道部红外线轴温探测标准示范线建设工程，沈阳铁路局管内完成了京哈线二代机监测网建网工作，开通使用京通THDS。铁路局31条营业线路共有红外线探测站163处，设备321台，其中客车探测站9处、11台设备；货车探测站154处、310台设备；一代机95处、219台，二代机68处、102台；复示站9处，铁路分局中央机3处，铁路局监控中心1处。

1997年，完成了京通线、长吉线二代机更换工作；1999年，完成了大郑线、梅通线二代机新建工作；2000年，京哈线、沈大线、沈丹线、京通线、沈吉线、大郑线全部使用THK-391型二代机；2003年，长图线改造完成，标志着沈阳铁路局红外线二代机的更换工作全部完成。2004年，开始对既有的红外线二代机进行加密和联网，完成通霍线416公里、苏抚线53公里、溪辽线64公里、溪田线75公里、浑白线217公里、鸭大线111公里、梅集线（通化-集安）115公里，共计1051公里联网工作。完成了沈山线饶阳河—新民间，沈大线瓦房店—关子间，沈吉线沈东—前甸间，沈丹线刘家河—五龙背间，于虎线新城子—沈阳南间探测站加密工作。

2015年，沈阳铁路局管内共有THDS设备786台，其中统型机设备123台，HTK-499型设备556台，HTK-391型设备28台，HBDS-Ⅲ型设备79台。

TFDS　2004年，为适应货车列检布局改革，加强两端列检，取消中间列检，实现以车辆动态检测设备代替人工对车辆进行检查，以室内检测逐渐代替室外检测，以人机结合跟踪预告代替人工检测的改革思路。沈阳铁路局车辆处从4月份开始对武昌南的TFDS设备实地调研考查；2004年5月10日，在四平列检上下行到达场安装2套并调试，6月10日正式运行。同时车辆处与辽宁海特公司联合进行研制开发，经过5月1日—6月13日试验运行，6月14日在沈西列检下行到达场马三家探测站正式使用，并陆续在灵山、通辽、白城和大安北列检安装11套设备。2005年，建成通辽、赤峰、白城等首批TFDS动态集中检测中心。2015年，为实现探测客车的功能，将管内TFDS-2型设备升级，车辆信息采集装置共升级了10台，同时将管内TFDS-1型设备更新换代成了TFDS-3型设备，共计更新了6台。丹大专线建设，新建了2台TFDS-3型。2015年，沈阳铁路局管内共配置TFDS设备50台，其中TFDS-3型设备27台，TFDS-2T型设备15台，TFDS-2型设备8台。

TADS　2005年，沈阳铁路局京哈干线的5T系统建设累计完成了TADS设备2套；2014年，根据铁路总公司新建规划，在哈大客专沈阳北站增设动车TADS设备1台；2015年，在秦沈客专皇姑屯车站增设探测动、客车TADS设备1台。截至2015年末，沈阳铁路局管内共有TADS设备5套。

TPDS　2005年，沈阳铁路局京哈干线安装TPDS3套；2006年安装3套；2010年，结合铁道部5T二期建设，增设了6台TPDS设备。2015年末，沈阳铁路局管内共有TPDS设备12套。

TEDS　2010年10月，全路第一套TEDS设备在沈阳铁路局秦沈线皇姑屯车站安装、调试，同年12月投入试运用。2012年，沈阳铁路局结合哈大客专建设，在大连动车运用所安装了TEDS设备，实现了对大连动车所配属动车组的入所检查。2013年，中国铁路总公司下发了《动车组运行故障图像检测系统（TEDS）设备暂行技术条件》，为确保哈大客专、长吉城际动车组运行安全，铁路局在大连北站上行、沈阳站下行、沈阳北站上行、长春站下行、长春西站上、下行安装了6套TEDS设备，沈阳动车段在沈阳动车运用所建成TEDS集中监控中心，实现对投入运行的6套设备拍摄的动车组图像进行实时检查；同年7

月，按照中国铁路总公司要求，沈阳铁路局组织铁科院和全路4家TEDS设备制造厂家，利用盘营高速铁路联调联试期间，对适用于运行时速300公里无砟轨道高铁的TEDS设备进行上线测试，为确定高铁TEDS设备的技术条件和参数提供现场数据支撑。2015年，中国铁路总公司下发了《关于印发〈动车组运行故障图像检测系统（TEDS）探测站设备暂行技术条件〉》，规范了TEDS设备的建设规范。

2015年，吉图珲、沈丹、丹大客专建设投入运营，铁路局在延吉西站上、下行、沈阳南站丹东方向下行、大连北站丹东方向上行、丹东站沈阳方向、大连方向安装了6套TEDS设备。按照新下发的TEDS建设标准，对秦沈线皇姑屯站既有的TEDS进行升级改造。铁路局投入运用的TEDS设备13套，沈阳动车段TEDS集中监控中心整体搬迁至沈阳南动车三级修检修基地，在用的13套TEDS设备监测数据均实时传送至段集中监控中心。

TVDS　2014年，为解决车站高站台影响客列检检查作业的问题，沈阳铁路局在秦沈客专绥中北站安装了1套TVDS设备，检测图像传送至沈阳车辆段监控中心。2015年，中国铁路总公司下发了《中国铁路总公司关于公布铁路客车故障轨旁图像检测系统（TVDS）布点规划的通知》，决定在主要客列检前方增设TVDS设备，明确了具体的布点原则和规划。沈阳铁路局管辖内需要增设22套TVDS设备，其中客列检15套，客整所入口7套。

TCDS　2005年沈阳铁路局客车运行安全监控系统（以下简称TCDS）开始安装使用，分别在京哈线长春、沈阳车辆段长春、沈阳、大连客整所配置地面设备服务器等硬件设施，在长春、沈阳北、大连、山海关4个客列检设置复示终端，并对86辆（25G/K、25T）客车加装车载设备。2006年3月，长春、沈阳车辆段通过正式验收并投入运用。2012年，铁路局空调旅客列车全部装用了TCDS车载设备，实现了对列车运行状态和轴温的实时监控。由于车辆系统主要客整所未安装WLAN、Ⅱ、Ⅲ级服务器等地面设备，TCDS车载设备入客整所后需要人工下载数据，进行分析。2014年，铁路局投资为长春、图门、通化等客整所增设了地面设备。

2015年，为大连、沈阳、沈阳北、锦州、赤峰、通辽、丹东等客整所增设了地面设备，铁路局所有客整所均装用了WLAN、服务器等地面设备，实现了TCDS车载信息入所后自动下载，并在车辆段调度科设专职人员，利用下载的TCDS数据，监控本段各次旅客列车运行情况。同年，为实现探测客车功能，对管内5T系统进行了全面升级，共计升级了THDS设备136台，TFDS设备16台，TADS设备3台，TPDS设备11台，AEI车号设备113台。

二、车号识别系统

1999年10月，沈阳铁路局启动了铁路车号自动识别系统（以下简称ATIS）工程建设工作，该系统承担着全国铁路货车车号管理，由车号报告系统（TRS）、监控保障系统、查询应用系统和标签编程管理系统组成，是实现铁路货车信息化管理的基础。2000年，按照铁道部的要求，组织车辆系统各货车段参加铁道部举办的货车标签安装工作技术培训，组织各段进行了设备安装、调试，全年共完成货车标签安装65551辆，较计划多完成3551辆。2004年，各铁路分局"红外线监测中心"建成7套"AEI地面设备监控中心"，14个货车车辆段及皇姑屯分段建成15套车辆段口车号系统（地面AEI设备17套），在41个列检所建设41套车号列检复示系统，安装284套地面AEI设备。局间分界口12套设备设在4个车站，铁路分局分界口52套设备设在17个车站，编组站47套设备设在7个车站，大货运站126套设备设在33个车站，小货运站47套设备设在21个车站。2005年，全路车号自动识别系统投入使用。2006年，车辆段(厂)车号自动识别系统建成，实现铁路货车使用费按铁路局实际占用货车时间清算。2014年，客车车号识别系统建设工作启动，铁路局两个客车车辆段、10个客整所入口端安装了23套地面车号自动识别设备。在铁路局红外所建设了"局车号信息查询中心""车号模拟系统"（模拟地面设备、模拟车站CPS系统、模拟列检复示系统，主要解决车号故障设备的检修和车号设备大、中修）、"备板备件配送中心"（在24小时之内及时换修现场故障备件）、"技术支持中心"（对现场检修人员及时予以技术支持）。2015年，沈阳铁路局管内共设有AEI车号自动识别设备282台。

三、车辆信息化

（一）铁路货车技术管理信息系统

2001年，沈阳铁路局开展了铁路货车技术管理信息系统（简称HMIS)的试点开发工作，参加了铁道部运输局铁路货车技术管理信息系统工作会议，组织铁路局皇姑屯、通辽、灵山、锦州东、大连北车辆段5个试点段，制定了铁路货车技术管理信息系统总体方案并上报铁道部运输局。

2002年，确定了皇姑屯、灵山、锦州东、通辽、山海关、大连北车辆段等6个试点单位，在通辽、灵山车辆段率先开展了HMIS小三级的建设。按照铁道部的规范要求，通辽车辆段在HMIS建设中，完成了软件信息系统的开发和应用工作，建成段修级数据中心，段修、修配、轮轴、站修、列检5个子系统，13个工位站。同年3月，已将数据传输到铁路局、铁道部，5月份通过部级评审。2003年，山海关、灵山、通辽、皇姑屯、本溪、大石桥6个车辆段实现了数据传输，锦州东、四平已经与铁路局联通。2004年10月，各车辆段HMIS系统已全部由车间级升为工位级。2005年，完成了货车提速改造HMIS系统升级、车轮辐板孔裂纹录入HMIS系统升级、段、局级出口转发程序的升级、车辆调度系统升级等工作。2007年，沈阳铁路局组织开发研制"铁路局运用货车管理系统"，实施了网络扣车。通过实施网络扣车，既确保了货车段检修基地的车源问题，又确保了车辆使用效率的最大化

（二）铁路客车技术管理信息系统

2007年，铁路客车管理信息系统（简称KMIS）正式投入使用，一期主要有配属管理、调度管理、生产计划管理三个子系统。KMIS技术履历信息在铁道部、铁路局、车辆段按管理权限实行三级共享，数据具有唯一性。2012年，沈阳铁路局投资对沈阳北、大连、长春、图们客整所进行了KMIS系统二期建设，完善了二期软件、硬件配置及安装，开通使用了运用客车出库质量管理系统、乘务管理系统。2013年，完善了沈阳、锦州、赤峰、通化、通辽、白城六个客整所KMIS二期部分功能，在原有功能的基础上，

各客整所均增加了客车质量分析系统、运用客车出库质量管理系统、乘务管理系统，实现了车统－181、车统－81、月质量鉴定故障录入统计，车辆乘务员出退乘电子化管理，提高了客车运用基础管理水平。沈阳车辆段还利用KMIS联网平台，进一步开发使用了轮对状态跟踪、专项计划编制等功能。

（三）铁路动车组信息管理系统

2007年，动车组管理信息系统（DMIS）在沈阳动车所投入运用，初期主要使用调度管理、故障管理模块，主要管理动车组一、二级修和运用情况。2011年，沈阳动车段成立后，开发了段级管理系统。哈大客专开通运营后，大连、沈阳北、长春动车运用所开始使用信息管理系统，系统功能逐步完善，增加了设备管理和物流管理等模块。利用段级管理系统，实现了四个动车所的数据汇总统一查看。2015年，动车组三级修基地投入试生产，增加了高级修模块。

（四）铁路车辆设备管理信息系统

2003年2月，沈阳铁路局铁路车辆设备管理信息系统（简称EMIS）开始软件设计，同年6月底完成系统框架及段级系统的研制。新研发的EMIS系统站段级采用成熟的C/S结构，前台采用PowerBuilder语言进行开发，后台采用Oracle8.17数据库，具有与车辆信息共享平台，统一标准、统一资源的条件，实现了数据增量传输、断点续传、数据同步、自动升级功能，确保数据完整性、及时性和可靠性。EMIS系统部、局级采用B/S结构、利用既有车辆信息传输方式和硬件资源，实现数据的统一采集、处理和存储。

2003—2005年，经过段级试用及工位级测试，新的EMIS管理系统开始了现场试用，版本号为EMISV4.0版本。2006年3月，EMIS系统根据改革后的管理模式及时升级实现对异地车间的远程管理，升级为EMIS V5.0。

2007年，铁道部运输局组织召开了铁路车辆设备管理信息系统工作会议，提出对铁路车辆设备管理信息系统（简称EMIS)全面进行升级，组成由车辆部门基层站段—铁路局—铁道部铁路车辆设备基础信息采集、传输、处理、综合应用等较完整的应用环境和应用体系，形成铁路车辆设备从新购、使用、检修直至报废的全过程信息化管理模式，建立铁路车辆设备相关信息的调拨、审核、确认的信息流通机制。沈阳铁路局组织苏家屯、锦州、吉林、通辽、沈阳、长春6个车辆段同步开展升级工作，形成铁道部、铁路局、车辆段大三级构架，车辆段内开展车辆段、车间、班组小三级试点。2008年，数据传输到铁路局、铁道部。2013年，沈阳铁路局将EMIS系统升级为EMIS2.0版本，使站段采用与路局相同的B/S结构，数据操作、传输更便捷。

第四章　工务

20年来，沈阳铁路局管内线路最高允许速度从120公里/小时提高到350公里/小时。1996年，对沈山线进行道岔更换、曲线超高调整等14个项目的线路改造，使京哈线沈阳铁路局管辖快速区段线路最高允许速度提高到140公里/小时，其它快速区段线路最高允许速度提高到120公里/小时。1998—2001年，对沈大线、京哈线沈阳铁路局管辖区段线路设备有计划地进行了四次提速改造，沈阳铁路局提速网得到完善。2003—2004年，对京哈线沈阳北—陶赖昭区段的限速线桥设备进行改造；对京哈线秦沈客专区段线路进行整治，使沈阳铁路局管辖区段允许速度120公里/小时以上线路的延展长度达到2217公里，其中：线路允许速度120公里/小时的延展长度180公里、线路允许速度140公里/小时的延展长度825公里、线路允许速度160公里/小时的延展长度1212公里。2006—2007年，工务系统采用大型养路机械捣固线路、捣固正线道岔、打磨钢轨、清筛线路等多种方式对提速区段线路继续进行改造，使沈阳铁路局管辖范围内线路允许速度250公里/小时的延展长度达到734公里，占全路的72%。2010年开始，工务系统提前介入高速铁路线路铺设，并做好开通前后的各项工作。2013年，组建了高铁线路检养修专业队伍——沈阳高铁工务段，采用安博格绝对测量小车及钢轨精磨机等先进的检查仪和维修工具对高铁线桥等设备进行检养修，确保动车在允许速度250～350公里/小时的铁路线路上安全平稳地运行。2015年9月，长珲城际、京哈高速、沈大高速、盘营高速、沈丹客专等高速铁路线路已构成沈阳铁路局管辖范围内的高速铁路网络。2015年末，沈阳局管辖内线路延展长度26557.2公里（其中合资铁路线路5897.4公里，地方铁路线路955.02公里）。沈阳局管辖内铺设国铁线路延展长度19704.8公里，其中：正线线路13778.8公里，正线铺设60公斤/米钢轨与50公斤/米钢轨线路延展长度分别为11110.818公里和2000.857公里；铺设无缝线路延展长度11435.427公里，有人看守道口258处；全局工务系统配备轨道车共计254台，其中：重型轨道车201台、轨道平车53台；配备大（中）型养路机械及线路专用设备合计224台。

第一节　工务系统概况

1996年，沈阳铁路局工务处设线路室、安全道口室、桥隧科、大修科、采石科、技术设备科、调度科、局抗震救灾办公室、局防洪办公室、局线桥检定队。各铁路分局设工务分处共10个，分别是长春、白城、沈阳、大连、丹东、锦州、通辽、吉林、图们、通化工务分处。基层单位共76个，其中：工务段41个（长春、四平、白城、太平川、大安北、索伦、农安、铁岭、沈阳、苏家屯、辽阳、抚顺、大石桥、瓦房店、大连、本溪、丹东、大虎山、锦州、山海关、金杖子、阜新、义县、叶柏寿、赤峰、奈曼、郑家屯、通辽、彰武、白音胡硕、吉林、蛟河、舒兰、桦甸、图们、朝阳川、通化、梅河口、辽源、浑江、泉阳工务段）、线路大修段8个（长

春、白城、大石桥、丹东、朝阳镇、锦州、敦化线路大修段及沈阳大型养路机械段）、桥隧大修段3个（吉林、通化、锦州桥隧大修段）、采石场11个（大屯、昌图、许家屯、祁家堡、兴城、凌源、山场屯、明城、九站、马鞍岭、安图采石场）、林场13个（公主岭、松花江、白城、沈阳、大连、丹东、锦州、通辽、吉林、蛟河、土门岭、梅河口、朝阳川林场）。

1999年，工务处科室及附属单位调整为7个，分别是线路科、安全道口科、路基桥隧科、大修采石科、技术设备科、局防洪办公室、局线桥检定队。1999—2000年，对各铁路分局进行布局调整，将白城分局划归长春分局，丹东分局划归沈阳分局，图们分局划归吉林分局，分局工务分处减至7个，分别是长春、沈阳、大连、锦州、通辽、吉林、通化工务分处。1998—1999年对基层单位进行布局调整，工务段减至32个，分别是长春、四平、白城、大安北、农安、铁岭、沈阳、苏家屯、辽阳、抚顺、大石桥、大连、本溪、丹东、大虎山、锦州、山海关、阜新、义县、叶柏寿、赤峰、郑家屯、通辽、彰武、白音胡硕、吉林、蛟河、舒兰、图们、朝阳川、通化、梅河口工务段。

2003—2004年，沈阳铁路局对生产力布局进行调整。工务系统基层单位减至30个，其中：工务段20个（长春、四平、白城、大安北、沈阳、辽阳、大连、本溪、锦州、山海关、阜新、叶柏寿、赤峰、通辽、白音胡硕、吉林、蛟河、图们、通化、梅河口工务段）、线路大修段4个（长春、大石桥、吉林线路大修段及沈阳大型养路机械段）、采石场6个（普兰店、兴城、凌源、明城、九站、马鞍岭采石场）。桥隧大修段全部划归铁九局管理，土林办整体划归房产处管理。

2005年，铁道部取消铁路分局一级机构，沈阳铁路局工务处直接管理工务系统基层单位。2005—2006年，工务处机构及基层单位布局进行调整，工务处设科室及附属单位9个，包括：线路科、安全道口科、路基桥梁科、大修采石科、技术科、机械设备科、施工科、局防洪办公室、局工务检测所。工务系统基层单位减至17个，其中：工务段14个，（长春、四平、白城、沈阳、

1996—2015年沈阳铁路局工务线路、设备数量统计表

表2-4-1

年度	管内线路延展长（公里）		无缝线路较上年增加（公里）	60kg/m钢轨线路延展长较上年增加（公里）	道口设备		合资铁路线路延展长（公里）	
	总长（公里）	其中：正线（公里）			数量（处）	较上年少（处）	总长（公里）	其中：正线（公里）
1996	16457.5	10530.0	285.900	0.000	4878	8	–	–
1997	16570.6	10564.8	0.000	0.000	4514	364	–	–
1998	16692.6	10586.0	0.000	0.000	4375	139	–	–
1999	16772.9	10618.6	80.489	294.687	4257	118	–	–
2000	16958.9	10673.6	174.359	329.034	4116	141	–	–
2001	17073.8	10753.4	0.000	0.000	4000	116	–	–
2002	17172.6	10881.3	413.474	344.078	3900	100	–	–
2003	18034.7	11896.7	0.000	0.000	0	0	–	–
2004	18014.7	11881.7	307.073	354.875	3819	81	–	–
2005	17958.9	11867.3	334.750	277.447	3643	176	–	–
2006	18042.3	11915.0	296.573	346.354	3386	257	–	–
2007	18162.3	12025.6	610.783	564.326	3254	132	–	–
2008	18398.7	12286.7	421.642	422.578	3098	156	103.620	91.728
2009	18677.0	12652.7	376.256	387.901	2890	208	236.402	205.689
2010	18959.0	13036.4	658.367	860.809	2746	144	572.694	508.664
2011	18983.4	13148.0	459.548	437.109	2678	68	571.999	507.487
2012	19211.8	13340.4	478.624	445.635	2621	57	2487.923	2218.000
2013	19408.4	13468.1	419.845	334.707	2537	84	2703.380	2417.348
2014	19522.9	13571.6	337.479	190.004	2461	76	2878.089	2536.646
2015	19704.8	13778.8	338.761	385.982	2421	40	5206.187	4621.826

辽阳、大连、丹东、锦州、山海关、赤峰、通辽、吉林、图们、通化工务段）、线路大修段1个（沈阳工务机械段）、采石公司2个（辽宁铁路鸿运采石公司、吉林铁路春城采石公司）。

2015年末，工务处内设科室及附属单位10个，线路、安全道口、路基桥梁、高速、大修采石、技术、机械设备、施工计划科，局防洪办公室、局工务检测所。基层单位17个，长春、四平、白城、沈阳、辽阳、大连、丹东、锦州、山海关、阜新、赤峰、通辽、吉林、图们、通化、沈阳高铁工务段，沈阳工务机械段。

第二节 工务设备

一、线路设备

1996—2015年，线路正线延展长、60公斤/米钢轨线路延展长、无缝线路延展长都逐年增长，道口设施逐年减少。

二、桥梁

1996—2015年，沈阳铁路局管内结合新线建设共修建桥梁1904座，延长约97.84万米，修建的桥梁均采用中国铁路总公司（铁道部）公布的设计规范标准，桥梁等级均采用中—活载及ZK活载。桥梁的上部结构大部分采用钢筋混凝土简支梁、预应力钢筋混凝土简支梁和预应力钢筋混凝土连续梁，部分为钢桁梁和钢筋混凝土结合梁。钢筋混凝土梁跨度为4.5米至20米7种；预应力钢筋混凝土梁跨度为8米至32米6种；预应力钢筋混凝土连续梁跨度为16米至100米10种；钢桁梁跨度为48米；钢筋混凝土结合梁跨度为16米至96米9种。桥梁下部结构：墩台为T形、U形和耳墙式桥台，圆形和圆端形混凝土桥墩，基础大

表2-4-2

1996—2015年沈阳铁路局桥梁设备数量统计表

年度	管内运营铁路桥梁 数量(座)	长度(米)	合资铁路桥梁 数量(座)	长度(米)	地方铁路桥梁 数量(座)	长度(米)	钢梁桥 数量(座)	长度(米)	圬工桥 数量(座)	长度(米)	混合桥 数量(座)	长度(米)	临时性桥 数量(座)	长度(米)	特大桥 数量(座)	长度(米)	大桥 数量(座)	长度(米)	中桥 数量(座)	长度(米)	小桥 数量(座)	长度(米)	管内运营铁路较上一年变化情况 数量(座)	长度(延米)
1996	4549	219919	-	-	-	-	1277	82858	3195	127846	37	8793	40	422	44	35459	389	79485	1451	70874	2665	34106	10	1000
1997	4583	221363	-	-	-	-	1238	81764	3263	130320	37	8793	45	486	44	35459	389	79647	1474	72087	2676	34178	34	1444
1998	4603	222723	-	-	-	-	1145	78770	3381	134576	39	8934	38	443	45	36265	390	79839	1484	72444	2684	34185	20	1360
1999	4646	225438	-	-	-	-	1084	76110	3485	139951	39	8935	38	442	45	36265	399	82262	1494	72633	2708	34289	43	2715
2000	4707	227126	-	-	-	-	1023	71149	3606	146592	39	8935	39	451	45	36416	400	82794	1512	73477	2750	34444	61	1688
2001	4761	227687	-	-	-	-	939	66089	3746	152409	37	8738	39	451	45	36409	402	83114	1515	73381	2799	34787	54	561
2002	4845	228725	-	-	-	-	899	63824	3873	155745	36	8712	37	426	45	36409	402	83047	1515	73998	2872	35273	84	1038
2003	5177	291745	-	-	-	-	867	62672	4234	215496	41	13217	35	360	74	79250	451	93356	1650	82567	3002	36573	332	63020
2004	5266	293276	-	-	-	-	850	61529	4340	218491	40	12892	36	365	75	80304	450	93219	1651	82630	3090	37123	89	1531
2005	5442	299267	-	-	-	-	832	59525	4535	226530	39	12847	36	365	76	80665	458	94269	1709	85311	3199	39022	176	5991
2006	5513	303027	-	-	-	-	771	52864	4667	236006	39	13792	36	365	78	82565	460	94827	1731	86438	3244	39197	71	3760
2007	5600	305419	-	-	-	-	760	50969	4766	240296	39	13792	35	362	80	84038	463	94845	1746	86745	3311	39791	87	2392
2008	5725	320076	-	-	-	-	747	49302	4903	256447	40	13965	35	362	88	91129	481	100566	1782	88093	3374	40288	125	14657
2009	5855	336392	-	-	-	-	718	47917	5070	267485	40	20736	27	254	93	101583	494	10396	1825	90106	3443	40744	130	16316
2010	6041	346624	361	74091	72	5762	695	47293	5285	278335	41	20786	20	210	95	103104	517	108821	1886	93287	3543	41413	186	10232
2011	6133	359313	209	41319	260	38664	690	47067	5385	291391	39	20652	19	204	101	112447	522	109919	1921	95172	3589	41775	92	12689
2012	6254	392659	512	662191	269	40454	689	46874	5512	325395	38	20197	15	193	124	134944	553	118821	1952	96820	3625	42073	121	33346
2013	6321	399141	529	755787	264	38821	666	44697	5603	334349	37	19903	15	193	128	139579	554	119144	1979	98026	3660	42393	67	6485
2014	6439	416503	558	771063	271	39116	658	44581	5729	351826	37	19903	15	193	135	148858	574	123569	2031	101168	3699	42907	118	17362
2015	6548	419223	1080	1123040	202	33464	635	42843	5862	356287	37	19903	14	190	136	149777	574	123763	2042	102134	3796	43548	109	2720

沈阳铁路局1996—2015年隧道变化情况统计表

表2-4-3

| 项目 | 管内运营铁路桥梁 | | 合资铁路桥梁 | | 地方铁路桥梁 | | 管内运营铁路隧道按长度分 | | | | | | 管内运营铁路较上一年变化情况 | |
| | | | | | | | 短隧道 | | 中长隧道 | | 长隧道 | | | |
年度	数量(座)	长度(米)	数量(座)	长度(米)	数量(座)	长度(米)	数量(座)	长度(米)	数量(座)	长度(米)	数量(座)	长度(米)	数量(座)	长度(延米)
1996	234	128754					157	32718	75	86478	2	9558	10	1000
1997	234	128754					157	32718	75	86478	2	9558	34	1444
1998	234	128754					157	32718	75	86478	2	9558	20	1360
1999	234	128754					157	32718	75	86478	2	9558	43	2715
2000	234	128754					157	32718	75	86478	2	9558	61	1688
2001	235	128873					157	32718	76	86597	2	9558	54	561
2002	236	129075					158	32920	76	86597	2	9558	84	1038
2003	236	129075					158	32920	76	86597	2	9558	332	63020
2004	237	129140					159	32985	76	86597	2	9558	89	1531
2005	239	129999					160	33231	77	87210	2	9558	176	5991
2006	241	130614					162	33846	77	87210	2	9558	71	3760
2007	243	132158					163	34206	78	88393	2	9558	87	2392
2008	250	150622					164	34362	82	92515	4	23744	125	14657
2009	251	151350					164	34362	83	93225	4	23746	130	16316
2010	254	152856	10	8320	1	1150	166	34903	84	94207	4	23746	186	10232
2011	255	156120	6	5510	5	3960	166	34903	84	94207	5	27010	92	12689
2012	286	210321	22	30186	5	3960	176	38440	101	124703	9	47178	121	33346
2013	285	211326	22	30186	5	3960	174	38017	102	126131	9	47178	67	6485
2014	292	219344	22	30186	5	3960	174	38618	109	133998	9	47178	118	17362
2015	291	223703	205	344697	4	2810	172	37525	109	133998	10	52180	109	2720

部分为钢筋混凝土钻孔灌注桩基础，桩长20~45米，桩径Φ110厘米；部分为钢筋混凝土沉井基础，下沉深度5至34米。桥梁孔径根据水文计算，结合历史洪水水位调查资料确定。同时对既有的桥梁进行大量的改造，标准按照铁道部颁发的铁路桥涵设计规范规定，桥梁载重为中一活载及ZK活载，桥梁上部构造绝大部分采用钢筋混凝土简支梁、预应力钢筋混凝土简支梁和预应力钢筋混凝土连续梁，部分为钢桁梁和钢筋混凝土结合梁。下部结构，墩台为T形、U形和耳墙式桥台，圆形和圆端形混凝土桥墩，基础大部分为钢筋混凝土钻孔灌注桩基础；钢筋混凝土沉井基础，墩台基础埋置深度通过洪水冲刷计算，浅埋基础设置护底，桥梁孔径根据水文计算，结合历史洪水调查资料，采用百年一遇周期洪水流量确定桥长。1995—2015年，全局既有桥梁因水害或严重病害进行改造的共有666座，延长约5.36万米，占既有桥梁总数的9%左右。此外，1996—2015年对既有线道口进行大面积改造，共修建立交桥771座，延长约1.14万米，桥梁均采用框构形式。

三、隧道

1996—2015年，沈阳铁路局管内修建的隧道均按中国铁路总公司颁布的《铁路隧道设计规范》的规定执行，隧道内轮廓均符合《标准轨距铁路建筑限界》规定，其中普速铁路隧道限界均为隧限-1或隧限-2，高速铁路隧道均符合"高速铁路建筑限界轮廓及基本尺寸"，隧道衬砌断面拱圈采用三心圆拱（其中沈大、沈丹及长珲高速隧道均采用仰拱）。衬砌主要采用整体式混凝土衬砌、喷锚衬砌和复合式衬砌三种，衬砌建筑材料采用C15、C20、C25、C30、C40或C50混凝土，曲墙式衬砌。自1995—2015年共修建隧道90座，延长126490米。截至2015年，全局有隧道319座，延长253490米，全长1000米以上中长隧道66座144168米。

四、路基

1997—2002年，铁道部投资500万元、铁路局安排路基大修6356.9万元，整治京通线路基病害与路基排水、翻浆冒泥、塌方落石，排水不良，边坡滑坍，路基下沉、河岸冲刷等病害共计100处。2003—2008年，铁路局安排路基大修4992.5万元，整治路基病害94处，并重点整治了路基排水设备及路基防护设备以及对塌方落石危及行车安全的处所进行了整治。2009—2010年，铁路局安排路基大修、维修费用2071.98万元。其中安排整治京通线路基沉陷、魏塔线坍塌落石

沈阳铁路局1996—2015年路基维修长度统计表

表2-4-4　　　　　　　　　　　　单位：公里

年代	路基维修总长度	其中:	
		正线长度	站线长度
1996	15593.38	9558.16	6004.21
1997	15593.38	9558.16	6004.21
1998	15593.38	9558.16	6004.21
1999	15593.38	9558.16	6004.21
2000	15742.12	9627.58	6114.54
2001	15809.41	9674.87	6114.54
2002	16363.89	10400.68	5963.22
2003	16634.38	10603.18	6031.20
2004	17508.55	11408.03	6100.52
2005	17445.41	11384.44	5100.52
2006	17540.99	11424.40	6116.60
2007	17622.61	1152.55	6093.06
2008	17824.74	11757.03	6067.71
2009	17844.02	11901.34	5942.68
2010	18347.31	12472.73	5874.58
2011	18359.50	12560.14	5799.36
2012	18493.56	12661.04	5832.52
2013	18678.27	12776.74	5901.53
2014	18833.36	12915.29	5918.06
2015	18900.77	13031.60	5869.18

京哈线翻浆冒泥、秦沈段六棱块翻修、沈山、沈大、京哈等干线修建排水设施等20余处病害。2011年，铁路局安排路基大修9741.5万元。其中安排边坡防护25处,费用2672.2万元；整治崩塌落石21处，费用2527.6万元；整治排水26处，费用2727.2万元；其他6处，费用1740.6万元。2011年安排路基维修200万元，重点整治了路基排水设备及路基防护设备，并对塌方落石危及行车安全的处所进行了整治。2012—2015年，铁路局安排路基大修、维修费用1637.6万元。其中安排路基排水整治、整治崩塌落石、桥头路基防护、翻修挡墙并重点整治了路基排水设备及路基防护设备、危及行车安全的106处进行了整治。

五、机械设备

1996年，工务系统重型轨道车291台、轨道拖车225台；小型液压捣固机1427台、小型枕底清筛机48台；保有大型养路机械和工务专用设备17台。路局投资完成了沟帮子基地大机检测车间、焊轨厂房的分步改造；配置9台210马力轨道车、4台拖车；另大修轨道车17台。1997年，新组建的沈阳大型养路机械段增加了一个大型养路机械大修机组共6台设备，包括RM80清筛机2台、08-32捣固车3台、配砟车1台。路局新投资685.5万元，配置轨道车15台、轨道拖车4组；购置组液压捣固机62台、道床清筛机4台，提高了养路机械化的装备水平。1998年，引进新增1台钢轨探伤车。铁路局投资改扩建的沈阳北大型养路机械检修库房竣工并投入使用；在沈东、沟帮子焊轨车间配置并使用了钢轨精磨机，改善了焊轨的质量；为6个段购置了捣固机、发电机、电台等设备。

1999年，有重型轨道车为232台、轨道拖车246台。工务系统机械设备5637台，其中小型液压捣固机1244台、边坡清筛机13台、钢轨探伤仪462台、载重汽车167台、柴油发电机组472台；新增大型养路机械8台；全年投资1450万元购置重型轨道车6台、携吊轨道车1台、收轨拖车10辆（5组）、钢轨铝热焊接设备6套、另装备8个小机群工队和2个中修队。2000年，新增动力稳定车1台、轨道检查车1辆。购置中型清筛机4台，分别配属在长春、大石桥线路大修段各2台；购置了大型养路机械的重要总成；购置重型轨道车

7台、16T轨道吊车5台、收轨拖车4辆；钢轨铝热焊接设备6套。2001年，机械动力设备6121台，小型液压捣固机1246台，小型枕底清筛机60台,柴油发电机组517台；新增大中型养路机械10台：购置08-32捣固车1台、09-32捣固车1台、08-475道岔捣固车1台、动力稳定车1台、配砟车1台、PGM-48钢轨打磨车1列；路局资金采购襄樊产YD-32中型捣固车4台。2002年，有重型轨道车230台、轨道拖车190台。年末，有机械动力设备6490台，其中小型液压捣固机1303台、小型枕底清筛机71台、柴油发电机组436台；新增大型养路机械7台：包括RM80清筛机2台、08-32捣固车2台、动力稳定车1台、配砟车2台。2003年，工务系统有重型轨道车244台,轨道拖车218辆（含收轨车组74辆）主要养路机械4295台，其中小型枕底清筛机71台、小型液压捣固机1303台、柴油发电机组436台；新增大中型养路机械8台：采购大型养路机械7台，其中RM80清筛机2台、WD320动力稳定车1台、08-32捣固车2台、SPZ200配砟车1台；襄樊产YDZ-32中型捣固车2台；购置16台轨道车和34辆轨道拖车。

2004年，采购大型养路机械8台：包括6台09-32捣固车、1台动力稳定车。投资1381万元，购置轨道车9台、轨道拖车64辆；新增大型养路机械21台。年末，主要养路机械4264台，其中小型液压捣固机1181台、小型枕底清筛机69台、10千瓦以上柴油发电机组397台。2005年，工务系统重型轨道车242台，轨道拖车256台。新增大型养路机械7台；配备了轨道车运行监控装置259台。2006年，工务系统重型轨道车230台，小型液压捣固机845台、枕底清筛机58台。新增大型养路机械15台：包括RM80清筛机2台、09-32捣固车3台、动力稳定车2台、配砟车5台、PGM-48钢轨打磨车1列、GTC-4钢轨探伤车1台、法国道岔铺换成套设备1套；更新购置了18台挖掘机、18台轨道检查仪和部分小型养路机具；安排29台设备进行大修。2007年，工务系统重型轨道车210台,轨道平车245辆。年内新增大型养路机械3台：包括09-32捣固车1台、边坡清筛机1台和道岔打磨车1台。2008年，工务系统有重型轨道车207台,轨道平车224台。新增08-32捣固车1台。铁路局投资建设了沈阳南焊轨基地。

2009年，工务系统有重型轨道车201台、轨道平车208台。机械设备更新改造资金投入2866.694万元，其中三项工程机具购置1929.7万元、大型养路机械高价互换配件750万元、轨道车为187万元。铁路局投资的沈南百米焊轨基地二期工程已完成。2010年，工务系统重型轨道车201台、轨道平车200台。增加移动式焊轨车1台；多经部门购置大型养路机械10台：包括DCL-32捣固车6台、动力稳定车3台、配砟整形车1台，由沈阳工务机械段使用并代管。2011年，工务系统重型轨道车197台、轨道平车170台。机械设备大修投入690万元，其中有配砟车整机、捣固装置、发动机与液力机械变速箱大修。2012年，工务系统重型轨道车198台、轨道平车157台。借用北京、上海两个基地的大型养路机械（除路基处理车外）全部调拨到沈阳铁路局；另铁道部调配转配属到沈阳铁路局增加设备13台：上海基地捣稳车2台和北京基地捣稳车2台、道岔捣固车1台、移动接触焊车1台、带式物料车5台、动力稳定车1台和成都局带式物料车1台；年内大修后的探伤车返回本局。

2013年，工务系统重型轨道车204台、轨道拖车84台。总公司调拨转配属到沈阳铁路局增加大型养路机械设备4台：包括北京基地移动接触焊车1台、移动气压焊轨车1台、配砟车1台、大修列车1列。总公司配属斗式物料车4列，当年接收了1列。采购大型养路机械48台设备到达34台：包括带式物料运输车13辆、带巡检的探伤车1台、道岔捣固车5台、连续式双枕捣固车5台、捣稳车4台、配砟车4台、动力稳定车2台。总公司在沈阳铁路局试用HRM2004CH进口高效清筛机1台。全年完成大型养路机械高价互换件购置400万元、总成大修1203万元；首批完成50台大型养路机械轴温报警装置购置；为15个工务段的177个线路车间购置327台工程车和4498台养路机械；另投入资金1710万元，共购置9台轨道车和2套收轨装置。2014年，工务系统重型轨道车208台，专用轨道平车68台。新增大型养路机械16台：包括钢轨探伤车1台、配砟车6台、动力稳定车7台、捣稳车2台。总公司分别从武汉和广州局调拨到沈阳铁路局增加96头钢轨打磨车2列。2015年，工务系统重型轨道车201台，专用轨道

1996~2015年沈阳铁路局大中型养路机械汇总表

表2-4-5　　　　　　　　　　　　　　　　　　　　　　　　　　　　　　　　　单位：台

年度	清筛机	捣固车	配砟车	动力稳定车	探伤车	打磨车	吹碴车	铺换设备	大修列车	斗式物料车	带式物料车	移动焊轨车	轨检车	路基处理车	中型养路机械	合计
1996	2	9	2	2	-	-	-	-	-	-	-	-	1	-	-	16
1997	4	12	3	2	-	-	-	-	-	-	-	-	1	-	-	22
1998	4	12	3	2	1	-	-	-	-	-	-	-	1	-	-	23
1999	4	14	5	5	1	-	-	-	-	-	-	-	2	-	-	31
2000	4	14	5	6	1	-	-	-	-	-	-	-	2	-	4	36
2001	4	17	6	7	1	1	-	-	-	-	-	-	2	-	8	46
2002	6	19	8	8	1	1	-	-	-	-	-	-	2	-	8	53
2003	8	21	9	9	1	1	-	-	-	-	-	-	2	-	10	61
2004	12	33	11	12	1	1	-	-	-	-	-	-	2	-	10	82
2005	12	39	11	12	1	1	1	-	-	-	-	-	2	-	10	89
2006	14	42	16	14	2	2	1	1	-	-	-	-	2	-	10	104
2007	15	43	16	14	2	3	1	-	-	-	-	-	2	-	10	107
2008	15	44	16	14	2	3	1	-	-	-	-	-	2	-	10	107
2009	15	44	16	15	2	3	1	-	-	-	-	-	2	-	10	108
2010	15	50	17	17	2	3	1	-	-	-	-	1	2	-	10	118
2011	16	56	18	18	2	3	1	-	-	-	-	1	2	-	10	128
2012	16	61	18	19	2	3	1	-	-	-	6	2	2	-	10	141
2013	17	75	23	22	3	3	1	-	1	19	4	2	2	-	10	182
2014	17	77	29	29	4	6	1	-	1	19	4	2	2	-	10	201
2015	19	83	29	30	4	7	1	-	1	19	10	3	1	1	10	218

平车53台。新增大型养路机械15台：包括移动气压焊轨车5台、移动闪光焊轨车3台、清筛机2台、捣固车3台、稳定车1台、打磨车1台。

第三节　线桥维修

一、线路维修

（一）维修管理

铁道部于1997年发布了《铁路线路维修规则》，沈阳铁路局根据铁道部的文件，继续推进安全优质工务段评定工作，全面实施计划维修。期间，铁道部对主要干线实施提速改造：主要是将陈旧的木枕道岔更换成砼枕提速道岔，增大曲线半径，成段将老型轨枕更换成新Ⅱ型、Ⅲ型轨枕，将无缝线路改造成区间无缝线路或跨区间无缝线路，提高列车运行速度，提高平稳性和安全

性。2000年，全局线路维修工作继续推行安全优质工务段活动，各段大力推进六站五区间，站场连片、区间成线创优活动。在原有质量标准基础上，强化轨距、水平变化率的改善，努力提高设备维修质量，适应提速工作需要。19个工务段被评定为安全优质工务段，全局工务段优质率达到59%。全面贯彻落实安全生产逐级负责制：工务处负责制定全局性的技术标准、工作标准、规章制度，实行专业指导及监督检查；工务分处对设备负管理责任，履行组织实施、检查和落实的职能；段主要是执行作业标准，落实规章制度，细化管理办法，对安全负直接管理责任。

2005年，工务段整合后，为全面推行检修分开（设备检查与修理分开，检查与修理自成体系，相互制约、相互作用）打下了基础。各段相应成立了检查监控车间，真正实现检查、作业异体监督，有效控制设备漏检、作业不达标等现

象，形成闭环管理。针对列车运行速度不断提高、重载铁路不断发展，铁路运营条件发生较大变化的现实，铁道部组织专家对《铁路线路维修规则》进行修改，并于2006年10月份下发了《铁路线路修理规则》。

2010年，工务系统进一步推进检养修分开（检查独立，问题管理，形成整修作业单；组成专业队伍完成设备综合修理；成立保养工区负责日常设备巡检和养护，处理紧急补修工作。）的维修体制改革。各段成立检查监控车间，先后在白城、四平、山海关工务段召开现场会，利用经验介绍、成果对比和相互交流等方式扩展检养修分开改革范围，按照等级配备运输工具和作业机具，组建自控型班组，集中人力，提高效率。

2015年，检养修全面铺开，各段相应成立了生产调度指挥中心、检查车间、维修车间，形成车间直接指导生产的格局。采用两种方式：一是段成立检查车间，成立维修车间，线路车间只负责处理紧急补修工作和日常保养工作。二是线路车间成立检查工区、维修工区，检查和维修在车间层面独立，车间直接组织生产，线路工区只负责紧急补修工作。除日常巡检工作外，其它工作全部纳入天窗作业。调度指挥中心搭建了工务系统信息平台，实现信息共享。

（二）维修作业

1996年，工务系统推行综合维修、经常保养和紧急补修相结合的周期性维修方法。工务段手工作业逐步被机械化作业代替：小型清筛机得到广泛使用。捣固作业由手镐捣固逐步过渡到小型电动捣固设备。结合工务安全标准线建设，全年完成线路正线综合维修4143.5公里（其中机械化维修3534.5公里），道岔综合维修10571组，线路、道岔保养质量合格率99.3%，线路状态评定合格率为81.6%。1998年，沈阳铁路局以抓冬修、春融、夏修、冬前找细等季节性工作为重点，持续开展公主岭、苏家屯、兴城、本溪等大站场整治工作，线路正线综合维修3880.4公里，道岔综合维修9781组，更换新钢轨49.1公里，更换再用钢轨136.3公里，抽换新木枕185923根，更换新混凝土轨枕226738根。线路保养合格率99.0%，道岔保养合格率99.3%，线路状态评定合格率71.3%。2000年，既有线提速工作全面展

开，工务系统干线综合维修基本由大型养路机械完成。工务处与沈阳科研所及沈阳分局沈阳、铁岭工务段等部门单位，分别在于虎线、沈吉线和长大线进行了高温季节大型机械在无缝线路地段进行维修作业的线路稳定性试验，并取得成功。年内大机捣固完成1954公里，超过历史最好水平。铁道部轨检车动态检查合格率达到了99.7%。

2001年，铁路局确定创优必检站、必检区间和必检桥，分步进行评定的要求，铁岭等22个工务段，丹东等7个大修段和沈阳、锦州桥隧大修段共31个单位被评为局安全优质段。为完成铁道部第四次提速试验，哈大线各段全面开展线桥设备大检查、大整修，全年共更换提速道岔258组，调整曲线161处，更换69型轨枕19.9万根，线路大修更换69型轨枕78万根，无缝线路大修1209公里，线路封闭106.2公里，拆除道口197处。4月份和9月份铁道部对沈阳铁路局进行了两次提速试验，检查成绩居全路之首。2004年，按照铁道部和铁路局关于第五次提速的总体部署，确保提速调图的安全实施，全局安装"机车车载式轨道动态检测仪"101台，覆盖了京哈、沈大等22条线路；规范小型添乘仪对轨道动态的检测，实现了按周期进行轨道动态检查；全年出动轨检车30次，累计检测线路59118公里，有效确保提速后线路设备质量和状态良好。

2005年，沈阳铁路局对京哈线进行标准线建设：短轨线路换铺再用轨无缝线路11.7公里；普通无缝线路改造为区间无缝线路200.2公里；更换69型混凝土枕121.9公里，更换木枕提速道岔89组，更换非一级道碴35.44万立方米，木枕过渡段更换混凝土枕3680根，道岔冻结285组。2007年，随着列车运行速度的提高，提速线路的维修作业全部纳入天窗进行。工务系统强力推进修程修制改革，召开精细修现场会，各段成立检查监控车间，实现检查、作业异体监督，形成闭环管理，从组织结构上保证了精检细修。全年完成正线综合维修6358公里、道岔综合维修6702组、大机捣固9737公里组、大机岔捣3042组、钢轨打磨644公里。2009年，工务系统继续贯彻精检细修办法，在京哈干线全线，沈山、沈大等提速干线部分区段建立三维定位观测网，通过设备

整治前精确测量，对线路平、纵断面设计进行优化；严格落实"天窗修、集中修、专业修、机械修、单元修"五项修理制度；作业手段上实行捣固、拨道、起道、松紧等专项作业使用专用工具，提高作业精细水准，确保作业一次达标。全年共完成大机线捣11412公里、大机岔捣3508组、大机线磨1598公里、大机岔磨264组。

2013年3月，中国铁路总公司提出"三整顿"（整顿干部作风、整顿现场作业、整顿基础管理）、"三化"（安全管理规范化、现场作业标准化、检查整治常态化）的管理要求，工务系统将"三整顿"、"三化"纳入全年工作，重点抓各级管理干部转变作风，抓现场作业标准化，抓工务基础资料管理。提出"维修设计""保质期"的理念，延长设备维修周期。大机试行区域化管理，各段实施数据化机捣，实现精确捣固。2015年，检养修全面铺开，各工务段相应成立了生产调度指挥中心、检查车间、维修车间，形成车间直接指导生产的格局。工务段成立检查车间、维修车间，线路车间只负责处理紧急补修工作和日常保养工作；线路车间成立检查工区，维修工区，检查和维修在车间层面独立，车间直接组织生产，线路工区只负责紧急补修工作。除日常巡检工作外，其它工作全部纳入天窗作业；段调度指挥中心搭建了工务系统信息平台，实现信息共享。

（三）养路机械化

1996年，线路综合维修任务由大机维修与小机群维修相结合完成。铁路局投资154万元为各段更新捣固机，全局共组建了358个机械化工队，完成线路综合维修2497公里，经常保养3675公里，站线维修611公里，线路机捣率达到93.7%。1998年，铁路局为抚顺、梅河口、舒兰、郑家屯、朝阳川、叶柏寿6个工务段投资204万元补充型养路机械。在京哈繁忙干线组织开展大型养路机械作业，在大机不能覆盖的区段开展"小机群"作业。京哈线完成大机机捣1084公里，"小机群"捣固完成338公里。2001年铁道部为沈阳铁路局配备了道岔捣固车，道岔捣固车主要在京哈、沈大、沈山线使用，解决了砼枕道岔捣固不实问题。铁路局投资144万元，给京哈干线六个工务段装备了机械化道岔综合维修队，通辽分局投资给赤峰工务段装备机械化道岔综合维修队。工务系统线桥维修初步形成了大、中、小型养路机械并举的局面，全年共完成道岔捣固300组，钢轨打磨795.5公里，钢轨探伤7000公里，线路捣固3004公里，突破历史最好水平。2004年，线路综合维修采取大机与中小型养路机械相结合的模式，全年完成线路综合维修6968公里，其中大型养路机械5041公里，占72%；道岔综合维修8925组，其中大型养路机械修630组，占7%。在大型养路机械不能覆盖的其他线路，积极采用中、小型养路机械作业提高作业效率，有效地同步提升了机械化养修水平和线路质量。

2006年，铁路局增配捣固车3台、大型清筛机2台、动力稳定车2台、配碴车2台、钢轨探伤车1列、风动吹碴车1台。线路大机捣固完成6000公里、道岔大机捣固完成3300组。继续加强对京哈线达标整治工作，线路大机捣固3440公里、正线道岔大机捣固565组，显著提高了京哈线设备质量。2007年，工务处成立机械设备科，实现了养路机械专业化管理，并及时调整思路，充分利用大修机组空闲时间，对大修施工附近的正线、到发线进行机械捣固，全年共完成线路大机捣固9737公里、线路稳定3286公里、道岔大机捣固3042公里，超额完成了年初下达的大机维修任务。2009年，充分发挥大型养路机械潜能，以保证京哈线全长度捣固为框架，以新转线及大中修地段为重点，沈大、沈山南部线4月份抢早、12月份收尾，其它干线利用京哈线停封期间隔穿插，支线利用"十一黄金周"及"干线调图"见缝插针，最大限度提高大型养路机械使用率。全年完成大机线捣11412公里、大机岔捣3508组；完成大机线磨1598公里、大机岔磨264组。2010年以后，工务系统检养修分开体制改革进一步推进，车间总数由318个减少至266个。并按照线路不同等级对车间机具配置进行Ⅳ级7档分级配置，共投入6500万元为112个车间配备运输工具171辆，作业机具1665台。

2013年，在部级集中修的基础上开展局级集中修，实行大天窗滚动给，使大机效率大幅度提升，线路大机捣固首次突破15000公里的年作业目标。

（四）新技术应用

1997年，将主要干线正线道岔有计划地更换砼枕道岔，部分辙叉心使用贝尔辙叉及合金钢耐磨辙叉。锰钢辙叉使用KD-286焊条焊补伤损。结合创优工作大量使用长效防腐脂、轨道润滑脂、新型铝热焊、路基防冻剂、木枕分开式扣件、接头新型紧固件等新技术、新工艺、新材料，从而减少维修工作量。1998年，沈阳铁路局配备了大型钢轨探伤车，实现正线钢轨探伤作业每年覆盖一遍。1999年，京哈线推广应用法国铝热焊接技术，为区间无缝线路断轨原位焊缝、长轨应力放散及将既有普通无缝线路改造为区间无缝线路等提供了一项先进技术和工艺。无缝线路数量达到4149.5公里。2009年线路维修开始订购百米定尺轨，减少了焊接工作量，减少了断轨风险。无缝线路数量达到8602.1公里。2013年无缝线路数量达到10554.3公里。2003年，在京哈线、沈大线部分机车上安装轨道动态监测装置（晃车仪），定性反映线路状态，指导工务维修。2006年"日月明"轨道检查小车开始应用，提高了病害检出率，降低了设备检查强度。

2008年，钢轨探伤仪由模拟式升级为数字式。计算机技术得到广泛应用，工务处对"铁路工务管理系统（PWMIS）"进行联网，使工务系统各级管理部门均能按照规定及时掌握线路设备数量和轨道结构的变化情况，实现线路设备的动态管理。2013年，在梅集、通让、锦承线部分地段安装非自闭区段断轨报警系统。

2015年，各工务段及工务处均成立调度指挥中心，并与车务站区监控联网，对站区作业实现实时监控。

二、桥隧维修

（一）桥隧维修管理体制

1996—2000年，根据铁道部《铁路桥隧建筑物大修维修规则》，沈阳铁路局各工务段确立了以桥梁检查维修工区及机械化工队为主的管理模式，41个工务段共有桥隧工4158人。2000—2004年，铁道部对1989年10月制定的《铁路桥隧建筑物大修维修规则》进行了修订并发布。修订后的《铁路桥隧建筑物大修维修规则》增加了铁路重载、快速运输对桥隧建筑结构和养护要求的条文，删除了部分过时的内容。根据规定，铁路局工务处设桥隧科，设专职工程技术人员4~6人，组织与指导全局桥梁、隧道养护、大修、维修工作。工务段成立桥隧室，设工程技术人员2~3名，下设桥（隧）领工区和工区，配领工员、工长、桥隧维修人员、巡守工。工务系统20个工务段共有188个桥隧工区，桥隧工2619人。2005—2006年，逐步推行"检养修分开"的管理新体制，工务段桥隧领工区改为桥隧车间，下设桥隧检查维修工区，负责桥隧设备检查维修工作。

2010年，推行"检养修分开"的管理新体制，铁道部发布了修订后的《铁路桥隧建筑物修理规则》，工务系统各工务段实行检查保养与综合修或检查与维修分开的体制，维修模式逐步向集中修、专项修、重点修方向转变，内业管理由纸质向电子化转变，通过实施检养修分开的修理体制，达到科学养桥的目的。2015年，沈阳铁路局15个工务段(不含沈阳高铁工务段)共有146个桥隧工区，共有桥隧工2264人。

（二）桥隧维修作业

1. 桥梁维修

1996年，沈阳铁路局的桥梁维修以"预防为主，预防与整治相结合"为原则，主抓设备保养质量合格率，使桥梁设备处于合格状态，集中资金消除桥梁病害。1997年，在四平工务段公主岭召开了线桥联合共建标准桥现场会，会上四平工务段介绍了线桥共建标准桥的经验，通过现场会推动建标准桥活动的开展。

2000年，工务系统推行了"制定重点整治设备"（即年终优质段必检桥）措施，各工务段多方筹集资金，加大投入和整治力度，保证了"必检桥"综合维修项目全、质量高，提高了整治标准。2002年，工务系统制定《桥隧维修技术标准补充规定》，加强了桥梁作业的标准化，对不适应生产需要的单项作业标准进行了修订，对新的作业项目进行了补充。2004年，丹东工务段充分利用维修费用，积极修旧利废，采用新技术、新材料、新工艺，在沈丹线五龙背—蛤蟆塘共三个区间消灭桥梁劣化项目，全部达到外观整洁的目标，建成了区段达标示范段，给工务系统桥梁创优工作树立了样板。同年7月，工务系统在丹东召开了现场会，推广其经验。强化桥梁检查保养工作和冬季维修工作，及时发现和消灭超限处所和临近超限处所，保持桥梁设备状态均完好。

2006年，沈阳铁路局于3月13日下发了《关于加强钢梁桥再用材料管理的通知》，进一步规范了桥梁再用材料的管理，对钢梁桥改造换下的再用材料，由工务段进行统计，集中存放，由工务处统一调拨，使桥梁的再用材料得以合理的利用，节约桥隧维修成本。2007年，按铁道部要求，沈阳铁路局于3月13日—17日在锦州职工培训基地举办了提速区段桥隧工班长提速培训班，对有关提速标准及提速后对桥隧维修的影响以及检查重点等内容进行了培训。2015年，根据总公司修程修制改革及《沈阳铁路局2015年工务工作安排》的要求，4月14日，工务处下发了《沈阳铁路局桥隧维修管理细则》，明确了桥隧维修机制改革的方案及要求，桥隧维修工作实行检查保养与综合修或检查与维修分开的体制，维修模式逐步向集中修、专项修、重点修方向转变，内业管理由纸质向电子化转变，实施检养修分开的修理体制，达到科学养桥的目的。全局15个工务段（不含高铁工务段），已经全部完成了检养修分开的维修机制改革工作。

2. 隧道维修

1996—2015年，隧道维修始终以"预防为主，防治结合"为原则，根据隧道状态和维修劳力、材料供应情况，编制年度和季、月维修计划。实行5~7年对隧道进行综合维修一遍。根据隧道病害情况，做好衬砌裂损补修和隧道防排水工作，改善隧道设备状态。及时补修拱顶及边墙衬砌裂损；改善拱顶及边墙排水；整修中心排水沟；整修峒外排水，山顶排水；扩大及保持足够净孔断面。整治隧道漏水，采取以排为主，截、堵、排相结合的方法彻底整治。

2002年，本溪工务段采用双快水泥、TZS聚氨酯堵漏、抗渗K11、抗渗EPU等材料进行隧道漏水整治，并利用已配置的养桥机械化机具对隧道内的不同渗漏情况（点漏、线漏、面漏、缝漏和衬面溶出性面漏）进行隧道漏水整治，施工后隧道边墙及拱部表面达到了无渗水的预期效果。

（三）桥隧维修机械化

1996年，根据铁道部下发的《铁路桥隧建筑物大修维修规则》《铁路桥隧建筑物修理规则》规定要求，对各工务段的养桥机具进行了补充、

加强，其中2002年对长春、丹东、吉林及通化四个工务段补充配置了养桥机具；2003年对锦州、四平、图们补充配置了养桥机具。根据各工务段的桥隧设备情况、既有机具情况，本着经济、合理、适用的原则，确定了各工务段养桥机具细目，并统一了机具标准和规格型号，且增加了电弧喷铝机及高压无气喷涂机具等新设备。

（四）桥隧维修新技术应用

1996—2002年，沈阳铁路局在各工务段推广了高压冷水清洗机清洗圬工梁，采用MCI2020阻锈、HD50砂浆修补及RS500防水材料封闭圬工梁裂纹等综合整治的方法进行病害整治，用双快水泥、TZS聚氨酯堵漏、抗渗K11、抗渗EPU等材料进行隧道堵漏水整治等多种"三新技术"，取得了良好的效果，提高工作效率，节约了成本，提高了桥隧设备合格率。2003年，吉林工务段在沈吉线331公里桥上，采用F350型电动隔膜无气高压喷涂机具对钢梁进行涂装，提高了工作效率。钢梁上盖板采用电弧喷铝机具进行电弧喷铝，从而使上盖板涂装的周期基本同于桥枕的周期，延长了桥枕的使用年限。5月份，吉林工务段又在沈吉线348公里桥上，采用硫铝酸盐水泥制成的速凝尼龙纤维高强防水混凝土进行桥上防水整治，采用此方法制做防水层，减少了采用卷材制做防水层需进行架梁及长期慢行对运输的影响，并且节约了投资，此方法特别适于桥隧维修整治小桥圬工梁拱漏水病害。同年，还在赤峰及本溪工务段，对SWF抗渗材料及VAE防水材料整治圬工梁裂纹进行了试用，取得了较好的效果。经赤峰工务段做试块进行多次冻融试验，使用SWF的抗渗性防水材料后，有压水无法渗入混凝土中，达到了预期的效果，且其材料费用较进口节约一半以上，从而节约了维修成本。

第四节　线桥大修

一、既有线提速改造

1996年，4—6月对京哈线沈山段新民—大虎山（上行）区段进行既有线提速改造，将该区段6个区间、7个车站的干线道岔更换为提速道岔，对该区段曲线超高调整等14个项目进行提速改

造；于7—9月对新民—大虎山（下行）区段、沟帮子—红旗（上、下行）区段线路进行提速改造。1997年4月1日，沈阳铁路局管辖京哈线快速区段线路的最高允许速度达到140公里/小时，其他快速区段线路允许速度为120公里/小时。

1998年，根据铁道部《"九五"期间铁路四大干线提速规划》要求，沈阳铁路局本着充分利用既有设施，少量技术改造，确保安全的原则，制定了京哈、沈大线线路提速规划。在京哈线万家屯—兴城、高桥镇—桃园、红旗—大虎山、大虎山—马三家、沈阳北—开原、陶家屯—长春南、一间堡—新陈山等7个区段线路进行，随着提速范围进一步扩大，快速区段线路延展长度达到1072公里。结合京哈线提速改造工程，对沈大线线路进行提速改造，将沈大线立山—苏家屯、分水—海城、卢家屯—大石桥等三个区段114组道岔更换为提速道岔。1999年，对沈大线立山—苏家屯、分水—海城、卢家屯—大石桥三个区段曲线进行改造，对线桥设备进行加强，全局初步形成既有线提速网。

2000年，为全面适应列车提速的规划，工务系统对局管辖内的哈大线提速区段进行一期改造，对73处曲线技术参数进行调整，对影响提速的60孔桥梁进行改造，对新快速区段169公里进行封闭。2001年，对沈阳铁路局管辖内的哈大线提速区段进行二期改造，更换提速道岔258组，调整曲线超高76处，调整曲线半径60处，调整缓和曲线长度25处，更换轨枕19.9万根，完成平交立197处，完成哈大快速区段406.2公里封闭。

2003—2004年，工务系统对京哈线沈阳北—陶赖昭区间10处7.4公里（19条）限速曲线、4座桥梁进行改造；对哈长线虎市站内4条曲线、陶家屯站南咽喉进行改造；将401公里线路轨枕更换为Ⅲ型轨枕；对409公里提速改造地段线路进行大机捣固；对曲线改造的新填路基地段进行了加固；对京哈线秦沈客专区段175处线路冻害进行了整治；将山海关枢纽及沈山B线16公里普轨线路改造成长轨无缝线路；对沈阳北—兰棱间提速区段内1369根失效69型轨枕进行了更换。2004年4月，铁路第五次提速，沈阳铁路局管辖范围内允许速度大于120公里/小时的线路延展长度达到2217公里，其中：允许速度120公里/小时的线路延展长度达到180公里、允许速度140公里/小时的线路延展长度达到825公里、允许速度160公里/小时的线路延展长度达到1212公里。

2006—2007年，工务系统对既有线提速区段线路继续进行改造。大型养路机械捣固线路3440公里，捣固正线道岔565组，打磨钢轨963公里；更换长轨74.195公里；大中修清筛线路315公里；长轨放散407公里；道岔大修205组；封闭网整修527.6公里，网片底部空隙封堵39处/17.6公里，灌注混凝土基础9200根/138公里，设置斜支撑4362根/131公里；封闭墙网5.7公里；清理沿线路料115200吨；完成了1119公里桥梁28个墩台包箍，24孔换梁，800根失效桥枕更换；清理疏通侧沟42.735公里；用废混凝土枕砌筑排水沟共计9.87公里；用废混凝土枕护坡防护共计5.11公里；补充砟石18万立方米。2007年4月18日，铁路第六次提速，沈阳铁路局管辖范围内允许速度250公里/小时的线路达到734公里，占全路允许速度250公里/小时线路的72%，是全国铁路气候条件最恶劣、轨道结构最复杂、允许速度最高的线路。

二、线路大修

（一）线路大修管理

1996年，线路大修实行三级管理。一级管理机构沈阳铁路局工务处，具体负责科室工务处大修科；二级管理机构为10个铁路分局工务分处；三级管理机构为8个基层站段。2003年—2004年，对线路大修三级机构进行改革，由8个基层站段调整为4个。2005年，线路大修由三级管理转为二级管理。一级管理机构沈阳铁路局工务处，具体负责科室工务处大修采石科。二级管理机构为4个基层站段，分别是长春、大石桥、吉林线路大修段及沈阳大型养路机械段。2006年，对线路大修二级机构再次进行改革，对长春、大石桥、吉林线路大修段及沈阳大型养路机械段进行整合，成立了沈阳工务机械段。

（二）线路大修基地建设

1998年，铁路局投资230万元，改造公主岭、沟帮子、苏家屯等大修基地，提高了基地的拆解、组装、调车能力；投资1343万元，建设了沈阳大型养路机械段沈北大型养路机械检修库。2008年，铁路局沈阳南焊轨基地建设工程在3月

1日开工，2008年9月17日焊轨基地一号生产线正式投产。建成后，沈阳南焊轨基地按照2条焊接及精整生产线、2条装卸线、4条存车线的布局，形成焊前存轨量400公里，焊后存轨200公里，达到年长钢轨焊接生产能力2400公里生产规模。2010年，铁路局投资1052万元，完成山海关大型养路机械检修基地更新改造工程。2011年，铁路局投资1390万元，完成四平工务综合基地更新改造工程。2013年，铁路局投资1876万元，完成洮南（210）基地更新改造工程。2014年，路局投资2228万元，完成通辽西大修基地更新改造工程。

（三）线路大修任务

1996—2015年，沈阳铁路局逐年增大线路大修的投入，保证了运输任务的完成和运输的安全。

（四）线路大修新技术应用

1996年，锦州线路大修段开始采用先更换无缝线路，再进行单抽换枕、清筛的施工组织程序。优点是更换新无缝线路通过稳定车能达到线路稳定的效果，同时防止钢轨折断、低接头等病害的发生，解决了高温季节清筛换枕施工前应力放散的问题。同年，引进法国吉斯玛精磨机对焊缝进行精磨。1997年，引进法国铝热焊剂焊接钢轨，实现了线上单元节间的焊接和线上处理断轨、伤轨插入轨焊接。1999年，推广进口铝热焊接技术，提高换轨质量。京哈、沈大线全面淘汰69型轨枕，全部更换为新型轨枕38万根。在技术条件允许的条件下，铺设区间无缝线路485公里。在曲线铺设全长淬火轨和BNbRE稀土轨6.4公里。

2001年，引进09-32连续式捣固车。09-32采用工作小车与主车体分离技术，作业过程中，主车体连续运行，工作小车进行步进作业运行，减少了整车冲击，减少了制动、加速过程的能量消耗，提高作业操作舒适性，节省能量消耗，为环保型线路捣固车。

2002年，在哈长线上行0公里—50公里首次铺设了Ⅲ型钢筋混凝土枕、PD3钢轨，形成沈阳铁路局"强基达标"示范段，并在该示范段中"长春北—米沙子"间的两站三区间计23.303公里铺设了跨区间无缝线路。该地区最高轨温58

℃，最低轨温-36.5℃，最大轨温差94.5℃，此跨区间无缝线路试验成功不仅填补了寒冷地区铺设跨区间无缝线路国内空白，而且进一步提高了沈阳铁路局轨道结构的科技含量。

2004年，采用胶结冻结技术实现道岔无缝化和跨区间无缝线路，解决了跨区间无缝线路道岔区的无缝化问题。铁道部基础部9月12日在沈阳铁路局四平工务段召开了现场会，并在全路推广应用。2008年，建成沈南百米焊轨基地，焊接五百米长轨条，并完全采用法国吉斯玛冷调直机、精磨机对焊缝进行精调和精磨。京哈线秦沈段首次开展无缝线路换轨大修，使用百米定尺轨焊接的长钢轨，百米焊轨基地的应用大大减少了线路上接头的数量，提高了列车运行的平稳性和安全性。2010年，引进自行式移动闪光焊轨车，配合大修换轨施工线下焊轨作业，大大提高了现场接

沈阳铁路局1996—2015年线路大修情况统计表

表2-4-6

年度	铁路局投资（万元）	更换钢轨（公里）	整修钢轨（公里）	再用钢轨（公里）	更换轨枕（公里）	清筛（公里）
1996	34050	630	–	–	–	–
1997	34025	630	–	–	–	–
1998	34096	630	–	–	–	–
1999	48775	580	–	–	–	–
2000	58368	580	–	–	–	–
2001	54933	580	–	–	–	–
2002	61861	580	–	–	–	–
2003	52695	544	–	–	–	–
2004	43697	605	–	–	–	–
2005	49805	605	60	230	–	–
2006	58757	570	100		247	570
2007	57402	560	135	104	254	590
2008	44841	495	135	398	255	623
2009	52273	463	80	150	189	486
2010	65117	538	59	230	273	485
2011	48427	385	52	165	215	463
2012	50074	407	–	156	170	711
2013	75879	480	–	299	328	497
2014	33065	224	–	104	148	242
2015	43584	335	–	192	145	296

头外观和内在质量。2011年，引进SPZ350配砟车，将单轴车改进为带有转向架的四轴车，提高了运行及作业的安全，功能上增加了补砟功能，节省了严重缺砟地段人工补砟的劳动力。

2012年，引进第一台WY-100Ⅲ物料车，物料运输车可连续地传送、储存施工物料如道砟、废弃污土、建筑垃圾等，可从侧面卸料，也可从车辆前方卸料，旋转抛带可以向左右两侧旋转（回转），物料可以转运到邻线的储料场或运输车辆上。2013年，引进自行式移动气压焊轨车，配合大修换轨施工线下焊轨作业；引进奥地利普拉塞&陶伊尔公司生产的HRM2004CH全断面道砟清筛机，并于2014年6月15日签署了机械验收证书。HRM2004CH全断面道砟清筛机主要用于有砟线路的大修清筛作业，可在不拆除轨排的情况下完成清筛作业过程，证清筛后的线路近似符合原始线路状况。计算机控制系统设定挖掘深度后，只需控制作业走行速度，即可进行全自动清筛作业，并且达到"清筛起始不堆砟、清筛结束不缺砟"效果。采用琴弦弹性筛网，提高振动筛对粘性物料的筛分效率。具备补新砟功能，可由后方物料运输车补足清筛（或全抛）后所缺道砟。在挖掘、筛分区域及输送带区域配有喷水降尘系统，可降低粉尘污染，改善工作环境和周边环境。

2015年，引进大修列车更换轨枕，金鹰重型工程机械有限公司生产的DXC-500型大修列车在沈阳铁路局管内魏塔线大修施工现场正式投入使用。大修列车主要由扣件车、作业车、动力车、材料车和龙门车组成，全长84.4米（不含轨枕平板车），作业时需连挂轨枕平板车进行新旧轨枕的倒运。大修列车控制部分由三个系统组成。作业机构可以分为扣件拆卸装置、扣件回收装置、轨枕输送装置、收枕机构、铺轨机构等功能部分，共同实现大机的多种功能。大修列车采用"Jupiter2000"控制系统，大机施工作业效率高、作业质量好，得到手工和半机械化作业所不可能达到的效果。大修列车还具有正常运行、调车作业、施工作业三种运行速度，允许的最小线路运行半径为180米，最小作业曲线半径为250米，作业允许最大超高为150毫米、最大坡度为26‰，线路最大允许轴重为23吨。铺设新轨

枕的轨枕间距可以自动控制，适合工作温度范围为-10℃～+50℃，可全天候作业。若在长大隧道施工时，还需在作业车组前后两端各挂一辆洒水鼓风车，用于隧道内的通风和降尘，保证作业人员的健康。

三、道岔大修

1996—2001年，沈阳铁路局在安排线路大修时，将通过地段的正线道岔全部纳入大修范围，同时也兼顾部分与正线相关的到发线道岔；对大修地段以外的道岔，通过发挥铁路局、铁路分局、工务段三个方面的积极性，扼制了道岔大修技术状态下滑的趋势。管内京哈、沈山等主要干线更换上线442组提速道岔。2002年，铁路局注重提升道岔大修工作的科技含量，在比较繁忙的干线上采用最新设计的SC330型60千克/米、1/12砼枕道岔，其他道岔全部采用92型道岔。2008年，在沈阳工务段大成站和吉林工务段九台站召开了工务系统道岔大修现场教学会，突破道岔大修"人海战术"的误区，采用小型履带式挖掘机进行挖除道床，机械输土等施工方法，保证道床破底深度均匀，与以往人工破底作业相比减少作业时间20分钟，提高了道岔大修施工作业质量和效率。同年，工务处修订了《道岔大修管理办法》，规定道岔大修施工必须由工务段组织专业队伍实施，配备必要的施工机械设备，采用先进的施工方法，并在规定时间达到放行列车条件后方可开通线路。

2009—2012年，沈阳铁路局持续推进木枕道岔更换工作；2012年，按照"三点共识"（树立安全无小事的意识，确立安全第一的指导思想，明确影响安全的问题必须立即解决的要求）和"三个重中之重"（要把客车安全作为安全工作的重中之重；要把加强安全管理作为安全工作的重中之重；要把抓落实作为安全管理工作的重中之重）的精神，铁路局加快了列车进路及路网编组站驼峰木枕道岔退役进程。工务处制定印发了《成组更换道岔作业流程及要求》，规定了成组更换道岔的作业条件、作业技术要求、作业程序、注意事项等有关内容。

2014年，铁路局将安全风险管理理念引入道岔大修施工，周密筹划、科学组织，全年完成2362组道岔大修任务，未发生过一起事故，没有

出现一次影响大的施工晚点，提高了道岔施工质量，实现道岔大修"数量、质量、安全"三个历史性突破。2015年，除涉及工程改造、计划拆除等木枕道岔暂缓安排外，铁路局对剩余列车进路木枕道岔全部安排了大修计划，到年末，实现了沈阳铁路局列车进路木枕道岔全部退役。

四、桥梁大修

（一）大修管理

1996—2001年，沈阳铁路局下设3个桥隧大修段，负责全局的桥隧大修工作，2002年合并为1个线桥大修段。2000年，铁道部下发的《铁路桥隧建筑物大修维修规则》对桥隧大修计划编制和设计文件的编制办法及施工管理、检查验收等方面进行了规范。根据规范要求，铁路局制定了《桥梁大修管理办法》《桥梁大修单项作业标准》。2003年，桥隧大修工作由相关工务段负责完成。2010年，铁路局又根据铁道部修订的《铁路桥隧建筑物修理规则》对《桥梁大修管理办法》《桥梁大修单项作业标准》进行细化、补充。

（二）桥梁大修及新技术应用

1996年，随着桥梁大修项目的增加，机械化的程度越来越高。对混凝土切割主要采用碟式切割机和金刚石绳锯机；圬工建筑物拆除采用静态破碎及控制爆破法，起爆方式采用电力起爆法及传爆线起爆法；换梁主要采用600千牛轨行吊车、汽车吊及架桥机等，其中使用于较多的架桥机型号有DJ180公铁两用架桥机、TJ165型铁路架桥机、DJK166铁路架桥机、JQ190架桥机、PJ165型架桥机等。

（三）桥梁病害整治及技术改造

钢梁技术改造 主要采取更换钢梁或桥梁改造等方式，对老龄化钢梁桥有计划、有重点地更换。其中结合京哈、沈山、沈大等主要干线进行电化改造，对既有病害钢梁桥进行了彻底改造，对长图、平齐、通让、大郑、通霍等线上的小跨度钢梁，利用列车间隔或多次封锁线路，采用"砂管落梁法"、架桥机拆架梁方法或线路架空框构顶进法进行了改造。到2015年，共计消灭病害钢梁桥656座2087孔。

圬工梁拱病害整治及加固 1949年前修建的圬工桥，大多数是混凝土和石砌的，承载能力虽能满足运量的要求，但存在排水不良、冒白浆等诸多病害。建国后铁路桥梁大量采用钢筋混凝土或预应力钢筋混凝土结构梁拱，但经过多年运营，其表面风化、腐蚀脱落严重。针对混凝土结构不同的病害类型，铁路局采取了不同的整治及加固方法，当梁体表面混凝土风化剥落，蜂窝麻面面积较大时，可采用压力喷浆进行整治；当混凝土梁纵向预应力不足时，可采用增大截面法、粘贴钢板法及体外预应力法进行整治；当钢筋混凝土梁拱表面风化、腐蚀脱落严重时，采用喷射挂网混凝土加固；拱桥载重等级不足或存在拱圈裂纹，采用增设新拱圈的办法加固。

圬工梁横隔板加固 2002年，铁科院、沈阳、吉林及锦州桥梁检定队共同对京通西部线（隆化—赤峰间）桥梁各项病害进行了全面检定，认为京通线预应力钢筋混凝土梁普遍存在横向刚度不足的问题，横向振幅超限，危及行车安全。为解决病害隐患，2002年以后，铁路局对京通线预应力钢筋混凝土梁横隔板进行了横向加固，共加固45座/411孔，同时对魏塔线、通霍线等类似病害进行了加固处理，加固后梁体的横向振幅满足了行车的安全值。

墩台及基础病害整治和技术改造 50年代初的桥梁墩台多数是料石砌筑，墩台支座发生松动、裂纹、腐蚀或断裂，墩台浅基承载能力不足，防洪能力低。对这些病害的治理，采用预制钢筋混凝土帽，更换石砌墩松动帽石，预制帽与墩身连接捣垫干砌砂浆进行整治。对墩台的严重裂纹、腐蚀或断裂，采用钢筋混凝土包箍进行加固，使原墩台仍继续发挥作用。对浅基桥梁采取桩基托换或全桥满铺浆砌片石防护。

（四）隧道病害整治及技术改造

沈阳铁路局隧道普遍存在着建筑限界小、漏水、衬砌裂损、腐蚀、洞内结冰侵限等问题。1996年以后，铁路局开始有计划地进行隧道衬砌翻修加固、整治隧道漏水、翻修与加深中心排水沟等项重点病害整治。主要方法：更换隧道衬砌；隧道衬砌喷锚加固；增设隧道仰拱；隧道侧壁增设竖排水设备等。

表2-4-7

沈阳铁路局1996—2015年桥隧大修投资情况统计表

项目 年度	总计		铁道部投资(万元)				铁路局投资(万元)						铁路分局投资(万元)					
			桥梁		隧道		桥梁		隧道		涵渠		桥梁		隧道		涵渠	
	件数	费用	件数	费用	件数	费用	件数	费用	件数	费用	件数	费用	件数	费用	件数	费用	件数	费用
1996	86	2897.8	1	242.5	-	-	16	1303.6	7	431.2	-	-	47	863.5	-	-	15	57.0
1997	94	4579.6	2	1100.0	14	356.0	10	2014.7	18	533.8	-	-	36	496.1	1	7.0	14	72.0
1998	62	3435.1	2	1414.0	-	-	14	1338.2	3	88.7	-	-	31	551.2	-	-	12	43.0
1999	81	14782.4	1	5000.0	-	-	36	9004.1	2	125.6	-	-	33	572.7	1	50.0	8	30.0
2000	91	13506.5	2	5164.6	-	-	38	6427.3	1	733.8	5	408.5	36	733.8	-	-	9	38.5
2001	80	8486.3	2	1049.9	-	-	29	6136.3	4	645.3	5	265.1	31	356.7	-	-	9	33.0
2002	79	4425.1	-	-	-	-	29	3026.0	3	475.1	8	484.6	28	399.4	-	-	11	40.0
2003	48	6740.3	-	-	-	-	29	6229.0	-	-	1	30.0	14	460.3	1	2.0	3	19.0
2004	58	6137.2	-	-	-	-	39	5256.6	4	677.6	1	71.9	12	115.1	-	-	2	16.0
2005	103	11505.2	45	7477.0	-	-	44	3427.2	7	463.0	7	138.0	2005年铁路分局撤销					
2006	61	3958.0	-	-	-	-	41	2498.0	8	1070.0	12	390.0						
2007	-	-	-	-	-	-	-	-	-	-	-	-						
2008	41	2192.4	-	-	-	-	27	1706.5	3	246.8	11	239.1						
2009	-	-	-	-	-	-	-	-	-	-	-							
2010	-	-	-	-	-	-	-	-	-	-	-	-						
2011	27	2543.1	-	-	-	-	25	2465.1	2	78.0	-	-						
2012	49	2729.9	-	-	-	-	36	1880.0	6	584.1	7	265.8						
2013	96	6030.0	-	-	-	-	72	4800.0	5	770.0	19	460.0						
2014	-	-	-	-	-	-	-	-	-	-	-	-						
2015	1	274.0	-	-	-	-	-	-	1	274.0	-	-						

第五节　安全管理

一、安全管理规范

1996—2003年，工务系统通过健全完善安全规章体系，严格落实安全生产逐级负责制，针对工务设备变化特点做到超前预想和防范，加强"三新人员"（新入段、新换岗和使用新技术）"岗前三级教育，狠抓刹风整纪整顿违章违纪行为，开展安全大检查、安全专项检查等活动消除安全隐患。通过严格执行事故"四不放过"分析制度，按照事故等级区分安全天数掌握安全管理状态，不断促进安全管理基础的提升。

2004年，按照铁路局《安全基础管理长效机制》建设要求，工务部门对安全信息、施工程序、施工监控、主要作业安全标准、道口管理、线路动态评估等进行了规范；强化安全信息管理，对安全信息做到天天、周周、月月有记录、有分析，对事故每月通报一次，并对各段安全管理情况推行百分累计考核工作。2005年，按照"抓小防大"思路，牢固树立安全第一的思想，教育广大干部职工保安全就是保岗位、保饭碗，严肃作业标准化；坚持安全一票否决制度，对于发生事故险情、设备质量不均衡的单位，取消评比安全生产优质段等荣誉的资格；严格按照铁路局《对违章违纪和事故责任处理及经济赔偿办法》和《对安全不放心单位和严重违章违纪的公示曝光办法》，对各级干部安全履职及工作作风进行量化考核、严肃追责。2006年，为加强工务系统安全生产管理，适应直管站段的要求，制定了《工务系统加强作业管理和设备管理实施办法》《工务系统安全管理、设备质量动态评估办法》《沈阳铁路局防止（刮）撞养路机具的规定》《机车车载式轨道动态监测装置使用管理办法》等规章办法，逐步规范和完善工务规章体系建设。

2010年，通过对现行的各类安全规章，按照人身、道口、营业线施工、自轮运转特种设备、外部侵害等五个方面进行归类整合并纳入安全奖励及责任追究制度，制定了《工务系统安全控制保障体系建设指导意见》。通过各级管理职能的理顺、制度的完善和职责的连挂，充分调动所有干部职工的积极性和主动性，对主要行车设备、主要行车岗位、安全关键环节进行全方位、全过程的检查监控，及时解决行车设备、现场作业和安全管理中存在的问题，实现安全生产有序可控。2011年，铁道部《铁路运输企业领导人员铁路交通事故和生产安全事故责任追究办法》下发后，通过加大事故责任追究的考核力度，有效地促进了安全规章制度的落实，遏制了违章指挥和违章作业问题。

2012年，按照铁道部《关于推行铁路安全风险管理的指导意见》（铁安监〔2012〕46号）要求，实施安全风险管理。围绕确保客车安全，制定了"防脱轨、防刮碰、防肇事、防侵害"4个方面、13个风险点、33条控制措施，以职工人手一卡、干部人手一册为载体，深化安全风险控制。工务处、段、车间及班组都将安全风险研判作为各级安委会和安全分析例会的主要内容，依据设备变化规律和季节性特点，实施月研判、周分析、日预警，定期进行安全风险研判；按照风险程度，排列风险等级，制定卡控措施，量化任务，逐级分层控制。同时全面推进安全标准化建设，全力参与铁路局十项机制58个办法的起草编制，全面加快优质线路、优质道岔、优质曲线、优质站场的整体推进速度，对维修作业、大修作业及外单位施工推广模块化程序管理，建立和完善各项技术标准、管理标准和作业标准。2014年，依据《中国铁路总公司关于推进安全管理规范化的意见》（铁总安监〔2014〕18号），制定了工务系统"三化"推进工作指导意见，构建了"一则一册""一书一卡""一档一板"和"两图一表"的总体落实框架，并对各级干部《安全管理手册》填记内容月度计划、日常写实进行规范，进一步促进安全风险管理深化。

2015年，建立变"人控"为"机控"的安全理念，通过引入站场监控视频及高铁视频监控系统，实现对车站咽喉岔区及站内作业的全覆盖实时监控，普及视频监控设备、GPS定位手机、配备执法记录仪等设备，进一步规范了干部管理行为和职工作业行为，促进了检查整治常态化的落实。

二、道口安全

1996年，通过从道口设备、作业、管理入手，工务系统对每处道口的铺面平台、护桩标志的设置提出明确要求，对每处有人看守道口的看守形式、看守班制、道口员作业明确了标准，并在各工务段配备道口专职干部，设立道口工区，统一了全局道口安全管理标准。制定了道口员一班作业标准，从道口员接班、接车、到下班，从值岗过程到故障处理，每一个过程、每一个环节都做出明确规定，并通过段、车间、工区落实"2、4、6"道口测查制度，督促道口员严格落实作业标准。对有人看守道口增设自动通知、公路信号、遮断信号、无线预警等设备。

2003年，开始在有人看守道口安装视频监控装置，督促道口员按标准化作业、并为事故处理提供可靠的资料。2006年，为遏制道口重大交通事故的发生，对所有通行旅客列车的正线非看守、非监护道口全部实施雇佣民工看护，对繁忙监护道口实施路工补强。

2007年，在监护、看护道口增设自动通知、公路信号、遮断信号、无线预警等设备。实行道口间相互联控，即上一处道口向下一处道口传递列车接近信息；重点道口实行"道机联控"，即通过机车乘务员向道口员传递列车接近信息；对道口集中地区实行驻站联控手段，即通过在车站设驻站防护员向道口员传递列车接近信息；旅客列车少、道口多的支线实行添乘联控，即通过在机车上安排人员添乘，提前向道口员传递列车接近信息。2008年，道口看护人员实现由转岗路工取缔民工看护的过渡，由于看护道口和看护人员数量剧增，2008年在各工务段成立专业道口车间和工区，开始对道口实施专业化管理。

2009年，针对公路机动车车速愈来愈快、载重愈来愈多的实际，主动协调地方交通部门，对国道、省道、县道和城市道路安设减速带，让机动车降低通过道口的速度，并对长大坡道道口、S弯道口增设避险道、避险土档、二道拉门，让失控机动车避开道口；对位于城区及附近、省道、国道的重点道口安设电子抓拍设备，用交通法规管住机动车违章行为。

2014年，研发列车信息自动提示系统，将工务段调度指挥中心视频监控设备直接链接铁路局运行图和TDCS系统，动态掌握列车运行位置及通过每处道口的时间，确保道口员能够准确掌握

列车到达道口的时刻，做到早出场、早关门、遇有故障早防护。2015年，道口安全管理得到进一步的规范。15个工务段共设有专业道口车间29个、专业道口工区141个。全局共有778处道口安设了自动通知、733处安设了公路信号、163处安设了遮断信号，789处安设了无线预警，1496处道口安设了监控设备。在912处重点道口前安设沥青或混凝土减速丘、增设限速标志、警示牌和爆闪灯，用强制措施降低机动车通过道口的速度。为从源头消除道口隐患，1996—2015年，通过"拆并改"累计拆除道口2478处。

三、施工安全

（一）线岔设备大中修安全管理

1996—2005年，对大中修施工中"施工准备、施工防护、施工质量、放行列车条件、开通后巡养"五个关键环节进行重点盯控，保证了行车和施工安全。依据《铁路营业线施工及安全管理办法》（铁办〔2005〕133号）及《沈阳铁路局营业线施工及安全管理细化办法》（沈铁办发〔2005〕138号）的要求，对施工计划的编制上报、施工计划的审批会签、施工计划的组织实施、临时及变更施工计划的审批、维修天窗计划的组织及要求、轨道车（工程车）运行计划的组织实施、区间装卸路料的组织办法等问题制定了细化措施，制定了《沈阳铁路局工务系统营业线施工及安全管理实施细则》，使施工作业管理逐步规范化、制度化、法制化。

2008年，为落实"行车不施工、施工不行车"的安全理念，加强天窗修管理，工务处重新制定并下发了《工务系统施工作业安全防护办法》（沈铁工发〔2008〕61号）、《工务系统小型养路机械管理办法》（工机发〔2008〕25号），完善大中修施工安全管理。

2009—2015年，对集中修、会战等大型施工，抽调各工务段精干监控人员，实施全方位、全过程监控的专业监控，将天窗外违章施工、扩大施工准备范围、无调度命令施工、违章使用机具、冒险放行列车等行为定为施工安全"红线"，对触线问题从严处理。

（二）维修作业及人身安全管理

1996—2008年，工务系统对利用列车间隔上道进行紧固零配件、线路找细等作业，主要是设

置现场防护员，发现来车前，恢复线路确保行车安全，并及时组织作业人员携带机具下道避车；制定、下发《工务系统确保人身安全十项卡控措施》，对人身安全关键环节加强卡控。

2009年，全面实行车站和现场"双防护"制度，强化列车间隔作业安全控制；修订完善《工务系统施工作业防护办法》，进一步明确施工作业的防护标准、特殊气候条件下的作业控制、动车组及组合列车通行地段的避车、专业化防护等要求，并以规范小型养路机具使用、作业防护、下道避车、施工作业登销记为重点，加强现场施工作业检查。

2012年，"8·22"京哈下行线912.88公里人身事故发生后，为吸取教训，8月31日开展了"三整顿"（整顿现场作业、整顿班组管理、整顿干部作风）活动，教育广大干部职工牢固树立人身安全第一理念，摒弃班组长以上人员违章盲目指挥、作业人员缺乏自我安全保护意识、现场不敢行使危及行车安全及时慢行和封锁的权力等错误理念，并对维修作业工作量调查、计划提报、审核把关、晃车信息处理、设备零配件检查等程序进行规范，全面推广"滚动给、大天窗、集中修"新型维修天窗作业组织模式，规范天窗修管理。

2013年，"11·22"京哈上行线552.6公里人身事故发生后，针对现场防护员与驻站防护员是否有人按规定及时联控监控、现场作业人员对列车通过情况是否完全掌握的问题，重新修订现场防护体系，制定了入网、上道作业环节驻站防护员、现场防护员及作业负责人"三方控"制度，要求入网、上道前，作业负责人、现场防护员与驻站防护员要执行"三方控"，作业人员在上道作业前还要集体复诵。

2014—2015年，通过为防护员配备GPS定位手机、有录音功能对讲机、录音笔、执法记录仪等设备，定期对现场防护作业情况进行回放和分析，强化防护作业标准的执行，确保人身安全得到进一步的巩固。

（三）邻近既有线外单位施工安全管理

2004年，铁路既有线改造、增建新线等施工大面积展开，危及铁路行车安全，按照铁道部及沈阳铁路局有关规定，工务系统逐步将外单位施工纳入专业管理。

完善管理制度从源头对外单位施工管理进行规范 在落实铁道部《关于加强营业线施工安全管理的决定》、铁路局《营业线施工安全管理实施细则》《沈阳铁路局营业线行车设备施工管理暂行办法》的基础上，严把"三关"（施工安全协议关、发放施工许可证关、施工全过程安全监控关），对外单位施工实行严格的"准入"制度，无安全措施不签协议，无安全协议不办许可证，无施工许可证不许施工。2009年，对影响营业线行车安全的各项施工，实行许可证等级审批和专家现场安全评估制度，对技术性复杂的大型施工，由主管局长亲自审批把关，对发生安全问题的外单位下发整改或停工通知书，直至纳入"黑名单"。2013年，制定了《沈阳铁路局工务系统外单位施工监控管理办法》，对营业线和邻近营业线符合A、B、C类规定的施工，以及其他影响或可能影响营业线设备稳定、使用和行车安全的邻近营业线施工监控进行了规范。

组建专业施工监控队伍加强监控 2010年，哈大、长吉、盘营、沈丹等客专建设以及通霍、大郑、平齐、锦阜高等既有线改造施工全面展开，工务部门组建专业化监控队伍，从14个工务段选拔800名具备足够业务素质和责任心的一线职工，利用施工淡季进行培训，提高整体监控能力。2012年，设置"120"监控电话直通施工现场，确保信息及时传递。2015年4月26日，在四平工务段管内大郑线召开了外单位施工安全现场会，推广四平工务段构建的段—区段负责干部—现场监控员"三级"监控管理体系。针对道口平改立"752工程"、框构顶进等影响线路基础稳定的施工作业处所大量存在的实际，举办下穿框构桥顶进施工安全监督检查人员培训班，对各工务段技术科、安全科施工主管工程师及施工安全监督检查员共计75人进行学习《下穿顶进施工监控作业标准》，提高监控能力。

对施工过程加强监控 对施工机械防刮碰列车这一关键环节，对大型施工机械的管理实行"通行证"、进场登记和收工收缴钥匙制度，实行"一机一人"防护，对邻近线路使用吊车、泵车等高大设备加严管理，按照"一处一案"要求，制定措施，严防倾倒侵限。2013年6月15

日，在阜新工务段管内高新线组织召开外单位施工安全现场会，学习阜新工务段物理隔离、入口设杆卡控、现场设房看守、机械停轮上锁等硬性措施强化控制。2015年，为落实中国铁路总公司《关于加强邻近既有线施工安全管理的通知》，工务系统再次对机械车辆入口设置栏杆（栏门）、邻近既有线外单位施工区域硬隔离及强化隔离进行明确和规范，并逐步推行视频监控管理系统进行实时视频监控等措施强化监控，同时将铁路保护区内的施工检查监督纳入干部添乘、走区间和巡道员的必检项目，动态掌握管内的施工项目和施工地点，及时取缔非法施工。

第六节　灾害防治

一、防洪

1996年，沈阳铁路局管内共发生四次较强降雨过程，共发生水害687处，其中正线水害553处，正线中断行车73处，累计中断行车1034小时16分钟；冲毁路基500米，路基溜坍9340米，泥石流掩埋线路2780米，路基下沉23940米，路基坍塌12165米，路基冲刷10870米，水漫线路59130米，冲空道床4325米；冲毁桥梁1座，桥梁基础冲刷19座，桥梁淤塞17座，冲毁、冲坏桥梁附属设施62处；冲毁涵洞1座，涵洞淤塞44座，冲毁、冲坏涵洞附属设施29处。进入汛期后，工务职工坚持冒雨检查制度，共拦停列车10次，实现了"断道不翻车"的目标。

1997年5月16日—6月1日，铁路局防洪指挥部分为三组，历时17天，行程4000余公里，先后对丹东、吉林、通化、图们、长春、通辽、沈阳、锦州铁路分局和大连公司的防洪准备、线桥设备抢险加固和复旧及当年的度汛关键部位进行检查，对危险处所提出加固措施意见，确定施工方案。投资450万元对61处危险处所进行抢修，汛期严格执行"汛期行车办法"和"七必拦"（水漫钢轨情况不明时，必拦车；道床冲空，路基边坡冲刷严重，危及行车安全时，必拦车；山体滑坡落石及不易搬出的障碍物侵入限界时，必拦车；路基严重松软下沉，线路几何尺寸发生较大变化时，必拦车；桥梁墩台基础冲空，桥上轨

向变化时，必拦车；洪水水没桥梁梁底时，必拦车；发现其它情况危及行车安全时，必拦车）"等规定，1997年汛期共发生了七次强降雨，冲毁、冲坏路基89545米，冲毁、冲坏桥梁及附属设备58座，冲坏隧道附属设备60座，冲毁冲坏防护设备18处42010立方米，没有发生行车事故。

1998年，沈阳铁路局管内遭受了一场百年不遇的特大洪水袭击，给生产和生活设施造成了毁灭性破坏。整个汛期辽宁省平均降水量409.8毫米，比往年平均值偏多18.6%，吉林省7月份全省平均降水量170.9毫米，比往年平均值偏多6.1%，内蒙古东部地区也连续遭到暴雨袭击，乌力吉木仁河洪峰达到200年一遇。全年局管内共发生水害813处，其中正线735处，正线中断行车100处，累计中断行车3907小时24分钟，先后造成京通、沈山、长大、锦承、沈丹、溪田、长图、沈吉、平齐、通让、长白、通霍、白阿等20多条干支线中断行车或限速运行；水害冲毁大小桥梁13座、冲坏113座；冲毁线路12.38延长公里，冲坏线路257.37延长公里；冲毁涵洞26座，冲坏涵洞245座。损失特别严重的线路有：白阿线、通霍线、通让线、平齐线。水害发生后，铁路局组织召开了白阿，通让，通霍等线水害抢险会议，制定了抢险工作的八字方针，即：速度、质量、安全、效益。抢险与复旧并举，对于冲毁桥梁和路基，迅速动员设计单位和抢修单位到现场调查，制定抢修方案，不误时机地展开抢修工作。抢修的同时，组织设计与维修等单位立即制定复旧方案，并限定时间编出设计文件，为尽快展开复旧工作提供保证。在桥梁的抢修中，采用硫铝酸盐水泥为主要建筑材料。在有关部门密切配合和全局职工努力下，顶住洪水的袭击，实现了"断道不翻车"的奋斗目标。

1999年，沈阳铁路局管内发生大小水害174处，由于广大干部职工坚持以雨为令，认真落实责任制，分段包保，严格执行"七必拦"防汛期间行车措施，对174处水害都做到了及时发现果断采取措施，保证了汛期行车的安全。汛期结束后，铁道部给沈阳铁路局水害复旧下达计划1.8895亿元，安排桥梁复旧42座、涵洞21座、路基9处，另有66座波纹管涵改建。2000年，前期干旱少雨，中后期受台风影响，局部地区暴雨成

灾，且雨量集中、强度大。局管内共发生水害234处，正线中断行车99处，累计中断行车时间546小时47分。水害较重的是山海关工务段、白城分局乌铁公司、朝阳川工务段管内。由于全面落实汛期安全行车措施，及时发现水害，果断拦停列车，确保了汛期运输安全与畅通。

2001年，累计发生水害336处（正线275处，站线61处），累计终端行车1346小时45分，拦停列车31次。冲毁路基2980延长米，冲毁路基6340延长米，冲空道床14800延长米；冲坏桥梁22座；冲毁涵洞5座，冲坏涵洞21座。雨情特点是降雨历时长、强度大，沈丹线最大点阵降雨量达351毫米。由于及时防范、采取抢险措施，没有发生任何行车事故，实现了断道不翻车的目标。

2002年，铁路局组织召开防洪工作电话会议，对防洪工作做了全面部署，重点强调防洪工作的全员性和汛期安全行车措施。当年汛期，累计发生水害212处（正线159处，站线53处），累计中断行车201小时32分，拦停列车25次；冲毁路基320延长米，冲刷路基5600延长米，冲空道床4300延长米；冲坏桥梁25座；冲毁涵洞10座，冲坏涵洞28座。8月3日至4日，营口、鞍山地区普降大雨，21小时降雨达216毫米。8月4日大石桥工务段在冒雨检查中，发现长大线226.921公里桥水淹梁底，于12时26分列车限速15公里/小时，14时20分洪水水位已超过梁底，按规定应封锁线路，但经确认该桥为管桩深基础，在桥下洪水流速小，列车限速5公里/小时运行，保证了行车安全。

2003年，沈阳铁路局各级单位以防范检查为主，严格执行冒雨检查制度，分段包保"七必拦"制度，严把放行列车关。汛期共发生水害165处，水害地区达到了"断道不翻车，不死人"的目标，最大程度地减少了对行车的干扰。

2004年，沈阳铁路局共发生水害222处，正线发生水害120处，断道36处，累计终端行车146小时26分，消灭了责任事故。各基层站段成立了防洪领导小组和抢险大队，抢险人数达49000人。对管内372处危险处所，建立了包保责任，防洪物资准备到位，坚决贯彻汛期"七必拦"的安全措施，拦、停、扣列车13次（其中客车7次）。2004年发生过水害的处所由372处增加到529处，所有新发生水害的处所全部派人看守。对历年水害抢险填筑不良材料特别是搭枕木垛的处所开展调查并进行物探，为日后整治提供依据。

2005年6月，由主管局长带领工务处及局有关部门，对沈山、高新、新义、锦承、叶赤、京通、通让、平齐、白阿、长白、长图、龙舒、拉滨、沈吉线共14条线路进行了防洪检查，行程3000余公里，检查防洪工程22处，确定防洪预抢工程53项，投资858万元。工务处于5月31日开始汛期值班，在60个防洪备料点存放块石260车、道砟35车；并与各省气象部门签订了协议，制定了雨情水情信息通报制度，制定了沈阳铁路局防洪预案及应急启动程序。各级干部职工加强了对重点桥梁、路基、山坡落石、涵渠、新转线地段等防洪危险源的检查与整修，严格落实安全责任制，严格执行"七必拦"及汛期行车各项安全措施；各单位主要领导值班、在岗在位。全局共发生水害710处，其中正线485处，正线断道183处，各级检察人员发现险情果断拦停列车，未发生行车事故及人员伤亡，确保了汛期行车安全。8月13日沈吉线遭受特大水害发生断道，铁路局迅速启动防洪应急预案Ⅲ级相应，紧急调运机具、车辆和抢险路料。为了加快抢险进度，采取就地开山取料，共动用大型机械202台次，投入人力2万余人次，建筑土石方近10万立方米。沈吉线中断行车270小时10分，于8月24日12时恢复通车，较原计划提前10天完成了抢修任务。

2006年，沈阳铁路局建立了覆盖全局的"实时雨量检测系统"；全面修订防洪预案；制定了《汛期安全行车雨量警戒办法》和《灾难性天气预警》等5项制度；全面开展对截排水沟、桥涵、河道的清淤和对薄弱设备的整修，以恢复其截排水功能，其中：疏通清理排水设备167公里/10.8万立方米，疏通清理涵洞8971座/3.9万立方米，疏通清理桥梁897座/万立方米。年工务系统认真落实《汛期安全行车措施和雨量警戒办法》，汛期发生的249处水害，工务人员第一时间发现244处，拦停列车11次。8月12日夜，沈吉线磐石地区1小时最大降雨量41.4毫米，永宁—明城间发生严重水害11处，巡检人员认真执行冒雨检查制度，及时拦停列车，避免了行车事故的发生。

2007年，沈阳铁路局全面修订防洪预案，在汛前制定防洪预案编制模板。各工务段根据模板，针对每一处危险详细编制防洪应急预案；建立科学防洪系统，汛前建立了沈阳铁路局防洪雨量实时监测系统，在管内设置276个雨量站点，并制定和完善《沈阳铁路局防洪预案应急启动程序》和《灾难性天气预警制度》《雨量报警跟踪制度》《防洪值班人员岗位责任制》《防洪信息通报制度》等五项制度措施；做好防洪抢险料具准备，共准备抢险用拆装便梁113孔、工字钢梁650片、拆装桥墩24组、贮备石料2万立方米、贮备钢轨40公里、枕木23万根，铁线160吨、桩木240立米、草袋子33万条、电杆150根，电缆5500米；在85个车站存放715梁防洪备料车；防洪检查认真，设备整治及时；汛前对全局22条线路、所有重点危险处所进行了全面平推检查，确定防洪预抢工程处所，共投资983万元。2007年沈阳铁路局共发生水害105处，京哈、沈大等主要干线没有发生水害断道。拦、扣、停列车28列，抢修出动职工33831人次，民工15828人次，警戒封锁区间55次/67个，实现了汛期少断道，断道不翻车、不死人的目标。

2009年，沈阳铁路局加强了对防洪工程的管理，各项防洪工程均由工务处主管人员亲自到场确定整治方案，制定加固措施，严把施工质量关，并以高标准完成了全部的工程项目（防洪工程11件/1200元）。2009年发生159处水害，通过强化主动防范意识，建立完善防洪应急管理平台等科学防控体系，推行重点线路汛期的特殊行车办法，杜绝了客货列车责任水害事故，做到了高速和提速干线不断道、未发生列车撞压塌方落石的行车事故、主要干线未发生因倒树影响行车的事故，实现了全年防洪工作目标。

2010年，辽宁省汛期平均降水量545.1毫米，吉林省汛期平均降水量为471.0毫米。局管内先后遭受六次强降雨袭击，发生水害543处，中断正线行车137处，累计1731小时43分，灾情之重为历史罕见。工务系统超前预想，充分准备：编制19条主要干、支线防洪抢险预案；储备充足的抢险物资、抢修料具及车辆；多次组织工

务段集中开展防洪安全专项整治活动，对防洪重点处所进行检查和整修，对侧沟、天沟、吊沟、小桥涵等排水设施进行全面清理，对铁路沿线水库进行全面调查，摸清水库蓄水情况和运用状态；建立定期联系制度。为确保汛期行车的绝对安全，实行单位领导负责制及干部包保制，加强防洪危险处所的盯防，加密雨中、雨后48小时设备巡查，其中雨中巡查共发现水害处所1478处，雨后巡查共发现隐患处所1325处，对防止行车意外的发生起到了决定性的作用；完善雨量监测系统建设，充分利用多普勒雷达、气象云图和无线雨量仪监测天气情况，适时发布灾害性天气预警，严格执行雨量警戒制度，及时实施慢行或封锁，拦停客货列车；对所有的Ⅰ、Ⅱ级防洪危险地段，全部纳入了LKJ，并增设语音提示和现场反光警示标志牌；对魏塔线山坡落石的重点区段14处Ⅰ级危险处所，实施雨天夜间不行车的特殊措施。

2011年，沈阳铁路局遭受了两次台风和多次强降雨袭击，铁路局共发生水害361处（其中正线241处、站线120处），正线中断行车63处。由于措施到位，实现了"杜绝客货列车责任水害事故，杜绝因水害造成的旅客伤亡事故，最大限度地减少水害断道时间"的防洪工作目标。同年，沈阳铁路局投资300万元，对全局293台雨量计升级改造，新增45台，全部纳入了网络管理，结合气象预报，做到观云等雨，科学防洪。汛期严格执行雨量警戒制度，安排人员乘车与地面检查相结合，及时发现水害。对所有的Ⅰ、Ⅱ级防洪危险地段，全部纳入了LKJ；对易发生水害的魏塔线、辽开线实施特殊行车措施。当年7月12日开始，通霍、霍白、珠珠等西部铁路连续遭受百年不遇洪水侵袭，多处断道。从水害发生之日起，主管领导亲临一线，坐阵指挥，分兵把守，往返奔波于各个水害现场，采取"局级会战"的方法，举全系统之力，组织通辽、沈阳、山海关、锦州、赤峰、白城、辽阳、大连、四平、长春工务段和工务机械段千人防洪队伍，死看死守，加固、抢修各种防洪设施，增加各种临时挡排水设备，确保了西部铁路汛期的畅通和绝对安全。

2012年，针对汛期来得早，来得及等特点，铁路局及时启动了防洪工作。汛期共发生水害

583处，中断正线行车102处。工务系统在第一时间发现，最大限度地降低了对运输的干扰，实现了汛期安全行车目标。通过维修方式投入费用342万元，累计整治浅基桥6座，桥涵护底防护34座，翻修排水沟7372延长米，清淤51130立方米，增设挡墙513延长米、排水沟3259延长米、土坝8410延长米，增设落石防护网480平方米，清理落石197处；组织开展为期40天的施工及防洪安全大检查，下发检查通报9期，督促整改问题1209件，出动各级检查人员4800余人次，累计添乘检查12000公里；完善支线防洪预案，推行汛期支线行车办法；对魏塔、辽开、龙丰、烟白、团杉、宇辉、长双烟、陶舒、田东、白和等线，视降雨情况实施了夜间关闭行车、区间限速运行等系列办法，确保了支线行车安全。当年汛期，沈阳铁路局管内先后遭受了4轮强降雨和两次强台风袭击，沈山、沈大、沈丹三条干线相继中断行车，干部职工连续奋战，全力应对，确保了水害期间全局运输的绝对安全。

2013年，工务系统5月份即提前启动了防洪工作，全面排查防洪重点薄弱处所，防患于未然。每个工务段都分别组建了由200人组成的抢险队伍，统筹沿线施工单位、厂矿企业大型抢险机械238台，储备防洪片石301车、道砟179车，对隐患桥涵重点排查、加固45处，为战胜水害奠定了基础；落实沈阳铁路局"八条红线"要求，全局共排查和加固防洪重点处所48处，累计抛填块石68车、汽车自运块石2万余立方米，有效提升了设备抗洪能力；利用全局386台雨量计实时监控各地降雨情况，结合多普勒雷达、气象云图等数据，随时监测天气情况，及时掌握汛情、水情、库情。工务处汛期共发布灾害性天气预警17期，实施雨量警戒慢行282次，警戒封锁49次，指导各段及时启动防洪预案。实施"预报上岗、见雨出巡、干部带班、冒雨检查"制度，开展"手拉手、全覆盖"式检查，汛期共发生水害处所715处，正线中断行车100处。汛期中，全局先后经历了6次强降雨，8月中旬，辽吉两省局部地区出现了罕见的区域性特大暴雨，部分地区降雨量千年一遇，沈吉线营盘至清原间70公里范围内水毁线路197处，冲坏桥涵19座、冲毁桥涵3座、冲毁路基及冲空道床112处。沈阳铁路局党

政领导亲赴一线，班子成员分段把守，组建了2个现场指挥部，设置了专业指挥、路料供应、运输协调、综合信息、安全监控、安全保卫等6个保障组，迅速集结沈阳、阜新、赤峰、吉林、辽阳、丹东、锦州、长春、白城、大连、山海关、沈阳高铁工务段，沈阳工务机械段，中铁九局、十局、十二局、十八局、十九局、二十局、二十二局等20个单位共计8000余人，动用大型机械380台，采取两头推进、中间突破的抢险方案，在10昼夜内抢通线路。

2014年，铁路局强化落实各项防洪制度，做到所有水害都是在第一时间发现、第一时间防止、第一时间抢通，确保了汛期铁路运输的绝对安全，确保了职工和旅客的绝对安全。7月7日白阿线降大暴雨，乌兰浩特、葛根庙先后达到慢行警戒值、封锁警戒值，白城工务段实施警戒慢行、警戒封锁措施。实施警戒慢行后，白城工务段管内的桥、隧、涵及防洪重点地段全部派人看守，包保干部现场带班，关键地段段班子带班值守。地面巡检实行记名式上道巡检制度，按划定的责任区域分段包保、分组检查，及时发现白阿线71.588公里桥水淹梁底、42.280公里桥冲毁，果断实施封锁，保证了行车安全。6月26日17时37分，44620次列车运行至平齐上行线79.740公里处，工务添乘人员与司机同时发现左侧涵洞洞口上方路肩被冲空且有继续发展的趋势，经工务段巡检人员现场确认，果断封锁平齐上行线双辽—金宝屯区间，确保了行车安全。

2015年，沈阳铁路局防洪办组织机务、车务、工务、电务、供电、车辆及调度所，以8个机务段为单位，分别与332名机车乘务员和运用干部围绕汛期安全进行座谈，听取和解答现场同志对汛期安全工作的建议和疑问，解决了汛期行车理念、汛期异常晃车处置、汛期停车避雨要求、汛期降速运行要求、汛期易倒树区段排查、通讯不畅区段排查、临时限速命令执行等26个关键问题。6月1日至6月15日由工务、电务、供电、建设处联合开展了防洪检查评估工作，按"边检查、边评估、边整改"的指导原则，确定了工务21个、电务9个、供电22个、建设17个、综合7个检查项点，对2015年汛期的气象特点、各段防洪工作中存在的突出问题、确保安全渡汛

面临的主要风险进行了认真分析和研判，形成了全局和各系统的《防洪检查评估报告》。通过防洪检查评估，掌握了现场实际情况。汛期共实施雨量警戒慢行167站次，雨量警戒封锁34站次，累计封锁59小时30分。沈阳铁路局在降雨期间严格执行"五盯"措施，即"预报盯上岗、降雨盯出巡、慢行盯添乘、封锁盯检查、开通盯确认"，工务包保干部到岗位累计盯控1228人次，地面巡检5530人次，添乘机车566人次，防洪重点地段看守看护722人次，封锁区间检查确认33次；对21处水害地段途卸防洪路料288车，减少了水害的损失，提高了线路的抗洪能力。

二、抗震

（一）组织领导

2012年，沈阳铁路局下发《沈阳铁路局地震应急预案》，成立了抗震救灾领导小组，由局长任总指挥，各业务处室为成员，各工务段成立相应领导小组并组建办公室。主要任务为审批应急预案，研判对铁路运输的风险，发生地震后，决定是否启动应急响应，在辽宁省、吉林省、内蒙古自治区政府抗震救灾指挥部的领导下开展应急工作、指挥全局抗震救灾、研究善后处理等工作。

（二）抗震加固措施

房产设备抗震措施　多层砖房的关键性抗震措施是限制房屋的高度，用钢筋混凝土构造柱保证砖砌体各部分连结的整体性。单层厂房的关键性抗震措施主要是限制无配筋砖柱厂房的应用范围，加强钢筋混凝土单层厂房屋面的整体性和厂房纵、横向支撑系统的完整性及稳定性；加强围护结构与承重结构的可靠连结，使形成的约束混凝土不致碎裂；限制柱的轴压比，使柱不致发生脆性破坏；增加梁柱节点的抗剪能力，保证主钢筋在节点内的锚固，对抗震墙应避免剪切和弯曲破坏。

工务设备抗震措施　防止落梁的措施，落梁是梁式桥最严重的震害之一，铁路桥梁多为简支梁，在震前采用"横档纵联"的加固措施，对钢梁用抗震连接钣相连，混凝土梁用角钢或旧钢轨相连，可以有效地减轻地震时的震害；对桥梁墩台采用喷射混凝土加固墩台，在运行条件下既不

干扰运输，又保证施工质量。

电务设备抗震措施　对载波机械室设备的加固，主要是采用走线架安装方式加固；通信设备采用支撑、拉结、限位等固定方法与建筑物进行连结。使设备与地面、房柱、墙壁连为一体，以防地震时产生位移、扭转或倾斜；台式设备可采用限位或与机台固定的方式，机台再与地面固定；测试仪表应放在装有弹性防震垫的仪表柜内，仪表柜应与墙壁或地面固定；电源设备应设置在楼房底层，并应与地面固定或采用角钢限位的方式进行加固。

（三）地震灾害

2012年2月2日5时16分，辽宁省营口市盖州地区发生4.3级地震，震中在北纬40.5度，东经122.4度，震源深度9公里。地震发生后，根据《沈阳铁路局地震应急预案》铁路局下发了预警通知，要求各相关站段对沈大线等干线的桥梁、线路、路基等进行排查，未发现影响行车安全的问题。

2013年4月22日17时11分，内蒙古自治区通辽市科尔沁左翼后旗、辽宁省阜新市彰武县交界发生5.3级地震，震中在北纬42.9度，东经122.4度，震源深度6公里。地震发生后，根据《沈阳铁路局地震应急预案》铁路局下发了预警通知，要求各相关站段对大郑线等干线的桥梁、线路、路基等进行排查，未发现影响行车安全的问题。

2014年5月27日15时52分，吉林省松原市乾安县发生4.1级地震，震中在北纬44.7度，东经124.1度，震源深度7公里。地震发生后，根据《沈阳铁路局地震应急预案》铁路局下发了预警通知，要求各相关站段对长白线等干线的桥梁、线路、路基等进行排查，未发现影响行车安全的问题。

2015年8月4日12时25分，辽宁省营口市盖州市发生4.3级地震，震中在北纬40.5度，东经122.4度，震源深度6.1公里。地震发生后，根据《沈阳铁路局地震应急预案》铁路局下发了预警通知，要求各相关站段对沈大线等干线的桥梁、线路、路基等进行排查，未发现影响行车安全的问题。

第五章　电务

电务系统负责铁路信号、通信、车载设备的运用管理、维护（大修、中修、维修）工作。电务设备是保证行车安全、提高运输效率、提供列车运行信息和改善劳动条件的重要基础设备。1996—2015年，在中国铁路建设发展过程中，沈阳铁路局电务装备水平得到了快速提升，消灭了非集中联锁控制车站，全部改为电气集中控制；在繁忙干线车站大量采用计算机联锁设备取代电气集中控制，有386个站场电气集中联锁更新改造为计算机联锁，并在沈山、沟海、苏抚、大郑、平齐、通霍线实现了调度集中控制；有3306公里线路区间半自动闭塞更新改造为自动闭塞，同时对老旧区间自动闭塞设备进行了更新换代。1998年，沈阳铁路局对沈山线交流计数自动闭塞设备进行了更新改造，采用了法国UM-71无绝缘自动闭塞设备；2004年，对长大线极频自动闭塞设备进行了更新改造，大连至开原间采用WG-21A无绝缘自动闭塞设备，开原至兰陵间采用了ZPW-2000A无绝缘自动闭塞设备。2003年10月至2015年末，沈阳铁路局相继开通使用了秦沈、长珲城际、哈大、盘营、沈丹客运专线和丹大高速铁路，其中沈丹、长珲城际、京哈线秦沈段和丹大高速铁路采用了列车运行控制系统（CTCS-2级），哈大、盘营客专采用了列车运行控制系统（CTCS-3级）。通信方面实现了通信光缆的全覆盖；建成了满足铁路信息化发展需要的通信数据网；实现沈阳铁路局管内所有客专、高铁线路、动车所的GSM-R网络覆盖；完成了沈阳铁路局管内调度通信系统数字化改造；机车无线通信设备取消通用式机车电台，更新为机车综合无线通信设备（CIR）；车载设备方面沈阳铁路局取消了列车监控装置（LKJ-93型），全部改造为LKJ2000型列车监控装置；取消了通用式机车信号，全部改造为主体化机车信号；新投入使用C2级列车运行自动控制系统（ATP）126套，新投入使用C3级列车运行自动控制系统（ATP）180套。

第一节　电务系统概况

一、电务系统管理机构

1996年，沈阳铁路局电务系统实行局、分局、电务段三级管理体制。铁路局设电务处，电务处内设信号科、通信科、技术科、大修科、无线科和调度科，电务大修设计室和电务试验室是电务处的附属单位。铁路分局设电务科；各分局共有30个电务段和3个通信段。1999年，重新对机关机构及定员进行了调整核定，调整后电务处编制为一室三科定员15人，通信科、无线科撤消，通信管理职能并入技术科管理，同时无线电管理委员会设在技术科。同年，沈阳铁路局率先进行了通信体制改革，1月28日沈阳铁路通信信息有限公司挂牌成立；5月末，9个铁路分局全部挂牌成立了通信信息公司。

2001年2月18日18点，沈阳铁路局电务系统8767名通信专业人员及沈阳铁路局19亿通信资产一并划归铁道通信信息有限责任公司。从沈阳铁路局划拨出去的通信专业人员分别成立了铁道通信信息有限责任公司辽宁分公司和吉林分公司，行政上彻底与沈阳铁路局脱钩。

2005年，铁路分局撤销后，各分局电务分处也随之撤销，电务系统实行电务处、电务段两级管理体制。电务处主要负责对管内电务部门实施规章制度管理、技术标准管理和设备设施质量管理，对管内电务部门安全生产过程实施检查、监督和专业指导，协调电务部门内部以及电务部门与其他专业部门或综合部门之间的联系，解决电务系统安全生产问题；电务（通信）段主要负责落实有关运输生产、安全管理的各项规章制度、技术标准，规范段、车间和班组技术业务管理，加强现场作业监控，强化安全基础建设，确保行车和人身安全，实施挖潜扩能提效，提高生产效率和工作质量，完成铁路局下达的生产任务，提高行车设备、设施质量。

2008年，铁道部决定将LKJ管理职能由机务部门调整到电务部门。电务部门从4月5日开始，全面启动了接管LKJ各项准备工作。为确保LKJ管理职能的顺利交接和交接后的有效维护管理，电务处成立了车载科，将机务处转入的LKJ管理人员编入车载科，全面负责LKJ技术管理工作。路局将LKJ数据修改工作由站段上移到局LKJ监控室，将数据修改审批权限集中到路局统一管理。电务部门按照属地化管理的原则，于12月23日完成了LKJ车间和机车信号车间的整合工作，合并成立6个车载设备车间，实现了LKJ、机车信号和ATP的一体化管理。

2009年，根据铁道部和中国移动签订的铁路专用通信划转协议和铁道部运输局的指导意见，铁路局负责接管中国移动的铁路专用通信资产和人员。整个划转交接分3个阶段，第一阶段从2009年11月16日—30日，为交接准备期；第二阶段从2009年12月1日—15日，为交接实施期；第三阶段从2009年12月15日—2010年1月14日，为交接过渡期。在精心组织安排下，电务部门顺利完成了铁路通信业务资产人员划转交接工作。

2015年，电务处设安全科、信号科、车载科、综合技术科、通信科、高铁科，定员31人。电务检测所为电务处的附属单位，设信号试验室、通信数据管理室、通信试验室和LKJ监控检测室，定员36人。沈阳铁路局电务系统下设7个生产站段，分别为沈阳、长春、锦州、吉林、通辽、大连电务段和沈阳通信段；设有车间165个，生产班组933个；共有职工12172人，其中干部2489人，占职工总数的20.5%，工人9683人，占职工总数的79.5%。

二、生产力布局调整

（一）生产站段调整

1996年，根据铁道部电务局提出的调整电务生产机构布局规划目标，沈阳铁路局在年内撤销了3个电务段，即金杖子电务段小部分划归叶柏寿电务段，大部分并入锦州电务段；乌兰浩特电务段并入白城电务段；口前电务段并入吉林电务段。1998年撤销铁岭电务段，其管辖范围划入沈阳电务段。1999年撤销辽阳电务段，其管辖范围划入苏家屯电务段。2001年撤销丹东电务段，其管辖范围划入本溪电务段；撤销大虎山电务段，

其管辖范围划入锦州电务段；撤销四平电务段，其管辖范围划入长春电务段；撤销郑家屯电务段，其管辖范围划入白城电务段；撤销通化电务段，其管辖范围划入梅河口电务段；将长春电务段所管辖的长白线七家子至小合隆站电务设备和人员划入大安北电务段；将锦州电务段所辖的沈山线高桥镇以西及葫芦线电务设备和人员划入山海关电务段；将通辽电务段所管辖的京通线四六方至黄花筒站电务设备和人员划入赤峰电务段。2002年撤销大安北电务段，划归白城电务段；撤销蛟河电务段，划归吉林电务段；撤销沈阳西电务段，划归苏家屯电务段；撤销白音胡硕电务段，划归通辽电务段；对分局管内部分电务段的管界进行了调整，哈尔滨铁路局哈长线陶赖昭—蔡家沟6个站，陶榆线4个站，共计10个站的电务设备及人员划归长春分局长春电务段管理。2004年末，将14个电务段合并为7个电务段，形成每个铁路分局仅设一个电务段的生产结构布局，分别是：撤销苏家屯电务段和本溪电务段，划归沈阳电务段；撤销山海关电务段、阜新电务段，划归锦州电务段；撤销图们电务段，划归吉林电务段；撤销白城电务段，划归长春电务段；撤销赤峰电务段，划归通辽电务段。2006年，沈阳铁路局电务部门进一步优化生产布局调整，撤销大连电务段，划归沈阳电务段；撤销梅河口电务段，划归吉林电务段，将7个电务段整合为5个电务段。

按照铁道部《关于沈阳铁路局运输站段布局调整的批复》精神，本着有利于加强安全管理、有利于提升设备质量、有利于提高资源使用效率、有利于方便职工生产生活的原则，经路局党政联席会议研究，决定自2011年12月1日起，实施运输生产力布局调整。电务系统组建大连电务段，将沈阳电务段和沈阳通信段管理的沈大线大连—242公里139米（大石桥至分水间）、营口线、边海线、金城线、金窑线、旅顺线、田五线、凤上线、沈丹线丹东—135公里（通远堡至草河口间）的信号和通信设备，以及沈阳电务段管理的哈大客专大连—246公里230米（营口东至海城西间）信号设备划归大连电务段管理；将锦州电务段管理的沈山线三台子、兴隆店、巨流河中继站信号设备划归沈阳电务段管理，同时将其

通信设备划归沈阳通信段管理。

2011年11月11日18:00时，沈阳铁路局对通信设备维护实施属地化管理。长春、吉林、锦州、通辽电务段管辖范围内的通信设备运营维护及其人员按各自管辖区域由沈阳通信段划归相应的电务段管理；将沈阳通信段管理的沈阳电务段辖区内的机车无线设备运营维护及其人员划归沈阳电务段管理，沈阳电务段管内其他通信设备运营维护及其人员仍由调整后的沈阳通信段管理；沈阳通信段管理的沈阳铁路局客专通信设备运营维护及其人员仍归调整后的沈阳通信段管理，包括京哈线秦沈段通信设备、长吉城际通信设备和拟开通的哈大客专通信设备等。

2012年7月27日18点，对客专通信设备维护实施属地化管理。客专通信设备划归属地电务段维护管理，客专通信设备的管界参照信号设备管界确定，沈阳南客专通信车间仍然归沈阳通信段管理。客专通信车间班组整建制划归，涉及调整的既有客专通信车间班组人员、设备、仪器仪表、交通工具等，整体划归相应的电务段管理。

（二）生产车间整合

2006年，按照铁道部和沈阳铁路局关于电务车间设置的要求，沈阳铁路局电务车间数量由直管站段前的192个，调整为88个，减幅达54%；现场车间由平均管辖55.38公里增加到158公里，增幅达185%；车间管理人员和技术专职平均设编达到10人，普遍增加2倍以上。一段多所情况也在这次车间整合过程中得到彻底解决。车间整合后，在人员配备方面，各段转变用人观念，把能人向生产一线倾斜，精选能力强、素质好、技术过硬人员担任车间管理和技术专职工作。在装备配备方面，为车间解决生产用车，沿线车间配车基本达到100%；为畅通信息渠道，各段普遍为车间管理人员、工班长和技术骨干配备大客户手机，实现车间计算机联网，贯通了车间电话会议系统；为提高车间的应急故障处理能力，陆续为现场车间配备电缆故障查找仪等应急抢修装备，保证常用备品、仪表、工具装在车上，可随时投入设备故障抢修；为搞好职工日常业务学习培训，组织各段以车间为单位建小练功场，满足职工岗位练兵需要。在规范管理方面，按照铁道部对信号车间的职能定位，电务处及时下发了《关于强化电务段车间班组管理职能的指导意见》，为车间明晰工作权责，统一管理模式，提供可遵循、规范化的操作依据。在发挥作用方面，合理给车间放权、加担子。结合一体化考核管理机制的推行，将电务段科室的部分职能向车间下移，班组的部分管理职能也向车间上移，使班组的主要精力放在设备的养护维修上，形成以车间为实施主体的安全生产组织、管理结构。车间有权在管辖范围内调整工区人员配备，有权按照考核结果决定职工奖金分配，将一般施工、故障处理、日常培训等管理职能也下放到车间，做到责、权、利统一，调动了车间主动做好管理工作的积极性。

第二节　信号设备

一、信号设备简况

1997年，沈阳铁路局信号设备主要有：信号8612设备公里，电气集中联锁车站699个，非集中车站147个，联锁道岔16693组，自动闭塞1352公里，半自动闭塞7139公里。驼峰编组场32个，机车信号1699台，道口信号574处。

2015年，全局有信号12145.6设备公里，换算道岔组数251357组。共831个联锁站场。其中，电气集中联锁车站（场）441个，计算机联锁站（场）386个；联锁道岔20010组，自动闭塞4558公里，半自动闭塞7002公里；驼峰编组场35个，道口信号789处，列车运行监控记录装置（LKJ）2130套，动车组列控车载设备（ATP）222套。

二、车站联锁设备

电务系统每年都用一定比例的大修资金对非

1997—2015部分年份沈阳铁路局主要信号设备统计表

表2-5-1

时间	1997	2003	2006	2009	2012	2015
电气集中站场（个）	699	622	692	607	467	441
计算机联锁站场（个）	-	39	124	202	343	386
自动闭塞（公里）	1352	1765	1989	2437	4286	4558
半自动闭塞（公里）	7139	7096	7312	7118	7267	7002
道口信号（处）	574	399	872	843	823	789

集中联锁设备进行改造。1997年，完成了牡图线庙岭、大兴沟、新兴、三道沟、石岘，拉滨线群岭、小城、上营、马鞍岭、六家子、新站，长图线江密峰，鸭大线石人，新义线李金，叶赤线红庙子等16个车站的非集中联锁控制设备改成电气集中联锁控制设备。2004年，电务系统把尚存的80个非集中联锁站纳入了全面改造计划：除锦州分局山城子线路所纳入葫芦岛铁路专用线工程、大连站客车场纳入大连站整体改造外，完成了其余78个非集中联锁站的电气集中改造任务。改造工程所需大部分器材使用拆站撤旧器材，由电务处统筹调配工程旧料和工程款并制定了工程标准、组织人员进行培训。在时间紧、任务重、资金短缺的不利情况下，电务系统干部职工克服困难，仅用9个月时间完成了78个非集中车站改造任务，比计划提前64天，并实现了不伤一个人、不晚一次点、不发生一次因施工引发信号故障的目标，也使沈阳铁路局的电务装备提高到了一个新水平。

2000年以后，随着计算机联锁设备的推广使用，电务部门通过更新改造和设备大修，逐步对电气集中联锁设备实施计算机联锁改造。其中2003年电务系统共有计算机联锁站、场39个，2004年增加到55个，2005年增加到93个，2006年增加到124个，2007年增加到147个，2008年增加到173个，2009年增加到202个，2010年增加到270个，2011年增加到284个，2012年增加到343个，2013年增加到369个，2015年末，沈阳铁路局共有386个计算机联锁站、场。

实施"多楼合一"区域联锁改造，是沈阳铁路局优化运输生产结构所采取的一项重大举措。2010年电务系统完成了棋盘、金州、灵山、四平、通辽南、山海关等6个枢纽站和锦州直通场纳入锦州，凤北线路所纳入凤城，霍林河、霍林格勒、宝日呼吉尔纳入珠斯花等共计9处"多楼合一"的区域联锁改造工程，并建立了与之相适应的设备维护管理模式，保证了车务部门"多楼

1997—2003年沈阳铁路局非集中站情况表

表2-5-2

时间	1997	1999	2001	2002	2003
全局非电气集中站数量	147	142	122	78	—

合一"劳动组织整合的顺利实施。

三、自动闭塞设备

1998年，沈阳铁路局对沈山线交流计数自动闭塞设备进行大修改造，引进法国无绝缘轨道电路设备（UM-71），完成了马三家至山海关402公里大修改造任务。这是沈阳铁路局第一套新型四显示制式的自动闭塞设备，为开行提速列车，提高运输效率，确保运输安全，提供了必要保证。2000年，结合哈大电气化改造，完成京哈线兰陵—沈阳北、沈大线大连—沈阳北站间、沈阳枢纽等957公里800米的自动闭塞改造，淘汰了信息量小、不适应电气化需求的极频自动闭塞，改为中国自主研制的WG-21A和18信息移频自动闭塞，并于2005年将18信息移频自动闭塞升级改造为ZPW-2000A型四显示无绝缘移频自动闭塞。2004年对沟海线和葫西联络线共107公里339米进行了UM-71单线双方向自动闭塞改造。2006年对沈丹线苏家屯至本溪间共65公里800米、2007年对金窑线共20公里627米进行了ZPW-2000A四显示自动闭塞改造。2008年，沈阳铁路局完成了大郑线幺荒—通辽西共181公里500米的自动闭塞设备改造，该区段由半自动闭塞全部改造为ZPW-2000A型四显示无绝缘移频自动闭塞，17个车站改造后保留9个，新建1个线路所和2个自动闭塞中继站全部安装了微机监测系统，其中6个站由6502电气集中改造为计算机联锁制式。2009年开通通霍线ZPW-2000R及通辽枢纽ZPW-2000A、通让线通辽—太平川ZPW-2000A共543公里574米四显示自动闭塞；对苏抚线共51公里701米进行了ZPW-2000A四显示自动闭塞改造。2010年对平齐线450公里、2013—2014年对沈吉线石家—烟筒山、沈阳北—抚顺北间共104公里141米、对高新线54公里进行了ZPW-2000A四显示自动闭塞改造；将沈山线马三家至山海关运转场402公里UM-71自动闭塞升级改造为ZPW-2000A四显示自动闭塞。2015年完成田东线17公里518米、大郑线通辽至双辽间105公里ZPW-2000A四显示自动闭塞改造。

四、信号设备维修基地

1996年，电务系统建立了苏家屯缓行器大修基地，新建作业间300平米，购置小型货车、内燃叉车各一台，建酸洗槽一处，料棚495平方

米，大修汽车吊一台，能够对缓行器轴承处扩孔、镶轴套、更换轴承及全部易磨损配件，并进行自动梁、钢轨承座部分的消旷工作，修后的缓行器达到出厂技术标准。苏家屯缓行器大修基地可承担沈阳铁路局缓行器的大修任务，比更换修年节约资金近百万元。1997年，沈阳铁路局对白城、通辽、通化、吉林、大连、图们、沈阳、苏家屯等10个电务段投入300万元改造基地房舍，购置电动转辙机测试台和电机测试台各9台，转辙液压拆装台7台，灯光调整仪8台，继电器测试台23台，交流计数小型化机车信号测试台11台，环线发码6台，微机18台，提高了电务段的检测能力。

2007年，电务部门整合修配所和检修所的生产任务和人员、设备资源，每个电务段设置一个检修车间。将长春、白城、四平、沈阳、苏家屯、大连、丹东、本溪、通辽、赤峰、吉林11处检修基地，长春、沈阳、锦州3个维护中心整合为长春、沈阳、锦州、通辽、吉林5个标准化检修基地，相应成立5个检修车间，按照流程化作业、规模化检修、工厂化验收、信息化管理、网络化跟踪控制到位、零缺陷出所质量的基地建设目标，2008年完成了锦州和长春两处标准化检修基地建设任务，2009年完成沈阳、通辽检修基地房舍和装备建设，补充配备吉林检修基地继电器测试台和转辙机测试台等设备。随着五大标准化检修基地的逐步落实，电务检修基地整体布局更加合理，装备水平显著提升。为加强基地管理工作，电务处还组织对各段检修基地进行了评估考核。2012年，随着生产力布局调整，沈阳铁路局又投资建设了大连电务段丹东检修基地。

五、道岔设备

1996年，沈阳铁路局开始使用燕尾式分动外锁闭装置，在沈大、京哈、沟海、沈山线60公斤/米钢轨的12号、18号、9号单开道岔（简称提速道岔）上推广，满足140公里/小时、160公里/小时主要干线的使用，为主要干线提高列车速度、行车安全提供保障。

2002年，沈阳铁路局开始使用钩型外锁闭装置，钩型外锁闭装置安装简单，调整方便，动作灵活，4毫米不锁闭容易实现；与之配套的转辙机有S700K型电动转辙机、ZYJ7型电液转辙机、

ZDJ9型电动转辙机，能满足各型提速道岔和国产化客运专线道岔的配套使用并在提速道岔及秦沈客运专线60公斤/米钢轨的18号、38号道岔上推广使用。2006年，钩型外锁闭装置替换了提速道岔燕尾式外锁闭装置。

六、高铁信号设备

秦沈客运专线信号引进法国CSEE公司的基于无绝缘移频轨道电路（UM2000）的列控一体化系统（TVM430/SEI）满足秦沈线运行速度高、运行间隔短等要求，2003年10月开通，系统运行稳定。2010年，沈阳铁路局对京哈线秦沈段TVM430系统进行了更新改造，改造工程涉及6个车站、22个中继站的信号设备改造和与秦沈接口的山海关、皇姑屯站的配套改造。12月15日，京哈线秦沈段自山海关站客场至皇姑屯站全线封闭24小时，一次实现了既有线32个站、371公里正线线路的信号设备同时转线，按期完成了秦沈列控系统改造任务，设备开通后运行稳定，实现了预期目标。

2011年1月11日，长春至吉林城际铁路开通，起点为长春站2公里480米（长春站长吉方向进站信号机），终点为吉林城际场112公里499米，共设置龙嘉、九台南、双吉、吉林城际场4个站场和空港新城、49公里、66公里、桦皮厂西4个中继站。信号系统主要由列车运行控制系统（LKD2-H）、计算机联锁系统（EI32-JD）、分散自律调度集中系统（FZK-CTC）及信号监测系统(TJWX-2006)构成。各站及中继站信号机械室采用综合防雷系统，在九台南、双吉站和吉林城际场列车进路上的道岔安装了融雪系统。全线道岔59组，其中列车进路道岔56组，非列车进路道岔3组（全部设于双吉站）。龙嘉、九台南、双吉站列车进路道岔采用18号可动心轨道岔，吉林站采用12号可动心轨道岔，非列车进路道岔采用12号普通道岔，全部列车进路道岔采用ZYJ7型转辙机和SH6型转换锁闭器，非列车进路道岔采用ZDJ9型转辙机；全线信号机63架（含长春站长吉方向进站信号机），出站信号机增加引导信号功能；全线轨道电路285个区段，吉林城际场14个侧线道岔区段采用97型25HZ相敏轨道电路，其他各站及区间采用ZPW-2000A/K轨道电路；全线共设应答器359个，其中有源应答器

64个，无源应答器295个。

2012年12月1日，哈尔滨至大连客运专线开通，该线全长921公里，其中沈阳铁路局管内电务管辖850公里，沈阳—大连区段约401公里，沈阳至哈尔滨区段全长449公里，包括20个车站（场）、41个中继站、4个线路所、3个动车所的信号设备。20个车站（场）为大连北高速场、普兰店西、瓦房店西、鲅鱼圈东、盖州西、营口东、海城西、鞍山西、辽阳高速场、沈阳高速场、沈阳北高速场、铁岭西、开原西、昌图西、四平东、公主岭南、长春西、长春站高速场、德惠西、扶余北；4个线路所为下夹河、六王屯、崔家营子、杨家粉房；3个动车所为沈阳北、大连北和长春西。通信部分包括290个通信基站、82个电力所亭、310座铁塔。主要信号设备包括8套RBC系统设备、3套临时限速服务器设备、27套计算机联锁设备、68套列控中心设备、542组道岔、897架信号机、3664个轨道电路区段等。此外还采用了调度指挥系统（CTC）、综合防雷系统、防灾系统、道岔融雪装置等设备；主要通信设备包括传输、电话交换及接入、数据、GSM-R、调度通信、会议电视、应急通信、时钟及时间同步、通信电源、电源及环境监控系统、综合视频监控、通信防雷等12个子系统通信设备。

2013年9月12日，盘锦至营口客运专线开通，包括盘营高速线和中海联络线。盘营高速线由京哈线盘锦北站起，至沈大高速线下夹河线路所止；中海联络线由盘营高速线中小线路所起，至沈大高速线海城西站止。盘营高速线正线全长89公里422米，中海联络线长8.9公里。沿线设有盘锦高速场及中小、赵荒地线路所以及4个中继站。主要信号设备包括1套RBC系统设备、1套临时限速服务器设备、3套计算机联锁设备、7套列控中心设备、31组道岔、35架信号机、253个轨道电路区段等。此外还采用了CTC、综合防雷系统、防灾系统、道岔融雪装置等设备。

2015年8月20日，沈阳—丹东客运专线开通，该线正线长度为209公里168米。沈丹客运专线全线设8个车站，共设6个信号中继站。临时限速服务器采用LKX-H型，联锁设备采用计算机联锁系统（K5B），轨道电路采用计算机编码控制的无绝缘移频轨道电路（ZPW-2000），列控中

心采用LKD2-H型，CTC采用FZK-CTC分散自律调度集中系统，信号集中监测采用TJWX-2010-TD系统。在沈阳南站和沙河堡线路所间设有C2/C3及C3/C2级间转换应答器组。

同年9月20日，长珲城际吉林至珲春段开通，吉图珲铁路正线共设车站9个，正线共设中继站15个。行车调度指挥纳入长吉城际铁路的行车调度台统筹管辖，与哈大二台分界上下行均为长春高速场珲春方向进站信号机；临时限速服务器利用长吉城际铁路在吉林站设置的临时限速服务器，不新增硬件设备；区间不设信号机，在闭塞分区分界点处设置信号标志牌。吉珲客运专线正线按客专CTCS-2级列控系统设计；普速范围内曲水站、图们站按CTCS-2级贯通设计。

同年12月17日，丹大快速铁路开通，丹大快速铁路自哈大客运专线大连北站客专场引出，下钻哈大客运专线，上跨沈大高速公路、改建后的哈大线、既有金城铁路，经丹东的前阳、安民、同兴并行沈阳—丹东客运专线引入既有丹东站，线路全长290公里187米，满足客车最高运行速度200公里/小时的客货共线标准。正线设17个车站和1个线路所（闫家楼线路所）及4个中继站。行车调度指挥系统采用调度集中（CTC）系统；列车运行控制子系统采用CTCS-2级列控系统；正线采用ZPW-2000（UM）型无绝缘移频自动闭塞，区间设四显示地面通过信号机；采用和计算机联锁设备信号集中监测系统。

七、调度集中设备

2002年，沈阳、锦州、长春分局DMIS系统于5月1日正式开通，共有15个调度台实现了"甩图"，自动生成列车运行图，阶段计划调度命令自动下传；148个车站实现了运统二报表自动生成，调度命令实现打印机打印，使调度指挥人员和车站行车人员从繁重的手工劳动中解放出来。到12月末完成了陶赖昭至蔡家沟6个站的DMIS改造，并接入长春分局DMIS系统。2004年，电务系统完成了沈阳铁路局二、三级537个车站TDCS的安装任务，连同京哈、沈大线TDCS单机改双机，新建和改造共计657个车站。2006年，完成白阿、陶榆、溪田、开丰、铁法、凤上、金城、田五、土城子、金窑、营口、旅顺、鲅鱼圈、南甘、北票、朝马、魏塔、南票、葫芦、拉

滨、朝开、和龙、烟白、梅集、鸭大、团杉线共146个车站TDCS一级站建设，做到了TDCS全覆盖。局TDCS中心机房迁移至新建调度指挥大楼，35个调度台全部实现甩图，沈阳铁路局行车调度指挥系统的现代化水平实现历史性跨越。

2010年电务系统在沈阳铁路局范围内实施调度集中，经过会战攻坚，共完成计算机联锁改造38个车站，区间半自动闭塞改自动闭塞676公里，建成覆盖秦沈、沈山、沟海、苏抚、大郑、平齐、通霍共计7条线、100个车站、1997公里的调度集中。为适应沈阳铁路局行车调度指挥系统的发展，满足未来大面积实施调度集中的需要，沈阳铁路局对调度指挥中心控制系统进行了CTC改造升级。电务处统一组织协调，沈阳电务段、沈阳通信段积极配合研发单位卡斯柯公司，在保证沈阳铁路局运输指挥系统不间断运行的前提下，完成了中心设备的过渡施工、安装调试、控端切换等各项工作。铁路局CTC调度集中控制中心的建成，加快了沈阳铁路局行车调度指挥系统迈向现代化的步伐。

八、车载设备

（一）列车运行安全监控装置

2000年，沈阳铁路局开始对LKJ-93型监控装置进行了更新，安装使用了LKJ2000型列车运行监控装置；2005年完成了沈阳铁路局客运机车及干线货运机车的改造工作；2008年完成了全部机车的LKJ2000型监控装置改造工作。

2007年，沈阳铁路局开通动车组列车（秦沈线），至2011年陆续投入使用CTCS2-200C列控车载设备92套（46列动车组）；2012年哈大客专开通后，沈阳铁路局投入使用CTCS3-300T车载设备56套（28列动车组）；2013年为扩充客运能力，增加投入使用CTCS3-300T车载设备10套（5列动车组）；2014年盘营客专开通，增加投入使用CTCS3-300T车载设备64套；2015年沈丹客专、长珲城际开通，增加投入使用CTCS3-300T车载设备50套，增加CTCS2-200C车载设备36套。截至2015年8月底，沈阳铁路局有CTCS3-300T车载设备180套（90列CRH380BG动车组），有CTCS2-200C车载设备126套（63列CRH5A动车组）。

（二）机车信号

2005年，对通用式机车信号实施改造，改为主体化机车信号，2007年完成了客运机车及干线货运机车的改造工作，2014年完成了全部机车的主体化机车信号改造工作。

第三节　信号设备维护

一、信号维修

（一）维修管理

1996年，电务处确定在设备必备条件下，实行科学合理修，延长检修周期。转辙机由月检修延长到季检修，轨道电路和信号机由季检修延长到半年检修。对上述延长检修周期的设备，要求加强日巡视和月开盖检查，并规定日巡视和月检查内容。随着信号设备的测试、报警、密封、防雷、标记等统一规范化以后，现场设备的运用可靠性、技术安全性和监测报警性能都有提高。在此基础上，将自动闭塞、站内电码化及接近发码设备的器材由定期修改为状态修，即按需修；对转辙机、轨道电路和站内信号机实行室内集中测试，取消室外测试。

为了保证电务设备检修的作业时间和作业安全，按铁道部要求，电务部门从2003年3月1日开始全面实行了天窗修，电务处下发了《天窗修管理办法》，规范电务部门天窗修项目、内容、申报和审批程序。为切实落实好天窗修工作，杜绝维修方式转型期间设备失修问题，4月份电务处对天窗修工作进行了专题调研，针对具体实施过程中发现的几个问题，进一步细化天窗修提报办法、规范天窗修作业项目、调整了检修作业组织方式。2005年，电务处结合实际，对"天窗修"的提报方式、例会要求、命令下达、"天窗修"组织等方面进行规范，对较大车站的天窗修，继续采取按联锁区划片要点的做法；对纳入年月表的固定作业内容，实行固定天窗修模式；对日均单方向12列以下车站的天窗修，实行直接由车站安排，请示行调同意后实施的方案；天窗修计划实行由车间提报，段里审批制度，通过区域集中审批和站段月初定时例会制度，减轻了电务段在天窗修会签和例会方面的工作负担。电务系统根据日常作业和施工情况，制定日常作业和施工作业登销记的基本样式，统一车电双方的理解认识，规范现场的安全管理工作。

2007年，针对施工和天窗修管理上暴露出的倾向性问题，电务处对施工和天窗修管理进行整顿和规范，上移了部分施工组织权限：首次把天窗修划分为天窗内检修和天窗内施工两种类型，对天窗内施工严格按施工管理进行规范，将部分较复杂的天窗内施工纳入月度施工管理。根据电务作业内容，重新划分电务施工等级，明确不同等级施工的组织级别，凡是涉及联锁变化的施工，工区无权独立完成。建立施工安全组织措施逐级审查制度，对施工准备和施工负责人资质严格把关，确保施工安全工作质量。规范施工资料的保存，规定所有施工资料均按照单项施工汇总保存，避免了过去以站为单位汇总存在的不方便管理的问题。为了减少施工对运用设备的影响，电务部门重点强化了电务段作为设备管理单位的设备看护责任，并制定了相应的监控措施。在施工季节加强了添乘巡查，及时发现危及设备安全的外界施工，特别是动土作业，及时采取防范措施，两级调度进行重点跟踪，随时掌握情况。与施工单位加强了联系，随时掌握施工动向，做到主动配合。加强施工监控人员的配备，通过培训提高了施工人员和施工配合人员素质，施工安全监控能力得到增强。

（二）联锁管理

2006年，电务处对信号联锁管理办法进行了补充完善，制定施工单位、电务段、铁路局的三级联锁验收制度，明确设备开通前（大修、新建、扩建）联锁试验作业程序，对联锁试验内容、方法等进行了规定，特别是对道岔、轨道电路、信号机等重点设备的试验方法、项目进行逐项细化，规定道岔对位试验方法和标准用语，形成统一试验表格；对过渡施工设计、施工中联锁关系变更、新器材使用等涉及联锁纪律事项，实行严格的签认制度，并将其纳入工程交接和日常检查管理的内容。同时，严格执行铁道部规定，将施工联锁停轮试验要求写入月度施工方案之中，确保联锁试验时的行车安全。

2008年，电务系统实施了在变更联锁关系的施工或故障处理后，必须安排专人在控制台或

CTC、TDCS、微机监测等部位盯台监控的制度，及时发现施工开通遗留的隐患问题；并对历年修改联锁电路的文件进行汇总、筛选和补充，统一形成《沈阳铁路局信号联锁电路修改文件汇总》文件，便于现场学习和掌握。同年，电务处对各段和车间的联锁工程师进行系统的培训和资格考试，对考试合格的统一发联锁工程师证。通过培训考试，选拔出具备联锁试验资质的持证联锁工程师685人。对联锁试验人员资质鉴定后，严禁其他人员担任联锁试验组织工作。2009年继续举办10期联锁专项培训班，总计培训560人次，并在沈阳铁路局选拔聘任88名骨干联锁工程师，从事相对重要的联锁工作，每人每月增加1000元津贴，激励全系统学习联锁知识、提高业务技能的积极性。

2009年，针对吉林电务段发生的"9·15"事故，电务部门在沈阳铁路局开展了联锁安全大反思、大讨论活动，电务处组织各段对所有专业技术干部和参加现场作业的职工进行一次联锁安全教育，使全体干部职工充分认识到联锁安全的重要性和联锁违章的危害性，在干部职工中牢固树立涉及联锁的违章就是违法的观念，克服侥幸心理和麻痹思想，始终坚持破坏联锁关系就是违法、就是犯罪、就是杀人的正确认识。

（三）结合部设备管理

道岔和钢轨接头处的轨道绝缘是行车安全的关键部位，也是工、电设备的薄弱环节。这两处的故障占电务故障总数的三分之一。1996年工务处、电务处联合下发文件，要求铁路分局、电务段到领工区都要成立工电联合整治小组，并由主管的分局长、分处长、段长、领工员任组长，做到组织落实。同时规定了整治项目标准，工务14项，电务13项，后又补充5项，制定了检查记录表格，建立质量验收制，并规定逐级申报验收。

2007年，电务处修订和新制定了结合部管理的有关制度。在车、工、电联合整治方面，电务处牵头下发了《关于做好车、工、电联合整治工作的通知》，并于10月份在转弯桥站组织了一次车、工、电联合检查整治观摩活动，统一了认识，协调了行动，提高了联合整治效果；在分路不良管理方面，电务处牵头下发了《关于印发

〈分路不良轨道区段整治管理办法〉的通知》，进一步规范了分路不良轨道区段的分工管理；在机、电结合部管理方面，开展了信号电源运用情况的联合调查，共查实478件问题，向有关部门提出了整改建议，并下发了《关于信号设备电源供电有关规定的通知》，对电源结合部管理进行了规范；为解决机车信号设备进水问题，与工厂进行协调提供防水罩，对机车信号设备进行了防水整治。通过部门间的横向协调配合，结合部管理得到进一步规范。

（四）标准设备整治

标准线建设 京哈提速安全标准线建设是铁道部六大提速干线建设规划的重要组成部分，按照部铁办〔2004〕91号文件要求，电务处细化制定了标准线建设标准，并组织各施工单位和有关电务段召开现场会，统一施工工艺标准，明确质量要求。在整个标准线建设过程中，长春、沈阳两段选派精干技术人员配合作业，对施工安全、质量进行全过程监控，有效保证了建线工程的安全稳步推进。2004年底，京哈提速安全标准线建设的四项重点任务：开原—兰棱间367公里ZPW-2000自动闭塞改造工程，完成工程总量的95%，开通了23个站的闭环电码化和16个区间；TDCS车站双机双采集、双值班员终端和2M通道改造工程，京哈线上110个车站，除沈山线46个车站与沈山电气化改造同步实施外，其余车站的TDCS系统改造工作全部完成；主体化机车信号69台机车于6月份全部安装完毕；道岔表示缺口加装微机监测，沈哈线计划安装64站3334组，完成57站2968组，完成工程总量的89%，沈山线计划的34站1691组，随同沈山电气化改造工程同步实施。

标准站建设 2006年，为提高电务设备的运用质量，大幅度减少信号故障和压缩故障延时，沈阳铁路局决定用三年时间完成电务系统标准站建设。电务系统标准站建设力求以内实为本，按照"设备抓质量、人员抓素质、管理抓标准"的思路，以建设标准站为载体，努力提高设备运用的可靠性，争取实现消灭材质不良和维修责任故障的奋斗目标。为稳步推进该项工作，电务处特制定了《电务系统标准站建设标准》，标准主要包含机械室环境、机械室防火、机械室电源系统、机械室设备、室外轨道电路、道岔转换设备、信号机、电码化设备、室外箱盒及硬面化、区间设备等十三项内容。8月份铁路局在吉林电务段九台和新九站召开了电务设备标准站整治现场会，9月份各段完成了标准站建设样板站（长春段：米沙子、穆家店；沈阳段：皇姑屯、南芬站；锦州段：沙后所、阿金；吉林段：白石山、黄泥河；通辽段：新立屯、小东）。2008年，电务系统继续开展标准站建设工作。结合信号设备中修工作要求和信号维修工作的发展趋势，电务处对标准站建设标准进一步补充完善，着重从设备整修工艺和专业技术管理两个方面进行了重新规范，使新标准不仅作为标准站建设的标准，同时也作为大修、更改信号设备的设计、验收比照标准，全面提升了信号设备维护标准水平。在已建成399个标准站的基础上，2008年按照重新修订的标准站建设标准，结合中修工作，完成了136个标准站建设。

二、高铁设备维护

（一）哈大客专工程前期建设

哈大客专工程是沈阳铁路局一次建成的里程最长、速度等级最高的客运专线。2012年，为确保哈大客专按期顺利开通，沈阳、长春电务段和沈阳通信段都组织了客专提前介入人员和储备人员深入到现场，边参与工程验收、边开展实践培训、边研究改进施工标准和遗留问题整治方案，为哈大客专联调联试和开通维护提前做好了准备。围绕哈大客专电务工程建设质量相关问题，电务系统在前期介入工作中重点严把设计审查关、施工质量关和试验测试关，发现并克服了多站道岔漏做侵限绝缘设计、信号房屋漏做法拉第笼设计、系统防雷天网设计不符合标准、通信信号机房及机械室采用民用空调及不符合防火标准、通信机房漏设Ⅱ路电源等大量影响工程质量的问题。电务处制定下发联锁试验文件，明确了联锁、列控试验标准，组织电务段按标准完成了普兰店西至辽阳高速场间8个车站、下夹河线路所和3号至18号中继站的联锁、列控试验；发现并解决了辽阳高速场、营口东站漏设延续进路、海城西站CTC与联锁显示不一致等问题。

电务介入人员会同施工单位共同制定施工工艺标准，并按标准进行施工监控及静态验收，一次达到标准站建设标准。在验收过程中，把光电缆敷设、系统防雷、综合接地、铁塔基础等隐蔽工程作为重点，采取了随工监控和记名式检查验收的方式。截至12月底，共发现各类问题12242件，整改销号6796件。组织通信段配合完成沈阳至普兰店西间通信光缆线路及通信传输子系统第三方测试工作，共查出光缆线路断芯、损伤问题175件，全部整改到位。

（二）哈大客专电务设备接收管理

2012年，电务处集中全系统的力量，全员参与，深度介入。电务处指定两位副处长、电务段主管高铁副段长与日常工作脱钩，全力负责哈大客专介入和协调工作；明确各段高铁科、技术科分工，确保哈大客专开通各项工作衔接有序；主动上手开展整治，在静态验收、联调联试和试运行期间，电务处集中组织力量对哈大客专设备进行全面验收、整治，从电缆敷设到螺丝紧固，从道岔机械特性调整到轨道电路电气特性调整，做到了一处不漏、全面达标。共排查出电缆损伤处所287处，对严重损伤的11处电缆进行割接整治；对全线597组道岔进行逐台会诊，解决了锁闭量不达标、动作不同步、曲线跳尖和密贴力不达标等问题，并与设计部门共同攻关解决了昼夜温差大使尖轨爬行造成转辙机缺口变化的难题；提前接管纳入维护，对于联锁试验后的机械室，各段及时进行接管，施工人员再进入机械室要履行手续，修改联锁要经过审批；对于经过静态验收后的设备，各段及时纳入维护，检修作业纳入天窗，故障处理要登记要点；攻关解决设备隐患，针对哈大高铁开通后设备维护过程中遇到的难点和隐患问题，电务系统主动开展攻关，取得明显收效。针对双路UPS输出并联运用一旦发生短路故障将完全中断供电问题、安全数据网工作电源供电方式不合理可能导致网络瘫痪问题和哈大客专CTC中心设备设计为一套电源屏输出供电保证不了CTC设备可靠工作问题等，电务处都积极协调有关方面研究解决方案，使大量隐患问题得到解决。通信专业还组织人员对G网频率遭干扰影响动车正常运行的干扰源展开排查，成功协调解决了沈阳大学考试无线屏蔽频率干扰等问题，确保了设备可靠运用。

（三）高铁电务设备维护

2013年，电务系统建立了三级高铁设备检修作业组织体系，即电务段负责组织区间信号设备检修，车间负责组织站内电务设备和区间通信设备检修，工区组织室内外日常检查测试及配合横向单位的日常维修作业。同时将枢纽站高速场和普速场的信号设备和维护人员统一划归属地车间管理，通信客专车间成立集中修工区，统一负责客专通信设备检修工作，从而为高铁设备维护提供了充足的人力和技术保障。同年，电务系统提升了高铁维护手段，电务系统采用高速摄像机添乘检查，加强对轨旁、道心、壁挂设备状态的日常巡查；充分发挥监测、网管、动环、视频和车载设备运行监控终端等监控监测设备的作用，加强三级浏览异常信息和实行入库动车台下载分析，提升设备故障的预警、预防和应急处置能力；组织各段以图文并茂的方式编制了动车一、二级检修作业指导书，以经验性做法和检修方法为重点，编制了高铁通信、信号作业指导书；与此同时，为弥补哈大高铁开通时间晚、维护经验欠缺的不足，电务系统多次组织人员外出学习，在认真吸取其他铁路局高铁维护经验的基础上，结合实际重新制定了ATP设备结合部管理办法，进一步明确机、辆、电ATP设备的分工界面，明确日常检测、检修、故障处理、软件升级等关键作业的辆电配合方式和作业流程，保证了ATP相关的每个部件都有人管，减少了部门间扯皮问题。电务处还和厂家建立定期沟通制度，每季度组织ATP厂家和电务段召开专题质量分析会议，针对设备运用中出现的问题共同研究解决方案，先后解决了BTM插头固定不良、200C软件对无码容忍时间不足、200C设备数据输入界面无法调出等多项惯性故障问题。同时还与长客厂协调，派人到厂内参加作业，对ATP设备安装、隐秘环节布线等作业过程进行源头质量控制，并把现场维护积累的经验纳入到出厂标准中，使出厂设备的工艺质量尽可能满足现场维护标准要求。

同年，为贯彻铁路局《关于确保哈大高铁实现高标准管理的决定》与满足高寒地区建设高标准高速铁路的要求，电务系统在鲅鱼圈站组织召开了电务系统高铁高标准建设现场会，全面启动了动车ATP"四统一"的达标整治，即配线走向统一、地线安装统一、防护标准统一、设备标志标识统一；通信和信号以设备明示、网络图示、布线走向、接地连接、备件管理等为重点，开展标准机械室、标准基站、标准机房建设。全年共建设完成41个标准中继站、120个标准基站、20个标准机械室。

（四）秦沈、长吉线设备整治

ZPW2000轨道特性进行标调　2011年，电务系统依据调整表对全部轨道区段发送等级、接收等级、小轨电压进行了调整，达到了标准要求；对信号机点灯电流、灯端电压进行了全面标调。

网络及通信设备整治　2011年，电务系统完成了秦沈监测服务器移设及与既有服务器整合；完成各站监测程序、ZPW-2000终端程序、列控程序终端的升级更换；完成了秦沈CTC增加丢车报警功能的程序更换；完成了监测设备的整治工作，克服了数据网、ZPW2000轨道、灯丝断丝等误报警问题；进行了通信传输网络优化及通道保护功能倒换试验，克服了龙嘉站传输倒换试验导致网管脱管等5个安全隐患问题，提高了工务防灾、信号CTC、电力SCADA等设备通道的可靠性；解决了秦沈无线大三角通话杂音问题，使秦沈无线大三角通话清晰、可靠。

单项设备整治　2011年，电务系统完成了道岔防沙罩安装，地线、牵引回流线等组线检查整治，外露电缆包封，1191个箱盒配线端子加装辅助线环，20处绝缘不良电缆整治，更换351台断相保护器及全部道岔和有源应答器尾缆的专项整治及49个通信标准化机房整治；完成了室内电缆入户整治、防鼠整治、配线整理、器材标记化等标准站建设，规范了室内监测报警、测试等各种记录的填写；完成CTC、列控、电源屏、分线盘等关键设备的图版制作；形成了微机联锁设备、CTC设备、列控设备、电源屏等10项设备图纸，弥补了单项设备内部和整个系统无图纸的漏洞，方便了设备故障处理。

C2列控系统攻关　2011年，铁路局成立CTCS-2级列控系统攻关组，重点围绕客专联锁、列控、自动闭塞进行全面深入的安全检查，共查摆出各类问题34件。解决了客专站内轨道停电恢复后正线发车进路第一区段自动解锁、列控中心驱动板频繁故障、列控中心单系死机故障、秦沈线七个站联锁机因站间通信数据堵塞造成死机等安全隐患问题，同时也解决了CTC电务维修机不具备历史查询功能、CTC维护终端报警信息不规范问题、关键报警信息未实现音响报警、微机监测与列控维护终端显示的报警信息不一致、微机监测误报警等问题。

应答器数据更换　2011年，电务系统按照铁道部《关于调整列控系统速度的通知》，电务处抽调专人并由两位副处长亲自组织，在铁路局各部门通力配合和锦州、吉林电务段努力下，长吉城际经2次施工、秦沈线经8次施工，一次完成1035个无源应答器数据的更换工作，做到了无错换、漏换。

三、车载设备维护

（一）过渡期管理

2008年，电务系统接管LKJ管理职能后，重点抓了"四项基础保障工作"，对电务处和电务段专业管理干部、工程技术人员进行培训，先后三次组织铁路局LKJ专业技术人员和株洲所的专家到各电务段巡回讲课，各电务段党政正职、行政副职及有关专业管理和技术人员通过参加专项培训，在较短时间内初步掌握了LKJ有关技术原理和维护管理知识，为设备移交后的管理维护奠定基础；为保持与机务部门的协调与配合，铁路局制定了临时管理办法，每月召开机电协调会议，协调解决LKJ交接过渡期间出现的各类问题，各电务段监控车间每日参加机务段早交班会，主要技术人员与机务"120信息台"保持24小时不间断联系，随时沟通情况，及时处理LKJ设备运用中出现的各类问题；开展对LKJ设备的调查整治，对接管的设备做到心中有数。各段对LKJ运用设备、检测设备及用于数据维护的计算机等设备进行了逐台检查验收和质量鉴定，逐个车间、逐个班组对LKJ检测、维护作业场所进行了实地调查，对质量状况不能保证可靠运用的设备全部进行更换检修，为各段配备专用台式写片计算机，为LKJ数据编制人员配备专用笔记本电脑，并对芯片灌制工作室进行防尘、防潮、防静电改造；规范了LKJ车间的各项管理，建立、完善了备品材料管理、软件数据管理、出入库检测等相关制度和标准，对跨段检测、质量分析、芯片灌制、发放与回收等重要工作环节建立了作业流程图。

电务系统同步开展"四项技术攻关"：对机车信号有显示而LKJ无显示的故障展开技术攻关，查明故障原因是机车信号动态电源对方波控制信号检查过严，在一定的车载环境下，控制信号不能满足动态电源正常工作要求，采取改造方案后，设备运行稳定；对京哈线秦沈区段LKJ自动降级问题组织厂家进行技术攻关，查明地面信息处理板软件不完善的问题根源，对沈阳铁路局配属的18列动车组和所有SS9型电力机车安装的LKJ2000型监控装置进行软件升级；对LKJ显示器黑屏、白屏、定屏等故障，会同厂家开展攻关整治，2008年显示屏故障比2007年减少65%；配合厂家查清了动车组速度传感器轴承密封胶圈高温变形引发的多起设备故障，对所有动车组合计56组速度传感器进行更换。

（二）LKJ技术管理

2008年，LKJ正式移交电务部门管理后，电务系统制定一系列管理办法，建立相关工作制度：统一LKJ车间管理模式，在吉林电务段抓点试验，建立设备备品管理、设备检测维护、质量信息分析等相关管理标准、工作制度、作业流程、表簿册等。在成功试点的基础上，于2008年7月6日召开了现场会，统一沈阳铁路局LKJ车间管理模式，调整了LKJ管理职能。按照铁道部文件要求，铁路局将LKJ数据修改工作由站段上移到铁路局LKJ监控室，在LKJ监控室增加4名定编，将数据修改审批权限集中到铁路局统一管理。按照属地化管理的原则，于12月23日完成LKJ车间和机车信号车间的整合工作，合并成立6个车载设备车间，实现了LKJ、机车信号和ATP的一体化管理；加强了LKJ数据管理，制定了《沈阳铁路局LKJ数据管理办法》，明确了与LKJ基础数据管理有关各个环节的操作规范，明确了与工务、机务、运输等相关部门的责任分工；规范了LKJ数据换装作业，根据沈阳铁路局机车运用实现"一台车"、LKJ数据使用统一版本的情况，电务部门在机车数据换装作业上打破机车配属概念，采取沈阳铁路局"一盘棋"、跨段互换的方式，对入库机车集中更换，向途中运行机车、配合车站和调度所确定扣车地点，电务人员现场更换，保证了数据换装一个不漏地及时到位；加强LKJ基础数据复核工作，对LKJ基础

数据存在的较多与实际不符、数据错误等情况，先后开展了三次沈阳铁路局范围内的LKJ基础数据复核工作。从5月份开始对控车数据复核，对工务类控车参数进行了全面核实，对电码化、机车信号和LKJ数据进行"三统一"的添乘核对检查，共历时3个月，发现各类问题700余件，全部进行修改。从8月份开始对非控车数据复核，以段为单位，以工务最新下发的技术资料为依据，采取资料复核与地面复核相结合的方式，利用便携式测试台逐交路逐项进行模拟验证，最后进行数据装车检验，共发现问题10710件，全部进行了修正。从12月份开始对LKJ数据制作结构复核，按照铁道部LKJ数据文件编制技术规范要求，对LKJ数据制作结构开展全面复核；开展LKJ标准车整治，结合沈阳铁路局机车信号已实现沈阳铁路局"一台车"的维护经验，电务部门对LKJ2000型设备也实施了统一装车方案的整治工作，实现同一种机车同一个装车方案，不仅统一了监控装置配线标准，同时解决LKJ设备防震、防磨、防腐、防水、防尘等诸多问题，实现稳定过渡。

2009年，电务系统围绕数据管理进行全面规范，把LKJ数据管理细化为6大环节、53个步骤，明确每个环节、每个步骤的岗位职责、作业标准和责任人，实行了闭环控制，确保了全年41473处LKJ数据修改准确无误。电务处按照铁道部相关文件要求，制定沈阳局的《LKJ维护管理办法》《评估办法》《检修检测作业标准》等一系列专业管理制度，全面规范LKJ基础管理工作。

第四节　电务系统规章制度

一、规章管理

2000年，为贯彻落实铁道部关于加强安全基础工作的要求，电务部门对现行规章制度本着修、建、补、废的原则，进行了全面清理整顿。废止7个与现行规章相抵触、重点不明确、不适应的文件，保留88个继续行之有效的文件，并编制成文件汇编发到各电务段和相关部门。2005年，铁路局直管站段后，为迅速建立新的工作秩

序，电务系统对涉及铁路分局管理层面的规章文件进行清理，废止文件36个，新修订、制定各类管理规章文件33个，并制定了涵盖整个电务系统专业管理工作的沈阳铁路局电务系统专业管理实施办法，用以指导电务工作有序开展。为强化设备管理，制定信号设备缺点控制机制、驼峰设备维修和使用管理规定、道口设备管理办法、信号微机监测管理办法和车工电联合检查整治道岔工作细则；为强化施工管理，重新修订了电务天窗修管理办法、信号大修、中修管理办法和电务施工程序化管理机制；为强化安全管理，制定电务系统安全评估考核办法、电务段安全生产责任制动态考核办法和电务系统应急预案，并统一规定了电务登销记样式；为强化作业管理，制定信号设备检修作业标准和加强电务人身安全工作的实施办法；为强化质量管理，制定了信号设备、器材入所修管理办法和电务部门基地建设标准等，各项管理得到有效规范。

2006年，为适应铁路管理体制发生的变化，规范行车规章文件管理，在2005年文件清理基础上，对沈阳铁路局直管站段前电务处下发的103个文件又进行了全面清理，对内容交叉、重叠的文件进行合并，对过时及不适用的文件进行废止或修订，新下发36个文件，取代2005年"3·18"以前电务处下发的全部文件，新制定有关安全管理、设备维护、作业标准等规章文件19个；组织各电务段完成了对《行车工作细则》的及时修订；重新编写、下发了《信号设备检修作业标准》等规范现场作业行为的制度文件。

二、高铁规章

（一）规章制度

2010—2012年，为适应哈大高铁电务设备维护管理需要，根据铁道部《铁路局高速铁路技术规章指导目录》（铁科技〔2010〕219号），按通信、信号、车载、安全等专业分工，采取专业研究制定、专业审核把关、专业检查评估的原则，电务部门制定了适应电务高铁专业管理要求的有关技术规章、作业指导书等。电务系统在铁道部文件基础上，结合电务系统实际，制定下发了高铁三类设备的维修管理办法，即《沈阳铁路局高铁信号设备维修管理办法》《沈阳铁路局高铁通信维修管理办法》《沈阳铁路局列控系统车载设备维护管理办法》。分专业制定了涵盖高铁设备的维护管理办法，其中信号专业制定下发了涵盖CTC设备、列控地面设备、列控数据、RBC等设备的4个文件，即《沈阳铁路局铁路客运专线分散自律调度集中控制系统（CTC）维护管理办法》《沈阳铁路局客运专线列控系统地面设备维护管理办法》《沈阳铁路局应答器报文数据维护管理办法》；通信专业制定下发涵盖GSM-R、核心网等设备的9个文件；车载专业制定下发《沈阳铁路局CTCS-3级列控系统车载设备维护管理办法（试行）》，明确了与车辆部门的结合部分工，ATP设备检测检修有关要求及一、二级修作业标准、流程。还制定了《电务系统高速铁路安全保障办法》《电务系统高速铁路应急处置预案》。

（二）作业指导书

2011年，电务处坚持实际适用、满足现场需求的原则，组织有现场维护经验的工长、技术专职、车间主任、专业主管工程师近100人参与编写作业指导书，汇总整理后集中进行审定试行，经过3个月的现场试行，再次进行修改完善，最终制定下发了《沈阳铁路局高速铁路信号作业指导书》《沈阳铁路局高速铁路通信作业指导书》《沈阳铁路局CTCS-3级列控车载设备作业指导书（试行）》，同时指导各段细化检修作业指导书。

第五节　通信设备

一、通信设备配置

1996年，沈阳铁路局通信设备换算皮长管理95978、报话业务量227.88千组。其中明线线路6523公里，电缆1402公里，光缆2833公里，载波端机1085端，电话交换机214414门（程控200899线）。车站总机2369台，音频分机8803台，智能电报227端，无线电台固定1594台，车长3364台，携带台6061台，电源蓄电池599组。到2015年，沈阳铁路局通信设备：设备换算皮长459264公里，通信线路光缆46088公里，电缆49745皮长公里，传输及接入网设备4473套，数据通信设备1038套，会议设备3089套，调度所交换机16套，车站交换机957台，通信记录仪1415

台，应急通信设备536套，广播与站场通信设备816套，车站电台1177台，机车电台1183台，便携电台9094台，车载电台1618台，道口预警设备1058台。

二、程控电话

1996年，沈阳铁路局安装程控电话共计36个点61288线（包括中继线），其中有光缆工程18处，即沈吉线的梅河口、口前、烟筒山、朝阳镇，沈丹线的本溪、草河口、凤凰城、宽甸，京沈线（经承德）凌源、朝阳、叶柏寿、金岭寺、八角台、阜新、义县、新民、新丘、新立屯。以上使用机型除本溪、凤凰城采用北京中国巨龙公司的SSU12AL机外，其余16个点都用上海贝尔阿尔卡特公司的HJD004机。按照铁道部的建设标准，各铁路分局所在地和郑家屯、抚顺、沈阳两处用北京贝尔公司的S1240J型机。1997年由铁路局、分局共同投资建设58处C5点（电务段以下区段站电话汇接点）交换机，沈阳铁路局程控交换机总容量达到19.1万线，包括C2点局所在地和C3点分局所在地10个，C4点电务段所在地30个，电话程控化比例达到94%。2001年，程控设备划归铁道通信信息有限责任公司，程控交换机由铁通公司负责维护管理，电话所人工坐席台由路局负责维护管理。2014年，路局对电话所人工坐席台进行了更新改造。

三、通信光缆线路

1995年，京沈（经承德）光缆工程开工，经过两年建设，解决了沿线交流电源不可靠，勤务系统不能选叫，通话杂音大等问题，于1996年12月，通过了中间站开关电源工程的验收，全线622Mb/s系统、区段155Mb/s系统的2Mb/s的电路全线开通。1997年启动沈山、大齐、长吉、梅通、哈大（沈阳—大石桥已建）等5条光缆工程，共计2521公里，到1998年全部开通使用，实现了局至各分局间的干线通道数字化。2003年启动京通、魏塔、南票、浑白、鸭大、图佳、朝开、旅顺、凤上、溪田、辽溪等线光缆工程，共计3729公里，到2005年，全部开通使用。到2006年年底，沈阳铁路局完成了通信光缆的全覆盖，为数字传输、接入网、数字调度等系统的建设提供了通信线路保证。

2014年—2015年，结合电气化改造、通信网改造以及客专线建设等工程，铺设光缆12497公里。在京哈沈吉长吉环、吉梅通图环、长白平齐通让环、通赤叶锦环、沈丹连环、沈山秦沈环干线铁路既有光缆异侧同沟直埋敷设GYTZA53型32芯、16芯单模光缆各1条，其中16芯光缆以环引方式引入通信站，为骨干业务提供传输媒介；32芯光缆环引进各站通信机械室，为沿线各站及区间业务接入提供传输媒介。在支线铁路既有光缆异侧直埋敷设GYTZA53型32芯一条，光缆环引进各站通信机械室，为沿线各站及区间业务接入提供传输媒介。

四、数据网

1997年，沈阳铁路局数据网Ⅱ期工程，除增加、调整一些数据通道外，安装4956机1台，4944机一台，PAP节点机78台，增加用户信源点89个，到年末分组交换网用户信源点TMIS240个，CMIS27个，RMIS11个，PMIS6个站。

2011年，沈阳铁路局开展数据通信网建设工作，数据通信系统按照骨干接入层、区域核心节点、区域汇聚节点、区域接入节点四层组网进行建设。结合骨干数据网改造工程、高铁（含客专、快速）建设工程以及通信基础设施改造工程等，在核心网机房新设2台骨干接入路由器，完成铁路局到总公司及其他铁路局流量的骨干网接入；在核心网机房设置2台区域核心路由器，区域网络核心节点路由器分别通过两个10GE链路，接入路局设置骨干网接入节点；在核心网、四平、长春、吉林、图们、通化、梅河口、丹东、大连、本溪、苏家屯、海城西、大石桥、山海关、锦州、阜新、叶柏寿、赤峰、通辽、白城新设42台区域汇聚路由器，汇聚节点两台路由器间采用光纤互联，实现各数据接入点的数据流量高速汇聚与转发。每台汇聚节点路由器至核心节点路由器承载在OTN系统上，带宽为4个GE；相邻汇聚节点路由器以1个GE或2个GE速率通过OTN系统互联；最终形成汇聚节点与核心节点连接、相邻汇聚节点连接的网络结构，实现业务数据及路由的转发。在长吉城际、哈大客专、盘营客专、沈丹客专、吉图浑客专、丹大快速等每个车站接入节点各设置1台接入路由器及1台交换机，通过传输155M光通道组成环网；在其它车站接入节点设置2套接入路由器，构建双平面。原则上每4~6台接入路由器通过裸光纤组网，GE光通道（或传输系统提供GE通道）链型双归连接至临近汇聚路由器，接入路由器按照分等级装备的原则设置，业务集中及地理位置重要的节点设置高等级接入路由器（大站型），其余接入节点设置低等级接入路由器（小站型），完成业务系统的接入。

五、传输、接入系统

1997年，新建四梅线155M、长白平齐线2.5G传输系统，设备共29套，覆盖四梅线所有车站和长白、平齐线所有通信站。1998年，开通沈阳铁路局第一套SDH传输系统，设备共11套，覆盖沈山线主要节点和沈阳枢纽，实现了数字化传输。1999年，新设沈山、长大、大齐、大郑线622M/155M以及长吉图中兴2.5G传输系统，通霍线为622M传输系统，设备共79套，覆盖沈山、长大、大齐、大郑线沿线车站和长图、通霍线通信站。2001年，新设京通2.5G、通辽本地155M、大连本地622M、大石桥本地155M传输系统，设备共41套，覆盖京通线通信站、老边线各站、大石桥站场、金州站场、大连地区、通辽地区及站场。2002年，铁道部组织建设开通了一套跨局的中兴16DWDM波分系统和26套中兴SDH传输系统，波分设备共69套，SDH设备92套，覆盖沈阳铁路局所有通信站，实现沈阳铁路局至铁道部、跨局以及跨市的155M以上大带宽传输。新建浑白622M、牡图622M、通霍155M、长吉图622M传输系统，设备共141套，覆盖浑白、牡图、通霍、长图线所有车站。2003年，新建秦沈622M/155M、沈吉线2.5G/622M、旅顺线155M、白阿线2.5G/622M、京通线622M、梅通浑线622M、于虎线155M、沈丹线622M、通让线622M传输系统，设备358套，覆盖秦沈、沈吉、拉滨、龙舒、旅顺、白阿、京通、梅集、沈丹、丹大、通让线所有车站以及秦沈线各中继站、基站。2004年，新建沟海线622M、金窑线622M、东边道622M、长白线622M、平齐线622M、通辽站场、沈阳地区传输系统，设备123套，覆盖沟海、金窑、长白、平齐、鸭大、浑白、和龙、白河线车站以及通辽站场、沈阳地区站段。2005年，新建苏家屯站场155M、灵山站场155M、长双烟线622M、锦州地区622M传输系统，设备共36套，覆盖苏家屯站场、灵山站场、长双烟线以及锦州地区站段。

2006年，新建锦承线2.5G/622M、沙鲅线622M、陶榆线622M、溪辽线622M、溪田线622M、南甘线155M、田五白老线155M、金城线155M、铁法线155M、辽开线155M、沈西站场155M传输系统，设备共142套，覆盖锦承、叶赤、魏塔、沙鲅、陶榆、溪辽、溪田、南甘、田五、白老、金城、铁法、辽开线各车站及沈西站场。2007年，对沈山622M/155M、长大622/155M传输系统进行了更新改造，设备共180套，覆盖沈山、长大线所有车站和沈山线所有电力所亭。2008年，将大郑155M更新改造成了622M传输系统，设备共36套，覆盖甘库线各车站。2009年，新建沈抚城际622M、西部走廊622M传输系统，设备共26套，覆盖沈抚城际、西部走廊各车站及沈抚城际所有电力所亭。2010年，结合CTC改造工程，新建沈山秦沈CTC622M、通霍CTC622M、平齐CTC622M传输系统,设备共134套，覆盖沈山、通霍、平齐所有车站、通信站以及平齐线电力所亭；新建甘库线622M、现在车10G/2.5G传输系统，设备共21套，覆盖甘库线各车站和各信息所；对通辽站场622M 9套传输设备进行了更新改造。2011年，新建长吉2.5G/622M传输系统，设备共45套，覆盖长吉城际线各车站、中继站、基站、所亭以及通信站。2012年，新建哈大客专10G/2.5G/622M传输系统，设备共479套，覆盖沈大、京哈快速线所有车站、动车所、基站、中继站、线路所、电力所亭、综合维修点。2013年，新建盘营客专10G/622M传输系统，设备共57套，覆盖盘营客专线所有车站、基站、中继站、线路所、电力所亭。同年，对沈丹622M、长大622M、大连本地622M、大石桥本地155M、金窑622M、苏家屯站场155M、灵山站场155M、溪辽622M、溪田622M、南甘155M、金城155M传输系统进行了更新改造，设备共计167套。2014年，沈山自闭改造工程新设沈山线10G/2.5G传输系统，设备共计80套，覆盖沈山线各车站及电力所亭、沈西站场。2015年，新设沈丹客专2.5G/622M、吉图珲客专2.5G/622M传输系统，设备共计292套，覆盖沈丹客专、吉图珲客专线所有车站、基站、中继站、线路所、电力所亭、公安所亭、综合维修工区。

六、电视电话会议系统

1996年，沈阳铁路局所在地电视电话会议工程完成会议室装修改造，设备安装调试工作。该系统由铁道部投资购置，全套设备从美国CLI公司引进，包括多点（16端口）控制器、触摸屏幕、录放机等。2005年，铁道部取消美国CLI公司会议设备，沈阳铁路局投资建设了电视电话会议系统，新建局内会议系统，建设以局为核心节点和锦州、大连、长春、吉林、通化、沈阳、通辽为区域节点设备组成的会议网络；新设7大区域节点和1个局核心节点，新设视频会议终端145个，音频会议设备239个。2014年，分别在核心节点和区域节点各增加1套视频MCU（多点控制单元）设备、自动倒换设备，形成双套设备冗余实现主、备用自动倒换功能，大大提高了会议运行质量。

七、调度通信、开关电源

（一）调度通信系统

2001年，完成了沈山、沈大、沈丹、秦沈等线调度通信系统数字化改造，新设调度所调度交换机4套，车站调度交换机160余套；2002年，完成了大郑、通霍、京通、锦承、魏塔等线的改造，新设调度所调度交换机2套主系统，220余套车站调度交换机；2003年，完成了京哈、长白、长图、沈吉哈、牡图、梅通、鸭大等线改造，新设调度所调度交换机4套，车站调度交换机310余套；2004年，完成了四梅、和龙、白阿、通集等线改造，新设调度所调度交换机2套，车站调度交换机170余套。沈阳铁路局完成了管内调度通信系统数字化改造工程，淘汰了制式落后的电话集中机和模拟调度电话系统，更新为技术先进的采用数字化交换和传输的数字调度通信系统。

2007年，新设公安MDS3400调度所调度交换机1套，车站MDS3400调度交换机7套。2009年起，沈阳铁路局先后对管内大型编组站苏家屯、灵山、金州、四平、山海关、长春北等车站进行调度集中改造，新增FH98-G型调度所调度交换机1套，FH98-G型车站调度交换机77套；2010

年，长吉城际铁路开通，新增4K调度所调度交换机2套，新增车站FAS调度交换机5套；2011年，棋盘站进行调度集中改造，新增CTT4000调度所调度交换机1套，车站调度交换机4套；2012年，哈大客专开通，新增车站FAS调度交换机20套；2013年，盘营客专开通，新增车站FAS调度交换机3套；2015年，沈丹客专和吉珲城际铁路开通，新增车站FAS调度交换机16套。

（二）通信电源系统改造

1998年，沈阳铁路局相继对管内普速铁路所有通信电源系统设备进行改造，淘汰了相控型通信电源设备和敞口型铅酸蓄电池，其中整流设备全部更新为采用最新的高频开关整流稳压技术的整流模块，蓄电池更新为密封式阀控铅酸蓄电池，提高了电源设备的效率、安全性和稳定性。2003年末，沈阳铁路局863套电源全部完成了更新；2010年，长吉城际新建高频开关电源系统设备75套；2012年，哈大客专新建高频开关电源系统设备350套；2013年盘营客专新建高频开关电源系统设备71套；2015年，沈丹客专和吉珲城际铁路分别新建高频开关电源系统设备110套和185套。

八、客运广播

2010年，沈阳铁路局投资对模拟列车广播设备进行数字化更新改造，更新了47套。2012—2013年，各段自行投资更新改造列车广播机151套。2014年，沈阳铁路局投资进行数字化改造129套列车广播设备。至此，列车广播设备全部完成了数字化改造。

九、应急通信

2003年，沈阳铁路局建设静图应急通信系统，服务于普速铁路，其中新设中心服务器1套，现场设备31套；2012年，哈大客专铁路建设了1套动图应急通信系统，其中应急通信中心系统一套，现场设备5套；2013年，盘营客专铁路开通，新建现场动图设备1套；2015年，沈丹客专和吉珲城际铁路开通，新建现场动图设备6套。

十、综合视频监控

2010—2012年，长吉城际铁路和哈大客专铁路开通，电务系统新建了综合视频监控系统，新建区域视频监控节点1个设于沈阳核心网机房，长吉城际铁路设I类视频监控节点5个，视频监控采集点183个；哈大客专设I类视频监控节点20个，视频监控采集点2236个。2013年，盘营客专开通，新建I类视频监控节点3个，视频监控采集点195个。2015年，沈丹客专、吉图珲城际客专线开通，其中沈丹客专新建I类视频监控节点8个，视频采集点110个；吉图珲新建I类视频监控节点8个，视频采集点185个。

十一、GSM-R通信系统

2011年，沈阳铁路局在长春新建1套基站控制器（ccBSC1），新建基站28座，覆盖里程112公里。在沈阳同步开通了沈阳铁路局核心网，核心网设备主要包括：电路域移动交换中心（MSC）一套，为华为公司2套MGW和2套MSC Server组成的软交换设备，其中MGW为复合分担工作方式，MSC Server为主备工作方式，实现GSM-R语音单呼、语音组呼、智能网呼叫、车次号、CTCS-3级列控信息传送等业务。分组域GPRS网关支持节点（GGSN）一套、GPRS服务支持节点（SGSN）一套，实现调度命令信息、无线车次号信息、DMS信息、站车交互系统信息传递等功能，极大地保证了语音通话和信息传递的可靠性和准确性。2012年，哈大客专在沈阳、长春新建2套基站控制器（syBSC1、ccBSC2），新建基站289座，覆盖里程823公里。2013年，盘营高铁开通，在沈阳新建1套基站syBSC2控制器，新建基站30座，覆盖里程89公里。2015年，沈丹、吉图珲客运专线、丹大快速铁路在沈阳、吉林、丹东新建3套基站控制器（jlBSC1、ddBSC1），新建基站166座，覆盖里程884公里。到2015年末，沈阳铁路局共计开通基站控制器7套，基站518座，覆盖总里程1908公里。实现局管内所有客专及高铁线路，铁路局管内沈阳、沈阳北、大连北、长春动车所的GSM-R网络覆盖。

十二、机车无线通信设备

2010年，机车无线通信设备取消通用式机车电台，更新为机车综合无线通信设备（CIR），2010年更新800台、2011年更新300台、2012年更新100台、2013年更新600台，2014年，沈阳铁路局客运机车、货运机车近1800台，全部为更新为CIR。在高铁线路区段（长吉、哈大、盘营、沈

丹、吉图珲客运专线和丹大快速铁路），CIR全部使用GSM-R模式，其他线路区段CIR全部使用450MHz模式（含京哈线秦沈段）。2013年10月，开始试用旅客列车尾部安全防护系统（简称客列尾），2013年末，客列尾正式开通运用。CIR的列车防护报警设备（简称LBJ设备）和旅客列车尾部安全防护装置（简称KLW装置）配合使用，完成人工操控和自动查询、显示KLW装置风压以及控制KLW装置排风，实施列车制动。2015年5月，CIR的列车防护报警功能开始试用。2015年6月，全部客货列车及动车组列车防护报警功能正式开通。

第六节 通信设备维护

一、维修体制

1997年，电务系统建立了通信维护中心，沈阳铁路局维护中心设在沈阳铁路局电务试验室，各分局设在电务分处电务试验室。当年已经运行的维护中心有沈阳铁路局维护中心，吉林、锦州、丹东分局维护中心，各中心配有高静专用仪表，选用技术精干人员，主要负责光缆中断抢修，指导光设备、分组交换设备和程控电话设备的技术疑难问题处理，是数字设备维护、应急通信和故障抢修的骨干队伍。同年在沈阳通信段成立了沈阳铁路局通信网管中心，利用数字设备的遥信、遥测、遥控功能，实行对沈阳铁路局或局域性运用设备实时动态监测和管理，主要负责监视长途传输设备、程控交换设备、区间无人站电源设备的运用状态和干线电缆气压，进行话务统计分析、故障报告和电路调度等综合业务管理。同年，在数字通信区段，推行值检分开。同类数字机械室以段为单位成立检修作业组，对管内设备的运用质量负责。在网管监控中心指挥下进行故障处理，实施端口和数据的配置，定期进行设备测试告示。其它机械室班组均为值班工区，负责监视设备的运用状态、环境状态，监督设备的告警和日常业务处理。同时对数字通信区段的中间机械室进行视频和环境监视试点，逐步实现无人值守。

2014年，通信专业通过优化现场作业组织，

合理确定作业方式，取得了明显成效。坚持巡检作业由工区组织、检修作业由车间组织、重点作业及较大施工由段组织集中作业这个指导思想，合理确定作业方式，提高了作业质量和劳动效率，规避了作业风险；对各段强制要求成立中修车间，加强中修车间的力量，规范中修车间的管理，使通信中修车间成为各段组织重点整治、线路整修和零小工程的主力军，成为通信应急抢修抢险的重要力量，改变了通信中修车间只是一个空壳的局面；对检修周期、作业项目进行合理调整，取消了通信大通道的月巡检，更改为结合春秋检的线路整修，强化了车巡和重点巡工作业；取消了高铁基站月巡检，变为季巡检、年检修，强化了对网管、视频监控、动环监控的日常管理和分析，注重对发现隐患问题的集中整治工作，消除了通信人员老化、短缺对维护工作的影响；对电报所进行了整合，由26个电报所整合为6个电报所，提高了效率，解决了由于电报人员大量退休造成电报人员严重缺员的局面。

二、专用通信管理

2009年，根据铁道部和中国移动签订的铁路专用通信划转协议和铁道部运输局的指导意见，沈阳铁路局顺利完成了铁路通信业务资产人员划转交接工作。整个划转交接分3个阶段，第一阶段从2009年11月16日至30日，为交接准备期；第二阶段从2009年12月1日至15日，为交接实施期；第三阶段从2009年12月15日至2010年1月14日，为交接过渡期。

在交接实施阶段，为确保铁路专用通信的正常运转，电务处建立了沈阳铁路局铁路专用通信网业务指挥体系，建立了信息反馈制度和领导小组会议的制度，及时协调解决出现的问题。在完成对所有设备的核查确认、具备了设备划转交接条件的基础上，共交接划入29个有人机房的技术资料、150套网管资料和网管权限；完成资产和管理全部移交铁路的传输系统共计8868套，与铁通共用的传输系统460套；移交铁路纤芯的光缆765条、7212公里，涉及移交铁路线对的电缆10294条、11616公里；移交铁路的铁路专用通信设施46958套；整建制划转在册职工3687人。

在交接后过渡期，为确保专用通信的有序运作，电务系统及时建立了沈阳铁路局省干传输网

故障指挥处理流程、通信停机要点审批流程、通信业务办理流程、铁通需铁路协调配合工单办理流程、铁通使用沈阳铁路局传输网资源的业务响应流程图和通信段经营业绩考核办法，制定了《沈阳铁路局铁路通信业务管理办法》和《沈阳铁路局与铁通公司相关通信网络与设施管理办法》等，初步规范了铁路通信管理工作。

2010年，完成了有关通信管理办法的制定，分别为《沈阳铁路局铁路运输通信管理办法（暂行）》《沈阳铁路局与铁通公司相关通信网络与设施管理办法（暂行）》《沈阳铁路局传输网故障处理流程》《铁通使用沈阳铁路局传输网的业务响应流程》《铁通需要沈阳铁路局配合作业的业务响应流程》《沈阳铁路局停机要点流程》《沈阳铁路局应急通信指挥工作流程图》等，还完成了GSM-R等文件汇总下发工作，其中管理文件4个，技术标准文件16个。2012年，电务处在铁道部《铁路有线通信维护暂行规则》的基础上，结合现场实际情况，对通信维护检修作业标准进行细化，编制了《沈阳铁路局铁路通信维护实施细则》，补充了通信施工、大修、中修等管理规定，细化了传输接入系统、调度通信系统、数据网、无线通信设备等检修作业标准，并通过现场跟表写实，进一步修改完善。通过深入研究现场通信作业组织，制定了《沈阳铁路局通信维修管理办法》和《沈阳铁路局高铁通信维修管理办法》。此外，还制定了《道口无线预警管理办法》《列尾管理办法》《GSM-R核心网管理办法》《GSM-R通信数据管理办法》等管理文件。

2014年，通过通信基础网改造逐步取消与铁通设备共用机房，2015年年底完成零共用，使得铁路维管设备在网管监控下安全可靠运行。

三、通信标准化建设

2011年，电务系统开展通信标准化机房建设工作，从机房环境、技术资料管理、设备电源配线等方面入手，采取更换静电地板、规范设备缆线、改造动环、增加视频监控等方式，使机房环境、设备、管理全部达标，全面提高通信设备的稳定性。沈阳通信段当年完成了沈山、秦沈、长吉、苏抚、平齐、大郑等调度集中区段的标准化机房建设。2012年，完成了167处沿线车站标准化机房整治工作，完成绥中、大青、延吉、黑

山、吐列毛杜、兴城、葫芦岛等7处机房的公专网分离工作，并开展分局所在地有人传输室的标准化达标整治工作。同年，电务系统细化制定了沈阳铁路局管内通信线路整治工作安排，并量化落实到各段。重点对标桩警示不全、径路不准等问题进行整治，对11205公里直埋光缆线路的标桩、警示牌全部涂油粉刷，并按照标准化线路的整治标准，完成了1573公里线路的标准化达标工作，克服光缆衰耗53处。重新绑扎加固桥梁防护槽，锈蚀严重的桥槽区段一次性全部更换玻璃钢材质防护槽，消除了桥槽起伏刮碰列车的风险，全年累计更换桥槽17处，油饰、加固桥槽61处。继续抓好防冻害整治工作，累计整治冻害处所55处，杜绝了光缆冻害障碍的发生。2013年，电务处编制了通信工手册、通信工长手册、通信作业指导书。各段对通信作业指导书进行了完善细化，通信职工的现场检修作业标准化进一步得到落实。

四、重点整治通信设备

2011年，开展了通信安全风险设备整治。道口预警设备原设计不具备故障导向安全的功能，是一个重大的安全风险源，电务系统联合工务部门在每日道口员交接班时对设备进行自检试验、通信人员增加检查频次、每月断电重启试验防止设备发生死机、每半年对道口无线预警的发射距离进行检查确认、对设备发射功率进行微调等措施，提高无线预警设备的可靠性；还对道口预警设备的语音录制采取由段和车间技术主管到现场与维护人员共同确认签字的控制手段，确保了语音准确无误。改进了800MHz列尾机车车载设备的日常维护管理，取消了列尾控制盒"排风"按钮的加封，增加了机车每次入库后对排风按钮和排风功能进行试验的作业内容，同时攻关研究了车载主机与列尾主机可靠连接的检测手段，并确定了方案；加强了对通信杆塔的整修，雇用专业队伍对管内1028座铁塔的强度、垂度、塔顶天线、地线等进行了彻底检查整治和塔体油饰；对部分废弃的180余根站场广播电杆进行了拆除，整治了1800多根电杆，尤其是对跨越铁路、站场

内及邻近铁路线的通信电杆进行整治补强，杜绝了杆塔倒伏威胁行车安全的事件发生；对隧道较多的沈丹线隧道壁挂无线漏缆进行了整治；开展了对通信机械室火情隐患的多次排查，重点对电化区段的光电缆引入到机械室前是否将地线引入到室内，机械室的空调、设备板件是否阻燃以及电源、电池等方面发现的问题进行了全面整治。

2012年，对沿线标准化机房达标整治167处；标准化线路整治1573公里，克服光缆衰耗53处；整治冻害处所55处，加固及更换桥槽78处；通信电源整治更换超期电源设备，取消了早期动力源公司生产的开关电源一、二次下电保护功能，防止接触器误动导致通信电源中断，并完成305处通信机械室、运转室的二路交流电引入；通信车载设备整治完成CIR和列尾设备标准化安装536台、列尾设备运用整治873台、天线超限整治282台；道口无线预警设备整治831处，修改33处多线别道口语音，修改QYJ-J-Ⅱ型道口无线预警设备信令电路，解决了该设备无法可靠打开所有型号机车电台问题。此外，还开展了规范报话所作业管理的标准，沈阳电话所、电报所设备从铁通机房移至通信段机房，防止设备失修失管。2013年，整治线缆刮碰隐患141处，其中横跨线路缆线改过轨下穿68处，侵限的电杆整治73处；整治通信通道中断隐患858处，其中整治大通道光缆52处，整治半自动闭塞外线67处，整治通道冗余配置398处，整治5T和远动等重要行车业务接入通道57处，整治光电缆井284处；对上海厂生产130台LBJ主控板防护二极管进行拆除，解决LBJ常发射问题；结合列尾设备开通，对客车LBJ设备及天馈线进行了全面检查整治，共整治523台机车。2014年，对58条重要行车业务传输通道优化、45处横跨铁路缆线改过轨下穿、600处轨旁电杆加固、165处高铁防灾室外电缆深埋、3处防灾中心移设到沈阳集中管理、1152台列车防护误报警、GSM-R网络质量优化、346处基站参数和载频调整、GRIS交换机组网、154处沈丹连地区机房传输设备进行改造等。

第六章　房产建筑与生活管理

沈阳铁路局房产建筑与生活管理工作，坚持为运输生产服务，为职工生活服务。根据运输生产需要，采取措施，加强管理，加大投入，使全局房产建筑物，包括客货运输、生产、办公、职工生活等房建设备满足运输生产和职工生活需要。1996年至2015年，铁路房建设备大修维修坚持安全第一、预防为主、周期性与状态修相结合的原则，保持房建设备经常处于安全良好状态，延长使用寿命。全局房屋三级率控制在5%以下，房屋一级率达到46%，为全局安全生产提供了必要的房产建筑和生产设施方面保证。20年来，全局房建设备数量不断攀升，房建设备总量从1996年4496万换算平方米增加到2014年6746万换算平方米，房建设备固定资产总值由1996年81.9亿元增加到2014年229亿元。为保障铁路运输的正常进行，全局生活服务部门不断改善广大职工、家属的生活质量，在发展生产基础上，逐年投入资金，修建乘务员公寓、食堂、浴室、文体设施和职工宿舍等生活福利设施，解决广大职工后顾之忧。在加快路网建设、提升运输装备水平与运营基础设施的同时，沈阳铁路局投入大量资金，改善沿线水源、修建乘务员公寓、食堂、浴室、修缮建设文体设施等，提高广大职工生活与文化水平。2012年实施"四线百站"工程，对涉及生产生活设施4条线96个站区进行达标改造，推进"三线""五小"建设，使职工生产生活特别是运输一线职工的生产生活条件有较大改善。

第一节　房建系统概况

一、房产管理处

沈阳铁路局土地房产管理处负责全局土地房建日常管理工作。主要职责包括生产办公房建设备维修，供暖、给水设备维修管理，职工住宅管理、住房公积金监管及公寓生活服务、土地和林业管理工作。1996年，房产建筑处下设修缮科、技术设备科、房产规划科、房改办、公积金管理中心5个科室，机关建房办为局附属机构，业务归房建处领导。公积金管理中心定员3人。1999年，房产建筑处修缮科、技术设备科合并成立修缮技术科，撤销房产规划科，成立物业管理科，并下设住房资金管理中心、住房交易管理中心、机关直属住宅建设办公室。

2005年7月，房产建筑处、土地管理局、局生活管理中心合并，称房产土地生活管理处。处内设修缮技术科、物业管理科、房改办、土地管理科、林业科、财务科、生活公寓科。房产土地生活管理处下设的附属机构有：局房产管理所、局住房公积金管理办公室、住房交易所、住宅建设开发办公室。其中，局房产管理所下设长春、沈阳、大连、锦州、通辽、吉林、通化7个区域房产管理所；局住房公积金管理办公室下设长春、大连、锦州、通辽、吉林、通化、丹东、图们、白城9个管理部；共设立长春、沈阳、大连、锦州、通辽、吉林、通化7个住房交易所；共设立长春、沈阳、大连、锦州、通辽、吉林、通化7个住宅建设开发办公室，机关直属住宅建设办公室撤销。

2006年，林业管理职能由房产土地生活管理处划归局工务处。同年4月，撤销长春、沈阳、大连、锦州、通辽、吉林、通化7个区域房产管理所，其房改工作由局房管所委托所在地房产生活段承担；保留局房产管理所，下设长春、白城、沈阳、丹东、大连、锦州、通辽、吉林、通化房管站。5月18日，房产土地生活管理处更名为土地房产管理处，将行车公寓管理职能划归机务处，机务处给水管理职能划归土地房产管理处，生活公寓科更名为给水生活科。2007年3月，沈阳铁路局住房公积金管理办公室所属长春、吉林、通化、白城、图们管理部机构定员编制划出，设立长春市住房公积金管理中心铁路分中心，负责沈阳铁路局吉林省境内铁路职工的住房公积金管理工作。

2008年，沈阳铁路局与沈阳市人民政府签订铁路住房公积金管理机构移交协议书，沈阳铁路局住房公积金管理办公室和所辖大连、丹东、锦州、通辽管理部以及为其服务的机构、人员、拥有产权的资产全部移交，移交在编人员50人。同年12月，成立沈阳铁路局拆迁管理办公室，列为临时机构，由土地管理局负责管理；林业管理职能由工务处划入土地房产管理处，土地房产管理处设立林业科，定员3人。

2009年，土地房产管理处设有土地管理科、修缮技术科、物业生活科、给水建设科、林业科、财务科、综合科。附属机构有局房产管理所，长春、沈阳、通辽土地房产管理办公室；临时机构有局拆迁管理办公室。撤销长春、吉林、通化房产管理站，并入长春土地管理办公室；撤销沈阳、大连、锦州、丹东房产管理站，并入沈阳土地管理办公室；撤销通辽、白城房产管理站，并入通辽土地管理办公室，同时将长春、沈阳、通辽土地管理办公室更名为长春、沈阳、通辽土地房产管理办公室。

2011年，土地房产管理处设有土地管理科、修缮技术科、给水安全科、林业科、财务科、综合科。附属机构有局房产管理所，局保障性住房建设管理办公室，沈阳、长春、通辽土地房产管理办公室；临时机构有局拆迁管理办公室。同年，土地房产管理处物业生活管理职能调整到局投资管理中心，核减土地房产管理处物业生活科编制定员4人，并将房产管理所疗养管理部划入局投资管理中心。公寓管理所业务主管部门由机务处主管调整为由土地房产管理处主管，增加土地房产管理处修缮技术科协理定员1人。

2012年，土地房产管理处增设高铁房建设备科，设定员3人；增设住宅生活管理科，设定员3人，增设副处长定员1人。6月，局投资管理中心物业生活管理职能调整回局土地房产管理处。7月，成立沈阳铁路土地执法监察大队，与沈阳铁路局拆迁管理办公室实行一个机构两块牌子，由沈阳铁路土地管理局负责管理。9月，沈阳沈铁房地产开发集团有限责任公司所属的山海关疗养院调整为铁路局直接管理，业务主管处为土地房产管理处。

2013年7月，局多元经营管理处负责的生活服务管理职能及人员调整到局土地房产管理处，土地房产管理处增设生活服务管理科。11月11日，将土地房产管理处负责的全局路服管理和换装组织工作职能调整到物资处。

2015年，土地房产管理处设置修缮技术科、给水安全科、高铁房建设备科、住宅管理科、土地管理科、生活服务管理科、林业科、财务科和综合科。附属机构设局土地房产管理所和长春、沈阳、通辽土地房产管理分所。6月，撤销局职工保障性住房建设管理办公室，将其承担的职能划归局土地房产管理处；将局房产管理所与土地执法监察大队整合为局土地房产管理所（土地执法监察大队），管理长春、沈阳、通辽土地房产管理办公室；同时将长春、沈阳、通辽土地房产管理办公室更名为长春、沈阳、通辽土地房产管理分所，对外保留土地管理分局及土地执法监察中队牌子。

二、分局房建分处

1996年，沈阳铁路局的沈阳、长春、丹东、锦州、通辽、吉林、通化、图们、白城分局设有房建分处，大连铁道有限责任公司设有关联事业部（房产部）。

2005年3月18日，7个分局（公司）全部撤销，局房产建筑处直接管理房产建筑段。

三、房产建筑段

1996年，沈阳铁路局房建部门有23个房产建筑段，共有职工16399人。其中，管理干部2328人，生产工人14071人。23个房建段分别为：白城房建段、长春房建段、四平房建段、沈阳房建一段、沈阳房建二段、苏家屯房建段、瓦房店房建段、大连房建段、本溪房建段、丹东房建段、锦州房建一段、锦州房建二段、阜新房建段、叶柏寿房建段、赤峰房建段、通辽房建段、白音胡硕房建段、吉林房建一段、吉林房建二段、通化房建段、梅河口房建段、图们房建段、局直属房建段。1997年，在大连公司、锦州、白城分局、局直属房建段进行优化企业内部结构，建立内部模拟市场机制改革试点，成立供暖、物业、工程维修和经营四大公司。

1998年，沈阳铁路局实行房建段体制改革。吉林分局撤销所属的吉林一、吉林二两个房建段，成立分局房建经营管理总公司；丹东分局房建分处成立丹东房建经营管理公司，丹东分局划归沈阳分局后，将丹东房建经营管理公司、丹东房建段、本溪房建段合并成为丹东房建经营管理公司。1999年，全局房建部门有19个房产建筑段及丹东、吉林2个房建经营管理公司，有职工14862人。其中，管理干部2249人，工人12613人。

2000年，沈阳铁路局房建部门有序推进房建单位与主业的分离工作，组建内部房建公司。锦州、沈阳分局以房建分处为主体，成立房建经营管理总公司，实行一个机构两块牌子的改革模式；吉林、丹东以合并房建段成立房建经营总公司，下设供暖、物业、工程维修等专业分公司的改革模式；白城房建段按现代企业制度，成立了4个股份有限责任公司。2005年，全局有19个房建段及2个房建经营管理公司，职工总数15565人。其中，管理干部1941人，生产工人13624人。

2006年，沈阳铁路局将水电段给水部分划归21个房产建筑段管理，21个房产建筑段与7个生活管理中心整合为长春、白城、沈阳、丹东、大连、锦州、通辽、吉林、通化9个房产生活段。同时，房产生活段还接管文化宫、俱乐部20个。在直附属机构调整中，撤销长春、沈阳、大连、锦州、通辽、吉林、通化7个住房交易所，并入所在地房产生活段，房产生活段内部设立住房交易站。由房产系统所管理的17个幼儿园，划归局投资管理中心。2007年，沈阳铁路局将沈阳铁道建设工程有限责任公司所属的部分分、子公司并入所在地的房产生活段；撤销长春铁道建设工程（集团）有限责任公司和锦州铁道建设工程有限责任公司等施工企业，并入所在地房产生活段。2008年，全局共有长春、白城、沈阳、丹东、大连、锦州、通辽、吉林、通化9个房产生活段，职工总人数25998人。其中，管理干部3455人，工人22543人。11月，成立沈阳铁道房产生活集团有限公司，为局投资管理中心直属专业化公司，业务接受土地房产管理处指导，实施行业管理。

2011年，沈阳铁路局将各房产生活段管理的物业服务、住宅维修、公共设施维修费收费、公有住房租金收费、住房交易工作划归沈阳沈铁房地产开发集团有限责任公司所属各房地产开发子公司管理；各房产生活段管理的宿舍、招待所、

食堂、浴池、俱乐部、宾馆、游泳馆、老干部活动中心（站、室）等生活服务管理工作划归局多经系统各直属集团公司管理；将长春房产生活段长春铁路第一招待所划归沈阳沈铁房地产开发集团有限责任公司长春铁路房地产开发有限责任公司管理；房产生活段负责管理的长春、白城、沈阳、丹东、大连、锦州、通辽、吉林和通化9个住房交易站，划归沈阳沈铁房地产开发集团公司所属各分子公司管理，并更名为房地产开发公司住房交易中心，同时成立赤峰市赤铁房地产开发有限责任公司住房交易中心。9月，组建长春、白城、沈阳、丹东、大连、锦州、通辽、吉林、通化房产段。同时，撤销房产生活段，并将房产生活段管理的铁建公司由房产生活段划归重新组建的路局铁建工程集团公司管理；将沈阳房产生活段管理的千山疗养院、五龙背疗养院、熊岳城疗养院划归所在地多经直属集团公司管理；将房产生活段管理的房地产开发公司划归沈铁房地产开发集团有限公司所属公司管理；将大连房产生活段管理的大连体育场划归局工会管理，隶属大连文化宫；撤销沈阳铁道房产生活管理集团有限公司；12月，组建阜新房产段。

2012年，沈阳铁路局将沈阳沈铁房地产开发集团有限责任公司所属各房地产开发子公司、沈铁赤峰铁发集团负责的房产生活段管理的物业服务、住宅维修、公共设施维修费收费、公有住房租金收费工作划归各房产段管理。沈阳沈铁房地产开发集团有限责任公司所属沈阳、丹东、大连、锦州住房交易中心划归沈阳土地房产管理办公室，分别更名为沈阳、丹东、大连、锦州铁路住房交易站；沈阳沈铁房地产开发集团有限责任公司所属长春、吉林、通化住房交易中心划归长春土地房产管理办公室管理，分别更名为长春、吉林、通化铁路住房交易站；沈阳沈铁房地产开发集团有限责任公司所属通辽、长春住房交易中心、沈铁赤峰铁发集团所属赤峰住房交易中心划归通辽土地房产管理办公室管理，通辽、赤峰住房交易中心整合为通辽铁路住房交易站，同时组建白城铁路住房交易站。

2013年，沈阳铁路局将长春住房交易站移交长春房产段，吉林铁路住房交易站移交吉林房产段，通化铁路住房交易站移交通化房产段，沈阳

铁路住房交易站移交沈阳房产段，丹东铁路住房交易站移交丹东房产段，大连铁路住房交易站移交大连房产段，锦州铁路住房交易站移交锦州房产段，白城铁路住房交易站移交白城房产段，通辽铁路住房交易站移交通辽房产段。

2015年，沈阳铁路局将长春、沈阳、通辽土地房产管理办公室管理的各土地房产管理站划交相应房产段管理，将各离退休管理办公室管理的其他活动室划交相应房产段，在房产段设立土地房产管理站和离退休活动室。

第二节　房建大维修

一、普铁生产办公房建设备大修

1996年，沈阳铁路局投入1868万元，对16栋4.85万平方米生产办公危险房屋进行大修，彻底消除隐患；并投入65万元，对1.11万平方米的生产房屋进行抗震加固，保证生产安全。1997年至2000年，路局陆续投入2531万元，对长春、白城、图们等地15.82万平方米的机务、车辆修车库等大型机车、车辆库结构及屋面防水进行大修，消除结构病害，保证安全使用需要。

2001年至2002年，沈阳铁路局集中对京哈、沈大、沈山、长图等重点线路的部分车站进行站场设施集中整治，并重点解决大站病害。投入资金6611万元，对50个站20.49换算平方米的站房、雨棚、站台面等房建设备进行大修，改善站容站貌；消除沈阳北站候车室厕所及洗手间隔层渗漏、丹东站旅客地道漏水、延吉站及本溪站候车室屋面漏雨等病害，其中，投入1240万元，对百年老站——沈阳站站舍进行综合大修。

2005年至2006年，沈阳铁路局加大乘务员公寓的大修力度，投入资金694万元对沈阳、梅河口、叶柏寿、白城、乌兰浩特、盘锦等7座公寓进行大修，改善了居住条件。2007年至2008年，路局投入2741万元对沈阳、锦州、山海关、丹东、图们等25个公寓实施标准化改造，标配双人间，设置室内卫浴设施，创造宾馆化环境。2008年至2010年，路局投入资金1160万元对8处1.3万平方米机务待乘室进行标准化改造，改善司机待乘休息条件。2009年，路局投入1579万

元，对白城、大连、锦州、丹东、长春等9处4.41万平方米文化宫进行保护性修缮。

2014年，沈阳铁路局投入1954万元，对管内36个使用内墙粘贴玻化砖施工工艺、存在内墙玻化砖脱落伤人隐患的车站候车室进行集中整治，拆除已经变形的玻化砖，重新对内墙面进行抹灰并装饰，彻底消除因施工工艺问题造成的玻化砖可能脱落的危险。2015年，沈阳铁路局投资1657万元，集中整治生产办公房建设备屋面漏雨、墙体透寒、室内地面下窖、道路泥泞破损等影响正常使用的设备问题，改善职工的职场环境。

20年来路局逐年加大大修资金投入，分系统、有针对性地对老旧设备进行集中整治，累计投入运输房建设备大修资金211405万元，共对4619.5万换算平方米的生产办公房建设备实施了大修，消除设备安全隐患，改善设备技术状态，延长设备使用寿命。

二、普铁生产办公房建设备维修

1996年，沈阳铁路局实施房建维修管理体制改革，房屋修程由周期修改为以消除病害为主的状态修，在房建段内部将住宅房屋与生产办公房屋分开管理，分开修缮，并采取措施集中财力、人力对行车安全构成威胁的严重侵限站场建筑物及住宅屋面漏雨、电线路老化和水暖设备破损病害房屋重点投入，重点整治。1997年，全局投资400万元，对65处严侵站台、雨棚进行整治，全局严侵设备当年全部销号。在安全标准线建设上，投入600万元解决运营房建设备病害，京哈、沈大线行车主要房屋一级率基本达到100%，局管8条示范线行车主要房屋一级率达到80%，其他各线房屋一级率达到了60%。

1998年，沈阳铁路局修改制定房屋建筑物中修（整修）管理办法，明确施工管理和修程，行车主要房屋保证5年轮修一遍。2002年，路局编制《房屋建筑物维修工程消耗定额》（建筑分册、水暖分册、电气分册），为全局房建设备施工预算编制、审批和清算考核提供依据。2004年1月，路局在叶柏寿房建段召开现场会，介绍推广叶柏寿房建段建立行车房建设备维修服务承诺制度的经验做法。

2010年，沈阳铁路局运营房建设备维修服务

1996—2015年沈阳铁路局生产办公房建设备大整修完成数量统计表

表2-6-1

年份	大修完成数量（换算平方米）	占房建设备总量%	大修资金（千元）	整修完成数量（换算平方米）	占房建设备总量%
1996	899102	2.3	37000	3178000	8.2
1997	952417	2.1	83817	4626596	10.3
1998	802208	2.0	111909	8958999	18.5
1999	1009816	2.2	87059	10491350	20.5
2000	873351	1.9	93693	9170884	17.6
2001	1490768	2.8	88685	11460616	20.6
2002	1695526	3.1	100510	10088630	18.1
2003	1599233	2.8	72384	10275161	18.0
2004	1932420	3.3	180978	11400004	19.7
2005	1972787	3.5	95068	10479098	18.3
2006	992137	1.8	57842	8570898	15.2
2007	2050000	2.5	117731	8460928	14.4
2008	4565797	7.8	124656	13421600	22.5
2009	4933803	7.8	118797	12161977	20.2
2010	3520461	5.6	116643	9838487	15.8
2011	4090767	6.5	100883	11079357	17.5
2012	1516019	2.3	88488	12297790	18.7
2013	2021519	3.1	100375	34943518	53.5
2014	5371738	8.0	230658	16839086	25.1
2015	3905624	5.8	106876	24567533	36.4
合计	38962069	–	1946318	215657079	–

实行市场化清算，房产生活集团负责组织房产生活段与各运营单位进行房建设备维修量签认、供暖合同签订，房建设备维修费按当月实际完成工作量由房产生活段与局房管所清算，由房产生活段供暖的生产办公房屋采暖费按供暖合同签订的供暖面积和缴费标准，同用热单位结算。同年房产生活段从多经系统回归运输辅助单位管理后，路局对生产办公房建设备检修、整修办法进行修订和完善，规定各房产段每年按照路局下达的房屋建筑物维修费用计划和当年秋季房建设备病害检查鉴定结果，安排全年生产办公房建设备维修件名，并定期抽查考核施工质量和完成情况。

2014年，沈阳铁路局将房建设备维修分为检修和综合维修。2015年，沈阳铁路局房建维修工作突出铁路运输设备限界安全，实施专项整治，检查车站旅客站台1251座，发现侵限站台223座，制定侵限站台整治计划。

三、高铁房建设备问题整治

2012年7月，沈阳铁路局土地房产管理处成立高铁房建设备科，负责高铁房建设备管理和维护以及新建客专介入、接管工作，并在长春、沈阳、大连、丹东、吉林房产段成立高铁车间，实施专业化管理。2013年，路局投入资金对大连北站动车所涵洞内增设备用给水管路约160米；更换锅炉吨位，彻底解决扶余北站、盖州西站、海城西站站房温度不达标问题；采用挤塑板与保温发泡相结合的封堵方式进行封堵整改，解决哈大客专各站房密封不严、透风问题；并对高铁各站给排水集控和电伴热回路进行全面排查、测试、整治。

2014年7月，沈阳铁路局组织检查有钢结构高铁站房26座，发现问题18件，全部整治，完成哈大客专站台消防设施改造工程，由湿式改成干式消防，并对四平东、公主岭南站、德惠西站、扶余北站、昌图西站、铁岭西站、开原西站的消防管路进行改造。

2015年，沈阳铁路局在铁路总公司组织的全路房建工作会议上，交流客站钢结构问题整治做法和经验。同年投入资金159万元，整治钢结构脱锈、涂膜剥离起泡等病害17个站区，除锈刷油、涂装防火材料表面积约9557平方米，10月，增加高铁房建设备病害整治费用248万元，整治高铁房建设备病害21件。

四、重点工程建设

（一）客货营销窗口改造工程

2003年，沈阳铁路局撤销部分中间站，总计完成125个中间站房建设备拆除，拆除房屋共603栋、40367平方米，拆除客、货站台160处、168953平方米，拆除站名牌、栅栏、检票口等其他建筑物295处、16943换算平方米，清运土石方26.2万立方米。同时实施客货营销窗口设备改造工程，以街基站为样板，对三等及以下车站全面规划。统一设计、统一施工，以分局为建设单位，形成会战方式；实现一站一景，一线一个特点的综合改造施工。建设标准：屋面为坡屋面，新制钢屋架，彩板结构；窗户为塑钢窗；候车室内外门为白钢门，其他外门利旧铁皮包门，门上雨搭做装饰和点缀；室内、外墙抹灰刷涂料，勒角分格、分线；站台面铺设步道砖；站台墙（帽）统一材料；天桥统一灰颜色；客货雨棚混凝土棚刷白涂料，其他棚面为彩板；站房统一采用钛白合金站名；基本站台统一设照明灯柱；站区绿化按《沈阳铁路局绿化工程实施规划的通知》规划标准绿化；消除房屋建筑物病害，达到一级设备；拆除房屋建筑物上的附着物（广告牌、通信塔等）；供电、通讯、信号沟槽统一规划、设置。共完成京哈、平齐、长图、通让、沈吉、浑白、四梅线7条线118个三等及以下车站的改造施工。

2004年，沈阳铁路局客货营销窗口改造，按照精干站区生产房屋，严格使用标准，对没有使用价值和闲置的房屋全部拆除，站区、区间的车务、工务等生产用房屋统一纳入改造中。候车室外墙设置站区简介牌，京哈、沈大线旅客站台栅栏统一为铸铁栅栏。其他线别的围墙充分利旧，突出当地特点，统一刷涂料。全年完成沈大、长图、沈丹、京通、高新等10条线228个三等及以下车站的改造施工。同年，还完成长春站、沈阳北站、山海关站、大连站四大品牌站建设，完成了图们、集安站两个口岸站建设工程。

2005年，路局对年旅客发送量超过60万人次的二等及以上车站进行改造，共完成沈吉、沟海、长大线39个三等及以下车站的改造施工任务，工程一次通过路局验收。

（二）东北便民货运设施改造

2014年9月20日至10月12日，路局实施东北便民货运快车基地建设工程，东北便民货运设施改造工程建设共200站，其中182个车站的货运设施需新建、改建。站台新修、改建、维修169处，13452.5延长米，147413.3平方米；库房175处，23258.44平方米。

（三）"十二五"生产生活设施改造

制定《沈阳铁路局"十二五"职工生活规划》，成立维护职工群众利益、改善职工生活领导小组，下设协调推进办公室。以改善职工生活、提高职工生活质量为重点，推进"三线""五小"建设，在"十二五"期间，使运输一线职工的生产生活条件有较大改善。

2011年，沈阳铁路局对沈南、大安北、铁岭、梅河口、盘锦北、图们、延吉进行站区综合整治，新建改建106基地、新肇战略装车点、锦州站、长春站、通化客整所、图们客整所和白城、本溪等6处集中供热锅炉房。2012年，实施"四线百站"工程，对涉及生产生活设施4条线96个站区进行达标改造；完成通化、锦州、图们、赤峰四个客整所新建、改造任务，对通辽机务段赤峰运用整备车间、吉林机务段图们车间实行精品化改造；对沈阳西二乘、苏家屯、通辽、锦州、山海关一乘、烟筒山、彰武、瓦房店、白河、敦化和四平、鲅鱼圈12个行车公寓进行新建、改造。全局新建或改建职工生产生活房屋设施5.2万平方米，总投资3.2亿元。

2013年，对烟白线6个站区进行生产生活设施改造；白城、通辽、通化、丹东、山海关五个站区进行资源整合，并完成了配套绿化；对南丹东、德惠、扶余、榆树货场及配套货运设施改造；对白城、通化、长春、吉林、沈阳、图们、丹东、阜新客运段9处生产办公房屋改造；通让线、黑山17个站26个工务工区房屋改建或新建；完成沈阳机务段独身宿舍、山海关第二行车公寓、吉林机务段图们运用车间、沈阳车务设备维修所、朝阳及开原西派出所、沈阳公安处培训中心宿舍楼、吉林公检及公安乘警队、山海关疗养院房屋改造。全局大修、新建或改建职工生产生活房屋及完善与职工生产生活密切相关的设施20万换算平方米，总投资7.4亿元。

2014年，沈阳铁路局对长图、魏塔、溪辽、沈阳枢纽四线职工生产生活设施进行改造，全年大修、新建或改建职工生产生活房屋及设施约15万换算平方米，近100个站区，总投资约4.3亿元。2014年，全局职工生产生活设施改造共有81个站，长图线44个站，魏塔线17车站，溪辽线7个站，沈阳枢纽13个站；对锦州、长春北、陶赖昭、吉林四个站区进行综合整治；对大连、长春北行车公寓进行改造、新建。

2015年，沈阳铁路局实施体育设施改造，更改投资资金452.8万元、大修投资资金634.9万元，对沈阳、白城、锦州、通化、长春、图们体育场（馆）设备设施进行大修、改造。投资资金1042万元新建局党校体育场；投资2776万元，对兴城站区进行综合整治，兴城原主站舍在一层房屋基础上新接建两层，客运站台改造为高站台，生产办工房屋增设仿古屋檐，站区内道路硬化，地下通道排水改造，站内围墙按仿古风格重新砌筑；站外生产办公区域的既有围墙拆除，按统一样式砌筑，既有生产办公房屋按实际需求进行改造，外墙面重新装饰，与站舍风格一致。

第三节 房产建筑设备管理

一、设备管理

1996—2015年沈阳铁路局房建设备数量统计表

表2-6-2

年度	设备总数（换算平方米）	房屋合计（平方米）	其中					建筑物（换算平方米）	固定资产总值（万元）
			生产	办公	住宅房屋	宿舍	其他		
1996	44955132	23805333	4904364	805397	15519296	202096	2374180	21149799	819023
1997	48468186	25658201	5112757	852852	17014366	200365	2477861	22809985	935393
1998	51278472	26990154	5238682	867252	18133724	207440	2543056	24288318	984037
1999	52197870	27390278	5244656	850774	18534232	205415	2555201	24807592	1104733
2000	54079692	28217488	5381716	871185	19172500	199435	2592652	25862204	1400700
2001	55725907	28914835	5270827	832810	19979404	191606	2640188	26811072	745662
2002	57072005	29401103	5266009	839474	20417539	200221	2677860	27670902	786111
2003	57982036	29612606	5235371	890838	20659543	202874	2623980	28369430	878300
2004	57276863	29085139	5296922	831644	21182485	193337	1580751	28191724	1676308
2005	56425044	28754947	5273302	806415	21121566	186109	1367555	27670097	945214
2006	58629540	28859676	5383093	716837	21321191	181066	1257489	29769864	1035285
2007	59627199	29028804	5363970	717294	21523532	174657	1249351	30598395	1054724
2008	60094769	28658397	5544416	763210	21133847	179594	1037330	31436372	1082253
2009	62444056	28163281	5591161	761536	20683769	175188	951627	34280775	1200605
2010	63202008	28168810	5506499	723959	20872376	164570	901406	35033198	1236161
2011	65866926	27900064	5435677	672180	20316558	128539	1347110	37966862	1254821
2012	65335908	27534157	5384556	673077	20020664	125935	1329925	37801751	1763188
2013	66974027	27883682	5503374	790037	20090357	118154	1381760	39090345	1945690
2014	67461957	28291950	6141509	875948	20224483	118044	931966	39170007	2296140
2015	66422411	28810094	6411477	944513	19933023	130576	1390505	37612317	2686906

（一）新增房建设备

2002年，秦沈客运专线建成，有6个车站，全线新增房建设备595栋（处）、381841换算平方米。2007年，路局组建长双烟合资铁路公司，新建长双烟线，新增房建设备145栋（处）、33345换算平方米，其中新增站舍5栋、4765平方米；建成金窑线，新增房建设备73栋（处）、67181换算平方米。

2008年，沈阳铁路局新建成白和线，新增房建设备31栋（处）、7491换算平方米。2009年，建成管内第一条城际线——苏抚线，新增房建设备313栋（处）、89871换算平方米；建成三火线，新增房建设备16栋（处）、4089换算平方米。2010年，沈阳铁路局建成庄岫线，新增房建设备27栋（处）、39835换算平方米。2011年，路局在原有白阿线的基础上，新增乌兰浩特北站和忙罕屯站，共新增房建设备20栋（处）、12368换算平方米；建成瓦五线和辽溪线，新增房建设备29栋（处）、52495换算平方米；并接收陶舒、甘库合资铁路公司新建的陶舒线、甘库线房建设备，共计95栋（处）、61517换算平方米。

2012年，建成辽开、通灌线，新增房建设备111栋（处）、37556换算平方米，新增站舍8栋7949平方米；接管局多经企业建成的珠珠、霍白线，共新增房建设备213栋（处）、172249换算平方米。2013年，建成庄岫线，共新增房建设备27栋（处）、39835换算平方米。

2013年，沈阳铁路局在秦沈线上新增东戴河站，新增设备14栋（处）、8691换算平方米。2014年，接管松陶合资铁路公司新建成的松陶线，新增房建设备110栋（处）、63119换算平方米。2015年，接管丹大合资铁路公司建成的丹大快速铁路，新增房建设备710759换算平方米。

（二）房建设备管理微机化

1993年，沈阳铁路局开发编制房建设备微机管理程序，该系统将路局、分局及房建段设备管理工作实现微机化。1996年，路局重新开发新的管理软件，使用Visual Foxpro开发Window操作系统下的《房建设备管理系统》，最终FJGL2008房建设备管理系统投入使用。2014年，路局对房建设备管理系统进行修改，升级为FJGL2015房建设备管理系统，并于2016年投入使用。

二、设备移交

（一）文教卫生单位使用的房屋属地化移交

沈阳铁路局按照铁道部主辅分离工作总体安排，从2003年开始，正式启动文教卫生单位的属地化移交工作。全局完成教育卫生单位属地化移交单位35个，协议移交房屋建筑物690栋（处）、339919换算平方米。2004年，全局完成教育卫生单位属地化移交单位117个，协议移交房屋建筑物2556栋（处），1486451换算平方米。全局累计完成教育卫生属地化移交152所，其中：中小学105所、医院29所、幼儿园18所，协议移交房屋建筑物3246栋（处）、1826370换算平方米、固定资产57983.61万元。

（二）铁通公司使用的房建设备移交

沈阳铁路局按照铁道部统一部署，2004年正式启动铁通设备、资产移交工作。沈阳铁路局划拨铁通辽宁分公司独立产权房屋113390平方米，共用产权房屋26219平方米，铁通使用铁路产权房屋18776平方米；划拨铁通吉林独立产权房屋55037平方米，共用产权房屋11614平方米，铁通使用铁路产权房屋17002平方米。

（三）铁路公安局使用的房建设备移交

沈阳铁路局按照公安部、铁道部关于剥离铁路企业政府职能文件精神，2009年正式启动铁路公安部门整体移交工作，将沈阳铁路公安局及其下属各铁路公安处机关使用的独立生产办公房屋一次性移交给铁路公安部门，共移交房屋建筑物157栋（处）、8.87万换算平方米，移交资产净值4410万元。

（四）检察院、法院与铁路企业分离移交房建设备

沈阳铁路局根据中央关于司法体制改革精神，于2012年6月，将沈阳铁路检察分院和沈阳铁路中级法院使用的房屋现状移交给辽宁省人民检察院、辽宁省高级人民法院，分别移交房屋9688平方米、10009平方米。

三、高铁房建设备管理

（一）新线客专房建设备管理介入

2012年，沈阳铁路局哈大客运专线进入静态验收阶段，组织技术人员对各站现场施工管理情

况进行监控，并通过铁道部专家组的静态验收评审。10月，铁道部安全评估组、初步验收组对哈大客专进行安全评估和初步验收工作，其中，涉及房建专业问题32件，房产部门全部制定整改措施和整改时限，并按期销号。2013年，路局盘营客专静态验收、联调联试、开通试运营期间，发现房建设备问题141件后，完成问题跟踪销号处理工作，通过铁路总公司房建专家组对盘营客专房建静态验收评审工作和初步验收工务（房建）专家组的检查工作。2014年，路局对丹大快速铁路现场施工过程进行介入，组织8次平推检查，检查共发现问题789件，至开通前全部整改完成。

2015年，沈阳铁路局组织对沈丹客专、丹大快速铁路、吉图珲客专及沈阳南站提前介入及静、动态验收，抽调218人提前介入人员参加，8月通过总公司安监局对沈丹铁路客运专线及沈阳南站开通运营准备工作进行的房建专业安全评估；9月，通过总公司安监局对吉图珲客专开通运营房建专业安全评估，提出问题2件，全部整治；11月，局房建专业静态验收小组对丹大快速铁路全线站房、综合维修基地等其他房建专业工程进行静态验收。

（二）高铁房建设备接管

2012年，哈大客专正式开通运营，接管哈大高铁房建设备35711534换算平方米，给水设备1009.88换算公里。2013年，长吉城际线九台南站开通，接管高铁房建设备149栋（处）、16.96万换算平方米，供暖设备18处、4.35万换算平方米。自供暖面积0.895万平方米，1处供暖锅炉房，采暖锅炉1台，给水设备51换算公里。9月，盘营客专正式开通，新接管高铁房建设备共138栋（处）、10万换算平方米。10月，吉图珲客专敦化站开通运营，接管高铁房建设备2.17万换算平方米，供暖设备量1.18万换算平方米，给水设备135换算公里。2014年，接管沈阳南站高铁房建设备45.3万换算平方米。

2015年9月，沈阳铁路局沈丹客专开通运营，接管高铁房建设备33.87万换算平方米，供暖设备8万换算平方米，给水设备217.9换算公里。9月，吉图珲客专开通运营，接管高铁房建设备41.96万换算平方米，供暖设备24.69万换算

平方米，给水设备622换算公里。12月，丹大快速铁路开通运营，接管"四电"和"5T"房屋118栋、16849平方米；站房综合楼12座，22592平方米；生产生活综合维修房屋192栋、53990平方米；旅客站台、雨棚各28座；煤炉10台，油炉11台。

（三）高铁房建规章制度

2012年，沈阳铁路局制定下发《沈阳铁路局高速铁路房建设备检修制度》《沈阳铁路局高速铁路房建设备限界测量制度》《沈阳铁路局高速铁路房建设备整修制度》《沈阳铁路局高速铁路房屋建筑物巡检制度》《沈阳铁路局高速铁路房建设备施工安全管理实施细则》《高速铁路房建安全风险较大作业监督管理规定（暂行）》《高速铁路房建高处作业控制措施（暂行）》《高速铁路房建作业人员劳动安全关键点控制措施（暂行）》《高速铁路恶劣天气下房产部门应急响应预案》《高速铁路房建有限空间应急措施和救援预案》《沈阳铁路局高速铁路房屋建筑物管理办法（暂行）》等管理规定和应急预案，同时为保证高铁房建设备安全使用，制订14项规章制度，汇编成册，统一规范班组、车间、段表簿册内容。

2014年，编制《沈阳铁路局中小型客运站房建设备指导意见》，为客专介入重点把握环节提出建设指导原则。4月，制定并印发《新建铁路房建专业提前介入管理办法（暂行）》文件。

第四节　住房改革与交易

一、住房租用与出售管理

1996年，沈阳铁路局制定《深化住房制度改革实施方案》。1997年，全局出售新旧公有住房计126635户，累计售房137264户，占全部可售住房69.4%，回收资金总额18.3亿元。7月份，沈阳、锦州、大连、丹东、长春等分局取消标准价、一律实行成本价售房，成本价售房的价格标准和优惠政策基本参照当地标准，公有住房租金由每平方米0.80元提高到1.20元。

1999年4月，沈阳铁路局成立住房委员会。启动全局房地产交易二级市场，成立10个住房交

易管理中心和13个住房交易管理站。沈阳、锦州、白城、通化分局、局直属相继办理房地产二级市场有关资质证书、经营许可证，沈阳铁路房地产市场、锦州房产管理中心正式挂牌营业。路局下发《关于印发〈沈阳铁路局已购公有住房上市、公有住房使用权有偿转让及互换、更名、调配管理暂行办法〉的通知》。2000年6月，全路住房制度改革工作现场会议在沈阳铁路局召开；沈阳、大连、白城、通化、丹东、本溪、图们、长春等区域性住房市场相继开业；全局公有住房租金标准提高到每平方米使用面积1.60元。

2001年，路局开展承租房普查换证工作，解决一户多证和证物帐不符的问题，全局统一编号印发房证8.7万户，核发房证27248户。开展住房普查，核查职工住房面积，共普查47.45万人，查出住房超标户103638人，达标户120942人，不达标户172340人，无房户77634人。

同年，沈阳铁路局房改工作重点放在实行货币化政策阶段，全局通过利用自有土地建房6787户，58.72万平方米，按户换算补贴总额19716.9万元，解决不达标户1933户，解决无房户4779户，同时根据有关政策实行货币动迁安置432户。依据《关于继续做好全局清房工作的通知》要求，对全局现任和1999年1月以后退休的副处职及以上领导干部及各单位党政正职的住房进行清理。6月，下发《关于调整公有住房租金标准的通知》，调整公有住房租金标准。2003年，印发《沈阳铁路局已购公有住房上市出售、公有住房使用权有偿转让及互换、更名、调配管理办法的通知》。2004年，制定《沈阳铁路局廉租住房管理暂行办法》（沈铁房发〔2004〕24号）。

2005年，沈阳铁路局开展全民在职无房职工和易地调动职工住房情况调查，全局有无房职工85651人，易地调动职工有要房需要的5188人；制定下发《沈阳铁路局职工住宅建设及出售办法》（沈铁房函〔2005〕556号）。2006年，路局制定《关于明确住房交易站有关事宜的通知》，统一住房交易管理机构的名称，明确住房交易站经营核算的方式，规定住房交易站的16项工作职责。3月，印发《沈阳铁路局存量公有住房处置暂行办法》（沈铁房管函〔2006〕78号），规范全局存量公有住房的管理和处置。

二、住房公积金

1996年，沈阳铁路局印发《关于调整住房公积金基数的通知》，对住房公积金缴存基数进行调整，缴存基数按职工本人上一年度月平均工资计算。1997年，路局印发《关于调整住房公积金基数的通知》，对住房公积金缴存基数进行调整，由原职工本人1995年平均工资四项之和调整为按职工本人1996年月平均工资计算，单位、个人住房公积金缴交率分别为5%。1999年，路局印发《关于职工房改购房使用住房公积金的通知》（沈铁房改办〔2000〕1号），自2000年起职工房改购房可以使用住房公积金。

2000年，沈阳铁路局全面开展住房公积金政策抵押贷款业务，并与太平洋保险公司等单位签订贷款保险协调和特定贷款协议，全年共贷出公积金1909万元，解决了515名职工购房资金紧张问题。2001年，全局住房公积金缴存比例由现行的5%提高到6%。2005年，沈阳铁路局对住房公积金管理机构进行相应的调整，路局住房资金管理中心更名为住房公积金管理办公室，各分局住房公积金部门调整为管理部，实行垂直管理、统一核算，并下发住房公积金经费（预算）管理办法。

2008年，沈阳铁路局下发《关于调整住房公积金缴存额的通知》（沈铁房管电〔2008〕1146号），全局职工住房公积金缴存基数由2005年职工本人月平均工资调整为2008年职工本人月平均工资，职工本人和单位住房公积金缴存比例由各6%调整为各8%。2010年1月5日，路局《关于调整住房公积金缴存额的通知》，全局职工住房公积金缴存比例由8%调整为9%。2011年，路局下发《关于调整职工住房公积金缴存基数的通知》（沈铁房管电〔2011〕51号），全局职工住房公积金缴存比例单位和个人各9%，缴存基数上限为17515元，缴存全额上限为3152元。2012年1月，路局下发《关于调整职工住房公积金缴存基数的通知》，全局职工住房公积金缴存比例单位和个人各9%，缴存基数上限为21930元，缴存全额上限为3948元。

2013年1月16日，沈阳铁路局发布《关于调整职工住房公积金缴存基数的通知》（沈铁房管电〔2013〕71号），全局职工住房公积金缴存比例单位和个人各9%，缴存基数上限为25875元，同年对全局住房公积金审批、交缴、使用情况开展专项执法监察。

2014年1月，沈阳铁路局下发《关于调整职工住房公积金缴存基数的通知》（沈铁房管电〔2014〕26号），全局职工住房公积金缴存比例单位和个人分别为9%，缴存基数上限为29166元。同年，下发《沈阳铁路局关于明确职工住房公积金缴存基数调整时间和缴存额上限的通知》，自2014年起，全局职工住房公积金缴存基数、比例由原每年1月1日调整，改为每年7月1日调整，缴存基数上限按沈阳市公布的21855元执行。

2015年11月，沈阳铁路局发布《关于调整职工住房公积金缴存基数和比例的通知》（沈铁房管电〔2015〕1063号），职工住房公积金缴存基数和比例，缴存基数按2014年度职工本人月平均工资计算，缴存基数上限执行沈阳市确定的2015年度住房公积金缴存基数上限23580元，全局根据"缴存额向上取整"的实际，缴存基数上限确定为23575元，缴存额上限单位和个人各为2829元，住房公积金缴存比例由9%调整为12%。

第五节　职工住宅建设与管理

一、住宅建设

（一）住宅建设机构和模式

1996—2004年，沈阳铁路局房建处下设机关建房办，负责全局住宅建设管理工作，各分局为住宅建设单位。2005年，路局撤销机关建房办，设长春、沈阳、大连、锦州、通辽、吉林、通化7个住宅建设开发办公室，业务归房建处领导，各分局为住宅建设单位。住宅建设采取路局、分局、站段补助和个人集资的模式进行建设，按照建造成本价向职工出售。

2006年，沈阳铁路局整合住宅开发建设单位，成立沈阳沈铁房地产开发集团公司，下设长春、丹东、大连、锦州、通辽、吉林、通化7个子公司，各房地产开发公司为住宅建设单位。同年开始实施商品房住宅开发建设，向职工限价销

售。2009年，沈阳铁路局制定推进铁路职工住房建设规划，从当年开始实施经济适用住房、棚户区改造，限价商品房和商品房开发建设。

2010年，沈阳铁路局成立了以局长、局党委书记为组长的局职工保障性住房建设工作领导小组，局职工保障性住房建设工作领导小组下设局职工保障性住房建设管理办公室，具体负责、制定职工保障性住房建设规划及其土地利用规划，掌握职工保障性住房建设的相关政策，并组织和监督落实，组织制定新建职工保障性住房配售方案，并组织和指导各单位做好配售工作等日常管理工作。2015年6月，沈阳铁路局路局撤销职工保障性住房建设管理办公室，其后续管理工作划

1996—2008年职工住宅建设统计表

表2-6-3

年份	建设户数	建筑面积（平方米）	年份	建设户数	建筑面积（平方米）
1996	24274	24274	2003	3310	294600
1997	17831	17831	2004	11720	937600
1998	11451	11451	2005	2209	176720
1999	5753	5753	2006	4763	384040
2000	5984	5984	2007	6006	544083
2001	6787	6787	2008	6000	678753
2002	8683	8683	合计	114771	8479870

归局土地房产管理处住宅管理科。

（二）住宅建设评先

1996年，沈阳铁路局管内各分局为建设单位，9个分局兑现年度建房责任状；锦州、白城、通辽分局被评为局住宅建设先进单位；局机关建房办获得路局建设单位质量奖荣誉称号。1997年，全局住宅建设工程质量较上年有较大幅度提高，沈阳、锦州分局、大连公司被评为局住宅建设先进单位。1998年，沈阳分局、锦州分局大连公司被评为局住宅建设先进单位；锦州第二房建段、叶柏寿房建段、白城房建段、局机关直属住宅建设办公室组织施工的4件住宅大修工程，被评为局乙级大修优质工程。

1999年，长春分局、沈阳分局、锦州分局被评为1999年度局住宅建设先进单位。2000年锦州分局被评为2000年度居住宅建设先进集体。

2001年，大连公司加强住宅建设管理，狠抓工程质量、资金使用合理，被评为2001年局住宅建设先进单位。2004年，通化分局被评为职工住宅建设优秀组织单位。

（三）保障性住房建设

2009年，沈阳铁路局陆续在沈阳、长春、吉林、大连、锦州、赤峰、通辽、通化等30个地区，利用机构整合闲置的自有铁路用地，开工建设职工保障性住房82051户，使无房、异地调动和住房困难职工的住房问题基本得到了解决。其中在沈阳、丹东、大连、鞍山、辽阳、海城地区建设经济适用住房21357户；在锦州、阜新、通化等地区实施棚户区改造22649户；在长春、吉林、通辽、赤峰等地区建设局内限价商品房38045户。同年实施"司机楼工程"，使全局在岗无房、异地通勤、住房不达标和受居住条件影响休息的司机乘务员的住房问题得到了全部解决。实施大安北棚户区改造，彻底改变大安北地区职工"晴天土、雨天泥"的居住环境，使1200多户棚户区职工的居住条件得到了改善。在西部建设白音华、巴彦胡硕和乌珠穆沁三个职工生活基地建设公租房136户，全部配租给职工居住，改善了当地职工的生活条件。

2010年7月，全路保障性住房建设工作会议在沈阳召开，会议期间对沈阳在建的和谐、金街、火车头佳园等10个经济适用住房小区建设情况进行现场观摩。在2011、2012、2013、2014年全路保障性住房建设经验交流会议上，沈阳铁路局作为先进单位将建设经验与成果与其他铁路局进行了交流。

（四）危简住宅改造

沈阳铁路局从1996年继续推行危房、简易、陈旧、水泡住宅（简称"四类"住宅）改造，至2000年危简住宅改造结束，"九五"期间共改造"四类"住宅18035户、574169平方米，全局累计改造"四类"住宅38828户、1647143平方米。

二、住宅设备管理

（一）管理机构

1998年，沈阳铁路局有13个房建段成立物业公司，组建物业管修站133个。1999年，路局房建处成立物业管理科，住宅设备管理实行专业化管理、检查、维修。1999年全局19个房建段2个

房建经营管理公司全部成立物业公司，物业公司全部在地方工商部门注册，并办理了资质证书，其中有16个物业公司办理物业收费许可证。2000年，全局21个房建段内设物业公司并全部在地方工商部门注册，并办理了资质证书，有19个物业公司办理了物业收费许可证。

2006年，沈阳铁路局9个房产生活段负责住宅设备管理，成立局房产管理所，下设9个房产管理站，负责住宅设备管理。2009—2010年，局土地房产管理处物业生活科负责全局住宅设备管理。2011年，物业生活管理职能调整到局投资管理中心，各房产生活段物业服务、住宅维修、公共设施维修费收费、公有住房租金收费、住房交易工作划归沈阳沈铁房地产开发集团有限责任公司所属各房地产开发子公司管理。

2012年，局投资管理中心物业生活管理职能调整回局土地房产管理处，实行行业统一管理。局土地房产管理处下设住宅管理科，负责全局住宅房建设备管理工作，10个房产段负责设备的日常管理，各房产建筑段将住宅房屋与生产办公房屋分开管理，实行专业化管理。

（二）设备概况

1996年，全局住宅设备量15519296平方米，随着城市建设的发展，住宅开发，棚户区改造，未售住宅房改，全局住宅设备量逐年发生变动，至2011年，全局住宅房屋16269栋、20316558平方米。其中：一级房屋5156栋、5867725平方米，三级房屋227栋、272144平方米。

2012年，全局住宅房屋15893栋、20020664平方米，一级房屋5022栋、5252098平方米，占房屋总面积的26.23%；三级房屋216栋、280519平方米，占房屋总面积的1.40%；住宅附属房屋及建筑物26675栋处、4830515换算平方米。2013年，全局住宅房屋15621栋、20090357平方米，一级房屋5068栋、5575333平方米，占房屋总面积的27.75%；三级房屋184栋、261488平方米，占房屋总面积的1.30%；住宅附属房屋及建筑物26681栋处、4549786换算平方米。

2014年，全局住宅房屋15376栋、20224483平方米，一级房屋5311栋、6266478平方米，占房屋总面积的30.98%；三级房屋166栋、229611平方米，占房屋总面积的1.14%；住

宅附属房屋及建筑物26842栋处、4526808换算平方米。

2015年，全局住宅房屋15009栋、19933023平方米，一级房屋6119栋、6981635平方米，占房屋总面积的35.03%；三级房屋153栋、137098平方米，占房屋总面积的0.69%；住宅附属房屋及建筑物26195栋处、4453619换算平方米。

三、住宅大维修

（一）住宅大维修资金来源

1996年，沈阳铁路局下发《沈阳铁路局住宅租金管理规定》（沈铁房函〔1996〕241号），房屋租金是用于住宅维修专用款源，收取的住房租金总额的50%留在房建段，用于住房维修；25%留在分局房建分处，用于旧小区设备维修；25%上缴路局房建处，用于住宅小区执行物业管理中尚未完善配套的项目。1997年路局下发《沈阳铁路局公有住房售后管理办法》（沈铁房发〔1997〕121号）明确共用部位、共用设备及公共设施的修缮、更新，由房产管理部门承担，费用在住房维修基金中列支。

2000年，沈阳铁路局下发《沈阳铁路局住宅房屋建筑物维修管理暂行办法》（房物管发〔2000〕14号），提出住宅房屋建筑物维修的基本原则：坚持预防为主，实行周期整修，重点整治病害，确保使用安全，实现设备保值保级，住宅及其公建设备的维修资金由租金、售后房屋维修基金增值部分、售后房屋公共部位维修费、按公建设备换算平方米投入的维修费等四项费用组成，用于设备的整修、检修。

2001年，沈阳铁路局运输支出不再对售后房屋投入维修费，每年使用维修基金2%，用于对已售房屋单项大修。2006年，路局下发《关于提高维修基金使用比例的通知》，从2007年起，将住房维修基金本金使用比例，由2%提高到3%，专项用于已售住宅设备大修，重点解决暖气破损、电线路破损老化、房屋严重漏雨、上下水管路腐蚀破损等设备病害。自2006年起，住宅维修资金来源是未售房屋租金、售后房屋维修基金（本金和增值部分）、售后房屋公共部位维修费。

（二）住宅大维修工程

1998年前，沈阳铁路局住宅维修与生产办公房屋没有分开，住宅维修资金来源为路局投资和房屋租金，维修设备量占住宅总设备量的12%左右。1998年，全局利用住宅维修基金利息部分对已售住宅房屋维修574栋、61.3万平方米。1999年，全局全年实际完成133.5万换算平方米。2000年，全局投入维修基金利息897万元，对150.8万平方米售后住房进行了维修；对可售12.7万平方米火炕楼投入资金1998万元，改造安装暖气。2001年，全局投入住宅维修基金2170万元，对已售住宅维修213.4万平方米，投入租金3138.9万元，修缮住宅213.4万平方米，使一级住宅房屋增加80.4万平方米，三级住宅房屋减少15.3万平方米。

2002年，沈阳铁路局投入住宅维修资金4451.3万元。2006年，沈阳铁路局住宅大、维修投资7895.75万元，完成住宅大、维修2983栋、826.2万平方米。2007年，全局住宅大、维修投资8913.15万元，对1687栋处、347.54万换算平方米住宅房屋及配套设施设备进行大修，对221栋、15510户、89.13万平方米住宅进行供暖分户改造，对18个住宅小区配套设施进行了改造和完善；整修完成2255栋处、388.19万换算平方米住宅房屋及配套设施设备的整修。2008年，全局住宅大维修投资8207.90万元，完成865栋处、295.47万换算平方米住宅房屋及配套设施设备大修，对227栋、15274户、86.59万平方米住宅供暖系统进行大修，同时进行供暖分户，对19个住宅小区配套设施进行了改造和完善；整修完成4191栋处、472.45万换算平方米住宅房屋及配套设施设备的整修。

2009年，全局住宅大维修投资9258.44万元，完成941栋处、290.7万换算平方米住宅房屋及配套设施设备大修；对14个住宅小区配套设施进行改造和完善，完成1403栋（处）、387.9万换算平方米住宅房屋及配套设施设备整修。2010年，全局住宅大维修投资8180.17万元，完成324.6万换算平方米，对12个住宅小区配套设施进行改造和完善；整修完成573栋处、301.7万换算平方米。2011年，全局住宅大维修投资7146.44万元。2012年，全局住宅大维修投资6432.61万元，完成713栋处、227.23万换算平方米住宅房屋及配套设施设备大修；完成1792栋处

524.16万换算平方米住宅房屋及配套设施设备的整修；对297栋、19764户、116.45万平方米住宅进行供暖分户改造。

2013年，沈阳铁路局住宅大、维修共投资9800.9万元，完成14个老旧小区配套设施改造，完成1253栋处、349.39万换算平方米住宅房屋及配套设施设备大修；完成2124栋处、281.15万换算平方米住宅房屋及配套设施设备的整修；检修完成174栋、11442户、67.39万平方米供暖分户改造。

2014年，全局住宅大维修投资10214.7万元，完成6个老旧小区配套设施改造；完成1532栋处、332.78万换算平方米住宅房屋及配套设施设备大修；完成1775栋（处）、208.59万换算平方米住宅房屋及配套设施设备的综合维修；对175栋、11317户、67.4万平方米住宅进行供暖分户改造。

2015年，沈阳铁路局住宅大、维修共投资8267.96万元，完成853栋处、251.06万换算平方米住宅房屋及配套设施设备大修；完成1245栋（处）、427.25万换算平方米住宅房屋及配套设施设备的综合维修，大修、综合维修工程一次验收合格率100%；对236栋、13968户、81.99万平方米住宅进行供暖分户改造。

（三）施工管理

2011年，沈阳铁路局下发《沈阳铁路局住宅房屋大维修管理暂行办法》（沈铁房管物业〔2011〕15号）文件，进一步规范住宅大维修工程管理。全局住宅房屋大维修工程，以"整治病害、消除安全隐患"为宗旨，达到整栋(件)设备升级的目的。各房产段（维修单位）根据当年秋季设备检查鉴定发现的设备病害和评定的设备技术状态，参照当年大维修投资计划，准确提报次年住宅房屋及配套设施设备的大维修计划，经区域土地房产管理办公室审核后，报路局批准。住宅大维修工程必须有批准的设计文件、开工报告方可开工。施工负责人和工程技术人员应在开工前全面熟悉设计文件，在现场调查的基础上，做好劳力、材料、施工机具、运输、施工用水电等一切准备工作。工程开工前，应由设计人员现场向施工负责人和工程技术人员进行技术交底，明确设计意图、工程内容、主要工程项目及技术要求等。土地房产管理办公室根据路局批准的设计文件，负责对大修工程开工报告进行审批，并对工程实行全过程的技术、安全、质量管理，监督工程的实施情况。住宅房屋及设施设备大修、维修工程验收2000年前执行《沈阳铁路局房屋建筑物大修管理办法》（沈铁房函〔1996〕234号）和《沈阳铁路局房屋建筑物中修管理暂行办法（试行）》（房建发〔1998〕3号），2000年后执行铁道部《铁路房屋建筑物大修维修规则》（铁运〔1999〕146号），2014年后执行铁路总公司《铁路运输房建设备大维修规则（试行）》（铁总运〔2014〕60号）相关规定和国家验收规范。

四、物业管理

（一）小区建设

1997年，沈阳铁路局下发《关于印发沈阳铁路局旧住宅小区配套建设暂行办法》的通知，对列入重点小区的配套建设资金，"八五"期间（1991—1995年）建设的住宅小区，路局与分局投资比例为1:1。1997年，路局在加强新建住宅小区配套建设的同时，增强对旧小区配套建设投资力度，全年投资2800万元，有52个小区达到物业管理建设标准。1998年，路局下发《关于下达1998年住宅小区配套建设补助资金计划的通知》，并加大小区配套建设力度，全年投资8138万元，完成74个小区配套建设。1999年，沈阳铁路局共投资5335.9万元，用于36个居民小区配套建设，受益居民31287户，总占地面积116.7万平方米。新建门卫室1206平方米，新建物管站、居委会办公室、业主委员会办公室、保健站、活动室房屋11242平方米，修建自行车棚13893平方米，新铺道路16.8万平方米，铺设硬面方砖22万多平方米，新建围墙22074米，种植绿地28.9万平方米，植树11500多棵。2001年，沈阳铁路局对住宅小区建设投资实行投资立项招标，完成小区配套建设投资1222.2万元。2002年，全局投资700余万元，对7个小区招标配套建设投资300多万元，对楼道进行粉饰，对小区的建筑小品、物业用房等设备进行维修，增设体育健身器材，使物业小区环境得到改善。2003年，路局制定《沈阳铁路局物业管理小区设备、设施养护维修管理标准》。对445处小区景点、449处大门重新进行粉饰，补栽各种树木，小区累计植树13.6万株，保证户均一棵树的指标。2003—2011年，全局逐年实施对老旧住宅小区配套建设规划，投资8161.93万元，对94个住宅小区配套设施进行改造和完善。2012—2015年，沈阳铁路局累计投资2781万元，对通化白山小区、锦州延铁园小区等21个住宅小区的道路、围墙、栅栏、排水、大门、绿化等公用设施设备进行改造和完善。

（二）小区管理

1996年，沈阳铁路局印发《沈阳铁路局优秀住宅小区标准》及考核评比验收办法的通知，在全局范围内开展创建"物业管理优秀住宅小区"活动。物业管理不断深入，坚持把运营与住宅分开管理。全局实行独立核算组建121个住宅管修站，直属、大连、锦州房产段先后成立物业管理公司。1998年，路局下发《沈阳铁路局物业管理暂行办法》（沈铁房函〔1998〕25号），全局有13个房建段成立物业公司，其中有6个物业公司已经在地方注册，组建物业管修站133个。1999年5月，印发《沈阳铁路局物业管理实施细则（试行）》（房建发〔1999〕12号），规范全局物业管理工作。同年，全局有6个物业管理小区获得国家级示范优秀小区称号，有23个（次）小区获得省级文明小区称号，有35个（次）小区获得市级文明小区称号，有66个（次）小区获得路局示范、达标、优秀小区称号。2000年，全局在全面保持国家、省、市优秀小区称号的基础上，又有37个物业管理小区获当地政府的表彰。同年，成立铁路物业保安大队，挂靠公安局保安公司；编辑印发《沈阳铁路局物业管理规章制度汇编》一书，全局参加国家制定培训单位并获得上岗证书的物业管理干部累计达59人。路局物业管理在社区建设工作中成绩显著，被沈阳市政府评为先进单位。

2002年，沈阳铁路局开展物业资质认证和ISO9000族质量认证工作，大连、锦州、局直属等12个公司办理正式资质证书；大连、锦州一、锦州二、叶柏寿、阜新5个物业公司通过ISO9000族质量外部认证。全局共投资143万元，植树20万余棵；投资300多万元，对楼道进行粉饰，对小区的建筑小品，物业用房等设备

进行维修，增设体育健身器材，使物业小区环境得到改善。

2003年，沈阳铁路局局有20个房建段办理了23个建设部监制的物业管理企业资质证书，大连、锦州一、锦州二、阜新、叶柏寿、赤峰6个物业公司已通过ISO9000族质量认证。同年，全局有20个物业管理小区获当地政府表彰，其中省级的8个，市级的12个。2004年，全局有11个物业小区获得当地政府表彰，其中：省级2个，市级9个。当年，全局有7个段的物业公司取得了国家级ISO9000质量管理认证。2012年6月，住宅小区物业重新划归房产部门管理后，组织10个房产段制定完善物业车间班组各项规章制度、办法及岗位考核标准，加强小区保洁、绿化、除雪工作，小区环境有大幅提升；加大职场环境整治力度，提高服务标准，为业主创造温馨的居住环境。

2013—2015年，全局开展物业小区环境整治工作，整治小区361个，拆除私搭乱建1593处，清运垃圾33831立方米，对楼道、室外杂物进行清理，彻底改变小区整体面貌，改善了居住环境。2014年，沈阳围子里小区、大安北部明珠小区获中国铁路总公司"绿色家园"荣誉称号。

（三）物业收费

1999年，沈阳铁路局建实行物业公司和管修站费用总额包干、自收自支、定额补贴的核算机制，形成物业公司和管修站合理收取物业管理费、公共设施维修费和有偿维修费、有偿服务费，又用于小区建设和管理投入，实现以小区养小区的局面。全局有10个小区开始收取物业管理费，完成物业管理费收缴86.2万元。2000年，全局收取物业管理费19个小区，完成物业管理费收缴233万元。

2001年，沈阳铁路局将物业收入指标和收费率分解到7个分局、21个物业公司和139个物业管理站，层层签订责任状，实行风险抵押制度，全年物业费完成315万元，物业收费率达到52%。2002年，全局物业管理费完成429万元，实行物业收费的小区已达137个。

2003年，全局实行物业收费的小区164个，物业管理服务费完成484.4万元。2014年，全局有住宅小区201个，实行物业管理的住宅小区

157个，收取物业管理费住宅小区147个，物业管理费收缴1088.25万元。2015年，全局物业开始向地方移交。

（四）物业移交

2014年，沈阳铁路局根据《国务院关于近期支持东北振兴若干重大政策举措的意见》精神，启动物业移交工作，制定《沈阳铁路局"三供一业"移交实施方案》。2015年，全局移交物业服务的小区59个，占总数201个小区的29.4%。

第六节　供暖管理

一、供暖设备

1996年，沈阳铁路局有供暖锅炉房1206处，1736台锅炉，供暖面积1610万平方米，年耗煤65万吨，供暖成本达3.5亿元。1998年，全局有供暖锅炉房1326处，1771台锅炉，供暖面积1636万平方米，年耗煤72.4万吨，供暖成本3.9亿元。1999年，全局有供暖锅炉房1350处，1617台锅炉，供暖面积1494万平方米，年耗煤80万吨，供暖成本4.42亿元。2010年，路局在沈阳、锦州、丹东、通辽、通化等地区新建保障房110万平方米，入网后供暖面积大幅度提升。2013年哈大高铁开通运营，接收19处燃油锅炉房、14处地源热泵、2处燃煤和燃气锅炉房。同年，全局有供暖锅炉房695处，锅炉869台，供暖面积2828万平方米。设备数量变化较大的主要原因为：实施供暖集中供热以来，取消既有202处小锅炉房，并随着站区小联网、高能耗小锅炉房移交，供暖锅炉房逐步呈减少趋势。2015年，沈丹、吉图珲、丹大、锡乌、宇松等新线开通，接收锅炉房48处，锅炉49台，供暖面积236314平方米。全局在用锅炉单台20吨位及以上锅炉47台，其中：单台100吨位（70MW）有13台，80吨位（58MW）有4台，单台40吨位（29MW）9台，单台30吨位（21MW）有4台，单台20吨位（14MW）有17台。2015年末，全局供暖锅炉房减少至540处，锅炉670台，供暖面积2607万平方米。

二、供暖设备大维修及更新改造

1999年，沈阳铁路局对锅炉、软水设备和暖气系统的改造共投入3229万元，更新锅炉41台，对101台锅炉的烟管、水冷壁管及对流管束进行更换，新安装锅炉自动软水设备59套，大修更换暖气外网63处。2000年，路局投资3229万元，更新锅炉41台，大修锅炉101台，新增锅炉自动软化水设备59套，大修暖气外网63处，使设备质量得到改善。2009年，全局投资3686.30万元，完成锅炉大修65台，完成供暖设备大修24处，完成供暖设备整修620处，对供暖设备进行日常检修。2010年，路局投资1480.9万元，完成锅炉及供暖设备大修72处，外网大修9处；其它大修4处，更新锅炉8台，系统内部调换安装锅炉5台，锅炉微纳米高温远红外锅炉节能膜18处；整修工程完成960处、2790万元，应急整修费47处、310万元。

2011年，全局供暖设备大修完成76件、1808.5万元；供暖设备整修完成950件、3731.2万元；完成更新改造33件、8322.9万元。2012年，投资1759万元对供暖设备大修；投资2248万元，完成608件供暖设备整修；投资3658万元，完成370栋、28.3万平方米、21013户供暖分户改造；投资613.5万元，对丹东房产段对兴一街锅炉房2台20吨热水锅炉、山海关长城西街2台20吨等热水锅炉进行改造，安装16台超导管余热回收利用装置，降低烟气中的含尘量，达到《工业三废排放标准》。2013年，沈阳铁路局投资1852万元对供暖设备大修，其中：锅炉大修79台，供暖外网大修10处，完成2处锅炉辅机的大修。2014年，路局投资4583.32万元，实施52个站区供暖小联网，减少小锅炉房102处（其中取消房产锅炉房43处），联网总面积达105万平方米。同年，投资1828.9万元，实施79项供暖设备大修，其中：锅炉大修44台，炉排大修3处，外网大修19处，室内供暖系统大修3处，脱硫、上煤、除渣等设备大修12处；投资1057万元，完成更新锅炉24台、脱硫除尘设备9套、上煤除渣设备2套、移设余热回收设备6台、其他设备11台套；投入供暖设备维修费2278.75万元，完成锅炉、辅机及供暖系统维修745件，维修质量在供暖运用中得到了检验，对有增加供电能力的14处小型燃煤锅炉实施煤炉改电锅炉供暖。2015年，沈阳铁路局投资1250万元更新改造锅炉、除尘器、上煤吊、除渣机等设备及锅炉房联网等46处供暖设备设施；投资1752万元，大修锅炉34台、外网14处、辅机24台、室内供暖设施24处；投资2890万元对835处供暖设备进行维修。

三、集中供热

1996—2002年，沈阳铁路局供暖锅炉多以卧式快装和小型立式水管锅炉为主，上煤、除渣等机械化程度不高，多以人工和半机械化上煤、人工或旋除渣机（马丁）等老式除渣，存在锅炉吨位小、热效率不高、工人劳动强度大等问题。2003年，路局在阜新、通化、梅河地区实施小范围的集中供热。2009年，路局实施沈阳站集中供热，热源厂安装4台型号为QXL70-1.6/130/70-AⅡ的100吨的热水锅炉，锅炉房采用皮带运输机上煤、框链式除渣机除渣、除灰，设备操作采用变频集控等一体化自动管理模式，将35处锅炉房联网。改造后的热源厂和换热站不但机械化程度高，而且消烟除尘效果非常明显，供暖效果得到了明显的提高。通过实施沈阳站集中供热，成功带动其他地区供暖联网改造的热潮，路局相继投资对长春、锦州、丹东、白城、通化、通辽等具备联网条件的大地区小锅炉房进行联网改造，陆续建造了2台100吨的长春热源厂、2台100吨的锦州铁北热源厂、2台100吨的白城热源厂、2台80吨的本溪热源厂、2台40吨的通化万家驹集中供热锅炉房、2台80吨的通辽热源厂。

2015年，全局有总吨位60吨及以上的集中供热锅炉房14处，总吨位达2250吨，供暖面积1761万平方米，占总供暖面积的67.5%。

四、供暖移交

2013年，沈阳铁路局出资4208.35万元，完成284栋、163.22万平方米转供暖移交。2014年，路局出资1876.54万元，移交锅炉房53处、供暖面积217万平方米。2015年，路局出资2550万元，移交锅炉房23处、供暖面积160.3万平方米，转供暖6处、16.5万平方米。

1996年到2015年的20年间，沈阳铁路局供暖工作发生巨大变化，全局供暖房屋面积较20年前增加62%，而通过实施大地区集中供热联网、站区小锅炉房联网、高能耗小锅炉房移交等举措，锅炉房处所及锅炉台数却明显减少。

2015年锅炉房数量较1996年减少55%，运用锅炉台数减少61%。

五、锅炉运行管理

2003年，沈阳铁路局在锅炉运行管理方面，制定蒸汽锅炉安全操作规程、热水锅炉安全操作规程、司炉工岗位责任制、司炉工交接班制度、锅炉设备维修保养制度、锅炉水质管理制度、锅炉设备巡回检查制度、锅炉安全保卫制度、锅炉房清洁卫生制度、水处理人员岗位责任制、炉窑消烟除尘管理须知、换热站设备巡回检查制度等相关锅炉及辅助设备运行管理制度和对供暖前准备、设备运行期间的巡视检查、锅炉汽化、停电应急方案。要求供暖设备运行前认真检查锅炉"三表一阀"是否校验，压力、温度、水位等数值是否在规定范围内，同时对机械动力传动连接部件、安全防护罩、变速箱油位、电器操作柜等进行重点巡视，发现问题及时检修处理。室外暖气系统重点检查系统是否充满水、水压是否恒定，检查各暖气系统控制阀、进户阀门是否开启等。设备运行期间要求巡检人员对锅炉房、换热站加强巡视，要求每天设备重点巡视一次，巡视要勤看、勤听、勤摸、勤问，发现诸如炉排销垫脱落、电机过热、鼓引风机对轮缓冲垫磨损、排污不畅等设备隐患要及时排除，防止隐患扩大，影响锅炉的安全运行。

2011年7月，沈阳铁路局印发《供暖设备重大故障应急抢修预案（暂行）》（房管修缮〔2011〕26号），以房管修缮〔2012〕28号文件重新下发《供暖设备重大故障抢修应急预案》。2012年，对软化水硬度达标、双锅筒锅炉对流管束泄灰、吹灰、烟管定期清扫、锅炉运行时间、设备运行调节（质调节和量调节）等方面的运行管理进行了细化。3月，印发《防止热水锅炉锅水汽化措施》，《措施》中有热水锅炉汽化的现象、热水锅炉汽化的原因、防止锅炉汽化的预防措施、锅水汽化的处理、集中供热锅炉房突然停电应急处置五个方面。10月印发《沈阳铁路局供热管理办法（暂行）》（沈铁房管发〔2012〕457号），对供热规划与建设、供热设备管理、供热与用热、热费收缴、违章处罚进行了规定，明确了锅炉房安全、职工两纪、职场环境、设备运行、内业、能源、承包管理标准。

2015年，沈阳铁路局对锅炉使用管理，重新修订制定安全管理制度、岗位责任制、节能管理制度、水（介）质管理制度、巡回检查制度、设备验收采购修理保养报废制度、锅炉及辅机操作规程、交接班制度等八项规章制度。

六、节支降耗

1996年，沈阳铁路局出台《沈局全成本供暖承包办法》（沈铁房函〔1996〕145号），在锦州、通辽召开供暖承包研讨会，明确全成本承包指标、核算内容、奖罚条件、考核办法等项目。各分局、房建段在焚火供暖承包中层层签订供暖承包责任状，实行岗位承包和司炉工聘任制度，将成本、服务、设备管理、安全等指标分解落实到车间、锅炉房。直属房建段成立了供暖公司，全局沿线98个小锅炉房实行家庭承包，其它锅炉房也实行供暖全成本承包，强化供暖管理，取得了明显效果。与上个供暖同期相比，节煤9300吨，节水50万立方米，节电833万度，节约焚火人员551名，节约供暖成本1060万元。1997年，路局完善《煤炭管理办法》《冬季供暖管理办法》和《供暖设备修、管、用一体化全成本承包办法》，实行供暖成本单耗承包，将成本、温度、服务、设备管理、安全等指标层层分解落实到车间、锅炉房和人头，对沿线126处小锅炉房实施家庭承包；在用煤上，每天根据室外温度查定定额，计划当日用煤量，指定专人运煤，月末按日平均外温、消耗定额、盘点月节煤数量；在用电上，制定用电控制措施，整治偷电现象，与供电部门联合抄表，防止查表估费；在用水上，治理系统漏水、冷点、丢水300余处，对私安水嘴进行了罚款，通过采取措施，全年度节约458万元。

1998年，沈阳铁路局下发《房建部门强化供暖管理，降低供暖成本消耗的措施》，提出5条新举措：路局对锅炉点火时间不做统一规定，由各分局根据气候条件和当地政府要求灵活确定；全员参加焚火，缩减非生产人员，一线劳力不足由干部补充，最大限度地减少外雇人员；确保完成散收取暖费1000万元，供暖成本节支5%；开展了供暖竞赛活动；对1350处锅炉房全部实行供暖全成本承包，其中一吨以下的806台锅炉实行家庭和个人承包，模拟内部市场运作。与上个供暖期相比，全局共节煤1.8万吨，节水80万吨，节电150万度，节约劳力1500人，节支1321万元。1999年，全局组建专业供暖机构21个，各供暖公司全部实行管、修、用一体化全成本承包，对1105处、1465台供暖锅炉、1552.7万平方米的房屋进行供暖。2001年，全局1009处供暖锅炉房中的897处实行不同种类的承包，其中405处锅炉房实行了以锅炉房为核算单位，对锅炉、暖气设备夏修和冬季供暖实行全成本承包；492处锅炉房实行了对锅炉房冬季供暖的煤水电能源费用单耗指标承包。通过实行这种方式的供暖改革，全年节支供暖煤水电成本1328万元。2007年，路局制定节能措施，根据外温变化调控供暖时间，各供暖锅炉房点火日期须经局长批准；下发〔2007〕25号文件，制定10条节能降耗控制供暖成本措施，要求在供暖过程中坚决落实，确保在生产过程中控制能源消耗；在入冬前各段将调整后的供暖用煤计划分劈到了每个锅炉房，各锅炉房根据天气变化，制定煤炭日消耗指标，合理供暖。

2012年，路局投资613.5万元安装超导管余热回收利用装置16台，提高锅炉进风温度来改善燃料的着火燃烧条件，节约能源。2013年，沈阳铁路局组建10个能源管理站，购置较为先进的煤质检测设备，配备素质好、责任心强的煤质化验人员，对煤质低位发热量、灰分、挥发分、含水量、硫成分等指标进行化验，对低位发热量不符合标准要求的煤炭拿到市内检测部门重新化验，同时积极与供煤部门沟通协调，有效地保证煤炭质量。

七、供暖收费

2008年，沈阳铁路局开发吉林房产段供水、供暖收费信息系统，实现收费台账联网管理，并与吉林省建设银行合作开通银行代收业务。2009年开始，该收费系统陆续在全局进行推行。2010年，沈阳铁路局下发《关于印发〈沈阳铁路局职工取暖费补贴发放办法〉的通知》，自1月1日起，全局职工（含离退休人员和享受供养直系亲属救济费的遗属）发放取暖费补贴，同时取消各单位报销取暖费和发放冬煤补贴制度。2014年，路局开发房产系统集中收费信息系统，将房产系统房费、物业费、水费、采暖费收费台账进行整合，在全局推广使用。

第七节 给水管理

一、给水机构概况

2006年3月，沈阳铁路局给水部分划归土地房产管理处给水生活科管理，撤销7个水电段，给水部分划归所在地房产建筑段管理，并入给水领工区31个，给水人员2776人，换算水道线路17599.8公里，固定资产3.68亿元。当年共完成供水量6300.5万立方米，净化水合格率99.9%，消毒水合格率99.8%；完成给水设备大修工程23项1613.8万元，完成给水设备更新改造工程7项468.2万元。

2015年，全局10个房产段有专业给水车间26个，兼管给水的综合车间11个，给水人员2358人。换算水道线路30236公里，固定资产7.41亿元，给水设备综合合格率91%，水鹤已经全部取消。全年完成供水量4987.2万立方米，净化水合格率100%，消毒水合格率100%，管网漏泄损失率22.7%，给水设备大修工程9项850万元，给水设备更新改造工程4项860万元。

二、给水设备大维修及检修

（一）给水设备大修

1998年，沈阳铁路局水源建设投资1724.8万元，主要项目有图们、叶柏寿、大虎山、梅河口水源改造。1999年，全局水源建设投资1720.4万元，主要项目有沈北、郑家屯、锦州地区水源能力加强，桦甸水源补强，平齐、长白线接自来水。2000年，全局水源建设共投资1491.7万元，主要项目有吉林地区给水厂、水管网改造、梅河口水源加压设施改造，彰武、四平水源能力加强、大石桥水源集中控制设备改造。2001年，水源建设共投资915万元，主要项目有图们水厂水处理设备、赤峰东部给水设施改造、白城地区井群控制设备安装。2002年，水源建设共投资1511万元，主要项目有通辽净水厂建设、图们水厂水处理设施改造、瓦房店水源能力加强、长春伊通河给水管路改造。

2003年，沈阳铁路局水源建设投资444.5万元，主要项目有通辽净水厂建设。2004年，全局

水源建设共投资208万元，主要项目有白城地区水源建设，小市、牛心台水源改造。2005年，全局水源建设共投资389.6万元，主要项目有大连站一、五站台客车上水设施补齐、松原水源建设、长春南供水管路改造。2006年，全局水源建设共投资130万元，主要项目有农安站区给水所改造。2008年，全局水源建设共投资10.9万元，主要项目有一间堡站区职工饮水净化设备安装。2011年，全局水源建设共投资929.4万元，主要项目有给水所消毒设备购置安装、局千山、五龙背疗养院、太平川、锦州小凌河水源改造。2012年，沈阳铁路局水源建设共投资1138万元，主要项目有水源给水消毒设备购置安装、给水化验设备购置，锦州小凌河水源、彰武水源水处理厂改造。

2013年，沈阳铁路局水源建设共投资292万元，主要项目有给水消毒设备购置安装、锦州小凌河给水设施改造。2014年，全局水源建设共投资766.7万元，主要项目有给水化验设备增补购置、锦州小凌河给水所净水厂新建、改建生产办公房屋。2015年，主要项目有局机关给水设施改造、白山地区给水设施改造。

（二）给水设备维修

2009年，沈阳铁路局为辽阳太子河给水所消毒设备安装管道混合器。2010年，沈阳车辆段601库客车栓供水能力增强；对瓦房店净水厂及配套设施维修，建设瓦房店二所拦水暗坝，整修瓦房店一所集导水管。2012年，维修客车栓设备71台座，阀门井5座，消火栓3台；人工投加消毒药点3处，水源地刺线围栏2200延长米，水位监控仪5台，潜水泵7台次；抢修机具12台件，二氧化氯发生器11台次；给水所贮水池硬面580平方米，投药设备2台套，次氯酸钠设备2台套，净水设备2套，给水生产职场1750平方米，给水管路320延长米；对计量化验工区进行改造，制作料架21个。

2013年，沈阳铁路局对鲅鱼圈站给水所供水设施改造，在9处给水所及水塔安装了防护窗栏及防盗门，对沈阳站西出口给水管路进行改造，铺设沈北东西联网给水管路。2014年，路局对瓦房店集导水管维修；大连北水塔、金州、盖州水塔维修；大连安阳二次加压泵房加压设备维修，

大连站给水管路维修，大连给水化验室设施维修。

2015年，沈阳铁路局对大连站93台电动栓及电动栓、手动栓井盖维修；瓦房店山上水槽阀门、配水管及排水阀门维修，瓦房店消毒设备配套水泵改造，瓦房店净水设备滤料维修；熊岳城水塔安装安全防护网。1996—2015年，全局给水设备维修共投资7276.95万元。

（三）给水检修

给水设备检修任务主要是对给水管道、水源井、水塔、水槽、贮水池、消火栓、客车栓、扬水设备、水处理设备、计量设备、各类井室、给水配电设备进行年度检修工作。对设备进行零小修理，对给水管路小漏处理，以及重点部位、设备除锈涂油、防腐、防水、防寒等设备保养工作，利用给水检修费用自制消毒投药箱等。1996—2015年，全局在给水设备检修工作上共投资2656.27万元。

三、给水运营安全管理

（一）给水运营工作

沈阳铁路局给水内业管理，统一建立健全给水站、给水所、给水工区、水道工区、检修工区、化验工区各种管理制度，并且逐步完善；对房产段水车间、班级内业资料进行清理，规范给水各项制度板和图板，并对悬挂地点和标准进行了统一要求；重新制定精简班组表簿册，组织班组长培训，归档整齐划一，值班员填记准确、及时、规范；规范给水技术台帐、履历簿及给水管路图纸的管理工作，在航拍的比例图上重新标注给水管线，定期对给水技术台帐进行核对；完善水报系统，达到方便实用的目的；及时修改给水应急预案，优化给水运行方案，努力实现"提效降耗"。

全局供水设备管理，依据给水设备履历簿的要求对给水设备逐项、逐台、逐件进行清查，全面摸清给水设备底数，同时进行账卡、账实的核对确认。不定期地对管内的给水所进行检查，并将检查中的问题以文字形式进行通报，进行给水月度考核。

对高能耗扬水机械设备的更新改造，大修主授配电盘、起动柜及配套线缆，大修离心泵、潜水泵，通过大修电气设备降低能耗、提升机械设备效率，引进了先进的技术和设备，使不间断安全供水得到有力保障。采用多种措施，加强查收管理，制定收费管理办法，对收费人员进行包保，对收费台帐进行清理，对住宅收费每个查收员的收费率、平均每月收费进行统计、一体化考核；查找漏水户，成立查漏小组，制定查漏管理办法，加强巡检按周期进行查漏，由被动处理漏水到主动查找漏水；改造计量设备，对用户进行总表计量，安装电磁流量计，提高计量精度；加强水表校验，加强水表轮修，集中更换高灵敏度水表；重点检查与物业交叉部位给水管路、地沟内给水管路、排水井附近给水管路，及时处理漏水，减少管网漏泄，发现管道漏水属于其它部门责任的，及时进行督促并配合处理；根据季节和用水量的变化调整运行方案，大站区实行变压供水，沿线小站实行定点供水；组织对给水设备进行能力查定，对能力不足给水站提出增强建议，降低供水成本和供水损失率。

（二）给水安全管理

沈阳铁路局对给水处所用药品管理日趋严格，对易制毒、易爆危险品在储运、购置、使用各个环节均严格卡控，向公安局备案及定期检查，设有专业药品库，按照消毒药品的储存要求，执行双锁双人确认后出入库，使用过程中严格监管，确保药品储存万无一失。

2008年7月份，沈阳铁路局对管内给水设施的安保情况进行了全面整治，在重点给水处所安装刺线围墙，水源井防护栅栏；给水所、水厂、水塔装设防盗门，装设防盗窗；改造通气孔U形弯，改造人孔井盖；加装防撬盖更换防盗锁。2013年8月，沈阳铁路局下发反恐隐患整治通知，要求安装防护网，设置水源地的防护标志牌和警示标牌，安装给水处所水源警示标牌。各给水处所均能够严格执行外来人员管理制度，准许进入后全程监控并签字确认。

沈阳铁路局实施给水处理、消毒安全，水质消毒设备逐年更新，水质得到保证。供给生产饮用水的给水所均使用消毒设备，供水量较大给水所二氧化氯消毒设备已由山东华特908滴定型设备更新为山东华特2000自动型设备。大型水厂设置2套消毒设备，达到一用一备的常态。各给水处所进行定点、定时、定人检测，随时调整消毒剂投加量，汛期增加水质检测频次，发现问题严肃追责处理。

沈阳铁路局对给水设备春检、秋检重点检查水源防护带，以地表水、浅层地下水为水源的给水站的卫生管理和安全保卫工作；原水和出厂水及末梢水水质定期、定点、定项的监测情况；给水设备的维修保养情况，给水设备抢修用料储备情况；消毒设备的运行和药剂贮存情况及《给水设施应急预案》的落实情况，同时对客车上水设备进行全面检查。

四、客车上水

（一）客车栓的使用与设备保养

沈阳铁路局对客车栓的使用由老式客车栓向新型智能客车栓改进。日常对老式客车栓开闭杆、出水立管、密封圈进行定期保养更换；对智能型客车栓的维护主要集中在电气控制系统、自卷系统及保温系统；对客车栓设备定期巡检，定期进行客车栓限界调查，定期开展客车栓故障应急演练。沈阳铁路局管内属北方严寒天气，每年11月前进行客车栓防寒，4月初撤销防寒，井室排水清掏等工作。要求巡检人员在巡检过程中对客车栓逐台进行试验，发现病害立即处理，其他临时出现故障要求及时处理或更换。每年按检修计划解体检修、除锈、涂油、更换不良部件，确保客车上水设备处于良好状态。

（二）新型客车栓应用

客车上水设备由老式客车栓逐步更新为新型智能客车栓，10个房产段中有6个房产段使用新型智能客车栓。新型智能客车栓具有自动上水、自动回卷收带特点，除上水拉拽胶管及插拨管需要人力外，实现了全自动功能，降低劳动强度，保证车站线路美观卫生。

五、给水计量和化验

（一）给水计量

20年来，沈阳铁路局购置新式水表、流量计等设备，逐步淘汰更换了原计量不准确的计量设备，并为原来缺失扬水计量的场所增设安装计量设备，使给水计量工作更加完善，对大用户的计量更加科学合理精确。并在各房产段建标，申请检测资质，设置水表校验机构，安装水表校验台、压力表校验等设备，定期对各种规格的仪表进行有效检验、校验，建立检、校验档案，有效降低设备购置费用，达到节资降耗的目的。

（二）给水化验

沈阳铁路局10个房产段均设有给水化验室，统一配备化验设备，并将老旧给水化验室进行了职场改造、设备升级。化验室由段直接或委托车间负责日常管理，并严格按照国家标准检测，化验周期固定，并在汛期加大化验力度；定期检测原水、出厂水、末梢水水质，对各给水站水质安全控制工作提供准确依据和指导意见，加强化验室内业方面管理，各化验室建立化验档案，确保化验数据随时可查，提高供水安全。

六、给水设备监控、集控安装使用

沈阳铁路局在重点给水所均安装给水监控装置，中心给水所安装给水集中控制装置。给水监控装置以摄像视频随时监控水源地状态，确保水源地安全，同时能够实时查看设备运行情况，出现突发状况能够第一时间发现等；给水集中控制装置采用电脑控制，模拟屏显示，以无线信号传输或升级为网络传输，安装水位传感器、压力传感器、电压传感器、电流传感器、远传电度表、开停控制器等，实时采集设备运行数据，实时比较分析及异常报警，起到联网互控功能，同时方便日常管理。

七、给水业务移交

1996—2015年，沈阳铁路局共向地方各级政府和水务公司移交给水站（所）100个，其中长春房产段管内16个，白城房产段管内2个，沈阳房产段管内4个，丹东房产段管内8个，大连房产段管内23个，锦州房产段管内3个，通辽房产段管内1个，吉林房产段段管内30个，通化房产段管内10个。

八、给水设备修复

1998年，西辽河涨水，河床改道冲毁郑家屯二所7眼井，沈阳铁路局投资在河边上建井4眼。2010年，局管内桦甸、烟筒山、西阳、棋盘、敦化、图们等给水站相继遭受洪水袭击，为恢复重建，投入资金362万元；8月，义县地区遭遇了二十多年罕见的暴雨，暴雨造成义县给水所水源井周围地表积水深达0.5米左右，大量的积水进入井内，致使水源发生污染；丹东地区遭遇50年特大暴雨，对丹东给水站供水设备造成严重侵害，包括爱河取水井、结合井受损，沙河净水厂水处理设备不同程度损坏，沙河千吨蓄水池受洪水倒灌，中断地区供水2天，沈阳铁路局投入资金对水毁设施进行了修复和重建；石河河道内给水管道被洪水冲断，受损长度达42米，前卫、高岭一带站区中断供水10小时40分钟，水害后恢复供水及后期设备改造。

2012年，局管内的甘家沟遭水害，水源井和管路被冲毁，新建水源井1眼；8月，山海关区降特大暴雨，管线被冲毁800多米，造成停止供水6天，水害后恢复供水及后期设备改造。

2013年，盖州给水所遭遇汛期洪水倒灌问题，室内外地面拔高0.5米，给水设备、给水职场重新改造；修整瓦房店一所、二所汛期上游洪水冲刷集导水管路350米；修筑三十里堡一所龙口河扬水管钢筋混凝土拦河坝。8月，沈吉线辽宁段发生严重水害，南口前给水站大口井被淤泥覆盖，给水所灌入淤泥约半米深，对南口前给水所及大口井进行清淤、混凝、消毒，配合疾控所及卫生监督所对水质进行实时检测，对北口前居民铺设临时给水管路供水，南口前给水站水害设备抢修及重建给水所，前甸给水所职场修建改造。

第八节　公寓管理

一、叫班

1997年，沈阳铁路局制定创建标准化公寓达标推进计划，投资81万元，在20所公寓安装微机叫班设备。2006年，局公寓管理所成立后，除陶赖昭小型公寓外，全部实现微机叫班。2011年，全局公寓管理坚持依靠科学手段保安全，加强安全设备和设施的使用和管理，制定叫班机、录音电话的管理制度，对叫班机的软件提出14个完善软件功能的需求，进一步丰富叫班机的功能，确保叫乘的绝对安全。2012年10月，沈阳铁路局在年接乘192万人次情况下，连续第7年实现全年叫乘无事故。2015年，路局投入资金15.1万元，将长春西、大连北公寓叫班系统改造完成，全局微机叫班实现全覆盖，软硬件统一。

二、公寓基础管理

（一）整章建制

1998年，沈阳铁路局修订完善公寓管理职责范围，建立健全干部学习、工作、考核等8项制度，编写了5万字的公寓主任培训教材，开展创"环境美、语言美、形象美、内在美"活动，达到服务文明化、工作标准化、环境园林化。编制生活段行车工作细则，并纳入全局行车系统，制定全局公寓实行等级管理方案和公寓竞赛评比、公寓设施设备投资管理办法。重新制定完善主管科和各公寓的岗位责任和工作标准，统一建立了公寓班组档案，对全局公寓的台账报表重新做了统一的规定。2002年，路局规范公寓的基础管理，下发《行车公寓指导标准》，管理制度12项，工作用语5项，工作标准16个岗位，作业标准13个工种。

2005年，沈阳铁路局下发《关于推进全局生活单位主辅分离工作的指导意见（试行）》《关于沈局生活单位主辅分离阶段性工作验收的通知》《督促成立分局生活管理中心机构通知》《关于主辅分离过渡期间和暑运安全的通知》；严把卫生质量关，制定《管内驻乘乘务员免费供餐服务的方案》《公寓管理所礼仪服务标准》《食堂餐料采购办法》《小型公寓预约订餐制度》；出台《乘务员满意度测评办法》《星级服务人员评比办法》《行车公寓春、秋检查标准》《公寓值班室、客房、后厨统一标准和规范服务管理的具体要求》等制度和办法，形成规范的管理机制。

2014年，制定《沈阳铁路局行车公寓管理办法》（沈铁房管〔2014〕278号），补充完善《职工岗位工作标准和作业流程》等规章制度。2015年，路局下发《沈阳铁路局行车公寓值乘乘务员免费就餐管理办法》（沈铁房管〔2015〕106号）。同年4月，全局公寓对乘务人员实施免费就餐，按乘务员入住时间进行定额、就餐卡补贴。补贴标准：早3元，正餐7元（午餐、晚餐），全天补助17元，同时还下发《免费就餐补充规定》（沈铁房管电〔2015〕1208号）。

（二）公寓安全管理

2005年，沈阳铁路局加强公寓安全管理工作，突出做好人身、叫班、防火防爆、食品卫生、设备、机动车辆6项安全工作。2009年3月份，开展安全大讨论大检查活动；4月份，开展"服务质量、卫生作业标准"大整治活动；5月份，开展食品安全整顿工作；6月份，组织学习落实《中华人民共和国食品安全法》《沈阳铁路局公共卫生安全考核办法》，强化食品安全。2010年，沈阳铁路局下发《职工劳动安全作业防护标准》，组织专项检查。完善食品安全管理的各项制度，规范食堂采购、储存、制作、销售环节，特别明确了使用7种品牌食用油，严禁公寓购进散装食品油，明确食堂废弃物管理要求，对公寓食堂的投料和成本核算标准适时进行调整，保证食品安全，提高饭菜质量。

2011年，沈阳铁路局对液化汽缸瓶间等进行防爆、报警改造，从源头治理安全隐患，堵塞漏洞。2014年，建立公寓安全管理问题库。2015年完善安全问题库，修改补充安全风险点，制定电梯、后厨排烟道、治安等安全控制措施。

三、公寓服务质量

（一）标准化公寓建设

1996年，沈阳铁路局下发"关于在乘务员公寓中开展标准化公寓创建活动"的通知。1997年，在全路标准化公寓考核验收中，通辽、长春、山海关公寓分获第一、第三，丹东、凤凰城、本溪、大安北等8个公寓通过考核一次验收合格，被铁道部命名为全路首批标准化公寓。1999年，全局在公寓共管共建中开展建立"两位一体"党支部工作，有11个公寓跨入部标准化公寓行列，4个生活段被评为部优质生活段。2000年，大石桥公寓被铁道部命名为标准化公寓，全局部标准化公寓达到20所。2006年，全局行车公寓实行统一管理，为住寓的乘务员提供清洁、安静、方便、舒适的食宿条件，保证乘务员在公寓吃好、住好、休息好，房间卧具实行"一客一换"制度，环境卫生做到了"两清两无"，在元旦、五一、十一、春节期间为乘务员提供定时的免费供餐服务。2008年，路局制定《公寓管理所礼仪服务标准》，制定下发《开展"星级公寓"和"首席服务人员"评选活动的通知》，以安全叫班、客房服务和饭菜供应质量为重点，开展"星级公寓"评选活动。

2013年，沈阳铁路局各公寓在服务上，努力让乘务员在公寓吃得可口、洗得舒服、睡得解乏、心情愉快；在提高饭菜质量上，要求公寓必须做到大型公寓主食10种以上、菜肴30种以上，中型公寓主食8种以上、菜肴20种以上，小型公寓主食4种以上、菜肴10种以上；在特色服务上，继续做好亲情温馨服务项目，为服务对象提供服务用品、缝补衣物、提供病号饭、生日面，重要节日提供免费供餐服务工作。

2014年，沈阳铁路局各公寓着力提高饭菜和服务质量，研究制作40种盆菜和20种小菜在各公寓推广，重点解决乘务员集中就餐时间段的供应问题，继续打造亲情温馨服务项目。

（二）宾馆化公寓建设

2015年，沈阳铁路局开展宾馆化公寓创建工作，树立山海关一乘为综合管理典型、山海关二乘为两园建设典型；通过召开现场会，推广值班、后厨、客房管理经验，公寓乘务员免费就餐工作，保证饭菜品种不减少、质量不降低，流程合理，手续简便，让乘务员吃得满意、吃得高兴，推荐组合菜谱图板上墙；开展"亲情服务、温馨服务、便捷服务"，为乘务员免费提供病号饭、生日面、节日餐等，体现亲情服务；为乘务员提供观看电视新闻、阅览图书杂志、健身场所，体现温馨服务；为乘务员提供雨伞、针线包、常用非处方药品、制作可携带方便食品等，体现便捷服务。加大监控设备和宿舍房间用电控制改造投入，主要职场全部安装监控系统，对电热水器等耗能设备制定使用标准，同时全面整治公寓外部环境，达到绿化、美化、无沙土裸露地面。

四、公寓设备设施改造

1997年，沈阳铁路局投资250多万元用于添置洗涤、烘干设备，扩建改造洗浴设施、配置微机、增添卧具、更新炊具机械等设备备品；投资95万元，改善大修8所公寓的洗澡设备，解决了乘务员洗澡难的问题。1999年，投资350万元、268万元和126.6万元新建图们公寓、朝阳公寓和苏家屯公寓洗衣房、锅炉房改造工程。2002年，全局投资1255.2万元，用于改造行车公寓条件，其中：改扩建投资755.1万元，纪家沟公寓296.1万元、大虎山公寓395万元、兴城公寓64万元。公寓的房屋设施大修投资500.1万元，沈阳北公寓135.4万元，浑江公寓167.6万元，鹿道公寓119.1万元，长春公寓78万元。2003年，对清原公寓投资75.6万元、松树镇公寓投资97.8万元、叶柏寿公寓投资64.9万元、山海关三公寓投资118万元、辽源公寓投资68.4万元，进行房屋大修改造。2001年，路局投资493.9万元扩建的长春北公寓建成消号，解决了长春北公寓接待能力不足的问题；投资72万元给沈阳北公寓、大连公寓安装了太阳能集热工程。2004年，路局对行车公寓共落实更改大修项目16项，投资2145.9万元。其中：新建3处，投资1260万元，新增公寓面积9862平方米，四平公寓700万元、棋盘公寓180万元、通辽南公寓380万元；大修4处，投资623.2万元，通辽公寓80万元、长春公寓220万元、丹东公寓101.5万元、山海关一公寓221.7万元；改造9项，投资262.7万元，安装太阳能洗浴设备。路局第一家宾馆化公寓——山海关一公寓改造完成，房间改造成为标准间，安装空调、有独立卫生间和太阳能洗浴设备。2005年，完成长春、长春北、吉林、大连、金州、通辽、丹东、通辽、沈阳西、图们、白河、白城行车公寓的大修改造。

2006年，沈阳铁路路局投资422万元，对沈阳、沈西一乘、叶柏寿、梅河口4个公寓13665平方米的房屋进行标准化改造，共改造标准间174个，普通间80个。2007年，路局投资23万元为部分公寓购置洗涤设备；投资96.4万元对改造后公寓的设备进行了适当的调整和配置；投资57.3万元对四平公寓场地和室外环境进行了改造。2009年，沈阳铁路局公寓设备设施有生产锅炉13台，燃油锅炉1台。2010年，沈阳公寓开始购买热水供应24小时洗浴用热水。路局投资6千多万，对沈阳公寓进行改建，对珠斯花、长春公寓进行新建，改建、新建面积达2万多平方米。打造园林化的公寓外部环境，对苏家屯、沈西一、沈西二、梅河口行车公寓进行园林化改造，改善乘务员的待乘环境。

2012年，沈阳铁路局新开通公寓4个，为烟筒山公寓、敦化公寓、长春西公寓、大连北公寓。大修了山海关一、苏家屯、白河、通辽、锦州、沈西二公寓；长春公寓接收载客电梯2部。2013年，路局投资新建四平公寓、鲅鱼圈公寓，

扩建烟筒山公寓、珠斯花公寓，改造了山海关二乘、大虎山公寓，改善公寓的硬件设施条件。当年全局有乘务员公寓32个，其中大型公寓11个，中型公寓17个，小型公寓4个。2014年，沈阳铁路局对大连、长春北、陶赖昭公寓改造。

2015年，沈阳铁路局改造了石桥公寓，投资新建延吉西、珲春、丹东、索伦公寓，将丹东新建公寓和老公寓整合，满足乘务员的待乘保休需求；大连公寓接收载客电梯2部。全局有乘务员公寓36个，其中大型公寓11个，中型公寓19个，小型公寓6个。全局公寓除阿尔山和白河公寓外，其他公寓全部取消生产锅炉，改造电加热水箱，实现购买热水、太阳能或电热水器供应热水。

五、公寓职工技术培训

2009年，沈阳铁路局加强公寓职工技术培训，组织9名职工参加水质化验员培训班，对公寓值班员、厨师、服务员等岗位人员，进行岗位专业技术培训达260余人次。同年9月份，举办锅炉工技术比赛活动。2010年3月，对厨师长分两期进行了培训，共培训34人；4月举办5期厨师培训班，共培训172人；集中对公寓主任、书记、管理员进行2期培训，同时，对值班员、服务员的培训，参加培训150人次；同年10月，在凤城行车公寓举办第五届职工技术业务比赛。2011年，沈阳铁路局组织开展值班员、服务员、厨师长和厨师培训，全年共培训管理干部、值班员、服务员360人次，后厨人员62人次，同年10月，举办值班员、服务员、厨师、锅炉工四个工种的职业技术竞赛。

2013—2015年，沈阳铁路局连续3年组织生活服务中心第一至三届职工技能竞赛，设有值班员、服务员、厨师（红案、白案）、维修工等5个工种，每年参加近150人。

第九节 职工生活服务

一、职工宿舍

2005年，沈阳铁路局21个职工宿舍统一服务标准、服务内容和服务业绩考核指标，重新制定宿舍冬赛考核评比标准，并完成对9个房产生活

段21个宿舍的冬赛考核工作，制定《沈阳铁路局房产系统职工宿舍管理办法》，完善了各岗位工作标准、制度、宿员须知等并上墙揭挂，全面提升宿舍服务质量。

2010年，沈阳铁路局完成沈阳第一、七宿舍清理工作，清理占用宿舍房间的30多个单位120户住户，对该宿舍修旧如旧，做为局招待所使用；对吉林、图们、长春、叶柏寿职工宿舍进行改造。2011年，修订《沈阳铁路局职工宿舍管理办法》，规范宿员档案、消防档案、外来人登记簿、月宿舍统计等表、簿、册；修改了工作职责、工作标准、作业标准等各项规章制度。

2014年，沈阳铁路局重新修订《职工宿舍管理办法》，宿舍管理采取严格入住审批程序，清理非铁路宿员，清（理）退占用宿舍房间，集中楼层和房间管理，取消单间等措施，共清理单位占（租）宿舍房间39间，清退不符合条件宿员48人。将入住需求较少的瓦房店、朝阳川、梅河口职工宿舍撤销，房屋移交给相关房产段。

2015年2月，沈阳铁路局将大连宿舍整体搬迁到新宿舍楼，沈阳老北宿舍取消，符合条件的搬入新北宿舍；加强安全管理，宿舍全部安装监控系统，沈阳、长春、通辽一、二宿舍安装磁卡门。

二、山海关疗养院建设

沈阳铁路局山海关疗养院占地面积300余亩，主要功能是接待铁路系统在职职工、离退休职工健康疗养，并对外创收提供住宿、餐饮、旅游及会议接待服务。山海关疗养院原有房屋建筑面积约11000平方米，年代久远，其中的房舍最早年代是1902年的国家级文物保护建筑，大部分是50年代建筑，最近是80年代建筑。几十年来，基本没有进行过大修和改造，建筑主体倾斜裂缝、屋顶漏雨、破损情况严重。

2009年8月至2015年，沈阳铁路局对山海关疗养院实施改造，新建16栋独栋客房楼，改造修复4栋"八国联军军营"客房楼，形成100多张床位；新建接待大厅、生态餐厅、自助餐厅各1处，设有商品部、商务中心、大堂吧、餐饮等配套服务设施；五十年代建筑俱乐部改造为大、小会议室，电影厅，恢复会议接待功能；改造原有80年代建筑客房楼2栋，形成标准间客房44间；新建室内游泳馆1处，增加服务功能；新建闻涛苑客房楼1栋，增加客房77间，地下厨房1处，大幅度提升接创收能力；污水坑清理后，建造人工湖一处，恢复园区生态环境；新建1500米污水排放管路，并入市政排污主网，解决长年污水散排的问题；改造上水系统，增加管径，调整水压，保证供水；改造原有供电系统，新增箱式变电站，保证电力供应；拆除取缔原有燃煤锅炉，新建天然气直燃机房1处，提供空调、供暖、蒸汽等功能，达到地方环保节能减排要求；结合长城文化，新建疗养院正门及改造和新修东、西围墙，新建整修院内道路1万平方米；新增程控电话及通讯网络、有线电视、视频监控系统；新增洗衣设备，达到洗涤、烘干、熨平、消毒功能；新增室外网球场1处；加大院内绿化栽植、增添文化景观力度，美化提升生态环境，整个疗养院的面貌更是焕然一新。

第七章 土地林业管理

沈阳铁路局土地林业管理工作，贯彻执行国家、铁路总公司有关土地政策规定，不断深化改革，完善管理。1996年至2015年，路局设置土地管理机构，强化土地监察队伍建设，加强对铁路用地清查，收回被路外单位占用的土地；开展实施土地评估和授权经营，组织地籍测绘，盘活闲置土地资产，推行土地合法利用，实施有偿出让，落实《国有土地使用证》制度，使土地管理纳入正规化、法制化，为铁路建设、运营开发提供基础保障。2015年，全局土地总面积98971.65公顷，土地确权领证面积92462.83公顷，占全局土地总面积的93.4%。

20年来，沈阳铁路局持续加强林业管理工作，设置林业管理机构，建立铁路林业专业队伍，采取多种方式开展绿化造林工作。加强铁路站区、沿线绿化，打造京哈、长吉城际等主要干线为绿色通道标准线、示范线。实施和加强林场苗圃建设，建成苗圃48处，面积1.2万亩，苗木存量达到88个品种、数量802万株，为站区、沿线充分提供绿化苗木，确保铁路建设、沿线绿化、环境美化不断增长的需求。

第一节　土林系统概况

一、土地管理机构

1994年至1996年期间，沈阳铁路局管内各铁路分局陆续成立土地管理分局，铁路用地管理模式从站段管地转变为土地分局集中统一管理。在此期间，经辽宁省、吉林省和内蒙古自治区人民政府批准，各铁路土地管理分局均作为辽宁省、吉林省和内蒙古自治区土地管理局派出机构，实行铁路、地方政府双重领导。沈阳铁路局土地林业管理办公室改为沈阳铁路土地管理局。

2003年，沈阳铁路土地管理局从局工务处分离出来。2005年3月，沈阳铁路土地管理局并入局房产处，称土地房产管理处，对外土地局名称保留。沈阳、大连、锦州三个土地管理分局整合为沈阳铁路土地房产管理办公室；长春、吉林、通化、图们土地管理分局整合为长春铁路土地房产管理办公室；通辽土地管理分局整合为通辽铁路土地房产管理办公室。3个土地房产管理办公室下设沈阳、大连、锦州、丹东、长春、吉林、通化、图们、通辽、赤峰、白城、郑家屯共12个土地房产管理站。2012年8月新增设抚顺、本溪、鞍山、阜新、叶柏寿、四平、梅河口、舒兰、乌兰浩特、霍林郭勒土地管理站。

2015年6月，土地房产管理处保留土地科，局房产管理所与土地执法监察大队整合为局土地房产管理所(土地执法监察大队)，同时将长春、沈阳、通辽土地房产管理办公室分别更名为长春、沈阳、通辽土地房产管理分所。将土地房产管理办公室管理的各土地房产管理站整建制划交相应房产段管理。

二、林业管理机构

1996—2005年，沈阳铁路局各分局下设林场，负责铁路区间绿化造林工作。沈阳铁路分局设林业总场，职工定员194人，干部35人,工人119人，下设5个分场。锦州铁路分局设立土地林业管理办公室，下设4个林场和锦州园林工作队，有林务工169人，2003年成立锦州铁路土地管理分局锦州林业总场，管理4个林场及园林队。丹东林场为丹东分局直接领导下的基层单位，职工定员74人，干部12人，工人48人，下设5个林务工区和丹东育苗工区。长春铁路分局松花江林场下设林务工区及苗木工区。吉林铁路分局下设3个林场，吉林林场定员80人，下设7个工区；土们岭林场，职工定员71人；蛟河林场下设2个山场育林工区，3个线路育林工区，1个育苗工区，职工定员72人。通化铁路分局梅河口林场下设两个领工区，全场职工130人。

2003年，通辽铁路分局成立通辽林业总场，下设四个分场，23个线路、育苗、机械、园林工区，职工定员282人。同年，大连铁道有限责任公司大连林场下设3个育苗工区，4个林务工区，1个机械维修工区，职工定员64人。2006年，沈阳铁路局撤销沈阳林业总场及其所有分场、成立沈阳铁路局林业总场，并将图们工务段管理的图们林业车间整建制划归局林业总场管理。

2013年，路局撤销局林业总场，组建沈阳铁路局沈阳、长春、通辽林业总场。局土地房产管理处设林业科，主管全局林业工作。沈阳林业总场，下设东陵、沈阳、大连、锦州、丹东、铁岭、大石桥林场，沈南物业绿化车间，行政管理定员92人。长春林业总场，下设长春、土们岭、吉林、蛟河、图们、梅河口、通化、公主岭林场，行政管理定员80人。通辽林业总场，下设赤峰、通辽、白音胡硕、白城、义县林场，行政管理定员60人。

第二节　土地权属

一、铁路用地管理法规制定

2009年，沈阳铁路局下发《关于重新印发〈沈阳铁路局铁路用地集体审批制度〉的通知》

（沈铁房管发〔2009〕127号）对占用铁路用地项目实行集体审批制度。制定《关于印发〈沈阳铁路局土地租金(费)收缴工作考核办法〉的通知》（沈铁劳卫发〔2009〕357号），土地房产管理办公室在完成铁路用地租金（费）收缴任务的前提下，路局按各土地房产管理办公室（分局）实际收缴土地租金（费）额的10%，作为土地租金（费）收缴工作考核专项奖励资金，其中：6%奖励各土地房产管理办公室有关人员，4%奖励局机关有关处室及其他相关人员。路局对各土地房产管理办公室（分局）铁路用地租金（费）收缴工作按月进行考核，考核结果与各土地房产管理办公室（分局）当月奖金挂钩。2010年，下发《关于印发〈沈阳铁路局铁路用地管理档案工作暂行办法实施细则〉的通知》（房管土地〔2010〕24号），沈阳铁路局铁路用地管理档案实行土地房产管理办公室、土地房产管理站两级管理，路局土地局负责铁路用地管理档案指导工作，土地房产管理办公室具体负责组织实施铁路用地管理档案整理、归档工作。

2012年，沈阳铁路局下发《关于印发〈沈阳铁路局土地监察巡视工作规定〉的通知》（房管土地〔2012〕7号），对全局土地监察巡视工作标准、巡视内容、巡视方式进行规定。同年下发《关于进一步规范铁路用地利用管理的通知》（沈铁房管函〔2012〕75号），规范路内多经和集体企业铁路用地利用行为，明确铁路开发公司开发改造占用铁路用地需向铁路局缴纳土地补偿费。同年，路局强化土地管理，下发《关于印发〈土地监察管理违规行为追责暂行办法〉的通知》（房管土地〔2012〕18号），明确土地监察管理违规行为及处罚标准；《关于印发〈土地利用管理违规行为追责暂行办法〉的通知》（房管土地〔2012〕19号），明确土地利用管理违规行为及处罚标准；《关于印发〈土地权属管理违规行为追责暂行办法〉的通知》（房管土地〔2012〕20号），明确土地权属管理违规行为及处罚标准；《关于印发〈土地收费管理违规行为追责暂行办法〉的通知》（房管土地〔2012〕21号），明确土地收费管理违规行为及处罚标准。

2014年，沈阳铁路局正式开展铁路土地授权经营处置工作，并下发《关于进一步加强临时占用铁路用地管理的通知》（沈铁土管〔2014〕48号），因建设施工需要，短期内使用的施工用地，搭建简易工棚，材料、机械场地，简易道路等用地及其它临时用地，需办理用地手续，按标准缴纳土地租金，按每千平方米10万元交纳保证金。

二、用地档案管理

沈阳铁路局铁路用地管理档案，解放初期接收用地档案存铁路局档案馆，解放后期新建铁路建设用地档案按工程管理权限进行存档管理。土地管理分局铁路用地档案分为国有土地使用证管理档案（原件在路局档案馆，分局保留复印件）、权属管理档案、监察管理档案、利用管理档案、规划管理档案和综合管理档案。土地（房产）管理站铁路用地档案分为监察管理档案、利用管理档案和综合管理档案。

1996—2005年，沈阳铁路局铁路用地档案资料由铁路局及铁路分局档案馆管理。2005年，铁路分局撤销，铁路用地档案资料分别由铁路局及沈阳、锦州、大连、长春、通辽铁路地区办事处档案馆管理。2010年，沈阳、锦州、大连、通辽铁路地区办事处撤销，沈阳铁路分局铁路用地档案资料由路局档案馆直接管理，锦州铁路分局、大连铁道有限责任公司、通辽铁路分局的铁路用地档案资料，分别由锦州车务段、大连车务段、通辽车务段代管。2012年，所有铁路用地档案资料均由铁路局档案馆管理。

三、确权领证

自1990年开始，沈阳铁路局土地管理部门对铁路土地权属资料进行收集和整理，组织地籍测绘，开展四邻签证，向各地方国土部门进行土地登记申报工作，并领取《国有土地使用证》。

四、属地移交

沈阳铁路局贯彻国家经贸委等六部委《关于进一步推进国有企业分离办社会职能工作的意见》（国经贸企改〔2002〕267号）、铁道部《关于推进铁路主辅分离辅业改制和做好再就业工作的指导意见》（铁办〔2003〕117号）文件精神，同地方政府共同确认，向管内的学校、医院、工程局等多家单位属地移交。

1996—2015年沈阳铁路局土地确权领证情况统计表

表2-7-1

年度	总面积	年度领证		累计领证		累计完成%
		册数	面积	册数	面积	
1995前	94453.02	-	-	1824	54116.44	57.29
1996	94453.02	118	2748.20	1942	56864.64	60.20
1997	94453.02	120	1849.83	2062	58714.47	62.16
1998	94453.57	635	22692.51	2697	60525.88	64.08
1999	94453.57	30	520.64	2727	81927.61	86.74
2000	94453.57	113	3116.16	2840	85043.78	90.04
2001	94453.57	53	916.91	2887	85920.05	90.97
2002	94464.73	65	429.18	2958	86389.87	91.45
2003	94356.87	6	110.77	2964	86500.64	91.67
2004	94375.28	93	2549.96	3041	87746.39	92.98
2005	94375.28	6	268.29	3058	89057.10	94.36
2006	95845.14	41	2180.92	3087	91389.54	95.35
2007	95899.21	4	22.33	3094	91455.30	95.37
2008	95832.68	6	187.92	3099	91519.73	95.50
2009	95829.15	1	20.20	3103	91700.54	95.69
2010	95799.34	1	1.78	3098	91690.92	95.71
2011	95787.63			3090	91686.55	95.72
2012	96464.45	49	329.43	3129	91960.00	95.33
2013	97842.35	257	322.39	3385	92289.41	94.32
2014	98852.10	1	171.51	3401	92581.25	93.66
2015	98971.65			3395	92462.83	93.40

（一）学校移交

2003—2004年，沈阳铁路局移交的学校共155所，总面积为247.6公顷。其中：沈阳铁路分局移交17所，面积25.39公顷；锦州铁路分局移交28所，面积72.95公顷；丹东铁路分局移交8所，面积6.37公顷；大连铁道有限责任公司移交9所，面积11.98公顷；通辽铁路分局移交24所，面积41.7公顷；长春铁路分局移交19所，面积19.62公顷；吉林铁路分局移交20所，面积31.3公顷；通化铁路分局移交9所，面积22.62公顷；图们分局移交11所，面积15.67公顷。

（二）医院移交

2003—2004年，沈阳铁路局移交的医院共96家，总面积为77.62公顷。其中：沈阳铁路分局移交22家，面积18.29公顷；锦州铁路分局移交20家，面积18.14公顷；丹东铁路分局移交8家，面积3.21公顷；大连铁道有限责任公司移交3家，面积8.88公顷；通辽铁路分局移交9家，面积10.45公顷；长春铁路分局移交4家，面积5.66公顷；吉林铁路分局移交17家，面积4.83公顷；通化铁路分局移交6家，面积5.61公顷；图们分局移交7家，面积2.55公顷。

（三）工程单位移交

2003—2004年，沈阳铁路局根据铁道部和国务院国有资产监督管理委员会《关于将铁道部部属勘测设计院等企业分别划入中国铁路总公司有关问题的通知》（国资改革〔2003〕89号），与中铁九局集团有限公司双方共同确认，于2007年2月25日达成协议，将由中铁九局集团有限公司使用的、不影响行车安全和发展规划的土地104处，占地面积67.41公顷无偿移交给中铁九局集团有限公司。

（四）铁路通信单位移交

2003—2005年，沈阳铁路局沈阳铁路分局（含丹东）管内移交43处，占地面积为43684.95平方米；锦州铁路分局管内移交20处，占地面积为21213.35平方米；大连铁道有限责任公司管内移交3处，占地面积为6798平方米；通辽铁路分局管内移交39处，占地面积为1.67公顷；长春铁路分局管内移交12处，占地面积为32990.42平方米；吉林铁路分局管内移交12处，占地面积为6494.59平方米；通化分局管内移交11处，占地面积为9372.1平方米；图们分局管内移交5处，占地面积为2418.9平方米。由于铁通公司机构变动，没有办理土地权属变更登记手续。

（五）公检法移交

沈阳铁路局管内共有公检法部门占地307处，占地总面积15.7公顷。此部分铁路用地尚未做实际性移交。

五、地籍测绘

沈阳铁路局通过招标的形式，分别由辽宁经纬测绘规划建设有限公司、沈阳地球物理勘察院、中水东北勘测设计院中标，开展铁路用地地籍测绘工作。2012—2014年，对铁路用地中的生产用地进行地籍测绘总宗地数为2271宗地，实际测绘总面积为110043.13公顷，其中：车站、独立宗地及城市区间用地有1314宗地，实际测绘面积为46788.58公顷，区间线路用地有957宗地，实际测绘面积为63254.55公顷。

六、土地评估和授权经营

1995年，沈阳铁路局对管内土地资产进行评估工作。1996年，沈阳铁路分局入账土地73宗，总面积212.91公顷，入账价值53743.54万元；大连铁道责任有限公司入账土地52宗，总面积60.93公顷，入账价值19783.73万元；丹东铁路分局入账土地24宗，总面积24.96公顷，入账价值2612.38万元；锦州铁路分局入账土地73宗，总面积187.02公顷，入账价值20223.75万元；通辽铁路分局入账土地79宗地，总面积513.076公顷，入账价值4729.98万元；长春铁路分局入账土地55宗，总面积34.73公顷，入账价值7427.49万元；吉林铁路分局入账土地55宗，总面积172.98公顷，入账价值43579.59万元；通化铁路分局入账土地74宗，总面积70.71公顷，入账价值12981.63万元；图们铁路分局入账土地70宗，总面积44.31公顷，入账价值5105.96万元。

2014年2月，沈阳铁路局对全局铁路用地重新进行清查，并将1607宗铁路用地纳入授权经营处置范围，将776宗铁路用地纳入只评估不处置范围，铁路总公司委托评估公司对地价进行评估。

第三节　土地利用

一、土地资产处置

（一）政府收回

2010年3月，抚顺市人民政府在沈抚轻轨沿线开发改造建设万达广场，占用抚顺站货场铁路用地73300平方米，沈阳铁路局一次性收取抚顺市人民政府土地补偿费1.789253亿元。2011年12月，长岭县人民政府在位于平齐线202公里147米至271米线路右侧实施棚户区改造，收购铁路用地5332平方米，沈阳铁路局收取土地补偿费37.86万元。

2014年9月，吉林省镇赉县住房和城乡建设局在位于平齐线389公里365.29米至739米处线路西侧实施保障房建设，占用铁路用地39170平方

米，沈阳铁路局收取土地补偿费403.45万元。

1996年到2015年，沈阳铁路局范围内各级地方政府共收回铁路用地344处、4069590.09平方米，全局共收取土地补偿费115257.28万元，既有力地支持了地方政府实施城市建设、旧城区改造等，同时又保证了铁路国有土地资产不流失。

（二）土地出租出借

2009年10月，清原县永兴路桥工程维修队申请在沈吉线清原站北侧白银路北租用铁路用地5936平方米作为施工机械临时停放场地，每年土地租金28492.80元。2010年9月，中铁快运股份有限公司沈阳分公司在沈阳东站西货场内建站台风雨棚占用铁路用地5543平方米，每年土地租金26606.40元。2012年4月，敦化市敖珠粮油购销有限公司在长图线327公里010~210米处修建战略装车点，占用铁路用地4924平方米，每年土地租金11817.6元。1996年以来，沈阳铁路局铁路用地出租出借收入34062.49万元，有效地盘活闲置土地资产。

（三）工程穿跨越

2008年8月，大连市城市建设管理局在沈大线3公里541米和码头线1公里408米处因东北路铁路桥拓宽（含香炉礁立交桥扩建跨越）工程穿越铁路线，占用铁路用地7314平方米，按规定收取土地租金526608.00元。2010年6月沈阳地铁有限公司修建地铁穿越沈大线沈阳站395公里750米处，占用铁路用地21280平方米，沈阳铁路局收取土地租金51.072万元。

2012年10月，吉林港华燃气有限公司在沈吉线432公里575米处下穿燃气管道防护涵，占用铁路用地1386平方米，每年土地租金3326.4元。2014年4月，通辽市科左后旗农电局架设电力线跨越大郑线180公里390米处，占用铁路用地2108平方米，按规定收取土地租金15.1776万元。1996年以来，沈阳铁路局办理穿跨越铁路线路施工占地总收入达35045.41万元。

二、开发利用

（一）保障房建设

2008年7月，沈阳铁路局在位于大连市中山区大连港3号门以西原大连东站地块开发建设保障性住房，占地面积93000平方米。

2011年11月，沈阳铁路局在位于沈阳站西货

场地块开发建设保障性住房，占地面积23610平方米。2005—2014年，沈阳铁路局管内共批准保障房建设用地111处，占地面积4991202.72平方米，完成铁道部（总公司）下达的保障房建设任务。

（二）农副业用地

2014年，沈阳铁路局成立农副业管理中心，铁路局土地管理部门为其提供适宜耕种的铁路用地244处、5911847平方米。

（三）多经经营用地

1996—2014年，沈阳铁路局为铁路多经部门提供土地208处、1405915.14平方米。

第四节　土地监察

一、土地违法案件查处

1996年以来，沈阳铁路局累计发生土地违法案件285起，拆除非法建筑物、构筑物1652处、99120平方米，拆除围墙、栅栏45000延长米，制止处理铁路安保区内挖沙取土45起，清除非法种植物325600平方米，清理非法堆放物125000立方米。

2010年，中铁九局二公司通辽项目部在通辽南站施工时占用通辽南站立交桥东侧、铁路围栏北侧面积4400平方米的铁路用地作为施工场地，施工结束后还一直占用不还，通辽土地分局经过反复多次与对方交涉，2013年该项目部搬迁结束，撤离场地，将4400平方米铁路用地交由铁路局管理。同年6月，沈阳铁路局白阿线13公里～15公里右侧五家户砂场采砂作业侵占铁路安全保护区，已危及线路行车安全，路局联合白城市国土资源局对此进行综合整治，砂场进行了回填，保证路基的稳定性，及时消除了安全隐患。

2011年8月12日，通辽土地分局监察人员发现京通线四合永站303公里600米左侧河北省围场县万鑫房地产开发公司建楼侵入铁路地界，距线路坡脚6.6米，占用铁路用地30.72平方米。经与四合永村书记与主管土地的镇领导沟通，阐述铁路土地部门坚决维护铁路用地合法权益，坚决制止非法侵占铁路用地行为的决心，镇政府、村委会经研究，同意退出已经侵占的铁路用地。

2013年，葫芦岛市连山区二台子村一些社会闲散人员为套取国家动迁补偿款，在沈山线289公里附近的铁路用地内先后违章建房32处，总面积4200余平方米，路局联合葫芦岛市人民政府、市公安局、城管支队、连山区人民政府、市电视台等多家单位和部门，对32处违建全部进行了强行拆除。

2014年8月，违建人在长春站44号走行线与其自有用地相邻处（跨围墙内外）违章建钢结构库房，占用铁路用地267.8平方米，铁路局委派土地监察对现场进行勘查并向违建人明确了违建库房必须无条件拆除，经反复工作，将该处违建全部拆除。

二、土地收复

2015年，沈阳铁路局将土地收复列为路局十项重点工作之一，即对未经铁路局批准的路外单位或个人非法占用铁路用地进行生产经营、仓储等行为，占用铁路用地用于小开荒和承包田的行为，路内各单位对外出租出借铁路用地及地上物的行为，工程临时占地不办理铁路用地审批手续以及到期不归还铁路用地等行为进行清理，对所占用的铁路用地实施收复。当年，全局收复铁路用地6748公顷。

三、政策宣传

沈阳铁路局每年组织土地监察深入到铁路沿线农村集体经济组织、车站周边企事业单位和个人中间，宣讲铁路用地管理法律法规、规章制度；与铁路公安、安监部门联合下发各类《通告》，禁止在铁路沿线私搭乱建、挖沙取土、非法耕种、埋坟等行为；每年6月25日全国土地宣传日期间，采用媒体刊载、广场宣传、散发传单等多种形式对铁路用地管理法律法规、规章制度进行宣传。

第五节　新增铁路建设用地

沈阳铁路局对新增铁路建设用地由铁路建设单位（或地方政府）负责征地拆迁，铁路建设单位对新增建设用地组卷申报登记，并领取《国有土地使用证》。

1996—2015年新开通线路及用地情况一览表

表2-7-2　　　　　　　　　　　　　　　　　　　　　　　　　　　　单位：公顷

年度	新开通线路名称	用地面积	是否领证	备注
1996	龙舒线棋盘站扩建	3.74	否	
1998	京哈线第六次提速	86.80	否	
1999	金窑线扩能改造工程	168.90	否	
2003	秦沈铁路客运专线	1448.47		他项权利19.74公顷
2005	沈哈提速改造工程	98.72	89.78/4	6宗未领证8.94公顷
2009	辽开线辽源至西丰铁路工程	44.00	否	
	沟海沈山联络线	3.74	否	
	烟大轮渡工程	14.67	12.56/4	3宗未领证2.11公顷
2011	东部铁路白河至合龙段	889.43	否	
2012	通灌线	490.80	171.51/1	
	辽溪铁路辽阳至安平段改移工程	141.70	否	
	沈西工业走廊线三台子至火石岗段	174.88	是	8宗
	锦承叶赤联络线	1.03	是	
	通霍复线扩能改造工程	265.02	是	252宗
	石家至烟筒山复线改造	4.12	否	
	沈吉线宝山站至梅集线运输改线工程	10.43	否	
	辽西线辽源至西丰吉林段	135.48	否	
	通灌线吉林段	290.73	否	
2013	通辽枢纽扩能改造工程	57.37	是	5宗
	通让复线	33.33	是	20宗
	锡乌铁路接收	86.22	是	2宗
	大郑复线	5.22	否	
	大连长兴岛铁路五岛至长兴岛港站工程	145.63	91.08/1	
	岫庄线	257.22	否	
2014	高台山至阜新至锦州铁路扩能改造工程	199.47	否	
	沈阳铁路枢纽东北环线工程	179.40	否	

第六节　沿线站区绿化

一、植树造林及站区绿化

1996年至2006年，沈阳铁路局完成造林绿化任务541.53万株，沙害治理50处共计面积3696亩，庭院绿化栽植树木12.7万株，草坪3.6万平方米。1998年4月，沈阳铁路局被评为全国部门造林绿化"400佳"单位。2007年，沈阳铁路局春季在京哈、金城、白阿、京通线建设绿色通道，完成造林203.3万株，其中乔木42.3万株、灌木37.8万株、针叶1.5万株、紫穗槐121.7万株；秋季造林在京哈、沈大、沈山1702.5公里铁路线上，全面开展秋季绿化造林战役，清理铁路地界内"小开荒"及收回农耕地总计2190亩，清理栅栏、围墙、厕所、棚厦等369处，完成造林458.2万株。

2008年，沈阳铁路局高标准建设绿色通道，开展以彻底消灭主要干线绿化"断带"为目标的绿化造林活动，完成造林延长2564公里、面积3093公顷、造林1840万株；收回小开荒造林25公顷，并栽植各种苗木8.3万株；治理沙害侵限地段3公里，栽植防风抗沙苗木8.5万株。2009年，沈阳铁路局在京哈线秦沈段盘锦北至山海关间垦顶以栽植火炬为主，沈兰段以栽植紫穗槐为主，适宜地段栽植松树，其他地段以补植为辅，完成京哈、沈山、沈大、大郑、珠贺线造林总延长1983公里、面积1229公顷，共栽植针叶树40.6万株。沈抚城际铁路美化、绿化，完成栽植树木34.2万株、火炬根28.1万株，铺设草坪0.1公顷；在沈阳南站区立足"栽大树、多栽松树"，以道路绿化为骨架，以安全文化教育基地为核心，实现"森林站区"；全面开展山海关疗养院、白音胡硕、赛罕花、贺斯格乌拉站区及站前广场景观绿化，完成栽植树木5.1万株，铺设草坪3万平方米。

2010年，沈阳铁路局组织林业部门对京哈、沈大、沈山等主干线外侧采取林带加密、拓宽、贯通，护栏网至林带间栽植火炬、紫穗槐措施，其他线路实施补强和"小开荒"收复，各交界口绿化向内侧延伸工程，提高线路绿化整体质量。完成京哈、沈山、沈大、大郑、长图、平齐、沈丹、辽溪、沈抚、通让线及各交界口造林总面积1576.45公顷，共栽植针叶树3.8万株、乔灌木127.5万株、火炬635.1万株、紫穗槐529.1万穴。西部铁路建设是铁道部的重点工程，以建设西部"环境最美"绿色通道为目标，完成造林面积660.6公顷，共计栽植乔灌木212万株、景观树0.8万株、火炬70.6万株、紫穗槐15.7万穴；完善珠斯花、东乌旗、棋盘、大安北、金窑线及金洲站、沈西职校、沈阳餐饮基地、东陵客车厂、山海关站场、葫芦岛北站、公主岭货场、小南联络线绿化，绿化景区面积160公顷，栽植针叶树2.1万株、乔灌木14.1万株、模纹1.9万平方米，铺设草坪20万平方米。2011年，路局打造京哈、长吉城际等主要干线为绿色通道标准线、示范线，长吉城际铁路绿化造林以建设"高规格风景线"为标准，栽植樟子松、云杉、金叶榆、紫叶李、五角枫等高档景观绿化苗木；支线绿化以"退耕还林""清理小开荒"为主要手段稳步推进，辽宁省内全部38条支线以绿化贯通为目标；对大安北、延吉、图们、丰满、梅河口、盘锦北、山海关、铁岭等资源整合站区进行绿化美化，春秋两季共新增绿化里程80公里，完善绿化里程700公里，绿化站区、职场16个，全年完成绿化造林1197.2万株。2012年，路局继续在全局范围内大

力开展绿化造林，对京哈、沈大、沈山、长吉等主要干线进行补植完善，对辽宁省境内22条线路进行绿色通道建设，对吉林、内蒙省境内13条线路"小开荒"进行植树占地收复，全局春秋两季线路造林共栽植乔木93万株、灌木1144万株。对白城站区火车头广场、内陆港、各驻站单位职场进行了全方位、园林式的景观建设。

2013年，沈阳铁路局开展"打造绿色长廊，义务植树造林"主题实践活动，完成栽植乔灌木20.9万株、火炬根11.6万株、紫穗槐61.9万穴，通霍线补植62万株。景观站区栽植各类树木8.75万株、模纹32.9万平、草花208.5万株、紫穗槐2万穴，铺设草坪2.4万平。2014年，路局要求在京哈、秦沈、沈大、沈吉、沈山、通霍、大郑线和长吉城际八条干线，建设外乔、中针、内灌的标准化复式林带，实现干线绿化全贯通；全年共栽植乔木123万株、灌木101万株。同年，对苏家屯、珠斯花、白城和棋盘站区进行景观完善，实现站区养护常态化，并对长图、魏塔、溪辽线及沈阳枢纽共计80个车站进行了景观绿化。建设长春北站"森林站区、生态站区、果园站区和花园站区"，共栽植针叶0.7万株、乔木5.1万株、灌木3.8万株、模纹0.8公顷、火炬根9.5万穴、紫穗槐35.9万穴、草花0.3公顷，播种三叶草7.5公顷。打造景观"分界站"，重点对珠恩嘎达布其、街基和山海关3处分界站进行景观绿化，对丹东、蔡家沟、图们、杜家、鹿道、集安、太阳升、河洛营和杨树岭9处分界站进行补强完善，并对其余两处进行养护管理，提升分界站线路景观效果。

2015年，沈阳铁路局持续推进铁路绿色通道建设，完善线路两侧复式林带效果，采取满覆盖、补林带的方式，在林带内侧至线路间栽植火炬根及紫穗槐，彻底消灭小开荒、断带问题，共完成线路造林858.4万株（穴），其中：针叶3.5万株、乔木70.8万株、灌木19.6万株、火炬根392.6万穴、紫穗槐372.3万穴，播种锦鸡儿2.9公顷、榆树1.4公顷。改变沈阳西站区原有的以杨、柳、榆等树种为主的低档次绿化面貌，提出超越沈南建设花园站区的目标，完成高标准园林绿化42公顷，实现绿地面积翻番；完成丹东站区绿化面积3.7公顷，采取各种手段保成活，使反

季节栽植的成活率达到了85%以上；对长春北、棋盘、山海关、大安北、白音胡硕、珠斯花、白城、朝阳川、德惠等站区进行常态化养护，全年站区绿化共栽植各类苗木36.4万株，其中：针叶0.9万株、乔木9.8万株、灌木11.4万株、火炬根1.7万穴、紫穗槐12.6万穴、模纹11.5公顷、草花7.2公顷、播草31.1公顷。

二、苗圃管理

2006年，沈阳铁路局对全局苗圃的发展重新进行规划，调整苗木培育方向，制订培育适合沿线绿化用苗的方案，各铁路苗圃着重培养成活率高、经济价值低、培育周期短的苗木，其中乔木以杨、柳、榆树为主，灌木以水蜡、丁香、绣线菊为主，平均每年为沿线造林提供苗木200余万株，以满足全局线路绿化用苗的大量需求。

2013年，沈阳铁路局提出增加既有苗圃的土地面积和苗木的储备能力方案，各铁路苗圃经过一年的发展，在原有的27处苗圃基础上拓展面积至8815亩，苗木存量达到504万株，当年完成播种、扦插44公顷，移植、换床425万株。2014年，继续在全局范围内寻找可利用土地资源改造为圃地，增加苗圃面积，改变苗木培育方向，加大站区景观苗木数量占比，当年全局有苗圃34处，总面积达到9990亩，苗木存量797万株。

2015年，沈阳铁路局提出了"苗圃面积三年翻一番"以及"培育高附加值苗木"的总体要求。实施靠内部挖潜，对荒废、出租苗圃用地进行全面清理，对苗圃附属设施用地进行统筹规划，增加苗圃实际施业面积，提高苗圃生产用地占比，开发新圃地。充分利用"土地收复战役"收回的适林地，在铁路线路两侧的大宗地块开发区间苗圃，实现线路绿化，并可作为苗木储备，可育苗、可育林。培育多品种、多形态、高附加值的景观苗木，适应景观绿化日益增长的苗木需求，并针对各林业总场在环境、地域、气候、基础等因素，分别制订高附加值苗木培育方案。全局苗圃有48处，面积1.2万亩，苗木存量达到88个品种、数量802.27万株，同时培育高附加值苗木65种、90.04万株，占总苗木存量13%，绿化苗木全部由林场苗圃提供，实现自给自足。

第八章　综合技术管理

铁路技术管理是铁路行业管理工作的一个重要组成部分。1996年5月，沈阳铁路局在全路首次进行货车（包括重载）提速试验，客车及5000吨货车最高速度，均创全路运营线客、货列车速度之最。同年，先后组织铁路局各相关部门制定了《沈阳铁路局开行直达快速旅客列车行车安全（暂行）办法》，为沈阳铁路局第一部时速140公里直达快速旅客列车开行办法。以此为蓝本，铁道部在沈阳铁路局召开会议，研究制定了《全路快速旅客列车行车办法（草稿）》，为全路提速工作做出贡献。2003年5月16日，沈阳铁路局组织制定了中国第一个铁路客运专线行车组织办法即《秦沈客运专线新建干线区段行车组织办法(试行)》，于2013年10月8日下发有关部门执行。2004年，沈阳铁路局组织制定了中国第一个国产动车组"中华之星""先锋号"行车组织办法。2005年，铁路局坚持"开放式"科研开发，精选50余项科研成果参加了铁道部组织的"第七届中国国际现代化铁路装备展览会"，展示了沈阳铁路局在提速、安全、扩能、信息等方面科研开发成果。2008—2014年，总工程师室重点抓好技术标准体系研究和试点工作，完成了铁道部下达的"铁路局技术标准体系研究"课题，填补了全路标准化工作中的一项空白并在全路各铁路局进行了推广。2009—2015年，结合高速铁路及动车组列车的开行，沈阳铁路局在铁道部（中国铁路总公司）的指导、安排下，先后进行了CRH1型大编组动车组牵引制动试验、CRH5型动车组200公里/小时~275公里/小时的动力学、噪声测量、弓网受流性能试验、CRH5型动车组新齿轮传动比专项试验、CRH380B型高寒动车组正线型式试验、时速350公里中国标准动车组型式试验等高速铁路试验项目。

1996—2015年，中国铁路建设的快速发展和中国铁路科技装备水平的提高，激发科学技术的不断创新。在此期间，路局先后制定并下发了"九五"至"十二五"《沈阳铁路局科技发展规划》，对沈阳铁路局科学技术研究起到了推动和引领的作用。2015年与1996年相比，铁路局科研项目增长近7倍；科研项目资金投入增长了近2.3倍；科研项目通过鉴定（评审）的项目增长近2.5倍。

第一节　综合技术管理部门概况

一、沈阳铁路局科学技术委员会

1996—2007年，沈阳铁路局内设有科学技术委员会（以下简称"科委"），由铁路局总工程师任主任委员，副总工程师、局总工程师室主任任副主任委员，总工室、财务处、办公室、企法处、计统处、人事处、劳卫处、建设处、房管处、安监室、纪委（监察处）、审计处、运输处、客运处、货运处、营销处、机务处、供电处、车辆处、工务处、电务处等职能处室为成员单位，负责局科研计划的立项审查，并按部门职能对课题进行管理和监督。铁路局科学技术委员会下设办公室（简称"科委办公室"），是日常办事机构，负责铁路局科研计划的立项调研、初步审查、计划编制、课题招标、合同签订与管理、课题验收、科技成果评价等工作，科委办公室的编制、职能隶属于路局总工程师室。2007年12月，在铁道部机构清理过程中，沈阳铁路局科委办公室调整为铁路局总工程师室科技管理科。2011年2月，按照铁道部文件要求，机构名称重新恢复为科委办公室。

二、总工程师室

1996年，沈阳铁路局总工室定编18人，设主任1人，负责总工室全面管理工作。副主任2人，分管各室具体工作。总工室下设科委办公室（定编5人）、质量技术监督室（定编6人）、综合技术室（定编4人）。各铁路分局（铁道公司）设

有分局总工程师室，业务上受铁路局总工程师室指导。

2005年3月，铁路分局（公司）撤销，各铁路分局总工程师室职能由铁路局总工程师室负责。2006年，根据《关于调整铁路局机关部分部门机构编制的通知》（沈铁劳卫发〔2006〕103号）要求，总工室定编调整为14人，设主任1人，副主任1人。下设科委办公室（定编4人）、质量技术监督科（定编4人）、综合技术科（定编4人）。

2015年，根据《沈阳铁路局关于公布铁路局机关行政职能处室机构编制及主要职责的通知》（沈铁劳卫〔2015〕169号）要求，总工室定编调整为15人，设主任1人，副主任1人；下设科委办公室、质量技术监督科、技术管理科，定编15人。

第二节　科技管理

一、科技规划及科研活动

1996年，沈阳铁路局制定了《沈阳铁路局、沈阳铁路局党委贯彻落实铁道部党组〈关于加速铁路科学技术进步的决定〉的实施措施》《沈阳铁路局"九五"科技发展规划》，编制了《沈阳铁路局"九五"及2010年期间科技成果转化项目表》，汇总了30项具有较高技术水平和较高应用前景的科研成果，编制《沈阳铁路局"九五"科技发展示意图册》。"九五"期间，科技发展以既有线提速、信息化应用、安全装备研制、铁路工程建设等方面为主要攻关项点，涉及到扩能、安全、提速、客货服务、信息、医疗卫生、工业产品、电子计算机等多个专业。先后安排了秦沈客专管理模式研究、铁路客票自动售票机研制、机车运行安全监控仪、沈大线客车运行3小时30分钟可行性研究、提速状态下既有混凝土横隔板断裂的评定及加固技术、长大隧道钢轨防腐蚀研究、智能化钢轨探快速伤仪等科研项目227项，累计投入科研经费2224万元。其中DG-32型自动整平磨圆机等项目获铁道部科技进步奖一等奖，机车运行安全监控仪、线上钢轨局部淬火工艺及设备的研究等获沈阳铁路局科

技进步一等奖。道岔电热除雪装置、便携式补票机等科技成果119项进行了推广应用，总成交额达13196万元。

2002年，制定了《沈阳铁路局科技发展"十五"计划和2015年长远规划纲要》，规划了"十五"科技发展重点任务，明确将提速、重载和铁路建设作为科研重点领域。"十五"期间，科技规划以加强客运专线运营研究、运营科学实验、信息化技术应用、既有线重载提速、安全装备研制为主要科研攻关领域，涉及扩能、安全、提速、客货服务、信息、医疗卫生、教育、工业产品、电子计算机等专业，更加着力加强优秀科研项目的示范性推广应用力度。先后有铁路行车安全远程图像监控系统的研究、秦沈客运专线桥梁检查车技术方案的研究等铁道部课题、彩色多普勒对慢性乙肝预后对比研究、秦沈客运专线18/38号道岔养护维修技术的研究，秦沈客运专线桥梁检查车的研制等项目通过省部级鉴定；东风4型机车新型及改造型散热器、HY-IV型铁路计中计、HY-180型数字电话会议汇接机、TKW变电所故障监控及安全联锁装置、车辆脱轨自动报警系统、安全行车远程图像监控系统、GIS铁路工务综合管理信息系统、优化施工组织提高慢性速度的研究、DF4型机车地面集中答温装置、运营条件下软弱地基加固技术、轮对除锈清洗机、HTK-1型内燃机车空气滤清器等通过路局鉴定；铁路安全行车远程图像监控系统等138项科技成果在全局范围内进行了推广使用，总成交额达10295.16万元。其中，沈阳工务器材厂研制的YCD-4型液压道岔捣固机被列入2003年国家重点新产品计划，道岔电热除雪装置被列为国家级重点新产品计划项目，WTK—99型调车场尾部停车防溜自动控制系统荣获中国铁道学会科学技术奖。

2007年，制定了《沈阳铁路局科技发展"十一五"规划》，将主要技术领域科技发展的重点放在运输安全保障、提高效率效益这两个方面，并取得突破。"十一五"期间，以既有线提速、提速线路维护基础研究、安全装备研制、信息化技术应用、机车车辆惯性故障、节能环保等为主要攻关领域，共立项511项，累计投入科研经费2576万元。其中既有线提速200~250公里/小时线

路设备维修规则研究与应用等项目被列入铁道部科研计划；完成了信号维修管理软件、车站列车接近语音报警装置、GCJ-1型轨道除锈机、东风4、5、7型内燃机车柴油机联合调节器改造研究等科研成果技术鉴定217项，其中"YDT-1型电力机车登顶作业监控装置""TMT-TUG系列机车车顶绝缘子"获铁路局科学技术进步一等奖。

2010年，制定了《沈阳铁路局"十二五"科技发展规划》，在严寒地区高速铁路基础设施养护技术、既有线隧道渗漏水综合治理技术、客运专线列车开行方案计算机辅助决策系统信息化建设、列尾信息管理系统开发、客运服务系统集成技术深化研究、严寒高铁道岔融雪技术等方面制定规划并取得了大量应用性科研成果。"十二五"期间，铁路局累计科研立项504项，累计投入科研经费2117万元，完成科研成果鉴定224项、完成技术审查44项。主要有：利用THDS对货物列车抱闸车轮进行自动报警研究、长吉高速铁路基础设施养护维修技术研究、机车节能新技术应用及效益研究、吉珲铁路隧道防冻害关键技术研究、严寒地区高速铁路无砟轨道路基防冻胀关键技术深化研究、高效空气能热泵技术在铁路沿线建筑供热中的应用和效益分析、严寒地区高速铁路无缝线路病害分析及维护技术研究、严寒地区高速铁路断轨抢修钢轨铝热焊的可行性研究、严寒地区高速铁路防灾系统故障检测与分析技术研究等课题获得铁道部科研立项。

"十二五"期间，软科学课题成果突出，铁路路基冻害机理与防治措施的研究、沈阳铁路局基础数据信息平台、基于sharepoint技术快速搭建及整合企业网站的研究、职工综合信息管理系统、关于多元经营一体化考核的研究、建设项目全过程造价管理在铁路住宅建设中的应用、铁路道口交通事故相关法律问题研究等都在生产实际中发挥了较好的作用。其中，列尾信息管理系统、哈大客专无砟轨道冻胀整修技术研究、沈阳铁路局安全问题（风险）管理系统等项目获得中国铁路总公司科学技术进步奖。

2015年，制定了《沈阳铁路局"十三五"科技发展规划纲要》，围绕"高速铁路、运输安全、机车车辆自主维修、货运改革、信息化建设"等方面重点任务领域，制定了"以增强自主

1996~2015年沈阳铁路局科研资金投入统计情况表

表2-8-1   单位：万元

年度	1996	1997	1998	1999	2000	2001	2002	2003	2004	2005
项目	20	46	55	32	74	91	84	82	128	126
资金	223.5	281.9	851	453.9	412	408	400	395	600	773
年度	2006	2007	2008	2009	2010	2011	2012	2013	2014	2015
项目	48	113	122	74	83	57	94	117	153	137
资金	301	1000	1025	500	300	346	500	563	408	500

1996~2015年沈阳铁路局科研鉴定（评审）情况表

表2-8-2   单位：项

年度	1996	1997	1998	1999	2000	2001	2002	2003	2004	2005
项目数	51	17	9	6	22	9	48	25	81	54
年度	2006	2007	2008	2009	2010	2011	2012	2013	2014	2015
项目数	65	46	81	74	36	45	50	56	37	42

创新能力为核心，加大科技创新投入、加强科技创新基础建设为保障措施，努力在新技术应用、机车车辆自主维修技术、科技创新体制建设等方面取得重要突破"的发展目标。2015年度的科研课题指南确定了涉及高速铁路技术、安全管理技术、机车车辆自主维修技术、信息技术等方面的29项重点攻关项目。

1996—2015年，沈阳铁路局科研开发投入合计10241.3万元，资助科研计划开发项目1736项，通过路局鉴定（评审）的科研项目共874项。

二、科学技术奖励

沈阳铁路局科学技术奖每年评审一次。评审标准主要依据技术上的创新性，技术难度，总体技术水平，主要技术经济指标；成果转化程度、在行业应用程度；创造经济和社会效益；对铁道行业技术进步和产品结构优化升级作用等4方面进行综合评定。

1997年，按照《沈阳铁路局、沈阳铁路局党委贯彻落实铁道部党组〈关于加速铁路科学技术进步的决定〉的实施措施》《沈阳铁路局"九五"科技发展规划》的要求，沈阳铁路局重新制定并下发了《沈阳铁路局科学技术进步奖定量评审办法》。科学技术奖奖励范围除研究开发类、

成果转化类、重大工程类、社会公益类科研项目以外，增加了在管理科学方面提出创造性理论和方法的软科学研究类项目。2002年，根据中共铁道部党组《关于加强铁路技术创新的决定》、中国铁道学会《中国铁道科学技术进步奖奖励办法》中的规定，铁路局对《沈阳铁路局科学技术进步奖奖励办法》进行了修订。2014年根据修订的中国铁道学会《中国铁道科学技术奖奖励办法》，对《沈阳铁路局科学技术进步奖奖励办法》再次进行了修订，将"科学技术进步奖"更名为"科学技术奖"。

沈阳铁路局科学技术奖的奖励工作，由铁路局科委办负责具体评审工作。评审委员会设主任委员一人，由铁路局总工程师兼任，副主任委员一人，由局副总工程师兼任，委员由铁路局主要职能处、室总工程师或主管处长，辽宁、吉林省铁道学会秘书长，部分科研开发、铁路局直属、基层单位的技术拔尖人员和聘请专家组成。评审委员会下设运输电务信息、机务供电、车辆机械、工务工程、综合技术五个专业评审组。

1996—2002年，铁路局科学技术进步奖分设一等奖、二等奖、三等奖、四等奖共四个等级。2002年，修订的奖励办法取消了四等奖。奖励项目实行限额管理，原则上一等奖不超过5项；二

沈阳铁路局1996—2015年科技进步奖获奖统计情况表

表2-8-3 单位：项

年度	1996	1997	1998	1999	2000	2001	2002	2003	2004	2005
项目数	26	25	25	0	0	42	29	13	22	26
年度	2006	2007	2008	2009	2010	2011	2012	2013	2014	2015
项目数	26	0			0		39		48	

等奖不超过15项；三等奖不超过30项。对特别重大的科技成果，在该项已取得一等奖的基础上，经3名以上评委推荐，评审委员会审定，可授予特等奖。2003—2013年，奖励办法规定每项一等奖内含单位不超过4个、人数不超过8人，每项二等奖内含单位不超过3个、人数不超过6人，每项三等奖内含单位不超过2个、人数不超过4人。2014年，奖励办法进行了修订，特等奖、一等奖、二等奖、三等奖主要完成人分别不超过24、12、10、8人。1995—2015年，沈阳铁路局共评选出科学技术进步奖359项。2006—2015年，按照每两年一次的频次进行评奖。

三、科学试验

1996年5月，科委办公室作为铁路局提速试验办公室（临时），组织进行了沈山线提速试验。试验先后安排33次客货列车、选择6座桥、3种道岔进行技术测试，对货物列车进行4000吨、5000吨提速动力学、制动、牵引试验，对客运列车进行130、140、150、160公里/小时四个速度梯度的动力学试验，以及在沈阳—山海关间对允许速度全程运行3小时45分的安全舒适性试验。沈山线提速试验是一次客货兼容、提速重载兼顾的全面综合试验，在全路首次进行货车（包括重载）提速试验。客车及5000吨货车最高速度，创全路运营线客、货列车速度之最，客车试验最高速度达到183.5公里/小时，货车最高速度达到98.7公里/小时，超过沪宁和京秦，为大连—沈阳—北京、长春—沈阳—北京提速打下了基础，积累了数据经验。1996年，科委办公室还在大连组织了"转8A型转向架"5辆货车进行改造前、后、静、动载性能对比试验。2005年，根据铁道部科技司工作安排，铁路局开展"中华之星""先锋号"两列动车组在秦沈客运专线试验任务，以及长春轨道客车股份有限公司生产出口伊朗客车在长吉线进行动力学试验。

2007年，科委办公室参与了铁道部"京哈线秦沈段时速250公里/小时综合试验""CRH5型动车组型式试验""TVM430和C2级车载列控系统试验"等重大科学试验。另外，科委办公室牵头组织进行通霍线重载列车制动缓解静态试验，为通霍线开行重载组合列车积累了技术参数。2009年3月30日—6月6日，根据铁道部对《超限超重货车综合试验试验大纲》的批复和《关于印发"超限超重货车综合试验等四项试验协调会会议纪要"的通知》要求，在沈阳铁路局管内长图线、烟白线、九江线、浑白线和沟海线进行了为期69天的"超限超重货车综合试验"。先后完成了对D32型、D38型、D2型和通用型货车的综合试验任务，取得了试验数据，达到了试验大纲的各项要求。2009年5月20—30日，根据铁道部《关于〈100m长钢轨换长1.5普通平车装载加固方案及换长1.3普通平车装载加固优化方案试验大纲〉的批复意见》和铁道科学研究院编制的《100m长钢轨换长1.5普通平车装载加固方案及换长1.3普通平车装载加固优化方案试验大纲》，在沈阳铁路局管内溪田线、沈大线进行了该项运输试验。2009年3月28日—30日、4月13—18日，根据铁道部运输局《CRH1型时速200~250公里16辆编组座车动车组综合性能试验及评价实施办法》《CRH1型大编组动车组回送沈阳进行型式试验通知》和《关于CRH1型大编组动车组回送沈阳进行牵引制动试验的通知》要求，在京哈线秦沈段皇姑屯-山海关间进行正线综合性能试验、在京哈线秦沈段皇姑屯—锦州南间进行了牵引、制动试验。

2010年9月10—12日、10月31日—11月4日，按照铁道部运输局《CRH1A型动车组有动力回送和试验的通知》《CRH5A型动车组型式试验大纲批复及回送安排的通知》要求，科委办公室组织铁路局运输、机务、工务、电务、车辆处、调度所、安监室等相关处室以及沈阳铁路公安局、沈阳车辆段、机务段，在京哈线秦沈段圆满完成了对CRH1型081号、CRH5型085A号动车组进行试验速度200公里/小时~275公里/小时的动力学、噪声测量、弓网受流性能试验。

2011年9月26—28日，按照铁道部运输局《关于安排CRH5型动车组新齿轮传动比专向试验安排的通知》要求，在沈阳铁路局京哈线秦沈段对CRH5-111A动车组进行了新齿轮传动比试验。2011年10月16日—20日，按照铁道部运输局《关于安排CRH5型动车组试验安排的通知》要求，CRH5-085A型动车组分别在铁路局管内京哈线秦沈段和长吉城际间完成正线型式试验。在京哈线秦沈段对CRH5-085A号动车组进行了动态限界试验、重联弓网试验（开口方向和闭口方向），在长吉城际间进行了空气动力学试验（交会试验）。2012年6—7月，根据铁道部《关于CRH380B高寒动车组型式试验大纲的批复》，在沈阳铁路局哈大线进行了CRH380B型高寒动车组正线型式试验，试验历时近20天，完成了全部试验内容。2012年10月22日—30日，根据铁道部《关于BST公司卧改座动车组型式试验的通知》要求，在秦沈段对CRH1-076B号动车组进行型式试验。2012年12月，根据铁道部《关于CRH380D动车组型式试验和研究性试验有关工作安排的通知》，在京哈线进行CRH380D型动车组型式试验。2013年11—12月，按照《中国铁路总公司办公厅关于印发既有线运用27t轴重货车工作会议纪要的通知》和《关于印发"27t轴重货车编组站驼峰溜放综合试验大纲评审意见"的通知》，分别在苏家屯站上行编组场、四平站上行编组场、锦州站下行编组场进行了27t轴重货车编组站驼峰溜放综合试验。2014年3月—7月，按照铁路总公司《关于增加唐车公司CJ-1、CJ-2型城际动车组型式试验线路的通知》的电报要求，在秦沈线、长吉线分别组织了CJ-1型、CJ-2型城际动车组型式试验。2015年6月，在秦沈线进行了CRH1A型铝合金动车组的型式试验，8月在长吉客运专线进行了时速350公里中国标准动车组的型式试验。

四、科技服务与交流

2000年，沈阳铁路局积极组织参加各类国内、国际铁路科技展览活动，集中展示了沈阳铁路局科学研究成果，并借参展之际推介沈阳铁路局优秀科研成果，提升了铁路局形象、促进了科研成果转化与推广。10月，组织11个单位及道岔加热除雪装置等14个项目参加铁道部安监司、科技司联合组织的"以技术装备确保行车安全产品展示会"；9月9日—11日，组织21个单位参加部科技司支持、《中国铁路》杂志社主办、兰州铁路局协办的"2000年铁路产品、信息、技术交流会"。2002年，组织43个项目参加了铁道部"第五届中国国际现代化铁路装备展览会"。2003年，组织57个项目参加了铁道部主办的"第六届中国国际现代化铁路装备展览会"。2005年，精选50余项科研成果参加"第七届中国国际现代化铁路装备展览会"，展示了沈阳铁路局在提速、安全、扩能、信息等方面科研开发成果。2006年，参加铁道部举办的"第八届中国国际现代化铁路装备展览会"，沈阳铁路局精选2005—2006年科研成果50余项参展项目，筛选10项优秀成果进行实物展览。2009年6月，参加了在上海展览中心举行的"第九届中国国际现代化铁路技术装备展览会"。铁路局总工程师室精心筹备组织，确定参展方案和总体布局，精选沈阳铁路局参展项目，各相关单位积极配合。在156㎡的L型特装展台上，以55项科技成果为代表，分别以图文展板和实物的形式，配以LED大屏幕视频宣传，集中展示了沈阳铁路局两年来的科技开发成果和铁路运输生产方面的先进技术与装备。沈阳铁路局展台以整体气势宏大、结构及色彩明快、展示形式新颖独特和内容翔实丰富的特点，吸引了众多的参观者。大会组委会组织了"国际重载运输大会"的代表集体到会参观，铁道部、铁路局领导到沈阳铁路局展台参观指导。2010年，为了配合"第七届世界高速铁路大会"的召开，经铁道部和商务部批准，"第十届中国国际现代化铁路技术装备展览会"于2010年12月在北京国家会议中心举办。铁路局制作了宣传片《腾飞》、印制了《沈阳铁路局科技成果》画册，并精选了43项科技成果（其中实物展品10项）在大会期间进行了展示。2014年，参加了由铁路总公司、商务部主办的"第十二届中国国际现代化铁路技术装备展览会"，共27个单位54项科研成果参展。沈阳铁路局在展会主办的高铁轨道养护专题报告会上就高寒高铁养护工作做专题报告。

第三节　技术规章管理

1996—2007年，沈阳铁路局行车规章归口在局总工室并设专人负责。2008年，根据铁道部《铁路技术规章制度管理办法》的规定，行车规章管理改为技术规章制度管理（简称"技术规章管理"）。

一、基本技术规章

1995年11月，沈阳铁路局总工程师室制定、公布了《沈阳铁路局机务、车辆、工务、电务、生活（乘务员公寓）系统行车工作细则编制规则》（简称《编制规则》），对规范行车规章管理、保证铁路安全生产起到了重要作用，得到铁道部科技司的肯定，属全路首创，填补了空白；在快速旅客列车开行方面制定了相关管理制度、办法，供其他铁路局借鉴。2001年，组织制定了《沈阳铁路局行车规章管理办法》，废止了《沈阳铁路局制定（修订）行车规章制度实施规则（试行）》（沈铁总发〔1994〕126号），这是局总工室归口管理行车规章后制定的第一个管理文件。该文件明确规定铁路局、铁路分局的行车规章管理工作分别由铁路局、铁路分局总工程师室负责统一归口管理。铁路局、铁路分局有关业务处室应设一名专（兼）职技术人员分管本系统行车规章管理工作；行车有关站段应在技术科（室）或综合业务科（室）内设一名专（兼）职技术人员分管本单位行车规章管理工作。2003年，沈阳铁路局组织制定了《秦沈客运专线新建干线区段行车组织办法(试行)》。2004年，沈阳铁路局组织制定了《关于印发"中华之星""先锋号"动车组在秦沈客运专线新建干线区段试验运行行车补充规定的通知》，这些办法成为中国铁路客运专线建设运营初期较为成熟的行车办法。

2007年，组织制定了《沈阳铁路局动车组行车组织办法》《沈阳铁路局京哈线调度集中区段行车组织办法》；2010年，组织制定了《长吉城际铁路行车组织细则》《沈阳铁路局京哈线CTCS-2级区段行车组织细则》和《沈阳铁路局既有线调度集中区段行车组织办法（试行）》；2012年，组织制定了《哈大铁路客运专线行车组织细则》；2013年，组织制定了《沈阳铁路局盘营客运专线行车组织细则》；2014年，根据总公司新的高速、普速《铁路技术管理规程》，组织制定了沈阳铁路局《行车组织规则》和《高速铁路行车组织细则》；2015年，组织制定了《丹大线行车组织办法》。

二、技术规章清理

2003年，沈阳铁路局开展了"强基达标、规范管理"工作，在全面清理整顿规章制度的基础上，总工程师室组织各系统主管业务处室将确认有效的行车规章统一汇编成册，铁路局发布的行车规章汇编共六册，分为综合分册、车辆客车分册、车辆货车分册、机务安全运用分册、机务检修分册、工务分册。2004年，总工程师室下发了《关于全面清理整顿行车规章制度的通知》，按系统先后下发8个文件公布清理结果，共清理规章制度3606个，确认有效1486个，废止2120个；2005年，组织各铁路分局对铁路局131个主要行车站段清理行车规章工作进行了一次平推检查，全面落实沈阳铁路局行车规章管理控制机制的各项要求；2006年，局总工程师室下发了《做好行车规章全面清理整顿工作的通知》，清理废止了1374个行车规章，将有效和废止的文电目录分系统汇编成册；2010年，局总工程师室下发了《关于清理和规范专业技术规章的通知》，组织对技术规章进行分类整合，解决了规章内容交叉、重复以及多个文件规定同一事项的问题；2011年，局总工程师室组织相关部门对年初以来发布的技术规章文件电报进行了全面清理，公布各项有效技术规章231个；2012年，局总工程师室组织有关部门共清理废止和失效的技术规章2个，补充有效规章20个，发布有效技术规章267个，并对134个临时规定进行整合和修订，纳入专业规章管理；2013年，局总工程师室组织对临时规定进行整合和修订，公布有效技术规章196个；2014年，局总工程师室重点组织对高铁规章进行清理，公布有效技术规章199个；2015年3月份和8月份，总工程师室两次组织对铁路局技术规章进行全面清理，公布有效技术规章205个。

第四节　标准化管理

一、企业标准和管理办法制定

1996年，总工室发布铁路局企业标准12项，其中制定8项，修订4项，属管理标准7项、技术标准1项、工作标准4项。1997年，发布局企业标准5项，其中制定3项，修订2项，属管理标准3项、工作标准2项。1998年，发布局企业标准21项，其中制定14项，修订7项，属技术标准21项。1999年，发布局企业标准2项，其中制定1项，修订1项，属管理标准1项，作业标准1项。利用新闻媒体组织开展世界标准日宣传活动。

2000年，发布局企业标准12项，审查基层单位企业标准6项，组织全局开展标准查新和无标产品清查活动，利用新闻媒体组织开展世界标准日宣传活动，起草《沈阳铁路局新产品标准化审查管理办法》征求意见稿，组织召开新产品标准化审查会3次，组织开展沈阳铁路局企业标准清查和修订工作，制定全局标准化工作5年规划。

2001年，下发关于印发《沈阳铁路局新产品标准化审查管理试行办法》（沈铁总函〔2001〕186号）·的通知。2002年，发布局企业标准3项；发文部署开展清理1990年前企业标准工作；组织召开清理修订企业标准工作研讨会；发布废止铁路局企业标准目录，废止铁路局企业标准160个；组织修订《沈局标准体系表编制规定》；组织对2个单位的新产品标准进行审查；组织对1个单位的新产品进行标准化审查。

2003年，组织清理沈阳铁路局企业标准，发文公布废止的企业标准42项，修订的企业标准95项，其中修订机务、工务企业标准30项，修订运输、机务、人事企业标准65项；组织对5个单位新产品标准进行审查；检查6个铁路分局18个段（厂）标准化工作情况，下发标准化工作检查通报；组织开展"无标"产品和企业标准产品清查工作；举办2期GB/T1.2培训班，培训254人。2004年，组织路局机关各处室清理沈阳铁路局企业标准，发文公布审查、废止、修订的局运输、机务、工务系统企业标准39项；组织对3个单位7种新产品标准进行审查；举办企业管理标准体

系和GB/T2828—2002标准宣贯会，共培训350人；修改发布《铁路局标准化管理细则》和铁路局企业标准目录。

2005年，发布铁路局企业标准1项；组织审查1项铁路局产品标准；组织对10个单位10种新产品标准进行审查；修改发布沈阳铁路局企业标准《标准化管理细则》。

2008年，根据铁道部《铁路局标准化管理暂行办法》的有关规定，铁路局制定了《沈阳铁路局标准化管理办法》。明确规定每年11月末，各业务处（室）提报次年的《年度铁路局标准制定、修订计划表》，经总工室汇总审核和领导批准后，提出并下达《年度铁路局标准制定、修订计划项目表》。立项部门根据《年度铁路局标准制定、修订计划项目表》组织完成调查研究、起草标准草案、征求意见，对标准草案进行必要的验证和审查工作，形成报批稿，经总工室组织集中审核并报送铁路局领导批准后发布。到2015年2月末，有效铁路局企业标准有81项。

2015年6月，根据总公司制定的《中国铁路总公司技术标准管理办法》，铁路局制定了《沈阳铁路局技术标准管理办法》。新办法重新明确了企业标准管理范围为技术标准；明确了铁路局在科研经费内安排专门经费，用于支持列入年度计划的技术标准以及标准研究、管理工作；增加了局质量技术监督所的标准化工作职责；增加了铁路专用产品标准性技术文件须纳入本单位和本部门技术标准体系管理的要求；在铁路局技术标准编号中增加了总公司技术标准代号。新办法还要求各单位各部门组织人员及时完善本单位和本系统的技术标准体系，将部分铁道行业标准转为总公司技术标准的，要在原行业标准编号前增加总公司标准编号或单独分类。国家铁路局《关于公布铁道行业技术标准复审结果的通知》中，确定为"废止"并不转为企业标准管理的铁道行业标准，应从技术标准体系中及时撤出。新办法还明确不再作为铁路局企业标准的管理标准和作业标准，由铁路局相关业务处室研究后转化为铁路局规定或办法。铁路局各部门起草的"铁路专用产品标准性技术文件"定义的文件，应根据需要及时按铁路局标准化管理办法要求，转化制定成为相应的铁路局企业技术标准，同时废止相应的

文件。铁路总公司相关职能部门制定下发的有关标准性技术文件的文件，按照专业管理的原则，参照标准性技术文件专业代号，由铁路局相关业务处负责转发至相关单位。

二、铁路技术标准体系与标准化工作管理体系

2001年，根据铁道部要求，沈阳铁路局开展ISO9000族标准贯标工作。2001年12月，在通化铁路分局召开了贯彻ISO9000族标准工作研讨会。2002年1月，制定下发了沈阳铁路局贯彻应用ISO9000族标准内部认证指导意见，在铁路局机关举办了ISO9000族标准知识讲座，共有31个处室、160余人参加了学习。2002年3月至6月，举办铁路局注册内部认证审核员培训班八期，培训769人，其中铁路局、铁路分局机关124人，站段长95人；组织车务、机务、工务、电务、车辆、房建系统开展"贯标"试点工作，确定白城工务段、白城车辆段、沈阳铁路局直属房建段、锦州电务段、山海关机务段、山海关站、通辽工务段等7个试点单位。2005年9月，下发了《沈阳铁路局ISO9000质量管理体系认定工作管理办法》。组织铁路局内专家对通辽工务段、沈铁直属房建段物业公司"贯标"试点单位进行了认定审核验收；组织召开铁路局贯彻ISO9000族标准工作研讨会议和试点单位座谈会，举办了贯彻ISO9000族标准试点单位内审员培训班，培训60人。

2005年3月，沈阳铁路局组织召开了标准化工作专题会议，根据各业务处和站段的意见，为减轻合并后的站段负担，避免形式主义，铁路局明确了"基层单位不制定企业标准"的具体要求。2006年4月，铁路局先后两次下发文件（沈铁总发〔2006〕83号和沈铁总发〔2006〕180号），要求各站段对本单位以前制定的企业标准进行一次认真清理，将企业标准中的有效内容，根据实际情况分别纳入站段《行车工作细则》和《管理细则》，企业标准公布废止并及时撤出。铁路局68个主要行车站段和铁路局15个处室开展基层单位企业标准和铁路局企业标准清理工作。基层单位共废止企业标准11637项，其中技术标准1893项、管理标准4440项、工作（作业）标准5304项；废止路局企业标准53项。审查发布铁路局企业标准3项，组织修订了沈阳铁路局《标准化工作管理细则》，对8个单位的新产品标准进行审查，召开铁道部《铁路产品标识代码编制规则》标准宣贯会，培训60人。

2008年，为满足铁路运输生产和安全以及提高铁路局科学管理水平需要，沈阳铁路局开展建立技术标准体系研究和试点工作。承担了组织10个铁路局共同研究《铁路局技术标准体系研究》的铁道部科研课题，于2011年1月通过了铁道部科技司组织验收专家组验收。《铁路局技术标准体系研究》解决了铁路局范围内的技术标准按其内在联系形成的科学的有机整体问题，填补了全路标准化工作中的一项空白。为了使课题成果尽快试点运行、完善和推广应用，按照铁道部科技司在《2011年铁路标准化工作要点》的通知要求，以课题确定的《铁路局技术标准体系结构形式图》和《铁路局技术标准体系明细表》为指导，启动了建立技术标准体系试点工作，铁路局确定了9个试点单位（丹东站、沈阳客运段、锦州站、吉林机务段、长春供电段、吉林车辆段、山海关工务段、沈阳工务机械段、沈阳电务段）。2012年，全局确定了7个试点单位（大连客运段、沈阳机务段、沈阳供电段、锦州车辆段、沈阳车辆段、丹东工务段、长春电务段）。2013年，全局确定了3个试点单位（沈阳站、锦州机务段、沈阳车务段）。同时，为方便试点单位和其他单位查找、收集、学习、实施铁道行业相关标准，经与铁科院相关部门协商并签订信息服务协议，在沈阳铁路局开通了《铁道行业标准和技术文件信息查询系统》。各单位可根据需要登陆铁道部办公网查询技术标准、标准性技术文件及有关规程，并且可以进行下载保存，此举受到基层站段的欢迎。

2014年，为开展好建立技术标准体系试点工作，路局按系统先后组织召开八次专题会议，对建立技术标准体系工作进行了具体指导和详细部署，各试点站段也制定了本单位的推进计划，并按照铁路总公司、铁路局总体要求和本单位推进计划认真开展试点工作。经多次检查指导和试点单位相互交流，达到了"沟通情况、相互学习、共同提高"的目的。到2014年末，供电系统各单位必须配置的各类标准270项（以下简称标

配），电务系统（标配233项标准）、工务系统（标配174项标准）、车辆系统（货车车辆段标配675项标准、客车车辆段标配583项标准、动车段标配531项标准）、机务系统（标配453项标准）。到2015年末，机务、车辆、工务、电务、供电5个系统已经在本系统全面铺开，受控标准目录和标准电子文档纳入本系统（本单位）网页，实现技术标准体系资源共享。

第五节　计量管理

计量工作是企业生产经营管理中一项技术基础工作，通过计量管理制度建设、计量器具量值管理、计量人员培训、计量监督等工作，保证计量器具量值的准确可靠，满足生产经营需要。1996—2005年，沈阳铁路局计量管理由铁路局总工程师领导，总工室设置计量专职进行归口管理，设有沈阳、锦州、吉林三个计量测试管理所，负责铁路局的计量技术管理和计量器具量值传递工作。2006年，沈阳、吉林、锦州三个计量测试管理所重组后更名为沈阳铁路局质量技术监督所。

一、计量管理机构

1996年，沈阳铁路局总工室标准计量科改为质量技术监督室，设计量专职人员1名，具体负责管理全局计量工作。铁路局计量管理实行路局—分局—基层站段的三级管理体系，计量器具量值传递实行的是铁路局计量测试管理所—基层站段计量室的二级管理体系。共设有沈阳、锦州、吉林3个计量测试管理所，是承担铁路局规定的量值传递、计量测试、计量工作的评审、计量标准的认证考核和计量人员培训以及实施计量监督的技术管理机构，对外分别称国家轨道衡计量站沈阳、锦州、吉林分站。所长兼站长，受国家技术监督局的委托，负责路内外企业轨道衡检定和计量监督，提供轨道衡的选型、购置、安装、大修等技术咨询。沈阳计量测试管理所同时为辽宁省技术监督局轨距尺计量站，经辽宁省技术监督局授权，负责路外企业轨距尺等铁路专用计量器具的检定和计量监督。设有技术监督、综合业务室、计量、衡器等部门，承担面向社会标

准有5项，可开展长度、力学、无线电、电磁及热工等五大类和部分医用、化学类计量器具的检定测试工作。1996年3月和4月，通过了国家技术监督局、铁道部和辽宁省技术监督局对轨道衡分站、轨距尺计量站计量标准的认证考核，其中轨距尺计量站被授予一级计量检定机构称号。1998年，铁路局总工室质量技术监督室更名为质量技术监督科，具体管理职能不变。2001年，根据《关于重新调整国家轨道衡计量站沈阳分站机构编制的通知》，铁路局重新调整了国家轨道衡计量站沈阳分站机构编制，共设定员20人。该站是国家技术监督局授权的法定计量检定机构，行政上隶属于沈阳铁路局。2005年，随着全路生产力布局调整，铁路分局一级管理机构撤销，沈阳铁路局按照新的管理体制调整了计量管理职责，将原分局计量管理职责赋予局计量测试管理所承担。计量管理改为实行铁路局—基层站段的二级管理体系。

2006年4月1日，根据《关于调整整合部分直附属单位及限额外机构的通知》，撤销沈阳和锦州、吉林计量所，整合为沈阳铁路局质量技术监督所。设有综合办公室、财务室、技术室、技术监督室4个管理科室和计量室、产品质量检验室、衡器室、超偏载室、吉林检测站、锦州检测站6个生产部门，定员140人，承担了原来三个计量测试管理所的所有计量管理职能。2015年，铁路局共有计量器具12.13万台（件）；计量人员461名，其中计量管理（技术）人员113名，计量检定人员348名；基层计量室71个，建立计量标准313项。

二、计量管理规定

1997年，制定了《沈阳铁路局汽车衡管理有关规定》，对汽车衡选型、选址、安装调试、检定、维修工作提出了共计7项相关规定，保证了汽车衡量值的准确可靠。1998年，制定了《沈阳铁路局计量监督处罚规定（试行）》，共47条，对计量监督检查的组织、检查要求、检查内容、处罚标准等做出了明确规定，加大了铁路局计量监督工作的力度，保障了计量单位制的统一和量值的准确可靠。

2000年，制定了《沈阳铁路局轨道衡管理办法》，对轨道衡的新建、改建、大修改造、维护

等工作进行了具体规定，保证轨道衡称重计量的准确可靠，确保铁路运输生产安全。2001年，为贯彻《中华人民共和国计量法》及其实施细则，加强沈阳铁路局的计量管理工作，确保计量单位制的统一和量值准确可靠，铁路局总工室下发了《关于发布〈计量管理办法〉等9项局企业标准的通知》。2003年，下发了《关于发布修订局企业标准〈铁路运营衡器管理〉和〈铁路客车防火安全管理〉的通知》，明确了运营衡器的配置、管理、维护、保养和检定、修理以及监督等方面的要求。2003年4月，下发了《关于发布局企业标准的通知》，规定了沈阳铁路局基层建标单位已开展的计量检定项目的检定记录。2005年10月，下发了《关于修订行车时钟对时、校准工作的通知》，明确了需要做好时钟对时、校准工作的单位范围，时钟对时、校准的周期、记录、允差以及对该项工作开展情况进行监督检查的相关要求。同时，下发了《关于印发沈阳铁路局企业标准〈计量管理办法〉的通知》。2006年3月，下发了《关于印发〈沈阳铁路局计量器具准入资格审查管理办法〉的通知》，规定了沈阳铁路局计量器具准入资格审查的范围和原则、申请计量器具准入资格审查的厂商应具备的资格、准入资格审查和物资市场准入证发放程序和监督管理相关要求。

2008年8月，制定并发布沈阳铁路局企业标准《计量检定系统框图》（Q/SYT352-2008），规定了站段次级计量标准检定系统的计量标准器具、测量范围、不确定度（准确度等级、最大允许误差）、测量方法、工作计量器具及量值传递关系，适用于沈阳铁路局管内单位所建立的企业计量标准，满足国家检定系统的要求，保证计量器具的依法溯源。2009年2月，下发了《关于印发〈沈阳铁路局轨道衡管理办法〉的通知》，规定了全局轨道衡计量监督和计量技术工作由局总工程师室归口统一管理，适用于铁路局管辖范围内的轨道衡新建、改建立项受理、审批、技术审查、安装调试、检定、大修改造、竣工验收、开通使用及日常维护、监督。2011年4月，制定并发布了沈阳铁路局企业标准《无线风压测试仪校准规范》（Q/SYT355-2011），该标准是针对当时全路列用无线风压测试仪没有上级制定的计量检定规程，对其开展量值传递无依据的现状，结合沈阳铁路局计量管理和量值传递的实际需要，依据铁道部《机车车辆专用压力表检定规程》（JJG<铁道>193-2007），并参照《压力传感器（静态）检定规程》（JJG 860-1994）、《数字压力计检定规程》（JJG875-2005）制定的，主要规定了无线风压测试仪的计量特性、校准条件、校准项目和校准方法、校准结果的表达、复校时间间隔等。10月，发布了沈阳铁路局企业标准《计量管理办法》（Q/SYT278-2011），规定了沈阳铁路局计量标准管理和计量授权管理准则，适用于铁路局计量标准的建标（或复查）考核，计量标准文件集的管理，计量标准的更换、封存与撤销以及计量标准的日常管理。

2012年6月，下发了《关于印发沈阳铁路局铁路专用计量标准考核管理细则的通知》，该细则适用于铁路局铁路专用计量标准的考核和管理，包括建立计量标准的条件、计量标准考核的申请、计量标准的考核（复查）、计量标准的监督管理等几项内容。2015年4月，依据国家铁路局颁布的《铁路计量管理办法》和中国铁路总公司制定的《中国铁路总公司计量管理办法》，沈阳铁路局重新制定《沈阳铁路局计量管理办法》，代替原铁路局企业标准Q/SYT278-2011计量管理办法。

三、计量器具量值管理

1996年，沈阳、锦州、吉林三个计量测试管理所为全局最高铁路专用计量器具量值传递源头，承担基层单位铁路专用计量标准和部分通用计量器具的量值溯源工作和计量标准的考核工作。1996年3月和4月，通过了国家技术监督局、铁道部和辽宁省技术监督局对轨道衡分站、轨距尺计量站计量标准的认证考核。其中轨距尺计量站的考核成绩名列全省17个专业站的前列，并被授予一级计量检定机构称号。检定各类计量器具16108台（件），超过计划的73.8%，对管内44个单位112项计量标准进行了认证考核。1997年检定计量器具14820台件（次），超过了年计划的48.2%，完成管内19个站段50项计量标准复查考核。1998年完成检定计量器具长度3425台件，铁专770台件，力学6629台件，无线电299台件，热工791台件，电学1177台件，衡器630台次，轨道衡178台次，总计完成13899台件，超年计划32.3%。配合国家轨道衡计量站检定动态轨道衡72台，完成了管内30个单位65项计量建标考核及复查。1998年4月通过了国家技术监督局、国家轨道衡计量站对沈阳铁路局轨道衡沈阳分站计量授权复查和抽查，并继续得到国家技术监督局的授权，完成25项局级最高计量标准复查换证和7项强检计量器具的授权换证工作。1999年，共完成检定、检修、维护计量器具13014台件（次），超年度计划18.3%，完成轨道衡安装4台，汽车衡安装2台，完成管内42个单位85项计量标准的复查考核。同年，召开37个用户单位参加的轨道衡分站计量工作会议，加大轨道衡管理工作力度，完成了中朝丹东—新义州轨道衡互检工作，确保口岸站轨道衡量值的准确度。2000年，完成计量建标和建标复查24个单位62项计量标准。2000年至2003年，按《沈阳铁路局企业计量合格确认管理办法》，对局内单位进行了计量合格确认考核考核。2003年，组织沈阳、锦州、吉林3个计量所开展检定能力比对工作，沈阳所名列第一名。同年，沈阳所通过辽宁省质量技术监督局最高剂量标准复查考核。2005年检定18463件计量器具，比上年度增加15%；检定静态轨道衡286台次；配合国家轨道衡计量站检定动态轨道衡184台次；大型超偏载检定17台次。

2006年，原沈阳铁路局三个计量测试管理所整合后，更名为沈阳铁路局质量技术监督所，同时在锦州、吉林设置计量检测站，承担原来三个所的计量器具量值管理职责，通过了辽宁省质量技术监督局计量授权考核。当年完成了对局管内65个主要行车站段计量工作的监督指导和各项检定任务，全年共计检定各类计量器具17309件；对路局安装在5个编组站的17台"铁路货车超偏载检测装置和网络"提供了日常监控和维修，全年共计维修204台次。2007年，34项计量标准通过了辽宁省质量技术监督局的复查考核，14项铁专项目计量标准通过了原铁道部的复查考核。2008年5月份，质量技术监督所通过了国家质量监督检验检疫总局对国家轨道衡计量站沈阳分站2项计量标准的复查考核；12月份通过了吉林省质量技术监督局将对吉林检测站11项计量标准的复查考核。完成了轮重仪计量标准建标技术论证

工作，编写轮重仪计量标准技术档案，向总公司标准计量所提出计量标准考核申请。重点对站段计量标准申报材料进行了技术指导，及时安排考评员，完成了16个单位、20个计量室、55项计量标准考核复查工作，现场实做考核38人次，提出整改意见34项，并对整改情况进行了有效验证。2009年，为4个单位新建计量标准5项，复查考核了13个单位的41项计量标准，对1个计量网点单位进行了计量标准考核，进行现场实作考核23人次，对不符合要求的计量标准，提出整改意见18条。2010年，对全局12个单位45项计量标准进行了复查考核，并对33人52项计量检定项目进行现场实作考核；3月份，吉林检测站通过吉林省质量技术监督局的计量授权考核。2011年，对全局22个单位59项计量标准进行复查考核，对65项计量检定项目进行现场实作考核。有29项计量标准通过辽宁省质量技术监督局2月份的复查考核；有13项计量标准通过原铁道部标准计量所4月份的复查考核；7月份国家轨道衡计量站沈阳分站通过国家质检总局的计量授权考核。

2011年，铁路局组织制定并下发了《关于规范计量检定收费标准的通知》，12月22日，在沈阳、吉林、锦州三地，召开有67个基层站段71名代表参加的沈阳铁路局计量检定工作会议。会议通报了全局计量检定工作情况，指出了基层站段普遍存在的计量器具超期送检、漏检和不及时送检等问题，落实路局文件要求，规范了计量检定收费标准。

2013年，接受了中国铁路总公司15项计量标准考核工作。沈阳计量室接受了铁专样板类计量器具检定装置、铁路支距尺检定装置等5项计量标准考核；吉林检测站接受了铁路专用轻便型红外测温仪检定装置、铁专样板类计量器具检定装置等8项计量标准考核；锦州检测站接受了铁路专用轻便型红外测温仪检定装置、钢轨测温计检定装置共2项计量标准考核。考核结果是14项顺利通过，接触网几何参数测量仪检定装置部分硬件简单整改后通过。2014年，完成轨道衡周期检定249台次，吉林检测站完成轨道衡周期检定70台次，锦州检测站完成轨道衡周期检定116台次，共完成轨道衡周期检定435台次。同年9月

15日至19日，由国家轨道衡计量站在西安举办的全路17个轨道衡分站参加的全国轨道衡检定技能竞赛中获得了团体比赛三等奖。研制的无线风压监测仪检定装置是对车辆（货车）部门所使用的无线风压监测仪进行周期计量检定的一种标准器，其作为沈阳铁路局优秀科技成果被选送参加了由铁路总公司于2014年10月28日至31日在北京中国国际展览中心举办的第十二届中国国际现代化铁路技术装备展览会。同年，宣贯了路局颁布的《计量监督处罚规定》，并与各单位签订了《强制检定执行书》和《非强制检定协议书》。2015年2月和6月，通过了辽宁、吉林省质量技术监督局22项和中国铁路总公司15项合计37项计量标准复查考核。

四、计量监督

1996—2005年，沈阳铁路局采取每年由总工室组织一次计量监督活动的形式开展计量监督工作，各铁路分局、各计量所抽人组成检查组，检查后由铁路局以文件形式下发检查情况通报和处罚决定。2006年开始，沈阳铁路局在新组建的质量技术监督所内设立了监督室，配备2名专职计量监督员，计量监督工作由每年一次改为常年不断的日常监督，每季度由铁路局以文件形式下发计量监督检查情况通报和处罚决定。2008年开始，沈阳铁路局的计量监督工作从每年检查一次改为常年不间断的不定期检查，并按季度每年下发四期计量监督检查通报。

2015年，计量监督检查组主要依据《铁路计量监督检查规范》(JJF〔铁总〕801—2015)相关内容，从计量管理基础要求、例行计量管理、计量器具管理、量值传递和计量标准管理等方面进行检查，共下发了四期计量监督检查通报。

第六节　产品质量监督

质量监督是通过质量监督管理制度及体系建设、日常质量监督活动开展、新产品投产技术鉴定与质量认证等工作，严把产品质量关，确保质量监督工作规范、有效，为保证全局运输生产安全提供保障。

一、管理制度和管理体系建设

为适应铁路改革发展的需要，2006年，沈阳铁路局重新制定了《沈阳铁路局产品质量监督管理办法》，明确提出铁路局在业务处室、主要行车站段、物资部门、生产厂和产品质量监督单位设兼、专职产品质量监督员，负责分管范围内的产品质量监督工作。

2008年，沈阳铁路局制定《沈阳铁路局产品质量员管理办法》，明确规定质量监督员每年进行一次培训，经考试合格后下发质量监督员证的持证上岗制度，203名质量监督员受到培训考试，为铁路局产品质量监督工作奠定了基础。2009年，制定了《沈阳铁路局产品质量监督处罚管理办法》，加大了处罚范围和罚款金额，对生产、销售和使用假冒伪劣产品的单位最高处罚20000元。2012年，为适应铁路工程建设的快速发展，确保工程质量，制定了《沈阳铁路局工程建设招标产品质量落地监督抽检实施规则》，对工程产品实行到货落地抽检制度。按照全局整顿铁路货运装载加固材料质量的统一部署，制定了《沈阳铁路局货运装载加固材料生产企业质量评审细则工》，明确了由总工室负责货运装载加固材料生产企业质量评定工作。截至2015年末，铁路局经评审合格的装载加固企业32家，使沈阳铁路局产品质量监督工作逐步规范。

二、新产品投产技术鉴定与质量认证

1996—2015年，沈阳铁路局总工程师室担负着新产品投产技术鉴定与质量认证工作，每年通过现场抽查及检验，确保了应用于铁路运输生产的新产品质量。

三、质量监督活动

2006年，沈阳铁路局质量技术监督所增加了产品质量监督检验职能，设立产品质量检验室，开展产品质量监督抽样及检验工作，业务上受铁路局总工室指导、组织。总工室每年围绕铁路局年度重点工作编制沈阳铁路局年度产品质量监督抽查计划，并开始对重点建设工程项目招标产品进行质量落地抽检。2007年开始，沈阳铁路局每年安排50万元的专项资金作为检测费用，产品质量监督的范围涵盖了车、机、工、电、辆、货运、客运、工程建设等各个方面，逐年扩大抽检

沈阳铁路局1996—2015年新产品鉴定与质量认证完成情况统计表

表2-8-4

项目年份	新产品投产鉴定（项）	产品质量认证		产品质量认证（复查、换证）		生产许可证、制造特许证审查	
		工厂（个）	产品（种）	工厂（个）	产品（种）	工厂（个）	产品（种）
1996	9	15	48	11	106	11	4
1997	8	16	63	31	197	–	–
1998	7	9	15	39	202	–	–
1999	25	28	87	16	113	–	–
2000	27	65	460	–	–	–	–
2001	23	–	–	–	–	–	–
2002	10	–	–	–	–	–	–
2003	25	–	–	–	–	5	3
2004	23	–	–	–	–	5	2
2005	24	–	–	43		–	–
2006	30	–	–	62	782	5	–
2007	27	–	–	49	518	4	–
2008	27	50	1184	–	–	4	–
2009	–	–	–	56	10	–	–
2010	37	–	–	47	–	–	–
2011	18	–	–	41	–	–	–
2012	38	–	–	60	–	–	–
2013	38	–	–	45	–	–	–
2014	3	–	–	13	5	–	–
2015	2	–	–	–	–	–	–

范围；先后增加了对工务大维修招标产品落地抽检，参与铁路局事故产品、问题产品的调查工作；每年开展一至两次的专项检查并发布四期《沈阳铁路局产品质量监督抽检通报》，不定期发布专项或统检产品信息的监督检查模式。各站段技术科、材料科等基层单位，物资管理相关业务处室会依据通报要求，对不合格产品进行"黑名单"管理或进行封存、退货、换货处理，从而保障了生产安全。2006年至2013年底，共抽查产品1927批次，合格1473批次，合格率76.23%。2014年，共完成抽检259批次，合格218批次，合格率84.17%。2015年共完成抽检298批次，合格254批次，合格率85.23%，有56家企业纳入"黑名单"。产品质量监督品种、数量每年以15%到20%的速度递增。

四、质量管理活动

1996—2015年，沈阳铁路局QC小组活动在运输、服务领域普遍开展。每年都有多项成果获得国家及省部级的表奖，群众性的质量攻关活动得到有效推动。2009年，沈阳铁路局首次被中国质量协会、中华全国总工会、中华全国妇女联合会、中国共产主义青年团中央委员会、中国科学技术协会共同命名为"二〇〇九年全国质量管理小组活动优秀企业"；获得全国"质量管理普及教育先进单位"奖牌；沈阳铁路局荣获辽宁省推行全面质量管理活动30年先进单位称号。2010—2014年连续获得全国"全面质量管理普及教育先进单位"奖牌。2015年，沈阳铁路局获全国实施卓越绩效模式先进企业称号。

沈阳铁路局1996—2015年QC小组成果获（表）奖情况

表2-8-5　　　　　　　　　　　　　　　　　　　　　　　　　　　　　单位：项

获奖年度	1996	1997	1998	1999	2000	2001	2002	2003	2004	2005
国家成果	8	4	4	3	2	3	5	5	4	4
省级成果	12	12	12	12	8	16	11	15	18	24
部级成果	25	27	28	27	8	23	22	30	21	23
局级成果	328	230	34	20	209	124	119	100	105	109
获奖年度	2006	2007	2008	2009	2010	2011	2012	2013	2014	2015
国家成果	6	6	7	8	7	5	4	6	6	4
省级成果	23	29	37	36	35	23	24	30	31	42
部级成果	23	26	25	22	23	23	24	26	33	29
局级成果	86	81	86	91	103	96	97	83	121	114

第九章　科学技术研究

　　1996年，沈阳铁路局下设有沈阳、锦州、吉林3个科学技术研究所及锦州科学技术馆。在铁路局总工室领导下，承担铁道部、铁路局批准的科研课题和科技创新、技术攻关、成果推广、铁路设备、器材设备研制和推广应用等科研生产任务。2000年，沈阳科学技术研究所在前期研究的基础上，在生产现场推广应用了T30型脱轨器装置、道岔电热除雪装置等科研成果74项。2001年，推广应用便携式补票机等成果119项。2006年3月，沈阳铁路局将沈阳、吉林、锦州科学技术研究所合并为沈阳铁路局科学技术研究所（以下简称沈阳科研所），沈阳科研所行政管理部门设在沈阳，吉林、锦州两地分别设立吉林分所、锦州分所。2007—2015年，沈阳科研所主持了30项、参与了19项铁道部（总公司）的科研项目，通过研究的深入，先进技术与现场生产实际不断融合，使科学技术成果迅速转换为运输生产力，提升了生产、安全质量，为全局运输效率、经济效益的提高发挥了不可替代的作用。

第一节　科研所机构

　　1996—2006年，沈阳铁路局科研机构设有沈阳铁路局科学技术研究所（以下简称沈阳科研所）、沈阳铁路局吉林科学技术研究所（以下简称吉林科研所）、沈阳铁路局锦州科学技术研究所（以下简称锦州科研所）及锦州科技馆。2006年，沈阳、吉林、锦州科研所合并为沈阳铁路局科学技术研究所，为铁路局直属单位。主要承担铁路总公司、铁路局批准的科研课题和科技创新、技术攻关、成果推广；铁路设备、器材及配件、电子产品、水处理设备、铁路专用防腐、减磨材料的研制和推广应用；铁路设施维修及施工，安防工程、自动化控制系统设计及施工，计算机系统集成等；承担全路隧道限界检测，沈阳铁路局减速顶和可控停车器大修，视频监控设备、三品检查仪、自助售检票机、列尾和平调设备等日常维修，车务系统专业技术培训等工作。

一、沈阳科研所

　　1996年，沈阳科研所定编90人，其中高级职称16人，工程技术人员55人。机构设置有办公室、开发室，电子、检测、综合技术研究室，工务、机辆、油化研究室以及试验工厂9个部门。沈阳科研所主要承担科技创新、科研计划项目研发和成果转化、技术服务、创收等工作。具体有电子称重（简称SCS）系列产品，燃油发放计算机管理网络系统，给水井群自动控制系统，沈阳北站客运引导系统、军用靶车研发等项目。30型脱轨器、轨道螺栓长效防腐脂、小型清筛机耐磨耙碴链等推广应用项目，并承担沈山线提速试验中桥梁检测。2006年3月，沈阳铁路局将沈阳科研所、吉林科研所、锦州科研所合并为沈阳铁路局科学技术研究所，所行政管理设在沈阳，吉林、锦州两地分别设立吉林分所、锦州分所，设立沈阳铁路局科学技术研究所党委。新的沈阳铁路局科学技术研究所定编155人，实际在岗人员137人，高级职称35人，其中提待高工2人；铁道部专业技术带头人1人，铁道部青年科技拔尖人才5人；机构设置有办公室、劳动人事室、财务室、科技信息室、检测室、电务室、工务室、机辆室、开发室、综合研究室、自动化室、试验工厂、吉林分所、锦州分所。

2007年3月，根据沈铁运电(2007) 178号电报，在吉林分所成立了沈阳铁路局减速顶维修中心及沈阳铁路局可控停车器维修中心，主要承担铁路局的减速顶和可控停车器大修任务。2007年8月，撤销沈阳科研所锦州分所，设立焊接研究室和机械研究室；撤销沈阳科研所吉林分所，设立运输研究室、安全设备研究室、站场研究室。各研究室由沈阳科研所直接领导，调整后，总定员不变。

2009年10月，按照铁路局要求，将沈阳科研所劳动人事室、财务室、科技信息室分别更名为劳动人事科、财务科、科技信息科，室主任改为科长。2011年5月，站场研究室更名为节能环保研究室，电子室更名为电务研究室，设立综合管理科与试验工厂一个机构2块牌子。同年12月，根据工作需要，重新设立站场研究室。2012年，8名青年技术人员通过沈阳铁路局人事处公开招聘，由铁路局内其它单位调入科研所。

2015年6月，铁路局运输处车务设备维修所整建制划归沈阳科研所，设置为车务设备维修室。2015年7月，沈阳科研所新设监控设备维修室，调整后行政定编219人，实际在岗人数150人。其中高级职称68人，享受国务院政府特殊津贴1人，中国铁路总公司新时期铁路精神百名示范人物获得者1人，茅以升铁道工程师奖获得者5人，中国铁道学会科学技术奖（铁道环保奖）

获得者1人，辽宁省领军人才称号获得者1人，辽宁省优秀专家获得者1人，辽宁省优秀科技工作者获得者1人。

二、吉林科研所

1996—2006年，吉林科研所设置有所长室（含人事、科管）、办公室、计算机应用研究室、工务研究室、运输研究室。同时，下设有科技人员领办的四个科技开发公司，即吉林市铁科计算机技术开发公司、吉林市铁科节能技术开发公司、吉林市铁科站场新技术开发公司、沈阳铁路局吉林科学技术研究所技术开发公司。沈阳铁路局站场调速系统研究设计中心挂靠吉林科学技术研究所，实行一个机构两块牌子。吉林科研所主要承担科技创新、科研计划项目研发和成果转化、创收、技术服务等工作。具体有小型计算机、微型计算机的开发、应用研究；工务机具、检测仪器的应用研究；站场调速设备的开发研究；还承担了局外路网性编组站场的尾部可控停车器工程等任务；负责编辑、出版《沈铁吉林科技》期刊；4个下属公司主要职能是科研产品推广应用，加快科技成果转化；2006年3月，吉林科研所并入沈阳科研所。

三、锦州科研所

1996—2006年，锦州科研所机构设置有办公室、土建室、机辆室、电务室、综合研究室、情报开发室、试验工厂；全所定编56人，实际在岗人员48人，其中高级职称13人。2000年8月，锦州科技馆并入锦州科研所后，锦州科研所定编76人，实际在岗人员50人。机构设置8室1厂，分别为：所长室、办公室、财务室、工务、机辆、电务研究室、开发室、科普情报室、试验工厂。科研所主要承担科技创新，科研计划项目研发和成果转化、创收、技术服务等工作； 2006年3月，锦州科研所并入沈阳科研所。

四、锦州科学技术馆

1996—2006年，锦州科学技术馆，设有5个室，分别为：馆长室、办公室、科技信息室、科技开发室、摄录影像室。是沈阳局科技信息和科普宣传信息网的网长单位，主要负责编撰出版《科技信息》刊物、与全路其它铁路局及高校的科技信息交流、承办全局科技展览、摄制编辑科技录像片、技术教学片、科研试验纪录片并开展技术服务等工作。全馆定员22人，实际在岗人员13人。1999年开始，锦州科学技术馆负责《沈铁科技》《沈铁信息》的编辑、发行工作。2000年8月，锦州科学技术馆并入锦州科学技术研究所，对外保留名称，对内改称科普情报室。

第二节　科研立项与科研成果

沈阳铁路局科研所按照铁道部（铁路总公司）、铁路局的科技发展计划和长远规划，结合运输生产和建设的需要，进行科技攻关和科技成果的开发推广工作。

一、科研立项

（一）沈阳科研所课题

1996—2005年沈阳科研所累计承担铁道部科研计划项目7项，其中主持承担6项，合作参加1项；累计承担局科研计划项目82项，其中主持承担79项，合作参加3项。

（二）吉林科研所课题

2001—2005年吉林科研所承担铁道部科研计划项目3项；承担局科研项目25项。

（三）锦州科研所课题

1996—2005年锦州科研所承担铁道部科研计划项目2项；承担局科研项目26项。

（四）沈阳铁路局科学技术研究所课题

2006年，沈阳、锦州、吉林三个科研所合并后，沈阳铁路局科学技术研究所围绕高速铁路建设和运输生产中的重点、难点开展管理创新、机制创新、技术创新和科研攻关，走产、学、研的道路。和全国重点高校、中科院合作，与中国科学院院士组成创新团队进行科研攻关，承担了多项部、局重大科研课题。

沈阳铁路局科研所1996—2005年立项情况统计表

表2-9-1　　　　　　　　　　　　　　　　　　　　　　　　　　　单位：项

年度	主持铁道部课题	合作参加铁道部课题	铁道部课题小计	主持局课题	合作参加局课题	局课题小计
1996	3	—	3	11	—	11
1997	—	1	1	6	—	6
1998	1	—	1	10	—	10
1999	2	—	2	10	—	10
2000	—	—	—	8	—	8
2001	—	—	—	12	—	12
2002	—	—	—	7	—	7
2003	—	—	—	7	—	7
2004	—	—	—	3	2	5
2005	—	—	—	5	1	6
合计	6	1	7	79	3	82

吉林科研所2001—2005年立项统计表

表2-9-2　　　　　　　　　　　　　　　　　　　　　　　　　　　单位：项

年度	主持铁道部课题	合作参加铁道部课题	铁道部课题小计	主持铁路局级课题	合作参加铁路局级课题	局级课题小计
2001	1	—	1	5	—	5
2002	—	—	—	3	—	3
2003	2	—	2	4	—	4
2004	—	—	—	4	—	4
2005	—	—	—	9	—	9
合计	3	—	3	25	—	25

锦州科研所1996—2005年立项统计表

表2-9-3   单位：项

年度	主持铁道部课题	铁道部课题小计	主持铁路局级课题	局级课题小计
1996	1	1	-	-
1997	-	-	4	4
1998	-	-	4	4
1999	1	1	1	1
2000	-	-	2	2
2001	-	-	3	3
2002	-	-	3	3
2003	-	-	3	3
2004	-	-	2	2
2005	-	-	4	4
合计	2	2	26	26

吉林科研所2001—2005年立项统计表

表2-9-4   单位：项

年度	主持中铁总公司课题	合作参加中铁总公司课题	中铁总公司课题小计	主持局级课题	合作参加局级课题	局级课题小计
2006	1	1	2	5	-	5
2007	-	-	-	13	3	16
2008	3	2	5	15	2	17
2009	4	1	5	11	-	11
2010	4	2	6	10	3	13
2011	3	2	5	7	2	9
2012	2	3	5	12	4	16
2013	3	4	7	16	9	25
2014	1	2	3	34	5	39
2015	2	2	4	21	-	21
合计	30	19	49	274	28	302

沈阳科研所1996～2015年承担铁道部（铁路总公司）课题项目一览表

表2-9-5

顺号	项目名称	项目编号	立项年限	完成年限
1	沈山线提速试验及线桥加固改造措施的研究（沈阳所）	96G01	1996	1996
2	GCP高速铁路货车超偏载自动检测装置的研究（沈阳所）	96G02	1996	1997
3	运营隧道限界检测车的研究（沈阳所）	96G22	1996	2002
4	SJK型机车安全运行监控仪（锦州所）	-	1996	-
5	双向脱轨器及列车到发线防溜装研制（沈阳所）	98Y21	1998	1999
6	秦沈客运专线运营管理模式的研究（沈阳所）	99Y03	1999	2000

沈阳科研所1996—2015年承担铁道部（铁路总公司）课题项目一览表

表2-9-5续表

顺号	项目名称	项目编号	立项年限	完成年限
7	道岔电热除雪装置（吉林）	-	1999	1999
8	铁路客票自助售票机的研制（沈阳所）	99Y19-B	1999	2002
9	内燃机车柴油机磨合、负载试验输出能量回收利用的研究（锦州所）	99J43	1999	2001
10	现代驼峰相关技术的研究-无基础轻型车辆减速装置（吉林所）	2000X052-B	2000	2001
11	铁路安全行车远程图象监控系统的研究（吉林所）	2001X013	2001	2002
12	剧毒品车辆时实监控（吉林所）	2003X037_D	2003	-
13	橡胶减速器研究（吉林所）	2003X039_B	2003	-
14	新型移动式钢轨气压焊接后热处理设备及工艺	2006G043	2006	2009
15	隧道限界检测设备动态标定技术研究	2008G017-B	2008	2010
16	既有隧道渗漏水综合治理技术	2008G017-D	2008	2010
17	移动式气压焊在高速铁路的应用及工艺装备的研制	2008G017-E	2008	2011
18	安全技术应用研究—电热道岔融雪在严寒地区高速铁路上应用的研究	2009X007-G	2009	2010
19	高速铁路促进区域经济发展的战略研究	2009F033	2009	2011
20	旅客列车用水量及用水标准的研究	2009Z003-C	2009	2011
21	动车组安全保障体系的研究--CRH5型动车组起复拉复成套设备	2009J008-B	2009	2012
22	高速铁路无缝钢轨固定式热压焊工艺的试验研究	2010G006-G	2010	2012
23	高速铁路隧道限界及断面积检测技术研究	2010G007-M	2010	2015
24	车载设备检测作业自动分析系统研究	2010X004-C	2010	2012
25	北方地区铁路沿线车站生态塘污水处理技术试验研究	2010Z003-B	2010	2012
26	运输企业专项—长吉高速铁路基础设施养护维修技术技术研究	2011G021-F	2011	2013
27	运输企业专项—机车节能新技术应用及效益研究	2011Z002-E	2011	2013
28	特殊环境条件下铁路工程建造关键技术深化研究—吉珲铁路隧道防冻害关键技术研究	2011G026-I	2011	2014
29	高速铁路地质路基关键技术研究——严寒地区高速铁路无砟轨道路基防冻胀关键技术深化研究	2012G009-B	2012	2015
30	铁路节能关键技术研究——二氧化碳热泵技术在铁路沿线建筑供热中的应用和效益分析	2012Z001-A	2012	2013
31	高速铁路无砟轨道维修技术的深化研究——严寒地区高速铁路无缝线路病害分析及维护技术研究	2013G008-B	2013	2015
32	工务设备运营管理维护技术研究——严寒地区高速铁路断轨抢修钢轨铝热焊的可行性研究	2013G009-A	2013	2015
33	高速铁路防灾系统综合检测关键技术研究—严寒地区高速铁路防灾系统故障检测与分析技术研究	2013T002-C	2013	2015
34	铁路防灾关键技术研究——严寒地区高速铁路防灾系统关键技术研究	2014T002-C	2014	2015
35	新常态下铁路行车组织关键技术研究——货主需求导向的铁路行车组织支撑技术	2015X004-C	2015	-
36	铁路工务设备运营维护及安全保障技术深化研究——寒区铁路有砟轨道路基冻害检测评估与整治成套技术研究	2015G006-H	2015	-

沈阳科研所1996—2015年合作参加铁道部（铁路总公司）课题一览表

表2-9-6

顺号	项目名称	项目编号	立项年限	完成年限
1	铁路桥梁检验合理值的研究（沈阳所）		1997	1999
2	YDT-1型电力机车登顶作业安全监控装置	2006J017	2006	2008
3	铁路站段绿色生态塘污水处理技术	2008Z003-B	2008	2010
4	铁路行业节能、节水检测考核指标体系及技术措施研究	2008Z003-A	2008	2010
5	铁路节约水资源技术研究—危险物品货车清洗污水处理及重复利用研究	2009Z003-A	2009	2011
6	大功率机车运用维护技术研究—和谐型机车检修基地信息系统方案研究	2010J008-A	2010	2011
7	高速铁路无缝钢轨焊缝最佳几何形状及其相应焊接工艺的研究	2010G006-H	2010	2012
8	生态环境保护应用技术研究—铁路控制污染物排放及检测技术研究	2011Z001-D	2011	2012
9	铁路节能降耗及新能源应用技术研究—高速动车组节能优化运行关键技术的研究	2011Z002-D	2011	2013
10	环境保护关键技术研究——铁路含油污泥处理处置与资源化技术研究	2012Z002-E	2012	2013
11	动车组能耗计量考核指标评价技术	2012Z001-B	2012	2013
12	铁路上水节水技术适应性研究	2012Z001-F	2012	
13	铁路站车环境保护技术研究——铁路运输企业推行清洁生产体系研究	2013Z001-B	2013	2015
14	铁路技能技术研究——铁路重大节能技术示范和推广应用技术研究	2013Z002-C	2013	2015
15	通信网传输与组网技术研究——双模列尾技术研究	2013X003-E	2013	2015
16	和谐型机车运用维护技术深化研究----和谐型机车运用整备信息系统总体方案研究	2013J006-D	2013	–
17	既有铁路GSM-R系统关键技术优化研究——铁路站场无线通信系统技术与应用研究	2014X005-H	2014	–
18	铁路枢纽给排水监控技术研究	2014Z003-C	2014	–
19	高速铁路建设项目环境效益评判研究	2015F28	2015	–
20	铁路节能技术研究——铁路运输企业节约能源监测管理研究	2015Z005-A	2015	–

沈阳科研所1996—2005年鉴定、评审项目一览表

表2-9-7　　　　单位：项

年度	省部级主持	省部级小计	局主持	局合作	局小计	合计
1996	3	3	7	—	7	10
1997	—	—	4	—	4	4
1998	—	—	2	—	2	2
1999	—	—	1	—	1	1
2000	—	—	1	—	1	1
2001	1	1	1	—	1	2
2002	2	2	4	—	4	6
2003	—	—	1	—	1	1
2004	—	—	10	1	11	11
2005	—	—	1	2	3	3

沈阳科研所1996—2005年鉴定、评审项目一览表

表2-9-8　　　　单位：项

年度	省部级主持	省部级合作	省部级小计	局主持	局小计	合计
1996	—	—	—	5	5	5
1997	1	—	1	2	2	3
1998	1	1	2	2	2	4
1999	1	—	1	2	2	3
2000	2	—	2	4	4	6
2001	—	—	—	3	3	3
2002	1	—	1	4	4	5
2003	—	—	—	4	4	4
2004	—	—	—	4	4	4
2005	1	—	1	5	5	6

锦州科研所1996—2005年鉴定、评审项目一览表

表2-9-9　　　　　　　　　　　　　单位：项

年度	省部级主持	省部级小计	局主持	局小计	合计
1996	—	—	4	4	4
1997	—	—	1	1	2
1998	—	—	1	1	2
1999	1	1	1	1	2
2000	—	—	2	2	2
2001	—	—	1	1	1
2002	—	—	—	—	—
2003	—	—	—	—	—
2004	—	—	3	3	3
2005	—	—	—	—	—

沈阳科研所1996—2005年鉴定、评审项目一览表

表2-9-10　　　　　　　　　　　　　单位：项

年度	省部级主持	省部级合作	省部级小计	局主持	局合作	局小计	合计
1996	—	—	—	7	—	7	7
1997	—	1	1	6	—	6	7
1998	—	—	—	12	—	12	12
1999	1	—	1	9	—	9	10
2000	3	2	5	4	1	5	10
2001	4	1	5	6	3	9	14
2002	3	3	6	7	—	7	13
2003	3	3	6	12	5	17	23
2004	1	—	1	8	1	9	10
2005	3	3	6	0	1	1	7
合计	20	13	33	130	11	141	174

二、科研项目鉴定、评审

沈阳科研所的科研项目实行课题制管理，每项科研计划课题都与铁路局签订课题合同。1996—2015年，沈阳科研所通过鉴定、评审的课题占立项课题的70%以上。

三、发明专利

沈阳科研所注重自主知识产权利用、管理和保护，制订相关办法鼓励科研人员在科研开发和生产活动中申请专利（包括发明专利和实用新型专利）。1996—2015年，有多项科研成果、发明申请了专利。

沈阳科研所发明专利情况统计表

表2-9-11

顺号	专利名称	申报人	申请号	专利种类
1	铁路散装颗粒货物装载加固粘结剂	科研所	ZL 200810013404.9	发明专利
2	小型钢轨轨底焊缝自动打磨机	科研所	ZL 20121008331.9	发明专利
3	一种可移动的铁路接触网防护装置	科研所	ZL201310082754.1	发明专利

沈阳科研所实用新型专利情况统计表

表2-9-12

顺号	专利名称	申报人	申请号	专利种类
1	用于铁路站线的停车装置	吉林所	ZL99216177.0	实用新型
2	分体式保压推瘤钢轨气压焊机	锦州所	ZL992564999	实用新型
3	铁路车辆升降锁闭停车防溜装置	吉林所	ZL200320112589.1	实用新型
4	起重机安全防风缓冲器	吉林所	ZL2003211584.9	实用新型
5	单钢轨走行装置	锦州所	ZL2003206426.8	实用新型
6	铁路到发线跟踪式防溜器	吉林所	ZL200420011775.0	实用新型
7	铁路车辆双侧升降锁闭停车防溜装置	吉林所	ZL200520029369.1	实用新型
8	自动回转式电热炉	吉林所	ZL200520029405.4	实用新型

沈阳科研所实用新型专利情况统计表

表2-9-12续表

顺号	专利名称	申报人	申请号	专利种类
9	货票及无线列尾装置管道传输系统	吉林所	ZL200520029378.0	实用新型
10	柔性钻路基加固设备	沈阳所	ZL200520093610.7	实用新型
11	道岔保养清扫机	*科研所	ZL200720094381.X	实用新型
12	一种铁路线路临时限速警示装置	科研所	ZL200820015513.X	实用新型
13	提速道岔外锁闭融雪器	科研所	ZL200920094193.6	实用新型
14	铁路道岔滑床台融雪器	科研所	ZL200920094194.0	实用新型
15	一种集装箱偏载超重检测装置	科研所	ZL200920012769.X	实用新型
16	运行上下平稳焊缝承载能力大的无缝钢轨焊接结构	科研所	ZL200920249624.1	实用新型
17	增大焊接承载能力运行平稳无缝钢轨焊接结构	科研所	ZL201020288657.X	实用新型
18	一种钢轨下沉测量仪及测量辅助装置	科研所	ZL201020546636.3	实用新型
19	一种铁路机车车载设备检测与自动分析系统	科研所	ZL201020578465.2	实用新型
20	小型钢轨底焊缝自动打磨机	科研所	ZL201220026753.6	实用新型
21	钢轨表面缺陷检测装置	科研所	ZL201220725111.5	实用新型
22	一种用于散粮运输的集装袋	科研所	ZL201220411433.2	实用新型
23	绝缘单缸钢轨拉伸机	科研所	ZL201320062429.4	实用新型
24	一种高铁隧道断面积检测系统	科研所	ZL201320018301.8	实用新型
25	一种现金票据保险箱防盗装置	科研所	ZL201320105074.2	实用新型
26	一种行车公寓叫乘引导提示系统	科研所	ZL201320104659.2	实用新型
27	一种可移动的铁路接触网防护装置	科研所	ZL201320117994.6	实用新型
28	一种钢轨轨面除锈车	科研所	ZL201320547587.9	实用新型
29	一种隧道内温度变化测试装置	科研所	ZL201320683025.7	实用新型
30	一种现代有轨电车电热道岔融雪系统	科研所	ZL201320859733.1	实用新型
31	一种高速铁路防灾系统模拟测试系统	科研所	ZL201420842791.8	实用新型
32	一种动车登顶整备作业二次接地安全防护装置	科研所	ZL20152054493683	实用新型
33	严寒地区断轨抢修钢轨铝热焊辅助设备	总公司科研所	ZL201520547332.1	实用新型

沈阳科研所软件著作权情况统计表

表2-9-13

顺号	专利名称	申报人	申请号	专利种类
1	站细网上审批管理信息系统V1.0	科研所	2015SR068753	软件著作权
2	机务设备图形管理系统V1.0	科研所	2015SR068754	软件著作权
3	电气化铁路接触网3D培训系统V1.0 [简称：铁路3D培训系统]	科研所	2015SR068502	软件著作权

四、认证成果

（一）获得ISO9001质量管理体系认证审核合格

2010年8月，科研所获得ISO9001质量管理体系认证审核合格证书，体系覆盖的产品范围包括油脂类（包括螺栓防腐脂、轮轨润滑脂、干式润滑脂）、覆盖剂、气压焊设备、钢轨拉伸机、电力机车登顶整备作业设备、安全救援设备（包括液压起复设备、复轨器)、道岔电热除雪设备、脱轨器、减速顶、可控停车器、当量仪、胶接绝缘接头的设计、制造和服务。

2013年，认证项目增加了给水集中监控系统、反渗透净水器、NJQ型气门积碳清洗机项目。2015年，认证项目增加STK-DWL平面无线调车电台锂电池项目。

(二) CRCC认证

2015年8月，电热道岔融雪系统设备通过中铁检验认证中心(CRCC)铁路产品认证。

五、科技成果推广

2000年，沈阳科研所推广应用了T30型脱轨器装置、道岔电热除雪装置等科技成果74项，总成交额达5915.13万元，创利税821.9万元；2001年，推广应用道岔电热除雪装置、便携式补票机等科技成果119项，总成交额达13196万元；2002年，推广应用铁路安全行车远程图像监控系统等科技成果138项，总成交额达10295.16万元；2006年，科研所签订各类技术合同173个，成交额1300万元。

第十章　信息技术

1996年，铁道部在全路建设铁路运输管理信息系统(Transportaion Management Information System，以下简称TMIS)。TMIS建设的主要内容是建立铁道部、铁路局、铁路分局和主要站段的信息处理系统，用计算机网络联成一个整体，实现集中与分布相结合的信息处理模式。TMIS的建设，拉开了沈阳铁路局信息化建设快速发展的序幕，标志着沈阳铁路局信息化进程进入一个崭新的阶段。经过十年建设，沈阳铁路局的运输组织、客货营销和经营管理模式和方式实现了根本转变。

在运输调度指挥方面，彻底改变了调度人员"一支笔、一把尺、一块橡皮"的传统作业模式，实现了调度工作革命性变革；货运管理方面，终结了货运手工制票速度慢、差错多、劳动强度大、维护困难、信息无法共享的落后局面；确报信息系统彻底解决了长期以来存在的确报不及时、不准确、不完整的老大难问题；车站综合管理系统全面提高了车站作业管理水平，增强了车站作业能力，减轻了作业人员劳动强度；节点式追踪管理系统实现了对列车、货车、机车、集装箱和货物的节点式动态追踪，为沈阳铁路局智能化运输奠定了基础；货运营销方面，覆盖沈阳铁路局的货物营销与生产管理系统极大地提高了车辆运用效率和铁路运输能力，压缩了运输成本。同时，培养和锻炼了一支技术能力强、经验丰富、由近千人组成的信息技术队伍，为沈阳铁

路局信息化向更深层面发展提供基础和保证。随着TMIS各项目的相继投产运行，建立了一套与之相适应的铁路信息系统维护管理体制和规章制度，积累了丰厚的信息系统运行维护经验，保证了沈阳铁路局信息系统安全生产长期持续稳定。其后的信息化建设进程中，沈阳铁路局以TMIS为基础平台，开发和建成沈阳铁路局现在车系统，构建一个"大运输格局"，走出一条信息集成、资源整合、综合运用的新路，并在此基础上整合为"铁路局级运输信息集成平台及基于集成平台的现在车系统等综合应用"。由沈阳铁路局研发的调度系统5.0版本，以"一部计划一条线"的理念为核心构建了新调度系统，在全路7个铁路局推广实施，为运输生产方式转变和运输指挥模式的再造打下了坚实基础。各车站相继开始推广计算机发售客票系统，并同时建设了客票网络。1997年，以沈阳铁路局特、一、二等客运站客票系统开通为标志，铁路局实行计算机联网售票。2011年底建成投产了沈阳铁路局客票系统互联网售票系统，极大地提高客票系统售票效率，缓解了春运期间客票系统压力，实现了客票系统的技术飞跃。信息技术推动行车指挥自动化、客货营销网络化、市场营销信息化、安全装备系统化、办公系统数据化，促进沈阳铁路局运输组织、客货营销和经营管理水平的全面、快速提升。

第一节 信息技术系统概况

1997年4月，沈阳铁路局下发了《关于建立TMIS运行和维修机构的通知》，共建立计算机维修站25个，电算室80个，新增计算机技术人员324名。2002年3月4日，沈阳铁路局下发了《关于局电子计算中心同时称局信息技术处的通知》（沈铁劳函〔2002〕58号），铁路局电子计算中心同时称沈阳铁路局信息技术处，各铁路分局电子计算所同时称铁路分局信息技术分处。明确了信息技术处（分处）10项职能，担负沈阳铁路局信息技术应用发展规划、网络规划、管理和重要软件开发、推广以及沈阳铁路局计算机网络运行维护、统一调度指挥，保证TMIS、PMIS等主要信息系统安全运行、设备维护、维修等项工作，具有管理运营生产、开发维护和经营管理职能，实行一个机构两块牌子。

2005年3月18日，铁路分局撤销，实行铁路局直管站段体制改革。隶属关系调整后，按照沈铁劳发〔2005〕82号文件要求，沈阳铁路局电子计算中心改称为沈阳铁路局信息技术所，保留沈阳铁路局信息技术处名称。铁路分局电子所、室改为沈阳铁路局信息技术所下属分所、服务室。信息技术所下设办公室、财务科、技术监察科、软件一科、软件二科、运营科、维修科、开发科计8个科室。在长春、沈阳、大连、锦州、通辽、吉林、通化设立7个信息技术分所以及在丹东、图们设立2个服务室，共计9个分支机构。2010年，根据沈阳铁路局《关于调整整合部分限额外及直附属机构的通知》（沈铁劳卫发〔2009〕173号）和沈阳铁路局党委《关于设置局工程管理所、局信息技术所党群机构定员的通知》（沈铁委〔2009〕18号）要求，成立长春、沈阳、大连、锦州、通辽、通化、吉林、丹东、图们9个运行维护室和沈阳铁路局信息技术所党委。

2013年1月，按照铁路总公司《关于建立铁路信息化管理新体制的意见》《沈阳铁路局关于设立信息化处的通知》要求，信息技术所、信息处分离，设立沈阳铁路局信息化处，信息化处定员14人。下设综合技术科、应用管理科、运维管理科、网络和信息安全科4个专业科室，主要负责归口管理沈阳铁路局信息化工作；负责沈阳铁路局信息资源和网络资源的统一管理；组织、协调和推进全局信息化建设；提出信息化相关设备设施更新改造计划建议；负责信息安全管理工作；指导信息技术所及基层单位的信息化工作。信息技术所下设软件一科、软件二科、软件三科、软件四科、运营科、系统管理科、网络管理科、维修科、动力与环境科、技术设备科、财务科、办公室、组宣办13个科室和长春、沈阳、大连、锦州、通辽、通化、吉林、丹东、图们9个运行维护室。

第二节 信息技术设备设施

1996年，沈阳铁路局地区中心机房位于局机关一楼。1998年4月，地区中心四楼机房投入使用；9月，机房新楼通过验收；11月18日，铁路局电子计算中心搬入新楼。新建地区中心机房位于沈阳和平区胜利北街10号，建筑面积5400平方米，内设两个600平方米大型机房。四楼机房安装有自动灭火、防水、防静电、防电磁干扰、恒温、恒湿、不间断供电、新风供给、闭路监视、防盗报警等设备。三楼机房为铁道部异地信息灾备机房。2000年，为解决新机房环境监控问题，开发了"电力及环境监视系统"。整个系统按监视对象可分为电力系统部分和机房环境部分两大部分。在电力系统部分，采用双路主、备三相电源供电，由三个电源变压器输出，在每一个电源变压器的三相输出端都设有三相电压、电流6个采样监视点，共计18个采样监视点，严密监视电源供电状态及电流负载情况；电源切换柜，用于切换主、备电源；在电源负载区，该部分重点监视两个UPS设备，监视每相输入电压、输入电流、输出电压、输出电流共计18个点；另外，采用监测地线与零线电压差的办法，对地线接地质量进行间接监视。在环境监视部分，主要以计算机机房为主，在三楼机房和四楼机房共设6点温度和6点湿度检测。该系统2000年10月投入使用。电源系统在2005年5月、2010年5月经历两次电力扩容改造后，电力监控系统进行了相应的补充增加。2011年，按照客票联网汇聚点车站安全管理要求，扩充增加了远程监控客票汇聚点车站

1996、2015年沈阳铁路局信息技术设备配置变化表

表2-10-1   单位:台

序号	设备名称	数量		备　注
		1996年	2015年	
1	各型微机	4035	37000	2015年末微机终端
2	小型机	—	68	支撑和承载全局业务应用的小型机
3	服务器	21	560	
4	网络设备	—	936	
5	UPS设备	—	39	
6	负载均衡器	—	34	

机房的内容;2013年,随着现在车系统的应用,增加了现车大站机房监控的内容。

2007年,为解决铁路局中心机房场地制约的瓶颈,同时,为整合网络资源,调整铁路局信息系统各子系统布局,启动建设了沈阳铁路局中心三楼主机房。经过近半年的施工,完成了设备平移、调整,将四楼机房内三级建库、十八点、调度、5T、办公网、网站、集装箱、六大干线、确报等系统设备进行了整合。2012年,铁路局立项新建调度所,将新地区中心机房纳入到新建调度楼内一并建设,新址位于沈阳市和平区北五马路六号。截至2015年12月,地区中心机房前期论证、审查工作基本结束。

经过二十年的发展,2015年与1996年相比,沈阳铁路局主要信息技术设备的配置数量都有了显著的增长。

第三节　网络建设

一、信息网

1996年,沈阳铁路局使用Decnet进行联网,至各铁路分局间网络为4800bps专线,少量基层单位通过单机拨号方式进行联网,用于十八点、运货五数据传输,局域网为Novell网;同时车辆段CMIS系统开始使用X.25组网。1997年,随着确报系统投入运用,开始较大规模使用X.25组建广域网,局域网开始TCP/IP协议,主要车站至各铁路分局间网络带宽4800至9600 bps,联网单位不足100个。

1998—1999年,随着货运计划系统的实施,开始使用按需拨号方式连接广域网,网络带宽上升到144Kbps,铁路局广域网联网单位接近200个。2000年,开始实施机关网工程,铁路局和各铁路分局机关楼及周边少数直附属单位完成统一的局域网建设,实现了百兆骨干十兆桌面的局域网架构,广域网开始使用2M专线进行组网。2001—2003年,主要站段X.25和拨号组网方式逐渐被2M专线方式所替代,联网单位超过300个。2003年,实施了铁路局及铁路分局机关网改造工程,将机关网改造为千兆骨干百兆接入,以满足信息系统不断发展的需要。

2004年,广域网改造工程对铁路局、铁路分局核心汇聚路由器进行了更新,提高了路由器的接入能力,铁路局至汇聚点网络带宽增加至8M,至2007年,铁路局广域网接入单位达500余个。2008—2009年,小站确报联网工程新增160个中小联网车站。

2010年,现在车工程对铁路局、汇聚点、基层网络设备进行了一次更新。铁路局、汇聚点广域网接口改造为CPOS接口,基层单位改造为G.703接口;较重要车站及车务段改造为双通道方式上联,提高了网络可靠性。改造后铁路局至汇聚点网络带宽提高至20M,铁路局联网单位达800余个。2011—2015年,随着客专开通和既有线改造工程,联网单位逐年增加,到2015年12月31日,全局联网单位超过1000个。

二、办公管理信息网

2002年,铁道部推广实施了办公管理信息工程,在铁道部、铁路局和铁路分局三级建立WEB服务器、邮件服务器和域名控制服务器。设备和应用项目在2002年底建成并投入使用。

2005年底，铁道部升级办公管理信息系统，取消了铁路分局设备，只在铁道部和路局部署应用。此次升级，全面更新了硬件设备和应用，并增加了公文处理服务器，2006年5月正式投产并持续使用。

三、互联网

2001年，沈阳铁路局实施了互联网建设工程，在铁路局建立WEB服务器、代理服务器、邮件服务器和安全控制设备，设备和应用项目在2002年底建成并投入使用。2003年，建成了沈阳铁路局货运网上批车项目。2004年，建成铁路局互联网订票网站。2006年末，按铁道部规定取消铁路局级互联网订票业务。随着铁道部互联网批车程序推广。2008年，沈阳铁路局网上批车系统停止使用，统一使用铁道部程序。

四、MQ与统一传输平台系统

1997年，TMIS信息系统建设初期设计的通信方式是以建立集中式中央实时数据库体系结构为基础的。铁路分局乃至基层站段所有TMIS信息系统的信息端点（报告点、查询点）均直接连接X.25通信网，和TMIS中央系统进行信息传输。根据新调整的TMIS总体方案，确定在铁道部、铁路局和铁路分局建立三级货票库、确报库、自动车号识别信息库和动态车辆库，致使应用系统的数据流向发生重大变化，站段原始信息不但要上报铁道部，还要在铁路分局、铁路局落地入库。为适应新调整的TMIS总体方案，铁道部信息技术中心提出了必须建立统一的TMIS传输平台，为各应用的数据传输提供高质量、高可靠的服务的战略方针。2001年，统一传输平台开始建设与运用。该平台软件涉及应用传输服务、应用传输接口、MQ传输监控及日志统计等几大模块，各模块之间既有联系，也相对独立。

第四节 信息系统建设与应用

一、运输组织

（一）调度系统

2000年，调度系统V1.0由广州铁路局调度系统课题组研发。同年7月，沈阳铁路局信息技术所牵头，在沈阳铁路分局、通辽铁路分局进行了行调、机调、客调系统的试点。2002年，沈阳铁路分局电子计算所自主开发的行调系统在沈阳、大连、锦州铁路分局进行试点。2003年，沈阳铁路局下属的7个铁路分局开始统一实施广州铁路局版的行调系统、计划系统、货调系通。11月，以兰州铁路局为试点，进行调度系统软件的优化整合。沈阳铁路局信息技术所参加试点并负责"铁路运输调度生产平台"的研发。2004年7月，铁道部信息中心组织课题组在北京进行机车调度系统封闭开发，并于9月在上海局进行试点，沈阳铁路局信息技术所做为课题组成员参加了程序的开发和试点。

2005年3月18日，各铁路分局调度系统向铁路局搬迁，信息技术所抽调精干人员组成五个小组，从3月12日—25日，仅用13天时间，圆满地完成了系统变更前后各项技术支持工作，实现了调度指挥信息系统切换成功。2005年5月18日，成功地实现了由57个行车调度台整合为43个调度台的目标，成为全路唯一数据集中于铁路局服务器的案例。

2006年，按照铁道部的要求，对沈阳铁路局调度指挥中心各调度台进行全面技术改造升级，全面推广实施调度系统V3.0，信息技术所全力组织人员进行"货运日班计划管理"的软件研发。历时5个月，完成了铁道部下达的软件开发任务，并试点取得了成功，实现了货运日请车的自动审批，使货工批车工作由每日的20人时降低到了不到1人时，极大地提高了作业效率，货运日班计划管理在全路得到推广。同年，施工调度命令系统在沈阳铁路局投产运行，解决了跨局运行揭示的传输问题。

2007年，调度系统V3.0经过大量的前期调试、培训、测试以及相关的参数维护过程，机车调度、计划调度系统相继投产使用，标志调度系统初步形成了一套完整的综合调度管理系统。2008年4月，铁道部信息中心在上海铁路局组织开发试点铁路运输调度管理系统（TDMS）V4.0,沈阳铁路局信息技术所作为课题组成员参加上海局试点。2009年3月，按照铁道部的推进安排，信息技术所制定了TDMS4.0工程建设方案，搭建了系统测试环境进行测试，并结合沈阳铁路局调度系统复杂、差异大的实际情况，对软件进行了修改、二次开发。先后升级了计划调度子系统、客运调度子系统、施工月计划子系统、货运调度子系统、调度命令平台、日班计划平台，并投产使用。10月26日，沈阳铁路局TD结合4.0正式投产运行。2010年1月12日，铁道部调度命令系统正式投入使用，实现部调度对各铁路局、各调度工种下达调度命令以及接收各铁路局调度命令申请的功能。2010年4月21日，计划调度4.0正式上线投产。同年7月，调度系统TDMS4.0客调命令子系统在沈阳铁路局正式上线投产。2012年，沈阳铁路局自主研发高铁运调系统投产，并成功支撑了哈大高铁开通；信息技术所建设并完成了TDMS4.0与旅服系统的接口，实现行调数据实时向旅服系统的传送。5月，客专调度室正式使用客调命令子系统向各收令单位下达高铁调度命令。2013年4月，新版"列车正晚点采集报部系统"投产使用，替代调度运输生产信息平台中报表上报的方式。2014年2月22日，由沈阳铁路局自主开发的计划调度系统上线投产，该项目受到总公司领导的高度重视和好评并做为TDMS5.0在北京、哈尔滨铁路局进行试点。2014年12月，在北京、沈阳、哈尔滨、呼和浩特、兰州、乌鲁木齐铁路局和青藏铁路公司投产。2015年，沈阳铁路局调度系统课题组为总公司调度部开发了快运调度系统并投产，实现全路快运列车统一指挥；完成了哈尔滨铁路局哈齐客专、沈阳铁路局沈丹客专、吉图珲客专、丹大客专、北京铁路局塘沽站、唐山北站、津保客专等新建高铁对旅服系统的数据接口建设。

（二）确报系统

1996年，铁道部组织研发列车预确报系统，1997年在全路各铁路局推广实施，在铁道部、铁路局、铁路分局和车站建立确报信息数据库和应用平台。1997年，沈阳铁路局完成了确报系统建设，包括铁路局级和长春、沈阳、大连、丹东、锦州、吉林、通辽、通化、图门等9个铁路分局的应用建设，并随着车站系统的建设，陆续在近200个车站建立了确报信息采集点，成为铁路TMIS工程建设的核心系统。2011年，沈阳铁路局开展三级建库整合工作，将运行维护室确报应用数据库上移至铁路局，只在长春、沈阳、大连、丹东、锦州、吉林、通辽设立地区应用服务器。

货票系统3.0系统升级后，将运行维护室三级建库中最后的货票数据库上移至铁路局端，铁路分局级数据库全部撤销。

（三）车号识别系统

2001年，铁道部推广实施车号自动识别系统。2004年，铁道部推广实施三级建库工程，在铁道部、铁路局和铁路分局建立了三级车号识别系统数据库。沈阳铁路局在83个车站及5个局分界口实时采集车辆动态。2011年，全面进行三级建库整合，将运行维护室的车号识别数据库上移至铁路局。2014年，系统对地面AEI设备、CPS及铁路局入库转发程序全面升级，完成对客车数据的采集和传输。

（四）运输信息集成平台和集中式车站系统

2006年，沈阳铁路局运输部门提出建立全局现在车系统的概念，实现对在途车和在站车的全程掌握。2008年，运输处、调度所和信息技术所业务和技术人员开始进行系统设计，着力构建全新的运输组织业务模型，建立一个涵盖列车、车辆和货物等多方面要素的运输组织全过程的基础数据平台，研发建立在基础数据平台上的集中式车站系统Web版。2010年3月，集中式车站系统Web1.2版开始在锦州举办第一轮5期现场培训，开始在部分车务段试点。4月，沈阳铁路局明确建设目标，投资6千多万，开始进行网络和设备改造。9月，圆满完成了沈阳铁路局475个车站的设备、网络、软件开发和应用实施等工程建设工作，该项目获2011年度沈阳铁路局科技进步特等奖。2013年3月，中国铁路总公司在沈阳召开现场会，沈阳铁路局的实施方案和建设经验受到了铁路总公司和各铁路局运输、信息部门专家的高度评价，被正式命名为"铁路运输信息集成平台及基于集成平台的现在车系统等综合应用"。4月通过了铁路总公司技术评审并在全路推广实施，系统的实现目标和技术方案已被总公司纳入《运输信息平台一期总体方案》，集成平台的基础数据结构、数据采集标准和方式、平台对外服务接口等技术标准已被总公司纳入《铁路运输信息集成平台（铁路局级）暂行技术规范》。同年，该项目获中国铁道学会2013年度科技进步一等奖。

（五）编组站综合管理信息系统

2007年，在打造沈阳西精品站工程中，由沈阳铁路局投资，对网络及硬件环境进行改善并在沈阳西站实施编组站信息系统，该系统于2008年正式投入使用，沈阳西站亦成为全路第一个推广该系统的车站。2010年，为配合全局编组站信息化建设，由沈阳铁路局投资，相继在苏家屯、通辽、金州、四平、棋盘、山海关站进行多楼合一工程并配套实施此系统，相继投入生产使用。随着铁路业务的不断改革，系统为配合业务发展的需要，进行了多次较大的升级。

（六）局间分界站统计复示系统

1999年，沈阳铁路局成立项目组，在山海关站、太阳升站、鹿道站、通辽北站、长岭子站应用实验"电子确报系统"，该系统是利用ATIS信息中的"机车型号、车次/车辆车种、车号、自重、载重、换长等固定信息"与计算机确报中的"列车编组&解体站、发报站、辆数/车辆发&到站、品名、篷布、记事等动态信息"，通过车站运输统计人员使用相关的客户端应用软件进行匹配而生成的较为严格意义上的计算机列车确报。2015年10月，霍林河站增设了该系统。

（七）货车追踪系统

2005年，铁路分局撤销后，"货车追踪系统"（是通过对运输站段的车号识别信息、确报信息进行匹配，生成到达报告、出发报告等多种报文，逐级上报到铁路分局、铁路局、铁道部，根据实际业务需求，实现货车的实时位置追踪、运行轨迹查询、分界口出入车查询统计等功能）改为铁道部与铁路局的二级应用，总体功能无大的变化。

（八）剧毒品货物运输跟踪管理系统

2005年，铁道部推广实施了剧毒品货物运输跟踪管理系统（以下简称剧毒品跟踪系统）。剧毒品跟踪系统在沈阳铁路局实施后，在沈阳铁路局调度所（特调、军调）、货运处安装部署了路局级剧毒品运输管理信息应用软件，在长春北、四平、沈阳南（今苏家屯）、沈阳西、灵山、虎石台、张台子、金州、大石桥、山海关、通辽、赤峰、棋盘等剧毒品办理站、编组站安装部署了车站级信息采集软件和信息报告软件。剧毒品跟踪系统的推广应用，使全程跟踪剧毒品运输过程中的装车、通过、换装、滞留、交付等全程的货物、货票、车辆等信息成为可能，为保证剧毒品的安全运输提供了有力的信息支撑。2008—2015年，由于沈阳铁路局范围内未发生剧毒品货物运输，该系统未启用。

（九）集装箱追踪系统

1998年，铁道部推广实施了集装箱追踪车站报告管理系统WINDOWS版本（V3.1）并在沈阳铁路局应用。2008年，系统升级到了3.2版本。沈阳铁路局经过组织与培训，完成了新设备安装及程序升级配置工作，使集装箱追踪车站报告管理系统运行更加平稳有序。2014年末，中国铁路总公司课题组推广实施了车站集装箱信息系统，正式取代集装箱追踪车站报告管理系统的使用。

（十）十八点系统

1999年，沈阳铁路局按照铁道部信息中心的要求推广了广铁集团公司开发的"路局、分局十八点运输统计通用系统"以及BusinessObjects制表软件，实现了铁路局、铁路分局十八点程序和制表工具的统一。2005年，各铁路分局的数据库各自独立使用，2006年5月，统一整合到铁路局的三级建库。2009年1月1日，根据《关于实施新颁〈铁路货车统计规则〉有关工作的通知》（运综分析〔2008〕556号），全路开始执行新货车统计规则。同时将各站、段"十八点统计报告程序"统一到铁路局统一程序。2011年，铁路局十八点统计分析通用系统升级至3.0版，将C/S模式变成了B/S模式，新增了十八点在途车列车统计、列车运行分析（YT10）、货车动态(运统11)、客车、货车正晚点统计、接运吨公里统计。

（十一）三级建库系统

2004年，铁道部推广实施了三级建库工程，在铁道部、铁路局和铁路分局三级建立确报信息数据库、货票信息数据库和车号识别数据库，铁道部、沈阳铁路局共投资2046万元（其中，铁道部投资819万元、沈阳铁路局投资1227万元），引进小型机和存储设备。2004年底，沈阳铁路局和长春、沈阳、大连、锦州、吉林、通辽、通化等7个铁路分局全部完成了三级建库设备安装和应用项目迁移工作，确报、货票、车号识别信息数据库全面建成投产。2011年，全面整合三级建库整合，将运行维护室（铁路分局）ATIS、货车追踪、保价、危险品、货票综合应用等数据库上移至沈阳铁路局。2014年，货票系统3.0系统升级后，将运行维护室三级建库中最后的货票数据库上移至铁路局端，铁路分局级数据库全部撤销。

二、客运信息系统

（一）客票发售和预订系统

1996—1997年，"客票发售和预订系统V1.0"系统投入使用，沈阳北站成为全路第一个微机售票车站，随后大连、吉林、长春、沈阳等37个较大车站实现微机售票。1998—1999年，"地区内联网售票的2.0版本"投入使用，建立沈阳铁路局客票系统地区中心，实现通过网络发售外站客票的功能。1999—2002年，"异地售票的3.0版本"投入使用，实现了全路范围内的联网售票，营口、熊岳城等20个较大车站启用计算机联网售票，同期新建非联网微机售票站396个。2002—2006年，"客运和收入清算需求的4.0版本"投入使用，实现了列车收入归担当局的清算，实现提前180天预约，沈阳铁路局所有车站消灭手工售票，全部采用微机售票，其中联网站达到120个。2006—2011年，"客运营销5.0版本"投入使用，阶段席位库由铁路局、车站两级集中到路局一级，建立沈阳、沈阳北、长春、大连、锦州、吉林、本溪、通辽、通化、延吉、白城、赤峰12个汇聚点车站，全部车站实现联网售票。2011—2015年，互联网技术的新一代售票系统投入使用，沈阳铁路局实施了互联网订票扩容改造工程、客票汇聚点整合工程、电话订票系统扩容工程、建立路局客票营销辅助决策系统、开通银行卡POS机/TVM支付、实施售票实名制、建立实名验证检票系统、中铁银通卡卡务系统、建立客票负载中心和第二负载中心等。在此期间，相继开通了长吉、哈大、盘营、沈丹、吉图珲客专车站自动售、检票系统。

（二）电话订票系统

2010年4月，铁道部在全路推广电话订票系统，4月5日，沈阳铁路局启动系统开通准备工作，5月1日正式投产启用。系统建设初期，语音接入部分配置了两台IVR服务器、两台七号信令服务，接入能力720线。该系统投入后，旅客通过拨打95105105客服号，根据语音提示，自主完成查询或订票业务，提供39个较大车站担当票额供旅客电话订票使用，订票成功后旅客可在沈阳铁路局管内任意车站或代售点取票。

2011年1月，电话订票由720扩到2160线，增加了4台IVR服务器。由于电话订票功能逐渐得到旅客的认可，在售票高峰时段经常出现访问量爆满，满线无法拨入的情况。为满足需要，11月，电话订票由2160线扩容到6000线，扩容后相当于在不增加售票人员的情况下，为全局增加了6000个售票窗口的能力，在2012年春运期间极大地缓解了旅客购票排队的情况，同时全部车站（除河北、黑龙江省部分车站外）票额均向电话订票系统开放，订票车站从39个增加至339个，并在2012年底实现了全路通取功能，即旅客在本局电话订票后，可以在全路任意车站或代售点取票。

2013年1月，对照《铁路客户服务中心区域级语音平台技术条件》（铁运〔2011〕3号），对沈阳铁路局电话订票接入线数和系统设备处理能力进行评估。经过与铁通辽宁、吉林分公司充分沟通，对沈阳铁路局95105105电话订票系统扩容1440线，同时利用旧设备对服务器配置全部进行了调整，优化剩余席位查询数据库参数，使系统配置更加合理，性能明显提高。扩容后，沈阳铁路局电话订票接入线数达到7440线，其中辽宁地区4800，吉林地区2400，内蒙古地区240线。同年，铁路总公司开始大力推进互联网订票之后，由于互联网订票存在直观、方便、可以网上支付等优点，电话订票系统失去了优势。沈阳铁路局电话订票话务量与订票数量逐渐下降，但电话订票系统作为服务旅客的一种手段仍然发挥作用。

（三）客户服务中心12306系统

2010年末，铁道部召开了铁路客户服务中心建设推进视频会议，并下发了"关于加快推进铁路客户服务中心建设的通知"，要求各铁路局在2011年春运前开通铁路客户服务中心人工服务业务。2011年1月，沈阳铁路局实施完成了客服中心人工坐席平台建设工作。系统支持240路自动查询和10个人工坐席，使用95105688作为沈阳铁路局客户服务号，客服中心临时设置在沈阳站东站房2楼。6月，根据铁道部运输局"关于统一铁路客服中心电话号码的通知"要求，沈阳铁路局客服号码修改为12306。同期实施了客服及舆情大厅改造工程，系统后台进行了优化升级工作。主要是将媒体服务器及CTI服务器由单路扩容为双路，240路中继平均部署到两台语音网关，将客票信息查询数据库升级为高性能服务器等；客服中心由沈阳站东站房2楼搬迁到路局大楼北侧5楼，人工坐席由10坐席增加到30坐席。2012年12月，按照"铁路客户服务中心区域级语音平台技术条件"标准，实施了安全平台技术改造，将系统由单一网络区域划分成安全平台外部服务区和安全平台内部服务区，其中语音平台设备迁移至外部服务区，进一步增强对铁路内网业务的安全保护。2013年，为加快转变发展方式，实施货运组织改革，按照总公司统一部署，客服语音平台进行了5次升级工作，增加了"我要发货""行李包裹小件快运""货运人工服务"等功能。2014年春运，由于话务量增加，根据需求为客服中心增加20个台席，基本满足春运期间需求。2014年8月，实施了12306客服大厅搬迁扩容工程，CTI服务器与IP媒体服务器由IP过机方式改为物理组网卡方式，后台架构有较大变化。扩容后客服中心人工坐席实际安装97台席，预留扩容能力，同时客服中心由路局大楼搬迁至沈阳北站售票处4楼客服大厅新址。

（四）实名制验证检票系统

2013年1月18日，沈阳铁路局召开了关于车站增设实名制验证设备推进会议，确定长春、沈阳、沈阳北、大连、鞍山等18个车站作为第一批实施实名验票的车站，并于2月1日正式启用。该系统独立于客票系统，采用以路局为中心，车站为终端的两级架构。铁路局建立检票数据库、存储全局管内各站每日检票记录；各站设立检票终端，检票终端从检票数据库中查验检票记录或向数据库保存检票信息。同时，检票终端还可以通过连接交易服务器（CTMS）间接接入客票系统，实现从客票系统中查询车票信息和总公司电子票信息。

2015年，为推进实名制工作，认真落实《铁路安全管理条例》和《铁路旅客车票实名制管理办法》，进一步加强公共安全管理，维护公共安全秩序，按照《中国铁路总公司关于全面实行实名制购票和验证的通知》（铁总运电〔2015〕89号电报）要求，自7月1日起，沈阳铁路局所有旅客列车（使用市政一卡通的市郊列车除外）实行实名制购票（含列车补票），所有客运站对进站乘车旅客100%实行车票实名制验证。8月，新增验证检票存根数据传输功能，实名验证检票数据上传至总公司备份。

（五）客运营销辅助决策系统

2012年，鉴于客票的营销数据集成在客票系统内，营销分析模块存在资源受限、应用受限、信息共享程度低和指标不规范等问题，沈阳铁路局立项实施了沈阳铁路局客运营销辅助决策系统建设工程。系统遵照《铁路客运营销辅助决策系统总体技术方案》的技术要求和功能规划进行建设，采用中国铁道科学研究院开发的铁路客运营销辅助决策系统V1.0版软件，利旧使用原地区中心P590小型机及EMC存储设备作为营销系统的数据库服务器，投资352万元，于2012年9月1日正式启用。自系统投入应用以来，对提高铁路局、站段的客运管理水平、提升客座率、增运增收、辅助智能管理、提高工作效率具有显著作用。

三、货运信息系统

（一）货票及综合应用系统

1996年，沈阳铁路局自主开发了能够自动生成径路数据的货票系统，该系统在铁路局推广实施，覆盖了所有货运站，一直使用至2000年。2000年，铁道部在全路推广货运制票统一软件，并开始建立铁道部、铁路局、分局货票库，以及铁道部级、铁路局级货票和综合应用系统。同年3月，沈阳铁路局首先在锦州站试点，并于同年5月在局内推广。2003年，货票系统开始进行财收四捆绑报告、开展三级建库和查询应用。2004年，铁道部、沈阳铁路局投资引进小型机和存储设备，完成了三级建库设备安装和应用项目迁移。2007年4月1日，沈阳铁路局作为全路试点，率先执行货票系统2.0升级，全部取消了手工填制货票，实现了制票的全部计算机化。

2002—2012年，铁道部（中国铁路总公司）运输局、财务司、统计司、信息中心联合，每年评选货票系统先进单位。沈阳铁路局货票维护团队在历次先进评选中，均获得货票维护先进单位的称号，成为全路货票系统维护团队的一面旗帜。

2013年6月15日零时起，为适应铁路货运一口价改革的要求，货运制票、杂费核收系统正式执行门到门一口价。年末，全路货票系统统一升级到3.0版本。货票系统3.0的正式设备按照总公司《关于做好货运制票应用升级环境准备工作的通知》（运信应用电〔2013〕2801号）要求进行配置。2014年3月，货票系统实现了从过渡设备向正式设备的迁移。2014年7月，沈阳铁路局作为全路两个试点局之一，率先在全路实现货运电子支付（POS机支付）。9月，货票系统为东北货物快运服务平台提供了制票服务，沈阳铁路局成为全路第一个提供在互联网填制零散快运货票服务的铁路局。

（二）货运营销、技术计划系统

1997年，铁道部推广了车站货运营销与生产管理系统（FMOS），使用Windows95（客户端）+IBM OS/2（服务端）+ MQ（X.25网络）架构，使沈阳铁路局的货运办理站的营销信息与铁路分局及路局实现互联互通。2001年，全路统一版本的技术计划（oracle form版）在沈阳铁路局开发、试点。2006年，按照全路大客户实施战略要求，在沈阳铁路局278个站段完成了货运营销车站计划系统与运货五及货票系统的信息互联互通。2008年，完成了货运大客户系统的货运计划管理fmos3.0等8个子系统的升级、实施，到对货源结构分析、客户细分、货运产品管理，实现从年度运量、月度计划和实际完成的全过程管理。硬件上配置了HP小型机，采用最新的数据库管理软件、存储、备份设备，工程实施进度走在全路前列。2009年，贯彻"集中受理、优化装车"的理念，向开放互联迈进。2012年，货运电子商务系统实施，货运营销、技术计划管理系统由月度计划转为更灵活、更能符合市场变化的旬计划系统。

（三）保价系统

2008年，铁道部推广实施了铁路保价及货运事故处理系统，涉及铁道部、铁路局、站(段)三级运输保价及事故处理业务，系统提供了保价管理、事故处理、统计月报、台账管理、数据交换、数据共享等功能，是铁路信息化总体规划中国铁路保价运输管理系统(RIMS)信息化专项规划

的重要组成部分。沈阳铁路局按时完成两台路局服务器的安装配置和直属站车务段车站在既有设备上的安装配置工作。2010年5月1日，按照铁道部要求，货运事故取消纸制货运记录，全部采用电子记录。沈阳铁路局在过渡时期采用在既有设备上车务段大站集中模式，组织站段完成了292个点的实施工作及12个站的改造工作。2012年，站段新购置设备到位，共完成安装服务器27台，工作站356台，沈阳铁路局所有业务点实现保价信息全面采用计算机管理。2014年末，总公司课题组推广实施了铁路保价运输管理系统，保价及货运事故处理系统停止使用。

（四）货运电子商务系统

2012年8月，货运电子商务系统在沈阳铁路局开发完成，主要功能是收集客户发货需求，制定班列等货运产品，受理客户投诉、建议，客户注册及发货权限审核等。2013年增加了旬方案编制、接卸建议、短信通知、营销中心、货运客服受理工作台等模块；2014年增加了超重超限动态查询、集装箱预约、预订管理及服务、客户档案管理、与快运平台的衔接、国联运单管理以及吨转车等功能模块；2015年又增加了95306网货运大宗交易板块及大宗交易竞买竞卖等相关功能，增加了网上提赔功能。

（五）东北货物快运平台

2014年8月，中国铁路总公司为了适应社会对运输业的需求，在全路开展零散货物快运和一站整零业务。沈阳铁路局根据总公司的要求，将该项业务命名为：东北货物快运，相应的计算机生产管理系统命名为：东北货物快运平台。平台是由一台数据库服务器和三台应用服务器组成，东北货物快运业务系统于2014年10月正式投产运行，是沈阳铁路局由传统运输企业向现代物流企业转型时期的重要组成部分。2014年12月—2015年3月，沈阳铁路局运输处、信息技术所联合风驰科技有限公司开发了手持机扫描作业系统，因其使用方便、准确性高，大幅提高了生产效率，总公司决定在全路推广使用该作业系统。2015年6月15日，这套涵盖了门到门的接取送达系统、东北货物快运业务系统、物流调度系统、手持机扫描作业系统四大部分的新版系统在全路同时上线。7月，东北货物快运

平台又增加了二台应用服务器，以满足不断增长的快运业务需求。

（六）货运站系统

2014年，按照中国铁路总公司计划，在沈阳铁路局沈阳东站推广应用了"铁路货运安全监控与管理系统"，实现了总公司、铁路局可在线查询货车站、铁路局货运组织作业情况并以图表方式实时统计、分析货运作业信息的目标。该系统在货运站设置服务器（服务器设双机，2个以上处理器 每个8核以上主频2GHz以上，内存64GB以上）、数据库服务（Oracle11g版本）、监控设备上，采集、存储本站货运数据并实时与铁路局同步数据。铁路局设置服务器接收货运站数据，并与总公司同步，采用WEB方式为铁路局相关业务部门提供查询、统计服务。

（七）货检站系统

2014年，按中国铁路总公司要求，沈阳铁路局所属的路网性编组站的货检作业站中推广实施了"铁路货检安全监控与管理系统"，沈阳铁路局信息技术所配合总公司课题组完成了数据库及应用平台的实施工作。截至2015末，完成了苏家屯、沈阳西、山海关、通辽、四平、长春北等6个货检作业站信息主干网络，初步完善了货检信息网络，实现货检三级联网，货检作业全程追踪信息化管理。

四、企业管理信息系统

1998年10月—1999年12月，沈阳铁路局信息技术所受铁道部财务司委托，进行《通用铁路运输收入会计管理系统》平台转换开发、升级，提高了收入报表子系统的处理能力，并实现了将各单位小型机版本的会计帐及报表参数，自动转换为新系统参数的功能，各收入单位一次性顺利实现了跨平台系统的升级工作。2000年，升级后的《通用铁路运输收入会计管理系统》在全路55个铁路分局、14个铁路局收入系统推广应用。

2004年6月，沈阳铁路局开始试用2.0版的《通用铁路运输收入会计管理系统》，8月在全路推广，并由铁道部财务司及部分铁路局收入专家组成的审核小组，对新本版系统进行了审查和验收。同年，沈阳铁路局信息处同铁道部财务司签署协议实施有偿软件开发和服务，在全路收入系统推广该版本软件。2005年，为了适应撤销铁

路分局，铁路局直管站段的改革需要，系统先后进行了3.0、4.0版本升级。2006年12月，为了系统应用范围的扩展和进一步加强功能，又进行了版本5.0的升级。2010年，系统升级到V5.5。2013年，为了适应铁路营业税改增值税以及计算机系统和Ms Office 2010 运行环境升级的需要，收入会计系统升级到V6.0，全路共推广171套。

（二）工务管理信息系统

2007年，沈阳铁路局完成了工务管理信息系统（简称PWMIS）的实施工作。工务处、四平、长春、白城、辽阳、沈阳、丹东、大连、山海关、锦州、通辽、赤峰、吉林、图们、通化工务段、沈阳工务机械段、沈阳工务检测所共计17个单位安装了PWMIS系统。满足了工务业务部门在线路、桥隧、路基和调度等方面的业务管理需要，使得工务管理延伸到了工务段、领工区、工区，同时实现了工务相关信息系统进行全面集成。

（三）铁路客车统计信息系统

2012年，为配合总公司在全路推广实施的铁路客车统计系统，沈阳铁路局投入资金购置了18台服务器及相关设备，2012年底完成了铁路局级、客运段级、车辆段级、动车段级和车站级系统的部署，2013年1月1日正式投入使用。

（四）货运列车编组统计信息系统

2011年，为配合中国铁路总公司在全路推广实施的货运列车编组统计信息系统，沈阳铁路局投入资金采购32台服务器（其中车务段服务器28台）、车站使用微机66台以及其他相关设备，年末完成了铁路局级、车务段级和车站级系统的部署，2012年1月1日正式投入使用。2015年，取消了车务段级应用程序对于数据的审核功能，仅作为向铁路局级应用传输报文的功能，铁路局级则在应用系统中实现了对全局报文集中审核上报的功能，该系统已经为集装箱中央追踪系统、资金中心清算系统等提供统计数据。

第五节　信息技术管理

一、信息系统运维管理

2013年信息化处成立后，组织开展全局信息

化现状摸底调查工作。共调查了212个单位（部门），涵盖信息化的组织体系（机构、人员、培训）、软件系统、网络规划、设备运行维护等方面，初步形成小型机设备基础档案、软件资源档案、网络档案，为全局信息工作开展、系统规划、资源共享共用、网络互联互通打下基础。

2013年，为进一步加强沈阳铁路局信息化建设与管理，发布了《沈阳铁路局信息化工作动态沟通汇报管理办法》（沈铁信息〔2013〕299号），规范了信息化工作日常、紧急、专项汇报制度，明确了信息化处负责审批的系统接入、网络接入、施工申请等工作内容。制定了《沈阳铁路局信息机房建设及管理办法（试行）》（沈铁信息〔2013〕300号），规范了沈阳铁路局信息机房建设及管理，确保信息系统安全、稳定、可靠运行，为信息机房的建设及管理提供了依据。

2014年11月，为规范管理信息设备委保工作，启动了沈阳铁路局信息系统设备委托保修服务公开采购工作，明确了信息设备保修服务公开采购原则。2015年开始逐步对信息系统设备委托保修服务采取公开招标的方式进行采购。2015年6月，为确保铁路运输信息集成平台数据采集的及时性和准确性，实现铁路客货运输相关信息的实时掌握和共享，发布了《沈阳铁路局运输信息集成平台数据采集考核办法（暂行）》（沈铁信息〔2015〕195号），通过规范现场运输生产作业，提高运输信息的数据采集质量。

二、工程项目管理

从2013年开始，信息化处本着新建工程要兼顾既有线设备的原则，积极参与新建、更改工程的设计审查、静态验收、联调联试、安全评估、工程验收等信息化提前介入工作，在各阶段严格把关，确保工程高质量达标。参与盘营客专现场包保提前介入工作，确保盘营客专顺利开通。2015年，对沈丹客专、吉图珲客专、丹大铁路和沈阳南站进行信息专业现场包保，组织设计、建设、施工、接管等单位，顺利完成了"三线一站"信息工程的静验、动验、初验和安全评估等工作。4月，发布了《沈阳铁路局信息系统项目管理办法》（沈铁信息〔2015〕148号）。该办法强化了沈阳铁路局信息系统项目管理，进一步

规范了信息系统项目建设流程。

三、信息系统安全管理

从2013年开始，全局每年开展信息系统春秋检工作。以沈阳铁路局信息技术所机房为重点，逐步深入到车务、机务、工务、电务、供电等运输站段。2014年，分别开展了信息系统春检工作，细化5大项24小项检查项点作为春秋检工作主要内容。在自查整改阶段，各单位整改各类信息系统安全隐患388件；抽检阶段，共计抽检37个单位，发现各类问题44个，收集整理意见建议16条。通过春秋检工作，进一步夯实了信息系统的基础运维工作，确保了信息系统的安全、稳定。

2015年，结合铁路总公司和沈阳铁路局关于安全生产大检查的要求，开展信息系统春秋检工作，进行互联网接入及整治、打非治违专项整治，从制度、管理、过程、设备网络、安全防护、应急预案等方面着手，认真排查信息系统存在的问题和隐患，增强安全防范能力，提高信息系统安全管理水平，有效保障全局信息系统稳定运行。11月，发布了《沈阳铁路局网络与信息安全事件应急预案》（沈铁信息〔2015〕379号）文件。该办法为预防和减少沈阳铁路局网络与信息安全事件的发生，提高应对铁路网络与信息安全事件的能力，迅速有效地处置铁路网络与信息安全事件，保证铁路网络和信息系统安全稳定运行。

四、应用系统建设

2013年3月，沈阳铁路局自主开发的"运输信息集成平台"通过了铁路总公司专家组的技术评审，在全路推广实施，实现了铁路客货运输相关信息的实时掌握和共享。6月，为配合沈阳铁路局货运改革需要，做好信息技术支撑，迅速落实了12个单位的企业综合网接入工作，组织技术力量完成货票、12306电子商务系统的升级维护，完成18点报告分劈等工作。12月，组织有关单位，完成全局99个车站的行包管理系统的全局推广实施工作；完成全局484个货票办理站的货票系统3.0的升级实施工作。根据总公司要求，完成货运、行包营改增167个办理点的系统安装实施工作。

2014年6月30日，信息化处负责组织规划建设的覆盖全局各业务处室、站段、有条件的车间及班组，以路局OMIS网站为核心，以各站段网站为辅的信息资源共享平台正式上线应用。10月，为满足东北货运快车运输组织和货物全流程追踪需要，组织有关单位，完成散货快运系统的部署实施工作。期间组织软件升级116次，完成全局376个货物办理点联网工作，业务培训涉及78个单位166人次，电话咨询答疑1000多次，为"东北货运快车"的顺利开行提供了信息支撑。11月，结合沈阳铁路局实际情况，完成集装箱运输管理信息系统的推广实施工作。同年，配合调度所研发了"一个列车一条运行线"的计划编制调度系统，并在全路推广，实现了按计划组织生产和指挥行车的运输组织新模式；组织技术实施组完成哈、沈、京、乌、呼、兰、青7个铁路局的计划编制调度系统的实施部署及应用工作。

2015年4月，为确保总公司"铁路货运向现代物流业转型发展现场会"在沈阳铁路局的顺利召开，以信息化促进铁路货物运输向现代物流转型，自主研发的"散货快运货件追踪服务系统"和95306 B2C网站顺利上线，现场会期间得到了总公司领导的充分肯定，为铁路物流发展提供了强有力的支撑与保障。组织有关单位，采用沈阳铁路局自主研发的集中式现车系统替换珠珠线、霍白线、长春北、锦州编组站"两站两线"既有老旧的现在车1.0系统。2015年10月15日，完成全局最后一个长春北站的现在车1.0系统切换实施工作，至此，现在车1.0系统在沈阳铁路局完成历史使命。11月，为进一步加强应用软件管理，避免重复建设，体现无形资产价值，发布了《沈阳铁路局应用软件登记实施细则》（沈铁信息〔2015〕413号），对全局各业务系统的应用软件纳入信息库集中管理，面向全局各单位定期公布。

第六节 软件开发

1999—2015年，信息化技术在各领域都得到了快速发展及应用。沈阳铁路局信息技术人员结

1999—2015年沈阳铁路局开发、应用的软件一览表

表2-10-2

序号	软件名称	研发开始时间	投入应用时间	主要功能	应用、推广单位
1	沈阳铁路局物资管理信息系统	1999年	2000年	实现了铁路局物资网络监察中心的限价管理，材料总厂、分局材料厂以及站段材料室物资采购、限价管理、物资消耗、材料核算、库存管理、统计分析等。	沈阳铁路局物资网络监察中心，1个材料总厂，16个材料厂及134个站段投入使用。
2	Internet网上预订、预购铁路客票电子商务系统	2002年	2002年	系统基于IBM WebSphere电子商务平台开发实现，为广大旅客提供互联网订票购票服务。	沈阳铁路局管内车站。
3	铁路信息管理系统运行状态智能监视报警系统	2004年	2004年	系统采集网络、MQ、文件系统、数据库、应用进程运行状态，出现异常时提供颜色和声音报警。	沈阳铁路局信息技术所、运维室、现车2.0车站使用。
4	沈阳铁路局货票综合信息网	2005年	2005年	系统为静态网页组成的网站，对全局公开，主要用于路局维护货运相关信息系统信息发布。	沈阳铁路局各车务段、直属站、合资及地方铁路及相关业务主管部门使用。
5	货运日班计划审批系统	2005年	2006年	主要用于货运日班计划审批。	全路推广。
6	沈阳铁路局规章管理系统	2006年	2006年	用于各业务部门发送的需与总工室会签的文件、电报、规章等，各站段可以随时在网站内看到最新的规章文电。	沈阳铁路局管内。
7	动态运行图	2007年	2007年	采用地理图方式选择区段展示运行图	沈阳铁路局各站。

1999～2015年沈阳铁路局开发、应用的软件一览表

表2-10-2续表1

序号	软件名称	研发开始时间	投入应用时间	主要功能	应用、推广单位
8	货运调度管理信息系统	2007年	2007年	货运调度综合自动化管理。	沈阳铁路局调度所。
9	沈局货运客户关系平台	2009年	2009年	主要用于单位货运信息跟踪、订单、货票、车辆等信息查询。	沈阳铁路局收发货企业使用。
10	运输信息集成平台	2009年	2010年	通过集中整合车站现在车、确报、货运制票、货运计划、机务、车辆等系统的生产信息，建立列车、货车、货物、机车、乘务等运输信息库，实现各相关系统间信息交换、共享访问，同时提供公用查询、数据访问服务等功能。	全路各铁路局。
11	集中式车站系统	2009年	2010年	实现了到达出发确报编辑、调车计划编制与执行、装卸作业报点、非运用车管理、运输统计等功能，以及相关的统计查询与打印，并且实现路局与车站间信息共享，为日常运输生产提供基础信息。	全路8个铁路局1700个车站。
12	沈阳铁路局客票辅助监控系统	2010年	2010年	以沈阳局客票系统为基础，实现系统信息采集、网络监控、病毒审计、接口数据监控和应急售票同步监控等功能。	沈阳铁路局管内。
13	集成平台路局端查询	2010年	2013年	对运输集成平台信息的展示。	全路推广。
14	集成平台运行线串线	2010年	2013年	对行调运行线进行串接。	全路推广。
15	沈阳铁路局职工综合信息管理系统	2010年	2010年	通过对企业管理流程进行"e"化处理，企业改善管理方法和降低管理成本。通过定制功能模块模板，为企业中不同角色人员提供相应权限功能，提供高效便捷的管理方式。	沈阳铁路局管内。
16	公积金管理信息系统	2011年	2012年	把公积金的日常工作纳入计算机管理，为沈阳铁路局职工提供个人公积金信息查询、个人公积金贷款信息查询。	沈阳铁路局管内。
17	基于安全平台的内外网传输平台	2013年	2013年	为需要内外网数据交互的应用系统提供安全、透明的访问机制。	沈阳铁路局信息技术所。
18	沈阳铁路局物资采购平台	2013年	2013年	物资采购管理：包括计划处理、供应商管理、价格管理、询价管理、审批控制、预算控制、风险追溯功能；物资采购网：包括信息公示、网上批次竞卖询价、二次询价、业务员询价、订单确认、供应商发货功能；质量追溯：包括物资签收、DPM码制作、物资跟踪功能。	沈阳铁路局物资管理处、物资采购所、物资供应段、各单位材料科及沈阳铁路局物资供应商、潜在的物资供应商。
19	沈阳铁路局计统处WSS网站	2013年	2013年	用于沈阳铁路局计统处各部门发送的文件、电报、规章等，各站段可以随时在网站内看到最新的规章文电。	沈阳铁路局计统处。
20	调度运输信息系统（TDMS5.0）	2013年	2014年	基本图、客调、计划、机调、货调、TD结合。	全路推广
21	财务资金管理与分析系统	2013年	2013年	系统主要包括资金统收统支财务核算、财务网上磨账、资金拨款、财务签认、财务报表分析等功能模块。	沈阳铁路局各单位。

1999—2015年沈阳铁路局开发、应用的软件一览表

表2-10-2续表2

序号	软件名称	研发开始时间	投入应用时间	主要功能	应用、推广单位
22	沈阳铁路局客服综合服务系统	2013年	2013年	系统在12306电话服务系统资源基础上整合既有信息资源，实现资源共享。	沈阳铁路局管内。
23	沈阳铁路局客运服务微信平台	2014年	2014年	系统在新媒体应用向移动化发展的趋势下，利用我局技术与资源优势，通过微信平台向旅客提供列车时刻、余票、电话订票订单、列车正晚点、车站预售期、车站售票点等客运查询服务。	沈阳铁路局管内。
24	总公司快运计划系统	2014年	2014年	用于铁路总公司制作快运列车计划，各局执行并将执行结果返回铁路总公司。	铁路总公司调度部。
25	铁路货运客户服务微信平台	2014年	2014年	系统利用微信公众平台开放架构和强大的用户资源，为铁路客户提供货物运输信息服务。	沈阳铁路局管内。
26	铁路局间运输信息交换服务平台	2014年	2014年	用于铁路局间运输信息交换服务。	铁路总公司各铁路局。
27	企业运输信息服务平台	2014年	2014年	基于移动互联网技术，为铁路客户提供订单、承认车、自备车、货车追踪、集装箱追踪等信息服务。	沈阳铁路局。
28	沈阳铁路局机动车综合管理系统	2014年	2014年	用于沈阳铁路局管内所有单位的机动车基本信息和驾驶员信息管理，机动车调派使用、调拨、登记注销、各类费用统计分析等。	沈阳铁路局管内。
29	沈阳铁路局信息资源共享平台	2014年	2014年	用于沈阳铁路局内各部门单位信息发布、共享。	沈阳铁路局管内
30	沈阳铁路局职工健康休养管理系统	2014年	2014年	记载沈阳铁路局职工健康信息的基础资料，掌握职工基本情况、生活方式、心理状态、健康状况，维护职工健康；实行健康评价；筛查重点人群；开展健康预警。	沈阳铁路局劳卫处及管内各部门单位。
31	现车精密统计系统	2014年	2015年	基于集中式车站系统，自动搜集车辆到发、装卸、非运用车数据。	沈阳铁路局管内各站。
32	95306网站日用品、辽沈、吉林板块	2015年	2015年	用于日用品大宗交易；辽宁、吉林地区大宗交易、资讯信息、铁路服务、优质企业、工业园区、物流园区、特色产品、旅游美食、车源货源、宾馆查询。	沈阳铁路局营销处和互联网用户。
33	沈阳铁路局人力资源调配信息平台	2015年	2015年	用于沈阳铁路局人力资源调配信息发布、岗位申报、岗位对调。	沈阳铁路局劳卫处及管内各单位劳资部门。

合生产实际，开发了多套应用软件并在沈阳铁路局、全路推广应用。

第七节 客运专线信息系统验收

一、哈大客专信息系统验收

2014年3月，沈阳铁路局信息技术处开始提前介入到哈尔滨—大连客运专线的开通运营工作中，分阶段进行检查验收，推进工程进度，同时建立静态验收问题库。8月22日完成静态验收工作，9月23日完成联调联试，9月27日完成动态验收，10月20日完成安全评估，10月23日完成了设备交接。

二、"三线一站"信息系统验收

"三线一站"是指沈阳至丹东、吉林至珲春客运专线、丹东至大连快速铁路及新建沈阳南站。2015年7月3日，沈丹客专信息专业完成静态验收工作，14日完成动态验收，8月29日完成安全评估；2015年7月10日完成沈阳南站信息专业静态验收，15日完成动态验收，8月27日完成安全评估；2015年7月16日完成吉图珲客专信息专业静态验收工作，8月1日完成动态验收，8月5日完成安全评估。丹大快速铁路专信息专业于2015年10月9日完成静态验收工作。

第十一章　机辆验收与设备监造

验收工作是铁路运输安全保障体系的重要组成部分，是对机、辆产品质量实施监督的管理手段。验收部门是对准予许可生产、维修或进口的铁路产品实施质量监督、技术认可和合格确认的专职机构，验收人员是对产品行使质量监督、技术认可和合格确认的代表。1996年，分别设置机车、车辆验收室。其中沈阳铁路局机车验收实行铁道部驻局机车验收室和铁路局驻机务段及配件厂验收室两级管理；沈阳铁路局车辆验收实行部驻局车辆验收室和局驻车辆段、车轮及配件厂验收室两级管理。2010年，根据铁道部《关于改革铁路局机车车辆维修验收体制的通知》要求，部驻沈阳铁路局机车验收室、车辆验收室合并调整，独立设置为沈阳铁路安全监督管理办公室机车车辆验收室。

2014年，根据《中国铁路总公司关于调整铁路机车车辆验收管理体制的通知》，沈阳铁路局于同年12月15日成立设备监造处，对铁路设备制造、大修的质量监督由实施验收制度调整为实施监造制度，并迅速开展对相关制造厂、大修单位的设备、检修质量实施检查验收。

第一节　验收部门组织机构

一、机车（含供电）验收机构

铁道部驻沈阳铁路局机车验收室是铁道部派驻沈阳铁路局的专业验收机构，受铁路局领导、铁道部机车验收室指导并在机务处长领导下进行工作，并对铁路局驻机务段、配件厂验收室进行业务指导。铁道部驻沈阳局机车验收室设有主任1人（按副处级配备），机车及配件专职1人。沈阳铁路局驻机务段、配件厂验收室是铁路局派驻各机务段、配件厂的专业验收机构，受铁道部驻沈阳铁路局机车验收室领导，代表铁道部、铁路局行使监督、监控、认证、促进职能，负责所在机务段机车及配件验收和质量责任仲裁，以及配件厂机车配件产品验收的具体工作。

1996年，沈阳铁路局驻配件厂验收室共3个：分别是驻薛家、吉林、苏家屯配件厂验收室。局驻机务段验收室共有25个：分别是驻沈阳、苏家屯、本溪、丹东、沈阳西、长春、梅河口、山海关、锦州、大虎山、叶柏寿、大连、大石桥、瓦房店、吉林、泉阳、大安北、图们、通辽、赤峰、白城、郑家屯、彰武、通化、新站机务段验收室。1998年7月，大虎山机务段撤销，划归锦州机务段，瓦房店机务段撤销，划归大连机务段，驻段验收室同时撤并。1999年3月，泉阳机务段撤销，划归通化机务段，驻段验收室同时撤并。2003年8月，机务系统进行了第一次较大规模的布局调整，沈阳局驻机务段验收室同步整合为16个，分别是驻沈阳、苏家屯、本溪、沈阳西、长春、梅河口、山海关、锦州、阜新、大连、吉林、大安北、图们、通辽、赤峰、白城验收室。2004年，部驻沈阳局机车验收室增设牵引供电专职，负责牵引供电设备、零部件产品及施工验收和质量责任仲裁的组织领导；成立局驻沈阳、长春、大连、锦州供电段验收室，负责所在供电段牵引供电设备、零部件产品以及施工验收和质量责任仲裁工作。

2005年6月8日，结合机务系统布局调整，沈阳铁路局驻机务段验收室也进行了撤并，撤并后驻段验收室数量为10个，分别是驻沈阳、沈阳西、苏家屯、锦州、吉林、通辽、大连、山海关、梅河口、白城机务段验收室；驻供电段验收室撤并后为3个，分别是驻沈阳、长春、锦州供电段验收室。2006年3月18日，机务系统生产力布局调整，沈阳铁路局驻机务段验收室整合为5个，分别是驻沈阳、苏家屯、锦州、吉林、通辽机务段验收室；驻供电段验收室为4个，分别是驻沈阳、锦州、吉林、长春供电段验收室；驻配件厂验收室为三个，分别是驻苏家屯、吉林、薛家配件厂验收室。

二、车辆验收机构

铁道部驻沈阳局车辆验收室是铁道部派驻沈阳铁路局的专业验收机构，受铁路局领导，部管理验收处指导，在车辆处长领导下进行工作，并对铁路局驻车辆段、车轮厂、配件厂验收室进行业务指导，部驻沈阳局车辆验收室设有主任1人（按副处级配备），车辆及配件专职1人。沈阳铁路局驻车辆段、车轮及配件厂验收室是铁路局派驻各段（厂）的专业验收机构，受部驻沈阳局车辆验收室领导，代表铁道部、铁路局行驶监督、监控、认证、促进职能，负责所在段（厂）车辆及配件验收和质量责任仲裁以及配件厂车辆配件具体验收工作。

1996年，沈阳局驻车辆段（厂）验收室共31个：局驻车辆段验收室共25个，分别是驻长春、四平、白城、沈阳、皇姑屯、苏家屯、大官屯、灵山、大石桥、大连、大连北、本溪、丹东、吉林、龙潭山、图们、通化、梅河口、锦州、锦州东、山海关、阜新、叶柏寿、赤峰、通辽车辆段验收室；局驻车轮厂验收室共2个，分别是驻苏家屯、吉林车轮厂验收室；局驻客车厂验收室1个，即沈阳客车厂验收室；局驻配件厂验收室3个，分别是驻苏家屯、吉林、薛家配件厂验收室。

7月1日，根据铁道部车辆局辆管（95）135号《关于颁发沈东机械厂生产代号的通知》，正式成立沈阳铁路局驻沈东机械厂验收室，负责厂区范围内各种车辆零部件验收。沈阳铁路局驻段（厂）车辆验收室由31个，增至为32个。

2002年9月，沈阳铁路局成立客运公司，车辆段客车部分划归客运公司，驻长春、沈阳、大连、锦州、吉林、通化车辆段验收室由沈阳铁路局直管。

2003年，全局生产力布局调整，沈阳铁路局驻车辆段（厂）验收室由32个减至24个，即驻长春、四平、白城、沈阳、苏家屯、大官屯、灵山、大连、大连北、本溪、丹东、龙潭山、梅河口、锦州、山海关、阜新、通辽17个车辆段验收室，驻苏家屯、吉林2个车轮厂验收室，驻沈阳客车厂验收室，驻苏家屯、吉林、薛家3个配件厂验收室，驻沈东机械厂验收室。2005年6月8日，沈阳铁路局部分车辆段机构进行了调整，铁路局驻车辆段（厂）验收室由24个减至14个，分别是：驻长春、白城、沈阳、苏家屯、大连、大连北、锦州、吉林、梅河口、通辽车辆段验收室和驻沈阳客车厂验收室，驻苏家屯、吉林、薛家3个配件厂验收室。2006年，根据沈铁办发〔2006〕48号文件要求，沈阳铁路局部分车辆段机构进行了调整，沈阳铁路局驻车辆段（厂）验收室由14个减至10个，即驻长春、沈阳、苏家屯、锦州、吉林、通辽车辆段验收室和驻沈阳客车厂验收室，驻苏家屯、吉林、薛家配件厂验收室；同年9月，按照铁道部重新制定下发的《铁路车辆验收工作规定》，铁路局派驻在各车辆段的车辆验收室负责客车段修（A2、A3修）及以上修程和货车厂修、段修、辅修、临修的整车及零部件产品质量的监督验收。车辆验收机构实行主任负责制，对管辖范围内的验收工作全面负责并承担领导责任。各级车辆验收机构的职能是"审核评价、监督控制、认可接收、沟通反馈"。

三、机车车辆验收机构合并

2011年1月，部驻沈阳局机车验收室、车辆验收室合并调整，独立设置为沈阳铁路安全监督管理办公室机车车辆验收室。安全监管办机辆验收室和安全监管办驻段（厂）验收室由安全监管办统一领导和管理。安全监管办机辆验收室在业务上接受总公司运输局的专业管理和指导，安全监管办驻段（厂）验收室在业务上接受安全监管办机辆验收室的专业管理和指导。

沈阳铁路安全监管办机车车辆验收室作为铁路局限额内机构，主要负责管辖区域内动车组、机车、客车、货车、工务机械车、接触网作业车及牵引供电设备维修质量监督验收的具体管理工作；沈阳铁路安全监管办驻段（厂）验收室作为铁路局附属机构，承担管辖区域内的动车组、机车、客车、货车、工务机械车、接触网作业车、牵引供电设备维修质量和机车车辆配件质量的具体验收工作。

机辆验收室设主任1名（按正处级配备）、副主任1至2名（按副处级配备），设置主任验收员或验收员4名（分管动车组、机车、客车、货车、工务机械车、接触网作业车及牵引供电设备验收工作）。沈阳局驻各段（厂）验收室改为沈阳铁路安全监管办驻段（厂）验收室，同时组建了驻沈阳工务机械段验收室，负责工务机械车年修质量的试验收工作。各驻段（厂）验收室设主任1名（按副处级配备）、副主任（按正科级配备，只在较大的异地检修车间设置）1—3名，根据工作需要设主任验收员（副科级）或验收员若干名。铁路局所属的薛家、吉林、苏家屯配件厂的机车车辆配件质量监督验收管理工作，分别改由就近的驻锦州、吉林机务段和苏家屯车辆段验收室承担，同时取消驻薛家、吉林、苏家屯配件厂验收室。2011年11月，成立安全监管办驻大连、梅河口、白城机务段验收室。

2014年3月，组建大连供电段和驻沈阳动车段验收室，9月，组建通辽供电段验收室。年末，沈阳铁路安全监管办驻段（厂）验收室共有23个，其中驻机务验收室8个（沈阳、苏家屯、锦州、吉林、通辽、大连、梅河口、白城），驻车辆段（厂）验收室7个（沈阳、苏家屯、锦州、长春、吉林、通辽、沈阳客车厂），驻供电段验收室6个（沈阳、锦州、长春、吉林、大连、通辽），驻沈阳动车段、沈阳工务机械段各1个。

2015年6月1日，根据沈铁劳卫〔2015〕190号文件，撤销沈铁安全监督管理办驻沈阳客车厂验收室，设立沈阳铁路局沈阳客车监造项目部，业务上接受路局设备监造处专业管理和指导。6月29日，根据《关于调整各驻段验收室机构编制的通知》（劳卫编〔2015〕90号），将安全监管办各驻段验收室的机构编制整建制调整到相关驻在段，按驻在段内设生产机构管理，干部配备级别不变。

第二节　验收标准

一、机车验收程序标准

1996年，机车验收标准沿用《东风4型内燃机车验收程序标准》（Q/SYT332-95）。1999年，部驻沈阳铁路局机车验收室转发铁道部机务局下发的《主型内、电机车新造、大修标准化验收作业程序》。2003年，部驻沈阳铁路局机车验收室转发铁道部机务局装备部下发的《主型内燃机车中修标准化验收作业程序》。

2007年3月30日，部驻沈阳铁路局机车验收室下发了《关于公布〈内燃、电力机车中修验收范围（试行）〉的通知》（机验〔2007〕14号）。2008年，部驻沈阳铁路局机车验收室对《东风4型内燃机车验收程序标准》《机车验收工作标准》《机车配件产品（大修、专业化集中修）验收标准》《机车验收管理标准》等验收标准进行修订和完善。

2009年，为落实铁道部《关于印发铁路机车验收技术规定的通知》（铁运〔2008〕229号），部驻沈阳铁路局机车验收室组织各机务段、配件厂及驻段（厂）验收室，根据工作实际，突出安全关键部件及安全关键验收项目的质量监控，调整了各验收岗位和职责，组织编写了《铁路机车产品作业指导书》（试行），机车验收工作逐步向按作业指导书进行验收方式过渡。

2010年，部驻沈阳局机车验收室下发了《关于公布运用机车重要部件落修或更换管理办法（试行）的通知》（机验〔2010〕44号），运用机车落修或更换轮对或牵引电动机、牵引杆装置、轮对空心轴传动装置空心轴套或六连杆、受电弓、单元制动器等重要部件需经验收合格后方可投入运用。

二、车辆验收标准

车辆验收以国家或部颁质量法规、标准、设计图纸、规范、有关技术条件（规章、规则、细则）、合同、标书以及铁道部的有关部令指示为依据，采用全数验收、抽样验收和复查验收三种形式，对修造车和车辆零部件及原材料进行质量验收。1999年，铁道部公布了《铁路车辆产品质量监督验收范围》；2002年，公布了《铁路车辆零部件和原材料质量监督验收范围》；2003年，公布了《铁道车辆重要配件定点验收目录》；2006年，公布了《铁路车辆重要零部件生产资质管理目录(货车部分)》《铁路车辆产品质量监督验收范围》等，车辆验收范围包括了所有装用在进入国有铁路营业线运行的铁路车辆上的车辆零部件和主要原材料。

2010年，部驻沈阳铁路局车辆验收室组织各驻段（厂）验收室编制了产品验收作业指导书，规定车辆验收人员实施全数或抽样验收，严格签发车辆产品验收合格证和新造（检修）车辆竣工验收移交记录。

三、机车车辆验收标准

2011年，以安全监管办机辆验收室名义统一编制并下发了机车、车辆、供电及工务机械车年修验收作业指导书（试行稿），对安全关键部件、安全关键验收项目及"八防"项点等验收范围、验收项点、验收质量要求、验收方法进行了明确。2013年，机辆验收室结合沈阳铁路局检修和验收工作实际，组织有关人员对原机车验收作业指导书进行了补充、完善及修订，于8月1日下发了《关于下发机车验收作业指导书（试行）的通知》（机辆验收电〔2013〕38号）。修订后的指导书，包括"总述""中修机车""小辅修机车""段修机车配件""落修或更换机车重要部件""机车重要件入库""定点机车产品""内燃机车局做大修"等验收作业指导书八篇。指导书以"机车安全关键部件""安全关键验收项目"为主线，对验收目的、宗旨、范围、职责与权限、依据与原则及验收作业项点、方式和方法等进行了明确，同时涵盖了对承制单位的质量管理体系的监督评审内容，并且做到了图文并茂。

2014年，机辆验收室组织对机车、车辆验收作业指导书进行了修订和补充，共修订了210处，包括增加了特殊放行依据、纠正措施，增加了和谐机车部分配件验收作业指导书，对部分涉及"八防"配件由抽验提升为全数验收方式，对部分配件验收项点、技术参数等进行了修订，并汇编印刷为《沈阳铁路验收作业指导书》。同年末，组织编制了和谐机车二年检和动车三级修验收作业指导书（试用稿）。

2015年，根据《中国铁路总公司关于公布和谐型交流传动机车修程修制改革方案的通知》（铁总运〔2015〕30号）文件要求，对和谐系列机车验收作业指导书（C1~C5）及动车三级修验收作业指导书进行了修订和完善。

第三节　验收管理制度

一、机车验收工作制度

1996年，沿用1992年5月5日发布的《机车验收工作标准》（Q/SYT306-92），内容包括部驻局机车验收室工作标准、部驻局机车验收室主任工作标准、部驻局机车验收室工程师工作标准（蒸汽、内燃专职）、部驻局机车验收室工程师工作标准（配件专职）、局驻机务段验收室工作标准、局驻机务段验收室工作标准、局驻机务段验收室验收员工作标准、局驻配件厂验收室工作标准、局驻配件厂验收室主任工作标准、局驻配件厂验收员工作标准。1992年7月10日发布的《机车验收管理标准》（Q/SYT317-92），内容包括局驻机务段、配件厂验收室资料、印鉴管理标准，文件、电报、资料管理，计划、总结、报表管理，原始记录、印鉴管理；机车验收监测试验工艺装备标准，包括局驻机务段验收员必备监测工具、局驻机务段验收室必备监测工具、局驻配件厂验收室必备监测工具、蒸汽机务段检测试验工艺装备标准、内燃机务段检测试验工艺装备标准；局驻机务段、配件厂验收室制度，包括学习制度、生活会议制度、请示汇报制度、质量信息反馈制度、质量分析制度、验收员考核制度、段（厂）验联系会议制度、合字验收制度；机车验收人员职务规范，包括部驻局机车验收室主任职务规范，部驻局机车验收室工程师职务规范，局驻机务段、配件厂验收室主任职务规范，局驻机务段、配件厂验收室验收员职务规范。

2002年，制定并下发了《关于印发"沈阳铁路局机车重要件验收管理实施办法"的通知》2003年，制定并下发了《机车验收工作标准》（Q\SYT306—2003），替代了Q\SYT(306.1—306.10)1992。内容包括机车验收工作标准、机车配件产品（大修、专业化集中修）验收标准。本标准删除了蒸汽机车部分内容，增加了电力机车部分内容。2005年，制定并下发了《2005年下半年及2006年上半年沈局机务验收重点工作安排》《关于公布"沈阳局机务验收标准表簿帐册"的通知》《机车（配件）验收人员机车质量考核管理办法》《机车（配件）验收人员考核管理办法》（沈铁机函〔2005〕493号）等验收有关文件。

2006年，制定并下发了《2006年沈局机务验收重点工作安排》《转发铁道部运输局关于标准化验收室加星、达标的通知》《牵引供电验收工作暂行办法》等验收有关文件和电报。2007年，制定并下发了《2007年沈局机务验收重点工作安排》《关于贯彻落实2007年全路机车验收工作会议精神的通知》等验收有关文件和电报；对原《机车（配件）验收人员机车质量考核管理办法》进行修改和完善，制定并下发了《机车（配件）验收人员机车和配件工作质量考核管理办法》；对既有的内燃、电力机车中修验收范围进行修改和完善，制定并下发了《内燃、电力机车中修验收范围（试行）》；根据《铁路牵引供电验收工作规定（试行）》文件精神，部驻沈阳局机车验收室及时组织制定了《沈阳铁路局牵引供电验收工作实施细则》《牵引供电工程验收程序》，"验收流程图"和《牵引供电工程验收标准》；建立了9种基础管理制度和15种验收管理记录；编写制定了牵引供电和工务轨道车大修验收范围和程序标准。2008年，制定了《2008年沈局机务验收重点工作安排》；转发了《牵引供电工程验收作业程序标准》等验收有关文件和电报。2009年，制定并下发（转发）了铁道部关于印发《全面加强铁路机车车辆验收工作的若干规定》的通知、《2009年沈局机务验收重点工作安排》《关于转发铁道部运输局标准化验收室达标加星的通知》、转发铁道部运输局关于印发《铁路机车车辆验收系统印章管理办法》的通知、转发铁道部运输局关于印发《〈铁路机车车辆产品验收合格证〉管理办法》的通知、《关于公布机车验收系统印章管理办法及启用新印章的通知》《关于继续深入宣传贯彻〈铁路机车验收技术规定〉的通知》《关于对机车制动系统重要件进行整顿的通知》《转发铁道部"关于对机车质量专

项检查发现的问题进行整改"的通知》等验收有关文件和电报。2010年，《转发铁道部运输局关于印发〈铁路机车车辆验收机构及验收人员业绩评价考核办法（试行）〉的通知》；转发了辆验〔2010〕54号文件，对机车车辆验收人员职业道德规范及各级验收机构主任廉洁从政行为规范进行了明确。

二、车辆验收工作制度

1996年，执行铁道部车辆验收室1987年下发《铁道部驻局、厂车辆验收室考核评比办法》。对车辆验收机构和验收人员的奖惩考核，实行逐级负责制。采取对验收机构考核评比与对验收人员奖惩考核相结合的方法加强对车辆验收系统的监督考核，对验收机构的考核评比进行评分排序，对验收人员的奖惩考核直接与个人工资奖金收入挂钩，加大对各级验收机构主任的考核力度，强化责任追究，树立质量责任风险意识。

2004年，开发了验收管理信息系统（YMIS）。2005年6月1日，验收管理信息系统（YMIS1.0）在各驻段（厂）验收工作中正式投入使用，实现了铁路车辆验收工作的综合管理、故障统计、文件管理、重要零部件生产资质管理、人事管理、办公邮件等各项管理工作的计算机管理网络化、信息化、无纸化；同年12月，根据《铁路车辆重要零部件生产资质管理办法》，铁道部对铁路车辆重要零部件实行生产资质审核认证管理，通过国家强制认证（CCC认证）和中铁铁路产品认证（CRCC认证）的零部件，可视为通过生产资质审核认证。

2006年，转发了《铁道部驻厂（公司）车辆验收人员奖惩考核暨标准化车辆验收室考核评比办法（试行）》，提出车辆验收机构和验收人员的奖惩考核，实行逐级负责制，强化责任追究，树立质量责任风险意识要求。9月16日，下发了《铁路车辆重要零部件生产资质管理目录（货车部分）》，并实行动态管理。2009年，实现了YMIS2.0升级，验收月报、专题报告、验收日报、工作计划、工作总结、厂验会议等项目得到补充和优化；转发了《全面加强铁路机车车辆验收工作的若干规定》（铁运〔2009〕161号）文件，从验收行为规范、验收工作管理、验收责任

追究等方面，对验收工作进行规定。2009年11月—2010年8月，组织相关验收室对会同企业对铁路车辆产品缺陷（包括新造和检修）进行了识别，并按致命缺陷、严重缺陷、一般缺陷三个等级进行分类，统一了车辆产品缺陷名称及分级分类标准，初步建立了铁路车辆产品缺陷数据库。2010年，发布了《铁路机车车辆验收机构及验收人员业绩评价考核办法（试行）》，对驻段（厂）验收室的管理工作评价从工作质量、贯彻执行、组织领导、管理指导、监督考核、沟通反馈、协调服务等七个方面进行检查和综合评价，作为标准化验收室和先进验收人员考核评选的主要依据；转发了《铁路机车车辆验收人员职业道德规范及各级验收机构主任廉洁从政行为规范》，颁布了《铁路机车车辆产品造修企业质量保证能力审核评价办法》，主要从质量管理体系、实物质量和质量业绩三个方面按照相关标准对企业质量保证能力进行检查评价，制定并下发了《铁路客车零部件资质管理办法》《铁路货车零部件资质管理办法》，规定铁路客、货车零部件和原材料的生产资质实行分级管理：关键零部件实行推荐、资质认证管理，重要零部件实行推荐、认可管理，一般零部件实行备案管理。

三、机车车辆整合后的验收

2011年，机辆验收室制定并下发《关于下发验收系统基本管理制度的通知》，对文电（资料）、印章、办公设备和检测工量具管理，主任检查巡视、人员培训、会议、总结、质量信息反馈制度及验收人员廉洁从政行为规范等进行了明确；为加强驻段验收工作的规范管理和验收系统的队伍建设，建立科学、完善的业绩评价考核机制，提高验收服务质量，制定下发了《安全监管办驻段（厂）验收室及验收人员业绩评价考核实施细则（试行）》；以规范验收行为，强化验收基础管理，提高验收人员素质，创新验收方法等为主要内容，印发了《沈铁安全监管办机辆验收室2011年度验收重点工作》的通知；为吸取"7·23"铁路交通特别重大事故教训，按照部、局开展安全大检查活动的整体部署，结合铁道部运输局《关于在全路机车车辆验收系统开展"安全生产大检查"的通知》要求，机辆验收室组织各驻货车段验收室副主任组成审核评价组，

对铁路局货车车辆段和中国石油天然气股份有限公司吉林石化分公司仓储部车辆检修质量保证能力进行首次现场审核评价，对产品实物质量进行了检查，检查后下发了《关于公布对沈阳铁路局货车车辆段质量保证能力审核评价的通知》；编制下发了验收系统防止客车事故和严重客车险情问题具体措施。

2012年，经苏家屯机务段、吉林配件厂提出复审申请，沈阳铁路局机务处和机辆验收室共同组织有关机务段、配件厂专业技术人员，先后对苏家屯机务段车轮大修、沈阳铁路局吉林配件厂电机大修等检修过程及质量保证体系的软、硬件进行了检查，并认定：沈阳铁路局苏家屯机务段车轮大修厂轮对、沈阳铁路局吉林配件厂电机大修产品，技术依据比较充分，生产条件可以满足轮对、电机大修的需要，并下发《恢复苏家屯机务段轮对、吉配电机大修验收工作的报告》；为落实盛部长提出"再接再厉、争创一流"的指示精神，扎实开展"立标树型"活动，实现打翻身仗的要求，验收部门围绕全局"站排头、争一流"的"六大目标"，本着服务大局、监督控制、以质量保安全的原则，结合验收实际情况，确定验收部门作业素质、作用结果、作风验纪争一流的奋斗目标，制定并下发了《关于印发验收部门"全路争一流，全局站排头"工作实施方案的通知》，转发了铁道部运输局关于印发《机务系统安全风险管理实施意见》的通知及铁道部运输局关于印发《供电安全风险管理实施意见》的通知，分岗位编制了验收风险管理手册。

2013年，为做好2013年验收工作，制定并下发了《沈铁安全监管办机辆验收室关于做好2013年验收工作的通知》，突出廉政、素质、管理、业绩、信息、队伍等，着力抓好规范验风验纪、规范作业标准、提高自控能力、规范作业流程、理顺沟通渠道、确保作业质量和效率等六方面工作，实现"四杜绝"；制定了《关于做好车辆验收常态化工作规范的要求》；为履行"质量监督、技术认可、合格确认"的验收职责，加强机车配件验收工作，控制机车检修源头质量，制定了《机车配件验收管理细化办法》，明确了机车重要件入库、段修机车配件、机车重要件定点等验收办法；制定并下发了验收人员能力鉴定考

评及验收人员业务考试方案，并明确了机车验收所需记录、表薄及填记要求等有关验收文件、电报和通知等；围绕"两清、三保、四满意"组织验收员开展了群众路线实践活动。

2014年，制定并下发了《关于做好2014年验收工作的通知》，突出夯实基础建设、激发内在动力、确保行车设备安全、提升验收整体水平、共筑安全屏障等内容，提出了"七杜绝"，奋斗目标，即：杜绝轮对组装错误和超限、杜绝走行部关键配件漏探、杜绝易脱落部件漏装错装、杜绝制动零部件漏检漏修、杜绝电器系统绝缘不达标、杜绝重要件无合格证装车、杜绝验收员责任伤害事故；为规范验收管理，先后组织编发了验收工作管理细则、验收作业指导书、验收工作季度检查考评标准及验收员早复检假设管理办法；为强化安全生产意识，深入推进安全风险管理，确保铁路安全持续稳定，杜绝机车、车辆"带病"运行和发生人身伤害及责任质量事故，结合验收现场作业实际，将安全防护设备性能不达标、走行部关键部件漏装错装、制动装置关键件漏检漏修、需探伤配件未探伤无标识、电气设备或线路绝缘不良、轮对轴承选配或组装错误、施防火措施不落实、机车或车辆未修竣、重要配件无合格证装车、作业环境危及人身安全等十项内容列为拒验项点。

2015年，围绕质量年活动，验收部门以确保行车安全为根本，以落实作业标准为手段，以交验产品质量可靠为目标，突出"研判风险、规范行为、注重能力提升、当好参谋、抓廉政"等五个方面内容，规划了"十杜绝"和"一干净"的工作目标，制定并下发了《关于做好2015年验收工作的通知》；突出动车三级修及车辆厂、段修，下发了《沈阳铁路局关于加强动车组三级修验收工作的通知》和《关于加强机车车辆厂、段修质量控制的通知》；为规范路外单位机车过轨管理，防止发生行车安全问题，对过轨机车鉴定人员、技术条件、属地鉴定及检修、电报传递等予以明确，下发了《关于进一步加强路外单位机车过轨管理的补充规定》；补充、完善了动车、和谐机车及轨道车大修验收范围和作业指导书，明确了验收员亲自测量项点、需验收员签印记录和重要零部件存储期限规定；组织制定了《机

车、车辆及动车交验红线管理办法》，凡触碰"验收人身安全得不到保证、未经验收配件装车、特殊岗位人员无证上岗作业、走行及制动关键部件漏检漏修"等红线行为，一律进行返工或责令停产整顿处理。

第四节　设备验收

验收系统秉承严谨、公正、求实，坚持标准，认真履行质量监督、技术认可和合格确认的职能作用，在提升机车、车辆质量，保运输秩序等方面发挥了作用。

一、机车验收

所有的机车、配件检修落成时，都由机车验收人员做最后的验收，确保机车质量的逐年提升。20年以来，共验收机车186639台，包括蒸汽机车（1996年—2001年）、内燃机车（1996年以后）、电力机车（2003年以后）及和谐机车（2010年以后）；验收机车大部件及监控电机、轮对等重要件落修263308件。

2010—2015年机车验收数量统计表

表2-11-1

年度	大修机车（段做）	中修机车	小辅修机车	重要件落修
2010	26	400	6453	13998
2011	15	300	6200	2726
2012	20	300	7585	2792
2013	22	336	8242	2437
2014	24	184	7657	2393
2015	6	337	5360	2411

二、车辆验收

所有的车辆、配件检修落成时，都由车辆验收人员做最后的验收，促进了沈阳铁路局车辆系统车辆质量的逐年提升。验收车辆104825辆，包括货车和客车；验收三级修CRH5A型动车组动5组及CRH380BL动车组齿轮箱13组（2015年以后）；试验收年修工务机械车533台（2011年以后）。

1996—2009年机车验收数量统计表

表2-11-2

年份	蒸汽机车（台）		内燃机车（台）		电力机车（台）		大部件（件）
	架修	洗修	中修	小辅修	中修	小辅修	
1996	570	8338	385	6368	–	–	27274
1997	499	6520	416	6046	–	–	24325
1998	351	4447	490	4567	–	–	21513
1999	229	2899	588	7373	–	–	20432
2000	161	2232	626	8426	–	–	16773
2001	113	1515	551	9646	–	–	16847
2002	–	–	586	9506			15048
2003	–	–	494	8128	10	1697	14520
2004	–	–	489	7678	94	1892	15491
2005	–	–	560	4047	103	1547	18319
2006	–	–	394	6803	30	1896	12027
2007	–	–	374	6528	34	1276	11851
2008	–	–	305	7125	59	1175	11307
2009	–	–	243	5068	76	1599	10824

1996—2015年车辆验收数量统计表

表2-11-3

年份	货车验收（辆）				客车验收（辆）	
	段修	辅修	临修	入段厂修	厂修	段修
1996	52309	67543	35548	–	369	1513
1997	52261	74008	28036	–	402	1713
1998	52285	70776	31972	–	400	1613
1999	51002	90565	55076	–	395	1887
2000	51007	85798	57976	–	384	1883
2001	51772	57738	61722	–	373	1721
2002	51516	58033	68258	–	425	1830
2003	49200	56412	87527	–	368	1775
2004	49212	55394	88628	–	473	1812
2005	48282	55008	120143	1543	422	1871
2006	46901	45736	86555	842	510	1831
2007	37741	32000	63218	1038	526	1843
2008	34776	19926	79183	376	508	1729
2009	41243	11852	70051	1398	418	1641
2010	43104	2546	72403	1798	561	1500
2011	42002	957	65327	2220	548	1802
2012	42800	548	49423	2423	634	1879
2013	220	2167	57045	1856	592	2185
2014	37411	9	58782	1778	507	1900
2015	33606	10	67725		–	2177(不包括三级修动车5组)

第五节 设备监造

2014年12月，根据《中国铁路总公司关于调整铁路机车车辆验收管理体制的通知》（铁总劳卫〔2014〕318号）、《沈阳铁路局关于设立局设备监造处和各区域监造项目部的通知》（沈铁劳卫〔2014〕378号），铁路设备制造、大修的质量监督由实施验收制度调整为实施监造制度，在沈阳铁路局设立设备监造处并在长春车辆厂、沈阳车辆厂、大连车辆厂、大连机车厂下设监造项目部，同年12月15日正式成立，定编66人。

铁路局承担铁路设备监造履职责任，根据采购合同向相关企业派出监造队伍开展监造工作。设备监造处为铁路局职能管理机构，是在铁路总公司和铁路局等单位设备采购、维修合同的执行过程中，代表买方依据合同和规定的监造范围，对铁路设备造修企业执行技术标准实施监督的执行机构。各区域监造项目部为铁路局派出机构，承担管辖区域内机车、车辆制造、大修质量和机车车辆配件质量的具体监造工作。监造人员是铁路局根据合同规定派出的买方监造代表，是按照规定的监造范围对产品质量和生产过程进行监督的技术队伍，对铁路局负责。监造项目部业务上接受铁路局设备监造处专业管理和指导。

监造工作的范围包括：铁路总公司、铁路局及国铁控股合资企业所采购的新造及委托路外单位维修（大修）的铁路机车车辆装备整车及重要零部件；委托国铁运输管理的国铁非控股合资企业所采购的新造及委托路外单位维修（大修）的铁路机车车辆装备整车及重要零部件；进入国铁路网过轨运行的路外企业自备机车车辆及重要零部件；国铁控股合资企业、国铁非控股合资企业、路外企业委托实施监造的，按照相关约定办理。

设备监造处及监造项目部正职按正处级干部配备、副职按副处级干部配备；监造项目部监造代表按正科级或副科级干部配备。

2015年，各监造项目部共接收落成新造和修理机车273台，新造动车组107列，检修动车组92列，检修客车927辆，货车新造790辆，货车检修9730辆，各种新造机车车辆重要零部件19836480套（件）。

2002年，全路第一条客运专线——秦沈客运专线开通，国产动车组"中华之星"在秦沈客运专线投入试运行，标志着中国铁路动车组时代的开端（选自2003《沈阳铁路局年鉴》）

第三篇　运输经营

沈阳铁路局注重运输安全质量，强化管理，改革创新，确保运输任务目标的实现与经营效益的提高。1996年至2005年，始终坚持合理配置运力资源，扩大运能运力，增加客货列车对数，提高列车速度和载重，努力实现运输效能、效益最大化；不断拓展客运市场，调整优化客车开行结构，增加"夕发朝至"和直通客车的比例，提高旅客列车速度，车站服务开展"达标活动"，推进售票服务微机系统建设，实现联网售票，加快行包服务网点建设，提高服务质量；加强货运组织，调整货运产品结构，开展集装箱、冷藏、快运和多式联运，请求车、制票、货运信息实行微机化管理，提升货运营销能力，改革货运计划受理、审批流程，为用户提供方便、快捷的服务。在搞好运输经营工作的同时，广泛开展以"四查、两抓、两整顿、一确保"为主要内容的安全攻坚，促进安全管理，整治设备管理，加强科技攻关，确保运输安全。2006年至2012年，沈阳铁路局充分发挥路网整体功能，加快运输结构调整，用足用好提速后的新增运输能力；优化调整车流径路与运力资源，挖潜提效，实现运输效率和效益持续稳定增长。全面实施以强化干部管理责任落实、实现基本规章制度落实和安全生产过程控制，构建安全风险防控体系，坚持大力推进"安全管理规范化、现场作业标准化、检查整治常态化"，确保了安全生产形势的基本稳定。坚持"以服务为宗旨，待旅客如亲人"的理念，把安全出行、方便出行、温馨出行作为常态化目标；不断提高服务标准，以提速调图为契机，增开动车组列车，优化直通列车和管内客车；优化列车始发、终到和站停时间，压缩旅行时间，合理安排春运、暑运、国庆等客流高峰期间客运能力，不断完善客运营销措施，拓宽售票渠道，采取互联网等多种方式售票，增强客运服务现代化水平。以开发市场为导向，满足运输市场需求，创建货运品牌，提高货运核心竞争能力和运输市场占有率。通过全面实行货运组织改革，开拓了铁路运输组织管理与运输经营工作新的发展前景。

20年来，沈阳铁路局运输经营工作在艰难中奋进，在行业竞争激烈的情况下，主要运输指标仍然有较大增幅。2015年与1996年相比，日均装车增长27.8%、日均卸车增长25.9%、货物周转量增长9%、旅客平均行程增长82.1%、旅客周转量增长136.4%、换算周转量增长33%，运输收入增长近5.5倍。

第一章　运输组织

沈阳铁路局运输组织工作坚持把提高运输组织指挥的效率和效益，贯穿于整个运输组织指挥过程，不断提高运输能力。1996年至2005年，铁路局运输组织工作，以提速和调整运输产品结构为手段，扩大运能，增加客货列车对数，提高列车速度和重量，强化日班计划编制质量，强化调度集中统一指挥，严格装车纪律和排空纪律，确保重点物资运输，合理调整车流径路，优化编组区段站分工，加强车流组织，大力组织直达运输，加速车流周转，使全局车流径路科学、合理、顺畅。2005年，铁路局实施优化运输组织体系，优化运力资源配置机制和重点运输保证机制；科学匹配干线能力和车流量，提升主要通道运输能力；优化货流车流组织和编组站分工，科学编制货物列车编组计划，提高直达列车开行比重。2006年至2013年，铁路局加快运输结构调整，优化调整车流径路。在京哈干线坚持"以客为主、以货为辅"的原则，货运向两翼平行线路分流，以霍林河为万吨列车装车基地，以通辽为万吨列车组织基地，开行万吨重载和组合列车；深化"一主两翼"，分区域调整能力，全面普及重载运输，加强运输组织，大力压缩中、停时，增加卸空车，加速车辆周转；调整疏港运力，调整车流组织结构，优化通霍运输组织流程，强化配空保障和装车组织；实施"三大战略"，利用哈大高铁释放的既有线运输能力，拉动运输提高运量。2013年至2015年，铁路局深化运输组织改革，不断提高运输效率和效益，优化装车组织，压缩中时、停时，全面提高运输组织效率，实现运力动态化管理，实施"稳黑增白"战略，巩固扩大货运改革成果，增加运输量。2015年，全局装车日均13132辆，比1996年提高27.8%；卸车日均15593辆，比1996年提高26.6%；货物周转量日均180565百万吨公里,比1996年提高8.9%。

第一节　运输系统概况

一、运输处

沈阳铁路局运输组织的管理机构为运输处。1996年，运输处设运输分析科、车站管理室、技术设备科、货运工作科、货运计划科、自备车管理办公室。运输处是运输系统技术业务主管部门，负责编制列车运行图、货物列车编组计划和月度生产经营计划、运输方案并组织实施；负责与地方政府和重点企业的沟通协调及自备车和专用铁道管理。

1999年8月，铁路局撤销运输处，成立车务处。车务处是车务系统的技术业务主管部门，负责规章、文电管理、局定补充细则、办法的制定和解释，分级受理审批直属站《站细》、办理车站客、货运业务变更的审批及呈报；负责管理行车、客、货、装设备履历簿及站管设备的用、管、修工作。

2003年7月，路局撤销车务处、成立运输处，处内设总调度室、技术设备科、车站管理科、货运计划科、货运工作科、统计分析科、专运办公室、自备车专用铁道管理办公室。

2007年，运输处设运输分析科、车站管理科、技术设备科、货运营销计划科、货运工作科、自备车管理科，定员62人，现员63人，其中：处长1个、副处长3人、总工程师1人、处长助理1人，工作人员58人。

2013年6月，运输处货工、货计、企业自备车、运输统计分析全部职能及相关人员划入局营销处，撤销运输处货运工作科、货运营销计划科、自备车管理办公室和运输分析科，运输处设车站管理科、高铁管理科、安全信息科、技术设备科、施工计划科、综合科6个科室，定员40人，现员38人，其中：处长1人、副处长5人、总工程师1人，工作人员31人。运输处职能职责进行调整，主要负责车务部门规章管理，制定相关行车组织办法、作业标准；参与《行规》、高铁作业办法编制、修改；审批特、一等站《站细》，监督检查各项规章执行情况；负责车务站段专业管理等。

2014年，运输处设车站管理科、技术设备科、施工计划科、高铁管理科、安全信息科、综合科，定员40人，现员39人，其中：处长1人、副处长3人，工作人员35人，运输处下设车务设备维修所，定员32人，现员22人。

2015年5月，撤销运输处下设车务设备维修所，划归局科研所管理。

二、分局运输分处

1996年，10个铁路分局均设有运输分处。1999年1月，丹东铁路分局撤销，并入沈阳铁路分局，铁路局有9个运输分处。2000年9月，分局机关机构进行改革，撤销运输分处，成立车务分处；同年12月，白城铁路分局、图们铁路分局撤销，并入长春分局，铁路局有7个运输分处。

2005年3月，铁路分局与运输分处一并撤销。

三、车站

1996年，沈阳铁路局共设有车站881个，按等级分特等站5个（长春、沈阳、沈阳西、苏家屯、山海关），一等站24个，二等站40个，三等站141个，四等站575个，五等站96个，设有49个车务段；按技术作业分编组站7个，区段站61个。1998年，铁路局设有车站870个，按等级分特等站5个（长春、沈阳、沈阳西、沈阳南、山海关），一等站23个，二等站41个，三等站144个，四等站566个，五等站91个；国境站3个；按技术作业分编组站7个，区段站61个。

2000年，铁路局设有车站868个，按等级分特等站5个(长春、沈阳、沈阳南、沈阳西、山海关)、一等站23个、二等站40个、三等站143个、四等站567个、五等站90个；按技术作业分编组站7个、区段站61个。2001年，铁路局设有车站864个，按等级分特等站5个（长春、沈阳、沈阳南、沈阳西、山海关)、一等站24个、二等站39个、三等站143个、四等站565个、五等站88个；按技术作业分编组站7个、区段站62个。2003年，铁路局设有车站739个，按等级分特等站5个(长春、沈阳、沈阳南、沈阳西、山海关)、一等站24个、二等站42个、三等站145个、四等站466个、五等站40个、其它17个；按技术作业分：编组站9个、区段站16个、中间站697个、线路所17个。2006年，铁路局设有车站737个，按等级分特等站5个(长春、沈阳、沈阳南、沈阳西、山海关)、一等站23个、二等站44个、三等站143个、四等站467个、五等站44个、线路所11个。

2010年，铁路局设有车站642个，按等级分特等站5个(长春、沈阳、苏家屯、沈阳西、山海关)、一等站8个、二等站48个、三等站110个、四等站441个、五等站20个、线路所10个；委管合资及地方铁路37个，其中，三等站2个、四等站29个、五等站6个。2012年，铁路局设有车站676个，按等级分特等站5个(长春、沈阳、苏家屯、沈阳西、山海关)、一等站8个、二等站58个、三等站122个、四等站448个、五等站21个、线路所14个；委管合资及地方铁路46个，其中，三等站2个、四等站38个、五等站6个。

2014年，铁路局设有国铁车站679个，按等级分特等站5个(长春、沈阳、苏家屯、沈阳西、山海关)、一等站9个、二等站84个、三等站116个、四等站433个、五等站18个、线路所14个；委管合资及地方铁路58个。

2015年，沈阳铁路局车站768个，按等级分特等站5个(长春、沈阳、苏家屯、沈阳西、山海关)、一等站9个、二等站89个、三等站150个、四等站469个、五等站26个、线路所20个。

第二节　列车编组计划

一、货物列车编组计划

1996年，沈阳铁路局货物列车编组计划实施优化调整，重点打通铁路局间及各分局间分界口限制，大力组织直达运输，尤其是组织远程入关快运直达，共开行1466列。1997年，铁路局实行新的货物列车编组计划，增加"五定"班列新产品，"五定"班列运行线为两用线，班列开行时，使用班列车次，不开行时可开行图定基本列车，新图安排开行五定班列7列。山海关至沈阳西间安排开行4对重载列车，牵引定数5000吨，列车换长83.0，由DF4型机车双机牵引。调整条子河口能力与新图相适应，四平—郑家屯间下行牵引定数由2700吨提高到3100吨，使直通车与京通线牵引定数得到统一避免了增减轴作业。提高沈山、长大两大"生命线"的通过能力，最大限度地满足全局多接重、多装车、多创效益的需要，在日常运输组织中侧重搞好能力制约点—开原口这个咽喉部位的畅通。

1998年，沈阳铁路局新图增开快运行包专列3列，广州至丰台至沈阳行包专线X15/X16次、莱洲至沈阳X215/216次、垦山门至沈阳X 235/236次，并查定"五定班列"和集装箱及重载列车运行线，"五定班列"6列。2001年，铁路局新图沈山线首次开行重载列车，铺画重载列车运行线12对，"五定班列"14列，确保向哈尔滨局排车，陶赖昭口下行开行空敞大列8列，当年哈大电气化铁路开通，货物列车牵引定数提高到5000吨，陶赖昭口货物列车由46对减为42对。

2003年，沈阳铁路局调整编组计划2次，第一次调整组号6个，调整内容为:金州—哈尔滨南增开空敞车直达86021、86025次，金州—沈阳南技术直达编组内容改为沈阳南及其以远(含空车不分组)，沈阳南—哈尔滨南增开空敞车直达86017次，沈阳南—山海关间技术直达组号取消，沈阳南站增开鲅鱼圈技术直达，鲅鱼圈站组织开行沈阳南站以远始发直达，上下行牵引定数均为4000吨。第二次调整内容为:打破大石桥、郑家屯节点界限，区段、摘挂列车全部延长，针对沈阳南产生到大石桥—金州间区段车流较大的情况，增开4列大区段。对辽南、辽北、大郑线及相关车站的区段、摘挂列车编组内容重新进行规定。取消部分区段、直通列车：大连北、金州、瓦房店—大石桥间，沈阳南、辽阳、灵山—大石桥间，通辽—赤峰间区段列车取消。延长部分区段、摘挂列车：通辽—郑家屯间区段列车延长至通辽—四平间运行；四平—郑家屯间区段列车延长至四平—大安北间运行；沈阳南、辽阳、灵山一大石桥间现图4对摘挂列车，其中2对延长至营口，2对延长至金州；沈阳西—大虎山、锦州—大虎山间摘挂列车，延长至沈阳西—锦州间运行；通辽—郑家屯间、四平—郑家屯间、白城—郑家屯间摘挂列车延长至通辽—四平间、白城—四平间运行；四平—通辽、四平—大安北间增加直通列车组号。

2004年，沈阳铁路局调整列车运行图：山海关口增加货物列车4对、四平口增加货物列车13对、兰棱口增加货物列车1对、沈大线大石桥口增加货物列车10对，大幅度提高主要干线客货运输能力。调图中规定运行距离超过800公里及其以上的为远程技术直达列车，安排远程技术直达列车6个组号计29列；通霍线开行百辆空敞大列及5000吨重载列车，空敞大列安排运行线7条，5000吨重载列车安排运行线12条。安排始发直达列车97个组号84.3列，较现图增加65个组号42.6列；技术直达列车（含远程直达列车）23个组号114列，直达比重达到57.7%；"五定班列"17列，其中跨局4列，管内5对；弱化大虎山、郑家屯、太平川、新立屯站，全部取消其货物列车编组组号。2006年，铁路局货物列车编组计划进行了6次优化调整，新增39个始发直达组号，5个技术直达列车组号。针对6个编组站制定11个备用方案。新增始发直达列车全部开行时，每日可减少沈阳西、长春北等9个编组站、15个区段站的70列次改编作业。调整长大干线技术站分工，结合长春地区运输组织结构调整，取消长春北站各方向到、发的技术直达、直通、区段及摘挂列车组号，哈尔滨南与四平间、棋盘与四平间互开直通列车。

2007年，铁路局根据机车交路和列检布局调整、货流、车流特点和管内编组、区段站能力利用情况以及货运市场需求，合理调整车流径路，着力开发远程直达列车、始发直达列车和阶梯直达列车，不断扩大循环车组开行范围。对日均达到20辆以上的点到点车流安排始发直达115列，"五定班列"10列，安排本溪至鲅鱼圈等循环车组11个组号29列，增加长春北、四平至金州的技术直达列车14列，新图共安排始发直达列车100个组号115列。保留货流相对稳定、兑现率较高的"五定班列"运行线，进一步优化货运五定班列开行方案，新图共安排货运五定班列10列。根据车流流向和流量，积极组织开行运行距离800公里及其以上、跨越多个编组站的远程技术直达列车，新图共安排远程技术直达列车7个编组号43列。开行空敞大列及超长重载列车，通辽（双泡子）至霍林河间空敞大列7列，金州至梅河口1列，沈阳西、沈阳南至长春北间具备开行条件的有2条运行线。开行超长重载列车：四平至沈阳西（南）间上行具备组合列车开行条件的运行线21条，霍林河至双泡子间安排万吨重载列车运行线7条，通辽西至泡子间上行安排重载组合列车运行线7条，叶柏寿至沈阳西、山海关各安排三机牵引5000吨重载列车运行线1条，骆驼营至山海关安排5000吨重载列车运行线1条，平庄南至沈阳西安排三机牵引5000吨重载列车运行线1条，平庄南至朝阳西安排三机牵引5000吨重载列车运行线2条，棋盘至沈阳西安排5000吨重载列车运行线3条，白山市至沈阳西（南）安排5000吨重载列车运行线2条。开行循环车组列车：本溪至鲅鱼圈重去重回循环车组1对，本溪至金州（大连北）重去空回循环车组1对，灵山至金州（大连北）重去空回循环车组2对，马林至赤峰重去空回循环车组2对，马林至元宝山重去空回循环车组2对，东富至哈达湾、吉林北重去空回循环车组各1对，石家至哈达湾重去空回循环车组2对，安平至灵山重去空回循环车组4对，歪头山至本溪重去空回循环车组5对，南芬至本溪重去空回循环车组9对，共计11个组号30对。

2009年，铁路局结合调整图实施及车流径路变化，在三间房编山海关远程直达列车车流去向范围中，增加济南、上海局车流；取消四平站编丰台西远程直达列车组号，增加山海关技术直达列车组号，增加长春北区段列车组号；长春北增加哈尔滨南空车直达组号，沈阳西、沈阳南技术直达组号，四平区段列车组号；在沈阳南至本溪湖间增加区段小运转列车组号；白城编山海关技术直达列车组号改为备用组号；增加战略装车点始发直达列车13个组号；增加江村至哈尔滨南五定班列组号。调整管内直通、区段列车组号及部分摘挂列车编组计划。特别是针对宝长联络线开通，围绕优化梅河口站运输组织结构，对沈阳西、沈阳南、棋盘、四平、通化、梅河口等站编组计划进行调整，解决沈吉经梅通的车流在梅河口走折角的问题，达到梅河口站车流拉通、机车拉通的目标。

2010年，沈阳铁路局结合调整图实施及车流径路变化，沈阳西增加武汉北远程直达组号，取消南京东远程直达组号，增开4列武汉北远程直达列车；沈阳西至济南西远程直达列车由3列增加至5列。2011年，铁路局对车流径路进行部分优化，主要变化增加沈阳东至南翔80208/7次、芜湖西至满洲里81044/3次共2列跨局直通"五定班列"。

2012年，铁路局落实全路运输工作会议关于货运产品"百千战略"的总体部署和要求，编制"百千战略"列车运行图，快运货物班列共15列，其中特快行邮2列、行包专列8列、其他快运货物班列5列，跨局直达货物班列40列，其中始发交出6列、接入终到34列、重去空回17列。

2014年，铁路局编制完成152类小品类批量快运货物远程直达列车编组计划，包括沈阳西（苏家屯）至阿拉山口、成都北、新丰镇、株洲北、南京东、郑州北、满洲里、绥芬河、三间房、让湖路西站远程技术直达列车，通辽至迎水桥、郑州北、济西、让湖路西站远程技术直达列车，山海关至阿拉山口、郑州北、济西、哈尔滨南、三间房站远程技术直达列车，四平至迎水桥、丰台西、南仓、哈尔滨南、让湖路西站远程技术直达列车，涉及5个车站24个组号，以减少沿途编组站改编作业次数。新增鲅鱼圈北至满洲里中欧班列1对、三间房至鲅鱼圈北（金港）铁水联运班列1列、哈尔滨南至鲅鱼圈北（金港）铁水联运班列1列、鲅鱼圈北至白山乡铁水联运班列1列。新增元宝山至地方、安庆沟至张百湾煤炭直达列车，开行"东北货物快运列车"，在山海关至丹东、通辽至通化及白城至图们间新增3对便民货运快车，形成"五环"开行结构，并优化调整"五环"开行结构。

2015年，沈阳铁路局货物列车编组计划4次调整。7月1日实行新的货物列车编组计划，主要变化是：哈尔滨东—黄村X210次停运；现行新港—满洲里X9302/1次中亚班列改为中欧班列，车次改为X8302/1次，运行速度由90公里/小时调整为120公里/小时；新增让湖路西—苏家屯X9506次，运行速度80公里/小时；新增白山乡—苏家屯X9510次，运行速度80公里/小时；南京东—沈阳西（哈尔滨南）普快货物班列81002/1次停运。对批量快运货物远程直达列车编组计划进行了优化，自9月10日起部分批量快运远程技术直达备用组号取消，具体为：沈阳西（苏家屯）至阿拉山口、南京东及其以远、满洲里、绥芬河、让湖路西及其以远，山海关—阿拉山口，四平—丰台西、南仓及其以远，哈尔滨南至成都北、新丰镇、南仓及其以远，三间房至向塘西、济南西及其以远，丰台西至哈尔滨南及其以远，济南西至哈尔滨南及其以远，新丰镇至沈阳西及其以远，榆次（大同）至沈阳西及其以远。全年调整图继续对货物列车编组计划进行优化，主要变化是增开中欧班列1列，长春东—满洲里（境）X8027次，运行速度120公里/小时。南仓—苏家屯X2483次延长至哈尔滨南终到，苏家屯—南仓X2404次改至哈尔滨南始发。沈丹线改线调整编组计划，为节省内燃机车使用调整列车编组，适应车站设备变化调整摘挂列车编组顺位等小范围调整编组计划7次。

二、车流调整

2007年，沈阳铁路局围绕全路第六次提速调

1996-2015沈阳铁路局货运主要指标完成统计表

表3-1-1

年份	日均装车 （辆）	同期比%	日均卸车 （辆）	同期比%	货物发送量 （万吨）	同期比%	货物周转量 （百万吨公里）	同期比%
1996	10273		12314		21336		165660	
1997	10363	0.9	12709	3.2	21487	0.7	171573	3.6
1998	9402	−9.3	11306	−11.0	19705	−8.3	148087	−13.7
1999	9493	1.0	11164	−1.3	19971	1.4	155834	5.2
2000	9599	1.1	11659	4.4	20153	0.9	160311	2.9
2001	9808	2.2	12014	3.0	20645	2.4	162633	1.4
2002	9994	1.9	12178	1.4	21124	2.3	162658	0.02
2003	10298	3.0	12604	3.5	21659	2.5	174021	7.0
2004	11135	8.1	13682	8.6	23700	9.4	198100	13.8
2005	11459	2.8	14459	5.7	24606	2.8	202351	2.1
2006	12020	4.9	15182	5.0	26003	5.7	205233	1.4
2007	13019	8.3	16389	8.0	28360	9.1	224871	9.6
2008	14753	13.3	18024	10.0	32508	13.5	316199	40.6
2009	15279	3.6	17927	−.50	33900	4.3	240937	−23.8
2010	16648	9.0	19285	7.6	36800	8.6	266172	10.5
2011	18008	8.2	20592	6.8	40400	9.8	300328	12.8
2012	17052	−5.3	19497	−5.3	38100	−5.7	282188	−6.0
2013	16829	−1.3	19010	−2.5	37700	−1.0	268550	−4.5
2014	15587	−7.4	17804	−6.3	34806	−7.7	238100	−11.3
2015	13132	−15.8	15593	−12.4	28453	−18.3	180565	−24.2

图，根据机车交路和列检布局调整，货流、车流特点和管内编组、区段站能力利用情况以及货运市场需求，合理调整车流径路，着力开发远程直达列车、始发直达列车和阶梯直达列车，不断扩大循环车组开行范围，将锦州、叶柏寿支点以北产生到"北四局"的车流改经通辽北口运输，从迂回两厢、缓解干线的角度出发，将棋盘支点产生经长春北支点运输的沈阳西及其以远重车，改经沈吉线运输。

2010年，沈阳铁路局对涉及山海关（含沈阳西、通辽）支点产生的襄樊北及其以远车流由现行经京九、石德、京广线按郑州北支点运输，改经京九、横麻线按汉西支点运输。2011，沈阳铁路局重点调整与京沪线相关的车流径路，结合跨局车流的调整，对局管内车流径路也进行部分优化，沈阳西支点原经京九线按阜阳北支点运输的重车改经京沪线按济南西支点运输。

第三节　列车运行图

一、列车运行图编制

1997年，沈阳铁路局编制第一次大提速列车运行图，新图增加客货列车对数，提高列车速度和重量。1998年，路局编制第二次大提速列车运行图，增减客货列车对数，同时对部分机车运用方式进行调整。客车数量增加，其中增开直通客车3对、增开管内5对、延长运行区段3对、纳入运行图预备线15.5对，停运、缩短运行区段各1对，净增加33.5对，增加客车机车长交路，北京至沈阳北、沈阳北至哈尔滨间长交路由4对增加到16对，分别由沈阳、长春机务段担当。重点旅客列车到开时刻符合旅客出行习惯，并且缩短旅行时间，对亏损的18条支线确定9条支线客车开行改革方案，实施开行混合列车，减编组，快慢车车体、客货机车混套，改用调车机、重型轨道车牵引，优化运行时刻等措施，达到节省机车和客车体。

2000年，铁路局编制第三次大提速列车运行图。增开大连至上海T131/2次直通客车1对、改变直通客车运行径路1对、改变直通客车等级3对、延长直通客车运行区段4对。增加管内旅客快车7对、延长管内客车运行区段3对、改变管内客车运行径路1对、改变管内客车列车等级1对。新图安排开行行包专列3对、"五定班列"10列，货物列车3528列。2001年，铁路局编制第四次大提速列车运行图。新编列车运行图增开长春至广州东T122/3、T124/1次特快列车；将大连至北京2531/2次改为特快列车，车次为T227/6、T228/5次；吉林至北京K272/1次改为特快列车，车次为T272/1次。增开沈阳北至营口6666/5次普慢列车；增加大连至沟帮子普快预备线，车次为4289/92、4291/90次；增加通辽至沈阳北普快预备线，车次为4294/5、4296/3次。停运4对，分别为长春至营口4202/1次、白城至通辽4237/8次、赤峰至沈阳预备线4278/7次、丹东至凤凰城6627/8次。新图安排开行行包专列3对。

2004年，沈阳铁路局编制第五次大提速列车运行图。新增直达特快旅客列车，车次范围为Z1—Z998次，（"Z"读为"直"）；跨局快速旅客列车车次范围变更为K1—K998次；局管内快速旅客列车车次变更为N101—N200次，（"N"读为"内"）。增开直通旅客列车3对，停运1对，提高等级1对；增开直达特快1对，长春至北京直达特快列车，车次为Z62/1次；增开快速列车2对，分别为沈阳北至成都快速列车1对，车次为K388/5、K386/7次，大连至汉口快速列车1对，车次为K369/68/69、K370/67/70次；停运1对，吉林至五常6025/6次；提高列车等级1对，吉林至宁波1368/5、1366/7次改为快速列车，车次为K78/5、K76/7次。管内旅客列车提高等级4对，分别为图们至大连4224/3次提高等级，改为快速列车，车次为N174/3次；吉林至大连4234/3次提高等级，改为快速列车，车次为N176/5次；长春至白城4243/4次提高等级，改为快速列车，车次为N103/4次；长春至姚家6609/10次改为普快，并延长至蔡家沟，车次为4243/4次。秦沈客运专线分流19对。新图安排开

行行邮专列1对，行包专列3对。

2007年，沈阳铁路局编制第六次大提速列车运行图，开行旅客列车143对，其中跨局直通58.5对，管内84.5对，开行行邮专列1对、行包专列3对。新图增开直通旅客列车12对、停运4对、提高等级2对，增开动车组10对，增开快速列车1对，增开管内旅客列车13对、提高等级8对，增开特快旅客列车5对，增开快速旅客列车4对，增开普快列车4对、提高列车等级8对。列车密度在京哈、沈山、沈大、大郑、通让、沈吉、高新等线双线通过能力利用率均达到了93%，单线均达到了85%，并将重载组合列车、百辆空敞列车等运输新产品纳入新图，10个局间分界口开行客车136对，货车235对。列车速度显著提高，客车旅行速度达到71.3公里/小时，货车旅行速度为34.4公里/小时。

二、列车运行图调整

1998年，沈阳铁路局召开调图会议12次，在管内增开临客10对。在沈阳至抚顺间增开环8次城际列车，并增加游园地点停车站，本溪至沈阳间加开城际列车2对，锦州至锦西加开城际列车4对。1999年，铁路局列车运行图调整，共修改运行图22次，其中较大调图8次，局部调图14次，增开管快1对，增快城际列车14对。

2003年，沈阳铁路局实施多次调整运行图，使管内的旅客列车开行结构、停站和到开时刻更加合理，货物列车的旅行速度普遍提高。第一次是针对撤销丹东、赤峰客车整备点，对有关客车进行了调整。因车体套用，通辽—赤峰增开K699/K700次，原沈阳北—大虎山6775/6延长到锦州，节省2组车体。第二次是针对平齐、通让、吉长等部分区段提速和改革机车交路的需要，对管内运行图进行调整。调整后平齐、通让线实行长交路节省货运机车4台，客运机车1台；吉长线货运机车在长春北立折，节省货运机车2台；平齐、通让线货车旅行速度提高5.2公里，吉长线货车旅行速度提高8.5公里。第三次是针对拆除127个中间站，对管内运行图进行调整。该次调整取消了锦州—葫芦岛、锦州—南票间摘挂列车5对，改为小运转或调度机车。第四次是秦沈分流13对客车，对沈山线运行图进行调整，将沈山线货车增加到60对。第五次针对辽南、辽

北、大郑线有关站编组计划调整和实行货物列车机车长交路，对运行图进行大面积调整。调整后，沈长段铺画直通线35对，在四平站通过，辽南除沟海线2对摘挂外，其余51对在大石桥站全部直通；中、南大郑线恢复了抽掉的5对货物列车运行线，货物列车由原在彰武站停车换班改通过，机车交路延长至山海关，北大郑线，对珠斯花至白市6对煤炭直达列车实行长交路，上行在通辽站通过；将郑家屯分界口9对列车全部改通过，机车交路延长。

2006年，沈阳铁路局管内列车运行图共进行48次调整，向秦沈线分流客车，扩充沈山干线通过能力。随着沟海电气化和盘五联络线的开通，对沈山线旅客列车先后进行5次分流，将15对旅客列车分流到秦沈线运行，改善沈山线货物列车运行条件，限制区间能力利用率由原来的92.3%下降到78.7%；优化管内旅客列车开行结构，调整沈山、叶赤、京通、长图线列车运行图，停运5对旅客列车，调整车底套用关系11对，变更客车底入库地点2对，共有25列旅客列车、116列货物列车变点；优化调整赤峰、通辽、锦州部分区段列车运行图，停运1对管内旅客列车的同时，增开3对快速旅客列车，变更2对客车的运行径路，延长1对客车的运行区段，调整47列客车的运行时刻，解决2对客车车体接续时间不足的问题，压缩3对客车的旅行时间；为把最好的时间留给施工，调整沈山线和沈兰间施工天窗，调整后沈山线施工天窗为3.3小时～3.5小时；调整通霍线列车运行图，由原图定24对列车，调整为直通列车14对、组合列车7对，相当于增加4对货物列车；调整大郑、高新线列车运行图，通辽至泡子间上行开行6列组合列车，较原列车运行图，泡子至新北间上行增加6列货车运行线。

2009年，沈阳铁路局编制和调整列车运行图53次，增开大连—北京间直达特快旅客列车1对，优化部分旅客列车的运行时刻，增加部分列车在铁路局和外局的停站，并将沈抚城际列车运行图纳入基本图调整，在沈阳（沈阳北）至抚顺北间铺画城际旅客列车10对，增开跨局直通临客14对，图定旅客列车延长运行区段1对，管内临时旅客列车17对。当年暑期增开跨局旅客列车

1对，延长运行区段1对，提高列车等级1对，变更运行径路1对。根据节日旅客运输需求，编制清明节、"五一""端午节""十一"等节假日临客运行图。编制哈大客专引入沈阳枢纽施工运行图，吉林站改造施工运行图，梅河口运输组织结构调整列车运行图，锦承叶赤联络线、沈山沟海联络线、宝长联络线列车运行图，扎伊线和珠贺线列车运行图等。2010年，铁路局编制和调整列车运行图105次，其中因哈大客专建设、通霍复线改造、资源整合、物流基地建设等重点工程调整运行图34次。调整图增开特快旅客列车1对，延长跨局旅客列车运行区段3对，暑运图开行直通临客13对。

2011年，沈阳铁路局编制和调整列车运行图及编组计划90次，增开旅客列车5.5对，停运管内旅客列车2对，调整运行区段4对，提高列车等级5对，调整列车经由31列，增开行包专列1对，暑期加开直通临客14对。完成哈大客专等重点工程建设和线路大修施工任务大范围调整图5次，编制沈大、京通、长图等线大修施工分号图、沈阳北站三次转线运行图、沈阳站转线运行图、长春站转线运行图等。5次大转线施工共临时停运旅客列车34对，调整旅客列车316列，变更始发终到站38列。2012年，沈阳铁路局编制和调整列车运行图91次，调整货物列车编组计划6次。哈大客专开通运营，引入既有枢纽转线施工，配合津秦客专引入秦皇岛站施工转线、大虎山站场改造及长图、京通、梅集线施工等重要调整列车运行图43次；在保证重点列车调整的情况下，铺划"百千工程"快运货物班列共15列，其中特快行邮2列、行包专列8列、其他快运货物班列5列，跨局直达货物班列40列，其中始发交出6列、接入终到34列，重去空回17列；铺画暑期、春运和旅游列车运行图，开行直通临客16对、管内临客7对，铺画旅游列车运行线16对。

2013年，沈阳铁路局优化列车开行结构等运行图调整，累计调整列车运行图79次，调整货物列车编组计划4次。大面积调整列车运行图13次，施工分号列车运行图、哈大高铁夏季运行图、盘营客专引入盘锦北站转线施工调整列车运行图、"百千"货物列车运行图、调整列车运行图、暑期临客列车运行图、盘营客专开通运营列

车运行图、东戴河站转线开通施工分号列车运行图、皇姑屯站改造工程转线开通施工分号列车运行图、哈大及盘营高铁冬季列车运行图、津秦客专及京哈线CTCS-2贯通施工分号列车运行图、年底调整图和津山高铁第二阶段运行图。春运铺画直通临客37对，管内临客26对，同时做好哈大客专运行图编制工作，编制11张运行图，哈大客专安排开行动车组列车67对，其中在哈大客专本线及跨长吉城际运行的动车组列车开行56对，经京哈线秦沈段去往北京和天津方向的跨线动车组列车开行11对，并根据哈大客专运营客流情况，对运行图进行优化调整，增加3对动车组进大连站，增减停站19列次。2014年，沈阳铁路局大面积调整运行图21次，参加总公司组织的运行图调整7次，编制不同时期运行图4次，哈大高铁夏季图、全路上半年调整图、哈大高铁冬季图、全路下半年调整图，增开沈阳北至武汉长距离高速动车组及长春至乌鲁木齐、长春至南宁普速旅客列车，并将沈阳北至包头快速旅客列车先后延长至银川、西宁终到始发。编制节假日运行图3次，以满足旅客出行需求，暑期运行图、"十一"黄金周临客运行图，铺画临时旅客列车运行线55.5对，编制施工分号图14次。

2015年，沈阳铁路局运行图调整9次。第一次微调图，增开高铁动卧2对，实行的哈大、盘营高铁夏季图，夏季图共安排开行动车组列车97对。第二次微调图，外局担当的5对旅客列车调整为沈阳铁路局担当。实行的当年上半年调整图及暑期临客运行图，取消高铁动卧2对，增开北京南—沈阳北（沈阳）高速动车组2对；实行的沈丹客专运行图，开行载客动车组43对；实行长珲城际运行图，增开行载客动车组23对；实行丹大快速铁路运行图，开行动车组列车12对。2016年，路局调整运行图，哈大、盘营实行冬夏一张图，调整春运临客运行图，编制"五一"及"十一"等节假日临客运行图、四平等站施工改造编制施工分号运行图，调整东北货物快运列车运输组织方案等小范围调整运行图累计69次。

第四节　运输调度管理

一、调度所

沈阳铁路局调度所，负责全局运输调度指挥工作。

1996年，沈阳铁路局设总调度室，调度人员由运输处、货运处、客运处、机务处、车辆处管理，设沈阳、长春、大连、锦州、吉林、通辽、通化分局调度所。2000年，铁路局总调度室与运输处剥离，重新组建、更名为沈阳铁路局调度指挥中心，并将机务、车辆、货运、客运处调度人员划归调度指挥中心。铁路局调度指挥中心设调度科、统计分析科，定员111人。2003年8月，撤销铁路局、铁路分局两级调度指挥中心编制，调度室、统计分析科划归运输处，供电、客运、车辆调度分别划归相关部门，重新恢复沈阳铁路局总调度室、各分局调度所，铁路局增设总调度长、各分局增设调度长。

2005年，撤销各铁路分局，路局总调度室与分局调度所二级调度指挥管理一次性整合到位，实行调度指挥一级管理，七个分局调度所到铁路局办公大楼与总调度室合并，实行分区管理。同时对全局调度台设置及人员进行重新配置整合，整合后设有调度台162个，调度人员801人。2006年，调整调度台结构，核减调度台9个，并将工务、电务调度纳入调度所管理。设调度台89个，管理科室13个，倒班班组4个，有职工530人。

2007年，铁路局调度所设置调度台85个，管理科室13个，倒班班组4个，职工530人。2008年，整合调度台为88个（值班科长台1个、副科长台5个、行调台31个、计划台14个、小运转调度台2个、机调台9个、货调台7个、篷调台2个、军罐台3个、客调台2个、预确报台1个、辆调台1个、电调台5个、红调台3个、工务台1个、电务台1个），设技术教育室、分析室、安全室、综合室4个管理科室，设行车调度室、计划调度室、机车调度室、货运调度室、客运调度室、特运调度室、施工调度室、供电调度室、车辆调度室、工务调度室、电务调度室、统计室16个职能科室，倒班班组4个，有职工530人。2012年6

月，调度所设高铁客专调度室。2014年9月，调度所设立快运货物调度室。

2015年3月，铁路局调度所将快运货物调度室与货运调度室合并，成立物流调度室。9月7日，将原309监控4个调度台及车辆处管理的车辆调度台划归调度所管理，成立监控调度室，同时将客运处管理的综控调度室划归调度所管理。下设技术教育室、分析室、安全室、综合室4个管理科室，设行车调度室、计划调度室、机车调度室、物流调度室、客运调度室、客专调度室、特运调度室、施工调度室、供电调度室、车辆调度室、工务调度室、电务调度室、统计室、监控调度室、综控调度室15个专业科室，倒班班组4个，调度台118个（值班科长台1个、副科长台6个、行调台32个、客专行调台6个、客专计划台1个、计划台13个、机调台14个、货调台11个、快运台2个、现在车台1个、篷调台2个、军罐调台3个、客调台2个、辆调台2个、电调台11个、红调台3个、工务台1个、电务台1个、运输生产监控台1个、运输效率监控台1个、货运监控台1个、客运生产监控台1个、车辆监控台1个、客专综控调度台1个），有职工752人。

二、运输指挥

1996年，沈阳铁路局组织开行直达货物列车1466列，比上年同期多开366列。1997年，铁路局调度工作重点主要抓主要干线扩能上。四平—郑家屯间下行货物列车牵引定数由2700吨提高到3100吨，有效地缓解条子河口的通过能力紧张问题，同时又与京通线货物列车牵引定数达到统一，减少货物列车因牵引定数不匹配的增减轴作业，提高沈山、长大两大线的通过能力，最大限度满足全局多接重、多装车、多创效益的需要。日常运输组织中侧重抓能力制约——开原口咽喉部位的能力释放及畅通。

1998年，铁路局以沈阳、长春、吉林、锦州分局车流为主线，其它分局车流为辅助的原则，组织两分局合开班列，开行"五定班列"124列。优先满足入关装车计划，对入关货源最大限度组织通过山海关直达列车，开行41817列。1999年，铁路局运输指挥以"畅通京哈，分流两厢"为车流调整原则，敞开分界口，多接重车，最大限度增加换算周转量。2000年，铁路局调度

指挥工作以"科学指挥、畅通干线"为原则，全力组织能力紧张的分界口超图交接列车，局间分界口分别较上年同期日均多接、多交2列，日均分别多交181辆、多接180辆。同时大力提高各区段牵引定数，提高通过能力，将沈阳至陶赖昭间下行提高300吨，沈山线提高200吨。2001年，铁路局加强组织工作，从车流源头抓起，提高列车开行质量。当年组织入关5000吨直达列车871列，沈阳西编组山海关解体411列，山海关编组沈阳西解体814列。

2002年，铁路局以分界口交接列车为重点，加大调度指挥组织工作力度。在沈山线上大力增加入关各分界口的列均交接辆数，沈山线组织开行5500吨重载列车6887列，日均18.9列，列均54.8辆，京通线隆化分界口日均交接16列。哈大线上，利用电力机车加大沈阳南（西）—陶赖昭间下行空敞大列的开行，提高京哈线货物列车平均辆数。陶赖昭口上行日均接入37列，列均56.9辆，下行日均交出38列，列均58.4辆。2003年，铁路局对平齐线、通让线、大郑线、沈吉线、叶赤线、高新线、拉滨线七大干支线实行全面提速，压缩区间运行时间，压缩货物列车周转时间。

2004年，铁路局实施优化全局机务长交路运用方案，调度行车指挥采取"机车统一使用，乘务区段断开"的跨局轮乘制的优化方案，打破局间机车配属的常规界限的禁锢，乘务员到点换乘，机车牵引列车跨局直通，解决了机车乘务员超劳问题。同时以沈阳枢纽为支点，盘活长大、京哈线车流，组织沈阳西、苏家屯机车牵引鲅鱼圈、灵山等到站列车在枢纽内直通。2005年，铁路局运输生产力结构布局调整，打破车流组织上以原分局为区域的切块式管理体系，实现运输组织专业化、系统化统一管理，实现长春北—沈阳南（西）间组织开行5500吨重载列车，日均节省1.4条运行线，节省机车0.7台日，实现哈尔滨南—沈阳枢纽间5500吨列车全线贯通，沈山线上下行及山海关口部分去向货物列车实现5500吨贯通。

2006年，对铁路局管内货物列车编组计划进行6次优化调整，新增加39个始发直达组号、5个技术直达组号、对6个编组站制定11个备用方

案，新增始发直达列车开行后，每日减少沈阳西、长春北等9个编组站、15个区段站的70列次改变作业，取消长春北各方向到发的技术直达、直通、区段、摘挂列车组号，实现哈尔滨南与四平、棋盘与四平间互开直通列车。2007年，铁路局优化企业专用铁道运输组织，实现鞍钢、锦州港直进直出运输，一次作业时间分别压缩3.7小时和1.2小时。2008年，铁路局在通霍线按照5000万吨输送量调整运行图，上行安排10列四单元组合列车，下行安排10列二单元组合空车和20列一单元空车，合计30条运行线，将年输送能力提高到5400万吨；在锦承线叶柏寿至北票南间上行线增加2条5000吨重载运行线，使输送能力提高至1430万吨，下行减少2条空敞车运行线，将葫芦岛、高桥镇增加4列空敞车改经魏塔线运输；在梅集线梅河口至通化间上行开行双机牵引5000吨重载列车，下行采取双机或双机加补机的形式扩充梅集线运能；在长图线棋盘至图们间上行铺画3条双机牵引5000吨重载列车运行线，下行2条百辆空敞运行线，使长图线图们至棋盘间年图定输送能力达到1000万吨。2009年，铁路局按照车流特点，实施车流"一盘棋"理念，确定"一主两翼"运输组织格局，打满沈山、京哈干线，充分利用沈吉、大郑线分流空车，大力组织跨越枢纽及编组站的超编组计划远程直达列车等着眼全局的车流调整手段。机车运用实行全局"一台车"的跨区段机车运用模式，形成了百个集中装车点整列配空、整列装车，一站式直达，调车机百小时入库，直达列车通过编组站或8分钟站换、重点企业直进直出等运输组织形式。

2010年，铁路局运输指挥依托"车流通、机车通、货源通、运能互补"的大运输格局，全力开展"淡季损失旺季补，东部损失西部补，客货损失交替补，虚糜货源煤炭补"的攻坚战，始终坚持主打西部资源战略，增加煤炭运量，重点倾斜中部港口战略，打好金矿、集装箱、粮食品类内循环，实现日均办理货车出发2110列、货车运行2336列，日均办理客车出发329列、客车运行493列。2011年，铁路局运输指挥工作，把加强站、段卸车、线上运行组织、直达列车移动和压缩中转停留时间、机车两端作业时间等环节作为运输组织的突破口，全力提高车辆循环效率，卸

空车日均同比多卸1479车，通过运行组织，压缩管内周时0.08天，压缩一次作业时间0.4小时，压缩中转时间0.3小时。

2012年，铁路局以构建效益型日（班）计划为目标，优化日常运输组织，经济合理地使用机车、车辆，努力压缩运输成本支出。根据机车运用的工作量确定机车使用台数，并结合每个区域、每条线、每个支点站的能力，合理调整机车运用，大力压缩库停、站停等非生产时间，最大限度地发挥机车效能。日均使用货运机车619台日，同比少使用机车64台日；货运机车日车公里完成599公里，同比增加27公里；货车机车日产量完成192万吨公里，同比增加10.4万吨公里。货车使用上，根据货运日计划审批情况，结合每条线的工作量和能力，根据区域性工作量合理确定区域性运用车保有量，充分利用现车系统，合理分布运用车，根据各站装卸车能力，抓好装车源头控制工作，组织各货运站快装快卸，压缩"三段作业时间"，提高运输效率。强化分界站接排车组织能力，抓好施工条件下的车流调整，合理控制运用车保有量，运用车保有量完成54281车，同比压缩1987车，部属现在车压缩2701车。

2013年，铁路局充分利用西部货源优势，重点抓西部装车，以西部上量为牵动，提升全局装车总量。2014年，受运输需求萎缩的大环境影响，全面压缩部属车占用，控制货车使用成本。全年实际部属车比预算值日均节省5028车，比上年减少4682车；货车周转时间完成2.11天，比去年压缩0.09天；一次作业完成13.5小时，比去年压缩0.7小时；货车中转时间比预算压缩3.2小时，比上年压缩0.1小时。

2015年，受经济环境持续下行影响，铁路货物运量下滑，铁路局在运输指挥上积极主动压缩货车占用，运用货车比预算减少29.9%，全年货车周转时间完成2.01天，与同期比压缩0.10天；货车组织上，装卸车虽然无法增量，但在工作车组织上不松懈，抓移动、压停留，一次作业时间完成17.5小时，中转时间完成4.1小时。

三、调度集中

2010年，沈阳铁路局实施既有线调度集中，从"行车指挥方式、人员整合方案、岗位职责调

整、规章制度完善、具体推进计划、过渡期包保"六个方面制定了详细的实施方案，并加强实施过程中的跟踪、指导和检查，确保调度集中顺利实施和平稳过渡。第一轮于3月在秦沈线实施调度集中，6月在沟海线实施调度集中，9月在沈山、苏抚线实施调度集中。第二轮在通霍、平齐、大郑线，于12月顺利实施，其中采用中心操作方式46个车站，采用调车方式21个车站，采用站控方式21个车站。

四、调度设备管理

1995年，沈阳铁路局调度台上设置一部20门音频调度总机，调度员利用总机向所辖站、段相关单位下达组织指挥列车运行的调度命令，一部脉冲式电话与外界联系沟通，两支铅笔（黑、红）、一支钢（油）笔、一块橡皮、一支30厘米直尺或三角尺、一张12小时运行图，调度员的列车组织指挥工作都是在这张图上手工画图完成。

2003年，沈阳铁路局加大调度设备的更新改造力度。总调度室下辖的7个分局调度所的68个行车台中的63个台使用3.0计算机指挥系统，同步实现TIMS/DIMS结合，调度台设置使用一台数字化按键式20门调度台，一台程控自动电话，彻底摒弃了手工画图指挥列车的调度工作模式。

2005年，沈阳铁路局对通化分局调度所的四梅台、梅靠台、梅清台、通浑台、浑白台5个行车台进行设备改造，实现TIMS/DIMS结合和使用3.0计算机指挥系统。10月，对除38个行车台外的其他69个调度台进行设备更新改造，全部使用计算机3.0调度指挥系统，107个调度台调度电话采用一体化触摸屏调度台和程序自动电话，实现无纸化办公。

2010年，沈阳铁路局完成调度集中改造建设，对秦沈线、沟海线、沈山线、苏抚线、平齐线、通霍线、通让线、大郑线，计9个行车调度台、88个车站进行两轮调度集中改造，并一次切换成功。

五、重点物资运输

沈阳铁路局在重点物资运输大客户战略实施的基础上，采取管内直达运输、关内优先保证、运力重点倾斜、关键阶段集中抢运、跟踪掌握运力需求等保障措施，有力保证煤炭、粮食、石油、化肥和农药等重点物资运输需求，完成抢险救灾等应急物资的抢运任务。

2005年，全局完成煤炭运输8544.5万吨，石油运输1856.4万吨，钢铁运输2704.5万吨，矿石运输4693万吨，木材运输2634万吨，粮食运输3208.7万吨，化肥及农药运输300.5万吨。2006年，铁路局建立完善重点物资运输管理办法和协调保障机制，在运输组织上实行计划优先审批，运力重点倾斜，确保重点企业、重点物资运输。煤炭运量完成8759万吨，煤炭重点运量完成3044万吨。

2007年，铁路局定期召开辖区内省市地方政府级重点企业的运输协调会，对关系国计民生的重点物资实行计划优先、审批优先、运输优先的政策，完成煤炭运输9805万吨，石油运输1673万吨，钢铁运输3381万吨，粮食运输2785万吨。

2008年，铁路局全面落实国家和铁道部保证重点物资运输的有关要求，在抗震救灾、粮食抢运等不同时期，对救灾、粮食、电煤等重点物资实行计划优先审批，运力重点倾向，确保万无一失。煤炭运量完成13100万吨，同比增运3296万吨，粮食、钢铁、石油分别完成2896.5万吨、3447.6万吨和1795万吨。救灾期间，共计开行"抢"字头救援列车227列，装出救灾物资3915车，装出活动板房886车12123套。

2010年，沈阳铁路局确保电煤、取暖煤运输。煤炭装车日均完成6587车，同比多装875车，全力做好调拨辆数运输；粮食日均装车1232车。开展蒙煤外运集中抢运，霍煤运输完成9312.3万吨。2011年，沈阳铁路局全力加强电煤、取暖煤运输，及时调整运力安排，拓展煤源，同时加强卸车组织工作。煤炭装车日均完成7957车，同比多装875车。

六、大客户运输

2006年，沈阳铁路局落实大客户运输战略，积极推进大客户企业运费集中结算工作，对大客户企业建立并实施信息通报和信息预警机制，实施采取运力倾斜、方向倾斜和政策倾斜等措施，提高运输保障能力。大客户企业运量完成7810万吨，较年度计划多发运455万吨。2007年，铁路局推进大客户战略，将华粮集团、中粮集团纳入大客户，并与安阳钢铁集团、中粮集团、霍林郭勒市签订战略合作协议，通过实行运力倾斜，实现路企互利共赢。大客户企业运量完成8889.4万吨，占全局货物发送量的31.3%。

2008年，铁路局大客户运输企业发展到19家，大客户运量累计完成11148万吨，占货物发送量的34.3%。2009年，在大客户运输上，本着成熟一家培育一家的原则，将沈阳铁道煤炭公司、沈阳铁道金属公司、北营钢铁集团3家企业纳入大客户管理。大客户运量累计完成12965万吨，占全局货物发送量的38.3%。

七、机车运用效率

2009年，沈阳铁路局根据全局运量变化情况，按照增收节支100条措施封存机车343台。本着电化区段用足电力、内燃机车"东部定量、西部保足"的运用原则，从日（班）计划上按各线车流强度调整运用台数，充分发挥"全局一台车"的拉通效应，最大限度地实现机车运用与点上、线上能力的匹配。大力组织机车在枢纽站贯通、在支点站共用，车流到哪，机车就拉到哪，机车交路按车流一站到达，有力拉动全局车流的快速移动。在既有线路的条件下，把东风8B和谐内大功率机车贯通到双机牵引地区，发挥大功率机车的作用，实现干支线单机牵引5000吨匹配。实施调小机车百小时入库制，大大压缩调小机车非生产时间，组织机车紧交路、组织站换，压缩库停、站停时分，使机车运用效率明显提高，机车投入日均628台。

2011年，铁路局实施"月不超时，趟不超劳"的机车运用理念，解决机车乘务员超劳问题，落实"压两端、调交路、就地换"和增运补欠节支降耗措施，机车日车公里完成573公里，机车日产量完成182.5万吨公里，列车平均牵引总重完成3561吨。

2012年，铁路局实行大区段机车长交路，开行组合、重载列车。采取内燃和电力机车分离的运用方式，在京哈线、沈大线、沈山线大力使用电力机车，在沈丹线、沈吉线、平齐线、锦承线实行单机或多机牵引，使机车交路达到干、支线按车流拉通，牵引定数达到干、支线统一，减少了列车改编，使机车与车流进一步匹配。并对机车实行总量控制，以机车定开车，积极组织机车直通和机车乘务员站内换班，机车效率得到提高，当年运用机车日均使用618.9台，机车全周转时间完成22.1小时，货运机车日车公里完成599公里，货运机车日产量完成192.5万吨公里。

2013年，铁路局采取增加机车牵引重量、加大组合列车及重载列车开行力度等措施，减少机车不合理运用的浪费，提高机车运用率。运用机车日均使用569.7台日，机车全周转时间完成20.0小时，货运机车日车公里完成615公里，货运机车日产量完成197.8万吨公里。2014年，路局实行强化重载运输、采取减少单机运行、杜绝列车欠轴开车、干支线牵引重量相互匹配等措施，大力提高机车运用率，运用机车日均使用485.6台日，机车全周转时间完成18.5小时，货运机车日车公里完成624公里，货运机车日产量完成211.6万吨公里。

2015年，沈阳铁路局货运列车开行列数减少，为减少外部环境对运输的影响、提高机车运用效率，采取封存机车384台和压缩使用调车机18台等措施。通过精心组织，运用效率不降反增，日均使用货物机车360.2台日，机车日车公里完成642公里，机车日产量完成220.4万吨公里，列车平均牵引总重完成3788吨。

八、货车运用

2010年，沈阳铁路局日均现在车占用70811车，占全路9.86%；部属现在车56892车，占全路9.18%；综合运用车日均占用52268车，占全路8.68%；运用重车日均37061车，占沈阳铁路局运用车总量的70.9%，其中移交重车日均8471车，管内重车28590车。沈阳铁路局运用空车为日均15207车，其中空敞车9246车，占空车总量60.8%。年日均工作量完成24341车，货车周转时间完成2.15天。货车全周距完成735公里，其中重周距完成494公里。货车中转距离完成211公里，运用货车日产量完成1.4万吨公里。空率完成48.9%，列车旅行速度完成30.4公里。

2011年，沈阳铁路局日均现在车占用74394车，占全路9.89%；部属现在车60467车，占全路9.26%；综合运用车日均占用56268车，占全路8.86%；运用重车日均36991车，占全局运用车总量的65.7%，其中移交重车日均8261车，管内重车28730车。沈阳铁路局运用空车为日均19277车，其中空敞车12956车，占空车总量

67.2%。年日均工作量完成25902车，货车周转时间完成2.17天。货车全周距完成725公里，其中重周距完成472公里。货车中转距离完成203公里，运用货车日产量完成1.46万吨公里。路局空率完成53.8%，列车旅行速度完成32.2公里。

2012年，沈阳铁路局部属现在车日均占用57766车，比2011年日均少占用2701车。运用车日均占用54281车，同比日均少占用1987车。货车重周距完成499公里，同比提高27公里。货车中转距离完成216公里，同比提高13公里。

2013年，全局部属现在车日均完成57654车，比上年日均少占用112车。运用车日均占用51771车，比上年日均少占用2510车。货车重轴距日均完成522公里，比上年提高23公里。货车中转距离完成218公里，比上年提高2公里。

2014年，沈局部属现在车日均完成52972车，比上年日均少占用4682车。运用车日均占用45583车，比上年日均少占用6188车。货车重轴距日均完成492公里，比上年下降30公里。货车中转距离完成201公里，比上年下降17公里。

2015年，全局部属现在车实际占用51605车，比预算计划压缩节省12.9%，比周期压缩节省2.6%，但付费货车同比压缩节省达20.9%。

九、施工组织

1996年，沈阳铁路局施工方案审查以及施工计划具体的编制工作由各铁路分局管理，每月末各铁路分局将本分局编制的月度施工计划上报铁路局。2005年，铁路分局机构撤销，施工计划具体的编制工作由铁路局管理，并实施划区域管理，组织施工例会和车务系统施工及行车安全管理。

2009年，铁路局成立施工领导小组办公室，具体负责组织Ⅱ级及其以上施工的施工例会、施工协调会、施工总结会并负责Ⅱ级及其以上施工的现场监控，施工计划具体的编制工作仍由铁路局管理。

2011年，哈尔滨至大连客运专线施工进入关键阶段，因客运专线引入，沈阳北站、沈阳站、长春站、辽阳站分阶段地进行了站场改造过渡转线施工，铁路局对每次施工均制定施工组织预案，对停运、变更运行径路、变更始发、终到站的客车、机车使用和包保人员均进行详尽的安排，并对车流进行相应地调整。施工组织预案周密、组织严密、包保严格，积极为现场施工创造有利条件，既兑现了施工方案，又确保有限的运输能力得到充分利用。

2012年，因客运专线引入，沈阳北站、辽阳站、大连北站、长春站分阶段地进行站场改造过渡转线的大型施工，因施工对运输影响较大，铁路局对每次施工均制定施工组织预案。由于施工预案周密、组织严密、包保严格，既兑现施工方案，又确保有限的运输能力得到充分地利用。当年共编制各类施工计划7886项，沈阳、大连、长春枢纽改造转线施工31次，调整旅客列车运行355列，确保哈大客专有关重点建设工程有序推进，平稳过渡。2013年，铁路局运输处负责施工计划的编制工作。对所有Ⅰ、Ⅱ级施工方案一个不漏地核准、审批，安全、顺利、高质量的完成全年施工作业。对长春站转线、盘锦北站转线、东戴河站吊梁施工等难度较大施工采取方案细致核准、作业计划严格审批、施工单位专题研讨等形式，对施工项目、作业环节的风险控制措施进行论证，优化施工作业方案，保证施工安全。当年核准、审批各类施工计划28323项、维修计划238650项。

2014年，铁路局将次日施工计划、运行揭示的核对作为把好施工方案的最后关口，实行双人审查、双人核对，不定期地抽查站段运行揭示的摘录、编辑、传达等情况，对存在的问题及时与施工单位、业务处室沟通，做到问题及时整改，保证施工计划及运行揭示无差错。对沈阳南站"10·15"高铁转线、集中修区段、金州站、长春北站等连续施工的21次大型转线和架梁施工项目提前介入、强化施工方案审查、召开施工例会、参加施工协调会，做到大型施工作业平稳有序和转线后设备运行安全。全年共核准、审批各类施工计划35715项、维修计划206096项，完成Ⅰ、Ⅱ级施工198项。

2015年8月，沈阳铁路局将施工领导小组办公室撤并，机构和业务职能划归局调度所。在线路施工中，把卡控次日施工计划、运行揭示的核对作为施工安全关键，卡控施工调度命令发布关，发现问题及时整改，确保施工安全。特别是6月沈阳枢纽自闭转线施工、集中修区段施工等施工作业复杂、作业时间长、影响范围广，提前对施工方案进行细致审查，组织召开施工例会、参加施工协调会，分析施工期间可能出现的困难和问题，积极与施工单位沟通协调，按时完成施工作业。全年核准、审批各类施工计划53716项、维修计划152931项，完成I、Ⅱ级施工100多项。

十、运输统计

1997年，沈阳铁路局将计划统计部门负责管理的十八点报告统计工作移交局运输处。1998年，铁路局实施企业自备货车单独统计，货车统计分部属货车、企业自备车及外国货车统计。1999年，铁路局运输统计速报归由各级运输部门管理，综报一开始集中收集、统一上报。2000年，沈阳铁路局采用"铁路局、分局十八点运输统计分析通用系统"。2004年，推广使用车站十八点统计分析应用软件。

2005年，铁路分局调度所的统计报告室整合到铁路局，负责全局十八点运输统计报告工作，收集、汇总、上报十八点运输统计数据。2006年，铁路局建立十八点统一数据库，实现十八点统计系统7个分局数据库统一合到路局三级建库，重新确定管内48个报告源点，各报告源点统一向铁路局主库传输十八点报表。2007年，铁路局正式建立合资及地方铁路运输主要指标统计日报制度。

2011年，沈阳铁路局完成十八点统计分析系统（3.0版）升级工作，十八点数据库服务器一次切换工作成功。2013年，铁路局运输统计工作，新增12个货运中心和行包快运中心为报告源点，重新明确货运改革后相关单位十八点统计报表上报的分工。建立统计人员新的作业标准，运报-2、运报-3、运报-4、运报-11及待发车由车站人员填记，车务站段调度汇总后上报路局；货报-1、货报-2（含地方铁路报表、合资铁路报表）、综报-7，由货运营业室人员填记，货运中心调度汇总上报；综报-1表中涉及客收项目由车站人员填记，车务站段调度（报告员）汇总上报路局；其余项目由货运中心人员填记，货运中心调度汇总后报铁路局。

2014年，沈阳铁路局十八点数据增加统计服务功能，升级改造"十八点报表数据查询系统"，并采用注册制，用户注册后查询各自需要的数据。2015年，铁路局建立物流调度平台，按照"有货即装、有货必装、随到随装"的"实货制"运输组织原则，以6小时为阶段实时掌握作业车工作状态和实货需求信息，向计划调度提供配空需求，向相关货运中心和车站传递车种、车号和配空时间信息。实时掌握实货生成过程，做好车流与货流的有序衔接，监督货运中心接取送达汽车运用动态，做好全程物流服务。规范"综报一"报表，取消了空中合成报表的上报方式，改变以往交叉表为平行表的报表方式，规定车务站段综报一为ZB1CW，货运中心的综报一为ZB1HY，各自上传完整报表，两表相加为综报一，解决车务站段存在货运收入无法上报的问题。

第五节 调度信息化

2004年以前，沈阳铁路局各分局列车调度台采用手工绘图方式铺画列车运行图，仅有部分调度台使用计算机系统辅助绘图。2005年，撤并分局后，各分局调度整合到路局总调度室合署办公，全部使用计算机辅助绘图，秦沈台使用铁科研的CTC系统，长平台、长兰台使用铁科研的DMIS系统，其它调度台使用北羊公司研发的TMIS（运输管理信息系统）列调系统。2006年，除秦沈调度台外，其余调度台均升级为卡斯珂公司的铁路列车调度指挥系统（TDCS）。

2007年，沈阳铁路局自主研发并投产使用基本图调整管理系统，实现新旧基本图比较，根据交替日期自动生成客车日计划，并传递至T/D结合数据库，实现根据客车日计划调整TDCS/CTC系统基本图。2008年，铁路局综合调度管理信息系统（OPMS）投入使用。调度管理系统信息平台增加技术资料查询页面，通过在路网图中选择车站，可查询车站平面示意图、接触网示意图、站细、相关区段牵引定数、救援列车救援范围等相关信息。2009年，铁路局自主研发并投产使用机车调度管理系统，实现各机调台协同工作，按号码制完整掌握机车运用的全过程，并提供较为完整的机车运用指标统计分析。调度管理系统信息平台增加了工务平纵断面查询，根据工务段提供的工务曲线表、坡度表等数据，自动生成线路平纵断面示意图，可根据里程线名及里程范围进行查询。

2010年，沈阳铁路局全面实施铁路运输调度管理系统（TDMS）4.0升级改造、T/D结合方式改造和列车调度指挥系统（TDCS）部分功能改造工程。TDMS4.0升级覆盖范围为三个平台（调度命令平台、日班计划平台、局间数据交换平台）、五个调度工种子系统（客调、货调、计划、机调、施工调），实现铁路局与车站间有效的信息资源共享。2011年，路局调度信息化建立调度人员管理及考勤系统，调度班组及个人生产竞赛管理系统。

2012年，沈阳铁路局自主开发动车列车日计划编制系统、车体交路编制系统，实现根据动车开行文件、电报、命令按日生成动车列车开行计划，生成日计划调度命令，并根据动车列车开行计划，按动车开行文件、电报、命令勾画动车运用交路，向动车列车计划编制系统提供车体交路计划，有效提高客专调度工作效率。2013年，铁路局开发新货运调度系统，实施货运六小时阶段计划、推进全新配空模式，把货调打造成辅助计划，按照"空率最小、空距最短、配空时机最佳"的原则，依据列车运行图和全局现在车系统，采用计算机程序设定相关参数，将四种空车来源与"实货制"装车需求相结合，以"有一车实货就对应一辆空车"为目标，推行空车与实货匹配对应的六小时阶段配空管理模式，着力将货运日（班）计划转变为货运六小时阶段计划，将原有5部货调增设为11部货调，实现一个货运中心对应一部货调，并通过规范作业流程，实现货调由以往装卸数据的"统计员"，向装卸过程"组织者"的转变。

2014年2月，沈阳铁路局自主研发计划调度5.0系统投入使用，解决"计划本质属性受到禁锢，严重制约计划牵动作用"的问题，车流组织实行"一部计划一条线"新计划指挥模式，实现货流、车流、机车、运能的协调和紧密衔接。

2015年，铁路局研发完成远程技术直达列车计划系统、整列超限列车计划系统、客车日计划系统、CTC调度台车站股道占用系统，并投入使用，使全局范围内的远程技术直达列车、整列超限列车、旅客列车的编组内容、运输径路、运行时间等信息资源共享。CTC调度台车站股道占用系统的投入使用，实现调度集中区段的旅客列车的占用股道与CTC系统的结合。同年研发完成调度工作区管理系统，该系统利用调度管理系统信息平台为依托开辟调度工作区专栏，所有文电实现网上工作区批转，彻底简化过去文电管理的复杂批转流程，做到无纸化办公。

第六节 重载列车运输

2005年，沈阳铁路局在长春北—沈阳南（西）间组织开行5500吨重载列车，并实现哈尔滨南至沈阳枢纽间5500吨重载列车全线贯通。同年，沈山线上下行及山海关口上下行部分去向货物列车实现5500吨贯通。2006年，铁路局在长大线、通霍线、大郑线组织开行重载组合列车、百辆空敞大列、万吨重载列车，百辆空敞大列1000列，长大线上行组织开行重载组合列车740列、重载列车1828列。

2007年，沈阳铁路局组织开行本溪—鲅鱼圈、本溪—金州、灵山—大连北、马林—赤峰、马林—元宝山间的循环车组。循环车组采取空车整列交入作业，在企业专用铁道内装车，经车站出发场直接发车，并实行定点、定线、定编组的客车化运输组织形式，大幅度减少列车编组的次数，有效压缩了一次作业时间。2006年，铁路局组织开行本溪—鲅鱼圈（金州）循环车组开行522列，灵山—大连北（金州）循环车组开行132列，马林—赤峰（元宝山）循环车组开行113列。2008年，路局循环车组列车合计开行46272列，其中组合列车开行12354列（二单元开行7091列，三单元开行2130列，四单元开行3133列），重载列车开行13014列，百辆空敞大列列车开行1722列，直进直出列车开行19182列。通霍线全年累计开行二单元组合列车1072列、三单元组合列车583列、四单元组合列车1704列、百辆空车大列2565列，梅通线上行开行5000吨重载列车937列，锦承、叶赤线开行三机牵引重载列车1006列，长图线开行5000吨重载列车362列、空车大列181列。

2009年，沈阳铁路局开行组合列车37列、重载列车42列、百辆空敞列车8列。2010年，铁路局各线组合列车累计开行16585列，其中两单元组合列车5593列，三单元组合列车6371列，四单元组合列车4621列；各线开行5000吨以上超轴重载列车13521列，开行百辆空敞大列4589列。

2011年，沈阳铁路局在京哈、沈大间开行5500吨重载列车2149列、5800吨重载列车5484列，在沈大线开行6300吨重载列车1794列，在叶赤、锦承、沈吉、长图、梅集等线开行5000吨重载列车5803列，全局开行百辆空车大列8126列。

第七节　基层行车组织

一、编组站设备更新

1997年，沈阳铁路局完成沈阳西站下行驼峰系统自动化主体转线工程，工程的内容主要包括：点连式调速系统、驼峰解体机车遥控、驼峰解散车辆自动控制、溜放车辆速度自动控制、平面无线调车灯显系统、峰顶提钩显示及报警系统、枢纽调度监督、车站作业信息处理系统与驼峰自动控制系统实现接口。经过此项改造后，车站日编解能力将超过9000辆，较原有设计能力提高11%以上，溜放车辆安全连挂率达90%以上，提高了安全作业系数，整个驼峰作业的自动化程度跃居全路领先行列。同年，通辽南站编组站正式开通使用，场型为二级三场，设有到达场、编发场和直通场。通辽南站是通辽枢纽唯一的编组站，集中担当枢纽连接各方向的货物列车的通过和解编作业。

1999年6月，沈阳铁路局建成沈阳南站上行到达场新集中楼，并正式投入使用，转辙机全部更新，并转线完毕。2000年，金州站改造全面竣工，改造后的金州铁路编组站属铁路大型综合编组站，站型为双向二级四场，上下到达场和上下编组场采用"交大型"微机联锁，上行驼峰采用TW组态式自动控制系统。

2001年11月，沈阳铁路局沈阳南站下行调车场16~29道北部的KT-201型可控停车器投入使用。2010年10月，通辽站通辽南场改造正式转线开通，改造后通辽南场为三级四场，设有到达场、编组场、下行直通兼出发场、上行直通场。

驼峰由简易驼峰改造为自动化驼峰，驼峰尾部安设可控停车器。通辽站通辽南场与通辽西、北西下行线路所、通辽东间闭塞方式由原半自动闭塞改为自动闭塞。

2010年，沈阳铁路局建设现在车管理系统，新建169个计算机确报站，并对既有的268个车站进行硬件设备改造以及软件替换，全局使用《现在车管理系统》的车站共计437个，实现骨架式覆盖，实现CTC区段中心控制站调车作业的管控一体化，实现车站现车管理与CTC中心控制站调车作业过程的统一，实现管内主要卸车站预计到达以及超卸能力报警功能，实现与铁道部开发的《编组站信息管理系统2.0》数据对接，实现确报绑定运行线。全局现在车时时号码制掌握，在途车、在站作业车统计状态显示，车站欠出车统计和预警，货运机车运用及非运用状态显示，检修车在站、在段、在途数量统计，篷布运用状态掌握；特种车辆（罐车、散装粮食车等）运用状态掌握；车站中停时自动计算，欠轴车自动统计；局间分界口移交率自动计算；管重调到率自动计算；车站卸车预计到达信息等功能。

2012年，沈阳铁路局完成苏家屯站既有编组站率先CIPS改造，实现运输过程透明，"到解集编发"信息自动采集，作业计划自动生成，作业限制自动识别，作业组织指令自动传递，行调进路全轨迹跟踪；运输指挥智能，传统的运输组织方式完全被现代信息技术所取代，计划自动编制占总数的90%，行车自控率达95%，调车自控率达85%，驼峰实现全自控。

2013年，沈阳铁路局对17个车站实施"多楼合一"，其中：苏家屯站、金州站是"九楼合一"，四平站是"七楼合一"，本溪站是"六楼合一"，长春北站是"五楼合一"，通辽站、山海关站、棋盘站、辽阳站、灵山站是"四楼合一"，梅河口站、丹东站、长春站是"三楼合一"，沈阳北站、吉林站、敦化站、图们北站是"二楼合一"，实现机务段和车辆段所在地机务、列检、车务在编组站合署办公。

二、车站安全风险管理

2012年，沈阳铁路局全面启动车务系统岗位风险卡管理，强化行车主要工种岗位安全风险控制，以确保旅客列车安全为核心，以列车错办、调车冲突、车辆溜逸三大风险源控制为目标，确定了非正常防错办进路、临时限速命令防错漏传、货物列车防关折、车辆防溜逸、调车防冒号、分歧站防错办方向、空车防脱轨、止轮防漏撤、防外部侵害、道口防肇事、分路不良区段防误操、人身防车辆伤害共计12个风险重点，并制定46条控制措施。推进安全风险管理，强化安全风险防范与控制，铁路局制定《车务系统安全风险管理实施办法》，从风险识别、研判、控制、评价、评估等方面建立了管理办法，理顺风险管理过程，明确风险管理要求。明确了运输处、站段月度安委会以及车站（车间）月度安全生产分析会对安全风险评价的方法和要求，明确安全风险识别—研判—评价—再研判—过程控制—评估—重新识别风险的闭环管理方式。实行安全风险"红线"管理，分别从干部对安全风险管理失职失责、职工作业过程控制要求不落实等环节，明确"红线"风险点及责任追究要求，强化安全风险得到有效落实。

2013年，铁路局重新修订《车务系统安全风险管理实施办法》，增加问题整改及高铁风险控制等内容，并纳入《车务系统专业管理办法》，明确风险识别、研判、控制、评价、评估等方面要求，理顺风险管理过程。下发《车务系统落实路局"三会"精神指导意见》《细化推进方案》，重点对实施"安全风险管理年"进行安排和细化，明确每项工作时间节点、责任人和具体要求，按期逐步推进。下发调图风险提示2期，保留列车风险提示2期，盘锦、本溪等站施工安全风险提示3期，下发恶劣天气风险提示2期。

2014年，沈阳铁路局确定车务系统"二十消灭"的目标，并制定落实措施，将"二十消灭"列入月度系统安全工作重点。车务站段每月研判确定风险控制项点，每天交班站段长对照风险点问题与中间站（车间）对话交班，以次月不见视为问题整治销号，大力消除安全风险点问题。实施问题整改闭环，将发现问题、整改问题、销号问题作为问题闭环管理的三个基本链条，坚持发现问题，倒查过程，倒推管理，复检痕迹。特别是对职工违章问题实施反思整改跟踪复查制度，职工写出违反的规章和个人反思，干部专人负责跟踪，以同类作业跟踪三次未发现问题视为销

号。2015年，铁路局全面开展安全风险和隐藏的安全问题大排查，研究下发《车务系统关于新一轮安全基础升华和强化工作的指导意见》，要求车务系统要重点解决三个问题（解决不落实的问题、解决不整改的问题、解决一批潜在的安全风险和隐藏的安全问题），提升三个能力，实现三个目标。

三、车站作业管理

1996年，沈阳铁路局制定下发《全局标准化确报所和标准化确报传递站考评办法》，将列车确报工作纳入规范管理的轨道，修订出版沈阳铁路局企业标准《调车作业标准》，规范现场调车作业，编写并下发《车务部门职工一口清、一手精和应知应会范围》，统一干部职工学规内容，召开"沈阳铁路局车务系统行车规章拔萃、摘录现场会"使规章拔萃、摘录更加简明、易记、规范、实用。制定《沈局直属站管理办法》《直属站工作考核标准》，建成部级标准教育室3个，局级标准教育室9个。1997年，车务部门突出"三车"（接发列车、调车、停留车）重点，制定《围歼三车卡控措施》，下发《轨道电路漏泄时行车办法》《车务部门保安全强化措施》，落实围歼旅客列车事故的147条细化措施，突出客车安全，做到提前安排列车会让，重点掌握关键列车在车站的到开和运行。

1998年，铁路局开展围歼旅客列车事故措施、快速旅客列车运行办法和非正常情况下作业办法的学习和演练，广泛开展全员大练兵、大比武活动，由尖子表演转向抓全员普及演练，在实作上注重非正常情况下应急故障处理。141个有调车作业的三等站和60台固定调车机全部安装无线调车灯显装置，路局制定下发《中间站无线调车管理办法》。2000年，铁路局制定"尾部加挂列车尾部安全防护装置"保安措施和办法，保证列车运行安全。

2005年，铁路局建立完善调车工作管理制度，制定下发《调车工作管理制度》（沈铁运站函〔2005〕22号），制定下发《关于进路自动控制驼峰调车作业的规定》《雷雨天行车组织办法及驼峰作业办法》，完善驼峰调车作业办法，局调车组人员推广使用铁路便携式LED手信号灯，交流、推广通辽站调车长安全责任状办法、白城

车务段强化车机联控管理办法、沟帮子车务段调车作业钩钩联控办法和通辽车务段的绩效挂钩办法。2006年，铁路局制定《安全生产责任制》《安全管理"一体化"考核办法》等12项安全管理制度和办法，使车务站段在安全管理上标准统一、办法统一、考核统一。对中间站站长室、运转室等职场的运输生产簿册设置进行规范，取消簿册9种、优化配置4种、优化组合2种，对簿册的格式、填记标准和样式进行统一规范。7月，铁路局公布《平面无线灯显调车作业标准》（Q/SYT351—2006），规定使用平面无线灯显设备进行调车作业的基本规定、程序、项目和岗位技术要求，当年建设完成41个标杆站、78个标准中间站。

2007年，铁路局下发《关于统一规范车站有关簿册及基础工作的通知》（运站函〔2007〕3号文件）、《关于重新规范有关簿册的通知》（运站电〔2007〕61号电报）。车站值班员室生产簿册由原5簿精简为3簿；直属车站运转主任室规章、管理簿册由原74簿精简合并为9簿；设置运转车间的段管车站站长室，设规章7簿、管理簿册3簿；设置运转车间的段管车站运转主任室，规章、管理簿册由原28簿精简合并为6簿；不设置运转车间的段管车站站长室，规章、管理簿册由原32簿精简合并为8簿。全年，建设标杆中间站52个，标准中间站100个，将京哈线、沈大线建成精品线，沈丹、平齐、长白、京通、长图线建成优质线，通让、沈吉、大郑、四梅、梅通线建成标准线。2008年，铁路局下发《部分旅客列车不设运转车长行车组织办法》（沈铁总发〔2008〕73号），沈阳铁路局担当乘务且有二个及以上运转车长乘务区段的跨局旅客列车在局间运转车长衔接区段设运转车长值乘；其他跨局旅客列车设运转车长值乘；使用外局旅客列车的客车底套用开行的旅客列车设运转车长值乘；按规定指派运转车长的列车设运转车长；其他旅客列车不设运转车长值乘。《客运列车编组顺序表》（《客运列车挂车通知单》），管内始发、挂车、摘车、终到站与车辆乘务员交接；在管内不设运转车长与设运转车长的分界站，运转车长与车辆乘务员相互交接，交接地点在《行规》规定的运转车长值乘位置；其他不设运转车长的旅客

列车，《客运列车编组顺序表》（《客运列车编组通知单》）的修改、计算、交接工作由车站人员负责，《客运列车挂车通知单》由挂车站交司机，由司机负责交摘车站、终到站。

2009年，铁路局下发《关于核减调车机运输组织有关要求的通知》（沈铁运电〔2009〕95号），明确了本务机调车作业原则、安全控制措施，优化部分作业量较小区段调车组配置，保证调车作业安全与效率，在小运转列车车次相对固定的22个区段实行流动（区域）调车作业方式，利用专调机车或小运转列车进行流动调车作业。2010年，路局对秦沈、沟海、沈山、苏抚线实施调度集中，调度集中大部分车站实施电务应急值守，取消原车务的车站值班员、信号员、调车区长等职名。全局173台调车机司机划归车务站段管理，并召开调车机车管理协调会，解决调车机车运用管理、结合部等方面的问题，对调车机车相关规章、制度及簿册配备进行全面梳理、规范，明确有效规章及各职场规章、簿册配置标准。路局下发《关于规范调车机车规章及簿册管理的通知》（运站电〔2011〕62号）、《关于加强调车机司机出勤点及运行揭示管理的通知》（运站电〔2011〕117号）、《关于做好调车机车运行揭示管理的紧急通知》（运站电〔2011〕134号）、《沈阳铁路局调车机车质量考核办法（试行）》的通知(沈铁运发〔2011〕97号)等办法。2011年，路局确定大郑线幺荒至通辽西段调度集中整合方案，下发《大郑线（幺荒—通辽西段）调度集中区段行车组织细化办法》（沈铁运发〔2011〕14号），大郑线幺荒至通辽西段调度集中。

2012年，沈阳铁路局实施调车作业无论是牵出还是推进，一律实施"双确认"制度。机务司机、副司机，车务推进运行时调车长和领车的连结员共同确认调车信号的开放状态，调车联控实施"三方控"制度，车站值班员与调车机司机、调车长实施三方联控。2013年，路局制定《车务系统实施岗位流程管理指导意见》，其中岗位作业流程和标准8项，干部生产管理流程和标准3项，安全管理工作流程和标准7项，应急处置流程和标准10项。达到每个班组都有一本作业流程和标准汇编，每个岗位都有本岗位作业流程和标

准手册，每名作业人员对本岗位的作业流程和标准都了解掌握。

2014年7月，沈阳铁路局完成车务站段视频监控系统建设工程。在局736个车站，12个货运中心的99个营业部、335个营业室，日均装卸量在20辆以上的194条专用线，以及91个货运快车办理站高站台，安装1万个高清摄像头，搭建路局综合监控中心。建设"现场、站段、路局"三级管控网络体系，在车务站段成立监控室，将现场视频监控点引入监控室。每个站段增设6名安全监控人员，24小时不间断对行车室、调车场等重点处所进行监控，实时提醒纠偏，并在非正常情况下实施应急指导，实现检查指导常态化。设立路局综合监控中心，将现场用于车务、客运、货运、营销的视频监控系统全部接入路局，并配备TDCS、列车运行图、调车作业计划查询系统及回放检索设备，设立专职监控调度员，实现对行车办理、调车作业、客运服务、装卸组织、装载加固、应急处置的全过程监控。

第二章　货运市场营销

沈阳铁路局货运市场营销工作经历了不断探索、逐步深化的发展过程。1996年至2002年，在运输能力总体趋紧的情况下，按照"铁路加快走向市场"的要求，坚持以市场为导向，以经济效益为中心，构建货运营销体系，提升货运营销能力，在市场竞争中大力开展货运营销，积极探索货场内部企业化经营管理改革、营销分配机制改革、货运营销方式改革，简化货运计划受理、审批流程，为用户提供方便、快捷的服务，努力保证重点物资运输、大宗货物运输和国有大中型企业运输需求。2003年以后，随着铁路运输能力不断提升，进一步强化市场营销，

开发并打造了循环车组、中欧班列、东北货运快车等货运营销品牌，提高货运核心竞争能力和运输市场占有率，实现运量不断增长，随着地方经济结构调整的深入，货源结构和市场需求发生变化，路局适时调整营销策略，坚持以客户需求为中心，改进营销方式，主动融入市场，满足市场需求。

2013年，按照铁路总公司统一部署，实施以"简化受理、随到随办、规范收费、热情服务"为主要内容的货运组织改革，加快向现代物流企业转型。组建营销机构，建立营销队伍；落实"实货制"运输，全面实行"一口价"收费，大力开展"门到门"运输；实行货运网上受理，取消运输计划、货运办理限制，创造一切条件做到敞开受理，随到随运；实行货运收费改革，实施了"一口价"收费，规范物流服务项目和价格收费标准；完善货运电子商务系统，开办货运业务网上受理，建立95306网站；逐步健全和完善了符合实际的营销管理体制和激励约束机制，形成了面向市场的货运营销体系、适应市场需求的运输组织体系和满足铁路现代物流建设的全程物流服务体系，提升了客户满意度，实现了稳定大宗货源、回流公路货源、增加"白货"运量的目标，为国民经济和社会发展提供优质服务，为降低社会物流成本做出贡献。

第一节　营销系统概况

一、路局营销机构

1996年，沈阳铁路局货运营销工作分别由局运输处、货运处、调度所按各自职责承担。1997年，将局货运处货运管理科改为货运营销管理科。1999年8月，路局成立营销处。2003年8月，撤销营销处机构编制，成立货运营销管理处。

2013年6月，沈阳铁路局整合运输、货运、调度、物流等部门的相关业务和人员，组建局营

销处（对外称物流中心），同时调整运输处、货运处等部门工作职责。将运输处货工、货计、企业自备车、运输统计分析全部职能及相关人员划入营销处，撤销运输处货运工作科、货运营销计划科、自备车管理办公室、运输分析科；将货运处运条运价、货物保险保价全部职能及相关人员划入营销处，撤销货运处保价运输办公室；将调度所货调、特调、集装箱业务划归营销处管理，相关人员在行政上仍归局调度所管理；将12306客服中心货运客服业务划归营销处管理，相关人员在行政上仍归12306客服中心管理；将多元经营管理处物流管理职能、经营管理部分职能及相关人员划入营销处。营销处设定员52人，内设市场部、物流部、生产部、运价部、综合部。主要工作职责:贯彻执行国家、地方政府及铁路总公司有关货物运输政策、法律法规，结合铁路局实际，制定具体实施办法。负责货运市场调研分析和开发，制定全局货运营销战略；负责组织开展货运营销，指导货运中心对专职营销人员进行选拔、培训和营销业绩考核；负责货物运输需求受理相关业务管理，编制运输计划并组织落实，并对计划兑现情况进行分析、定责、考核；负责掌握国家、地方及铁路行业各项政策，协调地方政府，完成重点运输任务；负责全局物流市场开发和业务管理，制定全局物流服务标准和管理制度，构建全程物流服务网络；负责全局运输生产效率的检查、分析、考核；负责全局运输条件和运价政策相关业务管理，规范及审核物流服务项目和价格标准；负责审批各单位上报的运价下浮方案；负责物流服务收费项目和收费标准的监督检查及责任追究；负责组织开展保险保价业务，办理事故理赔；负责自备车管理；负责掌握全局运输生产指标完成情况，对运输生产各项指标进行定期分析和专题分析，并对运输统计工作进行检查、指导、考核；负责建立客户信息、交易记录数据库；负责客户信用等级评价。

2015年3月，局营销处货物运价职能及相关人员划转到新组建的局价格管理处，同时设立运条部，定员变为42人。

二、分局营销机构

1997年，沈阳铁路局各分局货运分处（公司），对外称货运营销分处(分公司)，内设运营销办公室，设立专职或兼职营销主管人员。1998年，沈阳、长春分局组建了货运营销中心；吉林分局组建货运公司；白城、丹东、通辽分局相继组建客货营销中心或营销部。

1999年以后，全局货运系统均组建面向市场、适应市场、责任明确、整体协调的营销机构，各分局相继组建营销中心或营销部。

三、站段营销组织

1997年，沈阳铁路局二等以上货运站及车务段，均建立专职或兼职货运营销机构。全局有货运营销员1628人，其中专职营销员219人，形成货运营销组织保证体系。各站段在健全货运营销体系的基础上，完善以"万含包干"为核心、以工效挂钩为基本模式的考核分配机制，调动职工的营销积极性。

1998年，全局货场实行站段长领导下货运主任负全责的货场企业化和一体化经营管理，二等以下车站货场设立营销部。各站段强化营销队伍建设，选拔能力强、懂业务、善经营的货运人员充实营销队伍。全局有货运营销员5722人，占货运职工总数的52.1%，其中专职营销员774人，占营销员总数的13.5%。

1999年，全局各特、一、二等站、车务段相继组建营销科或营销室，全局营销队伍不断发展壮大，有货运营销员6358人，占货运职工总数的57.9%，其中专职营销员968人，占营销员总数的15.2%。

2013年5月，路局按区域组建12个货运中心，专门负责营销、受理、接取送达、装卸等"前店"工作。

第二节 货运组织改革

一、货场企业化经营管理改革

1996年，沈阳铁路局推进货场内部企业化经营管理改革，以大连东站货场改革为样板，在内部条件成熟、外部条件到位的基础上，铁道部确定的沈阳铁路局10个较大站货场中除丹东站外先后挂牌运作。9个试点站实行货场企业化改革后，货运基础工作普遍加强，当年货物发送量增长4.5%，货运收入增长10%。

1999年，全局各分局所在地车站实行站长领导下的货运主任负全责的货场内部企业化经营管理，其他站段实行货场一体化经营管理。实施车站在提报请求车时，同时报告单车运费收入额制度。货场开办电话预约、上门服务的便民措施，取货到家、送货到门，一些较大站货场还实行24小时全天候服务。各站段根据经济吸引区的铁路运力配置情况，拓展铁路运输服务市场，在无铁路的县、镇、乡开办运输服务业务。沈阳、长春等26个站开办32个运输服务代办点，实行"一条龙"运输服务，深受企业货主赞誉。

2006年，全局管内各货场实行内部企业化经营，货场全部实现货运业务"一个窗口办理、一次性收费、一张支票结算"的标准，各主要货运营业办理站实现微机化管理，具有计划、制票、交付、结算、查询、理赔、网上请车等多功能服务。不但使铁路的管理手段趋向现代化，而且也使广大货主更能享受到铁路货运安全、快捷、优质的服务。

二、营销分配机制改革

1998年，沈阳铁路局下发货运系统《营销分配指导意见》，各站段本着"全员联挂、以收定收、利益共享、风险共担"的原则，制定营销分配考核办法。在较大站货场还实行除生活保障工资外，其他工资全部捆用，并建立健全营销分配考核制度，设立营销统计台帐、表簿等资料，有专人考核、管理。通过加大营销力度，拓展经营渠道，组织新增货源1849.9万吨，增加货运收入70016.4万元。

2013年，出台了《沈阳铁路局货运营销业绩考核办法》，充分发挥了工资分配激励和约束作用，有效调度货运营销人员的积极性和主动性。

2015年，沈阳铁路局健全营销配套机制，完善挖潜提效考核办法，调动营销员进一步拓展市场的积极性，将总装车、批量快运装车、一口价装车、卸车纳入月度挖潜提效考核；建立品类别营销管理机制，按照路局品类别营销总体部署，制定信息传递机制、快速响应机制、价格协调机制、旬分析制度、月例会制度、业绩考核办法、严重营销问题追责制；建立网格化营销管理制度，抓好网格化营销制度建立，落实营销主体责任，以乡（镇、街道）为基本单位，将全局管内经济吸引区划分成2874个网格区域，并落实到具体的营业部（室），在此基础上制定包保责任制，明确包保职责和考核机制；完善《星级营销员管理考核办法》，将批量和零散快货纳入评比考核指标。新办法实施后，有效货源增量逐步上升。

三、货运营销方式改革

1997年，路局健全货运营销保证体系，不断完善适应市场的考核机制，按照"铁路围着市场转，经济效益为主线，运输跟着营销走，支持服务做骨干"的原则开展营销工作。打破惯例，对运行图进行22次调整，其中局管内调整20次，跨局调整2次。把运行图和列车编组计划纳入微机管理，随时为营销提供便利、可靠的服务。

2000年，路局制定出台货运营销改革40条措施，简化发送和到达办理手续，特、一、二等站实行一个窗口结算的办法，方便货主。同时，贯彻效益最大化原则，继续实施车站在提报请求车时，同时报告单车运费收入额制度。在"高附加值"和"远运程"上下功夫，做到优先计划审批，优先装车，提高货运产品"含金量"。挖掘潜力，增收节支；用足价格调节机制，吸引货源，增运增收。在运输组织工作中，坚持"三优先"的原则，来组织安排运输生产，确保国有大中型企业和重点物资的运输。2001年，路局继续贯彻效益最大化原则，组织装车，提高货运产品"含金量"。抢占营销制高点，充分利用回空车（箱）方向顺路装车，积极组织争夺公路货源，通过运费下浮吸引货源，增加货运收入。强化集装箱调度集中统一指挥，积极组织，调整箱流，针对全局箱源不均的状况，加大空箱调整力度，保证缺箱分局装箱需要，为完成全局集装箱运输任务奠定基础。当年共调整一吨空箱77582箱，十吨空箱33956箱，二十英尺空箱24657箱。2002年，全局在组织"高附加值"和"远运程"货源上，继续实施车站在提报请求车时，同时报告单车运费收入额制度。强化集装箱信息管理工作，完善集装箱信息系统考核机制，制定全局集装箱信息系统考核管理办法，并实行奖罚措施，实现集装箱管理科学化。全局100个集装箱追踪系统接点站"四单"（即：装车清单、卸车清单、回送装车清单、回送卸车清单）输入和传输同步运作，入库率、正确率明显提高。

2003年，路局打破原有的货运组织方式和货运计划受理、审批流程，为用户提供方便、快捷的服务，建设"以FMOS系统为基础，因特网批车系统为辐射，以快捷为牵动，辐射全局、覆盖社会，具有沈阳铁路局特色的货运营销网络"。当年，共发展注册用户788个，审批货运计划39.5万车，日均1447车，受到用户欢迎。强化货运营销组织工作，定期调查所辖经济吸引区的主要重点企业的生产、销售、运输情况，掌握货运市场的变化和需求，对重点企业大宗货物实行"你保我运量，我保你运力"的"双保"承诺运输，管内运输基本予以保证，入关运输给以运力倾斜，哈局方向全面满足，实现路企双保双赢。实施敞口受理、审批货运计划，充分利用FMOS、因特网批车系统、货运营销网络，消除限制，敞口受理审批货运计划，建立全局货运计划节假日不间断审批制度，同时加强对各分局计划审批情况的监督，对托运人提出的货运订单，要随时录入、及时上报、审定和下发，不准以任何理由不批或缓批，最大限度地组织有效货源。

2004年，路局提出"做好沈大高速公路客流、货源调查，为铁路营销策略调整提供依据"的要求，组织60人在沈大公路设立7个观测点，对沈大高速公路以及202国道(原黑龙江至大连)的货运量进行了24小时不间断实地调查，逐车写实，经汇总分析，基本掌握当时沈阳、大连方向的货流情况，为路局营销策略调整提供准确依据。

2005年，路局发挥铁路运量集中、运距长、运力资源潜力大的优势，将管内大宗稳定的点到点货源全部纳入直达运输方案，同时，为使这一运输组织模式得到企业、货主的认同，使其融入企业生产当中，形成产、运、销三方利益共同体。召开点到点直达运输研讨会，在统一认识、明确职责、达成共识的基础上，与12家运量相对稳定、企业信誉好、具备开行点到点运输条件的企业本着相互支持、提高效率、增加运量的原则，签订运输互保协议。建立管内企业名录系统，动态掌握经济吸引区内重点企业的生产经营信息。将管内日均装车5车以上，日均卸车10车以上企业的生产、运输、销售等信息全部纳入微

机化管理，并划分路局和站段分别掌握的范围。本着集中货源、集中劳力、集中配空和集中挂运的原则，对支线实施弹性装车。在考虑挂线及卸车能力的基础上，对管内支线按线别编制日历装车计划，避免因承认车过于分散，造成配空、挂运困难，不利于组织成组直达运输的问题，着力解决月间装车不均衡间问题，并结合次月的计划审批情况，适当对管内去向的货运计划保留到次月前5天左右，以确保月间装车的均衡过渡。

2007年，路局按照铁道部"两整合、一建设"的工作部署，结合全局货运站布局及管内货源分布状况，开展战略装车点建设调研论证，提出设备改造方案及建议，制定有关运输组织的优化办法，全力推进货运规模化运输。推进大客户运输战略，全局累计发展大客户13家，并与安阳钢铁集团、中粮集团、霍林郭勒市签订了战略合作协议，通过实施运力倾斜，实现了路企互利共赢。当年，全局大客户企业运量累计完成8889.4万吨，占全局货物发送量的31.3%。2008年，路局完善铁路货运客户信息，认真落实大客户运输战略，全局大客户企业达到19家，当年，全局大客户企业运量累计完成11148万吨，完成年度计划的106.8%，占全局货物发送量的34.3%。同年，货运日计划实现计算机自动审批。

2009年，路局与管内100家企业签订2.64亿吨的运量互保协议，确保协议高质量兑现。建立协调保证机制，采取定期与不定期相结合的方式，组织召开重点企业运输协调会，了解企业运输需求，及时提供运力支持，确保铁路运量稳定。建立百家企业运量日统计信息平台，设专人按日掌握企业装车和运量完成进度，并做好日常跟踪分析，及时了解企业产、运、销情况，督促企业兑现运量承诺。将百家企业协议运量分劈到站段，并将运量完成情况纳入站段月度经营考核，增强站段服务企业的主动性，采取路局跟踪掌握、站段定期走访、运力重点保证等措施，确保了协议的高标准兑现。当年，百家企业累计发送货物26487万吨，较协议目标2.64亿吨多发送87万吨，对全局装车总量的持续稳定起到基础保证作用。

2010年，路局突出货运10大主要品类，采取

有效措施抓增量，围绕霍煤、平煤外运，积极落实铁道部关于抢运9300万吨蒙东煤炭要求，满足地方经济发展和企业需求；围绕钢厂、电厂做好金矿、钢铁、煤炭运输；围绕港口和物流基地做好箱龙、油龙、粮龙运输；组织兑现与企业签订的运量互保协议，积极争取公路货源；适当采取运价下浮政策，按照"进关装远、哈局装够、管内装长"的原则，优化货源组织，实现全年货运收入203.98亿元，同比增收39.3亿元。

2011年，沈阳铁路局大力拓展货运营销深度，积极寻找吸引区以外的新增货源，巩固有效货源。加强与煤矿、钢铁、石化等大企业、重点企业沟通和协作，赢得企业对铁路运输的支持。强化大宗有效货源调查，全面掌握吸引区货源情况，制定措施，挖掘铁路可运货源，实现铁路运输增量。组成货源调查工作组，重点对粮食、非金属矿产、木材等大宗货源进行调研，研究货源回流办法，并组织实施。对大企业深入进行走访，全面掌握了解运输需求，根据运输需求，制定措施办法，争揽货源，增加铁路运量。大力改善服务方式，提高货运服务质量，以"主动服务、上门服务"为货运营销宗旨，为企业和货主解决铁路运输问题，支持企业搞好生产经营。

四、货运组织改革

2012年9月20日，按照总公司要求，路局开始推行货运组织改革。实施互联网受理服务订单政策，并接受网上空车预定；主动向地方政府部门和企业介绍网上受理的具体工作方式和实施情况，积极取得地方政府和企业的理解和支持；编制《电子商务知识问答手册》，协调解决系统运行以来出现的各类问题。当年完成100个货运代办点建设，并组织开展货运代办点的货源调查和营销工作。

2013年6月15日，按照总公司的统一部署，沈阳铁路局正式实施以"简化受理、随到随办、规范收费、热情服务"为主要内容的货运组织改革。这是建国以来铁路货运组织的一次重大变革。按照"减少环节手续，增加服务功能"的思路，对原有的货运办理流程进行全面梳理。大力减化发货办理手续，由改革前19项减化为4项。客户办理一批发货，只需要告知铁路"我要发货"，铁路客服人员就会主动与之联系，并按需

要安排装车，客户到一个窗口、一次性交费、取票即可。同时，为了便于客户与铁路联系，大力拓宽受理渠道，将原来只能到车站货运营业窗口办理发货的一个渠道，拓展为12306客服中心电话受理、各货运营业室电话受理、电子商务平台网站受理、营销人员上门受理、到货运营业室直接受理的5个渠道，由客户自愿选择。

落实"实货制"运输。最大限度地满足客户运输需求，确保"前店"收到货物能够及时装运，如期运达，做到有货即装、有货必装、随到随装。按照计划服从市场需求、运输围绕订单生产的思路，实施了两级调度、两级管理模式，路局在既有8部货调基础上，增设4部货调，与12个货运中心一一对应，实现实货与运力调整的无缝对接。本着"前后一体"的原则，在明晰"前店后厂"工作职责、业务分工的基础上，重点强化生产信息的对等，实现了信息共享"五同步"，即：营销信息与物流信息同步生成；装卸车信息与接取送达信息同步传递；对装对卸信息与接送汽车到位信息同步对接；调车取送信息与列车到开信息同步处理；车务站段信息与货运中心信息同步完成。强化调度日班计划编制质量，按照"空率最小、空距最短、配空时机最佳"的原则，生成最优配空方案，并随时向装车站传递车种、车号和预计配到时间等信息，提前预知客户，实货与空车形成一对一关系，确保实货随到随运，为敞开收货提供运力保障。

全面实行"一口价"收费。彻底解决铁路多头收费的问题，对全局货运收费进行全面清理和规范，凡是与铁路总公司规定不符的收费项目一律停止，做到收费规范合理。对所有费用实行一口报价、一张货票、一次性收取，所有收费项目和金额均显示在货票上，并在全局所有的货运营业室对所有收费项目和标准进行了公示，全面接受社会和公众的监督。

开展"门到门"运输。在深度整合全局物流资源的基础上，着眼市场需求，发展短途运输，利用自有汽车和联营汽车，构建覆盖全局的接取送达网络，开展汽车短途运输接取送达业务。在推进过程中，坚持公开招标、资质审核、明确责任、统一管理、费用清算五项原则，与联营车队签订《外委承揽运输协议》，以具有法律效力的

协议形成硬约束，确保双方合作共赢，健康发展。以规范经营，树立良好社会形象为目标，制定接取送达流程和标准，并运用物流信息网络和GPS定位技术，实现货物24小时实时跟踪，防止出现损坏、丢失、延时等问题。全年，共组建联营车队176家，联营车辆2215台，全局共计312个货运办理站开展了门到站（接取）、站到门（送达）业务，占办理站总数65%，占具备开办条件办理站总数93%。

实施热情服务。开通了12306货运客服电话，实行货运网上受理，在有条件的货运营业大厅增设洽谈区、休闲区、自助办理区，并为客户配备打印机、POS机、查询微机等便民设施。全面整合现有货运营业室的服务窗口，实现由一个货运窗口统一受理客户提出的所有需求，提供"一条龙"服务，让客户真正体验到了铁路服务工作的改进和提升。选拔100名专职营销人员，组成全局营销"示范方队"，每月评选出十大"营销状元"；总结分析典型营销案例，汇编成册下发各货运中心学习借鉴；制定营销业绩挂钩的分配办法，形成激励机制，有效地调动营销人员的积极性。

2014年，沈阳铁路局继续深化货动组织改革，在取消运输计划、货运办理限制和运输立户管理的基础上，创造一切条件做到敞开受理，全力满足客户需求。除法律法规明令禁止运输的货物以外，货物受理不受计划限制，把能收的货全部收上来。同年10月份，关闭了网上订车功能，减少人为限制，进一步畅通五种受理渠道，真正做到直接面向货主收货。同时彻底取消了集装箱准入资质，全面实施集装箱网上预订，自动配箱。11月1日起，全局对108类小运量白货实行"实重计费、批量快运"；对符合零散货物批量快运条件的汽车配件、药品、奶制品、矿泉水等138家企业集中上门营销宣传，积极主动参与企业招投标和物流外包活动，与18家企业签订了物流外包合同，实现了108类货物回流增量。实行管内价格放开试点，对部分与公路竞争激烈的点到点运输项目实行"一口价"，提高铁路的竞争力，以"贴身紧逼公路价格，覆盖可变动成本"为原则，对钢铁、铁矿粉等品类货物的11家企业试行"一口价"，采取"联合港口，共同让利"的方式，降低物流成本；帮助企业开拓南方市场，采取"回流公路，整体打包"的方式，达成合作协议，实现互利共赢。当年，这些企业铁路运量实现增量367万吨，增加运输收入21000万元。

2015年4月18日，中国铁路总公司在沈阳铁路局召开铁路现代物流建设现场会，沈阳铁路局局长在会上做了题为《深化货运组织改革加快向现代物流转型发展》的经验介绍，参会同志还到苏家屯零散白货中心站、孤家子零散白货作业站进行了现场观摩。

同年，路局组织开展大型市场调查，摸清市场底数，挖掘潜在货源。4月份，全局各货运中心对管内大连、营口、锦州、丹东、盘锦、葫芦岛6个港口的集疏港货物运量进行了5昼夜的跟踪写实，对公、铁集疏港运量进行深入分析，确定了攻关重点。6月份，由主管运输副局长带队，组织货运中心采用"梳篦子"的方式对管内在工商部门注册的所有企业进行走访调查，摸清管内社会物流需求实际，为有针对性地制定营销增量策略提供依据；组织货运中心、车务站段成立991个小组，采取从工商查执照弄清户数、从税务查发票摸清产值的办法，对管内28279家生产加工企业进行大摸底，通过市场调查，共梳理出17212万吨"可铁未铁"货源，占铁路之外其他运输方式运量的23.5%。路局按照细化分工、逐级负责、跟踪考核的思路，成立煤炭、零散、批量、集装箱、港口、钢厂、"一口价"7个营销攻关组，集中力量抢货源、找货源、揽货源；路局先后与本钢、一汽集团以及管内各港务局、煤炭企业的负责人座谈，面对面解决问题，实现增加运量。8月，成立煤炭、金矿和钢铁、矿建和水泥、粮食、石油和化工、集装箱和批量、矿泉水、汽车、行包、零散快货10个品类别营销项目组和1个价格协调组，采取业绩联挂考核的措施，全力开展重点品类项目营销，有效稳定货源，实现货运收入逐步增加。用足"一口价"、财务支持政策，坚持一户一策，为企业量身定做物流方案，稳定大宗货源。经过多次协商，12月29日与一汽集团签订战略合作协议，到"十三五"末期在长春经铁路运输的汽车达到70万辆，占外运总量的50%，有效抢占小汽车运输市场。

加强战略合作，抢占适箱货源，与哈尔滨铁路局联手，打造沈哈红运班列品牌；与中远中海公司联手，继续做强铁海联运；与中铁集装箱联手，发展国际联运，共同争揽韩国、日本及国内到俄罗斯和欧洲各国的集装箱货源。推进物流总包业务，路局成立领导小组及货运中心工作组、项目组，以市场调研为依据，确定批量目标企业攻关，及时总结恒大、富虹、锦州港物流总包项目开展经验，其中恒大冰泉物流总包项目被中国铁路总公司选为全路典型。年内，组织各货运中心签订物流总包合同项目183项，物流总包项目完成运量4335万吨、381719万元，日装车达到3668车，占全局装车总数30.4%。

第三节　货运中心组建

2013年，为适应货运组织改革需要，路局按照《中国铁路总公司关于沈阳铁路局调整组建运输站段的批复》（铁总办函〔2013〕254号）精神，按区域整合局管内车务站段货运和非运输企业物流、装卸业务、资产及人员，组建12个货运中心，即：沈阳、大连、长春、白城、吉林、鞍山、本溪、锦州、阜新、通辽、延吉、通化12个货运中心。货运中心专门负责市场营销工作。按照"前店"与"后厂"分开的原则，明确"前店"与"后厂"的职责分工，明确货运中心作为"前店"，直接负责营销、受理、接取送达、装卸等业务。各货运中心配齐配全负责敞开收货、争揽货源的驻厂、驻户、驻港人员，负责"门到站"和"站到门"运输的接取送达和装卸人员，负责多种渠道受理客户需求的业务受理人员三部分主要人员，逐步形成营销区域合理、分工明确、覆盖全局经济吸引区的货运营销网络。同年，全局共管辖货运营业站482个，按区域划分95个营业部326个营业室和3个国际联运交接所。具体为：沈阳货运中心管辖货运站40个，下设10个营业部，34个营业室；大连货运中心管辖货运站36个，下设7个营业部，23个营业室；长春货运中心管辖货运站36个，下设8个营业部，35个营业室；白城货运中心管辖货运站34个，下设7个营业部，25个营业室；吉林货运中心管辖货运站35个，下设8个营业部，23个营业室；鞍

山货运中心管辖货运站30个，下设8个营业部，17个营业室；本溪货运中心管辖货运站38个，下设8个营业部，32个营业室，丹东国际联运交接所；锦州货运中心管辖货运站30个，下设7个营业部，18个营业室；阜新货运中心管辖货运站41个，下设7个营业部，33个营业室；通辽货运中心管辖货运站71个，下设10个营业部，34个营业室；延吉货运中心管辖货运站29个，下设4个营业部，24个营业室，图们国际联运交接所；通化货运中心管辖货运站62个，下设11个营业部，28个营业室，集安国际联运交接所。

第四节　收费管理

一、管理机构

1996年至2000年，沈阳铁路局货运处货运管理科设专职工程师负责管理货物运价。2000年成立营销处，由货运管理科管理货物运价。2003年7月撤销营销处，成立货运营销管理处，货运管理科负责货物运价管理。2013年6月，随着货运组织改革成立营销处，货运价格由货运处分离，纳入营销处运条运价部管理。2015年3月，路局成立价格管理处，客货运价格从客运处、营销处分离，纳入价格管理处客货运价科管理。价格管理处设定员14人，内设综合信息科、客货运价科、采购价格科等3个科。同年4月10日，路局出台《沈阳铁路局价格管理组织机构职责分工的管理办法》（沈铁价格〔2015〕127号），价格管理处负责开展全局运输市场、物资设备等价格信息收集分析、价格构成分析；按总公司有关规定，拟定路局价格定价、核价等管理制度办法并组织实施；承担自主采购物资设备价格、维修服务等价格的限价和核价等工作。同年12月，非运输企业物价管理纳入价格管理处。

二、运价政策

1996年至2015年间，铁路货物运价调整较为频繁，共进行14次大规模调整，自2014年2月15日起，铁路货物运价由政府定价改为政府指导价。

1996年4月1日，货物平均运价每吨公里提高

0.5分，此次调价只提高整车货物运价并理顺级差，零担、集装箱货物运价总水平不提高，冷藏车货物运价不动。1997年6月1日，货物平均运价每吨公里提高0.5分，整车货物运价号由12个简化为9个，调整了个别品类货物的整车运价号，零担货物按实重计费改为按体积或重量择大计费，并简化为4个运价号，集装箱为5个运价号。

1998年4月1日，货物平均运价每吨公里提高0.5分。铁路建设基金每吨公里提高到0.033元，农药每吨公里提高到0.019元。2000年7月1日，货物平均运价每吨公里提高0.2分。2003年12月16日，铁道部调整铁路货运价格，实行统一运价的正式营业线和运营临管线货物平均运价水平每吨公里提高0.25分。2005年4月1日，实行统一运价的正式营业线和运营临管线货物平均运价水平每吨公里提高0.5分，取消原整车6号运价，执行原6号运价的各货物品类改按5号运价执行，原整车7、8号运价号顺延改为6、7号，零担货物4个运价号合并为2个，原21、22号运价的各货物品类按21号运价执行，原23、24号运价的各货物品类按22号运价执行，铁路货运营运杂费中的货车中转技术作业费并入货物运价。

2006年4月10日，货物平均运价水平每吨公里提高0.44分。2007年11月5日，货物平均运价每吨公里提高0.2分。2008年7月1日，货物平均运价每吨公里提高0.3分，整车农用化肥运价作相应调整。2009年12月13日，货物平均运价水平每吨公里提高0.7分。2012年5月20日，货物平均运价水平每吨公里提高1分。

2013年2月20日，货物平均运价水平每吨公里提高1.5分。2013年6月15日起，中国铁路总公司公布接取送达费，明确加固材料费，删除了《价规》中的表格材料费、过秤费，修改仓储费，修改到站发现货物的实际重量超过发站确定的计费重量时的补费条款，取消超过货车容许载重量的部分核收运费额五倍违约金的条款。提出铁路门到门运输"一口价"概念，包括门到门运输服务全过程中按规定收取的所有费用。按照货运组织改革要求，沈阳铁路局将非运输企业原有的10项收费项目取消运输代理服务费、专用线共用服务费、专用线使用服务费、篷布服务费、检斤服务费、综合物流服务费6项收费，保留汽车短途接取送达服务费、煤炭运输抑尘费、装载加固材料费、装卸服务费4项费用，并划转为运输业核收。同时，全面实施"一口价"收费，对所有费用实行一口报价、一张货票、一次性收取，所有收费项目和金额均显示在货票上，使客户在营业室一个窗口，使用"一张货票"就能办理完全部交费手续。

2014年2月15日，中国铁路总公司调整铁路

2013年铁路货物基础运价标准一览表

表3-2-1

办理类别	运价号	基价1		基价2	
		单位	标准	单位	标准
整车	1	元/吨	7.400	元/吨公里	0.05650
	2	元/吨	7.900	元/吨公里	0.06510
	3	元/吨	10.500	元/吨公里	0.07000
	4	元/吨	13.800	元/吨公里	0.07530
	5	元/吨	15.400	元/吨公里	0.08490
	6	元/吨	22.200	元/吨公里	0.11460
	7			元/轴公里	0.40250
	机械冷藏车	元/吨	16.700	元/吨公里	0.11340
零担	21	元/10千克	0.168	元/10千克公里	0.00086
	22	元/10千克	0.235	元/10千克公里	0.00120
集装箱	20英尺箱	元/箱	387.500	元/箱公里	1.73250
	40英尺箱	元/箱	527.000	元/箱公里	2.35620

货物运价，铁路货物运价由政府定价改为政府指导价，对全路实行统一运价的营业线货物运价进行调整，货物平均运价水平每吨公里提高1.5分；10月，中国铁路总公司提出试行批量零散货物快运，为促进社会物流成本的降低，对于铁路运量小的152类零散白货实行零散价格，符合条件还可实施议价管理；11月，中国铁路总公司提出试行整车"一口价"新管内和"一口价"新直通运输，即原有的铁路运价下浮改为"一口价"新管内和新直通运输管理，目的为吸引货源回归铁路运输，发挥铁路价格贴近市场的优势；2015年2月1日，货物平均运价水平每吨公里提高1分，磷矿石铁路整车运输调整为执行2号运价，农用化肥铁路整车运输调整为执行4号运价，并继续执行国家有关部门减免核收铁路建设基金的政策，对焦炭、金属矿石、钢铁及有色金属、非金属矿石、矿物性建筑材料、水泥、粮食、化肥及农药、鲜活、其他10大类货物以及集装箱，沈阳铁路局按调价前运价率执行并报铁路总公司备案。

2015年4月15日起，"一口价新管内""一口价新直通"统称为"竞争性一口价"。同年11月9日，铁路总公司规定实施"竞争性一口价"时，对允许实施"竞争性一口价"的货物品类进行了调整，由原来的运费、两端杂费同比例下浮，修改为要先对杂费调整，再对运费空间调整。

三、规范收费管理

1996年4月，铁道部规定铁路企业不得收取限制口加价、计划外车皮加价、协作费、支持费、请车费、保车费、配车费、出门费、点装和在铁路专用线（不论路产非路产）收取的机车租用费10项收费，已经地方政府和有关部门批准的，均停止执行。沈阳铁路局按铁道部要求落实。2003年12月16日，在国铁正式营业线和实行统一运价的运营临管线核收的每吨公里0.11分的新路新价均摊运费，并入统一运价的运价率中，不再单独核收新路新价均摊运费。

2005年4月1日，铁路货运营运杂费中的货车中转技术作业费并入货物运价。2006年4月10日起，自备集装箱管理费费目取消，其他国铁营业线和国铁控股合资铁路自备集装箱空箱运价率调整为按规定重箱运价率的40%计算。沈阳铁路局针对运价下浮管理工作，发布《关于重新发布〈铁路货物运价下浮管理实施细则〉的通知》（沈铁货发〔2006〕141号）。

2008年2月28日，铁道部对《铁路货物运价规则》中的运输危险货物的整车以及集装箱加成费率、自备或租用货车停放费进行了修改。同年7月1日起，增加三项货运杂费：翻卸车维检费、机车出租费和货场场地出租费。同年8月15日起，铁道部对《铁路货物运价规则》的取送车费、机车作业费率进行了调整。2009年12月13日

2015年铁路货物基础运价标准一览表

表3-2-2

办理类别	运价号	基价1		基价2	
		单位	标准	单位	标准
整车	2	元/吨	9.50	元/吨公里	0.08600
	3	元/吨	12.80	元/吨公里	0.09100
	4	元/吨	16.30	元/吨公里	0.09800
	5	元/吨	18.60	元/吨公里	0.10300
	6	元/吨	26.00	元/吨公里	0.13800
	7			元/吨公里	0.52500
	机械冷藏车	元/吨	20.00	元/轴公里	0.14000
零担	21	元/10千克	0.22	元/10千克公里	0.00111
	22	元/10千克	0.28	元/10千克公里	0.00155
集装箱	20英尺箱	元/箱	500.00	元/箱公里	2.02500
	40英尺箱	元/箱	680.00	元/箱公里	2.75400

起，通霍线货物运价按国铁统一运价执行。同年12月20日起，铁道部对《价规》中冷却费、D型长大货物车空车回送费、D型长大货物车延期使用费、货车篷布延期使用费、集装箱延期使用费、机械冷藏车制冷费、清扫除污费、合资、地方铁路货车篷布占用费、自备或租用货车停放费、车辆租用费、路产专用线租用费、防风网使用费等部分货运杂费费率进行了调整。

2014年3月30日，沈阳铁路局发布《货物运价下浮管理实施细则（试行）》（沈铁营销〔2014〕98号）。同年8月，沈阳铁路局开行东北货物快运列车，实行贴近公路运输市场价格的方式确定零散快运价格，并分为门到门、门到站、站到门和站到站四种价格。2015年2月1日起，中国铁路总公司取消对大宗稳定货物收取的综合物流服务项目和收费。同年3月25日，沈阳铁路局发布《一口价运输管理暂行办法》（沈铁价格〔2015〕103号）、《运杂费管理暂行办法》（沈铁价格〔2015〕104号）、《货物快运价格管理暂行办法》（沈铁价格〔2015〕105号）。

第五节 电子商务平台

2012年，沈阳铁路局有序推进货运网上受理，制定《沈阳铁路局货运客户注册管办法（试行）》《沈阳铁路局货运网上受理管理办法（试行）》《沈阳铁路局网上受理运力保障管理办法（试行）》，对实施货运网上受理后各部门职责分工、客户注册管理方式、运输组织衔接方式、运力保障机制、物流服务分单流程和系统基础信息维护分工等关键环节作了具体规范。同时，组织专人进行网上受理系统各功能模块的测试工作，完成全局管内各货运站装卸车地点的装卸能力核定和客户注册，举办由运输站段主管运输、货运副职、客货管理科科长（货运主任）、主管货运计划人员、微机系统维护人员、路局客服中心相关人员参加的培训班，为网上受理的顺利开通使用做好准备。

2013年，沈阳铁路局推广电子商务平台应用，制定《沈阳铁路局货运电子商务系统服务信息更新维护细则》，完善货运电子商务系统有关服务信息及其更新维护流程，保证货运电子商务系统对外服务信息内容准确、更新及时、查询便捷，逐步实现货运业务网上受理，并规范客户注册管理，为客户办理货运业务提供一个便捷、公平的平台。通过广泛宣传和积极引导，电子商务平台业务受理比例迅速增长，全年，全局电商受理比例达到100%，方便了货运客户办理业务，提升了货运营销效能效率。

2015年3月，路局建立95306网站，打造集"货运电子商务""大宗物资交易及物流服务（B2B）""小商品交易及物流服务（B2C）"于一体的商品交易平台，4月10日正式上线开通。9月23日，沈阳铁路局负责的辽宁、吉林区域板块正式上线运行，全年，实现店面展示5712家，企业注册26135家，上线交易成交7756万吨、620.6亿元，铁路物流服务7709万吨，其中企业注册、店面展示数量全路排名第一，上线交易及铁路物流量全路排名第三。

第六节 营销品牌创建

一、"五定"班列

1997年，路局制定《"五定"班列货物运输组织办法实施措施》，全局建立56个"五定"班列辅助装车站，开行定点、定线、定车次、定时、定运价的"五定"班列货物运输达248列。1998年，加大揽货和代理力度，开好国际集装箱"五定"班列，扩大国际集装箱份额，路局制定《国际集装箱全程运输代理一次报价管理办法》《国际集装箱五定班列全程监控办法》，在受东南亚经济危机影响的情况下，国际集装箱累计发送了22616标准箱。1999年，路局放宽组织条件，加大班列的宣传力度，严格执行班列的开行纪律，充分安排班列的运力，全年开行班列102列，开行总数比上年同期多31列。扩大国际集装箱铁路运输占有市场份额，积极组织开行集装箱"五定"班列，全年共开行96列3738标准箱。

二、集装箱循环车组

2000年，路局组织分局开展二十英尺集装箱循环车组运输，攻克水泥纳箱运输关。通化铁路分局三次深入企业了解生产及运输情况，宣传使用二十英尺集装箱装运水泥的好处，虽然集装箱吨运费比整车吨运费高0.25元，但是破损、湿损率低，而且使用循环车组，箱源有保证，优于整车货物运输，通过算帐对比，得到企业认可。组织由湾沟站发往长春、农安、松原、大安北等5个站使用二十英尺集装箱组成循环车组装运水泥，在局管内循环使用。当年共装运1282车，2564箱。2001年，继续加大力度组织局管内循环车组运输。全年，通化分局组织由新通化、湾沟等站发往长春、农安、松原、大安北等5个站共装运1885车，3710箱；锦州分局组织凌源、南房站至锦州站共装运673车，1346箱。

三、集装箱班列运输

2000年，路局扩大国际集装箱铁路运输占有市场份额，积极组织开行集装箱运输班列，创"名牌"效益。在巩固德惠站至鲅鱼圈港站冷藏集装箱货物运输班列基础上，当年6月5日、7月31日、12月4日先后组织开行大连、大窑湾港站至长春、图们、香坊站集装箱班列，提高国际集装箱周转速度，吸引国际集装箱货源，全年开行202列，6178车。

2001年，路局充分发挥港站、内陆港站的双龙头作用，积极组织开行集装箱运输班列，制定《集装箱班列货物运输实施办法》和《集装箱货物运输班列包租实施办法》，规范集装箱班列货物运输管理。实施集装箱班列包租，同年3月22日大连中远国际货运有限公司承包经营金州站至长春南站集装箱运输班列，每周四开行，每列基数40辆；10月16日开行大连北至沈阳东站集装箱运输班列；12月26日开行大连北站至香坊站冷藏集装箱班列，铺设了水果、蔬菜运输的"绿色通道"。增加集装箱班列运行线，全年共开行677列，19324车，增加集装箱发送量38648标准箱。组织开展中俄和中哈铁路间铁路大吨位集装箱运输，全年共发418标准箱。2002年，全局继续组织局管内集装箱循环车组运输，增加水泥纳箱运输，在总结通化、锦州分局使用二十英尺集装箱组成循环车组装运水泥的经验基础上，开发长春分局乌兰浩特站至阿尔山、伊尔施站使用二十英尺集装箱组成循环车组装运水泥，解决空箱源不足，增加箱量。

四、循环车组

2003年，沈阳铁路局与鞍钢、本钢、北台、新抚钢四大钢厂签订到大连港、鲅鱼圈港相互间循环车组运输协议，去时装运钢厂到港口的钢材，返程装运港口到钢厂的进口矿粉(石灰石)，在收费上减免一些杂费，在装载重量上较不开行循环车组有一定提高，使这些钢厂运量增加，同时节约运输成本，受到这些钢厂和港口的称赞。全年，四大钢厂到两港固定循环车组共开行793列、35737辆。

2006年，路局相继组织开行本溪—鲅鱼圈、本溪—金州、灵山—大连北、马林—赤峰、马林—元宝山间的循环车组。通过扩大循环车组的开行范围，加速了车辆周转，提高车辆的运用效率。马林—赤峰、马林—元宝山间的煤炭循环车组每天两个往返开行，使用车不增加的情况下，装车量较原来提高一倍，缓解叶赤线由于远距离配空造成的支线运能紧张状况。另外，通过对循环车组采取定点、定线、定编组内容的客车化管理方式，增强市场竞争力。全年，本溪—鲅鱼圈（金州）循环车组开行522列；灵山—大连北（金州）循环车组开行132列；马林—赤峰（元宝山）循环车组开行113列。2010年，在金港至渤海间开行石油直达固定循环车组列车，首列于6月2日6点49分在金港站开出，现车50辆，总重3416吨，15点52分到达渤海站。

五、"沈铁红运"集装箱班列

2013年，沈阳铁路局开行的"沈铁红运"集装箱班列，是铁路局与辽宁红运物流（集团）有限公司、中海集装箱运输公司合作打造的公路、铁路、海运多式联运的集装箱运输新产品。该产品为"定点、定线、定编组"客车化管理的货物列车，具有运力保障足、运行速度快、运到时限短、运输损耗少的特点，并提供发货上门接取、到达送货上门的全程物流服务。当年开发10对20条"沈铁红运"集装箱班列运行线，辐射辽吉两省及内蒙古东部地区。2014年，增加白河—大窑湾，合计11对22条运行线。2015年增加大青—锦州港、大青—鲅鱼圈港，合计13对26条运行线。

六、集货拼装班列

沈阳铁路局集货拼装班列于2013年9月15日

正式开行，首列为沈阳东—哈尔滨南的"沈哈"集货拼装班列。随着集货拼装业务拓展，11月7日增加南关岭—长春南、长春北—延吉的集货拼装班列运行线；12月26日增加长春东至白山市集货拼装班列运行线；2014年3月31日，增加山海关—哈尔滨南的集货拼装班列运行线；8月25日，增加沙岭到哈尔滨南的集货拼装班列运行线；2015年3月20日，增加长春到乌兰浩特，沈阳东、沙岭到三间房的集货拼装班列运行线。

七、中欧班列

2014年10月，沈阳铁路局推出铁路跨境班列业务，敞开受理客户在大连港和营口港装车，通过满洲里口岸过境到俄罗斯及欧洲地区的货物运输需求，采取"定点、定线、定时、定车次"客车化管理的模式，具有运行速度快、运到时限短、运输价格优、通关时限短等特点。该产品开辟欧亚大陆桥东北地区铁路货物运输新通道，形成境内和境外快速运行线，实现准班、准点运行，运行途中不拆解，铁路运输时间由整列运输时的48小时以上缩短至32小时，为客户提供更加便捷、更加安全、更加稳定的铁路运输服务。

八、东北货运快车

2014年8月，沈阳铁路局陆续开行东北货物快运列车，以苏家屯零散快运货物中心站为支点，确定东、西、南、北、中"五环"方案，共安排开行15列东北货物快运列车，覆盖辽宁、吉林、河北、黑龙江、内蒙的19个市、31个县。同时构建200个作业站，完善快运功能，适应东北货运快车开行，每个作业站都具备"五有"，即：有单独的库房，有专门的高站台，有专用的通道，有专门的围墙和栅栏，有必备的装卸工具。叉车可以直接进出货车进行搬运作业，实现了装卸作业机械化。同时根据货源流向、区域位置、路网情况，在主要干线交汇点设中心站、中转站，补强基本功能，建成货运快车能够直进直出的苏家屯中心站、长春北中转站。2015年，沈阳铁路局把51条"点对点"运行线作为东北货运快车"五环三爪"的升级版，取得较好效果，当年全局零散"白货"共计发运1004万吨，收入10亿元。

第七节　保价与货物理赔

一、保价运输

1996年，沈阳铁路局召开大中型企业领导参加的座谈会，同时利用报刊等新闻媒介，宣传铁路保险保价运输工作，与14家企业签订保险合同。当年完成保价运输收入15099万元，完成保险收入7500万元。1997年，保价收入完成14167万元。1998年，路局实行分工包保，召开保价工作会议，走访一汽、辽化、吉化等大型企业，全年保价收入完成11953万元。安排更新改造、大修和客货服务基金投资计划是保价工作项目之一，全年安排保价投资更改2412万元；大修1543万元，客货服务基金286万元。1999年，全局保价收入完成11637万元。

2000年，路局保价收入完成12078万元。2001年，保价收入完成12067万元。2005年，全局货物保价收入完成16933万元。2006年，全年完成保价收入16000亿元。

2007年，路局制定保价增收的具体措施，加强保价收入大客户服务工作，积极开拓新的收入增长点，大力调动站段做好保价工作的积极性，全年完成保价收入1.68亿元。2008年，路局提出"增收抓'两率'，减赔抓粮食，客户抓信誉"的经营理念，落实保价大客户战略，深入现场，走访企业、货主，宣传参加保价运输，不断增进路企相互沟通，提高信誉。大力发展石油、钢铁、煤炭、矿粉等大客户参保，增加新亮点，提高保价运输份额。全年货运保价收入完成18000万元，完成铁道部下达年保价收入目标的104.7%。2009年，全局大力实施大客户战略，在确保已参保的大客户继续参保的基础上，新增加4个大客户参加保价运输，当年货运保价收入完成18836万元，较上年增收836万元，增长4.6%。

2010年，路局加强货物保价运输管理，实施大客户战略，提高对保价大客户的服务水平，新增11家企业大客户参加保价运输。当年全局保价收入19596万元。2011年，沈阳铁路局货运保价收入完成20320万元。

2012年，沈阳铁路局对铁道部保价指标进行认真科学的分劈，下达给各直属站段，并针对当前的运输市场的严峻形势提出要求，指导各站段采取相应的措施，努力吸引企业货主办理保价运输。当年新增加保价大客户企业5家，铁路保价运输大客户企业达到80家，全局保价运输收入51.9%来自这些保价大客户企业，当年保价收入完成17009万元，与计划比多收入563万元。2013年，全局保价收入完成20310万元。2014年，全局保价收入完成19182万元。

2015年，沈阳铁路局正式运行新版"铁路保价运输管理系统"，实施稳定重点客户措施，走访年保价收入在30万元以上的大客户或发运量较大的企业；开发中小客户，在大宗货源下滑严重的形势下，组织各货运中心、车务站段，加强零散、批量宣传力度，争取中小企业保价运输。全年完成保价收入12966万元。

二、货物理赔

2002年，沈阳铁路局货运事故处理，注重货赔时限的兑现，执行先赔付，后划分内部责任和发站办理赔偿的规定，提高铁路信誉。当年，全局共发生保价货运一般事故1319件，责任赔款929.9万元。

2006年，路局开展货运事故理赔专项整治，下发《关于加强货运事故理赔工作的紧急通知》，提出9条明确具体要求，加强货运事故理赔工作，控制粮食货物运输损失；转发铁道部《关于进一步加强粮食运输安全措施切实解决粮食运输湿损被盗问题的通知》，并提出强化粮食运输安全的10条具体措施。2007年，路局加强货运事故处理的基础工作管理，强化货运事故处理和赔偿工作标准，严格事故处理工作的"五个质量"（记录编制质量、事故调查质量、事故处理质量、事故赔偿质量和安全室服务质量），注重粮食、化肥等物资运输安全，规范货运事故理赔，严格赔偿权限，大力提高货运事故处理工作质量。全年货运责任事故328件，同比下降66.3%，货运责任赔款下降60.0%。

2008年，沈阳铁路局规范货物理赔管理，对货运事故处理工作中使用的表报簿册样式、货运记录编制式样进行规范，统一刻制全局货运事故处理专用章，加强事故处理工作，发现货损、货差，实行"三方"到现场确定制，提高理赔质量，全年货运事故赔款同比下降30%。2009年，全局货运事故赔付工作，提出落实减赔措施，实现"降低货赔50%"的目标，全局责任赔款567件，责任赔款同比下降54.63%。全局安装105套保价及事故处理系统，使用原有设备移设59套，形成覆盖全局的网络，同时对系统的使用和管理得到进一步的规范。2010年，沈阳铁路局推进保价及货运事故处理系统建设，在131个站和15个车务段配备货运事故处理系统，并采取异地一台微机装多套系统录入、传输、归卷的模式，由车务段、直属站确定托管车站的名单和范围，同时制定下发《沈阳局〈关于印发使用"货运事故处理系统"处理事故暂行办法〉的通知》的指导意见》，确保网上处理事故的全面实施。

2011年，全局货运事故当年责任赔款523件，事故件数和责任赔偿数均比上年下降。修订下发《沈阳铁路局货运事故处理规则补充规定》，对全局的货运事故处理工作进一步严格要求，在货运记录编制、现场勘察、赔偿手续等方面补充了易疏漏的环节，规范作业程序，确保事故处理服务质量的提高。同年10月份下发《关于加强上报货运事故处理综合分析的通知》，严格发到站监装卸、途中货检站的作业质量，避免车辆挑选不良导致的湿损，以及装车少件情况的发生，对过失责任赔款，严抓"四不放过"原则的落实，对装车站责任导致的货物湿损事故，要求装车站及所属车务段拿出整改办法及处理结果，并复查改正落实情况。针对货盗，同公安部门继续共同配合，认真摸排货盗多发地段，同时利用视频监控系统，对破封、篷布被割的货车进行监控、调查、分析。推进落实网上事故处理工作，做好系统的开机在线率，确保网上处理事故要求的落实。

2012年，路局加强事故理赔管理，下发电报要求对货运事故出现场人员、草记录编制和审核重新进行规范，基本上杜绝骗保问题的发生；坚持货运事故日报告制度，要求站段对2000元以上货运事故信息第一时间上报路局，路局每日组织站段及时对货运事故进行处理，降低事故损失效果明显；加大培训力度，举办了三期货运事故处理业务培训班，培训各站段货运监察和货运安全员290人次；开展联合公安部门打击货盗，降低事故损失。同年，组织站段对事故理赔工作进行平推检查，检查主要从"事故处理系统"运用管理使用维护、事故理赔质量、事故安全防范等5个方面着手；严格现场勘查和事故理赔程序，对关键环节进行卡控，杜绝骗保问题的发生。全年全局货运事故162件，货运责任赔款比2011年责任赔款下降8%。

2013年，沈阳铁路局开展事故理赔专项整治，确定检查项点和检查安排，组织有关人员深入现场到货运中心、货运站，对保价理赔工作进行专项检查，对检查中发现的问题及时进行整治。同时在鲅鱼圈站实行小额赔款直接支付试点，2014年全局普及、推广小额赔付直接支付。

组织货运中心对标准化理赔安全室建设逐步进行推进，落实标准化理赔安全室各项制度，做到纸质事故卷与电子版始终保持一致，在铁路总公司组织的标准化理赔验收工作中，取得良好的成绩。

2014年，随着东北货运快车的开行，路局制定《沈阳铁路局便民货运快车保价及理赔办法》《沈阳铁路局货物快运保价及理赔办法》，确保货运快车保价理赔工作有序进行。2015年，沈阳铁路局实现客户通过互联网办理提赔，改善客户体验，5月份在95306网开通货运"网上提赔"服务功能，并试行上门办赔服务，提高客户的满意度。

第三章　旅客运输

1996年至2005年，沈阳铁路局针对管区内客流下滑的实际，采取有力措施，提高能力，不断拓展客运市场，调整优化客车开行结构，增加"夕发朝至"和直通客车的比例，提高旅客列车速度，暑运增开旅游专、城际列车。列车服务实行按需服务和无干扰服务，车站服务开展"达标活动"，确保客运营销质量的提升。2006年至2015年，把安全出行、方便出行、温馨出行作为常态化目标，提高服务标准，以提速调图为契机，增开动车组列车，优化直通列车和管内客车开行，提高服务档次，优化列车始发、终到和站停时间，压缩旅行时间，合理安排春运、暑运、国庆等客流高峰期间客运能力，采取临客加开、图定加挂、动车重联等措施，拓宽售票渠道，采取互联网等多种方式购票，建成直通普速列车通达全路各局、动车覆盖管内所有地市级以上城市，建成以长春、沈阳、大连、通辽、吉林、通化等城市为中心的管内普速客车开行结构网络。2015年，全局担当旅客列车316对，其中直通117对，管内199对，开行动车组96对。旅客发送

人21553万人，比1996年提高12.8%；旅客周转量90921百万人公里，比1996年提高2.3倍；旅客平均行程326公里，比1996年提高82.1%。

第一节　客运系统概况

一、客运处

沈阳铁路局客运处负责管理全局客运工作。1996年，客运处下设客运科、技术设备科、旅服科、调度科，专运办公室、行包保价办公室。客运处主要职责：安全优质地组织完成旅客运送、行包运输、专运、军运、餐营和客运任务指标。检查督促客运部门，搞好路风建设，组织好站、车竞赛评比活动，不断提高服务质量；坚持"安全第一、预防为主"的方针，制定和落实各项安全措施，防止旅客列车发生事故，并对发生的事故及时调查处理；制定局管内旅客、行包运输和旅行服务工作的补充规定及办法；组织专运工作，并掌握局专运车辆的调配和运用。编制和调

整跨分局旅客列车运行图，旅客列车和编组表和时刻表，做好旅客列车扩大编组、客车加挂、临客加开及停运工作。编制提报自局担当的直通旅客列车编组及开行方案，负责客运技术组织，掌握客车运用，调配客流调查，计划运输，票额分配、管理和调整。参加制定全路行包运输方案，审批局管内行包停办事宜。编制客运设备发展规划，审批客运设备新建、扩建、改建方案，编制局客运服务收入及客运行包保价收入投资使用计划。组织客运干部及客运值班员、列车长以上的客运职工进行技术业务培训，不断提高客运队伍技术业务水平。

2000年，撤销客运处，客运处的专运、客运、技术设备管理工作划归车务处；客运处的票务管理、行包保价工作划归营销处；客运处调度划归调度指挥中心。各分局撤销客运分处，相关职能划归车务分处、营销分处和调度指挥中心。

2002年，沈阳铁路局成立客运公司，对铁路局内部称为客运事业部，客运公司机关行政定员编制110人，党群定员编制38人，局客运公司下属7个客运分公司。2003年8月16日，沈阳铁路局实施生产力布局调整和机构改革，撤销客运公司，成立客运事业部。客运事业部下设客运管理科、营销计划科、专运办公室、票务中心，客运事业部定员28人，实际人员26人。各分局也成立客运事业部。2004年3月10日，沈阳铁路局客运事业部增设客运质量监督科，同年更名为客运营销管理处，各分局客运事业部相应更名为客运营销管理分处。

2005年，客运营销处改称客运处，营销计划科更名为客运组织科；同年各分局客运分处随着分局编制统一撤销。2008年，客运处增设动车管理办公室，客运质量监督科更名为服务质量监督科。

2011年，客运处增设沈阳铁路客户服务中心。2012年，客运处增设哈大客专集中控制中心。2013年7月，路局客运处设立行包管理科，负责全局行包运输组织管理工作。

2015年，客运处内设客运管理科、客运技术科、服务质量监督科、行包管理科、设备管理科、专运办公室、动车管理办公室、客票管理所、沈阳铁路客户服务中心。客运处客运组织科

更名为客运技术科，哈大客专集中控制中心更名为客专综合控制中心，并将客专综合控制中心划归调度所管理。全处职工50人。主要职责是组织对路局客运规章制度的制定、补充、修改、废止、审批和发布工作；负责对客运系统规章制度管理的日常指导、监督和检查工作；负责车务站段客运专业管理，对站段客运安全工作进行日常监督、检查和指导，制定客运安全管理办法；定期对各站段的客运安全管理进行评估、考核；组织或参与本系统发生的旅客、行包责任事故的调查、分析、处理，并制定防范措施；负责车务站段的客运经营考核；对全局客运核心业务和客运多元化经营项目包括非运输企业从事的客运延伸服务业务进行组织、规范、管理和考核；组织客运非运输企业等生产经营主体开展经营活动，对经营过程进行指导、规范和监督；负责站车客运设施设备管理，提出客运设备设施大修、更新、购置、改造投资建议计划；落实客运设备设施和安全防护硬件的投入，改进客运服务设施；在客运服务和管理中逐步推广应用新技术；负责制定旅客列车开行、调整和停运方案；根据市场需求，优化、调整旅客列车开行结构；掌握日常运能利用情况，及时调整日常运力安排；制定春暑运、节假日等淡旺季客运运力方案和旅游专列开行方案；负责全局客票发售业务的规划和实施，根据国家政策和总公司有关规定，制定客票发售和购票优惠政策；负责检查、指导客运站车日常服务质量工作；建立客运综合服务质量评价体系，定期组织开展站车服务质量评比，制定提高客运服务质量的改进措施；负责对客运站车服务质量和路风问题进行调查、分析和处理，开展客运路风专项整治活动；负责对客运管理干部的日常考核；对站段客运关键岗位专业干部的聘任、调整进行审核把关；组织客运干部及客运主要工种人员进行业务培训、职业技能培训和客运业务技术的竞赛及交流；负责贯彻执行专运、重点运输有关规定和要求，组织专运和重点运输，并进行监督、检查；搭建客运多元化经营平台，确定客运经营产品及延伸服务业务的经营项目，对日常客运多元化经营过程进行指导、规范和监督。

二、客运单位

1996年，沈阳铁路局有客运营业站766个，

其中特、一等站24个，二等站35个，三等站135个，四等站536个，五等站36个；客运段1个，列车段14个。2000年，有客运站175个、客货运站558个；列车段12个、客运段2个、支线公司12个。

2003年全局客运系统办理客运业务的特等站有5个、一等站19个、二等站38个、三等站133个、四等站417个、五等站17个，车站共计629个；全局有7个客运段和6个乘务中心。客运段分别是长春、吉林、通化、通辽、锦州、沈阳、大连客运段。2004年，全局客运系统办理客运业务的特等站有5个、一等站18个、二等站38个、三等站134个、四等站394个、五等站15个，车站共计604个；全局有7个客运段和6个乘务中心。2005年全局客运系统办理客运业务的特等站5个、一等站17个、二等站38个、三等站121个、四等站305个、五等站14个，秦沈线未定等级车站6个，车站共计506个；全局有部乘降所188个、局乘降所120个，共计308个，车站和乘降所合计814个；全局有7个客运段和6个乘务中心。

2006年，全局客运系统办理客运业务的特等站5个、一等站17个、二等站37个、三等站121个、四等站300个、五等站13个，秦沈线未定等级车站6个，车站共计499个；全局有部乘降所193个、局乘降所120个，共计308个，车站和乘降所合计812个。将长春、吉林、通化客运段合并为长春客运段，将通辽、锦州、沈阳客运段合并为沈阳客运段，全局有长春、沈阳、大连三个客运段。2009年全局办理客运业务的特等站4个、一等站17个、二等站36个、三等站118个、四等站220个、五等站6个，秦沈线未定等级车站6个，通霍线未定等级车站1个，各类车站共计407个；全局共有乘降所412个，办理客运业务车站和乘降所合计819个。将各客运段的餐售业务统一管理合并成立餐饮服务段，旅服整备业务统一合并成立旅行服务段，全局有长春、沈阳、大连三个客运段。

2011年，全局办理客运业务的特等站4个、一等站7个、二等站37个、三等站92个、四等站240个、五等站3个，通霍线未定等级车站1个，各类车站共计384个；全局共有乘降所321个，办理客运业务车站和乘降所合计705个。将长春客

运段拆分成长春客运段和吉林客运段，将沈阳客运段拆分成沈阳客运段、锦州客运段。全局下设长春、沈阳、大连、吉林、锦州5个客运段，1个旅行服务段，1个餐饮服务段。

2015年，沈阳铁路局办理客运业务的特等站4个、一等站7个、二等站63个、三等站87个、四等站216个、五等站4个，各类车站共计381个；全局共有旅客乘降所296个，办理客运业务车站和旅客乘降所合计677个。全局有长春、沈阳、大连、吉林、锦州5个客运段和旅行服务段、餐饮服务段。

第二节　客运组织

一、客运列车调整

1996年，沈阳铁路局客运列车调整工作，实施优化客车开行方案，打破传统编组模式，突破白天行车不挂卧铺的旧框框，不断吸引客流，增运增收。全局共开行旅客列车180.5对，其中：直特8.5对，直快22对，直客3对，管特24对，管快18.5对，普客103.5对，混合1对。1997年，沈阳铁路局围绕全路实施新图的有利契机，共开行184对旅客列车，其中直通特快列车17对，直快列车26.5对，直客2对，管内特快18对，管快27.5对，普客91对，混合2对。1998年，沈阳铁路局对48对旅客列车进行了较大幅度的框架调整，提高37对直通列车的旅行速度，围绕沈阳、长春和吉林枢纽开行10对城际列车，铺画临客预备线17.5对，夕发朝至和精品列车增加42对。

1999年至2000年，沈阳铁路局新图共开行旅客列车194对，其中特快5对，快速7对，普快28.5对，普慢4对，管内特快5对，管内快速26对，管内普快25.5对，管内客车93对。全局旅客列车平均旅行速度每小时69.5公里，新图客车停站大幅减少，跨局旅客列车新图停站678次，管内旅客列车新图停站1382次。新图铺画跨局旅游专用线28条，可供沈阳铁路局使用的有8条，安排管内旅游专列运行线14条。

2001年至2003年，沈阳铁路局积极利用全路第四次提速调图的有利时机，进一步调整全局客车开行框架，旅客列车对数调整到182.5对。

2004年，第五次提速调图，全局运行图旅客列车168.5对，其中直通47.5对，管内121对，双优列车48对。同年挖掘车体套用潜力，节省车辆运用，降低运输成本，全局新图共有88对列车套用，车体套用为历史最多，其中直通列车套用直通列车2对，直通列车套用管内列车16对，管内列车套用管内列车70对，套用列车对数占总对数167.5对的53%。

2005年，沈阳铁路局优化运力结构，基本图沈阳局担当旅客列车168.5对，其中直通47.5对，管内121对，双优列车48对。2007年，沈阳铁器局基本图担当旅客列车158对，其中直通59.5对，管内98.5对，双优列车58对。同年全路第六次提速调图，沈阳铁路局增开直通旅客列车12对，另外长期开行管内临客14对。2008年，沈阳铁路局基本图担当旅客列车166.5对，其中直通61.5对，管内105对，当年12月全路调整运行图，沈阳铁路局增开直通旅客列车2对，另外长期开行管内临客13对。

1996—2015年全局旅客列车开行对数统计表

表3-3-1

年份	列车对数	直通列车	管内列车
1996	180.5	33.5	147.0
1997	174.0	28.5	145.5
1998	190.0	37.0	153.0
1999	194.0	44.5	149.5
2000	194.0	44.5	149.5
2001	182.5	44.0	138.5
2002	182.5	44.0	138.5
2003	178.0	45.0	133.0
2004	168.5	47.5	121.0
2005	168.5	47.5	121.0
2006	168.5	47.5	121.0
2007	158.0	59.5	98.5
2008	166.5	61.5	105.0
2009	210.0	70.0	140.0
2010	201.0	71.0	130.0
2011	221.0	77.0	144.0
2012	249.5	90.0	159.5
2013	244.5	93.0	151.5
2014	248.0	101.0	147.0
2015	316.0	117.0	199.0

2009年，沈阳铁路局积极利用三次调图机遇，增开直通动车、优化既有列车，沈阳铁路局基本图担当旅客列车增长至210对。2010年，沈阳铁路局基本图担当旅客列车201对。2011年，沈阳铁路局长吉城际动车开行16对动车，沈阳铁路局基本图担当旅客列车221对，其中直通77对，管内144对。2012年，沈阳铁路局哈大高铁开通运营，开行动车67对，沈阳铁路局基本图担当旅客列车增至249.5对。2013年，沈阳铁路局全力做好盘营客专、开源和通灌线客车开行工作，沈阳铁路局基本图担当旅客列车优化至245.5对，其中直通93对，管内152.5对。

2014年，沈阳铁路局以市场需求为导向，细化编制哈大、盘营高铁和长吉城际夏季图，进一步优化动车开行结构。沈阳铁路局基本图担当旅客列车248对，其中直通101对，管内147对。

2015年，沈阳铁路局进一步优化直通列车开行结构，在转属沈阳局5对普速列车的基础上，开通3条新线和增开8对直通高铁动车，沈阳铁路局基本图担当旅客列车316对，其中直通117对，管内199对。

二、新开列车

1997年4月1日，全路第一次提速，沈阳铁路局增开沈阳北—广州184/1 182/3次、鞍山—北京550/549次直通旅客列车2对；提速大连—北京K83/2 81/4次、长春—北京K60/59次改直通快速列车2对；将长春—北京282/1次延长至西安始发、终到，车次变更为128/5、126/7次；并开行沈阳北—北京11/2次、沈阳北—北京54/3次、长春—北京K60/59次等夕发朝至列车14对；开行长春—北京K60/59次、大连—北京K83/2 K81/4次、沈阳北—大连K232/1次、沈阳北—大连K234/3次快速旅客列车4对。1998年10月1日，全路第二次大提速，沈阳铁路局增开沈阳北—北京96/5次、乌兰浩特—北京南574/3次和长春—佳木斯501/2次直通旅客列车3对；提速沈阳北—北京K12/1次、沈阳北—广州东K94/1 K92/3次改直通快速列车2对。

2000年10月21日，全路第三次提速，沈阳铁路局增开大连—上海T131/4/1 T132/3/2次特快列车1对；提速图们—北京K216/5次、吉林—北京

1996—2015年全局旅客列车开行对数图示

图3-3-2

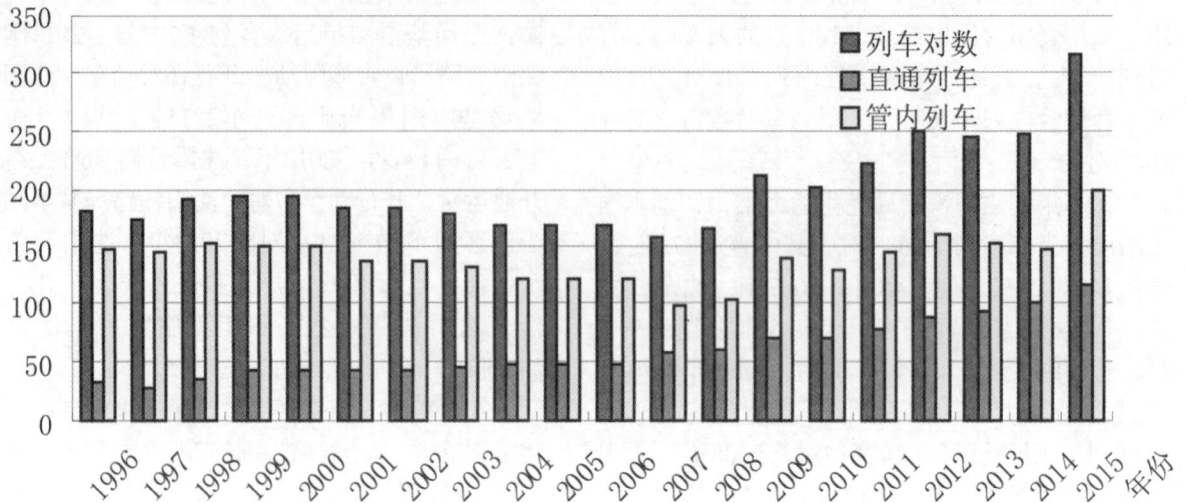

K272/1次改直通快速列车2对。2001年10月21日，全路第四次提速，沈阳铁路局增开长春—广州东T122/3 T124/1次直通列车1对；提速改特快、快速列车2对，大连—北京2531/4 2533/2次提速改为特快列车，车次为T227/6、T225/8次，吉林—北京K272/1次提速改为特快列车，车次为T272/1次。铺画旅游专列预备线8条。2004年4月18日，全路第五次大提速，沈阳铁路局新增直达特快旅客列车等级。增开长春—北京Z62/1次直达特快列车1对，增开沈阳北—成都K388/5 K386/7次、大连—汉口K369/8/9 K370/67/70次直通快速列车2对；吉林—宁波1368/5、1366/7次提速改为快速列车，车次为K78/5、K76/7次。12月18日，开行沈阳北—深圳T188/7次。

2006年7月1日，沈阳铁路局开行沈阳北—福州的L32次旅客列车，6月15日开行乌兰浩特—呼和浩特L36/37 L38/5次旅客列车。2007年，全路第六次提速。沈阳铁路局增开直通快速列车1对：大连—齐齐哈尔K549/50次。增开直通普快旅客列车5对：大连—满洲里2623/4次、沈阳—绥芬河2727/8次、赤峰—北京北2622/1次、乌兰浩特—呼和浩特1820/17/20/17 1818/9/8/9次、赤峰—哈尔滨2631/4、2633/2次。提速改直通快速旅客列车2对：长春—上海1348/5 1346/7次列车提速改为直通快速旅客列车，车次为K518/5

K516/7次；通化—北京2538/7次列车提速改为直通快速旅客列车，车次为K430/29次。增开管内：沈阳北—大连T5306/5、T5304/3、T5326/5次，长春—大连T5302/1次，沈阳—赤峰K7362/1次，金州—霍林郭勒4211/2次（2011年4月28日起改为快速K7527/8次）。2007年7月1日，沈阳北—福州L32/1次改为K668/7次。

2008年12月21日，沈阳铁路局增开沈阳北—济南D164/1次、D162/3次（2011年7月1日缩至天津终到始发）、沈阳北—哈尔滨D173/4次和沈阳北—长春D531/2次（2009年4月1日改为D5031/2次，2011年1月11日改为D5051/2次、7月1日改为D5067/8次）；增开通辽—长春4315/6次管内列车，套用1230次车体，入长春库检修。2009年4月1日，沈阳铁路局增开沈阳北—太原D194/1、D192/3次和沈阳北—上海D198/5、D196/7次（2011年7月1日缩至天津终到始发）；增开营口（金州）—漠河县2667/8次、大连—郑州K715/6次（2010年2月14日换直供电车体）、延吉—青岛1256/5次（2009年11月11日改为K1056/5次，2010年2月14日车底换型空调）；管内增开长春—松原K7557/8次、昌图—大连K7561/2/3次、沈阳—大连K7581/2次（套用K7373次车体）。2009年7月1日，沈阳铁路局增开大连—北京Z81/2次，同年11月11日增开乌兰浩特—天津2262/1次（2011年8月22日车底换型为空调）。

2010年4月26日，全路运行图调整，沈阳铁路局增开沈阳北—齐齐哈尔T311/2次直通旅客列车，并将3对直通列车延长运行区段，分别是：沈阳北—上海K190/87 K188/9次延长至丹东站始发终到、营口—漠河县2667/8次延长至金州站始发终到、锦州—哈尔滨2195/6次延长至山海关站始发终到，调整了沈阳—营口—苏家屯4330/29次、沈阳北—丹东K7315/6次和山海关—丹东K7591/2次3对旅客列车的编组及车底交路，同时对其他列车停站进行了优化。2012年，安排乌兰浩特—呼和浩特1820/19次、长春—牡丹江2167/8次、山海关—大连K7347/50 K7349/8次、山海关—沈阳K7341/2次、K7345/6次、通辽—大连K7360/59次、霍林郭勒—大连K7528/7次、图们—哈尔滨2038/7次等8对列车换型为空调车底，在进一步提升客运服务质量的同时，实现客运增收。2013年，沈阳铁路局组织开行沈阳北—包头、图们—上海和长春—昆明三趟直通临客，其中沈阳北—包头直通列车于当年7月1日纳入基本图开行。

2014年7月份，全路调图，沈阳铁路局增开沈阳北—武汉、长春—上海虹桥2对高速动车和长春—乌鲁木齐1对普速列车。12月10日实行年底调整图，沈阳铁路局新增松原—哈尔滨西特快列车1对，延长运行区段2对，其中长春—上海列车延长至南宁、沈阳北—银川列车延长至西宁，填补了沈阳铁路局进藏、进桂无直通旅客列车的空白。至此，沈阳铁路局担当旅客列车已覆盖全路18个铁路局。开行企业号列车，将为本溪本钢集团服务的5对短慢列车打造成"北营"号，实现铁路和企业发展双赢。

2015年，沈阳铁路局优化哈大运行图。4月21日起实施哈大夏季图，开行动车组96对，其中本线63对、跨线33对。在同比增加6对动车的基础上，图定安排大连北—哈尔滨西、大连—长春、大连—吉林等13对动车重联；根据客流动态组织动车重联，安排哈大动车重联9238列次，增加席位508万个，哈大高铁能力得到大幅度提升。从5月20日起增开图们—北京K1024/3次、沈阳北—西安K2048/7次、沈阳—临汾K960/59次、

大连—包头K55/6次、长春—厦门Z102/1次5对直通列车。7月1日增开沈阳北—北京南G218/7次和北京南—沈阳G219/20次2对高铁。9月1日，增开长春—北京南G400/399次、丹东（经丹大线）—北京南G398/7次高铁动车。年底图再次增开沈阳—北京南G238/7次、沈阳北—北京南G240/39次高铁动车。全局北京方向动车能力大幅度提高，始发总对数达到33对，其中沈阳铁路局担当20对、外局担当13对。当年9月1日沈丹客专开通，开行动车组列车43对，其中本线32对、跨线开行至上海虹桥、北京南、哈尔滨西和大连北等11对，使用19组车体。当年10月12日对沈丹客专运行图进行调整，停运3对动车，将5对动车改为周末线，并优化调整部分列车车次和停站。到年底，沈丹高铁开行动车列车40对，其中本线29对、跨线11对。同年9月20日吉图珲客专开通，开行动车组列车21.5对，其中本线15.5对、跨线开行至北京、哈尔滨西、大连等6对，增加使用10组车体。12月17日丹大快速铁路开通运营，开行动车组列车12对，其中本线10对、跨线2对。

三、动车开行组织

2003年，秦沈客运专线开通运营，沈阳铁路局超前制定秦沈客车分流方案和客车编组调整、运行时刻变更方案，并提早动手，研究京沈、秦沈电力动车组开行框架方案。2007年4月18日，第六次提速以开行动车组列车为标志，运行速度达到160、200、250公里/小时。沈阳铁路局自"4.18"新图实施及二、三阶段运行图的实施，共开行动车组列车7对：长春—北京D24/23次、沈阳北—北京D2/1次、沈阳北—北京D12/11次、长春—北京D22/21次、沈阳北—北京D4/9次、沈阳北—北京D6/5次、沈阳北—北京D8/7次；增开直通快速列车1对；大连—齐齐哈尔K549/50次；增开直通普快旅客列车5对：大连—满洲里2623/4次、沈阳—绥芬河2727/8次、赤峰—北京北2622/1次、乌兰浩特—呼和浩特1820/17/20/17 1818/9/8/9次、赤峰—哈尔滨2631/4、2633/2次；提速改直通快速旅客列车2对：长春—上海1348/5 1346/7次列车提速改为直通快速旅客列车，车次为K518/5 K516/7次；通化—北京2538/7次列车提速改为直通快速旅客列车，车次

为K430/29次；增开管内：沈阳北—大连T5306/5、T5304/3、T5326/5次，长春—大连T5302/1次，沈阳—赤峰K7362/1次，金州—霍林郭勒4211/2次（2011年4月28日改为快速K7527/8次）。2007年7月1日，沈阳北—福州L32/1次改为K668/7次。

2011年1月11日，沈阳铁路局长吉城际动车开行16对动车。在5月1日起，对吉林—北京D74/3次、沈阳北—太原D194/3次2对直通动车组进行重联运行。2012年12月1日起，哈大高铁客专开通，沈阳铁路局对京哈高速（沈哈段）、沈大高速线共安排开行动车组列车67对。其中在京哈高速（沈哈段）、沈大高速本线及跨长吉城际线运行的动车组列车开行56对；跨京哈线秦沈段去往北京和天津方向的跨线动车组列车开行11对。

2013年，在哈大高铁冬季运行图的基础上，沈阳铁路局积极组织各站段进行调研，细化各次列车停站和运行时刻，全面优化哈大夏季运行图方案，夏季图共开行高铁动车78对，其中本线67对、跨线11对。同年9月12日，盘营高铁开通后，组织增开大连北—北京（3对）、沈阳北—北京和大连北—天津5对直通动车组列车和沈阳北—盘锦、锦州南—大连北等5对管内高铁动车。2014年，沈阳铁路局以市场需求为导向，细化编制哈大、盘营高铁和长吉城际夏季图，进一步优化动车开行结构。哈大夏季图于当年4月21日实施，安排停运管内列车7.5对、调整运行区段9对、提高列车等级13.5对。

2015年4月21日，沈阳铁路局实施哈大夏季图，共开行动车组96对，其中本线63对、跨线33对。在同比增加6对动车的基础上，图定安排大连北至哈尔滨西、大连至长春、大连至吉林等13对动车重联；根据客流动态组织动车重联，共安排哈大动车重联9238列次，增加席位508万个。同年7月1日增开沈阳北—北京南G218/7次和北京南—沈阳G219/20次2对高铁。9月1日增开长春—北京南G400/399次、丹东（经丹大线）—北京南G398/7次高铁动车。年底图增开沈阳—北京南G238/7次、沈阳北—北京南G240/39次高铁动车。全局北京方向动车能力，始发总对数达到33对，其中沈阳铁路局担当20对、外局担当13

对。同年9月1日沈丹客专开通，开行动车组列车43对，其中本线32对、跨线开行至上海虹桥、北京南、哈尔滨西和大连北等11对，使用19组车体。10月12日对沈丹客专运行图进行调整，停运3对动车，将5对动车改为周末线，并优化调整部分列车车次和停站。年底，沈丹高铁开行动车列车40对，其中本线29对、跨线11对。同年9月20日吉图珲客专开通，开行动车组列车21.5对，其中本线15.5对、跨线开行至北京、哈尔滨西、大连等6对，增加使用10组车体。"十一黄金周"期间，增加4组车体、增开长春—珲春2对动车、安排7对动车重联。同年12月17日丹大快速铁路开通运营，开行动车组列车12对，其中本线10对、跨线2对。

第三节　客运量

1996年，沈阳铁路局旅客发送完成19100万人，比1995年同期比下降16.3%，由于加大长途旅客比重，增加客运周转量，完成客运收入280427万元，实现增收727万元，名列全路各局之首。1999年沈阳铁路局旅客发送量完成17195万人，比1998年增运115万人，增幅为0.6%，旅客平均行程达到226公里，全年实现客运收入336982万元，超收17982万元，其中旅客票价收入完成271714万元，超收10741万元。

2000年，沈阳铁路局完成旅客发送量17503万人，增运308万人，完成旅客周转量47103百万人公里，旅客平均行程完成235公里，全年实现客运收入364449万元，超收18949万元。2003年，沈阳铁路局旅客发送量完成13911万人，旅客周转量完成45179百万公里，旅客平均行程完成267公里，客运收入完成457593万元。

2006年，沈阳铁路局旅客发送量完成15556万人，其中直通旅客发送完成2742万人，旅客周转量完成61108百万人公里，全局客运收入完成644845万元，客票收入完成530790万元，旅客平均行程完成310公里。2007年，沈阳铁路局完成旅客发送量16435万人，增运879万人，其中直通完成2980万人，全年完成客运收入69.0亿元。2008年，沈阳铁路局完成旅客发送量

18546万人，增运2111万人，其中直通完成3189.8万人，全年完成客运收入77.3亿元，增收8.29亿元。2009年，沈阳铁路局完成旅客发送量20413万人，同比增运1868万人，其中直通完成3323万人，全年完成客运收入83.67亿元，同比增收7.12亿元。

2010年，沈阳铁路局完成旅客发送量20481万人，日均完成56.1万人，其中直通完成3563万人，日均完成9.8万人；全年完成客运收入93.0亿元，同比增收9.37亿元；日均完成2549万元，同比日均多收257万元。2012年，沈阳铁路局完成旅客发送量19913万人，日均完成54.4万人，其中直通完成3892万人，日均完成10.7万人；全年完成客运收入113.8亿元，同比增收5.1亿元；日均完成3109万元，同比日均多收139万元。

2013年，沈阳铁路局完成旅客发送量

1996—2015年全局旅客运输主要指标数量统计表

表3-3-3

年份	旅客发送量（万人）	旅客周转量（百万人公里）	旅客平均行程（公里）
1996	19100	38465	179
1997	17948	41333	204
1998	17107	41615	215
1999	17195	44165	226
2000	17503	47103	235
2001	16866	48791	244
2002	15634	49127	260
2003	13911	45179	267
2004	15294	54829	290
2005	15147	56699	299
2006	15556	61108	310
2007	16435	65670	314
2008	18546	70260	302
2009	20413	72953	288
2010	20481	76447	296
2011	19735	83113	326
2012	19913	82448	322
2013	21209	87052	330
2014	21246	91625	331
2015	21553	90921	326

21209万人，日均完成58.1万人，其中直通完成4061万人，日均完成11.1万人；全年完成客运收入142.5亿元，同比增收28.7亿元；日均完成3904万元，同比日均多收786万元。2015年，沈阳铁路局完成旅客发送量21553万人，日均完成59万人，其中直通4394万人，日均完成12万；全年完成客运收入178.4亿元，同比增收21.3亿元；日均完成4888万元，同比日均多收585万元。

第四节　节假日旅客运输与行包运输

一、节假日旅客运输

1996年春运期间，沈阳铁路局发送旅客2769.9万人，其中发送大、中专学生19.2万人；暑运期间全局加开临客326列次，组织加挂客车974辆次，累计发送旅客3459万人。1997年春运期间，沈阳铁路局加开临客407列次，扩大编组488列次，临时加挂253辆次，春运期间全局发送旅客2586.8万人；暑运期间全局共加开临客805列次，组织加挂客车865辆次，累计发送旅客3125万人。1998年春运期间，全局发送旅客2325万人，其中市郊完成475万人，管内完成1587万人，直通完成263万人，开行临客88对，扩编加挂客运412辆；暑运期间由于特大水害的影响，停运客车466列，组织迂回运输390列，折返客车61列，组织加挂水害救灾客车47辆，暑运期间全局发送旅客2914.1万人。1999年春运期间，全局完成旅客发送量1980.5万人，最高峰日达9.2万人。

2000年春运期间，沈阳铁路局发送旅客2013.8万人，其中直通完成258.4万人，管内完成1465.2万人。2001年，沈阳铁路局在春运、"五一"、暑运和"十一"四个黄金季节的122天中，旅客发送量完成6110万人，客运收入完成171311万元。2002年，春运40天，全局发送旅客1779万人，其中直通完成263万人，客运收入完成54675万元，组织开行直通临客146对292列，管内临客54对108列，扩大编组加挂客车539对1038辆次；暑期62天，全局发送旅客3170万人，其中直通完成428.8万人，客运收入完成92285万元，组织加开临客374列，加挂客车1782辆次；

"五一"黄金周期间发送旅客553.7万人，其中直通67万人，客运收入完成14804万元，安排直通临客22列，直通旅游专列7列，管内临客64列，管内旅游专列1列，加挂客车765辆次；"十一"黄金周期间共发送旅客552.6万人，其中直通63.6万人，客运收入14727万元，安排直通旅游专列5列，直通临客7列，管内临客280列次，加挂客车1510辆次。

2003年春运期间，沈阳铁路局发送旅客1728万人，客运收入完成58967万元；在黄金周期间，提前预查4条北京方向临客运行线，2条上海方向临客运行线，4条大连方向临客运行线，对重点列车加挂扩编，管内列车加挂硬卧254辆，硬座636辆，软卧22辆计912辆，合计加挂4506辆次。2004年，春运40天，沈阳铁路局发送旅客1767万人，其中，直通客流完成314万人，管内客流完成1453万人，客运收入完成64239万元；"五一"黄金周旅客运输，全局客运收入日均达到1747万元，单日旅客发送量最高日达到64.0万人，直通旅客发送量日均达到7.6万人；暑运期间客运收入完成114722万元，旅客发送量完成3010万人；"十一"黄金周，针对沈大高速公路恢复通车，采取措施，提前调整沈大客车开行结构，在高速公路分流的情况下，全局客运收入、旅客发送量仍有稳步增长。2004年春暑运、黄金周期间，全局开行直通、管内临客1393列，对重点列车加挂4940辆次。

2005年黄金周、春暑运期间，沈阳铁路局加强客流高峰期旅客运输组织。春运40天，完成客运收入6.9亿元；"五一"黄金周，全局客运收入日均达到1821万元；暑运62天，全局客运收入完成121350万元，实现客运增收15876万元；"十一"黄金周10天，全局客运收入达到18750万元，全局共发送旅客518万人。2006年，春运40天，全局完成客运收入7.47亿元，旅客发送量完成1696万人，春运期间全局组织开行直通客车15对218趟，开行管内临客16对415趟，开行学生专列85列，套用车体开行临客共23对351趟，对9趟管内列车加挂客车105辆次；"五一"黄金周期间加开直通临客12对，加开管内临客11对，其中5月1日开行2趟编组30辆的超长客车；暑运62天，全局客运收入131595万元，其中

8月17日客运收入达到2390万元，全局旅客发送量完成3140万人，其中直通旅客582万人；"十一"期间全局开行直通临客12对63趟，管内临客349趟，黄金周10天，全局客运收入完成19580万元，全局发送旅客558万人。2006年4月30日至10月31日，中国沈阳世界园艺博览会期间，沈阳铁路局采取加开列车，增加列车密度等措施提供运力保障，发送旅客160万人次。2007年春运期间，全局直通客流达到369万人，单日客运收入达到2438万元；"五一"黄金周10天，客运收入完成21994万元，发送旅客619万人；"十一"黄金周10天，客运收入完成20645万元，全局发送旅客639万人。

2008年，春运45天，沈阳铁路局客运收入完成92961万元，节前20天全局发送旅客1005万人；节后25天，全局发送旅客1395万人；暑运62天，全局完成客运收入152726万元；"五一"期间，全局开行临客49对、303列次，加挂客车602辆次，发送旅客274万人，客收完成8767万元；"十一"黄金周10天，全局发人完成680万人，客运收入25169万元；中秋节期间，全局发送旅客253.3万人，客收完成8742万元。2009年，春运40天，全局旅客发送量完成2460.7万人，客运收入完成93929万元；暑运62天，全局发送旅客日均完成62.8万人，客运收入日均完成2949万元；国庆、中秋两节期间，全局发送旅客762.2万人，日均完成69.3万人，客运收入完成26850万元，日均完成2441万元。

2010年，暑运62天，沈阳铁路局客收实现增收4.1亿元，日均完成3112万元，发送旅客实现增运398万人，日均发人达到65.3万人；国庆节假期（9月28日—10月7日），全局发送旅客762.2万人，日均完成69.3万人，客运收入完成26156万元，日均完成2616万元；清明、"五一"、端午和中秋四个小长假，全局日均完成发送旅客68.6万人，日均完成客收2670万元。2011年，暑运62天，全局客运收入完成22.9亿元，日均客收达到3692万元；"十一"黄金周期间，全局共发送旅客702.2万人，日均完成70.2万人，客运收入完成32450万元，日均完成3245万元；清明、"五一"和端午三个小长假，全局日均完成发人70.7万人，日均完成客收2940万元。

2012年，暑运62天，沈阳铁路局客运收入完成236974万元，日均客收达到3822万元，全局共发送旅客3972万人；中秋和国庆双节，全局共发送旅客800.1万人，日均完成72.7万人，全局客运收入完成40340万元，日均完成3667万元。2013年春运期间，沈阳铁路局在运用客车不足的情况下，积极采取临客加开、图定加挂、动车重联等措施，扩充运力，共开行直通临客18对561列次，管内临客27.5对1277列次，安排加挂2891辆次，动车组重联255列次，基本上满足了客流需求，全局没有出现客流积压和旅客滞留情况；暑运62天，全局客运收入完成307604万元，日均客收达到4961万元，全局共发送旅客4331万人。2014年，沈阳铁路局细化春暑运、小长假运力安排，针对春暑运、小长假客流的不同特点，提前组织站段开展客流调查，提早下令安排临客开行，使临客与图定列车同步预售，实行客车零备用，积极组织动车重联和重点列车加挂扩编，最大限度扩充高峰运力。客流高峰期共开行临客3001列次、重点列车加挂12218辆次、安排动车重联1215列次，运力得到极大扩充。暑运期间，全局客收完成35.9亿元。

2015年，沈阳铁路局以春暑运及黄金周小长假为重点，强化运力安排，安排直通、管内临客开行，积极组织动车重联和重点列车加挂扩编，最大限度扩充高峰运力。客流高峰期共开行临客4446列次、安排动车重联12638列次、重点列车加挂30149辆次。暑运62天，全局客运收入完成38.9亿元；十一小长假期间，10月1日，全局发送旅客到达103.9万人，沈阳铁路局单日发送旅客首次突破百万人。

二、行包运输

1997年，沈阳铁路局快件运输全面展开，全局小件快运完成259762件，其中发送132381件，到达为127381件。吉林分局中铁快运与全国48个站联网，以快捷优质的服务不断扩大市场，全年发送量达2200件，到达量730000件。长春分局努力开辟快运网点，逐步形成以长春为主的南、北、东三点布局，全年完成发送量11000件，到达量31000件。1998年，沈阳铁路局推行行包有偿揽货制度，行包专业营销队伍不断发展扩大，有18个站段设立专职行包营销队伍，行包发货引

导员制度普遍落实。2001年，沈阳铁路局投入1184万元，建设行包微机，车站行包制票由原来的手写制票改为微机制票，提高工作效率。

2003—2005年，铁道部中铁行包快递有限责任公司在沈阳设分公司，长春、沈阳、沈阳北、大连、丹东、吉林、锦州、通辽、四平、通化站行包房划归中铁行包快递有限责任公司管理，其他行包办理站及列车行李管理，继续归沈阳铁路局管理。2006—2013年，中铁快运股份有限公司与中铁行包快递有限责任公司合并重组，两个单位管辖的车站营业部合并管理，同时，列车行包管理划归中铁快运，在客运段属地成立乘务营业部。

2013年7月1日，按照铁路总公司铁总运〔2013〕34号《关于行包运输业务优化调整和运输组织衔接的实施意见》，沈阳铁路局与中铁快运沈阳分公司完成行包管理属地化管理交接工作，长春、沈阳、沈阳北、大连、四平、丹东、锦州、通辽、吉林、通化10个车站行装业务、人员、资产划归车站管理，列车行李车乘务人员、业务等划归客运段管理，交接人员1908人，交接设备936台。同时完善全局行包基础管理工作，重新制定《沈阳铁路局车站行包运输基础管理办法》《沈阳铁路局旅客列车行李车乘务工作基础管理办法》《沈阳铁路局行包事故处理补充规定》《沈阳铁路局车站行包运输基础管理办法》和《沈阳铁路局旅客列车行李车乘务工作基础管理办法》等，对车站和列车行包运输各岗位、各环节作业程序、标准及相关要求进行明确规范，为现场作业提供制度保障。当年12月6日，榆树、旅顺站行包房交中铁快运代管。12月17日，山城镇、叶柏寿站实行车站行包装卸与货运中心整合。

2014年6月1日，沈阳铁路局管内长春、大连、沈阳、沈阳北等10个大站由中铁快运全权窗口代办改为由车站负责部分窗口办理行包业务，同时，沈阳铁路局全面推行高铁快件运输业务，确定沈阳、沈阳北、长春、长春西、大连、大连北站开办高铁快件业务，制定沈阳铁路局高铁快件运输组织方案，确定12趟动车组列车、4趟确认列车运输高铁快件，全年办理高铁快件93700件，1141吨，收入225.5万元。

2015年，沈阳铁路局加强行包运输业务优化调整和运输组织工作，完善行包运输体系，建立健全行包市场营业网点，对全局69个三等以上客运站的逐个排查，确定太平川、口前、扎鲁特、南芬、保康、阿金、建昌、凌海8个车站具备开办行包业务条件，并于7月1日起正式开办业务，同时，长春、沈阳、锦州、西柳站分别在市内设立了普包代办点，扩大行包辐射面。全局图定编挂行李车的旅客列车共有78对，编挂行李车149辆，针对局内行李车数量不足的实际情况，合理调配行李车编挂方案，解决新增办理站无行李车的问题，对运力相对紧张的哈尔滨方向、西宁方向实行行李车加挂。开展行包营销，不断拓展高铁快运市场，长春、大连、沈阳、沈阳北等10个大站行包房由中铁快运全权窗口代办改为由车站收回部分窗口办理行包业务。通过每日统计、每旬分析、每月考核的制度，对收入指标下滑较大的单位调路局交班、对排名末位单位实行月度考核减分等制度，督促站段实现行包增运增收，同时在沈阳、沈阳北、长春、长春西、大连、大连北、吉林7个高铁快运办理站基础上，随着沈丹、长珲客专开通运营，在丹东站、延吉西站开办高铁快运业务。当年全局行包办理站增加到106个，累计行包发送364.48万件，61008.32吨，收入7943万元。

第五节　售票管理

一、客票发售系统建设

1996年，沈阳铁路局启动"铁路客票发售和预订系统"建设。5月1日，沈阳北站安装客票系统1.0版本，实现微机售票，实现纸质车票向电子客票过渡，年底，大连站、吉林站实现微机售票。1997年，沈阳铁路局管内的长春、四平、沈阳、本溪、丹东等37个较大车站实现微机售票。1998年，沈阳铁路局客票系统升级到2.0版本，实现通过网络发售外站客票的功能。1999年，沈阳铁路局客票系统升级到3.0版本，实现全路范围内的联网售票，下发《关于加强客票系统安全管理的通知》，加强计算机售票的管理，确保客票系统安全。2000年，沈阳铁路局在营口、熊岳城等20个车站陆续安装客票系统3.0，启用计算机售票。

2001年，沈阳铁路局客票系统建设全面推进，新建微机售票车站242个。2002年，沈阳铁路局新建微机售票车站154个，客票系统升级到4.0版本，并实现列车收入归担当局的清算。2003年，全局新建微机售票车站36个，微机售票车站达到577个，全局告别手工售票，新建联网售票车站7个，联网售票车站达53个。2004年，沈阳铁路局联网售票车站达到82个，客票系统升级为4.18版本，同时制订全局客票系统应急预案、车站售票组织及客票发售应急预案，规定车站客票系统一旦发生故障影响售票时，应使用区段票或代用票售票，在客流较大来不及售票时，可组织旅客上车补票。

2005年，沈阳铁路局微机联网售票车站达到120个，在互联网上建立面向社会的沈阳铁路局客运营销网站，提供沈阳局始发各次列车的停站、到开时刻、票价等即时售票服务信息，同时动态发布最新列车开行情况和客运业务变更情况，并开通了互联网订票功能。2006年，全局120个联网站顺利完成客票系统5.0升级工作，路局、车站两级席位库集中到路局一级，客票系统的安全性和功能性都明显增强，客票系统5.0提供多种购票方式的接口（电话订票、互联网购票等）。

2007年，沈阳铁路局客票系统网络结构规划完成，建立沈阳、沈阳北、长春、大连、锦州、吉林、本溪、通辽、通化、延吉、白城、赤峰12个汇聚点车站，将未实现联网售票286个车站全部升级为5.0版本并联入客票系统，实现全局联网售票。2008年，全局客票系统升级到5.1版本，制定《沈阳铁路局车站应急售票系统使用管理办法》，在售票量较大60个车站安装车站应急售票系统，完成沈阳局客票地区中心，以及长春、沈阳、沈阳北、大连、锦州、吉林6个车站客票安全系统建设。2009年，全局完成窗口机售票程序更新及学生优惠卡读卡器安装调试工作，规范优惠卡识别器的管理使用。

2010年，沈阳铁路局完成电话订票系统建设，面向普通旅客开展电话订取票业务，购置站车交互系统列车手持接收设备307台，全部动车组列车采用站车系统接收电子信息，停止递交纸质《乘车人数通知单》。11月份，全局完成客票系统5.2版本升级工作。2011年6月1日起，动车组列车实行实名制售票。9—12月，动车组、直达、特快、快速、普快列车开通互联网售票业务，全局车站开通POS/TVM银行卡购票业务，地区中心客票系统升级，启用负载中心。年末，全局电话订票系统扩容至6000线，全局车站（除河北、黑龙江省部分车站外）票额均向电话订票系统开放，订票车站从39个增加至339个。2012年1月8日起，沈阳铁路局动车组列车、直通列车和管内始发列车实行实名制售票，在15个动车组停车站开办实名制售票的基础上，新增129个实名制售票车站，同时制定《沈阳铁路局车票实名制管理办法》。同年12月，哈大客运专线开通，沿线配置自动售票机177台。

2013年，沈阳铁路局启用营销辅助决策系统，对客票系统席位、存根等数据进行收集、整理和分析，为客运营销工作提供数据参考，大连、沈阳北、沈阳、长春等车站陆续配置自动取票机31台。2014年6月16日，沈阳铁路局在长吉城际线吉林、九台南、龙嘉车站，对互联网购买G、D字头列车车票的旅客，提供持二代居民身份证直接进出站的服务。9月10日，在长吉城际线开通持中铁银通卡经自动检票机（闸机）直接刷卡进站、乘车和出站业务。

2015年5月，沈阳铁路局启用站车无线交互系统，实现列车联网补票功能。同年6月29日，启用客票系统第二负载中心。

二、售票组织

1999年，沈阳铁路局加强售票组织管理，完善管理制度，制定《沈阳铁路局客票发售和预订系统管理细则（暂行）》《关于加强客票系统施工变点维护的通知》，规定各售票联网站的旅客列车停点、到站、经由、时刻、票价等售票组织基础数据由地区中心统一操作输入，局票务中心为独立收报单位；制定《票额分配适应客流变化实行灵活调整实施办法》，实行票额动态调整。2000年，沈阳铁路局下发《关于加强售票网点管理的紧急通知》，加强合同订票、团体票和客票代售点的票额管理，维护售票公平，确保"4·18"新图新旧交替平稳过渡；下发《关于

加强新图售票组织的通知》，发挥联网售票优势，实行并推广往返票业务。

2001年，沈阳铁路局严格编制票额计划，按时足额生成学生票席位库，确保学生往返票业务的开展。为保证春运旅客购票，下发《关于加强春运期间售票组织工作的紧急通知》，规定窗口售票需达80%以上，代售点票额不得超过15%，严肃售票组织纪律，严格票额管理，打击加价倒卖车票，保护旅客利益。2002年，沈阳铁路局推进联网售票，4月1日，增加部分管内列车票额上网，提高上网票额比例，同时取消票额担当站优先预售权，增大票额资源共享力度。2003年，沈阳铁路局制定规范售票组织10项卡死制度，严禁分块截留票额，明确要求机动票额不得超过车站总票额的5%，将上网票额预售期由12天改为20天，制定《沈阳铁路局市郊月票发售管理办法（暂行）》。

2004年，沈阳铁路局开展售票组织"百分项点"考核活动，实行《沈阳铁路局异地售票奖励办法》，售票员每发售1张异地票奖励1元，激发了售票人员发售异地票的积极性。2005年，沈阳铁路局制定《沈阳铁路局客票代售点管理办法》，严格代售点审批和日常管理，建立定期检查机制，严厉打击代售点抢票、囤票、超标准收费。联网售票车站的旅客发送人占全局旅客发送量的83%、客票进款占全局客运收入的98%，上网票额已占到了联网站总票额的57%，占票额担当站的68%。

2006年，沈阳铁路局制定《关于加强客票管理检查监督的通知》《春运期间规范售票行为10项"红线"卡死制度》《关于在全局开展售票组织检查考核活动的通知》《关于开展客票代售点集中整治活动的通知》，要求各二等以上车站站长、党委书记、主管客运副站长、售票（客运）主任签署《杜绝售票不良反映保证书》，在客流高峰期，各次列车各席别票额投放至"公用"用途的比例必须达到70%以上，增加售票管理的透明度，减少以票谋私行为。2007年，沈阳铁路局制定了《春运路风"红线"管理办法》，春运期间取消团体票、压缩合同订票户，代售点采取"限时"管理，车站售票窗口开始售票1小时后，代售点才允许开始售票，最大限度地保证

车站售票窗口主渠道作用，减少代售点抢票、占票现象。在客流高峰期，各次列车各席别票额投放至"公用"用途的比例必须达到80%以上，在部分管内列车上试行票额共用和复用，在所有直通列车上实行了硬卧和软卧的全程复用。2007年，沈阳局共发售异地车票284万张，实现客票进款38582万元。2008年，沈阳铁路局实行运输组织挖潜提效考核办法，对异地售票、列车加开加挂利用情况进行考核。逐步推广票额复用、共用组织方式，直通车无座席票额实行自动预分，统一由客票管理所维护生成，同时实行复用和共用，并于开车前分期分批向下一局滚动调整。

2009年，沈阳铁路局售票组织上，将始发列车投入公用窗口票额比例由80%提高至98%，日增加公用窗口票额数量4.0万张，同时取消车站票额用途调整权限，保证公用票额全部面向旅客公开发售，最大限度满足旅客购票需求。上网及公开发售票额数量的增加，为全局异地客票发售创造有利条件。2010年，沈阳铁路局严格售票组织管理，提出售票人员必须严格遵守"七不准"规定：即不准私自携带现金、提包、手机等进入工作岗位；不准利用当班之机抢打车票、私留车票；不准替他人代买代卖车票；不准一次售票超过规定数量；不准不核对有关证件为旅客办理电话订取票手续；不准利用工作便利替他人代办电话订取票手续；不准违反规定程序办理退票。将违反"七不准"规定的人员立即调离售票岗位。2011年，沈阳铁路局制定《旅客银行卡购票使用管理办法（试行）》，全面推行银行卡购票业务，修订《沈阳铁路局客票代售点管理办法（试行）》，对客票代售点的审批、管理和经营进行了规范，拟定《沈阳铁路局车票实名制管理办法》，推广实名制售票。

2012年，沈阳铁路局规范售票组织和管理，制定《沈阳铁路局车票管理办法（试行）》《沈阳铁路局互联网售票应急处置管理办法》《沈阳铁路局自动售票系统管理办法》《沈阳铁路局自动检票系统管理办法》《沈阳铁路局自动售检票系统应急处置办法》。2013年，沈阳铁路局在春、暑运期间，组成检查组，开展团体票专项检查活动，确保售票工作平稳有序。下发《关于进一步规范售票管理工作的通知》，对退票审核和发售零票价车票的管理提出具体要求和考核处罚标准，杜绝票额浪费，并在始发直通动车组列车上试行票额自动预分售票组织方案。

2014年6月，全局停止发售市郊月票。春运期间，在沈阳、大连、长春、吉林、通辽、丹东、阜新、延吉8个地区的高校开展互联网集中受理学生乘车计划业务。在大连等11个直通临客始发站设置务工团体专口，受理务工团体票。12月6日起，客票预售期延长至60天。

2015年，沈阳铁路局在售票窗口开展"多说一句话、多售一张票"活动，主动为旅客出行当参谋，合理规划出行线路，强化以本局担当列车为主的异地票发售组织工作，下发《沈阳铁路局关于在全局范围内开展客运营销状元评比的通知》。采取措施方便旅客购票，在高峰期在较大车站开设取票专口，满足旅客换取互联网车票需求，同时，增设163台自动售（取）票机，全局总计达到519台。

第六节　客运服务

一、站车服务设备备品

1996年，沈阳铁路局开展客运设备设施攻关活动，确保旅客列车良好，确定客运车站客运服务设备检查重点部位和项点，建立设备设施故障联系制度，保证客运设备设施质量。1997年，沈阳铁路局推进旅客列车备品保证工作，确保列车备品配备充足，根据季节变化及客流情况，及时调整消耗备品和清扫工具等，保证全程供应不断供。2001年，沈阳铁路局在"三进（进京、进沪、进穗）"列车的卧车全部更换质地良好的棉被，对软、硬卧车洗漱间进行重新设计，软卧（座）车走廊设立报架，投入295万元改善列车设备和乘车环境。

2006年，沈阳铁路局加大服务设施的投资力度，对各次"三进"列车的地毯、卧具、各种座、卧、铺套都进行了更新，而且质地良好，所有列车服务设施、备品质量、数量符合部标规定，列车乘务员的服装各具特色，体现铁路客运的新形象，列车规章、文电资料管理、乘务报告等内容，基本实现微机化管理。

2010年，沈阳铁路局开展客车上部设施设备及防寒专项整治，组织路局客运部门和客运段每天对全局各次出库列车设备及防寒问题进行整治写实。实行日通报、日跟踪制度，共下发了23期《客车上部设施设备及防寒整治通报》，累计发现出库各类设备问题17789件。其中，锅炉设备问题占38.8%，列车防寒质量问题占26.1%，空调列车电器问题占21.1%，列车门窗锁故障问题占11.8%，动车组设备问题占0.5%，其他问题占1.7%。2011年，沈阳铁路局组织实施方便旅客购票、候车、乘车等15条具体的便民利民措施，不断改善旅客乘车、候车条件。全局增设临时候车区13000平方米、增加座椅1994个；通辽站、沈阳站、长春站、赤峰站等车站为金属座椅增加棉座垫3410个；沈阳北站、沈阳站、山海关站、大连站等较大车站候车室增设供候车旅客就餐的方便小餐桌62张；客流较大车站增设方便旅客的手机加油站等便民设施71台；各次列车配备超员凳5795个。2012年，沈阳铁路局加大服务设施投入，在车站候车室座椅上加装3890个保暖坐垫，候车室增设母婴哺乳室，卫生间增加衣帽钩，施工车站增设安全警示、通道引导等标识，为列车硬座超员配置5795个超员凳，为旅客提供"异地导医""异地导游""极品时刻查询"服务。2013年，沈阳铁路局在管内车站设重点旅客服务窗口，二等及以上车站设哺乳室（区），为重点旅客乘降提供便利条件。

二、站车服务卫生与餐饮供水

1997年，沈阳铁路局搞好旅客列车供水服务，确保列车用水充足，保证列车茶炉、洗面间水龙头和厕所冲水阀的作用良好，发现问题及时修复，配齐配全供水站作业人员。1998年，沈阳铁路局重点推进列车保洁质量达标，开展列车卫生交车活动，保证列车出库卫生质量，运行途中及时清扫，保证途中卫生动态达标。1999年，沈阳铁路局列车服务以保证列车温度适宜为重点，要求乘务员根据旅客需求，夏天及时打开车窗、电扇，冬季做好空调车温度控制和绿皮车焚火工作，确保车内温度适宜。

2008年，沈阳铁路局加强冬运焚火列车专项管理，出台客运系统"客车焚火质量检查评比办法"，对管内焚火列车的库停车体、运行途中的锅炉进行了专项检查，共检查库停车体101列、列车144趟、焚火车辆1487辆，发现各类问题179件，下发通报5份，全局焚火列车实现无投诉、无冻车、无超温的目标，提高绿皮车的冬季服务质量。

2010年，开展客车给水、空调、厕所、卧具、餐饮五项专项整顿。查看列车447列，检查发现问题559件，其中给水问题167件，空调问题36件，厕所问题193件，卧具问题132件，餐饮问题31件。针对存在的问题，组织开展专项整顿；实施餐售工作整治，采取暗访方式，对餐车卫生、车厢内大声叫卖、服务礼仪及食品质量开展阶段性检查，对检查发现的问题进行通报；将全局配属的23组车体全部更换动车组座套，解决动车组座椅套脏、破、旧的问题。2011年，全局各车站候车室所有便民超市内大宗商品售价与市场价保持一致。2012年，为满足旅客乘坐旅客列车的餐饮需求，研发10余种价格15元的配餐食谱供旅客选用。同时，为满足不同旅客的需求，专门销售以"双瑞"为品牌的2元矿泉水。两种保质低价的饮食保证大多数普通旅客的餐饮需求。在各车站、各"三进"及直通列车上，设置免费手机充电器，方便了旅客。

2013年，沈阳铁路局全面提升北京折返站旅客列车保洁质量，确保旅客列车在折返站保洁作业安全质量达标，对旅客列车在北京折返站实施专业保洁。2014年，沈阳铁路局餐饮服务以"冷链为主、热链为辅、常温链应急"原则配送冷链盒饭，保证配备不少于3种价位的盒饭和预包装饮用水，其中15元盒饭和2元饮用水始发首次配送量不低于总量30%，全程保证不断供；餐车和售货车设置价目表、餐车吧台明显位置摆放插页式盒饭菜品公示牌，图文并茂向旅客展示盒饭种类，并在《动车组服务指南》中增加服务质量监督电话。同时，在市场调研的基础上，结合旅客需求，不断更新盒饭种类、口味，自主研究开发了不同价位的"红烧素海参套餐""素什锦套餐""全素套餐"。9月22日铁路总公司营运部在沈阳召开全路旅客列车整备保洁现场会，各铁路局客运处主管副处长、客运段主管保洁副段长以及保洁公司经理共计100人参加了会议。会议期间，与会人员参观沈阳客运段职工生产生活设施建设情况，沈北客整所辆客一体化生产情况，旅行服务段K54次保洁作业流程以及工具备品展览。

三、精品服务活动

2000年，沈阳铁路局客运服务质量工作开展，以旅客和社会普遍关注的卧具、饮水、空调、正点、厕所卫生、冬季供暖和服务态度问题为重点，全力搞好"三进"和普通列车服务质量的整顿，使全局客运质量稳步提高。2001年，沈阳铁路局选树K53/4次、T11/12次列车为典型，大力开展以满足旅客需求为中心的"无干扰"服务，带动全局"三进"列车率先达标，14个列车(客运)段的干部职工，开展讨论，把"以旅客为上帝"的服务理念融入到日常的服务工作之中，坚持微笑服务，提倡宾馆式的服务；K53/4次、T11/12次、T81/2次、T59/60次、2589/2590次等列车，本着服务于旅客、不干扰旅客的基本原则，对列车员的作业程序重新进行调整，规范了售货方式，减少售货车数辆，降低叫买声调，调整广播内容，减少模式化的工作程序，科学地安排车内做卫生的时间。在新图实施之前，投入力量，合理安排，使列车旅行软件环境得到了改善，受到旅客的好评。同年召开现场会，推广交流641/2次、2559/2560次车队绿皮车整治的经验，解决对整治普通旅客列车的认识问题，大力开展"绿皮车"的整治活动，提高客运质量的整体水平。2002年，沈阳铁路局客运服务质量工作，进行全面联检，采取车站自讲、检查组评价、现场交换意见的方式，提高六大站的服务质量；以进京列车为重点，全面提高服务质量，带动参加铁道部竞赛的20对"三进"列车全面达标准、上质量，并加强对各服务岗位、职工和包保干部的检查指导力度，提升全局服务水平。2003年，沈阳铁路局推行"品牌车站"建设（沈阳北、长春、大连、山海关站）。各"品牌车站"精心构思"品牌车站"的蓝图，努力打造适合自身车站特点的服务品牌。沈阳北站提出"东北第一站"的"六化"标志，即：设备设施现代化，安全正点标值化，效率效益最大化，服务水准人性化，环境卫生宾馆化，队伍素质"四有"化。长春站推出售票窗口"一米线有序服务"、贵宾室"春城第一班"、出站口"迎宾第一岗"和"一体化母婴候车室"等"十个一"品牌服务。

2004年，沈阳铁路局开展旅客列车服务质量大检查活动，加大旅客列车管理力度，特别是直通列车在出局后和折返站的抽查力度，坚决杜绝安全路风和"两违"问题的发生，对不达标列车随时通报，跟踪复查，逐级追究责任。建立沈阳铁路局客运服务质量测评体系，科学地统计、测评、分析、研究和评定动态的客运服务质量。对站（车）服务质量结果进行总体认定，每月对全局10对精品列车、7对标杆列车、7对短慢标杆车推进达标工作进行一轮检查，并编制客运质量动态和列车服务质量问题暗访摄像片；每季度对精品、标杆车的旅客进行一次列车服务质量问卷调查，印制1万张"服务质量旅客评价表"发放给旅客；在吉林召开"客运系统工作会议"，引导和推广全局创建精品车工程向更高层次，更高标准发展；提高客运服务质量，强化列车终到撤换卧具工作，解决折返站停留时间不足的问题，结合实际情况对旅客列车在折返站撤换卧具问题进行认真调研，制定有效措施，杜绝在终到前撤换卧具问题。

2005年，沈阳铁路局实施特殊重点旅客实施登记、交接和通报制度，从购票、候车、进站上车、列车全程到下车出站（中转换车）全过程，实施站车联网提供"一条龙"式全程重点服务。开展"树标塑形"活动，沈阳等六大站坚持以人为本，打造亮点，突出特色，使活动不断向纵深发展；在全局42个二等以上车站建立站车明星岗服务网络，实行对重点旅客的"一条龙"服务，设立重点旅客服务室，确立服务的范围，完善服务程序，使重点旅客服务的措施进一步实施；六大站根据各自的实际，打造亮点，提升服务理念，使"树标塑形"活动整体质量得到提高，大连站吕玉霜明星服务岗、吉林站钟桂霞重点服务台、沈阳站首席客运员等各具特色的品牌主线在这次"树标塑形"活动中得到进一步形成和发展。在打造亮点上，各车站还根据重点旅客的需求，分别设立重点旅客服务室，配备担架、轮椅、医用必备用品，方便旅客、服务旅客，使全局"树标塑形"活动更具特色；扩展服务亮点，设立敞开式服务台，拉近与旅客服务的距离，六大站全部建立开放式旅客问讯台，大连站还把敞开式服务台设在出站口，延伸至站前广场，受到旅客的欢迎；设立值班站长首问、首诉负责制，对旅客的投诉专人负责、专人处理；各客运大站突出了对方便门的管理，闲乱杂人进站或串行得到了治理，对站区内经营网点占用候车面积进行整顿。全面加强和有效实施旅客运输服务质量监督监察工作，及时查处铁路旅客运输过程中发生的质量问题。路局建立区域网络监督监察机制，按办事处管辖区域划分建立旅客运输服务质量监督监察机制，在长春、沈阳、大连、山海关、赤峰、吉林、梅河口设立七个监督监察网点，聘任兼职22名网络客运监察。

2006年，沈阳铁路局大力推进乘务制度改革，在长春—大连T458次、沈阳北—北京K54次、大连—北京T84次列车顺利实施"一包二"乘务制度改革，完善列车广播、车门看票、服务内容等。实施"三进"列车库乘分离，完成准入的各保洁公司的资质认证和"交钥匙工程"的整章建制工作，当年9月份"三进"列车全部实现库乘分离。结合乘务体制改革和餐售制度改革，在长春—大连T458次、沈阳北—北京K54次、大连—北京T84次、沈阳北—北京T12次列车上取消流动售货车，减少对旅客的干扰，得到广大旅客的认可。打造12对精品列车，对精品列车之外的12对"三进"列车进行对标检查，找出问题，指导各次列车的精品列车的创建工作，保证达标。推进精品车队建设，指导长春客运段第一车队、大连客运段第一车队制定具体的精品车队推进计划，并深入车队进行指导检查，加快推进车队标准化建设。开展典型列车创新服务，T11/2次列车实现餐车定餐、多样化服务，更新卧具备品充分体现地域特色、文化特色。并在全局推广T11/2次、T457/8次、T83/4次、K53/4次列车人性化服务的经验，提高客运服务水平。2007年，在开展"树标塑形"活动中，注重客运站车创新服务品牌，大力推行特色服务、人性化服务，打造动车组品牌列车。按照"一流设备""一流服务""一流质量"的要求，实行动车组实行专业化管理，在沈阳北—北京K53/4次、大连—北京T83/4次两趟夕发朝至列车上推行"一包二"乘务制度改革，更新服务理念，选拔了一批综合素质高的乘务员，实行全程"无干扰"服务，由管理旅客向服务旅客转变。2009年，沈阳铁路局实施干部顶岗作业制度，深入一线解决站段安全管理中存在的实际问题，提高客运服务质量，在43个客流较大车站现场当一天客运员计155人次，站台接发列车并组织旅客乘降2100余列次，担当列车长乘务作业31趟，参与列车库内整备作业81趟，担当列车员乘务作业32趟，全年人员顶岗代班作业深入一线431人次，共检查发现各类问题1762件，全部进行跟踪处理和整改。

2010年，采取组织网络检查暗访、全员添乘检查，对列车整备作业质量、乘务员途中作业标准、车站卫生质量、旅客组织秩序、餐售服务质量、车站结合部管理以及旅客咨询接待等工作进行全面检查和整顿。检查期间共下发通报19期，给予列车员下岗12人，客运员下岗4人，列车长免职2人，失格考核列车长3人，列车员调离客运单位3人，行李员下岗2人，列车长处分2人，餐车长、厨师长免职9人、下岗6人，集体职工退回7人，保洁员下岗6人，保洁工长免职4人的处理；因上水质量问题罚款相关站段1万元，因整备质量问题罚款旅服公司5万7千元，通报联责干部考核处罚11100元。同时，全面开展安全大检查和职工"整风肃纪"活动，开展旅客列车出库质量评估活动，组成四个检查组，对全局10个库乘分离点、155列库乘分离列车，采取终到看交接、始发看质量的方法进行全面评估。

2011年，铁道部下发《关于在全路客运窗口广泛开展"服务旅客创先争优"活动的通知》，沈阳铁路局召开全局电视电话会议，组织全局干部职工认真进行了传达学习，结合沈阳铁路局工作实际，制定全局《关于深入开展"服务旅客创先争优"活动，全面提升客运服务质量的决定》，下发《"服务旅客创先争优"活动客运系统实施方案》，对"服务旅客创先争优"活动进行具体部署。"十一"黄金周期间，路局成立9个路局客运服务质量检查组，对站车质量进行全面检查，找准客运服务工作中存在的问题。检查车站56个、列车171趟，发现各类问题1622件，针对检查发现的问题，建立"服务旅客创先争优"问题库，逐项跟踪整改存在的问题。铁路局共向旅客发放问卷100万张，回收旅客填写的有效问卷995056张，收到旅客意见反馈228966

条；开展全局客运职工问卷调查活动，发放和回收客运职工调查问卷33834份，梳理分析客运职工最关切的事情18105件，最期盼的要求17075条，针对客运职工生产生活中存在的问题路局制定整改措施。开展百名干部包保站车活动，对全局221对旅客列车和384个客运办理站全面实施包保，现场解决影响服务质量存在的问题。召开"服务旅客创先争优"动员部署大会，总结昌图站、开原站在为民、便民、利民方面好的经验和做法，全局进行推广，组织进行深度研讨。加强旅客留言的跟踪整改，路局每日对各站段上报的旅客留言情况进行统计，针对旅客提出的批评和建议，与站车共同制定整改措施，逐条进行整改落实。实施社会监督，坚持把社会评价作为促进提升客运服务质量的重要手段，聘请人大代表、政协委员，政府有关部门、消费者协会、文明委办及新闻媒体等各界人士47人为铁路春运社会监督员，为监督人员颁发"铁路春运社会监督员"证，组织他们到车站候车室、售票厅、旅客列车等重点部位，实地考察铁路售票、客货服务、乘降组织、站车秩序、安全工作、职工现场作业等情况，征求监督员对春运工作的意见建议。委托社会调查评价机构分两次集中开展站车服务质量社会评价调查，把旅客是否满意作为衡量客运服务质量的标准，使全局客运服务质量社会评价满意度稳步提升。

2012年，沈阳铁路局扎实推进"服务旅客创先争优"活动，制定并细化落实"服务旅客创先争优"活动的205项节点工作推进计划，切实解决广大旅客最关切、最期盼、最不满意的问题，保证基本服务、满足需求服务、展示特色服务、创建品牌服务，打造一批具有沈阳铁路局特色、体现地方特点、展示在全路叫得响、在全国有影响力的精品站车。召开10次现场会大力推进"服务旅客创先争优"活动，全局以1458次为标杆，大力开展"争一流站排头"活动，确定12306服务台、十大精品车、大连、锦州、吉林标杆车站、动车组和餐饮管理在全路评比争一流，树立口岸列车、民俗列车、洗衣厂、异地车队等创建活动标杆，有序推进。完善站车服务质量监督考核机制，路局每季度对49趟动车组、精品列车、"三进"列车、口岸列车和27个地市级城市所在

地车站实行一次平推检查，结果在沈阳铁道报公布，推动服务质量的全面提高。落实便民利民措施，实现重点旅客的全程服务，下发《特殊重点旅客一条龙服务办法》，充分利用12306服务平台和交接单的形式，实施重点旅客全程"一条龙"服务措施，切实为老、幼、病、残、孕等重点旅客的购票、进站、上车、食宿、交接（站车、亲属）等需求提供极大的方便。切实解决残疾人旅客的旅行服务需求，沈阳铁路局担当的各次旅客列车均为残疾人预留了专用票额，明确具体席位，涉及预留列车共384列，预留硬卧824张，硬座2750张，二等座440张，共计预留票额4014张。在车站候车室设置便民餐桌109张、旅行辅助需求"便民服务箱"，以及用于一般性处置需要的"非处方用药及急救用品箱"，为在候车室的旅客需提供免费服务。为旅客提供更广泛的共性与个性需求的便利，拓展12306客户服务中心的便民服务功能，开办电话预定车票、电话预定接送、电话列车订餐、预约重点服务业务等12项服务旅客便民利民措施。立足旅客需求，打造"微笑服务"。开展"让微笑洒满站车，让旅客感受亲情"主题活动，大力推广"微笑服务礼仪八要领"，使职工从落实标准逐步走向行动自觉，把微笑作为语言、作为交流，用发自内心的微笑践行"让微笑洒满站车，让旅客感受亲情"的庄严承诺。积极发挥服务典型示范作用，每月开展评"十大车站服务标兵"和"十大列车服务明星"活动，对评为"双十佳"职工每人给予1000元的奖励；开展全局"服务旅客创先争优"活动，评出"十大车站服务标兵"50名、"十大列车服务明星"47名。

2013年，沈阳铁路局开展"百万旅客调查问卷"活动，问卷调查收集26302条旅客意见、2090条职工意见，梳理、分类和汇总后共计497项意见。对旅客问卷反馈的意见进行整治，特别是对旅客评价满意度较低的单位，有针对性采取检查和整治措施。根据实际情况将需要落实解决的问题列入路局第四个三年发展规划，逐步解决。深化推进便民利民措施设置和规范，哈大客专开行时速300公里动车组后，制定特、一等座旅客专项服务工作方案，为特、一等座旅客提供食品、报纸等服务项目，高铁车站在候车室设

专门的"高铁贵宾候车区"，贵宾候车区将为旅客准备独立、舒适的候车环境，为旅客提供茶水等服务项目。成立十八个检查指导组开展普速车站基础工作专项整治活动，检查管内331个普速车站（含高普混车站），通过自查共发现问题2194件，其中作业标准695件、管理规范355件、环境卫生340件、安全管理281件、人员素质116件、服务质量129件、设备设施278件，问题全部得到整改。

2014年，客运服务坚持"多走一步，多说一句，多看一眼"的服务理念，在设备设施、服务质量等方面稳步提升。提高客车出库质量，组成6个检查组在全局4个动车整备所、10个客整所进行一次出库客车质量昼夜检查写实，共计检查动车组列车车体115趟、检查普速列车车体215组，共计检查发现问题1464件，其中"三乘检查"问题39件，上部车辆和服务设备设施问题439件，列车出库给水问题29件，列车库内整备、保洁质量问题838件，卧具质量问题58件，餐饮管理问题28件，客运管理问题33件。对绿皮车外皮情况进行专项整治，共检查发现69辆客车外皮不同程度破损脱落现象，采取的措施为在客流淡季抓紧甩下报废客车，加紧对绿皮车换型，对部分绿皮车外皮刷油处理。严抓客车上水，组织明查和暗访对客车上水工作进行多次大范围检查；针对客车水位表指针不准等，对严重造假的列车长给予撤职、责任人离岗培训处理，对责任车站给予扣罚工资总额5000元。建立完善高铁车站视频监控人员岗位责任制，充分发挥车站视频监控系统作用，对高铁车站各区域进行监控检查，纠正客运作业违章。从9月28日起，长春、长春西、沈阳北、沈阳站试行缩短换乘旅客走行距离，减少安检、进站等中间环节，解决换乘费时耗力等困难，对持有当日经停的列车联程车票的旅客试行便捷换乘服务。全局各客运站车重点旅客服务区或站车醒目位置设立12306重点旅客服务电话标识，12306服务电话由路局客服中心统一接听，并对管内客运站服务电话进行统一收集整理，及时协调站车、解决旅客需求，便于站内引导、问讯服务，切实加强对老、幼、病、残、孕等重点旅客"一条龙"服务，全年全局提供帮扶重点旅客和查找遗失物品服务累计14371次，接到表扬

来信105封，表扬邮件698封。

2015年，沈阳铁路局开展客运普速站车基础工作专项整治工作，进一步强化客运普速站车基础工作，整治活动按照每月一项整治重点逐步实施，客运站车同步安排、同步推进、同步检查。同年9月份在站车集中开展食品经营与安全专项整治，围绕商业经营与食品卫生安全工作重点组织对候车室商业网点以及旅客列车餐车、售货安全进行检查，共检查车站382个，检查列车295列次、餐饮基地及车间7个，发现各类问题600多件，所有问题全部整改。进一步加强沈阳铁路局客运车站和旅客列车厕所环境卫生管理，创造干净整洁的卫生环境，制定《沈阳铁路局客运站车厕所环境卫生管理实施细则》，明确了厕所卫生标准、设备设施配备标准等内容，11月份开展列车出库卫生和车站基础卫生专项整治，提高列车内保洁和外皮整备质量，加强客车出库鉴定；站容整洁，环境舒适，地面干净无垃圾，无积垢，给旅客良好的出行环境。12月份开展卧具备品专项整治，保证按规定年限使用和更换卧具；加强卧具洗涤，保证被褥干燥，贴身卧具干净无污渍，无破损。车站开展实名制管理及业务揭示揭挂专项整治，实行封闭式管理，进出站通道有管理措施，无漏检、漏验。提高动车组服务质量，在长春、长春西、沈阳北、沈阳4个高铁枢纽车站，对持有当日经停的G、D、C字头列车联程车票的旅客试行便捷换乘服务，并在车站增设了双向闸机，车站采取加强人员疏导、完善便捷换乘标识设置、优化便捷换乘流线和通道等措施，列车上提前预告换乘位置方便旅客换乘。

四、客户服务

2011年1月18日，沈阳铁路局客服中心正式成立，配备工作人员30名，人工座席10个，主要负责沈阳铁路局管内站车客运业务咨询、管内行包和货运运费、办理限制、货运营业室联系方式等查询及管内站车旅客留言簿的日常信息收集与管理。2012年，沈阳铁路局开通95105688营销热线，受理旅客订餐需求。2013年，沈阳铁路局开展95105688电话预订宾馆、旅游、高铁快运服务。

2014年3月份，沈阳铁路局开发客货运官方微信平台，拓宽客户服务渠道，推进客服中心建

设。建成12306、95306、95105688三个热线服务平台，154个人工座席，300线电话带宽，同年办理300多万电话流量，拥有近7万微信关注客户；建立列车晚点信息沟通机制，将长春、沈阳、沈阳北、大连、吉林和锦州站始发、终到晚点30分钟及以上动车组列车和晚点1小时及以上普速列车的晚点运行信息，及时向社会公布，当年向社会发布各类信息1145条。

2015年，沈阳铁路局加强客户咨询服务工作，全年局客服中心呼入总量8385390个，其中自动呼入量5493655个，人工呼入量2891735个，人工接通量2653087个，接通率92.6%，对比2014年同期上升1.6%。2015年共查实投诉263件，接听职工热线408件，收集旅客留言信息26617条，处理旅客求助25666件，收到旅客各类表扬邮件114件，表扬来电813件，回复旅客互联网咨询14228件，客运微信公众平台关注人数达到74716人。借助95105688热线平台开展多项服务，全年接听电话22280个，成功预订旅游246单，成功预订高铁快递454单，成功预订餐饮2849单8540份盒饭，成功预订小红帽服务41件，受理团体票需求44批。在12306官方网站、路局官方网站、微博、微信等媒介上每日4次公布管内沈阳、大连、长春等较大车站的重点晚点列车运行情况，利用12306自助语音平台对沈丹、吉图浑高铁开通运营，把铁路旅客人身意外伤害保险对外发售进行营销宣传，当年向社会发布各类服务信息1535件次。

五、客专客服集中控制

2012年3月20日，沈阳铁路局成立哈大客专客服集中控制中心，由客运处管理，定员25人，负责哈大客专各站的动态导向、广播、自动检票、监控、时钟、查询等各系统功能模块的集中控制，实现车站综合信息的统一发布。哈大客专开通运营，沈阳铁路局管辖21个车站，其中站控站7个：长春、长春西、沈阳北、沈阳、辽阳、大连北、大连站；集控站14个：扶余北、德惠西、公主岭南、四平东、昌图西、开原西、铁岭西、鞍山西、海城西、营口东、盖州西、鲅鱼圈、瓦房店西、普湾站。路局设集控调度台5个：值班主任台、长春台、沈阳一台、沈阳二台、大连台，对各种突发情况，全力做好应急组

织，及时、主动与站、车进行沟通联系，发挥集控中心在客运专线旅客运输应急组织中指挥的职能作用，确保客运组织安全有序。

2013年9月12日，沈阳铁路局盘营客专开通运营，增设盘营台。全年客运专线降雪67次，大风29次，发生车辆故障359起，启动热备车32次，接触网故障78起，道岔故障58起，吸烟报警356起。2014年2月28日，哈大客专客服集中控制中心更名为"沈阳铁路局客专客服综合控制中心"。全年客运专线降雪39次，大风29次，发生车辆故障353起，启动热备车77次，接触网故障57起，道岔故障25起，吸烟报警321起。2015年6月4日，客专客服综合控制中心并入局调度所，行政上由调度所负责管理，业务上由客运处负责指导，定员30人，现员28人；9月1日沈丹客专开通运营，增设沈丹台；9月20日长珲客专开通运营，增设长图珲台。全年客运专线降雪57次，大风23次，发生车辆故障274起，启动热备车29次，接触网故障65起，道岔故障37起，吸烟报警178起。12月20日丹大快速铁路开通，增设丹大台。

第七节　客运设备

1996年，沈阳铁路局为客流量较大的二等以上客运车站配置15台查危仪。1998年，沈阳铁路局北洗刷库完成设备升级改造，实现了双层客车可通过洗刷库清洗外皮，并投资800余万元为主要车站增设自动触摸屏问讯系统、电子引导系统、大屏幕票额屏显示系统、自动剪票系统、行包货签自动打印、电子秤及站车广播等客运新技术设备，为广大旅客问事、购票、候车乘降等创造了方便的条件。1999年，沈阳铁路局对查危仪、闻讯触摸屏客运引导显示设备开展专题调研或召开专业会议，制定或完善用管修办法。2001年，对大连站改工程、沈阳站高架候车室、秦沈专线的前期设计、审查、鉴定，提出一些合理化意见和建议。对沈阳北站监控系统、大连站自动化设备、通化、梅河口、本溪站引导系统、自助售票机、行包微机投入1184万元，为整治站容站貌、整修站舍、地道、站台、站车广播、卧具洗涤设备等项目投入3000多万元。2002年，沈阳铁路局完善设备管理制度和养护维修机制，充

分发挥设备效能，把设备管理建立在日常管理的基础上，通过日常性的检查，稳步提高设备管理、运用、维护质量，合理掌握设备规模、标准及投入时机，把设备基础强化到与保安全相适应的程度，安排专项资金用于6个客运站进行广播系统更新和引导系统建设。2003年，沈阳铁路局开展客运设备春、秋检和日常检查，不断提高客运设备管理水平，通过日常性的检查，稳步提高设备管理、运用、维护质量；投资建设长春站、沈阳北站旅客扶梯更新，新建大安北站天桥；对辽源、昌图、朝阳镇、四合永、山河屯站进行改造，对沈阳站高架候车室进行续建及二、四候改造，新建盖州站、阜新站旅客地道；锦州南站购置"三品"查危仪，改造锦州客运段洗衣厂，扩建延吉站行包房，同时为各客运段购置了一批洗衣机、烫平机、烘干机等洗涤设备。全年客运更新改造投资4000多万元。路局对沈阳北、长春、大连、山海关站实施精品站改造，对丹东、集安、图们站实施口岸站改造，同时进行中间站客货窗口改造。全年改造京哈线56个站、通让线19个站、平齐线24个站、吉长线12个站，共111个车站。秦沈线开通运营，新建辽中、台安、盘锦北、锦州南、葫芦岛北、绥中北站。

2004年，沈阳铁路局客运设备更新改造投资26375.6万元，基本建设投资中沈阳站累计投资3476万元，客运保价投资330万元。主要投资项目有：沈阳北站无站台柱雨棚及高站台建设，四大精品站长春站、沈阳北、大连、山海关站建设，四平、太平川、明水河、大石桥、朝阳、通辽、甘旗卡、图们、延吉、吉林、集安、朝阳镇站舍站台改造，阜新、绥中、山海关、新立屯新建跨线设备，部分中间站基本站台栅栏封闭补齐。为长春、沈阳、吉林客运段购置地毯清洗机、洗衣机、烫平机等洗涤设备，全局购置安全检查仪22台；沈阳、沈阳北站售票微机更新，全局购置行包微机及货签机30套，全局十大精品列车车长办公系统24套，列车移动补票机购置38台，全局客票系统服务器更新56台。对228个中间站进行了靓化改造。2005年，沈阳铁路局客运设备更新改造完成铁道部管理项目投资3500万元，局管项目投资21052.3万元，客运保价投资330万元。更新改造重点工程有：沈阳北站无站

台柱雨棚及高站台工程，四平站、白城站二三站台改造，郑家屯、公主岭、松原、大安北、磐石、熊岳城、盖州、大石桥、梅河口、凤凰城、沈阳站地下通道，朝阳、葫芦岛、沟帮子、锦州、通辽、阜新、阿金、公营子站舍及配套设施改造，对前甸等中间站厕所、围墙等设施进行了改造。按铁道部要求购置了9台安检门、25台爆炸品探测器和5台危险品检查仪。客运设备大修投资68.5万元，另保价大修投资52万元，对洗涤设备和危险品检查设备进行了更新改造和大修。沈阳北洗衣厂扩建改造，全部配置全自动洗涤设备，提高洗涤生产自动化水平，卧具洗涤质量和能力大幅提升。

2006年，沈阳铁路局更新改造昌图站站台雨棚及新建旅客地道，对大石桥站二三站台雨棚、大连站售票厅、公主岭站站台及雨棚、磐石站舍、镇赉站舍进行改造，新建霍林郭勒站、改造通辽洗衣厂锅炉，查危仪更新43台，列车长办公系统15套等，共投资约3000多万元；客票系统5.0建设4742万元，路局放权站段零小资金共330万元。设备大修投资主要项目有洗衣厂洗涤设备大修、供汽管路大修及锅炉大修，客运设备大修投资240多万元。保价大修投资197万元。

2007年，沈阳铁路局加强对设备设施的投入和管理，购置24台查危仪，扩大并提高旅客携带品的安全检查范围和质量，对赤峰、乌兰浩特、叶柏寿、清原、霍林郭勒等车站进行了新建；对沈阳北、长春站动车候车室进行改造；对昌图、朝阳等5个车站进行局部改造；对赤峰、叶柏寿、清原站高站台进行新建。对沈阳客运段赤峰洗衣厂进行新建，为沈阳北、长春、大连等8个洗衣厂购置了200万元的设备，为长春、沈阳、大连客运段购置卧具取送车6辆、通勤大客车1辆；为20个车站购置了卫生清扫用的升降机22台；为动车组乘务人员配置手持电台购置102台。投资53万元，对各客运段洗衣厂的14台洗衣机、烫平机等洗涤设备进行大修。投资204万元，对各客运段洗衣厂锅炉、大连客运段职工待乘室、吉林站扶梯等设备进行大修。投资675万元，对开原站、梅河口站、鞍山站等10个车站进行大修。投资400万元，对大安北、通辽站、阜新、本溪站上水栓设备进行大修。

2008年，沈阳铁路局以品牌站和精品列车建设为牵动，不断加大设备设施的资金投入和管理力度，全面提升客运站车的"硬件"基础。由铁道部和路局共同投资3.5亿元对丹东站进行新建，展示了国门新形象。对本溪、金州、盘锦北、上河口、大安北站舍进行改造，对乌兰浩特和叶柏寿站前广场进行改造，对大连站基本站台进行延长，利用保价资金对长春站二楼售票显示屏进行更新。投资1600万元对长春、大连两个洗衣厂进行新建，洗涤能力分别达到每日洗涤50吨和30吨卧具。规范"三品"检查工作，全局"三品"检查设备全部移交公安部门负责。2009年，沈抚城际铁路全线开通运营，抚顺北站建成无站台柱雨棚，建成沈抚城际旅客信息服务系统，将旅客引导、电视监控、广播、时钟等系统融为一体，体现高效实用、先进方便。新建葫芦岛北、凌源、北票南、建昌、彰武、白音胡硕等站舍，改善辽宁西部等地区旅客出行、候车紧张的局面。新建的金州站投入使用，沈阳客运整备车间还建完成，改善了作业环境，提升了列车内保洁及外皮整备质量。

2010年，沈阳铁路局为满足秦沈客专旅客出行需要，新建秦沈客专客服系统，该系统采用集成方式，在锦州南站统一控制和指挥其它5个车站的客运组织工作，系统集成旅客引导系统、电视监控系统、广播系统、时钟系统、静态标识，以及在葫芦岛北站试点使用了2台自动售票机。同年10月份，路局对秦沈线的六个车站全部进行了高站台改造。按照"餐售基地流程现代化，为列车提供餐盒供应，占领站车餐售市场，并打入地方宾馆的供餐市场"标准，在沈阳、长春、大连新建了三个餐饮基地，负责列车盒饭、半成品加工以及拓展地方餐饮市场，餐饮基地建设实现了"工艺流程一流、食品卫生管理一流、商品经营一流、装备标准一流、环境建设一流"的目标，具备日产10万份的生产能力，为沈阳铁路局餐售体制改革创造基础条件。新建沈阳洗衣厂，新洗衣厂设计日洗涤能力72吨，新增各种规格洗衣机23台、烫平机14台、折叠机2台、烘干机18台、客车地毯清洗机1台，同时配套了15吨蒸汽锅炉2台和污水处理设备1套。新建大连站无站台柱雨棚和高站台，对站台上的旅客服务信息系统进行了更新。保证春运安全，集中安设X光型安检仪108台、安检门205个和手持金属探测器364个，投资2996万元。

2011年，沈阳铁路局对锦州、锦州南、铁岭、新肇站进行改造，对图们、延吉客运站台雨棚等服务设备设施进行改造。根据客车运用和客整所调整方案，恢复旅行服务公司白城、赤峰、通化和图们客车整备和洗涤作业。甘库铁路开通运行，新建的库伦、大青沟、三家子站启用。

2012年，沈阳铁路局启用图们、赤峰、锦州客整所和图们、锦州、通化、白城等洗衣厂新建、改造工程，并在选址、能力计算、设备配置、工艺布局、生产流程、配套设施等方面提出要求和建议，提出改进意见，确保各洗衣厂能力满足生产发展需求，工艺布局及生产流程更趋合理。全局投入5000万元对部分列车卧具进行更换，以"动车组、三进、直通、车体换型"旅客列车为重点，更新列车卧具，并对其他旅客列车进行梯次更新，提高卧具使用效率，促进全局旅客列车卧具质量全面提升。实施车站客服设备设施更新改造，配合相关部门对二等及以上车站的引导标志、电子显示屏、电扶梯、空调、照明、自动售检票机、盥洗间等直接服务旅客的设备设施，进行逐一排查和整修，确保设备作用良好。完成长春、沈阳北、沈阳、辽阳、铁岭、锦州南6个二等及以上车站的无障碍服务设施整治改造，安装扶梯，并逐步对残疾人无障碍电梯及坡道、跨线通道、盲道、高站台、厕所、售票窗口等设备设施进行改造，配备残疾人服务辅助设施、备品和工具。哈大客专开通运营，新建扶余北、德惠西、长春西、公主岭南等16个车站，并对长春、沈阳、沈阳北、辽阳、大连5个车站进行改建。

2013年，沈阳铁路局投入7300多万元更换列车卧具，保证了列车卧具能够得到及时更换，制作新开行的沈阳北—太原、长春—昆明、长春—广州、沈阳北—重庆等重点列车的卧具；采用阶梯循环使用的办法，对全部列车的贴身卧具进行了更换。同年春运期间，投资300多万元为18个客运车站配备实名制验证设备。改善旅客列车卧具洗涤质量，对通化洗涤车间、通化洗刷机、丹东洗衣厂进行改造，新建锦州洗衣厂地毯间，并对赤峰客整所内客运系统生产生活设施进行改造，针对全局的十大站行包装卸、运输等设备老旧严重的问题，更新109台行包运输设备。按照自动扶梯新国标，对全局43部扶梯增加了防夹、防攀爬等安全防护装置。提高客专设备管理水平，在旅行服务段组建高铁电梯、扶梯、中央空调专业维修机构，充分发挥其专业作用，提高设备维修管理能力，降低设备故障率。秦沈线新建的东戴河站启用，盘营客专开通运营，改建的盘锦站启用，盘营客专连接既有的秦沈客运专线及哈大客运专线。

2014年，沈阳铁路局高铁车站（含办理动车组列车客运业务的车站）、地级及以上城市主要客运车站配置177套实名制验证设备。改善旅客列车卧具洗涤质量，新建通辽洗涤整备车间，为哈大客专、盘营客专车站配置保洁设备，确保高铁车站的保洁质量。松陶铁路开通运营，改建的陶赖昭站及新建的三井子、弓棚子、松原北站启用，对德

惠站进行扩建改造，郑家屯站新建站房、站台等。

2015年，沈阳铁路局加大投入，为大石桥、白城站的老旧电梯安设客运电梯附加制动器等安全防护装置，完成259个客运车站站台视频监控系统补强工程，实现全局客运车站站台视频监控全覆盖。同时，集中使用视频监控资源，提高视频监控系统的利用效果，实现路局、站段、车站三级监控体系。为全局10个客整所购置车载式列车外皮洗刷机36台。投资解决通辽站、沈阳北站、鞍山车务段等26个站段的升降梯、叉车、LED显示屏等设备问题。沈丹客专开通运营，新建沈阳南、本溪新城、南芬北、通远堡西、凤城东、五龙背东6个车站，并对本溪、丹东2个车站进行了改建；长珲铁路吉珲段开通运营，新建蛟河西、威虎岭北、大石头南、安图西、延吉西、图们北、珲春7个车站，并与长吉城际铁路无缝连接。

第四章　货物运输

沈阳铁路局根据国民经济发展形势的需要，坚持为社会发展服务、为人民生活服务的宗旨，以运输市场需求为导向，转变货运组织形式与经营方式，促进铁路货物运输货运改革的不断深化。1996年至2006年，面对运输同行业竞争，加强货运组织，调整货运产品结构，组织大宗货物直达列车运输和"五定班列"，开展集装箱、冷藏、快运和多式联运，货场实行内部企业经营，实施办理、收费、结算一体化管理，请求车、制票、货运信息实行微机化管理，货运窗口实行24小时营业。2007年至2012年，全局货运管理工作，不断得到加强和提高。开展货物装载加固、集装箱、危险货物运输等专项整治工作，开展货场、货运设备、货检、装卸、专用线、货运安全专项检查，健全完善货运规章制度，强化职工技能培训，货运管理工作有较大提高。2013至2015年，全局实行以"改革货运受理方式、改革运输组织方式、清理规范货运收费、大力发展门

到门全程物流服务"为主要内容的货运组织改革，迈出了由传统货运向现代物流转型的重要步伐。为了增加零散白货运量，集中开展基础设施建设，开行东北货物货运列车，并不断优化。巩固扩大货运改革成果，围绕零散快运、批量快运，实现增加运量、增加运输收入，现代物流发展模式基本形成，实现"品类全覆盖、服务全流程、经营全方位、管理全过程"，运输收入和经济效益成效明显。2015年，全局货物发送量28453万吨，比1996年增加7117万吨，提高33.3%；货运收入完成2294912万元，比1996年增加1771523万元，增长3.4倍。

第一节　货运系统概况

一、货运处

1996年，局货运处设货运管理科、技术设备

科、集装运输科、安全监察科、装卸管理科、保价运输办公室、国际联运办公室、调度（科），全处定员60人。1997年，货运处内货运管理科改为货运营销管理科，人员在机构定编不变情况下，由5人增加到7人。

2000年，由局营销处、车务处，按职责分工管理货运工作。2003年7月，路局组建成立货运营销管理处，货运处内设货运管理科、技术设备科、货运营销科、国际联运办公室、集装箱管理办公室。2005年，路局直管站段后，制定下发《沈阳铁路局货运系统管理职能划分指导意见》，清晰划分货运处与站段的管理职责，界定了管理职能，理顺了管理关系，实现上下顺利对接。9月30日，将客货运输保价管理中心划归货运处，设保价运输办公室，对外称"沈阳铁路局保价运输办公室"。2006年，在路局直管站段体制下，对货运处内科室进行了重新设置，由货运管理科、技术设备科、安全质量科、保价运输办公室、装卸管理办公室和国际联运办公室，调整为货运管理科、安全质量科、技术设备科、专业管理科、保价运输办公室和国际联运办公室，全处定员36人。

2007年，按照路局的统一部署，货运处进行岗位管理试点工作，制定《货运处竞聘上岗操作办法》《货运处岗位管理推进计划》，将竞聘方案予以公布，按照现行的科室、部门的岗位责任制和管理工作标准，规定了每个岗位应具备的"硬件条件"和必要的工作经历。所有竞聘正副科职、高级专业技术职务以上岗位的人员在全处大会上公开述职，进行综合测评，经过民主测评后，全处27名符合岗位管理条件的人员签订了岗位聘约，其中管理岗位13人，专业技术岗位14人。2008年，货运处下设四科二室，即，货运管理科、安全质量科、专业管理科、技术设备科、保价运输办公室和国际联运办公室，全处人员29人。货运处主要职责：认真贯彻国家有关铁路货物运输的政策和法律法规，执行铁道部的规章、办法，拟定路局管内具体实施办法；负责危险货物托运人、承运人资质审查和许可，以及超重、超长、集重等货物的装载方案审批；负责全局货物运输安全监督管理工作；负责货物运输基本条件的管理；负责铁路集装箱、零担、集装化

运输管理，货车篷布运用以及装载加固材料（装置）质量管理；负责货检安全业务管理工作；检查、指导全局货场及货车洗刷所的管理工作；负责货运规章、文电的管理；组织全局货运系统业务培训和技术比赛；负责审批专用线、专用铁路运输协议和共用协议；负责货运技术设备管理，编制货运设备、设施发展建设规划；负责货运设备的购置、使用、管理、检修和铁路新技术、新设备的研制开发及推广应用；负责货物运价管理；监督检查货运服务工作；负责全局国际联运和外事工作；负责保价运输管理。2012年，货运处下设五科二室，即，货运管理科、安全质量科、专业管理科、技术设备科、装卸管理科、保价运输办公室和国际联运办公室，全处人员31人。

2013年，货运处下设五科一室，即，货运管理科、安全质量科、专业管理科、技术设备科、装卸管理科和国际联运办公室（保价运输办公室划归营销处），全处人员32人。2014年，货运处下设六科一室，即，货运管理科、安全质量科、专业管理科、技术设备科、装卸管理科、快运管理科和国际联运办公室，全处人员36人。货运处在货运改革中相应调整职责：贯彻国家有关铁路货物运输的政策和法律法规，执行中国铁路总公司的规章、办法，拟定铁路局具体实施办法；负责全局货场管理、专用线（专用铁路）管理；负责全局货检管理，合理调整货检站布局；负责全局货运设备管理；负责全局货物运输安全监督管理；负责全局装卸管理工作和装卸设备管理；负责货物装载加固管理，制定全局货物装载加固管理规章制度；负责超限超重货物运输管理和超限超重货物运输组织；负责审查、制定危险货物和超长、集重货物及鲜活易腐货物运输条件；负责铁路集装箱、集装化运输管理和货车篷布运用管理；负责全局货运系统业务培训工作；负责全局国际联运和外事工作。

二、分局货运分处

1996年，沈阳铁路局各分局货运分处（含集装箱公司）负责分局管内货物运输管理及货运营销工作，主要负责管理货运规章、货物装载加固、货场、专用线、零担、集装箱、货运设备、货运营销、货运保价等，全局10个分局（公司）

先后成立了装卸公司或中心，年内各分局完成了分局集装箱公司（中心）的组建。

1997年，各铁路分局货运分处，对外称"货运营销分处"，内设货运营销办公室，配置专职或兼职营销主管人员。1998年，各分局健全适应市场的营销机构。沈阳、长春分局组建了货运营销中心；吉林分局组建了货运公司；白城、丹东、通辽分局组建了客货营销中心或营销部。

2000年，各分局撤销货运分处，成立营销分处，负责分局货运管理工作。2003年，各分局撤销车务分处、营销分处，成立货运营销管理分处，主要负责货运技术、设备、货运营销、货场管理、集装箱和相关装卸管理。2005年，货运营销管理分处同时撤销。

三、货运单位

1996年，沈阳铁路局有货运营业站693个，其中办理零担运输的站188个，办理危险货物运输的站53个，办理集装箱的站87个。对全局中间站发送量和装车数进行调查，停办了49个日均装车不足一车的中间站货运营业。全局共有货运职工12936人，装卸职工10086人。1997年，全局有货运营业站627个，其中，零担办理站153个，危险货物办理站53个，集装箱办理站91个。全局共有货运职工12115人，装卸职工9899人。

2001年，对枢纽及市区货运站进行合理分工，调整零担辅助中转站布局，取消运量较小的零担办理站零担发、到业务。长春地区：长春站办理普、笨（重）零（担）货物发、到及中转业务，取消长春南、长春东站零担发、到业务；大连地区：大连东站办理普、笨零货物发、到及中转业务，取消大连西站零担仅办理发、到业务；抚顺市区：抚顺站办理普、笨零货物发、到业务，取消抚顺城站零担发、到业务。零担辅助中转站分工：取消凤凰城、大连东、通辽、朝阳川4个全路零担辅助中转站中转业务，同时取消郑家屯站局管内零担辅助中转站中转业务。零担办理站分工：停办长春南、长春东、农安、范家屯、八面城等29个零担办理站零担发到业务。

2002年，全局有货运办理站55个，客货办理站558个。为解决整零车静载重低、货车载重利用率低的问题，对吉林枢纽地区货运站进行合理分工。自2002年4月1日起取消了吉林西站零担发、到业务，吉林站负责零担货物发、到和中转业务。加强零担危险货物运输组织工作。自2002年4月1日起取消了长春、四平、白城、沈阳南、山海关、锦州、叶柏寿、新立屯、吉林、梅河口、图们站的零担危险货物中转业务。自2002年8月份起取消蛤蟆塘站零担危险货物发、到业务。

2003年，在对全局中间站进行生产力布局调整后，全局货运营业站总数为592个。2005年，按照铁道部优化货运站布局精神，在充分调研、论证的基础上，提出了局优化货运站布局调整方案，停办北三家等75个车站的货运业务，全局货运站有499个。同时全局各直属站段设置货运管理机构，18个车务段相继成立了客货管理科。

2006年，根据铁道部总体部署和要求，停办零担中转业务，仅保留长春、沈阳、沈阳南、大连东、丹东、锦州、辽阳、沈阳东、吉林西9个车站一站直达整零办理业务。全局有货运站442个，零担办理站74个。2007年，对新立、拉拉屯、明水河等57个车站实行装车和卸车集中办理，即对这57个车站发、到沈、哈两局的货物或由局管内其他车站发、到这57个车站的货物，实行集中请车、集中承认、集中配空、集中装车和集中挂运，一次请车、承认、配空、装车数必须在5车及其以上。当年运量较小的货运站停办22个，货运站整合到427个。

2008年，整合了74个车站站内的粮食办理业务，停办站内粮食办理业务的车站有53个。2009年，整合年货物发到量在10万吨以下的货运站，关闭货运站39个，货运站数由433个减少到394个。对沈阳、吉林、长春、通辽枢纽货运站的货运办理范围进行合理分工，停办了长春、沈阳站、吉林站的货运业务。

2010年，沈阳铁路局有货运办理站349个，其中：特等站4个，直属一等站6个，段管二等站48个，三等站106个，四等站185个。全局有货检站26个，其中：路网性货检站7个，区域性货检站19个。全局共有货运（货检）职工6736人，其中：货运职工5374人，货检职工1362人。2011年，全局有货运办理站419个，其中：特等站3个，一等站6个，二等站46个，三等站105个，四等站259个。全局有货检站26个，其中：路网性货检站7个，区域性货检站19个。全局货运干部职工共计6856人，其中：货运管理人员556人，货运人员5093人，货检人员1207人。

2012年，全局有货运办理站459个，其中：特等站3个，一等站6个，二等站49个，三等站105个，四等站296个。全局有货检站26个，其中：路网性货检站7个，区域性货检站19个。2013年，全局有货运办理站480个；集装箱办理站63个；零担办理站20个；货检站26个，其中：路网性货检站7个，区域性货检站19个。6月，全局实施货运组织改革，设立组建长春、白城、沈阳、鞍山、大连、本溪、锦州、阜新、通辽、吉林、延吉、通化12个货运中心。2014年，全局有货运办理站480个；集装箱办理站64个；零担办理站63个；货运快车作业站152个；货检站25个。其中，路网性货检站7个，区域性货检站18个。

2015年，全局有货运办理站487个；集装箱办理站88个；零担办理站226个；货运快车作业站539个；货检站21个。其中，路网性货检站7个，区域性货检站14个。

第二节　货物运输组织

一、货物装载加固

1998年，沈阳铁路局实施货物装载加固管理技术优化。辽阳庆阳化工厂生产的炸药，由木底板棚车装运改为铁底板棚车装运；完成盘锦耀光化工集团利用10吨罐式集装箱装运二硫化炭的试运和检测工作并开始运转。2002年，针对鞍钢、本钢卷钢装载出现的问题，制定针对性的措施，强化卷钢运输安全。

2003年，为加强防范散堆装货物超重，对配有轮重仪的车站，要求必须按"轮重仪"管理办法的规定进行检测。2004年，路局制定并下发《关于进一步规范货物装载加固安全工作的通知》，审批装载暂行方案197个、军事运输暂行方案107个，做到严格按照装载方案装车。在沈阳召开了由7个分局、9个钢厂的装车站主管人员参加的货物(钢材)安全装载研讨会，交流了瓢儿屯站专用线装车点钢材装载方案揭挂和管理的经验。强化木材装载加固排摆和木材加固材料质量，强化木材装车站交接、检查、签认流程，将装载不合格的木材车控制在专用线和站内。2005年，路局制定下发了《关于继续深化货运安全专项整治的通知》，明确了整治工作重点，提出了具体要求、阶段安排与推进计划。

2006年，全局开展装载加固专项整治活动，防止钢材偏载、集重、超重；整治篷布苫盖捆绑不良和车门关闭问题，要求各装车站对装卸后的货车车门关闭状态要进行严格检查，保证处于良好状态，篷布腰、边绳必须质量良好，绳索捆绑符合规定要求。2007年，路局强化装载加固方案管理，按照新《铁路货物装载加固规则》规定及新惯性力值，对全局现有暂行方案重新进行了核算，保证全局装载加固暂行方案符合新规则要求。全年审批暂行方案408份（其中70吨敞车方案48份），比照方案45份，军运方案158份。强化钢材装载质量，对装运卷钢、带钢、钢板、25M重轨、道岔以及钢梁、混凝土桥梁等重点货物，不论货场内还是专用线专用铁路装车，一律由货运员全程现场监控。

2008年，废止现场操作困难的装载加固方案17个，新批准245个，重新梳理了军事运输装载加固方案567个，修改完善后为123个；检查编组站装载加固质量136站次，检查1012列5.1万辆，发现各类问题264个，采取措施进行解决。开展超载专项整治活动，深入262个车站、248条专用线，检查重车7901车，发现并解决305个问题。2009年，应用装载加固方案计算机辅助设计系统及管理系统，提高了装载方案制作、审批的质量和效率，全年网上批准方案81个（不含军运方案）。重新修订《加规》补充规定，制定下发《关于加强混凝土桥梁转向架质量管理的通知》，规范使用转向架的管理。开展集重、窜动、大货专项检查，在沈阳西站召开防止钢材货物防窜动现场分析会，探讨防止易窜动货物调车作业时货物窜动、滚动的有效措施，并以局电报下发编组站落实。

2010年，全局重点针对卷钢、圆钢、钢管、百米重轨、道岔等钢材类货物开展"集重、易窜动货物跟踪""平板加固攻关"活动。2011年，路局制定下发装载加固实施方案，对货物装载加固安全重点、改进粮食包装和装载方法、军运安全、货检卡控作用等10项内容进行了明确，确定了落实要求和标准；重新修订沈阳铁路局《铁路货物装载加固规则》补充规定；对全局已有的1150个暂行方案进行全面研究修订，确定路局暂行方案520个；对车门质量问题进行整治，共计检查货车车门状态及加固情况11480辆，全局写实卸后车辆状态30988辆，制定下发敞车车门质量不良的处理办法。2012年，将装载加固方案审批纳入"三重一大"，集体讨论研究把关，强化货物装载加固质量的卡控，对装载加固材料、装置严格管理。开展重点品类货物装载加固专项检查，对全局24个站段进行检查，涵盖了卷钢、圆钢、钢管、百米重轨、预应力梁、水泥轨枕、大型变压器、道岔、敞车装载集装箱、军运轮式装备、木材等重点品类货物1900余车。2013年，全局开展易货物装载加固专项检查，从装车站源头装载加固质量把关，整治散堆货物装载问题，制定6项散堆装货物装载质量控制措施，并跟踪督促落实。2014年，全局加强易窜货物装载加固专项整治，从装车站源头装载加固质量把关、编组站防调车冲撞入手，通过打开车门、打开篷布的方式实施检查，检查重点包括卷钢、圆钢、钢管、百米重轨、木材、袋装货物等易窜动货物，共检查易窜动货物装载加固质量625车。针对发现的14件隐患问题，制定针对性措施，及时整改销号，确保了易窜动货物装载加固安全。强化散堆装货物装载专项整治，制定了6项散堆装货物装载质量控制措施，并跟踪督促落实。同时，加强装载加固材料管理专项整治，通过推行使用新版《产品使用证》的方式，卡控装载加固材料质量问题。

2015年，强化货物超偏载治理，重点对发生的偏载、偏重及超载3吨以上的报警信息，逐车跟踪、核实，提高散堆装货物装载作业、监督检查的管理水平。通过有效治理，全局月均超载货车仅12.4车，较去年同期的21.4车减少9车，降幅42%。开展钢轨偏载偏重整治活动，坚持车底板高差测量，转向架、滑台上表面高差测量，以及对25米轨中的"短尺轨"实际测量等手段，加大对25米钢轨偏重问题的治理。全年局钢轨偏重报警193车次，较去年同期的628车次减少435车次，降幅69.3%。

二、集装箱运输

1996年，沈阳铁路局组建集装箱运输公司，各分局在长春、沈阳、大连西、吉林西、丹东5个站成立集装箱运输中心(公司)，60个车站成立集装箱运输营业所，组织适箱货物进箱和整车非适箱货物进箱，组织直达，组织利用回空箱捎运货物，通过从计划和装车予以保证等措施，全年完成12.5万TEU。1997年，路局加大集装箱货源组织力度，共完成发送15.5万TEU。

1998年，全局加大集装箱货源组织力度，扩大可装箱货源范围共77028万换算箱，充分利用集装箱回空顺路捎货，采取车上车下直接掏装箱作业和普通平车捆绑加固的方法，使20英尺箱从大量闲置到变为抢手货，共装运20英尺箱3.7万车，7.4万标箱。制定《国际集装箱全程运输代理一次报价管理办法》和《国际集装箱五定班列全程监控办法》，全年发送22616标准箱。1999年，全局集装箱发送箱实际完成150336TEU。

2000年，加大货源组织力度，利用铁道部集装箱回空方向装运货物运价下浮政策，大力组织集装箱办理站利用集装箱回空装运粮食。全局集装箱发送箱实际完成182261TEU。2001年，实行运价下浮优惠政策，大力组织各办理站和非集装箱办理站利用集装箱回空方向装运粮食，积极组织开行集装箱运输班列，制定局《集装箱班列货物运输实施办法》和《集装箱货物运籍班列包租实施办法》，规范集装箱班列货物运输管理。

2002年，加强集装箱运输组织，积极组织攻抢公路、水路可装箱货源纳箱运输，使用20英尺集装箱装运汽车。使用10吨、20英尺集装箱装运粮食，继续组织罐式集装箱运输，发展国际集装箱班列运输。2007年，路局清理部分车站集装箱办理限制，取消1个1吨集装箱办理站、6个10吨箱办理站、39个木材箱办理站、8个50英尺汽车箱站、7个板架箱办理站、11个弧罐式集装箱办理站，增加3个车站、2条专用线办理20、40英尺集装箱业务，同时在全局开展了集装箱防超偏载专项攻关活动，有效遏制集装箱装载货物超偏载问题。

2008年，路局加大集装箱日常检查力度，对集装箱办理站、专用线集装箱以及集装箱内货物装载情况进行经常性地检查，防止匿报品名和夹带危险品。2009年，重新修订沈阳铁路局《铁路集装箱运输规则》补充规定和沈阳铁路局《铁路集装箱运输管理规则》补充规定，规范集装箱运输规章制度。自5月1日起，沈阳南站停止办理零担货物和1吨集装箱的发到业务。2010年，路局对年运量小于100TEU的集装箱办理站进行调研，取消公主岭、白山市、新通化站集装箱业务办理；取消朝阳站朝阳重型机器有限公司专用线、赤峰站赤峰金峰铜业有限公司专用线、松江河站吉林森工集团松江河林业有限公司专用线20、40英尺通用集装箱业务办理和马仗房、新通化站干散货集装箱业务办理。

2011年，路局对《铁路集装箱运输规则》《铁路集装箱运输管理规则》补充规定进行重新修订，对年发到运量较小的四平、辽源、长春南站等9个车站及专用线共10个办理点的20英尺通用集装箱、干散货集装箱、折叠式台架集装箱、汽车集装箱、板架式集装箱的办理业务进行优化整合。2012年，路局整合关闭梅河口、营口通用集装箱业务。2013年，全局严格集装箱受理承运，集装箱质量选用、装箱验收，采取开箱检查、拍照留存、箱箱过磅和过衡的措施，解决集装箱内货物匿报品名、夹带危险品问题和货物装载超载、偏载、偏重问题，解决集装箱箱门关闭不严、锁头落锁不严问题，确保集装箱装箱运输安全。当年全局集装箱办理站共有63个。2014年，路局批准白河、木里图等8个站新增集装箱办理业务。全局集装箱办理站共有64个，辉南、朝阳镇、渤海、田师府、哈达湾5个站在局管内开办了集装箱临时业务。

2015年，路局严抓集装箱运输安全，采取重点部位涂打标记的方式，对集装箱装车质量进行复检。对单件重量超过500千克的货物，确保箱内装载与货票甲联留存的"集装箱箱内货物装载示意图"相符，确保集装箱装车后经检斤设备进行复检，控制箱体不良、箱内货物装载不良、集装箱装车装载不良问题。大力开办集装箱办理站，新增集装箱办理站31个，全局集装箱办理站达到87个，办理点达到102个。

三、超限超重货物运输

2006年，沈阳铁路局加强超限超重货物运输管理，下发《沈阳铁路局超限超重货物运输安全生产专项整治实施方案》，规定以完善规章制度、排查事故隐患、强化关键卡控为主要内容的整治，下发《沈阳铁路局超限货物运输管理办法》文件，对超限货物资料的管理，超限车的运行都有明确的规定。2007年，路局加强超限超重货物运输管理，在开行超限超重专列前，召开有局有关部门参加的超限超重货物运输协调会议，制定严密的运输组织措施，并在装车前后还深入现场对超限货物外形尺寸进行实地测量，全年共办理超限货物运输453批1673车。2008年，路局加强超限超重货物运输组织，及时拟发批示装车电报，全年办理超限货物运输1428车。2009年，沈阳铁路局重新修订完善《超限超重货物运输管理办法》，制定各部门管理职责，增加超限、超重货物专列运输组织办法，重新公布沈阳铁路局具备办理超限、超重货物运输资质条件的车站。开展超限超重货物专项检查，对存在的问题，指导站段进行了整改，确保大货运输安全，当年共组织超限超重货物专列19列。

2011年，路局确保超限超重列车安全，认真核对有关方案和限界尺寸，做到精益求精，确保数据的准确性；超限货物装车时，主管超限的人员到现场检查指导装载，对超限货物的原始尺寸做到心中有数；在挂运过程中，主管超限超重和装载的工程师全程添乘，在每个停车站，都与添乘的厂家及技术人员一同进行检查，途中监视货物运行状态和装载加固状态，确保了超限超重列车运输安全。全年开行13列超限超重列车，运输超限货物506批，4728辆。

2013年，加强超限超重运输全程监控工作，派主管人员到分界口或装车站做好交接检查工作，在局管内运输过程中全程添乘，确保分界口的正点交接和局管内运输安全。开展超限超重专项整治活动，完成对74座隧道限界的重新复测，达到隧道数据准确无误。2014年，规范超限货物运输限界管理，对设备和建筑违章侵入建筑接近限界的，或影响行车安全的，必须及时整治、拆除，使其达标；当限界发生变化时，应及时将情况变化书面报告局限界管理委员会，对车站超限超重固定接发线路限界及《站细》相关内容进行审核、规范，确保超限超重货物运输安全。

2015年，沈阳铁路局确保超限货物运输安全，按照逐级审查、集体研究、慎重审批原则，增加金桥为超限超重货物运输办理站，共批复超限超重电报612封、限速运行电报83封，组织开行、接运超限超重货物运输专列6列、军用超限561列、预应力桥梁289列，确保超限超重货物运输安全。

四、危险货物运输

1996年，沈阳铁路局召开危险货物运输管理专题会议，推广松源站危险货物运输管理工作经验，制定危险货物补充管理办法。1997年，召开由10个分局、30个危险货物运输大型企业和主要车站人员参加的液化气体罐车安全运输工作会议。2002年，沈阳铁路局制定危险货物运输重点要求，对办理危险货物的专用线全面进行了清查和整顿。对5个危货剧毒品办理站，全部配备跟踪设备，按规定要求全程跟踪剧毒品的运输，整顿危险货物站内办理站，由52个车站调整为38个车站。开展危险货物资质认定，经审核有257家企业办理危险货物发运，其中符合铁道部文件条件的合格企业有169家。2003年，全局开展危险货物专项整治工作，下发《关于深化危险化学品安全专项整治的通知》沈铁车货〔2003〕8号文件，明确整治的内容、方法、步骤和阶段安排，对专项整治工作提出12项具体措施和要求。

2004年，沈阳铁路局制定了危险货物专项整治的活动安排和推进计划，重点对爆炸品、液化气、剧毒品的运输进行全面的清理整顿，完善托运人资质和专用线办理条件的审核，对没有办理危险化学品生产许可证、经营许可证和没有进行专用线办理地点安全评价的单位认真进行清理和整顿，共修改企业专用线85个，并重新审核企业自备货车危险货物运输准运证5000多个，对不符合要求的7家企业车辆停止核发准运证。2005年，路局下发《关于开展危险货物运输安全专项大检查的通知》，明确整治目标，提出检查整治的具体要求，加强对《危险货物铁路自备罐车准运证》的审查，对全局的危险货物铁路自备罐车准运证进行年度审查，共审查4229个。制定《沈阳铁路局危险货物运输安全控制措施》，认真执行危险货物运输签认制度，通过签认制度落实逐级负责，保证危险货物运输安全。完善《沈阳铁路局危险货物事故应急预案》，突出危险品事故造成污染等次生灾害的防范。

2006年，沈阳铁路局下发《危险货物运输安全专项整治实施方案》，明确重点任务和整治范围。下发《关于危险货物运输办理站、专用线整合工作的指导意见》，整合站内办理危险货物运输的车站，取消局管内17个办理站的危险货物运输站内办理业务，取消两家企业的剧毒品到达业务，取消7个车站的危险货物集装箱办理业务。2007年，提出危险货物运输安全专项整治工作的具体要求，对存在安全隐患的危险货物运输办理站、专用线进行整合，撤销62家企业托运人资质，取消专用线51条，取消共用单位20家，清理不符合专用线的发送或到达品名要求52条。下发《关于开展罐装危险货物运输安全专项攻关活动的通知》。编制《危险货物运输安全关键环节作业控制流程》，对办理危险货物运输的关键环节、关键人和控制方法进行明确。同年，在沈阳西站举办全局危险化学品运输事故应急预案演练，并在山海关、沈阳西、沈阳南、长春北、四平、通辽等10个编组站建立应急救援中心，组建应急救援队伍，为救援中心和28个较大的危险货物办理站配备应急救援器材。10月份全局主要编组站和较大危险货物办理站均组织事故应急演练。2008年，全局严格罐装危险货物运输安全管理，采取的措施是对气体类危险货物罐车安全阀、液位计等安全附件进行改造，未经改造的禁止上路运行，为全局61个罐车发送车站的82条专用线（专用铁路）的各装车作业岗点配备237名驻厂货运员，实行源头把关。推进危险货物办理站的清理和整合，规范危险货物运输管理，取消虎石台站和吉林北站的剧毒品办理业务；取消45条存在安全隐患的危险货物专用线；撤销不符合要求的25家企业的危险货物托运人资质；取消4家办理品类超过专用线产权单位范围的危险货物共用单位；取消56条超过生产许可证（经营许可证）范围的危险货物专用线和办理危险性质或消防方法相互抵触的264个货物品名。当年全局有195个危险货物运输办理站，355条危险货物办理专用线。

2009年，沈阳铁路局制定下发《〈铁路危险货物运输管理规则〉补充规定》，编制下发《危险货物运输事故应急救援指导手册》，开展危险货物运输设备隐患排查和整治活动，对管内危险货物专用线中的334条办理罐装危险货物发到作业的专用线（专用铁路）设备、设施情况逐一进行了登记排查，对排查出的问题列入专项整治重点内容，全部进行整改。对全局152家危险货物运输托运人和9家进出口危险货物运输代理人进行严格审查，撤销11家不符合办理条件的危险货物托运人资质，撤销3家长期不办理运输业务的铁路进出口危险货物代理人资质，取消8家托运人资质。对存在隐患的专用线和办理品名进行清理整顿，取消21条存在安全隐患或长期没有运输业务的专用线；取消了4家共用单位；取消11条未配备装车计量软件和螺栓的专用线的61个危险货物发到品名；取消12条危险货物专用线，取消7个危险货物运输办理站。组织开展危险货物应急救援演练，全局28个直属站段开展应急演练47次，参加演练人员2123人。开展危险货物运输安全专项整治大检查活动，检查专用线137条，检查危险货物罐车2143辆，检查危险货物运输关键环节作业229次。

2010年，路局对130家危险货物托运单位的企业营业执照（副本）、危险化学品全国工业产品生产许可证等证书的有效期和办理范围进行严格审核，对不符合办理要求的15家托运人吊销了资质。对危险货物专用线进行优化，取消危险货物14个办理站的28条专用线、9家共用单位，取消了20条专用线的52个长期没有发到运量的危险货物品名。统一印制《危险货物有关法规、条例汇编》。2011年，路局在丹东召开全局危险货物运输工作会议，会上总结当年全局危险货物运输安全专项整治工作，对危险货物运输安全专项整治重点工作进行部署。

2012年，对危险货物专用线进行了优化，对不符合办理要求、存在安全隐患或年发到运量不足1万吨的专用线及1年以上未办理的危险货物品名进行清理，共计取消危险货物21条专用线，取消57条专用线的165个长期没有发到运量的危险货物品名，取消共用单位2家。2013年，全局运用危险货物运输安全监控系统，实现安全监控系统计算机审核，除第三类危险货物纳入安全监控系统审核工作正在按阶段推进外，其他品类危险货物均100%实现安全监控系统审核，达到危险货物运输计划、受理、承运、装车、在途、货检、卸车、交付等环节的全过程安全监控。强化现场作业控制，继续落实危险货物装车，实施"关口前移，超前控制"措施，向接轨的专用线（专用铁路）各装车作业岗点派驻厂货运员。2014年，全局各发送危险货物办理站继续对罐装危险货物装车实施"关口前移，超前控制"措施，对罐车装车作业过程实施全程监控。

2015年，整合清理危货专用线及办理品名，对运量小、超过国家批准的经营、生产、使用范围以及与专用线设备设施条件不匹配的办理品名予以清理，共整合取消专用线30条，取消44条专用线的128个品名。重新下发《沈阳铁路局危险货物运输事故应急预案》并为局管内23个货检站重新配备应急救援器材。

五、零担运输和快运货物班列

1996年，调整管内零担车运输组织计划，充分发挥中转站的优势，专用线内开办零担运输，组织开行快运直达列车，以零担托运的粮食、钢铁、化肥、地板块等重质货物的整零车静载重必须达货车标重的85%以上，中转使用车装载量不得低于25吨，进关车要求30吨以上，限制口车必保35吨以上。1997年，沈阳铁路局开行"五定班列"（定点、定线、定时、定价、定车次），并制定"五定"班列货物运输组织办法实施措施，建立56个"五定"班列辅助装车站。1999年，全局"五定班列"开行，放宽组织条件，严格执行班列的开行纪律，充分安排班列的运力，当年开行班列102列。

2001年，对吉林地区货运站进行分工，取消吉林西站零担发到业务，吉林站负责零担货物发、到和中转业务。2012年，路局在大连、沈阳、长春三个城市之间开行快运货物列车，全年开行660列2548车，同年制定货运快运货物班列运输组织管理办法。2013年，全局增加零担办理业务，在苏家屯、铁岭等20个站开办零担业务。2014年，沈阳铁路局制定东北货物快运列车开行方案，确定152个货运快车作业站、1个全路集散快运货物中心站、1个中心站辅助中转站、2个跨局中转站、2个局管内中转站；组织制定《沈阳铁路局东北货运快车组织办法（试行）》《东北货物快运列车车长岗位职责、作业流程和作业标准暂行规定》《货物快运列车货物中转有关规定》《货运快车两端接取送达及运输车辆管理办法》《200个办理站的车位舱位使用管理细则》《货物快运列车随车装卸机具管理办法》等一系列制度办法。在货运快车中心站、中转站、作业站及货运快车配置叉车、牵引拖车等装卸机具236台，为货运快车接取送达作业配备200台汽车，将500个办理站和200个作业站的业务紧密连接起来，同年新增普兰店、白城、吉林等43个站的零担业务，全局零担办理站有64个。

2015年，全局加强快运基础设施建设，建成快运办理站550个、作业站226个，除盘锦外，全局管辖区域内各地级市均已覆盖快运业务。为各作业站配备钢制托盘8480个、集装笼4050个、小型箱4300个、叉车77台。接取送达汽车业从200台增加到271台，优化快车开行方案。针对东北货运快车"五环三爪"开行模式暴露出的运到时限长、物流效率低的问题，优化升级为"五环五爪"开行模式，实现固定到发时刻，压缩运到时限目标。开行"点到点"直达快车，采取"客户白天备货取货，铁路夜间装卸运输"的方式吸引货源，减少"点到点"直达快车中转次数，扩大东北快运列车覆盖区域，开行包括哈局、上海局方向在内的35列直达快运班列，实现日均发送3200吨。

六、货车篷布管理

1997年，沈阳铁路局篷布装车站使用弹力篷布加固绳加固，采用苫盖货车篷布的"四位一体"加固方法。2007年，全局开展篷布安全生产专项整治活动，下发《关于加强货车篷布管理的通知》，对篷布质量交接检查、苫盖捆绑、使用和回送等各项工作提出具体要求。下发D型篷布试运电报，对装车站提出D型篷布苫盖捆绑加固技术要求，对卸车站提出了篷布卸车、折叠堆码等具体要求，同时取消篷布支架。2008年，下发《沈阳铁路局车站更换篷布绳索管理办法》，由车站自行更换篷布绳索。2009年，在全局开展车门篷布绳索专项攻关活动，对局管内装卸、中转车辆的篷布苫盖捆绑以及绳索质量进行检查，修

订D型篷布苫盖捆绑技术条件，规定装车使用D型篷布苫盖时，除篷布自带绳索和篷布绳网外，不再使用其它绳索捆绑篷布。2010年，路局下发《关于开展铁路货车篷布绳索、绳网专项整治活动的通知》，对篷布绳索、绳网进行专项整治，检查货运站52个，检查苫盖篷布货车8451辆。下发《关于停止使用"X"和"5"字头铁路货车报废篷布的通知》《关于停止使用"D6"和"6"字头报废篷布的通知》，对已报废篷布进行彻底清理。2011年，全局开展货车篷布苫盖捆绑质量专项检查活动，检查篷布苫盖捆绑车辆16941车，针对检查中发现的捆绑时没有拉紧篷布绳索致使运行途中篷布绳索松弛、篷布压绳有接头采取系扣方式连接、违反规章要求的插接连接方式等12个篷布苫盖捆绑质量倾向性问题下发两期通报。2012年，严格专用线、专用铁路篷布交接进行严格检查，防止因篷布绳索缺失、损坏影响装车，影响回送篷布质量，加强货检站途中检查，抓好篷布苫盖捆绑整理质量工作，防止篷布及篷布网松弛危及行车安全。

2013年，加强对货车篷布的折叠打包、堆码存放及"货车篷布交接单"的使用填记的检查，规范货车篷布管理工作。全年检查篷布质量657次，在装车站检查篷布苫盖捆绑质量3446车，在途中货检站检查篷布苫盖捆绑质量6417车，针对发现的问题，及时进行整改，开展铁路货车篷布进行全面清查，共清查篷布9045张。掌握篷布的分布和运用情况，并对金州、白城、梅河、吉林北4个篷布修理所的维修质量、回送、交接等工作进行检查指导。2015年，路局加强苫盖前篷布质量检查工作，杜绝不合格篷布装车使用，加强货检站途中检查工作，对到达篷布做好交接检查，确保篷布交接检查质量，实现篷布车辆运输安全。

第三节 货运管理

一、货运规章管理

1996年，沈阳铁路局编印390种货物装载加固定型方案，制定危险货物补充管理办法、液化气体罐车安全运输管理办法、重点货物运输装载

质量签认办法、货运安全竞赛办法。1997年，路局制定货运安全保证措施、经济责任制考核办法等九个文件、办法；同时，清理整顿局《货运规章汇编》，由过去的12册减少到8册；对与行车有关的货运规章也进行修订。2002年，沈阳铁路局印发《关于开展危险货物运输安全生产专项整治工作的通知》，为解决装卸部门存在的问题，改善装卸经营条件，保持装卸队伍稳定，制定《关于加强全局装卸管理的决定》，下发《关于公布沈阳铁路局铁路专用货物装载加固材料(装置)定点生产单位的通知》《沈阳铁路局货车超载检测装置管理办法》《科学尖端保密产品重要保密物资铁路运输整治工作补充规定》。

2003年，沈阳铁路局制定完善《货运系统安全信息管理实施细则》《加强货运安全关键点控制措施》《危险货物运输安全控制措施》《货运规章执行情况检查办法》《货运部门职工违章违纪(B类问题)范围》《危险货物运输全程跟踪监控网络规划》，制定《货运系统深化安全生产专项整治工作安排》，修订补充《沈阳铁路局货检工作管理办法》，制定货物《装载加固定量考核办法》，补充完善《沈阳铁路局货物装载加固不良危及行车安全经济处罚办法》，对全局货运规章汇编、文电进行清理，以局文件公布有效规章、文电133个，修改12个，废止7个。2004年，路局对1999年以来货运规章、文电进行全面清理，共清理出有效文电108个，其中运条运价22个、装载加固38个、危险货物19个、货检10个、零担集装箱19个；废止文电45个，并编印《货运专刊》在全局公布。制定《全局货运部门继续开展安全专项整治工作的通知》《加强危险货物运输管理控制措施》《关于进一步规范货物装载加固安全工作的通知》《关于开展危险化学品罐车专项检查整治工作的通知》《关于货运部门落实安全基础管理长效机制有关文件的指导意见》，制定《关于加强中间站停留货车检查的通知》《关于"4·18"新图实施货检作业要求》《沈阳铁路局货运系统轨道衡管理办法》。

2005年，路局重新制定完善《沈阳铁路局优质货场考核办法》《沈阳铁路局货运检查工作管理细则》《沈阳铁路局货运设备管理办法》等19个措施、办法，将原7个分局制定的有效部分纳入局补充规定，对沈阳铁路局安全基础管理长效机制货运系统的5个办法进行修改，共计整理出有效规章制度132个。2006年，路局重新制定并下发《铁路货物运价下浮管理实施细则》《铁路货运检查管理规则》（补充规定）《沈阳铁路局危险货物运输管理细则》《重点货物备货承运管理暂行办法》《货场管理细则》《货检细则》等，并对现有的货运规章汇编、办法和文电进行清理，重新编制局货运规章汇编并下发站段，同时完成货运基本规章、《货运规章汇编》及文电的网上公布，实现网上对规。

2007年，沈阳铁路局制定下发《铁路货运检查管理规则补充规定》(沈铁货发〔2006〕166号)文件，重新制定沈阳铁路局《铁路货物装载加固规则》（补充规定）、《沈阳铁路局危险货物运输管理细则》、沈阳铁路局《铁路军事运输管理办法》（补充规定），下发《货车篷布管理规则》（补充规定）、《关于加强货车篷布管理工作的通知》，制定危险货物运输安全关键环节作业控制流程等规章、办法，并组织制定一批与货运安全有关的技术标准、作业标准。同时对各种规定进行清理，形成关于危险货物、货运检查、专用线、装载等12个方面的补充规定，组织站段对货运规章汇编和电报进行清理，将废止的各个规章、文电从规章中撤除，通过局货运规章网，将铁道部、路局基本规章、货运规章汇编、文件电报全部上传网络，并及时进行修订，实行规章文电动态管理。

2008年，沈阳铁路局组织对规章性文电进行清理，共制定《货规》等补充规定16个，废止文电60个，完成货运安全管理规章网的建设工作，及时对货运规章网维护更新，实现规章文电动态管理。2009年，路局重新制定下发《货运规章管理办法》，对货运规章文电进行全面清理，保证规章的准确性和时效性，修订并下发4部基本规章的补充规定，实现货运规章网上查阅使用；完成三等及其以下车站的《货物管理细则》编制工作，并上网公布。2010年，路局组织开展规章文电大清查、大整顿、大清理活动，共清理规章文电867份，其中有效规章465份，列出有效规章目录38项，其中系统规章7项、专业规章8项、临时规定23项，确保货运规章文电的实时有效性。

2011年，全局对规章文电进行清理，对全局2005年以来的1470份文电和15个"路局补充规定"进行全面修改和清理，共清理2005年以来的规章文电1470项，其中有效文电655份，废止文电331份，撤出文电484份；对10个路局补充规定进行重新修订和发布，铁道部基本规章18个、铁路局补充规定15个、站段《货运管理细则》1个，形成"铁道部一本基本规章、铁路局一本补充规定、站段一本货管细则"的规章体系。清理出有效企业标准17个，有效货运文电705个，废止69个，完善货运规章网功能，对货运规章网进行全面改版，增加货运技术规章标准体系以及货运管理细则网上审核功能，实现铁道部、铁路局文电直接查询功能。2012年，路局制定《货运班列服务标准》《货运服务流程、服务质量标准》，修订完善《整车岗位作业标准》《专用线岗位作业标准》《集装箱岗位作业标准》《货检检查岗位作业标准》《货检监控岗位作业标准》《货运事故处理岗位作业标准》，对货运规章文电进行清理，对铁道部283个有效规范性文电、国家和行业标准68个以及历年来需废止的货运文电进行清理。

2013年，沈阳铁路局制定《货运服务质量投诉处理管理暂行办法》《零担货运快车实施办法》《铁路零担货物整装快运组织办法实施细则》《沈阳铁路局快速货物班列安全管理办法》（试行）、《货运系统安全生产和多元经营一体化考核办法实施指导意见》，对《货运系统人身安全强制规范措施》《沈阳局关于货运系统专业管理的指导意见》《沈阳铁路局车务站段与货运中心结合部运输组织管理办法》《沈阳铁路局货运作业流程和服务标准》（暂定）、《货运车间干部一日工作流程和标准》进行重新修订完善并进行公布。整理完善货运规章文电受控目录，组织对目前所有有效的规章文电进行清理，形成新的规章文电受控目录，形成9分册22分类1087个文电，每分册有数量不等的分类，每个分类按时间先后顺序排序，其中铁道部及有关部委有效规章文电有919个，路局级有效规章文电有168个。

2014年，沈阳铁路局修订完善《货运安全质量考核办法》《沈阳铁路局货运计量安全检测设备运用管理办法》《铁路货物运输管理规则》《铁路货物装载加固规则》《铁路危险货物运输管理规则》《铁路货运检查规则》《铁路超限超重货物运输规则》等补充规定，使规章制度更加符合现场作业需要。补充完善《货运管理细则》《货检细则》。将货运营销、物流、装卸、抑尘等制度办法均统一纳入《货运管理细则》，制定货运和装卸职工共17个作业流程和作业标准。编制《货运窗口业务指导手册》《货运现场作业指导手册》《货运常见问题处理指导手册》《装卸机械日常保养指导手册》。对货运规章文电进行实时清理，整理出有效规章文电共计1069个，其中文件486个、电报583个，形成规章文电电子汇编，共分成9分册22分类，简明直观，方便现场作业查询。精简货运簿册表格，共清理废止簿册12个，保留货运簿册23个，清理废止表格20个，保留货运和营销表格共计98个。

二、货运安全基础管理

1996年，沈阳铁路局公布《货运系统标准线验收规定》，并对京哈、沈丹、长大、京通、沈吉等十条线上的货运站，进行平推检查和验收，10个站达到部级安全优质单位。1997年，路局组织对10个分局37个车务段和128个车站的安全基础管理和建线检查工作，有效推动货运安全工作。1998年，全局加大货运安全大检查力度，对156个车站34个车务段和各分局进行认真检查，发现问题及时通报并帮助解决。2002年，路局加强对货运安全关键点的控制和安全关键环节的防范，全年共检查29个车务段、98个车站的安全基础工作，坚持局每月一次货运安全检查通报制度。当年共发通报11次，按照货物装载加固检查考核办法规定，每月将检查考核的结果在《沈阳铁道报》上公布。

2008年，沈阳铁路局制定下发《货运系统开展迎暑运保奥运安全攻坚活动安排》《关于确保奥运会期间货运反恐防爆安全工作的通知》《关于落实奥运会期间危险货物运输安全保障措施的通知》，对全局货运系统奥运安保工作提出具体要求，确保奥运会期间货运安全万无一失。制定下发《货运系统安全大反思大检查活动安排》，当年4次召开全局货运系统安全反思查摆电视电话会议，对货运系统各站段反思活动开展、问题查摆及整改措施制定情况，逐一进行了汇总和点评。

2009年，全局加强货运安全信息管理，将日常检查发现的各类安全信息进行及时掌握、梳理，纳入《货运安全信息管理系统》，每月对发生的货运安全事故、险情跟踪掌握，认真分析，弄清责任，制定措施，坚持安全问题责任追究制度。当年共下发全局通报35期，追究责任人员211人，其中干部141人，职工70人。

2011年，开展货运安全大检查活动，把重点放在现场动态作业的安全卡控上，采取发站装载现场检查指导的措施，对大检查中发现的239件现场作业问题全部督促站段进行解决，并坚持通报考核制度，下发货运安全大检查问题整改通知书17份、下发货运安全大检查问题通报30期。同时，制定下发《货运系统劳动安全专项整治工作安排》，将人身安全纳入全年重点工作，实行常态化管理，开展人身安全专项检查，下发通报1期，通报批评单位4个，下发监察记录3份。

2012年，全局货运安全基础管理以货运作业流程为主线，从装车卸车、受理交付、货场管理、货检作业、人身安全五个方面研判出24项主要安全风险点，并制定相应的卡控要点，及时下发指导意见指导各站段研判风险，组织审核组，对全局24个站段、9个货运工种、2076个货运岗位的10161项安全风险点进行过筛式推敲研判。组织货运安全大检查，检查36个车站，下发14期安全通报，对87个安全问题进行通报。

2013年，路局全面深化安全风险管理工作，重新修改完善货运系统《干部安全风险管理手册》《货运车间干部一日工作流程和标准》，规范了货运干部岗位职责、工作标准和工作流程，明确了干部检查的规定内容和量化任务。货运系统共派出289名干部组成157个包保组，共检查车站（班组）554个次，检查现场作业2986人次，共有599人次参加跟班写实，跟班写实累计达到3871小时，发现和解决问题1924件。

2014年，路局编制货运各岗位管理人员《安全管理手册》，并实施安全风险卡册实施动态管理，并做到一人一卡(册)、易岗易卡(册)，上岗时随身携带，严格执行，开展19次专项防控检查，检查各级干部对《安全管理手册》的要求是否落实到位、对风险研判是否准确、防控措施是否有针对性、货运和装卸职工对作业流程和作业标准及安全风险卡的要求是否执行到位，使安全风险得到有效控制。开展常态化货运安全专项整治工作，当年共检查发现问题774件，将发现的问题均录入问题库，责任单位对每一件问题都明确责任人和整改期限，并跟踪问题整改落实情况，确保问题整改销号，同时，坚持对安全问题定期通报制度，全年下发通报25期，下发重点问题专题通报7期。

2015年，沈阳铁路局推动货运安全基础管理规范化，针对安全隐患问题，建立安全问题库，采取问题挂牌督办、对话约谈、安全预警等形式，督促问题整改，对日常检查发现的1139件问题梳理分类，对43件问题实施挂牌督办，并对典型问题组织13次交班分析，向5家责任单位下发1份《安全不放心单位通知书》、1份《安全预警通知书》、4份《典型问题整改督办通知书》。

三、货检管理

1996年，沈阳铁路局完善货检细则和站车交接制度，召开专题会议，推广四平站货检管理经验。1997年，路局修订货车交接检查管理办法，组织无守区段商检站的互检工作。1998年，全局无守区段货检站，开展"以货检标准化作业为重点，以检一辆货车，保一路平安"为目标的冬运立功竞赛活动。2004年，全局货检将装载加固状态、车门关闭、篷布苫盖、施封状态、液化气罐车押运作为货检交接检查重点内容，将经常发生的货车超重、车门开放、篷布苫盖捆绑不良这三个惯性问题，作为日常安全管理的关键，凡发生货车超重、车门开放、篷布苫盖捆绑不良等问题，及时组织交班，全局通报，严肃处理。

2005年，路局制定《沈阳铁路局货运检查工作管理细则》，并确定货检站建立14个簿册。提高货检作业质量，组织检查组，检查75个车站，组织夜查7次，发现各类问题76件，全部进行指导整改，并通报全局。2007年，路局对货检站进行整合，取消太平川、丹东、灵山、盘锦站等11个区域性货检站，为全局所有货检员配备统一货检作业工具兜和工具备品，发布《沈阳铁路局货运检查管理细则》，规范统一了货检规章。2008年，路局编制《货检作业检查及问题处理手册》，手册内容包括货检作业的程序、检查内容、问题处理及一些常用的装载加固方案，开发货检管理系统软件，实现货检管理信息网络化。

2009年，路局制定下发货检作业"簿册填写、货检集中监控中心作业、作业用语和信息传递、重点车型及品类别作业、一班工作标准"五项标准。下发《创建标准化货检站的指导意见》，推进标准化货检站创建工作，并加强联网超偏载检测装置的日常监控分析，对报警车及时督促相关车站进行核实处理。2010年，全局在锦州、金州、棋盘三个较大的区域性货检站组织现场货检作业五项标准演练，提高作业质量。2011年，路局对《货运检查管理细则》进行修订完善，加强对卷钢等易窜动货物的安全检查，开展标准化货检站验收，组织全局26个货检站开展自检自验工作。

2012年，路局加强货检信息的掌握和处理，对货检站发现的问题，及时向发站进行通报，并进行处理，全年货检检查109万列，6024万辆。2013年，全局加强货检站检查，并在四平、长春北、山海关等货检站多次举办货检作业五项标准模拟演练，提高标准化水平和作业质量。7月12日在沈阳西站召开"全局标准化货检站"现场会，介绍沈阳西站货检经验，观摩了货检一次标准化作业。

2014年，严格货检作业标准，采取现场指导、对标检查、对讲机监听等方法，对出务立岗、接车预检、现车检查、整理加固、处理通知、完毕报告等作业环节，规范联系用语，强化现场控制。2015年，路局加强货检安全管理，根据车流调整及站场改造产生的变化，取消乌兰浩特、平庄南、丹东、大石桥4个区域性货检站。

四、货场管理

1996年，沈阳铁路局开展创建优质货场活动，有11个站进入部级优质货场，5个货运站进入星级优质货场。在沈阳站货场、锦州站货场等10个较大站货场实施货场内部企业化经营管理改革。1997年，全局二等以上货运站货场实行承诺服务、引导服务、限时服务、上门服务和延时服务；二等以上货运站货场和部分三等站货场，实行"一个窗口、一张支票、一次结算"的收费方法。

1998年，全局货场实施站段长领导下的货运主任负全责的货场企业化和一体化经营管理，开展创建优质货场活动，沈阳站货运中心被评为沈阳市先进集体，沈阳、丹东站货运中心获辽宁省窗口行业文明服务示范单位和公众形象最佳单位称号。1999年，全局货场实行企业化管理，分局所在地车站实行站长领导下的货运主任负全责的货场内部企业化经营管理，其他站段实行站段长领导下的货运主任负全责的货场一体化经营管理。2001年，全局货场管理突出货运在货场管理中的主导地位，装卸等部门接受统一的管理、指导和考核。2002年，路局实施创建星级货场计划，沈阳站被评为四星级优质货场，长春站被评为三星级优质货场，丹东、大连东、锦州站被评为二星级优质货场，沈阳南（苏家屯）、吉林、图们站被评为一星级优质货场。

2004年，全局创建标准化货场，以沈阳东、大连东、甘井子、赤峰、长春、吉林北、山海关等10个站为创建标准化货场的试点单位。2005年，全局继续开展优质货场检查评比活动，山海关、锦州、大连东、金州、沈阳、丹东、通辽、长春、赤峰9个车站通过了铁道部星级货场验收检查，四平、白城、梅河口等20个站通过了局优质货场验收，山海关和长春站荣获"全路客货运输窗口用户满意单位"的荣誉并受到表彰。2006年，路局召开创建部星级优质货场、局优质货场工作会议，下发建设指导意见，制定《基础工作标准化货运站考核办法》《星级优秀货运员考核评选办法》，统一规范货场大门、货运营业室（厅）牌匾样式，统一规范表、簿、册和揭挂标准。

2009年，沈阳铁路局制定下发《精品货运站考核验收标准》《精品货运站服务质量标准、定置管理标准和验收评比标准》，公布精品货运建设规划、建设标准、建设动态，完成金州、长春东、丹东、四平、图们5个车站的精品货运站建设工作进行验收。2010年，路局打造金州、四平、长春东、山海关、葫芦岛、锦州等14个星级精品货运站，统一货运营业厅内、外服务标识，命名葫芦岛、赤峰、丹东、金州站为四星级精品货运站；命名锦州、四平、长春东站为三星级精品货运站；命名开原、吉林北、延吉、梅河口、山海关站为二星级精品货运站；命名图们、灵山站为一星级精品货运站。

2011年，路局制定《沈阳铁路局货场管理办法》，明确货场经营管理、货场使用管理、货场作业管理，并下发货场场地出租管理细则，全面规范货场管理。2013年，全局各货运营业厅（室）改变传统方式，开办综合服务窗口，将受理、制票、收款、交付、物流服务、投诉咨询、理赔服务等各项业务，由过去的各项业务在各专项窗口分别办理，改为所有业务在综合窗口一次性全部办理完毕，对营业厅（室）、营业窗口、服务设施设备、服务电话、标志标识的设置及揭挂公告项目和内容进行明确。

2014年，全局货场管理，对货场服务项目、窗口设置、信息整合、设施设备配置、岗位和职名设置、人员配备、制度流程等方面实施优化整合工作，优化营业厅功能区域设置。在50个面积较大、客户较多的营业厅设置客户休息、营销服务、业务办理、内部生产四个基本功能区；在87个营业厅设置客户休息、业务办理（营销服务）、内部生产三个基本功能区；其它215个营业厅不区分功能区，保持现有条件不变，具备货运服务基本功能。

五、装卸管理

1996年，全局10个分局(公司)先后成立装卸公司或中心，并开始运作。1997年，全局装卸实现专业化管理和"四自"的经济实体。1998年，路局提出装卸体制改革指导意见，总结锦州、白城、通化等分局做法，在减员增效中，压缩管理人员和非生产人员人数，富余人员充实生产第一线。

2005年，全局装卸管理建立健全安全路风管理制度，制定作业标准，制定考核办法，开展春、秋季装卸机械设备大检查，提高设备质量，保证安全生产，提高机械利用率。2006年，全局装卸管理划归局装卸作业管理所。2009年，制定《沈阳铁路局货运装卸管理办法》，重点加强货运与装卸结合部的管理，强化装卸质量与效率，并在全局范围内开展货装安全"四查"（即查作业标准、查安全卡控、查货装协作、查干部作用）活动，共检查发现装卸问题243件，通过"四查"活动，遏制部分装卸工不服从货运指挥的现象，解决货运、装卸各自为政、分散作业、配合不畅等问题。

2012年，全局开展装卸管理整章建制工作，对现有装卸规章进行修改、完善，加强装车、途中检测的全过程跟踪，从严管理。2013年，路局加大装卸机械更新改造力度，投入资金8260万元，新建门吊6台，购置正面吊6台，抓料机14台、装载机25台，叉车13台；投入大修资金604万元，对39项装卸机械进行大修。制定《沈阳铁路局装载机称重装置管理办法》，对装载机称重装置的管理进行规范，并组织检查组深入珠霍地区煤炭装车点，对装载机电子秤计量检测准确率、装载机操作标准落实、煤炭装载质量等关键环节进行了现场跟踪检查；针对超偏载问题，剖析原因，指导整改，有效地遏制超偏载问题的发生。开展装卸作业质量全面整治活动，共检查151个货运站、217家企业专用线的装卸车作业质量8322辆，在途中货检站堵卡检查装卸车作业质量14176辆，针对检查发现的问题，提出了整改措施，有效整治了装卸作业的隐患问题。

2014年，沈阳铁路局完善装卸管理制度，编制下发《装卸机械日常保养指导手册》《装卸作业标准》《新的装卸机械管理编号的规定》《报废设备配件再利用管理制度》《关于对承揽公司人员从事铁路装卸机械操作有关要求的通知》，建立完善装卸机械设备管理系统，对装卸机械运用分析进行管理，规范强化委外装卸管理，重新审核、签订委托承揽合同，加大装卸机械更新改造力度，投资10440万元，更新改造装卸机械278台（套）。

2015年，全局装卸开展动态跟踪装卸车作业过程工作，加强装卸作业现场监控，下发安全通报12期，督促落实作业标准和安全卡控措施。强化机械作业安全管理，对管内委外机械作业进行全面清理整顿，累计清理7个货场、8台装卸机械，确保货场装卸作业秩序和安全。加强委外承揽公司安全监管，加强进驻铁路货场委外队伍管理，明确界定双方安全职责。完善、运用装卸机械设备管理系统，设立各类装卸机械电子履历簿1052个，落实装卸机械交接检查和日常保养制度，动态掌握装卸机械状况，加强设备故障的分析处理和逐级考核工作，防止人为操作不当、维修不及时造成机械故障，深入现场，对装卸机械设备质量和运行状态进行检查。全局拥有门吊、桥吊、汽车吊、装载机等大型起重装载设备1800多台,能适应和满足各种类型货物装卸、运送的需要。

六、货运职工培训管理

1997年,沈阳铁路局广泛开展货运部门练功活动,举办全局货运系统第21届技术表演赛,锦州、丹东分局和大连公司分别获团体总分前三名。2003年,全局货运部门举办货检培训班3期,共140人。2005年,路局举办货运干部职工和企业运输员培训班13期,共979人。举办全局货运系统第26届、装卸第14届技术表演赛,选出技术状元2名、标兵15名、能手16名。2006年,举办货运主任、事故处理、危险货物、装载加固等培训班31期,培训货运职工1630人。

2007年,路局举办货运干部职工培训班24期,培训2241人,同时在大连交通大学举办10期培训班,对企业危险货物运输技术进行业务培训,培训人员1020人(其中路内300人);举办货运系统技术表演赛,选拔一批业务能手和尖子。2008年,全局培训干部职工2835人,组织30名货运系统优秀车间主任培训班学员,到赤峰站货场现场学习。

2009年,全局组织钢材装载、危险货物运输、篷布苫盖捆绑、装载加固方案制作管理等共计12期501人现场培训,同时对主管站段长27人、货运主任(货运值班员)210人和所有货运职名人员191人进行一次考试,排出顺位,并在《沈铁日报》公布。举行第十四届职业技能竞赛暨货运系统第30届技术表演赛,丹东站、阜新车务段、赤峰车务段分别获得团体前三名。2010年,全局强化现场培训,现场培训达到72%,举办装载加固、危险货物运输等培训班,培训2040人,组织编制《货运"十百千万"业务知识培训教材》,在吉林、山海关召开全局货运工作会议和货运系统技术业务综合竞赛。在全路第二届铁路货运系统职业技能竞赛中,沈阳铁路局货运代表队取得团体总分第二名、争先赛第二名、优秀组织奖和货运计划员、货运值班员单项团体第三名的成绩,有3人获得"铁道部火车头奖章",5人获得"全路技术能手",4人获得"全路新长征突击手"的称号。

2011年,全局培训3856人,其中培训干部662人,培训职工2541人,培训企业运输员653人。在山海关组织举办全局第十五届职业技能竞赛暨货运系统第31届技术表演赛,对全局货运业务室人员进行综合素质测评,分两次组织对货运业务室人员进行综合素质测评,参加测评的共253人,对测评结果下发专题通报,对测评排名落后的人员,由站段对其进行岗位锻炼和培训,对不适合业务室工作的人员进行调整。2012年,路局对货运竞赛中涌现出的业务能手,跟踪提拔重用,全年对3名聘干、11名提职、4名岗位进行了调整,16名纳入站段培养对象。制定《沈阳铁路局货运系统从业人员培训管理办法(试行)》,从职工资格性适应性培训、日常培训、干部培训、其他从业人员培训、检查考核等方面完善了培训管理制度。当年在山海关组织举办全局第十六届职业技能竞赛暨货装系统第32届技术表演赛。

2013年,全年开办集装箱业务培训班、装载加固培训班、零担业务培训班等9类专业化培训,培训6953人。在吉林举办了"沈局第十七届职业技能竞赛暨货运系统第33届技术表演赛",大连货运中心荣获团体一等奖,锦州货运中心、吉林货运中心荣获团体二等奖,鞍山货运中心、通辽货运中心、本溪货运中心荣获团体三等奖,同时决定把此次竞赛获得"技术能手"以上称号的人员直接聘为货运兼职教师,根据实际需要安排参加货运培训工作。2014年,全局举办货运系统"361"两个培训班,培训100人,举办货运干部培训班10期,培训865人;职工业务培训,举办货物装载加固业务、装卸机械司机、篷布管理、钢材装载、东北货物快运列车乘务等培训班,举办19期,培训职工2016人。举办沈局第十八届职业技能竞赛货运系统决赛,鞍山货运中心获团体第一名,大连、锦州货运中心获团体第二名,沈阳、吉林、阜新货运中心获团体第三名,单项奖评比出技术状元5名,技术标兵20名,技术能手25名。

2015年,全局举办各专业培训班22期,培训货运职工2616人;举办了3期专业化货运精英培训班,培训127人。在锦州货运中心和辽宁铁路职业技术学院举办全局货运系统职业技能竞赛,产生5名技术状元、20名技术标兵和25名技术能手；参加中国铁路总公司在合肥和太原举办的全路货运及装卸系统职业技能竞赛，分别取得了装卸团体总分第一名、货运团体总分第二名，以及"全路技术能手"和"火车头奖章"，沈阳铁路局有16人获得。组织编写《铁路货运营销》《铁路货运向现代物流转型业务知识》2本教材，编制《货运现场作业必知必会指导手册》《货运窗口作业必知必会指导手册》《货运常见问题处理必知必会指导手册》和抓料机、门式起重机、正面吊等9本作业指导书。

第四节 货运设施建设

一、货运安保设施建设

1998年，沈阳铁路局组织各分局（公司）检测站对超期服役及有严重开焊、断裂的门吊等大型机构定期检测，组织开展春、秋设备大检查。2001年，路局规范轮重测定仪等保安设备的使用，投资1280万元建设4个站的货运装载监控系统16台，投资872万元安装轨道衡9台，投入350万元购中间站轮重测定仪台，为其他装备投入750万元。2002年，路局在货运安保设施建设中，安装10台轨道衡，279台轮重测定仪，16台超偏载检测装置。2003年，路局建设货运安保设施，安装轨道衡11台，超偏载检测装置17台，超载检测装置24台，轮重测定仪150台。2004年，路局对部分车站的货运设备进行更新改造和大修，改造10个车站的货运营业室，1个车站的仓库、风雨篷，5个车站的货场排水和硬面化，大修5个车站的货运站台，2个货车洗刷所和2台轨道衡；在金州、太阳升等10个重点装车站安装轨道衡；在坦途、凤凰城等40个车站安装货车超载检测装置；为全局10个标准化货场配备22台计算机和打印机；利用TMIS网络通道和办公网服务器，将安装在山海关、沈阳西等五个编组站的17台货车超偏载检测装置联网，组建全局货运安全检测设备监控网络，对在途货车装载状态实现实时监控。

2005年，沈阳铁路局完成货车装载状态实时监控，实现17台超偏载检测装置、7台轨道衡联网，全年共投资3200万元，购置轮重测定仪

300台、轨道衡2台、货运制票(危险货物管理)计算机及打印机361套，安装超偏载防雷系统7套、货场监控及消防预警系统1套、专用线交接统计系统1套，对彰武、叶柏寿、阿金站货场进行综合改造，并对超载检测装置、加冰所、洗刷所等货运设备进行大修120项。2006年，路局投资275.6万元，完成沈阳西、沈阳南、长春北站计10台超偏载检测装置大修工作，并对沈阳西、沈阳南、长春北、四平站计15台超偏载检测装置进行检定，在年货物发送量100万吨以上的58个装车站配备路用或企业轨道衡。更新100台轮重仪，并重新修订轮重仪运用管理办法。

2007年，路局推进实施超限检测装置建设，在20个站新建31套货运安全监控系统，在沈阳南、沈阳西、四平、长春北等6个车站安设14套超限检测装置，完成在灵山、本溪站等主要钢材装车企业交接线安设视频监控系统的工作，实行轨道衡集中管理，确定29台轨道衡联网方案，下发局《关于做好货运计量安全检测监控系统建设的通知》。2008年，路局新建本溪、北台、明城、凌源东站货车装载状态监控装置，实现对鞍钢、通钢、本钢、凌钢等重点钢厂监控全覆盖，在长春北、梅河口站安装5台超偏载检测装置，实现沈阳西、沈阳南、山海关、四平、长春北、梅河口6个路网性货检站各衔接方向超偏载检测装置全覆盖，有效控制京哈、沈山、沈大等干线货车超偏载问题，完成沈阳西、四平站货检作业自动化系统建设，推进沈阳西、四平站既有货运计量安全检测设备和安全管理信息系统整合、集成到一个管理系统，完善集中监控、实时监测报警、到达列车语音自动提示、数据综合处理等功能，实现从列车进站预检到列车出发的全程视频监控管理、问题车的数据监控管理和货检作业过程的集中指挥管理。

2009年，沈阳铁路局制定设备安全保障体系建设规划，组织推进沈阳南、山海关站货检安全集中监控系统建设，协调解决施工中存在的TDCS引入、设备IP地址增设、网络电报发送的问题，扩大超偏载检测装置联网范围，实现新建的梅河口、长春北、金州站计6台超偏载检测装置联网。开展设备春秋季检查，制定并下发《沈阳铁路局货运计量及安全检测设备运用管

理办法》，统一全局货运设备管理标准，规范强化设备基础管理工作。组织开展设备大检查大整治活动，全面排查整治设备隐患，提高设备运用质量，排查解决69个问题，收效显著，得到铁道部通报表扬。

2010年，沈阳铁路局在沈阳西等7个货检站安装23台超偏载检测装置，在锦州等22个货检站或支线进干线前方站、局间分界站安装54套视频监控，在山海关等5个货检站建设货检安全集中监控系统，在四平等21个车站实现22台轨道衡联网，在本溪等10个钢材或危货办理站安装16套视频监控。2011年，路局在沈阳西、四平、梅河口、金州、棋盘、敦化6个货检站进站方向配齐视频监控，对沈阳西、长春北、山海关3个路网性货检站既有视频监控进行高清技术改造，长春北站长白线超偏载检测装置开通使用，强化干线运行货车的安全卡控。开展货运系统设备春、秋季检查整修工作，深入作业现场督导排查设备隐患，逐项落实整治责任，解决各类问题281件。对全局23台超偏载检测装置、73台轨道衡的维修和运用质量进行全面调研和攻关，解决了超偏载检测装置和轨道衡冻害、漏检漏报和误报、车号自动识别装置误读、反向过衡检测、维修质量不达标等问题176件，提高设备运用质量。

2012年，全局实行货运设备质量零报告制度，动态掌握全局轨道衡、超偏载检测装置、视频监控的技术状态，督促站段和维修单位及时整治设备故障问题，做到问题有登记、有销号，形成闭环管理，组织处理超偏载检测装置工控机故障、视频监控无图像等各类问题319件，确保货运设备施工绝对安全。2013年，路局在山海关、通辽站新建8台超偏载检测装置，在沈阳西、苏家屯、四平、山海关、通辽站进出站方向增设23套视频监控，对四平、梅河口、棋盘站既有10套视频监控进行高清技术改造，在朝阳南、金珠、范屯站新建3套高清视频监控，对东通化、明城、凌源东、本溪、北台站既有10套视频监控进行高清改造，实现卷钢板与车辆端侧板间距离自动判断等功能。优化设备布局和技术条件，对不符合技术条件或使用需求的设备进行技术改造，重点解决7个货检站服务器更新、苏家屯站2台超偏载检测装置移设和长春北、金州、梅河

口站6台车号识别装置更新的问题，当年组织处理超偏载检测装置工控机故障、视频监控无图像等各类问题231件，对全局23台超偏载检测装置和70台轨道衡进行巡检，现场处理设备故障343件。

2014年，沈阳铁路局在白城、大安北、棋盘、赤峰站新建15台超偏载检测装置，新建22台轨道衡、25台汽车衡、35台平台秤，对大成等40台轨道衡进行技术改造，实现总公司、路局、车站三级联网，统一纳入铁路货运计量安全检测监控系统。在苏家屯、沈阳西、山海关、四平、长春北、通辽站推进货检安全监控与管理系统建设，实现与运输信息集成平台、视频监控、货运计量安全检测等信息的共享、整合和集成。开展货运计量安全检测设备专项整治工作，制定并下发了沈阳铁路局货运计量安全检测设备专项整治实施方案，明确整治目标、整治重点、推进计划和具体要求，制定下发《沈阳铁路局货运计量安全检测设备运用管理办法》，明确站段、货运中心关于设备安全管理职责、工作标准和重点工作流程。开展货运设备春秋季检查整修和日常安全检查工作，深入作业现场督导排查设备隐患，当年在日常维修维护工作中，共组织处理超偏载检测装置、视频监控等各类故障156件，在对全局23台超偏载检测装置和68台轨道衡进行定期巡检工作中，现场处理设备故障，解决超偏载检测装置冻害、传感器和采集仪故障等问题194件。

2015年，全局加快货检站安全监控与管理系统建设，在沈阳西、苏家屯、山海关、四平、长春北、通辽、金州、锦州、棋盘、梅河口、灵山、白城12个货检站建设货检安全监控与管理系统。加强货运站安全监控与管理系统建设，分别在金州、锦州2个货运站建设货运安全监控与管理系统，在通辽、棋盘等6个货检站新建23台超偏载检测装置，在昌图、凌源等24个重点装车站新建24台轨道衡，完成大成、吉林北等既有40台轨道衡联网技术改造。

二、货场设施建设

1997年，沈阳铁路局将沈阳东站西货场开发建成辽宁省唯一的对外开放的国家二类陆路口岸，货主可以直接就地办理进出口货物托运、仓储、报关、报检、运杂费结算、集装箱拼拆箱和

多式联运业务。1998年，路局组建长春内陆港，同年又在大连港和营口港建立大窑湾港站和鲅鱼圈港站。1999年，路局组建锦州集装箱港站。2012年，路局完成沈阳东站物流基地改造工作，并接受铁道部领导和全路编组站站长的检查指导。2013年，路局对货运站技术作业能力适应性和货运设施设备配置和缺口情况进行调查，统筹规划货运基础设施改造工作，形成全局55个货场更新改造建议计划。

2014年，沈阳铁路局统筹规划完善货场基础设施，编制"十三五"货运设施设备规划，推进金州、锦州、通辽北3个大型综合性货场建设，对旧堡等基础设施陈旧落后的16个既有货场进行改造。2015年，路局制定《关于加强物流设施规划建设实施方案的通知》，完成全局79个货场（物流中心）的新改建方案，并结合地方产业布局调整以及"十三五"城市规划，制定6个一级铁路物流中心和20个二级铁路物流中心规划项目，建设三级铁路物流节点网络。

第五节 专用线、专用铁路管理

1996年，沈阳铁路局制定《铁路专用线专用铁路管理办法》补充规定，完善专用线管理的相关制度，明确铁路与企业办理货车（货物）交接手续。2002年，路局加强专用线货物运输安全管理，按规定组织签订专用线运输安全协议及专用线共用安全协议，审批共用专用线60条，企业82个，规范路企的责任、义务和责任界线。

2004年，路局专用线管理重点控制站车交接和路企交接两个环节，按照专用线装车品类，有针对性地签订专用线运输安全协议，强化专用线装车质量安全控制措施，强化专用线交接检查指导。2005年，路局严格控制路企交接，确保专用线专用铁路装车质量，签订专用线运输安全协议，约束路企双方行为，强化专用线装车质量安全控制措施，将装载加固状态、车门关闭、篷布苫盖、液化气罐车押运作为路企交接检查重点，双方共同把关，确保专用线专用铁路运输安全。

2007年，沈阳铁路局规范专用线专用铁路管理，对专用线专用铁路运输安全协议书实行集中审批，并对从事以对外出租经营为主的专用线和产权单位年货物到发量不足3万吨的专用线进行整顿，停办货运到发业务，当年签订专用线专用铁路运输安全协议1752条，规范专用线名称和到发品类的管理，严格控制专用线共用，批准专用线共用车站93个178条，共用单位579家。

2008年，路局开展专用线整合，对运量3万吨以下的专用线，整合74个车站站内和专用线的粮食办理业务，停办粮食运输业务的专用线有72条，关停运量不足3万吨的专用线2条，停止专用线走行线煤炭装车点6家，停止一次装车能力不足10辆的专用线5条，取消9条专用线25家企业的共用业务，取缔非法共用专用线50家企业，停办32个车站的站内和26条专用线废钢铁办理业务，全局专用线条数由1755条整合到1684条。2009年，路局对运量不足5万吨的专用线进行整合，停办138条专用线的货运业务，取消27个站37条共用专用线，专用线条数减少到1521条。2010年，路局继续实施专用线整合计划，专用线专用铁路整合到1025条。2011年，路局制定下发《沈阳铁路局专用线、专用铁路管理实施细则》，对专用线布局的规划和调整、专用线的新建、专用线的改扩建、专用线设备、设施及人员配备、安全管理、运输协议的签订、专用线的运输管理、专用线共用管理、统计报告、计算机软件的应用与管理、货车延期占用费的管理、专用线管理的考核与奖罚等作了明确规定。全年上报铁道部修改《专用线专用铁路名称表》7次，新增、删除、修改企业名称、发到品类及使用标记等合计248条，其中新增11条，删除114条，品类和使用标记变化的59条，更名64条。

2012年，沈阳铁路局下发《关于规范车站和专用线货运营业办理限制的通知》，要求修改《铁路专用线专用铁路名称表》中（危）和（集）品类，保证《铁路专用线专用铁路名称表》和《铁路危险货物运输资质及办理规定》以及专业处公布的专用线集装箱办理限制一致。全年上报铁道部修改《专用线专用铁路名称表》数据共6次，新增、删除、修改企业名称、发到品类及使用标记等合计287条，其中新增7条，删除39条，品类和使用标记变化的138条，更名101条，修改接轨站7条。同年，公布《沈阳铁路局专用线视频监控系统技术条件》（暂行），对视频监控系统的安装范围、安装位置、实现功能以及需满足的技术要求进行明确规定，有241家企业安装172套视频监控系统。

2013年，沈阳铁路局严格审批专用线专用铁路运输协议，审批合格1083条，军专线108条。当年上报铁路总公司修改《专用线专用铁路名称表》数据16次，新增、删除、更名、修改发到品类及使用标记等合计667条，其中新增55条，删除23条，更名113条，修改品类136条、接轨站9条、使用标记198条、取送里程25条、起重能力108条。同年，下发《沈阳局关于开展专用线管理专项整治工作的通知》，从专用线取送车安全、防火防爆、货物堆码和安全距离、管理制度、设备设施5个方面，对全局专用线进行全覆盖检查，针对发现的112件问题，采取措施进行整治。对全局2009年以来整合关停的107个货运站的206条专用线在局管内恢复办理货运业务，研究批准101个车站171条专用线新增353家共用企业。

2014年，沈阳铁路局严格审批专用线（专用铁路）运输协议，审批专用线1058条，审批军专线102条，审核批准162条专用线增加298家共用企业。当年上报铁路总公司修改《专用线专用铁路名称表》数据共11次，新增、删除、更名、修改发到品类及使用标记等专用线有关事项合计302条，其中新增8条，恢复1条，取消5条，更名39条，修改品类117条、使用标记123条，并对《沈阳铁路局专用线专用铁路管理实施细则》进行全面修改完善。

2015年，路局规范专用线管理，对各专用线组织全覆盖抽查。针对专用线管理上存在的典型问题，下发《局货运处关于货场、专用线检查情况的通报》，并制定《沈阳铁路局关于加强对货场（专用线）停留车防溜巡查的通知》等4项管理规定，规范货场、专用线管理。当年组织修改专用线名称表24批次，其中新增专用线12条，全项取消7条，修改发到品类、名称等相关事项94条，批复187家企业办理专用线共用业务。当年，全局有专用线1432条。

第六节　国际铁路货物联运

一、国际铁路联运管理

沈阳铁路局国境口岸有3个，中朝间丹东—新义州、集安—满浦和图们—南阳，中朝间原为原车过轨，2008年6月20日改为换装过轨，均在中方国境站换装。

1996年，沈阳铁路局3个国际联运口岸站，全年国际联运运量出口完成71万吨，入口完成19.4万吨，国际联运费收入4090万元。1997年，中朝国际联运货物运输完成114.3万吨，其中出口完成93.1万吨，进口完成21.2万吨，国际联运收入达11374万元。1998年，中朝国际联运货物运输出口完成60万吨。2002年，中朝国际联运共完成进出口运量108.8万吨，其中进口38.3万吨，出口完成70.5万吨，国际联运运费、境外货车使用费及修理费等国际联运清算收入12731万元。

2003年，沈阳铁路局中朝国际联运共完成进出口运量141.8万吨，其中进口64.2万吨，出口77.6万吨，境外货车使用费、修理费、清算收入5591万元。11月，中俄铁路珲春—卡梅绍娃亚口岸恢复正常运输。2005年，中朝国际联运出口完成55万吨，进口完成55.4万吨，进出口合计110.4万吨，全局进口运费收入740万元，货车使用费清算收入5773万元，货车修理清算收入621万元，合计收入7134万元。

2004年，沈阳铁路局中朝国际联运全局货运出口完成69.4万吨，进口完成63.6万吨，进出口总量为133万吨，国境站进口运费收入827.6万元。中国货车使用费清算收入8540510瑞士法郎，折合人民币5637万元，沈阳铁路局实际进帐收入5770万元。货车修理费清算收入1433802瑞士法郎，折合人民币946万元，沈阳铁路局实际进帐收入428万元。各项联运清算收入7410万元，实际进帐收入7025万元。2006年，研究制定《沈阳铁路局国际铁路联运货物运输交接作业标准》，组织召开口岸站交接所所长会议，严格交接所的各项管理工作。2007年，沈阳铁路局开展出入境列车专项整治活动，理顺丹东—平壤国际客车乘务担当，并按照中朝铁道部长会晤要求，制定中国丹东—朝鲜西浦货物专组运输办法，货物专组于8月20日开通。

2008年，沈阳铁路局中朝铁路联运由直通过轨运输改为换装运输，并举行中朝铁路专家会谈、召开临时国境铁路会议，组织召开联运换装运输工作会议，根据换装运输后出现的变化对有关联运规章进行修改，完成中国向朝鲜移交赠送货车和机车工作。自2008年3月31日到9月16日，分14批次向朝鲜移交了1400辆货车和20台机车，并全部召回在朝鲜境内的中国铁路货车。中朝铁路联运进出口共完成95万吨，其中进口运量47万吨，出口运量48万吨。2010年，路局加强驻外交接所基础设施建设，投资对驻新义州、满铺交接所进行重新改造和装修，改善联运交接所职工工作和生活环境。2012年，路局加强国际联运客运组织，4月开行中朝丹东—平壤间国际联运旅客列车。

2013年，沈阳铁路局确保丹东至平壤国际直通客车按新方案开行，组织联运客车车底选用、卧具备品准备及更换、车内外保洁及车辆在丹东站停留期间的看护焚火、联运客车乘务担当人员的调整规范、国际联运旅客列车的售票。中俄珲春—卡梅绍娃亚铁路口岸于8月恢复运输，并在珲春举行"珲卡口岸恢复运行通车仪式"。

2014年，沈阳铁路局将丹东—平壤间中方担当的2辆25B型非空调硬卧客车更换为25B型单元柴油发电机组供电的空调软卧客车，做好中朝丹东—平壤间国际联运直通客车加挂车组织工作，做强丹东—西浦专组运输项目，新增丹东—西浦专组用车47辆棚车，开行集安至满浦间行李车，中方担当行李车自4月9日起正式挂运。

2015年5月19日，沈阳铁路局加强国境口岸站运输组织，中朝进出口货物铁路运输总量为26万吨，其中进口运量为10万吨，出口运量16万吨，并将丹东—平壤95/85次旅客列车编组由2辆硬卧客车增加为3辆硬卧客车，同时加挂发电车，结束了2002年开行以来沈阳铁路局担当的联运车体夏季无空调、冬季烧锅炉的历史。

二、中朝国境铁路会议及外事工作

1996年，中朝国境铁路会议在朝鲜民主主义人民共和国香山市举行，会议就客货联运、行车、车辆、交接等问题进行了讨论，并签订了《中朝国境铁路会议议定书》。2002年，中朝国境铁路会议在朝鲜妙香山举行，以沈阳铁路局局长为团长的中国铁路代表团，与朝鲜铁路代表团就中朝国际客货联运有关问题进行了会谈，签订会议议定书，当年接待朝鲜、韩国、俄罗斯、英国、美国等国外宾和代表团，按规定程序办理因公出国(境)37批87人次。

2003年，中朝国境铁路会议在沈阳举行，以沈阳铁路局局长为团长的中国铁路代表团，与朝鲜铁路代表团就中朝国际客货联运有关问题进行会谈，签订会议议定书，当年接待朝鲜、韩国、俄罗斯、美国、德国等国外宾和代表团，按规定审批因公出国(境)27批66人次。2004年，召开中朝国境铁路运输例会，讨论中朝联运相关问题，解决货车修理费自行定价的问题，达到了预期目的，审批因公出国(境)共35批176人次，同年还接待德、日、韩等国外宾和代表团。

2005年，中朝国境铁路例会在沈阳召开，双方就两国铁路事先交换的会议提案进行会谈，核对两国车辆在对方境内结存数，签订会议议定书。2008年，路局加强外事管理，办理公派干部、职工出国，34批共66人。2009年，路局组织编写《国际铁路货物联运培训教材》。2009年，中朝国境铁路会议召开，总结中朝铁路换装运输情况，提出中朝铁路会议议定书修改补充意见，公布并印发新商定的《中朝国境铁路会议议定书》。

2010年，中朝国境铁路会议在朝鲜平壤市举行，中国铁路代表团团长为沈阳铁路局主管副局长。2011年，中朝国境铁路会议在丹东召开，以沈阳铁路局副局长为团长的中国铁路代表团和以朝鲜价川铁路局副局长为团长的朝鲜铁路代表团参加会议，双方就两国铁路中央机关事先交换的会议提案进行会谈，核对了两国车辆在对方境内的结存数，签订会议议定书。加强因公出国管理，办理因公出国任务10批33人次。

2014年，中朝国境铁路会议在朝鲜平壤召开，以沈阳铁路局副局长为团长的中国铁路代表团和以朝鲜价川铁路局副局长为团长的朝鲜铁路代表团参加会议，双方就两国铁路中央机关事先交换的会议提案进行会谈，核对两国车辆在对方境内的结存数，签订会议议定书。当年，国务院新闻办公室与美国国家地理频道、新加坡Beach House制作公司联合制作的高清纪录片《意境中国》在沈阳铁路局大连北站列车上进行拍摄工作。接待台湾高铁公司代表团，双方举行座谈会，对高铁转辙机技术及使用维修情况进行技术交流，现场考察沈阳站和辽阳站高铁转辙机，全年共办理因公出国（境）任务18批。

2015年，中朝国境铁路会议在丹东召开，中朝双方就两国铁路中央机关事先交换的会议提案进行会谈，中朝方重点讨论加强口岸运输组织，保证国际联运列车运行秩序和安全等问题，双方还核对两国车辆在对方境内的结存数，中朝双方签订会议议定书。

第五章　军事运输

1996—2015年期间，沈阳铁路局认真履行服务国防、保障部队的职责，始终坚持军事运输优先、优质地位，扎实推进军交运输正规化建设和军交运输现代化建设，不断夯实军事运输工作基础，创新铁路军事运输管理方式和机制，稳步加强铁路交通战备建设，对军事行动的快速反应能力和综合保障能力有效提高，安全高效地完成了保障部队应急作战、反恐维稳、跨国军演、跨区军演、抢险救灾等重大铁路军事运输任务。

第一节　军运系统概况

中国人民解放军驻沈阳铁路局军事代表处负责全局军事运输工作。2006年12月5日，根据沈阳军区命令，驻沈铁军代处所属各团级军代处名称，由"中国人民解放军驻××铁路分局军事代表办事处"改为"中国人民解放军驻沈阳铁路局××军事代表办事处"。同时，中国人民解放军驻图们铁路分局军代处改称为中国人民解放军驻沈阳铁路局延吉军事代表办事处。

2012年12月25日，根据沈阳军区联勤部命令，驻沈阳铁路局吉林军代处撤编，其职能任务全部调整给驻沈阳铁路局长春军代处；驻沈阳铁路局通辽军代处撤编，其职能任务全部调整给驻沈阳铁路局白城军代处。

第二节　军交运输正规化、现代化建设

一、军交运输正规化建设

1999年2月24日，沈阳铁路局和驻局军代处下发《深化军交正规化建设的通知》，要求进一步提高深入贯彻《概则》的自觉性，结合铁路企业改革和军交运输工作实际，逐条逐项检查对照，填平补齐；深入研究驻在单位资产经营责任制的改革方案并准确掌握实施情况，不失时机地贯彻军事要求，适时纳入军事运输的有关内容；针对军交运输工作在铁路企业改革中遇到的新情况、新问题，及时研究提出相应的对策，不等不靠地抓好落实；围绕加强军交运输工作，拿出管用的、具有鲜明特点的办法，总结出具有普遍指

1996—2015年驻局军代处兼职第一主任一览表

表3-5-1

姓名	职务	任职时间、命令	附记
王振秋	第一主任	1994年11月	
张　伟	第一主任	1998年12月2日　沈政干令字第193号	
王占柱	第一主任	2003年12月22日 沈政干令字第154号	
康维韬	第一主任	2004年7月21日　沈政干令字第100号	
刘树冀	第一主任	2005年12月9日　沈政干令字第159号	
王占柱	第一主任	2006年3月29日　沈政干令字第39号	

1996—2015年驻局军代处党委兼职第一书记一览表

表3-5-2

姓名	职务	任职时间、命令	附记
马增清	第一书记	1990年7月26日　后党组字第454号批复	
宋大悦	第一书记	1999年7月	
邱发义	第一书记	2005年6月	
瞿建明	第一书记	2005年9月13日　联党字第471号批复	
吴利民	第一书记	2008年11月3日　联党字第515号批复	
武汛	第一书记	2009年12月30日 联党〔2009〕656号）批复	
张国敏	第一书记	2011年11月28日 联党〔2011〕652号批复	

导意义的新鲜经验。同年年底,铁道部、总后勤部联合对全路军交运输正规化建设先进单位进行表彰,受表彰的有:沈阳铁路局,长春、吉林、沈阳、白城铁路分局,大连铁道有限责任公司。

2000年4月7日,沈阳铁路局和驻局军代处联合下发《关于在深化企业管理体制和经营方式改革的新形势下进一步加强军交工作的决定》,要求继续坚持军交工作特殊地位,高标准做好新时期军事斗争军交运输准备。14日,沈阳铁路局与驻局军代处召开军交运输正规化建设总结表彰会议,总后勤部苏书岩副部长、铁道部军调翟福荣主任等领导参加会议,铁路局长张伟强调:要按照"思想上一家人,管理上一体化、工作上一盘棋"要求,保持全局军交运输正规化建设的连续性。7月,沈阳铁路局与驻局军代处联合下发《关于在分局机关机构改革中进一步加强军交正规化建设》电报,要求在分局机构改革、职能转换中,确保军运工作的连续稳定。

2002年,沈阳铁路局、局党委与驻局军代处联合颁发《沈阳铁路局贯彻〈铁路军事交通运输工作正规化建设规定〉实施细则》,对铁路局、分局、站段和三级军代处的军运工作组织机构、工作职责、工作制度、工作程序和实施办法等内容进行了全面规范和细化。2004年10月9日,总后勤部会同铁道部等国家部委在北京召开全军军事交通运输正规化建设工作会议。沈阳铁路局局长和驻局军代处主任带领各分局(公司)及驻分局(公司)军代处领导共19人参加会议,沈阳铁路局被评为军交运输正规化建设成绩显著单位,长春、锦州分局和大连(公司)被评为军交运输正规化建设先进单位。同年10月20日,沈阳军区召开军交运输工作正规化建设20周年总结表彰会议,铁路局党委书记与机关有关部门、各分局(公司)和驻分局军代处领导、受表彰的站段领导共35人参加会议,受表彰的单位有沈阳、吉林、通辽、通化分局和山海关、大官屯、沈阳北、大连、长春车站。同年11月2日,铁路局和驻局军代处联合召开全局军交正规化建设总结表彰电视电话会议,总结军交运输正规化建设情况,部署新形势下的建设任务。会议表彰沈阳、沈阳西、沈阳南、丹东站,凤凰城车务段,苏家屯车辆段,沈阳客运段等34个站段为军交正规化建设先进站段。

实行铁路局直管站段的管理体制改革后,沈阳铁路局和驻局军代处在深入调查分析后,确定对军交运输工作实行区域性管理。2006年6月6日,铁路局和驻局军代处联合下发《关于实行军交运输工作区域性管理的决定》,明确了铁路局、办事处、基层站段和军代处系统的军交运输工作管理职能,明晰了基层军代处与站段的工作关系。是年,铁路局专门发文明确,充实加强常用军运装卸载站和军运备品保管站的专(兼)职军运员和军运备品保管员队伍,并把军运内容纳入各职级相关人员岗位责任和工作标准,将军运工作考核标准纳入行车站段干部考评和班组达标考核之中。

二、军交运输现代化建设

2010年6月21日,解放军总后勤部、铁道部和相关国家部委,在北京召开全军深化军民融合加快推进军交运输现代化建设工作会议。提出"交通沿线军事交通运输现代化建设工作,应当以新时期军事战略方针为统揽,以军事斗争准备为龙头,以提高战略投送能力为核心,坚持投送索引、融合建设、一体保障,统筹动用国家和军队交通运输保障资源,努力构建平战结合、寓军于民的军事交通运输现代化体系,积极推进工作机制规范化、保障力量一体化、设施设备配套化、调度指挥信息化、运输方式立体化、工作管理科学化,实现军事交通运输建设又好又快发展。"面对推进军交运输现代化建设的紧迫要求,沈阳铁路局和驻局军代处积极开展探索。同年6月24日,召开大连区域军事运输管理委员会成立大会,确立新的工作机制、管理办法,意在通过大连区域军事管理实践,为全局推进军交运输现代化建设、加强军事运输管理摸索经验、提供借鉴。同年6月,沈阳铁路局武装战备处工程师刘德岳被评为"全国交通战备工作先进个人";沈阳客运段、大连车务段被评为全路"铁路军事交通运输工作先进单位"。

2011年1月11日,沈阳铁路局与驻局军代处联合召开沈阳铁路局区域军事运输管理工作会议,正式颁发《沈阳铁路局区域军事运输管理工作规定》,确定以各团级军代处为核心,组成区域军事运输管理机构,在军运管理、战备建设、资金保障、队伍建设等方面，实施统一管理、集中建设，以达到军事运输管理责任明、任务清、对接紧的效果。之后，10个区域军事运输管理委员会陆续成立，并展开工作。沈阳铁路局和驻局军代处创新推进工作落实，使军交运输现代化建设融入铁路快速发展，一体进步，共同提高，总后军交运输部向全军军交运输部门转发了沈阳局军事运输区域管理的经验。

2012年，沈阳区域军事运输管理委员会针对货运改革后军运装卸面临的新情况，组织成立沈阳、抚顺北、海城等11支军运应急装卸保障队伍，每支队伍由20名业务骨干组成，由营业部经理担任队长。区域应急保障队伍的成立，适应了货运改革的新情况，探索了规范化管理的新路子。随后，沈阳铁路局要求其他区域军事运输管委会按照沈阳模式组建了应急保障队伍。同年7月27日，丹东区域军事运输管委会结合191旅铁路输送工作，组织应急装卸与抢修保障队伍，在蛤蟆塘站进行了军事运输应急装卸载演练，演练了MZT97型组合站台架设、轮式装备利用组合站台装卸载和装备物资捆绑加固等课目。通过演练，锻炼了队伍，提高了保障能力。同年9月17日，沈阳区域军事运输管委会陆续对沈阳、沈阳北站、沈阳车务段、沈阳客运段等单位进行军运知识普考，提高了军运一线干部职工对军运基础知识的掌握，和快速准确办理军运的能力。

2014年6月，沈阳铁路局、驻局军代处和阜新军供站在辽宁省义县大凌河铁路大桥（国家二级交通重点目标）联合举行"军路地国防交通战备综合演练"。演练以战时铁路局、驻局军代处和阜新军供站联合进行应急抢修为背景，设置铁路应急保障队伍军代处与混合编组搭设"八三式"军用桥墩、军交运输野战指挥所开设及指挥信息联通、军供站使用野战饮事单元进行军供保障等科目。通过演练，检验、研究了战时依托铁路工务段抽组应急保障队伍、交通战备演练与运输生产结合等问题，推动军路地三方在交通战备落实上的融合，提升了铁路应急保障队伍、军代处和军供站的实战保障能力。

2015年11月2日，通化区域军事运输管委会结合长山堡军专线桥梁换梁工程，组织通化工务段、梅河口车务段、中铁九局、梅河口军供站、驻军部队、清原县交警支队等单位，进行了战备综合演练。围绕战时铁路桥梁应急抢修，通过实毁、实动、实修桥梁，提高区域应急保障力量的快速反应能力。同时，探索了特殊情况下交通管制问题。

20年来沈阳铁路局始终坚持将军运知识学习纳入局职工教育培训计划，在各种专业技术比武和理论考核中，确保军运内容不少于5%，先后编制军运培训教材12套。

第三节　军运任务

一、联合军演运输

(一)跨国联合军演运输

2007年7—8月，"和平使命—2007"上海合作组织联合反恐军事演习在俄罗斯车里雅宾斯克举行。中方参演部队的6个开车梯队在沈阳铁路局管内往返通过，单梯队运行距离最长934公里、最短384公里，为确保万无一失，铁路局和驻局军代处制定了《联合军演军运整列运输组织方案》，采取了对列车所经线路区段在到达前12小时停止所有施工等安全措施，运输全部安全正点。

2009年，"和平使命—2009"的中俄联合军演在中国洮南合同战术训练基地举行，沈阳铁路局承担参加演练的全部中方部队和俄军部队铁路输送任务。中方参演部队从4月开始进场，至8月全部撤出，开行军用人员整列12列388车。俄方参演部队输送全部集中在7月。进场阶段，接卸军用人员整列5列182车；展开阶段，加挂铁路客车12辆次；出场阶段，开行军用人员整列5列183车。运输全部按二级运输警卫方案办理。为保证安全，铁路局从相关站段抽调50名职工组成装卸保障队伍，为俄方军列装卸载提供保障。

2013年7月，"和平使命—2013"中俄联合军演在俄罗斯举行，沈阳铁路局承担参加演习的沈阳军区部队铁路输送任务，完成运输4列120车，全部安全正点。2014年8月，"和平使命—2014"上合组织的反恐联合军演"在中国朱日和合同战术训练基地举行。其中，俄方参演部队的铁路输送，在沈阳铁路局管内往返通过。为保障安全，铁路局对俄军列车梯队途径运行区段的3车军用弹药，提前组织了保留。

(二)重大演训运输任务

随着军队军事训练不断贴近实战，部队训练逐渐从以本区训练为主，向跨区与本区训练结合转变，由于跨区机动距离远、运行时间长，对铁路运输的捆绑加固、备品质量等提出了新的要求，沈阳铁路局加大对跨区机动军事运输的现场组织和过程控制，安全高效地完成任务。

1999年9月7—8日，沈阳军区在葫芦岛、锦州、大连地区组织代号为"先行-99"的军交运输综合输送演练。以铁、公联合紧急输送部队为背景，铁路输送部分，演练了输送组织指挥、临时站台的搭设和使用、快速装载和装卸载地域的防护伪装等内容。沈阳铁路局和驻局军代处组织开行军用列车1列，使用客车2辆、平车31辆、集装箱平板1辆，由高桥镇始发、至营城子站卸载。演练安全顺利。

1999年9月9日，总参在洮南举行"全军开展科技练兵观摩活动"，军委四总部、各大军区军以上首长100余名将军由沈阳赴洮南观摩。沈阳铁路局采取整备备用客车和从正在运用的特快列车编组中甩车的措施，抽调公务车1辆、软卧车10辆、硬卧车1辆、隔离车1辆开行军用列车。在运输组织上，按专列等级掌管运行，运输安全正点。

2006年9月，沈阳军区部队参加"砺兵—06"演习，首次实施跨区铁路运输。6—9日，在桥头站装载12列；19日—22日，部队返程，接入卸载14列，使用客车40余辆，平、棚车300余辆，运输全部安全正点。2009年8月，外区部队赴沈阳军区参加"跨越—2009"演习。其中铁路军事运输进场阶段，接入卸载9列317车，全部在黑水卸载；出场阶段，装载42列1445车。9月，沈阳军区赴外区参加演习，铁路军事运输进场阶段，装运9列，使用客车28辆、平车329辆；回撤阶段，接入卸载34列。在组织过程中，铁路局精心安排，恢复18个军列正点，安排25个列车转向。2010年9—11月，外区部队赴沈阳军区参加"使命行动—2010"演习，铁路军事运输进场阶段，接入卸载12列；出场阶段，装载33列。运输人员9300人，装备物资1600台（件），运输全部

安全正点。2014年9月，沈阳军区部队赴外区参加"火力—2014"演习，铁路军事输送完成6列209车，在锦州站装载，全部安全正点。2015年7月27日，总部对军区部分部队进行战备应急拉动检验，铁路军事运输完成8列，使用客车39辆、平车250辆，首列发出用时2小时44分钟，运输组织、机动速度均受到上级表扬。

二、专项军事运输任务

1998年，沈阳军区部分部队进行编制调整和部署调整改革，沈阳铁路局承担了其全部铁路军事运输保障。第一阶段，3月3日—5月11日，运送油料、弹药和器材2.2万吨，465车；第二阶段，8月13日—11月23日，运送兵员1720车，武器装备和各种物资1462车，沈阳铁路局精心组织实施，抓好车辆准备和装运卸各环节的落实，提前近两个月完成任务。2003年10月，沈阳军区部分部队进行转隶调整，针对相应的军事运输任务，沈阳铁路局确定"一保军运、二保其他"运输原则，采取所有入关平车全部停装和所有空平车全部停排的特殊措施，保证所有转隶部队按时到位。

2004年10月，根据沈阳军区指示，需紧急运输40军部分部队和装备执行光缆施工任务。前运于10月3日开始，7日结束。其中，义县、泥河子站共装载4列167车，锦州站装载3列118车。回撤于10月22日开始，至11月初结束。其中，白河站装载4列161车，和龙站装载3列116车。为克服车辆不足和通过区段能力偏低问题，沈阳铁路局采取停装重轨、停装商运、停排空车，和开行超长军列，客车避让等措施，按规定时限完成了任务。

2009年3—10月，为保障沈阳军区部分部队准时参加国庆六十周年阅兵，沈阳铁路局开行军用人员列车4列73车，客车留席5辆，运输全部安全正点。11月，沈阳铁路局抽组客车及保障车辆38辆，开行安保专列L908次，运输武警某部由盘锦、沟帮子站赴上海执行世博会安保任务。2010年3月，由锦州站开行军用列车2列68车。由沟帮子站开行安保专列L908次（客车及餐车17辆），保障武警某部官兵2900人、装备86件赴上海，运输全部安全正点。

2014年7月23日16时，沈空吉林场站一个储油罐突发渗漏，急需将库存1000余吨航空煤油迅

速倒运出库。接到驻局军代处求援信息后，沈阳铁路局组织龙家堡站抢卸罐车20辆，临时加开45501次，21时55分全部回送至装载站，本务机司机在超劳1.5小时情况下仍坚持完成调车作业。从接到部队请求到车辆回送就位，用时不到6小时。

新老兵运输是一项经常性重要铁路军事运输任务，新兵运输主要采取整列选线、集中留席形式。老兵运输主要采取整列选线、集中留席和零星购票方式。2010年，沈阳铁路局首次使用动车组运送新兵，共运送7批462人次。在运输组织上，铁路局每年根据上级要求和任务不同特点，提前召开年度新老兵运输部署会，对开设军人候车室(区)、明确军人售票窗口、成立服务队、医疗点、维持站车秩序、深入部队售票、办理托运行李等工作提出具体明确的要求。关于大连站连续33年上海岛为退伍老兵售票的事迹，沈阳军区《前进报》曾在头版头条以"把铁路铺进海岛"为题目进行报道。

三、作战、维稳任务运输

1997年1月29日，沈阳军区紧急下达任务性质为"作战"的"971"运输任务，要求迅速从新台子、沈阳东站各装载1列军用人员整列，运至丹东分局大堡站。沈阳铁路局快速组织选扣车辆，针对沈丹线通过能力不足的问题，组织开行超长列车，中间不停车、不会让，按要求时限安全完成任务。同年4月26日，上级要求紧急输送部分武警部队进疆，军事运输编成1个列车梯队，使用客车15辆、棚车8辆、守车1辆。在石山、兴城站分别装载，在兴城站合列，因此次运输等级高，保密要求严，沈阳铁路局派调度室翟俊源副主任和锦州分局马金星副局长深入两个装载现场组织，运输安全正点。

2008年3月，上级分别于19日、23日、25日下达5批、42车紧急支援西藏平暴装备、物资运输任务，涉及葫芦岛、沈阳东、通远堡、南票4个车站，沈阳铁路局和驻局军代处采取开行军用列车、单机挂车、直通车留轴等方法，按规定时限完成任务。4月5日，铁路局完成武警某部赴拉萨执行维稳任务运输，军事运输编成3个列车梯队，使用硬卧车5辆、硬座车10辆、平车64辆、棚车4辆，在朝阳站装载，列车全部安全正

点交出。

2012年4月1日，沈阳铁路局完成武警某部赴新疆执行维稳任务运输，军事运输编成3个列车梯队，使用铁路车辆82辆，在朝阳站装载，列车全部安全正点交出。

2013年4月1—15日，沈阳铁路局完成武警某部赴新疆、西藏执行维稳轮换任务运输，军事运输编成梯队，路局将原计划的16辆硬座车全部调整为硬卧车，在部队归建运输中，对无法正向卸载的2列进行了临时调向，运输全部安全正点。

2014年，沈阳铁路局完成武警某部赴藏疆地区执勤军事运输，其中，4月1日锦州至青海地区3列97车，赤峰至新疆地区3列95车；8月15—16日葫芦岛至新疆地区4列119车，运输全部安全正点。

四、抢险救灾军事运输

1998年8月，嫩江、松花江流域发生了百年不遇的特大洪灾。从8月11日接到预先号令开始，至9月14日14时最后一个返程列车卸载完毕。紧急前运人员整列72列、物资整列4列。前运人员3.7万余人、各种装备2200多台(件)；前运零批物资70批、288车；使用铁路车辆2631辆。返程归建运输始发人员整列30列、959车；接入卸载人员整列47列、1708车。整个运输办理155个军用整列，运送人员7万余人。

2003年5月，根据国家林业防火指挥部指示，铁路局完成通辽森警部队和驻白城反坦克1旅赴阿尔山地区执行扑火任务紧急运输。其中通辽森警部队编成1个列车梯队，在通辽站装载；反坦克1旅编成2个列车梯队，在白城装载，在五岔沟站使用简易站台进行卸载。因火情紧急，在调度指挥上，路局采取一路放行直达卸载站的组织措施，保证部队以最快速度到达火场。2006年5月25—31日，沈阳铁路局完成吉林、通辽、赤峰、延吉森警部队赴黑龙江、内蒙扑火铁路军事运输，开行抢险列车3列，使用客车20辆、平车57辆，送输人员1500余人、装备120件。6月3—6日，完成扑火部队返程运输，接入卸载6列，运送人员3300人、装备370件。运输全部安全正点。2009年5月1日，沈阳铁路局完成通辽、赤峰、长春森警部队赴黑龙江伊春扑火铁路军事运输，共编成3个列车梯队，其中，通辽装

载1列，客车3辆、平车10辆；赤峰装载1列，客车3辆、平车13辆；长春南装载1列，客车7辆、棚车1辆、平车29辆，3列到站全部为伊春，运输全部安全正点。

2008年2月5—12日，沈阳铁路局开行支援南方抗击冰雪救灾军用物资专列5列，保证了5批54车救灾物资快速交出。

同年5月12日，四川汶川发生8级特大地震。地震发生后，沈阳铁路局和驻局军代处坚决贯彻执行上级救灾运输指示，视灾情为命令，打破常规、特事特办，组织参加抢险救灾人员和物资军事运输快速装运。共完成救灾军事运输29批264车；按商运条件办理1批51车；开行救灾专列20列，运送人员82人、药材172件、军镐（锹）15.8万把、消毒剂300吨、医疗器械780件、给养器材60吨、救灾（保障）车辆装备285辆（件）、帐篷13500顶、油桶3000个、棉被3万条，有力支援了抗震救灾。

2010年6月30日，根据上级扑火救灾运输命令，沈阳铁路局迅速组织平车迅速向长春站回送，并快速整备10辆客车，同时准备2台机车随时保障。长春森警部队编成2个列车梯队，使用硬座10辆、平车44辆，输送兵力750人、装备72辆。在长春站分别于7月1日7时04分和11时29分发出，比预定计划提前2小时交出。

2014年8月3日云南鲁甸发生6.5级地震。8日，上级下达抗震救灾物资运输计划1批2车，由铁岭站紧急向昆明局发送汽车抢修车。沈阳铁路局下令由沈阳西站选扣平车5辆，开行"抢1"次，使用单机回送至铁岭站，并采取单机挂平车2辆和取消编组站作业措施，从受领任务到山海关交出仅用时16小时12分。

第四节　军运基础设施建设

沈阳铁路局在建设资金十分紧张的情况下，克服困难，保持对军运设施建设的持续投入，使铁路军运设施不断改善。

1998年，沈阳铁路局铁路局在长春东、双庙子站，修建2座军用站台、进出道路，新修建了涵桥和引道，改善军用装卸载条件。1999年，铁路全面实施资产经营管理，通辽分局把军专线的管理纳入《通辽分局基层单位党委书记考核办法》和《五定、三率考核办法》。吉林分局会同军代处会发文明确，支线公司实行经费包干，有关费用标准可以提高，但军专线维修仍按原规定办，不得提价。锦州分局根据支线改革，与军代处联合制定《支线公司军专线管理办法》，实行修养分开、等级管理。针对军专线达到维修周期的多、大中修经费到位晚等情况，对确有紧急需要的军专线，可由铁路和军代处预先垫支施工，保证在施工期内完成大修任务。当年，铁路垫支施工4项100万元。

2002年6月，在皇姑屯站站场改造施工中，沈阳铁路局专门多保留了一条到发线及跨线天桥，解决了军用列车接发和人员饮食供应。2003年8月，沈阳铁路局实施减少中间站战略，为了保障军事运输需要，制定了有军运装卸载的车站和有军专线接轨的车站必须予以保留的原则。2004年，沈阳军区要求，尽快将朝阳综合仓库110车物资运出。因该单位编制已经撤销，7.735公里的军专线，枕木腐朽达到40%，配件整公里失窃，无法保证行车安全被迫封锁。接到任务后，沈阳铁路局立即对线路进行应急整治，保证了物资按时运出。同年，铁路局投入117万元，在大屯、海城、首山、鞍山修建了4座军用站台、3个备品仓库和250米军用装卸线路。同年8月，因特殊专运任务，海城站26道军用顶端站台拆除，并将相邻货物站台加高450毫米作为客运站台使用。次年，铁路局投入25万专款，在原位置还建了顶端站台。

2005年初，沈阳铁路局和驻局军代处，对铁路体制改革后军专线管理、维修、大修等工作遇到的情况和问题进行调研分析后，重新修订了《沈阳铁路局军专线维修管理办法（暂行）》。沈阳铁路局全年安排军专线大中修工程25个项目，总投资1356.2万元。其中重点方向安排15项，换轨8.16公里，换枕4.51公里，换道岔6组，有效提高了重点方向军专线线路质量。

2006年，根据哈大线提速改造计划，拟撤销杨木林站，停止办理货运及军运业务。因该站为重点军运装载站，沈阳铁路局经调研，采取了保留原有3道和四平方向下行近7公里线路，新修一条渡线与军运装载车线路相连，原有军用顶端站台保留的方案，为保留该站台，多支出2900万元。同年，为解决军列上水困难，铁路局投入15万元，在沈阳南站客车场上下行方向，各修建一个上水井，改善了部队输送条件。

同年4月，根据重要演训任务需要，上级要求空军大土山机场军专线临时启用，保障人员和装备经军专线进出机场。该军专线已闲置多年，鱼尾板丢失严重，除永久线外其它线路枕木失效率达90%。沈阳铁路局迅速组织全力整修，保证了演习任务按时完成。当年6月，延吉地区连降大雨，葆园养路工区巡道员发现某军专线4公里955~962米段路基冲空。工务段迅速组织两个工区力量，用20多个小时抢通线路。同年，为提高战备能力，图们、丹东、通化工务段成立了军专线应急保障领导组织，建立了战备值班、设备管理和突发情况通报及预防制度，编制了工务保障队伍收拢集结方案和应急抢修预案，在组织领导、材料储备、应急措施等方面做好了详细准备，确保应急情况依案抢修。

2007年，驻沈某部因附近湖泊蓄水导致水漫线路，造成军专线封锁。沈阳铁路局一方面向于洪区政府和沈阳市建委反映情况。同时，立即派出了1300人次整修线路，补充砟石12车，仅用一天半的时间就开通线路。同年，铁路局完成对重点方向军专线的大中修13条，换轨15.9公里，换枕1.66公里，换道岔16组。

2009年5月，为保障中俄联合军演铁路军事运输，沈阳铁路局投入2000余万元，在黑水站改建两座端部站台和一座侧面及吊装站台，新建两座高塔照明设备；对军运装卸现场进行封闭和地面硬化，修建2000平方米集结地，整修了军运备品仓库；在洮南站新建330平方米的军人候车室。

2010年，沈阳铁路局投入800万元，在营城子站完成"营城子站军事运输装卸载指挥所"建设，该指挥所使用面积600多平方米，接入运输调度信息网络，可实时查询军用列车动态，极大改善军代表现场工作条件。建设过程中，还同步

建设了两座客车上水井，增高了顶端站台，铺设了近万平方米的装卸集结场地，新建两座大功率照明灯塔。

同年4月，沈阳铁路局推进站场布局调整，拟拆除部分中间站。其中涉及经常有军运装卸载任务的车站14个，经研究，铁路局保留拆除计划中的12个车站，对拆除的2个车站，采取了在邻站修建军用装卸站台的措施。同年，沈阳铁路局投入318万元，完成通化、梅河口、白山市、凤凰城、宽甸、沙河镇、五龙背、长甸站军运设施建设项目。2011年，铁路局投入600多万元，完成阜新、苏家屯、延吉军运备品仓库还建；苏家屯、铁岭、延吉、桥头站端部站台新建；桥头、苏家屯、延吉军用装卸载线路改建；苏家屯、桥头和延吉货场进出道路硬化。有效提高了对重点部队的铁路军事运输保障能力。

2013年12月，为深化重点方向军事斗争准备，解决对外军援运输长期"以车代库"、安全无保障问题，沈阳铁路局与驻局军代处经调研论证，垫资2100余万元，完成军事运输投送基地建设。基地总面积1.56万平方米，日均可装卸物资56车，库房内可堆码40英尺集装箱300余个。有效提高了重点方向铁路军事运输保障能力。同年，铁路局投入310万，解决了辉南站到发线过短，装卸军列需多次倒调的难题。

2014年，结合郑家屯站搬迁，沈阳铁路局投入670万，为双辽军供站建设了新站舍，彻底改变了军供站面貌。

2015年，沈阳铁路局平齐、通让、沈丹、辽溪线开始实施电气化改造工程，铁路局为所涉及的军专线预留了电气化改造条件，将军运装卸载线、上水井、储煤仓库还建要求，也全部纳入设计。同年，在长春地区货场整合过程中，铁路局完成长春东站3条军运装卸线、3座军运站台、1座军运备品仓库、进出道路、集结场地及照明设施的新建。在丹大铁路新建工程中，完成登沙河站军用顶端站台、照明、进出道路、集结场地等设施设备还建。

第六章　运输安全

沈阳铁路局始终把运输安全放在第一位，根据不同时期运输经营的需要，采取强有力的措施，确保安全目标的实现。1996年至2005年，全局运输安全工作坚持增强超前防范意识，把"安全第一、预防为主"的方针落到实处。广泛开展以"四查、两抓、两整顿、一确保"（即：查思想、查领导、查管理、查隐患，立足长远抓机制、盯住现实抓关键，整顿干部作风、整顿职工两纪）为主要内容的安全攻坚活动，促进安全管理。2006年，坚持从严管理，落实路局和站段安全生产委员会制度，突出问题管理，提高对问题的分析和整改质量，及时解决危及安全生产的突出问题，强力推进安全生产责任制的落实；开展安全生产大检查、大反思和安全生产专项攻关活动，及时消除了一批危及运输安全的隐患，确保全局运输安全形势稳定。2008年，路局组织开展了"八项安全保障体系建设"（即：提速安全保障体系建设、工务固定设备维修保障体系建设、车辆部门安全保障体系建设、货运安全保障体系建设、行车组织指挥和应急救援保障体系建设、规章制度保障体系建设、治安防范保障体系建设、职工安全培训保障体系建设）和"九项专项整治"（即：施工安全专项整治、货车质量专项整治、货物装载加固安全专项整治、劳动安全专项整治、电务设备专项整治、线路安全防护设施专项整治、机车乘务员"两纪"专项整治、桥隧涵基础设施专项整治、防溜专项整治）活动。2012年，全面实施以强化干部管理责任落实、职工作业标准落实为核心内容的职工作业岗位安全风险卡和干部风险管理责任制手册（即："一卡一册"），启动了安全风险管理，实现基本规章制度落实和安全生产过程控制，开展以查管理、查干部、查问题、查风险管理落实为重点安全大检查活动。2013年以后，全局坚持安全以稳为先，以确保高铁、动车和客车安全为核心，深入落实铁路总公司提出的"三点共识"（即：确立安全工作无小事的意识；树立安全第一的指导思想；明确影响安全的问题必须立即解决的工作要求）、"三个重中之重"（即：把客车安全作为安全工作的重中之重；把加强安全管理作为安全工作的重中之重；把抓落实作为安全工作的重中之重），构建安全风险防控体系，大力推进"安全管理规范化、现场作业标准化、检查整治常态化"，强化安全基础建设。坚持重抓现场，深挖问题，在具体组织环节和作业细节管理上下功夫，确保行车安全、施工安全与路内外人身安全。1996年至2015年间，沈阳铁路局于1996、1998、1999、2000、2001、2003、2006、2007、2008、2010、2012、2014、2015年共实现了13个安全年。

第一节　安全管理

一、安全监察机构

沈阳铁路局运输安全的管理机构为路局安全监察室。1996年，沈阳铁路局安全监察室设专业监察组、分析组、管理组，监察人员16人。安全监察室的主要工作职责是调查铁路行车事故、道口事故和行车设备故障，负责组织对管内发生的铁路行车事故、道口交通肇事进行调查、分析、定责，形成事故调查报告，并向上级安监部门提报事故概况和有关统计报表。

2003年8月29日，沈阳铁路局成立安全监控总队，成员4人。并分别成立长春、沈阳、大连、锦州、通辽、吉林、通化分局安全监控大队，并在长春、四平、白城、丹东、山海关、阜新、赤峰、彰武、通辽、图们、梅河口11个较大地区设立安全监控分队。同年，在安全监察室接管劳动安全和特种设备安全监察工作后，增加职工人身安全、劳动防护用品、防暑降温用品和特种设备的监督管理职责，同时履行全局职工现场作业安全监督检查的职责。

2005年7月19日，沈阳铁路局重新恢复分专业监察科建制管理。设行车安全监察科、劳动安全监察科、特种设备安全监察科、综合分析科，共31人。下设沈阳、丹东、大连、锦州、通辽、吉林、通化、白城8个安全监察分室和长春铁路办事处安全监察室，同时管辖局特种设备检验检测所。2011年10月18日，路局在安全监察室成立执法监察科，定员3人，负责对管内影响铁路运输安全的问题依法检查和处罚。

2014年12月5日，局安全监察室增设安全管理科，内部调整设定员3人，主要职责是：根据国家安全法律法规、总公司有关规定和路局安全发展规划，组织制定具体落实措施；负责起草制订全局安全监察工作管理制度、考核办法，建立健全运输安全管理体系。2015年，路局安全监察室设安全管理科、综合分析科、行车安全监察科、劳动安全监察科、特种设备安全监察科、执法监察科6个科。局安全监察室主要职责是：依据《铁路交通事故调查处理规则》等法律法规和规章的规定，履行安全监察机构职责；对行政领导、同级各业务主管部门、各有关单位和人员执行安全法规的情况行使监察职责，对高速铁路和动车安全情况重点督查；组织全局推行安全风险管理，对安全风险管理情况进行检查；执行国家、总公司制定的安全生产方针、政策，负责起草全局安全生产规划、部署、阶段安排和有关安全生产文电；负责履行路局安委会办公室职责，完成路局安委会交办的各项任务，协调解决安全生产问题；负责对全局安全重点工作落实情况进行督办；负责制定或审查有关行车、劳动安全和健康、特种设备的安全管理办法与标准；负责审查新建、改建和扩建项目中有关安全部分和施工方案中的安全措施；负责调查、处理、分析、统计和上报铁路交通事故和特种设备事故；负责特种设备、劳动防护用品和防暑降温用品的监督管理；负责动态掌握安全信息；负责铁路交通事故损失及事故救援费用的审批，抓好治安综合治理和护路宣传工作。同年，路局将原沈阳特种设备检测所、长春特种设备检测所合并，更名为沈阳

铁路局特种设备检验检测所，有职工40人。

二、安全制度建设

1996年至2015年，沈阳铁路局每年以1号文件下发《关于搞好运输安全工作的决定》，作为全年强化运输安全的重要纲领，要求全局干部认清安全形势，明确安全责任、认清奋斗目标，并要求全局特别是运输一线职工坚决予以落实。1996年，路局制定颁发《关于进一步加强安全标准线建设的通知》《关于开展旅客列车上"载体"工作的通知》《关于深化安全标准线建设的通知》《沈阳铁路局开行直达快速旅客列车行车安全（暂行）办法》等文件，使安全管理机制得到逐步完善。1997年，路局制定颁发《关于确保实施新图和提速安全的若干措施》《沈阳铁路局工人岗位技能等级考核办法》《建线推进计划》等加强基础工作的措施。1998年，路局制定颁发《沈阳铁路局坚持逐级负责，强化班组基础建设的意见》《关于开展职工轮换培训的暂行办法》《加强道口安全管理的八条措施》，重新修订下发《沈阳铁路局运输安全奖惩办法》《沈阳铁路局劳动安全奖惩办法》，完成《行车组织规则》（以下简称《行规》）《车站行车工作细则》（以下简称《站细》）的修订和行车规章的清理整顿工作。1999年，路局对干部"五定三率"考核、职工技术等级考核、班组"双达标"一体化考核、行车设备故障有限赔偿和责任追究等20多个办法进行补充、修改；对各岗位、各工种的工作标准、作业标准、工艺标准做了进一步修改和完善，使安全基础管理工作得到加强。2000年，路局出台《沈阳铁路局安全生产责任制实施办法》，对整章建制、完善"立法"和逐级考核、兑现奖惩，提出明确的要求。

2001年，沈阳铁路局依照新《技规》、新《行规》，对各种制度、办法、规定等进行修、废、补、建工作，完成规章拔萃、行车规章摘录。2002年，路局制定《对分局安全生产调研解剖实施办法》，明确对分局解剖的条件及程序。2003年，路局制定实施《领导干部安全生产管理职责考核办法》，对路局、各分局党政正职和路局有关业务处室正职等十五个职名的领导干部安全管理职责履行情况，包括安全管理、安全控制、安全信息和生产任务四个方面重点工作完成

情况进行考核，考核分为四个等级，并与风险抵押金联挂，对分局党政正职的考核结果与当月全分局工资总额联挂。2004年，路局以落实安全生产逐级考核机制为主线，推行安全基础管理长效机制。突出干部作风，严格要求、严格管理、严格考核不变的"三不变"原则，抓好"责任制、责任人、责任心"落实。2005年，路局从健全考核评估制度、完善奖惩办法入手，制定《沈阳铁路局安全奖惩办法》等7个安全管理文件。

2006年，沈阳铁路局重新修订和完善《沈阳铁路局安全经营考核办法》，从安全结果、安全过程管理、经营指标、工作质量等方面对局机关和全局68个运输站段进行逐级考核，从严定标，分类评定。同时，路局完善《沈阳铁路局行车规章管理办法》，对行车规章性文件进行系统清理，集中解决以往同类规章层次多、数量多、年限长、前后文件抵触，不便管理、不便执行的问题。2007年，沈阳铁路局组织修订《沈阳铁路局行车组织规程》，同时制定《沈阳铁路局CHR2型动车组管理大纲》《动车组运行大纲》《工务线桥设备整治大纲》《动车组运行安全保障大纲》《动车组登乘管理制度》《CRH2型动车组保护制度》等九项管理制度和《动车组司机一次乘务作业标准》《客运接发车作业标准》等四项工作标准，对动车组调车移送、上线试运、检修维护、安全考核、日常管理以及线路、接触网供电和通信信号的检查检修工作做了进一步细化和明确。制定完善《沈阳铁路局战略装车点行车组织办法》《关于印发列车尾部安全防护装置管理使用维修办法（暂行）的通知》《沈阳铁路局京哈线调度集中区段行车组织办法》《沈阳铁路局施工计划调度命令发布办法》《沈阳铁路局动车组行车组织办法》《万吨组合及百辆空敞列车运输安全组织办法》《通辽—泡子站组合列车运输组织办法（暂行）》等。2008年，路局制定颁发《关于公布提速安全保障体系建设细化方案的通知》，要求各系统、各部门本着"把握规律、完善机制、系统推进、动态优化"的原则，全面抓好体系建设的推进和落实工作。2010年，路局组织制定《沈阳铁路局京哈线调度集中区段行车组织办法》《沈阳铁路局既有线调度集中区段行车组织办法（试行）》。

2011年，沈阳铁路局深入研究在安全管理机制建设上存在的不规范、不合理、不科学问题，把安全管理机制建设进行一次彻底规范，以进一步提高全局安全管理的规范化、法制化、科学化水平，制定10个安全管理机制，包括36个安全管理办法和制度，突出高铁安全管理、岗位责任落实、现场安全控制和安全责任追究等内容。2012年，全局围绕强化安全风险管理，开展安全管理基础大建设活动，实现安全管理机制转变，从源头控制安全风险，不断规范和完善相关制度办法，建立起一套完整的安全管理机制，构建10项机制58个制度办法，建立客车、高铁安全事故事件信息快速报告、救援、调查处理等快速反应机制，重新修订16项应急预案，对现场安全检查、安全评估、安全问题分析、重点问题整改等工作，按风险管理的要求，进行完善。2013年，路局按照"安全风险管理年"工作要求，进一步修订完善路局制定的10项机制58个安全管理办法，在58个安全管理办法中的11个是针对安全问题的。明确问题采集的主体办法和辅助办法，对专项检查等"十种"检查方式及量化标准做出具体规定；强化对高铁、施工、人身安全的控制，围绕高铁安全，制定6个办法，特别是针对高铁开通运营初期，制定16项重点包保检查办法以及70条具体措施。2014年，路局制定《沈阳铁路局安全管理工作深度分析制度》。2015，路局制定《沈阳铁路局发现和防止安全突出隐患速报制度》《沈阳铁路局高铁和客车安全红线管理办法》《沈阳铁路局推进安全检查整治常态化实施方案》等安全文件。8月19日，路局、局党委下发《沈阳铁路局、局党委关于全面开展安全生产大检查深化"打非治违"和专项整治工作的通知》，在全局范围内全面进行安全生产大检查，进一步深化"打非治违"工作，深入推进以危险化学品和易燃易爆物品安全为重点的专项整治活动。

三、安全动态管理

1996年，沈阳铁路局对围歼客车事故和确保提速安全措施实施情况进行全面检查，对影响客车安全的11个关键问题，组织各系统全方位攻关，特别是针对道口安全不稳的问题，路局制定《加强道口安全管理8条措施》，并向辽、吉两省政府就加强道口安全管理问题进行专题报告；结合季节特点，加大对客车安全的检查力度，春运、暑运期间派出检查督导组集中检查，围绕威胁客车安全的关键点"九防"，进行超前防范和重点攻关，制定防范措施43项155条。1997年，路局提出紧紧围绕推进"两个根本转变"，适应列车提速，实施新图运行的需要，坚持内实为本，客车为重，坚定不移地推进安全基础建设，高标准地实现建线和安全生产奋斗目标，在工作力度上实施各级领导负责制，在受控面丰富联控、自控内涵，在关键环节和作业结合部实施卡死，在主要行车设备上实施达标创优，在人员素质上强化培训，在管理机制上强制落实。同时，深入地开展安全大教育、大检查、大整改活动，整个活动突出了整风树纪，狠刹干部中盲目乐观的自满风、浮在上面的官僚风、拖拉皮沓的散漫风、姑息迁就的好人风、华而不实的浮夸风、贪图安逸的享乐风；大力整顿职工日常劳动纪律，全过程的作业纪律；针对问题，实施跟踪复查，严格整改。1998年，路局开展"四查、两抓、两整顿、一确保"安全攻坚活动，共查出安全生产危机感不强、遵章守纪自觉性不高等4个方面思想问题1208个，重经营、轻安全、作风不实等7个方面领导作风问题712个，管理不规范、机制不健全、措施不落实等6个方面安全管理问题1067个，设备超大中修期、定检质量不高、漏检漏修等10个方面设备隐患问题3157个，"两违"等方面问题1519个，对查出的问题，制定切实可行的整改措施，确保安全攻坚目标的实现。1999年，路局下发《关于搞好1999年运输安全工作的决定》《沈阳铁路局安全生产责任制度实施办法》，各级干部和有关部门的管理责任、围绕十项基本工作制度的各项安全管理制度基本建立；路局对分局、分局对站段、站段对车间、车间对班组和个人的逐级考核机制基本建立并开始运作。同时，路局对9个分局安全基础建设情况进行两次检查验收，排出顺位，报纸公布。并对干部"五定三率"考核、职工技术等级考核、班组"双达标"一体化考核、行车设备故障有限赔偿和责任追究等20多个办法进行补充、修改，安全基础管理工作得到加强。全年全局开展两次安全大检查、大反思活动，共查摆出各类问题

48422件，整改45749件。2000年，路局召开落实安全生产责任制经验交流会，介绍锦州、沈阳、通化三个分局和山海关站、锦州机务段5个单位的做法，重新修改《沈阳铁路局安全生产责任制实施办法》，对整章建制、完善"立法"和逐级考核、兑现奖惩提出了明确的要求，使全局安全运输初步走上规范管理的轨道。

2001年，沈阳铁路局在安全生产专项整治活动中，从加强组织领导、广泛宣传发动、提高干部职工思想认识入手，以基本规章、基本制度、基本工艺和基本作业标准为重点，全面进行整治，细化60条整治重点，提出整治标准、负责部门和完成时限，制定切实可行的整治措施，有力促进安全生产专项整治工作的深入开展。2002年，路局召开现场会，总结推广锦州分局、兴城车务段、山海关站和通辽分局、奈曼车务段在安全生产上对发生事故、事故苗子和严重违章违纪从严管理的经验，制定下发《对分局安全生产调研解剖实施办法》，明确对分局安全生产进行解剖的条件及程序。2003年，路局在落实安全生产责任制方面，坚持涉及旅客列车的安全信息、作业事故和影响较大的设备事故分析不过夜；坚持安全周交班和月度安全生产委员会会议对各类事故或性质严重的险情和涉及产品质量的问题坚持"四不放过"；修改完善路局、站段月度考核实施办法，坚持严格考核。2004年，路局认真贯彻"安全第一、预防为主"方针，以落实安全基础管理长效机制为主线，推进安全生产责任制落实；以春秋季行车设备检查为牵动，强化动态整治，提高行车设备质量；以强化干部职工技术业务培训为重点，提高队伍整体素质；以开展安全生产专项整治和安全大检查为契机，消除安全隐患，提高对安全关键环节超前防范和控制能力，运输安全生产形势相对稳定。路局提出抓小防大保安全，从严管理，问题管理、依法管理不变；保持工作连续性，工作思路、工作标准、工作力度不变；突出干部抓作风，严格要求、严格管理、严格考核不变的"三个不变"原则，狠抓"责任制、责任人、责任心"落实；坚持旬月安全分析制度，按照"四不放过"要求，对每一起事故和重要信息进行分析，把握安全生产脉搏，及时制定并采取对策，做到抓小防大，警钟长

鸣。路局下达确保提速调图安全的95条措施和110条细化措施，逐项销号落实，确保提速后的持续安全，下发《关于印发沈阳铁路局落实铁道部确保提速调图过渡期后运输安全推进计划的通知》，进一步提出补强安全措施68条，继续组织落实，实现安全、平稳、有序以及确保过渡期和提速持续安全的要求。2005年，路局针对直管站段的实际，全面清理并废止1374份行车规章，将有效和废止的文电目录分系统汇编成册，修改下发《行车组织规则》，健全考核评估制度、完善奖惩办法，制定《沈阳铁路局安全奖惩办法》等7个安全管理文件，并组织各办事处安监室对区域内站段进行全面评估，督促各单位落实安全管理7个系列办法，促进规范管理。

2006年，沈阳铁路局坚持从严管理，开展安全生产大检查、大反思和安全生产专项攻关活动，并结合全局实际，深入开展行车设备春秋检活动，及时消除一批危及运输安全的隐患，确保全局运输安全的基本稳定。召开路局安委会专题会议，针对全局实际，提出25个急需解决的具体问题和10条具体要求，确定103个关键项点，逐条逐项细致研究第六轮提速准备工作方案，制定有措施、有时限、有负责人的《推进计划表》，并形成了会议纪要下发全局，分阶段进行推进，确保第六次提速安全。2007年，路局以建设京哈快速通道和确保动车组运行安全为重点，全面强化提速各项准备工作的落实，全力确保提速持续安全，组织制定《确保动车组运行安全20条卡死措施》，认真开展安全监督检查活动，对京哈线、沈大线、沈山线进行全面评估，提出问题，督导整治隐患。在提速调图过渡期，全局237名监察对68个运输站段进行全面包保，实施大力度不间断的检查。7月28日，路局下发《关于在全局开展安全生产大检查大整治活动的安排》，要求各部门、各单位对安全管理规范、专业指导作用、行车设备质量、职工两纪一化、干部作风建设等方面存在的问题和隐患逐项进行整改，同时制定检查重点和具体要求，制定推进计划表，每月进行动态跟踪督办，确保大检查、大整治工作取得实效。2008年，路局组织开展"八项安全保障体系建设"和"九项专项整治"活动。2009年，路局完善安全保障体系，集中开展

LKJ、调度命令、施工安全、道口安全、信号联锁关系、机车乘务员瞭望、自轮运转设备、货物装载加固、危险货物运输、轨道电路分路不良、走行部防脱落等11项专项整治活动，从源头上发现并解决了一大批影响行车安全的突出问题。同时在全局全开展安全生产三项行动，重点对机车车辆、线桥设备、施工安全、道口安全、自轮运转设备、安全保护设施、职工"两纪一化"和防火安全进行全面排查，并把安全隐患排查活动与设备大检查、设备春秋检、以及季节性安全工作有效结合起来，做到边查边改，务求实效。2010年，路局加强干部作风建设，严格落实领导干部的安全责任，对安全上发生的问题坚持不断对话、及时通报、专项交班，从"盯结果"向"盯过程"转变，关口前移，防微杜渐，针对发生的典型事故及安全隐患，本着"事不过夜"的原则，及时召开电话会议进行专题对话，共同分析讨论，及时采取措施，避免类似问题重复发生；对《调度班工作概况》反映的问题通过日交班电话会议分析解决；在周交班会和月度安委会上，通过还原现场、作业人员现场模拟、黑板画图、多媒体演示等多种形式，分析和讨论具体的原因，逐个环节进行剖析，深挖问题根源；对存在的倾向性问题，以召开现场会的形式进行分析，组织现场模拟，共同吸取教训，制定防范措施。

2011年，沈阳铁路局对职工"两违"问题进行重新规范，取消了过去的A、B、C、D类问题，出台《沈阳铁路局"两违"问题管理办法（试行）》，视情节轻重和对安全的威胁程度，将"两违"问题分为特别严重、严重和一般违章违纪三种。同时，路局配套出台《沈阳铁路局职工绩效考核实施办法（试行）》，强化全局干部职工的问题意识、责任意识，全面提高了现场作业质量，确保安全生产有序可控。路局组织专题调研组以"加强安全管理机制建设，确保运输安全万无一失"为调研课题，深入研究在安全管理机制建设上存在的不规范、不合理、不科学问题，把安全管理机制建设进行一次"翻箱倒柜"式的彻底规范，进一步提高全局安全管理的规范化、法制化、科学化水平。针对调研发现的问题和安全大检查活动中查出的60件安全突出问题，

制定10个安全管理机制，包括36个安全管理办法和制度，突出高铁安全管理、岗位责任落实、现场安全控制和安全责任追究等内容，进一步规范安全管理。2012年，路局实施安全风险管理，举办由站段主管安全副职、安全科长、劳人科长参加的推行安全风险管理专门研讨班，利用《检查情况通报》平台，对全局推行安全风险管理的引导，运用电话会议方式，对发生的事故、故障，运用风险管理的方法进行全面分析，指出风险管理中存在的问题，教方法，定措施，采用"走出去、请进来"的灵活多样方式，强化干部职工风险管理知识培训，加大安全风险管理基本知识、先进做法和典型事例的宣传力度，采取干部与职工面对面的事故案例分析教育、典型事故现场剖析教育等形式，对各级干部和现场作业人员进行安全责任和风险意识教育。全面实施强化干部管理责任落实、职工作业标准落实为核心内容的职工作业岗位安全风险卡和干部风险管理责任制手册，实施安全风险管理，通过采取这种方法，全面落实岗位作业标准、工作标准和基本规章制度，采取多种形式开展安全风险和标准化教育培训，提高全员安全风险意识，全面实施岗位安全风险控制，实现基本规章制度落实和安全生产过程控制，有序推进安全风险管理。同年，为切实解决安全管理深层次问题，深入推进安全风险管理，路局制定下发《关于开展安全大检查活动的通知》，明确安全大检查的具体内容，制定督导检查安排，提出具体要求，以查管理、查干部、查问题、查风险管理落实为重点，深入开展为期一个月极具针对性的安全大检查活动，采取综合大评估、系统大解剖、专业大督导、班子大考核、党内大活动五种形式，对安全大检查活动情况进行监督检查。

2013年，沈阳铁路局推进实施安全风险管理年，进一步修订完善路局制定的10项机制58个安全管理办法，其中11个是针对直接处理安全问题的，明确问题采集的主体办法和辅助办法，对专项检查等"十种"检查方式及量化标准做出具体规定。路局强化对高铁、施工、人身安全的控制，围绕高铁安全制定6个办法，特别是针对高铁开通运营初期制定了16项重点包保检查办法以及70条具体措施，并进一步完善应急处理处置办

法，采取有效措施积极应对突发事件，力争将安全风险降至最低。为确保高铁安全万无一失，路局对高铁发生的安全问题，立项分析、彻底解决，并大力度提高人员素质和设备质量，坚持每周五由主管安全副局长主持召开哈大客专专题交班会，对高铁运营中存在的和暴露出的问题件件组织分析，专题研究、专项布置、专门解决；对车务系统高铁行车规章、制度进行了统一规范，从管理基本原则、规章制度汇编、作业标准、安全卡控措施、应急管理等方面进行了规范和要求，重新整合下发文件、规章摘录；组织开展哈大客专应急实战演练，针对演练中遇到的各种情况，组织参加演练人员积极讨论，认真研究处置办法，提高了作业人员应急处理能力；针对盘营客专制定"13防"、83项控制措施，全面确保开通后的安全稳定。2014年，路局针对安全风险管理问题，在每月的重点工作安排和部署上，突出重点，明确监督检查的内容和标准，重点查、反复查、跟踪查，使安全风险始终处于可控状态。严控列车安全风险，将容易砸锅惹祸、直接威胁列车安全的最突出、最关键的风险点归结为"四防"（即：防列车脱轨、防列车冲突、防车辆溜逸、防监控数据错误），并采取50条措施作为抓现实安全的底线。延伸安全监察触角，坚持组织开展跨区域集中互检，打破各安监分室原有的检查区域限制，根据实际需要随时开展跨区域检查。根据不同季节、不同时期的安全特点，盯住现场安全风险的动态变化，适时确定风险防控重点，组织安全监督检查，同时，坚持对动车事故、客车事故、作业事故、大部件裂折等典型问题进行深入分析，及时查清安全管理、专业管理问题，追究干部责任，找出规律性和倾向性问题，为防范安全风险提供依据，在对安全关键环节集中检查和深度分析的基础上，对检查发现的问题，采取周风险预报、站段半年全面评估、重点单位风险预警、向业务部门下发安全指令书等有效方式，控制安全风险，实现超前防范。

2015年，沈阳铁路局安全风险管理工作，用日均60余人次的干部力量，对全局90个行车站段进行覆盖式检查、测查；利用D309监控中心为平台，对全局所有重要职场的关键作业进行24小时不间断监控和实时信息采集，对严重违章问题第

一时间电话制止，对一般问题入库分析处理；围绕"十杜绝"安全目标，明确各系统的安全控制关键，进行细化，制定推进计划。坚持每月遴选出10个问题多发或问题性质严重的单位，列席路局安委会月度例会，并采取与责任单位进行对话分析、实物分析、画图分析，从作业组织、生产组织到劳动组织，从管理方法、管理手段到管理意识，多角度、全方位深度剖析，有针对性提出整改措施。建立和完善《安全问题分析制度》《安全问题库管理办法》《安全生产委员会工作制度》，固化信息分析、问题分析、安全分析和风险分析的规范动作，对危及列车安全的突出问题进行逐岗位、逐环节、逐工种的全面排查，实施"防脱、防撞、防溜、防错"的"四防"50条措施，建立起以"四防"为核心的安全风险防控体系。

四、安全信息化建设

2003年9月，沈阳铁路局"铁路安全信息管理系统"正式应用，并对全局所有站段有关人员进行集中培训。2007年11月，路局对该系统重新进行系统升级。2008年9月正式启用，该系统的运用，大大提高安全问题管理质量，利用计算机网络和信息技术，建立健全安全问题库，统一管理安全问题，形成安全问题的闭环管理。它以安全管理结果、生产过程控制、设备质量等为安全信息源，通过管理软件对各类安全问题进行分类、分级管理，实现安全问题入库、整改、销号等程序化、规范化和标准化的管理，对日常安全检查发现的问题实施动态管理，形成安全监督管理信息服务平台并实现安全信息的共享。安全问题库管理系统真实反映全局与安全有关的干部、职工履行安全责任情况，把干部安全管理质量、职工作业质量、设备质量情况等记录入库，通过信息化管理平台实现对人、对事的科学化管理，供各级管理者及相关人员实时查询、统计和分析，动态评价干部发现问题质量和职工作业质量。

2015年，沈阳铁路局深入落实安全信息日跟踪、深度分析和安全预警等"七项制度"，创新实施"三库"制度。坚持开展定量分析，对发生的安全信息和检查发现的问题汇总，建成"安全信息库"；坚持典型问题交班分析、对话分析等

制度，透视管理问题，将"安全信息库"提炼成"管理问题库"；坚持开展定性思考、定性评价，深挖风险，明确管控要求，将"管理问题库"转换成"风险控制库"。通过风险管理"三库"建设，能够对路局、站段各级人员检查发现问题及时记录和统计，及时收集、掌握安全信息；提高安全信息传递的规范性，站段能够及时反馈、签认问题；充分挖掘问题信息，强化安全信息的统计分析，实现问题的定性、定量分析；提炼形成管理问题库，生成风险控制库，能够明确管控要求，及时提示系统风险；自动生成典型问题整改督办、安全不放心单位通知、失管责任通知、预警通知、黄牌警告通知，进一步强化了问题整改督办机制，监督问题整改责任落实；内部通报、调研报告、添乘检查等报告的自动生成和综合管理，提高信息处理的效率，真正发挥"大数据"优势，有效防控安全风险。

第二节　行车安全

一、安全天数

1996年，沈阳铁路局实现"五消灭、一实现"安全奋斗目标：消灭了行车重大、大事故，消灭了职工多人伤亡事故，消灭了客车险性以上事故，消灭了重大火灾爆炸事故，消灭了责任路外交通肇事，实现安全年。1997年，全局于5月9日实现跨年度的安全生产两周年，到8月27日实现连续安全生产841天，当天发生一起列车冲突重大事故。1998年，全局消灭行车重大、大事故，实现安全年。1999年，全局消灭行车重大、大事故，实现安全年，到年底实现安全生产855天。2000年，全局消灭行车重大、大事故，实现安全年，年底实现安全生产1221天。2001年，全局消灭行车重大、大事故，实现安全年，年底实现安全生产1586天。2002年，全局创造安全生产1783天的历史最好成绩，并于4月24日、10月25日实现两个安全百日，当年发生重大、大事故各2件。2003年，全局消灭行车重大、大事故，实现安全生产532天。2004年，全局发生责任、非责任重大事故各1件，较上年增加2件。2005年，全局分别于3月19日实现安全生产200

天，6月27日实现安全生产300天；发生行车重大事故2件，列车火灾大事故2件，行车险性事故2件。2006年，全局消灭了责任行车重大事故、重大职工人身伤亡事故、火灾爆炸事故和重大路外伤亡事故，实现了安全年，年底全局实现安全生产517天，发生行车险性事故1件。

2007年，全局消灭责任行车重大事故、重大职工人身伤亡事故、火灾爆炸事故和重大路外伤亡事故，实现安全年。2008年，全局消灭客车作业事故、消灭责任道口交通肇事、消灭了责任行车C类及以上事故、消灭京哈提速干线路外人员伤亡事故，年底实现安全生产1248天。2009年，全局发生行车事故278件，较2008年同期增加184件，其中发生较大事故1件。2010年，全局实现安全年，发生行车事故285件，较2009年同期增加7件。2011年，全局发生较大事故1件。2012年，全局实现安全年。2013年，全局发生较大事故2件。2014年，全局实现"七消灭、一实现"安全工作目标（即：消灭高铁、动车和客车事故，消灭责任旅客死亡事故，消灭责任职工死亡事故，消灭列车冲突和脱轨事故，消灭联锁和监控数据错误事故，消灭机车车辆溜逸和走行部事故，消灭责任火灾爆炸事故），实现安全年。2015年，全局实现"十杜绝"（即：杜绝列车事故，杜绝调车闯蓝灯事故，杜绝联锁风险，杜绝数据错误，杜绝分路不良事故，杜绝溜车事故，杜绝责任职工死亡事故，杜绝责任旅客死亡事故，杜绝施工引发的事故，杜绝高铁和客车险情）安全工作目标，实现安全年，累计实现安全生产769天。

二、表奖防止事故有功人员

1996年2月28日11时28分，0127次货物列车行至通让线15公里151米处有人看守道口前已压响报警，道口员及时关闭道口拉门，此时一辆满载20人的中型客车因车速过快撞坏拉门侵入线路停在道口上，道口员手特持红旗迎向列车跑出150米，将列车拦停在距道口80米处，防止了一起铁路道口重大交通肇事。路局给予通报表扬奖励。3月1日2时09分，166次旅客快车在中德站二道通过时，助理值班员在接车作业时发现机后第6位软卧车燃轴，立即用无线电话呼叫司机停车，车站值班员报告调度员，调度员命令166次

在德惠站停车处理，经有关人员共同检查发现该车轴头和车轮发红不能继续运行，实施甩车处理，防止旅客列车车辆断轴事故，路局奖励有关人员。5月14日1时30分，一辆载重汽车行至沈山线339公里381米有人看守道口处突然断轴，此时54次特快列车已压响报警，道口员使用遮断信号并使用短路线，北侧道口员在下行线使用红旗防护，在此检查道口的领工员、工长分别点燃火炬并手持红信号灯奔向列车，将54次旅客列车拦停在距道口200米处，防止了一起铁路道口重大交通肇事，路局给予奖励。7月22日，长春机务段东风3型0010号机班，担当501次旅客列车乘务，行至赵家沟至柴岗间时，发现列车前方线路钢轨上有异物，使用紧急制动在距异物30米处停车，经检查发现左侧钢轨上有1个、右侧钢轨上有2个工务用的防爬器，及时排除，防止一起可能发生的旅客列车脱轨严重事故，分局奖励该机班。

1997年12月1日，555次旅客列车23时29分运行至锦西站进站时，担当乘务的锦州列车段运转车长发现列车晃动，并听到列车下部有异音，立即用无线电话向锦西站值班员呼叫，值班员立即通知接车扳道员到现场检查，发现15号道岔前2米处钢轨揭盖240毫米，当即通知分局调度员扣车，由工电部门组织抢修，路局奖励运转车长，并记功一次。1998年11月3日，4174次货物列车于2时28分行至大郑线黑山至大虎山间4公里850米处时，担当乘务的彰武机务段前进型6538号机车机班司机发现该地段线路晃车严重，立即用无线电话通知大虎山站，经工务部门检查，发现该处左股钢轨夹板双折，及时进行处理，防止了一起可能引发的行车重大、大事故。路局给予全局通报表扬，并奖励该机班。

1999年5月26日3时34分，郑家屯机务段东风4B型2347号机车机班担当584次旅客列车乘务，发现昌图至马仲河间线路上有停留车辆，立即采取紧急停车措施，停于距停留车辆88米处，防止一起可能发生的旅客列车正面冲突事故。路局奖励该机班及郑家屯机务段党政正职。10月17日0时46分，沈阳机务段东风4D型0258号机车机班，担当439次旅客列车乘务，行至四平站第二接近进站时，发现一辆出租车掉到线路中心，立即呼叫上行开来的3208次货物列车停车并通知四

平站，上行机车司机听到呼叫立即采取紧急停车措施，在距汽车10米处停下，防止了一起可能发生的列车颠覆事故。路局奖励该机班。

2000年9月27日0时，铁岭工务段巡道员巡检行至长大线503公里附近时，发现通过开原站的162次旅客列车机后第1节车厢内起火，立即用对讲机通知开原站值班员，值班员等10余人将着火车辆引至机务折返段扑灭。路局对防止客车火灾事故有功人员通报表扬，并奖励车站灭火有功人员。

2001年2月5日10时03分，通化分局鸭绿江铁道公司花山养路工区巡道员按图巡检线路，发现鸭大线86公里970米处雪崩，大雪覆盖线路长10米、宽5米、平均厚度2米，巡道员迅速设置响墩，用红旗拦截列车。10时06分，6855次旅客列车被拦停在距雪崩地点70米处，防止了一起可能发生的旅客列车事故。路局通报表扬奖励。4月22日23时21分，锦州分局沟帮子站助理值班员和双面接车的扳道员，在接通过的T47次旅客列车时，发现列车中部车辆底部冒火星并有异音，并有一个铁制配件甩到一站台上，二人立即报告车站值班员，并呼叫司机停车，经检查发现车辆制动梁安全吊掉落，经检车乘务员处理后开车，防止了一起严重旅客列车事故。路局给予通报表扬奖励。6月27日5时35分，沈铁吉林线桥公司一名职工，现场作业返回途经长吉线54公里695米便线处，发现线路右股29号接头外侧鱼尾板折断，立即报告领导采取措施，将K271次旅客列车拦停，防止了一起严重旅客列车事故。路局给予奖励。6月28日，锦州机务段东风4型5148号机车担当33036次货物列车乘务，行至沈山线绥中至荒地间366公里200米处时，司机发现前方线路右侧钢轨异常弯曲，立即采取紧急停车措施将列车停下，司机通知荒地站值班员和调度员后，检查前方线路发现366公里345米处新铺设轨排与既有线路搭茬处有长约20米跑道，经工务部门紧急抢修后开通线路。路局奖励该机班和锦州机务段党政正职。8月4日，梅河口机务段东风4型4051号机车担当22335次货物列车乘务，运行至斗虎屯至清源间132公里900米处时，司机发现前方山体滑坡侵入线路，立即采取紧急停车措施停车，司机通知斗虎屯站值班员，并与看山人共同清理线

路，列车于5时43分开行。路局奖励该机班和梅河口机务段党政正职。8月5日，通辽机务段东方红3型0036号机车担当K695次旅客列车乘务，16时46分行至云端至珠斯花间394公里200米处时，发现前方右侧山洪暴发，水没钢轨，司机立即采取紧急停车措施，通知珠斯花站和列车调度员，并将列车退行至安全地段，经工务部门检查发现有350米长的水害地段线路石磴已被洪水冲走，钢轨悬浮，防止了一起旅客列车脱轨颠覆事故。路局奖励该机班和通辽机务段党政正职。9月11日2时41分，沈阳机务段东风4D型0098号机车担当4218次旅客列车乘务，行至沈大线许家屯至万家岭间159公里处时，司机听到许家屯站值班员呼叫前方有车辆溜入区间，司机立即采取紧急停车措施，并在运转车长的引导下退回许家屯站，防止了一起可能发生的旅客列车冲突事故。路局奖励该机班和沈阳机务段党政正职。

2002年3月19日4时，农安工务段开安工区巡道员巡检至长白线开安至小合隆间17公里处，发现13号至15号铁接头有6块鱼尾板、74套配件被盗，立即通知工区处理，40150次货物列车限速通过，防止了一起可能发生的列车颠覆事故。路局通报表扬并奖励巡道员以及农安工务段段长和党委书记。

2003年1月26日22时20分，71782次货物列车通过绥中站内道口时，道口员发现列车尾前第6辆有异音，并从车辆底部弹出2块破碎闸瓦，将道口铺面刮坏，立即与另一名道口员通知车站值班员；当该列车通过绥中水果道口时，道口员发现该车辆底部冒烟，并有异物脱落，将道口铺面刮坏，立即通知车站值班员，将71782次列车拦停在绥中至荒地间，经查该车1位制动梁脱落，防止了一起可能发生的行车重大、大事故。路局奖励道口员并记功一次；奖励山海关工务段段长、党委书记。2月13日9时26分，沈阳工务段西上领工区巡道员巡检至沈山线上行21公里处接T12次旅客列车时，发现机后第3位车前台车车轮抱闸，立即用对讲机呼叫司机，司机听到后在马三家站停车处理，防止了一起可能发生的旅客列车大事故。路局奖励巡道员并记功一次；奖励沈阳工务段段长、党委书记。5月24日17时30分，魏杖子至东沟门间2公里980米至3公里060米路堑

边坡溜坍，土埋线路0.5米，严重危及行车安全，叶柏寿工务段巡道员立即用对讲机呼叫车站封锁区间，防止了一起可能发生的行车重大、大事故，路局奖励巡道员，奖励段长和党委书记。5月24日17时38分，魏塔支线公司南房养路工区工长冒雨检查线路，发现魏塔线南房至刀尔登间23公里817米干沟梁隧道出口处漏水侵漫线路，危及行车安全，及时将44148次货物列车拦停，防止了一起可能发生的行车重大、大事故。路局奖励魏塔公司养路工长并奖励公司经理和党委书记。6月17日17时40分至18时30分，京通线突降暴雨，赤峰工务段中台子工区工长、职工冒雨检查线路，发现京通线390公里575米至600米处道床被连续冲空31根轨枕、389公里600米至637米水漫线路，严重危及行车安全，立即用对讲机通知车站，将运行到该区间的6029次旅客列车拦停在区间，防止了一起可能发生的旅客列车重大、大事故。路局奖励赤峰工务段中台子工区工长及职工并段长和党委书记。6月22日3时19分，11203次货物列车行至长大线郭家店站通过时，长春分局行车调度员发现红外线终端显示器报警热轴，立即指示郭家店站值班员呼叫司机停车，司机接到指令后，果断采取停车措施，经查机后第20位车辆运行方向左侧2位轴激热，防止了一起列车车辆切轴重大、大事故。路局奖励长春分局调度指挥中心值班主任、调度员，奖励长春分局红外线值班员、郭家店站值班员，奖励局调度指挥中心值班科长、副科长、调度员，奖励长春机务段该机车司机、副司机。9月19日，梅河口机务段东风4C型4032号机车，担当90033次军用列车乘务，行至龙山站通过时，司机听到停留22328次司机呼叫90033次机后第4位车载高炮炮管转向，列车右侧倾斜超限，立即采取停车措施，防止了一起可能发生的重大列车事故。路局奖励以上有功机车乘务人员。11月10日8时35分，通化分局通化工务段鸭园养路工区巡道员，巡检至鸭大线1公里630米至680米处时，发现线路下沉，轨向、高低变化严重，立即用移动电话通知鸭园领工区，领工员、党支部书记、工长等人立即赶到现场，经目测轨向变化60毫米，高低差150毫米，此时，6856次旅客列车已从菇园站开来，领工员向列车司机显示慢行信号，6856次

慢行通过现场，防止了一起可能发生的旅客列车脱轨事故。路局奖励该巡道员和通化工务段段长、党委书记。11月14日15时30分，沈阳市内259路公交大客车通过沈吉线3公里093米道口时停在道口内，此时4285次旅客列车已接近报警，当班道口员果断推上遮断信号，另一道口员手持红旗迎向列车跑出100多米，将4285次旅客列车拦停在距道口80米处，防止了一起可能发生的乘客群死群伤的重大道口交通肇事。路局奖励沈阳工务段该道口员和沈阳工务段段长、党委书记。

2005年5月6日，沈阳车辆段担当的T91次旅客列车运行至京广线韶关站时，车辆乘务员检查发现机次第5辆车二位车钩缓冲器体侧面油漆龟裂，判断是裂纹，沿途保持对该处进行重点检查，通过有关专业人员共同检查及电磁探伤，确认为沿圆周方向有2条分别为200毫米和80毫米裂纹，甩车处理，防止了一起可能发生的旅客列车事故。路局对沈阳车辆段通报表扬，并奖励该乘务员。8月11日23时20分，京通线庙宫至四合永间300公里960米庙宫5号隧道巡守员，发现一辆加长载重汽车从公路跨铁立交桥上撞坏防护墙和防护网坠入京通线300公里940米线路处，迅速迎向开来的2560次旅客列车跑去并显示停车信号，将列车拦停在距现场20米处，防止了一起可能发生的旅客列车重大事故。路局通报表扬奖励赤峰工务段隧道巡守员，奖励2560次机车司机、副司机。8月31日0时45分，长大线王家站下行第三接近轨道区段出现红光带故障，值班电务信号工长、信号工立即与接到车站通知后赶来的驻站民警共同到现场排查，发现长大线110公里700米处供电接触网189号杆倒在下行线路上，并侵入上行线，立即用无线电话向王家站值班员汇报，并提出立即封锁王家至瓦房店间上下行线路。车站值班员接到报告后，立即用无线电话呼叫正在该区间运行的85871次司机停车，司机采取紧急措施将列车停于长大线106公里680米处，防止了一起后果严重的行车事故。路局通报表扬奖励王家信号工区工长、信号工，瓦房店派出所民警，王家站值班员。9月6日1时34分，沈阳车务段昌图站值班员、信号员发现9号道岔处着红光带，值班站长迅速到现场进行检查，经检查发现，9号道岔尖轨尖端1.39米右股基本轨垂直折断13毫米

左右，立即用无线电台报告车站值班员，此时，准备通过该站的K266次旅客列车已经压上第三接近，值班员立即用无线列调呼叫K266次司机进站内2道停车，列车被拦停在站内2道，防止了一起可能发生的旅客列车事故，路局通报表扬奖励昌图站值班员、信号员、值班站长。9月16日，通辽机务段DF4A型0668号机车司机，担当霍林河至珠斯花间D8次列车乘务，列车以每小时54公里速度通过霍林河站行至412公里222米千分之四下坡道处时，司机减压60千帕调速，发现列车速度不降反而继续上升，判断是车辆折角塞门关闭，立即采取紧急停车措施，将列车停于408公里551米处，停车发现机后第8位车辆折角塞门关闭，防止了一起可能发生的货物列车放飚事故。路局对该机班通报表扬奖励。

2011年7月7日，沈阳机务段司机、沈阳车辆段随车机械师在值乘D5012次旅客列车时，当TD屏提示"牵引传动机械故障"时，司机立即采取停车措施，并通知机械师车下检查，发现1位齿轮箱冒烟，点温测量温度142度，防止了一起动车组走行部重大故障，路局通报表奖沈阳机务段司机、沈阳车辆段随车机械师。6月8日0时50分，吉林工务段汛期监控员发现沈吉线405公里255米桥下河水位猛涨，冲刷该桥吉林方向桥台护锥及台后路基，立即向有关人员汇报，并通知车站封锁区间，确保了行车安全。路局通报表奖吉林工务段监控员。6月15日6时50分，一辆满载水泥的大型载重汽车行至沈丹线45公里146米有人看守道口时，逆向撞上对面一辆小型面包车，并将道口下行侧拉门、护桩、栅栏撞坏，肇事机动车侵入限界并熄火，道口员立即开放遮断信号，同时电话通知石桥子车站封锁区间，并通知相邻道口代设防护，将2257次旅客列车拦停在石桥子站内，防止了一起可能发生的铁路道口交通事故。路局通报表奖丹东工务段道口员。7月13日，通辽机务段DF4B型6194号机车，担当83638次货物列车牵引任务，列车运行至宝日呼吉尔线路所时，该机班听到下行88627次列车机班与88621机班"380公里至390公里区间降大雨注意瞭望"的汛期互控通报后，及时降速运行，当列车运行至390公里处时，司机发现下行线390公里500米处有20米左右线路下方石砟已被冲

空，立即使用列车无线电话通知下行列车，司机立即采取紧急停车措施，停车后，副班司机下车向前检查，发现382公里100米上下行线道床被冲空15米左右，司机立即将水害情况报告哈日努拉站、列车调度员及"120"信息员，调度员指示司机，原地等待救援。同日，1123号机车通辽机务段司机，担当88807次货物列车牵引任务，列车运行至哈日努拉至珠斯花间399公里处时，司机听到上行83642次列车司机进行汛期互控通报，390公里500米处线路道床冲空，立即停车，在288公里166公里处停车后，列车调度员使用手机通知司机减速前行，司机开车后，发现前方230米左右上、下行线路间有水已漫至路肩并快速流动，立即采取停车措施，停在距水害地点270米处，司机下车检查发现下行道床石砟冲空15米左右。路局通报表奖通辽机务段两个机班。

2014年1月26日15时18分，辽阳工务段线路工区巡检人员三人，在分水站巡检过程中，发现沈大线246公里700米处地方高压线铁塔部分螺栓折断向线路方向倾斜，危及行车安全，立即通知分水站站长，站长迅速向局调度所调度员报告，由分水站值班员将21508次拦停，并封锁线路、组织接触网停电，配合地方电业局抢修，确保行车安全。路局奖励辽阳工务段巡检人员，鞍山车务段分水站站长、值班员、局列车调度员。

2015年3月25日22时36分57秒，锦承线小平房至公营子间201公里749米有人看守道口拉门完全关闭，准备接2256次列车。22时41分，一辆大型货物汽车连续闯过减速带，不顾道口员示意撞向道口拉门，将道口左侧拉门撞坏横在线路上侵入限界，主班道口员立即使用遮断信号、无线预警进行防护，并通知公营子站封锁区间，副班道口员向列车开来方向拦车，2256次列车司机看到道口员向列车显示红色灯光立即采取紧急制动，在距故障道口161米停车，避免了一起旅客列车事故。路局给予2256次列车司机和阜新工务段道口员奖励。3月29日17时41分，一辆小货车将平齐线245公里636米监看护道口两侧拉门撞开后，冲出道口，造成右侧拉门侵入上、下行线，危及行车安全，道口员立即使用无线预警、电话通知车站封锁区间，并组织将侵限拉门及时拉出道口限界以外，正在区间运行的X10002次货物列车乘

务员接到预警后，立即采取紧急措施停车，确保了行车安全。路局奖励白城工务段道口员、白城机务段乘务员。5月26日，梅集线115公里092米昼夜看护道口，当班道口员在接43042次货物列车作业过程中，发现列车尾部最后一节车厢走行部冒烟，立即通知机车司机，机车司机与二密河站联系停车检查，及时将故障车辆摘解，确保了行车安全。路局奖励道口员。6月9日13时30分，阜新工务段技术科验收员和安全科监控员在大郑上行线67公里978米框构桥看守时，发现，通辽方向桥头67公里975米至978米范围内路基由于降雨浸泡下沉30毫米，立即封锁线路，并组织人员填碴、捣固，紧急抢修，确保了行车安全。路局奖励该段验收员、监控员等三人。10月29日13时55分，G220次辽中站通过时，秦沈台列车调度员、助理调度员发现8DG占用表示丢失，立即将G220次喊停，将后续D102次扣停在辽中站进站信号机外，通知工务、电务人员现场检查处理，同时将辽中站上行线设置封锁，停止接发列车，辽中站值班员第一时间也发现占用表示丢失立即报告调度员，并按调度员指示办理，路局奖励调度所列车调度员、助理调度员、值班副科长和辽中站值班员。10月30日，图们工务段探伤工区对珲春站内长珲城际下行线472公里323米探伤检查时，执机手发现后37°探头有伤波报警，经确认，在距轨面下106毫米轨腰处有一疑似伤损，经反复检查、打磨处理后，确认轨腰有一道长40毫米水平斜裂纹，侵入母材深度约2毫米，判定为重伤，确保了长珲城际行车安全。路局奖励执机手等4人。11月24日19时47分，黑山站值班员和局调度所沈山二台调度员、助理调度员同时发现下行Ⅰ道出站信号机内方轨道电路红光带，按调度员指示要求，立即通知助理值班员、值班干部及工务、电务人员现场检查，并通知大虎山站不得放行下行列车，负责现场检查的副站长发现Ⅰ道出站信号机内方13公里922米运行右侧钢轨焊接处垂直断裂，防止了一起危及行车安全的险情。路局奖励黑山站值班员、调度所调度员、助理调度员、黑山站副站长。11月26日10时39分，锦州电务段信息分析中心分析员发现沈山线东辛庄至沙后所区间3463G移频主轨出电压异常下降，立即向信息分析中心工长汇报，及时通知现场车间组织查找原因，检查时发现，沈山下行线346公里300米处北股钢轨断轨，立即电话报告东辛庄站站长，采取了拦停列车措施，有效防止了一起由于断轨可能引发的行车安全事故。路局奖励锦州电务段信息分析中心分析员、信息分析中心工长、兴城信号车间主任、东辛庄信号工区工长、信号工、东辛庄站站长。11月30日2时19分，K498次列车泡子站通过后，车站值班员发现彰武至泡子间上行线第884至872架通过信号机间出现红光带，立即呼叫后续K50次停车，并立即报告列车调度员、值班干部和彰武站值班员，同时通知工务、电务现场检查，经现场检查，彰武至泡子间上行线87公里340米处左股钢轨焊缝处拉开10毫米，及时发现设备故障情况，防止了一起危及行车安全的险情。路局奖励泡子站值班员。12月12日3时35分，欧里站值班员通过站间透明发现霍72919次通过大林至门达站间下行线3137架~3151架通过信号机后，信号机间出现红光带，立即报告列车调度员，经现场检查发现大林至门达站间下行线13公里705米处左股钢轨断缝，防止了一起危及行车安全的险情。路局奖励欧里站值班员。

第三节　事故统计和案例

一、事故统计

2007年8月28日，铁道部发布《中华人民共和国铁道部令》（第30号），重新颁布《铁路交通事故调查处理规则》，并于2007年9月1日起正式实施。新规则取消原有的行车险情事故、行车大事故的分类，将事故分为特别重大事故、重大事故、较大事故和一般事故四个等级。1996年至2015年间，沈阳铁路局发生各类事故11916件。其中：一般事故11812件，险情事故84件，较大事故7件，大事故5件，重大事故8件，特别重大事故0件。

二、事故案例

（一）责任旅客列车冲突重大事故

1997年8月28日，长春机务段东风4型7465号机车司机担当3312次货物列车乘务，列车行至长大上行线大屯至范家屯间671公里948米处，因机车故障自动停车，司机没有采取制动措施，擅自离开岗位到机械间处理故障，导致列车失控向后溜逸，与后续运行的472次旅客列车发生冲突，造成472次机车和2位宿营车脱轨，3312次机后货车脱轨颠覆7辆，旅客死亡2人、乘务员死亡2人、轻伤9人，客车报废2辆、中破1辆，货车报废7辆，机车小破1辆，中断上行线行车11小时50分，直接经济损失134万元。

2002年7月17日6时48分，2257次旅客列车行至沈阳站114号道岔处时，与沈阳站下2道调车作业中溜出的11辆油罐车发生侧面冲突，造成机后3、4、5位车辆脱轨，影响本列晚点3小时27分，中途摘车3辆。

2005年7月31日19时49分，K127次旅客列车运行至长大线433公里535米处，机车乘务员非法解锁监控装置、闯红灯，与前行33219次货物列车发生追尾，造成客车中破2辆、大破1辆、报废2辆，货车中破6辆、报废1辆，机车大破1台，5人死亡、45人受伤，中断上行正线行车9小时57分、下行正线行车16小时59分。

（二）责任旅客列车脱轨重大事故

2004年8月31日7时08分，沈阳机务段韶山9型0003号机车司机，担当1394次旅客列车乘务，行至长大线487公里906.5米中固站11号道岔处时，由于中固站值班站长将信号员派出送《绿色许可证》并擅自顶岗，在没有得到车站值班员命令、没有接到扳道员报告列车出站的情况下，盲目解锁发车进路上的11号道岔，导致1394次旅客列车挤坏11号道岔后，机后2位车、1位车脱轨，甩车4辆，中断上行正线行车2小时56分。

（三）责任旅客列车脱轨大事故

2002年5月25日3时0分，在T82次旅客列车接近山海关站客场7道时，车站值班员听到控制台挤岔铃响，发现106号、108号道岔失去表示，车站助理值班员和列检人员在接车时也发现列车中部车辆转向架有异常现象。列车整列到达后，确认机后第9位车一位转向架脱轨，脱轨车辆在山海关站甩下，造成车辆中破1辆，线路损坏500米，道岔损坏2组。

（四）责任货物列车脱轨大事故

2009年3月23日6时30分，锦州机务段DF4C型4463号机车担当35533次货物列车，运行

至长图线柳树河至白石山间247公里167米处，由于线路质量不良，造成机车操纵端前台车1、2、3轮脱轨，机次1至3位车辆全轮脱轨，4至6位车辆颠覆，7至12位车辆全轮脱轨，13位车辆前台车脱轨，中断行车9小时20分。

2011年9月21日，通辽机务段和谐N3型0147号机车担当扎216次货物列车15时15分由霍白线扎哈淖尔站开车，运行至五栋房站前，列车速度达每小时56公里时司机使用电阻制动并减压80千帕，但列车速度未降反升至70公里/小时，司机立即追加至最大减压量后使用紧急制动，此时列车制动失灵，以98公里/小时速度通过霍林郭勒站进站道岔，机后11-31位车辆脱轨颠覆，中断通霍上行线16小时31分、下行线22小时15分。

2013年7月3日13时52分，哈尔滨机务段东风4C型5159号机车担当34025次列车，运行至吉舒线丰广至吉舒间58公里049米处，机后第1辆车轮落入钢轨内侧脱轨，造成第1至9位车辆脱轨颠覆后散落在左侧路堤下，第10位车辆一、二位转向架左侧脱轨，第11位车辆运行方向前转向架右侧脱轨。

2013年10月17日13时31分，锦州机务段和谐D3B型0214号机车担当电检930次列车，在锦州站上行直通场8道侧线通过，运行至619/625号复式交分道岔处，机后3至8位车辆脱轨，脱轨车辆侵入沈山线上行正线限界。13时42分，电检928次列车在上行直通场Ⅱ道通过时，司机发现前方有车辆脱轨侵限，采取紧急制动后在237公里975米与电检930次的脱轨车辆侧面冲突，造成电检930次机车及机后1位、3至8位车辆脱轨，电检928次机车及机后1至9位车辆脱轨，两名机车司机受轻伤。

（五）责任货物列车侧面冲突大事故

2003年6月15日20时50分，在4950次货物列车在于洪站拔头作业时，司机、副司机及车站有关作业人员未按规定使车列达到制动状态，未确认车列制动机是否处于制动状态便提开车钩，导致49501次车体溜逸，与3道开行的49802次小运转列车发生侧面冲突，造成49802次列车脱轨5辆。

（六）非责任旅客列车冲突重大事故

1996—2015年沈阳铁路局行车事故件数统计表

表3-6-1

	年份	1996	1997	1998	1999	2000	2001	2002	2003	2004	2005	总件数
	事故件数	314	351	300	277	323	378	496	1946	1066	1322	
其中	一般事故	311	344	297	267	312	366	487	1932	1054	1309	
	险性事故	3	6	3	9	11	12	5	13	10	9	
	较大事故	0	0	0	0	0	0	0	0	0	0	
	大事故	0	0	0	0	0	0	2	1	0	2	
	重大事故	0	1	0	1	0	0	2	0	2	2	
	特别重大事故	0	0	0	0	0	0	0	0	0	0	
	年份	2006	2007	2008	2009	2010	2011	2012	2013	2014	2015	11916
	事故件数	804	702	416	567	474	408	456	549	441	326	
其中	一般事故	803	700	416	566	474	407	455	546	440	326	
	险性事故	1	2	0	0	0	0	0	0	0	0	
	较大事故	0	0	0	1	0	1	1	3	1	0	
	大事故	0	0	0	0	0	0	0	0	0	0	
	重大事故	0	0	0	0	0	0	0	0	0	0	
	特别重大事故	0	0	0	0	0	0	0	0	0	0	

1996—2015年沈阳铁路局行车事故件数图示

图表3-6-1-附

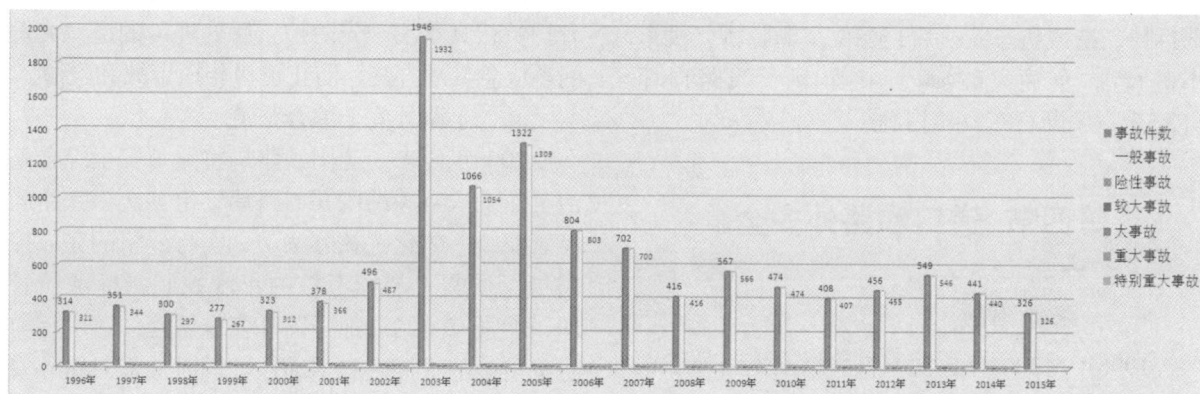

2002年4月26日0时30分,沈阳煤业集团有限责任公司运输部东方红3型0067号机车司机担当矿106次,在沈大线张台子站路矿车辆交接线8道牵引26辆重车由煤矿专用线进入站内终到,运行中司机、副司机睡觉,进入站内不减速、不停车,车站值班员发现后,立即指示助理值班员选排调车进路,将8道出站方向的道岔对向牵出线,并用站内广播和无线电话呼叫106次司机和即将进站的K643次司机,106次列车越过出站信号,进入牵出线并冲出车挡40余米,机车和机后1至4位车辆颠覆,其中第3位颠覆车辆侵入沈大下行线。0时48分,沈阳机务段东风4D型0309号机车担当的K643次旅客列车司机、副司机听到车站呼叫的同时,发现运行前方100米左右处有一车辆横在线路上,立即使用紧急制动,停车不及,与侵入线路车辆相撞,造成K643次旅客列车机车和机后1至7位硬座车脱轨,矿106次第12位车脱轨,旅客轻伤17人,机车大破1台、客车报废3辆、中破4辆,货车报废3辆、大破1辆,线路损坏500米,中断沈大下行7小时42分。

（七）非责任货物列车脱轨颠覆重大事故

1999年8月29日16时12分，1614次货物列车行至沈山线349公里702.22米东辛庄进站道岔处，机后26位、37位车辆脱轨颠覆。事故原因是由于本钢生产的卷钢热卷在运行中将防滑稻草垫烤焦，加之钢卷底面不平与车底板呈点状接触，加速了稻草垫的破损，使其失去防滑作用，致使卷钢逐渐发生串动，造成车辆偏载后脱轨颠覆。

2004年7月7日，通辽机务段东风4型1729号机车司机与东风4型6493号重联机车司机担当珠斯花至双泡子专8次货物列车乘务，0时59分，当列车行至通霍线四合台至道老杜间134公里581米处时，线路突然下沉，造成机后30至40位车辆脱轨，其中32至35位车辆颠覆，人员无伤亡，机车无破损，中断行车22小时31分，事故造成机后34至38位车辆报废，31至33位车辆大破，30、39、40位车中破，损坏线路100米，货物损失8万元，合计损失121.1万元。

（八）非责任货物列车脱轨大事故

2002年3月16日，白城机务段东风4型1684号机车担当45981次货物列车乘务，行至白阿线6公里处，因犯罪分子将该处钢轨接头内外侧扣件全部拆掉，造成机车及机后1至8位车辆脱轨，机车小破1台，车辆大破4辆、中破4辆，线路损坏112.5米，中断行车7小时32分。

第四节　道口和路外安全

一、路外事故

1996年至2005年，沈阳铁路局发生路外伤亡事故12632件，死伤12342人；发生道口事故1828件，死伤1329人，损坏汽车965辆，拖拉机291台，其它车辆635辆，累计中断行车2455.52小时。2006年至2015年，沈阳铁路局发生路外伤亡事故2927件，死伤2523人；发生道口事故273件，死伤143人，损坏汽车146辆，拖拉机34台，其它车辆68辆，累计中断行车857.51小时。1996年至2015年，总计发生路外伤亡事故15559件。

二、道口和路外安全管理

（一）道口安全监督管理

沈阳铁路局以消灭旅客列车和群死群伤道口事故为重点，切实加大道口安全综合整治和管控力度，实现"减少道口事故"的安全工作目标，确保道口安全。全面规范各类道口安全管理，不断提高道口设备质量和强化道口看守、监护、看护人员作业标准，突出道口突发问题处置能力培训，增强了道口作业人员遵守两纪、严格执行作业标准的自觉性和确保道口安全的责任心。2006年以后，沈阳铁路局加大投入，对全局通过旅客列车的无人道口，雇用当地村民全程看护或定时看护，使道口交通肇事大幅度下降。2008年，路局对通过旅客列车的无人道口，全部施行路工看护，对重点监护道口由各工务段在重点时段补强，进一步控制和减少道口的安全隐患和道口事故的发生。2015年，路局大力减少机动车道口肇事对铁路运输的干扰，加大道口安全监督检查和执法力度，对道口实施不间断、大力度的监督检查，对规范道口员的作业行为、确保道口设备质量起到了积极的促进作用，铁路公安部门加大对违法通过道口的机动车驾驶人员的执法力度，有力地净化了道口的外部安全环境和通行秩序，落实道口安全作业规定，道口看守、监护、看护员认真落实"先防护，后处理"的道口突发问题应急处理办法，防止道口相撞事故和险情。

（二）路外安全综合整治

2006年以来，沈阳铁路局将路外安全综合整治工作纳入有关站段并与路局签定《沈阳铁路局经营业绩一体化考核办法》，实行严格的完成控制指标受奖、超标考核的年度控制指标考核管理，增强有关站段加强路外安全管理，落实超前防范措施的责任感和主动性。同时加强对路外安全工作的组织领导，成立路外安全工作领导小组，对路外安全工作实行了周分析、月总结和问题追责的严管机制。确保哈大、长吉城际、盘营客专、京哈线动车组运行的绝对安全为重点，实施组织严谨、硬件到位，措施有力地超前防范，消灭高铁和动车撞人的路外事故。加大路外安全宣传工作力度，路局路外安全宣传队每年在春耕、秋收以及节假日期间，深入沿线宣传，有效地提高了沿线群众的爱路护路和自我安全保护意识。对路外安全工作实施大力度的综合整治工作，沈阳铁路局，公安部门和辽、吉两省护路办、坚持以确保铁路运输安全、畅通和沿线社会治安稳定为重点，围绕着大力减少路外伤亡事故的工作目标，密切配合，全面加强对路外安全的综合整治力度。

三、铁路道口交通事故案例

1997年11月20日，山海关机务段东风4型2195号机车司机担当183次旅客列车乘务，列车行至沟海线新开站时，司机发现于楼无人看守道口前100米处，有一辆抢越道口的大型汽车，立即采取停车措施，于13时23分与汽车（该汽车系盘锦市运输六公司解放牌载重货车）尾部相撞，造成机车前台车脱轨，客车脱轨12辆，机车小破，汽车报废，道口监护房倒塌，监护员头部受伤，沟海线客车迂回8列、停运3列车，货车全部停运，中断正线行车15小时11分，直接经济损失168万元。

1998年1月12日，长春机务段东方红3型0072号机车，担当212次旅客列车乘务，行至长白线长山屯至新庙间174公里360米监护道口前150米处，司机发现一辆中型客车抢越道口，立即鸣笛示警并采取紧急制动，于9时06分与该客车（该汽车系前郭县个体营运胜利牌中客）相撞，造成机车小破，汽车报废，死亡22人。

1998年2月9日20时53分，550次旅客列车行至沟海线盘锦至友谊间23公里800米监护道口处，被一辆抢越道口的日野牌10吨载重箱式大货车撞在机后5位车辆上，致使机后4辆车脱轨、颠覆1辆，并将停留货车冲撞脱轨2辆、颠覆1辆，造成客车报废6辆、大破1辆、中破3辆，货车大破2辆、中破1辆，线路损坏776米，汽车报废，人员伤亡4人，中断正线行车11小时37分。

1998年11月28日16时22分，赤峰机务段东风4型机车担当5036次单机，行至京通线八仙筒至黄花筒间686公里765米无人看守道口处，与一辆抢越道口的东风牌载货汽车（该车系奈曼旗衙门营乡西荒村个体汽车）相撞，机车排障器撞坏，汽车报废，北京方向一侧道口护桩损坏，伤亡39人，中断正线行车3小时33分。

1998年12月4日6时21分，图们机务段东风4型1100号机车担当4207次货物列车乘务，行至

1996-2015年沈阳铁路局路外（道口）事故件数统计表

表3-6-2

年份		1996	1997	1998	1999	2000	2001	2002	2003	2004	2005	总件数
事故件数		1298	1297	1252	1178	1326	1237	1175	1325	1250	1294	
死伤人数		1344	1345	1359	1253	1227	1010	1101	1264	1182	1257	
道口事故	件数	147	162	165	138	125	215	150	160	235	331	
	死伤	131	134	107	97	101	113	97	124	165	260	
	汽车	85	85	99	76	81	110	68	115	106	140	
	拖拉机	29	15	27	20	27	28	30	42	31	42	
	其它	20	42	39	46	17	77	52	116	107	119	
影响行车(小时)		274.15	254.34	250.50	226.00	239.46	232.32	230.60	254.27	244.30	249.58	
年份		2006	2007	2008	2009	2010	2011	2012	2013	2014	2015	15559
事故件数		817	515	323	252	204	180	169	200	140	127	
死伤人数		553	480	309	238	194	166	164	165	126	128	
道口事故	件数	111	66	13	21	14	11	12	13	5	7	
	死伤	45	41	3	8	12	11	6	6	6	6	
	汽车	41	16	13	18	14	12	9	9	7	7	
	拖拉机	19	6	0	1	1	3	1	3	0	0	
	其它	29	12	5	6	4	2	4	5	1	0	
影响行车(小时)		466.53	90.53	46.53	34.34	39.60	41.13	40.12	35.14	36.29	27.30	

1996—2015年沈阳铁路局路外（道口）事故件数示意图

图表3-6-2-附

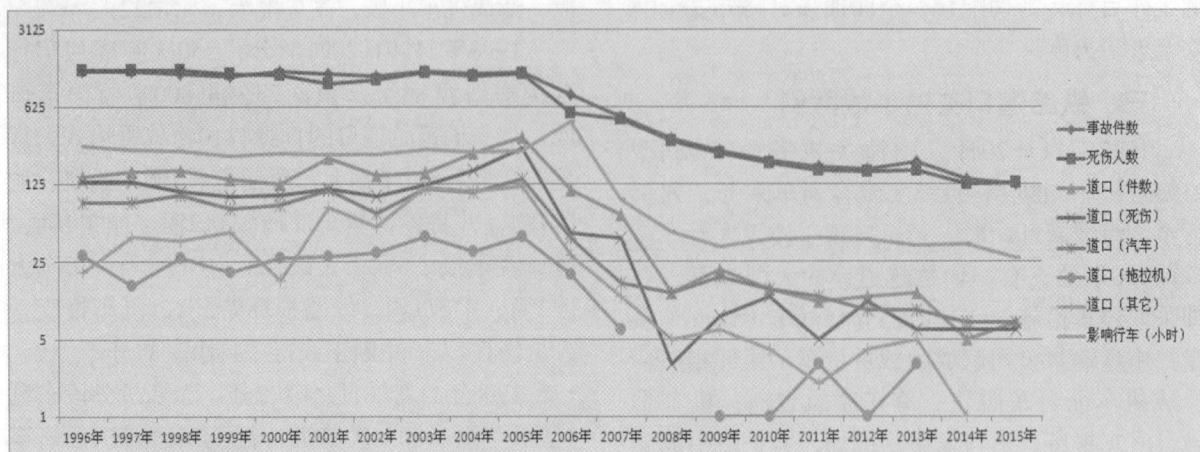

长图线葆园至老头沟间443公里293米无人看守道口处，与一辆抢越道口的三轮摩托车（该车系龙井市老头沟镇个体车）相撞，伤亡7人，机车前端风管破损。

1999年7月13日4时52分，吉林机务段东风3型0084号和0093号重联机车担当252次旅客列车乘务，行至长图线营城至上家间65公里519米无人看守道口前150米处，司机发现一辆翻斗汽车由西向东抢越道口，在再次鸣笛并紧急制动后，列车与汽车相撞，造成机车脱轨、中破、汽车报废、司机死亡，损坏线路300米、损坏混凝土轨枕582根、扣件2328套，中断正线行车5小时43分，直接经济损失31.4万元。

2000年1月17日10时34分，524次列车行至新义线沙拉至新邱间41公里125米处，阜新市细河区常营镇金家洼子村个体司机，驾驶辽A03328面包车经过道口时未停住车，被机车撞上，造成车上6人死亡，面包车被撞坏。

2001年1月19日16时33分，4266次旅客列车行至白阿线五家户至白城间13公里215米监护道口处时，发现一辆小型客车在过道口前无减速迹象，在继续鸣笛的同时使用紧急制动，列车在制动状态下与违章抢入道口的汽车（该车系吉G15885属白城市洮北区个体司机所有运营车辆，严重超员）前部相撞，汽车报废，机车小破，事故当场死亡1人、抢救中死亡6人、重伤6人、轻伤24人。

2001年4月18日12时54分，56501次列车通过

梅集线（C）通化至东通化间133公里378米有人看守道口时，吉E12373小型公共汽车，因右后轮刹车调整螺栓脱落、刹车分泵失灵，撞断关闭的道口拦杆冲上道口，撞在列车中部，造成通化工务段904号轨道车中破，撞断道口拦杆1根、道口护桩3个、限界标1个，死亡7人、重伤2人。

2002年3月29日14时13分，叶柏寿机务段东风4型7320号机车司机担当33167次货物列车乘务，行至锦承线李家沟至周家屯间57公里652米有人看守道口处，与一辆抢越道口的农用三轮车相撞（辽G74766，个体车主，车上共坐14人），死亡7人（2男5女）、重伤3人，农用三轮车报废，机车风管损坏，中断正线行车1小时09分。同年12月24日17时55分，山海关机务段东风4型0098号机车司机担当K578次旅客列车乘务，行至沟海线渤海至盘锦间36公里有人看守道口处，一辆牌号为辽L00115面包车由南向北抢越道口与列车相撞，死亡6人、重伤4人（到医院后又死亡1人）、轻伤10人，机车排障器损坏，中断正线行车25分。

2006年9月3日，哈尔滨东至赤峰的4272次旅客列车，行至京通线瓦房至东来站间747公里263米无人看守道口处，与一辆违章抢越道口超载拉水泥的大货车相撞，造成客车机车及1至9辆车体脱线，机车和汽车报废，无人员伤亡的重大事故。

2009年1月29日，通辽机务段东风4C型4445号机车司机担当H88615次货物列车（编组

57辆，总重1262吨，计长69.2），列车于大虎山站23时04分开车，当列车以64公里/小时速度运行至大虎山至黑山站间3公里875米有人看守道口时，与一由北向南撞坏拦杆闯进道口的五菱微型面包车相撞，造成车内3人当场死亡，面包车报废，H88615次区间停车30分，构成较大铁路道口交通事故。

2014年7月23日2时25分，43141次苏家屯机务段和谐N5型0586号机车，编组33辆，行至沈丹线祁家堡至草河口间下行线122公里267米有人看守道口处，与一辆自左向右撞坏关闭的道口拉门进入道口的装载石渣的车号为辽C3011N号重载大型翻斗车相撞，机车及机后1至14位车辆颠覆、机后15位车辆前台车脱轨，汽车被撞出道口右侧外，汽车驾驶员逃逸，机车副司机受轻伤，构成较大铁路道口交通事故。同年2月9日3时20分，通辽机务段和谐N3型0134号机车，锦州机务段乘务员担当的44142次，行至锦承线小平房至公营子站间201公里747米有人看守道口处，一辆装载球团铁矿汽车闯入关闭的道口拉门，与正在通过的44142次列车相撞，造成机车及机后1至11位车辆颠覆，12、13位车辆脱轨，汽车驾驶员受伤，19时30分复救完毕开通线路。

2015年4月6日，京通线东南营子至水地站间477公里625米道口处，一辆重载半挂汽车撞坏关闭的道口拉门后停在道口上，被通过的K1189次旅客列车撞上，造成K1189次旅客列车机车脱轨，构成较大铁路道口交通事故。

第五节　特种设备安全

1996年，沈阳铁路局有固定式承压类特种设备3757台。2003年将机电类特种设备纳入统一安全管理范围后，特种设备数量增加至近万台。2010年以来，特种设备新产品新技术不断开发和应用，锅炉、换热容器等高耗能特种设备每年以约10%速率逐年递减，伴随着高速铁路线路的开通和大型新站建设，乘客电梯、自动扶梯大量投入运用。2015年，全局有固定式锅炉2103台，其中：蒸汽锅炉128台，热水锅炉756台，有机热载体和其他锅炉6台，D级和常压热水锅炉1213台；锅炉房1567座；固定式压力容器959台；电

（扶）梯1914台；起重机械1127台；场（厂）内专用机动车辆472台。

一、特种设备监督检查

沈阳铁路局根据特种设备不同时期的特点和安全形势，定期在全局范围内开展专项检查和专项整治活动。每年结合特种设备的实际运用情况，对特种设备使用登记情况，操作人员和管理人员持证上岗情况，作业人员培训开展情况等进行专项检查。对锅炉水处理设备设施、水质化验，客运电梯、起重机械和场（厂）内专用机动车辆的运用质量开展专项整治活动。对在用客运电梯、扶梯、锅炉、起重机械和叉车等特种设备安全关键点重点检查，保证在用特种设备的安全。1996至2015年，全局开展各类形式的专项检查活动75次，共检查单位7357个（次），检查各类特种设备35916台（次），发现各类问题31577件，签发《安全监察通知书》1056份、《安全监察指令书》118份，下发安全检查通报565份，通过跟踪督促问题的整改，确保全局特种设备安全使用。

二、特种设备人员培训

1996年，沈阳铁路局持有特种设备作业人员证书的7969人（次）。2003年，随着特种设备数量的逐年增长，持证的特种设备作业人员达到23567人（次）。2015年，全局共有持证特种设备作业人员11510人（次），持证的特种设备安全管理人员447人（次）。全局有沈阳、长春、锦州、通辽4个职工培训基地每年承担全局特种设备作业人员新职和复审培训和发证工作。

三、特种设备管理规章

2001年，沈阳铁路局修订并公布《沈阳铁路局固定锅炉压力容器安全管理办法》，并增加有关安全检查的内容。2003年，路局制定《沈阳铁路局特种设备安全监察管理办法》，对特种设备的监督检查、生产、使用、检验检测以及特种设备的动态管理和安全奖惩作出全面规定。制定《沈阳铁路局特种设备事故调查处理办法》，对事故分类、事故报告、事故调查和处理以及事故统计和结案处理进行了细化和界定，该办法适用于管内所有锅炉、压力容器、压力管道、机电类特种设备发生事故的报告、调查、处理以及事故

的统计和分析。2004年，路局制定《沈阳铁路局特种设备安全监察管理工作程序》，对资质审查、设计、制造、安装、改造、修理以及锅炉化学清洗、检验检测以及使用等环节的安全工作程序都做了明确规定。

2011年，沈阳铁路局制定《沈阳铁路局特种设备安全管理办法》。2012年，路局修改制定《沈阳铁路局特种设备安全管理办法》，增加安全风险管理、特种设备安全管理部门和责任人员的管理（岗位）职责、管理（岗位）权限、管理（岗位）风险、风险控制措施和风险责任追究等制度。路局制定《沈阳铁路局特种设备事故应急救援预案》，确定统一指挥、快速动作、以人为本、迅速控制、减少损失、及时恢复的应急救援原则，成立应急领导小组，明确特种设备典型事故应急响应、事故上报、应急救援、事故预警、培训演练等工作流程。

2014年，沈阳铁路局重新制定《沈阳铁路局特种设备安全管理办法》，办法共八章，六十七条，全面规范了特种设备生产、使用、检验、检测和安全风险管控等各个环节，是路局特种设备安全管理基础的综合性管理办法。

四、特种设备专项安全管理办法

1999年，沈阳铁路局制定《沈阳铁路局燃油锅炉使用安全管理暂行规定》，对燃油锅炉的购置、安装、修理、改造、检验、使用以及锅炉房建造等各环节提出明确要求。2004年，路局将机电类特种设备划归一个部门统一管理，将锅炉安全监察科改为特种设备安全监察科，把机电类特种设备进行统一管理。为加强电梯和起重机械使用的安全管理，2005年，路局制定《沈阳铁路局电梯安全使用管理规定》和《沈阳铁路局起重机械安全使用管理规定》两个机电类特种设备安全管理办法，从使用范围、安全保护装置、安全操作、安全管理和安全检查等环节作出明确规定。

2006年，沈阳铁路局重新修订公布《沈阳铁路局液化石油气站安全管理办法》，对液化石油气站的基本要求、设备安全、液化石油气罐车卸料、液化石油气钢瓶充装、检验、运输和储存、以及液化石油气站安全管理都作出明确的规定。

2010年，沈阳铁路局制定《沈阳铁路局小型和常压热水锅炉操作人员培训考核管理规定》，

从制度上规定了小型和常压热水锅炉操作人员条件，明确基础知识、实际操作、安全法规、节能减排、安全防护五个部分的取证培考内容，规范操作证的样式。

2012年，沈阳铁路局制定《沈阳铁路局D级锅炉和常压热水锅炉安全使用管理规定》，对锅炉定义，从设备购置、安装、修理、检验检测、安全附件及附属设备设施、作业人员培训、应急救援等生产管理、使用管理等环节，对D级锅炉和常压热水锅炉的各个安全使用管理作出明确规定。

2013年，沈阳铁路局制定《沈阳铁路局电梯安全使用管理规定》，明确电梯使用单位的划分，确定电梯使用单位和安全管理人员应当履行的安全管理职责，规定电梯安全使用管理制度、电梯维护保养内容以及客运电梯专项管理规定。

第六节　劳动安全

一、劳动安全规章

1996年，沈阳铁路局发布《关于印发〈铁路劳动卫生工作年报表〉的通知》，建立健全劳动卫生管理的统计报告制度。1997年，路局公布《沈阳铁路局职工伤亡事故隐患登记监察办法》《沈阳铁路局职业危害治理工作实施办法》《关于加强实施新图列车提速劳动安全管理的通知》。1998年，路局重新补充完善并公布《沈阳铁路局劳动安全奖惩办法》《沈阳铁路局特大安全事故责任追究实施细则》，重新公布《劳动安全卫生综合管理和监察工作考核评价办法》。1999年，路局制定《职工劳动安全作业标准》（Q/SYT 345—1999），并以企业标准给予公布，填补作业层面规范性作业标准的空白。2000年，修订公布《沈阳铁路局劳动安全卫生综合管理考核评价办法》。

2001年，沈阳铁路局印发《防止电气化铁路区段职工触电事故安全措施》。2003年，路局重新修改公布《劳动安全监督管理综合考核评价办法》。2005年，路局制定发布《沈阳铁路局临时用工安全管理规定》《职工劳动安全作业防护标准》（Q/SYT 345—2005），制定《沈阳铁路局

伤亡事故处理补充规定》《沈阳铁路局劳动安全管理实施办法》，发布《关于进一步加强多元经营和集体经济企业安全生产管理的通知》《关于加强机动车辆安全管理的通知》《沈阳铁路局特种作业安全技术培训考核管理办法》《沈阳铁路局站场区间作业人身安全防护规定》《沈阳铁路局有害作业治理监督管理实施办法》。

2006年，铁路局发布《沈阳铁路局动车组和列车速度160公里/小时及以上运行区段作业人员劳动安全防护措施（试行）》《营业线劳动安全10条强制规范处罚办法》，将劳动安全作业防护标准中10条特别容易发生车辆伤害事故的不安全行为作为强制规范措施公布执行。2008年，印发《沈阳铁路局从业人员安全培训教育管理办法》《关于生产经营场所危险源监控管理的指导意见》《沈阳铁路局劳动防护用品监督管理实施办法》。

2009年，制定下发《沈阳铁路局站场、区间作业人身安全防护规定》《沈阳铁路局特种劳动防护用品监督管理实施细则》《沈阳铁路局站区处理工、电设备故障应急安全防护规定》《沈阳铁路局冬季除雪除冰作业安全防护规定》。2010年，制定《铁路作业场所职业健康监督管理办法》《沈阳铁路局作业场所职业健康监督管理实施办法》。

2011年5月13日，铁路局修订下发《防止车辆伤害和触电双十条强制规范措施》《沈阳铁路局客运专线劳动安全管理办法（暂行）》《沈阳铁路局劳动安全管理办法》。2012年，路局制定公布《沈阳铁路局劳动安全管理办法》。2013年，路局公布《沈阳铁路局关于调整西部铁路作业人员劳动防护用品配发标准的通知》《沈阳铁路局站场、区间作业人身安全防护规定》。2015年，路局重新修订完善《职工劳动安全作业防护标准》（Q/SYT 345—2005），印发《沈阳铁路局从业人员劳动安全作业规定》《沈阳铁路局高速铁路劳动安全管理规定》。

二、劳动安全管理

（一）劳动安全检查

2010年，针对长吉城际铁路开通的情况，组成检查组对有关单位完善安全措施、开展安全培训、配备劳动防护用品等劳动安全相关准备工作情况进行了专项检查；并在全局组织开展"以史

为鉴找教训，遵章守纪保安全"为主题的劳动安全反思、检查、整改活动。同时，组织各办事处安监室劳动安全监察人员，跨区域进行劳动安全检查。开展劳动安全评估，路局每年年底组成劳动安全检查组，对各分局劳动安全管理工作进行检查评估，通过检查分局基础工作，抽查部分站段日常管理和现场作业标准化执行情况，对各分局劳动安全管理工作和全年安全成绩进行综合评估并排名，对先进单位给予表彰和奖励。2012年针对哈大客专开通的情况，对各有关单位组织开展三次检查；并下发《关于加强冬季劳动安全管理的通知》，检查督促各单位开展"六防"安全攻关活动。2015年，针对沈丹客专、长珲城际、丹大快速铁路和沈阳南站开通情况，局安监室组成检查组对有关单位劳动安全准备工作进行了专项检查。按照路局安全评估方案安排，将劳动安全管理内容纳入到整体评估考核标准中，每年6月份对部分站段进行综合安全评估。

（二）职场危害防治

沈阳铁路局强化职业卫生工作，制定有毒有害作业点治理规划，利用更新改造资金，重点对接触毒物、有害气体和粉尘作业职场进行治理，有效改善有毒有害作业场所。自2002年中国职业病防治法公布实施以来，全局职业卫生管理工作不断规范。2012年，对全局职业病危害处所、从事职业危害作业的人员进行了普查，对从事职业卫生管理的人员进行专业培训，修订完善路局职业卫生管理实施办法，逐步实现职业卫生管理工作规范化。2014年，全局有职业危害作业点542个，达标519个，从事职业危害作业人员6540人。

（三）劳动安全宣传培训

沈阳铁路局加强劳动安全教育培训，局管内各特种（设备）作业人员培训机构，按照年度培训考核计划，举办特种（设备）作业人员培训班，组织电工、金属焊接、起重作业、电梯、厂内机动车驾驶、压力容器操作、空调制冷等作业人员的培训，累计培训发证约9万人，累计培训复审约32万人次。举办站段劳动安全管理人员培训班，累计培训各级劳动安全监督管理人员4600人次。1997年，路局编辑制作《绿色的希望》和《幸福的黄马甲》两部人身安全专题教育

片，收录运输和工务系统典型事故，下发到各分局和有关站段。2005年，路局发布《站场区间作业人身安全防护规定》，明确规定安全防护员的培训、考核和发证工作由路局统一管理；路局业务主管部门负责安全防护员的培训和考核，路局安监室负责审核并发放《防护员上岗证》。2006年，路局编印《铁路营业线作业安全防护员手册》，编入劳动安全防护有关规定、防护作业有关知识和伤亡事故安全等内容，同年，编辑人身安全教育片《血泪警钟》，同时重新复制《绿色的希望》和《幸福的黄马甲》，下发到各站段。2010年，路局编制专题教育片《泣血的呼唤》，结合典型事故宣传劳动安全有关规定。2012年，路局编辑成教育片《生命代价》，参加中国铁路总公司安全教育专题片评比，荣获一等

奖。2013年，路局收集2009年以来全局10起典型职工死亡事故案例，编辑制作成8套"沈阳铁路局职工死亡事故案例巡回展"展板，在全局101个运营站段和非运输企业进行巡回展示。2014年，路局编印"2013年职工伤亡事故案例选编"宣传挂图，下发到各单位展示。2015年，路局编印"全路职工伤亡事故案例选编"宣传挂图，下发到各单位展示，并将沈阳车务段和延吉车务段连续发生的两起职工重伤事故编辑成教育片《滴血的忠告》，下发到有关站段。至2015年，全局累计发放《防护员上岗证》16万个。

三、职工人身伤亡事故统计

1996年至2015年，沈阳铁路局共发生职工伤亡1744人次。其中：死亡55人，重伤71人，轻伤1618人。

1996—2015年沈阳铁路局职工人身伤亡事故件数统计表

表3-6-3

年份		1996	1997	1998	1999	2000	2001	2002	2003	2004	2005	总件数
死伤人数		101	120	131	76	99	116	118	180	144	89	
其中	死亡	0	2	1	0	2	4	5	7	2	6	
	重伤	0	4	4	1	0	4	5	15	6	5	
	轻伤	101	114	126	75	97	108	108	158	136	78	
年份		2006	2007	2008	2009	2010	2011	2012	2013	2014	2015	1744
死伤人数		41	44	52	69	55	36	52	58	72	91	
其中	死亡	2	2	1	3	3	2	4	8	1	0	
	重伤	3	2	5	5	6	1	1	3	1	0	
	轻伤	36	40	46	61	46	33	47	47	70	91	

1996—2015年沈阳铁路局职工人身伤亡事故件数示意图

图表3-6-3-附

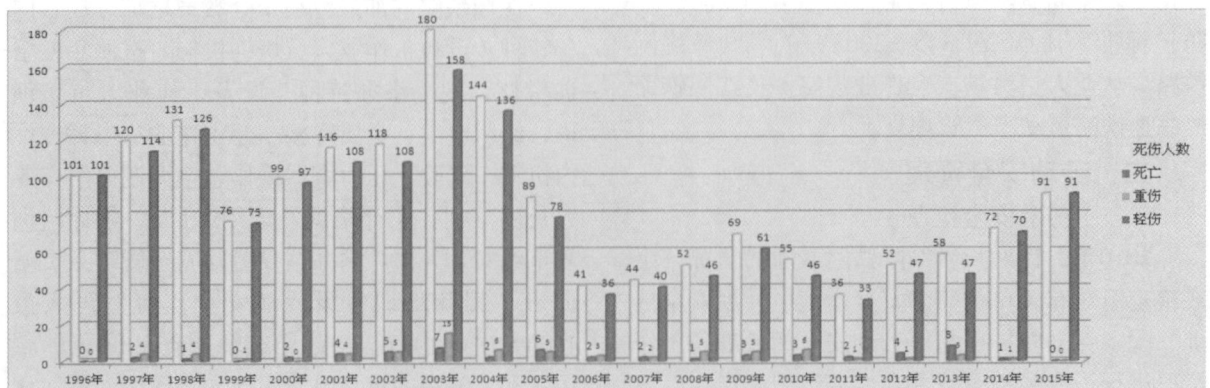

第四篇　经营管理

沈阳铁路局在铁路运输体制机构不断变化的情况下，一直把握建立现代企业制度总方向，通过持续深化改革，推进企业经营管理工作。在"两级法人、三级管理"体制下，以改革为牵动，依法合规推进现代企业制度试点，实施了运输生产力布局调整，使企业管理结构与人力资源配置进一步得到优化；深化人事、用工、分配"三项制度"改革，全员签订劳动合同，落实"新行标"，对机关所有处室干部进行全方位考核，实行工效挂钩办法，实施减员增效战略和再就业工程，初步形成科学定岗、竞争上岗、合理下岗、培训提高的良性循环，充分调动和发挥各个层次的积极性。优化低效资产，优化生产管理，优化运能配置，建立"以收定收、以收定支、以支定收、以量定支"的成本控制机制；路局对各分局实施自主经营考核和资产经营责任制考核；实施物资管理限价采购、市场准入、双报价管理措施，探索铁路加快走向市场的新模式。

实行路局直管站段新体制后，路局加快推进企业内部结构调整，加大运输生产力布局调整力度，减少运输站段数量；全面整合重组多经企业，规范管理；统筹运用企业要素和经营资源，延伸铁路服务，开发具有比较优势经营项目；以全面预算管理指导运输生产，努力增收节支；开展节约动力、节省劳力、节支费用"三大攻关"，从源头上控制成本支出；完成主辅分离和属地移交工作，精干了运输主业；实行物资采购公开招标；对局机关业务处室、运输站段、非运输企业，实施年度经营业绩考核及月度安全生产和多元经营一体化考核，最大限度地提高铁路企业综合效益。

在铁路体制政企分开后，路局按照"多元化经营、一体化管理、全口径核算"要求，通过建立企业管理制度构架、实施清权确权等一系列改革举措，改善企业内部经营管理模式；实施盈亏总包干办法，建立健全"逐级分类、上下对接、下考一级、闭环式管理"考核体系；坚持以市场为导向，加强物流基础设施建设，以向现代物流转型为载体，深化劳动用工改革，优化生产组织、劳动组织、作业组织，实施兼职并岗、一职多能，压缩非生产人员，下调科室定编；深化干部管理改革，加大干部"双定"工作力度；深化收入分配改革，在重新核定新定编基础上，合理确定新定额；强化预算管理，实施"日分析、周算账、月调整、季结算"，严格成本控制，狠抓支出大项和非生产性支出，千方百计清理债权债务，深入开展"小金库"专项治理；建立物资采购"三级管理、两级采购、一个平台"新模式，全面与市场经济接轨。

经过20年的工作实践，沈阳铁路局逐步建立起一套比较完善的劳资、人事、财务、收入、审计、职教、物资管理体系，初步形成了与企业管理实际相适应、与铁路局市场主体地位相配套、与建立现代企业制度相同步的经营管理制度架构，逐步建立了以企业化、市场化、国际化为目标的运行机制。

第一章　管理机构

沈阳铁路局管理机构，在不断适应铁路改革和发展中，适时进行过多次调整。1996年，沈阳铁路局共设有长春、白城、沈阳、丹东、锦州、通辽、吉林、图们、通化等9个铁路分局和大连铁道有限责任公司，全局机构为铁路局、铁路分局、基层站段三级管理形式。1996—1999年，撤销丹东分局，并对全局车务、机务、车辆、工务、电务系统生产力布局进行了较大规模的调整。2000—2004年，撤销白城和图们分局；并对电务、工务系统及水电部门的生产力布局进行调整；按照铁道部统一部署，将3个工程处整建制移交中铁工程集团公司、将通信段整建制移交铁通集团公司、完成学校和医院以及公检法社会职能属地移交工作。2005年，铁道部撤销分局，铁路局机构管理为铁路局、基层站段两级管理形式，实行路局直接管理站段；在原分局所在地成立7个办事处；成立沈铁投资管理中心，对多经直属公司进行重组；并对所有运输站段及局直附属单位的管理进行理顺。2006—2012年，路局先后对运输站段进行生产力布局调整，从集中合并大站段到合理设置运输站段，经历了几次调整；按照铁道部统一部署，将隶属中国铁通的通信段整建制划归沈阳铁路局。2013—2015年，为加快实施全局货运组织改革，满足拓展全局货运市场需要，按照中国铁路总公司的要求，路局组建成立12个区域货运中心和沈铁快运公司；进一步调整车辆、工务、电务系统车间设置；先后成立沈阳高铁工务段和沈阳南站；按照总公司要求，撤销沈铁投资管理中心，成立经营开发处；期间，路局管理机构也随运输生产力布局调整，进行相应调整。

20年来，铁路局管理机构不断适应铁路运输组织改革发展，适应运输市场需要，从实际出发，优化组织内部要素相互间的协调配合和信息沟通，进而达到了组织整体的稳定，保证了合理的管理幅度，提升了管理效率。至2015年末，沈阳铁路局共设有运输站段91个，比1996年减少177个，减幅66%；其他直属单位（不含非运输企业）由1996年251个，减少到2015年末39个，减少212个，减幅84.5%。

第一节　铁路局机关机构

一、铁路局行政领导职数

1996年，沈阳铁路局行政领导职数为10人，其中：局长1人、副局长7人、总工程师1人、总经济师1人。2000年，沈阳铁路局行政领导职数为9人，其中：局长1人、副局长8人（其中：1人兼总工程师、1人兼总经济师）。2005年，沈阳铁路局行政领导职数为8人，其中：局长1人、副局长5人、总工程师1人、总会计师1人。2012年至2015年末，沈阳铁路局行政领导职数为9人，其中：局长1人、副局长6人、总工程师1人、总会计师1人。

二、铁路局机关行政限额内机构

1995年12月15日，根据铁道部《关于对铁路局、分局机关实行机构编制限额管理的通知》（铁编〔1995〕18号）精神，沈阳铁路局《关于公布沈阳铁路局机关行政机构定员的通知》（沈铁劳发〔1995〕180号），重新公布了铁路局机关行政机构设置，共设置限额内机构23个，即：总工程师室、办公室、安全监察室、路风建设办公室、运输处、货运处、客运处、机务处、车辆处、工务处、电务处、房产建筑处、建设处、人事处（干部部）、劳动工资处、计划统计处、财务处、体改法规处、审计处、物资管理处、人防战备处（人民武装部）、教育处、生活卫生处。同年7月，沈阳铁路局为推进房改工作，成立局住房公积金管理中心，与局房改办公室合署办

沈阳铁路局领导人员名单

表4-1-1

时间	局长	党委书记	常务副局长	副局长	党委副书记	纪委书记	工会主席	总工程师	总经济师总会计师	局长助理
1996.1—1998.4	王振秋	马增清	–	张久达、李洪林、徐起汉武金亮、赵连友、苏兰鑫刘锡刚	王振秋孙祥林张海舟	陈智英	焦俊峰	杜洪才	刘汉涛	刘锡刚吴荣新
1998.4—2003.5	张　伟	马增清宋大悦	–	张久达、李洪林、徐起汉武金亮、赵连友、苏兰鑫刘锡刚、李德中、陆俊生刘汉涛、孔祥仲、佟永钊	王振秋张　伟孙祥林张海舟康维韬	陈智英	焦俊峰	杜洪才陆俊生	刘汉涛李铁成	刘锡刚吴荣新张曙光
2003.5—2004.5	王占柱	康维韬	–	刘锡刚、孔祥仲、佟永钊赵　毅、张福海	邱发义	陈智英	焦俊峰	陆俊生	李铁成	吴荣新张曙光
2004.5—2005.8	康维韬	邱发义	王明月	刘锡刚、孔祥仲、赵　毅张福海、韩克勤	邱发义吴立君张恩礼	张恩礼	焦俊峰	李仿微	李铁成	黄殿辉
2005.8—2006.2	刘树蒌	瞿建明	王明月曹　阳	付明吉、刘伟平、孔祥仲赵　毅、张福海、韩克勤黄殿辉	吴立君张恩礼	张恩礼	焦俊峰张德兴	李仿微费东斌	李铁成	黄殿辉
2006.2—2015.12	王占柱	瞿建明吴利民武　汛张国敏	曹　阳韩克勤	付明吉、刘伟平、赵　毅韩克勤、黄殿辉、费东斌田利民、王　凡、付国成高　文、骆武伟、李长根张海涛、江　涛、王　迁徐化龙、孙春友、刘　勇	吴立君张恩礼张树奎	张恩礼顾　锐	张德兴张国敏付国利	费东斌骆武伟付国成赵文国	李铁成洪海波	王　迁
2015.12—2016.8	王占柱	张海涛(2016.8-2016.11)	–	王　凡、王　迁、徐化龙孙春友、刘　勇、李长根赵文国	张树奎	顾　锐	付国利	赵文国骆武伟	洪海波	–
2016.11—12	张海涛	汤晓光	–	王　凡、王　迁、徐化龙孙春友、刘　勇、李长根赵文国	张树奎	顾　锐	付国利	骆武伟	洪海波	–

＊任职时间以局长任职起止排列，同一格内有2人以上名字者具体任职接替时间不注明

公，实行一个机构两块牌子，同时取消局财务处局公积金管理中心名称。

1997年11月7日，根据《关于调整沈阳铁路局住房制度改革办公室内部结构和重新划分职责范围的通知》（沈铁房改函〔1997〕292号），沈阳铁路局为强化局房改办公室的职能和与省市政府有关部门的对口和协调工作，将房改办公室调整分工为"三部一中心"，即：房改政策指导部、住房交易管理部、产权产籍管理部（住房交易部和产权产籍管理部对外称沈阳铁路局住房交

易管理中心）和住房资金管理中心。对内是一个机构，对外挂三块牌子：沈阳铁路局住房制度改革办公室、沈阳铁路住房公积金管理中心、沈阳铁路局住房交易管理中心。

1998年3月9日，根据沈铁劳函〔1998〕61号文件，沈阳铁路局公积金管理中心改称沈阳铁路局住房资金管理中心。

2000年1月6日，根据《关于公布沈阳铁路局机关行政机构定员的通知》（沈铁劳发〔2000〕20号），沈阳铁路局对机关行政机构进行改革重

组、职能调整：撤销局运输处、货运处、客运处，分别成立车务处、营销处、调度指挥中心。将运输处技术管理、车站管理，货运处装卸、货运安全、技术设备、国际联运，客运处专运、客运、技术设备管理工作划归车务处；将运输处调度、统计分析、货工、货计、专用铁道、运行图编制、运输合同、运调运价、自备车管理，货运处货运保价，客运处票务管理，行包保价工作划归营销处；将机务、车辆和货运、客运处调度划归调度指挥中心。撤销财税物价管理办公室，财检、税管职能划归财务处，物价管理职能划归多种经营管理处。撤销生活卫生处，设卫生处，生活卫生处公寓管理职能划归机务处，职工制服和职工生活供应车管理职能划归局生活服务中心，将厨师培训计划管理工作划归劳动工资处。将建设处、教育处、物资管理处、运输处自备车管理中心、货运处货运保价运输、客运处行包保价、人防战备处民兵事业费和工务处土地管理办公室、局科委、人事处（干部培训经费）财务会计工作划归财务处管理。将局直属机关党委负责计划生育工作划归卫生处。将体改法规处改称政策法规处。将局机要通信室工作并入局办公室值班室，实行一个机构两块牌子。将劳动工资处内劳动安全监察和锅炉监察工作划归安全监察室。将多种经营管理处的财务科、审计科分别划归财务处和审计处，撤销多经处办公室和劳动人事科，同时撤销多种经营管理处下属多经直属分处。撤销通达律师事务所。

2003年7月30日，根据《关于调整局机关部分处室部委机构和撤销秦沈铁路管理处的通知》（沈铁劳发〔2003〕66号），调整局机关部分处室机构设置。撤销车务处、营销处、调度指挥中心机构编制；成立运输处、货运营销管理处；客运公司对内称局客运事业部；将调度指挥中心供电、客运、车辆调度分别划归相关部门；将局办值班室更名为局总值班室；将铁道部机要通信和对省委机要通信及保密工作合并管理，成立机要保密室，归党委办公室领导；将路风办机构编制挂靠在局纪委，独立行使路风工作职能；集装箱管理办公室同时又称集装箱管理中心。撤销秦沈铁路管理处。9月30日，根据沈铁劳发〔2003〕321号文件，成立沈阳铁路土地管理局，同时撤

销局工务处土地林业管理办公室，直接受主管局长领导。10月21日，根据沈铁劳发〔2003〕353号文件，为加强全面预算管理工作，在局财务处设全面预算管理科。

2004年1月17日，根据《关于调整局机关部分处室机构定员的通知》（沈铁劳发〔2004〕24号）和《关于改变部分单位名称和调整部分单位机构定员的通知》（沈铁劳发〔2004〕139号），沈阳铁路局安全监察室增设特种设备安全监察科，局客运事业部更名为客运营销管理处（对外称客运公司），并增设客运服务质量监督科。3月25日，根据沈铁劳函〔2004〕191号文件，在局货运营销管理处增设装卸管理科，各分局成立装卸管理分处（对外称装卸公司）。4月，根据沈铁劳函〔2004〕202号和沈铁劳函〔2004〕261号文件，撤销局安全监察室内部机构设置，实行主任、副主任直接领导下的分组管理；在局劳资处内成立劳动力调剂中心（对外称沈阳铁路局劳动力调剂中心），与铁路特有工种职业技能鉴定中心实行一个机构两块牌子。

2005年4月30日。根据沈铁劳发〔2005〕58号文件，沈阳局成立沈铁投资管理中心，与局多元经营管理处为一个机构两块牌子。7月19日，根据《关于公布沈阳铁路局机关行政限额内机构定员的通知》（沈铁劳发〔2015〕77号），调整局机关行政限额内机构设置。将客运营销管理处改称客运处、货运营销管理处改称货运处、政策法规处改称企业管理和法律事务处、教育处改称职工教育处、建设处改称建设管理处、武装战备处（人民武装部）改称人民武装部（人防战备处）；成立收入稽查处；将劳动工资处与卫生处合并，称劳动和卫生处；将房产建筑处、土地管理局、局生活管理中心合并，称房产土地生活管理处。调整后，铁路局机关行政限额内共设22个处室，即：办公室、总工程师室、运输处、客运处、货运处、机务处、车辆处、工务处、电务处、安全监察室、企业管理和法律事务处、计划统计处、财务处、审计处、收入稽查处、人事处（党委干部部）、劳动和卫生处、职工教育处、建设管理处、物资管理处、房产土地生活管理处、人民武装部（人防战备处）。

2006年5月18日，根据《关于调整铁路局机

关部分部门机构编制的通知》（沈铁劳发〔2016〕103号），铁路局将房产土地生活管理处更名为土地房产管理处；计划统计处环保节能办公室更名为节能环保科，对外称沈阳铁路局环境保护办公室；将总工程师室科委办公室更名为科技管理科；将电务处安全调度科更名为安全科；将土地房产管理处生活公寓科更名为给水生活科。

2007年1月8日，根据沈铁劳卫发〔2007〕10号文件，成立铁路局计划统计处基建计划科，计划统计处建设计划科更名为技改计划科。10月15日，根据沈铁劳卫发〔2007〕214号文件，成立铁路局工务处机械设备科，工务处技术设备科更名为技术科。

2008年9月25日，根据沈铁劳卫发〔2008〕223号文件，为规范和完善铁路企业年金管理，设立局企业年金理事会办公室，理事会办公室挂靠局社会保险管理处，为铁路局企业年金理事会日常办事机构。12月25日，根据沈铁劳卫发〔2008〕295号文件，将林业管理职能由工务处划入土地房产管理处，并在土地房产管理处内设立林业科。

2009年7月10日，根据沈铁劳卫发〔2009〕218号文件，将局计划统计处节能环保科对外名称"沈阳铁路局环境保护办公室"更名为"沈阳铁路局节能环保办公室"。

2011年1月25日，根据铁道部《关于改革路局机车车辆维修验收体制的通知》（沈铁劳卫发〔2011〕26号），对路局机车车辆维修验收体制进行改革：铁道部驻铁路局机车车辆验收改为铁道部委托铁路安全监督管理办公室承担机车车辆维修验收工作，铁路局驻段验收改为安全监管办驻段验收；铁道部委托安全监管办全面负责管辖区域内动车组、机车、客车、货车、工务机械车、接触网作业车及牵引供电设备维修质量监督验收工作，代表铁道部行使铁路机车车辆维修质量监督管理职能；将铁道部驻局机车验收室、车辆验收室合并调整，独立设置为安全监管办机车车辆验收室，作为路局限额内机构。8月10日，根据沈铁劳卫发〔2011〕193号文件，成立局供电处，列局机关行政处室。9月27日，根据沈铁劳卫发〔2011〕270号文件，在局安全监察室内增设执法监察科。

2012年3月20日，根据沈铁劳卫发〔2012〕126号文件，在局建设处增设工程调度室。3月30日，根据沈铁劳卫发〔2012〕141号文件，局离退休管理处设置政策指导科。5月，为加强对高速铁路设备技术管理，在局电务处、供电处增设高铁技术管理科。

2013年1月25日，根据沈铁劳卫〔2013〕36号文件，成立沈阳铁路局信息化处。6月8日，根据沈铁劳卫〔2013〕197号文件，整合铁路局运输、货运、调度、物流等部门相关业务和人员，组建局营销处（对外称物流中心），列铁路局机关行政职能管理机构。

2014年3月3日，根据沈铁劳卫〔2014〕68号文件，对局投资管理中心（多元经营管理处）进行机构分设、职责分开，撤销局多元经营管理处，设立局经营开发处，局投资管理中心机构单设。12月19日，为加强铁路机车车辆等重大设备质量管理，根据《中国铁路总公司关于调整铁路机车车辆验收管理体制的通知》（铁总劳卫〔2014〕318号）精神，设立局设备监造处，列局机关行政职能处室。

2015年3月2日，根据《中国铁路总公司关于设立铁路局价格管理机构的通知》（铁总劳卫函〔2015〕34号）规定，设立局价格管理处，为铁路局职能管理机构。2015年末，沈阳铁路局机关行政职能管理机构设置34个，分别为：办公室（党委办公室）、总工程师室、运输处、客运处、货运处、营销处、价格管理处、机务处、供电处、车辆处、工务处、电务处、安全监察室、机辆验收室、设备监造处、信息化处、企业管理和法律事务处、计划统计处、财务处、审计处、收入稽查处、人事处（党委组织部）、劳动和卫生处、职工教育处、建设管理处、物资管理处、土地房产管理处（沈阳铁路土地管理局）、人民武装部（人防战备处）、经营开发处、社会保险管理处（局企业年金理事会办公室）、离退休管理处（老干部部）、医疗保险管理办公室、调度所、集体经济管理处。

三、铁路局机关行政限额外机构

1995年12月15日，根据《关于公布沈阳铁路局机关行政机构定员的通知》（沈铁劳发

〔1995〕180号），沈阳铁路局机关行政限额外机构设置9个，即：多种经营管理处、集体企业管理处、对外经济贸易处（对外经济贸易总公司）、局老干部处、吉林老干部处、锦州老干部处、退休职工管理办公室、社会保险事业管理中心、关工委办公室。1997年3月28日，根据沈铁劳函〔1997〕94号文件，在局老干部处设立老战士协会办公室。

2000年1月6日，根据《关于公布沈阳铁路局机关行政机构定员的通知》（沈铁劳发〔2000〕20号），将对外经济贸易处职能并入多种经营管理处，对外经济贸易总公司保留。2001年3月1日，根据沈铁劳发〔2001〕21号文件，将局老干部处改称为局离退休职工管理处、局党委老干部部，实行一个机构两块牌子；撤销局退休职工管理办公室，其职能并入离退休管理处。12月25日，根据沈铁劳函〔2001〕276号文件，沈阳局改革集体企业管理制度，撤销集体企业管理处，成立局集体企业协调办公室（2003年更名为集体经济管理处）。

2005年7月19日，根据沈铁劳发〔2015〕79号文件，重新公布机关限额外机构设置，共设置6个机构，即：局调度所、局社会保险管理处（对外称局社会保险管理中心）、局医疗保险管理办公室（对外称局医疗保险管理中心）、局离退休管理处、局锦州老干部处、局吉林老干部处、局集体经济管理处。

2006年4月13日，根据《关于调整整合部分直附属单位及限额外机构的通知》（沈铁劳发〔2016〕78号），撤销锦州、吉林老干部处，设局离退休管理处锦州、吉林办公室。2009年6月8日，根据《关于调整整合部分限额外及直附属机构的通知》（沈铁劳卫发〔2009〕173号），将局离退休管理处锦州、吉林办公室更名为局离退休管理处锦州、吉林直属办公室；撤销局医疗保险管理办公室下设的锦州、通辽医疗保险管理办公室；将大连医疗保险管理办公室改为局医疗保险管理办公室大连医疗保险管理站；撤销局医疗保险管理办公室下设的通化、吉林医疗保险管理办公室。2012年，根据铁道部规定要求，取消铁路局限额内、外机构称呼，统称为铁路局机关行政职能管理机构。

四、铁路局机关行政附属机构

1996年7月8日，根据沈铁劳函〔1996〕193号文件，沈阳铁路局成立沈阳铁路局机关汽车维修中心。7月16日，根据沈铁劳函〔1996〕209号文件，成立沈阳铁路局自备车管理中心。8月8日，根据沈铁劳函〔1996〕222号文件，成立沈阳铁路局概预算审查中心。9月28日，根据沈铁劳函〔1996〕287号文件，成立沈阳铁路局物资调配中心，与局供销中心实行一个机构两块牌子。12月27日，根据沈铁劳函〔1996〕355号文件，成立沈阳铁路局通信维修中心。

1997年5月21日，根据沈铁劳函〔1997〕148号文件，成立沈阳铁路局医药器械采购供应站。6月10日，根据沈铁劳函〔1997〕167号文件，将局统计工厂更名为沈阳铁路局客货运输统计中心。

2000年1月6日，根据《关于重新公布部分直附属单位机构定员的通知》（沈铁劳发〔2000〕19号），成立收入稽查中心、新闻影视中心、生活服务中心（管理局汽车维修中心）、押运办公室、年鉴社（对内称史志办公室）、物资供销中心，列局附属单位。将局煤炭质量检验所整建制划交吉林铁路分局。将局科技开发中心与节能科学技术研究所合并，称局技术中心。将局能源监测中心与环境监测站合并，称沈阳铁路局能源环境监测中心。将局机务试验中心与列车运行监控装置维修管理中心合并，称沈阳铁路局机务试验中心。局电大函授教育中心改为沈阳铁路局教育中心。将电务试验室与通信维修中心合并，称沈阳铁路局电务试验室。将机关食堂、局第一招待所、汽车维修中心划归局生活服务中心管理。局医药器械采购供应站设在局卫生处。成立工程交易中心。将线桥检定队改为线桥检测中心。

2002年3月4日，根据沈铁劳函〔2002〕57号文件，成立沈阳铁路局客货运输保价管理中心，同时撤销局押运办公室、营销处保价办公室。3月4日，沈阳铁路局新闻影视中心改为沈阳铁路局影视中心。11月14日，根据沈铁劳函〔2002〕317号文件，组建沈阳铁路医疗保险中心，列局附属单位。

2003年8月29日，根据沈铁劳函〔2003〕258号和沈铁劳函〔2003〕259号文件，成立沈阳铁路局安全监控总队和分局安全监控大队、路外安全宣传队。9月23日，根据沈铁劳函〔2003〕300号文件，成立沈阳铁路局地方铁路办公室。

2004年4月30日，根据沈铁劳函〔2004〕260号文件，成立沈阳铁路局生活管理中心，列局附属单位。11月10日，根据沈铁劳函〔2004〕485号文件，成立沈阳铁路局直属离退休管理办公室，列局附属单位。

2005年1月25日，根据沈铁劳函〔2005〕39号文件，将沈阳铁路局吉林锅炉压力容器检验所与吉林铁路特种设备检测站合并，成立沈阳铁路局吉林特种设备检验检测中心。7月19日，为适应铁路局直接管理站段体制改革需要，根据铁道部《关于铁路局机关限额外及附属机构等设置的通知》（铁劳卫〔2015〕70号），沈阳铁路局重新公布运营管理费列支和自收自支的附属机构设置。运营管理费列支的附属机构共设置25个，即：机务检测所、车辆检测所、工务检测所、电务检测所、客票管理所、机要通信室、档案史志室、客货运输统计所、法律服务所、概预算审查所、节能（环保）监测站、资金结算所（对外称资金结算中心）、收入稽核大队、审计室、劳动力调剂站、人才交流培训站、职业技能鉴定指导站、卫生监督所、工程质量监督站、房产管理所、函授及远程教育工作站、土地管理办公室（对外保留土地管理分局名称）、特种设备检测所、合资与地方铁路管理办公室、武器库。自收自支的附属机构共设置8个，即：工程交易所、工程管理所、住房交易所、住房公积金管理办公室、住宅建设开发办公室、护路联防办公室、物资供销信息网络管理站、土地执法监察大队。将锦州、吉林电力试验所划归所在地机务段管理；将长春旧线测量队、丹东旧线测量队、大连旧线设计室、锦州线桥检测中心、通辽旧线测量队、吉林线桥检测设计所、通化旧线测量队分别整建制划归长春、本溪、大连、锦州、通辽、吉林、通化工务段管理。原分局电务试验室划归相应电务段管理。除上述附属机构外，铁路局及原分局其他附属机构一律撤销。同年9月，成立道口安全管理办公室。

2006年4月13日，根据《关于调整整合部分直附属单位及限额外机构的通知》（沈铁劳发

〔2016〕78号），撤销各资金结算室，成立沈阳铁路局资金结算所长春、大连、锦州、通辽、吉林、通化结算室，将沈阳资金结算室整建制并入局资金结算所；撤销长春、沈阳、大连、锦州、通辽、吉林、通化收入稽核部，组建局收入稽核大队；撤销大连职业技能鉴定站，整建制并入沈阳职业技能鉴定站，将沈阳职业技能鉴定站与局职业技能鉴定指导站合并，对上称沈阳铁路局职业技能鉴定指导站，对下称沈阳铁路局沈阳职业技能鉴定站。撤销通辽职业技能鉴定站，整建制并入锦州职业技能鉴定站。撤销吉林、通化职业技能鉴定站，整建制并入长春职业技能鉴定站；撤销长春、沈阳、大连、锦州、通辽、吉林、通化房产管理所，保留局房产管理所，下设长春、白城、沈阳、丹东、大连、锦州、通辽、吉林、通化房管站；撤销大连、锦州土地管理办公室（铁路土地管理分局），并入沈阳土地管理办公室；撤销吉林、通化土地管理办公室（铁路土地管理分局），并入长春土地管理办公室；撤销长春、沈阳、大连、锦州、通辽、吉林、通化土地执法监察大队；撤销局工程交易所，职能划归工程管理所；撤销长春、沈阳、大连、锦州、通辽、吉林、通化住房交易所，并入所在地房产生活段；撤销长春、大连、锦州、通辽、吉林、通化住宅建设开发办公室，将沈阳住宅建设开发办公室整合为沈铁房地产开发有限责任公司；撤销各分局环保监测站，整建制划归所在地房产生活段。

2007年，根据国家建设部等五部委《关于调整移交铁路行业住房公积金管理机构的通知》（建金管〔2006〕324号）精神，对住房公积金管理机构作适当调整，将局住房公积金管理办公室所属长春、吉林、通化、白城、图们管理部机构定员编制划出，设立长春市住房公积金管理中心铁路分中心，负责沈阳局吉林省境内铁路职工住房公积金管理工作；在沈阳市设立沈阳住房公积金管理中心铁路分中心，下设大连、锦州、丹东、通辽4个管理部，负责铁路局在辽宁省、河北省、内蒙古自治区境内铁路职工住房公积金管理工作。同年9月，为加强与港口协调，成立沈阳铁路局驻港管理办公室。

2008年12月8日，根据沈铁劳卫发〔2008〕

284号文件，成立沈阳铁路局拆迁管理办公室，列临时机构。9月，为满足铁路站舍改造工程建设需要，沈阳局成立站舍建设管理办公室，列临时机构。同年，将法律服务所由企业管理和法律事务处主管变更为局办公室主管，列局办公室附属单位。

2009年1月12日，根据沈铁劳卫发〔2009〕30号文件，撤销锦州审计室。4月3日，根据沈铁劳卫发〔2009〕102号文件，对全局社保机构进行整合。撤销长春、沈阳、大连、锦州、通辽、吉林、通化办事处内设社会保险办公室，成立长春、沈阳社保办公室，为局社保处派驻机构。6月8日，根据《关于调整整合部分限额外及直附属机构的通知》（沈铁劳卫发〔2009〕173号），调整整合部分附属机构。撤销长春、吉林、通化房产管理站，并入长春土地管理办公室，并将其与长春、吉林、通化、图们土地管理站整合为长春、吉林、通化、图们土地房产管理站；撤销沈阳、大连、锦州、丹东房产管理站，将其并入沈阳土地管理办公室，与沈阳、大连、锦州、丹东土地管理站整合为沈阳、大连、锦州、丹东土地房产管理站；撤销通辽、白城房产管理站，并入通辽土地管理办公室，与通辽、赤峰土地管理站整合为通辽、赤峰、白城土地房产管理站。同时将长春、沈阳、通辽土地管理办公室（土地管理分局）更名为长春、沈阳、通辽土地房产管理办公室（土地管理分局）。撤销局护路联防办公室下设的沈阳护路联防办公室；成立局财务集中核算管理所，列运营管理费列支附属机构，由局财务处负责管理。

同年7月29日，根据沈铁劳卫发〔2009〕233号文件，成立沈阳铁路局客专建设领导小组办公室，列临时机构。9月17日，根据沈铁劳卫发〔2009〕274号文件，成立沈阳铁路局施工领导小组办公室。11月30日，根据沈铁劳卫发〔2009〕329号文件，在局电务检测所内增设通信试验室、通信数据管理室、信号试验室。12月22日，根据沈铁劳卫发〔2009〕347号文件，调整有关铁路办事处安全监察室机构设置，撤销沈阳、大连、通化铁路办事处安全监察室。将锦州、吉林、通辽铁路办事处安全监察室更名为沈阳铁路局安全监察室锦州、吉林、通辽安全监察

分室，列局附属机构。

2010年1月6日，根据沈铁劳卫发〔2010〕4号文件，成立南三马路活动室，列局离退休管理处附属机构。同年2月2日，根据沈铁劳卫发〔2010〕31号文件，成立沈阳铁路局职工保障性住房建设管理办公室，列局附属机构。

2011年1月25日，根据沈铁劳卫发〔2011〕25号文件，成立沈阳铁路客户服务中心，列局附属机构。9月6日，根据《关于成立沈阳铁路局供电检测所并调整机务检测所机构编制的通知》（沈铁劳卫发〔2011〕244号），设立局供电检测所。9月27日，根据《关于成立大连安全监察分室和增加长春办事处及锦州安全监察分室编制的通知》（沈铁劳卫发〔2011〕271号），成立大连安全监察分室。12月30日，根据沈铁劳卫发〔2011〕379号文件，设立沈阳铁路安全监管办驻白城机务段、大连机务段、梅河口机务段、沈阳动车段、通辽供电段验收室，列局附属机构。

2012年2月3日，根据沈铁劳卫发〔2012〕61号文件，成立沈阳铁路局道口平改立工作领导小组办公室，列临时机构。2月29日，根据沈铁劳卫发〔2012〕111号文件，成立白城、通化、沈阳、丹东安全监察分室，列局附属单位。3月20日，根据沈铁劳卫发〔2012〕125号文件，成立哈大客专客服集中控制中心（2014年更名为客专客服综合控制中心）。7月4日，根据沈铁劳卫发〔2012〕320号文件，成立沈阳铁路土地执法监察大队，与局拆迁管理办公室实行一个机构两块牌子，列附属机构。12月18日，根据沈铁劳卫发〔2012〕554号和沈铁劳卫发〔2012〕555号文件，成立物资采购所和经营质量整顿办公室。

2013年3月5日，根据沈铁劳卫〔2013〕72号文件，成立局车务设备维修所，列附属机构，主管处为运输处。6月17日，根据沈铁劳卫〔2013〕204号文件，成立局救援中心，列附属机构，主管处为机务处。9月17日，根据沈铁劳卫〔2013〕305号文件，成立局帮扶办公室，列临时机构。

2014年3月31日，根据沈铁劳卫〔2014〕93号文件，成立局阜新人才培训基地。7月8日，根据《沈阳铁路局关于重新公布铁路局机关行政机构编制的通知》（沈铁劳卫〔2014〕302

号），沈阳局撤销局驻港管理办公室、站舍建设管理办公室、客专建设领导小组办公室、道口平改立工作领导小组办公室、经营质量整顿办公室、帮扶办公室、铁道工程沈阳交易中心、驻北京办事处。将法律服务所业务主管处由局办公室调整为局企业管理和法律事务处。将局社会保险管理处下设的长春、沈阳社保办，改为局社会保险管理处附属机构。将局医疗保险管理办公室下设的长春医保办、大连医保站，改为局医疗保险管理办公室附属机构。将局集体处下设的各区域性集体办公室改为局集体处附属机构。将局离退处下设的局离退休管理处活动室，列局离退处附属机构；将局离退休管理处直属活动室并入局离退休管理处活动室；将局离退休管理处长春、沈阳、大连、锦州、通辽、吉林、通化办公室改为局离退处附属机构，并分别更名为长春、沈阳、大连、锦州、通辽、吉林、通化离退休管理办公室；将局离退休管理处锦州、吉林直属办公室，改为局离退处附属机构，并分别更名为锦州、吉林直属离退休管理办公室。

2015年6月4日，根据《沈阳铁路局关于调整局机关行政附属机构编制的通知》（沈铁劳卫〔2015〕196号），调整铁路局机关行政附属机构编制设置。将局救援中心并入局机车车辆租赁中心，实行一个机构两块牌子。将局客专客服综合控制中心并入局调度所，在局调度所设置客专客服综控室，作为调度所的内设机构，行政上由调度所负责管理，业务上由客运处负责指导。撤销局节能（环保）监测站，将其节能管理职能回归局计划统计处节能环保科；将其环境监测职能并入沈阳疾控所。撤销局合资与地方铁路办公室，将局计统处原承担的合资与地方铁路前期工作职能调整到局经营开发处。将局阜新人才培训基地改为路局党群附属机构。撤销局工程管理所，将工程管理所目前承担的建设项目收尾等工作交由相关工程指挥部管理。撤销局函授及远程教育工作站，将专业学历教育管理职能回归职工教育处；将专业学历教育教学组织职能移交至职工培训基地。将局房产管理所与土地执法监察大队整合为局土地房产管理所（土地执法监察大队），管理长春、沈阳、通辽土地房产管理办公室，同时将长春、沈阳、通辽土地房产办公

室分别更名为长春、沈阳、通辽土地房产管理分所，对外保留土地管理分局及土地执法监察中队牌子。撤销局职工保障性住房建设管理办公室，将其承担职能划归至局土地房产管理处。将车务设备维修所整建制划归局科研所，按内设机构管理，业务上由局运输处负责指导。将长春、沈阳特种设备检测所合并为局特种设备检验检测所。将局离退休管理处活动室与南三马路活动室合并，合并后名称调整为局离退休管理处活动室，下设南七马路活动站和南三马路活动站。将局施工领导小组办公室与局调度所施工室合并，更名为施工管理调度室，纳入局调度所内设机构管理。撤销局道口安全管理办公室，将其职能回归局工务处安全道口科。将集体处各地区办公室纳入集体经济管理处，作为各地分支机构，不按附属机构管理。撤销局武器库，将其设施、设备划交局党校管理。将局供电检测所电力试验室移交至沈阳供电段管理。保留沈阳铁路客户服务中心，将其生产及服务人员划交沈阳北站客运车间管理，业务上接受局客户服务中心指导和考核。将原土地房产管理办公室管理各土地房产管理站整建制划交相应房产段管理，业务上由土地房产管理分所负责指导。将长春离休、长春退休活动室整合为长春离退休活动室；沈阳离休、沈阳退休活动室整合为沈阳离退休活动室；锦州机关离退休、锦州铁东离退休活动室和锦州门球场整合为锦州离退休活动室；吉林离休活动室更名为吉林离退休活动室；图们离休、图们退休活动室整合为图们离退休活动室；通辽离退休、通辽西区离退休活动室整合为通辽离退休活动室。同年6月，将各驻段验收室划归由站段管理。

到2015年末，沈阳铁路局行政附属机构设置30个，分别为：机务检测所、供电检测所、车辆检测所、工务检测所、电务检测所、客票管理所、机要通信室、档案史志室、客货运输统计所、法律服务所、概预算审查所、资金结算所、收入稽核大队、财务集中核算管理所、审计室（长春、沈阳）、劳动力调剂站、人才交流培训站、职业技能鉴定指导站、卫生监督所、土地房产管理所（土地执法监察大队）、特种设备检验检测所、沈阳铁路客户服务中心、工程质量监督站、安全监察分室、物资采购所、社会保险管理

办公室（长春、沈阳）、医疗保险管理办公室（长春、大连）、离退休管理处活动室、离退休管理办公室、护路联防办公室。

五、学协会机构

1996年初，沈阳铁路局学协会共设置5个，即：辽宁省铁道学会、吉林省铁道学会、企业管理协会、教育学会、财会学会。2000年，沈阳局将企业管理协会并入政策法规处，对外保留牌子。将财会学会、教育学会分别并入财务处、教育处，对外保留牌子。

2005年7月19日，根据《关于公布沈阳铁路局机关行政限额外机构、学（协）会及驻北京办事处机构定员的通知》（沈铁劳发〔2015〕79号），沈阳局重新公布学协会机构设置，设学（协）会4个，分别为：辽宁省铁道学会、吉林省铁道学会、企业管理协会、财会学会。到2015年末，沈阳局学协会机构设置4个，分别为：辽宁省铁道学会、吉林省铁道学会、企业管理协会、财会学会。

第二节 铁路分局（派出机构）

1996年初，沈阳铁路局设有长春、白城、沈阳、丹东、锦州、通辽、吉林、图们、通化9个铁路分局和大连铁道有限责任公司。

1999年1月1日，根据沈铁劳发〔1998〕140号文件，沈阳局撤销丹东铁路分局，并入沈阳铁路分局。2000年12月5日，根据沈铁劳发〔2000〕115号和沈铁劳发〔2000〕116号文件，撤销白城、图们铁路分局，分别并入长春、吉林铁路分局。

2005年3月18日，根据铁道部《关于改革沈阳铁路局管理体制的决定》（铁劳卫〔2005〕44号），撤销长春、沈阳、锦州、吉林、通辽、通化铁路分局和大连铁道有限责任公司，实行铁路局直接管理站段体制，在长春、沈阳、锦州、吉林、通辽、通化、大连设立办事处，作为铁路局派出机构。2010年7月6日，根据沈铁劳卫发〔2010〕180号文件，撤销沈阳、大连、锦州、通辽、吉林、通化铁路办事处。

2014年12月19日，根据《中国铁路总公司关于调整铁路机车车辆验收管理体制的通知》（铁总劳卫〔2014〕318号），在长春（长春轨道客车股份有限公司）、沈阳（沈阳机车车辆有限责任公司）、大连（大连机车车辆有限公司、大连齐车轨道交通装备有限责任公司、瓦房店轴承股份有限公司）设立沈阳局长春车辆、沈阳车辆、大连机车、大连车辆4个监造项目部，为铁路局派出机构。

2015年6月1日，根据沈铁劳卫〔2015〕190号文件，设立局沈阳客车监造项目部，列铁路局派出机构，同时撤销沈铁安全监督管理办驻沈阳客车厂验收室。

到2015年末，沈阳铁路局派出机构设置6个，分别为：长春铁路办事处，长春车辆、沈阳车辆、大连机车、大连车辆、沈阳客车监造项目部。

第三节 直属单位

一、运输站段

1996年，沈阳铁路局共有运输站段268个，其中：直属站54个、车务段49个、列车段15个、机务段28个、水电段12个、工务（大修）段52个、电务（通信）段32个、车辆段26个。1997年2月12日，根据沈铁劳函〔1997〕38号文件，沈阳局撤销白城分局松原车务段。

1998年6月11日，根据《关于调整运输生产布局的通知》（沈铁劳发〔1998〕73号），沈阳局调整运输生产力布局，车务系统：撤销珠斯花、海城、开原、宽甸、龙井、桦甸车务段，成立沈阳铁路分局西丰运输公司，吉林铁路分局桦甸、龙潭山运输公司；将新通化站划归通化站管辖，瓦房店站划归瓦房店车务段管辖。机务系统：撤销大虎山、灵山、瓦房店机务段。工务系统：撤销奈曼、瓦房店、金杖子、辽源工务段。电务系统：撤销瓦房店、铁岭电务段。

1999年3月12日，根据《关于调整生产布局撤并相关站段和设置支线公司的批复》（沈铁体法发〔1999〕37号），组建凤上、溪田、长白山、鸭绿江铁道公司，同时撤销本溪车务一段和本溪车务二段，成立本溪车务段；撤销泉阳、浑江车务段，泉阳、浑江工务段，泉阳机务段。将浑江站、东通化站划归至通化车务段。4月7日，根据《关于调整生产布局设置支线公司和撤并相关站段的批复》（沈铁体法发〔1999〕44号）和《关于组建魏塔铁路公司的批复》（沈铁体法发〔1999〕45号），撤销乌兰浩特、金杖子车务段，索伦、太平川工务段，组建乌兰浩特、魏塔铁路公司。5月2日，撤销辽阳电务段。8月4日，撤销通辽南站。

2001年4月20日，根据《关于成立牵引供电维修管理机构的通知》（沈铁劳函〔2001〕114号），成立长春、沈阳、大连供电维修管理中心，分别隶属长春、沈阳分局、大连公司。12月31日，根据《关于调整电务段生产布局的通知》（沈铁劳函〔2001〕327号），对电务系统布局进行调整，撤销丹东、叶柏寿、大虎山、四平、郑家屯、通化电务段。

2002年，根据铁道部《关于沈阳铁路局内部客运公司组建方案的批复》，组建沈阳铁路局客运公司，并在分局所在地设置7个分公司，即：长春、沈阳、大连、锦州、通辽、吉林、通化客运分公司。12月，撤销农安工务段。

2003年1月2日，根据沈铁劳函〔2003〕1号文件，将皇姑屯车辆段整建制并入苏家屯车辆段。8月，撤销长春、沈阳、大连、锦州、通辽、吉林、通化客运分公司，成立沈阳、大连、长春、吉林车辆段；成立秦沈客运专线管理中心；成立乌兰浩特工务段。8月31日，根据《关于印发沈阳铁路局运输生产力布局调整框架方案的通知》（沈铁办发〔2003〕77号），实施运输生产力布局调整。车务系统：撤销公主岭、德惠、农安、抚顺、盘锦、朝阳、九台、舒兰、口前、汪清、蛟河、辽源车务段，大连西站、乌铁、开丰、溪田、凤上、金旅、魏塔、龙潭山、桦甸、龙井、鸭绿江、长白山公司，组建长春、周水子、吉林、吉林西、敦化、浑江车务段。将长春南、长春东站并入长春车务段，松原、大安北站并入大安北车务段，郑家屯、太平川站（含永红站）并入郑家屯车务段，沈阳东站并入沈阳车务段，大连东站并入大连北站，周水子、南关岭站并入周水子车务段，营口站并入瓦房店车务段，大虎山站并入沟帮子车务段，叶柏寿站并入

叶柏寿车务段，赤峰站并入赤峰车务段，图们站并入延吉车务段，哈达湾、吉林西站并入吉林西车务段，敦化站并入敦化车务段，浑江站并入浑江车务段。机务系统：撤销大石桥、新站、灵山、郑家屯、彰武、丹东、通化、叶柏寿机务段，图们、赤峰、白城、阜新水电段。工务系统：撤销大石桥、苏家屯、大虎山、义县、朝阳川、郑家屯工务段，丹东、白城线桥大修段；将通化、锦州、吉林桥隧大修段划至归属地工程集团。电务系统：撤销大安北、蛟河、沈阳西、白音胡硕电务段。车辆系统：撤销大石桥、叶柏寿、赤峰、图们车辆段。

2004年12月9日，根据《关于调整电务、工务系统及水电部门生产力布局的通知》（沈铁劳发〔2004〕125号），沈阳局调整电务、工务系统即水电部门生产力布局。电务系统：撤销白城、苏家屯、本溪、山海关、阜新、赤峰、图们电务段。工务系统：撤销乌兰浩特、铁岭、丹东、彰武、舒兰工务段，敦化、朝阳镇线路大修段，成立吉林线路大修段。水电部门：撤销本溪水电段。到2004年末，沈阳铁路局共有运输站段143个，其中：直属站29个、车务段27个、客运段7个、机务段16个、供电维修管理中心3个、水电段7个、车辆段20个（含车轮厂）、工务（大修）段26个、电务段7个、秦沈客运专线管理中心1个。

2005年6月8日，根据《关于实施沈阳铁路局运输生产力布局调整的决定》（沈铁办发〔2005〕71号），沈阳局实施运输生产力布局调整。车务系统：将白城站整建制划归白城车务段，大成站、铁岭车务段整建制划归沈阳车务段，凤凰城车务段整建制划归本溪车务段。瓦房店车务段、甘井子站、大连北站、大石桥站、鲅鱼圈站整建制划归周水子车务段，并更名为大连车务段；将金桥站、金马站整建制划归金州站；将沟帮子、兴城车务段合并，成立锦州车务段；将葫芦岛站整建制划归锦州车务段，将阜新站整建制划归阜新车务段，彰武车务段整建制划归通辽车务段，奈曼车务段整建制划归赤峰车务段，吉林西车务段整建制划归吉林车务段，棋盘站整建制划归吉林站，敦化车务段整建制划归延吉车务段，通化车务段整建制划归浑江车务段，并将

浑江车务段更名为通化车务段。机务系统：将长春机务段整建制划归苏家屯机务段，大安北机务段整建制划归白城机务段，本溪机务段整建制划归沈阳西机务段，阜新机务段整建制划归锦州机务段，赤峰机务段整建制划归通辽机务段，图们机务段整建制划归吉林机务段；将长春、大连供电维修管理中心整建制划归沈阳供电维修管理中心，并将沈阳供电维修管理中心更名为沈阳供电段。车辆系统：将四平车辆段整建制划归长春车辆段，大官屯、灵山、本溪、丹东车辆段和苏家屯车轮厂整建制划归苏家屯车辆段。阜新、山海关车辆段整建制划归锦州东车辆段，并将锦州东车辆段更名为锦州车辆段；将吉林车辆段、吉林车轮厂整建制划归龙潭山车辆段，并将龙潭山车辆段更名为吉林车辆段。工务系统：撤销抚顺工务段，将锦州线路大修段整建制划归沈阳大型养路机械段。撤销秦沈客运专线管理中心，将其管理的绥中北站、葫芦岛北站、锦州南站、盘锦北站、台安站、辽中站划归锦州车务段管理；其管辖的秦沈线13.723~145公里及相关人员划归山海关工务段管理，秦沈线145~391.128公里及相关人员划归锦州工务段管理。其管理电务部分设备及人员划归锦州电务段管理。将秦沈客运专线动车检修运营所划归沈阳车辆段管理。调整后，全局运输站段由143个调整到103个。

2006年3月18日，根据《关于实施运输生产力布局调整的决定》（沈铁办发〔2006〕48号），对全局运输生产力布局进行调整，由103个调整到68个。车务系统：将梅河口站并入梅河口车务段，本溪站（含本溪湖站）并入本溪车务段，通化站并入通化车务段，吉林站（含棋盘站）并入吉林车务段。撤销郑家屯车务段，并入通辽车务段；撤销大安北车务段，将长白线松原（含）以西各站划归白城车务段；长白线七家子—小南间各站划归长春车务段。撤销叶柏寿车务段，并入阜新车务段；撤销吉林、通化客运段，并入长春客运段；撤销锦州、通辽客运段，并入沈阳客运段。机务系统：撤销大连机务段，并入苏家屯机务段；撤销沈阳西机务段，并入苏家屯机务段；撤销山海关机务段，并入沈阳机务段；撤销白城机务段，并入通辽机务段；撤销梅河口机务段，并入吉林机务段；将全局水电、供

电段整合为沈阳、长春、锦州、吉林4个供电段。车辆系统：将沈阳、大连、锦州车辆段的客车部分和隶属于苏家屯车辆段丹东客列检整合为沈阳车辆段；将长春、吉林、白城、梅河口、通辽车辆段客车部分整合为长春车辆段；将吉林、长春、梅河口车辆段货车部分整合为吉林车辆段；将苏家屯、大连北车辆段整合为苏家屯车辆段；将锦州车辆段货车部分整合为锦州车辆段；将通辽、白城车辆段货车部分整合为通辽车辆段。工务系统：撤销蛟河工务段，并入吉林工务段；撤销叶柏寿工务段，并入赤峰工务段；撤销梅河口工务段，并入通化工务段；撤销大安北工务段，并入白城工务段；撤销白音胡硕工务段，并入通辽工务段；撤销阜新工务段，并入锦州工务段；将本溪工务段段址迁至丹东，更名为丹东工务段；撤销大石桥、吉林、长春线路大修段，并入沈阳大型养路机械段。电务系统：撤销大连电务段，并入沈阳电务段；撤销梅河口电务段，并入吉林电务段。

2009年，根据铁道部、中国移动通信集团公司联合下发的《关于中国铁通集团有限公司铁路通信业务资产人员划转铁道部管理有关问题的通知》（铁办〔2009〕202号）及《沈阳铁路局、中国铁通辽宁分公司关于铁通铁路通信业务、资产及人员交接备忘录》《沈阳铁路局、中国铁通吉林分公司关于铁通铁路通信业务、资产及人员交接备忘录》，将隶属于中国铁通辽宁分公司沈阳通信段、沈阳直属通信段、锦州通信段、通辽通信段及隶属于中国铁通吉林分公司长春通信段、吉林通信段整建制划归沈阳铁路局，并自2009年12月15日起冠名为：沈阳铁路局沈阳通信段、沈阳铁路局沈阳直属通信段、沈阳铁路局锦州通信段、沈阳铁路局通辽通信段、沈阳铁路局长春通信段、沈阳铁路局吉林通信段。

2010年1月28日，根据沈铁劳卫发〔2010〕25号文件，将沈阳南站更名为苏家屯站。3月19日，根据《关于公布通信段整合与机构编制的通知》（沈铁劳卫发〔2010〕87号），将沈阳通信段、沈阳直属通信段、锦州通信段、通辽通信段、长春通信段、吉林通信段整合为1个沈阳通信段。

2011年11月28日，根据《关于实施沈阳铁路

局运输生产力布局调整的决定》（沈铁劳卫发〔2011〕314号），沈阳铁路局实施运输生产力布局调整。客运系统：组建吉林客运段、锦州客运段。机务系统：组建大连机务段、白城机务段、梅河口机务段。供电系统：组建通辽供电段。工务系统：组建阜新工务段。电务系统：组建大连电务段。车辆系统：组建沈阳动车段。

2013年1月12日，根据沈铁劳卫〔2013〕18号文件，成立局沈阳高铁工务段。2月1日，根据沈铁劳卫〔2013〕50号文件，将沈阳供电段拆分，组建大连供电段。5月30日，根据《中国铁路总公司关于沈阳铁路局调整组建运输站段的批复》（铁总办函〔2013〕254号），整合局管内车务站段货运和非运输企业物流、装卸业务、资产及人员，组建长春、白城、沈阳、鞍山、大连、本溪、锦州、阜新、通辽、吉林、延吉、通化等12个货运中心。12月26日，根据沈铁劳卫〔2013〕399号文件，为执行铁路运输企业营业税改增值税要求，成立局霍林郭勒车务段，同时撤销局白音胡硕车务段。

2015年7月6日，根据《中国铁路总公司关于同意沈阳铁路局设立沈阳南站的批复》（铁总劳卫函〔2015〕549号），沈阳铁路局成立沈阳南站，为局直属车站。

到2015年末，沈阳铁路局设有运输站段91个，其中：直属站14个、车务段15个、货运中心12个、客运段5个、机务段8个、供电段6个、工务（机械）段17个、电务（通信）段7个、车辆段6个、动车段1个。

二、其他直属单位

1996年，沈阳局直属单位（不含运输站段）共计251个，其中：沈阳铁路局管理直属单位23个、长春分局管理直属单位18个、大连公司管理直属单位14个、丹东分局管理直属单位21个、锦州分局管理直属单位35个、通辽分局管理直属单位26个、吉林分局管理直属单位39个、通化分局管理直属单位18个、图们分局管理直属单位12个、白城分局管理直属单位8个。

1997年3月7日，根据《关于撤销骆驼营水泥厂的批复》（沈铁劳函〔1997〕66号），撤销锦州分局骆驼营水泥厂。1月27日，根据沈铁劳函〔1997〕31号文件，沈阳局将白城铁路分局白铁

二中与三中合并，称"白城铁路分局铁路职工子弟第二中学校"。1998年12月14日，根据沈铁劳函〔1998〕307号文件，成立山海关铁道车辆培训中心。

1999年1月25日，根据沈铁劳发〔1999〕13号文件，将沈阳铁路机械学校与沈阳铁路师范学校合并，合并后称沈阳铁路机械学校，实行一个机构两块牌子，继续保留沈阳铁路师范学校牌子。6月，成立沈阳铁路局熊岳城疗养院，隶属于大连铁道有限责任公司。12月，沈阳铁路局总医院和沈阳铁路局沈阳医院合并，成立沈阳铁路局中心医院。

2001年3月2日，根据沈铁劳发〔2001〕22号文件，对沈阳、锦州、吉林勘测设计院进行重组，组建沈阳铁路局勘测设计总院。5月，撤销沈阳铁路分局本溪材料厂；12月，撤销局沈阳材料总厂，成立局物资供应储备中心库。

2002年3月4日，根据沈铁劳函〔2002〕58号文件，将局电子计算中心同时称沈阳铁路局信息技术处。3月，沈阳铁路局改革卫生防疫体制，撤销吉林分局吉林、图们铁路卫生防疫站，组建吉林铁路卫生监督所，吉林、图们铁路疾病控制中心；撤销长春分局卫生防疫站、白城卫生防疫站，组建长春铁路卫生监督所、长春铁路疾病预防控制中心；撤销通化分局卫生防疫站，组建通化铁路卫生监督所、通化铁路疾病预防控制中心；撤销锦州分局卫生防疫站，组建锦州铁路卫生监督所、锦州铁路疾病预防控制中心；撤销大连铁道卫生防疫站，组建大连铁路卫生监督所、大连铁路疾病预防控制中心；撤销通辽分局卫生防疫站，组建通辽铁路卫生监督所、通辽铁路疾病预防控制中心。

2003年5月24日，成立秦沈铁路管理处，列局直属单位，同时撤销秦沈客运专线运营筹备处。9月1日，根据沈铁劳函〔2003〕264号文件，组建沈阳铁道国际旅游（集团）有限公司。11月，按照铁道部《关于推进铁路主辅分离辅业改制和做好再就业工作的指导意见》（铁办〔2003〕117号），分离企业办社会职能，对所属中小学校、职业学校、医院实施属地移交地方政府管理。截至2004年10月，完成沈阳局29所医院、105所中小学校的移交工作；截至2005年

8月,完成大连铁路卫生学校、吉林铁路经济学校、沈阳铁路机械学校、锦州铁路运输学校等4所职业学校的移交工作。

2004年3月12日,根据沈铁劳函〔2004〕147号文件,撤销长春、白城生活段,组建长春铁路分局生活管理中心。8月10日,根据沈铁劳函〔2004〕370号文件,组建长双烟铁路有限责任公司。2005年1月25日,根据沈铁劳函〔2005〕38号文件,撤销沈阳木材厂,成立沈阳铁路局木材供应段。3月7日,根据沈铁劳函〔2005〕83号文件,撤销长春、白城材料厂,组建长春铁路分局物资供应段;撤销丹东物资供应段,并入沈阳物资供应段;撤销阜新物资供应段,并入锦州物资供应段。5月17日,根据沈铁劳函〔2005〕168号文件,撤销昌图水泥厂。7月19日,根据沈铁劳发〔2005〕82号文件,将局电子计算中心改称为沈阳铁路局信息技术所(对外保留局信息技术处名称);成立沈阳铁路局机关服务所;撤销原各分局疾病预防控制中心,重新组建沈阳、锦州、吉林铁路疾病预防控制所;将沈阳分局废旧物资回收利用管理站整建制并入局物资再生利用总公司;将局木材供应段、沈阳分局沈阳物资供应段整建制并入局物资供应储备中心库,并更名为沈阳铁路局物资供应段;将吉林分局图们物资供应段整建制并入吉林物资供应段,改称为沈阳铁路局吉林物资供应段;将通化分局梅河口材料厂改称为沈阳铁路局梅河口物资供应段。12月1日,根据沈铁劳发〔2005〕217号文件,组建沈阳铁道文化传媒(集团)有限公司。

2006年4月7日,根据沈铁劳卫发〔2006〕72号文件,组建沈铁房地产开发有限责任公司(同年7月25日更名为沈阳沈铁房地产开发集团有限责任公司)。4月13日,根据《关于调整整合部分直附属单位及限额外机构的通知》(沈铁劳发〔2006〕78号),撤销四平房产建筑段,并入长春房产建筑段,并更名为长春房产生活段;撤销白城房产建筑段,成立白城房产生活段;撤销沈阳第一、第二、苏家屯、局直属房产建筑段,整合为沈阳房产生活段;撤销丹东房建经营管理公司,成立丹东房产生活段;撤销瓦房店房产建筑段,并入大连房产建筑段,并更名为大连

房产生活段;撤销锦州第一、第二、阜新、叶柏寿房产建筑段,整合为锦州房产生活段;撤销赤峰、白音胡硕房产建筑段,并入通辽房产建筑段,并更名为通辽房产生活段;撤销图们建筑段,并入吉林房建经营管理总公司,并更名为吉林房产生活段;撤销梅河口建筑段,并入通化建筑段,并更名为通化房产生活段;撤销大连物资供应段,并入局物资供应段,并更名为沈阳铁路局沈阳物资供应段;撤销吉林、梅河口物资供应段,并入长春物资供应段;撤销通辽物资供应段,并入锦州物资供应段;将小屯轨枕水泥厂、吉林水泥轨枕厂、沈阳工务器材厂、锦州工务器材厂、朝阳镇工务器材厂、沈阳电务器材厂、吉林电务器材厂、沈东机械总厂、沈东施工机械厂、明城机械厂、沈阳装卸机械配件厂、苏家屯机车车辆配件厂、薛家配件厂、吉林配件厂、黄旗屯氧气厂、锦州印刷厂、吉林印刷厂、吉林木材厂及通辽印刷厂划归至局投资管理中心管理;将锦州、吉林科研所并入沈阳科研所,称沈阳铁路局科学技术研究所;撤销局计量所和锦州、吉林计量所,整合为沈阳铁路局质量技术监督所;撤销长春、沈阳、大连、锦州、通辽、吉林、通化综合服务所;撤销长春、沈阳、大连、锦州、通辽、吉林、通化生活管理中心,成立沈阳铁路局公寓管理所;撤销沈阳林业总场及其所有分场、锦州林业总场及其所有分场、通辽林场及其所有分场、公主岭林场及其所有分场、大连林场、丹东林场、吉林林场、蛟河林场、土门岭林场、梅河口林场,成立沈阳铁路局林业总场;撤销大连、吉林装卸公司及各分局装卸管理机构,成立沈阳铁路局装卸作业管理所(对外称沈阳铁路装卸管理中心),将长春、通化、阜新、图们、沈阳、丹东、通辽、大连装卸机具厂整建制划归局投资管理中心管理;将沈铁千山疗养院更名为沈阳铁路局千山疗养院。11月23日,根据沈铁劳卫发〔2006〕254号文件,调整整合部分直属单位。撤销长春、沈阳、锦州、丹东、通辽、吉林、通化七个职工培训中心,重新组建长春、沈阳、锦州、通辽职工培训基地。

5月8日,根据沈铁劳卫发〔2006〕95号文件,成立通化至灌水铁路建设指挥部、天津至沈阳铁路电气化改造工程(沈阳至山海关)建设指

挥部、东北东部通道白河至和龙建设指挥部、沈阳铁路枢纽东北环线工程建设指挥部、前阳至庄河铁路建设指挥部、长双烟铁路新建工程建设指挥部（同年12月31日撤销）。6月26日，根据沈铁劳卫发〔2006〕138号文件，组建长春、沈阳、锦州铁道建设工程有限责任公司。7月6日，根据沈铁劳卫发〔2006〕151号文件，撤销通化至灌水、前阳至庄河铁路建设指挥部和东北东部通道白河至和龙建设指挥部，成立东北东部铁路通道工程建设指挥部。9月4日，成立通辽工程建设指挥部。11月6日，组建长春、大连、辽西、吉林工程建设指挥部。

2007年3月21日，根据沈铁劳卫发〔2007〕74号文件，成立哈大客专沈阳枢纽工程建设指挥部和沈阳工程建设指挥部。5月28日，根据沈铁劳卫函〔2007〕204号文件，成立长吉城际铁路有限责任公司。6月8日，根据沈铁劳卫发〔2007〕126号文件，成立巴新铁路筹备组、陶舒铁路筹备组、通霍复线铁路筹备组。12月14日，根据《关于进一步调整整合全局施工企业的通知》（沈铁劳卫发〔2007〕242号）文件，撤销长春、锦州铁道建设工程有限责任公司。

2008年2月20日，成立陶舒铁路有限责任公司，撤销陶舒铁路筹备组。4月10日，根据沈铁劳卫发〔2008〕77号文件，组建沈阳沈铁装卸有限责任公司。7月30日，根据沈铁劳卫发〔2008〕184号文件，组建大连沈铁港口物流有限公司。11月19日，根据沈铁劳卫发〔2008〕257号文件，组建沈阳铁道不动产公司。11月21日，根据沈铁劳卫发〔2008〕262号文件，成立沈阳铁道房产生活管理集团有限公司（2011年9月9日撤销）。11月27日，根据沈铁劳卫发〔2008〕268号文件，将大连疗养院、兴城疗养院、丰满疗养院、长白山温泉疗养院整建制划归沈阳沈铁房地产开发集团有限责任公司；山海关疗养院整建制划归锦州房产生活段；千山疗养院整建制划归沈阳房产生活段；五龙背疗养院整建制划归丹东房产生活段；熊岳城疗养院整建制划归大连房产生活段。

2009年3月23日，根据沈铁劳卫发〔2009〕86号文件，成立再生资源管理所，为铁路局直属单位。同时撤销局物资再生利用总公司，将其人员、设备、资产、债权债务全部划归局再生资源管理所。4月8日，根据沈铁劳卫发〔2009〕103号文件，沈阳铁路局为加强全局旅行服务工作，成立沈阳铁道旅行服务有限公司。4月17日，根据沈铁劳卫函〔2009〕157号文件，组建和龙至南坪铁路有限责任公司。4月28日，根据沈铁劳卫发〔2009〕128号文件，成立辽西铁路有限公司筹备组（2010年4月23日更名为锦阜高工程建设指挥部）。5月8日，根据沈铁劳卫发〔2009〕135号文件，成立甘库铁路有限公司筹备组。5月11日，根据沈铁劳卫发〔2009〕138号文件，成立新大连站工程建设指挥部。5月21日，成立新沈阳站工程建设指挥部（同年11月27日更名为沈阳南站工程建设指挥部）。6月5日，成立吉图珲快速铁路前期协调组和长春至辽源铁路、赤峰至二河口铁路、盘锦港疏港铁路、松江河至长白县铁路有限公司筹备组。

同年6月，为加强职工安全文化建设，成立局职工安全文化教育基地，列局直属单位（2010年将职工安全文化教育基地改为局党群附属机构）。同月，沈阳铁路局将信息技术所下设的长春、沈阳、大连、锦州、吉林、通辽、通化7个分所和丹东、图们2个服务室，改为局信息技术所长春、沈阳、大连、锦州、吉林、通辽、通化、丹东、图们信息运行维护室。同月，在局机关服务所增设行管二科。7月3日，根据沈铁劳卫发〔2009〕172号文件，成立丹大、吉图珲和通辽赤峰凌源快速铁路公司筹备组。7月8日，根据《关于做好铁路公安机关转制人员过渡有关工作的通知》（人社部发〔2009〕64号），将沈阳铁路公安局公安民警纳入公务员管理。7月21日，根据沈铁劳卫发〔2009〕228号文件，成立通霍铁路有限责任公司筹备组，撤销通霍复线铁路筹备组。10月7日，根据沈铁劳卫发〔2009〕286号文件，成立沈阳至彰武工程建设指挥部（2010年4月29日撤销）。11月11日，根据沈铁劳卫函〔2009〕505号文件，组建甘库铁路有限公司。11月20日，根据沈铁劳卫发〔2009〕325号文件，成立白阿铁路工程建设指挥部。12月3日，根据沈铁劳卫函〔2009〕545号文件，组建边海铁路有限公司。12月15日，根据沈铁劳卫函〔2009〕565号文件，组建盘锦疏港铁路有限责任公司。

2010年4月23日，根据沈铁劳卫函〔2010〕206号文件，组建松原至陶赖昭铁路有限公司。5月6日，根据沈铁劳卫发〔2010〕126号文件，成立沈西工业走廊二期（火石岗至渤海）铁路工程建设指挥部。5月24日，根据沈铁劳卫发〔2010〕146号文件，成立松江河至四平铁路有限公司筹备组。6月17日，根据沈铁劳卫函〔2010〕324号文件，组建丹大快速铁路有限责任公司，撤销丹大快速铁路公司筹备组。7月2日，根据沈铁劳卫发〔2010〕181号文件，成立沈阳铁道餐饮服务有限公司。9月27日，根据沈铁劳卫发〔2010〕242号和沈铁劳卫发〔2010〕243号文件，成立长兴岛港铁路物流有限责任公司和盘锦港铁路物流有限责任公司。同日，根据沈铁劳卫发〔2010〕245号文件，成立绥中石河、丹东海洋红、太平湾、白诺口岸铁路物流公司筹备组。

2011年4月22日，根据沈铁劳卫发〔2011〕104号文件，成立绥中石河港沈铁物流有限公司。5月25日，根据沈铁劳卫发〔2011〕132号文件，组建大连沈铁太平湾物流有限公司、丹东沈铁海洋红物流有限公司、乌兰浩特沈铁白诺口岸物流有限公司，撤销太平湾铁路物流公司筹备组、丹东海洋红铁路物流公司筹备组、乌兰浩特铁路物流公司筹备组。9月9日，根据沈铁劳卫发〔2011〕253号文件，撤销沈阳铁路枢纽东北环线工程建设指挥部。同日，根据沈铁劳卫发〔2011〕254号、沈铁劳卫发〔2011〕257号和沈铁劳卫发〔2011〕258号文件，组建丹东直属集团公司、赤峰直属集团公司和沈阳铁道工程集团公司。同日，根据沈铁劳卫发〔2011〕261号文件，沈阳铁路局组建长春、白城、沈阳、丹东、大连、锦州、通辽、吉林、通化房产段，同时撤销长春、白城、沈阳、丹东、大连、锦州、通辽、吉林、通化房产生活段。10月13日，根据沈铁劳卫发〔2011〕281号文件，组建松原直属集团公司。11月15日，根据沈铁劳卫发〔2011〕306号文件，成立客车停留所（2012年更名为106基地）。11月29日，根据《关于进一步调整建设项目管理机构的通知》（沈铁劳卫发〔2011〕317号），撤销通辽、锦阜高、沈西工业走廊二期铁路工程建设指挥部。12月1日，根据沈铁劳卫发〔2011〕315号文件，组建阜新房产段。12月17日，根据沈铁劳卫发〔2011〕363号文件，成立锦州沈铁物流有限公司。

2012年1月1日，根据沈铁劳卫发〔2011〕373号文件，将沈阳铁道旅行服务有限公司和沈阳铁道餐饮服务有限公司，由局投资管理中心管理调整为铁路局直接管理，并将沈阳铁道旅行服务有限公司更名为旅行服务段，沈阳铁道餐饮服务有限公司更名为餐饮服务段，列铁路局运输辅助单位。1月16日，根据沈铁劳卫发〔2012〕44号文件，组建阜新、鞍山直属集团公司。8月2日，根据沈铁劳卫发〔2012〕350号文件，组建沈阳铁路设计所。12月14日，根据沈铁劳卫函〔2012〕634号文件，撤销吉图珲快速铁路公司筹备组，其负责的客专铁路建设任务移交长吉城际铁路有限责任公司负责。

2013年1月12日，根据沈铁劳卫〔2013〕19号文件，组建局长春、沈阳、通辽林业总场，同时撤销局林业总场。5月17日，根据沈铁劳卫发〔2013〕147号文件，撤销白阿铁路工程建设指挥部。5月29日，组建丹东海洋红物流有限公司。5月30日，根据沈铁劳卫发〔2013〕170号文件，撤销鞍山直属集团公司和沈阳沈铁装卸有限责任公司。6月，按照《中国铁路总公司关于优化调整专业运输公司职能的指导意见》（铁总办〔2013〕23号）要求，整合接收中铁快运公司沈阳分公司和沈铁快运公司相关业务、资产、人员，组建沈阳铁路局行包快运中心，同时撤销沈铁快运公司。6月17日，根据沈铁劳卫〔2013〕203号文件，整合多经直属公司、房产段生活服务及局公寓管理所业务、资产、人员，组建局生活服务中心，同时撤销局公寓管理所。

2014年1月22日，根据沈铁劳卫函〔2014〕49号文件，成立吉林中西部铁路有限责任公司。3月10日，根据沈铁劳卫发〔2014〕72号文件，成立米沙子物流基地工程建设指挥部（2015年5月27日更名为长春铁路东北亚物流有限公司筹备组）。8月25日，根据沈铁劳卫〔2014〕253号和沈铁劳卫〔2014〕254号文件，成立赤峰铁路棚户区改造工程建设指挥部和局电气化改造工程建设指挥部。10月27日，根据沈铁劳卫〔2014〕

319号文件，撤销长春、锦州物资供应段，同时在沈阳物资供应段设立长春、锦州物资供应站、再生资源管理站，将局再生资源管理站并入再生资源管理站。11月1日，根据沈铁劳卫〔2014〕330号文件，将盘锦沈铁物流有限责任公司、大连沈铁长兴岛物流有限公司、沈铁丹东海洋红物流有限公司由投资管理中心管理调整为铁路局直接管理，并更名为局盘锦、大连长兴岛、丹东物流中心，列运输辅助单位。11月11日，根据沈铁劳卫〔2014〕337号文件，将沈阳铁道工业集团有限公司名称变更为沈阳铁路局工业总厂。11月14日，根据沈铁劳卫〔2014〕341号和沈铁劳卫〔2014〕342号文件，成立道口改造指挥部、港口铁路建设指挥部。同日，根据沈铁劳卫〔2014〕339号和沈铁劳卫〔2014〕340号文件，成立农副业经营管理中心和机车车辆租赁中心，列运输辅助单位。

2015年5月29日，根据中国铁路总公司铁总劳卫〔2015〕168号文件，哈大铁路客运专线有限责任公司由总公司管理调整为由沈阳铁路局管理。10月26日，根据沈铁劳卫〔2015〕367号文件，对106基地转型经营，组建沈阳铁路局旅游专列服务中心，与106基地实行一个机构两块牌子。11月4日，根据沈铁劳卫〔2015〕409号文件，撤销沈阳铁道不动产运营有限公司，将机车车辆租赁中心更名为资产运营服务中心。12月12日，根据《沈阳铁路局 局党委关于调整非运输企业出资关系的通知》（沈铁劳卫〔2016〕46号），沈阳铁路局撤销局投资管理中心，将其对一级非运输企业出资调整为由铁路局直接出资。

截至2015年末，沈阳铁路局直属单位（不含运输站段）共计98个，其中：运输辅助单位39个，分别为：长春、白城、沈阳、丹东、大连、锦州、通辽、吉林、通化、阜新房产段，长春、沈阳、锦州、通辽职工教育培训基地，长春、沈阳、通辽林业总场，沈阳、吉林、锦州铁路疾病预防控制所，沈阳物资供应段，科学技术研究所，生活服务中心，信息技术所，机关服务所，局印刷厂，质量技术监督所，辽宁省烟草专卖局驻沈阳铁路专卖局，沈阳客车厂，旅行服务段，餐饮服务段，106基地，山海关疗养院，行包快

运中心，大连长兴岛物流中心，盘锦物流中心，丹东物流中心，农副业经营管理中心，资产运营服务中心。指挥部14个，分别为：长春工程建设指挥部、大连工程建设指挥部、辽西工程建设指挥部、东北东部铁路通道工程建设指挥部、吉林工程建设指挥部、沈阳枢纽工程建设指挥部、沈阳工程建设指挥部、新大连站工程建设指挥部、沈阳南站工程建设指挥部、沈丹客专本溪枢纽工程建设指挥部、赤峰铁路棚户区改造工程建设指挥部、电气化改造工程建设指挥部、道口改造指挥部、港口铁路建设指挥部。合资公司（筹备组）17个，分别为：哈大铁路客运专线有限责任公司、和龙至南坪铁路有限责任公司、边海铁路有限公司、甘库铁路有限公司、盘锦疏港铁路有限责任公司、长双烟铁路有限责任公司、陶舒铁路有限责任公司、长吉城际铁路有限责任公司、松原至陶赖昭铁路有限公司、丹大快速铁路有限公司、吉林（省）中西部铁路有限责任公司、通辽赤峰凌源快速铁路公司筹备组、松江河至四平铁路有限公司筹备组、长春铁路东北亚物流有限公司筹备组、巴新铁路筹备组、通霍铁路有限责任公司筹备组、赤峰至二河口铁路公司筹备组。非运输企业28个，分别为：沈阳铁道物流集团有限公司、沈阳铁道石油化工集团有限公司、沈阳铁道金属物资有限公司、沈阳铁道煤炭集团有限公司、沈阳铁路局工业总厂、辽宁瑞心酒店集团有限责任公司、沈阳铁道建设工程有限公司、沈阳铁道工程建设集团有限公司、沈阳沈铁房地产开发集团有限责任公司、沈阳铁路建设监理有限公司、沈阳铁道国际旅行社（集团）有限公司、沈阳铁道文化传媒集团有限公司、沈阳铁道长春春铁集团有限公司、辽宁铁信实业集团有限公司、大连铁越集团有限公司、沈阳铁道锦州铁兴集团有限公司、通辽铁盛商贸（集团）有限公司、沈阳铁道吉林市铁淞集团有限公司、沈阳铁道通化铁鹰实业集团有限公司、沈阳铁道丹东铁成集团有限责任公司、赤峰铁发商贸集团有限公司、沈铁松原三江港实业集团有限公司、阜新铁道鸿丰集团实业有限公司、大连沈铁港口物流集团有限责任公司、锦州沈铁物流有限责任公司、北京奉发商贸有限公司、沈阳铁路勘察设计院有限公司、大连中铁外服国际货运代理有限公司。

第二章　企业改革管理与法制建设

沈阳铁路局把深化企业改革和加强企业管理与法制建设作为全局发展的动力与保障，在确立企业市场主体地位，建成"四自"（自主经营、自负盈亏、自我发展、自我约束）企业过程中，有效促进全局经营机制转换、管理制度创新、科学管理能力加强、技术装备进步、经济效益提高，推动沈阳铁路局向现代化企业迈进。1996—2004年，路局以改革为牵动，依法合规推进现代企业制度试点、铁路支线改革、主辅分离改革、客运管理体制改革，探索铁路加快走向市场。路局对各分局实施自主经营考核和资产经营责任制考核，在"两级法人、三级管理"体制下，充分调动和发挥各个层次的积极性。做好主辅分离辅业改制中法律服务工作，保证依法改制、依法经营。2005—2011年，实行路局直管站段新体制后，路局加快推进企业内部结构调整，加大运输生产力布局调整力度，全面整合重组多经企业，理顺关系，规范管理，统筹运用企业所有要素和经营资源，延伸铁路服务链条，开发具有优势的经营项目，最大限度地提高铁路企业综合效益。路局把铁道部下达的经营业绩考核指标分劈到每个基层单位，并统一对基层单位完成生产经营任务、安全生产、提高运输效率、改善服务质量等过程和结果实施全面考核。将自主经营考核和资产经营责任制考核，转变为年度经营业绩考核及月度安全生产和多元经营一体化考核，加强对局机关业务处室、运输站段、非运输企业安全责任意识和多元经营创效能力监督检查，发挥考核机制和激励和约束作用。通过强化源头控制、过程监督、结果问责力度，防范"转机制、闯市场"各类经营风险，提高全局经营发展质量。2012—2015年，路局通过建立企业管理制度构架、实施清权确权等一系列改革举措，改善企业内部经营管理模式，落实铁道部提出的"多元化经营、一体化管理、全口径核算"要求。建立健全以"超节归己，超亏否决，职工收入给上限，成本支出

给底限，经营纪律设高压线"为核心的逐级分类、上下对接、下考一级闭环式管理考核体系。通过严格执行"内审外查"制度，采取合同审批"三方控、双确认"措施，严把合同检查审查审批关，实施合同检查全覆盖，强化重要合同风险研判和过程控制及结果考核，防范经营过程中的法律风险，提升全局各级组织依法决策、各级干部依法管理、职工群众依法办事能力，推动全局法治建设。经过20年工作实践，沈阳铁路局体制机制改革逐步深化，初步建立适应铁路局市场主体地位的以《沈阳铁路局章程》为统领，其他25个系统文件和175个专业配套文件为支撑的"1+25+175"企业管理制度构架，使全局经营管理水平全面提升。

第一节　企法系统概况

1996年，沈阳铁路局企业经营管理与法律事务处工作主管职能部门是局体改法规处。根据路局《关于公布沈阳铁路局机关行政机构定员的通知》（沈铁劳发〔1995〕180号）规定，局体改法规处内设调查研究室、法律事务室、班组建设办公室、企业改革科，定员19人。主要负责研究并参与组织实施企业内部经济体制改革和转换经营机制工作，综合掌握改革进展情况；企业管理综合与协调工作；围绕企业改革和经营管理重点开展调查研究；参与组织实施路局机关经济责任制考核；参与起草、审核本局行政规范性文件，处理企业法律事务，统一对全局企业法制工作进行监督、检查和指导；组织检查指导全局班组建设和管理工作，总结推广班组建设典型经验。1996—2000年，各分局(公司)都设有体改法规分处(部)。

2000年，根据路局沈铁劳发〔2000〕20号文件规定，将体改法规处更名为政策法规处，处内

设调查研究室、法律事务室、综合室，定员17人。设立附属机构辽宁通达律师事务所，定员3人。政策法规处职责除取消班组建设职能外其他与原来相同。2000年至2005年3月，各分局(公司)设置政策法规分处(部)。

2005年，根据路局沈铁劳发〔2005〕77号文件规定，局政策法规处更名为企业管理和法律事务处，处内设调查研究科、法律事务科、企业管理科、企业改革科，定员17人。根据《沈阳铁路局关于公布运营管理费列支附属单位机构定员的通知》（沈铁劳发〔2005〕80号）规定，设立附属机构法律服务所，定员5人。同年3月，各铁路分局(公司)撤销，各分局(公司)政策法规分处(部)也随之撤销。

2008年2月，根据劳卫编〔2008〕14号文件规定，变更局法律服务所隶属关系，由局企业管理和法律事务处主管调整为由局办公室主管，列局办公室附属机构。

2014年，根据沈铁劳卫〔2014〕302号文件规定，局法律服务所业务主管处由局办公室调整为局企业管理和法律事务处，列企业管理和法律事务处附属机构。

2015年，根据沈铁劳卫〔2015〕196号文件，设置法律服务所，列企业管理和法律事务处附属机构，定员8人。企业管理和法律事务处主要负责参与铁路局改革发展重大问题研究，提出方案和建议；深化内部改革和企业改制重组、建立现代企业制度等方面政策研究和咨询工作；组织与铁路局市场主体地位相适应的管理制度体系和运行机制建设；围绕企业改革、转换经营机制、转变经营方式和经营管理等方面的重点、难点问题开展调查研究和课题攻关；组织实施铁路局经营业绩考核、安全生产和多元经营一体化的考核工作；承担铁路局重大决策法律论证、法人授权委托管理、营业执照管理、商标管理、法制宣传教育、法律队伍建设等法律事务工作；开展铁路局内部规范性文件合法性审查工作；参与铁路局重要规章制度和规范性文件起草、审核、修改、废止；组织开展铁路局合同审批管理、业务培训和监督检查工作；开展全局法律纠纷案件管理及与铁路运输经营有关法律咨询；办理铁路局职工代表提案征集处理及职代会提案报告起草工作。

法律服务所主要负责开展与铁路运输经营有关的法律咨询活动；指导全局诉讼法律业务管理工作，为涉案部门和单位提供法律支持；代理对全局有影响重大案件；办理涉案部门和单位诉讼授权委托手续。

第二节 企业改革

一、现代企业制度试点

1996年，按照国家经贸委和铁道部《关于大连铁路分局建立现代企业制度试点实施方案的批复》(铁政策〔1995〕145号)要求，路局指导大连铁道有限责任公司(1995年12月18日挂牌成立，以下称大连公司)制定深入推进现代企业制度试点工作思路，重点在制度创新、管理创新、技术创新上进行积极探索。路局运输、货运、客运、机务、电务、工务、人事、劳资、财务等有关部门转变职能，简政放权，为推进现代企业制度建设提供机制保障。经过试点实践，路局系统总结大连公司从建立新机制入手，推进集约经营的做法，在全路领导干部会议上介绍试点经验。

1997年，根据铁道部《关于大连铁道有限责任公司试点若干具体问题的意见》，为落实大连公司经营自主权，路局调整大连公司财务管理方式，收入清算实行"小管内归己、小直通向局清算、大直通向部清算"的办法，固定调节系数，下放更改投资权，对国有资产保值增值责任进行考核；制定对大连公司新的工效挂钩办法，把公司工资增长与实现利税、国有资产保值增值、劳动生产率等指标挂钩，实行工资总额宏观调控。大连公司制定16个具体落实的管理办法。同年，路局积极向铁道部和国家有关部门争取大连铁龙实业股份有限公司公开发行股票的政策支持，股票发行方案获得了中国证券监督管理委员会审查通过，并下达普通（A）股发行计划指标2500万元（按面值计算）。路局再次全面总结大连公司建立科学有效运行机制，实行运输业、工附业、多经一体化经营做法，在全路经营管理工作会议上介绍经验。

1998年，大连公司作为全国百家现代企业制度试点单位之一，经过三年多的运作实践，按要求完成国家经贸委统一部署的阶段性试点工作任务。同年5月11日，由大连公司控股的铁龙公司股票成功在上海证券交易所上市。路局还对吉林分局"学大连、转机制、上管理"试点工作进行指导，协调解决试点过程中出现的收入清算、人员划分、财务管理等方面问题。按照路局对吉林分局实施转机建制试点方案批复要求，帮助吉林分局建立客货营销机制、考核奖罚机制、收入分配等市场经营机制和劳动用工、人事管理、财务管理、物资管理、投资计划管理等方面管理制度，为吉林分局顺利开展试点工作提供政策支持和机制保障。

2005年，铁道部决定将铁龙公司控股方转为中国铁路集装箱公司。沈阳铁路局与中国铁路集装箱公司就铁龙公司收购沙鲅支线进行对接，制定线路、设施、土地、房产转让、财务清算、人员移交等专项方案；6月16日，由康维韬局长和郭敏杰董事长分别代表沈阳铁路局、铁龙公司共同签署沙鲅支线转让框架协议；9月30日，经刘树冀局长授权，由企业管理和法律事务处代表沈阳铁路局与铁龙公司签署沙鲅支线运输服务协议和资产及业务转让协议。

二、客运管理体制改革

2002年，按照铁道部统一部署，沈阳铁路局制定组建客运公司方案，涉及客运、车辆系统等40个单位；同年5月28日将方案上报铁道部；6月24日，铁道部下发《关于沈阳铁路局内部客运公司组建方案的批复》；8月30日，沈阳铁路局召开客运公司成立大会；9月25日，召开长春、沈阳、大连、锦州、通辽、吉林、通化7个客运分公司成立大会；2003年1月1日，客运公司正式独立运作；同年10月，根据铁道部要求，撤销客运公司及所属各客运分公司。

三、铁路支线改革

1996年，沈阳局启动支线改革工作，成立支线改革领导小组和办公室，举办支线分线核算培训班，召开支线改革座谈会。组织各分局（公司）对开丰、金城、凤上、白阿等21条亏损支线情况认真进行测算、摸清底数，逐条支线制定扭亏方案并排出推进计划。各分局（公司）通过调

整生产布局，改革劳动组织，优化运输组织，发展多元经济等多种途径，使当年全局支线实现减亏7000万元。1997年，召开经营管理工作会议研究部署支线改革工作，深入沈阳、大连、丹东、白城等分局（公司）支线实地调研，加强支线改革组织指导。各分局（公司）争取外部政策支持，图们分局朝开线，通化分局浑大线争取到区域运价优惠政策，年内实现减亏600万元。1998年，从实行分线核算和组建相对独立支线实体入手，全面推进支线扭亏工作。各分局（公司）逐条支线制定改革方案，按计划组织落实。吉林分局在烟白支线组建桦甸铁路公司，沈阳分局在开丰线组建开丰铁道公司。

2001年4月22日，沈阳局在锦州召开支线改革推进会议，研究部署贯彻《铁道部关于深化铁路支线改革的若干意见》落实措施，对全局21条支线实行单独核算、单独考核，进一步规范支线管理。2002年，完善支线财务核算制度和生产经营考核办法，健全支线管理体制，大连公司以金窑、金城、旅顺3条支线共同组建金旅铁路公司。至此，顺利完成全局21条支线管理体制改革任务，其中14条支线组建分局（公司）直管支线公司，6条支线组成段管支线管理中心，1条支线实行租赁经营。各支线公司严控成本支出，大力开展客货营销，部分支线实施"二次创业"，巩固扩大减亏扭亏成果。同年，铁道部在沈阳铁路局白阿支线公司召开现场会，交流沈阳铁路局支线改革做法。

2003年8月，根据《沈阳铁路局运输生产力布局调整框架方案》规定，撤销各支线公司，其人员、资产、业务分别划归各分局（公司）相关站段管理。

四、企业重组改制

1998年，按照《铁道部关于放开搞活铁路小企业暂行办法》(铁政策〔1998〕13号)要求，路局针对管内工业、工程和多经系统企业实际情况，坚持抓大放小方针，制定《沈阳铁路局小企业改制实施办法》(沈铁体法发〔1998〕5号)，启动放开搞活铁路小企业工作。1999年，督促各分局(公司)制定放开搞活小企业工作规划和实现目标，并对各分局(公司)实行动态跟踪、督促落实，对改制过程中的人员、资产、财务等方面问

题，及时研究制定解决措施，确保工作质量。2000年，路局对全局工业企业改制情况进行系统调研，做好深化工程系统改制方案设计论证工作以及工程监理公司改制方案论证，总结经验，改进不足，推进放活工业企业。同时，推进改革依法进行。2005年，根据工程施工企业管理关系和重组工作的实际，制定《沈阳铁路局工程施工企业重组改制方案》。恢复成立局工业公司，加强对工业企业的统一管理。针对苏家屯机车车辆配件厂重组改制存在的问题，对沈阳分局上报的重组改制方案进行反复修改完善，确定《沈阳铁路局苏家屯机车车辆配件厂重组改制方案》，并组织实施。

2007年，为推进多元经营企业改制重组改制，路局制定《沈阳铁路局多元经营企业与运输站段脱钩专业重组区域整合工作的决定》（沈铁企法发〔2007〕185号）、《沈阳铁路局全力支持和保证多元经营企业发展的决定》（沈铁企法发〔2007〕188号），开展多元经营企业与运输站段脱钩、专业重组、区域整合工作，178家多经企业全部与站段脱钩，向区域集团公司和专业公司移交资产10.56亿元、职工6223人。

五、市场化经营机制

（一）多元化经营机制

2011年，路局按照铁道部《关于推进铁路多元化经营的意见》（铁办〔2011〕48号）和《关于加快转变铁路发展方式确立国家铁路运输企业市场主体地位的改革推进方案》（铁政法〔2011〕67号）要求，以"多元化经营、一体化管理、全口径核算"为核心，坚持以市场需求为导向、以拓展铁路服务功能和提升服务质量为重点，坚持依法规范经营，坚持社会效益和企业经济效益相统一原则，制定《沈阳铁路局多元化经营实施办法(试行)》(沈铁企法发〔2011〕221号）及22个配套办法。在财务管理上，理顺路局与基层单位清算、核算、分配、转移支付四种关系，构建新财务管理体系。在劳动管理上，理顺劳动岗位管理关系，路局机关和直附属单位职工，运输生产岗位职工，运输辅助单位管理机构和岗位职工均按铁路运输业岗位管理。在管理层级上，路局所属单位分为运输站段、运输辅助单位和非运输企业三类；在考核激励上，实行路局

对运输站段、运输辅助单位和非运输企业经营业绩一体化和考核办法，把所有岗位履职情况、所有领域经营活动全部纳入考核范围。在收入分配上，对工资分配实行分类指导。采取预算管理、统筹平衡、有序增长、政策倾斜措施，对运输业岗位职工，根据铁路运输岗位序列标准，建立以考核安全质量效率为重点的工资分配机制。对非运输业岗位职工，按照市场规则建立与经济效益挂钩的工资分配机制。

为建立多元化经营新机制，路局采取试点先行的办法，于2011年4月，经路局党政联席会议讨论通过沈阳北站、苏家屯站、白音胡硕车务段、梅河口车务段、吉林机务段、苏家屯车辆段、辽阳工务段、大连铁越集团、煤炭公司、物流公司、餐饮公司和西部铁路12个试点单位方案，同年6月1日启动试点工作，路局组织有关部门加强对试点单位跟踪指导，及时总结成功做法并组织推广。2012年，路局在总结经验基础上，进一步深化市场机制运作。以适应铁路现代物流为主攻方向，加强运输系统与物流企业紧密协作，延伸货物运输服务链，培育和增强铁路现代物流服务能力，加快构建"门到门"运输物流服务体系，实行"一站式"办理和"一条龙"服务，实现铁路货运向全程物流转变。在非运输企业经营上，按照市场需求，立足路内和路外市场，充分利用铁路有形、无形、实物形态和资本形态等各种资产和资源，开发比较具有优势经营项目；在延伸服务链条上，向铁路运输紧密相关市场和其他服务行业延伸，向社会市场延伸，全方位占领市场，依法合规地开展物流服务、列车旅游、客票代售、站车商贸、旅行服务、饭店餐饮、房地产开发、物业管理、工程施工、设计与监理、站车广告等业务，最大限度地提高经济效益，加快非运输企业发展。同年5月22日，中国铁路总公司在沈阳召开全路多元化经营现场会，与会人员参观通辽北内陆港、沈西工业走廊物流基地、沈阳餐饮基地，会议交流了沈阳铁路局推进多元化经营的经验做法。

（二）企业管理制度构架

在铁路政企分开体制改革新形势下，为适应市场化运行需要，构建与新体制新机制相适应的管理制度体系。2015年，根据《中国铁路总公司

办公厅关于印发2015年改革与法律工作要点的通知》(铁总办改革与法律〔2015〕53号)要求，路局开始启动与总公司"1＋23＋N"管理制度框架对接工作。坚持"简明、实际、管用"原则，以企业化、市场化为目标，以路局自主经营、自负盈亏、自我发展、自我约束、自担风险为主要特征，重点推进以党政联席会议、职工代表大会为主要内容决策机制，以实货、实车、实名为主要内容客货营销机制，以干多干少工效挂钩、干好干坏逐级考核、得多得少二次分配为主要内容工资分配机制，以利润与工资挂钩为主要内容盈亏考核机制，以源头控制、过程问责、结果考核为主要内容安全经营一体化考核机制，以阳光运行、互相制衡为主要内容权力运行机制建设，形成以《沈阳铁路局章程》为统领，其他25个系统文件和相关专业175个配套文件为支撑"1＋25＋175"企业管理构架，建立与企业发展实际相适应、与铁路局市场主体地位相匹配、与建立现代企业制度相同步制度体系，为全局改革发展提供制度保证。

（三）清权确权

路局为履行市场主体责任，提高企业内部管理效能，进一步巩固党的群众路线教育实践活动成果，从解决权力寻租和办事效率低等问题入手，2014年9月，依据总公司《关于明确两级企业管理关系的规定》（铁总发展与法律〔2014〕96号）要求，本着分级管理、权责对等、依法合规原则，制定《沈阳铁路局清权确权推进方案》，对开展清权确权工作目标原则、阶段步骤、主要任务、操作流程等方面作出明确规定，成立清权确权领导组，在路局机关42个部门及附属机构中启动清权确权工作。重点对路局制定相关制度、配套办法等文件，特别是未经总公司授权各系统自行制定"土规定"进行全面清理。经过梳理确认，集体确权，剔除不属于权力事项条目，对部分权力拆分问题进行重新整合，对权力运行流程进行优化，在征求基层单位意见建议基础上，列出沈阳铁路局权力目录740项。同年10月，为规范权力运行，自觉接受监督，提高运行质量和办事效率，路局采取周交班、周通报、月督办等措施，每周路局运输交班会各部门按照

"马上办、立即办、当日办、三日办、本周办"要求，分别汇报本周基层单位及路外单位请示事项办理情况，路局总值班室根据各部门汇报情况编发《机关干部作风一周专题通报》，转发全局各单位接受监督。路局每月对各部门请示事项办结和满意度测评情况进行跟踪督办，全面做好权力运行常态化管理，全局形成"一个方案、一份清单、一个通报、一个平台"的"四位一体"管理模式，使每项权力都在阳光下行使、在监督下办事。2015年，为加快构建路局内部治理体系和科学有效权力监督约束机制，巩固和运用中央巡视成果，打造透明制度笼子，以"严以用权"为主线，以"确权、晒权、控权、督权"为重点，制定《沈阳铁路局权力清单管理办法》，对照总公司权力目录，重新对路局权力目录进行优化，列出路局现行权力清单为463项，较2014年减少277项，适时录入路局权力运行公开监督网，制定办事流程图和办结时间表，路局机关部门对基层单位请示事项通过网上运行、网上审批、网上监督，基层单位对机关各部门办事效率、服务态度、工作质量等方面情况一事一评价，每月进行总体评价。同年3月16日，在总公司召开全路改革与法律工作会议上，沈阳铁路局介绍清权确权工作经验。

第三节　企业综合管理

一、年度经营考核

（一）自主经营一体化考核

1997年，路局制定《沈阳铁路局自主经营一体化考核暂行办法》，对各分局(公司)以其全部国有资产从事多元经营成果进行整体考核，指标共11项。使运输收入和总体盈亏考核结果与各分局指标完成情况挂钩，年终按各分局(公司)综合得分进行排序，根据考核结果兑现奖罚。当年全局运输收入完成铁道部下达计划103.5%，换算周转量完成铁道部下达计划103%，全面完成铁道部下达的考核指标。1998年，对各分局(公司)继续实行自主经营一体化考核。

（二）资产经营责任制考核

1999年，按照铁道部推进资产经营责任制工

作要求，沈阳铁路局自主经营一体化考核改为资产经营责任制考核。路局组织制定《沈阳铁路局对分局实行安全、生产、经营责任制考核办法》和相关配套办法，合理调整和理顺路局与各分局(公司)权责关系。指导各分局(公司)制定资产经营责任制考核办法，形成全局上下贯通、有序对接的资产经营责任制考核体系。2000年，对9个分局(公司)资产经营责任制考核指标完成情况进行考核排序。路局全面完成铁道部下达考核指标。有7个分局(公司)综合打分90分以上，评定等级为优秀；有2个分局综合考核85分以上，评定等级为良好。2001年，路局重新制定《对分局实行安全、生产、经营责任制考核办法》，局长、局党委书记与7个分局(公司)签订安全、生产、经营管理责任书，将全局资产经营责任制指标逐级分解，在经营关联指标中增加水损、电损率和供暖用煤单耗三项指标考核，增加政治工作考核指标，对各分局(公司)领导班子成员继续实行风险抵押金制度。各分局(公司)与所属站段、各站段与车间层层签订安全、生产、经营责任书。2002年，路局修改《对分局实行安全、生产、经营责任制考核办法》，增加对各分局(公司)安全、效益、效率指标考核权重。经过综合考核，7个分局(公司)评定等级均为优秀。2003年，路局对各分局（公司）继续实行安全、生产、经营管理责任制考核。考核结果为：长春、锦州、通辽、吉林、通化分局和大连公司评定等级为优秀，沈阳分局因发生1件旅客列车责任重大事故，实行"一票否决"，评定等级为不合格。

（三）经营业绩考核

2004年，根据铁道部要求，路局制定《沈阳铁路局2004年经营业绩考核办法》，对经营业绩原考核办法有关内容进行修改补充，加大对安全、服务质量方面否决指标失控处罚力度，将行车安全、人身安全、服务质量指标中"一票否决"死亡人数由10人（含）以上调整为3人（含）以上；对其他事故也相应降低扣分起点，并且调整加减分值；在行车安全指标中增加责任旅客列车险性事故、责任其他行车险性事故率指标，对失控分局相应扣减考核分数；在人身安全指标中，增加对责任职工死亡事故率考核；加大

对隐瞒事故行为处罚力度。降低资产安全指标中违反财经纪律行为减分起点。路局依据考核办法与7个分局(公司)签订《经营业绩责任书》，设置9项经营关联指标和5项政治工作指标。在考核兑现方面，提高分局(公司)领导班子风险抵押金数额，拉开优秀与良好等级奖励档次，实行两级机关干部全员风险抵押金制度。路局对各分局(公司)考核结果为：长春分局评定等级为合格；沈阳分局、大连公司评定等级为良好；锦州分局、通辽分局、吉林分局、通化分局评定等级为优秀。路局经铁道部考核，评定等级为优秀。

2005年，实行路局直管站段新体制后，路局重新制定《沈阳铁路局运营站段生产经营业绩考核办法》，把铁道部下达路局经营业绩考核指标分劈到103个运营站段，并与站段签订生产经营业绩责任书。增加对运营站段基础管理工作考核内容，统一对站段完成生产经营任务、安全生产、提高运输效率、改善服务质量等过程和结果实施全面考核，强化对各级干部激励约束。通过建立生产经营业绩考核指标保证体系，达到考核工作组织落实、指标落实、责任落实。

2006年，路局组成检查指导组，对部分运输主要站段落实生产经营业绩考核情况进行检查指导，进一步规范全局考核管理工作。2007年，路局对全局运输站段和房产生活段生产经营业绩考核指标进行调整，在否决指标中增加"特种设备、施工质量和施工安全"内容，将违反经营管理"红线"处罚列为否决条件。效益指标中增加"吨均收入"指标，关联指标中增加"水消耗总量"考核指标，安全指标中增加"路外伤亡"考核指标；将工程建设进度、工程投资环境、环境保护及违规处置土地资产等内容纳入考核。

2008年，路局进一步修改完善生产经营业绩考核办法。主要修订四项内容：即将效益指标中直属站、车务段"吨均收入"指标修订为"发送吨收入率"；关联指标中增加车辆段、房产段"债务总额"指标的考核；对将铁道部考核铁路局盈亏总额、建设项目管理、地方合资铁路管理、土地资产安全、环保节能等指标纳入到对路局机关有关处室考核。2009年，路局制定下发生产经营业绩考核办法和考核评定具体目标、标准，重点强化对铁路建设项目工程质量和施工安

全指标考核，细化对行车安全指标考核，加大对人身安全指标考核力度。2010年，路局对运输站段生产经营业绩考核办法和新增部分考核指标相关内容进行相应调整：突出对"小金库"问题考核，发现设有"小金库"单位不论金额大小，年度考核"一票否决"；将房产生活段"能源消耗总量、水消耗总量"两项指标细化分解为"煤炭消耗总量、水消耗总量、电消耗总量"三项指标；还增加7项考核指标。2005—2009年，沈阳铁路局每年经铁道部考核，评定等级均为优秀。路局对基层单位2009年考核，评定等级结果为：优秀单位50个，良好单位10个，合格单位5个，不合格单位13个。

（四）经营业绩一体化考核

2011年，路局将《沈阳铁路局运输站段生产经营业绩考核办法》改为《沈阳铁路局经营业绩一体化考核办法》，将非运输企业26个专业（集团）公司和直属集团公司纳入考核范围。新增3项否决指标，即非运输企业当年发生亏损（或计划亏损企业超亏）；违反路局"三重一大"有关规定造成严重后果；违反路局合同管理和非法人营业执照使用管理办法规定，造成重大损失和影响。增加和调整"其他业务收入、其他业务利润、机车功率日产量、机车平均牵引总重"等16项指标。加大消防安全考核力度，对被考核单位"重大火灾隐患整改不及时"进行考核。增加廉洁从业考核。重新修订政治工作指标，加大信访稳定工作考核力度。

2012年，路局对运输站段考核办法进行调整，在否决条件中，将"发生责任旅客一次死亡3人（含）或重伤30人（含）以上事故"修订为"发生责任旅客一次死亡1人（含）或重伤3人（含）以上事故"，将"责任旅客食物中毒一次死亡3人（含）或责任旅客食物一次中毒30人（含）以上事故"修订为"责任旅客食物中毒一次死亡1人（含）或责任旅客食物一次中毒10人（含）以上事故"；提高责任一般客车D类事故考核标准。提高职工和旅客重伤考核标准。2013年，路局对考核办法进行及时修订：即总公司对路局新增考核指标能够分解下达到运输站段和路局有关业务处室，在路局与之签订责任书中设置专项考核指标；根据路局对运输站段考核实

际需要，保留对旅客发送量、货物发送量等项指标考核；按照机务、车辆、供电、工务、电务等专业分工，分别细化设置对相关站段设备故障率考核指标；客货服务质量综合评价等考核指标，在有关站段考核评比项目中予以体现。

2014年，路局在修订考核办法中，坚持"超节归己、超亏否决、职工收入给上限、成本支出给底限、经营纪律设高压线"原则，突出对重要经营性指标考核，依据路局严控预算、大力增收节支等各项任务要求，逐一设置"安全成本支出底限"等专项考核指标。

2015年，路局重点强化"六个方面"考核。强化经营类指标考核，将运输收入、营业收入、非运输企业综合贡献、东北货运快车收入、港口除运费之外收入等5项收入指标分别纳入考核；强化安全类指标考核；强化安全经营行为和经营纪律考核；强化对领导干部依法治企、规范依法办事考核；强化干部作风考核。通过不断修改，路局考核办法逐步完善。铁道部对沈阳铁路局年度考核结果为2011年良好，2012年不合格，2013年合格，2014年不合格，2015年为98.4分。

2007—2015年沈阳铁路局经营业绩考核评定等级结果统计表

表4-2-1 单位：个

年份	优秀单位	良好单位	合格单位	不合格单位	单位合计
2007	48	9	4	11	72
2008	58	8	2	9	77
2009	50	17	—	4	71
2010	50	10	5	13	78
2011	61	5	1	13	80
2012	64	2		12	78
2013	68	9		12	89
2014	81	14		10	105
2015	82	7	2	13	104

2007—2015年，路局每年对基层单位考核结果如下：

二、月度安全生产和多元经营一体化考核

为加强全局安全经营管理工作动态考核，2006年4月，路局制定《沈阳铁路局安全经营考

核办法》（沈铁企法发〔2006〕76号），每月对全局68个运输站段和9个业务处室安全经营工作进行考核评定，并根据安全经营考核中发现的问题，及时修改完善14项362处考核项点和考核标准。从当年4月份实施考核与全年比较，全局安全经营发生新变化。在设备质量上，机务设备故障由88件下降到31件，降幅达65%；电务设备故障由75件下降到52件，降幅达31%；信号故障处理延时平均压缩15分钟。在经营上，日均装车由12072车增加到12237车；日均卸车由14855车增加到15835车；货车周转时间由2.31小时压缩到2.23小时，日均运输收入由4858.4万元增加到5029.03万元；工作质量明显提高。在考核评定等级总体上，一类单位由29个上升到43个，失格单位由23个减少到18个。业务处室一类处室由空缺上升到2个，失格处室由最初7个减少到4个。2007年，路局月度安全经营考核各项经营指标和安全形势明显向好。2008年，路局修改完善既有考核办法，扩大考核范围，除原有68个运输站段党政正职、9个业务处室负责人，又增加到7个地区办事处、公安局和10个公安处。完善否决指标、安全考核指标、安全过程管理量化指标和路风、稳定方面指标，涵盖行车事故、火灾爆炸、路外伤亡、道口交通肇事、六类治安案件、群体上访等30余项考核项目。2009年，路局对安全经营考核办法进行全面修订，除继续保留原有考核办法中安全考核标准外，增加对发生八大控制目标事故考核，凡发生此类事故，有关责任地区办事处，局机关运输、机务、电务、工务、车辆、客运、货运处当月考核失格；强化责任单位安全经营主体责任，专项调整相关部门经营指标考核范围，调度所、运输处、货运处、机务处及各车务段、直属站、机务段均相应加大经营指标考核力度；加大增收节支指标考核力度。对与增收节支有关经营类指标全程监控，使各单位经营类指标在考核项目总体比重中由原来16.3%上升到50.7%。

2011年，路局将《沈阳铁路局安全经营考核办法》改为《沈阳铁路局安全生产和多元经营一体化考核办法》。根据"转机制、闯市场"工作要求，在考核中增加"其他业务收入""其他业务利润""延伸服务收入"三项考核指标；将

28个非运输企业纳入考核，考核标准设定为"未完成营业收入计划减11分"，降一档；"未完成利润计划减21分"，降两档。季度考核结果工资联挂全年预算月均额。考核结果作为被考核单位行政正职及主管副职任职考核的重要内容之一。2012年，路局修改完善《沈阳铁路局安全生产和多元经营一体化考核办法》。将10个房产段纳入到月（季）度考核。对月（季）度考核考核方式、考核项点、考核标准、奖罚标准进行重新修订和调整；建立局长—处长—站段长逐级考核机制；增加"经营质量、经营损失和决策失误方面发生较大问题和后果"否决条件；对安全负责制各项内容进行细化和完善。2013年，路局在修改考核办法中，加大对局机关处室、运输站段和非运输企业经营行为和经营结果考核力度。对发生经营质量、经营损失和决策失误的被考核单位实行"一票否决"制；对未完成路局下达运输收入、旅客发送量、货物发送量等重要经营指标计划的被考核单位，当月考核结果评为失格；对燃油、燃煤、客专照明用电等消耗指标超进度计划及违反路局相关规定、擅自越权采购物资的相关处室、站段，当月考核结果评为失格或降档；根据"内容简单、项点要少、对应性强"的要求，对120项考核项点进行修订。确定工务、电务、机务、车辆系统考核到车间，直属站、车务系统考核到车间及中间站，客运、供电系统考核到班组。2014年，为强化各系统安全经营过程考核，科学合理分出考核类别、拉开考核档次，路局建立考核工作落实机制，并于同年5月实施。对业务处室系统考核长期存在空白、考核作用薄弱或不作为，当月考核给予降档处理；对未纳入月度考核综合处室在年度考核中作用发挥不好，按比例扣减绩效考核收入，督促各业务处室对本系统站段过程考核。2015年，路局进一步完善月度考核办法，加大考核奖励力度，安排1亿元资金作为全年安全经营一体化考核专项奖励基金。严格控制考核一类比率，确保考核质量。通过把权力下放到主管业务处室，由系统掌握一定考核比例，对考核不严、比例失衡、一类超过高限，考核领导组给予主管处室当月（季）失格，并取消该系统所属单位当月（季）奖励资格（失格单位处罚不变）；将安全"十杜绝"作为否决指标纳

2007—2015年沈阳铁路局安全生产和多元经营一体化考核等级统计表

表4-2-2

年份	一类单位数量/占总数百分比	二类单位数量/占总数百分比	三类单位数量/占总数百分比	失格单位数量/占总数百分比	奖励金额（万元）	罚款金额（万元）
2007	456/49.3%	226/24.4%	121/13.1%	121/13.1%	3155.0	970.2
2008	644/56.5%	219/19.2%	130/11.4%	130/11.4%	4510.5	1094.4
2009	611/55.6%	255/12.7%	139/12.6%	139/12.6%	4812.0	981.5
2010	651/60.6%	223/20.8%	94/8.7%	94/8.7%	5192.1	1186.8
2011	690/62.8%	225/20.5%	84/7.7%	84/7.7%	7318.7	1132.8
2012	814/61.8%	292/22.2%	110/8.3%	110/8.3%	9276.0	1006.9
2013	685/57.2%	266/22.2%	102/8.6%	102/8.6%	12338.0	2295.8
2014	852/56.5%	485/32.2%	78/5.2%	78/5.2%	－	1191.7
2015	658/42.7%	561/36.4%	175/11.4%	175/11.4%	7282.7	2322.8

说明：因2014年奖励政策采取工资总额包干，故无奖励金额。

入考核标准，将安全风险评估评价结果纳入考核，将高铁巡查、巡守和安全检查情况纳入安全指标考核；增加经营和土地管理考核指标，并将"存货周转率、应收账款周转率、铁路用地管理情况"等内容纳入考核指标；将党建、工会工作相关指标纳入考核。增加领导干部"一岗双责"履职情况考核和"三线、五小、三园"建设责任制考核；对因发生安全生产、经营管理、廉政建设等方面问题而被局长主持交班或约谈的单位，实行"一票否决"或降级处理；将巡视整改问题纳入考核，对落实中央八项规定、总公司党组18项规定、路局28条规定、路局十条纪律情况设置考核项点，实施月度考核。当年全局共有4个单位个别领导干部违反中央八项规定，路局对其所在单位给予降档考核；共有55个基层单位因隐瞒事故等方面问题到路局交班，当月考核结果为失格；有30个基层单位因设备质量故障等方面问题被路局约谈，当月考核结果为降档；有24个单位46名干部受到追责。

三、机械动力设备模拟有偿占用考核

1997年，路局制定《沈阳铁路局客车、调车机车、小运转机车、机械动力设备模拟有偿占用管理暂行办法》，本着促进存量资产利用和合理配置原则，对客车实行"以辆定数、联量清算考核办法"；对调小机车采用"核定基数、部分有偿、节奖超罚考核办法"；对机械动力设备实行"核定基数分类有偿考核办法"。全年

少占用客车296辆，节省客车直接成本费165.9万元；节省机车88.8台，节省机车直接成本费3880万元；机械动力设备全年封存5194台，节支创收6351万元。

1998年，结合全局机车、客车、机械动力设备有偿占用的实际情况，修订《沈阳铁路局机车、客车、机械动力设备模拟有偿占用管理暂行办法》，其中支配机车有偿占用采取"考核期实际参与考核的支配机车台数与考核期实际完成换算周转量联挂、超允许参与考核支配机车台数有偿考核"；客车采取"实际运用客车数与考核期实际完成旅客周转量联挂、超允许占用客车数有偿考核"；机械动力设备采取"核定基数、分类有偿考核"。全年节支创效11042.2万元。

1999年，在机车、配属客车、机械动力设备实行模拟有偿占用上，继续巩固节支成果。全年机车、客车、机械动力设备节支创效9534.83万元。

四、企业改革与管理重点工作项目

为夯实企业管理基础，1996年，沈阳局在认真调查研究基础上，制定《全局改革与管理重点工作实施意见》(沈铁体法发〔1996〕31号)，确定全局改革与管理重点工作项目90项，并将其连同各分局(公司)的改革措施共630项，一并制定具体推进计划，明确责任，排出进度。为督促推进计划落实，同年7月，路局组联合检查组，深入10个分局全面检查改革推进计划落实情况，确保全局改革管理工作扎实推进，取得成效。1997

年，路局为探索在现行体制下，以市场为导向，转换企业经营机制、强化内部管理，减轻经营压力的有效途径，制定《1997年改革与管理重点工作项目实施计划》，确定88项改革管理措施，组织各分局（公司）制定改革项目674项，明确责任单位、负责人、总体目标和实施步骤，并建立相应完善资料档案、信息反馈制度，每季度进行一次检查，半年通报一次情况，年末全面检查总结，并将改革进展情况在《沈阳铁道报》上刊登，保证各项改革与管理重点工作项目落实。

1998—2003年，路局为建立新的管理经营机制，逐年制定全局经营管理重点工作实施计划，每年7月份都召开全局经营管理工作会议，交流各分局和部分基层站段在经营管理方面经验，对上半年经营管理和安全生产形势作出全面讲评分析，提出下半年工作对策和措施。

五、职代会提案办理

为提高企业民主管理水平，完善职工参政议政制度，每年路局都对职代会提案高度重视，认真办理，并向职代会提交专题报告。2002年，路局对职代会提案处理程序及相关工作进一步改进和加强，由政策法规处牵头将提案办理与企业管理紧密结合起来，确保其中有价值提案得以落实；完善对提案承办情况检查程序，实行年度终结制，每次职代会提案当年提出，当年结案，提高提案承办效率；建立优秀提案评选奖励制度，制定有关评选条件和办法，对提高提案质量起到积极导向作用。同年，八届二次职代会共征集提案305件，其中属于路局管理权限的200件，均得到办理，并对其中5件优秀提案予以表奖。2003—2004年，沈阳局八届三次职代会和九届一次职代会共征集提案552件，其中属于路局管理权限402件，均得到办理，并对其中11件优秀提案予以表奖。

实行路局直管站段新体制后，2005—2015年，沈阳局从九届二次职代会到十一届五次职代会，共征集提案2027件，其中涉及安全运输生产1127件，占55.6%；经营管理方面482件，占23.8%；职工权益418件，占20.6%。每年都对征集提案办理情况进行复核、确认，并按照办理程序和进度要求完成提案办理工作，及时向路局职代会报告提案落实情况，有811件提案得到解决

或采纳，占40.0%；对暂时不能解决或采纳的提案，也作出明确答复；对评选出97件优秀提案予以奖励。

六、班组建设

1996年，路局制定《沈阳铁路局班组"双达标"一体化考核暂行办法》（沈铁体法发〔1996〕64号）和《班组"双达标"一体化考核指导意见》，对全局班组"双达标"活动基本模式、内容，进行规范，提出明确要求。由局体改法规处牵头，各相关处室配合，组织全局行车单位中的15260个一线班组，全面开展班组升级达标、职工岗位达标"双达标"活动。经过层层推优评选，评选出一级班组4440个，占总数29.1%；二级班组9537个，占总数62.5%；三级班组1283个，占总数8.4%。路局在运输、机务、工务、电务和车辆系统，选树7个班组"双达标"活动示范单位，各分局也相应选树47个分局班组"双达标"活动典型示范单位。强化班组长队伍建设，加大对班组长利益倾斜力度，实施班组长严格管理定项奖、严管奖；在18698名生产一线班组长中，推行预备工班长制度，并按百分之百比例配备；对592名不称职班组长全部进行调整，对2355名三类班组长进行强化培训；重新核发《班组长合格证》，班组长持"双证"上岗率达到100%。加强对后进班组动态管理，全局当年共认定后进班组129个，全部达到班组情况有档案，包保工作有措施，追踪教育有写实，并按标准和程序转化验收销号。

1997年，路局对白城分局开展班组"双达标"一体化考核情况进行深入总结。同年4月12日，在白城分局召开"沈局推行一体化考核加强标准线建设现场经验交流会"。会议交流白城分局实施一体化考核经验及白城车务段、大安北机务段、太平川工务段、乌兰浩特电务段等不同侧面经验。同年7月，经过分局(公司)推荐，局业务处评审排序，主管部门综合评定，选树车、机、工、电、辆、客、货、生活等8个系统班组标杆，并在12月份安全表彰大会上进行表彰。1998年，路局对车务、机务、工务、电务、车辆、客运、货运等7个业务系统"双达标"活动开展情况进行全面系统调查分析。在调查分析基础上，制定《沈阳铁路局干部包保班组加强班组

基础建设的指导意见》，明确干部包保班组加强班组基础建设方面的任务和主要内容，提出阶段性目标、工作要求和验收标准。明确和规范分局（公司）、站段、车间（领工区）各管理层次在班组基础建设中的职责。1999年，路局持续推进班组"双达标"活动深入发展，组织各分局细化落实《沈阳铁路局坚持逐级负责强化班组基础建设指导意见》。全局以车务系统中间站为龙头，建立以"一长三员"为基本模式的班组管理制度，推进自管自控型班组创建。加大班组劳动用工和分配制度改革力度，实行职工待岗、转岗制度，建立班组优化组合、职工竞争上岗机制。

2000年，随着路局机关定编和职能调整，体改法规处更名为政策法规处，不再承担牵头主管班组建设工作职责。班组建设主体责任由站段负责，路局、分局有关部门按工作职责分别予以指导。班组建设"三结合"的思路，即班组"双达标"活动与竞争上岗、利益分配相结合，营销任务清算结果与"双达标"考核评定相结合，在成本控制中与班组基本核算单位功能相结合。

第四节　合同与证照管理

一、合同管理

（一）合同管理机制

1996年，路局编印《合同管理法规文件汇编》，收录有关合同基本法律、铁道部规章和路局合同管理规范性文件内容，组织各单位领导、法律顾问、合同管理员以及有关业务人员认真学习。转发《辽宁省经济合同管理条例》和辽宁省工商行政管理局、辽宁省经济贸易委员会《关于进一步开展重合同守信用活动加强企业合同管理的通知》(沈铁体法发〔1996〕4号)，组织全局各单位将重合同守信用活动纳入企业经营管理之中。1997年，路局重新修改《沈阳铁路局经济合同管理办法实施细则》和《沈阳铁路局经济合同统计工作管理办法》，制定《铁路专用线维修合同》规范文本，经辽、吉两省工商局批准，在全局统一实行。2000年，根据《中华人民共和国合同法》和《铁路合同管理办法》，路局重新修订《沈阳铁路局合同管理办法》(沈铁政策发

〔2000〕9号)，并制定《加强路局机关合同管理的规定》，重点明确机关各部门责任，规范路局对外签约行为，预防和及时解决合同纠纷，维护和保障路局合法权益。2004年，为进一步规范局机关及局直附属单位合同管理工作，路局制定《关于加强局机关及局直附属非法人单位合同管理的规定》（沈铁政策函〔2004〕233号）。2005年，为适应路局直管站段新形势，路局重新修订《沈阳铁路局合同管理暂行办法》(沈铁政策发〔2005〕55号)，理顺合同管理主体和落实主体关系，强化合同管理力度，细化奖惩规则，全局各单位建立合同管理委员会，明确行政正职为合同管理第一责任人。2011年，路局修改完善《沈阳铁路局合同管理办法（试行）》(沈铁企法发〔2011〕228号)，强化合同源头控制、过程监督、结果问责力度，将合同管理工作纳入路局月度安全经营一体化考核和年度经营业绩一体化考核范围。2015年，为全面推进依法治企工作，按照总公司要求，结合路局实际，建立健全路局法治建设一系列制度办法；制定印发《沈阳铁路局加强法治建设的实施意见》(沈铁企法发〔2015〕280号)，对提高领导干部依法管理能力、关键岗位人员法制教育和开展"七五"普法宣传做出全面部署，对健全法治管理制度体系、维护企业合法权益、营造良好内外部法治环境、法律队伍建设等方面做出重点安排；制定《沈阳铁路局法律事务管理办法》《沈阳铁路局合同管理办法》，对严格落实合同联签审查制度，重点对未经业务部门联签、法律部门审查合同做出硬性要求。制定《沈阳铁路局重要文件合法性审查办法》，所有文件印发前必须履行合法性审查程序，对未经合法性审查文件一律不得发布做出硬性要求，从企业经营管理源头上，防范经营管理法律风险。

（二）合同审查审批

1996—2004年，按照路局合同管理办法规定报审程序和审批权限，坚持合同报审制度，做到层层审查把关，防止无效合同发生，对不报审、不审查合同实行经济处罚。2005—2011年，为适应路局直管站段新形势，路局在合同审查过程中，严审对方主体资格和基层单位合同落款加盖路局合同专用章，对显失公平、不规范合同条

款，坚决予以纠正，以防范法律风险，维护路局合法权益。2012—2015年，为规范合同管理工作，路局严格执行合同逐级审批制度和程序，从业务和法律两个层面，对重要大额合同实施源头控制、过程监督、结果问责。

（三）合同检查

1996—2004年，路局每年组织对分局（公司）和部分基层单位合同检查。1996年，路局重点对183个局直附属单位和管理部门合同管理工作进行检查；并组织各分局（公司）开展合同年检工作。1998年，路局专门组织对全局合同管理基础工作检查和考核评定，对制度不落实，基础资料不健全，合同管理混乱的单位进行通报批评。2001年，路局召开局机关合同管理工作会议，总结部署局机关合同管理工作，健全局机关合同管理组织，对路局统一编号合同专用章使用情况进行检查和清理。2002年，路局组织开展合同管理执法监察工作，在各单位自查基础上，路局检查组用5个月时间进行抽查，发现共性问题93条，查出违纪问题23个，并对其中8个违纪问题给予处罚。按照铁道部《关于开展2002年铁路合同监督检查工作的通知》要求，在全局开展自查基础上，接受铁道部对沈阳铁路局合同管理工作检查，并得到充分肯定。2003年，为解决自制文本名称混乱、条款不全、用语不准等问题，路局将局机关及局直附属单位列为合同管理重点，审查29个单位和部门法律地位，确认其中22个为非法人单位，制作16种常用合同文本软件。同年，为贯彻铁道部《关于开展2003年铁路合同检查工作通知》精神，路局组成检查组，对分局(公司)机关和多经系统合同管理进行重点抽查，针对发现问题，除面对面交换意见外，还下发《通知》和《通报》，提出具体整改要求。2004年，路局在合同检查中，将第一管理者合同管理意识、法律意识及作用发挥情况作为检查重点，发现共性问题7类、具体问题9类，着力解决"有合同而无管理、应签而不签合同"问题。

2005—2011年，为适应路局直管站段新体制要求，路局每年都在全局范围内开展合同管理检查。2005年，路局重点检查基层单位第一管理者和合同承办人员签订、履行合同实际情况，通报批评12个单位。2006年，路局以运输主要站段为重点，发现"无权对外签合同"等共性和个性问题，通报批评10个单位。2007年，路局合同检查组就存在问题与受检单位第一管理者及所有合同承办人交换意见，提出整改意见，帮助其确定整改方案。2008—2010年，路局每年都组织进行合同检查工作。2011年，路局重点检查工程指挥部合同管理工作，对局管项目、部管项目、西部铁路建设项目，结合审计工作对建设项目合同管理情况进行检查。同年11月，路局组织联合检查组对基建在建工程"四整顿"（工程清底、结算清底、合同清底、责任清底）工作进行检查，检查51个单位，6163份合同，发现32个方面问题，要求有关单位限期整改。

2012—2015年，为减少合同纠纷，维护企业合法权益，路局重点规范合同管理检查标准，坚持合同检查常态化。2013年，为统一全局合同审查检查标准，根据各系统合同类型特点，制定《全局合同审查检查要点》。为规范非运输企业合同管理，路局组成专项检查组，对全局12个直属集团公司、22个专业（集团）公司及363个分（子）公司2012年以来合同审批、合同签订、合同履约、制度落实等情况进行专项检查，发现问题592件，下达《执法监察建议书》27份。2014年，按照"扩大覆盖面、消灭死角、协同推进、整体提高"原则，有计划、有重点开展合同检查。2015年，重点对2013年和2014年两年未检查单位和对去年检查合同问题比较多的单位进行"回头看"，跟踪整改情况。针对非运输企业合同纠纷频发的实际，将合同检查范围扩大到集团或专业化公司子公司。全年检查103个单位，检查合同14802份，抽查财务凭证10457笔，发现12个方面问题，出具合同检查意见表103份。并与被检查单位主管领导当面交换意见，提出整改意见。通过常态化检查和严格考核，各单位合同管理存在问题明显减少，合同管理逐步规范，合同质量逐年提升。

二、证照管理

2005—2011年，按照路局直管站段要求，坚持依法办事、规范管理、防范风险原则，路局全面做好法人营业执照和组织机构代码证年检等管理工作。2005年，路局认真办理年度企业法人营业执照和代码证年检，及时为已撤销分局办理注销手续，严格按照规定办理法人委托书272份，提供法人营业执照复印件47份，提供法人代码复印件62份。2007年，路局制定下发《沈阳铁路局授权委托书管理办法》(沈铁企法发〔2007〕27号)和《沈阳铁路局营业执照和组织机构代码证使用管理办法》(沈铁企法发〔2007〕28号)，严格审批程序和办事流程，建立使用登记制度，确保按照路局规定使用。2009年，根据调整各个办事处职能通知要求，路局对办事处持有组织机构代码证予以收回，由路局统一管理。2010年，严格执行单位申请、主管部门审核、局分管领导审批、主办部门核准发放制度，对不符合使用范围和条件的一律不予发放，对符合使用条件的立即办理。2011年，按照"转机制、闯市场"要求，路局先后两次到辽宁省工商局办理路局企业法人营业执照增项变更工作，增加矿产品、润滑油、燃料油、钢材、煤炭、粮食、汽油、柴油、煤油、木材销售，场地、房屋出租，货物仓储，汽车租赁，广告设计、制作、代理、发布，停车场服务，候车室贵宾服务，供暖、供水、锅炉、管道安装服务24项经营项目。

2012—2015年，按照实施多元化经营总体部署和具体要求，路局坚持"谁请领、谁负责"原则，认真做好证照审核审批、发放工作。2013年，路局与辽宁省工商局协商沟通，再次办理路局营业执照增项，新增"铁路客货运输及相关服务业务、道路货物运输、运输代理、物流服务"四项业务。2014年，根据全局深化货运改革和推进多元化经营需要，坚持依法合规原则，路局多次与辽宁省工商局协商沟通，办理营业执照增加住宿、餐饮、快递、石料开采、加工、销售等业务，使路局经营范围增至62项。2015年，办理路局营业执照增加"承办陆运进出口业务国际货物运输代理业务"经营项目、注册资本变更及出资人变动备案。换发"三证合一"营业执照和一证一码营业执照。按照规定在辽宁省企业信用信息公示系统进行2014年度营业执照网上公示报告，对全国企业信用信息公示系统进行研究，形成营业执照网上年检查询办法。

三、行政许可

2006年，根据铁道部要求，建立健全行政许可配套制度，规范行政许可程序。制定《沈阳铁路安全监督管理办公室行政处罚程序暂行规定》(沈铁安办发〔2006〕1号)《沈阳铁路局安全监督管理办公室职责范围》(沈铁安办发〔2006〕2号)《沈阳铁路安全监督管理办公室行政许可工作程序》(沈铁安办发〔2006〕3号)《沈阳铁路局安全监督管理办公室行政许可工作程序实施细则》(沈铁安办发〔2006〕4号)，规范运作行政许可工作，推进行政许可制度规范化和法律化。

2007—2013年，认真贯彻落实《行政许可法》和铁道部行政许可制度，严格许可条件，确保行政许可依法实施。全局共受理行政许可申请件129件，准予许可件78件，无行政复议或行政诉讼。其中：受理行政许可申请，2007年32件、2008年18件、2009年19件、2010年24件、2011年19件、2012年20件、2013年7件；准予行政许可申请，2010年24件、2011年19件、2012年28件、2013年7件。2013年，中国铁路总公司实施政企分开体制改革后，铁路行政许可业务划归国家铁路局管理。

四、商标管理

2008年，为重视知识产权保护，维护铁路局利益和形象，路局根据铁道部要求，将沈阳铁路局简称的"沈铁"作为商标权，向国家商标局申请专利，当年收到国家商标局受理通知书。2009年，按照铁道部保护"沈铁"商标函要求，路局调查核实情况，向各相关单位收集证据，到沈阳市档案馆调阅、复制辽宁日报和沈阳日报有关"沈铁"字样报道，形成19个沈铁商标异议证明，邮寄给北京倍增知识产权代理公司，多次进行沟通提出商标异议，商标代理机构将商标异议申请书和商标代理委托书提交国家商标局，及时保护沈阳铁路局知识产权。

2011年，为积极保护全局知识产权，防止发生侵权问题，路局共申请"沈铁"商标42项，国家商标局给予注册38项，下发38个商标注册证，有4项没有取得注册证，即为地方企业（辽宁丹铁种业）申请注册，路局向商标局提供证据申请异议，最终商标局下发《"沈铁"商标异议裁定书》，对沈阳铁路局提出"辽宁丹铁种业科技有限公司注册沈铁商标"异议予以支持，对辽宁丹铁种业第6272937号"沈铁"商标不予核准注册。2015年，为保护路局商标合法权益，规

2007—2015年沈阳铁路局证照和组织机构代码办理情况统计表

表4-2-3

年份	企业法人营业执照复印件（份）	企业法人代码、证书复印件（份）	法定代表人身份证复印件（份）	专项法人授权委托书（份）	定期法人授权委托书（份）	变更组织机构代码证明（份）
2007	283	208	69	45	133	18
2008	406	318	125	44	147	83
2009	549	606	260	16	150	81
2010	661	672	154	14	117	97
2011	974	836	370	24	126	94
2012	1106	809	371	25	121	74
2013	1804	1393	760	28	155	95
2014	1793	1884	761		175	
2015	1143	611	605	33	167	30

范商标管理，制定《沈阳铁路局商标管理办法》(沈铁企法发〔2015〕294号)，对路局商标注册申请、变更、续展和注销、使用、转让以及商标专用权保护等方面做出保护性规定。

第五节 法律事务与法制建设

一、法律诉讼

1996—2004年，沈阳铁路局认真贯彻铁道部《铁路经济合同内部纠纷调解办法》，扎实做好路局经济合同内部纠纷调解工作，做好诉讼案件代理和非诉讼纠纷调解工作。2005—2011年，根据路局直管站段后管理范围广、专业人员少、疑难案件多、诉讼标的额大和铁路运输纠纷、人身损害赔偿纠纷、产权纠纷、合同纠纷案件逐年增多特点，路局制定印发《沈阳铁路局诉讼管理暂行办法》，加强全局各类案件管理，维护路局合法权益。2012—2015年，在铁路多元化经营新形势下，针对经营活动增多、合同数量增加、旅客货主消费维权意识增强等新特点，路局建立主要负责人亲自抓、法律部门牵头协调、相关部门积极配合、涉案单位具体承办法律纠纷案件应对处置机制，对重大法律纠纷案件实行动态管理，实行案件零报告制度，积极保护好企业合法权益。

二、法律服务

1996—2004年，为确保决策依据可靠，避免法律风险，杜绝显失公平，防止纠纷发生，沈阳铁路局重点发挥法律部门职能作用，做好法律咨询服务工作。2005—2011年，路局主要在铁路企业机制改革和"三重一大"事项决策方面注重法律部门参与，提供法律保障。2005年，参与沙鲅支线资产转让等重大事项，为局机关12个机关部门以及140余个基层单位提供法律咨询和法律服务。2006年，参与企业重大经营决策8件，为领导决策提供具体法律意见，审查协议及重要法律文书15件。2007年，参与修改路局"三重一大"关于资产重组等议题报党政联席会议、关于路外交通事故索赔处理意见，审核《沈阳铁路局与沈阳市人民政府关于西部工业走廊铁路新建工程合作建设协议书》等；同时，认真审查重要合同协议，对铁通通信服务合同，动车组保洁、餐饮招投标及组装件公司合同，辽宁省证券公司拟签债务清偿协议，《关于与中国医科大学附属第一医院合作处理沈阳升龙国际酒店有限公司欠缴土地有偿使用金问题的请示》等合同协议，提出法律建议，提供书面审查意见。2012—2015年，路局重点对协议及规范性文件进行合法性审查，并在依法治企大环境下，做好源头参与、合法性审查、法律咨询工作。

三、法制宣传教育

（一）"三五"普法宣传教育

1997年，路局制定印发《沈阳铁路局法制宣传教育第三个五年规划》《沈阳铁路局1997年法制宣传教育工作要点》，组织全局各部门、各单位运用多种形式开展普法教育，路局领导班子带头学习《社会主义法制建设基本知识》一书，组织22人参加铁道部举办的普法骨干培训班，征订铁道部普法教材14564册发放到基层单位、车间和班组，分层次开展《合同法》《劳动法》《刑法》《公司法》以及相关专业法律知识教育，进一步增强全局干部职工遵纪守法意识。1998年，路局组织开展全局"三五"普法知识竞赛活动，参加竞赛活动的人数为15278人，通过采取解答咨询、组织答题、评卷、分析卷面成绩、公开抽奖仪式等措施，推进全局普法工作。1999年，路局制定《沈阳铁路局1999年法制宣传教育和依法治企工作要点》(沈铁体法发〔1999〕43号)，转发铁道部《铁路系统"三五"法制宣传教育达标验收办法》，对全局"三五"普法验收工作提出具体要求，根据铁道部和辽宁省要求，及时部署和开展全局普法调研工作并形成调研材料，分别报送铁道部、辽宁省普法办。2000年，按照铁道部关于"三五"普法验收要求，路局对"三五"普法验收工作进行认真部署，制定验收方案。路局组成普法验收工作组，对9个分局和部分局直属单位普法工作进行验收。各分局(公司)共验收基层单位434个，其中优秀116个，达标318个。全局普法验收工作结束后向铁道部提交验收总结报告法律顾问培训班，培训91人。全局共举办各种法律培训班28期，受教育人数1009人。

（二）"四五"普法宣传教育

2001年，路局根据铁道部《铁路系统法制宣传教育第四个五年规划》，制定《沈阳铁路局法制宣传教育第四个五年规划》，成立普法领导组织，明确目标任务，制定落实措施，在全局开展"全国法制宣传日"活动。2002年，路局组织召开全局普法工作电视电话会议，总结"三五"普法工作，部署"四五"普法工作，表彰"三五"普法先进集体和先进个人。制定《加强领导干部学法用法工作的若干意见》，在全局开展《安全生产法》宣传贯彻活动，组织职工参加全路安全生产法知识竞赛，参加人数达311474人，占全局职工总数91.1%；在《沈阳铁道报》上开辟普法专栏，连续刊发《安全生产法》系列讲座5期。2003年，路局落实铁道部有关"四五"普法工作要求，紧紧抓住"依法决策、依法经营管理、依法维护企业合法权益"三个环节，积极推

进企业法制建设工作。2004年，路局下发《关于认真学习贯彻铁道部实施行政许可法相关规定办法的通知》，在《沈阳铁道报》上开办"以案说法"专栏，局法律室与局党校联合开展在青干班"模拟法庭"活动。2005年，为宣传贯彻《铁路运输安全保护条例》，路局组织人员撰写《铁路运输安全保护条例百题问答》，并分别在《沈阳铁道报》和《班组学习》上进行连续刊载。

（三）"五五"普法宣传教育

2006年，路局制定《沈阳铁路局法制宣传教育第五个五年规划》，要求各单位认真贯彻落实。路局采取各种形式组织学习合同法、劳动法、行政处罚法等法律知识。在《沈铁企业管理》《沈阳铁道报》《班组学习》等报刊发表普法文章，积极开展法制宣传教育。2007年，积极开展贯彻学习宣传《物权法》《劳动合同法》《反不正当竞争法》《铁路交通事故应急救援和调查处理条例》等工作。路局在局党校为新入路300多名大学毕业生讲授《劳动者与法》，为基层领导干部讲授《关于加强合同管理规范经营的若干问题》，为基层单位经营管理人员讲授相关法律知识，收集整理近10年发表的40万字普法文章编辑成册，下发基层单位组织学习。2010年，路局按照铁道部《关于组织开展铁路系统"五五"普法检查验收工作的通知》（铁政法函〔2010〕751号）要求，制定下发《关于做好全局"五五"普法检查验收工作的通知》（沈铁企法函〔2010〕442号），组织基层单位进行自查，形成报告，路局对部分单位进行重点抽查验收，对全局各单位开展"五五"普法情况进行统计汇总，总结全局"五五"普法工作并上报铁道部。

（四）"六五"普法宣传教育

2012年，路局按照铁道部《铁路法制宣传教育第六个五年规划》（铁政法〔2011〕222号）要求，制定下发《沈阳铁路局法制宣传教育第六个五年规划》（沈铁企法发〔2012〕127号），部署全局开展"六五"普法工作。2013年，路局组织编写《铁路企业合同管理实例解析》一书，采用简单、直观、实际且贴近铁路企业经营管理的工作案例，详细剖析铁路企业常用合同内容、效力及签约时应注意问题，并附有铁路企业常用合同参考文本；在《铁路企业合同管理实例解

析》基础上，出版《合同管理工具箱》（社会版）一书；在《沈阳铁道报》上发表《劳动合同法修正案实施后铁路企业如何防范劳动用工的法律风险》，开展法制宣传教育。2014年，路局在《沈阳铁道报》开辟普法宣传专栏。 2015年，结合全局债权债务清理工作，相应宣传并解读有关法律法规，有针对性进行普法宣传教育。在《沈阳铁道报》法制宣传教育专栏刊登法律专稿。下发《沈阳铁路局"六五"普法总结验收工作方案》，向总公司报送《沈阳铁路局"六五"普法工作总结》。

四、法律队伍培训

为提高全局专兼职法律人员素质，路局每年都安排对企业法律顾问和合同管理员进行培训。从2005起，将法律专业人员培训纳入全局干部培训年度计划。在培训中，除组织学习法律专业知识外，重点采取以案说法、案例剖析等形式，联系实际，学以致用，增强培训针对性和实用性。

第六节 重点课题调研

经营管理重点课题调研 1996—2015年，路局围绕改革与发展经营管理重点、难点问题，每年都以路局文件形式下发全局行政系统调研课题计划，征集局机关各部门和基层单位重点研究课题，共完成调研课题成果报告1177篇，从中选取740篇较好调研课题成果，编辑成《全局调研课题成果选编》，下发管内各单位，并将其中285篇优秀调研课题成果通过《企协通讯》《沈铁》《辽宁铁道》杂志形成专刊。

经营管理专题调研 1996年，路局组织有关人员完成铁道部跨年度调研课题《关于铁路运输企业建立现代化企业制度问题的研究》。1997年，路局对全局支线改革和营销战略专题进行调研，形成白阿线经营改革，朝开、浑大线争取外部政策，本溪车务二段、抚顺车务段营销改革等调研报告。完成铁道部政策法规司布置的铁路中小企业结构调整问题调研和部物资总公司铁路木材防腐企业经营状况调研。同年，路局在组织放活工业小企业调研中，将骆驼营水泥厂和薛家配件厂做法转发全局。1999年，路局组成联合调研

组对全局资产经营责任制情况进行调研，形成专题调研报告。同年，还对吉林、沈阳工程集团和通化工程总公司改制工作进行前期调研。2003年，路局组织有关人员开展清退集体工相关政策和稳定工作中法律建议活动，针对富余人员安置、加强物资采购节支、布局调整后二等站管理、多经创岗创效、实现"物流点"向"物流圈"发展等内容进行专题调研。2004年，路局围绕深化改革、加强管理和加快发展中的新情况、新问题、新矛盾，集中开展运输生产布局调整、精品车站、精品列车、工业企业重组改制、安全基础管理、经营业绩考核、投资融资、劳动分配制度等专题调研。向各分局推荐21个典型经验进行专项调研和修改汇编工作，并召开全局经营管理工作会议进行交流。2005年，路局从管理跨度大、基层单位多的局情出发，对实行路局直管站段体制后的经营管理方式进行调研，积极探索符合铁路局实际的新经营管理机制，形成《关于路局直管站段后管理方略的探讨》专题研究报告。针对如何突出路局管理和考核职能，强化、精干地区办事处职能，明确站段经营管理职能等重点问题，提出 "路局统一决策、地区强化监督、站段活化管理"基本管理思路和"统一指挥、协调动作、系统负责、综合管理"经营管理模式。这一研究成果在全路政策法规系统座谈会上受到铁道部领导肯定。2006年，路局本着"着眼发展，谋划未来，明确主攻方向"指导思想，经过认真调查、深入研究，形成《关于未来沈阳铁路局3—5年增运增收主攻方向的战略思考》。2007年，对全面加强企业管理进行调研，围绕运输经营、安全生产、中间站管理、绩效考核、提高路局直管能力和站段自管能力等问题，有针对性地提出建议。2008年，针对运输经营、安全管理、控制成本支出、全面预算管理、企业文化、建设自控型班组、建立运输企业长效考核机制等问题，进行调研。2009年，路局组织有关人员对重点经营管理项目开展专题调研，先后调研扎伊、珠贺铁路开通运营情况，形成《振兴民族区域经济确立辅业发展方向》调研报告；围绕全局未来发展战略问题，形成《关于路局未来3—5年发展战略的构想》规划性报告。2010年，围绕西部铁路建设运营、陶舒合资铁路公司和长双烟铁

路合资公司经营管理情况，进行调研。2011年，围绕经营管理现状、发展前景和潜力预测、"转机制、闯市场"思路设想三个方面内容，进行专题调研。主要包括：对以"四最"（能力最大、效率最高、环境最美、效益最好）为标志的西部铁路建设和发展前景进行调研论证；对通霍线三轮大规模扩能改造会战的意义和引领作用进行分析阐述；对大连沈铁港口物流有限公司和大连沈铁长兴岛物流有限公司在落实路局"资源、港口、口岸"三大战略，实现"运输链条完整化、经济效益最大化"以及最大限度地开发具有铁路比较优势经营项目，为客户提供"多样化、个性化、差异化、一体化"综合物流服务进行实地调研。2012年，路局组成综合调研组，重点围绕各单位客货营销主要做法和成效、存在问题及原因、拓展客货营销思路和建议等内容进行调研，总结客货营销成效和做法，分析存在问题、有利条件及不利因素，提出深入开展营销的思考和建议。2013年，围绕机构组建、运输安全、市场营销、资产交接、财务管理、思想稳定等重点工作，对大连货运中心实施全过程包保调研，并形成专题报告。指导帮助长春货运中心整章建制，形成制度办法汇编供全局其他货运中心学习借鉴，并总结整章建制经验做法，在全局货运组织改革现场上交流。对路局前三个"三年发展规划"重点工作成果、重点项目和重要工程，以及

对制定第四个"三年发展规划"具有重要影响的投资项目进行实地调研。总结前三个"三年发展规划"取得成果，对已经完成的发展规划项目作出定性总结，对持续发展项目作出定位，对需要完善的项目提出建议，形成《关于路局第四个三年发展规划的调研报告》。2014年，组织有关人员到大连北站开展经营管理专题调研，对丹东工务段推进安全"三化"建设工作进行专题调研，又对大连站规范化管理工作进行跟踪调研，进一步总结该站坚持依法治站的经验做法。2015年，路局对苏家屯机务段机车实施和谐型机车二年检自主修，实现创新驱动发展进行调研，总结经验做法。在实地考察调研和全面总结基础上，将全局机务系统修程修制改革做法上报总公司，得到盛光祖总经理的批示肯定。

科技课题研究　1996年，根据铁道部安排，沈阳铁路局承担铁道部"八五"科研课题"铁路货车车辆损害赔偿若干法律问题"研究任务，形成"铁路货车损害赔偿法律问题的研究""铁路货车损害赔偿办法"等五项成果材料，经铁道部课题评审组评审，获得科技成果鉴定证书。该课题成果分析困扰全路多年的铁路货车损害情况及其造成严重的经济损失和对铁路运输安全的危害性，提出避免和减少货车损害，依法维护铁路运输安全，保护铁路企业合法权益的有效途径。

第三章　计划统计

沈阳铁路局运输生产计划统计管理的日常工作由局计划统计处负责，主要工作内容包括：运输计划及统计、长远规划前期工作、修建计划、工程预算审查、综合计划统计、环境保护和节约能源等。20年来，计划统计管理机构几经变化。1996—2015年，计划统计部门经历了机构职责调整、管理改革、设备提升，从指令性计划管理模式向依据市场变化不断进行调整的计划管理模式转变，从传统铁路运输方式向现代物流方式转变。在机构变化过程中，路局计划统计部门坚持

以提高综合运输能力为主，逐步完善路网结构为主要投资方向。在安排投资计划中，做到坚持中长期计划与年度计划相结合、重点与一般相结合、安全与效益相结合。适时调整计划统计管理职责范围，逐步完善各项计划统计规章制度和管理体系，加速推行计划统计现代化管理手段，以适应铁路经济体制改革和铁路建设发展的需要。

20年来，特别是进入"十一五"计划后，路局根据铁道部《中长期铁路网规划》《铁路"十一五"规划》，结合铁道部与辽宁省、吉林

省、内蒙古自治区签订的铁路建设协议，实施以"加快新线建设、完善路网结构；改造既有线路、提高运输能力；配套完善运输枢纽、协调点线能力及分系统建设"为主要目标的大规模铁路建设。重点加大前期工作力度，超前储备大型路网建设项目40余个，为加快路网建设奠定坚实基础。行业统计工作平稳有序，规章制度建设稳步推进，统计数据管理进一步规范，数据质量保障得到有效提升，统计信息化建设取得新进展，为全局各项工作提供统计信息支撑。

第一节　计划统计系统概况

1996年，铁路局下设计划统计机构70个，专业计划统计人员901人。其中，专职统计人员525人，兼职统计人员361人，高级统计师4人。根据铁道部铁劳函〔1996〕66号文件规定，自1997年起，运输设备大修计划管理由计划部门移交给财务部门。根据铁路局（沈铁劳函〔1996〕222号）文件，将计划统计处概预算审查科划归新成立的铁路局概预算审查中心。铁路局计划统计处处内设运输计划科、长远规划前期工作办公室、修建计划科、综合计划统计科、运输统计科、环境保护办公室、节约能源办公室。计划统计处的主要职责是铁路局中长期发展规划、固定资产投资计划、运输生产经营计划、环保指标计划、能源消耗计划的编制下达和执行；组织开展建设项目前期工作；编制上报客货运、机车、货车、固定资产投资、设备大修、运输设备、工业、客货车辆检修、交通运输等专业统计报表。组织统计执法检查，归口管理铁路局统计工作。1997年，铁路局计划、统计、环保、节能机构98个，专职人员1055名。根据沈铁劳函〔1997〕167号文件规定，铁路局统计工厂更名为客货运输统计中心。根据铁道部（计统〔1997〕127号）文件规定，全国铁路18:00点报告统计统一移交运输部门管理。机车、货车统计规章制度管理与统计监督职能仍由计统部门负责，机车统计报表月报、季报、年报仍由计统处负责上报。同年，设备大修统计移交财务部门。1998年，铁道部实施点到点运营成本统计，各铁路分局统计报告室增加统计人员44人，各机务段统计室增加统计人员12人。铁路局计统系统专职统计人员593人。1999年，铁路局计统处按照职能、作业流程将综合计划统计科、运输统计科调整为统计信息科、统计管理科，在客货运输统计中心正式组建统计调查队。

2000年，按照铁道部、铁路局机构改革要求，计统处附属单位环境监测站、能源监测中心合并为沈阳铁路局能源环境监测中心。各铁路分局机关精简幅度达25%，各铁路分局计划统计分处人员同步精简。2003年，计划统计处有职工29人。客货运输统计中心现员89人。随着统计信息化建设不断加强，该中心整体功能由单一客货运输统计逐步向以客货运输统计为主，综合统计调查、社会经济调查、综合分析等为辅的多元化功能转移。在客货运输统计中心内成立经济调查队、统计调查队、综合分析室，并规定新的岗位职责、工作程序和工作标准。同年，根据沈铁劳函〔2003〕300号文件规定，成立地方铁路办公室，负责合资地铁管理业务，隶属为计划统计处。

2005年，实行铁路局直管站段体制改革，计划统计管理层次由三级管理变为两级管理。计划统计处职工由27人增加到31人；设运输计划、前期规划、建设计划、统计管理、统计信息科和环保节能办公室共6个科（室）。主要负责铁路局中长期发展规划、固定资产投资计划、运输生产经营计划、环保指标计划、能源消耗计划的编制和执行；组织开展建设项目前期工作；归口管理铁路局统计工作，编制上报客货运、机车、基本建设、更新改造、运输设备、客货车检修、工业、交通运输等统计报表。合资与地方铁路管理办公室、客货运输统计中心、节能环保监测中心仍为附属单位。路局制定《沈阳铁路局运输计划工作管理办法（暂行）》《沈阳铁路局统计工作管理办法》《沈阳铁路局环境保护管理办法》《沈阳铁路局节约能源管理办法（暂行）》《沈阳铁路局铁路专用线修建暂行管理办法》《沈阳铁路局立交桥穿（跨）越铁路工程项目暂行管理办法》，清理和废止各专业原管理办法和有关规定。根据《关于公布运营管理费列支附属单位机构定员的通知》（沈铁劳发〔2005〕80号），客货运输统计中心、节能环保监测中心分别更名为客货运输统计所、节能环保监测站。各基层主要运输站段也配备专职（或兼职）投资、运计专业计划管理人员。

2006年11月，铁路局下发《关于明确运输站段统计机构的通知》（沈铁劳卫发〔2006〕236号），除各机务段、沈阳西站和长春北站已经单独设立计划统计科外，各直属车站、车务段、车辆段的技术科更名为技术和统计科；各客运段乘务科更名为乘务和统计科。各车务站段、机务段、客运段、车辆段至少设1名统计检查员。基层站段专职统计人员定编223人。计统处增加"物流统计"业务。2007年，计统处成立基建计划科，负责基本建设项目投资计划管理；成立技术改造计划科，负责更新改造项目投资计划管理。撤销建设计划科。2009年，合资与地方铁路管理办公室、客货运输统计所、节能环保监测站为计划统计处附属单位。根据沈铁劳卫发〔2009〕218号文件规定，节能环保科对外名称"沈阳铁路局环境保护办公室"改称"沈阳铁路局节能环保办公室"。

2010年，计划统计处职工31人。处内设运输计划、前期规划、基建计划、技改计划、运输统计、综合统计、节能环保7个科。主要负责铁路局中长期发展规划、固定资产投资计划、运输生产经营计划、环境保护和能源消耗计划的编制、下达和执行；组织开展建设项目前期工作；归口管理铁路局统计工作，组织统计执法检查，编制上报客货运、机车、客货车检修、基本建设、更新改造、运输设备、工业、物流、交通运输、环境保护、能源消耗等统计报表。合资与地方铁路管理办公室、客货运输统计所、环保节能监测站为计划统计处附属单位。根据沈铁劳卫发〔2010〕239号文件规定，将客货运输统计所提为副处级建制单位。截至2010年底，站段环保专兼职人员共计280人。计统处增加"客车统计"。2012年，根据沈铁劳卫发〔2012〕61号文件规定，路局于同年2月成立"道口平改立工作领导小组办公室"，负责局管内平交道口改立交项目前期和建设工作。隶属关系列为计划统计处附属单位。

2014年底，撤销"沈阳铁路局道口平改立工作领导小组办公室"，成立"沈阳铁路局道口改

造指挥部"。2015年4月，计划统计处内增设"非运输企业投资计划科"，主要负责铁路局管内非运输企业固定资产投资项目的可研审查、下达审查意见和投资计划。同年6月，节能环保监测站整建制移交劳动和卫生处，并入沈阳铁路疾病预防控制所；撤销合资与地方铁路管理办公室建制，合资地铁管理业务移交铁路局经营开发处。

计划统计处共有职工36人。处内设运输计划、前期规划、基建计划、技改计划、运输统计、综合统计、节能环保、非运输企业投资计划8个科。主要负责铁路局中长期发展规划、固定资产投资计划、运输生产经营计划、环境保护和能源消耗计划、非运输企业投资计划的编制、下达和执行；组织开展建设项目前期工作；归口管理铁路局统计工作，组织统计执法检查，编制上报客货运输、机车、客车、固定资产投资、运输设备、客货车检修、工业、物流、交通运输、统计人员机构状况、环境保护、能源消耗等统计报表。计划统计处下设附属机构1个，即客货运输统计所。

第二节　运输计划

一、经济调查

（一）货源货流调查

1996年，铁路局、铁路分局、运输主要站段三个层次分别对吸引区内货源货流实施调查。铁路局重点走访辽吉两省计经委、东北煤炭管理局、农业厅，调查了解主要包括宏观经济形势及相关产业政策导向、辽吉两省国民经济和社会发展计划指标、年度国内生产总值（GDP）计划与增长幅度、全社会固定资产投资规模；煤炭产运销情况；粮食产量、地销量、外运量等信息。走访霍煤、沈煤、阜新煤矿，鞍山、本溪、北台、通化、凌源钢厂，大连、营口港；抚顺、锦州、锦西炼油厂及盘锦油田，掌握吸引区内经济发展态势及粮食、钢铁、煤炭、石油等大宗货源产、运、销变化情况以及影响铁路运量变化的主要因素。1998年，路局先后走访辽、吉两省计经委和交通、建设等厅局，了解国家增大投入后社会经济拉动情况和社会经济运行态势，对下半年铁路

货运量及后期趋势进行预测，为遏制货运量下滑提供决策参考。

2002年，路局重点调查中国加入WTO之后粮食运量变化及入世后粮食运量发展趋势；通过编写《运输营销工作手册》规定调查范围、规范调查方式、提升预测准确性、介绍分析办法，使经济调查工作逐渐规范。

2003年，沈阳铁路局与辽宁省经贸委及行业主管部门设立月、季工业运行情况通报沟通渠道，以便及时了解掌握货源动态及货运市场变化情况。强化铁路分局对煤、油、钢、粮、矿建等10个主要品类货物营销分析工作制度，跟踪、分析、预测、掌握货源动态及货运市场变化和需求，进行专题分析，及时采取应对措施。开发"沈阳铁路局运输经济环境系统"软件，以地图形式建立吸引区重点货源分布图，用以查询货运量变化，为制定计划和运输组织提供参考信息。

2004年，路局重点掌握吸引区内28家厂、矿企业运输需求，针对迎峰度夏期间出现煤炭超运而电煤不足的现象，主动承担起煤矿与电厂洽谈协调的责任。建立电煤运输协调机制，明确煤、电、运三方责任，定期召开电煤运输协调会，及时协调解决电煤运输问题。

2005年后，为适应铁路局直管站段的改革形势，对货源货流调查组织分工、主要内容进行规范。在货源货流调查组织分工方面，铁路局由计划统计处负责，由客货运输统计所经济调查队协助；各直属车站、车务段、客运段成立市场调查小组（中间站成立货源调查小组），由单位主管负责人及计划、客运、货运、收入等有关人员组成。在调查的范围分工方面，铁路局负责走访辽宁、吉林省和内蒙自治区政府有关部门。年铁路货运量50万吨及以上或虽不足50万吨但对所在站、车务段的运量影响较大的企业也由铁路局负责调查。各直属站、车务段负责调查走访经济吸引区内市、县（含县级市）、乡、镇政府有关部门和年铁路货运量在5万吨以上的企业，调查的主要内容包括本站段吸引区内行政区域的划分、城镇建设、工业生产布局及农业发展情况、自然资源、矿藏分布、蕴藏数量、开发情况以及发展规划；本站段吸引区内工矿企业，特别是对铁路局运量影响较大的煤炭、冶金、粮食、石油、建材、电厂等重点企业的产品产量、库存量、地销量、自用量、调出量、供应范围，燃料、原材料的需要量和来源，企业设备能力、检修周期、生产水平、发展规划、主要经济技术定额、企业的仓储能力、装卸能力，通过铁路运输的到发量和流向等；吸引区内大宗农副土特产品的产、销量，农田水利建设及支农物资的运输量；吸引区内基本建设规模、投资，主要建设项目规模、工期、投资、所需建筑材料和设备来源及其铁路运量；吸引区内商业、物资、外贸部门大宗物资的产、销、收购、调拨量，仓储能力及其铁路运量；吸引区内公路、管道、地方铁路运输设施分布、运输能力及所运货物主要品类和数量以及与铁路之间的衔接和分工等。

2013年，在经济形势下行，主要品类煤炭、钢铁、石油、水泥等发送量持续下滑。从增运增收目的出发，重点走访管内本钢、北台、鞍钢、凌钢、鞍凌钢、通钢、吉林鑫达、吉林恒联精密铸造科技公司、辉南轧钢、吉林建龙、新抚钢、抚顺特钢、赤峰远联、内蒙鸿骏铝电、四平现代、乌兰浩特16家钢铁企业，了解掌握了钢铁品类下滑情况及各钢铁企业对蒙东地区煤炭的需求程度。

2014年，重点对铁路局管内霍煤、平煤、沈煤、阜矿、源源集团；辽源、铁法、舒兰矿务局；抚顺、北票、通化、珲春矿业和乌拉盖金源、亿诚煤矿14家煤炭企业和辽阳红阳、华能营口、辽源、吉林、大唐长山、长春二热电、沈阳金山热电厂；国电吉林龙华长春热电一厂、华能吉林发电有限公司长春热电厂；清河、浑江、阜新、双泡子、元宝山、华能九台电厂；辽宁华电铁岭发电有限公司、绥中发电有限公司、白城发电公司18家电厂，共计32家企业进行走访调查，对辽、吉两省经济运行情况及对蒙东地区煤炭需求的影响进行了深入了解，包括2014年预计完成情况和2015年生产计划安排、设备检修情况等，了解各品类货物市场需求变化情况。

2015年，重点走访石油和水泥24家企业。其中石油企业15家，包括抚顺石油二、三厂；沈阳石蜡化工厂；中石油辽阳、松原石化公司；中油锦西、锦州石化分公司；中国石油天然气股份有限公司大连、辽河、吉林石化分公司；中国兵器工业集团、控股的华锦化工（集团）有限责任公司、大连西太平洋石油化工有限公司、长春新大石油集团农安石油化工有限公司、吉林省利安石化有限公司。9家水泥企业包括吉林亚泰、吉林亚泰明城水泥有限公司、亚泰集团铁岭水泥公司、冀东水泥磐石有限公司、吉林德全水泥集团、大鹰水泥、山水远航公司、辽阳千山水泥。了解了石油、水泥品类货物的市场需求变化情况。

（二）客流调查

沈阳铁路局客流调查分为定期调查和适时跟踪调查，定期调查一般在每年5月份进行，如有调图、调价等重大变化时则适时进行跟踪调查。

1996年，路局调查旅客16.3万名、公路区段159个、旅客列车181.5对；针对铁路客票调价后客流变化情况，向车站、列车发放问卷2300张，在4列旅客列车查验客票2000余人，对旅客身份、旅行目的、旅行费用来源构成及变化情况进行调查分析，并找出客运漏收情况和客流下滑原因。1997年，针对实行新图、提速等新举措对旅客运输的影响，共调查旅客14.7万人，旅客列车396列，摸清客流变化的主要原因及新图实施后客运能力利用率。1998年，针对铁路局运量出现大幅度下滑情况，全年进行两次客流调查，第一次是5月份定期调查，第二次是10月调图后调查。重点调查新图实施后主要车站客流吸引情况、改变径路和发到时刻列车的能力利用情况、新图在哪些方面还不适应市场、新图对其它交通运输方式的影响以及对铁路自身货运方面的影响。1999年，调查旅客1.3万人，旅客列车36趟，掌握16个城市长途汽车开行和吸引区公路建设情况，提出38条调整客运产品结构方面建议，其中有12条被采纳。

2000年，新增"社会公众问卷"调查，共调查旅客列车511列，旅客10多万人。分析出在客车利用、假日经济、公路建设等方面影响客运量的问题，提出客运营销建议，为调图提供依据。2001年，有针对性地组织开展"公铁平行线路（区段）市场竞争情况专题调查"。对辽宁省内各条公路、长途客运站、相关企业单位进行走访调查，并从公、铁两大运输方式各自在建设投资、运输设施、服务、运价、速度等方面所具有的优势和不足进行分析比较，提出改进铁路营销服务建议。2002年，重点调查新图实施后客流变化，包括增开和延长区段、改变径路和到开时刻以及管内小客车实行管理属地化、售票公汽化、工资含量化等项改革后客流变化和客运能力利用情况。调查既有公路、在建公路、新开通公路客流情况，分析公铁客运市场竞争走势。

2005年，路局重新制定《沈阳铁路局运输计划工作管理办法（暂行）》（沈铁计发〔2005〕122号）。对客运市场调查的范围和主要内容做出具体规定。

二、运输计划编制及完成情况

1996年，依据铁道部年度运输计划安排，根据客货流调查情况，路局以沈铁计发〔1996〕10号下达铁路局的年度运输计划指标。1998—1999两年间，铁路局运量出现大幅度下滑，根据运量下滑的趋势和预计完成情况，在征得铁道部同意的基础上，铁路局分别以沈铁计发〔1998〕136号、沈铁计发〔1999〕136号文调整了年度运输计划指标。1998年，在正常下达货车周转时间、一次作业时间、货车中转时间、机车日产量、平均牵引总重等质量指标的基础上，增加"支配机车功率日产量""配属客车日产量""货车日产量"3项指标。

2000年，铁路局在编制本年度运输计划时，着重体现围绕落实资产经营责任制，确保实现铁路局减亏目标的兑现。"三量"（客、货发送量和换算周转量）计划分高、低限，低限为考核必成计划，高限是铁道部下达给铁路局的目标计划。同年，根据铁道部铁路计划安排，铁路局下达并调整2000年计划。调整后"三量"计划仍分高、低限，低限为考核必成计划，高限为铁道部下达给沈阳铁路局的目标计划。2003年，沈阳铁路局根据铁道部的计划安排，年初以沈铁计发〔2003〕10号文件下达计划，年底以沈铁计发〔2003〕128号文件对计划进行调整。货物发送量低、高限计划指标分别为：21125、21410万吨；旅客发送量计划分别为15100、15300万人；换算周转量计划分别为2105、2115亿吨公里。

2006年起，铁路局年度运输计划向基层站段下达的主要指标包括：客货发送量、日均装车、静载重、货车中转停留时间、货物一次作业时

1996年—2015年沈阳铁路局客货运量计划完成情况表

表4-3-1

年份	货物发送量（万吨）		旅客发送量（万人）		换算周转量（百万吨公里）	
	年度计划	实际完成	年度计划	实际完成	年度计划	实际完成
1996	20 950	21 337	21 000	19 100	202 000	204 125
1997	20 920	21 487	19 700	17 948	208 000	212 906
1998	21 100	19 705	18 000	17 107	213 000	189 702
1999	19 530	19 972	17 080	17 195	189 800	199 999
2000	19 900	20 154	17 450	17 503	196 600	207 146
2001	20 040	20 646	17 490	16 866	207 300	211 423
2002	20 370	21 125	16 000	15 634	209 100	211 785
2003	21 125	21 660	15 100	13 911	210 500	219 199
2004	22 290	23 697	15 120	15 294	227 800	252 904
2005	24 500	24 606	15 290	15 147	260 500	259 048
2006	26 000	26 003	15 220	15 556	263 500	266 341
2007	27 000	28 360	16 320	16 435	275 500	290 541
2008	30 800	32 366	17 700	18 546	306 600	315 644
2009	32 400	33 882	21 000	20 413	321 400	313 890
2010	35 400	36 815	20 400	20 481	332 500	342 619
2011	40 300	40 309	21 850	19 735	375 700	383 441
2012	39 500	38 142	20 000	19 913	421 500	364 636
2013	40 000	37 685	21 450	21 209	386 600	355 603
2014	39 000	34 806	22 000	21 246	330 900	327 286
2015	37 100	28 453	21 600	21 554	346 800	271 486

* 2014年后货物发送量中含行包专列发送量，各年换算周转量中均不含行包周转量。

间、主要编组站货车办理数量、担当客车旅客发送量、担当客车旅客周转量、机车检修率、各种运输总重吨公里、总走行公里、货运机车技术速度、列车平均牵引总重、货运机车日车公里、货运机车日产量等。货车周转时间、客货周转量、换算周转量不向基层站段下达。

2006—2008年，"三量"指标计划未分高、低限。2009年，铁道部下达铁路局的货物发送量计划32400万吨，旅客发送量计划20380万人，换算周转量计划3195亿吨公里。为了实现铁道部下达的指标，结合铁路局生产经营情况，适度调整了旅客发送量和换算周转量计划，按高、低限分别下达2009年运输生产计划。

2012年，铁道部下达铁路局的货物发送量计划43200万吨，旅客发送量计划21290万人，换算周转量计划4215亿吨公里。根据当年经济形势和

货源出现下滑的趋势，铁路局下调了客、货发送量计划，其中货物发送量计划39500万吨，旅客发送量计划20000万人。2015年，经济形势持续下行，主要品类如煤炭、钢铁、金属矿石、石油等发送量持续下滑；相对货运形势比较，由于部分客运专线开通，增开客运列车等因素，客运形势仍呈增长态势。遵循贴近实际确保增收的原则，编制下达2015年客、货运量计划。

三、运输计划管理

1996—2000年，沈阳铁路局运输计划分为指令性计划和指导性计划。铁道部下达各铁路局指令性计划为3项，即：货物发送量、煤炭发送量、换算周转量，并列入考核指标内。铁路局除下达3项指令性计划指标外，还下达旅客发送量、货物周转量等17项指导性指标。指导性指标各铁路分局可自行调整，报铁路局备案。另外，

铁路局还下达铁路局间分界站货物接交运量，管内各省（区）货物发送量和主要品类发送量计划指标。

1998年，在吉林分局实施运输计划编制与运输收入挂钩同步编制，此办法在各分局中逐步得到推广并在路局编制年度运输计划和运输收入计划时采用。2000年，为适应实施资产经营责任制的需要，运输计划改称运输经营计划。货物发送量、旅客发送量、换算周转量"三量"计划分为高、低限。低限为考核必成计划，是签订责任状的依据；高限为铁道部下达给沈阳铁路局的预期值，是目标计划；"三量"计划按高、低限下达持续至2003年。自2004年起，"三量"计划不再按高、低限分劈下达。期间，铁道部取消指令性计划，改为预期值指标。

2001年，按照铁道部支线改革部署，沈阳铁路局推行支线改革，运输计划管理亦随之作相应调整。凡已完全分离、规范改制的支线公司（中心），可自主安排运输计划，报所在铁路分局、铁路局备案；尚未完全分离、规范改制的支线公司（中心），其运量计划及机车车辆运用指标计划全部纳入铁路局的运输计划，各铁路分局在分劈下达运输计划时予以单列。

2005年，运输计划建立吸引区内企业名录系统，动态掌握重点企业的生产经营信息。日均装车在5车以上、日均卸车在10车以上的企业，将其生产、运输、销售信息全部纳入微机管理，并划分铁路局和站段，分别掌握范围。特别是铁路局直管站段后，路局重新制定《沈阳铁路局运输计划工作管理办法（暂行）》（沈铁计发〔2005〕122号）。2006—2015年，运输计划工作坚持"统一计划、分级管理"原则，实行铁路局、站段二级管理模式。

第三节 建设计划

一、基本建设计划

（一）基本建设计划管理

1996—2002年，铁路基本建设投资计划均由铁道部制定。其中，5000万元及以上大中型项目由铁道部上报国家发改委审批。在基本建设小型项目中，铁道部下达给各铁路局一定自筹资金额度，由各铁路局自行安排具体项目，但不得突破铁道部下达的自筹资金额度。

2005年，沈阳铁路局下发《关于发布建设项目管理程序、职责分工及相关规定的通知》（沈铁办发〔2005〕35号），明确规定路局计划统计部门负责全局基本建设计划管理工作。在此之后的2006—2015年，铁路基本建设计划管理一直按照铁道部制定的《铁路基本建设计划管理办法》（铁计〔2005〕236号）文的规定执行。

（二）基本建设项目前期工作

1996—2000年，沈阳铁路局实施秦沈客运专线、秦沟铁路、烟大轮渡大连端新建和改建项目预可研、初设各阶段前期论证；组织开展辽阳站上行场扩建、灵山编组站驼峰改造、大连—大石桥间干线通信光缆、大成站改造、鲅鱼圈港专用线改造、沈丹线63公里线路所改造、车号自动识别系统等项目可行性研究报告的编制、审查、上报等前期工作。

2001—2005年，路局完成新建铁路长春至烟筒山工程预可研、初设及白河至和龙新建铁路可研、初设各阶段预审和设计文件上报；沟海、沈山线电气化改造工程可研、初设预审意见呈报；相继完成大郑线泡子—五峰、冯家—章古台、章古台—阿尔乡3个区间增二线改造、沈丹线17~20公里、23~28公里、41~45公里、46~51公里4处小半径曲线改造、哈大线3次提速改造、沈阳站客运设施改造、金窑线金州—金港间增二线及电气化改造工程可研、初设审查和报批工作。

2006年后，路局按照铁道部与各省（区）签订的铁路建设协议，以构筑区域铁路通道、改造既有铁路、点线能力配套、畅通疏港铁路、完善路网结构为目标，按照预可研深度标准储备路网建设项目40余个，并逐年加快建设进度。

2006—2010年，路局开展前期工作项目包括哈大铁路客运专线及配套工程中的沈阳站货场搬迁及沈阳北站、沈阳站、长春站改造工程；沈阳至丹东、吉林至珲春客运专线工程；完成长春至吉林城际铁路；新建沈阳南站等38个大型基建项目预可研、初设预审意见报批。

2011—2015年，路局完成北京至沈阳客运专线工程前期工作，使该项目在2014年正式开工；

完成绥中港疏港铁路、长春至西巴彦花铁路、松江河至漫江铁路预可研（项目建议书）、可研、初设预审意见报批。在秦沈客运专线完善补强改造工程中，完成秦沈客运专线能力加强、防灾安全监控补强和牵引供电系统改造前期工作并开始实施改造。在既有线改造项目前期工作中，完成沈山线自动闭塞改造以及平齐、通让、通霍、大郑、锦承、京通、叶赤、长白、白阿线增二线和电化改造的前期工作。在基础设施改造方面，完成新建长春、沈阳铁路综合货场和长春车辆段客车段修改造、沈阳铁路局通信基础网设施改造、金州站货场改造、锦州物流基地工程、苏家屯车辆段车轮车间改造及大连、锦州、通辽客整所工程和锦州机务整备设施改造工程等项目的前期工作。

（三）基本建设投资计划安排及重点建设项目

1996—2015年，国家（含地方政府）、铁道部、铁路局共投入基本建设资金3447.4669亿元（含秦沈客运专线投资158.7992亿元）。

1996—2000年，共投入基本建设资金169.772亿元（含秦沈69亿元）。重点建设项目主要包括：新建秦沈客运专线；续建哈大线电化改造工程；秦沟铁路（后称沈山B线）新建工程收尾工作；辽阳站上行场扩建工程完工销号；灵山编组站驼峰改造建成投产；沈大线大连—大石桥间干线通信光缆工程开工建设。其它基建小型项目包括大成站改造、鲅鱼圈港专用线改造、沈丹线63公里线路所改造、车号自动识别系统建设等。

2001—2005年，"十五"计划期间基本建设累计投资165.0992亿元（含秦沈89.7992亿元）。重点建设项目包括：哈尔滨至大连铁路电气化改造工程中的沈阳铁路枢纽，大连站舍改造、续建秦沈客运专线、沟海线电气化改造；大郑线泡子—五峰、冯家—章古台、章古台—阿尔乡3个区间增二线改造；沈丹线提速工程中的17公里～20公里、23公里～28公里、41公里～45公里、46公里～51公里4处小半径曲线改造；京哈、沈大3次提速改造；沈阳站客运设施改造；烟（台）—大（连）轮渡大连端新建和改建；沈山线电气化改造；金窑线金州—金港间增二线及电气化改造和长春至烟筒山、白河至和龙

新建铁路工程。

2006—2010年，国家（地方政府）、铁道部加大基建投资力度，基本建设累计投资1338.111亿元，为"十五"计划期间的8.1倍，5年间翻三番。计划安排重点建设项目包括：沟海、沈山线电气化改造；烟大轮渡、金窑线增二线及电气化、白和铁路新建等30多个工程。

2011—2015年，国家（地方政府）、铁道部基本建设累计投资1774.5201亿元，比"十一五"计划增长32.6%。重点续建项目包括：哈大客专；盘营、吉珲、沈丹客运专线；丹大快速铁路等20多个工程。2015年底，重点在建工程包括：北京至沈阳客运专线、沈阳枢纽东北环线（田东线）增二线及电化改造、秦沈客运专线能力加强等10多个工程。货运设施建设包括新建长春、沈阳铁路综合货场等。

二、更新改造计划

（一）更新改造计划管理

1998年，路局制定吉林铁路分局"学大连、转机制、上管理"投资计划管理办法。1999年，按照"抓大放小、强化路局、适度放权分局"原则，路局扩大各分局在建设项目上的审批权范围。即更新改造和客货保价投资额在200万元及以上、自筹资金投资额在500万元及以上的建设项目由铁路局审批，其余由铁路分局自行审批。2000年，路局强化规划指导年度计划，凡未列入规划项目，不得列入年度计划。建立项目储备库制度，项目储备库中储备项目数量应达到1:2，即安排1个项目须有2个项目备选。

2001年，路局建立更新改造项目经济评价制度，包括立项阶段经济评价和项目投产后经济评价。路局对更新改造计划管理作出补充规定。凡已完全分离、规范改制的支线公司（中心），其折旧资金全部实行自提自用，纳入铁路局更新改造计划总规模；尚未完全分离、规范改制的支线公司（中心），所提取折旧资金按铁道部规定上缴全路集中使用部分后，执行路局更新改造计划管理办法规定，由路局、分局管理使用；各分局可在分局管理的更新改造资金中按支线公司（中心）提取折旧的一定比例返还支线公司（中心），由其自主安排零小改造项目。

2003年，铁道部修订印发《关于发布〈铁路

运输企业设备更新改造计划管理办法〉的通知》（铁计〔2003〕142号，同时废止铁计〔1999〕65号）。各铁路局提取的更新改造折旧资金，铁道部集中10%额度用于铁道部管理项目，90%额度由铁路局自行安排使用。更新改造项目可行性研究的审批权限相对下移。铁路局的审批权限则未下放。

2005—2006年，路局先后印发《关于发布建设项目管理程序、职责分工及相关规定的通知》（沈铁办发〔2005〕35号）和《关于沈阳铁路局更新改造计划管理办法》（沈铁计函〔2006〕304号）。

2011年，铁道部发布《铁路运输设备更新改造计划管理办法》（铁计〔2011〕93号），同时废止铁道部（铁计〔2003〕142号）文发布的《铁路运输企业设备更新改造计划管理办法》。明确规定：铁道部集中管理20%的更新改造资金，铁路运输企业管理80%的更新改造资金；更新改造项目按照项目建议书、可行性研究报告、初步设计、施工图、开工报告等工作程序依法合规推进。更新改造项目可行性研究的审批权限再次下移。铁路局对基层站、段更新改造零小项目的管理仍按沈铁计函〔2006〕304号文规定执行，并一直延续至2015年。

（二）更新改造项目审批与上报

1996—2000年，路局严格审查更新改造项目设计任务书。在审查项目可研报告前，凡属铁路局重点工程和投资规模较大的工程，本专业审查人员均深入现场实地调查工程建设的必要性和可行性。5年间，路局共计完成更新改造项目设计任务书审批650项。完成部管项目可研审查、初设预审意见报批约40余项。

2001—2005年，路局完成局管更新改造项目设计任务书审批739项，完成部管项目可研、初设预审意见报批50余项。

2006—2010年，路局完成局管更新改造项目可研报告（原设计任务书）审批869项，完成部管项目可研、初设预审意见报批30余项。2011—2015年，路局完成局管更新改造项目可研报告审批976项，完成部管项目可研、初设预审意见报批70余项。

（三）更新改造投资计划安排及重点项目

1996—2015年，铁道部、铁路局共投入更新改造资金408.5298亿元。

1996—2000年，路局严控投资规模和完善标准，精打细算安排年度投资计划，并对除保安全、投资包干补助、单纯设备购置和铁路局直属单位安排的项目外，其余项目在批准概预算基础上再压缩2%安排投资计划。路局在"平改立"工程改造中，通过反复协商得到了地方政府的理解和支持，并配合投入部分资金；清理并停缓建一批项目，控制楼堂馆所建设和汽车的更新购置。5年间，更新改造累计投资747378万元。

2001—2005年，路局按照"保安全、保急需、继续压缩非生产性项目"原则，在年度计划中，投资重点放在解决制约运输组织实施的关键点；投资少、见效快的"短、平、快"项目；科技含量高的项目。"十五"计划期间，更新改

1996—2015年沈阳铁路局基建、更改投资计划完成统计表

表4-3-2　　　　　　　　　　　　　　单位：万元

年份	基本建设投资		更新改造投资	
	年度计划	实际完成	年度计划	实际完成
1996	92815	92815	141432	141432
1997	158925	158925	176105	176055
1998	273079	273079	160064	156258
1999	230825	390825	142013	142011
2000	252076	782076	131622	131622
2001	152952	522952	131954	131954
2002	228132	614132	119927	119921
2003	102513	244505	110847	110767
2004	90059	94009	190502	190494
2005	174244	175040	247913	247906
2006	335579	317955	149398	149325
2007	695638	692930	172779	171953
2008	2792818	2736533	270999	270986
2009	4344148	4387298	223011	222938
2010	4778433	5246394	314028	312338
2011	2945065	2894400	232908	300025
2012	3030896	3032702	196551	232251
2013	3834518	3638683	223930	241086
2014	4132677	3984776	311135	311135
2015	3973664	4194640	366362	324841

*表中1999—2003年基本建设投资完成数中包括新建秦沈客运专线投资。

造累计投资801042万元。

2006—2010年，既有线和既有客货运设备设施改造成为更新改造投资计划安排的主要投资方向和重点。路局更新改造累计投资1127540万元，比"十五"计划期间增长40.8%。2011—2015年，更新改造投资方向基本不变，投资重点仍是既有线改造和客货运设备设施的升级改造。路局更新改造累计投资1409338万元，比"十一五"计划增长25.0%。

第四节 中长期发展规划

一、"九五"铁路建设发展规划

1996年，根据铁道部《铁路"九五"建设规划》和2010年发展规划思路，路局编制下发《沈阳铁路局建设发展"九五"计划和2010年设想》（沈铁计发〔1996〕169号）。主要以加强点线能力为主，提高装备技术水平，加大对干线通信设施、站场的投入，对限制能力的点线进行改造和补强。

二、"十五"计划和2015年发展规划

2000年，按照铁道部提出的发展战略、发展方针和总体部署，围绕铁路局确定的"巩固、完善、提高、重效"八字方针，路局从发展战略角度出发，根据铁路局吸引区内经济发展趋势，围绕企业可持续发展战略、重点发展目标、投资方向等，经多次反复调研论证和评估，编制了"十五计划"和《2005年发展规划框架草案》。在"十五"计划期间，路局重点加大既有线技术改造力度，以扩充运输能力。主要完成辽宁、吉林两省的铁路网规划，为东北老工业基地振兴提供运力保障；沈阳和大连集装箱中心站、丹东铁路地区、吉林西集装箱专门办理站等总体规划；沈大、京哈沈阳以北提速改造工程中23个报部单项工程可行性研究报告评审；大虎山—新立屯—齐齐哈尔增建二线通过中国国际工程咨询公司对该项目预可行性研究的评估；委托铁三院完成白城—街基增建二线工程可行性研究报告；沈阳—大连牵引5000吨贯通工程前期工作。

"十五"计划期间，路局完成新线建设391公里；增建第二线377公里；电气化改造970公里；既有线提速改造1522公里。截至2005年，铁路局营业里程9299公里，其中复线里程2426公里，电气化里程1358公里，复线率和电化率分别达到26%和14.6%，比"九五"末期分别提高10、14个百分点。枢纽改造规划中的重点项目基本兑现。生产力布局调整全部到位，其中机车交路调整尤为突出，客运机车交路平均延长到473公里，比规划目标275公里延长198公里；货运机车交路平均延长到413公里，比规划目标209公里延长204公里。"十五"期间，还重点完成沈阳北等4个品牌客运站、苏家屯等3个品牌机务段、沈阳等3个精品客车检修基地建设；完成通辽等32个站房改建、83个干线车站靓化、甘井子等5个重点货场改造；完成梅河口、棋盘、四平编组站驼峰自动化改造和长春北等站场改造；44个区段完成列车尾部防护装置安装工作。

三、"十一五"铁路建设发展规划

2004年，铁路"十一五"计划编制工作启动，路局当年编制完成2010、2020年的规划货流图，启动路网发展、尽头线改造、铁路局进出口等规划的专题研究；组织铁道第三勘察设计院编制完成《沈阳铁路局铁路网改造规划》。

2005年，路局"十一五"规划正式编制。规划编制坚持"服务运输、强本简末、系统优化、着眼发展"的建设新理念，加强企业发展战略研究，以突出宏观性、战略性、政策性、可操作性和指导性。根据铁道部《中长期铁路网规划》《铁路"十一五"规划》，结合铁道部与辽宁省、吉林省、内蒙古自治区签订的铁路建设协议和沈阳铁路局实际情况，遵循"加快新线建设、完善路网结构，改造既有线路、提高运输能力，配套完善铁路枢纽、协调点线能力"的基本原则，于2006年1月编制完成沈阳铁路局"十一五"规划。同时，初步完成铁路局"十一五"运量发展规划，编制完成铁路局节能"十一五"发展规划，细化、修改和完善铁路局"十一五"环保规划。2006年，路局启动第一个三年发展规划（2006—2008年）编制工作，把"十一五"规划中的路网建设基本纳入"三年发展规划"中。

四、第一个三年发展规划（2006—2008年）

2006年6月，根据铁道部"十一五"期间发展总体规划，立足于沈阳铁路局的生存和发展，从局情出发，尊重客观规律，经过认真研究，反复论证，编制完成《沈阳铁路局三年发展规划（2006—2008）》，并经路局党政联席会议和局十届一次职代会第二次代表团长联席会议审议通过，以（沈铁企法发〔2006〕127号）文件下发。

第一个"三年发展规划"的主要内容包括：运输系统以吸引增量、提高效率和直达比重为目标，优化运输组织布局，打造战略装车点；客运系统以优化旅客运输结构，打造高精品牌站车；货运系统以整合货运资源，着力基础建设，提升货场等级；机务系统以进一步推动结构调整，全面提升装备、科技和管理水平；车辆系统以"客车高速快速、货车重载快捷、大力推进车辆装备现代化"为总体思路，逐步实现车辆修理机械化、检测手段仪器化、轮轴检修数控化、数据采集自动化、信息传输网络化、现场管理信息化、检修基地专业化、规模化和现代化；工务系统以全面提高线路设备质量，大力推进提速安全标准线建设，实现三年拆、并、改、建道口757处；电务系统以大力提升技术水平为保证，全面提高电务系统安全保障能力，实现机车信号主体化、地面发码移频化、干线微机监测智能化、信号联锁微机化、信号系统防雷一体化工程。

五、第二个三年发展规划（2009—2011年）

2009年1月，在实现第一个三年发展规划的确定目标和任务基础上，制定沈阳铁路局2009—2011年三年发展规划。经路局党政联席会议和十届四次职工代表大会审议通过，以《沈阳铁路局三年发展规划（2009—2011）》（沈铁办发〔2009〕8号)文件下发。

第二个"三年发展规划"确定，货运网建设以实现"资源、港口、口岸"三大战略为目标，把应急扩能工程与完善路网结构相结合，协调提高点线能力；客运网建设以实现"完善中心、强化骨干、辐射周边"为目标，建成沈阳、长春两大综合交通换乘中心，并向周边城市辐射，形成主要城市间1小时、2小时、3小时、4小时经济圈。

2010年，"十一五"计划收口，第二个"三年规划"提前一年完成。截至2010年末，路局配合辽、吉两省和内蒙古自治区及铁道部签订第三批部、省铁路建设协议，结合铁道部《中长期路网发展规划（2008年调整）》以及第三批省、部建设协议，完成铁路局路网发展规划图修改。"十一五"规划和第二个"三年发展规划"确定的路网建设项目大部分已完成前期工作并相继开工建设，部分项目已建成并投入使用。其余项目的前期工作也已全面展开。

六、第三个三年发展规划（2011—2013年）

2011年1月，在基本实现第二个三年发展规划确定目标基础上，路局编制2011—2013年铁路局三年发展规划，经路局十一届一次职工代表大会审议通过，以《沈阳铁路局三年发展规划（2011－2013）》（沈铁办发〔2011〕5号)文件下发。

第三个"三年发展规划"确定，构建快速客运网络，构建亿吨煤运通道，扩充复线路网规模，实现电化贯通，提高疏港通道能力，完善提速、普速路网规模总体思路。需要实现的运量目标是：到2013年末，货物周转量实现3000亿吨公里，即在现有2600亿吨公里的基础上，增加400亿吨公里；旅客发送量实现3亿人，即在现有2亿人的基础上，增加1亿人；货物发送量实现5亿吨，即在现有3.6亿吨的基础上，增加1.4亿吨。路网建设目标是：到2013年末，铁路局营业里程达到13400公里。其中：时速200公里铁路达到373公里，时速250公里客专达到1075公里，时速350公里客专达到913公里。

从2006年起，铁路局开始实施三年发展规划战略。截至2013年，铁路局用8年时间成功实施3个"三年发展规划"，实现9年规划8年完成。截至2013年，铁路局营业里程达到11553公里，较2006年初增加2271公里，增长24.5%；新建长吉城际和哈大、盘营铁路客运专线1021公里，快速客运网络初具规模；复线里程4573公里，复线率39.6%，较2006年初提高13.4个百分点；电气化里程3116公里，电化率27%，较2006年初提高11.3个百分点。

七、第四个三年发展规划（2014—2016年）

2013年11月，路局编制了沈阳铁路局第四个三年（2014—2016年）建设发展规划。第四个"三年发展规划"确定，确保在建项目按期开通，加快建设快速客运网，加快完善路网结构，加快提高路网质量，加快实施电气化改造，补强完善既有路网功能，加强枢纽点线能力协调总体思路。需要实现的运量目标是：到2016年，货物周转量达到3300亿吨公里；旅客发送量达到2.5亿人；货物发送量达到4.5亿吨。路网建设目标是：到2016年，铁路局营业里程达到12904公里，比2013年末增加1351公里，其中客专里程1588公里，较2013年末增加567公里；复线里程5827公里，复线率45.2%；电气化里程5470公里，电化率42.3%，复线率和电化率分别比2013年末提高5.6和15.3个百分点。

2011年—2015年，相继建成开通哈大、盘营、沈丹、吉图珲客运专线和丹东至大连快速铁路1770公里；完成盘锦港疏港、五岛至长兴岛、通化至灌水、岫岩至庄河、甘旗卡至库伦、和龙至南坪、靖宇至松江河、松原至陶赖昭铁路和沈阳南站新建工程，新建普速线607公里；完成瓦房店至五岛、大郑线新立屯至大虎山、白阿线芒罕屯至乌兰浩特、辽溪线改线等既有线扩能改造359公里；完成秦沈线牵引供电改造工程及哈大客专配套工程中的长春、沈阳、沈阳北站改造工程；沈阳枢纽东北环线增二线、高台山至阜新至锦州铁路高台山至新邱段扩能改造基本完成；田师府至桓仁新建铁路2013年开工，北京至沈阳客运专线于2014年开工建设；通霍、大郑线电化改造和锦承线义县至叶柏寿扩能改造开工建设。规划期内确定开展前期工作的项目全面展开。

八、"十三五"企业战略发展规划

2014年9月，根据中国铁路总公司《关于开展"十三五"铁路发展规划研究的函》的要求，沈阳铁路局编制完成了"十三五"路网规划，以《沈阳铁路局关于报送"十三五"路网规划的函》（沈铁计函〔2014〕471号）文报送铁路总公司。2015年9月，根据铁路总公司《关于开展"十三五"企业发展战略与规划编制的通知》（铁总办计统函〔2015〕280号），沈阳铁路局启动了"十三五"企业发展战略与规划编制工作。2015年10月完成了规划思路并上报铁路总公司。

沈阳铁路局"十三五"企业发展战略规划确定的总体思路是：以构建社会主义和谐社会为主线，以振兴东北老工业基地为契机，遵循铁道部《中长期铁路网规划》和铁路主要技术政策，按照"发展西部、完善东部、补强中部"的发展原则，落实铁道部与"两省一区"签订的合作建设铁路协议，把构筑区域铁路通道、改造既有铁路、配套点线能力、畅通集疏港铁路、完善路网结构、提高路网质量、建设现代物流基地作为重点，以大幅提高路局创效能力。需要实现的主要目标是：建成快速客运网络，市市开行动车；完善货运路网结构，消除通道"瓶颈"制约；配套完善重要枢纽，实现点线协调发展；提高运输装备水平，强化安全保障能力；深化货运组织改革，提高铁路局经济效益。

到2020年，营业里程达到16200公里，其中复线里程达到8270公里，电气化里程达到8460公里，复线率、电化率分别达到51.0%、52.2%。客运专线里程达到3570公里。基本形成便捷、安全、经济、高效、绿色铁路运输网络，以适应振兴东北老工业基地对铁路运输的需求。"十三五"计划期间，为使点与线能力相匹配，充分发挥线路运输能力，结合枢纽总体规划，完成长春铁路综合货场新建工程，配套完善长春枢纽，新建长春枢纽外环线；完成沈阳南站和沈阳铁路综合货场新建工程，新建京沈客专至哈大客专客车直通线、客车西南环线，对沈阳西站编组场进行扩能改造。

第五节　统　计

一、专业统计

1996年，专业统计包括客货运输、机车、货车、固定资产投资、运输设备、工业、客货车检修、交通运输8个专业。统计报表共计60种，其中，客货运输统计19种；机车统计4种；货车统计8种；固定资产投资统计5种；运输设备统计10种；工业统计8种；客货车检修统计2种；交通运输统计4种。2015年，专业统计增至12个专业，承担的统计报表共计264种。其中，客运（含行包）统计61种；货运统计78种；机车统计24种；客车统计29种；基本建设投资统计18种；更新改造投资统计3种；运输设备统计28种；工业、客货车检修统计各2种；交通运输统计16种；物流情况统计1种；统计人员、机构基本情况统计2种。

二、专项统计调查

（一）第三次工业普查

1996年，第三次工业普查完成了普查表的填报工作。在第三次工业普查中，沈阳铁路局最终核定普查单位共954个，参加普查的专兼职人员4000余名。上报铁道部普查数据差错率为0.99‰，大大低于国家规定20‰的控制标准。在铁道部组织验收抽审中，沈阳铁路局普查数据中的主要指标差错率为零。沈阳铁路局获国家、铁道部、辽宁省先进集体称号。

（二）基本单位普查

1996年，根据国家、铁道部、辽宁省部署，铁路局组织第一次基本单位普查。在本次普查中，铁路局、各铁路分局、各工程处和多经、集经、外经系统等均成立普查办，参加普查的专兼职人员共计6637名。在普查实施过程中，各普查办公室对普查对象进行反复核查核对并登记造册，严控普查对象重漏。该次共普查6588个对象，填报普查表7064张。1997年，基本单位普查工作进入普查表的审核录入阶段。铁路局统计工厂承担了铁路局基本单位调查数据录入工作。普查结束后，经铁道部普查办抽查，未有重查和漏查，普查质量通过验收。普查获全国先进集体2个，获铁道部先进集体19个；获全国先进个人10名，获铁路系统先进个人145名；获全国优秀组织领导者1名，获铁路优秀组织者5名。

2001年，铁路局组织各铁路分局分别按分局所在地方政府的部署开展第二次基本单位普查工作。沈阳铁路分局建立全分局企业名录库，普

查法人单位559个，产业活动单位152个，总计711个基本单位。经过辽宁省、沈阳市验收，沈阳铁路分局获全国基本单位普查先进集体，计统分处1名普查人员获先进个人。

（三）投入产出调查

1997年，沈阳铁路局根据国家《关于认真作好1997年全国投入产出调查工作的通知》（国统字〔1997〕114号），组织实施管内第二次投入产出调查。1998年，第二次投入产出调查工作全部结束。铁路局共建立285个调查工作机构，先后培训专兼职调查人员1363人。共写出投入产出调查分析报告7篇，提出合理化建议44条。铁路局、通化铁路分局投入产出调查办公室获得国家表奖的先进集体称号，受到铁道部表奖的先进集体4个；受到国家表奖的先进个人5名，受到铁道部表奖的先进个人12名；铁路局投入产出调查办公室撰写的投入产出调查专题分析报告获铁道部评比一等奖。

2002年，根据国家、铁道部统一部署，沈阳铁路局和所属的7个铁路分局分别成立第三次投入产出调查领导小组并下设调查办公室负责具体调查工作。铁路局管内共建立406个基层单位调查工作小组，培训调查人员1158人次，直接参加调查1381人。2003年7月，沈阳铁路局完成430个被调查单位、1187个调查表填报任务，并组织撰写投入产出调查分析报告6篇，向铁道部推荐1篇。沈阳铁路局投入产出调查办公室被评为"2002年全国投入产出调查先进集体"；6名调查人员被评为先进个人；沈阳、锦州等4个铁路分局投入产出调查办公室被评为"全国铁路运输业投入产出调查先进集体"，20名调查人员获"铁道部先进个人"。

2007年，根据国家、铁道部统一部署，沈阳铁路局完成第四次投入产出调查部署、方案制定和业务培训。2008年6月底完成审核验收上报工作。本次调查获国家级先进集体5个，先进个人6人；获铁道部先进集体16个，先进个人12人。

2012年，根据国家、铁道部统一部署，沈阳铁路局完成第五次运输业投入产出调查，共计调查127个单位，并按时上报了调查结果。本次调查有8人获得国家级先进个人，沈阳铁路局调查办公室获得先进集体。

（四）经济普查

2003年，按照铁道部统一部署，沈阳铁路局逐级建立经济普查机构，集中培训专兼职普查人员815人次。2005年，按照铁道部经济普查方案，沈阳铁路局完成了所有从事铁路运输业的法人单位和产业活动单位的经济普查工作。铁路局组成8个普查领导小组，直接参与普查工作人员430人。普查单位共387个，填报调查表492张。铁路局经济普查办公室获得第一次全国经济普查先进集体，5名普查人员获得第一次全国经济普查先进个人。

2008年，根据国家、铁道部统一部署，沈阳铁路局开展第二次经济普查。普查结果于2009年4月底以前，通过铁道部办公网以电子版形式上报铁道部普查办。沈阳铁路局第二次经济普查共上报157个普查单位。沈阳铁路局经济普查办公室获得铁道部表扬奖，6人获得国家级表彰。

2013年，根据国家、铁道部统一部署，沈阳铁路局开展第三次铁路运输业经济普查。普查结果于2014年3月底以前，通过办公网以电子版形式上报铁路总公司普查办，并按规定时间圆满完成了第三次经济普查。在本次经济普查中，沈阳铁路局共计普查161个单位。沈阳铁路局获铁路总公司先进集体6个，获铁路总公司先进个人11名，铁路局普查办获国家级先进集体。

（五）货车清查

1997年，沈阳铁路局按照铁道部统一在全国铁路进行货车清查部署，完成全局货车和守车清查，并按铁道部规定时间上报。沈阳铁路局货车和守车清查工作获全路评比第二名。

2002年，按照铁道部部署和要求，沈阳铁路局成立货车清查领导小组159个，组建清查小组2489个，8520人参加清查工作。清理整顿报废车、封存守车、路用车、租出车、企业自备车、行包专用车585辆；清查现在车55666辆，清查车辆数比推算数多2023辆。调查登记办理过轨合同的企业自备车16685辆。正式清查结果按铁道部规定时间上报。

2015年，按照《中国铁路总公司关于开展全路货车清查工作的通知》要求，路局印发开展货车清查工作的通知，成立货车清查领导小组，下设货车清查办公室，具体组织实施本次货车清查工作；各基层站段均成立货车清查领导小组认真组织实施清查工作；及时完成清查系统各项数据正确录入、问题修改和维护工作；顺利完成清查工作。

（六）其他专项统计调查

排空车走行距离调查。2001年，路局组织排空车走行距离专项调查，抽样调查大连、沈阳、锦州等6个分局和大连北、苏家屯等15个车站，及当年1至5月份15天的排空车流，共计调查31590辆。根据调查资料测算，沈阳铁路局向哈尔滨铁路局排出的部属空车在沈阳铁路局管内平均走行距离为528公里，与铁道部给定的平均走行距离144公里相差较大。据此调查结果，沈阳铁路局向铁道部提交调整报告，并为后期铁路局间财务清算提供了依据。

钢厂、电厂、港口货车停留时间情况调查。2007年，路局对局管内钢厂、电厂、港口专用线(专用铁道)内及接轨站的铁路货车停留时间进行调研。2008年，根据调查情况，分析货车停留时间较长的主要问题及成因，包括各相关车站及专用线(专用铁道)内货车停留时间问题以及影响货车停留时间的综合因素，提出设备能力、运输组织、调车机作业、列检作业等方面，几个需要思考的问题和建议，并形成专题报告。

三、统计管理

（一）统计规章制度

2000年，路局以沈铁计函〔2000〕205号文件转发《统计法实施细则》。2001年，路局重新修订沈阳铁路局《机车统计规则补充规定》；转发铁道部《铁路贯彻统计法实施细则的实施办法》。2003年，根据国家、铁道部、铁路局有关规定，对在用统计规章制度，进行清理、补充和完善。清理、废止统计文件、电报37份。

2004年，路局制定《沈阳铁路局机务段机车统计管理制度及标准》，进一步提升了机车统计数据质量；以沈阳、大安北机务段为标杆建设单位，制定推进计划，全面推进机车统计工作标准化建设；制定下发《关于专业运输公司可租用货车统计报表的通知》，规范涉及专业运输公司租用货车的统计工作。

2005年，实行铁路局直管站段体制改革，路局制定《沈阳铁路局统计工作管理办法》，完成顺序表编制、传递及传输全过程的组织、协调工作。2007年，路局制定《沈阳铁路局站段统计工作标准化建设指导意见》（沈铁计发〔2007〕21号）。

2010年，在堵漏创效增运增收中，货车统计加强对《列车编组顺序表》等原始记录和数据填记质量的监控；机车统计利用计算机对铁路各专业运输公司工作量进行实时监控；客货运输统计加强车流径路监控。2012年，路局对《统计工作管理办法》进行修订，重新研究制定《运输统计工作考评办法》。

2014年，制定《沈阳铁路局统计工作标准》，增加客车统计方面的管理内容，完善考核、奖惩内容；制定《沈阳铁路局客车统计信息系统使用、维护管理办法》《沈阳铁路局货运列车编组统计信息系统使用、维护管理办法》；建立、健全、整合新成立单位固定资产投资统计，及合资公司更新改造项目统计管理制度。

（二）统计资料管理

自1958年沈阳铁路管理局编辑"第一个五年计划"期间《沈阳铁路统计资料汇编》起，直至2015年从未中断。其内容在保持重要统计资料连续性基础上，不断补充和完善，主要涵盖铁路局运输生产、安全、经营管理、设备、设施等。《统计资料汇编》以手工编辑为主，将本年度收集的汇编资料手工填记到底样上，新增资料则需重新设计版样。印刷大样经3次校对无误后付印。历年汇编发行约在3季度。路局在编辑《沈阳铁路统计资料汇编》基础上，编辑《统计资料摘要》（袖珍本），以方便路局各层次管理者查找有关数据。1996—2002年，《沈阳铁路统计资料汇编》内容、格式、编辑方式基本未变。2003—2005年，伴随着铁路管理体制的重大改革，铁路局统计单位范围、统计业务口径等亦相应发生变化，《沈阳铁路统计资料汇编》编辑内容、格式也相应进行调整。2006—2015年，为适应新形势需要，统计指标内容也不断增加，《沈阳铁路统计资料汇编》编辑内容也随之增加。期间，汇编资料收集和编辑方式则逐年改进，手工作业逐渐被计算机代替，印发时间提前到6月份。

（三）统计人员培训

2005年以前，铁路统计人员从业资格认定由铁道部统计中心负责，2006年，路局下发《沈阳铁路局统计人员从业资格认定办法》，根据国家统计局统一规范统计人员从业资格认定为属地化管理要求，对铁路局统计人员从业资格的认定交由地方认定。全局完成统计人员持证上岗登记、考试、办证工作，总计办证1528人。1999年，全年举办各种类型统计培训班13期，培训统计人员463人次；2000年，举办统计法规培训班15期计560人；统计业务培训班20期，计676人。2001年，举办培训班34期，共计培训2733人。2002年，铁路局39人统计监察证、1157人统计证通过铁道部年检，另新办统计证72人；按照铁道部（办统计发〔2002〕41号）文件要求，组织开展向从事铁路统计工作25年及以上人员颁发荣誉证书，经各单位申报，铁路局、铁道部审查，铁路局共有87人获得荣誉证书。2003年，举办统计人员再教育培训班89期，培训统计人员1245人；组织新职统计人员上岗培训2期，培训27人。2014年，举办《铁路统计人员管理信息系统》培训班，共计125人参加培训。2015年，先后举办货车统计培训班、货车清查培训班、机车统计培训班，共计125人参加培训。

四、统计信息化建设

1999年，沈阳铁路局自编机务、车务、客货运输统计应用软件，加速计统管理信息系统建设；铁路局、铁路分局R—SMIS系统工程形成网络，并进行部分数据加载及投资计划管理系统软件开发；实施货运统计与收入部门信息共享，完成信息共享应用软件的开发和试验，货票进统计工厂成为历史。2000年，统计部门自行编制客货列车公里、车辆公里成本统计上报软件，以确保统计数据准确、及时上报。

2001年，开发完成投资统计管理子系统；完成客货车检修成绩统计管理系统开发，并实现铁路分局到铁路局、铁路局到铁道部之间数据文件网络传输；实现《主要指标完成情况表》在铁路局机关办公网发布和传送；还实现与十八点运输统计信息共享。

2003年，开发完成"沈阳铁路局运输统计台帐系统"，实现与运输18:00点统计、客货运输统计、机车统计等数据共享；开发完成投资统计信息管理系统，并已经投入运行；客运统计与原始信息实现共享。2005年，路局组织开发和完善各专业统计信息管理系统，组织有关单位对运输统计综合管理系统做修改和升级，开发站段一级的运输统计综合指标管理系统，做到站段与路局统计信息共享。

2007年，路局完善数据库管理，增强对运输统计信息综合处理能力，开发客货运站间密度查询、管内按行政区（市盟）管界划分有关发到量和周转量统计、以及电子货物流向查询等软件，增加统计信息服务对象和增加统计信息综合处理能力。2008年，开发铁路局级《客货车辆检修统计信息系统》，实现自动收审车辆段报表、校验审核数据并汇总上报铁道部功能。2012年，路局完成并实施《铁路货运列车编组统计信息系统》，实现清算运统一编制和上报功能；完成《列车确报质量监测系统》编制工作，经过一年时间的运行，取得良好监测效果和明显经济效益，年堵漏增收110万元。2013年，开发WEB版《沈阳铁路局运输综合统计系统》；试运行《铁路统计人员管理信息系统》。2014年，开发WEB版《沈阳铁路局投资计划查询系统》。2015年，升级《沈阳铁路局运输综合统计系统》，整合系统查询功能和维护功能。将客户端移植到网站中，实现查询、维护一体化。

至2015年底，路局计划、统计各专业日常管理业务均进入计算机管理阶段。

五、统计分析及统计学术活动

1996年，在铁道部优秀统计分析报告评选中，沈阳铁路局获一等奖一篇，铁路局被铁道部、辽宁省评为"统计分析先进组织单位"与统计工作先进集体。1997年，在铁道部统计分析报告评选中，获一等奖1篇；同年，在辽宁省统计局统计分析报告评选中，获一等奖1篇。2002年，铁道部举办全国铁路第六次统计科学讨论会论文征集活动，沈阳局统计分析报告获优秀论文一等奖1篇。2004年，铁路局评出优秀分析报告20篇，报送铁道部3篇，获一等奖1篇；铁路局获得"统计论文先进组织单位"称号。

2006年、2007年，在铁道部统计分析报告评选中，铁路局连续获得统计分析优秀组织单

位。2008、2013年，铁路局被铁道部评为征文优秀组织单位。2014年，各站段共撰写统计分析报告62篇，统计学术论文42篇，获铁路总公司评选优秀统计论文一等奖1篇，铁路局获优秀组织单位。

六、统计监督

（一）统计监察组织

2000年，国家统计法实施细则公布后，沈阳铁路局以沈铁计函〔2000〕205号文件予以转发。同年，又以沈铁计〔2000〕73号文件转发铁道部统计中心《统计监察管理办法》。铁路局统计工作实行归口管理，调整充实统计监察人员，建立各级统计监察工作制度和考核办法。2005年3月18日，铁路分局撤销，各铁路分局统计机构随之撤销。

2005—2015年，实行铁路局直接管理站段期间，铁路局、客货运输统计所统计监督机构未变，各车务段设专职统计监察人员。

（二）统计监督检查

1996—2005年，铁路局每年均组织开展一次统计执法大检查，对严重违反统计法、违反统计纪律的行为进行严肃处理，对确保统计数字质量、统计工作成绩优秀单位和个人给予奖励。2010—2015年，路局每年均开展统计执法情况检查，成立统计执法情况检查领导小组，并下设办公室，组织统计执法情况检查工作，通过监督检查、座谈交流、指导整改、发布通报，规范统计基础工作，确保源头数据质量，保证统计数据，尤其是涉及财务清算、业绩考核、激励约束等指标数据真实、准确、可靠，维护统计法规的严肃性。

第六节　合资地铁公司管理

一、合资铁路公司管理

沈阳铁路局合资地铁管理办公室成立以来，在其指导及管理下，相继有9条合资铁路开通，部分合资铁路公司正在筹备中。2004—2007年，路局协调组建长双烟铁路有限责任公司。2004年8月，沈阳铁路局勘测设计院（吉林院）完成长双烟铁路项目初步设计文件，路局随即进行初

审，并将《关于报送新建铁路长春—双阳—烟筒山铁路新建工程初步设计初审意见的函》（沈铁地铁函〔2004〕459号）上报铁道部。2008年7月，沈阳铁路局管内第一条合资铁路长双烟铁路开通运营，营业里程92公里。

2006年12月，路局协调组建长吉城际筹备组。长吉城际铁路由铁道部和吉林省人民政府共同出资组建长吉城际铁路有限责任公司，承担长吉城际铁路建设和经营管理。2011年1月，长吉城际铁路开通运营，营业里程111公里。

2010年3月，路局协调组建松原港铁路有限公司筹备组。同年5月，由沈阳铁路局与吉林省交通投资开发公司共同出资组建的松陶（团）铁路有限责任公司正式成立。2014年12月，松陶（团）铁路开通运营，营业里程124公里。4月，陶舒铁路有限责任公司成立，陶舒铁路开通运营，营业里程117公里；5月，成立长兴岛至熊岳城铁路有限公司筹备组；成立松江河至四平铁路有限公司筹备组；铁路局与大连市建设投资有限公司、丹东城市开发建设投资有限公司共同出资组建的丹大快速铁路有限责任公司正式成立。2011年3月，边海铁路开通运营，营业里程24.45公里；2012年1月，甘库铁路开通运营，营业里程57公里；8月，盘锦疏港铁路有限责任公司所辖疏港铁路开通运营；12月，国内第一条高寒地区高速铁路哈大铁路开通运营，营业里程904公里；同月，和坪铁路开通运营，营业里程42公里；2013年9月，京沈客专盘营段开通运营，营业里程89.2公里。2015年12月，丹大快速铁路正式投入运营。

二、地方铁路管理

按照铁道部授权，合资地铁管理办公室对管内地方铁路实行行业管理。沈阳铁路局管内地方铁路共计7条，包括：庄头营至庄家沟铁路（北保线），1971年5月开通运营，营业里程76.7公里；城子坦至庄河铁路（城庄线），1986年10月开通运营，营业里程48.1公里；海城至岫岩铁路（海岫线），1990年10月开通运营，营业里程89.5公里；高桥镇至天桥铁路（高天铁路），1992年7月开通运营，营业里程12.1公里；2012年3月7日，高天公司重组，高天铁路划归国

铁；丹东至东港（原丹大线，现称丹前线），1994年7月开通运营，营业里程18公里；东北亚铁路（图珲线），1996年10月开通运营，营业里程80.8公里；辉南至靖宇铁路（宇辉铁路），2006年12月开通运营，营业里程67.1公里。2015年6月，路局机构调整，合资与地方铁路管理办公室撤销，合资与地铁管理职责与业务移交局经营开发处。

第七节　环保节能

一、环境保护

环保管理职能　2005年，各铁路分局撤销，根据铁路局直管站段实际情况，路局对环境保护工作重新制定工作职责。主要负责贯彻执行国家、地方政府环保法律、法规和铁道部有关规定，并制定铁路局管理办法及细则。制定铁路局环保中长期发展规划，编制环保建议计划及下达铁路局环保年度计划；组织环保项目的应用推广、环保计划执行情况检查、分析及总结，提出整改措施；开展宣传、教育、培训，科研成果的推广和交流工作；实施环保监测，配合地方有关部门实施环境污染事故应急监测工作；编制环保项目后评估报告。

环保目标责任状　1997—1998年，路局连续两年推行环境保护目标责任状制度，每年路局局长与各分局分局长签订环境保护目标责任状，并对环境保护责任状执行情况进行检查、评比、通报，于次年按照责任状落实情况分别进行奖励和处罚，兑现环境保护目标责任状。

环境管理体系认证　2000年，路局组织能源环境监测站开展计量认证工作，并通过辽宁省技术监督局计量认证的复审。铁道部授予吉林等3个铁路分局、山海关机务段等6个站段为"九五"环境保护先进单位，7名同志为"九五"环境保护先进个人。2001年，路局组织沈阳铁路分局皇姑屯车辆段开展ISO14000环境管理体系认证的试点工作。2003年，锦州铁路分局锦州机务段出色完成ISO14000环境管理体系认证和清洁生产审计，被授予"辽宁省环境保护模范企业"称

号。

环境影响评价和水土保持 2002年，路局先后组织完成大郑线能力加强、吉长线复线和沈丹线提速等十几个项目水土保持方案的编制工作，并接受辽宁省水保局对沈丹线提速等建设项目水土保持工作检查。2007年，路局全面完成铁道部《2007年铁路勘测工作计划》中涉及沈阳铁路局建设项目前期环保、水保工作任务。2009—2010年，路局于每年年初，积极与相关省、市环保部门协调，通过各类保护区应履行的审批手续工作，定期召开项目进度梳理会；多次组织召开项目管理机构环评专题会议，积极与省（区）发改委和环保厅沟通，解决制约受理、批复的难点问题，推进项目环评手续的批复。

2012年，按照铁道部《关于建设项目开展补充环评工作的通知》，路局下发电报提出具体要求，明确重点对2012年收尾销号项目及计划投产项目进行全过程自查；协调水利部松辽委员会和辽、吉两省水保部门，解决因在建项目水保措施不落实、影响新建项目前期手续限缓批的问题；根据铁道部关于发布《高速铁路竣工验收办法》（铁建设〔2012〕107号）文件通知精神，路局作为环评水保专业的验收组长单位，组织哈大客运专线静态、动态验收，从专业角度全过程梳理项目建设情况，提出存在问题和整改意见，静态、动态验收均通过铁道部专家组审查。2013年，路局协调有关部门指导建设单位做好建设项目环评、水保及节能评估报批工作；召开沈阳集装箱中心站及货场搬迁项目环评工作技术评估会；按照铁路总公司关于高速铁路验收工作要求，组织京沈客专辽宁公司开展盘锦至营口铁路客运专线环评水保专业静、动态验收，完成全部验收工作。

污水治理 2002—2013年，路局用于环境保护治理投资共计13085万元，主要用在污水处理设施新建和污水处理设施改造等方面，特别是2013年，路局制定《沈阳铁路局污水处理设施管理办法（试行）》，为基层单位污水处理设施使用管理提供技术支持。

烟尘治理 2002—2013年，路局共投资150689万元，采取严格控制各单位煤炭消耗，从总量上减少污染物的排放量；采取集中供热改造，逐步淘汰耗煤多、污染重的小锅炉；新改扩锅炉除尘器积极采用脱硫除尘器和优先选购低硫煤等多项措施，治理烟尘排放，力争从源头上控制二氧化硫排放，使二氧化硫排放量得到有效控制。

世界环境日活动 自1995年起，联合国环境卫生组织倡议，每年6月5日为"世界环境日"，并有针对性地确定当年"世界环境日"活动主题

1996—2006年环保指标计划完成情况表

表4-3-3　　　　　　　　　　　　　　　　　　　　　　　　　　　　　　　　　单位：%

年度	工业废水处理率		工业废气处理率		工业固体废物治理率		工业废水排放达标率		固定锅炉排放达标率		企业排污单位达标率	
	计划	完成	计划	完成	计划	完成	计划	完成	计划	完成	计划	完成
1996	—	38.5	—	84.7	—	86.3	—	59.5	—	86.3	—	—
1997	—	42.3	—	90.8	—	88.7	—	52.5	—	88.7	—	—
1998	—	64.5	—	94.5	—	94.2	—	68.8	—	94.2	—	—
1999	69.0	78.5	92.0	96.5	95.0	97.5	79.0	84.8	95.0	97.5	—	—
2000	83.0	88.2	95.0	97.4	95.0	97.9	85.0	88.2	95.0	97.9	—	—
2001	84.0	86.3	95.0	97.9	95.0	98.4	88.0	92.8	95.0	98.4	—	—
2002	—	—	—	—	98.0	99.8	80.0	98.1	—	—	95.0	95.8
2003	—	—	—	—	98.4	99.7	90.5	97.0	—	—	96.3	96.8
2004	—	—	—	—	98.6	99.8	95.0	98.6	—	—	95.4	96.1
2005	—	—	—	—	99.0	100	96.0	100	—	—	96.5	97.1
2006	—	—	—	—	—	99.0	—	99.4	—	—	—	90.4

2003—2015年环保指标计划完成情况表

表4-3-4　　　　　　　　　　　　　　　　单位：%、吨

年份	化学需氧量排放量		二氧化硫排放量		铁路沿线绿化率	
	计划	完成	计划	完成	计划	完成
2003	—	—	—	—	56.4	56.7
2004	—	—	—	—	58.7	61.5
2005	—	—	—	—	61.5	64.2
2006	418.0	301.0	21168	14348	—	65.8
2007	255.0	251.8	13180	12723	66.3	66.4
2008	249.0	247.0	12600	12301	68.1	68.3
2009	244.0	218.0	12300	11342	68.5	68.5
2010	239.0	226.0	12100	11708	69.2	69.2
2011	236.0	232.0	11894	11590	70.4	70.4
2012	224.0	219.0	11144	11117	71.5	71.5
2013	233.0	231.0	10642	10536	92.0	92.0
2014	235.0	178.0	10596	8758	92.9	92.9
2015	223.0	178.2	—	—	94.3	94.3

为"各国人民联合起来，创造更加美好的世界"。1996—2015年，沈阳铁路局坚持每年6月5日根据倡导的活动主题，有针对性开展各种宣传活动。包括宣传板报、宣传标语、悬挂大幅标语和条幅、编写环保知识小常识、组织开展环保知识竞赛、普及环保知识等，增强环境保护是基本国策的环境意识。2003年，路局环境保护办公室撰稿并组织拍摄反映沈阳铁路局环境保护事业艰辛创业、开拓辉煌30年的专题片《走过风雨是彩虹》。

环保规划及完成情况　2012年，沈阳铁路局编制完成铁路局环境保护"十二五"规划。规划确定总体思路和环境治理方向是：积极倡导科学发展观，要把节能减排作为长期任务，调整环境管理重点，提高污染治理深度，扩大减污增效范围，超前循环利用思路，确保增产不增污、建设项目依法合规推进、新老污染源得到控制，全面完成铁道部的各项考核指标。"十二五"期间，沈阳铁路局化学耗氧量、二氧化硫力争减排5%，每年减排1%，历年环保计划指标全部完成。

二、节约能源

（一）节能管理职能

2005年，各铁路分局被撤销，根据铁路局直管站段实际情况，路局给节能管理部门重新制定了工作职责：主要负责贯彻执行国家、地方政府节能法律、法规和铁道部有关规定，并制定铁路局管理办法及细则；组织制定铁路局中长期节能发展规划，编制节能建议计划及下达铁路局年度节能计划；组织开展节能项目的应用推广工作；检查节能计划执行情况、分析及总结工作，提出整改措施；开展能源节奖超罚、节能宣传、教育、培训、科研成果推广和交流工作；开展节能监测工作；编制节能项目评估报告。

（二）节能管理

1997年，路局将能源承包责任制作为铁路分局、基层站段全成本承包的重要组成部分，纳入企业考核。重点改造功率在15千瓦以上的老旧淘汰型风机45台、水泵91台，形成年节电92万千瓦时能力。2001年，路局组织能源环境监测站通过全国节能监测管理中心技术审核并获得《铁路行业节能监测证书》；受铁道部委托，举办全国铁路节能监测计量认证新标准培训班。2003年，路局组织能源环境监测站完成沈阳机务段等企业水平衡、锅炉节水、锅炉节油测试及水管路查漏工作。2004年，路局建立节能动态管理系统，在通辽铁路分局通辽机务段进行节能软件开发，通过试运行后在局管内开展培训和推广；正式实施能源消耗预算管理，将能耗预算管理层层分劈到分局、站段、车间、班组和重点部位，让节支降耗与职工切身利益挂钩，实行能耗量与成本费用共同控制。

2012年，路局建立健全各项能源资源消耗统计与分析制度，促进节能统计规范化；对基层能源统计人员进行培训，共培训节能环保统计人员152名；建立健全能源管理制度，对站段管理状态进行动态跟踪，发现问题及时解决；把管理重点落在降耗检查上，对检查中发现的问题及时解决；在实际降耗上下功夫，加强对用能薄弱处所和各个中间消耗环节的监督检查。2013年，路局抓好主要耗能设备节能经济运行，有效合理地使用能源；完善落实各种能源使用的管理制度，防止现场用能中跑、冒、滴、漏、丢等浪费现象发生；开展燃煤锅炉调查工作，摸清燃煤锅炉能耗设备基本情况；完成通辽至霍林河、通辽至大虎山、通辽至四平段电气化改造项目的节能评估；

1996—2015年能源消耗情况统计表

表4-3-5

年度	能耗总量（万吨标准煤）		其中：				主营综合能耗标准（吨标准煤/百万吨公里）	
	计划	完成	煤炭消耗（万吨）	柴、汽油消耗（万吨）	电力消耗（亿千瓦时）	水消耗（万吨）	计划	完成
1996	—	376.9	—	—	—	—	19.46	18.46
1997	—	376.5	—	—	—	—	16.33	14.02
1998	—	336.2	—	—	—	—	14.00	13.48
1999	—	321.3	—	—	—	—	13.71	12.10
2000	—	317.6	—	—	—	—	13.71	11.52
2001	—	312.0	—	—	—	—	11.60	11.28
2002	317.0	310.0	—	—	—	—	11.30	11.03
2003	311.0	308.0	—	—	—	—	11.30	10.56
2004		314.7	—	—	—	—	11.50	9.48
2005	—	312.8	—	—	—	—		9.12
2006		260.4	—	—	—	—		6.39
2007	272.0	256.7	—	—	—	—		1.28
2008	272.0	255.3	—	—	—	—		0.71
2009	—	230.3	118.16	62.41	22.01	3333	0.71	0.68
2010		251.0	128.57	68.62	24.70	3380	0.70	0.64
2011	—	255.0	127.66	65.04	31.12	3292	0.67	0.66
2012		252.0	122.61	68.17	35.62	3032	6.91	6.89
2013		249.0	126.45	64.56	37.53	2938	7.68	6.95
2014		220.0	103.98	60.95	35.59	2789	6.82	6.58
2015	—	204.0	92.32	52.98	37.05	2686	6.82	7.40

*2007年，主营综合能耗统计口径由按百万换算吨公里计算改为按万元营业收入计算。2012年，主营综合能耗统计口径恢复按百万换算吨公里计算

锦州至阜新至高台山段电气化改造项目节能评估3项、乌兰浩特至白城间2段扩能改造节能评估2项。

（三）节能技术

2002年，路局推广先进节能技术，争取铁道部小型基建投资1000余万元，在沈阳铁路运输机械学校开展地源热泵取暖制冷节能示范工程，经专家鉴定，各项指标均满足设计要求，节能效果明显。2010年，路局投资183万元用于节能技术改造项目。2012年，路局投资565万元实施锅炉节能技术改造。

2014年，路局组织开展局管内22个重点单位高效照明产品（节能灯）推广工作。积极参与铁路总公司的科技节能工作，局计统处作为《低碳经济环境下的铁路建设和运营技术》课题组成员

单位，获得中国铁道科学研究院科学进步奖。

（四）能源消耗计划及完成情况

1996年以后，能源消耗计划指标由以控制单耗为主逐步转变为总量控制。2005—2012年，路局每年根据铁道部下达的能源消耗计划，编制铁路局年度能源消耗计划，并根据生产力布局调整、设备变动和生产组织方式变化以及供暖用煤、机车运用、汽车等重点用途能源消耗节支目标等情况，及时调整核定计划指标。2013—2015年，路局按照加强节能管理、提高能源使用效率、有效控制能源消耗原则对基层用能单位下达能耗计划。要求各用能单位对机车用油、机车用电、采暖用煤、发电车用油、汽车用油等重点用能途径，实施细化核算措施。同时，坚持对重点用能运输站段实施月份煤炭消耗经营责任考核。

第四章　财务管理

沈阳铁路局财务管理工作由局财务处负责，主要工作内容包括运营资金管理、成本管理、固定资产与国有资本监管、建设资金管理、会计监督、财会信息化建设、会计制度、纳税管理、资金结算核算工作、财会队伍建设等。1996年以来，财务管理职能不断强化。1996—1999年路局财务管理在路局、分局层面，主要侧重于管理服务，实行路局、分局、站段三级核算管理方式；2000—2004年运输主业财务管理工作从服务型向监督管理与服务相结合型转变；2005年以后路局运输主业财务与多元经营财务实行"一体化"管理，统筹安排预算、统一管理规范、统一清算核算，发挥"大财务"优势，全面做好全局财务管理工作。

20年来，路局财务部门以规范经营管理，防范财务风险、促进增收节支、提高经营管理质量为目标、全面加强预算管理、资金保障、资金安全、财会队伍建设，为企业依法经营、健康发展奠定坚实基础。路局直管站段体制改革后，财务部门不断适应会计制度改革和经营管理的深化，以经济效益为中心，以预算管理为龙头，以资金控制为手段，以财经纪律为保证，夯实财会工作基础，加强财会队伍建设，发扬"振奋、担当、创新"的精神，努力完成财务管理工作任务。全局预算管理全面覆盖，成本控制平稳有序，资金管理取得实效，"营改增"税务改革扎实推进，基础工作更加巩固，为铁路局盈亏目标的完成做出了贡献。

第一节　财务系统概况

一、财务处管理职责

财务处主要负责路局财务会计管理工作，监督检查国家财经法律法规和中国铁路总公司（铁道部）、路局有关规章制度在本局的执行情况；制定路局财务会计管理办法并组织实施，规范所属单位开展多元化经营的清算关系与核算体系；组织指导路局运输、基建、事业、非运输企业和控股合资铁路公司会计核算工作，按期编制各项财务会计报告；完成路局本级运输、基建、事业会计核算，办理经济业务往来清算和集中结算工作；组织路局财会信息化建设工作；组织路局资金管理、银行账户管理、对外投资、借款、担保管理工作；协调路局全面预算管理工作，组织编制路局财务预算，经批准后报总公司备案并组织下达；指导所属单位成本预算管理；检查、分析、考核所属单位经营结果；编制路局财政性资金预算，下达相关预算指标，组织非税收入上缴国库工作；组织编制运输单位固定资产大修预算管理工作；组织实施路局国有资本监管、国有资产产权管理和资产评估管理工作；组织路局会计监督及会计基础工作规范化管理工作；组织路局税务管理工作；组织路局财会队伍建设工作；指导局资金结算所、财务集中核算管理所、财会学会（珠算协会）工作。

局资金结算所主要负责贯彻执行国家、铁路总公司、路局有关资金结算的制度法规，制定具体实施细则、办法并组织实施；按照中国人民银行和铁路总公司有关规定，为辖区内铁路内部单位开立内部账户，办理内部结算业务；开展对所属单位银行账户、资金归集、资金支付等监管工作；管理所属单位银行账户的开立、变更、撤销的备案工作；负责内部调剂资金管理工作；负责协调与协作银行的业务往来工作；负责组织开展资金结算所的财务管理、会计核算工作；完成财务处部署的其他工作。

局财务集中核算管理所主要工作职责：在局财务处的领导下，负责对路局委托的局附属单位实行财务集中管理和会计集中核算；负责建立健全内部控制制度，规范会计行为；负责编制、上报、执行财务预算，组织分析与考核；负责日常经济业务会计核算，编报财务会计报告；负责固定资产、低值易耗品管理；负责按预算请拨资金，清理债权债务，落实资金风险防范措施；负责本所会计档案装订、保管及归档工作；完成财务处部署的其他工作。

局财会学会工作职责：在财务处的领导下，负责财会学术理论研究等工作；负责制定完善《财会学会章程》《财会学组组织条例》《通讯员组织条例》等规章、制度、办法；负责制定路局财会论文和财会课题评选办法，组织财会论文征集和财会课题立项及研究成果的转化应用工作；负责完成中国铁道财会学会、辽宁省会计学会、辽宁省总会计师协会、辽宁省中直企事业会计学会等单位布置的相关业务工作；负责《沈铁财会》《沈铁财会信息》的编辑出版工作；完成财务处部署的其他工作。

二、财务处机构编制

1995年12月15日，根据沈阳铁路局《关于公布沈阳铁路局机关行政机构定员的通知》（沈铁劳发〔1995〕180号），财务处定员53人。其中，处长1人，副处长3人，综合决算科5人，会计科5人，成本管理科5人，基建会计科3人，财务科3人，国有资产管理办公室3人，直属会计科4人，收入稽查科11人，财务监察科4人，综合税管科3人，物价管理办公室3人。附属单位财会学会1人。

2000年1月6日，根据沈阳铁路局《关于公布沈阳铁路局机关行政机构定员的通知》（沈铁劳发〔2000〕20号），财务处定员62人。其中，处长1人，副处长3人，会计科5人，出纳清算科6人，成本管理科6人，基建事业科4人，财务科3人，国有资本监管办公室4人，直属会计科5人，大修计划科5人，收入稽查科10人，综合税管科4人，多经财务科6人。同年，路局决定撤销财税物价管理办公室，财检、税管职能划归财务处，物价管理职能划归多种经营管理处；将建设处、教育处、物资管理处、原运输处自备车管理中心、货运处货运保价运输、客运处行包保价、人防战备处民兵事业费和工务处土地管理办公室、局科委、人事处（干部培训经费）财务会计管理工作划归财务处管理；将多种经营管理处的财务科划归财务处。财会学会定员1人，并入财务处，对外保留牌子。

2000年1月6日，根据沈阳铁路局《关于重新公布部分直附属单位机构定员的通知》（沈铁劳发〔2000〕19号），沈阳铁道资金中心实行独立核算、自负盈亏。有职工29人。其中：主任1人（财务处长兼），副主任1人，资金结算科20人，结算业务科7人。

2005年7月19日，根据沈阳铁路局《关于公布沈阳铁路局机关行政限额内机构定员的通知》（沈铁劳发〔2005〕77号），财务处定员调整为58人，其中：处长1人，副处长3人，会计科4人，出纳清算科6人，成本管理科7人，基建事业科4人，财务科5人，国有资本监管科4人，会计信息科4人，大修预算科7人，综合税管科4人，财务监察科4人，全面预算管理科4人。根据沈铁劳发〔2005〕79号文件，财会学会定员2人，其中：秘书长1人，高级会计师1人。根据沈铁劳发〔2005〕80号文件，将资金结算所（对外称资金结算中心）列为局运营管理费列支的附属机构。资金结算所定员94人，其中：主任1人（财务处长兼），副主任1人，结算部10人，财务部5人，稽核部4人，综合信息部6人，各地区结算室67人。

2006年，根据沈铁劳卫发〔2006〕78号文件，撤销各资金结算室，成立沈阳铁路局资金结算所长春、大连、锦州、通辽、吉林、通化结算室，将沈阳资金结算室整建制并入局资金结算所；局资金结算所及各结算室列运营管理费列支附属机构；局资金结算所主任由财务处长兼任，副主任可配副处级干部，各结算室可配科级干部。定员94人，其中：主任1人，副主任1人，结算一部11人，结算二部9人，财务处5人，稽核部5人，综合信息部5人，各地区结算室57人。2008年1月9日，根据沈铁财电〔2008〕28号文件，撤销长春、大连、锦州、通辽、吉林、通化结算室。

2009年6月8日，根据沈阳铁路局《关于调整整合部分限额外及直附属机构的通知》（沈铁劳卫发〔2009〕173号），成立局财务集中核算管理所，列运营管理费列支附属机构，由局财务处负责管理。

2015年5月18日，根据《沈阳铁路局关于公布铁路局机关行政职能处室机构编制及主要职责的通知》（沈铁劳卫〔2015〕169号），财务处定员调整为54人，其中：处长1人，副处长3人，会计科4人，出纳清算科6人，成本管理科6人，基建事业科4人，财务科5人，国有资本监管科4人，会计信息科4人，大修预算科5人，综合税管科4人，财务监察科4人，全面预算管理科4人。根据沈铁劳发〔2015〕196号文件，资金结算所定员35人，其中：主任1人，副主任2人，结算一部11人，结算二部7人，财务部4人，稽核部5人，综合信息部5人。财务集中核算管理所8人，其中：主任1人，副主任1人，高级会计师2人，会计师4人。

第二节　运营资金管理

1996—1999年，沈阳铁路局制定并完善《资金缴拨及有偿使用办法》落实资金筹集和运用责任，注重资金使用效益，实行资金集中管理，控制资金供求总量，统筹安排，合理运用；核定路局集中结算资金，增加对分局扣除集中结算资金的透明度，满足资产经营责任制的内在要求。

2000—2004年，路局建立局结算资金控制制度，规范客货保价资金缴拨管理办法；完善资金考核指标体系，提高资金使用效率；优化内部管理，突出过程控制，积极筹措资金，缓解资金供需矛盾；制定《沈阳铁路局2004年资金缴拨办法》，加大增运增收、节支降耗工作力度，实行全面预算管理，对运用资金调控监督，确保运输生产。

2005年以后，为适应路局直管站段实际情况，路局按照"保重点、保稳定、压一般"，体现公平、公正、公开的原则，下发《沈阳铁路局大额资金使用管理暂行办法》《沈阳铁路局借款及担保管理暂行办法》《沈阳铁路局资金缴拨办法》；资金使用采取分层管理、高度集中办法，从源头上控制资金存量，保证资金安全运用。2006年，制定《沈阳铁路局银行账户管理办法实施细则》，加大个人支付款项管理力度，实现个人收入银行支付覆盖到全部运输单位。2007年，积极加强债权清理，确保资金及时回笼。2008年，路局优先选择贴现利率最低的招商银行开展买方付息银行承兑汇票结算工作，腾出流动资金

保证柴油、工程欠款、到期票据、属地移交资金按时支付；组织专门机构和人员负责债权债务清理工作，并按季度进行通报。

2009年，对买方付息银行承兑汇票利率进行公开招标，当年以低于贷款年利率2.84%的贴现利率融资10.96亿元，节约利息支出1586万元；加大债权清理力度，本年清回集体单位欠款1.10亿元，盘活闲置和不需用存量资金，保证安全生产、重点工程和职工生活基本需要；在银行账户管理方面，对新开立账户严格执行审批程序，并组织清理银行账户325个。2010年，制定《沈阳铁路局资金统收统支管理办法》，确保其他业务资金管理实现"收支两条线"；组织开发资金统收统支管理系统，实现业务合同登记，成本预算申报批复功能；全年清理债权资金4.3亿元，全局债权总额较2009年末下降10%，完成铁道部规定目标。2011年，路局在争取铁道部预算资金到位并增拨资金基础上，加强与合作银行联系，争取到建设银行更新改造贷款12.2亿元，缓解了资金不足压力，保证重点工程顺利进行；与供应商协商，开展保理业务，累计办理16.87亿元，有效缓解历史债务压力；全面实施资金集中管理，严格执行资金统收统支、集中支付、直接支付管理办法，理顺基层单位资金来源渠道，从源头上卡控资金安全和"小金库"风险；通过落实大额资金联签备案制度和大额支出申报制度，保证大额资金支付事前、事中、事后监督控制，最大限度避免资金支付风险；组织开展运营单位、多经企业与中铁九局等局外单位"大磨账"，有效规避诉讼风险。

2012年，路局制定《沈阳铁路局资金管理暂行办法》《沈阳铁路局资金预算管理实施细则》和《沈阳铁路局存货储备定额资金管理暂行办法》；在国家宏观调控、筹资环境偏紧情况下，通过灵活使用保理、信用证等筹资渠道，实现筹资53.6亿元，与同期贷款基准利率相比，节约筹资成本1086万元；通过执行资金统收统支、集中支付、直接支付等管理制度，挖掘内源性资金6.8亿元；对全局89个运输站段开展库存物资储备资金核定，大力压缩存货储备，实现库存储备资金占用同比减少1511万元。2013年，路局通过争取铁路总公司支持及与银行合作互动，拓展运

营筹资渠道，提前落实融资方案；通过资金统收统支管理，实现对运营单位经营活动动态控制；拓展资金集中支付范围，落实资金直接支付管理办法；加强资金内控制度执行情况检查，组织开展银行账户专项清理工作；制定《沈阳铁路局收缴款资金管理办法》，重点加强对供暖费、水费、电费、房费、物业费、公共设施维修费、电梯费、车位费、房屋租金、废旧物资变卖等款项的监督管理，对收缴款管理实行"固定网点、集中收款、定期催收"制度。2014年，路局组织人员对资金管理办法进行整理，将36个资金管理办法印制成册，下发到全局170个单位，同时编辑电子书，方便财务人员学习；加强债权债务清理，控制经营风险，下达2014年债权债务控制目标，核实4194笔签认记录；梳理未提账单，全局清理未提账单3.8亿元，避免未来债务纠纷；规范资金拨款流程，规避廉政风险；制定财务部门权利清单和相应流程，利用计算机系统将资金预算、拨款信息公开化、透明化；根据路局资金情况，无需各单位申请，每月随支出预算及时调整资金拨款。

2015年，全年债务性融资41亿元，有效保证全局资金供应和使用；按照"全面、逐笔、一笔不漏"原则，采取现场台账验收、面对面协商局内债权签认、局清理领导组专项检查、月度绩效考核等12项清理措施，收到较好效果。

第三节 成本管理

一、运输清算

1996—1998年，沈阳铁路局逐步形成共担风险、自负盈亏"大小直通清算、大管内归己、平均成本盈亏"的"管直"清算办法，对各分局采取"平均盈亏"清算系数方法；各分局处于同一起跑线上，共同承担盈亏责任，逐级建立目标成本责任制，路局对分局、分局对站段，层层分解盈亏责任，实行成本包死，一票否决。

1999年，路局构建以客货营销为龙头的经营新格局，铁路局作为市场主体，对分局实行"模拟区域运价、管内现收清算、直通作业清算、服务相互补偿"清算办法，建立资产经营责任制。

2002—2003年，路局针对客运公司职能转换、客运分公司属地化管理要求，制定客运公司清算方案。2004年，路局确定全面预算管理近期、中期、远期规划，建立健全全面预算管理体系，制定沈阳铁路局《全面预算编制办法》《全面预算监控办法》和《全面预算分析办法》；在全局范围内推广铁道部材料核算子系统，实现第一批185个主要运输站段的网络接通；自主开发全面预算管理信息系统，编制主要运输生产指标完成偏差对收入支出的影响参数、运输营业收入及运输支出日报参数，建立与18点系统、客票系统、货票系统、铁道部资金清算中心及统计部门的软件数据源点接口。2005年3月18日，全路开始实行路局直接管理站段改革，对原铁路分局下达的基层预算进行重新核定，并在执行中根据实际动态调整。2006年，路局制定《基层单位运输支出清算办法》，对基层实行统一定额、统一标准，增加指令性成本预算项目，对机务、工务、车辆等运用、维修预算指标按全面预算的思路进行整合；制定《加强全面预算管理的若干规定》，对非主要运输单位实行包干制度。2012年，对基层站段实行运输与其他业务盈亏合并考核，并根据成本预算变化事项，动态调整成本预算。

2014年，路局实施"明责放权、风险共担、总体包干"财务管理办法，以"超节归己，超亏否决，职工收入给上限，成本支出给底限，经营纪律设高压线"为总体原则，调整路局与站段清算与考核方式。2015年，路局制定《沈阳铁路局关于明确2015年运输清算有关问题的通知》，对总包干办法进行细化和补充。

二、成本控制

1996—1998年，对全局运输总支出实行总量控制，对分局实行成本包死、一票否决制度，成本否决与工资挂钩，路局机关机务、车辆、工务、电务、房产等部门实行奖金与本系统支出联挂；制定下发《沈阳铁路局对基层站段实行成本否决的指导意见》，主要是将成本费用分解到各有关部门和责任人，与单位效益、个人收入挂钩，对超支单位和个人执行既定否决项目；以清算收入为依据，根据工作量下降和清算收入减少，适时调整支出计划，层层分解到分局、站段。

1999—2001年，路局对成本控制继续执行以收定支原则，对分局实行弹性成本管理和收支双向控制；建立路局、分局对话制度，完善成本管理责任制；对非经营性单位实行费用包干；重新测算全局客车收支，将客运单车成本分解为可控部分和不可控部分，为客运营销决策提供量化依据。

2002—2004年，沈阳铁路局通过修旧利废、盘活设备资产、降低库存储备、内燃机车柴油"低烧一号"等手段，充分挖掘内部成本节支降耗潜力；制定22项成本单项控制措施，形成全方位节支；根据客运公司职能转换、客运分公司属地化管理要求，相应调整分局财务计划、营业收入计划、运输总支出计划；对学校、医疗机构属地移交补贴费用进行核定并对补偿办法提出指导意见；坚持弹性计划管理，按季调整成本和清算；制定《沈阳铁路局控制运输生产成本，实现低成本跨越式发展纲要》。2003年，在消化运输支出客观因素压力9.6亿元基础上，运输亏损13.42亿元，完成铁道部下达-13.6亿元运输盈亏目标。2004年，路局完成运输亏损10.92亿元，完成铁道部下达-10.98亿元运输盈亏目标，减亏630万元。2005年，根据路局直管站段实际情况，制定《沈阳铁路局运输成本费用分级管理实施办法》，建立路局财务部门问题控制、业务部门积极参与、基层站段分级负责的覆盖全员、全方位、全过程成本控制体系；强化班组核算和修旧利费及段制品管理；积极组织实施机、客车修理体制改革；测算运输效率指标对成本支出的影响；制定21项具体节支措施，当年完成减亏721万元。

2006年，路局修订《铁路运输企业成本费用管理核算规程》，制定《基层单位修旧利费及段制品管理办法》《外购劳务管理办法》《旧轨料管理核算办法》《差旅费会议费开支规定》和《通勤职工交通补助指导意见》等文件，当年完成减亏9515万元。2007年，路局对非主要运输单位实行包干制度；修订《高价互换配件、旧轨料管理与核算相关办法》；制定《加强全面预算管理的若干规定》；建立预算对支出刚性约束机制，对支出大项逐项核定实物消耗定额和支出定额；对机务、车辆、工务、房产等支出大户预算执行情况督导检查，当年完成减亏1474万元。

2008—2009年，实施成本"周计划，日结算"制度，以"周预算审批、日结算支出、周报告分析"为手段，建立生产、经营、成本有机联系；研发使用《机车运用指标财务预算管理系统》，制定《增收节支细化措施推进方案》，强化定额管理写实，将增收节支细化措施落实情况和"周计划，日结算"制度执行情况纳入月度安全经营考核；组织进行预算执行情况检查；建立并完善月度、季度经济分析制度。2008年减亏9383万元、2009年减亏1641万元。在2009年全路财会工作会议上，沈阳铁路局介绍"关于提升成本预算管理水平经验"。2010年，路局组织制定《沈阳铁路局职工福利费管理办法》《沈阳铁路局经济活动分析制度》和《沈阳铁路局货车修理清算及货车车辆段有权支出计算规定》以及成本节支措施和推进计划，大力压缩非生产性支出。2013年，制定《沈阳铁路局2013年全口径预算方案》和《沈阳铁路局实施"任务年、质量年、目标年"保证措施》，节约支出18.82亿元。

2014年，路局制定会议费、公务接待费、公务车运行费、办公用品、差旅费、职工教育经费、因公临时出国经费、外宾接待经费管理办法以及厉行节约、反对浪费规定，进一步规范和严控非生产性支出；坚持对全局运输总支出进行实时控制，实现成本静态不超支控制目标；提高基层站段全口径预算意识，开展预算落实情况检查；组织召开车务、客运、货运等10个系统财务管理现场交流会。2015年，路局确立"量入为出、以收定支、必保收支平衡"经营工作底线，继续实施"超节归己，超亏否决，职工收入给上限，成本支出给底线，经营纪律设高压线"预算总体包干管理，建立以盈亏结果、经济效益和劳动效率为基础的工效挂钩考核机制；压缩外雇用工和业务外包支出；坚持对全局运输总支出进行实时控制，通过月报、季度决算等资料以及日常调研检查过程中发现问题，及时分析预算执行偏差，根据成本预算变化实际情况，及时对预算加以调整；全年先后组织两次对全局各系统172个单位预算落实情况及完成情况的专项检查；全局可控支出控制在有权支出范围之内，实现确保成本静态不超支控制目标；修订差旅费、福利费、业务招待费办法；下达各单位全年业务招待费控制目

1996—2015年沈阳铁路局损益状况表

表4-4-1　　　　　　　　　　　　　　单位：亿元

年份	营业收入	营业成本	营业利润	利润总额	净利润
1996	94.33	86.28	-7.03	-11.20	-11.20
1997	108.44	96.28	-4.51	-11.35	-11.49
1998	107.13	91.45	-0.48	-7.21	-7.40
1999	110.96	92.82	2.11	-4.41	-4.59
2000	123.33	98.20	4.02	-1.74	-1.75
2001	189.04	160.99	-3.01	-9.46	-9.48
2002	199.95	169.44	-1.47	-8.19	-8.21
2003	204.75	180.34	-8.46	-12.22	-12.22
2004	248.08	216.50	-6.78	-9.22	-9.16
2005	268.54	230.45	-13.65	-24.80	-24.36
2006	283.62	244.86	7.14	-4.98	-5.00
2007	351.70	298.29	-2.78	-13.39	-13.41
2008	367.49	320.89	-16.60	-28.62	-28.63
2009	431.03	437.10	-5.35	-12.37	-12.37
2010	464.03	480.71	-14.72	-24.93	-24.94
2011	532.50	553.40	-19.33	-22.38	-22.38
2012	566.12	625.12	-71.55	-76.31	-76.31
2013	618.55	643.67	-59.23	-60.64	-60.64
2014	547.89	575.21	-64.61	-66.30	-66.30
2015	523.95	578.39	-52.80	-55.63	-56.06
合计	6094.77	6180.39	-339.09	-465.35	-465.90

标，全年支出控制在1956万元，同比下降48.5%。

三、大修投资情况

1996年6月14日，沈阳铁路局下发《关于大修计划管理移交有关问题的通知》，明确铁路运输企业大修计划管理自1996年起由计划部门移交财务部门，对1996年大修计划执行中出现的有关问题及计划调整，由局计划部门负责，商财务部门协调处理。

自1997年开始，沈阳铁路局大修计划由财务部门下达，分铁道部、铁路局和铁路分局三级管理。1997年，制定《沈阳铁路局运输设备大修计划管理规定》，除线路大修换轨、重点路基桥隧病害整治、干线通信电缆大修、机、客车厂修、干线提速项目、重点行车安全及灾害复旧项目由铁道部管理外，其他项目均由铁路局管理，路局有权安排大修资金10%放权给分局，分局所属工附业和工程部门继续实行自提自用。1998年，铁

道部除将原线路大修项目中除更换新钢轨外大修项目作为铁道部要求安排项目进行管理外，将机、客车厂修、灾害复旧项目等调整为局管项目。1999年，铁道部将其管理的光缆大修、车站电气集中大修、大站驼峰设备及电码化、特大桥改建项目改为铁道部指导项目，其他大修项目均调整为铁路局管理项目。2000年，铁道部除将特大桥改建项目改为铁道部指导项目外，其他大修项目均调整为铁路局管理项目。2001年，铁道部除将灾害复旧项目调整为铁道部指导项目，其他大修项目均调整为铁路局管理项目；沈阳铁路局将由路局管理部分资金放权给分局管理。2002—2004年，铁道部将新增提速道岔三项改造以及线路大修、六大干线提速安全标准线建设、灾害复旧项目重新确定为铁道部管理项目；沈阳铁路局调整相应路局管理大修项目，并将部分资金作为零小项目放权分局管理。2005年3月18日撤销分局，大修计划管理发生变化，由原三级管理调整为二级管理。4月20日，制定《沈阳铁路局运输固定资产大修理支出管理暂行办法》，明确大修项目的责任主体和权限，对大修支出定额、支出核算以及预算编制、审核等提出要求，强调大修项目的管理纪律和执行程序。

1997—2001年，沈阳铁路局大修投资807116.6万元，完成更换新钢轨2776公里，内燃机车厂修979台，蒸汽机车厂修696台，客车厂修2484辆。2002—2004年，沈阳铁路局大修投资490375.6万元，完成更换新钢轨1454公里，内燃机车厂修728台，客车厂修1568辆，电务非集中联锁改集中联锁完成78站3498.5万元，实现有图定列车运行车站的进路全部集中控制，启动正线木枕退役。2005—2011年，沈阳铁路局大修累计投资1429067.1万元，完成更换新钢轨3444.4公里，内燃机车厂修1418台，电力机车厂修251台，客车厂修2742辆，动车组三级修及以上29组。2012—2014年，沈阳铁路局累计大修投资729656.6万元，完成更换新钢轨1110.2公里，内燃机车厂修417台，电力机车厂修98台，客车厂修878辆，动车组三级修及以上73组，完成正线和列车进路木枕道岔退役4438组。

2010年10月11日，修订《沈阳铁路局运输固定资产大修理支出管理办法》，增加大修项目成

1996—2015年沈阳铁路局设备大修投资统计表

表4-4-2　　　　　　　　　　　　　　　　　　　　　　　　　　　　　　　　单位：亿元

年份	1997年	1998年	1999年	2000年	2001年	2002年	2003年
金额	190396.0	167145.0	162234.2	160655.0	126686.4	112164.9	164927.9
年份	2004年	2005年	2006年	2007年	2008年	2009年	2010年
金额	213282.8	216064.0	178362.2	193334.3	194906.0	146932.0	253131.5
年份	2011年	2012年	2013年	2014年	2015年		
金额	246337.1	205832.0	283857.4	239967.2	160814.0		

本控制、资金管理和大修项目的招、投标管理等内容。2005—2011年，铁道部管理项目新增机、客车厂修、电务专项整治，并将铁道部专业部门管理货车大修项目调整为铁路局参与管理铁道部管理项目。2012年，铁道部不再控制大修投资额度，大修投资额度由铁路局根据经营情况确定。2013年，中国铁路总公司确定铁路局为经营主体，除货车大修和灾害复旧项目由铁路总公司安排外，其他大修项目均由铁路局管理。2015年，重新修订《沈阳铁路局运输设备大修理支出管理办法》，明确大修项目管理范围、管理模式以及合同管理等内容。

第四节　固定资产与国有资本监管

一、国有资本监管

1996—1998年，路局提出对分局资本金利润率、流动资金周转率、工附业减亏三项经济指标实行考核，经过三年运行，达到预期监管目的。

1999—2005年，制定《沈阳铁路局铁路国有资本监管办法实施细则》《沈阳铁路局内部会计控制制度》和《沈阳铁路局国有资产管理暂行规定》，建立国有资本监管的检查、评估和预警机制，完善路局国有资本监管体系，及时通报预警重大风险事项，保证国有资产保值增值。

2012年2月，铁道部发布《铁路企业国有资产管理办法（试行）》，在产权转让、国有资产无偿划转、资产评估和公司制改建四个方面对铁路局进行授权，部分审批权限下放到铁路局。

二、国有资产产权登记

自1996年以来，沈阳铁路局每年都依据国务院有关规定，对铁路局国有资产产权状况定期办理登记，共办理各类登记40807户，及时反映沈阳铁路局各法人单位占有和使用国有资产状况；对各类变动信息实时进行变更，准确反映全局国有资产使用状态，防止国有资产流失。

三、资产清查和清产核资

2004年，制定《沈阳铁路局企业资产损失的确认及核销程序暂行规定》，规范资产损失处置标准，全面掌握资产管理现状。

2005年，组织全局资产清查工作，涉及1444个单位，清查出各种财产损失269491万元；全部资产损失于2006年4—6月份经辽宁、吉林两省国家税务局核准后，全部予以核销。

2014年，路局组织开展清产核资和资产评估工作，全面摸清企业资产数量、质量和状态，发现资产管理和经营中的问题，核实资产真实价值水平，完整准确反映铁路企业资产、负债、所有者权益状况；共清理出资产损失10.96亿元，资产评估增值额为390.97亿元。

四、主辅分离和社会职能移交

2000年，根据铁道部关于铁路通信改革的有关文件精神，沈阳铁路局从2月21日起，对沈阳铁路局通信段以1999年12月31日财务状况为时点进行整体评估，截至12月31日，完成全部评估和资产交接工作。

2003年，按照铁道部总体部署，沈阳铁路局分别向集装箱公司和行包快运公司移交资产1436万元和16128万元，特货公司无需要移交资产；分别将沈阳勘测设计院，沈阳、锦州、吉林工程集团分别无偿划转给中国铁道建筑总公司和中国铁路工程总公司，划转资产总额206430万元，负债164709万元，所有者权益41721万元。

2004年，完成社会职能移交地方政府管理工作，向辽宁、吉林、河北省及内蒙古自治区移交中小学109所，幼儿园18所，医院40家，移交地方政府167个单位，移交总资产138399.35万元，净资产141042.46万元，移交人员20189人。

2011年，完成铁路法院、检察院移交工作，自同年5月开展检法单位资产清查，就资产移交、经费保障和设备补偿问题与地方政府进行沟通协调，到2012年8月顺利完成辽宁、吉林、内蒙古铁路法院、检察院移交工作。

第五节 建设资金管理

一、基本建设投资及完成情况

1996—2005年，铁路局基本建设投资计划302.415亿元，实际完成投资302.174亿元，完成

计划的99.92%；交付使用固定资产111.789亿元。2006—2010年，铁路局基本建设投资计划1282.82亿元，实际完成投资1257.23亿元，完成计划的98.01%；交付使用固定资产280.54亿元。2010年3月，制定《沈阳铁路局建设资金管理办法》，规范铁路基本建设资金管理，明确管理责任，防范资金风险。2011年至2013年，路局基本建设投资计划981亿元，其中：国铁项目投资计划143.50亿元，合资铁路项目投资计划837.50亿元，实际完成投资945.40亿元，完成计划的96.37%；交付使用固定资产291.360亿元。

二、财政预算管理

按照国务院和国家经贸委有关文件规定，2004年，大连铁路卫生学校移交地方政府管理。2005年，锦州铁路运输学校、沈阳铁路机械学

1996—2015年沈阳铁路局基本建设投资完成情况统计表

表4-4-3　　　　　　　　　　　　　　　　　　　　　　　　　　　　　　单位：亿元

年份	基本建设投资				新增固定资产
	计划	完成	其中：大中型项目完成	其中：小型项目完成	
1996	9.28	9.28	7.00	2.28	4.72
1997	15.89	15.89	13.35	2.54	7.90
1998	27.31	27.31	24.20	3.11	5.85
1999	23.08	23.08	22.00	1.08	2.41
2000	25.21	25.21	18.00	7.21	7.98
2001	15.29	15.29	13.60	1.69	3.25
2002	22.81	22.81	19.41	3.40	105.75
2003	10.25	10.25	6.50	3.75	5.03
2004	9.01	9.40	7.30	1.10	1.11
2005	17.42	17.50	13.59	2.81	12.61
2006	31.89	31.79	29.38	2.41	5.34
2007	69.75	69.29	68.47	0.82	11.60
2008	279.28	273.65	273.16	0.49	50.49
2009	434.41	438.73	438.73	0.00	28.89
2010	477.84	477.14	477.11	0.03	1.81
2011	294.51	289.44	289.44	0.00	0.00
2012	303.09	303.27	303.27	0.00	18.42
2013	383.45	363.87	363.87	0.00	0.00
2014	413.27	398.48	398.48	0.00	0.85
2015	397.37	443.92	443.92	0.00	45.81
合计	3260.41	3265.60	3230.78	32.72	319.82

校、吉林铁路经济学校移交地方政府管理，财政预算指标划转地方。

第六节　会计监督

2003年，路局为加强财务监察工作，在财务处成立财务监察科，开展财务监察工作。2006—2011年，路局先后制定《加强"小金库"源头治理有关规定》和《沈阳铁路局内部会计控制制度》，组织以"整顿财经秩序、提高会计信息质量"为核心内容的检查；开展以"账务清查、账户检查、法人治理整顿、小金库清理"为主要内容的专项清理；每年组织开展"小金库"专项治理工作，努力化解"小金库"风险。

2012—2015年，铁路局整理形成解决"小金库"问题长效机制建设文件汇编，完成41个单位的"小金库"问题长效机制建设检查；开展经营质量整顿，制定债权债务管理办法和《沈阳铁路局审计（检查）问题整改监督管理办法》，建立审计（检查）问题库平台，根据审计结论及时监督被审单位将所审计问题、审计结论和本单位整改的痕迹及时录入系统；对70个单位建立解决"小金库"问题长效机制情况进行专项检查。

第七节　财会信息化建设

一、软件应用

1996年，路局财务核算系统采用CS模式，数据运算在客户机上运行，各核算单位独立成网，财务数据存放在各单位，财务会计管理系统具备账务处理、会计报表、工资核算、固定资产核算功能。自2000年起，路局以财务处服务器为中心，使用CA数字电子证书认证模式，实行数据集中管理，账务处理子系统与各子系统实现数据共享功能。2008年，财务核算系统使用BS和CS混合架构模式，全局运输单位实现数据集中管理和数据共享，充分发挥数据集中存储优势；同时，全局统一推广5.0版财务会计管理系统，预算管理、分线核算、材料核算功能得到完善。2015年12月，路局投资管理中心撤销，非运输业的财务账套信息一并移入运输业服务器，实现在

路局客户端可直接查询各非运输业集团公司的账务信息。

截至2015年末，全局运输业、非运输业、基建事业单位、各工会委员会、合资铁路公司财务账套均使用铁路总公司开发的5.0版财务会计管理系统。

二、设备更新

2000年，财务信息处理设备实现由微机到PC服务器的更新，各核算单位计算机设备得到更换和补充，改变了基层单位缺少计算机设备以及计算机设备陈旧落后的局面。2008年，全局推广应用5.0版财务会计管理系统，路局购置两台IBM750小型机，配置20台中间层服务器，实现设备集群管理，设备运行状态实现网络监控。2015年，购置财务用小型机存储及附属设备，进行了部分更新。

三、网络及网站建设

2000年，财务信息传输开始接入TMIS网络通道。2006年，全局运输单位财务数据实现TMIS网络传输。2010年，路局对没有接入TMIS网络通道的偏远多经、工程建设管理机构等单位，通过借用铁路资金结算网（ADSL），全部实现与路局财务处网络连接。2003年，路局着手财务网站建设，2004年投入使用后，根据每年财务管理需要，不断扩充增加网站功能。2012年，结合资金拨付与网上抹账的共同需求，由局信息所优化资金拨付和网上抹账系统。

经过软件完善、设备更新、网络建设，财务数据由分散管理到集中存储，由软盘拷贝到光盘刻录，财务数据备份由人工定期或不定期的复制备份到由计算机自动运行备份管理，由单机独立运行到双机热备，设备故障处理由人工干预到计算机自动切换，提高了系统安全可靠性。截至2015年末，路局服务器共存有账套745个，财务信息实现数据共享。

第八节　会计制度

自1993年开始到2005年，为贯彻财政部发布的《企业财务通则》和《企业会计准则》，铁路运输企业执行财政部《运输（铁路）企业会计制

度》，统一会计科目编号及使用说明。

2006年，铁路企业执行财政部发布的《企业会计制度》，路局按照铁道部《关于铁路运输企业执行〈企业会计制度〉衔接办法的通知》，完成新旧制度转换的会计处理工作。2007年，根据财政部《关于实施修订后的企业财务通则有关问题的通知》，自2007年1月1日起，企业不再按工资总额提取职工福利费。2009年，按照铁道部《关于规范铁路运输企业工资核算的通知》，企业工资由计提制改为据实列支。2013年，全路实施货运组织改革，路局组织新组建的货运中心开账，对财务人员进行培训，修订财务月报和季度报表参数，完成非运输企业与各货运中心资产、债权债务移交工作。2015年，按照铁路总公司《关于执行企业会计准则的通知》要求，沈阳铁路局完成土地价值分离、福利精算、固定资产价值调整、投资项目重分类、递延所得税资产和负债的确认、国铁基建会计并轨等工作，指导各基层单位按照新会计科目进行开账，实现新旧会计科目顺利转换。

第九节　纳税管理

在企业所得税方面，按照国家和中国铁路总公司有关政策规定，铁路局自2015年1月1日起，改按资产负债表债务法对企业所得税进行处理。

在营业税方面，按照国家有关政策规定，路局1996年至2013年铁路运输主营业务收入营业税由铁道部集中缴纳。

在增值税方面，按照国家有关政策规定，自2014年1月1日起，铁路运输企业实行营业税改征增值税，路局自2014年起铁路运输业务收入增值税由铁路总公司汇总缴纳；路局所属运营单位提供铁路运输及辅助服务，按照除铁路建设基金以外的销售额和预征率计算应预缴税额，按月向主管税务机关申报纳税；路局所属运营单位为提供铁路运输及辅助服务而购进货物、接受加工修理修配劳务和应税服务，支付或者负担的增值税额，由铁路总公司汇总缴纳增值税时抵扣；路局通过税务月报，按月汇总归集各运营单位提供的铁路运输及辅助服务的销售额、进项税额和已预缴增值税额，并汇总各运营单位《铁路运输企业

分支机构增值税汇总纳税信息传递单》，审核无误后上报总公司；2014年铁路运输企业实行营改增后，对货主要求提供增值税专用发票的，各货运中心、车务站段需对外开具增值税专用发票，使用增值税发票系统，从铁路货票系统、行包系统提取货票、行李包裹票数据，换开增值税专用发票；截至2015年末，路局所属单位及控股合资铁路公司共46个单位完成增值税发票系统升级工作。

在印花税方面，按照《国家税务总局、铁道部关于铁路货运凭证印花税若干问题的通知》（国税发〔2006〕101号）规定，自2006年8月1日起，铁路运输企业代征托运方应纳的印花税，与铁路运输企业应纳的印花税统一由铁路局汇总，依照铁路体制改革前所属汇总缴纳印花税单位2004年印花税款占铁路局印花税比例计算，按季向原汇总缴纳单位所在地的地方税务机关缴纳。

在房产税和城镇土地使用税方面，按照《关于铁道部所属单位征免房产税城镇土地使用税问题的通知》（财税〔1997〕8号）规定，铁路局自用的房产、土地，自1996年1月1日起仍暂免征收房产税和城镇土地使用税；按照《财政部、国家税务总局关于明确免征房产税城镇土地使用税的铁路运输企业范围及有关问题的通知》(财税〔2004〕36号)、《财政部、国家税务总局关于明确免征房产税、城镇土地使用税的铁路运输企业范围的补充通知》（财税〔2006〕17号）规定，铁路局自用的房产、土地仍暂免征收房产税和城镇土地使用税。

在税务管理方面，2009年，按照国家税务总局和铁道部要求，沈阳铁路局全面清查和解决2005—2008年涉税问题。2015年，按照国家税务总局和铁路总公司部署，路局开展重点税源企业专项检查工作，全面清查和解决涉税问题。

第十节　资金结算核算工作

一、资金结算业务

1996—1999年，沈阳铁路局共有资金结算中心11个，地区办事处13个，营业室36个。各级中

心除开展正常结算业务外，全年新增代办储蓄、工资转存、代办车辆保险、代售国库券等业务，配合房改部门收取售房款、集资款、住房公积金；多方融通资金，最大限度集中资金，增加资金沉淀量；充分利用资金时间差和空间差调剂余缺，加速资金周转；清理整顿机构，从严批复设立二级分支机构。

2000—2004年，制定《沈阳铁道结算中心资金调剂实施细则》；先后撤销图们、白城两个结算分中心。同时，成立图们、白城两个结算办事处，分别并入吉林分中心和长春铁道结算中心；增设长春铁道结算中心大安北办事处和四平办事处营业部、通辽分中心建行营业部；增设锦州分中心葫芦岛办事处；撤销沈阳分中心灵山办事处铁路专业支行营业部和锦州分中心大虎山办事处；增设大连铁道结算分中心工行营业部；完成铁道货币结算及信息管理系统的网络升级，全局35个结算网点与全路各网点及铁道部中心实现实时连接；对RFS系统进行升级，各结算网点变成终端，数据集中于分中心；加强结算系统硬件设备维护和营业网点安全防范；全局结算中心系统未发生一起因管理制度不善而造成的资金安全事故；结算会计基础工作通过铁道部年检。

2005年8月，资金结算所及所辖34个结算室按照铁道部要求对账户名称进行变更；停止在商业银行办理定期存款、购买国债、购买企业债券等资金运作；组织制定《结算所（室）岗位职责》《结算业务内控制度》《结算业务操作流程和重空凭证领用保管登记制度》和《沈阳铁路资金结算所（室）受理大额资金支付业务的具体办法》。

2006年，路局对所属结算室布局进行调整，6个同城结算室合并，撤销20个结算室；整合后设结算一部、结算二部、财务部、稽核部、综合信息部和长春、大连、锦州、通辽、吉林、通化6个结算室；撤并网点的开户单位转入商业银行，按照新的结算会计暂行办法，重新制定业务流程、岗位责任制和内控监督办法。

2007—2010年，路局监督开户单位遵守提现规定；加大逾期调剂款清理力度；撤销长春、大连、锦州、通辽、吉林、通化6个资金结算室；逐步推进分批授权，在工行、建行实现对管内授权账户、资金归集账户监管；健全结算内控制度，防范结算风险；执行大额联签制度和大额联签动态报告制度，对监管数据建立"日报告、周分析"制度；路局与农行签订资金归集账户监管协议；组织完成全局374个内部账户年检工作，修订业务流程，完善内控制度，细化岗位责任制。

2011—2015年，路局执行大额资金联签制度和大额资金动态报告制度，确定内部开户单位的大额资金支付额度，规范管内各单位资金支付行为，发挥结算柜台的支付监督作用；每日对授权账户进行跟踪核对，通过"网上银行"和"重客系统"，实时监控银行账户资金支付情况；稽核人员利用银行系统的查询功能，监管各单位执行资金统收统支、直接支付情况；与调剂单位逐一签认，对逾期未偿还调剂款的单位重点关注，积极解决历史遗留问题，最大限度避免损失。

二、财务集中核算工作

2009年6月，成立沈阳铁路局财务集中核算管理所，接管沈阳、大连、锦州、通辽、吉林、通化铁路办事处财务核算与管理工作，实行财务集中核算管理，妥善处理遗留事项，清查各项资产和债权债务，保证财务交接工作顺利进行；在完成账项合并工作以后，组织制定内部会计控制制度和财务管理制度；截至2015年12月31日，路局代管57个部门958人的工资发放、费用报销等工作，理顺代管部门养老保险、医疗保险、失业保险、住房公积金等项目缴纳渠道，按时提报财务决算和劳资报表。

第五章　审计工作

从1996年至2015年，沈阳铁路局审计工作以规范经营管理、防范经营风险、促进增收节支、提高经营质量为目标，全面强化审计监督，严格考核经营业绩和经济责任，保障资金资产运营安全，对重点经营活动有针对性地开展专项审计，不断强化审计队伍建设，创新审计工作方式，为企业依法经营、健康发展提供有效监督保障。

20年来，沈阳局内部审计机构经历若干调整和重大变化。路局直管站段体制改革后，各铁路分局审计机构撤销，路局设立附属机构审计室，非运输企业审计机构调整，审计人员年龄结构逐渐趋于年轻化，大学文化程度和高级技术职称人员比例逐年上升；审计信息化水平逐步提高，硬件装备不断更新，改变传统账本审计方式，全面实现网络调取数据和利用审计信息管理系统开展审计；审计规章制度逐步完善，从审计程序执行、审计处理处罚标准到审计公文规范等方面不断细化，确保审计工作实现规范化和制度化。

随着被审计单位各项经营活动和财务管理工作日益规范，审计监督方式也从常规审计项目向剖析企业经营活动、防范企业内控风险逐渐过渡，在财务收支审计、经营业绩审计和管理效益审计、内部控制审计相结合的同时，继续推进领导干部经济责任审计，强化非运输企业审计监督，实现建设项目审计"全覆盖、无遗漏"，加大审计问题处理处罚力度，注重审计发现问题整改落实，为沈阳铁路局经营管理工作健康有序地发展发挥保驾护航作用。

第一节　审计系统概况

1996年，根据沈阳铁路局《关于公布沈阳铁路局机关行政机构定员的通知》（沈铁劳发〔1995〕180号），设立审计处，定员15人，处长1人，副处长1人，运营审计科5人，基建审计科4人，综合审计科4人。

1996年至2000年，各分局均设立审计分处。1999年1月1日，因丹东分局撤销，审计分处随之撤销。2000年，各分局审计分处更名为审计中心。2000年12月5日，因图们分局撤销，审计中心改为吉林铁路分局审计中心图们审计办公室；因白城分局撤销，审计中心改为长春铁路分局审计中心白城审计办公室；根据沈阳铁路局《关于公布沈阳铁路局机关行政机构定员的通知》，审计处定员由15人增至18人，处长1人，副处长1人，增设直属审计科；调整后审计处机构编制为4个科：运营审计科、基建审计科、综合审计科和直属审计科，4个科定员均为4人。2003年9月2日，局多元经营管理处重新调整机构，增设审计科，定员3人，为局审计处派驻机构。9月8日，长春、沈阳、锦州、通辽、吉林、通化分局审计中心更名为审计分处，大连铁道有限责任公司审计中心更名为大连铁道有限责任公司审计部。10月1日，根据《沈阳铁路局审计人员派驻制实施办法（试行）》要求，全局审计体制实施重大改革，路局对所属分局专职审计人员实行派驻制；局管内部审计机构审计工作由局审计处与分局共同领导，审计监督范围实行驻地分工负责；各分局及多经处专职审计人员由路局统一考核聘任，各项审计任务由路局统一组织安排与分局委托管理相结合原则实施。

2004年4月至5月，路局对派驻7个分局审计机构负责人和专职审计人员统一重新任命，标志着全局审计专职人员实行派驻制管理工作正式启动。在审计派驻制体制改革过程中，全局新增定员编制11人，其中：增加副分处长编制4人，高级职称编制2人，中级职称编制1人，监察编制4人。

2005年3月，路局实行直管站段体制改革，撤销长春、沈阳、大连、锦州、通辽、吉林、通化7个分局，派驻审计分处随之撤销。7月，根据沈阳铁路局《关于公布运营管理费列支附属单位机构定员的通知》要求，成立长春、沈阳、锦州审计室，3个审计室定员共计21人，每室定员7人，领导可配副处级干部；根据沈阳铁路局《关于公布沈阳铁路局机关行政限额内机构定员的通知》，局审计处撤销直属审计科，设立经济责任审计科，定员4人；机构调整后审计处定员18人，主要负责全局内部审计监督工作；处内下设综合审计科、运营审计科、基建审计科和经济责任审计科；长春审计室、沈阳审计室和锦州审计室为路局附属机构；沈铁投资管理中心监察审计部是全局多元经营系统内部审计监督部门，各区域投资管理中心均下设监察审计部，负责所在区域多元经营企业审计监督工作。2006年4月，路局对长春、沈阳、锦州3个审计室14名专职审计人员重新任命。

2007年1月，根据铁道部《关于调整沈阳铁路局附属机构编制的通知》（铁劳卫函〔2007〕

50号），路局各审计室新增定编8人，其中：长春审计室增加2人、沈阳审计室增加4人、锦州审计室增加2人；机构调整后，3个审计室定员共计29人，其中：长春审计室9人，沈阳审计室11人，锦州审计室9人。同年9月，根据《沈阳铁路局多元经营企业审计人员派驻制实施办法》，多元经营系统审计部门成为路局审计处派驻机构，局投资管理中心设立审计部，直属集团公司设立审计室，实行局审计处与投资管理中心双重领导；投资管理中心审计部审计工作纳入局审计处工作计划，直属集团公司审计室审计工作纳入投资管理中心审计部工作计划，并执行铁路局制定的审计工作制度。

2009年1月，根据沈铁劳卫发〔2009〕30号文件，撤销锦州审计室，其定员编制调整到沈阳、长春审计室，调整后沈阳审计室定员15人，长春审计室定员14人。2012年2月10日，根据路

1996—2015年沈阳铁路局审计机构及人员结构情况统计表

表4-5-1

年度	独立审计机构（个）	专职审计人员（人）			
		合计	高级职称	中级职称	初级职称及其他
1996	13	91	2	54	35
1997	27	129	3	74	52
1998	26	110	4	64	42
1999	13	81	6	53	22
2000	10	77	4	51	22
2001	8	82	8	50	24
2002	8	81	9	49	23
2003	9	83	12	50	21
2004	9	82	10	54	18
2005	5	41	7	31	3
2006	5	57	12	40	5
2007	12	63	10	48	5
2008	12	58	12	40	6
2009	11	57	16	35	6
2010	11	64	18	35	11
2011	11	63	25	29	9
2012	24	82	26	41	15
2013	21	72	25	38	9
2014	3	46	22	18	6
2015	3	45	24	17	4

局《关于调整非运输企业部分公司行政机构定员的通知》（沈铁劳卫发〔2012〕73号）规定，在局投资管理中心增设总审计师，负责组织开展审计工作；调整后非运输企业审计部门为局投资管理中心和各直属、专业集团公司内设机构，局投资管理中心设立审计部，7个直属集团公司、13个专业集团公司设立审计室，接受局审计处业务指导。

2013年，路局撤销鞍山直属集团公司、辽宁瑞心酒店集团有限责任公司和沈阳铁道物流有限公司等3个非运输企业审计机构。2014年5月6日，局审计处经济责任审计科增设副科长定员1人。同年11月6日，审计处增设经营审计科，定员5人，同时长春、沈阳审计室新增定员5人，机构定员调整后审计处设综合审计科、运营审计科、基建审计科、经济责任审计科和经营审计科，定员24人；长春审计室定员16人，沈阳审计室定员18人。同年12月29日，根据《沈阳铁路局投资管理中心关于撤销非运输企业审计稽核部补充财务人员的通知》（投资办电〔2014〕97号），撤销全局非运输企业14家集团公司审计稽核部，将财务专业的审计人员择优划入集团公司及所属子分公司财务部门。

2015年1月7日，根据《沈阳铁路局关于调整局投资管理中心职能及内设行政职能管理机构设置的通知》（沈铁劳卫〔2015〕12号），局投资管理中心撤销审计监察部。同年6月，根据《沈阳铁路局关于调整局机关行政附属机构编制的通知》（沈铁劳卫〔2015〕196号），长春审计室定员减少4人，沈阳审计室定员增加4人。

第二节　经营业绩与任期经济责任审计

一、经营业绩审计

（一）资产经营责任审计

2001—2004年，沈阳铁路局每年都对长春、沈阳、大连、锦州、通辽、吉林、通化7个铁路分局和对局经济发展总公司、旅游实业总公司、对外经济贸易总公司等九个局直属多经企业本年度与路局签订《安全、生产、经营责任状》履行

情况进行审计。2004年，审计中全面应用《铁路运输企业审计信息管理系统》软件，实施计算机辅助审计；在对分局本级会计核算单位进行审计的同时，还延伸审计分局直属多经公司和机务、工务、车辆等主要站段等206个单位，对查出的163个违纪违规问题进行披露。

（二）经营业绩审计

2005年开始，沈阳局资产经营责任审计项目改为经营业绩审计项目。2005—2015年，路局每年都对运输站段和非运输企业本年度与路局签订《生产经营业绩责任书》履行情况进行全局经营业绩审计。2012年，路局对运输站段审计试行区域采用集中审计工作方式。2013年，采取集中全局审计人员，按系统平行推进方式开展工作。2014年，采取与预算执行过程审计同步进行方式开展。2015年，路局主要对房产段以经营收入、

2001—2004年沈阳铁路局资产经营责任审计情况统计表

表4-5-2

年份	查出违纪违规问题		查出管理不规范问题		提出审计建议（条）
	数量（项）	金额（万元）	数量（项）	金额（万元）	
2001	21	5267	31	58846	86
2002	38	623	—	—	145
2003	156	—	—	—	—
2004	—	24524	—	—	205

2005—2015年沈阳铁路局资产经营责任审计情况统计表

表4-5-3

年份	查出违纪违规问题（万元）	查出损失浪费金额（万元）	查出管理不规范问题金额（万元）	提出处理建议（条）
2005	2369	3.7	3184.7	—
2006	19992	250.1	18996.8	—
2007	21260	287.2	22416.0	298
2008	33124	991.7	16463.7	607
2009	20654	351.8	39162.2	479
2010	32524	653.0	38702.0	330
2011	26404	—	36837.0	383
2012	65598	13.0	51379.0	459
2013	74774	112.0	127534.0	521
2014	54303	—	141941.0	496
2015	4574	—	—	68

成本支出为主线，突出对资金运用和资产管理安全性以及经营结果真实性、重大经济事项合法合规性进行查证，同时重点检查煤炭采购、验收、存储、供应、消耗管理情况，工程项目合同、承发包、计划落实、施工队伍情况，材料采购及废旧物资处理方式与审批等。

二、任期经济责任审计

1996—2015年，沈阳局每年都对各单位第一管理者进行任期经济责任审计，审查被审计单位领导人在任职期间其所在单位财务收支真实、合法和有效情况，先后对大连铁路司机学校、局电子中心、沈阳铁路总医院、沈阳铁路机械学校、锦州铁路运输学校等单位的主要领导违纪问题进行全局通报严肃处理，起到警示震慑作用，取得明显成效。

第三节　财务收支与建设项目审计

一、财务收支审计

1997年，在对8个分局16个多种经营单位（多经分处和直属公司）的财务收支审计中，共

1996—2015年沈阳铁路局任期经济责任审计情况统计表(一)

表4-5-4

年份	完成经济责任审计项目（个）	查出违纪违规问题金额（万元）	查出损失浪费金额（万元）	收缴罚款（万元）	冲转有关账项（万元）	提出处理建议（条）
1996	126	2336	580	185	244	427
1997	193	4135	2962	119	1465	531
1998	241	5800	1612	248	1983	738
1999	358	13462	2072	1486	10433	1212
2000	296	15115	4592	1524	1152	1058
2001	331	10881	4657	1161	2144	1252
2002	244	4520	160	377	4048	663
2003	328	22394	23	2076	3798	322
2004	189	15715	372	1564	4002	274

1996—2015年沈阳铁路局任期经济责任审计情况统计表(二)

表4-5-5

年份	完成经济责任审计项目（个）	查出违纪违规问题金额（万元）	查出损失浪费金额（万元）
2005	47	33995.8	475.3
2006	93	31911.7	66.8
2007	200	35807.3	—
2008	43	67361.6	—
2009	51	29975.7	—
2010	35	62617	—
2011	41	14426	—
2012	34	248	—
2013	53	4660	—
2014	33	16366	—
2015	18	11969	—

发现应收账款长期挂账、固定资产管理不完善、财务核算不规范和对外投资回报率不高等4个方面问题，涉及金额311万元。1999年，路局在审计中，重点对沈阳铁路机械学校的主管校领导按照干部管理权限给予行政处分，并追究法律责任，对其他有关人员也分别进行严肃处理。2001年4月，路局以电报形式对全局职工技协财务收支审计实施步骤、审计重点、审计范围等工作进行具体部署，对路局职工技协以及锦州、吉林、长春分局职工技协进行审计，并对与路局、分局职工技协有关联业务14个站段进行追踪审计，查出各类问题18个，涉及金额5972万元，提出规范管理的审计建议5条。2002年路局在对多经直属三大公司的财务收支审计中，在债权资金管理、投资管理、存货管理和经营收入核算等方面查出不规范问题金额16245万元。

2006年11月、2007年9月、2008年9月，路局连续3次开展同级审计，范围为局财务处、局办财务科及局资金结算所，分别查出违纪违规问题金额61503.4万元、17702.8万元、20301万元，并相应提出整改建议和处理意见。2008年12月，路局组织全局审计人员并抽调其他系统共计65名人员组成7个审计组，对局投资管理中心本级和多经系统20个专业、直属集团公司及所属166个法人公司、111个独立核算单位2008年前11个月财务收支情况进行就地审计，对严重违反铁道部、路局有关规定，擅自开设银行账户、专户资金日常不纳入账内核算、个人款项不通过银行转账支付、套取现金账外支付工资性支出等问题在全局范围内进行通报批评，对有关责任人进行经济处罚。

2011年、2015年，路局分别对局财务处、资金结算所、财务集中核算管理所和局办财务科、局社会保险处、局医疗保险管理办公室、沈阳铁路土地管理局和局土地房产管理所以及9个房产生活段等单位进行专项审计，最终形成审计报告。

二、建设项目审计

1997年至1998年，路局每年对下达的更新改造项目和行车安全措施项目进行抽查审计，审查投资额达6.9亿元，更新改造项目抽查面达50%，安全措施项目抽查面达86%，对24个方面的倾向性问题提出审计建议。1999年至2004年，路局先后对铁道部重点建设项目、路局重点建设项目进行审计，特别是对哈大电气化铁路工程、TMIS车号自动识别系统等工程项目先后两年进行了建设资金管理使用情况审计和竣工决算审计，同时，对全局在建工程存在问题及形成原因，以及沈阳、锦州、吉林工程建设集团进行了全面专项审计，对管理中的薄弱环节提出了审计建议。从2005年开始，每年根据铁道部审计中心（后改为总公司审计和考核局）当年下发的审计工作要点中的工作安排，按照"全覆盖、无遗漏"原则，以新开工建设、当年销号及超过一年以上未实施的项目为重点，先后对大连枢纽金窑线扩能改造工程、东北东部铁路通道白河至和龙段新建工程、哈尔滨至大连客运专线沈阳站改造工程等共计83个项目开展建设资金管理使用情况审计。

1996—2015年，沈阳铁路局共对180个建设项目进行了审计，查出有问题金额585,268.80元，提出审计建议594条。

第四节　专项审计检查

一、重点工作专项审计

1996—2015年，沈阳局每年都对重点经营活动有针对性地开展专项审计，保障资金资产运营安全，同时创新审计工作方式，为企业依法经营、健康发展提供有效监督保障。

2008年，路局对通辽房产生活段住房交易站违规支付交易费问题进行专项审计，审计过程中，根据调查核实结果，对相关责任人进行经济处罚，涉嫌经济犯罪人员移交局检察院处理；多经系统审计部门开展多经高危企业安全生产费用提取、使用和管理情况专项审计和酒店经营亏损情况及疗养院经营情况专项调查等工作，摸清企业经营底数，堵塞管理漏洞，规范企业管理行为。

2009年，路局从2月19日开始，对局投资管理中心本部、全局20个专业、直属公司及其所属单位审计问题以及房产系统的历史遗留问题整改工作进行落实；到6月末，对2008年多经企业审计中披露和房产系统历史遗留共340个、涉及金额达223951.1万元问题进行整改，完成审计问题整改落实工作。年内，先后开展对全局工务系统小半径曲线整治专项投入跟踪问效调查；对东北大厦、沈阳南站区改造、苏家屯机务段中修基地建设、吉林机务段搬迁四个工程项目进行专项审计；对锦州铁兴集团铁元物流有限责任公司会计人员利用经营管理中存在漏洞盗取企业资金恶性事件开展审计调查；对大连中铁外服国际货运代理有限公司2008年度及2009年上半年资产、负债、所有者权益及经营管理情况开展等多个项目开展专项审计调查工作。通过审计监督，将审计中发现影响较大、严重违纪违规典型事项，在全局范围内进行通报批评，提出整改意见。

2010年，路局对通辽铁盛集团所属山海关疗养院无视财经纪律、由财务人员编制虚假会计凭证、隐瞒资金问题，在审计罚款处理同时，给予财务科长行政记过处分，对两任院长分别给予行政警告和全局通报批评处分；对长春春铁集团将吉林市吉列旅行服务公司及原长春客运分公司图们营业部人员和资产向沈阳铁道旅行服务有限公司进行移交期间，图们营业部经理和财务人员擅自转移收入和资金、财务支出长期不记账问题，由上级主管部门对相关责任人严肃处理、追究责任，并在全局进行通报批评；对金州站违反财经纪律，将奖金通过银行打入个人账户，在车间进行二次分配问题，在全局进行通报批评，并对车站领导及相关责任人进行经济处罚。

2011年，路局对2010年全局水害抢险及复旧费用支出情况进行专项检查，涉及工务、电务、通信、供电、机务、车辆、房产等系统16个运营站段，检查金额占全局水害抢险及复旧费用支出总额90%，针对检查发现问题分别提出整改意见和建议，确保水害抢险费用列支真实完整。同年11月，抽调全局部分审计人员，组成若干审计组，对全局5个机务段、6个车辆段2011年1月至10月成本预算支出执行情况进行审计，重点检查成本预算支出各项目执行情况，剖析超支原因，在严肃纠正违反财经纪律行为同时，对审计发现问题提出切合实际整改意见和建议，规范预算管理，以保证会计信息真实，保证年度经营目标实现。

2012年9月，路局集中对全局34个非运输企业及局投资管理中心债权债务清理的合规性和清理结果真实性进行审计认定工作。经过审计认定，全局34家非运输企业共清理3月31日清查时点债权6816笔，金额812392.8万元；债务13809笔，金额1834179万元。截至2012年8月31日，完成清理债权3850笔，金额637854万元，为清理总金额的78.52%。完成清理债务4799笔，金额656984.2万元，为清理金额的35.82%。同年12月，集中对局房地产开发集团公司实施资金管理审计。同年，路局对已建成投入使用的查干陶勒盖煤矿专用线新建、盘锦沈铁物流园铁路新建和大连胜利桥历史街区改造等三项工程实行审计监督、问题整改到位一条龙式审计服务，对工程管理中存在工程立项及建设相关手续不全、资金不到位、验工结算和资产未及时组固等问题，提出抓紧履行相关手续、及时整改问题审计建议，确

保三项工程建设依法合规。

2013年3月，路局对局管内的长吉城际铁路有限责任公司等9个合资公司经营管理情况开展专项调研，摸清合资公司经营管理情况、财务状况和普遍存在经营困难、资金短缺等突出问题，深入剖析合资公司投入运营后运量低、收入少、固定成本大等造成经营困难的主要原因，提出开源节流、缓解经营困难7条审计建议。同年4月，深入路局社保处和沈阳社保办、长春社保办以及部分基层单位，调查了解养老保险机构设置、账户管理、缴费内容、缴费规定等基本概况，审核、剖析养老保险金归集缴存全过程和内部控制制度建立执行及资金安全情况，对个别单位在养老保险计提、归集、缴存过程中存在的不规范问题向社保机构及局财务处等主管部门提出5条具体审计建议，确保养老保险缴费额准确性、上缴及时性。

2014年6月，路局对25个非运输企业直属（专业）集团公司持续进行分工包保，对局经营质量整顿办指出的206个问题和投资管理中心常规审计发现的128个问题整改情况进行督导并审计认定。在督导整改认定过程中，审计人员深入集团公司和问题现场对已经整改问题反复核实，认真取证；对尚未整改问题与相关单位逐项分析产生原因，共同研究整改措施，提出继续整改18条具体意见；针对纳税业务、岗位风险控制、资金安全管理和落实整改问题重视程度方面存在共性问题提出6条管理建议。同年10月，对管内指挥部、合资公司、筹备组等19个单位管理的所有工程项目建设和资金管理情况进行专项审计，进一步摸清全局工程项目建设和资金管理基本状况，查实存在的突出问题，提出审计意见和建议。同年11月，围绕"东北便民货运快车"基地建设、工务系统改善职场环境和增强职场功能"工务建家"活动及时跟进、2014年"十二五"生产生活设施改造工程三项重点工作先后开展专项审计。

2015年1月，路局对沈阳等12个货运中心和沈阳行包快运中心2013年6月至2014年12月管理效益情况进行专项审计，针对审计发现影响经济效益因素和资金、资产管理不规范等五个方面20个问题，逐项提出审计整改意见，并就进一步

加强管理、提高经济效益提出9条审计管理建议。同年4月，对通辽铁盛集团等5个非运输企业集团公司，同步开展内控制度执行专项审计，对审计发现资金、资产管理制度不健全，落实不到位，存在安全隐患；物资采购制度执行不严肃，大宗物资采购不规范，存在经营风险；工程及房地产开发项目管理不善，存在投资损失风险等严重违纪违规问题，对责任人予以行政处分7人、通报批评3人，提出警告3人，免发一个月奖金9人。同年6月，路局对沈铁房地产集团及所属38个子分公司2006年4月至2015年6月经营管理、存量资产情况进行专项审计，涉及楼盘项目127个，总建筑面积1087.6万平方米，重点审计房地产开发情况、存量资产情况、财务状况、实业和物业管理情况及其他财经纪律执行等五个方面；通过审计，摸清企业经营管理状况和家底，查实未按规定程序开发项目、未按规定组织招标、存量待售房产滞销、已售房屋钱款未收回、超合同结算工程款等10个方面共计315件问题，对每件问题提出针对性审计意见，提出规范经营管理、加大营销力度、降低市场风险、化解财务风险等5条审计建议。同年8月，依据总公司《关于开展非运输类企业落实中央八项规定精神防范经营风险专项治理工作的通知》要求，针对专项治理61个项点，对辽宁铁信集团等30个非运输企业落实中央八项规定、防范经营风险开展专项检查，通过现场丈量房屋、审核账簿、查看车辆等，对发现办公用房超标准、招待手续不完善、通信费用超规定、合同管理不规范等问题，要求立即整改，促进非运输企业规范经营、强化风险管理。同年9月，根据路局对中央巡视组对路局巡视期间发现和提出问题整改方案要求，路局对管内10个疗养院财经法规执行情况进行审计，特别对局内单位在各疗养院的消费支出合理合规性、中央八项规定、总公司党组18条措施和路局28条具体要求执行情况进行重点审计，发现个别疗养院在资金资产日常管理和收入成本会计核算以及劳动用工管理等方面还存在经营风险。同年11月至12月，为落实总公司关于开展"小金库"专项治理工作要求，根据路局"小金库"专项治理领导小组具体部署，11月9日至12月10日，深入沈阳车辆段等63个单位，开展"小金库"专项

治理重点检查，抽查风险点业务资料和财务账项，与关键部门负责人、关键岗位人员进行谈话，实地了解生产经营过程控制和工作量、进行实物查看盘点等，对发现"小金库"问题和苗头倾向，及时进行纠正处理。

二、中国铁路总公司（铁道部）安排专项审计

2005—2015年，中国铁路总公司审计和考核局（铁道部审计中心）陆续安排各铁路局统一完成各项专项审计工作，防范资金风险，保证铁路各项资金安全。

2005年7—9月，根据铁道部《关于对铁路运输企业资金管理和安全情况进行全面清查和审计的通知》要求，沈阳局利用两个月时间，完成局管内运营、多经、集经、工会等单位2004年1月1日至2005年5月31日期间资金管理和安全情况专项审计工作，检查全局2582个财务独立核算单位开设的3578个银行账户，涉及资金总额113.7亿元，发现在资金管理和安全方面有问题单位473个，占被审计单位18%。同时，根据铁道部审计中心《关于对原铁路分局进行专项审计的通知》要求，路局对其所属7个铁路分局2005年1月1日至分局存续期间资金和资产的安全状况、分局撤销之前遗留重大事项（经营活动和经济管理方面）处理情况进行专项审计。

2008年，根据铁道部审计中心《关于开展铁路抗震救灾资金物资专项审计的通知》要求，从6月18日起，路局重点对全局负责募集资金和特殊党费等抗震救灾专项资金管理的局有关部门和部分基层站段进行审计调查，未发现抗震救灾资金在使用过程中存在违纪违规问题。同年，按照铁道部统一安排，为加强中央对铁路新增基建项目财政资金（沈阳铁路局追加投资17.1亿元）审计监督，确保财政资金安全、合规使用，路局分三个阶段对承担建设任务四个工程指挥部项目资金管理使用情况反复进行审计检查，第一阶段重点检查账户开设、资金的存储及制度建设情况；第二阶段重点检查资金使用情况，对发现问题及时提出整改措施；第三阶段再次重点检查各指挥部对审计发现问题整改情况及是否有新问题发生，从而确保对新增财政资金审计监督到位。

2009年，按照铁道部多经中心《关于对铁路多经战略装车点进行财务收支及管理费用进行专项审计的通知》（经监函〔2009〕31号）要求，路局自10月13日至11月15日对新肇等多经企业所属53个战略装车点财务收支情况进行专项审计，查处违纪违规问题涉及金额7917.5万元。同年，按照铁道部要求，路局对中央就铁路新增基建项目财政资金中涉及沈阳局新建东北东部铁路前阳至庄河段、通化至灌水段，新建哈尔滨至大连客运专线，锡林浩特至乌兰浩特铁路等4个工程建设项目，总投资17.1亿元新增财政投资和配套资金管理和使用情况实施全程跟踪审计，根据工程进展情况，及时深入现场检查各指挥部对工程资金管理使用情况，及时发现问题并督促整改落实，以防范重大违规事项发生，切实保证新增财政资金安全和合规使用。

2010年，根据铁道部多经中心对铁路多经客票代售点和铁路多元经营饭店进行财务收支专项审计要求，于同年6—9月，分别对局多经所属137个客票代售点财务收支等相关管理工作情况及辽宁瑞心酒店集团公司2009年度及2010年上半年财务收支情况进行专项审计，调查分析各客票代售点及饭店机构设置、资产、经营管理情况，对财务收支真实性、合法性，会计核算合规性及执行财经纪律情况等方面进行审计。通过审计调查，摸清全局客票代售点及饭店的经营管理状况，针对存在问题和不足，提出进一步加强管理、规范经营审计意见和管理建议。

2011年，为贯彻落实铁道部《关于切实做好铁路建设维护社会稳定工作的通知》精神，路局组成四个现场监督组，即时监督农民工工资发放现场情况，以保证维稳资金规范合理使用，使农民工利益得到有效保证。截至同年末，全局已发放农民工工资合计52385.19万元，涉及农民工人数46972人。

2013年，按照中国铁路总公司审计和考核局要求，对路局货运改革涉及资源整合17个非运输企业进行就地审计，围绕经营收入、成本费用及实物资产真实性、合规性、完整性等，重点审查2013年5月至7月会计账簿、移交决算及其他相关经济业务资料等，并延伸审查部分货运中心有关账项，对中铁集装箱、中铁快运公司移交沈阳局实物资产进行核查。对审计查实已撤销企业银行账户未及时销户、实物资产已移交而相关财务账项未处理等5个方面问题，提出5条整改意见，确保全局货运改革时期严格遵守各项纪律和规章制度。

2014年，按照中国铁路总公司审计和考核局要求，路局对全局2013年1月至2014年3月铁路运输移动设备绩效情况进行专项审计调查。对局调度所、运输处、货运处、财务处、劳卫处等15个业务、综合处室，以及部分机务段、车辆段、动车段等相关情况进行调查。摸清机车、货车等设备总体管理情况及存在主要问题，分析技术政策、发展规划、资产管理等因素对绩效的影响，针对和谐机车配件保质期内质量问题多，厂家配件供应不及时，影响机车检修和运用效率等突出问题，提出4条审计建议。

2015年，按照中国铁路总公司审计和考核局要求，路局结合当年审计7个建设项目，对建设单位"三代"手续费收支和招标费的收支情况进行专项审计调查，调查内容包括会计核算情况、相关收入和支出情况等。

此外，从2004年开始，沈阳局每年都抽调审计人员配合中国铁路总公司审计和考核局（铁道部审计中心）与路局相关部门开展各项审计和专项检查活动。

第五节　审计基础工作

一、审计制度建设

1996年，沈阳局在转发铁道部文件《铁路审计工作规定》同时，先后以文件形式制订下发7个办法：《沈阳铁路局经济责任审计实施办法》《沈阳铁路局运输收入审计实施办法》《沈阳铁路局财务收支审计实施办法》《沈阳铁路局固定资产修建项目审计实施办法》《沈阳铁路局专项资金审计实施办法》《沈阳铁路局委托审计实施办法》和《沈阳铁路局审计工作程序》，指导全局审计工作开展。

1997年，铁道部审计局要求沈阳局审计处起草制定《计算机辅助审计实施办法》和《委托社会审计组织办理铁路企业事业单位审计查证实施

1996年—2015年沈阳铁路局审计项目统计表

表4-5-6

年份	完成项目（个）	查出有问题金额（万元）	审计收缴罚款（万元）	冲转有关账项（万元）	移送司法机关（人）	经济处罚或行政处分（人）	提出审计建议（条）
1996	423	12763	40	3067	2	5	1272
1997	706	30076	532	6629	—	2	1802
1998	809	50231	1681	6481	3	38	2103
1999	498	62876	—	13519	1	19	1676
2000	470	32784	—	3426	—	24	1683
2001	595	142109	1407	4109	—	—	1851
2002	557	14827	635	12446	—	—	1852
2003	578	271918	7280	11757	1	—	628
2004	423	168442	3707	12532	1	—	684
2005	197	244595	295	3819	—	—	472
2006	352	362309	348	25506	—	—	1599
2007	340	395451	423	6522	1	36	884
2008	183	219155	391	9704	—	—	821
2009	168	234818	1424	5620	—	—	645
2010	169	264724	3	3059	—	16	616
2011	186	189456	463	19042	—	11	655
2012	152	183139	183	4978	—	2	573
2013	208	273726	47	6986	—	5	627
2014	171	229676	10	1526	—	3	550
2015	84	421854	9	19029	—	21	505

办法》。同年10月末，两个办法在征求广州局、柳州局、南昌局和昆明局审计处意见并修改后上报铁道部。

1998年3月，路局制定下发《沈阳铁路局厂长任期经济责任审计实施细则》（沈铁审发〔1998〕35号），明确领导人员任期经济责任审计工作程序和审计内容；同年4月，下发《关于公布强化审计、财务监察部门执法监督措施的通知》（沈铁审发〔1998〕116号），规定审计处理处罚标准、被审计单位和审计机构工作责任。

1999年4月，路局进一步补充和完善审计制度和办法，制定《关于印发审计部门落实资产经营责任制行动措施的通知》（审综〔1999〕3号）《关于进一步搞好厂长任期经济责任审计的通知》（审综发〔1999〕4号）和《企业经营管理审计暂行办法》（审综〔1999〕5号）；同年10月，转发《铁道部关于严肃财经纪律执行审计决定的通知》，并做补充规定，为强化审计监督提供制度保障。

2000年，修订下发《沈阳铁路局审计档案管理办法》（审综发〔2000〕5号），制定《关于对铁路固定资产投资项目自筹资金来源实行事先审计的通知》（沈铁审发〔2000〕36号）和《关于开展本级审计的通知》（沈铁审函〔2000〕277号），为全局审计工作管理科学化奠定基础。

2002年1月，下发《关于发布<沈阳铁路局审计公文格式>的通知》（审综〔2002〕1号），促进审计文书质量提高；同年9月，制定《沈阳铁路局国有企业及国有控股企业领导人员任期经济责任审计实施细则》（沈铁审发〔2002〕73号），进一步完善经济责任审计制度；同年12月，制定《沈阳铁路局审计信息报告暂行规定》（审综〔2002〕6号），规范审计信息管理工作。

2003年3月，制订下发《沈阳铁路局审计部门公文处理办法》（审综〔2003〕3号），提高全局审计部门公文质量和公文管理水平；同年6月，下发《审计执法责任考核暂行规定》（沈铁审函〔2003〕144号）和《审计项目费用包干办法（试行）》（沈铁审函〔2003〕145号），明确审计执法责任和费用包干办法；同年10月，下发《沈阳铁路局审计人员派驻制实施办法（试行）》（沈铁审发〔2003〕112号），明确审计管辖分工、审计职责和审计人员任职条件等；同年12月，下发《沈阳铁路局审计工作管理实施细则》（沈铁审函〔2003〕478号），进一步健全审计工作制度。

2004年1月，按照审计派驻制要求，印发《沈阳铁路局审计质量责任考核制度》（审综〔2004〕2号）和《沈阳铁路局审计工作考核评比暂行办法》（审综〔2004〕3号），对提高审计质量，强化审计人员派驻制管理起到保障作用。同年9—10月，组织具有丰富实践经验和较高理论水平的审计人员，组成审计规范化课题组，编撰完成《铁路审计实务规范》《沈阳铁路局审计工作规则》《铁路内部审计常用法规汇编》三本审计规范类丛书，特别是《铁路审计实务规范》一书在路内公开发行，比较具体地规定了铁路内部审计基本操作规则、方法，以及各种审计文书标准，在内容上突出审计作业实用性，开创铁路内部审计实务规范新篇章。

2005年7月，结合路局直管站段后实际情况，修改和完善《沈阳铁路局审计工作管理办法》（沈铁审发〔2005〕115号）和《审计系统工作职责》，从规范审计人员行为入手，严格审计工作程序和审计工作纪律，认真执行审计组长和主审负责制，进一步明确审计处各科室岗位和基层站段审计工作职责，强化全局内部审计监督管理制度。同年，局投资管理中心监察审计部结合经营管理体制调整和多元经营企业特点，相继制定《沈阳铁路局投资管理中心审计工作管理办法》和系列配套考核办法，进一步夯实基础，规范审计管理，使多元经营审计监督工作做到规范有序。

2006年6月，路局向管内各单位公布《沈阳铁路局站段审计职责》（审综〔2006〕2号），同时决定由沈阳站张铁恩等77名同志为主要运输站段和房产生活段的审计兼职联络人员，落实各基层站段审计职责和兼职审计联络员工作职责，进一步完善全局内部审计监督体系。

2007年1月，路局下发《沈阳铁路局审计岗位责任规范》（沈铁审发〔2007〕8号）和《沈阳铁路局审计监督工作暂行规定》（沈铁审函〔2007〕11号），明确审计机构和审计人员岗位职责、审计工作程序和审计处理处罚标准；同年，为完善多元企业重组整合后审计监督机制，路局重新修改制定《沈阳铁路局审计工作管理实施细则》（沈铁办发〔2007〕196号附件6）和《沈阳铁路局多元经营企业审计人员派驻制实施办法》（沈铁办发〔2007〕196号附件7），进一步细化审计工作程序，体现路局强化对多元经营系统企业经营活动进行体外监督、规范经营工作要求，为健全全局审计监督机制奠定基础。

2008年11月，为加强审计基础工作管理，提高审计文书质量，落实行文责任，路局重新修改制订《关于审计文书规范的补充规定》（审综〔2008〕2号），进一步规范审计文书行文标准，解决审计文书行文过程中存在格式不一致、写作不规范问题。

2009年，路局重新修订完善《沈阳铁路局审计监督工作暂行规定》（沈铁审发〔2009〕9号）和《沈阳铁路局审计岗位责任规范》（沈铁审发〔2009〕10号），解决违纪违规问题处理处罚个别条目对应不明确、原岗位责任规范与对应岗位责任分工存在不适应的问题，充分保证审计人员在工作中更好地履行审计监督职责。

2010年6月，根据铁道部审计中心要求及对沈阳局审计内业质量情况检查指导意见，路局下发《关于规范审计文书提高审计内业质量的补充规定》（审综〔2010〕1号），重新对审计程序执行、审计文书应用与规范、审计公文格式及审计档案资料归集等方面内容进行修订完善。同年12月，在全局审计系统内开展审计项目质量考核评价活动，下发《关于开展审计项目质量考核评价的通知》（审综〔2010〕2号），积极推动审计系统打造更多审计精品和优秀审计项目。

2011年9月，在落实内部审计准则基础上，进一步规范审计职责范围、管理权限和各岗位职责及权限，规范各审计项目审计工作程序和工作标准，不断增强全局审计人员岗位责任意识，努力提高审计人员个人综合素质和工作能力。

2012年2月，为适应构建"多元化经营、一体化管理、全口径核算"运行机制工作目标，路局先后制定《沈阳铁路局经营业绩审计实施办法》（沈铁审发〔2012〕85号）《沈阳铁路局铁路工程项目审计实施办法》（沈铁审发〔2012〕86号）《沈阳铁路局经济责任审计工作联席会议制度》（沈铁审发〔2012〕87号）《沈阳铁路局审计问题整改联席会议制度》（沈铁审发〔2012〕88号）《沈阳铁路局审计工作复核制度》（审综〔2012〕2号）和《沈阳铁路局经济责任审计工作联席会议办公室工作规则》（审综〔2012〕3号）等6个制度办法，为审计工作规范化、科学化奠定基础。从2012年开始，沈阳局全面落实审计工作复核制度，为保证审计队伍整体素质，路局制定《沈阳铁路局审计人员任职条件》（审综〔2012〕4号），对审计人员应具备基本条件、任职要求做出明确规定。

2013年，路局先后制定《沈阳铁路局非运输企业审计项目质量控制考核制度（试行）》（投资审〔2013〕33号）《非运输企业固定资产投资项目自筹资金来源事先审计实施细则》（投资审〔2013〕68号）《非运输企业审计监督工作管理实施细则》（投资审〔2013〕71号）和《沈阳铁路局非运输企业首席审计师制实施细则》等制度办法，逐步理顺非运输企业内审机构及人员管理关系，明确非运输企业审计人员岗位职责、权限、工作程序和标准。

2014年2月，下发《关于规范部分审计文书应用的通知》（审运〔2014〕3号），对审计方案、审计工作日志、审计问题定性引规等部分审计文书应用与规范提出具体要求，并对沈阳局审计文书编号和部分审计文书格式做出相应调整。

2015年9月，依据《中国铁路总公司审计工作管理暂行办法》，印发《沈阳铁路局审计工作管理暂行办法》（沈铁审计〔2015〕338号），全面规范路局各项审计工作；10月，按照路局《关于对中央第八巡视组巡视中国铁路总公司期间对沈阳铁路局巡视发现和提出问题的整改方案》要求，印发《沈阳铁路局、局党委关于强化非运输企业审计监督工作的通知》（沈铁审函〔2015〕600号），规范非运输企业经营行为，

促进非运输企业健康发展；12月，依据总公司的相关文件办法，先后修订印发《沈阳铁路局工程项目审计暂行规定》（沈铁审计〔2015〕444号）《沈阳铁路局领导人员经济责任审计暂行规定》（沈铁审计〔2015〕446号）和《沈阳铁路局经济责任审计工作联席会议制度》（沈铁审计〔2015〕447号），进一步完善工程项目审计和经济责任审计相关制度。

二、审计问题整改

2010年，为确保审计问题整改到位，路局继续加大职责追踪督促力度，按照审计决定要求逐项落实2009年审计发现问题整改情况。从2月中旬开始，在实施审计过程中对部分重点单位、重点事项执行审计决定、整改落实情况实施追踪检查，特别是对尚未进行整改或落实不到位问题，即时掌握整改落实情况，经常督促被审计单位采取积极措施，推进问题整改、查堵管理漏洞、补强内控制度。经各方积极努力，部分疑难问题已得到整改落实。

2012年末，铁路局委派专人负责，对审计完成的全局79个运输站段、运输辅助单位和23个非运输企业审计发现的493个问题进行归纳梳理，及时与被审计单位沟通审计决定落实情况，对未整改或整改有问题单位或事项，逐项落实责任单位（部门）和责任人，实行挂牌督办，追踪审计问题整改情况；对审计问题整改情况实施责任追究和追踪落实，推动企业积极整改问题、规范管理，降低违规概率，提升审计工作效果。2013年7月，路局召开首次审计问题整改联席工作会议，局审计处、财务处、计划处、劳卫处、物资处和局房管所等部门主要负责人参加会议，审计处赴大连房产段审计组成员列席会议；会议针对大连房产段2012年度经营业绩审计报告披露的9个问题，进行全面点评，逐项分析问题产生的原因、影响及规章制度在贯彻落实各环节存在的误区，对相关主管部门提出明确要求，确保审计问题及时整改和相关规章制度完善及落实。

三、审计人员业务培训

1996年，按照铁道部审计局要求，沈阳局和吉林铁路经济学校共同承办全路审计统计分析软件培训班，共有10个铁路局、6个大专院校、2个部属公司30名学员参加本次培训。

1997年，沈阳局承办两期全路审计统计分析软件培训班，共有13个铁路局、9个大专院校、2个部属公司40多名专职审计人员参加本次培训。1998年，路局先后组织8个分局32人参加铁道部在上海铁道大学举办的计算机培训班，组织两个分局2人参加无锡干部培训基地审计文书写作培训班。1999年8月，路局先后举办两期计算机审计研讨班、一期基建审计研讨班和一期收入审计研讨班，路局和各分局专职审计人员参加培训。2000年6月，路局审计处全体人员参加审计署在安徽黄山培训基地举办的《企业股份制改造与审计》和《内控制度审计》培训班；9—10月，分别派人参加铁道部审计中心举办的《审计文书写作》和《铁路计算机应用》培训班。

2002年7月，全局审计工作研讨会暨审计专业技能培训班召开，路局和分局审计部门负责人和部分审计人员共计52人参加培训。2003年11月，路局组织全局25名审计骨干人员参加铁道部审计中心举办的《铁路运输企业审计信息管理系统》软件应用培训班，逐步推进沈阳铁路局计算机辅助审计和审计管理信息化。

2004年7月，路局在吉林铁路经济学校举办两期全局专职审计人员参加的继续教育暨《新会计制度和会计准则》培训班，聘请有丰富实践经验审计专家和吉林经校高级讲师，对即将施行的《企业会计制度》及相关核算办法、《内部审计基本准则》和《内部审计具体准则》进行讲解。2005年1月，路局在局党校举办为期一周的审计规范化实务培训班，全局82名专职审计人员参加培训。同年12月，局投资管理中心在吉林铁路运输经济学校举办全局多经审计人员继续教育培训班。

2006年7月，路局在吉林铁道职业技术学院举办为期8天的全局审计人员继续教育培训班；本次培训聘请有关专家做关于铁路运输企业会计核算办法和资产减值与跌价准备的专题讲座，讲授了固定资产投资计划管理的程序和方法，就经济责任审计程序和方法、审计评价、审计风险与防范及建设资金审计的内容、方法及案例分析等审计实务内容进行培训。2008年9月，路局在局党校举办全局审计人员参加的审计实务培训班暨审计工作反思会议；主要就"通辽房产段事件"深刻反思审计工作存在的问题及原因，制定具体整改措施，对严肃审计纪律，提高审计质量，重塑审计形象等提出具体要求。

2009年11月，全局纳入铁路审计专业骨干"人才库"的20名审计人员分两期参加铁道部在柳州铁道职业技术学院举办的全路审计业务培训教育。同年8月，铁道部多种经营发展中心在武汉铁路局党校举办全路多元经营系统审计部门负责人培训班，聘请有关专家讲授"经济效益审计""如何发挥我国审计体系三部分力量整体功能""新会计准则实施后企业财务报表的粉饰及识别""如何发挥铁路多经内审作用""铁路内部审计在增收节支中的作用"等课题，局多经审计系统4名审计人员参加为期一周的培训。

2010年8月，路局在兴城举办审计人员继续教育培训班，全局运营、多经系统审计人员参加培训。2011年8月，路局在通化举办审计人员继续教育培训班，全局运营、多经系统专职审计人员参加培训。同年9月，全局纳入铁路审计专业骨干"人才库"30名审计人员分两期参加铁道部在成都铁路局党校举办的全路审计业务培训教育；培训期间，铁道部相关司局负责人员就加快转变铁路发展方式，确立国家铁路运输企业市场主体地位改革推进方案等相关配套文件进行解读，部审计中心就开展优秀审计项目和优秀论文的评比工作进行总结和点评，并对如何提高审计工作现场质量进行讲解。

2012年初，路局对2011年审计68个运输站段、23个多经公司发现489个问题，按性质、系统和部门进行分类梳理，举办两期全局总会计师和财务主管专题培训班，从收入、成本、资金、资产的管理等7个方面，结合各单位实例，实名制剖析其产生原因，提出应采取措施和办法。同年9月，路局在五龙背举办审计人员继续教育培训班。2013年9月，路局在吉林举办审计人员继续教育培训班，全局运营、多经系统专职审计人员参加培训。2014年9月，全局纳入铁路审计专业骨干"人才库"的29名审计人员分两期参加总公司审计和考核局在北京铁道党校举办的全路审计业务培训教育。

四、审计信息化建设

1998年，路局对1个局直属单位和所属3个多经单位近六年财务账项进行计算机辅助审计，运用计算机网络接收两个分局财务分处全年数据，节省外勤审计时间，提高工作效率。1999年，为完善计算机报表网络管理，路局重新修改审计系统报表软件程序，并组织3期计算机培训班，对其应用和操作进行培训。同年，局审计处和吉林分局审计分处对部分审计项目尝试进行计算机辅助审计。

2001年，为适应路局办公网络化建设要求，实现审计信息共享，局审计处在局域网上创建审计处网页和邮箱，将部分审计信息和资料在网页上发布，各分局审计分处审计情况统计表也全部实现网络传送。2003年，为加强审计手段现代化建设，路局从计算机软件和硬件同时入手，狠抓计算机辅助审计工作落实，抽调人员对审计软件进行细致研究，先后两次完成铁道部审计中心交办的审计软件测试版测试工作，同时，通过调剂增加16台便携式笔记本电脑，各分局审计分处也相应地更换部分计算机设备，逐渐满足计算机辅助审计对设备硬件要求。

2004年，计算机辅助审计在全局范围内全面铺开，路局组成《铁路运输企业审计信息管理系统》软件推广研究小组，重新修订《铁路运输企业审计信息管理系统操作指南》，对全局专职审计人员采取分层次培训和全面培训相结合方式，使全局审计人员基本掌握运用审计软件技能。同年，全局审计机构计算机设备配备情况也得到显著改善，到年末，已达到审计骨干人手一台笔记本电脑目标，审计效率明显提高。

2010年，为及时准确发布审计信息和宣传审计工作，搭建学习审计业务、畅通审计信息平台，经全面筹划和积极准备，局审计处新网页于10月28日正式开通。为加强网页管理和维护工作，局审计处以《关于编辑维护审计处网页的通知》，要求审计人员增强保密意识，自觉遵守保密工作纪律，内部办公网与外网要实行物理隔离，严禁工作用计算机（或以上网卡）联接互联网，以保障信息数据及设备安全。由专人负责网页编辑和维护，及时更新内容，努力把审计网页办成一个实用、高效信息平台。

2014年，为方便机关各部门和基层站段财务人员快速准确地调用相关法规，规范会计核算，提高工作效率，路局组织专人利用40天的时间收录了2006年至2014年2月期间经营、财务、税收等方面的常用法规24大类672条，按照法规制定部门、执行时间和具体内容，分门别类进行归集整理，并将编辑整理审计法规库链接在沈阳铁路局信息资源共享平台—审计处网站首页，为各单位干部职工规范管理、增强素质提供参考。

五、审计理论研究

1997年，完成局科委办立项《沈阳铁路局资源合理配置审计》科研课题，该课题项目一个总报告、六个分报告由路局审计处和北方交通大学经济学院共同撰写完成，该项目针对沈阳局机、车、工、电、站各系统和劳动力资源配置情况进行调查研究，在路局优化产业结构、合理配置资源、盘活存量资产、压缩职工队伍方面提出合理化建议。经国家审计署、铁道部审计局、北方交通大学和沈阳铁路局等9名专家评审鉴定后，取得沈阳铁路局颁发《软科学研究成果评审证书》。

2003年，完成铁道部审计中心下达《铁路审计案例》编撰工作。各级审计部门从历年审计报告中精选出200例审计案例，由路局审计处牵头，抽调三名审计经验丰富的人员组成编审组，按要求最终选定100例审计案例上报铁道部审计中心。同时，按要求完成铁道部审计中心下达《铁道百科全书》中铁路审计管理—专项审计条目撰写工作和《铁路多元经营企业及国有控股公司领导人员任期经济责任审计内容、评价体系及标准》研讨和撰写任务。

第六章　收入稽查

沈阳铁路局收入稽查管理由局收入稽查处负责，主要工作内容包括运输收入完成分析、收入进款管理、收入会计管理、建立完善收入规章制度、收入信息化建设、收入稽查及票据管理等。1996—2015年，沈阳铁路局运输收入管理工作，从管理方式上经历路局、分局、站段三级管理到路局、站段二级管理；从记账形式上经历手工记账管理到微机记账管理；从进款方式上经历收缴现金到电子支付，逐步实现运输收入科学管理。

20年来，沈阳局根据铁路运输生产形势变化，不断加强运输收入管理工作，逐步建立起一套比较完善的收入管理体系。全局各级收入管理部门本着统一领导、分级管理原则，通过转变工作作风、改进工作方法、完善规章制度、夯实基础管理、强化检查指导，在会计核算、票据进款安全、杂费收缴、信息化建设、站车无票整治等方面较好地完成各项收入管理工作，全局收入稽查管理工作逐步完善，会计核算规范，运输收入进款逐年增加。

第一节　收入系统概况

1996—2005年3月，沈阳铁路局运输收入工作实行路局、分局、站段三级管理体制，主管部门是局财务处。根据沈铁劳发〔1995〕180号文件公布的路局机关机构定员，财务处设收入稽查科，具体负责全局运输收入组织、计划、稽查、票据和会计工作；各分局设收入稽查分处，负责分局管内运输收入管理工作；站段设收入科（室），负责站段管内运输收入工作。

2005年3月18日，铁路机构改革后，沈阳铁路局运输收入工作实行路局、站段两级管理体制。2005年4月13日，根据沈铁劳发〔2005〕77号文件公布的铁路局机关机构定员，路局成立收入稽查处，主要负责对铁路客货运输票据、运输进款资金和运输收入全过程进行监督与管理；处内设收入会计科、综合预算科、稽查票据科，定员14人；收入稽查处下设7个附属单位，即长春稽核部、沈阳稽核部、大连稽核部、锦州稽核部、通辽稽核部、吉林稽核部、通化稽核部，定员392名（含原路局和分局收入稽查中心并入204人）。2006年4月，根据沈铁劳发〔2006〕78号文件，路局成立收入稽核大队，同时撤销各地区稽核部，收入稽核大队为沈阳铁路局附属单位，定员75人。2013年，收入稽查处增设进款管理科，定员20人。2013年5月，铁路货运组织改革后，路局在货运中心和行包快运中心设收入部，直属站、车务段设客运和收入科。

1996—2015年沈阳铁路局运输收入完成情况统计表

表4-6-1　　　　　　　　　　　　单位：万元

年份	客运收入	货运收入	建设基金	运输收入
1996	273385	523389	——	796774
1997	297879	557905	——	855784
1998	307564	571891	——	879455
1999	336982	554352	——	891334
2000	364449	567759	——	932208
2001	459904	665101	——	1125005
2002	481626	695609	——	1177235
2003	457593	740129	——	1197722
2004	559638	899697	——	1459335
2005	594609	1017021	——	1611630
2006	633064	1181714	——	1814778
2007	690093	1310268	——	2000361
2008	765488	1540926	453993	2760407
2009	836703	1646716	471636	2955055
2010	930442	2039800	629552	3599794
2011	1086652	2327719	737321	4151692
2012	1138016	2375921	699851	4213788
2013	1424903	2772992	660991	4858886
2014	1570926	2839722	584823	4995471
2015	1784246	2294912	446922	4526080

第二节　运输收入完成情况

1996—2007年，运输收入分为客运收入和货运收入，2008年运输收入口径发生变化，增加铁路建设基金项目。2014年以前，客运收入按售票口径统计，2014—2015年，客运收入按乘车口径统计。

1996年以来，铁道部（铁路总公司）每年组织运输收入专项检查活动，铁路局每年组织运输收入专项检查自查活动，堵塞管理漏洞，维护铁路收入完整。尤其是2014年沈阳局组织无票乘车专项整治活动，公安与客运人员联合整治，取得了净化乘车环境和堵漏保收"双赢"成效。2015年铁路运输收入完成452.6亿元，比1996年增加372.9亿元，增幅467.9%。

第三节　收入进款管理

1996年，路局实行月考核、季评比奖罚制度，促使各分局、站段深入厂矿、企业，积极组织企业预付款存入业务。1997年，路局制定运输收入进款上缴指标考核办法，实行进款上缴与分局清算效益相关联，收入、运输部门联合清欠。1998年，路局理顺预付款渠道，积极清理各项欠款。2003年，路局严格执行《运输进款上缴考核奖罚办法》，充分运用法律、运输协调、签订还款协议等手段积极清理企业迟交运杂费。2005—2014年，路局每年都加大新设备投入力度，改变手工式作业，客货运输车站逐步安装POS机，实行刷卡交运费科学化管理。2015年，路局在收入进款管理过程中推进货运整车受理零现金结算，并完成货运营业室POS机安装工作，在全局形成大客户采取预付款结算，零散客户实行POS机刷卡办理，货运办理站推行网上银行、手机银行收款办理各种结算方式并存格局，基本实现货运整车受理零现金结算，有效规避资金风险，确保进款资金安全。

第四节　收入会计管理

1996年，路局实行"运输收入抵拨运营支

2005—2015年全局运输收入进款情况统计表

表4-6-2

年份	自缴款站（个）	代缴款站（个）	委存站（个）	开立银行账户（个）
2005	110	98	372	208
2006	113	90	374	275
2007	115	85	378	282
2008	103	83	402	186
2009	93	85	415	178
2010	87	82	328	169
2011	87	82	328	169
2012	80	79	337	159
2013	101	83	329	184
2014	101	83	329	184
2015	112	96	319	208

出"，即从运输收入中抵拨运营款，余额上缴。2003年，路局对管内各分局收入会计基础工作进行考评，各分局均取得90分以上好成绩。2004年，路局制定票据报表核算规范标准，严格制度管理，确保运输收入票据和进款万无一失。在铁道部2003年度全路运输收入决算评审会议上，沈阳局获得满分。

2005年，为适应路局直管站段管理体制需要，路局下发《关于明确收入管理工作中有关问题的通知》和《关于加强运输进款资金管理的通知》，确保收入审核工作、会计报表工作和运输进款工作尽快进入有序、可控状态；路局按照《铁路运输进款及运输收入管理规定》和《铁路运输进款清算办法》，先后对海岫地铁、庄河地铁、沙鲅铁路分公司进行实地调研，并对其收入会计核算进行规范；按照铁道部统一部署，开展代收专业公司收入自检自查活动，保证核算合法合规；为适应收入会计集中核算要求，路局加强各稽核部内部控制制度建设，建立路局、稽核部、会计、审核工作衔接机制，确保会计信息准确。2006年，路局先后对阜新、锦州、通辽等地区56个车站收入基础工作进行检查和调研。2007年，沈阳铁路局在迎接国家审计署、铁道部审计中心、建设基金审计、价格收费审计工作中，没有发现违纪问题和重大差错。2008年，沈阳铁路局在接受铁道部审计中心、中一会计师事

2005—2015年全局收入审核情况统计表

表4-6-3

年份	审核工作量（万张）	多缴款（笔）	少缴款（笔）	漏收款（笔）
2005	3960	3274	738	783
2006	13985	669	3322	203
2007	17311	1289	615	178
2008	18761	1017	512	167
2009	20176	643	578	175
2010	21139	725	1372	917
2011	20825	2394	529	139
2012	24306	3004	615	153
2013	28708	3671	657	165
2014	31442	3791	1000	176
2015	35497	4336	1117	185

务所和财政部建设基金审计工作中，没有发现违纪问题和较大差错；在铁道部收入决算评比活动中，沈阳铁路局连续8年获得满分的好成绩。2011年，路局对收入审核工作实现运输收入逐日审核和按日确认工作。

第五节　规章制度及收入队伍建设

一、规章制度

1998年，路局制定《站车运输收入基础工作标准化考核实施办法》，编写《客运票据证填写实例》和《客运计费工具书》，为做好运输收入基础工作提供制度保障。2000年，为完善资产经营责任制配套办法，路局制定《局管内客车"三化"管理、强化干部考核等方面补充规定》。2003年，路局制定《沈阳铁路局站、车堵漏保收互联补偿办法（试行）》，在全路率先建立起站车互控、联挂补偿、堵漏保收长效机制，有效遏制铁路运输收入上存在的"跑、冒、滴、漏"现象。

2005年，为适应路局直管站段需要，沈阳局32个独立站段成立收入科；路局分别制定直属站收入科、车务段收入科、客运段收入科工作要点及工作流程图，明确站段收入科工作任务、工作程序、规章簿册设置等，规范运输收入管理工

作；下发《运输收入进款管理细则》《运输收入预算管理细则》《运输收入票据管理细则》，编写《客运计费汇集》《货运计费汇集》《客运里程票价运价速算表》《客货票据账表填写式样》等简明易懂、具有操作性的工具书，方便现场使用；为提高稽查人员自身素质，路局制定《沈阳铁路局稽查工作十不准》。2006年，路局重新修订下发《运输收入进款管理细则》《运输收入票据管理细则》《运输收入预算管理细则》《站段收入科工作要点及流程图》《运输收入凭证、账簿填写实例及说明》《运输收入报表填写实例及说明》《客货票据账表填写实例及说明》《站段运输收入管理及内部控制制度》，对站段运输收入基础工作进行规范统一；制定收入稽查处和收入稽核大队《内部控制制度》《行为管理规范》《公文处理规范》《党风廉政建设责任制》等10项内部管理和控制制度。2008年，本着"职务分离、内部牵制、相互稽核"原则，路局完善、细化站段内部管理及控制制度；在日常工作中，路局和站段按照收入稽查管理有关办法进行严格检查，对不符合规定行为进行严肃处理。2010年，路局制定"进款、票据、预算"三个管理细则和"凭证、报表、票据"三个填写实例以及《运输收入管理及内部控制制度》等规章制度；下发《收入相关岗位作业标准》《收入处所平推检查标准》和《堵漏保收专题检查标准》；制定《收入稽查检查和评估标准》，对各基层单位收入稽查工作进行检查和评估。2011年，为进一步增强稽查人员责任意识，路局制定《收入稽查人员作业绩考核办法》《收入处所检查工作标准》和《15项重点杂费专题检查标准》。

2012年，为解决部分站段检查工作质量不高和个别站段收入基础薄弱问题，路局制定《站段收入科工作业绩考核办法》；为避免路局应用12套运输收入管理信息系统发生病毒、故障、瘫痪等事件，制定《沈阳铁路局运输收入管理信息系统实施办法》和《沈阳铁路局运输收入管理信息系统安全事件应急预案》。2013年，制定《沈阳铁路局货运组织改革收入管理实施办法》《沈阳铁路局旅客退票、废票、改签票审核管理办法》《沈阳铁路局移动售票车运输收入票据进款管理暂行办法》《沈阳铁路局债权债务管理办

法》，加强运输收入风险控制，减少呆账、坏账损失。2014年，修订《沈阳铁路局站段运输收入管理控制制度》《沈阳铁路局运输收入进款管理细则》《沈阳铁路局运输收入票据管理细则》《沈阳铁路局收入相关岗位作业标准》，同时废止失效文电29个；下发《关于东北货物快运列车进款增加货到付款结算方式的通知》《关于明确东北货物快运运输收入管理工作相关事宜的通知》《关于运输进款管理程序升级的通知》和《关于明确东北货物快运列车运输进款、票据收入管理工作的通知》等相关办法；制定《沈阳铁路局货运改革与资金管理工作实施细则》和《沈阳铁路局旅客退票、废票、改签票审核管理办法》，规范货运改革运输收入与资金管理工作和退票、废票、改签票管理流程。

2015年，修订《沈阳铁路局货运改革运输收入与资金管理工作实施细则》，完善内控制度，加强办理流程、审核结算、账项核对、防范风险、资金上缴等方面管理；下发《沈阳铁路局关于银行承兑汇票受理、结算补充规定的通知》《关于规范运输收入进款管理有关事项的通知》《关于开展铁路企业债权债务清理的通知》《关于规范一口价项目到付杂费的通知》和《关于做好客货预付款签认工作的通知》，完善到付、垫付结算方式，确保进款安全。

二、收入队伍建设

为提高全局收入稽查人员素质，路局每年都安排对收入稽查人员进行培训。从2002起，将收入稽查人员、站段收入专职人员培训纳入全局干部培训年度计划。在培训中，除组织学习收入进款和票据管理知识外，重点采取对共性问题和个性问题进行现场剖析、讲解等形式，联系实际，学以致用，增强培训针对性和实用性。

第六节　收入稽查及票据管理

1996—2015年，路局逐步完善激励增收各种奖惩办法，采取各种堵漏保收措施，最大限度调动职工堵漏保收、堵漏增收积极性；基本做到站站有票据库，在票据库管理、账项记载、账账核对等"软件"建设上，达到规范化、标准化；每

2002—2015年沈阳铁路局收入稽查人员培训情况统计表

表4-6-4

年份	培训期数	培训人数
2002	2	65
2003	—	—
2004	—	—
2005	1	44
2006	14	1400
2007	12	950
2008	19	1578
2009	15	864
2010	12	685
2011	19	1885
2012	11	923
2013	12	1168
2014	8	1245
2015	6	346

1997—2015年收入稽查情况统计表

表4-6-5

年份	检查车站（站次）	检查列车（趟次）	查堵漏收款（万元）	收回漏收款（万元）
1997	1540	1513	1526	1406
1998	1798	1533	1254	1213
1999	1186	895	873	869
2000	1206	919	897	893
2001	989	565	629	615
2002	927	513	615	605
2003	882	647	1237	1214
2004	815	631	2349	2312
2005	615	2048	2493	2481
2006	1017	1419	1113	1113
2007	1477	413	3025	2094
2008	962	416	5169	4978
2009	1294	507	5343	5233
2010	1115	974	6242	6242
2011	850	821	3648	3648
2012	574	1186	1197	1197
2013	837	718	2967	2967
2014	1082	1855	2061	2045
2015	786	1054	1455	1433

年组织有关人员对部分基层单位进行专项检查。2014—2015年，按照铁路总公司统一部署，路局开展运输收入专项检查活动，旅客列车秩序特别是通勤区段列车秩序出现根本好转。

第七节　收入信息化建设

1999年，路局开展源于同一客货票据源头有关客货发送量统计工作，缩短客货发送量提报时间。2001年，建立全局各次旅客列车车次库，实现将分局通过网络上传的各次列车担当收入信息自动归集、自动汇总。2004年，推广应用自主研制开发的《运输收入计划信息管理系统》《通用铁路运输收入会计信息管理系统》2.0版和《铁路军运后付运费核算复审系统》。2005年，运用电子计算机技术，开发《客审程序》《军运程序》《预算管理程序》《电子财收八程序》《电子银行账》等软件，其中《客审程序》和《军运程序》被铁道部指定为全路通用程序，在各局广泛推广。2007年，站段财收-8、银行账以及客运段预算管理系统在全局推广应用，重点研发辅助账、票据账管理系统，并取得阶段性成果。2008年，重点研发票据账管理系统，在智能自动配票关键难点问题上取得突破。2009年，路局推广《银行账管理系统》《财收-8管理系统》和《辅助账管理系统》在站段得到较好应用，站段工作效率和工作标准大幅度提高。2010—2015年，沈阳局对研发的12套运输收入信息管理系统不断加强改进，细心维护，使12套管理系统始终处于平稳运行状态。

第七章　劳动工资

沈阳铁路局劳动工资工作由局劳动和卫生处负责，主要工作内容包括组织制定实施全局劳动定员标准、指导基层单位优化劳动组织和兼职并岗工作、编制全局各单位和部门行政机构定员和职责、制定全局劳动用工管理办法、指导基层单位劳动合同管理工作、办理复员退伍军人接收和企业富余人员管理、组织全局职工职业技能鉴定以及制定全局工资、奖金、津贴补贴、假期、考勤管理办法等。

20年来，沈阳铁路局劳动工资管理工作不断适应改革发展、现代企业管理理念和管理方式变化，由计划经济模式向社会主义市场经济模式转变。科学合理设置路局机关内部机构，优化运输站段、运输辅助单位和非运输企业机构编制及生产定员；劳动工资计划采取功效挂钩办法，根据铁路运输市场和运输生产任务变化，调整改变工资总额与经济效益挂钩指标及比例，劳动工资统计由简单微机操作变为网络信息化集中管理；工资管理实行岗位技能工资制度，工资单管理实现全局统一标准，建立了工资数据库，完善职工考勤管理，建立健全一套完整的工资分配考核管理机制；劳动用工管理由粗放式管理转变为精细管理，制定一系列完善的劳动用工管理制度办法，全局干部职工身份由全民固定工转变为劳动合同制职工，实行劳动合同管理；不断清理整顿临时用工，实行职工竞争上岗制度，开展铁路运输业减员增效，全面展开运输生产岗位调整，加强技能人才队伍建设，实施企业内部劳动力市场运作，建立"人力资源调配信息平台"，及时进行余缺调配；合理使用劳务派遣工、非全日制用工，形成制度化、规范化、常态化；根据铁路运输生产力布局调整和新技术新设备使用实际，及时全面修订定员标准，核定各单位生产定员；全面进行职业技能鉴定，开展工人技师和高级技师考评，组织职工参加全路技能大赛，职工队伍技能结构得到优化。2015年，沈阳局对90个运输站段核减定员10288人，减幅5.5%；每营业公里14.9人，高于全路每营业公里17人（2014年）的总体水平；全局设运输站段91个，比1996年268个减少66%；全局职工总量235505人，比1996年减少145499人，减幅38.2%；全局高技能人才77038人（高级工70468人、技师5860人、高级技师710人）；全局工资总额支出187.68亿元，在岗职工平均工资为79508元，比1996年增加69066元，增长661.4%。

第一节　劳动工资系统概况

1996年，沈阳铁路局劳动工资处设编制科、工人科、工资科、劳资计划科、劳动定额科、统计分析科、锅炉监察科、劳动安全监察科8个科室，定员数40人。2000年，沈阳铁路局劳动工资处设编制科、工资科、奖惩科、工人科、计划统计科、劳动定额科6个科室，定员数27人；其职责在原有基础上进行相应调整，将劳动安全监察和锅炉监察工作职责调整到安全监察室；增加4项：拟定全局减员增效和运输业分离及结构性分离办法并组织实施；组织全局再就业工作、制定劳动合同制度管理办法并组织实施和检查指导；指导职业技能鉴定站工作并对行车主要工种职工技能鉴定及发放职业资格证书工作；办理工人进城落户、职工家属"农转非"审核工作。

2005年，沈阳铁路局劳动工资处与卫生处合并，称劳动和卫生处；劳动和卫生处设编制科、工资科、奖惩科、工人科、计划统计科、劳动定额科、卫生科7个科室，定员数38人。2010年，劳动和卫生处增设综合科，负责全处综合管理工作，劳动和卫生处设编制科、工资科、奖惩科、工人科、计划统计科、劳动定额科、卫生科、综合科8个科室，定员数45人。

2015年，劳动和卫生处设编制科、工资科、奖惩科、工人科、计划统计科、劳动定额科、卫生科、综合科8个科室，定员数45人。

劳动和卫生处设置2个附属机构，即沈阳铁路局沈阳职业技能鉴定站、沈阳铁路局劳动力调剂站。职业技能鉴定指导站定员25人，主要负责严格执行职业技能鉴定标准，保证鉴定质量；管理全局铁道行业特有工种和社会通用工种职业技能鉴定工作，对管内各职业技能鉴定站实施监督检查和指导；制定全局职业技能鉴定工作总体规划和年度鉴定计划，向总公司和辽宁省、吉林省职业技能鉴定中心申报鉴定计划，并指导鉴定站组织实施；制定鉴定工作管理办法和工作细则，维护国家职业资格证书严肃性和权威性；按标准对鉴定站进行年检及评估，向铁道部和辽宁省、吉林省呈报年检报告；对鉴定站上报鉴定人员进行资格复审，向鉴定站提供试卷清样或试卷，审核鉴定站呈报鉴定结果，办理核发职业资格证书和有关手续，监督检查鉴定站证书验印；组织实施全局技师、高级技师职业技能鉴定以及综合评审；将局级职业技能竞赛工种报总公司备案；管理全局考评员和高级考评员资格审查、选派培训、聘用考核、调配使用，监督检查各鉴定站对考评员使用和管理，管理及考核高级考评员；向总公司、省职业技能鉴定管理部门推荐质量督导员，向考试现场委派质量督导员，对鉴定站职业技能鉴定工作进行质量监督检查；按照总公司、省职业技能鉴定管理部门要求对质量督导员进行日常管理和考核；负责职业技能鉴定报告和鉴定合格人员名册等资料整理存档，以及鉴定信息统计工作。劳动力调剂站设定员6人，主要负责全局退役军人接收及分配工作；按总公司要求统计上报全局富余人员情况；配合职教处监督、指导全局离岗人员培训期间考核和管理工作；制定厨师培训工作计划，协助做好培训工作；做好退役军人接收分配工作中信访稳定工作；协助做好局内、局外集体劳务人员输出工作；按总公司部署和要求，做好铁路专运人员选调工作。

第二节　劳动工资计划

一、工效挂钩考核办法

1996—1998年，沈阳铁路局每年都下发《铁路分局工资总额与经济效益挂钩实施办法》，工效挂钩指标根据形势变化不断调整。1996年工效挂钩指标为运输收入和换算周转量，工资总额基数由核定工资和含量工资组成。1997—1998年工效挂钩指标为运输收入、换算周转量和劳动生产率（按换算劳动生产率环比指数计算），同时对国有资产保值率、运输全员劳动生产率、安全、路风、运输成本计划、职工总量、工资总额增幅等指标进行考核。1998年6月，下发《沈阳铁路局多种经营企业工资总额与经济效益挂钩实施办法》，工效挂钩指标为营业收入和实现利润。同年9月，下发《铁路运输工附业单位工资总额与经济效益挂钩实施办法》，工效挂钩指标为企业销售收入。同时对盈亏、安全等指标进行考核。

1999—2001年，路局下发《铁路分局工资总额与经济效益挂钩实施办法》，工效挂钩坚持路局对分局实行工资总额宏观调控、分局按路局工资分配指导意见搞活工资分配形式，工资总额与经济效益相联系，工资总额增长幅度低于经济效益增长幅度、职工实际平均工资增长幅度低于劳动生产率增长幅度原则。1999年，挂钩指标为经营收入、工附业销售收入和多种经营企业销售收入。2001年，运输企业挂钩指标为运输收入和旅客列车平均营业比，多元经营企业挂钩指标为销售收入。同时对盈亏、国有资产保值增值率、运输全员换算周转量劳动生产率、安全、路风等指标进行考核。

2002—2004年，下发《铁路分局工资总额与经济效益挂钩宏观调控实施办法》。2002年，运输企业挂钩指标为运输收入、客运营业比和其他业务销售收入，多元经营企业挂钩指标为销售收入和实现利润。2003年，运输企业挂钩指标为运输收入、营业收入和其他业务销售收入，客运公司运输企业挂钩指标为堵漏保收收入、营业收入、全局客运运输收入和其他业务销售收入，多元经营企业挂钩指标为销售收入和实现利润。2004年，运输企业挂钩指标为运输收入、营业收入和其他业务销售收入，多元经营企业挂钩指标为销售收入和实现利润。

2005—2013年，路局每年都下发《沈阳铁路局工资总额与经济效益挂钩实施办法》。运输业单位根据生产经营实际情况，确定不同挂钩指标、比例及挂钩方式，经济效益指标作为工效挂钩主要指标，按规定挂钩比例和工资含量计提工资。同时对安全、路风、机车和设备故障、有权支出、职工总量、运输业职工人数和运输业从业人数、运输劳动生产率、经营业绩考核、国有资产保值增值等共性指标进行考核。直属站工资与货车办理辆数、货物到发吨、运输收入、旅客发送人挂钩；车务段工资与本单位货物到发吨、客

运收入挂钩；货运中心工资与本单位货运收入、货物到发吨挂钩；机务段工资与本单位总重吨公里、全局运输总收入挂钩；车辆段工资按客、货车车辆段分别确定挂钩指标；供电、工务（含工务机械段）、电务段（含通信段）工资与全局总换算周转量、运输总收入挂钩；职工教育培训基地工资与全局运输总收入、本单位培训职工数量挂钩；其他运输辅助单位工资与全局运输总收入、总换算周转量挂钩；非运输企业工资与本单位综合贡献值、营业收入挂钩；每个系统工效挂钩比例各有侧重，有所不同。

2014年，路局下发《沈阳铁路局工资总额与经济效益挂钩办法》，实行"超节归己、超亏否决、职工收入给上限"分配方式，激励企业增收节支，提高经济效益和劳动效率。根据各单位生产经营实际情况，确定相应挂钩考核指标及方式，效益及效率指标作为挂钩考核主要指标，分为共性指标和系统指标。共性指标挂钩考核分为盈亏考核、安全考核、路风考核、一体化考核。系统指标挂钩考核：直属车站、车务段绩效工资与客运收入、中转停留时间、一次作业时间挂钩；货运中心绩效工资与货运收入、货车静载重、一次作业时间挂钩；客运段绩效工资与堵漏收入挂钩；机务段绩效工资与货运机车日均运用台数、货运列车平均牵引总重、货运机车日车公里、机车燃油单耗挂钩。2015年，路局下发《沈阳铁路局工资总额与经济效益挂钩考核办法》（沈铁劳卫〔2015〕8号），共性考核指标在原有基础上增加运输挖潜提效考核、经营业绩考核、廉政建设考核、劳动生产率考核、财务管理考核。

二、劳动工资统计

1996—2015年，路局每年都按照铁道部（总公司）要求，及时做好劳动工资统计。

第三节　工资管理

一、工资制度

1993年10月6日，铁道部下发《关于印发〈铁路企业岗位技能工资制试行方案〉的通知》（铁劳〔1993〕125号），自1993年10月1日起，对铁路企业工资制度进行改革，建立实施铁路企

1996—2015年沈阳铁路局职工人数工资总额统计表

表4-7-1

年份	职工期末人数（人）	在岗职工	非在岗职工	职工工资总额（万元）	在岗职工工资总额	非在岗职工生活费
1996	381004	—	—	395259	—	—
1997	379393	—	—	428856	—	—
1998	338930	331868	7062	401568	398833	2735
1999	346194	341668	4526	411962	409797	2165
2000	346201	338015	8186	436806	431100	5706
2001	337073	323624	13449	459861	450595	9266
2002	336888	305921	30967	488969	467267	21702
2003	327405	290956	36449	502174	475456	26718
2004	308267	268688	39579	523523	488311	35212
2005	308396	267547	40849	605370	564114	41256
2006	295810	264763	31047	719584	677044	42540
2007	289000	256374	32626	810179	774014	36165
2008	284638	260953	23685	930665	886996	43669
2009	282124	263923	18201	1037495	993467	44028
2010	280085	262747	17338	1198554	1154822	43732
2011	267947	252737	15210	1376174	1327932	48242
2012	260508	248278	12230	1599612	1553599	46013
2013	253753	244605	9148	1741929	1706437	35492
2014	247680	239453	8227	1875550	1845478	30072
2015	235505	228235	7270	1876789	1847838	28951

业岗位技能工资制。按照铁道部要求，沈阳铁路局在履行分局试点、检查验收、呈报批复程序后，于1994年1月21日下发《沈阳铁路局关于转发铁道部〈铁路企业岗位技能工资制试行方案〉的通知》（沈铁劳发〔1994〕25号），自1994年1月1日起，全局开始实行铁路企业岗位技能工资制。1996年至2015年期间，沈阳铁路局继续实行岗位技能工资制。

二、工资调整

岗位技能工资调整。1996—2001年，路局以增加技能工资、企业性工资为主，全局每实现一个安全百日暨增加3档技能工资或企业性工资（3档月人均18元），共计增加技能工资18档，企业性工资9档，月人均486元。1999年、2001年路局两次调整岗位工资标准，其中，1999年调整岗位工资标准后，月人均增加110元；2001年调

整岗位工资标准后，月人均增加112元。

1994—2001年，全局共计增加技能工资27档，企业性工资18档。

2002—2005年，路局以实行岗位浮动工资、岗位风险奖为主。岗位浮动工资，采取"先主要工种、后其他岗位"方法，逐步实施，共计实行6档，月人均增加124元（后转入岗位工资标准）；岗位风险奖，实施范围为行车主要工种、动车组、客车乘务员、机车司机双班单司机、单班单司机等，标准按照干线高于支线，旅客列车高于货运列车，高速高于普速的原则确定。此外，对通霍线艰苦地区、高速铁路（客运专线）一线职工，奖金适当给予倾斜。

2006—2015年，铁道部（总公司）每年全路统一调整提高岗位工资水平。其中，2006年、2007年提高岗位工资水平相同，标准为175~331

1996—2015年沈阳铁路局职工平均工资统计表

表4-7-2

年份	职工平均工资（元）	在岗职工平均工资	非在岗职工平均生活费	其他从业人员		
				期末人数（人）	劳动报酬（万元）	平均劳动报酬（元）
1996	10442	—	—	—	—	—
1997	11338					
1998	11531	11644	4771	—	—	—
1999	12127	12158	8171			
2000	12729	12814	8476			
2001	13658	13823	8633	18720	18312	8729
2002	14558	15182	7726	18666	16681	8442
2003	15408	16252	8008	6649	7060	8247
2004	16993	18155	9004	9587	10881	9363
2005	19445	20773	10377	10208	14294	12404
2006	24156	25785	12044	12343	12294	9482
2007	27767	29070	14175	7940	10832	11182
2008	32552	34190	16497	3679	10256	17952
2009	36738	38303	19119	3469	6232	18433
2010	42522	43527	22500	2979	7018	23041
2011	50926	52635	26379	3743	8101	26439
2012	60545	62108	32349	3913	16592	32822
2013	68443	70009	32979	7169	24124	34571
2014	75121	76650	33766	8444	32253	36731
2015	78118	79508	36918	5703	26889	41064

元，全局月人均分别增加216元、217.29元；2008年、2009年、2010年提高岗位工资水平相同，标准为260~390元，全局月人均分别增加302.49元、302.83元、303.66元；2011年、2012年、2013年、2014年、2015年提高岗位工资水平相同，标准为360~490元，全局月人均分别增加403.05元、403.12元、405.23元、405.13元、405.25元。

特种工资和效益工资调整。2010年9月，根据铁道部《关于规范企业津贴补贴管理的指导意见》（铁劳卫〔2010〕16号），制定下发《沈阳铁路局规范津贴补贴管理实施办法》（沈铁劳卫发〔2010〕206号），对全局管理共计29项津贴补贴进行理顺，取消15项（包括各种物价补贴11项），保留14项。从2011年3月1日起，铁道部建立铁路运输生产一线职工岗位津贴，在运输生产一线职工中开展安全效益达标考核。其中，运输生产一线职工岗位津贴实施范围为运输站段车间一线工人，标准为每人每月100元（2012年1月调整到300元）；安全效益达标考核奖励标准为每人每月300元（安全考核180元，效益考核120元）。自2012年1月起，根据工资管理权限及实际列支能力，在保持职工收入不降低的前提下，又陆续取消岗位浮动工资（1995年5月实行3档）、企业性工资、岗位风险奖以及10项数额较小、作用不大的津贴补贴项目（如老粮煤补贴，最多才4元钱左右），按其性质分别纳入绩效工资、生活费补贴、工龄工资管理。目前，除总公司管理20项津贴补贴外，路局管理津贴补贴只保留4项，即老干部管理工作人员岗位补贴、夜班津贴、女职工卫生费补贴、生活费补贴。

工龄工资调整。从2012年1月1日起，铁道部对铁路局现行工龄工资计发办法进行调整和优

1996—2015年沈阳铁路局劳动生产率统计表

表4-7-3

年份	非全日制人员			劳动生产率		每营业公里运输业从业人员人数（人）
	期末人数（人）	劳动报酬（万元）	平均劳动报酬（元）	按价值量（元/人）	按实物量（万吨公里/人）	
1996	—	—	—	21150	75.1	31.4
1997	—	—	—	18945	76.8	31.5
1998	—	—	—	34144	81.7	25.2
1999	—	—	—	39043	87.4	25.1
2000	—	—	—	45912	95.1	24.0
2001	—	—	—	55233	103.8	22.7
2002	—	—	—	60017	107.4	22.1
2003	—	—	—	61507	111.8	20.9
2004	—	—	—	79423	131.8	20.6
2005	—	—	—	88614	135.7	20.5
2006	—	—	—	94928	140.0	20.6
2007	—	—	—	122805	148.5	20.2
2008	1090	3878	19787	146461	168.4	19.8
2009	469	512	12123	159227	170.1	19.5
2010	701	1011	16961	200871	192.2	18.0
2011	742	1399	19435	235090	218.3	18.6
2012	793	2482	25800	225940	196.5	17.3
2013	1410	3658	25403	251697	184.8	18.1
2014	—	—	—	253839	165.7	17.8
2015	—	—	—	214195	140.7	14.9

*按价值量计算的劳动生产率：1996—1997年为按工业总产值计算的工业部门职工劳动生产率，1998—2006年为按运输收入计算的运输业从业人员劳动生产率，2007—2014年为按运输总收入计算的运输业从业人员劳动生产率，2015年为按实际乘车、不含税口径、包括委托铁路运营的非控股及地方合资铁路的运输总收入计算的运输业从业人员劳动生产率

*按实物量计算的劳动生产率：1996—1997年为按换算周转量计算的运输业职工劳动生产率，1998—2004年为按换算周转量计算的运输业从业人员劳动生产率，2005—2014年为按总换算周转量计算的运输业从业人员劳动生产率，2015年为按包括委托铁路运营的非控股及地方合资铁路的总换算周转量计算的运输业从业人员劳动生产率

*自2014年开始，将非全日制人员纳入其他从业人员中统计

*1996—2007年为按国铁的营业里程计算的每营业公里运输业从业人员人数，2008—2014年为按国铁和控股合资公司的营业里程计算的每营业公里运输业从业人员人数，2015年为按国铁、控股合资公司、委托铁路运营的非控股及地方合资铁路的营业里程计算的每营业公里运输业从业人员人数

化，增加职工工龄工资，统一实行按职工工作年限、分段、分标准、累进递增工龄工资计发办法。同时，调整工龄工资标准（根据各局实际调整，全路未统一标准）。沈阳铁路局由每年2元调整为：按职工工作年限每10年为1档，共划分4档。1~10年的，1年3元；11~20年的，1年4元；21~30年的，1年5元；31年及以上的，1年7元。调整后，月人均增加55.96元。

通过理顺，2014年职工平均绩效工资为237元，占工资收入的30%。工龄工资：工龄1~10年，由1年3元调整为6元；11~20年，由1年4元调整为9元；21~30年，由1年5元调整为12元；31年及以上，由1年7元调整为15元；调整后，全局月人均237元（平均工龄27年）。生活费补贴：沈阳市、大连市由每月150元调整到260元；长春市由每月120元调整到220元；其他

市（区、县）由每月100元调整到200元。职工生活费补贴统一按照职工实际工作地（以车间所在地为准）所在行政区划市标准执行。

三、工资日常管理

（一）职工工资单、工资数据库管理

职工工资单管理。2009年3月，为解决工资项目繁多、能合并未合并，类别相同、名称不统一，交叉排序、格式顺序各异、"一个单位一个样"等问题，路局从68个运输站段试点入手，逐步扩大实施范围，按系统（车、机、工、电、辆）和企业性质（运输站段、多经企业、其他单位）规范职工工资单管理标准，于2012年1月实现全局统一标准，规范后职工工资单由原来最多96项减少到49项，达到全局"项目统一、名称统一、排序统一，实际实用、简单清晰、便于操作，职工看得懂"的预期效果。

工资数据库管理。为及时、准确统计各项工资数据，在统一全局职工工资单标准基础上，路局于2011年12月统一规范全局职工工资数据库标准，共计122项。随后又对铁路局及地方政府出台的一些奖励、津贴补贴项目逐步进行调整理顺或相应减少，及时修订工资数据库。到2015年末，职工工资数据库由原来122项减少至89项。

（二）职工考勤管理

在2010年5月以前，沈阳局各单位均执行铁道部60年代公布的《关于职工考勤的规定》，没有再制定出台过新办法。为进一步规范职工考勤管理工作，提高劳动生产率，路局制定下发《沈阳铁路局职工考勤管理实施办法》，从2010年5月起试行。在试行过程中，逐步对《办法》进行补充完善，同年10月12日，以沈铁劳卫发〔2010〕252号文件正式公布实施。新办法补充并统一考勤填记标准，完善职工考勤管理工作及考勤管理考核工作制度。2014年12月，针对职工考勤管理办法实施4年来产生的新变化、新问题，路局再次对职工考勤管理办法进行修订，在新办法中进行相应调整和补充完善，特别增加考勤职工本人签认、公示制度，即每月职工考勤必须经职工本人签字，在科室、车间、班组进行公示，公示时间不少于5天，接受职工群众监督。

（三）内部工资分配管理

2014年以前，国家、总公司、铁路局对于一些日常发生涉及工资待遇的情况，如新参加工作、工作调动、培训、旷工、暂停履行劳动合同等，有些是有明确处理意见或规定，但涉及文件较多，不便于日常查询和操作。根据总公司有关办法和规定，结合铁路局近年优化工资单元结构、规范津贴补贴管理等情况，沈阳铁路局重新梳理现行工资分配政策，于2014年制定完善7个配套管理办法，建立健全一套完整的工资分配考核管理机制。即制定《工资管理办法》《津贴补贴管理办法》《加班工资管理办法》《绩效工资管理办法》《职工休假管理办法》《职工带薪年休假管理办法》《工资日常处理规定》。

第四节　用工管理

一、劳动用工制度建设

1996年，根据《中华人民共和国劳动法》和《国家铁路用人单位实行劳动合同制度办法》（铁劳〔1995〕22号）要求，结合沈阳铁路局实际，制定下发《沈阳铁路局劳动合同制度实施办法》（沈铁劳发〔1996〕90号），路局、分局（大连公司）和与之形成劳动关系的劳动者，即全民固定职工、合同制职工、长期不辞不转临时工，于1996年6月签订劳动合同，全面实施劳动合同制，建立新用人机制。

1997年，根据铁道部《铁路运输业减员增效实施意见》精神，沈阳铁路局印发《沈阳铁路局富余人员"内部退养"管理暂行办法》（沈铁劳函〔1997〕329号），为妥善安置富余人员，规定富余人员中，男年满50周岁、女年满45周岁及以上老、弱、病、残职工，距国家规定退休年龄5年（含5年）之内，经本人自愿申请，单位批准，可以办理"内部退养"。同年12月，根据铁道部《国家铁路劳动用工管理办法》（铁劳〔1997〕94号），印发《沈阳铁路局职工外出劳务管理暂行办法》（沈铁劳函〔1997〕330号），规定为鼓励富余人员自谋出路，由富余人员自愿申请，单位批准后，可与其签订外出劳务协议。

1998年，为贯彻落实铁道部《铁路实施减员增效和再就业工程的意见》（铁劳〔1998〕15号），路局印发《沈阳铁路局职工轮换培训暂行

办法》（沈铁劳函〔1998〕152号）和《沈阳铁路减员增效和再就业工程实施意见》（沈铁劳发〔1998〕64号），不断提高运输业职工队伍整体素质。

2003年，沈阳局印发《沈阳铁路局关于规范办理劳动合同及有关基础资料的若干规定》（沈铁劳函〔2003〕378号），规范办理劳动合同订立、变更、续订、终止、解除。2004年，路局印发《沈阳铁路局关于加强劳动用工管理的指导意见》（沈铁劳函〔2004〕294号），进一步规范用工行为。2005年，路局转发铁道部《关于铁路局直管站段体制改革后有关劳动关系等问题的处理意见》，印发《沈阳铁路局工人档案管理暂行办法》（沈铁劳发〔2005〕188号）。

2006年，根据铁道部《关于规范铁路企业劳动用工管理的意见》（铁劳卫函〔2004〕159号）和《关于加强铁路企业新增人员管理的若干意见》（铁劳卫函〔2004〕96号）要求，路局陆续制定下发一系列劳动用工配套办法，即《沈阳铁路局劳动用工管理暂行办法》（沈铁劳发〔2006〕128号）《沈阳铁路局职工工作证管理实施细则》（沈铁劳发〔2006〕10号）《沈阳铁路局劳动争议预防及调解工作细则》（沈铁劳发〔2006〕21号）《沈阳铁路局集体合同制度实施办法》（沈铁劳发〔2006〕22号）《沈阳铁路局运输单位职工竞争上岗暂行办法》（沈铁劳卫发〔2006〕129号）《沈阳铁路局劳动力调剂站管理暂行办法》（沈铁劳卫发〔2006〕130号）和《沈阳铁路局技师、高级技师考评、聘任及管理实施细则》（沈铁劳发〔2006〕23号）。2007年，路局下发《沈阳铁路局高技能人才工作实施细则》（沈铁劳卫发〔2007〕123号），充分发挥高技能人才在推进运输安全生产中的重要作用。

2008年，根据国务院颁布废止《企业职工奖惩条例》（516号令）和铁道部《关于公布铁道部规章及规范性文件清理结果的通知》（铁政法〔2008〕43号）精神，路局对《沈阳铁路局劳动用工管理暂行办法》（沈铁劳发〔2006〕128号）涉及职工处分、解除劳动合同、外出劳务等有关规定进行重新明确。2009年，路局下发《沈阳铁路局关于对全局劳动组织整合有关问题的指导意见》（沈铁劳卫人〔2009〕22号）和《沈阳铁路局主要行车工种新线人才储备和培训三年规划》（沈铁劳卫发〔2009〕316号）。

2010年，路局对《沈阳铁路局劳动用工管理暂行办法》（沈铁劳发〔2006〕128号）进行修订，重新公布《沈阳铁路局劳动用工管理办法》（沈铁劳卫发〔2010〕94号），印发《沈阳铁路局工人人事通知书管理办法》（沈铁劳卫人〔2010〕3号）。2011年，路局先后修订《沈阳铁路局首席技师培养选拔管理实施办法》（沈铁劳卫发〔2011〕78号）《沈阳铁路局劳动用工管理办法（试行）》（沈铁劳卫发〔2011〕226号）和《沈阳铁路局高速铁路主要行车工种岗位准入管理实施细则（试行）》（沈铁劳卫发〔2011〕336号）。2012年，路局下发《沈阳铁路局高速铁路主要行车工种岗位准入管理实施办法》（沈铁劳卫发〔2012〕401号）《沈阳铁路局班组管理办法》（沈铁劳卫发〔2012〕159号）和《沈阳铁路局劳动用工管理办法》（沈铁劳卫发〔2012〕189号）。2014年，路局修订《沈阳铁路局劳动用工管理办法》（沈铁劳卫发〔2014〕360号）《沈阳铁路局劳务派遣和非全日制用工管理办法》（沈铁劳卫发〔2014〕361号）和《沈阳铁路局职工竞争上岗办法》（沈铁劳卫发〔2014〕362号）。

2015年，根据中国铁路总公司要求，路局对《沈阳铁路局劳动用工管理办法》（沈铁劳卫〔2014〕360号）第三十三条"职工严重违反企业规章制度，有下列情形之一，所属单位应当按规定程序与其解除劳动合同"进行修改。同年5月，修订《沈阳铁路局职工工作证管理实施细则》（沈铁劳卫发〔2015〕159号）《沈阳铁路局工人人事通知书管理办法》（沈铁劳卫发〔2015〕160号）和《沈阳铁路局工人档案管理办法》（沈铁劳卫发〔2015〕171号）。

二、劳动用工日常管理

（一）清理整顿临时用工

1996年，沈阳铁路局制定《沈阳铁路局加强临时性用工管理的通知》（沈铁劳函〔1996〕146号）和《关于对局机关、直属单位、"三经"系统临时用工进行清理整顿的通知》（沈铁劳法〔1996〕173号），对使用中城镇临时工、集体劳务工和回聘的离退休人员进行清理，建立审批制度，逐步实现规范化、制度化。同时，根据国务院和铁道部有关文件规定，对铁路一线生产职工，符合文件规定条件的职工家属办理农转非，全局共办理落户1120人。1997年，路局、分局分别组成专项检查组，以两级机关直附属单位为重点，限定时间清理整顿临时用工，到年末，全局累计清退临时用工10931人。

2001年，沈阳局在清理整顿临时用工方面，要求凡是全民职工能从事工种、岗位，或下岗职工没有得到妥善安置单位，一律不得使用临时工，要优先安置下岗职工。同时，建立用工审批制度，严格审批手续，多经系统临时性用工，一律纳入路局下达劳动力计划。到年末，全局工人终止解除劳动合同46833人；办理内部退养9424人，办理外出劳务2206人，清退临时工1271人。2003年，路局下发《关于加强劳动合同管理的通知》（沈铁劳电〔2003〕336号），进一步明确生产力布局调整过程中签订劳动合同职工范围以及劳动合同订立、变更、终止、解除、期限等事项，清理整顿车、机、工、电、辆等运输生产岗位上和餐车混岗作业集体劳务工、临时工。全局解除劳务协议集体劳务工3835人，终止劳动关系临时工1641人，合计5476人。

2007年，沈阳局按照铁道部劳动和卫生司《转发国务院办公厅关于转发劳动保障部等部门开展整治非法用工打击违法犯罪专项行动方案的通知》（铁劳卫电〔2007〕4号）要求，在7月份统计《关于填报铁路运输企业临时用工现状调查表的通知》基础上，下发通知对管内各单位2007年上半年临时用工现状认真进行全面摸底调查，路局组织检查组，重点深入到客运、货运、工务等运输站段和多经系统采石场、装卸、建筑施工、工厂、餐饮以及其他劳动密集型企业，开展劳动法律、法规执行情况专项检查。经检查全局没有小砖窑、小煤矿、小矿山、小作坊，也没有发现非法用工或违法使用童工等犯罪行为。

2015年，为压缩其他从业人员使用，本着"增量不增人，减量要减人，能内包不外包"和多员单位严禁外雇用工原则，对全局劳务派遣工、非全日制小时工全部实行"花名册"管理，动态掌握外雇用工情况，共审批全局季节性劳务

派遣、非全日制用工计划上限6588人，全年平均用工计划4995人，较上年9267人减少4272人，减幅46%，年节约费用支出12230万元。

（二）职工竞争上岗制度

2000年，为促进减员增效工作，路局制定下发《支线职工轮岗及搞活分配制度改革指导意见》，转发铁道部《关于深化铁路劳动用工制度改革的指导意见》和《铁路内部劳动力市场管理办法》通知，并推行职工竞争上岗制度，从条件、程序、方法等方面提出具体要求。分局、站段层层制定职工竞争上岗办法，明确实行职工竞争上岗范围、条件，规定竞争上岗方法、步骤，通过公开考核、公平竞争、公正操作，实行全面竞争上岗。到年末，全局有300个单位开展竞争上岗，当年累计参加人数为186875人，通过竞争上岗被淘汰下岗累计人数10496人。

2001年，路局按照定员和岗位标准，加强考试和考核工作，逐步扩大参加竞争上岗人员范围，实施职工优化组合。2001年实行竞争上岗单位有349个，占应开展竞争上岗单位94%；职工参加人数为234485人，占应参加竞争上岗职工人数89%；通过竞争上岗有9060人被淘汰下岗。2002年，全局实行竞争上岗单位有360个，占应开展竞争上岗单位的97%；职工参加人数为238871人，占应参竞争上岗职工人数92%。

2003年，全局实行竞争上岗单位有251个，占应开展竞争上岗单位98.4%；职工参加人数为230700人，占应参加竞争上岗职工人数95%。2004年，全局开展职工竞争上岗单位有228个，占应开展职工竞争上岗233个单位97.9%；职工参加竞争上岗人数为208876人，占应参加职工竞争上岗213781人97.7%。

（三）规范劳动用工管理

2001年，路局按照《国家铁路劳动用工管理办法》和《沈阳铁路局劳动合同制度实施办法》有关规定，建立健全劳动合同基础台帐，规范办理劳动合同签订、变更、终止和解除等有关手续；对违反劳动合同，符合解除条件职工，严格按照劳动合同制度有关规定及时予以解除。2004年，路局下发关于《加强劳动用工管理的指导意见》（沈铁劳函〔2004〕294号）；转发辽宁省劳动和社会保障厅《关于核定企业执行行业

特殊工种范围及规范特殊工种岗位人员管理的通知》（劳人〔2004〕5号），组织分局对现事提前退休工种工作或曾经从事提前退休工种工作后改做其他工作并符合提前退休工种退休条件在册正式职工进行详细统计，规范企业特殊工种岗位人员管理。

2009年，路局制定《沈阳铁路局护路巡防队伍管理办法》（沈铁劳卫发〔2009〕168号），加强和规范护路巡防队伍管理，维护线路治安稳定。2010年，路局在全局范围内开展用工清查工作；针对清查过程中遇到的历史遗留问题，下发"十一条处理意见"，使一些历史遗留问题得到妥善处理；在单位自查基础上，路局专项检查指导组深入到116个单位车间、班组进行检查指导；对长期不上班（出国）、无故旷工、个人外出劳务到期未按时返岗等人员进行清理，对在岗职工患重病、精神病以及工伤等人员，不具备上岗条件或不胜任本职工作，但因各种原因单位照顾进行上岗情况进行清理规范；全局共办理解除劳动合同手续950人、累计清理岗上患精神病照顾职工647人、清理患重病照顾职工3423人、理顺岗职不符职工13388人。

2011—2014年，路局组成专项检查组，对用工管理进行专项清查，坚持日常考核，定期整顿，动态清理，把规范劳动用工管理纳入常态。全局共计解除劳动合同1051人、理顺岗职不符8754人、清理岗上患精神病照顾职工1177人、清理岗上患重病照顾职工6705人。2015年，针对个别单位在劳动用工管理和考勤管理上存在违规行为，路局在全局范围内，开展劳动用工、职工考勤管理专项清查整顿工作，检查组在各单位自查清理整顿基础上进行检查验收。到年末，全局解除劳动合同121人、清理患病照顾职工291人、理顺岗职不符人员264人。特别是路局建立健全新增人员考核淘汰机制，严把固定期限劳动合同续订关，对不胜任工作人员依法解除劳动合同，提高新增人员劳动质量；组织各单位对2012年新入路签订"固定期限劳动合同"职工进行考核，对经考试、考核不胜任工作职工，指导单位办理终止劳动合同手续。累计解除劳动合同558人、清理患病照顾职工1649人、理顺岗职不符人员429人。

三、人力资源优化配置

（一）铁路运输业减员增效

1997年，路局根据铁道部下达减员计划，制定印发《沈阳铁路局减员增效分流安置指导意见》，提出调整生产布局、规范用工形式和开支渠道、改革用人方式、改革房建部门管理体制、实行内部模拟市场核算、实行企业内部退养、外出劳务制度、剥离分流等8项减员增效措施。到年末，运输人员减少9479人，较铁道部减员计划9450人多减29人。1998年，全局职工总量338930人，比铁道部下达计划减少42104人，年内运输业净减员20117人，比计划13550人多完成6567人，完成计划的148.5%。到年末，全局"三员一长"总定员为46258人，比上年减少3831人，减幅8%。

1999年，路局结合实施新图，对大连—沈北K233/4次、通辽—北京2557/8次、沈北—北京11/12次、沈阳—北京549/550次4对客车进行乘务制度改革，4对客车共减员72人；对全局2008名乘务员进行"双证"和"三证"上岗培训考核；对全局260组客车乘务员重新进行调整，调整后人数为1350人，减少车辆乘务人员658人；同时，进行支线改革，优化劳动组织，实行一职多能、兼职兼岗，改革维修体制和作业方式，进行挖潜减员。同年，全局运输业净减员累计完成39390人，比计划34500人多完成4890人，超计划完成14.2%。

2000年，路局采取多元经营分流、鼓励外出劳务、内部退养、轮岗培训、复退军人入技校、技校毕业生入中专、卡死职工总量进口、职工竞争上岗、内部下岗、支线轮岗、精简机构、调整生产布局、贯彻行业定员标准、优化劳动组织、改革乘务制度、改革维修体制和作业方式等多种措施，运输业累计减员52010人，比铁道部下达计划46000人超额完成6010人。2001年，为完成铁道部下达减员8300人任务，路局下达2001年运输业减员计划，对年末运输业用工总量少于路局下达期末到达人数的分局，按少于人数和人均工资3000元予以奖励；对超过路局下达期末到达人数的分局，按超过人数和人均工资3000元予以处罚。到年末，全局职工人数为337073人，其中，长期职工334467人、临时工2606人，全局职工比上年末减少61人。2002年，为确保实现铁道部下达沈局减员5000人目标，路局下达2002年运输业减员计划，对年末运输业用工总量少于路局下达期末到达人数的分局，按少于人数和人均3000元予以奖励；对超过路局下达期末到达人数分局，按超过人数和人均3000元予以处罚。到年末，全局职工人数为336838人，其中，长期职工334376人、临时职工2512人，全部职工数量比上年末减少185人。2003年，运输业从业人数194811人，较2002年末195345人减少534人。

（二）运输生产岗位调整

2006年，路局因生产力布局调整和劳动组织整合分流安置富余人员3135人；为解决因生产力布局调整而产生的职工夫妻分居问题，路局对管内共58个单位247名夫妻两地分居职工，在局管内单位异地进行妥善安置，并指导有关单位对本单位内部跨地区调整安置85人。2007年，路局对公寓管理所、长春客运段、沈阳机务段、沈阳车辆段、苏家屯机务段、苏家屯车辆段、沈阳电务段、锦州车辆段、通辽机务段、通化车务段等12个单位因生产力布局调整和劳动组织整合后产生的2467名富余人员实行跨系统安置；解决因生产力布局调整而产生职工通勤93人。

2008年，全局岗位调整8883人，由主业调整到多经房产系统7930人。2009年，根据铁道部、中国移动通信集团公司《关于中国铁通集团有限公司铁路通信业务资产人员划转铁道部管理有关问题的通知》（铁办〔2009〕202号）要求，沈阳铁路局分别与中国铁通辽宁、吉林、内蒙古、河北等4个省分公司签署《关于铁通铁路通信业务、资产及人员交接备忘录》，并按照铁道部要求和统一范本格式，签署《关于铁路通信人员交接分备忘录》，共接收铁路通信业务职工3867人；由于资源整合、生产力布局调整、劳动组织整合以及机构撤并等因素，进行岗位调整共15725人。

2010年，路局结合实施调度集中、取消中间站，多楼合一、库乘分离、网电合一、检养修分开等生产资源整合，要求车务、工务、电务、车辆等系统单位通过开展竞争上岗实施岗位调整17653人。2011年，围绕运输生产资源整合、运输组织方式调整，实施岗位调整3001人；解决职

工长距离通勤4680人。2012年，为确保哈大客专开通运营，路局按照铁道部《高速铁路主要行车工种岗位准入管理办法》（铁劳卫〔2011〕185号）《铁路客运专线生产人员核定办法》（试行）和《沈阳铁路局高速铁路主要行车工种岗位准入管理实施办法》（沈铁劳卫发〔2012〕401号）以及哈大客专设备数量、工作量，配备生产人员3623人；实施岗位调整50535人；跨区域岗位调整1536人。

2013年，为确保盘营客专开通运营，路局按照铁道部《高速铁路主要行车工种岗位准入管理办法》（铁劳卫〔2011〕185号）《铁路客运专线生产人员核定办法》（试行）和《沈阳铁路局高速铁路主要行车工种岗位准入管理实施办法》（沈铁劳卫发〔2012〕401号）以及盘营客专设备数量、工作量，配备生产人员397人，实施动态管理；尤其是重点解决主要行车工种岗位人员老化、职工异地通勤和部分岗位缺员等问题，实施岗位调整23881人，解决职工异地通勤478人；实行高速铁路主要行车工种岗位准入和退出机制，确保主要行车工种，特别是高速铁路主要行车工种人员素质达标。全局27个主要行车工种职工数77452人，占工人总数35.5%；平均年龄41.2岁；大专及以上占18.4%、高中（含中专、技校）占66.4%、初中及以下占15.2%；取得职业资格证书的占85.6%。2014年，路局通过公开招聘和组织调整等方式，统筹既有劳动力资源配置，实施跨工种、跨单位、跨区域余缺调剂，优化劳力资源配置，解决主要行车工种岗位人员老化、职工异地通勤和部分岗位缺员等实际问题，共调整6977人；通过内部挖潜，大力压缩外雇用工，全局使用其他从业人员6922人，较上年减少247人。

2015年，路局制定2015年人力资源优化工作方案，建成"沈阳铁路局人力资源调配信息平台"，坚持"缺员不出、多员不进"和"节人增效"原则，组织实施跨工种、跨单位、跨区域余缺调剂，有序解决单位冗员、主要岗位缺员和职工异地通勤等实际问题，共计调整4071人。

四、技能人才队伍建设

1997年，沈阳局开展评聘工人技师工作，实行路局、分局、站段逐级负责和各部门分工负责

制度，由三级工人考核委员会负责评聘全过程。全局共评聘工人技师1130人。

五、劳动力调剂

（一）企业内部劳动力市场运作

1996年，沈阳铁路局下发《沈阳铁路局关于进一步加强内部劳动力市场建设的通知》，要求各分局建立和完善内部劳动力市场管理机构，制定待岗、培训、考核、管理等配套办法，形成待岗职工管理约束机制和择优上岗竞争机制，并指导各分局实施运作。全局内部劳动力市场挂牌服务，富余人员和不称职职工进入内部劳动力市场管理5682人，年内调剂及经培训后安置上岗4893人。

1997年，路局下发《沈阳铁路局内部劳动力市场管理暂行办法》，明确内部劳动力市场管理工作实行逐级负责制度，将各单位富余人员和不称职职工纳入内部劳动力市场进行培训，在此期间按路局有关文件规定支付相应工资待遇。各分局对路局办法进行细化，建立健全组织机构，实行主业与多经一体化管理，合理安置富余人员及下岗职工，实行劳动力资源优化配置。

1998年，路局制定《沈阳铁路局减员增效和再就业工程实施意见》（沈铁劳函〔1998〕64号），明确要求安置富余职工，做好再就业工作以分局为主，争取地方政府优惠政策，发展多元经济，兴办种植业和养殖业，拓宽服务业，搞好各种职业培训，帮助下岗职工再就业。1999年，路局转发铁道部《关于印发铁路国有企业下岗职工基本生活保障和再就业工作实施意见的通知》（铁劳〔1998〕87号），并下发《沈阳铁路局关于进一步加强再就业服务中心建设的指导意见的通知》，明确提出建立健全再就业服务机构，路局、分局再就业服务中心和基层单位服务站与同级内部劳动力市场为一个机构、两块牌子。主要负责托管人员培训、劳务输出、竞争上岗、劳动力余缺调剂、组织托管人员创收和增加经济收入等再就业服务工作。全局建立再就业服务中心10个，再就业服务站440个；通过竞争上岗、劳动力余缺调剂，因地制宜，兴办实业、开拓路内外市场，到年末，共安置内部下岗职工7541人，创造经济效益2356万元。

2000—2003年，路局按照铁道部要求，健全完善再就业服务中心工作，开辟再就业渠道，部分单位再就业服务站配备专兼职工作人员，加强日常管理，将全局下岗职工全部纳入再就业服务中心托管；由再就业服务中心代发基本工资或基本生活费用，用人单位与下岗职工签订《下岗职

2005-2015年职工技能结构情况统计表

表4-7-4

年度		2005	2006	2007	2008	2009	2010	2011	2012	2013	2014	2015
技术工人总数			213292	209278	201380	188648	187757	185581	188100	183797	183918	168495
取得执业资格人数	人数	34309	107286	127869	111162	113566	116785	121927	122077	119744	122232	124935
	占%		50.3	61.1	55.2	60.2	62.2	65.7	64.9	65.15	66.46	74.1
其中	初级工 人数	922	8536	9766	8338	8333	9784	9173	9872	10226	11177	11616
	占%		4.0	4.7	4.1	4.4	5.2	4.9	5.2	5.6	6.1	6.9
	中级工 人数	16186	50487	56177	37995	36237	35402	34982	33247	32399	34111	36281
	占%		23.7	26.8	18.9	19.2	18.9	18.8	17.7	17.6	18.5	21.5
	高级工 人数	17201	46886	60079	62801	66242	67219	72486	73064	71164	70459	70468
	占%		22.0	28.7	31.2	35.1	35.8	39.1	38.8	38.7	38.3	41.8
	技师 人数		1341	1847	1912	2644	4346	5084	5674	5495	5872	5860
	占%		0.6	0.9	0.9	1.4	2.3	2.7	3.0	3.0	3.2	3.5
	高级技师 人数		36	66	115	110	124	202	220	460	613	710
	占%		0.02	0.03	0.06	0.06	0.07	0.11	0.12	0.25	0.33	0.42

* 其中占%为占工人技工总数的百分比；取得执业资格人数为取得执业资格证书的人数。

工托管协议书》；为已托管下岗职工办理"下岗证"。

2004年，为强化内部劳动力市场余缺调剂中介服务功能，搞好内部调剂，安置下岗、待岗职工，沈阳铁路局10个再就业服务中心和劳力调剂中心实行一个机构两块牌子；各级再就业服务机构共配备专（兼）职工作人员1408人，其中专职人员84人，兼职人员1324人；各级机构充分发挥作用，通过竞争上岗、劳动力余缺调剂，因地制宜，让全局下岗职工全部进入再就业服务机构代管；组织求职培训，提供职业介绍，促进内部下岗职工尽快实现再就业；同时，按照铁道部有关要求，依照《沈阳铁路局劳动用工管理办法》考核富余人员进出劳调站，并委托站段劳调站进行日常管理。

（二）复退军人接收安置工作

1996—2005年，为做好退伍军人接收安置工作，沈阳铁路局按照中央军委、铁道部及地方政府要求，根据国家《兵役法》和《退役士兵安置条例》及地方政府相关政策，制定下发《沈阳铁路局关于认真做好退伍军人安置工作的通知》

2001—2004年下岗职工再就业情况表

表4-7-5

年份		2001	2002	2003	2004
累计内部下岗职工		18284	16738	16306	17861
轮流下岗职工		6648	4653		
进入内部劳动力市场代管		9564	8952	7152	5128
其中	分局代管	226	166	185	204
	站段代管	9338	8786	6967	4921
当年累计培训职工		9644	8591	5969	6658
其中	一年以上	3339	3001	2386	1685
	7-12个月	1690	2184	1568	745
	半年以下	1721	3406	2015	4558
当年安置内部下岗职工		8120	7786	8371	12767
其中	返回运输业竞争上岗	2952	1529	1583	3559
	安排自负盈亏企业	156	75	289	10
	从事多种经营	1573	1544	2104	2387
	从事保价押运	212	224	116	76
	办理内部退养	3216	3654	3668	5753
	办理外出劳务	611	760	611	982

（沈铁劳函〔1997〕45号），统一人员接收条件和标准、规范工作程序和方法，对人员分配、反腐倡廉等提出具体要求，明确规定退伍军人一律由各分局负责接收。接收安置部门（各分局）均按规定严格办理。

2006—2007年，沈阳铁路局根据铁道部《关于进一步做好铁路职工适龄子女推荐入伍工作的通知》（铁劳卫电〔2007〕7号）要求，制定印发《关于公布〈沈阳铁路局劳动力调剂站管理暂行办法〉的通知》（沈铁劳卫发〔2006〕130号）、《关于进一步做好沈阳铁路局职工适龄子女推荐入伍工作的通知》（沈铁劳卫电〔2007〕917号）和《关于进一步明确沈阳铁路局职工适龄子女推荐入伍相关问题的补充通知》（沈铁劳卫电〔2007〕950号）。明确规定，对新接收复员退伍军人，令其直接进入局劳动力调剂站（以下简称劳调站），实行先培训后上岗。在局劳调站管理期间，暂按企业同工龄职工平均工资80%发给生活费，生活费低于当地最低生活保障标准的，按当地最低生活保障标准支付。同时，按照铁道部要求，为确保应征铁路职工子女符合《中华人民共和国兵役法》《征兵工作条例》和国家有关部门标准和规定，路局要求各单位对企业职工子女当兵入伍实行推荐制度，并明确推荐范围、登记制度、审查程序。各单位都按照路局要求，合理确定本单位子女推荐入伍数量，严格抓好职工子女推荐入伍审核工作，并对审核程序进行细化落实。路局对新接收复员退伍军人改变以往一揽子统分形式，按岗位需求情况，采取统一文化考试，按成绩择优分配办法进行分配。

2008—2012年，按照铁道部《关于进一步做好铁路职工适龄子女推荐入伍工作的通知》（铁劳卫〔2008〕64号）要求和铁道部新增人员计划，路局对企业职工子女当兵入伍进行推荐和接收，严把入口关。严格审查复退军人档案，实行单位劳动人事科初审，单位领导签字确认，再由局劳动力调剂站进行复核，经路局研究确定后实行双审备案制，并以此作为接收依据。对手续不全、档案涂改、异地入伍、占用农村指标入伍等非正常档案坚决不予接收，将接收人员数严格控制在铁道部接收计划之内，从源头上控制新增人员数量。2013—2014年，由于国家安置政策有较大变化，即由原来的国家统一分配工作、按系统分配任务，修改为由人民政府扶持自主就业为。新《兵役法》和《退役士兵安置条例》明确规定，对属于士官服现役满12年、服现役期间平时荣获二等功以上奖励或者战时荣获三等功以上奖励、因战致残被评定为5级至8级伤残等级、烈士子女这四类情况退役士兵，由人民政府安排工作。对新修订《兵役法》和《退役士兵安置条例》颁布实施前当兵入伍的人，按照国家和地方政府"老人老办法、新人新政策"规定进行接收安置。铁路局严格按照国家新《兵役法》和《退役士兵安置条例》规定执行。

第五节 劳动定额

一、制定劳动定额标准

1996年，沈阳局制定《东风4型内燃机车检修劳动定额》以及《车辆部门客车段修库列检劳动定额》。1997—1998年，路局开展各系统、各工种工作量和从业人员调查，为贯彻落实新《铁路运输业劳动定员标准》（简称"新行标"）奠定基础。1999年，路局根据铁道部《铁路运输业劳动定员标准》，下发《沈阳铁路局运输业劳动定员标准》，在全局实行"新行标"管理。2000年，按照《沈阳铁路局运输业劳动定员标准》，核定并公布各分局运输业定员；下发《铁路运输业劳动定员标准管理办法》，加强定员标准管理。2001年，在认真贯彻《铁路运输企业典型岗位标准》同时，路局组织编写并公布《沈阳铁路局运输企业岗位标准》。2003年，路局分工种、分岗位组织制定并公布《沈阳铁路局行车主要工种职工任职条件》，重点建立以岗位任职资格为基础，以提高职工素质为目的，以确保铁路运输安全为目标的安全基础工作长效机制。2005年，路局转发铁道部《铁路新线定员核定实行办法》（铁劳卫〔2005〕63号），并以2005年为时间节点，之后陆续开通新建铁路均按此标准进行核定；下发《沈阳铁路局运输企业岗位标准》（沈铁劳发〔2005〕245号），强化岗位任职资格考核管理。

二、劳动定额管理

2006年，路局根据劳动组织、作业组织实际情况，重新修订公布《沈阳铁路局运输业劳动定员标准（试行）》（沈铁劳卫发〔2006〕131号），并对全局生产人员定员进行重新核定，共核定全局运输生产人员定员167970人，超员13405人。

2007—2008年，路局在生产力布局调整和运输组织结构调整基础上，沈阳北—北京K54/3次，长春—北京T60/59、Z62/1次，大连—北京T84/3次，长春—大连T458/7次5对试点列车实行"一人两车"乘务制度；大连客运段部分车次实行"三车两人"乘务制度。以金州站为货运系统试点单位，本着弱化内勤、强化外勤原则，全面推进货运劳动组织整合；撤销金州、金桥站两个货运车间，取消金马站货运营业室（金桥、金马站为金州站管站），在金州站组建一个货运中心，集中统一指挥货运调度，外勤人员按局定员标准重新核定配备，实现人员整合，提高效率；在金州站试点基础上，路局制定局货运系统劳动组织整合实施办法，并在全局范围内全面推行。2009年，铁道部公布《铁路客运专线生产人员核定试行办法》；路局依据本办法制定《沈阳铁路局运输业劳动定员标准（试行）》（沈铁劳卫发〔2009〕203号）；核定全局运输站段及运输辅助单位定员，共核定167359人，现员182049人，超员14690人。

2010—2011年，路局下发《沈阳铁路局运输业劳动定员标准（试行）》（沈铁劳卫发〔2012〕219号），对全局运输站段和运输辅助

2008—2015年沈阳铁路局运输站段劳动定额情况统计表

表4-7-6

年份	在岗职工期末人数	实行定额管理人数	定额面%	实行计件工资管理人数	计件面%
2008	188066	149648	79.6	112712	75.3
2009	180157	145446	80.7	115076	79.1
2010	174182	144497	82.9	114297	79.1
2011	179856	147468	82.0	117813	79.8
2012	186166	159357	85.6	122983	77.2
2013	194365	164513	84.6	130977	79.6
2014	195787	162916	83.2	127680	78.4
2015	188488	158019	83.8	124045	78.5

单位生产人员定员进行重新核定，共核定定员188895人，现员191693人，超员2798人。

2012年，路局为加强劳动定额管理，不断适应运输生产组织变化，经过大量写实、调研，对机车乘务员一次乘务作业定额标准进行修订，下发《沈阳铁路局机车乘务员定员标准（试行）》，同时废止《机车乘务员劳动定额标准》（Q/SYT282-1991）。2013年，路局实行"全员、全面、全年"抓定额管理工作，从年初开始，劳资部门全员上手核定定员，共核定全局运输站段和运输辅助单位定员221890人，现员226851，超员4961人。2014年，受国家经济形势影响，根据全局运量下滑和新开通线路实际，对全局定员重新进行核定，共核定定员216782人，现员224474人，超员7692人，与2013年相比减少定员4300人。

2015年，沈阳局对90个运输站段，核减定员10288人，减幅5.5%，每营业公里14.9人，高于全路每营业公里17人（2014年）的总体水平。

第六节　职业技能

一、职业技能鉴定

2000年，路局在完善已建立沈阳、锦州各2个，大连、丹东各1个鉴定站基础工作同时，又向国家劳动部提报在长春、白城、吉林、通化、图们5个分局建立技能鉴定站；按照铁道部提出就业准入制度要求，路局组织各鉴定站对当年新接收技校毕业生1797人进行铁道行业特有工种职业技能鉴定；对40人进行技校毕业生双证制考试；对提速列车370名车站值班员、64名检车员进行职业技能鉴定，对鉴定考试合格者允许进入就业准入工种范围安排上岗。

2001年，路局将全局鉴定站调整为7个（每个分局保留一个），重点对提速区段和提速快车典型工种进行职业技能鉴定，共有11个行车典型（主要）工种3251人参加职业技能鉴定，2990人获得相应职业技能等级证书。

2002年，全局以典型工种职业技能鉴定为重点，逐渐扩大鉴定规模，全年鉴定铁道行业特有工种39个。2003年，结合全局运输生产实际，继

续扩大鉴定规模，全年鉴定铁道行业特有工种达到50个。2004年，为拓宽技能人才选拔渠道，提高职工队伍素质，路局组织各分局选拔技术能手参加铁道部首届全国铁道行业职业技能竞赛。2005年，按照铁道部运输体制改革整体思路，全局7个分局撤销，7个职业技能鉴定站继续工作。

2006年，路局在实行职业资格证书制度以来，初次组织技师、高级技师职业技能鉴定工作。2007年2月，经辽宁省劳动和社会保障厅《关于同意设立沈阳铁路局职业技能鉴定所的批复》（辽劳社〔2007〕13号）批准，设立沈阳铁路局职业技能鉴定所，负责全局管内各单位社会通用工种职业技能鉴定工作，业务上接受辽宁省劳动和社会保障厅职业技能鉴定中心指导。

二、技师考评

1996年，沈阳局制定《沈阳铁路局1996年评聘工人技师实施方案》。根据评聘工人技师工种范围，组织各分局（公司）动员符合评聘技师工种技术工人报名，并由路局、分局工人考核委员会按照各自分工，对报名参评技师人员进行理论、实作考试，技术答辩和综合评审；对三项考试合格者按规定比例限额进行聘任。全局报名参评技师2312人，经综合理论、实作考试和综合评审合格1125人，还有6人参加铁道部统一组织电影放映检片技师考评合格，全局共计合格1131人。

2006年，路局在实行职业资格证书制度以来，初次开展技师、高级技师职业技能鉴定工作；印发《沈阳铁路局技师、高级技师考评、聘任及管理实施细则》（沈铁劳发〔2006〕23号）和沈阳铁路局《关于印发〈沈阳铁路局高技能人才工作实施细则〉的通知》（沈铁劳发〔2007〕123号），对68个运输站段和部分多经、附业单位下达技师设岗职数。全局技师、高级技师考评、聘任及管理工作，坚持"统一标准、自主申报、统一考核、评聘分开"原则；并根据《国家职业标准》，统一技师、高级技师考评条件和标准；取消比例限制，凡符合技师和高级技师申报条件各类人员，均可自愿申请参加统一组织技师、高级技师职业资格考评；打破资历限定，对掌握高技能、复合技能且有突出贡献人员可提前参加考评。

2007年，路局继续推进铁路特有工种技师和

高级技师职业技能鉴定工作，共有39个工种1451人报名参加技师、高级技师职业技能鉴定；下发《关于公布杨长海等30名同志高级技师职业资格的通知批准》（劳卫人〔2007〕13号）和《关于批准李刚等506名同志技师职业资格的通知》（沈铁劳卫函〔2007〕137号）。

2000—2015年各年度职业技能鉴定统计表

表4-7-7

年份	类别		工种数	鉴定人数	获得证书人数（高级技师为初评合格）						
					合计	初级工	中级工	高级工	技师	高级技师	获证率
2000	特有工种			2593	2536		1760	776			97.8%
2001	特有工种		11	3251	2990		2459	531			92.0%
2002	特有工种		39	14898	11851	353	4867	6631			79.5%
2003	特有工种		50	20521	15223	1021	8585	5617			74.2%
2004	特有工种		72	29619	19750	1820	10543	7387			66.7%
2005	特有工种		63	39427	25672	2638	12421	10613			65.1%
2006	特有工种		71	37326	28819	2705	9412	20548	758	45	77.2%
2007		计	79	29120	22666	1492	5883	14756	505	30	77.8%
	其中	特有工种	74	26021	19999	1230	5615	12619	505	30	76.9%
		通用工种	5	3099	2667	262	268	2137			86.1%
2008		计	100	16909	14078	593	3206	9415	800	64	83.3%
	其中	特有工种	74	14815	12295	490	3082	7859	800	64	83.0%
		通用工种	26	2094	1783	103	124	1556			85.1%
2009		计	87	15801	12074	913	3249	7315	627	24	76.4%
	其中	特有工种	74	12990	9776	473	2893	5759	627	24	75.3%
		通用工种	13	2811	2298	440	356	1556			81.8%
2010		计	65	11575	11526	920	2882	5901	1789	34	99.6%
	其中	特有工种	64	11526	11499	916	2867	5893	1789	34	99.8%
		通用工种	1	49	27	4	15	8			55.1%
2011		计	71	20619	13905	739	3968	7740	1386	72	67.4%
	其中	特有工种	69	20060	13439	596	3818	7567	1386	72	67.0%
		通用工种	2	559	466	143	150	173			83.4%
2012		计	73	20665	14263	1977	3408	7985	770	100	69.0%
	其中	特有工种	71	20508	14109	1964	3321	7947	755	99	68.8%
		通用工种	2	157	154	13	87	38	15	1	98.1%
2013		计	71	21062	14511	2114	4657	6483	966	291	68.9%
	其中	特有工种	70	20954	14410	2093	4610	6466	950	291	68.8%
		通用工种	1	108	101	21	47	17	16		93.5%
2014		计	79	28103	18495	3200	8088	5420	1569	208	65.8%
	其中	特有工种	71	25022	16662	2573	7949	5089	843	208	66.6%
		通用工种	8	3081	1833	627	139	331	726		59.5%
2015		计	88	24074	16777	3508	9315	3571	833	350	69.7%
	其中	特有工种	74	22555	15766	2148	9256	3350	463	349	69.9%
		通用工种	14	1519	1011	360	59	221	370	1	66.6%

2008年，全面开展技师、高级技师报名、考试、评审工作，全局共有1823人参加技师、高级技师职业技能鉴定；下发《关于公布蔡光辉等67名同志高级技师职业资格的通知》（劳卫人〔2008〕16号）和《关于批准张建虹等769名同志工人技师职业资格的通知》（沈铁劳卫函〔2008〕219号）。

2009年，路局下发《关于批准苗立平等627名同志工人技师职业资格的通知》（劳卫职鉴〔2009〕23号）。2010年，下发《关于公布周壮等14名同志高级技师职业资格的通知》（劳卫职鉴〔2010〕5号）和《关于批准郭亚范等1790名同志工人技师职业资格的通知》（劳卫职鉴〔2010〕14号）。2011年，下发《关于公布刘山等65名同志高级技师职业资格的通知》（劳卫职鉴〔2011〕14号）和《关于批准张炎等1387名同志工人技师职业资格的通知》（劳卫职鉴〔2011〕21号）。

2012年，下发《关于公布姚德军等99名同志高级技师职业资格的通知》（劳卫职鉴〔2012〕14号）和《关于批准王晓茹等755名同志工人技师职业资格的通知》（劳卫职鉴〔2012〕21号）；参加辽宁省职业技能鉴定中心组织的社会通用工种技师职业技能鉴定，15人取得技师职业资格，1人取得高级技师职业资格。2013年，下发《沈阳铁路局劳动和卫生处关于公布王前锋等291名同志高级技师职业资格的通知》（劳卫职鉴〔2013〕13号）《关于批准王强等225名同志工人技师职业资格的通知》（劳卫职鉴〔2013〕10号）和《关于批准宫慧丽等725名同志工人技师职业资格的通知》（劳卫职鉴〔2013〕21号）；参加辽宁省职业技能鉴定中心组织的社会通用工种技师职业技能鉴定，16人取得技师职业资格。2014年，下发《沈阳铁路局劳动和卫生处关于公布董传学等208名同志高级技师职业资格的通知》（劳卫职鉴〔2014〕9号）和《沈阳铁路局劳动和卫生处关于批准郭刚等843名同志工人技师职业资格的通知》（劳卫职鉴〔2014〕10号）；参加辽宁省职业技能鉴定中心组织的社会通用工种技师职业技能鉴定，726人取得技师职业资格。

2015年，下发《沈阳铁路局劳动和卫生处关于公布曹吉平等349名同志高级技师职业资格的通知》（劳卫职鉴〔2015〕11号）和《沈阳铁路局劳动和卫生处关于批准齐丹等463名同志工人技师职业资格的通知》（劳卫职鉴〔2015〕13号）；参加辽宁省职业技能鉴定中心组织的社会通用工种技师职业技能鉴定，370人取得技师职业资格，1人取得高级技师职业资格。

三、技能大赛

2004年10月至2005年4月，沈阳铁路局参加首届全国铁道行业职业技能竞赛，共有运输、机务、供电、车辆4个系统9个工种45名选手参赛，有16人取得名次。其中：苏家屯机务段内燃机车司机朱力成获得"全国技术能手"称号、6人获得"全路技术能手"称号。沈阳局获得团体二等奖。

2008年10月至11月，沈阳局参加第二届全国铁道行业职业技能大赛，共有机务、车辆、工务、电务4个系统6个工种37名选手参赛，有24名选手取得名次。其中8名选手获得"全国技术能手"称号、12名选手获得"全路技术能手"称号。以上20名获奖选手中，年龄在35岁以下12名选手被全国铁道团委授予"新长征突击手"称号，沈阳局获得团体一等奖。

2011年10月至11月，沈阳局参加第三届全国铁道行业职业技能大赛，共有车务、机务、供电、工务、电务、车辆6个系统7个工种43名选手参赛，有19名选手取得名次。其中"全国技术能手"2名、"全路技术能手"8名。

2014年10月至11月，沈阳局参加第四届全国铁道行业职业技能大赛，共有运输、机务、供电、工务、电务、车辆6个系统7个工种9个岗位41名选手参赛，有19名选手取得了名次。其中"荣获全国技术能手"3人、"全路技术能手"称号13人，沈阳局荣获团体二等奖。

第七节　职工奖惩

1998年，沈阳铁路局分别制定《沈阳铁路局运输安全奖惩办法》（沈铁劳发〔1998〕20号）

和《沈阳铁路局劳动安全奖惩办法》（沈铁劳发〔1998〕21号）。安全奖惩主要是对在安全生产中做出突出贡献的单位、个人予以表奖，对严重违章违纪以致发生各类事故的单位及责任人给予处罚；建立逐级负责制，本着下管一级原则，按管理权限，实行逐级呈报、审批；路局与分局及局机关有关处室每年签订"安全路风包保责任状"，年末考核完成情况，按规定兑现奖罚。2001年，路局制定《沈阳铁路局特大安全事故责任追究实施细则》（沈铁劳发〔2001〕64号）。2002年，制定《沈阳铁路局重大死亡事故责任追究实施细则》（沈铁劳发〔2002〕32号）。主要是对各单位发生的各类安全事故，按照安全逐级负责制和岗位责任制，根据事故等级和责任大小，追究有关人员责任，并给予相应的行政处分，构成犯罪的依法追究刑事责任。

2005年，路局制定《沈阳铁路局安全奖惩办法（试行）》（沈铁劳发〔2005〕181号）。主要是对在安全生产中做出突出贡献的集体和个人予以表奖，对防止列车事故特别是防止旅客列车事故有功人员进行奖励，对导致发生各类事故、隐瞒事故责任单位及责任者予以处罚，对负有安全管理责任的干部问责追究，对事故损失赔偿、事故责任单位罚款等做出统一规定。2009年，路局制定《沈阳铁路局职工奖惩实施办法》（沈铁劳卫发〔2009〕177号）。主要是对职工实施奖惩原则，对奖励时限、种类、权限、数额、报批程序和行政处分等级、情形、事故处分责任人员界定、处分权限、期限、处理结果、经济责任赔偿数额、报批程序等做出明确规定。

2011年，路局重新修订完善《沈阳铁路局职工奖惩实施办法（试行）》（沈铁劳卫发〔2011〕350号），主要调整路局表彰先进标兵、先进生产者奖励标准，规范实施处分基本程序和处分决定送达方式。2012年，路局重新修订《沈阳铁路局职工奖惩实施办法》（沈铁劳卫发〔2012〕185号），修改对职工在惩处期内又犯错误和处理办法，明确其惩处期和经济考核应累加计算。2014年，根据《中国铁路总公司奖惩工作管理办法》（铁总劳卫〔2014〕24号）要求，路局重新修订《沈阳铁路局职工奖惩办法》（沈铁劳卫〔2014〕100号），修改规定奖励和处分、组织处理种类及处分期限，调整职业技能竞赛和防止事故奖励标准，规范开除处分情形和受惩处期间待遇。

2015年，路局修订《沈阳铁路局职工奖惩办法》部分条款，下发沈阳铁路局关于修改《沈阳铁路局劳动用工管理办法》和《沈阳铁路局职工奖惩部分条款通知》（沈铁劳卫〔2015〕192号）。将关键行车岗位作业人员当班饮酒、易燃易爆场所违章吸烟、擅自动用明火等纳入应给予开除处分情形。

第八章　干部管理

沈阳铁路局干部管理的日常工作由局人事处负责，主要工作内容包括领导干部、机关干部、技术干部、直附属单位干部的管理培训和选拔任用以及审查监督等。1996—2015年，沈阳铁路局干部管理工作在中国铁路事业快速发展中，坚持找准定位，不断在适应中发展、在改革中加强、在创新中提高，努力为全局安全运输生产提供组织和人才保证。

20年来，沈阳局组织人事系统为适应铁路改革发展变化，与时俱进，创新发展，实施人事制度改革；充分发挥监督审查职能作用，坚持干部信息员联系制度，及时掌握干部信息，为正确选拔和使用干部提供依据；把"德才兼备，以德为先"作为选人用人的首要标准，强化领导干部政治理论培训及廉政监督，直接与干部奖惩、晋级、使用挂钩；始终把领导班子建设摆在突出位置，通过注重能力和作风建设，不断优化干部队伍结构，增强整体功能，把各级领导班子建设成年龄梯次配备、知识相济互补、专业类型齐全、有凝聚力、战斗力的坚强领导集体；加强后备干部队伍建设，通过注重优化选拔、注重培养锻炼、注重管理使用，不断提升后备干部专业知识水平和业务工作能力，把政治理论水平高、各方面表现突出的优秀年轻干部及时充实到后备干部队伍中；通过实施技术干部评聘制度，建立完善培养吸引使用人才的机制和措施，为专业技术人才发挥作用施展才华搭建合适舞台；通过干部作风监督，不断加大对各级领导干部跟踪检查和人民来信反映干部作风问题的调查处理力度，确保干部队伍干净，营造风清气正氛围。1996年，全局干部总数80942人，占职工总数的21.24%，到2015年末，全局干部队伍进一步精炼高效，干部总数缩减到32487人，占职工总数的13.79%。

第一节　干部管理系统概况

1996年，铁路局人事处共设6个科，分别为领导干部科、机关干部科、直属干部科、技术干部科、干培干审科、综合干部科。1999年11月，路局人事处撤销干培干审科，并成立人才交流培训中心，作为人事处附属机构，将原干培干审科负责的干部培训、审查工作及由技术干部科负责的大学生接收工作归属到人才交流培训中心。调整后人事处共设5个科，分别为领导干部科、机关干部科、直属干部科、技术干部科、综合干部科，下设人才交流培训中心1个附属机构。

2004年，为进一步加强干部监督管理工作，沈阳局人事处增设干部监督科，调整后，人事处共设6个科，分别为领导干部科、机关干部科、干部监督科、直属干部科、技术干部科、综合干部科，下设人才交流培训中心1个附属机构。1996—2004年，各分局分别下设人事分处，各基层站段分别设立劳人室。

2005年10月，为适应铁路局直接管理站段体制改革需要，路局人事处撤销人才交流培训中心，成立干部培训科，调整后人事处共设7个科，分别为领导干部科、机关干部科、直属干部科、技术干部科、综合干部科、干部监督科、干部培训科。2006年4月，路局人事处和党委组织部合并，改称人事处（党委组织部）；6月，直

属干部科与机关干部科合并，改称机关直属干部科。合并后，人事处共设8个科，分别为领导干部科、机关直属干部科、技术干部科、干部监督科、干部培训科、组织科、党员科、综合干部科，下设人才交流培训站1个附属机构，全处共41人。

2012年12月，路局人事处增设基层干部科，调整后，人事处共设9个科，分别为领导干部科、机关直属干部科、技术干部科、干部监督科、基层干部科、干部培训科、综合干部科、组织科、党员科，下设人才交流培训站1个附属机构。2014年10月，为加强革命传统教育，路局成立阜新人才培训基地，作为人事处（党委组织部）附属机构；同年12月，人事处（党委组织部）增设支部科，同时将局有线电视台党员电教站归入人事处（党委组织部），调整后，局人事处（党委组织部）共设10个科：领导干部科、机关直属干部科、技术干部科、干部监督科、干部培训科、基层干部科、综合干部科、组织科、党员科、支部科，下设人才交流培训站、阜新人才培训基地、党员电教站3个附属机构。

2015年，局人事处（党委组织部）共设10个科：领导干部科、机关直属干部科、技术干部科、干部监督科、干部培训科、基层干部科、综合干部科、组织科、党员科、支部科，下设人才交流培训站、阜新人才培训基地、党员电教站3个附属机构。

第二节　人事制度改革

1996年，全局10个分局（公司）、512个基层单位全部实行干部聘任制，对干部原有级别一律封存，打破干部与工人界限，实行竞争、择优上岗，易岗易薪，推动干部能上能下、能进能出机制形成；同年，根据铁道部关于路局、分局机关机构精简要求，对两级机关工作人员进行全面精简，共精简两级机关干部609人。1997年，沈阳铁路局在两级机关和大部分单位尝试公开招聘干部，路局和分局两级机关共择优选拔聘用100名管理干部和专业技术人员，站段共招聘260名管理干部。1998年，路局实行打破干部与工人界限全员聘任制，按照双向选择、平等竞争、

优化组合原则，对各分局（公司）机关6928名干部和管内474个站段5万多名干部全部实行聘任制，共解聘干部573名，低聘干部529名；同时，组织推进干部减员增效工作，在确定按干部实际人员数量精减3%指标基础上又提出按定员精减10%要求，全年精减干部11269人，占干部队伍总数14.3%。

1999年，沈阳铁路局开始对局机关和各分局管理干部全部实行聘任制，干部原有级别一律封存，全部实行竞争上岗、末位淘汰、易岗易薪，全局共解聘干部587人，低聘干部384人，诫勉各级各类干部256人；同时，为使一批政治素质好、有真才实学的优秀人才得到任用，对两级机关补充缺员实行公开招聘，全年公开招聘干部448人。按照社会主义市场经济对干部管理体制的要求，组建铁道公司、通信信息有限公司等董事会、监事会领导班子，重新调整局直属"三经"经营系统干部管理办法，并制定《引进与留用人才管理办法》和《公开招聘和试行企业内部模拟人事代理制暂行办法》。

2001年，全面落实干部不称职淘汰制度，全局共诫勉谈话干部113名，淘汰不称职干部341名；建立领导干部八小时以外情况考察制度，成立干部监督室，增设两名专职副处级部员负责干部监督工作，强化对领导干部的纪律约束和监督。

2002年，大力推进竞争上岗公开招聘，在局调度指挥中心和检法两院分别进行科职干部和中层干部内部竞争上岗尝试，37名同志在竞争中脱颖而出；在全局范围内首次公开招聘39名局机关、直附属单位工作人员，各分局公开招聘机关干部173名，优化两级机关干部队伍结构；进一步落实领导干部诫勉谈话和不称职淘汰制度，全局共对155名干部进行诫勉谈话，对70名干部进行不称职淘汰；推行干部考察预告和干部任前公示制度，对96个领导班子和137名干部发布考察预告；对1038名干部实行任前公示，扩大职工群众参与干部选拔任用知情权、参与权、选择权和监督权。

2003年，为促进干部选拔任用工作规范化、制度化，修订下发《领导干部选拔任用工作实施细则》，全面落实干部民主推荐、考察预告、任前公示、诫勉谈话和不称职淘汰等制度，完善职代会民主评议领导干部内容和方法，全局对1212名新提拔各级各类干部进行任前公示，对20名经考核不称职领导干部实行不称职淘汰；推行公开招聘和竞争上岗，局机关及直附属单位第二次面向全局公开招聘工作人员47人；对改任非领导职务进行尝试，局工程建设指挥部4名年纪较大中层干部和局财务处7名年纪较大科长，分别改任监察或专业技术职务，进一步促进干部能上能下。

2004年，规范选拔任用领导干部表决形式，研究制定《选拔任用领导干部票决制暂行办法》《关于对运输系统部分岗位人员实行轮岗交流的暂行办法》；实行会计负责人委派和审计人员派驻制，有14名同志被路局委派为分局财务、收入部门负责人，有61名同志成为路局审计处派驻到各分局专职审计人员。

2005年，针对路局直管站段带来的管理跨度大、路局直接管理干部数量多等新情况新问题，从有利于干部管理需要出发，对原分局干部管理权限进行上收下放，实施按系统管理干部，对运输主要站段领导班子成员调整交流时，都按规定听取局机关对口处室意见和建议；同时，本着少而精、有效管用、系统优化原则，制定完善《干部管理暂行规定》等七个制度办法，编辑《人事干部工作手册》，使干部人事工作有章可循。

2007年，改变传统干部人事管理方式，确定管理人员与专业技术人员一并实施岗位管理基本思路，率先在通辽地区6个站段和局货运处进行试点；通过实行竞聘上岗，6个试点站段和局货运处共有1260人签订聘约，专业技术人员由590人增加到733人；178名干部身份人员岗位发生变化，41名干部身份人员被低聘；269名工人竞聘成为岗位管理人员，逐步建立起"岗位能进能出、职务能升能降、待遇能高能低"用人机制，实现由身份管理向岗位管理转变。

2008年3月，在全局62个运输站段全面推行岗位管理工作，本着"人人都可以成才"的原则，探索建立起"岗位能进能出、职务能上能下、待遇能高能低""岗位靠竞争、职务靠能力"新机制，全局68个站段有1869名干部身份人员岗位发生调整；专业技术人员由4202人增加到5993人；工人身份竞争上岗4087人，到年底，

68个站段11092名站段中层及以下干部全部进行全解重聘、竞争上岗，由身份管理向岗位周期聘任管理转变，实现机制转换、人员优化、管理改革的预期目标。

2011年，制定下发了《基层单位专业技术人员和中层及以下管理人员实施岗位管理指导意见》，在全局基层单位全面启动了以竞争上岗为核心的岗位管理工作，为优秀人才搭建起公平公正的竞争平台。2012年，在局机关和附属部门及部分基层单位，实行了干部缺员岗位公开招聘，共组织公开招聘12次、录取212人。同时，积极稳妥推进岗位管理工作，成立岗位管理工作办公室和指导组，利用领导班子大考核时机，对各单位岗位管理工作进行检查指导，98个基层单位完成了岗位管理工作任务。

2014年，继续深化岗位管理工作，将岗位管理从运输站段、运输辅助单位拓展到非运输企业，在入口上，放宽原有的年龄、学历"条框"限制，有626名优秀工人竞聘到管理和专业技术岗位。同时，畅通出口，有18名岗位管理人员因考核认定不称职被安排到工人岗位，有27人由高职调整到低职岗位。全年，共有52个基层单位开展岗位管理，包括非运输企业25个单位全部实现稳妥推进。

2015年，严格按照总公司新出台的《铁路局招聘应届高校毕业生工作暂行办法》，全部采取面向社会公开招聘方式接收录用大学毕业生。同年，沈阳局总结全局大学毕业生生产岗位实践锻炼工作经验，根据总公司《关于改进创新铁路企业人事工作意见》精神，探索改变大学生毕业直接按干部安排的传统作法，出台《沈阳铁路局大学毕业生管理办法》，规定2015年及以后招录大学毕业生入路后一律当工人，满三年后具备相应资格可参加管理或专业技术岗位竞聘，解决大学毕业生入路后缺乏生产一线实践锻炼问题。

第三节　干部审查

1996—1999年，路局干部审查工作侧重于加强对"文革"期间犯有严重错误以上人员管理教育、做好确定和更改建国前干部参加革命工作时间、确认干部出生时间以及处理历史遗留问题工作。

2003—2013年，路局干部审查工作重点是：审查干部出生日期、对因公（私）出国（境）人员办理登记备案和审查、以及加强干部参加工作时间审查等工作。2014年，严格审核审批基层单位科职干部，实行下管两级对基层单位干部选拔进行监督，基层单位正科职干部任免报局审批，副科职干部任免报局备案，前移选人用人监督关口，起到超前防范和纠正违规作用。

2015年，认真落实总公司人事部关于干部人事档案专项审核部署要求，制定了《干部人事档案专项审核工作方案》。铁路局抽调人员成立专审组、政策解释组、违规违纪处理组，对干部档案进行专项审核，按照"集中初审、会诊复审、审核认定"程序，细化干部档案"三龄两历一身份"（三龄：年龄、工龄、党龄；两历：学历、经历；一身份：干部身份）审核标准，严格审核每名干部档案。年底，完成全局领导干部及局机关工作人员4120本档案的审核工作。

第四节　选拔任用监督

1996年，路局从强化制度入手，突出各级干部，特别是分局领导干部实绩考核，对各分局、大连公司进行专项检查和考核，共考核分局（公司）、站段领导班子347个，考核领导干部2172人，追究有失职行为干部43183人次，经济罚款806869.11元，解聘干部2124人。1997年，下发《关于领导干部报告个人重大事项实施办法》《关于在干部提拔任用过程中强化监督的通知》，坚持领导干部收入申报制度，加大对新提拔干部考廉力度；加大领导干部轮岗交流力度，全年轮岗交流分局（公司）和公检法系统领导班子成员11名，站段领导干部轮岗交流625名，易地交流99名，轮岗交流138名，路局直接调配分局（公司）和局公、检、法领导班子成员以及局机关副处级以上领导干部118人。1998年，按照中组部、国家经贸委、人事部、全国总工会《关于对国有企业领导班子考核调整工作进行检查的通知》精神和铁道部党组要求，路局、分局（公司）两级机关组成考核检查组，对252个基层站段领导班子考核建设情况进行检查；加大领导班子调整力度，全年共调整分局、站段领导班子219个，调入领导班子成员206人，调出264人，轮岗交流领导干部576人。

1999年，按照铁道部党组要求，组织各分局对站段领导班子进行考核，各分局共考核站段领导班子452个，班子成员2911名；在认真考核基础上，共调整站段领导班子116个，调整班子成员303人，站段领导班子"双达标"数量达到217个，占站段班子总数47.2%。2001年，路局组成局机关干部考核组，对机关33个处室748名机关干部进行考核；经过考核，优秀干部15名，称职干部702名，基本称职干部4人，不称职干部3人；对在考核中定为不称职干部予以免职，调离机关另行安排工作，对基本称职干部根据情况进行调整、交流并诫勉谈话。2002年，认真落实领导干部收入申报、重大事项报告、离任审计和干部提拔任职廉政谈话等制度，不断完善干部监督工作运行机制，有效约束规范干部行为；制定下发监督落实《局党委关于贯彻〈中共中央关于加强和改进党的作风建设的决定〉的意见》，强化对干部作风监督；加大来信来访处理力度，对15名有反映领导干部进行谈话，对需要有关单位直接处理9封来信进行督办，并召开干部监督研讨工作会议，推动全局干部监督工作不断深化。沈阳铁路局总结《提高认识，健全机制，不断强化和推进干部监督工作》经验，在全路干部人事处长座谈会上进行交流。

2003年，路局召开全局干部监督工作第一次联席会议，进一步明确干部监督工作职责；组成专门检查组，对各分局干部选拔监督情况进行全面检查；对大石桥站违反《干部任用条例》，突击提拔干部问题在全局进行通报，对有关责任者进行严肃处理；加强对各级领导干部"八小时以外"考察监督和人民来信反映干部作风问题调查处理力度，全年共电话抽查分局、站段和两级机关领导干部316人次，起到警示约束作用。2004年，路局进一步规范干部选拔任用程序，凡提拔任用干部，均采取会议投票推荐和个别谈话推荐两种方式；确定考察对象时，均事先征求纪检监察部门意见；组织考察时，既了解"八小时以内"工作表现，又了解"八小时以外"社会生活表现；会前酝酿时，由纪检监察和党委宣传部门做出考廉、考学鉴定，并充分听取有关方面和主管领导意见；任前公示时，不仅在被提拔干部所在单位以张贴公告形式进行公示，而且还通过《沈阳铁道报》、沈铁有线电视台和机关办公网等载体，在全局范围内进行公示；被提拔干部上岗前，干部人事部门负责人逐人对其进行谈话和岗前教育；被提拔干部上岗后，按照《沈阳铁路局新提拔任职领导干部日常跟踪考核的暂行办法》进行监督管理。

2005年，重新修订《关于加强干部监督工作的若干规定》，先后3次对103个主要运输站段和35个非运输单位干部选拔任用工作进行检查；按照新定员编制，对局机关部分干部岗位进行重新理顺，重点对处级和科职领导岗位进行选拔配备，共提拔正处级领导干部5人，副处级领导干部8人，正科职干部28人，副科职、干部42人；按局调度所新定员编制，对528名原分局调度所干部及84名原局运输处总调度室干部进行择优聘任，共提拔副处职干部2人，正科职干部3人，副科职干部20人。2006年，组织开展"干部选拔任用工作自查活动"，通过季度自查、半年抽查和成立专项检查组、参加全局政治工作大检查等形式，对基层站段干部选拔任用工作进行检查和指导，针对存在问题提出整改意见；制定下发《基层单位劳动人事科科长任职谈话办法》和《关于进一步重申干部工作纪律的通知》；全年共调整局管干部和处管科级以上干部1648人，没有出现超职数配备、提高职级待遇和简化程序等违反干部选拔任用工作规定与纪律的问题。

2007年，坚持干部选拔任用季度自查、半年抽查和专项检查制度，对68个运输单位和17个非运输单位干部选拔任用工作进行检查，对90余名局管干部提拔使用进行过程监督；对4名拟提拔使用干部公示期间群众反映的问题进行调查处理；对84个基层单位干部按编配备、提拔任用、干部调转以及基础工作进行专项检查，共查阅干部选拔任用基础资料3505份，针对个别单位简化干部选拔任用程序、降低选拔任用标准、岗职不符等8个方面突出问题，在全局进行通报。

2009年，先后制定《沈阳铁路局落实深入整治用人上的不正之风工作实施办法》《沈阳铁路局干部选拔任用工作兼职干部监督员管理办法》和《干部选拔任用监督工作制度》；组织干部选拔任用工作自查和整治用人上不正之风，对49个基层单位和16个局机关部门领导干部试用期满、缺员岗位配备、职级理顺等工作情况进行监督，对68个运输单位和11个非运输单位岗位管理、干部选拔任用工作进行检查；对群众反映4起有关选人用人问题和7起5人次拟提拔使用干部公示期群众反映有关问题进行调查处理；向铁道部人事司上报《沈阳局2008年干部选拔任用工作情况自查报告》《2008年提拔任用处级干部情况统计表》和《沈阳局2009年上半年干部选拔任用工作自查报告》。2010年，制定下发《沈阳铁路局运输系统关键岗位人员轮岗交流办法》《沈阳铁路局基层单位中层及以下管理人员和专业技术人员选拔任用工作责任追究及有关事项报告实施细则》《沈阳铁路局基层单位选人用人工作"一报告、两评议"实施细则》《干部选拔任用工作经常抽查检查监督制度》和《关于在全局开展人事基础工作整顿活动的通知》；组织开展选人用人制度规定专题学习教育、测试和选人用人工作自查及选人用人不正之风集中清理核查活动；对52个基层单位干部选拔任用工作进行检查，下发《问题整改通知书》52份；对5起群众反映违反选人用人规定问题进行调查，对1起查实问题给予严肃处理。2011年，制定完善了《关于进一步明确组织处理和纪律处分对干部提拔任用影响期的通知》和《干部选拔任用监督检查工作制度》，形成了选人用人监督检查的有效机制，从制度源头上进一步规范了选人用人行为。

2012年，在全局范围内，组织全局各单位领导班子、领导干部、人事干部集中开展选人用人学习教育、自查整改和"回头看"活动，促进选人用人工作质量不断提升；每季度组织开展一次违规用人问题清理核查活动；每月对各级干部受纪律处分和组织处理情况进行统计汇总，保证对干部提拔任用影响期规定落实；加强对干部选拔任用工作日常检查，认真落实干部选拔任用月度抽查制度，先后对56个运输单位和13个运输辅助单位、非运输企业干部选拔任用工作进行抽查，下发《问题整改通知书》69份；对11件群众来信和干部监督信息平台反映选人用人问题进行调查处理。

2013年，制定了基层单位和局机关、附属部门正科级及以下干部选拔任用管理办法，坚持下管两级，实行基层单位正科职干部任免报路局审核审批、副科职干部任免报路局备案，全年共审核基层单位选拔任用中层正职2752人，否决了271人。同时，对供电、工务等系统495名车间干部进行了集中考核，提出了有关调整意见，同年，新设立开通了22380公开举报电话，畅通监督渠道，丰富监督手段。

2014年，路局开展无岗无编人员大清理、大整顿活动，共清理1081名无岗无编人员，其中干部127人，对清理出人员实施"花名册"管理，防止清理成果反弹；实施热点岗位人员轮岗交流制度，确定基层单位涉及人、财、物等重要岗位为定期轮岗交流对象，全年共组织实施轮岗交流129人，组织开发权力运行公开监督网，依托全局办公网络，监督权利运行。

2015年，认真落实新修订的《党政领导干部选拔任用工作条例》和总公司《企业领导人员选拔任用工作规定》，对局管领导人员、机关和基层管理人员及专业技术人员等三个层面，按照中央巡视整改要求，对《干部选拔任用工作办法》进行修订，新增"动议"等内容，并对有关操作环节进行完善，形成完备配套选拔任用工作制度；为从源头防范选人用人不正之风，局党委、路局制定下发了《沈阳铁路局领导人员和关键岗位人员交流轮岗暂行办法》，将211个机关干部岗位、65个基层干部岗位纳入关键岗位范围，有计划地组织交流轮岗。年内，共组织46名路局机关干部、305名基层干部进行轮岗交流；开展全局选拔任用工作集中检查，对2012年以来提拔的693名领导人员、2996名中层干部提拔文书档案进行逐一审核，针对问题提出限期整改要求并跟进指导。全年，新提拔使用局管领导干部共111人，其中正处38人、副处73人。

第五节　领导班子建设

1996年，按照铁道部关于领导班子实现年龄、文化结构双达标要求，以优化领导班子结构，提高班子整体功能为目的，加大对分局、站段领导班子调整力度，使站段领导班子结构得到明显改善；文化达标由193个单位增加到294个单位，由37.7%提高到57.4%；年龄达标由193个单位增加到273个单位，由37.7%提高到53.3%；双达标由87个单位增加到165个单位，由17%提高到32.3%。1997年，路局组织对局管10个分局（公司）、公安局、检察院、法院和20个局直属单位共33个领导班子244名领导干部，505个基层站段领导班子3159名领导干部进行全面考核；通过考核，共调整领导班子166个，调整领导干部839名；加大领导干部轮岗交流力度，全年轮岗交流分局（公司）和局公检法系统领导班子成员11名；加大干部调配力度，在全面考核领导班子基础上，注重选拔思想素质好、懂经营、善管理、群众拥护的优秀干部进入领导班子，对反映大、群众威信低的干部调出领导班子，年内共调整领导干部839名。

1998年，按照铁道部关于培养新生力量的有关要求，重点突出领导班子队伍中大学生配备比例，制定《关于1982年以后毕业大学生进班子的实施规划》，年底各分局（公司）474个基层站段领导班子中有161个领导班子至少配备1名1982年以来毕业大学生，占领导班子总数34%；直属单位有5个领导班子共配备6名1982年以来毕业大学生，1982年以来毕业大学生进领导班子总数达到197名。2000年，针对领导班子建设实际，配齐配强通化、通辽分局党政正职，对大连、锦州、沈阳等分局领导班子进行调整交流；对公安系统领导班子进行大力度调整交流，全年共调配局管内各级领导干部702人次，其中提拔216人、交流402人、解聘免职84人；配备新组建局勘测设计总院领导班子，明确其干部管理权限，保证组建工作平稳过渡；加强对路局下属分局人事干部工作宏观管理和指导，共调整站段班子209个、调整站段领导班子成员413人，实现"双达标"站段班子数量达到205个，占站段班子总数46.2%；对局直属多经系统领导班子和经营干部进行兑现目标考核，把经营系统干部责任兑现目标与职务晋升、是否续聘和奖惩挂钩，调动经营干部主动性和创造性。

2003年，路局以提高素质、优化结构、改进作风为重点，进一步加大对各级领导班子和领导干部交流力度，先后完成局客运公司职能调整、秦沈铁路管理处等单位撤并干部安置和移交工作，局机关新机构人员选拔配备工作，并指导各分局做好生产力布局调整中干部安置工作，保证干部队伍稳定；按照干部管理权限，路局共调整配备领导干部291人，调配局机关及附属单位干部633人。2004年，路局进一步强化主要运输站段领导班子建设，对提速区段沈阳、长春、锦州、大连等4个分局44个主要运输站段领导班子及357名领导干部进行全面考核；通过考核，共调整领导班子17个、调整领导干部45名；对7名考核评定为基本称职领导干部进行诫勉，对1名考核不称职领导干部进行不称职淘汰；调整全局公检法系统两级领导班子，共交流调整41名领导干部，其中提拔8名优秀年轻大学毕业生，使检法系统有年轻大学毕业生的领导班子达到7个，实现历史性突破。

2005年，在局管站段体制改革中，顺利完成原7个分局3706名机关干部分流安置；完成因生产力布局调整涉及到的568名站段领导班子成员分流安置任务；附属单位1426名在职超员干部中，分流安置1048名；工会文体事业186名干部全部分流安置；进入新班子932名领导干部中，全日制大学本科毕业生212名，保证每个站段领导班子中至少有1名全日制大学本科毕业生；对考核评定为基本称职和不称职41名领导干部进行组织调整，79名原班子成员通过退居二线、直接低聘等途径得到妥善分流安置；对两级投资管理中心、各综合服务所领导班子成员、基层单位和局机关缺员领导岗位进行配备；配合部党组完成局领导班子、各铁路办事处主要领导、公安局政委、检察分院检察长调配工作。沈阳铁路局就其做法在全路组织人事工作会议上作经验交流。

2006年，以生产力布局调整为契机加大交流力度，特别是对68个运输站段领导班子及612名领导班子成员进行集中考核；对重新组建的68个运输站段领导班子进行择优配备，共交流领导干部484人；领导班子年龄结构"双达标"数在动态中达到53个，占运输站段领导班子总数77.9%，提高22.6个百分点。2007年，路局对需要消化的11869名干部进行妥善安置；积极采取措施优化领导班子结构，分别择优选拔42名有车间主任经历的优秀干部和38名优秀站段长助理、有实践经验的大学毕业生充实到站段领导班子，选拔23名优秀原班子成员重新进入领导班子，交流领导干部203人，在68个运输站段配备站段长助理77名，为78个单位配备总会计师；在68个运输站段和25个非运输单位全部实行党政交叉任职，并采取增补党委委员方式，使符合条件的239名行政副职进入站段党委会，促进领导班子整体功能提升。2008年，先后两次对全局68个运输站段领导班子及成员进行一次集中考核；组织深入开展"四好"班子创建活动，在全局范围内评选表彰25个整体作用突出、安全生产经营成果显著的"四好班子"。2009年，结合岗位管理改革深化，公开选拔领导人员和公开招聘局机关工作人员，形成运输站段中层岗位管理人员实行"竞争上岗"、局机关补充工作人员实行"公开招聘"、局管领导人员聘用实行"公开选拔"选人用人新模式；公开选拔23名领导干部，公开招聘29名局机关干部，为33个工程建设管理机构配备纪检组长，妥善调整安置办事处271名干部；对站段领导班子进行全面考核，确定先进典型班子12个、先进领导干部典型12名、培养储备86人、岗位交流10人、诫勉谈话29人、组织调整4人；跟踪考核12个班子和141名领导干部，共调整领导干部61人。

2010年，根据年度领导班子和领导干部考核结果，实施三轮站段领导班子集中调整，共调整58个站段领导班子、领导干部358人；通过调整，运输站段领导班子成员平均年龄达到43.6岁，比调整前44.8岁降低1.2岁；班子成员专业化水平达到91.6%，比调整前79.3%提高12.3个百分点。2011年，路局成立5个考核组，对152个机关处室和基层单位领导班子进行考核，评定为满意53个，占考核总数34.9%；评定为基本满意79个，占考核总数52%；评定为不满意20个，占考核总数13.1%；提出调整方案，优化调整基层单位领导班子98个，调整领导干部337人，将6名不适应运输安全管理岗位领导干部调整到非运输企业，将45名思想观念、素质能力、精神状态等不适应领导干部低职使用；对12个多元化经营试点单位进行考核，根据考核结果对2个单位领导班子进行调整。

2012年，制定了《关于加强基层单位领导班子建设的实施意见》，对领导班子集体决策、选拔任用、管理监督等重新作出了规定。同年，路局集中对全局195个基层单位领导班子、局机关部门及直附属单位共1872名领导干部进行年度集中考核，评定优秀领导班子42个，占考核总数21.54%；优秀领导干部378人，占考核总数20.19%；对素质、能力等方面不适应以及不称职47名领导干部进行组织调整。2013年，根据货运改革需要，本着"选成手、用硬手"原则，组建了12个货运中心，择优配强了领导班子；为适应路局市场主体地位和经营管理需要，集中对全局148名总会计师进行了全面考核，有针对性地采取了加强总会计师队伍建设的具体措施。2014年，为了改善领导班子结构，培养锻炼年轻干部，局党委、路局坚持有计划地在基层单位之间、基层单位与局机关之间、不同系统之间、行政与党群岗位之间进行领导干部交流，不断优化人才资源配置。2014年，全局共交流领导干部331名。同年8月，启动领导班子大考核，完成全局235个基层单位、局机关部门的领导班子共2036名领导干部考核工作；其中考核为优秀的领导班子48个，占考核总数20.43%；考核为优秀的领导干部270人，占考核总数13.26%；充分运用考核结果完成局机关"双定"（定编、定员）工作。

2015年，按照铁路总公司对沈阳局领导班子提出的创建好班子要求，在路局和92个基层站段全面开展"风清气正好班子"创建活动，重点制定五项创建措施，整合10项配套制度，实施领导班子成员绩效考评；路局党政主要领导逐月对局班子副职进行考核，考核结果为优秀占55.8%、良好占15.6%、一般占20.8%、失格占7.8%。

第六节　后备干部队伍建设

1996年，路局制定局级后备干部和分局领导班子后备干部培养措施，全年有11名后备干部进入局或分局级领导班子、295名后备干部进入站段级领导班子、上岗率达75%以上；按分局领导班子成员1:5比例，经过层层推荐、择优选拔，建立由661名25~35岁本质好、有潜力、以1982年以来毕业大学生为主体的后备干部队伍，为各级领导班子储备比较充足的后备力量；此外，"千人培训工程"取得硕果，第一批100名学员以优异成绩毕业回岗，其中提拔使用28人，交流14人。1997年，沈阳局对各分局（公司）1982年以来大学毕业生进站段领导班子提出量化要求，制定实施规划，采取先进后出，配备助理，挂职锻炼等措施，培养其尽快走上领导岗位；到年底，有160名1982年以来大学毕业生进入分局和站段领导班子；同时，加强对后备干部队伍培养和使用管理，全年有65人被提拔进入站段领导班子或相应领导岗位，其中，1982年以来大学毕业生有41名，占提拔总数63%。1998年，重点做好配强三级领导班子后备干部和加快培养1982年毕业大学生工作，并建立以1982年以后毕业大学生为主体的655人后备干部队伍；通过年度考核、述职制度，实行滚动式管理，分局、站段两级领导班子后备干部共调出576人，补充450人，调整率为33.6%；全局有144名后备干部上岗，上岗率为79.1%；对409名后备干部进行岗位交流，318名进行台阶锻炼；有2名1982年以后大学毕业生走上局级领导岗位；同时建立实施后备干部联系制度，由各级领导干部与后备干部进行谈话；全年有1381名后备干部参加政治业务培训，其中8名到铁道部参加学习，到1998年底，有11人走上领导岗位。

2000年，为加强对青年干部培养，制定下发《沈阳铁路局"十五"期间后备干部培养规划》和《沈阳铁路局2001—2005年培养选拔女干部规划》。按照部党组要求，做好后备干部民主推荐工作，加强对后备干部日常管理，后备干部中1982年以来大学毕业生所占比例比上年提高2个百分点。全局车间级领导岗位上1982年以来大学毕业生达到500名。按照新定员编制对后备干部进行较大调整，全局共有602名干部被调出后备干部队伍，新补充后备干部500名，调整率达23%。有38名1982年以来大学本科毕业生进入站段领导班子，超额完成计划指标，站段班子中1982年以来大学毕业生达到240名。到年底，有127名后备干部进入分局、站段领导班子，后备干部上岗率为85.2%。

2003年，按照一手抓配备、一手抓后备工作思路，加大优秀年轻大学毕业生使用力度，选拔12名优秀年轻大学毕业生进入分局领导班子，使

7个分局领导班子中年轻大学毕业生增加到18名，每个分局领导班子中年轻大学毕业生在动态中都保持2名以上，提前并超额完成部党组提出的优秀年轻大学毕业生进分局班子目标。有163名年轻大学毕业生进入站段领导班子，有优秀大学毕业生班子数达到255个，全局157个运输生产主要站段领导班子全部配备优秀年轻大学毕业生。加强后备干部队伍建设，把年龄上"不适合"和素质上"不适应"的干部调出后备干部队伍，全局共调整后备干部1451人，其中运输主要站段681人，调整率分别为73.5%和53.3%，确定31名局级后备干部人选，推选7名年轻正处职领导干部到清华大学深造，更新领导班子后备梯队。以200名有发展、有潜力优秀年轻大学毕业生为主体，初步建立起路局"人才库"，保证后备干部队伍质量。

2004年，对后备干部进行大幅度调整，共调整1066人，重新确定87名分局级后备干部，调整和充实"优秀年轻干部人才库"，按照系统进行掌握和管理；指导各分局对拟进站段领导班子优秀年轻大学毕业生进行重点排队，提出培养方向和进度；有3名优秀年轻大学毕业生充实到分局领导班子，69名年轻大学毕业生进入站段班子，站段领导班子中年轻大学生总数达到334名，其中运输站段267名；组织选送6名优秀年轻领导干部参加清华大学第二期硕士学位研究生班学习；落实备用结合要求，后备干部上岗率达到90%。沈阳铁路局就青年人才队伍培养经验在全路人才工作会议上进行大会交流。

2005年，充分发挥路局直管站段优势，实行后备干部系统掌握、全局统筹使用，有4名局级后备干部走上路局领导岗位，36名局级、原分局级后备干部进行岗位交流。同时，启动了"123"后备干部培养工程，分三个梯次建立后备干部队伍，即近期使用100名、中期储备200名、远期培养300名，共计600名。对470名因生产力布局深化调整中未进班子基层单位领导干部，通过多种渠道妥善安排，其中：办理二线187人，到办事处47人，由站段安排工作216人，调局机关8人，改任站段长助理8人，划归房产段4人。同时，派专人指导基层单位对中层及以下干部进行重新配备和安排。附属机构调整后，对

1940名富余干部进行重新安排。

2006年，制定实施《关于加强基层单位领导班子后备干部队伍建设的实施意见》，规范后备干部推荐选拔、教育培养、管理考核等工作。协助铁道部人事司完成路局领导班子后备干部调整工作，指导基层单位完成后备干部调整工作。在此基础上，启动"123"后备干部培养工程，分三个梯次建立后备干部队伍。2008年，为适应生产力布局调整和第六次大面积提速，提升干部业务素质，举办党委书记、基层单位领导干部和行车关键岗位干部培训班，共计728人次。对急需人才，在全局范围内大规模实施"千人培养工程"，有计划地对100名运输站段党政正职、80名基层单位总会计师、500名优秀车间主任、1000名优秀工班长、100名铁道信号技术骨干进行重点培训。其中，对站段党政正职，选择在国家级高等院校对其进行培训，重点强化现代管理理论和国内外先进技术知识学习实践；对优秀车间主任，选择到原局属铁路中等院校培训，以提高领导力和综合管理素质为主；对优秀工班长，送到局属职工培训基地培训，重在强化专业素质和管理能力；对基层单位总会计师，送到局党校培训，突出提升经营管理实际能力。

2009年，利用基层单位领导班子年度考核之机，通过推荐考核，从领导班子行政和党群正、副职两个层面，按照车务、机务、供电、工务、电务、车辆不同系统，选拔85名优秀干部，纳入领导班子后备人才库。对站段长助理基本素质、管理能力等方面情况进行逐人分析，结合领导班子考核及日常掌握了解情况，提出和实施"组织处理、岗位交流、谈话教育、挂职锻炼、强集中培训"五项整顿措施，其中，组织调整1人、岗位交流8人、谈话教育5人、挂职锻炼5人。按照铁道部党组三个"三年工程"战略部署和要求，为全面提高各级干部专业素质和安全管理能力，在全局组织开展"干部业务学习年"活动。

2010年，从沈阳局实际出发，先后制定《沈阳铁路局2010—2012年职工队伍素质建设实施方案》和《沈阳铁路局"十百千万"人才培育工程实施方案》，研究确定"11511"人才培育工程总体思路；推荐培育对象人选14881人，其中技术领军人物18人、系统技术专家210人、技术拔尖人才1089人、现场技术骨干2124人、岗位技术能手11440人；共举办51个培训班，培训2293人；路局建立"人才库"，并从中推荐上报铁道部，报部"千"和"万"培育对象人选3697人。

2011年，对全局原有的1122名领导干部后备人员进行了全面考核，淘汰336人，补充115人，重新确定领导干部后备人员901名；后备干部平均年龄41.1岁，全日制大学本科及以上180人，专业后备干部446人、综合后备干部249人、党群后备干部206人；共提拔使用后备干部46人。2012年，适应铁路发展的需要，实施了"361"高技能人才培养工程，作为专业技术干部后备人选进行培养；实施"西部铁路人才培养工程"，公开选拔250名有培养潜力的干部和优秀职工到西部铁路工作；开展百人、百站、百车包保活动，从局机关和基层单位选拔100名优秀干部到第一线进行实践锻炼；利用长吉城际铁路、哈大客运专线培养干部，先后组织不同系统的348名后备干部参与联调联试、开通准备和运营管理；强化非运输企业领导班子后备队伍建设，按照"近期使用、中期储备、远期培养"三种类型推荐领导班子后备人选，共补充推荐后备人选320人。

2013年，按照"五定"要求，对2010年以来新接收的1427名大学毕业生实行"双合同、双身份"和"花名册"管理；深化"西部人才培养工程"，在工务系统选拔50名优秀大学毕业生进行重点培养，安排到西部艰苦环境参加实践锻炼，使后备干部队伍建设得到进一步加强；同年，人事处组织50名参加西部实践锻炼的工务系统优秀大学生进行岗前培训，同时，储备和培养1000名大学生机车乘务员，重点解决边远地区和缺员单位对大学毕业生需求；实施大学本科毕业生"双合同、双身份"管理，对1427名大学毕业生实施生产岗位实践锻炼；在运输站段开设300个"专家讲堂"，发挥传授技能和帮带作用。2014年，为适应高铁新技术管理需要，铁路局在每个系统培育5名高铁领军人物、每个段培育10名高铁技术拔尖人才、每个车间培育5名高铁专业技术骨干；同时，在运输、货运、机务、供电、工务、电务、车辆等7个重点专业领域评选50名系统技术专家、300名技术拔尖人才和500名现场技术骨干。同年，启动第二个"千人工程"，在运输站段和运输辅助单位选拔了700名车间级后备干部人选进入7所院校进行为期3个月的脱产培训，并统一安排到局机关主要业务部门和本单位科室进行挂职锻炼，开阔思路和眼界，提升素质和能力。

2015年，铁路局聚焦"物流转型"，着力提升干部拓展营销能力，邀请地方物流与采购方面专家以视频讲座方式为货运系统1860名干部职工系统讲解物流以及供应链管理知识；与地方企业合作，自2015年9月10日起，从管理人员和专业技术人员中分层次选派首批60名挂职人员到营口港务集团、长春客车厂等10家企业进行为期3个月挂职锻炼；从哈大高铁锻炼成熟专业人员中选出107人，提前介入"沈丹、丹大、吉图珲"客专建设，为三条客专新线开通提供人才支撑。

第七节　专业技术干部评聘

1996年，铁路局发挥专业职务评聘工作杠杆作用，全局高级专业职务全部实行评聘分开，部分重点中学教师系列中级职务进行评聘分开试点，专业职务评审实行"双考一评"（初级和中级考试，高级评审），在全局初步形成重能力、看成果、比贡献择优聘任机制。到年底，全局评审通过各系列、档次专业技术资格5448人。评审中加大对青年科技人员晋升高级技术职务资格选拔力度，有149名1982年以后毕业的本科生取得任职资格，占同档次通过人员总数43.6%。全局正高级职务人员中最年轻者41岁，副高级职务人员中最年轻者31岁。1997年，制定《专业技术职务评审工作规则》，解决基层人事干部部门在职评工作中掌握工作程序和操作问题，使专业技术职务评聘工作逐步规范化、制度化、科学化。在工程、卫生系列专业技术职务评审中，坚持"双考一评"办法，即专业理论考试，工作能力水平考核，业绩成果评议，引导专业技术人员加快知识更新和专业技能提高。

1998年，根据国家人事部部署，在全局深入开展职称改革，大连公司被铁道部列为全路深化职称改革综合试点单位，到年底完成改革方案设计，并在大连机务段和大连电务段进行试点；全年全局21个系列评审通过4093人；完善工程系列24个专业考试题库，在工程、卫生系列高、中级专业技术职务评审中，加大工作能力和业绩成果比重，引导专业技术人员立足岗位多出成果。

2002年，沈阳局首次对局机关取得专业技术职务任职资格人员实行聘前考核。对已通过评审取得任职资格49名专业技术人员进行严格聘前考核，有2名专业技术人员经考核未予聘任。

2003年，组织开展专业技术带头人和青年科技拔尖人才选拔工作，共评选出18名局级专业技术带头人、48名局级青年科技拔尖人才、120名青年科技后备人才。坚持"双考一评"制度，进一步加大评审前考核力度，严把晋升资格关，全年经评审通过专业技术职务任职资格合格人员共1250人，并有47人通过铁道部专业技术职务任职资格评审；为努力创造吸引人才、激励人才和留住人才良好环境，建立局科技进步特别奖、局专业技术带头人和青年科技拔尖人才津贴，特别是针对运输主专业大学毕业生接收难、人才流失比较严重现状，对运输业主要站段1982年以来全日制普通高校研究生、本科生给予专项奖励，用务实、优惠政策鼓励他们到偏远地区、艰苦岗位去工作锻炼，提高专业技术队伍整体素质。

2004年，沈阳铁路局有2名同志被国务院命名为2002年度"享受政府特殊津贴"专家，有17名同志被评为铁道部青年科技拔尖人才。铁路局进一步深化专业技术职务评聘制度改革，明确规定从2005年起，凡具备所晋升系列、专业、档次任职条件专业技术人员，可不受岗位、部门、编制限制，申报参加相应专业技术职务任职资格考试或评审。2005年，路局对卫生、林业、图书资料、实验技术、翻译、新闻、出版、档案、艺术、体育教练以及各类教师专业技术职称实行属地评审。同时，首次在工程系列初级专业技术职务开展以聘代评试点工作，由个人申报、路局审核合格后直接聘任，经审核，符合助理工程师聘任条件85人、符合技术员聘任条件82人。经铁道部企业思想政治工作人员评审委员会评审，有28人取得高级政工师任职资格；经局企业思想政治工作人员中级评审委员会评审，通过政工师73人、套改政工师5人，助理政工师77人、套改助理政工师22人，政工员62人、套改政工员6

人。

2006年，为加强专业技术人才梯队建设，启动实施"优秀青年技术骨干"培养工程，选拔300名同志为局优秀青年技术骨干，作为更高层次专业技术人才后备人选进行培养；选拔6名优秀年轻领导干部入第四期清华硕士研究生班，选拔32名优秀年轻干部入北京交大硕士研究生班；根据路局直管站段体制改革实际，在工程系列电务专业、车辆专业中级专业技术资格评审中进行专业评审会改革试点，为全面推行积累经验。2008年，坚持以大学生培养和专家队伍建设为促动，抓好人才队伍建设；制定大学毕业生早期培养路线图，确定管理型和技术型人才培养方向，逐人进行职业生涯设计，有针对性地实行多岗位锻炼和分阶段目标培养；对能力突出、群众公认、有发展潜质的人，放到车间主任岗位或作为高层次专业技术人才进行重点培养。2009年，建立首席工程师制度，共选拔运输站段首席工程师64人；组织专业技术带头人、青年科技拔尖人才、首席工程师开展技术攻关活动，确定52项攻关课题，其中，局机关6项、站段46项；制定《沈阳铁路局专业技术人员专项奖和技术岗位津贴考核管理办法》，对局专业技术带头人、青年科技拔尖人才和首席工程师进行年度考核，根据考核结果发放专业技术人员专项奖和技术岗位津贴，真正建立起专业技术人员专项奖和技术岗位津贴按劳动强度、素质高低、作用成果进行分配制度，真正体现干好干坏、干多干少不一样，调动专业技术人员积极性。2010年，立足满足未来高铁对人才需求，面向局内和路外公开招聘动车组牵引传动、辅助电气、供风及制动、转向架及车端连接等系统自主检修"十大状元"，组织动车组"十大状元"带领百名技术尖子，分期分批入校进厂学习，"十大状元"实作技能和解决处理故障能力明显提高；围绕全局新线建设和既有线路改造重点和难点，组织系统技术专家和部分技术拔尖人才培育对象承担局内较大建设项目和重点科研课题，研究解决运输生产中关键技术难题，发挥他们在技术攻关上的引领和骨干作用。

2011年，按照铁道部人事司《关于在高铁一线专业技术岗位实行资格准入制度》要求，组织局机关业务处室研究制定加强高铁技术培训具体

2012—2015年工程专业技术资格和政工专业职务评审统计表

表4-8-1

年份	取得高级专业技术资格（人）	取得中初级专业技术资格（人）	取得政工高级专业职务（人）	取得政工中初级专业职务（人）
2012	204	523	22	76
2013	146	1836	33	169
2014	138	1031	33	133
2015	30	0	28	0
合计	347	3515	116	378

思路和措施；选送205名有发展潜力和业务能力强的专业技术人员参加铁道部培训；组织局机关有关业务处室和有关运输站段，研究制定动车运用工程师、动车组机械维修工程师等8个高铁一线专业技术岗位实作培训方案。

第八节　干部作风监督

1996年，沈阳局注重领导干部廉政建设，认真坚持民主评议干部制度，在全局实行领导干部谈话、诫勉、回复制度，并完善领导干部收入申报工作责任制，强化收入申报工作程序，加大对领导干部廉洁自律监督力度。1998年，按照部党组和局党委要求，以"讲学习、讲政治、讲正气"为重点，对各分局（公司）领导班子进行全面系统分析，组成3个考核组，集中对检察院正、副检察长、反贪局正、副局长进行全面考核，掌握领导班子和领导干部现状，发现并解决存在问题，为集中力量搞好廉政建设奠定基础。

2002年，制定下发监督落实《局党委关于贯彻〈中共中央关于加强和改进党的作风建设的决定〉的意见》的有关规定，强化对干部作风监督；加大来信来访处理力度，对有反映的15名领导干部进行谈话，对需要有关单位直接处理的9封来信进行督促查办。2003年，突出机制建设和逐级负责，建立主要行车部门干部任职、培训和考核机制，以及干部安全管理职责、工作作风考核、检查监督机制，认真抓好对各级领导干部安全生产管理逐级负责制考核。2004年，为进一步加强干部监督管理工作，成立干部监督科，并设立干部监督公开举报电话和电子信箱；建立由

纪检（监察）、组织、人事、审计、信访、机关党委等部门负责人共同参加的干部监督联席会议机构，重新选聘264名兼职干部监督信息员，构建干部监督体系和信息网络。

2006年，针对站段整合后部分领导干部对班子建设缺乏理性思考问题，在全局领导干部中开展加强领导班子建设研讨征文活动，针对路局直管站段后局机关干部在服务基层方面存在问题进行深入调研，并形成调研报告。2007年，按照全路组织人事工作会议关于"组织人事工作必须由'后台'走向'前台'"要求，铁路局加强领导干部添乘检查制度落实情况考核，将干部添乘检查制度落实情况纳入领导干部考核重要内容；坚持在关键时期考核干部，先后在抗击暴风雪、"4·18"提速、黄金周、安全大检查大整治等6个重要时期开展干部作风督查；围绕工作中发生的苗头性或倾向性问题，对长春工务段、赤峰工务段等13个站段领导班子进行剖析，共考核调整党政正职11人、班子副职15人；连续下发3期剖析通报，组织全体干部认真对照、查摆、反思，深刻吸取教训，促进工作标准和工作质量提升。

2009年，对基层单位和局机关部门领导干部在重要节日、重要时期工作落实、作风作用、值班值宿等情况进行现场检查和电话抽查，对7起有关运输生产、安全管理、干部作风等方面问题和11起群众反映有关干部问题进行调查处理；下发《关于对全局增收节支百条措施落实情况进行专项检查的通知》，对41个基层单位落实增收节支百条措施和百日会战情况进行督导检查。2010年，建立"13840022380"干部监督信息平台，在元旦、春节等重要节日和全国"两会"及安全大检查、春运、暑运、防汛抗洪、恶劣天气等重要时期，现场检查和跟踪测查各级干部履行职责、作风作用、值班值宿、工作落实等情况380余人次；对干部监督公开电话、干部监督信息平台和群众来信反映的62件各类干部问题进行调查处理；强化局机关和运输站段行政领导干部添乘考核，全年共考核1006人次，有507人次行

政领导干部被填记"问题积分"并在月度安全经营责任考核中被扣罚。2012年，深入组织开展"领导干部政德教育""吉林客运段现象大讨论""加强风气建设"等整顿干部作风活动，全面查找和整改干部队伍建设、工作纪律、工作质量等方面存在的突出问题，推动干部队伍建设健康发展。2013年，组织各级领导干部和局机关干部深入开展"蹲班组、当工人、摸实情、解难题"活动，参加人员累计12135人次，促使干部转变工作作风，积极服务基层。2014年，开发"权力阳光运行"系统，建立权责统一、精简规范、公开透明的权力运行监督体系，依托全局办公网络，组织开发权力阳光运行网页，对权利进行监督；基层单位可以时时跟踪申请办理事项进展，对超期未办事项进行提醒和警示；每月由基层单位通过网络对机关各部门权力运行情况进行评价，评价结果纳入对各部门的月度考核中。

2015年，重新修订了《二十八条规定》，出台了《十条禁令》，制定了各级干部《不执行制度、不维护制度责任追究办法》《不正确行使权力、不作为不担当造成影响或损失责任追究办法》和领导干部《外出报告工作制度》《聚会、聚餐有关规定》等系列制度办法，全方位扎紧制度笼子；加大对路局新出台各项制度办法学习贯彻和落实执行情况的跟踪检查，先后检查了1623名领导干部落实制度及文电签批情况，召开2次全局电视电话会议公开处理不执行制度问题的责任单位和干部；坚持问题导向，抓小防大，出台了《对领导干部进行提醒、函询和诫勉的实施办法》，着力强化对各级干部在巡视整改、安全管理等方面不作为、不担当行为的考核和处罚，为慎重使用干部划定警戒红线。2015年，路局对系统安全管理排序靠后、工作被动等24个单位领导班子进行了深度剖析，重点掌握不作为不担当领导干部，并逐一进行谈心、指导和帮助，指出存在问题，提出整改要求。同时，通报了48件管理失职失责问题，处理了71名不作为不担当干部，起到了警示教育作用。

第九章 物资管理

沈阳铁路局物资管理的日常工作由局物资处负责，主要工作内容包括物资采购、管理监察、供应组织、煤炭管理、服装管理、建设物资和设备管理等。20年来，物资管理机构几经变化。1996—2005年，沈阳铁路局在物资工作上长期实行"三级管理、四级采购"的管理体制，即局物资处、分局物资分处、站段材料科三级管理部门，局管局供、局管（总）厂供、分局管厂供和站段自采四级采购模式。2005年撤销分局后，全局实行"两级管理、三级采购"的管理体制，即局物资处、站段材料科为两级管理机构，局物资处、各物资供应段和站段材料科为三级采购部门。从2013年起，实行"三级管理、两级采购、一个平台"的新体制，即局物资处、物资供应段、站段材料科为三级管理机构，物资处和局采购所分别负责总公司集采专供物资供应组织和局管物资的采购组织，全局共用一个电子商务平台。2014—2015年，路局按照"大物资管理"的理念，将非运输企业非经营性物资采购和建设单位甲供物资招标计划及采购立项纳入物资部门统一管理。

20年来，物资部门围绕基础管理，突出制度办法的完善优化，确保政令落地生根；围绕源头控制，突出计划和预算管理，不断提高物资经营质量；围绕过程监管，突出质量和服务，实现效益效率最大化；围绕队伍建设，突出典型做法交流和信息技术应用，释放生产力，提升履职能力。在工作实践中，物资部门管理制度办法得到进一步完善，大物资格局已经构建和运行，基础管理达到全面覆盖；公开采购实现有序竞争，源头控制和程序管理监控到位，信息技术应用拓宽平台，物资经营质量大幅度提高。

第一节 物资管理系统概况

一、铁路局物资处

1996年，局物资处进行机构调整，信息科更名为物资信息开发中心，工业管理办公室更名为工业开发中心，新成立物资供销中心。新机构共设置9个科室，分别是业务管理科、计划财务科、原材料科、机电科、配件科、设备办公室、工业开发中心、物资信息开发中心、物资供销中心。定员54人，实际50人。主要承担全局物资、工业和机械动力设备管理工作。1999年8月末，撤销物资处材料科、机电科、配件科和计划财务科，同时撤销工业开发中心、物资信息开发中心、物资供销中心，新组建限价管理科、集中采购组织科，业务管理科改为物资管理监察科，保留设备办公室。新编制为3科1室，人员22人。主要负责全局物资管理工作，对全局主要物资实施限价管理，公布价格信息，指导物资采购；收集信息，及时掌握市场价格动态，向路局限价指导委员会提供限价决策依据，组织物资批量采购招标、议标工作；对国家调配物资、部管物资以及由路局统购的柴油、钢轨、轮轴等重要物资负责供应组织管理；对批量大、价格高、基建大修和工程用料等有关重要物资实施采购招标管理；负责对全局机械动力设备综合管理和监督、检查工作，审定局管设备调拨、调剂、转让、报废、封存和回收工作；组织全局大型设备购置招标管理工作。

2003年11月17日，沈阳铁路局生活服务中心经营开发部划归局物资管理处管理，编制6人，负责职工制服、生活供应车管理工作。2005年3月18日，物资管理处限价管理科更名为物资采购科，集中采购组织科更名为物资供应科。物资管理处设三科一室，即管理监察科、物资采购科、物资供应科和设备办公室，物资管理处附属一个物资供销信息网络管理站。2006年4月16日，路局将物资处附属的物资供销信息网络管理站划归沈阳物资供应段管理。2008年末，物资管理处重新调整各科室职责，将供应组织职能全部划归供应组织科管理，将物资设备招标及废旧物资竞卖工作统一划归采购管理科负责，将物资管理监察、废金属收缴、修旧利废工作统一划归管理监察科负责，设备办公室仍负责全局设备汽车管理工作。在物资管理上实现管、供分开，"五权"分离。

2013年3月，物资管理处组建煤炭管理科；路局调整管理职责，将原属土地房产处管理的铁路服装采购管理业务划归物资处管理；物资处组建服装管理科，负责路服换装、职工劳保和客运卧具采购供应工作。至此，物资管理处设五科一室，即管理监察科、采购管理科、供应组织科、煤炭管理科、服装管理科和设备办公室。直属3个物资供应段和1个物资采购所、1个再生资源管理所。2014年8月，路局按照"大物资管理"理念，将非运输企业非经营性物资采购纳入物资部门统一管理；下发《沈阳铁路局非运输企业物资公开采购管理办法》（沈铁投资〔2014〕279号），将非运输企业非贸易类物资公开采购纳入公开采购平台。2015年1月1日，物资处组建建设物资科，定员3人，下发《沈阳铁路局建设物资管理实施办法》，对建设物资实行全过程管理。主要负责甲供物资招标计划及采购立项的报送报批、建设物资合同审批及备案、建设物资统计管理等工作。

2015年末，物资管理处定员29人，现员28人。处长1人，副处长3人，设六科一室：管理监察科4人、采购管理科4人、供应组织科4人、煤炭管理科2人、服装管理科3人、建设物资科3人和设备办公室4人。

二、铁路分局物资分处

1996年，路局共设10个铁路分局，各分局下设物资分处。1999年12月，撤销丹东铁路分局，同时撤销丹东铁路分局物资分处。2000年12月，撤销白城、图们铁路分局，同时撤销白城、图们铁路分局物资分处。2005年3月18日，路局撤销各铁路分局，各物资分处一并撤销。

三、基层（直属）单位

1996年，物资系统的路局直属单位有沈阳材料总厂、沈阳木材厂，附属单位有局物资回收利用总公司。为方便供应，各分局在运输生产布局较为集中的地区设立材料厂。这些材料厂分布在

辽宁、吉林及内蒙古两省一区的主要工业城市，这些城市物资资源丰富，交通运输方便，对确保物资供应具有得天独厚的优越条件。1999年6月，锦州分局撤销叶柏寿材料厂、阜新材料厂，成立阜新物资供应段；12月，随着丹东分局撤销，丹东材料厂和本溪材料厂划归沈阳分局管理。2000年12月，随着图们、白城分局撤销，图们材料厂、白城材料厂分别划归吉林分局、长春分局管理；12月28日，路局将通辽分局所属的郑家屯地区划归长春分局管理，长春分局将郑家屯物资采购站划归四平材料厂管理。2001年5月，沈阳分局撤销本溪材料厂，整建制并入丹东材料厂。

2002年1月1日，沈阳铁路局沈阳材料总厂更名为沈阳铁路局物资供应储备中心库，负责全局物资供应工作，下设中心库、沈东油库、榆树台仓库、铁背山战备库四个供应基地，沈阳木材厂更名为沈阳木材供应段。8月，沈阳分局分别将丹东、沈阳材料厂改称丹东、沈阳物资供应段。2003年11月，长春分局撤销四平材料厂，业务并入长春材料厂，将郑家屯物资采购站划归白城材料厂管理。2004年1月10日，通化分局撤销通化材料厂，整建制并入梅河口材料厂。2004年12月，通辽分局撤销赤峰材料厂、通辽材料厂，同时成立通辽物资供应段。

2005年3月14日，锦州分局撤销阜新物资供应段，整建制并入锦州物资供应段；长春分局撤销白城、长春材料厂，同时成立长春物资供应段；沈阳分局将丹东物资供应段整建制并入沈阳物资供应段。4月，路局将梅河口材料厂改称梅河口物资供应段，将图们材料厂改称图们物资供应段，将吉林材料厂改称吉林物资供应段，将大连材料厂改称大连物资供应段。7月19日，路局将沈阳物资供应储备中心库、沈阳木材供应段合并为沈阳铁路局物资供应段；将图们物资供应段整建制并入吉林物资供应段。8月，路局直属8个物资供应段分别为：沈阳铁路局物资供应段、沈阳物资供应段、大连物资供应段、长春物资供应段、锦州物资供应段、通辽物资供应段、吉林物资供应段和梅河口物资供应段。

2006年3月31日，路局物资供应段由8个减少到3个。即将沈阳物资供应段、大连物资供应段

并入沈阳铁路局物资供应段，同时将沈阳铁路局物资供应段改称沈阳物资供应段；撤销吉林、梅河口物资供应段，整建制并入长春物资供应段；撤销通辽物资供应段，整建制并入锦州物资供应段。3个物资供应段共下设14个储备库，分别是：沈阳物资供应段下属大连物资储备库、丹东物资储备库、本溪物资储备库、木材储备库；长春物资供应段下属吉林物资储备库、白城物资储备库（含郑家屯物资储备点）、梅河口物资储备库、通化物资储备库、图们物资储备库；锦州物资供应段下属通辽物资储备库、阜新物资储备库、赤峰物资储备库、山海关物资储备库、叶柏寿物资储备库。

2007年8月15日，将各物资供应段12个储备库划归房产生活段管理，只保留吉林和通辽物资储备库，并与各房产段进行有关人员、资产、债权债务等交接。2012年12月18日，路局成立物资采购所，规定除集采专供物资由局物资处组织供应外，其它物资一律由局物资采购所组织采购；对救灾抢险、零星急用物资由路局核定额度，委托站段办理；全局共用一个物资采购电子商务平台；全局物资管理体制由过去"两级管理、三级采购"调整为"三级管理、两级采购"新体制；物资处、物资供应段和站段材料科，分别代表路局和本单位行使物资管理职能；新体制强化归口和集中，实现过程分离、相互制衡，资源共享、阳光操作，公开透明、全程监控。2013年12月19日，在局物资采购所设立物资质量监督监控科。

2014年10月26日，按照沈铁劳卫〔2014〕319号文件精神，撤销局再生资源管理所和长春、锦州物资供应段，同时在沈阳物资供应段设立再生资源管理站和长春、锦州物资供应站。2015年1月1日，局采购所设立建设物资采购科。

2015年11月30日，在全局63个单位设独立材料科，在各直属车站、车务段、货运中心等其它单位设专职物资人员。

第二节　物资管理办法

1996—1999年，沈阳铁路局调整全局物资采购供应分工范围，坚持物资供应合同制，凡是进行采购供应的，一律签订购销合同；实行"谁采购谁负责"的物资采购责任制，通过建立健全物资采购管理、控制、奖惩等有效办法逐步规范采购行为；先后下发沈铁物函〔1998〕31号和沈铁物发〔1998〕10号两个文件，实行局内物资供应合同制，组织内部和外部料款抹账工作，规范采购行为；确立集中归口的管理体制，非物资部门采购供料比1998年减少48.26%。2000年，路局先后修改印发《沈阳铁路局物资采购供应管理办法》《沈阳铁路局废金属管理办法》《沈阳铁路局物资采购招投标管理办法》《沈阳铁路局物资采购供应管理实施细则》和《沈阳铁路局物资采购限价管理办法》。

2001年，路局制定《沈阳铁路局物资综合管理指标量化考核暂行办法》（沈铁物函〔2001〕195号），在物资系统建立管理指标量化考核机制。2003年，路局制定《沈阳铁路局物资采购预算管理办法》，按照运营、更改、大修、多经、其他、经营等6大项85个小项，编制全局年度物资采购预算，使物资采购预算管理逐步规范完善。同年，路局实施工业企业主辅分离、辅业改制，全局16个工业企业撤消6个保留10个，实行产权制度改革。

2004年，路局制定《沈阳铁路局煤炭采购供应管理办法》（沈铁物函〔2004〕243号），并组织召开全局煤炭集中邀标采购洽谈会，使全局煤炭采购供应工作步入正常轨道；下发《沈阳铁路局物资采购价格管理办法》，将限价管理调整为价格管理，并规范价格制定程序。2005年3月，撤消分局实行路局直管站段后，路局陆续制定下发《沈阳铁路局物资采购招投标管理办法》《沈阳铁路局物资采购供应质量管理办法》《沈阳铁路局煤炭采购供应管理办法》和《沈阳铁路局物资节约管理办法》等14个管理办法，实现全局物资管理工作平稳过渡。

2007年，路局完善下发《沈阳铁路局物资系统党风廉政建设管理规则》《沈阳铁路局加强物资采购预算管理有关规定》《沈阳铁路局物资采购供应管理责任追究办法》《关于严格物资市场准入管理的有关规定》《沈阳铁路局汽车定点维修管理规定》《沈阳铁路局汽车定编管理暂行办法》。2008年，路局重新修订《沈阳铁路局物资仓库管理办法》和《管库员工作手册》；加强异地车间和车间班组仓库管理；重新确定全局物资清查时间为每年的12月31日。2009年，路局重新修订《沈阳铁路局物资招投标采购管理办法》《沈阳铁路局煤炭采购供应管理办法》和《沈阳铁路局物资市场准入管理办法》；组织制定物资采购、供应等重要岗位的岗位职责、作业标准和工作流程，实行流程管理。

2010年，下发《沈阳铁路局物资管理监督问责办法》（沈铁物发〔2010〕176号），完善物资招标采购和供应组织的工作标准和工作流程；规范网上竞买、竞卖物资的工作步骤。2012年，路局对14个正在使用的物资管理办法进行全面梳理，重新修订为10个办法，完成物资管理制度修、废、补、建工作，建立物资采购电子商务平台。

2013年1月，全局物资管理实施"三级管理、两级采购、一个平台"新体制，局物资管理处、物资供应段和站段材料科（或材料主管部门）分别代表路局和本单位行使物资管理职能；全局所需各类物资为局管物资；凡属铁道部集采专供（另有规定的除外）物资，由局物资管理处负责组织供应，其他局管物资，由局物资采购所组织采购；救灾抢险、零星急用物资由路局委托站段办理；其他部门不得直接从事采购供应工作；全局公用一个物资采购电子商务平台。4月，路局下发《沈阳铁路局办公用品管理办法》，对办公用品实行采购归口。7月，路局下发《沈阳铁路局物资管理公开采购补充规定》（沈铁物资〔2013〕228号）；还先后印发关于料款承付、局内企业产品生产销售、零星物资采购等7个物资处文件。8月，路局将2012年12月份陆续下发的11个局物资管理配套文件和4个物资处专业文件汇编成册，印制《物资管理文件汇编》，作为物资系统专业培训基本教材。

2014年，下发《沈阳铁路局公开采购评委库管理办法》和《关于公开采购的有关规定及操作规程》。2015年4月，总公司在沈阳召开中国铁路总公司物资工作会议，沈阳局作《深化体制改革，不断规范管理，全面推进物资公开采购》经验介绍，总公司领导作重要讲话，与会者参观了局物资采购所并听取了工作汇报。同年5月，路局认真贯彻总公司物资工作会议精神，抓好制度对接完善和修废补建，按照总公司物资部"1+7"制度体系要求，制定"1+6+9"计16个制度修订完善工作。

第三节　物资采购、供应

1996年，路局调整配件供应格局，将一项机车车辆配件由原3个材料厂分片供应，调整为沈阳材料总厂组织供应；将吉林、锦州两个材料厂近900万元库存物资分批运回沈阳材料总厂，实行集中指挥，统一供应；在沈阳材料总厂组织单独配件供应发送队，负责向各使用单位发送快件和送货上车。1997年9月，路局首次开展对40种生产重点物资实行采购限价管理，严控重点物资价格，杜绝超限价采购。1998年，路局加强物资采购比质、比价、比运距"三比"工作，实行采购物资全成本核算；要求采购物资必须有生产许可证、质量合格证，必须符合运输生产建设技术质量要求，严禁不合格、不符合技术要求产品上线上车及在工程上使用，确保运输安全及工程质量。1999年5月，路局成立局物资采购价格管理委员会，并应用计算机网络实施物资采购限价管理。路局和分局按物资管理权限确定物资采购限价，并上网公布；局网络监察中心开展网络监察，按月考核分局、站段信息传输和限价采购情况，对超限价采购予以处罚。全年应用计算机网络发布物资采购限价17281种。8月，全局各级物资部门首次开展采购招标工作。路局成立物资采购招标领导小组，先后对重点工程用料、运营维修设备以及能够形成批量的一些物资等组织7次招标采购，招标总额21797万元，节省支出1565万元。

2000年，路局推广"双报价"采购方式，即物资供方、需方分别对采购物资进行市场调研并报价，使用低价进行采购。路局下发推广应用"双报价"办法电报，并在通化分局召开现场会，在全局深入推广通化分局"双报价"采购节支办法。2001年，路局正式实行准入证制度。下发《沈阳铁路局物资采购实行准入证制度管理暂行办法》（沈铁物函〔2001〕171号），组织审核局管物资44大类566家供应商，分局管物资

42大类1007家供应商。同年，路局调整部分物资管理权限，将215种原材料、119种机电产品下放给分局管理，充分发挥局、分局两级物资部门职能作用；制定《沈阳铁路局物资采购招投标管理办法》（沈铁物函〔2001〕206号），组织招标采购和价格谈判223次，采购总额64430万元，节支4631万元，节支率7.19%。2002年，路局下发《印发关于〈沈阳铁路局物资采购实行准入证制度管理暂行办法〉的补充规定的通知》（沈铁物限〔2002〕1号）；对局审定品种（局管和分局管物资）"准入"申报材料进行第二次全面审查；全局提报"准入"供应商共有674家，审批合格供应商为555家，合格率82.3%，路局对通过局市场准入委员会审批的供应商发放"准入证"。

2003年10月29日，路局重新调整局管物资管理范围。局管物资由166项减至80项，将其他86项物资采购权限下放分局管理。2004年，路局下发《沈阳铁路局煤炭采购供应管理办法》（沈铁物函〔2004〕243号），将煤炭采购供应职能由机务部门调整到物资部门，实行统一管理，各铁路分局成立煤炭供应站，主管部门为分局物资管理分处。同年3月，路局建立"黑名单"制度，制定《沈阳铁路局物资市场质量"黑名单"管理办法》（沈铁物限〔2004〕5号），将存在产品质量问题，产品使用过程中出现质量事故和使用部门长期反映产品质量问题的供应商列入"黑名单"，取消该供应商市场准入资格。全年共有18家供应厂商被列入物资市场质量"黑名单"。

2005年3月18日，铁路分局撤销，煤炭采购供应纳入各物资供应段管理。2006年，为适应路局直管站段需要，路局实行物资预算预警和停止发料制度，对预算额度达到85%以上的单位，通过采购预警，及时通知有关站段和所属供应区的物资供应段，促使站段及时调整，对预算额度达到100%的单位，坚决实行停止发料。全年物资采购预算完成531808万元，为年度预算（调整后）的100%。同年8月，3个物资供应段第一次实行邀请招标采购。共组织采购煤炭131.5万吨，年末煤炭库存量为45万吨，确保全局生产、生活用煤供应。2007年，路局实行局物资处、物

资供应段、站段三级价格管理体制；在进行询价、比价和市场调研基础上，通过物资信息网发布15批24932种物资采购指导价。

2009年，路局实施物资采购供应管理体制改革。物资处将招投标工作一律纳入采购管理科并设专人负责，实现采供分离、管采分离，改变过去供应科负责物资招标，设备办负责设备招标，管理科负责废旧竞卖的分散格局，实行集中管理；下发《关于印发2009年物资系统落实增收节支具体措施的通知》（物管〔2009〕1号），要求对大宗、大额、重要物资，能实行批量采购的物资必须推行公开招标、邀标、议标采购，扩大招标采购品种和额度，全局实行招标采购立项管理。全年组织物资设备招标160次，金额81460万元，采购节支5668万元，节支率6.96%。

2010年，路局正式启动"铁路物资信息管理系统"V1.0版，构建了供需无缝对接、信息实时共享、监督机制健全、操作公开透明的现代化物资管理平台。2011年，路局充分利用招标采购中标价格互联网、电话询价等方式获取物资市场价格信息，进一步筛选、分析、对比，在路局OMIS网络和物资信息系统中定期发布指导价格。2012年，路局对物资管理方面的14个文件进行重新修订下发，全局实行决策、执行、监督三权分离，管理、采购、供应、验收四位一体的新体制，并从2013年1月1日起实施；组织局电子所在哈尔滨铁路局程序基础上开发沈阳铁路局物资采购管理信息系统，并在完成调试后首次开展的40笔物资的网上竞买中获得成功；路局先后举办四期培训班，培训供应商1000人次。

2013年，路局正式按照"4+3"模式运作物资公开采购，先后在10个地区召开供需协调会，总公司安立敏书记到沈阳铁路局检查指导工作，对物资公开采购给予肯定；在阜新、通化地区组成煤炭监装管理协调组；对煤炭验收一律实行"源头和到达双卡控、发运和达到双加强"的检验制度；组成联合检查组对全局主要单位开展"物资采购质量评估"，实现了安全、质量、效益和廉政的"四确保"；局采购所组建质量跟踪监控科，负责入库物资质量、供货及时性以及售后服务、诚信履约等情况的跟踪检查。

2014年，路局将非运输企业的非经营性物资

1996—2015年物资供应、库存储备情况统计表

表4-9-1

年份	供应总额（亿元）	年末库存总额（万元）
1996	30.95	33576
1997	36.31	33809
1998	36.97	36938
1999	33.59	33264
2000	44.93	29472
2001	45.14	24765
2002	46.49	26312
2003	46.02	24194
2004	43.67	28901
2005	53.57	30920
2006	55.73	31892
2007	54.31	25962
2008	62.40	28155
2009	65.83	29536
2010	76.00	26853
2011	90.71	49929
2012	94.82	68800
2013	93.00	67979
2014	96.38	72764
2015	82.99	73648

纳入局物资公开采购平台；下发《沈阳铁路局非运输企业物资公开采购管理办法》（沈铁投资〔2014〕279号）并启动薛家配件厂部分市场物资采购招标的第一单。2015年，路局启动丹大公司驼峰减速设备第一标；下发《沈阳铁路局服务采购管理办法》（沈铁物资〔2015〕114号），将运输、保洁、保价、保险以及委外修等服务事宜纳入物资部门公开采购；受理局党校使用工会经费采购78万元办公设备的公开采购立项申请，标志使用工会经费和党员经费的采购管理纳入局公开采购平台。

第四节　设备管理

1996年，路局实施设备定编、有偿占用、多余调剂、强制报废、控制公务汽车的增长，集中修理，集中运输，推广节能产品等管理方式改革，各分局分别制订设备管理改革方案和具体措施；路局在全局汽车清查中，对101台违纪车的所属单位和责任人，进行通报批评、罚款和限期整改处理。违纪配车单位总计罚款60.47万元，责任者罚款0.595万元。1997年，各分局对管内单位设备进行彻底清查，完成设备编制下达工作；路局下发《沈阳铁路局机械动力设备有偿占用办法的实施细则》，对全局机动设备实施有偿占用制，当年9个分局收缴机动设备有偿占用费943.8万元。

1998年，全局设备管理以净化盘活现有设备资产为工作重点，实现全年报废老旧淘汰设备8663台。2000年，路局实行设备定编管理，开展单台设备投入产出核算；路局机关和直附属单位的389辆汽车采取集中统一车辆保险，较上一年度分散保险节省保费支出288.3万元，节支率达到66%。2001年，全局车辆修理集中由内部定点修车厂进行，全年产值2186.4万元；对汽车实行单车核算考核，控制公车私用、结算混乱不清现象。

2003年，在全路开展的设备管理工作评比活动中，山海关机务段被评为全国设备管理优秀单位；通辽分局、本溪机务段、四平工务段、大连北车辆段、吉林机务段、龙潭山车辆段、梅河口机务段、山海关机务段、阜新车辆段被评为铁道部设备管理优秀单位；另有12名同志被评为铁道部设备管理先进个人。在铁道部设备安全管理大检查抽查中，被检查5个单位全部取得优秀成绩。2004年，路局分别与辽宁省太平洋、人民、平安等保险公司进行商务谈判，通过综合平衡，最后选择太平洋保险公司作为汽车保险的投保公司，首次实现沈局辽宁省辖区（除大连市以外）机动车统一集中保险；下发《关于对全局机动车辆驾驶员实行择优上岗管理的通知》，在全局开展机动车辆专项整治工作，对驾驶员进行严格考核，择优上岗，建立全局机动车辆《机动车辆技术履历簿》；完成全局对各分局设备专职及站段设备管理骨干的《通用设备管理信息系统V2004》管理系统软件培训推广并开始应用新程序，完成年度设备管理统计工作。2005年分局撤销后，路局开展设备普查工作；在各地区的物资供应段建立了汽车保险代办点，加强与各地区的省、市级保险公司商务联系；组成检查评估小组，对7个

办事处所在地的15个站段进行全面的交通安全管理评审，发现并解决问题10件。

2006年，路局下发《关于对载客汽车进行清理整顿的通知》（沈铁物电〔2006〕466号），对全局载客汽车进行全面清理整顿；路局组织5期设备管理业务培训班，培训人员213人次。2007年，路局下发《沈阳铁路局汽车定编管理暂行办法》，组织各单位按照新定编确定留用车辆，共调配载客汽车100余台；下发《沈阳铁路局汽车定点维修管理规定》的通知，确定局内汽车定点维修厂。

2008年，路局下发《关于在全局开展物资工作综合检查的通知》，组成2个综合检查小组，对全局70个基层单位进行物资设备综合检查。2009年，路局下发《关于封存汽车的通知》，封存汽车1308台，并根据实际生产需要和机构整合等原因启封44台，报废131台，到年底实际封存汽车1133台；同时成立联合检查验收组，对管内155个单位202个存车处进行全面检查。

2010年，路局下发《关于做好机械动力设备过冬防寒的通知》，确保冬季机械动力设备的绝对安全和防止道路交通事故的发生；按照铁道部转发的《关于2010-2011年度中央国家机关京内、京外单位机动车辆定点保险的通知》要求，路局分别与中国人民财产保险股份有限公司辽宁省分公司、中国人民财产保险股份有限公司通辽市分公司东城营业部、赤峰市红山支公司、中国太平洋财产保险股份有限公司吉林中心支公司、白城中心支公司、通化中心支公司、延边中心支公司、中国人民财产保险股份有限公司秦皇岛市山海关支公司、天安保险股份有限公司大连分公司签订汽车保险协议。

2011年，路局接受铁道部设备检查组对吉林车辆段、吉林机务段、苏家屯机务段、苏家屯车辆段、沈阳工务机械段等单位开展的设备和汽车检查。2012年，路局下发《沈阳铁路局汽车管理办法》，从汽车定义与分类、职责、定编、基础管理、购置与更新、维修与运用、安全管理等方面予以规范。2013年，路局调研组赴兰州铁路局，学习机动车信息化管理经验，开始实施全局机动车信息化管理工作。

2014年，路局开展公务用车清理整治，下发《沈阳铁路局关于下达局机关2014年短途运输费的通知》《关于下达局机关及相关附属单位汽车留用、上缴数量的通知》《沈阳铁路局关于基层单位及建设系统公务用车清理整治的通知》和《关于送交上缴公务用车的通知》；通过清理整治活动，共削减公务用车809台，削减比例46.7%，清理后全局公务用车924台；在全局机关处室、直附属单位、运输企业、非运输企业、合资企业、工程指挥部正式运行由路局信息技术所自主开发的《沈阳铁路局机动车综合管理系统》，实现了网上派车、网上安全事故报告、汽车成本费用数据共享、保险年检到期预警等功能。

2015年，路局对排量超过1.8升、原值超过18万元的公务用车进行封存，全局共封存超标公务车922辆；下发《沈阳铁路局公务用车管理办法》，明确公务车处置及日常使用管理等事宜；按照中国铁路保险自保有限公司要求，在其合作的三家保险公司之中采取邀请招标形式确定沈阳铁路局2016年汽车保险的服务商。

第五节　节约挖潜

一、物资节约

1996—2004年，路局每年向各分局下达主要物资节约计划，具体包括降低单耗、综合利用、回收复用、技术革新以及以钢代木、混凝土代木等项点；统计品种为钢材、水泥、木材和有色金属等物资。随着以钢代木、混凝土代木和资金定额代替实物定额的广泛施行，物资节约统计口径也实时进行调整。2005年起，上述节约项点不再纳入统计范畴。在以后每年下达的年度物资管理量化考核指标中，物资节约指标均未再单独下达。

二、修旧利废管理

1996年，路局坚持"以点带面"做法，实行集中修与分散修相结合，并严格界定修旧利废与正常检修维修范围，完成车辆系统物资消耗定额修订规则。1997年7月，路局完成机务系统物资消耗定额修订，开始在全局执行，并以定额为基准考核物资节约工作。1998年，路局全面推行物计财联网，1997版物资消耗定额逐步退出日常管理，物资领发控制主要通过物财联网限额限权、计算机实时控制方式实行。2003年，路局组织编制《沈阳铁路局修旧利废目录》，并下发各分局、各站段执行。2006年，路局下发《沈阳铁路局修旧利废及段制品管理办法》（沈铁财函〔2006〕247号），规范全局修旧利废和段制品核算管理和劳务费提取工作。

2012年7月，沈阳铁路局参加全路物资现代化管理成果发布会，苏家屯车辆段的《开发新种类段制品》QC成果获铁道部一等奖。该段将原归属于材料科的修旧利废班组独立为配件加修车间，实行专业化管理。年产值由2011年的900万元增加到1200万元。2013年，路局将微信等传媒手段应用于修旧利废的开展和认定上。长春供电段、长春电务段等单位通过建立微信群，将现场撤旧、修旧过程放至微信群，便于技术、财务、材料的验收和认定。同年7月，苏家屯车辆段《研制扁开口销成型机》QC成果荣获"全国优

秀质量管理小组"称号，列参评13个铁路局65个QC成果之首。

2014年，路局将修旧利废劳务费的提取一并纳入站段年初工资总额之中，路局物资、财务、劳资部门不再批复站段修旧利废劳务费，由站段相关部门根据实际完成认定后，自行批复并纳入自身工资总额管理；路局仍于年初下达修旧利废考核指标，并纳入每月物资统计项点。

三、采购节支工作

1996年，路局下达采购节支指标，纳入物资经营管理量化考核体系。1997年，路局与主要供应厂商开展大额磨账9次，金额36247万元。

2013年起，路局推行公开采购工作。按照"三级管理、两级采购、一个平台"的模式重构物资采购供应管理体制，所有物资一律实行公开采购，加大采购节支力度。

2013年10月—2015年1月，路局陆续将运输企业的其他款源、非运输企业的非经营性物资、

1996—2015年修旧利废完成情况

表4-9-2

年份	计划指标（万元）	实际完成（万元）	超亏率%
1996	8000	9696	121
1997	10000	11696	117
1998	12000	13574	113
1999	10300	16585	161
2000	11000	18520	168
2001	18000	21465	119
2002	15000	15321	102
2003	11100	18092	168
2004	12000	13690	114
2005	13000	18212	140
2006	12000	13823	115
2007	10400	10695	103
2008	8000	9821	123
2009	10000	11134	111
2010	12000	12108	101
2011	12000	16274	136
2012	15500	18741	121
2013	20000	23309	117
2014	15000	16075	107
2015	18000	18214	101

1996—2015年物资采购节支情况统计表

表4-9-3

年份	计划（万元）	实际（万元）	±%
1996	2000	2614	131
1997	7350	9261	126
1998	6500	8865	135
1999	4315	4973	115
2000	4000	4253	106
2001	2300	7538	327
2002	1000	6194	619
2003	6000	6680	111
2004	5000	5523	110
2005	1000	4565	457
2006	1200	4256	355
2007	1500	3436	229
2008	2000	2172	109
2009	5000	7162	143
2010	5000	8792	176
2011	6000	7412	124
2012	6000	10800	161
2013	10000	23486	235
2014	20000	39310	197
2015	40000	51223	128

建设物资以及服务采购等先后纳入物资公开采购管理范畴。

第六节 再生资源利用

1996—2000年，路局加大对局内企业的销售倾斜，开展对库存资源的清仓销售；成立机车报废解体包保小组，落实责任到人；开展对长大线的老龄桥报废桥梁的回收工作；成立"报废机车解体推进组"，将18个机务段231台报废机车全部组织回收完毕。2001年，路局下发《沈阳铁路局废旧物资管理办法》（〔2001〕200号），明确各种车型应上交废钢铁吨数，加大执法监察力度。2002年，国家对再生企业实行新的税收政策，路局不再缴纳增值税。2003年，路局组织开展报废机车拆解写实，开展全局废旧轨料管理执法监察。2004年，路局下发文件《沈阳铁路局废钢轨竞价拍卖管理办法》（沈铁物函〔2004〕219号），开展废钢轨网上竞卖。2005年，随着铁路分局撤销，除原沈阳分局废旧物资管理站外，其他分局的再生资源管理站一并废业，回收业务由路局统一管理；原沈阳分局废旧物资管理站于10月1日起划入局物资再生利用总公司。2006年，路局制定《沈阳铁路局废钢轨网上竞卖流程》，规范竞卖管理；全局批量废钢铁一律纳入网上竞卖。2008年，路局下发《沈阳铁路局闲置（报废）设备处置管理办法（暂行）》（沈铁物发〔2008〕211号）文件，规范报废设备处置。2009年，路局在财税政策上，实行先征后退，按税额的70%退税。2010年，路局借鉴废钢轨网上竞卖成功经验，扩大网上竞卖品种，将报废机车车辆、批量生产废钢纳入竞卖范畴。2014年，路局将车辆系统报废车轴、轮饼和报废轴承纳入物资系统集中竞卖管理，并下发《沈阳铁路局报废中国铁路总公司所有货车废钢铁处置及残值上缴管理实施办法》（沈铁辆〔2014〕392号），报废货车废钢由各车辆段直接结算。

1996—2015年，全局共回收废钢铁1321376吨，其中废钢轨694476吨；组织废钢铁网上竞卖135次，标底额122322万元，增值14678万元。

第七节 物资信息化管理

1996年，路局开发路局、分局物资网络系统和站段收、发、存数据传输系统，搭建沈局物资信息化管理平台；全局各材料厂、站段应用计算机物资管理系统基本脱账，实现了局管物资的机辆配件计划网络管理；开发沈阳铁路局物资监察系统，增编站段收、发、存数据传输程序；沈阳铁路局成为全路唯一使用计算机物资监察系统的铁路局；开发全局限价采购管理子系统并纳入监察系统，召开全局应用推广会议；路局投资200万元，为通辽、锦州两个分局购置终端机、多用户卡等设备，对所属37个站段完成人员培训和数据转换，全局统一了物资管理系统软件。1997年，路局通过召开专题会议、举办培训班等形式，推广学习沈阳铁路局物计财联网系统工作。1998年，路局通过优化系统软件，购置配备微机、打印机和安装终端机等手段，实现了物资管理系统网络化；成都、郑州、兰州、广州、北京、济南局物资部门同行来沈阳局学习物资现代化管理，开展局间交流；编撰了物资编码。1999年，路局召开全局经济营销分析会，演示物资限价监察系统，并从8月份起将每月以电传形式公布限价采购监察结果改为每月10日在《沈铁日报》上公布上月的监察报告，《沈铁日报》头版预留刊登位置；路局提前介入，与美国DEC公司在北京机构联系，求得VMS系统和RDB数据库的解决方案，与东北大学联合修改MUFO系统内核，确保平稳过渡和系统安全运行。

2000年，路局投资370万元，对物资信息管理系统进行改造，材料（总）厂的应用程序由电子所开发，在同年11月份编制完成；站段应用程序在丹东机务段试点，解决了出现的技术、数据和业务问题。2001年，路局对材料厂新物资管理系统脱账运行；站段新物资管理系统结束试运行，转入脱账运行；《沈阳铁路局物资管理信息系统》通过鉴定，在全局推广使用。

2003年，路局在长春列车段召开全局客运系统17个单位物资现代化管理现场会，推广长春列车段物资管理信息化的先进经验。2003年，路局举办新系统应用学习班，下发物资管理系统软件，并全部完成了应用推广工作，建立并试运行物资处网站。2004—2009年，路局通过召开会议和举办培训班形式，在全局推广铁道部的财务V4.0版本中的《材料核算子系统》，取代既有的《沈阳铁路局物资管理信息系统》；编制沈阳铁路局物资准入信息管理系统并投产使用；路局着手研发废钢铁销售竞标系统；路局投资890万元购置设备，安装调试完成铁道部物资信息管理系统V1.0。

2010年，V4.2物资管理信息系统关闭，全局正式启用铁道部推广应用的《铁路物资管理信息系统》V1.0版本，并一次转换成功；沈阳铁路局组成专家组参加铁道部物资目录编制工作，完成了金属材料、机车车辆橡胶小配件等物资编码工作。2011年，按照铁道部要求，全局84个上机单位仅用了10天，完成了新旧物资编码转换工作；试用铁道部物资管理信息系统并提出修改意见，正式启用该系统；完成域名www.sytljwzzb.com沈阳铁路局物资（设备）招标采购网ICP备案。

2012年，路局根据新组建的货运中心纳入V1.0管理情况，组成调研组，先后两次学习哈局网上招标经验，引进哈局网上竞价、询价功能；建立沈阳铁路局物资公开采购网http://61.189.33.114；开展首次站段需求计划网上竞价；按确定的网上采购流程，对涉及27家供应商39笔机车配件进行了网上批次竞买；首次按供应商准入数据权限，对512笔物资实施网上批次竞买；分四期对928家供应商进行网上采购培训和注册，审核330万种准入产品并进行产品目录编码整理和数据录入；组建局物资采购所，在采购所设物资信息科，负责全局物资信息系统维护及物资公开采购系统的开发；全面开展全局各站段2013年1月份维修物资网上竞价。

2013年，沈阳铁路局开发的物资供应商管理系统正式投入运行并实现内外网实时共享；实现网上竞买和网上公示两网合并；下发《沈阳铁路局物资管理公开采购补充规定》（〔2013〕228号），优化采购系统，将廉政风险防控信息植入流程，实现计划筛分和打包；专家评委管理模块投入使用。2014年，将企业组织机构代码作为唯一代码，规范V1.0往来用户和采购系统中的供应商编码；落实"营改增"要求，将税前价作为采购报价；正式启用人工询价功能，采购全过程公开可控；形成《质量跟踪与物资V1.0设计方案》；做好V1.2物资信息系统升级工作。

2015年，完成了全局物资管理信息系统升级；正式启用供应商发货单处理功能，要求供应商打印二维码；完成V1.2实际成本计价法升级；实现采购结果回写物资V1.2，经预算控制，形成采购清单，沈局两网正式对接；成立V2.0系统试点推进工作小组，负责与总公司系统开发课题组协作，积极组织做好铁路总公司物资管理信息系统V2.0试点工作。

第八节　专项检查与物资监察

1996年，全局形成了由468名物资监察人员构成的三级（局、分局、站段）监察网络；路局统一颁发154个局级物资监察证；在全局开展物资采购、物资管理专项执法监察活动。1997年，在全局安排了以纠正物资采购行为和加强废钢铁管理为主要内容的物资监察工作；路局印发〔1997〕122号文件；在全局组织开展物资专项执法监察活动，总计查出物资违规违纪问题20207个；集中组织两次全局性检查验收，先后对10个分局和68个单位进行以执法监察为重点的综合检查。1998年，在全局开展物资质量执法监察；成立局物资质量执法监察领导小组，各分局及站段也都成立领导小组；路局下发《关于在全局开展物资质量执法监察活动的通知》（物管字〔1998〕6号），安排全局执法监察。

2000年，路局对全局物资监察队伍进行整顿，重新审批120名局级专（兼）职监察人员，并换发新的物资监察证；召开全局物资监察工作会议，对全局开展物资监察工作提出具体要求；抽调各分局专职监察人员共计17人组成3个检查组，对9个分局物资分处和65个基层生产单位物资管理工作进行执法大检查；路局出台物资信息管理奖罚暂行规定，对超限价采购、传输弄虚作假、错误传输等问题单位除处以通报批评外，还给予一定的经济处罚；对工作突出单位给予奖励。

2005年，路局组成专项检查组，对吉林机务段和通辽物资供应段开展采购管理监察，对发现的8个问题提出了整改意见并跟踪整改情况。

2006年，路局开展物资采购执法监察工作，重点是机辆系统的物资采购监察和产品质量监督。2007年，按照路局《关于在机辆系统开展物资采购供应管理专项执法监察的通知》（物管电〔2007〕64号）精神，组成执法监察专项小组，对全局机辆系统物资采购、物资管理、仓库管理、废钢铁管理等11项相关内容进行集中检查。

2008年，路局下发《关于在全局开展物资工作综合检查的通知》（物管电〔2008〕35号）电报；组成2个综合检查小组，对全局70个基层单位进行物资设备综合检查。2009年，路局下发《关于在全局开展物资管理专项检查的通知》（物管电〔2009〕31号）；组成3个物资管理专项检查小组，对全局56个生产站段和10个异地车间的物资管理进行综合检查。2012年，路局下发《关于开展合格供应商和物资设备采购治理的通知》（物采电〔2012〕3号），把2011年以来的合格供应商管理和物资设备招投标管理作为治理重点，组成2个专项检查组进行专项检查。

2013年，在全局开展物资采购质量评估活动，组织6个检查组对全局主要消耗大户进行公开采购物资质量跟踪检查和评估。

2014年，在局采购所组建质量跟踪监控科，确定1367项重要物资为重点监控对象；以苏家屯机务段中修库为试点，以二维码技术为基础，开发《铁路重要物资质量跟踪追溯系统》，每月下沉基层跟踪检查物资质量；开发了质量反馈信息系统，站段可通过局采购信息系统将质量信息及时实时反馈给局采购所。

2015年，路局对全局机务、车辆、供电、电务、房产系统等31个"消耗大户"执行物资采购纪律规定情况开展了专项执法监察。

第十章　行政管理

沈阳铁路局行政管理的日常工作由局办公室负责，主要工作内容包括秘书、总值班、文书、信访、档案、史志和机关后勤服务等。20年来，行政管理机构几经变化。1996—1999年实行"管服合一"，管理人员与后勤服务人员统一列编、统一管理，发挥"大行管"优势，全面做好各项工作；2000—2002年，实行政务服务工作与后勤管理工作"分设分管"，明确责任各司其职；2003年以后实行"分别列编、统一管理"，既精干工作人员又提高工作效率。

局办公室作为行政管理主管部门，在机构变化各个阶段，坚持"为领导服务、为机关服务、为基层服务"的宗旨，围绕参与政务、管理事务、搞好服务，积极发挥作用。特别是2003年后，面对全局发展步伐不断加快、各项工作力度不断加大、工作标准和要求不断提高的新形势，局办公室以"高标准服务、高效率办事、高境界做人"为准则，组织全局办公系统从健全各项管理制度和提高工作人员素质入手，全面加强行政管理工作，创新内容，改进方法，加强协调，优化服务，发挥办公系统的"中枢"作用，为全局整体工作有序、高效运行提供基础保证。2005年路局直管站段以后，局办公室转变作风，完善信息报告制度，畅通上下联系渠道，重点加强基层调研，掌握实情，谏言献策，发挥为领导决策的参谋助手作用。

2006年以来，局办公室（党委办公室）作为路局、局党委的综合办事机构，认真履行全面服务职能，发挥承上启下和横向协调作用，重点加强督察督办工作，保证路局、局党委决策顺利有效落实。在工作实践中，办公部门的政务服务"以文辅政"工作不断加强，后勤服务事务管理工作不断规范，信访稳定工作不断深化，档案史志工作不断取得成效。

第一节　办公系统概况

1996年，根据沈铁劳发〔1995〕180号文件公布的路局机关机构定员，局办公室共有管服人员137人。其中：行管人员62人、服务人员75人；设主任1人，副主任3人；下设10个科室：秘书科7人，督查室3人，值班室5人，文书科行管人员11人、服务人员2人，财务科5人，档案馆10人，史志办公室4人，信访办公室4人，行政管理科行管人员8人，服务人员44人，汽车队行管人员1人、司机29人。同年，成立局机关汽车维修中心，列局办公室附属机构。

2000年1月6日，根据沈铁劳发〔2000〕20号文件公布的路局机关机构定员，局办公室下设7个科室，定员47人，其中：主任1人，副主任2人，秘书科5人（督查室于1999年11月1日撤销后，其职能并入秘书科），值班室（机要通信室）6人，文书科11人，财务科6人，档案馆8人，信访办公室4人，综合科4人。将局机要通信室工作并入局办公室值班室，实行一个机构两块牌子。成立年鉴社，定员4人（对内称史志办公室）。将局机关食堂、局第一招待所、汽车维修中心划归局生活服务中心。局办公室职责为：负责值班、信息收集上报、起草重要文电、重要公务往来接洽与协调、密码电报递送管理；负责局长办公会议、局务会议组织、记录、纪要整理归档，起草全局性综合会议局领导讲话稿、向上级机关的有关报告，组织办理人大代表、政协委员的建议提案答复，对主要行政事项的督办；负责机关公文办理、印信管理，文件、领导讲话打印，报刊订购收发等；负责接待人民来信来访，编发信访简报；负责全局重要会议、重要活动的筹备组织，拟定局机关办公制度，负责局机关办公用品、劳保用品的购发和全局乘车证的请领填发，统一管理局机关事务工作；负责全局各类档案管理，组织全局档案人员培训、交流，对全局档案管理规划进行检查与业务指导；负责局机关财务管理，代管局属有关单位经费核算；完成局领导交办的其他工作任务。

2003年，将机要通信和保密工作合并管理，成立机要保密室，归党委办公室领导；局信访办公室主任由局办公室副主任兼任，局值班室改称总值班室。

2005年7月19日，根据沈铁劳发〔2005〕77号文件公布的铁路局机关机构定员，局办公室

下设5个科室，定员33人，其中：主任1人，副主任3人，秘书科5人，总值班室5人，文书科8人，财务科6人，信访办公室5人；成立机要通信室、档案史志室，为局办公室附属单位。2005年7月19日，根据沈铁劳发〔2005〕82号文件，成立沈阳铁路局机关服务所，将局办公室管理科、接待科划归局机关服务所，将局第一招待所、机关食堂、汽车队、机关服务班划归机关服务所领导。局机关服务所主任由局办公室副主任兼任。

2006年3月16日，局党委办公室与局办公室合并，改称局办公室（党委办公室），实行一个机构、两块牌子，设分管政工副主任1人；局办公室（党委办公室）内增设政工科，定员8人；局机要通信室列行政附属机构，定员5人。

2008年2月14日，根据《沈阳铁路局劳卫处机构定员通知书》（劳卫编〔2008〕14号），将法律服务所由企业管理和法律事务处主管变更为局办公室主管，列局办公室附属单位。2009年6月18日，局机关服务所增设行管二科，负责原沈阳分局机关所在地各直附属单位行政管理工作。2014年7月8日，根据路局《关于重新公布沈阳铁路局机关行政机构编制的通知》（沈铁劳卫〔2014〕302号），局法律服务所业务主管处由局办公室调整为局企业管理和法律事务处，列局企业管理和法律事务处附属单位。2015年5月18日，根据沈铁劳发〔2015〕169号文件公布的铁路局机关机构定员，局办公室（党委办公室）定员38人，其中：主任1人，副主任3人，秘书科5人，总值班室6人，文书科8人，财务科7人，信访办公室7人，机要保密办公室1人。局机关服务所、机要通信室、档案史志室列附属单位，由局办公室领导。

沈铁劳发〔2015〕169号文件重新公布了局办公室（党委办公室）的主要职责：了解掌握沈阳铁路局、局党委贯彻党和国家、中国铁路总公司有关方针政策及决议决定的情况，督促检查路局党政工作部署落实情况并按要求向上级机关反馈信息；负责路局党政联席会议、局长办公会议、党委常委会议和党委办公会议的会务工作，做好会议记录和起草会议纪要及归档，对重要会议决定和党政主要领导交办事项的执行情况进行检查督办；组织筹办路局、局党委重要会议和活

动，组织起草路局党政主要领导重要讲话、工作报告及向上级机关汇报工作等文稿，负责路局领导重要活动往来的组织安排；负责路局党务政务信息工作，编印党政工作简报、刊物等材料；负责局党委网站的日常维护与管理，负责路局有关党务政务重点信息、重要活动的公开工作；组织开展路局重大决策、事项的调研，协调有关部门提出的政策性建议和意见；负责路局日常值班，负责应急管理协调及协助处理突发事件，报送突发事件信息，指导所属单位应急管理工作；负责制发路局、局党委文件和电报，负责路局、局党委的印信使用和管理，指导检查路局所属单位的公文管理工作；负责路局机关机要文电管理和机要通信工作，组织指导所属单位保密和密码管理工作；负责接待、处理路局机关人民来信来访，编发信访工作简报，指导路局所属单位信访工作；负责组织办理全国（省、市）人大代表、政协委员有关铁路工作建议和提案的答复事宜；负责制定路局机关办公制度并组织实施；负责路局机关工作人员的工资发放、税务管理和机关银行账户管理等工作；负责路局机关资产、物资采购等行政事务管理工作，调配办公用房，组织全局铁路乘车证的请领发放，统一管理和协调路局机关的社会事务工作；制定全局政工经费管理制度，指导检查所属单位政工经费执行情况；负责路局档案史志管理，指导所属单位档案工作；承办路局、局党委交办的其他工作。

全局各单位均设有行政办公部门，负责行政管理日常工作。

第二节　秘书值班

一、秘书工作

秘书工作的主要内容为路局党政联席会议、局长办公会议的筹备、记录、纪要整理和归档；起草历届职工代表大会工作报告和各次全局性综合会议的局长讲话稿、向上级机关及地方政府的有关报告；组织开展重点行政工作调研，协调办理涉及沈阳铁路局的全国（省、市）人大代表建议和政协委员提案的答复；办理局长批示人民来信的登记、传递和情况反馈，整理局长重要讲话

的录音，及局长部署重点工作的督查督办等。

1996年，组织秘书人员以全局安全标准线建设、运输生产经营、多元经济发展、科教兴局等工作为重点，深入基层单位开展调研，收集信息，剖析研究倾向性问题，为领导决策提供参考性意见。并由此形成调研工作制度，每年围绕全局中心工作，确定调研课题，组织开展多层次的调研工作，通过《调研专刊》或专报等形式为领导提供决策参考调研报告，发挥秘书工作"以文辅政"职能作用。2005年路局直接管理站段后，通过设置兼职调研员、建立站段调研联系点等形式，加强基层调研工作。

为做好各级人大代表建议和政协委员提案办理工作，建立了专人办理、全程跟踪、如期答复的工作制度，进一步规范登记、分办、催办、汇总、反馈的工作程序，提高了提案办结率和满意率。

20年来，秘书人员共起草和整理领导讲话、发言材料3800余份、2500万余字，形成上报中国铁路总公司（铁道部）和辽宁省、吉林省、内蒙古自治区的文稿700余份、310万余字，围绕铁路局重点工作、局长办公会议确定的重要事项、局领导的重要批示跟踪督办2400余项，收集整理党政联席会议、局长办公会议议题1200余项，办理局长批示人民来信11053封，编发《调研专刊》247期，办理《检查情况通报》整理和下发1074期，办理全国人大代表建议3件和辽宁省、吉林省人大代表建议、政协提案358件。局办公室4人获辽宁省建议提案办理工作先进个人，沈阳铁路局9次获辽宁省建议提案办理先进单位。

二、总值班工作

（一）值班工作

局办公室总值班室实行24小时值班，负责重要信息即时收集和报告。值班人员从规范工作流程和提高服务标准入手，不断强化基础管理，对接收会议电报处理程序、来访函件办理程序、续办工作交接、重要信息报告制度等不断进行补充和完善，实现各个工作环节顺利衔接。同时，对路局主要领导的批示认真抄清，并在第一时间转发有关单位（部门）和有关人员，确保政令畅通。20年以来共处理铁路局主要领导批示近4万份，并对局领导班子成员的批示办理传达、转发

事宜。

（二）办公信息

按照中国铁路总公司（铁道部）办公厅有关要求，结合铁路局实际情况，围绕各阶段中心工作和重点任务，值班室收集并及时报送关于落实中国铁路总公司（铁道部）重大决策和工作部署等方面信息，总结提炼并及时反馈关于铁路改革、运输经营、工程建设、稳定工作等方面的有效做法，注重报送信息的时效性和信息质量。20年来，值班室工作人员共编写信息近万条，被中国铁路总公司（铁道部）采用近2000条，其中信息专报400余条。同时，编发《全局信息动态》指导基层单位落实重点工作200余期。

（三）要事督办

围绕运输大交班、局领导批示和各阶段重点工作，值班室及时督办各有关部门、单位。同时，围绕日常局领导的重要工作，对提出的各项临时性工作和要求进行实时督办，并及时向局领导反馈结果，确保工作迅速落实到位。20年来，共完成督办及《一周工作落实》材料1000余期。

（四）应急管理

2006年，路局成立应急管理办公室，由局办公室（总值班室）负责应急管理综合工作。应急管理办公室认真贯彻落实中国铁路总公司（铁道部）和辽宁省应急管理工作的总体要求，建立健全应急管理体系，明确应急管理职责，大力推进应急体系建设。组织有关部门修订完善应急预案，组织制定相应的应急预案管理办法，确保全局应急管理有针对性和实效性。同时，结合新设备、新技术不断投入应用的新形势，以及极端恶劣天气给一些新装备、新技术正常运用带来影响的新变化，组织协调有关部门开展各种应急演练工作。截至2015年底，共参与协调处理是各类突发应急事件500余件，按要求及时向上级有关部门动态报告信息，受到上级部门的好评。

第三节　文书管理

一、公文管理

1996年，为贯彻铁道部办公厅《关于加强铁路公文处理工作的意见》（铁办文〔1996〕1号），路局迅速做出安排，编印公文处理工作资料，组织开展培训，并以此为契机，着力提高公文处理质量。路局坚持公文审核质量监控制度，实行互检互控、公文集中印刷。1997年，在全路铁道文秘档委员会第四次文书学术研讨会上，沈阳铁路局公文被评为二等奖；在铁道部办公厅组织的全路公文检查评比中沈阳铁路局取得第三名。

2001年，为做好全局办公自动化信息系统开通、实行网上传输公文电报准备工作，局办公室下发《关于做好网上发文、发电工作的通知》，制定了网上发文、发电管理、登记和保密制度，同时制定具体操作的技术措施，保证5月1日全局办公信息系统网上传输文电顺利开通使用。6月份，根据铁道部新颁布的公文处理办法和机关公文格式标准，路局重新修订制发了《沈阳铁路局公文处理办法》（沈铁办发〔2001〕55号）和《沈阳铁路局机关公文格式》（办文发〔2001〕10号），从2001年7月1日起在全局推行国际标准A4型纸公文用纸，使路局公文用纸与国际标准接轨，这是全局公文格式处理的一项重大变革。从2003年6月份起，将局内电报由电报所办理改为由局办公网发送，局办公室文书科负责局电报的审核制发工作。2004年，局办公室加大办公网传输电子公文、电报格式管理力度，建立全局办公网络联络员队伍，加强日常局电子邮件系统管理维护，确保网络传输效率和网络畅通。

2005年，针对路局直接管理站段后的新情况，局办公室及时向运输站段下发了规范基层单位报送铁路局请示类公文处理办法及格式的通知，并修改制定10余项制度办法。9月份，制定落实铁道部《关于启动铁路电子公文传输工作的通知》的倒排计划，做好设备购置、基础培训和电子公文系统内部模拟操作试验各项准备工作。

2006年1月17日，按铁道部办公厅正式启动电子公文系统传输工作规定，路局与铁道部首次对接成功；1月20日，局机关各部门实现电子公文传输；2月22日，全局正式试行电子公文系统传输工作。新的电子公文处理方式的施行，提高了铁路公文处理质量和效率，推进了公文处理的科学化、规范化和时效性。

2012年，以落实新颁布的《铁道部公文处理办法》（铁办〔2012〕188号）、《铁道部机关

1996—2015部分年份沈阳铁路局制发文件及电报份数统计表

表4-10-1

序号	年份	铁路局文件（个）	局党委文件（个）	铁路局电报（份）
1	1996年	179	32	1021
2	2000年	133	31	1042
3	2005年	247	79	1309
4	2010年	351	85	1244
5	2014年	404	64	1093
6	2015年	451	92	1337

公文格式》（铁办办〔2012〕68号）为重点，进一步加强公文处理工作的管理，制定下发了《沈阳铁路局、局党委关于施行公文处理工作有关规定的通知》（沈铁办〔2012〕529号）、《沈阳铁路局公文处理办法（试行）》（沈铁办〔2012〕530号）和《沈阳铁路局机关公文格式》（沈铁办办〔2012〕6号）等系列管理文件，对全局公文处理办法及公文格式进行统一规范，新办法最大变化是取消了原公文版式中主题词及信函公文的版记设置。2013年，将全局基层单位和局机关部门公文管理工作纳入局安全生产和经营一体化考核，进一步促进公文受理的规范化和标准化。

二、印信管理

1996年，按照铁道部办公厅的要求，局办公室向管内下发通知，就加强公文处理过程中的印信管理工作提出具体要求，规范印信日常管理，严格落实制度，按程序办理。1998年3月，局办公室下发公文印信质量检查评比标准，对各分局上报铁路局的公文信函质量进行综合评定，每季度通报一次评比结果，使各分局公文印信管理质量明显提高。2001年，为配合新的《沈阳铁路局公文处理办法》的学习应用，局办公室编印《新编公文处理工作资料》和讲义500份下发各分局和机关部门，其中对印信使用管理提出了规范性要求，明确印信使用签批、登记和日常管理标准。

2005年3月，各铁路分局撤销后，局办公室先后6次向局管内下发加强印章收缴制发管理工作通知，及时收缴撤销的原铁路分局和机关部门印章，与全局278个基层单位核定新旧印章名称，对新设立的7个地区办事处、新更名的270多

个基层单位的印章进行制发并收缴旧印章。2006年，对全局车务站段中间站印章不统一问题进行规范，下发规范中间站印章通知，统一印章规格、式样和所冠所称名称。2007年，进一步规范多经企业名称和印信管理。

2015年，按路局调整机关及附属机构编制文件（沈铁劳卫183、196号）规定，局办公室协调局运输、工务、建设、计统、财务等处室，对撤并的局施工领导小组办公室、道口安全管理办公室、合资与地方铁路办公室、工程管理所和职工保障性住房建设管理办公室等单位部门印章收缴工作进行明确，由各主管业务处对口做好印章交接管理工作。对撤销的局投资管理中心印章收归局办公室保管备用。路局还对长春工务段违反规定擅自刻制单位行政印章问题进行通报批评。

第四节　信访工作

1996至2005年3月各铁路分局撤销之前，信访工作实行路局、分局、站段三级负责，三级管理。1996年，路局制定了《关于实行群众逐级上访制度的暂行规定》。1998年，按照铁道部要求，路局成立信访工作领导小组，由副局长张久达、局纪委书记陈智英任组长，局办公室主任、局党委办公室主任任副组长，13个有关部门负责人为成员，确定了信访工作领导小组的任务及工作制度。2000年，以完善信访工作制度、落实领导责任制为主要内容，路局与各分局签订了工作目标责任状，促进了信访工作责任落实。2003年，在各分局、各站段层层建立了由党政一把手任组长的信访工作领导小组和工作机构，确定了"解决、教育、控制、依法处理"四个工作程序；建立和制定了《沈阳铁路局信访稳定工作责任制》《沈阳铁路局信访工作实施细则》《关于维护铁道部、路局机关驻地正常秩序的实施措施》《沈阳铁路局处理突发群体性事件工作预案》等办法，全面实行了信访问题排查和预测制度、信息报告和反馈制度、协调督办制度、领导干部接访和包案制度、突发性事件预防和处置预案制度、信访稳定工作日报告、月总结和定期分析等制度，全局信访稳定工作逐步走上了规范化、制度化、有序化和依法运作的轨道。

1996—2004年到沈阳铁路局（含各分局）信访总量变化图

图4-10-2

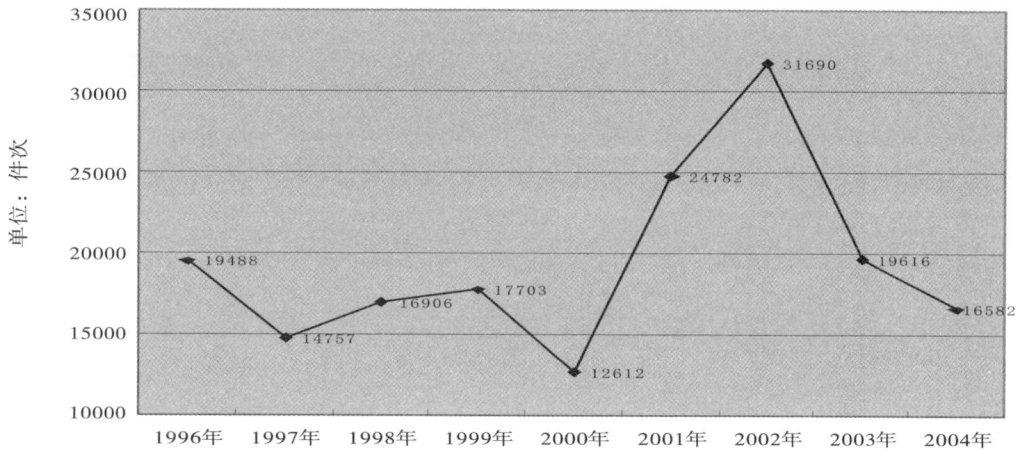

2005年，各铁路分局撤销后成立办事处，各办事处设立信访接待室，由专人负责职工群众来信来访接待处理工作，全局信访工作实行路局、站段两级负责和路局、办事处、站段三级管理。同年，路局围绕贯彻落实国务院新颁布的《信访条例》，重新制定了《沈阳铁路局办理群众来信工作规范》和《沈阳铁路局接待群众来访工作规范》，修订和建立了信访事项受理告知等10项工作制度，以沈铁党发〔2005〕41号文件印发。2006年，按照铁道部的统一部署，开展了非正常访集中整治，对铁道部和辽宁省交办的上访重点人逐一做好稳控化解工作。2007年，路局重新修订完善了《加强全局信访工作的实施办法》，局机关各职能部门实行信访工作处长负责制，并指定专人负责来信来访接待处理工作，确保信访事项及时处理。在具体操作上坚持把握三项原则，即：对于历史问题，严格执行政策规定，不乱开口子；对于应该和能够解决的问题，注重在解决问题的源头上下功夫，不引发新矛盾；对于诉求不合理但仍缠访的人员，在坚持政策不动摇的前提下，加大感情投入，指导基层单位帮助解决实际生活困难，不激化矛盾，将大量信访矛盾化解在萌芽状态和初访阶段。2008年，路局、局党委把信访稳定工作作为事关推进和谐沈局建设的一项基础性工作，与安全运输经营同研究、同部署、同考核，形成党政领导负总责、主管领导具

体抓、各业务处室通力合作、办事处区域负责和站段承担责任主体的责任体系，构建了全局"大信访"工作格局；坚持信访稳定工作"日报告、周分析、月讲评、年考核"四项工作制度，全面做好信访稳定信息的分析研判和跟踪处理工作。

2009年，贯彻落实中共中央办公厅、国务院办公厅转发的中央联席会议《关于领导干部定期接待群众来访的意见》《关于中央和国家机关定期组织干部下访的意见》《关于把矛盾纠纷排查化解工作制度化的意见》（中办发〔2009〕3号文件）精神，按照铁道部《铁路各级领导干部定期接待群众来访定期组织机关干部下访矛盾纠纷排查化解工作制度化实施办法》要求，制定了《沈阳铁路局各级领导干部定期接待职工群众来访定期组织机关干部下访矛盾纠纷排查化解工作制度化具体措施》（沈铁办发〔2009〕216号），推动矛盾纠纷及时就地化解；铁路局下发《关于明确基层单位信访工作职能和信访干部定编的通知》（沈铁劳卫发〔2009〕185号），在27个职工人数超过3000人的生产站段办公室各配备1名专职信访干部，在职工人数3000人以下的其它基层单位和多经系统各集团公司办公室（综合部）各配备1名兼职信访干部。2010年，坚持用群众工作统揽信访工作，充分发挥群众工作优势，运用群众工作方法，最大限度化解信访问题，集中开展了面向全局职工的"面对面交心、

2005—2008年到沈阳铁路局信访总量变化图

图4-10-3

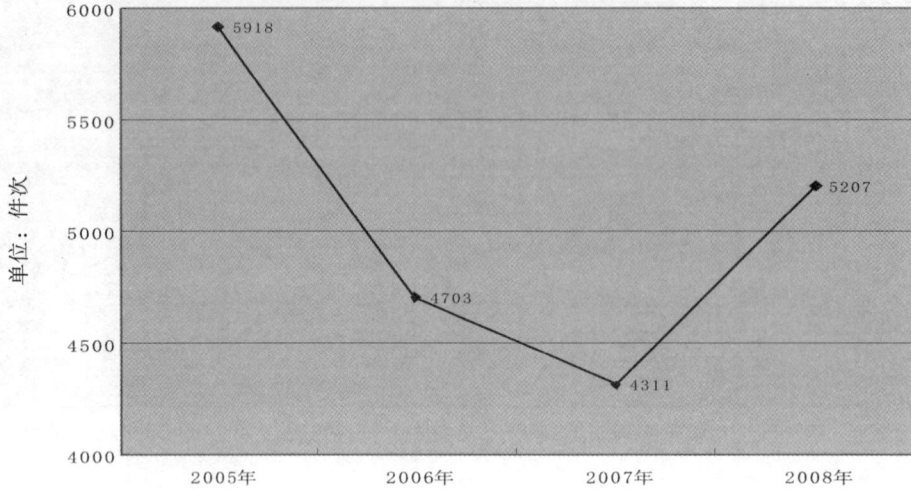

2009—2015年到沈阳铁路局信访总量变化图

图4-10-4

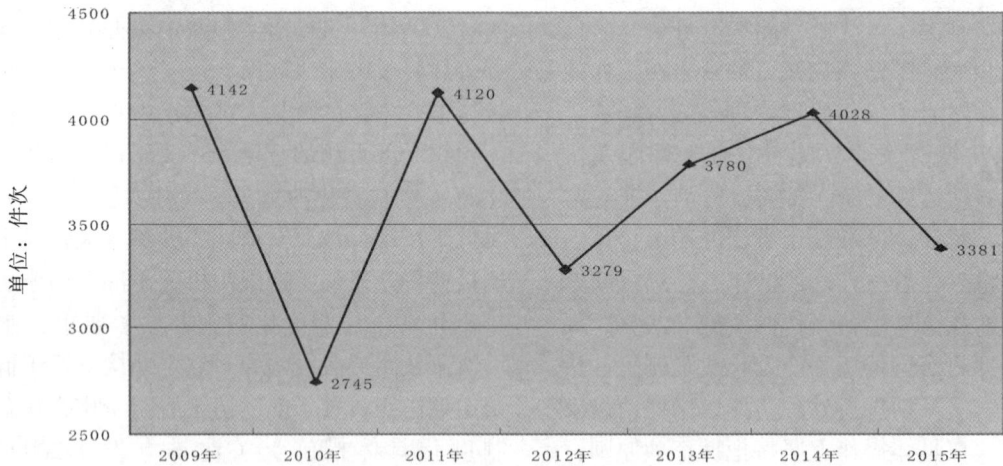

面对面走访、面对面宣讲"大谈心活动,有效防止思想问题演变成信访问题;围绕深化落实局党委、路局《关于建立完善路局、站段、车间信访工作责任体系的指导意见》,建立了以《涉及职工群众利益重要决策事项信访稳定风险评估实施办法》《沈阳铁路局信访稳定事故处理办法(试行)》为基础的新机制,推动了信访工作责任落实。2013年,按照"群众工作是统揽、积案化解是根本、畅通渠道是保障、事要解决是核心、重

点稳控是关键、责任落实是基础"的总体思路,紧密围绕平安和谐幸福沈局建设这条主线,突出重点,强化信访稳定工作责任落实;贯彻落实党的十八大、十八届三中、四中全会对信访工作的重要部署要求,以信访工作制度改革和推进信访工作法治化为重点,紧密围绕建设阳光信访、责任信访和法治信访,依据国务院《信访条例》和国家信访局、铁路总公司《关于进一步规范信访事项受理办理程序引导来访人依法逐级走访的办

法》，坚持"双向规范"的原则，制定了《沈阳铁路局进一步规范信访事项受理办理程序引导来访人依法逐级走访实施细则》；突出办理来信、接待来访、应急处理、驻京劝返四个环节，制定了《沈阳铁路局信访工作基本程序》；坚持信访事项"依法终结"的原则，重新制定了《沈阳铁路局信访事项复查复核实施办法》；从法定职责、法定途径、法定程序、尊重司法和推动立法入手，推进信访法治化，更好地维护职工群众的合法权益。2015年，按照中央、铁路总公司和辽宁省通知要求，印发了《关于沈阳铁路局处理信访突出问题及群体性事件联席会议更名为沈阳铁路局信访工作联席会议的通知》（沈铁办办〔2015〕3号），将局处理信访突出问题及群体性事件联席会议更名为局信访工作联席会议，重新明确了会议6项工作职能，确定了局党委副书记、纪委书记顾锐和副局长李长根为会议召集人，38名有关部门负责人为会议组成人员；成立了劳动合同（工资）及劳动用工、干部管理及选拔任用问题、社会保险问题、医疗保险、运输安全及路外伤亡、职工教育培训、客货服务及路风投诉、铁路建设、环境保护、铁路土地房产管理、经营开发、非运输企业经营管理、集体经济、职工生产生活、离退休老同志反映问题、检举揭发、涉法涉诉问题等17个工作小组，负责协调处理各方面信访问题；由局党政主要领导挂帅牵头，党政主管领导具体负责，抽调384人次机关干部、组成83个工作小组，完成了中央巡视组交办沈阳铁路局的信访件办理工作，办结率达到100%。

第五节 档案管理

一、档案管理机构

1996年，档案管理机构仍沿续"三级管理，三级建档"的管理层次，局档案馆为局办公室下属独立部门，定员10人，全局共有档案专兼职人员935人。2005年3月18日，随着各铁路分局撤销，局管内各分局档案室同时撤销，全局档案管理工作实行路局、站段两级管理。4月29日，沈铁劳发〔2005〕53号文件规定，办事处综合办公

室负责承担原分局档案室档案管理职责。2005年7月19日，根据沈铁劳发〔2005〕80号文件，局档案馆、史志办合并为局档案史志室，列附属单位，设定员16人。2005年8月29日，成立长春、沈阳、大连、锦州、通辽、吉林、通化综合服务所，综合服务所办公室设档案人员编制，负责原分局档案室的档案管理工作。2006年4月13日，根据沈铁劳卫发〔2006〕78号文件，撤销各综合服务所。根据办档电〔2006〕4号规定，各综合服务所撤销后，原分局档案室全部档案由各办事处代管。2006年5月，原沈阳分局档案室由铁路局档案史志室接收管理。2009年6月，原各分局档案委托各车务段代管。2012年10月，原各分局档案集中到局档案史志室新建库房，实行集中统一管理。同年，局档案史志室机构定员调整为25人，其中干部18人、工人7人。2015年上半年，局档案史志室定员减至22人。

二、档案业务管理

（一）归档工作

1996年，为规范全局纪检档案管理，制定《沈阳铁路局党纪政纪案件归档暂行办法》。2000年，根据铁道部办公厅和铁道部财务司《铁路系统会计档案管理实施细则》（办档〔1998〕22号）和《铁路系统会计档案管理实施细则补充规定》（办档〔1999〕22号）文件，制定《沈阳铁路局会计档案管理实施细则》（沈铁办发〔2000〕118号）；与局审计处联合下发《关于修改沈阳铁路局审计档案管理办法的通知》（审综发〔2000〕5号），对审计档案管理提出修改补充意见；下发沈阳铁路局《档案工作管理标准》，首次将档案工作的九种管理制度纳入局企业标准（Q/SYT346-2000）。2003年，根据铁道部办公厅《铁路归档文件整理规则》（办档发〔2003〕14号），制定了《沈阳铁路局关于〈铁路归档文件整理规则〉补充规定的通知》，这是归档文件整理方法的一次重大改革，管内各单位当年文书归档工作统一执行新的整理规则。2007年，重新修订《沈阳铁路局档案工作管理标准》（Q/SYT346-2007）。2008年，局办公室下发《关于规范全局档案全宗管理的通知》（办档发〔2008〕4号），明确了生产力布局调整后全

局各立档单位档案全宗号和全宗管理方法。2011年3月，转发了铁道部《关于印发〈铁路系统文件材料归档范围和文书档案保管期限的规定〉的通知》（办档发〔2011〕76号），重新明确铁路归档文件材料的归档范围，调整了文书档案的保管期限。2012年以来，为了保证归档工作质量，建立了归档工作考核制度，推行局机关归档质量复查、基层单位归档工作抽查制度，确保归档文件的归档率、齐全率、完整率达标。2014年，以《中国图书资料分类法》为基础，结合铁路工作实际，编制了《沈阳铁路局资料分类大纲》。资料管理实行三级类目，馆藏资料分为十大类。依据大纲分类、编目、整理馆藏资料11923册。2015年制定下发了《沈阳铁路局声像档案管理办法》（沈铁办档〔2015〕8号），规

范声音、影像资料包括照片、录音带、录像带、光盘等的收集、归档和管理。同年，制定《沈阳铁路局实物档案管理办法》（沈铁办档〔2015〕9号），规范了以物质实体为载体的物品档案管理办法。至此，沈阳铁路局馆藏各门类档案都有了相对应的管理规范。

（二）建设项目档案管理

1997年，为加强地亩档案管理，局档案馆与业务部门联合下发《关于加强地亩档案归档管理工作的通知》。2007年，针对重点基本建设项目档案管理，路局印发《关于进一步加强建设单位工程项目档案管理工作的通知》（沈铁办档发〔2007〕6号），编写了《沈阳铁路局基本建设项目档案管理工作手册》。同年8月，受国家档案局委托，由铁道部档案史志中心、辽宁省档案

1996-2015年沈阳铁路局馆藏档案数量统计表

表4-10-5

年度	总案卷数	文书档案（卷）	文书档案（件）	科技档案（卷）	会计档案（卷）	专门档案（卷）	实物档案（件）	照片（张）	资料（册）
1996	1593260	535969	—	244414	722304	90573	—	83353	31338
1997	1660954	552934	—	250680	755048	102292	—	76733	25221
1998	1725369	572893	—	258261	788988	105227	—	152494	27265
1999	1771697	588473	—	255677	817270	110277	—	166069	25631
2000	1834261	609128	—	260499	849240	115394	—	181929	29848
2001	1860983	619566	—	247403	872283	121731	—	191204	28632
2002	1881122	625164	—	253431	890832	111695	—	185693	28711
2003	1915716	639794	—	259772	886722	129428	—	205184	28343
2004	1787586	579537	167511	250570	823377	134102	—	208283	27953
2005	1744638	557580	326156	240045	807189	139824	—	205466	25379
2006	1697758	534761	467178	233776	780399	148822	—	116790	196574
2007	1728116	538566	647488	242475	783968	163107	—	118204	36488
2008	1796958	541431	819790	248446	836964	170117	371	171373	26131
2009	1812169	539772	570197	255159	838666	178572	380	169290	26460
2010	1827681	539447	1122325	259861	840702	187671	413	169635	25665
2011	1842517	538823	1306039	269165	840071	194458	433	173039	25890
2012	1618486	477733	1307518	274119	807404	59230	335	66757	17645
2013	1625399	476580	1437642	286429	802051	60339	930	68268	17806
2014	1639210	473010	1571919	299260	804774	62166	1057	68827	18586
2015	1689403	471916	1746871	339205	813650	64632	1062	72649	18689
合计	35053283	11013077	10996967	5228647	16361902	2449657	4981	2851240	688255

*2004年开始文书档案启用新的整理规则；2007年以前没有统计实物馆藏

局、北京铁路局、沈阳铁路局5名同志组成的验收组对秦沈铁路客运专线建设项目档案进行专项验收。2008年，印发《关于贯彻落实铁道行业标准〈铁路科学技术档案分类与代码〉的通知》（办档发〔2008〕5号），并结合管内运输生产力布局调整和基本建设工作实际，重新修订了《沈阳铁路局科技档案归档范围及保管期限表》《沈阳铁路局管内各单位取字代码表》《沈阳铁路局管辖线路取字代码表》；制定下发《关于进一步加强建设单位工程项目档案管理工作的通知》和《沈阳铁路局基本建设项目铁路用地竣工文件编制移交办法》。2009年，下发《关于抓紧做好建设项目前期文件资料和竣工文件编制移交工作的通知》《关于核对建设工程项目档案归档情况的通知》，检查督办建设项目档案归档工作。2010年，下发《关于切实加强建设项目档案管理工作的通知》。

（三）档案信息化建设

1996年，为适应档案现代化管理需要，路局为档案馆购置光盘档案管理系统。1998年，开发研制档案管理系统软件，同年应用于文书档案立卷，48个文书立卷部门使用该软件归档。2003年，按照铁道部办公厅档案处要求，沈阳铁路局启用铁道部研发并推广的《铁路档案管理系统软件》。2004年，首次在局机关文书档案归档工作中应用该软件，并建立档案数据库。同年，局档案馆自行研制开发了档案工作网络平台"沈阳铁路局档案史志网"。截至2015年，沈阳铁路局档案数据库贮存档案数据235751条。

（四）档案业务检查指导

1996年，路局下发《关于在全局开展年度档案工作检查的通知》，档案工作检查成为一项工作制度，结合各个时期工作重点，逐年开展。1997年，铁道部下发《企业档案工作目标管理认定标准》。1998年，全局开展档案目标管理认定工作，截至2002年，全局有79个单位通过部级认定，有10个单位通过国家二级认定。2007年，局档案史志室组成调研检查组，对全局主要运输站段、异地车间及办事处共81个单位进行了专题调研检查。路局逐步完善《全局档案工作检查标准》，每年有针对性、有重点地对基层单位档案工作进行调研检查，解决实际问题。

为宣传贯彻中共中央办公厅和国务院办公厅《关于加强和改进新形势下档案工作的意见》，2015年7月，路局下发《沈阳铁路局关于加强和改进新形势下档案工作的实施意见》，作为全局各单位档案工作的指导性文件。

（五）档案利用服务

馆藏档案面向全局各级单位和干部、职工及家属，按有关规定提供在编史修志、工作查考、工程设计、土地确权、解决经济纠纷、维护铁路和职工权益等方面的利用需求。

三、档案馆馆舍建设

2012年8月，铁路局新改建档案馆投入使用。新改建档案馆建筑面积5333平方米，配备了消防系统、监控系统、空调系统以及档案密集架、防磁柜、电梯、升降机、工作梯、运档车、切纸机、装订机、吸尘器、鞋套机等档案装具和技术保障设备，还配备了触屏自动查询系统等各种设备。

同年10月，局档案史志室用时两个月，完成了分布于8个城市13个存放地点的原锦州、吉林铁路局以及各分局全部档案和资料搬迁，实现全局档案集中统一管理。搬迁并安置档案445592卷、213710件，工程底图76887张，照片档案12982张，实物档案793件，银行帐册139008本，资料11127册。

到2015年底，档案史志室馆舍面积（包括局机关档案室）达到5852平方米。

四、档案队伍建设

1996年6月，在丹东举办全局档案人员讲演比赛，优胜者代表路局参加铁道部演讲比赛，并获第一名，沈阳铁路局获优秀组织奖。为提高全员档案业务水平，铁路局和分局档案部门根据档案人员的实际情况，层层举办档案业务培训班，档案培训做到经常化、制度化。同年，局档案馆被评为辽宁省档案工作先进集体。1997年12月，局档案馆和吉林、锦州分局档案室、大连公司档案室、沈铁公安局档案室被评为"八五"期间全路档案工作先进集体。2000年，局档案馆被评为"九五"期间辽宁省档案工作先进集体。

2005到2006年铁路生产力布局调整，全局立档单位由300余个减为150个（不含多经系统各单

1996-2015年沈阳铁路局档案利用情况一览表

表4-10-6

年度	利用人次	利用卷数	文书档案		科技档案	会计档案	其它档案
			卷次	件次	卷次	卷次	卷次
1996	78220	114537	60341	—	54196	—	—
1997	67814	116432	33152	—	42544	31086	9650
1998	61892	110457	34397	—	35192	31367	9501
1999	75468	109279	27845	—	37580	35291	8563
2000	62085	116091	28397	—	35922	45497	6275
2001	64816	104005	24695	—	38073	33627	7610
2002	66762	119427	33530	—	24171	55932	5794
2003	63050	118145	29081	—	21355	56369	11340
2004	43754	86462	22819	—	22538	33696	7409
2005	27830	79635	13076	—	29647	28922	7990
2006	17451	38123	5604	7357	9250	16673	6596
2007	17884	37922	5303	7357	9205	16718	6696
2008	17652	37840	6507	6843	11078	17132	3123
2009	17769	35312	5775	4246	11629	12822	5086
2010	16793	30730	5040	6483	8512	11500	5678
2011	18003	32691	4919	4043	9040	12053	6679
2012	12679	27128	2652	4542	9182	13410	1884
2013	10852	18323	2230	4947	3576	11313	1204
2014	9937	24632	2632	9045	4925	15117	1958
2015	10367	22388	2591	7248	5965	12370	1462
合计	761078	1379559	350586	62111	423580	490895	114498

＊2005年以前，文书档案没有按件统计档案利用情况

位），档案人员更新过半。2006年11月，于局党校举办全局档案业务培训班，是路局直管站段后第一次进行全局档案业务培训。2007年2月，局档案史志室获辽宁省"2006年度省（中）直企业档案工作优秀单位"称号。2007年12月，局档案史志室获"辽宁省档案工作优秀集体"称号。同年，档案史志室完成的科研课题《实现网上归档控制》获铁道部2007年优秀工作质量成果奖、《铁路系统档案信息网站建设研究》获辽宁省优秀科技成果三等奖、《铁路档案计算机管理系统的推广应用》获辽宁省档案学会优秀工作成果一等奖。2011年10月，局档案史志室被授予"铁路档案工作先进集体"称号。

第六节　史志工作

一、史志工作部门概况

1996年，沈阳铁路局史志办公室为局办公室下属独立部门，由铁路局主管办公室的副局长主管，局办公室主任代管，定编6人。局党委党史征集办撤销后，其工作职责纳入史志办。工作内容主要是：每年出版《沈阳铁路局年鉴》；以20年为周期接续编纂出版《沈阳铁路局志》《辽宁省志·铁道志》《吉林省志·铁道志》，参与编纂《内蒙古自治区志·铁路志》《河北省志·铁路志》；为铁路局各部门、各单位及路内外相关部门、单位提供反映历史与现状的有关资料。各铁路分局均设史志办公室，归分局办公室领导。

1999年8月27日，成立沈阳铁路局年鉴社，为局附属单位，对内称史志办公室，仍由铁路局主管办公室的副局长主管，日常工作归局办公室领导，定编4人。2005年3月18日，铁路分局撤销后，按照铁道部规定，沈阳铁路局成立档案史志室，列局附属机构，由局办公室领导，档案史志室设史志工作人员定编3人。

2010年，沈阳铁路局档案史志室被评为"全国方志系统先进集体"。

二、《沈阳铁路局年鉴》编辑出版发行

《沈阳铁路局年鉴》是记录上一年之内各部门各单位全面情况的资料性工具书，由中国铁道出版社出版。1996年版年鉴共设16个栏目、65个分目、1050个条目，共80.6万字。1996年是《沈阳铁路局年鉴》编辑出版10周年，局长王振秋为年鉴题词："知往鉴今，开拓未来"，局党委书记马增清题词："编好年鉴，惠及后人"。

从1997年开始，《沈阳铁路局年鉴》实现计算机编辑，报送稿件由纸质变为软盘，减少了录入程序与文字差错率，并缩短了出版周期。1998年，首次实现《沈阳铁路局年鉴》自行编辑排版，减少了校对次数，缩短了编辑时间，并节约了排版费用。1999年，《沈阳铁路局年鉴》以期刊形式出版。5月15日，经国家新闻出版总署新出报刊〔1999〕785号文件批准，辽宁省新闻出版局审核下发中华人民共和国期刊出版许可证；到2013年5月15日许可证经批准办理更换。

2003年，铁道部档案史志中心、史志学组在重庆举办的全路第二次年鉴评比活动中，《沈阳铁路局年鉴》获综合一等奖。2010年，《沈阳铁路局年鉴》参加辽宁省年鉴评比，获一等奖；参加全路年鉴评比，获铁道部评选的年鉴单项一等奖1个、单项二等奖2个。

三、修志工作

1996年8月，全国铁路史志办主任会议在吉林召开。会议传达了国务院总理李鹏、国务委员李铁映在全国第二次地方志工作会议上的讲话，铁道部办公厅对修志与年鉴编辑出版工作进行了部署。1997年11月，《沈阳铁路局志（1891—

1995）》完成全部编修审查工作，由中国铁道出版社出版。全书12篇、55章、300余节、近180万字。

1999年，局史志办公室编纂完成《辽宁省志·铁道志》（1891—1985年）约90万字的稿件，于2000年年底出版。全书记述自建路初期至1985年沈阳铁路局辽宁省境内的铁路建设、运输生产、经营管理、科技教育等情况。同年11月，沈阳铁路局和沈阳分局、锦州分局被评为"全国铁路史志工作先进单位"。

2007年，铁路局启动《吉林省志·交通志/铁道（1986—2000）》的续修工作。到2011年10月，完成稿件35万字，2014年3月出版印刷。当年，沈阳铁路局被吉林省地方志办公室评为修志先进单位。

2012年，铁路局启动《辽宁省志·铁道志（1986—2005）》的续修工作，到2015年年末，完成了"建设管理"和"工业"部分的稿件，共计28万字。

2015年，按照中国铁路总公司"加快推进单位志书编修工作进度，全面完成第二轮修志工作任务"的要求，沈阳铁路局启动《沈阳铁路局志（1996—2015）》编纂续修工作，5月初以路局文件下发了编纂方案，并配套下发了局志编修的行文规范和质量标准，确保局志编纂工作扎实有序推进。

四、史料提供

1998年，史志办为铁道部承担的《共和国辉煌五十年·铁道事业》一书提供大事简记与专题条目4.8万字，图片346幅。同年，根据铁道部办公厅《关于出版1985—1996年中国铁路年鉴（电子版）的函》，提供沈阳铁路局概况、大事记4.2万字。是年，根据铁道部要求，参与编写原铁道部部长李森茂传记，收集整理2万余字，报送铁道部。自1996年起，局史志办承担为《辽宁年鉴》供稿的任务，并承担辽、吉两省、内蒙古自治区下达的临时性史志鉴类书刊的供稿任务。1999年，先后承担《辽宁50年成就事典》《〈历史的跨越〉——辽宁50年回眸》《辽宁之最》等书供稿3万余字。同年，为铁道部开始出刊的《中国铁道年鉴》供稿。2000年，为《中国铁道

百科全书》供稿3000字。2004年，开始为辽宁省委编辑的《中国共产党辽宁年鉴》供稿。从2006年开始，由长春铁路分局供稿的《吉林年鉴》《长春年鉴》改为由局档案史志室供稿，为上级部门及省市供稿单位增加至8个。2007年，为满足《中国铁路志》编修工作需要，制作《沈阳铁路局志》《辽宁省铁道志》《吉林省铁道志》多媒体光盘，完成文字校对361万字。2008年，为吉林省委《吉林省改革开放三十年》一书提供铁路运输、铁路建设稿件；为辽宁省委《辽宁改革开放三十年风雨行》一书供稿。

2006—2015年，为各级机关与基层单位提供史料389册近1500万字。

五、党史征集与编修《中国共产党沈阳铁路局80年》

2001年，为纪念中国共产党成立80周年，沈阳铁路局党政联席会议决定由史志办编写党史资料，在《沈阳铁道报》开辟专栏连续刊登。从5月16日开始，用两个月时间，由局党委书记宋大悦作序，以"光辉的旗帜，奋斗的诗篇"为题，记述了沈阳铁路局早期工人运动与中国共产党组织成立发展壮大的历史过程，全文共计6万余字。

2002年年初，按照局党委的工作安排，启动《沈阳铁路局党史》编撰工作。，由局组织部、局办公室负责编撰组织工作，史志办组织人员编写。2003年，沈阳铁路局党史以《中国共产党沈阳铁路局80年》为书名，由中国铁道出版社正式出版，全书共10篇33章30.1万字，记述从1894年沈阳铁路局工人运动兴起108年、1921—2001年

1996—2015年沈阳铁路局史志工作完成任务统计表

表4-10-7　　　　　　　　　　　　　　　　　　　　　　　　单位：万字、册

年份	局年鉴成书（万字）	铁路局、省、市志（万字）	为部、省、市年鉴供稿（万字）	为各单位提供史料（万字）	志鉴发行（册）
1996	80.6	局志稿130	0.5	1.2	1100
1997	82.8	局志稿20	0.6	2.0	1100
1998	82.8	局志成书180	0.6	3.0	2200
1999	81.2	辽宁省志稿40	4.6	8.8	1500
2000	71.3	辽宁省志成书90	2.4	3.8	2360
2001	71.1	党史连载6.0	3.0	0.6	1700
2002	72.8	局党史稿20.0	3.2	1.0	1800
2003	71.1	辽宁科技志3.0	2.4	1.2	1820
2004	80.5	局党史成书30.1	4.2	1.4	1800
2005	80.0	辽宁科技志1.2	8.6	1.5	1080
2006	62.0	辽宁科技志共4.6	6.0	中国铁路志1008.0	860
2007	80.0	吉林省、沈市志15*	10.0	365.0	1060
2008	80.0	吉林省铁道志8.0	7.4	15册11.8	1060
2009	86.0	辽宁科技志2.0	8.0	64册3.9	1060
2010	85.0	吉林省铁道志22.0	7.4	13册3.0	1060
2011	78.2	吉林省铁道志13.0	8.9	15册6.2	1060
2012	78.0	吉林省铁道志53.0	8.2	64册16.0	1020
2013	78.0	吉林省铁道志15.0	7.7	67册22.0	810
2014	79.0	辽志50.0、吉志（2）40	6.9	101册52.0	960
2015	90.0	局志220、辽志28.0	6.9	80幅图片880册7.0	810
合计	20部1570.4	9部654万字	107.5	1219册1519.4万字	30220册

*2007年为《沈阳市志》提供资料5.2万字，为《吉林省志》提供资料9.8万字

各铁路分局第一轮志书、1996—2004年年鉴编纂情况统计表

表4-10-8

分局别	修志工作完成情况（卷、万字）	年鉴编辑出版情况（卷、万字）	分局撤销年份
长春分局	—*	9卷9年、539.3万字	2005年
沈阳分局	（1898—1988）1990年版 80.0万字	9卷9年、896.0万字	2005年
大连分局（公司）	—	8卷8年、326.0万字	2005年
锦州分局	（1891—1985）1999年版 150.0万字	9卷9年、665.0万字	2005年
通辽分局	（1917—2000）2002年版 177.1万字	2卷2年、107.0万字*	2005年
吉林分局	（1896—1985）1995年版 78.0万字	9卷9年、630.0万字	2005年
通化分局	（1925—1995）1998年版 128.0万字	4卷8年、314.0万字*	2005年
白城分局	（初稿）	—*	2000年
图们分局	（1922—1988）1994年版 78.5万字	4卷4年、191.3万字	2000年
丹东分局	（1904—1985）1991年版 59.2万字	—*	1999年
合计	共7部750.8万字	共54卷、3668.6万字	

*长春分局、大连分局没有完成分局志编纂工作，白城分局只有初稿
*白城分局、丹东分局没有出版年鉴；通辽分局只有1987年、2004年2部年鉴；通化分局1999年出版1卷1996、1997、1998合订本年鉴，2002年出版1卷1999、2000、2001合订本，2003、2004年又每年出版1卷年鉴；长春、沈阳、锦州、吉林、通化分局年鉴资料截止到2003年，大连分局年鉴资料截止到2002年，图们分局年鉴资料截止到1998年

中国共产党沈阳铁路局各级组织的建设与发展80年历史。

六、史志工作人员专业培训

1997年，局史志办全员分两批参加辽宁省计算机专业干部培训班。1998年7月，局史志办举办全局年鉴供稿人员培训班。2001年9月，全国铁路年鉴质量研讨会由沈阳铁路局筹办召开。2005年撤销铁路分局后，为适应铁路局直管站段新形势，将运输站段纳入《沈阳铁路局年鉴》征稿范围，以概况方式入鉴。2006年6月，局档案史志室举办路局直管站段后的首次年鉴供稿人培训班。

2010年，由局档案史志室代表《沈阳铁路局年鉴》，参加了辽宁省新闻出版局组织的期刊编辑知识竞赛，获得全省二等奖。

第十一章　职工教育

沈阳铁路局职工教育管理的日常工作由局职工教育处负责，主要工作内容包括职工岗位培训、职工电函大及远程教育、职业学校教育和配套教育等。20年来，职工教育管理机构几经变化。1996—2005年，沈阳铁路局承担铁路中小学义务教育、中专和技校职业教育以及在职工教育，在教育管理体制上实行路局、分局、站段三级管理体制。"九五"期间，铁路职工教育在深化岗位培训的同时，实施"7277"素质工程，到2000年沈阳局职工高中以上文化程度比例达到70.65%；专门人才数量达到职工总数21.54%；工人中受过系统专业教育比例达到73.87%；行车一线关键岗位"变招工为招生"的比例达到90.85%。沈阳局还增加一项中小学办学水平指标，即中小学办学水平在当地进入区（县）先进行列的学校达70%，2000年实际达到90%。

20年来，随着培训机构整合，将职工培训中心调整为4所职工培训基地；职业院校于2005年开始陆续交由地方政府管理；基层站段设教育科（室）。1996至2015年，全局职工教育集中围

绕铁路运输生产经营和安全管理，开展大量的培训工作。伴随着铁路连续实行六次大面积提速，哈大电气化改造，秦沈客运专线、哈大高铁、长吉城际铁路以及沈丹、长珲（吉珲段）、丹大高铁的建设和投入运营，全局职工教育培训工作紧密围绕铁路建设、提速调图、运输生产经营、安全管理开展了大量培训工作，组织职业技能竞赛，开展"对等符级"、岗位技能达标等活动，有效提高职工队伍素质，为全局发展提供了人才和智力保障。

20年来，沈阳铁路局职工教育工作取得显著成绩。沈阳铁路局经辽宁省教育厅、铁道部劳动卫生司推荐，荣获中国成人教育协会授予的"全国成人教育先进单位"荣誉称号。沈阳铁路局荣获教育部授予的全国"第二批学习型企业成绩突出单位"称号。

第一节　职工教育系统概况

一、职工教育处

1996年，沈阳铁路局教育处定编21人，其中，处长1人、副处长2人。内设职工教育科、专业学校科、普通教育科、计划财务科。分局设职工教育分处和普通教育委员会，各主要站段设教育室及教育专职人员。全局共有铁路中等专业学校5所、职工大学1所、职工中专3所、职业高中3所、技工学校（司机学校）9所、职工学校10所、电函大教育中心1所、中小学159所。

1999年，教育处机构调整为职工教育科、学校科、综合科，人员编制由原来的21人调整到14人，其中，处长1人、副处长1人。主要负责：贯彻执行国家教育政策、法规及上级有关政策规定，会同有关部门编制教育改革和发展规划及各类教育年度工作计划；组织检查、指导、评估各分局职教、普教及各类学校管理、教育、教学工作；负责局直属学校管理、监督、检查，配合人事（干部）、组织部门搞好直属学校领导班子和师资队伍建设，组织指导全局工人有计划地开展各种技术业务培训、考核及教育教学工作；编制职业技术教育年度招生计划，组织、指导、检查招生工作并做好路局与地方有关部门协调工作；

配合有关部门做好军交工作；组织开展教育教学理论研究和教育干部业务培训工作；掌握并组织检查全局各类教育经费使用情况，直接管理使用路局管理职教经费；管理全局校办企业，组织制定各项管理制度，指导、检查各校办企业经营工作；管理全局教材编审及图书发行。从1999年1月1日起，路局实行财务集中管理，教育处保留对教育经费计划管理，财务管理职能移交给路局财务处。

2005年，全路实行铁路局直接管理站段体制改革，沈阳铁路局教育处更名为沈阳铁路局职工教育处，定编12人，其中：处长1人，副处长1人，内设处长室、职工培训科、学历教育管理科、综合科。根据新管理体制要求，重新调整工作职责，主要负责直管沈阳、丹东、大连、锦州、长春、吉林、通化、通辽8所职工教育培训中心，组织制订全局职工教育改革和发展规划、年度工作计划，并组织实施；建立健全职工教育培训机构、管理制度、考核办法和评估标准，监督检查基层单位职工教育管理制度、办法、机制等的建立和落实情况；管理、监督、检查全局职工培训中心，配合有关部门做好中心领导班子、师资队伍建设工作；指导、检查、考核、评估基层站段工人岗位培训、特殊工种培训及相关工种军事运输知识培训；建立路局内外结合职工学历教育培训网络，组织职工参加铁路成人中、高等学历教育，落实岗位达标规划；负责编制全局职工教育经费使用计划，监督、检查管内各单位职教经费提取、上缴和管理使用情况；有计划地建好实作技能演练基地，完善图书室建设，指导全局教材编审及图书发行工作；加强职教管理人员和专兼职培训师队伍建设，组织师资培训，建立一支专、兼职相结合的高素质培训师队伍；组织、指导开展职工教育教学理论研究和学术交流活动，指导辽宁铁路教育学会工作。到2012年，随着铁路发展和对人员素质培训要求，在原有工作职责中又增加：负责组织、指导、检查客专、高铁、动车储备人员培训及岗上作业人员持证上岗考核及动态达标考核工作。

2015年，职工教育处16人，其中处长1人，副处长3人，内设处长室、职工培训科、学历教育管理科、综合科，主要负责：全局在职职工岗位培训工作；职工学历教育和职工培训基地管理工作；职工教育经费管理；全局职工技术业务脱产培训；全局在职职工学历教育培训；职工日常培训。

二、职业学校

(一)中等专业学校

1996年，沈阳铁路局共有中等专业学校5所：沈阳铁路机械学校、锦州铁路运输学校、吉林铁路经济学校、大连铁路卫生学校、沈阳铁路师范学校。5所中等专业学校总办学规模为6440人，其中沈阳铁路机械学校1920人，锦州铁路运输学校1280人，吉林铁路经济学校1600人，大连铁路卫生学校1000人，沈阳铁路师范学校640人。平均年招生2150。1999年1月，路局将沈阳铁路机械学校与沈阳铁路师范学校合并，实行一套机构两块牌子，保留沈阳铁路师范学校牌子。2001年，路局将吉林铁路经济学校与吉林铁路运输职工大学合并，实行一套机构，两地办学的管理体制。2005年路局将所属中等专业学校全部移交地方人民政府管理。

(二)技工学校

1996年，沈阳铁路局所属技工（司机）学校9所，即大连、锦州铁路司机学校，吉林、丹东、通辽、白城、通化、沈阳、长春铁路运输技工学校。技工（司机）学校总办学规模为4460人，其中大连铁路司机学校800人，锦州铁路司机学校800人，吉林铁路运输技工学校600人，丹东铁路运输技工学校600人，通辽铁路运输技工学校400人，白城铁路运输技工学校360人，通化铁路运输技工学校300人，沈阳铁路运输技工学校300人，长春铁路运输技工学校300人。1998年，经辽宁、吉林省和内蒙古自治区人民政府批准，撤销沈阳、长春、通辽铁路运输技工学校，其在校学生分别调整到大连、锦州铁路司机学校。从1998年起全局所属技工、司机学校停止面向社会招生，实行面向铁路企业内部培养在职职工的办学模式。1999年，撤销管内所有技工（司机）学校，与分局职工学校、电函大辅导站等培训机构合并，组建分局职工培训中心。2006年，大连铁路司机学校移交给大连交通大学管理。

三、职工大学、成人中专和电、函大

1996—2005年，沈阳铁路局职工教育培训机构主要有路局职工大学、成人中专，分局职工学校和站段教育室三个层次。随着2005年3月18日分局撤销以及后来社会职能移交，职工培训机构发生较大变化。全局拥有职工大学1所、成人中专3所、分局职工学校10所。

(一)职工大学

吉林铁路运输职工大学办学规模为1000人，主要承担铁路局在职职工大专学历教育、干部培训、铁路关键岗位人员培训。设有铁道运输、铁道车辆、内燃机车、铁道工程、工业与民用建筑、电力机车、企业供电、财务电算化8个专业。2001年，吉林铁路运输职工大学与吉林铁路经济学校合并，实行一个机构两块牌子，并于2005年移交地方政府，归吉林省教育厅管理，经教育部批准改为吉林铁道职业技术学院。

(二)成人中专

1996年，沈阳铁路局共有铁路成人中等专业学校3所，即沈阳铁路成人中等专业学校、锦州铁路成人中等专业学校、锦州铁路成人中等公安学校，主要承担全局在职职工成人中等专业学历教育。沈阳铁路成人中等专业学校办学规模800人，主要承担铁道信号、综合电信、企业供电专业成人中专学历教育；锦州铁路成人中等专业学校办学规模800人，主要承担铁道运输、铁道车辆、铁道工程、工业与民用建筑和物资管理专业职工成人中专学历教育；锦州铁路成人中等公安学校办学规模640人，主要承担铁道公安专业人员培训。同年，辽宁省教委根据国家教委《关于评选省部级成人中等专业学校的通知》精神，经辽宁省政府同意，评定沈阳铁路成人中专、锦州铁路成人中专为辽宁省示范性成人中等专业学校。1999年，锦州铁路成人中等公安学校撤销。2000年，路局对专业学校布局、规模、专业、职能进行较大调整，撤销沈阳、锦州铁路成人中专学校，沈阳铁路机械学校、锦州铁路运输学校、吉林铁路经济学校增加职工学历教育和职工培训职能，吉林铁路运输职工大学设立成人中专部。沈阳、锦州铁路成人中专人员和资产分别划归沈阳、锦州分局职工培训中心。

(三)电、函大

沈阳铁路局电大函授教育中心2005年7月改称为沈阳铁路局函授及远程教育工作站，为路局职教处附属部门，主要承担全局职工电视大学（电视中专）、函授及其他远程教育工作。函授及远程教育属于成人教育管理范畴，在国家教育行政部门领导下实施三级管理模式，即：北京交通大学、西南交通大学、大连交通大学、中南大学和省级电视大学、电视中专为主管高校；沈阳铁路局函授及远程教育工作站或沈阳铁路局沈阳职工培训基地远程教育管理科为主管部门；沈阳、锦州、长春、通辽职工培训基地和分局铁路电大工作站教学班为教学基地。2015年，根据路局《关于调整局机关行政附属机构编制的通知》要求，撤销沈阳铁路局函授及远程教育工作站机构，对外保留沈阳铁路局函授及远程教育工作站名称，将在职人员专业学历教育教学管理职能回归局职工教育处，将专业学历教育教学组织职能移交沈阳培训基地。在沈阳职工培训基地增设远程教育管理科。

四、职工培训基地

职工培训基地前身是由分局职工学校、分局技工学校、铁路成人中专等培训机构合并成为的分局职工培训中心，2005年培训机构再次整合后改称为职工培训基地，是职工接受短期专业知识和岗位技能教育培训的办学机构。

1996年，全局共有长春、沈阳、锦州、大连、通辽、吉林、通化、丹东、白城、图们10所职工学校。1999年，路局下发《关于组建分局职工培训中心的通知》，撤销分局职工学校、技工学校、电函大辅导站及各类培训机构，组建分局职工培训中心；图们分局职工学校与吉林分局职工学校合并；白城分局职工学校与长春分局职工学校合并；重新组建沈阳、丹东、锦州、长春、吉林、通化、通辽7个分局职工培训中心。

2000年，根据铁道部《关于进一步推进运输企业生产布局调整和分离工作的通知》要求，路局撤销分局职工教育分处、普通教育委员会，成立分局教育中心。分局教育中心作为分局附属单位，集职工培训管理教育教学管理和办学职能为一体，统管分局中小学、职工教育培训中心、站段教育室教育教学工作及学校布局。调整后全局共有长春、沈阳、锦州、通辽、吉林、通化分局，大连公司7个教育中心。2006年，路局下发《关于组建长春等职工培训基地的通知》（沈铁

劳发〔2006〕254号），对沈阳、丹东、锦州、长春、吉林、通化、通辽分局职工培训中心进行整合，重新组建长春、沈阳、锦州、通辽4所职工培训基地；同时，撤销丹东、通化、白城分局职工学校。

五、铁路中小学

1996—2003年沈阳铁路局中小学实行路局、分局两级管理。路局教育处设普教科，对全局中小学行使业务指导职能；各分局设普通教育委员会，对中小学进行直接管理；局师范学校下设附属小学一所。1996年，全局中小学共有164所，在校生达115302人。其中，中学64所，在校生34821人；小学100所，在校生80481人。到2003年8月，全局中小学数量减少到108所。

2002年，国家经贸委等六部委下发《关于进一步推进国有企业分离办社会职能工作的意见》（国经贸企改〔2002〕267号），试点向地方政府移交工作。2003年，铁道部下发《关于推进铁路主辅分离辅业改制和做好再就业工作的指导意见》，路局制定《全局文教卫生系统属地化管理工作指导意见》，全面推进将企业所属中小学、幼儿园、职业学校、医院等移交地方政府工作。到2004年10月，中小学、幼儿园移交工作基本完成。

第二节 职工岗位培训

一、各类岗位培训

（一）"7277"素质工程

1994年，铁路教育实施"7277"素质工程，要求到2000年，全路职工高中以上文化程度比例接近70%；全路专门人才（具有中专毕业以上学历者）数量达到职工总数20%；工人中受过系统专业教育（技工学校毕业以上和通过规范化岗位培训）比例达到70%；行车一线关键岗位"变招工，为招生"在当年新增职工中，中专、技校毕业生和经过一年以上初级职业培训者的比例达到70%，其中机车乘务员为100%。1995—2000年，沈阳铁路局按此要求每年进行具体落实和推进。到2000年底，"7277"素质工程全面完成。其中：职工中高中以上文化程度比例达70.65%，比计

划高出0.65个百分点；职工中具有中专毕业以上学历专门人才占职工总数比例达到21.54%，比计划高出1.54个百分点；工人中受过专业教育（技工学校毕业以上和通过规范化岗位培训技工）比例达到73.87%，比计划高出3.87个百分点；行车一线关键岗位"变招工为招生"比例达到90.85%，比计划高出20.85个百分点。

（二）"学对达标"活动

1996年，路局印发《关于全局一季度开展"学对达标"活动的通知》（沈铁教发〔1996〕3号），成立安全标准线建设领导小组，第一次提出理论考核成绩90分为合格高标准，并按抽考成绩兑现奖罚要求，在全局行车主要工种职工中，开展学标、对标、达标活动。通过开展这项活动，职工业务素质明显提高，达到本岗位应知应会"一口清、一手精"人数达8.9万人，占行车主要工种人数59.7%。

（三）"对等符级"活动

1997年，路局下发《沈阳铁路局工人岗位技能等级办法（试行）》，规定按考试成绩把工人技能划为优秀、达标、未达标三个等级；按职工总数5%比例，选拔考试成绩突出优秀工人，参照日常考核结果授予技术能手荣誉称号，给予当年度上浮三档工资（按技能工资标准）奖励，初步建立"培训、考核、使用、待遇"一体化机制。

（四）"10个工作日"培训

2001年，铁道部下发《关于进一步加强铁路运输企业职工岗位达标培训工作的意见》，提出到"十五"末期，按照新岗位标准对在职职工实行全员培训，要求运输岗位职工岗位达标度达到100%，工人队伍中技师必须达到评聘工种范围2%，高级技师达到技师人数10%；每个职工每两年有一次不少于10个工作日的脱产培训。路局制定《沈阳铁路局关于开展全员培训的实施办法》，把机车乘务员、车辆检车乘务员、车站值班员"'三大职名'人员"纳入路局脱产培训计划，将其作为重点培训对象。2002年，路局、分局分别制定培训计划和落实措施。脱产10个工作日培训从2002年开始统计，每两年为一个周期。脱产10个工作日培训突出岗位基本作业技能、作业标准，新设备、新技术等新知识和非正常情况

下应急处理能力等内容。培训后严格组织考试，考试成绩填入职工《岗位培训合格证》。

（五）"三新"人员培训

2003年，路局制定《沈阳铁路局"三新"人员培训管理办法》（教职〔2003〕12号），把"三新"人员培训纳入全年工作要点和全局脱产培训计划，组织各职工培训基地认真落实，并将培训落实情况作为对基层站段检查考核重点内容。之后，随着培训要求不断变化，路局于2009年、2012年、2015年，三次对"三新"人员培训管理办法进行修订完善。

（六）职业技能竞赛

自1994年路局下发《关于召开沈阳铁路局首届技术比赛大会的通知》以来，到2015年，共组织全局性职业技能竞赛19届。1995—2015年，沈阳局共表彰技术状元496名、技术标兵2585名、技术能手3003名，参加全路或全国铁道行业职业技能竞赛，取得全国技术能手称号的职工14名，荣获铁道部表彰的全路技术能手38名。2002年，沈阳铁路局在全路工作会议上介绍开展职业技能竞赛经验。

（七）提速调图培训

1997—2007年，沈阳铁路局围绕全路六次提速，每年都对提速区段铁路有关工种职工进行新图实施前适应性培训，并举行统一技术理论考试和实作技能考核，将成绩记入《工人技术档案》，作为任职上岗资格。特别是2007年，路局下发《关于做好第六次大面积提速调职工培训工作的通知》（沈铁教函〔2006〕457号），组织人员编写开发《CRH5型动车组司机培训教材》《长白山型动车组司机培训教材》《CRH5型动车组转向架》《CRH5型动车组车端连接装置》《CRH5型动车组牵引供电系统》《货车运用及检修》、第六次提速工务系统《线路》《桥梁》培训教材和光盘、电务系统提速培训光盘、运输系统新《技规》培训光盘等8种教材和培训光盘，并把动车组司机、随车机械师（检修人员）、高等级客运乘务人员作为重点人员培训。

（八）高铁资格性培训和新线储备人员培训

2012年，为确保世界上第一条高寒地区哈大高速铁路开通运营，沈阳铁路局坚持"准入条件达标、培训质量达标、素质能力达标"原则，依

据铁道部相关要求,制定《高速铁路主要行车工种岗位培训管理办法》,明确机务、车辆、客运、供电、工务、电务六个系统10个工种、19个岗位培训目标,全面规范并落实高铁储备人员培训要求。组织编写高速铁路列车员等6个岗位《高铁岗位培训规范》和配套的19种培训教材;择优聘请116名参与提前介入的人员和专家作为兼职教师;对涉及14个站段配备的2162名准入人员,全部完成任职资格性培训实现"持证上岗"。为确保高铁运行安全和服务质量,还培训非准入岗位人员1461人;完成其他高铁人员补强培训1207人。

2013年,路局对高铁储备人员实施花名册管理,除规定人员送铁路总公司培训外,其他人员安排到路局职工培训基地、职业院校、客运专线、设备生产厂家进行分层次、专业培训,并严格考试考核,确保高铁开通前人员素质达标。同年,完成盘锦至营口高速铁路储备人员资格性培训397人;长吉城际铁路储备人员资格性培训796人。

2014—2015年,路局完成沈丹客专高速铁路储备人员资格性培训726人;长珲客专(吉珲段)高速铁路储备人员资格性培训928人;丹大快速铁路储备人员资格性培训569人。

(九)机车乘务员培训

1996年以来,路局对机车乘务员除进行日常考核培训外,每年还列出专项培训计划,利用分局职工学校或站段与路局联合办学形式,组织新提职机车司机岗前或转型培训。

2005年,铁道部首次组织实施全路机车司机提职考试,沈阳铁路局来自10个机务段466名提职司机参加考试。路局每年组织参考人员在考前集中进行脱产培训,培训时间一般为1—3个月,截至2015年,全局提职机车司机培训考试合格11876人。

2010年,路局开展"十百千万人才培养工程",即从2010年开始,在10000名司机中选拔1000名骨干,参加等级司机培训,再从1000名骨干司机中选拔100名一等司机,从100名一等司机中选拔"十大精英"。路局采取激励政策,提高等级司机待遇,一等司机月增岗位津贴400元,二等司机月增岗位津贴300元。

2012年,路局组织开展机务系统后备机车乘务员岗前培训工作,分别在沈阳、长春、锦州职工培训基地和辽宁轨道交通职业学院先后开办两批后备机车乘务员岗前培训班,共有1493人参加每期两个月的脱产培训。

(十)"361"人才培养工程

2012年,路局转变培训基地职能,变复退军人学历教育为主为在职职工培训为主。在行车主要工种大力开展"361"专业化培训,即在全局车、机、工、电、辆、客、货和供电等八大专业,开办为期3个月、6个月和1年的专业化培训班。路局制定一系列管理制度和办法,先后下发《关于加速高技能人才培养,实施"361"专业化培训的通知》《沈阳铁路局"361"专业化培训方案》和《沈阳铁路局"361"专业化培训管理办法(试行)》。各培训基地对学员实行严格半军事化管理,认真实施教学计划,严肃教学过程,严格学员管理。当年,全局共举办"361"培训班30个,培训学员1235人。学员毕业后有183人被聘任为干部,560人担当班组长或其他生产骨干,123人通过技师、高级技师或高级工职业技能鉴定,7人参加全路职业技能竞赛获得火车头奖章。铁道部组织全路各铁路局职教处长、各培训基地主任及相关职业院校负责人到沈阳局召开现场会,参观锦州、沈阳两个职工培训基地,全面听取沈阳局开展"361"专业化培训经验介绍。

(十一)富余人员下岗培训和职工离岗培训

为认真贯彻铁道部《铁路企业富余人员下岗培训规划》,从1998年开始,沈阳铁路局结合企业实施减人增效、下岗分流实际,开展富余人员下岗培训。其中:1998年培训1555人、1999年培训2439人。

2011—2015年,根据《沈阳铁路局"两违"

2012—2015年沈阳局开展"361"专业化培训培养人数统计表

表4-11-1   单位:人

年份	开办3个月班	开办6个月班	开办1年班	合计
2012	954	109	172	1235
2013	595	97	123	815
2014	926	127	81	1134
2015	816	83	78	977

问题管理办法》和《沈阳铁路局职工离岗培训管理办法》，路局组织通辽职工培训基地编写职工离岗培训系列教材《规章制度教育读本》《职业道德教育读本》《铁路发展教育读本》《政策法规教育读本》《事故案例教育读本》等5本培训教材，并由中国铁道出版社正式出版发行，在沈阳和通辽职工培训基地举办"两违"职工离岗培训班，全局共举办职工离岗培训班12期，培训离岗职工1189人。

二、复退军人专业学历教育

2000—2006年，为提高新入路复退军人的文化和专业水平，由各职业院校承办，路局对新接收复退军人在上岗前进行中等专业学历教育，发放成人中专或电视中专学历证书，学制一般为2.5年至3年。2007年11月，铁道部下发《铁路企业复员退伍军人专业学历教育管理办法（试行）》，沈阳局根据铁道部统一要求，按照国家和铁路就业准入制度，从2011年开始，对新接收复员退伍军人组织进行中专或高职专业学历教育，经专业学历教育和职业技能鉴定，取得毕业证书和职业资格证书后，择优安置，持证上岗。鉴于职业院校已经移交地方实际，路局主要指定沈阳、长春、锦州、通辽职工培训基地与北京交通大学和沈阳铁路机械学校、锦州铁路运输学校、吉林铁路运输经济学校等采取联合办学形式，分别开设铁道运输（车务）、铁道运输（客货）、电力机车驾驶、内燃机车驾驶、铁道供电、铁道车辆、铁道工程（线路维修）、铁道信号等专业高职或中等专业学历教育。2007—2011年，全局共招收复员退伍军人学员9237人，其中高职生1418人、中专生7819人。到2012年，停止复员退伍军人专业学历教育。

根据铁道部统一部署，为确保复退军人稳定，沈阳局从2007年开始，每年对新接收复员退伍军人，在其正式参加成人中高等学历教育之前，组织开展"三项教育"（路情、局情和现场教育）活动；同时，各职工培训基地落实路局"五条禁令"和封闭式管理要求，实行复退军人学员管理制度；路局制定《复退军人学员现场实习管理办法》，在复退军人学员现场实习阶段，通过预分配到站段，进行安全教育、签订《师徒

2007—2011年沈阳铁路局复退军人招生数量统计表

表4-11-2 单位：人

年份	高职	中专	合计
2007	594	1288	1882
2008	514	1682	2196
2009	0	1926	1926
2010	210	1924	2134
2011	100	999	1099
合计	1418	7819	9237

合同》、组织岗位轮换等方式，加强学员现场实践教学组织管理。在学员毕业之前，由局职业技能鉴定部门组织对学员进行职业技能鉴定，取得上岗资格后毕业上岗。

三、职工培训基地建设

2005年8月，锦州培训基地被铁道部评为机车乘务员培训基地，是全路唯一一所路内培训基地。2007年以来，职工培训基地主要承担复退军人专业学历教育、职工岗位培训、特种设备使用和特种作业人员安全培训、职工离岗培训，以及职工电大、函授学历教育班管理和辅导等。2007—2011年，铁道部要求统一组织复退军人参加岗前专业学历教育，沈阳局每年有2000-3000名新接收复退军人参加专业学历教育，各职工培训基地主要承担复退军人专业学历教育管理和日常教学任务。

2010年，路局投入3500万元对沈阳职工培训基地进行改造，将沈阳西电务段闲置房舍和沈西地区食堂改建为北校区，培训能力由600人增至1000人；锦州职工培训基地新建600米线路，先后调入DF4内燃机车和SS1电力机车各一台，作为职工实训机车，安装HXN3、HXD3大功率机车模拟驾驶装置和LKJ200型列控装置。2011年，长春培训基地获得国家安全生产二级培训资质。2012年，路局实施"361"人才培养工程以来，职工培训基地还承担"361"专业化培训任务。2013年，路局制定《沈阳铁路局职工培训基地管理办法》，投入5231万元对锦州职工培训基地进行改扩建，新建实训楼5800平方米，改建食堂、体育活动中心和室外体育场地，包括操场、塑胶跑道、人造草坪等；投入130万元，新建CRH380B模拟动车驾驶培训系统。

2014年，路局投入12883万元，利用长春基地与地方政府土地置换机会，对长春、通辽职工培训基地进行改扩建工作；长春基地置换后，新址占地7200平方米，建筑面积2.22万平方米，培训能力达570人；通辽基地于2014年10月整修结束投入使用，占地3.82万平方米，建筑面积2.086万平方米，培训能力达600人。2015年，路局对各职工培训基地建设（包括更改）投入合计729.34万元，其中：长春职培基地投入83.34万元，主要用于购买两台生产用汽车，接送到现场实训学员；锦州职培基地更新改造投入151万元，主要用于购置动车组故障应急处理仿真培训装置，全彩LED显示屏；通辽职培基地更新改造投入495万元，主要用于购置基地改扩建设备。

四、站段职工教育管理

1995年，全局共有基层单位教育室270个，基层单位专职教师498人。1998年，路局印发《沈阳铁路局标准化教育室考核标准》，对站段职工教育管理有关组织机构、办学条件、完成培训任务、安全管理、职工教育管理、基础资料管理等方面做出具体规定。铁道部和铁路局对基层站段进行检查评估，并对获得"标准化教育室"单位进行重新命名，全局获得部级标准化教育室单位28个；局级标准化教育室单位73个。2000年，路局制定《沈阳铁路局基层单位教育达标条件》；组织对7个分局35个基层站段按照达标条件进行全面检查评估；对29个达到"局级职工教育达标单位"站段进行正式命名，颁发牌匾，并增拨职教经费；铁道部科技司职工教育达标单位评估组到沈局进行抽检，长春机务段等24个站段荣获"部级职工教育达标单位"称号。2001年，路局继续对各分局申报职工教育达标单位进行检查评估；白城站等38个单位通过验收，被命名为局级职工教育达标单位。截至2001年底，全局获得部级职工教育达标单位24个，局级职工教育达标单位43个。

2005年，铁路企业体制发生重大变化，铁路分局撤销，站段整合规模扩大，站段教育室升为教育科，或与其他部门合并，继续开展职工教育培训。2005年，全局行车站段103个，独立设教育机构的89个，合并设置教育机构14个。全局站段教育科（含合并设置教育机构）定员360人，现员546人，兼职教师3246人。同年12月，经路局党政联席会议决定，重新组建沈阳铁路局职工教育管理委员会。

2006年，铁道部下发《铁路职工教育培训规定》，要求"铁路运输站段应独立设置职工教育培训管理机构"。沈阳局基层站段职工管理机构得到加强，独立设置教育科站段68个，与其他部门合并9个。2012年，路局制定《沈阳铁路局职工教育培训管理办法》，重新组建职工教育委员会；路局、各基层单位和培训基地均制定《职工教育培训三年发展规划（2013—2015年）》，路局职工培训基地建设和站段实作技能演练基地建设纳入三年规划之中；修订完善《岗位培训合格证书管理实施细则》《基层单位职工培训管理考核评估办法》等制度和配套措施，促进职工教育培训科学化、制度化、规范化。

2013—2014年，沈阳局加大对基层站段职工教育工作考核评估力度，每年组织一次对基层站段职工教育工作考核评估。

五、站段实训基地建设

1996—2015年，沈阳铁路局每年都采取路局、分局、站段"三家抬"或"路局和站段共建"方式，加强站段实作技能演练基地建设，共建设48个实训演练基地，其中有30个具备培训系统行车主要工种能力的实训演练基地，有18个具备培训站段主要行车工种能力的实训演练基地，形成纵向分层次、横向专业配套、总体资源共享培训网络格局。

六、师资队伍建设

师资队伍概况　1996年，沈阳铁路局职工教育专职人员2170人，包括路局、分局、局属成人中专、职工大学，各分局职工学校，地区职工学校。其中站段教育机构专职人员1072人，管理人员574人，专职教师498人。2014年，路局聘任局级兼职教师339名，其中，运输系统55名、客运系统43名、货运系统30名、机务系统74名、供电系统24名、工务系统33名、电务系统10名、车辆系统37名、房产系统33名。全局已初步建成一支高素质职教管理和师资队伍。

师资管理　2011年，路局下发《沈阳铁路局职工培训兼职教师管理办法》，为加强专兼职教师队伍建设，实行统一任职条件，分级管理；打破身份、资历、学历和年龄限制，按照干部考核程序，在全局公开招聘专职培训人员30名，其中大多是国家、省部、局级技术能手，高级技师或技术骨干；对培训基地不胜任培训教学人员，进行岗位调整。2013年和2015年又陆续进行招聘，使职工培训基地师资队伍得到充实。

师资培训 2005—2010年，分局撤销，铁路职业院校移交地方，站段整合，培训机构整合，站段教育机构缩减，专职职教人员大幅度减少。2007年以后，随着铁路技术进步与装备水平不断提高，特别是六次大面积提速以来，路局加强职教师资培养，先后组织人员到北京、西南交通大学参加铁路新技术师资培训班；分批组织站段教育科长参加全路职教科长培训班等。2012年，路局分两期在北京交大和西南交大组织"沈阳铁路局职工培训基地师资培训班"，主要培训动车组新技术、成人教育理论、多媒体制作技术等内容；组织师资进修，有17人次参加铁道部组织的动车、机车、车辆、供电、信号等新技术培训班；路局还组织各培训基地开展电化教学和开发教学课件培训，学习多媒体技术；组织各培训基地开展教学人员优质课评比等教研活动，提高培训人员教学水平。2015年，全局共举办四期职教干部培训班、培训355人次，举办专兼职教师培训班三期、培训专兼职教师155人。

七、培训教材及课件开发

1998—2015年，路局成立教材发行管理中心，制定《加强职工教育教材建设的暂行规定》（教职发〔1998〕22号），成立路局教材编审委员会，先后组织编发一大批学以致用的职工培训教材。1999年，编写铁路行车岗位培训系列教材，由中国铁道出版社统一出版发行。2007年以来，又开发一批《动车组司机》等新技术培训教材。2011年，编写铁道运输（车务）等7个专业的复退军人专业学历教育《实习指导手册》。2012年，编写"361"专用培训教材。2013年，编写过冬防寒培训系列教材，由中国铁道出版社出版发行，这套教材被中国职工教育和职业培训协会评定为2014年度科技成果（职业培训教材类）奖项。2014年，编写结合部作业配合系列培训教材7册，已由中国铁道出版社正式出版发行。

第三节 职工电函大及远程教育

1996—2015年，沈阳铁路局电大函授及远程教育院校或省校制定教学计划、教学大纲，指定教材，负责学生学籍管理，学生学习成绩管理及毕业资格管理，每学期对局站工作监督、检查、指导。其师资队伍构成为：函授教育教师全部来自主办院校；网络教育和电视大学、电视中专教师均以沈阳、锦州、长春、通辽职工培训基地的老师为主，站段工程技术人员为辅。每学期各教学班均向局站报教师聘任表并接受审查，局站报主办院校备案，由局站在每学期的教学检查中进行考核、监督。每学年组织一次教师培训，交流教学经验。连续多年被评为优秀办学单位。

第四节 职业学校教育

1996年，各职业院校办学规模大幅度提高，全局办学规模增加到10900人，在校人数达到12196人，较1995年增加2.66倍，其中，中等、高等院校在校生达到7740人，技工（司机）学校在校生达到4756人。

一、专业学校设置

（一）中等专业学校设置

1996年，沈阳铁路局所属中等专业学校5所，即沈阳铁路机械学校、锦州铁路运输学校、吉林铁路经济学校、大连铁路卫生学校、沈阳铁路师范学校。1999年1月，经路局、局党委研究决定，将沈阳铁路机械学校与沈阳铁路师范学校合并。合并后沈阳铁路机械学校实行一套机构两块牌子，即继续保留沈阳铁路师范学校牌子，沈阳铁路师范学校附属小学整建制划归沈阳铁路分局。

2000年，对全局职业学校布局、规模、专业、职能进行较大调整。大连、锦州司机学校分别划归大连公司、锦州分局管理；撤销锦州、沈阳两所成人中专；沈阳铁路机械学校、锦州铁路运输学校、吉林铁路经济学校增加职工学历教育和职工培训功能；吉林铁路职工大学成立中专部，开展多层次办学；大连铁路卫生学校实行自主管理、自负盈亏，开展与地方院校联合办学试点。2001年6月，吉林铁路运输职工大学与吉林铁路经济学校合并，实行一套机构、两地办学、两块牌子；大连铁路卫生学校与大连医科大学开展联合办学。2004年12月，大连铁路卫生学校正式移交大连市政府，移交在册职工146人。2005年，按照铁道部关于铁路职业院校全部移交地方政府管理要求，分别将吉林铁路经济学校、沈阳铁路机械学校和锦州铁路运输学校移交吉林、辽宁省地方政府，3所铁中专学校共移交在册职工912人。

（二）技工（司机）学校设置

1996年，沈阳铁路局所属大连、锦州铁路司机学校。除两所司机学校外，各分局设有技工学校，分别是吉林、丹东、通辽、白城、通化、沈阳、长春铁路运输技工学校共9所技工（司机）学校，总办学规模达到4460人。1998年7月28日，路局经辽宁、吉林省和内蒙古自治区人民政府批准，撤销沈阳、长春、通辽铁路运输技工学校，其在校学生分别调整到大连、锦州铁路司机学校。从1998年起，全局所属技工（司机）学校停止面向社会招生，实行面向铁路企业内部培养在职职工办学模式。1999年，路局将各技工学校与各分局职工学校、电函大辅导站及其他培训机构合并，组建分局职工教育培训中心。

2000年，大连、锦州铁路司机学校分别移交大连公司和锦州铁路分局管理，组建教育中心，主要承担职工岗位培训任务。2006年2月，经过路局与大连市人民政府协商，同意大连铁路司机学校移交大连交通大学管理。

二、办学规模与招生

（一）办学规模

沈阳铁路机械学校、锦州铁路运输学校、吉林铁路经济学校、大连铁路卫生学校、沈阳铁路师范学校5所中等专业学校总办学规模为6440人，其中：沈阳铁路机械学校1920人、锦州铁路运输学校1280人、吉林铁路经济学校1600人、大连铁路卫生学校1000人、沈阳铁路师范学校640人。技工（司机）学校总办学规模为4460人，其中：大连铁路司机学校800人、锦州铁路司机学校800人、吉林铁路运输技工学校600人、丹东铁路运输技工学校600人、通辽铁路运输技工学校400人、白城铁路运输技工学校360人、通

化铁路运输技工学校300人、沈阳铁路运输技工学校300人、长春铁路运输技工学校300人。

（二）招生工作

1996年，为缓解铁路职工子女就业压力，沈阳铁路局在普通中专和技工学校招生工作中争取各级政府支持，实行招生制度改革。全局普通中专和技工学校新生中沈局职工子女分别占40%和82%。从1996年起，全局技工（司机）学校面向社会招生，为铁路运输生产培养初中级技术工人，招生人数呈逐年上升趋势，到1999年，毕业生达到1823人。

1999年，路局职业教育招生工作出台三项措施，即：全局技工（司机）学校由原来面向社会和铁路职工子女招生，变为全部招收铁路企业内部职工；应届铁路技工学校毕业生，全部免试自费升入铁路成人中专脱产学习一年；路局新接收复退军人，按照"先培训、后上岗"原则，全部进入各类职业学校参加培训。同年，路局决定所属9所技工（司机）学校招生对象由原来面向社会和铁路子弟的初中毕业生改为全部面向路局新接收复退军人，当年实现复退军人招生2252人。

三、教育评估

1998年，受国家教育部委托，辽宁省教委组织普通中专办学水平评估专家组到锦州铁路运输学校，对其办学条件、教育过程、办学效益进行评估，评估结果确认锦州铁路运输学校达到国家级重点学校水平。1999年，根据教育部《关于调整国家级重点中选职业学校的通知》，以《国家学校级重点中等专业学校条件》为依据，经辽宁、吉林省专家组评定，沈阳局吉林铁路经济学校、沈阳铁路机械学校、锦州铁路运输学校和大连铁路卫生学校共4所学校全部进入国家级重点职业学校行列。

2003年，在辽宁省教育厅、吉林省教育厅开展的国家级重点、省级示范中等职业学校评估认定工作中，沈阳铁路机械学校获得第一名，锦州铁路运输学校获得第二名，吉林铁路经济运输学校在前三次国家级重点中等职业学校评估中均获吉林省第一名，吉林省教育厅决定对吉林铁路经济学校免检。2004年，在第二批国家级重点中专评估中，大连铁路卫生学校取得第二名的好成

绩。

四、职业学校属地移交

2003年，按照铁道部统一部署，沈阳铁路局分别与辽宁、吉林省人民政府及学校所在地人民政府协商，所属中等专业学校、技工（司机）学校移交地方政府管理工作正式启动，截至2005年，4所中等专业学校全部完成移交工作。其中：大连铁路卫生学校于2004年移交大连市政府管理；吉林铁路经济学校于2005年7月移交吉林省人民政府管理；沈阳铁路机械学校、锦州铁路运输学校于2005年8月移交辽宁省人民政府管理。2006年2月，经路局与辽宁省大连市人民政府协商，同意大连铁路司机学校整体移交大连交通大学管理。其他技工（司机）学校撤销，改设为职工培训中心。

第五节　普通教育

一、学校布局调整和属地移交

（一）中小学校布局调整

1998年，沈阳铁路局下发《中小学布局调整的原则意见》（沈铁教函〔1998〕135号），提出中小学布局调整总体方向和总体目标。沿线学校要减少数量，办好寄读学校，中心城市要以重点学校为核心进行重组，重点学校要向多种办学形式发展，使全局中小学越办越精，越办越活，越办越好；以1997年全局中小学校数量为基数，到2000年，布局调整幅度达到20%以上。

2003年8月，为全面推进企业办中小学移交地方管理工作，停止布局调整。

（二）中小学校属地移交

2002年，国家经贸委等六部委下发《关于进一步推进国有企业分离办社会职能工作的意见》（国经贸企改〔2002〕267号），试点向地方政府移交工作。2003年，铁道部下发《关于推进铁路主辅分离辅业改制和做好再就业工作的指导意见》，路局下发《全局文教卫生系统属地化管理工作指导意见》，全面推进企业所属中小学、幼儿园、职业学校、医院等移交工作，路局成立主辅分离移交领导小组。到2004年10月，路局分布在三省一区24个市（州、盟）105所中小学全部

1997—2002年中小学基本情况统计表

表4-11-3　　　　　　　　　　　　　　单位：所

年份	小学数	初中数	高中数（含职业高中）	合计
1997	97	42	19	158
1998	90	38	15	143
1999	81	37	15	133
2000	72	34	15	121
2001	66	31	15	112
2002	63	30	15	108

按照铁道部要求如期实现属地移交，共移交7448人，移交资产总额64081.67万元。

2005年，根据财政部、铁道部召开铁路系统分离社会职能工作会议要求，开始社会职能移交收尾工作；路局成立领导小组，下发《关于调整全局教育卫生机构属地移交工作职责的通知》，全面直接开展收尾工作，并协调处理移交单位过渡期相关问题；收尾工作重点是已移交单位中尚未移交离退休人员、专业学校及部分幼儿园。到2008年12月，社会职能移交收尾工作结束。

二、行政管理

（一）管理体制

1996—2005年，路局教育处内设普教科，行使指导职能。分局设普通教育委员会，对中小学进行直接管理。中小学属地移交工作结束后，路局教育处普教科撤销，各分局普教委也相继撤销并入分局教育中心。

（二）办学经费

中小学办学经费主要由三部分构成：

中小学移交前，办学经费主要由分局承担。由于不存在教师工资拖欠、同时享受铁路职工相关待遇等特点，铁路教师总体待遇高于地方，队伍稳定。

路局每年根据实际需要，安排基建大修项目。尤其是对沈阳铁路实验中学、吉林铁一中、锦州铁一中及通辽铁中加大力度建设，使这几所学校均进入省（区）级示范学校行列。

铁道部边远办学补助款。由铁道部下拨至铁路局，教育处每年根据政策要求，对边远地区中小学办学给予支持。沈阳铁路局每年获得边远办学补助款逐年增加，1999年为115万，至2003年时为175万。根据铁道部教育卫生司《铁路边远

全局中小学移交人数统计表

表4-11-4　　　　　　　　　　　　　　　　　　　　　　　　　　　　单位：人

序号	铁路中小学	移交人员总数	在职人员数	离退人员数	序号	铁路中小学	移交人员总数	在职人员数	离退人员数
1	白城铁一中	169	105	64	54	本溪铁小	75	57	18
2	白城铁二中	254	133	121	55	铁岭铁中	111	46	65
3	白城铁一小	200	116	84	56	抚顺铁小	46	31	15
4	白城铁二小	205	117	88	57	丹东铁中	152	89	63
5	大安北铁中	99	62	37	58	丹东铁一小	97	64	33
6	大安北铁小	104	51	53	59	丹东铁二小	63	40	23
7	长春铁中	178	112	66	60	凤城铁中	97	64	33
8	长春实验小学	144	90	54	61	灌水铁小	20	12	8
9	长春铁二小	76	54	22	62	辽阳铁中	71	39	32
10	德惠铁路学校	93	74	19	63	大连铁中	145	73	72
11	公主岭铁中	83	57	26	64	瓦房店铁中	179	124	55
12	范家屯铁小	23	14	9	65	鲅鱼圈铁小	42	27	15
13	郑家屯铁中	100	69	31	66	大石桥铁路学校	126	85	41
14	郑家屯铁小	106	63	43	67	叶柏寿铁中	244	138	106
15	四平铁中	110	77	33	68	朝阳铁小			
16	四平铁一小	53	33	20	69	彰武铁小	105	52	53
17	四平铁二小	55	38	17	70	沈阳铁实验中学	338	243	95
18	太平川铁小	67	38	29	71	沈阳铁二中	155	96	59
19	桦甸铁中	84	63	21	72	沈阳铁四中	110	78	32
20	吉林铁一中	308	161	147	73	沈阳铁路实验小学	172	102	70
21	吉林铁三中	193	122	71	74	沈阳铁三小	109	59	50
22	吉林铁一小	118	68	50	75	沈阳铁四小	89	49	40
23	吉林铁二小	158	93	65	76	沈阳铁五小	102	56	46
24	吉林铁三小	87	56	31	77	沈阳铁二小	88	47	41
25	吉林铁五小	104	56	48	78	沈阳铁七小	58	39	19
26	吉林铁四中	153	67	86	79	苏家屯铁中	226	135	91
27	吉林铁四小	72	44	28	80	苏家屯铁小			
28	吉林铁六小	36	24	12	81	义县铁小	30	20	10
29	蛟河铁中	154	83	71	82	大虎山铁中	230	119	111
30	烟筒山铁小	56	37	19	83	锦州铁一小	589	293	296
31	敦化铁小	96	41	55	84	锦州铁二小			
32	朝阳川铁小	85	52	33	85	锦州铁五小			
33	图们铁一中	126	68	58	86	锦州铁一中	890	493	397
34	图们铁二中	128	78	50	87	锦州铁二中			
35	图们铁三中	128	99	29	88	锦州铁四中			
36	图们铁路实验小学	78	49	29	89	锦州铁六中			
37	图们铁二小	92	66	26	90	阜新铁中	252	121	131

全局中小学移交人数统计表

表4-11-4续表　　　　　　　　　　　　　　　　　　　　　　　　　　单位：人

序号	铁路中小学	移交人员总数	其中		序号	铁路中小学	移交人员总数	其中	
			在职人员数	离退人员数				在职人员数	离退人员数
38	图们铁三小	67	47	20	91	阜新铁小	219	126	93
39	安图铁小	11	0	11	92	赤峰铁中	133	92	41
40	辽源铁中	101	55	46	93	赤峰铁一小	77	52	25
41	梅河铁一中	112	75	37	94	赤峰铁三小	21	15	6
42	梅河铁二中	163	103	60	95	通辽铁中	306	268	38
43	梅河铁一小	100	64	36	96	通辽铁一小	140	105	35
44	梅河铁二小	75	43	32	97	通辽铁二小	75	50	25
45	梅河铁三小	52	34	18	98	通辽铁三小	38	29	9
46	朝阳镇铁中	73	36	37	99	珠斯花铁小	1	1	0
47	通化铁一中	184	111	73	100	白音胡硕铁中	99	89	10
48	通化铁二中	96	62	34	101	白音胡硕铁小			
49	通化铁路实验小学	117	66	51	102	山海关铁中	188	74	114
50	通化铁三小	103	62	41	103	山海关铁小			
51	浑江铁小	112	40	72	104	新站铁小	0	0	0
52	泉阳铁小	98	42	56	105	熊岳城铁小	0	0	0
53	本溪铁中	128	89	39					
	合计						12275	7351	4924

铁路中小学不同时期经费投入对比

表4-11-5

历史时期	小　学					中　学				
	学校数（所）	学生数（人）	教职工数（人）	经费（万元）	投资（万元）	学校数（所）	学生数（人）	教职工数（人）	经费（万元）	投资（万元）
解放初期（1950年）	38	15418	629	28.9	2.3	4	1510	74	4.4	1.2
"文革"前夕（1966年）	92	85461	2480	121.1	6.8	27	13242	1035	61.8	10.8
改革开放初期（1978年）	93	58112	3932	283.9	6.2	57	57173	5243	390.0	7.1
20世纪末（2000年）	72	66792	3133	3882.1	7.1	49	48517	3650	6554.8	199.6

办学补助款管理办法》，路局制定使用原则；在制定每年使用计划时，要求分局也相应拿出配套资金，共同支持边远地区中小学发展。

（三）师资队伍

教师资格证书　根据国家主管部门相关规定，从1995年起，教师资格证书制度开始实施。路局要求各铁路中小学与地方接轨，在当地政府组织下统一办理教师资格证书手续。

学科带头人队伍建设　1997年，路局制定《局中小学青年教师学科带头人选拔管理暂行办

移交前（2002年）沈局中小学设备设施情况统计表

表4-11-6

单位	微机室		语音室		图书（阅览）室			实验室（个）		
	个数	台数	个数	台数	个数	藏书（册）	人均	物理	化学	生物
沈阳	28	946	10	583	30	465277	21	12	11	20
大连	8	400	6	151	8	67924	12	4	4	6
锦州	25	744	8	249	32	462824	28	11	10	22
长春	22	1072	11	556	22	286344	16	9	9	19
通化	14	593	12	497	15	172945	14	7	7	14
通辽	18	727	3	125	14	204612	17	5	5	11
吉林	36	1388	11	632	33	353403	19	13	11	23
沈局	151	5870	61	2793	154	2013329	19	61	57	115

2000-2002年边远办学补助款投入情况

表4-11-7

分局	2000年	2001年	2002年	小计	占局总投入比例%	按类别投入占分局总投入比例%		
						小学	初中	高中
通化	20.10	65	23	108.10	22.32	65.68	10.64	23.68
通辽	50.00	65	20	135.00	27.88	26.67	30.74	42.59
锦州	2.40	20	30	52.40	10.82	0.00	100.00	0.00
长春	46.75	40	32	118.75	24.52	26.11	39.37	34.53
吉林	8.00	20	20	48.00	9.91	13.54	86.46	0.00
沈阳		10	12	22.00	4.54	54.55	45.45	0.00

法》（教普发〔1997〕8号）。1998年，开展首批局级中小学青年教师学科带头人评选，首批命名8名局级中小学青年教师学科带头人。2000年，又命名44名局级中小学青年教师学科带头人。经过几年努力，初步形成局、分局、学校三级青年骨干教师队伍雏形，为青年教师成长创建良好氛围。

教师培训　根据教育发展要求，路局有针对性地对教师开展继续教育培训。1996年开展青年教师基本功培训活动；1997年举办首期局中小学青年骨干教师培训班；1998年举办校长岗位培训班；2000年开始将教师现代教育技术全员培训作为重点。

三、教育教学

（一）教育质量

沈阳铁路局中小学培养目标和课程设置一直实行属地化，教学管理由各分局普教委负责，同时鼓励与当地教育管理部门加强联系，做好接轨；教学评价和教研活动实行"两条腿走路"方针，即发挥路局与铁道部及与各省教育行政管理部门和教研部门联系优势，独立开展教学评价和教研活动，直接接轨省教育教研部门；鼓励中小学积极参与当地教育行政和教研部门组织的各类评比和评选活动；形成铁路中小学既发展既有特色，又总体上高于当地同类学校，为铁路职工子女提供良好教育条件。

1999年，全局中小学教学质量达到当地县（区）同类学校先进水平的有111所，占学校总数77.6%。到2002年，这一比例突破90%。

（二）督导评先

1996年，路局制定《沈阳铁路局中小学评估标准及实施方案》《沈阳铁路局寄读学校评估标准及实施方案》，并将此作为提升中小学整体办学水平的重要指标。同年，吉林分局普教委、沈阳铁路实验中学和沈阳铁路实验小学，在铁道部召开的全路中小学示范学校建设座谈会上交流经

移交前（2002年）全局中小学教师职称和学历结构统计表

表4-11-8 单位：人

学校类别	职称结构					学历结构			
	高级	一级	二级	三级	未聘	大本以上	专科	中专	高中以下
中学	182	1577	763	36	185	1814	877	46	6
小学	1009	1272	195	2	70	212	1455	854	27

验。到2003年，全局有20所中小学通过局示范校评估，3所学校通过省级示范高中评估，两所学校被命名为省级科研先进单位。

1997年，路局下发《关于开展评估沈阳铁路局中小学德育工作先进分局（公司）普教委（关联部）和先进学校活动的通知》，并于当年通过评估，首批命名两个分局普教委为德育工作先进分局普教委。浑江铁小被吉林省教委授予"教育系统精神文明建设示范学校"称号。

1998年，路局印发《沈局中小学德育工作先进分局（公司）普教委（关联部）工作标准和评估细则》《沈局中小学德育工作先进学校工作标准和评估细则》。

2000年，朝阳川铁小、吉林铁一中被命名为吉林省教育系统精神文明建设先进集体，三名同志被命名为吉林省教育系统师德模范。

2000年，沈铁实验中学、锦铁一中被命名为辽宁省德育工作先进集体，三名同志被命名为辽宁省德育工作先进个人。

2002年白城铁一小被国家体育总局授予"青少年体育俱乐部"牌匾。

典型学校：1.学雷锋先进集体——浑江铁路小学；2.愉快之校——沈阳铁路第五小学；3.美育之花——图们铁路实验小学；4.边远地区的学生之家——白音胡硕铁路寄读学校；5.国家级"体育俱乐部"——白城铁路第一小学；6.素质教育的坚定践行者——锦州铁路第六中学；7.改革弄潮儿——鲅鱼圈铁路小学；8.辽宁省重点中学——沈阳铁路实验中学；9.辽宁省重点中学——锦州铁路第一中学；10.吉林省重点中学——吉林铁路第一中学；11.辽宁省重点小学——沈阳铁路实验小学；12.吉林省重点小学——吉林铁路实验小学；13.辽宁省重点小学——锦州铁路第一小学；14.素质教育之花——通化铁路实验小学

2009年10月16日，铁路局调度所技术比武决赛开赛，这次比赛的举办极大地激发了调度所职工学习技术业务的积极性（调度所供稿）

第五篇　多元经济

按照铁道部的部署，沈阳铁路局坚持"以运为主，多种经营"的方针，在加快铁路建设、强化运输经营的同时，以市场为导向，改革与加强非运输企业管理，经过大力度企业重组和企业结构调整，规范经营行为，拓展经营项目，推动非运输企业经营向资源开发、资本运营方向发展。

1996年，全局多元经营包括多种经营企业、局属工业企业与铁路局扶持的集体企业。2002年10月，沈阳铁路局撤销局多种经营管理处，成立沈阳铁路局多元经营管理处、局多元经营资产管理中心，实行一个机构两个牌子，按模拟法人运作。2006年4月，沈阳铁路局将隶属局物资处的局工业管理办公室及主业管理的19个工业企业划归局投资管理中心。2012年，局投资管理中心接收了路局多元经营管理办公室。2014年3月3日，路局决定对局投资管理中心（多元经营管理处）

进行机构分设、职责分开，撤销多元经营管理处，设立局经营开发处，主要负责全局多元化经营规划研究、资本运营、资源开发，运营合资铁路管理以及非运输业规范发展等工作的统筹规划、组织协调和督办落实。局投资管理中心及29个区域、专业公司统称为非运输企业。集体企业处仍然为路局限额外管理部门。2015年11月5日，中国铁路总公司调整铁路局非运输企业出资关系，撤销铁路局非运输企业投资管理机构（集团、公司、中心），将其对一级非运输企业的出资调整为由铁路局直接出资。铁路局按照"多元化经营、一体化管理"的要求以及直接管理的方式，行使对非运输企业的管理职能。铁路局经营开发处负责管理非运输企业业务（含运输其他业务）的开发与经营，指导非运输企业的经营开发业务工作。

第一章　经营开发

2014年3月3日，路局组建经营开发处以来，按照铁路总公司资本运营和开发部的总体部署，认真落实路局、局党委强化资产经营开发工作的安排要求，组织全局多元化经营规划研究、资本运营、资源开发，运营合资铁路管理以及非运输业规范发展等工作的统筹规划、组织协调和督办落实。扎实做好资产经营开发项目立项调研、实施推进工作；大力盘活既有铁路土地资源、统筹推进新建铁路土地综合开发，提高土地综合开发质量效益；积极开展旅客列车冠名、产研合作项目、商业保险业务等经营开发，提升经营创效能

力；坚持把运输其他业务经营管理作为重点，努力提升增收创效实力；加强和改进合资铁路公司经营管理工作，规范了经营管理关系，增强了综合经营创效能力。

第一节　经营开发处概况

2014年3月3日，路局下发《沈阳铁路局关于设立经营开发处的通知》（沈铁劳卫〔2014〕68号），决定对局投资管理中心（多元经营管理处）进行机构分设、职责分开，撤销多元经营管

理处，设立局经营开发处。经营开发处下设综合管理科、项目研究发展科、经营开发监管科和合资铁路管理科4个科。定编18人，实际安排15人，其中处长1人、副处长2人。经营开发处是全局经营开发工作的职能管理部门，主要负责全局多元化经营规划研究、资本运营、资源开发，运营合资铁路管理以及非运输业规范发展等工作的统筹规划、组织协调和督办落实。

2015年12月12日，路局下发《沈阳铁路局局党委关于调整非运输企业出资关系的通知》（沈铁劳卫〔2015〕436号），决定撤销局投资管理中心，将其对一级非运输企业的出资调整为由铁路局直接出资；同时撤销局投资管理中心党工委、纪工委、工会工委、团工委。铁路局按照"多元化经营，一体化管理"的要求，以直接管理的方式，行使对非运输企业的管理职能；对路局有关部门的职能进行了调整，由局经营开发处负责管理非运输业务（含运输其他业务）的开发与经营，指导非运输企业的经营开发业务工作。经营开发处是路局非运输企业的业务主管处；路局综合管理部门按职责分工，负责非运输企业的人事、劳资、财务、投资、计划、建设、法律事务、审计、安全、物资、土地房产、收入稽查、信息化、社保、路风、职工教育、离退休以及党群等事项的归口管理工作；路局专业部门负责非运输企业生产经营过程中涉及铁路运输、安全的铁路特有专业的专业管理工作，对与本系统关联的非运输企业经营管理工作负有专业管理、分类指导责任。对经营开发处的编制进行了调整，增设经营科，同时将经营开发监管科更名为监管科，项目研究发展科更名为开发科，经营开发处增加定员5人。调整后，经营开发处设定员23人，其中：处长1人、副处长2人，内设经营科、监管科、开发科、合资铁路管理科、综合管理科。同时，对经营开发处及内设科室的工作职责进行了重新明确。

第二节　资产经营开发项目调研

为落实总公司2015年5月16日召开的资产经营开发工作会议精神，5月25日，路局召开了党政联席（扩大）会议，会议提出了不破坏生态、不污染环境、不重复建设的开发原则，确定了全资产开发和全方位创效目标，明确了经营开发处、计统处、财务处、投资管理中心有关经营工作的职责，理顺了顶层设计、集中管理关系，提出了科技开发等10项经营开发领域的重点工作，并开展具体项目调研论证工作。6月2日，经营开发处完成了对270个拟开发项目的梳理，形成了12个方面、225个调研议题汇总表。6月3日，局主要领导主持召开经营开发项目梳理和调研分工专题会议部署，经过对225个议题的开发可行性和创效收益进行初步分析评估，最终遴选161个开发项目调研议题，并组成12个调研组，明确了各组领导分工和有关部门、单位责任。6月6日，局长主持召开经营开发项目调研组全体成员会议，对全局资产经营开发项目调研进行了全面部署，对调研工作提出目标要求。看哪个组调研质量高，看哪个组的课题被采纳的多，看哪个组在全局资产经营开发动员大会上登台演讲取得的成绩好，看哪个组的课题被列入经营开发项目多，看哪个组确定的课题项目落成的多，看哪个组调研确定的课题在沈阳局和全路生命力最强，看谁的课题效益最大，看谁的课题走出沈局，谁的课题走出全路，谁的课题能走进总公司和省、自治区政府的序列。围绕实现目标要求，12个调研组每两天汇报一次调研推进情况，路局每周利用运输交班会对调研推进情况进行分析研究，并定期听取各调研组调研进展情况汇报。到7月30日，路局12个调研组完成了164个经营开发项目的调研工作，分别形成了调研报告。

第三节　资产经营开发管理

根据铁路总公司资本运营和开发部《关于编报土地综合开发三年规划、年度开发计划及典型项目方案的通知》要求，通过对全局既有铁路土地基本情况、新建铁路项目可开发土地资源和各类土地开发能力的分析、研究和评估，2014年12月2日编报了《沈阳铁路局土地综合开发三年规划（2015-2017年）及2015年度计划方案》，为盘活既有铁路土地资源、统筹推进新建铁路土地综合开发、提高土地开发质量经济效益奠定了基础。

根据《国务院办公厅关于支持铁路建设实施土地综合开发的意见》（国办发〔2014〕37号）和中国铁路总公司《铁路土地综合开发实施办法》（铁总办〔2014〕257号）文件精神，2014年12月31日制定下发了《沈阳铁路局土地综合开发实施细则》（沈铁开发〔2014〕400号），建立了领导机构，重点明确了土地综合开发范围、方式及业态，界定了路局和开发单位的职责与权限，规范了开发程序等事项。

按照总公司部署，结合沈阳局实际，完善了经营开发工作机制建设。2014年4月16日，路局经营开发处制定下发了《沈阳铁路局关于印发〈2014年沈阳铁路局经营开发工作安排〉的通知》（沈铁开发函〔2014〕191号），对全局经营开发工作做出6个方面23项具体安排，重点对推进土地资源综合开发利用、强化资产管理和开发创效、提升非运输企业经营质量、规范合资铁路公司经营管理等做出了具体部署。5月12日，铁路总公司资本运营和开发部第11期《资本运营和资源开发信息》全文转发了《2014年沈阳铁路局经营开发工作安排》，供各局参考借鉴。2015年4月17日，印发了《沈阳铁路局合资铁路公司国铁股权管理实施细则》（沈铁开发〔2015〕137号），共6章20条，对合资铁路公司国铁股权管理权责、股权管理、重大事项决策程序和运行监管等工作做出明确要求。2015年6月9日，印发了《沈阳铁路局控股运营合资铁路公司领导班子经营业绩考核办法》（沈铁劳卫〔2015〕198号），共5章16条，对控股运营合资铁路公司的考核指标、考核评定标准、考核方式等做出具体要求。2015年7月15日，印发了《沈阳铁路局运输其他业务管理实施细则》（沈铁开发〔2015〕236号），共计6章33条，对全局运输其他业务管理的职责分工、业务开发管理、监督管理和基础管理等重点事项做出了具体规定。

2015年8月31日，路局、局党委召开全局资产经营开发电视电话动员大会，局长在会议上指出实施资产经营开发是总公司党组推进铁路发展的重大战略举措，是继货运组织改革之后的又一场攻坚战；调研组长要实施项目终身负责，加强日常组织领导。张国敏指出推进资产经营开发是总公司党组立足适应经济发展新常态做出的重要战略部署，是深化铁路多元化经营、推动经营管理实现转型升级的重大选择，要求全局干部职工要迅速统一思想认识，增强推进全局改革发展的责任感、使命感和紧迫感。在这次会上，路局8个调研组的组长分别对调研项目的立项理由、成本投入、发展前景以及开发效益等情况进行了详细介绍；路局人事处（党委组织部）、宣传部（企业文化处）、劳资处、财务处、审计处的负责人分别从人才保障、劳力支撑、资金统筹、审计监督、宣传动员等方面作了表态发言。局领导班子成员，局机关各部门负责人和非运输企业直属、专业集团党政正职在主会场参加会议；各基层单位领导班子成员，各建设指挥部和非运输企业领导班子成员及子分公司中层干部在本单位收听收看。

按照2015年8月31日全局资产经营开发动员大会部署，经营开发处牵头组织制定了实施方案和推进措施，于9月28日前，相继下发了4个方面11条推进97个资产经营开发项目实施方案、25个通过行政手段支持项目的会议纪要、推进组项目内容分类和责任部门单位分工、项目周推进汇总表，各项目推进组和实施单位分别确定了推进措施或计划。路局经营开发处对所有资产经营开发项目实施"周报告"制度。主管局长每月组织例会，按照"项目推进对标、经营质量对话、经济效益对账，政策支持对接"的要求，分析研究、督促督办各个项目推进落实，并形成会议纪要，指导实施；坚持每个季度进行一次平推检查考核，对每个项目做出综合考核评价，并通报全局。为营造浓厚的推进资产经营开发氛围，经营开发处积极向路内新闻媒体推荐并集中组织报道典型项目推进的好做法、好经验，在示范引领上主动发声，2015年5月份到年底发表各种新闻报道35篇，其中《沈阳铁道报》刊发23篇，《人民铁道》报刊发12篇。

第四节　开发项目管理

一、旅客列车冠名招商

按照铁路总公司关于推动旅客列车冠名权业务开发的总体要求，2014年4月25日制定下发了

《沈阳铁路局旅客列车冠名权业务开发管理暂行办法》，为全局旅客列车冠名招商业务提供了机制保证。2014年完成"盘锦红海滩号"等旅客列车冠名招商8次，实现收入721万元。2015年，实现"辽宁绥中东戴河号"等78组列车冠名，实现收入3879万元。

二、规范铁路地界内地方通讯基站（塔）

按照铁路局要求，经营开发处组织对地方在铁路地界设置通讯基站（塔）进行了规范管理。2014年10月8日下发了《关于对地方通讯基站（塔）在铁路地界内的设置情况进行调查的通知》，摸清了局管内382座通讯基站（塔）设置、经营和管理情况。10月30日下发了《沈阳铁路局关于规范出租铁路土地、建筑上盖和房屋等资源建设地方通讯基站（塔）经营行为的通知》，明确铁路沿线设置的115座通讯基站由土地房管处负责，在生产办公房屋及相关办公场所、物业小区内设置的126座基站由北京奉发公司负责清理。12月31日对管理不规范在用的75座通讯基站（塔）进行了整顿，与21座基站（塔）的权属单位明确并重新签订了经营管理合同。

三、土地综合开发项目

按照总公司《铁路土地综合开发实施办法》和《总公司计统部关于安排新建铁路项目综合开发工作的通知》要求，2015年2月17日，经营开发处下发了《关于加强新建铁路工程项目土地综合开发研究的函》（沈铁开发函〔2015〕106号），明确了11个开工项目、11个开展前期项目的总体目标和推进时间表，要求设计院按照时间节点做14个新建铁路及扩能改造项目的土地综合开发机会、方案研究报告。到2015年7月31日，先后完成了敦白客专、四白客专、白阿（乌兰浩特至阿尔山段）、京沈客专通辽、赤峰联络线和长白铁路扩能改造工程项目的综合开发机会研究报告的预审查工作，形成预审查意见发至项目设计单位。完成了白阿（乌兰浩特至阿尔山段）铁路沿线综合开发机会研究预审查报告，完成了秦沈客专能力加强、吉林枢纽西环线、新建松漫铁路项目的综合开发方案研究报告的预审查，并形成预审查意见。

四、运输其他业务经营管理

2015年5月份，经营开发处对全局126个单位的2012 2014年运输其他业务经营项目、收入及利润情况进行了统计分析，确定了各部门、单位运输其他业务主管领导及业务负责人，明确了各系统、单位经营的重点内容和具体项目，建立了月份分析总结和通报制度，初步构建了运输其他业务分析统计、检查考核管理体系。加大了日常督促督办力度，明确了七大项业务142个相关单位经营责任和具体指标，传递了经营压力，为全局运输其他业务经营规范有序运作、扎实开展提供了机制保障。

五、产研合作项目开发

2014年8月份，铁科院、铁三院推出36个拟与铁路局合作项目后，经营开发处会同局机关相关业务部门对相关项目进行了认真的市场调研和分析论证。2014年11月7日，总公司公布了第一批合作项目，沈阳局有氨酯及硅酮类嵌缝密封防水材料项目，机车合成闸瓦项目、客车合成闸片项目和内燃机车冷却水添加剂项目。到7月31日，吉林配件厂与铁科院签订了技术转让协议、生产出了样品并通过了铁科院性能试验和路局技术鉴定，完成了上车运用试验及运用试验情况报告。客车合成闸片项目2015年9月份签订技术转让协议。由于氨酯及硅酮类嵌缝密封防水材料项目对环境污染严重，决定不予合作实施。内燃机车冷却水添加剂项目，投资回报率较低，决定不予合作实施。2015年4月25日，总公司公布了第二批产研合作项目，沈阳局有预应力钢筋混凝土肋板式声屏障和机车整备电源滑触供电系统项目，到7月31日，沈铁工业总厂及小屯轨枕水泥厂对声屏障项目进行了市场调研并与铁三院进行对接；电力机车整备场无网化改造项目组织研发，完成后续与铁三院项目合作。

六、保险代理业务

按照总公司整合、规范铁路保险机构和开展业务要求，经营开发处负责对全局商业保险业务进行了清理，并于2014年8月27日，下发了《关于规范全局商业保险业务的通知》（沈铁开发电〔2014〕673号），要求各单位商业保险一律由保险代理公司代理，做出了未经沈阳铁道保险代理公司代理的保险费，一律不得报销或办理资金划拨手续等硬性规定。积极与哈大客运专线公司、京沈客运专线公司、丹大快速铁路公司协商，将机动车保险纳入保险代理公司统一代理。2015年10月27日，沈阳局与中铁财产保险自保公司签订《铁路旅客人身意外伤害保险业务委托协议书》，确保了商业保险业务有序规范发展。

第五节　合资铁路公司

一、合资铁路公司概况

截至2014年12月31日，沈阳局管内共成立12个控股合资铁路公司，分别为边海铁路有限责任公司、盘锦疏港铁路有限责任公司、哈大铁路客运专线有限责任公司、京沈铁路客运专线辽宁有限责任公司、丹大快速铁路有限责任公司、吉林中西部铁路有限责任公司、长双烟铁路有限责任公司、和坪铁路有限责任公司、陶舒铁路有限责任公司、长吉城际铁路有限责任公司、松陶铁路有限责任公司、甘库铁路有限公司。其中，有10个合资铁路公司开通运营（含2个区段），营运里程1609公里。其中，高铁1104公里，普速铁路505公里。在建合资铁路公司2个，总里程1650公里。其中，高铁1263公里，快速铁路290公里，普速铁路97公里。

（一）边海铁路有限责任公司

该公司于2009年12月21日在辽宁省大石桥市注册成立。管辖线路全线位于辽宁省，营业里程24.45公里，线路起点老边站、终点滨海站，2011年3月31日开通运营。其股东为沈阳铁路局、华能国际电力股份有限公司、营口沿海开发建设有限公司。其中，沈阳铁路局出资1.556亿元，所占股比40%；华能国际电力股份有限公司出资1.4393亿元，所占股比37%；营口沿海开发建设有限公司出资0.8947亿元，所占股比23%。

（二）长吉城际铁路有限责任公司

该公司于2009年4月29日在吉林省长春市注册成立，管辖铁路全线位于吉林省，已建成并于2011年1月11日开通运营里程111公里，线路起点长春、终点吉林。在建吉林至图们至珲春快速铁路，建设里程359.7公里。2015年9月20日开通运营。其股东为沈阳铁路局、吉林省交通投资集团开发有限公司、中国铁路发展基金股份有限公司。其中，沈阳铁路局出资147.405亿元，所占股比58.04%；吉林省交通投资集团开发有限公司出资92.975亿元，所占股比36.6%；中国铁路发展基金股份有限公司出资13.62亿元，所占股比5.36%。

（三）长双烟铁路有限责任公司

该公司于2004年11月14日在吉林省长春市注册成立。管辖线路全线位于吉林省，营业里程92公里，线路起长春枢纽龙泉北站、终点亚泰水泥厂，于2008年7月12日开通运营。其股东为沈阳铁路局、吉林省投资集团公司、长春城市开发集团有限公司、吉林省高速公路集团有限公司。其中，沈阳铁路局出资4.1亿元，所占股比50.68%；吉林省投资集团公司出资1.9亿元，所占股比23.49%；长春城市开发集团有限公司出资1.29亿元，所占股比15.94%；吉林省调整公路集团有限公司出资0.8亿元，所占股比9.89%。

（四）甘库铁路有限公司

该公司于2009年12月30日在内蒙古通辽市注册成立。管辖铁路全线位于内蒙古自治区，营业里程57公里，线路起点甘旗卡、终点库伦，于2012年1月15日开通运营。其股东为沈阳铁路局、通辽市城市投资集团有限公司。其中，沈阳铁路局出资2.65亿元，所占股比62.5%；通辽市城市投资集团有限公司出资1.59亿元，所占股比37.5%。

（五）和坪铁路有限责任公司

该公司于2009年6月26日在吉林省图们市注册成立。管辖铁路全线位于吉林省，营业里程42公里，线路起点和龙、终点南坪镇站，于2012年12月18日开通运营。其股东为沈阳铁路局、吉林省交通投资集团有限公司。其中，沈阳铁路局出资3.213亿元，所占股比51%；吉林省交通投资集团有限公司出资3.087亿元，所占股比49%。

（六）盘锦疏港铁路有限责任公司

该公司于2009年12月16日在辽宁省盘锦市注册成立。管辖铁路全线位于辽宁省，营业里程48.3公里，线路起点渤海站、终点金帛湾站，于2012年8月25日开通运营。其股东为沈阳铁路局、盘锦建设投资有限责任公司、盘锦港集团有限公司。其中，沈阳铁路局出资4.696亿元，所占股比45%；盘锦建设投资有限责任公司出资3.652亿元，所占股比35.%；盘锦港集团有限公司出资2.087亿元，所占股比20%。

（七）陶舒铁路有限责任公司

该公司于2007年12月6日在吉林省长春市注册成立。管辖铁路全线位于吉林省，营业里程117公里，线路起点陶赖昭、终点舒兰，于2010年4月25日开通运营。其股东为沈阳铁路局、吉林省交通投资集团有限公司。沈阳铁路局出资4.094亿元，所占股比59.82%；吉林省交通投资集团有限公司出资2.75亿元，所占股比40.18%。

（八）哈大铁路客运专线有限责任公司

该公司于2007年8月10日在辽宁省沈阳市注册成立。管辖铁路全线跨辽宁省、吉林省、黑龙江省，营业里程904公里，线路起点哈尔滨西、终点大连，于2012年12月1日开通运营。其股东为沈阳铁路局、哈尔滨铁路局、辽宁哈大铁路客运专线投资有限公司、吉林省交通投资集团有限公司、黑龙江省哈大铁路客运专线有限责任公司。其中，沈阳铁路局出资375.48亿元，所占股比67.5%；哈尔滨铁路局出资41.72亿元，所占股比7.5%；辽宁哈大铁路客运专线投资有限公司出资97.3968亿元，所占股比17.51%；吉林省交通投资集团有限公司出资38.1214亿元，所占股比6.85%；黑龙江省哈大铁路客运专线有限责任公司出资3.5567亿元，所占股比0.64%。

（九）京沈铁路客运专线辽宁有限责任公司

该公司于2009年8月7日在辽宁省沈阳市注册成立。管辖铁路全线位于辽宁省，已建成并于2013年9月12日开通的盘营客专运营里程89.2公里，线路起点盘锦北、终点下夹河线路所。新建沈阳至丹东铁路客运专线，线路起点沈阳、终点丹东，建设里程205.6公里，2015年9月1日开通运营。其股东为沈阳铁路局、沈阳基础产业建设发展集团有限公司、朝阳市基建投资有限公司、阜新市城市基础设施建设投资有限责任公司、锦州市城市建设投资有限公司、丹东城市开发建设投资有限公司、本溪市城市建设投资发展有限公司、鞍山市城市公共设施投资发展有限公司、盘锦建设投资有限责任公司、中国铁路发展基金股份有限公司。其中，沈阳铁路局出资183.2625亿元，所占股比43.67%；沈阳基础产业建设发展集团有限公司出资9.07亿元，所占股比2.16%；朝阳市基建投资有限公司出资13.47亿元，所占股比3.21%；阜新市城市基础设施建设投资有限责任公司出资3.69亿元，所占股比0.88%；锦州市城市建设投资有限公司出资2.1亿元，所占股比0.5%；丹东城市开发建设投资有限公司出资6亿元，所占股比1.43%；本溪市城市建设投资发展有限公司出资5.71亿元，所占股比1.36%；鞍山市城市公共设施投资发展有限公司出资2.1亿元，所占股比0.5%；盘锦建设投资有限责任公司出资4.03亿元，所占股比0.96%；中国铁路发展基金股份有限公司出资190.2675亿元，所占股比45.33%。

（十）丹大快速铁路有限责任公司

该公司于2010年5月31日在辽宁省大连市注册成立，全线位于辽宁省，新建大连北至丹东快速铁路，起点大连北、终点丹东，建设里程290公里，2015年12月17日开通运营。股东为沈阳铁路局、大连市建投铁路交通投资有限公司、丹东城市开发建设投资有限公司。沈阳铁路局出资90.934亿元，所占股比67%；大连市建投铁路交通投资有限公司出资27.107亿元，所占股比20%；丹东城市开发建设投资有限公司出资13.552亿元，所占股比10%；中国铁路发展基金股份有限公司出资3.93亿元，所占股比3%。

（十一）松陶铁路有限责任公司

该公司于2010年5月31日在吉林省松原市注册成立，全线位于吉林省，营业里程124公里，线路起点陶赖昭、终点松原，于2014年12月5日开通运营。其股东为沈阳铁路局、吉林省交通投资集团有限公司。其中，沈阳铁路局出资9.24亿元，所占股比87.05%；吉林省交通投资集团有限公司出资1.375亿元，所占股比12.95%。

（十二）吉林中西部铁路有限责任公司

该公司于2014年1月7日在吉林省长春市注册成立，全线位于吉林省，在建总里程148.1公里，其中：葛根庙—乌兰浩特33.7公里；白城—镇西17.4公里；辽源—长春97公里，于2015年12月30日开通运营。其股东为沈阳铁路局、吉林省交通投资集团有限公司。其中，沈阳铁路局出资12.105亿元，所占股比70%；吉林省交通投资集团有限公司出资5.167亿元，所占股比30%。

二、合资铁路公司经营管理

2014年7月份，组织并指导合资公司制定了股东会、董事会、监事会议事规则。坚持逐月、季收集、分析和评价合资公司经营情况，提出指导意见。2014年完成了19家合资公司委托设备工作量核定工作，签订了委管费清算协议。2015年组织签订委托运输管理协议25份，金额近24亿元。总结推广了盘锦疏港公司经营管理经验，在

总公司资本运营和开发部合资铁路公司经营管理座谈会上进行了交流。协调解决了锦州高天铁路公司经营管理方面的10个问题，理顺了路局对宇辉公司实物投资股权关系。2015年6月初，按照路局部门工作重新分工，经营开发处负责合资公司前期工作后，组织完善了蒙辽客专、松漫筹备组的公司章程、合资建设协议。按照"一线一策"原则，经营开发处分类提出了改善合资公司经营的具体方案，并报送总公司。经向边海、盘锦疏港铁路公司、丹大公司及吉林省境内6个国铁控股合资公司的地方股东征求了整合事项的意见，路局领导班子例会研究后，2015年12月29

2008—2015年沈阳铁路局合资铁路公司经营指标完成情况统计表

表5-1-1　　　　　　　　　　　　　　　　　　　　　　　　　　　　　　单位：百万元

年份	事项	公司简称											
		边海铁路	长吉城际	长双烟	甘库铁路	和坪铁路	盘锦疏港	陶舒铁路	哈大客专	京沈客专	丹大快速	松陶铁路	吉林中西部
2008	运营成本	–	–	3	–	–	–	–	–	–	–	–	–
	利润总额	–	–	-3	–	–	–	–	–	–	–	–	–
2009	运营收入	–	–	2	–	–	–	–	–	–	–	–	–
	运营成本	–	–	28	–	–	–	–	–	–	–	–	–
	利润总额	–	–	-26	–	–	–	–	–	–	–	–	–
2010	运营收入	–	–	2	–	–	–	–	–	–	–	–	–
	运营成本	–	–	29	–	–	–	–	–	–	–	–	–
	利润总额	–	–	-27	–	–	–	–	–	–	–	–	–
2011	运营收入	4	3	4	–	–	–	21	–	–	–	–	–
	运营成本	25	5	31	–	–	–	65	–	–	–	–	–
	利润总额	-19	-2	-27	–	–	–	-48	–	–	–	–	–
2012	运营收入	15	326	6	2	–	4	24	334	–	–	–	–
	运营成本	42	631	35	53	–	40	72	1557	–	–	–	–
	利润总额	-29	-309	-25	-52	–	-36	-52	-1226	–	–	–	–
2013	运营收入	16	433	9	6	2	5	21	4115	29	–	–	–
	运营成本	42	683	31	47	63	109	66	8178	196	–	–	–
	利润总额	-27	-251	-22	-42	-62	-104	-37	-4038	-166	–	–	–
2014	运营收入	13	417	9	4	4	34	35	4485	130	–	–	–
	运营成本	41	699	29	48	71	111	69	9068	580	–	19	–
	利润总额	-29	-284	-20	-44	-67	-107	-35	-4597	-450	–	-19	–
2015	运营收入	13	633	16	4	6	23	30	5303	299	11	4	–
	运营成本	37	1120	26	46	67	112	58	8317	731	109	102	3
	利润总额	-24	-491	-10	-42	-61	-82	-28	-3032	-435	-43	-97	-3

日，分别印发了《沈阳铁路局关于整合吉林省境内国铁控股合资铁路公司的函》和《沈阳铁路局关于整合边海铁路有限责任公司盘锦疏港铁路有限责任公司和丹大快速铁路有限责任公司的函》。

第二章 非运输企业

沈阳铁路局认真贯彻落实铁路总公司（铁道部）的部署和要求，坚持多元化经营发展战略，以市场为导向，努力兴办实体实业，推动非运输企业多种经营持续健康发展，取得明显成效。1996年至2004年，全局多种经营经过几次结构调整和企业重组，逐步从小到大，实现稳步发展。在此期间，全局多种经营实行路局、分局、站段三级管理模式，撤销站段多经管理机构之后，站段并未与多经企业脱钩。由于多经企业数量较多，企业规模相对较小，经营实力和市场竞争能力较弱，经营业务以依托运力优势开展延伸服务为主。为了增强多经企业的市场竞争能力，路局连续几年对多经企业进行结构调整和企业重组，撤并了一批经营亏损和规模较小的多经企业，大力发展优势产业。2000年，路局确定了着力发展10个重点产业，2002年，全局多种经营收入首次突破50亿元。到2004年底，全局多经企业比1996年减少了43.5%，而营业收入比1996年翻了一番。

2005年至2010年，路局充分发挥撤销分局后的新体制优势，对全局多元经营企业实行直接统一管理，为集中资金加大投入发展实业项目创造条件。路局按照"专业重组、区域整合、站段脱钩"的思路，组建了7个区域性集团公司，分别管理原7个分局管内的多经企业；还组建一批主营业务突出，有较强市场竞争能力的专业化经营公司。在此基础上，本着"发展实业、兴办实体、增强实力、增加实惠"的原则，围绕路局提出的资源、港口和口岸"三大发展战略"，集中资金，加大多种经营实业项目投资力度，修建500多公里的两条西部铁路和大型煤炭物流基地、煤炭抑尘站、港口专用铁路和仓储基地、粮食仓储基地和集中装车点等实业项目，增强了全局多种经营企业的整体实力和市场竞争能力。2010年全局多经营业收入为2004年的2.5倍，为1996年的5.3倍。

2011年至2015年，路局认真贯彻铁道部提出的"多元化经营、一体化管理、全口径核算"要求，适应新形势，进一步完善发展思路，继续发展有市场需求和竞争力的实业项目，调整经营结构，理顺管理关系，强化规范管理，实现非运输企业健康发展。

经过20年的持续发展，全局非运输企业发生了巨大变化，产业结构逐步趋于合理，企业实力不断增强，形成了11个区域集团公司和19个专业化集团公司的经营格局，企业创效能力和发展潜力逐年增强。2015年，全局非运输企业法人数量为97个，为1996年的1636个的十七分之一；经营收入达到2028060万元，比1996年的374751万元增长4.4倍；利润从16180万元增长到86620万元，增长4.35倍。

第一节 非运输企业机构

一、路局管理机构

1996年，路局多种经营管理机构为多种经营管理处。同年3月在处内增设多经直属分处。2000年1月，沈阳铁路局印发《关于公布沈阳铁路局机关行政机构定员的通知》，调整多经处机构和职能，由职权处变为职能处。将对外经济贸易处管理职能并入多种经营管理处，保留对外经济贸易总公司。将财务科、审计科分别划归局财务处和审计处管理，同时在局财务处设立多经财务科。撤销劳动人事科，设管理指导科、综合科和物价管理办公室。撤销多种经营管理处下属的多经直属分处和三经信息中心。为加强对多种经营领导，路局成立了局多元经营管理委员会，作为全局多元经营管理和决策机构，负责制定和实施全局多元经营管理办法、规章、制度、发展规划，行使对多元经营国有资产监管职责。管委会主任由局长担任，副主任由局党委副书记、总经济师担任，管委会成员由局机关有关部、处、室负责人担任。管委会办公室设在多种经营管理处，是管委会的常设办事机构，办公室主任由多种经营管理处处长兼任。同年，路局撤销站段多经管理机构。

2002年10月，沈阳铁路局印发《关于成立沈阳铁路局多元经营管理处、局多元经营资产管理中心的通知》，撤销局多种经营管理处，成立沈阳铁路局多元经营管理处、局多元经营资产管理中心，实行一个机构两个牌子，按模拟法人运作，下设综合科、经营管理科、计划财务科（由原财务处多经财务科划入）、物价管理办公室，主要负责行使沈阳铁路局对多元经营出资人职能的有关工作，受路局委托，对投入多元经营的资产统一进行配置、营运和处置，对路局投资的多元经营资产实行统一的产权管理，对多元经营企业实行运营监管，承担保值增值责任；在路局业务部门指导下，归口管理财务、劳动工资、统计等工作。各分局相应成立多元经营资产管理中心，与多经分处实行一个机构两个牌子。12月，路局印发《关于沈阳铁路局装卸单位纳入多元经营体系的指导意见》，将全局装卸单位纳入多元经营体系，撤销各铁路分局装卸作业中心，各分局装卸作业中心所属装卸作业所、装卸作业队的装卸业务、人员、资产，整建制划入属地车站或车务段多经企业。

2003年9月，沈阳铁路局印发《关于重新调整局多元经营管理处机构定员的通知》，调整局多元经营管理处职能，由职能处室调整为职权部门，设办公室、经营管理科、技术开发科、劳动人事科、计划财务科、审计科（局审计处派出机构）、政策法规科、物价管理办公室及党群机构。同月，沈阳铁路局印发《关于改变部分多经单位管理职能和隶属关系的通知》，撤销局经济发展总公司管理职能，局多元经营管理处代表路局行使对经济发展总公司和原经济发展总公司所属11个公司行使管理职能。按照上述管理模式，各铁路分局调整相应职能。

2004年3月，沈阳铁路局下发《关于理顺装卸管理体制的通知》，决定在局货运处设装卸科，分局成立装卸管理分处，自主经营，独立核算，自负盈亏。站段设装卸管理所，为财务核算单位，取消法人执照。2005年2月，路局将装卸系统以企业法人形式整建制并入多经。

2005年3月18日，实行路局直管站段。沈阳铁路局撤销7个铁路分局多经分处，同时接收了7个分局多经分处和丹东多经办及所属839个多经企业的资产、人员。4月，路局为适应主辅分离和辅业改制需要，成立沈阳铁路局投资管理中心，与局多元经营管理处实行一个机构两个牌子，下设办公室、计划财务部、人力资源部、经营管理部、投资发展部、技术安全部、监察审计部、工商物价法律事务室和运力协调办公室。成立沈阳铁路局投资管理中心党工委、纪工委、工会工委和团工委。成立沈铁沈阳投资管理中心、沈铁锦州投资管理中心、沈铁吉林投资管理中心、沈铁长春投资管理中心、沈铁大连投资管理中心、沈铁通辽投资管理中心、沈铁通化投资管理中心7个区域投资管理中心，负责对原7个分局管内多经企业的管理。10月，路局成立多元经营管理委员会，下设运输、广告、旅游、机辆、工程施工、物资、新技术应用和资产8个专业管理委员会，由局长、党委书记任管委会主任。11月，路局印发《全局多元经营企业重组工作指导意见》，以长春、沈阳、大连、锦州、通辽、吉林、通化7个区域投资管理中心为基础，注册成立沈阳铁道长春春铁集团有限公司、辽宁铁信实业集团有限公司、大连铁越集团有限公司、沈阳铁道锦州铁兴集团有限公司、沈阳铁道通辽铁盛商贸（集团）有限公司、沈阳铁道吉林市铁淞集团有限公司、沈阳铁道通化铁鹰实业集团有限公司7个区域性集团公司，实行一个机构两个牌子。局投资管理中心履行全局多元经营系统资产经营和行业管理职能，对局多经直属公司、各区域投资管理中心（集团公司）的资产、人员实行统一管理。各区域投资管理中心（集团公司）对原铁路分局多经直属公司及站段多经企业实行统一管理，承担管辖范围内多经企业国有资产保值增值责任，并负责所属多经企业的行政管理、党群管理、业务指导、经营协调、安全路风管理及稳定职工队伍工作。在资产关系方面明确：全局多元经营系统的国有资产为沈阳铁路局所有，沈阳铁路局授权沈铁投资管理中心（局多经处）对各区域投资管理中心（集团公司）行使出资人职责并建立投资关系。各区域投资管理中心（集团公司）分别对原铁路分局多经直属公司、站段多经企业行使出资人职责、建立投资关系。

2006年4月，沈阳铁路局将19个工业企业划归局投资管理中心管理，将隶属局物资处的局工业管理办公室划归局投资管理中心。撤销大连、吉林装卸公司及原各铁路分局装卸管理机构，成立沈阳铁路局装卸作业管理所，对全局装卸实行统一管理，由主管运输副局长负责。装卸作业管理所实行专业化管理，市场化运作，自主经营、独立核算、自负盈亏。将长春、通化、阜新、图们、沈阳、丹东、通辽、大连铁路装卸机具厂整建制划归各区域投资管理中心管理。

2011年，沈阳铁路局根据多元经营发展需要，在投资管理中心原有8个行政部门基础上，增设了客运管理部、物业生活管理部和疗养管理部，提升专业化管理能力。2012年，局投资管理中心从经营管理实际出发，增设了调度部、招投标管理办公室和装载加固办公室。2013年，全路实施货运组织改革，改革重组后，全局非运输企业有区域直属集团公司11个，专业化公司24个，有法人企业195个。2014年，沈阳铁路局为适应多元经营改革发展需要，对投资管理中心机构部

门进行了再次调整，撤销投资发展部、技术安全部、审计部、疗养管理部、客运管理部、调度管理部、装载加固办公室等部门。调整整合后下设办公室、计划财务部、人事管理部、经营管理部、法律事务部、资产管理部和党群工作部7个部门。

2014年3月路局组建经营开发处，负责管理非运输企业业务（含运输其他业务）的开发与经营，指导非运输企业的经营开发业务工作。2015年11月5日，中国铁路总公司调整铁路局非运输企业出资关系，撤销铁路局非运输企业投资管理机构（集团、公司、中心），将其对一级非运输企业的出资调整为由铁路局直接出资。铁路局按照"多元化经营、一体化管理"的要求以及直接管理的方式，行使对非运输企业的管理职能。铁路局综合管理部门按职责分工，负责非运输企业的人事、劳资、财务、投资、法律事务、审计、安全、物资、职工教育以及党群等事项的归口管理工作。沈阳铁路局完成了非运输企业由投资管理中心的直接管理向经营开发处及业务部门专业管理的平稳过渡。

二、区域和专业集团公司机构

1996年3月，沈阳铁路局按照产业特点、经营规模和经济效益，对多种经营企业进行调整，将11个多经直属公司调整为6大公司，各铁路分局多经直属公司由年初的130个调整为122个。全局多种经营企业达到1636个。1997年1月，沈阳铁路局将路局和分局两级直属公司由1996年的122个调整为107个，撤并亏损企业76个，撤并银

1996—2015年多元经营法人企业数量变化情况

图5-2-1

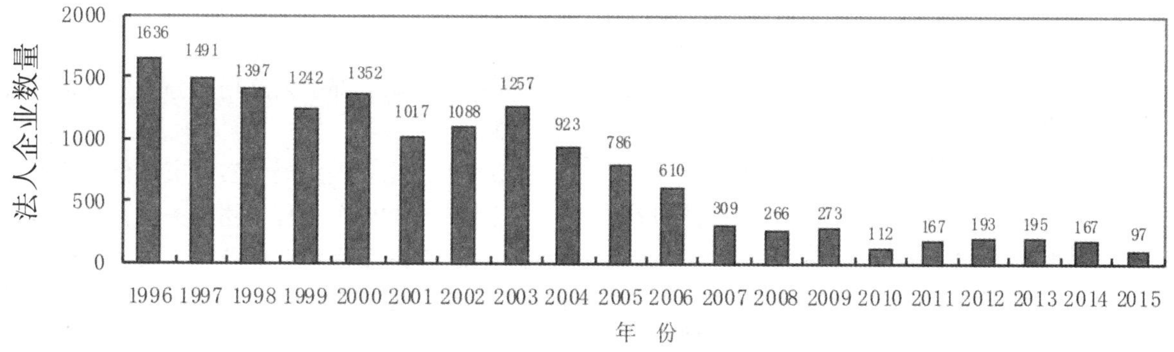

1996—2015年多元经营企业人数变化情况

图5-2-2

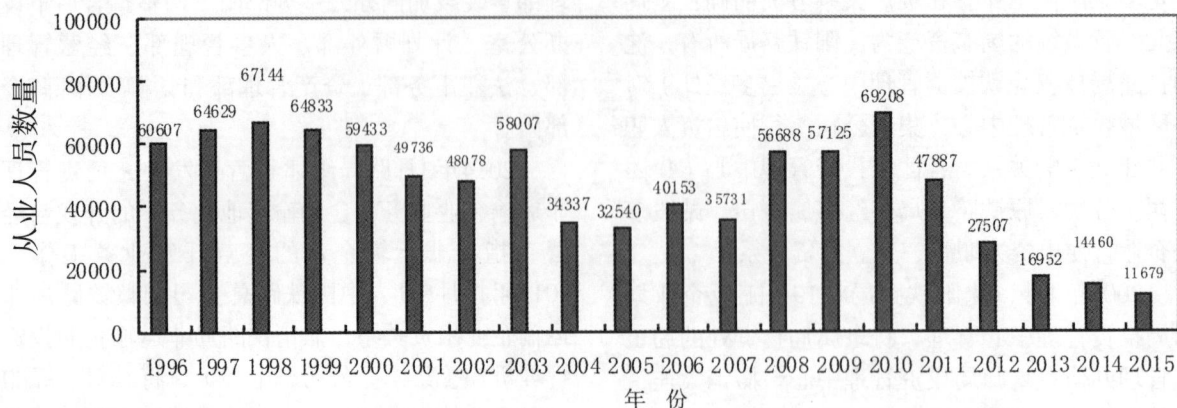

行账户45个，整顿游离企业12个，组建和改组为股份制或有限责任制多经企业45个，多种经营企业整合到1491个。1998年，继续进行产业结构和企业结构调整，多经企业由1997年的1491个调整为1397个，撤并亏损企业59个，撤销银行账号57个。局经济发展总公司经过企业整合，形成了科技开发、工业实业、房地产开发三大支柱产业。

1999年12月，沈阳铁路局印发《关于公布局直属公司机构定员的通知》，将局运输处直管的铁运中心、局货运处直管的集装箱公司、局客运处直管的局旅游总公司纳入局多经直属公司管理。把局多经直属公司合并重组成局对外经济贸易总公司、局经济发展总公司、局旅游总公司三大总公司。局对外经济贸易总公司下设中国土木工程公司沈阳分公司、中国铁路对外服务沈阳公司、中铁进出口沈铁公司、沈阳北方铝材装饰公司、经贸房地产开发公司、经贸发展公司及服务中心。局经济发展总公司下设营运总公司、工业实业总公司、科技开发总公司。局旅游总公司和东方大厦实行一个机构两个牌子，下设局第二招待所、旅游服务公司、国际旅行社、铁道经贸公司、烟草经销处、铁道科教器材公司、国铁信息公司、路达物资经销处、广告公司、珠海公司。三大总公司负责直属各公司和所属公司的经营管理。三大总公司设立党委、工会、团委，分别隶属于局直属机关党委、工会、团委。

2000年，沈阳铁路局按照铁道部要求，实施和建立多元经营新格局，重点发展运输代理业、

旅游业、广告业、物流业、建筑施工业、工业加工业、房地产业、对外经贸业、餐饮服务业、种植养殖业等10个重点产业，培育了8个支柱产业、2个劳动密集型产业，组建一批行业集团和区域性集团，形成与运输业互相依托、协调发展的新局面。大连公司将16个多经直属企业重组成2个综合性公司、8个专业性公司。沈阳铁路分局将20个多经直属企业按行业特点重组为6个公司，将原丹东、本溪地区的30个公司整合为8个公司。锦州铁路分局重组货运代理公司，将兴城、山海关疗养院、厨师培训中心与山海关海盛花园酒店、兴城水疗馆、铁道旅行社、分局第一招待所合并，成立锦州铁路分局旅游服务总公司。

2001年5月，沈阳铁路局经济发展总公司撤销了规模小、效益差和项目雷同的企业，组建具有一定规模的专业公司。局旅游总公司通过对13个企业进行结构调整，成立沈阳铁道旅游实业发展集团公司，增强市场竞争能力。锦州分局对11个建筑施工企业进行重组，成立锦州铁路分局铁道工程有限责任公司。全年共撤并重组240个企业，将66个运输代理、旅游、广告企业重组为31个企业全部纳入路局、分局多经直属公司管理。

2002年，沈阳铁路局将实行市场化经营的沈阳、锦州、吉林三个工程集团财务决算纳入多元经营系统。全局装卸作业业务、人员、资产纳入属地车站或车务段多经企业。沈阳分局将丹东设计所、工程监理站、铁道工程公司、建筑工程公

司、装饰公司重组为丹东工程建筑总公司。将经营业务相近的沈阳空调列车服务中心并入沈阳站车铁路服务有限公司。通辽分局对15个站段多经施工企业重组整合为通辽天恒铁道建设有限责任公司。长春铁路分局实行发展大旅游战略，对长春、白城两个旅游公司进行重组整合。

2003年9月，沈阳铁路局印发《关于重组沈阳铁道国际旅游（集团）有限公司的通知》，对全局11家旅游企业实施重组改制，组建沈阳铁道国际旅游（集团）有限公司，下设长春铁路国际旅行社、白城铁路旅行社、大连铁道国际旅行社、吉林铁路分局旅行社、锦州铁道旅行社有限责任公司、丹东铁道国际旅行社、通辽铁路绿源旅游有限公司、通化铁道旅行社、延边铁道国际旅行社等9个旅行社。同时将铁路局36个多经直属公司重组为沈阳铁路局经济发展总公司、沈阳铁路局营运总公司、沈阳铁路局工业实业总公司、沈阳铁龙科技铁道工程公司、沈阳铁路局对外经济贸易总公司、沈阳沈铁物流有限公司、沈阳铁元特种货物运输代理有限责任公司、沈阳铁源汽车修理有限责任公司、沈阳铁道国际旅行社(集团)有限公司、沈阳铁道旅游实业发展集团公司等10个公司。

2004年，沈阳铁路局制定了《推进全局多元经营企业重组指导意见》，对1257个多经企业实行专业化、区域性、综合型重组。通辽分局以原通辽铁路分局经营开发总公司、通辽北亚物流有限责任公司、赤峰六通物流有限责任公司为骨干企业，吸纳通辽、赤峰、彰武、奈曼、白音胡硕5个车务系统站段多经企业，组建通辽铁路分局经营开发集团公司。大连公司对瓦房店、大石桥地区内多经企业进行重组，组建区域型直属公司。沈阳铁路局将局总工程师室所属的局技术中心重组到局营运总公司，将局物资处所属的局物资供销中心技术开发部重组到局对外经济贸易总公司。

2005年5月，沈阳铁路局为推进局多经直属公司专业化、规模化、集约化经营，优化资源配置，提高市场竞争力和整体经济效益，将局多经直属公司重组为沈阳铁道物流有限公司、沈阳铁道工业实业总公司、沈阳铁道经济发展总公司、沈阳铁道对外经济贸易总公司、沈阳铁道石油经

销公司、沈阳铁道旅游实业发展集团公司、沈阳铁道国际旅行社（集团）有限公司等7个具有专业化经营的公司。9月，在大连地区实施车务系统多经企业与站段脱钩试点工作，改变现行站段托管模式，将金州站、大连站、大连客运段、大连车务段所属多经企业移交大连投资管理中心直接管理。12月，沈阳铁路局整合全局广告资源，以辽宁铁道融信广告有限公司为主体，对全局12家广告企业的资产、业务、人员进行重组整合，组建了沈阳铁道文化传媒集团有限公司，建立以资产为纽带的母子公司体系，实行集团化经营管理模式，统一规划、统一设计、统一管理、统一经营全局站车广告资源。同时将丹东经济发展总公司及所属多经企业（含站段托管多经企业）从沈铁沈阳投资管理中心划出，调整为局多经直属公司。同月，沈阳铁路局成立辽宁铁道采石有限公司、吉林春铁采石有限公司。

2006年，沈阳铁路局继续加大多经企业重组整合力度，组建沈铁房地产开发有限责任公司，组建长春、沈阳、锦州铁道工程有限责任公司，组建沈阳铁道车辆有限责任公司，负责全局企业自备车检修、租赁，车辆配件制造销售业务。全局多经直属公司增加5个，总数达到15个。同时撤销大连、吉林装卸公司及原各分局装卸管理机构，成立沈阳铁路局装卸作业管理所，对全局装卸业务实行全面管理。将工业企业辽宁铁道采石公司、吉林春铁采石公司、沈阳铁路局沈阳工务器材厂、沈阳装卸机械配件厂、沈东施工机械厂、沈东机械总厂、沈阳电务器材厂、苏家屯配件厂、小屯水泥厂、锦州工务器材厂、锦州印刷厂、吉林配件厂、吉林轨枕厂、吉林电务器材厂、明城机械厂、薛家配件厂、吉林木材厂、朝阳镇工务器材厂、通辽印刷厂、吉林印刷厂整建制划归局投资管理中心管理。将长春、通化、阜新、图们、沈阳、丹东、通辽、大连铁路装卸机具厂（原分局小工厂）和辽宁铁道采石有限公司、吉林春铁采石有限公司整建制划归局投资管理中心管理。对58个运输站段、132个多经企业资产、业务、人员按新的运输生产力布局进行调整和整合。在重组整合过程中，局投资管理中心共接管由主业纳入多元经营的19个工业企业、8个装卸机具厂、2个采石公司、38个公寓、4个

职工培训中心、17个幼儿园等单位，投资管理中心下属直管企业增至43个。沈阳铁路局管理的工业、采石、装卸、工程施工系统单位全部整建制纳入多经管理体系。

2007年9月，路局印发《关于沈阳铁路局多元经营企业与运输站段脱钩专业重组区域整合工作的决定》《关于公布全局多元经营重组整合企业名单的通知》，按照"专业重组、区域整合、站段脱钩""专业化、规模化、集约化"的要求，减少法人数量，压缩企业层级，突出主营业务，改善企业经营思路和具体实施方案，新组建沈阳铁道物流有限公司、沈阳铁道石油化工经销有限公司、沈阳铁道金属有限公司、沈阳铁道煤炭有限公司、沈阳铁道工业实业有限公司5个专业集团公司。撤销长春、沈阳、大连、锦州、通辽、吉林、通化投资管理中心的管理职能。9月，撤销沈阳铁道丹东铁成集团有限责任公司，所属企业分别划至各专业集团公司，公司本部划入辽宁铁信实业集团有限公司，负责五龙背疗养院、铁路丹东职工培训中心的经营管理工作，以及丹东至本溪沿线33个站点的延伸服务和运输代理组织工作。重组整合后，全局共有沈阳铁道物流有限公司、沈阳铁道石油化工经销有限公司、沈阳铁道金属物资有限公司、沈阳铁道煤炭经销有限公司、沈阳铁道工业实业有限公司、辽宁瑞新酒店集团有限责任公司、长春铁道建设工程（集团）有限责任公司、沈阳铁道建设工程有限责任公司、锦州铁道建设工程有限责任公司、沈阳沈铁房地产开发集团有限责任公司、沈阳铁道建设监理有限公司、沈阳铁道国际旅行社（集团）有限公司、沈阳铁道文化传媒集团有限公司等13个专业化公司以及7家直属集团公司，形成"13＋7"新的管理架构和经营格局。全面完成了运输站段和其它单位委托管理178家多经企业的脱钩工作，一次移交多经资产10.56亿元、职工6223人。规划全局多经企业设20个集团公司，180家企业法人、233家分公司、384个经营网点。

2008年4月，沈阳铁路局印发《关于组建沈阳沈铁装卸有限责任公司的通知》，决定成立沈阳沈铁装卸有限责任公司，为铁路局多经专业（集团）公司，实行公司、分公司、装卸营业部三级管理，下设长春、沈阳、大连、锦州、通辽、吉林、通化等7个分公司（对内称装卸作业管理分所），41个装卸营业部（对内称装卸作业所）。公司组建后，仍保留装卸作业管理所名称和职能，对全局装卸实行全面管理。6月，沈阳铁路局多元经营管理处、土地房产管理处、财务处联合印发《关于房产生活段所属多经企业法人和账户整合的指导意见》，对全局各房产生活段所属多经企业法人单位和账户进行整合。7月，沈阳铁路局印发《关于组建大连沈铁港口物流有限公司的通知》，成立大连沈铁港口物流有限公司。公司主要以进出大连港、鲅鱼圈港和锦州港的铁路运输货物为主，开展货物运输服务，货运代理，铁路延伸服务，公铁水路运输物流服务等业务，同时将丹大地方铁路交由该公司经营。公司为铁路局多经专业化公司，下设沈阳铁道丹东铁成集团铁元物流有限公司及大连港、鲅鱼圈港、锦州港分公司。11月，沈阳铁路局印发《关于组建沈阳铁道不动产公司的通知》，将原辽宁铁道物业集团有限公司从辽宁铁信实业集团有限公司划出，更名为沈阳铁道不动产运营有限公司，将全局多经系统、房产系统所有出租房屋资产划入沈阳铁道不动产公司，开展房屋租赁业务。公司为铁路局多经专业化公司，下设长春、沈阳、大连、锦州、通辽、吉林、通化营业部。印发《关于成立沈阳铁道房产生活管理集团有限公司的通知》，成立沈阳铁道房产生活管理集团有限公司，主要经营工程施工、物业管理、供暖供水、生活服务、物资采购、房屋中介等业务，同时负责全局各房产生活段的劳资管理、经营管理、技术安全管理、计划管理。公司为铁路局多经专业化公司，业务接受土地房产管理处指导，土地房产管理处对其实施行业管理。印发《关于变更疗养院隶属关系的通知》，将大连疗养院、兴城疗养院、丰满疗养院、长白山温泉疗养院划归沈阳沈铁房地产开发集团有限责任公司，将山海关疗养院划归锦州房产生活段，将千山疗养院整建制划归沈阳房产生活段，将五龙背疗养院整建制划归丹东房产生活段，将熊岳城疗养院整建制划归大连房产生活段。至2008年年底，沈阳铁路局多元经营形成15个专业集团公司、7个直属集团公司的经营格局。

2009年4月，沈阳铁路局印发《关于成立沈阳铁道旅行服务有限公司的通知》，成立沈阳铁道旅行服务有限公司，为沈阳铁路局投资管理中心投资的专业化公司，对内称沈阳铁路局旅行服务段。公司主要经营站车保洁和洗涤服务。公司在沈阳、大连、丹东、通辽、长春、通化设分公司，对辖区内的客运站、始发和终到旅客列车开展保洁业务。7月，沈阳铁路局投资管理中心、中共沈阳铁路局投资管理中心工作委员会联合印发《全局多经企业重组整合工作指导意见》，继续实施企业重组整合工作，着力解决一些企业机构设置和布局不尽合理、主营业务不够突出、竞争能力不强、运行效率较低、支出口子过多、管理成本过高的问题。8月，沈阳铁路局投资管理中心印发《关于公布房产生活系统企业重组整合名单的通知》，对全局房产生活系统多经企业重组整合，撤销企业法人89家，保留41家；撤销分支机构37家，保留和改设31家。12月，沈阳铁路局投资管理中心印发《关于公布各直属集团公司、专业（集团）公司多经企业重组整合名单的通知》，决定全局多经（不含房产生活系统）撤销企业法人165家，保留158家；撤销分支机构48家，分支机构629家。经过企业重组整合，到2009年年底，全局多经企业法人199家（含房产生活系统41家），分支机构635家，撤销企业法人254家。

2010年1月，沈阳铁路局印发《关于调整沈阳铁道旅行服务有限公司管理关系的通知》，决定将旅服公司由主业管理和核算调整为局投资管理中心管理和核算，原负责的局外异地列车保洁工作交各相关客运段负责，其他业务范围保持不变。7月，沈阳铁路局印发《关于成立沈阳铁道餐饮服务有限公司的通知》，决定成立沈阳铁道双瑞餐饮服务有限公司，公司为局投资管理中心投资的专业化公司，由局客运处实行行业管理。将长春客运段的长春、白城、吉林、图们、通化旅服车间，沈阳客运段的沈阳、丹东、通辽旅服车间，大连客运段的大连旅服车间划入沈阳铁道双瑞餐饮服务有限公司，各客运段担当列车上的商品销售工作一并纳入公司管理。将局管内二等以上车站的售货管理工作纳入沈阳铁道餐饮服务有限公司管理。公司下设长春、沈阳、大连、通辽4个分公司和白城、通化、图们3个工作部。

9月，沈阳铁路局为推进港口战略的实施，以临港物流园区为牵动，整合港口资源，发挥集疏运优势，构建一体化铁路综合物流服务体系，沈阳铁路局印发《关于成立长兴岛港铁路物流有限责任公司的通知》，决定成立长兴岛港铁路物流有限责任公司，为沈阳铁路局投资管理中心投资的直属专业化公司。公司依托40万平方米的长兴岛综合物流基地、长兴岛疏港铁路专用线、岛内企业铁路专用线等设施，整合港口、汽车运输等其他物流资源，开展仓储、运输、运输代理等业务，为落户长兴岛内的企业提供个性化、专业化、一体化物流服务。沈阳铁路局印发《关于成立盘锦港铁路物流有限责任公司的通知》，决定成立盘锦港铁路物流有限责任公司，为沈阳铁路局投资管理中心投资的直属专业化公司。公司依托460万平方米的盘锦港荣兴港综合物流基地、40万平方米的金帛湾站综合物流基地及荣兴港疏港铁路专用线、港内企业铁路专用线等物流设施，整合港口、汽车运输等其他物流资源，开展仓储、运输、运输代理等业务，为落户港区内的企业提供个性化、专业化、一体化物流服务。

2011年，沈阳铁路局继续进行企业重组整合，新组建丹东、赤峰、松原3个区域集团公司。新增兴安盟沈铁白诺松贝尔口岸物流有限公司、大连沈铁太平湾物流有限公司、绥中物流有限责任公司、锦州沈铁物流有限公司等4个港口物流公司。成立了沈阳铁道工程建设集团有限公司和大连团结街商务服务筹备组。重组整合珠珠线铁骑和蒙霍两家合资铁路公司。为理顺产权关系，提高经营质量，将四平、通辽西、郑家屯站新九道、太阳升等物流基地整建制划入大连沈铁港口物流公司、通辽铁盛商贸集团公司、沈阳铁道物流集团有限公司和松原三江港集团公司。将大连装卸分公司、长春春铁集团公司林场、吉林房产生活段液化气站、长春春铁集团公司四平俱乐部、铁建公司通达设计所整建制分别划入大连铁越集团公司、松原三江港集团公司、吉林铁淞集团公司、沈铁房地产开发集团公司、工程建设集团公司。将不动产公司原大连材料厂经营基地置换给大连铁越集团公司。将工业公司在大安北报废和封存机车停留基地划入运输主业。重组整合后，全局多经下设10个区域集团公司和25个专业化公司。

2012年，路局新组建鞍山丰瑞、阜新鸿丰2个区域集团公司。调整后，沈阳铁路局下设长春春铁、辽宁铁信、大连铁越、锦州铁兴、通辽铁盛、吉林铁淞、通化铁鹰、丹东铁成、赤峰铁发、松原三江、鞍山丰瑞、阜新鸿丰12个区域集团公司。沈阳铁路局还根据经营需要，组建大连铁道元墅发展有限公司、北京奉发商贸有限公司、沈阳铁路勘查设计院有限公司等3个专业化公司。将沈阳铁道旅行服务公司、沈阳铁道双瑞餐饮公司、沈阳铁路建设监理有限公司移交主业管理。将沈阳房产建筑段、沈阳铁成热力、吉林春铁房屋管理等25个法人企业划出。调整后，沈阳铁路局下设长春春铁、辽宁铁信、大连铁越、锦州铁兴、通辽铁盛、吉林铁淞、通化铁鹰、丹

东铁成、赤峰铁发、松原三江、鞍山丰瑞、阜新鸿丰等12个区域集团公司和沈阳铁道物流集团有限公司、沈阳铁道金属物资有限公司、沈阳铁道煤炭集团有限公司、沈阳铁道石油化工集团有限公司、大连沈铁港口物流集团有限公司、沈阳铁道工业集团有限公司、沈阳沈铁装卸有限责任公司、辽宁瑞心酒店集团有限责任公司、沈阳铁道国际旅行社（集团）有限公司、沈阳铁道文化传媒集团有限公司、沈阳铁道建筑桥隧工程有限公司、沈阳铁道工程建设集团有限公司、沈阳沈铁房地产开发集团有限责任公司、沈阳铁道不动产运营有限公司、大连中铁外服国际货运代理有限公司、大连沈铁长兴岛物流有限公司、盘锦沈铁物流有限责任公司、绥中沈铁物流有限公司、大连铁道元墅发展有限公司、大连沈铁太平湾物流有限公司、兴安盟沈铁白诺松贝尔口岸物流有限

2005—2015年区域集团公司变化情况

图5-2-3

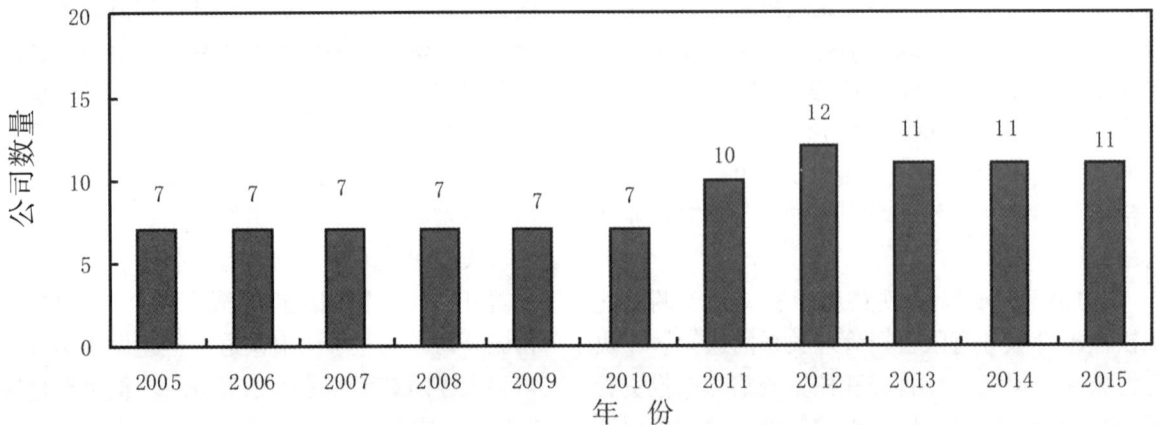

2005—2015年专业集团公司变化情况

图5-2-4

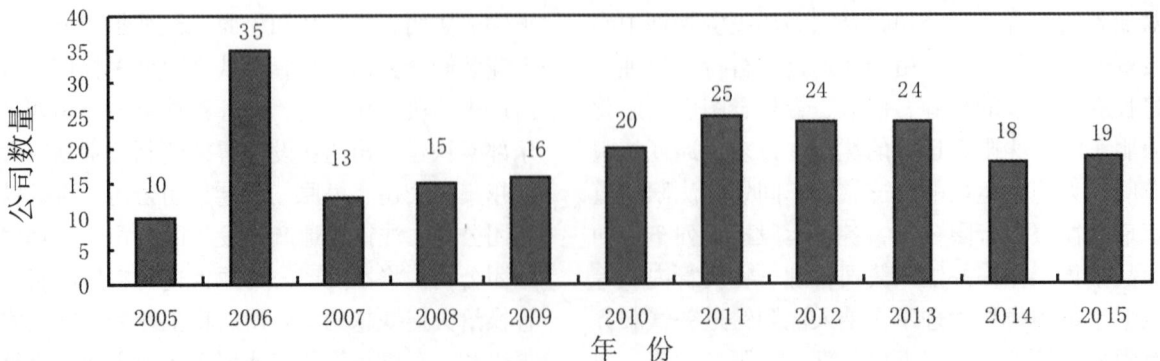

公司、锦州沈铁物流有限责任公司、北京奉发商贸有限公司和沈阳铁路勘查设计院有限公司等24家专业化集团公司。

2013年，全路实施货运组织改革，沈阳铁路局撤销了鞍山丰瑞区域集团公司，所属企业和项目并入鞍山货运中心和辽宁铁信实体集团有限公司。撤销了沈阳沈铁装卸有限责任公司和大连铁道元塱发展有限公司。组建沈铁丹东海洋红物流公司，将沈阳铁路建设监理公司重新划归投资管理中心管理。同时，调整了瑞心酒店、房地产开发、石化公司、工业公司、长春春铁和大连港口物流等集团公司的部分业务和经营项目。

2014年，沈阳铁路局将大连沈铁长兴岛物流有限公司、盘锦沈铁物流有限责任公司、绥中沈铁物流有限公司、大连沈铁太平湾物流有限公司、兴安盟沈铁白诺松贝尔口岸物流有限公司、沈铁丹东海洋红物流公司等6个公司划归运输业管理。调整后，专业化公司减至18个。沈阳铁路局按照区域化、专业化管理原则，将沈铁房地产开发集团公司所属的4个疗养院、5个酒店、1个电视站、1个俱乐部和89个客票代售点整体调整到相应的集团公司，实现了房地产开发集团公司专业化经营。

第二节　非运输企业改革

1996年10月，铁道部印发《加快铁路多种经营发展的若干规定》，明确提出了统筹规划，实施铁路经营多元化战略。在格局上，由主要依附主业向经营多元化转变；在经营上，由小型分散向规模经营、联合经营转变；在管理上，由分散考核向一体化考核转变。1997年1月，沈阳铁路局出台《关于印发贯彻落实铁道部〈加快铁路多种经营发展的若干规定〉实施细则的通知》和《沈阳铁路局多种经营"九五"发展规划》，对加快发展多种经营的实施战略措施、增强考核力度，调整产业结构、实现规模经营，转换经营机制、规范企业管理，加强人事管理、提高队伍素质等方面作出了具体规定。规划出拓宽领域、多元开发、规模经营、集团发展、面向市场、开发实业的发展战略部署，制定了一体化考核，转换企业经营机制，提出了调整结构，推进规模经营，加大投入，增强发展后劲等主要措施。提出在进行管理体制改革，建设规划审定，资金、运力配置，干部人才交流等重大决策时，要把多种经营放到与运营同样重要的位置，作为全局整体经营工作的重要"一元"全面规划。

1999年11月，铁道部印发《关于推进铁路运输企业多元经营改革和发展的若干意见》，对铁路多元经营的战略地位和建立多元经营新格局作出系统阐述。铁路运输企业的工附业、建筑业、多种经营和铁路集体经济统称为多元经营产业。要统筹规划，按专业分工、优势互补的原则，进行结构调整和资产重组，建立多元经营产业规模经营、协调发展的新格局，有计划、有步骤地将多元经营产业纳入多元经营系统统一管理。

2000年1月，沈阳铁路局印发《关于成立沈阳铁路局多元经营管理委员会的通知》，决定成立多元经营管理委员会，把多元经营工作纳入职责范围，关心支持多元经营发展，在体制改革、结构调整、规划制定、资金安排、干部任用等方面，与运输业统筹考虑，妥善安排，互为依托，互相促进，共同发展。4月，沈阳铁路局制定了《沈阳铁路局建立多元经营新格局实施方案》和《沈阳铁路局贯彻落实铁道部〈关于推进铁路运输企业多元经营改革和发展的若干意见〉实施细则》，依据铁道部要求，明确了建立沈阳铁路局多元经营新格局的指导方针、总体目标、实施步骤和进度安排。确定了清产核资、界定产权；盘活存量资产、提高资产运营效率；调整企业结构、实施资产重组；发挥铁路优势，优化产业结构；理顺产权关系，建立现代企业制度；调整管理体制，建立多元经营管理体系；建立适合市场经济的经营机制；界定产权关系，理顺站段多经等建立多元经营新格局八项重点工作。2001年，沈阳铁路局根据铁道部《关于铁路运输企业与多元经营企业明晰产权、规范核算的若干规定》和《关于铁路运输企业与多元经营企业明晰产权规范核算有关问题的指导意见》，制定了《沈阳铁路局推进运输企业与多元经营企业的企业分设、财务分账、人员分开实施方案》，对路局、分局主业与多元经营企业的企业分设、财务分账、人员分开工作进行部署，先后对1017家多经企业进行清查登记；清理整顿210家企业；补充调整注册资本金26182万元；建立了对多经企业的投资关系。

2002年7月，为贯彻落实铁道部《关于建立铁路多元经营新格局若干问题的指导意见》，沈阳铁路局确定多元经营是铁路改革的重要组成部分，是"十五"铁路发展的重要任务，成立构建多元经营新格局领导小组，负责建立多元经营新格局的领导工作，把建立多元经营新格局工作纳入重要议事日程。10月，沈阳铁路局出台《沈阳铁路局建立多元经营新格局实施方案》，对建立全局多元经营新格局的工作目标、工作任务、工作原则、工作措施、工作标志、资产营运机构职责做出具体规定。坚持以产业结构、企业组织结构调整为主线，以提高产业集中度、增强企业核心竞争力为重点，从实际出发，统筹规划，保证质量，分类指导，分步推进。深化人事、劳动、分配三项制度改革，建立适应市场经济体制的内部运行机制，实现体制创新，机制创新和管理创新，增强企业活力，实现科学管理，不断提升企业综合素质。

2003年3月，沈阳铁路局印发《关于加强全局多元经营管理工作的通知》，对全局多元经营归口管理，成立多元经营资产管理机构，进行产业结构和企业结构调整。制定了多经系统人事劳资合同管理工作制度，安全生产管理办法，修改、完善了多元经营考核办法。建立了财务基础管理资料，加强成本控制，及时对撤并企业和离任经理进行审计，确保资金使用安全和国有资产完整。

2004年，沈阳铁路局制定了《关于促进全局多元经营加快发展的若干意见》，对利用铁路综合优势及各种资源，盘活"三类资产"，向多元经营放开局内市场，利用运输优势支持多元经营企业拓展发展空间，加大对旅游、物流、运代、商贸业的支持力度，扩大多元经营企业利润留存比例等支持多元经营发展进行部署。制定出台了多经财务、审计、合同、物价、安全、劳动、工资、项目开发、统计、信息管理等相关制度和办法，建立考核机制与激励约束机制。每月公布经营指标综合排名，每季公布综合考核结果，实行半年兑现，年终按责任奖惩制度处理。

2005年，为适应铁路管理体制改革需要，建立健全运输主业支持多经发展长效机制，提高多经企业安置分流人员的能力，沈阳铁路局、局党委联合印发《关于加快多元经营发展的决定》，加大对多经企业投入，增强多经发展后劲。运输生产力布局调整后，对运输业闲置的资产、封存资产和使用效率低的资产，多经企业积极提出开发使用方案。运输业闲置和利用率低的货运设施（包括线路、仓库、办公房舍、站台、场地），对多经企业重点开发利用。运输部门要给予多经企业运力支持，对多经企业自采、自购、自销的产品、物资，日常运输计划要重点安排，日承认车尽量倾斜，调度按承认车保证配空。发挥旅行社的市场营销作用，增改图定旅游列车开行，客运部门优先给予票额保证。局内线路、信号、水电、客货设备、土建等工程项目，多经企业在具备相应资质条件下，应积极参与招投标。开放局内物资供应市场，对多经企业能够供应局内的物资，在同质同价的基础上优先选用。多经企业生产的装载加固材料，路局货运主管部门给予质量认定，各货运站段优先使用。对多经企业从事的外委机车车辆修理业务，路局有关部门要及时审批。授予多经广告企业对管内的各种固定、移动、视觉、听觉广告媒体统一开发及经营权。支持多经房地产企业利用铁路用地开发建设经济适用房和商品房。加强站段与多经企业的双挂考核，加大站段对多经发展的支持力度。沈阳铁路局制定了全局多元经营发展战略规划，大力发展以综合物流、内外贸易、旅行服务、房地产、旅游、文化传媒、工程施工、宾馆酒店、工业制造为支撑的主导产业，形成产业集中度高、竞争能力强、服务业全面发展的产业格局。

2006年9月，沈阳铁路局、局党委联合印发了《关于加快多元经营发展的决定》，明确了多元经营是铁路发展的重要组成部分，多元经营与运输主业是长期共存，相辅相成，互为促进的战略定位，决定从18个方面支持多元经营加快发展，增强创效创岗能力。即：支持多经企业参与集中装车点、企业专用线和物流基地的投资开发建设及经营；在运力方面重点支持能够自行收购、加工、仓储、销售的粮食经营企业，有资金、有市场的大型商贸企业，有配送设施、有实质性服务的运输代理企业及物流企业；支持多经与地方企业的互利合作项目；局内旅游业务由局旅行社集团统一经营，对局旅行社集团开行的旅游专列，局客运、运输、车辆等部门要加强部令的申请与审批，强化运行图查定工作，保证车体配备，适时增开图定旅游列车，保证旅行社的团体用票；支持多经工程施工企业的发展，大力扶持长春、沈阳、锦州三个铁道建设工程公司；支持多经房地产企业利用铁路用地开发建设经济适用房和商品房；支持多经广告业的发展，授予沈阳铁道文化传媒集团有限公司局管内广告媒体的开发经营权，其他任何单位、部门无权经营；支持多经酒店业的发展，各单位的会展业务、接待业务，应选择多经宾馆、酒店；支持多经商贸企业的发展，在符合主业产品标准、质量、价格要求的前提下，多经企业经营的煤炭、油品、钢材、机电产品等物资，物资部门应给予准入，并优先采购；支持多经保险代理业的发展，对多经企业已开办的保险业务，各单位在投保时应选择多经保险代理企业；支持多经工业企业的发展，局内主业生产维修所需的各种工业产品，多经企业能够生产的，各级物资部门应优先采购。局内印刷业务应选择多经企业承担；支持多经修理加工企业的发展，对有加工设备、设施、技术人员，具备相应资质的企业，要重点支持；支持多经采石企业的发展，局内各砂石用料单位要本着"先路内，后路外"的原则，优先选择沈阳、长春两个采石公司的砂石等产品；支持多经企业科技成果转化；支持多经企业对主业闲置资产的开发利用；支持多经企业实行资金集中统一结算；加大站段支持多经力度，路局将站段支持多经发展作为考核站段领导班子的重要内容。

2007年9月，沈阳铁路局、局党委联合作出《关于沈阳铁路局多元经营企业与运输站段脱钩专业重组区域整合工作的决定》，将运输站段多元经营企业与主业脱钩,重组整合到专业集团公司或所在地直属集团公司。为强化运输站段对多经企业发展的支撑作用，明确运输站段对多经企业的扶持责任，沈阳铁路局、局党委印发了《关于运输站段全力支持和保证多元经营企业发展的决定》，要求运输站段继续支持和保证多经企业发展，必须保证收入不减、利润不减、开发新项目力度不减。决定将多经收入、利润等项考核指标与运输站段联挂，实施"双挂钩"机制。对支持多经企业完成经营指标的，由铁路局对运输站段进行奖励；对多经企业未完成经营指标的，铁路局按比例核减相关运输站段工资总额。铁路局将有关多经指标完成情况纳入运输站段生产经营业绩考核。

2009年1月，路局、局党委制定出台《关于实施沈阳铁路局三年发展规划（2009—2011）的决定》，对全局多元经营发展进行规划，全面实施资源、口岸、港口战略"三大发展战略"，为多元经营发展创造了空间。2月，沈阳铁路局、局党委作出《关于支持多元经营发展的若干具体意见》，提出全力支持多经快速发展，提出加大对多经项目支持力度、加大对多经政策扶持力度、对多经系统实行权力下放、对多经财务实行统管、严格控制多经贷款、提供对多经企业的运力支持、促进装卸健康发展、实施保价重点投入、整顿局内印刷品市场、确保多经加油站正常经营、按时结算多经工程费用、对多经提供资金支持、加力支持旅游业和广告业、帮助酒店及疗养院过渡、允许有特殊需要的多经企业外雇少量社会用工、大力发展多经实业、放开集中装车点经营、全面开展清欠和审计问题整改、加大资金集中力度、对医保网络由多经统一维护、大力发展运输代理、停止支付营销费用、支持疗养院开展局内职工体检业务、发展物流配送中心业务、对多经重要事项实施特事特办、对多经系统动迁要优先还建、积极防范经营风险等30条措施。同月，沈阳铁路局党政联合印发《关于扶持和支持房产系统经营发展的决定》，扶持和支持房产系统在核算关系和经营体制转变后实现平稳过渡，确保房产系统经营发展目标完成。

2013年，全路实施货运组织改革，沈阳铁路局非运输企业向新组建的12个货运中心移交人员10119人、移交资产16.21亿元，减少企业法人17家；向路局生活服务中心移交人员563人、移交资产487万元；另向运输业、运输辅助业移交人员854人、移交资产12.68亿元。非运输企业保留了西部铁路、丹大铁路、沈西工业走廊、高天地铁等专用铁路和33个物流基地。

第三节　非运输企业概况

一、区域公司经营概况

（一）沈阳铁道长春春铁集团有限公司

公司管理　沈阳铁道长春春铁集团有限公司成立于2006年1月23日，前身是长春铁路分局多种经营管理分处及分局管内多经企业。1996年，分局多经系统共有法人企业85个。其中，直属企业17个。3月，外经公司从多经分处分离，成立外经分处。5月，中通宾馆撤销。1997年3月，多经分处设党工委。新成立长春站轨道衡检斤站、长春东轨道衡检斤站、春铁煤炭经销中心3个法人企业。1998年，多经分处成立工会工作委员会。1999年，分局投资500万元，成立铁鑫纳米金属有限责任公司、长春南站轨道衡检斤站等4个法人企业。2000年，白城分局撤销，分局管界重新划分，白城地区以原白城分局多经分处为主体组建了白城经济开发总公司，将原11个直属公司划归总公司领导，同时在白城地区成立运输代理公司、集装箱公司、广告公司，长春将原多经分处管理的7个直属公司划归长春经济开发总公司管理，成立了长春永顺运输代理公司。2001年，组建了分局广告公司、春铁家园物业管理公司。2003年，成立多元经资产管理中心与多元经营管理分处为一个机构两块牌子。根据职能转换要求，变部为科，设办公室、工商物价科、审计科、计划财务科、经营管理科、装卸管理科、劳动人事科、工商物价科等8个科室。根据多元分处管理职能的转换和企业重组要求，撤销了原长春、白城两个经济开发总公司。将原有的盛源、光明、振兴三个粮食经营企业重组为春铁粮油经贸有限公司；将分局管内5家广告公司合并重组为长春广告公司；将原长春电子经营部、白城电子经营部合并重组为春铁电子科技有限公司；新组建了春铁保险代理、春铁汽车销售维修等2个有限责任公司。2005年3月，长春铁路分局撤销，长春铁路分局多元经营管理分处撤销。6月，成立沈铁长春投资管理中心，负责管理原长春铁路分局管内的多经企业。12月，沈阳铁路局对全局广告企业重组，长春铁路广告公司划至沈阳铁道文化传媒集团有限公司。2006年1月，成立沈阳铁道长春春铁集团有限公司，与沈铁长春投资管理中心实行一个机构两个牌子。2013年6月，沈阳铁路局实施货运组织改革，撤销白城车务分公司、长春列车服务分公司、乌兰浩特综合服务分公司、松原分公司、长春科学技术研究所等5个子分公司，保留6个子分公司。

实体建设与经营创效　春铁集团公司成立以来，投资建设了长春站和长春西站商服开发、长春南站物流基地综合开发、姚家物流基地等多个实体项目。2004年7月投资3800万元购置长春站北站房二三层6000平方米进行商业开发。投资1000万元对二层商铺进行改造租赁，经营零售、餐饮、暂休等站车延伸服务项目，年创效300万元。2010年4月，在长春站投资3000万元，在长春西站投资2900万元，开发建设长春站和长春西站商服项目12742平方米，主营零售、餐饮等站车延伸服务项目，年均创效550万元。2011年9月，投资500万元，利用长春南站物流基地院内西侧部分闲置场地新建货物仓储库4730平方米，2011年12月12日竣工投入使用，开展建材物流业务，年均创效170万元。2012年8月，投资2200万元，建设姚家物流基地项目，新建线路4.7公里，改建既有姚家站，新改建桥涵3座，占地62.5亩，2012年12月31日开通，具备2列整车装卸能力，企业所有生产用煤均通过铁路运输，年创效1000万元。

2015年末，沈阳铁道长春春铁集团有限公司下设长春站分公司、长春车务分公司、四平分公司、长春物业服务有限公司、长春铁龙电子科技有限公司、中长大厦分公司、铁联大厦分公司、长春瑞隆达电子技术有限公司等8个子分公司。集团公司共有职工508人，其中集体职工301人；资产总额24807万元，资产净值15888万元。1996年至2015年，累计完成营业收入985621万元，实现利润17268万元。2015年完成营业收入11341万元，实现利润112万元。

（二）辽宁铁信实业集团有限公司

公司管理　辽宁铁信实业集团有限公司成立于2005年11月，前身是沈阳铁路分局多种经营管理分处及分局管内多经企业。1996年，沈阳分局多种经营分处直属公司达到20个。2000年9月18日实行管营分开。同年12月，沈阳铁路分局经济开发总公司更名为辽宁铁道实业集团公司，与沈阳铁路分局多种经营管理分处机构分开，分别实行经营和管理职责。到2000年末，多种经营管理分处有沈阳铁路分局经济开发总公司、辽宁铁道物业集团、沈阳站车铁路服务有限公司、沈阳铁路分局空调列车服务中心、沈阳铁路分局货运代理公司、沈阳铁路分局实业发展总公司等6个直属公司。2002年12月，沈阳铁路分局成立多元经营管理分处和多元经营资产管理中心，实行一个机构两个牌子。分局多种经营管理分处同时撤销。2003年4月，沈阳铁路分局将沈阳、丹东装卸机具厂纳入集团公司管理。2005年3月，沈阳铁路分局撤销，多元经营管理分处随分局一并撤销。5月，成立沈铁沈阳投资管理中心，隶属于沈阳铁路局投资管理中心（局多元经营管理处）管理，负责管理原沈阳铁路分局管内的多经企业。同时，丹东地区11个直属公司划归沈阳投资管理中心管理。11月，沈铁沈阳投资管理中心注册成立辽宁铁信实业集团有限公司，实行一个机构两个牌子。2007年9月，沈阳铁路局对全局多元经营企业进行重组整合，站段多经企业与主办站段脱钩。集团公司共接收16个运输站段和局科研所、电子所、丹东铁成集团所属等184个多经企业。12月，沈铁沈阳投资管理中心撤销。2011年9月，沈阳铁路局对生产布局进行调整，集团公司经营格局发生改变。丹东铁成、丹东铁联、丹东铁润、本溪荣盛、本溪铁盈5个公司从集团划出，另组建丹东直属集团公司；赤峰、山海关、苏家屯机务系统多经企业从集团划出，归属运输主业管理；千山疗养院、东源公司、房产系统多经企业从房产划归集团公司管理。集团公司成立运输分公司，负责沈西工业走廊专用铁道运输及设备维修管理工作，对沙岭综合物流园区、铸锻园物流园区、运输分公司、汽车运输队实现一体化管理，统一收费，统一标准，统一支出，实行单独核算。2012年1月，沈阳铁路局成立鞍山直属集团公司，鞍山、灵山、沈南分公司、沈阳万涵公司鞍山、灵山分公司，辽宁铁道实业集团张台子物流基地，以及张台子和林盛堡两个抑尘站划归鞍山直属集团管理管理。沈阳万涵公司本溪分公司划归丹东直属集团管理；沈阳铁路局房地产公司、中达物业公司、融信房地产公司从房地产集团公司划出。

实体建设与经营创效　1996年3月，沈阳铁路分局经济开发总公司和美国美威福利国际贸易进出口公司合资成立了沈阳麦金利纯净水有限公司。2008年投资建设了开原粮食集中装车点。建设前甸、仓石、章党、双庙子、旧堡、汤岗子、牛心台、海城、灵山、于洪北一线、文官屯、抚顺城12个仓储物流基地。成立苏家屯机务段本溪企业自备机车检修基地。2009年，集团公司在沈阳、丹东、鞍山、辽阳、海城、铁岭、抚顺等城市投资新建15个客票代售点。投资366万元建设了张台子、大官屯、新台子3座煤炭抑尘站。连接线路465米提高了前甸仓储物流基地经营能力。新建9000平方米的海城仓储物流基地。改建11000平方米的本溪湖仓储物流基地。接线250米扩大了汤岗子仓储物流基地经营能力。改造建设了125000平方米的文官屯仓储物流基地。新建5000平方米的张台子仓储物流基地。改造建设了文官屯仓储物流配送中心和丹东沙河镇仓储物流配送中心；对沈阳铁路宾馆进行了整体改造；投资建成和完善了沙岭石化产品基地、沙岭低货位煤炭散堆装货场、西丰粮食仓储物流基地、汤岗子矿产品仓储物流基地和灯塔、张台子、前甸二期仓储物流基地。成立了山海关、本溪、赤峰三个机车检修基地，在路局人员、设备、场地的全面支持下，重新对三个机车检修基地进行了整体规划，配齐配强了检修人员，调拨和配备了较为完善的检修设备。2010年，为支持沈阳直属集团发展，沈阳铁路局将沈西工业走廊14.3公里的自营铁路经营权交与集团公司管理，重点工程项目相继开工。沈西工业走廊14.3公里专用铁路全线开通；建设占地230亩的沈西沙岭综合物流园区，建成库房3600平米、硬面货场17400平米、散堆装货场8000平米，建成三条合计2.1公里的货物线；建设占地282亩的沈西铸造园物流园区，建成13000平米的低货位和13000平米的硬面化货场，建成一条停留线和二条货物线，线路总长度达到3.45公里；建设了化工园物流园区。

2015年末，辽宁铁信实业集团有限公司下设沈阳万涵经贸有限责任公司、沈阳沈铁铁路装备制造有限公司、沈阳铁道保险代理有限公司、吉林省三江长白山泉饮品有限公司、鞍山铁道丰瑞经贸有限公司、沈阳启明信息技术软件有限责任公司、沈阳至丰铁路新技术开发有限公司等7个子公司，下设沈西分公司、汽车服务分公司、沈北分公司、储运分公司、客运服务分公司、沈阳东源服务分公司、铁道1912饭店、铁道部兴城疗养院、沈阳铁路局千山疗养院等9个分公司。集团公司共有职工525人，资产总额80056万元，资产净值54028万元。1996年至2015年，累计完成营业收入1971494万元，实现利润97937万元。2015年完成营业收入44662万元，实现利润2016万元。

（三）大连铁越集团有限公司

公司管理　大连铁越集团有限公司成立于2005年6月8日，前身是大连铁路分局多经分处及分局管内多经企业。1995年12月，大连铁路分局改制为大连铁道有限责任公司，大连铁路分局多经分处改为多元经济开发部。2000年，大连公司多元经济开发部改为多元经营管理部。2005年3月，大连铁道有限责任公司撤销，成立沈铁大连投资管理中心，负责管理原大连铁道有限责任公司管内的多元经营企业。6月，成立大连铁越集团有限公司时与沈铁大连投资管理中心为一个机构两块牌子，管辖原大连铁道有限责任公司多元经营企业。9月，沈阳铁路局组织实施大连车务段、金州站、金桥站、大连站、大连客运段站段多经企业脱钩试点工作，成立大连铁越集团有限公司大连分公司、金窑分公司、瓦房店分公司、大石桥分公司、旅客服务分公司。2007年9月，沈铁大连投资管理中心撤销。2013年6月，沈阳铁路局实施货运组织改革，将集团公司涉及"门到门"物流业务的大连分公司、远征分公司、瓦房店分公司、大石桥分公司划归大连货运中心、鞍山货运中心管理，共移交人员1161人，物流基地150万平方米，各种运输、装卸、搬运机具500多台，固定资产原值近2亿元。2015年1月，向路局燃油集团公司移交了大连北铁燃油分公司。

实体建设与经营创效　2008年7月，投资建设了大石桥集体装车点，建有货物线两条，货位67个，风雨棚站台11500平方米，日仓储能力4000吨，年货运设计能力170万吨，主要发运镁砂及其制品。2008年11月，将占地17万平方米的原周水子空调基地改造为钢材市场，园区设有专用线4条及龙门吊、汽车吊等装卸机具，年周转钢材100万吨。2008年11月，完成占地21万平方米的金桥物流基地扩建工程，建有1万平卷板开平平板冷轧生产线，1.2万平卷板物流仓储库和1.5万平汽车零部件流通库等设施。园区主要是为大连开发区汽车、家电等生产厂家提供卷板流通加工等服务。2009年8月，建设占地面积17万平方米的金州物流基地项目，设有专用线2条，低货物287延长米，成为大连地区最大的煤炭储运基地。2012年3月，建设占地3.6万平方米的沙河口商品物流配送中心项目，建有1.2万平的库房5座，铁路专用线两条，年产值1000余万元。2014年4月，盘活原旅顺线龙头站闲置8万平土地，规划开发生态农业项目，建立种植和养殖为主的集团内部生活保障供应基地。2015年3月28日，开发建设大连城市物流配送中心项目，12月31日主体工程完工。一期工程投资4.03亿元，规划占地面积13.3万平，建设两座常温库、两座低温库、两条铁路专用线通过月台与库房连接和综合楼一座。该项目以"功能最全、服务最好、信誉最佳、管理最优、效率最高"为目标，融入区域经济，建设成为铁路传统运输业向现代物流转型的"样板工程"。2015年6月5日，投资2300万元建设金桥物流中心移动库房项目，当年开工，当年投入运营，填补国内铁路移动库房建设的空白。项目利用龙门吊走行原理，设计由多个可自由移动的单独库体组成，可实现自动开启、适应大型仓储使用的智能移动库房，配套2台40吨36米跨度龙门吊。移动库房结构采用门式钢架加强结构，屋面及围护采用彩色压型钢板。移动库房分2组，合计面积9314.11平方米。

2015年末，大连铁越集团有限公司下设大连铁路经济技术开发总公司、大连铁路出租汽车公司、沈阳铁路局大连疗养院、大连铁道元墅发展有限公司等4个子公司。下设大连铁越集团有限公司大连城市物流共同配送中心、大连铁越集团有限公司大连分公司、大连铁越集团有限公司商品物流分公司、大连铁越集团有限公司旅客服务分公司、大连铁越集团有限公司酒店服务分公司、大连铁越集团有限公司熊岳城温泉疗养中心、大连铁越集团有限公司远征物流分公司、大连铁越集团铁道煤炭分公司、大连铁越集团有限公司大石桥分公司等9个分公司。集团公司有职工507人；有资产总额196657万元，资产净值16240万元，净资产147220万元。1996年至2015年，累计完成营业收入1096766万元，实现利润50639万元。其中，2015年完成营业收入22746万元，实现利润1015万元。

（四）通辽铁盛商贸（集团）有限公司

公司管理　通辽铁盛商贸（集团）有限公司成立于2006年4月，前身是原通辽铁路分局多经分处及分局管内多经企业。2003年3月12日，成立通辽铁路分局多元经营管理分处、通辽铁路分局多元资产管理中心，实行一个机构两块牌子，模拟法人运作，同时撤销通辽分局多种经营管理分处。2004年6月17日，通辽分局重组多元经营企业。分局多元经营管理中心与多元经营资产管理中心实行一个机构两块牌子。2004年11月26日，通辽铁路分局组建通辽铁路分局经营开发集团公司，下设5个全资子公司和3个控股子公司。2005年撤销铁路分局，成立沈铁通辽投资管理中心和直属集团公司。

实体建设与经营创效　2004年7月18日，注册成立扎鲁特旗通霍铁路运输有限公司，负责对霍扎铁路的经营管理，主要经营煤炭运输、发送综合服务、仓储保管、铁路货运延伸服务等。2006年至2015年，公司累计发运货物22863.6万吨，完成营业收入177561万元。2008年8月，注册成立扎鲁特旗铁进运输有限公司，主要负责扎伊铁路的经营管理，主要经营煤炭运输、发送综合服务、仓储保管、铁路货运延伸服务等。2009年6月至2015年12月31日，累计发运货物37731万吨，完成营业收入138867.3万元。2009年12月18日，注册成立西乌珠穆沁旗霍白铁路运输有限公司，主要负责伊白铁路经营管理，主要经营煤炭运输、发送综合服务、仓储保管、铁路货运延伸服务等。2010年8月至2015年12月31日，累计发运货物10407.81万吨，完成营业收入248750.68万元。2010年4月12日，注册成立了东乌珠穆沁旗蒙霍铁路运输有限公司，主要负责珠珠铁路经营管理，主要经营煤炭运输、发送综合服务、仓储保管、专用线短途运输服务等。2009年至2015年12月31日，公司累计发运货物9131.7万吨，完成营业收入250464.9万元。

2010年8月16日，注册成立了通辽铁盛商贸（集团）有限公司白音华分公司，主要经营铁路货运延伸服务、货物装卸搬运、仓储，货物短途运输，煤炭运输覆盖剂服务等。2013年至2015年累计完成营业收入8658万元，实现利润7315万元。2012年10月23日注册成立了通辽铁盛商贸（集团）有限公司乌拉盖分公司，主要经营煤炭运输覆盖剂服务、货物装卸搬运、铁路货运代理、客货延伸服务、仓储等。2013年至2015年累计完成营业收入9362万元，实现利润7916万元。2013年7月29日，注册成立通辽铁盛商贸（集团）有限公司霍林郭勒铁兴分公司，主要经营业务覆盖珠珠线（珠斯花—珠恩嘎达布其）六个作业站及霍白线（霍林河—白音华东）五个作业站的铁路货场和物流基地煤炭装车搬运业务，2013年至2015年累计完成营业收入47417万元，实现利润18633万元。2014年12月25日，注册成立了通辽铁盛商贸（集团）有限公司东乌旗分公司，建有24万平方米仓储基地和赛罕花至查干陶勒盖环线22.5公里、额吉淖尔环线直线1.8公里。

经过近10年的发展，通辽铁盛商贸（集团）有限公司现在拥有7个大型物流基地和3个煤炭运输抑尘服务站，拥有运营里程517公里，与铁路路网直通的霍白、珠珠2条自营铁路，年运输能力超亿吨，物流服务覆盖内蒙古、辽宁、吉林三省区。

2015年末，集团公司下设沈阳铁道库伦旗水泥制品有限公司、扎鲁特旗铁进运输有限公司、西乌珠穆沁旗霍白铁路运输有限公司、东乌珠穆沁旗蒙霍铁路运输有限公司、沈铁房地产开发有限责任公司等5个子公司和白音华分公司、乌拉盖分公司、锡林郭勒铁盛宾馆、铁利分公司、霍林郭勒铁兴分公司、霍林郭勒分公司、物流分公司、铁元分公司、东乌旗分公司、草原酒店等10个分公司。公司有职工599人，资产总额715000万元。1996年至2015年，累计完成营业收入7471320万元，实现利润265586万元。其中，2015年完成营业收入161056万元，实现利润41773万元。

（五）沈阳铁道吉林市铁淞集团有限公司

公司管理　沈阳铁道吉林市铁淞集团有限公司成立于2005年12月30日，前身是吉林铁路分局多种经营科及分局管内多经企业。1996年1月，吉林铁路分局对多经管理体制进行调整，实施管营分开，多种经营管理分处与吉林铁路分局多种经营开发总公司机构分开，多种经营管理分处负责管理站段多经企业，吉林铁路分局多种经营开发总公司负责管理分局多经直属企业。1998年3月，多种经营管理分处与吉林铁路分局多种经营开发总公司合并，实行一个机构两个牌子管理体制。2000年12月，原图们铁路分局撤销，8个多经直属企业及站段多经企业并入吉林铁路分局多种经营管理分处管理。2001年，吉林分局开展"三分开"工作，对176个站段多经企业进行调整，多经企业重组至128个。2001年至2004年，吉林铁路分局多经企业扩大企业规模，培育一批支柱企业。其中，吉林市吉铁化工运输有限责任公司以石油化工产品为优势，创新企业自备车统一管理经营模式，营业收入由1998年的1762万元增至2004年的72194万元，翻了40倍。2004年吉林分局多经营业收入排在沈阳铁路局7个铁路分局中第一位。2005年3月，吉林铁路分局撤销。6月，成立沈铁吉林投资管理中心，负责管理原吉林铁路分局管内的多经企业。12月，成立沈阳铁道吉林市铁淞集团有限公司，与沈铁吉林投资管理中心一个机构两个牌子。2007年12月，沈铁吉林投资管理中心注销。2013年6月，沈阳铁路局实施货运组织改革，吉林国际大酒店、吉林天佑快捷酒店划归集团公司管理。铁淞集团共划出650人。撤销了沈阳铁道吉林市铁淞集团有限公司铁元物流分公司、高新运贸分公司、图们铁兴分公司、七家子物流有限公司、延吉分公司和生活服务分公司。

实体建设与经营创效　2008年投资86万元建设和龙集中装车点。2009年5月，投资265万元建设吉林铁淞集团哈达湾物流基地，建成散堆装货

1996—2015年各区域公司经营指标完成情况表-1

表5-2-5　　　　　　　　　　　　　　　　　　　　　　　　　　　单位：万元

年份	长春春铁		辽宁铁信		大连铁越		通辽铁盛		吉林铁淞		丹东铁成	
	营业收入	利润	营业收入	利润	营业收入	利润	营业收入	利润	营业收入	利润	营业收入	利润
1996	55000	886	81192	1535	56044	7724	23948	1642	32875	1201	35378	2032
1997	66000	911	89230	4132	65140	4608	30049	608	38245	716	31852	4745
1998	47700	377	77690	6615	49735	4132	27608	1350	32214	-100	34303	1235
1999	37454	724	79953	4446	48710	1240	28499	1226	30857	906	34619	3468
2000	36416	508	112814	5827	59525	1656	32434	437	44109	1335	34308	736
2001	56147	1303	80943	3373	73424	3578	29890	985	62395	1295	46740	3335
2002	56600	3226	78614	3777	72626	3307	31248	762	70573	1595	49941	3906
2003	60740	1391	85219	12409	87214	2675	38267	1029	85739	1916	47364	3134
2004	73000	2326	178405	21141	108215	4771	46129	838	153334	1845	50342	4317
2005	1046788	2679	164157	3846	77611	7008	72502	834	192783	4300	48527	7179
2006	92547	542	127301	6117	80587	3712	61004	166	147081	3405	52720	7933
2007	48380	2117	129174	15672	99690	1183	21956	-294	30639	3273	11287	387
2008	43249	571	124996	86	115152	1825	34359	4269	38912	2008	11131	536
2009	44996	141	108288	2083	91941	1458	60202	9925	20857	-134	15242	649
2010	26200	12	105511	2726	87451	603	153980	59167	32850	281	14709	370
2011	29846	12	113299	51	157768	16	347266	62351	42985	1460	26066	73
2012	67541	103	127085	563	224340	16	704578	937	72817	2105	25466	843
2013	16395	-699	14400	597	140922	85	4842172	38236	73560	2552	21217	10
2014	11391	26	48561	925	49684	27	724173	39345	32572	125	65202	3403
2015	11341	112	44662	2016	22746	1015	161056	41773	34091	1183	19131	2156

物区15000平方米，成件货物区10000平方米，怕湿货物区（大库内）1万平方米，当年实现营业收入227万元。2009年6月，投资186万元在长图线建设图们煤炭抑尘站，年喷洒煤炭300万吨，年收入600万元；投资190万元在龙舒线丰广站至缸窑站间建设丰广煤炭抑尘站，年喷洒煤炭300万吨，年收入600万元；新建客票代售处13个。2010年6月，投资132万元建设八家子煤炭抑尘站，年喷洒55煤炭万吨，年收入110万元；6月24日，路局设计投资6774万元，建设哈达湾物流基地；新建客票代售处23个。2011年10月9日，投资30万元建设营城抑尘站（单臂式），年创收1485万元；投资274.5万元，将原图们车辆段闲置场地开发建设成综合物流基地，货场面积22800平方米。2012年，投资189万元在图珲线0公里450米处新建电子轨道衡，对地铁过轨国铁车辆提供检衡服务，年创收52万元；投资155万元，在舒兰车站舒兰粮食基地6300平方米闲置场地建设化肥仓储批发市场。2013年，投资138.9万元，对吉林天佑酒店和铁建办公楼进行改造经营，年创收90万元。2014年，投资50万元在原吉林职培基地食堂新建占地1387平方米塑钢窗厂，年生产能力50000平方米，年创收326万元。2015年6月20日，投资644万元，对吉林站前小商品批发商场一、二层进行改造经营，年创收80万元。

2015年末，沈阳铁道吉林市铁淞集团有限公司下设吉林市铁晟钢结构建筑工程有限公司、图们鑫环物资贸易有限公司、图们铁路宏达房地产开发有限公司、吉林市吉铁化工运输有限责任公司、吉林省吉林国际大酒店有限公司等5个子公司和沈阳铁道吉林市铁淞集团有限公司永兴装载加固器材分公司、沈阳铁道吉林市铁淞集团有限公司吉车分公司、沈阳铁道吉林市铁淞集团有限公司吉林印刷分公司、图们铁路宏达房地产开发有限公司吉林市分公司、沈阳铁路局丰满疗养院等5个分公司。公司有职工268人，资产总额42845万元，净资产25299万元。1996—2015年，累计完成营业收入1269488万元，实现利润31501万元。其中，2015年完成营业收入34091万元，实现利润1183万元。

（六）沈阳铁道锦州铁兴集团有限公司

公司管理　沈阳铁道锦州铁兴集团有限公司成立于2005年4月1日，前身是锦州铁路经济实业开发总公司及分局管内多经企业。1996年，锦州铁路经济实业开发总公司与多种经营管理分处实行管营分开。锦州铁路经济实业开发总公司负责经营。2000年9月，铁路运输业与多元经营企业实行企业分设、财务分账、人员分开，锦州铁路分局直属企业货运代理公司改制为货运代理有限责任公司，锦州铁道工程公司改制为锦州辽西铁道有限公司。2000年，又相续成立了锦州铁路货运代理、旅游服务、铁道工程、房地产开发、房产建筑等5个公司。2003年4月，组建锦州铁路分局装卸公司，原锦州分局装卸管理中心所属职工全部并入多经企业。2005年3月，撤销锦州铁路分局，锦州多元经营管理分处撤销，成立沈铁锦州投资管理中心。4月，成立沈阳铁道锦州铁兴集团有限公司。2007年9月，沈阳铁路局对多经直属公司进行企业重组整合，沈阳铁道锦州铁兴集团有限公司接收锦州车务段、阜新车务段、锦州机务段、锦州车辆段、锦州车站、山海关车站、锦铁疾控中心及兴城疗养院下属多经企业37个。同时宁城铁联商贸有限公司等18个企业从沈阳铁道锦州铁兴集团有限公司划出。2013年6月，沈阳铁路局实施货运组织改革，将锦州铁兴集团有限公司所属的辽西物资经营公司、盘锦正达物流公司、葫芦岛正达物流公司、山海关物流公司、薛家经贸分公司等5个分子公司整建制划归货运中心管理经营。

实体建设与经营创效　2012年10月，为满足锦州市2013年世界园艺博览会城市靓化要求和旅客停车需求，集团公司投资150万元将锦州站前广场改建为停车场，占地面积6000平方米，年创效80万元。2013年10月，为满足锦州南站旅客停车需求，集团公司投资26万元修建锦州南站停车场，占地面积5000平方米，年创效12万元。

2015年末，沈阳铁道锦州铁兴集团有限公司下设锦州铁兴置业有限公司1个子公司和通达贸易分公司、兴达商贸分公司、辽西运输服务分公司、废旧物资回收分公司、车站商业运营分公司、正达经贸分公司、迅达物流分公司等7个分公司。集团公司有职工161人，资产总额9093.1万元，净资产6255.4万元。2007年至

2015年，累计完成营业收入493170万元，实现利润7356万元。2015年完成营业收入10874万元，实现利润3146万元，综合效益4518万元。

（七）沈阳铁道通化铁鹰实业集团有限公司

公司管理 沈阳铁道通化铁鹰实业集团有限公司成立于2006年3月6日，前身是通化铁路经济开发总公司及分局管内多经企业。1999年，按照分局管营分开的要求，多种经营管理分处直属的通化铁路储运公司、通化铁旗运输代理有限责任公司、通化铁路旅游公司、通化铁路商贸公司、通化铁路招待所、通化铁道建设公司划归新成立的通化铁路经济开发总公司。2003年，新组建了多元经营管理分处和多元经营资产管理中心，实行一个机构两块牌子。2006年3月6日，沈阳铁道通化铁鹰实业集团有限公司注册成立。4月1日，原由吉林投资管理中心负责的吉林车务段管辖的烟筒山、明城等13个车站的短途运输、装载加固材料经营项目移交集团公司经营管理。2013年6月，路局货运组织改革，集团公司向通化货运中心移交436人，向延吉货运中心移交3人，共计439人。

实体建设与经营创效 2001年，投资1500万元，建设白河矿泉水厂，一期工程10月19日正式竣工投产，组建通化长白山泉饮品有限公司。2008年5月，根据沈阳铁路局建设战略装车点的部署要求，集团公司投资1317.3万元新建了东丰、朝阳镇、靖宇集中装车点。其中，东丰战略装车点建设铁路线路850米、货位63个、站台11050平方米，投资246.6万元。朝阳镇战略装车点建设铁路线路914米、货位60个、站台6900平方米，总占地面积20000平方米，投资290.93万元。靖宇战略装车点建设高站台10035平方米、雨棚4470平方米，总占地面积24400平方米，投资779.77万元。2011年，投资72.21万元、75.77万元、71.57万元、75.79万元分别建设铁厂、菇园、白山市、江源煤炭抑尘站。4个煤炭抑尘站当年投入使用。2014年3月16日，投资30800万元，建设梅河口铁鑫佳苑住宅项目，开发面积77515平方米。其中，商品房开发面积42250平方米、保障房开发面积35265平方米。2015年7月20日，投资350万元，建设了靖宇物流基地，建有2265平方米仓储库。

2015年末，沈阳铁道通化铁鹰实业集团有限公司下设通化通铁房地产开发有限责任公司、通化铁鹰集团宏达加固器材有限公司、梅河口市顺安机动车检测有限公司3个子公司。下设沈阳铁道通化铁鹰实业集团有限公司世一科技分公司、沈阳铁道通化铁鹰实业集团有限公司商业贸易分公司、沈阳铁道通化铁鹰实业集团有限公司靖宇铁元物流分公司、沈阳铁路局长白山温泉疗养院4个分公司。公司有职工224人，资产总额49492.8万元。2006—2015年，累计完成营业收入346777万元，实现利润7972万元。2015年完成营业收入16182.5万元，实现利润565.4万元。

（八）沈阳铁道丹东铁成集团有限责任公司

公司管理 沈阳铁道丹东铁成集团有限责任公司成立于2011年9月，前身是丹东经济发展总公司。1998年12月，丹东铁路分局撤销，丹东铁路分局多种经营管理分处划归沈阳铁路分局，仍然负责管理原丹东铁路分局管内的多经企业。2000年11月，丹东铁路分局多种经营管理分处改为沈阳铁路分局多种经营管理分处丹东多元经济办公室，代表沈阳铁路分局多种经营管理分处对丹东、本溪两地的直属公司及站段多经企业进行管理。12月，丹东多元经济办公室（丹东铁路经济发展总公司）对30家所属公司进行资产重组，组建了丹东铁联集团（实业）集团有限公司、丹东铁路大厦、丹东中联有限公司、铁路五龙背疗养院、本溪铁路物资经贸公司、丹东运输服务有限责任公司、丹东铁路包装用品厂、丹东铁路外贸公司等8个骨干企业和丹东工程监理公司、审计师事务所、商贸公司等3个直属公司。2005年4月，丹东多元经济办公室（丹东铁路经济发展总公司）及所属企业整建制划入沈铁沈阳投资管理中心管理。6月，沈阳分局丹东多元经济管理办公室变更为沈阳铁路局丹东经济发展总公司。12月，沈阳铁路局将丹东多元经济办公室（丹东铁路经济发展总公司）及所属企业从沈铁沈阳投资管理中心划出，调整为局多经直属公司，注册成立了沈阳铁道丹东铁成集团有限责任公司。2007年10月，沈阳铁路局实施多元经营企业与运输站段脱钩和专业重组区域整合，沈阳铁道丹东铁成集团有限责任公司划归辽宁铁信实业集团有限责任公司管理，负责五龙背疗养院、铁路丹东职工培训中心的经营管理工作，以及丹东至本溪沿线33个站点的延伸服务和运输代理组织工作。2011年9月，路局根据区域优势特点组建丹东直属集团公司。2013年7月，集团公司所属诚铁、珍珠、荣盛、铁东公司及经营业务随货运组织改革划出。2014年10月，全局非运输企业人力资源优化配置，铁联分公司撤销，人员分流到主业。

实体建设与经营创效　2012年5月，集团公司投资52000万元，对沙河镇物流基地进行综合开发改造，开发建设铁成佳园房地产开发项目。工程2012年11月20日开工建设，2014年9月竣工。铁成佳园小区占地面积4.65公顷，总建筑面积130422平方米，其中：住宅面积91264平方米，商业网点1019平方米。截止2015年末，所建1052套商品房、55个车库、21个商铺全部售罄，创效5200万元。在开发铁成佳园房地产项目的同时，公司还配套开发建设了铁成佳园农贸大市场项目，2015年9月8日营业，经营面积6651平方米，共有摊位473个，全年收入500万元。2015年9月，集团公司投资195万元，利用原丹东职培中心旧址开发建设了二手车展销市场，建有7000平方米218个展位的露天展销车场和一个精品展销大厅以及22个办公间，年创收80万元。

2015年末，沈阳铁道丹东铁成集团有限责任公司下设沈阳铁道丹东铁成集团丹东铁工经济发展有限公司、丹东铁路经济发展总公司、沈阳铁道丹东铁成集团房地产开发有限公司、丹东铁联报关服务有限公司等4个子公司，下设沈阳铁道丹东铁成集团有限责任公司铁成佳园农贸大市场分公司、沈阳铁道丹东铁成集团有限责任公司本溪铁路商场、沈阳铁道丹东铁成集团有限责任公司中联大酒店分公司、沈阳铁道丹东铁成集团有限责任公司丹铁大酒店分公司、沈阳铁路局五龙背疗养院、沈阳铁道丹东铁成集团有限责任公司本溪荣盛分公司6个分公司和1个集体企业。公司有全民职工333人，集体职工356人，社会劳务派遣232人；资产总额40568万元。1996—2015年，累计完成营业收入675545万元，实现利润50447万元。2015年完成营业收入19131万元，实现利润2156万元。

（九）赤峰铁发商贸集团有限公司

赤峰铁发商贸集团有限公司成立于2011年9月。公司下设赤峰市赤铁房地产开发有限责任公司、赤峰铁发保税物流有限公司2个子公司，下设赤峰铁发商贸集团有限公司铁源分公司、赤峰铁发商贸集团有限公司铁赢分公司、赤峰铁发商贸集团有限公司赤铁宾馆、赤峰铁发商贸集团有限公司猎苑山庄、赤峰铁发商贸集团有限公司商品展销中心等5个分公司。公司共有职工102人；资产总额16647万元，净资产18757万元。2015年完成营业收入8939万元，实现利润1986万元。

（十）沈铁松原三江港实业集团有限公司

公司管理　沈铁松原三江港实业集团有限公司成立于2011年9月22日。2011年10月29日，沈阳铁路局将松花江林场及太阳升粮食战略装车点划入公司管理。12月，根据经营需要，公司成立金海湾房地产开发有限公司、鑫铁商贸有限公司和大庆陆港铁路运输代理有限公司。

2012年，沈阳铁路局将白城铁路商务宾馆、松花江山场、朱尔山山场划归集团公司管理。同年成立了松原市新能源煤炭有限公司、松花江度假村分公司、国人钓鱼岛分公司。2013年，沈阳铁路局将长春直属集团公司松原分公司、白城装载加固材料分公司和白城地区的4个自营客票代售点、11个联营客票代售点资产业务划归集团公司管理。大庆陆港铁路运输代理服务有限公司整体划归白城货运中心。7月16日，集团公司成立革志铁路器材加工有限公司。7月22日，成立松原市产业园分公司。9月24日，集团公司成立综合服务分公司。2014年3月6日，集团公司撤销新能源煤炭分公司、革志铁路器材加工有限公司、国人钓鱼岛分公司。10月28日，沈阳铁路局将白诺口岸公司（乌兰浩特宏运分公司）整建制划归集团公司管理。

实体建设与经营创效　2012年4月15日，投资建设了三江港粮油加工基地。11月20日，大米全自动生产线试机出米，全自动稻米油生产线试机出油。2012年9月1日，投资建设改建了太阳升货场。2012年9月22日，投资建设了革志加工园，加工生产手套、透明皂、劳保服装。2013年5月5日，投资建设了后勤保障加工基地（产业园分公司），为全局客车提供卧具供应，为各站段做好劳保用品后勤保障供应。2013年7月17日，投资建设了松西物流基地。2014年12月4日，开发了松铁家园房地产项目。2015年1月12日，集团公司正式启动米油直销，松原第一家品牌直销店开业。11月26日，三江港牌大米被评为吉林省名优产品。沈铁松原三江港集团公司成立以来，经营涵盖粮油贸易、综合物流及陆港运输，粮食、建材仓储运输，米、油加工制造，工装、高档服装、铁路客车卧具、劳保用品加工，房地产开发、绿色生态种养殖及餐饮旅游等多个领域。公司创建了"三江港"米、油、卧具及劳保用品品牌，创建了"铁杰尼"高端服装品牌，满足了局内市场供应，同时在全国18个城市设立了直销店，经营辐射东北三省及江苏、四川、云南、重庆、南京及上海等地区，固定资产总额累计达到3.2亿元。

2015年末，沈铁松原三江港实业集团有限公司下设松原市鑫铁商贸有限公司、松原市金海湾房地产有限公司2个子公司，下设沈铁松原三江港实业集团有限公司开发区产业园分公司、沈铁松原三江港实业集团有限公司开发区综合服务分公司、沈铁松原三江港实业集团有限公司松花江度假村分公司、沈铁松原三江港实业集团有限公司白城装载加固材料分公司、沈铁松原三江港实业集团有限公司乌兰浩特宏运分公司5个分公司。公司有职工137人;资产总额3.2亿元。2011年至2015年，累计完成营业收入189513万元，实现利润1364万元。2015年完成营业收入15958万元，实现利润308万元。

（十一）阜新铁道鸿丰集团实业有限公司

阜新铁道鸿丰集团实业有限公司成立于2012年2月2日。2013年6月，路局货运组织改革，公司移交货运中心职工412人，移交固定资产总额6970.75万元。原有2个子公司、3个分公司人员、资产及经营项目全部划转。阜新铁道鸿丰集团实业有限公司朝阳经贸分公司、阜新铁道鸿丰集团实业有限公司抑尘分公司注销，重新成立阜新铁道鸿丰集团运维管理有限公司和阜新铁道鸿丰集团实业有限公司综合开发分公司、锦州铁兴集团煤炭经营有限公司阜新分公司。2014年，成立阜新铁道鸿丰集团实业有限公司物流分公司、阜新铁道鸿丰集团实业有限公司朝阳物流分公司、阜新铁道鸿丰集团实业有限公司运维管理分公司3个分公司。2015年，注销锦州铁兴集团煤炭经营有限公司、阜新铁道鸿丰集团运维管理有限公司和锦州铁兴集团煤炭经营有限公司阜新分公司。

2015年末，阜新铁道鸿丰集团实业有限公司下设阜新铁道鸿丰集团实业有限公司物流分公司、阜新铁道鸿丰集团实业有限公司朝阳物流分公司、阜新铁道鸿丰集团实业有限公司运维管理分公司、阜新铁道鸿丰集团实业有限公司综合开发分公司4个分公司。公司有职工96人，资金总额1989万元。2012年至2015年，累计完成营业收入131782万元，实现利润3293万元。2015年完成

2006—2015年各区域公司经营指标完成情况表-2

表5-2-6　　　　　　　　　　　　　　　　　　　　　　　　　　　　　　单位：万元

年份	锦州铁兴		通化铁鹰		松原三江港		阜新鸿丰	
	营业收入	利润	营业收入	利润	营业收入	利润	营业收入	利润
2006	—	—	37899.6	951	—	—	—	—
2007	71177.7	2174	19357.4	1620	—	—	—	—
2008	34258.9	1404	17290.4	1830	—	—	—	—
2009	38865.3	570	18436.9	-368	—	—	—	—
2010	57685.3	118	21217.1	21	—	—	—	—
2011	94741.6	827	35438.9	1765	2935	41	—	—
2012	93241.0	-1218	75233.0	1406	53842	180	57267.7	18
2013	83286.0	-404	66689.5	146	99029	368	65266.1	1117
2014	9040.4	742	39031.7	36	17749	467	4935.7	1026
2015	10873.7	3143	16182.5	565	15958	308	4312.6	1132

营业收入4312.6万元，实现利润1131.7万元。

二、专业公司经营概况

（一）沈阳铁道物流集团有限公司

公司管理 沈阳铁道物流集团有限公司成立于2007年9月14日。主管业务是粮食经营、全程物流和国储临储。公司成立之初下设吉林省春铁粮油经贸有限责任公司、舒兰市弘通运贸有限责任公司、通辽铁道物流有限公司3个子公司和沈阳铁道物流有限公司沈阳分公司等20个分公司。2011年，沈阳铁道物流集团有限公司被沈阳铁路局确定为全局12家"转机制、闯市场"试点单位之一，新肇内陆港和喇嘛甸粮库被确定为局级精品工程。2012年3月，沈阳铁道物流有限公司更名为沈阳铁道物流集团有限公司。2012年7月，集团公司晋级为国家4A级物流企业。2013年6月，沈阳铁路局实施货运组织改革，公司所属15个子分公司，整体移交9个，部分移交6个，共交出专用线24条、仓储库房18.9万平方米、货位1224个、资产设备1.23亿元，交出职工248人。2013年8月，集团公司晋级为国家5A级物流企业，成为辽宁省第一批3家和沈阳铁路局第一批2家5A级物流企业之一。10月，沈阳铁路局将占地24万平方米的白城内陆港划归集团公司管理。为拓展经营领域，探索合资经营发展渠道，在沈阳铁路局的政策支持下，集团公司分别于2014年1月、2014年9月成立了辽宁沈铁红运物流有限公司、大连沈铁易发物流有限公司两个合资公司，拓展了集装箱、散粮车和全程粮食物流业务。

实体建设与经营创效 2011年6月，沈阳铁路局投资1.28亿元建设占地20万平方米的新肇内陆港一期工程，建有3条整列装车专用线、4600平方米五层联检楼、3座总库容6万吨的国储标准粮仓、2座日烘干能力500吨烘干塔、2.6万平方米风雨棚以及国际标准集装箱场地。建成当年发货28.6万吨，完成营业收入1851万元，实现利润102万元。中央五大媒体特别是中央电视台新闻联播、新闻直播间对新肇物流基地进行了重点报道。2012年10月，为进一步完善新肇内陆港功能，沈阳铁路局投资1271万元实施新肇内陆港进行二期工程建设，扩建后的新肇内陆港占地面积50万平方米，建有3条专用线和1座3万平方米总库容12万吨国家临储标准封闭库房，建设国际标

准集装箱场地4万平方米，封闭式罩棚3万平方米，新肇内陆港成为集内陆港、物流基地、仓储加工、国家储备、商贸交易、银行服务、粮农电商等七大功能于一体的现代化粮食物流基地。从2011年至2015年累计发运粮食334.4万吨，完成营业收入149239万元，创综合贡献3200万元。

2011年5月，沈阳铁路局投资3700万元收购改建喇嘛甸粮库，建有日烘干能力300吨烘干塔一座，1万平方米国储标准钢罩棚一座，粮食仓储能力提升至6万吨。2013至2015年，为拓展临储粮业务，投资1019万元建设600吨粮囤50个、1000吨粮囤7个、5000吨粮垛7座、10000吨粮仓3座8065平方米。从2011年至2105年，喇嘛甸累计发运粮食39.8万吨，累计完成国储和临储粮19.4万吨，完成营业收入109771万元，实现利润183万元。

2013年10月，白城内陆港划归集团公司管理后，公司根据地域和区域资源优势及运输特点，对内陆港经营功能进行改造升级，设计改建为粮食烘干、国家储备和集装箱场站三个功能区域。投资1700万元新建600吨粮囤107个、800吨粮囤24个、1000吨粮囤13个，新建300吨烘干塔1座，硬化场地40000平方米，完成临储粮12.4万吨，实现了粮食加工、仓储、商贸、运输、全程物流综合经营功能。

2013年，沈阳铁道物流集团有限公司推进经营转型，拓展国家临储粮业务，取得国家粮食储备资质，成为全路唯一一家开展国储、临储业务的铁路企业。集团公司利用新肇内陆港、白城内陆港和喇嘛甸粮库"两港一库"50万吨仓容，开展国储、临储粮业务，截至2015年12月31日，国家临储量保有量达到42万吨，年创效3000万元。

2014年1月7日，集团公司与辽宁红运物流集团有限公司、哈尔滨铁路物流有限公司、营口港务集团有限公司合资成立了辽宁沈哈红运物流有限公司，其中物流公司投资2604万元，占21%股权。2014年9月25日，集团公司与大连信发粮油贸易有限公司合资成立了沈铁大连易发物流有限公司，其中物流公司投资510万元，占51%股权，控股。

沈阳铁道物流集团有限公司成立8年，累计完成营业收入93.66亿元，经营范围辐射辽、

吉、黑、内蒙三省一区的粮食主产区和全国二十几个省市和地区，发展上下游客户百余家。2015年末，公司下设吉林省春铁粮油经贸有限责任公司、黑龙江省肇源昊坤物流有限公司、梨树县沈铁粮食收储有限公司3个子公司，下设沈阳、营城、白城、白城内陆港、白铁商务宾馆、天之衡商贸、昌图、灵山8个分公司和辽宁沈哈红运物流有限公司、大连沈铁易发物流有限公司和长春市沈铁物流有限公司3个合资公司。公司有职工147人，资产总额460万元。2007年至2015年，累计完成营业收入918543万元。2015年完成营业收入95172万元，实现利润119万元。

（二）沈阳铁道金属物资有限公司

公司管理　沈阳铁道金属物资有限公司成立于2007年9月30日。主管业务是围绕各大钢厂需求，利用铁路综合优势，整合局管内的各矿山企业，开展铁矿粉贸易。2013年1月，设立子公司大连沈铁四方物流有限公司。2013年6月，沈阳铁路局将鞍山铁道丰瑞集团有限公司鞍山铁道丰瑞经贸有限公司划归沈阳铁道金属物资有限公司。2015年3月，鞍山铁道丰瑞经贸有限公司又划归辽宁铁信实业集团有限公司。2014年9月，成立沈阳铁道金属物资有限公司辉山分公司。

实体建设与公司创效　2008年，金属公司按照沈阳铁路局建设100个集中装车点的部署要求，投资794万元建设新寒岭集中装车点，新建19090平方米平货位堆场及4间办公房屋，主要仓储发运铁矿粉。投资371万元建设偏岭集中装车点，新建10416平方米货物站台和2间办公房屋，主要仓储发运铁矿粉为主。投资704万元建设小平房战略装车点，新建16200平方米货物站台和办公房屋2间，主要仓储发运铁矿粉。2013年，金属公司累计投资203万元，建设了五女山物流基地，新建6236平方米平货位堆场，主要仓储发运铁矿粉。2014年，沈阳铁路局主体工程投资1.6亿元，金属公司配套设施投资5205万元，建设了占地面积208300平方米的辉山综合物流中心。新建平货位堆场125610平方米、场区道路26274平方米，停车场2处7826平方米、办公房屋9栋10266平方米，安装门式起重机7台、桥式起重机2台。主要经营货物仓储、场地房屋出租、钢材加工、物流服务等业务。

2015年末，公司下设沈阳铁道金属物资有限公司沈阳物流分公司、沈阳铁道金属物资有限公司锦州商贸分公司、沈阳铁道金属物资有限公司辉山分公司3个分公司，下设章党、新寒岭、偏岭、寒岭、小平房、骆驼营、朝阳西、五女山物流基地等8个物流基地。公司有职工130人，资产总额18509万元，净资产12417万元。2007年至2015年，共发运铁矿粉188393车1263.7万吨，累计完成营业收入1632000万元，实现利润2909万元，铁路运费收入111900万元。2015年完成营业收入36963万元，实现利润21万元。

（三）沈阳铁道煤炭集团有限公司

沈阳铁道煤炭集团有限公司成立于2009年6月。主要经营业务是煤炭经销、煤炭仓储及煤炭运输代理。公司下设3个子公司：内蒙古珠恩嘎达布其口岸运输有限公司、西乌珠穆沁旗沈煤运销有限公司、霍林郭勒市天赋昌达沈铁煤炭经销有限公司。2015年末，沈阳铁道煤炭集团有限公司下设沈阳铁道煤炭集团有限公司第一分公司、通辽沈赢煤炭有限公司、秦皇岛海盛花园酒店有限责任公司3个分公司。公司有职工182人；资产总额206689万元。2015年完成营业收入50000万元，实现利润2600万元。

（四）沈阳铁道石油化工集团有限公司

公司管理　沈阳铁道石油化工集团有限公司成立于2007年10月。前身是沈阳铁路兴达石油经销公司，成立于1993年1月14日，主要从事汽油、柴油、煤油和润滑油零售业务，隶属于沈阳铁路局工业实业总公司。2003年10月，沈阳铁路局将沈阳铁路兴达石油经销公司重组划归沈阳铁元特种货物运输有限责任公司管理。2004年1月，沈阳铁路局为做大做强油气公司，将沈阳铁路兴达石油经销公司变为沈阳铁路局直属公司。2月注册成立了抚顺铁运石化产品经销有限公司。2005年11月，沈阳铁路兴达石油经销公司更名为沈阳铁道石油经销公司。12月20日，注册成立了沈阳沈铁东方石油经销处。2007年9月，沈阳铁道石油经销公司进行重组更名为沈阳铁道石油化工经销有限公司。下设抚顺铁运石化产品经销有限公司等11个子公司和沈阳铁路分局丹东液化石油气储配站等5个分公司。12月30日，沈阳铁路局将白城铁路液化气运销中心、锦州铁路分局山海关液化石油气站、图们液化气站划归属地集团管理;将吉林市吉铁化工运输有限责任公司汽油运输分公司、吉林市吉铁化工运输有限责任公司紫荆花图片社、吉林市吉铁化工运输有限责任公司钢纤维水泥制品厂3个分公司划归吉林集团管理。2007年10月,沈阳铁道车辆有限责任公司撤销,人员、资产及1114辆铁路自备车划归沈阳铁道石油化工经销有限公司管理。2010年,成立沈阳铁道石油化工经销有限公司抚顺分公司、沈阳铁道石油化工经销有限公司锦州分公司。2012年1月5日,注册成立了大连铁运石油化工有限公司。2月,沈阳铁道石油化工经销有限公司更名为沈阳铁道石油化工集团有限公司。6月,成立沈阳铁道石油化工集团有限公司沈阳加油站。7月,成立沈阳铁道石油化工集团有限公司沈阳分公司(加油站)。2013年5月,沈阳铁路局实施货运组织改革,将吉林市吉铁化工运输有限公司和沈阳铁道石油化工集团有限公司吉林市分公司人员、资产、债权债务划归吉林铁淞集团有限公司管理。7月,注册成立了通辽市铁运石油化工有限责任公司。2015年5月,公司拓展全局机车用油和施工企业用油供应业务,沈阳铁路局将大连铁越集团公司北铁燃油分公司整建制划归集团公司管理。7月,成立沈阳铁道石油化工集团有限公司盘锦分公司。

实体建设与经营创效　沈阳铁道石油化工集团有限公司2014年投资464万元,增建天然气(CNG)加气项目,建设标准为天然气(CNG)三级站,年创收入1700万元,年实现利润360万元。投资186万,改造年加油量2700吨油库,年收入1570万元,利润68万元。与中石油东北销售分公司开展自备车委托管理及成品油联运代理业务,2015年完成营业收入974万元,实现利润310万元。将589辆自备车出租给中石油东北销售分公司使用,其中产权自备车432辆,转租车157辆,2015年实现营业收入5506万元,利润实现182万元。开展综合物流服务业务,2015年完成营业收入2371万元,实现利润137万元。开展成品油销售业务,2015年完成营业收入94703万元,实现利润8319万元。开展液化石油气销售业务,2015年完成营业收入3856万元,实现利润413万元。开展石化产品销售业务,2015年石化产品完成营业收入1592万元,实现利润10万元。

2015年末,沈阳铁道石油化工集团有限公司下设大连铁运石油化工有限公司、沈阳铁道丹东铁油气有限公司、通辽市铁运石油化工有限责任公司、锦州锦铁加油站、沈阳沈铁液化气站5个子公司,下设沈阳加油站、沈阳分公司(加油站)、抚顺分公司、大连销售分公司、盘锦分公司5个分公司。公司有职工186人,其中干部93人,工人93人;资产总额27509万元,资产净4931万元。2007—2015年,累计完成营业收入944133万元,实现利润13769万元。2015年完成营业收入109002万元,实现利润9371万元。

(五)辽宁瑞心酒店集团有限责任公司

辽宁瑞心酒店集团有限责任公司前身是沈阳铁道旅游实业发展集团公司。2001年,沈阳铁路局将东方大厦和沈阳铁路局旅游总公司重组为沈阳铁道旅游实业发展集团公司,公司由局东方大厦、局第二招待所、局旅服龙源大厦、沈阳铁路国际旅行社、局广告公司、局珠海工贸工程总公司、局烟草经销处、沈阳沈铁东方消防工程处等公司组成。2007年6月25日,沈阳铁路局将沈阳铁道旅游实业发展集团公司改制为辽宁瑞心酒店集团有限责任公司,将内蒙古通铁大厦、长春铁联大厦、兴城水调歌头大酒店、丹东中联大酒店、吉林国际大酒店、吉林市天佑大酒店、南戴河职工培训中心、东兴园林绿化公司、东旭酒店、丹铁大酒店、中联商务酒店、本溪溪铁城大酒店、彩欢宾馆等划归集团公司管理。2009年,路局对外阜酒店划归区域集团公司,实行属地化管理。2010年8月,内蒙古通铁大厦酒店划归通辽铁盛商贸集团有限公司管理。2011年,东北大厦建成对外营业,集团公司成为沈阳铁路局酒店行业专业管理公司。2012年5月,南戴河职工培训中心划归北京商贸公司管理。2012年7月,沈阳东旭商务酒店划归沈阳铁道国际旅行社集团公司管理。2013年5月,长春铁联酒店划归长春春铁集团管理,丹东中联国际酒店、丹铁酒店、丹东中联商务酒店、本溪西铁城酒店划归新成立的丹东铁成集团管理。2013年6月,吉林国际大酒店和吉林天佑酒店划归吉林铁淞集团管理。2013年8月,兴城水调歌头大酒店划归沈铁房地产开发集团有限公司管理。经过布局调整，集团公司拥有子公司2个，五星级酒店1个、四星级酒店1个、三星级酒店1个、经济型酒店1个，拥有客房1302间。

2015年末，公司下设沈阳沈铁东方消防工程有限公司、沈阳沈铁大溪地园林绿化有限公司2个子公司，下设辽宁瑞心酒店集团有限责任公司东北大厦、辽宁瑞心酒店集团有限责任公司瑞心城市国际酒店、辽宁瑞心酒店集团有限责任公司瑞心商旅东方酒店、辽宁瑞心酒店集团有限责任公司瑞心快捷龙源酒店、辽宁瑞心酒店集团有限责任公司沈铁大酒店、辽宁瑞心酒店集团有限责任公司瑞心超市6个分公司。公司有全民职工105人，其他从业人员774人（派遣308人、非全日制466人）；资产总额62564万元，净资产57712万元。2007年至2015年，累计完成营业收入195856万元，实现利润 -2041万元。2015年完成营业收入17526万元，实现利润344万元。

（六）沈阳铁道国际旅行社（集团）有限公司

沈阳铁道国际旅行社（集团）有限公司前身是沈阳铁路国际旅行社，成立于1987年4月3日。2003年9月，路局根据旅游业发展实际，对全局11家旅游企业实施重组改制，组建了沈阳铁道国际旅游（集团）有限公司，下设长春铁路国际旅行社、白城铁路旅行社、大连铁道国际旅行社、吉林铁路分局旅行社、锦州铁道旅行社有限责任公司、丹东铁道国际旅行社、通辽铁路绿源旅游有限公司、通化铁道旅行社、延边铁道国际旅行社9个旅行社。主要从事团队和散客的出入境旅游、国内旅游及商务考察、会议组织及票务服务业务。独具特色的品牌"阳光专列"和高端旅游观光车，可提供全国各旅游风景区的旅游观光服务。

2008年，沈阳铁道国际旅行社（集团）有限公司共开行沈阳铁路局管内主要城市至海南、深圳、昆明、厦门、乌鲁木齐、南宁、杭州、烟台、南京、北京、大连、山海关等城市旅游专列39对，组织出境旅游、入境旅游、国内旅游等共接待旅游团队3143个、游客91018人次。营业收入9929万元，实现利润30万元。2009年，沈阳铁道国际旅行社（集团）有限公司组织游客赴海南、昆明、深圳、杭州、海南、厦门、山海关、张家界等城市旅游，开行旅游专列92对，游客48024人次。全年共组织、接待团队3362个、游客85066人次。其中：组织国内团队2691个、游客67271人次；组织出境团队181个；接待国内团队460个；接待入境团队30个。营业收入8446万元，实现利润26.7万元。2010年，沈阳铁道国际旅行社（集团）有限公司以旅游专列为载体，广泛开发旅游资源。全年组织开行旅游专列106对，共组织、接待出入境和国内旅游团队3688个、游客107782人次。营业收入14127万元，实现利润 - 27万元。2014年，与辽吉两省和内蒙古自治区邮政公司合作，在4000个营业网点代售公司旅游产品。利用接收的大连港口物流公司改造的5辆观光车在大连市区开办餐饮服务，全年实现利润25万元。承揽局管内地区专列地接35列，实现经营收入千万元，获得省市政府奖励150余万元。开展"乘自家车畅游天下"大型路内优惠促销活动，招揽局内职工及家属参加专列旅游3200余人次。冬季与韩国白马株式会社达成年接待5000名韩国游客入境游的接待协议，创汇1.9亿韩元（折合人民币110万元）。积极争取盘锦市政府冠名D6次"红海滩"号，增加收入120万元。2015年1月，开行雪乡专列。5月，积极争取铁岭市政府冠名"莲花湿地"号动车组列车，增加收入100万元。暑期，利用西部铁路煤炭运输专线开行乌拉盖草原专列。2015年初，按照路局部署，研究了凤上线旅游资源开发。凤上线铁路，起始于沈丹线铁路的凤凰城车站，终点位于宽甸县上河口。充分利用灌水至上河口多年闲置的线路，结合沿线秀美风光，打造凤上线旅游线路。该条铁路是通往中朝边界的重要通道之一。通过开发系列生态主题的旅游项满足了当今城市人对于旅游放松体会的要求，同时也形成一定的产业链模式，不但让游客得到丰富的体验，同时也对当地人、当地政府、乃至当地产业等直接或间接的形成良好的推动力。凤上线大修部分投资共计6千余万元。

2015年末，公司下设大连铁道国际旅行社公司、丹东铁道国际旅行社公司、长春铁道国际旅行社有限公司、延边铁道国际旅行社有限公司4个子公司，下设沈阳铁道国际旅行社（集团）

有限公司沈阳分公司、沈阳铁道国际旅行社（集团）有限公司锦州分公司、沈阳铁道国际旅行社（集团）有限公司吉林市分公司、沈阳铁道国际旅行社（集团）有限公司延边分公司、沈阳铁道国际旅行社（集团）有限公司通化分公司、沈阳铁道国际旅行社（集团）有限公司通辽分公司、沈阳铁道国际旅行社（集团）有限公司葫芦岛分公司、沈阳铁道国际旅行社（集团）有限公司东旭酒店等8个分公司。公司有职工123人，资产总额6158万元，净资4815万元。2007年至2015年，累计完成营业收入111516万元，实现利润49万元。2015年完成营业收入15584万元，实现利润369万元。

（七）沈阳铁道文化传媒集团有限公司

公司管理　沈阳铁道文化传媒集团有限公司成立于2006年4月。公司组建之初，下设长春、大连、锦州、丹东、吉林、通化子公司。2010年，撤销通化子公司，成立沈铁传媒吉林市吉铁广告有限公司。2012年，成立沈铁传媒沈阳分公司。2013年4月，沈阳铁路局将沈阳铁路局锦州印刷厂由锦州铁兴集团公司调整到沈铁文化传媒集团公司管理。2014年，成立辽宁沈铁红运传媒集团有限公司。2015年5月16日，路局将沈铁有线电视站整体划归沈铁文化传媒集团管理。

实体建设与经营创效　开发建设哈大高铁新媒体。在哈大高铁沿线各车站设计开发媒体120余处，媒体存量增加4070平米，年创收1200余万元。其中哈大线设计新增LED9处18块、多媒体一体机21处253组、立式灯箱21处106组、嵌入式灯箱33处594组，项目随哈大施工进度推进，哈大开通即见效。投资海德堡彩印设备。2014年，投资1170万元购置了海德堡彩色印刷设备，提升了印刷厂综合实力，主要印制列车时刻表、列车DM杂志等产品，创效535万元。2015年，投资1080万元开发建设沈阳南站媒体，媒体采用LED灯箱，建成媒体835块，面积达9384.4平米，每年以700万元价格成功招商。

2015年末，公司下设沈阳铁路局锦州印刷厂、辽宁沈铁红运传媒有限公司2个子公司，下设沈阳铁道文化传媒集团有限公司沈阳分公司、沈阳铁道文化传媒集团有限公司大连分公司、沈阳铁道文化传媒集团有限公司丹东分公司、沈阳铁道文化传媒集团有限公司锦州分公司、沈阳铁道文化传媒集团有限公司长春分公司、沈阳铁道文化传媒集团有限公司吉林市铁广分公司、沈阳铁路局有线电视站7个分公司。公司有职工276人；资产总额12717万元，净资产8053万元。2007年至2015年，累计完成营业收入85958万元，实现利润7182万元。2015年完成营业收入15525万元，实现利润2978万元。

（八）沈阳铁道建设工程有限公司

公司管理　沈阳铁道建设工程有限公司成立于1984年11月23日。公司主要承建沈阳铁路分局管内的建设项目的施工任务铁路工程，包括铁路

2007—2015年各专业公司经营指标完成情况表-1

表5-2-7　　　　　　　　　　　　　　　　　　　　　　　　　　　　　　　单位：万元

年份	沈铁物流		金属物资		沈铁石化		瑞心酒店		国际旅行社		文化传媒	
	收入	利润	收入	利润	收入	利润	收入	利润	收入	利润	收入	利润
2006	—	—	—	—	—	—	—	—	—	—	2510	128
2007	97552	189	85214	890	88758	-100	16912	-1362	8840	-36	2966	196
2008	153151	77	238205	4932	108801	176	21709	34	9950	-23	3336	379
2009	68425	-4639	101784	-1437	42797	549	28300	18	8840	-144	5591	487
2010	61380	-1528	166724	30	40158	6	20194	44	14127	-79	6087	-32
2011	78685	41	231110	29	63968	2474	25069	11	13974	78	12018	24
2012	230916	104	315174	-2680	268679	793	31365	-616	13048	20	14080	439
2013	133262	11	360362	692	181159	-198	17331	-663	13856	-196	12742	1070
2014	103358	489	96481	432	40811	698	17450	149	13297	60	13612	1641
2015	95172	119	36963	21	109002	9371	17526	344	15581	368	15526	2978

工程、房屋建筑工程、钢结构工程、电务工程施工等业务。公司资质为铁路施工总承包二级、房屋建筑施工总承包三级，钢结构专业承包三级，电务工程专业承包三级。1996年至2006年6月，沈阳铁路分局建筑工程总公司下设建筑、道桥、装饰、安装、路政等7个分公司，主要承建沈阳铁路分局管内的建设项目的施工任务。职工总数为576人，其中全民职工125名，集体职工451名。公司资质为铁路、建筑二级总承包，市政三级总承包，装饰二级专业承包，机电设备安装三级专业承包。2006年6月，依据路局《关于重组工程施工企业的通知》（沈铁劳卫发〔2006〕138号）精神，沈阳铁路分局建筑工程总公司与沈阳铁道建筑工程公司、大连铁路工程公司、丹东铁道建筑工程公司、本溪房产建筑工程段、丹东房产建筑工程段等6个单位，重组成立沈阳铁道建设工程有限公司，下设沈阳、本溪、丹东、大连等4个分公司。职工总数为1440人，其中全民职工998名，集体职工442名。施工资质为铁路、建筑二级总承包，市政三级总承包，装饰二级专业承包，机电设备安装三级专业承包，电务三级专业承包。2007年9月，依据路局《关于公布全局多元经营重组整合企业名单的通知》（沈铁多经发〔2007〕206号）精神，沈阳铁路线桥技术开发中心、沈阳通达设计所、大连铁路工程公司大连分公司、丹东铁公经济发展有限公司、辽阳工务段工程公司、沈阳亿方铁路实业公司、大连铁路工程公司瓦房店通信信号工程分公司、沈阳铁路工务段工程公司、沈阳恒业达铁路物资工贸中心、沈阳铁路金山实业公司、丹东铁路工务配件总厂、大连铁道有限公司线桥设计所、沈阳泰丰铁路通信信号工程队、大连铁路工程公司大连水电工程分公司等14个站段多经企业并入沈阳铁道建设工程有限公司。职工总数为2183人，其中全民职工1773人，集体职工410人。12月，依据路局《关于进一步调整整合全局施工企业的通知》（沈铁劳卫发〔2007〕242号）文件精神，将丹东地区的丹东铁道建筑工程公司、丹东铁工经济发展有限公司、丹东铁路工务配件总厂、丹东房产建筑工程段和本溪房产建筑工程段等5个单位，整建制并入丹东房产生活段。将大连地区的大连铁路工程公司、大连铁路工程公司

大连分公司、大连铁路工程公司瓦房店通信信号工程分公司、大连铁路工程公司大连水电工程分公司等4个单位，整建制并入大连房产生活段。2014年12月，依据路局《沈阳铁路局局党委关于调整部分集体企业主办单位的通知》（沈铁办〔2014〕374号）文件精神，集体职工全部划归沈阳房产生活段。

实体建设与经营创效　1997—2015年间，沈阳铁道建设工程有限公司相续建设了东方大厦、沈阳铁路局行车调度指挥中心、伊图塔到白音华煤炭战略装车点合资铁路、丹东站舍改建、东北大厦、嘎达布其物流园区铁路专用线、长春货场、沈阳客车厂等多个路局重点工程。并投资开发建设了钢结构厂、钢轨整修基地、建筑构建厂、加油站和酒店项目。2015年末，沈阳铁道建设工程有限公司下设沈阳铁建第一、二、三等7个分公司。公司有职工416人，其中全民职工318人，集体职工98人，资产总额133977万元。1996年至2015年，累计完成营业收入835315万元，实现利润7213万元。2015年完成营业收入148896万元，实现利润591万元。

（九）沈阳铁道工程建设集团有限公司

公司管理　沈阳铁道工程建设集团有限公司成立于2011年，主要承揽铁路线路、桥涵、通信信号、电力、房屋建筑、装饰装修、站场设备、铁路隧道工程施工及建筑设计。2011年9月，沈阳铁路局撤销沈阳铁道房产生活管理集团有限公司，对工程施工企业进行专业化重组，将原房产生活段各铁道建设工程公司资产、业务、人员划入新组建的沈阳铁道工程建设集团公司，由局投资管理中心管理。2012年8月，沈阳通达铁路设计公司从沈阳铁道工程建设集团公司划出，组建了沈阳铁路设计所，保留了通辽设计公司资质，成立了通辽通铁时代勘察设计咨询公司。2014年5月，集团公司以锦州铁道建设工程有限责任公司铁路工程施工总承包二级资质为基础，晋升铁路工程施工总承包一级资质。同时拥有建筑工程施工总承包二级、建筑装修装饰工程专业承包二级、铁路电务工程专业承包三级、铁路电气化工程专业承包三级、钢结构工程专业承包二级、锅炉安装改造二级以及建筑工程设计丙级等资质。

经营创效　2011年至2015年建设了长春职工

培训基地置换、大连长兴岛恒力石化专用线新建、霍林河至扎哈淖尔增建二线、大连团结街修缮、盘锦沈铁物流园铁路新建、查干陶勒盖至霍林河铁路新建、沈阳北站主站房室外装修及附属扩建、珠恩嘎达布其园区铁路专用线、长春车辆段客车段修及整备设施改造、大连西中岛地方铁路新建、文官屯、南关岭、大屯、沙岭、周水子货场改造等工程。

2015年末，沈阳铁道工程建设集团有限公司下设长春、大连、锦州、通辽、沈阳、吉林等6个区域分公司，有职工976人，资产总额127553万元。2011年至2015年，累计完成营业收入930084万元。2015年完成营业收入190971万元。

（十）沈阳沈铁房地产开发集团有限责任公司

公司管理　沈阳沈铁房地产开发集团有限责任公司成立于2006年4月7日。2006年，沈阳铁路局以沈阳铁兴房地产开发有限责任公司为主，组建沈铁房地产开发有限责任公司。7月25日，沈铁房地产开发有限责任公司更名为沈阳沈铁房地产开发集团有限责任公司，下设大连铁路房地产开发有限责任公司、锦州锦铁房地产开发有限责任公司、丹东铁道房地产开发有限公司、长春铁路房地产开发有限责任公司、吉林市吉铁房地产开发有限公司5个子公司。9月，成立通化通铁房地产开发有限责任公司和通辽铁建房地产开发有限责任公司。2007年8月，成立赤峰市赤铁房地产开发有限责任公司。2008年11月，沈阳铁路局将大连疗养院、兴城疗养院、丰满疗养院、长白山温泉疗养院整建制划归集团公司管理。2009年1月，成立沈阳沈铁房地产开发集团有限责任公司沈阳分公司。2010年3月，山海关铁道车辆培训中心（山海关海盛花园酒店）、山海关疗养院划归集团公司管理。4月，成立沈阳铁道房地产开发有限责任公司。2011年3月，集团公司接收沈阳市铁房物业有限责任公司、通辽铁路双星物业有限责任公司、赤峰铁通物业管理有限责任公司。成立长春诚悦物业有限责任公司、吉林市吉铁物业服务有限责任公司、锦州锦铁物业有限责任公司、大连锦城物业管理有限公司、丹东铁兴物业有限责任公司、通化通铁物业管理有限责任公司及春铁宾馆。4月，沈阳铁路局有线电视站

划归集团公司管理。5月，成立沈阳沈铁实业有限公司。9月，成立大连团结街项目筹备组，由沈阳铁路局直管。赤峰市赤铁房地产开发有限责任公司、赤峰铁通物业管理有限责任公司、赤峰市赤铁房地产开发有限责任公司住房交易中心划归赤峰直属集团公司。12月，成立沈阳沈铁房地产开发集团有限责任公司图们边疆大厦。2012年，成立沈阳沈铁房地产开发集团有限责任公司票务分公司、沈阳沈铁房地产开发集团有限责任公司长春中长大厦分公司、通辽市沈铁草原酒店有限责任公司、东乌珠穆沁旗沈铁房地产开发有限责任公司、沈阳铁鑫达房地产开发有限责任公司、铁岭铁兴达房地产开发有限责任公司和秦皇岛房地产开发有限责任公司。6月，沈阳铁道房地产开发有限责任公司住房交易中心、大连铁路房地产开发有限责任公司住房交易中心、丹东铁道房地产开发有限责任公司住房交易中心、锦州锦铁房地产开发有限责任公司住房交易中心划归沈阳土地房产管理办公室；长春铁路房地产开发有限责任公司住房交易中心、吉林市吉铁房地产开发有限责任公司住房交易中心、通化通铁房地产开发有限责任公司住房交易中心划归长春土地房产管理办公室；通辽铁建房地产开发有限责任公司住房交易中心、长春铁路房地产开发有限责任公司住房交易中心（白城地区）划归通辽土地房产管理办公室。2013年，大连团结街酒店（大连铁道元墅发展有限公司）、大连连铁房地产开发有限责任公司划归集团公司管理。通化通铁房地产开发有限责任公司、通化通铁物业管理有限责任公司划归沈铁通化铁鹰集团公司。东乌珠穆沁旗沈铁房地产开发有限责任公司划归大连沈铁港口物流集团有限公司。成立四平铁兴房地产开发有限责任公司、开原铁隆达房地产开发有限公司、清原沈铁和谐房地产开发有限公司。12月，沈阳市铁房物业有限责任公司、长春诚悦物业有限责任公司、大连锦城物业管理有限公司、丹东铁兴物业有限责任公司、锦州锦铁物业有限责任公司、吉林市吉铁物业服务有限责任公司、通辽铁路双星物业有限责任公司调整为集团所属的当地房地产开发公司管理。2014年5月，丰满疗养院划归沈阳铁道吉林市铁淞集团有限公司；长白山温泉疗养院划归沈阳铁道通化铁鹰实业集团有限

公司；大连疗养院划归大连铁越集团有限公司；兴城疗养院划归辽宁铁信实业集团有限公司；通辽市沈铁草原酒店有限责任公司划归通辽铁盛商贸（集团）有限公司；长春中长大厦分公司划归沈阳铁道长春春铁集团有限公司；图们边疆大厦调整至延吉货运中心管理；山海关海盛花园酒店划归沈阳铁道煤炭集团有限公司；大连铁道元墅发展有限公司（大连团结街酒店公司）调整至局投资管理中心；沈阳铁路局有线电视站划归沈阳铁道文化传媒集团有限公司。

实体建设与经营创效 2008年，沈阳沈铁房地产开发集团有限责任公司加快职工保障性住房建设和商品房开发建设，全年开发房屋项目28个，项目总建筑面积816397平方米，总建筑面积1897692平方米，总户数达17813户。完成营业收入79992万元，实现利润2837万元。2009年，沈阳沈铁房地产开发集团有限责任公司开发项目18个，项目总占地面积528341平方米，总建筑面积1360430平方米，总户数达12110户。2009年集团公司入选全国房地产企业500强，位列184位。2010年，沈阳沈铁房地产开发集团有限责任公司开发项目55个，项目总占地面积2349994平方米，总建筑面积5877138平方米，总户数达55633户。完成营业收入291361万元，实现利润5317万元；10月，集团公司投资2500万元利用生产布局调整闲置空荒地，建设占地15万平方米的生态园项目。2011年12月，建设占地2200平方米的有机种植温室大棚，种植了水果黄瓜、茄子、青椒、西红柿等蔬果近20种，生态园规划了火车头餐厅、酒店、老大棚、饲养区、鱼塘、活动室、客房、羽毛球馆、养鸡场、新式大棚、花窖等项目，以有机生态农业为经营主体，工程于2012年10月正式建成投入使用。2013年，集团公司投资50万元在"沈铁·新光佳园"东侧建成600平方米的汽车维修中心，主要经营洗车、装饰、维修保养、四轮定位、动平衡等项目。2014年7月，集团公司在和平区南二马路48号成立玖鼎汇餐饮管理分公司，经营面积2100平方米。10月，新建1800平方米2个生态温室大棚，采用国内领先的立体种植技术。新建立体种植大棚与原有蔬菜基地年产叶菜3.5万斤，果菜5.3万斤，年产值82.6万元。10月14日，沈西龙湖生态园自动化绿色禽蛋基地正式投入使用，年产蛋34万公斤，总产值340万元。11月，集团公司在铁岭市新城区澜沧江路龙腾居8-12-43号成立老铁家餐饮分公司，经营面积720平方米。

沈阳沈铁房地产开发集团有限责任公司先后开发了沈铁圣工佳园、沈铁光明佳园、沈铁建东佳园、沈铁民族佳园、沈铁南湖佳园、沈铁胜利佳园、沈铁雪松新城、沈铁太原佳园、沈铁学府雅居、沈铁龙畔锦城、丹东兴一路住宅、丹东凤铁新村、梅河口天怡小区、通辽枫景家园、乌兰浩特枫景名城、长春春铁新城等职工保障性住房及商品房开发项目，不仅解决了铁路职工特别是生产力布局调整后异地调动职工的住房问题，而且提高了集团公司在房地产开发市场的的知名度和竞争力。

2015年末，沈阳沈铁房地产开发集团有限责任公司下设大连铁路房地产开发有限责任公司、长春铁路房地产开发有限责任公司、吉林市吉铁房地产开发有限公司、锦州锦铁房地产开发有限责任公司、丹东铁道房地产开发有限公司、通辽铁建房地产开发有限公司、沈阳铁鑫达房地产开发有限公司、四平铁兴房地产开发有限责任公司、开原铁隆达房地产开发有限公司、秦皇岛房地产开发有限公司、沈阳沈铁实业有限公司、清原沈铁和谐房地产开发有限责任公司和沈阳铁道房地产开发有限责任公司沈阳分公司13个子分公司。公司有职工442人，资产总额1032799万元，资产净值7398万元。2006年至2015年，累计完成营业收入2400263万元，实现利润23999万元。2015年完成营业收入330145万元，实现利润1195万元。

（十一）大连中铁外服国际货运代理有限公司

大连中铁外服国际货运代理有限公司成立于2003年1月5日，注册资本200万元。其中：中铁外服国际货运代理有限公司出资70万元，占注册资本35%，大连铁道有限责任公司（现已撤销）出资65万元，占注册资本32.5%，大连铁龙实业股份有限公司（现已改制为中铁铁龙集装箱物流股份有限公司）出资65万元，占注册资本32.5%。注册资本金后增至1000万元。公司主要承接大连港、鲅鱼圈港、长兴岛港、锦州港、丹东港等港口的钢材、煤炭、矿石物流代理业务，为鞍钢、本钢、北台钢厂等东北区域大型钢铁企业的港口报关报检业务提供服务。主要承办海上、航空、陆路国际代理业务，代理进出口业务，货物、技术进出口，国内一般贸易，承办陆运进出口货物的国际运输代理业务。2008年12月23日，由于大连铁龙实业股份有限公司改制为中铁铁龙集装箱物流股份有限公司，同时大连铁道有限责任公司撤销，经各股东单位协商同意，原股东大连铁龙实业股份有限公司变更为中铁铁龙集装箱物流股份有限公司，所持股份比例不变；原股东大连铁道有限责任公司变更为沈阳铁路局投资管理中心。2010年1月20日，公司注册资本金由200万元增至1000万元，由公司未分配利润中转增800万元为注册资本金。其中，沈阳铁路局投资管理中心出资625万元，占注册资本的62.5%，中铁铁龙集装箱物流股份有限公司出资325万元，占注册资本的32.5%，中铁外服国际货运代理有限公司50万元，占注册资本的5%。2011、2012、2013、2014年度中国国际货代协会物流百强排名陆运第2名，2015年度中国国际货代协会物流百强排名陆运第3名。2013年被中国物流与采购联合会评为"AAAA"级物流企业。

2015年末，大连中铁外服国际货运代理有限公司下设锦州轨道衡公司1个子公司，下设锦州分公司、盘锦分公司、鲅鱼圈分公司、长兴岛分公司、开发区（大连）分公司、丹东分公司、大石桥分公司、国际部8个分公司。公司有正式职工189人，其中沈阳铁路局职工32人，铁龙公司职工11人，本公司合同制职工130人，其他从业员工16人;资产总额30508万元，净资产4374万元。2003年至2015年，累计完成营业收入316523万元，实现利润12277万元。2015年完成营业收入53195万元，实现利润1659万元。

（十二）沈阳铁路勘察设计院有限公司

公司管理　沈阳铁路勘察设计院有限公司成立于2012年8月2日，是以沈阳铁道工程建设集团有限公司所属沈阳铁路通达设计有限公司为基础，重新组建而成，组建之初为沈阳铁路设计所，为局投资管理中心管理所属直属企业，业务主管部门为局计划统计处。2012年10月31日，沈阳铁路通达设计有限公司划归投资管理中心管理，将沈阳铁路通达设计有限公司更名为沈阳铁路勘察设计院有限公司。公司主要承揽建筑行业工程设计（丙级），路局管内更新改造工程设计，路局管内大修工程设计。

实体建设与经营创效　2012年完成了龙井站舍改造、中储发展（沈阳）物流有限公司铁路专用线新建、苏家屯车辆段5T运用车间综合楼新建、白城洗衣厂改造、沈铁松原三江集团太阳升货场新建等工程项目。2013年完成了库伦轮枕厂二期、哈大客运专线生产生活设施补强、吉林车辆段浑江站修所改造、通辽北内陆港配套、赤峰红山物流园、库伦水泥制品有限公司电气化铁路架线杆生产厂房新建、长春职工培训基地置换、赤峰东站货场新建、新建铁路乌兰图嘎至巴彦都日格等工程项目。2014年完成了锦州机务段沈阳西运用车间改造、通辽客整所改造、长图线生产生活设施改造、鞍山车站改造、薛家配件厂配套完善、沈阳公寓新建等工程项目。2015年完成了赤峰铁路工务段大修基地搬迁、沈铁金山湾综合物流基地、沈阳化工园物流基地新建、沈阳铁路局党校阜新分校扩建等工程项目。2015年末，沈阳铁路勘察设计院有限公司公司有职工96人，资产总额90万元。2012年至2015年，累计完成营业收入9230万元，实现利润1515万元。2015年完成营业收入1906万元，实现利润10万元。

（十三）沈阳铁路建设监理有限公司

沈阳铁路建设监理有限公司成立于1992年11月。主要经营主营铁路工程、公路工程、港口工程、机场工程、水利工程、房屋建筑工程、市政公用工程（含地铁轻轨）、机电安装工程及环保工程的项目管理、工程监理（含设备监理）、工程试验（以上项目凭资质证经营）、咨询服务。同时开展测绘业务，包括：控制测量、地形测量、城乡用地测量、城乡规划定线测量、规划检测测量、线路工程测量、桥梁测量、隧道测量、形变测量、变形（沉降）观测、竣工测量。沈阳铁路建设监理有限公司为建设部核定的甲级监理单位，下设吉林沈铁建设工程检测有限公司、沈阳铁路工程设计鉴定有限公司2个子公司。2015年末，沈阳铁路建设监理有限公司有职工194人，固定资产总额1283万元。1999年至2015年，累计完成营业收入82271.04万元，实现利润3493.72万元。2015年完成营业收入12121万元，实现利润349万元。

（十四）北京奉发商贸有限公司

北京奉发商贸有限公司成立于2012年3月8日。主要经营销售日用品、建筑材料、金属材料、矿产品、化工产品、机械设备、仪器仪表、谷物、豆类、交通运输设备、汽车零配件、空调、煤炭、针纺织品、服装鞋帽、箱包；服装设计；货运代理、装卸服务；仓储服务；企业管理；货物进出口、代理进出口、技术进出口；清洁服务；汽车租赁等。

2015年末，北京奉发商贸有限公司公司下设北京奉发凯胜科技有限公司、中山市奉发凯龙服装有限公司、海口沈铁奉发旅游服务有限公司、天津奉瑞石油产品经销有限公司4个子公司，下设北京奉发商贸有限公司秦皇岛南戴河酒店分公司、北京奉发商贸有限公司昌黎黄金海岸酒店、北京奉发商贸有限公司沈阳和平餐饮服务有限公

司3个分公司。公司有职工54人。资产总额18859万元，净资产10919万元。2012年至2015年，累计完成营业收入21226万元。2015年完成营业收入6817万元，实现利润549万元。

（十五）辽宁港铁国际物流实业集团有限公司

辽宁港铁国际物流实业集团有限公司成立于2016年2月5日。沈阳铁路局贯彻落实"资源、港口、口岸"三大战略，根据市场需求和货运改革需要，全面整合沈阳铁路局在环渤海地区各港口和辽、吉两省内陆港资源，提高港口铁路资源利用效率，提高铁路港口物流产业话语权，实现铁路物流企业做大做强和服务于地方经济发展目标。2016年2月，沈阳铁路局以原局投资管理中心为主体，组建了辽宁港铁国际物流实业集团有限公司。撤销了大连沈铁港口物流集团有限公司、锦州沈铁物流有限责任公司、大连长兴岛物流中心、盘锦物流中心、丹东物流中心、赤峰至

1996—2015年各专业公司经营指标完成情况表-2

表5-2-8　　单位：万元

年份	建设工程		工程建设		房地产开发		大连外服		勘察设计院		监理公司		北京奉发商贸	
	收入	利润	收入	利润	收入	利润	收入	利润	收入	利润	收入	利润	收入	利润
1996	598	16	—	—	—	—	—	—	—	—	—	—	—	—
1997	739	19	—	—	—	—	—	—	—	—	—	—	—	—
1998	814	22	—	—	—	—	—	—	—	—	—	—	—	—
1999	788	28	—	—	—	—	—	—	—	—	324.14	11.60	—	—
2000	549	5	—	—	—	—	—	—	—	—	362.60	4.68	—	—
2001	1400	103	—	—	—	—	—	—	—	—	416.90	6.70	—	—
2002	2084	10	—	—	—	—	—	—	—	—	588.00	7.54	—	—
2003	2790	14	—	—	—	—	680	16	—	—	812.40	17.60	—	—
2004	10431	537	—	—	—	—	1455	112	—	—	1615.00	26.00	—	—
2005	11125	524	—	—	—	—	1889	192	—	—	1440.00	70.60	—	—
2006	50460	693	—	—	41377	8016	1841	251	—	—	3650.00	-124.00	—	—
2007	78810	1788	—	—	65708	2377	2355	286	—	—	4458.00	178.00	—	—
2008	53044	292	—	—	79365	2949	3880	601	—	—	5928.00	389.00	—	—
2009	80590	882	—	—	148129	4300	9544	1520	—	—	6717.00	629.00	—	—
2010	93044	159	—	—	291361	5175	16646	1315	—	—	8692.00	354.00	—	—
2011	91931	557	154737	—	282527	-12790	61299	1169	—	—	10334.00	1338.00	—	—
2012	92207	260	251913	—	427689	2414	38889	1128	2236	899	8039.00	62.00	1062	-780
2013	36453	202	170095	—	416324	4338	50231	1523	2432	285	7921.00	50.00	9895	213
2014	78562	511	162368	—	317638	6025	68502	1913	2656	321	8852.00	124.00	3452	18
2015	148896	591	190971	—	330145	1195	53312	2251	1906	10	12121.00	349.00	6817	549

二河口铁路公司筹备组及其下设的分子公司,将其业务、资产、人员和债权债务划归辽宁港铁国际物流实业集团有限公司管理。将大连沈铁远港物流有限公司(合资)、沈阳锐威汽车租赁有限公司、沈阳锐威经贸有限公司整建制划归辽宁港铁国际物流实业集团有限公司管理。公司主要开展港口及港口站内专用线货物运输业务;开展铁路线路(含专用线)维养护业务、机车维检修业务、通信信号检修维护业务及港内和站区线路经营;负责疏港铁路管理,开展国际国内陆路海上第三方物流全程服务、仓储服务,以公路、铁路、海运、航空联运方式;开展集装箱运输、特种车辆运输、报关、码头船代、进出口贸易、国际货代业务。公司下设沈阳锐威经贸有限公司、沈阳锐威汽车租赁有限公司、锦州高天铁路有限责任公司、大连沈铁远港物流有限公司4个子公司,下设大连长兴岛分公司、盘锦分公司、丹东分公司、大连太平湾分公司、绥中分公司、大连金州分公司、大连内陆港分公司、国际货代分公司、吉林分公司、吉林市丽景轩商务酒店10个分公司。2016年6月17日,集团公司增设了吉林分公司、吉林酒店分公司2个分公司。截至2016年7月31日,公司有职工440人、有资产土地8.4平方公里、铁路专用线195.6公里、房屋9.2万平方米、机械动力设备162台,资产总值10亿元。

辽宁港铁国际物流实业集团有限公司下属9个子分公司:

1.锦州高天铁路有限责任公司

公司成立于2012年3月7日,前身是1992年3月15日成立的锦州高天铁路公司。锦州高天铁路公司隶属于锦州市交通局,是一家以铁路运输业务为主的全民所有制企业。2012年3月7日,沈阳铁路局锦州沈铁物流有限责任公司与锦州市国资委组建锦州高天铁路有限责任公司。沈阳铁路局锦州沈铁物流有限责任公司持有67%股权,锦州市国资委持有33%股权。经营依托辽宁北方区域枢纽港口锦州港,经营辐射辽西、蒙东地区和东北内陆。2013年12月,锦州市国资委将持有的33%股权无偿转让给锦州华信资产经营(集团)有限公司。2016年2月,锦州沈铁物流有限责任公司将持有的67%股权无偿转让给辽宁港铁国际物流实业集团有限公司。公司占地31.3万平方米,产权线路36公里,营运里程87公里;站内设有12条到发编组线;有货场2处、货位40个,机车11台。主要负责国铁高桥镇站到高天公司天桥站正线和锦州港及临港16家企业各专用线及30多家客户的货物运输业务,年综合运量4000万吨。兼营铁路线路和电务设备设施新建、大中修、维修及货物到发综合服务业务。2012年至2015年,累计完成营业收入38833万元,实现利润7932万元。其中,2015年,公司有职工296人,资产总额1.7亿元。完成营业收入8503万元,实现利润2322万元。

2.辽宁港铁国际物流实业有限公司大连金州分公司

辽宁港铁国际物流实业有限公司金州分公司前身为大连沈铁港口物流有限公司大连分公司,成立于2008年12月19日。2012年4月20日,由于业务拓展需要,大连分公司变更为子公司,更名为大连沈铁港口物流集团大连商贸有限公司,主要经营粮食、煤炭贸易。2014年11月19日,大连沈铁港口物流集团有限公司金州分公司成立。2013年至2015年,累计完成营业收入55276万元,实现利润1067万元。2015年,公司有职工54人,资产总额789万元。完成营业收入3527万元,实现利润640万元。2016年3月10日,公司重组整合为辽宁港铁国际物流实业有限公司大连金州分公司。主要业务是物流服务。

3.辽宁港铁国际物流实业集团有限公司大连长兴岛分公司

辽宁港铁国际物流实业集团有限公司大连长兴岛分公司公司成立于2010年10月26日,主要经营国内铁路运输货物代理及国内一般贸易。为落实沈阳铁路局港口战略,按照"港中建港、岛中建港、港前建港"发展要求,经沈阳铁路局批准,由大连沈铁长兴岛物流有限公司投资新建长兴岛公共港区铁路专用线。该工程2010年11月30日竣工投入运用。专用线在长兴岛港站78公里200米处接轨,至长兴岛港区码头前沿,全长4.965公里。在长兴岛港区货场布置车场两处,六条货物线。全部工程验收总造价8602.13万元。长兴岛公共港区铁路专用线投入运用后,为长兴岛港口公司提供集疏港铁路运输服务服务业务,满足港口公司需要。2015年,沈阳铁路局成立盘锦、大连长兴岛、丹东物流中心，撤销大连沈铁长兴岛物流有限公司，将其人员、业务、资产划归沈阳铁路局大连长兴岛物流中心。公司下设大连沈铁花园口物流有限公司（子公司）。2011年至2015年，累计完成营业收入20908万元，实现利润-1100万元。2015年，公司有职工33人，资产总额9095.42万元。完成营业收入838万元，实现利润-723万元。2016年，沈阳铁路局组建辽宁港铁国际物流实业集团有限公司，撤销了沈阳铁路局大连长兴岛物流中心，将其业务、资产、人员和债权债务划归辽宁港铁国际物流实业集团有限公司大连长兴岛分公司管理。

4.辽宁港铁国际物流实业有限公司大连内陆港分公司

辽宁港铁国际物流实业有限公司内陆港分公司成立于2008年8月8日，前身是大连沈铁港口物流集团有限公司。公司成立之初下设锦州、营口、长春、沈阳、火车头会馆、吉林市内陆港大酒店6个分公司及丹东铁港物流有限公司等9个子公司。2015年调整机构设置，下设金州、长春、沈阳、营口、锦州、吉林市内陆港和火车头餐饮7个分公司和丹东铁港物流有限公司1个子公司。2015年2月，撤销大连沈铁港口物流集团有限公司，将其业务、资产、人员和债权债务划归辽宁港铁国际物流实业集团有限公司管理，成立辽宁港铁国际物流实业有限公司大连内陆港分公司。2009年至2015年，累计完成营业收入996102万元，实现利润39863万元。2015年，公司有职工299人，资产总额31763.47万元，固定资产净值14861.71万元，净资产19864.7万元。完成营业收入38938万元，实现利润4347万元。

5.锐威汽车租赁有限公司

沈阳锐威汽车租赁有限公司成立于2014年2月19日，前身是沈阳铁道不动产运营有限公司的子公司。2016年2月，沈阳铁道不动产运营有限公司撤并重组，沈阳锐威汽车租赁有限公司整体划归辽宁港铁国际物流实业集团有限公司管理。主要经营越野车、商务车、轿车等租赁业务。2015年末，公司有职工6人，资产总额2721.78万元。完成营业收入294万元，实现利润7万元。

6.辽宁港铁国际物流实业集团有限公司绥中分公司

2010年12月，沈阳铁路局组建绥中沈铁物流有限公司二河口筹备组。2011年3月，成立沈阳铁路局绥中沈铁物流有限公司。2014年10月，沈阳铁路局绥中沈铁物流有限公司划归沈阳铁路局盘锦沈铁物流有限责任公司，后更名为沈阳铁路局盘锦物流中心。2016年2月，沈阳铁路局成立辽宁港铁国际物流实业集团有限公司，沈阳铁路局盘锦物流中心更名为辽宁港铁国际物流实业集团有限公司绥中分公司。2016年3月，原大连沈铁港口物流集团有限公司锦州分公司划归绥中分公司。公司主要经营铁路货物运输、船货代理、货物装卸、仓储、堆存、保管、粮食深加工以及港内专用线运营管理。绥中港是振兴东北和辽宁省"五点一线"的重要组成部分，是地方经济和临港工业的重要支撑，是蒙东地区煤炭外运装船港址之一，近期将发展煤炭、原油等大宗散货和杂货运输；远期将逐步发展成为规模化、专业化、特点鲜明、综合服务功能较强的现代化综合性港区。疏港铁路工程是绥中港区重要的集疏通道。2013年11月23日，沈阳铁路局与绥中县人民政府签订建设协议。线路自沈山线前卫站西端南侧咽喉区引出，并行沈山线与黄罗村西侧折向西南，于西潘村南侧、滨海公路以北设绥中港站，并转向西南跨滨海公路，在绥中港港区内设1期车场。主要工程数量：土石方62.7万立方米、铺轨22.96公里、框构中桥4座、涵洞23个、道岔18组、房屋27816.38平方米。工程总占地面积3633.12亩。投入资金6.3亿元。工程于2014年4月18日开工，2014年12月23日绥中港前站竣工；2015年末，公司有职工17人。2016年3月2日绥中港区内1期车场竣工。

7.辽宁港铁国际物流实业集团有限公司盘锦分公司

盘锦分公司前身为盘锦沈铁物流有限责任公司，成立于2011年2月。主要开展铁路货物运输、船货代理、货物装卸、仓储、堆存、保管。港内及西部工业区铁路专用线运营管理等业务。2012年，沈阳铁路局投资9300万元，建设占地600亩的金帛湾物流基地项目，9月正式开通运营。2014年3月，投资600万元建设占地1500亩的盘锦港铁综合物流基地项目，8月开通运营。

2014年9月，投资166.45万元建设盘锦物流道路新建工程项目，同年11月竣工。2014年11月，投资149.8万元建设金帛湾养殖基地项目，2015年5月竣工。2014年11月，投资10000万元建设辽东湾西部铁路新建工程项目，2016年3月竣工。根据经营需要，2014年11月1日，沈阳铁路局将绥中沈铁物流有限责任公司并入盘锦沈铁物流有限责任公司。2015年1月9日，盘锦沈铁物流有限责任公司改制更名为沈阳铁路局盘锦物流中心。2013年至2015年，累计完成营业收入10862万元，实现利润1166万元。2015年，公司有职工66人，资产总额21213万元。完成营业收入5164万元，实现利润1225万元。2016年2月，按照铁路局港口战略部署，更名为辽宁港铁国际物流实业有限公司盘锦分公司，隶属于辽宁港铁国际物流实业有限公司管理。

8.辽宁港铁国际物流实业有限公司沈阳锐威经贸有限公司

沈阳锐威经贸有限公司成立于2013年9月17日，前身隶属于原沈阳铁道不动产运营有限公司管理。主要经营家电、家具、厨具、室内外体育用品及日杂百货销售，主要销售对象是路局工会"五小"建设设备配套供应服务工作。2015年末，公司有职工21人，资产总额2613.56元。完成营业收入3145万元，实现利润12万元。2016年1月28日，根据经营需要，沈阳铁路局将锐威经贸有限公司划归辽宁港铁国际物流实业有限公司

管理。

9.辽宁港铁国际物流实业集团有限公司丹东分公司

辽宁港铁国际物流实业有限公司丹东分公司前身为沈阳铁路局丹东分局丹大运输公司，成立于1993年。1998年12月，丹东分局撤并后更名为沈阳铁路局沈阳分局丹大运输公司；2005年3月，沈阳分局撤并后划归沈阳铁路局丹东铁元物流有限公司；2008年8月，划归大连沈铁港口物流有限公司。2006年至2015年，累计完成营业收入86619万元，实现利润39969万元。2015年，公司有全民职工81人，集体职工14人，总资产15014万元。完成营业收入13224万元，实现利润8406万元。2016年3月，划归辽宁港铁国际物流实有限公司。丹东分公司以丹前线27公里铁路为主营项目。1993年，路局批准成立丹大运输公司，实行独立核算，自负盈亏。主要经营业务：铁路运输服务及货运代理、专用线出租装卸和搬运货场出租等。公司下设南丹东、前阳、东沟、港口4个营业网点。

第四节 非运输企业经营成果

1996年，沈阳铁路局贯彻落实全路"两经"工作座谈会精神，对多种经营工作进行战略性调整，利用铁路运输、设备、资源优势，培育一批实体项目。全年开行豪华列车和优质优价列车

辽宁港铁国际物流实业集团各分公司经营指标

表5-2-9 单位：万元

年份	锦州高天		大连金州		大连长兴岛		大连内陆港		锐威汽车		盘锦分公司		锐威经贸		丹东分公司	
	收入	利润	收入	利润	收入	利润	收入	利润	收入	利润	收入	利润	收入	利润	收入	利润
2006	—	—	—	—	—	—	—	—	—	—	—	—	—	—	3819	1876
2007	—	—	—	—	—	—	—	—	—	—	—	—	—	—	4329	1957
2008	—	—	—	—	—	—	—	—	—	—	—	—	—	—	5510	2060
2009	—	—	—	—	—	—	20600	3705	—	—	—	—	—	—	7666	4450
2010	—	—	—	—	—	—	21600	1700	—	—	—	—	—	—	7826	4551
2011	—	—	—	—	2201	280	85000	11860	—	—	—	—	—	—	10005	5557
2012	8730	1171	—	—	12032	337	560000	13700	—	—	—	—	—	—	11206	2380
2013	11648	2356	33704	1033	5001	-658	219298	194	—	—	698	-53	—	—	12641	3731
2014	9951	2083	18045	-606	836	-1059	50666	4357	79	-4	5005	-6	3091	27	10393	5001
2015	8504	2322	3527	640	838	-723	38938	4347	294	7	5164	1225	3145	13	13224	8406

33对，冠名列车15对，设立空调候车室15个，实现增收创效目标。长春分局人身保险、大型石油仓储基地、玉米仓储基地项目；沈阳分局物业集团、纯净水项目；通辽分局改建溜冰馆项目；通化分局商贸城、黄岛木材经贸处项目；吉林分局木材深加工项目；图们分局乌兹别克斯坦物资经销项目，河北煤矿、石灰矿、粮食批发市场项目；白城分局仓储基地、电厂项目；丹东分局合资兴办纸塑复合袋厂项目；锦州分局自备车运输项目；大连分局沿线综合实体开发等实体项目都得到了快速发展。其中，长春分局实业型企业发展到66个，占分局管内实业型企业总数的75%。大连分局开发新项目66个，当年创效4000万元。多种经营企业达到1 636个，年营业收入500万元以上企业151个，100万元以上企业204个。

1997年，路局把调整产业结构和企业结构作为多经工作重点，坚持"抓大放小，择优扶强"原则，以局和分局两级直属公司为重点，以实现专业化、规模化、集团化经营为目标，加大经营结构调整力度，利用铁路运输、资源、资金、资产、人才等多方面优势，以市场为导向，加大实业型项目投入，开发一批科技含量高，竞争能力强，具有稳定经营效益的实体项目。长春分局实施双优列车改造，建设仓储基地；沈阳分局组建沈阳北站汽车租赁公司、经贸公司，"麦金利"系列产品打入地方市场；吉林分局买断山林、开发多经综合贸易市场；丹东分局建成本溪地区培训中心和娱乐中心；锦州分局投资建设轨道衡、建设兴城游泳馆；大连分局建设盖州商业城、盐渍海带加工厂；通化分局新建铁精粉加工厂、洗煤厂、食品烘干厂及拓展煤矿开采、短途运输、空调候车室业务；通辽分局实施煤炭经销公司独家供应管内电厂和路内用煤和"千亩良田、万头牲畜"工程；图们分局开展汽、柴油联销业务；白城分局组建农场和汽车一条龙运输队等。1997年，路局多种经营企业投资27150万元开发新项目328项，同比增加86项，投资涉及仓储运输、商业贸易、餐饮娱乐、物业管理、生产加工、煤矿开采、无线通讯、养殖种植等多个行业，新增综合效益7600万元。全局多经企业1493个，营业收入500万元以上企业175个，比上年新增24个，综合效益100万元以上企业233个，比上年新增29个。

1998年，沈阳铁路局面对货源不足、运量下滑、资金严重短缺、地方经济低效运行和激烈市场竞争等诸多困难，以实施多元经营战略转变为主线，内抓管理，外攻市场，调整结构，发展实业。利用主业闲置场地、设施，加大对新项目开发投入，全年共投资19396万元，开发新项目146项，取得较好经营业绩。图们分局与朝鲜合资兴办延边金钢水晶宝石有限公司；通辽分局投资1100万元立项26个，创效400万元；丹东分局开办列车闭路电视出租、木材加工、劳保用品生产项目；白城分局开发便民汽车、汽车租赁有限公司、保龄球有限公司以及万亩良田工程；锦州分局电务多经企业在无线寻呼和电话安装占领地区市场；沈阳分局增开沈阳—北京11/12次和183/184次双优列车，增收1700万元；长春分局增开"图们江号"双优列车，增收50万元。投资范围涉及仓储运输、商业贸易、餐饮娱乐、物业管理、生产加工、煤炭开采、无线通讯、养殖种植、外经外贸等行业。沈阳铁路局按照铁道部《关于铁路多种经营发展运输代理业的指导意见》要求，把发展运输代理业作为全局多种经营发展的支柱产业之一，专题研究，重点部署，以大连公司和吉林分局由延伸服务向运输代理过渡为试点，在全局普遍推行。当年，全局多种经营形成了一批重点骨干企业，其中营业收入超亿元企业1个，超千万元企业37个；利润超100万元企业73个，超500万元企业4个，超1000万元企业2个。

1999年，沈阳铁路局认真贯彻落实全路多元经营工作会议精神和《关于推进铁路运输企业多元经营改革和发展的若干意见》，调整企业结构，实施资产重组，拓宽筹资渠道，建立现代企业制度，因地制宜发展实业，全面实施多元开发。全年利用闲置设施开发新项目151个，安置富余人员6821人，新增效益5639万元。多种经营企业发展到1242个，从业人员达到62336人。长春分局同长春鑫鑫节能设备研究所合作创办生产纳米金属微粉公司。锦州分局在平庄南站和马仗房站增设轨道衡，创效增收。通辽分局通辽工务段利用闲置空地开办种植养殖业，收到较好效果。图们分局工程施工业打入珲长高速公路施工市场，创收300万元。以大连公司为代表的运输代理业，对原有代理公司经营结构进行调整，形成国际代理、国内代理、集装箱代理、小件快运代理及报关代理五种类型的10个代理企业。大连公司运输代理经营模式为全路运输代理业发展提供了宝贵经验，并在全路多元经营工作会议上进行了交流。

2000年，沈阳铁路局根据铁道部《关于推进铁路运输企业多元经营改革和发展的若干意见》，制定了《沈阳铁路局建立多元经营新格局实施方案》和《沈阳铁路局贯彻落实铁道部〈关于推进铁路运输企业多元经营改革和发展的若干意见〉实施细则》，将工附业、建筑业、生活后勤服务业和多种经营业列为多元经营产业，全面建立适合市场经济发展要求的管理体制和经营机制，组建一批专业化和区域性集团公司，并确定运输代理、旅游、物流、建筑施工、工业、房地产、对外经贸、餐饮服务、种植养殖等10个行业为多元经营重点发展产业，形成与运输业互相依托和协调发展的新局面。沈阳铁路局从实际出发，对原有企业特别是直属公司进行了重组整合，进一步优化了产业结构和资源配置，使有限的人力、物力、财力向优势项目和重点发展产业流动和集中，确保达到效益最大化。沈阳铁路局把运输代理业作为年度计划和"十五"规划的重点发展产业进行重点培养，对管内运输代理企业进行了全面规范和整顿。11个运输代理企业完成营业收入32007万元，同比增加20221万元，增长171.6%。沈阳铁路局积极拓展旅游市场，成立旅游总公司，加大对旅游业的投入，把原有的餐饮、住宿、商贸、旅行社等企业整合起来，提升铁路旅游企业吃、住、游、购为一体的服务能力。通过利用铁路优势和节假日开行各具特色的旅游专列、旅游列车，推出特色鲜明的旅游项目，全年开行国内旅游专列25列，组团1155个，接待旅游64355人次，实现营业收入7148万元，同比增加4758万元，增长199%。沈阳铁路局把对外经贸作为发展的重点，通过兴办合资企业、承揽国外工程项目、组织出国劳务、开展对外商贸等经营活动，全年完成营业收入31875万元，实现综合效益4429万元，创汇747万美元，进出口额2396万美元，外派出国劳务人员496人。小

件快运在铁道部统一管理下，全年完成营业收入1453万元，比去年同期增加447万元，实现利润474万元。2000年，沈阳铁路局多种经营企业1352个，从业人员达到59443人。其中制造业企业202个，建筑施工企业156个，交通运输企业26个，运输辅助企业213个，仓储企业24个，批发零售企业312个，房地产企业12个，旅游企业17个，宾馆旅店63个。各业全年完成营业收入461155万元，同比增加88770万元，完成全年计划的124.2%，创十年来历史最好水平。

2001年，沈阳铁路局积极推进运输企业与多元经营企业的企业分设、财务分账、人员分开工作，共清理整顿多经企业210个，补充调整注册资本金26182万元。1017个多经企业与出资人建立了投资关系，投资额123797万元，规范与运输业的经济关系、劳动关系和劳务关系，解决相互占用资产问题。为促进多种经营持续发展，沈阳铁路局充分发挥各分局的优势作用，开发新项目，寻求经济增长点。加大运输代理业投入。大连远征货运代理有限公司与东北15家货代公司签订铁路货代公司联网经营合作协议；锦州辽西货运代理有限公司坚持货主至上，拓展门到门服务，货运代理收入2600万元；长春永顺货运代理有限公司通过扩展经营，经营创效800万元，全局10家运输代理企业全年完成营业收入37323万元，同比增加8543万元，增长22.9%。重点发展旅游业。全局15家旅游企业通过开发旅游市场，培育一批以旅游专列为主的旅游产品，开辟了局内、局外多条旅游线路。局旅游集团公司全年开行旅游专列9列，完成营业收入1230万元，比上年增加469万元，增长38.1%；大连公司开发旅顺线亚细亚号机车项目；通化分局开发了长白山冰雪游项目；丹东中联大酒店通过打造品牌，开拓市场，在业内创出品牌。加快外经外贸发展，增强参与国际市场竞争能力。局外经贸总公司承揽了乌干达排水渠项目、坦桑尼亚轨枕厂项目、利比亚人工河项目都取得较好的业绩，仅坦桑尼亚轨枕厂项目就获利150万元；图们鑫环物资贸易公司全年进出口贸易营业收入达4000万元，全局全年外经外贸完成营业收入7079万元。大力开发新项目。全局多元经营企业共开发实业项目111个。长春分局开发18个新项目，增收5000万

元；大连公司投资2586.5万元，开发南关岭综合货场、菜市桥、西站加油站项目；通辽分局投资474万元，修建昆都庙站专用线等项目；通化分局投资1000万元，开发长白山泉矿泉水项目。

2002年，沈阳铁路局贯彻落实铁道部关于建立铁路多元经营新格局若干问题的指导意见，出台了《沈阳铁路局建立多元经营新格局实施方案》，加大多经发展和项目投资力度，全年全局共有96个单位15420人和204155万元资产纳入多元经营体系管理。通过建立多元经营新格局，沈阳铁路局当年投资14884万元，开发138个实业项目，新增收入14309万元，新增利润1065万元，新创岗位382个。大连公司投资360万元新建甘井子站东货场，投资160万元对南关岭货场进行改造。长春分局投资100万元建立省级面粉批发市场，投资240万元新建长山屯、德惠站轨道衡。吉林分局投资105万元开发天岗综合市场，投资150万元建设运输代理仓储基地。沈阳分局对北站大厦、铁岭大厦、蒸汽机车博物馆进行改造。在项目开发和培育过程中，全局多元经营创建了一批具有一定知名度和影响力的品牌。路局打造了"铁元"品牌，沈阳分局创建了"麦金利""中联酒店"品牌，锦州分局创建了"辽西"企业品牌，通化分局打造了"长白山泉"品牌。全局多元经营企业在发展中不断壮大，重点产业得到快速发展。其中，运输代理业完成营业收入47416万元，占总收入的9.3%，同比增长25%；旅游业完成营业收入7034万元，占总收入的1.4%，同比增长24.3%；批发零售餐饮业完成营业收入146057万元，占总收入的28.6%，同比增长19.9%；房地产业完成营业收入20654万元，占总收入的4%，同比增长2.7%。全年完成营业收入510 293万元，多经营业收入第一次突破50亿元。

2003年，沈阳铁路局对全局多元经营进行归口管理，成立多元经营资产管理机构，进行产业结构和企业结构调整。按照大力发展运输辅助业，做大做强商贸业，全面提升工程施工业，壮大房地产产业的总体思路，进一步巩固和发展传统产业和既有项目。全年投资5亿元开发新项目83个，多数项目当年投资，当年见效。长春分局投资2.7亿元，开发新项目9个，年创效8902万

元；沈阳分局投资3300万元，开发新项目7个，年创效1400万元；大连公司投资4100万元，开发新项目39个，年创效3500万元；锦州分局投资1.2亿元，建设住宅12万平方米；通辽分局投资1145万元，开发新项目9个，年创效417万元；吉林分局创办延边岚宇工钢彩板有限公司，实现营业收入1200万元。在全面拓展经营过程中，大连北铁燃油物资供应公司全年完成营业收入2.3亿元，吉林石化公司抢占北京成品油和上海、广州、海口等地化工市场，全年完成营业收入33171万元，实现利润1313万元，成为全局多元经营创效明星企业。

2004年，沈阳铁路局贯彻落实铁路发展战略部署要求，积极推进主辅分离、辅业改制和做好再就业工作，对全局1280个多经企业实行专业化、区域化、综合型重组。多元经营全年投资2.5亿元。开发实业型、技术型、合资型新项目55个，当年见效项目占95%，新增营业收入5亿元，新增利润3000万元。长春铁路分局开发粮油自营业务，营业收入超亿元，利润超百万元，开办的保险代理业务实现对管内机动车辆覆盖面100%；大连分局开发金桥港前物流基地正式投入运营；沈阳铁道融信广告公司拓展广告策划业务开发列车电视系统；吉林分局利用主业闲置资产新建占地4.7万平方米的3个粮食仓储基地，将营城粮食经销基地扩建成集种植、养殖、仓储、加工、销售为一体的综合性经营实体；锦州分局铁粉经营、通化铁路分局装载加固器材生产项目创造良好经济效益；局外经总公司引进清华大学专利生产的高效无磷洗衣粉纳入路局物资采购目录；局运营总公司研制铁路线间道口铺面板通过路局鉴定试验推广；大连车辆段多经企业研制生产60多种橡胶配件在市场销售稳定；吉林分局图们鑫环贸易公司与朝鲜清津铁道局合资建立绝缘厂、与清津港务局合资建立汽车修配厂取得较好效益；通辽分局经营开发总公司与霍林河露天煤业有限公司共同投资修建18.6公里煤炭专用铁路年内完成投资3000万元，注册成立扎鲁特旗通霍铁路运输有限公司；锦州分局投资3000万元与葫芦岛港共同建设港口专用线及港前站完成可行性论证；等等。铁元货代、远征物流、吉铁化工、春铁粮油、中联酒店、铁道新东方饭店、铁道国

旅、融信广告、铁广传媒、麦金利、长白山泉等多经企业的经营活动中创出了自己的品牌，增强了企业市场竞争力。全局培育出一批收入超亿元企业，其中吉林市吉铁化工运输有限公司当年完成营业收入72194万元，利润2494万元，成为全局多经创效最高的企业。到年底，全局多经企业923个，比上年减少334个；从业人员达到51085人。

2005年3月18日，铁道部撤销铁路分局，实行铁路局直管站段。沈阳铁路局对7个铁路分局多经分处和丹东多经办及所属多经企业资产、人员进行接收，共接收多经企业839个，资产62.3亿元，全民职工21036人，接收原分局机关分流人员352人。铁路分局撤销后，沈阳铁路局紧紧把握经营、管理、发展三条主线，出台了《关于加快多元经营发展的决定》，加大对多经企业投入力度，重点在运输业闲置资产、闲置货运设施（包括线路、仓库、办公房舍、站台、场地）开发利用上，在多经企业自采、自购、自销产品、物资动力支持上，在旅游列车开行上，在局内线路、信号、水电、客货设备、土建等工程项目上，在开放局内物资供应市场上，在优先使用多经企业生产装载加固材料上，在外委机车车辆修理业务上，在开发建设经济适用房和商品房上，以及在多经广告开发授权上给予大力支持和政策扶持。大力发展以综合物流、内外贸易、旅行服务、房地产、旅游、文化传媒、工程施工、宾馆酒店、工业制造等主导产业，形成产业集中度高、竞争能力强，各类服务业全面发展的产业格局。全年投资38406万元立项30个，涉及制造、物流、仓储、房地产、商贸、广告、租赁、服务等9个行业，当年完成28个重点项目开发，新开发项目实现营业收入62846万元。吉安生化物流项目、与新希望集团粮食贸易项目、沈阳世博园旅游列车项目、沈阳农业高新园区物流项目、管内线路改造配套土石方工程项目、长兴岛港物流项目等全局性重点项目进入开发论证阶段。2005年，全局多经企业营业收入第一次突破100亿元，达到104亿元。

2006年，沈阳铁路局多元经营面临经营创效和补主创岗双重压力，为确保多元经营稳步发展，出台了《关于加快多元经营发展的决定》，

进一步明确多元经营与运输主业是长期共存、相辅相成、互为促进的战略定位，从战略装车点建设、企业专用线和物流基地建设以及运力支持、开行旅游专列、工程施工、广告媒体、酒店业发展、商贸业务、物资供应、保险代理、工业产品等18个方面支持多元经营发展，并将三年发展规划中部分战略装车点交给多经企业建设经营管理。按照铁道部多经中心《关于结合"两整合、一建设"工作大力促进多元经营发展的通知》部署，沈阳铁路局决定将三年发展规划中部分战略装车点交给多经企业建设经营。投资管理中心把建设战略装车点工作作为重点，研究制定规划，协调解决有关问题，全方位介入集中装车点建设工作。当年，由多经投资建设的太阳升粮食集中装车点、乌兰浩特粮食集中装车点、新肇粮食集中装车点、通辽西粮食集中装车点、扎哈淖尔煤炭集中装车点先后建成并投入经营。2007年，沈阳铁路局又相继投资建设了3个粮食集中装车点、3个煤炭集中装车点、4个铁矿粉集中装车和1个集装箱集中装车点。两年总共建设的16个集中装车点总投资19455万元，占地面积1293073平方米，站台总面积221294平方米，共有装卸线21条，线路有效长20905米，货位1442个，年设计能力总计2732万吨。

2007年，沈阳铁路局按照铁道部"规范管理、改善经营、拓展市场、扩大就业"的总体要求，以专业化、规模化、集约化发展为原则，以减少法人数量、压缩企业层级、突出主营业务、改善企业经营为目标，对全局多经企业全面实施站段脱钩、专业重组、区域整合，形成了煤炭、金属、粮食、石油、施工、工业、旅游、广告、宾馆酒店等13家专业化公司和7个直属集团公司新的管理架构和经营格局，完成了运输站段和其他单位委托管理的178家多经企业的脱钩工作，接收站段脱钩多经企业资产105604亿元，职工6233人，按经营业务和所在区域分别划入相应专业集团公司和直属集团公司管理。为强化运输站段对多经企业发展的支撑作用，明确运输站段对多经企业的扶持责任，沈阳铁路局做出运输站段全力支持和保证多元经营企业发展的决定。将多经收入、利润等项考核指标与运输站段联挂，实施"双挂钩"机制，月度考核、季度兑现。8月

31日，多经企业站段脱钩、专业重组、区域整合全面展开，经过一个月的有序推进，全局多经初步实现了重组整合目标，在重组整合同步，沈阳铁路局举全局之力建设战略装车点，投资2亿元，建成16个战略装车点，新增仓储货位1 465个，场地面积166万平方米，新增仓储能力82万吨。全年发运货物145 934车919万吨，实现多经收入31000万元。为做强做大战略装车点，沈阳铁路局与中粮集团、安阳钢铁集团、霍林郭勒市政府签订了100万吨粮食、150万吨铁矿粉、500万吨煤炭的运输经营战略合作协议，分别由沈阳铁道物流集团有限公司、沈阳铁道金属物资有限公司、沈阳铁道煤炭集团有限公司负责落实，取得了较好经济效益和社会效益。

2008年，全局多经系统按照沈阳铁路局实施资源、港口、口岸"三大战略"和集中装车点建设的工作安排，深入市场调研，制订规划方案，倒排推进计划，落实相关责任，明确质量要求，实行分工包保，全程监督检查。当年共投资1.2亿元建设了35个集中装车点，新增仓储面积45万平方米，货位2165个，可实现一次装车1733辆。这些集中装车点投入使用后，当年发送货物156.6万吨，发送25150车，实现营业收入33718万元，实现毛利润2722万元。铁道部古城湾煤炭环保集中装车点现场会之后，沈阳铁路局在对煤炭抑尘技术考察和项目实地调研的基础上，在霍林河投资350万元，仅用75天就建成了全局第一家煤炭抑尘站，2009年3月1日正式投入运营，实现了工期短、投入少、见效快的预期目标。在取得成功经验的基础上，沈阳铁路局把煤炭抑尘站建设作为多经增收创效的实体项目来抓，当年全局新建煤炭抑尘站15个，运营当年，共喷洒煤炭6160万吨，实现营业收入9340万元，安置人员325人。

2009年，认真落实"兴办实体，发展实业，壮大实力，确保实惠"发展思路，紧密围绕资源、港口、口岸"三大战略"，继续加大多经发展力度。多经企业围绕全年工作目标，全力增收创效，83个投资新、改、扩建项目得到稳步推进。为了克服国际金融危机影响，面对区域经济增速放缓和资源类商品市场需求严重萎缩的考验，沈阳铁路局从长远发展和开发资源战略的高度，决定对路局管辖的西部的内蒙东部地区进行开发。由于事关全局发展，局领导高度重视，由局多种经营部门投资，所属建设部门建设施工，仅用100天建成霍林河—扎哈淖尔—伊图塔33.5公里、珠斯花—贺斯格乌拉65.7公里的两条多经自建铁路，打通蒙东煤炭运输通道，开创全路多经投资建设专用铁路先河。其中，珠珠铁路当年完成货物运输235.9万吨，实现运输收入6937.1万元；霍白铁路完成货物运量1521.1万吨，实现收入12129.34万元。同时，继续加快西部铁路建设，完善配套设施，建成伊图塔、贺斯格乌拉、通辽北集装箱等货物集中装车点。多经部门还在大连南关岭、金州货场、复州湾、长春南、沟帮子、七家子等6个物流基地，实现当年投资、当年竣工、当年使用、当年见效目标。按照先试点、后推行、全覆盖的思路，建设17个煤炭抑尘站，基本覆盖经济吸引区内主要煤炭产区，日均实现营业收入42万元。按照路局要求新建100个的客票代售点。利用主业闲置资产设备，建成山海关、本溪、（赤峰）企业自备车检修基地和山海关车钩缓冲器大修厂等实体项目。

2010年，沈阳铁路局认真贯彻落实全路多元经营工作会议精神，继续实施资源、港口、口岸"三大发展战略"，扎实推进安全、稳定和经营三项重点工作，继续保持多元经营较快发展。沈阳铁路局结合长兴岛和盘锦港建设实际，以临港物流园区为牵动，整合港口资源，发挥集、疏、运优势，构建一体化铁路综合物流服务体系，成立了长兴岛港铁路物流有限责任公司，依托40万平方米长兴岛综合物流基地、长兴岛疏港铁路专用线、岛内企业铁路专用线等设施，整合港口、汽车运输等其他物流资源，开展仓储、运输、运输代理等业务，为企业提供个性化、专业化、一体化物流服务。成立了盘锦港铁路物流有限责任公司，依托4.6平方公里盘锦港荣兴港综合物流基地、金帛湾站40万平方米综合物流基地及荣兴港疏港铁路专用线、港内企业铁路专用线等物流设施，整合港口、汽车运输等其他物流资源，开展仓储、运输、运输代理等业务。在2009年投资建设两条合计86.5公里西部铁路基础上，2010年继续延伸，营运总里程达到532公里，分别于7月30日、9月29日开通运营，当年两条多经铁路完成运量3910万吨,同比增长2411吨,占全局货物发送总量的10.5%,实现运输收入89900万元,同比增加70724万元,增长373%。实现利润60271万元,同比增加47397万元,增长368%。在完善既有集中装车点基础上,投资建设了乌尼特、叶柏寿、赤峰红山、沙尔塔拉、一线、九道岭、额吉淖尔、白音华东等8个集中装车点和张台子、公营子、鑫桥、金马、沙岭综合物流园、沙岭焦炭物流园等6个物流基地。55个集中装车点累计发送货物5038万吨,同比增加2001万吨,增长66%;85个物流基地完成营业收入5686万元,实现利润1530万元。按照合理布局和全面覆盖的总要求,在既有15个煤炭抑尘站基础上,又投资建设了13个煤炭抑尘站,覆盖了经济吸引区内的主要煤矿产区,全局多经28个煤炭抑尘站全年累计喷洒煤炭12520万吨,完成营业收入22700万元。按照全路多元经营客票代售点工作座谈会精神,投资新建了321个客票代售点,成立4家票务分公司,全局多经462个客票代售点共销售392.7万张,完成客票收入58925万元,服务收入1922万元。按照“规模最大、标准最高、设备最先进、工艺最合理”的总体要求,投资11000万元新建沈阳、长春、大连等3个大型餐饮基地,具备日生产十万盒中式快餐的能力。将长春客运段的长春、白城、吉林、图们、通化旅服车间,沈阳客运段的沈阳、丹东、通辽旅服车间,大连客运段的大连旅服车间整建制划入沈阳铁道双瑞餐饮服务有限公司,各客运段担当列车上的商品销售工作一并纳入公司管理。将局管内二等以上车站的售货管理工作纳入公司管理。同时投资6000万元建设了沈北洗衣厂。紧紧抓住8个大型客运站新建、改造机遇,提前介入客站商业服务等相关产业和经营项目。长春、沈阳、大连、吉林等4家直属集团公司确定商业开发方案,积极开展宣传策划和招商洽谈等工作。全局多经系统贯彻落实部党组提出的“主业要精干,辅业要发展,职工要有岗位”的原则,通过建设专用铁路、客票代售点、煤炭抑尘站等实业项目和清退外雇劳务人员等措施,全年安置主业转岗分流职工9296人,完成部定全年目标2094人的443.9%。

2011年,沈阳铁路局贯彻落实新一届部党组提出的“转变铁路发展方式,大力推进多元化经营”战略部署,实施“转机制、闯市场”发展战略,突出增收创效、经营管理、结构调整、品牌创建、安全稳定等重点工作,继续保持非运输企业平稳较快发展。全年投资33.5亿元,开发建设项目173个。新建金家堡、朝阳南、图们金山湾、他山等5个物流基地。整合并建设了沙河口小商品基地,当年投资,当年见效。投资开发长白山泉矿泉水、苯板保温材料厂、机制转厂、朔钢窗厂、农贸综合市场、海尔电器专营店等实业项目。新建长春、沈阳、通辽、通化、吉林直属集团公司和工业公司装载加固材料生产基地。新建98个客票代售点,全局非运输企业客票代售点总数达到581个,累计售票862万张,实现客票收入12.63亿元,服务收入4186万元。西部铁路在遭遇43场特大暴风雪、百年不遇洪水情况下,全年完成煤炭发运量6368万吨,完成收入26.3亿元。长兴岛物流公司开展“站到门、门到门”物流服务,全年完成物流量217.5万吨,实现营业收入2201万元。东北大厦8月8日试营业以来完成营业收入1885万元。建设职工保障性住房项目44个56880户,总建筑面积567.49万平方米,到年底建成19677户,竣工入住17981户。注册成立9家物业公司,对252个小区进行物业管理,收缴物业费1719.82万元。

2012年,沈阳铁路局认真贯彻落实铁道部党组“推进多元经营的高度融合,实现一体化、规范化”总体要求和“争一流、站排头”工作目标,优化资源配置,培育精品项目,规范经营管理,提高服务质量,抢占市场份额,提升创效能力。按照铁道部货运组织改革统一部署,积极推进“网上受理、全程服务”,全局22家物流企业完成企业注册1585家,固定客户达到1993家,新增客户83家。整合15家集团公司361个物流服务窗口,新建100个货运代办点,满足“一站式”服务需求,实现主要物流节点接取送达全覆盖。加大实体项目建设力度,全年下达投资计划233项,计划投资49.8亿元,2011年跨年工程10项,2012年开工120项,竣工99项。其中盘锦疏港铁路、查赛铁路专用线、大连团结街酒店、革志加工园、松原粮油加工基地等重点项目投入运营。薛家配件厂、吉林配件厂、巴新铁路代维修代运营、七家子物流基地等路局重点关注项目正在有序推进。新建259个客票代售点，全局客票代售点总数达到840个。组织开行旅游观光列车42趟，创效509万元。稳步推进哈大客专新建站商网建设和招商工作，除长春西站部分点位未招租和沈阳、沈阳北站部分餐饮点位内部装修未完成外，基本实现了商网施工、招商与哈大客专开通同步。实施疗养院二次创建，全局八所疗养院历史上首次实现收支平衡。与顺丰快递、沈阳EMS等公司合作，积极开行快运货车，抢占快捷物流市场份额。按照"全路争一流、全局站排头"的总体部署，确定了"经营结果、西部铁路、沈铁物流、东北大厦、长兴岛物流、港口物流、长白山矿泉水和疗养院"等8个全路争一流项目和长春春铁集团"长春客票分公司客票代售"等25个全局站排头的项目。

2013年，沈阳铁路局非运输企业围绕路局总体工作目标，拓展渠道，夯实管理，打造品牌，积极推进业务转型。全年投资立项86个，实施50个，竣工42个。其中，霍扎复线、乌巴铁路、松原加工园、新肇二期工程、黄金海岸接待中心、松原内陆港、库伦二期和盘锦金帛湾等8个重点项目全部竣工。疗养院二次创建项目计划36个，完成32个。新建客票代售点22个；站车商网营业面积增加3014平方米，累计达到76841平方米；开行旅游专列26列、观光专列131列，完成营业收入3749万元；文化传媒新增广告营业面积2926平方米，累计达到51695平方米；全局8家疗养院共接待局内职工健康休养22批2.85万人，完成营业收入15500万元；酒店行业完成营业收入34277万元；加工制造业完成营业收入88800万元，同比增加1727万元；松原加工园劳保用品、卧具加工基地8月22日投产，占路局全年劳保、卧具等产品采购总额的21%。松原粮米油加工基地全面投产，除供给局内职工，产品已打入北京、沈阳、大连、长春、白城、通辽、通化、吉林等北方市场和昆明、上海等南方市场；房地产业完成营业收入416000万元，构筑了以局房地产开发集团公司为主，丹东、赤峰、通化、吉林和大连等5家所属房地产开发公司为辅的房地产经营开发格局。推进物流企业升级工作。8月份，沈阳铁道物流集团有限公司和大连沈铁港口物流

集团有限公司被中国物流与采购联合会评为5A级物流企业；通辽铁盛、沈铁金属物资、沈铁煤炭和中铁外服4个（集团）公司被评为4A级物流企业，全局5A级物流企业达到2家，4A级物流企业达到10家。

2014年，沈阳铁路局对货运组织改革后经营体量缩小、经营项目和人员划出的子分公司、营业网点等分支机构进行重组整合。对54个亏损法人企业进行治理，撤销或划出亏损法人企业34个，扭亏12个。经过重组整合，全局多经一级企业法人由38个减少到29个，减少9个；二级企业法人由121个减少到70个，减少51个；10个三级企业法人全部撤销，实现了全局多经企业子公司不设法人企业的目标要求。全局非运输企业下设11个区域集团公司和18个专业化集团公司，有法人企业167个。非运输企业克服各种不利因素的影响，拓展市场，改善经营，挖潜增效。全年投资立项67项，竣工投产24项，当年建成当年见效有6项，当年完成营业收入5435万元，实现利润3245万元。珠恩嘎达布其口岸物流园区专用线建设工程、盘锦物流基地建设工程、薛家工业园区建设工程等路局3个重点项目建成投产，到12月末，珠珠铁路与霍白铁路共完成货物运量11107万吨，是2009年的74.5倍；运输收入完成118976万元，是2009年的100倍。珠恩嘎达布其口岸物流园区专用线建设工程项目完成营业收入100万元、盘锦物流基地建设工程项目完成营业收入1937万元、薛家工业园区建设工程项目预计2015年完成营业收入2.8亿元。自主实施10个工程项目，除沈阳南站西配楼项目阶段性完工外，其它9个项目全部完工。截至12月末，共有5个项目产生效益。宝马专用线一期项目完成营业收入18万元、长白路农贸市场项目完成营业收入20万元、新建丹东加气站项目完成营业收入152万元。开发"短、平、快"新项目48个，全部实现投产创效，当年完成营业收入5000万元，实现利润500万元。积极开展专用线"代维护、代管理"业务，全局10家集团公司开展41个"双代"项目，比年初增加6个，全年完成营业收入17123万元，同比增收4844万元。截至12月31日，沈阳铁路局共有法人企业195个，职工12706人，资产总额298亿万元。全年完成营业收入

161.02亿元，完成全年计划的101.92%；实现利润8.4亿元，完成全年计划8亿元的105%；实现综合效益10.4亿元，完成全年计划10.08亿元的103.17%。

20年来，沈阳铁路局非运输企业逐步完成了产业结构调整阶段性目标。到2015年，拥有沈阳铁道长春春铁集团有限公司、辽宁铁信实业集团有限公司、大连铁越集团有限公司、沈阳铁道锦州铁兴集团有限公司、通辽铁盛商贸（集团）有限公司、沈阳铁道吉林市铁淞集团有限公司、沈阳铁道通化铁鹰集团有限公司、沈阳铁道丹东铁成集团有限责任公司、赤峰铁发商贸集团有限公司、沈铁松原三江港实业集团有限公司、阜新铁道鸿丰集团实业有限公司等11个区域集团公司和沈阳铁道物流集团有限公司、沈阳铁道金属物资经销有限公司、沈阳铁道煤炭集团有限公司、沈阳铁道石油化工集团有限公司、大连沈铁港口物流集团有限公司、沈阳铁道工业集团有限公司、辽宁瑞心酒店集团有限责任公司、沈铁国际旅行社（集团）有限公司、沈阳铁道文化传媒集团有限公司、沈阳铁道建设工程有限公司、沈阳铁道工程建设集团有限公司、沈阳沈铁房地产开发集团有限公司、沈阳铁道不动产运营有限公司、大连中铁外服国际货运代理有限公司（股份制）、锦州沈铁物流有限责任公司、北京奉发商贸有限公司、沈阳铁路勘查设计院有限公司、沈阳铁道建设监理公司等18个专业化集团公司。全局非运输企业完成营业收入202.8亿元，实现利润8.662亿元。

2006—2015年多元经营完成补主工资情况

图5-2-10

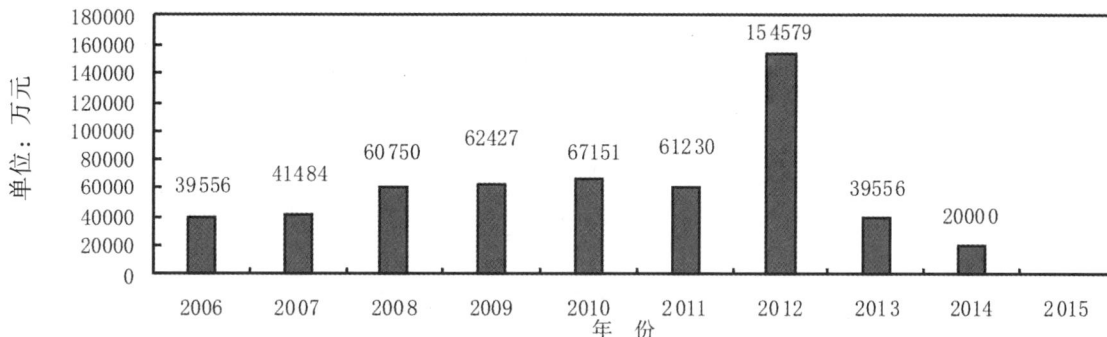

1997—2015年多元经营完成综合效益情况

图5-2-11

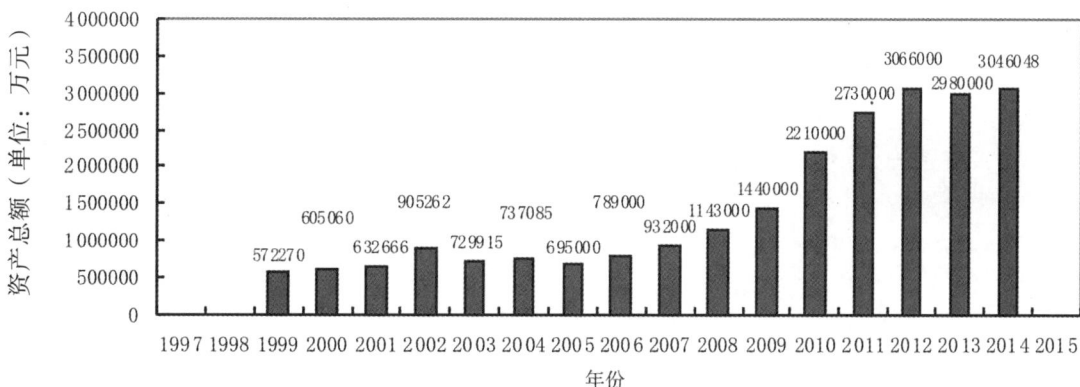

2006—2015年多元经营完成综合效益情况

图5-2-12

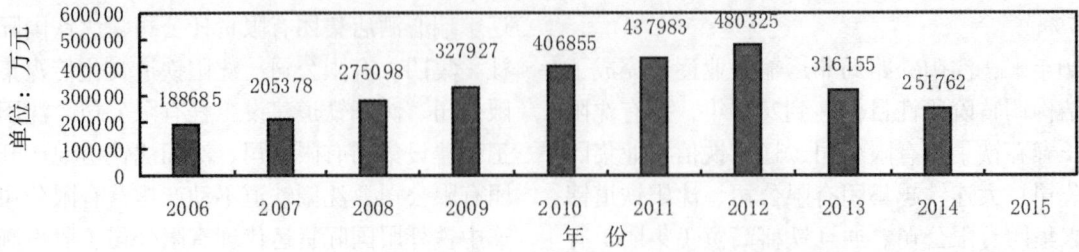

1996—2015年沈阳铁路局多元经营综合效益统计表

表5-2-13　　　　　　　　　　　　　　　　　　　　　　　　　　　　单位：万元

年份	营业收入	利润	综合效益	资产总额	补主工资	劳务费
1996	374751	16180	121532	—	72214	33138
1997	403600	10769	133713	—	68406	49016
1998	369115	64205	108989	572270	39534	56506
1999	372385	9883	—	572270	41752	58906
2000	461155	15757	—	605060	25483	68586
2001	485455	17244	—	632666	22288	40962
2002	510293	18912	—	905262	—	—
2003	594427	23782	—	729915	28074	25797
2004	792686	31953	—	737085	—	65000
2005	1041473	32756	—	695000	—	45974
2006	1100032	26284	188685	789000	39556	—
2007	1085951	11691	205378	932000	41484	—
2008	1685066	-2559	275098	1143000	60750	—
2009	1514295	16198	327927	1440000	62427	—
2010	1984504	7017	406855	2210000	67151	—
2011	2411126	63149	437983	2730000	61230	—
2012	4421530	16014	480325	3066000	154579	—
2013	3314770	46197	316155	2980000	39556	—
2014	2167839	84023	251762	3046048	20000	—
2015	2028060	86620	—	3231687	—	—

第三章 工业企业

沈阳铁路局所属工业企业历经由局工业公司、局物资处工业管理办公室（工业开发公司）、各铁路分局、沈阳铁路局多种经营处工业管理办公室管理的变化过程。到2005年，沈阳铁路局独立工业企业有18个。2007年9月，沈阳铁路局实施多元经营企业与运输站段脱钩、专业重组和区域整合，沈阳铁路局将沈阳铁道工业实业总公司、19个工业企业、辽宁和吉林铁路采石公司合并重组，组建了沈阳铁道工业实业有限公司，注册资本3.1亿元。重组后，沈阳铁道工业实业有限公司下设3个子公司、2个采石公司和18个工厂。局属工业各单位实现了统一管理，生产结构由过去单一生产铁路工业产品，逐步向非工业生产多元化经营进行拓展。主要经营项目包括：铁路器材、配件制造加工；水泥轨枕、轨道衡称重、铁路车辆租赁、汽车保险代理等。重组当年，沈阳铁道工业实业有限公司总资产达到6.79亿元，净资产7872万元。2008年，沈阳铁道工业实业有限公司重组后，积极组织所属企业开发新产品、新项目，承揽了沈阳铁路局沈大线398公里线路封闭工程、东边道新建线路工程等工程及大修工程用的轨枕、道岔及部分线上料的生产任务。当年共生产各型轨枕197万根，岔枕929组；各型道岔666组、AT尖轨 2889颗、高锰钢辙岔5128 颗；捣固机146台；各类电务器材85071件套；封闭网400公里；车辆减速器机体815组；机车、车辆闸瓦34万块；道碴石80万立方米；热水锅炉8台。修理电机、变压器1740台；减速顶大修1.05万台。印刷各类书刊380万册、报纸455万份、票据表格 170万份。公司实现了扭亏为盈，当年完成营业收入106368万元，实现利润96万元。

2010年4月，沈阳铁路局将工业实业有限公司更名为沈阳铁道工业集团有限公司。针对局内轨枕量需求大增，供不应求的状况，集团公司在小屯轨枕厂、锦州工务器材厂、吉林轨枕厂分别新建3条轨枕生产线。3条新线建成后，生产能力大幅提高，轨枕日产量由原来的日均不到11000根，提高到15000多根，最高日产量达到17732根，有力的保证了局内轨枕的供应。2011年和2014年，沈阳铁路局分别对吉林配件厂和薛家配件厂按照现代化企业标准进行整体改造，并在薛家配件厂建成局属工业首个"沈阳铁路局薛家工业园区"。20年来，沈阳铁路局工业企业坚持从铁路运输安全实际出发，满足铁路运输事业发展需要，围绕铁路和社会两个市场开发研制新产品，适应不同用户需求。

第一节 机辆配件

一、薛家配件厂

薛家配件厂历史悠久，早在1950年建厂初期，生产的铁路防爬器在抗美援朝战场上为保障铁路运输发挥了重要作用。在铁路运输以蒸汽机车、内燃机车为主导的二十世纪六、七十年代，该厂生产的蒸汽、内燃机车一、二项配件及铸钢产品，保证了铁路运输生产需要。1997年，依靠工厂自身技术优势开发了ZQDR-410牵引电动机大修业务，新增了TQFR-3000C型主发动机大修项目，承担着沈阳铁路局管内机务段和哈尔滨铁路局部分机务段机车电动机大修业务。1998年，薛家配件厂开发生产的中磷闸瓦，比中磷库瓦使用寿命提高3倍，在沈阳铁路局各车辆段、机务段广为使用。1999年，研制出新S9系列配电变压器产品，通过了中国机械工业联合会国家电力公司认证，销售到局内、局外市场。主要业务范围包括：铁路专用器材（含铸造产品、电镀产品）制造、销售；提供铁路专用器材方面的检验、检定、技术开发转让及咨询服务。主要产品有：铁路道岔、AT型尖轨、强韧化高锰钢辙叉、S11-MR10-16000/10系列卷铁芯变压器、汽缸套、活塞、大修电机、铸钢件基本轨、护轨及电板。以上产品均通过通过ISO-9000质量体系认证。其中，AT尖轨工艺技术的研究开发项目获得沈阳铁路局科学技术进步二等奖。2001年，牵引电动机软联线获得国家知识产权局实用新型专利证书；有多种产品被评总公司、路局优质产品和辽宁省用户满意产品。2002年，经广泛市场调研，开发生产10kV S11-M.R三相卷铁芯变压器，产品很快占领沈阳、青岛、泉州、浙江等市场，成为企业创效的主打产品。2004年，新研制生产了高锰钢辙叉，使用寿命达到1亿吨通过总量，获得《铁路工业产品制造特许证》，在沈阳、北京等六个铁路局广泛使用。2011年，该厂先后开发生产XYD-2C型液压捣固机、XYD-2F型液压捣固机、YCD-4型液压道岔捣固机ND-4.2型内燃捣固镐四种铁路工务系统维修铁路线路的专业产品，提升了铁路线路维修速度和质量，深受工务现场作业职工欢迎。2014年，开展

工业园区建设，为扩大产能和增加产品，沈阳铁路局投资购置设备167台（套）。

2015年，沈阳铁路局工业总厂锦州薛家配件厂（沈阳铁路局薛家工业园区）位于辽宁省锦州市太和区五三里1号，占地55万平方米，总建筑面积5.6万平方米，主要生产设备398台，是铁路总公司生产机车车辆配件的定点单位。有职工395人。设有生产科、物资科、销售科、技术科、质检科、安全设备科、劳人科、财务科、武保科、办公室、退管办11个行政科室与党委、工会。下设道岔车间、机加车间、电器车间、铸钢车间、配件车间、机修6个生产车间，29个生产班组。购置设备及工装139台（套），新建铸钢车间、道岔车间、精铸车间、轨道车及锰叉调直厂房。到年末，该厂已拥有主要生产设备398台。其中，金属切削机床106台、锻压剪冲设备28台、电力设备23台、电气设备60台、工作炉金

薛家配件厂1996—2015年生产经营统计表

表5-3-1

年份	职工人数（人）	工业总产值（万元）	销售收入（万元）	利润（万元）	道岔（组）	各种钢轨（根）	锰钢辙叉（棵）	大修电机（台）	锻钢（吨）	垫板（组）	精密铸造（吨）
1996	1107	4892	3265	5	--	--	4271	145	128	--	--
1997	1088	5589	5809	17	25	--	4568	164	119	--	--
1998	929	6248	6734	20	72	312	5198	221	89	--	--
1999	826	7014	7093	23	88	493	5062	220	128	--	--
2000	840	4641	7418	28	93	2047	5298	910	96	--	--
2001	845	4821	7988	1	107	2517	5438	1034	69	--	--
2002	903	5380	10559	16	99	3114	5713	1147	85	--	--
2003	978	5168	9122	21	91	3111	5791	1248	50	--	--
2004	949	9792	9524	22	115	3237	4960	1244	28	--	--
2005	857	13158	12925	4	196	4275	5818	1549	42	--	--
2006	897	14763	14492	5	163	3657	6494	1072	33	--	--
2007	865	13654	12867	8	257	2934	5135	1515	59	--	--
2008	829	15666	17428	209	378	4440	5282	862	89	142	--
2009	791	17818	25256	169	332	4448	5152	917	97	221	--
2010	1018	25288	25203	-115	439	5065	4878	1021	123	309	44
2011	860	20545	22119	56	441	6197	3046	1344	135	335	221
2012	776	22046	21506	285	447	5897	5208	1408	118	263	171
2013	502	20114	20015	1	579	4950	4067	996	167	480	178
2014	440	21021	20773	1	851	3641	3663	656	138	536	50
2015	395	18889	22337	13	681	4088	3155	619	105	500	196

属处理设备22台、木工及铸工设备18台、实验设备27台、工程机械设备4台、杂项设备23台、运输设备87台。设备完好率达到98%。设备利用率在90%以上。该厂开始向高铁产品领域进军，集中科技力量和技术优势成功修复HXD3B型牵引电机，迈出与高铁对接第一步，为局属工业产品进军高铁领域奠定了基础。工厂固定资产净值18397万元。完成工业总产值18889万元、销售收入22337万元，实现利润13万元。

二、吉林配件厂

沈阳铁路局工业总厂吉林配件厂位于吉林市龙潭区鹿场街18号（原吉林分局龙潭山折返段），占地面积45000平方米，建筑面积18900平方米。

1996年，吉林配件厂拥有内燃牵引电机大修、集中修，高磷闸瓦、中磷闸瓦，系列活塞销及各种阀类100余种。开发内燃二项件93种，实现产值50万元。开发的钢顶铝裙活塞、活塞销、杆螺钉全部通过沈阳铁路局资质评审，创产值200万元。开发并投产了200种内燃二项件，实现产值170万元。1998年，该厂主导产品蒸汽机车配件开始逐年减少和淘汰，内燃机车配件需求量增加。工厂及时调整生产布局将内燃机车配件、电力机车配件列为新产品开发和增产增收工作的重点。内燃电机大修、铝裙系列活塞、气门系列三项产品实现了当年开发研制当年创造产值1555.6万元。2000年，球铁活塞、新型钢顶铝裙活塞、连杆瓦、主轴瓦、贝铁斜楔分别通过了沈阳铁路局和铁道部的生产资质评审。2001年，球铁活塞毛坯、铁裙活塞毛坯完成试制，投入批量生产；钢顶铁裙活塞、球形折角赛门、活塞环、磨耗板、上下芯盘、贝铁系列完成试制。电机修

吉林配件厂1996—2015年经营情况统计表

表5-3-2

年份	职工人数（人）	工业总产值（万元）	销售收入（万元）	利润（万元）	各种闸瓦（万块）	机辆配件（吨）	铸铁（吨）	铸钢（吨）	锻钢（吨）	箱柜（台）	电机修理（台）	各种活塞（套）	抱轴瓦（副）	汽门（根）
1996	969	3846	3887	68	36.7	4771	4283	126	103	--	229	--	--	9042
1997	978	3869	1056	178	38.1	4981	4470	229	113	--	269	--	--	8592
1998	809	3269	1610	11	36.7	4572	4074	256	92	--	314	1075	82	4816
1999	792	3771	1920	99.5	27.4	3447	3126	225	56.7	--	858	394	616	6978
2000	816	5730	2118	101	24.0	3366	2912	99	116	--	1824	393	963	9220
2001	823	1261	2555	43.3	21.7	3427	2602	272	78.9	--	1754	2487	666	10992
2002	821	1867	2343	34.8	24.4	3397	2645	45	73	--	2587	2583	693	14034
2003	883	2835	2714	−11.3	21.4	2917	2379	381	46.1	--	1675	1324	536	9226
2004	857	3277	2559	−136	24.8	3366	2849	350	50.7	--	1717	461	487	8984
2005	828	5020	5931	−202	--	3568	2728	608	91.3	--	--	--	--	--
2006	813	5699	6404	−158	--	3054	2201	--	46	--	--	--	1140	--
2007	757	8346	7181	−5.5	8.6	2436	2267	--	41.8	--	--	--	--	--
2008	706	10199	9351	93.3	--	--	--	--	--	--	--	--	--	--
2009	652	7019	6229	0.30	17.1	--	--	--	--	--	--	--	--	--
2010	590	9285	8054	−206	--	--	--	--	--	--	--	--	--	--
2011	446	3832	3454	0.97	7.8	--	--	--	--	--	--	--	--	--
2012	313	3931	4901	−405	13.3	--	--	--	--	--	--	--	--	--
2013	254	6632	5137	1.35	14.9	--	--	--	--	--	944	--	--	--
2014	185	6456	6004	0.74	8.4	--	--	--	--	--	475	--	--	--
2015	166	6332	6607	12.6	4.42	--	--	--	--	6943	1036	--	--	--

造、内燃及电力机车配件、新型客货车配件三大产品板块已经形成。2002年，工厂按照吉林铁路分局提出的"开发一个新产品、设立一个新体制、运行一个新机制"的经营理念，成立了吉铁网运科技开发有限公司进行股份制试点。开发生产了50公斤6#、50公斤9#、50公斤12#道岔；60公斤9#、60公斤12#道岔及鱼尾板、道岔垫板等工务线上配件。2008年，工厂根据铁路运输安全需要，集中力量生产铁路护栏网，当年实现销售收入1809万元。2009年，开发出轨枕螺母、垫圈、螺旋道钉和轨距挡板4种线上件。工厂于4月通过了GB/TI9001—2008质量体系认证。2012年，成功开发了合成瓦、大功率电机维修和滤芯三项新产品。2013年，为局内单位生产办公箱柜、餐桌椅、单人铁床、健身器材等工会"三线五小"建设产品、二等车动车小桌板等产品。

吉林配件厂是铁路总公司指定生产机车车辆配件、工务配件、电机修理的定点单位。其产品遍布沈阳铁路局管内和部分外局市场。主要产品有：高磷闸瓦、中磷闸瓦、合成瓦、滤芯等机车车辆配件400余种。内燃（电力）机车系列牵引电机、HXN3、HXN5大功率电机修理；二等车小桌板、空调滤芯等动车配件40余种；室外健身器材、铁路"三线五小"建设产品30余种。其中：ZD109B\ZD106牵引电机、DF-240连杆螺钉、DF4-240活塞、TQFR-3000C主发电机、球铁活塞、主轴瓦、连杆轴瓦、钢顶铁裙活塞、280进、排气门、车辆用高磷闸瓦通过CRCC认证，并获得铁道部准入资质。吉林配件厂现有主要机械动力设备和运输起重设备234台，价值2166.33万。其中，金属切割机床53台、锻压精冲设备39台、电力设备2他、电气设备36台、金属处理设备17他、铸工设备2他台、实验设备34台、运输设备21台、其它设备30台。工厂有职工166人。设有行政办公室、劳动人事室、财务室、技术室、质量室、生产安全室、材料室、销售室8个行政科室与党委、工会、党委办公室。下设电机车间、箱柜车间、滤芯车间、综合车间4个生产车间，13个生产班组。2015年末，吉林配件厂固定资产原值6632万元，净值5455万元。完成工业总产值6332万元，完成销售收入6607万元，实现利润12.6万元。

沈阳工务器材厂1996—2010年生产经营统计表

表5-3-3

年度	职工人数（人）	工业总产值（万元）（不变价）	工业总产值（万元）（当年价格）	销售收入（万元）	利润（万元）	尖轨（根）	捣固机（台）	铸件（吨）	道岔（组）
1996	419	1164.7		3265.0	20.9	401	246	2800	138
1997	438	1249.2		2912.3	6.6		280	3100	166
1998	372	943.5		2020.5	7.1	196	299	1679	150
1999	374	980		2254	8.9	44	262	2434	124
2000	374	1040.9	2409.6	3187.5	10.3	262	190	3393	55
2001	401	1244.4		3918.1	6	72	258	3715	114
2002	430	1143.2	2611.2	3043.91	−77.98	81	350	3297	73
2003	433	986.9	2219	2553.52	−64.51	32	406	2021	76
2004	373	944	2122	3217.13	−20.25	33	171	2220	17
2005	388	957.6	2228.5	3315.72	−68.73	36	359	2075	53
2006	377	986	1851.2	3321.98	−77.94	42	280	1004	65
2007	347	1114	2406	2386.36	0.81	145	433	1520	94
2008				4289.96	0.52				
2009				4735.97	24.31				
2010	290	3059.7		4671.33	3.61				

第二节 工电器材

一、沈阳工务器材厂

沈阳工务器材厂原厂址位于沈阳市铁西区北二东路2号，占地面积13110平方米。2009年2月，哈大铁路专线扩建占用该厂厂区，将其搬迁至沈阳市大东区东北大马路317号，原沈阳铁路局沈东施工机械厂厂区，占地面积22950平方米，建筑面积9000平方米。2010年9月21日，沈阳铁路局在企业重组中，撤销沈阳工务器材厂法人资格，将其并入沈阳铁路局薛家配件厂。闲置厂区由沈阳铁路局沈阳装卸机械配件厂管理。产品及设备调配给沈阳铁路局朝阳镇工务器材厂。

二、朝阳镇工务器材厂

朝阳镇工务器材厂位于吉林省辉南县朝阳镇爱国街76号，占地面积10万平方米，建筑面积1.6万平方米。

朝阳镇工务器材厂是沈阳铁路局一级企业、国家二级计量单位，是铁路总公司指定铁路工务产品定点生产厂。主要生产养路机械、线路上配件、桥梁用预埋件、道岔螺栓、铁路线路防护网等产品。该厂产品均通过沈阳铁路局质量认证和ISO 9001国际质量体系认证。1996年后期，局属工业生产的工务产品受产品市场冲击，产品严重滞销，受此影响，局属工业原有2家生产铁路工务产品的工厂，现仅剩朝阳镇工务器材厂。为适应产品市场需要，满足铁路运输发展需求，朝阳镇工务器材厂紧紧依靠铁路政策优势，广泛搜集信息资源，大力开发新产品。1996年，开发研制生产出压制型异型枕新型产品，同年又新研制出防腐枕木。2002年，根据铁路客专运输安全设施

朝阳镇工务器材厂1996—2015年经营情况统计表

表5-3-4

年份	职工人数（人）	工业总产值（万元）	销售收入（万元）	利润（万元）	防护网（公里）	轨距杆（万根）	异形轨（根）	枕木（立方）	道岔（组）	螺旋道钉（万个）	预埋件（吨）	抑尘剂（吨）	捣固机（台）	道岔螺栓（万根）
1996	308	1590	1590	3	--	--	--	--	--	--	--	--	--	--
1997	308	1875	1875	15	--	--	--	--	--	--	--	--	--	--
1998	260	2481	2481	11	--	--	645	4700	139	--	--	--	40	--
1999	262	2800	1938.57	4.5	--	--	--	--	150	--	--	--	--	--
2000	277	2600	445.85	4	--	--	--	--	--	--	--	--	--	--
2001	277	3600	1065.67	2	--	--	--	--	--	--	--	--	--	--
2002	274	2000	880.18	3.6	--	0.9	--	2200	66	--	--	--	--	--
2003	273	2200	1085.83	-2.7	--	--	--	--	12	--	--	--	--	--
2004	271	2980	779.34	2	316	--	--	--	--	--	--	--	--	--
2005	262	3790	2578.28	3	333	--	--	1480	--	--	--	--	--	--
2006	283	2300	1441.1	1	114	--	785	1500	--	--	--	--	--	--
2007	278	3000	4330.44	-30	120	--	--	--	--	--	--	--	--	--
2008	269	6850	5233.97	65	310	0.6	951	1800	--	--	--	--	--	--
2009	245	5200	4388.28	28	348	1.33	60	233	--	--	--	--	--	--
2010	225	5457	4496.56	35	469	0.9	706	886	--	--	204	--	--	--
2011	186	6000	6133.38	5	743	0.37	1594	360	--	--	62	--	--	--
2012	159	4283	4283.28	50	243	0.31	1200	300	--	--	163	120	--	--
2013	149	5484	5424.34	1	320	20	570	--	--	--	130	190	--	--
2014	121	5343	4851.64	1	420	0.12	2516	--	--	--	80	60	--	--
2015	111	2514	3651	10	131	3	984	--	--	87	--	70	--	3

线需要，投资新上护栏网生产设备。2007年，又扩大生产铁路大型防护网，上了两条护栏网浸塑自动生产线。2009年，先后开发生产了桥梁预埋件、声屏障、抑尘剂三项新产品。2013年，研制出φ36绝缘轨距杆。2014年，研制生产防腐螺旋道钉。2015年，工厂有职工116人。下设生产室、销售室、技术室、材料室、财务室、劳人室、办公室和党群办公室。下设1个生产车间和道岔、机械、塑料、抑尘、维修、运输6个工区开发新产品道岔枕螺栓，自筹130万元购置道岔螺栓生产线，形成生产能力。朝阳镇工务器材厂现有主要机械动力设备139台。其中，金属切割机48台、锻压冲剪机19台、压力容器5台、电气设备17台、起重运输设备17台、热处理设备5台、金属处理设备4台、实验设备9台、其它设备15台。现有生产、生活房屋14座，共计12630平方米。固定资产总值达到898.78万元，完成工业总产值2514万元，实现利润10万元。

三、沈阳电务器材厂

沈阳电务器材厂位于沈阳市和平区胜利大街2段8号，占地面积5954平方米，建筑面积8846平方米。为适应产品市场需要，满足铁路运输发展需求，该厂大力开发新产品。1996年，开发研制生产出特大站电源屏，获得部级资质认证。2000年，开发研制18信息区间电源屏，获得局级资质认证。2001年，开发研制档案密级柜，获得局级资质认证。2003年，开发研制生产400-1000A扼流变压器，获得局级资质认证。2004年，开发研制生产GAX-2型组合柜，获得局级资质认证。2015年1月26日，沈阳铁路局将沈阳电务器材厂并入沈阳装卸机械配件厂。

四、锦州工务器材厂

锦州工务器材厂位于锦州市凌河区正大里

1996—2014年沈阳电务器材厂生产经营统计表

表5-3-5

年份	职工人数（人）	工业总产值（万元）	销售收入（万元）	利润（万元）	组合（台）	组合架（台）	电源屏（台）	变压器（台）	道口控制器（台）	测试盘（台）
1996	316	761	1022	10	800	80	80	1100	38	32
1997	306	1088	1119	10	810	92	75	1200	30	30
1998	300	1898	1957	17	920	93	85	1300	42	36
1999	261	2757	2472	25	950	96	91	1400	45	70
2000	263	2013	1926	8	820	83	105	1211	40	37
2001	260	1825	1726	6.5	720	73	110	1115	37	36
2002	253	2691	2511	19	940	97	110	1300	37	45
2003	258	1920	1876	42	750	82	15	1770	65	76
2004	243	1500	1501	1.2	700	75	20	1200	35	60
2005	239	1400	1351	1	600	65	15	1100	25	30
2006	234	1300	1210	1	500	56	10	1125	48	37
2007	229	1211	1101	0	550	54	9	850	32	46
2008	216	1510	1400	-1	750	80	15	1315	76	39
2009	209	1830	1732	3	820	85	15	1430	47	51
2010	211	2100	1940	5	880	90	7	1663	15	62
2011	187	1935	1801	5	920	95	4	1531	10	72
2012	156	1112	985	0	500	51	--	850	--	69
2013	15	125	110	0	150	16	--	200	--	35
2014	8	110	97	0	140	15	--	100	--	--

42号,占地46461平方米,建筑面积15130平方米。1998年,锦州工务器材厂研制生产预应力混凝土轨枕Ⅲa型。2003年,混凝土岔枕获得沈阳铁路局科学技术进步奖。2004年,开发生产新Ⅱ型预应力混凝土轨枕,同年生产预应力混凝土岔枕。2009年开发生产Ⅲqa型预应力混凝土轨枕。2010年8月8日,机械车间更名为道岔车间,下设振捣、涨拉、钢筋、窑温控制、综合5个班组,车间开始生产岔枕。2011年6月1日,道岔车间并入维修车间,下设锅炉、电力、钳工、工具、机加工、打风6个班组。2011年,Ⅲa型预应力混凝土枕获得辽宁省用户满意产品。2014年3月18日,新Ⅱ型预应力混凝土枕、Ⅲa型预应力混凝土枕、新Ⅲ桥预应力混凝土枕获得全国工业产品生产许可证。

截至2015年12月31日,锦州工务器材厂有固定资产原值2283万元,净值587万元。全年完成工业总产值7619万元,实现利润53万元。2015年末,共有职工142人,设生产供应安全室、技术设备室(质量检验室)、综合办公室、计划财务室、销售室和党群工会。工厂下设轨枕车间、维修车间和16个生产班组。经营业务范围包括:轨枕,养路机具;水泥预制,铁路专用器材,钢丝等。有主要机械电力设备131台。其中,金属切削机床36台、锻压剪冲设备20台、动力设备21台、电气设备3台、起重设备17台、运输设备11台、实验设备7台、锅炉2台、其他设备14台。

第三节 机械修理

一、沈阳装卸机械配件厂

沈阳装卸机械配件厂原址位于沈阳市铁西区北二东路11号,占地面积18668平方米,建筑面

锦州工务器材厂1996—2015年经营情况统计表

表5-3-6

年份	职工人数(人)	工业总产值(万元)	销售收入(万元)	利润(万元)	轨(岔)枕(万根)	道岔(组)	机具(台)
1996	530	2859	3517	4.21	21.40	73	869
1997	437	2328	2790	3.65	16.95	49	1052
1998	372	2561	3355	4.37	19.66	60	963
1999	376	2884	3489	6.94	27.38	41	1088
2000	372	3103	3983	7.91	29.95	57	647
2001	384	4113	4630	0.12	37.11	66	783
2002	416	4696	5800	13.18	40.58	44	858
2003	378	4832	5550	3.66	38.58	60	419
2004	375	4172	5512	5.12	36.71	57	300
2005	364	5841	6379	−77	47.22	81	541
2006	342	5601	6848	30.39	40.82	89	906
2007	363	5890	6737	4.49	43.66	105	589
2008	337	8589	9802	79.84	49.62	124	321
2009	310	11008	11076	161.89	62.86	99	366
2010	288	14006	17224	302.1	80.87	76	62
2011	271	6608	9785	80.43	37.16	23	--
2012	215	7086	9001	82.54	45.95	7	--
2013	178	9526	9875	1.36	52.06	45	--
2014	155	9227	12030	51.02	48.66	10	--
2015	142	7619	10727	53	49	--	--

积10800平方米。沈阳装卸机械配件厂现有主要产品：车辆减速器系列（K2B50、K3B50、D2B50）整体及配件、转向架系列（25m钢轨、500钢轨、桥梁行等）、施封锁系列（蓬车锁、集装箱锁、油罐车锁）中门锁。其中，减速器系列产品K2B50、K3B50、D2B50获得"辽宁省优质产品"证书和铁道部"科技进步奖"。企业先后获得沈阳铁路局"先进单位"、"精神文明单位"等荣誉称号。

1996年，工厂加强与国际市场的产品合作对接，与丹麦万塞尔公司合作成立了"丹中沈阳施封锁制造公司"。同年5月份投入生产，创产值160万。2004年，工厂根据铁路站台运输扩能需要，研制生产出TC—OO型铁路站台拖车。针对货物列车经过骆峰分解后达到停车位继续滑行问题，开发生产出TTY型可控停车器。提高了运输速度，保证了运输安全。2005年，根据铁路货物列车集装箱运输市场发展需求，成功研制FSPH型集装箱车栓锁，产品很快销售到全路市场，为企业创造了良好的经济效益和社会效益。2007年9月30日，沈阳装卸机械配件厂划归沈阳铁道工业实业有限公司管理，有职工198人，设人事室、财务室、技术室、生产室、材料室、验收室、办公室和党委办公室。下设机加车间、组装车间、施封锁车间。全年完成系列车辆减速器99台、钢轨转向架59组，完成销售收入1224万元。2008年1月15日，沈阳铁路局沈东施工机械厂并入沈阳铁路局沈阳装卸机械配件厂后，完成大批量车辆减速器、钢轨转向架生产任务，生产车辆减速器120台，比两厂合并前多生产车辆减速器21台；生产钢轨转向架72组，比两厂合并前多完成13组。2009年3月，沈阳铁路局沈东机械

沈阳装卸机械配件厂1996—2015年生产经营统表

表5-3-7

年份	职工人数（人）	工业总产值（万元）	销售收入（万元）	利润（万元）	集装箱定修（个）	减速器（台）	减速机（台）	转向架（组）	停（档）车器（台）	各种配件（万元）	锅炉（台）	轨枕板（块）	整体道床（台）	钢轨除锈车（台）
1996	272	677.1	450	18.2	7755	87	--	--	--	--	--	--	--	--
1997	272	886.6	780	130	7160	--	104	--	--	--	--	--	--	--
1998	271	790.6	574.9	4.6	6512	--	65	61	--	--	--	--	--	--
1999	200	890.8	1588	31.2	4883	--	148	5	--	--	--	--	--	--
2000	200	1010	1017	59	2524	--	37	9	133	--	--	--	--	--
2001	199	1051.8	1102.8	4.1	500	--	106	8	115	--	--	--	--	--
2002	230	750.3	477	0.3	--	--	57	--	--	329	--	--	--	--
2003	258	883.9	755	0.5	--	24	--	69	--	543	--	--	--	--
2004	250	1017	788	13	--	26	--	10	600	510	--	--	--	--
2005	225	1110	950	3	--	22	30	9	--	312	--	--	--	--
2006	224	1270	1087	-2.7	--	28	46	11	--	309	--	--	--	--
2007	198	1435	1224	0.3	--	30	99	59	--	425	--	--	--	--
2008	340	4300	3681	5.6	--	60	120	72	--	650	--	--	--	--
2009	554	3800	3283	11	--	92	--	60	--	510	10	--	--	--
2010	435	9900	8510	25	--	517	--	230	--	535	3	1561	76	--
2011	353	9200	8000	30	--	600	--	400	--	900	1	2000	150	--
2012	155	5950	5049	16	--	297	--	--	--	1209	14	--	--	--
2013	155	5900	5047	17	--	340	--	--	--	750	--	1600	161	--
2014	134	7400	6395	153	--	360	--	345	--	750	--	1480	172	625
2015	84	8372	7156	83	--	424	--	51	--	--	--	1618	--	--

总厂并入沈阳装卸机械配件厂，增加了系列锅炉产品。同年生产4吨锅炉6台，6吨锅炉4台。

2011年，沈阳铁路局对沈阳站西出口进行整体扩建改造，故将该厂搬迁至沈阳市大东区工农路371号（原沈东机械总厂厂址），占地面积72053平方米，建筑面积25514平方米。固定资产原值3314.2万元；固定资产净值1925.8万元。2012年，全年完成系列车辆减速器92台、钢轨转向架60组，完成销售收入3283万元。面对铁路超长钢轨运输半径转弯运输和重载运输的难题，组织技术人员深入运输一线跟踪测量运输参据，成功生产出钢轨转向架和卷板底座。该产品在铁路运输中发挥了重大作用。同年，沈阳装卸机械配件厂与铁道科学研究院联合开发生产新型D2B50电动式缓行器，投入唐山编组场试验运行。2010年，根据铁路重轨运输发展需要，自筹资金40万元对轨枕板自动上料系统进行更新，参照高速铁路道床标准，研制生产出K3B\K2B新型减速器轨枕板。2012年1月16日，沈阳铁路局将已并入到沈阳装卸机械配件厂原沈东机械总厂109名职工调整到沈阳铁路局沈阳旅行服务段。2012年，沈阳装卸机械配件厂与铁道部运输局联合开发了8149、8158型500米、100米铁路钢轨运输转向架和卷板底座三项新产品，实现了当年设计开发，当年取得生产资质，当年批量生产。

2013年，新购置38台二氧化碳气体保护焊机，1台12米数控火焰切割机，16米剪板机，2台数控机床，8套轨枕板专用模具，1台钢筋折弯机，修建6×260米标准站台。2014年，工厂在减速器产品市场竞争激烈情况下，不断强化市场营销策略和售后服务，与铁道部科学院联合召开减速器新产品现场发布会，组织用户到沈阳西编组场现场观摩减速器产品运行，取得市场用户对产品的认识和认可，为减速器产品在全路的使用和推广奠定了基础，使减速器和减速器配件市场占有率由过去的50%提高到70%以上，产品覆盖全路。

2015年末，沈阳装卸机械配件厂有职工84人，设工会、人事室、财务室、技术室、生产室、材料室、验收室、销售室、办公室。下设机加车间、铆焊车间、施封锁车间和12个生产班组。现有机械动力设备65台，全年完成系列车辆减速器424台、钢轨转向架51组、轨枕板1618块、完成销售收入7156万元。

二、沈东施工机械厂

沈东施工机械厂位于沈阳市东北大马路317号，占地面积22950平方米，建筑面积9000平方米。1998年6月，沈东耐火材料厂划归沈东施工机械厂(两厂地址生产作业区相连)，工厂占地面积增加到43059平方米，建筑面积增加到12197平方米。1996年，沈东施工机械厂以

沈东施工机械厂1996—2007年生产经营统表

表5-3-8

年份	职工人数（人）	工业总产值（万元）	销售收入（万元）	利润（万元）	减速器（组）	轨枕板（块）	整体道床（块）	脱轨器（台）	雷达箱（个）
1996	216	721	830	10	148	--	--	--	--
1997	216	1217	1398	12	167	--	--	--	--
1998	216	1490	1423	12.2	180	--	--	--	--
1999	212	1878	1614	13	216	3270	--	--	--
2000	212	1637	1559	13.6	194	2011	--	--	--
2001	210	2080	1420	26	191	1745	--	--	--
2002	211	1314	1913	27	156	1220	18	200	50
2003	234	1700	1892	13	275	2160	56	175	25
2004	226	1728	1913	-15	296	2479	48	151	53
2005	211	1631	1513	-5	135	1613	17	131	45
2006	208	1542	1417	-3	125	1105	20	--	30
2007	198	650	720	-2	98	850	--	--	--

TJK2A型和TJK3A型车辆减速器为主导产品，占全部生产量的95%。

同年5月31日，经192天奋战，完成京九线铁路编组场配套工程120组减速器生产任务，完成工业产值900万元。全年生产减速器167组，完成工业销售产值1398.8万元，实现利润12万元。沈东施工机械厂已成为全国铁路车辆减速器生产基地，产品主要有TJK和TJY两大系列50余种，遍布全国铁路各大编组战场。1999年，沈东施工机械厂通过ISO9002质量体系认证。全年生产减速器机体194台，完成销售产值1 559.4万元，实现利润13.6万元。2000年6月8日，沈东施工机械厂研制的K2B50新型缓行器通过铁道部鉴定，正式投入生产。全年生产缓行器191组，完成销售收入1420.7万元，实现利润25.6万元。2003年，全年生产车辆减速器296组，比2002年增加21组，轨枕板及道床2479块，比2002年增加314块。2008年1月15日，沈阳铁道工业实业有限公司将沈东施工机械厂划入沈阳装卸机械配件厂。

三、沈东机械总厂

沈东机械总厂位于沈阳市大东区工农路371号。占地面积72053平方米，建筑面积24374平方米。2009年3月，沈东机械总厂并入沈阳铁路局沈阳装卸机械配件厂。

第四节　轨枕、建材及其他

一、小屯轨枕水泥厂

小屯轨枕水泥厂位于辽宁省辽阳市文圣区小屯镇东双庙村，占地面积69120平方米（含昌图水泥厂22320平方米），建筑面积41908平方米（含昌图水泥厂15142平方米），有铁路专用线2000延长米。

小屯轨枕水泥厂主要经营范围：预应力混凝土制品；碎石、毛石制造；金属件加工；预拌砂浆；螺旋道钉铆固定位器；水泥生产设备出租。生产销售的主要产品：有砟轨道混凝土枕有挡肩枕Ⅲa型、Ⅲc型、新Ⅲ型枕、客运专线桥枕；有砟轨道混凝土枕混凝土岔枕、一般线路岔枕。经国家质量监督检验检疫总局审查，主要产品获得国家颁发生产许可证。

1996年1月30日，小屯轨枕水泥厂为了加强市场营销和厂内物资管理工作，将供销科分开，成立供应科和销售科。1999年5月3日，轨枕检验与水泥化验工作合并，取消化验室，成立质量检验科。2001年8月，小屯轨枕水泥厂自筹资金，采用新技术对老式水泥生产线进行改造，将40米中空干法回转窑改建为窑外五级预热分解窑，于2002年4月完成改造并正式投入生产，水泥产量

沈东机械总厂1996—2008年生产经营统表

表5-3-9

年份	职工人数（人）	工业总产值（万元）	销售收入（万元）	利润（万元）	轴承（个）	锅炉（台）	轨道车（台）	汽车大修（台）	前盖（件）
1996	381	1004	1004	-79	500	10	1	60	600
1997	375	2048	2048	0	751	15	3	80	800
1998	365	1822	1822	1	600	20	4	73	715
1999	296	1097	1097	14	413	15	3	51	612
2000	293	592	592	2	--	31	2	47	643
2001	292	615	615	-729	--	15	5	62	500
2002	230	758	758	-49	--	22	1	51	420
2003	255	600	600	-100	--	10	2	47	391
2004	243	238	238	-262	--	2	--	--	400
2005	239	315	315	-31	--	10	2	--	--
2006	225	331	331	0	--	17	3	--	--
2007	214	510	510	1	--	31	4	--	--
2008	203	745	745	2	--	43	--	--	--

和质量大幅度提高。2002年7月25日，小屯轨枕水泥厂成立技术科、企管科、动力科。将技术设备科的工作并入动力科。2004年7月1日，为了加强轨枕质量管理工作，成立检验科。2005年3月7日，为了强化供应销售管理工作，将供应科、销售科合并，成立供销科。同年3月19日，水泥生产线停止生产，水泥车间解体，保留水泥磨一个班组，划归生产调度科管理，同时取消技术科。2006年12月25日，重新理顺机构设置。设办公室、劳动人事科、销售科、生产供应、财务科、安全技术科、质量检验科、保卫科、轨枕车间、矿山车间、机修车间。取消生产调度科、动力科、供销科、企管科。2007年，小屯轨枕水泥厂根据水泥产品市场萎缩和生产成本加大现状，经过反复论证和请示批准，将工厂在用的新型干法水泥生产线整体出租给辽宁金盾混凝土有限公司经营。租金每年360万元，从2007年6月2日到

2023年6月2日，租期16年。2010年5月，为支持沈阳铁路局西部铁路开发和完成铁路大中修线路改造任务，自筹资金建设一条新的轨枕生产线（轨枕二车间），新建2016平方米彩钢房，3月开工建设，7月建成投产。2011年3月，沈阳铁路局将祁家堡采石场18名职工分流调入沈阳铁路局小屯轨枕水泥厂。2013年，小屯轨枕水泥厂开发生产了SC330—500型岔枕；2014年研制生产了CZ 577Z型岔枕。

2015年，新产品开发成果取得重大突破，当年研究aD型电容枕、1000/1435毫米轨距套枕、50公斤钢轨小半径曲线枕5项新产品。目前，小屯轨枕水泥厂现有机械动力设备211台，其中：机械设备187台；运输动力设备24台，设备利用率达到95%以上。2015年末，工厂有职工188人。下设办公室、财务科、劳动人事科、技术科、检验科、物资科、生产安全科、营销科。下

小屯轨枕水泥厂1996—2015年经营情况统计表

表5-3-10

年份	职工人数（人）	工业总产值（万元）	销售收入（万元）	利润（万元）	轨枕（万根）	岔枕（组）	水泥方杆（万根）
1996	728	1590	3672.18	15.74	55	——	——
1997	644	1875	3354.35	14.81	50	——	——
1998	532	2481	3517.77	23.16	35	——	——
1999	587	2800	3409.57	27.64	40	——	——
2000	570	2600	4789.68	35.46	46	——	——
2001	582	3600	4786.86	58.63	40	——	——
2002	563	2000	4277.45	15.89	45	——	——
2003	549	2200	5191.13	12.39	50	——	——
2004	526	2980	7034.53	15.78	46	——	——
2005	575	3790	6626.75	5.38	45	——	——
2006	559	2300	5057.89	12.39	50	——	——
2007	538	3000	6539.08	121.62	55	——	——
2008	510	6850	9496.73	94.27	65	——	——
2009	471	5200	11241.73	172.93	75	——	——
2010	426	5457	20106.71	113.11	130	——	——
2011	399	6000	12591.94	119.44	45	——	——
2012	330	4283	11379.26	71.24	50	——	——
2013	289	5484	8596.73	0.43	65	——	——
2014	219	5343	11392.77	4.46	70	——	——
2015	188	2514	18400	206	82.4	623	19.7

设轨枕一车间、轨枕二车间、机修车间、汽车队及17个生产班组。工厂拥有各种生产设备211台，利用率94.8%。固定资产原值6524.89万元，固定资产净值2659万元。全年完成销售收入18400万元、利润206万元。

二、吉林水泥轨枕厂

吉林水泥轨枕厂占地面积58000平方米，建筑面积21523平方米，位于吉林省吉林市龙潭区苏州街绥化路9号。

吉林水泥轨枕厂八十年代只有水泥生产车间和一条轨枕生产线，生产普通525号、425号水泥和矿渣425号水泥。生产S-Ⅰ型预应力混凝土轨枕、S-Ⅱ型预应力混凝土轨枕、YⅡ-F型轨枕、桥型轨枕、79型轨枕。吉林水泥轨枕厂在生产经营中不断积累生产经验，围绕铁路和社会市场开发新产品。1996年，开发生产了XⅡ轨枕，销售

沈阳铁路局和哈尔滨铁路局。1999年11月，新建788平方米纸袋车间。2001年，研制生产了Ⅲa轨枕，产值突破亿元。2002年11月，经吉林铁路分局批准，水泥生产车间停产，决定在部分原址上新建一条轨枕生产线，于2003年9月完成建设任务，并新建轨枕二车间厂房3069平方米，10月16日正式投入使用，主要生产既有品种轨枕产品。2005年，开发生产的新型YⅡ型桥枕，实现100万工业产值。2006年，根据运输市场需求，研制生产了铁路岔枕，创造9000万元工业产值。2006年8月，沈阳铁路局将吉林黄旗屯氧气厂划归吉林水泥轨枕厂，变更为吉林水泥轨枕厂氧气车间，新增生产产品为工业氧气和医用氧气。2010年4月，为适应铁路新线建设发展战略需要，工厂在现有厂区内再建第三条轨枕生产线，开发岔枕新产品。2010年5月，工厂根据轨枕市场需求实际，决定投资540万元在机械车间

吉林水泥轨枕厂1996—2015年经营统计表

表5-3-11

年份	职工人数（人）	工业总产值（万元）	销售收入（万元）	利润（万元）	水泥（吨）	普枕（万根）	岔枕（组）
1996	772	1938	--	--	53526	30.1	--
1997	727	1845	--	--	63363	30.3	--
1998	633	1654	--	--	55957	22.5	--
1999	686	1972	--	--	72043	30.6	--
2000	685	2457	--	--	72190	36.1	--
2001	688	3711	3725	76	80067	52.4	--
2002	686	3417	3094	32	67309	41.6	--
2003	673	3206	3858	4	--	50.6	--
2004	651	5096	7177	130	--	68.6	--
2005	637	4832	7991	373	--	8.5	--
2006	593	4379	5591	102	--	56.1	--
2007	567	7736	8411	51	--	71.6	--
2008	588	11501	15104	206	--	83.7	--
2009	533	17197	16379	270	--	109.6	--
2010	588	26280	26319	80	--	161.1	546
2011	642	12483	15668	202	--	74.9	531
2012	487	10512	11100	106	--	50.7	609
2013	438	13349	12303	1	--	65.4	875
2014	341	18730	15701	3	--	81	1148
2015	274	17997	17997	50	--	89.5	1016

大型厂房原址新建岔枕生产线，工程2010年6月8日开工，当年8月8日建成投产，年生产岔枕能力1200组。同时新建轨枕三车间厂房2096平方米，新建轨枕箍筋厂房1026平方米。2010年2月，沈阳铁路局将沈阳铁路局吉林电务器材厂现员及资产划归吉林水泥轨枕厂，变更为吉林水泥轨枕厂电务车间。2011年，在对地方煤矿产品调研的基础上，研制生产出煤矿短轨枕，受到用户好评。同年，又在YⅡ型桥枕的基础上研制生产出Ⅲqc型和Ⅲqa新桥枕，实现工业产值1100万元。2012年，工厂研制生产了Ⅲa型、Ⅲc型、新Ⅲ型桥枕（即Ⅲqa型）、客运专线桥枕（即Ⅲqc型）四种产品，均通过铁道部产品认证。工厂现有三条预应力混凝土枕生产线，均为流水机组法工艺生产，各种轨枕年综合生产能力为120万根。2013年1月，根据市场和经营需要，工厂终止工厂制氧车间的生产经营。

吉林水泥轨枕厂现生产的主要产品有：Ⅲ型、YⅡ--F型、ⅩⅡ型轨枕、Ⅲc型轨枕、Ⅲqa、Ⅲqc型桥枕及多种型号的岔枕、交渡岔枕和隧道枕、道口板等。吉林水泥轨枕厂是沈阳铁路局一级企业和国家二级计量合格单位，是铁路总公司指定的预应力混凝土轨枕定点生产厂家之一。工厂曾先后被评为"铁道部质量管理先进单位"、沈阳铁路局"先进单位"、吉林省"明星企业"等荣誉称号。2015年末，有职工294人，设财务科、劳人科、技术检验科、安全生产科、销售

科、综合办公室和党群和工会办公室。吉林水泥轨枕厂下设运输车间、动力车间、轨枕一车间、轨枕二车间及翻斗车班组等30个生产班组。工厂主要生产设备187台，其中：金属切削车床7台；锻压、剪冲设备8台；动力设备9台；电器设备14台；工作炉、热处理设备3台；木工、铸工设备1台；载货汽车8台；客车6台；实验设备13台；工程机械51台；起重机25台；杂项设备7台；运输设备35台。固定资产4735万元，净值1938万元。全年完成工业总产值17997万元，完成销售收入17997万元，实现实现利润50万元。

三、昌图水泥厂

1996年，昌图水泥厂隶属于长春铁路分局领导。2000年12月，因水泥市场疲软，亏损严重而全厂停产。2005年5月，沈阳铁路局将沈阳铁路局昌图水泥厂整建制划归沈阳铁路局小屯轨枕水泥厂，共划归职工39人，资产949.7万元，企业房产总建筑面积8776平方米。

四、沈东耐火材料厂

1996年，沈东耐火材料厂隶属于沈阳铁路分局领导。1998年6月，根据经营和重组需要，沈阳铁路分局将沈阳铁路局沈东耐火材料厂划归沈阳铁路局沈东施工机械厂，厂区设备、房屋及债权债务一并划归沈东施工机械厂。

五、黄旗屯氧气厂

1996年，黄旗屯氧气厂隶属于吉林铁路分局领导。2006年4月13日，沈阳铁路局将黄旗屯氧气厂整建制划归投资管理中心管理。

2006年8月，沈阳铁路局投资管理中心将沈阳铁路局吉林黄旗屯氧气厂划归吉林水泥轨枕厂，变更为吉林水泥轨枕厂氧气车间。黄旗屯氧气厂撤销时有在职职工78人，离退职工59人，固

昌图水泥厂1996—2005年经营情况统计表

表5-3-12

年份	职工人数（人）	工业总产值（万元）	销售收入（万元）	利润（万元）	水泥（吨）
1996	45	588.7	832	12	48000
1997	45	545	815	10	45000
1998	43	594	843	18	49500
1999	41	612	869	19.8	51000
2000	41	636	889	21.5	53000
2001	40	--	--	--	--
2002	40	--	--	--	--
2003	40	--	--	--	--
2004	39	--	--	--	--
2005	39	--	--	--	--

沈东耐火材料厂1996—1998年经营情况统计表

表5-3-13

年份	职工人数（人）	工业总产值（万元）	销售收入（万元）	利润（万元）	拱砖（块）	钢砖（块）
1996	54	235	245	0.4	1000000	80000
1997	50	86	337	1	250000	2000
1998	46	50	124	-1	10000	--

黄旗屯氧气厂1996—2005年经营情况统计表

表5-3-14

年份	职工人数（人）	工业总产值（万元）	销售收入（万元）	利润（万元）	氧气（立方米）	乙炔（万瓶）
1996	61		236.5	40.47	2600	1.2
1997	76		205.3	16.26	2350	1.09
1998	64		194.65	-3.84	1990	1.04
1999	77		268.48	4.79	2046	1.16
2000			242.51	2.27	1940	0.979
2001			229.6	1.05	1875	0.76
2002			205.7	-7.86	1644	0.71
2003			217.85	-11.95	1815	0.54
2004	62		295.63	-39.98	1988	0.41
2005	77		278.79	-76.83	1865	0.62

吉林木材厂1996—2012年经营情况统计表

表5-3-15

年份	职工人数（人）	工业总产值（万元）	销售收入（万元）	利润（万元）	木材（立方米）
1996	61		26.57	4.15	531.4
1997	76		30.41	2.76	506.83
1998	64		40.15	4.35	501.87
1999	77		49.31	8.41	560.5
2000			97.19	-9.74	620.45
2001					
2002				-10.52	
2003			26.14	-0.04	195.62
2004	62		31.75	-0.64	203.5
2005	77		15.15	-2.04	110
2006					
2007			27.2	-1.13	164.8
2008			145.75	-32.8	883.3
2009				-42.69	
2010			200.36	-246.5	910.7
2011				-65.84	
2012	2			-0.1	

定资产274.4万元。其中：房屋及建筑物209.2万元、机械动力设备65.2万元。

六、吉林木材厂

2006年4月13日，沈阳铁路局将吉林木材厂整建制划归沈阳铁路局投资管理中心。2007年9月30日，沈阳铁路局将其整建制划归沈阳铁道工业实业有限公司管理。2012年1月16日，沈阳铁路局将吉林木材厂30名职工调整给沈阳铁路局吉林房产段。2012年2月，吉林木材厂又划归吉林水泥轨枕厂，有职工78人，其中在岗2人，固定资产1.2万元。

七、沈阳铁道工业集团有限公司吉林省运输分公司

吉林省运输分公司位于吉林省长春市汽车产业开发区富锋镇。原址为沈阳铁道工业实业有限公司大屯采石场。2013年12月正式投入运营。经营业务范围：仓储服务（不含化学危险品）、普通货物装卸服务、货物运输代理（需专项审批除外）、称重服务、铁路货物覆盖服务。吉林省运输分公司职工现有职工17人。其中，管理人员8人（包括以工代干5人），工人9人。下设综合业务部、财务部2个科室和综合、道口2个班组。

2015年12月31日，吉林省运输分公司拥有固定资产原值329万元、净值309万元。主要设备2台（封存1台），利用率50%。

吉林省运输分公司2014—2015年经营情况统计表

表5-3-16

年份	职工人数（人）	工业总产值（万元）	营业收入（万元）	利润（万元）	货物运输代理（万吨）
2014	16	--	1294	31	210
2015	17	--	1340	58	220

第五节　撤并与划出的工业企业

一、机械配件、电务器材

明城机械厂　1996年，明城机械厂隶属于沈阳铁路局沈阳铁路分局外资处工业管理办公室。2006年4月13日，明城机械厂整建制划归沈阳铁路局投资管理中心。2007年9月30日，明城机械厂又整建制划归沈阳铁路局工业实业有限公司。2012年1月18日，明城机械厂整建制划归沈阳铁

路局吉林车务段。

苏家屯机车车辆配件厂 1996年，苏家屯机车车辆配件厂隶属于沈阳铁路分局外资处工业办公室管理。2006年4月13日，根据发展需要，沈阳铁路局将苏家屯机车车辆配件厂整建制地划归沈阳铁路局投资管理中心。2007年9月30日，苏家屯机车车辆配件厂又划归给沈阳铁道工业实业有限公司。2012年1月18日，沈阳铁路局将苏家屯机车车辆配件厂整建制划归到沈阳铁路局苏家屯车辆段。

锦州电务器材厂 1996年，锦州电务器材厂隶属于锦州铁路分局外资处工业管理办公室。2002年9月26日，锦州铁路分局将锦州电务器材厂划归锦州电务段。

吉林电务器材厂 1996年，吉林电务器材厂隶属于吉林铁路分局外资处工业管理办公室。2006年4月13日，整建制地划归沈阳铁路局投资管理中心。2007年9月30日，整建制划归沈阳铁道工业实业有限公司。2010年4月20日，沈阳铁道工业实业有限公司改名为沈阳铁道工业集团有限公司。吉林电务器材厂隶属关系未变。2010年12月20日，沈阳铁路局撤销沈阳铁路局吉林电务器材厂，并入沈阳铁路局吉林水泥轨枕厂，变为电务车间。2012年1月18日，沈阳铁路局又将并入吉林水泥轨枕厂的原吉林电务器材厂整建制划归沈阳铁路局吉林电务段。

二、采石

沈阳铁道工业集团有限公司沈阳分公司
2006年2月20日，沈阳铁路局在普兰店成立辽宁铁道采石有限公司，管辖昌图、普兰店、凌源、铁背山、祁家堡、兴城六个采石分公司。同年8月，在沈阳市工商行政管理局登记注册后，公司机关迁到沈阳。2007年9月30日，沈阳铁路局将辽宁铁道采石有限公司划归沈阳铁道工业实业有限公司。2010年12月20日，沈阳铁路局撤销辽宁铁道采石有限公司，成立沈阳铁道工业集团有限公司沈阳分公司，管辖昌图、普湾新区（原普兰店）、凌源、铁背山、兴城五个采石场和祁家堡石材经销分公司。2014年11月11日，沈阳铁路局撤销沈阳铁道工业集团有限公司沈阳分公司。将沈阳铁道工业集团有限公司沈阳分公司及昌图采石场、铁背山采石场整建制划归沈阳铁路局沈阳工务段。将大连普湾新区采石场整建制划归沈阳铁路局大连工务段。将兴城采石场整建制划归沈阳铁路局山海关工务段。将凌源采石场整建制划归沈阳铁路局阜新工务段。

昌图采石场 2005年，昌图采石场划归沈阳铁道采石有限公司，更名为沈阳铁道采石有限公司昌图采石分公司。2010年更名为沈阳铁道工业集团有限公司昌图采石场，隶属关系不变。2014年11月11日，昌图采石场整建制划归沈阳工务段。

铁背山采石场 2005年，沈阳铁路局撤销铁背山采石场，划归沈阳铁道采石有限公司，更名为沈阳铁道采石有限公司铁背山采石分公司。2010年更名为沈阳铁道工业集团有限公司铁背山采石场，隶属关系不变。2014年11月11日，铁背山采石场整建制划归沈阳工务段。

兴城砂石场 2005年，沈阳铁路局撤销兴城砂石场，划归沈阳铁道采石有限公司，更名为沈阳铁道采石有限公司兴城采石分公司。2010年更名为沈阳铁道工业集团有限公司兴城采石场，隶属关系不变。2014年11月11日，兴城砂石场整建制划归山海关工务段。

凌源采石场 2005年，沈阳铁路局撤销凌源采石场，划归沈阳铁道采石有限公司，更名为沈阳铁道采石有限公司凌源采石分公司。2010年更名为沈阳铁道工业集团有限公司凌源采石场，隶属关系不变。2014年11月11日，凌源采石场整建制划归阜新工务段。

普湾新区采石场 1993年，许家屯采石场整建制迁移到普兰店。2005年，许家屯采石场划归沈阳铁道采石有限公司，更名为沈阳铁道采石有限公司普兰店采石分公司。2010年更名为沈阳铁道工业集团有限公司普湾新区采石场，隶属关系不变。2014年11月11日，普湾新区采石场整建制划归大连工务段。

祁家堡采石场 2005年，沈阳铁路局将祁家堡采石场划归沈阳铁道采石有限公司，更名为沈阳铁道采石有限公司祁家堡采石分公司。2010年更名为沈阳铁道工业集团有限公司祁家堡石材经销分公司。2014年11月11日，祁家堡采石场与铁背山采石场一并整建制划归沈阳工务段。

许家屯采石场 1993年，大连铁路公司在普兰店新建采石场，原许家屯采石场原有人员整建制迁移到普兰店，原厂区及设备交原许家屯采石场集体厂经营。

沈阳铁道工业集团有限公司吉林采石分公司 2006年1月27日，沈阳铁路局组建吉林春铁采石有限责任公司，管辖大屯、山场屯、九站、明城、马鞍岭、安图、五道沟七个采石分公司。2007年9月30日，七个采石分公司全部划归沈阳铁道工业实业有限公司。2010年12月20日，撤销吉林春铁采石有限责任公司法人资格，更名为沈阳铁道工业集团有限公司吉林采石分公司，管辖山场屯、九站、明城、马鞍岭、安图、五道沟六个采石场。2010年12月20日，撤销原吉林春铁采石有限公司大屯采石车间，成立沈阳铁道工业集团有限公司大屯物流仓储分公司。2014年11月11日，撤销沈阳铁道工业集团有限公司吉林春铁采石分公司，将沈阳铁道工业集团有限公司吉林春铁采石分公司及吉林市采石场、马鞍岭采石场整建制划归沈阳铁路局吉林工务段。将安图采石场整建制划归沈阳铁路局图们工务段。将山场屯采石场整建制划归沈阳铁路局四平工务段。

大屯采石场 2005年，大屯采石场整建制划归吉林春铁采石有限责任公司，更名为吉林春铁采石有限责任公司大屯采石分公司。2010年12月20日，撤销吉林春铁采石有限公司大屯采石分公司。

九站采石场 2005年，九站采石场划归吉林春铁采石有限责任公司，更名为吉林春铁采石有限责任公司九站采石分公司。2010年更名为沈阳铁道工业集团有限公司吉林市采石场，隶属关系不变。2014年11月11日，吉林市采石场划归吉林工务段。

明城采石场 2005年，明城采石场划归吉林春铁采石有限责任公司，更名为吉林春铁采石有限责任公司明城采石场。2006年，吉林采石公司成立后，原明城采石场变为明城采石车间，将明城采石场职工分流到吉林采石分公司其它生产车间和其它单位。2010年，明城采石车间更名为沈阳铁道工业集团有限公司明城采石场，隶属关系不变。2014年初，明城采石场撤销，资产及人员划归吉林采石分公司。

五道沟采石场 2005年，沈阳铁路局撤销五道沟采石场，划归吉林春铁采石有限责任公司，更名为吉林春铁采石有限责任公司五道沟采石分公司。2010更名为沈阳铁道工业集团有限公司五道沟采石场，隶属关系不变。2012年1月18日，五道沟采石场整建制划归通化工务段。

马鞍岭采石场 2005年，马鞍岭采石场划归吉林春铁采石有限责任公司，更名为吉林春铁采石有限责任公司马鞍岭采石场。2010年更名为沈阳铁道工业集团有限公司马鞍岭采石场，隶属关系不变。2014年11月11日，马鞍岭采石场划归吉林工务段。

山场场屯采石场 2005年，沈阳铁路局撤销山场屯采石场，划归吉林春铁采石有限责任公司，更名为吉林春铁采石有限责任公司山场屯采石场。2010年更名为沈阳铁道工业集团有限公司山场屯采石场，隶属关系不变。2014年11月11日，山场屯采石场划归四平工务段。

安图采石场 2005年，沈阳铁路局撤销安图采石场，划归吉林春铁采石有限责任公司，更名为吉林春铁采石有限责任公司安图采石场。2010年更名为沈阳铁道工业集团有限公司安图采石场，隶属关系不变。2014年11月11日，安图采石场整建制划归图们工务段。

三、印刷

锦州印刷厂 2006年4月13日，沈阳铁路局将锦州印刷厂整建制划归沈阳铁路局投资管理中心管理。2007年9月30日，又划归给沈阳铁道工业实业有限公司管理。2009年3月3日，锦州印刷厂又整建制划归沈阳铁道锦州铁兴集团有限公司。

吉林印刷厂 2006年4月13日，沈阳铁路局将吉林印刷厂整建制划归沈阳铁路局投资管理中心管理。2007年9月30日，又划归沈阳铁道工业实业有限公司。2009年3月3日，整建制划归沈阳铁道吉林市铁淞集团有限公司。

通辽世纪印刷中心 2006年4月13日，沈阳铁路局将通辽世纪印刷中心整建制划归沈阳铁路局投资管理中心管理。2007年9月30日，又整建划归沈阳铁道工业实业有限公司。2009年3月3日，整建制划归通辽铁盛商贸（集团）有限公司。

四、其他撤并划出企业

沈阳铁龙科技铁道工程公司　2007年9月30日，沈阳铁路局将沈阳铁龙科技铁道工程公司划归沈阳铁道工业实业有限公司。2010年12月20日，沈阳铁路局撤销沈阳铁龙科技铁道工程公司，成立沈阳铁道工业集团有限公司铁龙工程技术分公司。2013年1月8日，沈阳铁路局将铁龙工程技术分公司人员分流到沈阳车务段。

辽宁东北铁路轨道衡有限公司　2007年9月30日，沈阳铁路局将辽宁东北铁路轨道衡有限公司划归沈阳铁道工业实业有限公司。2013年5月30日，又划归沈阳铁路局沈阳货运中心。

沈阳铁道保险代理有限公司　2007年9月30日，沈阳铁路局成立沈阳铁道保险代理有限公司，划归沈阳铁道工业实业有限公司。2010年7月23日，沈阳铁路局将沈阳铁道保险代理有限公司划归辽宁铁信实业集团有限公司。

沈阳铁路封存机车停留检修基地　2010年11月15日，沈阳铁路局在大安北成立沈阳铁路封存机车停留检修基地，由沈阳铁道工业实业有限公司管理。2012年，沈阳铁路局将沈阳铁路封存机车停留检修基地划归白城机务段。

沈阳铁道库伦旗水泥制品有限公司　2011年1月25日，沈阳铁路局成立沈阳铁道库伦旗水泥制品有限公司。2011年12月30日，沈阳铁路局将沈阳铁道库伦旗水泥制品有限公司划归通辽铁盛商贸有限公司。

沈阳铁道工业集团有限公司铁路工业物流分公司　2009年11月，沈阳铁路局成立沈阳铁道工业集团有限公司灵山物流分公司。2011年12月30日，沈阳铁路局将沈阳铁道工业集团有限公司铁路工业物流分公司划归辽宁铁信实业集团有限公司。

沈阳铁道工业实业有限公司装载加固材料分公司　2010年1月2日，成立沈阳铁道工业集团有限公司装载加固材料分公司，经营装载加固材料（主要产品是货车中门锁）。2013年5月30日，沈阳铁路局将沈阳铁道工业实业有限公司装载加固材料分公司划归沈阳铁路局沈阳货运中心。

第四章　集体经济

1994年，沈阳铁路局提出了"以经济效益为中心，实现安置型向生产经营型的转变"的指导方针，通过改制推动集体企业独立走上市场。1998年，铁路局和局党委做出决策，制定了集体企业改制目标和实施规划，提出利用两年时间全面完成全局集体企业改制任务，并明确集体企业"改制后和原主办单位之间，在管理体制、生产经营和经济关系上变为新型的企业关系和市场关系"。2005年11月、2011年4月，国务院先后下发了《国务院关于同意东北地区厂办大集体改革试点工作指导意见的批复》《关于在全国范围内开展厂办大集体改革工作的指导意见》，根据辽、吉两省相关工作要求，铁路局进行了相应的准备工作，并起草了厂办大集体改革工作总体方案，但由于辽、吉两省及所属市（州、盟）没有进行实质操作，厂办大集体改制工作并未推进。到2015年，在全局已有的829家集体企业中，停产歇业329家，维持经营296家，资产总额29.6亿元，净资产负18.9亿元，全年收入20.6亿元，净利润负1.1亿元。

为确保集体职工队伍稳定，解决集体企业生存和发展与职工养老、医疗保险问题，自1997年1月2日，铁路局先后下发了《关于加速实现两个根本转变进一步促进集体经济发展的若干规定》《扶持支持集体企业可持续发展实施方案》《进一步帮扶集体企业实施细则》。通过扶助、互助、捐助、资助、帮助、救助等多种方式，对全局集体企业进行全面帮扶。2014年，铁路局、局党委将解决集体企业"两险"问题列为全局"双十工程""十件大事"之一，积极寻求辽、吉两省养老保险政策支持，并取得了突破性的进展。同时，通过递交局长亲笔信、指派专人与辽吉两省有关市、州负责人会商等方式，争取优惠政策，不断扩大医保参保覆盖面。2015年底，铁路局扶持72家15类（116个项目）销售收入（产值）38447.6万元，利润370.58万元；主办单位扶持133家次19类（247个项目）销售收入（产值）45601.38万元，利润负334.03万元。因集体企业职工下岗无收入，企业拖欠社保部门养老保险费15.5亿元，职工垫付养老保险费7.2亿元。职工垫付医疗保险费5687万元。

第一节　集体经济系统概况

一、铁路局集体企业管理处机构

1995年，按照管营分开的原则，铁路局集体企业管理处将实业发展总公司分离出去，变成独立经营实体，并将直管的4个经营性公司划归实业发展总公司，实现了处机关和经营性公司的管营分开。3月，铁路局下发《关于调整局集体企业管理处机构定员的通知》，精简集体企业管理处内部机构设置，原有11个行政科室合并为生产经营管理科、劳动人事科、计划财务科、养老保险科、审计科和办公室5个科室，行政定员25人。

2001年12月25日，铁路局以沈铁劳函〔2001〕276号文件《关于改革集体管理体制的通知》，撤销局集体企业管理处，成立沈阳铁路局集体企业协调办公室。2003年7月30日，铁路局、局党委联合以沈铁劳发〔2003〕66号文件《关于调整局机关部分处室部委机构和撤销秦沈铁路管理处的通知》，将局集体企业协调办公室更名为局集体经济管理处，设综合科、经营指导科、养老保险科、直属科，定员18人。

2009年12月5日，根据《关于调整集体经济管理处及所属集体经济管理办公室机构编制及职能的通知》（沈铁劳卫发〔2009〕335号）要求，调整集体经济管理处机构编制和职能。集经处领导职数设置不变，设置4个科室，将养老保险科改为社会保险科、经营指导科改为经营生产指导科、直属科改为资产监督管理科，综合科不变。集经处直属集体企业划归集经办管理，并相应理顺各直属集体企业管理关系。增加资产监督、经营生产指导管理、医疗、失业政策指导监督和信访职责职能。

2014年12月19日，铁路局、局党委联合下发了《关于调整部分集体企业主办单位的通知》（沈铁办〔2014〕374号），重新明确和调整无主办单位集体企业的主办关系。集经处职责发生转变，主要担负对基层单位履行主办责任进行指导和监督检查；负责对国家有关集体经济的政策研究、宣传和落实；指导集体企业改革改制，维护集体企业和集体职工合法权益；按照辽、吉两省社保机构授予权限，代办全局集体职工养老保险业务；协调地方政府、局内有关部门，依据有关政策解决集体企业在社会保险、资产管理、生产经营等方面存在的问题。

2015年5月20日，根据《沈阳铁路局关于公布铁路局机关行政职能处室机构编制及主要职责的通知》（沈铁劳卫发〔2015〕169号）要求，重新确定集体经济管理处机构编制和职能，领导职数设置不变，原科室设置不变，定员22人。

二、铁路分局（地区）集体企业管理机构

1995年3月，按照管营分开的原则，分局集体经济管理分处与经营性公司脱钩，不再直接参与经营活动。

2000年8月至10月，各分局根据铁路局、局党委《转发铁道部、铁道部政治部关于公布铁路局、分局机关编制限额和领导职数的通知》（沈铁劳发〔2000〕57号）等文件精神，先后下发有关调整分局机关行政机构编制定员的文件，撤销分局集体企业管理分处，相应成立集体企业协调办公室。

2003年8月至12月，各分局根据铁路局、局党委《关于调整局机关部分处室部委机构和撤销秦沈铁路管理处的通知》（沈铁劳发〔2003〕66号）、《关于调整部分单位机构编制的通知》（沈铁劳发〔2003〕80号）等文件精神，先后下发有关重新理顺分局集体经济管理机构定员编制

的文件，撤销分局集体企业协调办公室，成立分局集体经济管理分处。2005年3月，按铁道部决定，撤销局管内各铁路分局，分局集体经济管理分处改为集体经济管理办公室，隶属于局集体经济管理处。2009年12月5日，根据《关于调整集体经济管理处及所属集体经济管理办公室机构编制及职能的通知》（沈铁劳卫发〔2009〕335号）要求，调整集体经济管理办公室机构编制和职能，7个集经办机构设置不变、领导职数设置不变。集经处直属集体企业划归集经办管理，并相应理顺各直属集体企业管理关系。

2014年12月19日，根据《关于调整部分集体企业主办单位的通知》要求，重新明确和调整无主办单位集体企业的主办关系。集经办不再承担对无主办集体企业的主办责任。2015年6月4日，根据《沈阳铁路局关于调整局机关行政附属机构编制的通知》要求，重新调整集体经济管理处所属集体经济管理办公室机构编制和职能，"将集

1996—2015年沈阳铁路局集体企业情况统计

表5-4-1

年份	企业总数（个）	职工总数（人）
1996	2126	177254
1997	2010	172511
1998	1617	157803
1999	1872	143095
2000	1314	144165
2001	974	147720
2002	974	151538
2003	974	139830
2004	975	129594
2005	975	123191
2006	912	121347
2007	884	112226
2008	860	104559
2009	799	96665
2010	795	89059
2011	838	81314
2012	821	72804
2013	812	63778
2014	826	56476
2015	829	52443

体处各地区办公室纳入集体经济管理处，作为各地分支机构，不按附属机构管理"，定员33人。

三、全局集体企业概况

1996年至2015年的20年中，全局集体企业不再招工，随着每年陆续有职工退休，集体职工人数逐年减少，特别是1998年和1999年，随着铁路局集体企业改制工作的进行，许多集体企业对职工解除劳动关系。2009年，集体企业共799家。停业235家、亏损企业374家。其中，辽宁省境内479家，吉林省境内273家，内蒙古自治区境内38家，河北省境内8家，黑龙江省境内1家。在册集体职工96665人。其中，在岗30667人，下岗65998人；退休人员53866人。2011年，集体企业838家。其中，停业255家、亏损企业372家。在册集体职工81314人。其中，在岗24150人，下岗57164人；退休人员66600人。2015年，全局集体企业共829家。停业329家、亏损企业344家。其中，辽宁省境内494家，吉林省境内285家，内蒙古自治区境内39家，河北省境内10家，黑龙江省境内1家。在册集体职工52443人。其中，在岗14519人，下岗37924人；退休人员92909人。

第二节　集体企业管理

一、企业管理

1999年5月开始，局集体企业管理处自身进行了精干人员、调整职能的改革，将职能从具体管理过渡到原则管理，对集体企业不再下达经济指标、考核评比和进行汇总决算。2004年7月27日，召开了全局集体经济工作会议。铁路局、局党委针对近几年来全局集体经济工作管理弱化、集体企业经营困难、集体职工队伍相对不稳定等问题，以强化落实"谁主办谁负责"原则和推动全局集体经济稳定健康发展为主导思想，要求各级组织、主办单位，对于集体经济工作必须加强6个方面的领导责任：对集体企业的稳定工作负有领导责任，主办单位党政一把手负有主要领导责任；对集体企业的改制、改革负有领导责任；对集体企业的重大决策负有指导、监督的责任；对集体企业的安全生产负有领导和管理的责任；对集体企业的生产经营负有帮助扶持的责

任;对集体企业领导班子建设、党群组织建设、思想政治工作负有领导责任。要求把集经工作纳入分局和各主办单位的总体部署和整体工作之中;把集经工作纳入日常的工作议事日程之中;把集经工作纳入分局和各主办单位领导的经营业绩责任书之中;把集经工作纳入半年、年度工作检查考核之中。

2005年3月18日,铁道部实施局管站段的重大管理体制改革。为尽快适应局管站段的要求,转换集经管理工作机制,在对集经工作实施了工作对接的基础上,对全局集体企业基本情况和存在的问题开展了全面调研,摸清了原分局对集体企业管理的工作底数和分局撤销后遗留的问题。确定了两级管理部门的管理职能和职责,并下发处文予以明确。制定了基层站段对集体企业的领导和管理职责,以路局文件下发至管内各单位贯彻执行。制定安全、稳定、资金管理、养老保险等一系列的管理办法。在安全管理上,制定印发了安全管理实施细则,既负责直属集体企业的安全管理,又对基层单位主办的集体企业安全管理进行指导、监督、检查,承担安全管理和监督检查的双重任务。在运输企业的管理方面,针对分局撤销后运力配置方面存在的问题,实行直接面对集体运输企业审批车皮计划。在信访稳定工作方面,制定印发了全局集经系统信访稳定工作责任制。同时,为强化全局集体企业养老保险管理工作和资金安全管理工作,制定印发了养老保险管理暂行规定和资金管理办法。

2005年11月,下发了《关于印发〈基层站段对集体企业的领导和管理职责〉的通知》(沈铁集发〔2005〕177号),明确主办单位对集体企业负有"领导、帮助、扶持"责任,谁主办谁负责。

2006年6月,下发了《关于重新确定集体企业隶属关系的通知》(沈铁集体函〔2006〕221号),对重新确定生产力布局调整后相关单位所属集体企业、集体职工隶属关系和管理关系做出了明确规定。被撤销站段所属集体企业271家,重新调整到61个主办单位。2010年11月,根据铁道部纪委书记的批示,铁路局、局党委下发《关于对全局集体企业经理(厂长)履职情况进行专项检查的通知》(局集经电1号),局纪委

(监察处)、人事处(党委组织部)、集经处、公安局组成联合检查组,对全局有生产经营活动的497家集体企业的421名经理(厂长)履职情况进行集中专项清理检查。2011年2月,根据铁路局、局党委主要领导提出通过全面清理检查,做到全局集体"家底清,人员清,公和私清,各种保险清,欠缴保费的数额清"的"五清"要求,局纪委(监察处)、集经处等7个部门组成联合检查组,对全局806家集体企业进行了全面清理检查。

2013年8月,下发了《沈阳铁路局基层单位对所属集体企业履行监管职责检查考核办法(试行)》(沈铁集经〔2013〕274号),要求各主办单位对集体企业从六个方面加强监督管理。2014年12月,下发了《沈阳铁路局 局党委关于调整部分集体企业主办单位的通知》(沈铁办〔2014〕374号),重新明确和调整直属集体企业、非运输企业及货运中心所属集体企业的主办

1996—2015年局集体企业经营指标统计表

表5-4-2

年份	年收入总值(万元)	利润总额(万元)
1996	177758	3434
1997	186902	3548
1998	173268	2168
1999	152090	1418
2000	157622	1414
2001	157832	1451
2002	148075	-4991
2003	134192	-3896
2004	133070	-3709
2005	134939	-5445
2006	118715	-9449
2007	137131	-9847
2008	151576	-7083
2009	169872	-10834
2010	249417	-11040
2011	232160	-11036
2012	221461	-13513
2013	244550	-7463
2014	212554	-12368
2015	206000	-10000

单位。主办关系调整涉及到39个站段，165家集体企业，集体职工8117人，退休人员10280人，合计18397人。

2015年3月，对全局112家主办单位落实"六管"工作情况，尤其是对2014年12月份重新明确和调整直属集体企业、非运输企业及货运中心所属集体企业的主办单位，进行检查指导，同时还组织有关人员就集体企业固定资产等有关情况开展调研。12月，下发了《沈阳铁路局基层单位落实监管集体企业职责检查考核办法》（沈铁集经〔2015〕431号），进一步明确基层单位对集体企业在信访稳定、内部监督机制建设、安全生产、帮扶和资产安全等方面的监管职责。

二、生产经营

1996年，全局集体企业在工业、建筑业、运输、商业、饮食服务五大行业中，开发新产品、新项目146项、投资1200万元，新创产值2900万元，新增利润437万元。

1997年1月2日，下发了《关于加速实现两个根本转变进一步促进集体经济发展的若干规定》（沈铁办发〔1997〕3号），进一步强化集体企业的经营管理。2004年6月，下发了《关于在新形势下进一步加强集体经济工作的指导意见》（沈铁集发〔2004〕62号），要求各主办单位增强做好集体经济工作的政治责任感。2009年3月，对全局生产工务、电务、机车、车辆配件，建材、服装的集体企业情况进行调研。2012年5月，下发了《沈阳铁路局集体企业合同管理办法》（集经〔2012〕8号），明确集体企业合同管理的监督责任主体是主办单位。

三、扶持帮助

随着集体企业经营环境的变化，社保欠费日益增加，铁路局从1997年开始，对集体企业进行持续帮扶。局内所需劳保服装、工务电务配件等集体企业能够生产加工的产品项目，均给予了采购优惠政策。

2009年9月，下发了《沈阳铁路局 局党委关于扶持支持集体经济生存发展的决定》（沈铁办发〔2009〕262号），决定全力扶持支持集体经济生存发展。2010年3月，下发了《沈阳铁路扶持支持集体企业可持续发展实施方案》（沈铁办

发〔2010〕83号），4月至10月，集体企业参与了铁路局西部铁路珠珠线25公里新建线路建设项目。2012年，集体企业参与了西部铁路白音华和东乌旗新建职工住宅、中铁物流霍林河地区新建煤炭集运站铁路专用线建设项目。

2013年，下发了《沈阳铁路局进一步帮扶集体企业实施细则》（沈铁办〔2013〕303号）、《沈阳铁路局关于公布局帮扶办公室机构编制的通知》（沈铁劳卫〔2013〕305号）。2014年，集体企业参与了全局"工务建家"新建工区房舍建设项目。

2013年7月5日，铁路局党政联席会议决定，由通辽铁盛（商贸）集团有限公司借款给集体企业，用于支付部分困难集体企业"两险"资金缺口。10月、12月，分别向辽、吉两省提报《关于给予铁路集体企业资金帮助的请示》，请求给予沈阳铁路局集体企业养老保险缴费优惠政策。截至2014年12月，铁盛集团共借款4467.02万元，救助集体企业114家，解决了69家困难集体企业2013年当年退休人员的养老保险缴费和94家困难集体企业2013至2014年度医疗保险缴费问题。

2013年12月、2015年2月，辽、吉两省人社部门允许铁路局2014年、2015年当年退休的欠费集体职工，企业将应划入个人账户部分的养老保险费本金和利息、个人将应缴纳的养老保险费本金和利息一次性补齐后，正常办理退休手续，集体企业应该同步缴纳的养老保险社会统筹部分欠费按规定程序办理缓缴手续。2014年、2015年两年退休13152人，9391名困难集体企业职工享受缓缴政策办理了退休手续，共计缓缴养老保险费22429万元，缓缴失业保险费49.16万元。2007年至2015年，铁路局、局党委资金救助集体职工。元旦春节，发放困难党员慰问金87.79万元，惠及党员1821人次；发放困难职工救助金640万元，惠及集体职工14864人次。

四、安全管理

1996年至2000年，集体企业安全工作由局集体企业管理处垂直管理。随着铁路局集经管理机构变化，对集体企业安全管理职能发生相应调整。2002年11月1日国家颁布实行《安全生产法》之后，集体企业安全工作转变为由主办单位统一管理，逐级建立健全落实以"生产经营单位

的主要负责人对本单位的安全生产工作全面负责"的安全生产责任制管理模式。

2005年3月全路撤销铁路分局以来，铁路局为了对集体企业安全生产实施有效管理，于5月17日，下发了《关于进一步加强多元经营和集体经济企业安全生产管理的通知》（沈铁安函〔2005〕167号）；11月10日，下发了《沈阳铁路局集体企业安全管理实施细则》（沈铁集发〔2005〕179号）。

2007年2月，下发了《集体经济管理处安全生产管理委员会》《集体经济管理处安委会会议制度》《集体经济管理处安全生产监督检查制度》《集体经济管理处安全生产培训教育制度》《集经系统伤亡事故处理和报告制度》《集经系统特种设备安全管理制度》《集经系统消防安全管理制度》。

2012年9月10日，下发了《关于印发〈沈阳铁路局集体企业安全生产责任制实施办法〉等文件的通知》（集经〔2012〕20号）和《关于印发〈集体经济管理办公室、直属集体企业车辆安全管理制度〉的通知》（集经〔2012〕21号）。

铁路局始终把集体企业安全管理和全局运输生产安全融为一体。局各业务部门开展安全检查活动，都把集体企业作为基层主办单位的一部分，统一实施监督检查。局管理部门坚持定期和不定期相结合，针对不同季节、不同时期安全生产特点，每年都适时组织开展安全生产大检查、安全生产月、特殊时期和节假日专项安全检查等活动。每年冬运、春运、全国"两会"、暑期及其他特殊时期，都组织开展安全大检查活动，帮助、协调、督促解决检查中发现问题。各主办单位始终把集体企业安全生产管理工作纳入本单位统一管理范畴，落实统一部署、统一要求、统一检查、统一考核、统一总结的要求，基本做到了

铁路局和主办单位扶持支持集体企业情况表

表5-4-3

扶持主体	年份	企业数量	类别数量	项目数量	销售收入（万元）	净利润（万元）
铁路局	2010	45	17	55	33460.50	1926.10
	2011	37	11	44	31665.76	827.83
	2012	49	14	66	18289.57	1360.79
	2013	71	14	94	31044.70	427.15
	2014	67	14	96	18840.60	1863.20
	2015	72	15	116	38447.60	370.58
	小计	341	85	471	171748.73	6775.65
主办单位	2010	156	19	183	33438.60	737.21
	2011	132	17	167	31343.93	467.70
	2012	152	17	163	43475.26	698.96
	2013	126	15	158	34694.74	1070.54
	2014	128	15	223	43892.14	-2172.59
	2015	133	19	247	45601.38	-334.03
	小计	827	102	1141	232446.05	467.79
合计	2010	201	36	238	66899.10	2663.31
	2011	169	28	211	63009.69	1295.53
	2012	201	31	229	61764.83	2059.75
	2013	197	29	252	65739.44	1497.69
	2014	195	29	319	62732.74	-309.39
	2015	205	34	363	84048.98	36.55
	小计	1168	187	1612	404194.78	7243.44

集体企业和主办单位安全管理同步进行。

五、企业改革

1994年10月7日，劳动部等四部委下发《劳动就业服务企业实行股份合作制规定》（劳部发〔1994〕419号），铁路局在1989年至1996年逐步对集体企业推行股份合作制的基础上，于1995年开始在苏家屯车辆段所属苏南大修厂等一些集体企业进行股份合作制改革试点。

1997年至1999年，铁路局根据铁道部《关于进一步深化铁路劳服企业改革加快发展的若干问题的通知》（铁经〔1996〕122号）、国家体改委《关于发展城市股份合作制企业的指导意见》（体改生〔1997〕96号）、铁道部《放开搞活铁路小企业暂行办法》（铁政策〔1998〕13号）、铁道部《铁路小企业实行股份合作制的若干意见》（铁政策〔1998〕92号）等文件精神，于1997年1月2日下发了《关于加速实现两个根本转变进一步促进集体经济发展的若干规定》（沈铁办发〔1997〕3号）、1998年2月19日下发了《沈阳铁路局集体企业改制实施规划》和《沈阳铁路局集体企业股份合作制实施办法》（沈铁办发〔1998〕4号）、8月31日下发了《沈阳铁路局关于集体企业改制若干问题指导意见（试行）》（沈铁办发〔1998〕100号）、1999年1月21日下发了《加快集体企业改制工作的指导意见》（沈铁集发〔1999〕12号）等关于推进、实施集体企业改制改革的文件。

根据指导意见，铁路局全面启动集体企业改制工作，提出利用两年的时间，对集体企业全部实行改制（改革管理体制、产权制度、经营机制），把集体企业逐步送入市场。各分局在铁路局指导下，确定各自集体企业改制目标，制定具体工作方案。截至2004年底，全局集体企业改制为股份合作制性质的有112家，改制为公司制性质的有66家。

2005年11月6日，国务院下发了《国务院关于同意东北地区厂办大集体改革试点工作指导意见的批复》（国函〔2005〕88号），根据文件精神，铁路局对全局集体企业有关情况进行调研、摸底和相关准备工作。

2011年4月18日，国务院办公厅下发了《关于在全国范围内开展厂办大集体改革工作的指导意见》（国办发〔2011〕18号），根据辽、吉两省相关工作要求，铁路局进行了相应的准备工作。

2015年下半年，铁路局着手起草厂办大集体改革工作总体方案，拟定改革范围、工作目标、基本原则、改革方式、组织机构、推进计划、工作要求等。

六、信访工作

2004年，集体职工"吃饭""养老"两大问题日益突出，不稳定因素日趋增多。为此，铁路局提出确保稳定工作的"四个工作程序"，发挥两级管理机构监督、指导职能，抓住主办单位不放，着力把不稳定因素化解在基层，消灭在萌芽状态；建立保稳定工作责任制，一级抓一级，强化保稳定工作责任落实；制定强有力工作措施，完善信息反馈体系，发现问题即刻跟踪做工作，防止和减少越级无序集体上访；以解决实际问题和加强思想教育为主，职工上访提出的合理要求，能够立即解决的，千方百计给予解决和处理。对于职工上访提出的不符合政策规定的问题，做好说服教育和解释工作，耐心化解矛盾，保持全局集体职工队伍的基本稳定。

2005年，完善集经系统信访稳定工作长效机制，制定了信访稳定工作责任制、紧急突发事件处置工作预案、不稳定因素定期排查制度和信访信息零报告制度。共接待和处理来局进京群体访32批534人次，个访32人次；处理来信74件。2006年，针对分局撤销后出现一些涉及信访稳定的遗留问题，根据局62号文件精神，加强对主办单位处理信访稳定问题的督查督办。共接待和处理来局进京群体访68批846人次，个访102人次；处理来信68件。2007年，坚持"党政主要领导负全责，分管领导抓具体，层层建立责任制，全员上手保稳定"的工作方针，针对信访稳定突出问题，积极开展下访307人次，接待职工2827人次，平息、处理和解决问题346件次。共接待和处理来局进京群体访151件3862人次，个访601人次；处理来信198件。

2008年，随着新劳动合同法的实施，过去一些不规范劳动用工问题突出显现出来，各种劳动纠纷增多。集经两级管理部门对此类信访突出问题专案处理，对个案问题有效化解，对历史遗留重访问题予以积极协调。共接待和处理来局进京群体访278批4946人次，个访764人次；处理来信170件。2009年，突出抓好全国"两会"和国庆60周年两个敏感时期信访稳定工作，不断加强基础管理，研究制定《集经系统领导干部接访、机关干部下访、矛盾纠纷排查化解工作制度》《集经系统信访稳定群体性突发事件应急预案》等制度办法，建立全局集体职工花名册和信访重点人员信息档案。共接待和处理来局进京群体访213件4054人次，个人访696人次；处理来信113件。

2010年，针对辽宁境内集体职工医保问题反映突出，积极与地方政府部门沟通协调，指导管内单位做好参保工作，源头解决群体访问题。共接待和处理来局进京群体访244批4348人次，个访662人次；处理来信98件。2011年，针对影响稳定的苗头性问题，编写了《集体经济有关政策解答》，就集体职工关心的有关社会保险、集体企业资产监管、房屋征收与补偿，以及采暖费、劳务用工、企业改制等方面政策规定逐一进行解答，统一下发全局103家主办单位，进行政策指导，源头治理和有效控制各类信访苗头问题147件。共接待和处理来局进京群体访94批3318人次，个访247人次；处理来信78件。

2012年，以化解"两险"突出信访问题为突破口，制定了《集经处信访稳定指导组工作推进计划表》，落实责任部门和责任人，加强政策指导，确保现实稳定。共接待和处理来局进京群体访106批601人次，个访436人次；处理来信105件。2013年，全面落实重大决策社会稳定风险评估工作制度，及时制定了《集经处重大决策社会稳定风险评估工作制度》，对全局出台的17件有关集经工作的重大事项，在决策前全部开展了稳定风险评估，确保路局决策的有效实施。共接待和处理来局进京群体访37批401人次，个访219人次；处理来信94件。2014年，根据《局机关职能部门接待职工群众来访工作制度》（局信联函〔2013〕87号）的要求，全面落实派驻局信访接待室接访制度，由处机关正科职以上干部每周轮换，每天上午到局信访接待室接待处理集体职工相关来访问题。全年共接待和处理来局进京群体访84批次1304人，个访294人次；处理来信144

封。

2015年，按照铁路局、局党委的统一部署，组成包保组，对中央巡视组交办的29件信访问题进行包保办理。全年共接待和处理来局进京群体访71批次1101人，个访262人次；处理来信48封。

第三节 资产监督管理

铁路集体企业创办初期，主办单位将一些闲置的场地、房屋和生产设备无偿提供给集体企业使用，或出资购置一些集体企业生产经营急需的生产设备。在主办单位的帮助和支持下，集体企业逐步成型，走向正轨。随着集体企业生产经营的不断发展，企业开始利用自有资金购置必要的生产设备，不断积累，逐渐形成了集体企业自己的资产规模。随着改革的推进，市场经济的发展和变化，集体企业由于自身体制、机制、企业管理及生产力水平等方面存在的局限性，无法适应不断变化的市场经济环境。大部分集体企业自身的生产经营状况处于下滑状态。职工工资、养老保险缴费出现缺口，企业面临诸多困难。个别企业开始自行处置资产，解决实际困难。集体企业资产出现流失现象。

2005年，国务院出台同意东北地区厂办大集体改革试点工作的指导意见指导集体企业改制。改革成本资金来源为集体企业净资产变现、主办单位筹措与中央财政补助。此文件出台后，部分集体企业从自身利益出发，自行处置资产或隐匿和转移资产。为保证集体企业资产的安全和完

2009—2015年局集体企业资产状况统计表

表5-4-4

年份	资产总额（万元）	净资产（万元）
2009	224925	−7446
2010	247480	−93870
2011	306154	−86959
2012	277585	−130163
2013	315052	−137446
2014	290238	−162809
2015	296313	−188633

整，防止集体企业资产流失。2009年12月，铁路局下发沈铁劳卫发〔2009〕335号文件，在集经处设立资产监督管理科，负责集体企业资产管理、资产运用、资产处置等监管工作。

集体企业资产管理部门成立后，分别于2011年12月下发了《沈阳铁路局集体企业资产监督管理暂行办法》（集资发〔2011〕7号）；2012年8月下发了《关于规范集体企业固定资产处置工作的指导意见》（集资产〔2012〕17号）；2014年10月下发了《沈阳铁路局集体企业固定资产管理办法（试行）》（集经资函〔2014〕13号）等文件。对集体企业资产从购置、管理、使用、处置等方面进行了严格规范。

针对在铁路建设和商业开发过程中出现的涉及集体企业的房屋拆迁和土地征收问题，为保证集体企业资产不流失，集体企业和职工利益不被侵占，2012年10月，下发了《沈阳铁路局集体企业拆迁与补偿相关工作的指导意见》（沈铁集经函〔2012〕497号），用政策指导主办单位和集体企业依法合规对被拆迁资产进行价值评估，争取合理补偿。同时对集体企业取得的拆迁补偿款如何使用作出规定。

第四节　社会保险管理

一、养老保险金管理和使用

沈阳铁路局集体职工养老保险制度，是为了保障集体职工退休生活待遇、减轻企业负担而逐步建立和完善起来的。经历了1978年至1983年一次性支付退养费制度、1983年至1987年地区性档次养老保险制度，1987年8月，开始实行养老保险统筹制度。沈阳铁路局成立了集体职工养老金统筹保险管理委员会，自行开办养老保险统筹，下设办公室，负责全局集体职工养老金统筹保险的工作。

1998年8月12日，国务院颁布《关于实行企业职工基本养老保险省级统筹和行业统筹移交地方管理有关问题的通知》（国发〔1998〕28号），明确将铁道部组织的基本养老保险行业统筹移交地方管理，集体企业及其职工列入省级统筹范围。8月28日，铁道部多种经营和集体经济发展中心下发《关于铁路劳服企业集体职工基本养老保险移交地方管理有关问题的通知》（部发集经〔1998〕23号），要求部属各单位主动与省级养老保险统筹部门联系，按照国务院的通知精神，将铁路劳服企业集体职工基本养老保险移交地方管理。

1999年11月11日，辽宁省下发《关于将原东北电业管理局、沈阳铁路局系统集体企业职工基本养老保险工作划归省劳动保险公司直接管理的通知》（辽政办发〔1999〕60号），同意自2000年1月1日起，将沈阳铁路局集体企业职工基本养老保险工作划归省劳动保险公司直接管理。2000年4月5日，与辽宁省劳动保险公司签订了《沈铁集体企业职工养老保险基金移交清单》，明确沈阳铁路局划归辽宁省管理的在职参保集体职工为104283人，退休人员5184人，基金结余58339万元。局管内分布在辽宁省、内蒙古自治区、河北省境内和吉林省四平地区集体企业养老保险工作移交辽宁省管理。2003年5月，根据辽宁省劳动和社会保障厅《关于明确原行业统筹企业社会保险经办机构等有关问题的通知》（辽劳社发〔2003〕12号），成立辽宁省社会保险事业管理局沈阳铁路局集体企业社会保险统筹办公室，负责集体企业基本养老保险各项工作。

2002年9月23日，铁路局向吉林省劳动和社会保障厅发出《关于沈铁集体所有制企业职工养老保险移交地方管理的函》（沈铁集函〔2002〕265号），请求吉林省尽快接收其境内铁路集体企业和集体职工养老保险业务。9月29日，局集体企业协调办公室下发《关于完善沈阳铁路局吉林省境内集体职工基本养老保险制度的决定》（沈铁集发〔2002〕1号），吉林省境内2000年1月1日后已经办理退休手续的人员据此文件补缴了养老保险费，重新核算了养老金待遇。2003年4月1日，局集体企业协调办公室下发《关于公布〈沈阳铁路局集体职工退休审批程序〉的通知》（沈铁集发〔2003〕1号）。9月29日，吉林省召开专题会议，启动了沈阳铁路局在吉林省内集体企业养老保险移交工作。10月10日，铁路局与吉林省劳动和社会保障厅、吉林省社会保险公司联合下发《关于做好沈阳铁路局吉林省内集体职工养老保险移交吉林省管理准备工作的通知》（沈铁集发〔2003〕105号），要求长春、吉林、通化铁路分局立即做好"四清一建"工作，确保养老保险向吉林省移交工作的顺利进行。2005年11月3日，铁路局下发了《关于〈印发沈阳铁路局集体职工养老保险暂行管理办法〉的通知》（沈铁集函〔2005〕520号），进一步规范了全局集体职工养老保险管理工作。2006年8月3日，与吉林省签订《关于沈阳铁路局吉林省境内集体企业职工1999年底前养老保险结余基金移交商谈协议》。2007年4月27日，成立移交工作组，专门负责移交工作。5月11日，吉林省召开专题会议，同意接收沈阳铁路局吉林省境内集体职工养老保险业务。6月27日，吉林省劳动和社会保障厅下发《关于接收沈阳铁路局所属吉林省境内集体企业职工养老保险业务工作的函》（吉劳社险〔2007〕27号），决定从2007年1月1日起，正式接收铁路局所属吉林省境内集体企业职工基本养老保险业务。8月30日，与吉林省社会保险事业管理局签订了《沈阳铁路局吉林省境内集体企业职工基本养老保险数据交接书》，明确接收在职集体参保职工48670人，退休人员12437人。

在养老保险行业统筹阶段，铁路局、铁路分局两级机构为让养老保险基金实现保值增值，采取了融资、与保险公司、银行合作、借贷等方式。由于当时国家在养老保险基金管理制度上不健全，铁路局两级机构出现了养老保险基金被挤占、被挪用的问题。根据1999年10月11日劳动保障部基金监督司、铁道部劳卫司调查组《关于沈阳铁路局挤占挪用集体职工养老保险基金的调查报告》记载，截至1999年6月底，沈阳铁路局集体职工养老保险基金被挤占挪用18352.7万元，其中基建投资项目挪用基金11716.6万元，包括北海大厦挪用基金5025万元、东铁公司挪用基金1685万元、中山服装公司挪用基金1668.7万元、长白实业公司挪用基金348万元、铁韩公司挪用基金411.3万元、铁营公司挪用基金285.6万元、长春集体分处挪用基金93万元、吉林蛟河站挪用基金100万元、吉林国际大酒店挪用基金2100万元；企业借款5913.9万元；购买股票39万元；挪用利息683.2万元。

1999年11月11日，铁道部下发《关于认真处理挤占挪用集体职工养老保险基金问题的通知》（铁经函〔1999〕386号），要求沈阳铁路局成立专门清理小组，认真落实劳动保障部提出的6条处理意见，及时回收被挤占挪用的基金。不能按期收回的基金，由铁路局负责垫付资金归还。截至2008年4月30日，已经清理回收占用资金7312.70万元，不能按期收回的基金，暂由沈阳铁路局垫付资金11040.00万元归还。

从2010年1月开始，铁路局要求集经处负责做好"五七家属工"养老保险参保工作，按照地方政府有关文件和政策要求，截至2014年12月，铁路局先后解决了河北、吉林、辽宁三省10044名"五七家属工"参保问题。

二、集体职工医疗保险管理

1998年12月14日，《国务院关于建立城镇职工基本医疗保险制度的决定》（国发〔1998〕44号）颁布，1999年4月，辽宁省发布《辽宁省人民政府关于印发辽宁省城镇医疗保险制度改革实施意见的通知》，明确城镇所有用人单位及其

2008—2015年沈阳铁路局集体企业养老保险参保及缴费基本情况表

表5-4-5

年度	参保企业数	欠费企业数	参保人数	欠费人数	累计欠费金额	累计垫付金额	退休人数
2008	700	505	—	—			
2009	799	571	94396	61823	67431	42292	53866
2010	795	572	86736	58076	81170	50365	59425
2011	838	584	79499	55195	89181	55963	66600
2012	821	578	71308	51120	103504	64118	74104
2013	812	577	62641	45578	114457	69714	82485
2014	826	595	55573	43306	130808	71658	88980
2015	829	624	51558	41083	155215	71629	92909

2008—2015年沈阳铁路局集体企业医疗险参保及缴费基本情况表

表5-4-6

年度	全局企业数	参保企业数	在职人数	在职参保人数	退休人数	退休参保人数	累计垫付金额
2008	–	–	–	16064	–	–	–
2009	799	231	96665	23248	53866	10606	893
2010	795	432	89059	40681	59425	30922	1405
2011	838	493	81314	42759	66600	36549	2889
2012	821	506	72804	42126	74104	44832	3259
2013	812	526	63778	39766	82485	53242	4299
2014	826	557	56476	35533	88980	58466	4590
2015	829	563	52443	36394	92909	62553	5687

职工都要参加基本医疗保险，实行属地管理。辽宁省域内各市县陆续出台城镇职工基本医疗保险规定，部分有需求且有缴费能力的集体企业开始独立面向所在市、县（区）办理参保。截至2009年底，全局集体企业有231家33854人参加了属地医疗保险，参保率28.9%。其中，辽宁省202家，参保率42.2%；吉林省7家，参保率2.6%。

2009年12月，为解决集体职工对医保的需求，铁路局集经处针对各属地不同情况，制订医疗保险工作方案，准备利用4年时间解决辽宁、河北、内蒙等地区集体企业参加医疗保险问题。截至2013年，全局有526家企业93008人参加了属地医疗保险，参保率64.8%。其中，辽宁省438家，参保率90.7%；吉林省46家，参保率16.5%。2014年，铁路局为进一步解决集体企业参加医疗保险问题，将其列入铁路局"双十工程"，铁路局成立了由副局长任组长的5个政策协调小组，与辽吉两省有关市（州）争取优惠政策。2015年，563家集体企业98947人参加属地医疗保险。

2011年，按照铁路局确定的建设方案，沈铁房地产集团有限公司组织各建设单位，完成集商业、农贸、生产、住宅于一体的"公园化""森林化"大安北部明珠工程（张耀东摄）

第六篇　社会化事业

离退休职工、卫生防疫管理，养老、医疗保险等涉及全局职工生产、生活与福利待遇，在相当长的历史时期内，由铁路企业经办的社会化事业为铁路经营发展与队伍稳定发挥重要作用。按照国有企业改革的要求，职工养老、工伤、失业保险，离退休职工养老保险，医疗保险分别逐步移交地方统筹。铁路局仍然设置相关部门，负责离退休职工、卫生防疫管理，与相关省市对接，承担在职与离退休职工的社会保险工作。

1996年，离休职工与退休职工管理工作由局离退休管理处（局党委老干部部）负责，受路局、局党委双重领导；卫生、医疗与防疫工作由生活卫生处负责；职工养老保险工作由局社会保险事业管理处负责。2000年，撤销生活卫生处，成立卫生处，专职负责医疗、卫生与防疫工作。2001年1月1日，全局离休、退休职工分别管理改为统一管理。同年4月，路局决定建立补充医疗保险，各分局仍继续推行职工互助医疗保险，确保职工医疗待遇。2002年11月14日路局组建沈阳铁路医疗保险中心。到2002年底，全局实行基本医疗保险的委托管理。2004年1月1日全局正式实施职工基本医疗保险制度。各铁路医院实施属地移交。2005年，劳动工资处与卫生处合并，成立劳动和卫生处。撤销各铁路分局疾病预防控制中心，重新组建沈阳、锦州、吉林铁路疾病预防控制所，在原分局所在地设立7个疾病预防控制站，并在5个地区设立驻在组，负责站车疫情防控和灾区防病协调管理工作；成立沈阳卫生监督所，下设锦州、吉林卫生监督站，负责站车卫生监督检查。同年，将局医疗保险管理中心改为局医疗保险管理办公室。2009年，撤销长春、沈阳、大连、锦州、通辽、吉林、通化铁路办事处内设的社会保险办公室，成立长春、沈阳社保办公室，作为局社保处派驻机构，由局社保处负责管理。

20年来，在机构改革调整过程中，各部门紧紧围绕运输经营与建设发展的各项中心任务，把涉及运营旅行环境、旅客职工健康的工作放在重要位置，使站车卫生环境得以全面改善，重大疫情防控能力迅速提高；在职工生活待遇不断增长的同时，通过对职工定期体检与分批疗养，使广大一线职工保持了健康的体魄与旺盛的劳动热情；通过基本养老、医疗保险制度改革的深化，职工养老、医疗得到充分保障并逐年稳步提升；同时积极落实离退休职工的政治待遇、生活待遇；创造条件，丰富老年文体活动，确保全局各项事业稳定发展。

第一章　离退休职工管理

离退休干部工作是党的组织工作和干部工作的重要组成部分。多年来，路局、局党委对离退休工作高度重视，真心关怀，把离退休老同志的政治待遇、生活待遇落到实处。随着时代发展，离退休管理工作形势任务发生较大变化。全局离休干部总数逐年减少，并已进入高年龄期和高发病期，退休职工总数呈现逐年增加态势。1996年，全局离休干部有12282人。其中，老红军9人，抗日老战士313人；退休职工124757人。到2015年底，全局离休干部有2529人，比1996年减少9753人，减少79%；离休干部中老红军有1人，抗日老战士43人；退休职工174705人，比1996年增加49948人，增长40%。

第一节　离退休职工管理概况

一、离退休管理处概况

局离退休管理处（局党委老干部部）为局机关行政处室和党群部门接受路局、局党委领导，一个部门，两块牌子。下设办公室、宣传教育科、政策指导科、离退休工作科、财务科、汽车队、老战士协会办公室、老年体育协会办公室、直属离退休管理办公室、党工委办公室。在锦州和吉林设有锦州直属办公室、吉林直属办公室为原锦州局、吉林局老干部提供服务。1996年，路局对离休干部、退休干部职工实行分开管理模式。2001年2月16日，路局、局党委召开党政联席会决定，从2001年1月1日起，全局离退休工作实行统一管理。3月22日，路局召开各铁路分局离退休管理分处分处长会议，就全局"统管"工作的具体问题取得共识，明确职责，推进实施。2005年3月，铁路分局撤销后，路局对各办事处离退办重新定位，对其职责范围及实施有效管理问题作出6项规定，并发出《关于明确离退休人员费用、车辆、活动室管理使用有关问题的通知》和《关于明确原地区办事处撤销后离退休人员管理的通知》，确保离退休老同志和工作人员队伍稳定。2009年6月，铁路办事处职能调整后，原铁路分局离退办划归局离退休管理处，并统一命名为离退休工作办公室。至此，局离退休管理处直接管理长春、沈阳、大连、锦州、吉林、通辽、通化离退休工作办公室以及锦州直属办公室、吉林直属办公室。2012年3月，为加强涉老政策协调落实，路局下发沈铁劳卫发〔2012〕141号文件，在局离退休管理处增设政策指导科。2015年12月，局投资管理中心撤销，涉及26个公司3329名离退休人员管理关系按属地化、站段模式管理原则，分别划入所在地区离退休办公室管理。

二、工作人员培训

1996年，全局离退休工作人员全面开展"学政策、促服务"活动，为确保离退休职工稳定发挥积极作用。1997年，开展向大连机务段退管办主任郝延峰学习活动和"渡难关、求发展、爱沈局、做奉献"活动。2004年，开展"树立组工干部形象"活动，离退休工作人员立足岗位为老同志办好事、办实事，并派送7名分局老干部部长参加铁道部离退休干部局举办的专职工作人员培训班。2009年12月下旬，为贯彻中组部、辽宁省委组织部关于离退休干部工作政策，落实铁道部《关于进一步加强铁路离退休干部工作的意见》（铁办〔2008〕217号）文件精神，路局、局党委制定下发《关于加强全局离退休工作的实施意见》（沈铁离退发〔2009〕356号）文件，有力推动全局离退休干部工作的开展。2010年，在全局离退休工作系统开展老干部工作政策业务知识学习活动，并举办全局政策业务知识竞赛和全员测试活动。同年9月，局离退休管理处3名工作人员参加全路老干部政策业务知识竞赛，夺得团体第三名；在沈阳举办全局老干部政策业务知识竞赛，沈阳办公室、通辽办公室、通化办公室分获团体前三名。2012年，为纪念离退休干部制度建立30周年，开展"我与老干部工作30年"征文活动，共征集稿件183篇；局离退休管理处对多年留存历史资料和影像素材进行整理，制作集中反映全局离退休工作30年发展历程的纪实片《情系桑榆》。2012年7月中旬，举办全局离退办主任培训班，全局各基层站段和区域办公室近180名专兼职离退休工作人员参加培训。培训期间，辽宁省老干部局、局社保、医保及信访部门业务专家为学员全面讲解老干部工作沿革及相关政策由来，以及适应新形势新特点的社保、医保、信访等基本政策。2015年4月，举办全局离退休专（兼）职工作人员培训班，共计167人参加培训。培训期间，重点学习贯彻全国、铁路总公司离退休干部"双先"表彰大会精神，并举办老年人心理知识讲座，组织观看局工会支部先进事迹专题片和工作经验介绍。

三、离退休工作"双先"表彰

1997年，沈阳列车段、山海关机务段、金州站、本溪工务段获铁道部"离退休工作先进单位"称号。1999年，退休干部刘吉奎、沈阳西机务段指导司机佟振国、太平川工务段青年职工郭金囤分别获得国家六部委颁发的"老有所为奉献奖"和"敬老好儿女金榜奖"，郭金囤同志还代表全路出席全国表彰大会。2009年，局工会离退休党支部、沈阳办公室离退休第一党支部被铁道部政治部评为"先进离退休干部党支部"。2011年，局工会离退休党支部被辽宁省老干部局评为"老干部先进党支部"。2011年9月17日，沈阳局离退休管理处被中组部授予"全国老干部工作先进集体"称号。沈阳局离退休管理处、沈阳离退休办公室和长春客运段离退休办公室，被评为"全路离退休干部工作先进集体"。2013年，阜新站、大连站、鞍山站、铁岭站被辽宁省老龄工作委员会授予首届"敬老文明号"先进集体。2014年，局工会离退休党支部获"全国离退休先进集体"荣誉称号，成为全路唯一受全国表彰的先进集体；局工会离退休党支部、沈阳办公室老年大学管委会被评为"全路离退休先进集体"荣誉称号。

第二节　离退休职工政治待遇

路局每年召开重要会议、举办重大活动时均邀请老领导、老干部参加。局离退休处适时组织召开老领导、老战士、老党员座谈会，通报全路、全局各时期改革发展情况，并每月编印一期《沈铁老年报》宣传宣讲路情局情。

一、情况通报

1996年，全局站段以上领导向老干部、老同志通报铁路发展情况累计达2000多次，有3000多人次参加。2002年7月，局党委书记、局长等领导召开情况通报会议，向老领导通报全局安全运输生产形势，并座谈答询老同志关心的问题。局党委书记宋大悦被选为党的十六大代表，在赴京开会前，专门请有关老领导座谈，倾听老领导的意见；返回后向老领导通报党的十六大有关情况。2009年8月上旬，局职老领导健康休养活动

期间，局领导专程赶到活动驻地，通报路局2009年上半年运输、经营和重点工程的建设情况。2013年3月20日，局长、局党委书记组织召开原路局、原分局老领导铁路改革情况通报会，向47位老领导介绍铁道部撤销成立铁路总公司的情况以及改革后老同志待遇的"五个不变"。2015年1月，路局召开职代会期间邀请路局老领导王振秋、马增清参加会议。

二、参观考察

1996年，路局组织380名老领导、老模范、老工人到济南登泰山、逛孔庙。2007年8月，组织35位在沈局职老领导到满洲里进行了为期4天的参观考察，组织20位局职老领导乘坐动车组到北京进行考察。2009年4月下旬，分四批组织25名局职老领导，由天津乘坐京津城际高速列车，在北京参观"鸟巢"和"水立方"。同年9月中旬，局离退休管理处组织42名老同志代表到北京参加全路离退休老同志"乘高铁、看发展、迎国庆"主题参观活动，并得到铁道部政治部领导的肯定和好评。2010年6月上旬，组织20名老同志代表参加全路"感受世博、奉献铁路"主题教育活动，参观考察上海世博园、上海铁路局南翔动车所和虹桥站。2011年8月下旬，组织28位原局职老领导代表到局内西部铁路，考察霍白线冈干特乌拉站、伊图塔装车点，珠珠线贺斯格乌拉装车点、巴彦胡硕和道特诺尔站。同年9月下旬，组织29位原局职老领导到局调度指挥中心、东北大厦进行参观考察。2012年10月中旬，分4批组织31位原局职老领导、104位原10个分局老班子成员、局机关和沈阳地区共1100位老同志乘动车组参观考察沈阳北至大连间"哈大高铁"。2014年，吉林直属办公室组织33位老干部乘"高铁"到沈阳参观沈阳铁路陈列馆。2015年，吉林直属办公室开展"感受铁路发展、圆梦吉图珲高铁"活动，组织47位老干部乘坐"吉图珲"高铁列车，感受沈局最美高铁线。

三、党建工作

1996年，全局有党员老干部8164人，分别参加独编、混编的472个党支部和997个党小组的党组织活动。2000年6月，局党委下发〔2000〕33号文件《关于理顺关系，加强局机关离退休党

员教育管理的通知》，决定局离退休管理处成立党工委，主要承担局机关离退休党员的教育管理和离退休管理处的党建工作。2008年，为纪念改革开放30周年，在离退休党员中开展"回眸30年"征文活动，全局共上报征文100余篇，并编成征文集；并组织召开以"新中国的奠基人、改革开放的见证人、改革开放成果的共享人"为主题的座谈讨论，提高离退休党员的党性观念和思想认识。2012年，围绕全局开展"话成果、议形势、明任务、知责任"主题形势任务大宣讲，通过走访慰问，召开老同志座谈会等形式，宣传路局推进"转机制、闯市场"改革发展理念和工作任务；组织局机关离退休党支部书记、党支部委员分别参观局调度指挥中心，中国工业博物馆；观看沈局综合发展录像片《多元一体创新路》、辽宁省委讲师团《深入贯彻十七届六中全会精神，推动社会主义文化大发展大繁荣》报告会和辽宁省老干部经济形势通报会。2013年，开展党的十八大精神学习活动，邀请局党校教授为局机关全体离退休党支部委员作十八大精神专题辅导并刻制光盘在全局范围内组织学习；全面开展"铁路走向市场"等形势任务宣讲活动，通过召开座谈会、专题形势报告会和"每月一课"等形式宣讲铁路体制改革后，广大离退休老同志各项待遇不变及总公司党组、路局和局党委对老同志的关心关怀。2015年，在全局离退休党员中组织学习反映局工会离退休党支部先进事迹的学习光盘《凝聚》；组织部分离退休党员参加辽宁省直老干部形势报告会，听取辽宁省人大副主任传达全国"两会"精神；组织参加辽宁省老干部经济形势通报会，听取由辽宁省委副书记、省长作的经济形势报告；组织局机关离退休党支部书记参观新沈阳南站。同年9月，为73名1945年9月2日前参加革命工作的离休干部中的党员发放津贴共计146000元。

第三节 离退休职工生活待遇

一、待遇调整

1996年，路局对获得高级职称的离休干部每月增加养老金，为获得国家和省部级劳动模范称

号的离休干部建立荣誉津贴。1997年5月26日，路局下发434号文件，为全局离休干部调整特需经费，其中，为6005人调整病残护理费；将工程、工业部门离休干部基本离休金支付渠道与运输主业"万合"并轨，解除900多位老同志后顾之忧。2001年，局离退休管理处配合路局加强和初步改善老干部医疗条件，在部分铁路医院成立干诊科，专门协调老干部医疗保健工作。2003年，按照铁道部"4.10"会议确定的属地化原则，执行辽宁省委老干部局等四部委联合印发的《省直企业离休人员享受生活补贴问题的会议纪要》精神，为参加辽宁社会养老保险统筹的6164名离休干部增发生活补贴，为1956名一般待遇的离休干部提高为干诊待遇。2004年，根据辽劳社发〔2004〕26号、辽劳社发〔2003〕127号和吉劳社养字〔2004〕64号文件规定要求，为全局离休干部增加基本养老金。2006年，为辽宁省社会保险统筹范围内4575名离休干部、76682名退休人员上调基本养老金。2008年，对离退休干部、老红军病残护理费及丧葬费补贴进行规范调整，将2004年10月至2008年3月去世的54名离休干部丧葬费给予调整补发。对因瘫痪等原因生活长期完全不能自理的71名离休干部护理费标准由原每人每月200元调整为每人每月600元。将老红军护理费发放标准调整为每月800元。2012年，路局加大投入力度，将一般退休人员活动经费由原每人每年50元调整到每人每年70元。同年11月开始，建立全局离休干部个人医疗账户每人每月200元。2013年，路局下发财成〔2013〕5号文件《关于提高退休人员活动经费标准的通知》，增加退休人员活动经费标准，局级每人每年由原450元增至500元，处级（高级职称）每人每年由300元增至350元，一般退休人员每人每年由70元增至100元。2015年9月，按辽宁省、吉林省人力资源社会保障厅和财政厅文件要求，为全局离休干部调整增加基本养老金。

二、活动室建设管理

1996年，路局、各铁路分局以及各站段老年活动室共有868个，全局每天到活动室参加活动的有近1.5万人。1997年，全局活动中心和活动室，除日常为老同志提供必要的娱乐健身条件，

还重点围绕各大节日和纪念日，组织文化、游艺和联欢等活动。2004年，路局投资近50万元，为局老干部活动中心安装电梯；通辽、长春、吉林、通化等分局共投资近400万元扩建老同志活动场所。2012年5月28日，路局下发沈铁劳卫发〔2012〕278号文件，将原多经各直属集团公司管理的64个离退休活动室整建制划归局离退休管理处管理。2013年2月，路局下发沈铁劳卫〔2013〕63号文件，将全局88个离退休活动室统一划归局离退处管理，并投入2000多万元对88个活动室进行整改和修缮，投入455万元更新备品，增加活动室定员编制303人。路局组织各办公室与活动室原管理单位就人员、资产、设备设施等进行平稳交接；对活动室工作人员定职定岗；制定《沈阳铁路离退休活动室管理办法》，对88个活动室自然信息、设备设施、人员情况和安全管理等进行登记造册，利用照相、录像为各活动室建立影像档案形成动态管理；局离退处干部对各地区离退休活动室进行包保调研，确保活动室保持高标准管理状态。2014年3月，在沈阳召开全局离退休工作暨离退休活动室现场交流会，对全局88个活动室的硬件设施管理、日常卫生保洁、人员服务状态等方面进行规范；同年11月中旬，举办全局离退休活动室主任培训班，针对活动室服务管理进行专题授课，并组织经验交流和现场观摩。2015年6月，路局召开党政联席会议，对离退休活动室及所属活动室机构人员进行调整，全局合并保留原分局所在地以及较大的20个离退休活动室合并整合为14个，继续由局离退休管理处管理。其他活动室划交相应地区房产段管理，业务由局离退休管理处负责指导，整体划转的67个离退休活动室的工作人员实行"人随机构走"。

三、健康休养

1996年，路局组织11000多名老同志分期分批到大连、山海关进行健康休养。1997年，路局在资金严重短缺情况下，仍安排1047名退休老同志分期分批参加健康休养。2000年7月，路局组织5批400名离休干部进行健康疗养。2006年开始，路局每年组织3550名离退休人员分期分批到管内铁路疗养院进行健康休养活动。2010年增加

至每年4000人，2011年增至每年4500人，2014年增加到每年5000人。2015年5月到6月，组织43期5000名老同志在管内9个疗养院进行健康休养。

第四节　离退休职工文体活动

局老战士协会、老年大学、老年体育协会、老年书画研究会、老年花卉协会、老年钓鱼协会学（协）会在各地区离退休办公室设有分支机构。局级学协会组织坚持每年召开一次全局工作会议，组织理论研讨、参观学习与开展各类活动，促进全局老年学（协）会组织的壮大发展，丰富离退休职工的文化生活。

一、老年大学

1996年，局老年大学围绕建党75周年和红军长征胜利60周年，组织开展以文艺表演、诗歌和书画创作为主要形式的庆祝活动。1997年，围绕香港回归和党的十五大召开，局老年大学开展形式多样的庆祝活动。1999年，全局老年大学通过不断发展壮大和创新办学，全局老年大学达到16所，在校学员近千人；同年8月，路局在图们召开全局老年大学工作会议，总结交流办学经验；11月上旬，参加在广州召开的全路老年大学工作会议，就沈阳局本溪地区老年大学经验在会上做了交流。2000年初，路局对局老年大学管委会进行调整充实，下发局党委〔2000〕31号文件《关于进一步做好老年大学工作的通知》，对办好全局老年大学提出明确要求。同年8月在通化分局召开老年大学工作会议，组织学习局党委〔2000〕31号文件，总结交流各单位经验。2001年7月9日，局党委副书记主持召开局老年大学管委会会议，对老年大学工作进行研究，并就全面做好老年大学工作进行部署。2006年4月下旬，召开局老年大学管委会第八次会议，宣布局党委关于调整管委会成员的决定，宋大悦任管委会主任、张海舟任管委会常务副主任。2009年，组织局老年大学合唱团参加辽宁省老干部纪念建国60周年大合唱汇报演出，获"优秀表演奖"并参加向辽宁省委、省政府领导汇报的专场演出。2012年9月25日，举行沈阳地区离退休职工"喜迎十八大、颂歌献给党"大型文艺演出，局党政

领导参加活动并致辞，参加和观看演出老同志近3000人。2014年7月，在通辽召开全局老年书画研究会理事扩大会议，会议期间以"中国梦"为主题展出书画作品200余幅。2015年5月，在沈阳召开局老年大学管委会第十五次会议。局工会、局宣传部、局教育处、局党校、局离退休管理处等局老年大学管委会成员单位负责人参加会议。会上，局离退休处汇报老年大学工作开展情况，并提报《关于全局老年大学部分设备设施配备情况的调查报告》，并对下一步重点工作提出具体要求。管委会成员单位分别从各自角度对如何加强局老年大学的管理和服务提出建议，并表示要为局老年大学的发展和建设贡献力量。同年7月，局老年书画研究会在锦州举办纪念抗日战争胜利70周年暨沈阳铁路局老年书画摄影展，共有200余幅老年书画摄影作品参展。

二、老年体育协会

1996年，局老年体育协会及各分局老年体育协会支会开展经常性活动，并组织多次大型老年体育赛事。1997年，局老年体育协会围绕庆祝香港回归，开展全局性老年门球、气排球和乒乓球等大型赛事。2000年，局老年体育协会开展老年体育论文、诗歌、谚语征文活动，并组团参加辽宁省第三届老年人运动会，获得总分第8名和体育道德风尚奖。2004年，在沈阳承办全路老年体育工作现场经验交流会，最高检察院原检察长、火车头体协主席、火车头老年体协名誉主席韩杼滨、中国老年人体协名誉主席、火车头老年体协名誉主席刘建章到会议讲话。会上重点交流沈阳局从路局、分局、站段具有代表性的8个老年体育工作经验，实地参观锦州分局老年人健身和文艺展示活动及录像。2006年，承办全国铁路老年基层现场经验交流会和全路老年桥牌赛，会上介绍沈阳局6个先进经验，并观看局基层老年体育活动展示。2008年，局老年体协承办辽宁省老年人运动会台球比赛，共有24个市和行业代表队147人参加，并被辽宁省老年体协授予"最佳承办单位"；局老年体育协会获2008年度"全国老年人全民健身运动优秀组织奖"和辽宁省"老年体育工作先进单位"荣誉称号。2010年，长春、沈阳、锦州、大连、通辽老年体育分会被评为路局老年体育示范基地。同年9月上旬，局老年体协承办全路老年门球赛，来自全路14支铁路局的150名老同志在锦州进行三天50场比赛。2011年7月中旬，承办全路老年体育"创建老年示范家园"专题研讨会，部老年体协领导以及来自全路8个铁路局老年体协主席、秘书长共30余人参加会议。2014年9月，在长春承办全路老年女子汽排球赛；组队参加辽宁省第十二届运动会获老年团体和个人13项第一名。2015年，局老年体协组队参加在天津铁三院举办的全路老年桥牌赛，获团体第三名，双人赛第二名；参加辽宁省老年体育赛事，获男子气排球赛第二名，桥牌赛第一名，健身气功第一名。同年12月，局老年体协沈阳分会在中国火车头老年体育工作暨"双先"表彰会上，就如何不断推动基层老年体育工作的深入发展作经验介绍。

第五节　关心下一代工作

关心下一代工作委员会，是在党委领导下以离退休老同志为主体，以广大青少年为对象的群众性工作组织。充分发挥老同志政治、经验、威望、时空、亲情等优势，坚持拾遗补缺、牵线搭桥、见缝插针、雪中送炭、锦上添花的工作方向，在培养教育青少年中起到传承、引导、关爱和保护作用。

一、组织概况

局关心下一代工作委员会成立于1991年9月16日，至1996年底，9个铁路分局、3个工程处、工业公司、7个局直属单位和8个专业学校、400多个基层单位建立了关工委组织。1996年至2015年底，全局有关工委109个。其中：局关工委一个、区域关工委7个、站段关工委101个；关工组939个。常务工作人员355人，专职工作人员3人，"五老"队伍人数8375人。

二、青少年帮扶

1996年局关工委建立了"青少年事业发展基金"，为青少年办了很多好事实事。先后6次向铁路边远沿线和山区280所小学赠书6万册，价值48万元，赠送电脑51台，4次表彰边远沿线和山区小学教师447名，并组织了两次进京观摩活动，同时还搞了扶贫助学活动。局关工委还在青工中开展"做好事、办实事、解难事"活动，通过安全包保、困难帮扶、后进转化等形式，多角度、多渠道地帮助青年职工。多年来，签订师徒合同6万余份；为青年职工做好事2.2万多件。

三、思想道德教育

加强青少年思想道德建设，引领广大青少年健康成长，是关系到中华民族伟大复兴的战略工程，是关系到中国特色社会主义事业兴旺发达的希望工程，是关系到千家万户切身利益的民心工程，是社会主义精神文明建设的基础工程。20多年来，局关工委紧紧抓住社会主义核心价值体系这个思想道德建设的灵魂和根本，坚持以人为本，德育为先，发挥老同志政治优势，从实际出发，配合有关组织和部门，采取多种形式，开展了以"学党史、颂党恩、跟党走""学雷锋、心向党、讲品德、见行动"等革命传统教育；"让青春在中国梦中绽放"等形势任务教育；学习新民站"长年一股劲，一心为人民"，小东站"一点也不差，差一点也不行"等爱岗敬业教育。多渠道、多形式、多角度、多层面地形成常态化的思想道德教育活动，为广大青年职工健康成长营造了更有利的社会环境，使广大青年职工的综合素质在潜移默化中得到升华。2006年10月在中国关工委召开的宣传工作经验交流会上，局关工委常务副主任张海舟介绍了《紧密结合实际开展荣辱观教育》的经验。

四、青年职工读书活动

从1993年开始局关工委一直参加中国关工委、共青团中央、教育部等六部门组织的一年一度的主题读书活动，23年来平均每年组织1次读书活动。参加读书活动的青年职工有66万多人次。从2011年开始，局关工委和局团委联合，每隔一年组织一次全局的读书征文或读书演讲比赛。读书活动紧跟形势，联系实际，主题鲜明，内容丰富，深受广大青工欢迎，也得到了各级组织和领导的重视和支持。

五、青年职工岗位成才

从2006年开始全国铁路关工委开展了青年职工岗位成才和老同志帮助青年职工岗位成才活动。沈阳局关工委配合有关部门，把抓好对青年职工技术业务传帮带、帮助青年职工岗位成才，

当作关工委融入中心，服务大局的最佳结合点，从本部门、本单位和老同志实际情况出发，通过协助和配合有关部门办青工技术业务培训班；办技术讲座，开展技术咨询；协助组织和参与青工技术表演赛；深入现场示范演练，答疑解难；针对难点技术攻关等形式开展技术业务传帮带活动，使广大青工提高了技术业务水平，逐步走上了成才之路。全局先后有38名青年职工受到全路关工委表奖；有8名老同志被全路关工委授予帮助青年职工岗位成才奖。2006年6月14日全路关工委在沈局召开了全路关工委青年技术教育经验交流会。会上沈阳局关工委、长春车辆段关工委介绍了经验，长春车辆段段长、车辆段教育科还从领导和职能部门的角度，介绍了支持关工委开展技术业务教育的认识和经验；通辽电务段关工委常务副主任书面介绍了深入一线，为职工答疑解难、开展技术业务咨询、攻克技术难关的经验。

2011年9月 在中国关心下一代工作委员会召开的全国关工委基层工作会议上，沈阳铁路关工委作了题为《围绕铁路中心工作，充分发挥"五老"优势，着力搞好传帮带》的经验介绍。

六、关心下一代工作受表彰

自2000年起，局关工委先后五次被中国关工委授予"全国关心下一代工作先进集体"称号；自1993年起连续六次受到辽宁省关工委、省委组织部等部门授予"关心下一代工作先进集体"称号；自1995年起连续六次被全路关工委授予"关心下一代工作先进集体"称号。有12名老同志被中国关工委授予"全国关心下一代先进个人"的称号。有85名老同志受到辽宁省关工委表彰。有153名老同志受到全路关工委表奖，另有12名老同志获得单项奖。2015年8月25日，中国关工委在北京人民大会堂隆重召开了《纪念中国关工委成立二十五周年暨全国关心下一代工作表彰大会》。沈阳铁路局关工委、长春铁路关工委被授予全国关心下一代工作先进集体光荣称号，局关工委常务副主任张海舟同志、阜新房产段关工委副主任刘庆吉同志、长春区域关工委主任张丹红同志被授予全国关心下一代工作先进个人光荣称号。

第二章　卫生防疫

长期以来，全局卫生、医疗与防疫系统既是铁路旅行环境卫生防疫的管理部门，也承担职工医疗服务工作。随着企业机构改革的不断深化，卫生部门管辖的铁路医院全部移交地方，工作重心转移至卫生监督与疾病控制管理方面。20年来，路局不断加大资金投入，推动医疗卫生基础设施建设的进展、专业人员素质的提高与医疗防疫能力和水平的提升，有力保障站车卫生环境与职工身体健康；特别在水害、地震与非典、流感疫情传播期间，集中力量，迅速实施站车、沿线与职工住宅区消毒防疫、及时进行医疗救助，对灾区次生灾害实行有力控制，确保正常的运输秩序与旅客、职工安全，为全局运输经营的稳定发展做出贡献。

第一节　卫生工作概况

1996年1月，根据沈铁劳卫发〔1995〕180号文件决定，生活处与卫生处合并，挂牌为局生活卫生处，负责全局生活卫生工作。下设公寓管理科、生活管理科、医政科、防疫科、计生爱卫办等5个科室和局医疗保险制度改革办公室1个临时机构。职工21人。生活卫生处组建后重新界定职责权限，制定岗位责任制。卫生系统共有铁路医院32个（500张床位以上中心级医院5个，分局级医院10个，地区级医院16个，专科医院1个），独立门诊部1个，工程医疗队2个，卫生所107个，保健站274个，疗养院8个，防疫站17个。职工总数14939人。全局医院、疗养院共有床位8741张，其中正规床6744张，简易床397张，疗养床1600张。

1997年初，沈阳、吉林两站参加防疫站评审，被卫生部和铁道部首批确认为"全国铁路甲级一等卫生防疫站"。1999年，为进一步贯彻执行《国务院关于建立城镇职工基本医疗保险制度的决定》精神，路局召开医改专题会议，研究和部署了医改的工作方针和任务。同年，路局将沈阳铁路局中心卫生防疫站划归沈阳分局，对其指导关系进行了调整，将长春、白城防疫站的业务划归吉林中心卫生防疫站指导，通辽防疫站的业务划归锦州中心防疫站指导。将沈阳铁路局总医院和沈阳医院合并成立沈阳铁路局中心医院。将沈阳分局原沈西医院与沈北门诊部合并为沈北医院。白城医院撤销了站前卫生所。吉林分局撤销土门岭疗养院。大连医院合并21个保健站，组建7个面向社会社区医疗诊所。同年，白城防疫站通过了"铁路甲级二等"防疫站的评审。自此，全局已有5家防疫站通过了评审。

2000年1月，路局决定撤销生活卫生处，设卫生处，负责全局卫生工作。下设医政科和防疫科，处内定员10人。2000年，根据《国务院关于建立城镇职工基本医疗保险制度的决定》，图们分局将敦化医院并入图们医院，图们医院、图们防疫站并入吉林分局。白城分局白城医院、大安北医院、白城防疫站及原通辽分局郑家屯医院并入长春分局。昌图卫生所由长春分局四平医院划入沈阳分局沈北医院管理。按照《铁道部贯彻〈国务院关于建立城镇职工基本医疗保险制度的决定〉的实施意见》，2001年4月份制定了《沈阳铁路局职工医疗保险制度改革指导意见》，明确了全局医保工作的主要任务、目标和原则。为了不降低职工的医疗水平，路局决定补充医疗保险，原则上按不超过企业上年度工资总额4%的比例提取。各分局仍继续推行职工互助医疗保险。

路局按照卫生部《关于卫生监督体制改革的意见》及铁道部《铁路卫生防疫监督体制改革实施意见》的文件精神，本着"依法行政、政事分开、综合管理"和铁道部关于卫生监督体制改革"职责分开、机构分设"的原则，制定了《沈阳铁路局卫生防疫监督体制改革实施方案》。按照铁道部要求，对监督员先后进行了两次资格考试，对不合格的人员取消了其监督员资格。本着"平衡过度、精减增效"的原则，暂将各分局所在地防疫站组建铁路卫生监督所和疾病预防控制中心。卫生监督所和疾病预防控制中心实行人员分开、职责分开、财务分账、一套领导机构、统一管理。各分局均在2002年3月底前制定了本分局卫生防疫监督体制改革的具体方法，到年底，全局卫生防疫监督体制改革工作基本结束。全局成立了沈阳、锦州、吉林、大连、长春、通辽、通化共七个铁路卫生监督所和沈阳、锦州、吉林、大连、长春、通辽、通化、白城、图们共九个疾病控制中心，全局共聘任卫生监督员152名。

2002年11月14日沈阳铁路局发文《关于组建沈阳铁路医疗保险中心通知》（沈铁劳函〔2002〕317号），列局附属单位，定员14人。到2002年底，全局除大连分局在大连市内职工参加医疗保险属地管理外，其它分局都在实行或准备实行基本医疗保险的委托管理。2003年8月24日，路局党政联席会议决定：未启动医疗保险制度改革的分局9月份全面启动医疗保险制度改革工作，12月1日至31日试运行。同年8月30日，卫生系统共有医院30所（含东陵结核病院）、卫生所100个，工程医疗队2个，疾病控制中心9个、分中心8个、卫生监督所7个，疗养院8个。医院共有编制床6774张，服务人口1562002人。卫生系统共有在册职工13984人，其中医疗机构12590人、防疫系统660人（含监督所135人）、疗养院734人；卫生系统各单位房屋建筑面积712489平方米。医疗机构按省划分：辽宁省有三甲医院3个、二级医院8个、一级医院4个、结核病专科医院1个；吉林省有三甲医院1个、二级医院8个、一级医院1个；内蒙古自治区有二级医院3个；河北省有二级医院1个。

2004年1月1日，全局正式实施职工基本医疗保险制度。铁路医院属地移交后，到2004年年底，全局卫生系统现主要有医疗保险中心7个，卫生防疫机构9个（分支机构9个)，疗养院8个。卫生系统共有在册职工1493人，其中医疗保险中心68人、卫生防疫机构615人、疗养院810人.

2005年，根据沈铁劳发〔2005〕77号文件，将劳动工资处与卫生处合并，成立劳动和卫生处。实行路局直管站段改革后，制定下发了《关于铁路局直管站段管理体制改革期间加强全局卫生工作的通知》《关于局直管站段管理体制改革后原分局卫生主管部门职责归并的意见》等文件。按照路局总体要求对分局和基层单位进行了对口交接。根据沈铁劳发〔2005〕82号文件，撤销各分局疾病预防控制中心，重新组建沈阳、锦州、吉林铁路疾病预防控制所，沈阳疾控所下设大连、丹东疾控站；吉林疾控所下设长春、通化、白城、图们疾控站和梅河口驻在组；锦州疾控所下设通辽疾控站和阜新、山海关、赤峰、叶柏寿驻在组。根据沈铁劳发〔2005〕80号文件，成立沈阳卫生监督所，下设锦州、吉林卫生监督站，为铁路局机关附属单位。并且按照铁道部要求，进行了卫生监督员资格考试工作，由铁道部对符合资格的62名人员聘任为卫生监督员。

2009年，撤销梅河口驻在组。2010年8月撤销叶柏寿驻在组。

2011年，沈阳卫生监督所完善了所（站）长、科室主任、监督组三级卫生监督安全责任制，实施了"示范性"卫生监督，创建了网上业务信息交流平台，开展卫生监督和卫生监督快速检测公示制度，全面提升了卫生监督工作的质量。按照部劳卫司、安监司《关于做好铁路作业场所职业病危害普查总结工作的通知》要求，完成了职业危害普查；沈阳疾病预防控制所取得了职业病危害因素检测与评价资质，吉林疾病预防控制所获得了职业病危害因素检测与评价机构、放射卫生防护检测与评价机构资质证书、职业健康检查机构资质证书和吉林市卫生局颁发的《放射诊疗机构资质证书》，锦州疾病预防控制所取得了辽宁省职业病危害因素检测与评价资质和放射防护检测与评价资质。

2013年，全局卫生防疫系统有1个附属机构和3个运输辅助单位，即沈阳卫生监督所、沈阳疾病预防控制所、锦州疾病预防控制所、吉林疾病预防控制所。全局卫生防疫单位编制506人，现员437人。其中沈阳铁路卫生监督所编制61人，现员58人，为劳卫处附属机构，下设锦州、吉林卫生监督站。三个疾病预防控制所编制445人，现员379人，其中沈阳疾控所现员119人，吉林疾控所现员142人，锦州疾控所现员118人，为路局运输辅助单位。沈阳疾控所下设大连、丹东疾控站；吉林疾控所下设长春、通化、白城、图们疾控站；锦州疾控所下设通辽、阜新、山海关、赤峰驻疾控站。

第二节　医疗与防疫

一、医疗设备

1996年，全局高价医疗设备总价值24757万元，其中，大型医疗设备有：德国西门子公司产超导核磁共振机1台，进口CT机12台，进口彩超8台，日本岛津800mA以上X光机11台，心血管造影机2台（日本东芝、德国西门子各1台），直线加速器1台，钴60机2台，购置大型设备包括心血管造影机1台（大连医院）、CT机1台（丹东医院）、美国贝克曼大型全自动生化仪3台（大连、锦州、总医院）、美国惠普彩超仪1台（通化医院）。1997年，医疗器械总投入为3932.2万元。1998年，医疗器械总投入为2462万元，其中路局投入1000万元，到1998年底，全局医疗器械固定资产总价值31805万元。1999年，新增大型医疗设备89件，医疗器械总投入3575.77万元，其中路局投资717.1万元，到1999年底，全局医疗器械固定资产总价值3.2亿元。2000年，新增大型（10万元以上）医疗设备45件，医疗器械总投入3886.15万元，其中路局投资768万元，到年底，全局医疗器械固定资产原值3.59亿元。

2001年，为纠正医疗器械和药品购销工作中的不正之风，加强购销监督管理，确保采购质量，降低采购成本，保护广大铁路职工的利益，按照铁道部下发的《贯彻〈国务院整顿和规范市场经济秩序的决定〉的通知》和路局下发的《关于开展医药医疗器械购销和路外医疗费报销专项执法监察的通知》要求，路局成立了执法监察领导小组，各分局和医院也成立了相应的组织机构。局监察处和卫生处组成联合检查组，对部分分局的医疗器械、药品购销和路外医疗费报销工作进行了专项检查。长春、沈阳、锦州、吉林、通辽、大连六个分局先后对药品和卫材物资进行了公开招标采购。经近一年的规范运作，全局大多数医院都实行了药品集中采购。药品招投标采购金额4481.9万元，占购药总金额的57.5%，节省购药金额662.7万元。实行药品集中采购的医院占医院总数的76%。全局医疗设备总投入1570.7万元（其中路局投资998.8万元），全部由局物资、卫生、审计、执法监察处有关人员组成的招标小组进行招标采购，共节支87.6万元。

2002年，路局投资3028万元为医院、防疫站购置了大型医疗、防疫设备。继续以医疗采购为重点，开展了卫生系统反腐源头治理工作。在药品、设备采购，路外医疗费使用，账外账、私设小金库等方面建立了规章制度。卫生处和辽宁省人民检察院沈铁运输分院开展了全局医疗卫生系统共同预防职务犯罪工作。大型医疗器械集中招标采购资金按局与分局6∶4比例"两家抬"的投资原则，由局物资、卫生、审计、执法监察处有关人员组成的招标小组进行集中招标采购。

二、医院管理

1996年，全局等级医院已达到96.87%，"爱婴医院"创建率达到46.87%，沈阳总医院、大连医院、吉林中心医院均通过了"三甲"复审。积极开展护理技术表演赛，沈阳铁路局在全路护士大赛中获得团体总分第一名、个人全能第一、二名。

1997年，路局制定《沈阳铁路局卫生系统药品处方管理暂行规定》，对传统的"不计金额、重点统计、以存定销、出库算消耗"的药品管理模式进行改革，实行"金额管理、重点统计、实耗实销"。各医院加强处方和医院内部职工用药管理，建立了内部职工开药统计簿，形成财务、挂号员相互制约机制，增强了金额管理意识，对重点药品进行登记、处方全部统计，从根本上解决药品浪费及流失这一顽症。

从1999年开始，医院实行全成本核算管理。大连公司率先在全局试行全成本核算的管理办法，大连医院在口腔科、综合一科、手术科室及物业公司试行了全成本核算和院科二级核算，将医疗工作中全部成本打入清算指标中。其他医院也加强成本管理，成本支出分解到科室和个人，加大了成本支出与奖金挂钩力度，成本超支由工资补。

同年，路局深化人事用工制度改革，调整院内科室，减人增效，转岗分流，定岗定编，竞争上岗的局面已经形成。2001年全局卫生工作会后，逐步构建了按劳、按效、按生产要素分配的原则。2000-2003年，全局各医院继续实行了定编定岗、干部聘任制、工人合同制和高级卫生技术人员评聘分开，进一步增加了职工的紧迫感和危机感，促进医务人员敬业爱岗，一专多能，改善服务态度，提高医疗质量。

三、医疗科研

1996年，沈阳铁路局共完成科研成果50项。其中，部级32项、省级7项、局级10项、分局级20项，发表论文358篇，其中国际级杂志13篇，国家级杂志227篇，省级118篇，完成了5个医院10项科研成果的局级鉴定会。完成局级科研立项6项。组织10个分局级医院完成部教卫司下达给沈局的4000名口腔流调任务。1997年，全局共完成科研成果83项，其中省部级25项、局级17项、分局级41项，发表论文795篇，其中国际级杂志8篇，国家级杂志364篇，省部级329篇。1998年，全局共完成科研成果41项。1999年，全局共完成科研成果51项，发表论文478篇。2000年，全局卫生系统共完成科研项目45项，完成鉴定成果22项，完成获奖成果39项，刊物发表论文495篇，会议论文交流555篇。2001年，全局卫生系统共完成科研项目52项，完成鉴定成果75项，完成获奖成果84项；刊物发表论文575篇，会议论文交流931篇。2002年，全局卫生系统共完成科研项目50项，完成鉴定成果34项，完成获奖成果22项，刊物发表论文834篇，会议论文交流430篇。

2003年，全局共完成科研立项5项，局拨科研经费5.5万元。获得沈阳铁路局科技进步三等奖一项，奖金8000元。发表学术论文100余篇。医院投资12万元，购置数字化图书馆，其中内存全国公开发行生物医学类专业期刊和相关期刊3200多种，方便了医务人员有关信息查询。

2011年，沈阳疾病预防控制所取得了职业病危害因素检测与评价资质，完成了铁道部《卫生防疫及职业健康技术研究—铁路站车鼠虫习性与防治技术》课题项目。吉林疾病预防控制所完成了铁道部《铁路卫生监督与疾控机构指标体系研究》课题。2012年，吉林疾病预防控制所完成了铁道部《铁路重点传染病预警和现场控制技术研究》重点科研课题。2013年，按照总公司劳卫部要求，路局组织各疾控所和沈阳卫生监督所开展中华预防医学会第四届学术年会论文征集活动，收集汇总了17篇铁路卫生防疫学术论文上报劳卫部，组织论文作者参加了全路卫生防疫技术和学术交流会。按照总公司劳卫部要求，组织防疫人员分别参加了铁路卫生监督技术培训班、全路慢性病防治培训班、全路职业病防治培训班。锦州疾控所申请了2013年铁路艾滋病防治与健康教育宣传项目。

四、传染病防治

1996年，中心卫生防疫站制定"肠道病预防工作安排"，组织沿线肠道病工作人员的上岗培训，组建了防病机动队和会诊组，针对呼吸道传染病的发生特点，结合流感病毒毒株30年再现情况，及时发出了"加强春运期间预防流感工作的通知"，通报了国家流感控制中心提供的疫情动态，从而有效地控制了呼吸道传染病的发生，使猩红热、腮腺炎等疾病率较去年同时期有较大幅度下降。全年共发生乙类传染病7种942例，发病率为211.81/10万，比1995年同期上升22.17%；重点人群少见病及计免病调查处理率100%，职工菌痢处理率达到100%。

1997年，沈阳铁路局防疫站组织装配疫情小分队，提高了突发事件的应急能力。组织召开呼吸道、肠道和出血热专业知识培训班。对性病、艾滋病进行基线调查。以预防肠道病为中心，加强医院肠道门诊管理，先后对八所医院进行检查，同时进行了外环境检索及海产品的监测。指导并协助苏家屯医院重新修建了肠道门诊与病房，使其达到了省传染病建筑的要求。管区共报告乙类传染病7种，计912例，发病率为314.83/10万，较1996年下降3.18%。

1998年，实行了结核病的归口管理，形成了以局结核病医院为中心，吉林、锦州结防所为补充的结核病治疗网络，其它医院已在年内逐渐取消了结核病床位。年内共报告乙类传染病10种计749例，发病率为258.55/10万，较1997年同期下降17.87%。全年无甲类传染病和计免病发生。同年，在管内部份地区遭受严重水灾的严峻防疫形势下仍取得肠道传染病，尤其是菌痢发病率大幅度下降。制定了以保冬运、保安全、预防冬季多发病为主的防病计划，加强监测点、流感样病例及上呼吸道感染病例的监测登记工作。对行车关键部门和重点单位的送医、送药，发放预防呼吸道传染病预防用药5150余人份及宣传单500余份。

2000年，路局认真宣传贯彻执行新颁布的《国内交通卫生检疫条例》，防止疫病借铁路传播。各医院肠道门诊按要求及时开放，控制了肠道传染病的发生和流行。2005年，路局下发《沈阳铁路局预防与控制艾滋病行动计划》，并开展了形式多样的宣传教育活动，使大多数职工及家属掌握了预防艾滋病的基本常识。全局肝炎、肺结核等的发病率较上年有所下降。

2006年，按照铁道部的要求，在重点和口岸车站（沈阳北、沈阳、大连、丹东、长春、图们）设置了预防艾滋病宣传栏。2008年，路局加强了手足口病和夏季传染病的防控工作。按照卫生部办公厅《关于加强手足口病等肠道病毒感染性疾病防控工作的通知》要求，全局密切关注疫情，召开专题会议进行部署，认真落实各项防病措施。

2010年，按照铁道部《关于加强建设工地、站车病媒生物防治工作的通知》（劳卫防电〔2010〕65号）要求，指导各工程建设指挥部、站车单位开展病媒生物防治工作，防止媒传疾病发生。2013年，按照铁路总公司《关于做好2013年铁路艾滋病防控工作的通知》精神，组织各疾控所突出抓好重点时期艾滋病预防宣传和客运、机务、工务、公安等重点人群防控工作，扩大宣传覆盖面，促进防控工作常态化开展。7月16日在锦州车辆段召开"走站车、下车间"艾滋病防治巡回宣传启动仪式。

五、消毒防病

1996年，中心卫生防疫站根据消毒管理办法，全年对16所医疗卫生单位，10所托幼机构进行了消毒质量监督监测，配制了电子消毒柜，图书馆过氧乙酸熏蒸，机关办公场所消毒处理等，全年预防性消毒面积达1.4万平方米。管内各乘务员公寓采取综合防制方案，及时进行了越冬蚊蝇的杀灭工作，对旅客列车全面开展了鼠蟑监测与杀灭工作，完成168组582节次，达到了部颁标准的要求。

1997年，沈阳铁路局防疫站全年处理疫情疫

区17处，对其中5处进行了效果考核，合格率为100%，积极配合爱卫会开展群众性卫生活动，参与铁道部完成了站车"双灭"技术规范教学片的制作，编写了"铁路站车鼠蟑监测方法及技术标准"和"铁路医疗单位医院感染检查方案"，同时与郑州分局合办了全路第八次除四害科研协作会，局防疫站有5篇论文在会上进了交流。全年共完成课题两个，即《消毒剂对不同材料医疗器械腐蚀性实验》和《旅客列车鼠蟑防制方法研究》。

1998年，中心卫生防疫站全年处理传染病15例，消毒面积10230平方米，杀虫面积950平方米，灭鼠面积750平方米。对38组旅客列车"双灭"监测207组次，其中鼠密度监测108组次，合格率为59.2%，蟑螂指数监测99组次，合格率为92.0%。对局招待所、住宅及有关部门多次进行防制，面积达5000平方米。全年共对25个单位进行消毒质量监督45单位次；监测30单位次，医疗单位消毒合格率为93.4%，托幼单位为92.6%，紫外线杀菌灯合格率为93.1%。

2006年，路局下发了《关于进一步加强铁路车站、旅客列车鼠蟑等病媒生物防制工作的通知》，制定了《沈阳铁路局旅客列车消毒及病媒生物防制办法》采用疾病预防控制所和客运段签订合同的形式，疾病预防控制所承包旅客列车的灭鼠灭蟑、消毒（由疾病控制所大集体负责）任务，使旅客列车鼠蟑密度达到部颁标准，为旅客创造舒适的旅行环境。2009年，路局组织三个疾控所开展了站车鼠蟑"双灭"工作，采取定岗定责，奖罚分明的措施，使旅客列车鼠蟑密度基本达到铁道部控制要求。旅客列车全年共灭鼠3118组车体、48608辆次，灭蟑3050组车体、47770辆次。

2012年，路局贯彻落实铁路总公司《关于推行站车病媒生物防制专项卫生监察员制度的通知》要求，在沈阳卫生监督所确定了6名鼠蟑专项监察员，参加了全路站车病媒生物防制培训。沈阳疾病预防控制所参与起草了《鼠类防治操作规程（宾馆饭店）》国家标准、铁道部科研课题评审验收、有害生物防制服务机构资质等级考核评定与验收、媒介生物防制使用药械评审推荐等工作。2013年，为贯彻落实铁路总公司《关于推

行站车病媒生物防制专项卫生监察员制度的通知》要求，在沈阳卫生监督所确定了6名鼠蟑专项监察员，参加了全路站车病媒生物防制培训，指导相关疾控所开展集中鼠蟑防制工作。2014年，路局组织沈阳卫生监督所每月有计划地对车站和旅客列车鼠蟑情况进行监测，发现问题及时反馈给有关单位，并将月度站车鼠蟑密度监测情况上报劳卫部。

六、重大疫情防控和灾区防病

（一）灾区防病

1998年，通辽、白城分局发生水灾后，卫生系统积极采取有效措施，先后组织35支136人次的防疫和183批次的医疗小分队，奔赴灾区现场开展卫生防疫和送医送药工作。防疫部门共投放消毒药1038公斤、杀虫(蚊)剂11814盒、预防投药20万粒、消毒水淹面积10万平方米、消毒水源220个、消毒专用列车3381辆，同时开展了大量卫生知识宣传和健康教育工作，医疗部门抢救重患20人、诊治患者53080人次，送药100余种，金额44万元。确保了灾区职工家属和施工抢险人员的防病治病需求，实现了大灾之后无大疫的目标。

2005年，沈吉线和溪田线水害发生以后，沈阳、吉林和通化疾病预防控制中心立刻启动防洪抗灾卫生防疫工作应急预案，派出防疫小分队赶赴沈吉线和溪田线水害现场，设立医疗防疫救治站，开展卫生防疫工作。对受灾较严重的铁路住宅区受灾群众进行了预防性消毒和投药，指导水质、环境消毒和采取虫媒消杀工作。通过卫生防疫人员的努力，实现了大灾之后无大疫。《沈铁日报》和8月22日的《人民铁道报》也对沈阳局水害现场的卫生防疫工作进行了报道。

2010年7月下旬，管内部分站区和线路被洪水冲毁淹没，医疗防疫人员及时赶赴吉林口前站水害现场，发放食品、饮用水、棉被等救灾物资。在口前站区设立医疗防疫服务站，昼夜值班，开展医疗巡诊、站场消毒和食品饮水环境卫生监督等灾后卫生防疫工作，向现场救灾抢险职工和受灾职工家属投放药品6545人份、现场救治2410人、发放6种10440份卫生宣传材料，保证了现场职工的饮食卫生安全。沈阳、锦州疾控所也成立了卫生防病工作组，及时掌握本地区汛情疫情，深入受灾单位及铁路住宅区，开展送医送

药、消毒杀虫、水质检验、健康宣传工作，实现了大灾之后无大疫，确保了抗洪抢险救灾工作的顺利进行。2013年，沈吉线发生水害，路局组织沈阳疾控所、沈阳卫生监督所在沈吉线水毁修复抢险现场，设立卫生防疫服务点，开展预防投药巡诊、环境消毒杀虫、病伤处置、水质检测和饮食饮水卫生安全指导等卫生防病工作，确保抗洪抢险工作顺利开展。

（二）非典型肺炎防控

2003年，全国爆发非典型肺炎疫情。4月4日，沈阳铁路局成立了以局长，书记为组长，主管副局长、副书记为副组长，卫生、客运等部门为成员单位的防控非典型肺炎工作领导小组。卫生处开始实行24小时疫情值班。4月7日，全局开始实行"三进"列车乘务人员退乘疫情报告制度，并开始对二等以上车站和所有列车实行周消毒和终到消毒。4月8日18:00–22:00,沈阳局处理第一起列车(哈局担当的K339次)"非典"疫情。由于沈阳市准备不充分，病人未能在沈阳下交,由沈阳铁路疾病控制中心专业人员护送到哈尔滨。4月10日，在全局各大车站开展实行医学巡视，并在23个较大城市车站设立车站发烧旅客检查室。4月22日，沈局开始对所有直通列车和管内快车实行客运干部和卫生人员"双添乘"。4月24日，在全局站车实行《旅客健康申报卡》,并对进出站旅客进行体温测量。5月1日，建立了全局职工家属四级疫情报告网，保障局"非典"办在第一时间掌握管内职工家属的最新疫情动态。5月9日，天津分局1548次列车乘务员姜涛发烧延迟下交沈阳，被沈阳市确诊为"非典"疑似病人(2周后排除)。北京铁路局对有关人员进行了严肃处理,5月14日，路局下派9个防控非典督导组对各分局、客运公司、秦沈客专线及工程部门防控"非典"工作措施落实情况进行全面督导检查。5月28日，路局开始实行每日18:00防控"非典"疫情电视电话交班例会。同时，针对外局K48次和1165次列车疫情处理不当事件，两级机关抽调1100名机关干部组成150个包保组、50个督导组下到全局各个车站、每趟列车开展为期一个月的包保检查工作。"非典"流行期间，沈阳铁路局共处理站车疫情833起，列车下交发烧病人384人(其中1人被赤峰市卫生部

门确诊为"非典"病人,其余均排除),下交密切接触者3629人。对乘务人员进行医学隔离282人次。共培训职工35万人次,累计发放和张贴各类宣传单102万份,全局累计投入使用口罩88万个、体温计7.6万支、防护服6.7万套,各种消毒剂39.9万公斤,喷雾器2.2万个,手套22万双,车站购置固定式体温测量仪50台,站车配备便携式体温测量仪1749台,直接投入的防控"非典"资金累计2482万元。查处一批抗击"非典"不力的干部和违纪职工,记过、严重警告及撤职的干部100余人。

沈铁中心医院成立了"非典"防治工作领导小组,并下设18个专项工作组,医院下发了5个"非典"防治方案,医院抽调63名医务人员,建立了"非典"病人治疗病房、"非典"疑似病人治疗病房、"非典"病人观察病房,成立了发热门诊。从4月24日至7月4日,完成56名司乘人员的隔离观察任务,全院共派出143人次分23组承担列车添乘339车次,共处置发热旅客108人,发热乘务员5人,测量旅客体温126183人次,测量乘务员体温29200人次。向北方交大运送抗"非典"物资94件。医院党委被铁道部评为全路防"非典"先进基层党组织,院长等十余名同志分获省、市、局抗"非典"工作先进个人和优秀共产党员称号。2004年,针对4月份因实验室感染引起的非典死灰复燃,采取了内紧外松的措施,把工作重点放在职工的健康保护上,确保职工家属无一人感染,把非典的影响控制在最小的范围内。

(三)禽流感防控

2004年,成立了沈阳铁路局防治禽流感领导小组,局长、书记任组长,主管运输,卫生副局长为副组长,运输、客运、货运、卫生等部门为成员单位。下发了文件和电报,提出统一要求,做出具体部署。货运部门加大了检疫力度,实行了日报告制度,卫生防疫部门按部要求加大了检查力度,对站车进料、中途补料、采购情况进行了突击检查,对卫生、客运、货运人员进行了集中培训,并开展了站车消毒。2005年部分地区发生禽流感疫情后,按照铁道部的要求,对口岸车站进行监控和消毒工作,防止疫情经口岸单位传出和传入。对疫区的铁路车站环境进行了消毒,

对铁路工作人员进行了健康宣传。春运、暑运和节假日期间加强卫生防病工作,采取预防投药、站车宣传、消毒杀虫等措施确保职工家属和旅客的身体健康。2006—2007年,发生禽流感疫情时,局禽流感防治办公室专人值班值宿,对疫区站车单位进行消毒和做好健康教育工作,保护了铁路职工家属的身体健康。

2013年,按照铁路总公司劳卫部《关于做好人感染H7N9禽流感和春夏传染病铁路防控工作的通知》要求,积极部署全局人感染H7N9禽流感和春夏传染病防控工作,组织站车单位加强防控,落实职工防病措施;组织各疾控所加强防病宣传,做好站段防控指导工作。2014年,按照总公司《关于做好人感染H7N9禽流感铁路防控工作的通知》,组织站车单位加强旅客防控、职工防病、禽类运输管理及应急处置工作。

(四)汶川地震救灾卫生防疫工作

2008年,四川汶川地震发生后,按照铁道部和铁路局抗震救灾电视电话会议的要求,全处科长以上干部实行24小时轮流值班制度,启动卫生应急处理预案,做好卫生防疫和协调医疗救护的准备工作,派出3名卫生监督员随车添乘沈阳铁路局支援成都局转运伤员列车,做好车上卫生监督和列车消毒工作,确保转运伤员列车食品卫生绝对安全和车上不发生传染病疫情。指派沈阳疾控所对转运伤员列车进行了防疫消毒,为保证随车人员的身体健康,为转运伤员列车配备了药品、个人防护用品、喷雾器等救灾物质。对口支援成都局卫生防疫部门,采购消毒喷雾器等消杀药品投入抗震救灾防疫工作。

(五)北京奥运会卫生保障工作

2008年北京奥运会期间,路局制定下发了《2008年北京奥运会沈阳铁路局卫生保障工作方案》,明确了卫生保障的工作目标、主要任务、组织机构、卫生要求、推进计划和工作措施;加强了卫生救护培训工作,对承办和协办奥运会相关站车单位的客运班组,进行了红十字卫生救护员的培训工作;疾控所和监督所开展了处理突发公共卫生事件模拟演练,进一步提高了处理突发公共卫生事件应急能力。卫生监督员加大检查力度,落实各项卫生防病措施,确保食品和生活饮用水的绝对安全,疾病预防控制

所对动车组实行了趟趟添乘检查，完成了奥运会卫生保障工作任务。

（六）甲型H1N1流感疫情防控工作

2009年5月初，按照铁道部的统一部署，路局成立了甲型H1N1流感防控领导小组，制定了防控工作方案，建立了疫情值班和报告制度，明确了站车单位防控工作职责、站车自报发热旅客和密切接触者处置程序、路地联防联控机制、站车防控物资配备标准、站车通风消毒标准等。共应急处置协查密切接触者、旅客自报发热、站段内部职工甲型H1N1流感疫情58起，完成管内医学观察列车员39人、非站车单位职工45人。指导站车单位做好站车防护用品配置。积极协助救治重症病例，保护铁路职工健康。对客运、公安、车辆、调度、公寓、机车乘务员等直接为旅客服务的重点岗位职工进行了疫苗接种。2010年，按照铁道部的统一部署，为保障铁路职工和旅客身体健康，严防疫情借铁路交通工具传播，继续贯彻"高度重视、积极应对、联防联控、依法科学处置"的原则，突出抓好站车防控、铁路人员聚集单位场所、重点物资运输和职工防病工作。路局防控办、各疾控所实行24小时值班制度，根据铁道部防控办的指示精神，及时调整防控措施，积极处置甲型H1N1流感疫情，对参加专运添乘的人员进行体温检测。增加对二等以上车站及"三进""直通""超员"列车的消毒频次，对疑似病例职工进行流行病学调查和对密切接触者的居家隔离观察，实施列车及站区旅客通道终末消毒。按照铁道部防控办开展铁路职工甲型H1N1流感疫苗接种的要求，经地方预防接种机构同意，设立了13个铁路职工疫苗接种点，完成了19403名铁路职工甲型H1N1流感疫苗接种工作。全年累计应急处置甲型H1N1流感疫情56起，防疫人员603人次参加了专运添乘、重要会议的卫生保障工作，完成管内职工医学观察84人，4名确诊职工病例经积极救治全都治愈。

第三节　食品安全与计划生育

一、站车卫生

1996年，站车卫生以治理"白色污染"和提高站车卫生水平为重点，加大检查监督的力度，全面实施站车卫生网络监督工作计划，对违反有关规定的进行行政处罚，全年共处罚9户次，罚款余额4200元，销毁禁止生产经营食品2000余公斤，价值5000余元。1997年，站车网络监督步入制度化、规范化轨道，在全局干线上，每天都有站车卫生监察人员驻站或随车添乘检查卫生，使列车在运行中的卫生状况得到定时、定点监控，铁路沿线的"白色垃圾"得到明显控制。认真贯彻新的食品卫生法，进一步理顺食品卫生监督体制，铁路三级食品卫生监督机构责、权明确，卫生行政执法体系基本确立。同时为全路起草制定了站车卫生工作规范和站车卫生各项专业技术档案，充分发挥了全路重点专科的技术指导作用。1999年，路局开展了国内交通卫生防疫条例的宣传学习活动，各防疫站按照路局的要求，对新颁布的《国内交通卫生检疫条例》进行了站车宣传，并组织卫生防疫人员进行了学习和模拟演习，确保需要，随时到位。结合全局站车卫生网络监督工作，对站车用一次性快餐具进行了规范管理，按铁道部劳卫司文件要求，对销售快餐具的厂家进行了重点考核和登记备案，并加强了快餐盒在使用过程中的质量监控工作。对存在质量问题的餐具，按有关规定吊销了其在铁路的销售资格，从而保证了快餐盒质量。

2009年6月份，在全局站车单位开展食品安全专项检查活动，组织站段对食品安全开展自查整改活动，路局成立了5个检查组，对重点站车单位进行了检查，检查食品安全12项卡死制度落实情况，对检查发现的问题全局通报，并跟踪督促各单位整改落实。2010年，按照铁道部要求，每季度开展了站车卫生安全网络监督，对进京、进沪、进穗列车强化了途中动态卫生监督检查，配合上海世博会、广州亚运会开展站车卫生安全服务质量和食品安全、卫生应急防治为重点的站车卫生量化监督工作。

2013年，结合铁路总公司劳卫部、运输局的电报精神，组织站车单位和卫生监督所、疾控所开展了餐饮安全、食品质量整治、餐车中途补料、食品标志等专项整治活动，落实了食品、工具、设备"三定位"措施，加强了旅客列车餐车冷藏管理，审查了重点单位食品检测报告，开展了以散装熟食品、动车盒饭、凉拌菜等高危食品为主的监测工作，组织旅客列车餐车建立了标准化的食品安全管理手册，对沈阳餐饮服务段餐车中途补料点进行检查规范,并按照铁路总公司劳卫部要求，对外局设在沈阳局管内的补料点进行了对标检查，规范了食品标志管理，从源头控制站车食品安全。2014年，根据总公司劳卫部、运输局、开发部《关于加强站车餐饮食品保质期限管理的通知》要求，组织各站车单位加强自查考核，组织卫生监督所开展了专项检查工作。

二、食品卫生和公共卫生

（一）监督和管理

1996年，按照《食品卫生法》和铁道部的有关要求，结合沈局具体情况，路局先后下发了《关于明确铁道食品卫生监督机构职责的通知》等文件，设立了沈阳铁道食品卫生监督处及10个分局的食品卫生监督分处。

2007年，按照国家和铁道部的要求，围绕开展产品质量和食品安全的专项整治，完成了专项整治的动员准备、调查摸底、督导规范和验收总结四个阶段的各项工作目标和任务，顺利通过了铁道部验收组的验收，铁道部验收的网点全部达到了优秀。2009年，路局制定下发了《沈阳铁路局公共卫生安全考核办法（试行）》，发出三期站车网络监督检查通报和六期公共卫生安全考核兑现通知书，对存在严重公共卫生问题的单位进行了考核兑现。

2010年，按照铁道部《关于印发铁路系统2010年食品安全整顿工作安排的通知》（铁劳卫函〔2010〕395号）和辽宁省食品药品监督管理局关于开展食品安全整顿工作的要求，制定下发了2010年食品安全整顿工作安排；贯彻卫生部、铁道部等五部委关于印发《铁路运营食品安全管理办法》的通知，与辽宁省卫生厅、工商局等联合转发了《铁路运营食品安全管理办法》。

在一级专运、全国人大政协"两会"、全局重要大型会议、全局"感受世博、奉献铁路"主题参观活动、全局连续十八期"党支部书记培训班"、职工健康休养食品安全保障等工作中，卫生监督员全程跟踪检查，对饮水、饮食各环节进行检查和样品安全性快速检测，对专运餐饮食品进行全程卫生安全监督，确保了重大活动代表和专运领导饮食的绝对安全。

2011年，按照铁道部《铁路食品安全监督管理办公室职责规定》要求，成立了以局长为主任的沈阳铁路食品安全监督管理办公室，其综合办公室设在劳卫处。启用了"沈阳铁路食品安全监督管理办公室"印章。落实铁道部《关于开展铁路食品检验机构资质认定工作的通知》要求，制定了疾病预防控制所食品检验机构认定工作推进计划，并投资233万元，为其购置检验设备。贯彻落实铁道部《铁路餐饮服务和食品流通许可管理办法》，制定下发了"沈阳铁路局食品安全许可审批和发放程序（暂行）"，规范管内餐饮服务和食品流通许可工作。按照辽宁省卫生厅《关于加强公共卫生场所量化分级管理工作有关事宜的通知》，开展了住宿、游泳场所、沐浴场所、美容美发场所的量化分级管理工作。按照铁道部《关于加强公共场所集中空调通风系统卫生管理的意见》，对全局集中空调通风系统情况进行了调查摸底，并指导基层单位建立规章制度及管理档案，落实清洗、消毒措施。按照《沈阳铁路局公共卫生安全考核办法》，每月对违反规定存在公共卫生安全问题的站段进行了考核兑现。

2012年，按照路局应急办公室要求，重新编制了《沈阳铁路局突发公共卫生事件应急预案》《动车组医疗防疫卫生保障应急预案》。按照局安监室关于修订《处置长大隧道突发事件应急预案》的通知，结合铁道部新的相关标准和近年来实际工作情况，提出了修改意见。组织卫生监督所和疾病预防控制所开展了突发公共卫生事件应急演练活动，完善应急小分队建设，充实应急物资储备，全面提高突发公共卫生事件应急处理能力。按照劳卫司的统一部署，为提高卫生监督员业务素质，增强对公共卫生安全管理关键环节的认识，组织沈阳卫生监督所监督员进行铁路公共卫生安全风险控制测评。

2013年，路局按照总公司劳卫部、运输局、多经中心《关于加强2013年元旦春节期间铁路食品安全工作的通知》要求，组织监督员在全局开展两节期间食品安全监督检查，确保了元旦春节期间食品安全。为贯彻落实《食品安全法》《铁路动车快餐盒饭食品安全控制要求》《辽宁省2013年食品安全监督管理计划》，结合2013年各疾控所、监督所业务工作任务指标，制定下发了2013年食品安全监测计划，突出了对沈阳餐饮服务段加工基地快餐盒饭的监测工作。完成了全国第十二届运动会卫生保障任务。按照辽宁省十二届运动会组委会的要求，对组委会入住的东北大厦的食品餐饮、生活饮用水进行跟踪监督监测，指导了站车单位和铁路定点宾馆开展病媒生物防制和控烟工作。派监督员添乘北京、上海、广州、青岛、成都等重点线路管内旅客列车，巡回检查列车食品安全情况。

2014年，根据总公司《关于做好2014年铁路食品安全工作的通知》精神，路局强化了食品生产经营单位主体责任意识，落实食品安全具体管理措施。根据总公司劳卫部《关于开展铁路食品安全督导检查的通知》，组织开展督导检查活动，重点食品源头治理，严控准入条件，指导建立信息管理系统。组织在沈阳北站、长春站开展食品安全主题日宣传活动。按照总公司劳卫部要求，以加强食品安全、加强危害治理、加强人员管理、加强危险品管理、加强应急管理为重点，组织开展专项整治行动。依照《沈阳铁路局公共卫生安全考核办法》，对管内单位违反公共卫生安全有关规定的站段进行了月度考核兑现。

（二）卫生监测

1997年，沈阳铁路局防疫站对管内各单位全面实施分级管理，加强网络监督，对特、一等站和进沪列车进行全方位监督监测，全年共监督2337次，合格率为96.8%，覆盖率为100%。卫生处罚7单位次，罚款2090元。监测食品、食品用具、公共场所计883件次，总合格率为95.2%，覆盖率为100%。2009年，制定了《2009年铁路餐饮消费环节食品安全监督抽验计划》，共监测生活饮用水1435件、食品28类1034件、餐具消毒效果监测4427件、卧具茶具等公共物品1698件；完成旅客列车、行车公寓等空气质量监测1587项次，客运站安检X线等监测148项次，提出卫生学评价报告51份。

2012年，在沈山线、沈大、沈丹线8月初发生水害后，深入现场了解和掌握水害对供水水源、餐饮单位的安全威胁情况，启动应急水质消毒和餐饮具消毒应急预案，完善和督导卫生应急措施的落实。全年各类食品、生活饮用水、公共场所卫生监督频次都超过百分之百，卫生监督覆盖率均达到百分之百，杜绝了责任性食物中毒、生活饮用水污染事件及公共场所危害事件的发生。

（三）食物中毒防治

1996年，根据《食品卫生法》要求，采取了双承包责任制的方法，消除中毒隐患。全年对大型会议集餐跟班监厨20次，无一不良反应发生。落实"职业危害作业卫生监察办法"等标准，广泛开展现场监督指导和职业危害作业场所的定期检测，全年无一例急性职业中毒事件发生。1998年，中心防疫站围绕预防食物中毒这一中心开展工作，以抓重点行车部门的食堂卫生、食品加工过程的卫生、重点食品的限制、大型集餐监厨制度的落实等关键控制环节，有效地控制了食源性疾患的发生。根据辽宁省卫生厅〔1998〕87号文件，沈阳铁路局卫生处〔1998〕15号文件《关于"要积极开展预防学生食物中毒"的要求》及时组织有关人员，集中时间不分早晚对管内的10所院校的13个食堂及这些学校周围的二十余个食品销售网点进行了突击检查，取缔无证经营2户次，监督销毁不符合卫生标准小食品30余袋。2006年，路局要求在春运、暑运、黄金周、重大会议以及"世园会"期间，加大卫生监督工作力度，增加监督频次，全年旅客列车、重点车站、铁路站场内无责任性食物中毒发生。

三、水源卫生管理

2009年，为加强车站列车上水水质监控，路局组织3个疾控所对14个上水车站的水质进行了检验。暑期对沈阳、沈阳北、大连、山海关等重点上水车站每周进行一次水质化验，共计完成水质检验247件，确保了饮水安全。

2010年，对生活饮用水重点单位拉网式量化监督检查。为加强车站列车上水水质监控，组织3个疾控所对重点专运上水车站（客车整备库）每周进行一次水质化验，检验结果及时通报相应公安处和上水车站，确保了专运饮水安全。

2013年，按照总公司劳卫部要求，组织沈阳、锦州、吉林疾控所对辖区内不同类别水源的年度报表数量、网络直报数量进行了统计分析上报。2014年，对全国"两会"代表乘坐列车上水水质进行检验，对食品采购加工全过程监督指导，确保了"两会"代表饮食饮水安全。

四、计划生育

1996年，路局坚持实行企业法人代表计划生育负责制，签订《责任书》。全局计划生育率为100%，无一例外计划生育，独生子女办证率达到100%。1998年，路局研制开发了《计划生育管理信息系统》应用软件。年底，全局有近2/3的单位实现了微机化管理。2010年，路局认真贯彻国家、各地政府计划生育政策法规，开展计划生育政策咨询，组织有关单位参加全路计划生育培训班。为机关及机关附属单位职工审核办理相关计划生育证明，及时解答站段有关计划生育政策咨询。2011年，按照铁道部的要求，路局组织开展了基层单位计划生育干部基本情况调查摸底工作。2012年，按照铁道部劳卫司要求，组织基层单位计划生育专兼职干部参加铁道部举办的计划生育管理培训班。

第四节 爱国卫生活动

1996年4月1日，以治理铁路沿线垃圾为重点，路局组织全局开展卫生突击月活动，数千万人上线清理铁路沿线垃圾，在社会上产生了较大影响。站段以上领导参加卫生月活动达11000多人次，职工参加活动的人数达百万余人次。旅客列车垃圾全部实行袋装化，定点投放，各站指定专人捡拾站区线路垃圾。积极开展健康教育宣传工作，共编印卫生宣传资料约60期，全局健康教育普及率达90%以上。10月份组织有关站段接受了全国爱卫会和铁道部对沈局国家卫生站车的复查。1997年，局爱卫会配合省里有关部门，参加了省"绿叶杯"竞赛活动，受到辽宁省政府表扬。沈阳北站、53/54、557/558次列车相继通过铁道部国家卫生站车初评和全国爱卫会组织的国家卫生站车评审。

1998年4月，组织开展了爱国卫生月活动，共清除垃圾2万吨，并对部分铁路沿线两侧的私建乱建进行了治理，铁路沿线面貌有所改观。配合省"绿叶杯"竞赛活动和国家城市卫生检查活动，对各窗口单位卫生进行了整顿。53/54、557/558次列车和沈阳北站经全国爱卫会严格考

核检查，被命名为"全国卫生列车"和"全国卫生车站"。5月和10月份，路局爱卫会组织了两次全局卫生大检查，并组织了站车双灭工作情况检查，检查结果向全局做了通报。年终对150个爱国卫生先进单位集体、200名先进个人进行了表彰。

1999年，局爱卫会将治理铁路沿线"白色垃圾"列为爱国卫生工作的一项主要任务。与局团委共同组织了青年志愿者主题奉献日活动。4月全局共清除沿线垃圾6万余吨。路局组织32次治理白色垃圾专场检查，对5个开展活动有差距的单位提出了通报批评。协调各分局与当地省、市政府有关部门拟定了铁路沿线环境改造规划。局爱卫会积极配合地方爱卫会，对管内主要受检单位进行了抽查，针对存在的问题，提出了整改建议，并协调有关部门加大了投入，改善了卫生设施。各分局加大了卫生设施的投入，全年共改建卫生厕所26个，建自来水站区17个，卫生设施配置费已达500多万元。2000年，沈阳铁路局爱卫会被辽宁省命名为"爱国卫生工作先进单位"，大连、长春分局被铁道部命名为"治理白色垃圾污染先进单位"。

2006年，沈阳"世园会"期间，路局对窗口单位的卫生状况进行了督导检查。2010年，路局认真落实铁道部关于铁路系统贯彻全国爱卫会《2010—2012年全国城乡环境卫生整洁行动方案》的指导意见，组织各单位完善了爱国卫生组织机构，明确职责分工，健全了规章制度，提升了管理水平。局爱卫办结合春秋两季"爱国卫生月"活动，成立检查组，对管内重点单位进行检查，对不达标单位进行督导整改。各单位积极开展创建省爱国卫生模范单位活动，大连工务段、金州站、沈阳车务段抚顺北站被辽宁省爱国卫生运动委员会授予"辽宁省卫生模范单位"荣誉称号。

2012年，按照铁道部《关于铁路系统贯彻全国爱卫会〈2010—2012年全国城乡环境卫生整洁行动方案〉的指导意见》和部劳卫司《关于开展第二十四个爱国卫生月活动的通知》要求，制订了活动实施方案，为贯彻落实铁道部《关于做好环境卫生整洁行动评估工作的通知》，于5月

25日起至6月15日期间，组织开展了局管内铁路环境卫生整洁行动评估工作，并向铁道部爱卫办推荐了活动中涌现出的先进集体和先进个人。2013年，配合辽宁省爱卫会、省十二运组委会对沈山、沈大、沈丹、沈四铁路沿线地方周边环境进行了检查。按照辽宁省爱国卫生运动委员会办公室的要求，做好第十二届全运会沈阳赛区病媒生物防制和控烟工作。

2014年，路局根据总公司和辽宁省开展爱国卫生月活动的通知要求，组织开展了以"远离病媒侵害，你我同享健康"为主题的第26个爱国卫生月活动。按照总公司《关于做好新时期铁路爱国卫生工作的意见》，制定下发了全局爱国卫生工作安排。按照总公司《关于开展2014年铁路爱国卫生督导验收工作的通知》要求，组织开展了"花园式单位""绿色家园小区"参评活动。

第五节　医疗社会职能移交

2003年，路局成立了以主管副局长为组长，有关处室负责人为成员的实施主辅分离文教卫生领导小组，领导小组下设办公室(教育处、卫生处有关人员组成)，负责属地移交的日常工作，卫生处利用三个月的时间对全局的医疗机构、防疫机构、疗养院进行了包括人员、经费、资产、土地、房屋等内容的统计工作。

内蒙古自治区人民政府办公厅下发了《关于沈阳铁路局所属教育医疗机构移交地方管理有关问题的通知》，要求通辽分局在内蒙古境内的教育医疗机构在2003年11月底前完成移交工作。吉林省人民政府和吉林省经贸委先后下发了《关于成立吉林省接收沈阳铁路局分离社会职能单位工作领导小组的通知》等四个文件，规范了吉林省境内的铁路教育、医疗单位属地化移交工作。辽宁省人民政府下发了《关于成立辽宁省铁路社会职能移交工作领导小组的通知》，组建了辽宁省属地移交工作领导机构，到年底，全局29所医院已经签订移交协议的有10所(通辽、大连、瓦房店、赤峰、白音胡硕、长春、大石桥、图们、泉阳、叶柏寿医院)，占全局医院总数的34.5%。到2004年10月31日，全局29所医院全部移交完毕，共移交在册职工12160人，补偿经费

79249.85万元，人均移交成本6.52万元；移交资产总额70759.48万元。

第六节　"红十字"工作

2006年，路局制定下发了《沈阳铁路局旅客列车急救药箱管理暂行规定》(沈铁劳卫函〔2006〕21号)，由疾病预防控制所负责给旅客列车红十字药箱供药，保证了药品质量。2010年，为贯彻落实铁道部《关于做好旅客列车红十字药箱配备和管理工作的通知》，组织指导各疾控所做好对客运段红十字急救员的培训以及旅客列车急救药箱药品的配备工作。按照铁道部劳卫司的统一部署，组织开展了"2010红十字博爱周"活动，疾控所人员参加了国家红十字总会的急救员复训工作。2011年，按照劳卫司、运输局《关于组织开展救护培训和红十字药箱配备、使用工作检查的通知》要求，开展了旅客列车红十字药箱和救护员培训自查工作。

2012年，按照部劳卫司《关于组织开展2012红十字博爱周活动的通知》要求，组织沈阳、吉林疾病预防控制于5月8日—15日期间分别在沈阳站、长春站开展了以"红十字——人道力量"为主题的红十字博爱周活动。转发了《铁道部关于做好铁路红十字工作的意见》，组织疾病预防控制所重点对客运段乘务员和客运车站工作人员开展红十字救护员培训工作。对哈大高铁车站、旅客列车进行红十字救护员培训，配备应急药箱，指导车站开展应急演练。2013年，路局组织各疾控所对客运段乘务员和客运车站工作人员开展了红十字救护员培训，培训发证1484人，救护员持证上岗。组织客运段、疾控所对旅客列车急救药箱进行检查。按照总公司劳卫部要求，参加中国红十字会和总公司组织的救护师资培训。

第七节　疗养工作

1996年，全局共完成退休、离休、局劳模共2000人的疗养任务。9月份，铁道部教卫司在五龙背疗养院召开了全路疗养事业改革现场会，该疗

养院在改革、管理、建设、开发利用矿泉水资源等方面的经验在全路50个疗养院院长会议上介绍。1997年，全局共完成健康疗养8223人，慢性病疗养1151人。设备总投资99.7万元，基建总投资1740万元，其中新建兴城疗养院一疗区和水疗馆。

2001年，全局的疗养院坚持"服务内部，面向社会"的宗旨，更新了观念，狠抓疗养院内部改革和管理，强化成本核算和市场营销，逐步把疗养院建设成了集疗养、康复、保健、旅游、度假、娱乐、培训为一体的经营实体。2005年，路局直管站段后，对疗养院的基本情况进行了调查。各疗养院克服困难，内抓管理外创市场，结合自身的实际情况和特色，努力增收节支，在治疗康复疗养、会议接待、旅游服务等方面做了大量的工作，保持了疗养系统的平稳发展。并接待249名调度人员进行了健康疗养。

2006年，全局疗养院系统努力创收节支，稳定职工队伍。精心组织，优质服务，完成离退休干部和劳模疗养接待任务。劳卫处在全局疗养系统开展了安全大检查活动，确保疗养院人身、设备、车辆、资金等安全。2011年，按照铁道部劳卫司要求上报管内疗养院简介和各疗养院职工健康休养床位基本情况及疗养员感言集、各休养机构视频宣传资料、全路疗养计划，并且每月上报《职工健康休养月报表》和《职工健康休养信息月报表》。2012年，为认真贯彻落实铁道部《关于印发2012年铁路职工健康休养规范管理年活动方案的通知》，路局要求各单位严格按照《职工健康休养规范管理年活动评估要求》组织实施，力争年度休养任务完成率达到95%以上，休养职工满意度达到95%以上。组织各疗养院落实规范管理年要求，确保完成活动目标。2013年，参加全路职工健康休养工作会议，参加全路健康休养工作检查组，并与工会、多经处共同迎接了铁路总公司对沈阳局健康休养工作检查。按照路局工会的通知，参加了职工健康休养管理系统培训班。2011年至2015年9月末，完成了外局职工共2744人的疗养接待任务。

第八节 职工体检与健康行动计划

为规范开展职工体检和健康管理工作，保障职工健康，2014年11月，依据《中国铁路总公司职工体检和健康管理办法》，路局下发《沈阳铁路局关于印发〈沈阳铁路局职工体检和健康管理实施办法〉的通知》。其中，明确由大连、兴城、丰满、长白山4家疗养院承担全局职工健康体检工作，从业人员体检、有毒有害作业职业健康体检由沈阳、锦州、吉林三个疾病预防控制所承担，机车乘务员职业健康体检由沈阳疾病预防控制所承担。体检费用清算方式也按照总公司要求进行了调整，即从2015年起，职工健康体检费用纳入福利费管理，不再从职工补充医疗保险中清算列支，而由疾控所承担的其他类别体检费用继续由各单位按生产成本列支。

依据《中国铁路总公司关于实施职工健康行动计划的意见》（铁总劳卫〔2015〕24号），2015年3月，沈阳局下发了《沈阳铁路局关于印发〈沈阳铁路局职工健康行动计划实施方案〉的通知》，用3年左右的时间，以"健康体检、健康宣传、健康维护"为主要内容，完善健康管理体系。路局成立了职工健康行动计划工作领导小组，负责全面部署并督导推进职工健康行动计划实施工作。办公室设在劳卫处，负责职工健康行动计划各项具体工作的组织实施以及综合协调。

2015年5月，为做好慢性病重点人群的健康管理，科学制定职工慢性病防治群体性策略，提升职工健康水平和生活质量，防止职工在岗突发疾病死亡，按照铁路总公司关于开展铁路职工健康行动计划重点人群筛查管理工作的总体要求，路局下发《关于开展铁路职工健康信息普查统计工作的通知》（劳卫卫电〔2015〕4号），在全局范围内开展铁路职工健康信息普查工作，按照总公司《职工健康档案和重点人群筛查管理技术要求》，确定了健康管理重点人群，并开始对第三类慢性病高危人群开展健康维护工作。

第三章　社会保险

1987年，经铁道部报请国务院，由劳动人事部批复"铁路企业固定职工的退休费用，暂由铁道部按系统统筹"。1992年，全路企业执行国务院99号令的规定，劳动合同制工人退休费用也由铁道部统筹。全路全民所有制单位（除大专院校、科研单位）一律实行铁路养老保险基金行业统筹办法。1993年10月，全路企业职工实行岗位技能工资制，铁路企业职工兑现岗位技能工资的同时，职工个人开始缴纳基本养老保险费。1995年7月25日，沈阳铁路局成立社会保险事业管理中心，对外称沈阳铁路局社会保险事业管理处。各分局也相继成立社保工作机构，基层单位劳动人事部门亦配备相应社保专（兼）职人员。至此，全局养老保险管理步入规范化轨道。

1998年8月，按照国务院《关于实行企业职工基本养老保险省级统筹和行业统筹移交地方管理有关问题的通知》及铁道部要求，沈阳铁路局的基本养老保险工作移交辽宁省、吉林省管理，划分为辽宁省和吉林省两个养老保险统筹范围。自1999年1月1日起，铁路企业完全执行当地政策，实行省级统筹、属地管理。同时，有序推动工伤保险、失业保险统筹的属地化管理。2007年9月，沈阳铁路局各单位全部参加了地方市级工伤保险统筹。2009年1月，沈阳铁路局吉林省养老保险统筹范围内的职工参加吉林省失业保险省级统筹，辽宁省养老保险统筹范围内的职工仍参加地方市级失业保险统筹。

2001年1月，为深化企业养老保险制度改革，建立铁路企业多层次养老保险体系，提高职工退休后生活保障水平，沈阳铁路局对局管内参加基本养老保险统筹的全民固定职工、全民合同制职工和不辞不退的计划内长期临时工建立企业年金。2010年1月，企业年金进入市场化运作。随着社会保险制度的不断完善，沈阳铁路局社会保险工作实现规范性、有序化管理，职工和离退休人员的权益不断得到保障和增加，在促进职工队伍的稳定方面发挥了积极作用。

第一节　社会保险机构概况

1995年7月25日，沈阳局社会保险事业管理中心成立，独立建制，处级编制。对外称沈阳铁路局社会保险事业管理处，内设养老保险管理科、基金统筹科，定员9人。同年，丹东、锦州、通辽、吉林、白城、图们分局也相继成立了社会保险工作机构，长春、沈阳、大连、通化分局社会保险工作机构则混编在劳资部门内。同期，基层单位劳动人事部门亦相应配备专（兼）职人员负责本单位的社会保险工作。局、分局两级社会保险工作机构的职责为：负责筹集、管理、上缴和拨付养老保险基金；管理个人养老保险档案；编制养老保险基金预决算；负责其他社会保险待遇的日常管理等。

1998年5月，社保处内设立工伤保险科，工伤保险实行铁路系统管理，铁道部社会保险机构主管铁路企业职工工伤保险工作，铁路局社会保险机构经办工伤保险业务。2004年1月，社保处内设立失业保险科，各分局社保分处分别增配失业保险专职人员，失业保险归口社保部门统一管理。

2005年3月18日，铁路分局撤销，成立铁路办事处，铁路办事处内设立社保办公室。2008年9月，根据铁道部《关于设立铁路企业年金理事会办公室的通知》精神，沈阳铁路局设立企业年金理事会办公室，理事会办公室挂靠路局社会保险管理处，为铁路局企业年金理事会日常办事机构。理事会办公室主任由铁路局社保处处长兼任。

2009年，按照《关于整合全局社保机构的通知》精神，沈阳铁路局撤销长春、沈阳、大连、锦州、通辽、吉林、通化铁路办事处内设的社会保险办公室，成立长春、沈阳社保办公室，作为局社保处派驻机构，由局社保处负责管理。将原长春、吉林、通化铁路办事处社保办负责的业务移交长春社保办公室管理，将原沈阳、大连、锦州、通辽铁路办事处社保办负责的业务移交沈阳社保办公室管理。

2015年，沈阳铁路局企业年金理事会办公室变更为局社保处年金管理科，同时社保处内还增设了综合信息科。年末，社保处内设综合信息科、养老保险科、工伤保险科、失业保险科、社保基金科、年金管理科，定员26人。下设沈阳、长春社保办公室。负责全局养老保险、工伤保险、失业保险、企业年金、社保基金日常管理工作。

第二节　养老保险

1996年，按照铁道部公布的《关于建立劳动模范离退休荣誉津贴的通知》，沈阳铁路局从1996年7月1日起，对获得全国劳动模范的离退休人员每月发放100元离退休荣誉津贴、对获得部（省）级劳动模范的每月发放80元。同年，沈阳铁路局按照铁道部下发的《关于1996年提高和调整铁路企业离退休（职）人员基本养老金的通知》，从1996年7月1日起，对1995年12月31日以前的企业离退休（职）人员提高和调整基本养老金。1997年，沈阳铁路局按照铁道部下发的《1997年调整铁路企业离退休（职）人员基本养老金的通知》，从1997年7月1日起，对1996年12月31日以前的企业离退休（职）人员提高和调整基本养老金。1998年，沈阳铁路局按照铁道部下发的《1998年调整铁路企业离退休（职）人员基本养老金的通知》，从1998年7月1日起，对1997年底前的企业离退休（职）人员调整基本养老金。

1998年8月，国务院印发《关于实行企业职工基本养老保险省级统筹和行业统筹移交地方管理有关问题的通知》，决定将行业统筹移交地方省级统筹管理，并限定在8月底前完成。从1998年9月1日起，铁路300多万职工、100多万退休（职）人员纳入各省的社会保险体系。以铁路局和部属总公司或跨省的铁路分局、工程局、部属工厂为单位，参加属地省级基本养老保险统筹。沈阳铁路局管内沈阳、丹东、锦州、通辽分局和大连公司，路局机关及辽宁省内路局直附属单位基本养老保险工作移交辽宁省管理，参加辽宁省省级统筹；长春、吉林、通化、白城、图们分局及吉林省内路局直属单位基本养老保险工作移交吉林省管理，参加吉林省省级统筹。至此，铁道部不再承担社会保险管理职能，养老保险实行属地化管理。

1999年，各省政府按照国务院"先移交后调整"的原则，逐步将铁路企业基本养老保险政策与该省政策接轨。根据劳动部、财政部联合下发的《关于核定原行业统筹项目的通知》及辽、吉两省下发的文件规定，沈阳铁路局对原铁路企业退休（职）人员的养老金进行重新认定，经认定的项目由省级统筹的基本养老保险基金支付，未经认定的项目和标准由企业负担。养老保险基金实行"收支两条线"管理。按属地政策调整铁路单位和个人缴费比例。按照辽、吉两省"原行业统筹企业职工移交地方管理前已建立个人账户的按各行业文件规定执行，未建立个人账户的从1998年1月1日起建立个人账户"的规定，沈阳铁路局自1998年1月1日起建立职工基本养老保险个人账户，账户规模为11%，其中，个人缴费比例为5%，单位划转比例为6%，建立个人账户前职工个人缴费并入基本养老保险个人账户。属地省级劳动行政主管部门负责核准退休及基本养老金。沈阳铁路局执行属地省级政府的基本养老金调整政策。各省的基本养老金计发办法，是根据1997年国务院《关于建立统一的企业职工养老保险制度的决定》制定的实施办法。为了保证铁路职工退休待遇平稳过渡，对1999年1月至2003年12月期间退休的，先按铁路养老金计发暂行办法计算基本养老金，小于地方计发办法的，按地方规定执行，超出地方计发标准部分，逐年按递减比例计发。

1999年，根据辽宁省劳动厅、财政厅《原行业统筹企业基本养老保险省级统筹管理暂行办法》规定，沈阳铁路局自1999年1月1日起，以上年全部职工月平均工资总额为缴费基数确定和缴纳辽宁省养老保险统筹范围内的企业缴费。同年，根据《国务院办公厅关于进一步做好国有企业下岗职工基本生活保障和企业离退休人员养老金发放工作有关问题的通知》精神，沈阳铁路局配合辽、吉两省劳动保障部门，对管内1998年办理的因病提前退休人员进行清理，1999年底前达到法定退休条件，纳入地方养老保险统筹管理的7910人，未达到法定退休条件本人要求返回单位的6840人；本人不愿意返回单位，企业仍按退休人员掌握且自行支付退休待遇的22211人。

2000年，为贯彻《社会保险费征缴暂行条例》，提高基金收缴率，辽宁省人民政府决定从2000年7月1日起调整社会保险费征收体制，职工基本养老保险费由社会保险经办机构征收改为由地方税务机关征收。沈阳铁路局辽宁省养老保险统筹范围内基本养老保险费按月向辽宁省地方税务局沈阳分局申报缴纳。根据吉林省劳动厅、财政厅、社会保险公司《关于企业职工养老保险有关政策问题的通知》规定，沈阳铁路局按照"单位缴费基数为参保人员个人缴费基数之和，当单位工资总额大于个人缴费基数之和时，以工资总额作为核定单位缴费的基数"的原则计算并缴纳吉林省养老保险统筹范围内的企业缴费。12月，劳动和社会保障部、财政部联合下发《关于铁道行业离休人员基本养老保险移交地方管理有关问题的通知》，铁路离休人员基本养老保险管理工作，从2001年1月1日起移交地方政府，基本养老保险政策按属地原则执行。沈阳铁路局9828名离休人员基本养老保险分别移交辽宁省、吉林省管理。根据辽宁省、吉林省相关文件规定，沈阳铁路局分别对辽宁、吉林两个统筹范围内职工、离退休人员因病非因工死亡人员丧葬抚恤待遇进行全面清理，重新颁发文件规范标准，明确条件，实施统一归口管理。

2001年，根据国务院《关于印发完善城镇社会保障体系试点方案的通知》要求和辽宁省《完善城镇社会保障体系试点实施方案》，辽宁省人民政府印发《辽宁省完善城镇企业职工基本养老保险制度实施办法》，自2001年7月1日起，企业缴费部分全部纳入社会统筹基金，不再划入个人账户，职工个人缴费纳入个人账户基金；个人缴费比例由5%统一调整为本人缴费工资的8%，并全部计入个人账户；个人账户规模由本人缴费工资的11%调整为8%；缴费年限超过15年的，每超过一年增发上年度本省职工月平均工资的0.6%；

过渡性养老金计发系数由原1.4%统一调整为1.2%。沈阳铁路局辽宁省养老保险统筹范围内各单位自2001年7月1日起，以上月列入成本和费用的全部工资总额为基础计算和缴纳企业缴费。根据《吉林省人民政府关于调整基本养老保险省级统筹个人缴费比例的通知》规定，自2001年1月1日起，沈阳铁路局吉林省养老保险统筹范围内职工缴费比例由5%调整到6%。

2002年，由于1999年清理时未返岗的"98提前退休人员"，强烈要求1998年办理的病退手续无效，由原单位收回安置。经铁道部、辽宁省、吉林省政府同意，沈阳铁路局下发《关于妥善处理1998年提前退休人员有关问题的意见》，于2002年、2003年分别对辽宁省、吉林省养老保险统筹范围内1998年提前退休人员有关问题进行了妥善处理。除"1999年已经省劳动部门进行劳动能力鉴定，符合因病退休条件的人员，已办理的退休手续有效"外，辽宁省养老保险统筹范围内24068人、吉林省养老保险统筹范围内13102人原办理的病退手续均失效。未达到法定退休条件前，比照内部退养办理，享受内部退养待遇，按规定补缴基本养老保险费，建立企业年金。达到国家规定退休条件时，重新办理退休手续并计发养老金。

2003年，根据《吉林省人民政府关于调整参加基本养老保险单位和职工个人缴纳养老保险费比例的通知》规定，自2003年1月1日起，沈阳铁路局吉林省养老保险统筹范围内职工个人缴费比例由6%调整到7%。2004年，根据国务院有关文件精神，吉林省人民政府颁发《关于调整和完善城镇企业职工基本养老金计发办法有关问题的通知》，制定了养老保险新的实施办法。2004年1月1日起，企业缴费全部纳入社会统筹基金，不再划入个人账户；参保人员个人按本人缴费工资的8%缴纳基本养老保险费，并全部记入个人账户；个人账户规模由本人缴费工资的11%调整为8%；改革基本养老金计发办法，缴费年限累计满15年的，退休后按月发给基本养老金，基础养老金月标准以当地上年度在岗职工月平均工资和本人指数化月平均缴费工资的平均值为基数，缴费每满1年发给1%；个人账户养老金标准为账户储存额除以计发月数。根据《吉林省人民政府关于调整基本养老保险个人缴费比例的通知》规定，自2004年1月1日起，沈阳铁路局吉林省养老保险统筹范围内职工个人缴费比例由7%调整到8%。同年，根据《辽宁省人民政府办公厅关于加强社会保险费征收工作的通知》和辽宁省地方税务局沈阳分局《关于加强社会保险费征收工作的通知》规定，沈阳铁路局自2014年1月1日起，将企业基本养老保险费社会统筹部分由"以上月列入成本和费用的全部工资总额为基础计算"调整为"以上月工资总额为基础计算"，并按此缴纳辽宁省养老保险统筹范围内的企业缴费。

2006年，根据国务院公布的《关于完善企业职工基本养老保险制度的决定》，辽宁省劳动和社会保障厅、财政厅、地税局下发了《关于改革城镇企业职工基本养老金计发办法的通知》，退休人员养老金计发办法全新改革。缴费年限累计满15年的，退休后按月发给基本养老金，基础养老金月标准以达到退休条件时上年度省在岗职工月平均工资与本人指数化月平均缴费工资之和的平均值为基数，缴费年限每满1年（计算到月）发给1%；个人账户养老金月标准为个人账户累计储存额除以计发月数；建立个人账户前参加工作，2006年1月1日后退休的人员，在发给基础养老金和个人账户养老金的基础上，再发给过渡性养老金。过渡性养老金以基础养老金的计算基数乘以建立个人账户前的缴费年限，再乘以过渡系数1.4%。

2009年，辽宁省劳动和社会保障厅、财政厅下发《关于企业离休人员补贴纳入基本养老保险社会统筹基金发放的通知》，自2009年1月1日起，将离休人员补贴、房屋提租补贴等由企业统筹外支付纳入基本养老保险社会统筹基金支付内。沈阳铁路局辽宁省养老保险统筹范围内3289名离休人员，人均纳入1691.78元，减轻了企业负担。按照辽宁省社保局部署，经对职工基本信息及缴费数据核对、修改后，辽宁省行业代办机构社会保险管理信息系统于2009年末在沈阳铁路局安装运行，2010年1月1日起，辽宁省养老保险统筹范围内各单位应用信息系统办理本单位的个人账户管理、缴费申报、人员调动、待遇计算等养老保险业务，工作效率和工作质量进一步提高，养老保险管理水平得到加强。同年12月，

国务院办公厅下发《国务院办公厅关于转发人力资源社会保障部财政部城镇企业职工基本养老保险关系转移接续暂行办法的通知》，制定了参保人员跨省、自治区、直辖市流动就业转移基本养老保险关系时，转移资金的计算方法、转移接续的办理规定、待遇领取地的确定规定、转移接续手续的办理程序。要求自2010年1月1日起跨省基本养老保险关系转移接续以本办法规定为准。在省、自治区、直辖市内的基本养老保险关系转移接续办法，由各省级人民政府参照本办法制定。随后，辽宁省于2010年7月下发了《关于印发辽宁省城镇企业职工基本养老保险关系转移接续办法的通知》，吉林省于2010年4月下发了《吉林省人民政府办公厅关于转发省人力资源和社会保障厅省财政厅制定的吉林省城镇企业职工基本养老保险关系转移接续暂行办法的通知》，对参保人员在省内流动就业时，基本养老保险关系的转移接续作出了规定。沈阳铁路局严格按照国家及辽、吉两省规定办理职工跨省流动及省内流动基本养老保险关系转移接续。

2012年，根据辽宁省人力资源和社会保障厅下发的《关于贯彻基本养老保险法律规定若干问题的通知》及辽宁省社保局下发的《关于行业企业在职参保人员死亡后丧葬抚恤待遇等若干问题的通知》精神，沈阳铁路局辽宁省统筹范围内2011年7月1日后发生的职工因病或非因公死亡，原由企业统筹外支付的丧葬抚恤待遇改由基本养老保险统筹基金支付，原由企业统筹外支付的供养直系亲属按月领取的生活困难补助改由基本养老保险统筹基金支付。

2013年，吉林省人力资源和社会保障厅下发《关于参加基本养老保险人员死亡丧葬补助金和抚恤金标准的暂行办法》，自2011年7月1日起，参加企业职工基本养老保险并履行缴费义务、未达到领取基本养老金条件的个人，因病或者非因工死亡的，按改革后的标准计发丧葬补助金和抚恤金标准，所需资金也由企业统筹外支付改由基本养老保险统筹基金支付。由此，沈阳铁路局的养老保险统筹外企业负担进一步降低。

养老保险行业统筹移交地方管理以来，辽、吉两省多次出台调整企业离退休人员基本养老金、补贴及部分退休复员士兵、退休军转

干部生活补助金（生活困难补贴）政策，尤其是2005年至2015年，国家连续11年出台调整企业退休人员基本养老金政策，沈阳铁路局离退休人员执行属地政府制定的调整标准，养老金水平大幅度提高。

第三节　工伤保险

1997年以前，工伤由劳资部门负责认定，比照工伤由党委、工会等部门负责认定。工伤保险待遇执行中央人民政府政务院在1951年制定的《劳动保险条例》和1953年中央人民政府劳动部制定的《中华人民共和国劳动保险条例实施细则修正草案》等有关规定。工人与职员因工负伤、残废或死亡时，其全部诊疗费、药费、住院费、住院时的膳食费与就医路费，均由单位负担，在医疗期间工资照发。完全丧失劳动能力不能工作退职后，饮食起居需人扶助者，其抚恤费的数额为本人工资的75%；饮食起居不需人扶助者，其抚恤费为本人工资的60%。部分丧失劳动能力尚能工作者，由单位分配适当的工作。工人或职员因工死亡时，由单位发给丧葬费，其数额为路局3个月全部职工平均工资，列入劳动保险基金项下；按其供养的直系亲属人数，每月付给供养直系亲属抚恤费，供养1人的为死者本人工资的25%，供养2人的为死者本人工资的40%，供养3人或3人以上的为死者本人工资的50%，此项抚恤费付至受供养者失去供养的条件时止。1978年《国务院关于工人退休、退职的暂行办法》，对因工致残鉴定为完全丧失劳动能力退休的，待遇调整为：饮食起居需要人扶助的，按本人标准工资的90%发给，还可以根据实际情况发给一定数额的护理费，护理费标准一般不得超过一个普通工人的工资；饮食起居不需要人扶助的，按本人标准工资的80%发给。

1998年，按照铁道部要求，工伤保险工作转由路局社保部门管理，工伤和比照工伤全部由路局或分局社保中心进行认定。同年9月，养老保险行业统筹移交地方管理，铁道部社保中心撤销，沈阳铁路局推进工伤保险属地管理，分三步进行工伤保险参保准备工作。第一步，对全局工伤情况全面普查；第二步，对工伤职

工进行伤残等级鉴定；第三步，按照政策规定支付老工伤人员工伤保险待遇。1999年11月15日，沈阳铁路局党政联席会议决定，在辽宁省统筹区内（包括沈阳、锦州、通辽分局和大连公司）执行《辽宁省城镇企业职工工伤保险规定》，在吉林省统筹区内（包括长春、吉林、通化、白城、图们分局）执行《企业职工工伤保险试行办法》。2000年8月10日，沈阳铁路局对辽宁、吉林两统筹区分别印发了《职工工伤认定暂行办法》《职工工伤鉴定评残暂行办法》《职工工伤保险待遇支付暂行办法》。经与辽、吉两省劳动部门协商，从2001年10月1日起沈阳铁路局吉林省统筹区内各单位工伤认定工作由吉林省劳动和社会保障厅医疗保险处办理；从2003年3月1日起沈阳铁路局辽宁省统筹区内各单位工伤认定工作由辽宁省劳动和社会保障厅基金监督处办理。两省劳动保障厅先后为沈阳铁路局老工伤职工进行了伤残等级鉴定。

2002年11月，沈阳铁路局下发《关于支付工伤职工有关待遇的通知》对吉林省统筹区内各单位工伤人员支付工伤保险待遇。对鉴定为一、二、三级的工伤职工，按月发给护理费，标准为吉林省上年度在岗职工月平均工资的50%、40%、30%；对1996年9月30日及以前发生工伤的职工，按月发给伤残补助费，标准为一级20元，二级18元，三级16元，四级14元，五级13元，六级12元，七级10元，八级8元，九级6元，十级5元；对1996年10月1日及以后发生工伤的职工，发给一次性伤残补助金，标准按伤残职工本人因工负伤前12个月的月平均工资收入计发，一级为24个月，二级为22个月，三级为20个月，四级为18个月，五级为16个月，六级为14个月，七级为12个月，八级为10个月，九级为8个月，十级为6个月。

2004年7月，沈阳铁路局下发《关于支付工伤职工有关待遇的通知》对辽宁省统筹区内各单位工伤人员支付工伤保险待遇。对1994年10月1日及以后发生工伤的职工，发给一次性伤残补助金，标准按职工发生工伤时上一年度省社会月平均工资计发，一级为24个月，二级为22个月，三级为20个月，四级为18个月，五级为16个月，

各统筹区参保时间及初始缴费费率一览表

表6-3-1 单位：万元

顺号	统筹区	参保时间	初始缴费费率	备注
1	通化	2005年1月1日	1.3%	
2	大连	2005年7月1日	平均1.4%	各单位分别参保
3	通辽	2005年9月1日	1.0%	
4	锦州	2005年11月1日	1.5%	
5	长春	2005年12月1日	1.0%	
6	吉林	2006年1月1日	1.0%	
7	沈阳	2007年9月1日	1.0%	

六级为14个月，七级为12个月，八级为10个月，九级为8个月，十级为6个月；对因工致残后需要护理的工伤职工，按月发给护理费，标准按上一年度省社会月平均工资计发，完全依赖护理发给50%，大部分依赖护理发给40%，部分依赖护理发给30%。

同年，沈阳铁路局按照国务院《工伤保险条例》及《关于铁路企业参加工伤保险有关问题的通知》规定，部署各分局参加分局所在市工伤保险统筹，明确各分局以分局为单位分别在长春、吉林、通化、沈阳、大连、锦州、通辽7个市参保。经协商，各分局先后与参保市签定参保备忘录，向参保市缴纳工伤保险费，执行参保市工伤保险规定，由参保市为受伤职工认定工伤、进行伤残等级鉴定、支付应由工伤保险基金承担的工伤保险待遇。

在沈阳铁路局参加市级工伤保险统筹的过渡时期，对工伤人员应享受的工伤保险待遇做出规定。参加属地统筹后由工伤保险基金承担的待遇有：治疗工伤所需费用、康复性治疗费用、安装辅助器具费用、生活护理费、参保后认定工伤职工的一次性伤残补助金、一至四级伤残人员的伤残津贴、工亡职工丧葬补助金、供养亲属抚恤金、一次性工亡补助金。上述费用先由单位垫付，后向工伤保险经办机构清算。参加属地统筹后由职工单位承担的待遇有：住院伙食补助费、停工留薪期内的工资福利及陪护费用、五级和六级伤残人员伤残津贴、一次性工伤医疗补助金、伤残就业补助金、按月支付的伤残补助费、参保以前已认定工伤职工的一次性伤残补助金。职工住院治疗工伤，由所在单位按照本单位因公出差

伙食补助标准的70%发给住院伙食补助费，经医疗机构出具证明，报经办机构同意，工伤职工到统筹地区以外就医的，所需交通、食宿费用由所在单位按照本单位职工因公出差标准报销，发生支出列入企业劳动保险费项下；职工因工作遭受事故伤害或者患职业病需要暂停工作接受工伤医疗的，在停工留薪期内，原工资福利待遇不变，由所在单位按月支付，按款源不同，分别列入工资基金、职工福利费、运输支出项下；生活不能自理的工伤职工在停工留薪期需要护理的，原则上由所在单位负责，特殊情况需外雇人员护理的，须经社保部门审批，所需费用经沈阳铁路局财务处同意后，准予列入企业劳动保险费项下；职工因工致残被鉴定为五级、六级伤残，难以安排工作的，由单位按规定标准按月发给伤残津贴，列入企业劳动保险费项下；因工致残被鉴定为五级至十级伤残的职工，与用人单位解除劳动关系，由单位按省级地方政府规定标准支付一次性工伤医疗补助金和伤残就业补助金，列入企业劳动保险费项下；根据吉林省人民政府令第151号规定，按月支付的伤残补助费，列入职工福利费项下；参保以前已认定工伤职工的一次性伤残补助金，列入企业劳动保险费项下。

尚未参加属地统筹的单位，所发生的与工伤有关的费用由单位按规定列支。列入企业劳动保险费项下的项目有：安装辅助器具费用，生活护理费，工伤职工的一次性伤残补助金，一至六级伤残人员的伤残津贴，职工工亡丧葬补助金、供养亲属抚恤金、一次性工亡补助金、伤残等级鉴定费；工伤职工治疗工伤部位及因工伤引发的疾病，要凭社保部门提供包含职工单位、职工姓

名、受伤部位等凭证，享受工伤医疗待遇，治疗工伤所需医疗费用符合工伤保险诊疗项目目录、工伤保险药品目录、工伤保险住院服务标准的，由沈阳铁路局企业补充医疗保险费支付，因抢救治疗而必须使用特殊治疗药品和诊疗项目所发生的医疗费用，由职工所在单位及医疗保险定点医院提出申请，社保部门会同医疗保险等部门邀请医疗专家审定后，从沈阳铁路局企业补充医疗保险费中支付，职工治疗工伤，除情况紧急需就近抢救治疗外，应到铁路医疗保险定点医院治疗，需要转院治疗的，必须由铁路医疗定点医院提出转院意见，医疗保险部门审批并备案。

参保前经铁路认定为工伤的人员及工亡人员遗属，未被参保市工伤保险经办机构核查认可的，原则上以参保市工伤保险经办机构认定结果为准。确属于历史遗留特殊问题，社保部门要审核备案。发生的工伤医疗费用从沈阳铁路局企业补充医疗保险费中支付，其它与工伤有关应由企业承担的费用，需报沈阳铁路局社保处、财务处批准同意后办理。2007年9月，基层单位全部参加了地方市级工伤保险统筹。2011年1月1日，国务院修订后的新《工伤保险条例》实施，沈阳铁路局不再列支住院期间的伙食补助费和一次性工伤医疗补助金，纳入工伤保险基金列支。2015年，沈阳铁路局社保处制定《工伤保险管理办法》，明确规定基层单位按单位所在地就近选择参保市，跨统筹区的应以车间为单位就近参保。从1月30日起，工伤认定申报实行路局统一管理，申报材料由路局社保处工伤科负责初审。工伤科初审合格后，在《工伤认定申请表》中"用人单位意见"栏内（或在备注栏），基层单位印章前加盖"沈阳铁路局社会保险管理处工伤认定申报专用章"。工伤认定申报由社保处工伤科直接到参保市办理，也可由社保处指定区域内社保办或委托基层单位到参保市办理。

第四节　失业保险

1986—1998年，全路企业按国务院规定，按照全部职工标准工资总额的1%，向当地政府所属的社会保险管理部门缴纳待业保险金。1986年7月国务院"国营企业职工待业保险暂行规定"，明确职工待业保险基金由省、自治区、直辖市统筹使用。待业保险基金主要用于破产和濒临破产的企业法定整顿期间，被精简的职工在待业期间的待业救济金、医疗费、死亡丧葬补助费、供养直系亲属抚恤费、救济费；企业辞退和终止、解除劳动合同的职工，在待业期间的待业救济金和医疗补助费；待业职工的转岗训练费，扶持待业职工的生产自救费等。1993年4月国务院"国有企业职工待业保险规定"扩大了适用范围，包括被撤销或解散企业的职工，停产整顿企业被精简的职工，企业除名或开除的职工。

1999年，沈阳铁路局各单位按照国务院公布《失业保险条例》规定，参加当地政府组织实施的失业保险，失业保险缴费由单位按工资总额的2%、职工按照本人工资收入的1%缴纳。失业保险基金支出，包括失业保险金，领取失业保险金期间的医疗补助金，领取失业保险金期间死亡的失业人员的丧葬补助金和其供养的配偶、直系亲属的抚恤金，领取失业保险金期间接受职业培训、职业介绍的补贴。所在单位和本人已按照规定缴费满1年，并且非因本人意愿中断就业、已办理失业登记并有求职要求者，具备领取失业保险金条件。失业保险金按累计缴费年限分为三档次，单位和本人累计缴费时间满1年不足5年的为12个月；满5年不足10年的为18个月；满10年及以上的为24个月。重新就业后，再次失业的，缴费时间重新计算，领取失业保险金的期限可以与前次失业应领取而尚未领取的失业保险金的期限合并计算，但是最长不得超过24个月。

同年，沈阳铁路局各单位贯彻执行铁道部劳动和卫生司1999年下发的《关于缴纳失业保险费等有关问题的通知》，单位和职工向单位所在地社会保险经办机构缴纳失业保险费，职工失业并符合享受失业保险待遇的，由单位向失业职工户籍所在地社会保险经办机构备案，同时与当地社会保险经办机构协调，及时将失业职工失业保险关系转至本人户籍所在地，职工到其户籍所在地街道办事处办理失业登记后，街道办事处社保所支付其失业保险待遇，街道办事处负责其再就业。

2003年，为完善沈阳铁路局失业保险管理工作，改变此前失业保险多口管理的状况，沈阳铁路局增设机构，归口管理失业保险工作，在路局社保处增设失业保险科，在分局社保部门增配专职人员，改由社保部门统一、归口管理失业保险；同年底，沈阳铁路局下发了《关于加强失业保险工作的通知》，就管理体制、工作程序等分别做了具体规定；全面开展"三查"活动，对缴费单位实地调查缴费范围、缴费基数、缴费管理，促进失业保险工作有序进行；建立与地方主管部门的工作衔接，定期报告工作，寻求工作支持；强化业务培训和情况交流，提高专职人员业务素质和实际工作水平。

2008年末，吉林省社保局下发《吉林省行业单位失业保险费统一征收业务操作办法》，从2009年1月1日起，全省行业单位在缴纳养老保险费的同时，一并缴纳失业保险费，两项费用由省社会保险局统一征收。沈阳铁路局吉林省境内职工参加吉林省失业保险省级统筹，辽宁省境内职工仍参加地方市级失业保险统筹。2015年，人力资源和社会保障部、财政部下发《关于调整失业保险费率有关问题的通知》，自2015年3月1日起，失业保险费率由3%降至2%，全局各单位执行失业保险优惠费率，企业负担进一步减轻。

第五节　企业年金

2001年，为深化企业养老保险制度改革，建立铁路企业多层次养老保险体系，增强企业凝聚力，提高职工退休后生活保障水平，根据国务院《关于完善城镇社会保障体系的试点方案》中关于建立企业年金的有关规定，沈阳铁路局于4月6日公布了《沈阳铁路局企业年金实施办法（试行）》，自1月1日起施行。实施企业年金制度的前提条件是企业按时足额缴纳基本养老保险费；经济效益好；具有支付能力。企业年金制度实施范围是全局管内参加基本养老保险统筹的全民固定职工、全民合同制职工和不辞不退的计划内长期临时工。企业年金由企业和职工个人共同缴纳。采取路局、分局、站段三级管理模式。新参加工作和新调入人员，均从次年缴费年度起建立企业年金。职工个人按本人上年月平均收入的1%，企业按全部职工缴费工资之和的4%进行缴

费。发生职工正式办理退休；职工因病、因生产、因不可抗拒的因素和事故造成死亡的；经组织批准，因各种原因终止与企业劳动合同关系的等情况之一的，由经办机构一次性全额返还个人账户中的全部企业年金。发生职工因违法犯罪造成非正常死亡的；职工个人擅自脱离企业解除劳动关系的；职工被除名、开除、判刑和劳动教养解除劳动关系等情况之一的，由经办机构一次性返还个人账户中的职工本人缴费本息。职工在局管内统筹单位间正常调动的，个人账户累计本息随本人转移；在统筹单位内调动的，只办理账户转移。

2009年1月起，根据《沈阳铁路局企业年金方案》规定，依法参加基本养老保险并履行缴费义务，试用期满且为本企业服务时间超过1年的职工可自愿参加沈阳铁路局企业年金计划。职工个人不缴费的，企业不得为其缴纳相关费用。个人缴费以5年工龄为一档确定每档职工个人缴费数额，并根据企业职工工资增长情况适时予以调整，企业缴费为个人缴费的4倍。为发挥企业年金制度的激励作用，对做出突出贡献的劳动模范、专业技术人才和专业技能人才适当增加企业缴费倍数。省部级劳动模范增加1倍，国家级劳动模范增加2倍；中国科学院院士、中国工程院院士、全国杰出专业技术人才、中国青年科技奖获得者、百千万人才工程国家级人选、享受政府特殊津贴人员增加2倍。国家自然科学奖、国家技术发明奖、国家科学技术进步奖获得者增加2倍；中华技能大奖获得者、全国技术能手增加2倍。企业缴费比例每年不超过本企业职工工资总额的4%。按国家和铁道部有关规定，企业缴费从成本(费用)中列支。职工退休并已办理退休手续；职工退休前身故；职工出国（境）定居，符合上述情况之一的职工，可以领取企业年金。不符合领取条件的，不得从个人账户中提前领取。企业年金的支付方式：职工退休并已办理退休手续，一次性领取个人账户积累额；职工退休前身故，一次性领取个人账户积累额；职工出国（境）定居，一次性领取个人账户积累额。

职工与企业终止或解除劳动合同时，该职工的个人账户中的积累额可以转移至其所加入的新就业单位企业年金计划的账户中进行管理。职工

与企业终止或解除劳动合同时，如果参加职工所加入的新就业单位未建立企业年金，新就业单位企业年金制度的账户管理系统不健全，或发生其他由于新就业单位原因而无法转移个人账户情况的，则该职工的个人账户作为保留账户可由本企业年金计划的账户管理人继续管理，待具备条件时予以转移，或待其本人达到符合企业年金待遇支付条件时领取企业年金个人账户积累额。保留账户的账户管理费用由该保留账户自行承担。参加职工在沈阳铁路局管内参加本企业年金计划的单位之间调动，应及时变更管理单位及个人账户信息。

同年8月，年金理事会分别与9家机构签订了《沈阳铁路局年金基金投资管理合同》《沈阳铁路局年金基金账户管理合同》《沈阳铁路局年金基金托管合同》并报送人力资源和社会保障部备案登记。年金理事会选取9家机构作为账管人、托管人及投资管理人。其中，账管人、托管人一家：中国建设银行股份有限公司。投资管理人8家：中国人寿资产管理有限公司、平安养老保险股份有限公司、太平养老保险股份有限公司、中信证券股份有限公司、中国国际金融有限公司、嘉实基金管理有限公司、工银瑞信基金管理有限公司、泰康资产管理有限责任公司。2009年11月经人力资源和社会保障部批复，完成了沈阳铁路局年金计划备案。2010年1月，沈阳铁路局企业年金基金划拨至8个投资账户，各投资管理人按照投资指引规定的投资范围和比例，正式进入市场化运作。

从2014年1月开始，企业年金的企业缴费比例上限调整到上年度职工工资总额的5%，企业年金企业补充倍数由原来的4倍调整到5倍。

根据财政部、人力资源社会保障部、国家税务总局《关于企业年金职业年金个人所得税有关问题的通知》和《中国铁路总公司关于做好铁路企业年金管理工作的通知》要求，从2014年1月起，企业年金缴费、基金投资收益环节暂不征收个人所得税，将纳税义务递延到个人实际领取年金的环节；职工个人因出境定居或死亡领取年金，受益人需一次性领取企业年金个人账户资金，职工个人因退休领取年金，受益人可一次性或按月分期领取个人账户资金，分期领取月数由职工个人选择确定。

第四章　医疗保险

2001年8月1日至2004年1月1日，沈阳铁路局按照国务院、铁道部、辽宁省、吉林省及内蒙古自治区政府文件精神，先后在通辽、大连、通化、锦州、长春、吉林、沈阳（含铁路局机关）分局（公司）实施了城镇职工基本医疗保险制度改革，从而结束了长达半个世纪的铁路职工劳动保护医疗制度。职工基本医疗保险，由用人单位和在职职工按不同比例缴纳医疗保险基金，建立基本医疗保险统筹基金和个人账户，医疗费用由统筹基金和个人共同承担。10多年来，随着基本医疗保险制度不断调整和完善，职工医疗保障能力逐步加强、医疗待遇水平逐步提高、个人医疗费用负担比例逐步降低。2013年7月，人力资源和社会保障部在调研的基础上，联合财政部、国务院国有资产管理委员会下发了《关于进一步做好行业、企业社会保险纳入地方管理工作的通知》（人社部发〔2013〕66号）。通知指出，按照属地管理的原则，将目前仍由行业、企业自行管理的社会保险全部纳入地方管理，执行统一的社会保险政策、统一的基金预决算和会计制度，实现社会保险业务统一经办，基金统一征收使用，并纳入财政专户，实行收支两条线管理。2013年10月，中国铁路总公司办公厅下发了《关于贯彻落实人力资源社会保障部等部门关于进一步做好行业、企业社会保险纳入地方管理工作通知有关事项的通知》（铁总办劳卫〔2013〕42

号），要求各铁路局做好移交准备工作。2013年12月，铁路局主动与辽吉两省相关部门联系，协商移交事宜。2015年12月，铁路局与辽吉两省政府达成移交共识，即铁路职工基本医疗保险移交辽吉两省管理，实行省级统筹，执行辽吉两省省直统筹区基本医疗保险政策。过渡期内，铁路继续承担部分经办任务，过渡期结束后全部移交省直管理，铁路局不再承担经办任务。

第一节 医疗保险概况

一、医疗保险机构

2001年5月至2003年1年，为适应医疗保险制度改革的需要，铁路局及长春、锦州、通辽、吉林、通化分局、大连（公司）相继组建了医疗保险管理机构。

2002年，根据沈阳市人民政府批复意见，沈阳铁路局下发《关于组建沈阳铁路医疗保险中心的通知》（沈铁劳函〔2002〕317号），组建了沈阳铁路医疗保险中心，负责全局医疗保险工作业务指导，同时承担铁路局机关及在沈直附属单位、沈阳分局医疗保险经办工作。沈阳铁路医疗保险中心设主任室、医疗协调科、医疗审核科、基金管理科，定编14人，列铁路局附属机构。各分局（公司）设医疗保险管理办公室，列分局（公司）附属机构，不设科，定编7人至9人，负责本分局（公司）及路局驻分局（公司）管内直附属单位医疗保险工作。路局、分局两级医疗保险管理机构主要职责：执行属地政府基本医疗保险政策；建设和维护医疗保险网络信息系统；提取、管理和使用医疗保险基金；落实参保群体各项医疗保险待遇；管理离休人员医疗工作。

2005年7月，铁道部撤销了铁路分局（公司），为确保医疗保险工作延续性，沈阳铁路局七个医疗保险管理机构继续保留。铁路局下发《关于公布沈阳铁路局机关行政限额外机构定员的通知》（沈铁劳发〔2005〕79号），将局医疗保险管理中心改为局医疗保险管理办公室（对外称局医疗保险管理中心），并由局附属单位调整为局机关限额外处室，科室设置不变，定编19人；将长春、大连、锦州、通辽、吉林、通化医

疗保险管理办公室调整为路局附属单位，定编分别为：长春8人、大连5人、锦州8人、通辽6人、吉林8人、通化6人。2009年8月，铁路局下发《关于调整整合部分限额外及直附属机构的通知》（沈铁劳卫发〔2009〕173号），撤销锦州、通辽医疗保险管理办公室，人员及业务划归到局医疗保险管理办公室，增设医疗监察科、结算信息科，定编40人。将大连医疗保险管理办公室改名为大连医疗保险管理站，定编4人。撤销吉林、通化医疗保险管理办公室，人员及业务划归到长春医疗保险管理办公室，设医疗监察室、结算信息室、基金财务室、医疗审核室，定编25人。

2015年5月，铁路局下发《沈阳铁路局关于公布铁路局机关行政职能处室机构编制及主要职责的通知》（沈铁劳卫〔2015〕169号），再次对医疗保险经办机构进行调整，将局医疗保险管理办公室列局机关行政职能处室，定编36人；将长春医疗保险管理办公室列路局附属单位，定编22人；将大连医疗保险管理站列路局附属单位，定编4人。

二、医疗保险统筹区

1999年9月，国务院下发了《国务院关于建立城镇职工基本医疗保险制度的决定》（国发〔1998〕44号），在全国范围内进行城镇职工基本医疗保险制度改革，并要求基本医疗保险原则以地级以上行政区为统筹区，也可以县（市）为统筹区进行管理。根据国务院文件精神，全国各省、直辖市、自治区政府开始全面实施城镇职工基本医疗保险制度改革。由于铁路行业具有点多、线长、跨省区分布及人员流动性大等特点，为解决铁路企业及职工参保问题，铁道部下发了《铁道部贯彻〈国务院关于建立城镇职工基本医疗保险制度的决定〉的实施意见》，并联合劳动和社会保障部下发了《关于铁路系统职工参加基本医疗保险有关问题的通知》（劳社部发〔1999〕20号），对铁路企业及职工参保方式提出指导意见和要求。2000年10月，根据国务院、铁道部、劳动和社会保障部文件精神，沈阳铁路局决定在全局范围内实施职工基本医疗保险制度改革。

2001年5月，沈阳铁路局下发《沈阳铁路局

职工医疗保险制度改革指导意见》（沈铁卫发〔2001〕35号），决定以分局为单位，参加分局所在市城镇职工基本医疗保险（路局机关及直附属、沈阳分局由路局统一组织参加沈阳市城镇职工基本医疗保险）。如果地方政府城镇职工基本医疗保险体系尚未健全，经地方政府批准并受地方政府委托，各铁路分局可单独成立医疗保险统筹区，自行管理本分局职工基本医疗保险，待地方政府医疗保险体系完善时，再移交地方政府管理。同时，为了不降低职工医疗待遇，根据国务院和铁道部文件精神，铁路局制定补充医疗保险政策，建立了企业补充医疗保险，凡参加基本医疗保险的职工均可享受企业补充医疗保险待遇。2001年8月至2004年1月，经过铁路局、铁路分局（公司）与相关市政府协商，铁路局、铁路分局（公司）分别与所在地政府达成了铁路职工基本医疗保险委托管理协议。除大连市外，沈阳、长春、吉林、锦州、通辽、通化市政府均向铁路局（分局）出具了医疗保险委托管理函，明确了铁路医疗保险统筹区的职责和任务。在此基础上，铁路局成立沈阳、长春、吉林、大连、锦州、通辽、通化七个医疗保险统筹区，建设了七套医疗

保险信息网络系统，并相继启动本统筹区医疗保险工作。至此，沈阳铁路局实行了半个多世纪的职工劳动保护医疗制度彻底结束。各统筹区医疗保险启动时间为：通辽统筹区2001年8月1日，大连统筹区2001年10月1日，通化统筹区2003年9月8日，锦州统筹区2003年10月15日，长春统筹区2003年12月1日，沈阳、吉林统筹区2004年1月1日。

三、医疗保险参保群体

根据国务院及铁道部文件规定，铁路局管内所有劳动合同制职工（原全民固定职工和全民合同制职工）、公检法部门职工及长期不辞不退临时工均参加分局（公司）医疗保险；铁道部所属在铁路局管内单位以委托方式参加单位所在地铁路医疗保险；部分经铁路分局（公司）同意的铁路集体企业职工参加所在地铁路医疗保险。由于受当时大连市特定条件限制，大连铁道有限责任公司所属大连市区职工统一参加了大连市基本医疗保险，大连市区外职工只能参加大连铁路医疗保险统筹区医疗保险，形成了同一公司职工两种参保模式的格局。中铁九局、铁通公司及铁道部

2001—2015年铁路参保人数统计表

表6-4-1　　　　　　　　　　　　　　　　　　　　　　　　　　　　　　　　　　　　　单位：人

年份	参保职工					家属
	合计	在职	退休	委托在职	委托退休	
2001	48616	32208	13574	2305	529	15215
2002	49588	32255	14023	2639	671	11093
2003	141725	89978	41087	7461	3199	11213
2004	471967	307986	121212	31219	11550	39642
2005	456664	297787	123214	27477	8186	35096
2006	452316	294413	125863	23330	8710	33693
2007	445329	290906	125741	20008	8674	34926
2008	440597	285920	126980	18516	9181	36173
2009	432892	280075	126383	17424	9010	34307
2010	434748	276268	130191	18717	9572	32878
2011	432576	268483	135161	18952	9980	39532
2012	432945	260807	142206	18822	11110	37438
2013	433344	255074	148288	17877	12105	35009
2014	432389	245634	156089	18119	12547	32606
2015	429018	235647	161629	18169	13573	29910

驻沈阳铁路局单位，分别参加了所在地铁路统筹区医疗保险，委托铁路局管理。职工供养的直系亲属自愿参加铁路企业补充医疗保险，每人每年缴费60元，统一纳入补充医疗保险基金，用于家属住院补助。

第二节　医疗保险政策

一、基本医疗保险政策

全局七个医疗保险统筹区分别执行委托市政府基本医疗保险政策，实行地市级统筹，政策待遇相对均衡。由于经济发展水平不同，各地政府基本医疗保险政策存在较大差距，省会城市及经济发达城市医疗保险保障水平相对较高，普遍高于县区级统筹水平。

其中：沈阳医疗保险统筹区：2003年，职工基本医疗保险统筹基金年最高支付限额为2.6万元，职工在三级医院住院报销比例为在职85%、退休88%；2005年，最高支付限额调整为2.9万元，住院报销比例调整为在职88%、退休91%；2009年，最高支付限额调整为5.5万元，报销比例不变；2011年，最高支付限额调整为10万元，职工在三级医院住院报销比例不变。

锦州医疗保险统筹区：2003年，职工基本医疗保险统筹基金年最高支付限额为2万元，职工在三级医院住院报销比例为在职78%、退休89%；2005年，最高支付限额为2万元，报销比例为在职80%、退休90%；2008年，最高支付限额调整为3.8万元，住院报销比例不变；2009年，最高支付限额调整为5.3万元，报销比例为在职82%、退休91%；2013年，最高支付限额调整为6万元，报销比例不变。

通辽医疗保险统筹区：2001年，职工基本医疗保险统筹基金年最高支付限额为3.5万元，职工在三级医院住院报销比例为在职82%、退休84%；2009年，最高支付限额调整为5万元，报销比例为在职82%、退休91%；2010年，最高支付限额为5万元，分段报销比例为在职82~88%、退休85~91%；2011年，最高支付限额调整为12万元，报销比例不变；2015年，最高支付限额为12万元，分段报销比例为在职82~85%、退休85~88%。

大连医疗保险统筹区：2001年，职工基本医疗保险统筹基金年最高支付限额为3.8万元，职工在三级医院住院报销比例为在职85%、退休92.5%；2003年，最高支付限额调整为5万元，报销比例不变；2009年，最高支付限额调整为25万元，报销比例不变。

长春医疗保险统筹区：2003年，职工基本医疗保险统筹基金年最高支付限额为4万元，职工在三级医院住院报销比例为在职85%、退休87%；2008年，最高支付限额调整为6万元，报销比例不变；2011年，最高支付限额调整为9万元，报销比例不变；2014年，最高支付限额调整为12万元，报销比例不变。

吉林医疗保险统筹区：2003年，职工基本医疗保险统筹基金年最高支付限额为2.8万元，职工在三级医院住院甲类药品报销比例为在职85%、退休90%；2005年，最高支付限额调整为3.2万元；2009年，最高支付限额调整为4万元；2010年，最高支付限额调整为4.8万元；2012年，最高支付限额调整为6万元；2014年，最高支付限额调整为9万元，以上年份报销比例均不改变。

通化医疗保险统筹区：2003年，职工基本医疗保险统筹基金年最高支付限额为3.5万元(含个人支付部分)，职工在三级医院住院，分四段报销比例为在职75~89%、退休职工82.5~92.3%；2011年，最高支付限额调整为5万元，分两段报销比例为在职75~85%、退休77~87%；2012年，最高支付限额调整为6万元，报销比例不变。

二、补充医疗保险政策

《国务院关于建立城镇职工基本医疗保险制度的决定》（国发〔1998〕44号）规定，为保障企业职工医疗消费水平不降低，在参加基本医疗保险的基础上，允许建立企业补充医疗保险。2001年，铁路局及各分局（公司）根据《沈阳铁路局职工医疗保险制度改革指导意见》（沈铁卫发〔2001〕35号），制定了各统筹区补充医疗保险管理办法，分别对补充医疗保险基金的筹集、用途、支付范围及标准、监督管理等做了相应规定。2015年1月，根据《中国铁路总公司关于规范补充医疗保险管理的指导意见》（铁总劳卫

〔2014〕98号）文件精神，铁路局下发了《沈阳铁路局关于印发〈沈阳铁路局企业补充医疗保险管理办法〉的通知》（沈铁医疗保险〔2015〕85号），统一了全局补充医疗保险政策，并从2015年3月1日起实行。办法取消了在职职工住院个人自付费用超过本人年工资收入8%（退休人员年退休费6%）以后才享受补助的限制，住院职工自然年内享受补充医疗保险补助待遇的人数由13%提升到100%。同时，办法大幅提高了个人待遇标准，统筹基金支付后个人自付的医疗费用在职职工补助60%、退休人员补助70%。当年超过基本医疗保险统筹基金最高支付限额后，个人自付医疗费用在职职工和退休人员均补助85%。在职职工医疗费用年最高补助限额由5万元提高到10万元，退休人员由5万元提高到15万元。另外，办法还增加了门诊特殊病种的补助种类，并提高了补助比例。

沈阳铁路局未参加属地政府生育保险。七个统筹区分别按属地政府生育保险政策结算职工生育费用，并从企业补充医疗保险基金中列支，职工其他生育待遇由所在单位按国家及属地政府相关规定执行。

三、家属医疗补助政策

各统筹区企业补充医疗保险管理办法规定，职工供养的直系亲属可自愿参加企业补充医疗保险。经本人提出申请，并通过6个月审核期后（6个月内新生儿无审核期)，可享受补充医疗保险补助待遇，家属年最高补助标准为3万元。职工调出或死亡时，参保家属仍可享受当年补充医疗保险待遇。家属医疗补助范围：在定点医院住院和非定点医院急诊住院发生的医疗费用给予补助。因急诊急救在非定点医院住院，应在规定时间内报告单位医疗保险管理员，并办理申报手续，没有办理申报审批手续的不予补助。急诊急救病种范围与职工相同。家属住院医疗费的计费范围、方法及起付标准与参保职工相同，起付标准以上（不含起付标准）的费用(扣除起付标准、个人自付、个人部分自付费用)按50%补助，因急诊急救在非定点医院住院的费用给予30%补助。医疗补助费用由企业补充医疗保险基金列支。2015年3月，《沈阳铁路局企业补充医疗保险管理办法》对参保家属缴费调整为每人每年

120元，其他政策不变。

四、离休干部医疗政策

《国务院关于建立城镇职工基本医疗保险制度的决定》（国发〔1998〕44号）规定，离休人员医疗待遇不变，医疗费用按原资金渠道解决。2004年，铁路局、局党委下发了《关于印发沈阳铁路局离休干部医疗管理暂行办法的通知》（沈铁卫发〔2004〕51号），规定离休干部不参加职工基本医疗保险，医疗待遇不变，其医疗费用按政策规定在基本医疗保险范围内实报实销，并由补充医疗保险基金列支。离休人员实行定点医院就医管理办法，医疗费用按人头拨付定点医院包干使用。2010年起，国家财政每年对亏损中直企业离休人员医疗费按人均1.77万元给予补助，不足部分由铁路局成本列支，离休人员医疗费用不再从补充医疗保险基金支付。

第三节　医疗保险信息网络系统

医疗保险信息网络系统是实现参保群体各项医疗保险待遇的计算机网络平台。信息网络系统由计算机服务器、医疗保险网络系统、医疗保险软件系统、IC卡系统等构成，连接所有铁路医疗保险定点机构。信息网络系统承担医疗保险业务办理、数据传输、储存、查询、待遇实现、定点结算等任务。

一、系统建设

1997年10月，吉林铁路分局作为铁道部首家医疗保险改革试点单位，自行开发并建立了信息网络系统，数据定时传输。2001年8月，通辽铁路分局采用北京国腾软件公司软件、大连铁道有限责任公司采用大连华信软件建立了信息网络系统，采用DDN专线和电话拨号线路连接定点机构，数据定时传输。2004年1月，沈阳、长春、吉林、通化、锦州统筹区采用湖南创智科技有限公司软件建立了信息网络系统。采用DDN专线和电话拨号连接定点机构，并实现数据实时传输。该系统技术先进、易维护，优于大连和通辽统筹区原有系统，性能领先属地政府医疗保险信息网络系统。2009年12月，医疗保险管理机构整合后，锦州和通辽统筹区信息网络系统的核心设备

迁移至沈阳，通化和吉林统筹区核心设备迁移至长春，实行核心设备集中管理。2010年，为提高系统效能及安全水平，路局投资800万元对沈阳等七个统筹区信息网络系统进行整合，建立了以沈阳和长春为中心节点的两个数据中心，对应数据中心建立了两套应用软件系统，实现了医疗保险数据全部实时传输及一套系统运行多套医疗保险政策的业务需求。

二、"一卡通"就医购药

2010年，为更好地利用医疗保险信息网络系统资源，方便沿线及流动作业职工就医购药，铁路局在信息网络系统整合及升级改造的基础上，开发了跨统筹区就医购药"一卡通"软件，并于2011年1月1日正式投入使用。"一卡通"主要功能为：辽宁省境内（含河北、内蒙）参保职工及家属可以持医疗保险证、卡在辽宁境内（含河北、内蒙）所有铁路医疗保险定点医院、药店就医购药；吉林省境内参保职工及家属可以持医疗保险证、卡在吉林省境内所有铁路医疗保险定点医院、药店就医购药。"一卡通"打破统筹区概念，方便职工就医、简化就医手续，降低就医成本，提高就医效率，患病职工无须办理转院手续就能随时到大统筹区内高等级及专科定点医院持卡就医。2015年，局管内各地方政府医疗保险尚未实现跨市就医"一卡通"，职工跨市就医仍需办理审批手续。

三、定点医院、药店

2003年，铁路医院尚未移交地方政府管理，当时的定点医院仅限于各铁路医院，定点药店只开通了31家。2004年，铁路医院完成属地移交，为进一步满足职工就医需求，铁路局加强了定点医院和药店开通工作，管内省会城市高等级医院及地级市中心医院陆续成为铁路医疗保险定点医院。2015年底，全局定点医院163家（三级69家、二级76家、专科医院8家、一级10家）、定点药店851家。定点医院、药店基本覆盖到铁路沿线每一个站区，定点机构等级、种类、数量能有效满足职工看病购药需求。

第四节 医疗保险基金

医疗保险基金由基本医疗保险基金和企业补充医疗保险基金组成。实行统一征缴，专款专存专用，独立核算，互不挤占和挪用，并接受国家、铁道部（中国铁路总公司）、铁路局及属地政府审计。

一、基金征缴

（一）基本医疗保险基金

基本医疗保险基金由统筹基金和个人账户构成。基本医疗保险基金按参保单位工资总额的一定比例征缴，其中30%左右按职工年龄及个人工资（退休金）分不同比例划入个人医疗保险账户，70%左右用于建立统筹基金。在职职工每月按工资的2%缴纳医疗保险基金（从本人当月工资中扣除），并存入个人账户，退休职工不缴费。

基本医疗保险基金缴费比例：沈阳和大连统筹区8%、锦州7%、长春7%、吉林和通化6%，以上6个统筹区缴费比例一直未调整。通辽统筹区2012年以前6%，2012-2014年调整为7%，2015年调整为7.5%。基本医疗保险基金划入个人账户比例。沈阳统筹区在职职工0.8%（45周岁以下），1.5%（45周岁以上）；退休人员4.6%（50周岁以下），5.2%（51~60周岁），5.8%（61~70周岁），6.4%（71周岁以上）。锦州统筹区在职职工1%；退休人员4%。通辽统筹区2015年1月份以前在职职工1.2%（45周岁以下），1.4%（45周岁以上）；退休人员3.6%；2015年1月份以后，在职职工0.8%（45周岁以下），1.2%（46周岁以上），退休人员3.6%。大连统筹区在职职工0.8%（45周岁以下），1.3%（45周岁以上）；退休人员6.5%。长春统筹区在职职工1%（45周岁及以下），2%（45周岁以上）；退休人员4.5%；2012年调整为在职职工0.5%（45周岁及以下），1.5%（45周岁以上）；退休人员4%。吉林统筹区在职职工0.3%（45周岁及以下），0.5%（46周岁以上）；退休人员3.4%。通化统筹区在职职工1.2%（45周岁及以下），1.4%（46周岁以上）；退休人员3.6%。

（二）补充医疗保险基金

补充医疗保险基金由铁路局根据基金使用及

2004—2015年基本医疗保险基金收支余情况统计表

表6-4-2　　　　　　　　　　　　　　　　　　　　　　　　　　　　　　单位：万元

年份	统筹基金收入	统筹基金支出	统筹基金结余		个人账户收入	个人账户支出	个人账户结余		基本基金累计结余
			当年	历年			当年	历年	
2004	24448	10769	13679	11970	7142	2728	4414	20896	32866
2005	32922	16470	16452	30131	20820	18824	1996	22892	53023
2006	37604	19731	17873	48004	24467	21820	2647	25539	73543
2007	39543	21436	18107	66111	28143	23579	4564	30103	96214
2008	45704	28048	17656	83767	32535	26982	5553	35656	119423
2009	46147	33344	12803	96570	34895	32795	2100	37756	134326
2010	47419	40776	6643	103213	43683	36004	7679	45435	148648
2011	57735	46959	10776	113989	49198	41278	7920	53355	167344
2012	66383	58310	8073	122062	56807	48466	8341	61696	183758
2013	81142	65443	15699	136052	65907	56547	9360	71056	207108
2014	88244	75621	12623	148675	74388	65763	8625	79681	228356
2015	93473	79063	14410	163084	80624	71441	9183	88864	251948

结余情况，通过职代会决定是否提取及提取比例。2001年至2006年提取比例为3%；2007年至2008年提取比例为2%；2009年至2011年未提取补充医疗保险基金；2012年至2013年提取比例为2%；2014年未提取补充医疗保险基金。参保家属每年按规定缴费，列入补充医疗保险基金。

二、基金使用

基本医疗保险基金：统筹基金用于支付职工符合政策规定的医疗费用。个人账户用于定点医院就医个人自付部分、定点药店购药费用支出。职工调转或死亡，个人账户余额以现金方式退还本人或法定继承人。补充医疗保险基金：用于职工医疗和生育、家属医疗、自然灾害应急抢救及其他特殊医疗费用补助，2010年前，离休干部（含二等乙级及以上革命伤残军人、警察）医疗费用由补充基金支付。

三、基金管理

铁路分局（公司）撤销前，基金由各统筹区自行管理，并统一在当地储存。2005年铁路分局（公司）撤销后，将锦州、大连、通辽统筹区基金纳入到局医疗保险管理办公室基金账户储存，将吉林、通化统筹区基金纳入到长春医疗保险管理办公室基金账户储存，但基金收支仍按七个统筹区分别列账。基本医疗保险基金当年筹集部

分，按活期存款计息，上年结转的基金本息，按3个月整存整取存款计息，沉淀基金，比照3年期零存整取存款计息。个人账户本金和利息归个人所有，可以结转使用和继承。铁路局在按政策提取、管理和使用各类基金的同时，加强对定点医

2001—2015年补充医疗保险基金收支余情况

表6-4-3　　　　　　　　　　　　单位：万元

年份	补充基金收入	补充基金支出	补充基金结余	
			当年	历年
2001	913.0	314.0	599.9	599.0
2002	2696.0	2678.0	18.0	617.0
2003	3829.0	3765.0	64.0	681.0
2004	16756.0	11910.0	4846.0	5527.0
2005	19470.0	10369.0	9101.0	14628.0
2006	16400.4	10951.0	5449.4	20077.4
2007	15306.7	11238.0	4068.7	24146.1
2008	17707.4	10786.3	6921.1	31067.2
2009	870.5	7247.3	-6376.8	24690.4
2010	631.3	8219.7	-7588.4	17102.0
2011	591.2	7719.4	-7128.2	9973.8
2012	27747.9	9171.2	18576.7	28550.5
2013	35365.1	9063.2	26301.9	54852.4
2014	538.2	9561.2	-9023.0	45829.4
2015	328.2	11227	-10898.8	34930.5

疗机构医疗行为监管，确保基金使用和支出安全，基本医疗保险基金历年结余率均保持在10%左右。到2015年底，铁路局基本医疗保险基金累计结余25.2亿元，补充医疗保险基金累计结余3.5亿元。

第五节　职工医疗消费

职工医疗消费包括普通门（急）诊、普通住院、门诊特殊病种、转诊转院等消费。随着医疗保险政策不断完善、定点医院不断增加、铁路局收入水平不断提高、职工医疗消费观念及群体结构不断变化等，铁路医疗保险的保障能力及职工健康水平逐步提高，职工个人医疗费用占比逐步降低。

一、普通门诊

普通门诊是指参保职工因普通疾病接受定点医院门诊诊疗。普通门诊费用全部由个人承担，可用个人账户余额结算，也可用现金结算。2004年，职工普通门诊1607449人次。随着医保政策普及，职工对医保政策进一步了解，2005年门诊增加到1759408人次。2006年起，门诊特殊病种（含门诊特病、规定病、慢性病等）人数逐年增加，普通门诊诊次开始下降，2010年降低至最低953452人次。2011年开始，职工退休出现高峰，普通门诊人次开始缓慢上升，2015年达到1021432人次。

二、普通住院

普通住院是指参保职工因病在医院住院治疗，所发生的符合政策规定医疗费用，由基本医疗保险统筹基金和补充医疗保险基金按比例支付，剩余部分由个人承担。

住院人均费用2004年4993元。随着物价上涨、医疗技术进步及设备的不断更新，住院人均

2004—2015年职工普通门诊就诊人次

图6-4-4

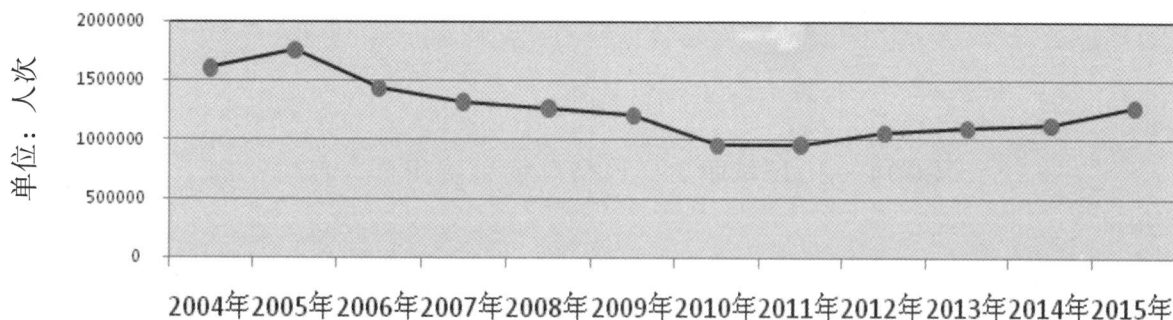

2004—2015年职工住院人均费用

图6-4-5

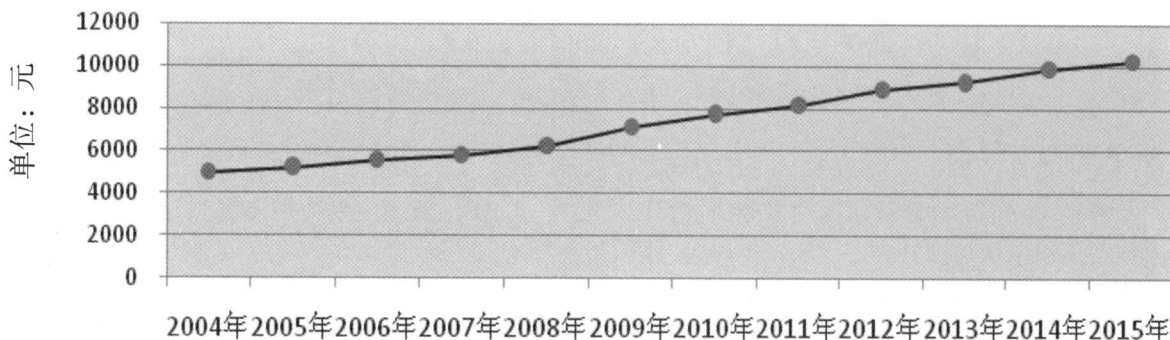

2004—2015年职工住院个人负担比例

图6-4-6

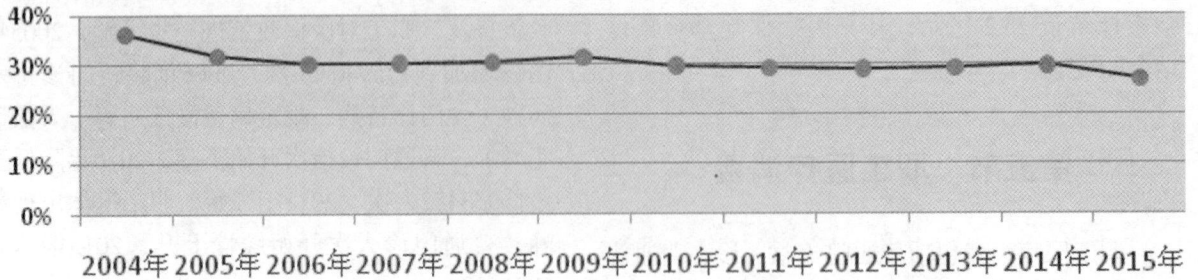

2004—2015年职工门诊特殊病种总人数

图6-4-7

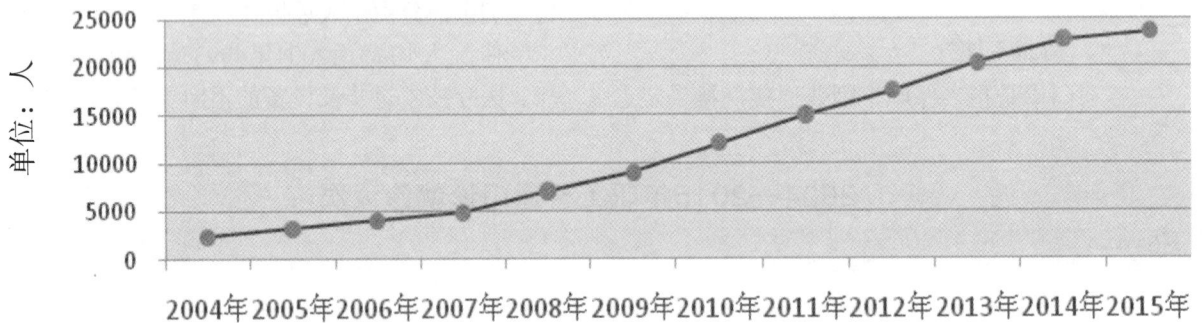

2004—2015年职工门诊特殊病种费用个人自付比例

图6-4-8

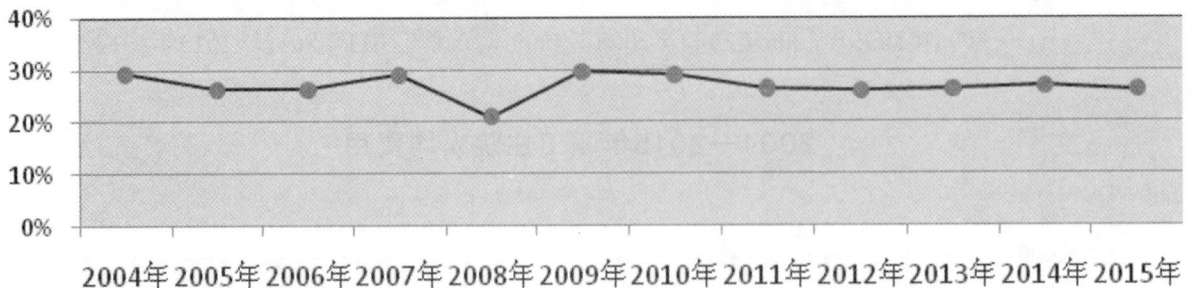

费用逐年攀升，2008年达到6271元。2009年，国家及各省大幅增加和修订了医疗服务项目，住院人均费用快速增加到7144元。2011年开始，职工退休出现高峰，同时实施就医"一卡通"，职工年龄结构及就医方式发生改变，人均费用进一步增长，2015年达到10286元。

住院费用个人负担比例2004年占36%。按照属地医保政策，部分统筹区于2005年相继调整了住院起付标准及个人负担比例，住院费用个人负担比例下降至2006年的32%，并持续平稳运行。

2009年向下调整了乙类药品个人负担比例，2010年个人负担比例下降至30%，并保持平稳运行。2015年，路局出台《沈阳铁路局企业补充医疗保险管理办法》，将住院病人100%纳入补助范围，住院个人负担比例进一步下降至27%。

三、门诊特殊病种

门诊特殊病种是指患有符合政策规定的特殊及慢性疾病的职工，可以申请办理门诊特殊病种手续，并在选定的定点医院接受门诊治疗。所发生医疗费用，由医疗保险基金给予一定比例补助。各统筹区门诊特殊病种2004年只限于糖尿病、高血压病、冠心病、尿毒症透析治疗、器官移植术后抗排斥治疗、恶性肿瘤放化疗共6种。同年门诊特殊病种待遇2341人，2007年上升至4932人。2008年开始，各统筹区门诊特殊病种种类逐步增加，门诊特殊病种人数从2008年的6996人平稳上升至2015年的23536人。2004年至2015年，全局各统筹区门诊慢病种类从6种增加到47种，增加了近7倍，受益职工人数从2341人增加到23536人，增加了9倍多。

个人自付比例2004年占29%。2008年部分统筹区取消了门诊特殊病种待遇起付标准，个人自付比例下降到21%。2009年部分统筹区批量增加了门诊特殊病种种类并设置了起付标准，个人自付比例急升至30%。2010年，各统筹区再次取消部分门诊特殊病种起付标准，个人自付比例下降至2011年的28%并保持平稳运行。2015年路局出台《沈阳铁路局企业补充医疗保险管理办法》，将门诊特殊病种全部纳入补助范围并提高了补助标准，2015年个人支付比例下降至26%。

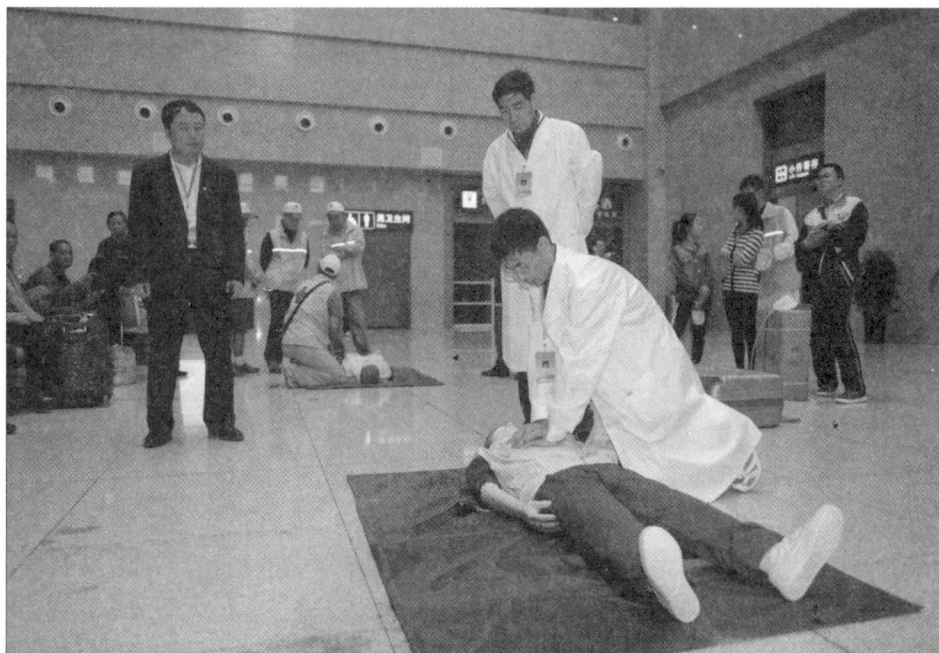

2013年3月3日，吉林疾病预防控制所对站车"红十字"救护员进行心肺复苏技能培训（选自《沈阳铁路局年鉴》）

第七篇　中国共产党沈阳铁路局组织

　　1996年以来，沈阳铁路局党委认真贯彻执行上级的决策部署，紧密围绕中心，着力服务大局，大力推进思想政治建设、党风廉政建设、组织基础建设、企业思想政治工作和企业文化建设。把领导班子建设作为"龙头工程"，在各级领导班子和领导干部中先后开展了创建"好班子"和"优秀领导干部"标兵等活动，促进领导干部能力素质的提升。采取集中学习、专题研讨、联组学习等多种形式，抓好各级党委中心组学习，提升各级领导干部领导和驾驭全局改革发展的素质能力。局党委紧密围绕各个时期重点任务，在各级组织中，持续开展主题教育、廉政警示教育和正面典型教育，推进党风廉政建设，坚决查处违反中央八项规定精神和"四风"方面的突出问题，使广大干部不断增强反腐倡廉的自觉性。高质量组织开展党员先进性教育活动、学习实践科学发展观活动、创先争优活动、党的群众路线学习教育活动、"三严三实"专题教育，增强全局广大党员特别是党员领导干部的政治意识和党性观念。路局直管站段以来，坚持继承传统与创新手段相结合，组织开展了"转观念、闯市场、增效益""适应新常态、创效作贡献"等主题教育活动，宣传全局改革发展的新动态、重点工程的新进展、客货服务的新举措和默默奉献的新典型，形成了新闻宣传的规模效应，沈局的社会形象得到新的展示。确定了沈局精神、局歌、局徽，规范完善站段企业精神、车间班组精神，形成了全方位、全覆盖的企业文化氛围。从2014年开始，在全局范围内启动了党内品牌创建活动，涌现出沈阳站"美丽服务台"等一大批党内优质品牌标杆，在全局改革发展中充分发挥了示范引领作用。启动实施了"运输一线党支部建设三年基础工程"，使生产一线党支部的战斗堡垒作用不断得到加强。

第一章　党委系统概况

　　1996年至2005年，中共沈阳铁路局委员会组织机构为三级党委，沈阳铁路局党委、分局党委、基层单位党委。局党委工作职责主要是，按照铁道部党组的部署要求，组织铁路分局、基层单位党组织宣传和执行党的路线、方针、政策，宣传和执行党中央、上级组织和本组织的决议，并通过指导铁路分局党委，推动基层单位党组织加强党的建设、开展各项政治活动，组织和促进党员在运输生产一线发挥先锋模范作用等。2005年3月18日，全路实行铁路局直接管理站段体制改革，铁路分局撤销，各分局党委相应撤销，开始实行路局直管站段，全局党委组织机构为局党委、基层单位党委两级党委。局党委工作职责相应调整为，适应铁路局直接管理站段的新体制，直接组织基层单位党组织和党员在运输生产一线发挥先锋模范作用。局党委下设党委办公室、组织部、宣传部、纪委、工会、团委等主要部门。2006年，局党委办公室与局办公室合并，改称局办公室（党委办公室）；局党委组织部和局人事处合并，改称局人事处（党委组织部）；

局党委宣传部增加企业文化建设功能，改称局党委宣传部（企业文化处），以上三个部门均按科室人员分工承担局党、政两方面的工作任务，实行一个机构、两块牌子。

第一节　沈阳铁路局党委

一、局党委

1996年，马增清任局党委书记，王振秋任局党委副书记兼局长，孙祥林、张海舟任局党委副书记，陈智英任局纪委书记。1998年4月7日，张伟任局党委副书记兼局长。1999年3月18日，宋大悦同志任局党委书记；11月17日，康维韬任局党委副书记。

1999年12月23日，中共沈阳铁路局第六次党员代表大会召开，选举产生了中共沈阳铁路局第六届委员会和中共沈阳铁路局纪律检查委员会，第六届委员会由27名同志组成，常委委员会由9名同志组成，纪律检查委员会由9名同志组成。2003年5月21日，康维韬任局党委书记，王占柱任沈局党委副书记兼局长；4月21日，局纪委书记陈智英退休，7月23日，张恩礼任纪委书记，7月23日邱发义任党委副书记。

2003年12月17日，中共沈阳铁路局第七次党员代表大会召开，选举产生了中共沈阳铁路局第七届委员会和中共沈阳铁路局纪律检查委员会，第七届委员会由25名同志组成，常委委员会由7名同志组成，纪律检查委员会由9名同志组成。2004年5月10日，康维韬任局长兼局党委副书记；6月24日，邱发义任局党委书记；7月4日，吴立君任局党委副书记；11月5日，张恩礼任局党委副书记、纪委书记。2005年8月2日，瞿建明任局党委书记，刘树蒉任局长兼局党委副书记。2006年2月15日，王占柱任局长兼局党委副书记。2008年10月25日，吴利民任局党委书记。2009年11月3日，武汛任局党委书记。2011年12月30日，张国敏任局党委书记；10月24日，顾锐任局党委副书记、纪委书记。2012年4月7日，张树奎任局党委副书记。

2016年8月，张海涛任局党委书记；2016年11月，汤晓光任局党委书记，张海涛任局长兼局党委副书记；张树奎任局党委副书记，顾锐任局党委副书记、纪委书记。

二、直属党委

1996年，局党委下设直属党委30个，包括沈阳分局党委、锦州分局党委、大连分局党委、长春分局党委、丹东分局党委、吉林分局党委、通辽分局党委、通化分局党委、图们分局党委、白城分局党委、局机关党委、沈铁公安局党委、沈阳铁路机械学校党委、大连铁路卫生学校党委、吉林铁路经济学校党委、吉林铁路职工大学党委、沈阳铁路师范学校党委、锦州铁路司机学校党委、锦州铁路运输学校党委、大连铁路司机学校党委、沈铁总医院党委、沈阳医院党委、沈阳客车厂党委、吉林老干部处党工委、锦州老干部处党工委、沈阳物资办事处党委、鞍山工务器材厂党委、镇赉防腐厂党委、沈阳铁道制动机厂党委、沈阳信号厂党委。2005年，撤销铁路分局，实行路局直接管理站段新体制后，局党委下设直属党委13个。2007年，局机关党委及其下属党委6个，公安局及其下属党委13个，多经系统党委34个，集经系统党委7个，铁道部委托代管党委1个（铁龙公司党委），党工委10个。2015年，局机关党委及所属党委5个，公安系统党委13个，党工委3个，局机关党委所属党工委1个。

第二节　各铁路分局党委
（1996—2005）

1996年，沈阳局党委下设沈阳、锦州、通辽、吉林、通化、长春、丹东、图们、白城、大连10个分局（公司）党委。1999年1月1日，丹东铁路分局撤销，并入沈阳铁路分局，丹东铁路分局党委随之撤销。局党委下设分局党委由10个减为9个。2000年12月，白城铁路分局撤销并入长春铁路分局，图们铁路分局撤销并入吉林铁路分局，白城、图们分局党委相应撤销。沈阳局下设分局党委由9个减为7个。2005年3月18日，为适应铁路改革发展新形势的需要，全路实行铁路局直接管理站段体制改革，沈阳铁路局所属7个分局被撤销，各分局党委相应撤销。

第三节　基层党组织

一、路局、分局、站段三级管理

局党委在工作实践中建立了分局、站段党委议事规则，进一步规范和明确议事范围、程序及监督、追究等，并不断完善丰富，为加强基层党组织建设提供了保证。

1996年，全局共有党委485个。其中，局级党委1个，分局级10个，基层党委474个；党工委12个，党支部（总支）7243个，党员137104名。随着铁路分局的撤并重组，局机关部门的调整合并以及基层站段的布局整合，分局党委、基层党委逐步减少。1999年，分局党委9个，同1996年相比减少1个，减幅为10%；基层党委462个，同1996年相比减少12个，减幅为2.5%。2000年，分局党委7个，同1996年相比减少3个，减幅为30%；基层党委458个，同1996年相比较少16个，减幅为3.4%。2004年分局党委7个，同1996年相比减少3个，减幅为30%；基层党委280个，同1996年相比减少194个，减幅为40.9%。

二、路局直管站段

按照铁道部政治部组织部关于加强党委会建设的部署要求，在深入调研分析，开展课题攻关的基础上，建立完善形成了一整套适应直管站段机制的党委会建设的新机制。制定下发了党委会全委会、党政联席会和党委办公会三项议事规则。规范和规定了选举工作程序和办法，及时下发了《关于做好基层党组织换届选举工作的通知》，编写了《沈阳铁路局基层党组织换届选举程序规范》，加强对基层站段换届选举工作的指导。为增强基层工作的主动性和积极性，制定下发了《先进党委考核评比办法》，明确了先进党委的条件和考核评比办法，保证了评比表彰工作质量。

2005年，撤销铁路分局实行路局直接管理站

段后，全局共有党委208个（含局党委），同2004年相比，减少了80个，减幅为25.7%；基层党委同2004年相比减少了80个，减幅为28.5%。2006年，路局实施了运输生产力布局调整，对部分行车站段进行合并，基层党委相应减少到151个，比2005年减少了49个，减幅为24.5%。随着电气化区段覆盖面越来越大、铁路新线不断开通以及动车组列车的大量开行，路局对运输站段进行了进一步的优化调整，到2015年，运输站段增加到91个，全局基层党委相应增加到174个，其中运输生产站段党委91个，运输辅助单位党委32个，非运输企业党委36个，公安系统党委13个，机关党委1个，其它1个。

1996—2015沈阳铁路局党组织基本情况统计表

表7-1-1

年份	分局党委	党工委	基层党委	党支部（总支）	党员
1996	10	12	474	7215	137104
1997	10	12	476	7243	139701
1998	10	12	467	7092	134380
1999	9	12	462	6909	136746
2000	7	12	458	6836	138237
2001	7	12	451	6865	136898
2002	7	12	441	6842	136425
2003	7	12	351	6459	131507
2004	7	11	280	5867	119098
2005	7	13	200	5267	116197
2006	—	10	151	5218	115649
2007	—	10	154	5273	115705
2008	—	10	152	5249	114975
2009	—	5	158	5259	114660
2010	—	4	152	5487	115583
2011	—	4	166	5974	115026
2012	—	4	169	5899	113865
2013	—	4	181	6126	112408
2014	—	4	177	5944	109890
2015	—	3	174	6221	107292

第二章　党员代表大会

1996年至2015年，沈阳铁路局党委先后召开2次党员代表大会进行换届改选，分别是1999年召开的第六次党员代表大会、2003年召开的第七次党员代表大会。第六次党员代表大会的主要任务是，总结沈阳局第五次党员代表大会以来的工作，研究确定今后四年党的工作目标和任务。大会选举产生了中共沈阳铁路局第六届委员会和中共沈阳铁路局纪律检查委员会。2003年12月17日至18日，召开中共沈阳铁路局第七次党员代表大会。审议并一致通过第六届委员会工作报告与中共沈阳铁路局纪律检查委员会所作的工作报告。大会选举产生了中共沈阳铁路局第七届委员会和纪律检查委员会。

党代会闭会期间，局党委每年召开一次全委（扩大）会议，听取审议常委会所作的工作报告。1996年至2015年，共召开全委（扩大）会议34次。其中，第五次党员代表大会闭会期间召开7次，第六次党员代表大会闭会期间召开12次，第七次党员代表大会闭会期间召开15次。

第一节　五届四次至十次全委会

一、五届四次全委会

1996年1月15日，中共沈阳铁路局五届四次全委会议召开，25名委员参加，缺席3人。会议审议通过了局党委书记马增清作的《抓住新机遇，展现新作为，为加快全局改革与发展提供思想组织保证》工作报告。局长王振秋在会上讲话，宣布了《关于兑现1995年安全、路风包保责任状说明》及《1996年住宅建设包保责任状说明》。并与10个分局（公司）和局机关有关部门负责人签订了1996年安全路风包保责任状和1996年住宅建设包保责任状。

二、五届五次全委会

1996年6月15日，中共沈阳铁路局五届五次

全委会议召开，22名委员参加，6人缺席。会议讨论通过了局党委书记马增清同志在全局政工会议上的报告及《沈局"九五"政治工作规划》两个文件。

三、五届六次全委会

1997年1月13日，局党委五届六次全委会议暨全局领导干部会议召开。26名委员参加，缺席2人。主要议题是以党的十四届六中全会精神为指针，认真贯彻全路领导干部会议精神，审议并通过局党委书记马增清同志代表局党委所作的《把握大局，围绕中心，发挥优势，用强有力的政治工作推动全局深化改革和生产经营取得新进展》的工作报告，动员全局各级组织和广大干部职工进一步解放思想，振奋精神，为全局加快发展，深化改革而努力奋斗。

四、五届七次全委会

1997年4月18日，局党委五届七次全委会议召开。会议主要议题是推选路局出席辽宁省党代会的代表。会议共推选出长春分局分局长赵吉斌、大连公司党委书记宋大悦等9名同志出席辽宁省党代会的代表。

五、五届八次全委会

1998年1月8日，局党委五届八次全委（扩大）会议召开，26名委员参加，缺席2人。主要议题是以党的十五大和中央经济工作会议精神为指引，认真贯彻全路领导干部会议精神，总结工作，分析形势，统一思想，研究部署1998年全局重点整治工作，动员各级党组织和广大干部职工进一步解放思想，开拓进取，为全局各项工作新胜利而努力工作。会议审议通过了局党委书记马增清同志所作的题为《高举旗帜，解放思想，发挥优势，推动全局改革和生产经营取得突破性进展》的工作报告。

六、五届九次全委会

1999年1月10日，局党委五届九次全委会议

召开。20名委员参加，缺席9人。会议主要议题是以党的十五大和中央经济工作会议精神为指针，认真贯彻全国铁路工作会议精神，总结工作，分析形势，统一思想，研究部署1999年全局重点政治工作，动员各级组织和广大干部职工为促进全局实现生产经营向资产经营的重大转变、夺取改革与发展的新胜利而奋斗。会议审议通过了局党委书记马增清同志代表局党委作的题为《发挥优势，促进改革，维护稳定，为实现全局资产经营目标提供强有力的政治保证》的工作报告，研究确定1999年全局重点工作。

七、五届十次全委会

1999年12月22日，局党委五届十次全委会议召开。26名委员参加，缺席2人。会议主要议题是审议通过局六次党代会筹备工作情况报告，讨论通过局党委、局纪委委员和局党委常委、书记、副书记以及局纪委书记、副书记候选人名单。会议还讨论通过了大会选举办法及党费审查报告。

第二节　第六次党代会

一、局第六次党员代表大会

1999年12月23日，中共沈阳铁路局第六次党员代表大会召开。大会代表共277名，实际出席264名。中共辽宁省委副书记孙春兰、部政治部组织部副部长张岩出席开幕式并讲话。大会主要任务是，总结沈阳局第五次党员代表大会以来的工作，研究确定其后四年党的工作目标和任务。大会一致通过宋大悦代表五届局党委所作的《发挥政治核心作用，凝聚攻坚整体合力，为实现沈阳局新世纪改革发展的目标而奋斗》的工作报告，以及陈智英代表局纪委所作的《围绕中心服务大局，全面履行纪检监察职能，为全局改革、发展和稳定创造良好的政治环境》的工作报告。大会以无记名投票方式，采取直接差额选举办法，选举产生了中共沈阳铁路局第六届委员会和中共沈阳铁路局纪律检查委员会。其中，第六届委员会由27名同志组成，常委委员会由9名同志组成。中共沈阳铁路局纪律检查委员会由9名同志组成。

二、局党委六届一次全委会

1999年12月24日，中共沈阳铁路局六届一次会议召开。会上选举产生了中共沈阳铁路局第六届委员会常务委员会委员及书记、副书记。常务委员会由9名同志组成，宋大悦、张伟、张海舟、康维韬、张久达、陈智英、焦俊峰、杜洪才、刘汉涛。党委书记宋大悦，副书记张伟、张海舟、康维韬。新当选的局党委书记宋大悦代表新一届党委会讲话。

三、局党委六届二次全委会

2000年1月12日，局党委六届二次全委（扩大）会议召开，24名委员参加，缺席2人。会议主要议题是牢牢把握改革、发展、稳定大局，实现全局各项工作安全平稳。审议通过了局党委书记宋大悦同志代表局党委所做的《围绕资产经营，发挥政治优势，夺取全局改革和发展的新胜利》的工作报告，研究落实2000年全局政治工作重点。

四、局党委六届三次全委会

2000年11月20日，局党委六届三次全委会议召开，22名委员参加，缺席4人。会议主要任务是坚持抓班子，带队伍，抓基层，强基础，确保新世纪开年全局改革和发展取得新进展，新突破。讨论通过了局党委书记宋大悦同志所作的题为《贯彻"三个代表"思想，肩负新的历史重任，为实现沈局"十五"改革和发展战略目标提供强有力的政治保证》的工作报告，同时讨论通过了局思想政治工作责任制。

五、局党委六届四次全委会

2001年1月6日，局党委六届四次全委会议暨全局领导干部会议召开，26名委员全部参加。会议主要任务是深入贯彻党的十五届五中全会精神，认真落实全路工作会议的各项任务，牢牢把握改革、发展、稳定大局，为实现新一轮资产经营目标而努力奋斗。会议讨论和通过了局党委书记宋大悦同志代表局党委常委会所作的《抓落实促深化上水平，用强有力的政治工作确保新世纪开年全局改革和发展取得新突破》的工作报告。

六、局党委六届五次全委会

2001年6月15日，局党委六届五次全委会议召开，21名委员参加，缺席3人。会议经投票选举，推选局党委书记宋大悦等29名同志为出席辽宁省九次党代会代表。

七、局党委六届六次全委会

2002年1月16日，局党委六届六次全委会议暨全局领导干部会议召开，24名委员全部参加。会议主要任务是认真落实江泽民同志对铁路工作的重要指示和全国铁路工作会议精神，围绕贯彻落实六中全会精神，加强和改进党的作风建设，提高各级党组织的创造力、凝聚力和战斗力，以优异成绩迎接的中共十六大召开。会议讨论通过了局党委书记宋大悦同志代表局党委常委会所作的《与时俱进，求实重效，为实现今年全局改革和资产经营目标提供强有力的政治保证》的政治工作报告。

八、局党委六届七次全委会

2002年4月10日．局党委六届七次全委会议召开，共有20名委员参加。会议主要议题是选举出席辽宁省党代表会议代表，经投票选举，康维韬、吴立君等9名同志当选为辽宁省党代表会议代表。

九、局党委六届八次全委会

2002年7月26日，局党委六届八次全委会议召开。出席会议委员19名，非局党委委员的局领导班子成员、分局党政主要领导同志列席。会议主要议题是审议并通过了局党委书记宋大悦同志在全局安全生产经营管理工作会议上代表局党委常委会所作的题为《深学讲话，把握大局，扎实工作，以优势成绩迎接党的十六大胜利召开》的工作报告，同时听取了宋大悦同志关于全局"三个代表"重要思想学习教育活动的讲话。

十、局党委六届九次全委会

2002年11月27日，局党委六届九次全委会议召开，出席会议委员19名。会议主要议题是审议通过了《局党委关于认真学习贯彻党的十六大精神的通知》。

十一、局党委六届十次全委会

2003年1月9日，局党委六届十次全委会议召开，22名委员出席会议。会议主要任务是认真贯彻全路工作会议精神，大力推进具有沈局特色的干部理论学习考核管理，"三重一大"问题集体决策、党员先锋线建设、创政治工作突出成果和和"三个决不让"的扶贫帮困活动等机制，推进政治工作重点任务的落实。会议讨论通过了局党委书记宋大悦作的《以党的十六大精神为指导全面落实"三基"工作思路，为全局改革和资产经营提供强有力政治保证》的政治工作报告，还讨论通过了《关于进一步解决好困难职工生产生活问题的决定》。

十二、局党委六届十一次全委会

2003年8月18日，局党委六届十一次全委会议召开，14名委员出席会议，其他局领导班子成员和局直属单位主要领导同志列席了会议。会议审议通过了局党委书记康维韬作的工作报告，同时审议通过了《局党委关于做好稳定工作的意见》《关于召开中共沈阳铁路局第七次党员代表大会的决议》（草案），决定2003年12月份召开局第七次党员代表大会。

十三、局党委六届十二次全委会

2003年12月16日，局党委六届十二次全委会议召开，19名委员出席会议。会议听取了局第七次党代会筹备工作情况汇报，审议通过了六届局党委工作报告，审议通过了"两委"委员、党委常委、书记、副书记和纪委书记、副书记候选人预备名单、大会主席团、秘书长建议名单和执行主席分工建议名单等有关党代会的主要事项。

第三节　第七次党代会

一、局第七次党员代表大会

2003年12月17日至18日，中共沈阳铁路局第七次党员代表大会于召开。会议应出席代表280名，因病因事请假15名，实际出席265名。会议审议并一致通过了康维韬同志代表中共沈阳铁路局第六届委员会所作的《抓住历史机遇，发挥政治优势，为实现我局改革发展的新跨越而奋斗》的工作报告，审议并一致通过了张恩礼同志代表中共沈阳铁路局纪律检查委员会所作的《以"三个代表"重要思想为指导，为全局改革发展的新跨越提供纪律保证》的工作报告。大会选举产生了中共沈阳铁路局第七届委员会和纪律检查委员会。其中，第七届委员会由25名同志组成，纪律检查委员会由9名同志组成。

二、局党委七届一次全委会

2003年12月18日，中共沈阳铁路局第七届一次会议召开，参会25人，因事请假1人。会议以无记名投票方式选举产生了中共沈阳铁路局第七届委员会常务委员会委员、书记、副书记，新当选的局党委书记康维韬代表第一届党委常委会发表讲话。

三、局党委七届二次全委会

2004年3月1日，局党委七届二次全委会议召开，会议到会委员21人，因事请假4名。会议的主要任务是深入贯彻中共十六大和十六届三中全会精神，全面落实全国铁路工作会议、局第七次党代会和局九届一次职代会的各项部署，确保全局改革发展取得新进展、新突破。局党委书记康维韬作了政治工作报告，出席会议的委员一致通过了报告。

四、局党委七届三次全委会

2004年8月7日，局党委七届三次全委会议召开，到会委员21人，因事请假4名。会议主要任务是审议通过了局长康维韬在全局经营管理工作会议上的工作报告，对上半年全局经营重点工作，主要指标完成情况和政治工作开展情况进行讲评，对后五个月经营工作、政治工作的重点任务作出具体部署。局党委书记邱发义主持会议并作重要讲话。

五、局党委七届四次全委会

2005年1月19日，全局工作会议暨局党委七届四次全委（扩大）会议召开。会议的主要任务是认真落实全路工作会议和局九届二次职代会的各项部署，坚持党要管党、从严治党，在提高能力上求进展，不断增强生机与活力，着力推进全局物质文明、政治文明、精神文明建设的协调发展。出席会议的局党委委员审议并通过了局党委书记邱发义作的题为《加强能力建设，提升融入作为，为夺取跨越式发展新胜利提供坚强的政治保证》的工作报告。

六、局党委七届五次全委会

2006年1月13日，局党委七届五次全委会议召开。会议研究确定了全局政治工作基本思路和重点任务，提出全局政治工作要深入贯彻党的十六届五中全会精神，认真落实全路工作会议部署，适应路局直管站段新体制，自觉融入中心，主动服务大局，立足基层，重心下移，在全局深入推进改革发展中展示新作为。出席会议的局党委委员审议并通过了局党委书记瞿建明作的题为《站在跨越式发展新起点上，为全局深入推进改革发展提供有力政治保证》的工作报告。

七、局党委七届六次全委会

2007年1月22日，局党委七届六次全委（扩大）会议召开，会议实到会委员18人，因事请假6人。会议提出全局政治工作要坚持以邓小平理论和"三个代表"重要思想为指导，深入贯彻落实科学发展观和构建社会主义和谐社会建设战略思想，以应迎接十七大胜利召开，构建和谐沈局为主题，充分发挥政治工作的组织优势和宣传优势。会议审议通过了局党委书记瞿建明作的《务实创新，展现优势，为建设和谐沈局提供有力政治保证》的工作报告。

八、局党委七届七次全委会

2008年1月16日，局党委七届七次全委会议召开，会议实到会21人，因事请假4人。会议提出全局政治工作要坚持以全面贯彻落实科学发展观为主线，充分发挥全局政治工作优势，有效凝聚全员智慧力量，为开创和谐沈局新局面而努力奋斗。会议审议通过了局党委书记瞿建明作的《深入学习贯彻党的十七大精神，把和谐沈局建设不断推向新的阶段》的工作报告。

九、局党委七届八次全委会

2009年1月8日，局党委七届八次全委会议召开，到会委员25人。会议提出全局政治工作要认真贯彻党的十七大、十七届三中全会和中央经济工作会议精神，全面落实铁路工作会议部署，以开展学习实践科学发展观活动为主线，紧密融入中心，着力服务大局，突出抓住机遇应对挑战，大力加强改进党建和思想政治工作，推进思想解放，提升领导能力、增强组织活力，维护和谐稳定，努力把党组织政治优势转化成完成全年各项中心任务，实施全局第二个三年发展规划，全面深入推进和谐沈局建设的强大动力。会议审议通过了局党委书记吴利民同志所作的《深入学习实践科学发展观，把党组织政治优势转化为深入推进和谐沈局建设的强大动力》的工作报告。

十、局党委七届九次全委会

2010年1月9日，局党委七届九次全委会议召开，到会委员12人，因事请假3人。会议研究确定了全局政治工作基本思路和重点任务，提出全局政治工作要认真贯彻党的十七大和十七届四中、五中全会精神，深入学习实践科学发展观，全面落实全路工作会议部署要求，不断加强党建和思想政治工作，为实现第三个三年发展规划良好开局，推动全局改革发展做出更大贡献。会议审议通过了局党委书记武汛作的《以改革创新精神加强全局党建和思想政治工作，为推进铁路现代化建设提供政治保证》的工作报告。

十一、局党委七届十次全委会

2011年1月9日，局党委七届十次全委会议召开，会议到会委员11人，因事请假2人。会议研究确定了全局政治工作基本思路和重点任务，提出全局政治工作要坚持以科学发展观为指导，认真贯彻党的十七大和十七届四中、五中全会精神，全面落实全国铁路工作会议部署，深入开展创先争优活动，坚持有作为，善跟进、重创新、谋发展，努力提高政治工作科学化水平，确保全局第三个三年发展规划良好开局，以优异成绩迎接建党90周年。会议审议通过了局党委书记武汛所作的《发挥政治优势，凝聚攻坚合力，为实施全局第三个三年发展规划提供坚强政治保证》的工作报告。

十二、局党委七届十一次全委会

2011年12月28日，局党委七届十一次全委会议召开，到会委员9人，因事请假1人。会议提出全局政治工作要认真贯彻落实党的十七届六中全会和全路工作会议精神，牢牢把握科学发展主题和加快转变发展方式主线，加强改进党建和思想政治工作，为开创全局科学发展新局面提供组织保证、人才支撑和精神动力。会议审议通过了局党委书记张国敏同志所作的《坚定信心，开拓进取，为推进沈阳局科学发展提供坚强保证》的工作报告。

十三、局党委七届十二次全委会

2013年1月19日，局党委七届十二次全委会议召开，会议实到会委员26人，因事请假1人。会议研究确定了全局政治工作总体思路和重点任务，提出全局要深入学习贯彻党的十八大精神和全路工作会议精神，以推进全局科学发展为主线，以全面推进安全风险管理年，运输组织改革年、体制机制转换年、党风廉政建设年各项重点任务落实为目标，努力使政治工作更紧密地融入中心，更直接地提供保证，为全局科学发展提供坚强有力的政治保证。会议审议通过了局党委书记张国敏同志作的《深入贯彻党的十八大精神，努力开创平安和谐幸福沈局新局面》的工作报告。

十四、局党委七届十三次全委会

2014年1月12日，局党委七届十三次全委（扩大）会议召开，6名局党委委员参加，其他局领导班子成员、局纪委委员、部分机关党群部门负责人共计22人列席会议。会议听取了《沈阳铁路局党委工作报告》《沈阳铁路局行政工作报告》《沈阳铁路局党风廉政建设工作报告》的起草及征求意见情况说明，并进行了认真讨论。会议审议通过了局党委书记张国敏同志所作的《全面夯实基础，充分发挥优势，为推进全局改革发展提供坚强保证》的工作报告。

十五、局党委七届十四次全委会

2015年1月31日，局党委七届十四次全委会议召开，局党委委员参加会议，其他局领导班子成员、局纪委委员和局机关有关部门负责人列席会议。会议讨论通过了沈阳铁路局党委工作报告、沈阳铁路局行政工作报告、沈阳铁路局党风廉政建设工作报告和《沈阳铁路局十一届五次职代会议程安排》，审议通过了局党委书记张国敏同志所作的《全面落实从严治党要求，充分发挥政治工作优势为推进全局改革发展提供坚强有力保证》的工作报告。

十六、局党委七届十五次全委会

2016年1月20日，局党委七届十五次全委会议召开。局党委副书记、局长王占柱主持会议，局党委委员出席会议，其他局领导班子成员，局纪委委员和机关有关部门负责人列席会议。会议学习贯彻总公司工作会议精神，讨论通过了《沈阳铁路局党委工作报告》《沈阳铁路局行政工作报告》《沈阳铁路局党风廉政建设工作报告》，讨论确定了局十二届一次职代会议程安排。会议审议通过了局长王占柱同志所作的《全面从严治党，发挥政治优势，为推进全局改革发展提供坚强保证》的工作报告。

第三章　重要活动

1996年至2015年，按照中央、总公司（铁道部）党组的统一部署要求，先后组织开展了"三讲集中教育活动""三个代表"学习教育活动、党员先进性教育活动、学习实践科学发展观活动、创先争优活动、党的群众路线学习教育活动、"三严三实"专题教育，进一步增强了全局广大党员、特别是党员领导干部的政治意识和思想觉悟。同时，在组织系统开展集中开展学习教育活动，提高了组织干部队伍的整体素质。

第一节　全党集中性教育活动

一、"三讲"教育活动

1997年4月份，局党委在丹东分局进行了"三讲"教育试点，其经验和做法于8月下旬在全路"三讲"教育座谈会上进行了交流。9月上旬，局党委以沈铁党发〔1997〕35号文件对在全局领导班子和领导干部中进行"三讲"教育作出具体部署。各单位紧密结合思想和工作实际，采取多种形式，狠抓了教育活动的落实。

1999年，根据中央规定，按照部党组统一部署，从年初开始分别在路局和分局两级领导班子和机关处级领导干部中，以整风精神，深入开展了以"讲学习、讲政治、讲正气"为主要内容的党性党风教育。这次"三讲"集中教育共分为"思想发动、学习提高""听取意见、自我剖析""交流思想、开展批评""巩固成果、认真整改"四个阶段进行。铁道部向沈阳局派出了巡视组，专门负责"三讲"教育巡视工作。4月26日，局"三讲"教育领导小组召开了全局"三讲"教育动员大会。公安局党委和局检察院、法院党组也相继召开了本系统的动员大会，进行了再发动。在"三讲"教育中，路局派出局班子成员对分局"三讲"教育专题民主生活会进行面对面指导，狠抓了分局边整边改工作。各分局开展"三讲"教育期间，铁道部向沈阳局派出"三讲"教育检查指导组，先后到路局和9个分局进行巡回检查指导。局领导班子根据查摆出的突出问题，确定整改重点，落实整改责任，区分立即整改、近期整改、制度整改和解释说明四种情况，制定整改方案和措施，并召开电话会议进行了通报。"三讲"集中教育结束后，局领导班子认真落实整改方案，加强领导，落实责任，强化力量，定期听取责任部门关于整改进展情况汇报，及时提出加强和改进意见。12月18日，铁道部派出原巡视组对路局整改工作进行了"回头看"，组织对整改工作满意程度的民主测评，满意率为90.7%。

二、"三个代表"学习教育活动

2001年，按照铁道部政治部关于开展党支部"三个代表"（中国共产党始终代表中国先进生产力的发展要求，始终代表中国先进文化的前进方向，始终代表最广大人民的根本利益）重要思想学习教育活动试点工作的部署要求，局党委在沈阳南站和沈阳机务段进行了试点。经过历时两个多月、四个阶段的精心运作，较好地完成了试点任务，取得了预期效果。在全路基层党组织"三个代表"重要思想学习教育工作会议上，沈阳局党委和沈阳分局党委分别介绍了经验。9月28日，局党委召开了全局基层党组织"三个代表"重要思想学习教育工作会议，传达了全路会议精神，交流了沈阳分局试点工作经验，对全局认真搞好学习教育活动作出了具体的部署和安排。首批开展学习教育活动的1540个党（总支）支部，共征求意见186103条，确定整改项目12562项。到年底，第一批132个基层党委、79个党总支、1461个党支部的学习教育活动已经结束，共出简报46期。第二批50个工程施工单位的学习教育活动提前启动。按照部党组关于在全路基层党组织中开展"三个代表"学习教育活动的总体部署和要求，沈阳局首批132个基层单位、1540个基层党支部（总支）的学习教育活动，从10月16日正式启动，到12月初已经结束；三级班子和两级机关的集中学习教育从11月15日开始，于12月20日结束。

2002年，沈阳局"三个代表"重要思想学习教育取得了实效。先后建立了领导干部责任制度、检查指导组制度、领导干部联系点制度、集中培训制度、质量标准验收制度等，形成了一级抓一级，一级带一级，层层抓落实的工作机制。各分局、站段共组织召开学习成果交流会1300多次，交流学习成果4500多篇，有531篇获分局级优秀学习成果奖。征求党员和群众意见648345条，整改措施落实率达到89.1%。通过学教活动，广大干部和支部委员普遍受到一次党的先进性教育、党的思想路线教育和党的宗旨教育，增强了实践"三个代表"思想的自觉性和紧迫感。

2003年，按照《中组部关于在党的基层组织中贯彻落实〈中共中央关于在全党兴起学习贯彻"三个代表"重要思想新高潮的通知〉实施意见》，局党委在基层党组织和广大党员中深入开展了学习贯彻"三个代表"重要思想和十六大精神活动。各基层党组织结合本地区本单位的实际，制定学习计划，健全和落实学习制度，通过"三会一课"、知识竞赛、专题报告和集中学习辅导等形式，对党员进行教育，举办学习"三个代表"重要思想和十六大精神专题报告会1100场、集中学习辅导970场。

三、党员先进性教育活动

2001年，根据铁道部党组的部署安排，从11月16日至2002年2月22日，在沈阳分局苏家屯房产段和沈北医院16个党支部341名党员中开展了学习贯彻"三个代表"重要思想、保持共产党员先进性教育试点工作。经过共同努力，党员群众积极参与，较好完成了试点任务，为全局党员先进性教育提供了重要经验，也为部党组下一步扩大教育试点做好了准备。

2004年，根据中组部和铁道部党组的统一部署和要求，全局保持共产党员先进性教育活动准备工作于4月份启动。沈阳局成立了由党委书记和局长担任组长的活动准备工作领导小组，局党委副书记任领导小组办公室主任。各分局及基层站段也都及时抽调力量，健全了组织机构，成立了先进性教育活动准备工作领导小组。局、分局两级领导小组成员达198人。设立了党员先进性教育活动准备工作办公室，局、分局共抽调83人，专门从事全局党员先进性教育准备工作。通过分析排查，全局共确定薄弱基层单位党委9个、软弱涣散党支部114个、重点单位党委和党支部532个。局、分局、站段三级班子成员对重点整顿对象实行了责任包保和系统整改。铁道部先进性教育活动准备工作领导小组办公室对沈局的工作给予高度评价，并通过简报形式，多次转发了沈局抓先进性教育活动准备工作的经验做法。

四、学习实践科学发展观活动

2008年10月13日，按照部党组11号文件的要求，沈阳局全面启动了第一批学习实践活动。局领导班子和局机关62个部门（单位）、12961名党员参加了第一批学习实践活动。其中，有8个党委、10个党工委、37个党总支、473个党支部；局机关3345人，公检法机关411人，铁路办事处489人，3个试点单位4273人。沈阳局党委按照"党员干部受教育、科学发展上水平、人民群众得实惠"的总要求，精心谋划，周密组织，扎实推进，圆满完成了学习实践活动各项任务，在6个方面取得了明显成效：实现了学习实践活动每推进一步，理论学习、思想认识就深化一步，在科学发展、安全发展、内涵发展、科技发展、人才发展、共享发展上形成了思想共识。理清了深化内涵扩大再生产、推进路局又好又快发展的新思路，为服务区域经济社会发展提供有力的运输支撑，形成了全局性的《沈阳铁路局三年发展规划(2009—2011)》。推动了领导班子和领导干部能力的增强，为确保路局又好又快发展提供可靠的政治和组织保证。办成了一批人民群众和职工群众迫切希望解决的好事实事，让路内外真切地感受到铁路学习实践活动取得的实实在在的效果。建立和完善了有利于路局科学发展的长效机制，形成了"科学严密、统一规范、动态优化"的制度体系。展示了路局"牢记嘱托、忠诚践诺、共克时艰"的新作为，为实现"两手抓、双促进"目标发挥重要的推动作用。通过一手抓活动有序推进、一手抓重点工作落实，取得了安全生产持续稳定、经营目标较好兑现、各项工作顺利推进的可喜成绩。2009年，按照中央和部党组统一部署，第一批学习实践活动进行整改落实和"回头看"，在全局159各基层单位党委、1178名党员领导干部、10万多名党员中，高标准、高质量开展了第二批学习实践活动。各级党组织牢牢把握"党员干部受教育、科学发展上水平、人民群众得实惠"的总体目标，精心组织学习调研，深入开展分析检查，集中解决突出问题，职工群众对全局第二批学习实践活动满意度达99.98%，中央学习实践活动第三指导协调组对沈阳局学习实践活动给予充分肯定。

五、创先争优活动

2010年，根据党中央和部党组的统一部署，按照"紧扣中心、分层展开、突出实效"的总体思路，沈阳局党委全面开展了创先争优活动。各级党组织紧密结合沈阳局改革发展实际，制定活动方案，设计活动载体，推进活动开展。广大党员紧紧围绕安全、稳定、经营、建设等中心工作，做出承诺、主动践诺，自觉接受职工群众监督。路局党委每月对全局创先争优活动进行点评，强化督促指导。各级群团组织按照"党工共建""党建带团建"的要求，精心开展职工群众和团员、青年创先争优活动，形成了全员创先进、争优秀的生动局面。

2011年，局党委深入开展以赛安全业绩、赛服务质量、赛建设质量、赛队伍稳定、赛经营成果"五赛"为主要内容的立功竞赛活动。按系统划分6个竞赛组，按照"优秀、较好、一般、较差"四个等级，每季度进行考核评比通报，在全局掀起了立功竞赛高潮。牢牢把握"人民群众满意"根本标准，深入开展"人民铁路为人民，创先争优助您行"和"服务旅客创先争优"活动，开展百万旅客问卷大调查，实施百人包保客运站车，精心打造推广昌图站、开原站为民服务标

杆。落实公开承诺、领导点评、群众评议、评选表彰等规定程序，最大程度地引导、激发各级组织和广大党员履职践诺、创先争优，大力营造崇尚先进、学习先进、争当先进的浓厚氛围，形成了以党内创先争优带动各级组织、全体职工创先争优的良好局面。

2012年，局党委紧紧围绕安全、经营、服务、建设和机关干部作风"五大领域"，在全局党组织和党员中再次掀起创先争优活动的新高潮。在安全领域，开展"做'三无'（无违章、无违纪、无事故）党员、当安全先锋"和"岗位创'三无'，做崔振亮式好党员"等主题实践活动，有力推进了安全风险管理，夯实了安全管理基础。在经营领域，开展了"献良策、创效益、比贡献"活动，围绕增运增收、经营创效组织开展立项攻关，征集"金点子"和合理化建议，为实现多元化经营目标提供了良好的保证。在服务领域，继续开展服务旅客创先争优活动，通过着力打造"示范站"和"样板车"，使全局服务质量得到有效提升。在建设领域，继续开展"共建双优"活动，确保工程优质、干部优秀。在路局机关开展了"转变作风、深入基层、为民服务"活动，组织机关综合部门分片深入各地区，对基层单位开展包保检查，既转变了机关干部的作风，又推动了基层单位工作的协调发展。"七一"前夕，局党委对创先争优工作进行表彰，共表彰先进党委暨学习型领导班子25个，先进党支部200个，优秀共产党员529名，优秀党务工作者230名，党员安全示范岗标杆100个，党员安全责任区标杆100个，优秀攻关项目50个，党内优质品牌50个。

六、党的群众路线学习教育活动

按照中央和铁路总公司党组统一部署，沈阳局党的群众路线教育实践活动从2013年9月开始，历时近14个月，分两批进行。2013年9月至2014年1月，启动第一批实践活动。沈阳局领导班子13名成员、40个局机关部门、13个党总支、53个党支部和1425名党员参加了第一批活动，在活动中，各级党组织，广大党员干部，认真贯彻落实习近平总书记系列重要讲话精神，紧紧围绕"为民务实清廉"主题，按照"照镜子、正衣冠、洗洗澡、治治病"的总要求，立足开门搞活

动，坚持领导带头，把解决"四风"问题贯穿始终，取得了重要的认识成果、理论成果和实践成果。围绕"为民、务实、清廉"主题，按照"照镜子、正衣冠、洗洗澡、治治病"的总要求，立足开门搞活动，坚持领导带头，把解决"四风"问题贯穿始终，实现了既定目标，取得了阶段性成果。

2014年1月至10月，启动第二批党的群众路线教育实践活动，共有201个基层单位、1547名基层领导班子成员、5431个基层党支部（党总支）和92958名党员参加。第二批活动开始以后，全局建立了两级领导班子成员和部门联系点3526个，成立了16个活动督导组，对201个基层单位进行全过程指导把关。基层单位领导班子围绕5个专题深入开展学习研讨，党政正职带头学习研讨，班子成员紧密联系实际，主动把自己摆进去。坚持立行立改、边查边改、即知即改，制定了领导班子、党支部建设专项整改方案、领导班子成员及党员个人整改措施。全面推进整改落实工作深入落实，有效解决了会议多、文电多、活动多，联系和服务职工不到位以及"三公"经费使用不规范等一大批突出问题。着力整顿"四风"，建立修订了一系列制度机制，形成作风建设制度体系，有效促进了党员干部的思想作风和工作作风的明显转变。

2014年4月，为进一步巩固和深化党的群众路线教育实践活动成果，强化对党员干部党史、党性、党风、党纪教育，对原阜新铁路分局党校旧址进行修复改建，建立了党史教育展馆、旗帜主题雕塑、楷模路、奋进路、窑洞、防空洞等具有历史教育意义的长廊和展室，8月底全面落成，9月1日正式开始办班。

七、"三严三实"专题教育

按照中央和总公司党组的统一部署，沈阳局"三严三实（严以修身、严以用权、严以律己；谋事要实、创业要实、做人要实）"专题教育从2015年5月份启动。路局领导班子，全局187个基层单位、55个局机关部门及附属机构、2355名副处级以上领导干部参加了专题教育。专题教育开展以来，在总公司党组的正确领导下，在总公司第二专项检查组的精心指导下，沈阳局党委认真贯彻落实习近平总书记系列重要讲话精神，紧紧把握学习和践行"三严三实"这个主题，聚焦对党忠诚、个人干净、敢于担当这个着眼点，紧扣"三个见成效"的目标，按照深入学习教育、突出问题导向、贯彻从严标准、坚持以上率下、确保取得实效的要求，精心组织，扎实推进，全局187个基层单位的党委书记和其他班子成员共上专题党课2012场次，做到了领导班子成员全覆盖，全局党支部书记上党课4513场次，做到了全局党员的全覆盖。通过上专题党课，讲清了内涵、提高了认识、明确了要求、教会了方法，为全局"三严三实"高标准开局奠定了基础。在专题教育中，全局党员领导干部召开集中学习会748场次、研讨交流会561场次，共撰写研讨材料3877份，交流发言材料2530份，查摆出并列入领导班子整改清单的问题3206件，领导班子个人问题19559件。通过学习研讨，不断夯实了党员领导干部修身做人、用权律己、干事创业的思想基础。坚持把开好专题民主生活会作为严格党内政治生活的主要实践，在开展批评和自我批评上动真格、开新风。路局、站段两级领导班子及成员共撰写对照检查材料2542份，召开领导班子专题民主生活会187场；全局共召开专题组织生活会4776场，广大党员、干部普遍经受了一次严格的党内生活锻炼。局党委把解决不严不实问题作为专题教育成效的重要标志，以中央巡视问题整改为牵动，不折不扣整改不严不实问题。先后3次组织对办公用房、公务用车和业务招待"三项管理"进行地毯式检查，发现问题312件，共清理减少办公用房325间、19059平方米，封存公务用车922台。2次召开推进巡视整改电视电话会议，对责任不落实、制度不执行的采取提醒、诫勉、办班培训、大会检查、通报批评等方式对有关责任人作出了公开处理，形成了持续改进作风的新常态。

第二节　组织系统集中开展学教活动

一、"学、树、提"集中学习教育活动

2003年7月，局党委在全局组织系统开展了以"公道正派"为主要内容的"学习理论、树立形象、提供保证"集中学习教育研讨活动。活动

分宣传发动、学习研讨、查摆问题、总结整改、"回头看"五个阶段。活动以来共修订完善各项制度390多项。《辽宁党建研究》《辽宁组织工作信息》4次转发了沈铁组织系统开展"学、树、提"活动的经验作法。《辽宁日报》党建版对沈阳局组织系统开展"学、树、提"活动进行了专题报道。沈阳局党委组织部分别被铁道部政治部及辽宁省委组织部授予征文活动优秀组织单位。

二、"树组工干部形象"集中学习教育活动

2004年，根据铁道部政治部要求，沈阳局党委在全局范围内开展"树组工干部形象"集中学习教育活动，深入开展党性、宗旨、信念教育和革命传统教育、廉洁自律警示教育。2004年7月，对局党委组织部形象标准、岗位职责、工作准则、工作制度、内部管理规范等作了进一步修订和完善，形成了《局党委组织部树组工干部形象长效机制》，在各分局不同系统中选定了7个运输一线党支部作为组织部领导和各科室联系点，明确了联系工作的内容、责任和要求。在吉林铁路经济学校举办了2期新职组工干部培训班，对103名基层组工干部进行了培训。按照铁道部政治部通知要求，在层层选拔，严格考核的基础上，对全局20名优秀组织干部进行了命名表彰。

第四章　党委综合工作

沈阳铁路局党委综合工作由局党委办公室负责。1996年以来，局党委办公室紧密围绕局党委各个时期中心工作，立足服务安全运输生产经营，服务运输生产一线，服务局党委主要领导，充分发挥局党委的参谋和助手作用。1996年，局党委办公室下设秘书科、调研科、机要文书科，定员18人。局机要通信室列局党委办公室附属机构。1999年，局机要通信室移交局办公室管理，与局办公室值班室一个机构、两块牌子。2003年，对铁道部、辽宁省委的机要通信和全局保密工作合并管理，成立机要保密室，归党委办公室领导。机要保密室定员5人，原机要文书科更名为文书科。2005年，调整局机关党群机构编制。局党委办公室下设秘书科、调研科、文书科，定员15人。局机要通信室列行政附属机构，归党委办公室管理和领导。2006年，根据铁道部党组《关于保持和发展党的先进性，加强和改进铁路企业党建工作的若干意见》（铁党发〔2006〕9号），局党委办公室与局办公室合并，改称局办公室（党委办公室），一个机构、两块牌子，设分管政工副主任1人；局办公室（党委办公室）内设政工科，定员8人，局机要通信室列行政附属机构，定员5人。7月6日，根据铁道部文件（铁劳卫函〔2006〕442号），在局办公室（党委办公室）内成立机要保密办公室，作为局保密委员会和密码工作领导小组的办事机构，设副处级专职副主任1人。2014年，根据沈铁党〔2014〕53号文件，调整局机关党群机构编制。局办公室（党委办公室）设分管政工副主任1人，内设政工调研科、政工信息科，定员9人。局党委办公室主要工作职责:负责起草党委的工作报告、工作计划、工作总结及党委领导的重要讲话，起草、校核、上报、下发、归档党委的各类文件；开展调查研究，向局党委领导提出工作意见和建议，发挥参谋助手作用；抓好信息工作，向党委传递综合信息和反馈各方面的动态，为领导决策和指导工作提供可靠的依据；负责党委会和党代会的筹备组织记录工作；做好以党委名义组织召开的重要会议、重要活动的通知、组织、协调和落实工作；负责对局党委做出的决议、决策、决定等进行催办、督办；负责上级党委公文、公函及机要件、急件的收发和处理，并做好机要文件的管理工作。

第一节　调研工作

一、调研开展情况

局党委办公室负责组织全局党委系统调研工作，每年都完成一批调研课题。1996年，全年列入调研计划课题265个，实际完成597个。1997年，全年列入调研计划课题331个，实际完成821个。各级党委领导做到亲自出题目、亲自搞调研、亲自写文章。1998年，路局、分局党办开展不同形式调研88次，其中联合性调研11次，形成各类调研报告和文章42篇。将调研成果转化为党委工作思路、典型经验和中央、省市各类报刊宣传材料共计312个。1999年，路局、分局党办确定重点调研课题25个，开展专题调研19项，联合性调研6次，形成各类调研报告23篇。其中6篇调查报告被局党委领导批示。2000—2001年，路局、分局党委办公部门紧紧围绕局党委重点工作，采取联合调研、专题调研等形式，组织人员深入一线抓调研，及时为局党委提供了有价值的调研材料。2002年，局党办先后开展专题性调研3次、联合性调研6次，形成各类调研报告36篇。征集调研文章138篇，经过评审，确定了88篇为优秀调研文章，编辑了《全局优秀政工调研文章专辑》，并进行了表彰。2004年，各级党群组织围绕中心深入开展调研，共有428篇调研文章被省、部、局等有关刊物采用。其中部《铁路调研》采用12篇，《铁路政工》采用30篇，部政治部网站刊发23篇。2005年，在全局运输主要站段组织开展政治工作融入中心、服务大局专题调研活动，形成专题调研文章83篇，向部办公厅（政办）推荐25篇。2007—2008年，局办公室（党委办公室）分别编印了2007年、2008年《全局政治工作调研成果选编》。2010年，局党委确定4个综合类课题、16个专题类课题，局领导班子成员带队，深入各地区开展调研，形成综合调研报告5篇，经验类调研报告41篇，择优选择32篇进行总结提炼，在全局政治工作会议上进行了交流。2011—2015年，围绕"三保一促"、面对面大谈心、服务旅客创先争优、宣传思想工作、党组织和党员作用发挥、党风廉政建设等重点工作深入开展调研，形成了一批有影响的调研成果。面对面大谈心、服务旅客创先争优等特色工作做法得到了铁道部领导和有关部门的充分肯定。2013年，对党委调研工作开始实行季度考核评比通报，全年完成调研课题262个，局办公室（党委办公室）编印了《2013年政工信息和调研成果选编》。2014年，制定年度党委系统调研计划，全年完成调研课题236个，局办公室（党委办公室）编印了《2014年政工信息和调研成果选编》。2015年，制定年度党委系统调研计划，全年完成调研课题267个，局办公室（党委办公室）编印了《2015年政工信息和调研成果选编》。

二、调研文章上级刊用情况

1996年，铁道部《铁路政工》刊载各类稿件36篇，沈阳铁路局在全路竞赛评比中获第一名。局党委办公室撰写的《经济形势教育专题报告》受到部政治部主任盛光祖的充分肯定，《辽宁工作》予以转发。1997年，局党委书记马增清的11篇调研文章被省、部及中央刊物发表。通化分局党委书记吴立君的《强化安全第一思想，必须破除十种思想障碍》、吉林分局党委书记王正人的《抓安全工作注意重点解决几个问题》的调查报告，分别被部、局刊物采用。2002年，局党委书记宋大悦的调研文章《靠决策的科学化民主化保证和推进企业改革发展》，先后被辽宁省委办公厅《重要情况报告》、铁道部办公厅《铁路调研》采用，辽宁省委书记闻世震作出批示。2003年，局党委书记宋大悦的调研文章《建立健全民主科学的决策机制》，被《求是》杂志采用。2006年，全年共有130篇调研文章被部、局有关刊物采用。局办公室（党委办公室）编辑了《运输站段党群领导干部车间安全工作写实报告选编》。2007—2008年，围绕全局中心工作和重点政治工作任务，组织开展党委调研，共有214篇调研文章被省、部、局级有关刊物采用。2009年，1篇综合调研报告和《关于党支部安全屏障工程建设情况的专题调研报告》等3篇专题调研报告受到铁道部政治部主任高晓兵的高度评价。2012年，局党委书记张国敏的调研文章《关于开展"严格管理与关爱职工"主题谈心活动的实践与思考》，被铁路政工网站领导言论栏目和《铁路政工》采用。2013年，局党委书记张国敏的调研文章《用党的十八大精神引领和推动科学发展》《正确处理"六个重要关系"，确保货运改革顺利实施》，被铁路政工网站领导言论栏目和《铁路政工》采用；《始终把职工群众摆在心中最高位置》，被《理论学习与探索》采用。2014年，局党委书记张国敏的调研文章《紧扣"三个出行"目标、发挥政治工作优势，为打胜春运攻坚战提供强有力的保证》《坚持"五个常态化"，巩固和扩大"三个出行"成果》，被铁路政工网站领导言论栏目和《铁路政工》采用。2015年，局党委《发挥政治工作优势，推动铁路货运改革深入发展》的经验在铁路现代物流现场会上交流。局党委书记张国敏的调研文章《适应新常态、展示新作为，为全局改革发展提供坚强政治保证》《认真落实全面从严治党要求，不断提升基层党组织的凝聚力和战斗力》，被铁路政工网站领导言论栏目和《铁路政工》采用。

三、队伍制度建设

1996年以来，不断完善全局党委系统调研工作制度，健全兼职调研员队伍。2005年，围绕实施路局直管站段体制改革，制定下发《沈阳铁路局党委调查研究工作管理办法》（沈铁党发〔2005〕40号），对党委调研工作进行重新规范。适应路局直管站段新形势，调整局党委兼职调研队伍，重新聘任兼职调研员。2006年，党群机构优化调整，党委调研工作由局办公室（党委办公室）政工科负责。制定下发《沈阳铁路局政工信息调研工作管理办法》（沈铁党发〔2006〕19号），对党委调研工作进行再规范、再明确。2012年，制定下发《沈阳铁路局党委调研工作管理办法（试行）》（沈铁党〔2012〕59号），重新明确基层单位党委调研工作的量化要求和考核标准，对党委调研工作进行全面规范和加强。1996—2015年，全局党委系统共完成调研课题6549个，形成了一批有特色、有影响、有质量的调研成果，为领导决策提供了有益的参考和借鉴，较好地发挥了以文辅政作用。

第二节　信息工作

一、信息工作开展情况

局党委办公室负责向铁路总公司（铁道部）办公厅、辽宁省委办公厅报送信息工作。1996年，编发《信息摘报》184期，专报46期。1997年，编发《信息摘报》148期，专报70期，通报12期。1998年，编发《信息摘报》152期，专报105期。1999年，编发《信息摘报》171期，专报145期。2000年，编发《信息摘报》186期。2001年，编发《信息摘报》137期。2002年，编发《信息摘报》123期。2003年，编发《沈铁政工信息》122期，《重要情况专报》94期。2004年，编发《沈铁政工信息》125期，《重要情况专报》70期。2005年，编发《沈铁政工信息》60期，《重要情况专报》33期。2006年，编发《沈铁政治工作》108期。2007—2009年，编发《沈铁政治工作》421期。2010年，编发《沈铁政治工作》130期。2011年，编发《沈铁政治工作》114期。2013年，编发《沈铁政治工作》138期。2014年，编发《沈铁政治工作》84期。2015年，编发《沈铁政治工作》73期。

二、信息被上级刊用及获奖情况

1996年，向铁道部报送信息438条，被采用251条；向辽宁省委报送信息156条，被采用91条。在全路政工信息竞赛中，总分获第一名；在辽宁省党委系统信息竞赛中，总分获省内大企业第一名。局党委办公室被评为辽宁省委信息工作优秀单位。1997年，向铁道部报送信息898条，被采用122条，被评为好信息6篇，被领导批示2篇；向辽宁省委报送信息159条，被采用88条。局党委办公室被评为铁道部信息工作先进单位、辽宁省委信息工作优秀单位。1998年，向铁道部报送信息899条，被采用127条；向辽宁省委报送信息210条，被采用83条，被领导批示12条。局党委办公室被铁道部、辽宁省委办公厅评委信息工作先进单位。1999年，向铁道部报送信息615条，被采用128条；向辽宁省委报送信息180条，被采用68条。全年被铁道部采用信息总条数列全路第一，上报辽宁省委信息总分居辽宁省内大企业之首，路局被铁道部办公厅评为信息工作先进单位，局党委办公室被辽宁省委办公厅评为信息工作优秀单位。2000年，向铁道部报送信息207条，被采用58条；向辽宁省委报送信息73条，被采用17条。局党委办公室被评为辽宁省党委系统信息工作优秀单位，省委办公厅专门发来电报以表彰和祝贺。2001年，被省、部、局领导批示信息11条。局党委办公室被辽宁省委办公厅评为信息工作优秀单位。2002年，被铁道部办公厅采用信息126条，被辽宁省委办公厅采用信息58条。局党委办公室被评为辽宁省党委系统信息工作优秀单位。2003年，被铁道部办公厅采用信息254条；被辽宁省委办公厅采用信息29条，其中，经辽宁省委向中央办公厅上报并采用信息3条。局党委办公室分别被辽宁省委办公厅和铁道部办公厅评为信息工作优秀单位和信息工作先进单位。2004年，被铁道部办公厅采用信息277条；被辽宁省委办公厅采用信息30条，上报省委办公厅信息在全省大企业中位居首位。2005年，报部信息工作名列全路第二名，报省信息在全省大企业中位居首位。2006年，局办公室（党委办公室）被辽宁省委办公厅评为信息工作优秀单位。2007—2009年，局办公室（党委办公室）连续3年被辽宁省委办公厅评为信息工作优秀单位。2010年，局办公室（党委办公室）被辽宁省委办公厅评为信息工作优秀单位。2012年，向铁道部办公厅报送信息44篇，被《政工动态》采用40篇，被《铁路政工（情况）》采用4篇。局办公室（党委办公室）编印了《2012年党务信息选编》。2013年，向总公司办公厅（党组办公室）报送信息43篇，全部被《政工动态》采用。2014年，向总公司办公厅（党组办公室）报送信息39篇，被《政工动态》采用35篇，被《铁路政工（情况）》采用4篇。2015年，向总公司办公厅（党组办公室）报送信息31篇，被《政工动态》采用30篇，被《铁路政工（情况）》采用1篇。

三、制度建设及日常管理

2002年7月1日，对《信息摘报》进行了改版，改为《沈铁政工信息》和《重要情况专报》。2005年，围绕实施路局直管站段体制改革，制定下发《沈阳铁路局党委信息工作管理办法》（沈铁党发〔2005〕40号），对路局直管站段体制下党委信息工作进行重新规范。2006年，针对党群机构优化调整带来的变化，制定下发《沈阳铁路局政工信息调研工作管理办法》（沈铁党发〔2006〕19号），对政工信息工作进行再规范、再明确，将《沈铁政工信息》《组织工作》《团的情况》等7种信息简报统一整合为《沈铁政治工作》，按情况专报、组织工作、宣传动态、纪检监察、工会工作、综治情况、共青团工作7个专题，由局机关党群有关部门分工负责编发。2010年，制定下发《关于进一步加强全局政工信息工作的通知》（办政发〔2010〕1号），对政工信息报送、编发工作进行重新规范。《沈铁政治工作》由局办公室（党委办公室）政工科统一编发。2012年，制定下发《沈阳铁路局信息工作管理办法（试行）》（沈铁办〔2012〕531号），修订完善《沈阳铁路局党委信息工作实施办法》，对党务信息工作进行全面规范和加强。

1996年—2015年，共计向总公司（铁道部）办公厅报送信息3514条，被采用1580条；向辽宁省委办公厅报送信息978条，被采纳577条。编发《信息摘报》《沈铁政工信息》《重要情况专报》《沈铁政治工作》等简报3171期，较好地发挥了了解情况、掌握动态、上情下达、下情上传、经验交流作用，有力推动了政治工作重点任务落实。

第三节　机要文书

1996—2005年，局党委办公室收发各种文件、电报、资料217636份，为领导送阅、送批文件31782次，处理领导信件7145件，做到了及时、安全、保密，万无一失。2006年，党群机构优化调整，工作职能随之变化，局党委印信管理、文件审核、领导信件处理由局办公室（党委办公室）政工科负责，党委文件、电报收发和处理由局办公室（党委办公室）文书科负责。2006—2015年，局办公室（党委办公室）政工科审核局党委文件798份，确保了行文的准确、规范。办理人民来信2926份，做到了件件有回音、事事有着落。

第四节　党委督查

一、督查工作开展情况

1997—2001年，紧紧抓住政治工作重点任务，编发《督查专报》，开展专项督查和重点督查，保证了局党委各项工作推进落实的进度和质量。2002—2004年，认真落实《沈阳铁路局党委督查工作实施办法》，通过重点督查、专项督查、跟踪督促、调研督查等方式，加大党委督查工作力度，推动了全局重点政治工作任务的整体落实、局领导交办事项的具体落实。2005年，成立11个安全信息调研督查组，对《全局先进性教育活动简报》《干部作风巡查监督简报》《沈铁政工信息》《全局动态》《沈阳铁道报》刊发的87个站段的222条安全信息的真实情况，进行逐一调研督查，形成了专题督查报告。2007—2009年，围绕局党委重点工作推进计划，深入开展督查工作，先后下发基层单位政治工作问题立项限期整改通知书265份，有效促进了全局重点政治工作任务落实。2009年，对月度党群工作例会部署工作实行旬督办，适时跟进政治工作重点任务推进情况，确保落实质量。2010—2011年，紧盯全局政治工作重点任务和局领导关注的重要问题，不断加大重点督办、超前督办、过程督办力度，有效推进和促进了重点工作落实。2012—2015年，坚持月度工作每旬督办、常项工作定期督办、重要事项随时督办，全面加大党委督查督办工作力度，做到件件有回音，事事有结果，保证了工作落实质量。

二、制度建设及日常管理

1996年，制定下发加强党委系统督查工作的通知及相应的制度办法，明确督查职责、工作程序，坚持全面督查与重点督查相结合，建立督查网络，拓展督查渠道，提升督查效果。2001年，制定下发《关于进一步加强党委督查工作的通知》（沈铁党发〔2001〕21号），修订完善《沈阳铁路局党委系统督查工作实施办法》，对加强党委督查工作提出要求。首次召开了全局党委办公系统督查工作会议。2005年，围绕实施路局直管站段体制改革，制定下发《沈阳铁路局党委督查工作办法》（沈铁党发〔2005〕40号），对路局直管站段体制下党委督查工作进行重新规范。2006年，针对党群机构优化调整带来的变化，及时修订完善《局党委工作督查督办制度》，对党委督查督办工作进行再规范、再明确。2012年，制定下发《沈阳铁路局党委督促检查工作实施办法》（沈铁党发〔2012〕44号），进一步规范了党委系统督查督办工作。

第五节　党办刊物

1996年，《沈铁政工》作为局党委主办的唯一刊物，坚持"大局导向、服务决策、指导工作、学习阵地、交流经验"的办刊宗旨，出刊14期。1997年、1998年，局党委办公室办刊工作经验连续两年在全路刊物发行会上做了介绍。1999—2004年，《沈铁政工》出刊84期。2005年，围绕实施路局直管站段体制改革，制定下发《〈沈铁政工〉刊物管理办法》（沈铁党发〔2005〕40号），对路局直管站段体制下刊物工作进行重新规范。2006年，针对党群机构优化调整带来的变化，制定下发《沈阳铁路局政工信息调研工作管理办法》（沈铁党发〔2006〕19号），明确《沈铁政工》刊物由局办公室（党委办公室）政工科统筹协调，由局纪委（监察处）、局工会、局团委分期承办。2006—2009年，《沈铁政工》出刊48期。2010年，制定下发《关于改进和加强〈沈铁政工〉〈班组学习〉编发工作的通知》（办政发〔2010〕5号），《沈铁政工》编发工作由局办公室（党委办公室）政工科负责，从全年第3期开始对刊物编发工作进行规范，明确《沈铁政工》为月刊，确定了领导讲话、经验交流、文件制度、典型风采、党建之窗、思想工作、调查研究等栏目，全面提高了办刊质量。2010—2013年，《沈铁政工》出刊47期。2014年，为进一步提高办刊质量，将《沈铁政工》改为双月刊。2014—2015年，《沈铁政工》出刊12期。1996—2015年，《沈铁政工》共出刊217期，配发了大量反映全局工作的彩页、图片，较好地发挥了导向、服务、指导、阵地、交流作用，有力推进了全局政治工作重点任务落实。

第六节　机要保密

一、保密检查和宣传

为做好保密工作，坚持开展经常性的保密检查和宣传教育。1996年，开展领导干部保密自查活动，全局共有139名领导干部进行保密自查，并写出自查报告。1997年，铁道部党组副书记、副部长、保密委员会主任孙永福带领部保密检查组对沈阳铁路局保密工作进行检查，并给予充分肯定。局保密委员会被辽宁省国家保密局评为"保密工作先进集体"。1998年，开展《保密法》颁布10周年宣传活动，印发保密宣传材料34630份，在12对列车广播中增设《保密法》专题宣传节目，取得较好的宣传效果。局保密办被辽宁省国家保密局评为"保密工作先进集体"。1999年，在局党校、吉林职工大学干部培训课中加入保密教育内容。2000年，开展涉密载体定点复制单位的保密检查，分别对管内4个印刷厂进行了检查，辽宁省国家保密局经过审核，向沈阳印刷厂、锦州印刷厂、锦州分局印刷厂颁发了涉密载体印刷许可证。2001年，组织对管内23个单位和2个边境口岸单位的保密工作进行检查，下发检查情况通报，使全局保密工作得到进一步加强；开展网络安全保密检查活动，保密办会同机关党委、公安局、电子所等部门组成检查组，对机关处室、部分直属单位和分局进行检查。2002年，开展"四五"期间普法保密宣传教育活动，切实增强各级领导干部和涉密人员的保密意识，编发2000本《保密工作资料选编》。同年，沈阳铁路局被辽宁省国家保密局评为"保密工作先进集体"。2003年，开展保密工作检查，重点对各级领导机关、保密要害部门、部位及涉外部门日常保密工作的管理情况进行检查。2004年，开展全局保密法制宣传教育活动，印发保密知识答卷21900余份，组织观看录像256场10万多人次；开展计算机网络安全工作检查，确保互联网计算机做到专机专用；部办公厅机要处对沈阳铁路局进行机要保密检查，对沈阳铁路局工作给予充分肯定；局机要保密办被辽宁省国家保密局评为"保密工作先进集体"，被铁道部办公厅评为

"铁路密码工作达标单位"。举办公安系统密码设备安装使用培训班，提高了公安系统密码设备使用人员的操作水平和故障处理能力。2005年，局机要通信室被铁道部办公厅评为"铁路密码工作达标单位"。2006年，编印《保密工作基本知识读本》，刊发了宣传教育光盘和《保密专用手册》。局机要保密办被辽宁省国家保密局评为"保密工作先进集体"。2008年，开展"五五"普法中期督导检查，对存在问题和不足及时整改，推动保密普法工作的扎实开展；结合《保密法》颁布20周年宣传活动，在全局开展"保密宣传周"活动，进一步提高干部职工的保密意识。2009年，对全局计算机及存储介质进行保密检查，进一步规范工作用计算机的管理工作，防止失泄密事件的发生。2010年，开展保密法制宣传教育，制作下发《保密技术专题演示片》，印发《保密技术防范常识》，邀请国家保密局法规宣传处处长孙刚到路局，为局机关干部作保密专题报告。同年，局办公室（党委办公室）被辽宁省国家保密局评为"保密工作先进单位"；局机要保密办被辽宁省委机要局评为"党政密码工作先进单位"；局机要通信室被铁道部办公厅评为"铁路密码工作先进单位"。2011年，开展涉密载体清理检查，共涉及在职6039人、离岗704人，清理在岗人员持有涉密载体135个、涉密载体中存储涉密电子文档301个；铁道部密码安全保密专项检查组对沈阳铁路局机要工作进行检查，对密码保密工作给予充分肯定。2012年，开展计算机和国家秘密印刷载体保密检查，共检查互联网计算机1117台，办公网1205台，涉密计算机64台，涉密移动存储介质66个，非涉密移动存储介质506个，对沈阳、锦州、吉林铁路印刷厂国家秘密印刷载体的印刷资质、基础设施、保密管理等方面进行严格检查；国家密码管理局专职密码督查员肖杨任组长的中办机要局检查组到沈阳铁路局检查工作，从设备、管理、涉密载体等方面进行了全面检查，对沈阳铁路局密码安全保密工作给予了充分肯定。局办公室（党委办公室）被辽宁省国家保密局评为"保密工作先进单位"。2013年，抓好全局"六五"保密法制宣传教育规划落实，开展"保密宣传月""保密案例

警示教育"等系列活动；按照总公司统一安排，顺利完成全局密码设备更新换装工作。同年，沈阳铁路局被辽宁省国家保密局评为"保密工作先进单位"。2014年，开展保密普查工作，涉及全局172个单位，1276名涉密人员，269个保密要害部门、部位，全面掌握全局保密工作底数；开展涉密中央文件保密管理专项检查，查阅近20年中央文件共111册；开展商用密码专项检查，对全局36个三级及以上网络与信息系统进行全面检查，确保商用密码使用安全；开展密码保密专项检查，进一步消除隐患，促进全局密码安全保密工作整体提升。同年，沈阳铁路局被辽宁省国家保密局评为"保密工作先进单位"。2015年，开展以提高各级领导干部和涉密人员"保密意识"和"保密常识"为重点的"两识"保密教育；开展学习《保密工作》学刊专题教育；开展"典型"案例警示教育，组织局机关领导干部和涉密人员共175名，集中观看了《手机背后的谍网》和《窃密泄密案例警示教育》专题片并在《沈阳铁道报》头版头条刊载有关情况。开展国有企业保密管理专项检查。确定29个具体检查项点，重点针对要害环节，严把规定、制度、措施关，进一步落实保密管理责任。二是认真抓好核心秘密载体传递保密检查。共检查5个机关部门，3处秘密载体保管场所。2015年，沈阳铁路局被辽宁省国家保密局评为"保密工作先进单位"。

二、保密制度建设及日常管理

1996年，召开丹东、通化、图们分局口岸保密工作座谈会，各分局交流经验。路局和各分局机要通信室均配发了核心密码设备。1997年路局先后为公安、客运、运输部门安装密码设备56台；选派20名密码干部参加部举办的密码设备维修培训班，全面提高维修能力。1998年，开展全局机要通信室基础达标工作，铁路局和各分局机要通信室基础建设、人员管理、维修水平都有很大提高。1999年，对各分局机要通信室达标工作进行了验收，确保达标规范。2000年，加强密码设备管理，更换密码密钥99台，修复密码设备13台。2003年，针对机要保密工作重新划归局党委办公室管理的实际，制定下发沈铁党发〔2003〕63号文件，进一步规范全局密码管理；

按照铁道部统一安排，顺利完成全局密码设备更新换装工作；局机要保密办被铁道部办公厅评为"铁路密码工作达标单位"。同年，路局、局党委下发文件及时对局保密委员会成员和局密码工作领导小组成员进行调整。2005年，在路局直管站段体制改革中，圆满完成了密码和密码设备的回收、移交、移设任务，确保万无一失；重新修订了《密码工作管理办法》，制定了《密码、密码设备、密码电报管理办法》《紧急重要电报处理预案》《密码发生失泄密事故处理预案》《公安系统密码、密码设备管理办法》等规章制度，进一步规范了新体制下的机要保密工作。2006年，组织各级干部签订《保密责任书》，共有1471名干部在承诺书上签字；重新修订和完善了全局《保密工作管理办法》《涉密信息和涉密存储介质管理规定》等制度，使机要保密工作有章可循、管理规范；路局、局党委下发文件及时对局保密委员会成员和局密码工作领导小组成员进行调整。局机要通信室被铁道部办公厅评为"铁路密码工作达标单位"。2007年，制定下发《机要文件阅读和管理办法》《普通密码通信管理规定》和《关于综合调度系统等十个计算机信息系统列为工作秘密的通知》，全面加强密码和保密管理。局机要通信室被铁道部办公厅评为"铁路密码工作先进单位"。2008年，沈阳铁路局被辽宁省委机要局评为"省直密码工作优秀单位"；局机要通信室被铁道部办公厅评为"铁路密码工作先进单位"。2009年，路局下发《关于在部分站段设立密码通信点的通知》，在部分运输站段设立密码通信点，满足密码通信需要。重新修订完善了《保密工作管理办法》《密码设备管理规定》《密码电报管理规定》《密码工作考核办法》等制度，进一步规范密码工作管理。局机要通信室被铁道部办公厅评为"铁路密码工作先进单位"。2010年，制定下发《防范手机窃密泄密管理办法》，进一步规范涉密人员手机使用管理；按要求对局保密办、机要通信室专职密码干部进行了政治审查。2011年，局密码工作领导小组印发《密码工作"十二五"规划》，对密码安全管理、设备更新、使用管理、应急保障作出安排布置。同年，局机要保密办被辽宁省委机要局评为"党政密码工作先进单位"；被铁道部办公厅评为"铁路密码工作先进单位"。2012年，路局、局党委下发文件及时对局保密委员会成员和局密码工作领导小组成员进行调整。同年，沈阳铁路局被辽宁省委机要局评为"密码工作先进单位"；局机要保密办被铁道部办公厅评为"铁路密码工作先进单位"。2013年，局机要保密办被铁路总公司办公厅评为"铁路密码工作先进单位"。2014年，局机要保密办被铁路总公司办公

厅评为"铁路密码工作先进单位"。2015年，全面验收《"十二五"时期保密事业发展规划》和《"六五"保密法制宣传教育规划》的完成情况，确保目标兑现。路局在全局专兼职机要干部中，开展"深入践行'五个坚持'和'两个必须'，做绝对忠诚机要人"主题实践活动,取得良好效果。同年，局机要保密办被铁路总公司办公厅评为"铁路密码工作先进单位"荣誉称号。

第五章　组织建设

1996年至2015年，沈阳局党委始终坚持抓基层、打基础、强基本，以创建"好班子"和"优秀领导干部"标兵、创建"四好"领导班子、创建"学习型领导班子"等为载体，大力加强领导班子建设；以加强党支部基础建设为着力点，完善组织设置，加强党支部书记培训，建立完善制度办法，深化党内活动，促进全局党支部建设的整体加强。

第一节　领导班子建设

一、创建好班子活动

1996年，局党委在全局基层领导班子和领导干部中开展了评选"好班子"标杆和"优秀领导干部"标兵活动。1998年，各分局党委按照局党委的统一部署，认真总结几年来开展"创争"活动的基本经验，在此基础上建立了"创争"活动星级动态管理办法，强化考核力度。1999年，各级党组织以落实资产经营目标为中心，以提高领导班子整体功能为重点，不断优化和完善创建好班子活动考核评比办法，推动了创建活动的深入开展。2000年，沈阳局党委结合全局深化改革、资产经营、市场营销、扭亏转销工作时间，确定了创建好班子活动目标，局党委组织部牵头，对部分分局、站段领导班子建设情况进行了调研，按照星级管理，动态考核的规定和要求，经过全

局各级党委的认真评选和考核。2002年，局党委把坚持民主集中制、落实"三重一大"制度情况，纳入领导干部考核，作为评价领导干部素质和能力的重要依据，作为干部自我讲评、公开述职和民主生活会检查的重要内容，对重大事项的决策实行公开明示，主动接受群众监督。2004年9月份，局党委组成5个检查指导组，采取平推方式，对沈山、沈哈干线39个基层党委创建"四好班子"活动情况逐个进行了检查，针对个别单位存在的制定措施不具体、考核不严密、落实制度不到位、责任分工不明确等共计五个方面40多个具体问题下达了立项整改通知书，限期整改。2005年上半年，以抽查和调阅材料等方式，对53个站段创建活动进行了检查指导，全局共举办专题辅导19172场次，上专题党课9611场次。2006年，针对站段整合后管理难度增大、班子成员来自多个单位的实际，局党委确定以"三讲三查"为主要内容的基层站段领导班子民主生活会的主题，并组织两级领导班子从理论学习、征求意见、交流谈心、撰写发言提纲等方面进行了认真的反思。路局组成32个指导组，由局领导班子成员带队，对所有基层单位进行了指导。2007年，沈阳局在68个运输站段和25个非运输单位全部实行党政交叉任职，并采取了增补党委委员的方式，使符合条件的239名行政副职进入了站段党委会。2009年，局党委通过强化重点工作和关键时期的考核，强化局创建活动领导小组成员部

门的日常考核，强化群众考核，严格落实安全、稳定、经营、路风等方面"一票否决"制度，对全局各基层单位创建"四好"领导班子情况进行综合考核评价。2010年下半年开始，局党委对122名局属单位党委书记进行月度履职考核。通过实施月度履职考核，促进了创先争优活动的不断深化。铁路深入开展创先争优活动简报刊发了这一做法，向全路交流。2012年，按照部党组《关于加强铁路局领导班子建设的意见》《关于创建学习型领导班子的意见》，局党委制定《2012年度创建学习型领导班子的实施方案》。局领导班子及成员做出了承诺，在《沈阳铁道报》和局创先争优网站上向全局公开。基层单位领导班子及成员也向本单位公开了承诺。为落实盛光祖部长在局领导班子民主生活会上的重要讲话精神，局领导班子研究制定了两级领导班子的具体落实措施，领导班子建设得到不断强化，为全局科学发展提供坚强领导保证。2013年，局党委把中央八项规定、总公司十八项及路局二十八项规定的执行和落实作为加强领导班子建设重要内容，召开了两级领导班子成员、局机关全体干部、基层单位车间和科室干部及职工代表参加的讲评会。局主管领导分别就全局和系统落实规定情况进行了讲评，局主要领导对照规定逐条点评贯彻执行情况并提出了具体要求。组织开展了自查、点评和整改活动，切实提高了基层单位领导班子成员和局机关干部落实规定的自觉性。2014年，为切实加强领导班子建设，认真贯彻落实全路工作会议精神，路局领导班子制定了《2013年度创建学习型领导班子的实施方案》。局属各单位党委按照局党委、路局的部署，制定了2013年度创建学习型领导班子实施方案。以强化领导班子思想政治建设责任落实为重点，认真搞好基层单位党委书记履职考核工作，有效促进了全局党建各项任务的落实。深入开展"蹲班组、当工人、摸实情、解难题"活动，有效解决了一线职工群众关心的生产生活问题，进一步密切了干群关系。2015年，局党委坚持每月抽查10至15个单位党员领导人员参加双重组织生活情况，并通报全局。全年共检查141个单位1068名领导人员参加组织生活情况，通报批评13人，有效强化了党内生活的严肃性、原则性。

二、领导班子命名表彰

1996年"七一"前夕，局党委命名山海关机务段等10个领导班子为"好班子"标杆，通辽电务段总工程师张建东等10名同志为"优秀领导干部"标兵。1997年，局党委表彰了16个先进党委、100名优秀党务工作者，有20个领导班子和52名领导干部被局党委和路局命名为"好班子"和"优秀领导干部"，5个党委被辽宁省委命名为"先进党委"。1998年，全局共认定、命名一星级好班子124个，二星级好班子105个，三星级好班子79个，优秀领导干部504人。1999年，有30个领导班子、50名领导干部分别被局党委、路局授予"好班子"和"优秀领导干部"称号，有14个单位党委被局党委授予"先进党委"称号。2000年，局党委命名表彰了通辽分局、通化分局、丹东电务段、长春工务段等35个好班子。2003年，局党委命名表彰了15个先进党委、30个"好班子"、50名优秀领导干部、50名优秀党务工作者。2008年，评选表彰了25个整体作用突出、安全生产经营成果显著的"四好班子"，同时采取有力措施提高党员领导干部民主生活会质量，建立和完善领导班子集体决策"三重一大"问题制度，促进了领导班子的思想政治建设。2009年，命名表彰了长春站等20个基层单位为局先进党委暨"四好"领导班子，通辽车辆段党委、公安局党委被辽宁省委命名为先进基层党组织；梅河口车务段、沈阳工务机械段、苏家屯车辆段党委被铁道部命名为先进基层党组织。2011年，按照找准问题、选好课题、破解难题的思路，全局领导干部广泛深入开展调查研究和立项攻关活动，取得了显著效果。编印下发了《沈阳铁路局领导干部民主集中制教育读本》，组织全局领导干部学习，强化"三重一大"制度教育，增强贯彻落实民主集中制的自觉性。2011年，命名表彰了长春站等25个基层单位为局先进党委暨"四好"领导班子。2014年，长春站等25个单位党委被命名为全局先进党委暨学习型领导班子。

三、制度建设

1997年，为深入贯彻党的十五大对领导班子和领导干部思想政治建设提出的新要求，进一步增强"创争"活动的实效性，局党委正式下发《创建好班子、争当优秀领导干部活动动态管理办法》。1998年，局党委进一步深化"创建好班子，争当优秀领导干部"活动，全面推行和实施了动态考核、星级管理办法。2003年，路局对《创建好班子、争当优秀领导干部活动动态管理办法》进行修改完善，把企业安全生产、改革发展、党建和思想政治工作创新、党风廉政建设等方面的成果，作为"创争"活动的主要内容，完善了"创争"活动的责任机制和激励机制，严格考核选树程序和优升劣降标准。2004年4月，按照部党组关于开展创建"四好班子"活动的精神，沈阳局重新修订下发了《创建"四好班子"活动管理办法》，突出了全面建设、注重实效、群众公认、严格考核的原则，对"四好班子"考核认定、分工包保、命名表彰以及硬性否决条件作出了具体规定，从规范约束上保证创建质量。2005年，局党委重新修订下发了《局党委、路局关于创建"四好班子"活动考核管理办法》，对基层单位领导班子创建内容和考核标准、评比方法重新进行了确定。2007年，制定了《基层单位党政"双向进入、交叉任职"管理办法（试行）》，明确了领导班子成员的兼职职责，确定了4个方面、19项内容的考核标准，促进了领导班子整体功能的提升。2008年，局党委制定下发了《沈阳铁路局"四好"领导班子考核管理办法》，结合年度领导班子考核，集中对"四好"领导班子创建情况进行了一次检查考核。2011年，按照部党组《关于创建学习型领导班子的意见》，局党委下发了《关于创建学习型领导班子的实施意见》，路局和站段两级领导班子及时形成了实施方案，明确了指导思想、创建目标、要解决的重点问题和具体措施。2015年，严肃领导干部组织生活，重新修订了路局和站段两级领导班子集体决策"三重一大"制度，明确了决策的范围、形式、程序以及责任追究事项，建立了调研论证、项目审批、质量评估等系列配套制度，进一步规范了决策行为。重新修订了《党员领导人员民主生活会实施细则》，对党员领导人员参加双重组织生活会、民主生活会进行规范。

第二节　党支部建设

一、优化党支部设置

2001年，为适应企业深化改革的需要，路局先后对检察院、法院系统的定员编制作了调整，对重组的吉林经校（吉林职大）、局设计总院和局党校等单位党组织设置及机构定员作了明确和调整。根据铁道部文件精神和沈局实际，制定下发了《关于调整全局政工专业职务定员编制的通知》，对全局政工专业职务定员编制进行了调整，同时对运输基层站段贯彻新行标，核定党群定员进行了检查指导。

2006年，局党委制定下发了《全局党支部设置指导意见》，对党支部特别是班组型党支部设置的原则、方式等提出了具体要求，指导各单位完成了党支部设置调整和党支部书记选配工作。全局68个运输一线单位车间党支部（总支）由2652个调整为3580个，增加35%，进一步落实了党支部减负要求。

2009年，局党委围绕推进"三项工程"建设，按照"电务示范、机辆先行、工务强推、车务深化"的要求，集中开展400个党支部专题调研，初步形成了《沈阳铁路局加强和改进基层党组织建设的指导意见》，明确了新形势下加强和改进基层党组织建设的指导思想、基本原则、总体目标、党支部设置形式、基本职责、考核办法等一些重要问题。按照"三个有利于"的原则和"支部带班组、党员带群众"的思路，坚持"组织领导一体化、班组管理一体化、活动一体化"，探索推进班组党支部建设，在班组党支部的设置形式、基本制度、考核办法、基础工作等方面进行了深入实践，形成了一批有特点、有价值、有成效的做法和经验，为深化党支部建设提供了重要的实践基础。

2010年，局党委结合"三项工程"建设，针对党支部设置存在的突出问题，从不同系统特点出发，因地制宜调整优化党支部设置。直属站根据倒班班次、班组划分、党员数量等情况，在运转、客运、货运关键班组设置党支部；车务段变按区段为按中间站设置党支部，理顺三等以上车站党组织设置层次，实现与行政管理层级相对应；客运段在乘务班设立班组党支部；车上组成"三乘一体"党支部；机务段划小运用班组党支部设置单元，一个或几个乘务班组设置一个党支部；工电系统按照新的作业方式和班组划分，在维修工队和保养工区设置班组党支部；车辆段根据班组设置、作业区域和工种，把党支部设在同班组、同班次和同区域。全局69个运输站段共设置党支部3440个，其中班组党支部1833个，占53%。

2011年，局党委坚持与生产组织变化相适应、与行政政管理机构相对应，特别是适应高铁生产组织特点、工务系统车间班组布局的新变化，进一步优化完善党支部设置。长吉城际铁路各单位根据高铁生产组织特点在工区、车站设置班组党支部；工务系统结合保养班变工区，在保养工区设置班组党支部或党小组；立足方便管理促进经营，多经系统党支部设置进一步规范。到2011年末，全局共有党总支560个，党支部5414个，党小组5621个，其中76个运输站段共设置党总支374个，党支部369 5个（班组党支部2469个），党小组3182个。

2014—2015年，局党委坚持按照有利于党员教育管理、有利于做好新形势下群众工作、有利于党支部发挥作用的原则，采取会诊式平推、案例式引领、销号式复核等方式，优化党支部设置1030个，使运输一线党支部设置和职能更加科学合理。沈阳站客运车间党总支、吉林客运段客运五队党总支等6个支部的优化设置和厘清职能的做法被总公司党组组织部推广到全路。

二、党支部书记培训

1997年，局党委制定下发《搞好党支部书记新一轮培训的指导意见》，以提高能力为重点，以培养"复合型"党支部书记为目标，以《党支部书记能力概要》为主要教材，提出"九五"期间进一步强化党支部书记培训的指导思想、培训目标和总体要求，注意在培训中实行新老分开、按系统培训，便于既学党务，又学业务，做到党务、业务双提高、双达标，并及时总结交流了通辽分局在新一轮培训中重点抓"五知五会（知道党支部工作规范化程序，会组织党支部各种会议，党支部工作达《标准》；知道本车间不同时期的工作重点，会组织开展"创岗建区"等各项活动，党支部战斗堡全作用显著；知道本车间生产经营情况，精通一个工种的专业技术，能组织指挥生产；知道当前形势及职工思想状况，会做思想政治工作，职工队伍稳定；知道公文写作基本知识，会起草撰写党支部常用公文，党支部基础工作规范）"培训经验，引导和推动了党支部书记培训工作的健康发展。到年末，全局7198名党支部书记中有30.5%完成了新一轮培训，新职党支部书记经过岗位职务培训并取得合格证书的达到100%。

2001年，为进一步加强和规范"十五"期间全局党支部书记培训，组织人员编写了25万字的党支部书记"五知五会"培训教材，下发至全局基层党支部。各分局广泛开展了党支部书记"五知五会"动态培训和能力达标竞赛，全年党支部书记培训率和合格率分别达到90%以上，新职支部书记培训率达到了100%。

2003年，局党委加强对专兼职党支部书记培训和考核，推行了优奖劣汰的管理办法。针对全局兼职党支部书记比例不断扩大的实际，印制下发了《党支部书记"五知五会"动态考核证书》，总结推广大连公司加强兼职党支部书记选拔、培训工作的经验作法。"七一"，局党委命名表彰了8名党支部书记标兵，并通过《沈阳铁道报》，宣传了他们的先进事迹。为进一步增强基层党支部书记的责任感和工作积极性，局党委组织部会同局劳资处制定印发了《特一、二等站运输车间轮班制党支部书记岗位风险奖办法》和《运输一线车间兼职党支部书记岗位风险奖办法》。

2011年10月，局党委在局党校举办了为期一周的专职新职党支部书记培训班，采取集中授课与电化教学、专题研讨与互动提问、理论灌输与经验交流、课堂教学与现场观摩相结合的方式，对291名专职新职党支部书记进行了5个方面15项内容的培训，全局专职新职培训率面达到100%。2012年10月，局党委在局党校举办专职新职党支部书记培训班2期，培训党支部书记492人。授课内容突出实际实用，安排了"三会一课""五项制度"、党内活动、发展党员、党费收缴、组织关系转接共12讲。讲课人员突出了专业性，以局机关党群部门专业人员为主，同时请省委党校、铁道部党校教授进行授课，基层党支部书记反映感觉很管用很"解渴"，促进了党支部书记队伍能力素质的提高。

2012年，为提升党支部书记队伍能力素质，高质量地落实党课教育任务，沈阳铁路局党委制定下发《关于开展"示范党课"到一线活动的通知》（沈铁党发〔2012〕50号），决定每月由局党委组织部牵头，局党校老师参加，组成"示范党课"授课团，深入到全局7个地区，集中对各单位党委副书记、纪委书记、组织助理和车间党支部（总支）书记进行培训式授课。截至年底，先后在白城车务段白城站运转、梅河口车务段梅河口站客运等5个一线党支部上党课5场7讲。2013—2015年，坚持定期深入站段讲授"示范党课"，面对面向支部书记教方法、传经验，并将讲义、课件和视频通过"党员在线教育"网页传递到每个党支部，作为党支部书记学习和党员教育的教材。

2014年9月中旬，沈阳局局党委组织部在路局阜新人才培训基地举办新职专职党支部书记示范培训班，充分利用培训基地的红色资源，突出党性、党史、党纪、党风四大模块，采取情景教学、体验教学、多媒体教学、研讨交流等形式，增强了党支部书记做好工作的责任感和内动力。站段党委从6月份开始，采取集中授课、观摩样板、网络教学等方式，对党支部书记进行不少于5天的集中培训，全局已办班301个，培训支部书记5713人次。此外，坚持走下去，组织骨干采取"示范党课到一线""培训授课到站段"等方式，培训支部书记1860人次。

2015年9月—10月，沈阳局局党委组织部按照总公司党组办公室下发的《关于组织做好基层党支部书记集中轮训工作的通知》要求，以全路党支部书记培训示范培训班为样板，以增强党性观念、提升理论素养、提高业务水平为目标，利用两个多月时间，在阜新人才培训基地和局党校举办1期示范班和6期轮训班，集中对运输站段1514名专职党支部书记进行了每期一周的脱产培训。培训把党性教育贯穿全过程，实行严格的军事化管理和班级自我管理，采取情景式、体验式、互动式、模拟式、引导式等多种方式，对党支部书记进行了党性观念、党史知识、党建业务、思想工作"四个板块"20项内容的培训和教育，强化了党支部书记在党为党、在位尽责和出彩人生的价值认同，增强了做好支部书记工作的

能力素质。站段党委和党支部书记普遍反映，这次培训理念新、收获大、解渴管用。同时，立足增强责任意识和担当精神，集中对基层党支部书记进行了一次忠诚履职教育。此外，组织站段党委举办248个培训班，对5423人次兼职党支部书记进行了全员培训。

三、党支部工作制度建设

（一）动态考核管理机制

1997年，局党委下发了《深化"堡垒"工程，实施党支部动态管理的指导意见》，明确了党支部建设动态管理的指导思想、总体思路、考核标准和考核办法，形成了以"严格标准、动态考核、优升劣降、分级管理"为主要内容的党支部建设动态考核的管理机制。1999年，按照党支部建设动态管理有关要求，各级党委强化对党支部建设实行"排队抓尾"，为党支部建设注入了新的生机和活力。2011年10月26日下发了《关于规范基层党支部基础工作，切实减轻党支部书记负担的通知》，从理顺职责精简簿册、规范会议内容、改进检查方式等4个方面制定了19条措施，进一步规范党支部工作基础，减轻基层党支部书记负担，增强基层党支部生机与活力。

（二）党内安全管理制度

2012年，为适应安全风险管理的新形势，进一步规范和强化党内安全管理，局党委下发了《关于印发〈沈阳铁路局党内安全管理制度〉的通知》。组织管内各单位党委组织一线党支部和广大党员，严格落实党内安全分析、安全承诺、安全教育、安全控制、安全考核五项制度。党内安全管理制度的实施，为党组织围绕中心、服务大局、展示作为提供良好制度保证，也为推进安全风险管理、确保全局运输生产安全，从政治工作角度，筑起一道坚固防线。

（三）创先争优长效机制

2012年，为进一步巩固发展创先争优活动成果，把创先争优活动中好的做法和成功经验作为制度固定下来，沈阳铁路局党委制定下发《沈阳铁路局党委创先争优常态化长效化五项机制》（沈铁党〔2012〕60号），完善建立了学习教育机制、承诺践诺机制、"岗区"创建机制、品牌引领机制和考核评价机制，有力推动了创先争优常态化长效化，在推进沈阳局科学发展、和谐发

展中充分发挥了党组织和党员先进性作用。

（四）党内品牌创建制度

2014年，为深化全局党内品牌创建活动，不断扩大党内品牌群体，充分发挥党内品牌在全局安全、服务、经营、建设等重点工作中的示范、引领和带动作用，依据《中国铁路总公司党内品牌管理办法》（铁总党〔2014〕1号），沈阳铁路局党委关于印发《沈阳铁路局党内品牌管理实施细则》的通知，从党内品牌的基本条件、创建标准、评选命名、动态管理等方面作出了31条规定，使党内品牌创建工作进入了规范化常态化发展轨道。

（五）支部建设制度体系

2015年，沈阳局党委制定下发了《沈阳铁路局党员履行义务红线考核管理办法（试行）》《沈阳铁路局党支部书记日常履职监督考核办法（试行）》《沈阳铁路局党支部"三会一课"制度》《沈阳铁路局党支部换届选举工作制度》《关于深化党员"创安全示范岗建安全责任区"活动的指导意见》《关于在全局党内开展"安全创'三无'服务创优质经营创效益岗位比贡献"主题实践活动的意见》《沈阳铁路局党支部书记任职资格认证实施办法（试行）》《关于车间重要问题集体讨论决定的指导意见》《沈阳铁路局党内安全管理制度》《沈阳铁路局党支部立项攻关实施办法（试行）》《沈阳铁路局党员领导人员联系党支部工作制度》《关于加强标准化党支部建设的指导意见》，配套建立7项操作流程。基层单位党委紧密结合实际，对12项制度进行细化和完善，初步形成内容科学、程序严密、系统配套、运行有效的制度体系。

四、基层党组织活动

（一）创岗建区活动

1994年10月，局党委在全局开展了"创标准化示范岗，建安全责任区"活动。1996年初，下发《党内"创岗建区"活动实施办法》，从合理划分岗区、细化量化标准、严格实行考核、加强组织领导等方面，对"创岗建区"活动进行了必要的规范。针对各系统不同的业务特点，路局党委先后召开了车辆、旅客列车、特一等站、集体企业、直属机关等五个系统"创岗建区"现场会，先后召开"创岗建区"电话会议、现场观摩

会。3月份，铁道部政治部调研组对沈局开展"创党员先锋岗、建红旗责任区"活动情况进行了调研，听取了沈阳局和锦州分局党委开展"创岗建区"活动的专题汇报，现场考察了锦州房建一段、列车段，山海关车辆段、机务段、车站等单位。经过调研，部政治部决定在全路推广沈局经验，发出《关于在全路开展党员"创岗建区"活动的通知》。10月，铁道部政治部在沈局山海关地区召开了全路党员"创岗建区"现场会，总结前一段全路开展党员"创岗建区"活动情况，现场观摩和交流推广沈阳局党委等单位"创岗建区"活动经验，推进全路党员"创岗建区"活动的深入发展。路局党委拍摄制作的专题片《方兴未艾的创岗建区活动》在现场会上播出后，受到铁道部组织部和与会同志的一致好评，并作为指导开展党员"创岗建区"活动的教学片，供全路各单位开展"创岗建区"活动时借鉴。

1997年，全局各级党组织认真贯彻全路"创岗建区"现场会精神，积极探索深化"创岗建区"活动的新途径，全局广大共产党员紧密围绕改革、运输生产和经营中心，突击攻关39350多次，解决重点和难点55430多个，防止各类事故3380多起，义务献工586万多小时，节支创效1500多万元，在完成全局运输生产和各项任务中充分发挥了先锋模范作用。11月10日，局党委召开了全局党员"创岗建区"活动三周年成果汇报会，总结了全局开展党员"创岗建区"三周年的主要成果和基本经验。会后，局党委组织了"创岗建区标兵"事迹报告团到各分局作巡回报告，在全局广大共产党员中引起反响。

2008年，沈阳局深入开展"创标准化示范岗，建安全责任区"，对11个党支部存在的问题集中进行分析解剖，下发立项整改通知书。全局各级领导班子成员共建立联系点990个。6月份，成立检查组对全局近300个党支部进行跟踪检查指导，召开7个座谈会，交流23个党支部经验。9月，局党委命名表彰了68个"安全屏障建设示范党支部"，通过组织党员作出安全承诺、在岗位上搞好自控、互控，有效控制党员"两违"问题的发生。

（二）"党支部十面红旗"活动

1996年，沈阳局在基层党支部中大张旗鼓地

开展了学习全路、全局"党支部十面红旗"活动。局党委组织部把全局11个红旗党支部的事迹汇编成报告文学集《红旗颂》，录制成专题电教片，发到基层党支部，全局上下迅速掀起学先进、赶先进、创先进的热潮。在"红旗党支部"的影响和带动下，党支部建设水平有了新的提高。全局7098个党支部中，达到《党支部建设实施纲要》标准的党支部5887个，占90.4%；各级各类先进党支部1068个，达到16.4%；38个后进和较差党支部经过包保整顿，全部转化。1997年，为实现党支部建设的整体推进，加强了对党支部建设的分类指导。局党委对全局安全生产超万天的小东站、万家屯站、七星河站、边沟站、二台子站等5个中间站党支部建设情况进行了专题调研。小东、七里河、边沟站党支部先后被评为省、部"先进党支部"，小东站党支部被评为全路"党支部十面红旗"。

（三）党员"营销工程"

1998年初，沈阳局党委以"强化营销做先锋、增收节支做模范、优质创效做贡献"为主要内容，组织全局党员开展了"共产党员营销工程"活动。9月4日局党委召开了深化党员营销工程活动电话会议，组织7个单位介绍了深入开展党员营销工程活动的经验。为了配合党内营销活动的开展，组织拍摄了政论片《营销战场党旗红》，以形象的画面和感人的语言，生动反映了全局党员营销工程活动的蓬勃场景。1999年，党员"营销工程"活动取得了突出成果，全局党员共完成党员"营销工程"7425项，增收创效5.13亿元，分局级以上"精品工程"1723项，"党员营销先锋"550名。2001年，围绕实现运输安全和资产经营目标，以列车扭亏为重点，开展了"共产党员营销工程"活动，全局运输生产一线党员创超岗位指标10%的贡献率，人均节支降耗超百元，每个运输生产一线党支部"营销工程"创效达千元，全局涌现出一大批营销"精品工程"和"营销先锋"。2002年，为了弘扬先进，推动党员营销工程活动深入发展，局党委授予沈阳客运段党委"再鼓干劲保路收，再超千万当先锋"等20个党员营销工程为"精品工程"；授予阜新车务段清河门站货运主任谷振坤等50名同志为党员"营销先锋"的称号。

（四）党员先锋线建设

2002年，局党委推广大连公司开展240公里党员先锋线建设的做法，率先在沈山、长大干线开展党员先锋线建设活动，下发了《关于在全局开展党员先锋线建设的指导意见》。8月份，局党委召开全局党员先锋线建设研讨会，在认真总结前一段活动基本情况的基础上，对下一步工作提出了具体要求。各单位紧紧围绕安全运输生产，把着力点放在发挥基层党组织的政治核心作用、党支部的战斗堡垒作用和党员的先锋模范作用上，提出了"抓先锋线，带文化线、生活线，抓干线带支线，确保安全线"的工作思路，制定了具体的建线目标，突出了"五好"标准，即：安全控制好、完成任务好、党建工作好、廉政建设好、"两线"建设好。通过开展党员先锋线建设，不仅带动了文化线和生活线建设，而且促进了领导班子建设、基层党支部建设和党员队伍建设。年内，15个先进党委、31个好班子、52名优秀领导干部、51个先进党支部（总支）、151名优秀党员受到局党委的命名表彰。

（五）安全屏障工程建设

2004年，局党委在广泛调研基础上，制定下发了《运输生产一线党支部"建安全屏障，筑坚强堡垒"工程实施办法》，确定了安全屏障工程建设的指导思想、创建内容和总体思路，并在山海关地区各基层单位开展了屏障工程建设试点工作。认真贯彻落实《铁路企业党支部建设纲要》，把"五好"党支部建设标准纳入到安全屏障考核内容中，体现了党支部安全屏障工程建设与"五好"党支部建设共同创建、同步发展、互相促进、整体推进的良好局面。以"五知五会"为主要内容，加大对党支部书记的培训力度，进一步提高了现场作业跟踪、分析安全问题、参与安全管理、安全专项整治、发挥政治优势的能力。积极开展课题攻关活动。指导各分局开展了安全分析"双同、双不同"课题攻关，一方面，结合沈局安全生产五个关键时段的实际，制定了《基层党组织在安全生产关键阶段发挥党组织保证作用工作规程（试行）》。按照紧密融入安全、严格过程管理、规范有序操作、提供有利保证的原则，明确了基层党组织在冬春暑运、汛期、黄金周和施工作业等五个重点阶段，抓关键、保安全的主要任务、防范措施和具体工作规程。11月中旬下发了《关于开展党支部工作减负、课题攻关的通知》，成立了专门攻关课题组，并确定锦州分局、吉林分局为试点分局，确定四平站、大连机务段、通辽车辆段、锦州站等10个站段为试点站段，为进一步推进全局党支部减负工作奠定了基础。

2006年，进一步确立"安全屏障工程"在基层党建工作中的引领地位，将党内杜绝A类"两违"、B类"两违"逐月减少、党员"两违"比率低于群众30%作为安全屏障工程建设主攻方向，将屏障工程建设纳入站段党政正职安全经营月度考核之中，对49个站段进行了考核减分，对26个站段下发了立项整改通知书，对全局17起党员责任事故进行了党内交班。指导基层站段党委制定实施了党员"两违"问题问责制度。在全局实施了以10%的党员成为技术业务能手，10%的技术业务薄弱党员达标为目标的党员"双十"提素工程，在全局党内开展了"叫响我是共产党员，争创标准化示范岗"主题实践活动；针对主要干线晃车问题，集中开展党内线路晃车专项整治百日攻关活动。

2009年，局党委研制开发了集"信息提报、安全分析、指导考核、结果运用"于一体的安全屏障工程管理信息系统，实现了基层站段提报月度两违情况的便捷化、查阅分析全局党内安全情况的即时化、运用结果指导考核基层单位的科学化、屏障工程管理的规范化，推进了安全屏障工程建设的创新与发展。

（六）党内"三无"活动

2011年，按照铁道部部署，下发了《以"三无"为目标在确保铁路安全稳定中充分发挥运输一线党支部战斗堡垒作用和党员先锋模范作用的实施意见》，以"三无"为目标，突出确保运输安全主题，着力发挥党支部和党员保安全作用。全局共调整设立党员责任岗53071个，创建责任区11106个，对作业过程进行自控互控。采取"岗区"失格、警示谈话、作出检查等方式，强化党员"两违"问责，对2件党内责任事故进行交班分析。基层党支部开展立项攻关4329次，查找突出问题、排查安全隐患5478个，包保关键设备关键部位18361处，开展突击活动4078次，解决安全关键性问题2723件。

（七）"货运改革当先锋、经营创效作贡献"主题实践活动

2013年，按照《中国铁路总公司党组关于在推进货运改革中充分发挥党组织和党员作用的通知》精神，沈阳局党委制定下发《沈阳铁路局党委关于在推进货运改革中充分发挥党组织和党员作用的通知》，要求各级党组织突出"货运改革当先锋、经营创效作贡献"主题，加强思想引导，强化纪律保证，深入品牌创建，持续创先争优，为全局货运改革顺利推进提供强有力的思想和组织保证。组织开展争创"红旗党委""营销先锋党支部"立功竞赛，以经营效益、月度装车、安全生产、服务质量为主要考核指标，先后评选"红旗党委"6个，命名"营销先锋党支部"72个。

（八）党内品牌创建

2014年，沈阳局党委制定下发了《沈阳铁路局党内品牌管理实施细则》，对党内品牌的基本条件、创建标准、命名表彰等做出规定。5月份，对基层单位的创建方案逐一进行把关，指导帮助各单位理清创建思路，明确创建目标和具体措施。对2011年以来242个路局级以上党内品牌进行全面梳理，按级按类按年建立党内品牌库，统一实行动态管理。组织力量对局级以上党内品牌逐个复核和重新认定，对7个不符合标准、作用发挥不好的品牌取消资格，保证了党内品牌的质量。"七一"前夕，经过层层评选、投票公示，局党委命名表彰了沈阳车务段新城子站党支部"崔振亮安全示范岗"、大连站客运党总支"吕玉霜服务台"等20个"党内优质品牌标杆"，同时沈阳站"美丽服务台"、白城车务段乌兰浩特站"斯琴高娃爱心服务队"被总公司命名为党内优质品牌。指导32个局级以上党内服务品牌单位，精心设计个性化、美观化的品牌标识，举行揭牌活动。从7月开始，在《沈阳铁道报》头版开辟"全局创建党内品牌活动巡礼"专栏，对全局20个党内优质品牌标杆进行集中宣传，中央媒体和人民铁道报先后刊发沈阳铁路局党内品牌先进事迹的稿件171篇，充分释放了党内品牌的辐射力和影响力。

（九）"三创一比"活动

2015年2月8日，局党委按照总公司党组的部署要求，对各领域主题实践活动进行整合，以创岗建区、立项攻关、品牌创建基本载体，决定在全局党内开展"安全创'三无'、服务创优质、经营创效益、岗位比贡献"主题实践活动，并以局党委文件下发通知。以党员和身边职工实现"三无"为主攻目标，紧扣安全关键环节和重点部位，设置党员责任岗51128个、责任区23403个，实现了对25700多个安全关键环节的有效控制。全局党员"三无率"达到92%，比2014年提高1个百分点，消灭了党内一般D类以上作业事故。结合纪念"七一"，评选表彰100个安全示范岗标杆和100个安全责任区标杆。局党委下发《关于在深化货运组织改革中进一步发挥政治工作优势的通知》，紧紧抓住影响和制约铁路现代物流建设的突出问题，确定了拓展市场、货运受理、运到时限、巧装满载等"十大课题"，站段党委结合实际确定33个子课题，党支部成立1308个党员攻关组，形成了"10+N"联动攻关态势，破解各类营销难题267个，增收创效5.3亿元。开展季创"营销先锋党支部"立功竞赛，命名"营销先锋党支部"80个，推动了攻关活动深入开展。立足让品牌持久发挥作用，集中对全局235个局级以上党内优质品牌进行一次回访复查，对11个失去创建基础、不能发挥作用的品牌摘牌。突出品牌内涵、工作特色和党的先进性，组织站段党委对局级以上党内优质品牌设计具有品牌特点的标识，继续开展挂牌活动，对内强化品牌约束，对外展示品牌形象。"七一"前夕，命名表彰了"北极·阳光列车"等50个党内优质品牌，扩大了党内品牌群体。编写《党内优质品牌集萃》一书，总结推广138个品牌先进事迹，推广应用成果，在安全、经营、服务等重点工作中充分发挥了示范引领作用。

五、运输一线党支部建设三年基础工程

2014年，局党委下发《关于实施运输一线党支部建设三年基础工程的实施方案》，决定利用三年时间，聚焦重点任务，夯实党支部建设基础，全面提升党支部建设水平。开始时局党委就从严要求，强力抓好组织推进，利用三个月时间开展调研，摸清底数，找准问题。在整个推进过程中，局党委坚持一月一部署，局党委书记直接抓，在月度党群工作例会上，对三年基础工程重点工作进行总结部署，明确月度目标、任务和责任，分析推进落实中存在的问题，提出加强和改进的意见。坚持一周一督办，将月度重点任务按周分解细化，用周计划保月目标，局党办每周进行一次跟踪督办，根据时间节点评估完成质量和效果，发现问题及时督促整改。坚持一季一评估，每季度，集中对各站段阶段任务完成情况进行一次检查评估，结果纳入党委书记履职考核。8月初，组成3个检查组，利用两周时间，采取不打招呼、直接深入到沿线支部的方式，对全局58个单位的115个一线党支部进行对标检查，发现并指导解决问题232件，促进了重点任务的推进落实。坚持一系统一典型，确定沈阳站、大连车务段、白城货运中心、沈阳机务段等10个单位作为系统试点单位，指导他们带头抓好三年基础工程的推进，探索加强党支部建设的经验做法，为全局立标打样。8月13日，局党委书记张国敏主持召开10个试点单位党委书记座谈会，听取各单位的思路措施和前段做法，围绕今年7项重点任务提出了具体指导意见。将试点单位做法和党委书记的要求进行转发，为各单位提供了重要指导。12月1日，召开全局党支部建设工作会议，交流了6个单位的经验做法，局党委书记张国敏作了重要讲话，对近年来党支部建设工作进行总结，分析存在的问题，对下一步工作思路和措施进行部署，推动三年基础工程建设深入发展。

2015年，局党委突出问题导向，结合全年三年基础工程重点工作，对10个系统的试点单位进行了调整。指导试点单位超前思考、全面实践，积累经验。4月，召开试点单位党委书记座谈会，听取各单位的思路、措施和建议，廓清了全局深入推进"三年基础工程"的总体思路和重点任务。7月25日，在苏家屯车辆段召开全局运输一线党支部建设三年基础工程现场会，参观了苏家屯车辆段党建文化阵地，交流了大连车务段、沈阳动车段等5个单位的经验做法，展示了16个单位党支部建设情况图板和22个单位物化成果。局党委书记张国敏对前段工作进行了总结，分析了推进落实中的问题，对下一步重点任务进行了

全面部署。三年基础工程推进中，通过《沈铁政治工作》《沈阳铁道报》《沈铁政工》等媒体，交流推广了试点单位完善落实"12项制度"、优化党支部设置和厘清职能、加强党员教育管理等方面的经验做法，为全局提供了借鉴和参考。在实施中，优化党支部设置1030个，为2270个党支部厘清了职能和任务分工。以"学党章、强党性、明责任、做贡献"为主题，深入一线讲授理想信念、权利义务等6堂"示范党课"。严格党支部书记日常履职监督考核，对触及"红线"的党支部书记给予警示谈话、书面检查、通报批评和停职检查处理，共问责党支部书记370人次。实施党支部书记首次述职评议考核，共评议党支部书记4228人，对评为"一般"的236人进行包保，限期整改；对评为"差"的5人进行了组织调整。深入推进党建文化阵地建设，以阜新人才基地为牵动，突出红色元素，按照"十有"标准，打造党员活动室102个，党支部工作室814个。在11月10日全路"三年基础工程"现场推进会上，交流了沈阳局党委《聚焦三年基础工程核心目标要求，着力强化党支部教育管理党员职能》的经验做法。

第三节　"三重一大"建设

一、检查指导落实

2001年，局党委加大了对分局、站段执行"三重一大"（重大问题决策、重要干部任免、重大项目投资决策和大额资金使用）制度情况检查指导力度，并就如何把"三重一大"制度落实到车间进行了专题调研。2002年，基层单位普遍实行了"三重一大"季度报告单制度，一些单位还建立了调研、提案、咨询、公示、签字、评估等配套制度，在决策各个环节强化制度约束，保证了决策的质量。2003年，局党委先后4次组织对4个分局、17个基层站段"三重一大"制度落实情况进行检查调研，指导基层把"三重一大"建设的重点放在完善制度和提高决策质量上。对一些基层单位贯彻执行"三重一大"制度不严密、决策程序不规范、个别班子成员民主集中制意识不强等问题进行了点评，并限期改正。基层

领导班子成员民主集中制意识和贯彻执行"三重一大"制度的自觉性明显增强，特别是在集体研究解决资产经营、运输生产力布局调整和实施主辅分离等一些重大问题上，做到了程序规范，步骤严密，体现了较高的决策水平。2008年，局党委确定为"三重一大"决策质量年，上半年分4期、4个系统集中调阅100个基层单位的864次党政联席会议记录，检查评估了1359个"三重一大"问题的决策过程，以局党委文件的形式，连续下发4期通报，对主持人与内容不符、议事内容界定不清、议事程序落实不规范、会议记录过于简单等4个方面405个问题通报批评，并组织基层单位全面抓好对照整改。2009年，局党委以文件形式连续下发4期通报，强化决策过程中的监督检查。组织基层单位领导班子开展了贯彻落实民主集中制的专题学习，逐条对照进行认真整改。2013年，局党委在年度领导班子大考核中，将"三重一大"制度落实情况作为一项重要内容，对140个基层单位领导班子贯彻执行"三重一大"事项决策制度情况进行检查指导，针对存在的问题，下发专项通报。

二、制度机制建设

1999年，局党委制定下发《关于局、分局领导班子集体讨论决定"三重一大"问题的规定（暂行）》，对"三重一大"范围、集体讨论基本形式、基本程序、基本要求等作出明确规定。同时配套出台了《关于强化民主集中制建设的监督考核办法》。2001年，将近几年的"三重一大"相关制度汇编成书，用于指导全局。7个分局分别在基层单位建立了党支部参与车间重要问题研究的制度和考核办法。2002年，局党委指导基层单位制定了领导班子集体讨论决定"三重一大"问题的有关制度和实施细则，对站段集体讨论决定"三重一大"问题的监督考核、质量评估以及失职责任追究做出了具体规定。2006年，局党委制定下发了《沈阳铁路局领导班子集体讨论决策"三重一大"问题的实施细则》和《沈阳铁路局站段领导班子集体讨论决策"三重一大"问题的规定》，对讨论形式等环节作出具体明确的规定。2007年，局党委本着"操作有规，运作有序"的原则，对《沈阳铁路局领导班子集体决策

"三重一大"问题实施细则（试行）》和《沈阳铁路局站段领导班子集体决策"三重一大"问题的规定（试行）》进行了细化完善，明确了决策范围，规范了决策程序，对局领导班子集体决策的13个重大问题，分别制定了操作办法。2009年，局党委制定下发了《关于车间集体讨论决定重要问题的指导意见》，对车间集体讨论决定重要问题的原则、范围、程序和责任追究等问题作出了明确规定。2013年，局党委制定下发《沈阳铁路局领导班子决策"三重一大"事项调研论证等四项制度》，对需要调研、审批的项目、程序、质量和决策质量评估的形式、结果运用等作出了具体规定。2015年，为落实全面从严治党要求，解决领导班子集体决策过程中发扬民主不充分、班子副职提意见建议较少、质量不高和决策"一言堂"等问题，局党委对《沈阳铁路局领导班子决策"三重一大"事项实施细则》进行了补充规定，对会议讨论环节做了细化补充：会前"三重一大"议题要由党政正职共同确定，并组织召开由领导班子成员及有关部门负责人参加的议题协商会，班子成员填写《讨论决策意见反馈表》；会中领导班子成员必须就讨论决策的议题充分讨论，逐人发表意见。同时制定了《"三重一大"事项决策流程图》，直观体现决策程序、步骤和要求，保证制度落实到位。

三、经验交流推广

2000年，局党委召开全局深化领导班子"三重一大"建设现场经验交流会，总结交流了锦州分局和部分站段、车间、个人的经验做法。2003年11月4日，局党委《加强"三重一大"制度建设，不断提高领导班子民主决策水平》的经验做法，在辽宁省组织工作会议上进行了交流。2006年，局党委对"三重一大"内容、范围、讨论形式等进行了完善，在全路组织人事工作会议上介绍了经验，并被评为辽宁省党建研究优秀成果二等奖。

第四节 发展党员

一、优化党员结构

1996年，局党委按照"突出重点、改善结构、强化基础、保证质量"的发展党员方针，全年共发展党员4244名，其中35岁以下青年党员2540名，占35岁以下职工15.90%；发展生产一线党员2345名，占职工总数的18.89%。1997年，局党委坚持控制发展党员总量，全年共发展党员3759名，在职党员比例达到29.20%，其中工人党员达到19.85%，居全路各局首位。1998年，局党委共发展党员3311名，比1997年减少448名，压缩11%。其中35岁以下职工中党员比例达到23.95%，一线党员比例达到22.46%，分别提高7和3个百分点，在全路各局中均处前列。1999年，局党委共发展新党员3155名，比年初计划减少108名，比上年实际发展减少156名。全局无党员班组比例继续保持在年初提出的7%以下，同比下降0.8个百分点；11人以上无党员班组比例继续保持在1%以下，多数分局11人以上的班组消除了无党员班组。2000年，局党委加强了复转军人中的预备党员转正工作，加强了"党建带团建"工作的调研，召开了"推优"工作经验交流会。全年共发展新党员2816名，其中生产一线1843名，占发展总量的65.45%，发展35岁以下青年1701名，占发展总量的60.40%。2000年，全年发展新党员2573名，党员队伍年龄、文化结构进一步优化，运输生产一线党员的分布进一步得到改善。2002年，局党委全年共发展新党员2523名，其中发展35岁以下青年占发展总数63.26%，比上年提高1.69个百分点；发展生产一线职工占发展总数64.29%，比上年提高2.22个百分点。发展党员的年龄、文化结构进一步优化，主要比例关系创历史最好水平。2011年，以生产一线、大专以上学历、专业技术人才和青年职工为重点，全局共发展党员1677名，其中发展中专以上文化程度的党员1331名，占79.4%，发展35岁以下年龄的党员1059名，占63.1%，发展生产一线党员1402名，占83.6%，进一步改善了党员队伍构成。2012年，全年共发展新党员1401名，其中发展中专以上文化程度的党员1167名，占发展党员总数的83.3%，发展35岁以下年龄的党员912名，占发展党员总数的65.1%，发展生产一线党员1121名，占发展党员总数的80%。2015年，全年共有24148名职工群众向党组织递交了入党申请，8418名职工被确定为入党积极分子，发展新党员1042人。其中在运输生产一线发展党员902人，占发展总数的86.6%，在班组长中发展党员293人，占发展总数的28.1%，在高铁岗位发展党员143人，占发展总数的13.7%。

二、实行"公示制""票决制""答辩制"

2000年，局党委突出预备党员考察、积极分子培训、扩大申请人员队伍三个环节，以局党委文件转发了《吉林分局党委组织部实行发展党员"公示制"的实践与思考》，在坚持党章规定的基础上，全面实行发展党员"公示制"。2001年，局党委在发展党员工作上实现了四个统一。即统一了发展对象进分局党校培训的方式，统一推行了发展党员公示制的措施，统一了积极分子发展前必备的材料要求，统一了年度发展党员计划协审的时间。2003年，全局各级党组织着重抓好对运输生产一线关键岗位技术工人入党积极分子的培养、教育工作，解决了运输生产一线"发展源"不足的问题。全面落实发展党员"公示制"，积极推行了发展党员"票决制"，严格发展党员工作程序，严把"入口"关，保证了新发展党员的质量。2004年，全面落实发展党员"公示制"，试行了发展党员"票决制""答辩制"，严把"入口"关，保证了新发展党员质量。到年底，全局发展新党员2288名。2005年，局党委全面落实发展党员"票决制"，推行了发展党员"答辩制"，保证了新发展党员质量。到年底，全局发展新党员2120名，预备党员按期转正率达到96.2%。2013年，局党委按照"关键岗位党员全分布、高铁领域党员高比例、一线班组党员全覆盖"的结构调整目标，实施发展党员重点向生产一线主要工种、关键岗位、一线班组长倾斜和消灭党员空白班组的"三倾斜、一消灭"的控制措施，全年共有23290名群众递交了入党申请，8405名职工被确定为入党积极分子，发展新党员950名，比上年下降了32%。《共产党员》杂志刊发了沈阳铁路局《发展党员力求严控总量提质量》工作经验。2014年，沈阳局党委确定发展党员工作新思路为"控制总量实现零增长、优化结构坚持'三倾斜'、以制度落实保质量"，全局共有24021名职工群众向党组织递交

了入党申请，8552名职工被确定为入党积极分子，发展新党员1036名。

三、积极分6子培训

2007年，局党委在局党校举办8期培训班，对列入年度发展计划的入党积极分子进行了培训。对各基层单位发展党员工作进行跟踪指导，对存在问题的2名发展对象取消了发展计划，全年共计发展党员1786名。2008年，局党委举办5期脱产培训班，对1689名计划发展的积极分子进行培训。2009年，局党委举办7期脱产培训班，对1629名计划发展的积极分子进行培训。对374名基层站段兼职组织员下发了聘书。2010年，局党委举办6期脱产培训班，对1644名计划发展的积极分子进行培训。2012年，局党委对发展对象在局党校进行为期一周的集中脱产培训，全年共举办积极分子培训班6期，培训1658人。2013年，加大入党启蒙教育和积极分子培训力度，在局党校举办5期入党积极分子培训班。2014年，局党委以阜新人才基地入党积极分子示范班为样板，活化培训形式，分6期对全局1039名发展对象进行了集中培训，全面提高积极分子集中培训质量，铁路总公司《政治工作动态》刊发了《沈阳局党委举办入党积极分子示范培训班，促进党员发展质量全面提升》的信息。2015年，加强对基层单位发展党员工作的业务培训，在全局7期党支部书记培训班上对1700余名一线党支部书记和组织干部进行发展党员业务培训，为执行程序、落实标准奠定坚实基础。

四、制度建设、基础工作

2004年，局党委制定下发了《全局发展党员工作制度》，从对非党职工的引导教育、入党申请人的培养考察到预备党员的接收和转正，做出12个方面50条的具体工作规范。根据中组部、辽宁省委组织部和铁道部政治部通知要求，从10月1日起，在全局启用了2004年制《中国共产党入党志愿书》，停止使用了1983年制《中国共产党入党志愿书》。2005年，局党委从11月初开始组成协审组，采取分区域和集中审查的方式，对各站段及直属单位党委列入2006年度发展计划的2040名入党积极分子档案进行了集中审查，对存在的各种问题提出了具体整改意见，对108名材

料不符合要求的入党积极分子取消了发展计划。2006年，聘任了47名车间党总支书记为兼职组织员，有效解决了新布局下部分站段党委组织员力量不足的问题。2007年，为强化生产力布局调整新形势下全局发展党员工作质量，局党委聘任包括基层单位党委书记、副书记和党支部（总支）书记在内的共计384名局党委兼职组织员。2008年，对128名基层站段兼职组织员下发聘书，全年共发展党员1673名。2012年，局党委修订完善了《沈阳铁路局推荐优秀团员作党的发展对象工作实施办法》，在3月20日全局组织人事工作会议上交流了吉林工务段《突出重点、改善结构，不断提高发展党员工作质量》发展党员工作经验。2012年底组成协审组分地区对2013年发展对象进行严格协审。2015年，局党委制定下发了《沈阳铁路局党委关于新形势下发展党员工作的实施意见》（沈铁党〔2015〕65号），同时编制下发《发展党员工作流程图》《发展党员工作参考例文》《个人入党档案材料基本格式及要求》，作为贯彻执行《实施意见》的辅助文件，为基层单位党委发展党员工作提供基本遵循，提升了全局发展党员工作的制度化、规范化水平。

第五节 党员管理教育

一、"双学"活动与"三观"教育

为贯彻落实中共中央《关于加强党的建设几个重大问题的决定》，从1995年开始，在全局党员中开展了"学理论、学党章"的"双学"活动。到1996年底共举办党员培训班2297期，培训党员132869人，占党员总数的99%，在职党员108522人，100%参加了培训。1996年4月17日至20日，中组部、中宣部在北京召开《全国党员学理论学党章座谈会》，局党委副书记孙祥林同志代表局党委在会上介绍了题为《以树立新时期党员新形象为重点，努力使党员"双学"活动取得实效》的经验。自1996年3月到10月，在全局各级党组织和党员中开展了"民主评议党支部和民主评议党员"的党员"双评"工作。全局32家直属单位和542个基层站段党委共有6820个党支部参加了评议，占党支部总数的98.46，有129550名

党员参加了评议，占党员总数的97.2%。评出先进党支部1875个，优秀党员18354名。评出基本不合格党员226名，不合格党员135名，分别进行了处置。1997年初，为把党员"双学"活动引向深入，局党委组织部总结转发了丹东分局党委在党员中开展世界观、人生观、价值观（简称"三观"）教育活动的经验，在全局党员中广泛开展了"三观"为主要内容的党性教育活动。各级党组织以业余党校为主要阵地，以党课为主要形式，以"创岗建区"活动为主要载体，对党员系统进行了"三观"教育，进一步提高党员的思想政治素质。

1997年2月上旬，局党委组织部会同锦州分局党委组织部和沈阳铁道报社，对山海关机务段党员发挥作用的情况进行专题调查，在《沈阳铁道报》上开辟《"双学"铸魂，党旗增辉》专栏，集中宣传"双学"活动。2月末，局党委制定了全局党员"双学"活动检查验收标准和实施方案，在丹东分局进行了检查验收工作试点。3月上旬，路局及丹东分局作为辽宁省两个受检企业之一，接受了中组部组织的全国"双学"互检，受到检查组和辽宁省委组织部领导的高度评价，辽宁省委组织部特意发函予以表扬。4月16日至5月10日，局党委组织部组成5个验收小组，对31个直属单位（沈阳信号厂由通号总公司进行检查验收）及其所属的41个基层站段党委、157个车间党支部开展党员"双学"活动情况进行了交叉互验，并实现一次验收全部合格。12月，局党委对全局党员"双学"活动进行了总结表彰，授予丹东分局等4个直属党委和梅河口站等29个基层党委为党员"双学"活动优秀组织单位称号，授予沈阳分局党委副书记赵勇等名77名同志为党员"双学"活动先进个人的称号。

二、党员经常性教育

1997年，为适应建立社会主义市场经济的需要，局党委在全局总结推广了丹东分局实行月评好党员、党员立功证明、党员警告通知书、实行流动分散党员管理卡，大连公司加强复员军人党员管理，吉林分局对党员实行分类管理，图们、白城分局加强劳务市场中对党员的教育管理，长春分局加强对流动党员教育管理等有效做法，形成了"党员到哪都有家，管理教育有人抓"的良

好局面，保证了每名党员都在党组织的教育、管理和监督之中。1998年，开展了全局性流动党员情况及在实施减员增效中党员下岗、内退情况调查分析，通过划归离退休党支部、建立临时党支部、在内部劳务市场专门成立党支部等形式，重新明确了组织关系归属，实行归口管理。同时，为提高全局党员的理论水平和思想政治素质，在全局党员中开展了世界观、人生观和价值观教育活动（即"三观"教育），把全局党员"双学"活动不断引向深入。1999年，针对在深化改革、减员增效、下岗分流过程中党员管理工作出现的新情况、新问题，实施了《沈阳铁路局党员管理暂行办法》，进一步规范党员管理，对流动、下岗、待岗、息工、内部退养、停薪留职、出国等党员加强了管理，使党员管理工作更加适应改革形势发展的需要，走上规范化、制度化、科学化管理的轨道。2014年，局党委认真贯彻落实"党要管党、从严治党"要求，适应革命传统教育的需求，充分利用新建成的阜新人才培训基地，借鉴延安干部管理学院、井冈山培训学院教育方法，把课堂搬到模拟现场，让党员上台交流体会，实行军事化管理等培训形式，让每名党员铭刻"走出校门，永不变色"的校训。自2014年9月1日首期红色教育培训班开班以来，已经成功举办21期，培训党员和干部1197人。

三、做学习型党员、创标准化岗位活动

2010年，为深入贯彻落实铁道部党组关于加强职工队伍建设的战略部署，路局党委在全局党内开展"做学习型党员，创标准化岗位"主题实践活动，党员技术业务考试考核达标率达95%以上，行车主要工种党员参加练功比武竞赛率达95%以上，党员和入党积极分子在站段及以上技术比武和业务考核中获得荣誉称号的比例达70%以上，党员和入党积极分子获得站段及以上"学习型职工"标兵的比例达70%以上。"七一"路局党委选树表彰了100名"学习型党员标兵"和100个"党员标准化作业示范岗"。

四、党员入党纪念日活动

2014年，局党委立足于让党员唱主角，在入党纪念日当天，以重读入党申请书、重温入党誓词、重写入党纪念日，发一条祝福短信、送一张纪念贺卡、赠一本学习书籍、拍一张工作照片、搞一次谈心交流为基本形式，开展"三重五个一"入党纪念日活动，为一线党员过"政治生日"，让党员成为那天最自豪的人。活动以来，先后为69000多名一线党员过了"政治生日"，广大党员感受到党组织"大家庭"的温暖，党性观念普遍增强，先进性意识普遍提高，创先争优当先锋、立足岗位做贡献热情高涨。

五、党员红线考核管理

为强化党员管理，局党委于2015年制定下发《党员履行义务红线考核管理办法（试行）》，对党员在党内生活、岗位作用、党性道德三个方面12种触碰"红线"的情形和处理方式，做出明确规定。全局各级党组织严格执行《办法》，共处理触碰"红线"党员1566人，党员管理得到全面加强，确保了从严治党要求的落实。

六、党员电教工作

2002年，党员电教工作取得新进展，一批主题鲜明、制作精良的电教片从不同角度反映了全局党的组织工作成果。8月，茌赤峰地区举办的全局电教片观摩评比会上，共有12部党课电教片获奖。2005年，进一步加强了基层播放站点建设。全年共建立263个播放站、2062个播放点，其中运输生产一线建立1553个播放点，已建立"两机一室"标准化播放点1074个，并建立了党员电化教育撰稿、摄制、编辑及播放队伍。2015年，局党委主动适应党员生产生活方式发生深刻变化的新形势，在运输一线车间党支部，建立党员电化教育播放点2397个，配置电教摄录设备4918件，对运输一线党员实现全覆盖。组织各党支部把党课内容制作成多媒体课件，通过投影屏幕展示出来，增强了党员教育效果。同时在局域网开辟"党员在线教育"专题网页，搭建"2+3"模式微信平台，充分发挥了开展党员教育、传播党建理论、宣传党内典型、展示党建成果的作用。

第六章　宣传教育

1996年以来，沈阳铁路局党委宣传工作，围绕各个时期运输安全、生产经营、队伍稳定等中心工作，立足统一思想、凝聚力量、推动发展，为全局工作平稳推进提供有力的思想保证和舆论支持。建立并落实《沈阳铁路局党委中心组学习管理制度》，坚持学原著、读原文、悟原理，采取集中学习、专题研讨、联组学习等多种形式，抓好党委中心组学习，不断提升各级领导干部领导和驾驭全局改革发展的素质能力。采取干部学习、班组学习、宣讲辅导、上专题党课等形式，利用报刊台网等宣传阵地，抓好群众性理论宣传普及。紧扣全局不同时期改革发展中心工作，采取编制专题片、宣传画册、宣讲提纲等形式，开展"转观念、闯市场、增效益"等宣传教育，开展"适应新常态、创效作贡献"等主题宣讲活动，增强干部职工攻坚克难的信心决心。坚持继承传统与创新手段相结合，抓细抓实职工思想教育引导，充分利用职工教育展室、安全警示馆以及廉政文化基地、人才培训基地、铁路陈列馆等教育资源，定期组织干部职工参观学习、座谈交流，实现思想教育常态化、直观化、有形化，不断提高正面教育引导的针对性和实效性，凝聚推进全局改革发展的正能量。强化新闻宣传和舆论引导工作，注重加强整体策划，把握宣传节奏，聚焦重点选题，宣传全局改革发展的新动态、重点工程的新进展、客货服务的新举措和默默奉献的新典型，形成了新闻宣传的规模效应，沈阳铁路局社会形象得到新的展示。坚持环境熏陶有形化、教育引导经常化、行为落地规范化的思路，不断深化全局企业文化建设，确定了沈局精神、局歌、局徽，规范完善站段企业精神、车间班组精神，按照"八有"标准规范班组文化建设，形成全方位、全覆盖的企业文化氛围。构建安全理念文化、安全环境文化、安全品牌文化、安全情感文化"四大文化体系"，打造苏家屯站区等安全文化品牌，发挥企业文化建设在凝聚职工队伍、展现时代风貌、提升企业形象中不可替代的重要作用。

第一节　宣传系统概况

沈阳铁路局党委宣传部负责全局思想政治教育、理论学习宣传、企业文化建设、精神文明创建、新闻宣传统战及"扫黄打非"等工作。1996年，下设宣传教育科、理论教育科、文化教育科。1997年12月，局党委统战部撤销，成立统战办公室，并入局党委宣传部，配备统战办公室主任，并兼台办、侨办主任。1998—2002年，局党委宣传部下设宣传教育科、理论教育科、文化教育科、统战办公室。2003—2004年，局党委宣传部下设宣传教育科、理论教育科、文化教育科、统战办公室、新闻中心（行政编制）。2005年，局党委宣传部下设宣传科、理论教育科、文化教育科，精神文明办公室为附属机构。2006年，铁路政工机构改革，优化职能，局党委宣传部改称局党委宣传部（企业文化处），与统战部、思想政治工作（党建）研究会、精神文明办公室实行一个机构多块牌子，下设宣传科、企业文化科，有职工13人。2009年，局党委宣传部（企业文化处），有职工16人。增设网络舆情科，增加舆情调控和引导职责。2010年，为切实加强对外宣传及舆论引导工作，成立局党委新闻媒体联络员室，定员4人，列局党委宣传部（企业文化处）附属机构，负责路局日常与中央及省市新闻媒体的联络工作。2011年，局党委成立舆情工作中心，列局党委宣传部（企业文化处）附属机构，2012年更名为沈阳铁路局网络舆情室。2014年，依据沈铁党〔2014〕53号文件，调整局机关党群机构编制，局党委宣传部（企业文化处）与统战部、思想政治工作研究会、文学艺术工作者联合会、社会主义精神文明建设办公室实行一个机构分别对外；下设宣教科、企业文化科、网络舆情科、新闻科。共有职工23人。

第二节　形势与任务宣传教育

1996—1998年，开展改革形势任务教育，围绕经营机制转换、生产布局调整等改革措施，编发宣传提纲，编写《推心置腹话改革》《经济形势教育问答》《全局经济形势教育宣传讲话》及《关于开展增强市场意识，加强成本管理教育问答》《铁路企业营销知识》等宣传材料，下发至全局职工。举办骨干培训班4期3160人，集中宣讲11500场次，覆盖全局，做好改革形势下宣传教育工作。围绕"建线"工作，采取报告团宣讲、演讲比赛、编制专题录像片、理论研讨、编辑《志创一流》建线专辑等形式深化宣传教育。认真开展安全教育活动，编印《血写的教训》，印发1万册至班组。

1999—2002年，开展命运共同体教育，围绕适应市场经济形势、客运扭亏及"入世"（中国加入世界贸易组织），先后编写《命运共同体读本》《与职工朋友谈谈客运扭亏》及《与职工朋友谈谈WTO与铁路》三本书，供干部职工学习。召开解放思想促进营销经验交流会，举办骨干培训班1302期，培训人员3.4万人，采取领导授课、骨干辅导、班组学习、座谈讨论等形式，增强干部职工责任感、紧迫感。开展营销宣传活动，创办《营销之路》，编印《沈阳铁路局货运指南》，成立195个宣传小分队，开展大型社会宣传活动200多次，印发宣传品50多万件。锦州分局党委宣传部在因特网上建立营销网站，开辟营销宣传新领域。围绕安全生产责任制开展宣传和思想教育，编写宣传提纲和宣传问答，召开研讨会，探索在资产经营责任制条件下安全思想工作规律。开展《安全生产法》宣传周活动，35万人参加《安全生产法》知识竞赛，营造舆论氛围。

2003年，围绕增收节支和抗击非典，编发《紧急行动，全力以赴，坚决打好打胜增运增收攻坚战》等宣传材料，开展"学习理论、抢抓机遇、落实'三基'、促进发展"主题学习实践活动。编发《开展法制教育，实施依法管理，创建全局安全法制的良好环境》《安全警示录》等宣传材料，发到基层单位。2004年，围绕"4·18"全路第五次提速调图，编写《精心打造品牌，展示服务魅力，为"4·18"铁路实施第五次提速调图作出新贡献》宣传提纲。编发《万众一心，顽强拼搏，为实现2004年全局资产经营责任目标而努力奋斗》的宣传提纲。编发《戮力同心，众志成城，全力以赴做好暑运各项工作》宣传提纲。在安全形势任务教育方面，结合吸取吉林市中百商厦、海宁市黄湾镇两起重大火灾事故教训和路局严峻安全形势实际，陆续编发《把别人的事故当做自己的事故，深刻吸取教训，扎实深入地开展安全大检查活动》《全员防松劲，合力保安全，构筑全局安全稳定新局面》《紧急行动起来，采取超常措施，为确保汛期运输安全而努力奋斗》等宣传提纲，引导干部职工认清安全形势。2005年，铁路管理体制改革逐步深化，运输生产力布局进行调整，为确保全局干部职工队伍思想稳定，开展"与干部职工面对面、心贴心，改革形势任务集中宣讲"、经营形势教育、安全形势教育三项重点教育活动。编发集中宣讲资料，组织理论骨干巡回宣讲3600余场次，引导干部职工进一步明确工作思路，增强实现生产经营目标的信心。"7·31"重大事故以后，集中开展安全大反思、大检查、大整改活动，编发宣传提纲，下发在安全非常时期加强宣传思想工作的通知，引导干部职工认清安全非常时期的形势，努力完成安全运输任务。

2006年，开展"回顾发展成就，展望美好前景"主题教育活动，利用层层宣讲和知识竞答活动，传导工作目标、任务、压力和责任。围绕京哈线提速改造，开展决战"5·30"主题宣传教育活动，拍摄《决战"5·30"》专题录像片，编辑《"5·30"大会战》宣传画册，为提速改造营造舆论氛围。围绕实施沈阳局三年发展规划，开展"学规划、明目标、知责任、做贡献"主题教育活动，编发宣传提纲，组织知识竞赛。围绕做好第六次提速调图，编发《为东北振兴西部开发添翼助力，搭建两地间交流互动黄金走廊》《为内蒙经济社会发展助力，打造连接内蒙东西部的绿色通道》《打造东北闽南黄金通道，服务于东北老工业基地振兴》3篇宣讲提纲，印制宣传单、宣传画、宣传卡10万余张。

2007年，围绕铁路春运、暑运和"五一""十一"黄金周的重点任务，以及增收节支攻坚战，编发宣传提纲，搞好宣传发动，动员干部职工为实现全年运输生产经营目标做贡献。编发20余万字的《沈阳铁路局局情教育读本》，制作局情教育影像资料片下发，开展局情教育活动，激励干部职工为和谐沈局建设做贡献。2008年，为确保路局运输站段实行干部全解重聘和职工岗位调整的顺利实施，开展"实施干部岗位管理、职工岗位调整改革"主题宣讲活动。开展"强化运输组织，提高运输效率，实现增运增收"主题宣讲活动，进站段、车间、班组宣讲，调动干部职工增运增收的积极性和主动性。开展"积极应对国际金融危机影响，全面完成运输经营任务"主题宣讲活动，编发"十个怎么看"宣讲材料，引导干部职工提高运输效率效益，确保实现全年运输经营目标。

2009年，针对全局运输经营状况受金融危机影响急剧下滑的实际，组织深入开展增运补欠、节支降耗系列宣讲活动，宣传教育贯穿全年，营造增运增收、节支降耗宣传舆论氛围，增强做好运输经营工作的信心和决心。开展典型事故案例教育，编辑《典型事故案例教育资料》，制作事故案例教育片，组织学习讨论，吸取事故教训。11月份，全路、全局运输安全工作会议相继召开，为传达贯彻会议精神，及时组织各单位开展会议精神的学习和宣传，层层研讨交流，统一干部职工的思想和行动，营造运输安全持续稳定、推进和谐沈局建设的良好氛围。

2010年，以"适应高铁时代要求，推进沈局又好又快发展"为主题，以"处长宣讲到基层、站段宣讲到一线"为活动形式，深入开展形势任务宣传教育，8个业务处的正副处长共做宣讲报告942场，站段领导举办报告会1752场，收听报告人数达16万之多。突出高铁时代主题，扎实开展六大专题形势任务教育。围绕深化改革、安全生产、经营管理、铁路建设、铁路服务、先进典型六大主题，编写《高速铁路发展取得巨大成就，中国铁路跨入高速铁路时代》《深化铁路内部改革，扎实推进"三项工程"建设，确保攻坚目标期到必成》等主题系列教育宣传提纲下发到车间班组。

2011年，开展"安全责任、安全形势、安全信心、安全任务"主题大宣讲活动，共组织宣讲3800多场次，直接听众40多万人次。以"三保一促"主题实践活动为牵动，全面加强安全经营中的宣传思想工作，编发《坚决拥护中央决定，迅速落实部党组决策部署，全力以赴保安全、保质量、保稳定、促发展》《统一思想、坚定信心、振奋精神、形成合力，以实际行动确保全局安全持续稳定》等系列宣传提纲，引导广大干部职工认清安全形势，坚定安全信心，强化安全意识，落实安全责任，全力确保现实安全。为落实路局"转机制、闯市场"22个配套办法和全局安全经营工作会议精神，组织编写《加快推进经营方式转变，坚决实现全年运输安全和经营目标》宣传提纲，引导干部职工认清肩负的岗位责任，积极投身安全、经营实践。

2012年，面对推进铁路科学发展新形势新任务，组织开展"话成果、议形势、明任务、知责任"主题形势任务大宣讲和"推进铁路科学发展"大宣讲，撰写6个专题宣讲提纲，召开两次推进会，培训宣讲骨干1200多人，共宣讲16261场次、听众280697万人，编发活动简报29期，印制"口袋书"2万余册、宣传画册23套1000余本，整改和解决问题4016个。沈阳铁路局党委《面对面见真情，大谈心聚合力》的经验，在全路宣传思想文化工作会议上交流；人民铁道报头版头条以《春风化雨润心田》为题，刊发沈阳局大宣讲活动长篇通讯。

2013年，开展"铁路走向市场"大讨论，推进货运改革、促进营销创效。按照铁路总公司党组部署，编发3期系列宣传提纲、编印《解读货改100问》10000册，解读货运改革的重大意义、目标要求、重点任务和具体措施等；培训宣讲骨干2800多人，深入一线宣讲5200多场次。紧密围绕"为什么要实施货运改革""怎样搞好货运营销""货运改革将带来什么"等职工关注的热点问题，增进共识；召开全局走向市场大讨论成果交流会，为推进货运改革提供强有力的思想和理论保证。先后两次在全路推进铁路走向市场大讨论活动电视电话会议上介绍经验做法。

2014年，集中开展"知形势、明任务、议责任、攻难关"主题宣讲活动。编发《统一思想

明确任务 奋力攻坚 为谱写沈局发展新篇章而努力奋斗》宣讲提纲，摄制《奋进沈局》成果展示专题片，以"机关走基层、站段到现场"为载体，开展主题宣讲7357场次，受众25.2万余人次，开设"处长访谈"栏目，解答职工问询300多条。编印《安全风险管理学习教育读本》和"大家谈"宣讲提纲，开展集中宣讲、专题讨论、互动交流、课题攻关。开展"盈亏平衡大家议"活动，围绕经营管理机制改革，畅谈盈亏平衡的利益关系，增强职工与企业兴衰与共的命运共同体意识；畅谈盈亏平衡的结果"红利"，增强个人保集体、集体保全局的内在动力，统一编发专题宣讲提纲，广泛开展谈心，激发干部职工增收节支创效干劲。共召开集体谈心会7184场，集体谈心15.8万人次；一对一谈心82531人次，解决职工实际问题312件。

2015年，为适应经济发展新常态，加快铁路现代物流和实施铁路局盈亏与职工工资挂钩机制，从4月份起利用四个月时间，集中开展"适应新常态、创效作贡献"主题宣讲活动。活动中，召开推进会3次，下发重点任务提要5期，撰写宣讲提纲5篇，编制专题片4部，编发活动简报24期。抽调铁路局机关28个部门126名领导干部，组建12个宣讲组，采取站段专场、地区集中、视频连线等形式，开展宣讲报告218场、听众1.5万余人。各单位组建宣讲组，采取分片包保、热点解析等形式，开展面对面宣讲1.5万余场次、38.5万余人次。举办处长、站段长"话形势、论经营、议盈亏"电视访谈220期；编制《增收节支创效大攻坚》《乘风扬帆正远航》等专题片，编发《政策法规热点解析》，组织职工学习观看，增强宣讲的直观性、生动性。发挥新媒体优势，开展微宣讲、微活动，发布宣讲信息1600余条，发布微电影、微图解、H5网页512个，开展微辩论、微演讲、微问答等活动152个。各系统确定21个课题，选择12个试点单位，围绕"加快推进铁路现代物流建设""实施工效挂钩考核办法""全资产开发、全方位创效"等主题，召开领导班子、管理干部和一线职工三个层级的集体宣讲讨论会1.4万余场次、22.5万余人次。把岗位实践贯穿主题宣讲活动始终，开展以"我为营销支一招、我为创效献一策、我为节支

谋一计"为主题的"金点子"征集活动，征集合理化建议5100余条。各级党组织积极开展"闯市场、创效益、比贡献"党内主题实践活动；局领导班子成员牵头组成调研组，围绕97个经营开发项目开展调研攻关；召开全局加快推进现代物流建设现场会，交流推广6个单位的经验做法，制定出台了19条具体措施。

第三节　干部理论学习

一、学习内容

1996年，组织各级干部重点学习《邓小平文选》《邓小平同志建设有中国特色社会主义理论学习纲要》。召开党委中心组学习经验交流会，10个分局（公司）的党委副书记、宣传部长及直属单位党委书记30余人参加了会议。举办副处职以上培训班9期，培训干部368人。1997年，学习贯彻中共十五大文件精神，党委中心组率先学习讨论，宣讲20余次，5000多名干部职工收听。举办轮训班、学习班99期，轮训7154人。局、分局、站段三级领导班子成员撰写体会文章3600余篇，刊发221篇。1998年，举办6期300名处级以上领导干部学习培训班。各分局（公司）举办领导干部脱产学习培训班77期，轮训4942人。召开全局学习邓小平理论工作会议，交流4个分局（公司）党委理论学习经验，观摩通化分局党委干部理论学习微机管理现场演示。1999年，沈阳铁路局实行资产经营责任制，分5个专题组织开展集中学习活动。编写《资产经营责任制学习资料》，印发3000册。"三讲"教育开始后，局党委中心组邀请北方交通大学教授作专题报告。各分局、基层单位党委中心组成员学习书目40多篇。下发《局党委关于加强领导干部理论学习的整改意见》，安排部署中共十五届四中全会文件的学习。2000年，组织各级干部学习江泽民"三个代表"重要思想，同时组织干部学习财税知识读本、加入世贸组织问题、计算机网络知识、企业文化建设等内容，全局共撰写论文1919篇，召开研讨会98次，研讨题目39个，举办各类培训班34期，培训2543人，征集合理化建议3255条，对深化资产经营、企业结构调整，起到积极的促进

作用。2001年，组织全局干部对《学习"三个代表"重要思想读本》进行深入学习。组织全局干部学习江泽民"七一"讲话，举办副处职以上领导干部培训班4期，轮训227人；举办骨干培训班197期，培训8367人；举办报告、汇报会、交流会710场；编辑学习资料18种，印发36963册，辅导录像480盘。2002年，在全局组织开展学习科学理论、学习现代知识，促进改革深化、促进企业发展为主题的"双学双促"教育活动。深化"双学双促"活动，下发18个重点研讨课题，评选学习成果39个。召开全局"双学双促"经验座谈会，17个典型单位介绍经验。中共十六大召开后，及时下发《关于认真学习贯彻党的十六大精神的通知》，组织干部职工学习中共十六大精神。举办全局领导干部骨干培训班1期，副处职以上领导干部培训班4期。2003年，组织干部职工深入学习"三个代表"重要思想，编发《学习十六大精神疑难问题解答》等宣讲教材，开展宣讲活动7500多场次，受众人数近30万。举办各层次研讨会、座谈会、成果发布会150多场，撰写、交流体会文章和论文成果600余篇。2004年，组织全局干部学习科学发展观、中共十六届四中全会精神。组织"铁路第五次大提速"论文征集活动。全局共举办培训班37期，脱产培训副科职以上干部3583人。2005年，组织各级干部学习科学发展观。组建领导干部宣讲团207个，理论骨干宣讲组300个。实现路局与196个基层单位的微机联网。结合开展保持共产党员先进性教育活动，下发学习计划和实施方案，开展新时期保持共产党员先进性专题研讨。2006年，以路局、站段两级党委中心组为重点，围绕加强党的先进性建设、树立社会主义荣辱观，结合搞好安全生产工作、贯彻全路运输安全工作会议精神，组织开展5次专题研讨活动，举办各层次研讨会、座谈会、论文发表会300多场次，全局各级领导干部共撰写学习体会文章4000余篇，其中基层站段党政正职340篇，局党委评选表彰优秀论文31篇。编印《全局保持共产党员先进性教育活动与党的先进性建设理论研讨文集》和《全局党委中心组优秀学习体会文集》。坚持定期编发《中心组学习参考资料》，为中心组成员学习提供参考。年末，对全局77个站段党委中心组理论学习情况进行全面检查考核。全局两级党委中心组的学习计划兑现率、平均出勤率、专题讨论率和笔记完成率均在93%以上。2007年，组织编发《深入学习宣传贯彻党的十七大精神，努力开创和谐沈局建设新局面》宣讲提纲。按区域集中宣讲168场，培训骨干近万人。局党委中心组集中3天时间学习十七大文件。举办路局机关及直附属副处职以上领导干部学习十七大精神脱产培训班，各站段党委中心组集中时间学习，观看学习辅导录像，部署大型集中学习活动6次。2008年，组织干部深入学习实践科学发展观，通过观看报告录像、专题辅导讲座等形式，提高学习效果。组织开展专题调研，评选优秀调研成果16篇刊发交流。以纪念改革开放30周年为契机，组织各级领导干部开展研讨，共征集论文155篇，评选奖励40篇，并编印了优秀论文集。2009年，组织干部学习党的十七届四中全会文件，学习《中国特色社会主义理论体系学习读本》《六个"为什么"——对几个重大问题的回答》等内容。结合第二批学习实践活动，对领导干部进行集中脱产培训，举办3期18个培训班，培训领导干部1178名。2010年，开展"解放思想、统一思想，加快推进铁路现代化建设"大讨论，围绕高铁时代主题，对重点学习内容作出部署，编发《党委中心组学习参考资料》。两级党委中心组成员结合思想和工作实际，撰写大讨论学习体会1220篇。围绕鞍山站《旅客留言簿》中批评意见多这一典型案例，组织两级领导班子把《旅客留言簿》作为一面镜子，对照高铁时代"服务高品质"的要求开展讨论，树立体现高铁时代要求的"真心真情，优质和谐"服务新理念，向高铁时代的高品质服务转变。2011年，各级党委中心组把党的十七届六中全会精神、《廉政准则》和《廉洁从业规定》等作为重点内容，组织系统学习、深刻领会，切实提高推动科学发展能力。围绕盛光祖部长提出的"三个共识"（确立安全工作无小事的意识，树立安全第一的指导思想，明确影响安全的问题必须立即解决的工作要求）和"三个重中之重"（要把客车安全作为安全工作的重中之重；要把加强安全管理作为安全工作的重中之重；要把抓落实作为安全管理工作的重中之重）及对沈阳局的重要批示精神，围绕"服务旅客创先争优"等重大课题，组织开展专题调研活动。2012年，组织深入学习贯彻党的十八大精神，局党委专门下发《关于学习宣传贯彻党的十八大精神的通知》，制订党委中心组专题学习计划，组织全局各级党委中心组和干部职工深入学习贯彻党的十八大精神。局党委组织召开全局宣讲报告会，党的十八大代表、局党委书记张国敏面向全局干部职工宣讲报告，引导各级干部全面理解和准确把握党的十八大精神，迅速把思想和行动统一到党中央的决策和部署上来。2013年，以党的十八大精神和十八届三中全会精神、中央经济工作会议精神、习近平总书记系列讲话为主要内容，在局党校举办12期副处职以上领导干部培训班，2301名领导干部参加脱产培训。在党的群众路线教育实践活动中，确定学习研讨专题，促进"四风"问题解决。2014年，以党的最新理论成果、安全风险管理、企业管理、领导艺术、货运改革、营销宣传等知识为重点，举办形式多样的"专家讲坛""知识讲堂"，提升政治理论和专业知识水平。围绕党的群众路线教育实践活动中的为民、务实、清廉等学习专题，组织基层单位领导干部针对制约本单位改革发展的关键问题、干部职工最关心的利益问题、政治工作急需解决的突出问题确立课题攻关，做到学习一个专题、提高一个认识、解决一个问题。各级领导干部撰写调研成果、体会文章9130篇，召开学习研讨会1407场次，召开学习成果交流会513次。举办7期学习贯彻习近平总书记系列重要讲话精神培训班，对2350名处级领导干部进行专题轮训，培训面达100%。2015年，以党的十八届四中、五中全会精神，习近平总书记系列讲话，"三严三实"专题教育和"四个全面"专题学习为重点，制定年度和月度学习方案、计划，组织两级党委中心组学习。局党委中心组集体学习21次，邀请专家学者授课12场次，组织观看《杨善洲》《第一书记》等电影、教育片4部。在"三严三实"专题教育和"四个全面"学习中，两级党委中心组成员坚持学原著、读原文、悟原理，认真撰写研讨发言提纲。局党委中心组共组织研讨交流5次，召开路局、站段党委中心组联组学习6场。两级党委中心组坚持用学习推动工作实践，围绕资产经营开发工作，结合实际

确定97个研讨课题，由10名局领导班子成员带队开展专题调研，根据调研成果实施立项35个。围绕推进现代物流发展，局主要领导组织货运系统372名领导干部，以体验6种发货方式为课题，撰写调研报告，批示下发全局，指导货运组织改革实践。各基层单位领导干部紧密结合实际，细化分解182个调研课题，集中开展重点课题攻关，形成了一批调研成果。各级领导干部围绕安全生产、多元经营创效、客运服务、资产经营开发等深入开展调研，形成学习体会、调研成果426篇。《沈阳铁道报》开辟专栏，连续刊载优秀成果53篇。

二、学习成果

1996年，推广大连铁路有限责任公司干部理论学习的经验，中宣部理论局、辽宁省委宣传部、铁道部政治部先后到大连公司调研。辽宁省委组织部、宣传部联合形成调查报告，刊发在11月28日《辽宁日报》头版头条。大连公司干部理论学习经验在全国"五个一工程"成果评选中获"入选作品奖"。1997年，在通化组织召开运用微机管理加强干部理论学习考核管理工作的研讨会，辽宁省委宣传部进行了实地考察，并列入辽宁省"九五"社会科学研究重点项目。1998年10月，辽宁省理论学习微机化管理现场会也在通化分局召开，通化分局介绍经验，参观通化车辆段理论学习微机化管理情况。1999年10月上旬，干部理论学习实行微机化管理工作接受中宣部副部长及辽宁省委常委、宣传部长等领导同志检查指导。11月份，中组部调研组、铁道部政治部宣传部先后对大连公司党委实施干部思想理论素质任职资格考核办法工作情况进行调研考察，给予好评。2000年，推进干部理论学习"三挂钩"考核管理，实行干部思想理论素质任职资格考核制度，对全局干部实施考核并颁发资格证书。中组部、中宣部联合发文，这一制度在全国县级以上干部理论学习考核管理中推行。总结推广通辽分局《坚持抓职工政治理论学习，把思想政治工作的任务落实到基层，强化职工队伍建设，促进分局两个文明建设的协调发展》经验做法，在《求是》2000年第10期刊发。通辽分局党委出席全国大型企业思想政治工作座谈会并作经验介绍，辽宁省委宣传部到路局专程调研，纳入"十五"社

科重点课题向全国推荐，并在通辽铁路分局召开全省基层理论学习现场会。此项工作在全路政工会议上也作了经验介绍。2001年，12篇高质量论文先后在全局、全路学习"三个代表"理论研讨会上交流；选送4篇论文参加辽宁省委庆祝中国共产党建党80周年理论研讨会，其中3篇获二等奖，1篇获三等奖；局党委中心组成员撰写的8篇研讨文章分别在《铁路政工》《辽宁日报》《辽宁工作》等刊物发表。其中，局党委副书记张海舟撰写的《顺应时代发展要求，充分发挥工人阶级的先进性》被评为辽宁省"五个一工程"奖。总结锦州分局宣传思想工作网络系统管理的做法，作为沈阳局思想政治工作创新成果，列入2001年辽宁省理论工作重点内容。辽宁省委宣传部进行专程调研并在锦州铁路分局召开全省基层理论教育工作现场会。通辽分局党委形成"对企业职工理论武装过程的研究"成果，获得辽宁省社会科学研究重点课题成果。2004年，铁道部党校在锦州铁路分局召开"第五次大提速"论文研讨会，沈阳局选出23篇论文与会交流研讨。《沈阳铁路局加强干部思想理论素质考核》刊登在中共中央宣传部《宣传工作》第61期，《强化思想理论素质考核，筑牢能力建设基础》刊登在全国职工思想政治工作研究会《政工研究动态》第24期。2005年，局党委中心组3篇专题学习研讨成果，先后被辽宁省委宣传部《学习通报》刊发。2006年，局党委《大力弘扬先进典型，推动全局党的先进性建设》《深入贯彻安全发展理念，积极推进和谐沈局建设》等8篇研讨论文获铁道部政治部表奖，并在全路理论研讨会上交流。2008年，局党委《贯彻安全发展理念，培育先进安全文化，积极推进和谐沈局建设》研讨成果，获辽宁省纪念改革开放30周年优秀研讨成果三等奖。2013年4月24日，《人民铁道》报头版头条以《凝聚科学发展正能量》为题，刊发沈阳局开展党的十八大精神学习宣讲的长篇通讯。中国铁路政研会主办的《铁路文化建设（2013第1期）》，集中刊发沈阳局各级干部学习贯彻十八大精神的体会文章5篇、图片12幅。2015年，总公司宣传部《铁路宣传》《人民铁道》，以《沈阳局精心组织 "四个全面"专题学习研讨》为题，刊发沈阳局的典型做法。

三、制度建设

1997年，制定下发《沈阳铁路局领导干部理论学习考核办法》，推广大连公司党委干部理论学习与奖惩、评先、使用三挂钩考核管理办法。2002年，规范各级干部理论学习，抓干部思想理论素质考核制度的完善和落实，修订编印《全局干部思想理论素质考核复习资料》600题，纳入政工职称晋升理论考试范围。干部思想理论素质任职资格考核的做法，得到辽宁省委的认可，在大连公司召开现场会，各市委宣传部主管部长、理论处长参加了会议。2005年，为规范路局直管站段新体制理论教育工作，制定下发《沈阳铁路局干部理论学习管理考核办法（试行）》。2006年，强化路局直管站段新体制下理论教育工作规范管理，制定下发《干部理论学习管理考核制度》，对学习组织、成果交流、宣讲辅导、检查考核作出具体明确规定。强化理论学习过程督查指导和日常检查考核，下发《基层单位党委中心组理论学习质量评审情况通报》。2009年，按照中共中央《关于进一步加强和改进党委中心组学习的意见》和部党组的有关要求，对中心组学习制度从学习日常管理、组织形式等方面作出明确规定。

第四节　新闻报道

一、路内新闻报道

1996—2002年，局党委宣传部组织通讯报道队伍宣传各系统、各单位在运输安全、经营创效、优质服务等方面创造的好做法、好经验，宣传生产一线职工爱岗敬业、无私奉献的先进事迹，为树立企业良好社会形象，推进改革发展发挥舆论导向作用。2005年4月25日，《人民铁道》报头版头条刊登《沈阳局"新体制"为辽吉两省经济提供更强有力运力支持》。5月17日，《人民铁道》报头版显著位置刊登《新体制给沈阳局丰厚新财富》的消息。7月11日，人民铁道报头版头条以《23家重点企业与沈阳局签订点对点直达运输协议》为题，对沈阳局开行点对点直达货物运输，新体制释放新活力的做法进行了深度报道。2010年，《人民铁道》报8月11日头版头条刊发通讯《万众一心筑长堤》，并配发评论员文章《沧海横流显铁军本色》；8月30日头版头条再次刊发长篇通讯《责任与忠诚》，并配发评论员文章《恪守责任，忠诚事业》，两次全方位、大篇幅报道沈阳局干部职工抗击特大洪灾的感人事迹。2011年，加大上稿质量和力度，《开创服务新境界》《春天里，推心置腹聚合力》等7篇稿件先后在《人民铁道》报头版头条刊发。沈阳铁路局在《人民铁道》报刊稿数量在全路6个月排名第一。

二、路外新闻报道

1996—2002年，新闻宣传工作始终立足于弘扬主旋律、打好主动仗，紧紧围绕不同时期的工作重点，对外宣传铁路运输为地方经济建设发展提供的有力保证，用一流的优质服务、赢得社会各界和人民群众的广泛认可。2004年，集中开展了粮食、化肥、煤炭等重点物资运输对外报道，人民日报以《沈阳铁路局积极抢运东北商品粮》为题、经济日报以《铁路自我加压解燃"煤"之急》为题、工人日报以《沈铁煤炭运输提速》为题，多次对沈阳铁路局抢装抢运粮食、煤炭的做法进行报道。在第五次提速调图新闻发布会上，有新华社等22家中央和地方媒体28名记者参加。其中，经济日报、工人日报、中央电视台等分别以《感受首列"直达特快"》《大连至武汉有了快捷通道》为题，对沈局开行新的"三趟快车"进行了报道，为第五次提速调图大造舆论声势。加强与中央和地方新闻单位联系沟通，春运第一天，20多家中央、省市记者对长春站17年如一日接送长春大学残疾大学生的做法进行集中采访，人民日报、工人日报、科技日报等10多家新闻媒体予以报道。

2006年，新闻宣传工作突出将镜头对准运输生产一线，集中宣传一线职工敬业爱岗的感人事迹。4月初，配合中央媒体对吉林工务段巡道工刘学臣进行集中采访，中宣部组织中央19家新闻媒体同步推出了大型宣传专栏《劳动者之歌》，新华社、中央电视台《新闻联播》、中央人民广播电台《新闻和报纸摘要》等19家媒体、网站集中报道了刘学臣同志27年精心守护钢铁动脉的感人事迹，在全社会产生强烈反响。"七一"前夕，作为中国工人阶级的优秀党员代表，其事迹在中央电视台《焦点访谈》栏目进行了报道。9月，新华社、光明日报记者撰写的《沈阳铁路局"三不让"承诺为近万名职工解困》《沈阳铁路局把"三不让"承诺落到实处》分别在内参上刊载。2006年，全局在中央新闻媒体和《人民铁道》报共刊播稿件892篇。

2007年，新闻宣传工作紧扣全局改革发展取得的成效，及时对接媒体需求，深入挖掘新闻素材，扩大宣传报道的声势和影响。围绕第六次调图提速，邀请40余家中央和辽、吉两省媒体记者先后在沈阳、长春召开新闻发布会；4月18日，邀请各新闻媒体记者参加动车组首发式，随车进行体验式采访，全局共在中央电视台、中央人民广播电台等主流媒体刊播新闻稿件200多篇。围绕抗击特大暴风雪开展集中性新闻宣传，人民日报、新华每日电讯先后对沈阳局抗击暴风雪进行了重点报道，辽、吉两省媒体也积极报道沈阳局干部职工抗击暴风雪的感人事迹，共发稿160余篇。围绕宣传运输生产一线先进典型开展集中性新闻宣传战役，反映"动车第一司机——沈阳机务段动车司机李刚"的人物特写在中央电视台新闻联播《百姓纪事》栏目播出，光明日报、辽宁日报等多家媒体对其事迹也进行了大篇幅报道。

2008年，新闻宣传工作牢牢把握主旋律、打好主动仗，大力宣传全局各项工作成果和对经济社会发展的贡献，让社会更加了解、认同和支持沈局工作。重点组织报道了为粮食、电煤、石油运输提供运力支持，为振兴东北老工业基地提供运力保障的措施和效果。2月份，积极协调组织中央电视台等13家中央媒体集中报道了沈阳客运段T122/1次列车等抗击雨雪冰冻灾害的先进事迹。中央及省市主流媒体刊发全局新闻稿件1240余篇。2009年，新闻宣传工作紧紧围绕沈阳局"三不让"承诺工作力度大、效果实。中央新闻媒体对全局"三不让"承诺工作进行集中采访。反映沈阳铁路局落实"三不让"承诺工作成果的长篇通讯，先后在《新华社内参》《人民日报内参》《光明日报》《工人日报》《中国青年报》《经济日报》等中央主要媒体刊发，中央政治局委员、全国总工会主席王兆国作出重要批示，给予了充分肯定。7月份，组织多家中央媒体到沈阳局部分集中装车点进行实地采访，反映装车点建设工作成果的长篇通讯，先后在新华社内参、人民日报、工人日报等重要主要媒体刊发。

2010年，新闻宣传工作主动对接新闻媒体，积极提供新闻素材，邀请记者进站乘车，进行实地体验和现场采访，推出了一批有影响力的报道。新华每日电讯、中央电视台《新闻联播》、人民日报等中央媒体多次报道沈阳铁路局干部职工服务春运奉献社会、保证重点物资运输多拉快跑等事迹。围绕抗洪抢险救灾集中开展新闻宣传攻坚战，在局内媒体开辟"直击抗洪抢险第一线""抗洪抢险英雄谱"等专栏，大力宣传报道铁路职工抗洪抢险的感人事迹。全年在省部级媒体刊发新闻报道稿件4000余篇，在中央媒体刊发稿件210篇。

2011年，围绕春运暑运、长吉城铁开通运营等重点工作，及时推出了一批有影响力的新闻报道。"十一黄金周"期间，《沈阳站施工行车两不误》《农民卖粮不再难》《现代物流助力东北粮食外运》《长春站工程师手上的两个方案》《为了旅客的平安》等一批有影响力的新闻稿件，先后在《人民日报》《工人日报》《经济日报》头版刊发，受到了铁道部政治部宣传部的嘉奖。

2012年，中央媒体在"走基层、转作风、改文风"进行实地体验现场采访过程中，反映沈阳铁路局春节期间加开临客、为旅客提供优质服务的专题新闻，先后7次在中央电视台《新闻联播》播出；2月2日，央视《新闻联播》头条播出了沈阳车辆段集便（清理列车卫生间）工蒋明义事迹的专题新闻，在全国产生较大反响。暑运期间，管内沈大、沈山、沈丹三条干线突发水害，中央电视台地方记者站记者，深入三条干线水害重点地段，进行现场直播报道。央视《新闻联播》头条播出了《哈大高铁开始试运行，4小时跑全程》的消息；12月1日哈大高铁开通运营当日，协调组织中央电视台记者分设8个直播点，对开通运营进行全线直播，在央视新闻频道和《新闻联播》等栏目播出新闻33条。全局在中央传统媒体刊播稿件1140篇。

2013年，在哈大、盘营高铁开通运营及冬图、夏图交替期间，中央电视台集中拍摄制作3部新闻片，在央视新闻频道播出。124家中央和省市新闻媒体，围绕货运组织改革进行深入采访和集中报道，央视《新闻联播》《人民日报》《工人日报》分别以《"铁老大"变身"店小二"》《沈铁货改"坐商"变"行商"》等为题，对沈阳铁路局货改推进情况进行了深度报道；人民铁道报头版头条和一个整版，大篇幅报道沈阳铁路局货改的经验做法。"十一"期间，央视新闻联播《功夫"国庆"》栏目，报道了大连站售票员栾雪莲埋头苦练售票技巧，被誉为"售票大王"的先进事迹。《铁路夫妻武峰、杨璞7年650次擦肩而过》《长春火车站有位"轮椅姐"》《铁路值班员崔振亮12年安全无事故的秘诀》《专治"疑难杂症"的"动车大夫"唐云鹏》等一线典型人物报道，相继在中央传统媒体刊播，展示了沈阳铁路局一线职工的良好精神风貌。

2014年，新闻宣传工作以讲好"沈局故事"为主线，坚持数量与质量并重，在主要媒体和栏目、人民日报头版和央视《新闻联播》上实现了新的突破。聚焦货运改革讲好铁路发展故事，反映全局货运改革初步成效的深度报道，在新华社《动态清样》刊登，受到有关领导的重视；新闻片《放低身段，铁路货运改革赢得市场》在央视播出；《东北地区首开面向百姓的货运列车》《无轨站：打通"最后一公里"》等27篇报道，相继在人民日报、中央电视台等中央媒体刊播。聚焦重点工程讲好铁路建设故事，《京沈高铁正式开工建设》《珠斯花至珠恩嘎达布其铁路全线贯通运营》等50多篇报道先后在中央媒体播发，展示了沈局铁路建设的新进展。聚焦重点时期讲好铁路服务故事，《沈阳局盛装扮靓东北首趟进疆列车》等150多篇新闻报道相继在中央和地方媒体刊播。新闻片《12306客服中心：与时间赛跑的人》，在央视4个频道连续9次播出；新闻片《马成良：用热情周到的服务温暖旅客》在央视《新闻联播》提要播出，并配发编后语；长篇人物报道《四代火车司机讲故事》在"五一"期间的《人民日报》整版刊载；新闻片《我们的传家宝：一块车牌、一趟英雄列车》"十一"期间在央视《新闻联播》播出。全局在中央传统媒体推出人物报道275篇（条），涉及铁路一线45个工作岗位，让社会真切感受到铁路人的忠诚与奉献。

2015年，新闻宣传工作立足积极传播正能量、主动树立新形象，为沈阳铁路局改革发展营造良好的舆论氛围。集中讲好货运改革故事。抓住总公司加快现代物流建设的战略部署，先后组织3轮货改集中采访，全方位宣传沈阳铁路局向现代物流转型发展的做法和成效，《借助港口优势开展海铁联运，沈铁局中欧班列常态化运营》在人民日报刊载，《辽宁：现代物流助力东北振兴》在央视《新闻联播》播出，长篇通讯《断腕求生，"铁老大"能否成为"物流王"？》在《新华每日电讯》刊登。围绕沈丹、吉图珲、丹大、沈阳南站"三线一站"建设，先后组织"炫彩沈丹""最美吉图珲""百媒看丹大"等集中体验采访，媒体记者全程体验报道。长篇通讯《沈丹高铁开通，两地迈入"公交时代"》《东北最美高铁延伸至中俄朝边境》分别在《新华每日电讯》刊发。《"东北最美高铁"吉图珲高铁开通》在央视《新闻联播》独条播出。10月4日，《辽宁丹东：高铁旺了边境游》在人民日报头版头条刊登；10月7日，央视《新闻联播》推出《"最美高铁"串起幸福生活》综合消息，介绍了吉图珲高铁的社会和经济意义。对新线开通后列车开行、票价、客流等情况进行大力报道，发挥了新闻宣传的"软广告"作用。编印了《松辽大地炫美印记——"三线一站"开通新闻报道集锦》一书。把镜头对准生产一线普通职工，生动讲好一线人物故事，共在中央媒体刊播人物报道107篇。正月初四，反映沈阳客运段K388次列车长王玉梅的片子《6分30秒的团聚》在央视《新闻联播》播出，《重访：只为"多看一眼"》《新春走基层：镜头背后的故事》先后于正月初五、初七在《新闻联播》播出，创下了铁路一线人物报道在新闻联播连续播出3期的纪录。《人民日报》《工人日报》《光明日报》等中央媒体，相继刊发专题报道，使王玉梅的故事传遍祖国大江南北，感动了全国亿万观众。全年共在中央传统媒体刊播报道1122篇。

三、制度建设和队伍建设

全局新闻宣传工作始终坚持"低调、平和、据实"和主动发声的原则，以服务安全运输、服务经营、铁路建设等中心工作为目标，加大正面报道力度，不断规范舆论引导，持续夯实基础建设，为全局各项工作健康发展营造良好的新闻舆论环境。先后制定下发《关于区域负责调控新闻舆论工作的实施办法》《关于完善全局新闻宣传和舆论引导工作有关制度的通知》《沈阳铁路局加强新闻舆论工作实施办法》，为做好新闻宣传、强化舆论引导提供了制度保障。制定下发《沈阳铁路局新闻采访服务管理工作实施细则》，为新闻采访服务管理提供制度性、规范性、操作性的依据。

加强通讯员队伍建设，采取集中举办培训班、现场授课辅导、以会代训等多种方式，有计划地选送骨干通讯员参加《工人日报》《人民铁道报》举办的专题培训班。通过出题目、教方法、定任务，提高通讯员的专业水平。基层单位普遍建立奖励激励政策，对完成任务好的通讯员进行兑现奖励，激发了广大通讯员的工作热情，在全局形成了一支能力强、肯吃苦、热情高的骨干通讯员队伍。

第五节　网络舆情工作

一、组织队伍建设

2009—2011年，在全局组建网络评论员队伍，制定《沈阳铁路局网络评论员队伍管理办法》，定期举办全局网络评论员培训班。2012年，下发《关于加强网络信息员队伍建设的实施意见》，对全局网络信息员队伍建设和管理提出要求。在长春站、沈阳北站、沈阳站、大连站等运输站段和部分运输辅助单位、非运输企业配备网络舆情值班人员，全局共有专职网络舆情工作人员116人，基层网络信息员、评论员550人，并举办全局骨干网络信息员培训班。2013—2014年，各单位按照千分之五的比例配备专兼职网络信息员队伍，全局专兼职网络信息员队伍达到1240人。2015年12月29日，对全局专兼职网络信息员进行轮流培训。

二、网络舆情调控

2009年，组织编写《互联网法制教育读

本》，下发《关于在全局开展互联网法制教育的通知》，开展为期3个月的互联网道德与法制教育。制定《沈阳铁路局日常互联网法制教育工作制度》，组织编写《互联网运用与管理学习读本》，组织全局干部职工坚持日常学习。下发《沈阳铁路局党委关于加强全局网络舆情工作的实施意见》，对全局舆情工作提出要求。2010年，组织评论员撰写网络评论文章500余篇，有30篇评论文章在新华网、新浪、腾讯等影响力较大的新闻网站、商业网站上发表。2011年，组织网络评论员撰写网络评论文章8937篇。春运期间，组织中央级网络媒体正面宣传报道工作，共刊发360篇。

2012年，编发《网上德与法》互联网道德与法制教育读本。下发《沈阳铁路局舆论引导联合办公制度》，对机关各部门、单位各科室开展网络舆论引导工作提出要求。下发《沈阳铁路局舆情引导工作实施办法（试行）》，对全局舆情引导工作提出明确要求。组织网络评论员撰写网络评论文章32234篇，编入总公司简报93篇。编辑《聚焦沈阳铁路局春运——2012网络评论集萃》。局网络舆情室监察员董春洋撰写的《铁道部用自身利益为社会公益买单》网评文章，得到盛光祖部长的批示和肯定，在全路音频电话会议上交流了经验。全年，在中央级网络媒体共刊发宣传报道7185篇。《通霍铁路电煤运输首次突破亿吨大关》《"回家专列"满载农民工兄弟踏上温暖旅程》等一批优秀稿件，先后在人民网、新华网、央视网、中广网等重点新闻网站刊发。与新华网辽宁频道合作，建立"沈铁与社会同行"中央级网络宣传平台。2013年，网络评论员撰写评论文章64313篇，编入总公司简报55篇。

2014年，按照总公司要求组织开展突发事件主动发声工作。与中国网中国交通频道合作，建立"助力中国梦·沈铁与社会同行"中央级网络媒体宣传平台，时间为1年。在中央级网络媒体共刊发宣传报道33264篇。《哈大高铁"彩衣天使"的一夜》《沈铁支南"远征军"》引起了良好的网络反响。编辑《网媒看哈大——哈大高铁开通运营网络宣传报道集萃》。在中央级网络媒体共刊发宣传报道19029篇，中央级网站"两首"刊发稿件627篇。《"海滨高铁之花"在严

寒中绽放》《"识途小马"领跑高寒高铁》《严寒北国列车上的3万公里送水路》《为了哈大高铁300公里的平稳运行》《沈铁货运快车今起"环"游大东北》等36篇稿件相继在人民网、中国广播网、中国经济网等中央级网站首页刊发。下发《关于实施"沈阳铁路局互联网信息工作评估办法"（试行）的通知》，对各单位网络舆情工作实施全面考核。组织网络评论员撰写网络评论文章90944篇，编入总公司简报142篇，省级以上网络媒体发布673篇，组织舆情引导46次。局党委宣传部（企业文化处）李圣强撰写的《雨雪极端天气降速高铁为谁开》被评为"2014年春运全路十佳网评文章"。

2015年，下发《关于做好雨雪冰冻极端天气新闻舆论引导工作的通知》。组织撰写网评文章42500余篇，编入总公司简报94篇，局党委宣传部（企业文化处）李圣强撰写的《加强铁路网建设是中国经济发展的需要》被评为"2015年春运全路十佳网评文章"。针对自然灾害影响运输秩序，设备故障导致列车晚点等突发情况，主动发声72次。在中央级网站刊发稿件13200余篇。《高寒地区"刨冰人"：零下30度冰水里作业》被总公司评为"春运十佳组图故事"。春运期间，《沈阳铁路局全面迎春运》《她的"年"味：15个春节过家门而不入的"蜀道列车长"》等宣传报道，《长白山下的铁汉》等组图故事等19篇报道，被新华网、人民网等"6+5"网站首页推荐，《沈丹高铁最美动姐从这里出发》组图，先后在人民网、新华网、中国网、新浪网、腾讯网上发布，先后被300余网站转载，新华网

2009—2015年沈阳铁路局舆情信息统计表

表7-6-1　　　　　　　　　　　　　　　单位：条

年度	涉局信息发现数量（条）	不良信息处理数量（条）
2009	280	91
2010	858	66
2011	4026	270
2012	4312	161
2013	3734	304
2014	1945	149
2015	1840	235

大首页还在炫图栏目中多日进行了推荐。

三、网络平台建设

（一）局互联网站建设

2010年3月23日，沈阳铁路局党委、沈阳铁路局联合下发《关于加强路局互联网网站管理工作的通知》。3月26日，沈阳铁路局互联网网站上线运行。沈阳铁路局互联网网站网址为：http://www.sytlj.com/，由沈局概况、新闻中心、客运服务、货运服务、职工教育、政工在线、职工之家等栏目组成。全年，局互联网站发稿量3217条，点击量306万余次。2011年，发稿量5436条，点击量累计932万余次。建立《喜迎中国共产党成立90周年专题》。2012年，发稿量7657条，点击量累计1865万余次。局互联网站建立《哈大高铁开通专题》《2012沈铁春运专题》。2013年，发稿量17567条，点击量累计2935万余次。建立《温暖回家路　沈铁伴你行——2013沈铁春运专题》《网络媒体沈铁行专题》《深化货运组织改革　推进铁路走向市场》《深入开展党的群众路线教育活动专题》。2014年，发稿量15423条，点击量累计3720万余次。建立《安全出行　方便出行　温馨出行——2014沈铁春运专题》《东北货物快运列车信息平台》。2015年，发稿量4560条，点击量累计5110万余次。建立《春运·沈铁伴您行——2016沈铁春运专题》。

（二）局官方微博建设

2011年2月，在新浪网开通了"沈阳铁路微博"。与人民网、新华网、腾讯网、新浪网沟通协调，建立沈阳铁路局4个官方微博。与腾讯公司合作，全局104个单位开通腾讯官方认证微博，建立"沈阳铁路局腾讯微博圈"。沈阳局微博圈总计粉丝数为15万，微博发布量为1643条。2012年，沈阳局微博圈总计粉丝数为50万，微博发布量为9448条。春运第一天，开始回复网民的提问，沈阳局微博与网民进行互动，第二天《吉林新文化》报对此事作出专题报道。6月，沈阳铁路局党委宣传部（企业文化处）下发《关于印发〈沈阳铁路局微博客管理办法（试行）〉的通知》，对全局微博管理工作提出明确要求。中秋节，以"月满中秋，情动沈铁——中秋温馨之旅"为主题，利用微博第一次开展网络"微直

播"活动。沈阳铁路新浪官方微博荣获2012年度辽宁省十大影响力政务机构微博称号。

2013年，沈阳局微博圈总合计粉丝数为120万，微博发布量为1.6万余条。沈阳铁路腾讯官方微博荣获"2013年度辽宁省最具网络影响力政务微博"称号。从4月份开始连续5个月在全国交通行业新浪政务微博风云榜上荣获全国第一名，并取得上半年全路官方微博运维评比第一名的好成绩。网络新媒体工作的经验做法在全路网络舆情工作座谈会上进行交流。网民通过沈阳铁路官方微博圈申请预约服务71次，有82名重点旅客在微预约服务中顺利踏上旅途。发布"主人，你在哪里"遗失物品的微信息332条，找回遗失物品65件。开展微直播137次，拍摄发布微电影120多部。2014年，沈阳局微博圈总合计粉丝数为180万，微博发布量为2.2万余条，《哈大高铁沈铁情》"微沙画"被评为全路春运"十佳微视频"。

2015年1月，在中国政务新媒体学院发布的《2014年全国各省政务微博排行榜》，"沈阳铁路"官方微博获辽宁省厅局机构政务微博影响力排行第一名。沈阳局微博圈总合计粉丝数为211万，微博发布量为1.8万余条，局新浪官方微博被评为"辽宁省十佳政务微博"。吉林车辆段拍摄的《59岁检车员的不舍情怀》，被总公司宣传部评为"春运十佳微视频"；在新华网评选的"爱行天下"主题活动中，大连客运段拍摄的《务工专列》获得一等奖，通辽工务段拍摄的《高寒地区"刨冰人"：零下30度冰水里作业》获得二等奖。

（三）沈阳铁路局"铁路职工网上家园"建设

2014年，沈阳铁路局作为全路两个试点单位之一，在全路先期开展了"铁路职工网上家园"建设。"铁路职工网上家园"设置4个版块，20个栏目。2014年6月30日，网上家园正式上线。下发《关于加强"铁路职工网上家园"建设管理工作的通知》，对全局加强网上家园建设提出明确要求。下发《关于印发〈沈阳铁路局"铁路职工网上家园"运用维护管理办法(试行)〉的通知》，明确了机关各部门和各单位的责任，制定了联席会议、管理运维、诉求回复、跟踪督

办、突发舆情处置、版主管理等六项基本制度。路局"铁路职工网上家园"开展"家园访谈"17次，组织家园活动18次，办理职工诉求问题192件，注册总量80892，发帖总量177985。2015年，路局"铁路职工网上家园"开展"家园访谈"24次，办理职工诉求255件，注册115388人，帖文总量404442条。在全路宣传工作座谈会上，介绍了《建设职工真正喜爱的网上精神家园》工作做法。

（四）手机客户端建设

2014年5月1日，"沈阳铁路"APP手机客户端上线运行。下发《沈阳铁路局党委办公室关于加强"沈阳铁路"APP手机客户端使用管理的通知》，对"沈阳铁路"APP手机客户端使用管理提出明确要求。2015年6月，"沈阳铁路"APP手机客户端进行改版升级，年底，手机客户端下载量已经突破了4万次。

（五）官方微信建设

2013年12月18日，"沈阳铁路"官方微信上线运行。2015年8月21日，"沈阳铁路"官方微信正式认证。沈阳铁路局党委下发《沈阳铁路局微信矩阵建设和管理办法（试行）的通知》。共推出微信产品132期，《吉图珲列车时刻表新鲜出炉》的微信产品，点击量超过了9.2万次，为年度最高浏览量微信产品。

第六节　职工思想教育

1996年，以《人民铁路职业道德》作为统一教材，沈阳铁路局开展职业道德教育。举办培训班，系统培训宣传骨干、职工159700人。开展调研活动，共撰写调查报告、论文620篇。编印《岗位风采录》，组建"岗位奉献"先进事迹巡回报告团，巡回报告12场。为纪念红军长征胜利60周年，对广大干部职工进行一次"发扬红军光荣传统，胜利迈向21世纪"的思想教育。1997年，在通辽铁路分局召开沈阳铁路局班组思想政治工作经验交流会，总结了13个不同类型的经验。以"爱国、爱路、爱岗、比贡献"活动为载体，深入开展爱国主义教育活动，正式确定新民站等6个局级爱国主义教育基地。以香港回归为契机，广泛开展"迎回归、话统一，颂中华、作奉献"活动，强化职工思想教育。1998年，对3年来沈阳铁路局职业道德教育情况进行总结，编写《沈阳铁路局职工职业道德行为规范》。广泛开展"学规范、达标准、创最佳"活动，激励职工争当先进，争创最佳。坚持职业道德教育与爱国主义教育相结合，深入开展爱国、爱路、爱岗教育活动，组织了爱国主义教育基地录像片汇映和评比，编印《沈阳局爱国主义教育基地简介》小册子，推动活动深入。

1999—2000年，结合建国50周年和澳门回归两件大事，开展唱"三颂"（祖国颂，社会主义颂、改革开放颂）、"讲三爱"（爱国、爱路、爱岗）活动。2001年，广泛开展爱国主义教育活动，重点推广爱国主义教育基地建设典型经验，组织制定下发《沈阳铁路局爱国主义教育基地管理办法》。召开全局爱国主义教育基地建设现场会，推广锦州铁路分局开展爱国主义教育和加强爱国主义教育基地建设的经验。沈阳铁路局党委、沈阳铁路局制定了全局政治工作"两个纳入"实施办法，积极推进创新思想工作。为贯彻落实铁道部、铁道部政治部通知要求，制定下发了《局党委、路局关于开展"三新"教育活动的通知》。7月召开各分局党委书记、宣传部长参加的全局"三新"教育工作会议，对"三新"教育工作进行全面部署。

2002年，沈阳铁路局积极探索以"两个纳入"为取向的思想政治工作机制创新，在长春铁路分局试点，探索"两个纳入"制度化、经常化的形式和途径。根据铁道部、辽宁省的总体要求，下发《贯彻〈公民道德建设实施纲要〉的实施办法》，深化公民道德建设。在通辽铁路分局进行试点，在京通线建立了560公里道德建设示范线，深入开展"四个三"主题教育活动，得到铁道部宣传部、辽宁省委宣传部的高度关注，向中宣部做专门汇报，辽宁省委宣传部在通辽分局召开现场会。组织干部职工参加中宣部开展的公民道德知识竞赛，获优秀组织奖。

2003年，在纪念"向雷锋同志学习"发表40周年之际，下发《雷锋精神在岗位,转变作风创优质学习实践活动的通知》，对干部职工开展学习教育活动，沈阳铁路分局孟美丽、锦州铁路分局董锦莲被辽宁省委命名为全省学雷锋标兵。

为纪念中央颁布《公民道德实施纲要》两周年，组织开展《公民道德宣传日》宣传活动。作为"三新"教育活动的延伸，组织开展品牌站车和"诚信铁路"建设活动，以建设精品站车为牵动，积极开展站车文明服务活动，树立"旅客货主至上""诚信至上"的服务新理念。大连列车段T83/84次列车开展诚信服务的做法被中宣部编发的《公民道德教育与实践100例》一书刊用。2004年，全面推行事故案例电化教育，召开沈阳铁路局事故案例电化教育座谈会，下发《关于开展事故案例电化教育的实施办法》。共编制电化教育片13期，刻制光盘18000余盘，发至全局。集中100天时间，分四个阶段，在全局开展行车一线班组日班安全思想管理专项整治，在山海关召开全局班组日班思想管理经验交流会。编发《以人为本，安全第一，扎实开展"安全生产月"活动，牢筑沈局运输生产的安全屏障》宣传提纲，编印宣传折4万册，下发基层单位。继续开展以学习《安全生产法》为重点的安全法制教育。组织编写命运共同体教育读本之五，共印35000册，发至基层班组。2005年，沈阳铁路局开展《铁路运输安全保护条例》宣传活动，起草刊发宣传提纲，将《条例》《条例释义》和《条例知识问答》下发到班组，组织干部职工深入学习。组织《条例》知识抢答赛，有14368人参加，3个单位、60名个人获奖。组织3000多名干部职工参加《条例》的宣传日活动。沈阳局的做法在铁道部《铁路宣传》刊发。

2006年，积极弘扬先进典型，深入总结和宣传"时代先锋"柴宝国，表彰30位"柴宝国式"好党员、好干部、好职工。总结宣传27年守护在铁道线上的"护路神鹰"吉林工务段巡道工刘学臣；在平凡岗位持之以恒、热诚服务的"滨城天使"大连站问事员吕玉霜；爱站如家、技术精湛、勇于攻关的"蓝领专家"通辽机务段工长白凤刚；科学管理、开拓创新、勇创市场的"营销头雁"长春站售票中心主任王维珍；刻苦钻研、精检细修、勇攀高峰的"检修大王"锦州电务段工长杨文武等典型人物的先进事迹。

2007年，在抗击特大暴风雪和夏季抗洪抢险期间，用文字、图片和影像等形式，记录广大干部职工抗击特大暴风雪、抗洪抢险，确保大动脉畅通的珍贵资料，挖掘总结典型人物的先进事迹，组织编辑了《风雪大动脉》纪实画册，并及时组织局内媒体大力宣传报道广大干部职工的感人事迹和精神风貌。围绕实施"全局增量在通霍"战略，两次开展专题调研，先后召开座谈会14场，与200多名干部职工进行座谈，下发"通霍精神"征求意见表600份，提炼体现通霍人特有意志品质的"通霍精神"。总结第六次大提速过程中涌现出的先进典型，宣传弘扬科学组织、严细管理的"大提速精神"。

2008年，组织基层党委每月对职工队伍进行思想分析排查，及时掌握思想政治工作重点人员，共排查出思想问题突出的重点人近300名。对问题突出的重点人实行站段班子、车间干部、班组骨干三级包保，从站段到班组，责任到人，一包到底。先后两次组织一人一事思想工作专项检查，按站段党委书记、车间党支部书记两个层次分片召开一人一事思想政治工作专题会议，总结交流工作经验，反思存在问题，有针对性地提出改进措施。编发《一人一事思想政治工作典型案例集》，沈阳铁路局党委《不断提高思想政治工作针对性有效性为全局改革发展提供精神动力和思想保证》经验在全路交流，《运用"五个坚持"创新基层思想政治工作》经验在辽宁省交流。2009年，开展为期2个月的"讲成就、看发展、迎国庆、做贡献"主题教育活动。以"百、千、万"宣传教育活动为载体，开展全局百名站段党委书记做形势任务报告，千名进京先进劳模代表向本单位干部职工宣讲参观体会，走访慰问万名老党员、老同志活动，宣传沈阳铁路局发展取得的丰硕成果。为全面掌握"三项工程"建设中干部职工思想动态，修改完善《沈阳铁路局职工日常思想状况分析制度》。组织基层领导干部、宣讲骨干组成宣讲小组，深入一线车间、班组，与职工进行面对面交流，宣讲铁道部、路局关于"三项工程"建设的推进安排和政策规定，及时消除职工思想疑虑和困惑，化解思想矛盾。编发《局情教育读本》，以培育旅客货主至上的服务理念为追求，以提供安全、便利、优质服务为目标，积极构建干部职工共同认知的服务价值观念和行为规范，引导广大职工文明服务、标准化作业，自觉提升全局职工的职业道德素质。

2010年，在全局开展"当代铁路职工核心价值观"主题教育实践活动，以《社会主义核心价值体系学习读本》《穿越梦幻的时空》《闪着泪光的事业》为教材，组织干部职工集中学习、加深理解社会主义核心价值体系的基本内涵。编辑"社会主义核心价值体系学习问答"，提高干部职工对核心价值体系、高铁时代特征的认识和把握。抓住"感受世博、奉献铁路"主题教育活动契机，开展宣讲活动，把主题教育向全员拓展。各基层单位党委按照局党委要求，组织劳模代表通过召开报告会专题宣讲、分片组织集中宣讲、深入施工现场宣讲、制作多媒体巡回宣讲、面对面座谈宣讲等形式，广泛开展主题宣讲活动，共举办宣讲报告会、座谈会970余场。落实局党委关于定期开展职工思想动态分析制度，围绕推进"三项工程"建设，特别是实施调度集中、资源整合、岗位整合等涉及干部职工切身利益的各项改革措施，及时分析职工的思想状况。围绕劳动资源整合，各单位针对转岗人员产生的思想波动，发挥三级包保体系作用，作耐心细致的思想工作，确保了12300多名职工转岗平稳有序。

2011年，编发《强化安全共识，把握重中之重，坚决杜绝客车事故，确保运输安全稳定》宣传提纲，组织全局干部职工专题学习"9·29""10·11"全路电视电话会议和盛光祖部长关于安全工作"三个共识"和"三个重中之重"的讲话精神。各单位普遍运用编发宣传提纲、面对面宣讲、党支部大会、班组学习会等形式，对干部职工开展安全思想教育、安全法制教育、安全形势教育、历史上的今天教育，使"三个共识"理念入脑入心。全局各单位共开展施工安全、道口安全、劳动安全等专题案例教育1200余场次。强化了现场安全生产的思想保证作用，提高了班组自控能力。把安全文化建设作为加强安全思想教育的重要内容，提高干部职工在落实铁路局市场主体地位、"转机制、闯市场"的思想意识，引导职工牢固树立"安全生产大如天，安全责任重于泰山"的安全理念，提升保安全的素质和能力。按照思想道德、安全教育、岗位责任、工作态度、励志成才、班组管理、团队精神以及员工礼仪等8个类别，精心选择了集思想性、知识性、生动性于一体，通俗易懂，贴近职工，针对

性强，有助于培育安全理念和提升素质能力的图书240套，赠送给一线生产班组。各单位按照局党委要求，开展"面对面交心、面对面走访、面对面宣讲"干部职工大谈心活动。召开领导班子、车间和班组集体谈心会4983场，集体谈心169810人。区分两级班子、领导干部、各级干部和党员骨干4个层面，逐级、逐人落实谈心要求，累计谈心27.88万人次，占全局职工总数的99.6%，基本覆盖了在岗职工。按照专业负责、系统指导的原则，局机关部门既参与谈心，又负责本系统大谈心活动的检查指导，实现了36个处室对全局所有基层站段和附属单位的包保覆盖。针对谈心过程中发现的思想疑虑多、意见牢骚多、个人诉求多的职工，按车间、站段、路局三个层次，建立三级面对面走访谈心网络，分别由路局、站段、车间进行一对一包保，并以站段为主对重点人员深入家庭逐人走访谈心，送去组织的关怀和温暖，赢得家属对职工的理解和支持，全局各级干部共走访重点职工家庭25018户。实施路局、站段谈心问题日报告制度，对谈心反映的问题及解决情况，实行一天一梳理、一周一分析、一月一小结，按照责任单位和时限要求，抓好督查通报。各部门、各单位把问题的梳理和解决，作为大谈心活动的关键环节，对职工的合理诉求、重大问题由路局党政主要领导亲自上手解决，系统内的管理问题由局机关部门协调解决，生产生活的具体问题基层单位主动解决。

2012年，开展"严格管理与关爱职工"主题谈心活动，专题调研摸清突出问题，对500余名干部进行集中培训，编发《主题谈心活动手册》，3次召开活动推进会，采取多种谈心方式，确保谈心效果，解决生产生活实际问题2458件。建立实施车间班组思想政治工作"六项制度"，开展安全风险意识教育，以路局安全管理10项机制58个办法等为基本内容，组织编发《安全风险管理学习问答》等系列宣传提纲，组织干部职工集中学习讨论，增强干部职工安全风险意识。以征文活动形式，组织干部职工撰写学习体会、研讨成果900余篇。2013年，开展安全风险管理、人身安全、典型事故案例、遵纪守法等安全系列专题教育；开展"感动沈局十大道德模范"评选活动；开展思想政治工作进班组专项

整治，组成3个督导组，深入102个一车间班组，专题调研，督导落实。总结沈阳工务机械段、沈阳车务段瓢儿屯车站党支部等一批车间班组思想政治工作典型做法，在班组思想政治工作会议上交流；编发《班组思想政治工作案例集锦》，供各级干部和班组长学习。开展"雷锋号"品牌创建活动，评选表彰20个"雷锋号"品牌创建先进单位、100名"学雷锋好职工"、100个"雷锋号班组"和100名"雷锋号示范岗"，总结交流了6名典型代表的先进事迹，放大典型示范效应。做好抗洪抢险先进典型集中宣传和开展孙家"大郑线上好工区"命名50周年纪念活动。

2014年，在全局开展安全责任意识、职业道德、遵纪守法专题教育工作。编发专题宣讲提纲和《生命的警告》《小危小安讲故事》等电视专题片；编辑《铁路职工职业道德13讲》《大爱情怀——感动沈局十大道德模范先进事迹集》；编辑《铁路职工法律法规18讲》，以及《铁窗里的忏悔》法制教育专题片。学习交流丹东工务段、沈阳机务段等5个站段党委的经验做法。命名表彰"感动沈局十大道德模范"。坚持认真开展一人一事思想政治工作。落实职工思想分析制度，在组织各单位逐月分析职工思想动态的基础上，开展"铁路改革发展形势下职工心态及内动力"课题攻关，面向全局干部职工下发调查问卷15000份，梳理分析出新形势下部分职工对深化改革存在心理迷茫、因工作压力产生心理疲惫等五种不良心态，并从深化社会主义核心价值观教育、形势任务教育、心理调试疏导、典型示范引领、企业文化引领等5个方面制定针对性措施。同时，及时准确地把握职工的思想动态，确保职工思想问题早发现、早解决。结合推进大宣讲、大谈心、大讨论以及两级机关包保工务班组等工作，建立实施领导班子成员、车间干部、班组骨干、派出所成员四级包保体系，采取多种形式进行思想疏导和心理调适疏导，解开思想疙瘩，确保队伍思想稳定。

2015年，局党委宣传部每月编发《班组学习》，制订学习计划。一线班组坚持每天学习10分钟，每周学习2小时，每月开展一次集中性的思想教育。组织干部职工观看"纪念中国人民抗日战争暨世界反法西斯战争胜利70周年大会"实况，学习"抗日烽火中的中国铁路"专题展览资料等形式，深化核心价值观教育。组织职工参观沈阳铁路陈列馆、站段史馆、先进典型荣誉室，邀请老典型与新职工座谈等形式，深化职业道德教育。梳理汇总路内职工违法犯罪典型案例，编辑《崇德守法专题教育10讲》等学习教材，下发至一线车间班组。录制和组织集中观看《滴血的忠告》人身安全教育专题片。下发《关于做好春运"五个常态化"中思想教育和文化工作的通知》，开展春运思想教育，增强职工风险意识、自我保护意识和标准作业意识。同时，还编发"小金库"专项治理工作宣传提纲，实行记名式传达。坚持每月分析排查安全上的关键人、技术上的薄弱人、路风上的重点人、思想上的后进人、"两纪"上的松散人、生活上的困难人、性格上的怪癖人，有针对性地采取思想教育措施，实施一对一包保转化。全年实施重点人谈心1.3万余人次，家访6200余次，转化570余人次。

第七节　企业文化建设

2001年，积极宣传十大服务标兵和十大营销能手事迹，开展"学标兵、争明星、当能手"活动，并组织了全局服务营销先进事迹报告团，到各铁路分局巡回报告。开展争创文明单位活动，评选命名局级文明单位，制定全局文明服务十项承诺，向社会公布，并加强精神文明建设。2002年，围绕"树立新理念"，开展服务理念提炼和实践活动，各站段、车间、班组层层有具体特色的服务宗旨和服务格言；围绕"提供新服务"，充实各岗位职业道德规范，建立和完善文明服务质量标准，并对重点岗位职工进行系统培训；围绕"塑造新形象"，从经营理念、站车环境、品牌标识、仪表仪容、服务特色等方面进行规范，促进全局各站车服务质量提升。制作53/54、81/82次列车和沈阳北站、甘井子站规范化服务《魅力的展现——岗位行为示范集锦》光盘，下发各站车。

2003—2004年，开展品牌站车和"诚信铁路"建设活动，树立"旅客货主至上""诚信至上"的服务新理念。大连列车段T83/T84次列车开展诚信服务的做法被中宣部编发的《公民道德

教育与实践100例》一书刊用。各单位开展争做
"十大营销状元"和"十大节支能手"活动，年
底进行了命名表彰。2005年，加强安全文化建
设，组成安全文化建设调研组，通过考察参观、
听取汇报、组织座谈等方式，摸清基层单位安全
文化建设的基本现状，总结了4个单位的经验做
法，在全路安全文化建设座谈会上，交流了金州
站、山海关机务段的经验及通辽机务段的论文，
会后，确定15个行车站段为试点单位，召开了全
局安全文化座谈会，进行重点部署。在全局开展
了安全理念、警句征集活动。组织试点单位党委
书记到呼和浩特铁路局参观学习，选派试点单位
宣传助理参加全路安全文化建设培训，下发《关
于加强安全文化建设的指导意见》。

2006年，制定《沈阳铁路局安全文化建设规
划（试行）》，启动了以培育安全理念、深化安
全教育、规范安全行为、优化安全环境为重点的
安全文化建设。选择典型事故案例，编制事故案
例电化教育片，开展事故案例教育模拟演示。沈
阳铁路局党委《深入贯彻安全发展理念，积极推
进和谐沈局建设》、吉林电务段党委《树立以人
为本理念，打牢和谐企业基础》的做法，在铁道
部"铁路和谐文化建设研讨会"上交流。2007
年，沈阳铁路局形成了具有本单位特色、符合本
工种事迹的安全理念体系，制定了班组日班思想
管理实施细则，促进职工作业行为规范；采用多
媒体、全家福照片等形式开展亲情嘱托，制作悬
挂关键作业提示牌、安全理念揭示牌等形式，形
成安全文化良好环境。宣传安全生产先进典型，
总结安全生产排头兵锦州机务段等安全管理工作
典型单位经验做法。组织拍摄事故案例电教片、
制作多媒体课件、编辑事故案例教材，形成事故
案例教育体系。全年各单位共编辑典型事故案例
电化教育片、制作多媒体课件25部，下发车间、
班组事故案例电化教育片光盘5万多盘，铁道部
《铁路宣传》刊发了沈阳铁路局的做法。

2008年，以弘扬具有沈阳铁路局特色的团队
精神为牵动，宣传先进典型，开展和谐文化建
设。利用报纸、有线电视、班组学习等宣传阵地
和载体，宣传T12次列车、小东站、新民站、孙
家和三十三养路工区等老典型的优良传统。组织
T12次列车抗击风雪冰冻灾害先进事迹在全路巡

回报告，沈阳局抗震救灾专列和公安特警队先进
事迹被编入全路抗震救灾事迹集。积极宣传"艰
苦奋斗、勇于奉献、挑战自我、争创一流"的通
霍精神，"爱岗敬业、高定标准、精检细修"的
沈西精神，"设备一流、管理一流、服务一流"
的动车精神，为沈阳局提供精神动力。开展"树
立和谐理念，倡导和谐精神，理顺和谐关系，创
造和谐环境"为主题的和谐文化建设实践活动，
推动和谐文化建设。积极开展文明单位创建活
动，长春站、沈阳站、大连客运段等8个单位被
命名为全国文明单位和精神文明建设先进单位，
大连站被命名为全国文明单位，沈阳北站、沈阳
客运段被推荐为全国文明单位。2009年，把确保
运输安全持续稳定作为企业文化建设最核心、最
根本的任务，培育体现时代要求和企业特色的安
全理念，开展群众性的安全理念征集活动，提倡
"以人为本、安全发展"的理念。结合自控型班
组建设，把思想工作渗透并贯穿到作业全过程，
逐步建立和完善主要行车工种、岗位的安全行为
规范。坚持安全环境建设，兴建了既展示铁路机
车技术装备，又展示沈阳铁路发展历史的沈阳铁
路局安全文化教育基地。指导基层单位，不断开
展服务文化、品牌文化、典型文化和站区文化建
设，初步构建了具有沈局特色、体现时代特征的
企业文化体系。编印《局情教育读本》，开展理
想信念和国情、路情、局情教育，以创建文明单
位、文明车间、文明班组、文明职工为载体，开
展群众性精神文明创建活动，沈阳西站、锦州车
务段等6个单位荣获辽宁省文明单位称号，铁路
局被全国企业文化研究会评为"全国企业文化建
设先进单位"。

2010年，下发《关于加强全局企业文化建设
的实施意见》，对企业文化建设作出部署。组织
干部职工开展高铁时代安全理念大讨论，开展典
型事故案例教育；开展服务新理念新形象大讨论
活动；制定《沈阳铁路局客货运输服务质量社会
评价综合体系实施办法》，组织开展"文明服务
窗口"竞赛活动。锦州车务段等7个单位被辽宁
省授予"文明单位"称号。围绕7月和8月份遭遇
的特大洪灾，总结一大批抗洪抢险先进事迹，编
辑制作抗洪抢险救灾电视专题片和大型宣传画册
《冲不垮的钢铁脊梁》。组建抗洪抢险救灾先进

事迹巡回报告团，举办8场巡回报告，直接听众达一万余人，大力宣传抗洪精神。编辑制作《挺进西部筑奇迹》电视专题片，组织广大干部职工深入学习宣传西部铁路建设涌现的先进典型，弘扬西部铁路精神。开展"标杆班组长"和"学习型职工标兵"评选活动，确定标杆班组长、学习型职工标兵候选人各40名。

2011年，从建设精神文化、传媒文化、环境文化、职场文化、生活文化、品牌文化和行为文化"七个文化"入手，全面推进企业安全文化建设。在苏家屯站召开企业文化建设现场会，推广苏家屯站、苏家屯车辆段党委、沈阳电务段加强"五小"建设、打造文化环境的经验做法。沈阳站、沈阳客运段、沈阳车务段、丹东站、吉林车务段被评为全国铁路文明单位，苏家屯车辆段被评为辽宁省文明标兵单位。2012年，制定《沈阳铁路局安全文化建设实施办法》和《关于在推进安全风险管理中深化安全文化群众性创建工作的通知》，对沈阳铁路局安全文化建设作出总体部署。制定下发《关于在推进安全风险管理中深化安全文化群众性创建工作的通知》，从创建安全精神文化、安全制度文化、安全环境文化、安全行为文化等4个方面，确立15个创建项点。先后在苏家屯站区召开2次"建站育人、凝心聚力"现场会，在吉林工务段、吉林机务段现场观摩企业文化建设成果，示范推进企业文化建设。制定下发《关于开展沈局企业精神、局歌、局徽群众性讨论征集活动的通知》，面向全局和社会，征集提炼沈局企业精神和局歌、局徽，全局93个基层单位有88个单位征集提炼了企业精神，1193个车间确定了车间精神，6830个班组确定了班组精神，77个单位确定了段旗方案，85个单位设计形成了段徽，78个单位完成了段歌征集。在传媒文化建设上，全局93个基层单位有87个单位办起了小电视台，86个单位创办了段报，86个单位设立了手机短信平台，104个单位开通使用互联网官方微博圈。在环境文化建设上，先后打造了沈阳苏家屯、吉林棋盘两个"公园式""花园式"站区。在职场文化建设上，普遍推广揭挂安全承诺和亲情寄语。在品牌文化建设上，围绕安全、服务、经营等重点工作，加大品牌项目、典型事迹的宣传力度，将苏家屯站区安全文化建设、"崔

振亮先进事迹"向全路推出，发挥品牌的示范、引导和激励作用。在行为文化建设上，全局93个基层单位共组织职工行为规范和服务礼仪培训154次，培训职工17287人；多经系统共组织职工行为规范和服务礼仪培训103次，培训职工1185人，进一步规范职工行为和仪容仪表。编辑《沈局站段歌集锦》《沈局职工安全感言集锦》等系列丛书，展示企业文化建设成果。按照《关于铁路系统深入开展学雷锋活动的实施意见》，制定下发《关于开展"岗位学习雷锋、服务创优质"主题实践活动的通知》，总结沈阳车务段新城子站助理值班员崔振亮同志先进事迹，组织干部职工深入学习。深入开展精神文明创建活动，长春站、沈阳北站被评为全国文明单位，大连站继续保持全国文明单位称号；沈阳站、沈阳客运段、丹东站、沈阳车务段、吉林车务段被评为全路文明单位；锦州站、沈阳车辆段、大连铁越集团有限公司、白音胡硕车务段被评为辽宁省文明单位。

2013年，企业文化建设持续深化，努力做到"七有"：有年度规划；有基本投入；有理念体系，全局145个单位、1429个车间、7988个班组培育提炼企业精神、车间班组精神；有阵地平台，全局82个单位办起了小电视台，138个单位创办了站段报，开通了82部职工诉求热线、142个领导干部互联网邮箱、111个手机短信平台、231个官方微博等媒体阵地；有行为规范，形成干部职工普遍认同的各工种、各岗位的行为规范体系；有小食堂、小浴池、小宿舍、小活动室和小学习室等生活设施；有优美的环境，职场建设具有浓厚文化氛围的文化墙、主题雕塑、花园长廊、党团员林，以及亲情提示、格言警句揭挂等。初步形成了以苏家屯站区为代表的站区文化品牌。制定哈大高铁安全文化建设总体方案，推动了高铁文化品牌的创建，制定下发《局党委关于基层单位自办报纸、小电视台管理办法》，对进一步发挥传媒载体功能和作用提出了新的要求。组织部分干部职工现场观摩沈北动车所、鞍山西站以及鞍山西高铁综合维修基地企业文化建设情况；观看高铁文化、站区文化、安全文化、服务文化、品牌文化、传媒文化等文化建设成果的6部专题片。由于努力推进各项建设项目的开

展，路局《推进文化建设，提升全局科学发展软实力》、苏家屯站《建设职工精神家园，打造安全高效的现代化编组站》被评为2012—2013年度铁道行业企业文化建设优秀成果。下发《关于做好省级以上文明单位测试考核工作的通知》，组织大连站、长春站、沈阳北站等13家省级以上文明单位认真做好测评工作，开展"迎全运微笑辽宁百日竞赛"活动。

2014年，以"七个文化"建设为重点，制定下发《2014年企业文化建设推进计划》，围绕学习贯彻铁路安全文化建设现场会精神，深入推进全局企业文化建设。在精神文化建设上，积极构建沈局精神体系。以"安全优质，兴路强国"的新时期铁路精神为统领，经征集、提炼，形成"安全优质，爱路敬业，自强争先"的新时期沈局精神。以总公司宣传部编发的新时期铁路精神宣传提纲、《学习教育读本》为主要素材，结合实际编发新时期铁路精神、沈局精神宣传提纲，制作《沈局企业精神、徽标、局歌宣传册》。各基层单位通过学习一本教育读本、组织一次专题学习、撰写一篇学习体会、组织一次座谈研讨、开展一次演讲比赛等"六个一"形式，深入学习宣传，共召开专题报告会14600余场，总公司新时期铁路精神环境宣传现场会在沈阳铁路局召开。在传媒文化建设上，组织开展春运站（段）报"好新闻"和电视"好专题"，以及十佳小段报、十佳小电视台、十佳好专题、十佳好编辑、十佳学习课件"五十佳"评选活动。在生活文化建设上，认真落实《职工生产生活十二五规划》，建成小食堂、小宿舍等"五小"处所19471个，小菜园、小果园等"三园"3277个、7079亩，推出免费就餐、免费洗衣等措施。在行为文化建设上，打造苏家屯站区安全文化品牌，制定苏家屯站区企业文化建设推进方案，组织提炼"安全和谐卓越"的站区精神，撰写站区赋，设计站区标，建设站区雕塑、文化路等，进一步提升了站区文化内涵和品位。10月19日，全路安全文化建设现场会在沈阳局召开。在典型选树上，总结提炼长春站朱立红"重点旅客服务法"、沈阳站康金丽"预约服务法"、大连站栾雪莲"便捷售票服务法"、沈阳车务段王帆"安检服务法"、长春客运段贾凤伟《无干扰服务

法》等客运服务十大品牌工作法，编印《光彩的足迹》1.2万册下发车间班组。召开西部铁路干部职工抗风雪战严寒保畅通先进事迹暨爱岗敬业教育宣讲报告会，命名表彰为西部铁路做出突出贡献的先进集体和先进个人。

2015年，围绕安全、服务、经营文化建设，重点打造文化样板，示范引领全面推进企业文化建设。在安全、服务文化建设上，制定《2015年全局安全、服务文化建设实施方案》和《推进计划》，分别确定6个试点单位示范推进；结合沈丹、吉图珲、丹大客专新线开通，召开沈丹客专文化建设座谈会，突出高铁和地域文化特色，打造具有高铁特色的服务文化；在经营文化建设上，适应资产经营开发新形势需要，以薛家工业园区、三江加工基地和库伦轨枕厂工业"三兄弟"为试点，突出企业性质、生产经营特点，全力打造非运输业经营文化建设示范单位。以沈阳货运中心职工行为规范为样板，组织各单位结合实际，分工种制定揭挂涵盖仪容仪表、文明举止、岗位作业等内容的职工行为规范，约束作业行为，促进标准落实。沈阳铁路局《紧扣铁路现代物流发展，深化货运服务文化建设》的经验在铁路服务文化建设（上海）现场会上交流，特别是展示沈阳铁路局安全文化建设成果的专题片《文化引领安全路》，获全路唯一的由国家四部委主办的第五届安全生产影视作品优秀奖。

第八节 沈阳铁路陈列馆

一、陈列馆机构

2009年6月22日，沈阳铁路局成立职工安全文化教育管理委员会及职工安全文化教育基地，定员15人。2010年1月，路局、局党委下发沈铁委〔2010〕1号文件，调整局职工安全文化教育基地管理机构编制，由局直属单位改为铁路局党群附属机构，财务独立核算，定员30人，领导职数2人，内设管理部、展务部、办公室。2010年10月，路局、局党委下发沈铁委〔2010〕31号文件，将路局安全文化教育基地更名为沈阳铁路陈列馆，列铁路局党群附属机构，内设管理部、展务部、服务部、办公室，定员35人，财务独立核

算。2011年9月，陈列馆被辽宁省命名为"辽宁省爱国主义教育基地"，被铁道部命名为"铁路爱国主义教育基地"。2012年4月19日，下发〔2012〕16号沈组函，调整沈阳铁路陈列馆机构定员编制，增设馆务研究室，定员3人。2014年5月，荣获沈阳市首届博物馆陈列展览十大"精品奖"。2015年，陈列馆列党群附属机构，正处级单位，财务独立核算，下设管理部、展务部、服务部、办公室和馆务研究室五个部门，定员38人，其中干部20人，工人18人。

二、陈列馆建设与完善改造

沈阳铁路陈列馆前身为沈阳铁路蒸汽机车陈列馆，最初在苏家屯机务段院内露天停放各种蒸汽机车15台，1984年9月22日正式对外开放，隶属于原沈阳铁路分局外事科，1987年1月1日划归苏家屯机务段。2002年，沈阳市政府同沈阳铁路分局协商，将15台蒸汽机车作为铁路资产，由市政府负责搬迁到棋盘山植物园，建成沈阳蒸汽机车博物馆。2005年，沈阳市筹建世博园占用棋盘山，市政府决定将蒸汽机车博物馆迁至铁西区重工街，新建蒸汽机车博物馆，并于2008年建成。2009年，沈阳局在推进"三项工程"建设过程中，利用棚户区拆迁后腾出的场地，在苏家屯铁路站区（沈阳市苏家屯区山丹街8号）筹建安全文化教育基地。2009年4月2日，签订《沈阳铁路局、铁西区人民政府关于调整蒸汽机车陈列的协议》，将蒸汽机车调回苏家屯站区陈列。2009年6月10日开始，采取修旧利废、内部挖潜和地方企业援建的方式集中施工建设，11月竣工。展馆总占地面积8万平方米，其中主展馆1.9万平方米。展陈各类装备1000多台件，图片1500余幅。装备陈列展和史料图片展以全景、立体的形式，浓缩了沈阳铁路百年发展史。2010年5月，制作参观感言集萃展区，新建安全实物展厅；8月，在工电设备展区架设玻璃观光桥，对展馆防寒采暖进行彻底改造。2010年10月18日，经过11个月的试运营，陈列馆正式开馆。

2011年3月，在机车展区后面架设观光桥，完善馆内整体参观闭合路线；6月，将德国产无火注汽机车和30年代日本产S5型两轴木棚守车入馆展陈。2012年10月，"中华之星"头车入馆陈列。2013年3月，对三楼运输能力展室整体进行

拆除改造；4月，设计制作"沈阳铁路车站风采"展区，对蒸汽机车动感体验进行完善改造，重新设计制作詹天佑在沟营铁路建设工地的全新场景；5月，在广场北侧园林中，利用事故折损部件，设计建成安全警示园；10月，"亚细亚"头车和"轻油车"入馆陈列。2014年4月，将原工务展区内工务机具搬移到道岔展区陈列，填补道岔展区上的空白，使工务机具装备与钢轨、道岔融为一体，丰富道岔展区内容；5月3日起，利用半个多月时间，将"满铁"遗留119号内燃动车和Z151型15吨抓斗起重机运进馆内陈列，使蒸汽机车、蒸汽吊、水鹤、动感体验等与蒸汽机车装备进行了有效整合；搜集守车设备，制作运转车长硅胶人像，整体复原运转车长工作场景。对感动沈局"十大人物"等内容进行布展设计，对展馆内21个老式展板灯箱进行更换，提高观展效果；对老式电影厅进行整体改造，重新设计规划了一个能容纳百人的参观培训、视听观影、会议活动和文化教育为一体的多功能教育厅。设计制作具有展馆特色的50余个展柜，把五年来搜集到的各类文物藏品300余件实物进行集中展陈；6月，对已超过使用年限，出现固件老化、画面不清、遗漏画面、运行不稳等问题的监控系统进行升级，改造为高清、夜视、无缝拼接的大屏幕监控视频系统，使展馆24小时处于360度无死角监控状态。2014年8月启动副馆建设，2015年8月20日，2000余平方米副馆竣工并投入使用，为陈列馆后续发展奠定了基础；同月，对全国劳动模范展墙进行重新调整布展；9月，为纪念中国人民抗日战争暨世界反法西斯战争胜利70周年，与中国铁道文博委员会成员单位联合主办"抗日烽火中的中国铁路"专题展览。

三、藏品陈列与保护

陈列馆分为装备陈列展、史料图片展、运输能力展、安全教育展。在装备陈列展中，陈列不同时期机车、车辆、工务、电务设备。其中，陈列蒸汽机车20台、内燃机车11台、内燃动车2台、电力机车3台，共计36台。蒸汽机车有国产车，还有美国、捷克、前苏联、德国、日本、波兰、罗马尼亚等7个国家的进口车。有最早美国1907年生产的颇勒1型蒸汽机车和达波1型蒸汽机

车；有世界上仅存2台的胜利7型蒸汽机车。车辆陈列中有沙俄、美国、中国等国家制造的各种不同型号的车辆24辆。其中，客车11辆，货车13辆。有最早1903年俄国制造的C20型001号敞车，还有中国制造最现代的载重80吨C80B4360001号敞车。陈列工务、电务系统设备达500余台件。其中，有1934年日本制造的上承式钢板梁；2009年中国制造的用于高速铁路的预应力混凝土箱形梁；有1939年生产的32公斤/米钢轨8号单开道岔和2009年生产的60公斤/米钢轨18号单开道岔；有百年历史的机械臂板信号机和电气路牌机；还有现在使用的LED信号机和钩型外锁闭装置等。其后，通过各种途径继续征集馆藏品，共征集铁路珍贵藏品300余件（套），并对藏品进行科学的管理保护和整理研究，补充和丰富了馆藏资源。

史料图片展中，陈列馆以700余块展板、850多张照片、80多个展柜以及实物、场景复原、影视等形式，详实展示了沈阳铁路在不同历史时期的发展过程。史料图片共分为清末民国及伪满时期；解放战争时期；抗美援朝和中长路时期；全面建设社会主义时期；走向改革开放、推进全面发展；坚持科学发展、和谐发展的沈阳铁路六大部分展出。

安全教育实物展通过事故案例专题片和事故现场折损部件对广大职工进行专题安全教育；运输能力展则通过沙盘模拟演示、数据指标展示，让职工直观地感受沈阳铁路运输能力的发展变化。

2014年，结合第一次全国可移动文物普查，健全了馆藏资料的基础工作，先后建立《文物藏品总登记账》《文物藏品整理明细分类账》《文物征集登记簿》《馆藏品入库登记簿》《馆藏品出库登记簿》，制定《文物藏品库房管理制度》。2014年11月25日，组织第一次馆藏文物定级工作，经沈阳市文物定级专家组现场认定，共定级108件（套）文物。其中"清宣统元年（1909）美国造颇勒1型220号货运蒸汽机车"等34件（套）藏品定为三级文物；"清光绪三十四年机械臂板信号机"等19件（套）藏品定为一般文物；"1951年朝鲜铁道军事管理局颁发给抗美援朝职工王景洲的立功喜报"等55件（套）藏品

定为资料。"清宣统元年（1909）美国造颇勒1型220号货运蒸汽机车"等藏品20余件藏品拟申报一级、二级文物。

2015年6月，陈列馆引进易宝藏品管理系统软件，应用于馆藏品业务的信息化管理，分类整理图片、实物、文字等所有馆藏资料，并对展陈文物逐项编号，建档立卡，完成了纸质台账登记工作，实现微机档案化管理。

四、参观接待与宣教服务

2010年，路局下发《关于充分发挥沈南安全文化教育基地功能的通知》，明确沈阳铁路陈列馆具有成果展示、典型弘扬、集中教育、素质培训和主题活动五大功能，提出参观教育活动坚持面向基层一线、面向职工群众。路局、路局党委将安全文化教育基地功能，纳入全局政治工作和职工教育培训的总体安排和部署之中。同年，对新任职班组长、新入路大学生、新接收复退军人、入党积极分子培训、先进模范人物、办理退休手续职工、A类违章下岗人员、信访稳定重点人员以及离退休老干部、"三不让"特困职工、职工家属代表组织动态参观活动。还先后接待辽宁省省长、省委书记，沈阳军区司令、政委，原黑龙江省委书记，全国人大委员会副主任，全国总工会等领导。为了拓展历史文化的宣传教育，同年5月，编辑出版《沈阳铁路陈列馆讲述的故事（一）》。

2011年，组织接待了中纪委副书记张惠新，国务院四个安全检查组，以及铁道部、地方领导等重要接待任务。陈列馆还代表沈阳市和苏家屯区接受了国家生态城区建设考核验收。同年3月，组织专人集中筛选整理了参观感言3000余条，以图文并茂的形式出版《沈阳铁路陈列馆参观感言》。

2012年，先后接待了原铁道部部长傅志寰、铁道部副部长彭开宙、副部长胡亚东，国家发改委、铁道部各司、局领导，以及辽宁省委、省政府有关部门、沈阳军区副司令等领导的参观；接待全路多元化经营工作现场会、全路站车系统现场会等多次大型集体参观活动。同年6月，搜集整理了100篇十六大以来反映沈阳局改革发展成果的史实事件、重大活动等纪实性报道，编辑出版了《沈阳铁路陈列馆讲述的故事（二）》。

7月和9月，分别组织了"纪念抗美援朝胜利59周年"铁路入朝老同志座谈会和"追述永恒记忆，共享发展成果"劳模座谈会，充分发挥展馆教育功能。8月，制作发行了《沈阳铁路印迹》对外宣传风光专题片，提升对外宣传影响。

2013年，先后完成接待了国家审计署、国家发改委、沈阳军区、辽宁省、沈阳市、鞍山市、抚顺市等领导，香港工程师学会、人民日报社、中央电视台、沈阳电视台等新闻媒体采访以及铁路总公司、兄弟局等领导重要接待任务。同年6月，参加沈阳市博物馆文化产品设计大赛，获优秀组织奖，其中卡片式U盘、金卡的产品设计分获二、三等奖，《沈阳铁路印迹》光盘、纪念章、故事丛书等获优秀作品奖。7月，编辑出版反映沈阳局历史文化的大型画册《百年轨迹》——沈阳铁路陈列馆集萃。

2014年，先后接待了原铁道部部长、最高人民检察院检察长、中国法学会会长韩杼滨来馆视察，接待全路宣传部长座谈会、全路机务系统现场会、全路调度系统现场会、全路企业文化建设现场会等重要接待任务。同年5月，组织参加沈阳市第一届博物馆十大精品陈列评选活动，"沈阳铁路历史陈列"在全市24个展馆中荣获首届博物馆陈列展览十大"精品奖"。

2015年，先后接待了辽宁省委领导、乌鲁木齐局党员骨干培训班、广铁集团中青年培训班、全路货改工作现场会、中国铁道文博委员会年会、全路政研会等有关领导和人员。10月，中国铁道文博委员会年会暨学术研讨会在沈阳局召开，陈列馆作为承办单位，全面做好会务的各项准备工作。会上，馆长郭宝权做了专题经验介绍，馆务研究室主任就铁路文创产品的开发议题进行了学术交流发言，与会代表还参观了陈列馆和苏家屯站区文化建设。2015年12月，创办《沈阳铁路陈列馆馆刊》，2015年第一期，组织稿件30余篇，全面加强馆际交流，不断深化学术研究。

5年来，陈列馆坚持"还原历史、尊重历史，传承文化、继承传统，弘扬主旋律、传播正能量"的建馆原则，充分发挥教育阵地作用，共接待各类参观5700余批次，近30万人次参观。

五、大安北机车封存基地

沈阳铁路局大安北机车封存车基地于2010年12月正式成立，现隶属白城机务段管辖。具备全局报废的蒸汽机车、内燃机车，待报废的内燃、电力机车，以及封存的内燃、电力机车日常保养管理和随时启动的功能，可同时储备500台机车。2011年2月6日，路局决定有效利用原大安北机务段内闲置厂房、设备、场地等有利资源，建立大安北机车封存基地。同年4月，正式动工。2011年末竣工。

陈列机车呈圆形布置，直径164米，占地面积约2.1万平米，中心机车转盘直径30米。陈列蒸汽机车86台（前进型机车42台、建设型机车37台、上游型机车7台）。陈列的典型机车有：参加过抗美援朝战争的昂昂溪机务段"黄继光号"前进1820机车和梅河口机务段"青年号"前进1153机车；参加过支援边疆建设受到国务院好评的大安北机务段国家级"青年文明号"前进1043机车；担当过中国援朝物资专运任务二十年的吉林机务段"青年文明号"建设5678机车。参加过1975年辽宁海城、营口地震救灾的瓦房店机务段"学习毛泽东号"前进0180机车；参加过1976年唐山大地震抗震救灾并荣立"集体二等功"的彰武机务段"青年文明号"前进0373机车和参与抗震救灾的锦州机务段"青年文明号"前进7103机车；参加过1978年沈丹线山洪抢险的丹东机务段"主人号"建设5616机车；参加过1980年通霍线建线任务的本溪机务段"青年文明号"建设5161机车；1983年，担当过邓小平同志吉林一行专列的泉阳机务段"青年文明号"建设5674机车；参加过1987年大兴安岭扑火抢险的白城机务段"青年文明号"前进1699机车；发明"四秒三锹焚火法"的大虎山机务段"青年红旗号"机车组驾驶过的前进2000机车；参加过1995年辽河抗洪救灾的灵山机务段"民兵号"前进1030机车；参加过1998年通让线抗洪抢险的大安北机务段"青年文明号"前进1307机车；基地还存放各型内燃、电力机车381台。其中，长备机车94台，报废机车287台。

这些机车组和机车在不同时期、不同区域为铁路运输与社会发展做出了不可磨灭的贡献，是

"中国铁路人，永当火车头"时代精神的见证。

第九节 统战工作

一、组织机构

1990年，沈阳铁路局党委成立统战部。建制为正处级，内设对台工作办公室，侨务工作办公室，定员4人，其中部长1人，副部长兼对台工作办公室主任1人，侨务工作办公室主任1人，部员1人。1997年，撤销局统战部，成立统战办公室，配备统战办公室主任1人，并兼台办、侨办主任，划归局党委宣传部。2006年沈阳铁路局生产布局调整、党群机构改革、优化职能，撤销统战办公室，党委宣传部（企业文化处）企业文化科一名同志负责统战工作。

二、统战成员

1996年，局统战部对全局统战成员进行调查，有统战成员57221人。其中，党外知识分子27400人，党外科级以上干部831人，少数民族2.3万人，省、市政协委员55人，民主党派成员397人，起义投诚人员236人，信仰宗教职工2500人，台胞72人，台属1640人，归侨219人，侨眷529人，港、澳眷属282人。2006年，全局统战成员11093人。其中，少数民族10032人，民主党派41人，归侨港澳台胞台属333人，非党知识分子553人，信教职工139人。2015年3月对全局统战成员调查，随着中小学、医疗卫生系统从2004—2008年属地移交工作结束，知识分子与统战对象大幅减少。全局统战成员1500人。其中，民主党派29人，无党派人士2人，党外知识分子1152人（副处级、副高以上113人），少数民族有165人（副处级、副高以上），宗教界人士3人，港澳台胞台属16人，归国留学人员20人。

三、开展活动

1995—1999年，在全局统战成员中开展"爱沈局、保安全、献良策、促统一、做贡献"活动。到1999年12月，全局统战人员共提出合理化建议5285项，其中1515项被采纳，开展科技攻关284项，技术革新543项，8项获省部级优秀成果奖，155篇论文在省部级以上刊物发表和获奖。征集政协提案61项，41项被省市政府有关部门采纳。2000年，组织全局统战成员围绕路局资产经营目标和安全运输生产开展多种形式的活动。2003年，针对突发的非典疫情，为有效地防治非典，实施以货补客战略，完成各项运输生产任务，在全局统战成员中开展了《防非典、保安全、做贡献》活动。统战成员与医务防控人员、客运窗口单位职工一道积极工作，奋斗在生产一线，认真落实防控非典措施，坚持与旅客零距离接触，坚持登记、体测、隔离、下交发热旅客，工作中一丝不苟，做到了众志成城防非典，全力以赴保安全。2004年至2006年，在统战成员中开展了"学理论、献良策、促发展"活动。全局统战成员结合生产经营实际，积极组织统战成员提合理化建议，开展献计献策等活动。锦州分局开展了"提一项合理化建议、解决一项技术难题、攻克一项生产关键、出一项科研成果"的"四个一"活动，其中，统战成员提合理化建议512条，解决生产难题28项，科技攻关23项，创经济效益1500多万元，防止各类事故114件。通化分局组织统战成员开展"我为分局发展献一策"活动，围绕企业的生产管理、市场营销、体制改革、多元经济等提合理化建议32条。

第七章 报刊、影视宣传

《沈阳铁道报》是由沈阳铁路局党委、路局主办的机关报。在局党委、路局领导下，坚持"团结稳定鼓励、正面宣传为主"的方针，本着"围绕中心、服务大局、面向基层、贴近职工"的办报理念，大力宣传党的路线、方针、政策，大力宣传局党委、路局的工作部署要求，大力宣传全局安全运输、经营、建设等方面工作的做法和经验，大力宣传干部职工坚守岗位、敬业奉献的典型事迹，讲好沈局故事，成为局党委、路局凝心聚力、鼓劲加油的舆论宣传主阵地。沈铁有线电视台是由沈阳铁路局党委主管的企业内部有线电视台。在局党委领导下，认真贯彻国家有关广播电视新闻宣传方针、政策，落实局党委、路局的工作部署要求，紧密围绕全局中心工作，把坚持正确舆论导向作为首要任务，充分发挥电视媒体优势，每年在保证正常播出150余期《沈铁新闻》、50余期《新闻聚焦》基础上，拍摄制作形势教育、安全教育、全局及系统工作专题片，收录全局重要活动影像资料，为推进全局运输经营、改革发展提供了舆论保证。

第一节 报社组织机构与通联工作

一、《沈阳铁道报》版面及栏目

《沈阳铁道报》国内统一刊号为CN21—0032。1996年为周四刊，对开四版。自2001年1月1日起，经省新闻出版局批准，由周二、四、六、日出版改为周一、三、五、日出版，对开4版、周四刊，其中《星期天（社会版）》每半个月出版1期，对开8版。2011年1月1日，改为彩版印刷。

版面设置上，1996年，开辟重要新闻、三经天地、工会生活、文体生活、月台花圃等版面。从2007年开始，正报4个版面内容分别为：一版动态新闻，二版安全运输，三版党群综合，四版职工文化。星期天（社会版），设置社会视点、新闻聚焦、法治在线、世间万象、百姓故事、人在旅途、文化视野、都市话语等8个版面。

二、报社机构设置

1996年，报社设要闻部、政教部、运经部、文化部、记者部、经营部和群工部、办公室，定员68人。2002年，设要闻部、政文部、特刊部、摄美部、记者部、群工部、办公室，定员49人；另设有长春、沈阳、大连、锦州、通辽、吉林、通化7个驻地记者站。2003年2月，报社定员编制从49人调整为47人；2015年报社定员50人，实有人员45人。同年，被中国企业报协会评为"中国

20强企业报"，13名同志新闻作品分别在沈阳市第八届优秀报刊、中国铁路新闻工作者协会、中国企业报协会单项评比中获奖，1人获得全国铁路优秀新闻工作者荣誉称号。

三、通联工作

2002年，举办6期通讯员培训班，同时聘任了一批特约通讯员。2012年，为加强基层单位自办报纸的采编、使用和管理，组成站、段报检查调研组，深入基层单位检查调研，形成了《关于基层站段自办报纸情况的调研报告》和《全局站段自办报纸暂行管理办法》。2013年，落实局党委《沈阳铁路局基层单位自办报纸管理办法》要求，报社负责对全局114个基层单位自办报纸的业务检查指导工作，《沈阳铁道报》在三版开设"基层单位自办报纸展示平台"，每月编发一期"优秀站段报"；结合季度检查，强化对基层单位通讯员及办报人员业务培训；每年从基层单位评选出10份优秀站段报纸和5名好编辑。2015年，为提高培训质量，制作自办报纸PPT教学课件，促进了基层单位办报质量提升和通讯员业务素质的提高。

第二节 运输主题报道

一、安全生产报道

1996年，开设"安全专栏""庆新春、保安全、创高产""冬运立功竞赛擂台"等50个安全生产方面专栏，开办"笛声长鸣"专栏，共刊发安全生产方面言论25篇。1997年，开设"全力以赴确保春运绝对安全""迅速行动，贯彻部局紧急部署，全员防范、确保运输安全"等专栏，刊发稿件260篇。1998年，重点报道贯彻落实运输安全工作会议精神、沈局实现安全300天、400天、安全一周年等动态和做法。1999年，重点对沈局实现运输安全"百天""签订安全生产经营责任书"进行了报道。2000年，开设"保安全、保稳定、保发展""保百日、夺千天"等栏目，刊发稿件110余篇。同年，1人被评为辽宁省优秀新闻工作者，2人被评为全路优秀新闻工作者，10人分别在中国企业报协会、铁道部和辽宁省组织的好新闻评比中获奖。2001年，派记者深

入基层站段采访，开设"开展安全专项整治、坚决消除行车事故隐患"等专栏，共发稿130余篇。同年，2人获全路"百优"新闻工作者称号，1人被评为辽宁省优秀新闻工作者，《沈阳铁道报》获全国企业报"百优"称号。2002年，开设"春运实录系列报道""安全大检查"等专栏。2003年，开设"防汛防胀防事故、搞好安全大检查"等专栏。同年，《沈阳铁道报》被中国企业报协会评为"全国先进企业报"，有2人被评为全路优秀新闻工作者。2004年，制定"4·18"大提速宣传报道方案，开设"第五次大提速追踪报道""大提速当先锋""认清形势、明确任务、万众一心保安全""迎战风雪保冬运"等专栏46期，共发稿600余篇。2005年，《沈阳铁道报》被中国企业报协会评为"先进企业报"。2006年，开设"全员查隐患、合力保安全""安全生产大检查大反思"等专栏20期，深入报道全局安全运输生产工作。2007年，重点围绕"4·18"第六次大面积提速调图，开设"提速准备进行时""记者与冬运同行""深入开展安全大检查整治活动"等专栏30期，共发稿300余篇。2008年，开设"大反思、大检查、保安全、保畅通""秣马厉兵迎冬运"等专栏，共发稿316篇。2009年，开设"安全大讨论大检查活动专题报道""秋检秋鉴""全局秋检秋鉴工作动态""全力迎战风雪，确保春运安全""聚焦春运"等专栏105期，共发稿261篇（幅）。同年，在全国企业报第十八届（2008年度）新闻奖评选中荣获"全国先进企业报"，14人次作品分获一、二、三等奖；12人次作品获得"辽宁省好新闻"一、二、三等奖；8人次作品获得"全路好新闻"二、三等奖。2010年，开设"大力开展春季设备检查整治工作""深入开展安全大检查活动专题报道""深入开展安全大检查"等专栏14期，发稿55篇（幅）。开设"冬运党旗红""全局共建和谐春运""春运周评比""聚焦春运""暑运传真"等5个专栏28期，发稿274篇（幅）。2011年，围绕贯彻落实部、局运输安全工作会议精神，开设"认真贯彻落实部、局运输安全工作会议精神""深入开展安全大检查活动专题报道""扎实开展安康杯竞赛活动""运输时讯"等7大专栏83期，办图片专版2期，发稿

272篇（幅）。同年，被评为沈阳市新闻出版先进单位；8名同志的9件新闻作品和专业论文分获"辽宁省好新闻""全路好新闻"一、二、三等奖，1名同志被评为辽宁省优秀新闻工作者。2012年，围绕安全大检查、春（秋）检、冬（暑）运等重点工作，开设"安全风险管理大家谈""全局'三整顿'专题报道"等10个专栏51期，发稿296篇（幅）。同年，获全国"优秀企业报"称号，被评为沈阳市报刊质量管理先进单位；32人次作品分别获得全路、辽宁省、全国企业报好新闻一、二、三等奖。2013年，开设"三教育、一整治""安全大检查'回头看'"等10个专栏，发稿315篇（幅）。同年，被评为沈阳市报刊质量管理先进单位；8名同志9件新闻作品和专业论文分获辽宁省、铁路好新闻一、二、三等奖，1名同志被评为辽宁省优秀新闻工作者。2014年，开设"扎实推进安全'三化'专题报道""'安全风险管理大家谈'专题报道"等专栏91期，共发稿235篇（幅），其中在一版以连载形式全文刊发"四防"50条安全措施案例集锦10期。2015年，开设"安全风险管理大家谈""新一轮安全基础强化和升华大讨论""全局扎实开展安全生产大检查专题报道""聚焦安全管理""来自春运一线的报道""聚焦暑运安全""全面开展安全生产大检查"等专栏54期，共发稿345篇（幅）。

二、客货营销报道

1999年，对全局开展"大营销"典型做法和经验进行了重点报道。2000年，开设"增运增收当先锋，提前扭亏作奉献""同心协力保百夺千"等栏目，发稿210余篇。2001年，开设"客车扭亏增盈大讨论"等专栏，对客运营销进行重点报道。2002年，开设"客运服务质量年""增运增收""市场营销知识系列讲座"等专栏，重点开展了"名牌战略规划实施"专题报道。同年，2人被中国企业报协会评为"百优"新闻工作者，1人被省记协评为优秀新闻工作者，《家庭万花筒》栏目被中国企业报协会评为好版面。2003年，开设"全局上下齐动员、增收节支搞攻坚"等20余个专栏，重点报道干部职工合力攻坚、创效增收的好做法、好事迹。2004年，开设

"车轮滚滚运粮忙""搞好煤炭运输、振兴东北经济"等专栏28期，发稿300余篇。2006年，围绕落实全局三年发展规划、收入大会战等中心工作，开设"沈哈提速改造工程掠影""决战5·30""增运增收、创效补欠"等专栏50期，发稿400余篇。2007年，获中国企业报协会第六届企业报纸评比"二十佳"称号、辽宁省报纸印刷质量进步奖，其中2个版面分别获省部级"优秀版面"，1人获辽宁省"优秀新闻工作者"称号。2008年，开设"完成全年经营目标英雄谱""节支降耗做模范、增运增收当先锋"等5个专栏，发稿110篇（幅）。2009年，开设"全局增运增收节支降耗活动专题报道""增运增收，节支降耗""增运增收当先锋，节支降耗作贡献""百日会战群英谱"等栏目121期，刊发评论文章5篇，发稿216篇，照片54幅。2010年，开设"增运提效保增收，节支降耗控成本""感动旅客货主风采录""情满站车"3个专栏39期，发稿132篇（幅）；重点对通霍线复线改造施工、"7·30"伊白铁路建设及开通、"9·29"贺乌铁路集中装车点开通、西部铁路充分发挥服务地方经济发展作用、蒙煤外运、大连长兴岛疏港铁路建设等进行了深度报道，共采写通讯13篇，发消息28篇（幅），办图片专版3期，留存图片资料800余幅。同年，被辽宁省评为优质级报纸；在辽宁省好新闻评选中，有8人次作品获奖；在中国铁路好新闻作品评选中，有4人次作品获奖；在中国企业报协会好新闻评选中，有8人次作品获奖。2011年，开设"大干40天"、冲刺"双过半"、冲刺全年经营目标、"转机制闯市场"等专栏41期，图片专版3期，发稿141篇（幅）。重点对长吉城际铁路、哈大客专提前介入、西部铁路、蒙煤外运、新肇粮食物流基地等进行了深度报道，办专栏4期，采写通讯11篇，消息31篇（幅），图片专版3期，留存图片资料500余幅。2012年，开设"大干40天"、冲刺"双过半""全员创效攻坚，实现经营目标"等专栏49期，共发稿276篇（幅）。2013年，开设"全局增收创效系列报道""深化货运组织改革，推动铁路走向市场""铁路走向市场大讨论""大干四季度，冲刺保全年"等6个专栏，重点报道各系统各单位转变观念、走向市场，实现全年经营目标的做法，共发稿284篇（幅）。

2014年，围绕货运组织改革一周年、货运新产品，开设"深化货运改革，开行便民列车""营销故事""大战五十天，冲刺双过半"等7个专栏63期，及时报道开行"便民货运快车""鲜活货运车"等货运新产品、暑期新图实施，全程采访报道开行首趟进疆列车——长春至乌鲁木齐T302/3次旅客列车等，共发稿322篇（幅）。同年，4名同志新闻作品在全国企业报好新闻评比中获奖。2015年，以深化货运改革、迈向现代物流企业、"三线一站"开通运营为重点，开设"抓好全年开局，上量增收提效""营销故事""坚决打胜货改'第二战役'营销故事""全资产开发、全方位创效"等专栏55期，共发稿287篇（幅）。

第三节　专题活动报道

一、重要会议报道

围绕学习贯彻年初"三会"精神，提前制定报道方案，按照会前、会中、会后三个阶段，派记者现场采访，对会议召开情况，会后对学习贯彻情况进行全面报道。1997年，开设"贯彻落实'三会'精神，提高安全运输经营水平"专栏，对贯彻落实全局"三会"精神进行了重点报道。1998年，重点报道了沈局党委五届八次全委（扩大）会、七届二次职代会、全局领导干部工作会议精神的学习贯彻情况。1999年，重点报道了沈局党委五届九次全委会、七届四次职代会精神，以及各系统各单位贯彻落实"三会"精神的工作动态。2001年，开设"落实路局'三会'精神，为实现改革发展目标做出新贡献"栏目，对"三会"精神学习贯彻情况进行了报道。2004年，组织了全局"三会精神"、党的十六届四中全会精神、中央及部领导批示和讲话精神的宣传报道。2005年，开设"落实'三会'精神，促进跨越式发展"等专栏，组织了路局"三会"精神、中央及部领导批示和讲话精神宣传报道。2009年，开设"以实际行动迎接局十届四次职代会召开""认真贯彻落实'三会'精神，促进全局又好又快发展""全局工作会议发言材料摘登""优秀职工代表事迹选登"等专栏22期，刊发领导讲话、会议消息、照片14篇（幅），配发社论1篇、系列言论6篇，刊发会议经验材料8篇、优秀职工代表事迹材料10篇。2010年，重点报道了各系统、各单位贯彻落实路局"三会"精神的典型做法动态消息，共发稿33篇（幅）。2011年，开设"以实际行动迎接局十一届一次职代会召开""贯彻落实'三会'精神，确保实现良好开局"和"认真贯彻落实'三会'精神专题报道"3个专栏，连续报道"三会"精神和各系统、各单位贯彻落实路局"三会"精神的主要做法，配发社论1篇、系列评论5篇，办专栏8期、专版1期，发稿件59篇（幅）。2012年，开设"以实际行动迎接局职代会召开""认真落实'三会'精神""贯彻落实'三会'精神，全力推进科学发展"3个专栏7期，刊发领导讲话（摘要），编发社论1篇、系列评论3篇、图片专版1期，发稿件19篇（幅）。2013年，开设"认真落实'三会'精神，扎实推进各项工作"专栏，落实路局安委会、路局部署的见报任务共98项。2014年，及时报道沈局十一届四次职工代表大会、局党委全委会、"一报告两评议"专题会议、全局军事运输工作会议等会议精神，各单位学习贯彻路局"三会"精神工作动态，并配发评论，共发稿18篇（幅）。2015年，路局"三会"期间，派记者对会议现场采访，共刊发会议消息11篇，评论3篇。派出记者跟踪报道局领导与职工对话会、现场办公会、技术表演赛等重要会议和活动。

二、党建、思想政治工作报道

1997年，开设"以实际行动迎接十五大"等专栏，重点宣传报道学习贯彻党的十五大精神。1998年至1999年，重点围绕建国50周年、澳门回归等进行了宣传报道。2000年，重点开展了"三个代表""三讲"教育等宣传报道。2001年，重点开展了"三个代表""七一"讲话、建党80周年等宣传报道。2002年，重点开设"与时俱进看变化，喜迎十六大专题报道""以保安全保稳定的优异成绩迎接十六大""发扬光荣传统，开创光辉未来"等3个专栏，报道各单位学习贯彻十六大精神的动态和具体做法。2005年，重点围绕保持共产党员先进性教育活动开展了报道。2006年，重点宣传报道"全面学习贯彻胡锦涛总书记重要讲话紧急通知"。2007年，开设"迎接

党的十七大胜利召开""奉献黄金周、喜迎十七大"等专栏，重点对各单位学习贯彻党的十七大精神进行报道。2008年，开设"搞好党支部安全屏障建设""深入学习实践科学发展观活动专题报道"等栏目53期，发稿230余篇。2009年，开设"沈局新貌大家谈""学习实践科学发展观，推动和谐沈局建设""科学发展在沈局"等专栏74期，发稿132篇（幅），配发言论14篇。2010年，开设"解放思想、统一思想，加快推进铁路现代化建设大讨论""感受世博、奉献铁路""做学习型党员、创标准化岗位"等专栏，报社组成4人专访组，随沈阳铁路局先进模范代表团前往上海，开设专栏和图片专版，对活动进行了全程报道。2011年，开设"纪念建党90周年""纪念建党90周年系列活动专题报道""纪念建党90周年创先争优当先锋"专栏26期，围绕学习贯彻党的十七届六中全会精神、纪念建党90周年等重点刊发图片专版2期，动态消息106篇（幅）。2012年，重点对学习贯彻党的十八大精神、"服务旅客创先争优"活动、"话成果、议形势、明任务、知责任"主题形势任务大宣讲活动等进行了宣传报道，共发稿151篇（幅）。2013年，开设"认真学习贯彻落实党的十八大精神""扎实开展党内'四创'主题活动""两清三保 四满意"等专栏26期，对学习贯彻党的十八大精神、党的群众路线教育实践活动进行重点报道，共发稿136篇（幅）。2014年，开设"全局深入开展党的群众路线教育实践活动""全局第二批党的群众路线教育实践活动问题整改经验选登""安全优质兴路强国""中华传统美德经典故事连载"等专栏53期，对党的群众路线教育实践活动、弘扬新时期铁路精神、"三教育一整顿"活动、工务建家等进行了重点报道，共发稿121篇（幅）。2015年，开设"扎实开展'三严三实'专题教育"专栏11期，重点围绕"三严三实"专题教育、"四风"整治、巩固和拓展党的群众路线教育实践活动成果进行报道，共发稿13篇（幅）。

三、风雪水害等突发事件报道

1998年7月，白阿线、通霍线等地相继发生特大洪水，报社派出记者20多人前往灾区跟踪报道，重点报道了抗洪抢险过程及在抢险中涌现出的感人事迹。2008年，开设"迎战南方雪害专题

报道""心系灾区大爱如潮、立足岗位多作贡献"等专栏，围绕支南干部职工抗击雨雪冰冻灾害、"5·12"汶川大地震抗震救灾，报社派出多名记者跟踪采访，共发稿128篇（幅）。2010年7月28日，沈局管内遭受特大洪水袭击，沈吉、梅集线部分桥梁线路被毁。报社第一时间派出记者赶赴抗洪抢险救灾一线，全面报道干部职工抗击洪水、抢险救灾、恢复生产的感人事迹，共开设3个专栏16期，办通栏专版1期、图片专版1期，发稿141篇（幅）。2011年，开设"迎战通霍地区特大风雪"专栏6期，及时派记者深入通霍地区，对通霍地区遭遇特大风雪进行了重点报道，配发评论1篇，图片专版1期，弘扬了"艰苦奋斗、勇于奉献、挑战自我、争创一流"的通霍精神。2012年7月31日至8月2日，沈局管内遭受强降雨袭击，沈山、沈大、沈丹三条线路发生严重水害。报社先后4次派出6名记者赶赴抢险现场采访，共发稿40篇（幅），配发评论1篇。2013年，在一版开设"战风雪抗严寒保畅通——记者来自一线的报道"专栏，派出3名记者对西部铁路干部职工迎战风雪、确保煤运通道安全畅通的感人事迹进行深入采访，连续刊发《坚守在风雪中的忠诚将士》《搏击风雪的"尖刀班"》《铮铮铁骨铸忠诚》等6篇通讯。8月15日至8月17日，沈局管内遭受强降雨袭击，派出2组13名记者赶赴抗洪抢险现场采访，开设"全局抗洪抢险救灾现场报道""抗洪抢险党旗红""现场短新闻"3个专栏19期，共发稿115篇（幅）。2014年，重点对全局干部职工抗击雪灾、7月份白阿线抗洪抢险的感人事迹进行了报道。报社及时派出记者奔赴受灾现场，共发稿21篇（幅）。2015年，重点对西部一线干部职工为保运输安全，挑战艰苦环境，争创一流的"通霍精神"进行宣传报道。

第四节　先进典型宣传

1996—2006年，围绕不同时期运输生产重点，大力宣传一线职工保安全、保经营、保服务的感人事迹，在全局上下形成了学先进、赶先进、当先进的浓厚氛围。2007年，重点报道了"全国学习型先进班组""十大杰出青年"等先进人物的典型事迹。2009年，重点对沈阳车辆段总会计师张维君、沈阳机务段总会计师朱祥、沈阳车务段章党站货运值班员郭廷威等52名在全局各项工作中涌现出的先进集体和先进个人进行了报道。2010年，集中对搏击"2·24"雨雪冰冻灾害的一线职工和集体、勇救受困职工的吉林机务段党委书记钟岩等9名抗洪抢险先进个人，西部铁路建设中的先进人物事迹进行了重点报道，共发稿87篇（幅）。2011年，集中对抗击通霍地区特大风雪等冬运先进集体和个人、"勤廉兼优领导"吉林供电段段长仲维杰、全局先进党支部（总支）标杆、优秀党支部（总支）书记标兵、优秀共产党标兵等先进事迹进行了重点报道，共开设专栏34期，发稿90余篇。2012年，先后开设"学习崔振亮、岗位保安全""学习优秀领导干部杨全江体会文章选登"等专栏，对安全标兵崔振亮、优秀领导干部杨全江等先进典型事迹进行了报道，共发稿165篇（幅）。2013年，开设"立足本职岗位争当'三无'明星"专栏，重点报道了"三无"明星的先进事迹；对孙奇、刘洋同志的先进事迹和模范精神进行了大力宣传，共发稿126篇（幅）。2014年，开设"岗位明星在身边""感动沈局十大道德模范事迹""'三无'明星风采录"5个专栏共39期，及时报道干部职工先进典型事迹，共发稿85篇（幅）。还开设"全局创建党内品牌活动巡礼"专栏，重点报道局党委命名表彰的20个党内优质品牌标杆的先进事迹，共发稿15篇（幅）。2015年，重点对"全国五一巾帼标兵""全国铁路劳动模范""全路技术能手"等人物的先进事迹进行宣传报道。

第五节　有线电视组织机构

1999年12月，沈阳铁路局有线电视台正式成立。成立之初，按一个机构两块牌子（即沈阳铁路局新闻影视中心、沈阳铁路局有线电视台）定位为路局附属单位，列行政编制，实行独立核算、自负盈亏经营模式。主要工作职责：负责电视新闻和专题采编、制作、交流、播放及对外报道，负责沈阳地区铁路有线电视的经营管理，负责对铁路分局电视台和影视站的业务指导。

2002年，路外新闻报道工作划归局党委宣传部。2005年，正式更名为沈阳铁路局有线电视台，由沈阳铁路局党委直接领导，划归局机关党群附属机构编制，下设长春、锦州、通辽、吉林、白城有线电视站。2006年，为适应铁路局直接管理站段新体制的需要，将局党员电教站职能、人员、设备划归局有线电视台。2008年，对吉林省行政区域内的铁路有线电视单位进行内部整合：撤销长春、吉林、白城电视站，组建长春铁路有线电视管理站，下设吉林、白城、四平、梅河口、图们有线电视分站。沈阳铁路局有线电视台职工42人，机构设置为：新闻部、网络部、综合部、财务部和党员电教站，传输中央和地方及原铁道部电视节目49套；设长春有线电视管理站（下设吉林、白城、四平、梅河口、图们有线电视分站）、通辽有线电视站、锦州电视站，全局电视系统共有职工103人，全局有线电视收视用户约17万户。2011年3月，根据《关于调整局有线电视台管理结构的通知》（沈铁委〔2011〕14号）精神，沈阳铁路局有线电视台实行网台分离，网络相关人员划入沈铁房地产开发集团公司管理。电视台所属部门和记者站重新设置：设立总编室、记者部、专题部（党员电教站）三个部门，下设长春、吉林、通辽、锦州四个记者站。2012年3月，党员电教站从专题部中分离，成立单独部门，设定员4人，其中主任1人，副主任1人，部员2人。2013年3月，在大连增设记者站，设定员1人。2015年2月，党员电教站职能划归局党委（附属），人员、设备从有线电视台剥离。到2015年末，沈阳铁路局有线电视台在职人员52人，机构设置为总编室、记者部、专题部3个部门，下设长春、吉林、通辽、锦州和大连5个记者站。

第六节　运输安全影视新闻

一、中心工作影视报道

2000年，抓住提速、调图、加开临客、五定班列开行等节点，对基层单位营销工作情况进行重点报道。2004年，围绕"4·18"全国铁路第五次提速调图，从各单位提前宣传、认真准备、全力投入等多个方面，分时段、多层次进行宣传报道；深入春运一线，及时采写有特点、有深度、有影响的报道。2005年，重点报道路局实行直管站段体制改革后的新变化、新风采；以党员先进性教育、"与干部职工面对面、心贴心，改革形式任务集中宣讲"为重点，做好中心工作报道。2006年，重点做好"五一""十一"黄金周和春运等运输生产的报道；围绕京哈线提速改造工程，深入施工现场采访报道。2007年，对"4·18"全路第六次大提速进行重点采访报道；对动车组首开仪式报道进行精心策划，并跟车全程采访；3月份抗击特大暴风雪期间，组织人员深入雪害一线，做好宣传鼓动工作同时，用影像记录广大干部职工抗击特大暴风雪、确保大动脉畅通的珍贵资料；夏季抗洪抢险中，深入长图线水害现场，收集抗洪抢险的感人事迹，展现干部职工的精神风貌；围绕路局实施"全局增量在通霍"战略，深入通霍线及通辽地区各单位进行采访报道。2008年，中国南方发生特大雨雪冰冻灾害，及时派出报道组赶赴灾区，通过现场电话连线等方式播发十几条新闻；"5·12"汶川大地震后，选派记者主动赶赴灾区，及时传回现场画面，对沈阳铁路局全力支持地震灾区救灾开行的"抢"字头"救"字头、"房"字头等专列情况进行现场报道；对通霍线扩能改造、战略装车点建设等情况进行集中报道。2009年，以增运补欠百日会战为报道重点，开设"增运增收节支降耗"专栏，集中报道各单位抓住时机、争取货源、全员行动、增收补欠的事迹；邀请客运、货运、财务、劳资等7个处室负责人录制增收节支系列访谈节目；对扎哈淖尔至伊图塔、珠斯花至贺斯格乌拉两条铁路建设情况及时跟进报道，留存大量影像资料。2010年七八月份，全局遭受特大洪灾，开辟"抗洪抢险救灾英雄谱"专栏，深入抗洪救灾现场采访，宣传抗洪抢险救灾先进典型和感人事迹；挖掘西部铁路建设者先进典型，做好新闻报道。2011年，把安全生产作为全年报道重中之重，开设"安全责任 重于泰山"专栏，报道各单位贯彻落实铁道部党组书记盛光祖提出的"三个共识""三个重中之重"、沈阳铁路局"九条命令"等方面的典型做法和工作动态。2012年，以安全风险管理、工务系统"三整

"顿"工作为重点，将运输安全报道贯穿全年；组建冬运西部报道组，对各单位特别是西部地区干部职工战风雪、保畅通的先进事迹进行采访报道，拍摄了大量珍贵的镜头和精彩画面；汛期，沈大、沈山、沈丹线发生严重水害，及时报道抗洪抢险先进事迹；围绕哈大客专建设，分阶段步骤进行连续报道，真实记录工程建设情况，并积累了大量素材和资料；《沈铁新闻》开设《春运进行时》《创先争优》《兵头将尾》《最美沈铁人》等专栏，播发了大量典型报道。2013年，围绕各系统"三整顿"工作，加强货运改革品牌创建等路局、局党委中心工作，设计片花、开辟专栏，集中播发各单位落实情况；8月中旬，大郑、平齐、浑白、梅集、沈吉线先后不同程度发生水害，派出4个报道组在现场坚守10昼夜，采制56条新闻在《来自抗洪一线的报道》专栏中播发。2014年，围绕运输安全工作，在新闻中开辟专栏，报道各单位精检细修、消除隐患，扎实开展"安全风险管理大家谈"活动的经验做法；围绕重点工程建设，抓好节点报道，对沈阳南站、沈西工业走廊宝马专用线建设及开通情况、薛家配件厂工业园区改造工程建设情况、盘锦港前物流基地全面竣工情况进行重点报道；围绕西部铁路收官之作——嘎达布其物流园区铁路专用线建设，组织记者六下西部，全过程进行拍摄采访。2015年，围绕加快推进铁路现代物流建设，《沈铁新闻》开辟"推进现代物流建设""营销创效故事"等栏目，对货改亮点进行集中报道，并制作开行东北货运快车营销宣传片，每天在沈铁有线电视频道播放；路局打响货改第二战役，针对

"百天十仗"进展情况，先后跟踪拍摄沈阳局首趟运输长春一汽小轿车专列、95306网站增设辽沈吉林服务市场专区、长春到施瓦茨海德开行中欧班列等情况，并及时播发新闻；围绕沈丹高铁、吉图珲高铁、丹大快速铁路开通运营，组织记者对旅客乘坐高铁感受、列车餐售情况、司机平稳操纵情况等进行了跟踪报道，并制作系列形象宣传片。

二、思想教育影视报道

2000年，大力宣传"命运共同体教育"基层单位落实情况，深入基层报道典型、挖掘经验，增加新闻播出量，推动"安全第一"教育日常化。2001年，对"三个代表"重要思想学习情况进行重点报道；对三级班子开展整顿"三风"和克服"三个主义"的学习情况、全局"三新"教育开展情况及时报道；播发动态新闻和典型经验，为全局"双学双促"教育活动深入开展营造氛围。2002年，围绕学习贯彻六中全会决定、江泽民"七一"讲话、江泽民"5·31"讲话，及时、准确对学习情况进行采访报道。2003年，对学习贯彻"三个代表"重要思想进行重点报道；在"干部作风、职工'两纪'系列问题大曝光、大讨论、大整改"中，公开曝光干部作风、职工两纪中存在的严重问题，在全局引起振动；对"十大营销状元"和"十大节支能手"的评选、表彰情况及时报道，宣传典型经验。2006年，对党的先进性建设、树立社会主义荣辱观、加强铁路和谐文明建设情况进行报道，对吉林工务段巡道工刘学臣、大连站问事员吕玉霜、通辽机务段工长白凤刚先进事迹大力宣传，营造学习先进、

沈阳铁路局有线电视台新闻、专题节目获奖统计

表7-7-1

年度	题　目	获奖情况
2011	《冲不垮的钢铁脊梁》	中国铁路记协好新闻作品评比专题类一等奖
	《挺进西部》	中国铁路记协好新闻作品评比专题类一等奖
	《直击抗洪抢险第一线》	中国铁路记协好新闻作品评比消息类一等奖
2012	《列车"美容师"》	"第十六届中国行业电视节目展评"新闻片类一等奖
	《草原列车不了情》	中国铁路记协专题类评比一等奖
2013	《风雪西部——狭路相逢勇者胜》	"第十七届中国行业电视节目展评"新闻片类一等奖
2015	《文化引领安全路》	国家安全总局、广电总局等部委评为三等奖

崇尚先进、超越先进氛围。2007年，对广大干部职工认真学习科学发展观、党的十七大精神情况进行深入全面报道；宣传运输经营形势，并制作局情教育影像资料。2011年，对"转机制、闯市场"试点单位典型案例进行采访报道；跟进报道全局"干部职工大谈心活动"进展情况；开设"纪念中国共产党建党90周年，我为党旗添光彩"专栏，对先进基层党组织和优秀共产党员进行了集中报道。2012年，党的十八大隆重召开以后，对各单位收听收看开幕式盛况、传达贯彻党的十八大精神、路局成立十八大精神宣讲报告团等情况进行重点报道。2014年，围绕党的群众路线教育实践活动，按照步骤，分阶段进行采访报道，及时反映各单位活动开展情况，增强感染力和影响力。

第七节　重点、专题节目展播

2008年，制作的专题片《冰雪支南路》《爱心之旅》在铁道部影视中心播出，受到好评。2009年，按照路局、局党委开展基础整治的部署要求，举全台之力，利用两个多月时间，对车、机、工、电、辆、客、货等七个系统工作落实情况进行深入采访，制作多部专题片。2010年，编制电视专题《冲不垮的钢铁脊梁》《挺进西部》，在行业新闻评选中获得荣誉。2011年，局"三会"召开前夕，在不到两周时间里完成《傲立潮头闯市场》《万千广厦惠民生》《开创服务新境界》三部专题片制作，在职代会上播放。2012年5月，制作的专题片《多元一体拓新路》，在铁道部沈阳多元化经营工作会议上播放，取得良好效果。党员电视站从专题部剥离后，除按时完成每季度党员电教片的采编、制作、光盘刻录和发放任务外，对"示范党课到一线"活动全程录像，制作教育材料和光盘及时下发。2013年，一方面围绕运输生产、货运改革、安全管理，精心制作《科学发展铸辉煌》《挺起西部钢铁脊梁》《搏击洪灾的沈局力量》《永不褪色的旗帜》等大型专题片；另一方面在题材小中见大、内容亲和朴实上下功夫，专题片《情暖回家路》《21名女工"唱大戏"》《故事里的

事》赢得普遍认可。此外，在完成9期示范党课到一线活动全程拍摄基础上，将两期"路局贯彻党的十八大精神提升领导科学发展能力领导干部培训班"全程内容刻录光盘，制作教材下发各单位。2014年，围绕推进全局重点工作，请路局13个业务处室相关人员走进演播间，录制"处长访谈"，在本台和基层单位小电视台播出；年末，围绕全局开展的"安全风险管理大家谈"活动，录制"话风险、讲案例、论三化"处长电视讲坛节目，10个处室相关负责人做客演播室。制作西部铁路建设全景回眸专题片《奋进的足迹》《惠民强局圆梦路》，在全局西部铁路建设表彰大会上播放；围绕全局实施港口战略，制作专题片《铁港大棋局》，在全局港口工作会议上播放；围绕推进企业文化建设，制作专题片《文化的力量》，在全路安全文化建设现场会上播放，并上报总公司党组。全年采编制作工作专题片13部，均在各系统现场会上播放。从6月份开始，每月制作一期机关干部包保工务班组教育专题片。党员电教站制作专题片《难忘春天，不负春光》，在入党积极分子培训班作为教育展示片播放。2015年，沈阳铁路局有线电视台与宣传部共同制作路局改革发展纪实专题片《乘风扬帆正远航》，在铁路现代物流建设现场会期间播放；制作感动沈局第二届十大道德模范事迹专题片，在全局表彰大会上播放；制作路局经营形势教育专题片《增收节支大攻坚》；制作人身安全教育专题片《滴血的忠告》；与路风办共同拍摄制作路风专题教育片《冲动的代价》；制作路局职教培训工作专题片《人才强局的战略支撑》；拍摄并制作薛家工业园区生产能力汇报片；制作反映沈阳局安全文化建设的专题片《文化引领安全路》。此外，邀请13个处室相关负责人走进演播室，录制了"话形势、论经营、议盈亏"处长电视专题访谈。

第八节　小电视台建设

2013年初，按照沈阳铁路局党委安排部署，各基层站段开始筹备成立小电视台。局有线电视台负责业务指导，并对各站段小电视台采制的优

秀稿件进行编排，在《沈铁新闻》中播发。年初，印发调查问卷100多份，组织人员到沈阳、吉林地区部分单位调研，调研报告《建起来、播起来、管起来》为局党委出台相关办法提供了重要参考。下发《关于创新电视节目内容 拓展宣传功能的通知》，对基层单位小电视台发挥作用提出具体要求，各单位小电视台建设、管理步入正轨。年末，组织开展全局十佳小电视台和好专题片评选活动，进一步激发工作积极性。先后举办了电视摄像、新闻写作培训班、播音主持培训班和新闻编辑、专题制作培训班，对91个基层单位300名小电视台从业人员进行了全面培训。基层单位小电视台全年共在《沈铁新闻》中播出稿件200篇，其中头条和好新闻28篇。2014年底，与局党委宣传部共同开展"十佳"小电视台、专题片评选，共有47个小电视台、59部专题片、31部课件、43部微电视、47名记者（编辑）参加评选。在局党校对百家小电视台工作人员进行集

中业务培训。利用FTP服务器，形成电视新闻传输网络，实现视频资源共享，为小电视台采制新闻在《沈铁新闻》播出创造了条件。结合全局重点工作，局电视台每月给小电视台下发报道重点，每季公布刊稿篇数，定期向小电视台约稿，督促和指导小电视台加强新闻报道。2015年，与沈阳铁路局党委宣传部共同开展十佳小电视台、十佳专题片、十佳理论学习教育课件、优秀记者（编辑）评选活动。采取请进来、走出去等方式，对小电视台从业人员拍摄、编辑、播音、专题片制作等方面进行业务培训。基层小电视台共194人到局党校参加了封闭式集中培训，5家基层单位小电视台先后派人来电视台跟班学习。在感动沈局第二届十大道德模范、抗击雨雪冰冻灾害等新闻报道中，局电视台和小电视台在人员、设备、素材、资料等方面，实现了互联互通，资源共享。

第八章　党校工作

中国共产党沈阳铁路局党校是在局党委领导下，教育培养党员领导干部的重要阵地。作为沈阳铁路局干部培训中心，同时承担着路局有关部门对党员干部的各种培训和轮训。1996—2000年，沈阳局党校（校址在锦州）根据形势任务的需要，培训重点以学科教育和函授学历教育为主，先后举办领导干部理论研讨班、学习十五大精神理论骨干培训班、中青年干部理论培训班、1982年以来毕业大学生专题培训班等各类培训班129期，培训党员干部6750人。2001年7月局党校迁址沈阳后，培训重点转向以基础理论教学和岗位适应性培训为主，抓党的理论教育和党性教育，不断加强和改进教育方式方法。重点抓示范党课和党史及形势任务专题教学，先后开设党的基本理论、十八大精神、社会主义核心价值观等专题讲座20余个，现场授课140多场次，参加听课23000人次，促进了各级干部理论水平与实践能力的提升。

第一节　党校组织系统概况

1994年8月1日，原铁道部党校锦州分校撤销，就地重新组建为沈阳铁路局党校。学校设组教处、办公室、政治教研室、经济教研室、管理教研室、基础教研室、理论研究室、工运教研室、调研室（党校工作科）、行政管理室、函授部、财务科、图书馆，另设多种经营办公室。党群机构设机关党委、机关工会。定员编制总数为119人。其中，校级领导职数为3人。多种经营办公室32人，另列编制。机关工会主席1人，列工会编制。专业职务定编教授3人，副教授18人，高级政工师1人。1998年，增设理论研究室。

2001年7月15日，撤销锦州的沈阳铁路局党校，并在沈阳重新组建铁路局党校。2005年10月，原沈阳铁路分局党校并入铁路局党校。2010年7月26日，成立沈阳铁路局干部培训中心，与沈阳铁路局党校一个机构，两块牌子。

学校总占地面积5.4万平方米，建有办公楼、宿舍楼、综合楼、图书馆楼、学员餐厅等基本设施，拥有浆洗房、汽车库、锅炉房、体育场等配套设施。住宿床位332张，餐厅可接待360人同时就餐，能容纳460人的多功能报告厅1个，大小会议室5个，图书阅览室2个，电子阅览室1个，电教室4个，微机室3个，可满足150人同时上机。设有室内体育馆、健身房、活动室各1个。设办公室、教务科、培训科、政治教研室、经管教研室、铁道专业教研室、图书信息室、财务科、总务科、伙食科10个科室。定员90人，其中教学、管理人员45人，生产人员45人。领导职数4人，校长由沈阳铁路局党委书记兼任，设常务副校长兼干部培训中心主任1人、副校长兼干部培训中心副主任2人、干部培训中心党委书记兼局党校副校长1人。2014年6月3日，增设局干部培训中心党委助理员定员1人。2015年6月4日，沈阳铁路局人民武装部武器库撤销，整建制移交局党校，成立实训科，新增加定员4人。

党校在路局党委领导下，负责全局党员干部、领导干部、党务干部、入党积极分子的马克思主义理论、党的方针政策、企业管理等知识的培训和轮训；按照铁路局人事处（党委组织部）要求，负责与相关处室联系，落实全局干培计划，制订教学计划，组织教师备课，总结教学经验，提高教学质量和水平；围绕全局改革发展形势和安全运输生产和经营管理重点，深入开展调研、科研，为企业发展服务；负责学员管理，对在校学员的学习状况以及各方面表现进行考核考察；加强党校教职工队伍建设，制订并落实职工队伍建设方案。

第二节　干部培训

一、各类培训班

1996年至2000年，沈阳铁路局党校设在锦州期间，培训的重点以学科教育和函授学历教育为主。根据形势任务的需要和培训对象的特点，有针对性地设置课程，调整教学内容。5年中共举办领导干部理论研讨班、学习十五大精神理论骨干培训班16期，参加培训805人。举办了车、机、工、电、辆系统站段领导干部资产经营研讨班、营销理论培训班，以及工会干部、纪检监察干部、中青年干部理论培训班和1982年以来毕业的大学生专题培训班等113期，培训学员5945人。

2001年7月迁址沈阳后，培训重点转向以基础理论教学和岗位适应性培训为主。同年举办了28期路局机关干部全员轮训班，共2091人参加。从2002年起，所有当年接收的高校毕业生全部到党校接受岗前适应性培训。2005年撤销分局，实行路局直管站段后，培训量急剧增加，最高时达到每年6342人。到2009年共举办各类培训班205期，培训26024人，主体班次为领导干部学习党的十六大精神和科学发展观集中培训。2010年培训总量创历史最高记录，全年共培训7725人，其中主要培训对象为入党积极分子1805人，全局专兼职党支部书记5066人。2011年至2015年，局党校重点抓示范党课和党史及形势任务专题教学，开设了党的基本理论、十八大精神、群众路线、反腐倡廉、社会主义核心价值观、路情局情等专题讲座20余个，授课140多场次，参加听课23000人次，录制教学光盘数万张，编写示范党课教材2本，教学案例1本，参考教材3本。5年间共培训23560人。"示范党课到一线"获辽宁省委党建工作创新一等奖，局党校被评为辽宁省党建工作先进单位。

二、教学改革

在实践中不断改进创新培训形式，增强教育培训的针对性和实效性。1996年到1998年，重点是以专题教学和提升性培训为主。1999年推行大幅度教学改革，实施新课试讲、讲课竞争上岗以及末位淘汰制度，重新制定了教师工作标准和考核标准，促进教学质量不断提高。2001年起引入多媒体演示授课方式。2004年，进一步创新培训模式，开展主题研究式教学、情景模拟式教学。主题研究式教学即围绕一个主题，以教师为主导，以学员为主体，抓好"六个一"，即：讲授一个主题课程，组织一次集体研讨，开展一次课题调研，进行一次个别指导，形成一个研究报告，组织一次集中交流的教学方法。情景模拟式教学，即对应教学内容设置一定的情景，分配学员担任不同的表演角色，结束后扮演者、观摩者和教学人员共同进行点评，分析成功与不足之处，提出改进提高的意见。2006年起推出拓展训练式教学。在校内建设了一万多平方米的拓展训练基地，安设了攀岩、天梯、空中抓杠、断桥、电网等28项训练器材，编制了全套训练方案，组建了一支24人的培训师队伍，对站段党委书记班、高校毕业生岗前培训班等学员进行了以提升心理素质、团队意识和创新能力为主旨的拓展训练。2012年开展示范党课到一线，把课堂延伸到基层，教师授课到一线。2013年开始尝试应邀送课式教学，即推出教学课程"订单"，由基层根据实际预约，党校按约定时间送课上门。先后推出了"深刻理解、努力践行社会主义核心价值观""认真学习深刻领会四中全会精神""继承光荣传统，发挥党员的先锋模范作用""适应新形势，谋求新发展""忠诚履职"和"公文写作"等专题讲座题目。2014年、2015年党校"示范党课到一线"团队被评为党内优质品牌。2015年在全局专职党支部书记培训班进行了综合教学改革试验，根据形式设计内容、针对内容创新形式，使情景式、体验式、互动式、模拟式、引导式教学融为一体，进一步促进了教学结合、学用相长。

三、函授教育

1996年至2008年，局党校承担中央党校铁道部党校函授分院沈阳学区本、专科学历函授教育任务，设立经济管理和法律两个专业，期间共培养学员9556人，其中，本科2886人，专科6670人。1997年11月，铁道部党校函授分院在广西北海召开全路党校系统函授工作会议，沈阳局党校被评为全路"十佳先进函授学区"。局党校函授学历教育到2005年结束招生，2008年沈阳学区的学员全部毕业。

第三节　科研调研

局党校在局党委的正确领导下，以研究党的路线、方针、政策为方向，以服务企业、服务教学为宗旨，坚持发挥教学骨干和学术带头人的作用，根据时代变化和实践发展，加强理论总结和理论创新，开展重点课题调研，注重加强团队合作和内外协作，为局党委决策提供了理论成果支持。

一、重点课题

2000年完成国家社会科学基金重点立项课题《交通运价理论研究》，同年编写的《关于加快八二年以来全日制大学生进站段领导班子步伐几点建议》被局人事处推荐到部人事司。2001年撰写的调研报告《关于培训基层站段兼职支部书记的调查》被局党委评为优秀调研文章。2008年完成铁路局立项课题《铁路职工心理素质与拓展训练》。2010年完成铁路局立项课题《关于创新铁路干部培训模式研究》。2013年撰写的《实施安全风险管理的几个问题》《关于对入党积极分子进行集中培训的调研》等调研报告得到了局领导的批示并向全局转发。2015年确定的《依法治企运行机制的建立和完善》《干部理论培训方式的改进与创新》《示范党课效果的评估与深化》《影响职工心理变化因素的研究与思考》等4个调研选题得到了局党委领导的批示和肯定。1996年至2015年间，共完成铁路局重点调研课题13项，辽宁省党校系统科研协作课题16项。荣获省部级科研奖15项，完成著作8本。发表国家级论文26篇，省部级论文149篇、市地级论文237篇。入选省部级以上研讨会论文38篇，其中22篇获奖。1997年科研工作获辽宁省党校系统科研组织奖。

二、创办校内刊物

1998年至2005年间编发《铁道政工学刊》5期，《教研参考》16期，《信息潮》4期。2000年至2005年编辑出刊《参考资料》90期，《推荐书目》24期。2011年开始编写《理论微博》，在局OMIS网党委网页上连载发布，共2000余条，汇编成3本《理论微博集萃》，发至全局车间班组学习。组织教学骨干编写各类教材。1999年编写了《铁路运输市场营销之道》，2010年编写了高校毕业生岗前培训教材，2013年编写了《示范党课讲义》教材，2014年编写了《党的群众路线经典论述》《中华传统美德经典故事》，其中《中华传统美德经典故事》在《沈阳铁道报》陆续转载。

第四节 设施建设管理

一、校址搬迁扩建

1996年，局党校设在锦州期间，校址为辽宁省锦州市延安路5段15号。占地面积26亩，建筑面积1.65万平方米，拥有教学办公楼1幢，图书馆楼1幢，学员宿舍楼2幢以及食堂等设施。1997年校门立柱南移，使校园整体布局更加优化。2000年改造了校园花坛，对地面进行了硬化处理，连通了南北宿舍楼。2001年，在沈阳重新组建局党校，校址设在辽宁省沈阳市东陵区英达镇英达街3-105号。校内建有教学楼1幢、宿舍楼1幢和室内体育馆、学员餐厅。2002年12月，新建综合楼投入使用。同年改建了校门，加高了围墙，并开垦了十几亩荒地，修缮了3栋破损房舍，建成了绿色副食基地。2003年新铺设彩砖600平方米，沥青路面近3000平方米，草坪6000平方米。2006年建成拓展训练基地，进一步健全了党校办学功能。2007年新建职工健身房，增设室内外健身设施。2010年新建了职工活动室，进一步改善了教职员工开展文体活动的环境条件。2014年，开发了以"八景"为代表的人文景观。2015年路局立项投资对教学楼前运动场进行了全面改造，新建了2万余平方米、1010个观众席位、拥有6条400米跑道和标准足球场的体育场以及520平方米配套功能房，具备了举办职工运动会的基础条件，全面提升了校园文化品格。开展"三园"建设，建成了集果园、菜园和花园为一体的绿色生态园。

二、后勤设施管理

1996年到2001年，设在锦州的局党校拥有良好的后勤服务设施，包括功能配套完善的学员食堂、宿舍和其他辅助设施。1997年新建了门卫锅炉房和浴池，大修了食堂提升机和仓库，更换了学员桌椅和软床弹簧，改木质教室窗户为铝合金。1998年新增桌椅120套，更新了学员宿舍床单和窗帘。2000年对办公楼、宿舍楼、图书馆楼顶进行防水大修，粉刷图书馆室内，为教室安装了空调，宿舍增设了电风扇。2001年迁址沈阳后，路局在改善党校服务设施上加大投入，为宿舍配置了空调、电视机和新床铺等设施。2003年

建成箱式变电站，改建锅炉房、汽车库，扩建会议室。2004年，对学员餐厅进行了改造。2005年配置大型洗衣机，建成了浆洗房。2006年改造了职工浴池取暖方式，变自取暖为集中供暖。2008年新建标准液化气间，从根本上消除了液化气与火源无隔离带来的安全隐患。改造了洗衣房，增配了熨烫机和大型洗衣机，大幅度提高了浆洗效率，降低了劳动强度，节省了人力成本。2010年对部分房屋给排水系统、屋面防水、暖气管道进行全面更新。2011年对学员餐厅进行了大修维护，扩建车库，完成外引水源工程。2012年，为彻底解决多年来饮用水水质不合格问题，新建机井一处，开采出的地下水32项指标全部达到国家优质标准。2013年新建污水处理站，确保排放符合国家环保要求。2014年对校园内楼体、路面和给排水管线进行全面整修，扩建了食堂人员休息室，新建了职工停车场。2015年对锅炉进行换型改造，将燃煤锅炉改为燃油锅炉，达到了省环保厅的环评标准。配套完善了教职员工办公职场设施，进一步优化了教学和办公环境。

三、信息化建设

1996年，建成电教室和微机室，可满足100人电化教学和30人上机操作。1997年实现了与原铁道部党校图书馆远程互联。1999年初步建成计算机局域网络系统。2003年扩建电化教室4个，相继购置了投影仪、摄像机、数码相机等电教设备。2005年配置了152台微机，安装了宽带网、局域网以及电视接收设备。2006年安装了有线电视，解决了校内电视接收频道少、效果差的问题。2008年实现了校园内联网，试行无纸化办公。2010年新建了44台联网微机的电子阅览室，新建两个期刊和图书阅览室，所有学员宿舍房间全部更换了液晶电视，综合楼安装无线网络接收装置。2014年安装了报告厅电子显示大屏幕，为召开会议、举办培训班提供了视频演示载体。2015年建成党校信息管理系统平台，推行网上公文流转和无纸化办公，提高了工作效率，降低了成本支出。对互联网宽带进行了扩展，将原有5M升级为100M，使校内网络访问速度大幅度提高，为局党校更好地开展教学和培训提供了信息支撑和科技保障。

第九章　纪律检查（行政监察）

　　党的纪律检查（监察）工作是党的建设的重要组成部分。1996年至2015年，沈阳铁路局党委认真落实党风廉政建设主体责任，严格落实第一责任人职责，领导班子成员严格落实"一岗双责"。各级纪检监察组织面对铁路改革、大规模铁路建设等新形势新任务，坚持在路局党委领导下，紧密围绕各个时期重点任务，通过主题教育、廉政警示教育和正面典型教育，扎实开展党风廉政教育，从源头上筑牢了思想防线。突出工程建设、物资采购、资金管理、运输生产、干部选拔任用等重点领域，加强源头治理，推进全局党风廉政建设。围绕运输经营管理重点、安全生产难点和职工关注的热点，深入开展执法（效能）监察，为全局安全运输生产提供了保证。坚持"有案必查、违纪必究、执纪必严、办成铁案"的基本原则，集中力量严肃查处了一批违纪违法案件。党的十八大以来，全面落实党风廉政建设责任制，把党风廉政建设提上党委重要议事日程。持续深入开展反腐倡廉教育，坚持抓好案例警示教育，起到查处一案、教育一片的警示效果。充分发挥反腐倡廉教育基地作用，用身边事教育身边人，党员干部廉洁自律意识得到新的增强。突出工程建设、物资采购、资金管理、车皮车票、非运输企业等重点领域，进一步深化廉政风险内控机制建设，分解权力，健全制度，制定内部分工科学、制约合理、程序严密、便于操作的工作流程，形成科学有效的权力制约机制。坚持有案必查、违纪必究，坚决查处领导干部以权谋私、权钱交易行为，违反中央八项规定精神和"四风"方面的突出问题。纪检监察组织协助党政组织加强对党风廉政建设责任制执行情况的监督检查，对发生重大腐败案件和不正之风长期滋生蔓延的单位、部门实行"一案双查"，确保了党风廉政建设责任制落到实处。保持案件查办的高压态势，严肃查处

违纪违法问题，1996年至2015年，全局共查处案件3022件，处分党员2935人，为企业挽回直接经济损失9621.12万元。

第一节　纪检监察组织概况

　　中共沈阳铁路局纪律检查委员会和沈阳铁路局监察处合署办公，履行党的纪律检查和行政监察两种职能，受局党委、路局和铁路总公司党组纪检组、监察局领导。中共沈阳铁路局纪律检查委员会由全局党员代表大会选举产生，是全局党的纪律检查领导机关，主要任务是监督检查党的路线、方针、政策和决议的贯彻落实，协助局党委抓好党风廉政建设和组织协调反腐败工作。沈阳铁路局监察处是沈阳铁路局行政监察部门，主要任务是依据国家的法律、法规和企业的管理制度，对局属管理部门、生产经营单位及其工作人员的经营管理行为进行监督检查。

　　1996年1月5日，按照《关于调整局机关党群机构编制的通知》规定，局纪委、监察处对内部机构、人员进行了调整，将原宣传教育处职能移交纪委办公室，调整后设办公室、纪检监察处、案件审理处、执法监察处，定员29人，领导职数为副书记1人，副书记、监察处长1人。2001年3月9日，按照《转发铁道部、铁道部政治部关于公布铁路局、分局机关编制限额和领导职数的通知》和局机关机构调整、减员增效的要求，局纪委、监察处对内部机构、人员进行了调整，信访工作由办公室移交案件检查处，调整后设办公室、案件检查处、案件审理处、执法监察处，定员由原来29人减少为22人，领导职数为副书记、监察处长1人。

　　2005年3月18日，长春、沈阳、大连、锦州、通辽、吉林、通化等7个分局（公司）撤销，各分局（公司）纪委同步撤销，成立7个办事处纪律检查工作委员会，各办事处不再具有管

理站段职责，实行路局直接管理模式。6月17日，按照《关于调整局机关及附属单位党群机构编制的通知》（沈铁委〔2005〕10号）规定，局纪委、监察处设办公室、案件检查室、案件审理室、执法监察室、路风监察室（不占纪委编制，列行政定编），定员22人，领导职数为副书记1人，副书记、监察处长1人。2006年10月17日，局纪委、监察处设案件审理室、案件检查室、执法监察室、路风监察室（不占纪委编制，列行政定编），定员减为17人。2008年1月12日，按照《关于将局纪委案件审理室更名为局纪委案件审理（办公）室的通知》（沈铁党组函〔2008〕1号）规定，局纪委案件审理室更名为局纪委案件审理（办公）室。2012年4月17日，按照《关于调整局纪委、监察处定员编制的通知》（人组函〔2012〕12号）规定，局纪委、监察处增加定员编制10人，其中案件检查室增设副主任定员1人、纪检监察员定员5人；执法监察室增设纪检

监察员定员2人；案件审理（办公）室增设副主任定员1人、纪检监察员定员1人。调整后，局纪委、监察处定员总数为27人。2013年2月7日，局纪委、监察处增加定员编制5人。调整后，局纪委、监察处定员总数为32人。2014年4月25日，在阜新成立沈阳铁路局反腐倡廉教育基地，列局机关附属机构，定员5人。2014年12月6日，按照《沈阳铁路局党委关于公布局机关党群机构编制的通知》规定，撤销案件审理（办公）室，成立办公室和案件审理室，局纪委、监察处内设机构由4个变为5个，定员27人。

第二节 党风廉政建设

一、党风廉政建设工作会议

1996年至2015年，在每年的局党委全委（扩大）会议和全局工作会议上，都由局纪委作党风廉政建设工作专题报告，并且每年都召开党风廉政建设工作会议。1997年3月26日至27日，在全局反腐败和党风廉政建设工作会议上，讨论并修改了《沈阳铁路局关于在领导干部中开展"述廉、评廉、考廉"活动的规定》《沈阳铁路局关于对领导干部新任职实行党风廉政谈话教育制度的规定》和《沈阳铁路局关于对领导干部实行党风廉政建设考核档案制度的规定》等制度办法。1999年3月30日至31日，在全局党风廉政建设工作会议上，以图片展览的形式展示了全局反腐倡廉工作成果。2001年2月28日，在全局党风廉政建设工作会议上，表彰了沈阳工务段等18个党风廉政建设率先垂范领导班子、张魁等19名党风廉政建设勤廉兼优领导干部。2009年1月11日，在全局纪检监察工作会议上，对2008年全局纪检监察工作10个先进纪检监察组织和45名优秀纪检监察干部进行表彰。2013年1月21日，路局、局党委在沈阳召开全局党风廉政建设工作会议，局党委副书记、纪委书记作了题为《深入推进党风廉政建设，为开启平安和谐幸福沈局新征程提供有力保证》的工作报告。2014年1月15日，路局、局党委在沈阳召开全局工作会议暨党风廉政建设工作会议，局党委副书记、纪委书记作了题为《强化制约监督，深入反腐倡廉，为全局改革发

1996—2015年沈阳铁路局纪检监察组织统计表

表7-9-1

年份	纪检监察组织数量	纪检监察干部人数
1996	362	540
1997	350	563
1998	332	470
1999	312	425
2000	291	403
2001	280	377
2002	273	402
2003	197	342
2004	191	350
2005	161	316
2006	120	318
2007	133	335
2008	125	340
2009	125	340
2010	132	353
2011	179	366
2012	174	409
2013	196	364
2014	184	383
2015	183	336

展提供坚强纪律保证》的工作报告。2015年2月2日，路局、局党委召开全局工作会议暨党风廉政建设工作会议，局党委书记、局长对全局加强党风廉政建设工作提出具体要求，局党委副书记、纪委书记作了题为《落实两个责任，从严正风肃纪，坚定不移推进全局党风廉政建设》的工作报告。2月10日，在全局纪检监察工作会议上，传达了铁路总公司党组纪检组组长安立敏在全路工作会议上的讲话精神，10个单位纪委书记进行了履行监督责任情况述职，分别对2014年查办案件、信息、案件审理、执法监察和源头治理、路风工作和基层单位纪委书记述职报告进行点评。

二、反腐倡廉教育

（一）主题教育活动

1996年，全局开展以自编的《廉洁自律拒腐防变系列教材》为基本教材的廉洁自律教育，以《夸夸身边好党员好干部》为基本教材的党风廉政先进典型教育和以《党纪政纪条规手册》为基本教材的条规教育。各级纪检监察机关组织近12万党员干部参加全国党纪政纪条规知识竞赛。1997年，在全局开展了以"讲学习、讲政治、讲正气"为主要内容的党性党风党纪教育，在全局党员干部中开展学《廉政准则》、学《纪律处分条例》活动，采取"学原文、看录像、听辅导、搞测试、树典型"的方法，开展系列教育活动。各单位在党员干部中开展"学条例、当模范，做遵章守纪的好党员好干部"活动；在领导干部中开展"学准则、当公仆，做精神文明建设带头人"活动。1998年，全局各单位以中央《纪律处分条例》《廉洁自律准则》和其他各项党内法规为基本教材，以局纪委编印的《纪律处分条例辅导讲座》为辅导教材，有步骤地开展党风党纪和廉政教育。1999年，以领导机关、领导班子和领导干部为重点，围绕"三观"（世界观、人生观、价值观）、"三政"（德政、廉政、勤政）、"三纪"（党纪、政纪、法纪）主题，有的放矢地开展了党纪条规再教育。2000年，全局各级纪检监察组织对2914名干部进行了党风廉政谈话教育，组织4286名干部参加述廉评廉考廉，为5512名干部建立了廉政档案。2001年，编印

《党风廉政建设学习资料》，重申中纪委五次全会关于领导干部廉洁自律的新规定，进行廉政规范教育。2002年，《沈阳铁路局领导干部廉政作风守则》为教材，在全局副科职以上党员干部中开展了"党风廉政谈话教育年"活动。坚持党委统一领导，党政齐抓共管的思路，有计划、分层次对党政正职、关键岗位、职务变动、新任职、有不良反映和犯了错误的领导干部实行"六必谈"，共对14972名科级以上领导干部进行了党风廉政谈话教育。2003年，局纪委、监察处确立"以民为本讲德政、与民同乐树廉政、为民造福抓勤政"活动主题，在全局各级党员干部特别是领导干部中深入开展廉政形象教育活动。全局各单位组织81240名党员干部观看《真情最有力量》电视教育专题片并开展大讨论活动，撰写体会文章3388篇。2004年，全局各级纪检监察组织立足实际，广泛开展了廉政规范、廉政形象、廉政警示三大系列教育。开展了学习贯彻《两个条例》"学、查、评、改"集中教育活动，印制《党纪处分条例百题问答》《党内监督条例百题问答》和《以案对规一百题》。三级领导班子成员对照《两个条例》，征求职工群众意见4625条，查摆问题1465件，制定整改措施1322件。全局副处级以上领导干部进行宣讲494次，结合实际撰写体会文章3024篇。26243名党员干部学习了一套文件，18687名党员干部观看了《两个条例》辅导电教片，118735名党员参加了学习《两个条例》党课，30140名党员干部参加了《两个条例》测试，优秀率达到93.3%。2005年，全局各级纪检监察组织深入开展廉政规范、廉政形象、廉政警示和廉政谈话等系列教育方式。结合保持共产党员先进性教育活动，组织各级纪检监察组织对新任职和新提职党员干部全部进行了任职后廉政谈话教育，全局党政正职进行廉政谈话926人次；纪委负责人同下级党政主要负责人谈话1187人次；领导干部任职后廉政谈话234人；关键岗位人员廉政谈话1904人；诫勉谈话119人。

2006年，组织局机关和各单位对照"八荣八耻"反思查摆形象、作风上的问题，将670条廉政警句格言汇编成册，组织机关干部学习。制作140块廉政警句格言桌牌勉励干部、接受监督。

针对新体制、新布局领导干部廉洁自律工作出现的新情况、新问题，对加强"两节"期间各级领导干部提出"八不准"要求，做到早提醒、早提示、早预防。在生产力布局调整中，与检察机关配合开展"防止资产流失，维护改革大局"预防职务犯罪教育活动，举办讲座192场，进行案例教育236场次。局纪委对317名新任职的领导干部进行了廉政谈话；局领导班子成员同下级党政主要负责人谈话1480人次，基层单位领导班子成员同关键岗位人员廉政谈话5266人次；各单位纪委对有不良反映的620名干部和关键岗位人员进行了诫勉谈话。2007年，全局各单位组织学习贯彻《中共中央纪委关于严格禁止利用职务上的便利谋取不正当利益的若干规定》。对照《规定》要求，组织26572名中层以上党员干部认真搞好自查自纠，全局5789名中层以上党员干部和3498名"六管"部门党员干部，逐人填写《落实中纪委规定自我检查报告单》，存入本人廉政档案。在元旦、春节前，及时下发了《关于当前和"双节"期间领导干部严守廉洁自律规定的通知》，明确提出"八不准"刚性要求。局党校建立党风廉政建设教研室，加强对反腐倡廉教育工作研究和探索，并把反腐倡廉教育纳入党员干部培训班教学计划，在局电视台建立"廉政影院"专题节目，深受党员干部欢迎。2008年，全局开展以"讲廉政、重操守、作表率"为主要内容的主题教育活动，重点围绕"六个一"展开，即举办一次预防职务犯罪讲座；党政主要领导上一次廉政党课；组织党员干部观看一部警示教育片；对新提职、提级和有问题、有不良反映的党员干部进行一次廉政谈话；在春节前向领导干部发一组廉政短信；开展一次"牢记宗旨，为政清廉"廉洁自律知识测试。共举办讲座87次，上党课98次，播放警示教育片12部，组织1231名领导干部参加了廉政考试，向全局216名领导干部发出廉政短信。2009年，局纪委主要领导同全局各站段长和工程项目管理机构指挥长普遍进行廉政谈话教育，剖析案例，重申纪律，并严格履行廉政承诺程序。把廉洁从业党纪法规知识考试成绩作为领导干部提拔任用中的一道"硬杠杠"，考试成绩不合格者一律暂缓提拔任用，共对4批293名拟提拔领导干部进行了廉洁从业党纪法规考试，其中

6名拟提拔领导干部因考试成绩不合格暂缓提拔任用。开展节假日重点时期的规范教育，元旦、春节前对各级干部遵守廉洁自律规定提出硬性要求。严格规范领导干部"八小时"以外作风纪律，对全局313名领导干部八小时以外遵守作风纪律情况进行了专项检查。2010年，深入学习贯彻《中国共产党党员领导干部廉洁从政若干准则》。局纪委、监察处下发《廉政准则》学习教育读本2500册，在全局组织开展了以集中开展一次学习教育、重点开展一次案例警示教育、深入开展一次自查自纠、全面开展一次重点检查为主要内容的"四个一"学习教育活动，组织各单位领导班子召开专题民主生活会，认真自查自纠，共查摆出4个方面1829个问题，11304名党员干部做出廉政承诺。同时，将机关28个部门主要负责人廉政承诺在机关内公示。把党纪法规考试作为深化廉政教育硬约束的重要手段，先后5次对188名拟提拔领导干部进行了廉政从业党纪法规知识考试，7名拟提拔人员因考试成绩不合格被暂缓提拔任用。2011年，按照部党组《关于在全路副局级及以上领导干部中实行廉政承诺的通知》要求和部纪委部署，组织沈阳区域内的45名副局级及以上领导干部签署了廉政承诺书，组织全局2000多名副处级以上领导干部在全局电视电话会议上集中签署廉政承诺书，并在网上公示，接受监督。在节假日等重要时期，先后两次向2000余名副处级以上领导干部发送廉政寄语，超前进行提醒提示。组织全局纪检监察组织开展中国共产党成立90周年纪念活动，举办沈阳铁路局反腐倡廉建设成果大型展览，开展了廉政理论研讨征文，廉政文化书法、绘画、摄影作品创作活动。2012年，把《廉政准则》《廉洁从业规定》等党内法规作为中心组和党员干部学习重要内容，在局纪检监察网站设立"廉政课堂"和"视频讲座"专栏，每月一课、每季一个专题，组织党员干部深入学习规定，深刻反思查摆，切实整改问题。两级党委中心组集中学习516次，领导干部讲廉政党课827次；组织对全局2300多名领导干部进行测评，职工对领导干部满意率达98.6%。建立手机短信平台，创建"手机廉政报"，通过手机短信先后5次对全局领导干部进行提醒提示教育；3次通过手机廉政报，宣传反

腐倡廉部署要求，对全局领导干部进行提醒提示教育，提升廉政教育的覆盖面和影响力。2013年，局纪委坚持把反腐倡廉教育作为筑牢党员干部思想道德防线的基础性工作，加强领导干部权力观教育。在局党校连续举办9期培训班，集中对全局2300多名副处级领导干部进行《党章》《廉政准则》《廉洁从业规定》的教育。组织全局科级以上党员干部通读《党章》和《廉政准则》原文。组织全局副处级以上领导干部进行党纪条规知识在线考试，加深理解掌握，提高执行的自觉性。2014年，在全局开展"学廉、谈廉、考廉、守廉"主题教育活动，教育引导全局党员干部自觉做到知纪守法，严格自律，践行承诺，廉洁从业。组织全局中层以上干部结合分管工作，由上至下开展一对一廉政谈话，讲形势明责任，讲案例论危害。利用阜新反腐倡廉教育基地，对22批916名党员干部开展廉政警示教育。2015年，在全局党员干部中集中开展了以领导干部为重点的守纪律讲规矩教育活动，将习近平总书记重要系列讲话精神和党纪法规列出专题，纳入党委中心组和党员干部学习之中，采取专题辅导、两级中心组联组学习、体会研讨交流和上廉政党课、进行专题讲座等形式，强化纪律规矩教育。先后举办工程建设系统领导干部、新提拔领导干部、年内有子女婚嫁和升学事宜的领导干部、基层单位中层干部、关键岗位人员等34期2476人参加的廉政教育培训班；同时组织全局135批5480名党员干部到反腐倡廉教育基地进行参观教育。在元旦、春节、五一、国庆等重要时间节点，及时下发落实中央八项规定精神，务实节俭文明廉洁过节的通知，并向全局2400余名领导干部发送廉政短信，对严格遵守廉政纪律提出要求，对434名有问题反映和苗头性、倾向性问题的党员干部进行谈话提醒。

（二）廉政警示教育

1997年，组织党员干部参加辽宁省党纪政纪条规知识竞赛，观看《长天惊雷——大案要案警示录》录像片。1999年，采取"以案说纪"和"就案论理"的方法，组织三级班子、两级机关的领导干部认真学习中纪委编写的《典型案例剖析读本》，使广大党员干部特别是领导干部进一步明确了开展"三讲"教育的重要性，提高了遵

纪守法、廉洁从政的自觉性。2001年，通过编发《金钱毁前程》等两个案例通报，组织观看沈阳市"慕马"案件资料片，进行廉政警示教育，增强了各级领导干部廉洁自律意识和拒腐防变的自觉性。2004年，在廉政警示教育上，对安全经营管理中领导干部违规违纪和干部作风问题在《沈阳铁道报》公开曝光20件，各级干部廉洁勤政意识得到进一步增强。2005年，选择电务系统五名党员干部贪污受贿案件，进行深刻剖析，下发通报，组织全局党员干部学习，提高遵纪守法的自觉性。向各级干部推荐了《地狱门前》"读书思廉"学习材料，组织全局领导干部认真学习。

2006年，运用典型案例剖析和组织党员干部到辽宁省反腐倡廉警示教育基地参观腐败典型案例图片展览、观看警示教育电视专题片、听取职务犯罪人员忏悔、参观服刑人员改造场所等。2007年，在全局开展了以违纪代价为主要内容的违纪成本教育，把其中70件大要案作为重点，对16起典型案例进行深刻剖析，组织党员干部认真算好政治账、经济账、名誉账、家庭账、亲情账、自由账、健康账等"七笔账"，每名党员干部都做出"拒绝违纪自律承诺"，填写"拒绝违纪自律承诺书"并进行公示，自觉接受监督。2009年，坚持开展典型案件的警示教育，针对查处的典型案件，公开曝光，公开处理，先后下发通报6期，公开处理干部24人。2011年，在全局集中开展"明规范、知风险、正行为"岗位廉政教育活动，组织党员干部以中纪委录制的《不可逾越》录像片、部纪委案例教育资料、局纪委编印的宣传《廉政准则》"52个不准"连环画《警钟长鸣》为教材，扎实开展岗位廉政教育，进一步提高领导干部廉洁从业意识。2012年，充分利用全局案例资源，在路局和基层站段月度工作会议上，由主要领导对每月一案从违纪事实、违纪原因、吸取教训、纪律要求、完善制度五个方面进行深刻剖析，对党员干部和关键岗位人员集中进行教育，做到案例警示教育制度化、常态化。2013年，先后对12起典型案例进行剖析通报，警示和教育了全局党员干部。组织开展了以"讲法纪、讲案例、讲廉洁、讲责任"为主要内容的百名正职讲廉政活动，通过讲任务、讲案例、讲规定、讲要求，使党员干部明确违

纪违法的严重危害和后果。集中在非运输企业
开展了"规范管理、廉洁从业"专项教育活
动。从查处的非运输企业违纪违法案件中，选
取12个典型案例，以子（分）公司负责人和关
键岗位人员为重点，组织局投资集团公司领导
班子成员面对面地向党员干部讲案例、剖原
因、论危害，使党员干部对违纪违法给本人、
给家庭、给单位带来的影响和损害加深认识。
2014年，先后对领导干部利用职务之便谋取利
益、利用职权介绍施工队伍、违反财经纪律设
立"小金库"、违规发放劳务费购物卡、操办
婚宴违规收取礼金和违规借用汽车等26起典型
案例进行深入剖析，下发通报。2015年，坚持
对查处的典型案件深入剖析，开展案例警示教
育，局党政主要领导先后对贪污受贿、公款旅
游、私驾公车、违规操办婚庆事宜和违反财经纪
律等29起典型案例公开通报讲评，局纪委、监察
处下发典型案例通报10期，对57名违纪违规党员
干部进行公开曝光，形成有力震慑，取得了查处
一案、教育一片，处理一人、警示一批的良好效
果。

（三）先进典型教育

1998年，继续深入开展"学条例、当模范，
做遵章守纪的好党员好干部"和"学准则、当公
仆，做精神文明建设带头人"活动。2000年，局
纪委、监察处先后印发6期《党风廉政建设学习
资料》，运用9个典型案例，选树的18个率先垂
范领导班子和19个勤廉兼优领导干部事迹，开展
多种形式的廉政宣传教育活动。2001年，编印
《德政·廉政·勤政》小册子，广泛宣传局党委
表彰的18个党风廉政建设率先垂范领导班子、
19名勤廉兼优领导干部的先进事迹，组织收看了
中央电视台播放的廉洁勤政典型先进事迹电视片
《公仆本色》，进行廉政形象教育。2003年，在
全局表彰了6名勤廉兼优优秀领导干部标兵，
44名勤廉兼优优秀领导干部。2004年，在廉政形
象教育上，以6名勤廉兼优领导干部标兵、4个率
先垂范领导班子标杆和44名勤廉兼优领导干部、
19个率先垂范领导班子的先进事迹为内容，编印
成书给领导班子成员和各级领导干部学习。沈阳
局以《勤廉铸忠魂》为题宣传柴宝国同志先进事
迹的演讲在全路领导干部廉洁勤政先进事迹演讲

比赛中荣获第一名。2005年，大力宣传路局原副
总工程师、房建处处长柴宝国的典型事迹，柴宝
国同志的先进事迹先后被十多家主流媒体广泛宣
传，特别是在中央电视台《时代先锋》栏目中播
出后，在全国产生强烈反响。2006年，全局评
选、命名表彰了30名柴宝国式好党员、好干部、
好职工，形成了职工群众认同的先进典型群体。
2010年，在全局组织开展了勤廉兼优领导干部先
进典型评选活动，采取单位推荐、系统提名、综
合部门评议、组织考核、全局公示等形式进行评
选，命名表彰9名领导干部为全局"勤廉兼优领
导干部"。2011年，在全局组织开展了勤廉兼优
领导干部先进典型评选活动。命名表彰9名同志
为"全局勤廉兼优领导干部"，组织各单位选树
了152名勤廉兼优党员干部，编印《沈阳铁路局
勤廉兼优党员干部风采录》，并通过在《沈阳铁
道报》开辟专栏，局有线电视台举办专题访谈节
目等多种形式进行广泛宣传。

三、党风廉政制度建设

1996年，逐步健全了领导干部廉洁自律各项
制度，把制止公款吃喝玩乐、清车、清房纳入领
导干部廉洁自律的主要内容并加大治理力度。认
真贯彻落实领导干部收入申报、收受礼品实行登
记、业务招待费使用情况向职代会报告三项制
度。路局和各分局（公司）研究制定了《执法监
察考核办法》以及执法监察规范化管理各项制
度。1997年，普遍修订了本单位反腐败和党风廉
政建设责任制，强化反腐败领导机制。在全局领
导干部中实行了述廉评廉考廉、党风廉政谈话教
育和党风廉政考核档案三项制度，制定了《领导
干部报告重大事项实施办法》，下发了《在领导
干部中强化监督的通知》，将1993年至1997年铁
路局、分局和部分直属单位制定的党风廉政建设
制度、规定和办法汇编成册，编辑下发了《制度
与规范》一书。1998年，按照部党组《关于推进
党风廉政建设责任制试点工作的通知》要求，重
新修订了路局党风廉政建设责任制。成立了全局
推进党风廉政建设责任制试点工作领导小组，研
究制定了工作方案，确定了试点单位，并针对工
作进展情况提出了解决问题的意见和措施。局党
委、路局制定下发了《沈阳铁路局关于转变领导

作风的规定》，从五个方面对各级领导干部提出要求。1999年，局党委、路局重新修订了《沈阳局党风廉政建设责任制》，进一步完善了责任制的规范、分工、考核和追究的具体内容及操作方法。制定下发《局机关职能部门党风廉政建设责任分工及推进计划》，把反腐倡廉各项工作和责任细化分解到各职能部门。局党委、路局制定了《对新职领导干部实行党风廉政谈话教育的补充规定》，加大了落实路局党风廉政建设三项制度的力度。2000年，局党委、路局制定下发了《落实党风廉政建设责任制检查考核和责任追究实施办法》《关于在领导干部中实行"述廉评廉考廉"双向监督制度的补充规定》《关于落实中央"五个必须做到"的实施意见》《关于纪检监察组织参与厂务公开工作的实施意见》和《关于领导干部违反中央有关廉洁自律规定的处理办法》。局纪委、监察处制定了《关于党纪处分批准权限的规定》和《关于政纪处分批准权限的规定》，明确了党纪、政纪处分的批准权限。2001年，局党委、路局制定下发了《沈阳铁路局效能监察办法（试行）》《党风廉政建设责任追究协调配合工作实施细则》《沈阳铁路局五大源头治理工程实施方案》《局机关职能部门党风廉政建设重点工作责任分工及推进计划》《党风廉政建设工作季度协调会议制度》《领导班子党风廉政建设工作年度讲评制度》《党风廉政建设考核档案补充规定》《整顿和规范市场经济秩序工作实施方案》《关于对领导干部实施信访监督的暂行规定》《沈阳铁路局安全事故党内责任追究处理办法（暂行）》《领导班子党风廉政建设工作检查考评办法》等11项有关工作制度、程序和办法。2002年，局纪委、监察处编辑了《沈阳铁路局党风廉政建设制度与措施》《沈阳铁路局党风廉政建设源头治理实践与探索》《沈阳铁路局党风廉政建设成果与实践》党风廉政建设制度汇编，总结了"十五大"以来沈阳局党风廉政建设工作经验与成果。2003年，路局、局党委下发《关于印发〈局党委、路局修订补充党风廉政建设有关制度、规定和办法的若干意见〉的通知》，对路局《党风廉政建设工作协调会议制度》《领导班子党风廉政建设工作讲评制度》

《领导干部党风廉政谈话教育制度》《"述廉评廉考廉"制度》《党风廉政考核档案制度》《领导班子党风廉政建设和厂务公开工作检查考评办法》《对领导干部实施信访监督的暂行规定》《党风廉政建设责任制检查考核和责任追究实施办法及协调配合工作实施细则》《关于领导干部廉政作风守则》九项制度进行修订、补充和规范，初步形成集教育、监督、考核、惩处于一体的党风廉政建设工作运行机制。局党委、路局制定下发《关于加强领导班子和机关作风建设的十项规定》。2004年，局纪委建立党风廉政监督员制度，制定下发《关于发挥党风廉政监督员作用的考核办法与标准（试行）》，以车、机、工、电、辆主要站段为重点，以各级职工代表为主体，在路局、分局、站段三个层次分别建立由380人组成的党风廉政监督员队伍，其中路局直管的监督员160人。2005年，针对路局直管站段后纪检监察工作面临的新局面、新情况、新问题，建立目标管理、制度管理、综合评价考核和激励保障四个管理机制，制定《沈阳铁路局党风廉政建设责任制》《沈阳铁路局实施党风廉政建设监督的若干规定》和《沈阳铁路局党风廉政谈话教育制度》等3项党风廉政建设基本制度。修订完善《沈阳铁路局纪检监察组织案件检查工作实施办法（试行）》《沈阳铁路局纪检监察组织案件审理工作实施办法（试行）》《沈阳铁路局执法监察暂行办法》《沈阳铁路局效能监察暂行办法》《沈阳铁路局纪检监察系统信息调研督查工作管理办法（试行）》《沈阳铁路局纪检监察工作综合评审考核办法（试行）》和《沈阳铁路局纪检监察工作素质考核暂行办法（试行）》等7项管理办法。制定下发了《关于路局直管站段新体制下加强纪检监察工作的指导意见》《沈阳铁路局纪检监察工作融入中心、贴近安全、介入管理的指导意见》，初步形成适应新体制需要的党风廉政建设制度体系。2006年，局纪委为确保惩防体系建设任务有效落实，重点抓好责任、督察、评价三大机制建设。业务主管部门每季度、基层单位每半年向路局报告一次工作任务完成情况，并将构建惩防体系工作作为党政主要领导年终述职的一项重要内容。局纪委会同有关部门每季度进行一次重点督办，每半年进行一次重点分析，每年进行一次全面检查。年底采取系统自评、群众测评、组织评定、综合评估、路局和局党委考核的方法，对六大系统八个源头治理重点部门进行了考核评估；采取与党风廉政建设责任制考核、纪检监察工作专题调研、职工代表大会评议领导干部相结合的方法，对基层单位落实惩防体系建设任务情况做出客观评价。2007年，局纪委从严规范党员干部从业行为，制定了《关于进一步加强全局领导干部作风建设的实施细则》《关于领导干部作风预警监督的实施办法（试行）》《沈阳铁路局领导干部八小时以外廉政作风建设五项规定》，对领导干部进行严格规范监督；制定了《关于在运输系统从事车皮车票管理的有关人员中实行回避制度》。在构建"大宣教"格局过程中，制定下发了《关于进一步完善反腐倡廉宣传教育工作的意见》，建立了反腐倡廉宣传教育工作联席会议、教育效果考核评价体系、信息监督平台三项工作机制。建立领导干部作风预警监督机制，制定了《关于领导干部作风预警监督的实施办法（试行）》，对干部廉政作风存在倾向性问题实施预先告警。在落实办案责任方面实施严格考核，制定了《沈阳铁路局纪检监察查办案件工作考核办法（试行）》，采取日常考核、定期考核相结合的方式，进行百分制综合考核评审。2008年，局纪委继续完善领导干部作风预警监督制度，以领导干部发生的从业不廉洁、工作不作为、政令不畅通、情趣不健康等四个方面问题为重点，确定8个方面监督内容，38个监督项点，设置分值权重，建立"黄色""橙色""红色"三条预警监督系统。建立预警监督工作联席会议、预警监督系统管理维护、领导干部作风问题权重集体审核、预警监督结果运用督办落实等制度。2009年，路局、局党委建立完善了《沈阳铁路局拟提拔领导人员廉洁从业党纪法规考试暂行办法》《开展职工代表、党风廉政建设监督员安全生产和干部廉政作风"双视察"活动具体办法》《沈阳铁路局物资系统重点岗位人员轮岗交流办法》《关键岗位人员工作述廉、评廉、考廉制度》等5项党风廉政建设相关制度。2010年，局纪委、监察处实行同项目管理

机构主要负责人廉政谈话制度、工程建设有关人员回避制度和在建工程项目特别监督检查制度等3项制度。在工程建设领域从事工程项目管理的有关人员中实行回避制度，明确规定需要回避人员的亲属不得从事与铁路工程项目相关的工程施工和物资设备经销业务，否则本人必须调离现职。2011年，制定《工程项目管理机构纪检组工作考核办法》《加强工程建设领域监督管理实施办法》，实施以工程项目管理机构为主体，以工程廉政建设、安全质量为重点，积极构建工程建设、设计、施工、监理"四位一体"的"共建双优"廉政责任互保机制。局党委与27个施工、设计、监理单位党委主要负责人签订《沈阳铁路局工程建设单位与参建单位党组织"共建双优"活动协议书》。"四位一体"的"共建双优"廉政责任互保机制确保了铁路工程参建单位党风廉政建设责任的有效落实。2012年，制定《关于开展党风廉政建设月度案例警示教育的通知》，按照违纪事实、违纪原因、应吸取的教训、纪律要求、完善制度5个方面内容，编写案例警示教育材料，由局党政主要领导在全局电视电话会议上公开剖析。2013年，中央转变作风八项规定和铁路总公司党组实施办法出台后，路局、局党委结合实际，制定了路局、基层单位两级领导班子11个方面28条具体措施，并严抓贯彻实施。2014年，局党委、路局建立了《沈阳铁路局国内公务接待费管理办法》《沈阳铁路局公务车运行费用管理办法》《沈阳铁路局厉行节约反对浪费的规定》《关于领导干部操办婚丧喜庆事宜的规定》等制度办法，推进局机关部门廉政风险内控机制建设。制定下发《关于加强局机关部门廉政风险内控机制建设的实施意见》，把加强机关部门廉政风险内控机制建设作为规范权力运行和个人职务行为的重要方面，把内控机制融入业务管理流程之中。制定下发《全局纪检监察组织监督检查招标投标活动实施办法》，对纪检监察组织监督检查工程项目（含与工程项目有关的物资设备、服务等）、运输生产经营物资设备采购及其他各种招标投标活动的范围、内容、职责、监督检查方法、投诉举报受理及办理、监督检查问题处理、自身建设和纪律要求做出了明确规定。

2015年，局党委、路局制定了《沈阳铁路局党风廉政建设责任制实施细则（试行）》，对各级党政领导干部应负的责任及责任追究等进行具体明确。制定《沈阳铁路局推动主体责任落实的实施办法》，建立了"三书一谈一述一通报"保障机制，坚持清单式明责、台账式管理、项目化推进，推动了"两个责任"落实。年初，局纪委分别向12名局领导班子成员和28个源头治理重点部门负责人发出《党风廉政建设责任分工告知书》，明确由其牵头负责的重点工作及相关要求；局纪委分别在5月、9月对局机关部门进行了2次对标检查，对工作推进不力的发出《党风廉政建设任务落实督办书》，要求其说明情况并制定措施，落实好重点工作任务；对因履行党风廉政建设责任不力，单位、部门人员发生严重违纪违法案件的8个单位、部门主要领导、负责人发出《党风廉政建设责任追究通知书》，要求其深入剖析原因，提出加强改进的具体措施。制定了《落实党风廉政建设工作责任约谈制度》，对需要约谈的18种情形做出规定。5月，路局和基层单位分别召开落实党风廉政建设责任制述职专题电视电话会议，12名局领导班子成员和1303名基层单位领导班子成员，将所做的主要工作、分管范围内存在的突出问题和加强改进具体措施向干部职工进行公开述职，接受干部职工的监督测评。先后两次对局领导班子成员分管范围内的信访举报、党员干部违规违纪情况等进行梳理分析，形成有问题、有建议的情况通报，并分别反馈给每名局领导班子成员。

第三节　重点领域源头治理

一、工程建设领域整顿

1997年，开展工程建设源头治理，基本摸清全局工程项目的底数，整顿全局建筑市场，通报处罚因工程项目管理混乱，施工设计单位无证、越级、超范围承包工程，非法转包，质量低劣等建设、设计、施工单位15家。针对存在的问题，路局制定了工程项目管理办法，强化了全局工程项目管理工作。2001年，完善管理制度，强化规范措施，使全局500万以上的工程全部进入有形建筑市场，实行公开招标。2005年，局纪委配合局物资处、建设处等有关业务部门，举办招投标共49次，节省采购资金和建设资金积累约6172万元。其中，建设工程项目招投标22次，降低造价系数1.2%，节省资金2882万元。2009年，路局、局党委在全局33个工程项目管理机构设立纪检组并全部配备纪检组长，明确职责任务，加强过程监督和问题管理，取消3家企业投标评审资格，终止2家施工单位与供应厂家的供货合同。2010年，实施工程建设有关人员回避制度，全局工程建设领域从事工程项目管理的有关人员882人做出回避承诺，1人按规定进行了回避。研究制定《沈阳铁路局工程建设领域廉政风险防范控制办法》，共确定了34个廉政风险点，绘制了10个工作流程图，建立了37个防范控制程序，制定了135条防范控制措施。2011年，切实加强工程建设监督管理。抽调100名纪检监察干部和90名专业人员，对508个工程建设项目进行清理，发现问题883件；组织开展2010年以来招标采购的甲供、甲控、自采物资设备质量验收管理执法监察，发现8个方面问题，下发4份《执法监察建议书》，提出5个方面整改建议。局纪委组织建设、设计、施工、监理单位共签订廉政建设互保责任书182份，向4个违反协议的施工单位发出提示信函。为深刻吸取"宇松问题"教训，局党政主要领导牵头，开展了工程建设系统"班子、素质、管理、行为"四整顿和规范"内外业、合同、架子队、资金"管理的四清底活动，对违法、违纪、违规案件和问题进行严肃查处，规范建设行为，强化建设管理。2012年，局纪委协调局建设处制定铁路工程建设项目招标投标活动监督实施细则，对招投标内容、对象、方式和部门监督监管责任做出明确规定。对投资500万元以上的铁路工程建设项目招标投标进行全过程监督，有效防范违规插手干预项目招投标、围标串标等问题，共招标66次。2013年，加强工程建设项目归口管理，对金额达到公开招标限额的全部纳入地方交易中心，杜绝了化整为零、邀请招标等规避公开招标行为。严格落实驻场监督和抽查制度，实行痕迹报备、廉政告知、廉政承诺和问题追责。2014年，针对中标后续管理，建立基建工程架子队、监理人员管理信息监控系统，实时监控100个架子队和监理站，监控架子队和监理人员1025人，审核不合格重新组建架子队10个，有效防止了工程转包和违规分包。2015年，局纪委、监察处注重从工程管理的源头上超前防范控制，通过实行项目招标人代表"异体"产生制，对工程Ⅰ、Ⅱ类设计变更由项目管理机构组织设计、监理、施工单位"四方"现场确认，强化廉政建设考核与责任追究等对工程建设实施关键环节卡控，立规矩、定标准、严纪律，实现"工程优质、干部优秀"目标。

二、物资采购领域彻查

1996年，对局管内27个单位购置的超标准的31台进口小轿车和4台国产奥迪轿车，分别按有关规定做了变卖、退回、转作办案或接待用车的处理，对1994年8月后管内集体单位购置的10台小轿车、无局定编的56台小汽车依规做了处理。2001年，坚持集中归口、分类管理、分级负责的管理体制，实行物资采购准入等11项制度和办法，全局物资采购节支较1999年多完成14887万元，比2000年多完成4882万元，完成计划的241.1%。2005年，局纪委配合局物资处、建设处等有关业务部门，举办招投标共49次，节省采购资金和建设资金积累约6172万元。其中，物资采购招投标27次，投资金额56284万元，中标金额52994万元，节约资金3290万元，占投资金额的5.85%。

2006年，在物资设备采购管理方面，健全了"物资市场准入管理办法"，制定下发了《沈阳铁路局物资设备购销廉政建设有关条款（试行）》，将廉政条款纳入物资设备购销合同文本，作为合同文本的附件部分，同物资设备购销合同一并签订，在物资设备采购中，决策、采购、验收、支付、使用五权分离，形成相互制约的工作机制。2009年，沈阳铁路局推进物资设备采购规范管理，局物资处、物资供应段、站段材料科按照合理分权、相互制约的原则，对局物资管理处内部科室重新进行职能定位，形成了物资采购管理相互协调、责权明晰、互为衔接的管理模式。共组织物资招标采购88次，中标金额8.38亿元，节支7461万元，对不符合规定的不予以招标9次。2010年，制定了《物资管理监督问

责办法》，对准入、招标、价格、质量、承付料款等13个环节，38种管理行为，按照不同等级实施问责追究，有力地推进了物资设备采购质量终身负责制，构建物资网上招标采购、废旧物资网上竞卖"两个平台"，实行物资采购竞卖的微机智能管理。2011年，强化物资管理专项整治，清理局管物资供应商461家，清出不合格供应商31家。2012年，为防止物资设备采购招投标过程中的权力干预，对重要物资设备采购一律采取委托第三方的办法招投标。自实行委托招标以来，共招标24次。按照"控什么、怎么控、失控怎么办"思路，突出供应商管理，物资设备招标，局管、局供物资采购，料款承付，再生资源处置等5个权力事项，从梳理业务流程、绘制权力运行流程图、查找风险点和表现形式、制定防控措施，将防控措施嵌入管理流程，使之成为业务管理内在组成部分和业务流程的必经关卡。2013年，路局继续推进物资公开招标采购，着力构建决策、执行、监督"三权"分离，管理、采购、供应、验收"四位一体"管理体制，创新物资采购方式。全年公开采购523次，采购额36.75亿元，节支2.35亿元。中国铁路总公司党组纪检组安立敏组长对沈阳铁路局物资公开招标采购的做法给予肯定，先后两次作出重要批示。2014年，继续不断完善物资公开采购管理，实行合格供应商准入条件公开、集体审批、结果公示、签认承责，开放与净化市场并重。年内新增合格供应商53家，清退57家；在91个单位1121个车间建立物资质量信息反馈系统，运用"二维码"技术对机务、车辆等12个单位涉及行车安全的重要配件实行"身份证"管理。全年共采购物资46.7亿元，节支3.93亿元。2015年，实行全局物资集中统一采购，加强物资采购资金支付监管，建立质量跟踪监控信息系统，全局共组织公开采购1238次，成交金额56.01亿元，节支4.99亿元，节支率8.19%。局投资管理中心招商办专门创建了沈阳铁路局招商网，对全局车站商网、汽车、广告媒体招商实行信息公开，规范公开招商流程，建立与公开招商相适应的管理工作机制，做到权责匹配，招商网共计发布招商公告1152次、1691个项目，参与商户1457家。房屋、车站商网和广告媒体业务共成功招商1443项，底价合计8301万元，

中商价合计8651万元，增收350万元，增幅4.2%。全路物资工作会议召开，沈阳局加强物资公开采购管理的做法在会上介绍了经验。

三、资金管理领域监控

1999年，吉林分局针对管内投资担保造成损失、锦州分局针对沟帮子车务段私设"小金库"、长春分局针对德惠车务段劣质住宅楼工程等问题剖析问题成因与危害，查摆管理上的弊端与漏洞。局纪委与局财务处、物资处、房产处等部门分析本系统、本部门存在的管理漏洞和倾向性问题，研究制定了具体管理办法和监督措施。2001年，加强对收入、成本、费用、资产、权益等财务核算要素的监控管理，清理违纪金额20161.52万元。2006年，在资金使用和监管方面，财务处制定了"资金安全监督管理实施细则"和"大额资金使用管理办法"，将资金收支、借贷等经济活动纳入年度资金预算，严格实施资金预算管理。2009年，开展"小金库"专项治理，共发现18个单位存在"小金库"问题共38件，16名党员干部分别被免职或受到纪律处分。2010年，协调局财务处制定了《资金统收统支管理办法》《资金集中、直接支付管理办法》，做到"开前门、堵后门"，从机制上有效控制"小金库"资金的来源渠道。制定《建设资金管理办法》，对建设单位办理付款程序进行明确规范，防止施工单位挤占、挪用建设资金，确保工程建设资金绝对安全。2011年，严格资金监管，认真执行资金统收统支，集中、直接支付管理办法，统收统支资金9.9亿元；集中支付资金83.1亿元，比例达61%；基层单位直接支付现金2230万元，同比降低41%，有效控制了"小金库"的资金来源。2014年，深化资金监管，在全局各单位建立账户资金动态信息监控系统，做到账户资金实时监控，确保了资金安全。2014年1月，对局机关26个重点部门和2013年源头治理工作、进行了绩效考核评估。

四、运输生产领域治理

1998年，按照路局党委的部署，各级纪检监察部门配合路风、客运、货运、收入等部门，集中时间、集中力量进行客货运输收费的源头治理工作。取消了不合理、不合法，影响铁路运输市场竞争能力的收费项目。局纪委组织成立4个检查组，走访65家企业货主，查阅2万多张票据，对10个分局的17个车务段、36个车站、16趟列车收费情况进行检查，摸清了客货运输收费的基本情况。沈阳、锦州分局停止了17个收费项目。5月29日路局召开全局广播电话会议，公开处理乱收费有关责任单位12个，直接责任者29人，给予行政撤职4人，没收非法所得9.2万元，给予经济处罚2.4万元。2006年，在车皮车票管理方面，局运输处、调度所制定了"请求车组织办法"，并对承认车审批系统进行了不断完善，新研究开发了货调系统管理软件，实现了承认车审批与分析统计自动化，提高了工作效率，减少了人为因素的干扰，该管理软件在全路推广；客运处建立完善了《加强客票管理检查监督》制度，确立了10个监督重点，明确了8个检查监督项点，规定了四个具体检查监督办法，对客票管理中出现的问题坚决进行责任追究；货运处认真执行重点物资装车备货登记制度，对请求车、承认车按规定项目实行公开。建立并实现源头治理考核评估机制，采取各系统自查评估、组织群众测评、领导小组专项考评、局主管领导审核等方法，对源头治理工作质量进行全面考核评估。局运输处、调度所开发的"日承认车自动审批系统"，得到了铁道部充分肯定。2007年，局运输处、调度所"着力构建三个机制，推进车皮审批源头治理"的做法。7月，部运输局在沈阳局召开货调工作会议，系统推进车皮审批机制建设。2010年，在运输系统，指导运输处、调度所进一步完善了《临时装车、落空车管理办法》，研究开发现在车实时信息管理系统，实现对自动审批结果，实时动态监督，从源头上减少了承认车落空车和廉政隐患，制定下发了《沈阳铁路局运输系统关键岗位人员轮岗交流办法》，对车皮、车票具有直接或间接处置权限的27个岗位明确了轮岗交流的周期方式，并严明5条纪律要求，全局运输系统共轮岗交流375人。2011年，开展货物装载加固材料清理检查，对15个车务段使用情况进行清理，57个生产(供应)企业进行实地检查，停止使用2家生产经销企业货物装载加固材料。2012年，在货运组织改革方面，局有关部门密切配合，每日按规定集体确定现车预订运力和重点运输范围，定时通过系统进行运力公示，最大限度消除人为因素，实现运力公开透明。除重点运输预留外，各去向全部放到网上接受客户现车预订。客户通过网上受理系统提报运输需求占总需求的比例超过了92%；通过系统注册客户3746家，增加306家，实现了相关业务零投诉。

五、干部选拔任用监督

2001年，推行干部公开招聘制、不称职淘汰制、干部选拔前"公示"制，加强对各级领导干部的监督、考核和管理。2006年，在干部人事管理方面，局人事处（组织部）制定了《领导干部选拔任用工作实施细则》《领导干部选拔任用失察失误责任追究暂行办法》，加大干部公开选拔、竞争上岗、民主选举力度，坚持干部选拔任用征求纪委意见，重新修订完善《领导班子集体讨论决定'三重一大'问题的规定》，对领导班子集体讨论决策"三重一大"问题的形式、范围、程序及责任做了进一步规范，增强了针对性和可操作性。

第四节　案件检查与审理

一、案件检查

1996年至2015年，全局各级纪检监察组织坚持"有案必查、违纪必究、执纪必严、办成铁案"的基本原则，集中力量对职工反映强烈的突出问题，特别是上级转批和局领导批示的案件进行了认真查处。局纪委、监察处先后建立制定《沈阳铁路局纪检监察组织案件检查工作实施办法》《沈阳铁路局纪委、监察处反映问题线索管理办法》《关于进一步完善办案工作机制，推动基层纪检监察组织查办案件工作的意见》和《沈阳铁路局基层纪检监察组织纪律审查工作考核办法（试行）》，通过采取自办案、督办案、组织协调办案和直接管辖办案等四种办案形式，加强对基层单位办案工作的指导和推动。

二、案件审理

1996年至2015年，全局各级纪检监察组织认真落实《中国共产党纪律处分条例》和《党的纪律检查机关案件审理工作条例》，全面履行纪检、监察两项审理职能，始终把保证案件质量

1996—2015年全局案件检查处理统计表

表7-9-2

年份	受理	初核案件线索	立案	查结	大要案	挽回直接经济损失（万元）
1996	488	479	272	258	50	176.36
1997	432	432	233	225	49	164.00
1998	496	493	230	199	52	227.36
1999	515	361	166	147	41	211.00
2000	550	376	178	170	51	91.54
2001	369	364	214	208	83	207.00
2002	584	308	186	184	54	51.74
2003	831	447	233	230	85	61.65
2004	803	518	218	218	102	28.09
2005	422	212	93	93	28	0.64
2006	922	102	95	101	40	51.85
2007	863	113	112	113	66	258.85
2008	610	118	131	128	66	21.50
2009	530	116	105	104	62	248.45
2010	405	121	95	94	64	54.04
2011	346	115	80	79	48	80.24
2012	346	108	88	84	59	768.61
2013	257	129	89	88	54	6813.63
2014	225	155	100	99	55	68.18
2015	681	200	139	137	73	36.39

作为工作的重中之重，不断提高办案效率。在路局直管站段体制改革后，局纪委、监察处制定了《沈阳铁路局纪检监察组织案件审理工作实施办法》，通过每年开展案件质量检查，加强基层案件审理工作指导，确保了案件审理工作准确无误。

第五节　执法（效能）监察

1996年，路局和分局两级纪检监察部门全年共立项开展执法监察14项，查出违法违纪金额2291.83万元，挽回经济损失249.55万元，避免经济损失2357.03万元；提出执法监察建议958件，被采纳909件；协助行政建章立制1315项，发现案件线索46件，立案查处18件。4月份开始在全

1996—2015年沈阳铁路局案件审理统计表

表7-9-3　　　　　　　　　　　　　　　　　　　　　　　　　　　　　　　　　单位：万元

年度	立案	结案	处分人数	免予处分	党纪处分					政纪处分						双重处分
					警告	严重警告	撤销党内职务	留党察看	开除党籍	警告	记过	记大过	降级	撤职	开除路籍	
1996	272	225	211	14	23	35	1	20	106	7	6	4	4	28	—	23
1997	233	280	166	12	20	30	1	23	72	2	4	3	9	16	—	14
1998	230	188	171	—	33	29	—	17	67	1	8	4	9	16	2	15
1999	166	118	113	—	19	18	—	12	46	8	2	3	4	10	—	9
2000	178	125	122	—	25	26	1	6	28	14	10	6	6	9	—	9
2001	214	182	163	—	28	15	1	8	35	42	19	12	7	8	—	12
2002	186	293	236	—	37	28	1	11	74	42	21	14	3	5	—	3
2003	233	227	255	—	15	21	5	7	38	67	40	33	5	38	—	14
2004	218	262	234	—	14	17	4	20	47	61	24	27	11	23	2	16
2005	93	95	84	2	3	6	1	2	27	19	12	4	2	2	8	2
2006	95	101	114	2	7	9	1		29	26	23	11	3	10	4	13
2007	112	113	111	3	6	4	2	9	17	36	21	4	5	13	4	10
2008	131	128	86	—	7	5			31	13	8	8	2	6	3	5
2009	105	104	79	—	16	15	—	10	23	4	5	3	3		1	1
2010	95	94	90	—	33	9			12	10	11	9	5	—	1	2
2011	80	79	85	—	23	7		7	7	21	19		2	4	—	5
2012	88	84	101	—	9	9	4		7	29	18	6		17		11
2013	89	88	146	—	5	8		4	24	65	24	15	3	5	5	12
2014	100	99	168	—	14	15		12	10	63	32	11	—	29		18
2015	139	137	200	—	42	36	—	5	25	46	25	16	—	12	1	8

局开展物资采购、物资管理情况执法监察，清查采购总金额359945万元，发现管理问题1100个，制定整改措施2667条，整章建制1281项，提出整改建议1236条，发现案件线索36件，查处违纪金额353.11万元，有17人受到党纪政纪处分，13名物资管理干部被调离现职，165人受到批评教育。配合全局整顿财经秩序、清理预算外资金和清理路外欠款开展执法监察，自查存在问题661件，金额1324.92万元；重点检查发现问题73件,金额1866.2万元，查出预算外资金717.78万元。对工程建设项目开展执法监察，对20个局属单位77个重点工程项目进行检查，发现了工程项目直接发包、该招标没有招标的问题；部分工程项目没有进行开工前、竣工后审计；工程项目没有实行监理等问题，查出违纪金额52517元，清理纠正乱发劳务费53577元，挽回经济损失116928元。锦州分局纪委、监察分处开展清理路外拖欠款执法监察，清回2301.85万元。丹东分局开展集体企业劳务使用情况专项执法监察，查出违纪金额52517元，清理纠正乱发劳务费53577元，挽回经济损失116928元。

1997年，全局纪检监察部门共立项开展执法监察84项，提出监察建议451件，被采纳353件，协助行政建章立制528项，查出违纪金额850.78万元，挽回经济损失20459.89万元。开展清理路外欠款专项执法监察，全局共清回路外欠款21738.85万元；开展清理整顿临时性用工专项执法监察，清退不合理用工8242人，节约工资性支出3283万元；开展工程项目执法监察，局和分局两级检查组共抽查工程项目318项，其中路局重点抽查85项，对4个单位7个方面的严重问题进行了通报批评，对8个单位的违规违纪问题进行了经济处罚，罚款6.5万元；贯彻了铁道部《关于进一步整顿铁路客货运输"价外"收费的通知》精神，开展客货运价外收费专项执法监察，局和分局共有325名干部参加清理整顿工作，组成41个检查组，抽查了10个分局，检查基层单位210个，纠正不合理收费24项，规范和延伸服务和代地方收费72项，查处以车以票谋私案件5件；开展对违反规定用公款安装住宅电话配备无线通信设备执法监察，共清理住宅程控电话2346台，移动电话1590台，BP机7733台，购置费2639.97万元，共收回资金143.44万元，节约通讯费249.39万元；配合有关部门开展领导干部住房清理工作，共清理纠正领导干部住房面积超标准26人，超标面积338平方米，清理纠正违反规定出租出售公房99套。

1998年，局纪委针对影响企业改革、发展和稳定的突出问题，积极开展执法监察，共立项21项。其中，开展对外投资借款担保执法监察，共收回无效投资及利润25041万元，清回对外借款4862.81万元，解除担保金额1656.03万元；开展清理路外欠款执法监察，全局共清回欠款29433.86万元。

1999年，全局纪检监察部门针对对外投资、借款、担保、物资采购、住房资金和教育经费管理等方面进行执法监察、效能监察和廉政监察，共立执法监察项目21项，其中，局立2项，各分局立19项，协办项目40项。查出违法违纪金额1683.1万元，挽回经济损失2387.52万元，纠正违法违纪金额1330.82万元，避免经济损失47173.83万元。发现案件线索19件，立案查处7件，提出监察建议493件，被采纳456件。针对存在问题，协助有关部门整章建制527项。

2000年，局纪委针对私设"小金库"、客货运输收费、医药医疗器械采购、铁路建设工程项目、教育经费使用、物资采购供应管理、住房公积金和售房款使用等方面存在问题开展执法监察，共立项21项，挽回经济损失9214万元，避免经济损失22306万元。在清理"小金库"执法监察工作中，共清理"小金库"总额4800余万元，并按有关规定进行了调账处理，同时将账外资金1200余万元收缴入库，研究制定了《关于对违反财政法规私设小金库的处罚办法》，对有关单位

和责任人给予处罚，对11名违纪人员进行立案查处。在客货运输收费执法监察中，局纪委、路风办等部门组成4个检查组，检查了9个分局的43个单位，对29个单位，提出健全制度、规范行为的建议，对5个单位要求限期整改，对7个分局15个站段的突出问题进行了通报批评。

2001年，全局各级纪检监察组织和有关职能部门紧紧围绕资产经营责任目标开展效能监察，共立效能监察项目60项，查处违法违纪金额7377万元，挽回经济损失5153.45万元，避免经济损失36216.2万元，提出监察建议409件，建章立制514项。开展财务管理"三集中"专项效能监察，共清查银行账户4715个，撤销银行账户164户，转回路内资金结算中心185户，转入资金57481.9万元。同时查出违反规定在路外设立账户70个，资金6955万元；查出对外借款45万元，担保100万元；查出账外账15个，涉及金额1041.11万元，对发现问题共下发执法监察建议书181份、通知书143份，发现案件线索17件，立案12件，给予党纪政纪处分12人。开展医药和医疗器械采购专项效能监察，全年购药计划9381.9万元，实行招标采购4481.9万元，降低药价662.7万元。

2002年，共立执法监察项目86项。其中，部立项目1项；路局主办项目1项、协办项目3项；各分局共立项目81项，其中主办项目8项、协办项目73项。查出违法违纪金额2373.64万元，挽回经济损失6446.69万元，纠正退还违纪金额1553.55万元，避免经济损失10613.96万元，提出监察建议320件，协助建章立制906项。发现案件线索7件，立案查处3件。集中开展合同管理执法监察，通过自查自纠、清理清欠和总结经验，挽回了部分经济损失，规范了合同统一管理。

2003年，围绕增运增收、节支降耗和国有资产保值增值共立执法监察项目80项。其中，部立项目1项；路局主办项目1项，协办项目1项；各分局共立项目78项，其中主办项目8项，协办项目70项。查出违法违纪金额869.71万元，挽回经济损失560.69万元，纠正退还违纪金额2.94万元，避免经济损失23317.25万元。提出监察建议346件，被采纳344件，协助建章立制336项。发现案件线索6件，立案查处4件，处理人员总数

10人，其中政纪处理10人，移送司法机关2人。

2004年，开展清理债权债务执法监察，共清回债权资金19425.9万元；开展安全专项整治资金执法监察，摸清2002年以来全局462项运输安全整治项目、资金48195.71万元的底数，针对安全整治资金使用中存在的5个方面117个问题，制定了有针对性整改措施；开展铁路用地专项执法监察，查清72件违章占地问题，制定《沈阳铁路局铁路用地集体审批制度》，规范土地管理秩序，杜绝乱批、乱占铁路用地现象。全局共有228个单位围绕清理债权、节支降耗、增运增收、工程管理、物资采购、资金管理、整章建制等方面选题立项229项，结项220项，创效37974万元。

2005年，按照铁道部开展建设资金管理专项执法监察的要求，局纪委对32个部管项目、78个局管项目进行监督检查。检查已开工项目98项，涉及资金341747.5万元。开展清理银行账户、安全专项整治资金、废旧轨料处理等三项专项执法监察"回头看"活动，共检查银行账户1229户，撤销银行账户128户。另外，组织全局基层单位开展了效能监察活动，共立项122项，创效达9705万元。

2006年，局纪委开展对91个基层单位和24个多经直属公司职工收入由银行集中直接支付情况进行了检查。开展铁路建设资金管理执法监察"回头看"，对局工程项目管理所和长春项目办"回头看"情况进行了重点检查验收，在发现的10个问题中，有8个问题得到整改并销号。开展机辆系统物资设备采购和沈大线废旧轨料管理两项执法监察和专项检查，发现并解决了存在的突出问题。组织集中开展以"查思想、查作风、查表现"为重点的治理商业贿赂专项工作，对2003年以来工程建设、物资设备采购、多种经营等重点领域发生的不正当交易行为和相关工作人员存在问题开展自查自纠，查摆出建设、物资、多经三个领域的30项问题，成立治理商业贿赂信访举报中心和大要案协调指挥中心，排查20件案件线索，协调处理5起商业贿赂案件。

2007年，在全局工电系统开展了零小工程管理执法监察，共涉及更新改造工程项目192项，投资额为5498.5万元，其中工务系统136项，投资额为2061.5万元；电务系统56项，投资额为3437万元，针对工程承发包、合同管理、验工计价、资金拨付等重点环节，通过自查清理、规范整改，严格操作程序、纠正违规行为，针对薄弱环节、加强制度建设，强化过程监管、堵塞管理漏洞。在机辆系统开展了物资采购管理执法监察"回头看"活动，对物资管理的各项制度、招投标、采购准入、转手加价和超指导价、预算管理、节支管理、合同管理、库存物资保管保养、材料支出管理、废钢铁管理等11个方面在2006年检查中发现问题整改情况进行了跟踪检查，对措施不落实、问题未彻底整改的单位进行通报并限期整改，防止了问题的反弹。开展铁路建设资金使用管理和铁路建设工程转包、违规分包专项检查，对烟大铁路轮渡大连端既有线改建工程、天津至沈阳铁路电气化改造沈阳局管内工程、长春—双阳—烟筒山铁路新建工程的建设项目管理机构、施工单位及局内配合单位的资金使用管理进行了检查，发现和解决4个方面12个问题。组织全局各单位以安全管理、资金管理、奖金二次分配、清理欠款、增运增收、节支降耗等开展效能监察，全局共立效能监察项目66项，创效6181万元。

2008年，全局开展机务系统机车用油专项执法监察，对5个机务段的机车燃油、润滑油脂的收、发、管、用及废油回收和处理等情况进行全面检查，发现5个方面18个问题，提出具体要求和整改建议18条。开展全局供电段电费收缴专项执法监察，围绕各供电段电费收缴与监察工作执行制度规定、电费收缴人员从业行为和电损指标完成情况进行检查，共发现4个方面的问题，及时提出加强管理的意见和建议。开展异地车间资金管理、职工奖金（劳务费）二次分配及支付行为、福利费使用管理等3个方面专项执法监察，深入到20个基层站段、26个异地车间进行检查，发现10个方面问题，提出56条整改建议。开展住房交易站及住房开发建设资金管理专项执法监察，发现6个方面问题，提出了5项加强和改进的措施。全年围绕全局运输经营管理的重点，分10个系统开展效能监察，全局82个单位共立项153项，创效1705万元。

2009年，围绕落实路局增收节支措施，集中开展了11项专项执法监察。开展机车封存情况专项检查，对5个机务段及所属异地车间封存的343台长备机车进行实地逐台核对，发现解决2个方面8个问题。开展汽车封存情况专项检查，对155个单位封存的1308辆汽车进行现场逐辆验证，发现4个问题，提出7条整改意见。开展供水、供暖用煤管理监督检查，对全局9个房产生活段供水、供暖用煤管理情况进行专项检查，发现3个问题，提出6条意见建议。开展铁路用地专项执法检查，对全局3个土地管理办公室和10个土地管理站2005年至2008年铁路用地执法情况进行了全面检查，下达整改通知书37份，提出整改建议43条，现场追缴3家路外企业拖欠的土地租金7.6万元，现场与10家路外企业签字确认并计划补缴土地租金109.3万元，对4个问题进行立案调查，对10名有关人员予以严肃处理，并通报全局。开展"小金库"专项治理监督检查，对62个基层单位、部门和机务、建设系统"小金库"专项治理工作进行了重点检查，共发现18个单位存在"小金库"问题38件，涉及资金697.6万元，对16名有关人员进行严肃处理。开展长双烟铁路工程质量执法监察，对长双烟铁路工程质量进行了专项执法监察，发现线路、桥涵、道口等3个方面17个质量问题，提出7条执法监察建议，经过3个多月综合整治，实现了验收目标。开展全局经济适用住房建设和售房情况专项执法监察，对沈阳地区职工经济适用住房建设和售房情况进行了执法监察，发现4个问题，提出5条执法监察建议。开展多经和工务系统外雇（购）劳务用工情况专项检查，对2009年外雇（购）劳务用工情况进行专项检查，发现10个方面问题，提出4个方面建议。

2010年，开展多经系统企业资金资产管理专项执法监察，围绕多经企业对外投资、大额资金联签和异常资金流动，个人挂支款结余超5万元且连续3个月无动态，及2008年以来制度建设和执行等7个方面重点内容，对25个集团（专业）公司本部及其下属51个分公司开展了专项检查，针对存在的问题，提出7个方面检查建议，促进多经企业经营管理行为全面加强和规范。围绕全局在建基建大中型项目工程招投标、施工现场和合同、资金、标准化管理及党风廉政建设情况开

展专项执法检查，共发现6个方面问题，并及时进行了纠正。对6个工程建设指挥部、6个铁路公司、1筹备组，2009全年至2010年上半年，国铁控股的合资铁路建设项目、铁路局管理的铁路建设项目的合同管理基础工作、合同签订、合同执行等情况进行了专项检查，检查一级市场备案合同146份，二级市场备案合同40份，共发现5个方面73个问题，提出整改建议49条。对长春、辽西、沈阳3个区域指挥部、局工程管理所及其代理核算的4个工程指挥部的工程建设资金使用管理情况开展专项检查，共发现组固或移交不及时等10个方面问题，针对问题提出检查建议。抽调28人组成7个检查组，对全局161个单位"小金库"自查自纠、凭借单位资源取得收入和项目支出等3项工作开展了重点检查，发现4个方面8个项目支出问题。对加强粮食等重点物资运输工作进行总体部署，组成6个检查组，对粮食等重点物资运输的主要站段进行暗访检查，共编发粮食等重点物资运输工作情况简报5期，发现和解决问题38个。下发《关于加强对职工保障性住房配售情况监督检查工作的通知》和《关于上报职工保障性住房配售监督情况的通知》，深入到4个机务段和2个运用车间，要求各单位纪委公开分房信息，设立举报电话，受理群众举报，确保了职工保障性住房配售有序进行。

2011年，全局纪检监察组织按照新一届部党组要求，围绕工程建设重点环节开展了工程建设项目清理、建设项目物资设备管理执法监察和建设系统借、租汽车清退专项督查。抽调100名基层单位纪委书记、纪检监察干部，90名专业人员，成立30个执法监察小组，对全局508项工程建设项目开展执法监察，共发现7个方面883个问题，提出7个方面执法监察建议。对全局在建铁道部基建大中型项目和局管重点工程项目建设单位招标采购的甲供、工程承包单位采购的甲控、工程施工单位自采的物资设备采购质量验收管理和质量落地检验制度落实情况进行执法监察，共发现8个方面问题，提出5个方面执法监察建议，下发4份《执法监察建议书》，立案调查1件，给予行政处分2人。在建设系统借、租汽车清退专项督查中，对全局39个工程项目管理机构借、租工程局和银行等相关单位汽车清退情况进行整顿

督查，共核查借用汽车21台，租用汽车15台，借用司机4名，全部按规定做整改处理。对全局职工保障性住房建设管理、资金使用和配售情况进行了重点检查，针对无房户职工审查把关不严格、购房职工基础资料不完整等问题，提出5个方面建议，并制定了《沈阳铁路局职工保障性住房廉政建设实施办法》，对职工保障性住房建设规范管理、阳光配售配租和加强廉政建设等提出了严格要求。

2012年，开展工程建设项目、物资设备采购专项解剖，每月对10个工程项目、10批工程物资设备采购进行专项解剖，共发现各类问题623件，发出《执法监察建议书》49份，问题通报25期，对2个施工单位实行不良记录管理，清除施工企业1家，解散施工架子队4个，取消项目监理人员资格4人，对11个建设单位进行通报批评。开展收入分配专项检查，对全局财务独立核算的137个基层单位1508名领导干部2011年收入情况进行专项监督检查，共发现4方面24个问题，对27名违规违纪责任人分别给予纪律处分和组织处理，收缴违纪金额352.2万元。开展干部住房情况清理检查，对原各分局和路局出台的住房分配政策文件进行彻底清查，对全局在职全民所有制职工住房情况一人不漏逐人清查，为全局副处级以上领导干部逐人建立住房档案，对申购经济适用住房职工逐人进行资格确认，770名不符合条件人员被取消申购资格，其中副处级及以上领导干部148人，共受理职工信访举报的问题21件，查实2件，收回住房3户。组成15个检查小组对全局72个单位4271处各类出租房屋进行全面彻底清理，发现各类问题2171件，立案5件。开展公免票专项整治，围绕伪造票证、借用他人公免票、超期使用、票证不符等问题，采取进站上车，明察暗访，突击检查，逐一查验等方式开展检查，查处违法、违规使用公免票人员225人，行政拘留16人。开展煤炭供应管理专项检查，组成13个监督检查写实小组和1个巡查督导小组，对全局3个物资供应段和10个房产段煤炭质量检验、数量核验、供应组织管理和验收监督检查等5个方面情况开展"双卡控""双检验"检查写实，共发现6个方面问题，提出4个方面意见建议。全局共立执法（效能）监察项目108项，其中：路局主办项目7项，协办项目5项，基层单位立项96项，避免经济损失共计13917万元，其中：工程招标节约4100万元，物资采购节约6041万元，站段效能监察3776万元。

2013年，局纪委开展非运输企业新签、续签和正在履行的合同开展执法监察，发现合同审批、合同签订、合同履约、制度落实等4个方面592件问题，下发执法监察建议书27份。开展基层单位"三金"审批、交缴、使用情况专项执法监察，共发现"三金"管理问题167件，涉及人员2298人，金额571.25万元，下达《执法监察建议书》12份。全局共立执法（效能）监察项目110项，其中路局主办9项，基层单位立项101项，避免经济损失69035万元。

2014年，开展基建工程项目资金审批、资金拨付、资金管理执法监察，对沈阳至丹东铁路客运专线本溪枢纽及丹东站工程等8个基建工程项目进行检查，共发现资金审批等3方面37件问题，提出整改建议24条。开展赤峰站站房改扩建工程质量问题专项执法监察，发现站舍漏雨等严重施工质量问题和工程违规分包等工程建设管理问题，提出5个方面执法监察建议。对全局11个单位管辖的32个客专车站签订的保洁合同及保洁队伍情况进行了检查，发现25件问题。开展更改、代建工程项目管理专项执法监察，共发现5个方面36件问题，下发《执法监察建议书》3份，提出工程建设管理建议5条。

2015年，通过采取查阅基础资料、核查财务账目、与重点人员谈话等方法，对全局9个项目管理机构管理的22个在建基建工程项目资金管理情况开展了监察，共核查施工单位与局属单位往来资金526笔16908万元，发现资金管理问题80件，提出4条处理建议，督促相关单位立即进行整改。会同建设处、财务处有关人员对2013年以来全局10个项目管理机构的26个基建项目，涉及Ⅰ、Ⅱ类变更设计321项进行检查，发现问题157件，针对检查发现的问题，提出4条整改建议。组织开展哈大客专施工质量问题专项执法监察，发现3件主要问题，分别对11家施工单位实施责任追究，并将调查情况上报铁路总公司建设管理部和工程质量监督总站。组织开展物资采购纪律执行情况专项执法监察，共检查机务、车辆、电务、供电、房产等5个系统32个单位，查阅物资管理基础资料536份，登录物资信息管理V1.2系统核对材料账项16002笔，现场抽检实物物资85笔，发现问题198件，对发生问题的单位给予全局通报批评，要求各单位严格落实物资采购管理责任，对相关责任人进行严肃处理，责令有关部门限期整改存在的问题。开展铁路用地管理专项执法监察，查阅了沈阳、长春、通辽土地房产管理分所及下设的21个土地管理站自2013年以来的土地出租协议等基础资料1147份，登录财务账套查询入账记录1064笔，现场实地抽查土地24宗，共发现问题215件，提出5个方面整改建议。全局共立执法监察项目136项，其中路局主办项目5项，协办项目3项，基层单位立项128项。避免经济损失10.86亿元，其中：工程招标节支5.58亿元，物资采购节支4.99亿元，站段专项监察节支2884.8万元。

第十章　　路风监察

　　路风工作是企业经营管理、党风廉政建设和精神文明建设的组成部分。路风监察工作的主要任务是纠正损害群众利益的不正之风，维护旅客货主合法权益，维护企业形象和声誉。1995年9月，局机关机构调整，局路风建设办公室定员编制为7人（处级编制，列行政编）。2005年6月，路风建设办公室更名为路风监察办公室，划入局纪委，在局纪委增设路风监察室（与路风监察办公室一个机构两块牌子，人员列行政编制），设高级政工师2人，可配副处级监察1人。主要工作职责是：负责拟定工作规划、制度和办法并组织实施；负责检查监督有关法规和规章制度的执行情况；负责受理、查处路风问题投诉及上级机关、新闻媒体等单位批转、移交的路风反映；负责组织参加对路风问题的调查、认定和处理；根据铁道部路风办授权，实施跨局路风检查；协调与社会各界的联系，畅通社会监督渠道；掌握路风动态，加强信息反馈，开展调查研究，为领导决策提供依据；总结推广路风工作经验，选树表彰路风先进典型；负责对局属单位、部门路风工作进行检查指导。各客货运输窗口单位设立或明确路风监察工作机构，配备专（兼）职工作人员；其他单位根据工作需要明确路风兼管人员。截至2015年底，全局共有专职路风监察56人，兼职监察38人，在地方政府、新闻媒体、大专院校、工矿企业等聘请路风监督员78人。20年间，沈阳铁路局路风工作经历了集中整治、专项治理、巩固规范的发展历程。路风监察组织机构逐步健全、职责明确；路风管理制度逐步完善、形成系统；路风监督检查程序日趋规范、有序运作；路风问题查处从集中整治到超前防范；路风管理机制从标本兼治、纠建并举到立足源头治理，实施风险防控，逐步实现长效管理。

　　经过20年的发展，路风监察工作的地位得到全面强化，作用得到有效发挥。

　　1996年至2009年，路局、局党委、局工会、局团委每年联合下发《关于加强路风工作的决定》，对全年路风工作进行部署。1996年至2015年，全局未发生被上级机关查处的重大和严重路风事件，杜绝了中央新闻媒体批评曝光的路风问题，路风投诉和路风事件逐年减少。1996年路风投诉608件，路局查处路风问题26件；2005年路风投诉149件，路局查处路风问题9件；2015年路风投诉19件，路局查处路风问题查处1件。1996年勒卡索要问题投诉88件，乱加价乱收费投诉174件，2005年分别下降为2件和16件，2015年勒卡索要和乱收费乱加价投诉均为零件。

第一节　　路风教育

一、路风意识教育

　　沈阳铁路局各车站、车务段、客运段等窗口单位及非运输企业长期坚持对职工进行路风路誉教育、"人民铁路为人民"宗旨教育、法治教育和职业道德教育。1996年，路风专职机构坚持把路风教育作为一项经常性工作，不断加大力度，增强干部职工路风意识。1997年暑运，局路风办和《沈阳铁道报》联合开展了"增强路风意识大家谈"活动，近万名干部职工参加讨论，编辑下发《增强路风意识大家谈》小册子。各单位采取领导宣讲、专题讨论、算帐对比等方法开展教育，并组织职工到机场、码头、长途汽车站，对运输市场竞争状况进行现场体验，用亲身经历谈路风与市场的关系。1999年，路局举办了征集"良好路风促营销，败坏路风毁营销"典型实例活动，并将征集筛选出的12件正反典型实例，作为沈阳局2000年路风教育教材。1999年7月，围绕通化分局发生的三起影响客货营销的典型路风问题，组织干部职工在《沈阳铁道报》上开展了营销事故大讨论，有3000多人参加笔谈。许多基层单位领导、职工和路风专职干部还以亲身经历谈路风与市场的关系，增强了闯市场的责任感。2001年，针对春运期间发生的4起典型路风问题，各车务站段按照路局的统一安排，开展了"从四起路风事件中吸取哪些教育？"的大讨论。局路风办和沈阳铁道报社在《沈阳铁道报》开辟专栏，组织不同层次干部职工参加讨论，全局投稿近千份，参加讨论的职工5万多人。路局路风办还将刊登的文章，汇集成小册子下发各单位，供干部职工学习。2003年，各单位围绕整治以票谋私、乱收费乱加价和粗暴待客"路风三大顽症"开展路风警示教育。采取以案讲法、现身说法、算帐对比等多种方式，进行反面典型教育。

2006年，局路风办将2003年以来全局处理过的各类路风问题汇编成《路风警示录》，发至车务站段及车间、班组。2009年12月，局路风办编发《路风警示100例》，2014年3月，编发《路风警示100例二》。2015年8月，局路风办与沈阳铁路有线电视台联合制作了以三起粗暴待客典型案例为主要内容的路风警示专题教育片《冲动的代价》，用职工身边的反面典型教育职工。各单位以局发路风案例及路风监察制度办法为基本内容开展路风培训，车务站段98%以上的职工接受培训，重点岗位和新职人员培训率达到100%。

二、开展路风教育活动

（一）评选路风十佳好事活动

1996年，沈阳局开展"月评十件好事"活动。各车务站段积极组织职工为旅客做好事，办实事，为路风路誉增光添彩。局路风办每月在《路风动态》上，刊发评选出的10件好人好事。年底，在选出的120件月度好人好事中，评选出年度十佳，由路局给予表奖。2001年2月，局路风办、沈阳铁道报社和局电子中心联合在全局车站、车务段、客运段等窗口单位干部职工中开展了"路风十佳好事万人评"活动，一万多名干部职工参加评选。经过计算机统计选票，评出丹东列车段列车长张玲与乘警"擒歹徒救异国少女"等10件2001年度的路风十佳好事。通辽分局等5个单位获得优秀组织奖，50名参加投票的职工获得个人评选奖。2004年起，路局不再统一组织评选活动，由各单位结合实际自行组织开展。

（二）形象设计及服务承诺活动

1996年，根据铁道部的统一部署，在抓好沈阳北站、长春列车段、沈阳车辆段、大连东站货场等24个试点单位的基础上，按照"有主题、有标准、有载体、有考核"的要求，进一步深化铁路职工形象设计活动。全局规范原有的试点，并逐步扩大试点，春运前增加到64个。试点单位坚持高标准、严要求，不断提高形象设计水平，促进其向深层次发展。细化形象标准，逐步把按工种设立标准改为按岗位设立标准，逐步达到一岗一标，增加了可操作性。优化服务方法，根据形象设计主题和服务工作实践，创造出具有自身特色的服务风格和方法。大连东站实施了"双诚服务系列工作法"、长春列车段推广了"服务旅客实打实工作法"，丹东站货场推出了"想在发货前、干在发货中、帮在发货后"一条龙服务法。实行一体化考核，将岗位作业标准、班组管理标准、客货服务标准、环境设施标准融为一体，实行逐级定量考核，做到考核和奖罚一体化。沈阳铁路局制定、修改、完善有关规章制度442项，从制度上减少了损害铁路形象问题的发生。通过不断深化试点，深化形象设计活动，各试点单位旅客满意率比全局平均数高出5.2个百分点。同年9月，铁路局和沈阳车辆段在铁道部召开的形象设计经验交流会上介绍经验，长春列车段、大连东站作了书面发言。辽宁省文明办、辽宁省纠风办分别印发了沈阳铁路局开展形象设计活动的经验做法。1996年6月，管内特一、二等站，车务、列车、客运段，客车配属车辆段的乘务车间和公安乘警队、派出所全面推开了形象设计活动。沈阳、通化、图们等分局和大连公司还在机务乘务员、道口员等其他接触外界的工种和医院等内部窗口开展了形象设计活动。10月，沈阳局在通化分局召开了全局形象设计经验交流会，总结全面推开形象设计后的情况，交流梅河口列车段491/492次列车等11个单位经验，推动形象设计活动持续开展。

同年，铁路系统学习烟台市经验，推进社会服务承诺制。按照铁道部学习烟台市社会服务承诺制经验，提高铁路服务质量的要求。7月，路局结合正在进行的铁路职工形象设计活动，在服务旅客货主的客货窗口单位开展了铁路客货服务承诺活动。8月，沈阳北站、沈阳站货运中心、图们装卸运输服务公司、大连列车段83/84次列车作为首批试点，率先向社会公开承诺。10月，参加铁道部竞赛评比的6个客运站、10个分局所在地货场和14趟进京进沪列车也逐步推行承诺制。各试点单位结合各自实际，选择群众迫切要求解决，目前又能够做到的事情，作为承诺项目公开承诺，并通过召开新闻发布会、在车厢、候车室、货场醒目位置揭挂等方式，向旅客货主公布投诉电话、承诺内容及违诺责任。为使职工牢记承诺内容，试点单位制作了承诺卡，要求职工"记得住、说得出、做得到"。各试点单位还把社会承诺纳入生产经营全过程，并建立了相应的考核机制，对承诺情况进行专门检查，实行趟班考核，将考核结果同职工的奖金、工资、提职晋级等挂钩，确保岗位职工落实宗旨，兑现承诺。12月，路局召开经验交流会，总结交流了锦州列车段589/590次列车等13个典型的经验做法，《沈阳铁道报》做了连续报道。在强化管理抓好软件的同时，各分局和试点单位还适当增加硬件投入，改善服务设备和服务条件，提高了履行承诺的实效和质量。

三、树立先进典型

1996年，沈阳局树立了长春列车段北京车队"三八"包车组列车长张春成等十大客货窗口岗位形象标兵。1997年3月，辽宁省委宣传部和辽宁省精神文明活动办公室授予大连客运段83/84次列车学雷锋先进集体，授予锦州车站售票员王凤茹、沈阳站公安派出所民警李洪江学雷锋先进个人称号。2001年1月，铁道部召开路风先进典型表彰会，长春站售票中心、沈阳客运段K53/54次车队、大连客运段T83/84车队、锦州客运段2589/2590次车队、通化客运段2537/2538次车队、赤峰站货运车间等6个单位荣获全路路风工作先进集体称号；长春列车段K127/128次列车长苏守伟等15名同志被授予全路路风工作先进个人称号；通化分局纪委书记郭金生、通辽分局路风办李晓科和局路风办孙守礼等3名同志，被授予全路路风优秀工作者称号。2006年12月21日，铁道部印发《关于表彰全国铁路路风工作先进集体、先进个人和优秀路风工作者的决定》，沈阳局沈阳客运段客运一队等8个集体被授予全国铁路路风工作先进集体；沈阳站客运车间党总支书记陈国波等22人被授予全国铁路路风工作先进个人；沈阳铁路局党委副书记、纪委书记张恩礼等6名同志被授予全国铁路优秀路风工作者。2001年至2006年沈阳铁路局和路局党委表彰树立路风工作先进个人183名、先进单位5个、先进集体65个、优秀路风工作者70名。2006年后全路不再单独对路风工作进行表奖，将其纳入纪委系列表奖中。

2012年，局路风办与基层单位共同挖掘和总结先进典型，以在局路风办《路风动态》刊发、推荐上《沈阳铁道报》等方式，先后宣传了"冰雪路上的温暖使者"沈阳客运段列车长汪洋、"旅客的贴心人"沈阳北站主任值班员卢丹、"新时代的时传祥"沈阳车辆段集便器维修工蒋明轶等8个服务人民群众，维护路风路誉的典型事迹。

第二节 路风检查监督

一、治理整顿

1996年1月中旬至2月中旬，沈阳局组成50个工作组，到156个相关单位对货运价外收费进行集中整治。4月至5月，按照铁道部《关于整顿铁路货运价外收费的通知》要求，路局对各分局收费项目进行审核，取消了5项代地方政府收费。9月20日至12月，再次对价外收费进行清理，取消货运延伸服务项目65项。1997年，路局下发了规范货运价外收费的10项具体规定。11月至12月，按照中央14号文件和铁道部电话会议精神要求，进一步清理整顿乱收费、乱罚款、乱摊派。1998年至1999年，对客运延伸服务收费进行整顿清理，重点整治车站茶座、咖啡厅、录像厅诱导旅客、提前进站收"过路费"及售票窗口多收送票费等问题，取消客运延伸服务项目10项。2000年1月，按照铁道部统一安排，开展客货运输收费执法监察。3月，路局专门召开客货运输收费执法监察工作会议，立即停止了餐车夜宵、候车室厕所等4项收费。11月，国务院治乱减负检查组对沈阳铁路局治理整顿乱收费工作给予充分肯定。2001年8月至9月，沈阳局对货运代理开展专项检查调研，组织"百家企业看运代"征询意见活动，共听取192家企业货主的意见，货主满意率为72.13%，基本满意率15.50%，不满意率13.54%。2002年至2003年，开展"规范运输代理，整治乱收费"专项整顿活动。2003年5月，路局再次集中清理整顿客货运输延伸服务收费项目。对各分局上报的254项客货延伸服务收费项目，整理、合并和归纳，确定了26项符合国家计委、铁道部有关文件规定的收费项目列入路局目录管理，对23项不属于铁路客货运输延伸服务收费及其他收费项目不列入路局目录管理，取消了15项虽有文件依据，但服务不到位的不合理收费项目。2002年8月29日，中央电视台《焦点访谈》栏目对沈阳分局风上铁道公司宽甸车站骗逃铁路运费及强行代理、乱收费等问题曝光后，路局再次组织自查，进行整顿"回头看"。2003年，铁路局将乱收费、以票谋私和粗暴待客等三种突出路风问题定为"三大顽症"，从下半年起，实施专项整治。半年内明查暗访列车645趟次、车站389个、运输代理公司19家，发现问题968个，查出违规乱收费金额113.65万元，下发路风通报7期，并将突出问题在《沈阳铁道报》和沈铁有线电视台公开曝光。9月1日，路局、路局党委联合下发了901号电报，在易发路风问题的重点站车、重点部位和列车的重点区段开展为

期40天的"强力整治路风三大顽症"专项活动。11月至12月，局路风办抽调在沈铁机校学习的100名复转军人分两批参加对各分局重点市郊列车、短慢车进行专项整治，检查市郊列车310趟，查堵无票人员4684名，补票款14890.10元。整治路风"三大顽症"期间，查处了盘锦车务段中小站、大安北车务段新肇站乱收费，1412次、K128次、K190次等列车乘务员私带无票人员，2590次列车乘务员野蛮待客等典型问题。2005年，开展运输代理专项检查。6月，路局组成检查组，对管内所有车务段进行明查暗访。6月17日至23日，国务院减负办调研组对沈阳局运输代理工作情况进行了调研检查。国务院减负办和吉林省人民政府减负办分别以《沈阳铁路局运输代理取得初步成效》为专题，专门刊发了减轻企业负担简报。

2006年，针对车站小红帽搬运、寄存处服务和车站茶座投诉较为突出的情况，路局两次对管内14个客流较大车站的小件寄存处和小红帽搬运队收费服务及18个车站的20个茶座开办情况，进行专项整治。2007年，针对短慢车无票乘车和通勤秩序问题实施专项整治。路局先后3次组织路风、客运、收入和公安等部门在重点区段集中时间、集中力量实施专项检查，查处无票人员709名、无票乘车路内职工101名。年内，局路风办、人事处和机关党委组成联合检查组，开展了为期一个月的路内职工越席乘车问题专项整治，对查出的职工无票、机关干部越席乘车等突出问题通报全局。2008年，利用一个月时间，路局对174个中间站收费情况进行集中整治，查出服务行为和收费管理等方面存在的问题23件，对发现的通辽车务段三江口站乱收费和沈阳车务段文官屯储运公司收费不规范问题严肃处理，定通辽车务段和沈阳车务段路风不良反映各一件，对自查不认真的5个单位全局通报批评，推倒重来，进一步规范中间站服务和收费行为。

二、专项检查

（一）售货服务专项检查

2008年，针对较大客运站售货服务、小件寄存、小红帽、公用电话等辅业服务中侵害旅客利益问题屡查屡犯的现状，沈阳局开始实施专项整治。春运期间，路局组成4个专项检查组，对管

内12个客流较大车站的客运豪华候车室、小件寄存处和小红帽搬运队收费和车站售货情况进行明查暗访，查处了茶座违规经营、寄存处乱收费、售货卖高价等385件问题，责令5家售货网点停业整顿。2009年元旦、春运、暑运和国庆等重点时期，局路风办组织人员对全局较大客运站的售货等辅助性服务进行了15次全覆盖交叉检查，共检查车站206站次，并对被通报批评的所有82个售货摊点整改情况进行跟踪复查。2010年"五一"节期间，局路风办组成4个暗访组，对管内7个客流较大车站售货等服务质量情况进行了专项检查。对发现的沈阳北站和锦州站卖高价等突出问题在全局通报处理，并责令锦州站违规超市停业整顿。此后，坚持每年不间断的专项检查，营造了遏制违规经营问题的高压态势，卖高价、乱收费、违规经营问题逐年减少，2015年查处此类问题53件，较2008年减少332件。

（二）食品卫生专项检查

2008年起，每年暑运期间局路风办与总工室、劳卫处联合开展对站车售货、宾馆饭店、招待所食堂以及乘务员公寓的食品卫生状况实施专项检查。为迎接奥运，联合检查组以暗访为主，共检查车站39个、列车29趟、铁路宾馆饭店招待所11个、乘务员公寓7个，查出各类问题212件，对发现的问题通报全局。2009年，采取交叉复合检查的方式，实施专项检查，对问题严重的长春瑞心快捷酒店、长春公安处保安公司、辽宁铁信实业集团公司沈阳铁安分公司、沈阳铁路旅行服务公司等4个责任单位，分别定路风不良反映各一件，责令问题突出的4个车站超市停业整顿，对存在食品安全隐患的7家宾馆饭店给予经济处罚，对负有监管或管理责任的7个站段及多经公司通报批评。8月初，组成4个复查组，对被通报及反馈问题的132个售货网点及宾馆、饭店、招待所等进行了全面复查，对问题严重、屡教不改的3个食品超市予以取缔，对问题频发的5个食品超市停业整顿，并追究了6个单位的领导责任。2013年第十二届全国运动会举办期间，路风办与劳卫处、客运处及局卫生监督所、沈阳疾控中心和餐饮服务段组成联合抽验组，重点对负责向十二届全运会提供盒饭的沈阳、大连两个餐饮基地和提供食宿的东北大厦及重点站车进行了三轮集

中检查，确保提供食品的绝对安全，受到十二运组委会表扬。2014年9月，路局组织职工代表对食品安全现状进行检查评估，站车出售腐蚀变质、"三无"食品或超期食品等性质严重的问题明显减少。2015年继续开展食品卫生状况专项检查，查处突出问题85件，与2008年查处的212件问题相比，下降59.9%。

（三）客票发售专项检查

1996年以来，沈阳局坚持对客票发售进行监控检查，每年春运和暑运等客流高峰期，重点对管内较大客运站的机动票、合同票和团体票及客票代售点进行专项检查。2009年1月，路风办与客运处组成3个联合检查组，按照铁道部下发的《客票代售点检查标准》，对客票代售点集中的沈阳、大连、长春、吉林、延吉等6个站区的176个客票代售点，逐项逐条地进行对照检查，发现不规范问题69件，停业整顿客票代售点4家，限期整改11家。4月10日，中央电视台《焦点访谈》栏目报道了保定车站客票代售点违规问题。为迅速纠正此类问题，铁道部决定在全路范围内开展铁路客票销售服务收费大检查、大整顿活动。4月15日，路局下发了《关于在全局开展客票销售服务大检查、大整顿活动的通知》，由路风办牵头，组成由路风办、客运和多经部门参加的检查组，对管内沈阳、长春、大连、吉林、金州等5个代售点数量较多的地区进行了重点检查，共检查客票代售点121个；5月，再次组成6个检查组，对管内160个代售点进行了集中暗访，发现抢打、囤积车票、不给收据等问题155件。5月下旬，与客运处组成两个检查调研组，利用近一个月时间，对全局381个代售点进行逐一检查，摸清了各地区代售点分布、详细概况、开办背景等情况，对存在的转租转包、监管缺失等倾向性问题，提出实施源头治理的整改建议。暑运期间，组织33名路风监察对管内132个市内客票代售点进行暗访，发现问题54件，对大连地区违规囤积车票的两个代售点予以取缔，并通报全局。2010年春运和暑运期间，路风办与多经处组成联合检查组，两次集中对管内各地区非运输企业开办的115个代售点进行全面检查，发现问题132件，下发检查通知书21份，对突出问题下发了通报。2011年，针对实行电话订票、互

联网售票和实名制售票带来的新变化，加大了对车票发售环节的检查监控。春运、暑运期间，8个票源调查小组采取明查暗访、后台监控分析、票源流向追踪、重点列车票源调查等方式，对沈阳、沈阳北、长春、大连、吉林等10个客票发售量较大车站的票额调整、票额用途管理、机动票、团体票办理及执行售票窗口纪律等情况进行了集中检查，并到121趟进京、进沪、进穗等热门列车上，对227名使用机动票额的旅客逐一核对，同时走访旅客21289人，摸清了热门车票的流向，严控内外勾结以票谋私问题的发生。国庆前夕，5个暗访组对客票代售点较多的10个地区的118个点进行集中检查，下发《路风检查问题反馈单》18份，责令问题较多的7个客票代售点停业整顿，并将两个问题严重的代售点通报全局。2012年暑运期间，由路风监察组成的20个暗访组，对全局1/2的代售点进行了大规模的集中检查，责令19家私自打票、囤票的违规代售点停业整顿。通报下发后，又对停业整顿情况进行跟踪复查，对未按路局要求进行停业整顿的两个车务段，下发通报提出批评，并严肃追究相关干部责任。2012年中秋、国庆"双节"前，对管内12个较大车站旅游团体票使用情况进行专项检查，在57趟列车进行票源调查，回访旅客5717名。2013年春运期间，重点对容易发生问题的控轴车票、加挂车票发售情况进行检查，分三次对12个省、市政府所在地客流较大车站进行票源调查，在36趟热门列车上走访了5065名旅客。暑运中又组成三个组，对11趟旅游专列和39趟长途旅客列车的旅游团体票进行专项检查，走访旅客2000多名。国庆黄金周期间，再对10个客流较大车站的票额管理情况进行专项检查，登乘12趟热门列车，走访旅客8024名。同时，两次划分检查区域，对管内客票代售点进行了大规模的暗访检查，5个违规代售点被停业整顿或限期整改。2014年春运，全路取消机动票。为防止出现私自抢票、囤票问题，局路风办组织人员，对发售控轴车、加挂车车票的12个重点车站逐一排查，并登乘重点列车，对旅客进行票源跟踪回访，严肃查处了两个车务段的中间站抢打加挂车票及违规发售旅游团体票等问题。4月，局路风办组织对偏远地区代售点的"扫盲"暗访检查行动，共检查偏远地区代售点24个，提出整改规范意见或建议18条。2015年暑运，对50个售票数量较大的代售点进行重点抽查，未发现违规售票等突出问题。

（四）重点物资运输及口岸站专项检查

沈阳局坚持在运力紧张时期，对重点物资运输进行专项检查。2004年4月，在管内各单位深入自查的基础上，对粮食、化肥、农药、煤炭等重点物资运输收费进行专项检查。路局组织有71人参加的30个暗访组，检查粮食发运站388个，走访企业货主390家，现场发现并纠正不规范问题247件。4月中旬，国家发改委和铁道部粮食运输督导组对长春、吉林分局进行专项检查，对沈阳局粮食等重点物资运输工作及清理收费整顿工作给予肯定。2008年6月至8月，开展了煤炭矿粉运输收费专项检查。9月，由路风办、货运处和公安局等有关部门人员组成的专项检查组，深入到粮食等重点物资运输的重点地区，对站段执行运输纪律等情况进行监督检查。2010年，粮食运输进入紧张时期。2月，路局下发《关于开展粮食等重点物资运输监督检查的通知》，部署对粮食等重点物资运输进行监督检查，围绕请车备货、货位分配、承认车、收费和廉政纪律五个关键环节，明确了七条专项监督检查重点内容，同时抽调26人成立6个粮食等重点物资运输专项检查组，深入到粮食运输的重点地区，进行监督检查。2月至3月，共检查车站94个，走访货主73家，电话询问货主315家，发现问题45件，下发《监督检查粮食等重点物资运输工作简报》5期。粮食运输期间，局路风办又组成暗访组，以货主投诉为线索，检查粮食发运量较大的中间站14个，对发现的不规范问题进行现场整改。12月中旬，局路风办、运输处、多经处共同组成三个专项检查小组，对局管内15个车务段的20个中间站和7个多经集团公司、6个专业公司及其下属的25个分公司、40个营业部（网点）的经营性收费情况进行专项检查，重点对落实部《关于进一步做好铁路部门稳定物价，保障群众基本生活工作有关要求的通知》和路局"对粮食、化肥、农药铁路运输经营收费的六项规定"情况进行了专项检查，共发现3个方面53件问题。2011年春运期间，专门成立粮食及节日重点物资运输专项检查组，结合货主投诉，对4个车务段的7个中间站请车备货等情况进行了重点检查，查出各类问题5件。10月，针对重点物资运输高峰，对管内15个车务段出过问题的中间站和粮食、煤炭发运重点区域及有反映的单位进行重点剖析检查，严防乱收费等问题发生。

2010年起，针对个别口岸站发生乱收费路风问题，局路风办采取以暗访为主的方式，每年坚持对丹东、集安、图们三个口岸站收费和服务状况进行专项检查。2010年5月，利用10天时间，对三个口岸站进行暗访检查，对查出的收费不规范等12件问题进行了现场整改。2011年，重点对上一年存在问题整改情况进行回访检查，进一步规范口岸站收费服务。2015年口岸站检查，重点对货改后收费服务情况进行摸排，超前防控违规问题发生。

三、路风监督

（一）多种形式监督

1996年以来，继续坚持敞开门户抓路风，采取多种形式，扩大监督渠道，自觉接受社会监督。自1997年开始组织旅客满意率调查，旅客对快车的满意率和基本满意率为97.59%，不满意率为2.41%；对慢车的满意率和基本满意率为93.82%，不满意率为6.18%。1998年至2002年，有3万多名旅客参与铁路客运服务满意度测评。2002年，测评旅客对铁路站车的满意率为85.03%，比2001年同期上升4.07个百分点，不满意率为2.05%，比2001年下降0.71%。2010年9月，局路风办、总工室、局工会组成联合测评组，聘请职工代表参加，在12个车站、17趟列车上对2000多名旅客进行了站车服务质量满意度问卷调查，并在2011年至2015年的每年9月，定期进行测评。

1996年至1998年，沈阳局每年在春运中邀请辽宁和吉林两省的部分全国人大代表、全国政协委员，到车站、列车、货场以及路局调度室，实地视察铁路路风工作。1999年，按照铁道部的统一要求，沈阳局8万名客货窗口职工全部挂牌上岗；各种收费服务项目一律在车站、货场、列车上张榜公布；局、分局、车站、列车段设立了300多部路风监督举报电话；在车站、列车、货场设立了700多个举报箱和举报台，在所有的候车室和车厢内设立了意见簿；在社会各界聘请了300多名路风监督员，帮助铁路纠正行业不正之风。2002年，局路风办、局工会和沈阳铁道报社共同发起"春运路风千里行"活动，以"记者行动访路风""职工代表看路风""千名旅客评路风"为监督载体，从不同角度，真实客观地对重点站车路风状况和服务质量进行评价。2003年，由局路风办、沈阳铁道报社、局工会、局团委、局营销处、车务处、局党委宣传部、局影视中心8个部门联合组织开展了"百个窗口评路风"活动，对40趟列车、10个车站的100个窗口岗位进行现场写实和实况录像，在《沈阳铁道报》"春运路风曝光台"公开曝光4期，在沈铁电视台播发5期。2004年，开辟了大学生自愿者路风监督评议渠道。春运、暑运期间，局路风办分别在东北大学等5所大学聘请120名大学生，参加了大学生志愿者评议路风活动，并在五个重点地区发展20多名路风监督联系人。通过他们提供的情况，发现线索，为有效实施路风监督监察提供了帮助。2005年起，利用辽宁"民心网站"了解社情民意，掌握路风问题线索，查实路风问题。2005年至2015年，共查处路风问题47件。2006年，路局在各车务站段及非运输企业都设立了路风举报监督电话的基础上，要求客货量较大的车站增加一部小灵通投诉电话，保证随时有人接听和受理旅客货主的投诉，及时解决或解答旅客货主提出的问题。同时实施举报投诉电话运行情况定期抽查制度，2006年至2010年局路风办坚持每季对各单位投诉电话的运行情况进行一次抽查，并对存在的无人接听、推诿等问题进行通报。2010年，路风投诉电话接听率由2006年的75%，提高至98%以上。2010年4月，局路风办与局团委通过《沈阳铁道报》发布启事，在全局非行车单位35周岁以下的团员青年中，公开招聘100名青年路风监督志愿者，专门下发了《致青年路风监督志愿者的一封信》，请他们利用工作之余，对全局客货服务质量进行广泛监督。2010年和2011年春运，按照铁道部要求，在沈阳、长春、大连三地聘请41名春运社会监督员，对车站售票组织、服务质量、春运安全、便民利民措施等进行实地视察，形成了多渠道、多层次的路风监督网络。2011年1月8日，沈阳铁路客户服务中心建立，并将铁路投诉电话统一为"12306"，至此，各窗口单位原有路风投诉电话取消。

（二）行风评议

辽宁省政府纠风办自1997年初开始组织民主评议行风活动。1997年度，铁路系统综合满意率为66.98%，名次第6位，沈阳铁路局被评为行风建设达标单位。1998年，国务院纠风办授予沈阳铁路局路风办"全国纠风工作先进集体"称号。1999年4月，路局专门召开有关分局主管领导参加的会议，专题研究如何协助地方政府做好行风评议工作。各单位把接受社会对铁路客货服务工作的监督作为加强路风建设的重要措施，利用聘请特邀路风监督员、公布监督电话、公布服务承诺、召开新闻发布会、走访旅客货主等形式，广泛听取意见，采取各种措施，积极改进工作。各单位配合地方纠风部门，加强铁路与地方的路风情况沟通，利用多种形式，对铁路车站和列车的客货服务质量进行评议，并将评议结果向社会公布，增强了社会对铁路客货服务监督的力度。2000年度行风评议，铁路综合满意率为77.56%。沈阳铁路局被命名为行风评议优胜单位。2001年度行风评议，铁路系统的社会综合满意率为78.31%，比上一年行风测评上升0.75个百分点，再次荣获辽宁省政府授予的"行风建设先进单位"光荣称号。沈阳铁路局在辽宁省2001年度纠风工作总结表彰大会上，以书面形式介绍了"发挥专职机构职能作用，硬起手腕正行风"的经验做法。2005年，中国保护消费者基金会授予沈阳铁路局路风办主任邓晓辉"保护消费者杯"奖。

（三）内部窗口行风测评

2001年，路风办、卫生处、教育处、机务处联合组成测评组，以问卷调查方式，对管内医院、学校、公寓集中进行内部窗口行风测评，5000多名职工家属参加测评。2002年，将房建系统的锅炉房纳入测评范围。2003年起，聘请职工代表现场监督测评工作。2004年铁路医院、学校划归地方管理后，测评范围确定为乘务员公寓、锅炉房及铁路物业小区，并进入常态化年度评估。2015年，铁路物业小区逐步划归地方，不再纳入测评范围。

四、路风问题处理

路局坚持对败坏路风路誉的典型问题进行处理。2002年8月，路局对被中央电视台《焦点访谈》栏目曝光的沈阳分局风上铁道公司违法违规经营和损害铁路整体利益问题做出处理，将该公司骗逃运费予以全额罚款，给予车站站长和党支部书记撤职处分，给予风上公司总经理、党委书记行政记大过，免去所任职务。2004年12月27日，路局召开公开处理大会，对梅河口车务段以车谋私严重路风问题进行处理，路局定梅河口车务段重大路风事件一件，责任者受到留用察看一年处分，站长被撤职，车务段党政主要领导受到记过处分，主管副职受到记大过处分。在此事件中，收受好处的通化分局运输分处调度员被清除机关。2005年5月，长春客运段L310次列车员调戏、猥亵女旅客，长春车辆段T59次检车乘务员值乘与女旅客发生不正当关系被举报查实，路局分别定长春客运段和长春车辆段严重路风事件各一件，两名责任者均被给予开除留察处分，并调离窗口单位。2006年6月，路局查处了白城车务段太平川站货运员和车务段调度以车谋私问题，责任者受到开除留察处分，调离运输单位，定白城车务段严重路风事件一件。2009年12月，梅河口车务段渭津站站长向企业索要钱物问题被查实，定梅河口车务段严重路风事件一件，取消该段2009年全部评先资格，免去主管客货副段长职务，车站站长、党支部书记均被撤职。2011年11月，沈阳客运段Y155次旅游列车因乘务人员私带无票人员乘车，指导车长、列车长、餐车长被撤职，并调离窗口单位。2012年12月，路局通报了乌兰浩特北站违反运输纪律，收受企业好处问题，定该站路风不良反映一件，给予车站站长撤职处分。2014年1月，路局公开处理阜新车务段叶柏寿车站客运员粗暴待客、通辽货运中心四合永货场乱收费及锦州车务段葫芦岛北站站长、白城货运中心工农湖营业室主任勒卡索要等4起路风问题。路局分别定阜新车务段和白城货运中心严重路风事件各1件，定通辽货运中心和锦州车务段一般路风事件各1件。这四起路风事件的主要责任者均被撤职或受到留用察看处分，相关管理人员受到撤职或降级处分。2015年2月，鞍山车务段鞍山站发生客运员动手打旅客粗暴待客问题。路局定鞍山车务段一般路风事件一件，并通报全局。1996年至2015年，沈阳铁路局共处理各类路风问题538件，其中一般路风事件70件、严重路风事件7件，重大路风事件2件，有3380名干部职工受到经济处罚，834名职工受到警告、记过、撤职处分，79名职工受到解除劳动合同或开除留察处分，6名职工被判刑或劳教。

第三节　路风信访工作和源头治理

一、路风信访工作

沈阳局坚持把路风信访工作作为掌握路风状况的重要渠道和查处路风问题的有效线索。1996年，路局和各分局路风办共收到旅客货主投诉388件。路局和相关分局对线索清晰的125件投诉进行调查，对查实的突出问题定一般路风事件2件，路风不良反映22件。2005年，铁路分局撤销、路局直管站段后，为提升基层单位路风信访工作能力，组织对车务站段及非运输企业路风信访工作进行评估，对路风信访受理、查处、回复等工作程序进行规范。2005年，辽宁省人民政府纠风办将沈阳铁路局办理举报投诉的调查案例结集为《真查、真改、真实》一书，下发全省。2006年11月，局路风办对管内28个车务站段的信访投诉查处情况，系统进行检查评估。2008年9月，对路局批转给站段的重点来信进行复查审核，逐一回访，查询投诉人，并针对复查中发现的问题进行现场指导，督促提高查处质量。2009年加大了对路局批转件的跟踪问责力度，对投诉查否件进行重点跟踪复查和审核，针对复查中发现的领导不重视、调查不认真等问题进行现场指导规范。2007年起，局路风办接到的路风投诉，全部直接调查。2007年路局直查信件44件，2008年直查30件，2015年直查7件。1996年至2005年，局路风办接到投诉2225件，2006年至2015年，局路风办接到投诉582件，较前十年减少1643件，下降73.8%。

二、源头治理

（一）建立客车路风长效机制

2003年，全路开始探索客车路风问题源头治理的长效机制。沈阳局路风办组织开展了客车路风源头治理长效机制专项调研活动，成立了8个课题调研组，对客车路风状况从机制、体制、乘务管理、路风规范、队伍建设、干部作风等方面，总结探讨源头治理客车路风问题的方法，研究如何建立保持客车路风平稳的长效机制。9月下旬，路局召开了调研课题发布会，为建立健全路风长效机制奠定基础。11月27日，在全路客车路风问题源头治理长效机制研讨会上，沈阳局及吉林分局、大连公司路风办作了研讨发言，并被编入铁道部路风办结集下发的《客车路风问题源头治理长效机制调研论文集》。2004年，按照铁道部路风办安排，确定吉林客运段吉林至宁波车队为全路路风关键点卡控的四个试点之一，并形成列车易发路风问题卡控办法。2006年10月，试点做法在全路客车路风长效机制建设经验交流会议上交流。2007年，路局确定在11趟直通列车上扩大试点。9月，局路风办召开沈阳、长春、大连3个客运段有关领导和路风干部参加的客车易发路风问题源头治理研讨观摩会，对11趟试点列车的推进成果进行了验收评估。2008年9月，召开沈阳、长春、大连客运段有关领导和路风干部参加的客车易发路风问题源头治理研讨观摩会，对11趟试点列车的推进成果进行了验收评估。2009年5月，组成暗访组，利用10天时间，对各客运段的6趟长途跨局试点列车进行检查评估，提出卡控路风问题的有效做法30条，发现落实不到位的问题19件，对不实用、过时及难以实现的卡控措施，提出7条修改建议。2011年5月，在沈阳客运段召开了推进客车路风管理长效机制落实专题研讨会，就宿营车定位管理、《内部人员办理卧铺回访登记簿》和《旅客越席探访登记簿》的填记和管理等，提出了12条规范指导意见，进一步推进客车路风长效机制的落实。2015年4月，4个暗访组对29趟长途跨局列车易发路风问题防控措施落实情况进行评估检查，防控以票谋私的旅客越席探访、乘务人员宿营车定位等制度得到落实，进入常态化管理。

（二）实施售票、货运源头卡控及路风风险管理

2007年，路局出台《沈阳铁路局请求车、装车管理监督办法》《关于在运输系统从事车皮车票管理的有关人员中实行回避制度的通知》《沈

阳铁路局货运日计划审批系统操作管理规定》《临时装车和落空车调整管理制度》。2008年，完善和使用货运日计划自动审批系统，由"人控"变"机控"，提高了工作效率，减少了对车皮计划审批的人为干预。2009年，在客车路风长效机制试点取得成效的基础上，局路风办组成调研组，以赤峰车务段为试点，对中间站易发路风问题进行了分析梳理，找出问题发生的源头，研究制定对中间站货位使用、空车配备、临时承认车分配三个易发路风问题关键环节的卡控措施。经过半年运作和反复修改，形成了《赤峰车务段中间站货运易发路风问题卡控办法》。9月下旬，转发各车务段学习借鉴。10月，局路风办以大连站为试点，在学习外局经验做法的基础上，研究制定对机动票、团体票、合同票发售中易发问题的卡控办法，并将《大连站特殊用途票易发路风问题卡控办法》转发各直属站和车务段，同时要求各车务站段，结合实际研究制定、完善本单位的易发路风问题卡控办法。2010年11月，局路风办对车务站段卡控办法的建立和实施情况进行全面检查。同年，针对运输系统干部职工长期在关键岗位，易产生谋私或腐败等问题，路风办与人事处、纪委及相关处室配合，制定了《运输系统关键岗位轮换制度》，明确规定了轮换的职名、轮换的具体时间和监督考核办法，并对长期从事车皮管理的相关人员进行了一次性全部调整。2012年，局路风办对网上请车情况进行检查调研，查找路风风险点，提出超前防范建议。2013年，借鉴安全风险管理思路，开始在路风工作中尝试风险管理。年初，局路风办组织对车站售票和客车路风风险及防控进行专题调研，对风险点进行研判梳理，探索客车和售票路风风险控制方式，形成指导意见。各单位结合各自路风状况，确定本单位路风风险点，细化、实化防控措施。2014年，路局总结推广了锦州客运段路风风险管理经验。2015年5月，局路风办从分析货运组织流程入手，深入管内12个货运中心的35个营业部，采取流程跟踪、走访座谈、查阅资料等方式，对货运改革后各环节易发路风风险进行了研判。针对货运谈价、受理、承运等八个重点环节中的路风风险，提出25条防控建议。同年11月，局路风办对相关单位货运改革和售票管理中

易发路风问题卡控制度的运作情况及实施效果进行了检查测评，促进了各项卡控措施及相关制度的落实。

（三）发挥科技手段作用

2012年以来，沈阳局把开发和运用科技管理手段作为源头防范路风问题的重要手段，拓宽路风监督渠道，提升现场检查监督质量。2012年，在对客票代售点的检查中，沈阳局路风监察充分利用代售点视频监控系统这一平台，将视频监控系统用于路风监督监控，利用视频、音频技术对客票代售点现场进行监管监控，实现对售票点全天候、全视野视频监控。各检查组通过采取调阅查看现场监控录像等方式，先后查处了37个有违规行为的客票代售点，其中4个代售点被停业整顿或限期整改，一名售票员被辞退。2013年，为实现对客票发售状况的监管监控，局路风办学习借鉴成都局应用"客运营销辅助决策支持系统"的做法，建立了沈阳局客票电子监控平台，依靠信息技术手段实现对客票发售存在问题的查找和分析。2014年春节期间，运用电子监控平台，及时准确地查出了有价值的线索，查处了三起违规售票问题。同年，局路风办督促指导各直属站和车务段建立并实施了常态化的车站监控录像调阅制度，提升了路风监察效能。

第四节　路风基础工作

一、路风监察制度

1998年3月19日，根据铁道部《铁路路风管理办法》，沈阳局将《沈阳铁路局路风奖惩办法》《关于发生路风问题到局交班的暂行规定》《沈阳铁路局路风通报实施办法》等制度整合，形成并下发了《沈阳铁路局路风管理实施办法》（沈铁路风发〔1998〕29号）。2005年12月22日，根据铁道部重新下发的《铁路路风管理办法》（铁监〔2004〕102号）和铁路分局撤销、路局直管站段的新情况，修订下发了《沈阳铁路局路风管理实施细则》（沈铁路风发〔2005〕232号），将路风工作职能由强调建设转为注重管理。2010年5月25日，根据铁道部修订下发的《铁路路风管理办法》（铁监〔2009〕160

号），修订下发了《沈阳铁路局路风管理实施细则》（沈铁路风发〔2010〕145号）。新细则在结构上未作调整，但原有的57条，删除3条，增加9条，还有1条改成2条，共64条。全篇文字改动近百处，其中将行政处分由"警告、记过、记大过、降职、撤职、留用察看、开除"7种，改为"警告、记过、记大过、降级、撤职"5种，并按铁道部新的提法，增加了在行政处分的同时，"可调整其工作岗位"内容。对责任单位的处理，将原按人均一次性罚款改为按百分比减免责任单位全员月度生产（综合）奖。同时，进一步强调了路风管理职能。铁道部撤销后，2014年8月21日，铁路总公司下发《中国铁路总公司路风监察办法》（铁总监〔2014〕234号）。12月11日，根据铁路总公司路风监察办法，沈阳局修订下发了《沈阳铁路局路风监察实施细则》（沈铁路风发〔2014〕370号）。将原细则64条修改为70条，增加6条，全篇文字改动约有160处，明确提出路风工作坚持管业务必须管路风的原则，相关职能部门承担路风工作管理责任，路风监察部门承担路风工作监督责任，将路风监察工作的职能由注重管理转为监督监察。为进一步规范各单位路风监察制度办法，2015年1月至3月，局路风办本着工作标准统一、处分尺度一致、行文模式规范的原则，按客运段、车务段、直属站三个系统，对各单位初步形成的路风监察修改办法逐一进行现场指导，审核把关，帮助完善。5月，各基层单位均完成了本单位路风监察实施办法的修订下发工作。

二、路风培训及工作评估

沈阳局始终重视路风监察队伍建设，组织脱产集中培训、实战演练培训及大型检查前专项培训，全面提升路风干部队伍素质。1996年至2015年，共举办路风监察干部脱产集中培训7次，培训专兼职监察420人次。1999年，路局组织各分局及30个较大窗口单位路风监察，以学习、理解铁道部和路局路风管理办法为主要内容，进行了两次集中培训。2005年，面对铁路分局撤销，路风专职人员监察监督能力较弱的实际，全局坚持把以查代训作为路风培训的主要方式，通过查训结合、新老结合，3次组织基层单

位78名路风监察开展互补、互助、互学培训。2006年，为提高路局层面路风监察人员自身素质，局路风办安排每名监察分期到客货窗口岗位现场脱产学习10天，强化业务能力的提高。2010年3月，局路风办分别在大连、沈阳和长春地区，采取"大家讲，大家听，大家评"的互动交流方式，对基层单位50名专职路风监察进行了交流培训。4月，又选拔23名客货业务较强的路风监察，利用两周时间，组织了中间站、售票和跨局列车检查三个课题的现场培训，巩固学习成果。2011年5月，局路风办以提高实作能力为基点，改变培训方式，把实例交流、实作演练、实践体会作为主体培训模式，分成三个培训组，采取讲述客运检查实例，售票上机实际操作，剖析货运典型案例，对50名基层单位专职路风监察开展有针对性、具体、直观的业务培训。2012年3月，局路风办对路局及基层单位共64名路风监察进行了一次以执纪行为为主题、以"廉政情况""执纪行为"和"业务能力"为主要内容的千人问卷测评，优秀率达87%。2012年开始，全局每年在春运、暑运期间，都组织管内基层单位持证路风监察参加交叉互检实战培训。通过检查前专题培训和检查后质量评估，解决检查质量不高问题。2015年春运交叉检查中，15个小组有11个被评为优秀；暑运检查中，12个小组有11个被评为优秀。2015年6月，局路风办在吉林车务段和吉林客运段举办路风基础工作现场培训，围绕规范路风基础管理和路风问题案卷归档，由吉林车务段和吉林客运段分别在现场讲解演示路风基础软件管理系统，并将各单位定性的路风问题案卷进行了现场查阅交流，推进了路风基础管理。

2004年，局路风办制定了《沈阳局窗口单位路风状况季度考评办法》，开始对各分局路风工作情况进行评估。2005年生产力布局调整后，路局直接对45个基层单位路风工作进行评估。2006年将季度评估改为年度评估，并将非运输企业纳入路风评估考核。2008年起实行半年初评，年度总评，重点对管内主要窗口单位的基础工作、信访工作、日常工作和检查监督情况进行评

估考核。2012年实行年度评估。2013年，针对党的群众路线教育实践活动中基层反映较多的评比考试等问题，对评估办法进行重新修订，取消了

职工现场考试、媒体报道考核等内容。同时，将新组建的12个货运中心和路局行包快运中心纳入路风评估考核。

第十一章　机关党组织

沈阳铁路局直属机关党委在局党委的领导下，贯彻落实中国铁路总公司（铁道部）党组、局党委和路局的部署要求，加强宣传思想政治工作，不断夯实党建工作基础，扎实推进党风廉政建设，使机关干部政治素质、大局意识和执行力得到不断提高。针对不同时期形势任务的要求，先后组织开展 "促改革、严管理、闯市场、增效益" "学守则、做表率、塑形象" "知荣辱、明责任、树新风、做贡献" "蹲班组、当工人、摸实情、解难题" 等主题实践活动，教育引导机关干部转变作风、深入现场、履职尽责，服务基层。2014年，开展了 "学习型、服务型、务实型、高效型、廉洁型" 文明机关、文明处室创建活动，规范机关干部文明行为，增强组织观念、纪律意识与服务意识。坚持开展经常性党风廉政教育，在党员干部中开展述廉、评廉、考廉和廉政党课等活动，从源头上预防违纪问题的发生。领导机关工会、共青团组织紧密全局中心工作、组织会员、团员青年开展的扶贫帮困、金秋助学、才艺大赛、青工练功比武等活动，推动了群团工作的深入开展。

第一节　机关党组织概况

1996年，局直属机关党委设组织部、宣传部、办公室、工会、团委、退管办、计划生育、体协等机构，定员23人。2006年，按铁道部党群机构优化调整的要求，设定员10人，其中党委书记1人，党委副书记、纪委书记1人，党委副书记、工会主席1人。下设党群工作办公室，设主任1人、副主任1人、纪委副书记1人、工会副主席1人、团委书记1人、部员2人。2015年，设定

员9人，其中：党委书记1人，党委副书记、纪委书记1人，党委副书记、工会主席1人。下设党群工作办公室，设主任1人、副主任1人、工会副主席1人、团委书记1人、部员2人。所属69个单位（部门）设党委（党工委）6个，党总支41个，党支部283个，党员8715名（含离退休）。

局直属机关党委负责机关党的建设工作；负责开展局机关各部门和直附属各单位党的思想、组织、制度和党风廉政建设工作；领导局机关和直附属各单位工会、共青团等群众组织，支持群团组织依照各自章程独立负责开展工作。

第二节　机关党组织建设

一、思想政治工作

1996年，在局机关干部职工中开展深化改革、经济形势、职业道德等教育，把思想政治工作融入局机关的改革和各项工作之中。针对全局面临市场竞争和经营困难的严峻形势，深入开展形势教育，局领导班子成员和局机关各部门负责人共专题宣讲139场次，组织干部职工座谈讨论197次。围绕 "增二节二" 目标，制定各项措施223条，撰写论文99篇，提出合理化建议352项，其中被采纳61项。以沈阳直属房产段为职业道德教育试点，实施培训计划，培训职工40%，达到局定目标。总结了沈阳通信段党委思想政治工作经验。表彰先进班组30个，优秀班组长9名，班组建设先进工作者10名。

1997年，围绕铁道部党组提出的 "深化改革、拓宽市场、集约经营" 三大重点和路局、局党委提出的 "外抢市场、内抓管理"，推进两个

根本性转变，组织局机关部门和直属各单位领导专题宣讲113场，组织干部职工座谈讨论291场次，共参加2340人次。组织机关干部撰写增收节支论文54篇，提出合理化建议23条，评选出优秀论文一等奖5篇，二等奖9篇，三等奖21篇。与体改法规处召开了班组思想政治工作和班组建设一体化考核研讨会，讨论通过了《沈阳铁路局直属机关班组思想政治工作实施办法》草案，交流了沈阳通信段和沈阳直属房产段党委抓班组一体化考核的经验。开展"创三优（即：优质服务、优良秩序、优美环境）做表率"精神文明创建活动，对所属47个部门和直属单位的307个办公房间进行了抽查，80%的办公房间达到优秀。组织300多名党员干部参加迎香港回归报告会；利用"信息板"制作展示迎香港回归图片；组织170人参加全局"庆七一，迎回归"文艺汇演；组织部分机关关工委老干部、统战成员、先进工作者等25人，召开迎回归茶话会。10月份，动员所属62个机关部门和直属单位5165名干部职工，为"九一八"纪念馆扩建工作捐款149186元。根据局党委职工职业道德教育三年规划要求，培训干部职工1596人，占职工总数的82.99%。

1998年，围绕路局"三会"提出的一系列改革和发展的政策和措施，开展"学理论、转观念、促改革、谋发展"思想教育活动。开展"促改革、严管理、闯市场、增效益"活动，组织干部职工围绕"怎样看待改革的必要性、紧迫性？怎样看待新一轮解放思想、转变观念？"等"十个怎样看待"大讨论，共组织学习讨论会233场次，召开座谈会47次，3000多人次参加。在思想解放教育论文征集活动中，27个单位上报85篇调研报告和论文，其中有51篇论文获奖。针对局机关集体企业改制和减员、分流中干部职工思想波动大的实际，采取座谈会、个别谈话等形式，对6个基层单位和部分机关部门的干部职工思想进行了疏导，稳定了队伍。根据局党委"三五"普法规划，将《刑法》《劳动法》等九部法律汇编印发《普法学习材料》1700册，局直属单位和机关共有500名干部职工参加了全局法律知识答卷竞赛。

1999年，深入学习贯彻九届人大二次会议和党的十五届四中全会精神。11月份，举办了学习骨干培训班，共培训专兼职宣传干部56人。12月份，举办了局机关领导干部学习党的十五届四中全会《决定》培训班，共培训151人。对局机关处级领导干部、直属单位领导班子建立理论学习考核档案208套。制定下发了《关于在部分直属单位推行干部思想理论素质任职资格考核的办法》，并以沈阳通信公司和沈阳材料总厂厂为试点推广工作。做好机关机构改革、人员定岗分流中的思想政治工作，做到了解难释惑、理顺情绪、化解矛盾。做好通讯报道工作，263篇稿件被新闻单位刊发，表彰最佳通讯报道员8名，优秀通讯报道员16名。

2000年，修改完善党委中心组学习制度，进一步提高理论骨干队伍素质。4月份，在局党校举办了一期56人参加的理论骨干培训班。8月份，对489名机关正科职以上干部建立了学习档案。深入开展了以"讲学习、促转变、增信心；讲效益、促经营、增效益；讲正气、促廉洁、增效率"为主要内容的思想作风教育活动。共讨论查摆327条作风建设方面存在的问题和不足，研究制定各项整改方案和措施263项；梳理各类文件1100多份，修订和完善各项制度130多项，废除各类旧制度近500项。

2001年，在局党校举办了10期干部理论素质暨岗位脱产培训班，共培训干部1047人，培训率达到了100%。开展"客车扭亏增盈大讨论"活动，拟定20个研讨课题，共征集合理化建议34条，论文13篇。下发《沈阳铁路局机关工作人员守则》，开展"学守则、做表率、塑形象"活动，交流了营销处、房产处、车务处等部门的经验做法，促进了机关干部作风的转变。2002年，以贯彻落实路局"三会"精神为主线，开展形势任务教育。深刻吸取"7·23"事故教训，针对干部职工思想动态，加大安全思想教育力度，因势利导，理顺情绪，变压力为动力，为实现全局"10·25"安全百日奠定良好的思想基础。局机关被评为沈阳市精神文明单位。

2003年，开展了学习"十六大"精神和《党章》知识竞赛。深入开展"学理论、做实事、塑形象"活动，组织局机关党员干部帮助基层解决问题945件，撰写论文70余篇。在抗击非典型肺炎（非典）中，建立了疫情信息报告网，设立

24小时值班电话，实行零报告制度，制定了8项具体防控措施，使局机关防治"非典"进入有序可控状态。在一楼大厅设立《一手抓防治"非典"，一手抓安全运输生产经营》2期宣传板报，发放防治"非典"宣传单1500份和《科学防治战胜"非典"》宣传资料500本，编发《机关简讯》9期。2004年，以深入贯彻党的十六大和十六届四中全会精神为主线，采取集中学习、专题辅导、成果交流和知识竞赛等方式，促进理论成果转化。在全局宣传工作会议上交流了《适应新需要、立足提素质、扎实开展理论学习活动》的经验。制定下发《关于开展创建"学习型、服务型、文明型"机关活动的通知》，召开了由各单位党委、总支、支部负责人参加的动员部署会议，组织制定"三型"机关实施方案，总结表彰创建先进部门，扎实推进"三型"机关创建。按照局党委开展的"全员防松劲、合力保安全"活动要求，开展"两反两做到"（反对官僚主义、反对形式主义、做到实事求是、做到迅速整改）的思想教育主题活动，下发《局机关干部作风状况测评表》405份，基本满意率达到96%。沈阳印刷厂被评为辽宁省文明建设单位。

2005年，围绕路局直管站段新体制，深入开展"适应改革需要，做受基层欢迎，让组织放心的机关干部大讨论"，教育和引导局机关干部认清形势、迎接考验、提高素质、适应体制改革需要。深入到沈阳、长春、大连、丹东、锦州地区14个基层站段，采取召开座谈会、下发征求意见表和个别谈话等形式，调查了解基层单位对局机关的意见和建议，形成专题调研报告。制定《关于加强局机关办公秩序、办公环境管理的十项规定》，在深入调研基础上，形成《关于直管站段体制改革后机关党建工作思考和对策》调研报告，制定了《机关工作人员行为规范具体要求》。开展"安全大反思、大检查、大整改"教育活动，召开机关"查思想、查管理、查作风"动员大会，编发《"三查"简讯专刊》32期。制作"四五"普法电视节目，全面总结"四五"普法工作。

2006年，深入贯彻落实党的十六届六中全会精神，利用宣传板、局域网和《机关简讯》，大力宣传"八荣八耻"；开展专项学习研讨和论文征集活动，共评选优秀论文16篇。认真贯彻落实《沈阳铁路局三年发展规划》，开展"学规划、明目标、知责任、做贡献"百题知识竞赛，编发《机关简讯》45期，制定宣传板80块。2007年，采取集中学习、专题研讨和体会交流等方式，加强对党的十七大精神的学习贯彻。以创建"政通人和、充满活动"机关为目标，以"知荣辱、明责任、树新风、做贡献"为主题，在局机关干部职工中开展了社会主义荣辱观实践教育活动。开展"攻坚'4·18'、提速保安全，创优做贡献"主题实践活动，下发《机关简讯》24期，制作宣传板70块。局机关荣获"辽宁省文明机关"荣誉称号。

2008年，深入学习贯彻党的十七大精神，下发《落实科学发展观存在问题调查表》38份，召开领导干部、机关党委全体干部等6个座谈会，征集9个方面298条意见建议。组织5个专题学习调研成果交流和解放思想讨论会，对43篇调研成果进行了交流。组织召开了以"建设和谐铁路，服务人民群众"为主题的组织生活会。吸取"4·28"胶济线旅客列车冲突特别重大事故教训，深入开展安全生产大反思、大检查活动，组织所属各单位深刻吸取教训，深入查摆问题，落实整改措施，迅速扭转安全被动局面。2009年，按照路局、局党委《关于沈阳铁路局开展"干部业务学习年"活动的指导意见》，结合局机关实际，编制教学大纲，制订教学计划，组织集中授课53次，参加4362人次，每名干部集中学习不少于80学时，提升了机关干部技术业务素质。

2010年，按照局党委的安排部署，开展了"解放思想、统一思想、加快推进铁路现代化建设"大讨论活动，采取宣讲教育、学习研讨、调查研究、立项攻关等方式，促进了机关干部解放思想、转变观念、理清思路。开展了路情、局情宣传教育，组织观看《穿越梦幻的时空——中国高速铁路发展纪实》，组织300名局机关干部到安全文化教育基地参观学习。开展"干部业务学习年"活动，组织局机关干部进行第二次网上在线考试。开展岗位宣传思想工作调研活动，《以"一班岗位实践"活动为载体，努力提升机关干部服务现场的素质和能力》的经验，在全局政治工作会议上进行了交流。

2011年，按照局党委《关于开展纪念中国共产党成立90周年系列活动的通知》要求，在局机关干部职工中先后开展了"感悟辉煌成果，抒发爱党情怀"书法、美术、摄影展和党建知识竞赛活动，共有43个单位和部门的2925名干部职工参加了活动，开展纪念建党90周年活动。深入开展了"三个面对面"干部职工大谈心活动，共谈心171人，征集意见建议194条，并对意见和建议分别做好政策解释和问题整改反馈工作。围绕"保安全、保质量、保稳定、促发展"和"统一思想、坚定信心、振奋精神、形成合力"为主题，组织所属党组织以召开专题会议、党员大会和座谈会为主要形式，广泛开展形势任务宣传教育活动。先后组织局机关干部职工参观了局图书馆、铁路物业小区建设、多经经营实体，进一步激发了局机关干部爱局爱岗热情和在"转机制、闯市场"中当先锋、做表率、促发展的积极性和主动性。

2012年，深入学习贯彻党的十八大精神，组织机关党员干部观看了向党的十八大献礼影片《雨中的树》，学习李林森同志对党忠诚、为民尽责、鞠躬尽瘁的先进事迹。落实局党委关于向崔振亮、杨全江同志学习的通知要求，认真组织开展了学习活动，在局机关干部中形成学习先进、崇尚先进、争当先进人物的良好氛围。把学习《党章》《十八大报告》《党员干部廉洁从政若干准则》纳入党委中心组学习安排，确保了学习效果。深入开展"严格管理与关爱职工"干部职工大谈心活动，耐心细致做好政策解释，形成干群共同参与从严管理的良好局面。深入开展了"保安全、保质量、保稳定、促发展"和"统一思想、坚定信心、振奋精神、形成合力"主题教育活动，组织所属党总支、党支部集中开展形势任务宣传教育。

2013年，按照局党委、路局的安排部署，以学习党的十八大报告、《党章》和党的十八届一中全会精神为基本教材，采取集中学习、研讨交流、召开专题党课等形式，组织局机关党员干部学习党的十八大精神。结合机关实际，制定活动方案，组织局机关干部深入到包保单位，组织播放《科学发展铸辉煌——沈阳铁路局2012年工作回望》专题片，组织召开专题报告会，面对面向

站段干部和宣传骨干进行宣讲，广泛开展谈心活动，主动征求意见，解决职工实际问题。2014年，建立了《局机关干部理论学习制度》，深入学习了党的十八届四中全会精神、科学发展观、中央领导同志的讲话精神及总公司和路局、局党委的重大决策和部署，做到有计划、有讨论、有笔记。局电务处《创建学习型处室、建设专业型队伍》分别在"五型"机关创建工作推进会议和《沈阳铁道报》上进行了交流。总结党内品牌创建的经验做法，典型事迹，扩大品牌的影响力。对"12306郭明义爱心服务团队"和"郭明义爱心服务基地"授旗，开展活动之后，集中在工人日报、沈阳铁道报、局有线电视台和沈阳晚报分别进行了报道，同时在雷锋网、光明网等20多家网站也纷纷进行了转发，形成了良好的舆论氛围。

2015年，认真学习贯彻党的十八届五中全会精神。重点组织机关干部学习了《习近平谈治国理政》《习近平总书记系列重要讲话读本》《政策法规热点解析》等，引导机关干部撰写理性思考和心得体会，提高理论学习质量。开展了"送书到支部"活动，购买了一批文学、历史、政治、哲学等书籍。以"适应新常态、创效作贡献"主题宣讲活动为契机，组织机关干部认真观看和学习局情教育专题片和《政策解析读本》，编发了宣讲提纲，组织局机关各部门和附属单位集中开展了宣讲动员。机关部门和附属单位共确定63个讨论课题，集中开展研讨活动，深入查找和解决在思想观念、机制手段和管理方式等方面存在的问题。活动期间，局机关干部共撰写心得体会45篇。同时，更换局机关一楼宣传板11期，及时宣传全局"三会"精神、新时期铁路精神、"三严三实"专题教育、安全大检查、中国共产党廉洁自律准则等内容，营造对内宣传氛围，促进各项工作落实。

二、党组织建设

1996年，深入开展创建"好班子"争当优秀领导干部活动，有4个基层单位领导班子进入"好班子"行列，有20名领导干部分别被路局、局机关授予"优秀领导干部"称号。在党支部建设上，通过开展"达上创"活动，达到规范党支部197个，占党支部总数的100%；上《纲要》党

支部196个，占党支部总数的98%；创先进党支部43个，占党支部总数的24%。在"创岗建区"活动中，所属单位党员先锋岗、红旗责任区分别占90%以上，有397名科职以上干部分别对岗区实行包保。年内，为基层解决实际问题4857件，义务献工349人，计2874小时，有23个党总支、支部，100名党员受到局机关党委的表彰。在"创先争优"活动中，有3个党委，29个党总支部、党支部，25个党小组分别被评为先进党委、先进党支部、先进党小组称号；有95名党员被评为优秀党员，30名党支部委员被评为优秀党支部委员。

1997年，突出抓好"三项工程"建设，发挥党组织的服务保障作用。在"龙头工程"建设中，开展创建"好班子""争当优秀领导干部"活动，基层领导班子民主生活会召开率为100%；"三讲"教育面达100%；基层6个单位领导班子全部进入"好班子"行列，评选优秀领导干部185名，1个红旗党委，3个先进党委。在"堡垒工程"建设中，开展"达标准、创先进、争红旗"活动。年内，培训新职党支部书记20名，培训率100%；在"七一"表彰中，命名红旗党支部12个，先进党支部22个，先进党小组29个。对机关70个党支部，74个党小组进行了检查考核，并对个别党支部工作滑坡、党员出现问题的5个上纲要党支部摘掉牌子，保证上纲要党支部的质量。在"先锋工程"建设中，开展"双学"活动，组织力量对所属58个单位（部门）的"创岗建区"活动进行了专题调研。结合冬、春运工作，在党内开展了立功竞赛，评选出21个先进集体、90名先进个人。同时，开展了学习"局十大优秀党员标兵、机关五大优秀党员标兵"活动，编印了标兵事迹《风采颂》，组织局机关650党员干部，聆听了局"创岗建区"先进事迹报告会，切实发挥了党员的先锋模范作用。有5名党员获得优秀党员标兵称号，83名优秀共产党员受到表彰。发展新党员67名，转正72名，培训入党积极分子2期共84名，三项指标兑现率均为100%。

1998年，深入开展了"创建好班子""争当优秀领导干部"和以"三讲"为主要内容的党风党性党纪教育活动，对"创争"活动实行了星级

管理，动态考核管理。并对所属50多名领导干部和6个基层单位领导班子进行了全面考核，对2个基层领导班子进行了换届选举和评审工作。"七一"总评中，共评选出3个优秀领导班子和29名优秀领导干部,其中,沈阳通信段被路局命名为"好班子"，7名领导干部被路局评为"优秀领导干部"。在党支部建设中，并结合"创先争优""双评"活动和直属机关政治工作大检查，对59个党委、党总支、党支部和40个党小组进行了全面考核，采取脱产办班和函授学习的形式，对28名新职、专职党支部书记进行了培训，培训率达到100%。在"七·一"表彰会上，有11个红旗党支部、23个先进党支部、26名优秀党支部委员、30个党小组受到了表彰。深入开展"学文件、保安全、当先锋"立功竞赛活动，对20个先进集体、119名个人进行了表彰。在发展党员工作中，举办了2期入党积极分子培训班，培训积极分子62人。发展新党员52名，预备党员按期转正67名。

1999年，以整风的精神，在局机关处室和处级领导干部中深入开展党性党风教育。局机关202名处级干部认真撰写党性剖析材料，积极开展批评与自我批评，共收集对部门领导班子和处级干部各方面意见、建议837条，经梳理归纳共12类333条。下发了"三讲"教育"回头看"实施意见，机关所属47个单位的221名处级干部参加了活动。开展了创建"好班子"和"争当优秀领导干部"活动，所属党支部有98%达到规范化标准，95%进入上《纲要》党支部，10%进入先进党支部行列，红旗党支部达到5%。五个基层单位的党员先锋岗达到了90%，红旗责任区达到80%。举办入党积极培训班1期，培训入党积极分子19名，接收新党员64名，预备党员按期转正67名。

2000年，开展了"达、创、争""创岗建区""冬赛""创先争优"等系列活动，党支部的战斗保垒作用进一步增强。在"创先争优"总评中，共评出5个先进党委，10个红旗党支部，20个先进党支部，20个先进党小组，36名优秀党支部委员，120名优秀共产党员，总结了调度指挥中心、教育处、房产处、宣传部4个党支部抓党建工作经验。开展了民主评议党支部和民主评

议党员活动，共有171个党支部和2432名党员参加了评议，有374名党员受到各级党组织的表彰，通过"双评"活动的开展，激发了广大党员的工作热情。对195名专兼职党支部书记进行了"五知五会"业务培训，召开了分局、公司机关党委书记研讨会，为进一步抓好机关党建工作拓展了思路。发展新党员56名，转正51名。举办入党积极培训班2期，组织入党积极分子300余人参加了辽宁省委举办的党的基础知识竞赛活动。

2001年，机关党委在沈阳直属房产段、设计院、材料厂、木材厂和印刷厂5个单位领导班子中开展了党性党风集中教育活动。按照局党委安排部署，对"三重一大"问题集体讨论决定情况进行检查指导，避免了个人不良行为的发生，杜绝了决策上的失误。组织开展了创岗建区、党员营销工程、冬赛、创先争优、党的基础知识竞赛等活动，并结合建党80周年，开展了"忆党史、颂伟绩、话使命"活动，加强党的宗旨意识教育，突出党员作用引导，有293名党员受到省、部、局等各级党组织表彰，选树的王凤鸣、刘雁、刘振兴等十大党员标兵。"七一"前，局直属机关党委命名表彰了2个党委为红旗党委和先进党委，有30名领导干部被命名为优秀领导干部，有4名受到路局表彰。对60多个党支部进行了动态考核。上纲要党支部达到98%以上，其中大修设计所党支部被局命名为先进党支部，有10个党支部被直属机关党委评为红旗党支部，19个党支部被评为先进党支部，26个党小组被评为先进党小组。党委全年共培训入党积极分子77名，发展新党员39名，转正35名。

2002年，按照局党委提出的"作风建设年"的要求，下发了《关于在局直属机关开展"树正风、创业绩、塑形象"活动的通知》，在7个分局的基层站段聘任了12名党委书记、段长，作为局直属机关作风建设监督员，共征集机关干部思想观念、工作作风等方面存在的问题24条，提出建议31条。机关干部围绕思想观念、工作作风、服务质量、办事效率、廉洁自律和理论学习等方面进行了认真查摆，共查摆各类问题882条。针对查摆出各类问题制定整改措施732条，促进了局机关干部作风转变。召开了"树、创、塑"总结表彰大会，表奖19个先进集体、5名个人标杆

和局60名先进个人进行了表奖。在局基层党组织学教活动研讨会上，局直属机关党委介绍了《领导重视、加强培训、强化指导，确保学教活动取得实效》的经验做法。以"达纲要、创先进、争红旗"为主线，实施了党支部动态管理。局直属机关党委对"创先争优"活动进行了考核，评选出红旗党委1个、先进党委2个、红旗党支部11个、先进党支部24个、先进党小组30个、优秀共产党员107名、优秀党支部委员36个；好班子3个、优秀领导干部25名。局级先进党支部1个、优秀共产党员3名、优秀党务工作者3名、优秀领导干部4名。举办入党积极分子培训班1期，经考核合格，为42名入党积极分子下发了培训证书。发展新党员42名，预备党员转正30名，并对新发展的党员进行了公示。

2003年，按照局、局党委《关于开展干部作风、职工"两纪"系列问题大曝光、大讨论、大整改的通知》要求，组织局机关党员干部集中对照《一封电报竟花费掉45万元》《一份纪要8处有错》等典型事例，深入查摆反思问题，认真落实整改措施。贯彻"三重一大"、厂（段）务公开和民主议事制度，召开厂务公开会议49次，民主议事会议69次。49个党委、总支、支部进行换届选举。7个党支部补选了支部委员。开展"创建好班子，争当优秀领导干部"活动，年内，评选出好班子5个，优秀领导干部29名。局机关党委召开局、分局（公司）两级机关党委党建工作研讨会，交流加强机关党建工作经验。11月4日，召开局直属机关第八次党员代表大会，推荐选举党员代表120名，实际参加会议的代表107名，大会一致通过了上届党委会《加强机关党建、创建"三型"机关、为实现全局跨越式发展努力奋斗》和上届纪律检查委员会《振奋精神、与时俱进、进一步开创局直属机关党风廉政建设局面》的工作报告，明确了建设"学习型、服务型、文明型"机关的奋斗目标，大会选举产生新一届局直属机关委员会和纪律检查委员会。根据局党委"十五"党支部建设《实施意见》和开展创建"五好"党支部活动的《实施意见》，印发了局直属机关党委关于"十五"党支部建设《实施细则》，评选表彰局直属机关先进党支部35个、先进党小组33个、优秀党员108名、优秀

党支部委员44名。召开发展党员协审会议，共协审入党积极分子档案材料24份。发展新党员34名，预备党员转正37名。

2004年，认真贯彻《铁路企业党支部建设纲要》，在局党校举办2期培训班，共培训专职党支部书记、组织委员、宣传委员139人。召开局、分局两级机关党建工作研讨会，围绕新形势下如何加强和改进机关党的建设、创新工作方法、提高两级机关干部素质、进一步转变干部作风等方面进行经验交流。下发《做好保持党员先进性教育准备工作的通知》。对56个党总支、支部负责人进行专项业务培训，召开党员、职工群众座谈会，向党员、群众下发调查问卷1909份，对党组织、党员队伍状况进行调查分析，形成了《局直属机关党员队伍素质状况调查报告》。深入开展"创先争优"和"创建好班子、争当优秀领导干部"活动，落实创建"四好"班子考核管理办法，对4个基层单位领导班子执行"三重一大"制度落实情况进行检查考核。"七一"，局直属机关党委评选表彰先进党委2个，先进党支部34个，先进党小组30个，优秀党员101名，优秀党支部委员40名。

2005年，组织所属10个党委、13个党总支、181个党支部和2416名共产党员，全面开展保持共产党员先进性教育活动，系统学习《保持共产党员先进性教育读本》等重点内容，集中提炼60个党员先进性具体要求。在分析评议阶段，共收回征求意见表149张，梳理意见建议73条，每名党员干部对照《党章》、新时期保持共产党先进性的基本要求，撰写党性分析材料，达到"像、准、实"的标准，切实提高局机关党员干部先锋模范意识。在主题实践活动中，先后有181个党支部2416人次参加主题实践活动，共发现各类问题778件，解决问题773件，收到表扬信15封，满意率达到95%。同时，各党支部制定管理办法487个，清理各种规章162项，修改完善有关规章136项。组织1300多名离退休党员和局直管站段后调入机关助勤的党员开展了第二批先进性教育活动。整个活动期间，先后编发《机关简讯》127期，编印《党员先进性教育体会文章选编》等6本书。下发《局直属机关党员管理办法（试行）》的通知，举办1期入党积极分子培训班，对49名入党积极分子进行培训。年内，共发展党员31名，预备党员转正27名。结合不同时期形势任务，深入开展"讲大局、讲团结、讲责任、讲纪律，为全局安全生产一百天做贡献""创五好、争先进党支部"等主题实践活动。评选表彰先进党委4个、先进党支部31个、先进党小组24个、优秀共产党员91名、优秀支部委员50名。

2006年，认真落实《沈阳铁路局基层单位党员领导干部民主生活会制度》、"三重一大""厂务公开"和廉政建设责任制等制度。指导20个党委、党总支、党支部的组建和换届选举工作。检查考核7个基层单位"四好班子"创建工作。制定机关首问、首办负责制和干部作风长效机制等整改落实措施，局直属机关党委组成4个督导检查组，对35个处室落实情况进行全面检查，切实解决机关干部"纸管"、办事效率低下、同一工作重复发文等问题。举办1期入党积极分子培训班，有27名入党积极分子参加了培训，全年共发展党员29名，预备党员转正27名。命名表彰先进党支部25个、先进党小组20个、优秀共产党员102名、优秀支部委员50名。局运输处张海涛被评为辽宁省优秀共产党员，局离退休管理处于平被路局命名为见义勇为先进分子。

2007年，按照局党委《关于理顺部分直附属单位及限额外机构党组织关系的通知》要求，先后对26个部门、单位的党组织隶属关系进行了理顺，指导了15个党委、总支、支部的组建、换届选举、委员增补工作。加强领导班子建设评选表彰先进党支部33个、先进党小组22个、优秀共产党员101名、优秀党支部委员50名。对38名入党积极分子进行了培训，对37名预备党员进行了谈话，共发展党员37名，预备党员转正14名。

2008年，以局冬运、春运、"保两会""安全大检查大反思""三整顿"、保奥运等活动为契机，组织开展了党支部"创先争优"活动，95%党支部实现了达《纲要》。在整顿"工作作风、工作纪律、干部形象"活动中，组织各党支部召开查摆反思会和专题民主生活会，集中开展"工作作风、工作纪律和干部形象"三项整顿，发挥局机关职能作用。直属机关党委成立了4个干部作风督导组，深入锦州地区11个站段检查指导活动开展情况，确保活动取得实效。组织局机关28个处室838人次，深入到沈阳站、沈阳北站，参与奥运会安保工作。四川发生强烈地震后，组织机关2858名党员向灾区捐献特殊党费2554770元。在"创先争优"总结表彰中，共命名表彰先进党支部30个、先进党小组20个、优秀党员101名、优秀党支部委员50名，路局党委评选表彰先进党支部3个、优秀共产党员4名，党务工作者6名。共发展党员14名，预备党员转正15名。

2009年，坚持"三重一大"集体决策制度，落实党员领导干部民主生活会制度，把安全、经营和稳定等重点工作作为考核领导班子和领导干部主要依据，切实加强领导班子建设。以开展"学技练兵、当好先行""增运增收当先锋、节支降耗做贡献"党内主题实践活动为契机，深化"创先争优"活动，夯实了党支部基础建设。按照路局、局党委"关于加强干部队伍纪律建设"的要求，组织所属各单位和机关各部门开展了全员专题学习教育活动，增强了局机关党员干部执行"四项纪律"自觉性。对老党员和特困党员进行走访慰问，共走访慰问老党员363人，老干部206人，困难党员10人。直属机关党委命名表彰先进党支部、先进党小组30个，优秀支部委员、优秀党员106名，发展党员44名。

2010年，按照局党委的要求，结合机关实际，在机关及附属单位开展"创建学习型领导班子和争做学习型领导干部"和"争创'四强'党支部，争做'四优'共产党员"活动，组织59名专兼职党支部书记和58名入党积极分子参加培训，对19个直附属单位党委书记履职考核情况进行检查。在"创先争优"活动中，局直属机关党委严格落实公开承诺、指导点评、群众评议等规定程序，强化"三个作用"主题实践活动和"安全攻关、筑牢屏障"党内主题实践活动，开展党内安全立项攻关，发挥局机关党组织在确保冬运安全工作中的示范作用。7月27日，特大洪水冲毁沈吉线，局机关及附属单位70名党员干部立即奔赴水害现场进行抢险救援。舟曲特大泥石流灾害发生后，4120名局机关党员干部共捐款755720元。青海玉树地震后，5149名局机关党员干部共捐款780960元。按照《中共辽宁省委办公

厅、辽宁省人民政府办公厅关于在全省开展"送温暖、献爱心"捐助活动》的要求，2838名局机关党员干部共捐款120910元。开展了生活困难党员和老党员慰问走访工作，共发放慰问金106000元。在中国共产党建党89周年前夕，局直属机关党委命名表彰了先进党支部（总支）30个，先进党小组35个，优秀党员130名和优秀支部委员65名。发展新党员35名。

2011年，按照路局、局党委的统一部署，在局机关及附属单位中开展"明确职责、提升质量、严肃纪律、转变作风"为主要内容的整顿活动，与局人事处（党委组织部）密切配合，采取明查暗访的方式，对机关干部工作落实等情况进行了跟踪督导，提升机关干部纪律和工作责任意识。开展走访慰问生活困难党员、老党员和老干部活动，共走访慰问967人次，送去慰问品、发放慰问金178500元。对19个局直附属单位党委书记履职情况进行考核，促进了局直附属单位党建工作落实。组织52名入党积极分子参加局党校积极分子培训班。在"创先争优"活动中，共命名表彰先进党支部、先进党小组30个、优秀共产党员、优秀党支部委员132名。

2012年，开展"安全攻关、筑牢屏障""服务旅客创先争优"党内主题实践活动，指导运输处、货运处等党总支、党支部确定攻关项点，明确攻关步骤，推进落实措施，动员局机关干部立足岗位创先争优。对所属党总支、党支部进行调研分析，做好分类定级工作，全力抓好薄弱党支部包保转化工作，使党支部建设水平得到整体提升。为贯彻落实职工生活规划配套设施改造动员大会精神，机关党委与人事处（党委组织部）、土地房产管理处密切配合，组织99名副科级以上干部参加"双百干部包百站"活动，印制《"双百干部包百站"活动包保工作手册》，对施工进度、施工质量和资金使用等关键环节进行严格把关，确保改造工程高质量推进。开展"转作风、减会议、上一线、保安全""当一天列车员"到西部铁路种草等活动，转变机关干部作风。走访慰问生活困难党员、老党员和老干部，共走访慰问532人次，送去慰问品、发放慰问金286500元。局机关党委评选表彰先进党支部、先进党小组60个和优秀共产党员、优秀党支部委员200

名。

2013年，局直属机关党委组织局机关40个部门、13个党总支、53个党支部、132个党小组、1425名党员开展党的群众路线教育实践活动。围绕"为民、务实、清廉"主要内容，牢牢把握"照镜子、正衣冠、洗洗澡、治治病"的总体要求，开展"两清、三保、四满意"主题实践活动和"蹲班组、当工人、摸实情、解难题"活动，召开"蹲班组、当工人"和党的群众路线教育学习体会交流会，教育引导局机关干部树立群众观念，自觉践行群众路线。按照局党委关于召开"为民、务实、清廉"专题组织生活会要求，组织机关40个部门对征求到的意见建议进行全面汇总，分别制定整改方案，按阶段推进整改。按照局党委组织部《关于开展"送温暖、献爱心"捐助活动》要求，组织5151名机关干部捐款212116元。开展走访慰问生活困难党员、老党员活动，共走访困难党员、老党员504人次，送去了慰问品、发放慰问金257100元。

2014年，按照局党的群众路线教育实践活动领导小组部署和要求，机关党委负责协调组织第一批教育实践活动机关"1+40"整改方案，全面抓好第一批教育实践活动问题整改。年内，机关各部门累计整改销号各类问题1176项，促进了"四风"问题逐项整改销号。机关党委所属共有15个单位参加第二批群众路线教育实践活动，完成学习教育、听取意见，查摆问题、开展批评和整改落实、建章立制重点工作，使教育实践活动取得了实效。8月16日，机关党委代表铁路系统参加了中央第12巡回督导组辽宁座谈会，向中央12巡回督导组领导做了专题汇报。局党委、路局印发了《沈阳铁路局创建"学习型、服务型、务实型、高效型、廉洁型"（以下简称"五型"）机关管理办法》。机关党委按照局党委、路局的要求部署，对37个部门制定的创建方案进行了指导和审核把关。组织制定了《沈阳铁路局机关作风建设监督员联系制度》，在基层单位中聘任154名机关作风监督员，先后4次组织机关作风监督员对机关各部门进行评议，共收到意见建议210条。9月10日，组织召开"五型"机关创建工作推进会，总结交流局人事处（党委组织部）、局物资管理处、局电务处、局社会保险管理处和局调度所五个部门的经验做法，并在《沈阳铁道报》和《沈铁政工》上进行集中宣传，全面提升机关建设整体水平和工作质量。制定《机关党委2014年党内品牌创建方案》，制定12306客服中心创建"旅客全程温馨服务"党员爱心团队品牌、"高寒高铁应急处置"党员攻坚团队品牌2个局级品牌的品牌内涵、创建目标及创建措施，形成了2个品牌创建的具体实施方案。对局政法委护路党支部"'千里平安线'党员先锋工程"等11个品牌的创建情况进行了跟踪指导。年内，12306郭明义爱心服务团队品牌被局党委授予党内优质品牌标杆，高寒高铁应急处置党员攻坚团队品牌被局党委授予党内优质品牌。机关党委命名表彰了党内优质品牌11个。规范党支部"三会一课"制度，对61名兼职党支部委员进行培训，对9个党支部换届改选进行过程指导，确保程序规范。按照季度抽查、年度覆盖的原则，制定年度党支部工作检查方案，共对57个党支部基础工作进行了检查。机关党委命名表彰先进党（总支）支部31个、先进党小组37个、优秀共产党员141名、优秀党支部委员71名。发展新党员54名。

2015年，在局机关及附属单位副处级以上领导人员中开展"三严三实"专题教育，编发《局领导班子成员参加联系点党支部"三严三实"专题党课讲稿》和《局机关部门"三严三实"专题党课讲稿》，以局领导班子和党支部书记亲自上党课的形式，对机关党员进行"三严三实"专题教育宣讲动员，共上专题党课53次，受教育面达到100%。制定《局机关党委"三严三实"专题教育学习推进计划》，集中力量对副处级领导人员发言提纲进行审核把关，共审核发言提纲690人次，提出修改意见和建议370多条。抓住"专题学习和研讨交流"重点任务，采取现场检查、集中调阅和参加会议等形式，强化过程督导检查，确保"三严三实"专题教育不走过场、扎实开展。参加指导所属党支部召开的"严以修身、严以律己、严以用权"专题学习研讨交流会52次，达到全覆盖。组织各党支部建立本部门及领导干部的问题清单，并纳入问题库管理，制定整改措施，确保问题及时整改销号。按照"五型"机关创建争一流的目标要求，制定2015年度部门创建方案。每季度组织机关各部门对本部门创建活动进行自我评价，组织155名机关作风监督员对机关各部门"五型"机关创建活动进行一次评议，逐项评定等级、做出客观评价、提出意见建议。先后4次组织机关作风监督员，对机关各部门"五型"机关创建情况进行集中评议，共收到意见建议81条，向机关部门进行反馈。深化党支部基础建设年、"'三会一课'质量提高年"建设，通过强化动态管理考核，使机关党支部基础建设质量不断提升。根据《沈阳铁路局关于调整局机关行政附属机构编制的通知》和局党委组织部要求，全面做好17个工程指挥部和筹备组452名党员组织关系的转入和10个附属单位181名党员组织关系的转出工作，并根据变化情况，优化党支部设置4个、优化党小组设置26个，9个党支部按期换届。制定《局机关党支部"三会一课"制度》《局机关党员履行义务红线考核管理办法》《局机关标准化党支部建设实施方案》《局机关党支部换届选举工作制度》和《局机关干部理论学习制度》五项党支部建设基本制度。坚持利用"三会一课"强化对党员的管理教育，7月份所属党支部召开专题组织生活会156个，认真组织开展民主评议党员工作，共民主评议党员3786名（不含离退休党员），经民主评议和组织评定，优秀党员3440名、合格党员346名。春节前，组织机关及附属单位对调查确定的14名重困党员、35名一般困难党员和2名老党员进行了走访慰问。每季度对所属55个党支部基础工作进行一次考核评比，共下发党支部动态考核通报4期，评比表彰60个优秀党支部，下拨党支部活动经费28000元，促进党支部"三会一课"质量的提高。机关党委命名表彰先进党（党总支）支部25个、先进党小组40个、优秀共产党员151名、优秀党支部委员69名、党内优质品牌2个。共接收预备党员47名、预备党员转正54名。

第三节　机关党风廉政建设

1996年，为深入贯彻落实全局反腐败会议和案件检查会议精神，开展党风廉政教育，组织开展了党纪、政纪知识竞赛，召开党风廉政建设经验交流会。年内，共命名表彰先进集体37个、先进个人20名。印发《廉洁自律卡》2500张，有多人拒收现金21500元；受理群众来信来访70件；案件线索16件，立案8件，处分违纪党员5人。

1997年，在党员中开展"学条例、当模范、做遵规守纪好党员"活动；在领导干部中开展"学准则、当公仆、做精神文明建设带头人"活动，组织机关副科职以上干部和基层单位班子成员共300多人参观了沈阳市反腐倡廉成果展览。下发了《关于实行对新任职领导干部和调入机关干部进行党风廉政谈话教育制度》和《关于实行对领导干部党风廉政讲评、考核制度》。共对115名党员干部进行党风廉政教育谈话，为674名副科职以上干部建立廉洁自律档案，考核、讲评党员干部336人。根据局纪委《关于对违反规定用公款安装住宅电话、配备无线设备情况开展执法监察的通知》要求，对机关55个部门、7个基层单位进行清理，有15名同志主动填报了用公款安装地方住宅电话的问题，其中，14名同志补交安装费14000元，有1名同志主动撤销了住宅电话。年内，共接待来信来访38件，初核4件，立案3件，查结1件，其中移交检察机关1件，待处理的1件，批评教育的36件。

1998年，深入学习贯彻《中国共产党党员领导干部廉洁从政若干准则》《党纪处分条例》和《中央关于制止奢侈浪费八项规定》，对局机关科职领导干部和基层领导班子成员共50人进行了纪检监察知识测试，组织98名副处职以上领导干部参加局纪委举办的《行政监察法知识问答》答卷。严格执行党员领导干部评廉述廉考廉制度和对调入机关干部和新任职领导干部廉政谈话制度，组织481名机关副科职以上领导干部和基层领导班子成员进行了述廉、评廉、考廉，对36名新任职和新调入机关的党员、干部进行党风廉政谈话教育。年内，共有472人次拒绝宴请，123人次拒礼、拒贿，累计金额173500元。在查办案件中，坚持领导亲自督查办案，公、检、法、财务和审计等部门参与协调，主管单位参与配合的方法，对55件群众来信来访案件进行调查核实。同时，对1件贪污、3件受贿、1件盗窃案件进行严格审理，对违法违纪人员进行处理。按照沈铁监发（1998）53号文件精神，对管内14个单位对外投资、借款和担保情况进行立项执法监察，查清对外担保3项，资金达423.4万元；查清对外借款30项，资金达985.41万元；已收回70.55万元；查清对外投资25项，资金达5942.91万元，已收回1378.9万元。

1999年，对67名新任职领导干部进行党风廉政谈话。重新修订和完善《沈阳铁路局直属机关党风廉政建设责任制》。认真落实《关于机关党员、干部下基层参与公款"吃喝玩乐"的处理办法》，严厉查处了局房产处1名干部下基层参与吃喝玩乐的问题，并及时下发《通报》。年内，对个人住房、电话、小汽车、物质采购和对外投资、借款、担保等热点问题开展专项执法监察，清回对外投资1728.7万元；对外借款205.55万元；建立清欠档案45项。对38件群众来信来访进行认真接待和处理，排查案件线索7件，立案4件，给予政纪处分1人。

2000年，局机关纪委对61个单位的党风廉政建设责任制汇编成册，下发到各总支、支部，对33个单位落实情况进行了检查考核，并对212名副处级以上领导干部进行责任制内容的测试。以成克杰、胡长清典型案例和长春一汽集团"模范中层干部的妻子的一封信"为教材，对机关干部进行警示教育，机关干部受教育面达100%。加大案件查处和执法监察力度。年内，共接待来信来访51件，有价值的案件线索14件，转立案4件，其中贪污1件，违反道德规定2件，违反财经纪律1件，给予党纪政纪处分3人。对小汽车、小金库、电话等进行了专项清理，共封存汽车7台，撤掉电话76部，查出账外资金36.9万元。

2001年，加强对领导班子和领导干部的监督，在所属基层单位全面实行厂务公开制度，并在材料总厂召开厂务公开现场会，进一步推进民主管理。制定下发《局机关工作人员出差报告单制度》，下发征求意见表200份，满意率达到98%。在664名副科长以上干部中开展自查自纠活动。开展"述廉、评廉、考廉"活动，对33个处室、746名党员干部进行考核。召开党风廉政建设先进集体、先进个人表彰大会，对7个先进集体和24名先进个人进行表彰。年内，共接待来信来访32件，排查案件11件，立案查处4件，处理违纪党员干部4人。配合法院对局机关1名科长

对外借款600万元问题进行调查核实，经法院调解，借款单位已将借款返回。

2002年，开展"四对照、四查找、四增强"为主要内容的自查自纠活动，按职责分工逐级进行谈话教育，填写《党风廉政谈话登记表》和《党风廉政廉政建设保证书》，装入个人廉政档案，谈话教育覆盖面达到100%。开展党风廉政建设源头治理工作理论研讨活动，共组织撰写专题论文30篇，其中有8篇获路局优秀奖，有6篇获路局成果奖，局直属机关纪委获路局组织奖。认真落实党风廉政建设责任制，有86人拒收钱物合计17万元，有315人拒绝基层和有关单位的宴请。按照路局《关于在全局开展合同管理执法监察的通知》要求，对所属26个单位的合同管理情况进行专项检查，共检查合同文本247份，标的额5067.4万元，查看基础资料200余份，提出各方面的整改意见50条，清回欠款90万元。年内，共接到群众来信来访22件，查结22件。其中，立案1件，结案1件，查结率和结案率分别达100%。对1名借工作之便侵占集体财物严重违纪党员给予开除党籍处分。

2003年，对副科长以上干部进行廉洁自律知识测试，切实加强机关党员干部提升廉洁从政意识。对新提职和新进机关干部廉政谈话教育118人次，组织领导干部和领导班子成员参加"述廉、评廉、考廉"活动41人次，为629名副科职以上干部建立廉政考核档案。开展以增效节支为主要内容的效能监察年活动，实行经济独立核算的13个单位共立项20项，实现创效378万元。印发《关于局直属机关纪委在建设工程、物资采购招投标中加强监督工作的通知》，对各单位的招投标工作进行监督31次，确保公开、公正、公平。加大查办案件力度，共接访来访30人次，处理来信50件，立案2件，给予党纪处分的2人，进行责任追究的2人。年内，对党风廉政建设工作中取得优异成绩的17个先进集体和31名先进个人进行表彰。

2004年，认真学习贯彻《中国共产党纪律处分条例》和《中国共产党党内监督条例》，组织1000多名机关名党员干部观看了辅导光盘，组织15名机关党员干部听取"两个条例"辅导报告。开展"学、评、查、摆"活动，参加招投标会议

56次，对新调入机关人员廉政谈话教育103人，抽查100名科职以上领导干部廉政手册。加大查办案件工作力度，受理群众来信来访13件，立案2件，戒免谈话1人，批评教育1人，协助局工程监理公司清回欠款150万元。局机关纪委荣获全国铁路先进纪检监察组织称号。

2006年，组织局机关50名党员干部到辽宁省反腐倡廉警示教育基地参观。1700多名局机关党员干部参加《党章》知识测试，合格率达100%，在干部职工中广泛征集廉政格言，共征集到廉政格言、警句670多条，机关纪委编辑下发《廉政格言汇集》3000册，下发到每名党员干部手中。同时，为副处职以上领导干部制作140块廉政格言桌牌，时刻警示自觉遵守党风廉政规定。认真对待群众举报，实事求是调查处理案件，年内，接到局纪委转来的群众举报信6封，核实5件。

2007年，深入学习贯彻落实《中央纪委关于严格禁止利用职务上的便利谋取不正当利益的若干规定》，召开加强局机关反腐倡廉和干部作风建设动员大会，组织机关处级领导干部上专题党课，对照规定开展自查活动，有169名处级领导干部和435名科级干部上报自查登记表。按照路局要求，对局机关副处级以上领导干部投资入股问题进行了全面清理。刻录《赌之害》光盘50张，下发局调度所和概预算审查所党员违法违纪2期典型案例通报，对机关党员进行党纪党风教育。加大信访举报线索初核力度，集中查处机关干部违法违纪问题。年内，共接到局纪委转来的举报信2件，司法机关转来的案件1件，立案查结案件2件，给予批评教育1人，给予开除党籍处分1人。

2008年，按照局纪委（监察处）《关于开展"讲廉政、重操守、做表率"主题教育活动的通知》要求，学习中央下发的《建立健全惩治和预防腐败体系2008—2012年工作规划》，组织587名副科职以上党员干部开展知识答题活动。利用《机关简讯》交流了6个局机关部门开展教育活动经验做法。按照局纪委（监察处）《关于清理纠正领导干部利用职权和职务影响为亲属经营活动谋取利益或提供各种便利条件行为的通知》要求，开展"七项"清理活动，组织257名

局机关副处级以上领导干部填报登记表，组织202名领导干部填报《领导干部廉洁自律自查情况"回头看"申报表》。

2009年，按照局纪委（监察处）《关于明确机关、直附属单位有关"小金库"专项治理工作的通知》要求，组织局机关及直附属61个单位和部门开展"小金库"自查自纠工作，对所属4个重点单位进行专项检查，覆盖面达到100%。按照局纪委（监察处）要求，对通辽、锦州、大连三个地区15个单位、24个中间站、23个分公司、32个多经经营部（收费点）的运输价格收费情况进行专项检查，发现各类问题140件，下发整改通知书15份。积极做好局机关工作人员招聘等重点工作的监督，确保公平、公正、公开。按照局纪委（监察处）的要求，对4起党员干部违反廉洁自律和财经纪律案件进行查处，并依据《党章》和《党纪处分条例》，对6名违法违纪的党员干部给予了党内纪律处分，对1名党员进行诫勉谈话。

2010年，开展学习贯彻《中国共产党党员领导干部廉洁从政若干准则》集中教育活动，组织中心组学习79次，班子成员撰写体会文章89篇，召开专题民主生活会48次，251名领导干部进行自查自纠，490人做出廉政承诺。按照铁道部办公厅要求，广泛开展"小金库"自查自纠，有效遏制了违反财经纪律行为。加强车皮车票管理，严格执行回避制度，对42名从事车皮、车票相关人员进行了登记管理，确保18名领导干部无亲属和直系亲属从事与车皮相关的经营代理私营运输业务。加强对物资采购招标的监督，年内共参加物资处集中采购招标73次，节约资金5176万元。加大违纪违法案件的查处力度，对3名党员干部给予党内纪律处分。

2011年，组织所属党组织和广大党员干部深入学习《廉政准则》《廉洁从业规定》和部党组的相关规定要求，共有508名副处级以上领导干部（含二线领导干部）、741名副科级以上党员干部，49名重点人员开展了自查自纠。机关党委组成检查监督组，提升专项检查工作质量。深入开展"政治纪律、工作纪律、财经纪律、廉政纪律"专项整治活动，下发测评表2601份，征求意见84条，自查问题293件，整改问题254件，完善

规章制度51项。年内，对局质量监督所吉林检测站1名党员干部违反财经纪律案件进行了审理，并根据《党章》和《党纪处分条例》的规定，给予其党内警告处分。

2012年，开展"学法规、守纪律、践承诺"廉洁从业主题教育，加强源头治理，强化监督考核，进一步增强了党员干部廉洁自律意识。按照局纪委（监察处）和局人事处（党委组织部）要求，组织所属党委、总支、支部，对2012年以来受到党纪政纪处分人员执行情况进行专项检查，共发现各类问题21项，受处分人员共计28人次，在处分期内无提职、晋级、评先等情况。对检查中发现的执行规定不规范，落实规定不到位的问题，下发《关于对未落实纪律处分执行规定进行整改的通知》，及时进行了跟踪检查落实，做到一案不漏，一人不漏。

2013年，对机关各部门汽车司机进行一次集中教育，达到严格规范自身行为，自觉遵守路局各项规定的基本要求。按照局党委《关于在全局开展廉洁自律突出问题自查自纠工作的通知》要求，组织直属各单位及机关各部门集中开展了宣讲动员，明确开展自查自纠的目的、意义和要求。机关党委组成四个检查组，分别对机关22个关键部门自查自纠工作开展情况进行检查。活动中，共有377名副处级以上领导干部、558名中层干部、491名关键岗位人员，开展了自查自纠活动，未发现任何违法违纪问题。

2014年，认真贯彻落实全局纪检监察工作会议精神，以创建"廉洁型机关"为主线，集中开展一次专题廉政党课教育活动，教育和引导机关全体党员干部严格遵守中央、总公司党组和路局、局党委关于党风廉政建设的各项规定。组织机关党员干部结合工作和思想实际撰写廉政心得体会，做出书面廉政承诺。开展"我的廉政格言"征集活动，共征集到廉政格言889条。组织机关各部门正职与副职、主管副职与中层正副职以及关键岗位人员、中层正职与关键岗位人员共491人次分别开展了谈心教育。在机关纪委建立副处级以上领导干部《党员干部谈廉情况登记表》档案，在机关各党支部建立其他党员干部《党员干部谈廉情况登记表》档案。组织机关各部门认真落实党风廉政建设内控机制，加大对负责车皮、车票、招投标等局机关部门、直附属单位开展重点领域源头治理情况的监督检查力度，对违法违纪行为严肃查处，严格问责。年内，共查处机关干部违纪案件4件，分别给予党内纪律处分。

2015年，在"三严三实"专题教育中，组织机关党员干部系统学习《习近平关于党风廉政建设和反腐败斗争论述摘编》和《领导干部违纪违法典型案例警示录》等重点内容，组织局机关467名副处职以上党员领导人员手抄《中国共产党廉洁自律准则》和《中国共产党纪律处分条例》。组织开展党风廉政教育月活动，举办一期预防职务犯罪廉政讲堂，抓住元旦和春节、"五一"和端午、"十一"和中秋等节假日，组织开展专题教育，教育和约束机关党员干部严格遵守政治纪律、廉政纪律和工作纪律。认真贯彻落实《沈阳铁路局领导干部操办婚丧喜庆事宜的规定》，对局机关21名副处级以上干部操办红白喜事情况，按照规定事前进行了提示、提醒。集中对42个机关部门、31个直附属机构、4个学协会及2个指挥部办公用房、公务接待、公务用车三项管理情况进行了专项检查。按照局重特困职工标准，与机关工会共同对20名重特职工申报资料进行审核把关、家庭走访和全程监督，将不符合条件的17名重特困职工取消了资格。加大对负责车皮、车票、招投标等局机关部门、直附属单位开展重点领域源头治理情况的监督检查力度，对违法违纪行为严肃查处，严格问责。年内，共查处的机关干部违纪案件6件，并依据《中国共产党纪律处分条例》对25名党员干部给予党纪处分。

第四节　机关群团组织

一、机关工会

1996年，在职工中开展"争能手、夺状元""送温暖、送清凉"、技术表演赛、爱岗征文演讲、"双增双节"和合理化建设等活动，促进了各项工作任务的完成；机关工会表彰先进基层工会1个，先进车间工会4个，先进工会小组34个，优秀工会工作者4名，优秀工会积极分子80名。

1997年，开展岗位技术练兵活动，选拔技术（业务）能手143名；开展劳动竞赛活动，被评为局级以上劳模范和先进人物42名；开展提合理化建议活动，共提合理化建议150条，创造效益114万元；在基层各单位建立了"职工之家"，其中2个单位被局工会命名为模范"职工之家"；在车间、班组普及了"职工小家"建设，为基层工会配备文化、体育设备135件；广泛开展送温暖活动，为150名困难职工发放救济补助费3.13万元，在管内建立470个生活互助小组。

1998年，深化"职工之家"建设，建成"先进职工小家"53个，其中省部级模范"职工小家"3个；对直属单位劳动法律监督员、劳动争议调解员进行培训考试，并颁布了"两员"证书；总结推广沈阳通信段、沈铁印刷厂实行集体协商制度和材料总厂民主评议领导干部的经验；加强班组民主管理，在管内单位88个生产班组中，实行"三一四"民主管理制度；开展"送温暖"活动，走访慰问看望职工1255人，发放困难补助金5.8万元；举办局机关职工摄影、书法作品展和"战冬运、送温暖"图片展，展出各类作品450件；开展赈灾捐献活动，4575名干部职工共捐款35万元，捐献各类物品9300件。1999年，开展"学先进、鼓干劲、争上游"活动，召开工会工作经验交流会；强化职工"小家"建设，建设"先进职工小家"64个，"模范职工小家"11个；以"爱党、爱国、爱岗"为主题，开展职工田径运动会、举办"迎接澳门回归祖国、庆祝建国50周年"为主题的文艺汇演、书法美术摄影、联欢会等系列活动；开办"职工消费合作社"，开展"送温暖"活动，走访慰问困难职工家庭86户，发送困难补助金34645元。

2000年，紧紧围绕运输生产经营中心，开展"闯市场、促营销、扭亏增盈做贡献"为主题的群众性活动；7月份，举办了局直属机关第三届职工田径运动会。2001年，在纪念建党80周年过程中，举办"党在我心中"演讲比赛、大型歌咏演唱会和书法、美术、摄影展等比赛活动；举办直属机关第四届职工田径运动会，支持北京申奥的长跑、排球、台球和游泳等比赛。

2002年，制定下发《直属机关职工大病救助基金管理办法》和《直属机关送温暖基金管理办法》，规范困难职工救助和互助工作；开展建立标准化模范职工之家活动，命名6个"标准化先进职工之家"；举办《安全生产法》知识竞赛、摄影作品展、书法作品展、乒乓球等比赛活动；在辽宁电视台举办的"智慧擂台"赛中，局直属机关"青春列车号"代表队，以优异成绩击败擂主，展现了沈局职工的风采。2003年，建立直属机关"职工大病救助基金会"和"送温暖基金"；投资10万元，为生产一线11个班组增添小浴室、小食堂设施，解决一线职工吃饭难，洗澡难问题；组织发动2578名党员为"绿化工程"捐款13万元，组织机关45个部门、508名干部深入中间站植树17151株、建花坛170多个、片林6处。2004年，制订"扶贫帮困"计划，救助患病职工124人次、困难职工子女上学21人次、补助困难职工71人次；按照局党委、局工会要求，对机关院内进行总体规划，组织360名机关干部，利用双休日参加机关大院植树栽花活动，共换新土36吨，清运残土40余吨，植树2922棵，栽花2200棵；组织局机关干部继续做好对中间站绿化包保工作，机关各部门有527人先后深入到包保点现场指导，补栽缺苗。开展各种小型健身活动，成立了步行者俱乐部、业余足球队和太极扇等业余文体活动小组，组织各类小型体育竞赛活动30余次；召开"直属机关巾帼建功报告暨先进女职工表彰大会"，对50名先进女职工进行了表彰。

2005年，组织开展"争创学习型职工之家，争当知识型职工"活动，举办计算机技能大赛和公文写作比赛，并召开经验交流会；召开直属机关庆祝"三八"国际妇女节报告会，邀请本溪工务段路基队党支部书记董凤春作事迹报告，200余名女职工参加报告会；举行春季职工竞走比赛，职工排球比赛，游泳比赛，编辑《细节决定活百岁》健康保健小册子1500册；在扶贫帮困和助学活动中，走访困难职工122人次，救助患病职工60人次，援助困难职工子女上学18人次；局机关有2名同志获辽宁省"五一"劳动奖章，3名同志获铁道部"火车头"奖章。

2006年，重新制定《局机关"三不让"实施细则》，印制宣传手册4000本，发放到干部职工手中；加大扶贫帮困和助学工作力度，全年共支出"三不让"资金31.073万元；开展形式多样的体育健身活动，举行了春季、秋季职工竞走比赛、乒乓球比赛、游泳比赛等，活跃了机关干部文化生活。2007年，重新修订《沈阳铁路局机关"三不让"承诺实施办法》，印制宣传手册4500本，职工缴纳"三不让"基金57.547万元，对67名包保对象发放了助困、助学、助医慰问金，救助金额26.8万元，"三不让"资金共救助598人次，救助金额43万元。开展"迎奥运健身走"活动，组织开展了羽毛球、乒乓球、篮球、排球等比赛，丰富了机关干部职工的文化生活；局机关有5名同志荣获铁道部火车头奖章；年内，共支出"三不让"资金50.93万元。2009年，认真贯彻落实"三不让"实施细则，共支出"三不让"资金265.89万元；组织局机关1053名女职工进行妇科健康普查；开展"乘高铁、看发展、迎国庆"主题参观、庆祝建国60周年"感言征集"、观看爱国主义教育影片、健身走、羽毛球比赛、游泳比赛、书法、美术、摄影比赛等活动。2010年，开展了"三不让"救助工作，适时开展"送温暖""送清凉""金秋助学"等活动，共支出"三不让"资金302.49万元；为2343名在职职工、1433名离退休职工和228名职工家属办理了医保手续；开展了"感受世博、奉献铁路"主题参观、"红诗咏诵"、健身走、乒乓球比赛、羽毛球比赛、游泳比赛、健美操比赛等活动。

2011年，举办专兼工会干部"三不让"政策培训班；开展了"千名领导干部包保千户困难职工家庭"活动，组织局机关部门负责人对特重困难职工进行了慰问走访，送去慰问金45万元；选派选手参加路局"走进春天"文艺演出、演讲和台球比赛；机关工会开展了乒乓球、健身走等比赛活动，活跃了机关业余文化生活。2012年，开展"送温暖""送清凉""金秋助学"等活动，共困难救助805人次，医疗救助职工635人次；为2589名在职职工、1481名离退休职工和263名职工家属办理医保手续；开展歌咏比赛、健身走、乒乓球比赛、台球比赛、游泳比赛、演讲比赛等活动；组织职工健康体检及女职工健康普查。2013年，落实"三不让"承诺实施办法，共困难救助201人次，医疗救助职工432人次；秋季入学

和春节期间，组织机关部门责任人对局管内特重困职工家庭及上大学子女进行慰问走访，送去慰问金44万元；组织371名机关干部职工参加健康疗养；组织参加"局第二届职工才艺大赛"，共有7个节目参加决赛，荣获二等奖1个、三等奖3个、优秀奖3个；举办《女子职劳动保护特别规定》知识竞赛等活动。2014年，组织52名领导干部对困难职工的子女进行助学包保，共救助重困、一般长期困难职工和临时困难职工242人次，医疗救助职工483人次，大病救助52人次；加强"三线"建设，投入资金173.5万元，对管内部分单位"五小"设施进行了改造，改善职工的生活条件；组织开展健康体检、女职工健康普查和职工健康休养；开展台球比赛、乒乓球比赛、游泳比赛等活动；组织2841名职工参加《女职工劳动保护特别规定》知识答题竞赛活动；组织职工参加了局职工才艺大赛，取得了优异成绩。

2015年，以日常助困、助学、助医为重点，帮助职工解决生活实际困难，共救助重困、一般长期困难职工和临时困难职工185人次，医疗救助职工473人次，大病救助55人次；对部分单位"五小"建设进行投入，增添生活和体育设备，改善"五小"设施；开展了机关干部健身走、跳绳比赛等活动，组织女职工开展庆祝"三八妇女节"才艺大赛，编印《女职工才艺作品集》，进一步活跃了机关文化生活。

二、机关共青团

1996年，在团员青年中开展青工技术表演赛、"两先一优"评比等活动，活跃团组织生活。6月26日，召开局直属机关第七次团代会。1997年，结合"双迎"活动，组织26名团员青年参加了诗歌朗诵会；开展青工技术比武活动，2人分别获得全路第三名、第六名，通信专业荣获全局第二名，6项"五小"成果获得路局奖励，其中4项成果论文在国家级报刊上发表；举办培训班，培训专兼职团干部46名；年内向党组织推荐优秀团员入党5人。1998年，组织团员青年开展了纪念"五四"青年节，参观"九一八"纪念馆和天安门升国旗仪式等形式多样的爱国主义教育；开展为"希望工程"捐款和学习陈瑞生、学习抗洪英雄事迹等活动，培养和激发了广大团员、青年的思想道德情操。年内共评先表彰

先进团支部5个、优秀团干部16名、优秀团员20名。1999年，在团员青年中开展纪念"五四"运动80周年和青年志愿者活动；举办机关青年知识分子座谈会；开展爱国主义教育征文活动，举办"祖国在我心中"演讲会和"迎澳门回归"知识竞赛；4个先进团支部、14名优秀团干部、15名优秀共青团员受到表彰。2000年，开展了"树形象、建功业、争当岗位能手"活动，调动青工参与生活经营的积极性。2003年，组织团员青年参加了沈阳市纪念"向雷锋同志学习"题词发表四十周年活动。

2006年，开展"争当岗位尽责青年标兵，争做挖潜提效青年先锋"活动；组织"感动青春"主题征文活动，获局团委优秀奖1篇，纪念奖3篇。2007年，开展"读书提素展作为，激扬青春促和谐"主题活动竞赛；"五四"前夕，局调度所值班副科长袭祥利被授予全局"十大杰出青年"称号。2008年，开展了"读书提素""青年读书日"主题读书活动，切实提高青年综合素质。2009年，开展"读书提素"知识竞赛、有奖征文和观看爱国影片等活动，激发局机关广大团员青年的爱党、爱国和爱路的热情。2010年，开展"读书提素""青年读书日"等活动，在团员青年中营造读书氛围。2011年，围绕服务中心工作、服务青年成长主题，开展了青年读书提素、重温入党誓词、参观辽沈战役纪念馆、观看红色影片《建党伟业》等系列活动，促进了"创先争优"活动的深化。2012年，开展了青年读书提素、重温入党誓词等系列活动。2013年，开展了团内"创先争优""青年志愿者"活动，充分发挥团组织的生力军和突击队作用。2014年，开展了"幸福工程""春、暑运志愿服务"等活动，充分发挥共青团组织生力军和突击队作用。2015年，为所属各团支部建立图书角10个，配备图书20册，做到有团的标识、有图书借阅制度；开展了"弘扬网络正能量、唱响青年好声音"主题教育、"团干部如何健康成长"大讨论、"幸福沈局我的梦想"征文和"护路宣传"等活动，充分发挥共青团组织生力军和突击队作用。

第五节 扶贫工作

1996年，为解决朝阳县运粮难的问题，积极与路局有关部门联系，先后往成都、上海等地运高粱、玉米212车，计726万元。为中小学无偿调拨机车用煤126吨，捐赠旧餐桌椅120套、21寸彩电1台。帮助乡镇企业运石灰石2744车，解决了企业的燃眉之急。1997年，在全局范围内组织开展"民族团结手拉手、帮贫济困献爱心"活动，共捐款377.万余元，超额完成15.086万元。努力为贫困地区人民办好事、办实事。年内，为青海省班玛县购买救济粮食20万斤，价值20万元；为班玛县医院购置救护车一台，价值6.5万元；捐赠56万元，帮助班玛县灯塔乡住在陡峭山峰上的56户特困牧民搬迁到山下，改善了其基本生活条件。继续承担对朝阳县的扶贫工作，针对东大道乡中小学冬季采暖实际困难，无偿调拨机车用煤120吨，价值32000元；捐赠旧桌椅100套；赠送录放机1台。还投入5万元，为东大道乡的四所小学各打一眼机井，修缮2所小学的危房。1998年5月，局党委领导带领有关同志到青海省班玛县进行实地考察，逐项落实扶贫项目。为青海省班玛县电气工程建设和购置救护车、医疗设备等共计落实资金203.93万元。年内，五项扶贫任务已经完成4项，总投入资金286.43万元，占应注入资金的93.61%。1999年，在完成第一轮对青海省班玛县五项扶贫任务，解决全县人民温饱的基础上，7月，再次担负辽宁省委、省政府下达的帮扶青海省班玛县的脱贫任务。8月，路局党委、机关党委领导到班玛县对扶贫项目进行实地考察。10月，随辽宁省扶贫工作代表团在青海省西宁市签订了第二轮价值150万元扶贫协议。年内，已落实3个项目，其中，为两个项目捐赠资金60万元，援助医疗器械价值30万元。2000年，完成了扶贫青海省班玛县的捐款任务，共捐款325万元，保证了班玛县医务人员来沈局总医院实习期间的后期服务工作。按照上级要求，组织机关职工为干旱地区捐款46万元。

2005年，按照辽宁省委、省政府的统一要求，路局负责朝阳市喀喇沁左翼蒙古族自治县尤杖子乡的定点扶贫工作。路局召开党政联席会议进行研究和部署，决定由一名副局长负责、由直属机关党委具体负责组织落实。5月12日，由主管副局长带队到喀左县尤杖子乡进行全面考察，决定捐资27万元，为尤杖子乡三荒村兴建一所占地面积4644平方米，建筑面积604平方米的希望小学。9月10日，局直属机关党委代表路局、局党委到喀左县尤杖子乡参加了"沈阳铁路局希望工程三荒村小学"落成典礼仪式，并向250名学生捐赠了运动服、书包和文具，向教职员工捐赠多功能台灯、电话。

2006年9月10日教师节，机关党委负责人带队，走访慰问路局定点扶贫单位喀左县尤杖子乡三荒村希望小学，向50名学生捐赠书包和文具，向学校捐赠了电脑、体育器材、各种生活用品等。2007年，到定点扶贫单位实地调研考察当地急需解决的困难，向喀左县尤杖子乡划拨扶贫款12万元，为尤杖子乡6所小学购置桌椅1000套。2008年，向喀左县尤杖子乡中心小学捐助12.9万元，购置了40台电脑。

2009年，根据定点扶贫单位申报的"解决喀左县尤杖子乡村民饮水困难和路基改造"扶贫项目，局直属机关党委深入实地进行了调研，并形成具体帮扶意见，向喀左县尤杖子乡捐助扶贫工程款12万元，切实解决当地百姓的吃水难和出行难问题。2010年，为定点帮扶单位尤杖子乡解决了15万元扶贫款，对尤杖子乡至谷杖子公路及路基进行改造，为促进当地的经济发展和方便百姓出行创造了条件。

2011年，为定点扶贫单位喀左县尤杖子乡提供15万元扶贫资金，修建一座尤杖乡钢沟村桥。2012年，为扶贫单位喀左县尤杖子乡提供16万元扶贫资金，在喀左县尤杖子乡小学东侧修建一座便民桥。2013年，提供了16万元扶贫资金，修建喀左县尤杖子乡前钢沟村公路。2014年，提供16万元扶贫资金，对喀左县尤杖子乡龙凤山景区的路面进行硬化。按照辽宁省组织部、省扶贫办《关于向贫困村选派驻村工作队的实施意见》（辽组通字〔2014〕19号）文件要求，路局成立了由3人组成的驻村工作队，并于8月7日进驻尤杖子乡尤杖子村开展工作。驻村工作队成员阜新车务段党委副书记、纪委书记宫海银被命名为扶贫工作优秀个人。2011年至2014年，路局连续被辽宁省扶贫开发领导小组办公室、中共辽宁省直属机关工作委员会命名为扶贫工作先进单位。

2015年，认真贯彻落实省委、省政府《关于做好新时期全省定点扶贫工作的意见》，机关党委书记多次深入到扶贫单位现场办公，访贫问苦，研究和解决扶贫工作中存在的问题。驻村工作队3名队员先后6次组织村干部召开座谈会，听取村委班子的情况介绍和对扶贫工作的意见和建议，先后13次进行实地考察。与村委班子共同研究制定三年发展规划，重点从发展生产、惠及民众、乡风文明、村容整治、民主管理五个方面出发，着力打造特色产业示范区、加大小城镇开发力度、加快道路交通建设、建设排水管网、强化环境保护、修建饮水和灌溉工程、加快公共设施改造、确保村民社会保障八个项目。结合村实际情况，研究制定了2015年扶贫重点任务，向村委会和村总支委员会提出加强民主管理等意见和建议6条，向路局提报调研报告3份，扶贫项目规划2份。年内，路局拨付资金28万元，帮助完成了尤杖子村三家组巷道路基拓宽及改造工程。为改善尤杖子村委会办公条件，为尤杖子村购置办公电脑3台。局机关党委和驻村工作队对全村40户人均收入不足2630元的低保户、90户人均收入不足3000元的边缘户建立档案，与村委班子共同研究脱贫方案，对2户养猪专业户和2户养羊专业户进行走访，研讨扩大产业的有效途径。春节前，为让贫困户村民过好年，由机关党委书记带队，深入到40户村民家中走访慰问，送去慰问金2万元。

第八篇　群团组织

群团事业是党的事业的重要组成部分。局党委、路局从全局长远发展的战略高度，坚持党建带工建、带团建，充分发挥群团组织的桥梁和纽带作用。保持和增强党的群团的政治性、先进性、群众性，把党的理论和路线方针政策贯彻到群团工作各方面、全过程。适应企业发展变化，尊重基层首创精神，始终与企业发展同步前进。20年来，全局群团组织维护职工权益利益，按照局党委和路局要求，明确定位、展现自身价值，充分发挥桥梁纽带作用，深入做好群众思想政治工作，把局党委、路局的决策部署变成群众的自觉行动，把关怀送到群众生产生活的最前沿。加大偏远站段支线投入力度，推动沿线职工生产生活条件实现稳步改善。深入开展群众性的劳动竞赛、学技练功、科技创新等活动，使群团工作更贴近基层、贴近职工，更符合职工意愿。充分发挥群团组织的主体作用，严格落实路局、站段和车间三级职工代表大会制度，坚持开展职工代表视察活动，监督并推动关系职工切身利益的问题得到有效解决，监督并发现职工劳动中的设备技术问题，及时发现和解决劳动安全隐患问题。大力表彰、深入宣传各岗位涌现出来的先进典型，切实激发职工拼搏进取、建功立业的内在动力。党的群团组织工作者努力适应建设发展新形势，帮助职工排忧解难，争做职工群众的贴心人。工会共青团学术团体等组织各尽其能，各司其职，紧紧围绕铁路运输这个中心，在局党委、路局领导下，认真贯彻落实上级领导的部署要求，以严实的作风，扎实完成各项组织工作，开展各项活动，凝聚职工思想与企业合力，推进企业政治、民主和文化建设发展。

第一章　工会组织

沈阳铁路局工会在局党委领导下，充分发挥组织职工、引导职工、服务职工、维护职工合法权益作用；帮助并指导职工与企业签订劳动合同；组织职工开展劳动竞赛、岗位练兵、技术攻关、技术比赛等技术创新活动；培养、评选、表彰劳动模范，负责劳动模范日常管理工作；对职工进行思想政治教育，组织职工学习文化、科学和业务知识，提高职工素质；协助并督促企业做好劳动报酬、劳动安全卫生和保险福利等方面工作，督促有关法律法规的贯彻执行，协助企业办好职工集体福利，做好困难职工帮扶工作，为职工办实事、做好事、解难事。局工会每年年初在全局职工代表大会上，组织职工代表认真审议行政工作报告、《集体合同》、企业年金管理、业务招待费使用、职工福利费使用等，并采取无记名投票方式表决，真正行使职工代表权力。同时，在加强职工队伍建设、干部培训、职工之家建设、劳动保护及监督、劳模管理和职工健康休养体检等方面认真进行审议，并提出意见建议。1998年，局工会提出了标准化建家思路：建成维护职工权益的"家"，建成促进改革发展的"家"，建成维护稳定促进安全运输生产的"家"，建成工会组织活力、工会干部适应能力不断提高的"家"。2014年，针对新时期职工之家建设的新要求，巩固和扩大"全国模范职工之家"成果，开展创建"五好"模范职工之家、"四优"模范职工小家活动，不断增强企业的凝聚力。

20年来，面对铁路大规模建设、运输市场迅速变化、机构体制改革、生产力布局调整等新形势、新任务，沈阳铁路局工会各项工作坚持走中国特色工会发展道路，依法履职，努力工作。党的十八大以来，围绕路局、局党委中心工作，开展劳动竞赛、推进民主管理、做好帮扶救助、举行文体活动、加强自身建设等工作，服务企业发展，服务职工群众，团结和动员职工为全局运输经营与建设发展贡献力量。

第一节　工会组织概况

1996年，局工会定员45人。下设：办公室、组织民管部、宣传教育部、生产保护部、生活保险部、女工部、财经部。1月，下发沈铁工发〔1996〕5号文件，中国铁路工会沈阳铁路局机关委员会更名为中国铁路工会沈阳铁路局直属机关委员会。2月8日，下发沈铁工发〔1996〕5号文件，决定组建中国铁路工会沈阳铁路局多种经营管理处工会工作委员会，为局工会派出机构。3月1日，对机关及直属事业单位机构、人员进行调整。6月7日，局党委、路局联合下发（沈铁委〔1996〕9号）文件，决定撤销局电影电视管理站。

1999年1月1日，撤销丹东分局，并入沈阳分局，工会组织同时撤并，成立丹东地区办事处工会工作委员会。2月2日，路局、局党委（沈铁劳发〔1999〕22号）文件规定：站段设专职工会主席。职工人数不足500人的车间原则上不设专职工会干部。按规定，运输业基层站段工会专职人员标准为：车务（含车站）、机务、水电、车辆、工务、电务系统（含通信段）0.27%，列车系统（含客运段）0.21%。

2000年2月1日，组建中国铁路工会沈阳铁路局中心医院委员会，撤销沈阳铁路局总医院工会和沈阳铁路局沈阳医院工会。2月3日，按照沈铁委〔2000〕（5号）文件规定，局工会设主席1人、副主席2人，增加文联、体协职能，对外分别保留文联、体协牌子。局工会下设办公室（6人）、组织部（7人）、宣传教育部（6人）、生活女工部（7人）、生产保护部（5人）、财经部（3人）、群众体育工作部（3人），部长兼体协秘书长，定员40人。局工会下属8个分局工会、1个公司工会和1个局直属机关工会、13个直属单位工会、1个局集体企业处工会工委。全局有基层单位工会564个，车间工会4211个，工会小组23777个，会员321214名。6月15日，局党委下发（沈铁委〔2000〕11号）文件，规定分局（公司）体协职能划入分局（公司）工会，体协秘书长由工会副主席兼任，设专职体协副秘书长（正科职）。工会内设4个机构的为组织部、综合部、财经部、办公室；设3个机构的为组织部、综合部、办公室。分局工会内部仍可继续单设专职女职工委员会副主任。12月5日，撤销白城分局工会并入长春分局工会、撤销图们分局工会并入吉林分局工会，分别组建白城、图们地区办事处工会工作委员会，隶属所属分局工会委员会领导；原白城分局、图们分局工会委员会所属基层工会委员会分别隶属长春、吉林分局工会委员会领导。

2001年12月25日，路局下发《关于改革集体管理体制的通知》（沈铁劳函〔2001〕276号）决定撤销局集体企业管理处，成立沈阳铁路局集体企业协调办公室。工会组织同时撤消。2002年5月1日，大连铁道有限责任公司工程处、长春铁路分局工程段、通化铁路分局通化工程段，整建制划归沈阳铁路工程建设集团有限公司。上述单位工会同时划归沈阳铁路工程建设集团有限公司工会领导。8月30日，沈阳铁路局客运公司成立，同时组建客运公司工会。9月，长春、沈阳、锦州、吉林、大连、通辽、通化7个客运分公司组建完成，并同时组建各客运分公司工会。长春、沈阳、锦州、吉林客运分公司分别在白城、丹东、阜新、图们4个地区设办事处，内设工会工委。

2003年6月18日，秦沈铁路管理处成立，同时组建工会。7月6日，随着客运公司行政机构职能理顺，客运公司系统工会组织同步撤销或重组。7月30日，决定撤销秦沈铁路管理处，同时撤销工会组织机构和定员。8月22日，局文化宫和局图书馆合并，组建沈阳铁路局职工文化活动中心，设定员38人。2004年10月10日，沈阳铁路局中心医院正式移交地方，工会组织同时移交。2005年3月8日，长春、沈阳、大连、锦州、通辽、吉林、通化7个分局（公司）撤销，工会组织同步撤销。3月30日，路局、局党委下发（沈铁劳发〔2005〕43号）文件：在长春、沈阳、大连、锦州、通辽、吉林、通化设铁路办事处，设党工委、纪工委、工会工委、团工委。办事处为铁路局派出机构，不直接管理基层站段。

2006年10月17日，局党委下发《关于公布沈阳铁路局机关及部分附属单位党群机构编制的通知》（沈铁党发〔2006〕51号），局工会定员23人，副主席1人、综合财务部7人、组织部6人、保障和女工部6人、生产文体部3人，计4个部门23人。2007年，9月19日，局工会下发《关于组建中国铁路工会哈大铁路客运专线有限责任公司委员会的通知》（沈铁工发〔2007〕20号），工会组织关系隶属于沈阳铁路局工会。2009年12月31日，局工会下发《关于组建中国铁路工会京沈铁路客运专线辽宁有限责任公司委员会的通知》（沈铁工发〔2009〕25号），工会组织关系隶属于沈阳铁路局工会。

2010年1月8日，下发《关于组建中国铁路工会沈阳铁路局工程管理所委员会的通知》（沈铁工发〔2010〕4号），隶属于沈阳铁路局工会领导。4月1日，下发《关于组建中国铁路工会沈阳通信段委员会的通知》（沈铁工发〔2010〕19号），隶属于沈阳铁路局工会领导。2011年9月22日，下发《关于组建长春房产段等9个单位工会的通知》（沈铁工发〔2011〕19号），组建长春、白城、沈阳、丹东、大连、锦州、通辽、吉林、通化房产段等9个单位工会，工会组织关系隶属中国铁路工会沈阳铁路局委员会。10月14日，局党委下发沈铁委〔2011〕39号文件，在局工会机关编制内，增设工会经费审查委员会办公室，配备专职经审办主任1人，可按局工会部门正职（副处级）配备。

2013年6月，长春、白城、沈阳、大连、锦州、阜新、通辽、吉林、通化、鞍山、本溪、延吉货运中心和行包快运中心13个单位成立，同步组建13个工会组织，隶属中国铁路工会沈阳铁路局委员会。9月25日，沈阳铁路局党委《关于在局工会设置财务部的通知》（沈铁党〔2013〕59号），规定局工会设置财务部。2014年7月10日，《关于移交吉林省境内铁路运输法院检察院工会组织关系事项的函》（沈铁工会〔2014〕25号），对吉林省境内长春、吉林、通化、白城、图们5个铁路运输法院和5个检察院工会组织关系进行移交。10月27日，沈阳铁路局下发《关于物资系统机构整合的通知》（沈铁劳卫〔2014〕319号），沈阳、长春、锦州物资供应段整合为沈阳物资供应段。长春、锦州物资供应段工会组织同步撤销。2015年2月，盘锦物流中心、机车车辆租赁中心、农副业经营管理中心成立，同步组建中心工会，隶属中国铁路工会沈阳铁路局委员会。局工会下设办公室、组织部、生产宣传部、保障和女工工作部、财务部，局工会机关编制内设工会经费审查委员会办公室。局工会设定员24人。其中，副主席2人（其中1人兼工会女工委员会主任）、办公室4人、组织部4人、生产宣传部4人、保障和女工工作部6人、财务部3人、经费审查委员会办公室主任（按局工会部门正职职级配备）1人。

2015年，全局工会会员235505名（其中女会员24590名），劳务工4023名。站段、工厂、公司级工会156个，其他直属单位工会2个。车间工会2130个，工会小组10701个。专职工会干部571名（其中女干部184名），路局工会25名、站段305名、车间106名，其他直属单位135名。

第二节　职工代表大会

1996年1月14日至15日，七届一次职工代表大会召开。选出正式代表387人，特邀代表2人，列席代表45人。出席会议11个代表团，即长春、沈阳、丹东、锦州、通辽、吉林、通化、白城、图们分局代表团、大连公司代表团和局直属联合代表团。1997年1月11日至12日，七届二次职工代表大会召开。出席会议11个代表团。正式代表

386人，特邀代表2人，列席代表49人。根据铁道部政治部和中华全国铁路总工会联合颁布的《铁路企业职工代表大会民主评议领导干部暂行办法》规定，局七届职工代表大会增设评议监督干部工作委员会。工作委员会由党委、工会、纪检、审计、监察和组织、干部、人事部门负责人及职工代表组成，受职工代表大会领导，并对职工代表大会负责。

1998年1月8日至9日，七届三次职工代表大会召开。出席会议11个代表团，正式代表385人，特邀代表2人，列席代表49人。大会第一次由行政与工会双方代表签订集体合同，并把签订集体合同作为一项制度纳入职代会。大会通过的《沈阳铁路局局长联络员制度》和《沈阳铁路局职工代表监督员制度》，是企业民主管理工作一次新的探索与尝试。大会第一次推选和聘请了73名局长联络员和37名职工代表监督员。1999年1月9日至10日，七届四次职工代表大会召开。出席大会的正式代表372人，特邀代表2人，列席代表47人。2000年1月11日至12日，七届五次职工代表大会召开。出席大会的正式代表373人，特邀代表7人，列席代表41人。

2001年1月4日至5日，八届一次职工代表大会召开。大会共选出正式代表327人，特邀代表8人（其中离退休老领导6人，驻局军代处领导2人），列席代表52人。由于白城、图们分局撤销，大会共组成8个代表团。推选了局第八届职代会各专门工作委员会成员和局劳动争议调解委员会职工代表，推选和聘请了65名局长联络员和34名职工代表监督员，表彰了沈阳铁路局先进集体、先进生产（工作）者，公布表彰沈阳、锦州、2个分局、沈阳西电务段等38个站段为"民主管理模范单位"的决定，颁发奖牌，并给予一次性奖励。2002年1月14日至15日，八届二次职工代表大会召开。出席会议的正式代表322人，特邀代表7人（其中离退休老领导5人，驻局军代处领导2人），局部委处室负责人50人列席大会。大会以无记名投票方式对七项重要议案进行表决，通过了对上述各项议案的决议。命名长春分局以及赤峰工务段等36个基层单位为路局厂务公开先进单位，发给奖牌。2003年1月7日至8日，八届三次职工代表大会召开。大会正式代表320人，

特邀代表7人（其中离退休老领导5人，驻局军代处领导2人），路局委、办、处、室负责人等列席代表52人。由于客运公司成立，局八届三次职代会增设了局客运公司代表团，由划归客运公司各单位的局职工代表组成。出席这次会议有9个代表团。表彰了局先进集体和先进生产（工作）者、厂务公开标杆、先进单位和优秀职工代表提案。命名长春分局和沈阳工务段等12个基层单位为局厂务公开标杆单位；命名锦州、大连、通辽、吉林等四个分局和通化分局鸭绿江铁道公司等32个基层和局直属单位为路局厂务公开工作先进单位，并发给奖牌。对5个优秀职工代表提案进行了表彰。

2004年1月5日至7日，九届一次职工代表大会召开（九届职代会属提前换届）。大会共选出正式代表299人，特邀代表8人（其中局老领导6人，局军代处领导2人），列席代表52人。会议审议了《职工代表大会实施细则》《职工代表大会提案征集处理办法》《局长联络员制度》《职代会专门工作委员会成员推选名单》。对上述各项报告、制度、议案等采取无记名投票方式表决，均获得通过。2005年1月18日至19日，九届二次职工代表大会召开。应出席会议的正式代表300人，实际到会正式代表287人，列席代表56人，特邀代表7人（其中离退休老领导6人，驻局军代处领导1人）。

2006年1月12日至13日，十届一次职工代表大会召开（十届职代会属提前换届）。这是路局直管站段和生产力布局调整后的第一次职工代表大会，有320名职工代表出席会议，共设8个代表团，即长春、沈阳、大连、锦州、通辽、吉林、通化和局机关联合代表团。2007年1月20日至21日，十届二次职工代表大会召开。出席本次大会的正式代表共324人，列席代表64人。2008年1月16日至18日，十届三次职工代表大会召开，应出席会议的职工代表324名，实际出席会议320名。11月3日，局工会召开职工代表会议，出席会议职工代表270名。这次会议审议并通过了《沈阳铁路局企业年金方案（草案）》、沈阳铁路局企业年金理事会人员组成方案等议案。2009年1月8日至9日，十届四次职工代表大会召开。出席大会的正式代表324人，列席代表108

人。2010年1月13日至14日，十届五次职工代表大会召开。应出席大会的正式代表325人，实际到会的正式代表318人，列席代表48人。

2011年1月9日至10日，十一届一次职工代表大会召开。应出席大会的正式代表319名，列席人员214人，实际到会的正式职工代表312人，列席人员210人，大会共设9个代表团，即长春、沈阳、大连、锦州、通辽、吉林、通化、局投资管理中心和局机关联合代表。2011年12月27日至28日，十一届二次职代会召开。应出席本次职工代表大会的正式代表322人，列席人员257人，实际到会正式代表317人，列席人员253人。2013年1月20日至21日，十一届三次职工代表大会召开。应出席本次职工代表大会的正式代表323人，列席人员140人，实际到会正式代表321人，列席人员138人。2014年1月13日至14日，十一届四次职工代表大会召开。应出席本次职工代表大会的正式代表331人，实际到会328人，列席人员146人，实际到会143人。2015年1月31日至2月1日，十一届五次职工代表大会召开。应出席本次职工代表大会的正式代表330人，实际到会319人，列席人员142人，实际到会138人。

第三节　工会组织建设

一、工会代表大会及全委（扩大）会

1996年3月12日，局工会五届九次全委（扩大）会议召开。55位全委委员出席了会议，局工会机关副部长以上干部及直属事业单位负责人参加会议。

1997年1月13日至14日，局工会五届十次全委（扩大）会议召开。会议中心议题是为召开全局工会第六次代表大会做准备。10月30日至31日，沈阳铁路局工会第六次代表大会召开。参加大会的正式代表351人，列席代表5人。中华全国铁路总工会副主席张建华、辽宁省总工会副主席张永福、吉林省总工会副主席李桂玲参加会议并致词。会议听取并审议通过局工会第五届委员会向大会作的工作报告。选举产生了由61人组成的第六届委员会；选举产生了由5人组成的工会第六届经费审查委员会。宣布了《关于表彰优秀工

会工作者、优秀工会小组长、优秀工会积极分子的决定》，表彰优秀工会工作者96名、优秀工会小组长500名、优秀工会积极分子500名。11月1日，六届一次全委会议在沈阳召开。出席会议的委员57人。会议选举产生了局工会第六届委员会主席、副主席、常务委员会委员和经费审查委员会主任、副主任。焦俊峰任主席。1998年6月3日至4日，局工会六届二次全委（扩大）会议召开。局工会全委委员参加会议，局直属单位工会主席列席会议。大连公司工会和白城分局工会等9个分局级工会分别介绍了实施减员增效促进再就业工程的经验。局工会做出《关于命名表彰模范职工之家、模范职工小家标杆和模范职工小家的决定》。1999年4月13日至14日，局工会六届三次全委（扩大）会议召开。会议的中心议题是研讨厂务公开工作。2000年5月10日至11日，局工会六届四次全委（扩大）会议召开。专题研讨如何深入开展厂务公开工作。命名表彰了模范职工之家、模范职工小家和优秀工会干部、工会小组长和工会积极分子。2001年3月13日至15日，局工会六届五次全委（扩大）会议召开。局工会全体委员参加会议，局工会经审会委员、局直属单位工会主席和各文化宫主任列席会议。专题研讨如何加强工会组织的职工思想政治工作。并表彰了局优秀工会工作者、优秀工会小组长和优秀工会积极分子。2003年3月11日至13日，局工会六届七次全委（扩大）会议召开。局工会第六届委员会全体委员参加了会议，局直属单位工会主席和部分基层单位工会主席列席会议。中心议题是研究部署进一步解决好困难职工生产生活问题。2004年2月10日至11日，局工会六届八次全委（扩大）会议召开。局工会六届委员及车务、工务系统的基层工会主席共110人参加会议。中心议题是局工会在跨越式发展中实施"三三一"（实施三个工程：配套生态文化线建设工程、提升"两线"建设工程、协助实施职工吃水的"溪流工程"。完善"三个体系"：民主管理体系、生活保障体系、安全服务体系。加强一项建设：工会自身建设）工作思路进行研讨和部署。2005年5月23日，下发《关于印发〈沈阳铁路局工会站段基层工会工作职责〉的通知》（沈铁工发〔2005〕14号）。5月24日，下发《关于印发

〈沈阳铁路局工会工作制度〉的通知》（沈铁工发〔2005〕15号）。7月5日，下发《关于启用三十一个单位工会印章的通知》（沈铁工发〔2005〕21号）。9月6日，下发《关于印发〈沈阳铁路局工会财务管理暂行办法〉的通知》（沈铁工发〔2005〕27号）。9月21日，下发《关于基层工会聘用兼职工会干部报批程序的通知》（沈铁工组发〔2005〕1号）。2006年10月18日，下发《基层工会组织民管法律工作执行规范》（沈铁工组发〔2005〕2号）。10月8日，局工会六届九次全委会议召开。补选张德兴同志为沈阳铁路局工会常委、主席。2007年3月28日，局工会六届十次全委（扩大）会议在召开。会上，按照民主程序，免除20名同志局工会六届委员会委员的职务。2008年3月27日至28日，局工会六届十一次全委（扩大）会议召开。局工会六届委员会委员、经审委员出席会议，局属单位工会主席、各办事处工会工委专职干部、局工会全体工作人员列席了会议。2009年7月28日，局工会六届十二次全委会议召开，出席会议委员43名。选举张国敏同志为沈阳铁路局工会第六届委员会主席、常委、委员。11月4日至6日，中华全国铁路总工会十三大召开，沈阳铁路局有15名正式代表出席大会。局党委常委、工会主席张国敏、赤峰车务段工会主席王奇文、沈阳客运段车队长张玲等3人当选为铁总十三届执行委员；局工会综合财务部副部长王蜺当选为铁总十三届经费审查委员会委员。

2010年4月27日至28日，局工会第七次代表大会召开。出席大会代表共252名。4月28日，局工会七届一次全委会议召开。会议选举产生了沈阳铁路局工会第七届委员会常务委员会。张国敏当选局工会主席。同日，局工会七届经费审查委员会召开第一次会议，选举产生了主任、副主任。11月18日至20日，局工会主席张国敏等22名代表参加辽宁省工会第十次代表大会。张国敏当选为辽宁省总工会第十届委员会委员，邱广勇当选为辽宁省总工会第十届经费审查委员会委员。2011年3月16日，局工会七届二次全委会议召开。应出席该次大会正式委员45人，实际到会42人。2012年7月14日，局工会七届三次全委会议召开。会议按照民主程序，替增补选了局工

会七届委员会委员、常委、副主席、主席。应出席该次大会正式委员47人，实际到会43人。会议选举付国利同志替补为局工会七届委员会委员、常委、主席。张国敏同志不再担任沈阳铁路局工会第七届委员会委员、常委、主席职务。2013年2月22日，局工会七届四次全委会议召开。会议按照民主程序，替增补选七届全委会委员、常委、副主席和经审委员。应出席该次大会正式委员49人，实际到会45人。会议选举了局工会第七届委员会委员、常委、副主席。2014年2月20日，局工会七届五次全委会议召开。会议按照民主程序，替增补选了局工会七届委员会委员、常委、副主席。应出席该次大会正式委员49人，实际到会46人。2015年3月11日，局工会七届六次全委会议召开。会议按照民主程序，替增补选了局工会七届委员会委员、常委、副主席。应到会委员47人，实到会委员41人。5月25日至27日，中华全国铁路总工会十四大在北京召开。局工会主席付国利、沈阳车辆段工会主席葛海吉、吉林电务段工会副主席梁仁萍等3人当选为中华全国铁路总工会十四届执行委员；局工会经审办主任邱广勇当选为中华全国铁路总工会十四届经费审查委员会委员。

二、工会干部培训

1996年至2000年，局工会共举办各类培训班59期，培训工会干部3510人次。各分局（公司）工会根据要求举办各类适应性培训班925期。局工会和局党校共同研究，并派相关人员到中国工运学院和部党校参加培训学习，把《劳动法》的学习作为工会专职干部"九五"岗位培训的主要内容。在基本理论培训中，增加了《劳动法》、平等协商签订集体合同制度、劳动争议调解的专题。举办20期专职工会干部岗位培训班。举办工会法律、劳动争议、劳动法律监督培训班13期，培训劳动争议调解员、劳动法律监督员700余名。举办平等协商集体合同知识培训班54期，培训平等协商代表4580人，经考试合格，颁发证书。

2001年至2005年，举办各类培训班9期，培训工会干部1763人次。贯彻党的十六大、十六届三中、四中全会和全总十四大、铁总十二大精神。举办了第19期、第20期工会干部岗位培训

班，有90名基层专职工会干部参加了培训。

2006年至2010年，举办各类培训班11期，培训工会干部1905人次。举办工会干部岗位培训班，共培训80名基层专职工会干部。举办全局落实部党组"三不让"承诺专题培训班，全局209名专职工会干部参加了培训。

2011年至2015年，举办各类培训班16期，培训工会干部2168人次。举办新职工会干部培训班，123名新职工会干部参加了培训。加强对专兼职工会干部的培训工作，举办了新职工会干部培训班，104名新职工会干部接受了工会基本业务培训，并送11名站段工会主席参加了铁总工会干部培训班。

三、职工之家建设

1996年，随着《劳动法》颁布和改革不断深化，企业内部协调劳动关系，保证职工队伍稳定等问题，突出地摆到各级工会组织面前。局工会在总结前段深化建家经验的基础上，提出把"建家"工作与贯彻《劳动法》结合起来，并重新修订了模范职工之家考核条件，于10月下发到各基层工会。5月10日至11日在丹东召开了《劳动法》研讨会。年内，局工会再次荣获"全国工会基层工作先进单位"称号。图们分局工会获中华全国总工会"模范职工之家"称号；苏家屯站货运车间工会、太平川工务段三十三养路工区工会小组获中华全国总工会"模范职工小家"称号。

1997年，全局深入开展深化"建家"活动。5月17日，中华全国铁路总工会授予沈阳列车段工会、锦州机务段工会、吉林机务段工会、赤峰车务段工会、大连工务段工会、梅河口车务段工会、丹东电务段工会、大安北机务段工会、朝阳川工务段工会"全路模范职工之家"称号；授予辽阳工务段北门养路工区工会小组、阜新车务段小东站工会、口前车务段明城站工会等22家单位"全路模范职工小家"称号。8月15日，局工会下发《关于深入开展建设职工小家活动促进班组建设的实施意见》，要求各级工会组织，加强对建设职工小家活动的领导，推动车间、班组各个层次整体水平的提高。年末，瓦房店房产建筑段工会、本溪机务段工会、沈阳北站工会获辽宁省总工会"模范职工之家"称号；锦州分局工会获辽宁省总工会"组织建家活动先进单位"称号；

山海关车辆段设备车间工会、沈阳列车段苏家屯驻在所工会、大连卫校临床护理教研室工会小组、沈阳通信段载波机械室工会小组获辽宁省总工会"模范职工小家"称号。

1998年，铁路企业改革进入实质性阶段。局工会提出了标准化建家的思路：依据工会工作总体思路，结合铁路改革的新形势和广大职工的要求，赋予建家工作新内容。建成维护职工权益的"家"、建成促进改革顺利发展的"家"、建成维护稳定促进铁路安全运输生产的"家"、建成工会组织活力、工会干部适应能力不断提高的"家"。6月3日，四平站工会、沈阳北站工会、吉林分局工会被中华全国总工会授予"全国模范职工之家"称号；阜新车务段小东站工会、吉林第四段工程段第三施工队工会、梅河口建筑段朝阳镇分段工会被中华全国总工会授予"全国模范职工小家"称号。9月，9个基层工会、22个车间工会和工会小组荣获全路"模范职工之家"和"模范职工小家"称号。10月，局工会总结图们分局工会"以职工小家建设为载体，强化班组基础工作"经验，在铁总"深化班组建设经验交流电话会"上交流。

1999年，全局各级工会围绕"调整机构，减员增效，扭亏增盈"中心，不断深化标准化职工之家建设，涌现出一批"模范职工小家标杆"，对深化改革，确保安全运输生产、促进全局营销战略实施，发挥了作用。5月6日，中华全国铁路总工会授予通辽分局工会、长春分局工会、沈阳机务段工会、山海关车辆段工会、梅河口车辆段工会、图们车辆段工会、吉林水电段工会"全路模范职工之家"称号；皇姑屯车辆段上发列检车间工会、沈阳工程三公司三分段工会、长春生活段长春公寓工会等20家单位获"全路模范职工小家"称号。

2000年，随着职代会制度逐渐规范，平等协商签订集体合同制度更加深入人心和厂务公开工作不断深化，标准化建家工作既为推动工会组织民主化、法制化建设创造了有利的条件，也为标准化建家提供了新的内容。6月14日，下发《标准化模范职工之家条件》和《标准化模范职工之家管理办法》。年末，通辽分局工会、长春分局工会、沈阳机务段工会、山海关车辆段工会、梅河口车辆段工会、吉林水电段工会、图们车辆段工会获全路"模范职工之家"称号；锦州水电段山海关给水所工会等20个车间工会、工会小组获全路"模范职工小家"称号。

2001年，全局标准化"模范职工之家"建设规范不断拓展。各分局工会、各站段工会注意研究工会工作的新情况，拓宽"建家"工作的新领域，不断完善标准化"建家"的考核办法和管理办法。5月9日，长春分局工会被中华全国总工会授予"全国模范职工之家"称号；丹东机务段东风4型2491"主人号"机车组工会小组、瓦房店车务段松树站支会被中华全国总工会授予"全国模范职工小家"称号。2002年，长春分局被授予全国"模范职工之家"称号，丹东机务段东风4型2491号机车组工会小组、瓦房店车务段松树站支会获全国"模范职工小家"称号。局工会、沈阳分局工会、沈阳工务段工会被授予辽宁省"模范职工之家"称号。

2003年，全局深入开展标准化"建家"活动，初见成效。5月8日，通辽分局工会、锦州分局工会、通化分局工会获全国"模范职工之家"称号；舒兰工务段大口钦养路工区工会小组被中华全国总工会授予"全国模范职工小家"称号。6月15日，中华全国铁路总工会授予锦州分局工会、大连公司工会、通化分局工会、沈阳西电务段工会、大安北工务段工会、吉林站工会、通辽车务段工会、吉林经济学校工会"全路模范职工之家"称号；授予鞍山车务段张台子站工会、丹东机务段设备车间工会、辽阳工务段首山养路工区工会小组等20家单位"全路模范职工小家"称号。2004年，全局有12个工会组织获中华全国总工会"模范职工之家"称号；有40个工会组织获全路"模范职工小家"称号；有14个工会组织获辽宁省总工会"模范职工之家"称号。

2005年4月25日，局工会、沈阳工务段工会、沈阳机务段工会、锦州机务段工会、吉林经济学校工会被授予"全国模范职工之家"称号；吉林机务段棋盘折返段工会、长春站售票中心工会、锦州客运段一队工会、大连车务段熊岳站工会、本溪车务段陈相屯站工会被授予"全国模范职工小家"称号。6月7日，大安北车务段工会、沈阳车务段工会、大连客运段工会、锦州车辆段

工会、吉林机务段工会、梅河口机务段工会等6个单位工会被中华全国铁路总工会授予"全路模范职工之家"称号；长春车务段陶家屯站工会、白城工务段开通养路领工区工会、沈阳西站上行运转车间工会等15个车间工会和工会小组被中华全国铁路总工会授予"全路模范职工小家"称号。

2007，局工会在推进铁路又好又快发展和构建和谐企业建设进程中，以安全提速为中心，以"创争活动"为重点，开展了新一轮模范职工之家、模范职工小家建设活动。2008年4月24日，沈阳车务段工会、吉林车辆段工会被授予"全国模范职工之家"称号；锦州机务段沈西整备车间工会、沈阳车辆段动车所工会被授予"全国模范职工小家"称号。5月30日，沈阳车务段工会、大连车务段工会、赤峰车务段工会、锦州机务段工会、长春供电段工会、通化工务段工会、吉林车辆段工会等7个基层工会被中华全国铁路总工会授予"全路模范职工之家"称号；沈阳站运转车间工会、沈阳西站上行车间工会、阜新车务段小东站工会、通辽车务段曲家店站工会、白音胡硕车务段舍伯吐站工会等18个车间工会或工会小组被中华全国铁路总工会授予"全路模范职工小家"称号。

2010年，长春站工会、通辽站工会、吉林电务段工会、沈阳车辆段工会被命名为"全国铁路模范职工之家"；沈阳北站售票车间工会、大连客运段客运一队K683/4次5组工会小组、丹东工务段凤凰城线路车间五龙背线路工区工会小组、锦州供电段山海关供电车间工会、长春客运段北京车队车间工会、吉林机务段吉林检修车间工会、通辽车务段大林站工会小组被中华全国铁路总工会命名为"全国铁路模范职工小家"。6月1日，中华全国总工会命名局工会、苏家屯车辆段工会为"全国模范职工之家"；命名阜新车务段小东站工会、沈阳客运段客运一队工会、沈阳北站售票车间工会、锦州车务段新民站工会为"全国模范职工小家"。11月15日，苏家屯车辆段工会被辽宁省总工会命名为"模范职工之家"；沈阳北站售票车间工会等9个车间工会或工会小组被辽宁省总工会命名为"模范职工小家"。

2011年，下发《关于印发〈沈阳铁路局工会创建模范职工之家，深化党工共建创先争优活动竞赛办法〉的通知》（沈铁工发〔2011〕5号），以创建"五好"模范职工之家、"四优"模范职工小家为载体，以争当优秀工会工作者和劳动模范、先进生产者为主要内容，以服务科学发展、服务职工群众为基准目标，不断深化职工之家建设，在促进全局改革发展、和谐沈局建设中展示作为。10月31日，中华全国总工会授予沈阳车辆段工会、锦州站工会"全国模范职工之家"荣誉称号。中华全国铁路总工会授予局工会、长春车务段工会、通化车务段工会、吉林机务段工会、沈阳工务机械段工会、通辽车辆段工会"全国铁路模范职工之家"荣誉称号。

2012年，各级工会组织以创建"五好"模范职工之家、"四优"模范职工小家为载体，突出围绕中心、服务大局，解放思想、改进创新，扎实开展党工共建创先争优活动。9月28日，下发《关于印发〈创建"五好"模范职工之家、"四优"模范职工小家竞赛办法〉的通知》（沈铁工发〔2012〕34号），作为全局工会组织创先争优的长效机制，不断推动全局工会工作持续创新、深入发展。12月31日，辽宁省总工会授予大连客运段工会"辽宁省模范职工之家"荣誉称号。

2013年，全局各级工会组织，紧密围绕中心工作，以深化"五好"模范职工之家、"四优"模范职工小家建设为载体，积极打造具有沈局特色的工会建家工作"品牌"。6月13日，中华全国铁路总工会授予沈阳旅行服务段工会、通化工务段工会、长春供电段工会、沈阳电务段工会、锦州车辆段工会、大连铁越集团工会"全国铁路模范职工之家"荣誉称号；授予苏家屯车辆段检修车间工会、沈阳车务段新城子站工会、长春电务段检修车间工会等11个基层工会"全国铁路模范职工小家"荣誉称号。8月29日，中华全国总工会授予通化车务段工会、大连客运段工会、局工会"全国模范职工之家"荣誉称号；授予吉林车辆段吉林北运用车间工会"全国模范职工小家"荣誉称号。2014年10月16日，中华全国总工会授予吉林客运段工会"2013年会员评议职工之家示范单位"称号。12月18日，通辽机务段工会被中华全国铁路总工会授予"2013年会员评议职工之家先进单位"。

2015年，各单位工会坚持把会员满意作为建家工作的出发点和落脚点，本着服务运输生产、服务职工群众的原则，不断深化"五好"模范职工之家、"四优"模范职工小家创建活动，努力把基层工会建设成为组织健全、维权到位、工作规范、作用明显、职工信赖的职工之家。6月18日，金州站工会被中华全国铁路总工会授予"2014年会员评议职工之家先进单位"。中华全国总工会授予长春站工会、通化工务段工会、通辽车辆段工会、大连铁越集团公司工会"全国模范职工之家"称号；授予沈阳客运段客运七队工会、沈阳北站运转车间工会、本溪车务段新寒岭站工会"全国模范职工小家"荣誉称号。辽宁省总工会授予苏家屯车辆段工会"辽宁省模范职工之家红旗单位"称号，授予本溪车务段工会、大连机务段工会"辽宁省模范职工之家"称号，授予锦州车辆段山海关西运用车间工会、沈阳站运转车间工会"辽宁省模范职工小家"称号。中华全国铁路总工会授予赤峰车务段工会、苏家屯站工会、白城机务段工会、吉林客运段工会、锦州房产段工会、辽宁铁信集团公司工会"全国铁路模范职工之家"称号，授予沈阳车辆段修车车间工会、通辽站客运车间工会、赤峰工务段四道湾线路车间工会等11个车间工会或工会小组"全国铁路模范职工小家"称号。

第四节　集体合同

1996年，路局和分局两级工会加强调查研究、搞好宏观参与的同时，对基层提供了有效的指导、协调和服务，促进了平等协商、签订集体合同工作的落实。1997年至1998年，下发《沈阳铁路局集体协商和签订集体合同制度实施办法》。对集体协商、签订集体合同遵循原则，协商内容、协商代表、协商程序，集体合同内容、集体合同签订程序、集体合同变更、解除和终止、集体合同监督检查与争议处理等依法做出了明确规定。1997年12月15日，召开了"沈阳铁路局第一次平等协商会议"。1998年1月8日至9日召开的七届三次职工代表大会上，通过了《沈阳铁路局1998年集体合同》。

1999年，集体合同在保持上年基本框架基础上，突出了实行资产经营责任制，保证职工社会保险待遇、落实劳动标准、改善劳动条件，下岗分流和再就业工程建设等重点、热点问题。2000年，集体合同针对上年实施中遇到的问题和根据新形势要求，作了补充和完善。2001年，路局强化对分局及基层单位检查指导，全局平等协商和集体合同整体水平得到提升。2002年，是实施修改后《工会法》第一年。按照新《工会法》规定和国家有关政策要求，变动28条，增加6条1款及1章标题。集体合同为16章75条。在八届二次职工代表大会上，局长张伟代表局行政、局工会主席焦俊峰代表全局职工签订了《沈阳铁路局2002年集体合同》。2003年，以2002年集体合同为蓝本，在深入调研并吸纳各方意见和建议的基础上，集体合同变动涉及到12条另5款，增加1条。

2004年，保留上年集体合同绝大部分内容的基础上，做了必要修改，形成2004年集体合同（草案）。2006年，在十届一次职工代表大会上，审议通过了《沈阳铁路局集体合同制度实施办法》（草案）。对签订集体合同、平等协商原则、平等协商内容、程序、集体合同订立程序等都做了规范。

2007年，集体合同在保留上年主要内容的基础上，对女职工保护内容进行了进一步细化，增加了部分专项保护内容。2008年，依照《劳动法》等相关法律要求，将女职工特殊保护条例单独作为女职工保护专项合同，列入集体合同，突出了对女职工保护内容。

2009年，将劳动用工、工作时间和年休假、劳动报酬、劳动安全卫生、女职工保护等内容写进了《集体合同》。2010年，合同正文增加《女职工权益保护专项协议》，同时，对部分条款内容进行了修订。2011年，增加了《沈阳铁路局工资集体协商专项协议》。

2012年，对职工关心的工资增长数额和增长比例作了明确规定；对弱势群体给予关心关注，对患长病职工最低工资待遇做出明确规定；关心关爱职工身心健康，职工健康体检周期由原来的三年一次，调整为两年一次，新增加了动车组司机、机车乘务员每年一次的专项健康体检；明确

了经济适用房的竣工数量和面积；路局投入大额专项资金，对10处旧的铁路住宅小区进行改造。2013年，确定女职工产假由90天调整为98天，女职工卫生费标准由每人每月20元调整为30元。2014年，对集体合同进行了修改，包括在岗职工平均工资、病假职工工资、"五小"投资、职工健康休养、职工健康体检、职工保障性住房等。每年的职代会上，都由局长代表企业方、工会主席代表全局职工，局党委书记代表公证人，签署当年的集体合同。

第五节　劳动竞赛

1996年，局工会以"安全、正点、质量、效益"为目标，在不断深化机务系统"百安赛"的基础上，把"百安赛"的基本经验拓展到运输车辆系统，在车务部门开展"安全正点接发列车千列竞赛"，在车辆部门开展"安全优质检车万辆竞赛"，形成了以"百安赛"为龙头的"百千万"安全系列竞赛。路局公布《沈阳铁路局（合理化建议和技术改进奖励条件）实施办法》。路局、分局、站段都建立了评审委员会，逐级制定"检查指导、考核评比、总结表奖、典型宣传、目标管理、岗位负责、调查分析"七项管理制度，使全局合理化建议和技术改进活动步入了规范化、制度化、经常化轨道。1997年，对全局27个机务段的"百安赛"竞赛开展情况进行调研，形成《关于全局机务系统"百安赛"开展情况的调查报告》，对进一步推进"百千万"竞赛提出了指导意见。4月18日，召开冬赛总结电话会议，对长春、图们分局工会和沈阳车务段等50个基层工会进行了表彰。大连机务段司机王永昌带领机车组同志"上标准班、干标准活、站标准岗"，千方百计确保每一趟列车安全正点，首创了全局1000趟记录，在全局介绍了经验。沈阳机务段司机杨学顺车班实现2072趟好成绩，当年创全局最高纪录。1998年，局党政工团联系发出《关于开展"安全、正点、畅通、高效"冬运"达标争先"立功竞赛活动的通知》，局工会下发《关于开展"保冬运、创六好、争双优"竞赛活动的通知》。局工会授予通辽、长春、丹东、白城4个分局工会为"冬赛活动优秀工会组

织"称号；授予沈阳机务段等57个基层工会为"冬赛活动优秀基层工会组织"称号。局工会生产保护部、局科委办公室、局团委联合下发《关于征集1998年局级合理化建议和技术改进藏着项目及优秀成果的通知》，号召职工实现10万条建议、人均节约300元的奋斗目标。评出局级优秀成果64件、部级优秀成果12件，推广成果1232件。1999年，发出《关于在全局开展"保安全、保畅通、保效益、做主人"立功竞赛活动的通知》。冬赛结束，授予通辽、通化、锦州3个分局工会为"冬赛活动先进工会"称号。全局深入开展"献主人翁良策、做主人翁贡献、创主人翁成果"活动，全年推广技术成果1486件，实现技术攻关1598件，小改小革3433件。提合理化建议102667件，采纳44525件，实施23592件，创经济效益11697万元。

2001年，局党政工团联合下发《关于在全局深入开展冬运立功竞赛活动的通知》。4月，局工会对在冬赛中做出突出成绩的50个优秀工会组织和100名优秀工会干部进行了表彰奖励。局工会生产保护部、局人事处、总工程师室联合发出《关于在全局专业技术人员中开展"征集合理化建议，为扭亏增盈做贡献"活动的通知》。全局建立技术攻关小组2130个，实现科研项目11364项，先进技术推广2108项，创经济效益8200万元。2002年，局党政工团联合下发《关于在全局深入开展冬运立功竞赛活动的通知》。全局各级工会组织带领职工群众紧紧围绕全路第四次提速、实施新运行图，开展针对性强、操作性强的群众性竞赛。冬运期间实现了"六消灭、两实现"目标和2002年首季开门红。2003年，局工

会下发《关于在冬运中"保安全、保畅通、保营销、保稳定"突出工会组织作用》的指导意见。2004年，局工会下发《关于在冬运工作中发挥工会组织作用的指导意见》。

2005年8月15日，局工会下发《关于动员全局职工开展"我为建设节约型企业做贡献"为主题的合理化建议和技术革新活动的通知》，全局征集合理化建议3.5万件，创经济效益5000余万元。2006年，局工会下发《关于在全局职工中广泛开展"人人争当火车头，为实现铁路'十一五'发展目标建功立业"劳动竞赛通知》。各级工会组织结合和谐铁路建设全面深入推进要求，健全完善建功立业活动工作制度和运作机制，全力推进劳动竞赛深化发展。全年征集合理化建议60629条，完成技术攻关661项，推广科技成果146项。2008年，发出《关于在全局职工中广泛开展"人人争当火车头，为实现铁路'十一五'发展目标建功立业"劳动竞赛通知》。冬运期间，路局、局党委下发《关于加强全局冬运工作的决定》，将全局冬运目标确定为实现"三保三过硬"：保安全、保畅通、保任务，后勤保障过硬，干部作风过硬，思想政治工作过硬。2009年，全局开展了"同舟共济保增长、建功立业促发展"主题竞赛活动，紧盯增收节支的难点和重点，实施了"完成百题攻关、争创千项成果、提出万条建议"增运增收、节资降耗攻坚活动。局工会下发《关于表彰"同舟共济保增长、建功立业促发展"节支降耗活动优秀组织单位和个人标兵的决定》，授予本溪车务段等10个单位为优胜组织单位；授予沈阳车务段马三家站长葛德伟等10人为增收节支标兵；评定丹东站"车站号码制货车统计程序"等十个项目为优秀攻关成果；评定锦州房产段杨桂学提出的"运用重力循环的道理进行机械冷却装置改造"等十条建议为优秀合理化建议。

2010年，下发《沈阳铁路局劳动竞赛指导意见》，全面推进"保安全、创优质、增效益、献良策、当明星"主题劳动竞赛。局工会每一个百日周期表彰一批岗位明星和优秀合理化建议人，确保竞赛步入常态化管理轨道。5月18日，局工会分别在苏家屯站、沈阳工务机械段沈南焊轨基地召开全局车务、工务系统百日岗位明星劳动竞

1997—2004年全局"百千万"竞赛人数统计表

表8-1-1　　　　　　　　　　　　　　　单位：人

年份	"百安赛"（500趟以上）	"千列赛"	"万辆赛"
1997	783	1288	1847
1998	1076	1927	8219
1999	1194	1638	1001
2000	796	3822	2386
2001	（1000趟）519	—	—
2003	4751	2971	481
2004	5735	3413	542

赛表彰座谈会。2011年，深入开展"百日岗位明星"劳动竞赛活动。结合不同系统、不同岗位工作特点，深入开展"百日岗位明星"劳动竞赛活动，形成了全局所有生产岗位和工种、全员参与、全面覆盖的劳动竞赛机制。5月17日，召开全局第四个"百日岗位明星"劳动竞赛表彰会，表彰全局各系统岗位明星420人，优秀合理化建议13条，交流推广沈阳西站、沈阳车辆段的经验做法。完成第六个"百日岗位明星"劳动竞赛，全局累计表彰岗位明星2520人，优秀合理化建议63人次。2012年，各级工会组织以"创先争优"活动为载体，广泛开展"保安全，增效益，创优质，献良策，当明星"劳动竞赛活动，突出抓好机务系统"百安赛"、车辆系统"万辆赛"、窗口单位"服务旅客创先争优"等劳动竞赛，形成全面覆盖、全员参加、全力推进的劳动竞赛新局面，实现站段组织竞赛活动率达到100%、职工参加活动率达到100%的"双百"目标。2013年，围绕全局改革发展，积极融入中心，持续开展"保安全、增效益、创优质、献良策"百日岗位明星劳动竞赛活动。结合货运体制改革，在车务、货运等系统开展了"五比五创"劳动竞赛活动，局工会将货运系统"五比五创"劳动竞赛和客运系统"三个出行"常态化纳入"百日岗位明星"竞赛。全局"百日岗位明星"竞赛共命名表彰安全、服务、创效、营销、保障5个类别的明

2010年5月至2013年5月"百日岗位明星"竞赛表彰统计表

表8-1-2

表彰周期	表彰时间	岗位明星表彰数量	合理化建议表彰数量
第一个百日	2010.05	420（人）	10（条）
第二个百日	2010.08	420（人）	10（条）
第三个百日	2010.11	420（人）	10（条）
第四个百日	2011.03	420（人）	13（条）
第五个百日	2011.06	420（人）	10（条）
第六个百日	2011.09	420（人）	12（条）
第七个百日	2012.01	420（人）	10（条）
第八个百日	2012.04	470（人）	20（条）
第九个百日	2012.07	470（人）	10（条）
第十个百日	2012.10	470（人）	12（条）
第十一个百日	2013.02	470（人）	21（条）
第十二个百日	2013.05	470（人）	21（条）

星和优秀合理化建议（技术创新）人，解决了不同系统、不同岗位竞赛统一管理、统一规范、统一表彰的问题。表彰岗位明星1940名，合理化建议54条。铁道部劳动模范、锦州货运中心李伟以"知苦不怕苦，知难不畏难"的精神开展营销，自货改以来，共计营销709车，4.2万吨，实现运输收入561万元，成为全局十大营销状元之一。2014年，局党委下发《关于在2014年春运中开展争当春运岗位明星劳动竞赛的通知》（沈铁党

2013年8月—2013年12月"百日岗位明星"竞赛表彰统计表

表8-1-3

表彰周期	表彰时间	百日明星	创效能手	营销状元	创效团队	营销团队	合理化建议
第十三个百日	2013.08	440（人）	24（人）	36（人）	24（个）	13（个）	11（条）
第十四个百日	2013.12	440（人）	24（人）	36（人）	24（个）	13（个）	10（条）

2014年3月—2015年4月"百日岗位明星"竞赛表彰统计表

表8-1-4

表彰周期	表彰时间	安全明星	保障明星	服务明星	创效明星	营销明星	合理化建议
第十五个百日	2014.03	292	150	79	43	36	10（条）
第十六个百日	2014.06	303	145	76	38	37	10（条）
第十七个百日	2014.09	311	133	93	25	38	11（条）
第十八个百日	2015.01	334	118	89	20	39	10（条）
第十九个百日	2015.04	313	135	85	25	42	10（条）

〔2014〕7号）文件），对春运劳动竞赛进行专题部署。各级工会深入开展"保安全、创优质、增效益、献良策、当明星"百日岗位明星劳动竞赛活动。春运期间，围绕"三个出行"，开展争当"春运岗位明星"劳动竞赛活动。建立"五个常态化"机制，在第十五、十六、十七个百日中，表彰安全明星906名、服务明星428名、保障明星248名、创效明星106名、营销明星111名。组织开展了创建货运营销模范团队、货运创效模范团队、货运营销状元、货运创效能手评选活动。2015年，围绕"比干劲、比奉献，赛质量、赛进度，保安全、保畅通，增效益、增效率"竞赛主题，不断丰富竞赛形式、拓展竞赛效果，在第十八、第十九个百日"岗位明星"劳动竞赛中，表彰安全明星647名，保障明星253名，服务明星174人，营销明星81名，创效明星45人。针对经济下行的客观形势，启动"适应新常态、创效做贡献"主题活动，动员职工积极投入到"我为营销支一招、我为创效献一策、我为节支谋一计"活动中来，共计征集"金点子"329条。在全局货运系统"五比五创"劳动竞赛中，沈阳货运中心沈阳东营业部等5个营业部荣获全路货运营销模范团队、锦州车务段盘锦站等4个车间荣获全路货运创效模范团队、长春货运中心营销部经理丛雷等10人荣获全路货运营销状元、吉林车务段车站值班员齐海涛等8人荣获全路货运创效能手。

第六节　职工劳动保护及监督

1996年，有基层劳动保护监督检查委员会3072个，工会小组劳动保护检查员18963人，形成了劳动保护组织网络体系。1997年，先后检查10个分局（公司），30个站段，86处生产现场，发现、解决事故隐患6097件。1998年，转发铁总《工会劳动保护监督检查员暂行条例铁路实施细则》。1999年，组织安全大检查1851次，有8860人次的劳动保护监督检查员和职工代表参加。

2000年，全局劳动监督检查委员会达到3043个。局工会劳动保护工作被辽宁省总工会评为先进单位。2001年，转发铁道部、辽宁省总工会关于开展"安康杯"竞赛活动的要求，在全局开展"安康杯"竞赛活动。2002年，开展学习《安全生产法》竞赛活动，下发32万份《安全生产法》知识答题卡。2003年，下发〔2003〕27号文件《关于转发铁道部、中华全国铁路总工会关于认真搞好2003年安康杯竞赛活动的通知》。2004年，开展以"尊重生命，保护劳动者健康"为主题的《职业病防治法》宣传周活动。任命176名同志为局工会劳动保护监督检查员，另有5人被辽宁省总工会任命为工会劳动保护监督检查员。

2005年，转发铁总〔2005〕11号文件关于《关于开展安康杯竞赛的通知》。10月，下发《关于开展安全生产群众监督活动的通知》（沈铁工发〔2005〕32号）文件，全面启动全局安全生产群众监督。2006年，下发《沈阳铁路局安全生产群众监督长效机制》（沈铁工发〔2006〕2号）文件，将安全生产群众监督活动，纳入全局安全管理长效机制。2007年，职工代表对26个未得到解决的重点安全隐患问题进行现场视察，跟踪检查整改落实情况，促进了全局安全管理工作加强和安全生产形势的基本稳定。2008年，下发《关于开展2008年度安康杯竞赛活动的通知》，要求各级工会广泛开展"十个一"活动，把安康杯竞赛落到实处。

2010年，下发《关于对职工劳动保护用品有关情况开展专项调查的通知》，局工会组成9个调查组，深入长春、沈阳、锦州、大连、通辽、吉林、通化等地区，召开12次座谈会，听取了456名基层站段职工代表、劳动保护专责、工会干部、一线职工对劳保用品的意见和建议。2011年，路局下发《关于开展沈阳铁路局"安康杯"竞赛活动的通知》，提出全局安康杯竞赛围绕"五比五赛"开展活动。2012年，下发《关于对职工劳动保护用品有关情况开展专项调查的通知》，组成9个调查组，到长春、沈阳、锦州、大连、通辽、吉林、通化等地区，召开12次座谈会，听取了456名基层站段职工代表、劳动保护专责、工会干部、一线职工对劳保用品的意见和建议，收集82个单位职工反映劳动保护用品意见和建议6391条，汇总形成意见和建议996条。路局被命名全国安康杯竞赛优胜企业，吉林机务段、长春电务段被命名为全国安康杯竞赛优胜单位。2013年，路局被命名为全国安康杯竞赛优胜企业，吉林车辆段、通辽机务段被命名为全国安康杯竞赛优胜单位。制作安全警示片《生命的代价》荣获全国铁路安全教育专题片比赛一等奖。2014年，路局被命名为全国安康杯优秀组织单位，通辽机务段、锦州车辆段被命名为全国安康杯竞赛优胜单位。2015年，开展安全生产专项视察162次，发送红色通知书216份。召开职工家属座谈会426次，强化了家属保安全作用；对车务系统、客运系统、机务系统、工务系统的36个单位的冬运立功竞赛情况进行检查，确保了安全生产。丹东工务段、长春站、苏家屯站、吉林客运段荣获全国安康杯竞赛优胜单位称号；吉林车务段、苏家屯机务段、沈阳工务机械段荣获辽宁省安康杯竞赛优胜单位称号。

第七节　劳模管理

1998年，路局召开命名表彰先进集体、先进生产（工作者）广播大会。表彰1995年以来，在深化改革、强化基础、确保安全、拓展营销、抢占市场、开展"人人争当火车头九五建功立业"劳动竞赛中涌现出的先进集体260个、先进个人1002名。山海关机务段等10个单位被授予先进标杆单位称号；小东站等20个班组被授予先进标杆班组称号；长春列车段张春成等29人被授予先进生产（工作）者标兵称号；彰武机务段司机长戴井荣的妻子李桂珍被授予先进家属标兵称号。2001年，路局下发《关于命名表彰先进集体、先进生产（工作）者的决定》。表彰1998年以来，全局在深化改革，落实资产经营责任制，确保安全生产，强化路风建设，稳定职工队伍等方面做出成绩的先进集体和先进个人。命名表彰先进集体263个，先进个人1010名。赤峰机务段等10个单位被授予先进标杆单位称号；小东站等20个班组被授予先进标杆班组称号；长春列车段张春成等30人被授予先进生产（工作）者标兵称号，吉林工务段阪家子工区工长孙喜龙的妻女曲文杰等2人被授予先进家属标兵称号。2003年，路局下发《关于命名表彰先进集体、先进生产（工作）

者的决定》。表彰2001年以来，在安全生产、经营管理、基础建设、服务质量、技术进步、精神文明、队伍稳定等方面涌现出来的先进集体260个，先进个人1010名。山海关机务段等10个单位被授予先进标杆班组称号；孙家养路工区等20个班组被授予先进标杆班组称号；苏家屯配件厂朱超等30人被授予先进生产（工作）者标兵称号；通化站值班站长王天湘的妻女马娟等2人被授予先进家属标兵称号。2004年，路局在沈阳召开表彰先进集体、先进生产（工作）者广播大会，表彰2003年以来，先进集体255个，先进个人997名。大安北工务段等10个单位被授予先进标杆单位称号；小东站等20个班组被授予先进标杆班组称号；梅河口建筑段赵起等30人被授予先进生产（工作）者标兵称号；大工务段王玉和的妻女梁艳君等2人被授予先进家属标兵称号。

2005年，全局有2人荣获全国劳动模范称号，有6人荣获辽宁省"五一"奖章，1个单位荣获辽宁省"五一"奖状，53人荣获全国铁路"火车头奖章"，10个集体荣获全国铁路"火车头奖状"。2006年，各级工会采取多种形式进一步大力弘扬"新时期火车头精神"，全面落实劳动模范的政治、经济待遇，广泛宣传劳动模范的先进事迹，激发干部职工学习劳模精神、争做时代主人翁的热情。2人荣获全国劳动模范称号，6人荣获辽宁省"五一"奖章，1个单位荣获辽宁省"五一"奖状，53人荣获全国铁路"火车头奖章"，10个集体荣获全国铁路"火车头奖状"。2007年，大力宣传刘学臣等新时期劳模事迹，对小东站、12次列车等"老先进"进行调研，挖掘新特点，发挥新作用。组织劳模先进开展为企业发展建言献策活动，总结交流172个工作经验，提出194项合理化建议。全面落实劳动模范的政治、经济待遇，组织800名劳模先进人物赴福州、厦门等地健康休养。2008年，局党政工团联合下发《关于命名表彰先进集体、先进生产（工作）者的决定》，对2004年以来涌现出的先进集体、先进生产（工作）者进行表彰。授予沈阳西站等20个单位为先进单位称号；授予吉林机务段梅河口检修车间等100个车间为先进车间称号；授予通辽工务段孙家养路工区等200个班组为先进班组称号；授予沈阳车辆段轮轴工长刘松等

1000名同志为"先进生产（工作）者"称号。2009年，局工会在苏家屯车辆段召开"同舟共济保增长，建功立业促发展"劳动模范座谈会。8月26日至9月3日，1040名先进模范代表肩负着路局重托，带着全局28.5万名干部职工的殷切期盼，满怀激动和喜悦的心情，先后分四批前往首都北京，参加全国铁路系统开展"乘高铁、看发展、迎国庆"主题参观活动。

2010年，路局召开表彰大会，命名表彰2008—2009年度先进集体、先进生产（工作）者标兵、技术标兵、班组长标兵和先进生产（工作）者。授予四平站等20个单位为先进单位称号；授予沈阳机务段沈阳北运用车间等100个车间为先进车间称号；授予通化工务段三源浦线路工区等200个班组为先进自控型班组称号；授予吉林电务段信号工韩丽云等20名同志为先进生产（工作）者标兵称号；授予通辽车辆段工程师冯宝玉等20名同志为技术标兵称号；授予大连客运段列车长贺丽华等20名同志为班组长标兵称号；授予锦州车务段调车区长李春东等959名同志为"先进生产（工作）者"称号。5月24日至6月6日，"感受世博，奉献铁路"主题参观活动拉开帷幕。全局760名各类先进代表分三批奔赴上海，参观上海世界博览会。9月3日，路局召开抗洪抢险救灾表彰大会。授予吉林工务段等13个单位为"全局抗洪抢险救灾先进单位"称号；授予吉林车务段口前站等89个车间班组为"全局抗洪抢险救灾先进集体"称号；给予吉林机务段党委书记钟岩等10名同志记一等功；给予通化车务段干沟站站长苏波等30名同志记二等功；给予吉林公安处口前站派出所教导员胡元等60名同志记三等功；授予通化工务段三源浦线路车间工长范洪伟等281名同志为"全局抗洪抢险救灾先进个人"称号。

2011年，路局西部铁路建设表彰大会召开。授予通辽房产生活段等20个单位为西部铁路建设突出贡献单位荣誉称号；给予局建设处副处长张天宏等12名同志记一等功；给予长太白铁路有限公司筹备组总工程师张丹等34名同志记二等功；给予长春房产生活段线路工张振华等65名同志记三等功。2012年，路局召开全局先进集体、先进生产（工作）者表彰大会，对2010年以来在推进全局科学发展中涌现出的先进集体和先进个人进行表彰。推荐苏家屯站为辽宁省先进单位；授予长春站等20个单位为先进单位称号，同时授予党政正职先进工作者称号；授予沈阳机务段动车运用车间等100个车间为先进车间称号；授予吉林工务段轨道车工区等210个班组为先进班组称号；授予沈阳车务段新城子站助理值班员崔振亮等20名同志为先进生产（工作）者标兵称号；授予锦州电务段设备车间信号工区工长杜尚文等1040名同志为"先进生产（工作）者"称号。2013年，局工会召开主题为"劳动光荣 劳模光荣"的劳模代表座谈会，与会劳模代表32人畅谈感想、畅想未来。与辽宁省总工会举办"中国梦·劳动美"先进事迹报告会、编印了《平凡的感动——沈阳铁路局劳模风采》，深入宣传我局劳模先进事迹。有73个集体和个人荣获全国、全路、辽宁省"火车头奖杯""火车头奖章""五一奖状""五一奖章""工人先锋号"等荣誉称号。2014年，路局召开全局先进集体、先进生产（工作）者表彰大会，对2012年以来全局涌现出的先进集体和先进个人进行表彰。授予沈阳机务段等20个单位为"先进单位"称号；授予苏家屯站等15个单位为企业文化建设先进单位称号；授予白城工务段太平川线路车间等120个车间为先进车间称号；授予长春电务段德惠信号工区等300个班组为先进班组称号；授予沈阳站客运车间客运员马成良等20名同志为先进生产（工作）者标兵称号；授予霍林郭勒车务段扎鲁特站调车长刘伟等1024名同志为"先进生产（工作）者"称号。沈阳车辆段职工蒋明轶被评选为"最美辽宁工人"、大连站职工刘晓云荣获"辽宁好人——敬业爱岗典型"、沈阳车务段集体职工吕景海荣获"辽宁好人——见义勇为典型"、沈阳客运段职工王玉梅荣获辽宁省职业道德"十佳"个人称号。与局电视台一起开辟《劳模风采》专栏，在《沈阳铁道报》开辟"明星在身边"专栏，在辽宁职工报上开辟"奔跑在铁轨上的一线尖兵"专栏，宣传劳模爱岗敬业先进事迹。2015年，局工会在召开劳模代表座谈会暨创建劳模工作室活动启动仪式。全局客运、货运、机务、车辆系统劳模代表、站段工会主席代表计75人参加了会议。召开庆"五一"劳模代表座谈会，全国劳模刘晓云汇报全国劳模和先进生产者表彰大会盛况，6名劳模代表发言。举行全局劳模创新工作室创建活动启动仪式，为苏家屯车辆段王吉元劳模创新工作室揭牌。

第八节　落实"三不让"帮扶救助

2005年，部党组下发《关于进一步落实三不让承诺的指导意见》，提出了"不让一名职工家庭生活在贫困线以下，不让一名职工看不起病，不让一名职工子女上不起学"的"三不让"承诺。路局制定《沈阳铁路局"三不让"承诺实施办法（试行）》（沈铁党发〔2005〕72号）文件，对1617名困难职工子女实施了助学补助，支出助学金436万余元。

2006年，下发《落实"三不让"承诺的补充规定》，对特重困职工的认定标准、特重困职工的救助标准、患大病职工的限额救助标准和职工患病救助的起付标准等方面进行了较大的调整。2007年，建立105个救助站和1401个救助点，形成纵向贯通、横向覆盖的"三不让"救助组织网络。全国铁路深入落实"三不让"承诺工作会议在沈阳召开，局工会和9个站段工会被全国铁路总工会命名为"全路落实'三不让'承诺工作先进单位"。2008年，重新制定特重困职工界定标

准和救助标准，扩大"三不让"救助的覆盖面，提高了对困难职工的救助力度，把家属患大病纳入医疗救助范围，启动"2+1"托底式的追加救助措施，把职工个人医疗费自付水平（医保内）控制在了5万元以内。路局被辽宁省总工会评选为"促进就业再就业工作先进单位"和"促进就业工作先进集体"。2009年，中央政治局委员、全国人大常委会副委员长、中华全国总工会（以下称"全总"）主席王兆国,全总副主席、书记处第一书记孙春兰，全总副主席、书记处书记王炯分别在沈阳铁路局实行"三不让"帮扶困难职工的情况汇报上做出重要批示，鼓励沈阳铁路局继续做好困难职工的帮扶工作。铁路局被辽宁省总工会命名为"困难职工帮扶工作先进集体"；被铁路总工会命名为"'三不让'承诺帮困救助工作先进集体"。

2010年，中国铁路总工会（下称"铁总"）在沈阳召开了全路"三不让"承诺工作会议。局工会等管内10个单位工会被铁总授予"落实'三不让'承诺先进集体"，局工会保障部副部长胡宾等9名工会干部被授予"三不让"承诺优秀工作者称号。2011年，铁总召开"三不让"承诺工作会议，路局《实施安心工程，倾心关爱职工，为加快和谐沈局建设提供坚实保障》经验在会上进行交流。2012年，全总保障部部长邹震、副部长凌萍、保障部生活处调研员吴薇、主任科员苏

2006—2014年"三不让"帮扶情况统计表

表8-1-5

年度	困难补助		助学资助		医疗救助		合计（元）
	困难补助（户次）	补助金额（元）	助学（人次）	资助金额（元）	医疗救助（人次）	救助金额（元）	
2006	40754	40816367.00	6171	4664757.00	5193	25707397.00	71188521.00
2007	47394	32773946.57	5335	5719061.75	6714	23151147.27	61644155.59
2008	54474	41579728.00	4414	5253800.00	5531	17908045.00	64741573.00
2009	70599	52300160.00	4414	5245600.00	19613	48594639.00	106140399.00
2010	51529	62498240.00	3159	6264500.00	18445	63604230.00	132366970.00
2011	43950	55972785.00	2809	5622500.00	22153	74170495.00	135765780.00
2012	42321	45209003.00	1923	4169500.00	25711	84153462.00	133531965.00
2013	53535	47978685.00	1635	3678200.00	28914	90996319.00	142653204.00
2014	54321	41784172.00	1501	3532600.00	29684	108831975.00	154148747.00
合计	458877	420913086.57	31361	44150518.75	161958	537117709.27	1002181314.59

文帅一行4人，在铁总郭润英副主席、保障部孙娅姝部长、单竹泉副部长的陪同下，对沈阳铁路局帮扶工作进行了实地调研和现场考察。铁路局被全国总工会命名为"全国帮扶工作先进集体"称号。2013年，援助家庭创业6户。2014年，援助家庭创业3户。2015年，援助重困职工家庭创业4户。铁总召开保障工作会议，沈阳铁路局《精心组织，精准认定，把困难职工帮扶工作落到实处》经验在会上进行了交流。

第九节　工会经费审查

一、制度建设

局工会经费审查委员会于1979年成立。2004年年初，长春、沈阳、锦州、通辽、吉林、通化分局工会、大连公司工会和直属机关工会8个分局级工会及335个基层工会均建立了经费审查委员会。

1997年，下发《沈阳铁路局工会经费审查委员会议事规则》，包括经审会职责、议事制度、议案决议和附则四个部分内容。2001年，制定《沈阳铁路局工会经费审查委员审计审查监督办法》，于12月30日实施。2003年，转发中华全国铁路总工会经费审查委员会印发的《铁路工会经费收缴和上解审计监督办法》《铁路工会经费审查委员会对同级工会财产审查监督办法》，转发中华全国铁路总工会经费审查委员会制定的《铁路工会经费审查委员会工作暂行条例》。

2005年，下发《路局级工会经费审查工作规范化建设标准》和《路局级工会经费审查工作规范化建设标准考核试行办法》。2006年，下发《站段级工会经费审查工作规范化建设标准》和《站段级工会经费审查工作规范化建设标准考核试行办法》。2011年，转发《中华全国总工会关于印发〈中国工会审计条例〉的通知》，包括总则、工会审计机构和人员、工会审计职责、工会审计权限、工会审计程序、工作保障、相关责任、附则八章内容。2013年，下发《沈阳铁路局工会经费审查委员会对局工会年度经费预算执行情况审计监督的暂行办法》。2014年，下发《沈阳铁路局工会经审工作考核办法》。2014年1月1日实施。

二、经费审查

1996年至2014年，局工会经审委每年年初召开经审委员全体会议，审计审查局工会上年工会经费收支预算执行情况和当年工会经费收支预算；每年7月份对局工会上半年工会经费收支决算进行审查。2006年起，按照"下审一级"规定，开展对下级工会经费收支预算执行情况的审计监督，实现了局工会经审会对下一级工会两年审一轮、一次审两年、工会主席离任必审目标要求。2007年，局工会经审会被中华全国铁路总工会经费审查委员会评为"中华全国铁路总工会经审工作先进集体"。

2010年，沈阳铁路局第七次职工代表大会选举产生11人组成的第七届工会经费审查委员会。11名经审委员高级职称4人，中级职称5人，初级职称2人；具有审计或财务从业资格的人数为10人。局工会经费审查委员会副主任邱广勇同志被辽宁省总工会授予"辽宁省工会经审工作先进工作者"称号。2011年，《中国工会审计条例》颁布，局工会设立工会经费审查办公室，配备专职经审办主任。2012年，依据年度审计工作计划，局工会经审办聘请专业会计人员组成审计组，对图们工务段等54个单位工会经费预算执行情况进行了审计。局工会经费审查委员会办公室主任邱广勇同志被中华全国总工会授予"全国工会经审工作优秀干部"。2013年，聘请专业会计人员组成审计组对沈阳站等52个单位工会经费预算执行情况进行审计。局工会经审会被中华全国总工会经费审查委员会评为"全国工会经审工作先进集体"。2014年，局工会经审办聘请"特约审计员"组成审计组，对沈阳供电段等66个单位工会经费预算执行情况进行了审计。2015年，局工会经审办聘请"特约审计员"组成审计组，对鞍山车务段等67个单位工会经费预算执行情况进行审计。

第十节　职工健康休养与体检

一、健康休养

2009年，路局决定将千山、熊岳城、大连、兴城、山海关、五龙背、丰满、长白山8家疗养院分别整建制划归沈铁房地产开发公司和房产生活系统管理，并对8个疗养院进行大规模的改造建设。组织2588名各类先进、优秀班组长、140名受"三不让"救助的困难职工及家属分4批到8家疗养院进行了健康疗养。9月份，下发《关于做好2010年职工健康疗养工作的通知》，成立健康疗养工作领导小组，下设办公室。

2010年，铁道部在北京召开全路职工健康休养工作会议，局工会在会上交流了职工健康疗、休养工作经验。7月13日，全局职工健康休养工作会议在熊岳城疗养院召开，组织26800名职工健康休养。2011年，下发《关于表彰2010年度职工健康休养工作先进个人的决定》，对2010年全局健康休养工作中表现突出的山海关疗养院餐厅领班牛佳新等30名先进个人进行表彰。3月，根据职工代表建议，路局将职工健康休养时间由5天延长到7天。安排25期33000人职工健康休养。2012年，实施疗养院第二轮改造，8家疗养院实现了设施现代化、庭院园林化、住宿宾馆化、休养多样化，在当地同行业中处于领先位置。安排24期33000人参加健康休养。

2013年，下发《关于表彰2012年度职工健康休养（体检）先进个人的决定》，对大连疗养院客房部主任金春玲等42名健康休养先进个人、沈铁房地产集团体检部副部长刘淑堰等23名2012年度健康体检先进个人进行表彰。5月，下发《沈阳铁路局职工健康休养管理办法》，进一步规范了职工健康休养计划组织、乘车组织、活动内容、食宿服务，明确了确保休养职工人身财产安全、交通运输安全、食品卫生安全、设备设施安全的管理职责和各项措施。安排22期32000人健康休养。2014年，局工会下发《关于表彰2013年度职工健康休养（体检）先进个人的决定》，对沈阳站、山海关疗养院等18家职工健康休养体检先进单位和吉林车务段工会副主席郭永刚等240名2013年度健康休养体检先进个人进行表彰。全年安排22期，23962人健康休养。

2015年，共安排在职职工健康休养26期34849人、离退休职工休养5000人，在全局8家疗养院和3家酒店进行休养。

二、健康体检

全局职工健康体检从2009年开始，成立大连、兴城、丰满、长白山4个体检中心，购置4台体检车。按照《集体合同》规定，"每三年一个周期对职工进行一次健康体检"，第一个周期于2011年结束，每年10万人左右，三年累计体检273126人，占全局职工总数98.9%。2012年开始，职工健康体检实行两年一个周期。每年参加体检13万人，2012年至2013年，共体检252295人，职工体检率达97%以上。2014年职工健康体检进入第三个周期，于2015年结束，每年体检13万人。

女职工妇科病普查。2010年开始，在山海关、兴城疗养院成立了2个妇科体检中心，购置2台妇科病普查车，配备配齐专业人员和设备，坚持每年一次对全局女职工进行妇科病普查。2011年女职工妇科病普查29228人；2012年29510人；2013年27907人；2014年27501人。2014年山海关妇科病普查中心合并到兴城妇科病体检中心，2010年起，全局女职工每年进行一次妇科病普查。

机车乘务员专项体检。2012年路局在大连疗养院成立了机车乘务员专项体检中心，购置1台乘务员专项体检车，针对机车乘务员确定体检项目，对全局机车乘务员（动车组司机）进行专项体检。专项体检自2012年开始，每年进行一次，每年为乘务员体检1万人左右，参加体检的机车乘务员体检率达99%。

第十一节　职工文体活动

一、文体活动

1996年，局图书馆被全总宣传教育部、中国图书馆学会工会图书馆委员会授予"文明图书馆"称号。1997年，下发《关于表彰1996年度工会先进文化事业单位和优秀工作者的决定》，授予5个单位为"先进文化事业单位"，授予12个单位为"模范文化事业单位"，授予80人为"优秀工作者"。4月，锦州列车文工团赴大秦线慰问演出。历时一个多月，演出54场，观众76486人次。返京后做了汇报演出，铁道部领导接见了演员，被铁总授予"社会主义精神文明文工团"称号。1998年，下发《关于表彰1997年度工会先进文化事业单位和优秀工作者的决定》，命名5个单位为"先进文化事业单位"，命名13个单位为"模范文化事业单位"。1999年4月6日，下发《关于表彰1998年度工会文化事业先进单位和优秀工作者的决定》，命名14个单位为"先进文化事业单位"，命名67人为"文化事业优秀工作者"。2000年3月5日，下发《关于表彰1999年度工会文化事业先进单位和优秀工作者的决定》，命名14个单位为"先进文化事业单位"，命名64人为"文化事业优秀工作者"。4人被命名为全路先进文化宫、俱乐部主任。

2001年，下发《关于表彰2001年度工会文化事业先进单位和优秀工作者的决定》，表彰先进单位14个，优秀工作者67名。2002年7月，局工会选送的青年歌手在蚌埠举办的铁总"第二届火车头文艺群星奖大赛"决赛中，1人获得优秀青年歌手演唱一等奖，6人获优秀歌手奖；《我总是伴随着你》获创作歌曲二等奖，《风雨中我和你一起走》获得创作歌曲三等奖。8月，选送的歌手和演奏员在辽宁省举办的业余声乐、器乐大赛中，1人获得通俗唱法金牌，1人获得美声唱法银牌，1人获得通俗唱法铜牌，1人获得器乐组铜牌。2003年，选送的文艺节目在国家安全生产监督管理局、中华全国总工会等14部委联合举办的"全国安全生产文艺汇演"中获奖：长春分局创作的音舞快板《说老头》获得曲艺类银奖，戏曲锣鼓词《风雨夜巡》获得曲艺类铜奖，小品《车站故事》获曲艺类优秀奖。锦州分局创作的《我总是伴随者你》和《我们来自四面八方》两首歌曲同获声乐类优秀奖。2004年11月28日，选送作品参加中华全国铁路总工会在北京军事博物馆举办的"全路第三届火车头文艺群星奖大赛作品展"。沈阳局有30幅作品参加展览，其中8幅作品获奖。这次比赛，沈阳局获奖数量及等级在全路排名第一，并获优秀组织奖。12名职工业余文艺工作者被中华全国总工会命名为首批火车头职工艺术家：何霓（声乐）、温洪武（声乐）、徐忠东（歌曲）、左春翔（美术）、马韶伟（美术）、秦百兰（美术）、王作仁（美术）、兰惠泉（书法）、张文杰（书法）、施恩波（书

法）、于纯生（摄影）、常昆（摄影）。8月，局工会选送的8名歌手在西安铁路文化宫铁总举办的"全路第四届火车头文艺群星"大赛进入复赛，3名歌手进入决赛。局工会在这次大赛中获得优秀组织奖。2005年，6名职工业余文艺工作者被中华全国总工会命名火车头职工艺术家，分别是：陈钢（书法）、邹毅（摄影）、刘利（摄影）、赵熙春（摄影）、张鹏（演讲）、杜年斌（演讲）。2006年，5名职工业余文艺工作者被中华全国总工会命名火车头职工艺术家，分别是：李敬（摄影）、姜守凯（摄影）、由胜日（书法）、赵红（戏曲）、何廷英（戏曲）。2008年，职工业余文艺工作者马骉骉（戏剧）被中华全国总工会命名火车头职工艺术家。

2010年10月，局职工健美操代表队获得全路健美操职工组四级操一等奖。11月，沈阳铁路局代表全路参加"浩沙杯"全国万人健美操大赛总决赛，获职工组四级操一等奖。2011年11月，沈阳铁路局健美操代表队获得全路职工组四级操第一名。12月，代表全路参加了全国"浩沙杯"职工大众健美操比赛，获得职工组四级操比赛第一名。2012年，在全路第十二届运动会中，大众体育比赛分别获得1个第一名、2个第二名、3个第三名，8名运动员全部获得了前八名，实现了沈阳铁路局大众体育项目金牌"零"的突破；大众健美操分别获得一、二等奖和体育道德风尚奖，并参加了全国大众健美操决赛，夺得了职工组四级第一名。局健美操代表队，获全路职工组四级操一等奖。9月，沈阳铁路局第十八届运动会在沈阳召开。11月，沈阳铁路局代表全路参加"浩沙杯"全国万人健美操大赛总决赛，获职业组第一名。2013年，在全路体育锻炼标准测试赛上，沈阳铁路局取得了女子团体一等奖；男子团体二等奖；团体项目绳健接力和时代列车一个第一名，一个第二名；女子个人一个并列第一和第二名的成绩。7月，全局第二届职工才艺大赛在沈阳文化宫举行。来自管内54个基层单位，189名职工，共71个节目参加本次决赛。本次比赛分声乐组、器乐组、舞蹈组和其他组四个分类进行。2014年，在中国职工文体协会主办的全国全健排舞大赛中，沈阳局全健排舞队获得中青年C组三个项目第一名；在全路"谁是球王"乒乓球决赛

中，分别获得老年男子第一名、青年女子第二名、家庭组第六名和成年男子第八名的成绩。9月，"中国梦·劳动美·铁路情——我与改革创新"全国铁路职工演讲比赛在武汉举行，沈阳铁路局的《爱在心田》《逐梦在路上》《梦想花开》分获金、银、铜奖。同月，由全国总工会举办的"中国梦·劳动美·我与改革创新"主题演讲比赛在北京举行，沈阳铁路局通化工务段的刘洋，代表全国铁路总工会参赛，获得银奖。12月，全路职工原创小品情景剧大赛在西安举行，沈阳铁路局参赛的作品《家乡的月亮》《陪爹过年》分获金奖、银奖。

2015年，在全路全健排舞（沈阳赛区）比赛中，分别获得团体规定曲目、趣味排舞、双人规定曲目和单人规定曲目四项第一名；在全路男子"五人制"足球赛中，获得了上海赛区第一名，总决赛第五名的成绩；在全路职工棋类比赛中，获得中国象棋团体第一名，个人第二名和第四名的成绩；在全路桥牌比赛中，获得双人赛第一名的成绩。5月，"沈阳铁路局职工摄影爱好者协会"分会、"沈阳铁路局职工书法爱好者协会"分会、"沈阳铁路局绘画爱好者协会"分会，分别在沈阳、长春、大连、锦州、通辽、吉林、通化、白城、图们、阜新、丹东等11个地区成立，组织开展"送欢乐到基层"活动。5名职工业余文艺工作者被中华全国总工会命名火车头职工艺术家，分别是：王锐（写作）、花向阳（绘画）、张光一（书法）、王占民（书法）、樊承瑞（沙画）。

在铁路局、局党委的领导下，举全局之力，分别于2012年9月23日和2016年9月28日举办全局第十八届和第十九届运动会。第十九届运动会是路局历史上规模最大、人数最多的运动会，有151个单位3197名运动员参加了各项预赛，有487名运动员在运动会上参加了决赛。局领导班子成员、局机关各部门负责人、各单位党政工团领导、运动员、裁判员、工作人员等近5000人参加开幕式、闭幕式，有79个单位组成方队参加了入场式。两届运动会在比赛项目的设置上都有男女100米、400米、4×100米接力、女子1500米、男子3000米项目、拔河和时代列车等传统项目。第十九届运动会增加了迎风起航、陆地闯关趣味比赛，更适合职工群众参与。

二、铁路局图书馆

1996年至2003年，沈阳铁路局图书馆位于沈阳市和平区南一马路10号（和平区南京南街和南一马路交汇处），是座西班牙式建筑风格的图书馆，也是沈阳市第一批不可移动文物之一。下设5个部门：图书采编室、宣传辅导阅览室、借书处、财务室、后勤办公室。工作人员20人，其中国营职工17人（干部11人、工人6人）、集体职工3人。藏书30余万册。日均读者120余人。2006年至2010年，图书馆拆迁，闭馆。所有馆藏图书搬运至鸿源大厦顶层集中封存管理。

2010年10月，图书馆迁入和平区南三马路12号，重新开馆，隶属于沈阳文化宫。建筑面积5200平方米，包括主楼（四层外加阁楼和地下室）、藏书楼（四层）和车向忱故居（两层）。设有借书处、报刊阅览室、电子阅览室、特藏室、珍藏室、接待室、报告厅、多功能厅等。工作人员7人。馆藏图书14万余册，其中开架图书2万余册；报纸50种；杂志55本。日均读者50余人。2011年11月7日，根据沈铁委〔2011〕43号文件精神，图书馆从沈阳文化宫划出，成立沈阳铁路局图书馆，列路局党群附属机构，财务独立核算，由局工会主管。下设综合财务部、文献管理部、技术采编部、借阅流通部、安全保卫部5个部门。工作人员26人。馆藏图书15余万册，其中流通图书3万余册；报刊阅览室杂志125种、报纸125种。日均接待读者100余人。2012年年初，图书馆组织工作人员开始整理馆藏文献中最具特色和珍贵历史价值的满铁资料、古籍书、旧报刊及旧画报。通过吸、擦、蹭、掸等保护措施，花费两年多时间，将满铁资料8580册、1259张满铁图纸、古籍1860册、旧报纸25种2905本、旧杂志40种3142本、旧画报22种1567本、历史老照片10378张全部除尘，装盒入柜。2015年年初，合理规划资源，扩充借书室，增加书架14组，使开架图书累计达到8万余册，馆藏图书累计达20余万册；报刊阅览室杂志由原125种增加到150种；在数图建设方面，征订电子期刊100种。图书馆日均接待读者130余人；单日最高峰创历史达213人。同时，加快馆藏珍贵历史资料的扫描归档工作，两台扫描仪同步运行，人员实行轮换制，确保工作时间停人不停机。已累计扫描满铁图书近100本、各类图表300余张。

三、文化事业管理

1996年，路局决定将局影视站划归局党委。此后，除沈阳、通化、白城、锦州分局影视站隶属关系不变及吉林分局影视站并入到吉林分局文化宫外，其他分局影视站均划归分局党委管辖。

2001年以后，为妥善解决一些文化事业单位房屋年久失修、消防设施落后、设备设施陈旧及服务覆盖面小等问题，一些文化宫、俱乐部陆续移交基层单位管理，工会资产划归同级工会。因此，由路局和分局工会直接管理的文化宫、俱乐部数量相应减少。2004年2月25日，根据局工会电报《关于做好部分文化事业单位移交管理的通知》精神，有10个较小文化宫、俱乐部移交基层管理。5月18日，局文化宫和局图书馆合并，成立局文化活动中心。2005年，根据《关于组建沈阳铁路局职工文化体育活动站的通知》要求，决定组建沈阳铁路局职工文化体育活动站，为局工会领导的文化、体育、企事业管理机构。各铁路办事处所在地成立工会企事业管理站，负责管理原分局工会所属文化、体育、经济企事业单位。各企事业管理站隶属于沈阳铁路局职工文化体育活动站。各铁路办事处工会工委副主任兼工会企事业管理站主任，另设专职副主任1人。与办事处工会工委副主任合署办公。地区工会企事业管理站成立管理委员会，成员为管理站所属各单位负责人。对原分局工会所辖区事业单位进行整合。同年，根据铁道部政治部通知精神，路局、路局党委决定，将整合后的文化体育场（馆）委托站段管理，将原分局所在地的文化宫委托站段管理。文化宫的功能不变。长春、沈阳、大连、锦州、通辽、吉林、通化，不再组建企事业管理站，局工会设文化指导站，设主任1人、指导员1人。

2009年，根据《关于整合整顿整修和理顺完善文化体育事业单位的通知》，成立"沈阳铁路局文化体育事业管理办公室"，同时将沈阳、长春、大连、锦州、通辽、吉林、通化文化宫，纳入局文化体育事业管理办公室集中管理。2010年，根据《关于调整丹东、图们、白城、阜新文化宫管理关系的通知》，将丹东、图们、白城、阜新文化宫，纳入局文化体育事业管理办公室集中管理。2012年，制定《沈阳铁路局文化体育事业财务会计实用作业流程》《沈阳铁路局文化体育单位差旅费开支办法》等制度，进行日常审核和财务会计规范化的验收工作。11个文化宫全部达标并获得上级部门颁发的证书。

2013年，对各铁路文化宫所配套的文体活动设施、设备进行改造，其中对沈阳、长春、大连、锦州、图们、通化、阜新文化宫灯光、音响、幕布、LED大屏幕进行改造更新。2014年，颁发和完善了《沈阳铁路局文化体育事业财务会计实用作业流程》。完善设施、功能所配套的文体活动设备。其中：沈阳、长春、锦州、丹东、图们、白城、阜新文化宫购置了灯光、音响、剧场空调、舞台话筒、投影机设备；沈阳、锦州、通化、阜新文化宫安装了监控；通化（剧场、体育馆）、图们（剧场）文化宫更换座椅；沈阳、白城阜新文化宫进行了文化宫标志牌的改造；沈阳文化宫LED侧屏及大连、吉林、通化和白城文化宫LED小屏安装等。2015年，对沈阳、长春、锦州、通辽、吉林、通化、白城、图们、阜新9个体育场馆进行抢救整修，8月末基本结束。

第二章　共青团组织

20年来，沈阳铁路局团委在局党委领导下积极组织和带动青年理论学习，把弘扬新时期铁路精神，努力塑造铁路青年崭新形象，与爱国主义教育有机地结合起来，大力倡导岗位奉献，大力弘扬先进、崇尚先进之风。积极组织演讲比赛、知识竞赛、座谈会、辩论会，举办成人仪式等多种活动，采取培训、轮训等措施，使青年爱国、爱路、爱岗位的思想进一步深化，职业理想、职业纪律、职业责任不断强化。局团委组织"青年文明号活动"深入开展，并逐渐形成特色，以运输系统和窗口单位的青年文明站、车组为重点，抓好示范，形成规范，引导青年热爱本职，文明从业，岗位创优。全局各级团组织针对运输生产实际，围绕运输生产急难险重任务，开展"争创红旗青年突击队，争当青年岗位能手""当先锋、献良策、创优质、做主人""五小攻关""营销创效工程""学技对标，'双创'立功""跨入高铁时代，共享平安生活"护路宣传、"节支降耗，青年先行"等主题活动。积极助力青年职工成长成才，坚持用"听我讲团课"等活动载体，借助共青团官方微博、微信等网络平台，全面加强青工政治理论和形势任务教育。不断深化"双创"立功活动，真正发挥技术导师团队的培训指导作用，广泛开展青工"V表演赛"和职业技能竞赛，努力营造学技术、练硬功的深厚氛围。着力解决青工的思想问题和实际问题，团结带领团员青年奉献青春力量，展现青春风采，服务铁路运输，争做劳动模范。

第一节　共青团组织概况

1996年2月，全局实行机构改革，局团委撤销学少部，定员15人，下设组织部、宣传部、办公室3个职能部门（设总辅导员1人，编制在组织部）。1996年至1998年，全局共有10个分局（公司）团委，19个直属团委。1998年年底，全局共有团员62746，专职团干部620名，基层团委444个，团总支227个，团支部3581个。1999年丹东分局并入沈阳分局，丹东分局团委撤销；沈阳师范学校并入沈阳铁路机械学校，沈阳师范学校团委撤销；至此，全局共有9个分局（公司）团委，18个直属团委。2000年12月5日，由于路局生产布局调整将白城分局整建制撤并至长春分局，图们分局整建制撤并至吉林分局，至此，全局共有410个团委，154个团总支，3149个团支部。局团委定编调整为11人。2004年，局团委定编12人，含工人编制一名。

2005年，局直管站段以后，局团委在全局7个铁路办事处分别设立了团工委。截至2005年年年底，全局共有团委146个（其中包括直属单位团委1个），团总支81个（其中独立团总支6个），团支部1246个（其中独立团支部2个），共有团员13758名，专职团干部210名，35岁以下青年65543名。

2006年10月，局党委下发《关于公布沈阳铁路局机关及附属单位党群机构编制的通知》（沈铁党发〔2006〕51号）文件，局团委撤销两部一室，定编8人，含工人编制一名。2013年，长春物资供应段、锦州物资供应段并入沈阳物资供应段，长春物资供应段团总支、锦州物资供应段团委撤销。2014年12月，局党委下发《沈阳铁路局党委关于公布局机关党群机构编制的通知》（沈铁党发〔2014〕53号）文件，局团委恢复组织部、宣传部，定编10人。截至2014年年底，全局共有基层团委134个，团总支24个，团支部948个，基层团工委2个，共有团员16903名，专职团干部122名，35岁以下青年66567名。

第二节　青年团组织建设

局团委从1996年至1997年，在全局各级团组织中开展了"达合格、争先进、夺红旗"活动。活动中，坚持把工作重点放在基层，各级团组织从建立考评体系入手，规范基础，落实制度，把团建与党建相衔接，以党建带团建，形成团委工作与党委工作同安排、同部署、同检查、同考核、同评比表彰的良好机制。活动结束后，团支部合格率达到95%，先进率达到30%以上，基层团委合格率达到100%，先进率达到35%。同时，局团委在全局范围内开展团支部状况调研，并针对团支部建设存在问题出台了《关于加强团支部建设的意见》，使支部班子配齐率达95%，"三会两制一课"得到全面落实。在团员青年中开展"双学一做"（学理论，学党章、团章，做合格共青团员）活动，增强理论水平、组织观念和先锋队意识。1998年，开展了"创建团委好班子"活动，通过实行理论学习量化考核、班子团结的民主集中制、作风建设的民主评议制、勤政务实的目标责任制，倡导学习研究的风气、敬业创业的精神、求真务实的作风，使团干部的思想作风建设和各级团委班子的整体合力得到加强。1999年3月2日至3日，局团委七届七次全委（扩大）会议于丹东召开。局团委书记代表局团委常委会作了题为《抓住历史机遇，迎接新的挑战，团结带领团员青年在全局改革和发展的实践中做出新贡献》的工作报告。

2000年，沈阳铁路局第八次团代会于12月18日在沈阳召开，审议通过了共青团沈阳铁路局七届委员会的工作报告，选举产生了新一届委员会。局党委以文件形式下发《局党委关于进一步加强和改善对共青团工作领导的意见》，促进党建带团建工作。2001年3月2日至3日，局团委在大连召开了八届二次全委（扩大）会议。局团委书记作了题为《围绕中心 突出特色 在实现全局新一轮资产经营目标进程中发挥团组织生力军和突击队作用》的工作报告。7月份，以沈铁党法〔2001〕38号文件的形式下发了《沈阳铁路局推荐优秀团员作党的发展对象工作实施办法》。2002年1月31日至2月1日，局团委八届三次全委（扩大）会议召开，局团委书记作了题为《围绕中心，求真务实，以创新的姿态在沈局改革和发展实践中建功立业》的工作报告。共青团中央授予阜新工务段青年道口员张淼全国"优秀共青团员"荣誉称号。2003年2月18日至19日，局团委八届四次全委（扩大）会议召开，局团委书记作了题为《与时俱进跟党走，努力实施三项工程，在全局运输生产经营的主战场上发挥生力军和突击队作用》的工作报告。4月初，共青团全国铁道第七次代表大会召开，沈局共25名正式代表和1名列席代表参加了会议。万兆军同志和杨月同志当选为铁道系统出席共青团第十五次全国代表大会的代表，并参加了共青团第十五次全国代表大会。共青团中央授予沈阳铁路局团委书记万兆军"全国优秀团干部"荣誉称号。共青团中央授予沈阳站团委书记王锐"全国抗非典优秀团干部"荣誉称号、授予通化分局团委书记赵勖"全国保护母亲河行动先进个人"荣誉称号，授予锦州分局团委、白城机务段团委"全国五四红旗团委"荣誉称号，授予叶柏寿车务段老锅站团支部、大连客运段T83/84次列车第一团支"全国五

四红旗团支部"荣誉称号。共青团中央办公厅授予沈阳铁路局团委"《中国共青团》杂志信息工作先进集体"荣誉称号。2004年2月17日至18日，局团委八届五次全委（扩大）会议召开，总结工作，分析形势，研究部署任务，补选委员。团中央授予沈阳铁路局团委"全国五四红旗团委"和"全国保护母亲河行动先进集体"荣誉称号。局团委获得"十佳全国青年文明号活动优秀组织奖集体奖"和"中国少年儿童平安行动"活动"争创平安校园"组织奖，授予通化分局团委书记赵勖"全国优秀团干部"荣誉称号。2005年3月1日至2日，局团委在鞍山召开了八届六次全委（扩大）会议。总结部署工作，卸免并补选了委员。路局直管站段后，局团委以电报的形式下发了《关于调整沈局管内基层团的组织隶属关系的通知》和《关于做好团的事物交接的通知》，对团的组织交接和事物交接工作进行部署。局团委根据全局共青团工作实际，制定《全局团务处理办法》，从制度、公文两方面对团务处理方式进行了规范。结合全局运输生产力布局调整，局团委重新修改并下发《关于继续开展基层团委"六个一"达标竞赛活动的通知》《关于公布全局团务处理办法的通知》。沈阳车务段浑河站值班站长王爽被共青团中央授予"全国优秀共青团员"荣誉称号，通辽机务段董明被共青团中央命名为"全国青年岗位能手"荣誉称号。沈阳铁路局劳资处劳动力调剂中心被团中央命名为"全国青工技能鉴定示范单位"。沈阳工务段被团中央命名为全国"千校百万"进城务工青年培训工作先进集体。

2006年11月1日，局团委八届七次全委（扩大）会议在沈阳召开。局团委书记作题为《自觉有机融入中心，主动有效服务大局，在沈局深入推进改革发展中发挥生力军和突击队作用》的工作报告。8月份，局团委谷雨荣获"全国青工技能振兴计划先进个人"称号。锦州客运段列车员杨月被共青团中央授予"全国优秀共青团员"荣誉称号，沈阳铁路局团委荣获"全国青工技能振兴计划优秀组织单位"称号，沈阳铁路局团委被共青团中央授予"中国青年志愿者行动组织奖"，山海关站团委被共青团中央授予"全国五四红旗团委"荣誉称号，大连机务段ND5390包

车组被共青团中央命名为"全国青年安全生产示范岗"。2007年8月16日，局团委八届八次全委（扩大）会议召开。局团委书记作了题为《抓住新机遇，迎接新挑战，为推进和谐沈局建设贡献青春才智》的工作报告。会上，对"第六届沈阳铁路局十大杰出青年"进行了表彰。大连客运段焦静被共青团中央命名为"全国青年岗位能手"，沈阳客运段十队列车长杨月被共青团中央授予"中国青年五四奖章"，锦州机务段运用车间第一团支部被共青团中央授予"全国五四红旗团支部"荣誉称号。

2008年2月26日，局团委召开八届九次全委（扩大）会议。增选了7名局团委八届委员会委员；选举了28名同志作为出席共青团全国铁路第八次代表大会代表。6月10日至13日，中国共产主义青年团第十六次全国代表大会在北京召开，周志宇、李杨、赵岳3名同志作为代表（其中，赵岳同志作为辽宁省代表）出席此次会议。共青团中央授予局团委书记周志宇"全国优秀团干部"荣誉称号。在共青团中央举办的以"人文奥运，共创和谐"为主题的第四届中国青少年书法美术大赛中，锦州房产生活段李勇获"青年书法二等奖"，大连车务段韩良荣获"青年书法三等奖"，锦州车辆段高文学获"青年美术三等奖"，金州站孙景艳、沈阳西站田晓景、长春站曲立君、通辽站武延春分别获青年美术书法优秀奖。局团委被团中央命名为"我与祖国共奋进"主题教育实践活动优秀组织单位。沈阳北站志愿者服务队荣获共青团中央"第七届中国百个优秀志愿服务集体"称号。

2009年2月25日，局团委八届十次全委（扩大）会议在沈阳召开。局团委书记作了题为《抓住机遇 凝心聚力 攻坚克难 为实现全局第二个三年发展规划良好开局贡献青春才智》的工作报告，增选了9名局团委八届委员会委员。2月，局团委开展"百名团干部深入千个团支部走进万名团员青年"活动，并制定《沈阳铁路局"百名团干部深入千个团支部走进万名团员青年"活动实施细则（试行）》。共青团中央授予通辽机务段通辽运用车间团支部"全国五四红旗团支部"、局团委副书记张洪利"全国优秀团干部"、锦州机务段方智宇"全国优秀共青团员"、沈阳电务

段杨逢春"全国青年岗位能手"荣誉称号。

2010年，局团委在局党校举办全局第二十六期团干部培训班。4月28日，共青团中央、全国青联同时授予沈阳机务段李刚"中国青年五四奖章提名奖"荣誉称号。2011年，根据全局生产力布局调整的实际情况，局团委指导新组建的10家单位成立共青团委员会。同时，指导多经系统12家单位成立共青团委员会。共青团中央授予沈阳电务段大石桥信号车间技术员敬军"全国优秀共青团员"荣誉称号。2012年1月6日，局团委八届十一次全委（扩大）会议于在沈阳召开。局团委书记作了题为《发挥优势，凝心聚力，在全局争创一流、科学发展中奉献青春才智》的工作报告。8月，联合局人事处（党委组织部）对《沈阳铁路局关于推荐优秀团员作党的发展对象工作实施办法》作了修改和完善，下发全局。共青团中央授予长春站李海成"第九届中国青年志愿者优秀个人奖"荣誉称号；授予沈阳铁路局团委"第九届中国青年志愿者优秀组织奖"荣誉称号。2013年5月13日，局团委八届十二次全委（扩大）会议于沈阳召开。局团委书记代表局团委常委会作了题为《开拓创新，实干圆梦，团结带领团员青年在铁路发展新阶段建功成才》的工作报告。6月17日，中国共产主义青年团第十七次全国代表大会在北京召开，胡晓杰、王学志两名同志作为代表出席此次会议。2014年12月16日，局团委八届十三次全委（扩大）会议在吉林召开。局团委书记作了题为《凝心聚力 躬行实干 团结带领团员青年在全局科学发展进程中建功成才》的工作报告，增选了10名局团委第八届委员会委员。共青团中央授予沈阳铁路局团委"全国五四红旗团委"荣誉称号。鞍山车务段马晓峰被共青团中央评为"全国向善向上好青年"——"崇义友善好青年"。2015年，为了夯实团干部工作作风，局团委在团干部中开展"团干部如何健康成长大讨论""手抄团章"等活动。

第三节　青年思想建设

1996年，局团委在通化分局梅河口站召开全局爱国主义教育现场经验交流会。各专业学校团

委和少先队组织坚持开展"成人仪式""升国旗仪式"等活动，激发了青少年的爱国热情。全局共有6800余名青年学生参加了"成人仪式"。"七一"前夕，局团委与《沈阳铁道报》社联合举办了"在党的阳光下成长"——纪念中国共产党成立七十五周年征文活动，讴歌了先进青年典型成长成才的历程。1997年，全局各级团组织全面实施跨世纪文明工程，推进铁路青年文明先锋行动，以青年学理论小组和业余团校为阵地，抓好青年思想教育活动。以"迎香港回归"为契机，开展爱国主义教育活动，编印《情飘九千里》沈铁青年迎香港回归诗选。1998年，局团委制定《青年学理论年度规划》。1999年，以"迎接新世纪，当好生力军"为主题，分阶段、有重点地在团员青年中深入开展爱国主义教育活动。

2000年，全局各级团组织建立定时间、定地点、定人员、定内容和定方式的"五定"学习制度。下发《关于在新形势下加强和改进青年思想政治工作的意见》。各级团组织以"迎接新世纪，创造新业绩"为主题，全面开展向全局第八次团代会献礼系列活动。加大"青少年新世纪书屋"组建工作，建成4个局级青年书屋。2001年，以业余团校、青年学理论小组、"新世纪书屋"为阵地，开展青年学理论活动。2002年，组织团干部和团员青年收听、收看中共十六大盛况，认真学习和贯彻十六大精神。2003年，局团委下发《关于组织团员青年认真学习〈"三个代表"重要思想学习纲要〉的通知》《关于在全局团组织中兴起学习贯彻"三个代表"重要思想新高潮的实施意见》，开展"天天一小时，月月一本书"读书竞赛、"我是'三个代表'忠实实践者"征文以及各类岗位技能大赛、诚信示范行动等活动。2004年，将青工理论学习纳入到"红旗团委""红旗团支部"考核范围，定期进行综合考评。局团委初步建成局域网网站。

2005年，路局直管站段以后，局团委下发《关于在路局直管站段体制改革中做好稳定青工队伍和青工安全生产工作的通知》。局团委用了两个月的时间对原网页进行了大幅度的改版，并于11月1日正式运行。2006年，开展以"八荣八耻"为内容的社会主义荣辱观学习教育活动。2007年，对复退军人进行"三项教育"。以局党

委下发的《铁路第六次大提速宣传资料》为教材，开展形势任务教育。2008年，全面开展"学习贯彻团十六大、立足岗位创造新业绩"主题系列活动。建立思想分析制度，做好一人一事的青年思想工作。局团委建立了专线短信平台、互联网沈铁青年QQ群、新浪网沈铁青年博客圈。5·12汶川特大地震后，积极投身抗震救灾工作。2009年，局团委利用"三会一课"、听专题报告等形式深入学习科学发展观。创建"沈铁青年"互联网。

2010年，评选"十佳高校毕业生"和"十佳复退军人"活动。实施"异地职工安心工程"，解决大龄青工婚恋问题。开辟局团委新浪微博和腾讯微博。2011年，以建党90周年为契机，组织团员青年开展教育活动。2012年，开办《沈铁青年讲堂》。2013年，组织30名优秀团干部和团员青年代表到人民大会堂旁听团的十七大开幕式。下发《共青团中央关于印发〈团的十七大精神传达提纲〉的通知》。8月28日，在东乌旗为10对新人举办"情定西部"沈阳铁路局青年集体婚礼。2014年，组织团员青年认真学习习近平总书记给河北保定学院西部支教毕业生群体代表的回信、在北京大学师生座谈会上的讲话精神和铁路总公司总经理盛光祖致铁路青年朋友的公开信精神。开展"上一堂主题团课、开展一次代言、组织一次社会实践、观看一次《百年潮 中国梦》、撰写一份学习心得"的"五个一"行动，教育和引导新入路青工树立正确的价值观。全面深化"幸福工程"。建立局团委官方微信公众号。2015年，重点组织团员青年深入学习宣传党的十八届四中、五中全会精神和党的群团工作会议精神，特别是把习近平总书记系列重要讲话作为第一位的学习任务，同时开展了"弘扬网络正能量 唱响青年好声音"主题教育活动、"适应新常态、创效做贡献"主题宣讲活动、"清朗网络·我来护苗"主题青年网络文明志愿行动。

第四节　生产岗位青工活动

1996年1月30日，沈阳铁路局青年志愿者协会正式成立，形成"一个网络、三支队伍"的基本格局（"一助一"青年志愿者服务网络，青年

志愿者义务送水服务队，青年志愿者清除白色垃圾突击队，青年志愿者抢险救灾突击队）。在创建出全国级青年文明号老锅站等成果上，局团委开展了创建"共青团优质设备（责任区）"活动，11月，局团委出台了《沈阳铁路局青年文明号管理办法》。全局各级团组织以岗位应知应会为重点，开展"学、背、演、练"和拜师学艺活动。1997年8月，局团委在熊岳城召开全局"青年文明号"推进大会。同年，局团委被团中央授予"青年文明号组织奖"。全局少先队工作以"达标争章""手拉手"和"雏鹰假日小队"活动为主线，开展"跨世纪中国少年雏鹰行动"。全国少工委授予锦州铁路第一小学少先大队"全国红旗大队"荣誉称号。全国少工委授予沈阳铁路第五小学四年三中队"全国红旗中队"荣誉称号。1998年，出台《沈局青年岗位能手管理办法》。面临百年不遇特大洪灾，局团委组织7个分局工务系统的200名青年志愿者组成青年突击队会集通让线81公里水害现场，突击抢修水毁线路。抗洪赈灾期间，各级团组织先后组建抗洪抢险突击队471支，捐款118万余元，捐赠棉衣裤、棉被10万件。1999年年初，创建了9条局级青年文明线，总延长近800公里，大连公司的创建240公里青年文明线被铁道团委命名为"全路青年文明线"。

2000年，开展青工技术比武、拜师学艺当能手活动，开展征集合理化建议、评选"五小"成果活动。2001年，广泛开展青工技术比武、拜师学艺当能手等活动。9月下旬，局团委组织了全局车辆系统（货车）青工岗位技能大赛。2002年，在共青团中央组织的全国青年电工网上模拟创新创效大赛中，赤峰电务段信号工李中革取得全路第一，全国第13名。共青团中央和国家安全生产监督管理局联合授予锦州机务段全局青年文明号DF8B—0022机车组"全国青年安全生产示范岗"荣誉称号。2003年，与局工务处、教育处联合在丹东工务段举办了全局工务系统青工技术比武大赛。2004年，开展"共青团保安全促营销"主题活动，开展"共青团保安全促营销"主题活动，开展为青年文明号赠书活动、局级以上青年文明号机车星级竞赛活动和局级以上青年文明号列车互检活动。2005年，首届"振兴杯"全

国青年岗位技能大赛在沈阳举行。五一、十一黄金周期间，开展以营销宣传、为旅客提供志愿服务为主要内容的"安全·营销·奉献"主题活动。为提升青年文明号集体的文化内涵，局团委开展"青年文明号文化节"活动。

2006年，开展"大学习、大练兵、大比武"活动。局团委重新修订并下发了《沈阳铁路局青年文明号管理办法》。2007年，以学习新技术、掌握新工艺、运用新设备为主要内容的"青工全员岗位大练兵"活动。局团委开始组织青年志愿者开展服务奉献活动。局团委获得了"全国青工技能振兴计划优秀组织单位"荣誉称号。奥运会和残奥会举办期间，局团委在重点站车组建了购票、候车、导向、三品检查、站台登乘、应急、文艺、地区旅游咨询等多种类志愿服务分队。局团委完善了《沈阳铁路局青年文明号管理办法》。2009年，在全局范围内开展了以"学技术·强业务·提素质"为主题的"沈铁青年提素行动"。局团委重新修订了《沈阳铁路局青年文明号管理办法》，全局共有各级各类青年文明号89个，其中国家级青年文明号18个、省部级青年文明号24个、局级青年文明号47个。

2010年，开展"青春促和谐，真情献春运"青年志愿者服务春运主题活动。暑运重点时期，开展"青春献暑运，提素保安全"主题活动。结合暑运增开临客情况，组织青年志愿者开展营销宣传活动。在沈吉线、梅集线抗洪抢险攻坚战中，青年突击队抢修线路、清理淤泥、为滞留旅客服务。2011年，局团委按照"三保一促"创先争优活动要求，开展以"比素质、比形象、比贡献，争当青年岗位标兵"为主要内容的"三比一争当"活动。全局共有各级各类青年文明号111个，其中国家级青年文明号16个、省部级青年文明号30个、局级青年文明号65个。2012年，会同局安全监察室等业务处室联合发出通知，在全局运输站段各级团组织中开展以争创"安全生产先进团支部"和"青年安全生产示范岗"为主要内容的"学技对标，'双创'立功"活动。开展"绽放青春给力春运，服务旅客创先争优"青年志愿者服务春运主题活动。2013年，将青工技能"V表演赛"和技术演练观摩挑战赛作为推进"学技对标，'双创'立功"活动载体全面推

广。全局各运输站段团委每个季度组织一次青工岗位技能竞赛，全年，共组织季度竞赛活动350余场次，直接参与青工达到8500余人。全局青年职工获得技师等级的人数由上一个年度的1639人增加到1966人，提升20.0%；取得高级技师等级的人数由2012年的66人增加到90人，提升36.4%。上报铁道团委的"优化全局传输通信网络"等8个项目获得全国铁路青年科技创新奖。开展"走向市场，青年先行"主题实践活动，通过组织主题团课、微信、QQ群等方式在青年职工中广泛宣传有关货运组织改革的政策、措施，开展"亲情寻访大客户"活动，设计制作动漫作品《莹莹、肖肖货运改革漫谈》，创作货运改革

沙画宣传片《爱无距离》在全路动车组列车上进行播放。2014年，招募530名大学生青年志愿者参与春运、体验春运、服务春运。春运青年志愿者更名"小水滴"。2015年，继续以"双创"活动为契机，以"V表演赛"为载体提升全局青工学技比武热情。通过开展护路宣传活动、招募大学生志愿者服务春运、开展"新线争章"立功竞赛活动等提升铁路青年服务社会形象。编制《沈小青带你入职》手册，组建大连供电段"三好工作室"、吉林工务段"星火工作室"等一批青年工作室，不断提升基层团干部工作能力，储备一批青年工作骨干。

第三章　学术团体

沈阳铁路局学术团体包括辽宁省和吉林省铁道协会、企业管理学会、思想政治工作研究会、老战士协会、体育协会、文学艺术工作者联合会、财会学会和教育学会。九个学术团体在路局、局党委领导下，围绕铁路运输这个中心，结合工作实际，开展活动、出版刊物、学术交流、研究问题、科研创新、科普宣传、理论探讨等。20年来，面对新情况、新问题，主动适应新常态，分析铁路运输优势劣势，提出了具体的营销相关对策和铁路向现代物流企业转型工作的思考，为市场营销提供了有力支持。同时，积极培训、辅导青年职工，参与组织业务技术，为企业培养科技人才，为铁路安全运输和营销创效贡献力量。

第一节　辽宁省铁道学会

一、辽宁省铁道学会概况

辽宁省铁道学会接受中国铁道学会指导，是辽宁省科协和中国铁道学会的团体会员。1996年，辽宁省铁道学会有会员单位23个，专业委员会17个，会员1304名，其中高级职称440名，中级职称804名。2015年，学会有会员单位28个，专业委员会17个，会员2289名。

从1996年到2015年共召开一届理事会。2001年6月28日，辽宁省铁道学会第五次会员代表大会暨第五届理事会在沈阳召开，会议听取和审议辽宁省铁道学会第四届理事会工作报告、修改和审议学会章程、选举产生辽宁省铁道学会第五届理事会和常务理事会。学会设理事长、副理事长、秘书长、副秘书长、常务理事和理事。局长是辽宁省铁道学会理事长，局总工程师是常务副理事。辽宁省铁道学会业务范围是开展铁道学术交流活动，举办相关学术研讨、调查研究和考察活动；举办铁道科学技术知识普及活动；编辑、出版、发行铁道科技期刊、书籍、论文集；经批准，表彰奖励辽宁省铁道科技活动中的优秀科技成果及科技工作者，推荐优秀科技人才；组织会员参加有益的活动，维护会员的合法权益，反映会员的建议和呼声；接受政府及有关业务主管部门交办的其他工作。1996年至2015年，辽宁省铁道学会共组织召开各种学术会议105次，交流学术论文2736篇。

二、铁道学会活动

1996年3月，学会召开了铁路干线列车提速和加快修建秦沈客运专线研讨会，交流论文16篇。学会与黑龙江省、吉林省、内蒙古自治区铁道学会在呼和浩特、牡丹江、山海关召开了提高列车运行速度及重载快速行车安全学术研讨会，参加会议的专家、科技人员共109人，交流论文83篇。1997年，为适应沈阳铁路局管理现代化的需要，辽宁省铁道学会与广西铁道学会于4月联合举办表形码汉字输入法学习班。辽宁省铁道学会又举办了第二、三期表形码培训班，参加者130多人。10月，辽宁省铁道学会锦州分会与河北省铁道学会山海关分会联合召开了铁路快步进入市场研讨会，参加会议的代表34人，交流论文28篇。辽宁省铁道学会与哈大电气化指挥部合作，由学会组织专家和技术人员，对哈大电气化建议结合提速方案进行研究论证，提出了技术改造的原则、内容和方法，估算建设改造后达到的效果，并协助解决提速技术方案实施中的重大技术问题。1996—1997年，学会与抚顺矿务局机械厂合作，由牵引动力委员会组织专家对抚顺矿务局机械厂铸钢和铸铁车间技术改造进行研究论证，提出了技术改造方案和初步设计，并帮助解决技术设计和试生产中的技术改造难题，避免了2000万元的经济损失，铸钢年产量由原来的2000吨提高到6000吨，铸铁年产量由原来的500吨提高到3000吨，年创利润1245万元。由于成效显著，荣获辽宁省科协系统"金桥工程"优秀项目奖，3人荣获"突出贡献者"称号。

1998年，学会牵引动力委员会召开学术年会，参加会议的代表44人，交流论文33篇，会议研讨了铁路提速、重载机车和检修、运用问题。2000年3月，学会被省科协、省科技厅、省委宣传部授予"辽宁省科普工作先进集体"称号。8月份，辽宁省铁道学会会同内蒙古自治区、吉林省、黑龙江省铁道学会召开铁路客货列车营销学术研讨会。12月10日，学会召开优秀论文评审会。评审出1998年以来优秀论文1230篇。同年，学会组织以"科技创造未来"为主题的科技活动周活动，全局以报告会、展览会、站车广播等形式宣传国家、铁道部、铁路局加强科技工作的方针、政策，普及科技知识，弘扬科学精神，加速科技进步。辽宁省铁道学会被中国科协评为全国省级"学会之星"。

2003年7月，由学会推荐的沈局4名同志学术论文获辽宁省自然科学学术成果奖。8月7日，由吉林省、辽宁省、内蒙古自治区和黑龙江省铁道学会承办的《铁路改革发展和技术创新》学术研讨会召开，共征集论文36篇。9月，辽宁省铁道学会牵引动力委员会2003年学术年会暨委员会工作会议召开。交流论文18篇，大会评选出一等奖论文1篇，二等奖16篇，三等奖1篇。2004年8月，辽宁省铁道学会在兴城召开了"加强秦沈客运专线建设和管理"学术研讨会，收到论文42篇。学会推荐的沈局5名青年科技工作者代表参加中国科协第五届青年学术年会。同年，学会材料工艺委员会学术年会召开，大连交通大学等9个单位48名专家学者及单位领导参加年会，共收到论文75篇。辽宁省铁道学会组织研制开发的"智能型水表检测装置"通过专家鉴定。

2005年3月28日，学会推荐的3篇论文在辽宁省第二届学术年会暨第五届青年学术年会上获奖。5月，以"铁路安全，为国为民"为主题开展全国科技活动周。5月23日至24日，辽宁省铁道学会2004年优秀学术论文评审会召开，评出优秀论文二等奖9篇，优秀论文28篇。5月28日，召开的茅以升科技基金委员会第十四届颁奖大会上由学会推荐的沈阳铁路局2名同志榜上有名，并接受基金委员会副主任、铁道部副部长孙永福等领导颁发的奖牌和奖金。同年，学会荣获"2004年度辽宁省科协系统先进集体"称号。2006年7月，学会与中国铁道学会运输专业委员会、甘肃省铁道学会联合召开"关于铁路局直管站段相关问题"学术研讨会，组织论文112篇，交流19篇，评选出优秀论文11篇。10月份，与吉林省、黑龙江省、内蒙古自治区铁道学会召开了四省区"科技支撑与促进铁路跨越式发展"学术研讨会，组织论文44篇，发表15篇，5篇被评为优秀论文。11月在沈阳召开优秀论文评审会，参评113篇，评出二等优秀论文5篇，优秀论文15篇。举办了科普展览，制作了《青藏铁路：建设世界一流铁路》的大型科普资料，深入到沈阳站等单位，面向广大旅客进行宣传展览。

2007年9月，学会与吉林省、黑龙江省、内蒙古自治区铁道学会在延吉联合组织召开了"强化站段运输安全经营管理学术研讨会"。10月，学会牵引动力委员会以"适应高速、重载要求，大力研发新技术机车"为课题召开学术年会，交流论文24篇。11月，与中国铁道学会运输委员会，湖北、广东等七省铁道学会联合举办"和谐铁路营运管理"学术研讨会。会上交流论文18篇，书面交流124篇，评选出优秀论文13篇。学会设立了专门的"论文评选委员会"，建立每年评选一次优秀论文制度。"优秀论文评选会"对各专业委员会推荐的105篇论文进行评审，评选出22篇优秀论文并颁发证书和奖金。推荐参加省部级优秀论文评选8篇，4篇被中国铁道学会评为二等奖。2008年5月18日，在天津大学召开的茅以升科技教育基金会第十七届颁奖大会中，学会推荐的2名同志荣获"茅以升铁道工程师奖"。6月1，辽宁省铁道学会在沈阳与吉林省、黑龙江省、内蒙古自治区铁道学会召开了四省区"构建和谐铁路确保运输生产安全"学术研讨会，会议共收到论文62篇，评选出优秀论文51篇，大会交流11篇。5月和9月分别组织了以"大秦铁路创造世界重载运输奇迹"和"京津客运专线建成世界一流城际铁路"为主题的科普宣传。学会参加了纪念中国科协成立50周年系列活动，组织科技工作者和技术工人参加"发展与责任——纪念中国科协成立50周年'五个10'系列评选活动"。联合吉林省铁道学会、局总工程师室职教处、党委宣传部、财务处下发《关于开展站段科普工作的实施意见》。同年，辽宁省铁道学会被评为省科协系统年度优秀集体。2009年5月15日，"茅以升铁道工程师奖"颁奖，由学会推荐的沈局电务处总工程师付又新获奖并出席了颁奖仪式。8月7日，辽宁、吉林、黑龙江、内蒙古4省区学术研讨会在呼和浩特铁路局召开。学会组织召开"铁路移动、固定设备技术升级与改进及安全运用与科学维护学术研讨会"学术活动被辽宁省科协列为2009年重点学术交流项目。11月11日，辽宁省铁道学会牵引动力委员会2009年年会暨铁路移动、固定设备技术升级与改进及安全运用与科学维护学术研讨会召开，交流了18篇论文。大会评选出一等优秀论文1篇，二等优秀论文16篇，三等优秀论文1篇。辽宁省铁道学会荣获辽宁省科

协系统年度优秀集体。

2010年3月，辽宁省铁道学会荣获辽宁省科协系统年度优秀集体。铁道学会于5月15日举行了以"高速铁路发展成就"为主题的科普宣传活动。6月5日，"茅以升铁道工程师奖"颁奖仪式举行，沈局3名同志荣获2009年度"茅以升铁道工程师奖"。7月4日,辽宁省铁道学会组织沈局部分科技人员参加了由辽宁省科委、上海市科学技术协会、台北市交通安全促进会共同主办的"第十八届海峡两岸都市交通学术研讨会"。9月18日，学会举办"坚持科学发展、走进低碳生活"为主题的科普日活动。辽宁省铁道学会获辽宁省科协"创新创优"工作奖。2011年5月，学会以"铁路科技进步惠及广大人民群众"为主题开展了铁路科技周活动。9月17日，组织开展了以"加快铁路科技进步，创新发展高速铁路"为主题的铁路科普日活动。9月，茅以升科技教育基金会第二十届颁奖大会召开，学会推荐的3名同志荣获"茅以升铁道工程师奖"。全年辽宁省铁道学会和沈阳铁路局车辆处共同举办了"铁路车辆工作创新与发展学术交流活动"，并被辽宁省科协确定为重点学术交流活动。学会推荐的沈阳铁路局包学志同志获第八届辽宁青年科技奖。

2012年，辽宁省铁道学会成为辽宁省科协团体会员。5月19日，开展了以"促进铁路科技创新，大力提升服务质量"为主题的铁路科技周活动，组织了以"电务工作创新与发展"为主题的学术交流会，这两项活动，分别被省科协列为2012年重点活动。9月17日，辽宁省铁道学会开展了以"确保运输安全稳定，努力服务人民群众"为主题的铁路科普日活动。在辽宁省铁道学会的积极推荐下，王子儒撰写的"移动式钢轨焊接头表面硬化装置及工艺的研究"论文获2012年辽宁省自然科学学术成果（论文类）三等奖。佟晓生被评为辽宁省优秀科技工作者。受省科协学会部的委托，在哈大高铁正式开通运营前的11月29日以"乘高铁看变化、科技创新迎发展"为主题，承办了部分省级学会秘书长和科技工作者参观乘坐试运行的哈大高铁动车组活动，让省科技界人士以自己的亲身经历回忆了铁路建设发展的巨大进步，体会到了铁路对地方经济社会发展的

推动和促进。2013年1月13日，受省科协的委托，铁道学会组织安排香港工程师学会访问团参观了沈阳铁路陈列馆。组织召开"铁路电务工作创新与发展学术交流活动"总结交流会。学会推荐的6名科技工作者获2012年度"茅以升铁道工程师奖"。铁道学会推荐的8篇论文获"2013年辽宁省自然科学学术成果奖"。辽宁省铁道学会与沈阳铁路局机务处联合举办的"沈阳铁路局机务安全与技术创新学术交流活动"，被辽宁省科协列为2013年重点学术活动。2014年，辽宁省铁道学会与沈阳铁路局机务处召开了"沈局机务安全与技术创新学术交流"总结会，并被列为2013年省科协重点学术交流活动。5月17日，举办了以"贯彻铁路安全管理条例，提高公众应急避险能力"为主题的铁路科技周活动。推荐的2名工程技术人员荣获2013年度"茅以升铁道工程师奖"。推荐的1名工程技术人员获"辽宁省优秀科技工作者"光荣称号。推荐的4篇科技论文获2014年辽宁省自然科学学术成果奖。

2015年，学会组织全局各系统专家、100多个基层单位的管理干部、科技工作者，一线有实践经验的技术骨干，对货运改革、餐饮服务、高铁快运物流网等内容进行了总结交流会。和局企业管理和法律事务处联合开展"沈阳铁路局企业管理与改革创新学术交流"活动。组织召开辽宁省铁道学会大连牵引动力委员会年会暨论文发布会。学会开展以"全面保障职工健康共享改革发展成果"为主题的铁路科技周活动和以"体验智能高铁 共享科技创新成果"为主题的铁路科普日宣传活动。推荐的4篇论文获得辽宁省自然科学学术成果奖。推荐10名高级工程师为辽宁省自然科学学术成果奖评审专家。推荐的3名工程技术人员荣获"茅以升铁道工程师奖"。

三、期刊出版

《辽宁铁道》《北方铁道》是由辽宁省铁道学会主办，广泛覆盖轨道交通各个专业的科技期刊，是辽宁省铁道科技工作者进行学术交流的平台。《辽宁铁道》每年出版4期，设置的栏目涵盖了铁道运输、机车车辆、工务工程、电务、铁道通信、铁路经营管理、材料应用、设备维护等栏目。

1998年，学会全年出版《辽宁铁道》论文集和《北方铁道》期刊共5期，发表学术论文93篇，59余万字。《辽宁铁道》《北方铁道》于当年停刊。为加强学术交流工作，铁道学会在2002年年初对1998年停刊的《辽宁铁道》复刊。2002年，《辽宁铁道》共发表论文112篇，35余万字，期刊发行4000册。2002年随着铁路运输体制改革的逐步深入和完善，铁路的信息化进程也在加速发展，一个全新的铁路运输工作模式和工作节奏正在形成。《辽宁铁道》在铁道运输方面发表的《试论信息化后列车运行图管理机制的发展趋势》论文，分析了沈阳铁路局运输机构改革以来运行图管理机制不适应的各个方面，提出了一种基于信息化的强依存型的层次化的列车运行图管理机制，建议成立列车运行图管理中心；并详细论述了该机制下各部门协调制约途径、信息传输路线、各部门分工合作方法，适应了新技术的要求，以满足铁路运输改革的需要。2003年，《辽宁铁道》共发表论文204篇，70余万字，期刊发行5000册。2003年，辽宁省铁道学会秘书处为使全局广大干部职工提高科学素质，掌握科学知识，与局总工程师室、局卫生处、宣传处、车务处联合下发通知，在全局开展了科普知识征文活动。在上报的143篇征文中，评选出48篇科普宣传作品为"优秀作品"，并在《辽宁铁道》5月份的专刊中刊载，进一步提高了全局干部职工抗击"非典"的技能，树立了必胜的信心。2004年，《辽宁铁道》共发表论文140篇，42余万字，期刊发行4000册。《辽宁铁道》在工务工程栏目刊发《关于秦沈客运专线伤损钢轨情况及处理》的论文，论文通过对秦沈线伤损钢轨的检测、分析及建议，探索、总结了高速铁路建设的新技术、新成果。

2005年，《辽宁铁道》共发表论文156篇，46余万字，期刊发行4000册。《辽宁铁道》铁道运输栏目刊发了《加强运输组织是发挥路局直管站段新体制优势的重要途径》的论文，论文对沈阳铁路局实施直接管理站段体制改革以来，在稳妥实施运输生产力布局调整、优化整合调度指挥系统、建立和完善运输组织机制等方面进行了积极的探索与实践，用现实说明了改革带来的优势。2008年，《辽宁铁道》共发表论文117篇，40余万字，期刊发行4000册。《辽宁铁道》在铁道运输栏目刊发了《对哈大客运专线运营管理模式的几点思考》的论文，分析了现行运营管理模式，总结了中国铁路运营管理模式的变革，提出了商业化是建立哈大客运专线运营管理模式的基本出发点，对构建哈大客运专线运营管理改革具有重要意义。

2011年，《辽宁铁道》共发表论文131篇，45余万字，期刊发行4000册。《辽宁铁道》在铁道运输栏目刊发《长吉城际铁路联调联试期间行车组织方法探讨》的论文，结合长吉城际铁路实际情况，对长吉城际铁路联调联试期间行车组织方法进行了探讨。联调联试期间行车指挥方案，可为长吉城际铁路的正式运营积累经验，并为中国其他高速城际铁路联调联试及运营提供借鉴。2012年，《辽宁铁道》共发表论文139篇，48余万字，期刊发行4000册。《辽宁铁道》在铁道运输栏目刊发《概述高速条件下铁路运输调度的安全管理》论文，结合高速条件下调度指挥系统遇到的新问题，引入危机管理理念，提出了相关切实可行的对策和措施。2013年，《辽宁铁道》共发表论文135篇，47余万字，期刊发行4000册。《辽宁铁道》为适应高速铁路时代的新形势，刊发《高速铁路品牌营销策略研究》论文。从中国高铁品牌营销的重要性、内涵、现状、优势等几个方面分析和探讨了高铁品牌的营销思路，并提出了优化的建议。2014年，《辽宁铁道》共发表论文135篇，47余万字，期刊发行4000册。《辽宁铁道》为加强高速铁路安全管理刊发了《关于强化高速铁路运输安全管理控制的思考》论文。论述了加强高速铁路安全管理是确保人民群众生命财产安全的需要，分析了高速铁路运输管理控制存在的问题和高速铁路运输管理的新特点、新要求，为实现高铁运输的安全科学管控提出了切实可行的建议和办法。2015年，《辽宁铁道》共发表论文189篇，61余万字，期刊发行4000册。《辽宁铁道》为开创铁路改革发展新局面，主动适应新常态刊发了《铁路货运市场营销模式改革工作探析》论文，论文从铁路运输优势劣势分析入手，提出了具体的营销相关对策和铁路向现代物流企业转型工作的思考，为市场营销提供了有力的支撑。

第二节　吉林省铁道学会

一、组织概况

吉林省铁道学会是吉林省科协和中国铁道学会的团体会员。1996—2005年，挂靠吉林铁路分局。2005—2015年，挂靠沈阳铁路局，业务上受吉林省科协领导，中国铁道学会指导。1996—2000年，有专职工作人员6人，其中秘书长1人，高级工程师3人，工程师2人。2004—2005年4月，有专职工作人员2人。2005—2008年4月，有专职工作人员3人。2009—2011年，有专职工作人员4人。2014年，有专职工作人员9人。2015年，有专职工作人员7人，其中秘书长1人，副秘书长6人。学会设理事长、副理事长、秘书长、副秘书长、常务理事和理事。

1996—2005年，理事长由吉林铁路分局局长担任，副理事长由吉林分局总工程师担任。有理事35人，常务理事20人；团体会员单位35个，个人会员1230人。设吉林、通化、长春、图们、白城分局、长春客车厂、铁路十三局等7个铁道分会，设运输经济、牵引动力、车辆、自动化、计算机、材料工艺、物资管理、工务工程、房建、标准化计量、劳动工资、人才等13专业委员会。2005—2015年，理事长由沈阳铁路局局长担任，副理事长由沈阳铁路局总工程师担任。有理事31人，常务理事18人；团体会员单位28个，个人会员995人。设运输、车辆、工务工程、机务、供电、自动化、材料、房建、卫生防疫、多种经营等10个专业委员会。学会设独立党支部。

主要职能是负责沈阳铁路局管内吉林省辖区内铁路单位、地方铁路单位的会员管理及组织开展学会工作。具体任务是组织开展铁道学术交流活动，举办相关学术研讨、调查研究、学习考察活动；组织开展铁道科学技术知识普及宣传活动；编辑、出版、发行铁道科技期刊、书籍、论文集；表彰奖励吉林省铁道科技活动中的优秀科技成果及科技工作者，推荐科技人才；组织广大会员参加有益活动，维护会员的合法权益，反映会员的建议和呼声；组织开展科技课题的研究攻关开发；完成地方政府和铁路局、中国铁道学会交办的各项工作。

二、学术交流

学会紧密围绕铁路的中心工作，每年与辽宁、黑龙江、内蒙古铁道学会联合召开4省（区）年度专题学术交流会。1996年，省学会组织学术交流3次，交流论文54篇，有80人参加了会议。1997年，组织省级以上学术交流5次，其中全国性会议1次。1998年，组织学术交流11次，交流论文261篇。1999年，组织重点学术会议5次，交流论文142篇。2000年，组织学术研讨会6次，交流论文158篇。2001年，组稿参加全国性学术会议1次，举办跨省区学术会议1次，省级专业学术会议4次。2002年，共举办大型学术专题讲座3次，跨省区学术会议1次，省级专业学术会议2次。2006—2010年，吉林、黑龙江、辽宁、内蒙古4省区铁道学会联合举办三期《科技支撑与促进铁路跨越式发展》和《强化管理，促进铁路科学发展》学术研讨会，评选出优秀论文48篇，会上交流12篇。2013年吉林铁道学会举办了铁路运输安全学术研讨会。结合长吉城际铁路专线开通运营、吉珲图铁路专线等工程建设，组织安全技术管理人员进行广泛的研讨论证，为确保铁路安全提出建议措施。

20年来，共召开会议19次，评选出优秀论文950篇。学会与中国铁道学会车辆、计算机、减速顶调速系统、自动化、电气化、运输、工务等专业委员会及辽宁、山东、甘肃、河北、黑龙江省铁道学会，多次联合召开"客车准高速""提高列车运行速度""计算机网络技术应用""铁路安全基础管理""转换经营机制走向市场""铁路局直管站段"等专题学术研讨会，得到中国铁道学会学术部的肯定。学会设立的各专业委员会，每年都结合铁路的重点工作，制定学术交流计划，共主办和联办各类学术交流活动65次，共2500人次参加会议，交流论文1800余篇，评选出优秀论文820篇。其交流的多篇论文在全国和地区性学术会议上获奖，另有6篇论文分别获得了吉林省自然科学学术成果一、二、三等奖。

三、科普宣传

学会认真贯彻落实《中华人民共和国科普法》和国务院《全民科学素质计划行动纲要》，按照中国科协和中国铁道学会的部署安排，每年围绕活动主题，积极组织开展全国、全路"科技活动周""科普日"活动。成立领导组织，制定活动安排，各站段充分利用站车广播、板报画廊、悬挂标语、电子屏幕、播放录像、发放资料、制作展版、举办培训、定点集中等多种形式进行宣传。1996—1997年，继续贯彻"面向生产，面向基层，从实际出发，因地制宜，形势多样"的方针，发挥各专业委员会和较大会员单位的作用，利用多种形式开展科普宣传。1999年，开展"科学与文明"科普宣传周活动。在长春站、吉林站开展了"科学与文明"科普宣传周活动。2002年，将中国铁道学会制作的《科普伴你行站车广播节目》，分别发放给特、一等站和进京旅客列车。将中国铁道学会监制的《科技创新中国铁路》挂图，分别在吉林站和长春客车厂等地巡回展挂。2008—2009年，贯彻落实中国铁道学会学秘〔2008〕3号、〔2009〕5号文件精神，围绕"大秦铁路创造世界重载运输奇迹""京津客运专线建成世界一流城际铁路""和谐铁路，绿色交通"的主题内容，采取多种形式进行宣传。2012年，组织宣传科普知识，发放《铁道知识》、疾病预防知识等宣传资料3000余份。

四、《吉林铁道》期刊

《吉林铁道》科技期刊是为科技工作者和管理人员提供科技创新、学术交流的平台，设运输安全、机车车辆、工务工程、电务通信、房建生活、材料工艺、企业管理、教育培训、政工论谈等栏目。2006年《吉林铁道》出刊100期，吉林省人大副主任省科协主席、沈阳铁路局党委书记、沈阳铁路局总工程师分别题词。1996年以来，《吉林铁道》每年平均编辑出版发行6期，每期编辑论文40余篇，发行300册。截至2015年，出版发行120期，编辑论文4800余篇，发行36000册。

五、科技创新成果

1996—1998年，组织开展了"讲理想、比贡献"活动。通化铁道分会发动科技人员提出合理化建议，实施487件，获经济效益842万元。2008年，承担LED高效节能串联防电路技术的开发与应用科研项目，在长春站候车室安装100个研制的节能灯管进行对比试验，可节电50%以上。该项目2009年通过了沈阳铁路局技术鉴定。

并在2010年立项，参加了全国铁路技术装备展览会。2002—2006年，被中国科协学会学术部、学会杂志社社团评价中心评为"学会之星"。学会5次被吉林省科协评为先进学会。2005—2007年，《吉林铁道》连续三年被吉林市新闻出版局评为"吉林市十佳内部资料性（连续）出版物"。学会及管内会员单位中，有1人获"茅以升铁道工程师奖"；有25人被吉林省科协和中国铁道学会评为先进个人；有28个单位186人分别被学会评为年度先进集体和先进个人。

第三节　局企业管理协会

一、基本情况

2015年8月末，企业管理协会人员5人。主要职责是及时有质量地完成铁路总公司企业管理协会交办的工作；按时完成辽宁省企业家协会交办的任务；高效优质地完成领导交办的工作。

二、2015年工作情况

组织路局有关人员参加了铁路总公司企业管理协会举办的铁路企业管理现代化培训班；参加铁路总公司企业管理协会、辽宁省企业家协会2015年工作会议；组织货运处、物资处、苏家屯车辆段向铁路总公司申报了"货运改革、物资管理、企业文化"现代化管理成果。

三、企业管理期刊

1996—2014年，局企协累计组稿、审稿并印发《沈铁企业管理》期刊95期，编撰文字968万字。

第四节　思想政治工作研究会

1995—1999年，设顾问5人，会长由局党委书记兼任，常务副会长由局党委副书记兼任，副会长6人，专职正副秘书长各1人，常务理事21人，理事29人。1999年6月，思想政治工作研究会职能由局党委宣传部承担。

1996年，起草了局《"九五"政治工作规划》，做好铁道部和辽宁省"五优"的推荐评审

工作。3个分局级单位和10名个人，被评为铁道部、辽宁省的思想政治工作优秀单位、优秀企业思想政治工作者，十篇论文被评为省部级优秀研究成果；两个政研会和两名个人被评为铁道部、辽宁省优秀政研会、优秀政研会干部。1997年，《对安全基础建设理论依据的思考》和《精神文明建设必须狠抓落实》在部级刊物上发表。1998年，刊发研究成果3840篇。其中，在国家级刊物上发表19篇，在省部级刊物上发表297篇，在局、市级刊物上发表439篇。获部、省、局、市优秀论文115篇。1999—2005年，组织全局理论骨干和老干部、老战士进行专题理论研讨，撰写研讨论文，推荐报省研讨论文3篇。推选2篇优秀论文报铁道部政研会。通辽机务段党委《坚持以人为本思想，推进安全文化建设》的研讨文章在全路安全文化建设座谈会上进行了交流。梅河口机务段被评为辽宁省思想政治工作先进单位。2006年，局党委被评为辽宁省思想政治工作先进单位；职工思想政治工作研究会被评为辽宁省先进政研会。2007年，《深入贯彻安全发展理念，积极推进和谐企业建设》的经验在全省思想政治工作总结表彰大会上进行交流；《改进创新新体制下党委中心组学习，为推进铁路改革发展提供理论指导》的经验在辽宁省党委中心组经验交流会上交流；锦州站被评为辽宁省思想政治工作先进单位。2008年，局政研会被评为辽宁省先进政研会；局党委宣传部(企业文化处)被评为辽宁省思想政治工作先进单位；局党委《大力弘扬先进典型推动党的先进性建设》论文获辽宁省优秀研讨论文；局党委《发挥党员作用，筑牢"安全屏障"为确保运输安全提供强有力的组织保证》获辽宁省党建优秀论文；局政研会《关于加强企业文化建设，促进沈阳局又好又快发展的调查与思考》被评为辽宁省思想政治工作优秀研究成果；局党委宣传部《不断提高思想政治工作针对性有效性，为全局改革发展提供精神动力和思想保证》被评为辽宁省思想政治工作优秀研究成果。2009年，局政研会《关于加强企业文化建设，促进沈阳局又好又快发展的调查与思考》、局党委宣传部《不断提高思想政治工作针对性有效性，为全局改革发展提供精神动力和思想保证》两篇论文获辽宁省优秀研讨论文；苏家屯车辆段党委

被评为辽宁省思想政治工作先进单位；沈阳客运段思想政治工作研究会被评为辽宁省思想政治工作研究先进集体。2010年，局党委宣传部《找准问题，选好课题，破解难题，以解放思想大讨论推进沈阳局大发展》、苏家屯车辆段《打造先进文化，实施人文关怀，为企业发展营造和谐的内部环境》被评为辽宁省思想政治工作优秀研究成果；沈阳车务段被评为辽宁省思想政治工作先进单位；锦州车辆段被评为辽宁省思想政治工作研究先进集体。

2011年，局政研会《坚持解决思想问题与解决实际问题相结合，努力增强思想政治工作的针对性有效性》、局党委宣传部（企业文化处）《抓实四个关键环节，深入推进社会主义核心价值体系教育》被评为辽宁省思想政治工作优秀研究成果；锦州车辆段被评为辽宁省思想政治工作先进单位；沈阳车务段被评为辽宁省思想政治工作研究先进集体。2012—2013年，鞍山车务段被评为辽宁省思想政治工作先进单位；沈阳站政研分会被评为辽宁省思想政治工作研究先进集体。2014年，大连车务段被评为辽宁省思想政治工作先进单位；沈阳机务段政研分会被评为辽宁省思想政治工作研究先进集体。2015年，沈阳货运中心被评为辽宁省思想政治工作先进单位；锦州客运段政研分会被评为辽宁省思想政治工作研究先进集体；局党委宣传部（企业文化处）《构建四大文化体系，激发全员保安全精神动力》《建立思想政治工作常态机制，推动集中性教育活动有声势见实效》被评为辽宁省思想政治工作优秀研究成果。

第五节　老战士协会

1996年"九三"抗战胜利日前夕，局老战士协会组织开展走访活动和考察参观铁路发展活动。1997年，路局在局老干部处内设立局老战士协会办公室，负责局老战士协会日常管理服务工作，8月28日，召开局老协三届三次会议。2000年，在沈阳召开局老战士协会第四次会员代表大会，选举产生第三届理事会及领导成员。同年，开展以纪念抗美援朝出国作战50周年为主题的爱国主义教育活动，撰写回忆文章和接受各级

新闻媒体采访。2002年，在党的十六大召开后，组织老战士学习"党的十六大"相关文献，在庆祝"九三"纪念日前夕，组织身体健康的老战士召开局老协四届一次理事会。2004年，组织召开局老战士协会四届三次常务理事会议，并承办铁道部老战士协会北方七局理事长会议。2005年，局老战士协会开展"纪念抗日战争胜利60周年"活动，局领导走访慰问在沈的3位老战士、老红军，为每位老战士颁发"中国人民抗日战争胜利60周年纪念章"，并发放慰问金。2011年6月，为纪念中国铁路老战士协会成立30周年，为全局88位抗日老战士颁发纪念章。2015年8月，组织开展纪念抗战胜利70周年系列活动，走访慰问每名老战士并组织召开座谈会。同时，为全局49位抗日老战士颁发纪念奖章和"纪念中国人民抗日战争暨世界反法西斯战争胜利70周年纪念大会"光盘。

第六节　体育协会

一、体协组织概况

中国火车头沈阳铁路局体育协会（以下简称"体协"）1996年以后，先后由工会代管、划归工会主管。1999年，按照局党委、路局对局机关机构设置和定员编制进行调整的决定和部署，局群众体育工作与局体协一并划归局工会，设群体工作部，属局工会职能部门，部长由局体协秘书长担任。2011年10月12日，铁道部政治部文件（政组〔2011〕14号）明确局体协办事机构隶属铁路局工会管理，定员2人，设秘书长1人（按铁路局工会部门正职职级配备）、工作人员1人。

二、体育运动设施普查

2014年4月，根据铁路总公司关于全路体育场地普查工作的具体要求，局体协对全局体育场地情况进行了普查工作。普查的对象主要是各文化宫、疗养院的体育馆、游泳池；基层单位（车间）比较标准、管理完善、长期使用的室内外体育场地；铁路职工住宅中设施比较完备的健身路径。临时用于体育活动的场所、在建工程、长期闲置场地或不以体育活动为主的场所不纳入普查范围。全局共有符合第六次全国体育场地普查要

求的各类体育场地260个。总场地面积为189920平方米（包含全民健身路径）。其中，体育场1个；小运动场2个；体育馆4个；游泳馆8个；综合房（馆）11个；篮球房（馆）6个；羽毛球房（馆）11个；乒乓球房（馆）19个；健身房（馆）16个；棋牌房（室）6个；台球房（馆）21个；室外五人制足球场2片；室外七人制足球场2片；篮球场39片；排球场1片；室外网球场13片；羽毛球场4片；乒乓球场1片；室外门球场12片；城市健身步道3片；全民健身路径55条；其他类型体育场地23个。

三、体育活动

1996年，全局开展"全民健身，工人阶级带头"长跑活动；纪念6月30日《全民健身计划纲要》实施一周年"全民健身活动月"活动；纪念10月1日《体育法》颁布一周年活动。活动期间，管内组织各种体育比赛2342次，有179828人次参加。举办294期体育骨干培训班。坚持做广播体操的人数达到286267人。体育辅导站有276个。同年3月5日，局体协与局女职工委员会联合举办"庆'三八''九五'建功女子长跑赛"。同年，局体协与沈阳铁道报联合举办了"全民健身在沈局，征文活动，共收到稿件50篇，选登34篇。评出一等奖7篇、二等奖7篇、三等奖14篇。1997年，全局共有体育辅导站291个，19110人参加活动：有体育锻炼小组2492个，21970人经常参加锻炼。全局基本形成点、线、面结合的群体组织网络。同年，局体协在沈阳举办"迎回归，庆'七一'群体活动图片展。共展出12个板面，278张图片。1998年，在沿线、站段和职工居住相对集中地区建立体育辅导站721处。全局群体达标单位累计达250个。同年，部分基层单位开展了成年人体质测试工作，共测试40326人，合格35469人，合格率为88%。1999年2月，局体协下发《沈阳铁路局分局单位群体达标验收标准细则》和《沈阳铁路局基层单位群体达标验收标准细则》，对分局、基层单位群体达标验收标准进行了量化，并在基层站段开展"学标、对标、达标、验标"活动。全局群体达标单位累计达341个。同年，为了解掌握全局车辆系统和两级机关干部职工身体健康状况，局体协在部分车辆段和分局机关开展了成年人体质

测试工作。共测试18468人，合格的有15347人，合格率83.1%。全局共有体育辅导站730处。7月10日至12日，局第十七届职工、学生田径运动会在吉林举行。通化、图门、锦州、通辽、沈阳、大连、白城、长春、吉林分局，局直属机关10个代表队参加。职工组运动员280人，学生组运动员144人。大连公司、沈阳分局、锦州分局获职工组团体前三名：沈阳分局、长春分局，大连公司获学生组团体前三名：职工组4人次打破2项纪录，学生组13人次打破7项纪录。

2000年，局体协在全局开展以群体达标为主要内容的群众体育和全民健身活动。7月25日，局体协下发《关于开展群众达标活动验收的通知》决定11月1日至12月上旬对全局群体达标活动进行检查验收，并规定群体达标合格条件一否决权。各级体协结合局工会文化线建设标准，对各基层单位的群体工作进行了认真的验收。12月18日至29日，局工会群体部组织两个小组，对全局群体达标工作进行抽验，共检验28个单位，全部合格。到年末，全局有85%以上单位开展了群体达标活动，有308个合格单位。同年，局工会投入20万元，体协投入15万元，为基层购置350套测试器材。全局已有测试器材475套，有2500人参与测试工作，全年完成测试150000人，累计完成200300人，合格率在90%以上。至此，以局体协为监测指导中心，以分局为监测中心，以基层站段单位为测试点的成人体质监测网络基本形成。2001年，全局继续贯彻落实"群体达标验收标准细则"，深入开展"学标、对标、达标"活动，群众体育活动的覆盖面进一步扩大。同年，局体协开展以庆祝建党80周年和支持北京申奥为主题的全民健身活动。1月12日，局下发《关于修订〈沈阳铁路局分局级单位群体达标验收标准细则〉和〈沈阳铁路局基层单位群体达标验收标准细则〉的通知》。1月15日，局下发《关于公布沈阳铁路局第一批群众体育达标单位的通知》。经各基层单位自检，分局体协验收，局工会群体部抽验，全局有308个单位达到了群体达标标准。3月26日，局工会下发《关于开展全局"我为申奥做贡献"全民健身活动周的通知》。定于6月10日到16日为"我为申奥做贡献"全民健身活动周。2002年，局体协组织开展

以纪念毛泽东"发展体育运动，增强人民体质"题词发表50周年为主题的群众体育活动，进一步把全局贯彻落实《全民健身计划纲要》引向深入。4月1日，局下发《关于开展庆祝火车头体协成立五十周年活动的具体安排》。落实部体协庆祝中国火车头体协成立50周年在全路开展"百万职工健身周"活动要求，以全局火车头体育成果图片展、专职体育干部撰写体育论文和6月10日至16日沈阳局"全民健身活动周"为基本载体，推动庆祝活动深入开展。4月28日，局体协举办了"火车头杯"通信长跑赛，各分局（公司）和直属机关所在地8个赛区同一时间开赛。路局、分局领导分别参加了所在地发令仪式，近万名职工参加了长跑比赛。"全民健身活动周"活动中，各分局（公司）和局直属体协分别举行不同形式的"活动周"启动仪式。沈阳局获部体协"百万职工健身周"活动组织奖。路局被辽宁省全民健身指导中心授予"群众体育先进单位"称号。2003年，全局开展群体达标的单位达到90%以上，有22万名职工积极参加全民健身活动。5月30日，局工会下发《关于在全局职工中开展"增强体质，抗击非典"健身活动的通知》，在全局职工中开展以"增强体质，抗击非典"为主题的健身活动。各级工会、体协从实际出发，调整年度计划，凡有益于职工身心健康、条件允许，职工欢迎的各种体育健身形式都要列入活动范围。各单位要坚持工间操（或班前操），健身活动坚持以室外为主，采取自愿、分散、小型、多样、因人因地制宜的原则。2004年，认真贯彻国家八部委全面推行"普通人群锻炼标准"的要求，下发沈铁工体发〔2004〕1号文件，对普通人群锻炼标准抽测工作提出了具体要求，并印发"普通人群锻炼标准"1000册。同时投资4万余元购置国家体育总局认可的标准抽测器材分发各分局。各分局按要求对工作人员进行培训，分别对车务、工务、机务、客运和机关干部进行了抽测，按期完成部局抽测计划。年内，局体协总结2003年"非典"期间全局开展群众体育和全民健身活动的经验，进一步把全民健身活动的重点放在基层，并加大对分局体协的指导力度，强化分局体协在全民健身活动中的主导作用。

2005年，路局被国家体育总局命名为"全国群众体育工作先进集体"。2006年，各级工会坚持把职工群众喜闻乐见的体育活动，融入到安全文化建设之中，在培育安全理念、职业道德的基础上，不断丰富职工群众的业余文化生活，职工篮球赛等全局性的体育竞赛带动了群众性体育活动广泛开展。2009年，全局各级工会组织以"凝聚合力、促进和谐"为主题，采取形式多样的方式，广泛开展职工群众喜闻乐见的各种体育活动，抒发爱国、爱路和爱岗之情，为推进和谐沈局建设做出积极贡献。

2010年，坚持文化体育活动到站区，以车间班组为单位，从实际出发，活跃沿线职工群众的文化生活。先后举办了女职工羽毛球比赛、"我运动、我快乐、我健康、我幸福"职工健美操等比赛。通过采取专家授课，边培训、边创作的方式，培养骨干队伍，打造具有沈局特色的企业文化。2011年，以基层站段为主体，组织开展了"我运动、我快乐"职工大众健美操比赛、"安康杯"职工羽毛球赛等文体活动697次，有70274人次参加，不断提高了职工群众生活质量，把快乐健康送到一线，增强企业凝聚力和向心力。2012年，举办了局第十八届运动会，局体协采取了赛区制与赛会制相结合的形式，先分地区进行预赛，开闭幕式上进行决赛。贯彻"早安排、早布置、早落实"的精神，制定了详细的活动方案和工作推进计划，逐项落实。3月份举办"安康杯"职工台球赛；4月份举办职工乒乓球赛；5月份举办职工羽毛球赛和大众体育选拔比赛；6月份举办大众健美操比赛和第九套广播体操比赛；9月份举办第十二届运动会开闭幕式进行决赛。比赛共有20000多名职工参加。在全路体育工作先进单位和先进个人评选中，共有12个单位，28名职工被评为先进。2013年，组织了全局性群体活动共4项。其中，5月份组织的第三届"安康杯"职工台球比赛，有40多个单位125名选手参加了路局决赛，共有5000多人参与到不同层次的活动中。8月份，全国第十二届运动会8月31日至9月12日在辽宁省举行，按照铁路总工会的要求，沈阳铁路局负责参加入场式，从苏家屯车辆段选出了20名政治素质好、身材匀称的职工作为火车头代表团开幕式入场式，接受检阅，沈阳铁路局被辽宁省体育局评为十二运接待工作"三等功"。2014年4月，组织了全局职工气排球培训班，100多个基层单位派人参加。6月18日至20日，全局第三届职工大众健美操分别在沈阳、大连文化宫举办，共有26个单位200多名职工参赛。7月初，全局"谁是球王"乒乓球赛分8个赛区进行了预赛共有1300多名职工参加。9月份，举办了沈阳铁路局第一届职工气排球比赛，共有38个单位组队300多名职工参加。11月，局体协被国家体育总局评为体育事业突出贡献奖。

四、体育竞技成果

1996年，局代表队在辽宁省第七届运动会田径项目比赛团体总分第二名，金牌排名第二，获金牌11枚、银牌10枚、铜牌8枚，羽毛球项目比赛获银牌4枚、铜牌1枚。1998年，局代表队在辽宁省第八届运动会女子篮球项目比赛获得第一名，田径项目比赛获得团体成绩第二名，在全路女子藤球比赛中获得第二名的成绩。第十三届亚运会张宇、赵玉秀获得藤球项目铜牌。1999年，在全路九运会田径项目获得团体总分第五名，女子800米武冬梅获得第一名，男子5000米卫英福获得第一名，孟宪辉获得第二名，男子10000米孟宪辉获得第一名。

2000年，参加全路车辆系统男子篮球赛获得第二名的成绩，全总"井冈山杯"长跑赛获得团体第二名成绩。2001年，参加全路大众健美操赛获得三级、四级组冠军，全国健美操大众标准总决赛获得四级组冠军。2002年，代表部火车头体协参加全国万人健美操大众锻炼标准总决赛和健身俱乐部组四级健美操赛获得冠军。2003年，全路十运会局代表队2人2队打破4项部田径纪录，获得团体总分第八名的成绩。2004年，全路健美操比赛获得亚军，全路机关干部乒乓球赛获得女子团体第五名、男子团体第七名的成绩。全路首届汽车拉力赛李振羽获得公安组第四名，全路健身蹬山比赛张宪福获得冠军。

2006年，参加全国铁路羽毛球赛（男子团体），荣获第五名的成绩。2007年，参加辽宁省第一届职工乒乓球大赛，荣获第七名的成绩。2008年，参加全国铁路第十一届运动会网球比赛（男子团体），荣获第六名的成绩。

2012年，在全路第十二届运动会大众体育比赛中，分别获得1个第一名、2个第二名、3个第三名和第四、五、六、七名，8名运动员全部获得了名次，在大众健美操项目分别获得一、二等奖，全国大众健美操决赛上夺得了职工组四级第一名。2013年，全国铁路在青海省西宁市多巴国家体育训练基地，举办的普通人群大众体育锻炼标准测试，沈阳铁路局8名运动员参加。参加测试的运动员获得女子团体一等奖、男子团体二等奖；团体项目绳健接力和时代列车，1个第一名、1个第二名；女子个人1个并列第一名和第二名；男子个人1个并列第一名和第十名。2014年，9月2日，全路在呼和浩特、银川举办"谁是球王"乒乓球比赛。锦州电务段职工陈远获青年女子组亚军，退休职工欧阳柯辉获得老年组"球王"，沈阳房产段职工高明、高新光父子获得家庭组第六名，大连公安处盛传杰、锦州工务段秦志勇分别获得男子成年组和青年组第八名。在10月21日至26日，文化部、全国总工会、亚太国际排舞队联合会中国区委员会举办的2014年全国全健排舞大赛在杭州举行，有63个代表队1500多名运动员参加了大赛。沈阳铁路局参加了中青年C组，一个规定动作比赛、一个舞蹈动作和一个自编动作共3个项目的比赛，分别获得了第一名。

第七节　文学艺术工作者联合会

一、组织概况

1996—1999年，文学艺术工作者联合会（以下简称文联）列局党委其他部门，定员4人，其中：秘书长1人，副秘书长1人，其他2人。1999年，文联职能由局工会生产宣教部承担，设专职副秘书长1人。

2000年3月，文联职能由局党委宣传部承担，设专职副秘书长1人。5月，召开文学艺术工作者联合会第二次代表大会，审议修改了文联《章程》，表决通过沈阳铁路局文联第二届理事会；表决通过第二届文联主席、副主席、常务理事会，聘请了名誉主席、顾问；表决通过文学创作、美术、书法、摄影、戏剧曲艺、音乐舞蹈6个协会兼职主席、副主席、理事。

2006年，文学艺术工作正式并入局党委宣传部（企业文化处）企业文化科，设一名兼职人员负责日常工作。

二、文学艺术活动

1996年，开展"冬运文艺有奖征文活动"和纪念红军长征胜利60周年和建党75周年征文活动，组织作者参加全国铁路路风建设美术书法摄影展。1997年，与局团委联合举办庆香港回归诗歌大赛活动，组织作者参加全路"广铁杯"书画大赛。1998年，采写报告文学集《托起明天的太阳》。1999年，举办沈阳铁路局"99金窑杯"迎春书画展和"纪念建国50周年"暨全局第十届职工美术书法摄影展。2000年7月20日，《光明日报》三版头题以《铁道线上的文学轻骑兵》——沈阳铁路局职工文学小组活动纪实，介绍开展文学小组活动的经验，并加编者按。2001年，编辑《哈大电气化铁路》画册。2002年，迎接中共十六大美术书法摄影作品展在辽宁美术馆举办。辽宁省委宣传部、辽宁省文联、中国铁路书法家协会和辽宁省文艺界名家为开幕式剪彩。2003—2005年，与《沈阳铁道报》联合举办了"辉煌历程——纪念沈阳铁路局建局55周年"征文。2006年，组织文学作者作品参加第八届全国铁路文学奖评奖活动。2008—2010年，组织美术、书法作者参加铁道部、辽宁省和全国产业文联纪念改革开放三十周年美术书法展览活动。编写《沈阳铁路陈列馆讲述的故事》一书。2011—2012年，举办"感悟辉煌成就，抒发爱党情怀"——纪念建党90周年美术、书法、摄影作品展，推荐美术获奖作者、美术分会代表及理事作品在《中国铁路文艺》刊登。2013—2014年，参加国家、省、部文联摄影协会组织的活动，组织作者参加全路"巴山人·铁路魂"美术书法展览和送文化进班组活动，获优秀组织奖。2015年，组织作者参加"中国铁路走向辉煌"全国铁路摄影、美术、书法作品展，获优秀组织奖。

三、省部级以上文学艺术成果

（一）文学类

1996年，在第六届中国铁路文学奖评奖中，5人获奖。2001年，在第七届中国铁路文学奖评奖中，11人获奖。2003年，诗歌《红色方式》获辽宁省作协第三届辽宁省文学奖；小说《昌盛街》获吉林省作协首届吉林文学奖。2004年，陈久全出席了全国中青年德艺双馨文艺工作者表彰大会。2007年，在第八届中国铁路文学奖评奖中，7人获奖。2008年陈久全、杨天祥、田永元、周红被推选为中国铁路作协理事。

（二）美术类

1996年，在全国铁路路风建设美术书法摄影展览中，《岗位》获一等奖，《路魂》《倾注》获二等奖，《承诺从一针一线做起》《窗口英姿》《问路》《路风是兴路之魂》获三等奖。1997年，4人的国画入展辽宁省美术家协会主办的"庆香港回归美术作品大展"。在全国铁路"广铁杯"书画大赛中，获一等奖1人，获二等奖2人，获三等奖1人。1998年，马韶伟的工笔画《文成公主入藏图》被中国美术馆举办的世界华人书画展收藏。1999年，在中国美术家协会、中国诗书画协会研究院主办的《庆祝建国五十周年暨澳门回归全国诗人、书法家、画家大奖》中，王作仁的国画《喜逢盛事》获金奖，秦百兰的国画《秋谨》、马韶伟的国画《金秋情愫》、刘玉椿的《根》获优秀奖。2000年，刘玉椿的国画《秋》在文化部、中国文联、中国美术家协会主办的"金彩奖"评选中入选、国画《乡情》入选中国美术家协会、中国艺委会主办的"中国画小品精品展"；高岩松的国画《秋韵》在文化部、中国文联、《人民画报》主办的"世界华人画展"中获佳作奖。在中国铁路美术书法摄影展览中，秦百兰《李白问学》获特别奖，王作仁《今天是个好日子》获一等奖，马韶伟《晨曦》获二等奖，窦利伟《杜甫诗意》、张伟《坦荡山川怡吾情》、刘玉椿《青山绿水滚滚来》获三等奖。2002年，在文化部主办的"第十二届群星杯"展中，油画《土地》入选，作品《同辉》在吉林省美术家协会主办美展中获银奖。2003年，马韶伟《煦日》入围第十二届中国画展。2004年，在辽宁省美术家协会纪念中华人民共和国成立55周年作品展览中，沈阳局作品《情结·瞬间·符号》《高原深壑正夕阳》《山水》获优秀奖。2005年，王作仁的国画作品被辽宁省美术家协会选送到日本参加"第四届国际美术友好交流展"及"第五十四次县艺术家美术联合展"。

2006年，国画《蒙古人》《秋日》入选辽宁省文联、辽宁省美术家协会主办的"大振兴辽河行"作品展；刘玉椿的国画《历史的见证》入展文化部、中国文联主办的美术作品展；国画《端午》在辽宁省美术家协会50年回顾展中获铜奖；《雪之梦》和《清风赏荷图》应邀参加了中国沈阳世界园艺博览会组委会主办的"东北三省名家书画展"。2008年，王作仁的国画《草原风》在2008北京国际奥林匹克美术大会中获得金奖，受到国际奥委会罗格以及国家领导人接见。在"全路纪念改革开放30周年美术书法精品展"中，4人作品入展。2009年，沈局作品《和》《静谧》《坦荡山川怡吾情》《腊月》入选辽宁省美术家协会"迎接第十一届全国美展作品展"。2010年，王作仁当选为辽宁省美术家协会理事。在全国铁路"跨入高铁时代，喜迎世博盛会"书画精品展中，国画《高山有情》入展。2012年，王作仁当选为中国铁路美协副主席、刘玉椿当选为理事。2013年，沈局画家长卷画《锦绣之州》（20.13米），在2013年锦州世界园艺博览会上推出，画中展现锦州40多个景点；沈局画家与中外8位画家在锦州世界园艺博览会上举办联展，《空谷幽兰》在辽宁群众书画展中获优秀奖。2014年，在"巴山人·铁路魂"——全国铁路书画精品展中，沈局画家作品《上行有列车通过》获最佳作品奖，《轮椅哥马成良》获优秀作品奖，《站台上》《地之脊山之魂》《云山风烟图》等作品入展。2015年，在中国高铁走向辉煌——2015年全国铁路摄影美术书法展中，沈阳铁路局美术作品《铁姑娘》获一等奖，《温情暖人心》《奔向宏图》《九〇后》《此处云山忧思静》《天堑变通途》获三等奖，《千里之行始于足下》《乡间》《为传喜讯到人间》《秋韵》获优秀奖。

（三）书法类

1996年，在全国第五届书展中，施恩波获一等奖。1997年，在国家文化部、中国书法家协会、中国美术家协会等单位举办的世界华人书画展中，施恩波获银奖。在全国铁路"广铁杯"书画大赛中，获二等奖1人，获三等奖2人。1998年，2人书法篆刻作品入选第四届中国书坛新人展。1999年，吴俊亮举办了个人书法作品展，并

出版书法作品集。2000年，在全国第六届书展中，施恩波的对联获三等奖，由胜日的行书入展，刘天琪的书法论文入选全国书法家作品展（论文部分）。在中国铁路美术书法摄影展中，获一等奖1人，获二等奖3人，获三等奖3人。2004年，在全国第八届书展中，杨少辉的篆刻作品入展。2005年，在全国第九届书展中，李洪波的行书获提名奖；在全国第五届篆刻展中，尹作胜、杨少辉的作品入展；在全国第二届扇面展中，石月晨、李洪波的书法作品入展。2006年，在全国首届行草书展中，张文杰、石月晨的书法作品入展。2008年，在"全路纪念改革开放30周年美术书法精品展"中，沈局8人作品入展。在全路"庆奥运讲文明树新风"书法大赛中，获特别奖2人，一等奖1人，获二等奖4人，获三等奖1人，获优秀奖7人。2009年，石月晨、李杰、李洪波书法作品分别获中国书法家协会第三届兰亭奖优秀奖。在中国书法家协会第二届楹联展中，李杰获二等奖、张文杰获优秀奖。2010年，施恩波当选为辽宁省书法家协会副主席，王湛民当选为理事。在全国铁路"跨入高铁时代，喜迎世博盛会"书画精品展中9人作品入选。全国20名中青年书法家作品在北京炎黄艺术馆展出，3人参加了全路跨入高铁时代书法论坛。2011年，在庆祝中国共产党建党90周年——辽宁省"红诗书法大赛优秀作品展"中，获三等奖1人。2012年，中国铁路20人书法精品展在第五届中国（天津）书法艺术节展出，沈局1人作品入展。2014年，在中国文联、中国书法家协会"情系中国梦"庆祝新中国成立65周年全国产业（行业）文联书法精品展中，石月晨的作品入展。在"巴山人·铁路魂"——全国铁路书画精品展中，获优秀作品奖1人，2人入展。在中国高铁走向辉煌——2015年全国铁路摄影美术书法展中，书法作品《贺大西高铁开通》获二等奖，《京沪高铁采风记行》《安全优质组印》获三等奖，《高铁赞歌》《雄关神州联》《一代万数联》《党的十八大报告摘抄》获优秀奖。

（四）摄影类

1996年，在全国铁路路风建设美术书法摄影展览中，作品《心路相通》获一等奖，《冬天里的赤诚》获二等奖，《有"妈"的孩子像块宝》

《一丝不苟》《有困难找我》获三等奖。1997年，在中国摄影家协会举办的"1997好利来杯"中国摄影艺术大赛中，邹毅《待发》获佳作奖。1999年，在第六届"亚洲风采"华人摄影大赛中，邹毅《长白神光》获自然景观类三等奖、谷国文《下车之前》获社会生活类三等奖。2000年，赵晨宇《长白山风景》获《中国摄影》杂志社举办的"99年度中国摄影柯达杯优秀反转片摄影评选"提名奖和中国摄影家协会主办的"大红鹰杯"中国风光摄影大赛优秀。在中国铁路美术书法摄影展览中，《大动脉畅想曲》获一等奖、《正月》获二等奖、《岁月》《春天的故事》获三等奖。2001年，王学军《夜市印象》《湖畔晨曲》获全国"富士杯"摄影大赛二等奖、周冲《铁马欢歌》获中国摄影家协会、全国爱国工程联合会举办的"爱我中华、照我大地"摄影大赛佳作奖。2002年，在全国第二十届影展中，石永亭《长白山风光》获风光类一等奖，姜守凯《哈大电气化》获纪实类优秀奖。赵晨宇《雪迷秋谷》获第九届"亚洲风采"华人摄影大赛三等奖、《长白山组照》获中国摄影杂志与柯达公司主办的优秀摄影师提名。在辽宁省第十届影展中，作品《红雾凇》获三等奖、《山舞银蛇》《奠基》获佳作奖，《钢铁汉子》《兰梦》《雪沃农家》《雄风》《远方的呼唤》《西北写意》入展。在国家民委、中国摄影家协会、通辽市政府"科尔沁草原行全国摄影大赛"中，张雨《西辽河畔雾凇浓》、戴显凯《伙伴》、刘盈林《聚集科尔沁》获优秀奖。2003年，作品《冰韵》《家园》在吉林省摄影家协会举办的"华彩杯"吉林之冬摄影大赛中获优秀奖。2004年，在辽宁省第十一届影展中，作品《雪夜星辰》《大运脉畅想曲》《老道口新夜》《与时俱进》入选。2005年，在铁道部第五届"群星杯"摄影展中，8人获奖。在"和谐铁路摄影大赛"中，沈局1人获一等奖。1人在西宁举办的"高原行摄影作品展"，获青海省艺术节金奖。2006年，在中国文联、中国摄影家协会主办的纪念中国共产党建党85周年大型展览中，邹毅的组照《青藏铁路建设》入选。在第十一届全国人像展中，赵熙春《康巴汉子》入展。2006年，在辽宁省第十二届影展中，作品《草原晨曲》入展。2008年，在

"可爱的家乡暨辽宁省纪念改革开放30周年摄影大赛"中，1人《高速穿越》获铜奖。宋祥、周冲、于纯生被推选为中国铁路摄协理事。2009年，1人在鲁迅美术学院举办了"铁路情怀"摄影作品展，展出60幅大型铁路题材作品。2010年，在中国平遥国际摄影大展中，姜守凯等5名作者的摄影作品入选。2013年，在中国摄影家协会、辽宁省文联、沈阳市铁西区人民政府、沈阳经济开发区管会主办的"2013中国沈阳（铁西）国际工业摄影大展"中，《中国当代铁路运输剪影》《哈大城际铁路》《辽宁高铁建设》入展。在中国高铁走向辉煌——2015年全国铁路摄影美术书法展中，摄影作品《风雪动车》获二等奖，《冰雪飞长龙》《综合立体交通》《夜战大转线》获三等奖，《彩虹映高铁》获优秀奖。

（五）音乐类

2000年，在第九届全国暨"步步高杯"青年歌手大奖赛中，温洪武（锡伯族）获业余组民族唱法第三名；在国家民委、文化部主办的全国少数民族民间歌手大赛中，获第一名。

（六）戏剧曲艺

1998年，在中国曹禺戏剧文学奖，小品小戏奖评选中，高岩的拉场戏《杨八姑闹春》获入围奖。2005年，沈局职工创作的小剧场话剧《燃烧的火炬》获河北省"五个一"工程奖。2009年，在吉林省第四届"二人转·戏剧小品"艺术节中，沈局职工创作的评书小品《救人之后》获编剧二等奖。2010年，高岩当选为辽宁省曲艺家协会理事。

四、对外文化交流

1997年至2015年，秦百兰在美国、巴西和秘鲁、塞浦路斯、希腊、埃及、叙利亚、伊朗、土耳其、立陶宛、拉脱维亚、俄罗斯、法国、德国、奥地利、澳大利亚、哈萨克斯坦等国家举办个人画展和讲学活动。1998年，黄宝瑞、由胜日参加了中日韩书画展。2001年，杨懋森应世界美术文化交流协会邀请，赴韩国、日本访问，参加了世界美术文化交流作品展。2004年，马韶伟的国画《正月》入选"中国风情·当代中国画作品展"，作为中法文化年交流项目，在巴黎展出。2005年，王作仁的国画作品被辽宁省美术家协会选送到日本参加"第四届国际美术友好交流展"

及"第五十四次县艺术家美术联合展"。

2006年，王作仁、马韶伟的国画，施恩波的书法分别被选入中国铁路文联、中国铁路书法家协会和中国书画研创学会、香港《时代》杂志、澳门大学联办的"中国当代名家濠江情"书画展。 2012年，王作仁应邀到英国伦敦参加"2012年伦敦奥运美术大会系列活动"。2013年，王湛民在台湾和韩国举办了"书画市场报文化交流团暨王湛民指笔艺术展"。

第八节　财会学会

一、财会学术研究

（一）《沈铁财会》

《沈铁财会》从1995年起成为正式内部刊物，每年出版4期至5期。内容以全局财会人员财会论文为主，以及财务方面重点工作报告、成本写实报告、总会计师述职报告等。截至2015年6月，已出版发行151期。

《沈铁财会信息》专刊作为《沈铁财会》副刊，在沈阳铁路局财务系统内部网上发行，每月一期，根据不同时期的重点工作发行专刊。内容主要包括局财务处各科室对当月重点工作的总结介绍、各基层单位对财务工作的经验交流、地方财政税务部门的最新文件指引等。截至2015年6月，已发行226期。

（二）《沈铁财会》论文评选

为鼓励和支持全局各单位财会人员开展理论研究，每年都在全局范围内开展财会论文征集暨优秀论文评选。择选较好论文参加第二轮评审，评选出一、二、三等奖和优秀奖。每年上报优秀论文参加中国铁道财务会计学会组织的论文评选。

（三）财会课题研究

按中国铁道财务会计学会对财会软科学课题研究工作的部署，每年组织局财务处有关科室和基层单位对财会重点、热点问题进行研究攻关，对课题研究目的、过程和结果形成课题报告。在历年全路运输企业财会课题评审中，多次获奖。

（四）会计知识竞赛

为提高会计人员技能，充分调动会计人员学习积极性，路局不定期举行会计知识大赛，并组成集训队参加全路知识大赛。1997年，参加全路会计知识大赛，获得全路运输系统团体第二名和多经系统第三名。2007年，铁道部举行第四届会计知识大赛，路局代表队取得了笔试个人、笔试团体、口试预赛总分、口试决赛总分和团体总成绩五项第一，获得团体一等奖。

二、会计从业资格管理

1996—2013年，铁路系统人员会计从业资格由财政部授权铁道部管理。每年铁道部组织会计从业资格考试，在各铁路局设置考点，考试合格人员颁发铁路会计从业资格证书。截至2012年12月31日，全局共发放证书7246个。

2013年，财政部要求铁路系统会计从业资格全部移交地方财政部门和国家机关事务管理局管理，根据《中国铁路总公司关于做好铁路系统会计从业资格管理职能移交工作的通知》，沈阳铁路局组织开展全局会计从业资格移交工作。共向辽宁省财政厅移交会计从业资格管理职能4312人，向吉林省财政厅移交会计从业资格管理职能1866人，向河北省财政厅移交会计从业资格管理职能5人，向内蒙古自治区财政厅移交会计从业资格管理职能412人。

2013年以前，财会继续教育培训由铁道部管理，按财政部对会计从业资格每年24学时继续教育要求，路局每两年举办一次初、中级财会人员继续教育培训，每次培训48学时。铁道部每年举办一次高级财会人员继续教育培训，每次培训24学时。2014年以后，因铁路会计从业资格已移交属地化管理，路局不再举办财会继续教育培训。每年路局财务处根据年度财会重点工作安排，组织各单位不同岗位财会人员参加业务培训，每年举办期数不确定，培训人数在600人次以上。

第九节　教育学会

一、教育学会组织概况

沈阳铁路局教育学会在教育处设"教育学会办公室"，负责学会日常工作。主要任务是：开展教育教学研究；推广教育培训成果和经验；出版相应的刊物和教材；组织教育系统有关人员培训；收集、反馈教育信息；提供教育咨询服务等。

随着铁路企业体制改革的发展，2000年9月，路局撤销教育处"教育学会办公室"编制，实行与职教处综合科合署办公，并设专职人员1人。同时，对局教育学会及其下属的研究会、分会的机构和人员进行调整，调整后保留了职工教育、职业教育、普通教育3个研究会。2003年6月，将教育学会与基础教研室、沈阳铁路局语言文字工作委员会办公室合并，全面负责教育学会秘书处和教研室、语委办的日常工作。

2004年，辽宁省政府贯彻落实国务院《社会团体的登记管理条例》，加强对学会组织管理。经向辽宁省民政厅、沈阳铁路局请示，辽宁省民政厅在2004年12月8日同意以《辽宁铁路教育学会》名称登记注册。沈阳铁路局教育学会变为具有独立社会法人资格的非营利性社会团体组织。

为建立新型的工作关系和工作机制，进一步调整、理顺一处两室的工作内容和工作职责。教育学会秘书处全面负责教育学会的日常工作。基础教育研究会、职业教育研究会的工作职责，只限于已经开展的工作或活动收尾，不再组织和承担新的工作和活动任务。随着社会职能属地移交工作的结束，其学会的工作也一并随学校移交地方。中小学属地移交的同时，基础教研室工作在2005年7月完成与移交接收主管单位交接。语委办根据辽宁省语言工作委员会的要求做好属地化移交工作。到2007年年底，沈阳铁路局在职职工普通话测试工作全部移交辽宁省语言工作委员会。

2014年12月，沈阳铁路局按照辽宁省委、省政府办公厅《关于印发〈党政机关班协会等有关问题整改方案〉的通知》精神，决定对辽宁铁路教育学会社会组织予以注销。辽宁省民政厅于2015年1月（辽社注销〔2015〕第4号）准予注销登记。

1997年10月，沈阳铁路局教育学会获辽宁省"教育学会工作先进集体"荣誉；1998年，沈阳铁路局教育学会、沈阳铁路局教育学会职工教育研究会，分别荣获辽宁省成人教育学会授予的先进单位称号；1999年，沈阳铁路局教育学会职工教育研究会被辽宁省成人教育学会评为先进集体，沈阳铁路局教育学会普通教育研究会被辽宁省教育学会评为先进集体。1999年至2001年沈阳铁路局教育学会职工教育研究会连续3年被辽宁省成人教育指导中心、辽宁省成人教育学会教学研究中心授予"成人教育教研先进集体"。

二、教研活动

1999年，组织中小学教师参加辽宁省教师基本功大赛，有18人获奖，并获团体优秀奖。2000年，参加辽宁省思想品德、社会观摩、自然课课件、创新教育课等活动并在辽宁省师德师风大赛中获一等奖；围绕沈阳铁路局职业教育中心工作组织开展"理论与实践一体化教学模式"研究；开发与制作《SS4改电力机车故障查询及处理系统》《行车事故分析》等教学课件，会同辽宁省电化教育馆组织了"辽宁省信息技术教学新产品展示会"。2006年，完成了辽宁省确定的《"在职教育"模式改革与创新的研究》《发挥演练基地作用提高职工实作技能的研究》《全面提高工班长综合素质方法与途径的研究》《网络化多媒体教育环境在职工教育中应用的研究》《改革培训模式提高职工素质的研究》5项"十一五"教育科研课题。2013年，承担并完成了中国职工教育和职业培训协会《现代铁路职业培训模式研究》的课题研究。2015年6月，完成了中国职工教育和职业培训协会立项的《校企合作创新铁路新职工岗前培训模式的研究》国家级科研课题。

三、论文评审

教育学会每年围绕铁路企业教育改革与发展，组织全局教师、教育工作者进行学术研究，撰写论文，进行学术交流。从1996年到2014年，共计征集论文3660篇，组织专家、学者对征集的优秀论文进行评选，共计评选论文1459篇，有493篇论文获奖；同时向辽宁省教育学会、成人教育学会，中国职工教育和职业培训协会、铁道部推荐论文358篇，获奖355篇。

四、企业培训师职业资格培训鉴定

2005年，沈阳铁路局根据中华人民共和国劳动和社会保障部下发的《关于开展企业培训师职业资格培训鉴定试点工作的通知》，在全局职教培训人员中建立和推行企业培训师制度，并将此作为任职资格。落实路局、局党委联合下发的《关于大力加强职工教育工作全面提高职工队伍素质的决定》中提出的"提高职工教育培训师资水平""建立一支专兼职结合的培训师队伍，落实职教人员任职资格制度"要求，提高职教人员和专、兼职教师的专业水平。

2006年3月，沈阳铁路局成立企业培训师职业资格培训工作领导小组。小组成员分别由沈阳铁路局主管职工培训、干部培训的有关人员组成。培训项目办公室设在辽宁铁路教育学会，同时成立培训组、考核组，分别负责企业培训师职业资格培训管理、实施培训及企业培训师资格认证考试考核组织工作，监督执行企业培训师职业标准。2006年3月至2008年年底，沈阳铁路局共培训241人。其中，取得一级企业培训师资格6人；二级企业培训师资格124人；三级企业培训师资格48人。

五、职教干部培训工作

教育学会每年都举办职教干部、通讯报道员培训班，集中培训职工教育管理知识、计算机操作知识、多媒体课件制作、通讯报道写作、新闻摄影基础等知识，从1996年到2014年全局共培训教师和管理人员4000余人。

六、《沈铁教育》

《沈铁教育》杂志是辽宁铁路教育学会（沈阳铁路局教育学会）、沈阳铁路局职工教育处（沈阳铁路局教育处）共同主办的学术刊物。随着辽宁铁路教育学会的撤销，从2015年1月起，《沈铁教育》改由沈阳铁路局职工教育处主办。《沈铁教育》是全局职工教育工作政策、经验、成果、导向的传播媒体，是全局职教干部和培训教师学习、交流经验的平台，办刊的宗旨是：宣传党的教育方针、政策，面向全局教育工作者，坚持政策性、方向性、时效性，坚持理论联系实际，坚持为基层服务，通过政策导向、理论研究、经验介绍、信息交流等内容，不断宣传和促进我局职工教育工作的发展。《沈铁教育》在全局发行，在全路职工教育系统内部交流。截至2015年12月份共出刊182期。

2012年，沈阳铁路局举行第十八届职工运动会（张宝洪 摄）

第九篇　人武、政法

沈阳铁路局政法和人民武装部门，围绕党的中心工作，认真履行职责，确保党的方针政策在政法和人民武装部门工作中得到贯彻落实。各部门把治安稳定工作的组织领导、严格执法、按章办事、公平公正和化解矛盾纠纷、维护稳定纳入各级党政班子和领导干部政绩考核、纳入年度政治工作考评内容、纳入治安综合治理责任目标中，并采取深入基层单位检查考核、舆情引导、信息反馈、督办落实等措施，强化制度落实。各级公安执法部门以打击铁路货盗、拆盗铁路设施、破坏铁路交通设备，以及发生在铁路大规模建设工程中的偷盗、侵占、贪污案件为重点，开展专项行动；确保铁路大动脉安全稳定畅通。普及法律法规知识、保护公共安全和职工人身财产安全，维护单位生产、治安稳定。人防武装部门，坚持"平战结合"的方针，加强战备物资管理，积极组建各级民兵组织、强化思想教育、加强军事训练、开展业务培训、提高民兵队伍、武装部门人员的整体素质，在运输生产、抗灾救灾、铁路改革与建设发展中，发挥骨干、突击作用。

第一章　人防武装（国防动员）

局人民武装部（人防战备处）承担沈阳铁路局国防动员委员会日常工作，受辽宁省军区和铁路局双重领导，是路局、局党委的军事工作部门。负责全局民兵组织建设、政治教育和军事训练，指导全局贯彻落实国防动员工作要求，围绕中心工作，发挥民兵组织在运输安全生产中的作用。2000年，根据铁道部和沈阳军区国防动员委员会第二次全体会议要求，成立沈阳铁路局国防动员委员会，明确职责和任务，完善武装部门组织机构，合理布局设置。在全局组织"民兵号"创建活动，开展民兵训练和生产突击活动，在抗洪抢险、重大事件和突发性事件面前，做到"召之即来，来之能战，战之能胜"。围绕"应急动员、快速拉动、战斗编组、勤务保障"等实战背景要素，展开军政教育训（演）练。在组织军事训练中，以军事斗争准备为牵动，以边海防建设和重点任务方向为核心，突出防突、维稳和处理应急遂行任务的指导思想，强化高新战术技能训练。面临国际风云变幻，人民防空和交通战备工作在国防动员工作中占据重要地位，正逐步实现布局网络化、队伍规范化、指挥信息化、方案实战化、管理科学化的工作目标。

第一节　国防动员工作系统概况

一、局国防动员工作机构设置

1996年，路局设置武装战备处，设定员10人。其中：处长1人，副处长1人，科长2人，干事6人。2001年至2003年，设定员5人。其中：部

（处）长1人，协理（正科级）1人，主任干事（副科级）3人。2003年至2005年3月，设定员5人。其中：部（处）长1人，部员（副处级）1人，协理（正科级）1人，主任干事2人。2005年3月18日，局武装战备处更名为沈阳铁路局人民武装部（人防战备处），设定员5人。其中：部（处）长1人，部员（副处级）1人，协理（正科级）1人，监察2人。2008年12月，设定员5人，其中部（处）长1人，部员（副处级）1人，协理（正科级）3人。

二、局国防动员委员会

2000年，根据铁道部和沈阳军区国防动员委员会第二次全体会议要求，成立沈阳铁路局国防动员委员会。同时，撤销局党委人民武装委员会和局人防战备领导小组，全局的人民武装动员、交通战备、人民防空、经济动员工作由局国防动员委员会实行统一领导。局国防动员委员会综合办公室设在武装战备处。

局国防动员委员会第一主任由局党委书记兼任，局长任主任，局党委副书记、副局长、局工会主席、驻局军代处主任任副主任。局党委办公室、局办公室、局党委组织部、宣传部，局团委，公安局，人事处、劳资处、计统处、财务处、政策法规处、调度指挥中心、车务处、工务处、电务处、建设处、物资处、教育处、武装战备处、驻局军代处技术处等职能部、处、室为委员会成员单位，负责日常协调工作。2000年9月20日，各分局相继完成了国防动员委员会机构组建工作。

国防委员会负责人随铁路局领导人员的变更自然调整。

三、分局（站段）国防动员工作机构设置

1996年，各分局设置武装战备分处，分别是长春、沈阳、锦州、大连、通辽、吉林、通化、图们、白城、丹东。设置定员3~4人。其中：分（部）处长1人，协理1人（沈阳2人），工程师1人。

2005年3月18日，为适应铁路改革发展新形势的需要，经铁道部党组研究、国务院同意，撤销所有分局，在下设的7个办事处中，除沈阳铁路办事处外，均设有办事处人民武装部，分别是长春、锦州、大连、通辽、吉林、通化。基层站段共设专（兼）职武装部长103名。2006年3月，全局生产力布局调整，基层站段共设专（兼）职武装部长74名（含各房产生活段）。2013年，基层站段共设有专（兼）职武装部长107名（含货运中心、行包快运中心、旅行服务段、餐饮服务段、林业总场）。2014年，运输站段设立武装保卫科，设定员3~4人。其中：科长（武装部长）1人，主任干事1人，干事1~2人。2015年，基层站段武装部长108人（新增沈阳南站）。

第二节　人民武装动员

一、民兵组织建设

1997年，依据辽宁、吉林省军区关于做好年度民兵组织调整工作的指示精神，全局共编组民兵50130人，占全局国营职工总数的13.16%。其中，基干民兵11135人，女基干民兵341人。依据战区军事动员战略任务，全局共编组混合民兵营173个，基干民兵连173个，针对铁路民兵平战结合的特点，在各分局（公司）分别组建以铁路抢修专业为主要任务的应急和技术保障分队10个。1998年，民兵组织调整，组建基干民兵应急分队10个共253人，组建民兵支援保障分队10个共765人。

2011年，辽、吉两省军区赋予全局基干民兵编组任务为9040人，局人民武装部根据重点任务方向和遂行多样化军事任务的需要，统筹考虑布局，全局编组民兵应急分队（连）8个，编组总人数为2030人；军事特勤分队230人。2015年，上级军事机关赋予沈局基干民兵编组任务为7896人（含应急分队1925人，军事特勤289人）。专业保障（交通战备）中队编组2300人。

二、民兵训练与生产突击活动

1996年，全局共组织军事训练民兵1417人，完成上级军事机关赋予军事训练任务156%。其中组训民兵连、排长96人。1997年，应训民兵干部74人，实训118人，完成训练任务的149%。各分局（公司）结合实际对民兵应急分队进行了演（训）练，参加民兵540人。完成了技工学校

822名学生岗前训练任务。1999年，完成训练计划任务100%。并对新组建的民兵支援保障分队和技术保障分队结合专业和任务方向进行了专业训练，共有680名专业保障分队民兵参加训练。

2000年，路局根据民兵组织调整改革的任务需要，确保训练质量，在辽宁省军区教导队实施集中训练民兵应急分队民兵685人。由各分局根据任务需要，复训和组训基干民兵、支援保障分队民兵，完成训练计划任务的100%。2003年，辽宁、吉林两省军区赋予沈局基干民兵和应急分队、支援保障分队军事训练任务1600人。局武装部组织68名组训干部、军事教练员在大连陆军学院进行业务集训，聘请学院高级教官现场讲解授课，进一步提高了组训干部、教练员组训教学能力。2004年，局人民武装部组织65名组训干部、军事教练员到辽宁省军区教导大队集训，并研究制定当年组训实施方案，组建科技含量高、训练重点突出、多媒体与现场教学相应的军事教练员队伍。按照局党委部署，在第十六期优秀中青年干部培训班中开展"一日兵"教育训练活动，共有60名中青年干部参加了教育训练。

2006年，以军事斗争准备为牵动，以边海防建设和重点任务方向为核心，突出防突、维稳和处理应急遂行任务的指导思想，强化高新战术技能训练，抽调80名专武干部、军事骨干由沈阳军区军官素质训练基地带训，完善组训方案和教学大纲。10月中旬，组织450名基干民兵开展军政教育训练，组建沈阳铁路局民兵军事特勤分队并进行实装、实战拉动点验。2008年10月，代号为"08T兵—应急反恐"演练，集结320名军事特勤民兵参加了实战背景的演练。2009年，完成多样化遂行任务能力需要，集中组织应急分队民兵550人，围绕"应急动员、快速拉动、战斗编组、勤务保障"等实战背景要素，展开为期一周的军政教育训（演）练。

2010年9月19日，聘请吉林省武警总队11名教官，完成对100名在培干部（千人培训工程）军训任务。2012年9月中旬，在辽宁省军区教导大队完成282名基干民兵以落实基干民兵施训《纲要》和遂行多样化军事任务预案要求为内容的实兵、实装军政教育训练活动。2013年9月下旬，在沈阳军区兵种训练基地组织实施了以实兵、实装、实战为战术背景的全局年度基干民兵军政教育训（演）练活动。2014年6月，在阜新工务段管内新义线128公里大凌河桥现场，举办了国防交通保障队伍点验暨军用"八三"式桥墩拼装训（演）练。10月，在辽宁省军区教导大队举办了年度基干民兵军政教育训（演）练活动。2015年10月18日，在辽宁省军区教导大队举办了代号为"2015-秋季点兵"基干民兵军政教育训（演）练活动，基层单位武装干部、军事教练员、基干民兵共计310人参加训练。

三、民兵组织活动

1996年，为配合全民健身运动，检验和巩固民兵军政训练成果，路局举办了全局职工军体竞赛大会，有10个代表队80余名基干民兵参加角逐。锦州分局1名、丹东分局4名基干民兵分别获得5公里武装越野男子第一名、5公里武装越野女子第一名、男子军用半自动步枪精度射击和应用射击第一名、女子军用半自动步枪精度射击第一名。1999年，为迎接澳门回归和庆祝建国50周年，举办了全局民兵射击比赛，各分局（公司）和直属机关党委组队参赛，50余名男民兵和18名女民兵参加了五项个人与集体项目角逐，沈阳、吉林、通辽分局分别获团体总分前三名。2004年，结合全局"植树造林、绿化铁路沿线"号召，组织民兵参加植树造林，共组织民兵1822人，历时22天，种植各种树木19270棵。2004年5月，由局武装部牵头，局党委宣传部、局工会、人事处、劳资处、职工教育处、局团委联合组织，在全局转退军人中开展"退伍不褪色，推进跨越当尖兵"主题教育实践活动。

2005年12月6日，局党委、路局召开全局"退伍不褪色、推进跨越当尖兵"主题实践活动总结表彰暨"民兵号"命名电视电话会议，命名局优秀转退军人标兵10名；局优秀军转干部20名；局优秀转退军人100名；"退伍不褪色、推进跨越当尖兵"主题教育实践活动组织先进单位20个；主题教育实践活动组织工作先进个人30名。2007年，响应局党委、路局植树造林的号召，集结288名军事特勤民兵在沈山线女儿河至高桥间种植树木5000余棵，平整场地1600余平方米。2009年11月，组织民兵656人，参加局职工安全教育基地初期施工建设，历时5天，共平整场地37400余平方米，清理碎石杂物100余车，铺垫养殖土1万余立方米。

2011年6月，由丹东工务段专业保障队伍代表沈阳铁路局参加沈阳军区组织的应急点验大会，受到军区首长好评。为深入学习贯彻《国防动员法》，响应沈阳军区政治部号召，组织民兵开展法规学习教育活动。

四、"民兵号"建设

1996年，表彰先进武装部、先进"民兵号"班组、先进专武干部。授予通辽分局武装部等20个武装部为先进武装部；授予苏家屯机务段东风4型4213"民兵号"乘务组等10个"民兵号"班组为先进"民兵号"；授予先进专武干部45名。2003年，对苏家屯机务段SS4型6081号等24台机车命名为"民兵号"机车；沈阳客运分公司京直K53/54次列车第四乘务组等10个班组命名为"民兵号"班组。2004年，在辽宁省军区为振兴东北老工业基地做贡献总结交流会议上，局武装部介绍了经验做法，并被辽宁省军区命名为参建工作先进单位。

2005年中共沈阳铁委人民武装委员会、局国防动员委员会命名苏家屯机务段SS4型6081号等17台机车为"民兵号"机车；命名沈阳客运段京直K53/54次列车第四乘务组等23个班组为"民兵号"班组。截至2015年12月末，全局基干民兵实现安全生产6713天。

五、突击奉献活动

1998年，各级武装部和民兵组织，积极响应局党委号召，落实路局抗洪抢险保畅通，灾后复救，减少损失，重建家园的指示，组织各种突击队240个，直接参与救灾11048人（次），组织突击活动136次，整建制动用民兵参加应急任务23个，40余次，参加780余人次。全局民兵专武干部为赈灾捐款26217元，捐物48363件。

六、民兵军事教练员队伍建设

2004年，局人民武装部授予12名同志为优秀新型军事教练员称号。2011年，为进一步加强军事教练员队伍建设，6月中旬，在沈阳军区综合训练基地，对基层单位68名军事骨干进行评审考核，有33名军事骨干被评选为沈阳铁路局第一期军事教练员。2012年6月，第二期军事教练员资格评审活动，基层33名军事骨干被评为军事教练员。2013年6月，第三期军事教练员资格评审，29名军事骨干被评为军事教练员。2014年，第四期军事教练员资格评审活动，30名军事骨干被评为军事教练员。2015年7月，第五期军事教练员评审活动，评选出30名军事教练员。全部纳入军事教练员队伍储备。

七、预备役工作

1996年，全局预备役人员共33551人，其中辽宁省境内19518人，吉林省境内14033人。预备役技术兵13963人，其中辽宁省境内8516人，吉林省境内5447人。按要求完成325名预备役军官的军衔鉴定和评定工作。1997年，对全局33592名复退军人和71名转业军官进行预备役登记，根据上级军事机关命令，完成了辽宁省境内275名预备役军官授衔任务。其中授予预备役军官大校军衔1名，上校军衔6名，中校军衔38名，少校军衔43名，上尉军衔22名，中尉军衔9名。改授预备役军官上校军衔23名，中校军衔57名，少校军衔35名，上尉军衔33名，中尉军衔8名。

八、民兵武器装备安全管理

民兵训练基地占地面积约7.7万平方米，含综合楼一座、训练场一处、轻武器射击场等设施。1996年，局投资44.3万元，整修基地实弹射击场，加高射击靶挡2米，修建改造主动式挡土墙和排水沟120延长米，大修改造了水源地，彻底解决了用水难问题。训练基地自投5万余元，对训练设施、宿舍、道路进行整修改造，训练保障能力得到提升。1999年11月10日，根据局长办公会议决定，民兵训练基地改由沈阳铁路中等公安学校管理使用，训练基地靶场的功能保持不变。

2000年，对全局民兵武器装备进行收缩管理，在白城、图们分局撤销时，将武器装备全部存入当地军分区，并将装备给大连、丹东地区的民兵武器装备收缴到局装备仓库统一管理。12月末，在全局管内（除锦州分局）全部撤销了分局自管武器库（室），为基层消除了安全责任压力。局民兵武器装备仓库实现安全41周年，被沈阳军区评为"红旗仓库"。被沈阳军区、辽宁省军区评为安全管理"先进单位"。

2005年，局民兵装备仓库更名为局武器库。2008年，进一步完善反恐防爆预案建设，北京奥运会期间，局武器库实施一级战备管理，确保武器装备的绝对安全。2009年7月，安全运送民兵报废弹药101.73吨，完成销毁任务。按照辽、吉两省军区指示精神，对由原各办事处武装部负责管理的民兵武器装备进行清点核对。对吉林省境内的民兵武器装备移交当地军分（警备）区统一管理，对各种备品和配件统一收缴到局武器库，确保武器装备安全。

2010年，按照上级军事机关统一部署，重点销毁各类手榴弹、火箭弹、地爆器材及枪弹，共计18.56吨。并对武器库存放的38枚旧式手雷（危险品）、地爆器材进行爆破销毁。2012年8月，按照上级军事机关的统一部署，组织相关人员安全完成新装备调运任务。2013年，按照省军区统一部署，5月25日，报废弹药3.4吨，136箱。26日5时，武装押运，行程61公里，历时95分钟到达销毁处理集中地，完成销毁任务。11月28日，对报废武器、器材进行集中销毁，共销毁各类枪件、杂品1.4吨。2014年8月份，按照省军区统一部署，对锦州武器仓库存放重1.5吨的弹药进行调储。2015年5月5日，按照辽宁省军区辽装械〔2015〕6号文件要求，将局武器库存放的武器弹药集中到沈阳警备区民兵武器装备仓库实施统一管理。按照路局《关于调整局机关行政附属机构编制的通知》精神，2015年7月1日，撤销局武器库。

2015年6月23日，局人民武装部、局党校领导及相关人员召开专题会议。就武器库人员、资产、业务移交等事宜进行研究确定，人员移交6人（其中干部4人，工人2人）。固定资产及设备共移交库区11920平方米，库房6栋17间，汽车一辆（丰田海狮面包车），视频安防监控系统1套。移交退休人员14名。并对原武器库功能及库内存放的物资备品进行确认。按照沈阳铁路局人组函〔2015〕41号文件精神，在局党校（干部培训中心）设立实训科。实训科设定员4人。其中，科长1人、主任干事1人、行政管理员1人、工长1人。按照辽宁省军区印发《沈阳铁路局人武部民兵武器装备仓库武器弹药集中统管工作实

施方案》规定的管理方式，集中武器弹药管理。集中统管的武器、弹药，由沈阳警备区民兵武器装备仓库提供单独库房，由沈阳铁路局实训科负责库房钥匙管理，并负责日常擦拭保养，动用使用由沈阳铁路局人武部开具调拨单，沈阳铁路局实训科负责领取。沈阳铁路局人武部民兵武器装备仓库保留设施设备及功能，并按照《辽宁省民兵武器装备仓库规范化管理实施细则》对留存的装备实施管理。

九、双拥共建

1996年，全国第三轮双拥模范城评比中，锦州分局被辽宁省评为双拥工作模范单位；大连公司被大连市授予双拥工作模范单位、复员转业军人安置先进单位；四平站、公主岭站被四平市授予双拥模范先进单位；通辽分局被内蒙古自治区委授予拥军优属先进企业；通化车务段退休职工杨秀珍被通化市授予拥军模范。1997年7月31日，局党委、路局召开广播大会，纪念中国人民解放军建军70周年，表彰拥军优属先进单位和先进个人。授予沈阳站等51个单位为拥军优属先进单位，授予拥军优属先进个人100名，优秀军人家属20名，优秀军队转业干部标兵10名、优秀转业干部51名、优秀复员军人91名，并命名十大标兵。1999年，突出铁路特点，落实"不让一个军人在铁路一时为难"的双拥工作方针，对军事工作优先安排，保证军事运输在沈局管内各项军事演习和兵员输送任务的完成，在第四轮双拥模范城区评比中，沈阳铁路局被辽宁省委、省政府、省军区评为双拥模范单位称号。2001年，辽宁省双拥工作领导小组召开全体成员会议，会议决定辽宁省双拥工作领导小组地方成员单位与驻辽部队开展共建活动，确定沈阳铁路局与大连陆军学院结对共建。2010年，经辽宁省第22次双拥工作领导小组全体会议决定，沈阳铁路局与空军大连通信士官学校结对共建。

第三节　人民防空动员

一、人民防空工作概况

沈阳铁路局人防工作按照国家和辽宁、吉林省政府对人防工作的要求，结合铁路特点和工作

实际，开展人防工程建设、维护和管理及人防法制宣传教育、专业队伍训练、防空警报、平战结合开发利用、财务管理等工作。2002年1月以前，沈阳铁路局人防战备办公室和各分局人防战备办公室承担人防行政管理职能，具有人防审批、收费、监督管理等权限。1月25日，辽宁省人民防空办公室下发《关于将沈阳铁路局人防行政职能实行属地化管理的通知》。沈阳铁路局人防工作实行属地化管理，不再具有行政管理职能，但仍然依法履行企业人防工作职能。

2009年10月29日，中共辽宁省人民防空办公室党组下发《关于将沈阳铁路局人防办划归省人防办直接领导的决定》。依法履行企业人防工作职能。沈阳铁路局人防办设主任1人、副主任1人，各基层单位设武装部长负责属地人防工程管理，在路局机关财务科有专人负责财务管理。2015年7月，全局有人防工程155项、总面积138456.2平方米。分布辽、吉两省和内蒙古、河北部分城市。其中，辽宁境内84处、54865.2平方米。人防工程开发利用31项、11636平方米，平战结合年收入在50万元左右。

二、人防工程建设与维护管理

1996年，全局人防工程总面积97243平方米，其中完好工程62235平方米，完好率63.9%。全年完成改扩建及防水堵漏工程17项，总投资87.1万元。1997年，向各分局下达了《沈阳铁路局1997年度人防工程建设计划》，确保工程建设质量，沈阳分局续建内部指挥所1处，1135平方米，通辽分局完成783平方米地下室的建设任务；全局完成防水堵漏、设备更新工程25处，投资73万元；统一制定印发了《人防工程维护管理制度》300份，做到了规范管理；全年拆除报废人防工程11处，434平方米。1999年，全年投资486万元，完成新建工程2647平方米，加固改造工程2处、720平方米，封堵处理早期工程12处、1293平方米，解除管理4处、588平方米。

2001年，全年完成人防工程建设14项；工程维护投入38万元；人防工程安全检查20次、120处，发现问题18个，立即整改16个，限期整改2个；人防工程报废处理2处、985平方米。2005年，会同公安消防部门对沈阳地区人防工程进行了消防安全检查，对存在问题下达限期整改

通知书；把原吉林分局武装战备分处直接管理的4处人防工程交由吉林房产段管理。2008年，全面贯彻落实沈阳军区和辽、吉、黑三省《关于贯彻落实国务院、中央军委关于进一步推进人民防空事业发展的若干意见的意见》《辽宁省人民政府突发公共事件总体应急预案》。2009年，加固维修人防工程4处；对重点人防工程进行安全检查130多次，发现和解决问题46个。

2010年，完成沈阳站、吉林站等人防工程的加固改造任务，锦州人防基地增设了取暖设施，对6处出现问题的人防工程进行临时性处理，确保工程质量；对重点人防工事实行定期检查、不定期复查等措施，及时发现问题，检查重点人防工程112处，发现隐患问题84个，均进行了及时处理。2013年，完成锦州人防基地楼房、沈阳站前等人防工程的加固改造任务，还对3处出现问题的人防工程进行了临时性处理，确保工程质量；检查重点人防工程97处，发现隐患问题44个，均进行及时处理。2015年，按照《沈阳铁路局关于开展人防工程、战备设施清理和围封战役实施方案的通知》要求，将人防工程交由房产部门负责日常管理，战备职能不变。

三、行政事业性收费与"平战结合"收入管理

1996年，认真贯彻《人民防空法》，切实加强人防事业性收费工作，保证人防结建费正常使用和管理，补充财务人员，规范财务管理制度。在辽宁省境内收取结建费37.8万元，四项费用8.14万元，人防工程拆除补修费45万元。全局人防工程利用面积51212平方米，利用率52.7%，平战结合收入24.35万元，安置就业650人。1999年，严格执行新颁布的《人民防空财务管理制度》和《人民防空会计制度》，加强人防各项资金的收取、管理和使用，人防经费做到专户存取、专款专用，无截留、挪用现象；辽宁省境内各分局（公司）收取人防四项费用65万元，集体企业税后积累2.2万元，自收人防工程使用费25万元；吉林省境内各分局按照地方政府政策规定上缴四项费用72.6万元，自收人防工程使用费12.3万元。

2000年，坚持以抓安全、抓管理、抓效益为重点，收取人防工程使用费52万元，收取四项费

用125万元，收取结建费175万元。2003年，人防工程利用面积44903平方米，收取使用费38万元，新增利用面积120平方米。2008年，贯彻《人防工程平时开发使用管理办法》，加大对已经开发使用人防工事的日常管理力度，按照平战结合的要求，实现"以防养防"的目标。全局人防工作获得吉林省人防工作目标管理"一等达标单位"荣誉称号。2009年，新开发利用人防工程1处，收缴人防工程使用费8万元。

2010年，深入贯彻《人防工程平时开发使用管理办法》，加大对已经开发使用的人防工事的日常管理力度，按照平战结合要求，实现"以防养防"目标，完成收缴人防工程使用费64万元的目标。对33家使用人防工事的单位及责任人，分别按已使用的人防工程种类、性质进行培训，使承租者知法规、明责任。加强人防工程合同管理，按照首次签订使用合同期限不超过3年、续签合同期限为1年和上打租的基本原则，签订人防工程使用合同28份。2013年，收缴人防工程使用费51万元；对24家使用人防工事的单位及责任人进行了培训；签订人防工程使用合同22份。

四、人防法制宣传与目标管理

1996年，普及人民防空知识，在42所铁路中学"三防"知识教育，受教育学生11447名。通化铁一中、本溪铁中被所在市人防办评为"三防"教育先进教学单位。1997年，局武装战备处、分局武装战备分处参加了与沈阳市人防办联合举办的大型人防法宣传日活动；举办专兼职人防战备人员培训班10期，培训500余人；组织184人参加了国家人防办举办的"人民防空法知识竞赛"。局人防办与辽宁省人防办签订了《人防战线1997年工作目标责任状》，年末经检查验收，被评为人防目标管理优胜单位（最高等级）。1998年，将目标责任状的各项指标分劈下达到各分局武装战备分处，与负责人签订责任状，年底获得辽宁省优胜达标单位。1999年，获得辽宁省、吉林省一等达标单位。

2000年，为纪念人防组织成立50周年，印发人防宣传读本500份，宣传材料2000张。2001年，制定通信警报三年建设规划，安装3台电声警报器，各设警单位警报鸣响率100%；完成学术论文12篇，获辽宁省人防学会论文二等奖1

篇、三等奖1篇。2002年，完成宣传稿件14篇，发放宣传品500份，设置画廊4处展出8期；完成学术论文12篇，获得辽宁省人防学会三等奖1篇、优秀奖4篇。2003年，举办4次人防演练220人次参加；组织了100人参加的中小学国防知识竞赛；印发防空防灾宣传单200多份；撰写人防学术论文18篇，获省级二等奖1篇。2004年，铁路局人防办与辽宁省、吉林省人防办签订了《人防战线2004年工作目标责任状》，年底获得辽宁省、吉林省一等达标单位。7个分局（公司）被路局评定为达标单位。2009年，购买30本《消防法解析》一书，下发到相关单位进行学习贯彻。组织撰写人防学术论文6篇，一篇被辽宁省人防学会评为二等奖、一篇评为三等奖。人防工作荣获吉林省"先进单位"光荣称号，人防设施管理获得沈阳市"管理先进单位"称号。2010年，"五一"和"九一八"，按时鸣放防空警报8处。人防工作获得辽宁省目标管理"达标单位"、吉林省"一等达标单位"荣誉称号。获得辽宁省人防学会先进单位荣誉称号，2名同志被评为先进个人。成为辽宁省人防协会常务理事单位，有1名同志被选为常务理事。2011年，进行全民人防宣传教育，增强国防观念与法规意识。组织人员编印了《防空防灾宣传手册》6000册，下发到各单位，并在沈阳、大连、长春等大站向旅客发放。

五、防空袭预案与演练

1996年，根据中央军委新时期军事战略方针和沈阳军区人防委、辽宁省人防办拟制高技术条件下局部战争防空袭预案的要求，克服重重困难，完成辽宁省境内防空袭预案拟制任务。1999年，整组、训练应急救援和人防防化专业队33个共2982人，开展多种多样的技术演练56次，5100多人次。2000年，举办全局人防执法培训班，运用法律手段追缴拆除人防工程赔偿款15万元；培训防化人员35名。2001年，进一步制定完善人口疏散计划；进行"化救"试点；组织专业队岗位练兵和防化专业队战术训、演、练24场。2002年，制定了一类重点经济目标抢险抢修方案3个；组建人防专业保障队伍7支，举办演练活动10次。2004年，开展2次共200多人参加的人防设施防火演习。防空警报春秋两季均进行试鸣。

2006年，安装2部新型电声警报器，全局警报数量达到11部。2007年，组织工务系统进行较大规模的应急救援防空防灾演习。2008年，组织工务系统进行较大规模的应急救援综合防空防灾演习。2010年，协助沈阳市沈河区人防办制定完成沈阳北站重要经济目标防护预案工作；观摩沈阳市人防办指挥通信区域协同演练；组织供电系统的有关单位进行防空防火演练。2013年，组织沈阳供电段进行防空防火演练，提高防空意识和应急处理能力。

第四节　交通战备动员

沈阳铁路局交通战备工作，受总公司交战办、沈阳军区交战办、辽吉两省交战办领导，并对全局基层单位（武装部）交通战备工作进行协调指导。

战备工作的任务是贯彻上级有关战备工作方针、政策、规章和指示，拟定实施细则和办法，在铁路建设中贯彻国防要求，制定战备长远规划和年度计划，编制修改路局应急战备措施、重点目标保障方案，组织战备物资储备，开展战备演练、科研、学术研究、人员培训，督促检查战备设施设备维护管理和平战结合利用，平时为应对突发事件和战时的铁路运输保障做好准备。交通战备现代化建设的目标是：国防交通网络化、队伍建设规范化、装备物资体系化、指挥控制信息化、方案计划实战化、工作管理科学化。

一、交通战备工程建设

1996年，在白石水库工程建设中，贯彻执行《铁路建设贯彻国防要求的规定》，协调有关部门，实地勘察战备基地，向设计、施工部门提出恢复因工程建设而拆迁的"05"战备专用线，确保战备基地正常使用。1997年，在哈大电气化改造工程建设中，贯彻《铁路建设贯彻国防要求的规定》，审查施工设计文件，勘察施工现场，补充通信光缆与外部指挥所的通信预留接口；电力电缆通过重点桥梁目标时在桥梁两端设有断路器或隔离开关；建地下运转室50平方米。1998年，协调计划部门，落实资金140万元，完成局国防培训基地教学楼的续建工程90万元投资款项和

"450"库新建工程50万元投资款项，并及时建成使用。1999年，局战备工程建设计划3项，投资13万元。其中开原"450"战备库大修投资6万元，通信增音站大修3万元，局指挥所暖气工程4万元。

2000年，按照铁道部重点战备基本建设工程计划安排，投资80万元，新建库房1处，10月底竣工。2002年，投资67万元，新建战备物资储备库，当年建成使用。2003年，向部战备办提报沈阳铁路局2004年战备重点工程建设项目计划。根据铁道部战备办公室《关于调整战备物资储备计划的批复》和沈阳铁路局"十五"战备工程建设项目计划安排，落实铁道部下达的小型基建重点战备工程项目1项。2005年，编制沈局"十一五"战备工作计划，重点安排指挥所、"450"库更新改造；"450"物资的调储。2006年，完成铁道部下达的小型基建重点战备工程项目1项，完成铁道部投资137万元，建设面积1280平方米。2007年，对上年战备物资储备库扩建工程续建，于5月底通过验收投入使用。2015年，向总公司交通战备办公室提报新建战备物资储备库，并将初步设计任务下达给铁路局勘察设计院，经过方案比对和可行性研究，报总公司，确定新建战备物资储备库一处，经过鉴修和参加国家发改委专家评审，投入641万元新建十家堡战备物资储备库。

二、应急保障建设

1996年，重点抓了线桥应急保障专业队伍的整组试点工作。选定沈阳桥隧大修段为试点单位，按照民兵整组要求，组成了以退伍军人、工程技术人员为基础的线桥抢修专业保障队伍。在长大线471公里铁岭河桥改造工程中组织大型拆装梁演练，架设32米拆装梁，一次试运成功，提前工期20天。1998年，完成组装临时通信指挥车工作。5月中旬，与电务处组织无线电台通信车演练。汛期，组织协同8个工务段，4个桥隧大修段专业保障队伍2100多人，完成特大洪水灾害抢险任务。

2000年，根据铁道部下达《铁路重点专业保障队伍整组计划安排》，结合沈局实际，制定整组工作具体方案和实施计划，全局完成整组专业

保障队伍23个，编制配属1000人。2003年8月30日至9月5日，结合长大线687公里805米处公铁立交桥改造使用拆装梁和工字钢契机，组织战备抢修器材拼装演练及技术培训。2004年10月27日，在锦州分局，结合沟海线31公里995米高家立交桥加宽改造，使用2组83墩，组织战备抢修器材83墩拼装演练及技术培训。

2006年，结合沈阳军区下发的《沈阳军区国防交通专业保障队伍正规化建设实施细则》要求，各单位进一步完善铁路专业保障队伍正规化建设管理工作，进行改编和重新编组，全局编组铁路专业保障队伍19个，总计890人。2007年6月25日至7月1日，对15个工程专业保障队伍进行集中点验。举办2007年全局交通战备抢修器材拼装技术培训及83墩实际拼装演练。2008年，完成二级重点保障目标方案的编制工作。依据编制工作要求，路局下发《关于编制重点保障目标方案工作有关问题的通知》，转发铁道部《转发规范交通重点目标保障方案编制工作的通知》。4月，邀请辽宁省、吉林省、河北省和内蒙古自治区交战办分别组织对辖区方案进行会审。2009年，完成三级重点目标保障方案的编制工作。2010年5月12日至18日，组织战备抢修器材拼装技术培训班。沈阳铁路局被沈阳军区授予交通战备工作先进单位。2012年，完成对全局专业保障队伍整组。全局编组国防交通专业保障中队28个（其中工程专业保障中队15个），计1290人。沈阳铁路局被沈阳军区授予年度交通战备工作先进单位。2013年6月，与驻局军代处联合组织了国防交通保障队伍水害抢修演练，沈阳工务段专业保障队伍参加演练。2014年6月，与驻局军代处联合在新义线大凌河桥举办"砺剑——2014军用83墩拼装"演练。2015年，与工务处共同组织战备抢修器材拼装技术培训班。培训人员85人，16个工务段桥梁技术人员、武装部长和专业保障队伍技术骨干参加培训。培训方式以理论教学和器材模型拼装相结合。

三、战备物资和战备设施管理

1996年，根据铁道部抓紧战备设施物资布局结构调整要求，结合全局改革和生产布局调整步伐，制定指挥所封存、报废、租赁、家庭承包等新管理模式开通方案，将过时淘汰设备设施解除

战备管理，减少维管人员73人。对全局70个战备物资储备库点储备的六大类54种战备物资清点核实底数，组织召开"450"物资调整协调会。开展平战结合利用，开发利用指挥所，收入36.2万元。锦州七〇一机车检修基地厂修蒸汽机车40台，创营业额820万元，安置集体青工就业500余人。1997年，建立完善目标管理责任状，纳入企业管理，实现账、物、卡、资金四对口，良好率及标准化率均达98%以上，利用率达34%。根据铁道部《关于调整战备物资储备计划的批复》，全局10个分局完成了战备储备物资的结构调整，收回储备资金1212万元。提供战备库房3053平方米/3处，为运输生产服务。开展平战结合利用，在沈阳市大二环立交桥建设和铁路施工建设中动用83式桥墩4组，工字钢522片，创收43万元；利用指挥所6处，创收16.2万元。1999年，下发《关于开展战备物资管理工作考核的通知》，明确对战备物资管理工作的标准和考核内容。按照铁道部战备办要求，完成与沈阳桥梁厂订购1组83式桥墩的任务，并按合同要求进行认真严格的质量监理。

2000年，依据铁道部战备办物资调储《批复》要求，使用调储资金207万元，完成与沈阳桥梁厂购置6组83式军用桥墩的换储任务。另外，提报用1孔普通32米拆装梁换储1组83墩的报告，经部批复后，使用开原库普通32米拆装梁1孔（不找差价）与沈阳桥梁厂换1组83墩。结合哈大电气化改造及秦沈客专施工等多项工程，施工单位租赁使用工字钢370片次，83式桥墩9组次，65式桥墩5组次，租赁抢修器材创收44.6万元。2003年，完成购置换储1孔87式铁路抢修钢梁工作任务，储备在新建的清河门库，并完成天义等6个库房的13孔拆装梁集中转储到清河门库内管理的任务。全局储备库点由既有的26处减缩为21处，投入资金7万元，购置补充了83式桥墩2组。结合哈大电气化改造及各市立交桥改造施工等多项工程，施工单位租赁使用抢修器材创收27.4万元。利用战时内部指挥所和专运线等战备设施创收24.5万元。锦州机车检修基地全年厂修机车50台，营业额达700万元。2004年，对沈阳桥梁厂出厂的八三式桥墩质量进行了认真监督管理工作。

2005年，对租赁损坏丢失的器材配件及时进行补充，保证抢修器材和库房良好率达到98%以上；全年租赁抢修器材创收23万元，利用战备设施创收24万元。2006年，结合哈大客专改造及铁路改造施工等多项工程，施工单位租赁使用抢修器材实现创收33万元。2008年，规范库房和物资管理工作，在铁道部联合检查中受到肯定和表扬。2010年，全年维护管理费用投入64.8万元，并完成群岭、老爷岭两库房7孔32米拆装梁统一调储到西阳库的调运工作。同时，对群岭、老爷岭两库房解除了战备管理，全局既有13个库房，缩减为11处。2011年，按照铁道部《铁路战备储备物资按理规定》要求，组织基层战备物资管理人员进行专题学习和研讨3次，强化对战备物资的专业管理。8月，对各战备库器材管理和养护维修情况进行全面检查，对检查发现问题进行专题通报。2013年5月，国家交战办组织专家检查组对西阳战备物资库从组织机构建设、规章制度、基础资料、资金管理、物资管理、物资动

用、储备环境和装卸条件八个方面进行全面检查。9月份，将原来存储在锦州物资供应段的一组半"83墩"调储到清河门战备物资库，战备物资做到集中管理。2014年，对照铁道部〔2010〕72号文件和国家交通战备办公室印发的《国防交通物资储备仓库达标考核标准》，组织全局战备物资管理人员进行培训和学习，落实战备物资管理有关规定，明确界定路局和站段管理职责，掌握战备储备物资的储存保管、平时使用、资金管理有关标准，强化对战备物资专业管理。2015年，按照中国铁路总公司要求，下发《关于做好战备物资维修工作的通知》，对器材维修标准进行统一要求，将国家下拨的物资维修费和路局"450"维修专项资金划拨给各单位，组织站段做好器材维修工作。对全局60处战备设施逐一进行检查核对，掌握战备设施基本情况，健全战备设施有关资料，将战备设施日常管理工作责任重新划分，统一交由房产段和林场负责管理。

第二章　政法委员会

沈阳铁路局政法委员会在铁路公检法移交之前，作为局党委领导政法工作的职能机构，主要承担着统一、协调政法各部门的工作职责。铁路实行政企分开，铁路公检法从铁路系统中剥离出去，隶属关系发生变化，检法两院归省级检法直属部门，沈铁公安局由铁路公安局直管，省公安厅协管，党委工作以沈阳铁路局为主。在不同的历史时期，沈阳铁路局党委政法委员会（沈阳铁路局政法委员会）认真履行职责，积极发挥指导协调作用，突出维护稳定工作，加强治安，加强护路联防，保障铁路运输顺利进行。

第一节　政法系统概况

1996年，按照铁道部要求，局政法委设兼职书记1人，兼职副书记2人，专职副书记1人。根

据局党委《关于调整机关党群机构编制的通知》（沈铁委〔1995〕38号），局政法办、综治办合署办公，定员7人（其中：副书记兼主任1人，副主任1人，部员5人）；10个分局（公司）政法（综治）办定员共计52人。2005年，铁路分局撤销，局党委政法委员会设兼职书记1人，兼职副书记1人，专职副书记2人；局政法委、综治委下设政法、综治办公室，主任由1名专职副书记兼任，副主任1人，部员3人。

2012年6月，沈阳铁路局分别与吉林省、辽宁省和内蒙古自治区检察院、法院签署移交协议，对铁路检、法两院进行移交。2014年12月，沈阳铁路局党委公布局机关党群机构编制，局党委政法委下设办公室，与治安综合治理办公室合署办公，定员4人（其中：副书记兼主任1人，副主任1人，部员2人）。主要职能：督促、检查、

指导各部门和基层单位落实治安综合治理、反恐防暴、防范和处理邪教等工作的各项措施；组织检查考核局属单位实行治安综合治理领导责任制的情况，提出奖惩一票否决制的意见和建议；协调有关部门对涉法涉诉上访案件进行调查处理，根据党的政策和法律规定，化解矛盾，妥善解决；指导、协调政法各部门工作，对重大疑难案件，通过调查了解，提出议题，提请政法委员会组织、协调，并妥善解决；对治安重点地区排查整治和安全专项整治工作挂牌督办，并对铁路"平安创建"先进单位提出表彰奖励；对矛盾纠纷排查调处工作进行指导督办，并对维护稳定工作提出表彰奖惩的建议；对在维护铁路治安中挺身而出，积极同犯罪分子作斗争，涌现出见义勇为先进单位和个人提出表彰奖励的意见和建议；对本部门职责范围内的工作制度、规定和标准进行制定、修改和完善，或者提出制定、修改和完善的意见和建议。

第二节　政法工作

一、维护全局平安和谐稳定

坚持把维护稳定放在首位，有的放矢开展工作。严格按照"属地管理，分级负责"和"谁主管、谁负责"的原则，加强对治安稳定工作的组织领导，进一步落实稳定工作逐级负责制。健全各级党政一把手负总责、亲自抓，分管领导直接抓，主管部门具体抓，有关部门密切配合，各级组织齐抓共管的工作体系。路局把化解矛盾纠纷和维护稳定工作的成效纳入各级党政班子和领导干部政绩考核、纳入年度政治工作考评内容、纳入治安综合治理责任目标中，并通过采用签订稳定工作责任状，深入基层单位检查考核、督办落实等措施，强化责任制落实。

1996年4月16日至17日，全局政法工作会议召开。各分局（公司）政法委书记，专职副书记，政法办、综治办主任，局公、检、法三长及政治部主任参加了会议。会议规划了"九五"期间全局的政法工作，把维护政治稳定置于各项工作的首位。

1997年，局党委成立了维护稳定工作领导小组，组织干部深入基层，对重点人和事落实包保责任制。局维稳工作领导小组坚持矛盾纠纷排查调处机制，定期排查和调处影响稳定的各类矛盾纠纷，研究和解决职工群众反映强烈的热点、难点问题。坚持把矛盾纠纷排查作为维护稳定的"第一道工序"，完善组织体系，超前防范，落实责任，及时掌握矛盾纠纷的"第一信号"，坚守调处工作的"第一阵地"，切实承担第一位的政治责任，确保职工队伍稳定。1998年，各级政法部门把维稳作为确保改革攻坚顺利推进的头等大事。坚持思想政治工作与解决职工群众的实际问题并重的原则，在理顺职工思想情绪的同时，注重关心亏损单位和息工、待岗、退养及离退休职工的生活，继续大力开展送温暖活动，坚持领导干部包扶贫职工制度，加大对贫困职工的扶贫力度。

1999年，全局政法工作会议提出，把全力以赴维护铁路稳定作为头等大事来抓，深化严打斗争，紧紧围绕铁路改革和发展建设,努力提供优质高效的法律保障和法律服务。2000年，全局政法工作突出重点，认真贯彻党的十五届四中全会精神，全力抓好维护稳定工作，努力建设高素质的政法队伍，切实加强和改善党对政法工作的领导，为铁路改革和发展创造良好的法治环境。

2001年，各级党委和政法部门把维护职工队伍稳定作为头等重要的政治任务来抓，切实加强对维护稳定工作的领导，进一步落实稳定工作逐级负责制，健全和完善了保稳定工作机制，提高维护稳定工作的质量和水平。加强反恐怖斗争的防范工作，确保全局安全和稳定。2002年，全局各级党政和政法部门坚持"稳定压倒一切"的方针，加强对维护稳定工作的领导，局党委、路局召开全局保稳定会议，下发密电22件，认真部署，反复落实。从加强保稳定信息工作、人民内部矛盾纠纷排查调处工作、对1998年提前退休职工待遇问题、对拖欠集体职工养老保险补缴等方面入手，实现了"五消灭、三达到、两保证"目标，确保了稳定。

2003年，局党委重点抓维护稳定，严厉打击各种形势犯罪，落实综治各项措施，推进政法工作改革，加强政法队伍建设和自身建设等六个方面工作。2004年，针对出现的一些新情况、新问题，局政法委把维护稳定特别是控制群体访作为一项政治责任。健全和完善保稳定工作机制，制定下发了《矛盾纠纷排查调处办法》《沈阳铁路局处置突发群体性事件应急工作预案》和《劝返站工作预案》。提高了维护稳定工作的质量和水平，与事涉部门和单位密切配合、定期排查，及时掌握稳定工作动态。特殊敏感时期，加强驻京劝返力量，坚持稳定信息"零报告"制度，强化稳定信息工作。

2005年，严格按照"谁主管、谁负责"原则，进一步健全各级党政一把手负总责、亲自抓，分管领导直接抓，主管部门具体抓，有关部门密切配合，各级组织齐抓共管的工作体系。召开专题稳定会议及协调会议39次，先后妥善处理和化解控制172起3003余人次群体访问题。2006年，坚持把矛盾纠纷排查作为维护稳定的"第一道工序"，从完善组织体系，确立工作目标，健全工作机制入手，及时掌握矛盾纠纷"第一信号"，坚守调处工作"第一阵地"，切实承担第一位的政治责任，积极探索构建矛盾纠纷排查调处工作长效机制。全面推进领导包案制度，交班制度，通报制度，督办制度和考核奖罚制度，使大量矛盾纠纷在基层得到化解，为促进铁路跨越式发展创造了和谐稳定环境。

2007年，针对上访问题有所增加的实际情况，进一步完善了《沈阳铁路局处置突发群体性事件应急工作预案》，细化措施，健全信息网络工作体系，为确保铁路沿线治安持续稳定和铁路第六次大提速提供了保障。2008年，强化北京奥运会期间维稳工作，组织有关部门，采取分区域进行包保，各包保组、各办事处和辖区单位领导高度重视信访信息渠道，对不稳定情况跨地区沟通、信息互动，采取有效措施控制重点人员，确保了沈阳铁路局在奥运、残奥期间的安全稳定。2009年，各级党政组织和政法部门把维护稳定作为确保改革攻坚顺利推进的头等大事。为了做好深化改革、减员增收关键时期的维稳工作，局政法委于5月21日，召开了由各分局（公司）主管政法工作领导和局机关有关部门负责同志参加的全局维护稳定工作会议。坚持思想政治工作与解决职工群众实际问题并重的原则，在理顺职工思想情绪的同时，注重关心亏损单位和息工、待

岗、退养及离退休职工的生活，继续大力开展送温暖活动，坚持领导干部包扶贫职工制度，加大对贫困职工的扶贫力度。

2010年，建立完善路局、站段、车间工作责任落实制度，把矛盾纠纷排查调处工作"第一阵地"前移到车间，触角延伸到班组，责任落实到每一名党员，做到层层有人抓、事事有人管、责任全覆盖，形成齐抓共管的格局；明确车间重点人包保稳控、信息收集、疏导教育、矛盾纠纷源头化解4项基本工作职能，在全局5229个车间（班组）党支部中，每个支部设立1名矛盾纠纷调解员，做到人员到位，责任落实。2011年，维稳责任制得到进一步落实，局领导处理职工群众来信211件，接待职工群众来访319人次；站段领导处理职工群众来信312件，接待职工群众来访536人次。开通了局职工维权热线，全天候受理职工群众诉求。2012年，为确保全国"两会"和党的十八大胜利召开，先后对沈阳北、沈阳、锦州、山海关等劝返站工作情况进行了检查督导。局政法委深入到涉法涉诉案件重点人所在单位，督办指导稳控措施落实。

2013年，制定印发了《沈阳铁路局重大决策社会稳定风险评估实施细则（试行）》，进一步规范了全局重大决策社会稳定风险评估工作。对信访维稳工作实行日常考核、月度考核、年度综合考核，对重大维稳事故实行"一票否决"。2014年，开展对治安重点人员进行登记排查。各单位按照路局要求，积极组织开展治安重点人员排查，共确定13个单位上报依法打击对象29人，全部建档立卡，制定了相应措施，实施"三级包保"，强化对重点人员的稳控。并会同各铁路公安处对15名"站霸""段棍""老赖""无赖"依法打击。同时，采取组织关怀、亲属协控、组织办班、教育训诫、依法处置等措施，妥善化解和处置了一批扰乱治安、无理上访等涉稳事件和问题。对10起涉法涉诉案件，运用法律、行政等手段进行有效调处，保证全局持续稳定。为进一步加强全局运输一线行车重要工种岗位职工安全管理，有效防范和遏制单位内部职工违法犯罪，局综治委在全局运输主要生产单位开展运输一线行车重要工种职工情况普查登记。对91个单位的运输一线行车重要工种职工11万人逐人登记，对

排查出的重点人员实施重点管控，有针对性地对职工开展法制教育，做到对本单位运输一线行车重要工种职工状况底数清、情况明。

2015年，按照辽宁省委政法委关于涉法涉诉信访案件改革总体要求，局政法（综治）办同局信访办对涉法涉诉案件进行对接，对全局涉法涉诉信访案件逐一进行排查梳理，并制定化解方案。局政法（综治）办组织协调沈铁公安局，发挥在维护稳定工作中的作用，依法处置违规上访行为，把影响降到最低程度。全年共劝阻到局群体访68起1141人次、进京集体访45批130人次；有效处置群体性突发事件（苗头）23起160人次，教育训诫80人；检查内部单位158个次，要害部位、设备880处次，重点防范部位3971处次，及时消除一批安全隐患。针对敏感时期、重点时段治安特点，局政法（综治）办与沈铁公安局共同下发了《沈阳铁路局关于全力确保重点时期管内安全稳定的通知》，坚持抢前抓早、超前谋划，有针对性地强化管控措施，顺利完成了任务。

二、同"法轮功"等邪教组织的斗争

1999年，全局对"法轮功"修炼人员进行了全面调查摸排。局维稳工作领导小组组织开展教育转化工作，向干部职工开展马克思主义唯物论和无神论教育，发动党政工团组织，通过召开座谈会，个别谈心，家庭走访等形式，着重加强对修炼"法轮功"人员进行思想教育，促其转化，并取得明显效果。每年局维稳工作领导小组都组织下发通知，反复深入部署同"法轮功"邪教组织的斗争，对未转化的法轮功痴迷者逐人制定转化方案，落实了以单位党政领导负主责的教育转化和监控措施。经过坚持不懈的教育转化工作，组织法轮功痴迷者上法制课、观看典型录像，运用典型现身说法、正面引导等方法，使得思想顽固的人员得到了转化。

2015年，组织沈铁公安局国保处对铁路职工修炼过"法轮功"人员是否与境外窜连进行排查，并对铁路职工是否参与"门徒会"等邪教组织进行摸排，对掌握的"法轮功"重点人员继续落实包保教育转化稳控措施，实行敏感时期每日"零报告"。局政法（综治）办组织重点单位主管领导和保卫部门负责人召开防范邪教教育转化

工作推进会议，对重点人员教育转化工作进行全面总结，全面部署对各单位邪教重点人员落实包保稳控责任和管控措施，切实加强情报收集工作，发挥护城河作用，密切掌握活动动态，并会同沈铁公安局国保处、内保处、治安处对重点车站、行车单位、重点处所进行督导检查，加强重点车站反宣品巡查清理工作，严密防范管内敏感地点、易发部位和场所非法聚集，确保全局政治安全。

三、开展专项整治

1996年，根据上级统一部署，在全局范围内开展"严打"集中统一行动。按照中央提出的"侦破一大批大案，抓获一大批逃犯，摧毁一大批犯罪团伙，严惩一大批要犯"的要求，层层实行目标责任制，共侦破刑事案件5158起（其中重特大案件1152起），协外破案1940起，打掉犯罪团伙118个，抓获犯罪嫌疑人2487名。严厉打击了犯罪分子的嚣张气焰。11月13日，局党委、路局联合召开表彰大会，对"严打"统一行动中做出突出贡献的沈阳铁路公安处刑警大队等20个先进集体和153名先进个人给予表彰。

1998年，根据主管部门部署，在全局政法系统中开展了集中教育整顿和执法执纪大检查。通过走访调查、排查重点、领导带头、反复深入查排，共查出以权谋私、执法违纪等21个方面的问题6305件。其中构成违法犯罪的案件43件，涉及干警57名，内有处级干部3名，科级干部34名，分别给予追究刑事责任、党纪处分、清除和辞退处理。

2000年，局治安综合治理委员会针对全局货盗案件突出、货运理赔数额上升的实际，发动政法干警和职工群众开展了一场打击货盗专项行动。共破获货盗案件2280起，其中大案953起，抓获货盗犯罪嫌疑人729名，打掉犯罪团伙56个、成员216人，收缴各种运输物资价值达110余万元。

2001年，根据党中央、国务院的部署，利用两年时间，在全国范围内开展一场严打整治行动。各级公安机关共破获各类刑事案件12587起（达到人均破案1.59起），其中重特大案件1159起；抓获各类犯罪嫌疑人5974名，抓捕逃犯1363名，打掉犯罪团伙74个；收缴毒品1094克，

摇头丸8209粒，假币150.41万元，对查获的犯罪嫌疑人，检察机关做到快捕快诉，及时依法批捕1017人，起诉976人；法院按照"两个基本"原则，从重从快审判了1046名犯罪分子；并对1036名违法人员进行劳动教养。

2002年，不断深化严打整治斗争，持续不断开展"抓偷打抢"和"追逃"等一系列专项打击行动，共破获各类刑事案件11063起。特别是相继侦破了"10·15"盘锦站抢劫票款案等1371起危害大、影响严重的大要案件。抓获犯罪嫌疑人4683名，打掉犯罪团伙72个，成员382名。2003年，各级政法机关紧密结合铁路治安实际，先后经过开展"铁拳行动"、打击"两抢"等专项斗争以及集中开展"破积案、追逃犯、打流窜"等破案攻坚战役，共破获刑事案件20778起，抓获各类犯罪嫌疑人17003名，打掉犯罪团伙222个，抓捕逃犯5390名。在全国"追逃"统一行动中，沈铁公安局追逃成绩列全路第三名，长春公安处被评为全国"追逃"行动先进单位。两年中，检察机关共审查批捕案件1218件1609人，起诉1445件2206人，审判机关共依法判决2127人；公安机关劳动教养1829名。2004年，开展"蓝盾行动""百日会战""两打"斗争和挖团伙、追逃犯等一系列专项行动。各级公安机关共破获各类刑事案件4346起，其中重特大案件428起，客盗案件727起，货盗案件911起，拆盗案件358起，破获拆盗铁路器材、割盗通信线案件261起，协外破案1572起，抓获犯罪嫌疑人3166名，打掉各类犯罪团伙62个，查堵网上逃犯718名。检察机关依法批捕585人，起诉701人，法院依法判决706人，公安机关依法劳教379人。

2005年，按照辽宁省政府集中整治"五线两资源"治安秩序活动的部署和中央综治办、铁道部、公安部、国家工商总局关于《清理整治铁路沿线废旧收购站点专项行动的通知》要求，以控制多发性"六类"治安案件、整治危及行车安全的突出治安问题为重点，从9月5日起，会同辽吉两省综治委在全局开展"铁路沿线治安突出问题百日专项整治"活动。活动期间，各级公安机关共出动警力66885人次，共破获刑事案件92起，打掉犯罪团伙10个，抓获犯罪嫌疑人94人；与地方公安、工商等部门密切配合，清理

整顿废品收购站点7027个次，收缴路材16.53吨；查处"六类"治安案件47件，清理扒乘列车278人次，清理线路闲杂人员19299人次，治安处罚6252人次。

2006年，为确保铁路第六次大提速、"十一"黄金周和运输生产安全，路局综治委从9月10日至12月20日，在全局组织开展了为期百天的铁路沿线治安突出问题整治行动。本着谁主管、谁负责的原则，制定治安联防责任制，要求各站把强化站区职场秩序、严防关闭折角塞门等环节作为重点，并利用车站广场、宣传栏等多种形式对《铁路运输安全保护条例》等法规进行宣传。2007年，局综治委在全局组织开展为期百天的铁路沿线治安突出问题整治行动，并将这次整治行动延续到了2007年4月底。开展广泛宣传教育，印发各类宣传品2万余份，张贴标语514张，保证书2万份，在沿线新设警示牌126块。通过认真巡查督办，在提速干线安装防护网54处，9217米；修补破损防护网180处，602.5米；及时封堵非法通道、涵洞间隔和排水沟1300处。

四、反恐防暴

局政法委组织沈铁公安局制定和完善反恐怖防范工作各项制度，督导各单位落实防范措施，为全局安全运输生产创造平安和谐稳定环境。

2003年，为加强全局处置大规模恐怖袭击事件的协调工作，经局党委和路局研究决定，成立局反恐怖工作协调小组，修订和完善反恐怖工作预案。积极配合地方政府妥善处置群体性冲击铁路、拦车断道等突发事件，确保铁路安全畅通。2008年，为确保北京奥运会期间的安全稳定，围绕加强站前治安联防、沿线治安和内部治安防范工作，对反恐怖和安全防范措施做了进一步细化，形成多方参与、部门联动的共建体系，不断提高内部整体防范水平，不给任何违法犯罪以可乘之机。秦沈和京哈铁路线实现了零案件、零伤亡。

2014年，路局下发《沈铁综治委转发关于加强群防群治群控深化反恐防暴工作的通知》《关于全面加强高铁治安保卫工作的实施方案》，建立了《全局高铁治安保卫工作联席会议制度》，下发了《高铁治安保卫工作实施方案推进表》，明确了牵头部门、配合部门、负责人及完成时

限。全局91个运输单位全部成立保卫科，配齐配强专职保卫人员。9月12日，按照辽宁省公安厅高铁反恐演习协调会部署要求，局政法（综治）办积极协调各部门及有关站段，认真落实反恐演习各项预案，积极配合辽宁省公安厅，在苏家屯站完成省高铁反恐演习。

2015年，按照铁路总公司《铁路反恐怖防范工作规定》《铁路反恐怖防范基础工作规范》有关要求，为加强铁路反恐工作，下发了《沈阳铁路局反恐怖防范工作规定》，成立反恐怖工作领导小组，明确反恐怖防范工作职责，制定反恐怖防范工作制度和反恐怖防范工作实施细则。以"防得住、不发生、处置好"为目标，全面推进防范、情报、打击、处置"四位一体"反恐机制建设，组织沈铁公安局在全局范围内设置特警驻站组、路地联勤办公室、反恐成员单位处置组，路局投资加装防撞设施，组织站段投资安装监控探头1408个。

第三节 治安综合治理

治安综合治理工作始终坚持"打防结合，预防为主"的指导方针，全面落实各项治安综合治理措施。每年年初路局都召开全局政法、综治工作会议，对前一年全局政法、综治工作进行总结，表彰全局政法、综治工作取得优异成绩的先进集体和先进个人，并与各基层单位签订全局治安综合治理责任状。

1996年，按照铁道部建设安全标准线和辽宁省开展"社会治安综合治理基层基础建设工作年"活动要求，抓领导责任制，层层签订责任状，以69个特、一、二等站和186对旅客列车为重点，加大内部治安防范，先后组织5300余名保卫干部，不定期开展安全大检查，共发现漏洞、隐患2233件。1997年，建立一级抓一级，逐级负责的治安综合治理领导责任制，各分局（公司）434个站段、2625个车间层层签订了治安综合治理责任状，对实现目标管理单位兑现奖金，7个被否决单位予以罚款。

1998年，沈阳铁路分局、白城铁路分局和丹东铁路分局综治办副主任张鹤分别被辽宁省委、省政府授予1996年至1998年辽宁省社会治安综合

治理先进单位和先进个人荣誉称号。1999年，围绕落实资产经营责任制，全面落实各项治安综合治理措施。全年共否决14个单位，罚款7.25万元，兑现资金350万元。全局共有治保会3157个，治安巡逻队292个，调解委员会506个，对1054名重点人员逐人落实包保措施。

2000年，坚持贯彻"打防并举，标本兼治，重在治本"的方针，从加强对惯性治安问题的整顿，在内部深入开展"安全文明"创建活动，加强群防群治基层基础建设，对全局5所中专、133所中小学周边治安秩序加强整顿，深化护路联防，落实治安综合治理领导责任制等方面入手，落实治安综合治理工作。2001年，结合严打整治、第四次列车提速、实施新运行图和哈大线电气化开通，健全和完善领导责任制，进一步强化防范工作，加强基层基础建设为重点，全面推进治安综合治理各项措施落实。

2002年，采取专群结合、打防结合和路地结合形式，对全局治安秩序较为复杂的50个站、40列旅客列车、30个复杂区段、20个厂段进行了集中整顿。2003年，以"内部单位创建治安联防区"活动为载体，全面加强内部单位治安防范，共建立内部单位治安联防区53个，处理治安问题426件，协助公安机关破案79起，抓获犯罪嫌疑人23人；先后以刑防、要害部位为重点，组织了4次安全大检查，发现和整治各类隐患897件。2004年，推进铁路治安综合治理，以清理扒乘人员和站车线闲杂人员、清理沿线废旧物收购站点、清理沿线危及行车安全的路材路料、清理站区及沿线闲置房屋为重点，进一步加大整治力度。公安机关坚持把防护网作为确保提速调图持续安全的第一道屏障，采取对易破网区段、部位加强监控，加大巡逻、清理次数，及时消除隐患。

2005年，制定下发《沈阳铁路局矛盾纠纷排查调处工作报送制度》，坚持预防为主方针，立足抓早、抓小、抓苗头，把矛盾纠纷排查调处工作作为维护稳定的第一道工序。全局共排查各类矛盾纠纷1238件，受理群众来信250封，经过疏导协调，先后妥善处理和化解控制172起3003人次群体上访苗头。2006年，坚持实行"三级签状"，即路局同站段、站段同车间班组、班组同

职工个人层层签订综合治理责任状和保证书。3月10日至4月10日，全局开展了治安综合治理和爱路护路宣传月活动。1999年至2006年，对重点站、车、线的治安秩序进行整顿，查处治安案件15万余起，严厉打击倒票贩票不法人员和清理围车随车叫卖和扒乘货车人员，整顿道口36209次。

2007年至2008年，为促进责任制的落实，局综治委与102个单位（部门）签订了2007年治安综合治理责任书。充分发挥公安机关的主力军作用，开展治安专项治理活动，确保铁路第六次大提速安全。2009年3月30日，局综治委召开了2010年局综治委成员单位第一次全体会议。传达了辽宁省综治委有关会议精神，总结2008年全局综治工作，部署2009年重点工作，对13项重点工作按照成员单位各自工作进行责任分工。为进一步提高对职工的法制教育的针对性，根据发生在管内干部职工中的一些犯罪事例，编写了《警示篇》一书。全局政法、综治工作得到省委政法委、省综治委肯定。路局连续三年被省综治委命名为"落实社会治安综合治理工作领导责任制先进单位"。

2010年1月3日和1月28日，路局分别召开了2010年局综治委成员单位第一次全体会议和全局治安综合治理工作电视电话会议。下发沈铁党综治发〔2010〕1号文件。开展重点站车线治安综合治理活动，下发活动实施方案，提出重点列车实现"两杜绝、两减少"，重点车站实施"十无"，重点区段实现"两杜绝、两提升、两下降"的具体工作目标。重点强化列车阵地控制，整治线路危行问题，推进综合治理活动。5月6日，下发《全面加强学生儿童聚集场所安全防范工作的通知》，重点对全面加强幼儿园等学生和儿童聚集场所安全工作做出部署，确定8项具体落实措施。局综治委于11月11日，召开平安创建暨基层基础建设现场会，听取了吉林机务段等7个单位负责同志的多媒体经验介绍，观看了平安站区创建专题录像片。

2011年，路局、局党委召开全局综治工作电视电话会议，路局主要领导代表路局、局党委与各单位签订了2011年度治安综合治理责任书。同时，在全局组织开展集中法制教育活动，重新修

订并下发《沈阳铁路局治安综合治理工作考核办法》，对综治工作目标未完成单位，实施"一票否决"。2012年，不断强化内部治安防范检查，共检查内部单位4048个次，发现内部安全防范问题355件，整改252件，发整改通知书46份。同时，开展集中整治行动3次，破获刑事案件145起，抓获各类犯罪嫌疑人149人，查处各类扰乱铁路秩序违法人员2287人，全局共查堵各类危险品36402件。

2013年4月27日，局党委、路局召开全局治安综合治理工作会议。表彰2013年度40个综治工作先进集体和120名先进个人。2014年，局综治委会同沈铁公安局内保处，召开全局新职保卫（综治）干部培训班，编印下发《沈阳铁路局治安综合治理文件汇编》。2015年，为进一步提高综治干部素质，在局党校举办全局保卫（综治）干部培训班，各运输单位和运输辅助单位保卫科长、综治干事199人参加培训。

第四节　护路联防

1996年，全局共有13支194名专职护路联防队员与公安干警一道值勤，看护6个较大编组站、5个重点区段，里程达891公里。1997年，护路联防坚持"突出重点、精兵护路，人技结合、打防并举"原则，加强硬件设施建设，开展护路宣传教育，推行路地联防责任制，对护路队员实行规范化、制度化管理。1998年，护路联防坚持"精兵护路，重点看护，路地联防，标本兼治"的指导思想和原则开展工作。扩大了护路覆盖面，新开设铁岭、虎石台、辽阳、鞍山、丹东、金州、盘锦7个护路点，招聘护路队员103名。1999年，扩大护路联防队伍，在昌图、开原、瓦房店、鲅鱼圈等站新建护路队4个，新增护路队员54人。辽宁、内蒙境内护路队已达到40个，共有专职护路队员565人。

2001年，辽宁省铁路护路联防工作领导小组成立。4月27日，辽宁省社会治安综合治理委员会下发《关于成立辽宁省铁路护路联防工作领导小组的通知》（辽综治委〔2001〕8号）。省护路联防工作领导小组由10人组成。根据省领导指示要求，各市、铁路分局（公司）相继成立了铁

路护路联防工作领导小组，围绕社会安定和铁路治安稳定，保障电气化铁路建设和开通的顺利进行，为铁路运输生产安全创造良好的外部环境。2002年，围绕铁路治安稳定，加大铁路治安重点区段整治工作力度，确保安全。2003年，辽宁省各级铁路护路联防组织协助有关部门化解可能发生的群体性拦车断道事件53起，发现和处置危及行车安全的治安隐患236起，协助公安机关破获刑事案件4678起，清理大牲畜上路1839次，防止道口交通肇事180余起、路外伤483起。2004年，化解和妥善处置16起群体性拦车断道事件。突出抓秦沈客运专线护路工作，路局先后投入473万元，从复员退伍军人中挑选232人，组建6个护路护桥中队，布置在辽中、台安、盘锦北、锦州南、葫芦岛北、绥中北6个站，建立66座护路岗亭，配备汽车11辆、摩托车12辆等装备。2005年，紧紧围绕全局改革、发展、稳定营造良好的外部环境，积极协调铁路沿线各级党委、政府，全面推进铁路护路联防各项工作的落实。全年，护路联防队员上线巡逻13万余公里；防止牲畜上道2768次；防止路外伤亡869人；协助有关部门化解矛盾纠纷1243件；协助公安机关破获多起涉铁刑事治安案件。

2006年，围绕铁路第六次大提速安全准备工作，开展铁路沿线治安整治，着力解决影响行车安全的突出问题，各地组织公安机关、专兼职护路队加强铁路沿线治安巡逻，及时清理各种闲杂人员13698人，牲畜4224头，防止摆放阻碍947件，防止路外伤害892件，防止交通肇事691起。2007年，有效组织协调社会力量、完成维护铁路第六次大提速安全稳定工作。在辽宁省综治委统一组织协调下，全省10个市、10个系统、数万名干部职工、公安干警直接参与省内京哈、沈山、沈大、沟海1500公里提速区段的维护安全稳定工作。2008年，辽宁省护路办向中央护路办申报辽宁境内京哈、沈山、沈大、沈丹4条铁路线为创建全国平安铁路示范路段。2006年起，辽宁省开展创建平安铁路示范路段的里程已达到2500余公里，占全省铁路沿线总里程的71%，完成平安铁路示范路段创建活动三年规划。2009年，护路联防工作按照中央护路办要求，全省按照新一轮"争创全国综治工作先进省"活动总体部署，以创建平安铁路示范市、县活动为载体，以中华人民共和国成立60周年大庆安保工作为主线，全面落实护路联防各项工作措施。通过积极有效工作，全局铁路沿线治安良好。2010年，把护路联防工作融入推进社会矛盾化解、社会管理创新、公正廉洁执法综合治理三项重点工作中，围绕消除铁路沿线治安隐患，为铁路运输安全提供和谐稳定环境，为平安铁路示范市、县创建工作提供有力支撑，集中开展了6个专项整治行动。

2011年，开展春季铁路沿线防火、卫生环境专项整治活动。基层护路干部和专兼职护路队员2000余人徒步对铁路沿线逐段逐处进行安全检查。对重点部位实行死看死守，各铁路专业护路队配合车站民警落实防爆措施，加强站车堵卡，坚决把易燃、易爆、危险品卡在车下站外。2012年，以铁路干线为重点，加强沿线治安巡逻，配合车站民警落实防爆措施，加强站车堵卡，认真守护每一列每一辆重点物资运输列车和危险品车辆。2013年，局护路办开展为期一个月的铁路沿线两侧随意烧荒、堆放柴草、倾倒垃圾等问题大检查、大整治。扎实开展路外宣传教育。深入开展高铁沿线"走百家，访千人"活动，并协调有关单位出资20万元，购置2万本《铁路安全知识教育》宣传图册下发沿线周边中小学校，广泛开展宣传教育活动。深入村屯3827个，学校1573所，受教育人员160余万人。2014年，进一步加强高铁护路联防工作，招聘30名护路队员、协调地方政府委派22人，组建了三支高铁专职护路队伍。协调地方综治护路组织动员了1000人组建兼职护路队和1167人的义务护路队，还在高铁沿线建立528个护路中心户，提供治安信息。组建应急队伍，提高应对突发事件处置能力。协调辽宁省地方铁路沿线乡镇护路组织组建10人至12人的应急护路小分队，加强反恐防暴应对力量。

2015年，全力做好重点时期的护路联防工作。针对春运、暑运、汛期、"两会"和APEC会议等重点时期，协调地方各级综治护路组织加强铁路护路联防工作，较好地发挥了路地护路联防工作的整体优势和作用。

第五节 见义勇为事迹表彰

1996年，大连公安处乘警孙守全被路局授予"维护社会治安见义勇为先进分子"称号。1997年，白城铁路公安处大安站派出所保安员王浩春在同犯罪分子作斗争中壮烈牺牲，被路局追认为"维护社会治安见义勇为先进分子"，吉林省政府追认其为革命烈士。2001年，锦州分局沟帮子车务段职工焦俊利，在沟帮子站前广场与歹徒搏斗不幸牺牲。中宣部、中央综治委、公安部、中华见义勇为基金会追授焦俊利为"全国见义勇为先进分子"。2010年，通辽车辆段赤峰运用车间职工陈拥军在赤峰市站前广场，发现一名持刀人追赶几名儿童，陈拥军立即上前阻挡，被持刀人刺成重伤害。依据《沈阳铁路局奖励维护社会治安见义勇为人员办法》有关规定，局党委下发了沈铁党综治发〔2010〕6号文件，授予陈拥军"维护社会治安见义勇为先进分子"称号，记二等功一次，并予以奖励。

第三章 公安

沈阳铁路公安局是公安部派驻铁道系统在沈阳铁路局辖区内的公安机关，由铁道部（中国铁路总公司）、公安部双重领导，党政工作以铁道部（中国铁路总公司）领导为主，公安业务工作以公安部领导为主，同时接受驻地所在省公安厅指导。主要任务是围绕党在各个时期的中心工作和沈阳铁路局运输生产，预防和制止危害铁路运输生产的一切破坏活动，维护政治、治安稳定，依法打击各类刑事犯罪活动，维护铁路治安秩序，进行消防监督、计算机安全监察，保卫首脑机关、要害部位和旅客群众生命财产安全。沈阳铁路公安局始终把确保铁路改革、建设和运输生产安全稳定作为首要任务，坚持服务和服从于铁路运输生产安全需要，充分发挥公安职能作用，为沈阳局安全稳定、建设和发展提供有力的公安保障，完成各项公安保卫工作任务，使全局治安形势持续安全稳定，以及治安工作和公安队伍建设持续健康发展。

第一节 公安系统概况

一、公安局

1996年，机关设17个办公机构。1998年3月18日，预审科承担的预审工作任务移交刑侦部门，法制预审处更名为法制监管处。1999年，撤销锦州铁路成人中等公安学校（校址在锦州）、辽宁省沈阳铁路劳动教养院（校址在本溪）和直属公安段，成立沈阳铁路中等公安学校（校址在沈阳），撤销机构所属民警充实到当地公安处一线。

2000年12月18日，设立计算机安全监察处。2003年5月，沈阳铁路中等公安学校更名为沈阳铁路公安局民警教育培训中心。2004年12月2日，行动技术处更名为行动技术支队。2005年，铁路分局撤销、站段整合后，各公安处治安科与治安（支）大队合并，成立治安特警支队。2006年6月26日，行政管理处更名为计财装备处。2007年8月7日，设备财务处更名为行政管理处，撤销公安局直属公安处。2008年，沈阳、长春、大连公安处组建特警支队，将治安特警支队更名为治安支队。2009年2月10日，局机关设刑事技术处。3月15日，保安服务总公司更名为保安管理处。锦州、通辽、丹东、吉林、通化、图们、白城公安处组建特警支队。

2010年，铁路公安系统从铁路运输企业中全部分离，一次性整体纳入国家司法管理体系。9月27日，设交通安全管理处。12月17日，沈阳铁路公安局民警教育培训中心更名为沈阳铁路公安局人民警察训练支队。2014年，按照铁路总公司的指示要求，在公安内保部门确立的103家重点保卫单位中，建立了独立的保卫科，配备保卫干部223人。2015年6月9日，设反恐怖处、政治部人事训练处。经中央编办批准，沈阳铁路公安局下设沈阳、长春、大连、锦州、吉林、丹东、通辽、通化、延边、白城等10个公安处和直属单位沈阳铁路公安局人民警察训练支队（县处级单位）。

二、公安处

沈阳铁路公安处 1996年，沈阳铁路公安处机关有民警173人，内设机构20个。1997年，预审工作任务移交刑侦部门，取消预审科，取消收容审查所。2015年，内设、直属机构31个。

大连铁路公安处 1996年，大连铁路公安处机关共有民警151人，内设科室15个。2005年2月，设行动技术大队；6月，设政治处组织科、宣传科。2006年9月，治安管理科与治安大队合并成立治安特警支队。2008年4月，警卫科改为专运警卫支队；4月，成立大连处特警支队。2010年9月，设安检支队；10月，设交通警察管理支队。2014年11月，设反恐怖支队。2015年，内设、直属机构29个。

锦州铁路公安处 1996年，锦州处铁路公安处机关有民警353人，内设19个科（室）。1998年4月，五科（预审科）更名为监所管理科；刑事技术科并入锦州刑警大队并更名为锦州刑事警察支队；阜新刑警队更名为阜新刑事警察大队；5月，设督察队。2003年5月，纪检组更名为纪律检查委员会。2007年，成立组织科。2014年9月，成立反恐怖支队。2015年，内设、直属机构29个。

丹东铁路公安处 1996年，丹东公安处机关有民警178人，内设机构17个。2000年，设计算机安全监察科和安全监察科。2007年，设治安特警支队本溪大队，撤销行动技术大队、丹东治安大队、本溪治安大队。2010年，设机关总支、交通警察支队、安检支队、特警支队，治安特警支队更名为治安支队，撤销特警治安支队本溪治安大队。2014年，设反恐怖支队。2015年，内设、直属机构29个。

吉林铁路公安处 1996年，吉林铁路公安处机关有民警103人，内设机构17个。2003年10月，政治处设立组织科、宣传科。2005年1月，成立行动技术大队。2010年1月，成立特警支队，治安特警支队更名为治安支队。9月，成立

安检支队、交通警察支队。11月，警卫科更名为警卫支队。2014年10月，成立反恐怖支队。2015年，内设、直属机构29个。

长春铁路公安处 1996年，长春公安处机关有民警133人，内设机构18个。2008年3月，组建特警支队，同时将治安特警支队更名为治安管理支队。2010年，成立安检支队。2015年，内设、直属机构26个。

通化铁路公安处 1996年，通化公安处机关有169人，设23个机关部门。2010年6月，增设特警支队；9月，增设安检支队；11月，增设交管支队，梅河口乘警队整合至通化乘警支队。2014年，增设反恐怖支队。2015年，内设、直属机构26个。

延边（图们）铁路公安处 1996年，图们铁路公安处机关有民警100人，内设机构22个。1998年2月，设监所管理科。2006年5月，治安管理科更名为治安特警支队；6月，行政管理科更名为计财装备科。2009年4月，国内安全保卫科更名为国家安全保卫支队。2014年9月，成立反恐怖支队。2015年5月，沈阳铁路公安局图们公安处更名为沈阳铁路公安局延边公安处（延边铁路公安处）。同年，内设、直属机构28个。

白城铁路公安处 1996年，白城公安处机关有民警90人，内设机构19个。2003年8月，乘警大队更名为乘警支队。2009年12月，成立特警支队。治安特警支队更名为治安支队。2014年，组建反恐怖支队。2015年，内设、直属机构28个。

通辽铁路公安处 1996年，通辽铁路公安处机关有民警120人，内设机构17个。2004年12月，设立行动技术大队。2009年3月，保安分公司更名为保安管理科。12月，组建特警支队。2010年9月，警卫科更名为专运警卫支队。2015年，设直属机构27个。

三、派出所

1996年，沈阳铁路公安局所属10个公安处下辖181个车站公安派出所，负责各车站及全局8799公里线路治安工作。2015年，全局共有169个车站公安派出所，负责各车站及全局12756.578公里线路和内部单位的安全保卫等工作。

沈阳铁路公安处管辖 1996年，沈阳铁路公安处辖区内沈阳铁路工程公安段1个、公安派出

所24个。2000年1月，撤销沈阳铁路工程公安段，成立5个公安派出所，6月8日，撤销公安派出所，合并为沈阳工程公安派出所。2001年1月1日，长春铁路公安处昌图站公安派出所划归沈阳铁路公安处（与双庙子派出所合属办公）。2002年12月18日，沈阳站货场派出所与沈阳站派出所合署办公，保留原建制。2006年5月17日，撤销南杂木站派出所，保留原建制。2007年12月17日，撤销大成站派出所，其管辖线路、车站、警务区分别划归沈阳、沈阳北、沈阳西站派出所。2008年9月19日，成立文官屯站派出所。2012年8月，成立鞍山西站、铁岭西站、昌图西站、铁路局机关派出所。2013年4月1日，成立大成站派出所。7月26日，成立海城西站派出所。2015年7月17日，成立沈阳南站派出所。同年，辖区内有公安派出所23个。

大连铁路公安处管辖　1996年，大连铁路公安处辖区内有公安派出所21个。2003年10月27日，成立金桥站派出所。2006年10月16日，成立旅顺西站派出所。2010年7月21日，成立瓦房店西站、鲅鱼圈站、新大连站派出所（后改为大连北站派出所）；7月29日，鲅鱼圈北站派出所成立。2013年7月26日，设周水子站派出所。2015年7月17日，设庄河北站、城子坦南站、登沙河站派出所。同年，辖区内公安派出所16个。

锦州铁路公安处管辖　1996年，锦州铁路公安处辖区有公安派出所24个。1998年，锦县站公安派出所更名为葫芦岛站派出所。2002年11月25日，新设绥中北站、葫芦岛北站、锦州南站、盘锦北站、台安站、辽中站派出所等6个公安派出所。2004年1月10日，撤销工程公安派出所。2009年7月21日，锦县站派出所更名为凌海站派出所。2012年8月27日，设盘锦东站派出所。2015年，辖区内有公安派出所26个。

丹东铁路公安处管辖　1996年，丹东铁路公安处辖区有公安派出所22个。2015年，有公安派出所18个。

吉林铁路公安处管辖　1996年，吉林铁路公安处辖区有公安派出所17个。2003年，成立棋盘站派出所。2005年5月，撤销烟筒山站派出所，划归口前站派出所；撤销桦皮厂站派出所，划归哈达湾站派出所；撤销吉舒站派出所，划归棋盘站派出所。2010年7月，成立龙嘉机场站派出所。12月，棋盘站派出所并入吉林北站派出所；2015年7月，成立蛟河西站派出所。同年，辖区内有公安派出所13个。

长春铁路公安处管辖　1996年，长春铁路公安处辖有公安派出所13个。2007年8月，八面城车站公安派出所、郑家屯车站公安派出所划归通辽公安处。2008年7月14日，组建双阳站派出所。2010年7月11日，成立扶余北、德惠西、长春西、公主岭南、四平东站公安派出所。2015年，辖区内有公安派出所17个。

通化铁路公安处管辖　1996年，通化铁路公安处辖区有公安派出所19个。2007年7月3日，泉阳站派出所更名为松江河站派出所。2015年，辖区内有公安派出所13个。

延边（原图们）铁路公安处管辖　1996年，图们铁路公安处辖区有公安派出所8个。2015年7月，成立珲春站、延吉西站、安图西站、威虎岭北站派出所。同年，辖区内有公安派出所12个。

白城铁路公安处管辖　1996年，白城铁路公安处辖区有公安派出所13个。2006年11月17日，新成立镇西站派出所。2015年，辖区有内公安派出所14个。

通辽铁路公安处管辖　1996年，通辽铁路公安处辖区有公安派出所19个。2010年5月5日，珠斯花站派出所移至霍林郭勒，更名为霍林郭勒站派出所；通辽北站派出所移至舍伯吐站，更名为舍伯吐站派出所；恢复哈日努拉站和扎鲁特站派出所；新设立库伦站派出所。2015年，辖区内有公安派出所17个。

第二节　刑事犯罪侦办

一、刑事侦查基础业务建设

1996年，10个公安处刑事警察支队分别成立专司阵地控制的铁鹰小分队，对重点车站、列车、管内易发案区段开展阵地控制。基础性情报资料工作逐步从人工化向数据化转变，提高搜集、管理和综合运用水平。2000年，公安局建立指纹资料信息中心。2007年，在口子站安装视频监控设备，将路局行车调度DMIS系统接入公安局，并自行研发《全局货盗分析系统》，打击货盗犯罪。2013年，公安局刑侦处与山东神思公司联合研发《沈铁动态核查管控系统》，提高打击犯罪科技水平。

二、刑事案件侦查

1996年起，加强刑事侦查队伍建设，增添设备设施，提高侦查破案科技含量，为严厉打击各类刑事犯罪活动打下基础。侵财流窜犯罪是侵占国家资产和公民财物的多发性犯罪，铁路公安机关将打击侵财流窜犯罪作为一项经常性的工作任务。根据侵财案件发案规律和特点，适时组织开展以打击盗窃旅客财物犯罪的"铁鹰"专项打击行动，针对盗窃铁路运输货物多发时期组织打击货盗犯罪专项行动。公安局以保卫铁路运输安全为己任，对所发生的危及行车案件全力开展侦破，对犯罪嫌疑人予以严厉打击。对涉枪、涉爆、绑架人质、故意杀人等严重暴力犯罪，坚决打击。

开展打击毒品犯罪行动，结合站车查缉工作，引入全国涉毒人员数据库，加强与实名制售票信息进行比对，全力打击管内毒品犯罪。同时开展禁毒法律法规宣传教育活动。开展打击假币犯罪、经济诈骗犯罪、合同诈骗犯罪等，把涉案广、影响大、危害重的经济犯罪作为打击重点开展侦破工作。对通缉在案的、负案在逃的、越狱逃跑的罪犯和犯罪嫌疑人及时开展抓捕行动，充分体现公安机关的社会职能。1999年，公安部首次在全国范围内开展"网上追逃"（通过公安网抓捕犯罪嫌疑人或逃犯）专项行动，公安局"追逃"战果显著。

2011年，公安部在全国范围内组织开展"清网行动"，对县（处）级上网久未抓获的逃犯开展集中抓捕行动，实行"专项抓捕"行动。公安局在此次专项行动中抓获逃犯127名，清网率达到97.04%，通化、长春、锦州、大连、丹东、通辽、（延边）图们公安处实现清网率100%。2012年，铁路实名制购票普及，公安局将逃犯数据与实名制乘车信息开展比对，抓获网上逃犯数量位居全路公安机关前列。

三、侦破重大刑事案件实例

1996年，锦州公安处侦破"1·31"山海关站杀害民警抢劫枪支案；吉林公安处侦破"2·03"舒兰站爆炸案。1999年，沈阳公安处侦破"5·23"沈铁装卸机械配件站350万元货款被诈骗案，追缴全部被骗货款；11月9日，沈阳公安处抓获运输假币犯罪嫌疑人孙德武、孙涛，缴获假币18.3万元。2000年3月，沈阳公安处侦破沈阳至北京"中铁快运"价值30万元手机被盗案。2001年1月24日，沈阳公安处侦破"1·19""1·23"沈吉线破坏交通设施案；6月16日，锦州公安处侦破"5·15"黄土坎站爆炸案，抓获犯罪嫌疑人。2002年1月27日，锦州公安处侦破2001年10月15日盘锦站抢劫票款54万余元案，抓获犯罪嫌疑人郑铁库；4月，白城公安处侦破"3·16"白阿线破坏交通设施，造成机车及8辆货车脱轨案，抓获犯罪嫌疑人李保华；9月5日，锦州公安处侦破凌源站盗窃价值150余万元运输柴油案；7月12日，大连公安处侦破挪用公款590万元案。2003年10月8日，锦州公安处侦破"8·15"1227次列车旅客10万元现金被盗案。2004年，通化公安处侦破"1·03"道清站暴力抢劫运营款8.4万元案。2005年6月，白城公安处侦破2004"9·03"大安北站停留货车价值126万元香烟被盗案，抓获犯罪嫌疑人4名；8月31日，通化公安处侦破松江河东站爆炸案；11月14日，沈阳公安处抓获运输假币犯罪嫌疑人冯国成，缴获假币15.9万元；11月，沈阳公安处根据在押人员检举，侦破"8·25"杀害民警薛洪利案，抓获犯罪嫌疑人。2007年，沈阳公安处侦破"7·27"抢劫、强奸、杀人案。2008年，长春公安处侦破"7·04"京哈线破坏交通设施案，抓获犯罪嫌疑人。2009年，白城公安处侦破"4·20"革志站涉案价值80余万元的特大系列盗油案，抓获犯罪嫌疑人13名。

2011年2月22日，丹东公安处破获朝鲜华侨宋桂珍走私、贩卖毒品案，缴获冰毒1000余克。2012年2月14日，大连公安处管内沈大线231公里375米处的十孔桥10号桥墩发现疑似爆炸装置，成功拆除并将犯罪嫌疑人抓获；6月19日，丹东公安处侦破下马塘站站外东南侧低站台处以爆炸方法故意杀人案；10月21日，丹东公安处侦破"9·25"海拉尔至丹东2685次列车以投毒方式故意杀人案，抓获犯罪嫌疑人；锦州公安处抓获利用工作之机盗窃机车柴油的犯罪嫌疑人，查明该团伙盗窃机车柴油近25余吨，涉案价值20余万元。2013年2月26日，沈阳公安处侦破"2·02""2·03"沈阳北至北京K54次旅客列车旅客分别被盗现金5万元和10万元案，抓获犯罪嫌疑人；6月2日，长春公安处破获全局首起体内藏毒案，缴获冰毒50.5克；6月19日，沈阳公安处侦破哈大客专摆障案件，抓获犯罪嫌疑人；7月16日，吉林公安处在吉林北站打掉一个以内部清扫人员为主的盗窃运输煤炭价值400余万元的犯罪团伙，抓获犯罪嫌疑人38名；10月1日，大连公安处侦破"9·22"沈大线l68公里20米破坏交通设施案，抓获犯罪嫌疑人。

2014年，锦州公安处侦破"5·12"沈山线284公里破坏交通设施案，抓获犯罪嫌疑人；9月

1996—2015年刑事案件发破案统计表

表9-3-1

年份	发案（起）	破案（起）	破案率
1996	5307	5179	97.59%
1997	3500	3344	95.54%
1998	3644	3368	92.43%
1999	2710	2415	89.11%
2000	7008	6286	89.70%
2001	7280	6010	82.55%
2002	8588	7315	85.18%
2003	3995	2669	66.81%
2004	3367	1954	58.03%
2005	3272	1719	52.54%
2006	4536	1979	43.63%
2007	3584	1795	50.08%
2008	2041	1042	51.05%
2009	2301	938	40.76%
2010	4416	1226	27.76%
2011	2944	1231	41.81%
2012	1710	793	46.37%
2013	2208	1401	63.45%
2014	2163	1316	60.84%
2015	1669	1303	78.07%

24日，锦州公安处抓获使用假币购票的犯罪嫌疑人，打掉一个制造、销售、贩卖假币的犯罪团伙，抓获犯罪嫌疑人6名，缴获假币面值4.16万元，及一批制造假币的机具等制假原料；10月，吉林公安处通过对抓获的使用伪造残疾军人证购票乘车的犯罪嫌疑人审查深挖，侦破"北汽福田""济南重汽"销售部外雇送车人员使用伪造残疾军人证诈骗铁路票款案，抓获犯罪嫌疑人323名，追缴被诈骗的铁路票款87万余元。2015年5月，沈阳公安处侦破铁路公安局督办"4·07"哈大客专马总屯特大桥贯通接地电缆被拆盗专案，抓获犯罪嫌疑人，查明犯罪嫌疑人盗窃贯通接地电缆4183米的犯罪事实；沈阳公安处侦破"1·12"沈阳南站价值20余万元脚手架被盗专案；9月22日，长春公安处抓获贩毒犯罪嫌疑人安凤有，缴获冰毒2000克。

第三节　安全稳定与治安管理

一、安全稳定

（一）内保工作

铁路公安机关内保机构作为铁路维稳战线主力军，结合运输工作实际，把维护稳定作为首要任务。1996年以来，公安机关相继发展信息联络员1000余名，收集有价值信息万余件，为维护稳定奠定了基础。2004—2015年，管内部分提前退休人员因养老保险金核算等问题进京上访，公安内保深入管内事涉地区，与事涉单位制定行之有效的包保措施，最大限度化解了矛盾。

（二）内部安全保卫

1997年，内保部门针对管内实际情况对全局78个运输单位要害部位及设备进行审核，确立要害部位476处。按照《沈阳铁路局要害管理规定》实施管理，对占据要害部门的工作人员进行政治审查，保证要害岗位的安全性，并与相关单位完善管理制度，投入资金增加必要的安全设备，加强安全保卫工作。

2011—2014年，随着站段整合、高铁客专开通，公安内保部门根据铁路总公司及铁路公安局的指示精神修改《沈阳铁路局要害管理规定》，完善管理措施，并组织力量重新对在铁路运输、

科学研究中起关键作用的调度指挥、设施设备、重要机密部门及长大铁路桥梁、隧道等路局行车运输调度重要部门确立335处要害部位，并在基层单位成立由技术、安全、人劳、财务、教育、行管等部门人员参加的要害安全管理小组，负责要害安全管理日常工作。对《沈阳铁路局内部治安保卫规定》进行修改，将刑事防范处所改为重要防范处所，并对已确立的3200余处重要防范处所进行检查认证，重新确立103家治安重点保护单位；设定重要防范处所2763处。同时，建档输入内保系统信息综合平台纳入日常管理。

二、治安管理

（一）铁路站车治安管理

1996年，集中开展站车治安秩序整顿活动，整治流氓滋扰、打架斗殴、倒卖车票、抢占座席、围车叫卖等旅客反映强烈的治安难点问题。全年共办理治安案件2967起，处理各类违法扰序人员47860人次；出台《站勤民警警务规范》《处置旅客列车突发事件工作预案》等规范性文件。1997年，按照《关于加强货运安全保卫工作的决定》要求，抽调1380名干部，采取联检、联防、联网、联责措施，有效防止重大货盗案件。全年共发生货盗案件748起，比上年下降68.2%。2003年，下发《沈阳铁路公安局预防和控制非典型肺炎工作预案》，出动警力30万余人次，组成督导组230个，站车线应急行动组36个，并多方筹集资金为一线民警配发口罩4万余个、手套3.5万余副、防护镜5000余副、防护服4000余套、体温计6000余支等防护用品。2004年，制定《沈阳铁路公安局乘务民警行为规范》。2005年，对确定的11个重点站、3趟列车和23个重点站进行重点整治。2008年，出动警力4482人次，车辆397台次，对465处道口、271处公路跨线桥、12处隧道、18处危险品库进行重点防护。

2010年，成立交通安全管理机构，建立交通安全管理处，在辽、吉两省9个公安处组建交通警察支队，内部调整专职交警422人。2011年，根据《中华人民共和国人民警察法》《公安机关人民警察内务条令》和辽宁省公安厅《关于建设全省公安特警突击队的实施意见》《辽宁公安特警突击队建设规范》，制定《沈阳铁路公安局特警突击队武装调动程序规定》。2011年，根据

《中华人民共和国人民警察法》《中华人民共和国安管理处罚法》《旅客列车乘务民警工作规范（试行）》《铁路公安机关乘务民警执法细则（试行）》等法律法规和规范性文件，制定《沈阳铁路公安局动车组列车乘务民警工作规范》。2013年，组织7次清查行动，抽调80名特警支援，突出查危防爆和特业场所治安检查。查堵易燃易爆危险品9758起。2014年，在33个高铁及重点站广场增设73个硬隔离栅栏口子，增派315名口子卡控人员，对全局713个客货站广场完成与地方公安机关治安管辖划分。2015年，下发《沈阳铁路公安局公安特警队建设指导意见》，优化调整武装巡控标准，严格落实公安处所在地11个大站特警驻站勤务，确保发生问题一分钟处置。

（二）铁路沿线治安管理

1999年，出台《关于对铁路站区、沿线及路内单位雇佣外来从业人员实施治安管理的暂行办法》，加强辖区外来从业人员管理；建立沿线治安联系户13672个，义务护路队（含红领巾护路队）803个，路乡联防组织978个。2003年，出动警力3万余人次，走访调查6个市，11个县区，67个乡镇，262个村屯，141个企事业单位，146所中小学校，摸清沿线两侧刑嫌人员近300人次，放牧户81户，采石场2个，小烘炉6个，废品收购站点36个，流动收购人员97人，建立基础资料3500余份，建立制度65种。2007年，对160公里时速线路开展一次治安综合整治行动，补强完善各项防范措施。2008年，派出武装押运小分队15批、40人次，对24列抢险救灾专列实行武装押运任务，出动警力2108人次，车辆711台次，24小时看护保留车6986辆次，实现抗震救灾专列和保留车零案事件的工作目标。2009年，投资54.6万元，对198延长公里高网地段全面进行加高补强；对18处岗亭安装了太阳能照明灯，对21处岗亭安装了阶梯。以"资源、港口、口岸"三大战略为重点，确定123个重点站封闭计划并制定工作方案，集中开展了重点站封闭整治攻坚战。2010年，制定出台《沈阳铁路公安局提前介入高速铁路和客运专线管理实施大纲》，指导各公安处落实施工建设、联调联试及开通运营前的治安保卫工作。以文件形式下发《关于切实加强电务设备安全保卫工作的通知》《关于整治京哈

线人行通道安全问题的通知》和《关于整治京哈线、专用线、货场安全隐患的通知》。

2011年，制定《沈阳铁路公安局高速铁路车站治安管理工作规范》《沈阳铁路公安局高速铁路线路治安管理工作规范》《沈阳铁路公安局高速铁路护路巡防工作规范》，制定《沈阳铁路公安局线路防护栅栏安全管理办法》《沈阳铁路公安局线路治安路地综合治理工作规定》。2012年，完成哈大高铁530公里路基区段加装滚笼，516处四电站房院落改造和作业门锁、低矮桥墩、电缆槽、爬桥电缆等7项设计缺陷补强工程；在重点部位构建321处治安岗亭，配备286部对讲机，安装298套红外线报警系统，实现重点部位即时预警。2013年，集中对封闭干线、重点区段进行整修和封闭补强，对盘营客专低路基区段安装刺丝滚笼32.3延长公里。2014年，历时6个月，收回铁路流失土地，并最大限度拓展封闭空间；对京哈线秦沈段31.646延长公里1.8米矮网改造为2.7米护网，对京哈、沈山、沈大线防护栅栏加装432.484延长公里刺丝滚笼；对高铁高路基区段贯通地线进行防盗补强。2015年，辖区高铁沿线15个地级市（州），61个县（区）公安机关向高铁沿线铁路派出所派驻力量，成立了路地联防联控指挥部（室）。出台《沈阳铁路公安局高速铁路治安安全管理领导责任追究办法》，明确了局处两级部门负责人及分管副职、派出所所长，履行高速铁路治安安全风险管理职责，细化发生高铁安全具体问题的追究责任。

（三）枪支安全管理

1996年10月1日，统一启用新式"枪支检查证"和"临时枪支检查证"。1998年，开展枪支百日无丢失被盗、无走火伤人、无违反枪支管理规定的"三无"活动。1999年，制定出台《枪支安全管理量化考核办法》。2001年，收缴各类枪支74支，子弹5615发，抓获涉枪、涉爆违法犯罪人员10人。2002年，按照公安部《公安机关公务用枪管理使用规定》和《关于加强公安机关枪支弹药和武器库（室）管理的补充通知》精神，查获各类枪支3支，炮弹675发，各类子弹9182发，特别是锦州铁路分局在阜新生活段施工作业时挖出日伪时期生产的各类炮弹672发，消除了一大安全隐患。2009年，审查配枪单位208个，审查配枪人员5409人，确定符合配枪条件民警3446人。收回公安处集中保管各类枪支1342支。2014年，"3.01"暴恐案件发生后，将枪支配发至基础所队，并配发215个专用验枪桶。2015年，制定《沈阳铁路公安局公务用枪管理委员会工作规则》，成立局、处公务用枪管理委员会，对私存、私藏枪支问题进行全面调查清理，收回54支动态用枪。

（四）安检查危工作管理

1998年，查堵"三品"进站上车11839件。1999年，出台《关于加强铁路民用爆炸物品安全管理的规定》。2011年，制定《沈阳铁路公安局安检查危工作绩效考核办法》及《沈阳铁路局安检查危工作考核办法》。2014年，在沈阳、沈阳北、长春、大连4个站成立专业安检车间，对22个车务段指定客收科负责安检查危工作。2015年，对40个二等以上客运站调剂配齐137名女手检员；制定《沈阳铁路局治安安检工作考核办法》。

（五）铁路特种行业管理

1997年，根据公安部，辽、吉两省公安厅《关于加强对旅店业治安管理》的指示精神，先后12次对旅店业公共复杂场所开展扫黄打非扫丑突击整治活动。1999年，制定出台《旅店和文化娱乐场所治安管理工作责任实施细则》。2001年，先后三次对管内26家涉爆单位进行安全检查和隐患排查整治，并举办2期培训班，对300余名涉爆人员进行考核，持证上岗。2007年，规范旧货业治安管理工作，严厉打击销赃和非法收购等违法犯罪活动，维护社会治安秩序稳定。2008年，进一步规范全省旅馆业治安管理工作，提高了预防、发现、打击违法犯罪活动的能力，并严密阵地控制，净化旅馆业治安环境。

第四节　规范执法

一、执法规范化建设

2001年10月10日，公安部《公安机关执法质量考核评议规定》正式公布实施。2002年9月4日，铁道部公安局印发《关于执行〈铁路公安机关执法质量考核评议实施办法〉有关问题的补充通知》。2005年7月29日，铁道部公安局印发《关于印发修订后的〈铁路公安机关执法质量考核评议实施办法〉的通知》。2014年，组织年度执法质量考核评议14次。锦州公安处2012—2015年，连续4年被铁路公安局评为执法优秀单位；吉林公安处2012—2014年连续3年被铁路公安局评为执法优秀单位；长春公安处2013—2015年连续3年被铁路公安局评为执法优秀单位；延边公安处2015年被铁路公安局评为执法优秀单位。2015年，基本实现执法队伍专业化、执法行为标准化、执法管理系统化、执法流程信息化目标，促进全体民警执法理念进一步端正，促进全局法制工作新发展，促进全局公安工作整体执法水平提升。

二、劳动教养审批

1997年4月1日，辽宁省公安厅根据修改后的《刑事诉讼法》规定，下发《关于办理劳动教养案件几个问题的通知》，对刑事嫌犯取消收容审查的行政措施，同时也取消先劳动教养羁押再继续侦查的办案手段，符合劳动教养条件的，按既定程序办理。

2002年4月12日，公安部印发《公安机关办理劳动教养案件规定》。2011年，调整沈阳铁路公安局劳动教养审批委员会和劳动教养合议组成员。2012年，报请辽宁省公安厅，协调辽宁省劳动教养管理委员会设立劳动教养审批办公室，以辽宁省劳动教养管理委员会的名义审批劳教案件。2013年，按照上级机关有关要求，停止办理劳动教养。

三、复议诉讼

1999年10月1日，《中华人民共和国行政复议法》正式施行。2003年1月1日，《公安机关办理行政复议案件程序规定》正式施行。2007年10月25日，转发公安部《关于贯彻实施〈中华人民共和国行政复议法实施条例〉有关问题的通知》，并对贯彻执行《中华人民共和国行政复议法实施条例》提出要求。2012年5月1日，公安部印发的《公安行政复议法律文书（式样）》正式施行。1999年9月，公安部印发的《公安行政复议法律文书格式（修订）》同时废止。1999—2015年，办理89起行政复议案件。

四、执法办案场所建设

2010年10月27日，为深化"三基工程"建设，规范公安机关执法办案活动，提高安全防范水平和执法效能，加强执法监督，根据中央政法委《关于加强办案安全防范工作防止涉案人员非正常死亡的规定》要求，公安部制定《公安机关执法办案场所设置规范》，按照上级公安机关相关规定，沈阳铁路公安局组织各公安处开展执法办案场所建设。2010年至2015年，沈阳铁路公安机关共建设执法办案场所113处。

五、监所管理

1999年10月14日，铁道部公安局印发《铁路公安看守所等级评定考核实施办法》。

2003年3月26日，公安部对1997年颁布的《看守所等级评定办法》进行修改，印发《关于印发〈看守所等级评定办法〉的通知》。铁道部公安局印发《关于修订〈铁路公安看守所等级评定考核实施办法〉的通知》。2009年8月25日，公安部下发《于修订看守所等级评定标准的通知》，对《看守所等级评定办法》第二章第一节"必备条件"相关条款进行修订。2012—2015年，沈阳铁路公安局沈阳公安处看守所连续四年被铁路公安局评定为二级看守所。

第五节　公安队伍建设

一、主题宣传

以"打好主动仗，唱响主旋律"为宣传原则，坚持围绕公安工作中心强化新闻宣传。春运新闻宣传会战中，组织开展"温暖回家路，平安伴你行"主题宣传活动，中央电视台《新闻联播》、中央人民广播电台《新闻与报纸摘要》和《人民日报》等中央主要媒体重点栏目多次报道沈阳铁路局民警先进事迹。1997年，开展"爱民月""迎回归"等宣传活动，有效发挥宣传工作弘扬、鼓舞、激励作用。2000年，公安局在全省宣传战役中取得总分第一名、人均得分第二名，重点栏目第三名的突出成绩，受到省公安厅表彰。2001年，组织编辑《回眸半个世纪，展现铁警风采》大型宣传画册。

2005年，开展"百站百车"治安整治宣传会战。组织召开由中央、省、市19家新闻单位参加的新闻发布会。被铁道部公安局授予"铁路公安春运新闻宣传工作先进单位"荣誉称号。2006年，开展以打击扒窃和倒票活动为内容的"铁鹰行动"。2010年,下发《进一步加强全局新闻宣传工作的通知》，将新闻宣传工作考核结果纳入队伍建设考核、争创学习型领导班子考核和公安处政委履职考核。

2011年,下发《春运新闻宣传会战实施方案》，提出了以"一二三四五"为主要内容的宣传会战部署，即"一个主题，二个目标，三个亮点，四个阶段，五项要求"。2013年，推广《精心组织策划、创新"五种战法"、确保春运新闻宣传会战取得实效》典型经验，公安局宣教处荣获集体三等功。2015年，荣获铁路公安局"卫士杯"春运新闻摄影优秀组织单位和"我工作、我快乐"文学优秀组织单位，被沈阳铁路局党委授予"春运新闻宣传突出贡献单位"荣誉称号。

二、典型宣传

2000年，在"双争"活动中，涌现出沈阳、锦州、大连公安处，海城、沟帮子、梅河口、延吉、白音胡硕、大连、白城、蛟河、长春站派出所等一批典型示范单位。2001年，总结宣传沈阳站派出所副所长李洪江、民警铁维发，锦州乘警大队副大队长陈力伟，海城、吉林、长春站派出所和锦州乘警大队先进事迹，使典型形成批次，形成规模效应。

2002年，将涌现出的7名先进人物事迹制作成光盘和宣传册，组织观看学习。2003年，邀请全国一级英模、大石桥市公安局分水派出所所长仇伟作先进事迹报告。2008年，评选出16周"奥运安保服务明星"，有208名、226人次荣获明星称号。2011年，组织"十佳忠诚卫士"评选及颁奖典礼；2012年，组织"十佳道德标兵"评选及颁奖典礼；同时，以《沈铁公安战报》《沈铁公安简报》等多种载体，宣传先进典型事迹及经验，每年评选"春运安保明星"等活动。通化公安处三源浦站派出所民警季长山先后荣获公安部"学雷锋先进个人""全国优秀人民警察"、通化市"道德模范"、吉林省"吉林好人"、沈阳铁路局"十佳道德标兵"等荣誉称号。"公安战

线好八连"海城站派出所也作为先进集体代表参加了全路公安优秀所队基层干部先进事迹报告团，到各地巡回报告。

2013年3月5日，召开全局学雷锋活动会议。海城站公安派出所、鞍山站公安派出所荣立集体三等功，锦州公安处葫芦岛站公安派出所等9个单位集体被嘉奖，47名民警获奖。

三、警营文化

1998年1月13日，下发《张俊岐主任在全局理论研讨警营文化建设经验交流会上的讲话》的通知，促进全局思想政治工作、理论研究和文化建设更加活跃、更有成效。

2002年，公安局在省公安厅举办的以迎"七一"为主题的书画、摄影大赛和"做合格民警，让母亲放心"演讲大赛，作品和选手分别获得二、三等奖和两个优秀奖。男、女篮球队参加全路公安系统比赛取得了女子第三名、男子第六名。2003年，公安局加强以图书（阅览）室建设为主要内容的警营文化建设，确定沈阳、通辽公安处为文化育警试点单位，38个所队为示范单位。

2010年9月1日,下发《关于进一步加强警营文化建设的意见》，每年对警营文化工作先进单位、先进个人和优秀作品等进行评选表彰，促进警营文化建设整体水平的提高。2012年3月27日，推进警营文化建设全面展开。2013年5月，开展"书香警营"活动。2014年7月19日，"追梦"——全国铁路公安系统书画精品展在沈阳鲁迅美术馆开展。全路公安系统书法美术培训班在沈阳公安处培训中心开班。

四、教育训练

坚持服务实战、战训结合原则，加强培训基础建设，择优配强兼职教官队伍，创作教学课件，满足新形势下民警队伍培训需要。1996年，举办7类57期培训班，对182个所队的455名领导干部进行集中培训。1998年，下发《全局民警基本素质考试考核实施方案》和《民警查缉战术和警体达标训练计划》通知。2004年，按照《铁路保持共产党员先进性教育活动准备工作指导意见》，开展民警教育大轮训活动，发挥共产党员先进模范作用。2006年，开展法制理念教育培训，举办各类培训班7期，法律讲座2次，培训所

队长、办案骨干和各警种民警1200余名。2012年，确立为全局"教育训练年"。2013年，确立为全局"实战训练年"。在全路公安机关教育训练及支队工作评估中，被评为A级训练支队。2014年，为全局"实战实训年"。

五、思想教育

为提高民警队伍整体战斗力，下发《沈阳铁路公安局思想政治工作规范》《沈阳铁路公安局政治理论学习规范》；下发700份《民警思想调查问卷》，开展为期4个月"访警释难"活动，并针对性地组织开展"为何从警、如何做警、为谁用警"大讨论、"人民在我心中""与信仰对话·为青春导航""增强党性、严守纪律、廉洁从政"系列主题教育活动。1998年，下发《关于进一步加强干部队伍作风建设的决定》，开展"双争""爱民月"活动，提高公安队伍的整体素质，树立铁路公安队伍的良好形象。2000年，发挥"双争"、爱民月活动和警营文化建设组织作用，实现了"两强"目标。2001年，下发《关于加强严打整治斗争中思想政治工作的通知》，有效开展思想教育。

2005年，下发《关于进一步加强政治思想工作的通知》，对一个时期思想政治工作提出要求。2006年，下发《关于在全局开展社会主义荣辱观教育活动通知》，编发荣辱观教育宣传提纲，印制《社会主义荣辱观》《人民警察职业道德规范》。2008年，6名演讲选手在庆祝建党88周年主题演讲电视电话会议上进行演讲。2011年，下发《关于开展"走基层、转作风、听诉求、暖警心"活动的通知》，部署全局开展百名机关干部访千名民警活动。2012年，下发《沈阳铁路公安局优抚爱警十项措施》《沈阳铁路公安局干部理论学习管理办法》，简化公务接待、减轻基层负担、切实转变会风、改进机关文风、改进警卫工作、改进宣传报道、强化科学用警、厉行勤俭节约、加强督促检查。2013年，下发《关于开展"为何从警、如何做警、为谁用警"大讨论活动的通知》。2014年，召开党的群众路线教育实践活动总结会议，对党的群众路线教育实践活动进行总结。2015年，下发《沈阳铁路公安局"当称职干部、做合格民警、建过硬队伍"

活动实施方案》，召开"三严三实"专题教育动员部署电视电话会议，并组织专题党课教育。

六、公安系统立功受奖

（一）集体荣誉

1996—2010年，沈阳铁路公安处沈阳北站派出所（1996年）、吉林铁路公安处吉林站派出所（2004年）、沈阳铁路公安处沈阳北站派出所（2005年）、大连铁路公安处大连站派出所（2006年）、沈阳铁路公安处沈阳北站派出所（2007年）、长春铁路公安处（2007年）、锦州铁路公安处锦州南站派出所（2008年）、沈阳铁路公安局（2008年）、沈阳铁路公安处乘警支队（2010年）分别被中华全国铁路总工会授予"火车头奖杯"。

沈阳铁路公安处海城站派出所，分别于2001年、2005年被公安部授予"人民满意单位"称号；2006年被辽宁省公安厅授予"全省公安系统模范集体"称号。吉林铁路公安处吉林站派出所2003年被公安部授予"全国优秀公安基层单位"和"全国满意单位"荣誉称号。1996年至2015年，沈阳铁路公安局、处及所队荣获全国、全路、全省各类荣誉达百余次。

（二）个人荣誉（烈士，全国、铁道部、省劳模已入《人物篇》）

公安部英模：孙守全，尹孝国，毕俊卿。

全国特级优秀人民警察：王东民，王岩。

中华见义勇为称号：孙守全。

全国五一劳动奖章：袁子宝。

全国公安系统先进个人：李伟、武裕强、张越、曹成发。

人民铁道卫士：孙守全、毕俊卿。

辽宁省五一劳动奖章：刘智，马春元，李树本。

1996—2015年，有13人荣获"全国优秀人民警察"称号，53人荣获"全路人民满意民警"称号，8人荣获"铁道部先进个人"荣誉称号，30人荣获"火车头奖章"，63人荣获"省人民满意民警"称号，17人荣获"辽宁省先进个人"称号；荣获集体一等功1次，集体二等功55次；荣获个人一等功18人次，荣获个人二等功191人次。

第四章　检察

沈阳铁路运输检察机关分上级检察院和下级检察院，辽宁省人民检察院沈阳铁路运输分院为上级院，在各铁路运输分局设置的10个基层铁路运输检察院为下级院。两级检察院履职守责，依法对刑事案件履行审查批捕和提起诉讼的职能，查办和预防各类职务犯罪，建立人民监督员制度，受理群众来信来访，提高检验鉴定技术，强化基础与队伍建设，得到上级检察机关和路局党委的认可。两级检察院严格按照程序开展法律监督，强化预防贪污、贿赂等经济犯罪，与多经系统开展廉政共建活动。对经营合同严格把关，包保工程项目，将反腐工作想到先、做在前。围绕高检部署的"预防职务犯罪万里行"和加强反渎职侵权工作，举办大规模集中宣传活动。加强预防理论研究，探索和总结预防工作科学发展内在规律。两级检察院认真接待群众来访，积极化解社会矛盾，以服务大局，保护国有资产安全为宗旨，办理支持起诉案件，为国家挽回巨额经济损失。2005年以后，两级检察院三级网络建设初具规模，安装并运行信息发布系统、视频电话会议系统、远程大要案指挥系统、网络化办公系统、内部即时通信系统、影视点播系统及检察官论坛等，进一步推进检察机关信息技术工作，加强检察信息网建设，现代化办案办公环境得到加强。2012年6月21日，按照上级要求，沈阳铁路局将沈阳铁路运输检察分院、沈阳铁路运输检察院、大连铁路运输检察院、丹东铁路运输检察院、锦州铁路运输检察院的机构、人员和全部资产一次性整体移交给中共辽宁省委、辽宁省人民检察院，实行属地管理，分院及辽宁省内4家基层铁路运输检察院纳入国家司法管理体系。

第一节　检察系统概况

辽宁省人民检察院沈阳铁路运输分院是铁路运输系统专门检察机关，主要职责是依法履行宪法和法律赋予的监督职能，对刑事案件审查批捕和提起公诉，并对刑事诉讼活动开展法律监督；依法查办和预防贪污贿赂、渎职侵权等职务犯罪；依法对监管场所开展法律监督；对民事审判活动进行监督，并受理群众举报和负责申诉案件的复查等工作。沈阳铁路运输检察机关分上级检察院和下级检察院，辽宁省人民检察院沈阳铁路运输分院为上级院，在各铁路运输分局设置的10个基层铁路运输检察院为下级院，下级院管辖范围与各分局管界相同。分别为沈阳铁路运输检察院、大连铁路运输检察院、丹东铁路运输检察院、长春铁路运输检察院、锦州铁路运输检察院、通辽铁路运输检察院、吉林铁路运输检察院、通化铁路运输检察院、图们铁路运输检察院和白城铁路运输检察铁。各基层铁路运输检察院管辖范围与各铁路分局管界相同。

沈铁检察机关为双重领导体制：分院的业务工作受辽宁省人民检察院领导，党政工团工作受沈阳铁路局领导；各基层院业务工作受分院领导，党政工团工作受所在地区分局领导。

辽宁省人民检察院沈阳铁路运输分院于1996—1998年，设检察长1人，副检察长3人，下设审查批捕侦技处、审查起诉处、法纪检察处、监所检察处、反贪污贿赂局、政治部、办公室等8个部门和火连寨劳动教养员检察室。1999—2001年，撤销火连寨劳动教养员检察室，设检察长1人，副检察长2人，下设审查批捕侦技处、审查起诉处、法纪检察处、监所检察处、反贪污贿赂局、控告申诉检察处、政治部、办公室8个部门。

2002—2005年，设检察长1人，副检察长3人，下设侦查监督处、公诉处、侵权渎职检察处、监所检察处、反贪污贿赂局、控告申诉处、民事行政检察处、检察技术处，政治部、法律政策研究室、办公室11个部门。2006—2008年，设检察长1人，副检察长3人，下设侦查监督处、公诉处、反侵权渎职检察局、监所检察处、反贪污贿赂局、控告申诉检察处、民事行政检察处、检察技术处、政治部（下设组织处和宣传处）、法律政策研究室、办公室（下设法警支队、人民监督员办公室）、计财处12个部门。2009年，设检察长1人，副检察长3人，专职检察委员会委员2人。下设侦查监督处、公诉处、反渎职侵权局、监所检察处、反贪污贿赂局、控告申诉处、民事行政检察处、检察技术处、职务犯罪预防处、政治部（下设组织处和宣传处）、法律政策研究室、办公室（下设法警支队、人民监督员办公室）、计财处13个部门。2010—2011年，设检察长1人，副检察长3人，政治部主任1人，纪检组长1人，专职检察委员会委员2人。分院下设：政治部（下设组织处和宣传处）、办公室（下设人民监督员办公室）、法律政策研究室、侦查监督处、公诉处、反贪污贿赂局、反渎职侵权局、监所检察处、控告申诉检察处、民事行政检察处、职务犯罪预防处、技术处、计财处和法警支队14个部门。

2012年，按照中央编办《关于铁路公检法管理体制和核定政法专项编制的通知》和中央编办、最高人民法院、最高人民检察院、财政部、人力资源社会保障部、铁道部《关于铁路法院检察院管理体制改革若干问题的意见》和最高人民检察院《关于积极推进铁路检察院管理体制改革工件的通知》及最高人民检察院、铁道部《关于尽快完成铁路检察院移交工作的通知》要求，6月21日，沈阳铁路局与辽宁省人民检察院签署《辽宁省境内铁路运输检察院移交协议》，沈阳铁路局将沈阳铁路运输检察分院、沈阳铁路运输检察院、大连铁路运输检察院、丹东铁路运输检察院、锦州铁路运输检察院的机构、人员和全部资产一次性整体移交给中共辽宁省委、辽宁省人民检察院，实行属地管理。自此，分院及辽宁省内4家基层铁路运输检察院纳入国家司法管理体系。

第二节　刑事检察

1996年，受理审查各类提请批捕案件823件1304人，决定批捕735件1136人；受理自侦案件56件58人，批捕54件56人；受理审查各类移送起诉案件885件1576人，决定起诉768件1334人；免予起诉78件143人。1997年，受理公安机关提请批准逮捕案件542件746人，经审查决定逮捕505件685人；受理自侦部门提请批捕38件414人，经审查批准逮捕31件33人；受理自侦部门移送起诉案件43件58人，经审查决定起诉35件47人。1998年，受理批捕案件652件819人，经审查决定批捕534件756人；全年共受理移送审查起诉案件542件858人，其中自侦案件37件43人。经审查，提起公诉479件734人。1999年，受理提请批捕各类案件646件844人。其中，受理自侦部门提请逮捕案件16件18人，经审查批准逮捕567件751人。

2000年，受理公安机关提请逮捕案件721件1090人。其中，批准逮捕899人，不捕120人，受理自侦案件15件15人，审结15件15人，其中决定逮捕14人，决定不捕1人。2001年，两级院共受理各类提请批准逮捕案件819件1107人，案件数量同比增长26%。经审查，共批捕各类案件犯罪嫌疑人750件902人，案件数量同比增长32%，不批捕40件79人，不捕率为4.8%。两级院开展立案监督工作，全年共办理立案监督案件37件46人，案件数量同比上升12.1%。2002年，两级院共受理各类提请批准逮捕案件679件1005人，案件数量同比下降11%。经审查，共批准逮捕各类案件634件915人，不捕39件82人，不捕率控制在8%。2003年，受理各类提请批捕案件527件744人，批准逮捕各类案件犯罪嫌疑人473件659人。两级院公诉部门全年共受理各类移送起诉案件597件916人，提起公诉533件806人。2004年，受理各类提请批捕案件537件821人，经审查批准逮捕各类案件464件694人；受理移送审查起诉的各类案件605件954人，经审查提起公诉480件747人。2005年，受理各类提请批捕案件510件796人，经审查批准逮捕各类案件44件688人；受理移送审查起诉的各类案件515件898人，经审查提起公诉461件812人。2006年，受理各类提请批捕案件500件879人，共批准逮捕各类犯罪嫌疑人425件711人，不批捕75件173人，办理立案监督案件38人，立案监督案件有罪判决率达46%。2007年，受理各类提请批捕案件

455件770人，经审查批准逮捕373件592人，不批捕176人，办理立案监督案件58件。共受理各类移送审查起诉案件526件1040人，经审查提起公诉432件808人，不起诉48件102人。2008年，受理提请批捕案件352件589人，经审查批准逮捕321件479人；受理各类移送审查起诉案件432件854人，经审查提起公诉400件771人，提起抗诉2件2人。2009年，受理各类刑事犯罪案件253件409人，批准逮捕犯罪嫌疑人211件320人，不批准逮捕43人，共批准逮捕职务犯罪案件18件18人。审查批准延长羁押期限5件16人。

2010年，受理职务犯罪案件20件24人，批准逮捕19件23人，不批捕1件1人。2011年，受理审查逮捕职务犯罪案件13件17人，办理提请延长侦查羁押期限13人，批准变更强制措施3件5人。

第三节 职务犯罪查办和预防

一、反贪污贿赂检察

1996年，受理各类经济犯罪案件线索321件，决定立案侦查107件111人，其中贪污44件，贿赂55件，以车以票谋私等行业性犯罪案件25件；大案73件，要案5件，大要案数量比重占73%。追缴赃款赃物和非法所得，为国家和企业挽回经济损失454万余元。12月20日，经沈阳铁路局党委批准，沈铁两级院同时挂牌成立反贪局。下发《关于加强预防贪污、贿赂等经济犯罪工作的意见》，根据意见要求，反贪局与局运输处、项目处以及经济发展总公司等单位建立了预防犯罪体系，全方位开展预防犯罪工作。1997年，立案侦查贪污、贿赂等职务犯罪案件100件104人，其中贪污34件36人，贿赂25件25人，挪用公款23件24人，侵占13件14人，其他5件5人。其中，大案76件76人，要案1件1人。1998年，立案侦查贪污、贿赂等职务犯罪案件52件57人。其中，移送起诉32件24人，不起诉10件10人，撤案2件2人，移送其他部门处理8件10人，所办案件中，大案16件20人，要案5件5人。1999年，受理贪污贿赂案件线索82件，立案侦查32件34人，案件数量下降幅度为38.5%。

2000年，受理此类案件线索61件，立案45件51人，案件总数较上一年同期上升40.6%，其中贪污12件14人，大案21件25人，要案4件4人。2001年，共受理案件线索177件，经初查立案51件54人，其中大案19件，贪污案件25件26人，受贿案10件，挪用公款案8件，行贿5件，其他3件。2002年，受理案件线索61件，同比下降65.5%；经初查立案41件49人，其中大要案数量占41.46%。2003年，落实高检院关于进一步加强职务犯罪预防工作的决定，形成两手并重的工作格局。各院相继成立预防职务犯罪委员会，并在岗位目标责任制中完善预防职务犯罪工作的内容，使法制教育制度化、规范化、经常化。受理案件线索114件，立案38件43人。2004年，受理案件线索113件，初查108件。侦查终结29件31人。2005年，受理贪污贿赂案件线索77件，经初查，立案23件28人，其中大案14件，占立案总数60.8%。2007年，初查案件线索72件，立案侦查45人，其中要案6人，大案21人，大要案数量占立案总数的60%。2008年，立案查办贪污贿赂等职务犯罪44人，与上一年度相比提升了5%，超额完成了省院确定的立案基数76%，超额幅度在全省位居第一位。其中大案21人，要案1人，占立案总数的50%。特别是破获大连房产系统的系列案件，挽回经济损失4000余万元。2009年，共立案查处各类职务犯罪32人，完成全年立案基数的139%。

2010年，立案查办贪污贿赂案件29件37人，共提起公诉20人。2011年，立案侦查贪污贿赂犯罪案件24件39人，立案人数与去年同期相比上升5.4%，其中查办大案18件，占立案总数的75%。

二、预防职务犯罪

1997年，分院反贪局下发《关于加强预防贪污、贿赂等经济犯罪工作的意见》，根据意见要求，反贪局与局运输处、项目处以及经济发展总公司等单位建立预防犯罪体系，以上法制课、组织座谈讨论等形式，全方位开展预防犯罪工作。2002—2003年，落实高检院关于进一步加强职务犯罪预防工作的决定，形成两手并重的工作格局。各院相继成立预防职务犯罪委员会，并在岗位目标责任制中完善预防职务犯罪工作的内容；与建设、财务、计划、物资、营销、卫生、多经、外经等系统分别签订预防职务犯罪协议，并成立相应的领导小组。2007年，分院与局管内行使行政执法权限的沈阳铁路局房产处土地管理局等5家单位建立行政执法与刑事司法相衔接的信息共享工作机制。受理和主动发现案件线索24件，初查21件，立案3件5人。2008年，沈铁分院与哈大铁路客运专线建设项目部举行专项预防协议签字仪式，提出"哈大铁路客运专线预防千里行活动"，通过创办专门杂志作为预防载体等做法，在专项预防工作中注入文化理念，引起铁道部、高检院预防厅、铁检厅、省院等部门关注。2009年，按照《关于加强和规范涉及工程项目的预防职务犯罪工作意见》要求，分院成立预防职务犯罪办公室。

2010年，在多经系统开展廉政共建活动，分院和10个基层院以及分院各处室与全局多经7个直属公司、18个专业公司签订了共建廉政协议。对经营合同严格把关，还包保31个工程指挥部70余个工程项目。2011年，围绕高检部署的"预防职务犯罪万里行"和加强反渎职侵权工作，举办两次大规模集中宣传活动。分院预防办编辑预防书籍和预防专刊，加强预防理论研究，探索和总结预防工作科学发展内在规律。

三、反渎职侵权检察

1996年，受理渎职侵权案件16件18人，决定立案侦查7件8人。其中，立案查办司法人员徇私舞弊案件4件5人，玩忽职守案件3件3人。1997年，受理各类法纪案件线索31件33人，立案侦查12件14人。1998年，受理法纪案件线索18件23人，立案玩忽职守案1件1人。1999年，受理违法案件线索7件10人。

2000年，受理权案件线索30件37人，其中徇私舞弊19件23人，刑讯逼供4件7人，非法拘禁3件3人，玩忽职守1件1人，滥用职权2件2人，枉法追诉1件1人。2001年，受理法纪案件线索22件29人，立案11件14人，其中徇私舞弊不移交刑事案件3件4人，帮助犯罪分子逃避处罚5件5人，枉法追诉2件3人，非法拘禁1件2人，移送起诉5件6人，判刑3件3人，做不起诉处理3件5人，在逃2件2人，移送反贪局并案处理1件1人。2002年，受理法纪案件线索22件24人，立案11件15人，案件数量与上年持平，其中大案特案7件，比重高达64%;徇私枉法8件10人。2003年，受理渎职侵

权案件16件，立案7件。2004年，受理案件线索15件20人，全部进行了初查，立案11件16人。2005年，受理渎职侵权案件线索21件，经初查立案6件7人，被法院有罪判决5件6人。2006年，建立"三项制度"，即公检法定期联系制度、发生重大运营事故和盗拆路材路料案件通报制度和相互移交案件线索制度。2007年，在吉林至宁波、长春至上海、沈阳至深圳旅客列车开展"反渎职宣传万里行""检察宣传横跨大江南北超越时空，列车普法深受旅客欢迎再度扩展"系列活动。2009年，与白城、沈阳、大连和锦州4个基层铁路运输检察院共同初查4起线索。2011年，初查线索4起，重点查办土地管理部门涉嫌玩忽职守问题，立案查处3起案件。

第四节　诉讼监督与人民监督员

2003年，分院建立人民监督员制度，聘请71位人民监督员。2004年，25起案件进入监督程序。2005—2007年，分院顺利完成人民监督员换届选任工作，11位同志被选任为沈铁检察分院第二届人民监督员。

2005年，提请省院抗诉案件3件3人，其中1件为2005年经过二审抗诉后提请省院抗诉，2件为2004年二审后2005年提请省院抗诉，39件案件进入监督程序。2006年，对近几年贪污贿赂案件的具体量刑情况开展专题调研，研究和分析在具体量刑中的裁判不公问题，扩展审判监督的范围。2007年，立案监督案件58人，刑事审判监督重点对法院重罪轻判、有罪判无罪和轻罪重判或量刑畸轻等案件加强监督，提高审判质量。2009年，立案监督8件9人，纠正违法5件。并有24件24人的"三类案件"纳入人民监督员监督程序。两级院公诉部门严把公诉关，共追诉漏犯15人。

2010年，配备专职检察委员会委员，实体审查，依法落实检察长列席同级法院审委会制度。2011年，立案监督4件7人，其中应当立案而未立案3件6人，不应当立案而立案1件1人，纠正违法4件4人，追捕漏犯1件2人。2012年，将职务犯罪逮捕不服、不起诉、撤销案件等"三类案件"15件17人全部纳入人民监督员监督程序。2011

年，对职务犯罪不起诉案件12件14人进行了人民监督员评议。

第五节　监所检察

1996年，起诉10件13人，会同有关部门进行联合检查221次，自行检查692次；消除不安全因素447件，提出检察建议213件。1997年，办理起诉案件1件1人，抗诉案件2件2人，纠正违法39件，会同有关部门进行联合检查179次，自行检查386次；消除不安全因素69件，提出检察建议84件。1998年，办理批捕案件2件3人，起诉2件3人，不诉1件1人，受理申诉案件4件，驳回3件，1件改判无罪；发出书面纠正违法通知1份，纠正违法违纪22件。1999年，查处自侦案件线索12件12人，办理刑事案件8件8人，其中起诉6件6人，批捕2件2人；办理申诉案件1件。

2000年，监所检察部门共审查批捕4件4人，审查起诉6件7人，办理申诉案件1件2人。2001年，立案侦查司法干警玩忽职守致使在押人员脱逃案3件，初查案件线索3件。开展集体教育115次，追捕追诉76人，办理再犯罪刑事起诉案件8件8人。2002年，纠正违法36件，其他违法4件。与公安机关开展联合安全检查196次，自行安全检查305次，发现重大安全隐患9件，提出口头纠正9件。2003年，提出检察建设40次，与公安机关进行联合检查207次，个别教育815人，罪犯交待余罪19件15人，检举揭发95件91人，追捕追诉14件14人。2004年，与公安机关进行联合检查200余次，自行检查400余次，集体教育380余次。2005年，督促催办案件27件，提出检察建议11次，与公安联合检查228次，自行检查401次。

2006年，自行检查410次，集体教育109次，个别谈话教育1051人次，在押人员交代余罪20件24人，检举揭发48件52人。2009年，与公安机关开展联合检查76次，自行检查180余次。2000年，有5个基层检察院的驻所检察室达到"规范化检察室"标准。2010年，完成对案件线索专人审查和分级备案制度，健全与公安联合检查和信息通报制度。2011年，开展"全国看守所开展械具和禁闭使用情况专项检察活动"和"减刑、假释、暂予监外执行百案检察"，监所部门参加第

三届驻所检察室评比，沈阳、大连、长春、锦州和丹东5个铁路检察院被评为二级模范驻所检察室。

第六节　控告申诉和民事行政检察

一、控告申诉检察

1996年，受理群众来信来访1010件，其中举报贪污贿赂等经济犯罪案件线索609件。1997年，受理群众来信来访758件，其中来信656件，来访102件；首次信访690件，重复信访68件；办理刑事申诉案件12件，纠正6件。1998年，受理来信来访968件，其中来信768件，来访200件；首次信访863件，重复信访105件，受理控告举报730件，申诉25件，其他信访108件；办理申诉案件25件。1999年，受理群众来信来访790件，其中属于控告举报线索543件，全年共复查刑事申诉案件12件，办理刑事赔偿案件5件。

2000年，受理群众来信来访861件次，来访211次。2001年，受理群众来信582件，来访199件，控告举报线索564件，其他信访89件。办理刑事申诉案件17件，办理刑事赔偿申请4件，办结2件。2002年，受理群众来信来访590件，其中来信476件，来访114件，首次信访482件。2003年，两级院控申部门共受理群众来信来访641件。其中，首次信访中，控告举报线索465件，申诉13件。2004年，受理来信来访415件。其中，来信342件，来访73件；首次控告举报提供案件线索311件。2005年，受理来信来访436件。其中，首次信访中，控告举报线索373件。办理刑事申诉案件3件，办结3件；办理上级机关交界的案件1件。2006年，受理举报线索289件，受理申诉案件22件。2007年，受理群众来信来访191件。其中，首次信访166件，重复信访5件。2008年，受理群众来信来访406件，受理刑事申诉案件12件。2009年，受理群众来信来访303件次，首次来访290件次。以防止国有资产流失为重点，办理新类型案件，此类案件35件，为企业挽回损失300余万元。

二、民事行政检察

2003年，民行部门受理案件4件，经审查决

定立案3件，其中建议再审2件。2004年，上一年度建议再审的2起案件均已审结，其中1件因再审建议法院不予采纳，经向上提请抗诉，省院予以支持；另1件对判决结果提出抗诉，中法发回审理。2004年，民行部门新受理案件2件，决定不支持双方当事人意见，并做好息诉工作。2005年，民行部门共受理案件6件，立案3件，建议再审3件。锦州铁检院积极拓展民行监督渠道，对一起案件依法支持原分院起诉，为铁路挽回经济损失25万元。2006年，两级院受理民行案件31件，审查处理29件，提起抗诉2件，建议法院再审3件。2007年，民行部门立案5件，其中提请省院抗诉1件，向中法提出抗诉1件。努力探索办理高检院要求的改革创新案件，全年共办理支持起诉案件43件。制定下发了《办理刑事附带民事诉讼案件办法》，沈阳铁检院据此办理了刑事附带民事诉讼案件2件。2009年，两级院民行部门以防止国有资产流失为宗旨，重点办理督促起诉案件，共办理该类案件35件，为企业挽回损失300余万元。同时，民行部门以沈阳铁检院为试点，加大对执行环节的监督，年内已有15起案件进入监督程序。2010年，两级院民行部门受理申诉案件10件，其中分院受理5件。两级院民行检察工作以服务大局，保护国有资产安全为宗旨，共办理支持起诉案件96件，挽回经济损失近千万元。2011年，民行部门办理抗诉案件2件，办理申诉案件6件，立案2件。

第七节　检察技术

1996年，受理各类检验鉴定24件，出具文件鉴定17件，痕检鉴定1件，司法会计鉴定6份，勘查各类现场26次。1997年，受理各类检察鉴定56件、出具文件检察鉴定9件，文证检察13件，提供证据46件，提供侦查方向21件。1998年，受理案件15件，其中检验鉴定6件，现场侦查12件，文证审查15件，提供证据22件，提供侦查方向5件，制作录像片2部。1999年，受理技术检验、鉴定41件，文件检验12件，出具鉴定书8份，司法会计鉴定4件，出具鉴定报告1件。

2000年，受理文检鉴定11件，出具鉴定书8份；受理司法会计鉴定2件，出具鉴定书2份；受理法医鉴定11件，出具鉴定书1份。2001年，受理文检鉴定、司法会计鉴定、法医鉴定以及痕检鉴定共计14件，出具鉴定书11份。2002年，受理文检鉴定及文证审查4起，法医鉴定及文证审查3起，受理司法会计检验鉴定及文证审查2起，出具鉴定书1份，文证审查意见书2份。2003年，出具有法律效力的各种鉴定17份，较前两年的总和上升了340%；技术部门还配合公诉、监所等业务利用多媒体举证，进一步增强了出庭公诉的效果。2004年，出具法医文证审查及技术协助15次，给办案部门出具鉴定书9份，文检鉴定3起。2005年，有16件控告申诉线索在局域网上生成、审批、流转、办理和反馈；有36件电子案卷从侦查监督部门流转到公诉部门，有40件电子案卷流转给部门负责人和检察长。

2006年，投入200万元，三级网络建设初具规模，安装并运行信息发布系统、视频电话会议系统、远程大要案指挥系统、网络化办公系统、内部即时通信系统、影视点播系统及检察官论坛等。2007年，完成两级院的专线网升级并加强日常维护管理工作。2008年，召开全局检察机关信息技术工作会议，进一步推进检察机关信息技术工作。2010年，加强检察信息网建设，分院的现代化办公楼顺利建成，办公和办案条件得到改善。

第八节　检察基础建设与队伍建设

1996年4月15日，通辽铁路运输检察院被辽宁省人民检察院授予集体二等功，通化铁路运输检察院也受到辽宁省院通令嘉奖。沈铁分院公诉处检察员杜文明、锦州院公诉科检察员蔡庆丰荣立辽宁省人民检察院二等功。图们铁路运输检察院检察员郭恩慧被中共辽宁省委、辽宁省人民政府授予辽宁省严打集中统一行动先进个人。

1997年，修订后的《中华人民共和国刑法》正式实施。实施前，两级院通过多种形式的学习和培训，为修订后的《刑法》的实施奠定了基础。同时，《辽宁省人民检察院沈阳铁路运输分院检察干警行为规范》和《辽宁省人民检察院沈阳铁路运输分院正科职以上干部廉洁自律的有关规定》下发执行。通化铁路运输检察院监所监察科科长肖连才被辽宁省人民检察院通令嘉奖。吉林铁路运输检察院和通辽铁路运输检察院的接待室被辽宁省人民检察院评为1995—1996年省文明接待室,锦州铁路运输检察院接待室被辽宁省院通报表扬。沈铁分院副检察长杨佩正被最高人民检察院荣记一等功;长春铁路运输检察院反贪局局长王洪富被辽宁省人民检察院荣记二等功;沈阳铁路运输检察院被最高人民检察院荣记集体一等功。

1998年,两级院召开检察长会议进行部署,成立组织机构,确定专人负责,采取设立宣传栏、利用媒介发放宣传资料、深入站段以及看守所、教养院进行宣传等方式,宣传检务公开内容。分院领导班子和反贪局局长接受了辽宁省委组织部和辽宁省院联合考察组的考察,对管内10个基层院的领导班子和反贪局局长进行考察。

1999年,沈阳铁路运输检察院被最高人民检察院荣记集体一等功。沈铁分院副检察长杨佩正被最高人民检察院荣记个人一等功;通辽铁路运输检察院、长春铁路运输检察院反贪局被辽宁省人民检察院荣记集体二等功;吉林铁路运输检察院、通辽铁路运输检察院六科被辽宁省院评为文明接待室;沈阳铁路运输检察院反贪局检察员刘树林、通化铁路运输检察院政工室主任肖连才被辽宁省人民检察院荣记二等功。8月13日,沈铁分院被辽宁省人民检察院授予集体二等功。

2000年,落实以主诉检察官制度为龙头的起诉工作新机制,通过成立考评委员会,全面动员、竞聘选任、制定办法以及参加主诉检察官培训,全面落实主诉检察官制度,规范了审查起诉系统的工作机制。锦州、长春、吉林、大连等院向辽宁省院申报"五好"达标院,通化铁路运输检察院被辽宁省院命名为人民满意的检察院,通辽、沈阳两院被省院荣记集体二等功,锦州院反贪局、沈阳院审查起诉科等11个部门被分院荣记集体三等功。

2001年,贯彻上级院关于开展集中教育整顿要求,强化教育学习、专项治理、素质考试以及干部制度改革等4项重点内容。10个基层检察院全部进入"五好院"行列。沈铁分院机关党委被评为局机关红旗党委,沈阳院、锦州院、丹东院等7个院分别被路局和分局评为先进党支部。

2002年,在"盼盼杯"辽宁省政法系统邓小平民主与法制思想理论研究优秀成果大奖赛中,185篇论文均获得奖项并荣获大赛组织奖。沈阳院被高检院荣记一等功,锦州院被辽宁省政法委授予人民满意政法单位,长春院、吉林院被辽宁省人民检察院授予人民满意检察院。沈阳院检察长倪吉盛同志被辽宁省人民检察院评为"十佳"检察官,刘树林同志被辽宁省政法委评为杰出青年卫士;沈阳、锦州、通辽、白城等铁路运输检察院档案工作通过了国家二级、部级认定。沈阳铁路运输检察院公诉科检察员李冬梅、王镭、刘海萍经过考试、演讲、答辩等环节,在辽宁省"十佳"公诉人的评比中脱颖而出。其中,李冬梅、王镭被评为辽宁省"十佳"公诉人,刘海萍被评为优秀公诉人。2003年,沈铁检察分院获全国检察系统枪支管理工作先进集体。沈阳铁路运输检察院、王英杰、张建国、张军、于德泉等被中共辽宁省委政法委评为人民满意的政法单位和个人;沈阳铁路运输检察院李冬梅、冯晓平被辽宁省院荣记个人二等功。2004年,沈阳铁路运输检察院、锦州铁路运输检察院检察长王英杰、吉林铁路运输检察院政治处副主任张建国、丹东铁路运输检察院检察员张军、长春铁路运输检察院于德泉被中共辽宁省政法委表彰为第三批全省"人民满意的政法单位和个人"。沈阳铁路运输检察院、锦州铁路运输检察院被辽宁省人民检察院授予集体二等功。通辽铁路运输检察院冯晓平、沈阳铁路运输检察院李冬梅被省院授予个人二等功。沈阳铁路运输检察院温进刚被评为"辽宁省十佳渎职侵权检察科长"、沈铁分院张俊杰被评为辽宁省百名优秀侦查员、沈阳院李冬梅被评为全国优秀公诉人。锦州院胡春玉、沈阳院刘海萍、于文峰被辽宁省人民检察院评为优秀公诉人。

2005年,三个考评组对10个基层铁路运输检察院进行全面考评。长春、沈阳两院被评为省级先进院。丹东院被省院荣记三等功。2006年,通辽、沈阳等7个铁路运输检察院被分院授予2004—2006年度文明接待室称号。授予张莹、邵长江等9名同志2004—2006年度优秀接待员称号。2007年,两级院拟定了15个理论研究课题,撰写出27篇理论文章，汇编20万字学习资料。在国家级媒体发表新闻稿件26篇，省级媒体6篇；其中关于列车普法宣传活动的稿件被9家国家级和地方级媒体采用。2008年，沈阳、大连、锦州、吉林、白城等检察院新增办公环境3000余平方米。2009年，围绕铁检工作重点开展系列专题调研活动。向省级以上刊物发表理论文章10余篇。编发检查信息31期，简报18期，辽宁省院转发沈铁情况反映1期，铁检厅转发信息、简报14期。

2010年，分院组织参加全国铁检机关优秀公诉人评比，两人获单项个人优秀奖。发布信息16期，简报20期，其中被省院转发7期，被铁检厅转发11期。2011年编发简报31期，情况反映106期，情况专报9期。被省院转发9期，被铁检厅转发15期。两级院上报200多篇优秀论文，连续7年获大会组织奖并排名辽宁省第二。树立了"全国优秀政法干警"通辽铁路运输检察院检察长曾庆新先进典型事迹被《检察日报》《知音》杂志刊登。

第五章　审判

铁路法院是中国人民法院组织体系中与地方人民法院相并列的、依法行使国家审判权，审理与铁路运输、铁路企业单位相关的刑事、民商事纠纷等案件的专门法院。铁路法院的设置与地方人民法院不同，它不是依据行政区划设置，而是按照铁道部下设的铁路局及原来下设的铁路分局的管理区域设置。在铁路局所在地设立铁路中级法院，在原来下设的铁路分局所在地设立铁路基层法院。铁路中级法院所在省（市、区）的高级人民法院，监督指导两级铁路法院的各项审判、执行工作。

第一节　法院系统概况

一、沈铁两级法院组成及隶属关系

1996—2012年，沈铁两级法院由沈阳铁路运输中级法院（以下简称沈铁中院）和沈阳、长春、吉林、锦州、大连、丹东、通辽、通化、白城、图们等10个基层铁路运输法院组成，受沈阳铁路局领导。同时，辽宁省高级人民法院负责监督指导两级铁路法院的各项审判、执行工作。

二、管辖范围

1996—2012年，沈铁两级法院审判工作管辖范围，与沈阳铁路局运输管理区域相同，在地域范围上，主要管辖辽宁、吉林两省，内蒙古自治区的赤峰市、通辽市、兴安盟，河北、黑龙江省的部分地区。在管辖案件类别上，主要负责与铁路运输相关的各类刑事、民商事纠纷的立案、审判、执行和审判监督工作。

三、内设机构及职能

（一）中院内设机构及职能

立案庭：负责本院受理案件的审查立案工作；负责对不服本院和基层法院生效文书提出的申诉和再审案件的复查工作；承担对不服基层法院不予受理、驳回起诉、管辖异议的上诉案件的审理工作；承担诉前证据、财产保全工作；管理诉讼费用；负责司法救济工作；承担信访接待工作。

刑事审判第一庭：负责依法审理危害公共安全罪、侵犯公民人身权利民主权利罪、侵犯财产罪、妨害社会管理秩序罪、危害国防利益罪等第一审刑事案件；参与对本院判处死刑，并经省高级人民法院复核、最高人民法院核准的犯罪分子，依法执行死刑的相关工作。刑事审判第二庭：负责依法审理危害国家安全罪、破坏社会主义市场经济秩序罪、贪污贿赂罪、渎职罪及涉外犯罪等第一审刑事案件；承担审理不服基层法院判决的刑事上诉、抗诉案件；指导基层法院刑事审判工作；负责基层法院报送的刑事案件延长审限工作。

民事审判第一庭：负责依法审判由本院管辖的第一审民商事纠纷案件及与铁路运输有关涉外案件；办理其他有关民商事审判工作事宜。民事审判第二庭：负责依法审理二审民商事上诉、抗诉案件；指导基层法院业务工作；办理其他有关民商事审判工作事宜。

审判监督庭（赔偿委员会）：负责审理本院依照审判监督程序提起的刑事、民事再审案件；负责审理上级法院指令本院再审和发回重审的刑事、民事案件；负责审理不服基层法院再审判决的上诉、抗诉案件；负责审理检察机关提起抗诉的刑事、民事案件；负责依法审理国家赔偿案件；负责依法审理有期徒刑的减刑、假释案件；指导基层法院审判监督工作和国家赔偿工作；负责对上级机关督办案件的督办工作。

执行局一庭：行使本院管辖的一审民商事判决、裁定、调解书的执行实施权；行使本院一审刑事附带民事判决、裁定、调解书的执行实施权；行使本院一审刑事附带民事裁定书的执行实施权；行使上级法院指导、交办、委托案件的执行实施权；行使本院提起执行案件的执行实施权。执行局二庭：负责本院执行案件的裁决权；办理本院辖区内基层法院报请需要裁决的执行案件；负责对辖区基层法院执行案件的监督、指导、提级、交叉执行案件的决定权；报请和审判本辖区基层法院异地执行案件；负责对本辖区内执行干警培训教育工作；负责执行信访接待工作；承担执行方面的综合、调研、统计、信息工作。

研究室：协助院领导管理审判工作；承担审判委员会会务和审判委员会决定事项的督办；起草院长会议工作报告和其他重要文稿；负责编辑内部简报等刊物；研究审判工作中的法律政策问题；指导基层法院调研、司法统计、信息工作。

司法警察支队：制定司法警察工作计划；组织司法警察按照工作条例、规定、办法履行职责；组织、协调辖区内的警务活动；负责司法警察培训教育工作；管理司法警察装备。

人事处：负责本院机构编制和本院管理干部的考核、选拔、调配、交流、任免工作；承担本院和基层法院法律职务的呈报、任免、批复工作；负责本院和基层法院法官等级评定、晋升和撤销工作；管理司法警察警衔工作；管理人事档案、人事信息等工作。

宣传处：负责铁路法院系统思想教育、精神文明建设和专项教育工作；负责新闻发布工作；承担法官培训工作；负责对记功、表彰、嘉奖的集体或个人进行考核、审查、申报和批复工作。

办公室：负责组织本院重要会议和重大活动；督办院务会、院长办公会决定事项；负责文秘、保密、档案、印鉴、文书工作；承担政务接待、行政事务、机关安全及车辆管理等工作。计划财务装备处：负责本院机关计划编制、财务管理工作；管理本院和基层法院诉讼费、罚没收入及其他收入；管理本院和基层法院的各种装备和设备；管理本院国有资产及案件中的赃款、赃物。

（二）基层法院内设机构

立案庭、刑事庭、民事庭、执行局、审判监督庭、法警队、研究室（丹东、大连院未设研究室）、政治处、办公室。

四、司法体制改革

根据中央关于司法体制和工作机制改革的总体部署，2008年后，铁路法院管理体制改革进入了关键期。自2009年5月起，沈铁两级法院转制移交地方管理工作进入前期准备阶段，同年7月8日人事冻结。2011年年初正式启动，同年11月，沈铁中法领导班子得到加强和调整。同年11月24日，辽宁省第十一届人大常委会第二十六次会议通过了《辽宁省人民代表大会常务委员会关于沈阳铁路两级法院人员法律职务任免问题的决定》，明确了辽宁省内铁路两级法院法律职务任免的权限和范围。2012年6月下旬，沈阳铁路局分别与辽宁省、吉林省和内蒙古自治区高级法院签署了沈铁两级法院移交地方管理协议，沈铁中院及沈阳、大连、锦州、丹东4个基层铁路法院隶属辽宁省高院；长春、吉林、通化、白城、图们五个铁路基层法院隶属吉林省高院；通辽铁路基层法院隶属内蒙古自治区高院。原案件管辖不变，10个基层法院上诉二审案件仍由沈铁中院管辖。至此，沈铁两级法院正式移交地方管理。

第二节　立案工作

一、立案

1986—1996年，沈铁两级法院立案、收案工作都由各审判业务庭负责，按案件性质划分，直接对口收受案件。1996年4月，沈铁中院贯彻上级法院有关司法改革精神，决定从5月1日起，在沈铁两级法院实行法院审判工作"立、审、执分离"，统由告诉申诉审判庭负责收案工作。同年12月，沈铁中院在告诉申诉审判庭还专门成立"立案室"，配员3人，制定工作职责、制度和工作程序，全面开展收案工作。至此，沈铁两级法院结束了"自立自审、自立自执、立审不分"的历史。2001年4月，根据上级要求，沈铁中院将立案和审判监督这两种不同职能部门分开，分别成立了立案庭和审判监督庭，形成立案与审判监督相互分立、相互制约又有机结合的新格局。

立案庭成立后，发挥诉前审查、审理及管理的业务职能。通过严格依法立案，保护公民、法人和其他组织的诉讼权利和其他合法权利。立审分开后，通过立案和审判两机构之间内部互相制约与监督，有效防止立审合一的弊端。审判庭得以集中精力审理好一、二审案件，从而强化了法院内部监督制约机制。立案机构与其他审判庭各司其职、互相配合，保证了审判工作质量提高。

2003年10月，辽宁省高级人民法院下发《关于指定沈阳铁路运输两级法院受理民商事纠纷案件范围的暂行规定》通知，沈铁两级法院立案庭深入铁路企业及社区，进行宣传走访，宣传扩大收案范围，并现场进行立案咨询，使两级法院受理民商事案件标的数量创出新高。2009年，沈铁

沈阳铁路运输两级法院1996—2012年收结案情况一览表

表9-5-1

年份	中院		沈阳院		大连院		锦州院		丹东院		吉林院		长春院		白城院		通化院		图们院		通辽院	
	收案数	结案数	收案数	结案数	收案数	结案数	收案数	结案数	收案数	结案数	收案数	结案数	收案数	结案数	收案数	结案数	收案数	结案数	收案数	结案数	收案数	结案数
1996	192	183	478	429	430	422	531	575	204	196	373	304	167	157	129	133	177	177	76	76	132	138
1997	201	194	362	366	412	386	326	351	233	207	339	237	204	211	99	93	106	106	77	76	122	120
1998	168	167	328	350	320	356	347	403	131	156	298	241	199	196	126	127	90	90	53	53	142	141
1999	230	233	964	1066	416	475	633	687	141	179	318	295	219	214	131	148	118	118	107	107	157	154
2000	166	165	1053	1049	245	262	231	267	157	180	225	224	220	198	116	110	192	192	82	82	166	161
2001	155	170	637	632	149	150	288	297	229	236	148	148	220	228	185	173	224	224	63	63	153	147
2002	117	119	729	731	178	181	238	216	214	220	129	121	312	311	230	227	209	209	58	57	105	99
2003	87	91	1200	1198	223	218	224	210	226	249	190	182	419	416	120	124	181	181	74	74	184	149
2004	110	92	1436	1420	264	232	174	278	179	173	402	408	487	484	325	339	190	190	61	61	225	225
2005	117	100	414	371	183	170	206	178	209	202	467	455	503	524	341	345	183	178	62	65	246	243
2006	115	127	403	431	205	198	180	152	130	137	660	660	665	677	407	407	169	169	24	25	265	263
2007	111	112	1154	1078	222	200	162	175	196	194	731	711	656	638	297	294	193	187	38	39	260	260
2008	131	124	1261	1274	201	176	204	161	217	222	828	827	826	827	47	51	170	170	21	19	250	247
2009	105	117	1299	1343	306	267	241	236	130	135	802	797	849	866	246	249	234	234	36	37	255	229
2010	74	83	671	661	456	425	227	222	106	118	409	405	500	491	115	111	107	107	53	49	325	320
2011	72	78	411	396	450	445	60	57	58	64	222	214	67	62	97	93	74	74	13	14	270	274
2012	71	69	151	187	104	273	51	75	84	85	159	147	62	73	43	49	71	69	16	15	146	143
案件总数	2222	2224	12951	12982	7464	4836	4423	4540	2844	2953	6700	6376	6575	6573	3054	3073	2688	2675	906	932	3403	3313

中院组织基层法院到省院诉讼服务中心学习，为铁路两级法院的诉讼服务中心改建工作指出了方向。而后，沈铁两级法院纷纷将立案大厅改建为诉讼服务中心，为当事人提供诉讼便利。

2010年，沈铁两级法院试行快捷立案和预约立案，80%以上案件当日立案，60%以上案件一小时内立案，并建立纠纷多元解决模式，设立立案调解室、庭前调解组、速裁合议庭。2011年，沈铁中院办公大楼落成，对诉讼服务中心进行了改造，结合实际落实立案窗口的配备。在扩大服务面积（130平方米）的基础上，安装了电子显示屏、安检门和通道式x光物检仪等。

二、信访工作

1996年1月，告诉申诉审判庭成立后，信访接待工作开始由告诉申诉审判庭负责。2001年4月组建立案庭后，信访工作及申诉案件立案复查工作，开始由立案庭负责。两级法院坚持把做好每一件来信来访工作，作为稳定社会的重要内容。实行"院长接待日"，院长、副院长对涉法来信来访亲自阅信、亲自办理，直接接待上访人员。每年在全国"两会"期间，沈铁两级法院均会成立涉诉信访工作领导小组，深入基层站段、车间进行走访，对重点人进行了解，掌握其动态，做好思想工作，使矛盾化解在基层，由专人提前与上访老户的住地派出所联系，共同做上访老户工作。

第三节　刑事审判

一、管辖范围

1996—2012年，沈铁中院在地域范围上管辖沈阳铁路公安局管内侦破的、我国《刑事诉讼法》规定的应由中级法院审理的刑事案件，各基层铁路运输法院管辖原10个铁路分局所在地铁路公安处侦破的刑事案件。同时还规定，对管辖不明或管辖权有争议的案件，由上一级法院指定管辖或移送管辖。沈铁两级法院受理刑事案件的主要类型为故意杀人、故意伤害、涉毒品犯罪、运输假币、抢劫、盗窃、诈骗、贪污、受贿等。

1996年4月，在全国"严打"中，沈铁两级法院集中打击管内严重危害社会治安秩序的刑事犯罪活动。5月，沈铁中院先后与沈阳、长春、锦州、大连、通化、图们等基层院联合召开8次公判大会，坚决贯彻"严打"方针，坚决打击各种暴力性犯罪，受教育职工群众人数达10余万人，维护了铁路和社会治安秩序的稳定。1997年1月29日，沈铁中院在沈铁文化宫召开公判大会，对故意杀人、抢劫、盗窃等几起重大暴力犯罪案件依法进行公开宣判。1998年1月20日，沈铁中院以沈铁文化宫为中心会场，各分局文化宫设分会场，对5起犯罪案件10名罪犯依法进行公开宣判。1996年至2012年,沈铁两级法院共审结刑事案件9023件。

二、刑事审判典型案例

（一）景某某等16人盗窃案

2007年4月24日至25日，沈铁中院审理了一起特大团伙盗窃钢轨案件。被告人景某某等16人于2005年7月至2006年2月间，先后多次在白老线、田五线、长大线、得利寺站军工专用线、田家站107军工专用线等地采用气焊切割手段盗窃废钢轨149.275吨，总价值人民币434827.25元。经审理，被告人景某某等16人分别被判处1年到15年不等有期徒刑。

（二）华某某盗窃案

1997年5月17日，被告人华某某伙同他人在太阳升站站外运行的货物列车上，盗出红塔山牌香烟1024条，价值人民币112640元。案发后，华某某潜逃，2005年1月8日，被公安机关抓获归案。2005年3月22日，白城铁路运输法院以盗窃罪，判处被告人华某某有期徒刑10年。

（三）姚某某盗窃案

2007年，大连铁路运输法院审理姚某某等5被告人盗窃铁路钢轨一案。姚某某在两个月内组织其他被告人于夜间驾车盗窃铁路钢轨10余次，严重危害铁路运输安全，依法被认定为主犯，被判处有期徒刑5年。

（四）张某某破坏交通设施案

2012年4月27日夜，张某某饮酒后，将人行道水泥板拆下，摆放在钢轨上。次日凌晨，货物列车通过时，碾压水泥板，停车8分钟。丹东铁路运输检察院指控被告人张某某涉嫌破坏交通设施罪向丹东铁路运输法院提起公诉。丹东铁路运输法院调查查明，被告人年幼时，为躲避火车跳桥摔伤，经截肢手术后腿部留下残疾，其兄亦因此致一目失明。被告人破坏交通设施的行为，虽构成犯罪，但并未造成严重后果。考虑到其幼年时的经历，为彰显司法人性化，本着惩罚与教育相结合原则，决定酌情从轻判处其有期徒刑3年，缓刑3年。

（五）白某某、倪某某倒卖车票案

2003年1月28日9时，倪某某为牟利向白某某联系购买火车票，白某某于12时携带1414次、2125次、T94次、K54次、K190次等车票64张，票面额11000余元，到沈阳站北侧一饭店内，将其中的23张车票以每张卧铺票加价10元、硬座票加价7元的价格倒卖给倪某某。倪某某携带94次、1414次等车票25张，票面额3934元，在上述地点以每张车票加价60元倒卖他人时被警察抓住。2003年3月20日，沈阳铁路运输法院判决白某某拘役6个月，缓刑6个月，罚金30000元；倪某某拘役3个月，缓刑3个月，罚金15000元。

（六）王某某贪污案

1999年4月23日，沈阳铁路局某开发总公司总经理王某某，代表本公司（乙方）与沈阳铁路局多种经营管理处(甲方)签订委托清欠协议书，受甲方委托代表沈阳铁路局负责清欠华海（海南）国际有限公司（北京未来建设集团有限公司的子公司）与沈阳铁路局的债务工作。2001年12月25日，被告人作为委托代理人参与清欠诉讼。2002年1月23日，经法院主持调解，双方达成调解协议，在履行协议期间，被告人于2008年至2012年收受北京未来集团以房租和工资名义给付的好处费共计人民币1125845元占为己有。王某某还实施贪污犯罪3次，合计价值人民币4248102元。案发后，检察机关扣押被告人王某某个人银行卡1张（内存有人民币50608.89

沈阳铁路运输两级法院1996—2012年收结案情况一览表

表9-5-2　　　　　　　　　　　　　　　　　　　　　　　　　　　　　　　　　　　　　单位：件

年份	中院收案数一审	中院收案数二审	中院结案数一审	中院结案数二审	沈阳院收案数	沈阳院结案数	大连院收案数	大连院结案数	锦州院收案数	锦州院结案数	丹东院收案数	丹东院结案数	吉林院收案数	吉林院结案数	长春院收案数	长春院结案数	白城院收案数	白城院结案数	通化院收案数	通化院结案数	图们院收案数	图们院结案数	通辽院收案数	通辽院结案数
1996	27	27	21	27	210	214	57	49	71	69	45	31	86	82	27	27	68	73	94	94	33	33	51	54
1997	29	27	32	27	134	138	32	42	76	74	45	45	46	44	43	43	56	54	64	64	22	22	28	31
1998	13	22	14	22	104	108	50	50	54	54	28	30	30	30	29	29	57	58	52	52	14	14	36	34
1999	26	29	24	29	156	166	4	55	64	61	27	27	48	46	34	34	41	41	54	54	32	32	41	41
2000	24	25	24	25	227	227	30	42	74	72	28	27	46	45	46	42	39	36	45	45	35	35	34	33
2001	25	21	24	21	178	177	54	51	99	99	50	50	62	62	49	37	63	63	53	53	30	30	46	45
2002	33	21	32	21	113	114	49	51	102	99	42	42	39	39	127	127	141	140	42	42	21	21	45	44
2003	15	16	18	16	104	104	44	44	101	100	37	36	69	68	51	51	68	51	53	53	22	22	27	26
2004	11	9	11	9	91	87	31	31	79	77	41	41	23	24	61	48	74	75	35	35	21	21	20	20
2005	6	12	6	12	77	81	44	39	68	56	42	42	28	28	55	55	55	55	39	39	24	24	20	21
2006	17	22	18	22	73	72	59	58	75	71	35	34	33	33	65	65	58	58	57	57	9	9	24	23
2007	20	22	18	22	88	90	48	47	79	80	31	30	33	33	46	46	46	46	43	38	9	9	18	18
2008	15	21	15	21	100	101	50	41	45	45	40	37	19	19	31	31	27	27	52	52	9	9	14	13
2009	8	17	8	17	87	83	34	34	37	34	19	19	14	14	23	23	10	10	43	43	7	7	12	10
2010	12	20	11	20	62	63	23	25	37	34	15	15	8	8	64	49	11	11	25	25	5	5	8	8
2011	13	21	15	21	57	57	18	16	37	41	22	22	9	9	10	10	43	43	43	43	6	6	13	13
2012	17	8	17	8	50	49	38	36	38	36	20	20	20	20	36	36	15	15	26	24	5	5	15	15
总计	311	340	311	340	1911	1931	718	703	1133	1102	580	559	571	556	832	803	816	805	830	817	304	304	454	449

元），查封位于沈阳市和平区中兴街28甲1-1号（424平方米）门市房1套。依照《中华人民共和国刑法》之规定，被告人王某某犯贪污罪，判处有期徒刑14年；犯受贿罪，判处有期徒刑11年；数罪并罚，决定执行有期徒刑16年。判决后，被告人王某某上诉。二审法院认为一审判决认定上诉人犯罪并无不当。原审判决认定事实清楚、证据确实、充分，审判程序合法。依法裁定驳回上诉，维持原判。

第四节 民商事审判

一、管辖范围

1990年6月，最高人民法院特别对铁路运输法院受理经济纠纷案件范围做出新规定：铁路货物运输合同纠纷；铁路旅客、行李、包裹运输合同纠纷；由铁路处理的多式联运合同纠纷；国际铁路联运合同纠纷；铁路货物运输保险合同纠纷；代办托运仓储保管等铁路延伸服务合同纠纷；国家铁路与地方铁路、专用铁路、专用线在修建、管理和运输方面发生的合同纠纷；铁路在装卸作业、线路维修等方面发生的委外劳务纠纷；铁路系统内部的经济纠纷；违反铁路安全保护法律、法规，对铁路造成损害的侵权纠纷；铁路行车、调车作业造成人身、财产损害，当事人向铁路运输法院起诉的侵权纠纷；上级人民法院指定铁路运输法院受理的其他经济纠纷案件，由铁路运输法院审理。

辽宁省高级人民法院于2003年12月，向全省范围内各级法院下发辽高法〔2003〕162号《关于指定沈阳铁路运输两级法院受理民商事纠纷案件范围的暂行规定（试行）》通知，重新确定了沈阳铁路运输两级法院管辖民商事纠纷案件的范围：铁路部门及其所属企业、事业单位为一方当事人的各类合同纠纷、债权债务纠纷、侵权损害赔偿纠纷、房地产纠纷和铁路所属企业破产案件；可以受理一方当事人原为铁路部门，现仍从事铁路运输服务、铁路工程建设、维修、铁道运输设备制造、铁路通信的企事业单位发生的前第一条规定的案件；国际货物联运纠纷案件；原被告双方均为铁路职工的民事纠纷案件，前述类型

的案件，在不违反级别管辖、专属管辖规定的情况下，案件一般都由铁路运输法院管辖。在受理民事诉讼级别管辖上规定：基层法院管辖标的额在50万元以下（含本数）的案件；中级法院管辖诉讼标的额在50万元以上（不含本数）的案件；中级法院有权审理基层法院管辖的第一审民事案件；各基层法院对所管辖的第一审民事纠纷案件，认为需要由上级法院审理的，可以报请中级法院审理。1996年至2012年间，沈铁两级法院共审结民事案件27541件,总标的达247亿元。

二、典型案例

（一）旅客张某诉大连铁道有限责任公司旅客运输合同赔偿纠纷案

该案是我国法制史上首例因列车晚点旅客索赔的案件。1998年7月13日，大连铁道有限责任公司值乘的大连至沈阳K234次旅客列车因机车故障，在唐王山和大石桥站两次非常规滞留，到达大连站晚点2小时18分。乘此车返连的大连衡平律师事务所律师张某以火车晚点给其造成经济损失33元（系此特快列车与普通列车的客票差价）并使其本人及家人因焦急等待精神受到一定损害为由向大连铁路运输法院提起诉讼。该案受理后，铁道部部长傅志寰知悉此案后作了批示。8月17日开庭审理时，9家新闻单位10余名记者进行采访，50多人参加旁听。原、被告对晚点事实没有争议，但在违约事由是否为不可抗力及违约责任适用法律等问题上进行了激烈辩论。针对原、被告的争执焦点，合议庭和审委会进行了认真评议和讨论。一审大连铁路运输法院认为,最高人民法院《关于审理铁路运输损害赔偿案件若干问题的解释》和铁道部《铁路旅客运输损害赔偿规定》仅对旅客人身伤亡及自带行李的损失赔偿作了规定，而对列车晚点的损失赔偿，法律法规尚无规定。原告要求赔偿损失、赔礼道歉的诉讼请求于法无据,故判决驳回原告的诉讼请求。

原告对一审判决不服向沈铁中院提出上诉。二审中，原告又举出《消费者权益保护法》和《铁路法》的相关法律规定继续支持自己的索赔观点，而被告则进一步提出"高消费、高保险，低消费、低保险"的理论，从更深层次上阐述不能赔偿的理由。二审法院最终驳回原告上诉，维持原判。全国首例列车晚点旅客索赔案，虽然当

1996—2012年沈阳铁路运输两级法院民事审判情况一览表1

表9-5-3　　　　　　　　　　　　　　　　　　　　　　　　　　　　　　　单位：件

年份	中院			沈阳院			大连院		
	收案数	结案数	标的额（万元）	收案数	结案数	标的额（万元）	收案数	结案数	标的额（万元）
1996	95	92	4329	115	125	2500	242	237	1332
1997	68	70	1886	111	127	2344	261	242	1096
1998	84	84	5235	137	126	2645	168	164	1287
1999	124	117	3219	626	646	3014	293	287	1963
2000	90	96	5824	639	635	3595	130	122	1572
2001	82	80	6564	360	356	3035	61	59	1533
2002	45	48	9855	513	514	1800	105	102	1874
2003	25	25	8485	935	936	1945	153	148	1040
2004	48	43	6673	1129	1121	3400	187	156	1940
2005	63	51	25013	227	192	3061	121	112	845
2006	31	48	50026	215	225	3672	128	120	1413
2007	28	29	90197	918	915	5523	148	131	2539
2008	50	50	165235	1073	1064	6500	128	112	1413
2009	35	31	305458	1185	1188	1306	241	217	4605
2010	22	22	560890	571	555	1369	426	392	4605
2011	23	27	1031582	321	314	1665	416	416	2680
2012	33	31	31546	77	108	6264	54	26	3071
总计	946	944	1280435	9152	9147	53638	3262	3043	34808

事人提出上诉，但由于判决书说理充分，无懈可击，不仅二审维持原判，而且在最高院交通庭满洲里研讨会上被评为此类案件的判例。

（二）鞠某某诉通化工务段梅河口劳动服务公司房屋租赁合同纠纷上诉案

2010年，沈铁中院民二庭调撤一起因铁路动迁引起的房屋租赁合同违约纠纷二审案件。上诉人鞠某某从2004年8月开始租用被上诉人沈阳铁路局通化工务段梅河口劳动服务公司的门市房进行饭店经营。之后，上诉人为增加经营面积，在没有征得被上诉人同意和有关部门的审批下擅自对所租房屋进行扩建，建造了一处平房。租赁合同期满后，双方没有重新签订书面的租赁合同，只是口头续约，由上诉人继续使用房屋，并按月向被上诉人交纳房屋租金。2010年5月，沈阳铁路局决定对此地进行动迁建设职工住宅楼，但上诉人因补偿费用太少拒绝搬迁，导致动迁中断，影响了工期。为此，被上诉人诉至法院，要求上诉人搬出占用的房屋。上诉人提出反诉，要求被

上诉人承担单方终止租赁关系的违约责任并赔偿搬迁款7700.22元。一审法院经过多次调解未果后，判决鞠某某搬迁并驳回其反诉请求，鞠某某不服上诉至沈铁中院。为维护双方当事人的合法权益，承办法官迅速开展工作力争调解结案。在了解案件的基础上，分别找到双方当事人耐心做思想工作，争取双方当事人对法院的信任。最终上诉人放弃不切实际的要求，同意接受调解。双方当事人终于达成初步调解协议，被上诉人同意退还上诉人已交付的设备转让款及押金5万元，并给付补偿款4万元，上诉人则自行搬迁。

三、为铁路企业提供司法服务

1996年至2012年间，沈铁中院专门下发《为铁路企业提供法律服务的具体措施》，规定两级法院要定期走访铁路企业、定期召开案件协调会、定期送法进企业、建立健全司法服务网络等具体服务制度。为强化服务措施落实，各基层法院在所辖地区纷纷建立起司法联络员队伍，专门开通法律咨询、诉讼指导、提起诉讼、申请执行

1996—2012年沈阳铁路运输两级法院民事审判情况一览表2

表9-5-4　　　　　　　　　　　　　　　　　　　　　　　　　　　　　　　　　单位：件

年份	锦州院			丹东院			吉林院			长春院		
	收案数	结案数	标的额（万元）	收案数	结案数	标的额（万元）	收案数	结案数	标的额（万元）	收案数	结案数	标的额（万元）
1996	379	369	1909	104	102	907	194	175	1355	120	110	240
1997	188	175	2164	92	96	1028	179	170	275	136	145	320
1998	218	207	2939	64	66	1226	129	125	2007	138	136	810
1999	512	493	1782	75	75	511	135	133	3888	145	145	400
2000	101	97	1047	99	101	519	110	104	2642	117	116	520
2001	156	159	1079	155	157	597	52	52	719	120	131	1149
2002	105	88	745	148	147	117	54	46	971	148	147	1077
2003	84	83	1238	159	159	450	126	124	1610	286	285	889
2004	159	155	1903	107	107	160	344	345	1371	356	353	1011
2005	107	103	1715	143	141	441	405	400	6354	397	399	888
2006	76	58	939	74	76	292	547	547	1471	499	500	855
2007	66	65	515	151	149	288	695	680	766	504	502	1400
2008	95	93	1246	162	118	1076	788	788	2102	693	686	1818
2009	184	187	596	92	95	1500	784	782	911	778	785	998
2010	180	180	289	81	95	989	386	386	1935	422	422	1417
2011	12	3	488	25	29	43	205	200	758	20	20	256
2012	11	28	2949	54	61	305	130	125	2226	18	26	320
总计	2633	2543	23543	1785	1774	10449	5263	5182	31361	4897	4908	14368

"绿色通道"，铁路企业遇到法律问题可直接与立案庭、民事庭、执行局联络。各审判庭可根据不同情况直接提供法律指导，并通过组织两级法院开展"千名法官进百企""进站段、下车间、到班组"百次法律宣讲活动，宣讲法律常识，宣讲铁路旅客运输、货物运输等工作中应注意的法律问题。沈阳铁路运输法院法官宣讲团先后在沈阳北站等20余家单位设立"法律讲堂"，常年以主题演讲、专题报告、座谈答疑等多种形式进行法律宣讲。同时开展"职务犯罪预防月""经营者的安全保障义务"专题讲座等活动，开通司法救助热线，创办《司法服务专刊》，帮助企业规范管理行为。2006年至2012年间，沈铁两级法院还开展"合同清理、案件清底""两清"专门司法服务活动及法官直接面对企业的"点对点"司法服务指导活动，发动两级法院审判人员，深入管内所有铁路企业，帮助清理合同，指导诉讼。活动中共帮助企业清理债权上万笔。沈铁两级法院还积极探索与铁路企业共建行业调解组织，主动与铁路企业共建行业调解委员会，使矛盾纠纷化解的防线前移，有效化解职工内部矛盾。两级法院司法为民服务经验在2009年省高院、全国铁路法院"人民法官为人民"经验交流会及2011年辽宁省法院院长会等会议上推广交流。

第五节　审判监督与国家赔偿

一、审判监督

2001年4月，根据最高人民法院1999年颁布的《人民法院改革五年纲要》，依照职责明确、分工合理、运转高效的原则，对铁路两级法院内部机构设置进行了调整。原有的告诉申诉庭分离设立立案庭和审判监督庭。审判监督庭从纠错需求出发，通过行使法律赋予的再审权、依法纠正本院做出的确有错误的生效裁判，实现法院内部监督，以维护司法公正及权威。

2007年，《民事诉讼法》修订，对民事再审

1996—2012年沈阳铁路运输两级法院民事审判情况一览表3

表9-5-5　　　　　　　　　　　　　　　　　　　　　　　　　　　　　　　　单位：件

年份	白城院			通化院			图们院			通辽院		
	收案数	结案数	标的额（万元）	收案数	结案数	标的额（万元）	收案数	结案数	标的额（万元）	收案数	结案数	标的额（万元）
1996	46	44	355	47	47	294	35	35	28	60	64	202
1997	34	32	106	34	34	902	37	37	32	75	70	413
1998	58	61	231	31	31	460	34	34	19	75	78	339
1999	83	88	1531	63	63	252	70	70	28	88	85	612
2000	62	62	316	118	118	183	32	32	72	118	118	913
2001	109	101	124	140	140	490	20	20	27	92	88	1887
2002	74	73	249	147	147	140	27	27	29	37	35	349
2003	66	67	108	105	105	300	35	35	83	150	114	1060
2004	198	209	337	139	139	195	27	27	50	192	192	169
2005	286	286	474	113	113	360	30	31	58	198	198	242
2006	331	331	700	106	106	260	10	11	27	214	214	410
2007	220	220	346	135	135	494	25	26	14	220	218	1000
2008	15	15	163	108	108	743	8	6	8	222	218	1061
2009	233	233	185	179	179	651	24	25	15	224	201	2300
2010	104	100	39	78	78	582	39	63	2	306	303	1200
2011	86	83	678	25	25	250	5	6	5	254	258	900
2012	5	12	591	38	38	658	7	6	21	122	123	700
总计	2010	2017	6533	1606	1606	7214	465	491	518	2647	2577	13757

案件的级别管辖进行了提高和限制，审判监督程序得到完善。根据该管辖规定，基层法院不再承担申诉复查、审理依当事人申请启动的再审案件，仅承担极少量的依照职权进入再审和涉及事实证据的民事抗诉再审案件，基层院审监庭的职能由再审向案件质量监督管理的方向转换。而管辖权上提一级制度设定后，原本由各基层法院承担的申请再审案件等办案任务，转由中院审监庭承担。

2012年，《民事诉讼法》再次修订，对民事再审审查制度做了修改，完善"申请再审上提一级"的再审审级规定，修改了再审事由、申请再审期限和审查程序等规定。新民事诉讼法第一百九十九条在坚持"申请再审上提一级"规定基础上，增加规定当事人一方人数众多和当事人双方为公民的案件也可以向原审人民法院申请再审，改变了申请再审一律由上一级法院管辖的原则。同时对再审事由也进行调整。删除原民诉法管辖错误事由与程序性兜底事由，并将"事由"中审理案件需要的证据限定为"主要"证据。

二、国家赔偿

（一）国家赔偿机构的设置

根据《国家赔偿法》规定和上级法院要求，沈铁中院于1995年设立了由5人组成的赔偿委员会，由1名副院长任赔偿委员会主任。下设办公室，1995年至2001年3月，赔偿委员会办公室挂靠在告诉申诉审判庭，赔偿办主任由告申庭长兼任。2001年4月以后，根据《最高人民法院、铁道部关于铁路运输两级法院机构改革工作的意见》和沈阳铁路局党委《关于调整沈铁两级法院机构定员编制的通知》规定，赔偿委员会办公室设在中院的审判监督庭，主任由审监庭长兼任。2010年4月12日，根据上级法院的改革要求，沈铁中院成立新的赔偿委员会，由审判监督庭兼任，庭长任赔偿委员会主任，采取合

1996—2012年沈阳铁路运输两级法院审判监督 减刑假释 国家赔偿案件一览表

表9-5-6　　　　　　　　　　　　　　　　　　　　　　　　　　　　　　　　　　　　　单位：件

年份	中院				沈阳院		大连院		锦州院		丹东院		吉林院		长春院		白城院		通化院		图们院		通辽院	
	刑事再审	民事再审	减刑假释	国家赔偿	民事再审	刑事再审	民事再审	刑事再审	民事再审	刑事再审	民事再审	刑事再审	民事再审	刑事再审	民事再审	刑事再审	民事再审	刑事再审	民事再审	刑事再审	刑事再审	民事再审	刑事再审	民事再审
1996	4	2	30	–	8	–	–	–	–	–	1	–	–	–	2	–	–	–	–	–	–	–	–	–
1997	3	3	51	1	2	–	–	–	–	–	–	–	–	–	–	–	–	–	–	–	1	–	–	–
1998	4	1	30	3	1	–	–	–	–	–	–	–	–	–	4	2	–	–	–	–	–	–	–	–
1999	6	4	17	2	–	–	–	–	–	–	–	–	–	–	–	–	–	–	–	–	–	–	–	–
2000	3	2	4	1	–	1	–	–	–	–	–	–	–	–	–	–	–	–	–	–	–	–	–	–
2001	6	6	2	3	–	1	1	–	–	1	–	–	–	–	–	–	–	–	–	–	–	–	–	–
2002	2	1	3	3	1	–	–	–	–	1	–	–	–	–	5	–	1	–	–	–	–	1	–	–
2003	2	1	0	4	–	–	–	–	–	1	–	–	–	–	–	–	–	–	–	–	–	–	–	–
2004	3	4	0	0	1	–	–	–	1	1	–	–	–	–	2	–	–	1	1	–	–	–	–	–
2005	0	4	0	3	2	3	–	1	–	1	–	–	–	3	–	–	–	–	–	–	–	–	–	–
2006	5	4	1	2	–	1	–	1	1	2	2	–	–	–	3	–	1	–	–	–	–	–	–	–
2007	1	1	0	0	–	–	–	–	–	–	1	–	1	–	3	–	–	–	–	–	–	–	–	–
2008	2	2	0	5	–	–	–	–	–	–	–	–	–	–	–	–	–	–	–	–	–	–	–	–
2009	1	18	1	1	–	1	1	–	–	–	–	–	–	–	–	–	–	–	–	–	–	–	–	–
2010	0	0	0	0	–	–	–	–	–	–	–	–	–	–	–	–	–	–	–	–	–	–	–	–
2011	1	1	1	1	–	–	–	–	–	–	–	–	–	–	–	–	–	–	–	–	–	–	–	–
2012	1	1	0	2	–	–	–	–	–	–	–	–	–	–	–	–	–	–	–	–	–	–	–	–
总计	44	55	140	32	15	7	2	2	2	7	4	–	1	3	19	2	2	1	1	–	1	1	–	–

议庭制审理国家赔偿案件。在基层法院设立赔偿案件理赔小组。

沈铁中院赔偿委员会办公室的主要职责是：依法审理辽宁省高级法院赔偿委员会指令重新审理并依法做出决定的赔偿案件；执行赔偿委员会决定的各类事项；依法审理国家赔偿案件；审查处理赔偿告诉、申诉案件；负责国家赔偿工作的调查研究和对基层法院的业务监督指导；办理赔偿委员会交办的其他事项。1996—2012年，沈铁两级法院共审理了国家赔偿案件32件。在国家赔偿案件审判中，沈铁两级法院重在严把立案审查关。对于符合受理条件的申请，依法予以审理，不符合受理条件的，认真做好宣传解释工作，驳回赔偿请求。从2003年开始，国家赔偿案件统一由中级法院立案庭负责审查立案。

（二）典型案例

对于应予赔偿的，依法做出应予赔偿的决定，维护申请人的合法权益。例如，审理申请人张某某请求国家赔偿案。1999年，张某某因在单位打伤同事，被检察机关以涉嫌故意伤害罪予以逮捕。在案件审理过程中，经法医鉴定，被害人为轻微伤，公安机关因此撤销了案件，将张某某释放。张某某向检察机关提出赔偿申请，检察机关以张某某打伤被害人的事实存在，因而适用国家赔偿法第十七条的规定，决定不予赔偿。张某某不服检察机关的决定，向沈铁中院赔偿委员会提出申请，请求做出赔偿决定。经赔偿委员会审理，认为虽然张某某伤害他人的事实存在，但不构成故意伤害罪，公安机关撤销案件不属《刑法》第15条（一）项规定的"情节显著轻微，不认为是犯罪"的情形，国家不能免除赔偿责任，故撤销了检察机关的决定，决定由检察机关支付张某某因错误逮捕、限制人身自由的赔偿金3767.10元。

在审理任某某申请国家赔偿案中，任某某因涉嫌贪污被检察机关逮捕，经法院审理判决任某某无罪，任某某被错误羁押118天。宣告无罪后，任某某的单位一次性补发给任某某工资、奖金2万余元（含在押的118天）。单位补发工资后，任某某向检察机关申请国家赔偿。检察机关认为，任某某在押期间的工资单位已经补发，故决定不予赔偿。任某某遂向中级法院赔偿委员会提出申请。沈铁中院及时向上级法院请示，最高法院依据该案专门做出〔1999〕赔他字第21号《关于被限制人身自由期间的工资已由单位补发国家是否还应支付被限制人身自由的赔偿金的批复》的司法解释，《批复》指示此种情况应予赔偿，中级法院赔偿委员会做出予以赔偿决定，使该案得到正确处理。

第六节 执行工作

一、审判执行

1996—2012年，沈铁两级法院采取多种措施开展执行攻坚，克服"执行难"，提高执行质量和效率。通过开展"清理执行积案""反规避执行专项行动"等一系列活动，把化解矛盾贯穿于执行全过程，从严惩处抗拒执行行为，完善和运用执行联动机制，不断健全执行管理制度，以长效机制保障执行攻坚。近20年来，执行各类案件6531件，执行标的达65.48亿元。

1999年，按照中共中央解决人民法院"执行难"问题下发的11号文件精神开展"执行年"活动。2000年，沈铁中院成立"执行百日会战"领导小组，制定《关于开展执行案件"百日会战"行动实施方案》，确保执行案件结案率达80%。会战期间，沈铁两级法院共结案185件，完成了会战指标。2002年，沈铁两级法院开展"执行队伍专项教育"活动，全面提升执法队伍素质。2003年，沈铁两级法院开展"公正与效率"司法大检查活动，向当事人发送征求意见函335份，核查案件678件。2004年，开展"集中清理未结执行案件、执行款物和执行案卷"三清理活动。沈铁中院审判委员会通过《沈阳铁路运输中级法院关于执行权运行机制改革的实施意见》，执行

局内设执行一庭、执行二庭。执行一庭行使执行实施权，负责本院一审案件（包括制定、委托执行、提级执行等案件）的实施。执行二庭负责行使本院案件执行的裁决权，同时负责办理辖区内基层法院执行案件的监督及需要裁决的案件。沈铁中院审判委员会通过《沈阳铁路运输中级法院执行案件流程管理制度（试行）》。

2005年，沈铁两级法院开展"规范执行行为，促进执行公正"专项活动，"集中清理拖欠工程款和农民工工资案件"活动。2006年2月，沈铁中院制定《关于贯彻最高法院关于全国法院切实解决执行难电视电话会议精神的工作方案》，并开展"集中清理执行积案活动"，重点清理超期限一年以上的案件；受地方和部门保护主义干扰及各种非法干预未能执行的案件；特困群体为申请执行人的案件；建设领域拖欠农民工的工程款案件；中止执行、暂缓执行应当依法恢复执行的案件。排查历年执行案件462件，列入清理专项积案范围的案件97件，实际清理123件，标的8263万元。12月，沈铁两级法院执行案件信息管理系统正式运行，配置计算机20台，并接通互联网实现案件网上录入。编纂沈阳铁路运输中级法院执行工作制度汇编，出台一系列工作细则和制度规定。

2008年，开展清理积案活动，沈铁中院组织建立清理积案活动领导小组，建立"四定一包"工作制，对重大、疑难、复杂的案件，要做到承办人专人负责，各院领导分类、分片负责，并深入第一线指挥协调案件。沈铁两级法院共清理积案27件，案件标的18395.59万元。2009年，沈铁中院依照最高院法发〔2009〕15号文件开展集中清理积案活动，共清理案件48件，执行到位金额38300万元。同年，制定了一系列制度，进一步规范了执行行为，努力实现执行程序公正合法。

2010年，开展"委托执行案件专项清理"活动。同年，沈铁中院制定《沈阳铁路运输中级法院执行案件流程管理制度》等执行工作制度，进一步规范执行行为。2011年，开展"反规避执行专项活动"和"无执行积案先进法院"活动。2012年，开展"涉党政机关"案件清理专项活动。

二、典型案例

1996—2012年沈阳铁路运输两级法院执行案件一览表1

表9-5-7　　　　　　　　　　　　　　　　　　　　　　　　　　　　　　　单位：件

年份	中院			沈阳院			大连院		
	收案数	结案数	标的额（万元）	收案数	结案数	标的额（万元）	收案数	结案数	标的额（万元）
1996	7	7	401	145	82	464	131	136	640
1997	19	7	441	115	99	584	119	102	439
1998	11	9	880	86	115	1080	102	142	1106
1999	22	34	2532	182	254	1688	59	133	1306
2000	17	7	218	187	187	3930	85	98	1665
2001	10	28	9216	99	99	1500	32	38	680
2002	9	9	14463	102	102	1682	24	28	626
2003	24	25	14465	161	158	712	26	26	1646
2004	35	22	11045	215	211	3661	46	45	352
2005	29	24	14740	105	93	1159	17	18	516
2006	33	30	14607	115	134	4122	18	20	343
2007	36	35	97151	148	73	7750	33	30	791
2008	31	24	35284	88	109	37852	23	23	601
2009	18	35	80096	27	72	54000	30	15	307
2010	19	28	87519	38	43	14500	7	8	737
2011	9	9	13422	33	25	23200	16	13	649
2012	6	7	9169	24	30	15100	12	11	642
总计	335	340	405649	1870	1886	172984	780	886	13046

（一）中国北车集团沈阳机车车辆有限责任公司与葫芦岛锌业股份有限公司承揽合同纠纷执行案

该案执行标的1450万元，承办人多次到葫芦岛、大连、北京、上海等地，送达、调查，查询相关银行50余家及期货交易所，并克服个别银行不配合的阻力，冻结银行存款500余万元及被执行人期货交易资金账户，最后当事人双方达成执行和解，被执行人履行全部债务。

（二）吉林东奥工程有限公司诉吉林中大交通房地产开发有限公司建设施工合同纠纷执行案

该案是沈铁中院指定吉林铁路运输铁路法院执行的一起建设施工合同纠纷案件，标的达1632万元。该案不仅标的大，而且影响大、难度大，历时两年半时间，经过一波三折才圆满执结。一是采取果断措施强制搜查财务室，获取了被执行人吉林中大交通房地产开发有限公司通过协议转移其有效资产的证据，追加了权利义务承受人吉林中城建中大房地产开发有限公司，吉林

中控交通房地产开发有限公司为该案被执行人，使该案由"死案"（被执行人无办公场所、无人管事、无资产可供执行）变为"活案"。二是文明执行，依法办案。在长达两年多的时间里，被追加的两个被执行人拒不配合法院办案，管事的领导拒不见面，只让代理律师提无理要求与法院周旋。在这种情况下，法院坚持文明办案，文明接待，耐心细致地宣读法律，一步一步地按照执行程序办事，即使是多次吃到"闭门羹"，受到人格侮辱的时候，办案人也都是忍辱负重，从未和当事人发生语言上的冲突。三是多方调查，迅速行动，依法查封被执行人吉林中城建中大房地产开发有限公司一宗土地使用权，正当法院按照程序对该土地进行评估后进入拍卖程序时，被执行人多次到北京最高院反映，法院办案违法，办人情案，致使该案搁浅。这期间，最高院两次调卷，辽高院领导、中院领导及办案人又去北京最高院执行局参加听证会，本案经最高院审判委员会做出裁定，肯定了法院追加吉林中城建中大房

1996—2012年沈阳铁路运输两级法院执行案件一览表2

表9-5-8　　　　　　　　　　　　　　　　　　　　　　　　　　　　　　　　　　单位：件

年份	锦州院			丹东院			吉林院			长春院		
	收案数	结案数	标的额（万元）	收案数	结案数	标的额（万元）	收案数	结案数	标的额（万元）	收案数	结案数	标的额（万元）
1996	80	61	298	53	55	200	93	47	190	20	20	240
1997	62	64	250	94	88	663	114	23	275	25	23	320
1998	75	60	512	39	42	514	139	86	2307	30	29	810
1999	57	77	514	39	61	604	135	116	1044	40	35	400
2000	56	52	587	30	29	353	69	75	2113	57	40	520
2001	32	29	250	24	23	263	34	34	905	60	60	119
2002	30	31	198	24	26	254	36	36	851	36	36	1077
2003	38	40	51	17	17	35	27	22	179	64	63	889
2004	35	25	152	31	29	998	35	39	13	70	70	1011
2005	30	20	159	24	22	918	34	30	1640	81	70	888
2006	26	27	145	21	20	2375	80	80	3553	101	112	855
2007	17	14	169	13	4	2149	11	7	75	106	90	1400
2008	64	67	123	15	15	1946	21	20	126	102	110	1818
2009	23	21	80	19	18	1700	6	5	3638	47	58	998
2010	10	10	70	10	6	247	15	11	400	14	20	1417
2011	11	13	32	11	7	295	8	5	1962	12	12	256
2012	2	4	39	10	8	705	9	2	4	8	11	320
总计	648	615	3629	474	470	14219	866	638	19275	873	859	14368

地产开发有限公司、吉林中控交通房地产开发有限公司为被执行人正确。四是及时恢复对土地使用权的拍卖，迫使被执行人自动履行了法律义务。最高院的裁定下达后，吉林院第一时间找到被执行人担心承担拍卖会赞成国有资产流失后果责任的心理，因势利导，耐心细致地做思想工作，几经交涉谈话，几经对账核实，最终北京中城建吉林分公司代中城建中大房地产开发有限公司履行了债务及滞纳金等费用计2800余万元。至此，这起历时两年六个月的大案圆满执结。此案被最高院收入执行案例。

（三）沈阳铁道旅游实业发展集团公司与沈阳升龙国际酒店有限公司欠款纠纷执行案

该案申请执行标的1818.33万元。立案后，承办人依法定程序向被执行人送达执行通知书、财产申报通知书，对其财产情况进行调查，并两次通知其法定代表人到法院接受询问。其法定代表人拒不到法院接受询问，承办人员到被执行人

单位对在场其他人员进行法制教育，讲明利害关系及法律后果，其法定代表人到法院接受询问。经过法院多次协调，当事人双方签订了联建补充协议书，被执行人主动履行了债务，为沈阳铁路局挽回经济损失1800余万元。

第七节　审判调研和审判管理

一、审判调研

1996年至2012年，沈铁两级法院围绕铁路发展建设大局和审判第一要务，坚持领导带头、全员参与、骨干引领和集体攻坚，按照深化和转化的要求，努力实现调研成果转化应用，从而充分发挥调研的作用。

2009年申请立项省法学会和沈阳铁路局重点课题——《铁路交通事故处理的司法衔接》，由中院李长江院长主持，集中组织两级院精干调研

1996—2012年沈阳铁路运输两级法院执行案件一览表3

表9-5-9　　　　　　　　　　　　　　　　　　　　　　　　　　　　　　　　单位：件

年份	白城院			通化院			图们院			通辽院		
	收案数	结案数	标的额（万元）	收案数	结案数	标的额（万元）	收案数	结案数	标的额（万元）	收案数	结案数	标的额（万元）
1996	15	16	44	36	36	42	8	8	32	21	20	172
1997	9	7	54	8	8	25	17	17	193	19	19	151
1998	11	8	114	7	7	306	5	5	18	31	29	136
1999	10	19	213	1	1	18	5	5	18	28	28	238
2000	15	12	844	29	29	122	15	15	183	14	10	89
2001	11	9	1276	31	31	61	13	13	119	15	14	450
2002	15	14	29	20	20	38	9	9	204	23	20	151
2003	6	6	306	23	23	151	17	17	334	7	9	79
2004	51	53	360	16	16	95	13	13	388	13	13	421
2005	20	20	105	22	22	104	8	8	553	26	24	983
2006	18	18	419	6	6	16	5	5	59	27	26	835
2007	33	30	518	14	14	86	4	4	83	22	24	74
2008	5	9	36	10	10	274	4	4	88	14	16	80
2009	3	6	22	12	12	316	5	5	83	19	18	43
2010	0	0	0	4	4	51	1	1	2	11	9	45
2011	1	0	0	6	6	207	0	0	0	3	3	32
2012	23	22	11	7	7	103	4	4	216	9	5	60
总计	246	249	4351	252	252	201	133	133	2573	302	287	4039

力量，深入铁路车站、道口及沿线广泛调研，集中筛选两级法院及全国地方法院、铁路法院数百个相关案例反复研讨，分析借鉴英、美、加、日等各国相关司法实践，并邀请人大代表及学术、律师、铁路等各界专家学者多次论证，最终攻关结题。由于此项成果社会影响大，贡献突出，被评为辽宁省法学会2009年十大杰出法学成果、2010年全国法院第二十二届优秀论文奖。在该成果基础上形成的《审理铁路运输损害赔偿案件若干问题的意见》（建议草案）报到最高院，为最高院2010年制定和出台《关于审理铁路人身损害赔偿纠纷案件适用法律若干问题的解释》，提供了大量的实践和理论依据，一部分建议直接被最高院解释采纳，不仅使审理相关案件有了法律遵循，而且得到了铁路局的高度肯定和支持。为了从根本上防范和减少此类案件，沈铁中院又向铁路局提出强化职工安全意识，加强铁路站区、道口、安全防护等多项建议，并深入基层开展宣

传。同时，接续跟踪分析研究司法解释适用中出现的新问题，申请立项省高院2010年重点课题，最终形成了融操作和实用于一体的指导意见。按照认识、应用、再认识、再回到应用的科学论证规律，沈铁两级法院从实际应用出发，科学组织调研，使两级法院取得了丰硕的调研成果。仅2009年至2012年，承担并完成了最高院、铁道部、省高院、省法学会、沈阳铁路局重点调研课题40余项，有800余篇论文被国家级、省级刊物发表或授奖。结集成书的论文集、总结法律智慧的丛书等20余部。2011年，全省法院在沈铁中院召开调研经验现场交流会，集中介绍了沈铁中院、沈阳铁路运输法院的调研工作经验，并授予沈阳铁路运输法院调研工作集体二等功。

二、审判管理

2009年4月30日，沈铁中院沈铁中法〔2009〕10号文件规定，"根据省法院的要求和工作需要，为与省法院增设的审判管理办公室

对接，中院设立审判管理办公室（以下简称审管办）。该部门暂设在研究室，属内设机构，履行省法院审判管理办公室交办的事宜。审管办主任由研究室主任担任"。由此，沈铁中法研究室在履行研究室职责的同时，开始与省院审管办对接，履行省院审管办交办的相关工作。

研究室（审管办）设《审判管理工作》专刊，重点加强审判的过程管理。由专人负责每月对两级法院审判工作的动态指标进行分析通报，及时提供和分析两级法院的审判动态。2011年，沈铁中院重点推进网上审判管理工作，先后制定和以文件形式印发了《关于进一步创新和加强审判管理工作的具体措施》，并针对中院网报和手工报送审判数据不一致的问题，于9月份开始，连续4个月请求技术人员跟踪所有案件，进行网上信息问题全面"会诊"，全面整改，改正信息500余个。截至2011年12月15日省院实地考评组来院检查，已实现了网上数据与案件信息一致。2012年，沈铁两级法院分别制定《案件流程管理办法》，并下发《案件节点控制和扎口结案操作规程》《关于控制补录系统使用权限的通知》，全面推进信息化审判管理。沈铁中院邀请辽宁省高级法院审判管理专家，深入到中院各庭室和基层法院实地培训授课，经过半年时间的跟踪培训，两级法院实现审判管理智能化、规范化，步入了智能化管理快车道。

第八节　法院行政管理

一、司法队伍建设

（一）思想政治建设

沈铁两级法院认真组织理论学习，建立党组中心组学习制度和全体党员干部理论学习制度，在各院党组的统一领导下，做到审判工作和思想工作同部署、同检查、同落实。在加强思想政治工作方面，普遍建立了机关思想政治工作制度，把思想政治工作放在法院整体工作的重要位置。

（二）党风廉政建设和反腐败工作

沈铁两级法院高度重视党风廉政和反腐败建设，把提高认识作为廉政建设的基础，把完善制度作为廉政建设的关键，把带头自律作为廉政建设的重点，把从优待警作为廉政建设的保证，着力从制度入手，认真落实"主体责任"和"监督责任"，建立健全举报件登记、层报制度，案件核查及廉政谈话制度，廉政监督员制度，三位一体的接受举报等多项制度，筑牢了反腐倡廉的防线，保持了中共十六大至十八大期间无违法违纪现象。

（三）司法能力建设

沈铁两级法院重视提高干警队伍的业务素质，坚持各类培训工作不放松。1996—2012年，中院共选送121人次参加国家级各类培训班；组织沈铁两级法院干警1218人次参加省法官学院组织的各类培训班；组织约2511人次参加中院举办的各类培训班。

（四）法院文化建设及法律宣传

1996—2012年，两级法院在新闻媒体发表稿件17420件，其中省级以上占27%。1999年《张辉诉大连铁道有限责任公司旅客列车晚点赔偿案》报道后，铁道部出台了相应的规章制度，以保障旅客的合法权益。此外，还通过办宣传栏、画廊、讲法制课、在铁路沿线站车以案说法、印发宣传材料等活动，宣传法制，教育群众。两级法院组织对外法制宣传1960次，受教育的铁路职工和铁路沿线的群众达140000人次。召开公判大会270次，旁听群众2300000人次。印发宣传刊物560期，13万份之多。出各类宣传栏607期，宣传材料3200余份。其中，对于《铁路法》《执行工作宣传周》《国家赔偿法》等集中宣传活动，作用明显。先后有37人次个人、15个集体受到上级表奖。

1996—2012年，中院组织开展8个专项活动，分别为2000年开展的"争创人民满意的好法院""争创人民满意的好法官"活动；2001年开展的"一教育三整顿"活动；2005年开展的"保持共产党员先进性教育""规范司法行为、促进司法公正"活动；2006年开展的社会主义法治理念教育活动；2008年开展的"大学习、大讨论"活动；2009年开展的"学习实践科学发展观""人民法官为人民"等活动。

1998年，沈铁中院获得最高法院全国法院系统集中清理委托执行案件"先进单位"光荣称号。2003年，结合铁路法院的实际情况，中院党组经过认真调研和论证，及时制定出台了《沈阳铁路运输中级法院关于充分发挥审判职能，为沈阳铁路局实现跨越式发展提供司法保障和法律服务的意见》。沈阳铁路运输法院于2003年与沈阳铁路局工务段、沈阳市法学会、沈阳大学经济学院、辽宁四洋律师事务四家单位联合，开展了贯穿全年的"平安道口"系列活动。在多个道口开展了主题为"建设和谐平安道口，维护人身财产安全"的法制宣传周活动；法官宣讲团结合道口事故案件对道口员进行法制宣传教育；组织专门人员在省、市法学会立项道口综合治理课题，与路局工务处共同制定、下发了《平安道口手册》，帮助事故各方维护权益。平安道口活动得到省、市法学会领导以及路局领导同志的批转，先后被辽宁法制报、东北新闻网等多家媒体报道。丹东铁路运输法院于1998年荣获辽宁省"十佳法院"称号。

二、司法辅助建设及事务管理

（一）司法鉴定及法医工作

2008年5月，沈铁中院成立技术处，主要负责沈铁两级法院对外委托司法鉴定、评估、拍卖工作。1996年1月至2005年年底统计，法院法医共出具法医鉴定意见书149件，为刑事审判工作提供了科学依据。2005—2006年年初，建设沈铁中院至辽宁省高级法院的二级专网，实现与省法院专网互通，视频会议互通。2010年，沈铁中院搬入沈阳市和平区胜利北街2号（现住址），并安装紫光华宇办案流程软件，逐步实现网上办案流程。

（二）档案管理

1996—2012年，沈铁两级法院坚持档案为审判一线服务的宗旨，使其逐步走上科学化、规范化、制度化轨道。近20年来，共保存文书档案87075卷，科技档案369卷，会计档案5438卷，专门（诉讼）档案72789卷。其中：中级法院种类档案数量为文书档案1748卷，科技档案62卷，会计档案728卷，专门（诉讼）档案6222卷。

（三）财务管理

严格按照会计基础工作达标的要求，认真登记各类账簿及台账，不断提高财务会计信息质量，规范财务会计核算，做到账账相符、账实相符，确保路局及时准确地汇总编报财务决算。

局人民武装部组织"2016——秋季点兵"基干民兵点验（人防战备处供稿）

第十篇　人　物

沈阳铁路局20年来的发展，凝聚着全局各级干部与广大职工的辛勤奉献，展现着一代铁路员工的智慧与风采。本书设置的《人物篇》，就是要以党的十八大精神为指导，依据辩证唯物主义与历史唯物主义的历史观点，本着存真求实的原则记述这个历史时期的重要人物。全篇包括《传略人物》与《列表人物》，重点有此期间逝世的局领导、牺牲的烈士、国家级省部级劳模等。同时，大量的为全局发展做出贡献的人物通过"以事系人"的方式，在其他篇章内容中进行记述。总之，通过重要人物入志的方式进一步激发广大干部职工建设铁路、服务社会，为全局持续发展做出更大贡献的热情。

第一章　传略人物

按照志书"生不立传"的规定，这次修志的《传略人物》中，记述在志书断限期间逝世的正局职领导与英勇献身的烈士。通过个人经历和事迹的记述，纪念他们为沈阳铁路局做出奉献的一生。

第一节　逝世局领导（以卒年为序）

段涌泉

段涌泉（1925—2001年），男，山西省静乐县人，1925年9月生，1940年2月参加革命工作，1942年10月入党，抗日战争时期任静乐县二区、八区儿童团团长、武工队组长、民兵大队长、副区长。解放战争时期任静乐县青委书记、区长，中央团校学员，晋绥党校五部三队副主任。中华人民共和国成立后任青年团川北区工委组织部部长，1952年10月任铁道部第二工程局团委副书记，1954年4月任团委书记，1956年1月任铁二局党委办公室主任。1958年3月入唐山铁道学院学习。1959年3月任邮电部成都电缆厂党委书记。1962年9月任成都铁路局政治部办公室主任，1965年2月任成都铁路局基建处党委副书记兼政治部主任，1970年4月任成都铁路局基建工程分局革委会副主任、党委书记，1973年10月12日任成都铁路局党委副书记兼政治部副主任，1975年2月任成都铁路局党委副书记兼政治部主任。1978年3月21日任武汉铁路局党委副书记兼政治部主任。1981年8月13日任沈阳铁路局党委第二书记，1983年1月26日任沈铁路局党委书记，1985年5月1日任沈阳铁路局调研员，中共辽宁省顾问委员会委员。2001年5月16日因病去世，享年76岁。

曲连续

曲连续（1928—2003年），男，山东省牟平县人。1928年12月出生，1945年9月参加革命工作，1946年2月入党。北京铁道学院干部班毕业。历任本溪机务段机车钳工，本溪铁路工人纠察队、安东铁路警卫大队战士、班长、分队长、政治干事，安东、通化铁路总工会秘书，辽东军区驻图们办事处、图们铁路管理部秘书，安东铁路局秘书，安东铁路局总工会代组织部长，安东铁路分局经理科代科长、人事科科长，东北铁路总局人事部主任监察，吉林铁路局人事处副科长、科长、助理处长，1955年2月19日任处长，1958年2月14日改任人事劳动工资处处长，1963年9月到1966年2月在北京铁道学院学习。1970年11月任吉铁技工学校革委会副主任、技术学校党委书记、革委会主任。1975年8月11日任通化铁路分局党委书记、革委会主任。1980年10月29日任吉林铁路局副局长，1983年1月18日负责吉林铁路局全面工作。1983年10月1日任沈阳铁路局副局长兼吉林职工大学校长，1985年4月24日任沈阳铁路局调研员（正局级），1989年3月离职休养。2003年3月5日因病去世，享年81岁。

王柏成

王柏成（1929—2006年），男，辽宁省开原县人。1929年10月出生，1945年9月参加革命工作，1947年9月入党。历任牡丹江车站行李员，哈尔滨铁路公安段干事、所长、股长，公安分处科长。贵阳铁路公安处科长、副处长，1960年10月任北京地铁工程局公安处代处长、处长，1970年4月任西安铁路公安处处长。1976年8月任西安铁路分局党委书记。1983年1月29日任锦州分局党委副书记兼政治部主任，负责党委全面工作。1983年10月1日任沈阳铁路局党委副书记，1985年5月1日任沈局调研员（正局级），1990年3月9日离职休养。2006年3月23日因病去世，享年77岁。

智泽亭

智泽亭（1920—2013年），男，山西省定襄县人。1937年参加革命工作，11月入党。抗日战争时期历任定襄学院、晋察冀军政学校学员，晋察冀军区卫生部指导员、总支书记、教导员，白求恩学校协理员、中央党校学员。抗日战争胜利后任东北军区交通司令部政治处副主任。1946年1月任西满铁路局政治处副主任。1947年9月任齐齐哈尔铁路局人事、干部科科长。1948年11月25日任锦州铁路局人事处长，1951年9月任沈阳铁路分局政治部主任。1955年6月任哈尔滨铁路局副总监察。1956年1月1日任沈阳铁路局总监察，1957年9月20日任沈阳铁路局党委组织部

长，1959年6月11日任沈阳铁路局党委副书记，1961年2月3日兼政治部主任，1963年9月5日至1965年9月8日代理沈阳铁路局党委书记。1972年6月1日任沈阳铁路分局革委会副主任、党委副书记，1973年10月1日任分局革委会主任、党委书记。1975年3月31日任齐齐哈尔铁路局党委书记。1980年2月1日任东北铁路办事处党组副书记、副主任。1985年12月28日离职休养。2013年12月28日因病去世，享年93岁。

栾永之

栾永之（1921—2014年），男，山东省潍县人。1921年7月出生，1938年7月参加革命工作，1939年5月入党。历任八路军支队警卫员、青年干事、指导员、教导员，独立营副政委、团政治处主任。1949年10月到铁路工作，历任济南铁路公安处科长，蚌埠公安分处分处长、援朝参谋处长、军交处政委。1955年5月1日任济南铁路局政治部组织部长，1956年5月任济南铁路局监委副书记，1958年3月任徐州站党委书记，1961年任徐州铁路分局党委书记，1971年8月任徐州铁路分局革委会副主任，1973年10月任徐州铁路分局党委书记。1977年6月任锦州铁路局党委副书记兼革委会副主任，1978年4月13日兼任锦州铁路局局长，1981年10月6日任锦州铁路局党委第二书记兼政治部主任，1983年5月离职休养。2014年12月2日因病去世，享年93岁。

第二节　烈　士

薛洪利

薛洪利，男，1955年10月3日出生，中共党员，1974年9月参加工作。1979年5月参加公安工作，历任海城车站派出所民警、干事、主任干事、副教导员、教导员,生前任沈阳铁路公安处西柳车站派出所教导员。

2004年8月25日晚上8时许，正在值班的薛洪利和一名护路队员来到线路上巡逻，在距离派出所不远处，发现一名男子正在铁路附近徘徊，形迹十分可疑，随即对其进行盘查。盘查中，这名男子突然抽刀刺向薛洪利肋部，面对穷凶极恶的罪犯，薛洪利同志临危不惧，冲上前去展开搏斗，终因失血过多光荣牺牲。

2005年7月，经民政部批准，薛洪利被授予烈士称号。

毕俊清

毕俊清，男，1968年生人，中共党员，1984年10月入伍。1989年10月参加公安工作，历任海城车站派出所民警、干事、警长（副主任科员）、二级警督。生前任沈阳铁路公安处海城车站派出所三级警长。

2010年9月2日早上，毕俊清与其他三名民警到沟海线西柳西铁路道口整顿秩序。9时43分，犯罪嫌疑人韩福岩盗窃作案后，驾驶一辆盗用牌号的红色桑塔纳轿车由南向北经过道口，见前面有警察执勤，逆向抢越道口逃避检查。站在道口北侧的毕俊清听到同伴对讲机的拦截通报，立即奔向逆向车道，挥手示意轿车靠边停下。韩福岩点了一脚刹车减速后，见毕俊清冲他走来，又急踩油门向毕俊清冲去，毕俊清临危不惧，在轿车撞到他的瞬间英勇地扑向轿车，身体趴在引擎盖上，右手顺势抓住雨刷器，左手拿对讲机磕打风挡玻璃，大声喝令韩福岩："停车！"同时，呼唤民警增援。韩福岩非但不停还左右打轮企图甩掉毕俊清，毕俊清死死扣住引擎盖不放。韩福岩见甩不掉便加大油门，发疯似地向前冲出250米后猛踩刹车，将毕俊清甩到四五米远的马路上，开车仓皇逃窜。毕俊清头部着地，当场英勇牺牲，年仅42岁。

2012年8月，经民政部批准，毕俊清被授予烈士称号。

王浩春

王浩春同志生前系沈阳铁路局白城公安处保安公司大安保安队保安员，于1997年1月24日凌晨在与盗窃铁路运输物资犯罪分子斗争中，英勇牺牲。

1997年1月24日凌晨1时许，正在保安队值班的王浩春突然接到站内巡视的保安员报告：停留在3线的货物列车北侧有台汽车正在盗装运输物资。王浩春当即随派出所值班民警向案发地跑去，并第一个冲到现场。盗窃分子见势不妙，急忙启动汽车企图逃跑。王浩春奔到已经启动的汽车副驾驶室前厉声喝道："停下！把车停下！"可是，犯罪分子不但没有停车，反而加大马力快速驶向王浩春同志，王浩春同志被撞倒在血泊中。当民警和其他保安员赶到后，把王浩春同志送往医院，途中王浩春同志由于伤势过重壮烈牺牲。

1997年，王浩春被吉林省政府授予烈士称号。

焦俊利

焦俊利同志生前系原沈阳铁路局锦州铁路分局沟帮子车务段职工。2001年2月26日，在北镇市沟帮子火车站站前广场与歹徒搏斗不幸牺牲。

2001年2月26日将近23点，在沟帮子火车站站前广场，两名犯罪嫌疑人因乘车与出租车面包车司机发生争吵打斗，将其刺伤后沿沟北公路方向逃跑。正在当班的焦俊利及一些群众听到呼喊声共同追赶，途中一名犯罪嫌疑人被一铁链子绊倒，当犯罪嫌疑人想站起来继续逃跑时，焦俊利冲过来，从身后将其抱住，并大喊一声"你往哪跑"该犯罪嫌疑人被焦俊利抱住后，不得脱身，便用右手从左腰前拔出20厘米长的刀，转身向焦俊利刺去，这一刀正刺中焦俊利心脏，致使焦俊利当场死亡。刺杀焦俊利的犯罪嫌疑人跑到一楼道里藏了半个多小时，出来后被公安人员抓获，另一名犯罪嫌疑人于2月27日16时被德州市公安机关抓获，于2月29日押回北宁市。

2001年8月13日，焦俊利同志被评为锦州市见义勇为先进分子，追记二等功。2001年10月26日，中宣部、中央社会治安综合治理委员会、公安部、中华见义勇为基金会授予焦俊利为第七次全国人民群众见义勇为先进分子光荣称号。2002年7月11日，焦俊利被辽宁省人民政府评为烈士。2003年1月15日辽宁省人民政府追授焦俊利为第七次人民群众见义勇为先进分子光荣称号。

第二章　表录人物

　　《表录人物》重点收录20年来为沈阳铁路局发展做出突出贡献的全国劳模、铁道部劳模、中国铁路总公司（全国铁路）劳模，辽宁省、吉林省、内蒙自治区劳模以及享受国家特殊津贴的工程技术人员和高级知识分子。

第一节　国家级劳模、先进生产（工作）者名录

顺号	姓名	工作单位及职务	荣获时间	称号
1	王瑞驹	吉林车辆段验收员	2000	全国劳模
2	俞长东	局安监室大连分室机务监察	2000	全国劳模
3	杨春光	通辽车辆段轮轴钳工	2000	全国劳模
4	张春成	长春客运段督察员	2000	全国劳模
5	张忠礼	沈阳机务段钳工	2000	全国劳模
6	张　伟	沈阳铁路局局长	2000	全国劳模
7	王占柱	沈阳铁路局局长	2005	全国劳模
8	王维珍	长春站监察室主任	2005	全国劳模
9	吕玉霜	大连站客运员	2005	全国劳模
10	刘学臣	吉林工务段巡道工	2006	全国劳模待遇
11	辛立刚	长春站副站长	2010	全国劳模
12	张恩礼	沈阳铁路局纪委书记	2010	全国劳模
13	朱立红	长春站客运员	2015	全国劳模
14	刘晓云	大连站客运员	2015	全国劳模
15	张国敏	沈阳铁路局党委书记	2015	全国劳模

第二节　铁道部劳模名录

顺号	姓名	工作单位及职务	荣获时间	称号
1	张香芹	沈阳客运段列车员	1998年	部劳模
2	董丽萍	沈阳站货运值班员	1998年	部劳模
3	孙庆利	沈阳第一房产段工长	1998年	部劳模
4	杨桂晔	沈阳铁路实验中学教师	1998年	部劳模
5	王建华	皇姑屯车辆段段长	1998年	部劳模
6	郭景海	大虎山电务段工长	1998年	部劳模
7	张　恒	锦州机务段司机长	1998年	部劳模
8	董锦莲	沟帮子车务段值班员	1998年	部劳模
9	徐文博	锦州建筑工程二段工长	1998年	部劳模
10	马德林	山海关机务段段长	1998年	部劳模

续表

顺号	姓名	工作单位及职务	荣获时间	称号
11	赵德超	山海关站站长	1998年	部劳模
12	班耀泽	大连客运段段长	1998年	部劳模
13	刘 军	丹东电务段段长	1998年	部劳模
14	李荫湘	长春线路大修段线路工	1998年	部劳模
15	胡亚萍	长春水电段工长	1998年	部劳模
16	田海江	长春工务段队长	1998年	部劳模
17	聂学海	龙潭山车辆段熔接工	1998年	部劳模
18	喻忠文	吉林机务段司机长	1998年	部劳模
19	刘学臣	舒兰工务段线路工	1998年	部劳模
20	杨桂君	吉林中心医院主任	1998年	部劳模
21	王守和	彰武工务段工长	1998年	部劳模
22	苏志刚	通辽车务段站长	1998年	部劳模
23	张殿录	通化桥隧大修段工长	1998年	部劳模
24	李全秀	梅河口机务段司机长	1998年	部劳模
25	张家成	泉阳机务段党委书记	1998年	部劳模
26	郭昌伟	白城电务段工长	1998年	部劳模
27	李岩石	太平川工务段党支部书记	1998年	部劳模
28	金虎日	图们建筑段工长	1998年	部劳模
29	邱玉光	图们分局工会主席	1998年	部劳模
30	张福海	局运输处处长	1998年	部劳模
31	王 淳	沈阳铁路中心医院主任	1998年	部劳模
32	苏会桥	通辽基建工程一段工长	1998年	部劳模
33	胡凤芹	兴城车务段劳服公司所长	1998年	部劳模
34	尹孝国	白城公安处乘警支队政委	1998年	部劳模
35	刘远东	沈阳站党委书记	2001年	部劳模
36	周公博	沈阳电务段信号工长	2001年	部劳模
37	刘 松	沈阳车辆段轮轴工长	2001年	部劳模
38	冯 军	沈铁五校校长	2001年	部劳模
39	孙忠实	沈铁建设集团木工班长	2001年	部劳模
40	曹以龙	铁岭工务段段长	2001年	部劳模
41	连 杰	丹东机务段司机长	2001年	部劳模
42	任 萍	本溪列车段行李员	2001年	部劳模
43	程远里	山海关机务段车间主任	2001年	部劳模
44	庄先华	大虎山工务段工程师	2001年	部劳模
45	陈子杰	魏塔铁道公司扳道员	2001年	部劳模
46	宋玉和	锦州电务段信号工长	2001年	部劳模
47	潘亚军	山海关车辆段检车工长	2001年	部劳模
48	李印刚	阜新列车段运转车长	2001年	部劳模
49	金美桃	长春生活段段长	2001年	部劳模
50	王维珍	长春站售票中心主任	2001年	部劳模

续表

顺号	姓名	工作单位及职务	荣获时间	称号
51	贺永权	郑家屯站调车长	2001年	部劳模
52	丁建华	白城机务段司机长	2001年	部劳模
53	吕德祥	四平车辆段暖房工长	2001年	部劳模
54	邓久明	桦甸铁路公司党委书记	2001年	部劳模
55	马铁华	吉林站货运员	2001年	部劳模
56	刘广继	吉林水泥轨枕厂电力工长	2001年	部劳模
57	秦四明	图们机务段司机长	2001年	部劳模
58	朱世显	大连东站站长	2001年	部劳模
59	刘旭富	大连房产段水暖工长	2001年	部劳模
60	马　南	大连工务段线路工长	2001年	部劳模
61	于　明	通辽分局电子计算所副所长	2001年	部劳模
62	陈淑英	通辽站客运值班员	2001年	部劳模
63	郭金生	通化分局纪委书记	2001年	部劳模
64	申殿祥	通化工务段养路工长	2001年	部劳模
65	韩建平	沈阳铁路局中心医院院长	2001年	部劳模
66	曹福余	大安北站派出所所长	2001年	部劳模
67	刘新纪	本溪站副站长	2004年	部劳模
68	祝振波	沈阳机务段机车司机	2004年	部劳模
69	王金龙	丹东工务段道口维修工	2004年	部劳模
70	苏延宏	苏家屯电务段信号工长	2004年	部劳模
71	刘　伟	沈阳车辆段工长	2004年	部劳模
72	项　荣	沈阳北站主任值班员	2004年	部劳模
73	贾振声	沈阳生活管理中心厨师长	2004年	部劳模
74	高建忠	锦州机务段党总支书记	2004年	部劳模
75	丁友旗	锦州东车辆段工程师	2004年	部劳模
76	范景艳	沟帮子车务段货运值班员	2004年	部劳模
77	朱　智	锦州工务段线路工长	2004年	部劳模
78	陈更新	锦州站调车长	2004年	部劳模
79	姜　刚	阜新房产建筑段管道工	2004年	部劳模
80	李明杰	白城机务段机车钳工	2004年	部劳模
81	杨聪明	四平工务段线路工长	2004年	部劳模
82	刘德文	长春电务段信号工长	2004年	部劳模
83	韩瑞光	白城车辆段值班主任	2004年	部劳模
84	王莉杰	长春东站货运主任	2004年	部劳模
85	房凤鸣	舒兰工务段段长	2004年	部劳模
86	张金荣	吉林车务段平安站站长	2004年	部劳模
87	谭蕴和	吉林机务段司机长	2004年	部劳模
88	冯亚军	龙潭山车辆段检修工长	2004年	部劳模
89	吕成山	吉林工务段桥梁工	2004年	部劳模
90	刘树臣	大连公司工会主席	2004年	部劳模

续表

顺号	姓名	工作单位及职务	荣获时间	称号
91	高长江	甘井子站站长	2004年	部劳模
92	任福旭	金州站党总支书记	2004年	部劳模
93	苏静斌	大连机务段领工员	2004年	部劳模
94	耿丽娟	通辽客运段列车长	2004年	部劳模
95	白春研	通辽机务段司机长	2004年	部劳模
96	张椰	梅河口工务段工程师	2004年	部劳模
97	孙弟贤	梅河口站运转车长	2004年	部劳模
98	刘振东	局直属房产段工长	2004年	部劳模
99	王宝东	局纪委副书记	2004年	部劳模
100	马春元	盘锦站派出所副主任科员	2004年	部劳模
101	卢丹	沈阳北站客运主任值班员	2009年	部劳模
102	刘晓芸	大连站客运员	2009年	部劳模
103	王继友	沈阳车务段车站值班员	2009年	部劳模
104	王玉平	阜新车务段副站长	2009年	部劳模
105	王志强	吉林车务段助理值班员	2009年	部劳模
106	杨桦	沈阳客运段指导车长	2009年	部劳模
107	商东平	苏家屯机务段值班员	2009年	部劳模
108	周作新	梅河口机务段检查员	2009年	部劳模
109	武宝义	长春工务段车间主任	2009年	部劳模
110	涂长军	赤峰工务段安全监察	2009年	部劳模
111	高岩	吉林工务段班长	2009年	部劳模
112	荆维民	长春电务段工会副主席	2009年	部劳模
113	张晓东	沈阳车辆段车电员	2009年	部劳模
114	王来勇	苏家屯车辆段预检员	2009年	部劳模
115	张立军	白城房产段车间干部	2009年	部劳模
116	陶景新	锦州公安处新民站派出所科员	2009年	部劳模
117	谭宝生	锦州物流公司总经理	2009年	部劳模
118	陆海森	赤峰铁发商贸集团总经理	2009年	部劳模
119	贾剑平	房地产开发集团物管站站长	2009年	部劳模
120	张立军	房地产开发集团工长	2009年	部劳模
121	钟洪波	局机务处副处长	2009年	部劳模
122	关师勤	局信息处处长	2009年	部劳模
123	贾继伟	梅河口站客运领班员	2009年	部劳模
124	苏景艳	长春客运段列车长	2009年	部劳模
125	刘杰	锦州机务段机车钳工	2009年	部劳模
126	马俊国	大连工务段线路工长	2009年	部劳模
127	李志恒	沈阳铁路局副总经济师	2009年	部劳模
128	张树尧	沈阳工务段党委书记	2009年	部劳模
129	辛明	大连站站长	2015年	全国铁路劳模
130	崔振亮	沈阳车务段助理值班员	2015年	全国铁路劳模

续表

顺号	姓名	工作单位及职务	荣获时间	称号
131	冷世峰	大连车务段周水子站助理工程师	2015年	全国铁路劳模
132	马国良	赤峰车务段主任客运值班员	2015年	全国铁路劳模
133	葛建伟	霍林郭勒车务段调车长	2015年	全国铁路劳模
134	徐晓玲	沈阳客运段车队长	2015年	全国铁路劳模
135	王晓杰	吉林客运段车队长	2015年	全国铁路劳模
136	李 伟	锦州货运中心营销员	2015年	全国铁路劳模
137	张顺普	沈阳机务段机车司机	2015年	全国铁路劳模
138	夏海峰	苏家屯机务段工长	2015年	全国铁路劳模
139	孟祥志	通辽机务段机车司机	2015年	全国铁路劳模
140	姜德会	吉林机务段机车司机	2015年	全国铁路劳模
141	黄志成	长春供电段车间主任	2015年	全国铁路劳模
142	闫 波	沈阳供电段工长	2015年	全国铁路劳模
143	隋勇浩	沈阳工务段技术员	2015年	全国铁路劳模
144	王海平	丹东工务段工长	2015年	全国铁路劳模
145	党 旭	通化工务段线路工	2015年	全国铁路劳模
146	杨逢春	沈阳电务段助理工程师	2015年	全国铁路劳模
147	郝艳敏	吉林电务段梅河口车间工程师	2015年	全国铁路劳模
148	蒋明轶	沈阳车辆段工长	2015年	全国铁路劳模
149	张海波	吉林车辆段高级工程师	2015年	全国铁路劳模
150	关庆国	锦州房产段工长	2015年	全国铁路劳模
151	刘福祥	沈阳铁道工程建设集团有限公司高级工程师	2015年	全国铁路劳模
152	于喜强	局运输处处长	2015年	全国铁路劳模
153	翟有丰	沈阳站党委书记	2015年	全国铁路劳模

第三节 省级劳模、先进生产（工作）者名录

一、辽宁省劳模名单

顺号	姓名	工作单位及职务	荣获时间	称号
1	张芝栋	大连水电段车间主任	1999年	辽宁省劳模
2	孙 伟	大连客运段列车长	1999年	辽宁省劳模
3	赵立文	叶柏寿车务段党委书记	1999年	辽宁省劳模
4	李广杰	薛家配件厂工程师	1999年	辽宁省劳模
5	李锦华	锦州东站调车长	1999年	辽宁省劳模
6	王文恒	锦州列车段运转车长	1999年	辽宁省劳模
7	邢东辉	阜新车辆段工长	1999年	辽宁省劳模
8	左 颖	沈阳铁路通信公司主任	1999年	辽宁省劳模
9	王本志	丹东站劳服公司汽车司机	1999年	辽宁省劳模
10	陈其昌	本溪湖站站长	1999年	辽宁省劳模
11	孙学海	沈阳勘测设计院科长	1999年	辽宁省劳模
12	张宝君	沈阳铁路第二中学教师	1999年	辽宁省劳模

续表

顺号	姓名	工作单位及职务	荣获时间	称号
13	朱铁生	沈阳车务段值班员	1999年	辽宁省劳模
14	黄国强	苏家屯电务段信号工长	1999年	辽宁省劳模
15	王桂锦	沈阳第四工程公司工长	1999年	辽宁省劳模
16	张素荣	沈阳生活段管理员	1999年	辽宁省劳模
17	郭众华	丹东工务段工长	1999年	辽宁省劳模
18	李洪江	沈阳站公安派出所副主任科员	1999年	辽宁省劳模
19	运永顺	沈阳铁路实验中学校长	1999年	辽宁省劳模
20	孟美丽	沈阳站客运员	1999年	辽宁省劳模
21	韩宝平	山海关机务段司机长	2003年	辽宁省劳模
22	张铁邦	丹东车辆段段长	2003年	辽宁省劳模
23	葛文桥	大连电务段信号工长	2003年	辽宁省劳模
24	焦　静	大连客运段列车长	2006年	辽宁省劳模
25	祝恩满	锦州机务段司机长	2006年	辽宁省劳模
26	李铁义	沈阳工务段线路工	2006年	辽宁省劳模
27	袁子宝	锦州公安处凌海站派出所主任科员	2006年	辽宁省劳模
28	徐志坚	锦州车辆段段长	2006年	辽宁省劳模
29	商　毅	本溪车务段值班员	2009年	辽宁省劳模
30	鞠广恩	锦州工务段线路工长	2009年	辽宁省劳模
31	宋长喜	沈阳工务机械段车间主任	2009年	辽宁省劳模
32	张德兴	沈阳铁路局工会主席	2009年	辽宁省劳模
33	景志岩	沈阳机务段机车司机	2009年	辽宁省劳模
34	计彦明	沈阳机务段党支部书记	2012年	辽宁省劳模
35	黄　勇	沈阳工务机械段技术员	2012年	辽宁省劳模
36	宫　敏	沈阳车辆段检车员	2012年	辽宁省劳模
37	张国敏	沈阳铁路局党委书记	2012年	辽宁省劳模
38	付国利	沈阳铁路局工会主席	2012年	辽宁省劳模

二、吉林省劳模名单

顺号	姓名	工作单位及职务	荣获时间	称号
1	王保华	吉林通信公司主任	1999年	吉林省劳模
2	王士林	吉林配件厂主任	1999年	吉林省劳模
3	曹升侠	图们电务段技术员	1999年	吉林省劳模
4	张建志	图们机务段机车司机	1999年	吉林省劳模
5	李　红	长春站售票中心值班主任	1999年	吉林省劳模
6	刘占军	白城车辆段工长	1999年	吉林省劳模
7	张恩礼	长春分局党委书记	1999年	吉林省劳模
8	徐贵怀	白城机务段锅炉工	1999年	吉林省劳模
9	张世颖	通化分局工会主席	2004年	吉林省劳模
10	蔡学平	吉林西车务段烟筒山站副站长	2004年	吉林省劳模
11	刘庆富	蛟河工务段工长	2004年	吉林省劳模

续表

顺号	姓名	工作单位及职务	荣获时间	称号
12	郭春霞	吉林客运段副队长	2004年	吉林省劳模
13	南昌吉	图们工务段巡道工	2004年	吉林省劳模
14	张炳文	长春分局纪委书记	2004年	吉林省劳模
15	朱立红	长春站客运员	2014年	吉林省劳模

三、内蒙古自治区劳模名单

顺号	姓名	工作单位及职务	荣获时间	称号
1	张春东	通辽分局工会主席	2000年	内蒙古自治区劳模
2	刘立军	通辽站调车指导	2005年	内蒙古自治区劳模
3	耿丽娟	通辽客运段列车长	2005年	内蒙古自治区劳模
4	马尚海	通辽机务段机车司机	2005年	内蒙古自治区劳模
5	张　洁	赤峰车务段客运员	2010年	内蒙古自治区劳模
6	王洪松	白音胡硕车务段段长	2010年	内蒙古自治区劳模
7	程国栋	通辽工务段工长	2010年	内蒙古自治区劳模
8	孟德第	通辽铁盛集团经理	2010年	内蒙古自治区劳模
9	林喜玲	通辽电务段车间副主任	2015年	内蒙古自治区劳模
10	褚志华	赤峰工务段车间主任	2015年	内蒙古自治区劳模

第四节　享受政府特殊津贴人员名单（1996-2015年）

序号	姓名	性别	文化程度	毕业院校	单位职务	技术职称	从事专业
1	程远里	男	大普	兰州铁道学院	山海关机务段副段长	高　工	内燃机
2	王德福	男	大普	辽宁大学	沈阳科学技术研究所所长	高　工	工业自动化
3	赵德伟	男	大普	南京铁道医学院	大连中心医院院长	主任医师	外科
4	孙　韶	男	大本	同济大学	工务处总工程师	提待高工	铁道工程
5	王崇焕	男	大本	北京大学	局党校主任	教　授	哲学
6	李敬岭	男	大本	解放军海军工程学院	沈阳科学技术研究所副所长	高　工	电气自动化
7	杨景田	男	大本	内蒙古医学院	沈阳中心医院副院长	主任医师	外科
8	廉　洁	男	大本	北京铁道学院	车辆处副处长兼总工程师	高　工	铁道车辆
9	韩建平	男	大本	南京铁道医学院	沈阳中心医院院长	主任医师	消化内科
10	秦人卫	男	大普	西南交通大学	机务处科长	高　工	铁道供电
11	李铁城	男	大本	辽宁省委党校	沈阳铁路局总会计师	高　会	经济
12	赫来成	男	大本	吉林工学院	科学技术研究所主任	高　工	机械
13	孙国钧	男	硕研	北方交通大学	局监理公司副总经理	提待高工	铁道工程
14	陶　毅	男	硕研	哈尔滨工业大学	科学技术研究所所长	提待高工	机务
15	唐云鹏	男	中专	北京铁路电气化学校	沈阳动车段教育科副科长	技术员	动车机械

附　录

局基层单位简介

一、车务系统

长春站简介

长春站站址位于吉林省长春市宽城区长白路5号。1996年，长春站设12个科室，5个车间，行包、货运中心及多经、集经服务公司。是集客、货、运、装为一体的综合性特等站，在长大线上衔接长哈、长图、长白线。担当四平、哈尔滨、吉林、白城四个方向客货运输任务。站内主要行车设备包括上下行正线各1条，吉林正线1条，到发线19条，编发线16条，牵出线4条，段管线53条。主要客运设备包括1个高架候车室、4座站台和1个售票室（分上下两层，共设33个售票窗口），高架候车室设4个候车厅，总面积为7520平方米，能容纳6500人同时候车。2003年8月，对长春站主站舍继续进行改造，扩建长春站北站房。2004年6月30日竣工。改造后的长春站高架候车室面积扩增为1.1万平方米，最多容纳9000人同时候车。新建的长春站北站房，分铁路客运部分和长春市商业部分，总建筑面积50532平方米，其中铁路客运部分建筑面积7443平方米。2012年9月20日，长春站北站房建成投入使用。

同年9月28日，新建成的高铁车站长春西站竣工投入使用，设5座高站台，9条旅客列车到发线，高架候车室面积为24399平方米（含18米层商网7846平方米），设自动扶梯31部，直梯13部，自动检票闸机44个，高峰期可容纳1.5万人同时候车。长春西站设售票厅1个，人工售票窗口29个，自动售票机8台。

2013年11月25日，长春站南北站房全面贯通。改造后的长春站，总建筑面积为58000平方米，站场由高速场和普速场构成，设9座高站台、16条旅客列车到发线，东西两侧各设1个旅客地下出站通道。新建成的候车室为南北通透式，使用面积为34300平方米（含18米层商网8300平方米），设自动扶梯45部，直梯11部，自动检票闸机63个，高峰期可容纳2万人同时候车。新站设南1、南2和北1售票厅等3个售票厅，总面积为3250平方米，共设55个人工售票窗口，32台自动售票机，14台自动取票机，可容纳4000人购票。

2015年，全站职工总数1433人，下设7个科室、7个车间，并管辖长春西站和龙嘉站。11月15日，龙嘉站由吉林车务段划归长春站管理。（供稿人：吕明超）

沈阳站简介

沈阳站位于辽宁省沈阳市和平区胜利南街2号，地处京哈铁路干线，是沈山、沈大、沈丹、沈抚、沈吉、沈哈6条铁路线的交汇点。在技术作业上为区段站，在业务性质上为客货运输综合站，根据工作量为特等站。主要担负上述铁路线的终到、始发和通过客、货列车运输任务。1996年，全站有5个车场，4个货场。客场设备有4个候车室、1个贵宾室、1个软席候车室、1个迎宾室。有5座站台，2座跨线天桥，1条地道，19条客车到发线。站内有311条股道，117条专用线，货场有17股装卸线，拥有101台装卸机械，配有7台调车机。设有3个行车室，3个信号楼，12个扳道房，547组道岔，其中电动道岔261组。有173架信号机，使用6501型、6502型进路式电气集中设备和单频点无线调车通信系统，简易驼峰，铁鞋制动。全站职工总数2414人，下设13个科室、5个车间和货运中心。10月28日，车站集装箱货场改造竣工，从此，集装箱专用货场全部形成能力。1998年7月15日，车站站前广场改造工程交付使用；7月20日，车站货运西三站台改造工程交付使用；11月20日，车站旅客地下通道扩建工程交付使用。2002年12月19日，沈阳列车段运转车间职工350人，退休职工119人并入沈阳站，成立乘务车间。2004年9月1日，位于沈阳站站前广场北侧的新售票处开始投入运营。

2013年8月10日，车站东站房正式开通使用，东西地下通道正式贯通。新建沈阳站设置高、普速车场共10台19线，其中高速车场5.5台10线，普速车场4.5台9线（含1条中线）；全站共有道岔124组，其中高速场39组、普速场85组。新建西站房及高架候车室，面积49563平方米，3个售票厅，面积4775平方米；全站共有电梯72部，其中直梯21部，扶梯51部；车站设置人工售票窗口51个，自动售票取票机33台，自动取票机10台。

2015年，车站设置高、普速车场共10台19线，其中高速车场5.5台10线，普速车场4.5台9线（含1条中线）。站房及高架候车室面积49563平方米，设有3个售票厅、1个自动售票厅，面积5296平方米；其中设置售票窗口51个、自动取票机25台、自动售票机36台、非现金自动售票机6台。全站职工总数1161人，下设8个科室、7个车间。（供稿人：吕铁成）

苏家屯站简介

苏家屯站位于沈阳市苏家屯区山丹街7号。1996年，车站为沈大、沈丹、苏抚三条铁路干线的汇合点，相邻区间均为双线（其中浑河站为四线）区间。全站职工总数1973人，下设11个科室、9个车间。1997年，新建峰尾楼一座，改电气集中为微机集中。1998年12月1日，苏家屯站更名为沈阳南站。1999年6月25日，上行到达场新集中楼建成，并正式投入使用，转辙机全部更新，并转线完毕。2006年11月1日，根据铁道部运输局运营货管〔2006〕242号和局货运处货管函〔2006〕9号文件精神，车站取消了零担中转运输业务。2009年11月12日，将客场、上行、下行共八个信号楼整合到调度指挥大厅，实现"八楼合一"。整合前，每班定员25人，整合后，每班定员4人，减员84%。2010年1月28日，沈阳南站更名为苏家屯站；9月2日，原鞍山车务段灯塔、林盛堡站划归苏家屯站。2011年9月1日，原鞍山车务段张台子站划归苏家屯站。2014年，车站与通号公司联合攻关，解决了百余项技术难题，CIPS本土化改造圆满成功，自控水平领先全路；行车自控达到98%以上、调车自控达到80%以上、计划自动编制达到80%以上。

2015年，车站分南北两部分，上下行共计七个车场，南部为客场（K场）、北部为双向三级六场，上行系统车场分别为上行到达场（Ⅱ场）、上行调车场（Ⅵ场）、上行出发场（Ⅳ场）；下行系统车场分别分为下行到达场（Ⅰ场）、下行调车场（Ⅴ场）、下行出发场（Ⅲ场）。客场候车室面积1031.6平方米，设计同时候车能力859人。全站职工总数968人，下设8个科室、6个车间。（供稿人：王洪亮）

沈阳西站简介

沈阳西站位于沈阳市于洪区大兴乡北陈村，主要承担沈山、长大、沈吉三大干线及沈阳枢纽小运转列车的到发和编解任务，并办理沈山线客货列车的通过和部分客车的接发任务。车站站型为正线外包双向纵列式二级四场，设有半自动化驼峰设备和计算机货车信息管理系统，属路网编组站。全站设有驼峰集中楼8处，接发车集中楼6处，共有道岔377组，信号机391架，邻接闭塞区间和场间12个。共设有到发线、调车线、牵出线、货物线等133条，段管线55条。车站日均办理辆数设计能力为12006辆，站区占地3400亩。1996年，全站职工总数现员888人，下设12个科室、5个车间和永安线路所。2006年12月，撤销客运业务和货运业务。

2015年，沈阳西站属正线外包型双向二级四场车站，分别为上、下行到达场、编发场，附属永安线路所及西大林线路所，主要担当京哈、沈大、沈山、高新、沈吉、苏抚线上下行直达、直通、区段、摘挂列车及沈阳枢纽小运转列车的编组、解体任务。11月15日，沈阳车务段管辖的马三家站、西大林线路所归沈阳西站管理。车站设8个科室、下设5个车间，站管站1个为马三家站。全站职工总数750人。（供稿人：侯 瑞）

山海关站简介

山海关站位于中国河北省秦皇岛市山海关区南关大街1号，隶属于沈阳铁路局，是沈阳铁路局和北京铁路局的分界站，是津山、沈山两大干线的终点站，客场衔接京哈线。山海关站按技术性质为编组站，按业务性质为客货运站，按等级为特等站。1996年，全站职工总数1252人，下设10个科室、9个车间。车站主要设备为候车室、售票室、行包房各1座，旅客站台3座。2000年12月24日，山海关站机构改革，取消了劳动人事科、教育科，合并为劳人教科室，同时取消了运输统计科，改为技术统计科。2002年8月，车站客场电气集中设备转新楼。同年8月，秦沈客运专线C24标段山海关站站改工程完工。2014年12月23日，客货分线改造工程在山海关站客场东咽喉正式竣工，实现了客货分线运输。

2015年，全站职工总数953人，下设7个科室、6个车间和万家屯站一个三等中间站。共有38条到发线，其中客场11条(正线兼到发线)、运转场27条，集中操纵的道岔471组。有客运候车室、售票室、行包房各1座，共有4个站台，旅客列车到发线7条。自动取票机2台。客运的建筑面积为3556平方米，候车室1788平方米，设4个检票口，450个座椅，可容纳1200人同时候车。实名制验票设备1台，"三品"查危仪3台，安检安全门1个。（供稿人：张 越）

长春北站简介

长春北站地处吉林省长春市东三环路宽城区奋进乡。1996年，车站中心位于长春枢纽京哈线1011公里922米处、龙北联络线自龙泉站起8公里886米处，长白线自长春北站起0公里处，衔接长图、长白线，为单向混合式二级四场，站场全长5.8公里，隶属于沈阳铁路局，为二等站。主要设备有站线10条，其中正线1条，到发线9条，道岔37组，设备为6502型继电集中联锁。下属单位有运转车间、货检车间、上台子线路所。通过能力为每24小时35对列车。职工总数117人，下设5个科室、2个车间和上台子线路所。1999年8月9日全面开通使用，为单向混合式二级四场，按业务量为一等站，按技术作业性质为编组站，担负货物列车改编和中转技术作业，日均办理12028辆。2006年6月20日，因运输组织调整，自动化驼峰系统封存。行车设备联锁系统实现微机化、TMIS系统实现信息共享网络化、TDCS/CTC调度指挥管理系统。2009年2月26日，自动化驼峰系统重新启用，并恢复驼峰调车机2台，主要承担哈尔滨、棋盘、四平、大安北方向货物列车改编和中转技术作业，同时承担直通货物列车装载检查和长春地区枢纽车流集散、编解任务。2010年9月25日，长春站货物车间划归长春北站管理，承办30家企业货运任务。增加西部线群联络线1条，专用线59条，调车机7台，增设货收科。2013年6月15日，长春北站货运车间划归为长春货运中心管理，同年取消货收科。

2015年，长春北站有正线3条，到发线24条，编发线6条，分类线13条，西部线群联络线1条，专用线36条，货物线4条，换装线2条，禁溜线2条，迁回线1条，安全线2条，机待线7条，机车走行线1条，机车出入库线5条，牵出线2条，站内道岔354组，减速器23组，可控停车器54台，综合调度楼1个、半自动化驼峰1座，调车机7台。9月1日，将长春车务段管理的一间堡车站划归长春北站管理，9月24日将Ⅰ、Ⅱ、Ⅲ、Ⅳ场信号楼、一间堡站行车室及长白线新建小城子站行车室整合为一处，实行"六楼合一"运输集中指挥，并增设调度车间。全站职工总数566人，下设8个科室、4个车间。（供稿人：吕万森）

四平站简介

四平站位于吉林省四平市铁西区英雄大街1号，职工总数1111人下设9个科室、8个车间、2个中间站（平东、高铁四平东站）。四平站担当京哈、平齐、四梅线直达、直通、区段、摘挂列车及小运转列车的改编、解体、编组及四平市及周边地区旅客和货物运输任务。在技术作业上为编组站；在业务性质上为客货运站；按工作量为一等站。2004年11月15日，车站扩建，客运候车室2431平方米可容纳1600人，另建软席候车室、贵宾室。售票室共有10个人工售票窗口，5台自动取票机。2010年7月21日，"七楼合一"工程正式竣工。

2012年12月1日，高铁站四平东站开通，建筑面积为1981.06平方米。设有旅客站台2座，长度为475米，均可接入16辆动车组停车。安装有自动扶梯6部，残疾人升降平台1部，贵宾直梯1部，旅客进站地道1条，出站地道1条。装有8台出站自动检票闸机，方便旅客安全快捷地出站。售票厅面积364.31平方米，共有10个人工售票窗口，区内安设了4台自动售票机，售票大厅还安装有2台触摸式自助查询机，查询机内设置了站内导航、公告栏、列车时刻表、车次查询、票价查询、余票信息、乘车接站、旅客安全须知等内容，便于旅客了解出行信息。候车大厅面积2059.42平方米，设有2台安检仪，10台进站自动检票闸机和1处人工检票口。旅客最高时聚集人数为1000人。候车大厅采用中央空调处理系统，温度适时调控。设有大屏幕LED乘车信息显示屏4块，为旅客公告列车开行、列车晚点等信息。（供稿人：孙建东）

沈阳北站简介

沈阳北站站址位于辽宁省沈阳市沈河区北站

路102号。1996年，职工总数1273人，设13个科室。车站站房由进站大厅、高架候车室、行包房、售票处、出站厅、生产办公楼等组成。客车到发场有到发线7条，正线3条，机车走行线1条。有4座旅客站台，2条旅客地下通道，1条行包车及其他载货车辆专用地下通道。2003年，车站客车到发场线路扩建为16条站线，旅客站台增加为6座。2005年，车站高站台和无柱风雨棚施工改造完毕，设有高架候车室7个，总候车面积为8230平方米，可容纳7482名旅客同时候车；售票处面积5896平方米；高站台6座。2012年7月15日，沈阳北站新建北站房、高架候车室正式启用。高架候车大厅南北长192米，东西宽108米，总建筑面积23663平方米。高架候车室与东西两侧对称设计的27个检票口连为一体。新建子站房东西长128米，南北宽44米，建筑面积为13696平方米。共有旅客站台14座，旅客列车到发线14条：其中，高速场设8座站台、8条到发线，普速场设6座站台、6条到发线。12月26日，车站指挥中心建成并投入使用。

2015年，沈阳北站中心位于京哈线自北京站起703公里653米处，沈吉线自沈阳北站起0.61公里处。下设8个科室、7个车间。车站职工总数1355人。（供稿人：苏勃瑞）

丹东站简介

丹东站位于辽宁省丹东市振兴区五经街2号，为沈丹线和丹大线终点站，是中朝铁路联运口岸站之一。车站担负着丹东市区及其管辖的东港市部分客货运输及中朝联运任务。车站按技术作业为区段站，按业务性质为客货运站，按工作量为一等站。1999年，全站职工总数991人，下设10个科室、6个车间。2000年12月15日，原丹大线锦江站—南丹东站间电气路牌闭塞设备拆除，改为64D型单线继电半自动闭塞。2002年10月16日，货南驼峰微机联锁改造工程正式投入使用，将原有的TWZ-1型改为新型的FTK-3型微机联锁。2004年4月15日至8月30日，原丹大线锦江站、金板村站、南丹东站、三道沟站、前阳站电气集中设备改造工程相继竣工，将8082型色灯电锁器联锁改为6502型大站电气集中联锁。2009年1月17日5时起，丹东站新站舍正式开通使用。丹东站一楼国内候车厅面积3559.68平方

米，容纳人数2966人；二楼国内候车厅面积1368.9平方米，容纳人数1140人；二楼国际候车厅面积1953.6平方米，设有边防、海关、检验检疫局办公室和免税商店等服务设施；二楼贵宾室使用面积535.9平方米，设有贵宾门厅、国际大贵宾厅和国内贵宾厅。

2015年，全站职工总数957人，下设8个科室、5个车间，管辖11个中间站。区间范围：丹前线全线，丹大线丹东站至大孤山224公里160米。（供稿人：常爱国）

大连站简介

大连站是路局管内一等客运站，始建于1937年，地址在大连市中山区长江路259号，位于哈大线终点，地处辽东半岛南端，是连接海陆空运输的枢纽。负责客票发售、旅客乘降、旅客列车接发、编组、调车作业等工作。1996年，全站职工总数538人，下设6个科室、车间4个。候车室面积3360平方米，软席候车室96平方米，贵宾室129平方米。有站台雨棚3个，站台4个。2003年8月1日，大连站站舍改造工程全部完成并投入使用，新建高架候车室8500平方米，北站房662平方米，中央空调、自动化设备等配套面积24000平方米。

2012年12月1日，高铁站大连北站正式投入使用，是二等车站，站房总建筑面积6.85万平方米，共设18个站台（10个站台面），10个雨棚，20条线路。其中普速场5条（1~5道）、哈大客专场8条（6~13道）、丹大城际场7条（14~20道）。候车厅面积为2.2万平方米，安设候车座椅6000个，设有4个售票厅，共有电扶梯60部、高架候车层进站闸机62台、人工售票窗口40个、自动售票机50台。

2015年，全站职工总数851人，下设9个科室、7个车间。大连站有站台雨棚5个，站台8个，有电梯、自动扶梯、中央空调、消防、自动化等设备，共计扶梯20部，直梯9部，查危仪共计9台。大连北站有扶梯60部，直梯26部，查危仪共计8台。（供稿人：季茜楠）

金州站简介

金州站位于大连市金州区中长街2号。金州站按业务性质为客货运站，按技术作业性质为中间站，车站中心里程位于沈大线自大连起32公里

86米处，管辖范围自沈大线25公里594米（X进站信号机）至32公里820米（SN进站信号机），全长7公里226米，是沈大、丹大（闫金联络线）、金窑三条铁路线的汇合点，是大连枢纽的北部门户。1996年，全站职工总数554人，下设6个科室、4个车间、3个中间站和1个多种经营办公室。2002年8月31日，金州东门站划归金旅铁路公司。2003年8月26日，二十里台站划归瓦房店车务段。2005年6月8日，金马站、金桥站划归金州站。2007年2月13日，新建金港站开通使用。2009年7月7日，新站舍正式投入运营，新建站舍总建筑面积13002平方米，主体两层，局部采用四层，一楼候车室使用面积3012.76平方米，二楼候车室使用面积2217平方米，行包房使用面积459平方米，售票厅405平方米，出站厅470平方米，贵宾室248平方米，新增贵宾室、卫生间、饮水处等服务设施，售票窗口由5个增加到11个。2010年11月18日，金州站推进"六楼合一、区域集中"，将原调度楼、金北线路所及一、二、三、四场信号楼、金马站、金桥站、金港站信号楼行车和调度指挥统一纳入新建调度大厅。2013年5月30日，沈阳铁路局货运组织改革，货运车间划归大连货运中心。

2015年，全站职工总数677人，下设9个科室、6个车间和4个中间站。12月17日，随着丹大快速铁路开通运营，启用二楼候车室，一、二、三、四站台改建为高站台，新建天桥一座，新增电扶梯3部、直梯1部、安检设备1套、自动检票闸机20部、自动售取票机8台、引导显示屏22块、PDP屏10面，更新广播系统，更新客票设备12套。（供稿人：李正浩）

锦州站简介

1996年，锦州站地址是锦州市延安路4段4号。车站地理位置位于沈山线242公里408米处，承担着沈山线、大郑线、锦承线、新义线、魏塔线、南票线、沟海线等7条线的车流集结和列车编发任务。车站按技术性质为区段站，按业务性质为客货运站，按工作量为一等站。全站职工总数1390人，下设12个科室、5个车间。主要设备为候车室2座，售票室、行包房各1座，旅客站台3座。候车室面积2180平方米，可容1900人候车。客运广播系统、旅客电子显示导向系统、通

风系统各1套，"三品"查危仪2台；客车到发线5条，货车到发线16条，编组线21条，简易驼峰4座，牵出线5条，货物线12条，加冰线1条，专用线56条；货物站台4座，货物仓库9座，雨棚2座；龙门吊3台，装载机1台；叉式车35台，牵引车7台，加冰机各1台，氨泵、搅拌机各4台。1999年12月26日，锦州站站舍三期工程竣工，第一候车室改造投入运营。2003年1月1日，成立乘务车间，装卸车间。同年，取消了加冰车间。2008年4月18日，锦州站集中楼由6502电气集中联锁转换为计算机（微机）联锁；5月15日，锦州站上、下行调车场由简易土驼峰改造为半自动化驼峰，结束了调车作业主要依靠铁鞋制动的历史；5月30日，锦州站站场电气化改造正式开通。2009年4月1日，薛家站、八角台站整建制划归锦州站管理，进入了站管站新的管理模式。2011年7月，锦州站保洁工作实行属地化管理，旅行服务段中的车站保洁人员划归所属地车站管理，成立保洁车间。2012年10月23日，锦州站成立了设备车间。2013年5月28日，组建区域货运中心，锦州站货运车间业务划归锦州货运中心，取消货运车间；6月13日，锦州站接管锦州行装营业部，成立行装车间；10月3日，锦州站上行直通场挂网改造后正式开通使用；11月6日取消锦州站乘务车间。同年，设立安全监控室，总共设置154个高清摄像电子眼，实现站场全覆盖。2015年，全站职工总数1033人，下设10个科室、6个车间及薛家站和八角台站2个中间站。（供稿人：李德庆）

通辽站简介

通辽站位于通辽市科尔沁区南顺大街14号。线路位于京通线804公里318米处，衔接京通、大郑、通霍、集通、通让线五条线路，有六个方向的车流出入。主要担负通辽市境内旅客和货物运输及京通、大郑、通霍、集通、通让线上下行直达、直通、区段、摘挂等列车解编任务。车站按业务性质属客货运站，按工作量属一等站，按技术作业性质属编组站。1996年，通辽站有上行场编组线9条，到发线7条，下设9个科室、6个车间。全站职工总数806人。1999年，通辽南站划归通辽站，全站配属站线62条（含货物线7条），简易驼峰2座，配属调车机6台。2005年

12月30日，新建客运站舍投入使用，新站舍主体为二层，高16.5米，建筑面积为11731平方米。其中，候车大厅共2820平方米，可满足2300多名旅客同时候车。2010年9月17日，通辽西站、通辽东站、北西线路所划归通辽站。

2015年，通辽北站划归通辽站。全站共有站线76条，有中等能力驼峰1座。下设8个科室、8个车间，管辖通辽西站、通辽东站、通辽北站、北西线路所4个中间站。全站职工总数1033人。（供稿人：张卫东）

沈阳南站简介

沈阳南站为新建站，站址在沈阳市浑南区新运河路500号，车站位于沈丹客专和哈大客专的交汇处，东邻沈营路，为东北大学新校区，东南距桃仙机场9公里；西侧紧邻沈阳体育学院;北距三环高速公路约3.5公里，距浑河9.4公里，距沈阳站14.7公里;北侧邻近沈阳建筑大学城市建设学院，东北距市政府4公里。按技术作业性质为客运站，按等级划分为一等站。管辖范围：沈阳南站、沈阳南动车所、沙河堡线路所。车站于2013年3月开始建设，总建筑面积220092平方米，共有22个站台（12个物理站台）、26条到发线（含4条正线），有81部电动扶梯和34部垂直电梯，贯通站房内外，站台与候车大厅、地下通道相接，为旅客出站更加畅通便捷创造了条件。高架候车大厅由东站房、西站房及中央站房组成。其中，东站房长213米、宽41.5米，西站房长150米、宽28.5米，中央站房高架候车层长286.5米、宽108米，同时能容纳1万名旅客候车，高架候车大厅南北两侧对称设计23个检票口。2014年10月15日，行车业务正式开办；2014年10月30日，沈阳南动车所开通使用；2015年9月1日，新建东站房、高架候车室、沙河堡线路所正式运营开通。全站职工总数359人，下设9个科室、4个车间。（供稿人：李洪生）

长春车务段简介

长春车务段段址位于长春市宽城区芙蓉小区，是2003年8月25日长春分局生产力布局调整时由公主岭、德惠车务段、长春南站、长春东站（含龙泉、龙泉北站）合并而成；并将长春北站管辖的小南站、团山堡站，农安车务段管辖的东城子站划归长春车务段。10月21日，路局决定将原哈局管辖的陶赖昭、团山、扶余、邱家、双龙泉、蔡家沟站6个站划归长春车务段。段管辖营业里程297公里，30个车站。全段职工总数2558人，下设7个科室。2004年5月25日，陶榆支线4个车站并入；2006年3月，长白支线10个车站划入，段营业里程485.2公里，其中哈大干线276公里；长图、陶榆、长白三条支线计209.2公里。管辖车站38个，其中二等站3个、三等站9个、四等站23个、五等站3个。2006年，段址迁至长春市人民大街81号。2008年6月30日，长双烟铁道有限责任公司5个车站（泉眼站、奢岭站、双阳站、山河站、五家子站）划入车务段。2013年6月15日，货运业务划归长春货运中心；10月23日，公主岭南站划归车务段；11月29日，榆树站行包房行包运输业务移交中铁快运。2014年12月10日，松团铁路开通，增加扶余西、弓棚子、三井子、松原北站。

2015年，全段职工总数1831人，下设8个科室，管内共有车站48个，办理客运业务车站有33个，总营业里程696.1公里。其中：京哈干线里程269.6公里，其区间包括十家堡、郭家店、蔡家、大榆树、公主岭、陶家屯、范家屯、大屯、长春南、一间堡、米沙子、沃皮、布海、德惠、达家沟、姚家、陶赖昭、团山、扶余、蔡家沟等站；长白线里程128.8公里，其区间包括小合隆、开安、华家、农安、柴岗、哈拉海、王府、七家子等站；长图线里程4.1公里，其区间包括长春东、龙泉、兴隆山、龙泉北站；哈大客运专线车站3个，德惠西、扶余北站、公主岭南；陶舒线（合资铁路）里程92.2公里，其区间包括五棵树、刘家店、榆树、新立镇、谢家镇等站；长双烟线（合资铁路）里程91.8公里，其区间包括泉眼、奢岭、双阳、山河、五家子等站；松团线（合资铁路）109.6公里，其区间包括松原北、三井子、弓棚子、扶余西等站。9月30日，一间堡站划归长春北站；11月15日，兴隆山站划归车务段。（供稿人：杨秀爽）

白城车务段简介

1996年，段址在白城市洮北区辽北路51号。职工总数为657人。段管辖平齐线街基站至于海屯站（白城站除外）24个车站（于海屯、山宝屯、边昭、佟家店、开通、胡家店、鸿兴、二龙

山、双岗、四合屯、黑水、南洮南、洮南、大
仙、穆家店、阳山、西青龙、李家店、镇南、镇
赉、英华、东平、坦途、街基站）。长白线3个
车站（到保、舍力、来福站）。1999年，单位地
址调整到白城市洮北区新兴路65号。2003年8
月，乌铁公司管辖车站划归白城车务段。2004年
1月21日，太平川站划归白城车务段管辖。
2005年3月，白城站划归白城车务段管辖。
2006年1月1日，办公地点调整到白城市洮北区新
华东大路110号。2006年3月18日，大安北车务段
管辖车站划归白城车务段。2006年10月30日，关
闭镇南站，10月31日，关闭西青龙、李家店站。
2009年10月，两伊铁路开通，伊尔施南线路所由
白城车务段代运营。2010年10月28日，建立乌兰
浩特北站。2011年4月24日，建立忙罕屯站。
2013年12月6日，建立白城北站。2015年10月
25日，新建锡乌铁路哈忙段开通使用，车务段新
增锡乌线7个站。

2015年，职工总数为2526人。管辖平齐、白
阿、长白、通让、锡乌5条线路上58个营业站。
其中：二等站6个，三等站7个，四等站37个，五
等站8个；管辖线路所1个。（供稿人：王　鑫）

沈阳车务段简介

1996年，沈阳车务段位于沈阳市沈河区总站
路府前巷14号。有职工1293人，下设8个科室，
管辖长大线的新城子、虎石台、文官屯、浑北、
浑河、林盛堡6个车站；沈吉线的东陵、旧站2个
车站；于虎线的转弯桥、田义屯2个车站；沈山
线的揽军屯、于洪、皇姑屯、马三家4个车站及
苏抚线的榆树台、孤家子、深井子、牛相屯4个
车站，共计18个车站。其中，一等站1个，三等
站7个，四等站6个，五等站4个。1997年，单位
办公地点迁至沈阳市沈河区敬宾街。2003年8月
25日，抚顺车务段所属18个车站（拆除2站）划
入沈阳车务段；沈阳东站降为二等站，并入沈阳
车务段；段所辖的新城子站、林盛堡站，分别划
入铁岭车务段和鞍山车务段。2005年6月8日，大
成站、铁岭车务段划归沈阳车务段。2006年，段
办公地点迁至沈阳市和平区总站路100号。
2009年3月31日，段管辖的苏抚线榆树台、孤家
子、深井子、瓢儿屯、抚顺车站划归大官屯站；
9月30日，新建西大林线路所和沙岭站开通使

用；12月31日，新建安民站开通使用；12月31
日，改建后的西丰站开通使用。2010年12月14
日，大官屯站划归沈阳车务段。2012年7月28
日，沈阳北站管理的铁岭西、开原西、昌图西站
及六王屯线路所划归沈阳车务段。2014年12月
19日，沈阳市顺通旅社等14家集体企业调整到沈
阳车务段为主办单位。

2015年，职工总数3046人，下设8个科室，
管辖京哈高速线的铁岭西、开原西、昌图西3个
车站；京哈线的皇姑屯、文官屯、虎石台、新城
子、新台子、乱石山、得胜台、铁岭、平顶堡、
中固、开原、马仲河、昌图、双庙子、毛家店
15个车站；沈吉线的沈阳东、东陵、旧站、滴
台、抚顺北、前甸、章党、石门岭、营盘、铁背
山、南杂木、苍石、南口前、北三家、斗虎屯、
清原16个车站；苏抚线的榆树台、孤家子、深井
子、瓢儿屯、大官屯、抚顺北6个车站；于虎线
的于洪、转弯桥、田义屯、虎石台4个车站；田
东线的辉山1个车站；三火线的沙岭1个车站；沈
大线的浑河1个车站；沈山线的于洪、大成、揽
军屯3个车站；铁法线的铁岭、镇西堡、大青3个
车站；辽开线的开原、松树村、西丰、安民4个
车站，共计52个车站。11个乘降所，5个线路
所，1个辅助所。其中二等站9个、三等站16个、
四等站27个。营业里程754.8045公里。2015年
11月15日，段管辖的马三家站、西大林线路所划
归沈阳西站。（供稿人：武　静）

鞍山车务段简介

1998年10月31日，路局撤销海城车务段、辽
阳车务段，成立鞍山车务段，鞍山站划归鞍山车
务段，段址位于鞍山市南建国路1号。职工总数
2435人，下设12个科室，计18个车站，其中二等
站3个、三等站6个、四等站8个、五等站1个。
2003年8月，段管辖的立山站、十里河站拆除；
同年9月1日，沈阳车务段管辖的林盛堡站划归鞍
山车务段。2006年3月18日，锦州车务段管辖的
五七站、胡家镇站、新立站、新开站、盘锦站、
渤海站、友谊站、拉拉屯站、牛庄站划归鞍山车
务段。2008年3月19日，段管辖的五七站、胡家
镇站、新立站、新开站、盘锦站、渤海站、友谊
站、拉拉屯站、牛庄站划归锦州车务段。2010年
6月3日，段管辖的西柳站划归锦州车务段；同年

9月2日，段管辖的灯塔站、林盛堡站划归苏家屯站。2010年12月14日，灵山站划归鞍山车务段。2011年4月15日，盖州西、营口东、鲅鱼圈站、鞍山西站、海城西站、下夹河线路所划归鞍山车务段。2011年9月1日，段管辖的张台子站划归苏家屯站；本溪车务段管辖的安平、小屯站，以及辽溪线新建的宝镜站划归鞍山车务段；同年9月26日，段管辖的太子河站拆除。2012年7月28日，段管辖的盖州西、营口东、鲅鱼圈站划归大连车务段。2013年5月27日，苏家屯站管辖的林盛堡站、张台子站、灯塔站划归鞍山车务段；同年7月5日，大连车务段管辖的沙岗站、盖州站、大石桥站、营口站、老边站、咸水河站、坨台站、边海站划归鞍山车务段。

2015年，鞍山车务段管辖里程360.111公里（沈大线175.821公里、营口线22.205公里、边海线24.350公里、辽溪线37.787公里、宝东线20.244公里、哈大线79.704公里）。管内共有29个车站和1个线路所，其中二等站10个（海城、鞍山、灵山、辽阳、东辽阳、鞍山西、大石桥、营口、张台子、安平站），三等站7个（旧堡、海城西、灯塔、盖州、老边、咸水河、林盛堡站），四等站12个（南台、分水、他山、葫芦峪、唐王山、汤岗子、首山、小屯、宝镜、沙岗、坨台、边海站），线路所1个（下夹河）。全段职工总数2440人，下设7个科室。（供稿人：刘文斌）

本溪车务段简介

1999年8月31日，路局撤销本溪车务一段和本溪车务二段，成立本溪车务段，段址位于辽宁省本溪市平山区平山路24号。职工总数1121人，下设6个科室。管辖沈丹线的草河口、祁家堡、连山关、下马塘、南芬、金坑、桥头、福金、威宁、新岭、火连寨、石桥子、歪头山、姚千户屯、陈相屯、吴家屯等站；辽溪线小屯、安平、新寒岭、寒岭、北台、金家堡等22个车站，营业里程196公里。2003年8月8日，溪田铁道公司并入本溪车务段。2005年6月8日，凤凰城车务段并入本溪车务段。2006年3月18日，本溪站并入本溪车务段。2015年9月1日，沈丹客专开通运营，新开通的本溪新城、南芬北、通远堡西、凤城东、五龙背东隶属本溪车务段管理。

2015年年末，职工总数2267人，下设8个科室。管辖沈丹线的吴家屯、陈相屯、姚千户屯、歪头山、石桥子、威宁、火连寨、本溪湖、本溪、福金、桥头、金坑、南芬、下马塘、连山关、祁家堡、草河口、通远堡、林家台、刘家河、长虹、中兴、鸡冠山、凤凰城、一面山、汤山城、五龙背、金山湾28个车站；金沙线的蛤蟆塘、沙河镇2个车站；辽溪线的金家堡、北台、寒岭、新寒岭4个车站；溪田线的小堡、牛心台、偏岭、小市、田师府5个车站；凤上线的大堡、石城、灌水、龙爪沟、宽甸、长甸6个车站；通灌线的古城子、桓龙湖、五女山、大雅河、泉山、天桥沟6个车站；沈丹客专的本溪新城、南芬北、通远堡西、凤城东、五龙背东5个车站，共计56个车站（二等站6个、三等站10个、四等站40个），营业里程971.838公里。（供稿人：胡 敏）

大连车务段简介

2005年6月8日，将原大连公司管内瓦房店车务段、甘井子站、大连北站、大石桥站划归周水子车务段，同年6月25日更名为大连车务段。11月9日，段办公地点由大连市甘井子区周水子广场8号迁至大连市中山区鲁迅路9号。全段职工总数4465人，下设9个科室、26个车间。管辖沈大线（上下行）360公里，金城线101公里，营口线22公里，旅顺线50公里，田五线42公里，周甘线9公里，码头线6公里，总计41个车站。其中，一等站4个，二等站5个，三等站12个，四等站20个。2012年7月28日，将大连站管辖的普湾、瓦房店西站及鞍山车务段管辖的鲅鱼圈、盖州西、营口东站划归大连车务段。2013年6月，组建大连货运中心，段管辖的27个货运营业站的货运业务、资产、人员划归大连货运中心。同年7月，段管辖的5个货运营业站的货运业务、资产、人员划归鞍山货运中心。2013年7月5日，段管辖的沙岗、盖州、大石桥、老边、营口、坨台、咸水河、滨海站划归鞍山车务段；鞍山车务段管辖的新甸、仙人洞站划归大连车务段。

2015年，全段职工总数2004人，下设8个科室。管辖沈大线（上下行）187.254公里，其区间包括沙河口、周水子、南关岭、二十里台、三十里堡、石河、普兰店、田家、瓦房店、王家、得利寺、松树、万家岭、许家屯、九寨、熊岳城、芦家屯共17个车站；金城线101.574公里，其区间包括广宁寺南、亮甲店、皮口南、夹心子、城子坦东共5个车站；旅顺线50.169公里，其区间包括革镇堡、营城子、长岭子、旅顺共4个车站；瓦长线79.8公里，其区间包括董屯、白水井、郭家、复州湾、五岛、长兴岛、长兴岛港共7个车站；南甘线10.496公里，包括甘井子1个车站；码头线6公里，包括大连东1个车站。哈大客专224.149公里，包括普湾、瓦房店西、鲅鱼圈、盖州西、营口东共5个车站；丹大线192.299公里，包括广宁寺、登沙河、杏树屯、皮口、城子坦、花园口、庄河西、庄河北、兰店、青堆共10个车站。总计50个车站，其中二等站9个，三等站17个，四等站24个。7月6日，金州东门站划归金州站；12月17日，丹大线正式开通运营，管辖广宁寺、登沙河、杏树屯、皮口、城子坦、花园口、庄河西、庄河北、兰店、青堆共10个车站。（供稿人：岑　华）

锦州车务段简介

2005年6月8日，沟帮子车务段和兴城车务段合并，成立锦州车务段，葫芦岛站以及秦沈客运专线管理中心管理的绥中北站、葫芦岛北站、锦州南站、盘锦北站、台安站、辽中站划归锦州车务段。段办公地点在沟帮子车务段段址。同年10月18日，段址搬迁到锦州市凌河区延安路五段15号。全段职工总数3972人，下设8个科室、12个车间，管内共50个车站（一等站1个，二等站1个，三等站11个，四等站30个，五等站1个），秦沈客运专线6个车站（未定等级）。2006年3月18日，段管辖的沟海线五七至牛庄间9个站划归鞍山车务段。2008年3月20日，鞍山车务段管辖的沟海线五七至牛庄间9个站划归锦州车务段。2009年6月28日，段址搬迁到锦州市凌河区和平路五段4号。2010年6月3日，鞍山车务段管理的西柳站划归锦州车务段；12月24日，段管辖的万家屯、东山站划归山海关站。2013年6月15日，葫芦岛站、大虎山站和盘锦站管辖的货运车间划归锦州货运中心，取消客货管理科，成立客运收入科。

2015年，全段职工总数2474人，下设8个科室，16个车间。管辖沈山线384.264公里（其中，高新线3.600公里、大郑线5.00公里），其区间包括高岭、前卫、绥中、东辛庄、沙后所、大甸、兴城、葫芦岛、塔山、高桥镇、女儿河、桃园、双羊店、凌海、红旗、石山、沟帮子、青堆子、高山子、大虎山、唐家、绕阳河、大红旗、新民、高台山、兴隆店、三台共27个车站；京哈线秦沈段371.128公里，其区间包括东戴河、绥中北、葫芦岛北、锦州南、盘锦北、台安、辽中共7个车站；南票支线30.249公里，其区间包括何三家、南票2个车站，辅助所2个（姚屯、金厂堡）；葫芦岛支线13.140公里，区间包括马仗房、龙港2个车站，辅助所1个（山城子）；沟海线营业里程105.275公里，区间包括五七、友谊、盘锦、渤海、新开、拉拉屯、牛庄、西柳共8个车站；金渤线正线全长55.733公里，区间包括大洼、金帛湾、盘锦港共3个车站；盘营客专99.286公里，区间包括赵荒地线路所、盘锦高速场、中小线路所共1站2所；前绥线正线全长10.938公里，区间包括前卫、绥中港站。管内共50个车站，其中二等站8个、三等站12个、四等站30个，线路所2个、辅助所3个，办理客运业务车站25个。总营业里程1070.013公里。（供稿人：唐桂芬）

阜新车务段简介

段址在辽宁省阜新市海州区振兴路125号。1996年，全段职工总数1111人，下设11个科室，管辖28个车站，其中三等站5个，四等站18个，五等站5个。区间范围：高新线罗家至新泉间8个车站，新义线仓苍土至九道岭间13个车站（阜新站除外），锦承线薛家至义县间7个车站。2003年8月25日，朝阳车务段管辖的北票、骆驼营等9个车站划归阜新车务段。2005年6月8日，阜新站划归阜新车务段。2006年3月18日，阜新车务段和叶柏寿车务段合并，将原叶柏寿车务段朝阳、叶柏寿、建昌等27个车站划归阜新车务段。2006年7月7日，将大郑线黑山站和高新线姚堡等10个车站划归阜新车务段。2013年6月20日，阜新货运中心成立，段管内所有货运人员及业务全部划归货运中心，只承担行车和客运业务。

2015年，全段职工总数2298人，下设9个科室、阜新和叶柏寿2个劳动服务公司。段管辖

59个车站，其中二等站5个（阜新、新立屯、朝阳、叶柏寿、凌源东站），三等站10个（黑山、新邱、阿金、艾友营、清河门、义县、骆驼营、朝阳南、凌源、建昌站），四等站44个（七里河、泥河子、李家沟、上园、南岭、北票南、能家、金沟、北票、九道岭、李金、雹神、伊吗图、东梁、东阜新、大巴、朝阳西、大营子、大平房、东大道、波罗赤、公营子、小平房、红石、河汤沟、水泉、三十家、魏杖子、杨树岭、东沟门、刀尔登、杨杖子、金杖子、南桥、杨树湾、串子沟、郭家屯、柳树屯、新泉、小东、姚堡、芳山镇、八道壕站），营业里程合计836公里。（供稿人：宋占付）

通辽车务段简介

段址在通辽市昆都仑大街2030号。1996年，全段职工总数559人，下设11个科室、2个车间，管辖24个车站，其中三等站2个、四等站16个、五等站6个。管辖里程215.575公里。2005年6月8日，彰武车务段划归通辽车务段，管辖48个车站，其中二等站1个、三等站7个、四等站36个、五等站4个。管辖里程522.978公里（通让线110.707公里、大郑线352.553公里、高新线59.718公里）。2006年3月18日，郑家屯车务段划归通辽车务段，管辖65个车站，其中二等站2个、三等站9个、四等站48个、五等站6个。管辖里程723.57公里（通让线110.707公里、大郑线352.553公里、高新线59.718公里、平齐线200.592公里）。

2015年，全段职工总数916人，下设9个科室、7个车间，管辖30个车站。其中：二等站1个（双辽站），三等站5个（彰武站、甘旗卡站、木里图站、白市站、保康站），四等站23个（泡子站、章古台站、阿尔乡站、衙门营站、五道木站、钱家店站、大林站、门达站、欧里站、高林屯站、宝龙山站、敖力布告、泉沟站、八面城站、曲家店、三江口站、金宝屯站、山场屯站、卧虎屯站、茂林站、大青沟站、三家子站、库伦站），五等站1个（么荒站）。区间范围大郑线全长292.536公里，通让线全长110.707公里，平齐线全长200.592公里，高新线全长7.764公里，甘库线全长56.724公里，线路全长总计668.305公里。（供稿人：艾　利）

霍林郭勒车务段简介

段址位于内蒙古自治区霍林郭勒市河东新区。其前身为白音胡硕车务段。1998年6月17日，珠斯花车务段撤销，并入白音胡硕车务段。2013年12月26日，撤销白音胡硕车务段，成立霍林郭勒车务段。职工总数902人，下设7个科室、7个车间，管辖35个车站（二等站5个、三等站2个、四等站19个、五等站7个）和2个线路所，营运里程985公里。

2015年，全段职工总数848人，下设8个科室、7个车间，管辖通霍线、霍白线、珠珠线34个车站（其中，二等站4个、三等站3个、四等站19个、五等站8个）和2个线路所，营运里程985公里。（供稿人：朱振华）

赤峰车务段简介

段址位于内蒙古自治区赤峰市红山区昭乌达路6号。1996年，全段职工总数574人，下设6个科室，共管辖24个车站，按车站等级分：三等站1个（四合永站），四等站21个（汤头沟、沙坨子、张三营、东大坝、庙宫、腰栈、广德号、银镇、纪家沟、黄家店、朝阳地、五十家子、杨家营、老府、中台子、牛家营子、四分地、红花沟、三把火、曹家营子、赤峰西站），五等站2个（河洛营、北台子站）。区间范围：管辖京通线河洛营至赤峰西间，营业里程204.584公里。2003年8月31日，赤峰车务段与赤峰站合并，合并后的赤峰车务段为副处级单位，下设9个科室，并增加了赤峰站客运、运转、货运、装卸四个车间。2005年6月8日，奈曼车务段划归赤峰车务段，管界范围增加30个车站。2006年3月18日，叶柏寿车务段撤销，其管辖的叶赤线划归赤峰车务段，管界范围增加11个车站。

2015年，全段职工总数1584人，下设8个科室，管辖66个站，按车站等级分：二等站3个（赤峰、元宝山、东来站），三等站5个（四合永、奈曼、平庄南、天义、赤峰西站），四等站52个（汤头沟、沙坨子、张三营、东大坝、庙宫、腰栈、广德号、银镇、纪家沟、黄家店、朝阳地、五十家子、杨家营、老府、中台子、牛家营子、四分地、红花沟、三把火、曹家营子、赤峰东、东南营子、水地、安庆沟、山湾子、小河沿、四道湾、莲花山、孤山子、羊场、敖汉、三义井、新窝铺、舍力虎、昂乃、白音他拉、黄花筒、八仙筒、东明村、嘎什甸子、治安、太平庄、余粮堡、西六方、马林、热水、平庄、乃林、汐子、二龙、沙海、石脑），五等站6个（河洛营、北台子、四合、嘎什吐、敖来、瓦房）。（供稿人：米绍良）

吉林车务段简介

2003年8月22日，吉林铁路分局组建吉林车务段，办公地点在龙潭山站站舍及货运车间办公楼。将蛟河车务段管辖的大姑家站至江北站间的9个站、舒兰车务段管辖的杜家站至金珠站间的12个站、九台车务段管辖的兴隆山站至九站间的12个站、龙潭山运输公司管辖的龙潭山站和吉林北站划归吉林车务段。营业里程290公里，其中吉长线90公里、吉五线130公里、吉蛟线61公里、龙丰线9公里，共35个车站。全段职工总数2129人，下设6个科室。2005年6月7日，吉林西车务段划归吉林车务段，棋盘站划归吉林站。2006年5月，段址迁入吉林市中兴街9号。2006年3月18日，吉林站（含棋盘站）并入吉林车务段；延吉车务段管辖的长图线拉法至老爷岭间各站、拉滨线各站划归吉林车务段；段管辖的沈吉线烟筒山至靠山屯间各站、烟白线各站划归梅河口车务段。2010年10月22日，延吉车务段管辖的长图线蛟河至威虎岭间各站划归吉林车务段。2013年6月，段管辖的27个货运办理站中的货运业务及460名干部职工划归吉林货运中心。

2015年，全段职工总数2624人，下设7个科室，营业里程825.462公里。管辖56个车站和明城机械厂，其中，二等站7个（吉林、棋盘、吉林北、龙潭山、吉林西站、哈达湾、新九站站）、三等站8个（蛟河、舒兰、九台、口前、金珠、营城、蛟河西、威虎岭北站）、四等站39个（九站、孤店子、桦皮厂、土们岭、龙家堡、卡伦、江北、江密峰、天岗、六道河、老爷岭、小姑家、拉法、新站、上营、亚复、大口钦、前窑、丰广、吉舒、东富、水曲柳、平安、山河屯、杜家、北山、马相屯、西阳、大黑山、长岗、双河镇、取柴河、威虎岭、黄松甸、二道河、白石山、苇塘、九台南、双吉）、线路所2个（西山线路所、208线路所）。6月23日，蛟河西、威虎岭北2个车站行车及客运工作划归吉

林车务段。11月15日，段管辖的兴隆山站划归长春车务段，龙嘉站划归长春站，兴隆山站货运业务划归长春货运中心。（供稿人：张建华）

延吉车务段简介

2001年4月10日，撤销朝阳川车务段，与延吉站合并，组建延吉车务段，段址位于吉林省延吉市站前街42号。职工总数852人，下设5个科室，管辖长图线大桥、大石头、哈尔巴岭、南沟、亮兵台、安图、茶条沟、榆树川、葆园、老头沟、铜佛寺、朝阳川、延吉、溪洞、亮兵台、苇子沟、曲水等17个车站，营业线里程175.217公里。其中，朝阳川、延吉站为二等站，大石头、安图站为三等站，其它均为四等站。2003年8月22日，汪清车务段、龙井支线公司、图们站划归延吉车务段，长图线图们、朝开和龙线三峰洞、龙井、鹿道等19个车站划归延吉车务段；段管辖的大桥、大石头、哈尔巴岭、南沟、亮兵台划归原敦化车务段。2005年6月8日，敦化车务段划归延吉车务段，长图线小城、上营、马鞍岭、亮兵台等26个车站划归延吉车务段。2006年，段管辖的小城、上营、马鞍岭、新站、老爷岭、大姑家、小姑家、拉法等8个车站划归吉林车务段。2008年12月10日，白和线正式开通投入使用，管内东边道十里坪、荒沟西、枕头峰、松江镇等4个新建车站划归延吉车务段，隶属延吉车务段管辖的车站由49个增加至53个，营业线里程增加至643.865公里。2009年1月19日，段址迁至吉林省延吉市站前街1333号。2010年5月，段管辖的蛟河、苇塘、柳树河、白石山、二道河、黄松甸等6个车站划归吉林车务段，营业线里程缩减至569.456公里。2012年12月15日，和坪线正式开通使用，新建仙景台、南坪镇等2个车站划归延吉车务段。2013年5月27日，段货运业务由新组建的延吉货运中心接管；6月1日，通化车务段的白河站划归延吉车务段。2014年9月1日，延吉货运中心管理的图们国际联运交接所划归段管辖的图们站；10月25日，将图们、苇子沟、延吉、朝阳川、安图、大石头、大桥、秋梨沟8个作业站划归延吉货运中心。

2015年，全段职工总数1552人，下设8个科室、16个车间，管界范围：长图珲客运专线珲春

至敦化段6个车站，长图线图们至黄泥河段19个车站，图佳线图们至鹿道段8个车站，朝开和龙白和线龙井至白河间11个车站，共44个车站。其中，二等站5个、三等站13个、四等站26个、营业线里程804.091公里。（供稿人：于晓刚）

梅河口车务段简介

段址在吉林省梅河口市民和街祥民路1445号。1996年，管辖沈吉线长山堡至团林间13个车站、团杉线光辉至杉松岗3个车站，1个乘降所，共16个车站、1个乘降所。其中，三等站4个、四等站12个。营业里程161公里。全段职工总数521人，下设7个科室，16个车间。2003年8月24日，将辽源车务段管辖的11车站（东丰、大兴镇、渭津、辽源东、辽源、白泉、平岗、天德、石岭、东山、哈福）划归梅河口车务段，管辖车站由原来16个变为27个。2006年3月18日，梅河口站以及吉林车务段管辖的烟筒山至靠山屯间各站（烟筒山、明城、七间房、永宁、磐石、石家、靠山屯站），烟白线（前程、驿马、新兰镇、桦甸、万里河、红石砬子站）划归梅河口车务段。同年6月22日，吉林车务段管辖的大梨树站划归梅河口车务段。2008年9月1日，段多种经营与主业脱钩，划归通化铁鹰实业集团有限公司。2010年管内拆扒水帘洞、莲河、靠山屯、七间房、东山、天德、长山村站共7个中间站。

2015年，全段职工总数1593人，下设8个科室，管辖沈吉线（次要干线18个站）、四梅线（支线9个站）、烟白线（支线6个站）、团杉线（支线2个站）、宇辉线（支线3个站）、开源线（支线1个站）、梅通线（支线1个线路所）双白线（支线伊通、建安站）八条线，共计41个车站、1个线路所。其中，二等站3个、三等站13个、四等站21个、五等站4个、线路所1个。营运里程637.536公里。（供稿人：张　卓）

通化车务段简介

1996年，段址位于吉林省通化市东昌区建设大街150号。全段职工总数731人，下设8个科室，管辖范围为梅集线共20个车站。其中，三等站6个、四等站14个、旅客乘降所5个。1999年3月18日，东通化站划归通化车务段；3月22日，鸭绿江铁道公司管辖的浑江站、浑江西站、菇园站、道清站、老营站5个车站划归通化车务段；

4月7日，段管辖的铁厂、果松、石湖、老岭、黄柏、阳岔、集安7个车站划归鸭绿江铁道公司。2002年8月28日，鸭绿江铁道公司管辖的铁厂、果松、石湖、老岭、黄柏、阳岔、集安7个车站划归通化车务段；8月28日，段管辖的浑江、浑江西2个车站划归鸭绿江铁道公司。2003年8月23日，撤销长白山铁道公司和鸭绿江铁道公司，成立浑江车务段。2005年6月8日，通化车务段划归浑江车务段，同年7月23日，浑江车务段更名为通化车务段。2006年3月17日，通化站划归通化车务段。2007年，段办公地点迁至吉林省通化市东昌区前山路356号。2012年9月16日，通化至灌水新线正式开通，通化县站、大泉源站2个车站划归通化车务段。2014年，段办公地点迁至吉林省通化市东昌区和平路1230号。

2015年，全段职工总数1727人，下设9个科室、9个车间，管辖范围为5条线路(梅集线、鸭大线、浑白线、通灌线、宇松线)，管内车站有41个。其中：二等站3个（通化站、白山市站、东通化站），三等站6个（柳河站、集安站、通化县站、松江河站、临江站、抚松站），四等站32个（谢家、郑家堡、驼腰岭、五道沟、三源浦、通沟、干沟、二密河、大泉源、水洞、鸭园、菇园、道清、老营、石人、遥林、咋子、八宝、江源、大东、湾沟、松树镇、永红、仙人桥、泉阳、砬子河、露水河、铁厂、果松、黄柏、阳岔、三道湖），交接所1个（集安联运交接所）。主要承担五市八县（通化市、梅河口市、白山市、临江市、集安市，通化县、柳河县、桓仁县、江源县、抚松县、长白县、靖宇县、安图县）710公里营业线的客货运输任务。12月20日，宇松新线正式开通，抚松站、三道湖站8个车站划归通化车务段。（供稿人：江志钢）

二、货运系统

长春货运中心简介

长春货运中心于2013年6月15日正式成立，中心位于吉林省长春市宽城区人民大街81号。管辖京哈线四平至蔡家沟段，长白线长春至七家子段，陶舒铁路陶赖昭至榆树段，长双烟铁路长春至五家子段。总计204家企业专用线，营业里程590公里。全中心（含陶舒、长双烟合资铁路）

有货物线68条、专用线189条、专用铁道8条、货场36个、货物仓库11座、货场雨棚4个、货运营业厅11座、货物站台12座。中心职工总数1400人，下设7个部门，8个货运营业部，35个货运营业室。2014年，中心下设9个部门，将计划财务部分为财务部和收入部，增设保卫部。

2015年，中心职工总数1261人，辖区增加松陶铁路扶余至弓棚子段，总计8个货运营业部，37个货运营业室、210家企业专用线，总计营业里程677公里。全中心有货物线69条、专用线202条、专用铁道8条、货场38个、货物仓库38座、货场雨棚11个、货运营业厅38座、货物站台32座。（供稿人：徐浩然）

白城货运中心简介

白城货运中心于2013年6月15日正式成立，位于吉林省白城市新兴路65号。经济吸引区辐射吉林、黑龙江、内蒙三省（区）32个市、县。中心实行三级管理，即：中心、营业部、营业室。下辖白城、镇赉、太平川、大安、松原、新肇、乌兰浩特7个营业部、25个营业室。管辖平齐、通让、长白、白阿4条营业线，营业里程989公里，其中平齐线管辖240公里，设3个营业部、11个营业室：白城营业部，下辖白城、平安镇、平台、五家户4个营业室；镇赉营业部，下辖镇赉、坦途、街基3个营业室；太平川营业部，下辖洮南、黑水、开通、太平川4个营业室。白阿线管辖354公里，设乌兰浩特营业部，下辖伊尔施、五叉沟、大石寨、乌兰浩特北、乌兰浩特、葛根庙6个营业室。长白线管辖184公里，设2个营业部：大安营业部，下辖安广、大安、工农湖、乾安4个营业室；松原营业部，下辖松原、长山屯2个营业室。通让线管辖211公里，设新肇营业部，下辖新肇、太阳升2个营业室。中心职工总数898人，下设7个部门。2014年，中心下设9个部门，将财务收入部分为财务部和收入部，增设保卫科（武装部），7个营业部、25个营业室、18个东北货运办理站。

2015年，中心职工总数870人，下设10个部门（增设运营部），7个营业部、23个营业室、33个东北货运办理站。（供稿人：李晓华）

沈阳货运中心简介

沈阳货运中心于2013年6月15日正式成立，位于沈阳市和平区和平南大街52号。辖区横跨路网沈阳枢纽、京哈主干道，沈吉、沈大、沈山干线，以及沈抚城际、沈西工业走廊、辽开、铁法等支线。吸引区辐射沈阳、抚顺、铁岭3个市、8个县（市），东至清原、南至苏家屯、西至沙岭、北至毛家店，约37000平方公里。辖区内有专用线193条，货场29个、仓库21个、雨棚4个、轨道衡设备9台、抑尘站3座（大青、新台子、大官屯）、集装箱办理站1个（沈阳东）、危险货物办理站18个。中心职工总数1428人，下设7个部门，设沈阳东、苏家屯、工业园区、沈北新区、沈抚、抚顺西、抚顺东、铁法、开原等9个营业部、30个营业室。2014年，中心下设9个部门，将财务收入部分为财务部和收入部，增设保卫科。辖区内有新增集装箱办理站3个（沙岭、虎石台、开原）、东北快运业务作业站22个、办理点35个。

2015年，中心职工总数1396人，辖区内有集装箱办理站7个、危险货物办理站17个、东北快运业务作业站23个、办理点57个。（供稿人：王佳全）

鞍山货运中心简介

鞍山货运中心于2013年6月8日正式成立，位于鞍山市千山区千山西路501-7号。中心管内有22个车站、8个营业部（灯塔营业部、辽阳营业部、东辽阳营业部、灵山营业部、鞍山营业部、海城营业部、大石桥营业部、营口营业部）、17个营业室（林盛堡营业室、灯塔营业室、张台子营业室、辽阳营业室、小屯营业室、安平营业室、东辽阳营业室、灵山营业室、旧堡营业室、汤岗子营业室、海城营业室、唐王山营业室、大石桥营业室、分水营业室、盖州营业室、营口营业室、老边营业室）、16个货场（林盛堡、灯塔、张台子、辽阳、安平、东辽阳、旧堡、汤岗子、海城、唐王山、他山、大石桥、分水、盖州、营口、老边）、1条专用线（鞍山货运中心灵山煤场专用线）、3个抑尘站（灯塔、张台子、灵山）。中心职工总数992人，下设7个部门。2014年，中心下设9个部门，将财收部分为财务部和收入部，增设保卫科（武装部）。

2015年，中心职工总数887人，管辖沈大线（林盛堡站至盖州站）、辽溪线（辽阳站至安平站）、宝东线（小屯站至东辽阳站）、营口线（老边站至营口站）、边海线（咸水河站）。经营沈大线林盛堡、灯塔、张台子、辽阳、首山、灵山、旧堡、汤岗子、南台、海城、唐王山、分水、大石桥、盖州站；辽溪线安平站；宝东线小屯、东辽阳站；营口线老边、营口站；边海线咸水河站等20个车站的19个站内货场、101条专用线（专用铁道）的货运业务，设17个货运营业室，总营业里程257公里。辐射鞍山、辽阳、营口三个地区。区域内发送企业368家,到达企业228家，稳定零担客户25家，涵盖鞍钢、沈煤、辽化等多个国有大中型企业。（供稿人：衣恩君）

大连货运中心简介

大连货运中心于2013年6月13日正式成立，位于大连市金州区站前街道26-52-1号。管辖沈大线（大连东至芦家屯189公里）、甘井子线（南关岭至甘井子12公里）、旅顺线（周水子至旅顺52公里）、金窑线（金州至金港21公里、金城线（金州至城子坦102公里）、城庄线（城子坦至庄河48公里）、田五线（田家至五岛59公里），总营业里程483公里，所辖27个货运营业站。主要负责经济吸引区包括大连地区和营口地区货运市场调研、开发、营销及物流服务等相关业务的管理；货场、专用线、自备车管理；规章管理和装车质量、危险货物、超限货物装载加固方案及装卸车安全管理；保险保价管理及事故理赔；根据市场变化对运输条件和运输价格进行管理；接取送达作业中的装卸业务的联系和协调等相关职责。中心职工总数1269人，下设7个部门，下辖旅顺支线、大连、金州、金窑支线、瓦房店、复州支线、金城支线7个营业部、24个营业室。2014年，中心下设9个部门，将财务收入部分为财务部和收入部，增设保卫科（武装部）。2015年，中心职工总数1012人，下辖23个营业室。（供稿人：方程程）

本溪货运中心简介

本溪货运中心成立于2013年6月8日，位于辽宁省本溪市平山区广裕路6号。经营沈丹线吴家屯、陈相屯、姚千户屯、歪头山、石桥子、火连寨、本溪湖、本溪、桥头、金坑、南芬、下马塘、祁家堡、草河口、通远堡、刘家河、鸡冠山、凤凰城、金山湾、蛤蟆塘、沙河镇、丹东；溪辽线金家堡、北台、寒岭、新寒岭；溪田线小堡、牛心台、偏岭、小市、田师府；凤上线灌水、宽甸；通灌线五女山等34个车站的29个站内货场、67条铁路专用线（专用铁道）的货运业务，设置24个货运营业室，总营业里程773公里。辐射本溪、丹东、辽阳、沈阳四个经济吸引区,区域内发送企业171家,到达企业108家,涵盖本钢、北钢、丹东港等多个大中型企业。中心现有各类机械设备92台。中心职工总数1265人，下设7个部门、8个营业部。2014年，中心下设9个部门，将财务收入部分为财务部和收入部，增设保卫科（武装部）。

2015年，中心职工总数912人，管辖沈丹线、凤上线、辽溪线（新寒岭站至本溪站）、溪田线、通灌线（古城子站至灌水站）,丹大线（丹东站至孤山站）共37个车站的30个站内货场、67条专用线（专用铁道）的货运业务，设置27个货运营业室，总营业里程863公里。（供稿人：荀书晶）

锦州货运中心简介

锦州货运中心于2013年6月9日正式成立，办公地址设在锦州市凌河区云飞街3段11号，9月搬迁至锦州市凌河区和平路五段4号。中心管内共有货场15个、物流基地3个，货物线51条、专用线及专用铁路103条，在沈山线、沟海线、南票线、葫芦岛线等30个车站开办了货运业务。经济吸引区覆盖河北省秦皇岛市、辽宁省葫芦岛、锦州、盘锦等4个地级市辖区全部或大部。中心职工总数1203人，下设7个部门，设山海关、葫芦岛、马仗房、高桥镇、锦州、沟帮子、盘锦等7个营业部，30个营业室。2014年，中心下设9个部门，将财务收入部拆分为财务部、收入部，增设保卫科。9月2日，东北货物快运列车正式开行，中心负责担当X451/2次列车乘务，采用6个乘务组、每组5名乘务人员的模式，组建30名乘务队伍；设置东北货运快车作业站7个，快货办理站22个。10月14日，中心办公地点搬迁至锦州市凌河区铁新南里1号。

2015年，中心职工总数1099人，管内共有货场14个、物流基地4个，货物线47条、专用线及专用铁路109条，其中军专线7条，东北货运快车作

业站7个，快货办理站41个。（供稿人：任玉堂）

阜新货运中心简介

阜新货运中心于2013年6月15日成立，办公地点在辽宁省阜新市海州区振兴路130-2号。中心管辖锦承线（七里河至杨树岭）、大郑线（新立屯至黑山）、新义线（新立屯至义县站）、北票线（北票南至北票）、朝阳西线（朝阳至朝阳西）、魏塔线（魏杖子至柳树屯）、高新线（罗家至新立屯），共计36个货运站，其中二等站2个、三等站10个、四等站24个，总营业里程836公里。中心职工总数1108人，下设8个部门，7个货运营业部，36个营业室。2014年，办公地址搬至辽宁省阜新市海州区振兴路80-7号，中心下设9个部门，增设保卫科。2015年，中心职工总数956人，下设33个营业室。（供稿人：张连英）

通辽货运中心简介

通辽货运中心于2013年6月15日正式成立，位于通辽市科尔沁区昆都伦大街2030号。中心管辖平齐线、大郑线、甘库线、通让线、京通线、叶赤线、通霍线及西部铁路的珠珠线、霍白线，总营业里程2339公里，担负着管辖区域内各种货物的到、发业务。中心拥有货运站58个，货场50个，货物线93条，仓库34座，雨棚3座，站台49座。职工总数1361人，下设7个部室，设郑家屯、通辽、通辽站、奈曼、彰武、赤峰、叶赤、霍林河8个营业部。2014年，中心下设9个部室，将财务收入部分为财务部和收入部，增设武装部。设双辽、通辽站、昆都庙、奈曼、彰武、赤峰、叶赤、天义、霍林河、北平齐10个营业部。

2015年，中心职工总数1663人，增设珠斯花装卸营业部，拥有货运站71个，货场53个，货物线105条，仓库26座，雨棚3座，站台50座。（供稿人：王洪涛）

吉林货运中心简介

吉林货运中心于2013年6月15日正式成立，地处吉林市中康路5号，邮编132001。中心人员由吉林车务段、沈阳装卸吉林分公司和吉林铁淞集团三部分人员构成，设立龙潭山、吉林北、吉林西、哈达湾、舒兰、九台、蛟河7个营业部，下辖23个营业室，35个货运办理站，7个货运无轨站，铁路营业里程为727公里。管内铁路线路

包括长图线、沈吉线、吉舒线、拉滨线、龙丰线等8条线路，吸引区辐射吉林、黑龙江两省8个市县，主要客户289家。主要货物运输品类是煤炭、石油、钢铁、矿建、粮食、集装箱。中心职工总数1002人，下设7个部门。2014年，中心下设9个部门，将财务收入部分为财务部和收入部，增设保卫科。

2015年，中心职工总数952人，下辖24个营业室，27个快运货物办理站（含8个货运无轨站）。（供稿人：徐　健）

延吉货运中心简介

延吉货运中心于2013年6月15日正式成立，中心设在吉林省延吉市铁新路28号，延吉火车站货场院内。管内营业总里程606公里，下设图们、延吉、敦化、汪清等4个营业部和图们国际联运交接所，26个营业室，1个设备维修中心。主要承担延边州8个市县（延吉市、图们市、珲春市、龙井市、和龙市、敦化市、汪清县、安图县）以及长白山管理委员会、黑龙江省宁安部分地区的货物运输任务。主要货物运输品类是钢材、煤炭、水泥、粮食、非矿、矿建、金属矿粉、化工。中心管内有企业专用线65条，其中自有专用线4条。抑尘站2个，轨道计重衡7台，17个货场和物流基地，1个国境换装货场，1个粮食装车点，货场总面积58.7万平方米，仓储库房27座。中心职工总数651人，下设7个部室。2014年，中心下设9个部室，将财务收入部分为财务部和收入部，增设保卫科。

2015年，中心职工总数643人，管内共有24个营业室，设零散快运办理站15个、作业站4个，建有1个设备维修基地。有企业专用线43条，其中自有专用线7条，抑尘站2个，轨道计重衡6台，19个货场，4个物流基地，1个国境换装货场，货场建筑总面积为58.7万平方米，仓储库房29座，建筑面积为12312平方米。（供稿人：杨　丛）

通化货运中心简介

通化货运中心于2013年6月15日正式成立，位于吉林省通化市东昌区建设大街926号。管辖浑白、鸭大、梅集、新通化、沈吉、烟白、团杉、宇辉、四梅线共8个营业部，28个营业室和集安交接所，营业里程1041.934公里。主要承担

9市10县（通化市、梅河口市、白山市、临江市、集安市、辽源市、磐石市、桦甸市、四平市、通化县、柳河县、抚松县、长白县、靖宇县、东丰县、东辽县、辉南县、清原县、西丰县、）的货物运输任务，主要货物运输品类是钢材、煤炭、水泥、粮食、非矿、矿建、食品、化工。中心职工总数1315人，下设7个部室。2014年，中心下设9个部室，将财务收入部分为财务部和收入部，增设保卫科（武装部）。

2015年，中心职工总数1248人，辖区分布浑白、鸭大、梅集、新通化、沈吉、烟白、团杉、宇辉、四梅、宇松、长辽等线，营业里程1176.53公里，主要承担八市十二县的铁路货物运输任务。下设11个营业部、27个营业室、51个货运室、19个作业站、28个无轨办理站。（供稿人：顾人亮）

三、客运系统

长春客运段简介

段址在长春市宽城区汉口大街1号。1996年，段设有12各行政科室，下设7个客运车队、1个旅行服务所、1个整备车间、1个运转车间及洗衣厂。全段职工总数2030人。集体职工680人。担当13.5对旅客列车的乘务工作，12对货物摘挂列车的运输任务。2006年，段址在长春市长白路21号，邮编130051。共担当56.5对列车乘务工作。2007年，共担当60对列车的乘务工作。2013年，段址位于吉林省长春市宽城区丹东路97号。主要担当长春至吉林、图们、白城、北京、广州、西安、上海、牡丹江、齐齐哈尔、大连、榆树；白城至阿尔山、呼和浩特、乌兰浩特、大连、天津等53对旅客列车的乘务工作。其中动车组列车22对，其他列车31对。全段共有干部职工4705人。2014年开行长春—乌鲁木齐T302/3次、长春—南宁K2388/5次列车。

2015年，主要担当长春至齐齐哈尔、阿尔山、哈尔滨、白城、呼和浩特、大连（北）、昆明、乌鲁木齐、南宁、北京、西安、广州、上海虹桥、青岛北、重庆北、厦门旅客列车的乘务工作。其中动车组列车24对，其他列车31.5对。新开行4对列车，长春–北京南，丹东-吉林(长春)-哈尔滨西，白城–青岛北，长春-厦门。设11个科室，设动车队，客运1队—12队13个车队。共

有职工5162人。（供稿人：冷　凯）

沈阳客运段简介

段址位于沈阳市沈河区敬宾街4-3号，邮编110013。1996年，担当北京、上海、杭州、大连、营口、锦州、鞍山、铁岭、辽阳等方向9对旅客列车乘务工作。共有职工2228人。设有11个科室，6个车队和旅服、整备2个车间，生产班组72个。2002年9月26日，由沈阳客运段、沈阳列车段、丹东列车段、本溪列车段、沈阳车辆段等5个单位整合，成立沈阳铁路客运分公司，沈阳客运段改称为沈阳北乘务中心。2003年9月15日，成立沈阳客运段，在丹东地区设立乘务中心、在本溪地区设立乘务管理所。增加分局管内至广州、青岛、金华西、承德、佳木斯、哈尔滨、长春、图门、山海关等方向旅客列车，共担当76对列车的乘务工作。有职工6434人。设9个科室。客运车队17个。另设4个旅服车间、4个整备车间、3个材料车间。生产班组233个。2006年3月18日，锦州客运段、通辽客运段划归沈阳客运段。担当75对旅客列车乘务工作。共有职工10957人。设12个科室。客运车队15个。设材料、洗涤、旅服、整备车间18个，生产班组523个。2007年4月，组建动车队，将客运车队整合为13个。2009年6月，整备车间、洗涤车间划归旅行服务段。调整后设7个车间，客运车队整合为12个。2010年7月，旅服车间划归双瑞公司。8月材料车间划归旅行服务段。12月，段址搬迁至沈阳市沈河区北站路110甲1号。2011年11月，锦州、通辽、阜新车队划归锦州客运段。设动车队、客运一队至客运八队共9个车队。2012年7月，客运车队增加到10个。

2015年，担当沈阳、丹东、大连至广州东、上海、深圳、温州、成都、宁波、上海虹桥、武汉、西宁、西安、太原、北京（南）、承德、漠河、抚远、齐齐哈尔、哈尔滨西、赤峰、大连（北）、吉林、营口、盘锦、阿尔山、满洲里、绥芬河、新义州、平壤等方向89对旅客列车乘务工作。其中高铁动车组26.5对、动车组30.5对，跨局直达列车3对、跨局特快列车2对、跨局快速列车7对、跨局普通快车6对，局管内快速列车2.5对、局管内普通快车5对、局管内普通慢车6对，国际直达列车0.5对。共有职工5580人。设

11个科室。客运车队10个,生产班组295个。（供稿人：刘明东）

大连客运段简介

段址在大连市西岗区胜利街52号。邮编：116001。1996年，有职工2860人，下设8个科室、7个客运车队、4个车间。10月14日，原瓦房店列车段与大连列车段合并，运转车间划归车站管理，更名为大连客运段，客运车队增加至9个。担当大连至北京、沈阳、牡丹江、大庆、三棵树、长春、朝阳、铁岭、旅顺、庄河以及瓦房店—五岛等方向15对列车乘务工作。2002年9月25日，大连客运段与大连车辆段合并成立大连客运分公司，同时取消瓦房店分段。2003年8月，大连客运分公司撤销，重新成立大连客运段。2006年6月，段9个车队合并为4个。2010年7月，旅服和洗涤、后勤三个车间分别划归沈阳餐饮服务段、沈阳旅行服务段管理。2012年11月，成立动车队。

2015年末，全段共有职工2145人，下设10个科室、6个客运车队。担当大连至北京、上海、上海虹桥、广州、沈阳、沈阳北、郑州、哈尔滨西、牡丹江、大庆西、包头、丹东、珲春、山海关等方向42对普通列车和动车组列车乘务工作。（供稿人：李宏有）

吉林客运段简介

吉林客运段1996年为吉林列车段，有职工1807人。2003年成立客运段，段址在吉林市新兴街1号，有职工3448人。担当吉林—北京等20余对列车的乘务工作。2006年3月撤销吉林客运段，并入长春客运段。

2011年11月28日,吉林客运段重新成立，段址位于吉林省吉林市昌邑区中兴街26号。段行政机构设8个科室、6个客运车队，客运班组138个，4个劳服公司。有职工4864人。担当吉林至北京、宁波、上海、青岛、哈尔滨、大连、营口等38.5对旅客列车的乘务工作，共计57组车体。其中，特快列车1.5对，快速列车19对、普快列车10对、普通旅客列车8对。直通列车9对，管内列车29.5对。

2015年12月31日，段设9个科室、9个客运车队（其中吉林6个、通化1个、图们1个、梅河口1个），客运班组171个，4个劳服公司。有职工4643人。担当北京、宁波、上海、哈尔滨、青岛、大连、丹东等方向62对旅客列车的乘务工作，共计71组车体。其中动车组列车26.5对，空调普速列车25.5对、非空调普速列车10对。直达列车1对，快速列车21对，普快列车10.5对，普通旅客列车3对，动车组列车26.5对。直通列车14对，管内列车48对。（供稿人：石　磊）

锦州客运段简介

段址位于锦州市凌河区延安路五段四号。1996年为锦州列车段，2002年10月并入锦州客运分公司；2003年7月成立锦州客运段，2006年3月并入沈阳客运段，2011年12月重新成立锦州客运段。2011年12月1日成立时全段职工3624人。负责担当北京、上海、哈尔滨、承德、呼和浩特、松原、长春、丹东、大连、沈阳、赤峰、通辽、阜新、叶柏寿、太阳升、霍林郭勒、抚顺、鞍山等方向42.5对旅客列车的乘务工作。到2015年12月31日担当北京、上海、福州、广州、沈阳、大连、呼和浩特、临汾、承德、通辽、赤峰、霍林郭勒、丹东、白音华东等方向40.5对旅客列车的乘务工作。其中动车组列车2对，跨局直快旅客列车1对、快速列车5对、普通旅客快车7对，普通旅客慢车1对；担当局管内快速旅客列车12对、普通旅客快车8.5对、普通旅客慢车1对，路用通勤列车3对。运用车底59组，车辆838辆，走行总数60383千米。（供稿人：袁　莹）

四、机务系统

沈阳机务段简介

1996年，段址在沈阳市铁西区建设东路14号。段行政机构设14个科室；下设7个车间。有职工2701人。担当沈阳至长春、大连、阜新、北票南、梅河口太平川、四平、盘锦、营口、铁岭、大青、辽阳、鞍山、西柳、清原、马三家、灯塔等旅客列车牵引任务及沈阳、沈阳西、沈阳北、文官屯、于洪站的调车任务。全段配属内燃机车120台。1998年，增加沈阳至哈尔滨东的旅客列车牵引任务。全段配属内燃机车136台，另配公务车1台。

2001年9月9日，配属的第一台电力机车，9月25日，段担当的沈阳至四平间电气化铁路正式开通使用。2002年，全段配属内燃机车79台，电力机车45台，共计124台。4月10日，沈阳机务段接管沈阳至长春、沈阳至哈尔滨间全部客运机车交路，增加客车8对。8月1日，沈阳机务段担当的沈阳至大连间客车交路，开始使用电力机车牵引。2003年9月20日，在沈大线担负乘务的3对旅客列车交路上，实行了单司机执乘。12月25日，哈尔滨至大连间部分旅客列车机车交路实行长交路、全循环轮乘制。2006年，配属机车252台，其中，电力机车100台，内燃机车152台。担当124对旅客列车和3对行包快运牵引任务。2010年，机车交路实现长交路大循环，与哈尔滨、北京、南昌、济南、上海、郑州、武汉局7局实现跨局轮乘。机车运行主要干线有京沪、京哈、京九、京广、胶济，其它线路有沈山（沟海）、沈大、沈丹、平齐、高新、溪辽。其中，担当单班单司机乘务交路85对，担当双班单司机乘务交路115对。图定使用客运机车234台。配属机车302台。其中，电力机车160台，内燃机车142台。

2015年，段行政设13个科室，下设8个车间，97个班组。有职工3983人。配属机车411台，其中电力机车320台，内燃机车91台组。有电力机车辅（小）修台位5个、内燃机车辅（小）修台位2个，年承修能力1512台。乘务交路以沈阳为中心，辐射北京、天津（西）、哈尔滨（西）、长春（西）、山海关、锦州、大连、白城、四平、丹东、抚顺北，担当372对旅客列车牵引任务。机车交路长交路大循环，在外地主要有30处折返地点，与哈尔滨、北京、济南、上海、郑州5局实现跨局轮乘。机车运行的主要干线有京哈、京沪、京九、京广、津山、胶济，其它线路有津霸、霸徐、新兖、沈山、沟海、沈大、沈丹、平齐、大郑、高新、新义、锦承、叶赤、四梅、梅集、苏抚、长图线。（供稿人：卢沛东）

苏家屯机务段简介

段址在沈阳市苏家屯区山茶街29号。1996年，有职工2722人。主要担当苏家屯至四平、大石桥、大青间的92对直货、解结的牵引及开原和苏家屯站的调车任务。全段配属内燃机车103台，蒸汽机车6台。主要机车检修设备和整备设备335台。段设12个科室、5个车间、1个分段（包括救援列车）。2002年，配属内燃机车70

台，电力机车102台，11月5日，第一台电力机车开始辅修。2004年6月25日，机车交路延伸至哈尔滨，实现了跨局轮乘。9月19日，成立电机电器大修厂。10月31日，长大线货运电力机车实行双班单司机值乘。11月15日，开始实施南至大连北，北至长春北的机车长交路运行模式。2005年，配属电力机车96台，内燃机车108台，配备救援列车3组。12月，新建中修库落成（14472平方米），并投入使用。2006年，共有13个科室；6个运用车间、7个整备车间、6个监控车间、6个设备车间、4个检修车间。全段配属机车499台。其中，电力机车125台，内燃机车374台。主要担当262对货运列车，49对客运列车，2对行包专列，共计313对列车牵引与沈阳、长春、大连、本溪4个枢纽站以及44个中间站的调车作业任务。机车检修、整备设备1631台。2006年3月18日，大连、沈阳西机务段划归苏家屯机务段；12月12日，沈阳机务段丹东折返所调车机划归苏家屯机务段。

2008年4月5日，苏家屯监控车间划归沈阳电务段。10月16日，沈阳西运用车间划归锦州机务段。同时撤销丹东和金州运用车间。2010年，增设苏家屯中修车间。10月19日，长春整备车间（含运用外勤）、长春北折返所（含长春北公寓派班）、长春救援列车、陶赖昭救援列车（含出勤点）划归吉林机务段管辖。2015年，担当京哈、沈大、沈丹、沈吉、苏抚、溪田、凤上、辽溪、丹前、丹大等线的215.5对货运列车、9.5对客运列车、3对行包专列，共计228对列车牵引任务，担当苏家屯、沈阳西、本溪3个枢纽站的调车作业任务。（供稿人：石玉久）

锦州机务段简介

锦州机务段是原锦州机务段、大虎山机务段、沈西机务段、山海关机务段（运用车间归沈阳机务段）、阜新机务段、叶柏寿机务段合并而成。段址在锦州市凌河区重庆路六段5号。1996年，段设12个科室、5个车间，3个折返段，有职工2933人。配属机车共计165台，其中蒸汽机车32台、内燃机车133台。拥有固定资产设备338台。全段共担当机车交路268对，其中客运交路10对，货运交路258对。担当锦州至山海关、锦州至沈西、锦州至葫芦岛、锦州至金杖子、锦州至义县、锦州至南票的货物列车和部分旅客列车牵引任务。1998年7月15日，大虎山机务段划归锦州机务段。2005年6月8日，阜新机务段划归锦州机务段。2006年3月，山海关机务折返段划归锦州机务段。段成立折返车间、运用科。2007年撤消阜新整备车间，成立沈西整备车间。2008年4月，锦州机务段监控车间划归锦州电务段管辖。2009年配属电力机车20台。2011年9月9日接收辽宁铁信集团山海关机车大修厂、锦州铁兴集团机车修理分公司。

2015年，段设12个行政科室，13个车间，有职工4527人。共配属机车258台，其中：电力机车110台，内燃机车148台。主要担当沈山、沟海、沈大、锦承、魏塔、叶赤、高新、新义、大郑、南票、葫芦、金渤、秦东（龙家营-秦皇岛东）线、前绥线等14条干支线179个车站客货运任务。区段延长公里为1948.9公里。全段共担当机车交路253对，其中客运交路23对，货运交路230对。与北京局实现跨局轮乘。共有机车检修6个小辅修台位，小辅修能力1200台。有机械动力设备486台。（供稿人：孙　伟）

通辽机务段简介

段址在通辽市科尔沁区昆都仑大街东段。1996年，有职工1533人。2003年8月31日，彰武机务段撤并，成为通辽机务段折返段。2005年7月，赤峰机务段并入通辽机务段。2006年3月18日，白城机务段并入通辽机务段。通辽机务段由原来的通辽、郑家屯、赤峰、彰武、白城、大安北六个机务段组成。主要担当通让、大郑、平齐、通霍、长白、白阿、京通、通山、通沈、集通等10个区段3585公里的货物列车和3174公里的客车牵引任务。2010年，管辖赤峰、白城、大安北、四平、阜新、叶柏寿9个机务异地车间。担当京通、通让、平齐、通霍、大郑、长白、白阿、新义、锦承、魏塔、叶赤等交路货物列车和旅客列车牵引任务。2011年5月18日，阜新运用车间、叶柏寿运用车间、叶柏寿救援列车划归锦州机务段；12月1日白城运用车间、大安北运用车间、白城整备车间、通辽运用四车队、白城救援列车划归新成立的白城机务段；12月14日增设赤峰检修车间、珠斯花整备车间。主要担当京通、平齐、通霍、珠珠、霍白、大郑、甘库、高

新、沈山、京哈等交路货物列车和旅客列车牵引任务。

2015年行政机构设12个科室；共12个生产车间。共有职工4363人。配属机车261台。机械设备390台。主要担当京通、平齐、通霍、珠珠、霍白、大郑、三火、沈山、京哈等交路货物列车和旅客列车牵引任务，货运里程2267公里，客运里程2567公里。（供稿人：陈鹏宇）

吉林机务段简介

1996年，段址在吉林市昌邑区延安路40号。段行政设16个科室、8个车间、5个折返段，职工总数2928人。配属机车168台。担当吉长、吉梅、吉五、烟白、吉敦间客货列车牵引任务和吉林枢纽地区、沿线15个编组站、区段站的调车任务。客车140对，货车40对。2002年2月10日9时，最后一台蒸汽机车QJ型8099号落火，结束了近百年的蒸汽机车历史。2003年8月，撤消新站机务段，并入吉林机务段。段有职工4315人。新增蛟河折返段，组建地勤车间。6月4日，吉林、舒兰、敦化、蛟河、新站、桦甸、吉舒、烟筒山、磐石公寓划归吉林机务段，成立公寓车间。2005年6月，图们机务段划归吉林机务段，设立图们综合车间。2006年3月18日梅河口机务段并入吉林机务段。新增梅河口运用、检修、整备和通化运用、整备5个车间。2009年10月19日，隶属苏家屯机务段的长春机务划归吉林机务段。10月28日，段址迁至棋盘。有职工9027人。2011年9月16日，哈尔滨公寓整体移交吉林机务段。

2015年，段址在吉林市龙潭区棋盘大街100号。行政机构设12个科室、11个车间，有职工3984人。配属内燃机车240台。担当长图、图佳、朝开、和龙、沈吉、吉舒、长白、京哈、烟白、拉滨、陶舒、松团、长双烟、白和、长珲城际线、和坪、京哈高速线共17条线路的客货列车牵引任务。旅客列车31对，路用列车2.5对，动车组列车61对。货运列车124对，行包东北快货列车6.5对。（供稿人：张志军）

梅河口机务段简介

1996年，段址在梅河口市和平街昆明路44-1号。段设21个科室，分段1个，车间5个。有职工2332人。担当梅河口至通化、四平站间客、货

列车，至苏家屯、沈阳西站间为货运，至清原站间为客运的牵引任务。总里程597公里。2006年3月，撤销梅河口机务段，并入吉林机务段。2011年，该段重新成立。段址在梅河口市和平街惠民路1178号。段设11个科室，8个车间，职工总数2654人。配属机车135台。担当沈吉、四梅、梅集、鸭大、浑白、白和、和龙、长图、朝开、团杉、宇辉、京哈、辽开、通让、平齐、大郑线列车牵引任务。图定客运交路24对，货车交路116对。担当区段共1813公里。2012年配属机车99台。担当沈吉线、苏抚线、团杉线、宇辉线、四梅线、梅集线、鸭大线、浑白线、白和线、和龙线、通灌线、凤上线客货列车牵引任务。图定客运交路21对，货车交路125对。担当区段共2185公里。

2015年，段下设11个科室，8个车间，有职工2507人。配属机车113台。担当沈吉线、苏抚线、团杉线、宇辉线、四梅线、梅集线、鸭大线、浑白线、白和线、和龙线、通灌线、凤上线列车牵引任务。图定客运交路23对，货车交路121对。担当区段共2185公里。（供稿人：刘艳晖）

白城机务段简介

段址在白城市洮北区辽北路28号。1996年，担当长白线客货、白城至大安北之间的旅客运输任务。2000年，段设12个股室、5个车间，职工2069人。配属机车64台，其中，内燃机车61台，蒸汽机车3台。各类设备242台。担负白城至通辽、三间房、阿尔山、松源件客货运输任务。运行里程985公里。2003年8月25日，郑家屯机务段并入白城机务段；2005年6月8日，大安北机务段并入白城机务段；2006年3月18日，白城机务段并入通辽机务段。2011年11月28日，白城机务段重新组建。行政设12个科室、9个生产车间；生产班组91个。有职工2551人。配属机车131台，各类机械设备173台。担负白城至长春、通辽、阿尔山，长春至通辽、太阳升至通辽间16对客运、白阿线、长白线、通让线、平齐线、大郑线（通辽—郑家屯）货运及摘挂任务以及京哈线四平至开原间小运转和四平、白城、大安北、松原站的调车任务。总运营公里：货运1669.1公里，客运1257.7公里。

2015年，配属机车134台，各类机械设备215台。担负白城至长春、阿尔山，大庆西至通辽间15.5对客运列车牵引任务及白阿线、长白线、通让线、平齐线、松陶线、锡乌线（乌兰浩特—珠斯花）、大郑线（通辽—双辽）货运及摘挂任务，以及四梅线四平—平东间小运转和四平、白城、大安北、松原站的调车任务。总运营公里：货运2094.4公里，客运1243.5公里。（供稿人：苗晓杰）

大连机务段简介

1995年，大连机务段设行政科室13个，车间7个，有职工1422人。担当金城、旅顺线客货、大连至苏家屯站间货运列车牵引及大连枢纽区调车和小运转任务。配属机车104台。并承担ND5型内燃机车简易大修及以下6种修程和4种车型的定修任务。2006年3月，撤销大连机务段，并入苏家屯机务段。2011年11月28日，大连机务段重新组建。地址在大连市西岗区海洋街1号。设行政科室10个，设车间7个，有职工2086人。段配属机车132台。担当沈大、沈山、沟海、旅顺（西）、金城、金窑、沙鲅、瓦长线，和大连周边干支线客货运任务，图定客车交路21对，货车145.5对，小运转机车17台，调车机车23台。年小辅修能力260台。2013年1月1日段正式成立动车运用车间，4月1日起，正式接运大连至北京间第一对动车乘务交路。共有线上动车乘务员28名，动车地勤司机20名，练习及后备司机16人，担当哈大、京哈、盘营动车组任务12对。

2015年，设行政科室11个，车间9个，共有职工2259人。段配属机车132台，机械动力设备235台，特种设备22台，全段日均运用机车113台，其中：电力机车70台，内燃机车43台。段共有3个小辅修台位，年小辅修能力为334台。担当沈大、营口、旅顺（西）、金城、金窑、沙鲅、瓦长线，和大连周边甘井子、革镇堡等15条干支线客货运任务，以及沈大高速线、盘营高速线、丹大快速铁路部分高铁列车牵引任务，牵引区段达到2299延长公里。（拟稿人：隋希宁）

五、供电系统

长春供电段简介

段址位于吉林省长春市宽城区松江路395号。2006年3月18日，根据《关于实施运输生产力布局调整的决定》，对全局运输生产力布局进行调整，将全局水电、供电段整合为沈阳、长春、锦州、吉林4个供电段。长春供电段行政机构有9个科室，下设11个车间、88个班组。有职工1584人。担负沈哈、平齐、通让、长白、白阿、长吉、四梅、陶榆、开丰共9条线路133个车站的生产生活用电任务。管辖电力设备换算里程11724公里（电缆701公里），供电设备换算里程2539.4公里。

2015年，段设11个行政科室，下设19个车间、80个班组，有职工1349人。担负着哈大客专、长珲城际、京哈、平齐、通让、长白、白阿、长图、四梅、陶舒（委管）、长双烟（委管）、松陶、锡乌、长辽共14条线路129个车站2382运营公里线路的生产、生活供电维修管理任务。其中管辖高铁线路319.145运营公里。高速铁路设备有：接触网874.25条公里、隔离开关254台，牵引变电所亭6座，AT所10座，开闭所2座，分区所6座。电力架空线路26.6公里、电缆线路2614公里，变（配）电所14座，变配电装置2787面、变压器388台、箱变278座、通讯照明塔（桥柱）39座。普速铁路设备有：接触网1009.17条公里，牵引变电所5座，RTU箱32台、隔离开关239台，电力架空线路3539.6公里、电缆线路2456.3公里，变（配）电所29座、变配电装置4675面、变压器1665台、变压器台1377座、箱变179座、通讯照明塔（桥柱）3229座。（供稿人：朱　龙）

沈阳供电段简介

1998年6月10日—2000年7月19日，沈阳铁路分局成立供电段筹备组，职责为接续工程前期有关牵引供电专业的各项工作，负责组建供电段筹备工作。2001年5月16日，沈阳分局供电维修管理中心正式成立。位于沈阳市于洪区崇山东路2-8号。定员292人。下设6个科室、3个领工区。负责哈大电气化铁路沈阳铁路分局管内的接触网维修、管理工作。2002年，沈阳供电维修管理中心主要担负沈阳—四平（不含）、沈阳—大石桥（不含）386公里，秦沈12.6公里，全长398.6公里的电气化铁路的维修和管理任务，有接触网1385条公里。2005年6月8日，大连、长春供电维修管理中心归属沈阳供电维修管理中心，并更名

为沈阳供电段。行政设8个科室，下辖13个领工区，大连、长春两个抢修基地。职工934人。担负着哈大线大连至兰陵、秦沈线丁香至皇姑屯正线共计931.496公里（沟海线12.6公里）的电气化铁路牵引供电维修管理任务，管辖接触网设备共计3216.876条公里。2006年3月18日，大连水电段、沈阳水电段管辖的电力部分由沈阳供电段管理。7月15日，沟海线电气化铁路开通，新增接触网设备3.815条公里。2008年4月30日，沈山线电气化改造工程开通，新增接触网设备276.991条公里，分区所1座，开闭所1座。9月18日，京哈线880公里沈阳方向的牵引供电设备及电力设备及人员划归沈阳供电段。长春供电段昌图供电、电力运行工区，双庙子、开原电力运行工区划归沈阳供电段。

2009年，沈阳供电段段址迁至沈阳市铁西区建设东路9号。2013年2月1日，路局组建大连供电段，沈大高速线238公里、沈大线240公里、营大线、沙鲅线、田五线、白老线、金城线、金窑线、旅顺线供电设备划归大连供电段管理。

2015年，段设12个行政科室，下设27个车间、91个班组。有职工1713人。主要担负京哈线、沈大线、沈山线、沈吉线、于虎线、苏抚线、沟海线、京哈高速线、沈大高速线、沈丹高速线、丹大快速线共计4095.444条公里牵引供电维修管理任务，及京哈线、沈大线、沈吉线、沈丹线、沈山线、苏抚线、通灌线、沟海线、西葫线、辽开线、铁法线、于虎线、辽溪线、溪田线、凤上线、丹大线、京哈高速线、沈大高速线、沈丹客专、丹大快速等计10365公里电力线路的运输生产供电及检修任务。（供稿人：李冰）

锦州供电段简介

段址在辽宁省锦州市凌河区湖北路正大里3号。1996年，锦州地区铁路供电由锦州水电段负责，段设13个科室、15个车间105个班组。供电线路1363公里，电缆线路309公里，接触网117条公里。2003年8月通辽水电段与赤峰水电段合并，成立通辽水电段。2003年9月，锦州水电段与阜新水电段合并，成立锦州水电段。2006年3月，锦州水电段与通辽水电段合并，保留供电部分，成立锦州供电段。职工2892人。管辖沈

山、秦沈等16条线路电气化铁路运营里程19.926公里，开闭所1座。架空线路5213.754公里、电缆线路1797.092公里、变电所4座（35KV1座、66KV2座、110KV1座）、配电所56座。2011年11月成立通辽供电段，赤峰供电（电力）车间、四合永供电（电力）车间、奈曼供电（电力）车间、彰武供电（电力）车间划归通辽供电段。

2015年，段设11个科室、25个车间、全段共计1780人。管辖盘营高铁、京哈线秦沈段、沈山等13条线路以及代维护绥中电厂专用线、盘锦疏港铁路专用线、渤海华润电厂专用线3条地方电气化线路。全段电气化铁路运营里程981.533公里，其中高铁运营里程96.37公里，普速运营里程885.163公里。接触网设备2924.541条公里，其中高铁接触网258.4条公里，普速2666.141条公里。牵引变电所等设备39座。电力线路5624.3公里，变电所、配电所等设备2065座，变压器、配电装置共7323台、面。（供稿人：孙 卓）

吉林供电段简介

段址在吉林省吉林市昌邑区新兴街39号。1996年，供电段的前身为水电段，职工813人，下设18个科室、8个车间。担负着吉林铁路分局管内铁路运输供水、供电及沿线职工生活用水、用电任务。以及13条线路925公里运营里程内的92个供电站、20处变配电所（间）、25个给水站的设备养护维修任务。2003年8月22日，图们水电段划归吉林水电段，职工1273人。下设11个科室、11个车间。担负吉林、图们1354公里运营里程内的1620.445公里电力线路以及电力、给水设备养护维修任务。2006年3月18日，梅河口水电段与吉林水电段合并成立吉林供电段，职工1377人，下设10个科室、11个车间。担负原吉林、图们分局，梅河口地区各线共2233.5公里运营里程内2707.513公里电力线路、4座变电所、28座配电所供电设备的养护维修任务。2011年1月，管内增加长吉城际铁路运营里程内接触网线路196.482条公里，电源线16.941公里。以及牵引变电等设施。2012年9月，增加通灌线内架空线路27.528公里，高压电缆48.65公里。

2015年，全段有职工1070人，下设12个职能科室、15个车间、76个班组。担负着长图、沈吉

等27条线路的180个电站、4015.587公里供电线路养护维修任务，及长珲城际客运专线431.576公里运营里程内的3152.869公里电力线路、1121.962条公里接触网供电线路、9座牵引变电所、18座AT所、8座分区所、1座开闭所供电设备的养护维修任务。（供稿人：马长龄）

通辽供电段简介

段址在内蒙古通辽市昆都仑大街中段。2011年11月28日，根据《关于实施沈阳铁路局运输生产力布局调整的决定》组建通辽供电段。全段有职工745人。设9个行政科室和1个党群科室，下设17个车间，共37个班组。负担高新、大郑、京通、通让、甘库、通霍和西部铁路珠珠、霍白8条铁路线的运输生产供电任务。营业里程2084公里，运营车站140个，承担运输生产用电线路19169公里。

自2014年7月开始，担当通霍、通四、通大、高新四条电气化铁路施工介入工作。到2015年12月份，新建综合抢修基地1座、牵引变电所16座、接触网工区15个、开闭所4个、分区所18个，接触网实作演练基地6处，改造及新建电力线路17063公里。新增接触网作业车、轨道吊车、平板车共计43辆。（供稿人：高子健）

大连供电段简介

2013年2月1日，根据《沈阳铁路局关于组建大连供电段的通知》，将沈阳供电段拆分，组建大连供电段。段址在大连市金州新区中长街16号。段设8个行政科室和1个党务科室，下设10个供电车间，44个班组。有职工751人。主要担负沈大线、沙鲅线、金窑线、沟海线、沈大高速等共计1691.565条公里的电气化铁路牵引供电维修管理任务及15358换算公里电力线路的供电维修任务。有牵引变电所9座、开闭所3座，分区所4座，AT所8座，电力变配电所25座、车间变电所53座、电力箱式变电站238座。2014年，段址在大连市金州新区民和街五里台120号。

2015年，段设置11个行政科室和1个党务科室，下设18个车间，54个班组。有职工879人。主要担负沈大线、沙鲅线、金窑线、丹大线、瓦长线、闫金联络线、沈大高速线等共计2511.63条公里的电气化铁路牵引供电维修管理任务及18968换算公里电力线路的供电维修任务

以及营口线、沙鲅线、田五线、金城线、白老线、旅顺线、南甘线、金窑线等全线的运输生产用电任务。主要设备有牵引变电所15座、开闭所5座，分区所9座，AT所8座，电力变配电所38座、车间变电所77座、电力箱式变电站354座。（供稿人：柯 攀）

六、车辆系统

长春车辆段简介

1996年，段址位于吉林省长春市宽城区辽宁路12号。列车保证区段南至公主岭进站信号62公里；东至龙泉出站7公里；西至松原站进站信号机；北至新陈山出站118公里。负责4对旅客列车集中供电全列空调列车以及其它17列运用客车的基地检修、保养、乘务工作；客车段修、客货车辅修、轴检、临修及客货车通过检修任务。段设8个科室，下设8个车间。有职工1659人。段配属客车409辆。各种机械设备210台。2002年11月19日，长春车辆段货车部分划归四平车辆段，客车部分划归客运分公司。2003年6月28日，长春客车检修基地投入试生产使用。2003年8月14日，成立长春车辆段。2004年5月，长春车辆段客车检修基地正式投入使用。2005年6月8日，四平车辆段划入长春车辆段。2006年3月18日，车辆系统客货分开，长春车辆段整合原白城、梅河、通辽、吉林、图们车辆段的客车部分，长春车辆段货车部分划归吉林车辆段。

2015年，有职工2893人，段行政设10个科室。下设8个车间，98个班组。管辖范围以长春为中心东至图们529公里，北至白城333公里，南至通化401公里。长春车辆段是客车运用段，下设长春、图们、通化、白城4个客整所，长春1个客车列检所。主要承担配属客车的日常检修、辅修、临客整备、客车加装改造，车电机具的中修等检修任务。担当长春至北京、上海、广州（东)、重庆北、西安、乌鲁木齐、厦门、南宁、宁波、昆明、牡丹江，图们至北京、青岛北、哈尔滨，通化至北京、青岛北，白城（乌兰浩特）至北京、天津、青岛北、呼和浩特等直达特快、特快、快速旅客列车和沈局管内多地快速、普速旅客列车的车辆乘务工作。长春客列检担负着京哈线、哈大线、长白线、长图线在长春站始发、终到、通过旅客列车的检修任务。段配

属客车2177辆。开行图定列车56.5对110组1719辆。设备保有325台。全段现有客车整备线36股，总有效长17459米。客车停留线22股，总有效长7458米。（供稿人：陈庆阁）

沈阳车辆段简介

段址在沈阳市皇姑区（于洪区）金山路6号。1996年,有职工1604人。设12个股室，下设11个车间，102个班组。共配属客车748辆(空调客车218辆)，担当上海、青岛、北京、哈尔滨、佳木斯、大连、丹东、西丰等旅客列车执乘任务。2002年8月30日，沈阳车辆段撤销并入沈阳客运分公司。2003年8月15日，客运公司撤销，原本溪车辆段、丹东车辆段的客车部分划归沈阳车辆段。2005年3月17日，沈阳、大连车辆段、锦州车辆段客车部分和苏家屯车辆段的丹东站列检整合为沈阳车辆段。6月9日，动车运营检修所自苏家屯车辆段划入沈阳车辆段。2009年，10月1日，沈阳客车检修基地——全路第一个30台位客车检修基地建成。12月，长春车辆段通化运用车间乘务部分划归沈阳车辆段。2011年12月1日，沈阳动车运用所及在建的沈阳北、长春西、大连动车运用所划归沈阳动车段管理。12月13日，赤峰运用车间划归沈阳车辆段管理。2013年10月22日，将长春车辆段通辽运用车间（含客列检）划归沈阳车辆段管理。

2015年，职工4743人，设10个科室，下设15个车间，181个班组。配属客车3190辆（含空调车2658辆）。担负着全局客车段修、空调客车和发电车中修任务，承担着沈阳到北京、上海、广州、福州、深圳、温州、成都、西宁等地172组2437辆图定旅客列车的执乘、辅修、日常检修工作。（供稿人：刘 磊）

苏家屯车辆段简介

段址在沈阳市苏家屯区山丹街3号。1996年，有职工1385人。管辖区段为南起长大线332公里，北至338.3公里；西起沈山线揽军屯站外10.6公里，东至苏抚线榆树台站外9公里。主要担负货车段修、辅修、轴检、摘车修和列车检修任务。2003年1月7日，皇姑屯车辆段并入苏家屯车辆段，有职工2849人，机械设备406台。2005年，大官屯、灵山、本溪、丹东车辆段和苏家屯车轮厂划归苏家屯车辆段，有职工6937人，

机械设备2014台。2006年3月18日，将苏家屯、大连北车辆段整合为苏家屯车辆段，有职工7610人，行政设12个科室，13个车间。有设备3143台。段管范围东至丹东、南至大连、西至马山家、北至四平；安全保证区段7227公里。主要担负京哈、沈大、沈山等33条干支线的货物列车运用检修和运行安全。全段设有苏家屯货车段修6个检修车间，85个段修台位；设有6个货车站修检修基地计131个检修台位。

2015年，段设12个科室、23个车间，有职工5545人。段工作区域东至丹东、南至大连、西至高台山、北至兰陵，跨沈阳局35条干支线；安全保证区段7601公里。主要担负京哈、沈大、丹大、沈丹、沈吉、通霍、长图等35条干支线的货物列车运用检修和运行安全。负责铁路货车的厂修、段修、辅修、临修以及管内货物列车运用维修、红外线轴温探测、列车运行动态监测、中朝国际联运车辆技术交接等。全段设有1个检修车间，30个段修台位；设有6个货车站修检修基地计82个检修台位。设备1628台。（供稿人：杨忠超）

锦州车辆段简介

1996年，锦州车辆段前身锦州东车辆段段址在锦州市凌河区铁新南里99号。职工2049人。下设17个科室，14个车间，118个班组。安全保证区段1561公里，其中包括沈山线、沟海线、魏塔线、南票线、锦葫线、大郑线、锦承线。2003年8月14日，原锦州客车段、山海关客列检划归锦州东车辆段。2005年6月8日，将阜新、山海关车辆段划归锦州东车辆段，并将锦州东车辆段更名为锦州车辆段。2006年3月18日，将锦州车辆段客车部分（6个车间，1152人），划归沈阳车辆段。2009年，撤销阜新、叶柏寿站修作业场，撤销阜新列检作业场，成立阜新技术交接所（兼装卸检修所）。2013年，6月21日将检修车间拆分为修车车间和修制车间，将山海关运用车间拆分为山海关东运用车间和山海关西运用车间。

2015年，职工2775人。下设11个科室，11个车间，113个班组。厂段修台位28个；站修台位29个；罐车洗刷台位10个。担负货车入段厂修、段修、辅修、临修、列车检修等任务。负责沈山、沟海、锦承、叶赤、新义、魏塔、大郑、南票、葫支、高天、北票、北保、朝马线、盘锦疏港铁路等车辆运行安全、5T设备养护及秦沈客专红外线探测设备养护等工作。段管辖范围1510.445公里，各列检质量保证区段10689公里。（供稿人：付建新）

通辽车辆段简介

段址在内蒙古自治区通辽市科尔沁区民航路中段。1996年，段设有10个科室、15个车间，有职工1590人。负责京通、通霍、大郑、平齐、通让共5条线路的车辆运行安全。总计管界范围1175公里。配属客车149辆，设备319台，执乘方向呼和浩特、大连、吉林、山海关、太平川、大虎山、白音胡硕、珠斯花。2003年8月，赤峰车辆段划归通辽车辆段，管界范围扩大至1722公里。全段共计配属客车261辆，执乘方向增加北京、沈阳、叶柏寿、五十家子方向。整合后设有10个科室、12个车间，职工2117人。2006年3月，白城车辆段货车部分划归通辽车辆段，通辽车辆段客车部分划归长春车辆段。管届范围段扩大至3209公里。整合后设有12个科室、6个车间，职工2083人。

2015年，设有11个行政科室、9个车间，职工1680人。负责京通、通霍、平齐、大郑、白阿、珠珠、通让、长白、霍白、叶赤、锡乌共11条线路的车辆运行安全。管界范围3869公里，设备总台数1174台。（供稿人：李清喜）

吉林车辆段简介

吉林车辆段原为龙潭山车辆段，1996年，段址在吉林市龙潭区鹿场街21号。2005年6月18日，吉林车辆段、吉林车轮厂整建制划归龙潭山车辆段，更名为吉林车辆段。吉林车辆段先后由原吉林车辆段、龙潭山车辆段、吉林车轮厂、图们车辆段（货车）、梅河口车辆段（货车）、通化车辆段（货车）、四平车辆段（部分人员）、长春车辆段（部分人员）整合而成。2006年3月18日，梅河口车辆段及长春车辆段货车部分划归吉林车辆段，吉林车辆段客车部分划归长春车辆段。2008年浑江列检由梅河口运用车间划出，成立浑江运用车间。2010年，四平运用车间、长春北运用车间划出至苏家屯车辆段。2013年，棋盘运用车间分为棋盘到达运用车间和棋盘综合运用车间。2014年，东通化由浑江运用车间划出，成立东通化运用车间。

2015年12月30日，段下设11个职能科室、10个生产车间，74个班组，共有职工2259人。拥有设备总数1478台，其中机械动力设备781台；起重运输设备119台；信息技术设备578台。全段管辖总里程为2643公里。（供稿人：赵忠）

沈阳动车段简介

段址在沈阳市浑南区大羊安777号。是2002年开始组建的动车组运用维修段，主要担负时速250公里CRH5型动车组和时速300公里CRH380BG型动车组的一、二级检修工作。经2006年和2009年进行两次扩建改造，形成了占地面积近11万平方米的规模。设有整备库、临修库、洗刷库；真空泄污站、污水处理站、雨水泵站、消防泵站、液化气站、压缩空气站；6条检修线、2条牵出线、7条存车线、1条临修线、1条出库线。存车线和检修线可同时存放24列短编组动车组或11列长编外加2列短编动车组，总有效长6529延长米。设备设施配置不落轮镟车床、转向架更换设备、空心轴探伤机、踏面诊断等动车组检修专用设备74项。从2010年开始，路局又陆续增设了轨边动车运行检测系统（TEDS）、动车作业评价系统（安设在整备库D18道）和在线式轮对轮辋探伤机（LU设备安设在D19道二列位）。有职工860人。

2011年11月30日，沈阳动车段正式成立。2012年，全段共有职工1148人。2012年12月1日，哈大高铁开通后，图定每日开行90.5对55组。5月10日，沈阳北动车所正式开通运营。6月4日，长春动车所正式开通运营。7月17日，大连动车所正式开通运营。负责哈大、长吉、盘营、秦沈客专，沈阳至哈尔滨、大连、北京、青岛、武汉、上海、宁波间动车组列车的运用安全。全段共有职工2027人。配属动车组111组。2013年，全段共有职工1435人。12月28日，图定每日开行动车组列车93对57组；12月28日津秦高铁第二阶段开通后，段图定每日开行95对64组。2014年4月15日，沈阳动车段成立技术支持中心和材料配送中心，列辅助性生产机构。其中，技术支持中心业务上归技术和统计科指导，材料配送中心业务上归材料科指导，段配属动车组111组。全段保有设备948台。段共有动车组双列位整备线23股，最多停放动车组46组；有动车组存车线76股，能停放动车组152组。全段共有职工2057人。2014年12月31日，图定每日开行动车组列车106.5对85组。

2015年，段行政机构设10个科室；设技术支持中心、材料配送中心2个辅助生产机构。下设5个动车运用所，4个车间。段共有职工2151人。4月14日，沈阳动车段动态监测车间成立。4月18日，沈阳动车段动车组三级检修基地开始架车试生产。段配属动车组166组。全段保有设备1209台。段共有动车组双列位整备线23股，最多停放动车组46组；现有动车组存车线76股，能停放动车组152组；段现有临修线9股，洗刷线5股，三级修检修线3股，静调线2股，试验线1股。（供稿人：于会鑫）

七、工务系统

长春工务段简介

段址长春市宽城区人民大街81号。1996年段设10个科室，18个车间，职工1195人。管辖范围：长大线674公里至701公里945米；哈长线0公里至119公里924公里；长图线0公里至12公里；长白（单线）0公里至5公里。2004年1月哈局双城堡工务段撤销并入长春工务段，2006年6月大安北工务段王府车间划归长春工务段。

2015年，段设11个科室，23个车间，职工2308人。段辖京哈线977公里；陶舒线0公里至105公里；长白线0公里133公里；长双烟线0公里91.802公里；龙北联络线0公里至8.886公里；长吉城际0公里至71公里；长吉城际下行0公里至71公里；城际联络线0公里至0.604公里；长西联络线上行0.546公里至9.912公里；长西联络线下行0.643公里至9.912公里；哈长联络线上行0公里至3.016公里；哈长联络线下行0公里至3.241公里；松团线0公里至80公里；松团乙线0公里至6.682公里；陶赖昭联络线0公里至9.117公里；龙泉联络线0公里至2.605公里；双白线0公里至18公里。（供稿人：吕桂芬）

四平工务段简介

段址吉林省四平市铁西区人民大街1号。1996年段设10个科室，18个车间，职工1445人。管界范围：平齐单线0公里至7公里；平齐乙线0公里至6.64公里；四梅单线0公里至7.5公里；四梅乙线0公里至4.46公里；长大线上、下行508公里至674公里。2003年，郑家屯工务段撤销，段管辖长大线上、下行577公里至652公里；2005年辽源工务段、铁岭工务段撤销，段管辖四梅单线0公里至141.5公里，大郑单线271公里至367.93公里。

2015年段设8个科室，22个车间，职工总数2741人。段辖京哈线上、下行882.75公里至977公里；平齐线上行0公里至200.2公里；平齐线下行0.271公里至200.2公里；双山单线0公里至5.723公里；四梅单线0公里至104公里；四梅乙线0公里至6.793公里；大郑线上行271公里至370.232公里；大郑线下行271公里至370.506公里；辽开单线89.5公里至112.841公里；双白单线18公里至98.087公里。（供稿人：张英利）

白城工务段简介

段址白城市洮北区沙坑北路34号。1996年段设12个科室，12个车间，职工936人。段管界范围：平齐线(单)350公里至450公里、长白线（单）290公里至329.482公里、白阿线（单）0公里至106公里。1999年，增加平齐线（单）202.068公里至450公里。2001年接收通让线(单)119.5公里至134公里、通让线(下行)120.651公里至128.556公里。2011年，增加伊阿线(单)185.235公里至185.42公里。

2015年，段设11个科室、27个车间，职工2923人。段辖平齐线200.2公里至450公里、通让线117.7公里至335公里、锡乌线456.83公里至598.272公里、松团线80公里至109.6公里、长白线133公里至330.837公里、白阿线0公里至354.711公里、伊阿线185.235公里至185.42公里。（供稿人：周 彤）

沈阳工务段简介

段址在沈阳市和平区胜利北街98号。1996年，段设10个科室，23个车间（领工区），职工1764人。管界范围：长大线389公里至432公里、长大三线389公里至394.87公里、沈山线0公里至26.338公里(重距0.944公里)、沈吉线0公里至27公里。2004年12月13日，铁岭工务段撤销划入沈阳工务段；2005年6月9日，抚顺工务段划入沈阳工务段；2007年9月19日，沈阳工务段工程公司划归沈阳铁道建筑工程公司；2012年1月18日，沈阳铁道工业集团有限公司薛家配件厂沈阳工务器材分厂调整至沈阳工务段；2014年10月23日，沈阳铁道工业集团有限公司沈阳采石分公司及昌图、铁背山采石车间调整至沈阳工务段；2014年10月27日，昌图铁路石材公司调整至沈阳工务段；2014年12月26日，开原玛铁厂、东延铁路工务附件厂调整至沈阳工务段。

2015年，段设10个科室、30个车间；职工3351人。段辖沈大高速线391.5公里至401.804公里；京哈高速线702.258公里至710.403公里；京哈线690.128公里至882.75公里；沈山线0公里至27.5公里；沈大线389.8公里至399.03公里；沈吉线0.102公里至143.2公里；辽开线0公里至89.5公里；铁法线0公里至22.71公里；于虎线0公里至22.818公里；三火线3公里至39.207公里。（供稿人：伊 璇）

辽阳工务段简介

段址在辽宁省辽阳市白塔区胜利路一段四号。段设8个科室，11个车间，职工1063人。管界范围：长大（上、下）线240公里至342公里；辽溪线甲线0公里至11公里，乙线0公里至3.179公里；沟海线92公里至99.868公里；灵山东南0公里至0.883公里；葫西线0公里至5.947公里；灵山东北线0公里至2.512公里；灵山西南线0公里至2.601公里；张太三线339.01公里至342公里。2005年接收沈阳工务段及抚顺工务段正站段岔特线设备435.463公里，道岔设备828组；接收沈阳工务段道口设备16处，抚顺工务段道口设备24处。2006年接收锦州工务段沟海线设备80公里道口25处；接收原本溪工务段辽溪线设备53.996公里道口33处。

2015年段设11个科室，20个车间，职工1796人。段辖沈大（上、下、三）线240公里至389.8公里；苏抚线（上下行）0公里至55.5公里；辽溪线下行由0公里至46.499公里，上行由0公里至46.445公里，甲线46.499公里至53.5公里，乙线46.445公里至53.5公里；沟海线12公里至99.868公里；宝东线0公里至20.148公里；金渤线0.047公里至50.015公里。（供稿人：赵勇）

丹东工务段简介

段址丹东市振兴区兴一路30号。1996年段设10个科室，15个车间，职工2012人。管界范围：

沈丹线85至254.392公里、丹大线0至30.4207公里。11月1日，撤销灌水工务段划归丹东工务段。1999年1月1日，隶属关系划归沈阳铁路分局。2004年12月12日撤消丹东工务段并入本溪工务段。2006年3月28日段址迁移至丹东市更名为丹东工务段。

2015年段设12个科室，26个车间，2530人。段辖沈丹线上行1.00公里起至93.082公里、118.523公里起至130.142公里，下行1.2公里起至92.519公里、118.523公里起至130.32公里，单线92.519公里起至118.523公里、130.32公里起至251.575公里；沈丹甲线41.421公里起至63.626公里和157.142公里起至199.386公里；辽溪甲线53.5公里起至73.299公里；辽溪乙线53.5公里起至70.739公里；溪田线2.413公里起至75.485公里；凤上线0公里起至155.273公里；丹前线0公里起至30.421公里；金桥联络线0公里起至4.02公里；通灌线0公里起至120公里；沈丹客专上行58.965公里起至63.865公里、207.756公里起至209.266公里，下行58.965公里起至63.865公里、207.756公里起至209.265公里；丹大线上行183公里起至311.535公里，下行183公里起至311.639公里；同金联络线上行0公里起至12.526公里，下行0公里起至12.705公里；前阳南出港线0.01公里起至4公里；前阳南进港线0公里起至2.046公里；前阳联络线0公里起至1.8公里、4.875公里起至5.635公里。（供稿人：卢立刚）

大连工务段简介

段址大连市胜利街33号，邮编号116001。1996年段设5个科室，16个车间，职工888人。管界范围：长大线0至38公里；金城线101公里（金州站至城子坦站）、旅顺线50公里（周水子站至旅顺站）、南甘线10公里（南关岭站至甘井子站）、码头线4公里（沙河口站至大连北站路港交界）、金窑线20公里（大房身站柳专线1公里76米至金桥站分界）。1998年7月，瓦房店工务段撤销，段沈大线管界划至86公里。2003年8月19日，撤销大石桥工务段划归大连工务段。

2015年，段设11个科室，28个车间，职工2322人。段辖东至普兰店，西至瓦房店长兴岛，北到大石桥市（沈大线240公里与辽阳工务段分界处），主要有沈大高速上行线13.136公里至25.461公里、沈大高速下行线13.521公里至25.461公里和沈大线上下行0公里至240公里以及丹大线0至183公里、瓦长线、旅顺线、营口线岫岩庄线等线路。（供稿人：宋清艳）

锦州工务段简介

段址辽宁省锦州市凌河区文化里70号，邮编121000。1996年段设科室13个，车间11个。职工1437人。管界范围：沈山线182公里至301公里，锦承线0公里至12公里，南票线0公里至30.242公里，葫支线0公里至13.709公里，魏塔线246.92公里至246.945公里。2003年大虎山工务段与锦州工务段合并，2006年阜新工务段与锦州工务段合并，2011年阜新工务段划出。

2015年段设科室9个，车间26个，职工2282人。段辖沈山线27.5公里至290公里，大郑线0公里至55公里，高新线0公里至5公里，锦承线0公里至32公里，沟海线0公里至12公里，南票线0公里至30.242公里，魏塔线5公里至246.768公里，芳八线0公里至7.75公里，盘五联络线2公里至5.005公里，沈山沟海联络线0公里至1.649公里，三火线0公里至3公里。（供稿人：杨兰香）

阜新工务段简介

段址在辽宁省阜新市海州区振兴路110号。1996年，阜新工务段行政设10个科室，下设领工区、维修厂，大、中修队共12个；生产班组50个。管辖高新线3.5公里至59.093公里、新义线0公里至124公里、新立屯联络线1.628公里。担当线路、道岔、道口、桥梁、隧道、涵渠的保养维修与看守任务。2004年12月9日，根据路局《关于调整电务、工务系统及水电部门生产力布局的通知》，撤销阜新工务段。2011年11月28日，重新组建阜新工务段。段设科室8个，车间21个，职工3031人。管界范围：大郑线55公里至164公里；高新线5公里至59.037公里；锦承线32公里至335公里；新义线全部管辖；叶赤线0公里至17公里；魏塔线管辖0公里至5公里；朝马线、北票线、新立屯联络线、义县回转线、锦承叶赤联络线、锦承北票联络线全部管辖。

2015年段设车间8个，科室27个，人员2796人。段辖大郑线55公里至164公里，新立屯至么荒站区间是单线，其余是复线；高新线5公里至60.194公里，高台山至新泉是复线，新泉至新立屯是单线；锦承线32公里至335公里，全部单线；新义线全部管辖，新立屯至新邱是复线，新邱至义县是单线；叶赤线0公里至17.5公里，全部单线；魏塔线0公里至5公里，全部单线；朝马线、北票线、新立屯联络线、义县回转线、锦承叶赤联络线、锦承北票联络线全部管辖。（供稿人：付　阅）

山海关工务段简介

段址河北省秦皇岛市山海关区铁路街1号。1996年段设科室11个，车间12个，职工1012人。管界范围：东起沈山线锦西至韩家沟间301公里，西止京山线龙家营至山海关间437公里。2003年8月25日，锦州工务段管辖的沈山线244.9公里至301公里及南票线、葫支线，魏塔线125公里至246.768公里划归山海关工务段管辖。2004年2月6日，锦州铁路分局工会所属的山海关俱乐部整建制划归山海关工务段。2006年3月18日，原叶柏寿工务段管辖的魏塔线5公里至125公里划归山海关工务段。2007年5月29日，山海关工务段接收锦州工务段管辖的京哈线447公里至690.128公里、盘五线0公里至2公里。山海关工务段管辖的沈山线244.9公里至290公里、南票线、柳锦联络线0公里至0.3公里、魏塔线5公里至246.768公里划归锦州工务段管辖。2014年10月28日，兴城采石场划分给山海关工务段。

2015年段设科室12个，车间23个，职工2210人。段辖京哈线754.844公里，盘营线11.045公里，沈山线273.856公里，津山线7.49公里，葫支线13.598公里，沈山B线16.854公里，盘五线0.431公里，龙山联络线3.495公里。（供稿人：方素军）

通辽工务段简介

段址在内蒙古自治区通辽市科尔沁区昆都仑大街13号。1996年段设11个科室，15个车间，职工1136人。管界范围：1996年大郑线243公里至310.5公里；通霍线0公里至骆77公里；京通线793公里至804.765公里；通让线0公里至119.5公里。1998年6月奈曼工务段撤销，2000年12月郑家屯地区划归长春分局，管界重新划定。2006年3月18日撤消白音胡硕工务划归通辽工务段。2011年成立阜新工务段，新立屯联络线划归阜新工务段。

2015年段设11个科室，25个车间，职工2411人。段辖大郑线上、下行164公里至271公里、通霍线单线3.799公里至14.92公里、上行12.492公里至417.652公里、下行12.658公里至417.652公里、通让线上行0.1016公里至117.7公里、下行0公里至117.7公里、京通线单线793公里至797.728公里、上行798.115公里至805.775公里、下行797.728公里至804.755公里、通辽北南联络线上行0公里至9.629公里、下行0公里至14.447公里、通辽南环二线0公里至4.122公里、通辽北西联络线上行0公里至5.05公里、下行0公里至3.31公里、宝珠联络线上行0公里至2.071公里、下行0公里至2.511公里、珠珠线单线1.369公里至4.5公里、甘库线单线0公里至5公里、锡乌线单线402.535公里至405.426公里和454.891公里至456.83公里。（供稿人：高雅芹）

赤峰工务段简介

段址在内蒙古自治区赤峰市红山区站前街西段141号。1996年段设科室10个，车间15个，职工1360人。管界范围：京通线244.566公里至512公里及京通线456.159公里至462.505公里和叶赤线136公里至137.257公里。1998年6月23日奈曼工务段撤销划归赤峰工务段。2006年3月23日，叶柏寿工务段撤消，其管内设备锦承线117公里至335公里、魏塔线0公里至5公里、叶赤线0公里至136公里并入赤峰工务段。2007年6月1日锦承线117公里至183公里线路设备划归锦州工务段。2011年12月份将锦承线183公里至335公里、叶赤线0公里至17公里、魏塔线0公里至5公里划归阜新工务段。

2015年段设科室11个，车间22个，职工1957人。段辖京通线244.566公里至793公里；叶赤线17.5公里至137.202公里。管内共有正线674.697公里，其中京通线554.929公里，叶赤线119.768公里；道岔678组；道口162处。（供稿人：席宝春）

吉林工务段简介

段址吉林市昌邑区九台街88号。1996年设科室12个，车间20个，职工1331人。管界范围：沈吉线275公里至440.191公里；长图单线12公里至138公里，长图上行线72.455公里至76.237公里；龙舒线0公里至10.5公里；烟白线0公里至2公里；龙丰线0公里至22.84公里、九江线0.077公里至4.5公里、九棋联络线0公里至1.095公里。2003年8月桦甸铁路公司划归吉林工务段，2006年3月蛟河工务段划归吉林工务段。

2015年段设科室11个，车间31个，职工3420人。段辖长图线20公里至228公里；沈吉线275公里至441.177公里；陶舒线105公里至115.732公里；长珲城际线71公里至260公里；吉舒线2.402公里至85.939公里、烟白线0公里至150.803公里、龙丰线0公里至22.84公里、九江线0.077公里至25.709公里、小新线0公里至3.579公里、九棋线0公里至1.095公里、棋盘联络线0公里至0.898公里、长春进场线0公里至2.886公里、金棋线0公里至5.886公里、西哈联络线0公里至5.938公里、蛟河进场线0公里至2.889公里。（供稿人：李如晋）

图们工务段简介

段址在吉林省图们市光明街先锋路先锋胡同3号。1996年，段设10个科室，10个车间，职工896人。管界范围：长图线469公里至529.393公里；图佳线0公里至146.293公里。2003年8月22日，长图线378公里至469公里，朝开线0公里至58.357公里、和龙线0公里至51.422公里，朝阳川林场、安图采石厂同时划归图们工务段。3月19日长图线228公里至378公里划归图们工务段。4月14日图们工务段林业车间划归局林业总场。6月20日，图们工务段办公楼搬迁到图们市友谊街39号。2008年12月10日接收白河线。2012年12月18日接收和坪线。

2015年设13个科室，24个车间，职工1969名。段管辖长图线228公里至529.393公里；图佳线0公里至146.293公里；朝开线0公里至58.357公里；和龙线0公里至49.732公里；白河线10公里至104.183公里；和坪线0公里至42.515公里，和坪联络线0公里至3.082公里；长珲城际线260公里至472.971公里。（供稿：金永春）

通化工务段简介

段址吉林省通化市建设大街493号。1996年段设科室11个，车间14个，职工765人。管界范围：梅集线4公里至250公里777米，新通化线0公里至4公里080米，鸭大线0公里至3公里。1999年4月成立鸭绿江铁道公司和长白山铁道公司，通化工务段管辖区段：梅集线4公里至152公里，新通化线0公里至4公里80米，鸭大线0公里至42公里，浑白线0公里至6公里。2003年8月鸭绿江铁道公司和长白山铁道公司工务系统并入通化工务段。2006年3月梅河口工务段并入通化工务段。

2015年设11个科室，29个车间，职工2979人。段辖沈吉线143.2公里至275公里；四梅线104公里至149公里312米；梅集线0公里至250公里777米；鸭大线0公里至112公里588米；浑白线0公里至217公里918米；团杉线0公里至41公里746米；通灌线120公里至180公里689米；宇松线0公里142米至74公里349米；新通化线0公里至4公里80米；宇辉线（地方铁路）0公里至57公里566米；白和线0公里起至10公里；宝长联络线4公里701米，由0公里至4公里701米；Ⅲ场联络线3公里883米，由0公里至3公里883米。（供稿人：李长春）

沈阳高铁工务段简介

段址沈阳市沈河区敬宾街2号。2013年1月2日成立，段设科室9个，车间12个，职工916人。管辖范围：京哈高速线826.316公里，沈大高速线704.078公里，盘营高速线166.984公里，中海联络线18.024公里，长西联络线1.189公里，哈长联络线0.938公里。

2015年段设科室11个，车间16个，职工1007人。段辖线路总延长2329.736公里，哈大客专25.461公里至1144.561公里；盘营客专下行5公里751米至89公里172米，上行5公里751米至89公里314米；沈丹客专下行0公里至58.965公里、63.865公里至207.756公里，上行0.293公里至58.965公里、63.865公里至207.756公里，其中正线2131.981公里，站线197.755公里，路基617.724公里，道岔564组（正线道岔265组，站线道岔299组），桥梁300座，涵洞527座，隧道66座，车站23个，线路所5个，动车所3个。（供稿人：魏　超）

沈阳工务机械段简介

段址沈阳市铁西区虹桥路7号。沈阳工务机械段是2006年3月全路体制改革后由沈阳铁路局沈阳大型养路机械化段、长春线路大修段、大石桥线路大修段合并而成。段设科室9个，车间25个，职工4002人。是沈阳铁路局唯一一家使用大型养路机械从事线路设备大中修、综合维修及焊运长钢轨的专业化施工生产单位。主要担负沈阳铁路局管内的线路大修、线路中修、线路维修、长钢轨焊接、钢轨探伤、钢轨打磨、道岔捣固、道岔打磨、长轨运输等生产任务。

2015年，段设科室11个，车间28个，职工4244人。拥有各种大中型养路机械219台列，配属8个大型清筛机组（含大修列车1组），17个线路维修机组，5个道岔维修机组，3个钢轨探伤队，4个钢轨打磨队，1个道岔打磨队，1个边坡清筛队，5个移动式钢轨焊接队；拥有长钢轨焊接生产线3条、长钢轨运输列车6列、轨排列车5列、旧钢轨整修线1条、10吨及以上起重设备63台；施工期间占用路用车辆600余辆、自备车辆230辆以及各种运输车辆、机加工设备、施工机具等，固定资产原值达29.6亿元，是全局进行线路维修、提高线路设备质量的主力军。（供稿人：吴　健）

八、电务系统

长春电务段简介

段址长春市宽城区汉口大街23号。1996年，段设科室11个，车间8个，职工902人。管界范围：承担长大、长哈、长白、长图四条铁路线36个站，342.256营业公里的通信、信号设备维修及电话、电确报服务业务。1999年，通信专业拨离后，2002年1月7日，接收四平电务段。2004年12月16日，接收白城电务段。2011年11月25日，通信属地化管理。

2015年，段设12个科室，29个车间，职工2105人。全段管辖2534公里，普速线既有线2183.368公里，高速线350.787公里。其中，自动闭塞1111.761公里，半自动闭塞1164.859公里，承担京哈、通让、长白、平齐、白阿、陶舒、四梅、长双烟、松团、锡乌、长吉城际和京哈高速12条运输线路电务设备的维护工作。管辖126个站、19个场，全段信号设备换算道岔组数43382.101组。通信设备有：架空电线路1080公里，直埋光缆线路5537.57公里，架空光缆线路55公里，会议电话分机高频电话252台，电视会议终端设备60套，电视会议显示设备31套，基站110个，数字调度交换机166套，非触摸屏式调度通信操作台213套，车站值班台24套，列车广播144台，客站广播系统48台，调度命令车站转换器48台，道口无线预警设备65套。铁塔339架，全段通信设备换算89402.63皮长公里。（供稿人：张云祥）

沈阳电务段简介

段址沈阳市皇姑区昆山东路17号。1996年，段设科室10个，车间9个，职工948人，管辖车站26个，承担设备维修线路长度220.539公里。1998年，铁岭电务段划归沈阳电务段。2005年、2006年，苏家屯电务段、大连电务段相继划归沈阳电务段。2011年重新成立大连电务段。沈阳电务段管辖车站减少至141个，承担设备维修线路长度减少至1201.89公里。

2015年，段设科室11个，车间28个，职工2187人。管辖京哈、沈大、沈山、沈大高速、京哈高速、沈丹客专6条主要干线和沈吉、沈丹、苏抚、辽开、溪田、辽溪、于虎、田东等16条支线。设备站148个，其中：6502电气集中58个车站、计算机联锁90个车站。驼峰场12个（自动化驼峰6个，半自动化驼峰2个，非机械化驼峰4个）。中继站18个。道口信号127处，其中：有人看守道口60处，监护道口67处。信号机7347架，联锁道岔5316组，各类转辙机8064台，轨道电路区段8999个，维护机车822台、轨道车116台、动车组列车108组。全段换算道岔组数79208.113组，设备管辖总里程1722.578公里。（供稿人：杨逢春）

锦州电务段简介

段址锦州市凌河区延安路5段15号。1996年段设科室11个，车间8个，职工641人。承担设备维修的线路长度192.272公里、车站26个。2002年1月，大虎山电务段划归锦州电务段。10月，锦州电务器材厂划归锦州电务段，2004年，阜新电务段、山海关电务段划归锦州电务段。2011年，沈阳铁路局通信专业实施属地化管理，沈阳通信段5个通信车间划归锦州电务段。

2015年段设科室11个、车间27个，职工2080人。担负着盘营高铁、秦沈客专、沈山线、沟海线4条铁路干线和锦承线、魏塔线、新义线等19条铁路支线共计23条铁路线、131个设备站、122个车站、258台机车、168台轨道车、137处道口、总计运营里程2021.168公里的通

信、信号及车载设备运用维护管理工作。（供稿人：李晓芳）

通辽电务段简介

段址内蒙古自治区通辽市科尔沁区昆都仑大街西段4号。1996年，段设科室10个、车间9个，职工847人。承担设备维修的线路长度500.762营业公里，管辖54个车站。2003年白音胡硕电务段划归通辽电务段。2004年赤峰电务段并入通辽电务段。2011年段管辖范围内的通信设备运用及其人员，由沈阳通信段划归通辽电务段管理。

2015年，段设科室11个，车间22个，职工1293人。段管辖车载设备维护通辽机务段配属的机车269台，LKJ数据维护15条线路2245公里。机车电台33台、机车综合无线通信设备（CIR）425台、LBJ设备425台、800M列尾车载电台330台、维护IC卡运用区段7条，维护19个写卡点涉及5个电务段。信号设备管辖里程为2259.251公里，其中复线951.351公里。主要管辖14条线路，信号设备共担负着132个站场、3个驼峰场、19个中继站的信号设备养护维修任务。通信设备管辖里程2275.11公里,其中复线885.8公里。主要管辖13条线路。通信设备共担负着126个有人站、18个无人中继站通信设备的维修及养护，通信设备换算40187.9皮长公里。（供稿人：陆宏影）

吉林电务段简介

段址在吉林市新兴街5–13号。1996年，段设12个科室，17个车间，职工660人。管辖35个车站的通信、信号设备站间、区间398公里775米营业公里线路敷设的信号电缆和487公里834米的通信电缆、光缆及152公里868米的通信电缆、光缆及152公里868米通信明线线路的养护维修及自负电报、电话业务。1997年口前电务段划归吉林电务段。2001年，段全部通信设备、人员移交铁通吉林分公司。2003年，与蛟河电务段、桦甸铁路公司正式合并，段名仍为吉林电务段。2004年，图们电务段并入吉林电务段。2006年，梅河口电务段并入吉林电务段。

2015年段设12个科室，33个车间，职工2139人。营业里程3136公里。管辖207个车站（场），其中6502电气集中站（场）128个，微机联锁车站73个，驼峰4个，色灯电锁器联锁站2个。全段换算道岔组数42051组，换算皮长公里112844皮长。（供稿人：王敬秋）

大连电务段简介

段址大连市西岗区胜利街46号。大连电务段2011年12月1日成立，段设10个科室，14个车间，职工1122人。管界范围：管辖沈大、沈丹、金窑局内主要干线及丹大、金城、旅顺、边海、田五、凤上、南甘、营口、码头线、联络线等支线。信号管辖里程909.852公里，联锁站场91个。通信管辖里程933.556公里，88个车站。

2015年段设13个科室，21个车间，职工1417人。管辖沈大普速、沈大高速、沈丹、金窑等局内主要干线及丹大、通灌、金城、旅顺、边海、瓦长、凤上、南甘、营口、码头线、大连机务段联络线、董田联络线等支线。信号运营里程1302.284公里，联锁站场129个，其中6502电气集中站场51个，计算机联锁站场59个；驼峰场6个，其中自动化驼峰2个、机械化驼峰1个、非机械化驼峰3个，3个驼峰场为计算机控制系统；道口信号115处，其中有人看守道口42处、有人监护道口72处；信号机4298架，联锁道岔2789组，各类转辙机3894台，轨道电路区段4968个，机车148台，微机监测64个站场，TDCS区段调度监督79个站场，CTC调度集中25个站场，全段换算道岔组27713.037组。通信运营里程1675.544公里，133个车站。（供稿人：张月妹）

沈阳通信段简介

段址在辽宁省沈阳市和平区北六马路8号。1996年，沈阳铁路局沈阳通信段负责沈阳铁路局、沈阳铁路分局机关通信设备维护及管理。1999年1月22日，为开发利用铁路通信资源，有效盘活国有资产，沈阳铁路局、局党委组建沈阳铁路通信信息有限公司，由局电务处通信管理人员、局通信中心及沈阳通信段组成，在局内仍为"沈阳铁路局通信中心"，具有原局电务处的通信管理职能、局通信中心的全部职能、沈阳地区通信枢纽设备管理职能并依法参与市场经营。2000年12月20日，沈阳通信段划入中国铁通集团有限公司辽宁分公司。2004年1月20日，中国铁通集团有限公司由铁道部移交国资委管理。2009年12月15日，沈阳通信段由中国铁通集团有限公司辽宁分公司划归沈阳铁路局，冠名：沈阳铁路局沈阳通信段。2010年3月19日，沈阳铁路局沈阳通信段、沈阳直属通信段、锦州通信段、通辽通信段、长春通信段、吉林通信段，原6个通信段整合为1个沈阳通信段。2011年11月11日，通信设备维护实施属地化管理。

2015年，段行政设9个科室，设辅助性生产机构3个，分别为网管中心、技术支持中心、调度指挥中心。10个车间，51个工区。职工669人。

全段管辖里程1645公里，车站125个。设备换算115018.03皮长公里，其中哈大客专39454、盘营客专379.950、沈丹客专6926.5皮长公里。主要设备包括：通信机房405处（其中哈大客专185处、沈丹客专33处），动环设备385套。骨干网传输16波设备10套，传输设备573套，时钟设备8套，ONU设备305套，PMIS汇聚点3个，PMIS售票站62个，数字调度主系统16个，调度值班台119个，数字调度分系统161个，车站值班台314个，可视会议点94个。长途光缆线路6569.74公里，地区光缆11542.78，长途电缆线路2855.86公里，架空明线路52.28公里。车站无线电台161台，通信记录仪198台，调度命令转接器22台，道口预警设备130台，便携台1708台，铁塔128座。其中高铁通信设备数据网设备接入层21套，汇聚层2套，核心层2套；动环设备183套；综合视频监控设备1068处；应急系统1套；时钟设备1套；数字调度主系统2个，车站分系统18个，语音记录装置18套，车站值班台22个，调度值班台26个；GSM-R核心网机房1个，主要设备有主备MSC 1套，BSC 3套，主备GRIS各1台；基站110个，直放站131个，铁塔141座。（供稿人：陈盛文）

九、房产供水系统

长春房产段简介

段址长春市朝阳区白菊路1025号。1996年，段设8个科室，7个车间，职工720人。管辖运营、生产办公房屋及建筑物1216栋（处）/486913平方米，包括：京哈线长春南站至新陈山站、长图线长春站至龙泉站、长白线长春站至七家子站，共29个车站房建设备；住宅房屋及建筑物2509栋（处）/1961703平方米。2006年3月，长春水电段管辖的给水部分划归长春房产建筑段管

理。4月，成立长春房产生活段，撤销长春生活段、四平房产建筑段划归长春房产生活段。2011年9月，撤销长春房产生活段，组建长春房产段，将长春房产生活段管理的铁建公司划出。2012年12月，哈大高铁正式运营，长春房产段接管四平东、公主岭南、长春西站、长春站、德惠西站、扶余北站各站区高铁房建设备。2013至2015年，将承担社会职能的供暖、供水、物业移交地方。

2015年，段设科室12个，车间20个，职工1485人。管界范围：高铁生产办公、运营设备数量1533栋（处）/1491091换算平方米；普铁生产办公、运营设备数量4812栋（处）/3276117换算平方米；给水设备换算公里数为3359.59公里；供暖锅炉房62处，供暖锅炉72台，供暖面积3079316平方米；住宅设备数量2195栋（处）/1903340换算平方米。（供稿人：李春明）

白城房产段简介

段址白城市辽北路86号。1996年，职工人数1168人。担负着平齐线（街基至太平川）、白阿线（白城至伊尔施）、长白线（白城至松原）、通让线（太平川至太阳升）、锡乌线（呼和哈达至二龙屯）56个站区房建设备维修、供暖供水及住宅维修任务。2009年4月20日，撤销白城房产建筑段改为白城铁龙房产建筑工程有限公司。2011年10月18日重新成立白城房产段。

2015年段设8个科室，16个车间，职工人数1376人。有房建运营设备3397栋（处）、768815换算平方米；供暖设备699栋（处）、1970996换算平方米；共有锅炉房35处，其中，有白城、大安北两个集中热源厂、供暖锅炉39台。住宅设备1312栋（处）、1319528平方米；给水设备2793换算公里，年供水约420万吨。固定资产1952.22万元。（供稿人：扬子江）

沈阳房产段简介

1996年，沈阳房产段称沈阳第一房产建筑段。段址在沈阳市和平区中山路98号。段设11个科室，有职工878人，下设8个分段（车间），担负沈吉线沈阳至清原、长大线沈阳至浑河、苏抚线榆树台至抚顺城间30个车站、5个乘降所及13988户住宅，共3924栋（处），计2258240平方米的房屋建筑物大、维修和采暖焚火任务。

2006年4月，沈阳直属房产段、沈阳第一房产段、沈阳第二房产段、苏家屯房产段、沈阳水电段部分、沈阳生活供应段部分6个单位整合为沈阳房产生活段。段址在沈阳市沈河区敬宾街3–3号。段行政科室9个，车间31个：共有职工3797人。管辖12条线路的房建设备，总量为14788栋处/1122.89万换算平方米；供暖锅炉房235处，锅炉313台，供暖面积484.5万平方米。客运站台138处，货运站台82处，天桥10座，雨棚38个,住宅电梯48部。2009年8月，改制重组，注册沈阳铁路房产建筑有限公司、沈阳铁诚热力有限责任公司、沈阳市铁房物业有限责任公司。2011年3月，管内住宅物业设备及人员划归沈阳沈铁房地产开发集团有限责任公司管理。同年9月，沈阳房产生活段为局运输辅助单位，更名为沈阳房产段。同月，千山疗养院、多经公司划归沈阳直属集团公司管理。

2015年，段设行政科室9个，车间43个，共有职工2317人。总计担负756公里90个站14425栋处/1479.42万换算平方米生产办公房屋、住宅的大维修、采暖、供水任务。其中，高铁管辖里程349.249公里，生产办公设备量4770栋处/263.46万换算平方米；住宅设备量5591栋处/526.32万换算平方米；供暖设备量2846栋处/460.01万换算平方米；供水设备量换算3761.14公里。（供稿人：冯宇超）

丹东房产段简介

段址丹东市振兴区十纬路35号。1999年10月组建丹东房建经营管理公司，设5个科室，12个车间，职工1091人。管界范围：管辖丹东、本溪、凤城三个地区房建设备10428栋/处，3754051换算平方米，其中生产办公及其它房屋1835栋，602276平方米；住宅房屋2468栋，26007户，1385660平方米；建筑物6204处，1759832平方米；锅炉房97处，锅炉131台，采暖面积867240平方米。2006年，撤销丹东房建经营管理公司，成立丹东房产生活段。2007年，本溪房产建筑工程段、丹东铁路工务配件总厂划归丹东房产生活段。2009年，丹东房产生活段改制为丹东铁路房产建筑实业有限公司。2011年，丹东房产生活段更名为丹东房产段。

2015年，段设科室8个，车间21个，2个土地房产管理站，职工1132人。担负沈丹线、苏抚线、田南线、溪田线、溪辽线、凤上线、丹大线等791公里，62个车站的普铁房建设备大维修、供水、供暖任务。管辖生产办公房产建筑设备135.4万换算平方米；供暖设备197.8万换算平方米，50处锅炉房，62台运行锅炉；住宅设备167.75万换算平方米。供水设备管道1712换算公里，水道设备49座，扬水设备96台套，水处理设备44台座，用水设备199个/28组，管道设备192.26公里，16个运用给水站。（供稿人：张良）

大连房产段简介

段址大连市中山区杏林街46号。1996年，单位名称大连房产建筑段，段设科室8个，车间6个，职工622人。担负大连市内4区及旅顺线、大连至周水子、甘井子沿线铁路生产办公、居民住宅房屋大、中修及日常管理、供暖工作及物业管理等任务。管辖房屋设备2158栋处/1284358换算平方米。其中，生产办公房屋783栋处/296513换算平方米，住宅房屋1209栋处/815240换算平方米，宿舍及其他房屋166栋处/172605换算平方米，公共建筑1904处/903111换算平方米。2006年3月，大连水电段管辖的给水部分划归大连房产建筑段。同年4月，撤销瓦房店房产建筑段，并入大连房产建筑段，更名为大连房产生活段。

2015年，大连房产段设科室10个，车间20个，职工958人。担负长大线南起大连至大石桥79个站区/820公里、哈大高铁南起大连北站北至营口东站的房建设备共8519栋/5465141换算平方米房产大维修、采暖、供水任务。有供暖锅炉设备72台/74处/1775289换算平方米；给水运行场所45个，给水设备2877公里；高铁房建设备553栋/696527换算平方米；高铁供暖锅炉设备11台/9处/364049换算平方米；地源热泵设备10台/5处/114176换算平方米。高铁给水运行场所6个，给水设备648.52公里。（供稿人：杨芳）

锦州房产段简介

段址辽宁省锦州市凌河区湖北路四段七乙。1996年，锦州第一房产段行政设11个科室，下设7个分段、1个汽车队，48个工区。有职工1155人。担负锦州地区铁路建筑、住宅7017栋/3474920平方米大、维修任务。2006年4月13日,撤销锦州第一、第二、阜新、叶柏寿房产建筑段,整合为锦州房产生活段。段设8个科室,41个车间,职工3495人。担负11条行车干线、支线,189个站区、9个乘降所,营运里程1670公里400米内房建设备23899栋处/12594361换算平方米的大维修任务。有给水设备5369公里572米,102个给水所。2011年9月,组建锦州房产段,撤销锦州房产生活段。11月,锦州房产段管辖的新义线、叶赤线、锦承线八角台站至北京局界隆化站、魏塔线东沟门站至郭家屯站的供暖、供水及生产办公房屋维修业务划归新组建阜新房产段管理。

2015年,段设科室9个,车间18个,职工1498人。担负8条行车干线、支线、50个站区、3个乘降所,营运里程1024公里276米内共13516栋处/8837628换算平方米的房建设备大维修、采暖、公室任务。其中,运营房建设备7564栋处/4932618换算平方米,住宅房建设备5952栋/3905010平方米。供暖设备共58个锅炉房70台锅炉,供暖面积428.6万平方米。给水设备共422公里289米,55个给水所。(供稿人:张文杰)

通辽房产段简介

段址内蒙古自治区通辽市铁南昆都仑大街中段。1996年,段下设4个领工区;2000年,有职工960人。2006年,白音胡硕房产建筑段,并入通辽房产建筑段,并将通辽房产建筑段更名为通辽房产生活段。2011年,撤销通辽房产生活段,组建通辽房产段。段设有10个科室,15个车间,职工1138人。担负京通线、通霍线、通让线、大郑线、高新线,管辖总里程1597公里内9872处/3789390换算平方米房间设备的大维修、采暖、供水任务。

2015年,段设11个科室,17个车间,职工1048人。担负京通线、通霍线、通让线、大郑线、珠珠线、霍白线、甘库线等7条线路、110个站区、总里程1909.9公里的房建大维修任务。其中,生产办公房建设备4754栋处/112.74万换算平方米,住宅房屋3521栋处/130.52万平方米;给水设备3232换算公里;供暖设备214.438万换算平方米,供暖面积217.73万平方米,共有锅炉房81处,换热站17处,锅炉100台。(供稿人:潘立斌)

吉林房产段简介

段址吉林省吉林市四川街143号。1996年,吉林分局有第一房产建筑段、第二房产建筑段,其中,一段设12个科室,下设8各分段,有职工876人;二段设12个科室下设7各分段1各公司。1998年4月8日,吉林铁路分局决定撤销两个房产建筑段,合并成立吉林房建经营管理总公司。2006年3月18日,吉林水电段管辖的给水部划归吉林房建经营总公司管理,同年4月,正式成立吉林房产生活段,同时将图们建筑段、吉林生活管理中心,原吉林分局环保监测站、吉林住房交易所划归吉林房产生活段,段设9个科室,29个车间,职工3173人。担负长图、朝开、和龙、拉滨、龙丰、龙舒、沈吉、图佳、烟白9条线路区段内的房建大维修任务。其中,生产办公房屋2086栋/777426换算平方米,住宅房屋数量3073栋/2874565换算平方米。2009年1月16日将吉林房产生活段撤销,成立吉林隆博铁路房屋建筑工程有限公司。2011年2月15日成立吉林房产段。

2015年段设9个科室,22个车间,职工1530人。担负长图、朝开、和龙、拉滨、龙丰、龙舒、沈吉、图佳、烟白、白和等10条普铁线路、长吉城际、长珲客专2条高铁线路的房建大维修及采暖、供水任务。其中,普铁生产办公房屋数量1665栋/692207换算平方米,住宅房屋数量5417栋/3023920换算平方米。高铁生产办公房屋数量492栋/177402换算平方米。(供稿人:张文勇)

通化房产段简介

1996年,为通化铁路建筑段。段址在吉林省通化市建设大街150号。段行政设10个股室,下设7个分段车间,有职工875人。担负三源浦至集安、鸭园至大栗子、浑江至白河、通化至新通化共515公里区间内46个站区、23个乘降所、8985023平方米房屋、699904换算平方米公共建筑物的大维修任务。2006年3月,由通化建筑段、梅河口建筑段以及梅河口水电段供水部分、通化生活管理中心生活部分等单位组建成通化房产生活段,段址在吉林省通化市建设大街1388号。段设9个科室,17个车间,职工2109人。担负沈吉线、浑白线、团杉线、四梅线、梅集线、鸭大线、通化至新通化891公里共74个站区

1539栋/105.4万平方米的生产办公房建设备的大维修、采暖、供水任务；有供暖锅炉房43处、换热站7个，供暖面积244.8万平方米；给水所27处；住宅物业小区37个，住宅房屋193.1万平方米，住宅楼484栋/176.99万平方米。2012年10月，通化房产生活段更名为通化房产段。12月，接收辽通灌线2个车站生办设备，管辖62.976公里，生产办公设备23栋/0.8578万平方米。

2015年段设科室8个，11个车间，1457人。担负沈吉线、浑白线、团杉线、四梅线、梅集线、通灌线、鸭大线、辽开线、宇松线、通化至新通化共68个站区，总里程1008公里内生产办公房建设备4129栋/342.25万平方米的大维修、采暖、供水任务；其中，供暖锅炉房36处、换热站17个，供暖面积280.7万平方米；共有给水所25处；共有住宅物业小区40个，住宅房屋228.63万平方米，住宅楼525栋，194.7万平方米。（供稿人：吴振宾）

阜新房产段简介

段址阜新市海州区振兴路123号。1996年，段设12个股室，职工464人。担负高新、新义、锦义线219公里26个车站生产办公与住宅共3648栋/1325915换算平方米的大维修及采暖任务。2006年4月13日，撤销锦州第一、第二、阜新、叶柏寿房产建筑段，整合为锦州房产生活段。2011年12月阜新房产段重新成立，段设8个科室，15个车间。全段定员985人，担负9条线路1100公里78个站区4738处/823751换算平方米生产办公、站场设备的大维修及采暖任务。

2015年段设8个科室，15个车间，职工1166人。担负高新线罗家至新泉、大郑线阿尔乡至黑山、芳八线芳山镇至八道壕、新义线大巴至九道岭、锦承线八角台至杨树岭、魏塔线东沟门至郭家屯、北票线骆驼营至北票、朝马线朝阳西至马山、叶赤线马林至石脑，共计管辖78站区1100公里的生产办公房舍、住宅共4631处/828679平方米的大维修、采暖、供水任务。（供稿人：马立明）

十、其他局直属基层单位

长春林业总场简介

地址吉林省长春市宽城区辽宁路422号。

1996年，吉林省境内有松花江、吉林、土们岭、蛟河、梅河口、朝阳川、白城林场。2013年1月，成立长春林业总场，设10个科室，8个车间，负责吉林省境内铁路线路绿化、山场养护、苗圃抚育。管辖线路3538延长公里。

2015年，设10个科室，9个车间，职工1206人。负责吉林省境内沈阳铁路局管内线路绿化、山场养护、苗圃抚育。管辖线路4068.915延长公里，山场面积8798.8公顷，苗圃181.9公顷，站区绿化面积100.62公顷。（供稿人：魏红亮）

沈阳林业总场简介

地址沈阳市苏家屯区牡丹街51号。1996年，辽宁省境内有沈阳林业总场、大连、丹东、锦州等林场。2013年1月12日合并为沈阳林业总场，设10个科室，8个车间，职工1458人。管辖范围及资产情况：管辖区域主要分布在辽宁省境内京哈线秦沈段及沈四段、沈大、沈山、沈丹、沈吉、大郑等干线、支线、联络线，共计里程4330.35公里；共有苗圃12处，总面积226.79公顷，育苗面积174.63公顷。管辖山场6处，北三家、沔阳、滴台、秋木桩、满井山、祁家堡，总面积877.77公顷。辽宁省境内重点建设的资源整合站区总计13处，总绿地面积158.82公顷，其中针叶树2.24万株，乔木24.33万株，花灌木15.08万株，模纹苗2.77万平米，草坪17.93平米。

2015年，设10个科室，8个车间，职工711人。管辖范围及资产情况：管辖区域主要分布在辽宁省境内京哈线秦沈段及沈四段、沈大、沈山、沈丹、沈吉、大郑等干线、支线和联络线，新增加沈丹客专、丹大快速铁路、盘营高铁、边海铁路、金渤线等新开通线路，共计管辖里程5048.779公里；管辖山场17处，总计面积1006.56公顷；管辖苗圃14处，总计面积265.37公顷；管辖站区19处，总计绿化养护面积186.86公顷；管辖道口4处，均分布在苏家屯站区内。（供稿人：李国军）

通辽林业总场简介

地址通辽市科尔沁区哲里木大街11号。通辽林业总场1992年成立，由分局房产分处领导，下设通辽、赤峰、奈曼、白音胡硕4个分场。1996年，划归分局工务分处业务管理。2000年，有全民职工286人，集体职工114人。2013年，总场重新成立，设科室7个，车间6个，职工872人。管辖线路共计41条，线路总延长3812.869公里。其中，大郑线延长207.506公里，通让线延长335公里，平齐线延长386.500公里，京通线延长560.189公里，通霍线延长413.853公里，白阿线延长354.711公里，长白线延长190.837公里，锦承线延长332公里，新义线延长131.297公里，叶赤线延长137.202公里，北票线延长17.011公里，朝马线延长13.709公里，魏塔线延长5公里，珠珠线延长356.241公里，霍白线延长129.632公里，沙尔塔拉环线延长17.790公里，乌尼线延长34.391公里，乌额线延长73.618公里，伊阿线延长0.185公里，另有其它各类联络线、专用线共计延长116.197公里。2014年接收甘库线0公里至58.486公里，延长58.486公里。

2015年设科室8个，6个车间，职工742人。管辖线路合计42条，线路总延长3871.355公里。有乔木738.7万株，灌木281.8万株。（供稿人：李妍）

沈阳物资供应段简介

1996年，沈阳材料总厂负责物资供应。2001年12月，撤销局沈阳材料总厂，成立局物资供应储备中心库。2005年1月25日，撤销沈阳木材厂，成立沈阳铁路局木材供应段。3月7日，撤销丹东物资供应段，并入沈阳物资供应段；7月19日，将局木材供应段、沈阳分局沈阳物资供应段并入局物资供应储备中心库，并更名为沈阳铁路局物资供应段；2006年3月30日，与大连分局材料厂合并。2014年10月27日，沈阳铁路局物资供应段与锦州物资供应段、长春物资供应段、再生资源管理所合并。

2015年，段址在沈阳市铁西区北一西路1甲。段下设三个站、两个战备库，全段总占地面积为122491.72平方米。其中：段部占地面积20679平方米，长春供应站占地7789.72平方米，锦州供应站占地1423平方米，再生资源管理站占地2500平方米，铁背山战备储备库占地面积54700平方米，西阳战备库占地35400平方米。专用线两条总计770延长米。全段机械动力运输设备53台。行政部门设置20个科室，有职工436人。（供稿人：徐德宏）

沈阳铁路疾病预防控制所简介

地址沈阳市和平区总站路100号。1996年，沈阳铁路中心卫生防疫站设19个科室，职工114人，担负沈阳至四平、沈阳至大石桥、沈阳至马三家、沈阳至清原、沈阳至吴家屯、沈阳至盖家沿途铁路单位卫生防疫、疾病控制任务。拥有气象色谱仪、液相色谱仪、原子吸收分光光度计等设备138台。2002年撤销沈阳铁路中心卫生防疫站，成立沈阳铁路卫生监督所、沈阳铁路疾病预防控制中心，采用一套领导机构，实行统一管理。2005年沈阳铁路卫生监督所划归路局附属机构，成立沈阳铁路疾病预防控制所，下设丹东疾控站、大连疾控站。2015年，局节能（环保）监测站环境监测职能并入沈阳疾控所。

2015年末，设12个科室，2个车间，职工131人。辖区范围为沈阳至大连、沈阳至丹东、凤凰城至长甸、沈阳至马三家、沈阳至双庙子、沈阳至清源沿途铁路单位。主要承担辖区单位和职工及家属的健康教育与疾病控制、从业人员健康体检与培训、职业健康体检、生活饮用水卫生检测、食品卫生检测、环境卫生检测、职业危害因素检测、建设项目职业病危害评价、病媒生物防制、传染病疫情调查处理、食品安全事故调查处理、环保监测等工作。（供稿人：赫晶）

锦州铁路疾病预防控制所简介

地址锦州市凌河区云飞街三段13号。其前身为锦州铁路中心卫生防疫站，1996年，设科室12个，车间3个，职工160人。负责对锦州分局辖区内的卫生防疫工作进行技术指导。2003年，撤销锦州铁路中心卫生防疫站，成立了锦州铁路疾病预防控制中心和锦州铁路卫生监督所，实行一个单位两个牌子。2005年，锦州铁路疾病预防控制中心与铁路卫生监督所分开，成立锦州铁路疾病预防控制所。

2015年，设科室11个，车间4个，职工111人。主要承担锦州、通辽、赤峰、阜新、山海关五个铁路地区的疾病预防与控制、健康教育和防病指导、健康行动计划的实施、突发公共卫生事件处理、从业人员健康体检、食品、生活饮用水、公共场所、职业危害因素的监测与检验工作，并承担锦州客运段旅客列车鼠虫防制任务。具备省级计量认证资质、职业危害因素检测资质、放射卫生防护检测资质、食品检验机构资质、职业健康检查许可和医疗机构执业许可资质。具备9大类61个产品2个限量标准227个参数的检测项目。辖区直属单位43个，特、一、二等站14个；餐饮单位106个；旅客列车62组车体，餐车24辆。服务人口76000人。（编写人 赵春福）

吉林铁路疾病预防控制所简介

地址吉林省吉林市昌邑区新兴街1号。前身是吉林铁路中心卫生防疫站，1996年，设科室14个，车间3个。担负着吉林铁路分局管内（包括局直属单位、工业公司、工程处）379个单位和沿线职工、家属的卫生防疫、疾病预防、消毒杀虫灭鼠、站车卫生、食品卫生、环境卫生、劳动卫生、健康教育及突发公共卫生事件处理等各项工作，对原通化、梅河口、图们铁路分局卫生防疫站进行技术业务指导。2003年，吉林铁路中心卫生防疫站更名为吉林铁路疾病预防控制中心和吉林铁路卫生监督所，一个机构，两块牌子。2005年，长春、四平、图们、白城、通化、梅河口疾病预防控制中心合并为吉林疾病预防控制所。

2015年，设科室11个，职工121人。承担吉林省境内所有铁路单位的疾病预防与控制工作，对辖区单位卫生状况进行经常性和预防性卫生监测，对职工健康状况进行监护，为服务人群提供卫生技术服务，为铁路运输生产和旅客提供卫生保障。辖区铁路单位56个，服务人口80104人；食品及公共场所从业人员16233人，生活饮用水从业人员726人，机车乘务员3849人，接触有毒有害人数1486人。（供稿人：迟 丹）

长春职工培训基地概况

2006年11月，由原长春职工培训中心和吉林职工培训中心合并组建。2014年10月11日通过校舍置换搬入新楼，位于吉林省长春市宽城区富城路188号，占地7174.4平方米，建筑面积22251.9平方米，培训能力达600人。基地主要承担全局工务、机务岗位培训和吉林省境内铁路安全生产培训、非脱产学历教育等培训任务，为国家二级安全生产培训资质单位和吉林省首批特种（设备）作业人员考试机构。开设工务、机务、车辆（动车）等铁路特有专业，同时设有电工作业、金属焊接与切割作业、空调与制冷作业、登高架设作业、企业内机动车辆驾驶、起重作业、锅炉作业、压力容器作业、水质检验等9个特种（设备）作业的安全专业培训项目。基地有职工157人，设有9个科室。教师48人，10人获得企业培训师资格，有13人进入路局专职师资库，2人进入国家安全生产培训师资源库，具有国家安全工程师资格3人，具有安全生产培训师资格24人，具有职业技能鉴定考评员资格2人。基地有多媒体教室13个、计算机教室3个，配置计算机261台；有8个安全生产培训实训室；2个图书阅览室；宿舍189间、床位623张。（供稿人：谭思群）

沈阳职工培训基地简介

基地位于沈阳市于洪区大兴街道北陈村。前身是始建于1965年的路局半工半读学校，历经"七二一"工人大学、铁路成人中专等14次更名。2006年组建为沈阳铁路局沈阳职工培训基地。2010年对基地投资进行改扩建，增加北校区，占地面积约4.8万平方米，建筑面积2.5万平方米。基地由1996年铁路成人中专的运输管理、综合电信、铁道信号、企业供电、计算机及应用5个专业和技工学校的运输作业、线路工、电力工3个专业，逐步培训专业、形式转型变化，发展为现在主要承担车务、客运、货运、供电等专业"361"专业化培训，车务、客运、货运主要工种资格性、适应性培训，特种（设备）作业人员安全生产培训和在职职工非脱产学历教育任务。基地有职工141人，设有9个科室。基地设有办公楼、教学楼、实验楼、食堂、学员宿舍、浴池等场所。现有普通教室15个、多功能教室3个。计算机教室2个，分别配置计算机90台和45台；图书、阅览室4个，各类藏书1.08万余册；南北校区4个学员宿舍楼，550个床位。2个学员餐厅可同时容纳近600人就餐。（供稿人：吴雪峰）

锦州职工培训基地简介

基地位于锦州市凌河区松坡路六段147号。前身为锦州铁路司机学校，始建于1955年，后经过多次重组，原锦州铁路成人中专、锦州分局职工学校、局党校锦州分校的相继并入，2006年11月更名为沈阳铁路局锦州职工培训基地。基地占地面积10.8万平方米，建筑面积3.09万平方米。主要承担机车、车辆、供电、铁道运输、铁道工程、特种作业人员安全培训6个专业。基地有职工191人，设8个科室。基地设有办公楼、培训楼、实训楼、餐厅、学员宿舍、浴池等场所。现有普通教室3个，多功能教室29个，实训教室17个。计算机教室5个；学员宿舍楼2栋，500个床位；1个学员餐厅可同时容纳540人就餐。（供稿人：张　帅）

通辽职工培训基地简介

基地位于内蒙古自治区通辽市科尔沁区民航路中段科尔沁街道办事处对过。组建于2006年11月，前身是通辽职工培训中心。2014年新建、改扩建了实训楼、宿舍楼、综合服务楼；新建、改建了集线路、信号、供电、接触网综合演练场一处；新增了相关专业教学实物及模拟演练设备。基地占地面积3.82万平方米，总建筑面积2.086万平方米。主要承担全局供电和电务系统"361"专业化培训、岗位适应性培训、通辽区域安全生产培训及远程函授教育等任务。基地有职工84人，设有8个科室。（供稿人：秦　超）

旅行服务段简介

2012年1月1日，根据路局《关于调整沈阳铁道旅行服务有限公司和沈阳铁道餐饮服务有限公司管理关系的通知》，将沈阳铁道旅行服务有限公司由局投资管理中心管理调整为铁路局直接管理，并将沈阳铁道旅行服务有限公司更名为旅行服务段。

段址在沈阳市和平区新兴街15号。有职工3946人，设12个科室、25个车间，分布在大连、沈阳、长春、赤峰、通辽、白城、通化、丹东、图们、锦州10个区域。主要负责全局普速列车内保洁、外皮洗刷、茶炉上煤、卧具洗涤、冬运上煤、焚火，维护洗涤85组高铁动车坐席套、头枕片和哈大客专21个车站的直梯、扶梯、轮椅升降平台及长春、长春西、沈阳、沈阳北、辽阳、大连、大连北7个车站空调设备的故障维修任务。2014年接管了哈大客专21个车站客运电梯故障维修和保养、7个大站客运空调设备的故障维修，整体接收了全局11个客车用煤煤场管理工作。2015年接收了动车座席套洗涤和日常维护，承接了5趟调整所属局车体的整备任务，完成10个客整所一体化合署办公。段日均列车内保洁作业

110组，1522辆；外皮洗刷作业104组，1503辆；上水作业111组，1660辆；卧具洗涤约37.6万件150.2吨，日均洗涤高铁动车座套3200件左右，日均洗涤头枕片7万件左右。（供稿人：杜菁菁）

餐饮服务段简介

2010年7月，路局整合长春、沈阳、大连客运段的七家旅服车间，组建沈阳铁路双瑞餐饮服务有限公司，列非运输企业，同时在长春、沈阳、大连建起总建筑面积21300平方米的三座餐饮基地，是国内比较先进的标准化中式快餐生产线。2012年1月1日，根据路局《关于调整沈阳铁道旅行服务有限公司和沈阳铁道餐饮服务有限公司管理关系的通知》，将沈阳铁道旅行服务有限公司和沈阳铁道餐饮服务有限公司，由局投资管理中心管理调整为铁路局直接管理，并将沈阳铁道餐饮服务有限公司更名为餐饮服务段，列铁路局运输辅助单位。段址位于沈阳皇姑区崇山东路4-20号。负责全局125对既有列车（61对挂餐车）和173对高铁和动车组的列车餐饮、商品供应，以及各级专运和特种车基地的餐饮服务任务。是以列车餐售，中式快餐工厂化生产，净菜半成品集约加工，绿色食材原料专供及鲜食温控物流配送为依托的现代化食品生产经营企业。在沈阳、长春、大连拥有可日产冷链、热链、常温链中式快餐10万份、总建筑面积21300平方米的配餐中心，全部采用10万级空气净化标准，生产条件相当于GMP（药品生产质量管理规范）水平。严格按照ISO9001、ISO22000质量管理体系认证和QS质量安全认证标准生产食品，全面落实HACCP国际危害分析和安全关键点控制体系，确保食品安全。

2015年，服务段设有10个科室，下设13个车间，全段共有职工3961人。共有物流配送温控车53台、配送套餐保温箱2980只、保温桶280只、生产和办公取暖用6吨蒸汽锅炉2台、节能电磁灶29台、蒸汽回转炒锅11台、炊饭锅240只、臭氧杀菌器22只、连续盒式气调包装机17台、冷藏库及冷冻库2000平方米、静电解冻库300平方米。（供稿人：马永刚）

沈阳铁路局印刷厂简介

厂址位于沈阳市和平区安图街8-1号。占地

面积约8300平方米，房屋建筑面积约7300平方米。拥有各类印刷机械动力设备52台（套）。是铁道部最早设立的三个定点生产"常备客票"的厂家之一，也是铁路九家定点印制"计算机票（电子票）"工厂之一。取得中国铁路总公司《铁路客货运输票据印刷准印证》的印制单位。工厂通过了GB\T19001—2008质量管理体系认证和GB\T28001—2011职业健康安全管理体系认证。1996年，印刷厂归沈阳铁路局财务处领导。同年10月24日，购进一台日本宫腰商业表格印刷机，形成了计算机票的生产能力。2003年11月购进一台北人富士表格印刷机，形成了列车移动补票和行李、包裹票喷码印制的生产能力。是辽宁省税务局依法纳税AAA级企业。2005年划归沈阳铁路局收入稽查处领导。2015年，工厂机构设6个科室，4个生产车间，有职工93人。（供稿人：杜志明）

沈阳客车厂简介

厂址位于沈阳市苏家屯区山榆路3号。1996年，全厂职工1382人，11个科室，6个车间；有各类机械动力设备306台。2000年—2015年工厂生产能力为年厂修客车500辆，主要以25G型空调客车为主，22型（23型）客车为辅，并具备了25K型客车检修能力且取得了检修资质，新增空调机组性能试验台、悬挂件磁粉探伤机TK-B、四合一控制柜性能试验台（HSD-SHY）、防滑器配套试验台（TFX）等关键、重要设备471台，关键、重要设备总台数达到679台；2014年6月27日通过总公司项目鉴定；12月1日，总公司批复并正式立项，总投资5.43亿元对工厂进行扩能改造。2015年年初，新增全自动轴轮压装机（350）、车钩探伤机（tk-3）、多阀试验台、单轮测重等设备170台，使重要设备总台数达到849台，年厂修客车能力达到800辆，且具备25T型客车检修能力。同年，扩能改造一、二期工程同步启动，共投入资金3.31亿元，新建改造处所21处，累计新建54853平方米，累计改造整修37663平方米。新建集装箱厂，总投资为7496万元，厂房面积11853平方米。修车台位由71个增加到122个；地下敷设各种室外管线，累计更换各种管路超过15千米，工厂主路下采用了850米综合管沟；供风能力由43立米每分钟提升至180立米每分钟；供电能力由3075千伏安提升至7500千伏安；供暖及生产用气接引了金山热电过热蒸汽，供暖、供热能力大幅提升；生活水由DN100管径，增加到DN150管径。

2015年，有各种机械设备721台，共10个科室；共9个车间，75个班组。有职工1431人。（供稿人：李　莹）

生活服务中心简介

中心地址在沈阳市和平区海口街13号。前身是沈阳铁路局公寓管理所，成立于2006年4月1日。主要任务是为乘务员提供清洁、安静、舒适的食宿环境，确保入乘人员准时出乘和入乘期间的安全。2010年，对珠斯花、长春公寓进行了新建。2012年，新建了四平和鲅鱼圈公寓。2013年6月17日，生活服务中心正式组建，由原来的单一公寓管理，扩大到管理局管内的7个生活车间。同年，新建了四平、榆树公寓，对烟筒山、珠斯花公寓进行了部分新建。

2015年，中心行政部门设办公室、业务管理科、设备科、职工教育科、安全科、劳动人事科、计划财务科、材料供应科和武装保卫科共9个，在岗职工1830人。共管辖36个行车公寓，7个生活服务车间。有沈阳、沈阳西第一、沈阳西第二、苏家屯、丹东、锦州、山海关第一、山海关第二、叶柏寿、大虎山、大连、大连北、大石桥、长春、长春北、四平、白城、阿尔山、陶赖昭、吉林、烟筒山、图们、鹿道、敦化、通辽、通辽南、赤峰、珠斯花、通化、梅河口、白河、延吉西、索伦、沈阳南行车公寓、鲅鱼圈、长春西动车公寓；沈阳、长春、大连、锦州、吉林、通辽、通化生活服务车间。（供稿人：张　昀）

沈阳铁路局行包快运中心

2013年6月，按照《中国铁路总公司关于优化调整专业运输公司职能的指导意见》（铁总办〔2013〕23号）要求，沈阳铁路局整合接收中铁快运公司沈阳分公司和沈铁快运公司相关业务、资产、人员，撤销沈铁快运公司，组建沈阳铁路局行包快运中心。中心地址在沈阳市和平区昆明南街12号。中心有行政职能机构8个，辅助生产机构1个；7月7日，中心行装营业部与乘务营业部实行属地化管理后，保留生产机构5个，为长春、沈阳专列营业部，长春、沈阳、大连动车营业部；年末，中心有职工210人。主要经营项目有行包专列、高铁快运、东北货物快运、对朝鲜国际联运、仓储配送与客票代售等业务。

2015年，中心内设行政职能管理机构9个，即安全技术部、物流配送部、市场营销部、动车管理部、快运专列部、劳动人事部、财务收入部、保卫科（武装部）、综合部；生产机构8个，即：沈阳、长春、大连、吉林动车营业部，沈阳、长春专列营业部，沈阳东行包分拨配送营业部和乘务车间，职工总数348人。（供稿人：倪秀军）

沈阳铁路局机车车辆租赁中心简介

2014年11月14日，组建沈阳铁路局机车车辆租赁中心。中心地址位于沈阳市铁西区建设东路七号。主要经营范围：机车、车辆、轨道车、吊车、捣固机、试验设备租赁；铁路客货运输及相关服务业务、装卸、仓储（化学危险品除外）；

机车车辆、各类轨道交通设备销售、现场维修；轨道交通设备技术开发；铁路线路使用服务；加挂铁路客车服务；车辆挂运服务；铁路接触网服务；铁路机车牵引服务；铁路运输、生产所需原辅材料、燃料机械设备、电子产品、电器机械器材、零配件销售；道路货物运输，运输代理，物流服务。设备主要有：机车7辆；线路158546延长米；房屋573处；建筑物525处；机械动力设备8台；运输起动设备35台；电气化供电设备25台；仪器仪表18台；工具及器具5台；信息技术设备57台。2015年6月19日，沈阳铁路局救援中心并入机车车辆租赁中心，实行一个机构两块牌子。设6个科室和1个车间，职工127人。（供稿人：崔伟峰）

车站名录（2015年末）

一、特等站（5个）

沈阳、苏家屯、山海关、长春、沈阳西站。

二、一等站（8个）

长春北、沈阳北、大连、锦州、四平、丹东、金州、通辽站。

三、二等站（76个）

（一）车务段管辖（74个）

公主岭、长春南、长春东站。（长春车务段3个）

白城、松原、乌兰浩特、新肇、大安北、太平川站。（白城车务段6个）

大青、昌图、大官屯、开原、大成、沈阳东、铁岭、抚顺北站。（沈阳车务段8个）

大石桥、营口、张台子、安平、海城、鞍山、灵山、辽阳、东辽阳站。（鞍山车务段9个）

本溪、凤凰城、北台、歪头山、南芬站。（本溪车务段5个）

大连东、瓦房店、甘井子、普兰店、熊岳城、革镇堡站。（大连车务段6个）

葫芦岛、盘锦、大虎山、马仗房、高桥镇、锦州南、渤海、沟帮子站。（锦州车务段8个）

阜新、朝阳、新立屯、叶柏寿、凌源东站。（阜新车务段5个）

郑家屯站。（通辽车务段）

赤峰、元宝山、东来站。（赤峰车务段3个）

吉林、吉林北、棋盘、龙潭山、哈达湾、吉林西、新九站。（吉林车务段7个）

图们、延吉、敦化站。（延吉车务段3个）

梅河口、辽源、烟筒山站。（梅河口车务段3个）

通化、东通化、白山市站。（通化车务段

3个）

珠斯花、双泡子、白音胡硕、霍林河站。（霍林郭勒车务段4个）

（二）独立车站管辖（2个）

金港站。（金州站）

通辽北站。（通辽站）

四、三等站（115个）

（一）车务段管辖（111个）

范家屯、德惠、陶赖昭、扶余、农安、大屯、小合隆站。（长春车务段7个）

洮南、镇赉、开通、大安、乾安、长山屯、乌兰浩特北、白城北站。（白城车务段8个）

瓢儿屯、皇姑屯、文官屯、虎石台、新台子、于洪、浑河、辉山、前甸、章党、沙岭、清原、西丰、镇西堡、东陵站。（沈阳车务段15个）

旧堡、灯塔、林盛堡、老边、盖州站。（鞍山车务段5个）

本溪湖、石桥子、金山湾、小市、宽甸、五女山、田师府站。（本溪车务段7个）

复州湾、周水子、南关岭、沙河口、仙人洞、长岭子站。（大连车务段6个）

绥中、兴城、新民、南票、凌海、友谊、葫芦岛北、绥中港、盘锦北、绥中北站。（锦州车务段10个）

新邱、朝阳南、义县、骆驼营、清河门、阿金、黑山、艾友营、凌源、建昌站。（阜新车务段10个）

彰武、甘旗卡、木里图、白市、保康站。（通辽车务段5个）

霍林郭勒、扎鲁特站。（霍林郭勒车务段2个）

四合永、奈曼、赤峰西、平庄南、天义站。（赤峰车务段5个）

蛟河、九台、舒兰、口前、金珠、营城站。（吉林车务段6个）

朝阳川、安图、汪清、龙井、和龙、白河、大桥、庙岭站。（延吉车务段8个）

柳河、集安、临江、松江河、通化县、抚松站。（通化车务段6个）

草市、东丰、白泉、黑头山、朝阳镇、磐石、明城、石家、渭津、辽源东、桦甸站。（梅

河口车务段11个）

（二）独立车站管辖（4个）

金桥站。（金州站）

东港站。（丹东站）

万家屯站。（山海关站）

平东站。（四平站）

五、四等站（432个）

（一）车务段管辖（419个）

十家堡、郭家店、蔡家、大榆树、陶家屯、龙泉、兴隆山、米沙子、沃皮、布海、姚家、达家沟、团山、蔡家沟、开安、华家、柴岗、哈拉海、王府、七家子站。（长春车务段20个）

太阳升、阿尔山、松西、坦途、街基、平台、伊尔施、工农湖、五叉沟、白狼、明水河、索伦、德伯斯、大石寨、归流河、宁家、卫东、葛根庙、镇西、平安镇、五家户、穆家店、黑水、海坨子、通途、到保、安广、两家、庆丰站。（白城车务段29个）

孤家子、深井子、榆树台、新城子、乱石山、得胜台、平顶堡、中固、马仲河、双庙子、毛家店、揽军屯、田义屯、旧站、滴台、石门岭、营盘、铁背山、苍石、南口前、北三家、斗虎屯、松树村、安民、南杂木、转弯桥站。（沈阳车务段26个）

南台、分水、他山、葫芦峪、唐王山、汤岗子、首山、小屯、宝镜、沙岗站。（鞍山车务段10个）

吴家屯、陈相屯、姚千户屯、威宁、福金、火连寨、桥头、金坑、下马塘、连山关、祁家堡、草河口、林家台、刘家河、长虹、中兴、鸡冠山、一面山、汤山城、蛤蟆塘、金家堡、寒岭、新寒岭、小堡、牛心台、偏岭、沙河镇、大堡、石城、龙爪沟、灌水、长甸、通远堡、五龙背、天桥沟、古城子、桓龙湖、大雅河、泉山站。（本溪车务段39个）

城子坦东、许家屯、石河、三十里堡、营城子、广宁寺南、亮甲店、皮口南、夹心子、二十里台、芦家屯、九寨、万家岭、松树、得利寺、王家、田家、白水井、炮台、长兴岛港、长兴岛、五岛、旅顺、新甸、董屯站。（大连车务段25个）

女儿河、石山、高岭、前卫、东辛庄、沙后

所、大甸、龙港、西柳、塔山、桃园、何三家、双羊店、红旗、青堆子、高山子、唐家、绕阳河、大红旗、高台山、兴隆店、三台、五七、新开、拉拉屯、牛庄、辽中、台安、东戴河站。（锦州车务段29个）

北票、八道壕、芳山镇、新泉、朝阳西、金杖子、柳树屯、七里河、泥河子、李家沟、周家屯、上园、南岭、北票南、能家、金沟、李金、伊玛图、东梁、东阜新、大巴、河汤沟、大营子、大平房、东大道、波罗赤、公营子、小平房、红石、水泉、三十家、魏杖子、杨树岭、东沟门、刀尔登、杨杖子、南桥、串子沟、郭家屯、小东、杨树湾、姚堡、九道岭、雹神站。（阜新车务段44个）

宝龙山、泡子、章古台、阿尔乡、衙门营、五道木、钱家店、乌斯土、大林、大罕、门达、欧里、高林屯、敖力布告、泉沟、曲家店、三江口、金宝屯、山场屯、卧虎屯、茂林、八面城站。（通辽车务段22个）

昆都庙、舍伯吐、吐列毛杜、西哲里木、杜尔基、云端、布敦化、哈日努拉站。（霍林郭勒车务段8个）

沙海、三把火、曹家营子、红花沟、四分地、中台子、老府、牛家营子、五十家子、杨家营、朝阳地、黄家店、纪家沟、银镇、广德号、腰栈、庙宫、东大坝、张三营、沙陀子、汤头沟、赤峰东、东南营子、水地、安庆沟、山湾子、小河沿、四道湾、莲花山、孤山子、羊场、敖汉、三义井、新窝铺、舍力虎、昂乃、黄花筒、白音塔拉、八仙筒、东明村、治安、石脑、嘎什甸子、太平庄、余粮堡、西六方、马林、热水、平庄、乃林、汐子、二龙站。（赤峰车务段52个）

大黑山、取柴河、丰广、吉舒、山河屯、新站、前窑、卡伦、龙家堡、土们岭、桦皮厂、孤店子、九站、江北、天岗、江密峰、拉法、白石山、二道河、黄松甸、威虎岭、亚复、大口钦、东富、水曲柳、平安、杜家、北山、长岗、双河镇、上营、六道河、老爷岭、小姑家、苇塘、马相屯、西阳站。（吉林车务段37个）

大石头、黄泥河、石砚、鹿道、苇子沟、磨盘山、溪洞、铜佛寺、葆园、榆树川、茶条沟、

亮兵台、哈尔巴岭、南沟、太平岭、秋梨沟、大兴沟、天桥岭、春阳、老松岭、八家子、开山屯、荒沟西、松江镇、十里坪、枕头峰站。（延吉车务段26个）

石岭、海龙、辉南、长山堡、英额门、驿马、龙山、山城镇、宝山、团林、杉松岗、永宁、大梨树、大兴镇、平岗、哈福、前程、红石砬子、新兰镇、万里河站。（梅河口车务段20个）

咋子、鸭园、铁厂、果松、湾沟、松树镇、泉阳、江源、谢家、郑家堡、驼腰岭、五道沟、三源浦、通沟、干沟、二密河、水洞、黄柏、阳岔、菇园、道清、老营、仙人桥、砬子河、露水河、大东、永红、石人、遥林、八宝、大泉源、三道湖站。（通化车务段32个）

（二）独立车站管辖（13个）

马三家站。（沈阳西站）

金马、金州东门站。（金州站2个）

八角台、薛家站。（锦州站2个）

通辽东、通辽西站。（通辽站2个）

南丹东、三道沟、金板村、前阳、东沟站。（丹东站5个）

一间堡站。（长春北站）

六、五等站（19个，车务段管辖）

龙泉北站。（长春车务段）

长青、巨宝、官字井、建设、他石海、劳动屯、芒罕屯站。（白城车务段7个）

将军堡站。（沈阳车务段）

么荒站。（通辽车务段管）

毛告吐站。（霍林郭勒车务段）

北台子、河洛营、四合、嘎什吐、敖来、瓦房站。（赤峰车务段6个）

兴隆河、安恕站。（梅河口车务段2个）

七、合资铁路车站（102个）

（一）一等站（1个）

沈阳南站。

（二）二等站（13个）

1.独立车站管辖（4个）

长春西站。（长春站管）

四平东站。（四平站管）

大连北站。（大连站）

前阳南站。（丹东站）

2.车务段管辖（9个）

铁岭西站。（沈阳车务段）

鞍山西站。（鞍山车务段）

瓦房店西、鲅鱼圈、营口东站。（大连车务段3个）

凤城东站。（本溪车务段）

延吉西、图们北、珲春站。（延吉车务段3个）

（三）三等站（38个）

1.独立车站管辖（6个）

龙嘉站。（长春站）

同兴、丹东西、东港北、北井子、大孤山站。（丹东站5个）

2.车务段管辖（32个）

榆树、公主岭南、德惠西、扶余北站。（长春车务段4个）

开原西、昌图西站。（沈阳车务段2个）

海城西、咸水河站。（鞍山车务段2个）

本溪新城、南芬北、通远堡西、五龙背东站。（本溪车务段4个）

普湾、盖州西、青堆、兰店、庄河北、庄河西、城子坦、皮口、杏树屯、登沙河、花园口、广宁寺站。（大连车务段12个）

珠恩嘎达布其站。（霍林郭勒车务段）

蛟河西、威虎岭北站。（吉林车务段2个）

大石头南、安图西站。（延吉车务段2个）

伊通站。（梅河口车务段）

金帛湾、盘锦港站。（锦州车务段2个）

（四）四等站（37个，车务段管辖）

泉眼、奢岭、山河、五家子、双阳、五棵树、刘家店、谢家镇、新立镇、扶余西、弓棚子、三井子、松原北站。（长春车务段13个）

坨台、滨海站。（鞍山车务段2个）

大洼站。（锦州车务段）

大青沟、三家子、库伦站。（通辽车务段3个）

九台南、双吉站。（吉林车务段2个）

扎哈淖尔、伊图塔、沙尔塔拉、贺斯格乌拉、农乃庙、道特诺尔、哈尼乎热、乌珠穆沁、额吉淖尔、乌尼特、白音华东、五栋房站。（霍林郭勒车务段12个）

靖宇、建安站。（梅河口车务段2个）

仙景台、南坪镇站。（延吉车务段2个）

（五）五等站（13个，车务段管辖）

二龙屯、和日木、乌兰毛杜、李家窑、东双合屯、混都冷、呼和哈达站。（白城车务段7个）

宝力格、冈干特乌拉、赛罕花、巴彦胡硕站。（霍林郭勒车务段4个）

龙泉镇、抚民站。（梅河口车务段2个）

2013年，沈阳铁路局完成长春站南侧立面改造。图为改造完成后的长春站

修志始末

按照中国铁路总公司"加快推进单位志书编修工作进度，全面完成第二轮修志工作任务"的要求，沈阳铁路局于2015年开始着手筹备启动《沈阳铁路局志（1996—2015）》编纂工作。

2015年5月初，以铁路局文件下发《沈阳铁路局志（1996—2015）编纂方案》，并配套下发《〈沈阳铁路局志（1996—2015）〉编纂行文规范》和《〈沈阳铁路局志（1996—2015）〉质量（暂行）标准》。成立了以局长、党委书记为主任，局领导班子其他成员为副主任，局机关各部门、各直附属单位负责人为委员的编委会；由局办公室、局档案史志室组建编委会办公室；局机关各部门、局直属各单位组建了编写小组；确保局志编纂工作扎实有序推进。在对主要参编单位领导进行动员、对局机关各部门编写人员进行集中培训的基础上，全面启动局志编修工作。当年7月、10月先后两次按照志书编写的体例、规范和要求，对各部门提供的稿件进行阅评，及时反馈修改意见，进一步筛选资料、润色文字、细心加工，确保编写质量。到2015年末，局机关各部门、主要附属单位已有58个部门和单位200余万字稿件经过初审汇总至局志编委会办公室。

2016年初，在供稿质量较好的单位中选择6名供稿人与3名史志专业人员、2名返聘人员一起，经过2次集中培训，开始分工进行志书各篇章的总纂修改。同时，将后续4个部门、119个基层单位近180余万字的稿件，纳入总纂程序。经过2至3轮的结构内容调整、筛选提炼资料、规范格式体例，并撰写篇章序言，到10月份完成全书11篇63章以及概述、大事记、附录等共约380余万字的精炼修改任务，形成180余万字的总纂初稿。从11月开始对全书各篇重要内容与数据资料进行核对，交叉重复的内容进行取舍，并按照行文规范进行综合编排、内容复审，制作成5卷送审稿排印。

2017年3月末进入志书终审程序。一是组成有局党委副书记挂帅，局机关7个主要部门负责人参加的终审组，同时聘请《中国铁路志》副主编、中国铁路总公司档案史志中心史志室主任，对全书进行审查；编委会办公室依据总公司档案史志中心与局终审组提出的意见再一次进行调整修改。二是将送审稿分别发至局志参编的62个机关部门、主要直附属单位，对经过修改的各篇章内容进行核实、订正、修改、补充。到5月上旬，各部门完成审查任务，局机关各部门、主要直附属单位领导签字认可。最后志书为10篇63章，包括序言、概述、大事记、附录共180余万字。

在这次修志工作中，认真核对原始资料、按照志书编纂体例与质量标准进行调整、修改、完善贯穿于编修全过程。局志编委会领导、各部门负责人多次审稿，200余名撰稿人全程参与编写、修改与审查工作，充分体现在专业指导下"众手成志"的编纂理念，为在3年内完成修志任务奠定坚实基础。为此，向参与志书审查的总公司、路局、局党委领导以及局机关各部门、各直附属单位参编人员，表示诚挚的谢意！

由于编者水平所限，对志书存在的纰漏舛误之处，诚请读者批评指正。

局志编委会办公室
2017年10月

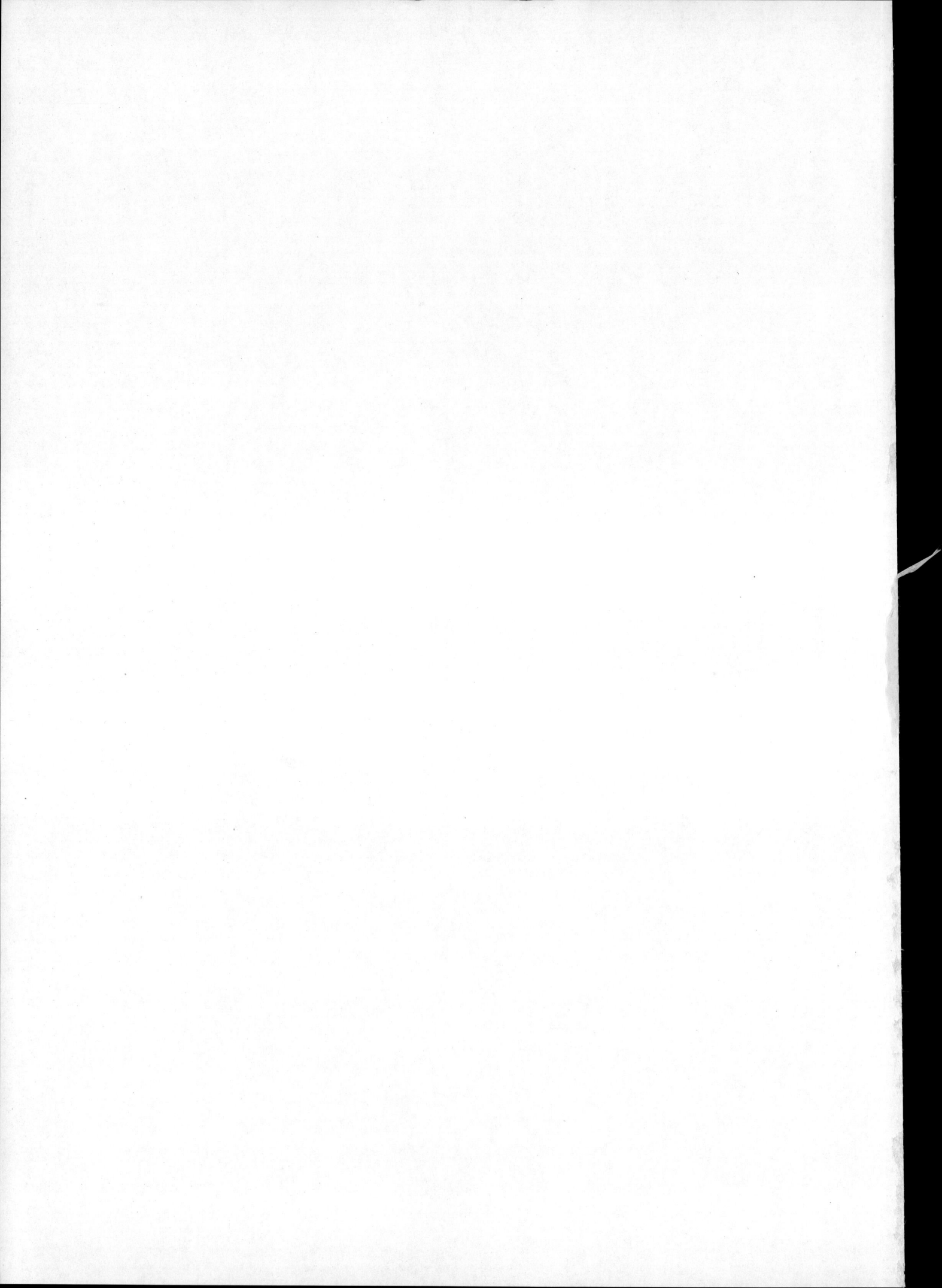